排污许可管理手册

（2018 版）

生态环境部规划财务司　编

中国环境出版集团・北京

图书在版编目（CIP）数据

排污许可管理手册：2018 版/生态环境部规划财务司编.
—北京：中国环境出版集团，2018.8

ISBN 978-7-5111-3636-7

Ⅰ. ①排… Ⅱ. ①生… Ⅲ. ①排污许可证—法律适用—中国—手册 Ⅳ. ①D922.683.5-62

中国版本图书馆 CIP 数据核字（2018）第 088618 号

出版人　武德凯
责任编辑　李兰兰
责任校对　任　丽
封面设计　宋　瑞

更多信息，请关注
中国环境出版集团
第一分社

出版发行　中国环境出版集团
（100062　北京市东城区广渠门内大街 16 号）
网　址：http://www.cesp.com.cn
电子邮箱：bjgl@cesp.com.cn
联系电话：010-67112765（编辑管理部）
010-67112735（第一分社）
发行热线：010-67125803，010-67113405（传真）

印　刷　北京中科印刷有限公司
经　销　各地新华书店
版　次　2018 年 8 月第 1 版
印　次　2018 年 8 月第 1 次印刷
开　本　787×1092　1/16
印　张　86
字　数　2600 千字
定　价　273.00 元

《排污许可管理手册（2018 版）》
编写委员会

主　编：赵英民

副主编：汪　键　　邹世英

编　委：童　莉　　潘英姿　　杜蕴慧　　陈爱忠　　赵　军

　　　　王焕松　　吕晓君

序　言

实施控制污染物排放许可制，是党中央、国务院部署的生态文明体制改革方案当中的重要内容，也是改革和完善固定污染源管理制度的重要任务。2016年11月国务院办公厅印发了《控制污染物排放许可制实施方案》，这是落实党的十八届三中、五中全会精神和《生态文明体制改革总体方案》、改革环境治理基础制度的一项重要举措，也是指导我国推进排污许可制改革的行动纲领。

为贯彻落实《控制污染物排放许可制实施方案》，原环境保护部发布了《排污许可管理办法（试行）》，出台《固定污染源排污许可分类管理名录（2017年版）》，基本构建相关法规制度体系，出台钢铁、水泥等重点行业排污许可证申请与核发技术规范，完善排污许可技术规范体系，建成全国统一的排污许可管理信息平台，加快推进重点行业排污许可证核发，基本实现一企一证、一企一码，推动“一证式”管理。通过排污许可制实施，推动从对排污单位排放污染物粗放式管控转向对排放口精细化管控，从管控四项主要污染物转向多污染物协同管控，从以污染物排放浓度管控为主转向排放浓度与排污总量双管控，从管控一般排污情形转向日常管理和重污染天气等特殊时段相结合的综合管控，促进各项环境管理制度有效衔接，减轻企业负担，加快改善生态环境质量。

2018年6月24日，国务院发布《中共中央 国务院关于全面加强生态环境保护 坚决打好污染防治攻坚战的意见》，明确提出要加快推行排污许可制，对固定污染源实施全过程管理和多污染物协同控制，按行业、地区、时限核发排污许可证，全面落实企业治污责任，强化证后监管和处罚。在长江经济带率先实施入河污染源排放、排污口排放和水体水质联动管理。2020年，将排污许可证制度建设成为固定污染源环境管理核心制度，实现“一证式”管理。

为有效落实全国生态环境保护大会精神和习近平生态文明思想，强化排污者责任，为全面加强生态环境保护、坚决打好污染防治攻坚战打好基础，生态环境部要自觉践行以改善生态环境质量为核心，以解决人民群众反映强烈的突出生态环境问题为重点，以改革排污许可制度为抓手，坚持源头严防、过程严管、后果严惩的思路，加快推进排污许可制度改革，强化排污许可有效执行，到2020年要完成覆盖所有固定污染源的排污许可证核发工作，对固定污染源实施全过程管理和多污染物协同控制，真正落实固定污染源的“一证式”管理。

首先要落实全面达标排放计划，按照“核发一个行业、清理一个行业、规范一个行业、达标一个行业”要求，实现固定污染源行业全覆盖；二要推动固定污染源环境管理升级，改革协同联动机制，创新综合监管模式，紧紧围绕以改善生态环境质量为核心，强化固定污染源污染治理，减少污染物排放总量，为全面支撑打好污染防治攻坚战提供基础；三要落实企业主体责任，完善企业自行监测、自主建立台账和自行申报制度设计，以信用监管为基础，引导企业形成按证排污、自证守法的良好习惯；四是厘清企业和环保部门接受环境监管和实施监管的权责，强化依证执法，曝光未持证排污、不按证排污行为，以强威慑力的执法来保障制度的落实；五是强化信息公开和社会监督，将企业环境信用纳入全国信用信息共享平台和国家企业信用信息公示系统，建立信用监管体系，推动形成企业守法、部门联动、社会监督的良好氛围。

实施排污许可制，是党中央、国务院部署的生态文明体制改革方案中的重要内容，是改革和完善固定污染源环境管理制度的重要任务，也是打好污染防治攻坚战的基础。作为一项固定污染源的基础核心管理制度，排污许可制度是一项刀刃向内的改革，是针对生态环境部门自身的改革，大家一定要高度重视，进一步把思想认识统一到党中央、国务院的决策部署上来，不忘初心、牢记使命，锐意进取、攻坚克难，充分发挥主观能动性，抓方案协同，抓落实协同，抓效果协同。新时代赋予新使命，新使命呼唤新作为。让我们共同努力，坚持深化改革不动摇，坚决打好污染防治攻坚战，为圆满完成国家交给我们的任务，为改善生态环境质量、全面建成小康社会、建设美丽中国做出新贡献！

编　者

2018年7月

前 言

2016年11月，国务院办公厅印发《控制污染物排放许可制实施方案》（以下简称《实施方案》）。一年多以来，生态环境部按照党中央、国务院部署，认真落实《实施方案》，完善法规制度体系，出台标准规范，建设管理信息平台，加快推进重点行业排污许可证核发。

为进一步总结排污许可制改革推进情况，帮助广大从事排污许可管理的工作人员和排污单位及时熟悉掌握政策要求，提高工作水平，生态环境部规划财务司组织编写了《排污许可管理手册（2018版）》，书中较为全面系统地收集汇编了与排污许可工作相关的法律、法规、标准规范、规章和文件等。

本书可作为从事排污许可管理工作人员的工具书，也可供排污单位、技术机构和相关单位的人员在开展排污许可业务工作时使用。

在本书编写出版过程中，环境保护部环境工程评估中心、相关重点行业排污许可证申请与核发技术规范编制组等给予了大力支持，中国环境出版集团的领导和编校人员付出了辛勤劳动，在此表示衷心的感谢！

由于时间紧迫，书中难免有缺漏和不足，敬请广大读者批评指正。

编　者

2018年6月

目 录

第一章 相关法律法规规章

第二章 部门规章与规范性文件

第三章 排污许可证申请与核发技术规范

第四章 排污单位自行监测技术指南

第五章 污染防治可行技术指南

第六章 排污许可证审核要点

第七章 其 他

第一章

相关法律法规规章

中华人民共和国环境保护法

（1989年12月26日第七届全国人民代表大会常务委员会第十一次会议通过
2014年4月24日第十二届全国人民代表大会常务委员会第八次会议修订）

目　录

第一章　总　则

第一条　为保护和改善环境，防治污染和其他公害，保障公众健康，推进生态文明建设，促进经济社会可持续发展，制定本法。

第二条　本法所称环境，是指影响人类生存和发展的各种天然的和经过人工改造的自然因素的总体，包括大气、水、海洋、土地、矿藏、森林、草原、湿地、野生生物、自然遗迹、人文遗迹、自然保护区、风景名胜区、城市和乡村等。

第三条　本法适用于中华人民共和国领域和中华人民共和国管辖的其他海域。

第四条　保护环境是国家的基本国策。

国家采取有利于节约和循环利用资源、保护和改善环境、促进人与自然和谐的经济、技术政策和措施，使经济社会发展与环境保护相协调。

第五条　环境保护坚持保护优先、预防为主、综合治理、公众参与、损害担责的原则。

第六条　一切单位和个人都有保护环境的义务。

地方各级人民政府应当对本行政区域的环境质量负责。

企业事业单位和其他生产经营者应当防止、减少环境污染和生态破坏，对所造成的损害依法承担责任。

公民应当增强环境保护意识，采取低碳、节俭的生活方式，自觉履行环境保护义务。

第七条　国家支持环境保护科学技术研究、开发和应用，鼓励环境保护产业发展，促进环境保护信息化建设，提高环境保护科学技术水平。

第八条　各级人民政府应当加大保护和改善环境、防治污染和其他公害的财政投入，提高财政资金的使用效益。

第九条　各级人民政府应当加强环境保护宣传和普及工作，鼓励基层群众性自治组织、社会组织、环境保护志愿者开展环境保护法律法规和环境保护知识的宣传，营造保护环境的良好风气。

教育行政部门、学校应当将环境保护知识纳入学校教育内容，培养学生的环境保护意识。

新闻媒体应当开展环境保护法律法规和环境保护知识的宣传，对环境违法行为进行舆论监督。

第十条 国务院环境保护主管部门，对全国环境保护工作实施统一监督管理；县级以上地方人民政府环境保护主管部门，对本行政区域环境保护工作实施统一监督管理。

县级以上人民政府有关部门和军队环境保护部门，依照有关法律的规定对资源保护和污染防治等环境保护工作实施监督管理。

第十一条 对保护和改善环境有显著成绩的单位和个人，由人民政府给予奖励。

第十二条 每年6月5日为环境日。

第二章 监督管理

第十三条 县级以上人民政府应当将环境保护工作纳入国民经济和社会发展规划。

国务院环境保护主管部门会同有关部门，根据国民经济和社会发展规划编制国家环境保护规划，报国务院批准并公布实施。

县级以上地方人民政府环境保护主管部门会同有关部门，根据国家环境保护规划的要求，编制本行政区域的环境保护规划，报同级人民政府批准并公布实施。

环境保护规划的内容应当包括生态保护和污染防治的目标、任务、保障措施等，并与主体功能区规划、土地利用总体规划和城乡规划等相衔接。

第十四条 国务院有关部门和省、自治区、直辖市人民政府组织制定经济、技术政策，应当充分考虑对环境的影响，听取有关方面和专家的意见。

第十五条 国务院环境保护主管部门制定国家环境质量标准。

省、自治区、直辖市人民政府对国家环境质量标准中未作规定的项目，可以制定地方环境质量标准；对国家环境质量标准中已作规定的项目，可以制定严于国家环境质量标准的地方环境质量标准。地方环境质量标准应当报国务院环境保护主管部门备案。

国家鼓励开展环境基准研究。

第十六条 国务院环境保护主管部门根据国家环境质量标准和国家经济、技术条件，制定国家污染物排放标准。

省、自治区、直辖市人民政府对国家污染物排放标准中未作规定的项目，可以制定地方污染物排放标准；对国家污染物排放标准中已作规定的项目，可以制定严于国家污染物排放标准的地方污染物排放标准。地方污染物排放标准应当报国务院环境保护主管部门备案。

第十七条 国家建立、健全环境监测制度。国务院环境保护主管部门制定监测规范，会同有关部门组织监测网络，统一规划国家环境质量监测站（点）的设置，建立监测数据共享机制，加强对环境监测的管理。

有关行业、专业等各类环境质量监测站（点）的设置应当符合法律法规规定和监测规范的要求。

监测机构应当使用符合国家标准的监测设备，遵守监测规范。监测机构及其负责人对监测数据的真实性和准确性负责。

第十八条 省级以上人民政府应当组织有关部门或者委托专业机构，对环境状况进行调查、评价，建立环境资源承载能力监测预警机制。

第十九条 编制有关开发利用规划，建设对环境有影响的项目，应当依法进行环境影响评价。

未依法进行环境影响评价的开发利用规划，不得组织实施；未依法进行环境影响评价的建设项目，不得开工建设。

第二十条 国家建立跨行政区域的重点区域、流域环境污染和生态破坏联合防治协调机制，实行统一规划、统一标准、统一监测、统一的防治措施。

前款规定以外的跨行政区域的环境污染和生态破坏的防治，由上级人民政府协调解决，或者由有关地方人民政府协商解决。

第二十一条　国家采取财政、税收、价格、政府采购等方面的政策和措施，鼓励和支持环境保护技术装备、资源综合利用和环境服务等环境保护产业的发展。

第二十二条　企业事业单位和其他生产经营者，在污染物排放符合法定要求的基础上，进一步减少污染物排放的，人民政府应当依法采取财政、税收、价格、政府采购等方面的政策和措施予以鼓励和支持。

第二十三条　企业事业单位和其他生产经营者，为改善环境，依照有关规定转产、搬迁、关闭的，人民政府应当予以支持。

第二十四条　县级以上人民政府环境保护主管部门及其委托的环境监察机构和其他负有环境保护监督管理职责的部门，有权对排放污染物的企业事业单位和其他生产经营者进行现场检查。被检查者应当如实反映情况，提供必要的资料。实施现场检查的部门、机构及其工作人员应当为被检查者保守商业秘密。

第二十五条　企业事业单位和其他生产经营者违反法律法规规定排放污染物，造成或者可能造成严重污染的，县级以上人民政府环境保护主管部门和其他负有环境保护监督管理职责的部门，可以查封、扣押造成污染物排放的设施、设备。

第二十六条　国家实行环境保护目标责任制和考核评价制度。县级以上人民政府应当将环境保护目标完成情况纳入对本级人民政府负有环境保护监督管理职责的部门及其负责人和下级人民政府及其负责人的考核内容，作为对其考核评价的重要依据。考核结果应当向社会公开。

第二十七条　县级以上人民政府应当每年向本级人民代表大会或者人民代表大会常务委员会报告环境状况和环境保护目标完成情况，对发生的重大环境事件应当及时向本级人民代表大会常务委员会报告，依法接受监督。

第三章　保护和改善环境

第二十八条　地方各级人民政府应当根据环境保护目标和治理任务，采取有效措施，改善环境质量。

未达到国家环境质量标准的重点区域、流域的有关地方人民政府，应当制定限期达标规划，并采取措施按期达标。

第二十九条　国家在重点生态功能区、生态环境敏感区和脆弱区等区域划定生态保护红线，实行严格保护。

各级人民政府对具有代表性的各种类型的自然生态系统区域，珍稀、濒危的野生动植物自然分布区域，重要的水源涵养区域，具有重大科学文化价值的地质构造、著名溶洞和化石分布区、冰川、火山、温泉等自然遗迹，以及人文遗迹、古树名木，应当采取措施予以保护，严禁破坏。

第三十条　开发利用自然资源，应当合理开发，保护生物多样性，保障生态安全，依法制定有关生态保护和恢复治理方案并予以实施。

引进外来物种以及研究、开发和利用生物技术，应当采取措施，防止对生物多样性的破坏。

第三十一条　国家建立、健全生态保护补偿制度。

国家加大对生态保护地区的财政转移支付力度。有关地方人民政府应当落实生态保护补偿资金，确保其用于生态保护补偿。

国家指导受益地区和生态保护地区人民政府通过协商或者按照市场规则进行生态保护补偿。

第三十二条　国家加强对大气、水、土壤等的保护，建立和完善相应的调查、监测、评估和修复制度。

第三十三条　各级人民政府应当加强对农业环境的保护，促进农业环境保护新技术的使用，加强对农业污染源的监测预警，统筹有关部门采取措施，防治土壤污染和土地沙化、盐渍化、贫瘠化、石漠化、地面沉降以及防治植被破坏、水土流失、水体富营养化、水源枯竭、种源灭绝等生态失调现象，推广植物病虫害的综合防治。

县级、乡级人民政府应当提高农村环境保护公共服务水平，推动农村环境综合整治。

第三十四条 国务院和沿海地方各级人民政府应当加强对海洋环境的保护。向海洋排放污染物、倾倒废弃物，进行海岸工程和海洋工程建设，应当符合法律法规规定和有关标准，防止和减少对海洋环境的污染损害。

第三十五条 城乡建设应当结合当地自然环境的特点，保护植被、水域和自然景观，加强城市园林、绿地和风景名胜区的建设与管理。

第三十六条 国家鼓励和引导公民、法人和其他组织使用有利于保护环境的产品和再生产品，减少废弃物的产生。

国家机关和使用财政资金的其他组织应当优先采购和使用节能、节水、节材等有利于保护环境的产品、设备和设施。

第三十七条 地方各级人民政府应当采取措施，组织对生活废弃物的分类处置、回收利用。

第三十八条 公民应当遵守环境保护法律法规，配合实施环境保护措施，按照规定对生活废弃物进行分类放置，减少日常生活对环境造成的损害。

第三十九条 国家建立、健全环境与健康监测、调查和风险评估制度；鼓励和组织开展环境质量对公众健康影响的研究，采取措施预防和控制与环境污染有关的疾病。

第四章　防治污染和其他公害

第四十条 国家促进清洁生产和资源循环利用。

国务院有关部门和地方各级人民政府应当采取措施，推广清洁能源的生产和使用。

企业应当优先使用清洁能源，采用资源利用率高、污染物排放量少的工艺、设备以及废弃物综合利用技术和污染物无害化处理技术，减少污染物的产生。

第四十一条 建设项目中防治污染的设施，应当与主体工程同时设计、同时施工、同时投产使用。防治污染的设施应当符合经批准的环境影响评价文件的要求，不得擅自拆除或者闲置。

第四十二条 排放污染物的企业事业单位和其他生产经营者，应当采取措施，防治在生产建设或者其他活动中产生的废气、废水、废渣、医疗废物、粉尘、恶臭气体、放射性物质以及噪声、振动、光辐射、电磁辐射等对环境的污染和危害。

排放污染物的企业事业单位，应当建立环境保护责任制度，明确单位负责人和相关人员的责任。

重点排污单位应当按照国家有关规定和监测规范安装使用监测设备，保证监测设备正常运行，保存原始监测记录。

严禁通过暗管、渗井、渗坑、灌注或者篡改、伪造监测数据，或者不正常运行防治污染设施等逃避监管的方式违法排放污染物。

第四十三条 排放污染物的企业事业单位和其他生产经营者，应当按照国家有关规定缴纳排污费。排污费应当全部专项用于环境污染防治，任何单位和个人不得截留、挤占或者挪作他用。

依照法律规定征收环境保护税的，不再征收排污费。

第四十四条 国家实行重点污染物排放总量控制制度。重点污染物排放总量控制指标由国务院下达，省、自治区、直辖市人民政府分解落实。企业事业单位在执行国家和地方污染物排放标准的同时，应当遵守分解落实到本单位的重点污染物排放总量控制指标。

对超过国家重点污染物排放总量控制指标或者未完成国家确定的环境质量目标的地区，省级以上人民政府环境保护主管部门应当暂停审批其新增重点污染物排放总量的建设项目环境影响评价文件。

第四十五条 国家依照法律规定实行排污许可管理制度。

实行排污许可管理的企业事业单位和其他生产经营者应当按照排污许可证的要求排放污染物；未取得排污许可证的，不得排放污染物。

第四十六条　国家对严重污染环境的工艺、设备和产品实行淘汰制度。任何单位和个人不得生产、销售或者转移、使用严重污染环境的工艺、设备和产品。

禁止引进不符合我国环境保护规定的技术、设备、材料和产品。

第四十七条　各级人民政府及其有关部门和企业事业单位，应当依照《中华人民共和国突发事件应对法》的规定，做好突发环境事件的风险控制、应急准备、应急处置和事后恢复等工作。

县级以上人民政府应当建立环境污染公共监测预警机制，组织制定预警方案；环境受到污染，可能影响公众健康和环境安全时，依法及时公布预警信息，启动应急措施。

企业事业单位应当按照国家有关规定制定突发环境事件应急预案，报环境保护主管部门和有关部门备案。在发生或者可能发生突发环境事件时，企业事业单位应当立即采取措施处理，及时通报可能受到危害的单位和居民，并向环境保护主管部门和有关部门报告。

突发环境事件应急处置工作结束后，有关人民政府应当立即组织评估事件造成的环境影响和损失，并及时将评估结果向社会公布。

第四十八条　生产、储存、运输、销售、使用、处置化学物品和含有放射性物质的物品，应当遵守国家有关规定，防止污染环境。

第四十九条　各级人民政府及其农业等有关部门和机构应当指导农业生产经营者科学种植和养殖，科学合理施用农药、化肥等农业投入品，科学处置农用薄膜、农作物秸秆等农业废弃物，防止农业面源污染。

禁止将不符合农用标准和环境保护标准的固体废物、废水施入农田。施用农药、化肥等农业投入品及进行灌溉，应当采取措施，防止重金属和其他有毒有害物质污染环境。

畜禽养殖场、养殖小区、定点屠宰企业等的选址、建设和管理应当符合有关法律法规规定。从事畜禽养殖和屠宰的单位和个人应当采取措施，对畜禽粪便、尸体和污水等废弃物进行科学处置，防止污染环境。

县级人民政府负责组织农村生活废弃物的处置工作。

第五十条　各级人民政府应当在财政预算中安排资金，支持农村饮用水水源地保护、生活污水和其他废弃物处理、畜禽养殖和屠宰污染防治、土壤污染防治和农村工矿污染治理等环境保护工作。

第五十一条　各级人民政府应当统筹城乡建设污水处理设施及配套管网，固体废物的收集、运输和处置等环境卫生设施，危险废物集中处置设施、场所以及其他环境保护公共设施，并保障其正常运行。

第五十二条　国家鼓励投保环境污染责任保险。

第五章　信息公开和公众参与

第五十三条　公民、法人和其他组织依法享有获取环境信息、参与和监督环境保护的权利。

各级人民政府环境保护主管部门和其他负有环境保护监督管理职责的部门，应当依法公开环境信息、完善公众参与程序，为公民、法人和其他组织参与和监督环境保护提供便利。

第五十四条　国务院环境保护主管部门统一发布国家环境质量、重点污染源监测信息及其他重大环境信息。省级以上人民政府环境保护主管部门定期发布环境状况公报。

县级以上人民政府环境保护主管部门和其他负有环境保护监督管理职责的部门，应当依法公开环境质量、环境监测、突发环境事件以及环境行政许可、行政处罚、排污费的征收和使用情况等信息。

县级以上地方人民政府环境保护主管部门和其他负有环境保护监督管理职责的部门，应当将企业事业单位和其他生产经营者的环境违法信息记入社会诚信档案，及时向社会公布违法者名单。

第五十五条　重点排污单位应当如实向社会公开其主要污染物的名称、排放方式、排放浓度和总量、超标排放情况，以及防治污染设施的建设和运行情况，接受社会监督。

第五十六条 对依法应当编制环境影响报告书的建设项目，建设单位应当在编制时向可能受影响的公众说明情况，充分征求意见。

负责审批建设项目环境影响评价文件的部门在收到建设项目环境影响报告书后，除涉及国家秘密和商业秘密的事项外，应当全文公开；发现建设项目未充分征求公众意见的，应当责成建设单位征求公众意见。

第五十七条 公民、法人和其他组织发现任何单位和个人有污染环境和破坏生态行为的，有权向环境保护主管部门或者其他负有环境保护监督管理职责的部门举报。

公民、法人和其他组织发现地方各级人民政府、县级以上人民政府环境保护主管部门和其他负有环境保护监督管理职责的部门不依法履行职责的，有权向其上级机关或者监察机关举报。

接受举报的机关应当对举报人的相关信息予以保密，保护举报人的合法权益。

第五十八条 对污染环境、破坏生态，损害社会公共利益的行为，符合下列条件的社会组织可以向人民法院提起诉讼：

（一）依法在设区的市级以上人民政府民政部门登记；

（二）专门从事环境保护公益活动连续五年以上且无违法记录。

符合前款规定的社会组织向人民法院提起诉讼，人民法院应当依法受理。

提起诉讼的社会组织不得通过诉讼牟取经济利益。

第六章　法律责任

第五十九条 企业事业单位和其他生产经营者违法排放污染物，受到罚款处罚，被责令改正，拒不改正的，依法作出处罚决定的行政机关可以自责令改正之日的次日起，按照原处罚数额按日连续处罚。

前款规定的罚款处罚，依照有关法律法规按照防治污染设施的运行成本、违法行为造成的直接损失或者违法所得等因素确定的规定执行。

地方性法规可以根据环境保护的实际需要，增加第一款规定的按日连续处罚的违法行为的种类。

第六十条 企业事业单位和其他生产经营者超过污染物排放标准或者超过重点污染物排放总量控制指标排放污染物的，县级以上人民政府环境保护主管部门可以责令其采取限制生产、停产整治等措施；情节严重的，报经有批准权的人民政府批准，责令停业、关闭。

第六十一条 建设单位未依法提交建设项目环境影响评价文件或者环境影响评价文件未经批准，擅自开工建设的，由负有环境保护监督管理职责的部门责令停止建设，处以罚款，并可以责令恢复原状。

第六十二条 违反本法规定，重点排污单位不公开或者不如实公开环境信息的，由县级以上地方人民政府环境保护主管部门责令公开，处以罚款，并予以公告。

第六十三条 企业事业单位和其他生产经营者有下列行为之一，尚不构成犯罪的，除依照有关法律法规规定予以处罚外，由县级以上人民政府环境保护主管部门或者其他有关部门将案件移送公安机关，对其直接负责的主管人员和其他直接责任人员，处十日以上十五日以下拘留；情节较轻的，处五日以上十日以下拘留：

（一）建设项目未依法进行环境影响评价，被责令停止建设，拒不执行的；

（二）违反法律规定，未取得排污许可证排放污染物，被责令停止排污，拒不执行的；

（三）通过暗管、渗井、渗坑、灌注或者篡改、伪造监测数据，或者不正常运行防治污染设施等逃避监管的方式违法排放污染物的；

（四）生产、使用国家明令禁止生产、使用的农药，被责令改正，拒不改正的。

第六十四条 因污染环境和破坏生态造成损害的，应当依照《中华人民共和国侵权责任法》的有关规定承担侵权责任。

第六十五条　环境影响评价机构、环境监测机构以及从事环境监测设备和防治污染设施维护、运营的机构，在有关环境服务活动中弄虚作假，对造成的环境污染和生态破坏负有责任的，除依照有关法律法规规定予以处罚外，还应当与造成环境污染和生态破坏的其他责任者承担连带责任。

第六十六条　提起环境损害赔偿诉讼的时效期间为三年，从当事人知道或者应当知道其受到损害时起计算。

第六十七条　上级人民政府及其环境保护主管部门应当加强对下级人民政府及其有关部门环境保护工作的监督。发现有关工作人员有违法行为，依法应当给予处分的，应当向其任免机关或者监察机关提出处分建议。

依法应当给予行政处罚，而有关环境保护主管部门不给予行政处罚的，上级人民政府环境保护主管部门可以直接作出行政处罚的决定。

第六十八条　地方各级人民政府、县级以上人民政府环境保护主管部门和其他负有环境保护监督管理职责的部门有下列行为之一的，对直接负责的主管人员和其他直接责任人员给予记过、记大过或者降级处分；造成严重后果的，给予撤职或者开除处分，其主要负责人应当引咎辞职：

（一）不符合行政许可条件准予行政许可的；

（二）对环境违法行为进行包庇的；

（三）依法应当作出责令停业、关闭的决定而未作出的；

（四）对超标排放污染物、采用逃避监管的方式排放污染物、造成环境事故以及不落实生态保护措施造成生态破坏等行为，发现或者接到举报未及时查处的；

（五）违反本法规定，查封、扣押企业事业单位和其他生产经营者的设施、设备的；

（六）篡改、伪造或者指使篡改、伪造监测数据的；

（七）应当依法公开环境信息而未公开的；

（八）将征收的排污费截留、挤占或者挪作他用的；

（九）法律法规规定的其他违法行为。

第六十九条　违反本法规定，构成犯罪的，依法追究刑事责任。

第七章　附　则

第七十条　本法自 2015 年 1 月 1 日起施行。

中华人民共和国大气污染防治法

（1987年9月5日第六届全国人民代表大会常务委员会第二十二次会议通过　根据1995年8月29日第八届全国人民代表大会常务委员会第十五次会议《关于修改〈中华人民共和国大气污染防治法〉的决定》修正　2000年4月29日第九届全国人民代表大会常务委员会第十五次会议第一次修订　2015年8月29日第十二届全国人民代表大会常务委员会第十六次会议第二次修订）

目　录

第一章　总　则

第一条　为保护和改善环境，防治大气污染，保障公众健康，推进生态文明建设，促进经济社会可持续发展，制定本法。

第二条　防治大气污染，应当以改善大气环境质量为目标，坚持源头治理，规划先行，转变经济发展方式，优化产业结构和布局，调整能源结构。

防治大气污染，应当加强对燃煤、工业、机动车船、扬尘、农业等大气污染的综合防治，推行区域大气污染联合防治，对颗粒物、二氧化硫、氮氧化物、挥发性有机物、氨等大气污染物和温室气体实施协同控制。

第三条　县级以上人民政府应当将大气污染防治工作纳入国民经济和社会发展规划，加大对大气污染防治的财政投入。

地方各级人民政府应当对本行政区域的大气环境质量负责，制定规划，采取措施，控制或者逐步削减大气污染物的排放量，使大气环境质量达到规定标准并逐步改善。

第四条　国务院环境保护主管部门会同国务院有关部门，按照国务院的规定，对省、自治区、直辖市大气环境质量改善目标、大气污染防治重点任务完成情况进行考核。省、自治区、直辖市人民政府制定考核办法，对本行政区域内地方大气环境质量改善目标、大气污染防治重点任务完成情况实施考核。

考核结果应当向社会公开。

第五条　县级以上人民政府环境保护主管部门对大气污染防治实施统一监督管理。

县级以上人民政府其他有关部门在各自职责范围内对大气污染防治实施监督管理。

第六条　国家鼓励和支持大气污染防治科学技术研究，开展对大气污染来源及其变化趋势的分析，推广先进适用的大气污染防治技术和装备，促进科技成果转化，发挥科学技术在大气污染防治中的支撑作用。

第七条　企业事业单位和其他生产经营者应当采取有效措施，防止、减少大气污染，对所造成的损害依法承担责任。

公民应当增强大气环境保护意识，采取低碳、节俭的生活方式，自觉履行大气环境保护义务。

第二章　大气污染防治标准和限期达标规划

第八条　国务院环境保护主管部门或者省、自治区、直辖市人民政府制定大气环境质量标准，应当以保障公众健康和保护生态环境为宗旨，与经济社会发展相适应，做到科学合理。

第九条　国务院环境保护主管部门或者省、自治区、直辖市人民政府制定大气污染物排放标准，应当以大气环境质量标准和国家经济、技术条件为依据。

第十条　制定大气环境质量标准、大气污染物排放标准，应当组织专家进行审查和论证，并征求有关部门、行业协会、企业事业单位和公众等方面的意见。

第十一条　省级以上人民政府环境保护主管部门应当在其网站上公布大气环境质量标准、大气污染物排放标准，供公众免费查阅、下载。

第十二条　大气环境质量标准、大气污染物排放标准的执行情况应当定期进行评估，根据评估结果对标准适时进行修订。

第十三条　制定燃煤、石油焦、生物质燃料、涂料等含挥发性有机物的产品、烟花爆竹以及锅炉等产品的质量标准，应当明确大气环境保护要求。

制定燃油质量标准，应当符合国家大气污染物控制要求，并与国家机动车船、非道路移动机械大气污染物排放标准相互衔接，同步实施。

前款所称非道路移动机械，是指装配有发动机的移动机械和可运输工业设备。

第十四条　未达到国家大气环境质量标准城市的人民政府应当及时编制大气环境质量限期达标规划，采取措施，按照国务院或者省级人民政府规定的期限达到大气环境质量标准。

编制城市大气环境质量限期达标规划，应当征求有关行业协会、企业事业单位、专家和公众等方面的意见。

第十五条　城市大气环境质量限期达标规划应当向社会公开。直辖市和设区的市的大气环境质量限期达标规划应当报国务院环境保护主管部门备案。

第十六条　城市人民政府每年在向本级人民代表大会或者其常务委员会报告环境状况和环境保护目标完成情况时，应当报告大气环境质量限期达标规划执行情况，并向社会公开。

第十七条　城市大气环境质量限期达标规划应当根据大气污染防治的要求和经济、技术条件适时进行评估、修订。

第三章　大气污染防治的监督管理

第十八条　企业事业单位和其他生产经营者建设对大气环境有影响的项目，应当依法进行环境影响评价、公开环境影响评价文件；向大气排放污染物的，应当符合大气污染物排放标准，遵守重点大气污染物排放总量控制要求。

第十九条　排放工业废气或者本法第七十八条规定名录中所列有毒有害大气污染物的企业事业单

位、集中供热设施的燃煤热源生产运营单位以及其他依法实行排污许可管理的单位，应当取得排污许可证。排污许可的具体办法和实施步骤由国务院规定。

第二十条 企业事业单位和其他生产经营者向大气排放污染物的，应当依照法律法规和国务院环境保护主管部门的规定设置大气污染物排放口。

禁止通过偷排、篡改或者伪造监测数据、以逃避现场检查为目的的临时停产、非紧急情况下开启应急排放通道、不正常运行大气污染防治设施等逃避监管的方式排放大气污染物。

第二十一条 国家对重点大气污染物排放实行总量控制。

重点大气污染物排放总量控制目标，由国务院环境保护主管部门在征求国务院有关部门和各省、自治区、直辖市人民政府意见后，会同国务院经济综合主管部门报国务院批准并下达实施。

省、自治区、直辖市人民政府应当按照国务院下达的总量控制目标，控制或者削减本行政区域的重点大气污染物排放总量。

确定总量控制目标和分解总量控制指标的具体办法，由国务院环境保护主管部门会同国务院有关部门规定。省、自治区、直辖市人民政府可以根据本行政区域大气污染防治的需要，对国家重点大气污染物之外的其他大气污染物排放实行总量控制。

国家逐步推行重点大气污染物排污权交易。

第二十二条 对超过国家重点大气污染物排放总量控制指标或者未完成国家下达的大气环境质量改善目标的地区，省级以上人民政府环境保护主管部门应当会同有关部门约谈该地区人民政府的主要负责人，并暂停审批该地区新增重点大气污染物排放总量的建设项目环境影响评价文件。约谈情况应当向社会公开。

第二十三条 国务院环境保护主管部门负责制定大气环境质量和大气污染源的监测和评价规范，组织建设与管理全国大气环境质量和大气污染源监测网，组织开展大气环境质量和大气污染源监测，统一发布全国大气环境质量状况信息。

县级以上地方人民政府环境保护主管部门负责组织建设与管理本行政区域大气环境质量和大气污染源监测网，开展大气环境质量和大气污染源监测，统一发布本行政区域大气环境质量状况信息。

第二十四条 企业事业单位和其他生产经营者应当按照国家有关规定和监测规范，对其排放的工业废气和本法第七十八条规定名录中所列有毒有害大气污染物进行监测，并保存原始监测记录。其中，重点排污单位应当安装、使用大气污染物排放自动监测设备，与环境保护主管部门的监控设备联网，保证监测设备正常运行并依法公开排放信息。监测的具体办法和重点排污单位的条件由国务院环境保护主管部门规定。

重点排污单位名录由设区的市级以上地方人民政府环境保护主管部门按照国务院环境保护主管部门的规定，根据本行政区域的大气环境承载力、重点大气污染物排放总量控制指标的要求以及排污单位排放大气污染物的种类、数量和浓度等因素，商有关部门确定，并向社会公布。

第二十五条 重点排污单位应当对自动监测数据的真实性和准确性负责。环境保护主管部门发现重点排污单位的大气污染物排放自动监测设备传输数据异常，应当及时进行调查。

第二十六条 禁止侵占、损毁或者擅自移动、改变大气环境质量监测设施和大气污染物排放自动监测设备。

第二十七条 国家对严重污染大气环境的工艺、设备和产品实行淘汰制度。

国务院经济综合主管部门会同国务院有关部门确定严重污染大气环境的工艺、设备和产品淘汰期限，并纳入国家综合性产业政策目录。

生产者、进口者、销售者或者使用者应当在规定期限内停止生产、进口、销售或者使用列入前款规定目录中的设备和产品。工艺的采用者应当在规定期限内停止采用列入前款规定目录中的工艺。

被淘汰的设备和产品，不得转让给他人使用。

第二十八条　国务院环境保护主管部门会同有关部门，建立和完善大气污染损害评估制度。

第二十九条　环境保护主管部门及其委托的环境监察机构和其他负有大气环境保护监督管理职责的部门，有权通过现场检查监测、自动监测、遥感监测、远红外摄像等方式，对排放大气污染物的企业事业单位和其他生产经营者进行监督检查。被检查者应当如实反映情况，提供必要的资料。实施检查的部门、机构及其工作人员应当为被检查者保守商业秘密。

第三十条　企业事业单位和其他生产经营者违反法律法规规定排放大气污染物，造成或者可能造成严重大气污染，或者有关证据可能灭失或者被隐匿的，县级以上人民政府环境保护主管部门和其他负有大气环境保护监督管理职责的部门，可以对有关设施、设备、物品采取查封、扣押等行政强制措施。

第三十一条　环境保护主管部门和其他负有大气环境保护监督管理职责的部门应当公布举报电话、电子邮箱等，方便公众举报。

环境保护主管部门和其他负有大气环境保护监督管理职责的部门接到举报的，应当及时处理并对举报人的相关信息予以保密；对实名举报的，应当反馈处理结果等情况，查证属实的，处理结果依法向社会公开，并对举报人给予奖励。

举报人举报所在单位的，该单位不得以解除、变更劳动合同或者其他方式对举报人进行打击报复。

第四章　大气污染防治措施

第一节　燃煤和其他能源污染防治

第三十二条　国务院有关部门和地方各级人民政府应当采取措施，调整能源结构，推广清洁能源的生产和使用；优化煤炭使用方式，推广煤炭清洁高效利用，逐步降低煤炭在一次能源消费中的比重，减少煤炭生产、使用、转化过程中的大气污染物排放。

第三十三条　国家推行煤炭洗选加工，降低煤炭的硫分和灰分，限制高硫分、高灰分煤炭的开采。新建煤矿应当同步建设配套的煤炭洗选设施，使煤炭的硫分、灰分含量达到规定标准；已建成的煤矿除所采煤炭属于低硫分、低灰分或者根据已达标排放的燃煤电厂要求不需要洗选的以外，应当限期建成配套的煤炭洗选设施。

禁止开采含放射性和砷等有毒有害物质超过规定标准的煤炭。

第三十四条　国家采取有利于煤炭清洁高效利用的经济、技术政策和措施，鼓励和支持洁净煤技术的开发和推广。

国家鼓励煤矿企业等采用合理、可行的技术措施，对煤层气进行开采利用，对煤矸石进行综合利用。从事煤层气开采利用的，煤层气排放应当符合有关标准规范。

第三十五条　国家禁止进口、销售和燃用不符合质量标准的煤炭，鼓励燃用优质煤炭。

单位存放煤炭、煤矸石、煤渣、煤灰等物料，应当采取防燃措施，防止大气污染。

第三十六条　地方各级人民政府应当采取措施，加强民用散煤的管理，禁止销售不符合民用散煤质量标准的煤炭，鼓励居民燃用优质煤炭和洁净型煤，推广节能环保型炉灶。

第三十七条　石油炼制企业应当按照燃油质量标准生产燃油。

禁止进口、销售和燃用不符合质量标准的石油焦。

第三十八条　城市人民政府可以划定并公布高污染燃料禁燃区，并根据大气环境质量改善要求，逐步扩大高污染燃料禁燃区范围。高污染燃料的目录由国务院环境保护主管部门确定。

在禁燃区内，禁止销售、燃用高污染燃料；禁止新建、扩建燃用高污染燃料的设施，已建成的，应当在城市人民政府规定的期限内改用天然气、页岩气、液化石油气、电或者其他清洁能源。

第三十九条　城市建设应当统筹规划，在燃煤供热地区，推进热电联产和集中供热。在集中供热管网覆盖地区，禁止新建、扩建分散燃煤供热锅炉；已建成的不能达标排放的燃煤供热锅炉，应当在城市人民政府规定的期限内拆除。

第四十条 县级以上人民政府质量监督部门应当会同环境保护主管部门对锅炉生产、进口、销售和使用环节执行环境保护标准或者要求的情况进行监督检查；不符合环境保护标准或者要求的，不得生产、进口、销售和使用。

第四十一条 燃煤电厂和其他燃煤单位应当采用清洁生产工艺，配套建设除尘、脱硫、脱硝等装置，或者采取技术改造等其他控制大气污染物排放的措施。

国家鼓励燃煤单位采用先进的除尘、脱硫、脱硝、脱汞等大气污染物协同控制的技术和装置，减少大气污染物的排放。

第四十二条 电力调度应当优先安排清洁能源发电上网。

第二节 工业污染防治

第四十三条 钢铁、建材、有色金属、石油、化工等企业生产过程中排放粉尘、硫化物和氮氧化物的，应当采用清洁生产工艺，配套建设除尘、脱硫、脱硝等装置，或者采取技术改造等其他控制大气污染物排放的措施。

第四十四条 生产、进口、销售和使用含挥发性有机物的原材料和产品的，其挥发性有机物含量应当符合质量标准或者要求。

国家鼓励生产、进口、销售和使用低毒、低挥发性有机溶剂。

第四十五条 产生含挥发性有机物废气的生产和服务活动，应当在密闭空间或者设备中进行，并按照规定安装、使用污染防治设施；无法密闭的，应当采取措施减少废气排放。

第四十六条 工业涂装企业应当使用低挥发性有机物含量的涂料，并建立台账，记录生产原料、辅料的使用量、废弃量、去向以及挥发性有机物含量。台账保存期限不得少于三年。

第四十七条 石油、化工以及其他生产和使用有机溶剂的企业，应当采取措施对管道、设备进行日常维护、维修，减少物料泄漏，对泄漏的物料应当及时收集处理。

储油储气库、加油加气站、原油成品油码头、原油成品油运输船舶和油罐车、气罐车等，应当按照国家有关规定安装油气回收装置并保持正常使用。

第四十八条 钢铁、建材、有色金属、石油、化工、制药、矿产开采等企业，应当加强精细化管理，采取集中收集处理等措施，严格控制粉尘和气态污染物的排放。

工业生产企业应当采取密闭、围挡、遮盖、清扫、洒水等措施，减少内部物料的堆存、传输、装卸等环节产生的粉尘和气态污染物的排放。

第四十九条 工业生产、垃圾填埋或者其他活动产生的可燃性气体应当回收利用，不具备回收利用条件的，应当进行污染防治处理。

可燃性气体回收利用装置不能正常作业的，应当及时修复或者更新。在回收利用装置不能正常作业期间确需排放可燃性气体的，应当将排放的可燃性气体充分燃烧或者采取其他控制大气污染物排放的措施，并向当地环境保护主管部门报告，按照要求限期修复或者更新。

第三节 机动车船等污染防治

第五十条 国家倡导低碳、环保出行，根据城市规划合理控制燃油机动车保有量，大力发展城市公共交通，提高公共交通出行比例。

国家采取财政、税收、政府采购等措施推广应用节能环保型和新能源机动车船、非道路移动机械，限制高油耗、高排放机动车船、非道路移动机械的发展，减少化石能源的消耗。

省、自治区、直辖市人民政府可以在条件具备的地区，提前执行国家机动车大气污染物排放标准中相应阶段排放限值，并报国务院环境保护主管部门备案。

城市人民政府应当加强并改善城市交通管理，优化道路设置，保障人行道和非机动车道的连续、畅通。

第五十一条 机动车船、非道路移动机械不得超过标准排放大气污染物。

禁止生产、进口或者销售大气污染物排放超过标准的机动车船、非道路移动机械。

第五十二条 机动车、非道路移动机械生产企业应当对新生产的机动车和非道路移动机械进行排放检验。经检验合格的，方可出厂销售。检验信息应当向社会公开。

省级以上人民政府环境保护主管部门可以通过现场检查、抽样检测等方式，加强对新生产、销售机动车和非道路移动机械大气污染物排放状况的监督检查。工业、质量监督、工商行政管理等有关部门予以配合。

第五十三条 在用机动车应当按照国家或者地方的有关规定，由机动车排放检验机构定期对其进行排放检验。经检验合格的，方可上道路行驶。未经检验合格的，公安机关交通管理部门不得核发安全技术检验合格标志。

县级以上地方人民政府环境保护主管部门可以在机动车集中停放地、维修地对在用机动车的大气污染物排放状况进行监督抽测；在不影响正常通行的情况下，可以通过遥感监测等技术手段对在道路上行驶的机动车的大气污染物排放状况进行监督抽测，公安机关交通管理部门予以配合。

第五十四条 机动车排放检验机构应当依法通过计量认证，使用经依法检定合格的机动车排放检验设备，按照国务院环境保护主管部门制定的规范，对机动车进行排放检验，并与环境保护主管部门联网，实现检验数据实时共享。机动车排放检验机构及其负责人对检验数据的真实性和准确性负责。

环境保护主管部门和认证认可监督管理部门应当对机动车排放检验机构的排放检验情况进行监督检查。

第五十五条 机动车生产、进口企业应当向社会公布其生产、进口机动车车型的排放检验信息、污染控制技术信息和有关维修技术信息。

机动车维修单位应当按照防治大气污染的要求和国家有关技术规范对在用机动车进行维修，使其达到规定的排放标准。交通运输、环境保护主管部门应当依法加强监督管理。

禁止机动车所有人以临时更换机动车污染控制装置等弄虚作假的方式通过机动车排放检验。禁止机动车维修单位提供该类维修服务。禁止破坏机动车车载排放诊断系统。

第五十六条 环境保护主管部门应当会同交通运输、住房城乡建设、农业行政、水行政等有关部门对非道路移动机械的大气污染物排放状况进行监督检查，排放不合格的，不得使用。

第五十七条 国家倡导环保驾驶，鼓励燃油机动车驾驶人在不影响道路通行且需停车三分钟以上的情况下熄灭发动机，减少大气污染物的排放。

第五十八条 国家建立机动车和非道路移动机械环境保护召回制度。

生产、进口企业获知机动车、非道路移动机械排放大气污染物超过标准，属于设计、生产缺陷或者不符合规定的环境保护耐久性要求的，应当召回；未召回的，由国务院质量监督部门会同国务院环境保护主管部门责令其召回。

第五十九条 在用重型柴油车、非道路移动机械未安装污染控制装置或者污染控制装置不符合要求，不能达标排放的，应当加装或者更换符合要求的污染控制装置。

第六十条 在用机动车排放大气污染物超过标准的，应当进行维修；经维修或者采用污染控制技术后，大气污染物排放仍不符合国家在用机动车排放标准的，应当强制报废。其所有人应当将机动车交售给报废机动车回收拆解企业，由报废机动车回收拆解企业按照国家有关规定进行登记、拆解、销毁等处理。

国家鼓励和支持高排放机动车船、非道路移动机械提前报废。

第六十一条 城市人民政府可以根据大气环境质量状况，划定并公布禁止使用高排放非道路移动机械的区域。

第六十二条 船舶检验机构对船舶发动机及有关设备进行排放检验。经检验符合国家排放标准的，船舶方可运营。

第六十三条 内河和江海直达船舶应当使用符合标准的普通柴油。远洋船舶靠港后应当使用符合大气污染物控制要求的船舶用燃油。

新建码头应当规划、设计和建设岸基供电设施；已建成的码头应当逐步实施岸基供电设施改造。船舶靠港后应当优先使用岸电。

第六十四条 国务院交通运输主管部门可以在沿海海域划定船舶大气污染物排放控制区，进入排放控制区的船舶应当符合船舶相关排放要求。

第六十五条 禁止生产、进口、销售不符合标准的机动车船、非道路移动机械用燃料；禁止向汽车和摩托车销售普通柴油以及其他非机动车用燃料；禁止向非道路移动机械、内河和江海直达船舶销售渣油和重油。

第六十六条 发动机油、氮氧化物还原剂、燃料和润滑油添加剂以及其他添加剂的有害物质含量和其他大气环境保护指标，应当符合有关标准的要求，不得损害机动车船污染控制装置效果和耐久性，不得增加新的大气污染物排放。

第六十七条 国家积极推进民用航空器的大气污染防治，鼓励在设计、生产、使用过程中采取有效措施减少大气污染物排放。

民用航空器应当符合国家规定的适航标准中的有关发动机排出物要求。

第四节 扬尘污染防治

第六十八条 地方各级人民政府应当加强对建设施工和运输的管理，保持道路清洁，控制料堆和渣土堆放，扩大绿地、水面、湿地和地面铺装面积，防治扬尘污染。

住房城乡建设、市容环境卫生、交通运输、国土资源等有关部门，应当根据本级人民政府确定的职责，做好扬尘污染防治工作。

第六十九条 建设单位应当将防治扬尘污染的费用列入工程造价，并在施工承包合同中明确施工单位扬尘污染防治责任。施工单位应当制定具体的施工扬尘污染防治实施方案。

从事房屋建筑、市政基础设施建设、河道整治以及建筑物拆除等施工单位，应当向负责监督管理扬尘污染防治的主管部门备案。

施工单位应当在施工工地设置硬质围挡，并采取覆盖、分段作业、择时施工、洒水抑尘、冲洗地面和车辆等有效防尘降尘措施。建筑土方、工程渣土、建筑垃圾应当及时清运；在场地内堆存的，应当采用密闭式防尘网遮盖。工程渣土、建筑垃圾应当进行资源化处理。

施工单位应当在施工工地公示扬尘污染防治措施、负责人、扬尘监督管理主管部门等信息。

暂时不能开工的建设用地，建设单位应当对裸露地面进行覆盖；超过三个月的，应当进行绿化、铺装或者遮盖。

第七十条 运输煤炭、垃圾、渣土、砂石、土方、灰浆等散装、流体物料的车辆应当采取密闭或者其他措施防止物料遗撒造成扬尘污染，并按照规定路线行驶。

装卸物料应当采取密闭或者喷淋等方式防治扬尘污染。

城市人民政府应当加强道路、广场、停车场和其他公共场所的清扫保洁管理，推行清洁动力机械化清扫等低尘作业方式，防治扬尘污染。

第七十一条 市政河道以及河道沿线、公共用地的裸露地面以及其他城镇裸露地面，有关部门应当按照规划组织实施绿化或者透水铺装。

第七十二条 贮存煤炭、煤矸石、煤渣、煤灰、水泥、石灰、石膏、砂土等易产生扬尘的物料应当密闭；不能密闭的，应当设置不低于堆放物高度的严密围挡，并采取有效覆盖措施防治扬尘污染。

码头、矿山、填埋场和消纳场应当实施分区作业，并采取有效措施防治扬尘污染。

第五节 农业和其他污染防治

第七十三条 地方各级人民政府应当推动转变农业生产方式，发展农业循环经济，加大对废弃物综合处理的支持力度，加强对农业生产经营活动排放大气污染物的控制。

第七十四条 农业生产经营者应当改进施肥方式，科学合理施用化肥并按照国家有关规定使用农药，减少氨、挥发性有机物等大气污染物的排放。

禁止在人口集中地区对树木、花草喷洒剧毒、高毒农药。

第七十五条 畜禽养殖场、养殖小区应当及时对污水、畜禽粪便和尸体等进行收集、贮存、清运和无害化处理，防止排放恶臭气体。

第七十六条 各级人民政府及其农业行政等有关部门应当鼓励和支持采用先进适用技术，对秸秆、落叶等进行肥料化、饲料化、能源化、工业原料化、食用菌基料化等综合利用，加大对秸秆还田、收集一体化农业机械的财政补贴力度。

县级人民政府应当组织建立秸秆收集、贮存、运输和综合利用服务体系，采用财政补贴等措施支持农村集体经济组织、农民专业合作经济组织、企业等开展秸秆收集、贮存、运输和综合利用服务。

第七十七条 省、自治区、直辖市人民政府应当划定区域，禁止露天焚烧秸秆、落叶等产生烟尘污染的物质。

第七十八条 国务院环境保护主管部门应当会同国务院卫生行政部门，根据大气污染物对公众健康和生态环境的危害和影响程度，公布有毒有害大气污染物名录，实行风险管理。

排放前款规定名录中所列有毒有害大气污染物的企业事业单位，应当按照国家有关规定建设环境风险预警体系，对排放口和周边环境进行定期监测，评估环境风险，排查环境安全隐患，并采取有效措施防范环境风险。

第七十九条 向大气排放持久性有机污染物的企业事业单位和其他生产经营者以及废弃物焚烧设施的运营单位，应当按照国家有关规定，采取有利于减少持久性有机污染物排放的技术方法和工艺，配备有效的净化装置，实现达标排放。

第八十条 企业事业单位和其他生产经营者在生产经营活动中产生恶臭气体的，应当科学选址，设置合理的防护距离，并安装净化装置或者采取其他措施，防止排放恶臭气体。

第八十一条 排放油烟的餐饮服务业经营者应当安装油烟净化设施并保持正常使用，或者采取其他油烟净化措施，使油烟达标排放，并防止对附近居民的正常生活环境造成污染。

禁止在居民住宅楼、未配套设立专用烟道的商住综合楼以及商住综合楼内与居住层相邻的商业楼层内新建、改建、扩建产生油烟、异味、废气的餐饮服务项目。

任何单位和个人不得在当地人民政府禁止的区域内露天烧烤食品或者为露天烧烤食品提供场地。

第八十二条 禁止在人口集中地区和其他依法需要特殊保护的区域内焚烧沥青、油毡、橡胶、塑料、皮革、垃圾以及其他产生有毒有害烟尘和恶臭气体的物质。

禁止生产、销售和燃放不符合质量标准的烟花爆竹。任何单位和个人不得在城市人民政府禁止的时段和区域内燃放烟花爆竹。

第八十三条 国家鼓励和倡导文明、绿色祭祀。

火葬场应当设置除尘等污染防治设施并保持正常使用，防止影响周边环境。

第八十四条 从事服装干洗和机动车维修等服务活动的经营者，应当按照国家有关标准或者要求设置异味和废气处理装置等污染防治设施并保持正常使用，防止影响周边环境。

第八十五条 国家鼓励、支持消耗臭氧层物质替代品的生产和使用，逐步减少直至停止消耗臭氧层物质的生产和使用。

国家对消耗臭氧层物质的生产、使用、进出口实行总量控制和配额管理。具体办法由国务院规定。

第五章　重点区域大气污染联合防治

第八十六条　国家建立重点区域大气污染联防联控机制，统筹协调重点区域内大气污染防治工作。国务院环境保护主管部门根据主体功能区划、区域大气环境质量状况和大气污染传输扩散规律，划定国家大气污染防治重点区域，报国务院批准。

重点区域内有关省、自治区、直辖市人民政府应当确定牵头的地方人民政府，定期召开联席会议，按照统一规划、统一标准、统一监测、统一的防治措施的要求，开展大气污染联合防治，落实大气污染防治目标责任。国务院环境保护主管部门应当加强指导、督促。

省、自治区、直辖市可以参照第一款规定划定本行政区域的大气污染防治重点区域。

第八十七条　国务院环境保护主管部门会同国务院有关部门、国家大气污染防治重点区域内有关省、自治区、直辖市人民政府，根据重点区域经济社会发展和大气环境承载力，制定重点区域大气污染联合防治行动计划，明确控制目标，优化区域经济布局，统筹交通管理，发展清洁能源，提出重点防治任务和措施，促进重点区域大气环境质量改善。

第八十八条　国务院经济综合主管部门会同国务院环境保护主管部门，结合国家大气污染防治重点区域产业发展实际和大气环境质量状况，进一步提高环境保护、能耗、安全、质量等要求。

重点区域内有关省、自治区、直辖市人民政府应当实施更严格的机动车大气污染物排放标准，统一在用机动车检验方法和排放限值，并配套供应合格的车用燃油。

第八十九条　编制可能对国家大气污染防治重点区域的大气环境造成严重污染的有关工业园区、开发区、区域产业和发展等规划，应当依法进行环境影响评价。规划编制机关应当与重点区域内有关省、自治区、直辖市人民政府或者有关部门会商。

重点区域内有关省、自治区、直辖市建设可能对相邻省、自治区、直辖市大气环境质量产生重大影响的项目，应当及时通报有关信息，进行会商。

会商意见及其采纳情况作为环境影响评价文件审查或者审批的重要依据。

第九十条　国家大气污染防治重点区域内新建、改建、扩建用煤项目的，应当实行煤炭的等量或者减量替代。

第九十一条　国务院环境保护主管部门应当组织建立国家大气污染防治重点区域的大气环境质量监测、大气污染源监测等相关信息共享机制，利用监测、模拟以及卫星、航测、遥感等新技术分析重点区域内大气污染来源及其变化趋势，并向社会公开。

第九十二条　国务院环境保护主管部门和国家大气污染防治重点区域内有关省、自治区、直辖市人民政府可以组织有关部门开展联合执法、跨区域执法、交叉执法。

第六章　重污染天气应对

第九十三条　国家建立重污染天气监测预警体系。

国务院环境保护主管部门会同国务院气象主管机构等有关部门、国家大气污染防治重点区域内有关省、自治区、直辖市人民政府，建立重点区域重污染天气监测预警机制，统一预警分级标准。可能发生区域重污染天气的，应当及时向重点区域内有关省、自治区、直辖市人民政府通报。

省、自治区、直辖市、设区的市人民政府环境保护主管部门会同气象主管机构等有关部门建立本行政区域重污染天气监测预警机制。

第九十四条　县级以上地方人民政府应当将重污染天气应对纳入突发事件应急管理体系。

省、自治区、直辖市、设区的市人民政府以及可能发生重污染天气的县级人民政府，应当制定重污染天气应急预案，向上一级人民政府环境保护主管部门备案，并向社会公布。

第九十五条　省、自治区、直辖市、设区的市人民政府环境保护主管部门应当会同气象主管机构建立会商机制，进行大气环境质量预报。可能发生重污染天气的，应当及时向本级人民政府报告。省、自治区、直辖市、设区的市人民政府依据重污染天气预报信息，进行综合研判，确定预警等级并及时发出预警。预警等级根据情况变化及时调整。任何单位和个人不得擅自向社会发布重污染天气预报预警信息。

预警信息发布后，人民政府及其有关部门应当通过电视、广播、网络、短信等途径告知公众采取健康防护措施，指导公众出行和调整其他相关社会活动。

第九十六条　县级以上地方人民政府应当依据重污染天气的预警等级，及时启动应急预案，根据应急需要可以采取责令有关企业停产或者限产、限制部分机动车行驶、禁止燃放烟花爆竹、停止工地土石方作业和建筑物拆除施工、停止露天烧烤、停止幼儿园和学校组织的户外活动、组织开展人工影响天气作业等应急措施。

应急响应结束后，人民政府应当及时开展应急预案实施情况的评估，适时修改完善应急预案。

第九十七条　发生造成大气污染的突发环境事件，人民政府及其有关部门和相关企业事业单位，应当依照《中华人民共和国突发事件应对法》《中华人民共和国环境保护法》的规定，做好应急处置工作。环境保护主管部门应当及时对突发环境事件产生的大气污染物进行监测，并向社会公布监测信息。

第七章　法律责任

第九十八条　违反本法规定，以拒绝进入现场等方式拒不接受环境保护主管部门及其委托的环境监察机构或者其他负有大气环境保护监督管理职责的部门的监督检查，或者在接受监督检查时弄虚作假的，由县级以上人民政府环境保护主管部门或者其他负有大气环境保护监督管理职责的部门责令改正，处二万元以上二十万元以下的罚款；构成违反治安管理行为的，由公安机关依法予以处罚。

第九十九条　违反本法规定，有下列行为之一的，由县级以上人民政府环境保护主管部门责令改正或者限制生产、停产整治，并处十万元以上一百万元以下的罚款；情节严重的，报经有批准权的人民政府批准，责令停业、关闭：

（一）未依法取得排污许可证排放大气污染物的；

（二）超过大气污染物排放标准或者超过重点大气污染物排放总量控制指标排放大气污染物的；

（三）通过逃避监管的方式排放大气污染物的。

第一百条　违反本法规定，有下列行为之一的，由县级以上人民政府环境保护主管部门责令改正，处二万元以上二十万元以下的罚款；拒不改正的，责令停产整治：

（一）侵占、损毁或者擅自移动、改变大气环境质量监测设施或者大气污染物排放自动监测设备的；

（二）未按照规定对所排放的工业废气和有毒有害大气污染物进行监测并保存原始监测记录的；

（三）未按照规定安装、使用大气污染物排放自动监测设备或者未按照规定与环境保护主管部门的监控设备联网，并保证监测设备正常运行的；

（四）重点排污单位不公开或者不如实公开自动监测数据的；

（五）未按照规定设置大气污染物排放口的。

第一百零一条　违反本法规定，生产、进口、销售或者使用国家综合性产业政策目录中禁止的设备和产品，采用国家综合性产业政策目录中禁止的工艺，或者将淘汰的设备和产品转让给他人使用的，由县级以上人民政府经济综合主管部门、出入境检验检疫机构按照职责责令改正，没收违法所得，并处货值金额一倍以上三倍以下的罚款；拒不改正的，报经有批准权的人民政府批准，责令停业、关闭。进口行为构成走私的，由海关依法予以处罚。

第一百零二条　违反本法规定，煤矿未按照规定建设配套煤炭洗选设施的，由县级以上人民政府能源主管部门责令改正，处十万元以上一百万元以下的罚款；拒不改正的，报经有批准权的人民政府批准，责令停业、关闭。

违反本法规定，开采含放射性和砷等有毒有害物质超过规定标准的煤炭的，由县级以上人民政府按照国务院规定的权限责令停业、关闭。

第一百零三条 违反本法规定，有下列行为之一的，由县级以上地方人民政府质量监督、工商行政管理部门按照职责责令改正，没收原材料、产品和违法所得，并处货值金额一倍以上三倍以下的罚款：

（一）销售不符合质量标准的煤炭、石油焦的；

（二）生产、销售挥发性有机物含量不符合质量标准或者要求的原材料和产品的；

（三）生产、销售不符合标准的机动车船和非道路移动机械用燃料、发动机油、氮氧化物还原剂、燃料和润滑油添加剂以及其他添加剂的；

（四）在禁燃区内销售高污染燃料的。

第一百零四条 违反本法规定，有下列行为之一的，由出入境检验检疫机构责令改正，没收原材料、产品和违法所得，并处货值金额一倍以上三倍以下的罚款；构成走私的，由海关依法予以处罚：

（一）进口不符合质量标准的煤炭、石油焦的；

（二）进口挥发性有机物含量不符合质量标准或者要求的原材料和产品的；

（三）进口不符合标准的机动车船和非道路移动机械用燃料、发动机油、氮氧化物还原剂、燃料和润滑油添加剂以及其他添加剂的。

第一百零五条 违反本法规定，单位燃用不符合质量标准的煤炭、石油焦的，由县级以上人民政府环境保护主管部门责令改正，处货值金额一倍以上三倍以下的罚款。

第一百零六条 违反本法规定，使用不符合标准或者要求的船舶用燃油的，由海事管理机构、渔业主管部门按照职责处一万元以上十万元以下的罚款。

第一百零七条 违反本法规定，在禁燃区内新建、扩建燃用高污染燃料的设施，或者未按照规定停止燃用高污染燃料，或者在城市集中供热管网覆盖地区新建、扩建分散燃煤供热锅炉，或者未按照规定拆除已建成的不能达标排放的燃煤供热锅炉的，由县级以上地方人民政府环境保护主管部门没收燃用高污染燃料的设施，组织拆除燃煤供热锅炉，并处二万元以上二十万元以下的罚款。

违反本法规定，生产、进口、销售或者使用不符合规定标准或者要求的锅炉，由县级以上人民政府质量监督、环境保护主管部门责令改正，没收违法所得，并处二万元以上二十万元以下的罚款。

第一百零八条 违反本法规定，有下列行为之一的，由县级以上人民政府环境保护主管部门责令改正，处二万元以上二十万元以下的罚款；拒不改正的，责令停产整治：

（一）产生含挥发性有机物废气的生产和服务活动，未在密闭空间或者设备中进行，未按照规定安装、使用污染防治设施，或者未采取减少废气排放措施的；

（二）工业涂装企业未使用低挥发性有机物含量涂料或者未建立、保存台账的；

（三）石油、化工以及其他生产和使用有机溶剂的企业，未采取措施对管道、设备进行日常维护、维修，减少物料泄漏或者对泄漏的物料未及时收集处理的；

（四）储油储气库、加油加气站和油罐车、气罐车等，未按照国家有关规定安装并正常使用油气回收装置的；

（五）钢铁、建材、有色金属、石油、化工、制药、矿产开采等企业，未采取集中收集处理、密闭、围挡、遮盖、清扫、洒水等措施，控制、减少粉尘和气态污染物排放的；

（六）工业生产、垃圾填埋或者其他活动中产生的可燃性气体未回收利用，不具备回收利用条件未进行防治污染处理，或者可燃性气体回收利用装置不能正常作业，未及时修复或者更新的。

第一百零九条 违反本法规定，生产超过污染物排放标准的机动车、非道路移动机械的，由省级以上人民政府环境保护主管部门责令改正，没收违法所得，并处货值金额一倍以上三倍以下的罚款，没收销毁无法达到污染物排放标准的机动车、非道路移动机械；拒不改正的，责令停产整治，并由国务院机动车生产主管部门责令停止生产该车型。

违反本法规定，机动车、非道路移动机械生产企业对发动机、污染控制装置弄虚作假、以次充好，冒充排放检验合格产品出厂销售的，由省级以上人民政府环境保护主管部门责令停产整治，没收违法所得，并处货值金额一倍以上三倍以下的罚款，没收销毁无法达到污染物排放标准的机动车、非道路移动机械，并由国务院机动车生产主管部门责令停止生产该车型。

第一百一十条　违反本法规定，进口、销售超过污染物排放标准的机动车、非道路移动机械的，由县级以上人民政府工商行政管理部门、出入境检验检疫机构按照职责没收违法所得，并处货值金额一倍以上三倍以下的罚款，没收销毁无法达到污染物排放标准的机动车、非道路移动机械；进口行为构成走私的，由海关依法予以处罚。

违反本法规定，销售的机动车、非道路移动机械不符合污染物排放标准的，销售者应当负责修理、更换、退货；给购买者造成损失的，销售者应当赔偿损失。

第一百一十一条　违反本法规定，机动车生产、进口企业未按照规定向社会公布其生产、进口机动车车型的排放检验信息或者污染控制技术信息的，由省级以上人民政府环境保护主管部门责令改正，处五万元以上五十万元以下的罚款。

违反本法规定，机动车生产、进口企业未按照规定向社会公布其生产、进口机动车车型的有关维修技术信息的，由省级以上人民政府交通运输主管部门责令改正，处五万元以上五十万元以下的罚款。

第一百一十二条　违反本法规定，伪造机动车、非道路移动机械排放检验结果或者出具虚假排放检验报告的，由县级以上人民政府环境保护主管部门没收违法所得，并处十万元以上五十万元以下的罚款；情节严重的，由负责资质认定的部门取消其检验资格。

违反本法规定，伪造船舶排放检验结果或者出具虚假排放检验报告的，由海事管理机构依法予以处罚。

违反本法规定，以临时更换机动车污染控制装置等弄虚作假的方式通过机动车排放检验或者破坏机动车车载排放诊断系统的，由县级以上人民政府环境保护主管部门责令改正，对机动车所有人处五千元的罚款；对机动车维修单位处每辆机动车五千元的罚款。

第一百一十三条　违反本法规定，机动车驾驶人驾驶排放检验不合格的机动车上道路行驶的，由公安机关交通管理部门依法予以处罚。

第一百一十四条　违反本法规定，使用排放不合格的非道路移动机械，或者在用重型柴油车、非道路移动机械未按照规定加装、更换污染控制装置的，由县级以上人民政府环境保护等主管部门按照职责责令改正，处五千元的罚款。

违反本法规定，在禁止使用高排放非道路移动机械的区域使用高排放非道路移动机械的，由城市人民政府环境保护等主管部门依法予以处罚。

第一百一十五条　违反本法规定，施工单位有下列行为之一的，由县级以上人民政府住房城乡建设等主管部门按照职责责令改正，处一万元以上十万元以下的罚款；拒不改正的，责令停工整治：

（一）施工工地未设置硬质密闭围挡，或者未采取覆盖、分段作业、择时施工、洒水抑尘、冲洗地面和车辆等有效防尘降尘措施的；

（二）建筑土方、工程渣土、建筑垃圾未及时清运，或者未采用密闭式防尘网遮盖的。

违反本法规定，建设单位未对暂时不能开工的建设用地的裸露地面进行覆盖，或者未对超过三个月不能开工的建设用地的裸露地面进行绿化、铺装或者遮盖的，由县级以上人民政府住房城乡建设等主管部门依照前款规定予以处罚。

第一百一十六条　违反本法规定，运输煤炭、垃圾、渣土、砂石、土方、灰浆等散装、流体物料的车辆，未采取密闭或者其他措施防止物料遗撒的，由县级以上地方人民政府确定的监督管理部门责令改正，处二千元以上二万元以下的罚款；拒不改正的，车辆不得上道路行驶。

第一百一十七条 违反本法规定，有下列行为之一的，由县级以上人民政府环境保护等主管部门按照职责责令改正，处一万元以上十万元以下的罚款；拒不改正的，责令停工整治或者停业整治：

（一）未密闭煤炭、煤矸石、煤渣、煤灰、水泥、石灰、石膏、砂土等易产生扬尘的物料的；

（二）对不能密闭的易产生扬尘的物料，未设置不低于堆放物高度的严密围挡，或者未采取有效覆盖措施防治扬尘污染的；

（三）装卸物料未采取密闭或者喷淋等方式控制扬尘排放的；

（四）存放煤炭、煤矸石、煤渣、煤灰等物料，未采取防燃措施的；

（五）码头、矿山、填埋场和消纳场未采取有效措施防治扬尘污染的；

（六）排放有毒有害大气污染物名录中所列有毒有害大气污染物的企业事业单位，未按照规定建设环境风险预警体系或者对排放口和周边环境进行定期监测、排查环境安全隐患并采取有效措施防范环境风险的；

（七）向大气排放持久性有机污染物的企业事业单位和其他生产经营者以及废弃物焚烧设施的运营单位，未按照国家有关规定采取有利于减少持久性有机污染物排放的技术方法和工艺，配备净化装置的；

（八）未采取措施防止排放恶臭气体的。

第一百一十八条 违反本法规定，排放油烟的餐饮服务业经营者未安装油烟净化设施、不正常使用油烟净化设施或者未采取其他油烟净化措施，超过排放标准排放油烟的，由县级以上地方人民政府确定的监督管理部门责令改正，处五千元以上五万元以下的罚款；拒不改正的，责令停业整治。

违反本法规定，在居民住宅楼、未配套设立专用烟道的商住综合楼、商住综合楼内与居住层相邻的商业楼层内新建、改建、扩建产生油烟、异味、废气的餐饮服务项目的，由县级以上地方人民政府确定的监督管理部门责令改正；拒不改正的，予以关闭，并处一万元以上十万元以下的罚款。

违反本法规定，在当地人民政府禁止的时段和区域内露天烧烤食品或者为露天烧烤食品提供场地的，由县级以上地方人民政府确定的监督管理部门责令改正，没收烧烤工具和违法所得，并处五百元以上二万元以下的罚款。

第一百一十九条 违反本法规定，在人口集中地区对树木、花草喷洒剧毒、高毒农药，或者露天焚烧秸秆、落叶等产生烟尘污染的物质的，由县级以上地方人民政府确定的监督管理部门责令改正，并可以处五百元以上二千元以下的罚款。

违反本法规定，在人口集中地区和其他依法需要特殊保护的区域内，焚烧沥青、油毡、橡胶、塑料、皮革、垃圾以及其他产生有毒有害烟尘和恶臭气体的物质的，由县级人民政府确定的监督管理部门责令改正，对单位处一万元以上十万元以下的罚款，对个人处五百元以上二千元以下的罚款。

违反本法规定，在城市人民政府禁止的时段和区域内燃放烟花爆竹的，由县级以上地方人民政府确定的监督管理部门依法予以处罚。

第一百二十条 违反本法规定，从事服装干洗和机动车维修等服务活动，未设置异味和废气处理装置等污染防治设施并保持正常使用，影响周边环境的，由县级以上地方人民政府环境保护主管部门责令改正，处二千元以上二万元以下的罚款；拒不改正的，责令停业整治。

第一百二十一条 违反本法规定，擅自向社会发布重污染天气预报预警信息，构成违反治安管理行为的，由公安机关依法予以处罚。

违反本法规定，拒不执行停止工地土石方作业或者建筑物拆除施工等重污染天气应急措施的，由县级以上地方人民政府确定的监督管理部门处一万元以上十万元以下的罚款。

第一百二十二条 违反本法规定，造成大气污染事故的，由县级以上人民政府环境保护主管部门依照本条第二款的规定处以罚款；对直接负责的主管人员和其他直接责任人员可以处上一年度从本企业事业单位取得收入百分之五十以下的罚款。

对造成一般或者较大大气污染事故的，按照污染事故造成直接损失的一倍以上三倍以下计算罚款；

对造成重大或者特大大气污染事故的，按照污染事故造成的直接损失的三倍以上五倍以下计算罚款。

第一百二十三条　违反本法规定，企业事业单位和其他生产经营者有下列行为之一，受到罚款处罚，被责令改正，拒不改正的，依法作出处罚决定的行政机关可以自责令改正之日的次日起，按照原处罚数额按日连续处罚：

（一）未依法取得排污许可证排放大气污染物的；

（二）超过大气污染物排放标准或者超过重点大气污染物排放总量控制指标排放大气污染物的；

（三）通过逃避监管的方式排放大气污染物的；

（四）建筑施工或者贮存易产生扬尘的物料未采取有效措施防治扬尘污染的。

第一百二十四条　违反本法规定，对举报人以解除、变更劳动合同或者其他方式打击报复的，应当依照有关法律的规定承担责任。

第一百二十五条　排放大气污染物造成损害的，应当依法承担侵权责任。

第一百二十六条　地方各级人民政府、县级以上人民政府环境保护主管部门和其他负有大气环境保护监督管理职责的部门及其工作人员滥用职权、玩忽职守、徇私舞弊、弄虚作假的，依法给予处分。

第一百二十七条　违反本法规定，构成犯罪的，依法追究刑事责任。

第八章　附　则

第一百二十八条　海洋工程的大气污染防治，依照《中华人民共和国海洋环境保护法》的有关规定执行。

第一百二十九条　本法自2016年1月1日起施行。

中华人民共和国水污染防治法

（1984 年 5 月 11 日第六届全国人民代表大会常务委员会第五次会议通过根据 1996 年 5 月 15 日第八届全国人民代表大会常务委员会第十九次会议《关于修改〈中华人民共和国水污染防治法〉的决定》第一次修正 2008 年 2 月 28 日第十届全国人民代表大会常务委员会第三十二次会议修订 根据 2017 年 6 月 27 日第十二届全国人民代表大会常务委员会第二十八次会议《关于修改〈中华人民共和国水污染防治法〉的决定》第二次修正）

目 录

第一章 总 则

第一条 为了保护和改善环境，防治水污染，保护水生态，保障饮用水安全，维护公众健康，推进生态文明建设，促进经济社会可持续发展，制定本法。

第二条 本法适用于中华人民共和国领域内的江河、湖泊、运河、渠道、水库等地表水体以及地下水体的污染防治。

海洋污染防治适用《中华人民共和国海洋环境保护法》。

第三条 水污染防治应当坚持预防为主、防治结合、综合治理的原则，优先保护饮用水水源，严格控制工业污染、城镇生活污染，防治农业面源污染，积极推进生态治理工程建设，预防、控制和减少水环境污染和生态破坏。

第四条 县级以上人民政府应当将水环境保护工作纳入国民经济和社会发展规划。

地方各级人民政府对本行政区域的水环境质量负责，应当及时采取措施防治水污染。

第五条 省、市、县、乡建立河长制，分级分段组织领导本行政区域内江河、湖泊的水资源保护、水域岸线管理、水污染防治、水环境治理等工作。

第六条 国家实行水环境保护目标责任制和考核评价制度，将水环境保护目标完成情况作为对地方人民政府及其负责人考核评价的内容。

第七条　国家鼓励、支持水污染防治的科学技术研究和先进适用技术的推广应用，加强水环境保护的宣传教育。

第八条　国家通过财政转移支付等方式，建立健全对位于饮用水水源保护区区域和江河、湖泊、水库上游地区的水环境生态保护补偿机制。

第九条　县级以上人民政府环境保护主管部门对水污染防治实施统一监督管理。

交通主管部门的海事管理机构对船舶污染水域的防治实施监督管理。

县级以上人民政府水行政、国土资源、卫生、建设、农业、渔业等部门以及重要江河、湖泊的流域水资源保护机构，在各自的职责范围内，对有关水污染防治实施监督管理。

第十条　排放水污染物，不得超过国家或者地方规定的水污染物排放标准和重点水污染物排放总量控制指标。

第十一条　任何单位和个人都有义务保护水环境，并有权对污染损害水环境的行为进行检举。

县级以上人民政府及其有关主管部门对在水污染防治工作中做出显著成绩的单位和个人给予表彰和奖励。

第二章　水污染防治的标准和规划

第十二条　国务院环境保护主管部门制定国家水环境质量标准。

省、自治区、直辖市人民政府可以对国家水环境质量标准中未作规定的项目，制定地方标准，并报国务院环境保护主管部门备案。

第十三条　国务院环境保护主管部门会同国务院水行政主管部门和有关省、自治区、直辖市人民政府，可以根据国家确定的重要江河、湖泊流域水体的使用功能以及有关地区的经济、技术条件，确定该重要江河、湖泊流域的省界水体适用的水环境质量标准，报国务院批准后施行。

第十四条　国务院环境保护主管部门根据国家水环境质量标准和国家经济、技术条件，制定国家水污染物排放标准。

省、自治区、直辖市人民政府对国家水污染物排放标准中未作规定的项目，可以制定地方水污染物排放标准；对国家水污染物排放标准中已作规定的项目，可以制定严于国家水污染物排放标准的地方水污染物排放标准。地方水污染物排放标准须报国务院环境保护主管部门备案。

向已有地方水污染物排放标准的水体排放污染物的，应当执行地方水污染物排放标准。

第十五条　国务院环境保护主管部门和省、自治区、直辖市人民政府，应当根据水污染防治的要求和国家或者地方的经济、技术条件，适时修订水环境质量标准和水污染物排放标准。

第十六条　防治水污染应当按流域或者按区域进行统一规划。国家确定的重要江河、湖泊的流域水污染防治规划，由国务院环境保护主管部门会同国务院经济综合宏观调控、水行政等部门和有关省、自治区、直辖市人民政府编制，报国务院批准。

前款规定外的其他跨省、自治区、直辖市江河、湖泊的流域水污染防治规划，根据国家确定的重要江河、湖泊的流域水污染防治规划和本地实际情况，由有关省、自治区、直辖市人民政府环境保护主管部门会同同级水行政等部门和有关市、县人民政府编制，经有关省、自治区、直辖市人民政府审核，报国务院批准。

省、自治区、直辖市内跨县江河、湖泊的流域水污染防治规划，根据国家确定的重要江河、湖泊的流域水污染防治规划和本地实际情况，由省、自治区、直辖市人民政府环境保护主管部门会同同级水行政等部门编制，报省、自治区、直辖市人民政府批准，并报国务院备案。

经批准的水污染防治规划是防治水污染的基本依据，规划的修订须经原批准机关批准。

县级以上地方人民政府应当根据依法批准的江河、湖泊的流域水污染防治规划，组织制定本行政区域的水污染防治规划。

第十七条 有关市、县级人民政府应当按照水污染防治规划确定的水环境质量改善目标的要求，制定限期达标规划，采取措施按期达标。

有关市、县级人民政府应当将限期达标规划报上一级人民政府备案，并向社会公开。

第十八条 市、县级人民政府每年在向本级人民代表大会或者其常务委员会报告环境状况和环境保护目标完成情况时，应当报告水环境质量限期达标规划执行情况，并向社会公开。

第三章 水污染防治的监督管理

第十九条 新建、改建、扩建直接或者间接向水体排放污染物的建设项目和其他水上设施，应当依法进行环境影响评价。

建设单位在江河、湖泊新建、改建、扩建排污口的，应当取得水行政主管部门或者流域管理机构同意；涉及通航、渔业水域的，环境保护主管部门在审批环境影响评价文件时，应当征求交通、渔业主管部门的意见。

建设项目的水污染防治设施，应当与主体工程同时设计、同时施工、同时投入使用。水污染防治设施应当符合经批准或者备案的环境影响评价文件的要求。

第二十条 国家对重点水污染物排放实施总量控制制度。

重点水污染物排放总量控制指标，由国务院环境保护主管部门在征求国务院有关部门和各省、自治区、直辖市人民政府意见后，会同国务院经济综合宏观调控部门报国务院批准并下达实施。

省、自治区、直辖市人民政府应当按照国务院的规定削减和控制本行政区域的重点水污染物排放总量。具体办法由国务院环境保护主管部门会同国务院有关部门规定。

省、自治区、直辖市人民政府可以根据本行政区域水环境质量状况和水污染防治工作的需要，对国家重点水污染物之外的其他水污染物排放实行总量控制。

对超过重点水污染物排放总量控制指标或者未完成水环境质量改善目标的地区，省级以上人民政府环境保护主管部门应当会同有关部门约谈该地区人民政府的主要负责人，并暂停审批新增重点水污染物排放总量的建设项目的环境影响评价文件。约谈情况应当向社会公开。

第二十一条 直接或者间接向水体排放工业废水和医疗污水以及其他按照规定应当取得排污许可证方可排放的废水、污水的企业事业单位和其他生产经营者，应当取得排污许可证；城镇污水集中处理设施的运营单位，也应当取得排污许可证。排污许可证应当明确排放水污染物的种类、浓度、总量和排放去向等要求。排污许可的具体办法由国务院规定。

禁止企业事业单位和其他生产经营者无排污许可证或者违反排污许可证的规定向水体排放前款规定的废水、污水。

第二十二条 向水体排放污染物的企业事业单位和其他生产经营者，应当按照法律、行政法规和国务院环境保护主管部门的规定设置排污口；在江河、湖泊设置排污口的，还应当遵守国务院水行政主管部门的规定。

第二十三条 实行排污许可管理的企业事业单位和其他生产经营者应当按照国家有关规定和监测规范，对所排放的水污染物自行监测，并保存原始监测记录。重点排污单位还应当安装水污染物排放自动监测设备，与环境保护主管部门的监控设备联网，并保证监测设备正常运行。具体办法由国务院环境保护主管部门规定。

应当安装水污染物排放自动监测设备的重点排污单位名录，由设区的市级以上地方人民政府环境保护主管部门根据本行政区域的环境容量、重点水污染物排放总量控制指标的要求以及排污单位排放水污染物的种类、数量和浓度等因素，商同级有关部门确定。

第二十四条 实行排污许可管理的企业事业单位和其他生产经营者应当对监测数据的真实性和准确

性负责。

环境保护主管部门发现重点排污单位的水污染物排放自动监测设备传输数据异常，应当及时进行调查。

第二十五条 国家建立水环境质量监测和水污染物排放监测制度。国务院环境保护主管部门负责制定水环境监测规范，统一发布国家水环境状况信息，会同国务院水行政等部门组织监测网络，统一规划国家水环境质量监测站（点）的设置，建立监测数据共享机制，加强对水环境监测的管理。

第二十六条 国家确定的重要江河、湖泊流域的水资源保护工作机构负责监测其所在流域的省界水体的水环境质量状况，并将监测结果及时报国务院环境保护主管部门和国务院水行政主管部门；有经国务院批准成立的流域水资源保护领导机构的，应当将监测结果及时报告流域水资源保护领导机构。

第二十七条 国务院有关部门和县级以上地方人民政府开发、利用和调节、调度水资源时，应当统筹兼顾，维持江河的合理流量和湖泊、水库以及地下水体的合理水位，保障基本生态用水，维护水体的生态功能。

第二十八条 国务院环境保护主管部门应当会同国务院水行政等部门和有关省、自治区、直辖市人民政府，建立重要江河、湖泊的流域水环境保护联合协调机制，实行统一规划、统一标准、统一监测、统一的防治措施。

第二十九条 国务院环境保护主管部门和省、自治区、直辖市人民政府环境保护主管部门应当会同同级有关部门根据流域生态环境功能需要，明确流域生态环境保护要求，组织开展流域环境资源承载能力监测、评价，实施流域环境资源承载能力预警。

县级以上地方人民政府应当根据流域生态环境功能需要，组织开展江河、湖泊、湿地保护与修复，因地制宜建设人工湿地、水源涵养林、沿河沿湖植被缓冲带和隔离带等生态环境治理与保护工程，整治黑臭水体，提高流域环境资源承载能力。

从事开发建设活动，应当采取有效措施，维护流域生态环境功能，严守生态保护红线。

第三十条 环境保护主管部门和其他依照本法规定行使监督管理权的部门，有权对管辖范围内的排污单位进行现场检查，被检查的单位应当如实反映情况，提供必要的资料。检查机关有义务为被检查的单位保守在检查中获取的商业秘密。

第三十一条 跨行政区域的水污染纠纷，由有关地方人民政府协商解决，或者由其共同的上级人民政府协调解决。

第四章 水污染防治措施

第一节 一般规定

第三十二条 国务院环境保护主管部门应当会同国务院卫生主管部门，根据对公众健康和生态环境的危害和影响程度，公布有毒有害水污染物名录，实行风险管理。

排放前款规定名录中所列有毒有害水污染物的企业事业单位和其他生产经营者，应当对排污口和周边环境进行监测，评估环境风险，排查环境安全隐患，并公开有毒有害水污染物信息，采取有效措施防范环境风险。

第三十三条 禁止向水体排放油类、酸液、碱液或者剧毒废液。

禁止在水体清洗装贮过油类或者有毒污染物的车辆和容器。

第三十四条 禁止向水体排放、倾倒放射性固体废物或者含有高放射性和中放射性物质的废水。

向水体排放含低放射性物质的废水，应当符合国家有关放射性污染防治的规定和标准。

第三十五条 向水体排放含热废水，应当采取措施，保证水体的水温符合水环境质量标准。

第三十六条 含病原体的污水应当经过消毒处理；符合国家有关标准后，方可排放。

第三十七条 禁止向水体排放、倾倒工业废渣、城镇垃圾和其他废弃物。

禁止将含有汞、镉、砷、铬、铅、氰化物、黄磷等的可溶性剧毒废渣向水体排放、倾倒或者直接埋入地下。

存放可溶性剧毒废渣的场所，应当采取防水、防渗漏、防流失的措施。

第三十八条 禁止在江河、湖泊、运河、渠道、水库最高水位线以下的滩地和岸坡堆放、存贮固体废弃物和其他污染物。

第三十九条 禁止利用渗井、渗坑、裂隙、溶洞，私设暗管，篡改、伪造监测数据，或者不正常运行水污染防治设施等逃避监管的方式排放水污染物。

第四十条 化学品生产企业以及工业集聚区、矿山开采区、尾矿库、危险废物处置场、垃圾填埋场等的运营、管理单位，应当采取防渗漏等措施，并建设地下水水质监测井进行监测，防止地下水污染。

加油站等的地下油罐应当使用双层罐或者采取建造防渗池等其他有效措施，并进行防渗漏监测，防止地下水污染。

禁止利用无防渗漏措施的沟渠、坑塘等输送或者存贮含有毒污染物的废水、含病原体的污水和其他废弃物。

第四十一条 多层地下水的含水层水质差异大的，应当分层开采；对已受污染的潜水和承压水，不得混合开采。

第四十二条 兴建地下工程设施或者进行地下勘探、采矿等活动，应当采取防护性措施，防止地下水污染。

报废矿井、钻井或者取水井等，应当实施封井或者回填。

第四十三条 人工回灌补给地下水，不得恶化地下水质。

第二节 工业水污染防治

第四十四条 国务院有关部门和县级以上地方人民政府应当合理规划工业布局，要求造成水污染的企业进行技术改造，采取综合防治措施，提高水的重复利用率，减少废水和污染物排放量。

第四十五条 排放工业废水的企业应当采取有效措施，收集和处理产生的全部废水，防止污染环境。含有毒有害水污染物的工业废水应当分类收集和处理，不得稀释排放。

工业集聚区应当配套建设相应的污水集中处理设施，安装自动监测设备，与环境保护主管部门的监控设备联网，并保证监测设备正常运行。

向污水集中处理设施排放工业废水的，应当按照国家有关规定进行预处理，达到集中处理设施处理工艺要求后方可排放。

第四十六条 国家对严重污染水环境的落后工艺和设备实行淘汰制度。

国务院经济综合宏观调控部门会同国务院有关部门，公布限期禁止采用的严重污染水环境的工艺名录和限期禁止生产、销售、进口、使用的严重污染水环境的设备名录。

生产者、销售者、进口者或者使用者应当在规定的期限内停止生产、销售、进口或者使用列入前款规定的设备名录中的设备。工艺的采用者应当在规定的期限内停止采用列入前款规定的工艺名录中的工艺。

依照本条第二款、第三款规定被淘汰的设备，不得转让给他人使用。

第四十七条 国家禁止新建不符合国家产业政策的小型造纸、制革、印染、染料、炼焦、炼硫、炼砷、炼汞、炼油、电镀、农药、石棉、水泥、玻璃、钢铁、火电以及其他严重污染水环境的生产项目。

第四十八条 企业应当采用原材料利用效率高、污染物排放量少的清洁工艺，并加强管理，减少水污染物的产生。

第三节 城镇水污染防治

第四十九条 城镇污水应当集中处理。

县级以上地方人民政府应当通过财政预算和其他渠道筹集资金，统筹安排建设城镇污水集中处理设施及配套管网，提高本行政区域城镇污水的收集率和处理率。

国务院建设主管部门应当会同国务院经济综合宏观调控、环境保护主管部门，根据城乡规划和水污染防治规划，组织编制全国城镇污水处理设施建设规划。县级以上地方人民政府组织建设、经济综合宏观调控、环境保护、水行政等部门编制本行政区域的城镇污水处理设施建设规划。县级以上地方人民政府建设主管部门应当按照城镇污水处理设施建设规划，组织建设城镇污水集中处理设施及配套管网，并加强对城镇污水集中处理设施运营的监督管理。

城镇污水集中处理设施的运营单位按照国家规定向排污者提供污水处理的有偿服务，收取污水处理费用，保证污水集中处理设施的正常运行。收取的污水处理费用应当用于城镇污水集中处理设施的建设运行和污泥处理处置，不得挪作他用。

城镇污水集中处理设施的污水处理收费、管理以及使用的具体办法，由国务院规定。

第五十条 向城镇污水集中处理设施排放水污染物，应当符合国家或者地方规定的水污染物排放标准。

城镇污水集中处理设施的运营单位，应当对城镇污水集中处理设施的出水水质负责。

环境保护主管部门应当对城镇污水集中处理设施的出水水质和水量进行监督检查。

第五十一条 城镇污水集中处理设施的运营单位或者污泥处理处置单位应当安全处理处置污泥，保证处理处置后的污泥符合国家标准，并对污泥的去向等进行记录。

第四节 农业和农村水污染防治

第五十二条 国家支持农村污水、垃圾处理设施的建设，推进农村污水、垃圾集中处理。

地方各级人民政府应当统筹规划建设农村污水、垃圾处理设施，并保障其正常运行。

第五十三条 制定化肥、农药等产品的质量标准和使用标准，应当适应水环境保护要求。

第五十四条 使用农药，应当符合国家有关农药安全使用的规定和标准。

运输、存贮农药和处置过期失效农药，应当加强管理，防止造成水污染。

第五十五条 县级以上地方人民政府农业主管部门和其他有关部门，应当采取措施，指导农业生产者科学、合理地施用化肥和农药，推广测土配方施肥技术和高效低毒低残留农药，控制化肥和农药的过量使用，防止造成水污染。

第五十六条 国家支持畜禽养殖场、养殖小区建设畜禽粪便、废水的综合利用或者无害化处理设施。

畜禽养殖场、养殖小区应当保证其畜禽粪便、废水的综合利用或者无害化处理设施正常运转，保证污水达标排放，防止污染水环境。

畜禽散养密集区所在地县、乡级人民政府应当组织对畜禽粪便污水进行分户收集、集中处理利用。

第五十七条 从事水产养殖应当保护水域生态环境，科学确定养殖密度，合理投饵和使用药物，防止污染水环境。

第五十八条 农田灌溉用水应当符合相应的水质标准，防止污染土壤、地下水和农产品。

禁止向农田灌溉渠道排放工业废水或者医疗污水。向农田灌溉渠道排放城镇污水以及未综合利用的畜禽养殖废水、农产品加工废水的，应当保证其下游最近的灌溉取水点的水质符合农田灌溉水质标准。

第五节 船舶水污染防治

第五十九条 船舶排放含油污水、生活污水，应当符合船舶污染物排放标准。从事海洋航运的船舶进入内河和港口的，应当遵守内河的船舶污染物排放标准。

船舶的残油、废油应当回收，禁止排入水体。

禁止向水体倾倒船舶垃圾。

船舶装载运输油类或者有毒货物，应当采取防止溢流和渗漏的措施，防止货物落水造成水污染。

进入中华人民共和国内河的国际航线船舶排放压载水的，应当采用压载水处理装置或者采取其他等效措施，对压载水进行灭活等处理。禁止排放不符合规定的船舶压载水。

第六十条 船舶应当按照国家有关规定配置相应的防污设备和器材，并持有合法有效的防止水域环境污染的证书与文书。

船舶进行涉及污染物排放的作业，应当严格遵守操作规程，并在相应的记录簿上如实记载。

第六十一条 港口、码头、装卸站和船舶修造厂所在地市、县级人民政府应当统筹规划建设船舶污染物、废弃物的接收、转运及处理处置设施。

港口、码头、装卸站和船舶修造厂应当备有足够的船舶污染物、废弃物的接收设施。从事船舶污染物、废弃物接收作业，或者从事装载油类、污染危害性货物船舱清洗作业的单位，应当具备与其运营规模相适应的接收处理能力。

第六十二条 船舶及有关作业单位从事有污染风险的作业活动，应当按照有关法律法规和标准，采取有效措施，防止造成水污染。海事管理机构、渔业主管部门应当加强对船舶及有关作业活动的监督管理。

船舶进行散装液体污染危害性货物的过驳作业，应当编制作业方案，采取有效的安全和污染防治措施，并报作业地海事管理机构批准。

禁止采取冲滩方式进行船舶拆解作业。

第五章　饮用水水源和其他特殊水体保护

第六十三条 国家建立饮用水水源保护区制度。饮用水水源保护区分为一级保护区和二级保护区；必要时，可以在饮用水水源保护区外围划定一定的区域作为准保护区。

饮用水水源保护区的划定，由有关市、县人民政府提出划定方案，报省、自治区、直辖市人民政府批准；跨市、县饮用水水源保护区的划定，由有关市、县人民政府协商提出划定方案，报省、自治区、直辖市人民政府批准；协商不成的，由省、自治区、直辖市人民政府环境保护主管部门会同同级水行政、国土资源、卫生、建设等部门提出划定方案，征求同级有关部门的意见后，报省、自治区、直辖市人民政府批准。

跨省、自治区、直辖市的饮用水水源保护区，由有关省、自治区、直辖市人民政府商有关流域管理机构划定；协商不成的，由国务院环境保护主管部门会同同级水行政、国土资源、卫生、建设等部门提出划定方案，征求国务院有关部门的意见后，报国务院批准。

国务院和省、自治区、直辖市人民政府可以根据保护饮用水水源的实际需要，调整饮用水水源保护区的范围，确保饮用水安全。有关地方人民政府应当在饮用水水源保护区的边界设立明确的地理界标和明显的警示标志。

第六十四条 在饮用水水源保护区内，禁止设置排污口。

第六十五条 禁止在饮用水水源一级保护区内新建、改建、扩建与供水设施和保护水源无关的建设项目；已建成的与供水设施和保护水源无关的建设项目，由县级以上人民政府责令拆除或者关闭。

禁止在饮用水水源一级保护区内从事网箱养殖、旅游、游泳、垂钓或者其他可能污染饮用水水体的活动。

第六十六条 禁止在饮用水水源二级保护区内新建、改建、扩建排放污染物的建设项目；已建成的排放污染物的建设项目，由县级以上人民政府责令拆除或者关闭。

在饮用水水源二级保护区内从事网箱养殖、旅游等活动的，应当按照规定采取措施，防止污染饮用水水体。

第六十七条　禁止在饮用水水源准保护区内新建、扩建对水体污染严重的建设项目；改建建设项目，不得增加排污量。

第六十八条　县级以上地方人民政府应当根据保护饮用水水源的实际需要，在准保护区内采取工程措施或者建造湿地、水源涵养林等生态保护措施，防止水污染物直接排入饮用水水体，确保饮用水安全。

第六十九条　县级以上地方人民政府应当组织环境保护等部门，对饮用水水源保护区、地下水型饮用水源的补给区及供水单位周边区域的环境状况和污染风险进行调查评估，筛查可能存在的污染风险因素，并采取相应的风险防范措施。

饮用水水源受到污染可能威胁供水安全的，环境保护主管部门应当责令有关企业事业单位和其他生产经营者采取停止排放水污染物等措施，并通报饮用水供水单位和供水、卫生、水行政等部门；跨行政区域的，还应当通报相关地方人民政府。

第七十条　单一水源供水城市的人民政府应当建设应急水源或者备用水源，有条件的地区可以开展区域联网供水。

县级以上地方人民政府应当合理安排、布局农村饮用水水源，有条件的地区可以采取城镇供水管网延伸或者建设跨村、跨乡镇联片集中供水工程等方式，发展规模集中供水。

第七十一条　饮用水供水单位应当做好取水口和出水口的水质检测工作。发现取水口水质不符合饮用水水源水质标准或者出水口水质不符合饮用水卫生标准的，应当及时采取相应措施，并向所在地市、县级人民政府供水主管部门报告。供水主管部门接到报告后，应当通报环境保护、卫生、水行政等部门。

饮用水供水单位应当对供水水质负责，确保供水设施安全可靠运行，保证供水水质符合国家有关标准。

第七十二条　县级以上地方人民政府应当组织有关部门监测、评估本行政区域内饮用水水源、供水单位供水和用户水龙头出水的水质等饮用水安全状况。

县级以上地方人民政府有关部门应当至少每季度向社会公开一次饮用水安全状况信息。

第七十三条　国务院和省、自治区、直辖市人民政府根据水环境保护的需要，可以规定在饮用水水源保护区内，采取禁止或者限制使用含磷洗涤剂、化肥、农药以及限制种植养殖等措施。

第七十四条　县级以上人民政府可以对风景名胜区水体、重要渔业水体和其他具有特殊经济文化价值的水体划定保护区，并采取措施，保证保护区的水质符合规定用途的水环境质量标准。

第七十五条　在风景名胜区水体、重要渔业水体和其他具有特殊经济文化价值的水体的保护区内，不得新建排污口。在保护区附近新建排污口，应当保证保护区水体不受污染。

第六章　水污染事故处置

第七十六条　各级人民政府及其有关部门，可能发生水污染事故的企业事业单位，应当依照《中华人民共和国突发事件应对法》的规定，做好突发水污染事故的应急准备、应急处置和事后恢复等工作。

第七十七条　可能发生水污染事故的企业事业单位，应当制定有关水污染事故的应急方案，做好应急准备，并定期进行演练。

生产、储存危险化学品的企业事业单位，应当采取措施，防止在处理安全生产事故过程中产生的可能严重污染水体的消防废水、废液直接排入水体。

第七十八条　企业事业单位发生事故或者其他突发性事件，造成或者可能造成水污染事故的，应当立即启动本单位的应急方案，采取隔离等应急措施，防止水污染物进入水体，并向事故发生地的县级以上地方人民政府或者环境保护主管部门报告。环境保护主管部门接到报告后，应当及时向本级人民政府报告，并抄送有关部门。

造成渔业污染事故或者渔业船舶造成水污染事故的，应当向事故发生地的渔业主管部门报告，接受调查处理。其他船舶造成水污染事故的，应当向事故发生地的海事管理机构报告，接受调查处理；给渔业造成损害的，海事管理机构应当通知渔业主管部门参与调查处理。

第七十九条 市、县级人民政府应当组织编制饮用水安全突发事件应急预案。

饮用水供水单位应当根据所在地饮用水安全突发事件应急预案，制定相应的突发事件应急方案，报所在地市、县级人民政府备案，并定期进行演练。

饮用水水源发生水污染事故，或者发生其他可能影响饮用水安全的突发性事件，饮用水供水单位应当采取应急处理措施，向所在地市、县级人民政府报告，并向社会公开。有关人民政府应当根据情况及时启动应急预案，采取有效措施，保障供水安全。

第七章 法律责任

第八十条 环境保护主管部门或者其他依照本法规定行使监督管理权的部门，不依法作出行政许可或者办理批准文件的，发现违法行为或者接到对违法行为的举报后不予查处的，或者有其他未依照本法规定履行职责的行为的，对直接负责的主管人员和其他直接责任人员依法给予处分。

第八十一条 以拖延、围堵、滞留执法人员等方式拒绝、阻挠环境保护主管部门或者其他依照本法规定行使监督管理权的部门的监督检查，或者在接受监督检查时弄虚作假的，由县级以上人民政府环境保护主管部门或者其他依照本法规定行使监督管理权的部门责令改正，处二万元以上二十万元以下的罚款。

第八十二条 违反本法规定，有下列行为之一的，由县级以上人民政府环境保护主管部门责令限期改正，处二万元以上二十万元以下的罚款；逾期不改正的，责令停产整治：

（一）未按照规定对所排放的水污染物自行监测，或者未保存原始监测记录的；

（二）未按照规定安装水污染物排放自动监测设备，未按照规定与环境保护主管部门的监控设备联网，或者未保证监测设备正常运行的；

（三）未按照规定对有毒有害水污染物的排污口和周边环境进行监测，或者未公开有毒有害水污染物信息的。

第八十三条 违反本法规定，有下列行为之一的，由县级以上人民政府环境保护主管部门责令改正或者责令限制生产、停产整治，并处十万元以上一百万元以下的罚款；情节严重的，报经有批准权的人民政府批准，责令停业、关闭：

（一）未依法取得排污许可证排放水污染物的；

（二）超过水污染物排放标准或者超过重点水污染物排放总量控制指标排放水污染物的；

（三）利用渗井、渗坑、裂隙、溶洞，私设暗管，篡改、伪造监测数据，或者不正常运行水污染防治设施等逃避监管的方式排放水污染物的；

（四）未按照规定进行预处理，向污水集中处理设施排放不符合处理工艺要求的工业废水的。

第八十四条 在饮用水水源保护区内设置排污口的，由县级以上地方人民政府责令限期拆除，处十万元以上五十万元以下的罚款；逾期不拆除的，强制拆除，所需费用由违法者承担，处五十万元以上一百万元以下的罚款，并可以责令停产整治。

除前款规定外，违反法律、行政法规和国务院环境保护主管部门的规定设置排污口的，由县级以上地方人民政府环境保护主管部门责令限期拆除，处二万元以上十万元以下的罚款；逾期不拆除的，强制拆除，所需费用由违法者承担，处十万元以上五十万元以下的罚款；情节严重的，可以责令停产整治。

未经水行政主管部门或者流域管理机构同意，在江河、湖泊新建、改建、扩建排污口的，由县级以上人民政府水行政主管部门或者流域管理机构依据职权，依照前款规定采取措施、给予处罚。

第八十五条 有下列行为之一的，由县级以上地方人民政府环境保护主管部门责令停止违法行为，限期采取治理措施，消除污染，处以罚款；逾期不采取治理措施的，环境保护主管部门可以指定有治理能力的单位代为治理，所需费用由违法者承担：

（一）向水体排放油类、酸液、碱液的；

（二）向水体排放剧毒废液，或者将含有汞、镉、砷、铬、铅、氰化物、黄磷等的可溶性剧毒废渣向水体排放、倾倒或者直接埋入地下的；

（三）在水体清洗装贮过油类、有毒污染物的车辆或者容器的；

（四）向水体排放、倾倒工业废渣、城镇垃圾或者其他废弃物，或者在江河、湖泊、运河、渠道、水库最高水位线以下的滩地、岸坡堆放、存贮固体废弃物或者其他污染物的；

（五）向水体排放、倾倒放射性固体废物或者含有高放射性、中放射性物质的废水的；

（六）违反国家有关规定或者标准，向水体排放含低放射性物质的废水、热废水或者含病原体的污水的；

（七）未采取防渗漏等措施，或者未建设地下水水质监测井进行监测的；

（八）加油站等的地下油罐未使用双层罐或者采取建造防渗池等其他有效措施，或者未进行防渗漏监测的；

（九）未按照规定采取防护性措施，或者利用无防渗漏措施的沟渠、坑塘等输送或者存贮含有毒污染物的废水、含病原体的污水或者其他废弃物的。

有前款第三项、第四项、第六项、第七项、第八项行为之一的，处二万元以上二十万元以下的罚款。有前款第一项、第二项、第五项、第九项行为之一的，处十万元以上一百万元以下的罚款；情节严重的，报经有批准权的人民政府批准，责令停业、关闭。

第八十六条　违反本法规定，生产、销售、进口或者使用列入禁止生产、销售、进口、使用的严重污染水环境的设备名录中的设备，或者采用列入禁止采用的严重污染水环境的工艺名录中的工艺的，由县级以上人民政府经济综合宏观调控部门责令改正，处五万元以上二十万元以下的罚款；情节严重的，由县级以上人民政府经济综合宏观调控部门提出意见，报请本级人民政府责令停业、关闭。

第八十七条　违反本法规定，建设不符合国家产业政策的小型造纸、制革、印染、染料、炼焦、炼硫、炼砷、炼汞、炼油、电镀、农药、石棉、水泥、玻璃、钢铁、火电以及其他严重污染水环境的生产项目的，由所在地的市、县人民政府责令关闭。

第八十八条　城镇污水集中处理设施的运营单位或者污泥处理处置单位，处理处置后的污泥不符合国家标准，或者对污泥去向等未进行记录的，由城镇排水主管部门责令限期采取治理措施，给予警告；造成严重后果的，处十万元以上二十万元以下的罚款；逾期不采取治理措施的，城镇排水主管部门可以指定有治理能力的单位代为治理，所需费用由违法者承担。

第八十九条　船舶未配置相应的防污染设备和器材，或者未持有合法有效的防止水域环境污染的证书与文书的，由海事管理机构、渔业主管部门按照职责分工责令限期改正，处二千元以上二万元以下的罚款；逾期不改正的，责令船舶临时停航。

船舶进行涉及污染物排放的作业，未遵守操作规程或者未在相应的记录簿上如实记载的，由海事管理机构、渔业主管部门按照职责分工责令改正，处二千元以上二万元以下的罚款。

第九十条　违反本法规定，有下列行为之一的，由海事管理机构、渔业主管部门按照职责分工责令停止违法行为，处一万元以上十万元以下的罚款；造成水污染的，责令限期采取治理措施，消除污染，处二万元以上二十万元以下的罚款；逾期不采取治理措施的，海事管理机构、渔业主管部门按照职责分工可以指定有治理能力的单位代为治理，所需费用由船舶承担：

（一）向水体倾倒船舶垃圾或者排放船舶的残油、废油的；

（二）未经作业地海事管理机构批准，船舶进行散装液体污染危害性货物的过驳作业的；

（三）船舶及有关作业单位从事有污染风险的作业活动，未按照规定采取污染防治措施的；

（四）以冲滩方式进行船舶拆解的；

（五）进入中华人民共和国内河的国际航线船舶，排放不符合规定的船舶压载水的。

第九十一条 有下列行为之一的，由县级以上地方人民政府环境保护主管部门责令停止违法行为，处十万元以上五十万元以下的罚款；并报经有批准权的人民政府批准，责令拆除或者关闭：

（一）在饮用水水源一级保护区内新建、改建、扩建与供水设施和保护水源无关的建设项目的；

（二）在饮用水水源二级保护区内新建、改建、扩建排放污染物的建设项目的；

（三）在饮用水水源准保护区内新建、扩建对水体污染严重的建设项目，或者改建建设项目增加排污量的。

在饮用水水源一级保护区内从事网箱养殖或者组织进行旅游、垂钓或者其他可能污染饮用水水体的活动的，由县级以上地方人民政府环境保护主管部门责令停止违法行为，处二万元以上十万元以下的罚款。个人在饮用水水源一级保护区内游泳、垂钓或者从事其他可能污染饮用水水体的活动的，由县级以上地方人民政府环境保护主管部门责令停止违法行为，可以处五百元以下的罚款。

第九十二条 饮用水供水单位供水水质不符合国家规定标准的，由所在地市、县级人民政府供水主管部门责令改正，处二万元以上二十万元以下的罚款；情节严重的，报经有批准权的人民政府批准，可以责令停业整顿；对直接负责的主管人员和其他直接责任人员依法给予处分。

第九十三条 企业事业单位有下列行为之一的，由县级以上人民政府环境保护主管部门责令改正；情节严重的，处二万元以上十万元以下的罚款：

（一）不按照规定制定水污染事故的应急方案的；

（二）水污染事故发生后，未及时启动水污染事故的应急方案，采取有关应急措施的。

第九十四条 企业事业单位违反本法规定，造成水污染事故的，除依法承担赔偿责任外，由县级以上人民政府环境保护主管部门依照本条第二款的规定处以罚款，责令限期采取治理措施，消除污染；未按照要求采取治理措施或者不具备治理能力的，由环境保护主管部门指定有治理能力的单位代为治理，所需费用由违法者承担；对造成重大或者特大水污染事故的，还可以报经有批准权的人民政府批准，责令关闭；对直接负责的主管人员和其他直接责任人员可以处上一年度从本单位取得的收入百分之五十以下的罚款；有《中华人民共和国环境保护法》第六十三条规定的违法排放水污染物等行为之一，尚不构成犯罪的，由公安机关对直接负责的主管人员和其他直接责任人员处十日以上十五日以下的拘留；情节较轻的，处五日以上十日以下的拘留。

对造成一般或者较大水污染事故的，按照水污染事故造成的直接损失的百分之二十计算罚款；对造成重大或者特大水污染事故的，按照水污染事故造成的直接损失的百分之三十计算罚款。

造成渔业污染事故或者渔业船舶造成水污染事故的，由渔业主管部门进行处罚；其他船舶造成水污染事故的，由海事管理机构进行处罚。

第九十五条 企业事业单位和其他生产经营者违法排放水污染物，受到罚款处罚，被责令改正的，依法作出处罚决定的行政机关应当组织复查，发现其继续违法排放水污染物或者拒绝、阻挠复查的，依照《中华人民共和国环境保护法》的规定按日连续处罚。

第九十六条 因水污染受到损害的当事人，有权要求排污方排除危害和赔偿损失。

由于不可抗力造成水污染损害的，排污方不承担赔偿责任；法律另有规定的除外。

水污染损害是由受害人故意造成的，排污方不承担赔偿责任。水污染损害是由受害人重大过失造成的，可以减轻排污方的赔偿责任。

水污染损害是由第三人造成的，排污方承担赔偿责任后，有权向第三人追偿。

第九十七条 因水污染引起的损害赔偿责任和赔偿金额的纠纷，可以根据当事人的请求，由环境保护主管部门或者海事管理机构、渔业主管部门按照职责分工调解处理；调解不成的，当事人可以向人民法院提起诉讼。当事人也可以直接向人民法院提起诉讼。

第九十八条　因水污染引起的损害赔偿诉讼，由排污方就法律规定的免责事由及其行为与损害结果之间不存在因果关系承担举证责任。

第九十九条　因水污染受到损害的当事人人数众多的，可以依法由当事人推选代表人进行共同诉讼。

环境保护主管部门和有关社会团体可以依法支持因水污染受到损害的当事人向人民法院提起诉讼。

国家鼓励法律服务机构和律师为水污染损害诉讼中的受害人提供法律援助。

第一百条　因水污染引起的损害赔偿责任和赔偿金额的纠纷，当事人可以委托环境监测机构提供监测数据。环境监测机构应当接受委托，如实提供有关监测数据。

第一百零一条　违反本法规定，构成犯罪的，依法追究刑事责任。

第八章　附　则

第一百零二条　本法中下列用语的含义：

（一）水污染，是指水体因某种物质的介入，而导致其化学、物理、生物或者放射性等方面特性的改变，从而影响水的有效利用，危害人体健康或者破坏生态环境，造成水质恶化的现象。

（二）水污染物，是指直接或者间接向水体排放的，能导致水体污染的物质。

（三）有毒污染物，是指那些直接或者间接被生物摄入体内后，可能导致该生物或者其后代发病、行为反常、遗传异变、生理机能失常、机体变形或者死亡的污染物。

（四）污泥，是指污水处理过程中产生的半固态或者固态物质。

（五）渔业水体，是指划定的鱼虾类的产卵场、索饵场、越冬场、洄游通道和鱼虾贝藻类的养殖场的水体。

第一百零三条　本法自2008年6月1日起施行。

中共中央 国务院印发《生态文明体制改革总体方案》

为加快建立系统完整的生态文明制度体系，加快推进生态文明建设，增强生态文明体制改革的系统性、整体性、协同性，制定本方案。

一、生态文明体制改革的总体要求

（一）生态文明体制改革的指导思想。全面贯彻党的十八大和十八届二中、三中、四中全会精神，以邓小平理论、“三个代表”重要思想、科学发展观为指导，深入贯彻落实习近平总书记系列重要讲话精神，按照党中央、国务院决策部署，坚持节约资源和保护环境基本国策，坚持节约优先、保护优先、自然恢复为主方针，立足我国社会主义初级阶段的基本国情和新的阶段性特征，以建设美丽中国为目标，以正确处理人与自然关系为核心，以解决生态环境领域突出问题为导向，保障国家生态安全，改善环境质量，提高资源利用效率，推动形成人与自然和谐发展的现代化建设新格局。

（二）生态文明体制改革的理念

树立尊重自然、顺应自然、保护自然的理念，生态文明建设不仅影响经济持续健康发展，也关系政治和社会建设，必须放在突出地位，融入经济建设、政治建设、文化建设、社会建设各方面和全过程。

树立发展和保护相统一的理念，坚持发展是硬道理的战略思想，发展必须是绿色发展、循环发展、低碳发展，平衡好发展和保护的关系，按照主体功能定位控制开发强度，调整空间结构，给子孙后代留下天蓝、地绿、水净的美好家园，实现发展与保护的内在统一、相互促进。

树立绿水青山就是金山银山的理念，清新空气、清洁水源、美丽山川、肥沃土地、生物多样性是人类生存必需的生态环境，坚持发展是第一要务，必须保护森林、草原、河流、湖泊、湿地、海洋等自然生态。

树立自然价值和自然资本的理念，自然生态是有价值的，保护自然就是增值自然价值和自然资本的过程，就是保护和发展生产力，就应得到合理回报和经济补偿。

树立空间均衡的理念，把握人口、经济、资源环境的平衡点推动发展，人口规模、产业结构、增长速度不能超出当地水土资源承载能力和环境容量。

树立山水林田湖是一个生命共同体的理念，按照生态系统的整体性、系统性及其内在规律，统筹考虑自然生态各要素、山上山下、地上地下、陆地海洋以及流域上下游，进行整体保护、系统修复、综合治理，增强生态系统循环能力，维护生态平衡。

（三）生态文明体制改革的原则

坚持正确改革方向，健全市场机制，更好发挥政府的主导和监管作用，发挥企业的积极性和自我约束作用，发挥社会组织和公众的参与和监督作用。

坚持自然资源资产的公有性质，创新产权制度，落实所有权，区分自然资源资产所有者权利和管理者权力，合理划分中央地方事权和监管职责，保障全体人民分享全民所有自然资源资产收益。

坚持城乡环境治理体系统一，继续加强城市环境保护和工业污染防治，加大生态环境保护工作对农村地区的覆盖，建立健全农村环境治理体制机制，加大对农村污染防治设施建设和资金投入力度。

坚持激励和约束并举，既要形成支持绿色发展、循环发展、低碳发展的利益导向机制，又要坚持源头严防、过程严管、损害严惩、责任追究，形成对各类市场主体的有效约束，逐步实现市场化、法治化、制度化。

坚持主动作为和国际合作相结合，加强生态环境保护是我们的自觉行为，同时要深化国际交流和务实合作，充分借鉴国际上的先进技术和体制机制建设有益经验，积极参与全球环境治理，承担并履行好同发展中大国相适应的国际责任。

坚持鼓励试点先行和整体协调推进相结合，在党中央、国务院统一部署下，先易后难、分步推进，成熟一项推出一项。支持各地区根据本方案确定的基本方向，因地制宜，大胆探索、大胆试验。

（四）生态文明体制改革的目标。到 2020 年，构建起由自然资源资产产权制度、国土空间开发保护制度、空间规划体系、资源总量管理和全面节约制度、资源有偿使用和生态补偿制度、环境治理体系、环境治理和生态保护市场体系、生态文明绩效评价考核和责任追究制度等八项制度构成的产权清晰、多元参与、激励约束并重、系统完整的生态文明制度体系，推进生态文明领域国家治理体系和治理能力现代化，努力走向社会主义生态文明新时代。

构建归属清晰、权责明确、监管有效的自然资源资产产权制度，着力解决自然资源所有者不到位、所有权边界模糊等问题。

构建以空间规划为基础、以用途管制为主要手段的国土空间开发保护制度，着力解决因无序开发、过度开发、分散开发导致的优质耕地和生态空间占用过多、生态破坏、环境污染等问题。

构建以空间治理和空间结构优化为主要内容，全国统一、相互衔接、分级管理的空间规划体系，着力解决空间性规划重叠冲突、部门职责交叉重复、地方规划朝令夕改等问题。

构建覆盖全面、科学规范、管理严格的资源总量管理和全面节约制度，着力解决资源使用浪费严重、利用效率不高等问题。

构建反映市场供求和资源稀缺程度、体现自然价值和代际补偿的资源有偿使用和生态补偿制度，着力解决自然资源及其产品价格偏低、生产开发成本低于社会成本、保护生态得不到合理回报等问题。

构建以改善环境质量为导向，监管统一、执法严明、多方参与的环境治理体系，着力解决污染防治能力弱、监管职能交叉、权责不一致、违法成本过低等问题。

构建更多运用经济杠杆进行环境治理和生态保护的市场体系，着力解决市场主体和市场体系发育滞后、社会参与度不高等问题。

构建充分反映资源消耗、环境损害和生态效益的生态文明绩效评价考核和责任追究制度，着力解决发展绩效评价不全面、责任落实不到位、损害责任追究缺失等问题。

二、健全自然资源资产产权制度

（五）建立统一的确权登记系统。坚持资源公有、物权法定，清晰界定全部国土空间各类自然资源资产的产权主体。对水流、森林、山岭、草原、荒地、滩涂等所有自然生态空间统一进行确权登记，逐步划清全民所有和集体所有之间的边界，划清全民所有、不同层级政府行使所有权的边界，划清不同集体所有者的边界。推进确权登记法治化。

（六）建立权责明确的自然资源产权体系。制定权利清单，明确各类自然资源产权主体权利。处理好所有权与使用权的关系，创新自然资源全民所有权和集体所有权的实现形式，除生态功能重要的外，可推动所有权和使用权相分离，明确占有、使用、收益、处分等权利归属关系和权责，适度扩大使用权的出让、转让、出租、抵押、担保、入股等权能。明确国有农场、林场和牧场土地所有者与使用者权能。全面建立覆盖各类全民所有自然资源资产的有偿出让制度，严禁无偿或低价出让。统筹规划，加强自然资源资产交易平台建设。

（七）健全国家自然资源资产管理体制。按照所有者和监管者分开和一件事情由一个部门负责的原则，整合分散的全民所有自然资源资产所有者职责，组建对全民所有的矿藏、水流、森林、山岭、草原、荒地、海域、滩涂等各类自然资源统一行使所有权的机构，负责全民所有自然资源的出让等。

（八）探索建立分级行使所有权的体制。对全民所有的自然资源资产，按照不同资源种类和在生态、经济、国防等方面的重要程度，研究实行中央和地方政府分级代理行使所有权职责的体制，实现效率和公平相统一。分清全民所有中央政府直接行使所有权、全民所有地方政府行使所有权的资源清单和空间范围。中央政府主要对石油天然气、贵重稀有矿产资源、重点国有林区、大江大河大湖和跨境河流、生态功能重要的湿地草原、海域滩涂、珍稀野生动植物种和部分国家公园等直接行使所有权。

（九）开展水流和湿地产权确权试点。探索建立水权制度，开展水域、岸线等水生态空间确权试点，遵循水生态系统性、整体性原则，分清水资源所有权、使用权及使用量。在甘肃、宁夏等地开展湿地产权确权试点。

三、建立国土空间开发保护制度

（十）完善主体功能区制度。统筹国家和省级主体功能区规划，健全基于主体功能区的区域政策，根据城市化地区、农产品主产区、重点生态功能区的不同定位，加快调整完善财政、产业、投资、人口流动、建设用地、资源开发、环境保护等政策。

（十一）健全国土空间用途管制制度。简化自上而下的用地指标控制体系，调整按行政区和用地基数分配指标的做法。将开发强度指标分解到各县级行政区，作为约束性指标，控制建设用地总量。将用途管制扩大到所有自然生态空间，划定并严守生态红线，严禁任意改变用途，防止不合理开发建设活动对生态红线的破坏。完善覆盖全部国土空间的监测系统，动态监测国土空间变化。

（十二）建立国家公园体制。加强对重要生态系统的保护和永续利用，改革各部门分头设置自然保护区、风景名胜区、文化自然遗产、地质公园、森林公园等的体制，对上述保护地进行功能重组，合理界定国家公园范围。国家公园实行更严格保护，除不损害生态系统的原住民生活生产设施改造和自然观光科研教育旅游外，禁止其他开发建设，保护自然生态和自然文化遗产原真性、完整性。加强对国家公园试点的指导，在试点基础上研究制定建立国家公园体制总体方案。构建保护珍稀野生动植物的长效机制。

（十三）完善自然资源监管体制。将分散在各部门的有关用途管制职责，逐步统一到一个部门，统一行使所有国土空间的用途管制职责。

四、建立空间规划体系

（十四）编制空间规划。整合目前各部门分头编制的各类空间性规划，编制统一的空间规划，实现规划全覆盖。空间规划是国家空间发展的指南、可持续发展的空间蓝图，是各类开发建设活动的基本依据。空间规划分为国家、省、市县（设区的市空间规划范围为市辖区）三级。研究建立统一规范的空间规划编制机制。鼓励开展省级空间规划试点。编制京津冀空间规划。

（十五）推进市县“多规合一”。支持市县推进“多规合一”，统一编制市县空间规划，逐步形成一个市县一个规划、一张蓝图。市县空间规划要统一土地分类标准，根据主体功能定位和省级空间规划要求，划定生产空间、生活空间、生态空间，明确城镇建设区、工业区、农村居民点等的开发边界，以及耕地、林地、草原、河流、湖泊、湿地等的保护边界，加强对城市地下空间的统筹规划。加强对市县“多规合一”试点的指导，研究制定市县空间规划编制指引和技术规范，形成可复制、能推广的经验。

（十六）创新市县空间规划编制方法。探索规范化的市县空间规划编制程序，扩大社会参与，增强规划的科学性和透明度。鼓励试点地区进行规划编制部门整合，由一个部门负责市县空间规划的编制，可成立由专业人员和有关方面代表组成的规划评议委员会。规划编制前应当进行资源环境承载能力评价，以评价结果作为规划的基本依据。规划编制过程中应当广泛征求各方面意见，全文公布规划草案，充分听取当地居民意见。规划经评议委员会论证通过后，由当地人民代表大会审议通过，并报上级政府部门备案。规划成果应当包括规划文本和较高精度的规划图，并在网络和其他本地媒体公布。鼓励当地居民对规划执行进行监督，对违反规划的开发建设行为进行举报。当地人民代表大会及其常务委员会定期听取空间规划执行情况报告，对当地政府违反规划行为进行问责。

五、完善资源总量管理和全面节约制度

（十七）完善最严格的耕地保护制度和土地节约集约利用制度。完善基本农田保护制度，划定永久基本农田红线，按照面积不减少、质量不下降、用途不改变的要求，将基本农田落地到户、上图入库，实行严格保护，除法律规定的国家重点建设项目选址确实无法避让外，其他任何建设不得占用。加强耕地质量等级评定与监测，强化耕地质量保护与提升建设。完善耕地占补平衡制度，对新增建设用地占用耕地规模实行总量控制，严格实行耕地占一补一、先补后占、占优补优。实施建设用地总量控制和减量化管理，建立节约集约用地激励和约束机制，调整结构，盘活存量，合理安排土地利用年度计划。

（十八）完善最严格的水资源管理制度。按照节水优先、空间均衡、系统治理、两手发力的方针，健全用水总量控制制度，保障水安全。加快制定主要江河流域水量分配方案，加强省级统筹，完善省市县三级取用水总量控制指标体系。建立健全节约集约用水机制，促进水资源使用结构调整和优化配置。完善规划和建设项目水资源论证制度。主要运用价格和税收手段，逐步建立农业灌溉用水量控制和定额管理、高耗水工业企业计划用水和定额管理制度。在严重缺水地区建立用水定额准入门槛，严格控制高耗水项目建设。加强水产品产地保护和环境修复，控制水产养殖，构建水生动植物保护机制。完善水功能区监督管理，建立促进非常规水源利用制度。

（十九）建立能源消费总量管理和节约制度。坚持节约优先，强化能耗强度控制，健全节能目标责任制和奖励制。进一步完善能源统计制度。健全重点用能单位节能管理制度，探索实行节能自愿承诺机制。完善节能标准体系，及时更新用能产品能效、高耗能行业能耗限额、建筑物能效等标准。合理确定全国能源消费总量目标，并分解落实到省级行政区和重点用能单位。健全节能低碳产品和技术装备推广机制，定期发布技术目录。强化节能评估审查和节能监察。加强对可再生能源发展的扶持，逐步取消对化石能源的普遍性补贴。逐步建立全国碳排放总量控制制度和分解落实机制，建立增加森林、草原、湿地、海洋碳汇的有效机制，加强应对气候变化国际合作。

（二十）建立天然林保护制度。将所有天然林纳入保护范围。建立国家用材林储备制度。逐步推进国有林区政企分开，完善以购买服务为主的国有林场公益林管护机制。完善集体林权制度，稳定承包权，拓展经营权能，健全林权抵押贷款和流转制度。

（二十一）建立草原保护制度。稳定和完善草原承包经营制度，实现草原承包地块、面积、合同、证书“四到户”，规范草原经营权流转。实行基本草原保护制度，确保基本草原面积不减少、质量不下降、用途不改变。健全草原生态保护补奖机制，实施禁牧休牧、划区轮牧和草畜平衡等制度。加强对草原征用使用审核审批的监管，严格控制草原非牧使用。

（二十二）建立湿地保护制度。将所有湿地纳入保护范围，禁止擅自征用占用国际重要湿地、国家重要湿地和湿地自然保护区。确定各类湿地功能，规范保护利用行为，建立湿地生态修复机制。

（二十三）建立沙化土地封禁保护制度。将暂不具备治理条件的连片沙化土地划为沙化土地封禁保护区。建立严格保护制度，加强封禁和管护基础设施建设，加强沙化土地治理，增加植被，合理发展沙产业，完善以购买服务为主的管护机制，探索开发与治理结合新机制。

（二十四）健全海洋资源开发保护制度。实施海洋主体功能区制度，确定近海海域海岛主体功能，引导、控制和规范各类用海用岛行为。实行围填海总量控制制度，对围填海面积实行约束性指标管理。建立自然岸线保有率控制制度。完善海洋渔业资源总量管理制度，严格执行休渔禁渔制度，推行近海捕捞限额管理，控制近海和滩涂养殖规模。健全海洋督察制度。

（二十五）健全矿产资源开发利用管理制度。建立矿产资源开发利用水平调查评估制度，加强矿产资源查明登记和有偿计时占用登记管理。建立矿产资源集约开发机制，提高矿区企业集中度，鼓励规模化开发。完善重要矿产资源开采回采率、选矿回收率、综合利用率等国家标准。健全鼓励提高矿产资源利用水平的经济政策。建立矿山企业高效和综合利用信息公示制度，建立矿业权人“黑名单”制度。完善

重要矿产资源回收利用的产业化扶持机制。完善矿山地质环境保护和土地复垦制度。

（二十六）完善资源循环利用制度。建立健全资源产出率统计体系。实行生产者责任延伸制度，推动生产者落实废弃产品回收处理等责任。建立种养业废弃物资源化利用制度，实现种养业有机结合、循环发展。加快建立垃圾强制分类制度。制定再生资源回收目录，对复合包装物、电池、农膜等低值废弃物实行强制回收。加快制定资源分类回收利用标准。建立资源再生产品和原料推广使用制度，相关原材料消耗企业要使用一定比例的资源再生产品。完善限制一次性用品使用制度。落实并完善资源综合利用和促进循环经济发展的税收政策。制定循环经济技术目录，实行政府优先采购、贷款贴息等政策。

六、健全资源有偿使用和生态补偿制度

（二十七）加快自然资源及其产品价格改革。按照成本、收益相统一的原则，充分考虑社会可承受能力，建立自然资源开发使用成本评估机制，将资源所有者权益和生态环境损害等纳入自然资源及其产品价格形成机制。加强对自然垄断环节的价格监管，建立定价成本监审制度和价格调整机制，完善价格决策程序和信息公开制度。推进农业水价综合改革，全面实行非居民用水超计划、超定额累进加价制度，全面推行城镇居民用水阶梯价格制度。

（二十八）完善土地有偿使用制度。扩大国有土地有偿使用范围，扩大招拍挂出让比例，减少非公益性用地划拨，国有土地出让收支纳入预算管理。改革完善工业用地供应方式，探索实行弹性出让年限以及长期租赁、先租后让、租让结合供应。完善地价形成机制和评估制度，健全土地等级评价体系，理顺与土地相关的出让金、租金和税费关系。建立有效调节工业用地和居住用地合理比价机制，提高工业用地出让地价水平，降低工业用地比例。探索通过土地承包经营、出租等方式，健全国有农用地有偿使用制度。

（二十九）完善矿产资源有偿使用制度。完善矿业权出让制度，建立符合市场经济要求和矿业规律的探矿权采矿权出让方式，原则上实行市场化出让，国有矿产资源出让收支纳入预算管理。理清有偿取得、占用和开采中所有者、投资者、使用者的产权关系，研究建立矿产资源国家权益金制度。调整探矿权采矿权使用费标准、矿产资源最低勘查投入标准。推进实现全国统一的矿业权交易平台建设，加大矿业权出让转让信息公开力度。

（三十）完善海域海岛有偿使用制度。建立海域、无居民海岛使用金征收标准调整机制。建立健全海域、无居民海岛使用权招拍挂出让制度。

（三十一）加快资源环境税费改革。理顺自然资源及其产品税费关系，明确各自功能，合理确定税收调控范围。加快推进资源税从价计征改革，逐步将资源税扩展到占用各种自然生态空间，在华北部分地区开展地下水征收资源税改革试点。加快推进环境保护税立法。

（三十二）完善生态补偿机制。探索建立多元化补偿机制，逐步增加对重点生态功能区转移支付，完善生态保护成效与资金分配挂钩的激励约束机制。制定横向生态补偿机制办法，以地方补偿为主，中央财政给予支持。鼓励各地区开展生态补偿试点，继续推进新安江水环境补偿试点，推动在京津冀水源涵养区、广西广东九洲江、福建广东汀江－韩江等开展跨地区生态补偿试点，在长江流域水环境敏感地区探索开展流域生态补偿试点。

（三十三）完善生态保护修复资金使用机制。按照山水林田湖系统治理的要求，完善相关资金使用管理办法，整合现有政策和渠道，在深入推进国土江河综合整治的同时，更多用于青藏高原生态屏障、黄土高原—川滇生态屏障、东北森林带、北方防沙带、南方丘陵山地带等国家生态安全屏障的保护修复。

（三十四）建立耕地草原河湖休养生息制度。编制耕地、草原、河湖休养生息规划，调整严重污染和地下水严重超采地区的耕地用途，逐步将25度以上不适宜耕种且有损生态的陡坡地退出基本农田。建立巩固退耕还林还草、退牧还草成果长效机制。开展退田还湖还湿试点，推进长株潭地区土壤重金属污染修复试点、华北地区地下水超采综合治理试点。

七、建立健全环境治理体系

（三十五）完善污染物排放许可制。尽快在全国范围建立统一公平、覆盖所有固定污染源的企业排放许可制，依法核发排污许可证，排污者必须持证排污，禁止无证排污或不按许可证规定排污。

（三十六）建立污染防治区域联动机制。完善京津冀、长三角、珠三角等重点区域大气污染防治联防联控协作机制，其他地方要结合地理特征、污染程度、城市空间分布以及污染物输送规律，建立区域协作机制。在部分地区开展环境保护管理体制创新试点，统一规划、统一标准、统一环评、统一监测、统一执法。开展按流域设置环境监管和行政执法机构试点，构建各流域内相关省级涉水部门参加、多形式的流域水环境保护协作机制和风险预警防控体系。建立陆海统筹的污染防治机制和重点海域污染物排海总量控制制度。完善突发环境事件应急机制，提高与环境风险程度、污染物种类等相匹配的突发环境事件应急处置能力。

（三十七）建立农村环境治理体制机制。建立以绿色生态为导向的农业补贴制度，加快制定和完善相关技术标准和规范，加快推进化肥、农药、农膜减量化以及畜禽养殖废弃物资源化和无害化，鼓励生产使用可降解农膜。完善农作物秸秆综合利用制度。健全化肥农药包装物、农膜回收贮运加工网络。采取财政和村集体补贴、住户付费、社会资本参与的投入运营机制，加强农村污水和垃圾处理等环保设施建设。采取政府购买服务等多种扶持措施，培育发展各种形式的农业面源污染治理、农村污水垃圾处理市场主体。强化县乡两级政府的环境保护职责，加强环境监管能力建设。财政支农资金的使用要统筹考虑增强农业综合生产能力和防治农村污染。

（三十八）健全环境信息公开制度。全面推进大气和水等环境信息公开、排污单位环境信息公开、监管部门环境信息公开，健全建设项目环境影响评价信息公开机制。健全环境新闻发言人制度。引导人民群众树立环保意识，完善公众参与制度，保障人民群众依法有序行使环境监督权。建立环境保护网络举报平台和举报制度，健全举报、听证、舆论监督等制度。

（三十九）严格实行生态环境损害赔偿制度。强化生产者环境保护法律责任，大幅度提高违法成本。健全环境损害赔偿方面的法律制度、评估方法和实施机制，对违反环保法律法规的，依法严惩重罚；对造成生态环境损害的，以损害程度等因素依法确定赔偿额度；对造成严重后果的，依法追究刑事责任。

（四十）完善环境保护管理制度。建立和完善严格监管所有污染物排放的环境保护管理制度，将分散在各部门的环境保护职责调整到一个部门，逐步实行城乡环境保护工作由一个部门进行统一监管和行政执法的体制。有序整合不同领域、不同部门、不同层次的监管力量，建立权威统一的环境执法体制，充实执法队伍，赋予环境执法强制执行的必要条件和手段。完善行政执法和环境司法的衔接机制。

八、健全环境治理和生态保护市场体系

（四十一）培育环境治理和生态保护市场主体。采取鼓励发展节能环保产业的体制机制和政策措施。废止妨碍形成全国统一市场和公平竞争的规定和做法，鼓励各类投资进入环保市场。能由政府和社会资本合作开展的环境治理和生态保护事务，都可以吸引社会资本参与建设和运营。通过政府购买服务等方式，加大对环境污染第三方治理的支持力度。加快推进污水垃圾处理设施运营管理单位向独立核算、自主经营的企业转变。组建或改组设立国有资本投资运营公司，推动国有资本加大对环境治理和生态保护等方面的投入。支持生态环境保护领域国有企业实行混合所有制改革。

（四十二）推行用能权和碳排放权交易制度。结合重点用能单位节能行动和新建项目能评审查，开展项目节能量交易，并逐步改为基于能源消费总量管理下的用能权交易。建立用能权交易系统、测量与核准体系。推广合同能源管理。深化碳排放权交易试点，逐步建立全国碳排放权交易市场，研究制定全国碳排放权交易总量设定与配额分配方案。完善碳交易注册登记系统，建立碳排放权交易市场监管体系。

（四十三）推行排污权交易制度。在企业排污总量控制制度基础上，尽快完善初始排污权核定，扩大

涵盖的污染物覆盖面。在现行以行政区为单元层层分解机制基础上，根据行业先进排污水平，逐步强化以企业为单元进行总量控制、通过排污权交易获得减排收益的机制。在重点流域和大气污染重点区域，合理推进跨行政区排污权交易。扩大排污权有偿使用和交易试点，将更多条件成熟地区纳入试点。加强排污权交易平台建设。制定排污权核定、使用费收取使用和交易价格等规定。

（四十四）推行水权交易制度。结合水生态补偿机制的建立健全，合理界定和分配水权，探索地区间、流域间、流域上下游、行业间、用水户间等水权交易方式。研究制定水权交易管理办法，明确可交易水权的范围和类型、交易主体和期限、交易价格形成机制、交易平台运作规则等。开展水权交易平台建设。

（四十五）建立绿色金融体系。推广绿色信贷，研究采取财政贴息等方式加大扶持力度，鼓励各类金融机构加大绿色信贷的发放力度，明确贷款人的尽职免责要求和环境保护法律责任。加强资本市场相关制度建设，研究设立绿色股票指数和发展相关投资产品，研究银行和企业发行绿色债券，鼓励对绿色信贷资产实行证券化。支持设立各类绿色发展基金，实行市场化运作。建立上市公司环保信息强制性披露机制。完善对节能低碳、生态环保项目的各类担保机制，加大风险补偿力度。在环境高风险领域建立环境污染强制责任保险制度。建立绿色评级体系以及公益性的环境成本核算和影响评估体系。积极推动绿色金融领域各类国际合作。

（四十六）建立统一的绿色产品体系。将目前分头设立的环保、节能、节水、循环、低碳、再生、有机等产品统一整合为绿色产品，建立统一的绿色产品标准、认证、标识等体系。完善对绿色产品研发生产、运输配送、购买使用的财税金融支持和政府采购等政策。

九、完善生态文明绩效评价考核和责任追究制度

（四十七）建立生态文明目标体系。研究制定可操作、可视化的绿色发展指标体系。制定生态文明建设目标评价考核办法，把资源消耗、环境损害、生态效益纳入经济社会发展评价体系。根据不同区域主体功能定位，实行差异化绩效评价考核。

（四十八）建立资源环境承载能力监测预警机制。研究制定资源环境承载能力监测预警指标体系和技术方法，建立资源环境监测预警数据库和信息技术平台，定期编制资源环境承载能力监测预警报告，对资源消耗和环境容量超过或接近承载能力的地区，实行预警提醒和限制性措施。

（四十九）探索编制自然资源资产负债表。制定自然资源资产负债表编制指南，构建水资源、土地资源、森林资源等的资产和负债核算方法，建立实物量核算账户，明确分类标准和统计规范，定期评估自然资源资产变化状况。在市县层面开展自然资源资产负债表编制试点，核算主要自然资源实物量账户并公布核算结果。

（五十）对领导干部实行自然资源资产离任审计。在编制自然资源资产负债表和合理考虑客观自然因素基础上，积极探索领导干部自然资源资产离任审计的目标、内容、方法和评价指标体系。以领导干部任期内辖区自然资源资产变化状况为基础，通过审计，客观评价领导干部履行自然资源资产管理责任情况，依法界定领导干部应当承担的责任，加强审计结果运用。在内蒙古呼伦贝尔市、浙江湖州市、湖南娄底市、贵州赤水市、陕西延安市开展自然资源资产负债表编制试点和领导干部自然资源资产离任审计试点。

（五十一）建立生态环境损害责任终身追究制。实行地方党委和政府领导成员生态文明建设一岗双责制。以自然资源资产离任审计结果和生态环境损害情况为依据，明确对地方党委和政府领导班子主要负责人、有关领导人员、部门负责人的追责情形和认定程序。区分情节轻重，对造成生态环境损害的，予以诫勉、责令公开道歉、组织处理或党纪政纪处分，对构成犯罪的依法追究刑事责任。对领导干部离任后出现重大生态环境损害并认定其需要承担责任的，实行终身追责。建立国家环境保护督察制度。

十、生态文明体制改革的实施保障

（五十二）加强对生态文明体制改革的领导。各地区各部门要认真学习领会中央关于生态文明建设和体制改革的精神，深刻认识生态文明体制改革的重大意义，增强责任感、使命感、紧迫感，认真贯彻党中央、国务院决策部署，确保本方案确定的各项改革任务加快落实。各有关部门要按照本方案要求抓紧制定单项改革方案，明确责任主体和时间进度，密切协调配合，形成改革合力。

（五十三）积极开展试点试验。充分发挥中央和地方两个积极性，鼓励各地区按照本方案的改革方向，从本地实际出发，以解决突出生态环境问题为重点，发挥主动性，积极探索和推动生态文明体制改革，其中需要法律授权的按法定程序办理。将各部门自行开展的综合性生态文明试点统一为国家试点试验，各部门要根据各自职责予以指导和推动。

（五十四）完善法律法规。制定完善自然资源资产产权、国土空间开发保护、国家公园、空间规划、海洋、应对气候变化、耕地质量保护、节水和地下水管理、草原保护、湿地保护、排污许可、生态环境损害赔偿等方面的法律法规，为生态文明体制改革提供法治保障。

（五十五）加强舆论引导。面向国内外，加大生态文明建设和体制改革宣传力度，统筹安排、正确解读生态文明各项制度的内涵和改革方向，培育普及生态文化，提高生态文明意识，倡导绿色生活方式，形成崇尚生态文明、推进生态文明建设和体制改革的良好氛围。

（五十六）加强督促落实。中央全面深化改革领导小组办公室、经济体制和生态文明体制改革专项小组要加强统筹协调，对本方案落实情况进行跟踪分析和督促检查，正确解读和及时解决实施中遇到的问题，重大问题要及时向党中央、国务院请示报告。

国务院办公厅
关于印发控制污染物排放许可制实施方案的通知

国办发〔2016〕81号

各省、自治区、直辖市人民政府，国务院各部委、各直属机构：

《控制污染物排放许可制实施方案》已经国务院同意，现印发给你们，请认真贯彻执行。

国务院办公厅
2016年11月10日

控制污染物排放许可制实施方案

控制污染物排放许可制（以下称排污许可制）是依法规范企事业单位排污行为的基础性环境管理制度，环境保护部门通过对企事业单位发放排污许可证并依证监管实施排污许可制。近年来，各地积极探索排污许可制，取得初步成效。但总体看，排污许可制定位不明确，企事业单位治污责任不落实，环境保护部门依证监管不到位，使得管理制度效能难以充分发挥。为进一步推动环境治理基础制度改革，改善环境质量，根据《中华人民共和国环境保护法》和《生态文明体制改革总体方案》等，制定本方案。

一、总体要求

（一）指导思想。全面贯彻落实党的十八大和十八届三中、四中、五中、六中全会精神，深入学习贯彻习近平总书记系列重要讲话精神，紧紧围绕统筹推进“五位一体”总体布局和协调推进“四个全面”战略布局，牢固树立创新、协调、绿色、开放、共享的发展理念，认真落实党中央、国务院决策部署，加大生态文明建设和环境保护力度，将排污许可制建设成为固定污染源环境管理的核心制度，作为企业守法、部门执法、社会监督的依据，为提高环境管理效能和改善环境质量奠定坚实基础。

（二）基本原则。

精简高效，衔接顺畅。排污许可制衔接环境影响评价管理制度，融合总量控制制度，为排污收费、环境统计、排污权交易等工作提供统一的污染物排放数据，减少重复申报，减轻企事业单位负担，提高管理效能。

公平公正，一企一证。企事业单位持证排污，按照所在地改善环境质量和保障环境安全的要求承担相应的污染治理责任，多排放多担责、少排放可获益。向企事业单位核发排污许可证，作为生产运营期排污行为的唯一行政许可，并明确其排污行为依法应当遵守的环境管理要求和承担的法律责任义务。

权责清晰，强化监管。排污许可证是企事业单位在生产运营期接受环境监管和环境保护部门实施监管的主要法律文书。企事业单位依法申领排污许可证，按证排污，自证守法。环境保护部门基于企事业单位守法承诺，依法发放排污许可证，依证强化事中事后监管，对违法排污行为实施严厉打击。

公开透明，社会共治。排污许可证申领、核发、监管流程全过程公开，企事业单位污染物排放和环境保护部门监管执法信息及时公开，为推动企业守法、部门联动、社会监督创造条件。

（三）目标任务。到 2020 年，完成覆盖所有固定污染源的排污许可证核发工作，全国排污许可证管理信息平台有效运转，各项环境管理制度精简合理、有机衔接，企事业单位环保主体责任得到落实，基本建立法规体系完备、技术体系科学、管理体系高效的排污许可制，对固定污染源实施全过程管理和多污染物协同控制，实现系统化、科学化、法治化、精细化、信息化的“一证式”管理。

二、衔接整合相关环境管理制度

（四）建立健全企事业单位污染物排放总量控制制度。改变单纯以行政区域为单元分解污染物排放总量指标的方式和总量减排核算考核办法，通过实施排污许可制，落实企事业单位污染物排放总量控制要求，逐步实现由行政区域污染物排放总量控制向企事业单位污染物排放总量控制转变，控制的范围逐渐统一到固定污染源。环境质量不达标地区，要通过提高排放标准或加严许可排放量等措施，对企事业单位实施更为严格的污染物排放总量控制，推动改善环境质量。

（五）有机衔接环境影响评价制度。环境影响评价制度是建设项目的环境准入门槛，排污许可制是企事业单位生产运营期排污的法律依据，必须做好充分衔接，实现从污染预防到污染治理和排放控制的全过程监管。新建项目必须在发生实际排污行为之前申领排污许可证，环境影响评价文件及批复中与污染物排放相关的主要内容应当纳入排污许可证，其排污许可证执行情况应作为环境影响后评价的重要依据。

三、规范有序发放排污许可证

（六）制定排污许可管理名录。环境保护部依法制订并公布排污许可分类管理名录，考虑企事业单位及其他生产经营者，确定实行排污许可管理的行业类别。对不同行业或同一行业内的不同类型企事业单位，按照污染物产生量、排放量以及环境危害程度等因素进行分类管理，对环境影响较小、环境危害程度较低的行业或企事业单位，简化排污许可内容和相应的自行监测、台账管理等要求。

（七）规范排污许可证核发。由县级以上地方政府环境保护部门负责排污许可证核发，地方性法规另有规定的从其规定。企事业单位应按相关法规标准和技术规定提交申请材料，申报污染物排放种类、排放浓度等，测算并申报污染物排放量。环境保护部门对符合要求的企事业单位应及时核发排污许可证，对存在疑问的开展现场核查。首次发放的排污许可证有效期三年，延续换发的排污许可证有效期五年。上级环境保护部门要加强监督抽查，有权依法撤销下级环境保护部门作出的核发排污许可证的决定。环境保护部统一制定排污许可证申领核发程序、排污许可证样式、信息编码和平台接口标准、相关数据格式要求等。各地区现有排污许可证及其管理要按国家统一要求及时进行规范。

（八）合理确定许可内容。排污许可证中明确许可排放的污染物种类、浓度、排放量、排放去向等事项，载明污染治理设施、环境管理要求等相关内容。根据污染物排放标准、总量控制指标、环境影响评价文件及批复要求等，依法合理确定许可排放的污染物种类、浓度及排放量。按照《国务院办公厅关于加强环境监管执法的通知》（国办发〔2014〕56 号）要求，经地方政府依法处理、整顿规范并符合要求的项目，纳入排污许可管理范围。地方政府制定的环境质量限期达标规划、重污染天气应对措施中对企事业单位有更加严格的排放控制要求的，应当在排污许可证中予以明确。

（九）分步实现排污许可全覆盖。排污许可证管理内容主要包括大气污染物、水污染物，并依法逐步纳入其他污染物。按行业分步实现对固定污染源的全覆盖，率先对火电、造纸行业企业核发排污许可证，2017 年完成《大气污染防治行动计划》和《水污染防治行动计划》重点行业及产能过剩行业企业排污许可证核发，2020 年全国基本完成排污许可证核发。

四、严格落实企事业单位环境保护责任

（十）落实按证排污责任。纳入排污许可管理的所有企事业单位必须按期持证排污、按证排污，不得无证排污。企事业单位应及时申领排污许可证，对申请材料的真实性、准确性和完整性承担法律责任，承诺按照排污许可证的规定排污并严格执行；落实污染物排放控制措施和其他各项环境管理要求，确保污染物排放种类、浓度和排放量等达到许可要求；明确单位负责人和相关人员环境保护责任，不断提高污染治理和环境管理水平，自觉接受监督检查。

（十一）实行自行监测和定期报告。企事业单位应依法开展自行监测，安装或使用监测设备应符合国家有关环境监测、计量认证规定和技术规范，保障数据合法有效，保证设备正常运行，妥善保存原始记录，建立准确完整的环境管理台账，安装在线监测设备的应与环境保护部门联网。企事业单位应如实向环境保护部门报告排污许可证执行情况，依法向社会公开污染物排放数据并对数据真实性负责。排放情况与排污许可证要求不符的，应及时向环境保护部门报告。

五、加强监督管理

（十二）依证严格开展监管执法。依证监管是排污许可制实施的关键，重点检查许可事项和管理要求的落实情况，通过执法监测、核查台账等手段，核实排放数据和报告的真实性，判定是否达标排放，核定排放量。企事业单位在线监测数据可以作为环境保护部门监管执法的依据。按照“谁核发、谁监管”的原则定期开展监管执法，首次核发排污许可证后，应及时开展检查；对有违规记录的，应提高检查频次；对污染严重的产能过剩行业企业加大执法频次与处罚力度，推动去产能工作。现场检查的时间、内容、结果以及处罚决定应记入排污许可证管理信息平台。

（十三）严厉查处违法排污行为。根据违法情节轻重，依法采取按日连续处罚、限制生产、停产整治、停业、关闭等措施，严厉处罚无证和不按证排污行为，对构成犯罪的，依法追究刑事责任。环境保护部门检查发现实际情况与环境管理台账、排污许可证执行报告等不一致的，可以责令作出说明，对未能说明且无法提供自行监测原始记录的，依法予以处罚。

（十四）综合运用市场机制政策。对自愿实施严于许可排放浓度和排放量且在排污许可证中载明的企事业单位，加大电价等价格激励措施力度，符合条件的可以享受相关环保、资源综合利用等方面的优惠政策。与拟开征的环境保护税有机衔接，交换共享企事业单位实际排放数据与纳税申报数据，引导企事业单位按证排污并诚信纳税。排污许可证是排污权的确认凭证、排污交易的管理载体，企事业单位在履行法定义务的基础上，通过淘汰落后和过剩产能、清洁生产、污染治理、技术改造升级等产生的污染物排放削减量，可按规定在市场交易。

六、强化信息公开和社会监督

（十五）提高管理信息化水平。2017 年建成全国排污许可证管理信息平台，将排污许可证申领、核发、监管执法等工作流程及信息纳入平台，各地现有的排污许可证管理信息平台逐步接入。在统一社会信用代码基础上适当扩充，制定全国统一的排污许可证编码。通过排污许可证管理信息平台统一收集、存储、管理排污许可证信息，实现各级联网、数据集成、信息共享。形成的实际排放数据作为环境保护部门排污收费、环境统计、污染源排放清单等各项固定污染源环境管理的数据来源。

（十六）加大信息公开力度。在全国排污许可证管理信息平台上及时公开企事业单位自行监测数据和环境保护部门监管执法信息，公布不按证排污的企事业单位名单，纳入企业环境行为信用评价，并通过企业信用信息公示系统进行公示。与环保举报平台共享污染源信息，鼓励公众举报无证和不按证排污行为。依法推进环境公益诉讼，加强社会监督。

七、做好排污许可制实施保障

（十七）加强组织领导。各地区要高度重视排污许可制实施工作，统一思想，提高认识，明确目标任务，制定实施计划，确保按时限完成排污许可证核发工作。要做好排污许可制推进期间各项环境管理制度的衔接，避免出现管理真空。环境保护部要加强对全国排污许可制实施工作的指导，制定相关管理办法，总结推广经验，跟踪评估实施情况。将排污许可制落实情况纳入环境保护督察工作，对落实不力的进行问责。

（十八）完善法律法规。加快修订建设项目环境保护管理条例，制定排污许可管理条例。配合修订水污染防治法，研究建立企事业单位守法排污的自我举证、加严对无证或不按证排污连续违法行为的处罚规定。推动修订固体废物污染环境防治法、环境噪声污染防治法，探索将有关污染物纳入排污许可证管理。

（十九）健全技术支撑体系。梳理和评估现有污染物排放标准，并适时修订。建立健全基于排放标准的可行技术体系，推动企事业单位污染防治措施升级改造和技术进步。完善排污许可证执行和监管执法技术体系，指导企事业单位自行监测、台账记录、执行报告、信息公开等工作，规范环境保护部门台账核查、现场执法等行为。培育和规范咨询与监测服务市场，促进人才队伍建设。

（二十）开展宣传培训。加大对排污许可制的宣传力度，做好制度解读，及时回应社会关切。组织各级环境保护部门、企事业单位、咨询与监测机构开展专业培训。强化地方政府环境保护主体责任，树立企事业单位持证排污意识，有序引导社会公众更好参与监督企事业单位排污行为，形成政府综合管控、企业依证守法、社会共同监督的良好氛围。

第二章

部门规章与规范性文件

固定污染源排污许可分类管理名录（2017年版）

环境保护部令

第45号

《固定污染源排污许可分类管理名录（2017年版）》已于2017年6月19日由环境保护部部务会议审议通过，现予公布，自发布之日起施行。

环境保护部部长　李干杰

2017年7月28日

第一条　为实施排污许可证分类管理、有序发放，根据《中华人民共和国水污染防治法》《中华人民共和国大气污染防治法》《国务院办公厅关于印发控制污染物排放许可制实施方案的通知》（国办发〔2016〕81号）的相关规定，特制定本名录。

第二条　国家根据排放污染物的企业事业单位和其他生产经营者污染物产生量、排放量和环境危害程度，实行排污许可重点管理和简化管理。

第三条　现有企业事业单位和其他生产经营者应当按照本名录的规定，在实施时限内申请排污许可证。

第四条　企业事业单位和其他生产经营者在同一场所从事本名录中两个以上行业生产经营的，申请一个排污许可证。

第五条　本名录第一至三十二类行业以外的企业事业单位和其他生产经营者，有本名录第三十三类行业中的锅炉、工业炉窑、电镀、生活污水和工业废水集中处理等通用工序的，应当对通用工序申请排污许可证。

第六条　本名录以外的企业事业单位和其他生产经营者，有以下情形之一的，视同本名录规定的重点管理行业，应当申请排污许可证：

（一）被列入重点排污单位名录的；

（二）二氧化硫、氮氧化物单项年排放量大于250吨的；

（三）烟粉尘年排放量大于1 000吨的；

（四）化学需氧量年排放量大于30吨的；

（五）氨氮、石油类和挥发酚合计年排放量大于30吨的；

（六）其他单项有毒有害大气、水污染物污染当量数大于3 000的（污染当量数按《中华人民共和国环境保护税法》规定计算）。

第七条　本名录由国务院环境保护主管部门负责解释，并适时修订。

第八条　本名录自发布之日起施行。

序号	行业类别	实施重点管理的行业	实施简化管理的行业	实施时限	适用排污许可行业技术规范
一、畜牧业 03					
1	牲畜饲养 031，家禽饲养 032	设有污水排放口的规模化畜禽养殖场、养殖小区（具体规模化标准按《畜禽规模养殖污染防治条例》执行）	—	2019 年	畜禽养殖行业
二、农副食品加工业 13					
2	谷物磨制 131，饲料加工 132	有发酵工艺的	—	2020 年	农副食品加工工业
3	植物油加工 133	—	不含单纯分装、调和植物油的	2020 年	
4	制糖业 134	日加工糖料能力 1 000 吨及以上的原糖、成品糖或者精制糖生产	其他	2017 年	
5	屠宰及肉类加工 135	年屠宰生猪 10 万头及以上、肉牛 1 万头及以上、肉羊 15 万头及以上、禽类 1 000 万只及以上的	其他	2018 年	
6	水产品加工 136	年加工能力 5 万吨及以上的（不含鱼油提取及制品制造）	年加工能力 1 万吨及以上 5 万吨以下的	2020 年	
7	其他农副食品加工 139	年加工能力15万吨玉米或者1.5万吨薯类及以上的淀粉生产或者年产能 1 万吨及以上的淀粉制品生产（含发酵工艺的淀粉制品除外）	除实施重点管理的以外，其他纳入 2015 年环境统计的淀粉和淀粉制品生产	2018 年	
三、食品制造业 14					
8	乳制品制造 144	年加工 20 万吨及以上的以生鲜牛（羊）乳及其制品为主要原料的液体乳及固体乳（乳粉、炼乳、乳脂肪、干酪等）制品制造（不包括含乳饮料和植物蛋白饮料的生产）	其他	2019 年	食品制造工业
9	调味品、发酵制品制造 146	纳入2015年环境统计的含发酵工艺的味精、柠檬酸、赖氨酸、酱油、醋等制造	其他（不含单纯分装的）	2019 年	
10	方便食品制造 143，其他食品制造 149	纳入 2015 年环境统计的有提炼工艺的方便食品制造、纳入 2015 年环境统计的食品及饲料添加剂制造（以上均不含单纯混合和分装的）	—	2019 年	
四、酒、饮料和精制茶制造业 15					
11	酒的制造 151	啤酒制造、有发酵工艺的酒精制造、白酒制造、黄酒制造、葡萄酒制造	—	2019 年	酒精、饮料制造工业
12	饮料制造 152	含发酵工艺或者原汁生产的饮料制造	—	总氮、总磷控制区域 2019 年，其他 2020 年	
五、纺织业 17					
13	棉纺织及印染精加工 171，毛纺织及染整精加工 172，麻纺织及染整精加工 173，丝绢纺织及印染精加工 174，化纤织造及印染精加工 175	含前处理、染色、印花、整理工序的，以及含洗毛、麻脱胶、缫丝、喷水织造等工序的	—	含前处理、染色、印花工序的 2017 年，其他 2020 年	纺织印染工业
六、纺织服装、服饰业 18					
14	机织服装制造 181，服饰制造 183	含水洗工艺工序的，有湿法印花、染色工艺的	—	2020 年	纺织印染工业
七、皮革、毛皮、羽毛及其制品和制鞋业 19					
15	皮革鞣制加工 191，毛皮鞣制及制品加工 193	含鞣制工序的	其他	含鞣制工序的制革加工 2017 年，其他 2020 年	制革及毛皮加工工业
16	羽毛（绒）加工及制品制造 194	羽毛（绒）加工	—	2020 年	羽毛（绒）加工工业

序号	行业类别	实施重点管理的行业	实施简化管理的行业	实施时限	适用排污许可行业技术规范
17	制鞋业 195	使用溶剂型胶黏剂或者溶剂型处理剂的	—	2019 年	制鞋工业
八、木材加工和木、竹、藤、棕、草制品业 20					
18	人造板制造 202	年产 20 万立方米及以上	其他	2019 年	人造板工业
九、家具制造业 21					
19	木质家具制造 211，竹、藤家具制造 212	有电镀工艺或者有喷漆工艺且年用油性漆（含稀释剂）量 10 吨及以上的、使用黏结剂的锯材、木片加工、家具制造、竹、藤、棕、草制品制造	有化学处理工艺的或者有喷漆工艺且年用油性漆（含稀释剂）量 10 吨以下的	2019 年	家具制造工业
十、造纸和纸制品业 22					
20	纸浆制造 221	以植物或者废纸为原料的纸浆生产	—	2017 年 6 月	制浆造纸工业
21	造纸 222	用纸浆或者矿渣棉、云母、石棉等其他原料悬浮在流体中的纤维，经过造纸机或者其他设备成型，或者手工操作而成的纸及纸板的制造（包括机制纸及纸板制造、手工纸制造、加工纸制造）	—	2017 年 6 月	
22	纸制品制造 223	—	有工业废水、废气排放的纸制品制造企业	纳入 2015 年环境统计范围内的 2017 年 6 月实施，未纳入 2015 年环境统计范围但有工业废水直接或者间接排放的 2020 年实施	
十一、印刷和记录媒介复制业 23					
23	印刷 231	使用溶剂型油墨或者使用涂料年用量 80 吨及以上，或者使用溶剂型稀释剂 10 吨及以上的包装装潢印刷	—	2020 年	印刷工业
十二、石油、煤炭及其他燃料加工业 25					
24	精炼石油产品制造 251	原油加工及石油制品制造、人造原油制造	—	京津冀鲁、长三角、珠三角区域 2017 年，其他 2018 年	石化工业
25	基础化学原料制造 261	以石油馏分、天然气等为原料，生产有机化学品、合成树脂、合成纤维、合成橡胶等的工业	—	乙烯、芳烃生产 2017 年，其他 2020 年	
26	炼焦 2521	生产焦炭、半焦产品为主的煤炭加工行业	—	焦炭 2017 年，其他 2020 年	炼焦化学工业
27	煤炭加工 252	煤制天然气、合成气、煤炭提质、煤制油、煤制甲醇、煤制烯烃等其他煤炭加工	—	2020 年	现代煤化工工业
十三、化学原料和化学制品制造业 26					
28	基础化学原料制造 261	无机酸制造、无机碱制造、无机盐制造，以上均不含单纯混合或者分装的	烧碱制造、单纯混合或者分装的无机碱制造、无机盐制造、无机酸制造	总磷控制区域的无机磷化工 2019 年，其他 2020 年	无机化学工业
29	聚氯乙烯	聚氯乙烯	—	2019 年	聚氯乙烯工业
30	肥料制造 262	化学肥料制造（不含单纯混合或者分装的）	生产有机肥料、微生物肥料、钾肥的企业（不含其他生产经营者），单纯混合或者分装的化学肥料	氮肥（合成氨）2017 年，磷肥 2019 年，其他肥料制造 2020 年	化肥工业
31	农药制造 263	化学农药制造（包含农药中间体）、生物化学农药及微生物农药制造，以上均不含单纯混合或者分装的	单纯混合或者分装的	生物化学农药及微生物农药制造 2020 年，其他 2017 年	农药制造工业

序号	行业类别	实施重点管理的行业	实施简化管理的行业	实施时限	适用排污许可行业技术规范
32	涂料、油墨、颜料及类似产品制造 264	涂料、染料、油墨、颜料、胶黏剂及类似产品制造，以上均不含单纯混合或者分装的	—	2020 年	涂料油墨工业
33	合成材料制造 265	初级塑料或者原状塑料的生产、合成橡胶制造、合成纤维单（聚合）体制造、陶瓷纤维等特种纤维及其增强的复合材料的制造等	—	长三角 2018 年，其他 2020 年	石化工业
34	专用化学产品制造 266	化学试剂和助剂制造，水处理化学品、造纸化学品、皮革化学品、油脂化学品、油田化学品、生物工程化学品、日化产品专用化学品等专项化学用品制造，林产化学产品制造，信息化学品制造，环境污染处理专用药剂材料制造，动物胶制造等，以上均不含单纯混合或者分装的	—	2020 年	专用化学产品制造
35	日用化学产品制造 268	肥皂及洗涤剂制造、化妆品制造、口腔清洁用品制造、香料香精制造等，以上均不含单纯混合或者分装的	—	2020 年	日用化学产品制造工业
十四、医药制造业 27					
36	化学药品原料药制造 271	进一步加工化学药品制剂所需的原料药的生产，主要用于药物生产的医药中间体的生产	—	主要用于药物生产的医药中间体 2020 年，其他 2017 年	制药工业
37	化学药品制剂制造 272	化学药品制剂制造、化学药品研发外包	—	2020 年	
38	中成药生产 274	—	有提炼工艺的中成药生产	2020 年	
39	兽用药品制造 275	兽用药品制造、兽用药品研发外包	—	2020 年	
40	生物药品制品制造 276	利用生物技术生产生物化学药品、基因工程药物的制造，生物药品研发外包	—	2020 年	
41	卫生材料及医药用品制造 277	—	卫生材料、外科敷料、药品包装材料、辅料以及其他内、外科用医药制品的制造	2020 年	卫生材料及医药用品制造工业
十五、化学纤维制造业 28					
42	纤维素纤维原料及纤维制造 281，合成纤维制造 282，非织造布制造 1781	纤维素纤维原料及纤维制造、合成纤维制造、非织造布制造	—	2020 年	化学纤维制造工业
43	溶解木浆	用于生产黏胶纤维、硝化纤维、醋酸纤维、玻璃纸、羧甲基纤维素等	—	2020 年	制浆造纸工业
十六、橡胶和塑料制品业 29					
44	橡胶制品业 291	橡胶制品制造	—	2020 年	橡胶制品工业
45	塑料制品业 292	人造革、发泡胶等涉及有毒原材料的，以再生塑料为原料的，有电镀工艺的塑料制品制造	其他	2020 年	塑料制品工业
十七、非金属矿物制品业 30					
46	水泥、石灰和石膏制造 301	水泥（熟料）制造	石灰制造、水泥粉磨站	石灰制造 2020 年，其他 2017 年	水泥工业
47	玻璃制造 304	平板玻璃	其他	平板玻璃制造 2017 年，其他 2020 年	玻璃工业
48	玻璃制品制造 305	—	以煤、油和天然气为燃料加热的玻璃制品制造	2020 年	
49	玻璃纤维和玻璃纤维增强塑料制品制造 306	—	玻璃纤维制造、玻璃纤维增强塑料制品制造	2020 年	

序号	行业类别	实施重点管理的行业	实施简化管理的行业	实施时限	适用排污许可行业技术规范
50	砖瓦、石材等建筑材料制造 303	以煤为基础燃料的建筑陶瓷企业	其他	2020 年	陶瓷砖瓦工业
51	陶瓷制品制造 307	年产卫生陶瓷 150 万件及以上、年产日用陶瓷 250 万件及以上	—	2018 年	
52	耐火材料制品制造 308	石棉制品制造	其他	2020 年	
53	石墨及其他非金属矿物制品制造 309	含焙烧石墨、碳素制品，多晶硅	其他	2020 年	石墨及碳素制品制造业
十八、黑色金属冶炼和压延加工业 31					
54	炼铁 311	含炼铁、烧结、球团等工序的生产	—	京津冀及周边“2+26”城市、长三角、珠三角区域 2017 年，其他 2018 年	钢铁工业
55	炼钢 312	含炼钢等工序的生产	—	京津冀及周边“2+26”城市、长三角、珠三角区域 2017 年，其他 2018 年	
56	钢压延加工 313	年产 50 万吨及以上的冷轧	其他	京津冀及周边“2+26”城市、长三角、珠三角区域 2017 年，其他 2018 年	
57	铁合金冶炼 314	铁合金冶炼、金属铬和金属锰的冶炼	—	2020 年	
十九、有色金属冶炼和压延加工业 32					
58	常用有色金属冶炼 321	铜、铅锌、镍钴、锡、锑、铝、镁、汞、钛等常用有色金属冶炼（含再生铜、再生铝和再生铅冶炼）	—	铜、铅锌冶炼以及京津冀、长三角、珠三角区域的电解铝 2017 年，其他 2018 年	有色金属工业
59	贵金属冶炼 322	金、银及铂族金属冶炼（包括以矿石为原料）	—	2020 年	
60	有色金属合金制造 324	以有色金属为基体，加入一种或者几种其他元素所构成的合金生产	—	2020 年	
61	有色金属铸造 3392	以有色金属及其合金铸造各种成品、半成品，且年产 10 万吨及以上	年产 10 万吨以下	2020 年	
62	有色金属压延加工 325	—	有色金属压延加工	2020 年	
63	稀有稀土金属冶炼 323	稀有稀土金属冶炼，不包括钍和铀等放射性金属的冶炼加工	—	2020 年	稀土行业
二十、金属制品业 33					
64	金属表面处理及热处理加工 336	有电镀、电铸、电解加工、刷镀、化学镀、热浸镀（溶剂法）以及金属酸洗、抛光（电解抛光和化学抛光）、氧化、磷化、钝化等任一工序的，专门处理电镀废水的集中处理设施，使用有机涂层的（不含喷粉和喷塑）	其他	专业电镀企业（含电镀园区中电镀企业），专门处理电镀废水的集中处理设施 2017 年，其他 2020 年	电镀工业
65	黑色金属铸造 3391	年产 10 万吨及以上的铸铁件、铸钢件等各种成品、半成品的制造	年产 10 万吨以下的	2020 年	黑色金属铸造工业
二十一、汽车制造业 36					
66	汽车制造 361 -367	汽车整车制造，发动机生产，有电镀工艺或者有喷漆工艺且年用油性漆（含稀释剂）量 10 吨及以上的零部件和配件生产	改装汽车制造、低速载货汽车制造，电车制造，汽车车身、挂车制造及有喷漆工艺且年用油性漆（含稀释剂）量 10 吨以下的零部件和配件生产	2019 年	汽车制造行业

序号	行业类别	实施重点管理的行业	实施简化管理的行业	实施时限	适用排污许可行业技术规范
二十二、铁路、船舶、航空航天和其他运输设备制造 37					
67	铁路、船舶、航空航天和其他运输设备制造 371-379	有电镀工艺或者有喷漆工艺且年用油性漆（含稀释剂）量 10 吨及以上的铁路、船舶、航空航天和其他运输设备制造，拆船、修船厂	其他	2020 年	铁路、船舶、航空航天制造行业
二十三、电气机械和器材制造业 38					
68	电池制造 384	铅酸蓄电池制造	其他	2019 年	电池工业
二十四、计算机、通信和其他电子设备制造业 39					
69	计算机制造 391，电子器件制造 397，电子元件及电子专用材料制造 398，其他电子设备制造 399	有电镀工艺或者有喷漆工艺且年用油性漆（含稀释剂）量 10 吨及以上的	其他电子玻璃、电子专用材料、电子元件、印制电路板、半导体器件、显示器件及光电子器件、电子终端产品制造等	京津冀、长三角、珠三角区域 2019 年，其他 2020 年	电子工业
二十五、废弃资源综合利用业 42					
70	金属废料和碎屑加工处理 421，非金属废料和碎屑加工处理 422	废电子电器产品、废电池、废汽车、废电机、废五金、废塑料（除分拣清洗工艺的）、废油、废船、废轮胎等加工、再生利用	其他	2019 年	废弃资源加工工业
二十六、电力、热力生产和供应业 44					
71	电力生产 441	除以生活垃圾、危险废物、污泥为燃料发电以外的火力发电（含自备电厂所在企业）	—	自备电厂 2017 年，其他 2017 年 6 月	火电工业
		以生活垃圾、危险废物、污泥为燃料的火力发电	—	2019 年	
二十七、水的生产和供应业 46					
72	污水处理及其再生利用 462	工业废水集中处理厂，日处理 10 万吨及以上的城镇生活污水处理厂	日处理 10 万吨以下的城镇生活污水处理厂	2019 年	水处理
二十八、生态保护和环境治理业 77					
73	环境治理业 772	一般工业固体废物填埋，危险废物处理处置	—	2019 年	—
二十九、公共设施管理业 78					
74	环境卫生管理 782	城乡生活垃圾集中处置	—	2020 年	—
三十、机动车、电子产品和日用品修理业 81					
75	汽车、摩托车等修理与维护 811	—	营业面积 5 000 平方米及以上的	2020 年	汽车、摩托车修理业
三十一、卫生 84					
76	医院 841	床位 100 张及以上的综合医院、中医医院、中西医结合医院、民族医院、专科医院（以上均不包括社区医疗、街道和乡镇卫生院、门诊部以及仅开展保健活动的妇幼保健院），疾病预防控制中心	床位 20 张至 100 张的综合医院、中医医院、中西医结合医院、民族医院、专科医院（以上均不包括社区医疗、街道和乡镇卫生院、门诊部以及仅开展保健活动的妇幼保健院）	2020 年	医疗机构
三十二、其他行业					
77	油库、加油站	总容量 20 万立方米及以上的	—	2020 年	—
78	干散货（含煤炭、矿石）、件杂、多用途、通用码头	单个泊位 1 000 吨级及以上的内河港口、单个泊位 1 万吨级及以上的沿海港口	—	2020 年	—
三十三、通用工序					
79	热力生产和供应 443	单台出力 10 吨/小时及以上或者合计出力 20 吨/小时及以上的蒸汽和热水锅炉的热力生产	单台出力 10 吨/小时以下或者合计出力 20 吨/小时以下的蒸汽和热水锅炉	2019 年	锅炉工业
80	工业炉窑	工业炉窑	—	2020 年	工业炉窑
81	电镀设施	有电镀、电铸、电解加工、刷镀、化学镀、热浸镀（溶剂法）以及金属酸洗、抛光（电解抛光和化学抛光）、氧化、磷化、钝化等任一工序的	—	2019 年	电镀工业
82	生活污水集中处理、工业废水集中处理	接纳工业废水的日处理 2 万吨及以上的生活污水集中处理、工业废水集中处理	—	2019 年	水处理

排污许可管理办法（试行）

环境保护部令

第48号

《排污许可管理办法（试行）》已于2017年11月6日由环境保护部部务会议审议通过，现予公布，自公布之日起施行。

环境保护部部长 李干杰

2018年1月10日

第一章 总 则

第一条 为规范排污许可管理，根据《中华人民共和国环境保护法》《中华人民共和国水污染防治法》《中华人民共和国大气污染防治法》以及国务院办公厅印发的《控制污染物排放许可制实施方案》，制定本办法。

第二条 排污许可证的申请、核发、执行以及与排污许可相关的监管和处罚等行为，适用本办法。

第三条 环境保护部依法制定并公布固定污染源排污许可分类管理名录，明确纳入排污许可管理的范围和申领时限。

纳入固定污染源排污许可分类管理名录的企业事业单位和其他生产经营者（以下简称排污单位）应当按照规定的时限申请并取得排污许可证；未纳入固定污染源排污许可分类管理名录的排污单位，暂不需申请排污许可证。

第四条 排污单位应当依法持有排污许可证，并按照排污许可证的规定排放污染物。

应当取得排污许可证而未取得的，不得排放污染物。

第五条 对污染物产生量大、排放量大或者环境危害程度高的排污单位实行排污许可重点管理，对其他排污单位实行排污许可简化管理。

实行排污许可重点管理或者简化管理的排污单位的具体范围，依照固定污染源排污许可分类管理名录规定执行。实行重点管理和简化管理的内容及要求，依照本办法第十一条规定的排污许可相关技术规范、指南等执行。

设区的市级以上地方环境保护主管部门，应当将实行排污许可重点管理的排污单位确定为重点排污单位。

第六条 环境保护部负责指导全国排污许可制度实施和监督。各省级环境保护主管部门负责本行政区域排污许可制度的组织实施和监督。

排污单位生产经营场所所在地设区的市级环境保护主管部门负责排污许可证核发。地方性法规对核发权限另有规定的，从其规定。

第七条 同一法人单位或者其他组织所属、位于不同生产经营场所的排污单位，应当以其所属的法人单位或者其他组织的名义，分别向生产经营场所所在地有核发权的环境保护主管部门（以下简称核发环境保护部门）申请排污许可证。

生产经营场所和排放口分别位于不同行政区域时，生产经营场所所在地核发环境保护部门负责核发排污许可证，并应当在核发前，征求其排放口所在地同级环境保护主管部门意见。

第八条 依据相关法律规定，环境保护主管部门对排污单位排放水污染物、大气污染物等各类污染物的排放行为实行综合许可管理。

2015 年 1 月 1 日及以后取得建设项目环境影响评价审批意见的排污单位，环境影响评价文件及审批意见中与污染物排放相关的主要内容应当纳入排污许可证。

第九条 环境保护部对实施排污许可管理的排污单位及其生产设施、污染防治设施和排放口实行统一编码管理。

第十条 环境保护部负责建设、运行、维护、管理全国排污许可证管理信息平台。

排污许可证的申请、受理、审核、发放、变更、延续、注销、撤销、遗失补办应当在全国排污许可证管理信息平台上进行。排污单位自行监测、执行报告及环境保护主管部门监管执法信息应当在全国排污许可证管理信息平台上记载，并按照本办法规定在全国排污许可证管理信息平台上公开。

全国排污许可证管理信息平台中记录的排污许可证相关电子信息与排污许可证正本、副本依法具有同等效力。

第十一条 环境保护部制定排污许可证申请与核发技术规范、环境管理台账及排污许可证执行报告技术规范、排污单位自行监测技术指南、污染防治可行技术指南以及其他排污许可政策、标准和规范。

第二章 排污许可证内容

第十二条 排污许可证由正本和副本构成，正本载明基本信息，副本包括基本信息、登记事项、许可事项、承诺书等内容。

设区的市级以上地方环境保护主管部门可以根据环境保护地方性法规，增加需要在排污许可证中载明的内容。

第十三条 以下基本信息应当同时在排污许可证正本和副本中载明：

（一）排污单位名称、注册地址、法定代表人或者主要负责人、技术负责人、生产经营场所地址、行业类别、统一社会信用代码等排污单位基本信息；

（二）排污许可证有效期限、发证机关、发证日期、证书编号和二维码等基本信息。

第十四条 以下登记事项由排污单位申报，并在排污许可证副本中记录：

（一）主要生产设施、主要产品及产能、主要原辅材料等；

（二）产排污环节、污染防治设施等；

（三）环境影响评价审批意见、依法分解落实到本单位的重点污染物排放总量控制指标、排污权有偿使用和交易记录等。

第十五条 下列许可事项由排污单位申请，经核发环境保护部门审核后，在排污许可证副本中进行规定：

（一）排放口位置和数量、污染物排放方式和排放去向等，大气污染物无组织排放源的位置和数量；

（二）排放口和无组织排放源排放污染物的种类、许可排放浓度、许可排放量；

（三）取得排污许可证后应当遵守的环境管理要求；

（四）法律法规规定的其他许可事项。

第十六条 核发环境保护部门应当根据国家和地方污染物排放标准，确定排污单位排放口或者无组织排放源相应污染物的许可排放浓度。

排污单位承诺执行更加严格的排放浓度的，应当在排污许可证副本中规定。

第十七条 核发环境保护部门按照排污许可证申请与核发技术规范规定的行业重点污染物允许排放量核算方法，以及环境质量改善的要求，确定排污单位的许可排放量。

对于本办法实施前已有依法分解落实到本单位的重点污染物排放总量控制指标的排污单位，核发环境保护部门应当按照行业重点污染物允许排放量核算方法、环境质量改善要求和重点污染物排放总量控制指标，从严确定许可排放量。

2015 年 1 月 1 日及以后取得环境影响评价审批意见的排污单位，环境影响评价文件和审批意见确定的排放量严于按照本条第一款、第二款确定的许可排放量的，核发环境保护部门应当根据环境影响评价文件和审批意见要求确定排污单位的许可排放量。

地方人民政府依法制定的环境质量限期达标规划、重污染天气应对措施要求排污单位执行更加严格的重点污染物排放总量控制指标的，应当在排污许可证副本中规定。

本办法实施后，环境保护主管部门应当按照排污许可证规定的许可排放量，确定排污单位的重点污染物排放总量控制指标。

第十八条　下列环境管理要求由核发环境保护部门根据排污单位的申请材料、相关技术规范和监管需要，在排污许可证副本中进行规定：

（一）污染防治设施运行和维护、无组织排放控制等要求；

（二）自行监测要求、台账记录要求、执行报告内容和频次等要求；

（三）排污单位信息公开要求；

（四）法律法规规定的其他事项。

第十九条　排污单位在申请排污许可证时，应当按照自行监测技术指南，编制自行监测方案。

自行监测方案应当包括以下内容：

（一）监测点位及示意图、监测指标、监测频次；

（二）使用的监测分析方法、采样方法；

（三）监测质量保证与质量控制要求；

（四）监测数据记录、整理、存档要求等。

第二十条　排污单位在填报排污许可证申请时，应当承诺排污许可证申请材料是完整、真实和合法的；承诺按照排污许可证的规定排放污染物，落实排污许可证规定的环境管理要求，并由法定代表人或者主要负责人签字或者盖章。

第二十一条　排污许可证自作出许可决定之日起生效。首次发放的排污许可证有效期为三年，延续换发的排污许可证有效期为五年。

对列入国务院经济综合宏观调控部门会同国务院有关部门发布的产业政策目录中计划淘汰的落后工艺装备或者落后产品，排污许可证有效期不得超过计划淘汰期限。

第二十二条　环境保护主管部门核发排污许可证，以及监督检查排污许可证实施情况时，不得收取任何费用。

第三章　申请与核发

第二十三条　省级环境保护主管部门应当根据本办法第六条和固定污染源排污许可分类管理名录，确定本行政区域内负责受理排污许可证申请的核发环境保护部门、申请程序等相关事项，并向社会公告。

依据环境质量改善要求，部分地区决定提前对部分行业实施排污许可管理的，该地区省级环境保护主管部门应当报环境保护部备案后实施，并向社会公告。

第二十四条　在固定污染源排污许可分类管理名录规定的时限前已经建成并实际排污的排污单位，应当在名录规定时限申请排污许可证；在名录规定的时限后建成的排污单位，应当在启动生产设施或者在实际排污之前申请排污许可证。

第二十五条　实行重点管理的排污单位在提交排污许可申请材料前，应当将承诺书、基本信息以及拟申请的许可事项向社会公开。公开途径应当选择包括全国排污许可证管理信息平台等便于公众知晓的方式，公开时间不得少于五个工作日。

第二十六条 排污单位应当在全国排污许可证管理信息平台上填报并提交排污许可证申请，同时向核发环境保护部门提交通过全国排污许可证管理信息平台印制的书面申请材料。

申请材料应当包括：

（一）排污许可证申请表，主要内容包括：排污单位基本信息，主要生产设施、主要产品及产能、主要原辅材料，废气、废水等产排污环节和污染防治设施，申请的排放口位置和数量、排放方式、排放去向，按照排放口和生产设施或者车间申请的排放污染物种类、排放浓度和排放量，执行的排放标准；

（二）自行监测方案；

（三）由排污单位法定代表人或者主要负责人签字或者盖章的承诺书；

（四）排污单位有关排污口规范化的情况说明；

（五）建设项目环境影响评价文件审批文号，或者按照有关国家规定经地方人民政府依法处理、整顿规范并符合要求的相关证明材料；

（六）排污许可证申请前信息公开情况说明表；

（七）污水集中处理设施的经营管理单位还应当提供纳污范围、纳污排污单位名单、管网布置、最终排放去向等材料；

（八）本办法实施后的新建、改建、扩建项目排污单位存在通过污染物排放等量或者减量替代削减获得重点污染物排放总量控制指标情况的，且出让重点污染物排放总量控制指标的排污单位已经取得排污许可证的，应当提供出让重点污染物排放总量控制指标的排污单位的排污许可证完成变更的相关材料；

（九）法律法规规章规定的其他材料。

主要生产设施、主要产品产能等登记事项中涉及商业秘密的，排污单位应当进行标注。

第二十七条 核发环境保护部门收到排污单位提交的申请材料后，对材料的完整性、规范性进行审查，按照下列情形分别作出处理：

（一）依照本办法不需要取得排污许可证的，应当当场或者在五个工作日内告知排污单位不需要办理；

（二）不属于本行政机关职权范围的，应当当场或者在五个工作日内作出不予受理的决定，并告知排污单位向有核发权限的部门申请；

（三）申请材料不齐全或者不符合规定的，应当当场或者在五个工作日内出具告知单，告知排污单位需要补正的全部材料，可以当场更正的，应当允许排污单位当场更正；

（四）属于本行政机关职权范围，申请材料齐全、符合规定，或者排污单位按照要求提交全部补正申请材料的，应当受理。

核发环境保护部门应当在全国排污许可证管理信息平台上作出受理或者不予受理排污许可证申请的决定，同时向排污单位出具加盖本行政机关专用印章和注明日期的受理单或者不予受理告知单。

核发环境保护部门应当告知排污单位需要补正的材料，但逾期不告知的，自收到书面申请材料之日起即视为受理。

第二十八条 对存在下列情形之一的，核发环境保护部门不予核发排污许可证：

（一）位于法律法规规定禁止建设区域内的；

（二）属于国务院经济综合宏观调控部门会同国务院有关部门发布的产业政策目录中明令淘汰或者立即淘汰的落后生产工艺装备、落后产品的；

（三）法律法规规定不予许可的其他情形。

第二十九条 核发环境保护部门应当对排污单位的申请材料进行审核，对满足下列条件的排污单位核发排污许可证：

（一）依法取得建设项目环境影响评价文件审批意见，或者按照有关规定经地方人民政府依法处理、整顿规范并符合要求的相关证明材料；

（二）采用的污染防治设施或者措施有能力达到许可排放浓度要求；

（三）排放浓度符合本办法第十六条规定，排放量符合本办法第十七条规定；

（四）自行监测方案符合相关技术规范；

（五）本办法实施后的新建、改建、扩建项目排污单位存在通过污染物排放等量或者减量替代削减获得重点污染物排放总量控制指标情况的，出让重点污染物排放总量控制指标的排污单位已完成排污许可证变更。

第三十条　对采用相应污染防治可行技术的，或者新建、改建、扩建建设项目排污单位采用环境影响评价审批意见要求的污染治理技术的，核发环境保护部门可以认为排污单位采用的污染防治设施或者措施有能力达到许可排放浓度要求。

不符合前款情形的，排污单位可以通过提供监测数据予以证明。监测数据应当通过使用符合国家有关环境监测、计量认证规定和技术规范的监测设备取得；对于国内首次采用的污染治理技术，应当提供工程试验数据予以证明。

环境保护部依据全国排污许可证执行情况，适时修订污染防治可行技术指南。

第三十一条　核发环境保护部门应当自受理申请之日起二十个工作日内作出是否准予许可的决定。自作出准予许可决定之日起十个工作日内，核发环境保护部门向排污单位发放加盖本行政机关印章的排污许可证。

核发环境保护部门在二十个工作日内不能作出决定的，经本部门负责人批准，可以延长十个工作日，并将延长期限的理由告知排污单位。

依法需要听证、检验、检测和专家评审的，所需时间不计算在本条所规定的期限内。核发环境保护部门应当将所需时间书面告知排污单位。

第三十二条　核发环境保护部门作出准予许可决定的，须向全国排污许可证管理信息平台提交审核结果，获取全国统一的排污许可证编码。

核发环境保护部门作出准予许可决定的，应当将排污许可证正本以及副本中基本信息、许可事项及承诺书在全国排污许可证管理信息平台上公告。

核发环境保护部门作出不予许可决定的，应当制作不予许可决定书，书面告知排污单位不予许可的理由，以及依法申请行政复议或者提起行政诉讼的权利，并在全国排污许可证管理信息平台上公告。

第四章　实施与监管

第三十三条　禁止涂改排污许可证。禁止以出租、出借、买卖或者其他方式非法转让排污许可证。排污单位应当在生产经营场所内方便公众监督的位置悬挂排污许可证正本。

第三十四条　排污单位应当按照排污许可证规定，安装或者使用符合国家有关环境监测、计量认证规定的监测设备，按照规定维护监测设施，开展自行监测，保存原始监测记录。

实施排污许可重点管理的排污单位，应当按照排污许可证规定安装自动监测设备，并与环境保护主管部门的监控设备联网。

对未采用污染防治可行技术的，应当加强自行监测，评估污染防治技术达标可行性。

第三十五条　排污单位应当按照排污许可证中关于台账记录的要求，根据生产特点和污染物排放特点，按照排污口或者无组织排放源进行记录。记录主要包括以下内容：

（一）与污染物排放相关的主要生产设施运行情况；发生异常情况的，应当记录原因和采取的措施；

（二）污染防治设施运行情况及管理信息；发生异常情况的，应当记录原因和采取的措施；

（三）污染物实际排放浓度和排放量；发生超标排放情况的，应当记录超标原因和采取的措施；

（四）其他按照相关技术规范应当记录的信息。

台账记录保存期限不少于三年。

第三十六条 污染物实际排放量按照排污许可证规定的废气、污水的排污口、生产设施或者车间分别计算，依照下列方法和顺序计算：

（一）依法安装使用了符合国家规定和监测规范的污染物自动监测设备的，按照污染物自动监测数据计算；

（二）依法不需安装污染物自动监测设备的，按照符合国家规定和监测规范的污染物手工监测数据计算；

（三）不能按照本条第一项、第二项规定的方法计算的，包括依法应当安装而未安装污染物自动监测设备或者自动监测设备不符合规定的，按照环境保护部规定的产排污系数、物料衡算方法计算。

第三十七条 排污单位应当按照排污许可证规定的关于执行报告内容和频次的要求，编制排污许可证执行报告。

排污许可证执行报告包括年度执行报告、季度执行报告和月执行报告。

排污单位应当每年在全国排污许可证管理信息平台上填报、提交排污许可证年度执行报告并公开，同时向核发环境保护部门提交通过全国排污许可证管理信息平台印制的书面执行报告。书面执行报告应当由法定代表人或者主要负责人签字或者盖章。

季度执行报告和月执行报告至少应当包括以下内容：

（一）根据自行监测结果说明污染物实际排放浓度和排放量及达标判定分析；

（二）排污单位超标排放或者污染防治设施异常情况的说明。

年度执行报告可以替代当季度或者当月的执行报告，并增加以下内容：

（一）排污单位基本生产信息；

（二）污染防治设施运行情况；

（三）自行监测执行情况；

（四）环境管理台账记录执行情况；

（五）信息公开情况；

（六）排污单位内部环境管理体系建设与运行情况；

（七）其他排污许可证规定的内容执行情况等。

建设项目竣工环境保护验收报告中与污染物排放相关的主要内容，应当由排污单位记载在该项目验收完成当年排污许可证年度执行报告中。

排污单位发生污染事故排放时，应当依照相关法律法规规章的规定及时报告。

第三十八条 排污单位应当对提交的台账记录、监测数据和执行报告的真实性、完整性负责，依法接受环境保护主管部门的监督检查。

第三十九条 环境保护主管部门应当制定执法计划，结合排污单位环境信用记录，确定执法监管重点和检查频次。

环境保护主管部门对排污单位进行监督检查时，应当重点检查排污许可证规定的许可事项的实施情况。通过执法监测、核查台账记录和自动监测数据以及其他监控手段，核实排污数据和执行报告的真实性，判定是否符合许可排放浓度和许可排放量，检查环境管理要求落实情况。

环境保护主管部门应当将现场检查的时间、内容、结果以及处罚决定记入全国排污许可证管理信息平台，依法在全国排污许可证管理信息平台上公布监管执法信息、无排污许可证和违反排污许可证规定排污的排污单位名单。

第四十条 环境保护主管部门可以通过政府购买服务的方式，组织或者委托技术机构提供排污许可管理的技术支持。

技术机构应当对其提交的技术报告负责，不得收取排污单位任何费用。

第四十一条 上级环境保护主管部门可以对具有核发权限的下级环境保护主管部门的排污许可证核

发情况进行监督检查和指导，发现属于本办法第四十九条规定违法情形的，上级环境保护主管部门可以依法撤销。

第四十二条　鼓励社会公众、新闻媒体等对排污单位的排污行为进行监督。排污单位应当及时公开有关排污信息，自觉接受公众监督。

公民、法人和其他组织发现排污单位有违反本办法行为的，有权向环境保护主管部门举报。

接受举报的环境保护主管部门应当依法处理，并按照有关规定对调查结果予以反馈，同时为举报人保密。

第五章　变更、延续、撤销

第四十三条　在排污许可证有效期内，下列与排污单位有关的事项发生变化的，排污单位应当在规定时间内向核发环境保护部门提出变更排污许可证的申请：

（一）排污单位名称、地址、法定代表人或者主要负责人等正本中载明的基本信息发生变更之日起三十个工作日内；

（二）因排污单位原因许可事项发生变更之日前三十个工作日内；

（三）排污单位在原场址内实施新建、改建、扩建项目应当开展环境影响评价的，在取得环境影响评价审批意见后，排污行为发生变更之日前三十个工作日内；

（四）新制修订的国家和地方污染物排放标准实施前三十个工作日内；

（五）依法分解落实的重点污染物排放总量控制指标发生变化后三十个工作日内；

（六）地方人民政府依法制定的限期达标规划实施前三十个工作日内；

（七）地方人民政府依法制定的重污染天气应急预案实施后三十个工作日内；

（八）法律法规规定需要进行变更的其他情形。

发生本条第一款第三项规定情形，且通过污染物排放等量或者减量替代削减获得重点污染物排放总量控制指标的，在排污单位提交变更排污许可申请前，出让重点污染物排放总量控制指标的排污单位应当完成排污许可证变更。

第四十四条　申请变更排污许可证的，应当提交下列申请材料：

（一）变更排污许可证申请；

（二）由排污单位法定代表人或者主要负责人签字或者盖章的承诺书；

（三）排污许可证正本复印件；

（四）与变更排污许可事项有关的其他材料。

第四十五条　核发环境保护部门应当对变更申请材料进行审查，作出变更决定的，在排污许可证副本中载明变更内容并加盖本行政机关印章，同时在全国排污许可证管理信息平台上公告；属于本办法第四十三条第一款第一项情形的，还应当换发排污许可证正本。

属于本办法第四十三条第一款规定情形的，排污许可证期限仍自原证书核发之日起计算；属于本办法第四十三条第二款情形的，变更后排污许可证期限自变更之日起计算。

属于本办法第四十三条第一款第一项情形的，核发环境保护部门应当自受理变更申请之日起十个工作日内作出变更决定；属于本办法第四十三条第一款规定的其他情形的，应当自受理变更申请之日起二十个工作日内作出变更许可决定。

第四十六条　排污单位需要延续依法取得的排污许可证的有效期的，应当在排污许可证届满三十个工作日前向原核发环境保护部门提出申请。

第四十七条　申请延续排污许可证的，应当提交下列材料：

（一）延续排污许可证申请；

（二）由排污单位法定代表人或者主要负责人签字或者盖章的承诺书；

（三）排污许可证正本复印件；

（四）与延续排污许可事项有关的其他材料。

第四十八条 核发环境保护部门应当按照本办法第二十九条规定对延续申请材料进行审查，并自受理延续申请之日起二十个工作日内作出延续或者不予延续许可决定。

作出延续许可决定的，向排污单位发放加盖本行政机关印章的排污许可证，收回原排污许可证正本，同时在全国排污许可证管理信息平台上公告。

第四十九条 有下列情形之一的，核发环境保护部门或者其上级行政机关，可以撤销排污许可证并在全国排污许可证管理信息平台上公告：

（一）超越法定职权核发排污许可证的；

（二）违反法定程序核发排污许可证的；

（三）核发环境保护部门工作人员滥用职权、玩忽职守核发排污许可证的；

（四）对不具备申请资格或者不符合法定条件的申请人准予行政许可的；

（五）依法可以撤销排污许可证的其他情形。

第五十条 有下列情形之一的，核发环境保护部门应当依法办理排污许可证的注销手续，并在全国排污许可证管理信息平台上公告：

（一）排污许可证有效期届满，未延续的；

（二）排污单位被依法终止的；

（三）应当注销的其他情形。

第五十一条 排污许可证发生遗失、损毁的，排污单位应当在三十个工作日内向核发环境保护部门申请补领排污许可证；遗失排污许可证的，在申请补领前应当在全国排污许可证管理信息平台上发布遗失声明；损毁排污许可证的，应当同时交回被损毁的排污许可证。

核发环境保护部门应当在收到补领申请后十个工作日内补发排污许可证，并在全国排污许可证管理信息平台上公告。

第六章 法律责任

第五十二条 环境保护主管部门在排污许可证受理、核发及监管执法中有下列行为之一的，由其上级行政机关或者监察机关责令改正，对直接负责的主管人员或者其他直接责任人员依法给予行政处分；构成犯罪的，依法追究刑事责任：

（一）符合受理条件但未依法受理申请的；

（二）对符合许可条件的不依法准予核发排污许可证或者未在法定时限内作出准予核发排污许可证决定的；

（三）对不符合许可条件的准予核发排污许可证或者超越法定职权核发排污许可证的；

（四）实施排污许可证管理时擅自收取费用的；

（五）未依法公开排污许可相关信息的；

（六）不依法履行监督职责或者监督不力，造成严重后果的；

（七）其他应当依法追究责任的情形。

第五十三条 排污单位隐瞒有关情况或者提供虚假材料申请行政许可的，核发环境保护部门不予受理或者不予行政许可，并给予警告。

第五十四条 违反本办法第四十三条规定，未及时申请变更排污许可证的；或者违反本办法第五十一条规定，未及时补办排污许可证的，由核发环境保护部门责令改正。

第五十五条 重点排污单位未依法公开或者不如实公开有关环境信息的，由县级以上环境保护主管部门责令公开，依法处以罚款，并予以公告。

第五十六条 违反本办法第三十四条，有下列行为之一的，由县级以上环境保护主管部门依据《中华人民共和国大气污染防治法》《中华人民共和国水污染防治法》的规定，责令改正，处二万元以上二十万元以下的罚款；拒不改正的，依法责令停产整治：

（一）未按照规定对所排放的工业废气和有毒有害大气污染物、水污染物进行监测，或者未保存原始监测记录的；

（二）未按照规定安装大气污染物、水污染物自动监测设备，或者未按照规定与环境保护主管部门的监控设备联网，或者未保证监测设备正常运行的。

第五十七条 排污单位存在以下无排污许可证排放污染物情形的，由县级以上环境保护主管部门依据《中华人民共和国大气污染防治法》《中华人民共和国水污染防治法》的规定，责令改正或者责令限制生产、停产整治，并处十万元以上一百万元以下的罚款；情节严重的，报经有批准权的人民政府批准，责令停业、关闭：

（一）依法应当申请排污许可证但未申请，或者申请后未取得排污许可证排放污染物的；

（二）排污许可证有效期限届满后未申请延续排污许可证，或者延续申请未经核发环境保护部门许可仍排放污染物的；

（三）被依法撤销排污许可证后仍排放污染物的；

（四）法律法规规定的其他情形。

第五十八条 排污单位存在以下违反排污许可证行为的，由县级以上环境保护主管部门依据《中华人民共和国环境保护法》《中华人民共和国大气污染防治法》《中华人民共和国水污染防治法》的规定，责令改正或者责令限制生产、停产整治，并处十万元以上一百万元以下的罚款；情节严重的，报经有批准权的人民政府批准，责令停业、关闭：

（一）超过排放标准或者超过重点大气污染物、重点水污染物排放总量控制指标排放水污染物、大气污染物的；

（二）通过偷排、篡改或者伪造监测数据、以逃避现场检查为目的的临时停产、非紧急情况下开启应急排放通道、不正常运行大气污染防治设施等逃避监管的方式排放大气污染物的；

（三）利用渗井、渗坑、裂隙、溶洞，私设暗管，篡改、伪造监测数据，或者不正常运行水污染防治设施等逃避监管的方式排放水污染物的；

（四）其他违反排污许可证规定排放污染物的。

第五十九条 排污单位违法排放大气污染物、水污染物，受到罚款处罚，被责令改正的，依法作出处罚决定的行政机关组织复查，发现其继续违法排放大气污染物、水污染物或者拒绝、阻挠复查的，作出处罚决定的行政机关可以自责令改正之日的次日起，依法按照原处罚数额按日连续处罚。

第六十条 排污单位发生本办法第三十五条第一款第二、三项或者第三十七条第四款第二项规定的异常情况，及时报告核发环境保护部门，且主动采取措施消除或者减轻违法行为危害后果的，县级以上环境保护主管部门应当依据《中华人民共和国行政处罚法》相关规定从轻处罚。

排污单位应当在相应季度执行报告或者月执行报告中记载本条第一款情况。

第七章 附 则

第六十一条 依照本办法首次发放排污许可证时，对于在本办法实施前已经投产、运营的排污单位，存在以下情形之一，排污单位承诺改正并提出改正方案的，环境保护主管部门可以向其核发排污许可证，并在排污许可证中记载其存在的问题，规定其承诺改正内容和承诺改正期限：

（一）在本办法实施前的新建、改建、扩建建设项目不符合本办法第二十九条第一项条件；

（二）不符合本办法第二十九条第二项条件。

对于不符合本办法第二十九条第一项条件的排污单位，由核发环境保护部门依据《建设项目环境保护管理条例》第二十三条，责令限期改正，并处罚款。

对于不符合本办法第二十九条第二项条件的排污单位，由核发环境保护部门依据《中华人民共和国大气污染防治法》第九十九条或者《中华人民共和国水污染防治法》第八十三条，责令改正或者责令限制生产、停产整治，并处罚款。

本条第二款、第三款规定的核发环境保护部门责令改正内容或者限制生产、停产整治内容，应当与本条第一款规定的排污许可证规定的改正内容一致；本条第二款、第三款规定的核发环境保护部门责令改正期限或者限制生产、停产整治期限，应当与本条第一款规定的排污许可证规定的改正期限的起止时间一致。

本条第一款规定的排污许可证规定的改正期限为三至六个月、最长不超过一年。

在改正期间或者限制生产、停产整治期间，排污单位应当按证排污，执行自行监测、台账记录和执行报告制度，核发环境保护部门应当按照排污许可证的规定加强监督检查。

第六十二条 本办法第六十一条第一款规定的排污许可证规定的改正期限到期，排污单位完成改正任务或者提前完成改正任务的，可以向核发环境保护部门申请变更排污许可证，核发环境保护部门应当按照本办法第五章规定对排污许可证进行变更。

本办法第六十一条第一款规定的排污许可证规定的改正期限到期，排污单位仍不符合许可条件的，由核发环境保护部门依据《中华人民共和国大气污染防治法》第九十九条或者《中华人民共和国水污染防治法》第八十三条或者《建设项目环境保护管理条例》第二十三条的规定，提出建议报有批准权的人民政府批准责令停业、关闭，并按照本办法第五十条规定注销排污许可证。

第六十三条 对于本办法实施前依据地方性法规核发的排污许可证，尚在有效期内的，原核发环境保护部门应当在全国排污许可证管理信息平台填报数据，获取排污许可证编码；已经到期的，排污单位应当按照本办法申请排污许可证。

第六十四条 本办法第十二条规定的排污许可证格式、第二十条规定的承诺书样本和本办法第二十六条规定的排污许可证申请表格式，由环境保护部制定。

第六十五条 本办法所称排污许可，是指环境保护主管部门根据排污单位的申请和承诺，通过发放排污许可证法律文书形式，依法依规规范和限制排污行为，明确环境管理要求，依据排污许可证对排污单位实施监管执法的环境管理制度。

第六十六条 本办法所称主要负责人是指依照法律、行政法规规定代表非法人单位行使职权的负责人。

第六十七条 涉及国家秘密的排污单位，其排污许可证的申请、受理、审核、发放、变更、延续、注销、撤销、遗失补办应当按照保密规定执行。

第六十八条 本办法自发布之日起施行。

关于印发《排污许可证管理暂行规定》的通知

环水体〔2016〕186号

各省、自治区、直辖市环境保护厅（局），新疆生产建设兵团环境保护局：

为贯彻落实《控制污染物排放许可制实施方案》（国办发〔2016〕81号），规范排污许可证申请、审核、发放、管理等程序，我部组织编制了《排污许可证管理暂行规定》。现印发给你们，请遵照执行。各地可根据《排污许可证管理暂行规定》，进一步细化管理程序和要求，制定本地实施细则。

特此通知。

附件：排污许可证管理暂行规定

环境保护部

2016年12月23日

附件

排污许可证管理暂行规定

第一章 总 则

第一条 为规范排污许可证管理，根据《中华人民共和国环境保护法》《中华人民共和国水污染防治法》《中华人民共和国大气污染防治法》《中华人民共和国行政许可法》等法律规定和《国务院办公厅关于印发控制污染物排放许可制实施方案的通知》（国办发〔2016〕81号），制定本规定。

第二条 排污许可证的申请、核发、实施、监管等行为，适用本规定。

第三条 本规定所称排污许可，是指环境保护主管部门依排污单位的申请和承诺，通过发放排污许可证法律文书形式，依法依规规范和限制排污单位排污行为并明确环境管理要求，依据排污许可证对排污单位实施监管执法的环境管理制度。

本规定所称排污单位特指纳入排污许可分类管理名录的企业事业单位和其他生产经营者。

第四条 下列排污单位应当实行排污许可管理：

（一）排放工业废气或者排放国家规定的有毒有害大气污染物的企业事业单位。

（二）集中供热设施的燃煤热源生产运营单位。

（三）直接或间接向水体排放工业废水和医疗污水的企业事业单位。

（四）城镇或工业污水集中处理设施的运营单位。

（五）依法应当实行排污许可管理的其他排污单位。

环境保护部按行业制订并公布排污许可分类管理名录，分批分步骤推进排污许可证管理。排污单位应当在名录规定的时限内持证排污，禁止无证排污或不按证排污。

第五条 环境保护部根据污染物产生量、排放量和环境危害程度的不同，在排污许可分类管理名录中规定对不同行业或同一行业的不同类型排污单位实行排污许可差异化管理。对污染物产生量和排放量较小、环境危害程度较低的排污单位实行排污许可简化管理，简化管理的内容包括申请材料、信息公开、自行监测、台账记录、执行报告的具体要求。

第六条 对排污单位排放水污染物、大气污染物的各类排污行为实行综合许可管理。排污单位申请并领取一个排污许可证，同一法人单位或其他组织所有，位于不同地点的排污单位，应当分别申请和领取排污许可证；不同法人单位或其他组织所有的排污单位，应当分别申请和领取排污许可证。

第七条 环境保护部负责全国排污许可制度的统一监督管理，制定相关政策、标准、规范，指导地方实施排污许可制度。

省、自治区、直辖市环境保护主管部门负责本行政区域排污许可制度的组织实施和监督。县级环境保护主管部门负责实施简化管理的排污许可证核发工作，其余的排污许可证原则上由地（市）级环境保护主管部门负责核发。地方性法规另有规定的从其规定。

按照国家有关规定，县级环境保护主管部门被调整为市级环境保护主管部门派出分局的，由市级环境保护主管部门组织所属派出分局实施排污许可证核发管理。

第八条 环境保护部负责建设、运行、维护、管理国家排污许可证管理信息平台，各地现有的排污许可证管理信息平台应实现数据的逐步接入。环境保护部在统一社会信用代码基础上，通过国家排污许可证管理信息平台对全国的排污许可证实行统一编码。排污许可证申请、受理、审核、发放、变更、延续、注销、撤销、遗失补办应当在国家排污许可证管理信息平台上进行。排污许可证的执行、监管执法、社会监督等信息应当在国家排污许可证管理信息平台上记录。

第二章 排污许可证内容

第九条 排污许可证由正本和副本构成，正本载明基本信息，副本载明基本信息、许可事项、管理要求等信息。

第十条 下列许可事项应当在排污许可证副本中载明：

（一）排污口位置和数量、排放方式、排放去向等。

（二）排放污染物种类、许可排放浓度、许可排放量。

（三）法律法规规定的其他许可事项。

对实行排污许可简化管理的排污单位，许可事项可只包括（一）以及（二）中的排放污染物种类、许可排放浓度。

核发机关根据污染物排放标准、总量控制指标、环境影响评价文件及批复要求等，依法合理确定排放污染物种类、浓度及排放量。

对新改扩建项目的排污单位，环境保护主管部门对上述内容进行许可时应当将环境影响评价文件及批复的相关要求作为重要依据。

排污单位承诺执行更加严格的排放浓度和排放量并为此享受国家或地方优惠政策的，应当将更加严格的排放浓度和排放量在副本中载明。

地方人民政府制定的环境质量限期达标规划、重污染天气应对措施中，对排污单位污染物排放有特别要求的，应当在排污许可证副本中载明。

第十一条 下列环境管理要求应当在排污许可证副本中载明：

（一）污染防治设施运行、维护，无组织排放控制等环境保护措施要求。

（二）自行监测方案、台账记录、执行报告等要求。

（三）排污单位自行监测、执行报告等信息公开要求。

（四）法律法规规定的其他事项。

对实行排污许可简化管理的可作适当简化。

第十二条 排污许可证正本和副本应载明排污单位名称、注册地址、法定代表人或者实际负责人、生产经营场所地址、行业类别、组织机构代码、统一社会信用代码等排污单位基本信息，以及排污许可证有效期限、发证机关、发证日期、证书编号和二维码等信息。

排污许可证副本还应载明主要生产装置、主要产品及产能、主要原辅材料、产排污环节、污染防治设施、排污权有偿使用和交易等信息。对实行排污许可简化管理的可作适当简化。

各地可根据管理需求在排污许可证副本载明其他信息。

第三章　申请与核发

第十三条　省级环境保护主管部门可以根据环境保护部确定的期限等要求，确定本行政区域具体的申请时限、核发机关、申请程序等相关事项，并向社会公告。

第十四条　现有排污单位应当在规定的期限内向具有排污许可证核发权限的核发机关申请领取排污许可证。

新建项目的排污单位应当在投入生产或使用并产生实际排污行为之前申请领取排污许可证。

第十五条　环境保护部制定排污许可证申请与核发技术规范，排污单位依法按照排污许可证申请与核发技术规范提交排污许可申请，申报排放污染物种类、排放浓度等，测算并申报污染物排放量。

第十六条　排污单位在申请排污许可证前，应当将主要申请内容，包括排污单位基本信息、拟申请的许可事项、产排污环节、污染防治设施，通过国家排污许可证管理信息平台或者其他规定途径等便于公众知晓的方式向社会公开。公开时间不得少于 5 日。对实行排污许可简化管理的排污单位，可不进行申请前信息公开。

第十七条　排污单位应当在国家排污许可证管理信息平台上填报并提交排污许可证申请，同时向有核发权限的环境保护主管部门提交通过平台印制的书面申请材料。排污单位对申请材料的真实性、合法性、完整性负法律责任。申请材料应当包括：

（一）排污许可证申请表，主要内容包括：排污单位基本信息，主要生产装置，废气、废水等产排污环节和污染防治设施，申请的排污口位置和数量、排放方式、排放去向、排放污染物种类、排放浓度和排放量、执行的排放标准。排污许可证申请表格式见附件。

（二）有排污单位法定代表人或者实际负责人签字或盖章的承诺书。主要承诺内容包括：对申请材料真实性、合法性、完整性负法律责任；按排污许可证的要求控制污染物排放；按照相关标准规范开展自行监测、台账记录；按时提交执行报告并及时公开相关信息等。

（三）排污单位按照有关要求进行排污口和监测孔规范化设置的情况说明。

（四）建设项目环境影响评价批复文号，或按照《国务院办公厅关于加强环境监管执法的通知》（国办发〔2014〕56 号）要求，经地方政府依法处理、整顿规范并符合要求的相关证明材料。

（五）城镇污水集中处理设施还应提供纳污范围、纳污企业名单、管网布置、最终排放去向等材料。

（六）法律法规规定的其他材料。

对实行排污许可简化管理的排污单位，上述材料可适当简化。

第十八条　核发机关收到排污单位提交的申请材料后，对材料的完整性、规范性进行审查，按照下列情形分别作出处理：

（一）依本规定不需要取得排污许可证的，应当即时告知排污单位不需要办理。

（二）不属于本行政机关职权范围的，应当即时作出不予受理的决定，并告知排污单位有核发权限的机关。

（三）申请材料不齐全的，应当当场或在五日内出具一次性告知单，告知排污单位需要补充的全部材料。逾期不告知的，自收到申请材料之日起即为受理。

（四）申请材料不符合规定的，应当当场或在五日内出具一次性告知单，告知排污单位需要改正的全部内容。可以当场改正的，应当允许排污单位当场改正。逾期不告知的，自收到申请材料之日起即为受理。

（五）属于本行政机关职权范围，申请材料齐全、符合规定，或者排污单位按要求提交全部补正申请材料的，应当受理。

核发机关应当在国家排污许可证管理信息平台上作出受理或者不予受理排污许可申请的决定，同时向排污单位出具加盖本行政机关专用印章和注明日期的受理单或不予受理告知单。

第十九条 核发机关根据排污单位申请材料和承诺，对满足下列条件的排污单位核发排污许可证，对申请材料中存在疑问的，可开展现场核查。

（一）不属于国家或地方政府明确规定予以淘汰或取缔的。

（二）不位于饮用水水源保护区等法律法规明确规定禁止建设区域内。

（三）有符合国家或地方要求的污染防治设施或污染物处理能力。

（四）申请的排放浓度符合国家或地方规定的相关标准和要求，排放量符合排污许可证申请与核发技术规范的要求。

（五）申请表中填写的自行监测方案、执行报告上报频次、信息公开方案符合相关技术规范要求。

（六）对新改扩建项目的排污单位，还应满足环境影响评价文件及其批复的相关要求，如果是通过污染物排放等量或减量替代削减获得总量指标的，还应审核被替代削减的排污单位排污许可证变更情况。

（七）排污口设置符合国家或地方的要求。

（八）法律法规规定的其他要求。

核发机关根据审核结果，自受理申请之日起二十日内作出是否准予许可的决定。二十日内不能作出决定的，经本行政机关负责人批准，可以延长十日，并将延长期限理由告知排污单位。依法需要听证、检验、检测和专家评审的，所需时间不计算在本规定的期限内。行政机关应当将所需时间书面告知申请人。

核发机关作出准予许可决定的，须向国家排污许可管理信息平台提交审核结果材料并申请获取全国统一的排污许可证编码。

核发机关应自作出许可决定起十日内，向排污单位发放加盖本行政机关印章的排污许可证，并在国家排污许可证管理信息平台上进行公告；作出不予许可决定的，核发机关应当出具不予许可书面决定书，书面告知排污单位不予许可的理由以及享有依法申请行政复议或提请行政诉讼的权利，并在国家排污许可证管理信息平台上进行公告。

第二十条 在排污许可证有效期内，下列事项发生变化的，排污单位应当在规定时间内向原核发机关提出变更排污许可证的申请。

（一）排污单位名称、注册地址、法定代表人或者实际负责人等正本中载明的基本信息发生变更之日起二十日内。

（二）第十条中许可事项发生变更之日前二十日内。

（三）排污单位在原场址内实施新改扩建项目应当开展环境影响评价的，在通过环境影响评价审批或者备案后，产生实际排污行为之前二十日内。

（四）国家或地方实施新污染物排放标准的，核发机关应主动通知排污单位进行变更，排污单位在接到通知后二十日内申请变更。

（五）政府相关文件或与其他企业达成协议，进行区域替代实现减量排放的，应在文件或协议规定时限内提出变更申请。

（六）需要进行变更的其他情形。

第二十一条 申请变更排污许可证的，应当提交下列申请材料：

（一）排污许可证申请表。

（二）排污许可证正本、副本复印件。

（三）与变更排污许可事项有关的其他材料。

排污单位应当书面承诺对变更申请材料的真实性、合法性、完整性负法律责任以及严格执行变更后排污许可证的规定。

第二十二条　核发机关应当对变更申请材料进行审查。同意变更的，在副本中载明变更内容并加盖本行政机关印章，发证日期和有效期与原证书一致。

发生第二十条第一项变更的，核发机关应当自受理变更申请之日起十日内作出变更决定，并换发排污许可证正本。发生其他变更的，核发机关应当自受理变更申请之日起二十日内作出变更许可决定。

第二十三条　排污许可证有效期届满后需要继续排放污染物的，排污单位应当在有效期届满前三十日向原核发机关提出延续申请。

第二十四条　申请延续排污许可证的，应当提交下列材料：

（一）排污许可证申请表。

（二）排污许可证正本、副本复印件。

（三）与延续排污许可事项有关的其他材料。

第二十五条　核发机关应当对延续申请材料进行审查。同意延续的，应当自受理延续申请之日起二十日内作出延续许可决定，向排污单位发放加盖本行政机关印章的排污许可证，并在国家排污许可证管理信息平台上进行公告，同时收回原排污许可证正本、副本。

第二十六条　有下列情形之一的，排污许可证核发机关或其上级机关，可以撤销排污许可决定并及时在国家排污许可证管理信息平台上进行公告。

（一）超越法定职权核发排污许可证的。

（二）违反法定程序核发排污许可证的。

（三）核发机关工作人员滥用职权、玩忽职守核发排污许可证的。

（四）对不具备申请资格或者不符合法定条件的申请人准予行政许可的。

（五）排污单位以欺骗、贿赂等不正当手段取得排污许可证的。

（六）依法可以撤销排污许可决定的其他情形。

第二十七条　有下列情形之一的，核发机关应当依法办理排污许可证的注销手续并及时在国家排污许可证管理信息平台上进行公告。

（一）排污许可证有效期届满，未延续的。

（二）排污单位被依法终止不再排放污染物的。

（三）法律规定应当注销的其他情形。

第二十八条　排污许可证发生遗失、损毁的，排污单位应当在三十日内向原核发机关申请补领排污许可证，遗失排污许可证的还应同时提交遗失声明，损毁排污许可证的还应同时交回被损毁的许可证。核发机关应当在收到补领申请后十日内补发排污许可证，并及时在国家排污许可证管理信息平台上进行公告。

第二十九条　排污许可证自发证之日起生效。按本规定首次发放的排污许可证有效期为三年，延续换发排污许可证有效期为五年。

第三十条　禁止涂改、伪造排污许可证。禁止以出租、出借、买卖或其他方式转让排污许可证。排污单位应当在生产经营场所内方便公众监督的位置悬挂排污许可证正本。

第三十一条　环境保护主管部门实施排污许可不得收取费用。

第四章　实施与监管

第三十二条　排污单位应当严格执行排污许可证的规定，遵守下列要求：

（一）排污口位置和数量、排放方式、排放去向、排放污染物种类、排放浓度和排放量、执行的排放标准等符合排污许可证的规定，不得私设暗管或以其他方式逃避监管。

（二）落实重污染天气应急管控措施、遵守法律规定的最新环境保护要求等。

（三）按排污许可证规定的监测点位、监测因子、监测频次和相关监测技术规范开展自行监测并公开。

（四）按规范进行台账记录，主要内容包括生产信息、燃料、原辅材料使用情况、污染防治设施运行记录、监测数据等。

（五）按排污许可证规定，定期在国家排污许可证管理信息平台填报信息，编制排污许可证执行报告，及时报送有核发权的环境保护主管部门并公开，执行报告主要内容包括生产信息、污染防治设施运行情况、污染物按证排放情况等。

（六）法律法规规定的其他义务。

第三十三条 环境保护主管部门应依据排污许可证对排污单位排放污染物行为进行监管执法，检查许可事项的落实情况，审核排污单位台账记录和许可证执行报告，检查污染防治设施运行、自行监测、信息公开等排污许可证管理要求的执行情况。

对投诉举报多、有严重违法违规记录等情况的排污单位，要提高抽查比例；对实行排污许可简化管理的排污单位以及环保诚信度高、无违法违规记录的排污单位，可减少检查频次。

在国家排污许可证管理信息平台上公布监督检查情况，对检查中发现违反排污许可证行为的，应记入企业信用信息公示系统。

环境保护主管部门可通过政府购买服务的方式，委托第三方机构对排污单位的台账记录和执行报告进行审核，提出审核意见，作为环境保护主管部门监督检查的依据。

第三十四条 上级环境保护主管部门可采取随机抽查的方式对具有核发权限的下级环境保护管理部门的排污许可证核发情况进行监督检查和指导。

对违规发放的排污许可证，上级环境保护主管部门可根据本规定撤销许可，并责令改正；对于下级环境保护主管部门违反规定发放排污许可证，情节特别严重的，由上级环境保护主管部门撤销违规发放的排污许可证并责令整改，对直接负责核发的主管人员和其他直接责任人员依法给予行政处分。

第三十五条 鼓励社会公众、新闻媒体等对排污单位的排污行为进行监督。排污单位应及时公开信息，畅通与公众沟通的渠道，自觉接受公众监督。公民、法人和其他组织发现违反本规定行为的，有权向环境保护主管部门举报。接受举报的环境保护主管部门应当依法调查处理，并按有关规定对调查结果予以反馈，同时为举报人保密。

第三十六条 除涉及国家机密或商业秘密之外，排污单位应当按本规定第十一条第（三）项规定，及时在国家排污许可证管理信息平台上公开相关信息；环境保护主管部门应当在国家排污许可管理信息平台公开排污许可监督管理和执法信息。

国家排污许可证管理信息平台应当公布排污许可的管理服务指南和相关配套文件。管理服务指南应当列明排污许可证办理流程、办理时限、所需的申请材料、受理方式、审核要求等内容。

第五章 附 则

第三十七条 在本规定实施前依据地方性法规核发的排污许可证仍然有效。原核发机关应当在国家排污许可证管理信息平台填报数据，获取排污许可证编码。

对于其他仍在有效期内的排污许可证，持证排污单位应按照《国务院办公厅关于印发控制污染物排放许可制实施方案的通知》（国办发〔2016〕81 号）和本规定，向具有核发权限的机关申请核发排污许可证。

附：1. 承诺书（样本）

2. 排污许可证申请表（试行）

3. 排污许可证（样本）

附 1

承　诺　书

（样　本）

××环境保护局：

我单位已了解《排污许可证管理暂行规定》及其他相关文件规定，知晓本单位的责任、权利和义务。我单位对所提交排污许可证申请材料的完整性、真实性和合法性承担法律责任。我单位将严格按照排污许可证的规定排放污染物、规范运行管理、运行维护污染防治设施、开展自行监测、进行台账记录并按时提交执行报告、及时公开信息。我单位一旦发现排放行为与排污许可证规定不符，将立即采取措施改正并报告环境保护主管部门。我单位将配合环境保护主管部门监管和社会公众监督，如有违法违规行为，将积极配合调查，并依法接受处罚。

特此承诺。

单位名称：（盖章）
法定代表人（实际负责人）：（签字）
年　月　日

附 2

排污许可证申请表

（试　行）

（首次申请□　延续□　变更□）

单位名称：
注册地址：
行业类别：
生产经营场所地址：
组织机构代码：
统一社会信用代码：
法定代表人（实际负责人）：
技术负责人：
固定电话：
移动电话：

申请日期：　　年　月　日

一、排污单位基本情况

（一）排污单位基本信息

表 1 排污单位基本信息表

单位名称	自动生成	注册地址	自动生成
生产经营场所地址	自动生成	邮政编码（1）	
行业类别	自动生成	是否投产（2）	□是 □否
投产日期（3）	年 月 日		
生产经营场所中心经度（4）	° ′ ″	生产经营场所中心纬度（5）	° ′ ″
组织机构代码	自动生成	统一社会信用代码	自动生成
技术负责人	自动生成	联系电话	自动生成
所在地是否属于重点区域（6）	□是 □否		
是否有环评批复文件（7）	□是 □否	环境影响评价批复文号（备案编号） ……	 ……
是否有竣工环保验收批复文件（8）	□是 □否	“三同时”验收批复文件文号 ……	 ……
是否有地方政府对违规项目的认定或备案文件（9）	□是 □否	认定或备案文件文号	
是否有主要污染物总量分配计划文件(10)	□是 □否	总量分配计划文件文号	
二氧化硫总量指标（t/a）		氮氧化物总量指标（t/a）	
化学需氧量总量指标（t/a）		氨氮总量指标（t/a）	
其他污染物总量指标（如有）			
……	……	……	……

注：（1）指生产经营场所地址所在地邮政编码。

（2）2015 年 1 月 1 日起，正在建设过程中，或已建成但尚未投产的，选“否”；已经建成投产并产生排污行为的，选“是”。

（3）指已投运的排污单位正式投产运行的时间，对于分期投运的排污单位，以先期投运时间为准。

（4）、（5）指生产经营场所中心经纬度坐标，可手工填写经纬度，也可通过排污许可证管理信息平台中的GIS系统点选后自动生成经纬度。

（6）“重点区域”指《重点区域大气污染防治“十二五”规划》中提及的京津冀、长三角、珠三角地区，以及辽宁中部、山东、武汉及其周边、长株潭、成渝、海峡西岸、山西中北部、陕西关中、甘宁、新疆乌鲁木齐城市群等区域。

（7）列出环评批复文件文号或备案编号。

（8）对于有“三同时”验收批复文件的排污单位，须列出批复文件文号。

（9）对于按照《国务院办公厅关于印发加强环境监管执法的通知》（国办发〔2014〕56 号）要求，经地方政府依法处理、整顿规范并符合要求的项目，须列出证明符合要求的相关文件名和文号。

（10）对于有主要污染物总量控制指标计划的排污单位，须列出相关文件文号（或其他能够证明排污单位污染物排放总量控制指标的文件和法律文书），并列出上一年主要污染物总量指标；对于总量指标中同时包括钢铁行业和自备电厂的排污单位，应进行说明，如“二氧化硫总量指标（t/a）”处填写内容为“1000，包括自备电厂”。

（二）主要产品及产能

表 2 主要产品及产能信息表

序号	主要生产单元名称	主要工艺名称（1）	生产设施名称（2）	生产设施编号	设施参数（3）			产品名称（4）	生产能力（5）	计量单位（6）	设计年生产时间（h）（7）	其他
					参数名称	设计值	计量单位					
		……	……	……	……	……	……	……	……	……	……	

注：（1）指主要生产单元所采用的工艺名称。

（2）指某生产单元中主要生产设施（设备）名称。

（3）指设施（设备）的设计规格参数，包括参数名称、设计值、计量单位。

（4）指相应工艺中主要产品名称。

（5）、（6）指相应工艺中主要产品设计产能。

（7）指设计年生产时间。

（三）主要原辅材料及燃料

表3 主要原辅材料及燃料信息表

序号	种类（1）	名称（2）	年最大使用量	计量单位（3）	硫元素占比	有毒有害成分及占比（4）	其他
原料及辅料							
	原料						
	……	……	……	……	……	……	……
	辅料						
	……	……	……	……	……	……	……
燃　料							
序号	燃料名称	灰分	硫分	挥发分	热值	年最大使用量（万 t/a、万 m^3/a）	其　他
	……	……	……	……	……	……	……

注：（1）指材料种类，选填“原料”或“辅料”。

（2）指原料、辅料名称。

（3）指万 t/a、万 m^3/a 等。

（4）指有毒有害物质或元素，及其在原料或辅料中的成分占比，如氟元素（0.1%）。

图1 生产工艺流程图

[应包括主要生产设施（设备）、主要原燃料的流向、生产工艺流程等内容]

图2 生产厂区总平面布置图

（应包括主要工序、厂房、设备位置关系，注明厂区雨水、污水收集和运输走向等内容）

（四）产排污环节、污染物及污染治理设施

表 4　废气产排污环节、污染物及污染治理设施信息表

序号	生产设施编号	生产设施名称（1）	对应产污环节名称（2）	污染物种类（3）	排放形式（4）	污染治理设施				有组织排放口编号（6）	排放口设置是否符合要求（7）	排放口类型
						污染治理设施编号	污染治理设施名称（5）	污染治理设施工艺	是否为可行技术			
					□有组织 □无组织				□是 □否 如否，应提供相关证明材料		□是 □否	□主要排放口 □一般排放口
	……	……	……	……	……	……	……	……	……	……	……	……

注：（1）指主要生产设施。

（2）指生产设施对应的主要产污环节名称。

（3）指产生的主要污染物类型，以相应排放标准中确定的污染因子为准。

（4）指有组织排放或无组织排放。

（5）污染治理设施名称，对于有组织废气，以火电行业为例，污染治理设施名称包括三电场静电除尘器、四电场静电除尘器、普通袋式除尘器、覆膜滤料袋式除尘器等。

（6）申请阶段排放编号由排污单位自行编制。

（7）指排放口设置是否符合排污口规范化整治技术要求等相关文件的规定。

表 5　废水类别、污染物及污染治理设施信息表

序号	废水类别（1）	污染物种类（2）	排放去向（3）	排放规律（4）	污染治理设施				排放口编号（6）	排放口设置是否符合要求（7）	排放口类型
					污染治理设施编号	污染治理设施名称（5）	污染治理设施工艺	是否为可行技术			
								□是 □否 如否，应提供相关证明材料		□是 □否	□主要排放口 □一般排放口 □设施或车间废水排放口
	……	……	……	……	……	……	……	……	……	……	……

注：（1）指产生废水的工艺、工序，或废水类型的名称。

（2）指产生的主要污染物类型，以相应排放标准中确定的污染因子为准。

（3）包括不外排；排至厂内综合污水处理站；直接进入海域；直接进入江河、湖、库等水环境；进入城市下水道（再入江河、湖、库）；进入城市下水道（再入沿海海域）；进入城市污水处理厂；直接进入污灌农田；进入地渗或蒸发地；进入其他单位；工业废水集中处理设施；其他（包括回喷、回填、回灌、回用等）。对于工艺、工序产生的废水，“不外排”指全部在工序内部循环使用，“排至厂内综合污水处理站”指工序废水经处理后排至综合处理站。对于综合污水处理站，“不外排”指全厂废水经处理后全部回用不排放。

（4）包括连续排放，流量稳定；连续排放，流量不稳定，但有周期性规律；连续排放，流量不稳定，但有规律，且不属于周期性规律；连续排放，流量不稳定，属于冲击型排放；连续排放，流量不稳定且无规律，但不属于冲击型排放；间断排放，排放期间流量稳定；间断排放，排放期间流量不稳定，但有周期性规律；间断排放，排放期间流量不稳定，但有规律，且不属于非周期性规律；间断排放，排放期间流量不稳定，属于冲击型排放；间断排放，排放期间流量不稳定且无规律，但不属于冲击型排放。

（5）指主要污水处理设施名称，如“综合污水处理站”“生活污水处理系统”等。

（6）排放口编号可按地方环境管理部门现有编号进行填写或由排污单位根据国家相关规范进行编制。

（7）指排放口设置是否符合排污口规范化整治技术要求等相关文件的规定。

二、大气污染物排放

（一）排放口

表 6 大气排放口基本情况表

序号	排放口编号	污染物种类	排放口地理坐标（1）		排气筒高度（m）	排气筒出口内径（m）（2）
			经 度	纬 度		
	自动生成	自动生成	° ′ ″	° ′ ″		
	……	……	……	……	……	……

注：（1）指排气筒所在地经纬度坐标，可手工填写经纬度，也可通过排污许可证管理信息平台中的 GIS 系统点选后自动生成经纬度。

（2）对于不规则形状排气筒，填写等效内径。

表 7 废气污染物排放执行标准表

序号	排放口编号	污染物种类	国家或地方污染物排放标准（1）			环境影响评价批复要求（2）	承诺更加严格排放限值（3）
			名称	浓度限值（mg/m^3）	速率限值（kg/h）		
	自动生成	自动生成					
	……	……	……	……			

注：（1）指对应排放口须执行的国家或地方污染物排放标准的名称、编号及浓度限值。

（2）新增污染源必填。

（3）如火电厂超低排放浓度限值。

（二）有组织排放信息

表 8 大气污染物有组织排放表

序号	排放口编号	污染物种类	申请许可排放浓度限值（mg/m^3）	申请许可排放速率限值（kg/h）	申请年许可排放量限值（t/a）					申请特殊排放浓度限值（mg/m^3）（1）	申请特殊时段许可排放量限值（2）
					第一年	第二年	第三年	第四年	第五年		
主要排放口											
	自动生成	自动生成									
	……	……	……		……						
主要排放口合计		颗粒物									
		SO_2									
		NO_x									
		VOCs									
		……									
一般排放口											
	自动生成	自动生成			—	—	—	—	—		—
	……	……	……	……	—	—	—	—	—		—
一般排放口合计		颗粒物									
		SO_2									
		NO_x									
		VOCs									
		……									
全厂有组织排放总计（3）											
全厂有组织排放总计		颗粒物									
		SO_2									
		NO_x									
		VOCs									
		……									

注：（1）如火电厂超低排放限值。

（2）指地方政府制定的环境质量限期达标规划、重污染天气应对措施中对排污单位有更加严格的排放控制要求。

（3）“全厂有组织排放总计”指的是，主要排放口与一般排放口之和数据。

申请年排放量限值计算过程：（包括方法、公式、参数选取过程，以及计算结果的描述等内容）。

（三）无组织排放信息

表 9 大气污染物无组织排放表

序号	产污环节（1）	污染物种类	主要污染防治措施	国家或地方污染物排放标准		年许可排放量限值（t/a）					申请特殊时段许可排放量限值
				名称	浓度限值（mg/m^3）	第一年	第二年	第三年	第四年	第五年	
	自动生成	自动生成	自动生成								
	……	……	……	……	……	……	……	……	……	……	……
全厂无组织排放总计											
全厂无组织排放总计		颗粒物									
		SO_2									
		NO_x									
		VOCs									
		……									

注：（1）主要可以分为设备与管线组件泄漏、储罐泄漏、装卸泄漏、废水集输储存处理、原辅材料堆存及转运、循环水系统泄漏等环节。

（四）排污单位大气排放总许可量

表 10 排污单位大气排放总许可量

序号	全厂合计	第一年	第二年	第三年	第四年	第五年
1	SO_2					
2	NO_x					
3	颗粒物					
4	VOCs					
5	……					

注：（1）“全厂合计”指的是，“全厂有组织排放总计”与“全厂无组织排放总计”之和数据、全厂总量控制指标数据两者取严。

三、水污染物排放

（一）排放口

表 11 废水直接排放口基本情况表

序号	排放口编号	排放口地理坐标（1）		排放去向	排放规律	间歇排放时段	受纳自然水体信息		汇入受纳自然水体处地理坐标（4）	
		经 度	纬 度				名称（2）	受纳水体功能目标（3）	经 度	纬 度
	自动生成	° ′ ″	° ′ ″	自动生成	自动生成				° ′ ″	° ′ ″
	……	……	……	……	……	……	……	……	……	……

注：（1）对于直接排放至地表水体的排放口，指废水排出厂界处经纬度坐标；纳入管控的车间或车间处理设施排放口，指废水排出车间或车间处理设施边界处经纬度坐标；可手工填写经纬度，也可通过排污许可证管理信息平台中的 GIS 系统点选后自动生成经纬度。

（2）指受纳水体的名称，如南沙河、太子河、温榆河等。

（3）指对于直接排放至地表水体的排放口，其所处受纳水体功能类别，如III类、IV类、V类等。

（4）对于直接排放至地表水体的排放口，指废水汇入地表水体处经纬度坐标；可手工填写经纬度，也可通过排污许可证管理信息平台中的 GIS 系统点选后自动生成经纬度。

（5）废水向海洋排放的，应当填写岸边排放或深海排放。深海排放的，还应说明排污口的深度、与岸线直线距离。在备注中填写。

表 12　废水间接排放口基本情况表

序号	排放口编号	排放口地理坐标（1）		排放去向	排放规律	间歇排放时段	受纳污水处理厂信息		
		经　度	纬　度				名称（2）	污染物种类	国家或地方污染物排放标准浓度限值（mg/L）
	自动生成	° ′ ″	° ′ ″	自动生成	自动生成				
	……	……	……	……	……	……	……	……	……

注：（1）对于排至厂外城镇或工业污水集中处理设施的排放口，指废水排出厂界处经纬度坐标；可手工填写经纬度，也可通过排污许可证管理信息平台中的 GIS 系统点选后自动生成经纬度。

（2）指厂外城镇或工业污水集中处理设施名称，如酒仙桥生活污水处理厂、宏兴化工园区污水处理厂等。

表 13　废水污染物排放执行标准表

序号	排放口编号	污染物种类	国家或地方污染物排放标准（1）	
			名　称	浓度限值（mg/L）
	自动生成	自动生成		
		……	……	……

注：（1）指对应排放口须执行的国家或地方污染物排放标准的名称及浓度限值。

（二）申请排放信息

表 14　废水污染物排放

序号	排放口编号	污染物种类	申请排放浓度限值（mg/L）	申请年排放量限值（t/a）（1）					申请特殊时段排放量限值
				第一年	第二年	第三年	第四年	第五年	
主要排放口									
	自动生成	自动生成							
	……	……	……	……	……	……	……	……	
主要排放口合计		COD_{Cr}							
		NH_3-N							
		……							
一般排放口									
	自动生成	自动生成		—	—	—	—	—	—
	……	……	……	—	—	—	—	—	—
设施或车间废水排放口									
	自动生成	自动生成		—	—	—	—	—	—
	……	……	……	—	—	—	—	—	—
全厂排放口									
全厂排放口总计		COD_{Cr}							
		NH_3-N							
		……							

注：（1）排入城镇集中污水处理设施的生活污水无须申请许可排放量。

申请年排放量限值计算过程：（包括方法、公式、参数选取过程，以及计算结果的描述等内容）

四、环境管理要求

（一）自行监测

表 15　自行监测及记录信息表

序号	污染源类别	排放口编号	监测内容（1）	污染物名称	监测设施	自动监测是否联网	自动监测仪器名称	自动监测设施安装位置	自动监测设施是否符合安装、运行、维护等管理要求	手工监测采样方法及个数（2）	手工监测频次（3）	手工测定方法（4）
	废气	自动生成		自动生成	□自动 □手工	□是 □否			□是 □否			

序号	污染源类别	排放口编号	监测内容（1）	污染物名称	监测设施	自动监测是否联网	自动监测仪器名称	自动监测设施安装位置	自动监测设施是否符合安装、运行、维护等管理要求	手工监测采样方法及个数（2）	手工监测频次（3）	手工测定方法（4）
	废气	……	……	……	□自动 □手工	□是 □否		……	□是 □否	……	……	……
	废水	自动生成		自动生成	□自动 □手工	□是 □否			□是 □否			
		……	……	……	……	……	……	……	……	……	……	……
	其他		……	……	……	……	……	……	……	……	……	……

注：（1）指气量、水量、温度、含氧量等项目。

（2）指污染物采样方法，如对于废水污染物："混合采样（3个、4个或5个混合）""瞬时采样（3个、4个或5个瞬时样）"；对于废气污染物："连续采样""非连续采样（3个或多个）"。

（3）指一段时期内的监测次数要求，如1次/周、1次/月等。

（4）指污染物浓度测定方法，如测定化学需氧量的重铬酸钾法、测定氨氮的水杨酸分光光度法等。

（二）环境管理台账记录

表16　环境管理台账信息表

序号	设施类别（1）	操作参数（2）	记录内容（3）	记录频次（4）	记录形式（5）
	生产设施				
		……	……	……	……
	污染防治设施				
		……	……	……	……

注：（1）包括主要生产设施和污染防治设施等。

（2）包括基本信息、污染治理措施运行管理信息、监测记录信息、其他环境管理信息等。

（3）基本信息包括：生产设施、治理设施的名称、工艺等排污许可证规定的各项排污单位基本信息的实际情况及与污染物排放相关的主要运行参数等；

污染治理措施运行管理信息包括：DCS曲线等；

监测记录信息包括：手工监测的记录和自动监测运维记录信息，以及与监测记录相关的生产和污染治理设施运行状况记录信息等。

（4）指一段时期内环境管理台账记录的次数要求，如1次/小时、1次/日等。

（5）指环境管理台账记录的方式，包括电子台账、纸质台账等。

五、有核发权的地方环境保护主管部门增加的管理内容

六、改正措施（如需）

针对申请的排污许可要求，评估污染排放及环境管理现状，对需要改正的，提出改正措施。

附3

排 污 许 可 证

（样　本）

正　本

证书编号：

单位名称：

注册地址：

法定代表人（实际负责人）：

生产经营场所地址：
行业类别：
组织机构代码：
统一社会信用代码：
有效期限：自　年　月　日起　至　年　月　日止

发证机关（公章）：
发证日期：年　月　日

证书编号：

排 污 许 可 证

（样　本）

副　本

单位名称：
注册地址：
行业类别：
生产经营场所地址：
组织机构代码证：
统一社会信用代码：
法定代表人（实际负责人）：
技术负责人：
固定电话：
移动电话：
有效期限：自　年　月　日起　至　年　月　日止

发证机关（公章）：
发证日期：年　月　日

持证须知

一、本证根据《排污许可证管理暂行规定》制定和发放。

二、持证者应严格按照本证规定的许可事项的规定排放污染物，严格遵守本证中的各管理要求。

三、持证者应配合县级以上环境保护主管部门的工作人员进行监督检查，如实反映情况并提供有关资料。

四、持证者应按照《排污许可证管理暂行规定》申请变更、延续或者补发排污许可证。

五、禁止涂改、伪造本排污许可证。禁止以出租、出借、买卖或其他方式转让本排污许可证。

排污许可证目录

项目	内容	页　码
一、排污单位基本情况	（一）排污单位基本信息	
	（二）主要产品及产能	
	（三）主要原辅材料及燃料	
	（四）产排污环节、污染物及污染治理设施	
	（五）排污权使用和交易信息	
二、大气污染物排放	（一）排放口	
	（二）有组织排放许可限值	
	（三）特殊情况下许可限值	
	（四）无组织排放许可条件	
	（五）排污单位大气排放总许可量	
三、水污染物排放	（一）排放口	
	（二）排放许可限值	
	（三）特殊情况下许可限值	
四、环境管理要求	（一）自行监测	
	（二）环境管理台账记录	
	（三）执行报告	
	（四）信息公开	
	（五）其他控制及管理要求	
五、许可证变更、延续记录		
六、其他许可内容		

一、排污单位基本情况

（一）排污单位基本信息

表 1　排污单位基本信息表

单位名称		注册地址	
邮政编码		生产经营场所地址	
行业类别		投产日期	年　月　日
生产经营场所中心经度	°　′　″	生产经营场所中心纬度	°　′　″
组织机构代码		统一社会信用代码	
技术负责人		联系电话	
所在地是否属于重点区域	□是 □否		
主要污染物类别	□废气□废水		
主要污染物种类	□颗粒物 □SO_2 □NO_x □VOCs □其他特征污染物（　）	□COD_{Cr} □NH_3-N □其他特征污染物（　）	
大气污染物排放形式	□有组织 □无组织	废水污染物排放规律	
大气污染物排放执行标准名称			
水污染物排放执行标准名称			

（二）主要产品及产能

表 2　主要产品及产能信息表

<table>
<tr><th rowspan="2">序号</th><th rowspan="2">主要生产单元名称</th><th rowspan="2">主要工艺名称</th><th rowspan="2">生产设施名称</th><th rowspan="2">生产设施编号</th><th colspan="3">设施参数</th><th rowspan="2">产品名称</th><th rowspan="2">生产能力</th><th rowspan="2">计量单位</th><th rowspan="2">设计年生产时间（h）</th><th rowspan="2">其他</th></tr>
<tr><th>参数名称</th><th>设计值</th><th>计量单位</th></tr>
<tr><td></td><td></td><td></td><td></td><td></td><td></td><td></td><td></td><td></td><td></td><td></td><td></td><td></td></tr>
<tr><td></td><td></td><td>……</td><td>……</td><td>……</td><td>……</td><td>……</td><td>……</td><td>……</td><td>……</td><td>……</td><td>……</td><td></td></tr>
</table>

（三）主要原辅材料及燃料

表 3　主要原辅材料及燃料信息表

<table>
<tr><th>序号</th><th>种类</th><th>名称</th><th>年最大使用量</th><th>计量单位</th><th>硫元素占比</th><th>有毒有害成分及占比</th><th>其他</th></tr>
<tr><td colspan="8">原料及辅料</td></tr>
<tr><td></td><td>原料</td><td></td><td></td><td></td><td></td><td></td><td></td></tr>
<tr><td></td><td>……</td><td>……</td><td>……</td><td>……</td><td>……</td><td>……</td><td>……</td></tr>
<tr><td></td><td>辅料</td><td></td><td></td><td></td><td></td><td></td><td></td></tr>
<tr><td></td><td>……</td><td>……</td><td>……</td><td>……</td><td>……</td><td>……</td><td>……</td></tr>
<tr><td colspan="8">燃　　料</td></tr>
<tr><td>序号</td><td>燃料名称</td><td>灰分</td><td>硫分</td><td>挥发分</td><td>热值</td><td>年最大使用量（万 t/a、万 m^3/a）</td><td>其他</td></tr>
<tr><td></td><td></td><td></td><td></td><td></td><td></td><td></td><td></td></tr>
<tr><td></td><td>……</td><td>……</td><td>……</td><td>……</td><td>……</td><td>……</td><td>……</td></tr>
</table>

图 1　生产工艺流程图

[应包括主要生产设施（设备）、主要原燃料的流向、生产工艺流程等内容]

图 2　生产厂区总平面布置图

（应包括主要工序、厂房、设备位置关系，注明厂区雨水、污水收集和运输走向等内容）

（四）产排污环节、污染物及污染治理设施

表 4　废气产排污环节、污染物及污染治理设施信息表

序号	生产设施编号	生产设施名称	对应产污环节名称	污染物种类	排放形式	污染治理设施				有组织排放口编号	排放口设置是否符合要求	排放口类型
						污染治理设施编号	污染治理设施名称	污染治理设施工艺	是否为可行技术			
					□有组织 □无组织				□是 □否 如否，应提供相关证明材料		□是 □否	□主要排放口 □一般排放口
	……	……	……	……	……	……	……	……	……	……	……	……

表 5　废水类别、污染物及污染治理设施信息表

序号	废水类别	污染物种类	排放去向	排放规律	污染治理设施				排放口编号	排放口设置是否符合要求	排放口类型
					污染治理设施编号	污染治理设施名称	污染治理设施工艺	是否为可行技术			
								□是 □否 如否，应提供相关证明材料		□是 □否	□主要排放口 □一般排放口 □设施或车间废水排放口
	……	……	……	……	……	……	……	……	……	……	……

（五）排污权使用和交易信息

注：如发生排污权交易，需要载明；如果未发生交易，无须载明。

二、大气污染物排放

（一）排放口

表 6　大气排放口基本情况表

序号	排放口编号	污染物种类	排放口地理坐标		排气筒高度（m）
			经度	纬度	
	自动生成	自动生成	°　′　″	°　′　″	
	……	……	……	……	……

（二）有组织排放许可限值

表 7　大气污染物有组织排放

序号	排放口编号	污染物种类	许可排放浓度限值（mg/m^3）	许可排放速率限值（kg/h）	许可年排放量限值（t/a）					承诺更加严格排放浓度限值
					第一年	第二年	第三年	第四年	第五年	
主要排放口										
	自动生成	自动生成			—	—	—	—	—	

序号	排放口编号	污染物种类	许可排放浓度限值（mg/m³）	许可排放速率限值（kg/h）	许可年排放量限值（t/a）					承诺更加严格排放浓度限值
					第一年	第二年	第三年	第四年	第五年	
	……	……	……		—	—	—	—	—	
一般排放口										
	自动生成	自动生成			—	—	—	—	—	
	……	……	……	……	—	—	—	—	—	
全厂有组织排放总计										
全厂有组织排放总计	颗粒物									
	SO_2									
	NO_x									
	VOCs									
	……									

注：（1）“全厂有组织排放总计”指的是，主要排放口与一般排放口之和数据。

（三）特殊情况下许可限值

表 8　特殊情况下大气污染物有组织排放

序号	排放口类型	污染物种类	许可排放时段	许可排放浓度限值（mg/m³）	许可日排放量限值（kg/d）	许可月排放量限值（t/m）
环境质量限期达标规划要求						
1	主要排放口	颗粒物	×月×日至次年×月×日		—	
2		SO_2			—	
3		NO_x			—	
4		VOCs			—	
5		……			—	
6	一般排放口	颗粒物	×月×日至次年×月×日		—	
7		SO_2			—	
8		NO_x			—	
9		VOCs			—	
10		……			—	
11	无组织排放	颗粒物	×月×日至次年×月×日		—	
12		SO_2			—	
13		NO_x			—	
14		VOCs			—	
15		……			—	
16	全厂合计	颗粒物	×月×日至次年×月×日	—	—	
17		SO_2		—	—	
18		NO_x		—	—	
19		VOCs		—	—	
20		……		—	—	
重污染天气应对要求						
1	主要排放口	颗粒物				—
2		SO_2				—
3	主要排放口	NO_x				—
4		VOCs				—
5		……				—
6	一般排放口	颗粒物				—
7		SO_2				—
8		NO_x				—
9		VOCs				—
10		……				—

序号	排放口类型	污染物种类	许可排放时段	许可排放浓度限值（mg/m^3）	许可日排放量限值（kg/d）	许可月排放量限值（t/m）
11	无组织排放	颗粒物				—
12		SO_2				—
13		NO_x				—
14		VOCs				—
15		……				—
16	全厂合计	颗粒物		—		—
17		SO_2		—		—
18		NO_x		—		—
19		VOCs		—		—
20		……		—		—

注：特殊情况指环境质量限期达标规划、重污染天气应对等对排污单位有更加严格的排放控制要求的情况。

（四）无组织排放许可条件

表 9　大气污染物无组织排放

序号	产污环节（1）	污染物种类	主要污染防治措施	国家或地方污染物排放标准		年许可排放量限值（t/a）					申请特殊时段许可排放量限值
				名称	浓度限值（mg/m^3）	第一年	第二年	第三年	第四年	第五年	
	自动生成	自动生成	自动生成			—	—	—	—	—	
	……	……	……	……	……	……	……	……	……	……	……
全厂无组织排放总计											
全厂无组织排放总计		颗粒物									
		SO_2									
		NO_x									
		VOCs									
		……									

（五）排污单位大气排放总许可量

表 10　排污单位大气排放总许可量

序号	全厂合计	第一年	第二年	第三年	第四年	第五年
1	SO_2					
2	NO_x					
3	颗粒物					
4	VOCs					
5	……					

注：（1）“全厂合计”指的是，“全厂有组织排放总计”与“全厂无组织排放总计”之和数据、全厂总量控制指标数据两者取严。

三、水污染物排放

（一）排放口

表 11　废水直接排放口基本情况表

序号	排放口编号	排放口地理坐标		排放去向	排放规律	间歇排放时段	受纳自然水体信息		汇入受纳自然水体处地理坐标	
		经　度	纬　度				名称	受纳水体功能目标	经　度	纬　度
	自动生成	° ′ ″	° ′ ″	自动生成	自动生成				° ′ ″	° ′ ″
	……	……	……	……	……	……	……	……	……	……

表 12　废水间接排放口基本情况表

序号	排放口编号	排放口地理坐标		排放去向	排放规律	间歇排放时段	受纳污水处理厂信息		
		经　度	纬　度				名称	污染物种类	国家或地方污染物排放标准浓度限值（mg/L）
	自动生成	° ′ ″	° ′ ″	自动生成	自动生成				
	……	……	……	……	……	……	……	……	……

（二）排放许可限值

表 13　废水污染物排放

序号	排放口编号	污染物种类	许可排放浓度限值（mg/L）	许可年排放量限值（t/a）				
				第一年	第二年	第三年	第四年	第五年
主要排放口								
	自动生成	自动生成		—	—	—	—	—
	……	……	……	……	……	……	……	……
主要排放口合计		COD_{Cr}						
		NH_3-N						
		……						
一般排放口								
	自动生成	自动生成		—	—	—	—	—
	……	……	……	—	—	—	—	—
设施或车间废水排放口								
	自动生成	自动生成		—	—	—	—	—
	……	……	……	—	—	—	—	—
全厂排放口								
全厂排放口总计		COD_{Cr}						
		NH_3-N						
		……						

注：“全厂排放口总计”指的是，主要排放口合计数据、全厂总量控制指标数据两者取严。

（三）特殊情况下许可限值

表 14　特殊情况下废水污染物排放

序号	排污口编号	许可排放时段	许可排放浓度限值（mg/L）	许可排放量限值（kg/d）

注：特殊情况指环境质量限期达标规划等对排污单位有更加严格的排放控制要求的情况。

四、环境管理要求

（一）自行监测

表 15　自行监测及记录表

序号	污染源类别	排放口编号	监测内容	污染物名称	监测设施	自动监测是否联网	自动监测仪器名称	自动监测设施安装位置	自动监测设施是否符合安装、运行、维护等管理要求	手工监测采样方法及个数	手工监测频次	手工测定方法
	废气	自动生成		自动生成	□自动 □手工	□是 □否			□是 □否			
		……	……	……	□自动 □手工	□是 □否		……	□是 □否	……	……	……
	废水	自动生成		自动生成	□自动 □手工	□是 □否			□是 □否			
		……	……	……	……	……		……	……	……	……	……
	其他											

（二）环境管理台账记录

表 16　环境管理台账记录表

序号	设施类别	操作参数	记录内容	记录频次	记录形式
	生产设施				
		……	……	……	……
	污染防治设施				
		……	……	……	……

（三）执行报告

表 17　执行报告信息表

序 号	主要内容	上报频次

（四）信息公开

表 18　信息公开表

序号	公开方式	时间节点	公开内容

（五）其他控制及管理要求

五、许可证变更、延续记录

表 19　许可证变更、延续记录表

变更时间	变更内容/事由	变更前证书编号

注：1. 在排污许可证有效期内，排污单位的名称、注册地址、法定代表人或者实际负责人等基本信息或排污口位置、排放去向、排放浓度、排放量等许可事项发生变化的，以及进行新改扩建项目，应提出变更申请。

2. 国家或地方污染物排放标准等发生变化时，核发机关应主动通知排污单位进行变更，排污单位在接到通知后二十日内申请变更。

六、其他许可内容

关于开展火电、造纸行业和京津冀试点城市高架源排污许可证管理工作的通知

环水体〔2016〕189号

各省、自治区、直辖市环境保护厅（局），新疆生产建设兵团环境保护局：

根据《控制污染物排放许可制实施方案》（国办发〔2016〕81号）的要求，各地应立即启动火电、造纸行业排污许可证管理工作。同时，为推动京津冀地区大气污染防治工作，我部决定京津冀部分城市试点开展高架源排污许可证管理工作。现将有关事项通知如下：

一、工作目标

2017年6月30日前，完成火电、造纸行业企业排污许可证申请与核发工作，依证开展环境监管执法；京津冀重点区域大气污染传输通道上“1+2”重点城市（北京市、保定市、廊坊市）完成钢铁、水泥高架源排污许可证申请与核发试点工作。从2017年7月1日起，现有相关企业必须持证排污，并按规定建立自行监测、信息公开、记录台账及定期报告制度。

二、发证范围

火电行业排污许可证发放范围为执行《火电厂大气污染物排放标准》（GB 13223）的火电机组所在企业，以及有自备电厂的企业，其中自备电厂所在企业仅包括执行GB 13223标准的设施（蒸汽仅用于供热且不发电的锅炉除外）。造纸行业排污许可证发放范围为所有制浆企业、造纸企业、浆纸联合企业，以及列入2015年环境统计口径范围内的纸制品企业（其他应当纳入排污许可管理的纸制品企业排污许可证核发工作最迟于2020年前完成）。钢铁、水泥行业排污许可证发放范围为试点城市内含有炼焦、烧结、球团、炼铁、炼钢、轧钢等两项及以上工序的钢铁联合企业，含熟料生产工艺的水泥制造企业和独立粉磨站企业。独立粉磨站企业可以简化排污许可证内容和相应的自行监测、台账管理要求等。

三、工作任务

（一）做好实施准备

省级环境保护部门负责行政区域内排污许可证核发与管理的组织实施，可以根据环境保护部确定的期限等要求，确定本行政区域具体的申请时限、核发机关、申请程序等相关事项，向社会公告并报我部备案；组织指导地级、县级环境保护部门开展行业排污许可证核发。有核发权的地方环境保护部门要尽快开展企业调查摸底，明确排污许可证核发目标任务和实施计划。各地要依托全国排污许可证管理信息平台开展排污许可证的核发与管理工作，地方环境保护部门已有的排污许可证管理信息平台应当按照国家统一规范，做好数据对接。

（二）指导企业申报

有核发权的环境保护部门，要按照《排污许可证管理暂行规定》和行业排污许可证申请与核发技术规范（见附件1和2，以下简称技术规范），指导企业确定和计算申请排放污染物种类、浓度和排放量等许可事项，制定自行监测等方案，按规定开展申请前信息公开并提交《排污许可证申领信息公开情况说明表（试行）》（见附件3），在全国排污许可证管理信息平台（公众端网址：http：//permit.mep.gov.cn）

上填报《排污许可证申请表（试行）》，签署《承诺书》并在规定期限内到核发机关申请排污许可证。

在指导企业申报过程中，要把握如下要求。一是对于大气污染物，要以生产设施或排放口为单位申请许可排放限值；对于水污染物，要按照排放口申请许可排放限值。二是企业可根据《固定污染源（水、大气）编码规则（试行）》（见附件 4，以下简称编码规则）填报相关设施，也可采用企业内部现有设施编码进行填报。全国排污许可证管理信息平台将按照编码规则对企业主要生产设施、治理设施、排放口进行统一编码并与企业填报的内部现有设施编码建立对应关系，各级环境保护部门应当使用固定污染源统一编码进行管理。三是对本行业技术规范未作规定、国家和地方排放标准有明确要求的，要按照相关标准填报。四是地方环境保护部门可根据改善环境质量的要求，依据地方法律法规及标准规范，增加对污染物排放的管理要求并在排污许可证中载明，包括地方依法、依规制定的限期达标规划、重污染天气应急预案，以及为落实《京津冀大气污染防治强化措施（2016—2017 年）》制定的冬防措施等文件中的污染排放控制相关要求等内容。

（三）规范审查核发

有核发权的环境保护部门，要按规定在全国排污许可证管理信息平台（管理端网址：http：//10.102.33.30：8080/permit/Login.jsp）上，审核企业申请材料的合规性和完整性。按照《排污许可证管理暂行规定》的程序和排污许可证样本，核发全国统一编码的排污许可证。2015 年 1 月 1 日前建成投产的项目，要按照现有污染源管理，其余项目按照新增污染源管理。

（四）集成管理要求

对已核发排污许可证的企业，各级环境保护部门要将对企业废水、废气排放环境监督管理要求集成到对排污许可证执行情况的统一监管上。新增污染源环评文件及批复文件中与污染物排放相关的内容须纳入排污许可证，排污许可证执行情况是环境影响后评价中污染排放相关内容的重要依据。在实施污染物排放总量控制时，排污许可证规定的许可排放量即为企业的污染物排放总量控制指标，总量核算应当采用排污许可证执行过程中的实际排放量。经核定的企业排污许可证实际排放量是环境保护部门征收排污费及企业报送环境统计数据的唯一依据。污染排放数据核算方法与排污许可证规定不一致的，应当及时废止。

（五）强化环境监管

地方各级环境保护部门应当根据行政区域内火电、造纸企业分布情况，制订监管计划，尽早开展排污许可证执行情况监督检查，重点检查公众投诉多的企业；2017 年下半年应当对火电、造纸企业无证排污行为集中开展监管执法。要督促企业按照排污许可证要求运行维护污染治理设施、开展自行监测、做好台账记录，按期上报排污许可证执行情况，确保按证排污。环境保护部门应当公开检查结果、执法监测结果、处罚结论等监管信息，鼓励社会公众、媒体等参与监督。

四、保障措施

（一）严格落实责任

各级环境保护部门要按照《控制污染物排放许可制实施方案》及相关规定以及本通知的要求，落实各级责任，确保各项工作有序推进。对企业按期申报，环境保护部门未能按期完成排污许可证核发工作的，应当加大督办力度。从 2017 年下半年起，各地火电、造纸行业排污许可证管理工作情况将纳入中央环保督察范围。

（二）加强培训宣传

我部组织开展国家层面的培训，培训对象包括省级、地（市）级及县级环境保护部门、各环保督查中心、大型火电、造纸、钢铁、水泥企业及其他相关企业。各地要尽快组织开展行政区域内相关部门和企业的培训，通过多种渠道向企业、公众宣传排污许可证实施要求。

（三）及时报送信息

省级环境保护部门应当于 2016 年 12 月底前，将行政区域内火电、造纸行业排污许可证实施工作准备情况报送我部。我部将自 2017 年 1 月起，每月公布各省（区、市）火电、造纸行业排污许可证申请与核发情况。

附件：1. 火电行业排污许可证申请与核发技术规范

2. 造纸行业排污许可证申请与核发技术规范

3. 排污许可证申领信息公开情况说明表（试行）

4. 固定污染源（水、大气）编码规则（试行）

环境保护部

2016 年 12 月 27 日

附件 1

火电行业排污许可证申请与核发技术规范（略）

附件 2

造纸行业排污许可证申请与核发技术规范（略）

附件 3

排污许可证申领信息公开情况说明表（试行）

<table>
<tr><td colspan="4">企业基本信息</td></tr>
<tr><td>单位名称</td><td></td><td>通信地址</td><td></td></tr>
<tr><td>生产区所在地</td><td>省　　市　　县</td><td>联系人</td><td></td></tr>
<tr><td>联系电话</td><td></td><td>传真</td><td></td></tr>
<tr><td colspan="4">信息公开情况说明</td></tr>
<tr><td>信息公开起止时间</td><td colspan="3"></td></tr>
<tr><td>信息公开方式</td><td colspan="3">（国家排污许可证管理信息平台、电视、广播、报刊、公共网站、行政服务大厅或服务窗口等）</td></tr>
<tr><td>信息公开内容</td><td colspan="3">是否公开下列信息
□排污单位基本信息
□拟申请的许可事项
□产排污环节
□污染防治设施
□其他信息＿＿＿＿＿＿
未公开内容的原因说明：</td></tr>
</table>

单位名称：（盖章）

法定代表人（实际负责人）：（签字）

日期：　　年　　月　　日

附件 4

固定污染源（水、大气）编码规则（试行）

一、适用范围

本规范规定了固定污染源排污许可管理的排污许可证、生产设施、治理设施、排放口的编码规则。

本规范适用于与排污许可有关的固定污染源管理的信息处理与信息交换。其他固定污染源管理也可参照使用。

二、赋予代码的对象

本规范赋予代码的对象包括：排污许可制下固定污染源及其定义范畴的生产设施、污染治理设施、排放口等。

三、编码原则

（一）唯一性

保证赋码对象的唯一性，一个代码唯一标识一个赋码对象。

（二）稳定性

统一代码一经赋予，在其主体存续期间，主体信息即使发生任何变化，统一代码均保持不变。

（三）兼容性

与现有国家相关编码标准、现行各业务数据库中使用的编码规则等相衔接，体现环境管理工作的标准性、科学性和延续性。

四、排污许可编码

根据排污许可编码原则，建立排污许可编码体系框架，如图 1 所示。

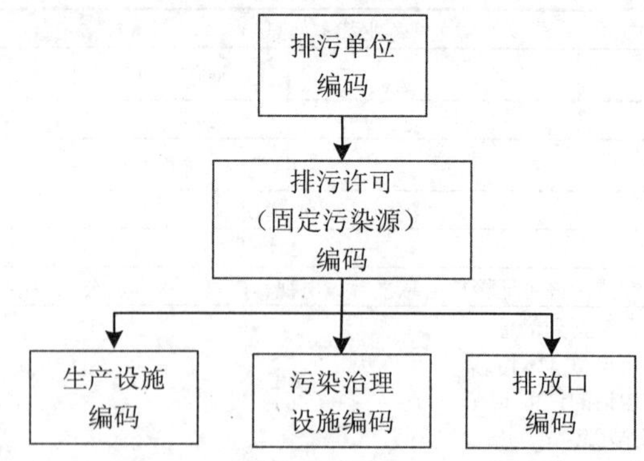

图1　排污许可编码体系框架图

固定污染源排污许可编码体系由固定污染源编码、生产设施编码、污染治理设施编码、排放口编码共同组成。固定污染源编码与生产设施编码一起构成该生产设施全国唯一编码，固定污染源与污染治理设施编码一起构成该治理设施的全国唯一编码，固定污染源与排放口编码一起构成该排污口的全国唯一编码。

（一）固定污染源编码

固定污染源编码分为主码和副码。

固定污染源主码，也称为排污许可证代码，主要起到唯一标识该排污许可证唯一责任单位的作用。

排污许可证代码由三部分组成，如图 2 所示。

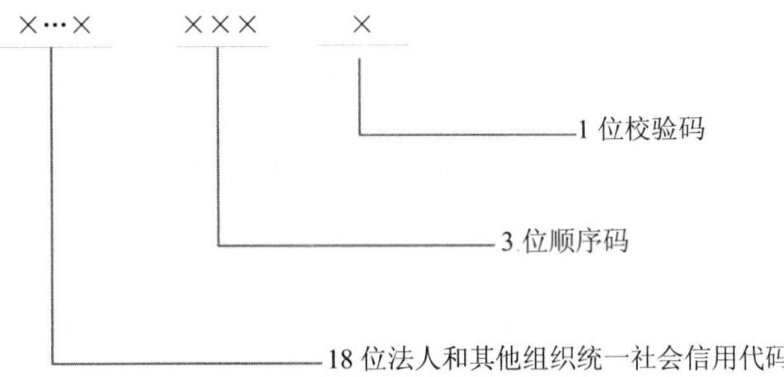

图 2　排污许可证代码结构图

第一部分（第 1～18 位）：排污单位统一社会信用代码，参照《法人和其他组织统一社会信用代码编码规则》（GB 32100）。若排污单位既无统一社会信用代码也无组织机构代码，使用“H9”、许可证核发机关行政区划码（6 位阿拉伯数字）、“0000”、同一许可证核发机关行政区划码内统一的顺序码（5 位阿拉伯数字）以及 1 位英文字母码（a～z，除 o 与 i 之外的 24 个小写英文字母）共 18 位表示。若排污单位无统一社会信用代码但有组织机构代码，使用“H9”、许可证核发机关行政区划码（6 位阿拉伯数字）、9 位组织机构代码以及 1 位英文字母码（a～z，除 o 与 i 之外的 24 个小写英文字母）共 18 位表示。其中，许可证核发机关行政区划码参照《中华人民共和国行政区划代码》（GB/T 2260）。

第二部分（第 19～21 位）：同一个统一社会信用代码单位的不同固定污染源的顺序号，使用 3 位阿拉伯数字表示，满足赋码唯一性。

第三部分（第 22 位）：校验码，使用 1 位阿拉伯数字或字母表示。

固定污染源副码，也称为排污许可证副码，主要用于区分同一个排污许可证代码下污染源所属行业，当一个固定污染源包含两个及以上行业类别时，副码也对应为多个。排污许可证副码用 4 位行业类别代码标识，结构图如图 3 所示。

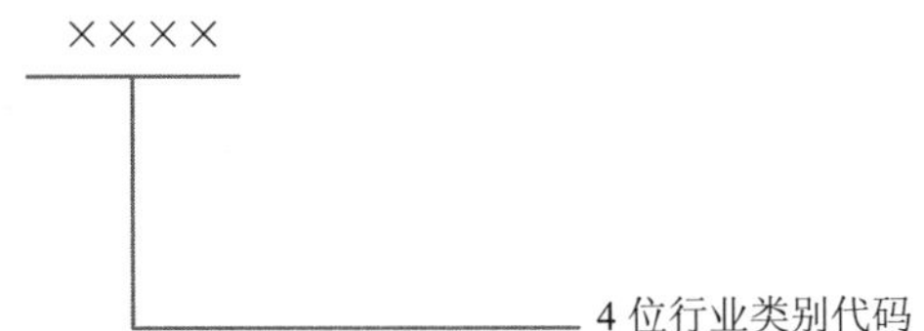

图 3　排污许可证副码结构图

第一部分（第 1～4 位）：行业类别代码，由 4 位数字组成，参照《排污许可分类管理名录》中行业类别代码，名录中没有的，参照《国民经济行业分类》（GB/T 4754）中行业类别代码。

（二）生产设施编码

生产设施代码组成如图 4 所示，代码总体上由生产设施标识码和流水顺序码 2 部分共 6 位字母和数字混合组成。

第一部分（第 1～2 位）：生产设备/设施的编码标识，使用 2 位字母 MF（英文 manufacture facility 的首位字母）表示。

第二部分（第 3～6 位）：全单位统一的生产设备/设施流水顺序码，使用 4 位阿拉伯数字。

使用时固定污染源代码与生产设施代码一起构成该生产设施的全国唯一代码。

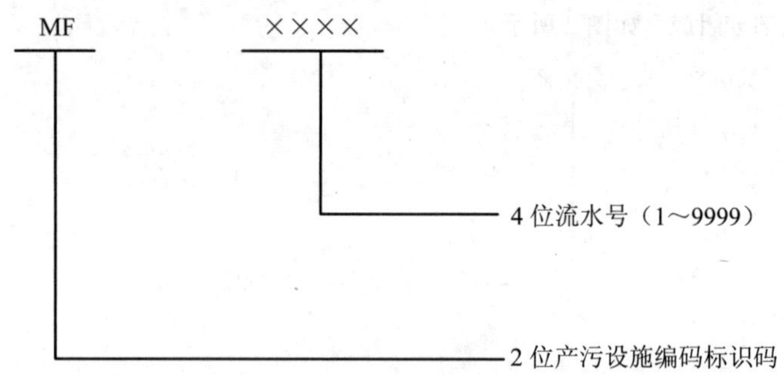

图 4 生产设备/设施代码结构图

（三）治理设施编码

治理设施代码组成如图 5 所示，代码由标识码、环境要素标识符和流水顺序码 3 个部分共 5 位字母和数字混合组成。

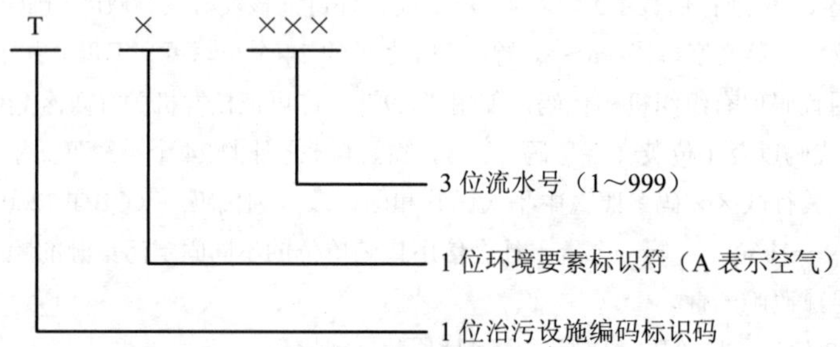

图 5 治理设施代码结构图

第一部分（第 1 位）：治理设施的编码标识，使用 1 位字母 T（英文 treatment 治污的首位字母）。

第二部分（第 2 位）：环境要素标识符，使用 1 位英文字母（英文 Air 首位字母 A 表示空气，英文 Water 首位字母 W 表示水，英文 Noise 首位字母 N 表示噪声，英文 Solid Waste 首位字母 S 表示固体废物）表示。

第三部分（第 3～5 位）：全单位统一的治理设施流水顺序码，使用 3 位阿拉伯数字。

使用时固定污染源代码与治理设施代码一起构成该治理设施全国唯一代码。

（四）排放口编码

排放口代码组成如图 6 所示，代码由标识码、排放口类别代码和流水顺序码 3 个部分共 5 位字母和数字混合组成。

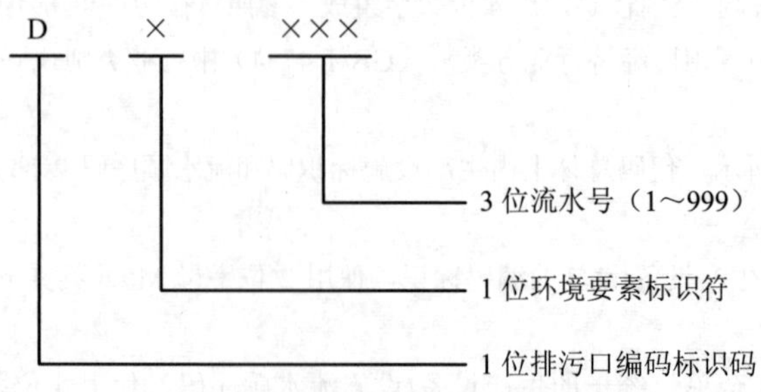

图 6 排污口代码结构图

第一部分（第 1 位）：排污口的编码标识，使用 1 位英文字母 D（Discharge outlet 排污）表示。

第二部分（第 2 位）：环境要素标识符，使用 1 位英文字母（A 表示空气，W 表示水）表示。

第三部分（第 3～5 位）：全单位统一的排污口流水顺序码，使用 3 位阿拉伯数字。

使用时固定污染源代码与排放口代码一起构成该排放口全国唯一代码。

附录 A
（资料性附录）
排污许可代码示例

假设某钢铁联合有限责任公司统一社会信用代码为 911302307808371268，根据《国民经济行业分类》《排污许可分类管理名录》，该企业可能包含炼铁（含烧结、球团）3110、炼钢 3120、自备火力发电 4411、炼焦 2520，则其排污许可证代码为 911302307808371268001P，排污许可证副码为多个，分别为 3110、3120、4411、2520，如附图 1、附图 2 所示。

附图 1　排污许可证代码：911302307808371268001P

1～18	19	20	21	22
911302307808371268	0	0	1	P
排位单位统一社会信用代码	排污单位统一的顺序码			校验码

附图 2　排污许可证副码分别为：3110、3120、4411、2520

1	2	3	4
3	1	1	0
行业类别代码			
炼铁（含烧结、球团）			

1	2	3	4
3	1	2	0
行业类别代码			
炼钢			

1	2	3	4
4	4	1	1
行业类别代码			
火力发电			

1	2	3	4
2	5	2	0
行业类别代码			
炼焦			

附录 B
（资料性附录）
排污许可其他代码示例

某钢铁联合有限责任公司炼铁行业某生产设施代码为 MF0001，如附图 3 所示；该设施全国唯一代码为 911302307808371268001P3110

MF0001，如附图 4 所示。

附图 3　某生产设施编码

1	2	3	4	5	6
M	F	0	0	0	1
生产设施标识码		全单位统一的 生产设施流水顺号			
生产设施标识码		第 1 号 生产设施			

附图 4 某生产设施全国唯一编码

1～22	23～26	27	28	29	30	31	32
91130230780837126800lP	3110	M	F	0	0	0	1
排污许可证代码	排污许可证副码	生产设施标识码		全单位统一的 生产设施流水顺号			
某钢铁联合有限责任公司	炼铁行业	生产 设施标		第 1 号 生产设施			

某钢铁联合有限责任公司炼铁行业某废气治理设施代码为 TA0001，如附图 5 所示；该设施全国唯一代码为 91130230780837126800lP3110TA0001，如附图 6 所示。

附图 5 某废气治理设施代码：TA0001

1	2	3	4	5
T	A	0	0	1
治理设施标识码	环境要素编码	按环境要素分的 治理设施流水顺号		
治理设施标识码	空气	第 1 号空气 治理设施		

附图 6 某污染治理设施全国唯一代码

1～22	23～26	27	28	29	30	31
91130230780837126800lP	3110	T	A	0	0	1
排污许可证代码	排污许可证副码	治理设施 标识码	环境要素编 码	按环境要素分的治理设施流 水顺号		
某钢铁联合有限责任公司	炼铁行业	治理设施 标识码	空气	第 1 号空气 治理设施		

某钢铁联合有限责任公司炼铁行业某废水排放口代码为 DW001，如附图 7 所示；该排放口全国唯一代码为 91130230780837126800lP3110DW001，如附图 8 所示。

附图 7 某废水排放口代码：DW001

1	2	3	4	5
D	W	0	0	1
排污口标识码	环境要素编码	按环境要素分的排污口流水号		
排污口标识码	废水	第 1 号废水排位口		

附图 8 该废水排放口全国唯一代码

1～22	23～26	27	28	29	30	31
91130230780837126800lP	3110	D	W	0	0	1
排污许可证代码	排污许可证副码	排放口标识码	环境要素编码	按环境要素分的排污口流水号		
某钢铁联合有限责任公司	炼铁行业	排放口标识码	废水	第 1 号废水排位口		

关于进一步加快火电和造纸行业排污许可证核发工作的通知

环办规财函〔2017〕764号

各省、自治区、直辖市环境保护厅（局），新疆生产建设兵团环境保护局：

根据《控制污染物排放许可制实施方案》（国办发〔2016〕81号）的要求，我部印发《关于开展火电、造纸行业和京津冀试点城市高架源排污许可证管理工作的通知》（环水体〔2016〕189号），要求2017年6月30日前，完成火电、造纸行业企业排污许可证申请与核发工作。从目前进展看，各项工作有序推进，海南、重庆、浙江、广东等地进展情况较好，黑龙江、云南、贵州等地进展缓慢。为进一步加快工作进度，确保按期完成工作任务，现将有关事项通知如下：

一、加快核发进度

改革完善排污许可制度，是党中央、国务院确定的生态文明体制改革工作任务之一。贯彻落实《控制污染物排放许可制实施方案》，在火电、造纸行业率先实施排污许可管理，对全国排污许可按行业分步有序实施具有重要意义。各地方环境保护部门要进一步统一思想认识，加快工作进度。2017年6月30日前完成本行政区域内火电、造纸企业清单中所有企业排污许可证核发工作。请各省级环境保护部门加强领导，及时督导，进一步做好本行政区域内排污许可证核发与管理的组织实施工作，确保按期完成核发任务。

二、确保核发质量

各发证环境保护部门要严格按照《排污许可证管理暂行规定》（环水体〔2016〕186号）和《关于开展火电、造纸行业和京津冀试点城市高架源排污许可证管理工作的通知》（环水体〔2016〕189号）的要求，对排污许可证申请材料严格审核把关，确保排污许可证核发质量。各省级环境保护部门发布的有关管理文件及技术规范，应及时报送我部备案，或者在排污许可证管理信息平台（以下简称信息平台）核发端资料附件栏目上传文件扫描件。我部将适时对核发的排污许可证开展抽查工作。

三、加强工作调度

自2017年5月起，各省（区、市）环保厅（局）应按照《关于调度排污许可工作进展情况的通知》（环办水体函〔2017〕347号）附件1格式，在信息平台汇总填报本行政区域内排污许可证工作进展情况。5月18日前，在信息平台核发端（环保专网网址为http：//10.102.36.1/permit/Login.jsp）进度报送栏目报送本行政区域内6月30日前应当完成排污许可证申请与核发工作的企业清单。5月份每半个月调度一次，6月份每周调度一次，每周四报送一次进展情况。鼓励各地市环境保护部门在信息平台填报工作进展情况。

5月下旬开始，我部将对各省（区、市）排污许可相关工作的进展情况在环境保护部官方网站和官方微信号上进行公布；对进展缓慢的省份进行公开通报，并根据有关要求将进展情况提供给中央环保督察组。

联系人：规划财务司排污许可办潘英姿、童莉
电话：（010）66556430、66556247
传真：（010）66556282

环境保护部办公厅
2017 年 5 月 15 日

关于做好钢铁、水泥行业排污许可证管理工作的通知

环办规财〔2017〕68 号

各省、自治区、直辖市环境保护厅（局），新疆生产建设兵团环境保护局：

为贯彻落实《国务院办公厅关于印发控制污染物排放许可制实施方案的通知》（国办发〔2016〕81 号）要求，做好钢铁、水泥行业排污许可证管理工作，现将有关事项通知如下：

一、工作目标

2017 年 12 月 31 日前，京津冀及周边地区“2+26”城市（以下简称“2+26”城市）和长三角、珠三角重点区域完成钢铁工业企业排污许可证申请与核发工作；2018 年年底前，全国其他地区完成钢铁工业企业排污许可证申请与核发工作。2017 年 12 月 31 日前，完成全国水泥工业企业排污许可证申请与核发工作。

二、发证范围

水泥工业排污许可证发放范围为水泥（熟料）制造及其配套的水泥原料矿山开采、散装水泥转运等排污单位，水泥窑协同处置固体废物排污单位和独立粉磨站排污单位。其中，独立粉磨站企业实施排污许可简化管理。钢铁工业排污许可证发放范围为含有烧结、球团、炼铁、炼钢或轧钢等生产工序的排污单位。

各级环境保护部门要按照《固定污染源排污许可分类管理名录》的规定，分行业开展行政区域内企业排污许可证申请与核发组织实施工作，确保在名录规定的时限前核发完毕。

三、工作任务

（一）做好实施准备

省级环境保护部门负责行政区域内排污许可证核发与管理的组织实施，确定本行政区域具体的申请时限、核发机关、申请程序等相关事项，向社会公告并报我部备案；组织指导地级、县级环境保护部门开展行业排污许可证核发。有核发权的地方环境保护部门要尽快开展企业调查摸底，明确钢铁、水泥工业企业排污许可证核发目标任务和实施计划。各地要依托全国排污许可证管理信息平台（以下简称信息平台）开展排污许可证的核发与管理工作。

（二）指导企业申报

有核发权的地方环境保护部门，要按照国家有关排污许可管理规范性文件、《排污许可证申请与核发技术规范　钢铁工业》（HJ 846—2017）和《排污许可证申请与核发技术规范　水泥工业》（HJ 847—2017），指导企业在信息平台（公众端网址：http：//permit. mep. gov.cn）上填报《排污许可证申请表（试行）》，签署《承诺书》，并在规定时限之前到核发机关申请排污许可证。

（三）规范审查核发

有核发权的地方环境保护部门，要按规定在信息平台（管理端网址：http：//10.102.36.1/permit/Login.jsp）上审核企业申请材料的合规性和完整性，依据 HJ 846—2017、HJ 847—2017 明确许可事项及环境管理要求，按程序核发全国统一编码的排污许可证。

（四）集成管理要求

对已核发排污许可证的企业，其排污许可证执行情况的监管要集成企业废水、废气排放的环境监督管理要求。审查考核主要污染物排放总量控制约束性指标时，排污许可证规定的许可排放量即为企业的污染物排放总量控制指标。总量核算应采用排污许可证执行过程中的实际排放量。经核定的企业排污许可证实际排放量是征收环境保护税及企业报送环境统计数据的依据。污染物排放数据核算方法与排污许可证规定不一致的，应执行排污许可证规定。

（五）强化环境监管

地方各级环境保护部门应当根据行政区域内钢铁、水泥工业企业分布情况，制定监管计划，尽早开展排污许可证执行情况监督检查工作，鼓励依托排污许可证信息，开展排污口信息化及移动执法信息化试点工作；督促企业按照排污许可证要求运行维护污染治理设施、开展自行监测和台账记录，按期上报排污许可证执行情况，确保按证排污。各级环境保护部门应于 2018 年开展水泥工业企业和“2+26”城市及重点区域钢铁工业企业无证排污行为集中监管执法，对未取得排污许可证的钢铁、水泥工业企业，严格按照相关法律规定予以处罚，依法依规公开检查结果和处罚结果等监管信息，同时加强舆论宣传，鼓励社会公众、媒体等参与监督。

（六）落实报告制度

地方各级环境保护部门要进一步加大管理力度，依法监督相关企业履行法律责任，按照排污许可证规定开展自行监测和台账记录，并按期在信息平台上报送执行报告。现场检查的时间、内容、结果以及处罚决定应记入信息平台。对不符合规定的行为要及时督促整改，对拒不开展自行监测和台账记录或自行监测、台账记录数据存在弄虚作假等违法行为的，要依法严肃查处。我部将定期在信息平台上公布未按期报送执行报告的企业名单，并抄送环境保护税征收管理部门。

四、保障措施

（一）严格落实责任

各级环境保护部门要按照国办发〔2016〕81 号等相关规定以及本通知要求，落实责任，建立调度机制，确保各项工作有序推进。对企业按期申报，环境保护部门未能按期完成排污许可证核发工作的，应当加大督办力度。各地重点行业排污许可证管理工作情况将纳入中央环保督察范围。

（二）加强培训宣传

我部组织开展国家层面的培训，各地要尽快组织开展行政区域内相关部门和企业的培训，并通过多种渠道向企业、公众宣传排污许可证实施要求。

（三）及时报送信息

省级环境保护部门应于 2017 年 9 月底前，将行政区域内钢铁、水泥行业排污许可证实施工作计划及初步调查摸底清单通过信息平台报送我部，其中非重点地区省级环境保护部门钢铁行业排污许可证实施工作计划及摸底清单应于 2017 年年底前报送。2017 年 10 月开始，我部将每月公布各省（区、市）重点行业排污许可证申请与核发情况。

环境保护部办公厅

2017 年 8 月 16 日

关于印发《火电、造纸行业排污许可证执法检查工作方案》的通知

环办环监〔2017〕66号

各省、自治区、直辖市环境保护厅（局），新疆生产建设兵团环境保护局：

为贯彻落实《控制污染物排放许可制实施方案》（国办发〔2016〕81号），按照《关于开展火电、造纸行业和京津冀试点城市高架源排污许可证管理工作的通知》（环水体〔2016〕189号）和《关于印发〈2017年全国环境监察执法工作要点〉的通知》（环办环监〔2017〕14号）要求，我部制定了《火电、造纸行业排污许可证执法检查工作方案》，现印发给你们，请遵照执行。

联系人：环境保护部环境监察局易皓

电　话：（010）66556471

传　真：（010）66103024

邮　箱：dbjh2020@163.com

附件：火电、造纸行业排污许可证执法检查工作方案

环境保护部办公厅

2017年8月14日

附件

火电、造纸行业排污许可证执法检查工作方案

为贯彻落实《控制污染物排放许可制实施方案》（国办发〔2016〕81号），按照《关于开展火电、造纸行业和京津冀试点城市高架源排污许可证管理工作的通知》（环水体〔2016〕189号）和《关于印发〈2017年全国环境监察执法工作要点〉的通知》（环办环监〔2017〕14号）要求，各地应在2017年下半年开展火电、造纸行业排污许可证执法检查。为指导各地做好本次执法检查工作，督促企业严格落实“持证排污、按证排污”的主体责任，促进排污许可证的申领和核发工作，特制定工作方案。

一、检查范围

火电行业检查范围为执行《火电厂大气污染物排放标准》（GB 13223—2011）的火电机组所在企业（不包括自备电厂所在企业）。造纸行业检查范围为所有制浆企业、造纸企业、浆纸联合企业，以及列入2015年环境统计口径范围内的纸制品企业。

二、工作任务

（一）严厉打击无证排污行为。根据前期排查掌握的疑似未按期持证排污企业清单（截至 2017 年 6 月 30 日，以下简称清单）逐一进行核查，对未取得排污许可证的企业，严格按照《中华人民共和国环境保护法》《中华人民共和国大气污染防治法》《中华人民共和国水污染防治法》等相关法律法规予以处罚；对被责令停止排污，拒不执行的，按有关规定移送公安机关依法处理。对于发现清单外的无证排污企业，应"发现一起、查处一起"，持续保持环境执法高压态势。

（二）查处超许可浓度限值排污行为。对已核发排污许可证的企业，重点检查主要排放口污染物排放是否达到许可排放浓度限值要求，有条件地区可对排污许可证规定的其他排污要求开展检查。本次检查以企业自行监测数据作为主要依据，判断是否达到许可排放浓度限值要求。对未开展自行监测的，或检查中对监测数据存疑的，应组织开展执法监测。对污染物排放超过许可排放浓度限值的，严格按照相关法律法规予以处罚。对污染物排放不达标企业，要明确最后达标时限，到期不达标的要报请地方政府依法关停。

（三）督促企业严格落实自行监测要求。对已核发排污许可证的企业，应对自行监测情况开展检查。重点检查企业是否开展自行监测，以及自行监测的点位、因子、频次是否符合排污许可证要求。对于未按照规定对所排放的污染物进行监测并保存原始监测记录的，严格按照相关法律法规予以处罚。

三、检查要求

（一）加强组织领导。各地应高度重视火电、造纸行业排污许可证执法检查工作，按照"谁核发、谁监管"的原则开展执法检查。环境监察执法机构和排污许可证核发部门应加强沟通协调，明确责任分工，细化工作要求，紧扣时间节点，确保按时完成任务。各地要认真总结排污许可证执法检查中的工作经验，客观分析存在的问题，主动实践，积极创新，不断规范排污许可证监管工作。

（二）推进信息公开。按照"双随机、一公开"要求做好执法检查工作，并在全国排污许可证管理信息平台上记录检查企业名单、检查内容和结果。对执法检查中发现的违法行为，应在政府网站"环境违法曝光台"及时公开违法企业名单及查处情况。同时，加强对执法检查宣传报道力度，曝光一批火电、造纸企业环境违法行为，发挥典型案例的震慑作用。

（三）做好工作调度。各省级环境保护主管部门要做好检查工作的部署安排。2017 年 8 月 31 日前，组织完成清单内火电、造纸企业无证排污行为查处工作。2017 年 11 月 30 日前，组织完成对持证企业超许可浓度限值排污和未落实自行监测要求行为的查处工作；其中，京津冀大气污染传输通道"2+26"城市涉及的北京、天津、河北、山西、山东和河南等 6 省（市），应于 2017 年 10 月 31 日前完成检查工作。各项工作完成后 10 日内，应向我部报送执法检查工作总结。信息报送表格和执法检查要点见附 1—3。

（四）强化信息沟通。各省级环境保护主管部门应在环境监察执法机构和排污许可证核发部门中各设置 1 名检查联络员，并将名单及联系方式于 2017 年 8 月 21 日前报送我部。我部将通过电子邮件向各省联络员发送清单，并建立联络员工作微信群，加强信息沟通交流。

附：1. 火电、造纸行业排污许可证执法检查信息汇总表

2. 火电、造纸行业排污许可证执法检查明细表

3. 火电、造纸行业排污许可证执法检查要点

附 1

火电、造纸行业排污许可证执法检查信息汇总表

序号	省份	行业类别	检查企业数量（家）	违法企业数量（家）	具体行为			处罚数量（个）
					无证排污	超许可排放浓度限值	未落实自行监测要求	

附 2

火电、造纸行业排污许可证执法检查明细表

序号	地区（1）	企业名称（2）	排污许可证编号（3）	具体行为（4）			处罚情况（5）
				无证排污	超许可排放浓度限值	未落实自行监测要求	
一、火电行业							
1							
二、造纸行业							
1							

填表说明：（1）具体到企业所在县（区）；（2）企业注册名称全称；（3）无证排污企业填无；（4）勾选对应的行为，可多选，无相应行为的可不选；（5）简要说明具体行为和采取的处罚情况。

附 3

火电、造纸行业排污许可证执法检查要点

火电、造纸行业排污许可证执法检查应以企业排污许可证为依据，对照许可排放浓度限值和自行监测要求开展执法检查。检查要点如下：

一、无证排污检查要点

（一）火电行业检查范围

执行《火电厂大气污染物排放标准》（GB 13223—2011）的火电机组所在企业（不包括自备电厂所在企业）。火电机组主要包括以下类型：

1. 单台出力 65 t/h 以上除层燃炉、抛煤机炉外的燃煤发电锅炉；
2. 各种容量的煤粉发电锅炉；
3. 单台出力 65 t/h 以上燃油、燃气发电锅炉；
4. 各种容量的燃气轮机组的火电厂；
5. 单台出力 65 t/h 以上采用煤矸石、生物质、油页岩、石油焦等燃料的发电锅炉；
6. 整体煤气化联合循环发电的燃气轮机组。

（二）造纸行业检查范围

制浆企业、造纸企业、浆纸联合企业，以及列入 2015 年环境统计口径范围内的纸制品企业。

制浆企业指单纯进行制浆生产的企业，以及纸浆产量大于纸张产量，且销售纸浆量占总制浆量 80%

及以上的制浆造纸企业。

造纸企业指单纯进行造纸生产的企业，以及自产纸浆量占纸浆总用量20%及以下的制浆造纸企业。

浆纸联合企业指除制浆企业和造纸企业以外、同时进行制浆和造纸生产的制浆造纸企业。

二、按证排污检查要点

（一）检查范围

已核发排污许可证的火电、造纸企业。

（二）检查内容

火电企业。检查主要排放口污染因子排放浓度合规性。主要排放口包括锅炉烟囱或者燃气轮机组烟囱。发电锅炉烟囱污染因子包括烟尘、二氧化硫、氮氧化物、汞及其化合物（燃煤锅炉）、烟气黑度；燃气轮机组烟囱污染因子包括烟尘、二氧化硫、氮氧化物。

造纸企业。检查废气主要排放口和废水排放口污染因子排放浓度合规性。废气主要排放口包括锅炉、碱回收烟囱；废水排放口包括漂白车间或生产设施废水排放口、生产废水外排口。

锅炉烟囱污染因子包括颗粒物、二氧化硫、氮氧化物、汞及其化合物（燃煤锅炉）、烟气黑度。碱回收烟囱污染因子包括颗粒物、二氧化硫、氮氧化物。

漂白车间或生产设施废水排放口污染因子包括可吸附有机卤素和二噁英。生产废水外排口污染因子包括 pH、色度、悬浮物、化学需氧量、五日生化需氧量、氨氮、总磷、总氮。

（三）污染因子排放浓度合规性判定

污染因子排放浓度是否符合许可排放浓度限值主要依据企业自行监测数据判定。同一时段的手工监测数据与自动监测数据不一致，手工监测数据符合法定的监测标准和监测方法的，以手工监测数据作为优先判定依据。对未开展自行监测的，或者检查中对监测数据存疑的，以执法监测结果为准。

三、自行监测检查要点

对已核发排污许可证的火电、造纸企业，应按照排污许可证规定的自行监测要求开展检查。一是检查企业是否制定自行监测方案；二是检查是否开展自行监测并保存原始监测记录；三是检查自行监测点位、因子和频次是否符合核发的排污许可证要求。

关于做好环境影响评价制度与排污许可制衔接相关工作的通知

环办环评〔2017〕84号

各省、自治区、直辖市环境保护厅（局），新疆生产建设兵团环境保护局：

为贯彻落实《国务院办公厅关于印发控制污染物排放许可制实施方案的通知》（国办发〔2016〕81号）和《环境保护部关于印发〈“十三五”环境影响评价改革实施方案〉的通知》（环环评〔2016〕95号），推进环境质量改善，现就做好建设项目环境影响评价制度与排污许可制有机衔接相关工作通知如下：

一、环境影响评价制度是建设项目的环境准入门槛，是申请排污许可证的前提和重要依据。排污许可制是企事业单位生产运营期排污的法律依据，是确保环境影响评价提出的污染防治设施和措施落实落地的重要保障。各级环境保护部门要切实做好两项制度的衔接，在环境影响评价管理中，不断完善管理内容，推动环境影响评价更加科学，严格污染物排放要求；在排污许可管理中，严格按照环境影响报告书（表）以及审批文件要求核发排污许可证，维护环境影响评价的有效性。

二、做好《建设项目环境影响评价分类管理名录》和《固定污染源排污许可分类管理名录》的衔接，按照建设项目对环境的影响程度、污染物产生量和排放量，实行统一分类管理。纳入排污许可管理的建设项目，可能造成重大环境影响、应当编制环境影响报告书的，原则上实行排污许可重点管理；可能造成轻度环境影响、应当编制环境影响报告表的，原则上实行排污许可简化管理。

三、环境影响评价审批部门要做好建设项目环境影响报告书（表）的审查，结合排污许可证申请与核发技术规范，核定建设项目的产排污环节、污染物种类及污染防治设施和措施等基本信息；依据国家或地方污染物排放标准、环境质量标准和总量控制要求等管理规定，按照污染源源强核算技术指南、环境影响评价要素导则等技术文件，严格核定排放口数量、位置以及每个排放口的污染物种类、允许排放浓度和允许排放量、排放方式、排放去向、自行监测计划等与污染物排放相关的主要内容。

四、分期建设的项目，环境影响报告书（表）以及审批文件应当列明分期建设内容，明确分期实施后排放口数量、位置以及每个排放口的污染物种类、允许排放浓度和允许排放量、排放方式、排放去向、自行监测计划等与污染物排放相关的主要内容，建设单位应据此分期申请排污许可证。分期实施的允许排放量之和不得高于建设项目的总允许排放量。

五、改扩建项目的环境影响评价，应当将排污许可证执行情况作为现有工程回顾评价的主要依据。现有工程应按照相关法律、法规、规章关于排污许可实施范围和步骤的规定，按时申请并获取排污许可证，并在申请改扩建项目环境影响报告书（表）时，依法提交相关排污许可证执行报告。

六、建设项目发生实际排污行为之前，排污单位应当按照国家环境保护相关法律法规以及排污许可证申请与核发技术规范要求申请排污许可证，不得无证排污或不按证排污。环境影响报告书（表）2015年1月1日（含）后获得批准的建设项目，其环境影响报告书（表）以及审批文件中与污染物排放相关的主要内容应当纳入排污许可证。建设项目无证排污或不按证排污的，建设单位不得出具该项目验收合格的意见，验收报告中与污染物排放相关的主要内容应当纳入该项目验收完成当年排污许可证执行年报。排污许可证执行报告、台账记录以及自行监测执行情况等应作为开展建设项目环境影响后评价的重要依据。

七、国家将分行业制定建设项目重大变动清单。建设项目的环境影响报告书（表）经批准后，建设项目的性质、规模、地点、采用的生产工艺或者防治污染、防止生态破坏的措施发生重大变动的，建设单位应当依法重新报批环境影响评价文件，并在申请排污许可时提交重新报批的环评批复（文号）。发生变动但不属于重大变动情形的建设项目，环境影响报告书（表）2015 年 1 月 1 日（含）后获得批准的，排污许可证核发部门按照污染物排放标准、总量控制要求、环境影响报告书（表）以及审批文件从严核发，其他建设项目由排污许可证核发部门按照排污许可证申请与核发技术规范要求核发。

八、建设项目涉及"上大压小""区域（总量）替代"等措施的，环境影响评价审批部门应当审查总量指标来源，依法依规应当取得排污许可证的被替代或关停企业，须明确其排污许可证编码及污染物替代量。排污许可证核发部门应按照环境影响报告书（表）审批文件要求，变更或注销被替代或关停企业的排污许可证。应当取得排污许可证但未取得的企业，不予计算其污染物替代量。

九、环境保护部负责统一建设建设项目环评审批信息申报系统，并与全国排污许可证管理信息平台充分衔接。建设单位在报批建设项目环境影响报告书（表）时，应当登陆建设项目环评审批信息申报系统，在线填报相关信息并对信息的真实性、准确性和完整性负责。

十、本通知自印发之日起执行。做好环境影响评价制度与排污许可制衔接是落实固定污染源类建设项目全过程管理的重要保障，各级环境保护主管部门要严格贯彻执行，切实做好相关工作。执行中遇到的困难和问题，请及时向我部反映。

环境保护部办公厅
2017 年 11 月 14 日

第三章

排污许可证申请与核发技术规范

中华人民共和国环境保护行业标准

排污许可证申请与核发技术规范　钢铁工业

Technical specification for application and issuance of pollutant permit
—Iron and steel industry

HJ 846—2017

前　言

为贯彻落实《中华人民共和国环境保护法》《中华人民共和国大气污染防治法》《中华人民共和国水污染防治法》等法律法规和《国务院办公厅关于印发控制污染物排放许可制实施方案的通知》（国办发〔2016〕81 号），完善排污许可技术支撑体系，指导和规范钢铁工业排污单位排污许可证申请与核发工作，制定本标准。

本标准规定了钢铁工业排污单位排污许可证申请与核发的基本情况填报要求、许可排放限值确定、实际排放量核算、合规判定的方法以及自行监测、环境管理台账与排污许可证执行报告等环境管理要求，提出了钢铁工业污染防治可行技术要求。

核发机关核发排污许可证时，对位于法律法规明确规定禁止建设区域内的、属于国家或地方已明确规定予以淘汰或取缔的钢铁工业排污单位或者生产装置，应不予核发排污许可证。

本标准的附录 A 和附录 B 为资料性附录。

本标准为首次发布。

本标准由环境保护部规划财务司、环境保护部科技标准司组织制订。

本标准主要起草单位：环境保护部环境工程评估中心、河北省众联能源环保科技有限公司、冶金工业规划研究院、北京全华环保技术标准研究中心。

本标准环境保护部 2017 年 7 月 27 日批准。

本标准自 2017 年 7 月 27 日起实施。

本标准由环境保护部解释。

1　适用范围

本标准规定了钢铁工业排污单位排污许可证申请与核发的基本情况填报要求、许可排放限值确定、实际排放量核算、合规判定的方法以及自行监测、环境管理台账与排污许可证执行报告等环境管理要求，提出了钢铁工业污染防治可行技术要求。

本标准适用于指导钢铁工业排污单位填报《排污许可证申请表》及网上填报相关申请信息，适用于指导核发机关审核确定钢铁工业排污单位排污许可证许可要求。

本标准适用于钢铁工业排污单位排放的大气污染物和水污染物的排污许可管理。本标准不适用于炼焦排污单位、铁矿采选排污单位、铁合金排污单位、铸造排污单位的排污许可证申请与核发工作。

钢铁工业排污单位中，对于执行《火电厂大气污染物排放标准》（GB 13223）的生产设施或排放口，适用《火电行业排污许可证申请与核发技术规范》；对于执行《炼焦化学工业污染物排放标准》（GB 16171）的生产设施或排放口，适用《排污许可证申请与核发技术规范　炼焦化学工业》；在《排污许可证申请与核发技术规范　锅炉》发布前，热水锅炉和 65 t/h 及以下蒸汽锅炉参照本标准执行，发布后从其规定。

本标准未做出规定但排放工业废水、废气或者国家规定的有毒有害大气污染物的钢铁工业排污单位其他产污设施和排放口，参照《排污许可证申请与核发技术规范　总则》执行。

2　规范性引用文件

本标准引用了下列文件或者其中的条款。凡是未注明日期的引用文件，其最新版本适用于本标准。

GB 13223　火电厂大气污染物排放标准

GB 13271　锅炉大气污染物排放标准

GB 13456　钢铁工业水污染物排放标准

GB 16171　炼焦化学工业污染物排放标准

GB 28662　钢铁烧结、球团工业大气污染物排放标准

GB 28663　炼铁工业大气污染物排放标准

GB 28664　炼钢工业大气污染物排放标准

GB 28665　轧钢工业大气污染物排放标准

GB/T 16157　固定污染源排气中颗粒物测定与气态污染物采样方法

HJ/T 55　大气污染物无组织排放监测技术导则

HJ/T 75　固定污染源烟气排放连续监测技术规范（试行）

HJ/T 76　固定污染源烟气排放连续监测系统技术要求及检测方法（试行）

HJ/T 91　地表水和污水监测技术规范

HJ/T 353　水污染源在线监测系统安装技术规范（试行）

HJ/T 354　水污染源在线监测系统验收技术规范（试行）

HJ/T 355　水污染源在线监测系统运行与考核技术规范（试行）

HJ/T 356　水污染源在线监测系统数据有效性判别技术规范（试行）

HJ/T 397　固定源废气监测技术规范

HJ 494　水质　采样技术指导

HJ 495　水质　采样方案设计技术规定

HJ 819　排污单位自行监测技术指南　总则

HJ 820　排污单位自行监测技术指南　火力发电及锅炉

*排污许可证申请与核发技术规范　总则

*环境管理台账及排污许可证执行报告技术规范（试行）

*排污单位自行监测技术指南　钢铁工业

《固定污染源排污许可分类管理名录》

《污染源自动监控设施运行管理办法》（环发〔2008〕6 号）

《关于执行大气污染物特别排放限值的公告》（环境保护部公告　2013 年第 14 号）

《排污口规范化整治技术要求（试行）》（环监〔1996〕470 号）

《关于印发〈排污许可证管理暂行规定〉的通知》（环水体〔2016〕186 号）

《关于开展火电、造纸行业和京津冀试点城市高架源排污许可证管理工作的通知》（环水体〔2016〕189 号）

《关于执行大气污染物特别排放限值有关问题的复函》（环办大气函〔2016〕1087 号）

《关于加强京津冀高架源污染物自动监控有关问题的通知》（环办环监函〔2016〕1488 号）

* 标准正在编制审批之中，待正式发布后按发布标准实行。

3　术语和定义

下列术语和定义适用于本标准。

3.1　钢铁工业排污单位　iron and steel industry pollutant emission unit

指含有烧结、球团、炼铁、炼钢及轧钢等生产工序的排污单位。分为钢铁联合排污单位和钢铁非联合排污单位。

3.2　钢铁联合排污单位　iron and steel joint emission unit

指拥有钢铁工业的基本生产过程的钢铁排污单位，至少包含炼铁、炼钢和轧钢等生产工序。

3.3　钢铁非联合排污单位　iron and steel non-joint emission unit

指除钢铁联合排污单位外，含一个或两个及以上钢铁工业生产工序的排污单位。

3.4　许可排放限值　permitted emission limits

指排污许可证中规定的允许排污单位排放的污染物最大排放浓度和排放量。

3.5　特殊时段　special periods

指根据国家和地方限期达标规划及其他相关环境管理规定，对排污单位的污染物排放情况有特殊要求的时段，包括重污染天气应对期间和冬防期间等。

4　排污单位基本情况填报要求

4.1　基本原则

钢铁工业排污单位应按照本标准要求，在排污许可证管理信息平台申报系统填报《排污许可证申请表》中的相应信息表。填报系统下拉菜单中未包括的、地方环境保护主管部门有规定需要填报或排污单位认为需要填报的，可自行增加内容。

省级环境保护主管部门按环境质量改善需求增加的管理要求，应填入排污许可证管理信息平台申报系统中“有核发权的地方环境保护主管部门增加的管理内容”一栏。

排污单位在填报申请信息时，应评估污染排放及环境管理现状，对现状环境问题提出整改措施，并填入排污许可证管理信息平台申报系统中“改正措施”一栏。

排污单位基本情况应当按照实际情况填报，对提交申请材料的真实性、合法性和完整性负法律责任。

4.2　排污单位基本信息

排污单位基本信息应填报单位名称、邮政编码、是否投产、投产日期、生产经营场所中心经度、生产经营场所中心纬度、所在地是否属于重点区域、是否有环境影响评价批复文件及文号（备案编号）、是否有地方政府对违规项目的认定或备案文件及文号、是否有主要污染物总量分配计划文件及文号、颗粒物总量指标（t/a）、二氧化硫总量指标（t/a）、氮氧化物总量指标（t/a）、化学需氧量总量指标（t/a）、氨氮总量指标（t/a）、其他污染物总量指标（如有）等。

4.3　主要产品及产能

4.3.1　主要生产单元、主要工艺、生产设施及设施参数

在填报“主要产品及产能”时，需选择行业类别，适用于本标准的生产设施选择炼铁（含烧结、球团）、炼钢或钢压延加工。执行 GB 13223 的生产设施选择火电行业；执行 GB 16171 的生产设施选择炼焦化学工业。

钢铁工业排污单位主要生产单元、主要工艺、生产设施及设施参数填报内容见表 1。

4.3.2　生产设施编号

钢铁工业排污单位填报内部生产设施编号，若钢铁工业排污单位无内部生产设施编号，则根据《关于开展火电、造纸行业和京津冀试点城市高架源排污许可证管理工作的通知》（环水体〔2016〕189 号）附件 4《固定污染源（水、大气）编码规则（试行）》进行编号并填报。

表 1 钢铁工业排污单位主要生产单元、主要工艺、生产设施及设施参数表

主要生产单元	主要工艺	生产设施	设施参数
原料系统	机械化原料场、非机械化原料场	供卸料设施、其他	料场面积、受料量
烧结	带式烧结、步进式烧结	带式烧结机、步进式烧结机、其他	烧结台车面积、烧结机利用系数
球团	竖炉焙烧、链篦机-回转窑焙烧、带式焙烧	竖炉	竖炉面积、竖炉利用系数
		链篦机-回转窑	链篦机-回转窑规格
		带式焙烧机	带式焙烧机台车面积、带式焙烧机利用系数
		其他	其他
炼铁	高炉炼铁、其他	高炉	高炉容积、利用系数
		其他	其他
炼钢	转炉炼钢、电炉炼钢	转炉、电炉	公称容量
		精炼炉（LF、VD、VOD、RH、CAS-OB、其他）	规格（容量等）
		石灰窑（竖窑、回转窑）	设计日产量
		白云石窑	设计日产量
		其他	其他
轧钢	热轧、冷轧	热轧生产线、冷轧生产线、酸洗生产线、涂镀生产线、其他	设计年产量
公用单元	发电、供热	燃气锅炉、燃煤锅炉、燃油锅炉、发电机组、其他	锅炉额定蒸发量、发电机组容量

4.3.3 产品名称

分为烧结矿、球团矿、铁水、粗钢、活性石灰、轻烧白云石、热轧材、冷轧材等。

4.3.4 生产能力、近 3 年实际产量及计量单位

生产能力为主要产品设计产能，不包括国家或地方政府予以淘汰或取缔的产能。近 3 年实际产量为实际发生数（未投运和投运不满 1 年的钢铁工业排污单位不需填报，投运满 1 年但未满 3 年的钢铁工业排污单位按周期年填报）。产能和产量计量单位均为万 t/a。

4.3.5 设计年生产时间

按环境影响评价文件及批复或地方政府对违规项目的认定或备案文件中的年生产时间填写。

4.3.6 其他

排污单位如有需要说明的内容，可填写。

4.4 主要原辅材料及燃料

4.4.1 原辅及燃料种类

原料种类包括外购的铁精粉、块矿、烧结矿、球团矿、焦炭、其他。

辅料种类包括外购的生石灰、石灰石、膨润土、轻烧白云石、萤石、其他。

燃料种类包括外购的烧结用煤、喷吹煤、动力煤、重油、柴油、天然气、液化石油气、焦炉煤气、高炉煤气、转炉煤气、发生炉煤气、其他。

4.4.2 设计年使用量、近 3 年实际使用量及计量单位

设计年使用量为与产能相匹配的原辅及燃料年使用量。近 3 年实际使用量为实际发生数（未投运和投运不满 1 年的钢铁工业排污单位不需填报，投运满 1 年但未满 3 年的钢铁工业排污单位按周期年填报）。设计年使用量和近 3 年实际使用量（标态）计量单位均为万 t/a 或万 m^3/a。

4.4.3 原辅料硫元素、有毒有害成分及占比

需按设计值或上年生产实际值填写原料、辅料中硫元素、氟元素（炼钢用萤石、含氟铁精粉）、钒元素（含钒特钢冶炼原料）、铬元素（金属钝化原料）、锌元素（热镀锌、电镀锌原料）、氯元素（酸洗用盐酸）占比。填报值以收到基为基准。

4.4.4 燃料灰分、硫分、挥发分及热值

需按设计值或上年生产实际值填写燃料灰分、硫分（固体和液体燃料按硫分计；气体燃料按总硫计，

总硫包含有机硫和无机硫）、挥发分及热值（低位发热量），燃油和燃气填写硫分及热值。填报值以收到基为基准。

4.4.5 其他

排污单位如有需要说明的内容，可填写。

4.5 产排污节点、污染物及污染治理设施

4.5.1 一般原则

废气产排污节点、污染物及污染治理设施包括对应产污环节名称、污染物种类、排放形式（有组织、无组织）、污染治理设施、是否为可行技术、有组织排放口编号、排放口设置是否符合要求、排放口类型。

废水产排污节点、污染物及污染治理设施包括废水类别、污染物种类、排放去向、排放规律、污染治理设施、排放口编号、排放口设置是否符合要求、排放口类型。

4.5.2 废气

4.5.2.1 废气产污环节名称、污染物种类、排放形式及污染治理设施

钢铁工业排污单位废气产污环节名称、污染物种类、排放形式及污染治理设施填报内容见表2。钢铁工业排污单位污染物种类依据GB 28662、GB 28663、GB 28664、GB 28665和GB 13271确定，有地方排放标准要求的，按照地方排放标准确定。

表2 钢铁工业排污单位废气产污环节名称、污染物种类、排放形式及污染治理设施表

生产单元	生产设施	废气产污环节名称	污染物种类	排放形式	污染治理设施	
					污染治理设施名称及工艺	是否为可行技术
原料系统	供卸料设施、其他	装卸料废气、转运废气、破碎废气、混匀废气、筛分废气、其他	颗粒物	有组织	静电除尘器（注明电场数，如三电场、四电场等）、袋式除尘器（注明滤料种类，如聚酯、聚丙烯、玻璃纤维、聚四氟乙烯机织布或针刺毡滤料，复合滤料，覆膜滤料等）、电袋复合除尘器（同静电除尘器和袋式除尘器要求，注明电场数和滤料种类）、旋风除尘器、多管除尘器、滤筒除尘器、湿式电除尘、其他	□是 □否 如采用不属于“6 污染防治可行技术要求”中的技术，应提供相关证明材料
		原料系统无组织废气	颗粒物	无组织	防风抑尘网、封闭皮带、封闭料仓/库、洒水抑尘、苫盖、喷洒抑尘剂、原料场出口配备车轮清洗（扫）装置、粉料运输采取密闭措施、各产尘点配备有效的密封装置或采取有效的抑尘措施，如局部密闭罩、整体密闭罩、大容积密闭罩等，并配备袋式除尘器（采用聚酯、聚丙烯、玻璃纤维、聚四氟乙烯机织布或针刺毡滤料，复合滤料，覆膜滤料）、定期清扫，保持厂区整洁无积尘、其他	同上
烧结	带式烧结机、步进式烧结机、其他	配料废气、整粒筛分废气	颗粒物	有组织	静电除尘器（注明电场数，如三电场、四电场等）、袋式除尘器（注明滤料种类，如聚酯、聚丙烯、玻璃纤维、聚四氟乙烯机织布或针刺毡滤料，复合滤料，覆膜滤料等）、电袋复合除尘器（同静电除尘器和袋式除尘器要求，注明电场数和滤料种类）、旋风除尘器、多管除尘器、滤筒除尘器、湿式电除尘、水浴除尘器、其他	同上
		烧结机头废气	颗粒物	有组织	静电除尘器（注明电场数，如三电场、四电场等）、袋式除尘器（注明滤料种类，如聚酯、聚丙烯、玻璃纤维、聚四氟乙烯机织布或针刺毡滤料，复合滤料，覆膜滤料等）、电袋复合除尘器（同静电除尘器和袋式除尘器要求，注明电场数和滤料种类）、旋风除尘器、多管除尘器、滤筒除尘器、湿式电除尘、其他	同上
			二氧化硫 氮氧化物 氟化物 二噁英类		脱硫系统（石灰石/石灰-石膏法、氨法、氧化镁法、双碱法、循环流化床法、旋转喷雾法、密相干塔法、新型脱硫除尘一体化技术、MEROS法脱硫技术）、脱硝系统（SCR、SNCR）、协同处置装置[活性炭（焦）法]、其他	同上

生产单元	生产设施	废气产污环节名称	污染物种类	排放形式	污染治理设施	
					污染治理设施名称及工艺	是否为可行技术
烧结	带式烧结机、步进式烧结机、其他	烧结机尾废气	颗粒物	有组织	静电除尘器（注明电场数，如三电场、四电场等）、袋式除尘器（注明滤料种类，如聚酯、聚丙烯、玻璃纤维、聚四氟乙烯机织布或针刺毡滤料，复合滤料，覆膜滤料等）、电袋复合除尘器（同静电除尘器和袋式除尘器要求，注明电场数和滤料种类）、旋风除尘器、多管除尘器、滤筒除尘器、湿式电除尘、其他	同上
		破碎废气、冷却废气、其他	颗粒物	有组织	静电除尘器（注明电场数，如三电场、四电场等）、袋式除尘器（注明滤料种类，如聚酯、聚丙烯、玻璃纤维、聚四氟乙烯机织布或针刺毡滤料，复合滤料，覆膜滤料等）、电袋复合除尘器（同静电除尘器和袋式除尘器要求，注明电场数和滤料种类）、旋风除尘器、多管除尘器、滤筒除尘器、湿式电除尘、其他	同上
		烧结无组织废气	颗粒物	无组织	各产尘点配备有效的密封装置或采取有效的抑尘措施（如局部密闭罩、整体密闭罩、大容积密闭罩等）、其他	同上
球团	竖炉、链篦机-回转窑、带式焙烧机、其他	配料废气	颗粒物	有组织	静电除尘器（注明电场数，如三电场、四电场等）、袋式除尘器（注明滤料种类，如聚酯、聚丙烯、玻璃纤维、聚四氟乙烯机织布或针刺毡滤料，复合滤料，覆膜滤料等）、电袋复合除尘器（同静电除尘器和袋式除尘器要求，注明电场数和滤料种类）、旋风除尘器、多管除尘器、滤筒除尘器、湿式电除尘、其他	同上
		焙烧废气	颗粒物	有组织	静电除尘器（注明电场数，如三电场、四电场等）、袋式除尘器（注明滤料种类，如聚酯、聚丙烯、玻璃纤维、聚四氟乙烯机织布或针刺毡滤料，复合滤料，覆膜滤料等）、电袋复合除尘器（同静电除尘器和袋式除尘器要求，注明电场数和滤料种类）、旋风除尘器、多管除尘器、滤筒除尘器、湿式电除尘、其他	同上
			二氧化硫 氮氧化物 氟化物	有组织	脱硫系统（石灰石/石灰-石膏法、氨法、氧化镁法、双碱法、循环流化床法、旋转喷雾法、密相干塔法、新型脱硫除尘一体化技术、MEROS 法脱硫技术）、脱硝系统（SCR、SNCR）、协同处置装置（活性炭（焦）法）、其他	同上
		筛分废气、干燥废气、其他	颗粒物	有组织	静电除尘器（注明电场数，如三电场、四电场等）、袋式除尘器（注明滤料种类，如聚酯、聚丙烯、玻璃纤维、聚四氟乙烯机织布或针刺毡滤料，复合滤料，覆膜滤料等）、电袋复合除尘器（同静电除尘器和袋式除尘器要求，注明电场数和滤料种类）、旋风除尘器、多管除尘器、滤筒除尘器、湿式电除尘、其他	同上
		球团无组织废气	颗粒物	无组织	各产尘点配备有效的密封装置或采取有效的抑尘措施（如局部密闭罩、整体密闭罩、大容积密闭罩等）、其他	同上
炼铁	高炉、其他	高炉矿槽废气	颗粒物	有组织	静电除尘器（注明电场数，如三电场、四电场等）、袋式除尘器（注明滤料种类，如聚酯、聚丙烯、玻璃纤维、聚四氟乙烯机织布或针刺毡滤料，复合滤料，覆膜滤料等）、电袋复合除尘器（同静电除尘器和袋式除尘器要求，注明电场数和滤料种类）、旋风除尘器、多管除尘器、滤筒除尘器、湿式电除尘、其他	同上
		高炉出铁场废气	颗粒物	有组织	静电除尘器（注明电场数，如三电场、四电场等）、袋式除尘器（注明滤料种类，如聚酯、聚丙烯、玻璃纤维、聚四氟乙烯机织布或针刺毡滤料，复合滤料，覆膜滤料等）、电袋复合除尘器（同静电除尘器和袋式除尘器要求，注明电场数和滤料种类）、旋风除尘器、多管除尘器、滤筒除尘器、湿式电除尘、其他	同上
		热风炉烟气	颗粒物 二氧化硫 氮氧化物	有组织	燃用净化煤气、高炉煤气采用干法除尘、低氮燃烧、其他	同上

生产单元	生产设施	废气产污环节名称	污染物种类	排放形式	污染治理设施	
					污染治理设施名称及工艺	是否为可行技术
炼铁	高炉、其他	转运废气、煤粉制备废气、其他	颗粒物	有组织	静电除尘器（注明电场数，如三电场、四电场等）、袋式除尘器（注明滤料种类，如聚酯、聚丙烯、玻璃纤维、聚四氟乙烯机织布或针刺毡滤料，复合滤料，覆膜滤料等）、电袋复合除尘器（同静电除尘器和袋式除尘器要求，注明电场数和滤料种类）、旋风除尘器、多管除尘器、滤筒除尘器、湿式电除尘、其他	同上
		炼铁无组织废气	颗粒物	无组织	各产尘点配备有效的密封装置或采取有效的抑尘措施（如局部密闭罩、整体密闭罩、大容积密闭罩等）、铁沟和渣沟密闭、其他	同上
炼钢	转炉、电炉、精炼炉、石灰窑、白云石窑、其他	转炉二次烟气	颗粒物	有组织	静电除尘器（注明电场数，如三电场、四电场等）、袋式除尘器（注明滤料种类，如聚酯、聚丙烯、玻璃纤维、聚四氟乙烯机织布或针刺毡滤料，复合滤料，覆膜滤料等）、电袋复合除尘器（同静电除尘器和袋式除尘器要求，注明电场数和滤料种类）、旋风除尘器、多管除尘器、滤筒除尘器、湿式电除尘、其他	同上
		电炉烟气	颗粒物 二噁英类	有组织	静电除尘器（注明电场数，如三电场、四电场等）、袋式除尘器（注明滤料种类，如聚酯、聚丙烯、玻璃纤维、聚四氟乙烯机织布或针刺毡滤料，复合滤料，覆膜滤料等）、电袋复合除尘器（同静电除尘器和袋式除尘器要求，注明电场数和滤料种类）、旋风除尘器、多管除尘器、滤筒除尘器、湿式电除尘、急冷、其他	同上
		石灰窑、白云石窑焙烧烟气	颗粒物	有组织	静电除尘器（注明电场数，如三电场、四电场等）、袋式除尘器（注明滤料种类，如聚酯、聚丙烯、玻璃纤维、聚四氟乙烯机织布或针刺毡滤料，复合滤料，覆膜滤料等）、电袋复合除尘器（同静电除尘器和袋式除尘器要求，注明电场数和滤料种类）、旋风除尘器、多管除尘器、滤筒除尘器、其他	同上
		转炉一次烟气	颗粒物	有组织	LT 干法除尘、新型 OG 法、半干法、其他	同上
		铁水预处理废气、精炼废气、连铸切割废气、火焰清理废气、钢渣处理废气、其他	颗粒物	有组织	静电除尘器（注明电场数，如三电场、四电场等）、袋式除尘器（注明滤料种类，如聚酯、聚丙烯、玻璃纤维、聚四氟乙烯机织布或针刺毡滤料，复合滤料，覆膜滤料等）、电袋复合除尘器（同静电除尘器和袋式除尘器要求，注明电场数和滤料种类）、旋风除尘器、多管除尘器、塑烧板除尘器、滤筒除尘器、湿式电除尘、其他	同上
		电渣冶金废气	氟化物	有组织	袋式除尘器（注明滤料种类，如聚酯、聚丙烯、玻璃纤维、聚四氟乙烯机织布或针刺毡滤料，复合滤料，覆膜滤料等）、其他	同上
轧钢	热轧生产线、冷轧生产线、酸洗生产线、涂镀生产线、其他	炼钢无组织废气	颗粒物	无组织	各产尘点配备有效的密封装置或采取有效的抑尘措施（如局部密闭罩、整体密闭罩、大容积密闭罩等）、其他	同上
		热处理炉烟气	颗粒物	有组织	燃用净化后煤气、静电除尘器（注明电场数，如三电场、四电场等）、袋式除尘器（注明滤料种类，如聚酯、聚丙烯、玻璃纤维、聚四氟乙烯机织布或针刺毡滤料，复合滤料，覆膜滤料等）、电袋复合除尘器（同静电除尘器和袋式除尘器要求，注明电场数和滤料种类）、旋风除尘器、多管除尘器、滤筒除尘器、湿式电除尘、水浴除尘器、其他	同上
			二氧化硫 氮氧化物	有组织	燃用净化后煤气、脱硫系统（石灰石/石灰-石膏法、氨法、氧化镁法、双碱法、循环流化床法、旋转喷雾法、密相干塔法、新型脱硫除尘一体化技术、MEROS 法脱硫技术）、脱硝系统（SCR、SNCR、低氮燃烧）、协同处置装置[活性炭（焦）法]、其他	同上
		精轧机废气	颗粒物	有组织	静电除尘器（注明电场数，如三电场、四电场等）、电袋复合除尘器（同静电除尘器和袋式除尘器要求，注明电场数和滤料种类）、旋风除尘器、多管除尘器、塑烧板除尘器、滤筒除尘器、湿式电除尘、其他	同上

生产单元	生产设施	废气产污环节名称	污染物种类	排放形式	污染治理设施名称及工艺	是否为可行技术
					污染治理设施	
轧钢	热轧生产线、冷轧生产线、酸洗生产线、涂镀生产线、其他	拉矫废气、精整废气、抛丸废气、修磨、焊接废气、其他	颗粒物	有组织	静电除尘器（注明电场数，如三电场、四电场等）、袋式除尘器（注明滤料种类，如聚酯、聚丙烯、玻璃纤维、聚四氟乙烯机织布或针刺毡滤料，复合滤料，覆膜滤料等）、电袋复合除尘器（同静电除尘器和袋式除尘器要求，注明电场数和滤料种类）、旋风除尘器、多管除尘器、滤筒除尘器、湿式电除尘、其他	同上
		轧机油雾	油雾	有组织	过滤式净化装置、其他	同上
		废酸再生废气	颗粒物 氯化氢 硝酸雾 氟化物	有组织	湿法喷淋净化、SCR、其他	同上
		酸洗废气	氯化氢 硫酸雾 硝酸雾 氟化物	有组织	湿法喷淋净化、SCR、其他	同上
		涂镀废气	铬酸雾	有组织	湿法喷淋净化、其他	同上
		脱脂废气	碱雾	有组织	湿法喷淋净化、其他	同上
		彩涂废气	苯 甲苯 二甲苯 非甲烷总烃	有组织	高温焚烧、催化焚烧、其他	同上
		轧钢无组织废气	颗粒物 硫酸雾 氯化氢 硝酸雾 苯 甲苯 二甲苯 非甲烷总烃	无组织	各产尘点配备有效的密封装置或采取有效的抑尘措施（如局部密闭罩、整体密闭罩、大容积密闭罩等）、其他	同上
公用单元	燃气锅炉、燃煤锅炉、燃油锅炉、发电机组、其他	燃烧废气	颗粒物	有组织	燃用净化后煤气、燃用净化后天然气、静电除尘器（注明电场数，如三电场、四电场等）、袋式除尘器（注明滤料种类，如聚酯、聚丙烯、玻璃纤维、聚四氟乙烯机织布或针刺毡滤料，复合滤料，覆膜滤料等）、电袋复合除尘器（同静电除尘器和袋式除尘器要求，注明电场数和滤料种类）、旋风除尘器、多管除尘器、滤筒除尘器、湿式电除尘、水浴除尘器、其他	同上
			二氧化硫 氮氧化物 汞及其化合物 烟气黑度（林格曼黑度，级）		燃用净化后煤气、脱硫系统（石灰石/石灰-石膏法、氨法、氧化镁法、双碱法、循环流化床法、旋转喷雾法、密相干塔法、新型脱硫除尘一体化技术、MEROS 法脱硫技术）、脱硝系统（SCR、SNCR、低氮燃烧）、炉内添加卤化物、烟道喷入活性炭（焦）、其他	同上

4.5.2.2 污染治理设施、有组织排放口编号

污染治理设施编号可填写钢铁工业排污单位内部编号，若钢铁工业排污单位无内部编号，则根据《关于开展火电、造纸行业和京津冀试点城市高架源排污许可证管理工作的通知》（环水体〔2016〕189 号）附件 4《固定污染源（水、大气）编码规则（试行）》进行编号并填报。

有组织排放口编号应填写地方环境保护主管部门现有编号，若地方环境保护主管部门未对排放口进行编号，则根据《关于开展火电、造纸行业和京津冀试点城市高架源排污许可证管理工作的通知》（环水体〔2016〕189 号）附件 4《固定污染源（水、大气）编码规则（试行）》进行编号并填报。

4.5.2.3 排放口设置要求

根据《排污口规范化整治技术要求（试行）》（国家环保局　环监〔1996〕470 号），以及排污单

位执行的排放标准中有关排放口规范化设置的规定，填报废气排放口设置是否符合规范化要求。

4.5.2.4　排放口类型

废气排放口分为主要排放口和一般排放口。主要排放口包括烧结单元烧结机头废气、烧结机尾废气，球团单元焙烧废气，炼铁单元高炉矿槽废气、高炉出铁场废气，炼钢单元转炉二次烟气、电炉烟气，公用单元锅炉烟气等排放口。炼铁单元如采用非高炉炼铁工艺，炼铁单元所有排放口均为主要排放口。除主要排放口之外的均为一般排放口。

4.5.3　废水

4.5.3.1　废水类别、污染物种类及污染治理设施

钢铁工业排污单位废水类别、污染物种类及污染治理设施填报内容参见表 3。钢铁工业排污单位污染物种类依据 GB 13456 确定，有地方排放标准要求的，按照地方排放标准确定。

表 3　钢铁工业排污单位废水类别、污染物种类及污染治理设施表

废水类别	污染物种类	污染治理设施	
		污染治理设施名称及工艺	是否为可行技术
烧结、球团脱硫废水	pH、SS、COD、石油类、总砷、总铅	絮凝沉淀	□是 □否 如采用不属于“6 污染防治可行技术要求”中的技术，应提供相关证明材料
炼铁高炉煤气净化系统废水	pH、SS、COD、氨氮、总氮、石油类、挥发酚、总氰化物、总锌、总铅	沉淀后循环使用	
炼铁高炉冲渣废水	pH、SS、COD、氨氮、总氮、石油类、挥发酚、总氰化物、总锌、总铅	沉淀后循环使用	
炼钢转炉煤气湿法净化回收系统废水	pH、SS、COD、石油类、氟化物、氨氮、总氮	沉淀后循环使用	
炼钢连铸废水	pH、SS、COD、石油类、氟化物、氨氮、总氮	除油+沉淀+过滤系统	
热轧直接冷却废水	pH、SS、COD、氨氮、总氮、总磷、石油类、总氰化物、氟化物、总铁、总锌、总铜、总砷、六价铬、总铬、总镍、总镉、总汞	除油+沉淀+过滤系统、稀土磁盘	
冷轧酸洗、碱洗废水		中和+曝气+絮凝沉淀系统	
冷轧含油、乳化液废水		超滤+曝气（或生化）+沉淀（或过滤）	
冷轧含铬废水		还原沉淀+絮凝沉淀系统	
生活污水	pH、COD、BOD_5、悬浮物、氨氮、动植物油、总氮、总磷	絮凝沉淀、普通活性污泥法、A/O 法、氧化沟法、SBR 法、MBR 法设施、其他	
其他废水	pH、SS、COD、氨氮、总氮、总磷、石油类、挥发酚、总氰化物、氟化物、总铁、总锌、总铜、总砷、六价铬、总铬、总铅、总镍、总镉、总汞	其他污染治理设施名称及工艺（根据实际情况填报）	
全厂综合污水处理厂废水	pH、SS、COD、氨氮、总氮、总磷、石油类、挥发酚、总氰化物、氟化物、总铁、总锌、总铜	预处理：旋流沉淀、重力除油、混凝沉淀、气浮除油设施、其他； 生化法处理：普通活性污泥法、AB 法、A/O 法、A/O-A/O 法、A^2/O 法、A/O^2 法、SBR 法、氧化沟法设施、其他； 深度处理：V 型滤池、超滤、反渗透、离子交换设施、其他	

4.5.3.2　排放去向及排放规律

钢铁工业排污单位应明确废水排放去向及排放规律。

排放去向分为不外排；排至厂内综合污水处理站；直接进入海域；直接进入江河、湖、库等水环境；进入城市下水道（再入江河、湖、库）；进入城市下水道（再入沿海海域）；进入城市污水处理厂；进入其他单位；工业废水集中处理设施；其他（包括回喷、回填、回灌、回用等）。

排放规律分为连续排放，流量稳定；连续排放，流量不稳定，但有周期性规律；连续排放，流量不稳定，但有规律，且不属于周期性规律；连续排放，流量不稳定，属于冲击型排放；连续排放，流量不稳定且无规律，但不属于冲击型排放；间断排放，排放期间流量稳定；间断排放，排放期间流量不稳定，但有周期性规律；间断排放，排放期间流量不稳定，但有规律，且不属于非周期性规律；间断排放，排放期间流量不稳定，属于冲击型排放；间断排放，排放期间流量不稳定且无规律，但不属于冲击型排放。

4.5.3.3　污染治理设施、排放口编号

污染治理设施编号可填写钢铁工业排污单位内部编号，若钢铁工业排污单位无内部编号，则根据《关

于开展火电、造纸行业和京津冀试点城市高架源排污许可证管理工作的通知》（环水体〔2016〕189 号）附件 4《固定污染源（水、大气）编码规则（试行）》进行编号并填报。

排放口编号应填写地方环境保护主管部门现有编号，若地方环境保护主管部门未对排放口进行编号，则根据《关于开展火电、造纸行业和京津冀试点城市高架源排污许可证管理工作的通知》（环水体〔2016〕189 号）附件 4《固定污染源（水、大气）编码规则（试行）》进行编号并填报。

4.5.3.4 排放口设置要求

根据《排污口规范化整治技术要求（试行）》（国家环保局 环监〔1996〕470 号），以及排污单位执行的排放标准中有关排放口规范化设置的规定，填报排放口设置是否符合规范化要求。

4.5.3.5 排放口类型

钢铁工业排污单位排放口分为废水总排放口和车间或生产设施废水排放口，其中废水总排放口为主要排放口，车间或生产设施废水排放口为一般排放口。

4.6 其他要求

排污单位基本情况还应包括生产工艺流程图（包括全厂及各工序）和厂区总平面布置图。生产工艺流程图应至少包括主要生产设施（设备）、主要原燃料的流向、生产工艺流程等内容。厂区总平面布置图应至少包括主体设施、公辅设施、全厂污水处理站等，同时注明厂区雨水和污水排放口位置。

5 产排污环节对应排放口及许可排放限值确定方法

5.1 污染物排放

5.1.1 废气排放口及执行标准

废气排放口应填报排放口地理坐标、排气筒高度、排气筒出口内径、国家或地方污染物排放标准、环境影响评价批复要求及承诺更加严格排放限值，其余项为依据本标准第 4.5 条填报的产排污节点及排放口信息，信息平台系统自动生成。

5.1.2 废水排放口及执行标准

废水直接排放口应填报排放口地理坐标、间歇排放时段、受纳自然水体信息、汇入受纳自然水体处地理坐标及执行的国家或地方污染物排放标准，废水间接排放口应填报排放口地理坐标、间歇排放时段、受纳污水处理厂名称及执行的国家或地方污染物排放标准。其余项为依据本标准 4.5 条填报的产排污节点及排放口信息，信息平台系统自动生成。废水间歇式排放的，应当载明排放污染物的时段。

5.2 许可排放限值

5.2.1 一般原则

许可排放限值包括污染物许可排放浓度和许可排放量。许可排放量包括年许可排放量和特殊时段许可排放量。年许可排放量是指允许排污单位连续 12 个月排放的污染物最大排放量。地方环境保护主管部门可根据需要将年许可排放量按月进行细化。

对于大气污染物，以排放口为单位确定主要排放口和一般排放口许可排放浓度，以生产单元为单位确定无组织许可排放浓度。主要排放口逐一计算许可排放量，一般排放口和无组织以生产单元为单位计算许可排放量。

对于水污染物，车间或生产设施废水排放口许可排放浓度，废水总排放口许可排放浓度和排放量。

按照国家或地方污染物排放标准等法律法规和管理制度要求，按照从严原则确定许可排放浓度，依据总量控制指标及本标准规定的方法从严确定许可排放量。2015 年 1 月 1 日（含）后取得环境影响评价批复的排污单位，许可排放限值还应同时满足环境影响评价文件和批复要求。

总量控制指标包括地方政府或环境保护主管部门发文确定的排污单位总量控制指标、环境影响评价批复时的总量控制指标、现有排污许可证中载明的总量控制指标、通过排污权有偿使用和交易确定的总量控制指标等地方政府或环境保护主管部门与排污许可证申领排污单位以一定形式确认的总量控制指标。

排污单位填报许可限值时，应在《排污许可证申请表》中写明申请的许可排放限值计算过程。

排污单位申请的许可排放限值严于本标准规定的，排污许可证按照申请的许可排放限值核发。

5.2.2　许可排放浓度

5.2.2.1　废气

按照污染物排放标准确定钢铁工业排污单位许可排放浓度时，应依据 GB 28662、GB 28663、GB 28664、GB 28665 与 GB 13271 确定。有地方排放标准要求的，按照地方排放标准确定。

大气污染防治重点控制区按照《关于执行大气污染物特别排放限值的公告》（公告 2013 年第 14 号）和《关于执行大气污染物特别排放限值有关问题的复函》（环办大气函〔2016〕1087 号）的要求执行。其他执行大气污染物特别排放限值的地域范围、时间，由国务院环境保护行政主管部门或省级人民政府规定。

若执行不同许可排放浓度的多台生产设施或排放口采用混合方式排放废气，且选择的监控位置只能监测混合废气中的大气污染物浓度，则应执行各限值要求中最严格的许可排放浓度。

5.2.2.2　废水

按照污染物排放标准确定钢铁工业排污单位许可排放浓度时，应依据 GB 13456 确定。有地方排放标准要求的，按照地方排放标准确定。

若排污单位的生产设施为两种及以上工序或同时生产两种及以上产品，可适用不同排放控制要求或不同行业污染物排放标准时，且生产设施产生的污水混合处理排放的情况下，应执行排放标准中规定的最严格的浓度限值。

5.2.3　许可排放量

5.2.3.1　废气

应明确钢铁工业排污单位颗粒物、二氧化硫、氮氧化物许可排放量。

5.2.3.1.1 年许可排放量核算方法

钢铁工业排污单位年许可排放量为有组织排放年许可排放量和无组织排放年许可排放量之和。

$$E_{年许可} = E_{有组织排放年许可} + E_{无组织排放年许可} \tag{1}$$

式中：$E_{年许可}$——钢铁工业排污单位年许可排放量，t；

$E_{有组织排放年许可}$——钢铁工业排污单位有组织排放年许可排放量，t；

$E_{无组织排放年许可}$——钢铁工业排污单位无组织排放年许可排放量，t。

a）有组织排放年许可排放量

有组织排放年许可排放量为主要排放口和一般排放口年许可排放量之和。

$$E_{有组织排放年许可} = E_{主要排放口年许可} + E_{一般排放口年许可} \tag{2}$$

式中：$E_{主要排放口年许可}$——钢铁工业排污单位主要排放口污染物年许可排放量，t；

$E_{一般排放口年许可}$——钢铁工业排污单位一般排放口污染物年许可排放量，t。

1）主要排放口年许可排放量

钢铁工业排污单位废气主要排放口污染物年许可排放量由基准排气量、许可排放浓度和产量相乘确定。钢铁工业排污单位主要排放口年许可排放量计算公式：

$$M_i = R \times Q \times C \times 10^{-5} \tag{3}$$

$$E_{主要排放口年许可} = \sum_{i=1}^{n} M_i \tag{4}$$

式中：M_i —— 第 i 个排放口污染物年许可排放量，t；

R——第 i 个排放口对应装置近 3 年产量平均值，未投运或投运不满 1 年的按产能计算，投运满 1 年但未满 3 年的取周期年实际产量平均值。当实际产量平均值超过产能时，按产能计算，万 t。锅炉燃料年消耗量取设计燃料用量，万 t 或万 m^3；

Q——基准排气量（标态），m^3/t 产品，按表 4 取值；

C——污染物许可排放浓度限值（标态），mg/m^3。

表 4　钢铁工业排污单位主要排放口基准排气量表

序号	生产单元	产污环节名称		基准排气量（标态）/（m^3/t 产品）
1	烧结	烧结机头废气		2 830 m^3/t 烧结矿
2		烧结机尾废气		1 300 m^3/t 烧结矿
3	球团	球团焙烧废气		2 480 m^3/t 球团矿
4	炼铁[a]	高炉矿槽废气		3 250 m^3/t 铁水
5		高炉出铁场废气		2 900 m^3/t 铁水
6	炼钢	转炉二次烟气		1 550 m^3/t 粗钢
7		电炉烟气		1 120 m^3/t 粗钢
8	公用单元	燃煤锅炉烟气[b]	热值为 12.5 MJ/kg	6.2 m^3/kg 燃煤
			热值为 21 MJ/kg	9.9 m^3/kg 燃煤
			热值为 25 MJ/kg	11.6 m^3/kg 燃煤
		燃油锅炉烟气[b]	热值为 38 MJ/kg	12.2 m^3/kg 燃油
			热值为 40 MJ/kg	12.8 m^3/kg 燃油
			热值为 43 MJ/kg	13.76 m^3/kg 燃油
		燃气锅炉烟气[c]	燃用高炉煤气	1.63 m^3/m^3 燃气
			燃用转炉煤气	2.1 m^3/m^3 燃气
			燃用焦炉煤气	6 m^3/m^3 燃气
			燃用天然气	12.3 m^3/m^3 燃气

[a] 采用非高炉炼铁工艺的炼铁单元所有排放口均为主要排放口，其基准排气量取设计值。
[b] 燃用其他热值燃料的，可按照《动力工程师手册》进行计算。
[c] 以混合煤气为燃料的燃气锅炉，其基准排气量为各类煤气的体积分数与相应基准排气量乘积的加和。

2）一般排放口年许可排放量

采用绩效法确定钢铁工业排污单位污染物一般排放口许可排放量。钢铁工业排污单位原料系统、烧结、球团、炼铁、炼钢、轧钢单元污染物一般排放口排放绩效值见表 5。钢铁工业排污单位污染物一般排放口年许可排放量计算公式：

$$M_i = R \times G \times 10 \tag{5}$$

$$E_{一般排放口年许可} = \sum_{i=1}^{n} M_i \tag{6}$$

式中：M_i——第 i 个单元大气污染物年许可排放量，t；

R——第 i 个单元近 3 年产量平均值，未投运或投运不满 1 年的按产能计算，投运满 1 年但未满 3 年的取周期年实际产量平均值。当实际产量平均值超过产能时，按产能计算，万 t。原料场原料年进场总量取值原则同上，万 t；

G——第 i 个单元污染物一般排放口排放量绩效值，kg/t。

b）无组织年许可排放量

采用绩效法确定钢铁工业排污单位污染物无组织许可排放量。钢铁工业排污单位原料系统、烧结、球团、炼铁、炼钢单元污染物无组织排放绩效值见表 5。

表 5　钢铁工业排污单位污染物一般排放口及无组织排放绩效值选取表

生产单元	排污单位类型	一般排放口绩效值	无组织绩效值
原料系统	执行特别排放限值排污单位	0.016 kg 颗粒物/t 原料	0.024 3 kg 颗粒物/t 原料
	其他排污单位	0.040 kg 颗粒物/t 原料	0.200 0 kg 颗粒物/t 原料

<table>
<tr><th>生产单元</th><th>排污单位类型</th><th colspan="2">一般排放口绩效值</th><th>无组织绩效值</th></tr>
<tr><td rowspan="2">烧结</td><td>执行特别排放限值排污单位</td><td colspan="2">0.070 kg 颗粒物/t 烧结矿</td><td>0.015 5 kg 颗粒物/t 烧结矿</td></tr>
<tr><td>其他排污单位</td><td colspan="2">0.105 kg 颗粒物/t 烧结矿</td><td>0.280 0 kg 颗粒物/t 烧结矿</td></tr>
<tr><td rowspan="2">球团</td><td>执行特别排放限值排污单位</td><td colspan="2">0.046 kg 颗粒物/t 球团矿</td><td>0.013 0 kg 颗粒物/t 球团矿</td></tr>
<tr><td>其他排污单位</td><td colspan="2">0.069 kg 颗粒物/t 球团矿</td><td>0.600 0 kg 颗粒物/t 球团矿</td></tr>
<tr><td rowspan="6">炼铁[a]</td><td rowspan="3">执行特别排放限值排污单位</td><td colspan="2">0.026 kg 颗粒物/t 铁水</td><td rowspan="3">0.015 9 kg 颗粒物/t 铁水</td></tr>
<tr><td colspan="2">0.130 kg 二氧化硫/t 铁水</td></tr>
<tr><td colspan="2">0.390 kg 氮氧化物/t 铁水</td></tr>
<tr><td rowspan="3">其他排污单位</td><td colspan="2">0.041 kg 颗粒物/t 铁水</td><td rowspan="3">0.295 1 kg 颗粒物/t 铁水</td></tr>
<tr><td colspan="2">0.130 kg 二氧化硫/t 铁水</td></tr>
<tr><td colspan="2">0.390 kg 氮氧化物/t 铁水</td></tr>
<tr><td rowspan="8">炼钢</td><td rowspan="4">执行特别排放限值排污单位</td><td>炼钢</td><td>0.086 kg 颗粒物/t 粗钢</td><td rowspan="2">0.034 8 kg 颗粒物/t 粗钢</td></tr>
<tr><td rowspan="3">石灰、白云石焙烧</td><td>0.15 kg 颗粒物/t 活性石灰或轻烧白云石</td></tr>
<tr><td>0.4 kg 二氧化硫/t 活性石灰或轻烧白云石</td><td rowspan="2">0.034 8 kg 颗粒物/t 粗钢</td></tr>
<tr><td>2 kg 氮氧化物/t 活性石灰或轻烧白云石</td></tr>
<tr><td rowspan="4">其他排污单位</td><td>炼钢</td><td>0.109 kg/t 粗钢</td><td rowspan="4">0.104 4 kg 颗粒物/t 粗钢</td></tr>
<tr><td rowspan="3">石灰、白云石焙烧</td><td>0.15 kg 颗粒物/t 活性石灰或轻烧白云石</td></tr>
<tr><td>0.4 kg 二氧化硫/t 活性石灰或轻烧白云石</td></tr>
<tr><td>2 kg 氮氧化物/t 活性石灰或轻烧白云石</td></tr>
<tr><td rowspan="6">轧钢</td><td rowspan="3">执行特别排放限值排污单位</td><td colspan="2">0.019 kg 颗粒物/t 钢材</td><td rowspan="3">—</td></tr>
<tr><td colspan="2">0.09 kg 二氧化硫/t 钢材</td></tr>
<tr><td colspan="2">0.18 kg 氮氧化物/t 钢材</td></tr>
<tr><td rowspan="3">其他排污单位</td><td colspan="2">0.025 kg 颗粒物/t 钢材</td><td rowspan="3">—</td></tr>
<tr><td colspan="2">0.09 kg 二氧化硫/t 钢材</td></tr>
<tr><td colspan="2">0.18 kg 氮氧化物/t 钢材</td></tr>
<tr><td colspan="5">[a] 采用非高炉炼铁工艺的炼铁单元，不再按上述绩效值核算一般排放口许可排放量。</td></tr>
</table>

钢铁工业排污单位污染物无组织年许可排放量计算公式：

$$W_i = R \times G \times 10 \tag{7}$$

$$E_{无组织年许可} = \sum_{i=1}^{n} W_i \tag{8}$$

式中：W_i——第 i 个单元大气污染物年许可排放量，t；

R——第 i 个单元近 3 年产量平均值，未投运或投运不满 1 年的按产能计算，投运满 1 年但未满 3 年的取周期年实际产量平均值。当实际产量平均值超过产能时，按产能计算，万 t。原料场原料年进场总量取值原则同上，万 t；

G——第 i 个单元污染物无组织排放量绩效值，kg/t。

5.2.3.1.2 特殊时段许可排放量核算方法

特殊时段钢铁工业排污单位日许可排放量按式（9）计算。地方制定的相关法规中对特殊时段许可排放量有明确规定的从其规定。国家和地方环境保护主管部门依法规定的其他特殊时段短期许可排放量应当在排污许可证当中载明。

$$E_{日许可} = E_{前一年环统日均排放量} \times (1-\alpha) \tag{9}$$

式中：$E_{日许可}$——钢铁工业排污单位重污染天气应对期间或冬防阶段日许可排放量，t；

$E_{前一年环统日均排放量}$——钢铁工业排污单位前一年环境统计实际排放量折算的日均值，t；

α —— 重污染天气应对期间或冬防阶段日产量或排放量减少比例。

5.2.3.2 废水

明确钢铁工业排污单位废水总排放口外排化学需氧量、氨氮以及受纳水体环境质量超标且列入GB 13456中的其他污染因子年许可排放量。单独排入城镇集中污水处理设施的生活污水无须申请许可排放量。根据钢铁工业排污单位类型，分为钢铁联合排污单位年许可排放量和钢铁非联合排污单位年许可排放量。对位于《“十三五”生态环境保护规划》及环境保护部正式发布的文件中规定的总磷、总氮总量控制区域内的钢铁工业排污单位，还应分别申请总磷及总氮年许可排放量。

a）钢铁联合排污单位年许可排放量核算方法

钢铁联合排污单位水污染物年许可排放量依据水污染物许可排放浓度限值、单位产品基准排水量和产量核定，计算公式如下：

$$D = S \times Q \times \rho \times 10^{-2} \tag{10}$$

式中：D —— 某种水污染物年许可排放量，t/a；

S —— 近3年产量平均值，未投运或投运不满1年的按产能计算，投运满1年但未满3年的取周期年实际产量平均值。当实际产量平均值超过产能时，按产能计算，万t；

Q —— 单位产品基准排水量，m^3/t产品，按照GB 13456中规定取值，地方排放标准中有严格要求的，从其规定；

ρ —— 水污染物许可排放浓度限值，mg/L。

b）钢铁非联合排污单位年许可排放量核算方法

钢铁非联合排污单位许可排放量可采用式（11）确定：

$$D = \sum_{i}^{n} Q_i \times S_i \times \rho \times 10^{-2} \tag{11}$$

式中：D —— 某种水污染物年许可排放量，t/a；

S_i —— 第i个生产单元近3年产量平均值，未投运或投运不满1年的按产能计算，投运满1年但未满3年的取周期年实际产量平均值。当实际产量平均值超过产能时，按产能计算，万t；

Q_i —— 不同生产单元基准排水量，m^3/t产品，按照GB 13456中规定取值，地方排放标准中有严格要求的，从其规定；

ρ —— 水污染物许可排放浓度，mg/L。

6 污染防治可行技术要求

6.1 一般原则

本标准中所列污染防治可行技术及运行管理要求可作为环境保护主管部门对排污许可证申请材料审核的参考。对于钢铁工业排污单位采用本标准所列可行技术的，原则上认为具备符合规定的防治污染设施或污染物处理能力。对于未采用本标准所列可行技术的，钢铁工业排污单位应当在申请时提供相关证明材料（如提供已有监测数据；对于国内外首次采用的污染治理技术，还应当提供中试数据等说明材料），证明可达到与污染防治可行技术相当的处理能力。

对不属于污染防治推荐可行技术的污染治理技术，排污单位应当加强自行监测、台账记录，评估达标可行性。待钢铁工业污染防治可行技术指南发布后，从其规定。

6.2 废气推荐可行技术

钢铁工业废气可行技术参照表详见表6。

6.3 废水推荐可行技术

钢铁工业废水可行技术参照表详见表7。

表6　钢铁工业排污单位废气可行技术参照表

<table>
<tr><th rowspan="2">生产单元</th><th rowspan="2">生产设施</th><th rowspan="2">废气产污环节名称</th><th rowspan="2">排放形式</th><th rowspan="2">污染物种类</th><th rowspan="2">执行标准</th><th colspan="2">可行技术</th></tr>
<tr><th>其他排污单位</th><th>执行特别排放限值排污单位</th></tr>
<tr><td rowspan="2">原料系统</td><td rowspan="2">供卸料设施、其他</td><td>装卸料废气、转运废气、破碎废气、混匀废气、筛分废气、其他</td><td>有组织</td><td rowspan="2">颗粒物</td><td rowspan="2">GB 28663</td><td>袋式除尘（采用聚酯、聚丙烯、玻璃纤维、聚四氟乙烯机织布或针刺毡滤料，复合滤料，覆膜滤料）</td><td>袋式除尘（采用覆膜滤料）</td></tr>
<tr><td>原料系统无组织废气</td><td>无组织</td><td>a）防风抑尘网、封闭皮带、洒水抑尘、苫盖、喷洒抑尘剂、原料场出口配备车轮清洗（扫）装置；
b）各产尘点配备有效的废气捕集装置，如局部密闭罩、整体密闭罩、大容积密闭罩，并配备袋式除尘器（采用聚酯、聚丙烯、玻璃纤维、聚四氟乙烯机织布或针刺毡滤料，复合滤料，覆膜滤料）；
c）定期清扫，保持厂区整洁无积尘</td><td>a）封闭皮带、封闭料仓/库、原料场出口配备车轮清洗（扫）装置、粉料运输采取密闭措施；
b）各产尘点配备有效的废气捕集装置，如局部密闭罩、整体密闭罩、大容积密闭罩，并配备袋式除尘器（采用覆膜滤料）；
c）定期清扫，保持厂区整洁无积尘</td></tr>
<tr><td rowspan="8">烧结</td><td>配料设施、整粒筛分设施</td><td>配料废气、整粒筛分废气</td><td>有组织</td><td>颗粒物</td><td rowspan="8">GB 28662</td><td>袋式除尘（采用聚酯、聚丙烯、玻璃纤维、聚四氟乙烯机织布或针刺毡滤料，复合滤料，覆膜滤料）、电袋复合除尘</td><td>袋式除尘（采用聚酯、聚丙烯、玻璃纤维、聚四氟乙烯针刺毡滤料，复合滤料，覆膜滤料）、电袋复合除尘</td></tr>
<tr><td rowspan="5">烧结机</td><td rowspan="4">烧结机头废气</td><td rowspan="4">有组织</td><td>颗粒物</td><td>四电场静电除尘、湿式电除尘、电除尘+旋转喷雾法/循环流化床法/密相干塔法脱硫+普通袋式除尘、电袋复合除尘</td><td>四电场静电除尘、湿式电除尘、电除尘+旋转喷雾法/循环流化床法/密相干塔法脱硫+普通袋式除尘、电袋复合除尘</td></tr>
<tr><td>二氧化硫</td><td>石灰石/石灰-石膏法、旋转喷雾干燥法、循环流化床法、活性炭（焦）吸附法、氧化镁法、密相干塔法</td><td>石灰石/石灰-石膏法、旋转喷雾干燥法、循环流化床法、活性炭（焦）吸附法、氧化镁法、密相干塔法</td></tr>
<tr><td>氮氧化物</td><td>活性炭（焦）吸附法、选择性催化还原法</td><td>活性炭（焦）吸附法、选择性催化还原法</td></tr>
<tr><td>二噁英类</td><td>活性炭（焦）吸附法</td><td>活性炭（焦）吸附法</td></tr>
<tr><td>烧结机尾废气</td><td>有组织</td><td>颗粒物</td><td>袋式除尘（采用聚酯、聚丙烯、玻璃纤维、聚四氟乙烯机织布或针刺毡滤料，复合滤料，覆膜滤料）、电袋复合除尘</td><td>袋式除尘（采用聚酯、聚丙烯、玻璃纤维、聚四氟乙烯针刺毡滤料，复合滤料，覆膜滤料）、电袋复合除尘</td></tr>
<tr><td>破碎设施、冷却设施、其他</td><td>破碎废气、冷却废气、其他</td><td>有组织</td><td>颗粒物</td><td>袋式除尘（采用聚酯、聚丙烯、玻璃纤维、聚四氟乙烯机织布或针刺毡滤料，复合滤料，覆膜滤料）、电袋复合除尘</td><td>袋式除尘（采用聚酯、聚丙烯、玻璃纤维、聚四氟乙烯针刺毡滤料，复合滤料，覆膜滤料）、电袋复合除尘</td></tr>
<tr><td>其他</td><td>烧结无组织废气</td><td>无组织</td><td>颗粒物</td><td colspan="2">各产尘点配备有效的废气捕集装置，如局部密闭罩、整体密闭罩、大容积密闭罩</td></tr>
<tr><td rowspan="4">球团</td><td>配料设施</td><td>配料废气</td><td>有组织</td><td>颗粒物</td><td rowspan="4">GB 28662</td><td>袋式除尘（采用聚酯、聚丙烯、玻璃纤维、聚四氟乙烯机织布或针刺毡滤料，复合滤料，覆膜滤料）、电袋复合除尘</td><td>袋式除尘（采用聚酯、聚丙烯、玻璃纤维、聚四氟乙烯针刺毡滤料，复合滤料，覆膜滤料）、电袋复合除尘</td></tr>
<tr><td rowspan="3">焙烧设备</td><td rowspan="3">焙烧废气</td><td rowspan="3">有组织</td><td>颗粒物</td><td>四电场静电除尘、湿式电除尘、电除尘+旋转喷雾法/循环流化床法/密相干塔法脱硫+普通袋式除尘、电袋复合除尘</td><td>四电场静电除尘、湿式电除尘、电除尘+旋转喷雾法/循环流化床法/密相干塔法脱硫+普通袋式除尘、电袋复合除尘</td></tr>
<tr><td>二氧化硫</td><td>石灰石/石灰-石膏法、氨法脱硫、旋转喷雾干燥法、循环流化床法、活性炭（焦）吸附法、氧化镁法、密相干塔法</td><td>石灰石/石灰-石膏法、氨法脱硫、旋转喷雾干燥法、循环流化床法、活性炭（焦）吸附法、氧化镁法、密相干塔法</td></tr>
<tr><td>氮氧化物</td><td>活性炭（焦）吸附法、选择性催化还原法</td><td>活性炭（焦）吸附法、选择性催化还原法</td></tr>
</table>

生产单元	生产设施	废气产污环节名称	排放形式	污染物种类	执行标准	可行技术	
						其他排污单位	执行特别排放限值排污单位
球团	筛分设施、干燥设施、其他	筛分废气、干燥废气、其他	有组织	颗粒物	GB 28662	袋式除尘（采用聚酯、聚丙烯、玻璃纤维、聚四氟乙烯机织布或针刺毡滤料，复合滤料，覆膜滤料）、电袋复合除尘	袋式除尘（采用聚酯、聚丙烯、玻璃纤维、聚四氟乙烯针刺毡滤料，复合滤料，覆膜滤料）、电袋复合除尘
球团	其他	球团无组织废气	无组织	颗粒物	GB 28662	各产尘点配备有效的废气捕集装置，如局部密闭罩、整体密闭罩、大容积密闭罩	
炼铁	高炉矿槽	高炉矿槽废气	有组织	颗粒物	GB 28663	袋式除尘（采用聚酯、聚丙烯、玻璃纤维、聚四氟乙烯机织布或针刺毡滤料，复合滤料，覆膜滤料）、电袋复合除尘	袋式除尘（采用覆膜滤料）
炼铁	高炉出铁场	高炉出铁场废气	有组织	颗粒物	GB 28663	袋式除尘（采用聚酯、聚丙烯、玻璃纤维、聚四氟乙烯机织布或针刺毡滤料，复合滤料，覆膜滤料）、电袋复合除尘	袋式除尘（采用覆膜滤料）
炼铁	热风炉	热风炉烟气	有组织	颗粒物、二氧化硫、氮氧化物	GB 28663	燃用净化煤气、高炉煤气采用干法除尘、低氮燃烧	
炼铁	原料系统、煤粉系统、其他	转运废气、煤粉制备废气、其他	有组织	颗粒物	GB 28663	袋式除尘（采用聚酯、聚丙烯、玻璃纤维、聚四氟乙烯机织布或针刺毡滤料，复合滤料，覆膜滤料）、电袋复合除尘	袋式除尘（采用覆膜滤料）
炼铁	其他	炼铁无组织废气	无组织	颗粒物	GB 28663	a）各产尘点配备有效的废气捕集装置，如局部密闭罩、整体密闭罩、大容积密闭罩； b）铁沟、渣沟密闭	
炼钢	转炉	转炉二次烟气	有组织	颗粒物	GB 28664	袋式除尘（采用聚酯、聚丙烯、玻璃纤维、聚四氟乙烯针刺毡滤料，复合滤料，覆膜滤料）、电袋复合除尘	袋式除尘（采用覆膜滤料）
炼钢	电炉	电炉烟气	有组织	颗粒物	GB 28664	炉内排烟+密闭罩+屋顶罩+袋式除尘器（采用聚酯、聚丙烯、玻璃纤维、聚四氟乙烯针刺毡滤料，复合滤料，覆膜滤料）、导流罩+顶吸罩+袋式除尘器（采用聚酯、聚丙烯、玻璃纤维、聚四氟乙烯针刺毡滤料，复合滤料，覆膜滤料）	炉内排烟+密闭罩+屋顶罩+袋式除尘器（采用覆膜滤料）、导流罩+顶吸罩+袋式除尘器（采用覆膜滤料）
炼钢	电炉	电炉烟气	有组织	二噁英类	GB 28664	烟气急冷	烟气急冷
炼钢	石灰窑、白云石窑	石灰窑、白云石窑焙烧烟气	有组织	颗粒物	GB 28664	袋式除尘（采用聚酯、聚丙烯、玻璃纤维、聚四氟乙烯机织布或针刺毡滤料，复合滤料，覆膜滤料）、电袋复合除尘	袋式除尘（采用聚酯、聚丙烯、玻璃纤维、聚四氟乙烯机织布或针刺毡滤料，复合滤料，覆膜滤料）、电袋复合除尘
炼钢	转炉（一次烟气）	转炉一次烟气	有组织	颗粒物	GB 28664	LT 干法除尘、新型 OG 除尘、半干法	LT 干法除尘、新型 OG 除尘、半干法
炼钢	铁水预处理(包括倒罐、扒渣等)、精炼炉、其他	铁水预处理废气、精炼废气、其他	有组织	颗粒物	GB 28664	袋式除尘（采用聚酯、聚丙烯、玻璃纤维、聚四氟乙烯针刺毡滤料，复合滤料，覆膜滤料）、电袋复合除尘	袋式除尘（采用覆膜滤料）
炼钢	钢渣处理	钢渣处理废气	有组织	颗粒物	GB 28664	湿式电除尘、袋式除尘	湿式电除尘、袋式除尘
炼钢	连铸切割及火焰清理	连铸切割废气、火焰清理废气	有组织	颗粒物	GB 28664	袋式除尘（采用聚酯、聚丙烯、玻璃纤维、聚四氟乙烯机织布或针刺毡滤料，复合滤料，覆膜滤料）、电袋复合除尘、塑烧板除尘、湿式电除尘	袋式除尘（采用聚酯、聚丙烯、玻璃纤维、聚四氟乙烯机织布或针刺毡滤料，复合滤料，覆膜滤料）、电袋复合除尘、塑烧板除尘
炼钢	电渣冶金	电渣冶金废气	有组织	氟化物	GB 28664	袋式除尘器（采用覆膜滤料）	袋式除尘器（采用覆膜滤料）
炼钢	其他	炼钢无组织废气	无组织	颗粒物	GB 28664	各产尘点配备有效的废气捕集装置，如局部密闭罩、整体密闭罩、大容积密闭罩	

生产单元	生产设施	废气产污环节名称	排放形式	污染物种类	执行标准	可行技术	
						其他排污单位	执行特别排放限值排污单位
轧钢	热处理炉	热处理炉烟气	有组织	颗粒物、二氧化硫、氮氧化物	GB 28665	燃用净化煤气、天然气，并采用低氮燃烧技术	燃用净化煤气、天然气，并采用低氮燃烧技术
	热轧精轧机	精轧机废气	有组织	颗粒物		电袋复合除尘、塑烧板除尘、湿式电除尘	电袋复合除尘、塑烧板除尘、湿式电除尘
	拉矫机、精整机、抛丸机、修磨机、焊接机、其他	拉矫废气、精整废气、抛丸废气、修磨废气、焊接废气、其他	有组织	颗粒物		袋式除尘（采用聚酯、聚丙烯、玻璃纤维、聚四氟乙烯针刺毡滤料，复合滤料，覆膜滤料）、电袋复合除尘	袋式除尘（采用覆膜滤料）
	轧制机组	轧机油雾	有组织	油雾		过滤式净化	过滤式净化
	废酸再生	废酸再生废气	有组织	颗粒物、氯化氢、氟化物		湿法喷淋净化	湿法喷淋净化
				硝酸雾		湿法喷淋净化+SCR 净化	湿法喷淋净化+SCR 净化
	酸洗机组	酸洗废气	有组织	氯化氢、硫酸雾、氟化物		湿法喷淋净化	湿法喷淋净化
				硝酸雾		湿法喷淋净化+SCR 净化	湿法喷淋净化+SCR 净化
	涂镀层机组	涂镀废气	有组织	铬酸雾		湿法喷淋净化	湿法喷淋净化
	脱脂机组	脱脂废气	有组织	碱雾		湿法喷淋净化	湿法喷淋净化
	涂层机组	彩涂废气	有组织	苯、甲苯、二甲苯、非甲烷总烃		高温焚烧技术、催化焚烧净化技术、活性炭（焦）吸附法	高温焚烧技术、催化焚烧净化技术、活性炭（焦）吸附法
	其他	轧钢无组织废气	无组织	颗粒物、硫酸雾、氯化氢、硝酸雾、苯、甲苯、二甲苯、非甲烷总烃		各废气产生点配备有效的废气捕集装置，如局部密闭罩、整体密闭罩、大容积密闭罩	
公用单元	燃煤锅炉	燃烧废气	有组织	颗粒物	GB 13271	袋式除尘（采用聚酯、聚丙烯、玻璃纤维、聚四氟乙烯机织布或针刺毡滤料，复合滤料，覆膜滤料）、电袋复合除尘	袋式除尘（采用聚酯、聚丙烯、玻璃纤维、聚四氟乙烯机织布或针刺毡滤料，复合滤料，覆膜滤料）、电袋复合除尘
				二氧化硫		石灰石/石灰-石膏法、氨法、氧化镁法、喷雾干燥法、循环流化床法	石灰石/石灰-石膏法、氨法、氧化镁法、喷雾干燥法、循环流化床法
				氮氧化物		选择性非催化还原法、选择性催化还原法、低氮燃烧+选择性非催化还原法、低氮燃烧+选择性催化还原法、脱硫脱硝一体化	选择性非催化还原法、选择性催化还原法、低氮燃烧+选择性非催化还原法、低氮燃烧+选择性催化还原法、脱硫脱硝一体化
				汞及其化合物、烟气黑度（林格曼黑度，级）		—	—
	燃油锅炉	燃烧废气	有组织	颗粒物		燃用合格燃油、低氮燃烧	燃用合格燃油、低氮燃烧
				二氧化硫、氮氧化物、烟气黑度（林格曼黑度，级）		燃用净化煤气、天然气、低氮燃烧	燃用净化煤气、天然气、低氮燃烧

表7　钢铁工业排污单位废水可行技术参照表

废水类别	污染物排放监控位置	污染物种类	排放去向	执行标准	可行技术	
					其他排污单位	执行特别排放限值排污单位
脱硫废水	排污单位废水总排放口	pH、SS、COD、石油类	不外排；排至厂内综合污水处理站	—	絮凝沉淀	
	车间或生产设施废水排放口	总砷、总铅		GB 13456 车间排放限值		
炼铁高炉煤气湿法净化系统废水	排污单位废水总排放口	pH、SS、COD、氨氮、总氮、石油类、挥发酚、总氰化物、总锌	不外排；排至厂内综合污水处理站	—	沉淀后循环利用	
	车间或生产设施废水排放口	总铅		GB 13456 车间排放限值		
炼铁高炉冲渣废水	排污单位废水总排放口	pH、SS、COD、氨氮、总氮、石油类、挥发酚、总氰化物、总锌	不外排	—		
		总铅		GB 13456 车间排放限值		
炼钢转炉煤气净化回收系统废水	排污单位废水总排放口	pH、SS、COD、石油类、氟化物、氨氮、总氮	不外排	—	沉淀后循环利用	
炼钢连铸废水	排污单位废水总排放口	pH、SS、COD、石油类、氟化物、氨氮、总氮	排至厂内综合污水处理站	—	除油+沉淀+过滤	
热轧直接冷却废水	排污单位废水总排放口	pH、SS、COD、氨氮、总氮、总磷、石油类、总氰化物、氟化物、总铁、总锌、总铜	不外排；排至厂内综合污水处理站	—	除油+沉淀+过滤、稀土磁盘	
			直接进入海域；直接进入江河、湖、库等水环境；进入城市下水道（再入江河、湖、库）；进入城市下水道（再入沿海海域）	GB 13456 直接排放限值	除油+沉淀+过滤、稀土磁盘	—
			进入城市污水处理厂；进入其他单位；工业废水集中处理设施	GB 13456 间接排放限值		
	车间或生产设施废水排放口	总砷、六价铬、总铬、总镍、总镉、总汞	排至厂内综合污水处理站	GB 13456 车间排放限值	—	
冷轧酸洗、碱洗废水	排污单位废水总排放口	pH、SS、COD、氨氮、总氮、总磷、石油类、总氰化物、氟化物、总铁、总锌、总铜	排至厂内综合污水处理站	—	中和+曝气+絮凝沉淀	
			直接进入海域；直接进入江河、湖、库等水环境；进入城市下水道（再入江河、湖、库）；进入城市下水道（再入沿海海域）	GB 13456 直接排放限值	—	
			进入城市污水处理厂；进入其他单位；工业废水集中处理设施	GB 13456 间接排放限值	中和+曝气+絮凝沉淀	
	车间或生产设施废水排放口	总砷、六价铬、总铬、总镍、总镉、总汞	排至厂内综合污水处理站	GB 13456 车间排放限值	—	
冷轧含油、乳化液废水	排污单位废水总排放口	pH、SS、COD、氨氮、总氮、总磷、石油类、总氰化物、氟化物、总铁、总锌、总铜	排至厂内综合污水处理站	—	超滤+曝气（或生化）+沉淀（或过滤）	
			直接进入海域；直接进入江河、湖、库等水环境；进入城市下水道（再入江河、湖、库）；进入城市下水道（再入沿海海域）	GB 13456 直接排放限值	超滤+曝气（或生化）+沉淀（或过滤）	—
			进入城市污水处理厂；进入其他单位；工业废水集中处理设施	GB 13456 间接排放限值	超滤+曝气（或生化）+沉淀（或过滤）	
	车间或生产设施废水排放口	总砷、六价铬、总铬、总镍、总镉、总汞	排至厂内综合污水处理站	GB 13456 车间排放限值	—	

<table>
<tr><th rowspan="2">废水类别</th><th rowspan="2">污染物排放监控位置</th><th rowspan="2">污染物种类</th><th rowspan="2">排放去向</th><th rowspan="2">执行标准</th><th colspan="2">可行技术</th></tr>
<tr><th>其他排污单位</th><th>执行特别排放限值排污单位</th></tr>
<tr><td rowspan="4">冷轧含铬废水</td><td rowspan="3">排污单位废水总排放口</td><td rowspan="3">pH、SS、COD、氨氮、总氮、总磷、石油类、总氰化物、氟化物、总铁、总锌、总铜</td><td>排至厂内综合污水处理站</td><td>—</td><td colspan="2">化学还原沉淀+絮凝沉淀</td></tr>
<tr><td>直接进入海域；直接进入江河、湖、库等水环境；进入城市下水道（再入江河、湖、库）；进入城市下水道（再入沿海海域）</td><td>GB 13456 直接排放限值</td><td colspan="2">—</td></tr>
<tr><td>进入城市污水处理厂；进入其他单位；工业废水集中处理设施。</td><td>GB 13456 间接排放限值</td><td colspan="2">化学还原沉淀+絮凝沉淀</td></tr>
<tr><td>车间或生产设施废水排放口</td><td>总砷、六价铬、总铬、总镍、总镉、总汞</td><td>排至厂内综合污水处理站</td><td>GB 13456 车间排放限值</td><td colspan="2">化学还原沉淀+絮凝沉淀</td></tr>
<tr><td rowspan="2">全厂综合污水处理厂废水</td><td rowspan="2">排污单位废水总排放口</td><td>pH、SS、COD、氨氮、总氮、总磷、石油类、挥发酚、总氰化物、氟化物、总铁、总锌、总铜</td><td>直接进入海域；直接进入江河、湖、库等水环境；进入城市下水道（再入江河、湖、库）；进入城市下水道（再入沿海海域）</td><td>GB 13456 直接排放限值</td><td colspan="2" rowspan="2">预处理：混凝、沉淀、除油
深度处理：澄清、过滤、超滤、反渗透、离子交换</td></tr>
<tr><td>pH、SS、COD、氨氮、总氮、总磷、石油类、挥发酚、总氰化物、氟化物、总铁、总锌、总铜</td><td>进入城市污水处理厂；进入其他单位；工业废水集中处理设施</td><td>GB 13456 间接排放限值</td></tr>
</table>

6.4　运行管理要求

钢铁工业排污单位应当按照相关法律法规、标准和技术规范等要求运行大气及水污染防治设施，并进行维护和管理，保证设施正常运行。钢铁工业排污单位新增废气污染源不得设置烟气旁路通道。对于特殊时段，钢铁工业排污单位应满足《重污染天气应急预案》、各地人民政府制定的冬防措施等文件规定的污染防治要求。

7　自行监测管理要求

7.1　一般原则

钢铁工业排污单位在申请排污许可证时，应当按照本标准确定产排污节点、排放口、污染因子及许可限值的要求，制定自行监测方案并在《排污许可证申请表》中明确。《排污单位自行监测技术指南　钢铁工业》发布后，自行监测方案的制定从其要求。热水锅炉和65 t/h及以下蒸汽锅炉按照HJ 820制定自行监测方案。

有核发权的地方环境保护主管部门可根据环境质量改善需求，增加钢铁工业排污单位自行监测管理要求。2015年1月1日（含）后取得环境影响评价批复的排污单位，其环境影响评价文件有其他管理要求的，应当同步完善自行监测管理要求。

7.2　自行监测方案

自行监测方案中应明确排污单位的基本情况、监测点位及示意图、监测指标、执行排放标准及其限值、监测频次、采样和样品保存方法、监测分析方法和仪器、质量保证与质量控制、自行监测信息公开等。对于采用自动监测的排污单位应当如实填报采用自动监测的污染物指标、自动监测系统联网情况、自动监测系统的运行维护情况等；对于未采用自动监测的污染物指标，排污单位应当填报开展手工监测的污染物排放口和监测点位、监测方法、监测频率。

7.3　自行监测要求

7.3.1　一般原则

排污单位可自行或委托第三方监测机构开展监测工作，并安排专人专职对监测数据进行记录、整理、统计和分析。排污单位对监测结果的真实性、准确性、完整性负责。手工监测时生产负荷应不低于本次监测与上一次监测周期内的平均生产负荷。

7.3.2 监测内容

自行监测污染源和污染物应包括排放标准中涉及的各项废气、废水污染源和污染物。钢铁工业排污单位应当开展自行监测的污染源包括产生有组织废气、无组织废气、生产废水、生活污水、雨水的全部污染源；污染物包括钢铁工业排放标准中涉及的全部因子。

7.3.3 监测点位

明确排污单位开展自行监测的外排口监测点位、内部监测点位、无组织排放监测点位、周边环境质量影响监测点位等。

7.3.3.1 废气外排口

点位设置应符合 HJ/T 75、HJ/T 397 等要求。净烟气直接排放的，应在净烟气烟道上设置监测点位；净烟气与原烟气混合排放的，应在排气筒，或烟气汇合后的混合烟道上设置监测点位。钢铁工业排污单位应自行或委托第三方监测机构在全面测试烟气流速、污染物浓度分布基础上确定最具代表性的监测点位。

7.3.3.2 废水外排口

按照排放标准规定的监控位置设置废水监测点位。废水排放量大于 100 t/d 的，应安装自动测流设施并开展流量自动监测。

排放标准规定的监控位置为车间或生产设施废水排放口、废水总排放口，在相应的废水排放口采样。废水直接排放的，在排污单位的排污口采样；废水间接排放的，在排污单位的污水处理设施排放口后、进入公共污水处理系统前的排污单位用地红线边界的位置采样。单独排入城镇集中污水处理设施的生活污水不需监测，对于单独排入海域、江河、湖、库等水环境的生活污水应按照 HJ/T 91 要求执行。

选取全厂雨水排口开展监测。对于有多个雨水排口的排污单位，应对全部雨水排口开展监测。雨水监测点位设在厂内雨水排放口后、排污单位用地红线边界位置。在确保雨水排口有流量的前提下，应在雨后 15 min 内进行采样；对于雨水口没有流量的前提下，可考虑在厂内雨水收集池内进行采样。

7.3.3.3 无组织排放

存在废气无组织排放源的，应设置无组织排放监测点位，具体要求按 GB 28662、GB 28663、GB 28664、GB 28665 及 HJ/T 55 执行。钢铁工业排污单位无组织排放监控位置包括厂界，烧结（球团）、炼铁、炼钢、轧钢车间周边等。

7.3.3.4 内部监测点位

当排放标准中有污染物去除效率要求时，应在进入相应污染物处理设施单元的进口设置监测点位。

当环境管理有要求，或排污单位认为有必要更好地说清楚自身污染治理及排放状况的，可以在排污单位内部设置监测点，监测污染物浓度或与有毒污染物排放密切相关的关键工艺参数等。

7.3.3.5 周边环境质量影响监测点

对于 2015 年 1 月 1 日（含）后取得环境影响评价批复的排污单位，周边环境质量影响监测点位按照环境影响评价文件的要求设置。

7.4 监测技术手段

自行监测的技术手段包括手工监测和自动监测。

钢铁工业排污单位中烧结机头烟囱、球团焙烧烟囱、锅炉（20 t/h 及以上蒸汽锅炉和 14 MW 及以上热水锅炉）烟囱等主要排放口均应安装颗粒物、二氧化硫、氮氧化物在线自动监控设备。此外，根据《关于加强京津冀高架源污染物自动监控有关问题的通知》（环办环监函〔2016〕1488 号）中的相关内容，京津冀地区及传输通道城市钢铁工业排污单位各排放烟囱超过 45 m 的高架源应安装污染源自动监控设备。鼓励其他排放口及污染物采用自动监测设备监测，无法开展自动监测的，应采用手工监测。

钢铁工业排污单位全厂生产废水排放口化学需氧量和氨氮应采用自动监测设备监测，鼓励其他排放口及污染物采用自动监测设备监测，无法开展自动监测的，应采用手工监测。

7.5　监测频次

采用自动监测的，钢铁工业按照 HJ/T 75 开展自动监测数据的校验比对。按照《污染源自动监控设施运行管理办法》（环发〔2008〕6 号）的要求，自动监测设施不能正常运行期间，应按要求将手工监测数据向环境保护主管部门报送，每天不少于 4 次，间隔不得超过 6 h。

采用手工监测的，监测频次不能低于国家或地方发布的标准、规范性文件、环境影响报告书（表）及其批复等明确规定的监测频次，污水排向敏感水体或接近集中式饮用水水源，废气排向特定的环境空气质量功能区的应适当增加监测频次；排放状况波动大的，应适当增加监测频次；历史稳定达标状况较差的需增加监测频次。

可以参照表 8、表 9 以及表 10 确定自行监测频次。《排污单位自行监测技术指南　钢铁工业》颁布实施后，从其规定。对于表 8 中未涉及的其他排放口，有明确排放标准的，应当按照填报的产排污节点明确废气污染物监测指标及频次，监测频次原则上不得低于 1 次/2 年。地方环境保护主管部门可根据环境质量改善需求，制定更严格的监测频次要求。

表 8　废气污染物最低监测频次

生产单元	监测点位	监测指标	最低监测频次
原料系统	供卸料设施、转运站、其他设施排气筒	颗粒物	2 年
烧结	配料设施、整粒筛分设施排气筒	颗粒物	季度
	烧结机机头排气筒	颗粒物、氮氧化物、二氧化硫	自动监测
		氟化物	季度
		二噁英类	1 年
	烧结机机尾排气筒	颗粒物	自动监测
	破碎设施、冷却设施及其他设施排气筒	颗粒物	1 年
球团	配料设施排气筒	颗粒物	季度
	焙烧设施排气筒	颗粒物、氮氧化物、二氧化硫	自动监测
		氟化物	季度
	筛分设施、干燥设施及其他设施排气筒	颗粒物	1 年
炼铁	矿槽排气筒	颗粒物	自动监测
	出铁场排气筒	颗粒物、二氧化硫[a]	自动监测
	热风炉排气筒	颗粒物、二氧化硫、氮氧化物	季度
	原料系统、煤粉系统及其他设施排气筒	颗粒物	1 年
炼钢	转炉二次烟气排气筒	颗粒物	自动监测
	转炉三次烟气排气筒	颗粒物	季度
	电炉烟气排气筒	颗粒物	自动监测
		二噁英类	1 年
	石灰窑、白云石窑焙烧排气筒	颗粒物、二氧化硫[a]、氮氧化物[a]	季度
	铁水预处理（包括倒罐、扒渣等）、精炼炉、钢渣处理设施排气筒	颗粒物	1 年
	转炉一次烟气、连铸切割及火焰清理及其他设施排气筒	颗粒物	2 年
	电渣冶金排气筒	氟化物	半年
轧钢	热处理炉排气筒	颗粒物、二氧化硫、氮氧化物	季度（自动监测）[b]
	热轧精轧机排气筒	颗粒物	1 年
	拉矫机、精整机、抛丸机、修磨机、焊接机及其他设施排气筒	颗粒物	2 年
	轧制机组排气筒	油雾[c]	半年
	废酸再生排气筒	颗粒物、氯化氢、硝酸雾、氟化物	半年
	酸洗机组排气筒	氯化氢、硫酸雾、硝酸雾、氟化物	半年
	涂镀层机组排气筒	铬酸雾	半年
	脱脂机组排气筒	碱雾[c]	半年
	涂层机组排气筒	苯、甲苯、二甲苯、非甲烷总烃	半年

注：有组织废气监测要同步监测烟气参数。

[a] 可以选测。

[b] 括号内为燃用发生炉煤气的热处理炉排气筒的最低监测频次。

[c] 待国家污染物监测方法标准发布后实施，未发布前可以选测。

表 9 废水污染物最低监测频次

监测点位	监测指标[a]	最低监测频次				
		钢铁非联合排污单位				钢铁联合排污单位
		烧结（球团）	炼铁	炼钢	轧钢	
排污单位废水总排口	流量	自动监测	自动监测	自动监测	自动监测	自动监测
	pH	月	月	月	日	自动监测
	悬浮物	月	月	月	周	周
	化学需氧量	月	月	月	日	自动监测
	氨氮	—	月	月	日	自动监测
	总氮	—	月	月	周（日）[b]	周（日）[b]
	总磷	—	—	—	周（日）[b]	周（日）[b]
	石油类	月	月	月	周	周
	挥发酚	—	季度	—	—	季度
	氰化物	—	季度	—	季度	季度
	氟化物	—	—	季度	季度	季度
	总铁	—	—	—	季度	季度
	总锌	—	季度	—	季度	季度
	总铜	—	—	—	季度	季度
车间或生产设施废水排放口	流量	月	月	—	周（月）[c]	—
	总砷	月	—	—	周（月）[c]	—
	六价铬	—	—	—	周（月）[c]	—
	总铬	—	—	—	周（月）[c]	—
	总铅	月	月	—	—	—
	总镍	—	—	—	周（月）[c]	—
	总镉	—	—	—	周（月）[c]	—
	总汞	—	—	—	周（月）[c]	—

注 1：雨水排口污染物（SS、COD、氨氮、石油类）排放期间每日至少开展一次监测。

注 2：单独排入地表水、海水的生活污水排放口污染物（pH、COD、BOD_5、悬浮物、氨氮、动植物油、总氮、总磷）每月至少开展一次监测。

[a] 含炼焦工序的钢铁联合排污单位废水总排放口，还应对 GB 16171 中的污染因子开展自行监测，钢铁联合排污单位中执行 GB 16171 的生产设施或排放口也应开展自行监测。监测点位、监测指标及最低监测频次按照《炼焦化学工业 排污许可证申请与核发技术规范》规定执行。

[b] 括号内为位于总磷、总氮总量控制区域内的钢铁工业排污单位的最低监测频次。

[c] 括号内为不含冷轧的轧钢车间或生产设施废水排放口的最低监测频次，括号外为含冷轧的轧钢车间或生产设施废水排放口的最低监测频次。

表 10 无组织废气污染物最低监测频次

工序	无组织排放源[a]	监测指标	最低监测频次
烧结（球团）	生产车间	颗粒物	年（季度）[b]
炼铁	生产车间	颗粒物	年（季度）[b]
炼钢	生产车间	颗粒物	年（季度）[b]
轧钢	板坯加热、磨辊作业、钢卷精整、酸再生下料车间	颗粒物	年
	酸洗机组及废酸再生车间	硫酸雾、氯化氢、硝酸雾	年
	涂层机组车间	苯、甲苯、二甲苯、非甲烷总烃	年

注：钢铁工业排污单位厂界无组织废气监测指标为颗粒物，最低监测频次为季度。

[a] 监测点位按照 GB 28662、GB 28663、GB 28664、GB 28665 和 HJ/T 55 规定执行。有地方排放标准要求的，按照地方排放标准执行。

[b] 括号内为无完整厂房车间的最低监测频次。

7.6 采样和测定方法

7.6.1 自动监测

废气自动监测参照 HJ/T 75、HJ/T 76 执行。

废水自动监测参照 HJ/T 353、HJ/T 354、HJ/T 355 执行。

7.6.2 手工采样

有组织废气手工采样方法的选择参照 GB/T 16157、HJ/T 397 执行，单次监测中，气态污染物采样，应获得小时均值浓度。无组织废气手工采样方法参照 GB 28662、GB 28663、GB 28664、GB 28665 和 HJ/T 55 执行。

废水手工采样方法的选择参照 HJ 494、HJ 495 和 HJ/T 91 执行。

7.6.3　测定方法

废气、废水污染物的测定按照相应排放标准中规定的污染物浓度测定方法标准执行，国家或地方法律法规等另有规定的，从其规定。

7.7　数据记录要求

监测期间手工监测的记录和自动监测运维记录按照 HJ 819 执行。

应同步记录监测期间的生产工况。

7.8　监测质量保证与质量控制

按照 HJ 819 要求，排污单位应当根据自行监测方案及开展状况，梳理全过程监测质控要求，建立自行监测质量保证与质量控制体系。

7.9　自行监测信息公开

排污单位应按照 HJ 819 要求进行自行监测信息公开。

8　环境管理台账与排污许可证执行报告编制要求

8.1　环境管理台账记录要求

8.1.1　记录内容及频次

8.1.1.1　一般原则

钢铁工业排污单位应建立环境管理台账制度，设置专职人员进行台账的记录、整理、维护和管理，并对台账记录结果的真实性、准确性、完整性负责。台账应真实记录生产设施运行管理信息、原辅料及燃料采购信息、污染治理设施运行管理信息、非正常工况及污染治理设施异常情况记录信息、监测记录信息、其他环境管理信息。排污单位可根据实际情况自行制定记录内容格式。独立轧钢排污单位中，除年产 50 万 t 及以上冷轧外，其余可简化环境管理台账记录内容，仅记录生产设施运行管理信息、污染治理设施运行管理信息、监测记录信息、其他环境管理信息。

8.1.1.2　生产设施运行管理信息

钢铁工业排污单位应定期记录生产运行状况并留档保存，应按班次至少记录以下内容：

正常工况各生产单元主要生产设施的累计生产时间、生产负荷、主要产品产量、原辅料及燃料使用情况等数据。

生产负荷指记录时间内实际产量除以同一时间内设计产能。记录时间内的设计产能按排污许可证载明的年产能及年运行时间进行折算。

产品产量指各生产单元产品产量（如烧结矿、球团矿、铁水、粗钢、钢材等产量）。

原辅料、燃料使用情况指种类、名称、用量、有毒有害元素成分及占比。

记录内容参见附录 A 中表 A.1。

8.1.1.3　原辅料、燃料采购信息

钢铁工业排污单位应按批次记录原辅料采购情况信息，记录内容参见附录 A 中表 A.2。

钢铁工业排污单位燃料采购信息应按照“固态燃料及罐装燃料”“液态燃料”以及“气态燃料”分别记录，其中“固态燃料及罐装燃料”与“液态燃料”应按批次填写燃料采购情况信息，“气态燃料”应按月记录燃料采购情况，记录内容参见附录 A 中表 A.3。

8.1.1.4　污染治理设施运行管理信息

钢铁工业排污单位污染治理设施运行管理信息应按照有组织主要排放口污染治理设施、有组织一般排放口污染治理设施、无组织废气控制措施以及废水污染治理设施这四种类型分别进行运行管理信息的记录。

a）有组织主要排放口

有组织主要排放口污染治理设施运行管理应保留自动监测系统彩色曲线图，注明生产线编号及各条曲线含义，相同参数使用同一颜色。根据参数的变化区间合理设定参数量程，每台设备或生产线核算期同一参数量程保持不变。对曲线图中的不同参数进行合理布局，避免重叠。各自动监测系统记录曲线应至少包括以下内容：

脱硫曲线应包括生产设施负荷、烟气量、氧含量、原烟气二氧化硫浓度、净烟气二氧化硫浓度、出口烟气温度等信息。

脱硝曲线应包括生产设施负荷、烟气量、氧含量、原烟气氮氧化物浓度、净烟气氮氧化物浓度、出口烟气温度等信息。

除尘曲线应包括生产设施负荷、烟气量、氧含量、净烟气颗粒物浓度、出口烟气温度等信息。

b）有组织一般排放口

有组织一般排放口污染治理设施运行管理信息应按各生产单元分别记录所在生产单元名称、该生产单元全部一般排放口治理设施数量、污染治理设施名称及编号，并按班次开展点检工作，记录治理设施是否正常运转。企业应自行制定点检方案，确保方案能够真实反映企业一般排放口污染治理设施是否正常运转，本规范不再规定企业具体点检方法。记录内容可参见附录 A 中表 A.4。

c）无组织废气

无组织废气控制措施运行参数应记录污染控制措施名称及工艺、对应生产设施名称及编号、污染因子、控制措施规格参数，并按班次记录控制措施运行参数，运行参数应包含：堆高、洒水次数、抑尘剂种类、车轮清洗（扫）方式、检查密闭情况、是否出现破损等。记录内容可参见附录 A 中表 A.5。

d）废水

废水治理设施运行管理信息应记录污染治理设施名称及工艺、污染治理设施编号、废水类别、治理设施规格参数，并按班次记录污染治理设施运行参数，运行参数包括累计运行时间、废水累计流量、污泥产生量、药剂投加种类及投加量。其中，全厂综合污水治理设施运行参数还应按班次记录实际进水水质与实际出水水质，其中实际进水水质按班次记录 pH、化学需氧量、氨氮，实际出水水质按小时记录流量、pH、化学需氧量、氨氮。记录内容可参见附录 A 中表 A.6。

8.1.1.5 非正常工况及污染治理设施异常情况记录信息

非正常工况及污染治理设施异常信息按工况期记录，每工况期记录 1 次，内容应记录非正常（异常）起始时刻、非正常（异常）恢复时刻、事件原因、是否报告、应对措施，并按生产设施与污染治理设施填写具体情况：生产设施应记录设施名称、编号、产品产量、原辅料消耗量、燃料消耗量等；污染治理设施应记录设施名称及工艺、编号、污染因子、排放浓度、排放量等信息。记录内容参见附录 A 中表 A.7。

8.1.1.6 监测记录信息

a）有组织废气

有组织废气污染物排放情况手工监测信息应记录采样日期、样品数量、采样方法、采样人姓名等采样信息，并记录排放口编码、工况烟气量、排口温度、污染因子、许可排放浓度限值、监测浓度、测定方法以及是否超标等信息。若监测结果超标，应说明超标原因。记录内容参见附录 A 中表 A.8。

b）无组织废气

无组织废气污染物排放情况手工监测应记录采样日期、无组织采样点位数量、各点位样品数量、采样方法、采样人姓名等采样信息，并记录无组织排放编码、污染因子、采样点位、各采样点监测浓度及车间浓度最大值、许可排放浓度限值、测定方法、是否超标。若监测结果超标，应说明超标原因。记录内容参见附录 A 中表 A.9。

c）废水污染物排放情况手工监测记录信息应记录采样日期、样品数量、采样方法、采样人姓名等采样信息，并记录排放口编码、废水类型、水温、出口流量、污染因子、出口浓度、许可排放浓度限值、测定方法以及是否超标。若监测结果超标，应说明超标原因。记录内容参见附录 A 中表 A.10。

d）自动监测运维记录

包括自动监测系统运行状况、系统辅助设备运行状况、系统校准、校验工作等；仪器说明书及相关标准规范中规定的其他检查项目等。

8.1.1.7 其他环境管理信息

钢铁排污单位应记录重污染天气应对期间和冬防期间等特殊时段管理要求、执行情况（包括特殊时段生产设施和污染治理设施运行管理信息）等。重污染天气应对期间等特殊时段的台账记录要求与正常生产记录频次要求一致，涉及特殊时段停产的排污单位或生产工序，该期间应每天进行 1 次记录，地方环境保护主管部门有特殊要求的，从其规定。

钢铁排污单位还应根据环境管理要求和排污单位自行监测记录内容需求，进行增补记录。

8.1.2 记录形式及保存

台账应当按照电子化储存或纸质储存形式管理。

a）纸质存储：纸质台账应存放于保护袋、卷夹或保护盒中，专人保存于专门的档案保存地点，并由相关人员签字。档案保存应采取防光、防热、防潮、防细菌及防污染等措施。纸制类档案如有破损应随时修补。档案保存时间原则上不低于 3 年。

b）电子存储：电子台账保存于专门的存储设备中，并保留备份数据。设备由专人负责管理，定期进行维护。根据地方环境保护主管部门管理要求定期上传，纸版排污单位留存备查。档案保存时间原则上不低于 3 年。

8.2 排污许可证执行报告编制要求

8.2.1 执行报告分类及频次

8.2.1.1 报告分类

排污许可证执行报告按报告周期分为年度执行报告、半年执行报告、季度执行报告和月度执行报告。

持有排污许可证的钢铁排污单位，均应按照本标准规定提交年度执行报告与季度执行报告。为满足其他环境管理要求，地方环境保护主管部门有更高要求的，排污单位还应根据其规定，提交半年报告或月度执行报告。排污单位应在全国排污许可证管理信息平台上填报并提交执行报告，同时向有排污许可证核发权限的环境保护主管部门提交通过平台印制的书面执行报告。

8.2.1.2 上报频次

a）年度执行报告上报频次

钢铁工业排污单位应至少每年上报一次排污许可证年度执行报告，于次年 1 月底前提交至排污许可证核发机关。对于持证时间不足 3 个月的，当年可不上报年度执行报告，排污许可证执行情况纳入下一年度执行报告。

b）半年执行报告上报频次

排污单位每半年上报一次排污许可证半年执行报告，上半年执行报告周期为当年 1 月至 6 月，于每年 7 月底前提交至排污许可证核发机关，提交年度执行报告时可免报下半年执行报告。对于持证时间不足 3 个月的，该报告周期内可不上报半年执行报告，纳入下一次半年/年度执行报告。

c）月度/季度执行报告上报频次

排污单位每月度/季度上报一次排污许可证月度/季度执行报告，于下一周期首月 15 日前提交至排污许可证核发机关，提交季度执行报告、半年执行报告或年度执行报告时，可免报当月月度执行报告。对于持证时间不足 10 天的，该报告周期内可不上报月度执行报告，排污许可证执行情况纳入下一月度执行报告。对于持证时间不足 1 个月的，该报告周期内可不上报季度执行报告，排污许可证执行情况纳入下一季度执行报告。

8.2.2 年度执行报告编制规范

钢铁工业排污单位应根据环境管理台账记录等信息归纳总结报告期内排污许可证执行情况，按照执行报告提纲编写年度执行报告，保证执行报告的规范性和真实性，按时提交至发证机关。年度执行报告编制内容包括以下 13 部分，各部分详细内容应按附录 B 进行编制：

a）基本生产信息；

b）遵守法律法规情况；

c）污染防治设施运行情况；

d）自行监测情况；

e）台账管理情况；

f）实际排放情况及合规判定分析；

g）排污费（环境保护税）缴纳情况；

h）信息公开情况；

i）排污单位内部环境管理体系建设与运行情况；

j）其他排污许可证规定的内容执行情况；

k）其他需要说明的问题；

l）结论；

m）附图、附件要求。

独立轧钢排污单位中，除年产 50 万 t 及以上冷轧外，其余单位报告内容应至少包括 a）～g）部分，依据各部分内容要求，按排污单位实际情况编制执行报告。

8.2.3 半年、月/季度执行报告编制规范

钢铁排污单位半年执行报告应至少包括 8.2.2 中年度执行报告 a）、c）、d）、f）部分。

月/季度执行报告应至少包括 8.2.2 中年度执行报告 f）及 c）中超标排放或污染防治设施异常的情况说明。

9 实际排放量核算方法

9.1 废气

9.1.1 有组织排放污染物实际排放量

钢铁工业排污单位应按式（12）核算钢铁工业排污单位有组织排放颗粒物、二氧化硫、氮氧化物实际排放量：

$$E_{有组织排放}=E_{主要排放口}+E_{一般排放口} \tag{12}$$

9.1.1.1 主要排放口

钢铁工业排污单位主要排放口废气污染物实际排放量的核算方法采用实测法，特殊情形下采用物料衡算法和产排污系数法。

自动监测实测法是指根据符合监测规范的有效自动监测污染物的小时平均排放浓度、平均烟气量、运行时间核算污染物年排放量，核算方法见式（13）与式（14）。

$$M_{j主要排放口}=\sum_{i=1}^{n}(\rho_i\times q_i\times10^{-9}) \tag{13}$$

$$E_{主要排放口}=\sum_{j=1}^{m}(M_{j主要排放口}) \tag{14}$$

式中：$M_{j主要排放口}$——核算时段内第 j 个主要排放口污染物的实际排放量，t；

ρ_i——第 j 个主要排放口污染物在第 i 小时的实测平均排放质量浓度（标态），mg/m^3；

q_i——第 j 个主要排放口在第 i 小时的标准状态下排气量（标态），m^3/h；

n——核算时段内的污染物排放时间，h；

m——主要排放品数量；

$E_{主要排放口}$——核算时段内主要排放口污染物的实际排放量，t。

要求采用自动监测的排放口或污染因子而未采用的，采用物料衡算法核算二氧化硫排放量，根据原辅燃料消耗量、含硫率，按直排进行核算；采用产排污系数法核算颗粒物、氮氧化物排放量，根据单位产品污染物的产生量，按直排进行核算。

对于因自动监控设施发生故障以及其他情况导致数据缺失的按照 HJ/T 75 进行补遗。缺失时段超过25%的，自动监测数据不能作为核算实际排放量的依据，实际排放量按照"要求采用自动监测的排放口或污染因子而未采用"的相关规定进行核算。

排污单位提供充分证据证明在线数据缺失、数据异常等不是排污单位责任的，可按照排污单位提供的手工监测数据等核算实际排放量，或者按照上一个半年申报期间的稳定运行期间自动监测数据的小时浓度均值和半年平均烟气量，核算数据缺失时段的实际排放量。

9.1.1.2　一般排放口

a）颗粒物

一般排放口颗粒物实际排放量采用产排污系数法核算，根据不同措施下的单位产品颗粒物排放量和实际产品产量计算，详见表 11。

表 11　钢铁工业不同污染控制措施下的颗粒物排污系数

生产单元	控制措施要求	一般排放口排污系数	无组织排污系数
原料系统	污染控制措施满足或整体优于以下措施要求： a）原料全部采用封闭料仓、料棚、料库储存； b）料场地面全部硬化，原料场出口配备车轮和车身清洗装置； c）大宗物料及煤、焦粉等燃料采用封闭式皮带运输，需用车辆运输的粉料，采取密闭措施； d）原燃料转运卸料点设置密闭罩，并配备高效袋式除尘器； e）除尘灰采用真空罐车、气力输送方式运输	0.016 kg/t 原料	0.024 3 kg/t 原料
	污染控制措施整体优于下述措施，但劣于上述措施	0.028 kg/t 原料	0.112 0 kg/t 原料
	污染控制措施满足以下措施要求： a）原料场四周安装防风抑尘网； b）料场地面全部硬化，原料场出口配备车轮清洗（扫）装置； c）大宗物料及煤、焦粉等燃料采用封闭式皮带运输，需用车辆运输的粉料，采取密闭措施； d）原燃料转运卸料点设置集气罩，并配备普通袋式除尘器； e）除尘灰加湿转运，并对运输车辆进行苫盖	0.040 kg/t 原料	0.200 0 kg/t 原料
	污染控制措施整体劣于上述措施	0.080 kg/t 原料	0.270 0 kg/t 原料
烧结	污染控制措施满足或整体优于以下措施要求： a）原料和燃料破碎、混合、筛分实现封闭，并配备密闭罩和高效袋式除尘器； b）机尾配备大容积密闭罩和高效袋式除尘器； c）烧结矿冷却机受料点、卸料点设置密闭罩，并配备高效袋式除尘器； d）成品筛分、转运点、成品矿槽受料点和卸料点设置密闭罩，并配备高效袋式除尘器； e）除尘灰采用真空罐车、气力输送方式运输	0.070 kg/t 烧结矿	0.015 5 kg/t 烧结矿
	污染控制措施整体优于下述措施，但劣于上述措施	0.088 kg/t 烧结矿	0.147 8 kg/t 烧结矿
	污染控制措施满足以下措施要求： a）原料和燃料破碎、混合、筛分实现封闭，并配备密闭罩和普通袋式除尘器； b）机尾配备密闭罩和普通袋式除尘器； c）烧结矿冷却机受料点、卸料点设置密闭罩，并配备普通袋式除尘器； d）成品筛分、转运点、成品矿槽受料点和卸料点设置密闭罩，并配备普通袋式除尘器； e）除尘灰加湿转运，并对运输车辆进行苫盖	0.105 kg/t 烧结矿	0.280 0 kg/t 烧结矿
	污染控制措施整体劣于上述措施	0.175 kg/t 烧结矿	0.558 0 kg/t 烧结矿

生产单元	控制措施要求	一般排放口排污系数	无组织排污系数
球团	污染控制措施满足或整体优于以下措施要求： a）原料混合实现封闭，并配备密闭罩和高效袋式除尘器； b）球团矿冷却机受料点、卸料点设置密闭罩，并配备高效袋式除尘器； c）成品筛分、转运点、成品矿槽受料点和卸料点设置密闭罩，并配备高效袋式除尘器； d）除尘灰采用真空罐车、气力输送方式运输	0.046 kg/t 球团矿	0.013 0 kg/t 球团矿
	污染控制措施整体优于下述措施，但劣于上述措施	0.058 kg/t 球团矿	0.307 0 kg/t 球团矿
	污染控制措施满足以下措施要求： a）原料混合实现封闭，并配备密闭罩和普通袋式除尘器； b）球团矿冷却机受料点、卸料点设置密闭罩，并配备普通袋式除尘器； c）成品筛分、转运点、成品矿槽受料点和卸料点设置密闭罩，并配备普通袋式除尘器； d）除尘灰加湿转运，并对运输车辆进行苫盖	0.069 kg/t 球团矿	0.600 0 kg/t 球团矿
	污染控制措施整体劣于上述措施	0.115 kg/t 球团矿	0.800 0 kg/t 球团矿
炼铁	污染控制措施满足或整体优于以下措施要求： a）烧结矿、球团矿、焦炭等原燃料不落地，对于需要临时贮存的，应设置封闭料场（仓、棚、库）； b）烧结矿、球团矿、焦炭、煤等大宗物料采用封闭式皮带运输，需用车辆运输的粉料，采取密闭措施； c）矿槽上移动卸料车采用移动风口通风槽、槽下振动给料器、振动筛、称量斗、运输机转运点等工位设置密闭罩，并配备高效袋式除尘器； d）高炉炉顶设置上料除尘系统； e）高炉出铁平台封闭；铁沟、渣沟、流嘴（或罐位）等产尘点加盖封闭，设置集气罩并配备高效袋式除尘器；高炉出铁口、铁水罐设置集气罩，并配备高效袋式除尘器； f）铸铁机浇注工位、铁水流槽上部设置集气罩，并配备高效袋式除尘器； g）带式输送机受料点设置双层密闭罩，并配备高效袋式除尘器； h）除尘灰采用真空罐车、气力输送方式运输	0.026 kg/t 铁水	0.015 9 kg/t 铁水
	污染控制措施整体优于下述措施，但劣于上述措施	0.034 kg/t 铁水	0.156 0 kg/t 铁水
	污染控制措施满足以下措施要求： a）烧结矿、球团矿、焦炭等原燃料不落地，对于需要临时贮存的，应设置封闭料场（仓、棚、库）； b）烧结矿、球团矿、焦炭、煤等大宗物料采用封闭式皮带运输，需用车辆运输的粉料，采取密闭措施； c）矿槽上移动卸料车采用移动风口通风槽、槽下振动给料器、振动筛、称量斗、运输机转运点等工位设置密闭罩，并配备普通袋式除尘器； d）高炉炉顶设置上料除尘系统； e）高炉出铁平台半封闭；铁沟、渣沟、流嘴（或罐位）等产尘点加盖封闭，设置集气罩并配备普通袋式除尘器；高炉出铁口、铁水罐设置集气罩，并配备普通袋式除尘器； f）铸铁机浇注工位、铁水流槽上部设置集气罩，并配备普通袋式除尘器； g）除尘灰加湿转运，并对运输车辆进行苫盖	0.041 kg/t 铁水	0.295 1 kg/t 铁水
	污染控制措施整体劣于上述措施	0.095 kg/t 铁水	0.820 0 kg/t 铁水
炼钢	炼钢单元污染控制措施满足或整体优于以下措施要求： a）散状料采用封闭料场（仓、棚、库），散状料转运卸料点设置密闭罩，并配备高效袋式除尘器； b）炼钢车间无可见烟尘外逸； c）混铁炉、脱硫、倒罐、扒渣等铁水预处理点位设置集气罩，并配备高效袋式除尘器； d）转炉采取挡火门密闭，设置炉前和炉后集气罩，并配备高效袋式除尘器，且转炉车间应设置屋顶罩，并配备高效袋式除尘器； e）电弧炉在炉内排烟基础上采用密闭罩与屋顶罩相结合的收集方式； f）钢包精炼炉、脱碳炉等精炼装置设置集气罩，并配备高效袋式除尘设施； g）废钢切割在封闭空间内进行，同时设置集气罩，并配备高效袋式除尘器； h）连铸中间包拆包、倾翻过程进行洒水抑尘； i）钢渣堆存和热闷渣过程采取喷淋等抑尘措施； j）除尘灰采用真空罐车、气力输送方式运输。 白灰、白云石焙烧单元污染控制措施满足或整体优于以下措施要求： a）石灰、白云石焙烧过程中的原料和成品筛分、配料等工序封闭，并配备高效袋式除尘设施； b）除尘灰采用真空罐车、气力输送方式运输	0.086 kg/t 粗钢 0.15 kg/t 活性石灰或轻烧白云石	0.034 8 kg/t 粗钢
	污染控制措施整体优于下述措施，但劣于上述措施	0.098 kg/t 粗钢 0.15 kg/t 活性石灰或轻烧白云石	0.070 0 kg/t 粗钢

生产单元	控制措施要求	一般排放口排污系数	无组织排污系数
炼钢	炼钢单元污染控制措施满足以下措施要求： a）散状料采用封闭料场（仓、棚、库），散状料转运卸料点设置密闭罩，并配备普通袋式除尘器； b）炼钢车间无可见烟尘外逸； c）混铁炉、脱硫、倒罐、扒渣等铁水预处理点位设置集气罩，并配备普通袋式除尘器； d）转炉采取挡火门密闭，设置炉前和炉后集气罩，并配备普通袋式除尘器； e）电弧炉在炉内排烟基础上采用密闭罩与屋顶罩相结合的收集方式； f）钢包精炼炉、脱碳炉等精炼装置设置集气罩，并配备普通袋式除尘设施； g）废钢切割在封闭空间内进行； h）连铸中间包拆包、倾翻过程进行洒水抑尘； i）钢渣堆存和热闷渣过程采取喷淋等抑尘措施； j）除尘灰加湿转运，并对运输车辆进行苫盖。 白灰、白云石焙烧单元污染控制措施满足以下措施要求： a）石灰、白云石焙烧过程中的原料和成品筛分、配料等工序封闭，并配备普通袋式除尘设施； b）除尘灰加湿转运，并对运输车辆进行苫盖	0.109 kg/t 粗钢 0.15 kg/t 活性石灰或轻烧白云石	0.104 4 kg/t 粗钢
	污染控制措施整体劣于上述措施	0.265 kg/t 粗钢 0.25 kg/t 活性石灰或轻烧白云石	0.567 5 kg/t 粗钢
轧钢	污染控制措施满足或整体优于以下措施要求： 精轧机、拉矫机、精整机、抛丸机、修磨机、焊接机配备有效的废气捕集装置和高效袋式除尘器	0.019 kg/t 钢材	—
	污染控制措施整体优于下述措施，但劣于上述措施	0.022 kg/t 钢材	—
	污染控制措施满足以下措施要求： 精轧机、拉矫机、精整机、抛丸机、修磨机、焊接机配备有效的废气捕集装置和普通袋式除尘器	0.025 kg/t 钢材	—
	污染控制措施整体劣于上述措施	0.038 kg/t 钢材	—

一般排放口颗粒物实际排放量核算方法见式（15）与式（16）。

$$M_i = R \times G \times 10 \tag{15}$$

$$E_{一般排放口} = \sum_{i=1}^{n} M_i \tag{16}$$

式中：M_i —— 第 i 个生产车间或料场污染物实际排放量，t；

R —— 第 i 个生产车间实际产品产量或料场实际原料年进场总量，万 t；

G —— 第 i 个生产车间或料场一般排放口污染物排污系数，kg/t；

$E_{一般排放口}$ —— 钢铁工业排污单位一般排放口污染物实际排放量，t。

b）二氧化硫和氮氧化物

一般排放口二氧化硫和氮氧化物实际排放量可采用自动监测实测法或手工监测实测法核算。自动监测实测法参见 9.1.1.1。

手工监测实测法是指根据每次手工监测时段内污染物的小时平均排放质量浓度、平均烟气量、核算时段内累计运行时间核算污染物年排放量，核算方法见式（17）与式（18）。排污单位应将手工监测时段内生产负荷与核算时段内的平均生产负荷进行对比，并给出对比结果。监测时段内有多组监测数据时，应加权平均。

$$M_{j一般排放口} = \sum_{i=1}^{n} (\rho_i \times q_i \times 10^{-9} \times T) \tag{17}$$

$$E_{一般排放口} = \sum_{j=1}^{m} (M_{j一般排放口}) \tag{18}$$

式中：$M_{j一般排放口}$ —— 核算时段内第 j 个一般排放口污染物的实际排放量，t；

ρ_i —— 第 j 个一般排放口在第 i 个监测时段的污染物实测小时排放质量浓度（标态），mg/m^3；

q_i —— 第 j 个一般排放口在第 i 个监测时段的标准状态下排气量（标态），m^3/h；

T —— 第 i 个监测时段内一般排放口累计运行时间，h；

m —— 一般排放口数量；

$E_{一般排放口}$ —— 核算时段内一般排放口污染物的实际排放量，t。

9.1.2 无组织排放污染物实际排放量

无组织颗粒物实际排放量采用产排污系数法核算，根据不同措施下的单位产品颗粒物排放量和实际产品产量计算，详见表 11。

无组织颗粒物实际排放量核算方法见式（19）与式（20）。

$$W_i = R \times G \times 10 \tag{19}$$

$$E_{无组织} = \sum_{i=1}^{n} W_i \tag{20}$$

式中：W_i —— 第 i 个生产车间或料场大气污染物实际排放量，t；

R —— 第 i 个生产车间实际产品产量或料场实际原料年进场总量，万 t；

G —— 第 i 个生产车间或料场无组织污染物排污系数，kg/t；

$E_{无组织}$ —— 钢铁工业排污单位污染物无组织实际排放量，t。

9.1.3 非正常情况

烧结机、球团焙烧设施、燃煤锅炉设施启停机等非正常排放期间污染物排放量可采用实测法核定。

9.1.4 特殊时段

原则上有组织主要排放口污染物日实际排放量采用特殊时段的自动监测值计算，按式（13）与式（14）计算。有组织一般排放口和无组织日实际排放量按式（15）至式（20）计算，其中产品产量取值为特殊时段的产品日产量。特殊时段内无法开展实际监测的一般排放口，实际监测浓度可采用特殊时段以外的监测值。

9.2 废水

9.2.1 正常情况

a）化学需氧量和氨氮实际排放量

根据自行监测要求，钢铁工业排污单位废水总排放口化学需氧量、氨氮应采用自动监测，因此原则上应采取自动监测实测法核算全厂化学需氧量、氨氮实际排放量。废水自动监测实测法是指根据符合监测规范的有效自动监测数据污染物的日平均排放浓度、平均流量、运行时间核算污染物实际排放量，计算公式如下：

$$E_{废水} = \sum_{i=1}^{n} (c_i \times q_i \times 10^{-6}) \tag{21}$$

式中：$E_{废水}$ —— 核算时段内主要排放口污染物的实际排放量，t；

c_i —— 污染物在第 i 日的实测平均排放质量浓度，mg/L；

q_i —— 第 i 日的流量，m^3/d；

n —— 核算时段内的污染物排放时间，d。

对要求采用自动监测的排放口或污染因子，在自动监测数据由于某种原因出现中断或其他情况，应按照 HJ/T 356 补遗。

要求采用自动监测的排放口或污染因子而未采用的，采用产排污系数法核算化学需氧量、氨氮排放量，按直排进行核算。

对未要求采用自动监测的排放口或污染因子，采用手工监测数据进行核算。手工监测数据包括核算时间内的所有执法监测数据和排污单位自行或委托第三方的有效手工监测数据，排污单位自行或委托的手工监测频次、监测期间生产工况、数据有效性等须符合相关规范文件等要求。

b）总磷和总氮实际排放量

位于总磷、总氮总量控制区内的钢铁工业排污单位总磷总氮实际排放量核算方法见式（22）。排污单位应将手工监测时段内生产负荷与核算时段内的平均生产负荷进行对比，并给出对比结果。

$$E_{废水}=\sum_{i=1}^{n}(c_i\times q_i\times 10^{-6}\times T) \tag{22}$$

式中：$E_{废水}$——核算时段内主要排放口污染物的实际排放量，t；

c_i——第 i 个监测时段的污染物实测日均排放质量浓度，mg/L；

q_i——第 i 个监测时段的流量，m^3/d；

T——第 i 个监测时段内主要排放口累计运行时间，d。

9.2.2　非正常情况

废水处理设施非正常情况下的排水，如无法满足排放标准要求时，不应直接排入外环境，待废水处理设施恢复正常运行后方可排放。如因特殊原因造成污染治理设施未正常运行超标排放污染物的或偷排偷放污染物的，按产污系数核算非正常排放期间实际排放量。

10　合规判定方法

10.1　一般原则

合规是指钢铁工业排污单位许可事项和环境管理要求符合排污许可证规定。许可事项合规是指排污单位排污口位置和数量、排放方式、排放去向、排放污染物种类、排放限值符合许可证规定，其中，排放限值合规是指钢铁工业排污单位污染物实际排放浓度和排放量满足许可排放限值要求。环境管理要求合规是指钢铁工业排污单位按许可证规定落实自行监测、台账记录、执行报告、信息公开等环境管理要求。

钢铁工业排污单位可通过环境管理台账记录、按时上报执行报告和开展自行监测、信息公开，自证其依证排污，满足排污许可证要求。环境保护主管部门可依据排污单位环境管理台账、执行报告、自行监测记录中的内容，判断其污染物排放浓度和排放量是否满足许可排放限值要求，也可通过执法监测判断其污染物排放浓度是否满足许可排放限值要求。

10.2　排放限值合规判定

10.2.1　废气排放浓度合规判定

10.2.1.1　正常情况

钢铁工业排污单位各废气排放口和无组织排放污染物的排放浓度合规是指“任 1 h 浓度均值（二噁英为不少于 2 h 浓度均值）均满足许可排放浓度要求”。

a）执法监测

按照监测规范要求获取的执法监测数据超标的，即视为不合规。根据 GB/T 16157、HJ/T 397、HJ/T 55 确定监测要求。

b）排污单位自行监测

1）自动监测

按照监测规范要求获取的有效自动监测数据计算得到的有效小时浓度均值（除二噁英外）与许可排放浓度限值进行对比，超过许可排放浓度限值的，即视为超标。对于应当采用自动监测而未采用的排放口或污染物，即认为不合规。自动监测小时均值是指“整点 1 h 内不少于 45 min 的有效数据的算术平均值”。

2）手工监测

对于未要求采用自动监测的排放口或污染物，应进行手工监测。按照自行监测方案、监测规范要求获取的监测数据计算得到的有效小时浓度均值超标的，即视为超标。

c）若同一时段的执法监测数据与排污单位自行监测数据不一致，执法监测数据符合法定的监测标准和监测方法的，以该执法监测数据为准。

10.2.1.2 非正常情况

钢铁工业排污单位非正常排放指烧结机、球团焙烧设施、燃煤锅炉等设施启停机、设备故障、检维修等情况下的排放。

钢铁工业排污单位中，对于采用脱硝措施的烧结机/球团焙烧设施，启动 8 h 不作为氮氧化物合规判定时段。

对于采用脱硝措施的燃煤锅炉，冷启动 1 h、热启动 0.5 h 不作为氮氧化物合规判定时段。

10.2.2 废水排放浓度合规判定

钢铁工业排污单位各废水排放口污染物的排放浓度合规是指任一有效日均值（除 pH 值外）均满足许可排放浓度要求。

a）执法监测

按照监测规范要求获取的执法监测数据超标的，即视为超标。根据 HJ/T 91 确定监测要求。

b）排污单位自行监测

1）自动监测

按照监测规范要求获取的自动监测数据计算得到有效日均浓度值（除 pH 值外）与许可排放浓度限值进行对比，超过许可排放浓度限值的，即视为超标。对于应当采用自动监测而未采用的排放口或污染物，即认为不合规。

对于自动监测，有效日均浓度是对应于以每日为一个监测周期内获得的某个污染物的多个有效监测数据的平均值。在同时监测污水排放流量的情况下，有效日均值是以流量为权的某个污染物的有效监测数据的加权平均值；在未监测污水排放流量的情况下，有效日均值是某个污染物的有效监测数据的算术平均值。

自动监测的有效日均浓度应根据 HJ/T 355 和 HJ/T 356 等相关文件确定。

2）手工监测

对于未要求采用自动监测的排放口或污染物，应进行手工监测。按照自行监测方案、监测规范进行手工监测，当日各次监测数据平均值或当日混合样监测数据（除 pH 值外）超标的，即视为超标。

c）若同一时段的执法监测数据与排污单位自行监测数据不一致，执法监测数据符合法定的监测标准和监测方法的，以该执法监测数据为准。

10.2.3 排放量合规判定

钢铁工业排污单位污染物的排放总量合规是指：

a）废气主要排放口污染物年实际排放量满足主要排放口年许可排放量要求；

b）废气有组织排放污染物年实际排放量满足有组织排放年许可排放量要求；

c）废气无组织排放污染物年实际排放量满足无组织排放年许可排放量要求；

d）对于特殊时段有许可排放量要求的排污单位，实际排放量之和不得超过特殊时期许可排放量；

e）废水总排口污染物实际排放量满足年许可排放量要求。

对于钢铁工业排污单位烧结机、球团焙烧设施、燃煤锅炉等设施启停机、设备故障、检维修情况下的非正常排放，应通过加强正常运营时污染物排放管理、减少污染物排放量的方式，确保全厂污染物实际年排放量（正常排放+非正常排放）满足许可排放量要求。

10.3 管理要求合规判定

环境保护主管部门依据排污许可证中的管理要求，以及钢铁行业相关技术规范，审核环境管理台账记录和许可证执行报告；检查排污单位是否按照自行监测方案开展自行监测；是否按照排污许可证中环境管理台账记录要求记录相关内容，记录频次、形式等是否满足许可证要求；是否按照许可证中执行报告要求定期上报，上报内容是否符合要求等；是否按照许可证要求定期开展信息公开；是否满足特殊时段污染防治要求。

附 录 A

（资料性附录）

环境管理台账记录参考表（略）

附 录 B

（资料性附录）

排污许可证执行报告编制内容（略）

排污许可证申请与核发技术规范　钢铁工业
编制说明

1　项目背景

1.1　任务来源

国务院办公厅印发《控制污染物排放许可制实施方案》（国办发〔2016〕81 号），明确了排污许可制度改革的顶层设计、总体思路，环境保护部发布《排污许可证管理暂行规定》和《关于开展火电、造纸行业和京津冀试点城市高架源排污许可证管理工作的通知》，启动了火电、造纸行业排污许可证申请与核发的相关工作。按照总体部署，钢铁工业作为产能过剩行业和《大气污染防治行动计划》中规定的重点行业，应于 2017 年完成排污许可证的核发。但目前为止，国家和地方层面尚无配套的排污许可证申请与核发指导文件。

2016 年 7 月，环境保护部科技标准司发布了《关于征集 2017 年度国家环境保护标准计划项目承担单位的通知》（环办科技函〔2016〕1103 号），将《排污许可相关技术规范　钢铁工业》（序号 41）列入《2017 年度国家环境保护标准计划项目指南》，完成时限为 2017 年，分管业务司为大气司。经过公开征集、答辩、遴选，最终确定由环境保护部环境工程评估中心承担。2017 年，环境保护部将项目名称确定为《排污许可证申请与核发技术规范　钢铁工业》，属于《国家环境保护标准管理-大气司》的子项目。

该项目由环境保护部环境工程评估中心（以下简称“评估中心”）承担，河北省众联能源环保科技有限公司、冶金工业规划研究院、北京全华环保技术标准研究中心作为协作单位，共同组成了标准编制组。

1.2　工作过程

1.2.1　前期准备

为确保按时完成“1+2”城市钢铁高架源排污许可证申请与核发试点工作，环境保护部组织评估中心于 2016 年编制完成了钢铁工业排污许可证申请与核发技术规范的初稿，与火电、造纸和水泥排污许可证申请与核发技术规范一并已征求过各省、自治区、直辖市环保管理部门及国内大型钢铁联合企业等 52 家单位意见，共收到 33 家单位共 235 条意见，评估中心根据天津市环境保护局、江西省环境保护厅、广东省环境保护厅、河南省环境保护厅、甘肃省环境保护厅、河钢集团对于钢铁排污许可证申请与核发技术规范的意见，对标准初稿进行了修改完善。

1.2.2　开题

2017 年该项目立项后，标准编制组拟定了工作计划，组织开展了国内外钢铁排污许可调研等工作，全面排查行业，摸清底数，初步明确了研究目标，设立了制订原则，确立了实施方法，制订了技术路线，梳理了研究内容、技术关键及技术难点，提出了标准制订设想，在此基础上编制完成《排污许可证申请与核发技术规范　钢铁工业》开题报告和标准初稿。

2017 年 1 月 13 日，标准编制组组织钢铁联合企业、钢铁设计院与行业内环保专家，在北京召开标准专题内容专家咨询会，编制组汇报了钢铁行业排污许可技术规范编制思路，会议重点讨论了钢铁行业（不含炼焦）产排污节点及排放口、主要排放口选取的合理性及排放因子的全面性，有组织和无组织排放源许可排放量确定的思路和方法，以及一般和特殊情况下污染源废气、废水污染物达标排放判定方法等内容。会议确定了以下原则：一是按照钢铁行业污染物排放标准确定排污许可管理的污染源和污染因子；二是主要排放口许可排放量采用基准排气量×许可排放浓度×产能（或产量）确定，一般排放口和无组织排放源颗粒物许可排放量按照绩效法确定，同时给出无组织排放源应采取的措施。

2017 年 2 月 24 日，环境保护部规划财务司在北京主持召开了标准的开题论证会，邀请行业专家和管理部门代表就标准制定的技术路线、技术难点及解决途径等进行了深入讨论。标准编制组介绍了开题报告和标准草案的相关内容，经论证委员会各位专家及管理部门代表的讨论、质询，通过了标准的开题论证，并形成如下工作建议：一是注意标准的可操作性；二是在加强主要排放口基准排气量和颗粒物无组织排放研究的基础上，进一步补充和完善相关核算依据。

1.2.3 征求意见稿

2017 年 3 月 16 日，环境保护部规划财务司在北京主持召开了技术规范（初稿）专家咨询会，来自中国钢铁工业协会、钢铁企业、科研单位及环境管理部门的专家、代表对标准进行了热烈讨论，对适用范围、排污单位基本情况填报要求、特殊时段日许可排放量核算方法、废水污染物许可排放量核定思路、环境管理台账与执行报告等内容提出了修改意见和建议。会后，编制组结合《排污许可证管理暂行规定》和行业特点，形成了以下重要修改思路：一是进一步明确标准适用范围，明确标准适用于钢铁工业排污单位排放的大气污染物和水污染物的排污许可管理，不适用于炼焦企业、铁矿采选企业、铁合金企业、铸造企业的排污许可证申请与核发工作。二是以排放口及污染因子为核心，向前梳理生产单元、主要工艺、生产设施、生产设施参数、产污节点名称、污染治理设施、污染治理可行技术、排放形式、排放口类型等需排污单位填报的内容，往后梳理各排放口污染因子自行监测要求、环境管理台账记录等内容。三是因钢铁企业涉及的生产设施较多，为提高技术规范的针对性和可操作性，确保排污许可制度的顺利推行，明确将与排污密切相关的生产设施作为排污单位的填报内容。四是特殊时段日许可排放量核算方法按照大气司区域处意见，确定以排污单位前一年环境统计实际排放量折算的日均排放量为基数，依据各地制定的应急预案和冬防阶段强化措施中的削减比例计算确定。五是细化钢铁工业排污单位废水污染物许可排放量核定思路。六是进一步细化环境管理台账记录与执行报告编制内容。

2017 年 3 月 30 日，编制组在北京组织召开了标准的专家咨询会，邀请环境保护部环境标准研究所、中国钢铁工业协会、钢铁企业及科研单位的专家、代表。经讨论，与会专家及代表提出了以下修改建议：一是结合钢铁工业实际情况，细化废气污染治理设施和污染防治可行技术要求；二是许可排放限值一般原则要明确废气污染物许可排放限值核算思路；三是实际排放量核算方法应与许可排放量合规判定要求相对应。

2017 年 4 月 6 日，环境保护部规划财务司在北京主持召开了标准征求意见稿的技术审查会，邀请行业专家、企业和管理部门代表对标准征求意见稿进行技术审查。标准编制组介绍了标准征求意见稿及编制说明的相关内容，经审查委员会各位专家及管理部门代表的讨论、质询，通过了标准征求意见稿的技术审查，并形成如下工作建议：进一步按照专家意见修改完善标准文本，提高可操作性。

2017 年 5 月 2 日—6 月 3 日，本标准在环境保护部网站公开征求意见。

1.2.4 送审稿

标准征求意见期间，为进一步完善标准和钢铁排污许可申报信息平台，编制组与当地市环境保护局、技术支持单位人员分别于 2017 年 4 月 26—27 日、5 月 22—24 日、5 月 23 —24 日赴河北省廊坊市文安县新钢钢铁有限公司、天津市天津钢管集团股份有限公司、河北省唐山市首钢京唐钢铁联合有限责任公司开展现场试填报工作。其中首钢京唐试填报过程中平台负责人全程参与，焦化技术规范编制人员同步与企业焦化厂人员开展现场试填报。编制组在与企业共同试填过程中，发现标准和平台存在的问题，编制组经仔细研究就标准中的问题进行修改，与平台负责人对接后对平台进行了优化。

2017 年 6 月 4—16 日，编制组对征求意见单位反馈的意见进行汇总处理。期间对于难以处理的问题，编制组于 6 月 5 日组织专家咨询会，对意见进行处理，并对标准文本进行修改。对企业比较关注的台账记录问题，编制组于 6 月 9 日邀请大、中、小型三家代表性的钢铁企业（涵盖国企和民企）的环保和生产管理代表召开台账记录企业座谈会，对环境管理台账编制要求章节进行针对性的讨论、修改，并对企业比较关注的最低监测频次问题进行修改，降低 14 类主要排放口中 6 类排放口监测频次，由自动监测降低至季度。在上述工作基础上，形成《排污许可证申请与核发技术规范　钢铁工业（送审稿）》。

2017 年 6 月 16 日，环境保护部规划财务司在北京主持召开了标准送审稿审查会，邀请行业专家、企业和管理部门代表对送审稿进行技术审查。经审查委员会各位专家及管理部门代表讨论、质询，通过了标准送审稿的技术审查。

1.2.5　报批稿

送审稿技术审查会后，编制组就会上专家较为关注的最低监测频次进行研究。研究确定将废气主要排放口类型由原来的 14 类调整为 8 类，规定主要排放口均应安装自动监测设施，并按自动监测数据进行实际排放量核算。编制组按照此原则，进一步明确了意见采纳理由，对标准进行了修改。

2　标准制定的必要性

2.1　环境形势的变化对标准提出新的要求

改革环境管理基础制度，建立覆盖所有固定污染源的企事业单位排放许可制，是党中央、国务院推进生态文明建设、加强环境保护工作的一项重要举措，也是中央全面深化改革领导小组确定的环境保护部的重点改革任务之一。构建以排污许可制为核心的固定污染源环境管理制度，完成覆盖所有固定污染源的排污许可证核发工作，使其成为企业守法、政府执法、社会监督的依据，实现“一证式”管理，为提高环境管理效能和改善环境质量奠定坚实的基础。

钢铁工业是重点污染行业，企业数量和废气污染源数量多、污染物排放量大。按照环境保护部总体部署安排，2017 年在全国范围内全面核发钢铁工业排污许可证，届时将覆盖所有钢铁企业，通过强化企业环境主体责任，加强证后监管，减少污染物排放量。

为持续推进“简政放权、放管结合、优化服务改革”，统一全国钢铁工业排污许可技术要求，指导地方环境保护部门排污许可核发、监管，引导并规范钢铁企业申领排污许可证、依证运行及排污，规范第三方机构排污许可技术咨询，保障钢铁工业排污许可制度顺利实施，亟须制定钢铁工业排污许可相关技术规范。

2.2　相关环保标准和环保工作的需要

2.2.1　相关环保标准的需要

《控制污染物排放许可证实施方案》对固定源许可排放限值核算（重污染天气等）、污染源达标判定、自行监测、环境管理等方面提出了更加严格的要求，钢铁工业现行的污染物排放标准、工程技术规范、总量核算管理办法等不能满足上述排污许可精细化管理要求。环境保护部整体规划了“总则+分行业”形式的排污许可技术规范总体框架，拟于 2017—2018 年完成《排污许可证申请与核发技术规范　总则》以及钢铁、水泥、焦化、有色金属等 13 个行业排污许可证申请与核发技术规范。

2.2.2　相关环保工作的需要

2016 年 12 月，环境保护部发布了《排污许可证管理暂行规定》和《关于开展火电、造纸行业和京津冀试点城市高架源排污许可证管理工作的通知》，启动了火电、造纸行业排污许可证申请与核发的相关工作，并要求 2017 年完成石化、化工、钢铁、有色、水泥、印染、制革、焦化、农副食品加工、农药、电镀等行业企业许可证核发。其中，2017 年 6 月 30 日前，完成“1+2”城市钢铁企业排污许可证申请与核发试点工作；2017 年 10 月 31 日前完成京津冀及周边重点地区钢铁企业排污许可证核发工作；2017 年 12 月 31 日前完成全国范围内钢铁企业排污许可证核发工作，包括独立轧钢和独立球团企业。

目前，国家尚无钢铁工业排污许可证申请与核发技术规范，无法指导企业申请和环境保护部门核发，对推动许可证核发工作形成阻碍。为统一全国钢铁工业排污许可技术要求，引导并规范钢铁工业企业填报《排污许可证申请表》及网上填报相关申请信息，指导核发机关审核确定排污许可证许可要求，保障钢铁工业排污许可制度顺利实施，制定《排污许可证申请与核发技术规范　钢铁工业》十分必要。

3 国内外相关标准情况的研究

3.1 主要国家、地区及国际组织相关标准情况的研究

西方发达国家已建立起了较为完善的许可证申请及许可证要求的合规管理体系。

以美国为例，从1972年开始在全国范围内实行污染物排放许可证制度，并在技术路线和方法上不断得到改进和发展。法律层面，美国排污许可制度的法律主要包括《清洁水法》（CWA）和《清洁空气法》（CAA），规定了排污许可证的分类、申请核发程序、公众参与、执行与监管、处罚等具体要求。如：《清洁空气法》中的Title V主要内容是运营许可证，包括：运营许可证定义、计划及申请、要求及条件、信息公开、其他与此相关的授权内容等。联邦行政许可法等法规规定了许可程序等内容的相关要求，也是排污许可法律体系的重要组成部分。

联邦规定，《清洁水法》和《清洁空气法》下面是联邦法规（CFR），法规制定了工业大气污染源必须遵守的要求，CFR第40部分环境保护，包括排污许可具体流程，以及排放标准、最佳可行技术等技术层面的规定，是《清洁水法》和《清洁空气法》的具体“实施细则”。

3.2 国内标准情况的研究

3.2.1 行业排污许可证申请与核发技术规范

国内尚未以标准形式正式发布任何行业排污许可证申请与核发技术规范。国务院办公厅于2016年11月印发《国务院办公厅关于印发控制污染物排放许可制实施方案的通知》，要求对企事业单位发放排污许可证并依证监管实施排污许可制。为贯彻落实《控制污染物排放许可制实施方案》（以下简称实施方案），环境保护部于2016年12月发布了《排污许可证管理暂行规定》（以下简称暂行规定）和《关于开展火电、造纸行业和京津冀试点城市高架源排污许可证管理工作的通知》，并附带《火电行业排污许可证申请与核发技术规范》《造纸行业排污许可证申请与核发技术规范》，明确了火电、造纸行业排污许可证适用范围及排污单位基本情况、产排污节点对应排放口及许可排放限值、可行技术、自行监测管理要求、环境管理台账记录与执行报告编制规范、达标排放判定方法及实际排放量核算方法等相关要求。

3.2.2 钢铁工业相关标准情况

2010年，为完善钢铁工业环境保护技术体系，促进污染防治技术进步，环境保护部发布了《钢铁行业烧结、球团工艺污染防治可行技术指南（试行）》《钢铁行业炼钢工艺污染防治最佳可行技术指南（试行）》《钢铁行业轧钢工艺污染防治最佳可行技术指南（试行）》，给出了烧结、球团、炼钢、轧钢工艺的废气和废水治理可行技术。2012年环境保护部发布了《钢铁工业废水治理及回用工程技术规范》（HJ 2019—2012），规定了钢铁工业烧结、球团、炼铁、炼钢、轧钢生产单元废水处理工程技术要求与回用原则。

目前我国已建立了相当完备的钢铁工业污染控制标准体系，2012年环境保护部发布了《钢铁烧结、球团工业大气污染物排放标准》（GB 28662—2012）、《炼铁工业大气污染物排放标准》（GB 28663—2012）、《炼钢工业大气污染物排放标准》（GB 28664—2012）、《轧钢工业大气污染物排放标准》（GB 28665—2012）、《钢铁工业水污染物排放标准》（GB 13456—2012），规定了从金属冶炼到最终形成钢材过程的污染控制要求；大幅收紧了颗粒物和二氧化硫的排放限值，增设了氮氧化物、二噁英等污染物的排放限值；针对环境敏感地区规定了更严格的水和大气污染物特别排放限值。

2006年，我国在开展全国第一次污染源普查基础上，发布了《第一次全国污染源普查工业污染源产排污系数手册》，对主要工业行业的重点污染源、污染因子提出了全面的产排污系数（含工业废气量）参考，为污染物排放量核算奠定了基础。

本标准具体框架内容参考《火电行业排污许可证申请与核发技术规范》和《造纸行业排污许可证申请与核发技术规范》，整合了上述相关标准和技术指南的内容要求，其中产排污节点对应的排放口及许可排放限值、可行技术和自行监测管理要求等内容以上述规范和技术指南为基础，污染因子以及许可排

放浓度根据钢铁系列排放标准和《锅炉大气污染物排放标准》（GB 13271）确定，许可排放量核算中基准烟气量综合《第一次全国污染源普查工业污染源产排污系数手册》、钢铁环境影响评价报告、设计院提供的设计资料和其他相关研究成果确定，可行技术在《钢铁行业烧结、球团工艺污染防治可行技术指南（试行）》、《钢铁行业炼钢工艺污染防治最佳可行技术指南（试行）》、《钢铁行业轧钢工艺污染防治最佳可行技术指南（试行）》及《钢铁工业废水治理及回用工程技术规范》（HJ 2019—2012）的基础上，综合考虑近年来涌现的新污染防治技术而提出。

本标准按照国家排污许可制度顶层设计总体要求和《排污许可证申请与核发技术规范　总则》的具体内容，结合钢铁工业产排污特点、排放标准、环境管理、监测等要求，参照《火电行业排污许可证申请与核发技术规范》《造纸行业排污许可证申请与核发技术规范》的思路、框架内容，开展相关专题研究，细化、完善形成钢铁工业排污许可证申请与核发技术规范。

4　标准制定的基本原则和技术路线

4.1　标准制定的基本原则

a）与我国现行有关的环境法律法规、标准协调相配套，与环境保护的方针政策相一致原则。以《控制污染物排放许可制实施方案》（国办发〔2016〕81 号）、《排污许可证管理暂行规定》（环水体〔2016〕186 号）等相关的法律法规、标准规范为依据制定本标准。

b）适用范围和工作原则满足相关环保标准和环保工作要求的原则。本标准针对钢铁企业排污许可证申请与核发工作而制定，指导钢铁工业排污单位填报排污许可证申请表及网上填报相关申请信息，同时适用于核发机关审核确定排污许可证许可要求。

c）普遍适用性和实际可操作性原则。根据钢铁企业的实际情况，结合各污染源、污染因子的特点，按照《排污许可证申请与核发技术规范　总则》最终提出本标准的技术要点，以保证最大限度地与钢铁企业的实际情况相吻合，使本标准具有行业针对性和代表性。

4.2　标准制定技术路线

标准制定技术路线见图 1。

5　标准主要内容条文说明

5.1　标准内容结构

本标准分为以下 10 项内容。

1　适用范围
2　规范性引用文件
3　术语和定义
4　排污单位基本情况填报要求
5　产排污环节对应排放口及许可排放限值确定方法
6　污染防治可行技术要求
7　自行监测管理要求
8　环境管理台账与排污许可证执行报告编制要求
9　实际排放量核算方法
10 合规判定方法

5.2　适用范围

本标准规定了钢铁工业排污单位排污许可证申请与核发的基本情况填报要求、许可排放限值确定、实际排放量核算、合规判定的方法以及自行监测、环境管理台账与排污许可证执行报告等环境管理要求，提出了钢铁工业污染防治可行技术要求。

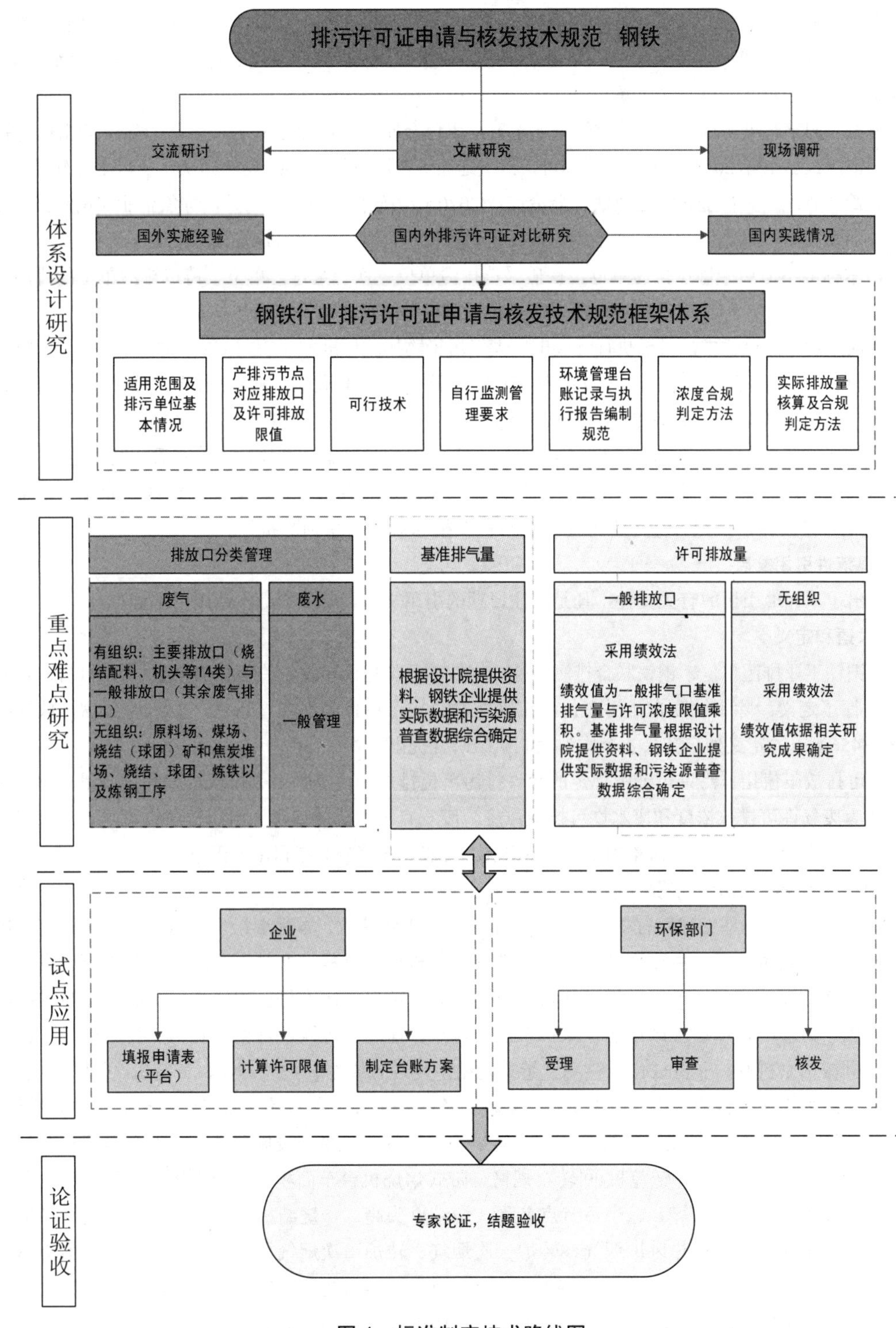

图 1 标准制定技术路线图

本标准适用于指导钢铁工业排污单位填报排污许可证申请表及网上填报相关申请信息，适用于核发机关审核确定钢铁工业排污单位排污许可证许可要求。

《排污许可证管理暂行规定》中规定对排污单位排放水污染物、大气污染物的排污行为实行综合许可管理，因此本标准规定适用于钢铁工业排污单位排放的大气污染物和水污染物的排污许可管理。

钢铁工业包括黑色金属矿采选业和黑色金属冶炼和压延加工业，其中黑色金属矿采选业包括铁矿、锰矿、铬矿和钒矿等黑色金属采选，黑色金属冶炼和压延加工业包括烧结、球团、炼铁、炼钢、黑色金属铸造、钢压延加工及铁合金冶炼。

根据《固定污染源排污许可分类管理名录》，黑色金属矿采选业暂未纳入其中，烧结、球团、炼铁、炼钢、钢压延加工业 2017 年实施排污许可，钢压延加工排污单位中，除年产 50 万 t 及以上冷轧外，其余均实施简化管理。黑色金属铸造及铁合金冶炼业 2020 年实施排污许可。另外，炼焦企业和钢铁工业排污单位中的炼焦生产设施排污许可证申请与核发适用《排污许可证申请与核发技术规范　炼焦化学工业》。因此，本标准不适用于炼焦排污单位、铁矿采选排污单位、铁合金排污单位、铸造排污单位的排污许可证申请与核发工作，但适用于独立球团、轧钢排污单位的排污许可证申请与核发工作。

钢铁工业排污单位中，对于执行《火电厂大气污染物排放标准》（GB 13223）的生产设施或排放口，适用《火电行业排污许可证申请与核发技术规范》；对于执行《炼焦化学工业污染物排放标准》（GB 16171）的生产设施或排放口，适用炼焦化学工业排污许可证申请与核发技术规范；在锅炉工业排污许可证申请与核发技术规范发布前，热水锅炉和 65 t/h 及以下蒸汽锅炉参照本标准执行，发布后从其规定。

本标准未做出规定但排放工业废水、废气或者国家规定的有毒有害污染物的钢铁工业排污单位其他产污设施和排放口，参照《排污许可证申请与核发技术规范　总则》执行。

5.3　规范性引用文件

给出了本标准引用的有关文件，凡是不注日期的引用文件，其最新版本适用于本标准。

5.4　术语和定义

就钢铁工业排污单位、钢铁联合排污单位、钢铁非联合排污单位、许可排放限值、特殊时段等 5 个术语进行了定义。除钢铁联合排污单位、钢铁非联合排污单位是参考《钢铁工业水污染物排放标准》（GB 13456）中的定义外，其余 3 个均为编制组经研究提出。

许可排放限值指排污许可证中规定的允许排污单位排放的污染物最大排放浓度和排放量。许可排放浓度分为废气许可排放浓度和废水许可排放浓度。废气有组织排放口和无组织排放许可排放浓度指小时浓度（除二噁英外）。废水污染因子许可排放浓度（除 pH 值外）指日浓度限值。

5.5　排污单位基本情况填报要求

根据《排污许可证管理暂行规定》要求，结合钢铁工业特点，本标准给出钢铁工业排污许可证申请表中排污单位基本信息、主要产品及产能、主要原辅材料及燃料、产排污节点、污染物及污染治理设施、污染物排放等填报要求，以指导钢铁工业排污单位填报排污许可证申请表。编制思路为以排放口及污染因子为核心，梳理生产单元（原料系统、烧结、球团、炼铁、炼钢、轧钢、公用单元）、主要工艺（机械化原料场、非机械化原料场、带式烧结、步进式烧结、竖炉焙烧、链篦机-回转窑焙烧、带式焙烧、高炉炼铁、转炉炼钢、电炉炼钢、热轧、冷轧等）、生产设施（带式烧结机、步进式烧结机、竖炉、链篦机-回转窑、带式焙烧机、高炉、转炉、电炉等）、生产设施参数（烧结台车面积及利用系数、竖炉面积及利用系数、链篦机-回转窑规格、带式焙烧机台车面积及利用系数、高炉容积及利用系数、转炉和电炉公称容量等）、产污节点名称（烧结机头废气、烧结机尾废气、焙烧废气、高炉矿槽废气、高炉出铁场废气、热风炉烟气、转炉一次烟气、转炉二次烟气、电炉烟气等）、污染治理设施（袋式除尘器、静电除尘器、电袋复合除尘器、石灰石/石灰-石膏法脱硫、氨法脱硫、氧化镁法脱硫、SCR 脱硝、SNCR 脱硝等）、排放形式（有组织、无组织）、排放口类型（主要排放口、一般排放口）等需排污单位填报的内容。

5.5.1　排污单位基本信息

本节内容用于指导钢铁工业排污单位填报排污许可证申请表中表 1。

钢铁工业排污单位所在地是否属于重点区域，依据《重点区域大气污染防治“十二五”规划》规定填写，该规划提及京津冀、长三角、珠三角地区，以及辽宁中部、山东、武汉及其周边、长株潭、成渝、海峡西岸、山西中北部、陕西关中、甘宁、新疆乌鲁木齐城市群等区域为重点区域，具体省份和城市见《重点区域大气污染防治“十二五”规划》中附表。

地方政府对违规项目的认定或备案文件指按照《国务院办公厅关于印发加强环境监管执法的通知》（国办发〔2014〕56 号）要求，地方政府对违规项目依法处理、整顿规范，出具的符合要求的证明文件。

污染物总量指标包括地方政府或环境保护部门发文确定的排污单位总量控制指标、环境影响评价批复时的总量控制指标、现有排污许可证中载明的总量控制指标、通过排污权有偿使用和交易确定的总量控制指标等地方政府或环境保护部门与排污许可证申领企业以一定形式确认的总量控制指标。

5.5.2　主要产品及产能

本节内容用于指导钢铁工业排污单位填报排污许可证申请表中表 2。

5.5.2.1　主要生产单元、主要工艺及生产设施名称

根据钢铁工业生产工艺流程，本标准将钢铁工业排污单位主要生产单元分为原料系统、烧结、球团、炼铁、炼钢、轧钢、公用单元共 7 部分。

原料系统：目前国内钢铁工业原料系统分为机械化原料场、非机械化原料场。原料系统生产设施主要填写产生废气污染物的供卸料设施，对于其他产生废气污染物的生产设施，排污单位可在平台下拉菜单的其他选项中补充填报。原料系统生产设施参数主要填报原料场面积和受料量。

烧结：目前国内钢铁工业烧结工艺分为带式烧结、步进式烧结，各工艺产生废气污染物的生产设施主要为带式烧结机、步进式烧结机，对于其他产生废气污染物的生产设施，排污单位可在平台下拉菜单的其他选项中补充填报。烧结单元生产设施参数主要填报反应烧结矿生产能力的核心参数，如烧结台车面积、烧结机利用系数。通过烧结台车面积、烧结机利用系数及设计年生产时间，可计算出烧结单元烧结矿产能。

球团：目前国内钢铁工业球团工艺分为竖炉焙烧、链篦机-回转窑焙烧及带式焙烧，各工艺产生废气污染物的生产设施主要为竖炉、链篦机-回转窑、带式焙烧机，对于其他产生废气污染物的生产设施，排污单位可在平台下拉菜单的其他选项中补充填报。球团单元生产设施参数主要填报反应球团矿生产能力的核心参数，如竖炉的面积和利用系数、链篦机-回转窑规格、带式焙烧机台车面积和利用系数，通过竖炉和带式焙烧机的面积、利用系数及设计年生产时间，可计算出球团单元球团矿产能。链篦机-回转窑参数一般直接填写其球团矿年设计生产能力。

炼铁：目前国内钢铁工业炼铁工艺分为高炉炼铁、熔融还原炼铁、直接还原炼铁，但高炉炼铁为国内炼铁主流工艺，因此本标准将炼铁工艺分为高炉炼铁和其他，对于采用熔融还原炼铁、直接还原炼铁工艺的排污单位可在平台下拉菜单的其他选项中补充填报炼铁工艺。高炉炼铁产生废气污染物的生产设施主要为高炉，对于高炉炼铁其他产生废气污染物的生产设施以及熔融还原炼铁、直接还原炼铁工艺中产生废气污染物的生产设施，排污单位可在平台下拉菜单的其他选项中补充填报。高炉炼铁生产设施参数主要填报反应铁水生产能力的核心参数—高炉容积和利用系数，通过高炉容积、利用系数及设计年生产时间，可计算出高炉铁水产能。对于采用熔融还原炼铁、直接还原炼铁工艺的排污单位，在平台下拉菜单的其他选项中填报反应生产设施产能的核心参数即可。

炼钢：目前国内钢铁工业炼钢工艺分为转炉炼钢、电炉炼钢。转炉炼钢产生废气污染物的生产设施主要为转炉、电炉、精炼炉（LF、VD、VOD、RH、CAS-OB、其他）、石灰窑（竖窑、回转窑）、白云石窑，对于其他产生废气污染物的生产设施，排污单位可在平台下拉菜单的其他选项中补充填报。转炉炼钢和电炉炼钢生产设施参数主要填报反映炼钢能力的核心参数—公称容量，通过公称容量、平均冶炼周期及设计年生产时间，可计算出粗钢产能。精炼炉生产设施参数主要填报设施规格，如容量。石灰窑（竖窑、回转窑）、白云石窑生产设施参数主要填报设计日产量。

轧钢：目前国内钢铁工业轧钢工艺分为热轧和冷轧。热轧产生废气污染物的生产设施主要为热轧生产线，冷轧产生废气污染物的生产设施主要为冷轧生产线、酸洗生产线、涂镀生产线，对于其他产生废

气污染物的生产设施，排污单位可在平台下拉菜单的其他选项中补充填报。热轧和冷轧生产设施参数主要填报设计年产量。

公用单元：公用单元主要填报产生废气污染物的发电和供热生产设施及主要设施参数。发电和供热生产设施包括燃气锅炉、燃煤锅炉、燃油锅炉、发电机组，因为热水锅炉和 65 t/h 及以下蒸汽锅炉的排污许可证申请与核发，在《排污许可证申请与核发技术规范 锅炉工业》发布前执行本标准，因此设施参数主要填报锅炉额定蒸发量、发电机组容量。

5.5.2.2 生产设施编号

钢铁工业排污单位可填报内部生产设施编号，若钢铁工业排污单位无内部生产设施编号，则根据《固定污染源（水、大气）编码规则（试行）》进行编号并填报。填报完成后，平台会针对排污单位填报编号自动生成统一规范的生产设施编号。

5.5.2.3 产品名称

根据钢铁工业生产单元分类，本标准给出各单元产品名称，其中烧结单元产品为烧结矿，球团单元产品为球团矿，炼铁单元产品为铁水，炼钢单元产品为粗钢（其中石灰窑和轻烧白云石窑产品为活性石灰、轻烧白云石），轧钢分为热轧和冷轧工艺，因此轧钢单元产品分为热轧材和冷轧材。

5.5.2.4 生产能力、近三年实际产量及计量单位

生产能力填写主要产品设计产能，不包括国家或地方政府予以淘汰或取缔的产能。近三年实际产量为实际发生数，未投运和投运不满一年的钢铁工业排污单位不需填报，投运满一年但未满三年的钢铁工业排污单位按周期年填报，以排污许可证申报时间向前滚动 12 个月（近一年）、24 个月（近两年）。产能和产量计量单位均为万 t/a。

5.5.3 主要原辅材料及燃料

本节内容用于指导钢铁工业排污单位填报排污许可证申请表中表 3。

5.5.3.1 原辅及燃料种类

钢铁工业排污单位主要生产单元分为原料系统、烧结、球团、炼铁、炼钢、轧钢、公用单元共 7 部分，各生产单元衔接紧密，形成完整的钢铁产业链。其中原料系统主要为烧结单元提供铁精粉、活性石灰和烧结用煤，为球团单元提供铁精粉和膨润土，为炼铁单元提供焦炭、喷吹煤，为炼钢单元提供生石灰、轻烧白云石、萤石；烧结单元和球团单元生产的烧结矿和球团矿作为炼铁原料，部分排污单位因自身烧结矿和球团矿生产能力小，外购部分烧结矿和球团矿作为炼铁原料；炼铁单元生产的铁水作为炼钢原料；炼钢单元生产的粗钢作为轧钢单元原料。

因此，钢铁工业排污单位原料种类包括外购的铁精粉、块矿、烧结矿、球团矿、焦炭、酸液（作为酸洗液，如氢氟酸、盐酸）、锌锭（热镀锌和电镀锌原料）、钝化液等。辅料种类包括外购的生石灰、石灰石、膨润土、轻烧白云石、萤石等。燃料种类包括外购的烧结用煤、喷吹煤、动力煤、重油、柴油、天然气、液化石油气、焦炉煤气、高炉煤气、转炉煤气、发生炉煤气等。对于其他原辅及燃料，排污单位可在平台下拉菜单的其他选项中补充填报。

5.5.3.2 设计年使用量、近三年实际使用量及计量单位

设计年使用量为与产能相匹配的原辅及燃料年使用量。近三年实际使用量为实际发生数，未投运和投运不满一年的钢铁工业排污单位不需填报，投运满一年但未满三年的钢铁工业排污单位按周期年填报，以排污许可证申报时间向前滚动 12 个月（近一年）、24 个月（近两年）。设计年使用量和近三年实际使用量计量单位均为万 t/a 或万 m^3/a。

5.5.4 产排污节点、污染物及污染治理设施

5.5.4.1 废气

本节内容用于指导钢铁工业排污单位填报排污许可证申请表中表 4。钢铁工业排污单位废气污染物种类依据钢铁工业系列大气排放标准和《锅炉大气污染物排放标准》（GB 13271）确定，有地方排放标准

要求的，按照地方排放标准确定。

a）废气产污环节名称、污染物种类

原料系统：产污环节为原料、辅料及燃料在装卸、转运、破碎、混匀、筛分过程中产生的含尘废气，料堆受自然风力的影响产生的扬尘，污染物种类为颗粒物。

烧结：产污环节为物料混合、破碎、冷却、筛分、转运等生产过程中产生的含尘废气，污染物种类为颗粒物。烧结过程产生的烟气，污染物种类为颗粒物、二氧化硫、氮氧化物、氟化物和二噁英。

球团：产污环节与烧结类似，只是在球团生产时，产生含颗粒物、二氧化硫、氮氧化物、氟化物废气的环节由烧结台车变成了竖炉、链箅机-回转窑、带式焙烧机等球团焙烧设备。

炼铁：产污环节为出铁时开、堵铁口以及出铁口、铁沟、渣沟、撇渣器、摆动流嘴、铁水罐等部位产生的含尘废气，污染物种类为颗粒物；高炉矿槽槽上胶带卸料机，矿槽下给料机、烧结矿筛、焦炭筛、称量漏斗和胶带运输机等生产时在卸料、给料点等处产生的含尘废气，污染物种类为颗粒物；高炉炉料采用胶带机或上料小车上料时，炉顶卸料时产生的含尘废气，污染物种类为颗粒物；高炉喷吹煤粉制备系统生产时产生的含尘废气，污染物种类为颗粒物；高炉热风炉产生的含有烟尘、SO_2 和 NO_x 的燃烧废气。

炼钢：产污环节为转炉炼钢车间铁水预处理，生石灰等原辅料输送、转炉兑铁水、加废钢、出钢过程，以及精炼炉冶炼产生的含尘烟气，污染物种类为颗粒物；电炉炼钢加废钢、冶炼、出钢过程产生的含尘和二噁英烟气。转炉在吹炼时产生大量含 CO、粉尘的高温烟气，其中 CO 含量较高的部分烟气可作为转炉煤气净化后予以回收利用。电渣冶金时产生含氟废气，同时由于转炉、LF 精炼炉冶炼时加入萤石，故烟气中还含有氟化物。另外，炼钢所需的石灰、白云石生产时原料和成品转运产生的含尘废气，污染物种类为颗粒物，焙烧过程中产生的含有烟尘、SO_2、NO_x 的烟气。

轧钢：热轧工序产污环节为加热炉燃烧后产生含颗粒物、SO_2、NO_x 的烟气及轧制过程中产生的粉尘。冷轧工序产污环节为拉矫机、焊机在生产过程中会产生的含尘废气，污染物种类为颗粒物；酸洗槽、漂洗槽等处产生的氯化氢、硫酸雾、硝酸雾及氟化物；废酸再生产生的颗粒物、氯化氢、硝酸雾及氟化物；碱洗槽、刷洗槽、漂洗槽等处产生的碱雾；轧机、平整机组产生的乳化液油雾；涂镀层机组产生的铬酸雾；彩涂产生的含苯、甲苯、二甲苯及非甲烷总烃的有机废气；退火产生的含颗粒物、SO_2、NO_x 的燃烧废气。

公用单元：产污环节为自备电厂锅炉产生的含颗粒物、SO_2、NO_x 的烟气。

b）污染治理设施

除尘设施：钢铁工业除尘设施包括静电除尘器、袋式除尘器、电袋复合除尘器、旋风除尘器、多管除尘器、塑烧板除尘器、滤筒除尘器、湿式电除尘、LT 干法除尘、新型 OG 法、半干法（高效节水型塔文除尘系统）等。由于烧结烟气和球团焙烧烟气温度较高，因此主要采用静电除尘。转炉一次烟气由于需要回收煤气，因此主要采用 LT 干法除尘、新型 OG 法或半干法（高效节水型塔文除尘系统）。

脱硫设施：钢铁工业脱硫设施包括石灰石/石灰-石膏法、氨法、氧化镁法、循环流化床法、旋转喷雾法、密相干塔法、MEROS 法脱硫、新型脱硫除尘一体化技术等脱硫设施。

脱硝设施：钢铁工业脱硝设施包括脱硝（SCR、SNCR）设施、协同处置装置[活性炭（焦）法]等。

其他废气治理设施：轧机油雾主要采用过滤式净化装置处理。酸洗和废酸再生产生的氯化氢、硫酸雾、氟化物采用湿法喷淋净化处理，涂镀产生的铬酸雾采用湿法喷淋净化处理，酸洗和废酸再生产生的硝酸雾采用湿法喷淋+SCR 净化处理。脱脂碱雾采用湿法喷淋净化处理。彩涂废气（含苯、甲苯、二甲苯、非甲烷总烃）采用高温焚烧或催化焚烧技术处理。

c）污染治理设施、有组织排放口编号

污染治理设施编号可填写钢铁工业排污单位内部编号，若钢铁工业排污单位无内部编号，则根据《固定污染源（水、大气）编码规则（试行）》进行编号并填报。有组织排放口编号应填写地方环境保护主管部门现有编号，若地方环境保护主管部门未对排放口进行编号，则根据《固定污染源（水、大气）编码规则（试行）》进行编号并填写。填报完成后，平台会针对排污单位填报编号自动生成统一规范的污染治理设施编号和排放口编号。

d）排放口设置要求

排放口设置应符合《排污口规范化整治技术要求（试行）》（环监〔1996〕470号）等相关文件的规定，若地方有排污口规范化要求的，应符合地方要求。

e）排放口类型

钢铁企业尤其是钢铁联合企业涉及烧结、球团、炼铁、炼钢、轧钢等多个工序，废气排放口多达上百个，不可能芝麻西瓜一把抓，因此现阶段应突出“抓住重点、分类管控”的管理思路，管理上应有所区别。因此，编制组按照主要排放口和一般排放口进行了区分，将污染物排放量大、锅炉的排放口以及要求安装在线监测装置的排放口归为主要排放口，包括烧结单元烧结机头废气、烧结机尾废气，球团单元焙烧废气，炼铁单元矿槽废气、高炉出铁场废气，炼钢单元转炉二次烟气、电炉烟气，锅炉烟气等8类排放口。对于采用非高炉炼铁工艺的炼铁单元，炼铁单元所有排放口均为主要排放口。其他排放口为一般排放口。

标准编制组选取四家长流程钢铁企业，按照上述原则测算，主要排放口污染物排放量和数量占比情况见表1。由表1可知，主要排放口颗粒物、二氧化硫和氮氧化物排放量分别占全厂有组织排放量的59%～73%、75%～92%、65%～80%，主要排放口数量占全厂总排放口的10%～50%。通过管控少数主要排放口可控制全厂70%左右的大气污染物排放量。

表1 主要排放口污染物排放量和数量占比

项目 / 企业名称	主要排放口排放量占全厂有组织排放量比例/%			主要排放口数量占全厂有组织排放口数量比例/%
	颗粒物	二氧化硫	氮氧化物	
A超大型钢铁企业	59	92	65	14
B超大型钢铁企业	64	90	65	10
C大型钢铁企业	73	75	80	50
D大中型钢铁企业	62	88	76	33

5.5.4.2 废水

本节内容用于指导钢铁工业排污单位填报排污许可证申请表中表5。钢铁工业排污单位废水污染物种类依据《钢铁工业水污染物排放标准》（GB 13456）确定，有地方排放标准要求的，按照地方排放标准确定。

a）废水类别、污染物种类、治理工艺

国内大多数钢铁工业排污单位废水类别、污染物种类、排放去向情况汇总如下：

烧结和球团：废水类别主要为脱硫废水、净环水系统排水，脱硫废水经絮凝沉淀后回用或排至厂内综合污水处理站，净环水系统排水排至厂内综合污水处理站。

炼铁：废水类别主要为炼铁高炉煤气湿法净化系统废水、炼铁高炉冲渣废水及净环水系统排水。炼铁高炉煤气湿法净化系统废水和炼铁高炉冲渣废水沉淀后循环利用，净环水系统排水用作炼铁高炉冲渣补水。

炼钢：废水类别主要为炼钢转炉煤气湿法净化回收系统废水、炼钢连铸废水和净环水系统排水。炼钢转炉煤气湿法净化回收系统废水经沉淀处理后回用，炼钢连铸废水采用除油+沉淀+过滤装置处理后，大部分回用，少部分排至厂内综合污水处理站，净环水系统排水作为炼钢连铸浊环水系统补水。

轧钢：热轧工序废水类别主要为热轧直接冷却废水和净环水系统排水。热轧直接冷却废水采用除油+沉淀+过滤装置或稀土磁盘处理后，大部分回用，少部分排至厂内综合污水处理站，净环水系统排水作为热轧直接冷却水系统补水。

冷轧工序废水类别为酸洗、漂洗槽产生的含酸废水，脱脂产生的含碱废水，轧机排雾净化系统以及清洗产生的含油废水，磨辊间及冷轧轧制等产生乳化液废水，热镀锌钝化废水，净环水系统排水。含酸废水和含碱废水采用中和+曝气+絮凝沉淀工艺处理后排至厂内综合污水处理站，冷轧含油、乳化液废水采用超滤+曝气（或生化）+沉淀（或过滤）工艺处理后排至厂内综合污水处理站，热镀锌钝化废水采用化学还原沉淀+絮凝沉淀工艺处理后排至厂内综合污水处理站，净环水系统排水直接排至厂内综合污水处理站。

公用单元：废水类别为软水制备产生的废水和净环水系统排水，均排至厂内综合污水处理站。

全厂生活污水排至厂内综合污水处理站。

对于其他废水类别，排污单位可在平台下拉菜单的其他选项中补充填报。

b）排放去向及排放规律

本标准依据排污许可申请表中表 5 规定，给出钢铁工业排污单位废水排放去向和排放规律，排污单位可在平台下拉菜单中选择填报。

c）污染治理设施、排放口编号

污染治理设施编号可填写钢铁工业排污单位内部编号，若钢铁工业排污单位无内部编号，则根据《固定污染源（水、大气）编码规则（试行）》进行编号并填报。排放口编号应填写地方环境保护主管部门现有编号，若地方环境保护主管部门未对排放口进行编号，则根据《固定污染源（水、大气）编码规则（试行）》进行编号并填写。填报完成后，平台会针对排污单位填报编号自动生成统一规范的污染治理设施编号和排放口编号。

d）排放口设置要求

排放口设置应符合《排污口规范化整治技术要求（试行）》（环监〔1996〕470 号）等相关文件的规定，若地方有排污口规范化要求的，应符合地方要求。

e）排放口类型

根据《钢铁工业水污染物排放标准》（GB 13456），钢铁工业排污单位排放口分为废水总排放口和车间或生产设施废水排放口，其中废水总排放口为主要排放口，车间或生产设施废水排放口为一般排放口。

5.6 产排污环节对应排放口及许可排放限值确定方法

5.6.1 污染物排放

5.6.1.1 废气排放口及执行标准

本节内容用于指导钢铁工业排污单位填报排污许可证申请表中表 6 和表 7。

5.6.1.2 废水排放口及执行标准

本节内容用于指导钢铁工业排污单位填报排污许可证申请表中表 11～表 13。

5.6.2 许可排放限值

5.6.2.1 一般原则

许可排放限值包括污染物许可排放浓度和许可排放量。许可排放量包括年许可排放量和特殊时段许可排放量。年许可排放量是指允许排污单位连续 12 个月排放的污染物最大排放量。地方环境保护主管部门可根据需要将年许可排放量按月进行细化。

《固定污染源排污许可分类管理名录》中规定“对于年产 50 万吨及以上的冷轧排污单位实施排污许可重点管理，其他的钢压延加工排污单位实施排污许可简化管理”。但因小规模钢压延加工排污单位污染控制措施和环保管理水平相对较差，且大部分小型独立热轧企业采用发生炉煤气为燃料，其对环境造成的污染较大规模钢压延加工排污单位（以净化后煤气或天然气为燃料）要大，因此对列入名录简化管理的钢压延排污单位实施“简化但严格”的管理。

“简化”体现在标准规定对年实施简化管理的钢压延加工排污单位，环境管理台账部分仅记录生产设施运行管理信息、污染治理设施运行管理信息、监测记录信息、其他环境管理信息等 4 项（重点管理排污单位需记录 6 项），执行报告仅上报基本生产信息、遵守法律法规情况、污染防治措施运行情况等 7 项（重点管理排污单位需上报 13 项）。“严格”体现在标准规定对实施简化管理的钢压延加工排污单位，在许可排放限值方面与实施重点管理的排污单位要求一致，既许可排放浓度，又许可排放量。在自行监测管理要求中对燃用发生炉煤气的热处理炉排气筒要求采用自动监测，其他热处理炉排气筒最低监测频次为季度。

对于大气污染物，以排放口为单位确定主要排放口和一般排放口许可排放浓度，以生产单元为单位确定无组织许可排放浓度。主要排放口逐一计算许可排放量，并全部安装自动监测设施，实施精细化管理。一般排放口和无组织以生产单元为单位计算许可排放量。

对于水污染物，车间或生产设施废水排放口许可排放浓度，废水总排放口许可排放浓度和排放量。

根据国家或地方污染物排放标准确定许可排放浓度。依据总量控制指标及本标准规定的方法从严确定许可排放量。2015 年 1 月 1 日（含）后取得环境影响评价批复的排污单位，许可排放量还应同时满足环境影响评价文件和批复要求。排污单位申请的许可排放限值严于本标准规定的，在排污许可证中载明。

总量控制指标包括地方政府或环境保护部门发文确定的企业总量控制指标、环境影响评价批复时的总量控制指标、现有排污许可证中载明的总量控制指标、通过排污权有偿使用和交易确定的总量控制指标等地方政府或环境保护部门与排污许可证申领排污单位以一定形式确认的总量控制指标。

排污单位申请的许可排放限值严于本标准规定的，在排污许可证中载明。

5.6.2.2 许可排放浓度

a）废气

按照污染物排放标准确定许可排放浓度时，钢铁工业排污单位废气污染物执行《钢铁烧结、球团工业大气污染物排放标准》（GB 28662）、《炼铁工业大气污染物排放标准》（GB 28663）、《炼钢工业大气污染物排放标准》（GB 28664）、《轧钢工业大气污染物排放标准》（GB 28665）及《锅炉大气污染物排放标准》（GB 13271）限值要求。有地方排放标准要求的，按照地方排放标准确定。

北京市、天津市、石家庄市、唐山市、保定市、廊坊市、上海市、南京市、无锡市、常州市、苏州市、南通市、扬州市、镇江市、泰州市、杭州市、宁波市、嘉兴市、湖州市、绍兴市、广州市、深圳市、珠海市、佛山市、江门市、肇庆市、惠州市、东莞市、中山市、沈阳市、济南市、青岛市、淄博市、潍坊市、日照市、武汉市、长沙市、重庆市主城区、成都市、福州市、三明市、太原市、西安市、咸阳市、兰州市、银川市等 47 个城市市域范围按照《关于执行大气污染物特别排放限值的公告》（环境保护部公告 2013 年第 14 号）和《关于执行大气污染物特别排放限值有关问题的复函》（环办大气函〔2016〕1087 号）的要求确定许可排放浓度。其他执行大气污染物特别排放限值的地域范围、时间，由国务院环境保护行政主管部门或省级人民政府规定。

若执行不同许可排放浓度的多台生产设施或排放口采用混合方式排放废气，且选择的监控位置只能监测混合废气中的大气污染物浓度，则应执行各限值要求中最严格的许可排放浓度。

b）废水

按照污染物排放标准确定许可排放浓度时，钢铁工业排污单位废水污染物执行《钢铁工业水污染物排放标准》（GB 13456）。有地方排放标准要求的，按照地方排放标准确定。

若排污单位的生产设施为两种及以上工序或同时生产两种及以上产品，可适用不同排放控制要求或不同行业污染物排放标准时，且生产设施产生的污水混合处理排放的情况下，应执行排放标准中规定的最严格的浓度限值。

5.6.2.3 许可排放量

5.6.2.3.1 废气

核算许可排放量的废气污染因子为颗粒物、二氧化硫、氮氧化物。许可排放量包括年许可排放量和特殊时段许可排放量。

a）年许可排放量核算方法

钢铁工业排污单位年许可排放量为有组织排放年许可排放量和无组织排放年许可排放量之和。

$$E_{年许可}=E_{有组织排放年许可}+E_{无组织排放年许可} \tag{1}$$

式中：$E_{年许可}$——钢铁工业排污单位年许可排放量，t；

$E_{有组织排放年许可}$——钢铁工业排污单位有组织排放年许可排放量，t；

$E_{无组织排放年许可}$——钢铁工业排污单位无组织排放年许可排放量，t。

1）有组织排放年许可排放量

有组织排放年许可排放量为主要排放口和一般排放口年许可排放量之和。

$$E_{有组织排放年许可}=E_{主要排放口年许可}+E_{一般排放口年许可} \tag{2}$$

式中：$E_{主要排放口年许可}$——钢铁工业排污单位主要排放口污染物年许可排放量，t；

$E_{一般排放口年许可}$——钢铁工业排污单位一般排放口污染物年许可排放量，t。

①主要排放口年许可排放量

钢铁工业排污单位废气主要排放口污染物许可排放量由基准排气量、许可排放浓度和近三年实际产量平均值相乘确定。废气主要排放口基准排气量依据污染源普查数据、钢铁环境影响评价报告、设计院提供的设计资料和相关研究成果综合确定，基准排气量确定依据见表2。对于燃煤、燃油、燃气锅炉烟气量按照《动力工程师手册》计算得出。

许可排放量为排污单位污染物排放的天花板，钢铁工业排污单位主要排放口许可排放量计算公式中污染物许可排放浓度限值取排放标准限值，但排污单位实际排放浓度均低于限值要求，导致核算的排污单位许可排放量大大高于实际排放量。近些年钢铁工业受经济形势影响，整体发展低迷，钢铁工业排污单位产能利用率平均为68%，因此本标准选用排污单位近三年实际产量均值，而不采用产能计算其许可排放量，以解决采用排放标准限值计算而导致许可排放量过大的问题。另外，可以避免出现钢铁工业排污单位将多年未生产的设备纳入计算的现象。

钢铁工业排污单位主要排放口年许可排放量计算公式：

$$M_i=R\times Q\times C\times 10^{-5} \tag{3}$$

$$E_{主要排放口年许可}=\sum_{i=1}^{n}M_i \tag{4}$$

式中：M_i——第i个排放口污染物年许可排放量，t；

R——第i个排放口对应装置近三年产量平均值，未投运或投运不满一年的按产能计算，投运满一年但未满三年的取周期年实际产量平均值。当实际产量平均值超过产能时，按产能计算，万t。锅炉燃料年消耗量取设计燃料用量，万t或万m^3；

Q——基准排气量，m^3/t产品；

C——污染物许可排放浓度限值，mg/m^3。

②一般排放口年许可排放量

除主要排放口外，钢铁企业一般排放口多为原燃料和产品的破碎、转运等产尘点所对应的排放口。而一般排放口和无组织排放之间往往可以相互转换，如原料场或烧结车间破碎系统，先进钢铁企业破碎系统产尘点一般会配置除尘装置，将粉尘收集净化后以有组织形式排放，而落后钢铁企业在上述产尘点无任何污染治理设施，粉尘则以无组织形式排放。因此，编制组对一般排放口和无组织排放采用相同的许可量计算方法，即绩效法。编制组分别给出执行特排限值排污单位和其他排污单位的各生产单元一般排放口排放绩效值，绩效值由基准排气量与许可排放浓度相乘得出，其中基准排气量取值原则同主要排放口，许可排放浓度依据钢铁系列排放标准确定，采用该方法大幅减轻排污单位和核发机关工作量。

钢铁工业排污单位污染物一般排放口年许可排放量计算公式：

$$M_i = R \times G \times 10 \tag{5}$$

$$E_{一般排放口年许可} = \sum_{i=1}^{n} M_i \tag{6}$$

式中：M_i —— 第 i 个单元大气污染物年许可排放量，t；

α —— 第 i 个单元近三年产量平均值，未投运或投运不满一年的按产能计算，投运满一年但未满三年的取周期年实际产量平均值。当实际产量平均值超过产能时，按产能计算，万 t。原料场原料年进场总量取值原则同上，万 t；

G —— 第 i 个单元污染物一般排放口排放量绩效值，kg/t。

2）无组织年许可排放量

编制组研究了美国钢铁企业无组织管理要求，美国排污许可证中明确了无组织排放源及控制措施，规定了无组织排放相关信息的记录保存要求，并采用不透明度作为考核钢铁企业无组织排放的指标（每天白天监测一次，六分钟的不透明度平均值不得超过 10%）。美国要求钢铁行业颗粒物无组织排放通过全封闭等严格措施，基本得到全面控制和削减，因此未对颗粒物无组织排放量进行管控。

我国目前钢铁行业无组织排放环节控制措施较美国仍差距较大，无组织排放量不容忽视。我国 2012 年发布的钢铁系列排放标准中对各主要生产车间无组织排放提出浓度限值要求。2014 年环境保护部下发的《钢铁企业大气污染物排放量核算细则》（环监发〔2014〕27 号），给出了颗粒物无组织排放计算公式和相关参数，钢铁行业无组织排放已纳入排污收费中，但企业普遍反映该计算方法偏大。自 2015 年起将钢铁行业无组织排放纳入环境统计，环统数据显示，我国钢铁企业颗粒物无组织排放占全厂总排放量的 55%。我国目前实际上已经开始对钢铁行业颗粒物无组织排放实施量化管理。

考虑到工作基础和管理需要，排污许可拟对原料堆存转运、烧结（球团）、炼铁、炼钢等四个大的环节的无组织颗粒物实施量化管理，这样还可兼顾重金属以及大部分特征污染物的管控。颗粒物无组织许可排放量的确定，以原环境保护部总量司 2015 年委托环境保护部评估中心开展的《唐山市钢铁行业大气污染物减排潜力分析研究报告》（以下简称“减排潜力研究”）研究成果为基础，结合专家咨询和其他数据校核，按排放绩效法计算烧结、球团、炼铁、炼钢工序颗粒物无组织排放量。

“减排潜力研究”选取极具代表性的唐山市为研究对象，在全面梳理唐山市钢铁行业企业数量、规模、工艺装备水平、环保设施及环境管理水平的基础上，以装备水平和主要污染防治措施为依据，将唐山市各钢铁企业主要生产装备进行了分档（高、中、低），并分别选取了 5 家典型企业的高、中、低档设备开展了有组织排放口和厂界无组织现场监测工作。其中颗粒物无组织排放强度研究采用多种方法，分别为颗粒物无组织排放浓度监测法、降尘罐法和经验公式估算法。

对于京津冀及周边等实施特别排放限值的区域，按研究中全封闭或高效捕集除尘措施对应的排放绩效进行许可；其他区域按照中档无组织控制措施对应的排放绩效进行许可。即实施特别排放限值的区域，钢铁颗粒物无组织必须采取最严格的全封闭控制措施。

钢铁工业排污单位污染物无组织年许可排放量计算公式：

$$W_i = R \times G \times 10 \tag{7}$$

$$E_{无组织年许可} = \sum_{i=1}^{n} W_i \tag{8}$$

式中：W_i —— 第 i 个单元大气污染物年许可排放量，t；

R —— 第 i 个单元近三年产量平均值，未投运或投运不满一年的按产能计算，投运满一年但未满三年的取周期年实际产量平均值。当实际产量平均值超过产能时，按产能计算，万 t。原料场原料年进场总量取值原则同上，万 t；

G —— 第 i 个单元污染物无组织排放量绩效值，kg/t。

b）特殊时段许可排放量核算方法

表 2 钢铁工业主要排放口基准排气量一览表

序号	污染源名称	第一次全国污染源普查成果/（m^3/t 产品）	A 项目环境影响评价报告/（m^3/t 产品）	A 项目实际/（m^3/t 产品）	B 企业实际/（m^3/t 产品）	C 项目环境影响评价报告/（m^3/t 产品）	D 项目环境影响评价报告/（m^3/t 产品）	D 项目实际/（m^3/t 产品）	E 企业实际/（m^3/t 产品）	F 企业实际/（m^3/t 产品）	J 企业实际/（m^3/t 产品）	H 企业实际/（m^3/t 产品）	I 企业实际/（m^3/t 产品）	《中国钢铁行业污染物控制可行技术及排污许可量核定方法研究》中数值/（m^3/t 产品）	A 设计院提供设计数值/（m^3/t 产品）	B 设计院提供设计数值/（m^3/t 产品）	冀环办发〔2014〕157 号/（m^3/t 产品）	本标准选取值/（m^3/t 产品）
1	烧结配料	—	569	—	1 060	632	566	—	332	—	—	—	—	666～999	—	—	—	600
2	烧结机头	1 933[a]	2 750	2 655	4 700	2 467	2 790	—	2 993	2 308	—	—	—	2 197～3 463	2 508	3 400	3 050	2 830
3	烧结机尾	967	832	1 622	2 904	981	1 688	—	2 694	1 340	—	—	—	1 170～1 917	1 290	—	—	1 300
4	烧结整粒筛分	—	768	—	1 834	315	1 059	—		—	—	—	—	1 288～1 932	—	—	—	1 900
5	球团配料	—	—	—	3 175（含筛分）	138	—	—	—	—	—	1 150	720	—	—	—	—	1 000
6	球团焙烧	2 458[b]	—	2 924		1 737	—	—	—	690	—	—	—	—	2 647	—	2 400	2 480
7	高炉矿槽	—	1 693	2 810	3 048	1 496	3 959	—	3 498	3 276	—	—	—	2 070～2 240	—	—	—	3 250
8	炼铁高炉出铁场	—	1 919	4 281	4 580	2 339	4 085	—	4 365	2 940	—	—	—	2 740～3 060	2 018	—	—	2 900
9	炼铁热风炉	1 360	803	1 516	1 300	687	728	—	1 920	—	—	—	—	1 030～1 570	—	—	1 750	1 300
10	炼钢转炉二次烟气	—	1 348	2 949	4 000	—	—	—	—	1 050	3 743	—	—	1 400～1 700	1 600	—	—	1 550
11	炼钢电炉冶炼烟气	1 130（50 t 以上合金钢均值）	371	—	—	329	2 484	1 120～4 289	—	—	—	—	—	—	376	—	—	1 120

序号	污染源名称	第一次全国污染源普查成果/（m^3/t产品）	A项目环境影响评价报告/（m^3/t产品）	A项目实际/（m^3/t产品）	B企业实际/（m^3/t产品）	C项目环境影响评价报告/（m^3/t产品）	D项目环境影响评价报告/（m^3/t产品）	D项目实际/（m^3/t产品）	E企业实际/（m^3/t产品）	F企业实际/（m^3/t产品）	J企业实际/（m^3/t产品）	H企业实际/（m^3/t产品）	I企业实际/（m^3/t产品）	《中国钢铁行业污染物控制可行技术及排污许可量核定方法研究》中数值/（m^3/t产品）	A设计院提供设计数值/（m^3/t产品）	B设计院提供设计数值/（m^3/t产品）	冀环办发〔2014〕157号/（m^3/t产品）	本标准选取值/（m^3/t产品）
12	炼钢石灰窑、白云石窑焙烧烟气	5 447（300 t/d以上竖窑和回转窑均值）	7 917	7 123	13 680（含卸料、筛分、焙烧）	10 296	3 868	—	—	9 000	—	—	—	—	—	—	—	5 000
13	轧钢热处理炉	中厚板 500～1 000 热轧带钢 480～960 热轧大型材 425～8 500 热轧中小型材 360～720 热轧棒材 400～800 热轧钢筋 350～700 热轧高线 350～700 热轧无缝管 550～1 100 退火板卷 160～333 镀层板卷 160～333 冷轧无缝管 160～333	549	加热炉 623～890 退火炉 269～1 006	加热炉 637	321	1 553	加热炉 600～929 退火炉 1 229～1 495	—	914	—	—	—	高炉煤气：444.8～793.9 转炉煤气、发生炉煤气：438.9～865.7 焦炉煤气：308～558 天然气：250～409.5	—	—	—	600

[a] 选取规模等级≥180 m^2带式烧结机排污系数。

[b] 为8 m^2以上竖炉、带式焙烧机、链篦机回转窑单位产品废气量均值。

表 3 钢铁工业一般排放口基准排气量一览表

序号	污染源名称	第一次全国污染源普查成果/（m^3/t 产品）	A 项目环境影响评价报告/（m^3/t 产品）	A 项目实际/（m^3/t 产品）	B 企业实际/（m^3/t 产品）	C 项目环境影响评价报告/（m^3/t 产品）	D 项目环境影响评价报告/（m^3/t 产品）	《中国钢铁行业污染物控制可行技术及排污许可量核定方法研究》中数值/（m^3/t 产品）	设计院提供设计数值/（m^3/t 产品）	本标准选取值/（m^3/t 产品）
1	烧结破碎等其他生产设备	—	—	1 475.4	—	212	1 059	495～742	—	1 900
2	球团破碎、筛分等其他生产设备	—	—	1 828	—	902	—	—	—	1 300
3	炼铁煤粉系统等其他生产设备	—	386	—	—	514	—	—	—	600
4	炼钢转炉一次烟气	300（150 t 以上转炉）	135	—	703	456	—	210～450	—	330
5	炼钢转炉其他生产设备	—	1 645	2 949	2 923	1 969	—	—	—	3 130
6	炼钢电炉其他生产设备	6 000～18 000（50 t 以上合金钢均值）	—	—	—	—	6 937	—	—	1 510
7	轧钢热轧轧机等其他生产设备	—	304	546	—	513	2 288	—	—	300
8	轧钢冷轧矫直、抛丸、精整等其他生产设备	—	353	253	—	—	—	—	—	350

特殊时段排污单位应按照国家或所在地区人民政府制定的《重污染天气应急预案》、各地人民政府制定的冬防措施等文件，根据停产、减产减排等要求，确定特殊时段短期许可排放量和产量控制要求。经征求大气司区域处意见，最终确定重污染天气应对期间和冬防期间日许可排放量核算方法，即以排污单位前一年环境统计实际排放量折算的日均排放量为基数，依据各地制定的应急预案和冬防阶段强化措施中的削减比例计算确定。地方制定的相关法规中对特殊时段许可排放量有明确规定的从其规定。国家和地方环境保护主管部门依法规定的其他特殊时段短期许可排放量应当在排污许可证当中载明。

特殊时段钢铁工业排污单位日许可排放量计算方法：

$$E_{日许可}=E_{前一年环统日均排放量}\times(1-\alpha) \quad (9)$$

式中：$E_{日许可}$ —— 钢铁工业排污单位重污染天气应对期间或冬防阶段日许可排放量，t；

$E_{前一年环统日均排放量}$ —— 钢铁工业排污单位前一年环境统计实际排放量折算的日均值，t；

α —— 重污染天气应对期间或冬防阶段日产量或排放量减少比例。

5.6.2.3.2 废水

核算许可排放量的废水污染因子为化学需氧量、氨氮以及受纳水体环境质量超标且列入《钢铁工业水污染物排放标准》（GB 13456）中的其他污染因子。生活污水单独排入城镇集中污水处理设施的生活污水无须申请许可排放量。

由于钢铁企业种类较多，包含钢铁联合企业、独立轧钢企业、独立球团企业等，因此本标准参照《钢铁工业水污染物排放标准》（GB 13456）中钢铁企业分类定义，给出钢铁联合排污单位和钢铁非联合排污单位废水污染物许可排放量计算公式。

对位于《“十三五”生态环境保护规划》及环境保护部正式发布的文件中规定的总磷、总氮总量控制区域内的钢铁工业排污单位，还应分别申请总磷及总氮年许可排放量。地方环境保护主管部门另有规定的，从其规定。

a）钢铁联合排污单位年许可排放量核算方法

水污染物年许可排放量由产能、单位产品基准排水量、水污染物许可排放浓度限值计算得出。计算公式如下：

$$D=S\times Q\times\rho\times10^{-2} \quad (10)$$

式中：D —— 某种水污染物年许可排放量，t/a；

S —— 近三年产量平均值，未投运或投运不满一年的按产能计算，投运满一年但未满三年的取周期年实际产量平均值。当实际产量平均值超过产能时，按产能计算，万 t；

Q —— 单位产品基准排水量，m^3/t 产品，按照 GB 13456 中规定取值，地方排放标准中有严格要求的，从其规定；

ρ —— 水污染物许可排放浓度限值，mg/L。

b）钢铁非联合排污单位年许可排放量核算方法

水污染物年许可排放量由各工序产能与该工序单位产品基准排水量乘积之和、各工序水污染物许可排放浓度限值最小值计算得出。计算公式如下：

$$D=\sum_{i=1}^{n}Q_i\times S_i\times\rho\times10^{-2} \quad (11)$$

式中：D —— 某种水污染物年许可排放量，t/a；

S_i —— 第 i 个生产单元近三年产量平均值，未投运或投运不满一年的按产能计算，投运满一年但未满三年的取周期年实际产量平均值。当实际产量平均值超过产能时，按产能计算，万 t；

Q_i —— 不同生产单元基准排水量，m^3/t 产品，按照 GB 13456 中规定取值，地方排放标准中有严格要求的，从其规定；

ρ —— 水污染物许可排放浓度，mg/L。

5.7　污染防治可行技术要求

编制组根据已发布的钢铁工业环保设计技术规范、最佳可行技术指南以及相关环保文件，同时通过企业调研，明确钢铁工业除尘、脱硫、脱硝等废气处理和废水处理可行技术以及运行管理要求。目前新的钢铁污染防治最佳可行技术指南正在编制中，待其发布后，应按其规定执行。

对于钢铁工业排污单位采用本标准所列可行技术的，原则上认为具备符合规定的防治污染设施或污染物处理能力。对于未采用本标准所列可行技术的，钢铁工业排污单位应当在申请时提供相关证明材料（如提供已有监测数据；对于国内外首次采用的污染治理技术，还应当提供中试数据等说明材料），证明可达到与可行技术相当的处理能力。

对于不属于本标准所列可行技术的，排污单位应当加强自行监测、台账记录，评估达标可行性。钢铁工业排污单位排污许可证执行情况及污染物排放数据作为更新可行技术指南的主要依据。

为保证排污许可证中落实重污染天气应急预案相关管控要求，特殊时段编制组规定钢铁工业排污单位应满足《重污染天气应急预案》、各地人民政府制定的冬防措施等文件规定的污染防治要求。

5.7.1　废气

编制组在编制中依据已发布的《钢铁工业除尘工程技术规范》（HJ 435—2008）、《钢铁工业烧结机烟气脱硫工程技术规范　湿式石灰石/石灰-石膏法》（HJ 2052—2016）等钢铁工业环保设计技术规范；《钢铁行业炼钢工艺污染防治最佳可行技术指南（试行）》（HJ-BAT-005）、《钢铁行业轧钢工艺污染防治最佳可行技术指南（试行）》（HJ-BAT-006）等最佳可行技术指南，以及《关于在化解产能严重过剩矛盾过程中加强环保管理的通知》《钢铁建设项目环境影响评价文件审批原则（试行）》等文件相关要求，同时通过企业调研、收集资料，明确钢铁工业除尘、脱硫、脱硝、除二噁英等废气处理可行技术以及运行管理要求。

本标准中按照钢铁工业中主要的原料系统、烧结、球团、炼铁、炼钢、轧钢、公共单元（即锅炉）共7个生产单元，针对颗粒物、SO_2、NO_x、二噁英类、氟化物、油雾、氯化氢、硝酸雾、硫酸雾、铬酸雾、苯、甲苯、二甲苯、非甲烷总烃等14种污染物，依据排放标准及限值要求，分别对执行特别排放限值排污单位、其他排污单位推荐了废气可行技术。

5.7.2　废水

编制组在编制中依据已发布的《钢铁工业废水治理及回用工程技术规范》（HJ 2019—2012）；《钢铁行业炼钢工艺污染防治最佳可行技术指南（试行）》（HJ-BAT-005）、《钢铁行业轧钢工艺污染防治最佳可行技术指南（试行）》（HJ-BAT-006）等最佳可行技术指南，以及《关于在化解产能严重过剩矛盾过程中加强环保管理的通知》《钢铁建设项目环境影响评价文件审批原则（试行）》等文件相关要求，同时通过企业调研、收集资料，明确钢铁行业废水处理可行技术以及运行管理要求。

编制组按照钢铁工业中主要的脱硫废水、炼铁高炉煤气湿法净化系统废水、炼铁高炉冲渣废水、炼钢转炉煤气净化回收系统废水、炼钢连铸废水、热轧直接冷却废水、冷轧酸洗和碱洗废水、冷轧含油和乳化液废水、冷轧含铬废水、全厂综合污水处理厂废水共10类生产废水，针对pH、SS、COD、石油类、氨氮、总氮、总磷、总铁、总铜、氟化物、挥发酚、总氰化物、总锌、总铅、六价铬、总铬、总砷等17种污染物，依据排放去向、排放标准及限值要求，分别对执行特别排放限值排污单位、其他排污单位推荐了废水可行技术。

5.8　自行监测管理要求

根据实施方案和暂行规定要求，排污单位应通过自行监测证明排污许可证许可的产排污节点、排放口、污染治理设施及许可限值落实情况。编制组结合钢铁工业排污特点，并依据《固定污染源烟气排放连续监测系统技术要求及检测方法（试行）》（HJ/T 76）、《固定源废气监测技术规范》（HJ/T 397）、《排污口规范化整治技术要求（试行）》（环监〔1996〕470号）和《地表水和污水监测技术规范》（HJ/T 91）等监测技术规范和方法，对钢铁工业排污单位自行监测管理要求做出了规定。

对于废气主要排放口和废水总排口，要求采用自动监测，实施精细化管理，监测的废气污染因子为颗粒物、二氧化硫、氮氧化物，废水污染因子为pH、化学需氧量、氨氮。另外，要求增加排放标准未管控的污染源及污染因子，以便积累数据，为下一步标准制修订奠定基础，如废气监测增加了高炉出铁场废气二氧化硫（选测）、石灰窑/白云石窑焙烧烟气二氧化硫（选测）和氮氧化物（选测）、转炉三次烟气颗粒物、厂界无组织颗粒物，废水监测增加了雨水排口SS、COD、氨氮、石油类。考虑到不同时间的生产负荷不同，易对手工监测结果造成影响，从而导致单次监测结果不能真实反映排污单位正常排污情况，规定手工监测时生产负荷应不低于本次监测与上一次监测周期内的平均生产负荷。

钢铁工业排污单位在申请排污许可证时，应当按照本标准确定产排污节点、排放口、污染因子及许可限值的要求，制定自行监测方案并在排污许可证申请表中明确。《排污单位自行监测技术指南　钢铁工业》发布后，自行监测方案的制定从其要求。2015年1月1日（含）后取得环境影响评价批复的排污单位，其环境影响评价文件有其他管理要求的，应当同步完善自行监测管理要求。

5.9　环境管理台账与排污许可证执行报告编制要求

根据实施方案和暂行规定要求，钢铁工业排污单位应通过环境管理台账记录、编制执行报告证明排污单位持证排污情况。本标准根据上述要求，并结合钢铁工业特点，给出钢铁工业排污单位环境管理台账记录和执行报告填报具体要求，钢铁工业排污单位应依照标准中要求，并参照资料性附录A制定自己的环境管理台账，并按照标准中执行报告要求的类型、频次、内容，并参照资料性附录B填写执行报告。

5.9.1　环境管理台账记录要求

为明确规范钢铁工业排污单位环境管理台账的记录，标准中明确了台账的记录内容及频次，并给出了记录形式以及台账保存的具体要求。

钢铁工业排污单位台账应真实记录生产设施运行管理信息、原辅料、燃料采购信息、污染治理设施运行管理信息、非正常工况及污染治理设施异常情况记录信息、监测记录信息、其他环境管理信息。结合钢铁工业实际特点，本标准规定的环境管理台账记录要求较《暂行规定》中表16台账信息表要求增加了原辅料、燃料采购信息、非正常工况及污染治理设施异常情况记录信息。记录“原辅料、燃料采购信息”主要用于记录各全厂原辅、燃料有毒有害物质购入情况，并且为“原辅料、燃料使用情况”提供基础数据。编制组在调研国外排污许可制度中非正常工况及污染治理设施异常情况记录要求的基础上，确定非正常工况及污染治理设施异常情况。台账应当按照电子化储存或纸质储存形式管理。

年产50万吨及以上冷轧外的独立轧钢排污单位实施简化管理，主要记录生产设施运行管理信息、污染治理设施运行管理信息、监测记录信息、其他环境管理信息。

5.9.2　排污许可证执行报告编制要求

排污许可证执行报告按报告周期分为年度执行报告、半年执行报告、季度执行报告和月度执行报告。持有排污许可证的钢铁排污单位，均应按照本标准规定提交年度执行报告与季度执行报告。为满足其他环境管理要求，地方环境保护主管部门有更高要求的，排污单位还应根据其规定，提交半年报告或月度执行报告。

年度执行报告应包括基本生产信息、遵守法律法规情况、污染防治设施运行情况、自行监测情况、台账管理情况、实际排放情况及合规判定分析、排污费（环境保护税）缴纳情况、信息公开情况、钢铁工业排污单位内部环境管理体系建设与运行情况、其他排污许可证规定的内容执行情况、其他需要说明的问题、结论等。年产50万t及以上冷轧外的独立轧钢排污单位实施简化管理，年度执行报告包括基本生产信息、遵守法律法规情况、污染防治设施运行情况、自行监测情况、台账管理情况、实际排放情况及合规判定分析、排污费（环境保护税）缴纳情况。

半年执行报告、季度执行报告和月度执行报告有所简化，其中半年执行报告至少包括基本生产信息、污染防治设施运行情况、自行监测情况、实际排放情况及合规判定分析；月/季度执行报告应至少包括实际排放情况及合规判定分析，以及污染防治设施运行情况中污染防治设施异常的情况说明。

5.10 实际排放量核算方法

本标准给出了钢铁工业排污单位污染物实际排放量核算方法，其中废气主要排放口实际排放量核算方法采用自动监测实测法，对于要求采用自动监测的排放口或污染因子而未采用的，采用物料衡算法和产排污系数法核算实际排放量，且按直排进行核算。废气一般排放口颗粒物和无组织颗粒物实际排放量采用排污系数法，废气一般排放口二氧化硫和氮氧化物实际排放量可采用自动监测实测法或手工监测实测法。废水总排放口实际排放量核算方法为自动监测实测法。另外规定了废气和废水非正常情况以及特殊时段废气实际排放量核算方法。

5.10.1 废气

5.10.1.1 有组织排放污染物实际排放量

钢铁工业排污单位有组织排放颗粒物、二氧化硫、氮氧化物实际排放量为主要排放口和一般排放口实际排放量之和。

a）主要排放口

主要排放口颗粒物、二氧化硫和氮氧化物排放量约占全厂有组织排放量的 70%，是钢铁工业排污单位重点监控污染源，监测数据较为完善，采用自动监测实测法。要求采用自动监测的排放口或污染因子而未采用的，采用物料衡算法核算二氧化硫排放量，根据原辅燃料消耗量、含硫率，按直排进行核算；采用产排污系数法核算颗粒物、氮氧化物排放量，根据单位产品污染物的产生量，按直排进行核算。

另外，对于因自动监控设施发生故障以及其他情况导致数据缺失的按照 HJ/T 75 进行补遗。确实时段超过 25%的，自动监测数据不能作为核算实际排放量的依据，实际排放量按照“要求采用自动监测的排放口或污染因子而未采用”的相关规定进行核算。

b）一般排放口

因钢铁工业排污单位生产流程长，有组织一般排放口数量也较多，监管起来难度较大。为此，本标准采取排污系数法计算各工序一般排放口颗粒物实际排放量。排污系数根据不同的污染控制措施分 4 档给出，其中第 1 档、第 3 档污染控制措施分别与《关于发布〈钢铁烧结、球团工业大气污染物排放标准〉等 20 项国家污染物排放标准修改单的公告》中重点地区、一般地区无组织控制措施相对应，即编制组认为满足措施要求时，排污系数取值满足许可绩效值，反之取值高于许可绩效值。为了体现不同控制措施实际排放量之间的差别，增加第 2 档和第 4 档污染控制措施情形下的排污系数。通过上述方式，一方面可倒逼钢铁企业提升环保治理设施和环保管理水平，减少污染物排放，从而减少排污费（环境税），另一方面可减轻钢铁企业污染物实际排放量核算负担。

由于排放二氧化硫和氮氧化物的一般排放口数量较少，因此本标准规定采用手工监测实测法核算一般排放口二氧化硫和氮氧化物实际排放量，并将手工监测时段内生产负荷与核算时段内的平均生产负荷进行对比，给出对比结果。

5.10.1.2 无组织排放污染物实际排放量

因钢铁企业生产流程长，无组织排放环节较多，实际排放量核算思路与一般排放口颗粒物一样，此处不再赘述。

5.10.1.3 非正常情况

烧结机头废气、球团焙烧烟气、锅炉烟气排放口均为主要排放口，因此烧结机、球团焙烧设施、燃煤锅炉设施启停机等非正常排放期间污染物排放量采用自动监测实测法核定。

5.10.1.4 特殊时段

原则上特殊时段有组织主要排放口污染物日实际排放量采用特殊时段的自动监测值核算，核算方法与正常情况下主要排放口污染物实际排放量的核算方法一致。特殊时段有组织一般排放口和无组织日实际排放量与正常情况下核算方法一致，其中产品产量取值为特殊时段的产品日产量。特殊时段内无法开展实际监测的一般排放口，实际监测浓度可采用特殊时段以外的监测值。

5.10.2 废水

5.10.2.1 正常情况

根据自行监测要求，钢铁工业排污单位废水总排放口化学需氧量、氨氮应采用自动监测，因此应采取自动监测实测法核算全厂化学需氧量、氨氮实际排放量。对于自动监测数据缺失的情况，应根据《水污染源在线监测系统数据有效性判别技术规范（试行）》（HJ/T 356）等进行补遗修约，仍无法核算出全年排放量时，可采用手工监测数据核算。对于要求采用自动监测而未采用的，采用产排污系数法核算化学需氧量、氨氮排放量，且均按直排进行核算。位于总磷、总氮总量控制区内的钢铁工业排污单位总磷总氮实际排放量核算方法采用手工监测实测法核算，并将手工监测时段内生产负荷与核算时段内的平均生产负荷进行对比，给出对比结果。

5.10.2.2 非正常情况

废水处理设施非正常情况下的排水，如无法满足排放标准要求时，不应直接排入外环境，待废水处理设施恢复正常运行后方可排放。如因特殊原因造成污染治理设施未正常运行超标排放污染物的或偷排偷放污染物的，按产污系数核算非正常排放期间实际排放量。

5.11 合规判定方法

合规是指钢铁工业排污单位许可事项和环境管理要求符合排污许可证规定。许可事项合规是指排污单位排污口位置和数量、排放方式、排放去向、排放污染物种类、排放限值符合许可证规定，其中排放限值合规是指钢铁工业排污单位污染物实际排放浓度和排放量满足许可排放限值要求。环境管理要求合规是指钢铁工业排污单位按许可证规定落实自行监测、台账记录、执行报告、信息公开等环境管理要求。

5.11.1 排放限值合规判定

a）排放浓度合规判定

本标准规定了正常情况下废气和废水排放浓度合规判定方法，若同一时段的执法监测数据与排污单位自行监测数据不一致，执法监测数据符合法定的监测标准和监测方法的，以该执法监测数据为准。

钢铁工业排污单位设备故障、检维修情况下，只要污染治理设施未发生故障，均应做到达标排放，若污染治理设施发生故障，则对应产污设施应停产。由于烧结机、球团焙烧设施、燃煤锅炉启动时，烟气温度不能立即达到脱硝反应所需温度，无法有效去除氮氧化物，导致烟气温度在达到脱硝反应所需温度前，氮氧化物浓度可能会超过标准限值，因此，编制组给出烧结机、球团焙烧设施、燃煤锅炉启机时氮氧化物的豁免时间。

b）排放量合规判定

由于钢铁工业排污单位废气排放分为有组织排放和无组织排放，因此本标准要求有组织排放污染物年实际排放量和无组织排放污染物年实际排放量应分别满足年许可排放量要求。对于特殊时段有许可排放量要求的企业，排放口实际排放量之和不得超过特殊时期许可排放量。废水总排口污染物实际排放量满足年许可排放量要求。

另外，对于烧结机、球团焙烧设施、燃煤锅炉等设施启停机情况下的非正常排放，应通过加强正常运营时污染物排放管理、减少污染物排放量的方式，确保全厂污染物实际年排放量（正常排放+非正常排放）满足许可排放量要求。

5.11.2 管理要求合规判定

环境保护主管部门依据排污许可证中的管理要求，以及钢铁行业相关技术规范，检查排污单位是否满足许可证要求。

6 对实施本标准的建议

a）进一步加大对钢铁无组织排放管理方式的研究

目前钢铁系列排放标准中规定：“大气污染物无组织排放的采样点设在生产厂房门窗、屋顶、气楼等排放口处，并选浓度最大值。若无组织排放源是露天或有顶无围墙，监测点应选在距烟（粉）尘排放源 5 m，最低高度 1.5 m 处任意点，并选浓度最大值。无组织排放监控点的采样，采用任何连续 1 h 的采样计平均值，或在任何 1 h 内，以等时间间隔采集 4 个样品计平均值。”标准 2012 年发布至今，钢铁企业及监测机构均反映在生产厂房门窗、屋顶、气楼等处监测存在困难，目前无论有厂房还是无厂房车间均采取在地面布设监测点位的监测方法，这大大影响了排放标准的执行。钢铁企业无组织颗粒物排放量较大，建议进一步加强对无组织排放监测方法和监测标准研究，确保监测简便、易行、有效。建议可采用设置降尘罐的方法进行无组织监测，或借鉴美国钢铁工业对无组织的管理要求，制定标准用不透明度衡量无组织排放情况。

b）管理部门和技术咨询机构应注重对标准的应用及问题反馈

各级环境保护管理部门在本标准颁布实施后，应严格按照标准要求，对钢铁工业排污单位排污可证核发进行把关，规范钢铁工业排污许可工作。技术咨询机构在本标准颁布实施后，应严格按照技术规范要求，开展钢铁工业排污单位排污许可证申请与核发技术咨询工作。在本标准使用过程中，发现问题应及时向环境保护部反馈，以利于本标准的修改完善。

c）加大对企业和环境保护部门的宣传培训力度

国家排污许可制度对各行业提出了精细化管理要求，本标准涉及的环境管理内容多，技术要求高，应加大对企业和环境保护部门的培训，帮助理解技术规范的要求，指导企业申请和环境保护部门核发。

d）开展标准实施评估

建议结合排污许可证申请与核发工作，适时开展本标准实施效果评估，必要时开展本标准的修订工作。建议对自行监测浓度小时均值的全年达标排放率开展相关研究。

中华人民共和国环境保护行业标准

排污许可证申请与核发技术规范　水泥工业

Technical specification for application and issuance of pollutant permit —Cement industry

HJ 847—2017

前　言

为贯彻落实《中华人民共和国环境保护法》《中华人民共和国大气污染防治法》《中华人民共和国水污染防治法》等法律法规和《国务院办公厅关于印发控制污染物排放许可制实施方案的通知》（国办发〔2016〕81 号），完善排污许可技术支撑体系，指导和规范水泥工业排污单位排污许可证申请与核发工作，制定本标准。

本标准规定了水泥工业排污单位排污许可证申请与核发的基本情况填报要求、许可排放限值确定、实际排放量核算、合规判定的方法以及自行监测、环境管理台账及排污许可证执行报告等环境管理要求，提出了水泥工业污染防治可行技术要求。

核发机关核发排污许可证时，对位于法律法规明确规定禁止建设区域内的、属于国家或地方已明确规定予以淘汰或取缔的水泥工业排污单位或者生产装置，应不予核发水泥工业排污许可证。

本标准附录 A、附录 B、附录 C、附录 D 为资料性附录。

本标准为首次发布。

本标准由环境保护部规划财务司、环境保护部科技标准司组织制订。

本标准主要起草单位：环境保护部环境工程评估中心、中国建筑材料科学研究总院、安徽海螺建材设计研究院。

本标准环境保护部 2017 年 7 月 27 日批准。

本标准自 2017 年 7 月 27 日起实施。

本标准由环境保护部解释。

1　适用范围

本标准规定了水泥工业排污单位排污许可证申请与核发的基本情况填报要求、许可排放限值确定、实际排放量核算、合规判定的技术方法以及自行监测、环境管理台账及排污许可证执行报告等环境管理要求，提出了水泥工业污染防治可行技术要求。

本标准适用于指导水泥工业排污单位填报《排污许可证申请表》及网上填报相关申请信息，适用于指导核发机关审核确定水泥工业排污单位排污许可证许可要求。

本标准适用于水泥（熟料）制造、独立粉磨站排污单位排放的大气污染物和水污染物的排污许可管理。

本标准未做出规定但排放工业废水、废气或者国家规定的有毒有害大气污染物的水泥工业排污单位的其他产污设施和排放口，参照《排污许可证申请与核发技术规范　总则》执行。

2　规范性引用文件

本标准引用了下列文件或者其中的条款。凡是未注明日期的引用文件，其最新版本适用于本标准。

GB 4915　水泥工业大气污染物排放标准

GB 8978　污水综合排放标准

GB 14554　恶臭污染物排放标准

GB 16297　大气污染物综合排放标准

GB 30485　水泥窑协同处置固体废物污染控制标准

GB 30760　水泥窑协同处置固体废物技术规范

GB/T 16157　固定污染源排气中颗粒物测定与气态污染物采样方法

GB/T 31962　污水排入城镇下水道水质标准

HJ/T 38　固定污染源排气中非甲烷总烃的测定　气相色谱法

HJ/T 55　大气污染物无组织排放监测技术导则

HJ/T 57　固定污染源排气中二氧化硫的测定　定电位电解法

HJ/T 75　固定污染源烟气排放连续监测技术规范（试行）

HJ/T 76　固定污染源烟气排放连续监测系统技术要求及检测方法（试行）

HJ/T 91　地表水和污水监测技术规范

HJ/T 194　环境空气质量手工监测技术规范

HJ/T 353　水污染源在线监测系统安装技术规范（试行）

HJ/T 354　水污染源在线监测系统验收技术规范（试行）

HJ/T 355　水污染源在线监测系统运行与考核技术规范（试行）

HJ/T 356　水污染源在线监测系统数据有效性判别技术规范（试行）

HJ/T 397　固定源废气监测技术规范

HJ 662　水泥窑协同处置固体废物环境保护技术规范

HJ 819　排污单位自行监测技术指南　总则

* 排污许可证申请与核发技术规范　总则

* 排污单位自行监测技术指南　水泥工业

* 环境管理台账及排污许可证执行报告技术规范（试行）

《固定污染源排污许可分类管理名录》

《污染源自动监控设施运行管理办法》（环发〔2008〕6 号）

《关于执行大气污染物特别排放限值的公告》（环境保护部公告　2013 年　第 14 号）

《水泥工业污染防治可行技术指南（试行）》（环境保护部公告　2014 年　第 81 号）

《水泥窑协同处置固体废物污染防治技术政策》（环境保护部公告　2016 年　第 72 号）

《水泥窑协同处置危险废物经营许可证审查指南》（环境保护部公告　2017 年　第 22 号）

《排污口规范化整治技术要求（试行）》（环监〔1996〕470 号）

《关于印发〈排污许可证管理暂行规定〉的通知》（环水体〔2016〕186 号）

《关于开展火电、造纸行业和京津冀试点城市高架源排污许可证管理工作的通知》（环水体〔2016〕189 号）

《关于加强京津冀高架源污染物自动监控有关问题的通知》（环办环监函〔2016〕1488 号）

3　术语和定义

下列术语和定义适用于本标准。

---

* 标准正在编制审批之中，待正式发布后按发布标准实行。

3.1 水泥工业排污单位 cement industry pollutant emission unit

指水泥（熟料）制造和独立粉磨站排污单位。其中，水泥（熟料）制造包括熟料生产及其配套的原料矿山、散装水泥（熟料）转运等，以及在进行熟料生产的同时利用水泥窑对固体废物进行无害化处置过程。

3.2 许可排放限值 permitted emission limits

指排污许可证中规定的允许排污单位排放的污染物最大排放浓度和最大排放量。

3.3 特殊时段 special periods

指根据国家和地方限期达标规划及其他相关环境管理规定，对排污单位的污染物排放情况有特殊要求的时段，包括重污染天气应对期间和冬防期间等。

4 排污单位基本情况填报要求

4.1 基本原则

水泥工业排污单位应按照本标准要求，在排污许可证管理信息平台申报系统填报《排污许可证申请表》中的相应信息表。填报系统下拉菜单中未包括的、地方环境保护主管部门有规定需要填报或排污单位认为需要填报的，可自行增加内容。

省级环境保护主管部门按环境质量改善需求增加的管理要求，应填入“有核发权的地方环境保护主管部门增加的管理内容”一栏。

排污单位在填报申请信息时，应评估污染排放及环境管理现状，对现状环境问题提出整改措施，并填入排污许可证管理信息平台申报系统中“改正措施”一栏。

排污单位应按照实际情况填报基本情况，对提交申请材料的真实性、合法性和完整性负法律责任。

4.2 排污单位基本信息

排污单位基本信息应填报单位名称、邮政编码、行业类别（填报时选择“水泥制造”）、是否投产、投产日期、生产经营场所经纬度、所在地是否属于重点区域、是否有环境影响批复文件及文件号（备案编号）、是否有地方政府对违规项目的认定或备案文件及其文件号、是否有主要污染物总量分配计划文件及其文件号、二氧化硫总量指标（t/a）、氮氧化物总量指标（t/a）、颗粒物总量指标（t/a）、化学需氧量总量指标（t/a）、氨氮总量指标（t/a）、其他污染物总量指标（如有）等。

4.3 主要产品及产能

4.3.1 主要生产单元、主要工艺、生产设施及设施参数

水泥工业排污单位主要生产单元、主要工艺及生产设施名称、设施参数填报内容见表 1。

表 1 水泥工业排污单位主要生产单元、主要工艺、生产设施及设施参数表

主要生产单元	主要工艺	生产设施	设施参数
矿山开采	爆破系统	潜孔钻机、其他	进尺：m/h
	破碎系统	颚式破碎机、冲击式破碎机、锤式破碎机	台时产量：t/h
		筛分机	粒径：mm
		输送皮带、其他	输送能力：t/h
熟料生产	破碎系统	颚式破碎机、锤式破碎机、冲击式破碎机、其他	台时产量：t/h
		筛分机	粒径：mm
	贮存及预均化系统	石灰石堆场、铝质原料堆场、硅质原料堆场、铁质原料堆场、原煤堆场、生料库、熟料库、其他堆场	储量：t 容积：m^3
	生料制备系统	球磨机、辊压机	筒体内径：m 筒体长度：m
		立式生料磨、其他	磨盘直径：m
	煤粉制备系统	球磨机	筒体内径：m 筒体长度：m
		立式磨机、其他	磨盘直径：m
	熟料煅烧系统	预热器	列数：列 级数：级
		分解炉	筒体内径：m 有效容积：m^3

主要生产单元	主要工艺	生产设施	设施参数
熟料生产	熟料煅烧系统	水泥窑	筒体内径：m 筒体长度：m
		冷却机	面积：m^2
	余热发电系统	SP 或 PH 锅炉、AQC 锅炉、汽轮机	额定蒸发量：t/h
		发电机	额定功率：MW
		冷却塔、其他	冷却水量：m^3/h
	输送系统	输送皮带、斗提、其他	输送能力：t/h
		转运站	—
协同处置	贮存系统	固体废物贮存池、贮存罐、贮存仓、贮存库、其他	储量：t 容积：m^3
	预处理系统	破碎机、筛分机、风选机、干燥机	台时产量：t/h
		气化炉、热盘炉、其他	筒体内径：m
	输送系统	输送皮带、斗提、螺旋输送装置	输送能力：t/h
		转运站、其他	—
水泥粉磨	贮存系统	石膏堆场、粉煤灰库、水泥库、其他混合材堆场	储量：t 容积：m^3
	破碎系统	破碎机	台时产量：t/h
		筛分机	粒径：mm
	水泥粉磨系统	球磨机、辊压机、选粉机	筒体内径：m 筒体长度：m
		立式水泥磨	磨盘直径：m
	水泥包装系统	包装机	台时产量：t/h
		散装机	散装能力：t/h
	物料烘干系统	烘干机	筒体内径：m 筒体长度：m
	输送系统	输送皮带	输送能力：t/h
		转运站、其他	—
公用单元	供水处理系统	软化水制备设备、其他	小时制备量：t/h
	输送系统	输送皮带、转运站、其他	输送能力：t/h
	装卸系统	装卸船机	输送能力：t/h

4.3.2 生产设施编号

排污单位填报内部生产设施编号，若排污单位无内部生产设施编号，则根据《关于开展火电、造纸行业和京津冀试点城市高架源排污许可证管理工作的通知》（环水体〔2016〕189 号）中附件 4《固定污染源（水、大气）编码规则（试行）》进行编号并填报。

4.3.3 产品名称

分为熟料、水泥。

4.3.4 生产能力及计量单位

生产能力为主要产品设计产能，不包括国家或地方政府予以淘汰或取缔的产能。熟料产能计量单位为 t/d，水泥产能计量单位为万 t/a。

4.3.5 设计年生产时间

环境影响评价文件及批复、地方政府对违规项目的认定或备案文件确定的年生产天数。

4.3.6 其他

排污单位如有需要说明的内容，可填写。

4.4 主要原辅材料及燃料

4.4.1 种类

分为原辅料、燃料。

4.4.2 原辅料

4.4.2.1 名称

熟料生产分为石灰质原料（石灰石、白垩、大理石、石灰质泥岩、电石渣、其他）、铁质校正原料

（硫酸渣、铁矿石、转炉渣、其他）、硅质校正原料（硅藻土、硅藻石、砂岩、鹅卵石、粉煤灰、粉砂岩、河砂、其他）、铝质校正原料（电炉渣、铝矾土、煤矸石、铁矾土、炉渣黄土、黏土、页岩、泥岩、粉砂岩、河泥、粉煤灰、其他）。

协同处置分为危险废物、生活垃圾（包括废塑料、废橡胶、废纸、废轮胎、厨余、其他）、城市和工业污水处理污泥、动植物加工废物、受污染土壤、应急事件废物等。

水泥粉磨分为熟料、缓凝剂（天然石膏、磷石膏、脱硫石膏、其他）、混合材（粉煤灰、粒化高炉矿渣、砂岩、石灰石、火山灰、废石、电炉渣、烧结煤矸石、其他）。

其他辅料包括工艺过程中添加的辅料以及废气、废水污染防治过程中添加的化学品等，如：氨水、尿素、熟石灰、添加剂、其他。

4.4.2.2 设计年使用量

应填报原辅材料设计年使用量。

4.4.2.3 成分

水泥工业排污单位应填报主要原辅材料的硫元素占比；协同处置危险废物的水泥（熟料）制造排污单位还应根据危险废物的特性，填报氯、氟、汞、铊、镉、铅、砷、铍、铬、锡、锑、铜、钴、锰、镍、钒等有毒有害成分占比。可参考设计值或上一年度的实际使用情况填报。

4.4.3 燃料

4.4.3.1 名称

分为燃煤、柴油、重油、其他。

4.4.3.2 设计年使用量

应填报燃料的设计年使用量。

4.4.3.3 成分

应填报燃料的灰分、硫分、挥发分、热值，可参考设计值或上一年的实际使用情况填报。

4.4.4 其他

排污单位如有需要说明的内容，可填写。

4.5 产排污环节、污染物及污染治理设施

4.5.1 一般原则

废气产排污环节、污染物及污染治理设施包括生产设施对应的产污环节、污染物种类、排放形式（有组织、无组织）、污染治理设施、是否为可行技术、排放口编号、排放口设置是否规范及排放口类型。

废水包括废水类别、污染物种类、排放去向、污染治理设施、是否为可行技术、排放口编号、排放口设置是否规范及排放口类型。

4.5.2 废气

4.5.2.1 产污环节

矿山开采包括石灰石破碎及其他通风生产设备等。

熟料生产包括水泥窑及窑尾余热利用系统（窑尾）、冷却机（窑头）、烘干机（磨）、煤磨及其他通风生产设备等。

协同处置包括贮存、预处理、旁路放风（若有）排气设施等。

水泥粉磨包括烘干机（若有）、破碎机、磨机、包装机及其他通风生产设备等。

公用单元包括转运站、装卸船机及其他通风生产设备等。

4.5.2.2 污染物种类

根据 GB 4915、GB 30485、GB 14554 等标准及《水泥窑协同处置危险废物经营许可证审查指南》（环境保护部公告 2017 年 第 22 号）确定各废气产污环节污染物，具体见表 2。有地方排放标准要求的，按照地方排放标准确定。

4.5.2.3　治理设施名称

包括除尘系统、脱硫系统（若有）、脱硝系统等，水泥窑协同处置固体废物生产线还包括贮存、预处理设施废气治理设施等。

4.5.2.4　污染治理工艺

包括除尘设施（三电场静电除尘器、四电场静电除尘器、五电场静电除尘器；玻纤袋式除尘器、聚酯袋式除尘器、诺梅克斯袋式除尘器、聚酰亚胺袋式除尘器、聚四氟乙烯袋式除尘器、其他袋式除尘器；电袋复合除尘器；其他）、脱硫设施（干法、半干法、湿法）、脱硝设施（低氮燃烧、分级燃烧技术、SNCR、其他）、协同处置固体废物项目贮存、预处理装置的治理设施（活性炭吸附法、生物除臭法、导入水泥窑高温区焚烧、其他）等。

4.5.3　废水

4.5.3.1　类别

废水包括生产废水和生活污水，其中生产废水按照主要生产单元分为：

熟料生产包括设备冷却排污水、余热发电锅炉循环冷却排污水、辅助生产废水（机修废水等）；

协同处置还包括贮存、预处理产生的渗滤液或其他生产废水；

水泥粉磨包括设备冷却排污水、辅助生产废水（机修废水等）。

4.5.3.2　污染物种类

根据 GB 8978、GB/T 31962 等标准确定各废水产污环节污染物，具体见表 2。有地方排放标准要求的，按照地方排放标准确定。

4.5.3.3　治理设施名称

包括废污水处理系统，水泥窑协同处置固体废物排污单位还可能包括渗滤液或其他生产废水处理系统。

4.5.3.4　污染治理工艺

废水治理工艺分为一级处理（过滤、沉淀、上浮法、冷却）、二级处理（生物接触氧化工艺、活性污泥法、A/O、A^2/O、其他），协同处置固体废物排污单位渗滤液及其他生产废水还包括深度处理（超滤/纳滤、反渗透、吸附过滤、其他）、喷入水泥窑内焚烧处置、其他。

4.5.3.5　排放去向及排放规律

排放去向分为不外排；排至厂内综合污水处理站；直接进入海域；直接进入江河、湖、库等水环境；进入城市下水道（再入江河、湖、库）；进入城市下水道（再入沿海海域）；进入城市污水处理厂；进入其他单位；工业废水集中处理设施；其他（包括回喷、回填、回灌、回用等）。

排放规律分为连续排放，流量稳定；连续排放，流量不稳定，但有周期性规律；连续排放，流量不稳定，但有规律，且不属于周期性规律；连续排放，流量不稳定，属于冲击型排放；连续排放，流量不稳定且无规律，但不属于冲击型排放；间断排放，排放期间流量稳定；间断排放，排放期间流量不稳定，但有周期性规律；间断排放，排放期间流量不稳定，但有规律，且不属于非周期性规律；间断排放，排放期间流量不稳定，属于冲击型排放；间断排放，排放期间流量不稳定且无规律，但不属于冲击型排放。

4.5.4　污染治理设施、排放口编号

污染治理设施编号可填报排污单位内部污染治理设施编号，若排污单位无内部编号，则根据《关于开展火电、造纸行业和京津冀试点城市高架源排污许可证管理工作的通知》（环水体〔2016〕189 号）附件 4《固定污染源（水、大气）编码规则（试行）》进行编号并填报。

排放口编号应填报地方环境保护主管部门现有编号，若地方环境主管部门未对排放口进行编号，则根据《关于开展火电、造纸行业和京津冀试点城市高架源排污许可证管理工作的通知》（环水体〔2016〕189 号）附件 4《固定污染源（水、大气）编码规则（试行）》进行编号并填报。

4.5.5　可行技术

可行技术填报应参照本标准第 6 章“污染防治可行技术要求”。

4.5.6 排放口设置要求

根据《排污口规范化整治技术要求（试行）》（国家环保局 环监〔1996〕470 号），以及排污单位执行的排放标准中有关排放口规范化设置的规定，填报废气和废水排放口设置是否符合规范化要求。

4.5.7 排放口类型

根据水泥工业各废气排放口污染物排放特点及排放负荷，将废气排放口分为主要排放口和一般排放口。主要排放口是指水泥窑及窑尾余热利用系统烟囱（窑尾烟囱）、冷却机烟囱（窑头烟囱），其余废气排放口均为一般排放口。

根据水泥工业废水排放特点，废水排放口分为外排口（直接排放口、间接排放口）、设施或车间排放口，均为一般排放口。

4.6 其他要求

排污单位基本情况还应包括生产工艺流程图和厂区总平面布置图。

生产工艺流程图应包括主要生产设施（设备）、主要原辅燃料的流向、生产工艺流程等内容。

厂区总平面布置图应包括主要生产单元、厂房、设备位置关系，注明厂区污水收集和运输走向等内容。

5 产排污环节对应排放口及许可排放限值确定方法

5.1 产排污环节对应排放口

5.1.1 废气

水泥工业排污单位废气排放口主要包括水泥窑及窑尾余热利用系统、冷却机、煤磨、水泥磨、烘干机（磨）、包装机等生产设施对应的烟囱或排气筒，具体见表 2。应填报排放口地理坐标、排气筒高度、排气筒出口内径、国家或地方污染物排放标准、环境影响评价批复要求、承诺更加严格排放限值，其余项为依据本标准第 4.5 条填报的产排污环节及排放口信息。

5.1.2 废水

废水直接排放口应填报排放口地理坐标、间歇排放时段、受纳自然水体信息、汇入受纳自然水体处地理坐标及执行的国家或地方污染物排放标准；废水间接排放口应填报排放口地理坐标、间歇排放时段、受纳污水处理厂名称及执行的国家或地方污染物排放标准；单独排入城镇集中污水处理设施的生活污水仅说明去向。其余项为依据本标准第 4.5 条填报的产排污环节及排放口信息，信息平台系统自动生成。废水间歇式排放的，应当载明排放污染物的时段。

表 2 生产设施、排放口及污染物

废气有组织				
主要生产单元	生产设施	废气有组织排放口	排放口类型	污染物
矿山开采	破碎机	各装置排气筒	一般排放口	颗粒物
	其他通风生产设备			
熟料生产	破碎机	各装置排气筒	一般排放口	颗粒物
	通风生产设备（原辅料、燃料、生料输送设备、料仓和储库等）			
	生料磨（若有独立排放口的烘干磨）	各装置排气筒		颗粒物、二氧化硫[a]、氮氧化物（以 NO_2 计）[a]
	煤磨			
	水泥窑及窑尾余热利用系统（窑尾）	窑尾烟囱	主要排放口	颗粒物、二氧化硫、氮氧化物（以 NO_2 计）、氟化物（以总 F 计）、汞及其化合物、氨
		窑尾烟囱[b]		颗粒物，二氧化硫，氮氧化物（以 NO_2 计），汞及其化合物（以 Hg 计），氨，氯化氢，氟化氢，二噁英类，铊、镉、铅、砷及其化合物（以 Tl+Cd+Pb+As 计），铍、铬、锡、锑、铜、钴、锰、镍、钒及其化合物（以 Be+Cr+Sn+Sb+Cu+Co+Mn+Ni+V 计），TOC
	冷却机（窑头）[c]	窑头烟囱		颗粒物

废气有组织				
协同处置	旁路放风设施	独立旁路放风排气筒[d]	一般排放口	颗粒物，二氧化硫，氮氧化物（以 NO_2 计），氨，汞及其化合物（以 Hg 计），氯化氢，氟化氢，铊、镉、铅、砷及其化合物（以 Tl+Cd+Pb+As 计），铍、铬、锡、锑、铜、钴、锰、镍、钒及其化合物（以 Be+Cr+Sn+Sb+Cu+Co+Mn+Ni+V 计），二噁英类
协同处置	旁路放风设施	独立旁路放风排气筒[e]	一般排放口	颗粒物，二氧化硫，氮氧化物（以 NO_2 计），氨，汞及其化合物（以 Hg 计），氯化氢，氟化氢，铊、镉、铅、砷及其化合物（以 Tl+Cd+Pb+As 计），铍、铬、锡、锑、铜、钴、锰、镍、钒及其化合物（以 Be+Cr+Sn+Sb+Cu+Co+Mn+Ni+V 计），二噁英类、TOC
协同处置	贮存、预处理设施	固体废物贮存、预处理设施排气筒[d, f]	一般排放口	臭气浓度、硫化氢、氨、颗粒物
协同处置	贮存、预处理设施	固体废物贮存、预处理设施排气筒[e, f]	一般排放口	臭气浓度、硫化氢、氨、颗粒物、非甲烷总烃
水泥粉磨	烘干机	烘干机排气筒	一般排放口	颗粒物、二氧化硫[a]、氮氧化物（以 NO_2 计）[a]
水泥粉磨	水泥磨	各装置排气筒	一般排放口	颗粒物
水泥粉磨	破碎机	各装置排气筒	一般排放口	颗粒物
水泥粉磨	包装机	各装置排气筒	一般排放口	颗粒物
水泥粉磨	其他通风生产设备（熟料、水泥、混合材、石膏等输送设备、料仓和储库等）	各装置排气筒	一般排放口	颗粒物
公用单元	转运站	各装置排气筒	一般排放口	颗粒物
公用单元	装卸船机	各装置排气筒	一般排放口	颗粒物
公用单元	其他通风生产设备	各装置排气筒	一般排放口	颗粒物
废气无组织排放				
水泥工业排污单位		厂界	颗粒物、氨[g]	
水泥工业排污单位		厂界[d]	颗粒物、氨[g]、硫化氢、臭气浓度	
水泥工业排污单位		厂界[e]	颗粒物、氨[g]、硫化氢、臭气浓度、非甲烷总烃	
废　水				
废水类别		废水排放口	排放口类型	污染物
生产废水	设备冷却排污水	外排口、设施或车间排放口	一般排放口	pH、化学需氧量、悬浮物、石油类、氟化物
生产废水	余热发电锅炉循环冷却排污水[h]	外排口、设施或车间排放口	一般排放口	pH、化学需氧量、悬浮物、石油类、氟化物
生产废水	机修等辅助生产废水	外排口、设施或车间排放口	一般排放口	pH、化学需氧量、悬浮物、石油类、氟化物
生产废水	垃圾渗滤液或其他生产废水[f]	外排口、设施或车间排放口	一般排放口	pH、悬浮物、化学需氧量、五日生化需氧量、石油类、氟化物、氨氮、总磷、总汞、总镉、总铬、六价铬、总砷、总铅
生活污水		外排口、设施或车间排放口	一般排放口	pH、悬浮物、化学需氧量、五日生化需氧量、氨氮、总磷

[a] 适用于采用独立热源的烘干设备或利用窑尾余热烘干物料经独立排气筒排放废气的工艺。
[b] 适用于水泥窑协同处置固体废物。
[c] 适用于采用新型干法窑。
[d] 适用于水泥窑协同处置非危险废物。
[e] 适用于水泥窑协同处置危险废物。
[f] 2015 年 1 月 1 日（含）后取得环境影响评价批复的排污单位还应依据环境影响评价文件及其批复确定其他污染物。
[g] 适用于使用氨水、尿素等含氨物质作为还原剂去除烟气中氮氧化物，以及协同处置固体废物的贮存、预处理设施产生氨无组织排放的排污单位。
[h] 适用于配套余热锅炉的水泥（熟料）制造排污单位。

5.2　许可排放限值

5.2.1　一般原则

许可排放限值包括污染物许可排放浓度和许可排放量。

对于大气污染物，以生产设施或有组织排放口为单位确定许可排放浓度、许可排放量；无组织废气按照厂界确定许可排放浓度，不设置许可排放量要求；独立粉磨站不设置许可排放量要求。对于水污染物，按照排放口确定许可排放浓度，不设置许可排放量要求。

按照国家或地方污染物排放标准等法律法规和管理制度要求，按照从严原则确定许可排放浓度，依据总量控制指标及本标准规定的方法从严确定许可排放量。2015 年 1 月 1 日（含）后取得环境影响评价批复的排污单位，许可排放限值还应同时满足环境影响评价文件和批复要求。

总量控制指标包括地方政府或环境保护主管部门发文确定的排污单位总量控制指标、环境影响评价批复时的总量控制指标、现有排污许可证中载明的总量控制指标、通过排污权有偿使用和交易确定的总量控制指标等地方政府或环境保护主管部门与排污许可证申领排污单位以一定形式确认的总量控制指标。

排污单位申请许可排放量时，应在排污许可证申请表中写明计算过程。

排污单位申请的许可排放限值严于本标准规定的，排污许可证按照申请的许可排放限值核发。

5.2.2 许可排放浓度

5.2.2.1 废气

水泥工业排污单位废气许可排放浓度依据 GB 4915、GB 30485、GB 14554 以及地方排放标准和《水泥窑协同处置危险废物经营许可证审查指南》（环境保护部公告 2017 年 第 22 号）从严确定。

大气污染防治重点控制区按照《关于执行大气污染物特别排放限值的公告》（环境保护部公告 2013 年 第 14 号）的要求执行。其他执行大气污染物特别排放限值的地域范围、时间，由国务院环境保护行政主管部门或省级人民政府规定。

许可排放浓度为小时均值浓度（二噁英类为连续 3 次测定均值）；执行 GB 14554 的恶臭污染物，有组织排放口为小时排放速率（臭气浓度为一次测定值），无组织排放为小时均值浓度（臭气浓度为一次测定值）。

若执行不同许可排放浓度的多台生产设施或排放口采用混合方式排放废气，且选择的监控位置只能监测混合废气中的大气污染物浓度，则应执行各限值要求中最严格的许可排放浓度。

5.2.2.2 废水

水泥工业排污单位水污染物许可排放浓度按照 GB 8978、GB/T 31962 及地方排放标准从严确定。许可排放浓度为日均浓度（pH 值为任何一次监测值）。若排污单位在同一个废水排放口排放两种或两种以上工业废水，且每种废水同一种污染物的排放标准不同时，许可排放浓度按照 GB 8978 中附录 A 的要求确定。

5.2.3 许可排放量

5.2.3.1 一般原则

水泥（熟料）制造排污单位应明确主要废气污染物（颗粒物、二氧化硫、氮氧化物）许可排放量，包括年许可排放量和特殊时段许可排放量。年许可排放量包括排污单位年许可排放量和主要排放口年许可排放量，年许可排放量的有效周期应以许可证核发时间起算，滚动 12 个月，年许可排放量同时适用于考核自然年的实际排放量，地方环境保护主管部门可根据需要将年许可排放量按月进行细化。特殊时段许可排放量包括重污染天气应对期间日许可排放量和错峰生产时段（具体要求见附录 A）月许可排放量。

对于有水环境质量改善需求的或者地方政府有要求的，还可明确各项水污染物许可排放量，为年许可排放量。

5.2.3.2 许可排放量核算方法

根据污染物许可排放浓度限值、单位产品基准排气量、产能确定大气污染物许可排放量。典型水泥工业排污单位的单位产品基准排气量见表 3。

a）年许可排放量

1）排污单位年许可排放量

$$E_{j\text{年许可}} = \sum_{k=1}^{n}\left(E_{j\text{主要排放口}} + E_{j\text{一般排放口}}\right) \tag{1}$$

式中：$E_{j\text{年许可}}$ —— 排污单位第 j 项大气污染物年许可排放量，t/a；

$E_{j\text{主要排放口}}$ —— 第 k 条生产线主要排放口第 j 项大气污染物年许可排放量，t/a；

$E_{j\text{一般排放口}}$ —— 第 k 条生产线一般排放口第 j 项大气污染物年排放量，t/a。

2）主要排放口年许可排放量

$$E_{j主要排放口}=\sum_{i=1}^{n}\rho_{ij}\times Q_i\times G\times T\times 10^{-9} \quad (2)$$

式中：ρ_{ij} —— 第 i 个主要排放口第 j 项大气污染物许可排放浓度限值，mg/m^3；

Q_i —— 第 i 个主要排放口单位产品基准排气量（见表 3），m^3/t 熟料；

G —— 主要产品产能，t 熟料/d；

T —— 年运行时间，d/a。

注 1：对于实行错峰生产的，年运行时间为（$365-T_c$），T_c 为错峰生产天数；对于不实行错峰生产的，年运行时间按照 4.3.5 确定。

3）一般排放口年排放量

$$E_{j一般排放口}=\sum_{i=1}^{n}\rho'_{ij}\times Q_i\times G\times T\times 10^{-9} \quad (3)$$

式中：ρ'_{ij} —— 第 i 类一般排放口第 j 项大气污染物许可排放浓度限值，mg/m^3；

Q_i —— 第 i 类一般排放口单位产品基准排气量（见表 3），m^3/t 产品；

G —— 主要产品产能，t 产品/d；

注 2：表 3 中第 3、4 类排放口对应的产品产能为熟料产能；第 5、6 类排放口对应的产品产能为水泥产能。

T —— 年运行时间，d/a。

注 3：对于表 3 中第 3、4 类排放口，不实行错峰生产时对应的年运行时间按照 4.3.5 确定，实行错峰生产时对应的年运行时间为（$365-T_c$）；对于表 3 中第 5、6 类排放口，不实行错峰生产时和错峰生产期间粉磨单元不停运时对应的年运行时间按照 4.3.5 确定，错峰生产期间粉磨单元停运时对应的年运行时间为（$365-T_c$）。

表 3　水泥工业排污单位基准排气量表

序号	主要生产单元	排放口	排放口类别	主要污染物	基准排气量
1	熟料生产	窑头（冷却机）	主要排放口	颗粒物	1 800 m^3/t 熟料
2		窑尾（水泥窑及窑尾余热利用系统）[a]	主要排放口	颗粒物、二氧化硫、氮氧化物	2 500 m^3/t 熟料
3		煤磨	一般排放口	颗粒物	460 m^3/t 熟料
4		熟料库前其他一般排放口[b]	一般排放口	颗粒物	600 m^3/t 熟料
5	水泥粉磨	水泥磨	一般排放口	颗粒物	1 550 m^3/t 水泥
6		熟料库后其他一般排放口[c]	一般排放口	颗粒物	600 m^3/t 水泥

[a] 生产特种水泥的水泥（熟料）制造排污单位或协同处置固体废物的水泥（熟料）制造排污单位，窑尾基准排气量系数放大 1.1 倍；对于协同处置固体废物的水泥（熟料）制造排污单位，该基准排气量包括旁路放风设施的排气量。

[b] 熟料库前其他一般排放口是自破碎工序到熟料出库所有一般废气排放口（除煤磨），包括原辅料、燃料、生料输送设备、料仓、储库等废气排放口。

[c] 熟料库后其他一般排放口是自辅材破碎工序至水泥出库所有一般废气排放口（除水泥磨），包括熟料、水泥、混合材、石膏等输送设备、料仓、储库以及破碎机、包装机等废气排放口。

b）特殊时段许可排放量

排污单位应按照国家或所在地区人民政府制定的重污染天气应急预案、冬防（现阶段主要指错峰生产）文件等，根据停产、限产等要求，确定特殊时段短期许可排放量和产量控制要求。在许可证有效期内，国家或排污单位所在地区人民政府发布新的特殊时段要求的，应当按照新的停产、限产等要求进行排放，国家和地方环境保护部门依法规定的其他特殊时段短期许可排放量应当在排污可证当中明确。

1）重污染天气日许可排放量

重污染天气下，水泥工业排污单位应根据所在地区人民政府制定的重污染天气应急预案，根据污染物排放削减比例等要求，确定重污染天气下的日许可排放量。计算公式为：

$$E_{日许可}=E_{前一年环统日均排放量}\times(1-\alpha) \tag{4}$$

式中：$E_{日许可}$ —— 水泥工业排污单位重污染天气应对期间日许可排放量，t/d；

$E_{前一年环统日均排放量}$ —— 水泥工业排污单位前一年环境统计实际排放量与排污单位实际运行天数的比值，t/d；

α —— 重污染天气应对期间排放量削减比例。

2）错峰生产时段月许可排放量

按照国家和地方发布的水泥错峰生产文件要求，确定错峰生产期间的月许可排放量。对于停窑不停水泥磨的，计算公式为：

$$E_{j月许可}=\sum_{i=1}^{n}\rho'_{ij}\times Q_i\times G\times T'\times 10^{-9} \tag{5}$$

式中：$E_{j月许可}$ —— 水泥工业排污单位错峰生产月许可排放量，t/月；

ρ'_{ij} —— 水泥粉磨单元第 i 类排放口第 j 项大气污染物许可排放浓度限值，mg/m^3；

Q_i —— 水泥粉磨单元第 i 类排放口单位产品基准排气量（见表 3），m^3/t 水泥；

G —— 主要产品产能，t 水泥/d；

T' —— 运行时间，d/月。为错峰生产月的自然天数。

对于窑、磨全停的，$E_{j月许可}$=0。

5.2.4 无组织排放控制要求

对于水泥工业排污单位无组织排放源，应根据所处区域的不同，按照主要生产单元分别明确无组织排放控制要求，具体见表 4。

表 4 水泥工业排污单位无组织排放控制要求

<table>
<tr><th rowspan="2">序号</th><th rowspan="2" colspan="2">主要生产单元</th><th colspan="2">无组织排放控制要求</th></tr>
<tr><th>重点地区[a]</th><th>一般地区</th></tr>
<tr><td rowspan="2">1</td><td rowspan="2" colspan="2">矿山开采</td><td colspan="2">（1）矿山机械钻孔机应配置除尘器或其他有效除尘设施
（2）矿山爆破采用微差爆破等扬尘较低的爆破技术，爆堆应喷水
（3）运矿道路应进行适当硬化并定期洒水，道路两旁进行绿化
（4）运输皮带封闭，矿石厂外汽运车辆应采用封闭或覆盖等抑尘措施</td></tr>
<tr><td>（5）石灰石转载、下料口等产尘点应设置集气罩并配备高效袋式除尘器</td><td>（5）石灰石转载、下料口等产尘点应设置集气罩并配备袋式除尘器</td></tr>
<tr><td rowspan="10">2</td><td rowspan="10">熟料生产</td><td>原辅料堆存</td><td>（1）粉状物料全部密闭储存，其他物料全部封闭储存</td><td>（1）粉状物料密闭储存，其他块石、黏湿物料、浆料等辅材设置不低于堆放物高度的严密围挡，并采取有效覆盖等措施防治扬尘污染</td></tr>
<tr><td>原辅料转运</td><td>（2）运输皮带、斗提、斜槽等应全封闭，各转载、下料口等产尘点应设置集气罩并配置高效袋式除尘器</td><td>（2）运输皮带、斗提、斜槽等应封闭，对块石、黏湿物料、浆料等装卸过程也可采取其他有抑尘措施的运输方式，各转载、下料口等产尘点应设置集气罩并配备袋式除尘器</td></tr>
<tr><td>原煤储存</td><td colspan="2">（3）原煤采用封闭储库，或设置不低于堆放物高度的严密围挡并配套洒水抑尘装置</td></tr>
<tr><td rowspan="2">煤粉制备及转运</td><td colspan="2">（4）煤粉采用密闭储仓</td></tr>
<tr><td>（5）运输皮带、绞刀、斜槽等应封闭，各转载、破碎、下料口等产尘点应设置集尘罩并配备高效除尘器</td><td>（5）运输皮带、绞刀、斜槽等应封闭，各转载、破碎、下料口等产尘点应设置集尘罩并配备除尘器</td></tr>
<tr><td>熟料储存</td><td>（6）熟料全部封闭储存</td><td>（6）熟料封闭储存，或者设置不低于堆放物高度的严密围挡存储，并采取有效覆盖等措施防治扬尘污染</td></tr>
<tr><td rowspan="2">熟料输送及转运</td><td>（7）运输皮带、斗提等应封闭，各转载、下料口等产尘点应设置集尘罩并配置高效袋式除尘器，库顶等泄压口配备高效袋式除尘器</td><td>（7）运输皮带、斗提等应封闭，各转载、下料口等产尘点应设置集尘罩并配置袋式除尘器，库顶等泄压口应配备袋式除尘器</td></tr>
<tr><td colspan="2">（8）熟料散装车辆应采用封闭或覆盖等抑尘措施</td></tr>
<tr><td>脱硝</td><td colspan="2">（9）氨水用全封闭罐车运输、配氨气回收或吸收回用装置、氨罐区设氨气泄漏检测设施</td></tr>
</table>

<table>
<tr><th rowspan="2">序号</th><th rowspan="2" colspan="2">主要生产单元</th><th colspan="2">无组织排放控制要求</th></tr>
<tr><th>重点地区[a]</th><th>一般地区</th></tr>
<tr><td>3</td><td colspan="2">协同处置</td><td colspan="2">（1）固体废物密闭贮存、转载、预处理处于微负压状态并将废气引入水泥窑高温区焚烧
（2）贮存、预处理排气筒设活性炭吸附、生物除臭等装置
（3）筛余、飞灰等密闭储存</td></tr>
<tr><td rowspan="5">4</td><td rowspan="5">水泥粉磨</td><td rowspan="3">物料堆存</td><td>（1）粉状物料全部密闭储存，其他物料全部封闭储存</td><td>（1）粉状物料全部密闭储存，其他块石、黏湿物料、浆料等辅材设置不低于堆放物高度的严密围挡，并采取有效覆盖等措施防治扬尘污染</td></tr>
<tr><td>（2）封闭式皮带、斗提、斜槽运输，各物料破碎、转载、下料口应设置集尘罩并配置高效袋式除尘器，库顶等泄压口配备高效袋式除尘器</td><td>（2）封闭式皮带、斗提、斜槽运输，对块石、黏湿物料、浆料等装卸过程也可采取其他有抑尘措施的运输方式，各转载、下料口等产尘点应设置集尘罩并配备袋式除尘器，库顶等泄压口配备袋式除尘器</td></tr>
<tr><td colspan="2">（3）粉煤灰采用密闭罐车运输</td></tr>
<tr><td>水泥散装</td><td colspan="2">（4）水泥散装采用密闭罐车，散装应采用带抽风口的散装卸料装置，物料装车与除尘设施同步运行</td></tr>
<tr><td>包装运输</td><td colspan="2">（5）包装车间全封闭
（6）袋装水泥装车点位采用集中通风除尘系统</td></tr>
<tr><td rowspan="2">5</td><td rowspan="2">公用单元</td><td>码头发运</td><td>（1）物料采用封闭式皮带、斗提、斜槽运输，各转载、下料口等产尘点应设置集尘罩并配备高效袋式除尘器，库顶等泄压口配备高效袋式除尘器
（2）水泥及熟料等物料采用密闭库存储
（3）装卸船机配备高效袋式收尘器</td><td>（1）物料采用封闭式皮带、斗提、斜槽运输，各转载、下料口等产尘点应设置集尘罩并配备袋式除尘器；库顶等泄压口配备袋式除尘器
（2）水泥及熟料等物料采用密闭库存储，其他块石、黏湿物料、浆料等辅材设置不低于堆放物高度的严密围挡，并采取有效覆盖等措施防治扬尘污染
（3）装卸船机配备袋式收尘器</td></tr>
<tr><td>其他</td><td colspan="2">（4）厂区、码头运输道路全硬化，定期洒水，及时清扫
（5）各收尘器、管道等设备应完好运行，无粉尘外溢
（6）厂区设置车轮清洗、清扫装置</td></tr>
<tr><td colspan="5">[a] 是指执行 GB 4915 中特别排放限值的地区</td></tr>
</table>

5.2.5　其他

新、改、扩建项目的环境影响评价文件或地方相关规定中有原辅材料、燃料等其他污染防治强制要求的，还应根据环境影响评价文件或地方相关规定，明确其他需要落实的污染防治要求。

6　污染防治可行技术要求

6.1　一般原则

本标准参照《水泥工业污染防治可行技术指南（试行）》（环境保护部公告　2014 年　第 81 号）提出的污染防治可行技术及运行管理要求可作为环境保护主管部门对排污许可证申请材料审核的参考。对于排污单位采用本标准所列污染防治可行技术的，原则上认为具备符合规定的防治污染设施或污染物处理能力。

对于未采用本标准所列污染防治可行技术的，排污单位应当在申请时提供相关证明材料（如已有监测数据；对于国内外首次采用的污染治理技术，还应当提供中试数据等说明材料），证明具备同等污染防治能力。

对不属于污染防治可行技术的污染治理技术，排污单位应当加强自我监测、台账记录，评估达标可行性。

6.2　废气

6.2.1　可行技术

对于水泥生产过程产生的有组织排放颗粒物，一般采用袋式除尘器、电除尘器、电袋复合除尘器即可满足排放标准限值要求；窑尾产生的氮氧化物，采用选择性非催化还原方法（SNCR）与一种或一种以上的低氮燃烧技术（低氮燃烧器、分解炉分级燃烧技术）组合降氮技术可满足排放标准限值要求；当原燃料中有机硫和硫化物硫含量较高导致二氧化硫超标时，应采用干法、半干法或湿法脱硫技术，以满足排放标准限值要求。对于重金属、氯化氢、二噁英类等特征污染物，通过源头配料控制、入窑物料成分控制、水泥窑生产过程控制、末端协同控制，可满足排放标准限值要求。废气污染防治可行技术具体见附录 B。

6.2.2 运行管理要求

6.2.2.1 有组织排放控制要求

a）生产工艺设备、废气收集系统以及污染治理设施应同步运行。废气收集系统或污染治理设施发生故障或检修时，应停止运转对应的生产工艺设备，待检修完毕后共同投入使用。回转窑点火升温过程中，在分解炉温度达到 850℃时，SNCR 脱硝设施应投运。

b）加强除尘设备巡检，消除设备隐患，保证正常运行。布袋除尘器应定期更换滤袋，电除尘器定期检修维护极板、极丝、振打清灰等装置。

c）原料中有机硫、硫化物硫含量较高的排污单位，应采用窑磨（立式生料磨）一体机，并尽可能延长生料磨运行时间；优化工艺，使物料在预热器、分解炉、水泥窑内均匀分布，控制合适的硫碱比。在以上措施不能达到排放标准要求时，应采用干法、半干法或湿法脱硫措施。

d）氮氧化物控制应在优化燃烧器设计、采用低氮燃烧器、分级燃烧技术和精细化操作的基础上使用 SNCR 脱硝技术，采取提高氨水雾化效果、稳定雾化压力、选择合适的脱硝反应温度以及延长脱硝反应时间等措施，从而提高氨水反应效率和降低氨水用量，减少氨逃逸。

6.2.2.2 其他控制要求

水泥窑协同处置固体废物的排污单位固体废物贮存和预处理设施、运行操作技术要求和水泥产品污染控制要求等应符合 GB 30485、GB 30760 以及 HJ 662 要求。

6.3 废水

6.3.1 可行技术

本标准废水污染防治可行技术具体见附录 C。

6.3.2 运行管理要求

水泥工业排污单位应当按照相关法律法规、标准和技术规范等要求运行水污染防治设施并进行维护和管理，保证设施运行正常。

7 自行监测管理要求

7.1 一般原则

水泥工业排污单位在申请排污许可证时，应当按照本标准确定的产排污环节、排放口、污染物及许可限值等要求，制定自行监测方案，并在排污许可证申请表中明确。《排污单位自行监测技术指南 水泥工业》发布后，自行监测方案的制定从其要求。

对于 2015 年 1 月 1 日（含）后取得环境影响评价批复的排污单位，批复的环境影响评价文件有其他管理要求的，应当同步完善水泥工业排污单位自行监测管理要求。

7.2 自行监测方案

自行监测方案中应明确排污单位的基本情况、监测点位、监测指标、执行排放标准及其限值、监测频次、监测方法和仪器、采样方法、监测质量控制、监测点位示意图、监测结果公开时限等。对于采用自动监测的排污单位应当如实填报采用自动监测的污染物指标、自动监测系统联网情况、自动监测系统的运行维护情况等；对于无自动监测的大气污染物和水污染物指标，排污单位应当填报开展手工监测的污染物排放口和监测点位、监测方法、监测频次。

7.3 自行监测要求

7.3.1 一般原则

排污单位可自行或委托第三方监测机构开展监测工作，并安排专人专职对监测数据进行记录、整理、统计和分析，对监测结果的真实性、准确性、完整性负责。手工监测时的生产负荷不低于本次监测与上一次监测周期内的平均生产负荷。

7.3.2 监测内容

自行监测污染源和污染物应包括排放标准以及环境影响评价文件及其批复中涉及的各项废气、废水污染源和污染物。水泥工业排污单位应当开展自行监测的污染源包括产生有组织废气、无组织废气、生产废水、生活污水等的全部污染源，污染源的监测点位、指标、频次具体见表 5、表 6、表 7 和表 8。

表 5 废气排放监测点位、指标及频次

生产单元	监测点位	监测指标	监测频次[a]
矿山开采	破碎机排气筒	颗粒物	季度[b]
	输送设备及其他通风生产设备的排气筒	颗粒物	2 年
熟料生产、水泥粉磨	水泥窑及窑尾余热利用系统排气筒	颗粒物、二氧化硫、氮氧化物	连续监测
		氨[c]、氟化物（以总 F 计）、汞及其化合物	季度
	水泥窑窑头（冷却机）排气筒	颗粒物	连续监测
	烘干机、烘干磨、煤磨排气筒	颗粒物、二氧化硫[d]、氮氧化物[d]	季度[b]
	水泥磨、破碎机、包装机排气筒	颗粒物	季度[b]
	输送设备及其他通风生产设备的排气筒	颗粒物	2 年

[a] 重点地区根据管理需要可适当增加监测频次。
[b] 对于采用相同种类治理设施的，采取随机抽测原则，每次抽测比例不少于 50%。
[c] 适用于使用氨水、尿素等含氨物质作为还原剂，去除烟气中氮氧化物。
[d] 适用于采用独立热源的烘干设备或利用窑尾余热烘干物料经独立排气筒排放废气的工艺。

表 6 协同处置固体废物废气排放监测点位、指标及频次

监测点位	监测指标	监测频次	
		协同处置非危险废物	协同处置危险废物
水泥窑及窑尾余热利用系统排气筒	颗粒物、二氧化硫、氮氧化物	连续监测	连续监测
	氨[a]、汞及其化合物	季度	季度
	氯化氢(HCl)，氟化氢(HF)，铊、镉、铅、砷及其化合物(以 Tl+Cd+Pb+As 计)，铍、铬、锡、锑、铜、钴、锰、镍、钒及其化合物(以 Be+Cr+Sn+Sb+Cu+Co+Mn+Ni+V 计)	半年	季度
	TOC[b]	半年	季度
	二噁英类	年	年
水泥窑旁路放风排气筒	颗粒物，二氧化硫，氮氧化物，氨，汞及其化合物（以 Hg 计），氯化氢（HCl），氟化氢（HF），铊、镉、铅、砷及其化合物（以 Tl+Cd+Pb+As 计），铍、铬、锡、锑、铜、钴、锰、镍、钒及其化合物（以 Be+Cr+Sn+Sb+Cu+Co+Mn+Ni+V 计）	半年	季度
	TOC[c]	—	季度
	二噁英类	年	年
固体废物储存、预处理设施排气筒[d]	臭气浓度、硫化氢、氨、颗粒物	半年	—
	臭气浓度、硫化氢、氨、颗粒物、非甲烷总烃	—	季度

[a] 适用于使用氨水、尿素等含氨物质作为还原剂，去除烟气中氮氧化物。
[b] 浓度增加值不应超过 10 mg/m^3；在国家标准监测方法发布前，可采用 HJ/T 38 进行监测。
[c] 排放浓度不应超过 10 mg/m^3；在国家标准监测方法发布前，可采用 HJ/T 38 进行监测。
[d] 2015 年 1 月 1 日（含）后取得环境影响评价批复的排污单位还应依据环境影响评价文件及其批复确定其他污染物。

表 7 无组织废气污染物监测点位、指标及频次

监测点位	监测指标	监测频次	备注
厂界	颗粒物、氨	季度	适用于水泥工业排污单位（不协同处置固体废物），其中，氨适用于使用氨水、尿素等含氨物质作为还原剂，去除烟气中氮氧化物
	颗粒物、氨、硫化氢、臭气浓度	季度	适用于协同处置非危险废物的水泥（熟料）制造排污单位
	颗粒物、氨、硫化氢、臭气浓度、非甲烷总烃	季度	适用于协同处置危险废物的水泥（熟料）制造排污单位

表 8　废水污染物监测点位、指标及频次

监测点位	监测指标	监测频次	备注
排污单位废水外排口	pH、悬浮物、化学需氧量、五日生化需氧量、石油类、氟化物、氨氮、总磷、水温、流量	半年	适用于水泥工业排污单位（不含协同处置固体废物）
	pH、悬浮物、化学需氧量、五日生化需氧量、石油类、氟化物、氨氮、总磷、总汞、总镉、总铬、六价铬、总砷、总铅、水温、流量	半年	适用于协同处置固体废物的水泥（熟料）制造排污单位，2015 年 1 月 1 日（含）后取得环境影响评价批复的排污单位的其他监测指标还应依据环境影响评价文件及其批复确定
注：对于废水不外排的，不进行监测；对于废水排入城镇集中污水处理设施或直接排入地表水体的，应在车间或车间处理设施排放口监测第一类污染物、在外排口监测第二类污染物。			

7.3.3　监测点位

排污单位自行监测点位包括外排口、内部监测点、无组织排放监测点、周边环境影响监测点等。

7.3.3.1　废气外排口

各类废气污染源通过烟囱或排气筒等方式排放至外环境的废气，应在烟囱或排气筒上设置废气外排口监测点位。废气监测点位、监测平台、监测断面和监测孔等的设置应符合 GB/T 16157、HJ/T 75、HJ/T 397 等的要求。

7.3.3.2　废水外排口

按照排放标准规定的监控位置设置废水外排口监测点位，废水排放口应符合《排污口规范化整治技术要求（试行）》（国家环保局　环监〔1996〕470 号）和 HJ/T 91 等的要求，水量（不包括间接冷却水等清下水）大于 100 t/d 的，应安装自动测流设施并开展流量自动监测。

排放标准规定的监控位置为车间或车间处理设施排放口的污染物，在相应的废水排放口采样。排放标准中规定的监控位置为排污单位排放口的污染物，废水直接排放的，在排污单位的排放口采样；间接排放的，在排污单位的污水处理设施排放口后、进入公共污水处理系统前的排污单位用地红线边界的位置采样。

水泥工业排污单位废水排放监测点位包括排污单位排放口、车间或车间处理设施排放口。

7.3.3.3　无组织排放

水泥工业排污单位应按照 GB 4915、GB 14554 等标准以及《水泥窑协同处置危险废物经营许可证审查指南》（环境保护部公告　2017 年　第 22 号）设置废气无组织排放监测点位，无组织排放监控位置为厂界。

7.3.3.4　内部监测点位

当排放标准中有污染物去除效率要求时，应在进入相应污染物处理设施单元的进口设置监测点位。

当环境管理有要求，或排污单位认为有必要的，可以在排污单位内部设置监测点，监测污染物浓度或与有毒污染物排放密切相关的关键工艺参数等。

7.3.3.5　周边环境质量影响监测点

对于 2015 年 1 月 1 日（含）后取得环境影响评价批复的排污单位，周边环境质量影响监测点位按照环境影响评价文件的要求设置。

7.4　监测技术手段

自行监测的技术手段包括手工监测、自动监测两种类型。

按照相关标准规定要求，水泥工业排污单位水泥窑及窑尾余热利用系统（窑尾）排气设施烟气颗粒物、二氧化硫和氮氧化物以及冷却机（窑头）排气设施烟气颗粒物应采用自动监测装置，窑尾排气设施的其他污染物、其他废气污染源各项污染物以及废水污染源采用手工监测或自动监测装置。

根据《关于加强京津冀高架源污染物自动监控有关问题的通知》（环办环监函〔2016〕1488 号）中

的相关内容，京津冀地区及传输通道城市水泥工业排污单位各排放烟囱超过 45 m 的高架源应安装污染源自动监控设备。

7.5 监测频次

采用自动监测的，全天连续监测。水泥工业排污单位应按照 HJ/T 75 开展自动监测数据的校验比对。由于自动监控系统故障等原因导致自动监测数据缺失的，应当进行补遗。按照《污染源自动监控设施运行管理办法》（环发〔2008〕6 号）的要求，自动监测设施不能正常运行期间，应按要求将手工监测数据向环境保护主管部门报送，每天不少于 4 次，间隔不得超过 6 h。

采用手工监测的，监测频次原则上不低于国家或地方发布的标准、规范性文件、环境影响评价文件及其批复等明确规定的监测频次，污水排向敏感水体或接近集中式饮用水水源，废气排向特定的环境空气质量功能区的应适当增加监测频次；排放状况波动大的，应适当增加监测频次；历史稳定达标状况较差的需增加监测频次。

可以参照表 5、表 6、表 7、表 8 确定自行监测频次，地方根据规定可相应加密监测频次。对于表 5 中未涉及的其他排放口，有明确排放标准的，应当按照填报的产排污环节明确废气污染物监测指标及频次，监测频次原则上不得低于 1 次/2 年，地方有更严格规定的，从其规定。

7.6 采样和测定方法

7.6.1 自动监测

废气自动监测参照 HJ/T 75、HJ/T 76 执行。

废水自动监测参照 HJ/T 353、HJ/T 354、HJ/T 355 和 HJ/T 356 执行。

7.6.2 手工监测

废气手工采样方法的选择参照 GB/T 16157、HJ/T 397 执行，单次监测中，气态污染物采样，应可获得小时均值浓度。

无组织排放采样方法参照 HJ/T 55 执行。周边大气环境质量监测点采样方法参照 HJ/T 194 执行。

废水手工采样方法的选择参照 HJ 494、HJ 495 和 HJ/T 91 执行。

7.6.3 测定方法

废气、废水污染物的测定按照相应排放标准中规定的测定方法执行，国家或地方法律法规等另有规定的，从其规定。

7.7 数据记录要求

监测期间手工监测的记录和自动监测运维记录按照 HJ 819 执行。

应同步记录监测期间的生产工况。

7.8 监测质量保证与质量控制

按照 HJ 819 要求，排污单位应当根据自行监测方案及开展状况，梳理全过程监测质控要求，建立自行监测质量保证与质量控制体系。

7.9 自行监测信息公开

排污单位应按照 HJ 819 要求进行自行监测信息公开。

8 环境管理台账及排污许可证执行报告编制要求

8.1 环境管理台账记录要求

8.1.1 一般原则

水泥工业排污单位在申请排污许可证时，应按本标准规定，在排污许可证申请表中明确环境管理台账记录要求。省级环境保护主管部门可按环境质量改善需求增加环境管理台账记录要求。

排污单位应建立环境管理台账制度，设置专职人员进行台账的记录、整理、维护和管理，并对台账记录结果的真实性、准确性、完整性负责。

为实现台账便于携带、作为许可证执行情况佐证并长时间储存的目的以及导出原始数据，加工分析、综合判断运行情况的功能，台账应当按照电子化储存和纸质储存两种形式同步管理。台账保存期限不得少于 3 年。

水泥工业排污单位排污许可证台账应真实记录生产设施和污染防治设施信息，其中，生产设施信息包括基本信息和生产设施运行管理信息，污染防治设施信息包括基本信息、污染治理措施运行管理信息、监测记录信息、其他环境管理信息等内容。

8.1.2 生产设施信息

生产设施信息包括基本信息和生产设施运行管理信息。

生产设施基本信息应记录设施名称（破碎机、生料磨、煤磨、回转窑、水泥磨、气化炉等）、编码、生产负荷等。

生产设施运行管理信息应记录产品、原辅料及燃料信息。其中，生产设施信息按天记录，具体见表 9；原辅料及燃料信息按批次记录，具体见表 9、表 10、表 11。

表 9 生产设施信息表

主要生产单元	生产设施名称	生产设施编码	生产负荷[a]/%	主要产品设计产能	产品产量/万 t	原辅料、燃料使用情况		
						种类	名称	用量/t
矿山开采	破碎机					—	—	—
熟料生产	生料磨					原料	石灰石	
							……	
	煤磨					燃料	无烟煤	
							柴油	
	回转窑					其他辅料	氨水	
							脱硫剂	
	……						……	
协同处置	气化炉（流化床、热盘炉）				—	原料	危险废物	
					—		生活垃圾	
					—		城市和工业污水处理污泥	
	破碎机				—		……	
						燃料	煤	
	……				—		燃油	
	……				—		……	
水泥粉磨	水泥磨					原料	熟料	
							……	
						辅料	粉煤灰	
	……			—	—		脱硫石膏	
	……			—	—		……	
公用单元	装卸船机			—	—	水[b]		
	……			—	—	电[b]		

[a] 实际产量与主要产品设计产能之比。
[b] 指全厂的水、电用量。

表 10 水泥工业排污单位原辅料和燃料信息统计表

种类	名称	硫元素占比/%
原料	生料粉	
	危险废物	
	生活垃圾	
	城市和工业污水处理污泥	
	……	
燃料	无烟煤	
	柴油	
	……	
其他辅料	脱硫剂	
	……	

表 11 水泥窑协同处置固体废物排污单位危险废物信息统计表

名称	硫元素占比/%	有毒有害成分占比/%															
		氯	氟	汞	铊	镉	铅	砷	铍	铬	锡	锑	铜	钴	锰	镍	钒
危险废物																	

8.1.3 污染治理设施信息

8.1.3.1 治理设施基本信息

污染治理设施基本信息应按照设施类别分别记录设施名称、编码、设计参数等，具体包含下列信息：

a）袋收尘器：污染治理设施名称、污染治理设施编号、污染物、滤料材质、滤袋数量、滤袋规格型号、设计处理风量、过滤面积、除尘效率、设计出口浓度限值等信息。

b）电收尘器：污染治理设施名称、污染治理设施编号、污染物、电场数量、极板规格、极丝规格、设计处理风量、过滤面积、除尘效率、设计出口浓度限值等信息。

c）电袋复合除尘器：污染治理设施名称、污染治理设施编号、污染物、滤料材质、滤袋数量、滤袋规格型号、设计处理风量、过滤面积、电场数量、极板规格、极丝规格、除尘效率、设计出口浓度限值等信息。

d）污水处理设施：污染治理设施名称、处理工艺、污染治理设施编号、废水类别、设计处理能力、设计进水水质、设计出水水质、污泥处理方式、排放去向、受纳水体等信息。

e）脱硫、脱硝设施：对应生产设施名称、生产设施编号、污染治理设施名称、处理工艺、污染治理设施编号、设计处理污染物浓度限值、设计污染物排放浓度限值等信息。

8.1.3.2 污染治理设施运行管理信息

污染治理设施运行信息应按照设施类别分别记录设施的实际运行相关参数、检查记录、运维记录等信息，具体包含下列信息：

a）DCS 或其他运行系统治理设施记录要求

涉及 DCS 或其他运行系统应每周提供彩色 DCS 或其他曲线图（除尘、脱硫、脱硝各一张），注明熟料生产线编号，量程合理，每个参数按照统一的颜色画出曲线。曲线应至少包括以下内容：

1）除尘 DCS 或其他曲线：水泥窑喂料量（同时给出熟料折算系数）、氧含量、烟气量、净烟气颗粒物浓度、烟气出口温度。

2）脱硝 DCS 或其他曲线：水泥窑喂料量（同时给出熟料折算系数）、氧含量、烟气量、NO_x浓度（折算）、脱硝设施入口还原剂使用量、分解炉出口烟气温度。

3）脱硫 DCS 或其他曲线（若有）：水泥窑喂料量（同时给出熟料折算系数）、氧含量、烟气量、净烟气 SO_2浓度（折算）、脱硫剂使用量、烟气出口温度。

b）环保设施检查、维护记录要求

1）除尘设施

除尘设施应每班检查：是否正常、故障原因、维护过程、检查人、检查日期及班次。

袋收尘器应每周检查：提升阀、脉冲阀、气源压力、提升盖板、有无漏风、油水分离器有无故障、维护过程、运行时间、检查人、检查日期。

电收尘器应每周检查：电场编号、二次电流、二次电压、分布板振打装置、阳极振打装置、电场漏风与否、维护过程、运行时间、检查人、检查日期。

电袋复合收尘器应每周检查：电场编号、二次电流、二次电压、分布板振打装置、阳极振打装置、电场漏风与否、提升阀、脉冲阀、气源压力、提升盖板、油水分离器有无故障、维护过程、运行时间、检查人、检查日期。

2）脱硫、脱硝设施

脱硝、脱硫设施应每天检查：是否与主机同步运行、是否正常、故障原因、维护过程、检查人、检查日期等信息。

3）无组织治理设施

无组织治理设施应每天检查并记录：设施（设备）名称、无组织管控措施是否正常、故障原因、维护过程、检查人、检查日期等信息。

4）污水处理设施

污水处理设施应每天检查：风机、水泵和处理设施等是否正常、故障原因、维护过程、检查人、检查日期等信息。

污水处理设施应每周记录：药剂名称、药剂投加量、污水处理水量、污水排放量、污水回用量。

8.1.3.3 监测记录信息

a）自动监测运维记录

包括自动监测及辅助设备运行状况、系统校准、校验记录、定期比对监测记录、维护保养记录、是否故障、故障维修记录、巡检日期等信息。

b）手工监测记录信息

对于无自动监测的大气污染物和水污染物指标，排污单位应当按照排污许可证中监测方案所确定的监测频次要求记录开展手工监测的日期、时间、污染物排放口和监测点位、监测方法、监测频次、监测仪器及型号、采样方法等，并建立台账记录报告，手工监测记录台账至少应包括表 12 内容。

表 12 手工监测报表

序号	污染源类别	监测日期	监测时间	排放口编号	监测内容	计量单位	监测结果	监测结果（折标）	是否超标	手工监测采样方法及个数	手工测定方法	手工监测仪器型号
1	废气											
2												
3	废水											
4												
	其他											

c）监测期间生产及污染治理设施运行状况记录信息

监测期间生产及污染治理设施运行状况记录信息内容参见 8.1.2 和 8.1.3.2。

8.1.3.4 其他环境管理信息

水泥工业排污单位应记录的其他环境管理信息包括以下几方面：

a）污染治理设施故障期间

应记录故障设施、故障原因、故障期间污染物排放浓度以及应对措施。

b）特殊时段

应记录重污染天气应对期间和错峰生产期间等特殊时段管理要求、执行情况（包括特殊时段生产设施运行管理信息和污染治理设施运行管理信息）等。重污染天气应对期间等特殊时段的台账记录要求与正常生产记录频次要求一致，涉及特殊时段停产的排污单位或生产工序，该期间应适当加密记录频次，地方环境保护主管部门有特殊要求的，从其规定。

c）非正常情况

水泥工业排污单位每次启、停窑等非正常情况应记录起止时间、事件原因、应对措施，以及对应时段的生产设施、污染治理设施运行和污染物排放信息，具体见表 13。

d）旁路放风记录

协同处置固体废物的水泥（熟料）制造排污单位旁路放风时，应记录旁路放风方式、时间、采取的环保措施、排气量等。

表 13 非正常情况信息记录表

<table>
<tr><td>非正常（停运）时刻</td><td>恢复（启动）时刻</td><td colspan="2">事件原因</td><td colspan="2">是否报告</td><td colspan="2">应对措施</td></tr>
<tr><td></td><td></td><td colspan="2"></td><td colspan="2"></td><td colspan="2"></td></tr>
<tr><td rowspan="2">生产设施名称</td><td rowspan="2">生产设施编号</td><td colspan="2">产品产量</td><td colspan="2">原辅料消耗量</td><td colspan="2">燃料消耗量</td></tr>
<tr><td>名称</td><td>产量</td><td>名称</td><td>消耗量</td><td>名称</td><td>消耗量</td></tr>
<tr><td></td><td></td><td></td><td></td><td></td><td></td><td></td><td></td></tr>
<tr><td rowspan="2">污染治理设施名称及工艺</td><td rowspan="2">污染治理设施编号</td><td colspan="6">污染物排放情况</td></tr>
<tr><td colspan="2">污染物</td><td colspan="2">排放浓度</td><td colspan="2">排放量</td></tr>
<tr><td></td><td></td><td colspan="2"></td><td colspan="2"></td><td colspan="2"></td></tr>
</table>

8.2 排污许可证执行报告编制要求

8.2.1 一般原则

地方环境保护主管部门应当整合总量控制、排污收费（环境保护税）、环境统计等各项环境管理的数据上报要求，根据环境质量改善需求，规定排污许可证执行报告内容、上报频次等要求。

水泥工业排污单位应按照排污许可证中规定的内容和频次定期上报执行报告，并保证执行报告的规范性和真实性。

水泥工业排污单位可参照本标准，根据环境管理台账记录等归纳总结报告期内排污许可证执行情况，并提交至发证机关，台账记录留存备查。排污许可证技术负责人发生变化时，应当在年度执行报告中及时报告。

8.2.2 报告频次

8.2.2.1 年度执行报告

水泥工业排污单位应每自然年上报一次排污许可证年度执行报告，年报应于次年 1 月底前提交至排污许可证核发机关。

对于持证时间不足 3 个月的，当年可不上报年度执行报告，许可证执行情况纳入下一年年度执行报告。

8.2.2.2 半年、月/季度执行报告

水泥工业排污单位应每季度上报一次排污许可证季度执行报告。地方环境保护主管部门可按照环境管理要求，要求上报半年、月度执行报告，并在排污许可证中明确。

上半年执行报告周期为当年 1 月至 6 月，于每年 7 月底前提交至排污许可证核发机关，提交年度执行报告时可免报下半年执行报告。对于持证时间不足 3 个月的，该报告周期内可不上报半年执行报告，纳入下一次半年/年度执行报告。

月/季度执行报告周期为自然月/季，于下一周期首月 15 日前提交至排污许可证核发机关，提交季报、半年报或年报时，可免报当月月报。对于持证时间不足 10 天的，该报告周期内可不上报月报，排污许可证执行情况纳入下一月执行报告。对于持证时间不足 1 个月的，该报告周期内可不上报季报，排污许可证执行情况纳入下一季度执行报告。

8.2.3 报告内容

8.2.3.1 年度执行报告

年度执行报告编制内容应包括：

a）基本生产信息；

b）遵守法律法规情况；

c）污染防治设施运行情况；

d）自行监测情况；

e）台账管理情况；

f）实际排放情况及合规判定分析；

g）排污费（环境保护税）缴纳情况；

h）信息公开情况；

i）排污单位内部环境管理体系建设与运行情况；

j）其他排污许可证规定的内容执行情况；

k）其他需要说明的问题；

l）结论；

m）附图、附件要求。

对于实行错峰生产的水泥工业排污单位，执行报告中应专门报告错峰生产期间排污许可证要求的执行情况。错峰生产期间全部停产的，也应报告。

具体内容要求见附录 D。

8.2.3.2 半年、月/季度执行报告

半年执行报告应至少包括 8.2.3.1 中年度执行报告 a）、c）～f）。

月/季度执行报告应至少包括 8.2.3.1 中年度执行报告 f）中颗粒物、二氧化硫、氮氧化物等主要污染物的实际排放量核算信息、合规判定分析说明及 c）中超标排放或污染防治设施异常的情况说明等。

8.2.3.3 独立粉磨站排污单位执行报告要求

对于独立粉磨站排污单位，年度执行报告内容为 8.2.3.1 中年度执行报告 a）～g）、l）～m），依据各部分内容要求，按排污单位实际情况编制执行报告。季度报告内容参照 8.2.3.2 内容执行。

9 实际排放量核算方法

9.1 核算原则

水泥工业排污单位实际排放量包括正常情况和非正常情况实际排放量之和。

水泥工业排污单位应核算废气污染物有组织实际排放量和废水污染物实际排放量，不核算废气污染物无组织实际排放量。核算方法包括实测法、物料衡算法、产排污系数法等。

对于排污许可证中载明应当采用自动监测的排放口和污染物，根据符合监测规范的有效自动监测数据采用实测法核算实际排放量。

对于排污许可证中载明要求采用自动监测的排放口或污染物而未采用的，采用物料衡算法核算二氧化硫排放量，核算时根据原辅燃料消耗量、含硫率，并可考虑水泥窑本身的脱硫效率；采用产污系数法核算颗粒物、氮氧化物排放量，根据单位产品污染物的产生量，按直排进行核算。

对于排污许可证未要求采用自动监测的排放口或污染物，按照优先顺序依次选取自动监测数据、执法和手工监测数据、产排污系数法（或物料衡算法）进行核算。在采用手工和执法监测数据进行核算时，还应以产排污系数法或物料衡算法进行校核。监测数据应符合国家环境监测相关标准技术规范要求。

9.2 废气

9.2.1 正常情况

9.2.1.1 有组织排放污染物实际排放量

水泥工业排污单位应按式（6）核算有组织排放的颗粒物、二氧化硫、氮氧化物实际排放量：

$$M_{j有组织排放} = M_{j主要排放口} + M_{j一般排放口} + M_{j旁路放风} \tag{6}$$

式中：$M_{j主要排放口}$ —— 核算时段内主要排放口第 j 项污染物的实际排放量，t；

$M_{j一般排放口}$ —— 所有一般排放口第 j 项污染物的实际排放量，t；

$M_{j旁路放风}$ —— 旁路放风排放口第 j 项污染物的实际排放量，t。

其他大气污染物如需核算实际排放量，可以参照式（6）进行核算。

9.2.1.2 主要排放口

以自动监测实测法为主，根据符合监测规范的污染物有效自动监测小时平均排放浓度、平均烟气量或流量、运行时间核算污染物实际排放量，具体见式（7）。

$$M_{j主要排放口}=\sum_{i=1}^{m}\sum_{k=1}^{n}\rho_{ijk}\times Q_{ik}\times 10^{-9} \tag{7}$$

式中：ρ_{ijk} —— 第 i 个主要排放口第 j 项污染物在第 k 小时的实测平均排放质量浓度，mg/m^3；

Q_{ik} —— 第 i 个主要排放口在第 k 小时的标准状态下干排气量，m^3/h；

m —— 主要排放口数量；

n —— 核算时段内的污染物排放时间，h。

对于因自动监控设施发生故障以及其他情况导致数据缺失的按照 HJ/T 75 进行补遗。缺失时段超过25%的，自动监测数据不能作为核算实际排放量的依据，按 9.1 条第 4 段“要求采用自动监测的排放口或污染物而未采用的”相关规定进行核算。

排污单位提供充分证据证明在线数据缺失、数据异常等不是排污单位责任的，可按照排污单位提供的手工监测数据等核算实际排放量，或者按照上一个半年申报期间的稳定运行期间自动监测数据的小时浓度均值和半年平均烟气量或流量，核算数据缺失时段的实际排放量。

9.2.1.3　一般排放口

以手工监测实测法为主，手工监测实测法是指根据每次手工监测时段内每小时污染物的平均排放浓度、平均烟气量、运行时间核算污染物实际排放量。监测频次按照 7.5 条执行。排污单位应将手工监测时段的生产负荷与核算时段内的平均生产负荷进行对比，并给出对比结果。

当季度内某一类污染源中同类型污染治理设施排放口有多组监测数据时，采用加权法核算实际排放量。对于季度内未被抽测的排放口应按同类型污染治理设施排放口的监测数据进行实际排放量核算。

采用各季度的监测数据，按照本标准提供的实际排放量核算方法分别核算对应季度的污染物实际排放量，加和后即为污染物半年、全年实际排放量。

水泥工业排污单位一般排放口颗粒物实际排放量核算方法见式（8）：

$$M_{一般排放口}=\sum_{i=1}^{n}\rho_{ij}\times Q_{ij}\times T_{ij}\times 10^{-9}/\beta \tag{8}$$

式中：ρ_{ij} —— 第 i 类污染源（纳入实际排放量核算范围的污染源类型见表 14）第 j 类除尘器排放口平均实测浓度，mg/m^3；

Q_{ij} —— 第 i 类污染源第 j 类除尘器排放口标准状态下干排气量，m^3/h；

T_{ij} —— 第 i 类污染源第 j 类除尘器在核算时段内的累计实际运行时间，h；

β —— 纳入核算范围内的污染源颗粒物排放量占水泥工业排污单位一般排放口颗粒物排放量的比值；水泥（熟料）制造排污单位正常生产及错峰生产时取 0.75，独立粉磨站取 0.65。

一般排放口的其他污染物实际排放量为核算时段内的污染物平均实测浓度、标准状态下的干排气量、累计运行时间之积。

表 14　纳入一般排放口颗粒物实际排放量核算的污染源类型

排污单位类型	污染源类型
水泥（熟料）制造排污单位	煤磨、水泥磨、破碎机、包装机
独立粉磨站排污单位	石膏破碎机、水泥磨、包装机

9.2.1.4　旁路放风排气筒

对于协同处置水泥工业排污单位设有单独旁路放风排放口的，应按式（9）核算颗粒物、二氧化硫、氮氧化物实际排放量并纳入窑尾实际排放量中进行考核。

$$M_{旁路放风}=\sum_{i=1}^{n}\rho_{ij}\times Q_{i}\times T_{i}\times 10^{-9} \tag{9}$$

式中：ρ_{ij} —— 第 i 个旁路放风第 j 类污染物平均实测浓度，mg/m^3；

Q_i —— 第 i 个旁路放风排放口平均标准状态下干排气量，m^3/h；

T_i —— 第 i 个旁路放风排放口在核算时段内的累计实际运行时间，h。

9.2.2 非正常情况

水泥窑在启、停窑期间应保持自动监测设备同步运行，自动监测设备应记录非正常情况下实时监测数据，根据自动监测数据按式（7）核算该时段的各类污染物的实际排放量并计入年实际排放量中。

9.3 废水

9.3.1 正常情况

水泥工业排污单位外排水应按照本标准 7.5 条要求开展自行监测，并按照式（10）核算各类污染物排放量。

$$E_{j废水}=\sum_{i=1}^{n}\rho_{ij}\times Q_i\times 10^{-6} \tag{10}$$

式中：$E_{j废水}$ —— 核算时段内废水排放口第 j 项污染物的实际排放量，t；

ρ_{ij} —— 第 j 项污染物在第 i 日的实测平均排放浓度，mg/L；

Q_i —— 第 i 日的流量，m^3/d；

n —— 核算时段内的污染物排放时间，d。

对要求采用自动监测的排放口或污染因子，在自动监测数据由于某种原因出现中断或其他情况，应按照 HJ/T 356 补遗。

要求采用自动监测的排放口或污染因子而未采用的，采用产排污系数法核算化学需氧量、氨氮排放量，按直排进行核算。

对未要求采用自动监测的排放口或污染因子，采用手工监测数据进行核算。手工监测数据包括核算时间内的所有执法监测数据和排污单位自行或委托第三方的有效手工监测数据，排污单位自行或委托的手工监测频次、监测期间生产工况、数据有效性等须符合相关规范文件等要求。

位于总磷、总氮总量控制区内的水泥工业排污单位总磷、总氮实际排放量核算方法同上。

9.3.2 非正常情况

废水处理设施非正常情况下的排水，如无法满足排放标准要求时，不应直接排入外环境，待废水处理设施恢复正常运行后方可排放。如因特殊原因造成污染治理设施未正常运行超标排放污染物的或偷排偷放污染物的，按产污系数与未正常运行时段（或偷排偷放时段）的累计排水量核算非正常排放期间实际排放量。

10 合规判定方法

10.1 一般原则

合规是指水泥工业排污单位许可事项和环境管理要求符合排污许可证规定。许可事项合规是指排污单位排污口位置和数量、排放方式、排放去向、排放污染物种类、排放限值符合许可证规定，其中，排放限值合规是指水泥工业排污单位污染物实际排放浓度和排放量满足许可排放限值要求；环境管理要求合规是指水泥工业排污单位按许可证规定落实自行监测、台账记录、执行报告、信息公开等环境管理要求。

水泥工业排污单位可通过环境管理台账记录、按时上报执行报告和开展自行监测、信息公开，自证其依证排污，满足排污许可证要求。环境保护主管部门可依据排污单位环境管理台账、执行报告、自行监测记录中的内容，判断其污染物排放浓度和排放量是否满足许可排放限值要求，也可通过执法监测判断其污染物排放浓度是否满足许可排放限值要求。

10.2 废气

10.2.1 排放浓度合规判定

10.2.1.1 正常情况

水泥工业排污单位废气排放浓度合规是指各有组织排放口和厂界无组织污染物排放浓度满足 5.2.2.1 要求。

a）执法监测

按照监测规范要求获取的执法监测数据超标的，即视为超标。根据 GB/T 16157、HJ/T 397 确定监测要求。

b）排污单位自行监测

1）自动监测

按照监测规范要求获取的自动监测数据（剔除异常值）小时浓度均值与许可排放浓度限值进行对比，超过许可排放浓度限值的，即视为超标。对于应当采用自动监测而未采用的排放口或污染物，即视为不合规。自动监测小时均值是指“整点 1 h 内不少于 45 min 的有效数据的算术平均值”。

2）手工监测

对于未要求采用自动监测的排放口或污染物，应进行手工监测，按照自行监测方案、监测规范要求获取的监测数据计算得到的有效小时质量浓度均值超标的，即视为超标。

根据 GB/T 16157 和 HJ/T 397，小时浓度均值指“1 h 内等时间间隔采样 3～4 个样品监测结果的算术平均值”。

若同一时段的管理部门执法监测与排污单位自行监测数据不一致的，以管理部门执法监测数据为准。

10.2.1.2 非正常情况

水泥窑冷点火时（从点火升温、投料到稳定运行）36 h（大面积更换耐火砖及冬季时，时间可适当延长）、热点火时（从点火升温、投料到稳定运行，窑尾烟室温度高于 400℃）8 h、停窑 8 h 内窑尾二氧化硫和氮氧化物排放浓度均不视为违反许可排放浓度限值。

针对水泥窑协同处置固体废物情况，当水泥窑出现故障或事故造成运行工况不正常，如窑内温度明显下降、烟气中污染物浓度明显升高等情况时，必须立即停止投加固体废物，待查明原因并恢复正常运行后方可恢复投加。每次故障或事故持续排放污染物时间不应超过 4 h，每年累计不得超过 60 h。

10.2.2 排放量合规判定

水泥工业排污单位各主要废气污染物许可排放量合规是指：

a）主要排放口实际排放量满足主要排放口年许可排放量；

b）排污单位实际排放量满足排污单位年许可排放量；

c）对于特殊时段有许可排放量要求的，特殊时段实际排放量满足特殊时段许可排放量。

水泥工业排污单位启、停窑等非正常情况造成短时污染物排放量较大时，应通过加强正常运营时污染物排放管理、减少污染物排放量的方式，确保全厂污染物年排放量（正常排放+非正常排放）满足许可排放量要求。

10.2.3 无组织排放控制要求合规判定

水泥工业排污单位排污许可证无组织排放源合规性以现场检查本标准 5.2.4 无组织控制要求落实情况为主，必要时，辅以现场监测方式判定水泥工业排污单位无组织排放合规性。

10.3 废水

水泥工业排污单位废水排放浓度合规是指废水排放口污染物排放浓度满足 5.2.2.2 要求。

a）执法监测

按照监测规范要求获取的执法监测数据超标的，即视为超标。根据 HJ/T 91 确定监测要求。

b）排污单位自行监测

1）自动监测

按照监测规范要求获取的自动监测数据计算得到有效日均浓度值与许可排放浓度限值进行对比，超过许可排放浓度限值的，即视为超标。

对于自动监测，有效日均浓度是对应于以每日为一个监测周期内获得的某个污染物的多个有效监测数据的平均值。在同时监测污水排放流量的情况下，有效日均值是以流量为权的某个污染物的有效监测数据的加权平均值；在未监测污水排放流量的情况下，有效日均值是某个污染物的有效监测数据的算术平均值。

自动监测的排放浓度应根据 HJ/T 355、HJ/T 356 等相关文件要求确定。

2）手工监测

按照自行监测方案、监测规范要求开展的手工监测，当日各次监测数据平均值（或当日混合样监测数据）超标的，即视为超标。

若同一时段的管理部门执法监测与排污单位自行监测数据不一致的，以管理部门执法监测数据为准。

10.4 管理要求合规判定

环境保护主管部门依据排污许可证中的管理要求，以及水泥行业相关技术规范，审核环境管理台账记录和排污许可证执行报告；检查排污单位是否按照自行监测方案开展自行监测；是否按照排污许可证中环境管理台账记录要求记录相关内容，记录频次、形式等是否满足许可证要求；是否按照许可证中执行报告要求定期上报，上报内容是否符合要求等；是否按照许可证要求定期开展信息公开；是否满足特殊时段污染防治要求。

附 录 A

（资料性附录）

京津冀等重点区域错峰生产要求

A.1 《工业和信息化部 环境保护部关于进一步做好水泥错峰生产的通知》（工信部联原〔2016〕351 号）

按照《工业和信息化部 环境保护部关于进一步做好水泥错峰生产的通知》（工信部联原〔2016〕351 号），2016—2020 年，北京、天津、河北、山西、内蒙古、辽宁、吉林、黑龙江、山东、河南、陕西、甘肃、青海、宁夏、新疆等 15 个省（自治区、直辖市）所有水泥生产线，包括利用电石渣生产水泥的生产线都应进行错峰生产。其中，承担居民供暖、协同处置城市生活垃圾及有毒有害废弃物等任务的生产线原则上可以不进行错峰生产，但要适当降低水泥生产负荷。

错峰时间安排为：辽宁、吉林、黑龙江、新疆自 11 月 1 日至次年 3 月底；北京、天津、河北、山西、内蒙古、山东、河南自 11 月 15 日至次年 3 月 15 日；陕西、甘肃、青海、宁夏自 12 月 1 日至次年 3 月 10 日。除 15 个省（自治区、直辖市）之外的其他地区，也应参照北方地区做法，并结合当地实际情况，在春节期间、酷暑伏天和雨季开展错峰生产。

各地区可根据当地实际情况确定具体错峰生产时间。

A.2 关于印发《京津冀及周边地区 2017 年大气污染防治工作方案》的通知

按照《关于印发〈京津冀及周边地区 2017 年大气污染防治工作方案〉的通知》，在京津冀大气污染传输通道包括北京市，天津市，河北省石家庄、唐山、廊坊、保定、沧州、衡水、邢台、邯郸市，山西省太原、阳泉、长治、晋城市，山东省济南、淄博、济宁、德州、聊城、滨州、菏泽市，河南省郑州、开封、安阳、鹤壁、新乡、焦作、濮阳市（“2+26”城市），水泥（含粉磨站）、铸造（不含电炉、天然气炉）、砖瓦窑等行业，除承担居民供暖、协同处置城市垃圾和危险废物等保民生任务外，采暖季全部实施错峰生产。

附 录 B

（资料性附录）

水泥工业废气污染防治可行技术

环境要素	排污单位类型	排放口	主要污染物	可行技术	
				一般地区排污单位	重点地区排污单位
废气有组织排放	水泥（熟料）制造排污单位	水泥窑及窑尾余热利用系统（窑尾）排气筒	颗粒物	袋式除尘器、电除尘器、电袋复合除尘器	高效袋式除尘器（覆膜滤料、经优化处理的滤料、降低过滤风速等）、高效静电除尘器（高频电源、脉冲电源、三相电源等）、电袋复合除尘器
			SO_2	当原料有机硫含量较低时，无须采取净化措施即可满足达标排放要求；当原料中挥发性硫含量较高，不能达标排放时，采用窑磨一体化运行或干法、半干法、湿法脱硫措施	
			氮氧化物（以 NO_2 计）	SNCR 与一种或一种以上的低氮燃烧技术（低氮燃烧器、分解炉分级燃烧等）结合	
			氟化物（以总 F 计）[a]	控制原料中的氟含量	
			氨	采取提高氨水雾化效果、稳定雾化压力、选择合适的脱硝反应温度以及延长脱硝反应时间等措施，从而提高氨水反应效率和降低氨水用量	
			汞及其化合物	源头配料控制、入窑物料成分控制、水泥窑生产过程控制	
			氯化氢[b]		
			氟化氢[b]		
	水泥（熟料）制造排污单位	水泥窑及窑尾余热利用系统（窑尾）排气筒	铊、镉、铅、砷及其化合物[b]	源头配料控制、入窑物料成分控制、水泥窑生产过程控制	
			铍、铬、锡、锑、铜、钴、锰、镍、钒及其化合物[b]		
			二噁英类[b]		
			TOC[b]		
		冷却机（窑头）排气筒[c]	颗粒物	电除尘器、袋式除尘器、电袋复合除尘器	高效电袋复合除尘器、高效袋式除尘器（覆膜滤料、经优化处理的滤料）；高效静电除尘器（高频电源、脉冲电源、三相电源等）
		煤磨排气筒		防爆袋式、电除尘器	覆膜滤料袋式除尘器、高效静电除尘器
		生料磨排气筒		袋式除尘器	
		破碎机排气筒			
		包装机及其他通风生产设备等排气筒	颗粒物	袋式除尘器	覆膜滤料袋式除尘器
	水泥（熟料）制造排污单位	固体废物贮存、预处理设施排气筒	臭气	活性炭吸附、生物除臭装置等	
			硫化氢		
			氨		
			非甲烷总烃	活性炭吸附	
			颗粒物	袋式除尘器	覆膜滤料袋式除尘器
		旁路放风排气筒	同窑尾	急冷+袋式除尘器	
	独立粉磨站	水泥磨排气筒	颗粒物	袋式除尘器	覆膜滤料袋式除尘器
		烘干机排气筒	颗粒物	袋式除尘器	覆膜滤料袋式除尘器
			SO_2	采用低硫煤	采用低硫煤或湿法、干法、半干法脱硫
			氮氧化物（以 NO_2 计）	低氮燃烧或 SNCR	
		破碎机、包装机及其他通风生产设备等排气筒	颗粒物	袋式除尘器	覆膜滤料袋式除尘器

[a] 对于协同处置固体废物的水泥（熟料）制造排污单位不包括该污染物。

[b] 对于协同处置固体废物的水泥（熟料）制造排污单位还应包括的污染物。

[c] 适用于采用新型干法窑。

附　录　C

（资料性附录）

水泥工业废水污染防治可行技术

环境要素	排放方式	类型	主要污染物	可行技术
废水	循环回用	辅助生产废水、设备冷却排污水、循环冷却排污水[a]	化学需氧量、悬浮物、石油类、pH	经过滤、沉淀、上浮、冷却等处理后回用
		生活污水	pH、悬浮物、化学需氧量、五日生化需氧量、动植物油、氨氮、总磷	经一级处理（隔油、过滤、沉淀、上浮法、冷却）和二级处理（生物接触氧化工艺、活性污泥法、A/O、A^2/O、其他）后回用
		协同处置固体废物产生的渗滤液或其他生产废水[b]	pH、悬浮物、化学需氧量、五日生化需氧量、石油类、氟化物、氨氮、总磷、总汞、总镉、总铬、六价铬、总砷、总铅、水温	经一级处理（过滤、沉淀、上浮法、冷却）、二级处理（生物接触氧化工艺、活性污泥法、A/O、A^2/O、其他）和深度处理（超滤/纳滤、反渗透、吸附过滤等）后作为生产循环水回用
				直接或经处理后浓缩液喷入水泥窑高温区焚烧处置
	排入城镇污水集中处理站	辅助生产废水、设备冷却排污水、循环冷却排污水[a]	化学需氧量、悬浮物、石油类、pH	经隔油、过滤、生物接触氧化等处理后，达到排入城市污水管网标准后纳管
		生活污水	pH、悬浮物、化学需氧量、五日生化需氧量、动植物油、氨氮、总磷	
		协同处置固体废物产生的渗滤液或其他生产废水[b]	pH、悬浮物、化学需氧量、五日生化需氧量、石油类、氟化物、氨氮、总磷、总汞、总镉、总铬、六价铬、总砷、总铅、水温	经一级处理（过滤、沉淀、上浮法、冷却等）或二级处理（生物接触氧化工艺、活性污泥法、A/O、A^2/O、其他）达到排入城市污水管网标准后纳管
	直接排放地表水体	辅助生产废水，设备冷却排污水、循环冷却排污水[a]	化学需氧量、悬浮物、石油类、pH	经一级处理（过滤、沉淀、上浮法、冷却等）或二级处理（生物接触氧化工艺、活性污泥法、A/O、A^2/O、其他）后达标排放
		生活污水	pH、悬浮物、化学需氧量、五日生化需氧量、动植物油、氨氮、总磷	经一级处理（隔油、过滤、沉淀、上浮法、冷却）和二级处理（生物接触氧化工艺、活性污泥法、A/O、A^2/O、其他）后达标排放
		协同处置固体废物产生的渗滤液或其他生产废水[b]	pH、悬浮物、化学需氧量、五日生化需氧量、石油类、氟化物、氨氮、总磷、总汞、总镉、总铬、六价铬、总砷、总铅、水温	经预处理（预沉淀）、生物处理（厌氧/好氧+膜生化反应器）和深度处理（超滤/纳滤、反渗透、吸附过滤等）后达标排放

[a] “循环冷却排污水”适用于水泥熟料生产排污单位且配套余热发电锅炉。

[b] 适用于水泥窑协同处置固体废物排污单位，2015 年 1 月 1 日（含）后取得环境影响评价批复的排污单位的其他污染物还应依据环境影响评价文件及其批复确定。

附　录　D

（资料性附录）

水泥工业排污单位年度执行报告编制参考表（略）

排污许可证申请与核发技术规范　水泥工业
编制说明

1　项目背景

1.1　任务来源

2016 年 7 月，环境保护部科技标准司发布了《关于征集 2017 年度国家环境保护标准计划项目承担单位的通知》（环办科技函〔2016〕1103 号），将《水泥工业排污许可相关技术规范》（序号 44）列入《2017 年度国家环境保护标准计划项目指南》，完成时限为 2017 年，分管业务司为大气司（后因环境保护部排污许可相关职能调整，分管业务司调整为规划财务司）。经公开征集、答辩、遴选，最终确定由环境保护部环境工程评估中心承担。2017 年，环境保护部将项目名称确定为《水泥工业排污许可证申请与核发技术规范》（项目统一编号 2017-44）。

该项目由环境保护部环境工程评估中心（以下简称“评估中心”）承担，中国建筑材料科学研究总院、安徽海螺建材设计研究院作为协作单位，共同成立标准编制组。

1.2　工作过程

a）前期准备：2016 年，环境保护部组织评估中心编制了《水泥工业排污许可证申请与核发技术规范》初稿，并征求地方环境保护主管部门、行业协会及相关排污单位集团等 52 家单位意见。

b）开题论证：2017 年该标准立项后，编制组编制《水泥工业排污许可证申请与核发技术规范》开题论证报告，并于 2 月 24 日通过了环境保护部大气司组织的标准开题论证会。

c）征求意见稿：2017 年 3 月，编制组分别赴北京、山东、安徽等地现场调研和座谈，重点调研了固体废物协同处置生产设施、无组织排放控制措施等，座谈讨论了特殊情况下的合规判定、许可排放量核算及基准排气量等，并于 3 月 14 日、30 日，在北京组织召开了两次专家咨询会，形成《排污许可证申请与核发技术规范　水泥工业》（征求意见稿）和编制说明。3 月 31 日，环境保护部大气司在北京主持召开了标准征求意见稿技术审查会，经审查委员会各位专家及管理部门代表的讨论、质询，通过了标准征求意见稿的技术审查。

d）公开征求意见：2017 年 4 月 27 日—5 月 30 日，《排污许可证申请与核发技术规范　水泥工业》（征求意见稿）和编制说明公开向全社会征求意见。

e）送审稿：2017 年 6 月上旬，编制组按照收集的反馈意见修改完善形成《排污许可证申请与核发技术规范　水泥工业》（送审稿）和编制说明。6 月 16 日，环境保护部规划财务司在北京主持召开了《排污许可证申请与核发技术规范　水泥工业》（送审稿）技术审查会，审查委员会一致通过了标准送审稿的技术审查。

f）报批稿：2017 年 6 月中下旬，按照分管司局、送审稿审查会要求，编制组对标准及编制说明进行修改完善，形成报批稿。

2　水泥工业概况

2.1　我国水泥工业现状

我国水泥产量自 1985 年以来一直稳居世界第一位，2015 年我国水泥产量达到 23.5 亿 t，占全球水泥产量的 57.31%。我国水泥产量位居前十名省市分别为：江苏省、河南省、山东省、广东省、四川省、安徽省、湖南省、湖北省、浙江省和广西区，水泥产量均过亿，合计产量为 13.66 亿 t，占全国水泥产量的 58.19%；我国水泥排污单位遍布全国 31 个省市，根据 2015 年环境统计数据，全国重点调查水泥制造排污单位 3 300

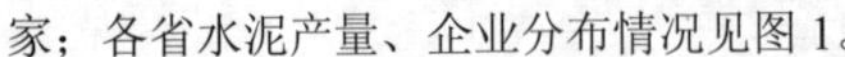

家；各省水泥产量、企业分布情况见图 1。

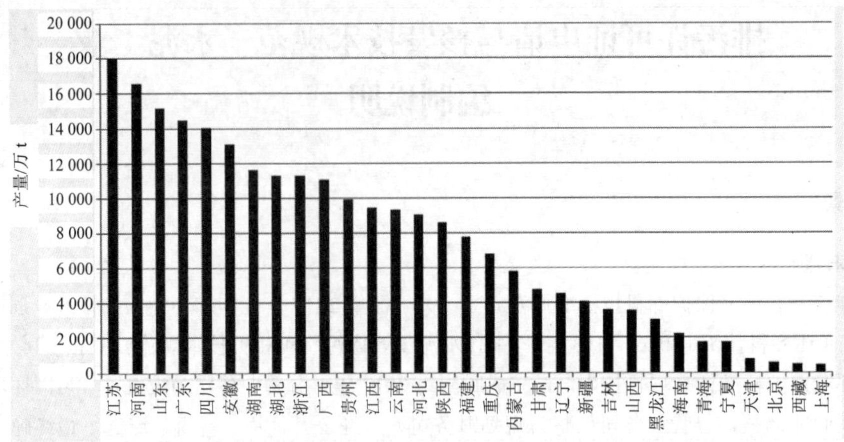

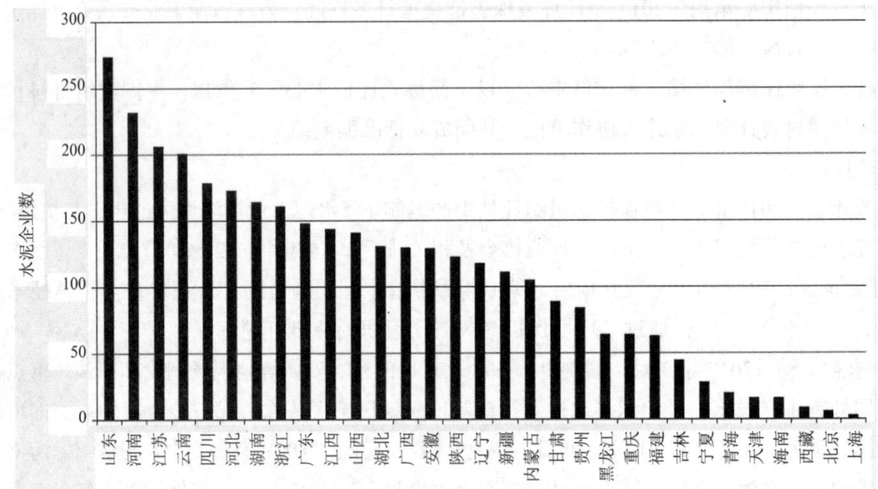

图 1 2015 年各省水泥产量、企业分布示意图

2.2 水泥生产工艺

2.2.1 典型水泥生产工艺

水泥生产工艺以新型干法生产工艺为主，占 95%以上，单线规模从 1 000 t/d 到 12 000 t/d，其中 60%的熟料产能来自于日产 5 000 t 及以上生产线。水泥粉磨站规模从 60 万 t/a 到 600 万 t/a。目前尚有预热器窑、干法中空窑用于生产特种水泥。

典型水泥生产包括生料和煤粉制备、熟料煅烧和水泥粉磨及包装三个主要工序。生料制备是将生产水泥的石灰质原料、黏土质原料与少量校正原料经破碎后，按一定配比、磨细为成分适宜、质量均匀的生料粉（干法）生产过程，煤粉制备是指将作为燃料的煤磨制成煤粉的过程；熟料煅烧是将生料在水泥窑内煅烧至部分熔融得到以硅酸钙为主要成分的硅酸盐水泥熟料的过程；水泥粉磨是将熟料配以一定比例的混合材、缓凝剂共同磨细为水泥产品。水泥成品有散装和包装两种形式，散装水泥直接可利用汽车、火车或船舶发运系统，由散装机从水泥库直接装车、装船外售；包装水泥通过包装车间的包装系统，将水泥包装成袋，经胶带输送机卸入水泥成品库。同时为充分利用窑系统余热，均配置有纯低温余热发电装置。

2.2.2 水泥窑协同处置生产工艺

2.2.2.1 协同处置工艺概况

水泥窑协同处置是根据处置废物性质采取相应的处置工艺，目前处置的固体废物主要有：生活垃圾、污水处理厂生活污泥、部分列入《国家危险废物名录》的危险废物。相对于常规的水泥熟料生产线，仅需增加相应的固体废物预处理过程，根据协同处置固体废物的不同，预处理工艺均有差异，典型水泥窑协同处置生活垃圾和危险废物（垃圾焚烧飞灰）工艺。

2.2.2.2　水泥窑协同处置生活垃圾工艺

垃圾收集车运送的垃圾在垃圾储仓内储存，用行车进行搅拌和均化，在破碎后继续用行车进行搅拌和均化并将垃圾输送至供料装置，定量送至气化燃烧炉中。投入至炉内的垃圾与炉内的高温流动介质（流化砂）接触，一部分通过燃烧向流动介质提供热源，另一部分气化后形成部分可燃性气体送往分解炉内，经分解炉、预热器处理及废气处理系统净化后排出。同时，垃圾中的不燃物在流动介质中一边沉降一边移动，到了炉底部时从垃圾中进行分离排出，经过分选后灰渣可掺入到生料中作为原料。

2.2.2.3　水泥窑协同处置垃圾焚烧飞灰工艺

垃圾焚烧飞灰经预处理系统处置后入水泥窑焚烧，实现飞灰的无害化处置。飞灰预处理主要通过水洗去除飞灰中的 K^+、Na^+和 Cl^-，保证后续煅烧工艺顺利进行。飞灰预处置系统包括水洗、烘干和结晶蒸发三部分。飞灰水洗在密闭状态下进行，飞灰经一次、二次和三次水洗后进入烘干系统；在烘干系统（烘干热源来自水泥窑头烟气余热）中对水洗后的飞灰进行烘干，干燥后的飞灰部分作为返混料进入返混料仓，剩余进水泥窑高温段煅烧；飞灰水洗水进结晶蒸发系统，经蒸发后的冷凝液入三级水洗罐回用，结晶成品为工业盐。

2.3　水泥工业污染控制现状及趋势

2.3.1　水泥工业污染物排放现状

2.3.1.1　废气

根据 2015 年环境统计数据，水泥行业 SO_2、NO_x、烟（粉）尘排放量分别为 29.6 万 t、170.6 万 t、129.7 万 t（含无组织排放量 46.1 万 t），分别占全国重点工业企业污染物排放量的 2.1%、15.7%、11.2%。

水泥工业大气污染物无组织排放主要是物料储存、运输过程中产生的颗粒物，脱硝系统中的氨水储存及输送系统可能的跑冒滴漏会造成氨无组织排放。另外，协同处置固体废物在固废贮存、预处理时还产生臭气、硫化氢、氨、颗粒物等无组织污染物，协同处置危险废物项目还产生非甲烷总烃等无组织污染物。

2.3.1.2　废水

水泥工业排污单位的废水排放量很小，大部分排污单位可做到废水“零”排放。由于水泥排污单位尤其是熟料生产排污单位地处偏僻，生产废水和生活污水难以纳入城市污水管网，因此大部分企业的做法为：生活污水一般经厂区自建污水处理站进行处理后达标排放或者作为中水回用，生产废水一般经隔油、过滤、沉淀等处理后循环利用。这里要说明的是，大部分协同处置固体废物排污单位产生的渗滤液及其他生产废水喷入窑高温区煅烧而不外排，少部分企业采用预处理（预沉淀）、生物处理（厌氧/好氧+膜生化反应器）、深度处理（超滤/纳滤、反渗透、吸附过滤等）等技术组合达标回用或外排。

2.3.2　水泥工业污染治理现状及趋势

目前水泥工业作为一个成熟的工业体系，污染治理技术成熟且完备。

2.3.2.1　有组织治理现状及趋势

a）窑头、窑尾烟囱颗粒物治理技术：主要为电除尘器、袋式除尘器和电袋复合除尘器。随着新标准的实施，水泥排污单位尤其是重点地区排污单位对窑头、窑尾除尘器进行了改进。针对袋式除尘，通过采用覆膜滤料、增加滤料厚度和降低过滤风速等措施提高除尘效率。针对静电除尘器，通过采用高频电源、脉冲电源、三相电源等措施，提高除尘效率，部分排污单位开始将现有的电除尘器改为袋式除尘器或电袋复合除尘器。

b）磨机、破碎、转运等工序通风排气筒颗粒物治理技术：目前几乎全为袋式除尘器，针对含尘浓度高、标准要求严的产尘点，通过采用覆膜滤料、增加滤料厚度等措施提高袋式除尘器效率，确保稳定达标。

c）窑尾 NO_x 治理技术："十二五"期间水泥排污单位均已完成了 NO_x 的减排措施的落实，采用优化操作工艺、低氮燃烧技术、分解炉分级燃烧、SNCR 等技术组合，可以将 NO_x 降低至 320 mg/m^3 以下。目前水泥行业 SCR 脱硝技术正在研发攻关阶段，国内尚无成功案例。

d）窑尾 SO_2 治理技术：SO_2 排放主要取决于原辅燃料中挥发性硫含量。水泥窑本身具有脱硫效果，通过采用低硫煤及低硫原辅材，调整窑内煅烧的硫、碱比，延长原料磨的运行时间，大部分水泥排污单位不采用任何措施能达标排放。部分排污单位由于原辅燃料挥发性 S 含量（硫铁矿 FeS_2、有机硫等）较高，SO_2 排放浓度难以达标，采用干法、半干法、湿法脱硫等末端治理措施以确保达标排放。

e）协同处置旁路放风污染物治理技术：目前旁路放风污染物治理措施主要采用急冷+袋收尘技术进行颗粒物治理、抑制二噁英产生。

f）协同处置贮存、预处理产生的臭气、硫化氢、氨、非甲烷总烃等治理技术：目前主要采用导入窑内高温区煅烧为主，当协同处置水泥窑停运时，主要采用活性炭吸附等治理技术。

2.3.2.2 无组织治理趋势

根据 2015 年环境统计数据，水泥行业颗粒物无组织排放占颗粒物排放总量的 35%，主要是物料的露天堆放、物料破碎、转运、装卸、粉磨、贮存等过程中产生的扬尘导致。目前部分水泥工业排污单位的运输皮带尚未完全做到封闭，物料转运点的落差处未全部安装除尘器或除尘器偏小，原辅材露天堆放、运输道路未硬化及积灰等问题还存在。水泥排污单位无组织管控应从以下入手：a）堆场采取封闭措施；b）加强对厂区内运输道路硬化及扬尘治理；c）各物料转运皮带进行封闭，皮带头部及尾部配置除尘器，对中转过程的物料有落差部位安装除尘器。

3 标准制定的必要性分析

3.1 环境形势的变化对标准提出新的要求

排污许可证制度是固定污染源环境管理的有效手段，美国、欧盟等发达国家和地区建立了完善的排污许可制度，并配套了规范的排污许可技术体系。

党中央、国务院高度重视生态环境保护建设，提出改革环境管理基础制度，建立覆盖所有固定污染源的排污许可制度，使其成为企业守法、政府执法、社会监督的依据，实现"一证式"管理，中央全面深化改革领导小组将该项工作确定为环境保护部重点改革任务之一。《国务院办公厅关于印发控制污染物排放许可制实施方案的通知》（国办发〔2016〕81 号）明确了排污许可制度改革的顶层设计、总体思路，构建以排污许可制为核心的固定污染源环境管理制度，分行业推进，到 2020 年完成覆盖所有固定污染源的排污许可证核发工作。环境保护部发布的《排污许可证管理暂行规定》和《关于开展火电、造纸行业和京津冀试点城市高架源排污许可证管理工作的通知》中明确了将水泥工业列入首批许可证试点核发行业，依据《固定污染源排污许可分类管理名录》，2017 年年底前完成全国水泥工业排污许可证的核发。

为适应新形势下的排污许可制度改革，统一全国水泥工业排污许可技术要求，指导并规范水泥（熟料）制造、独立粉磨站排污单位申请与核发，为排污许可管理提供科学、健全、有力的技术保障，亟须制定水泥工业排污许可相关技术规范。

3.2 相关环保标准和环保工作的需要

3.2.1 相关环保标准的需要

《控制污染物排放许可制实施方案》对固定污染源许可排放限值核算（重污染天气、错峰时段等）、合规判定、自行监测、环境管理等方面提出了更加严格的要求，水泥工业现行的污染物排放标准、工程技术规范、总量核算管理办法等不能满足上述排污许可精细化管理要求。环境保护部整体规划了"总则+分行业"形式的排污许可技术规范总体框架，拟于 2017 年完成《排污许可证申请与核发技术规范　总则》以及钢铁、水泥、焦化、有色金属等 13 个行业排污许可证申请与核发技术规范。

3.2.2　相关环保工作的需要

2016 年至今，国家先后发布了《排污许可证管理暂行规定》《关于开展火电、造纸行业和京津冀试点城市高架源排污许可证管理工作的通知》《京津冀及周边地区 2017 年大气污染防治工作方案》，启动了火电、造纸行业排污许可证申请与核发的相关工作，并要求 2017 年完成石化、化工、钢铁、有色、水泥、印染、制革、焦化、农副食品加工、农药、电镀等行业排污单位许可证核发。其中，2017 年 6 月 30 日前，完成京津冀“1+2”城市水泥高架源排污许可证申请与核发试点工作；2017 年 10 月 31 日前完成京津冀及周边重点地区“2+26”城市水泥行业排污许可证发放工作；2017 年 12 月 31 日前完成全国范围内水泥行业排污许可证核发工作。

目前，国家尚无水泥工业排污许可证申请与核发技术规范，无法指导企业申请和环境保护主管部门核发，对推动许可证核发工作形成阻碍。为统一全国水泥工业排污许可技术要求，引导并规范水泥排污单位填报《排污许可证申请表》及网上填报相关申请信息，指导核发机关审核确定排污许可证许可要求，保障水泥工业排污许可制度顺利实施，制定《排污许可证申请与核发技术规范　水泥工业》十分必要。

4　国内外相关标准情况

4.1　主要国家、地区及国际组织相关标准情况的研究

西方发达国家已建立起了较为完善的许可证申请及许可证要求的合规管理体系。

以美国为例，从 1972 年开始在全国范围内实行污染物排放许可证制度，并在技术路线和方法上不断得到改进和发展。法律层面，美国排污许可制度的法律主要包括《清洁水法》（CWA）和《清洁空气法》（CAA），规定了排污许可证的分类、申请核发程序、公众参与、执行与监管、处罚等具体要求。如：《清洁空气法》中的 Title V 主要内容是运营许可证，包括：运营许可证定义、计划及申请、要求及条件、信息公开、其他与此相关的授权内容等。联邦行政许可法等规定了许可程序等要求，也是排污许可法律体系的重要组成部分。

联邦规定，《清洁水法》和《清洁空气法》下面是联邦法规（CFR），法规制定了工业大气污染源必须遵守的要求，CFR 第 40 部分环境保护，包括排污许可具体流程，以及排放标准、最佳可行技术等技术层面的规定，是《清洁水法》和《清洁空气法》的具体“实施细则”。以空气固定源运营许可证为例，在 40 CFR Part 70.6 规定了运营许可证所要包含的 7 项基本内容：（1）规范许可证最低要求；（2）联邦执法要求；（3）守法要求；（4）一般性许可证条款；（5）临时污染源条款；（6）许可保护条款；（7）紧急情况条款。

此外，美国各州制定了许可证申请表格，规定了较为详细的申请及许可证要求等内容，以南加州空气质量管理局（SCAQMD）网站公布的表格为例，固定源需要填报的信息表包括管理信息表、基本信息表、特定污染防治设施补充申请信息表、污染物削减信用信息表、RECLAIM 计划信息表、《清洁空气法》第Ⅴ部分申请和报告信息表。

4.2　国内相关标准情况的研究

4.2.1　行业排污许可证申请与核发技术规范

国内尚未以标准形式正式发布任何行业排污许可证申请与核发技术规范，只是在《关于开展火电、造纸行业和京津冀试点城市高架源排污许可证管理工作的通知》（环水体〔2016〕189 号）中附带《火电行业排污许可证申请与核发技术规范》《造纸行业排污许可证申请与核发技术规范》，明确火电、造纸行业排污许可证适用范围及排污单位基本情况、产排污节点对应排放口及许可排放限值、可行技术、自行监测管理要求、环境管理台账记录及执行报告编制规范、实际排放量核算方法、合规判定方法。

4.2.2　水泥工业相关标准情况

目前我国已建立了相当完备的水泥工业污染控制标准体系，2013 年正式修订发布了《水泥工业大气污染物排放标准》（GB 4915），规定了从事水泥原料矿山开采、水泥制造、散装水泥转运以及水泥制品

生产的全部水泥工业污染控制要求；同时还加严主要污染物的排放限值；制定严格的污染物特别排放限值；明确了分步实施新标准的要求。首次发布了《水泥窑协同处置固体废物污染控制标准》（GB 30485），规定了协同处置固体废物水泥窑的运行技术要求、监测和监督管理要求、水泥窑及窑尾余热利用系统除颗粒物、SO_2、NO_x和氨以外的其他污染物的排放限值。2006 年，我国在开展全国第一次污染源普查基础上，发布了《第一次全国污染源普查工业污染源产排污系数手册》，对主要工业行业的重点污染源、污染因子提出了全面的产排污系数（含工业废气量）参考，为污染物排放量核算奠定了基础。2008 年，发布了《水泥工业除尘工程技术规范》，给出了水泥生产各设备排放的含尘气体量。随着我国污染物总量减排工作以及排污收费工作的不断完善，环境保护部也出台了水泥工业 NO_x 等主要污染因子的排放量核算办法。2014 年，为完善环境保护技术体系，促进污染防治技术进步，环境保护部发布了《水泥工业污染防治可行技术指南（试行）》（环境保护部公告 2014 年第 81 号）文，给出了大气、水污染治理可行技术等。2017 年 5 月 27 日环境保护部发布了《水泥窑协同处置危险废物经营许可证审查指南（试行）》（环境保护部公告 2017 年第 22 号），规定了水泥窑协同处置危险废物单位申请危险废物经营许可证的要求，并对有组织和无组织污染物控制做了具体规定。

本标准按照国家排污许可制度顶层设计总体要求和《排污许可证申请与核发技术规范 总则》，结合水泥工业产排污特点、排放标准、环境管理、污染监测等要求，参照《火电行业排污许可证申请与核发技术规范》《造纸行业排污许可证申请与核发技术规范》的思路、框架内容，开展相关专题研究，细化、完善形成《排污许可证申请与核发技术规范 水泥工业》。

5 标准制定的基本原则和技术路线

5.1 标准制定的原则

与我国现行有关的环境法律法规、标准协调相配套，与环境保护的方针政策相一致原则。以《控制污染物排放许可制实施方案》《排污许可证管理暂行规定》等相关的法律法规、方针政策、标准规范为依据制定本标准。

适用范围和工作原则满足相关环保标准和环保工作要求的原则。本标准适用于水泥（熟料）制造、独立粉磨站排污单位填报《排污许可证申请表》和网上填写相关申请信息以及核发机关审核确定排污许可证许可要求，力求为水泥工业排污许可管理提供可借鉴的依据。

普遍适用性和实际可操作性原则。根据水泥工业排污单位实际情况，结合各污染源、污染因子的特点，提出本标准的技术要点，以保证最大限度地与水泥工业建设项目的实际情况相吻合，使本标准具有行业针对性和代表性。

5.2 标准制定的技术路线

本标准技术路线如图 2。

6 标准主要技术内容

6.1 标准框架

本标准内容包括：适用范围、规范性引用文件、术语和定义、排污单位基本情况填报要求、产排污节点对应排放口及许可排放限值确定方法、污染防治可行技术要求、自行监测管理要求、环境管理台账记录与执行报告编制要求、实际排放量核算方法、合规判定方法共 10 章。

6.2 适用范围

本标准适用于水泥（熟料）制造、独立水泥粉磨站排污单位排放的大气污染物和水污染物的排污许可证申请与核发管理。对于本标准未做出规定但排放工业废水、废气和有毒有害污染物的水泥工业排污单位的其他产污设施和排放口，参照《排污许可证申请与核发技术规范 总则》执行。

同时，考虑到水泥（熟料）制造排污单位“水泥熟料项目应有设计开采年限不低于 30 年的石灰岩资

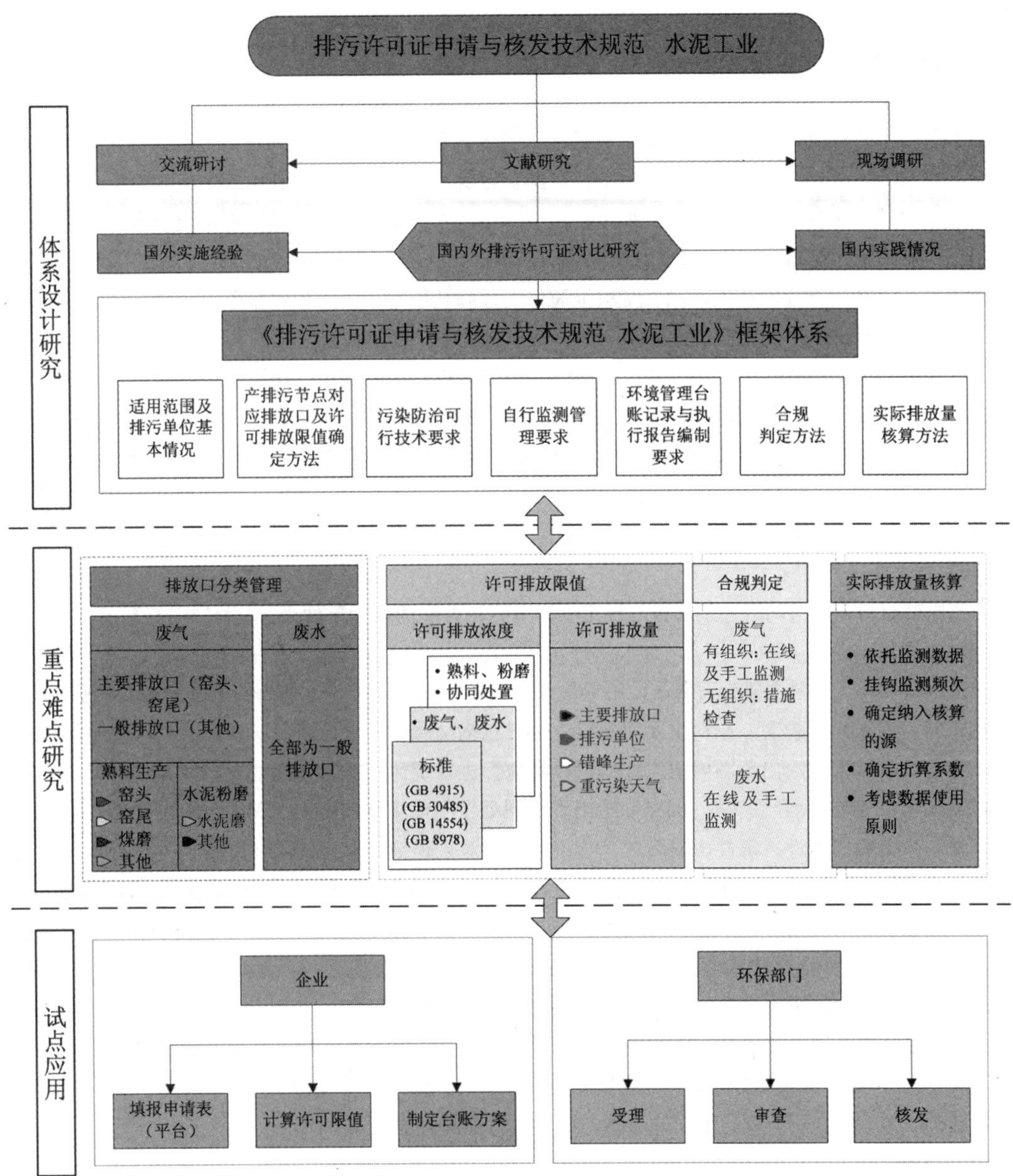

图2　标准技术路线图

源保障”（《水泥工业规范条件》，工业和信息化部公告2015年第5号）和产品运输涉及码头发运等，要求同一法人名下的同一地区水泥（熟料）制造、矿山生产、码头发运等申领一张许可证。水泥工业排污单位无配套矿山或码头的，申请材料中可不包含矿山或码头相关内容。

依据《控制污染物排放许可制实施方案》和《排污许可证管理暂行规定》要求，核发机关核发排污许可证时，规定了应不予核发排污许可证的情况。

6.3　规范性引用文件

给出了本标准引用的有关文件名称及文号，凡是不注日期的引用文件，其有效版本适用于本标准。

6.4　术语和定义

本标准对水泥工业排污单位、许可排放限值、特殊时段等3个术语进行了定义。其中水泥（熟料）制造排污单位包括熟料制造、熟料水泥制造（含特种水泥制造）、水泥窑协同处置固体废物（含非危险废物、危险废物）等类型，并涵盖了配套原料矿山，散装水泥（熟料）转运等。

6.5 排污单位基本情况填报要求

6.5.1 主要产品及产能

关于主要生产单元，基于水泥工业的主要生产工艺确定包括矿山开采、熟料生产、协同处置、水泥粉磨、公用单元五大部分，水泥工业排污单位可结合自身生产工艺，选取其中一项或组合项。关于设施参数，因水泥排污单位生产设施较多，很多设施不产污，本标准要求重点填写能够反映水泥排污单位产能、工艺、排污状况等相关设备参数，要求填报15项主要工艺28类与污染物排放有关的主机生产设施，如球磨机填报筒体内直径和长度，回转窑填报筒体内径和长度等。为方便申报单位理解，指导排污单位更好地填报，本标准对主要生产单元、生产工艺、生产设施、设施参数进行了表格化。

关于生产能力，本节要求水泥工业排污单位的产能按设计产能填报。这里要说明的是，设计产能为设计文件、工信部门核定的实际产能批复或根据《工业和信息化部关于印发部分产能严重过剩行业产能置换实施办法的通知》（工信部产业〔2015〕127 号）确定的产能，熟料产能单位为万 t/a，水泥的产能为万 t/a，旨在收集企业的实际产能状况。关于设计年生产时间，为环境影响评价文件及批复、地方政府对违规项目的认定或备案文件确定的年生产天数。

6.5.2 主要原辅料和燃料

主要原辅材料和燃料均应分别填报与核定生产能力相匹配的设计年使用量。

6.5.2.1 主要原辅料

对于熟料生产，原料主要为石灰石，用量最大，辅料分为三大类，分别为铁质校正料、硅质校正料、铝质校正料；对于水泥粉磨，原料主要为熟料，辅料包括缓凝剂、混合材等；本标准列出了原料和辅料的主要常见名称，不在给出范围内的原辅料用“其他”进行统计。对于协同处置，按照《水泥窑协同处置固体废物污染控制标准》（GB 30485）给出了协同处置固体废物的范围，其中危险废物指《国家危险废物名录》中具有腐蚀性、毒性、易燃性、感染性以及对人体健康有害的固体废物、医疗废物（《医疗废物分类目录》中易爆和含汞化学性废物除外）等，生活垃圾指废塑料、废橡胶、废纸、废轮胎、厨余等；此外，入窑固体废物特性应满足《水泥窑协同处置固体废物污染控制标准》（GB 30485）和《水泥窑协同处置固体废物环境保护技术规范》（HJ 662）等中相应要求，这里要说明的是，辅料还包括废气、废水污染防治过程中使用的化学品，如氨水、尿素等。

排污单位可参考设计值或上一年的实际使用情况填写原辅料中硫元素占比。这里要说明的是，根据GB 30485 文件，对于水泥窑协同处置危险废物排污单位还应根据危险废物的特性填报氯、氟、汞、铊、镉、铅、砷、铍、铬、锡、锑、铜、钴、锰、镍、钒等有毒有害成分占比。

6.5.2.2 燃料

包括点火用燃料和生产用燃料。对于生产用燃煤应填报灰分、硫分、挥发分、热值，点火用燃油应填报硫分、热值。

6.5.3 产污环节、污染物及污染治理设施

6.5.3.1 废气

a）产污环节以及对应的污染物种类

结合水泥工业排污单位生产工艺特点，按照五大单元分别确定产污环节，同时根据《水泥工业大气污染物排放标准》（GB 4915）、《水泥窑协同处置固体废物污染控制标准》（GB 30485）、《恶臭污染物排放标准》（GB 14554）等标准及《水泥窑协同处置危险废物经营许可证审查指南（试行）》（环境保护部公告 2017 年第 22 号）确定各废气产污环节污染物。

这里要说明的是，根据产污特点，对于 2015 年 1 月 1 日前取得环境影响评价批文的排污单位，协同处置固体废物时，贮存和预处理等设施污染物为颗粒物、臭气浓度、硫化氢、氨，协同处置危险废物时，污染物为颗粒物、臭气浓度、硫化氢、氨、非甲烷总烃；对于 2015 年 1 月 1 日（含）后取得环境影响评

价批文的排污单位，还应根据环境影响评价文件及其他环境管理要求进行确定其他污染物。无组织厂界管控的污染物原则与上述要求一致。根据《水泥窑协同处置危险废物经营许可证审查指南（试行）》（环境保护部公告 2017 年第 22 号）要求，当协同处置危险废物时，旁路放风排气筒（若有）的污染物在与协同处置固体废物窑尾烟囱要求管控的污染物一致，协同处置非危险废物时，旁路放风排气筒（若有）的污染物较协同处置危险废物的少一项 TOC。

b）污染治理设施

一般水泥工业排污单位废气主要污染物为颗粒物、SO_2、NO_x，对应的污染治理设施为除尘系统、脱硫系统、脱硝系统等，其中脱硫系统应在原辅燃料中硫分高导致窑尾烟囱 SO_2 超标的水泥（熟料）制造排污单位安装。

水泥窑协同处置固体废物生产线，固废的贮存、预处理设施应依据环境影响评价文件及其批复或其他环境管理要求落实贮存、预处理装置废气治理设施。

c）污染治理工艺

1）除尘设施：水泥工业除尘设施主要是电除尘器、袋式除尘器以及电袋复合除尘器，其中电除尘分为三电场静电除尘器、四电场静电除尘器、五电场静电除尘器，主要用于窑头、窑尾的颗粒物的治理；袋式除尘分为玻纤袋式除尘器、聚酯袋式除尘器、诺梅克斯袋式除尘器、聚酰亚胺袋式除尘器、聚四氟乙烯袋式除尘器及其他袋式除尘器，可以用于窑头、窑尾、煤磨、水泥磨等颗粒物治理；电袋复合除尘器主要用于窑头、窑尾颗粒物的治理。

2）脱硝设施：脱硝设施用于窑尾 NO_x 的治理，目前脱硝设施源头治理设施为低氮燃烧器、分解炉分级燃烧设施，末端治理为 SNCR 脱硝设施，水泥工业排污单位可进行 SNCR 与一种或一种以上的低氮燃烧技术（低氮燃烧器、分解炉分级燃烧等）结合。

3）脱硫设施：当原辅燃料有机硫及硫化物硫含量较低时，无须采取净化措施即可满足达标排放要求；当原辅燃料中有机硫和硫化物硫含量较高，应采用窑磨一体化运行或窑外脱硫设施（干法、半干法、湿法脱硫）措施。目前，少部分水泥工业排污单位因原辅燃料中硫分高、SO_2 排放浓度超标而采用脱硫措施。

4）协同处置固体废物贮存、预处理产生的臭气、氨、硫化氢及非甲烷总烃治理措施主要为：活性炭吸附法、导入水泥窑高温区焚烧等技术，其中导入水泥窑高温区焚烧是最常用方法，针对颗粒物，治理措施主要采用袋式除尘器。

5）协同处置固体废物产生的重金属、氯化氢、氟化氢、TOC 等污染控制措施：目前主要采用源头配料控制、入窑物料成分控制、水泥窑生产过程控制以及末端协同控制等管控措施。

6）协同处置水泥窑旁路放风重金属、颗粒物、二噁英等控制措施：目前主要采用急冷+袋式除尘器控制等措施。

6.5.3.2　废水

a）废水分为生活污水和生产废水，其中生产废水主要包括设备冷却排污水、余热发电锅炉循环冷却排污水、辅助生产废水（机修废水、化验废水等），协同处置排污单位在固体废物贮存、预处理过程中还产生渗滤液或其他生产废水等。

要说明的是，对于水泥窑协同处置飞灰生产线（目前国内水泥窑协同处置飞灰生产线全国仅北水琉璃河一条），飞灰水洗工艺是利用清水洗脱飞灰中的氯离子、钾离子和钠离子，确保后续煅烧工艺顺利进行。该过程产生飞灰水洗水，工艺设计中，飞灰水洗水经过滤、中和、精滤、蒸发浓缩和结晶后进入清水池，循环利用于水洗飞灰，不外排；氯离子结晶物作为产品外卖；水洗后的飞灰经干燥机烘干后入窑。因经处理后的飞灰水洗水为内循环用水，不涉及排放，因此本标准中不涉及该内容。

b）污染物种类

因水泥工业污水无行业排放标准，因此根据《污水综合排放标准》（GB 8978）、《污水排入城镇下水道水质标准》（GB/T 31962）、地方标准等标准确定各废水产污节点污染物。

c）废水处理工艺

设备冷却排污水、余热发电锅炉循环冷却排污水、辅助生产废水处理工艺一般为一级处理工艺。

生活污水处理工艺一般为一级处理和二级处理工艺。

协同处置固体废物项目渗滤液或其他生产废水处理工艺除喷入水泥窑高温区焚烧处置外，还包括在一级、二级处理工艺的基础上进行深度处理（超滤/纳滤、反渗透、吸附过滤、其他）以及其他处理工艺。

6.5.3.3 排放口类型

a）废气

废气主要排放口和一般排放口的确定：因水泥排污单位生产工序多、废气污染源较多，因此现阶段对水泥排污单位排放口管理应突出重点，结合《控制污染物排放许可制实施方案》差异化管理的要求，为提高对水泥排污单位污染源管控的效能，同时提高排污许可证申请与核发效率，减小核算工作量，将排放口分主要排放口和一般排放口两大类进行分类管理。

主要排放口确定原则为污染物排放量大、污染物排放种类多、安装在线监测设施便于考核的排放口规定为主要排放口。标准制定之初，拟将污染物排放量占比达到80%以上的排放口作为主要排放口管理，要求安装在线监测设备，管控许可排放浓度和许可排放量。水泥（熟料）制造排污单位窑尾 SO_2 及 NO_x 的排放量几乎占全厂 SO_2 及 NO_x 的排放量的 100%，且安装在线监测，便于监测和实际排放量的核算，将其划为主要排放口无异议。在颗粒物方面，仅将窑尾、窑头排放口作为主要排放口，而未纳入煤磨、水泥磨等其他排放口，主要是基于以下考虑：

1）《水泥工业大气污染物排放标准》（GB 4915—2004）中明确，窑尾应当安装烟气颗粒物、二氧化硫和氮氧化物连续监测装置；窑头应当安装烟气颗粒物连续监测装置。目前，水泥熟料企业一般按照重点监控污染源管理，窑尾、窑头绝大多数都安装了在线监测设备。仅有个别省、市要求煤磨、水泥磨安装在线监测。

2）水泥窑运转率高，窑头和窑尾颗粒物排放量占全厂的 60%～65%，排放量相对较大；煤磨、水泥磨、破碎机、包装机等运转率低于水泥窑，大部分为间歇式运行，只排放颗粒物，一般都安装布袋除尘器，煤磨、水泥磨颗粒物占 15%～20%，但与破碎机、包装机等相比，排放量并不突出，各排放口排放特征及治理设施同质性高。

3）如果将煤磨、水泥磨作为一般排放口按季度手工监测费仅为 2.5 万元，而如果作为主要排放口，以单条生产线配套 1 台煤磨、2 台水泥磨测算，安装在线监测设备的一次性投资在 45 万～50 万元，每年运维费在 15 万左右，投资较高。

因此，综合确定窑头、窑尾为主要排放口，管控 60%～65%的颗粒物和几乎 100%的二氧化硫、氮氧化物；其余排放口按一般排放口管理，定期手工监测，可大幅降低企业成本，也符合现行的环境管理要求。

b）废水

水泥排污单位废水排放口分为外排口和间接排放口，由于水泥排污单位废水一般排量小、污染物种类少，因此排放口均定为一般排放口，管控许可排放浓度。关于协同处置排污单位渗滤液或其他生产废水不许可排放量的说明如下：

据调研，目前水泥窑协同处置生活垃圾排污单位对于生活垃圾渗滤液或其他生产废水绝大部分采用喷入水泥窑内高温段焚烧处置的处理方式，仅极少排污单位经深度处理后循环回用于生产工艺，浓缩液喷入水泥窑焚烧处置。

因水泥熟料生产工艺的限制，目前水泥窑协同处置生活垃圾规模在 150～600 t/d。根据《生活垃圾渗滤液处理技术规范》（CJJ 150—2010）中“垃圾焚烧厂渗滤液的产生量应考虑集料坑中垃圾的停留时间、主要成分等因素。垃圾渗滤液的日产生量宜按垃圾量的 10%～40%（重量比）计；降雨量较少地区垃圾渗滤液的日产生量宜按垃圾量的10%～15%（重量比）计”，本次计算中渗滤液产生量按最大情况考虑，以 40%来计。本标准中对于渗滤液经处理后可外排的情况，推荐可行技术为预处理（预沉淀）+生物处理

（厌氧/好氧+膜生化反应器）+深度处理（超滤/纳滤、反渗透、吸附过滤等）；类比《北京市朝阳生活垃圾综合处理厂焚烧中心环境影响报告书》，渗滤液处理采用“调节池+厌氧+MBR 膜生化反应器（反硝化池/硝化池/外置超滤膜）+纳滤（NF）+反渗透（RO）的组合工艺”，设计净水出水率不低于 75%。本标准推荐可行技术与类比项目渗滤液处理工艺相近，因此，本次核算净水出水率按 75%且均外排考虑。处理后出水水质按照最不利情况，即处理达到《污水综合排放标准》（GB 8978）二级标准（排入《地面水环境质量标准》（GB 3838）Ⅳ、Ⅴ类水域、《海水水质标准》（GB 3097）三类海域）考虑，COD 浓度为 150 mg/L。按照水泥窑协同处置生产线全年运转即 365 日考虑，则在目前水泥窑协同处置最大规模 600 t/d 情况下，外排废水中 COD 排放量为 9.855 t/a。

《固定污染源排污许可分类管理名录》“第七条　本名录以外的行业排污单位，有以下情形之一的，应当申请并获得排污许可证，按重点管理行业实施：……废水 COD 年排放量大于 30 t 的……”，其中重点管理行业需管控许可排放量。因此，对水泥窑协同处置固体废物排污单位，在渗滤液经处理后外排的情况下，本标准也规定外排口为一般排放口，管控许可排放浓度。

6.6　产排污节点对应排放口及许可排放限值确定方法

产排污节点对应排放口和许可排放限值中的许可排放浓度按照本标准规定方法执行，本节重点讲述本标准中推荐的许可排放量核算方法及无组织排放控制要求的确定。

这里要说明的是废水和废气无组织仅许可排放浓度，不设置许可排放量要求；独立粉磨站不设置许可排放量要求。

6.6.1　许可排放量核算方法

根据污染物许可排放浓度限值、单位产品基准排气量、核定产能、运行时间核定大气污染物许可排放量。核算主要排放口许可排放量时，应根据核算公式按排放口逐个进行核算，求和得出；核算一般排放口排放量，应根据核算公式按排放口分类类型（具体见技术规范表 3）逐类进行核算，求和得出。对于排污单位有多条生产线的，首先按单条生产线计算申请的排放量，加和后即为排污单位许可排放量。

该节的核定产能及运行时间是根据项目环境影响评价、环境影响评价批复文件以及备案（认定）文件进行确定。另外在核算过程中，若水泥磨核定产能为万 t/a 时，则直接根据许可排放浓度限值、单位产品基准排气量、核定产能核定年排放量。

这里要说明的是，对于有错峰生产要求的地区，对水泥工业排污单位在正常时段（错峰生产以外的时段）存在超负荷运行且错峰生产时段可不停水泥磨的情况，在本标准中已充分考虑，一方面在计算主要排放口污染物排放量时，核算时间采用的是（365−Tc，Tc 为错峰生产天数），而不是采用（T−Tc，T 为环境影响评价批复或备案文件的年运行天数）；另一方面，对于一般排放口年排放量的核算，也是分别给出了错峰时段和正常时段的计算公式。在核算过程中若需要确定水泥粉磨的日产能时，应按照环境影响评价批复产能除以环境影响评价批复年运行时间确定。

另外对本标准未列出许可排放量核算方法的排污口及污染因子，不影响由于环境保护税或者排污收费等要求对其实际排放量进行核算。核算出的实际排放量可以依规用于环境保护税等管理制度需要，但不作为排放总量是否超标的判断。

省级环境保护部门也可以依据环境质量改善的需要，制定相关规范性文件，扩大辖区内实施许可排放量管控的排放口和污染因子。这些因子的实际排放量应当不高于许可排放量。

6.6.2　基准排气量的确定

本标准给出了 6 类排放口的基准排气量，基准排气量的确定依据如下：

6.6.2.1　窑尾基准排气量的确定

根据《水泥工业除尘工程技术规范》（HJ 434），窑尾的风量为 1 400～2 500 m^3/t 熟料；《关于印发〈建设项目主要污染物排放总量指标审核及管理暂行办法〉的通知》（环发〔2014〕197 号）明确了水泥工业排污单位 NO_x 排放绩效值为 1 kg/t 熟料，结合 GB 4915 标准中 NO_x 的排放限值倒推出的排气量，拟定窑尾基准排气量为 2 500 m^3/t 熟料。为配合本标准的制订，编制组对 30 个水泥熟料生产线(规模：2 000～10 000 t/d）窑尾热工标定数据进行统计和分析。经分析，窑尾排气量平均值为 2 351 m^3/t 熟料（1 706～2 688 m^3/t 熟料），76.67%熟料生产线满足拟定的基准排气量。

针对特种水泥和协同处置固废生产线的工艺特点，给出这两种窑型窑尾基准排气量 1.1 的系数。这里要说明的是对于协同处置固体废物的水泥（熟料）制造排污单位，因旁路放风的排气筒的废气引自窑尾烟室，因此该基准排气量包括旁路放风设施的排气量。

6.6.2.2 窑头基准排气量的确定

根据《水泥工业除尘工程技术规范》（HJ 434），窑头冷却机的风量为 1 200～2 500 m^3/t 熟料。根据《第一次全国污染源普查工业污染源产排污系数手册》中产能大于或等于 4 000 t/d 的熟料生产线（不含余热发电项目）窑炉风量，并结合带余热发电时风量调整系数以及窑尾拟定的基准排气量，拟定窑头基准排气量为 1 800 m^3/t 熟料。为配合本标准的制订，编制组对 10 个水泥熟料生产线窑头热工标定数据进行了统计、分析。经分析，窑头平均排气量为 1 598 m^3/t 熟料（1 392～1 927 m^3/t 熟料），80%熟料生产线满足拟定的基准排气量。

6.6.2.3 煤磨基准排气量的确定

根据《水泥行业清洁生产评价指标体系》中国内清洁生产先进水平吨熟料耗标煤为 108 kg，结合《水泥工业除尘工程技术规范》（HJ 434）以及标煤和实物煤的折算系数，煤磨的排气量折算为 453.6 m^3/t 熟料，拟定煤磨基准排气量为 460 m^3/t 熟料。为配合本标准的制定，编制组对 25 个煤磨实际排气量进行了统计、分析，70%煤磨满足拟定的基准排气量。

6.6.2.4 水泥磨基准排气量的确定

考虑到目前水泥行业圈流粉磨工艺占到 90%以上，本标准给出了圈流磨工艺风量。根据《水泥工业除尘工程技术规范》（HJ 434），按照直径 3.8 m、产能为 80 t/h 的水泥磨机核算出磨内通风废气排放量为 541.5 m^3/t 水泥；选粉机的设计风量为 900～1 500 m^3/t 水泥，考虑到选粉机的循环用风，确定选粉机的风量为 1 000 m^3/t 水泥，拟定水泥磨基准排气量为 1 550 m^3/t 水泥。为配合本标准的制定，编制组对 6 个水泥磨的风量标定数据进行了统计、分析，近 83%水泥磨满足拟定的基准排气量。

6.6.2.5 熟料库前其他一般排放口基准排气量的确定

在熟料库前的所有工序都是为生产熟料而设置，编制组根据此特点，为兼顾独立熟料线项目，把熟料库前的一般废气排放口归为一类，给定基准排气量，以便企业排污单位进行排污量的申报。熟料库前是自破碎到熟料出库之间的所有工序（除煤磨），排放口包括原辅料、燃料、生料输送设备、料仓、储库以及生料磨等废气排放口。因熟料库前排放口较多且废气排放量较小，拟定基准排气量 600 m^3/t 熟料。因缺少熟料库前所有排气筒的排气量的实测数据，编制组随机抽取了 7 家公司的项目环境影响评价进行了排气量统计、分析，熟料库前设计排气量平均值为 571.29 m^3/t 熟料，71.43%项目满足拟定的基准排气量。

6.6.2.6 熟料库后其他一般排放口基准排气量的确定

熟料库后的所有工序皆为生产水泥设置，编制组根据此特点，把熟料库后的一般废气排放口归为一类，给定基准排气量，以便排污单位进行排污量的申报。熟料库后排放口是自辅材破碎工序至水泥出库所有一般废气排放口（除水泥磨），包括熟料、水泥、混合材、石膏等输送设备、料仓、储库以及破碎机、包装机等废气排放口。因熟料库后排放口较多且废气排放量较小，拟定基准排气量为 600 m^3/t 水泥。因缺少熟料库后所有排气筒的排气量的实测数据，编制组随机抽取了 7 家公司的环境影响评价进行了排气量统计、分析，熟料库后的设计排气量平均值为 489.11 m^3/t 水泥，71.43%项目满足拟定的基准排气量。

6.6.2.7 所有一般排放口基准排气量的科学性分析

根据上述拟定的基准烟气排放量，一般排放口的基准排气总量为煤磨、水泥磨、熟料库前、熟料库后基准排气量之和。对熟料库前和煤磨的基准排气量折算为 m^3/t 水泥后（折算系数取 0.57，由 2015 年已公布的熟料和水泥产量得出），得出所有一般排放口的风量为 2 761.31 m^3/t 水泥，较《第一次全国污染源普查工业污染源产排污系数手册》中水泥生产线（参考≥4 000 t/d 熟料水泥生产线）对应的工艺风量 1 280 m^3/t 水泥高。具体有以下原因：

a）随着环保管理的趋严，环境保护主管部门加大对无组织排放的管控力度，将无组织排放逐步改造成有组织排放，导致有组织排放风量较以前增大。

b）为更好地控制水泥粉磨的质量，选粉机在直径大于 3.8 m 的磨机上大量使用，风量较以前的开路磨风量大。

c）为了提高集尘效率，减少无组织排放量，水泥排污单位对前期集气量小、集尘效率低的袋除尘进行了技改，增大了除尘风量。

综上所述，本次一般排放口风量的上调是综合考虑了水泥工业的技术进步和无组织管理要求加严确定的。

6.6.2.8　所有排放口单位产品基准排气量之和的科学性分析

根据上述拟定的基准烟气排放量，所有排放口的基准排气总量为窑头、窑尾、煤磨、水泥磨、熟料库前、熟料库后排气口基准排气量之和。经核算，所有排放口的风量总计为 5 221.31 m^3/t 水泥。编制组对 7 个水泥项目的环境影响评价设计风量进行了统计、分析，平均风量为 4 897.09 m^3/t 水泥，71.43%项目满足拟定的总基准排气量。

6.6.3　无组织排放控制要求

因水泥厂的无组织排放点多、措施各异、管理水平参差不齐等问题导致无法准确核算无组织排放量，因此本标准对无组织排放源的控制措施提出了具体的要求，以确保无组织排放受控。编制组根据专家组的建议及现场调研，制定了《水泥工业排污单位生产无组织排放控制要求表》，将水泥（熟料）生产工艺按照 5 个主要生产单元，按重点地区和一般地区分别提出了 29 项管控要求，两区无组织排放控制要求主要在配置的除尘器及物料存放封闭等方面有差异，具体差异情况如下：

在除尘器配置方面：位于重点地区的公司物料破碎、转运、预均化、贮存、转载等过程颗粒物排放点应配置高效袋式除尘器，确保粉尘排放浓度达到 10 mg/m^3 限值；一般地区公司在以上颗粒物排放点应配置袋式除尘器，确保粉尘排放浓度达到 20 mg/m^3 限值。

在物料存储设施方面：位于重点地区的公司，物料的储库、储仓、堆棚都要求进行封闭，防治无组织排放；对于一般地区的公司，结合《大气污染防治法》和《水泥工业大气污染物排放标准》（GB 4915）的要求，对于粉状物料全部密闭储存，如粉煤灰、水泥等，其他块石、黏湿物料、浆料等原辅材设置不低于堆放物高度的严密围挡，并采取有效覆盖等措施防治扬尘污染。

在物料转运方面：位于重点地区的公司的物料转运皮带等应进行全封闭；位于一般地区，物料转运皮带等转运设施应封闭，对块石、黏湿物料、浆料以及车船装卸过程也可采取其他有效抑尘措施的转运方式。

需要说明的是，本标准中的“重点区域”是指《重点区域大气污染防治“十二五”规划》中的 13 个重点区域共涉及 19 个省、自治区、直辖市。“重点地区”是指 GB 4915 中执行特别排放限值的区域。

6.7　污染防治可行技术要求

水泥工业废气、废水污染防治推荐可行技术引自《水泥工业污染防治可行技术指南（试行）》（环境保护部公告 2014 年第 81 号）。同时，通过排污单位调研、专家的建议，对于废气提出了旁路放风、氨逃逸、烘干机废气以及固体废物贮存、预处理设施废气的污染防治推荐可行技术，具体见本标准附录 B；对于协同处置固体废物排污单位固体废物贮存、预处理产生的垃圾渗滤液或其他生产废水，在排污单位需要自行处理并外排时，参考《生活垃圾填埋场渗滤液处理工程技术规范（试行）》（HJ 564），提出推荐可行技术为“预处理+生物处理+深度处理”组合工艺，其中，预处理工艺采用预沉淀法；生物处理工艺可采用厌氧生物处理法或好氧生物处理结合生物膜生化反应器法；深度处理工艺可采用纳滤、反渗透、吸附过滤等方法，深度处理以纳滤和反渗透为主，并根据处理要求合理选择；当渗滤液处理工艺过程中产生污泥时，应对污泥进行适当处理；纳滤和反渗透产生的浓缩液应进行处理，可采用蒸发、焚烧等方法，具体见本标准附录 C。

6.8 自行监测管理要求

根据《控制污染物排放许可制实施方案》（国办发〔2016〕81 号）和《关于印发〈排污许可证管理暂行规定〉的通知》（环水体〔2016〕186 号）要求，排污单位应通过自行监测证明排污许可证许可排放限值落实情况。

本标准根据《排污单位自行监测技术指南　总则》（HJ 819—2017）等有关法规，结合水泥工业排污单位的污染源管控重点，规定了水泥工业排污单位自行监测要求，水泥工业排污单位在申请排污许可证时，应当按照本标准制定自行监测方案并开展监测，监测频次原则上不得低于本标准要求。《排污单位自行监测技术指南　水泥工业》发布后从其规定。

这里说明的是，因破碎机、水泥磨、煤磨、包装机的运转率高、排放量大，为实际排放量的概算提供数据支撑，因此监测频次定为每季度一次，每次对同类型污染治理设施的排放口抽测率不低于 50%。除以上排放口及窑头、窑尾排放口外，其他排放口原则上是每两年监测一次，企业可以根据自己的实际情况开展监测。

6.9 环境管理台账记录及执行报告编制要求

按照《控制污染物排放许可制实施方案》（国办发〔2016〕81 号）和《关于印发〈排污许可证管理暂行规定〉的通知》（环水体〔2016〕186 号）要求，环境管理台账为排污单位依证排污、自证守法的主要依据，为环境管理部门依证监管的主要检查内容。台账记录为原始记录，真实反映实际运行情况，依据排污单位实际运行情况进行总结归纳，形成执行报告。为确保本标准的台账记录和执行报告能够得到更好的执行和落实，编制组邀请了五家企业代表对该章节内容进行了研讨和完善，结合水泥工业排污单位目前环境管理台账实际情况和排污许可证管理要求，规定了排污单位环境管理台账记录的原则，并对环保执行报告的编制要求表格化。水泥工业现有台账记录内容需满足标准要求。执行报告需按本标准规定的上报内容、节点、频次提交，并在排污许可证申请表中明确。

6.10 实际排放量核算方法

6.10.1 实际排放量核算方法选取原则

本章节给出了水泥排污单位废气有组织和废水实际排放量的核算方法和核算方法的选用原则。

这里要说明的是，针对排污许可证中载明应采用自动监测而未采用的，给出了惩罚性的实际排放量核算方法，采用物料衡算法核算 SO_2 实际排放量时可考虑水泥窑本身的脱硫效率；采用产污系数法核算颗粒物、NO_x 实际排放量时按直排核算。

6.10.2 实测法

6.10.2.1 废气

a）正常情况

1）有组织污染物实际排放量核算

正常情况下有组织废气污染物实际排放量包括主要排放口和一般排放口各类污染物之和，对于水泥窑协同处置固体废物排污单位设置单独旁路放风排放口的，还应核算旁路排气筒污染物实际排放量。

2）主要排放口实际排放量核算

主要排放口实际排放量核算方法主要以自动监测实测法核算实际排放量。本标准同时分情况给出了在线监测装置发生故障时的处理意见。对于因其他情况导致季度数据缺失时段、数据异常累计时段低于季度运行小时数的 10%的，该时段污染物实际排放量按照缺失前 720 个有效小时均值最大值确定；在 10%～25%的，该时段污染物实际排放量按照缺失前 2 160 个有效小时均值最大值确定；超过 25%的，自动监测数据不能作为核算实际排放量的依据，按照“要求采用自动监测的排放口或污染物而未采用”情况来核算实际排放量。

3）一般排放口实际排放量

一般排放口实际排放量主要以手工监测实测法核算污染物排放量。

手工监测实测法是指根据每次手工监测时段内每小时污染物的平均排放实测浓度、平均标干排气量、排放时间核算污染物排放量。

水泥工业排污单位一般排放口目前一般采用手工监测方法，为降低水泥排污单位核算一般排放口颗粒物实际排放量的工作量，编制组建议将废气排放量大、运转率高的污染源纳入季度监测，根据监测数据核算纳入一般排放口颗粒物实际排放量核算的污染源实际排放量，然后根据β概算出全厂的一般排放口季度颗粒物排放量，进而求得半年、全年排放量。β为纳入一般排放口颗粒物实际排放量核算的污染源实际排放量占全厂一般排放口颗粒物排放量的比值。

编制组对 10 个熟料水泥生产线项目和 6 个水泥粉磨站项目环境影响评价进行了统计分析，得出了β，具体论证如下：

1）熟料水泥排污单位β取值论证

经调研发现熟料水泥排污单位一般排放口的煤磨、水泥磨（主排、尾排）、破碎机、包装机等 4 类污染源的废气排放口的风量较大、运转率较高，根据对 10 个公司的项目环境影响评价数据核算，正常生产情况下，该 4 类污染源的颗粒物排放量约占项目一般排放口的 62.15%～80.87%，平均值为 73.39%；在错峰生产情况下该 3 类污染源（除煤磨）的颗粒物排放量占项目一般排放口的 59.56%～82.71%，平均值为 75.09%。为了便于排污单位核算，熟料水泥项目β取值统一为 0.75，排污单位在核算过程中可以结合生产线实际配置情况取合适的值。

2）独立粉磨站排污单位β取值论证

经调研发现独立粉磨站排污单位一般排口的石膏破碎机、水泥磨、包装机等 3 类污染源的废气排放量较大、运转率较高，根据对 6 个公司的项目环境影响评价数据统计分析，该 3 类污染源的颗粒物排放量占项目一般排放口的 57.34%～80.97%，平均值为 65.14%，建议水泥粉磨站项目β取值为 0.65。

3）旁路放风排气筒

对于协同处置水泥（熟料）制造排污单位设有单独旁路放风排放口的，在进行旁路放风时应开展监测工作，根据监测数据核算旁路放风排放口颗粒物、二氧化硫、氮氧化物实际排放量并计入窑尾实际排放量。

b）非正常情况

水泥窑在开、停窑期间应保持自动监测设备同步运行，自动监测设备应记录非正常情况下实时监测数据，根据自动监测数据核算该时段的各类污染物的实际排放量并计入实际排放量中。

6.10.2.2　废水

由于水泥排污单位废水外排水较少，基本上都按照技术规范要求开展手工监测，因此本节给出了正常情况下的废水外排水的核算方法和非正常情况的核算原则。废水各类污染物的实际排放量为正常情况和非正常情况下外排水各类污染物实际排放量之和。

6.11　合规判定方法

6.11.1　废气

6.11.1.1　排放浓度合规判定

废气浓度合规分正常情况和非正常情况两种情况污染物浓度合规判定。

a）正常情况

根据排污单位自行监测（包括自动监测和手工监测）、执法监测获得的有效排放浓度值对标判定是否达标。

这里要说明的是，对于应当采用自动监测而未采用的排放口或污染物，即视为不合规。

此外，针对企业的手工监测和执法部门的执法监测，根据《排污单位自行监测技术指南　总则》（HJ 819—2017）的条款“管理部门执法监测与排污单位自行监测数据不一致的，以管理部门执法监测结果为准，作为判断污染物排放是否达标、自动监测设施是否正常运行的依据”规定，给出了“若同一时段的管理部门执法监测与排污单位自行监测数据不一致的，以管理部门执法监测数据为准”的要求。

b）非正常情况

1）国内水泥排污单位整体情况

水泥排污单位非正常工况为点火升温至投料、停窑、临停排除故障等生产不稳定状态。

编制组通过现场调研和座谈，结合水泥排污单位非正常情况下在线监测设备运行情况对启动、停窑和临停排除故障的超标排放时间进行了相应研究。目前地方管理部门普遍不要求水泥排污单位上传该时段在线监测数据，且该时段在线监测设备开启与否各地要求不一，软件设置时自动剔除该时段的在线监测数据，导致难以对排污单位特殊情况下的排放实施管控。

2）美国水泥排污单位排污许可证对启动、停窑时间限值规定

课题组归纳总结了美国芝加哥通用水泥、纽约西麦斯水泥、圣玛丽水泥、拉法基公司和伊利诺斯水泥公司等排污许可证对启动和停窑时间限值的要求。

除启动和停窑期间外，CEMS 系统显示的超标排放均视为违反适用的排放限值。冷启动（用油点火预热，至生料和煤投入窑后 8 h）时间不超过 36 h（耐火砖养护除外），热启动（不用预热，生料和煤重新开始入窑）时间不得超过 8 h；停窑指停止加生料和煤，至下一次冷启动的过程。除启动、停窑外，部分停窑（生料和煤停止入窑至煤重新入窑即下一次热启动或生料和煤停止入窑至开始停窑）时间不得超过连续 24 h。在启动、停窑和故障期间的操作不构成性能测试的代表条件，排放量超过适用的排放限值时，也不应被视作违反适用的排放限值。

3）本标准对启动、停窑管理要求

在借鉴国外管理经验和国内水泥排污单位的调研基础上，确定了水泥窑非正常工况（冷点火、热点火、停窑三种非正常工况）下二氧化硫和氮氧化物的豁免时间段，具体原因为：

a）二氧化硫排放浓度分析

窑尾二氧化硫主要来自原辅料、燃料中的挥发性有机硫。水泥窑在正常生产过程中，首先通过控制物料中挥发性有机硫的含量，控制入窑物料的硫碱比，对引入系统的低温挥发性硫进行总量控制；其次通过新型干法窑的窑磨一体机的生产工艺特点，窑和生料磨对烟气中硫进行充分吸收，可以确保窑尾二氧化硫排放浓度达标。

但在以上三种非正常工况下，原料磨处于停运状态，水泥窑中尚未投加生料粉或投加量明显较少，无法脱除二氧化硫或者脱除效果差，并且此时的氧含量处于波动状态，在完全止煤、止料时氧含量接近 21%，折算为基准氧含量 10%的时候浓度急剧变大，容易造成超标。综上原因确定非正常工况下窑尾二氧化硫排放浓度均不视为违反许可排放浓度限值。

b）氮氧化物排放浓度分析

窑尾氮氧化物主要来自热力型氮氧化物，水泥工业主要通过低氮燃烧技术+SNCR 技术相结合来控制氮氧化物排放，其中起主要作用为 SNCR 技术，该技术适宜的温度窗口在 850～1 000℃，水泥窑在以上三种非正常工况下的温度无法满足 SNCR 技术的温度窗口要求，整个过程中 SNCR 处于停运状态，且氧含量也在波动状态，容易导致氮氧化物的折算浓度超标，综上原因确定非正常工况下氮氧化物排放浓度不视为违反许可排放浓度限值。

特别说明的是，针对非正常工况下，因为氧含量比较大，导致窑尾颗粒物排放浓度超标不纳入豁免，后期将根据实际情况修订完善 GB 4915，对标准的适应范围进一步细化和明确。

同时根据《水泥窑协同处置固体废物污染控制标准》（GB 30485）的要求，水泥窑协同处置固体废物时还应满足：在水泥窑出现故障或事故造成运行工况不正常，如窑内温度明显下降、烟气中污染物浓

度明显升高等情况时，必须立即停止投加固体废物，待查明原因并恢复正常运行后方可恢复投加，在此非正常期间所获得的监测数据不作为达标判定时段。每次故障或事故持续排放污染物时间不应超过 4 h，每年累计不得超过 60 h。

6.11.1.2 排放量达标判定

水泥排污单位污染物实际排放量、主要排放口实际排放量、特殊时段实际排放量应分别满足相应的限值管控要求。

上述各实际排放量核算时包括排污单位非正常排放时段。这里要说明的是，排污单位应加强点火、停窑等非正常工况的工艺操作管理，通过减少开停机次数、加强日常环保管理等措施，确保全年实际排放量满足许可排放量的要求，同时要求排污单位在非正常工况期间应保持在线监测设备的同步运行，记录污染物的实际排放量，将该时段的各类污染物的实际排放量纳入全年实际排放量中。

6.11.2 废水

根据排污单位自行监测（包括自动监测和手工监测）、执法监测获得的有效排放浓度值对标判定是否达标。

7 国内外相关标准、技术法规对比和分析

本标准参照国外排污许可相关法规、标准体系建设先进经验，整合、集成、优化了国内水泥工业环境保护法规、规章、标准、管理要求等，紧密结合水泥工业工程和环境特点，提出了水泥工业排污许可管理的新思路，构建了水泥工业排污许可证申请与核发管理技术体系。

7.1 国外相关标准

本标准基本参照美国空气固定源运行许可证要求内容制定，但在许可排放限值上有一定的差异。

本标准许可排放限值确定原则与美国大气运营许可证基本上相同，在排污许可限值标准上有一定的差异，本标准许可排放限值包括许可排放浓度（mg/m^3，1 h 均值浓度）和许可排放量；美国规定许可排放限值（单位产品排放量，lb/t 熟料，30 天滚动平均），由排放限值与产量即可得到许可量。

7.2 国内相关标准

7.2.1 行业排污许可证申请与核发技术规范

本标准架构上按照已发布的《火电行业排污许可证申请与核发技术规范》建立。与之相比，按照标准编制格式，架构上增加了适用范围、规范性引用文件和术语与定义三章节；内容上，在许可排放量核算、无组织排放控制、实测法实际排放量核算方面有所不同，细化了环保管理台账记录要求，并对执行报告编制要求表格化。

7.2.1.1 明确许可排放量核算推荐方法

与《火电行业排污许可证申请与核发技术规范》中许可排放量核算采用绩效法不同，水泥工业排污单位许可排放量依据许可排放浓度、基准排气量、主要产品产能确定。

一是排污许可证对排污单位污染物排放量进行许可和管控，排污单位超产能生产的情况下，应采取更严格的污染防治措施，确保污染物排放量不超过许可排放量。

二是确定了水泥行业基准排气量。水泥行业基准排气量是核定许可排放量的重要参数，现行《水泥工业大气污染物排放标准》（GB 4915）、《水泥窑协同处置固体废物污染控制标准》（GB 30485）中无基准排气量的相关规定。为简便操作，以熟料库为界，将污染源分为熟料生产和水泥生产前、后两部分，前端分为窑头、窑尾、煤磨、熟料库前其他一般排放口（概化），后端分为水泥磨、熟料库后其他一般排放口（概化），分别给出了基准排气量。根据《水泥工业除尘工程技术规范》（HJ 434）、《关于印发〈建设项目主要污染物排放总量指标审核及管理暂行办法〉的通知》（环发〔2014〕197 号）、《水泥工业清洁生产评价指标体系》《第一次全国污染源普查工业污染源产排污系数手册》、对水泥窑、煤磨热工标定数据以及排污单位数据统计资料，综合确定了 6 种类型排放口的基准排气量，为许可排放量核算

奠定了基础。

7.2.1.2 细化了水泥排污单位无组织排放控制内容

《火电行业排污许可证申请与核发技术规范》对无组织排放控制无相应内容（《火电厂大气污染物排放标准》（GB 13223）没有无组织控制相应规定），本标准结合水泥工业排污单位无组织排放点多、措施各异、管理水平参差不齐的特点，按照 5 个生产单元、两类地区规定了 29 项无组织排放控制措施要求，将无组织控制要求纳入排污许可证环境管理要求。在合规判定时，对无组织排放源以现场措施检查为主，必要时以现场监测方式判定无组织达标情况。

7.2.1.3 细化了实测法实际排放量核算方法

《火电行业排污许可证申请与核发技术规范》对实际排放量采用实测法核算时，仅给出了一般原则性规定。本标准中对水泥排污单位采用自动监测和手工监测的污染源分别给出了核算公式。鉴于水泥排污单位一般排放口较多，在核算一般排放口实际排放量时，给出了纳入一般排放口颗粒物实际排放量核算的污染源类型和系数α（纳入核算范围内的污染源颗粒物排放量占水泥工业排污单位一般排放口颗粒物排放量的比值，该系数由排污单位统计数据确定），排污单位在对纳入一般排放口的污染源进行监测获得实测浓度、标干排气量及运行时间后即可根据公式得到所有一般排放口实际排放量。

7.2.2 水泥行业相关标准

与水泥行业相关标准相比，本标准涵盖内容更全面，更切合排污许可工作需要。

7.2.2.1 涵盖内容全面

本标准适用范围包括了水泥（熟料）制造（含配套矿山、码头发运等）、独立粉磨站排污单位。本标准在排污单位基本情况章节中分类型给出了较全面的水泥（熟料）制造（含配套矿山、码头发运等）、独立粉磨站排污单位相关生产工艺、生产设施、污染治理设施、产排污节点、产品及产能、原辅料及燃料等具体的填报内容，较《水泥工厂设计规范》（GB 50295）和《水泥工厂环境保护设计规范》（GB 50558）中规定的内容分类更明确，更切合排污许可工作需要。

7.2.2.2 集成了现有国内规范及相关政策要求

本标准综合了《水泥工业大气污染物排放标准》（GB 4915）、《水泥窑协同处置固体废物污染控制标准》（GB 30485）、《恶臭污染物排放标准》（GB 14554）、《关于执行大气污染物特别排放限值的公告》（公告 2013 年第 14 号）、《污水综合排放标准》（GB 8978）、《水泥窑协同处置危险废物经营许可证审查指南（试行）》（环境保护部公告 2017 年第 22 号）等文件的要求，确定了废气和废水污染因子及许可排放浓度，集成了现有国内的规范、标准要求。

7.2.2.3 对启停非正常工况豁免时段进行了明确界定

相较于水泥行业相关标准，本标准针对水泥排污单位启动、停窑期间可能会出现污染物排放浓度超标的情况，结合水泥排污单位在线监测数据及美国水泥排污单位排污许可证对该情况规定等内容，明确了水泥排污单位冷点火、热点火和停窑的豁免时段及豁免污染物，并明确规定该时段污染物排放量纳入年许可排放量核算。

8 标准实施措施及建议

a）进一步强化在线监测对排污许可的有效支撑

在线监测设备管理简便、监测数据量大，是监控排污单位许可排放浓度达标以及支撑实际排放量核算的有效手段。但现阶段，环境保护主管部门对在线监测数据的管理和应用偏弱，在线监测数据的有效性不足，在线监测作为执法判定的法律依据不足，这些都对本标准实施形成阻力。

本标准提出启停窑等特殊情况下一定时段内的浓度超标给予豁免，但为督促排污单位加强环境管理，减少非正常工况的发生，该时段的排放量仍纳入全年排放量考核并征收环境保护税。但经过调研，目前地方管理部门普遍不要求上传该时段在线监测数据，软件设置也自动剔除该时段的在线监测数据，导致难以对排污单位特殊情况下的排放实施管控。

因此，建议环境保护主管部门加强在线监测的管理，提升在线监测的技术水平和法律地位，保留特殊时段在线监测数据并如实上传，保证在线监测数据的完整性，为本标准的实施提供保障。

b）加快完善排污许可管理信息平台

建议按照本标准内容尽快完善排污许可管理信息平台水泥工业排污许可证申请与核发系统，便于排污单位和环境保护主管部门应用，促进本标准的落地。

c）加大对排污单位和环境保护主管部门的宣传培训力度

国家排污许可制度对各行业提出了精细化管理要求，本标准涉及的环境管理内容多，技术要求高，应加大对排污单位和环境保护主管部门的培训，帮助理解技术规范的要求，指导排污单位申请和环境保护主管部门核发。

d）开展标准实施评估

建议结合排污许可证申请与核发工作，适时开展本标准实施效果评估，必要时开展本标准的修订工作。建议对自行监测小时浓度均值的全年达标排放率先开展相关研究。

e）开展对水泥窑旁路放风的研究

目前《水泥工业大气污染物排放标准》（GB 4915）中未明确可以设置旁路放风设施；《水泥窑协同处置固体废物污染控制标准》（GB 30485）和《水泥窑协同处置固体废物环境保护技术规范》（HJ 662）明确，为避免内循环过程中挥发性元素（Hg、Tl）和物质（Pb、Cd、As 和碱金属氯化物、碱金属硫酸盐等）在窑内的过渡积累导致预热器结皮，水泥窑协同处置固体废物企业可定期进行旁路放风。

目前，企业对旁路放风系统的管理水平不一，环境保护部门对于旁路放风排气筒的监测、管理薄弱，旁路放风烟气因掺入冷风急冷，导致废气氧含量在 18%～20%，折标（基准氧含量 10%）后，部分污染物排放浓度可能会超标。因此建议进一步研究水泥工业排污单位取消烟气旁路独立排气筒的可行性，通过技术改造，将旁路烟气导入窑尾或引入三次风排放，以便强化对该股废气的管控。

中华人民共和国环境保护行业标准

排污许可证申请与核发技术规范　石化工业

Technical specification for application and issuance of pollutant permit —Petrochemical industry

HJ 853—2017

前　言

为贯彻落实《中华人民共和国环境保护法》《中华人民共和国大气污染防治法》《中华人民共和国水污染防治法》等法律法规和《国务院办公厅关于印发控制污染物排放许可制实施方案的通知》（国办发〔2016〕81 号），完善排污许可技术支撑体系，指导和规范石化工业排污许可证申请与核发工作，制定本标准。

本标准规定了石化工业排污许可证申请与核发的基本情况填报要求、许可排放限值确定、实际排放量核算、合规判定方法以及自行监测、环境管理台账与排污许可证执行报告等环境管理要求，提出了石化工业污染防治可行技术要求。

核发机关核发排污许可证时，对位于法律法规明确规定禁止建设区域内的、属于国家或地方已明确规定予以淘汰或取缔的石化工业排污单位或者生产装置，应不予核发石化工业排污许可证。

本标准附录 A～附录 F 为资料性附录。

本标准为首次发布。

本标准由环境保护部规划财务司、科技标准司组织制定。

本标准起草单位：海南省环境科学研究院、中国石油大学（华东）、中国石油化工股份有限公司抚顺石油化工研究院、环境保护部环境工程评估中心、中国人民大学、中国石油集团安全环保技术研究院、中海石油环保服务（天津）有限公司。

本标准环境保护部 2017 年 8 月 22 日批准。

本标准自 2017 年 8 月 22 日起实施。

本标准由环境保护部解释。

1　适用范围

本标准规定了石化工业排污许可证申请与核发的基本情况填报要求、许可排放限值确定、实际排放量核算、合规判定的技术方法以及自行监测、环境管理台账与排污许可证执行报告等环境管理要求，提出了石化工业污染防治可行技术要求。

本标准适用于指导石化工业排污单位填报《排污许可证申请表》及网上填报相关申请信息，适用于指导核发机关审核确定石化工业排污单位排污许可证许可要求。

本标准适用于石化工业排污单位排放大气污染物和水污染物的排污许可管理，包括 GB 31570、GB 31571 和 GB 31572 中规定的石油炼制、石油化学、合成树脂工业排污单位。

石化工业排污单位中，执行 GB 13223 的生产设施和排放口适用于环水体〔2016〕189 号中附件 1《火电行业排污许可证申请与核发技术规范》；执行 GB 13271 的生产设施和排放口参照本标准执行，待锅炉的排污许可证申请与核发技术规范颁布后从其规定。

本标准未做出规定，但排放工业废水、废气或国家规定的有毒有害大气污染物的石化工业排污单位的其他产污设施和排放口，参照《排污许可证申请与核发技术规范　总则》执行。

2　规范性引用文件

本标准引用了下列文件或其中的条款。凡是未注明日期的引用文件，其最新版本适用于本标准。

GB 13223　火电厂大气污染物排放标准

GB 13271　锅炉大气污染物排放标准

GB 14554　恶臭污染物排放标准

GB 18484　危险废物焚烧污染控制标准

GB 31570　石油炼制工业污染物排放标准

GB 31571　石油化学工业污染物排放标准

GB 31572　合成树脂工业污染物排放标准

GB/T 16157　固定污染源排气中颗粒物测定与气态污染物采样方法

HJ/T 55　大气污染物无组织排放监测技术导则

HJ/T 75　固定污染源烟气排放连续监测技术规范（试行）

HJ/T 76　固定污染源烟气排放连续监测系统技术要求及检测方法（试行）

HJ/T 91　地表水和污水监测技术规范

HJ/T 212　污染源在线自动监控（监测）系统数据传输标准

HJ/T 353　水污染源在线监测系统安装技术规范（试行）

HJ/T 354　水污染源在线监测系统验收技术规范（试行）

HJ/T 355　水污染源在线监测系统运行与考核技术规范（试行）

HJ/T 356　水污染源在线监测系统数据有效性判别技术规范（试行）

HJ/T 373　固定污染源监测质量保证与质量控制技术规范（试行）

HJ/T 397　固定源废气监测技术规范

HJ 493　水质　样品的保存和管理技术规定

HJ 494　水质　采样技术指导

HJ 495　水质　采样方案设计技术规定

HJ 733　泄漏和敞开液面排放的挥发性有机物检测技术导则

HJ 819　排污单位自行监测技术指南　总则

HJ 820　排污单位自行监测技术指南　火力发电及锅炉

HJ 2045　石油炼制工业废水治理工程技术规范

*排污许可证申请与核发技术规范　总则

*排污单位自行监测技术指南　石油炼制工业

*排污单位自行监测技术指南　石油化学工业

*环境管理台账与排污许可证执行报告技术规范（试行）

固定污染源排污许可分类管理名录

《国务院办公厅关于加强环境监管执法的通知》（国办发〔2014〕56 号）

《污染源自动监控设施运行管理办法》（环发〔2008〕6 号）

《关于执行大气污染物特别排放限值的公告》（环境保护部公告　2013 年　第 14 号）

《排污口规范化整治技术要求（试行）》（环监〔1996〕470 号）

《关于印发〈排污许可证管理暂行规定〉的通知》（环水体〔2016〕186 号）

---

* 标准正在编制审批之中，待正式发布后按发布的标准实行。

《关于开展火电、造纸行业和京津冀试点城市高架源排污许可证管理工作的通知》（环水体〔2016〕189号）

《关于印发〈石化行业VOCs污染源排查工作指南〉及〈石化企业泄漏检测与修复工作指南〉的通知》（环办〔2015〕104号）

《关于执行大气污染物特别排放限值有关问题的复函》（环办大气函〔2016〕1087号）

《关于加强京津冀高架源污染物自动监控有关问题的通知》（环办环监函〔2016〕1488号）

3 术语和定义

下列术语和定义适用于本标准。

3.1 石油炼制工业 petroleum refining industry

指以原油、重油等为原料，生产汽油馏分、柴油馏分、燃料油、润滑油、石油蜡、石油沥青和石油化工原料等的工业。

3.2 石油化学工业 petroleum chemistry industry

指以石油馏分、天然气等为原料，生产有机化学品、合成树脂、合成纤维、合成橡胶等的工业。

3.3 合成树脂工业 synthetic resin industry

指以低分子化合物——单体为主要原料，采用聚合反应结合成大分子的方式生产合成树脂的工业，或者以普通合成树脂为原料，采用改性等方法生产新的合成树脂产品的工业。

3.4 许可排放限值 permitted emission limits

指排污许可证中规定的允许排污单位排放污染物的最大排放浓度（或速率）和排放量。

3.5 特殊时段 special periods

指根据国家和地方限期达标规划及其他相关环境管理规定，对排污单位的污染物排放情况有特殊要求的时段，包括重污染天气应对期间等。

3.6 挥发性有机物 volatile organic compounds

指参与大气光化学反应的有机化合物，或者根据规定的方法测量或核算确定的有机化合物。本标准使用非甲烷总烃作为排气筒和企业边界挥发性有机物排放的综合控制指标。

3.7 挥发性有机液体 volatile organic liquid

指任何能向大气释放挥发性有机物的符合以下任一条件的有机液体：（1）20℃时，挥发性有机液体的真实蒸气压大于0.3 kPa；（2）20℃时，混合物中，真实蒸气压大于0.3 kPa的纯有机化合物的总浓度等于或者高于20%（重量比）。

4 排污单位基本情况申报要求

4.1 基本原则

排污单位应当按照实际情况填报基本情况，对提交申请材料的真实性、合法性和完整性负法律责任。

排污单位应按照本标准要求，在国家排污许可证管理信息平台申报系统填报《排污许可证申请表》中的相应信息表。填报系统下拉菜单中未包括的、地方环境保护主管部门有规定需要填报或排污单位认为需要填报的，可自行增加内容。

4.2 排污单位基本信息

基本信息应填报单位名称、邮政编码、行业类别（填报时选择石化相关行业）、是否投产、投产日期、生产经营场所中心经纬度、所在地是否属于重点区域、环境影响评价批复文件及文号（备案编号）或地方政府对违规项目的认定或备案文件及文号、主要污染物总量分配计划文件及文号、颗粒物总量指标、二氧化硫总量指标、氮氧化物总量指标、化学需氧量总量指标、氨氮总量指标、其他污染物总量指标（如有）等。

4.3 生产装置与设施

4.3.1 一般原则

在填报“生产装置与设施”时，需选择行业类别，适用于本标准的生产设施，选择石化相关行业；执行 GB 13223 的生产设施选择火电行业。

生产装置与设施主要填写生产装置名称、生产装置编号、主要工艺名称、生产设施名称、生产设施编号、设施参数、原料名称、产品名称、加工/生产能力、年运行时间及其他。

4.3.2 生产装置

按照工业小类分为原油加工及石油制品制造、有机化学原料制造、初级形态塑料及合成树脂制造、合成橡胶制造、合成纤维单（聚合）体制造、化学试剂和助剂、合成纤维制造，各小类涉及的主要生产装置以及公用设施见附录 A。

若为联合生产装置，应分别填写每一套装置，如常减压催化联合装置应分别填写常减压蒸馏装置、催化裂化装置，对二甲苯联合生产装置应分别填写吸附分离装置、歧化装置、芳烃抽提装置等。

若吸收、精馏、萃取、过滤、结晶、干燥、汽（气）提设施用于前序反应物料的分离精制，则不单独填写，如丙烯腈生产装置的反应气吸收塔、吸收液精馏塔等。

4.3.3 生产装置编号

排污单位填报内部生产装置编号。若无内部生产装置编号，则采用“PU+三位流水号数字”（如 PU001）进行编号并填报。

4.3.4 主要工艺

包括蒸馏（精馏）、裂化（减黏裂化、催化裂化、乙烯裂解、焦化）、加氢处理（加氢裂化、加氢精制）、氧化（氧氯化、氨氧化、共氧化）、分子重排（重整、烷基化、异构化、歧化、叠合）、制氢、羰基合成、水解、酯化、聚合、萃取、吸附、吸收、结晶、固液分离、干燥、纺丝、汽（气）提、瓦斯回收及火炬、酸性气回收、有机液体储存、有机固体储存、有机液体装载和分装、工业水制水、蒸发、化学水制水、循环冷却水、制氮、制氧、废水处理、废气处理等。

4.3.5 生产设施

分为必填内容和选填内容。

a）必填内容

1）GB 31570、GB 31571 和 GB 31572 管控的产生废水污染物的车间或生产设施。如酸性水汽提塔、常减压蒸馏装置电脱盐罐等。

2）排出废气的生产或环保设施。如催化裂化装置催化剂再生器、连续催化重整装置催化剂再生器、丙烯腈生产装置反应气吸收塔、工艺加热炉（含乙烯裂解炉）、锅炉、焚烧炉、火炬、橡胶生产装置干燥器、有机固体物料料仓、污水处理设施等。

3）常压挥发性有机液体储罐、挥发性有机液体装载设施。

4）生产装置中挥发性有机物流经的设备与管线组件。

若吸收、吸附、过滤设备的主要用于回收物料，应归于生产设施。

b）选填内容

除 a）中要求外，其他生产设施为选填内容。如原油常减压蒸馏装置的常压塔、减压塔，催化裂化装置的反应产物分馏塔、干气水洗塔，加氢精制低压分离器，丙烯腈生产装置分馏塔等。

4.3.6 生产设施编号

排污单位可填报内部生产设施编号。若排污单位无内部生产设施编号，则根据环水体〔2016〕189 号中附件 4《固定污染源（水、大气）编码规则（试行）》进行编号并填报。

4.3.7 设施参数

生产设施参数必填内容包括设计排气量（火炬气流量）；公用单元中锅炉、焚烧炉等设施包括设计排气量、设计年运行时数；生产装置中挥发性有机物流经的设备与管线组件应填报密封点数量，见附录 B 中的表 B.1；储罐参数包括罐型、公称容积、内径、罐体高度、储存物料名称、物料储存温度和设计年周转量等，见附录 B 中的表 B.2；装载参数包括装载物料名称、设计年装载量、装载温度和装载形式（火车/汽车/轮船/驳船）。其余参数为选填内容。

排污单位填写储存挥发性有机液体的常压储罐详细参数，可选填附录 B 中表 B.3～表 B.5；填写工艺加热炉和锅炉、焚烧炉、火炬、酸性水汽提塔等生产设施详细参数，可选填附录 B 中表 B.6～表 B.9。

4.3.8 原料名称

填写各生产装置的主要原料名称。如常减压蒸馏装置的原料为原油，催化裂化装置的原料为蜡油、渣油，对二甲苯装置的原料为重整生成油、混合芳烃等。

4.3.9 产品名称

填写生产装置主要产品名称。如常减压蒸馏装置的产品为常顶气、石脑油、常一线油、常二线油、常三线油、减顶气、减压蜡油、减压渣油、常压渣油，乙烯裂解装置的产品为裂解干气、乙烯、丙烯、裂解汽油等。

4.3.10 生产（加工）能力及计量单位

填写装置设计生产（加工）能力，并标明计量单位。生产（加工）能力不包括国家或地方政府明确规定予以淘汰或取缔的产能。

4.3.11 年生产时间

填写环境影响评价文件及其批复、地方政府对违规项目的认定或备案文件确定的年生产小时数。

4.3.12 其他

排污单位如有需要说明的内容，可填写。

4.4 主要原辅材料及燃料

4.4.1 一般原则

填写年使用量大于 10 t 的原料、辅料及燃料的名称和设计使用量，其中属于《危险化学品目录》的原料、辅料及燃料，应全部填写。

4.4.2 原料、辅料

4.4.2.1 名称

原料包括原油、重油、石油馏分、有机化学品基本原料、石油焦、焦炭、煤、页岩、天然气等，其中原油可按原油种类或混合原油填写，有机化学品基本原料填写具体原料名称，煤、石油焦、焦炭用于制氢装置时填写为原料。

辅料填写生产过程中的主要辅料以及废水处理、废气治理过程中添加的辅料。

4.4.2.2 设计年使用量

填写与生产（加工）能力相匹配的设计年使用量。

4.4.2.3 成分

原料油中硫、镍、钒、汞含量为必填内容，其他原料和辅料中含有的铅、镉、砷、镍、汞、铬、氯、溴等有毒有害成分为必填内容，其余为选填内容。可参考设计值或上一年的实际使用情况填报。

4.4.3 燃料

4.4.3.1 名称

包括燃料煤、重油、柴油、燃料油、燃料气、石油焦、页岩油、天然气、液化石油气等。在备注中应标明自产燃料或外购燃料。

4.4.3.2 设计年使用量

填写与生产（加工）能力相匹配的设计年使用量。

4.4.3.3　成分

煤中硫分、灰分、挥发分、汞含量和低位热值为必填内容，其他燃料中硫分为必填内容，其余为选填内容。可参考设计值或上一年的实际使用情况填报。

4.4.4　其他

排污单位如有需要说明的内容，可填写。

4.5　产排污环节、污染物及污染治理设施

4.5.1　一般原则

废气产排污环节、污染物及污染治理设施包括对应产污环节名称、污染物种类、排放形式（有组织、无组织）、污染治理设施及参数、是否为可行技术、有组织排放口编号、排放口设置是否规范、排放口类型等。

废水产排污环节、污染物及污染治理设施包括废水类别、污染物种类、排放去向、排放规律、污染治理设施及参数、是否为可行技术、排放口编号、排放口设置是否规范及排放口类型等。

4.5.2　废气

4.5.2.1　产污环节及排放形式

a）产污环节：包括工艺加热炉烟气、催化裂化催化剂再生烟气、重整催化剂再生烟气、酸性气回收装置尾气、氧化沥青装置尾气、烷基化装置催化剂再生烟气、催化汽油吸附脱硫再生烟气、锅炉烟气、焚烧炉烟气、真空泵排气、有机固体物料气体输送料仓气、氧化（氨氧化、氧氯化）尾气、序批式生产设施气体置换及保护气、有机液体装载及分装废气、干燥设备尾气、废水集输及处理设施排气、设备与管线组件密封点泄漏、挥发性有机液体常压储罐呼吸、酸性水罐呼吸、冷却塔/循环水冷却过程逸散、固体物料堆场逸散、固体物料破碎排气、过筛车间排气等排放源。

b）排放形式：分为有组织和无组织。

4.5.2.2　污染物种类

污染物种类为排放标准中的各污染物项目，具体见表 1 和表 2。有地方排放标准要求的，按照地方排放标准确定。

4.5.2.3　污染治理设施名称

包括脱硫设施、脱硝设施、除尘设施、挥发性有机物回收或治理设施、恶臭治理设施等。

4.5.2.4　污染治理工艺

a）废气脱硫：干法脱硫、半干法脱硫、湿法脱硫（石灰石法、氧化镁法、氨法、氢氧化钠法）等；

b）废气脱硝：低氮燃烧、选择性催化还原法（SCR）、选择性非催化还原法（SNCR）等；

c）除尘：旋风除尘、电除尘、袋式除尘、湿式电除尘等；

d）挥发性有机物治理：热力焚烧法、催化燃烧法、蓄热燃烧法、吸附法、吸收法、冷凝法等；

e）恶臭治理：生物滴滤、碱洗等。

4.5.2.5　污染治理设施参数

包括参数名称、设计值和计量单位，其中参数名称包括废气处理量、年运行时间、污染物出口排放浓度等。

排污单位填写废气治理设施详细参数时，可选填附录 C 中表 C.1～表 C.18。

4.5.3　废水

4.5.3.1　废水类别

包括工艺废水（含油废水、含碱废水、含盐废水、含硫含氨酸性水、含苯系物废水等）、生活污水、循环冷却水排污水、化学制水排污水、蒸汽发生器排污水、余热锅炉排污水、污染雨水等。

4.5.3.2　污染物种类

污染物种类为排放标准中的各污染物项目，具体见表 3。有地方排放标准要求的，按照地方排放标准确定。

4.5.3.3 废水去向

包括装置预处理设施、污水处理厂、回用。

4.5.3.4 排放规律

排放规律分为连续排放和间断排放。根据流量稳定性和周期性的不同，间断排放又分为不同排放类型，具体见环水体〔2016〕186 号中附件 2《排污许可证申请表》中的废水排放规律相关内容。

4.5.3.5 污染处理设施

包括装置预处理设施和污水处理厂预处理设施、生化处理设施、深度处理设施及回用设施等。

4.5.3.6 污染处理工艺

a）装置预处理：除油、汽（气）提、生物法、湿式氧化、中和、氧化、萃取、溶剂回收等；

b）污水处理厂预处理：隔油、气浮、混凝、调节等；

c）生化处理：活性污泥法、序批式活性污泥法（SBR）、缺氧/好氧法（A/O）、厌氧/缺氧/好氧法（A^2/O）、氧化沟法、膜生物法（MBR）、曝气生物滤池（BAF）、生物接触氧化法、一体化微氧高浓缺氧/好氧法等；

d）污水深度处理与回用：混凝、过滤、臭氧氧化、超滤（UF）、反渗透（RO）等。

4.5.3.7 污染处理设施参数

包括参数名称、设计值和计量单位，其中参数名称包括污水处理量、年运行时间、污染物出口排放浓度等。废水总排放口污染物包括 pH 值、COD、氨氮、石油类等；车间或生产设施废水排放口污染物为排放标准中控制的污染物，具体见表 3。

排污单位填写污水处理设施详细参数时，可选填附录 C 中表 C.19～表 C.42。

4.5.4 污染治理设施和排放口编号

污染治理设施编号应填写排污单位内部污染治理设施编号。若排污单位无内部编号，则根据环水体〔2016〕189 号中附件 4《固定污染源（水、大气）编码规则（试行）》进行编号并填报。

排放口编号应填写地方环境保护主管部门现有编号，若地方环境保护主管部门未对排放口进行编号的，则根据环水体〔2016〕189 号中附件 4《固定污染源（水、大气）编码规则（试行）》进行编号并填报。

4.5.5 可行技术

参照本标准第 6 部分“污染防治可行技术”填报。

4.5.6 排放口规范化设置

根据排污单位执行的排放标准中有关排放口规范化设置的规定以及环监〔1996〕470 号，填报废气和废水排放口设置是否符合规范化要求。

4.5.7 排放口类型

废气排放口类型分为主要排放口、一般排放口和其他排放情形。表 1 中管控的氧化沥青装置排气筒为一般排放口，火炬废气排放口为其他排放情形，其他废气排放口为主要排放口。

废水排放口类型分为废水总排放口、车间或生产设施废水排放口。废水总排放口为主要排放口。

4.6 排放口基本情况

4.6.1 废气排放口

废气排放口填写排放口经纬度坐标、排气筒高度、排气筒出口内径、设计排气温度。

4.6.2 废水排放口

废水排放口填写排放口经纬度坐标、排放去向、排放规律等。

废水直接排入环境的，还应填写受纳自然水体名称、水体功能目标。

废水间接排入环境的，还应填写受纳污水处理厂名称、废水污染物及其排放限值。

4.6.3 雨水排放口

填写排放口编号、排放口经纬度坐标、排放去向、汇入水体信息以及汇入处经纬度坐标。雨水排放口编号填写排污单位内部编号，如无内部编号，则采用“YS+三位流水号数字”（如 YS001）进行编号并填报。

4.6.4 排放去向

包括直接进入海域、江河、湖、库等水环境，进入城市下水道（再入江河、湖、库），进入城市下水道（再入沿海海域），进入城市污水处理厂、工业废水集中处理设施、其他单位等。

4.7 图件要求

a）厂区总平面布置图

给出厂区总平面布置图，图中应标明主要生产装置、公用设施等名称和位置，有组织废气排放源和废水排放口位置。

b）全厂雨水和污水管线走向图

给出厂区雨水、污水集输管线走向及排放去向等。

c）生产工艺总流程图

给出全厂总物料加工流程图，图中应标明主要生产装置名称、主要物料走向等。

地方环境保护主管部门另有规定或排污单位认为有必要的，可给出生产装置工艺流程图，并标明物料走向和产排污环节（设备位号、排放位置和去向）。

4.8 其他要求

排污单位在填报申请信息时，省级环境保护主管部门按环境质量改善需求增加的管理要求，应填入国家排污许可证管理信息平台申报系统中“有核发权的地方环境保护主管部门增加的管理内容”一栏。

排污单位在填报申请信息时，应评估污染排放及环境管理现状，对现状环境问题提出整改措施，并填入国家排污许可证管理信息平台申报系统中“改正措施”一栏。

5 产排污环节及许可排放限值确定方法

5.1 产排污环节

5.1.1 废气

5.1.1.1 有组织排放源

排污单位有组织排放源、污染物项目管控范围和排放口类型见表 1。

表 1 纳入许可管理的废气有组织排放源及污染物项目

管控污染源		许可排放浓度（或速率）污染物项目	许可排放量污染物项目	排放口类型
工艺加热炉排气筒		颗粒物、二氧化硫、氮氧化物	颗粒物、二氧化硫、氮氧化物	主要排放口
石油炼制工业	催化裂化催化剂再生烟气排气筒	颗粒物、二氧化硫、氮氧化物、镍及其化合物	颗粒物、二氧化硫、氮氧化物	主要排放口
	重整催化剂再生烟气排气筒	挥发性有机物、氯化氢	挥发性有机物	主要排放口
	酸性气回收装置排气筒	二氧化硫、硫酸雾[a]、（硫化氢）[b]	二氧化硫	主要排放口
	离子液法烷基化装置催化剂再生烟气排气筒	挥发性有机物、氯化氢	挥发性有机物	主要排放口
	催化裂化汽油吸附脱硫再生烟气排气筒	颗粒物、二氧化硫	颗粒物、二氧化硫	主要排放口
	废水处理有机废气收集处理装置排气筒	挥发性有机物、苯、甲苯、二甲苯、（硫化氢）[b]	挥发性有机物	主要排放口
	有机废气排放口[c]	—	挥发性有机物	主要排放口
	氧化沥青装置排气筒	沥青烟、苯并[a]芘	—	一般排放口
	废水处理有机废气收集处理装置排气筒	挥发性有机物、废气有机特征污染物[d]、（硫化氢）[b]	挥发性有机物	主要排放口
	含卤代烃有机废气排放口[c]	氯化氢、氟化氢、溴化氢、氯气、废气有机特征污染物[d]	挥发性有机物	主要排放口
	其他有机废气排放口[c]	废气有机特征污染物[d]	挥发性有机物	主要排放口

管控污染源		许可排放浓度（或速率）污染物项目	许可排放量污染物项目	排放口类型
合成树脂工业	车间或生产设施排气筒	挥发性有机物、颗粒物、其他废气污染物[e]	挥发性有机物、颗粒物、二氧化硫[f]	主要排放口
	废水、废气焚烧设施排气筒	二氧化硫、氮氧化物、二噁英类[g]、挥发性有机物、颗粒物、其他废气污染物[e]	颗粒物、二氧化硫、氮氧化物、挥发性有机物	主要排放口
锅炉烟囱		颗粒物、二氧化硫、氮氧化物、汞及其化合物[h]、烟气黑度	颗粒物、二氧化硫、氮氧化物	主要排放口
危险废物焚烧炉排放筒		烟气黑度、颗粒物、二氧化硫、一氧化碳、氟化氢、氯化氢、氮氧化物、汞及其化合物、镉及其化合物、（砷、镍及其化合物）、铅及其化合物、（锑、铬、锡、铜、锰及其化合物）、二噁英类	颗粒物、二氧化硫、氮氧化物	主要排放口
全厂火炬		—	—	其他排放情形

注 1：未发布国家污染物监测方法标准的污染物，待国家污染物监测方法标准发布后实施。

[a] 酸性气回收装置生产硫酸时执行该项目。
[b] 恶臭项目执行许可排放速率。
[c] 有机废气中若含有颗粒物、二氧化硫或氮氧化物，执行工艺加热炉相应污染物控制要求。
[d] 根据使用原料、生产工艺、产品及副产品，从 GB 31571 表 6 中选取废气有机特征污染物项目。
[e] 根据合成树脂类型，从 GB 31572 表 4 中选取废气污染物项目。
[f] 生产聚砜、聚醚砜、聚醚醚酮树脂执行该项目。
[g] 适用于废水、废气中含有卤素的情况。
[h] 燃煤锅炉烟囱须增加该项目控制。

5.1.1.2 无组织排放源

企业边界无组织排放管控污染物项目具体见表 2。

表 2 纳入许可管理的企业边界无组织排放污染物项目

类型	许可排放浓度污染物
石油炼制和石油化学工业	非甲烷总烃、颗粒物、氯化氢[a]、苯、甲苯、二甲苯、氨、硫化氢、臭气浓度、苯并[a]芘
合成树脂工业	非甲烷总烃、颗粒物、氯化氢、苯、甲苯、氨、硫化氢、臭气浓度

[a] 对于石油炼制工业排污单位，适用于生产装置的原料、排气中含卤代烃的情况。

5.1.2 废水

排污单位纳入排污许可管理的废水排放口和污染物项目见表 3。

表 3 纳入许可管理的废水排放口及污染物项目

废水排放口		许可排放浓度污染物项目	许可排放量污染物项目
石油炼制工业	废水总排放口	pH 值、悬浮物、化学需氧量、五日生化需氧量、氨氮、总氮、总磷、总有机碳、石油类、硫化物、挥发酚、总钒、苯、甲苯、邻二甲苯、间二甲苯、对二甲苯、乙苯、总氰化物	化学需氧量、氨氮、总氮[c]、总磷[c]及受纳水体环境质量超标且列入 GB 31570、GB 31571 或 GB 31572 中的其他污染物项目
	延迟焦化装置冷焦水、切焦水废水排放口	苯并[a]芘	
	加工含汞原油常减压蒸馏装置电脱盐废水排放口	总汞、烷基汞	
	酸性水汽提装置废水排放口	总砷	
	催化裂化装置烟气脱硫废水排放口、催化汽油吸附脱硫装置烟气脱硫废水排放口	总镍	
	航空汽油调和车间废水排放口、四乙基铅生产装置废水排放口	总铅	
石油化学工业	废水总排放口	pH 值、悬浮物、化学需氧量、五日生化需氧量、氨氮、总氮、总磷、总有机碳、石油类、硫化物、氟化物、挥发酚、总钒、总铜、总锌、总氰化物、可吸附有机卤化物、废水有机特征污染物[a]	
	车间或生产设施废水排放口	苯并[a]芘、总铅、总镉、总砷、总镍、总汞、烷基汞、总铬、六价铬	

<table>
<tr><th colspan="2">废水排放口</th><th>许可排放浓度污染物项目</th><th>许可排放量污染物项目</th></tr>
<tr><td rowspan="2">合成树脂工业</td><td>废水总排放口</td><td>pH 值、悬浮物、化学需氧量、五日生化需氧量、氨氮、总氮、总磷、总有机碳、可吸附有机卤化物、废水有机特征污染物[b]</td><td rowspan="2">化学需氧量、氨氮、总氮[c]、总磷[c]及受纳水体环境质量超标且列入 GB 31570、GB 31571 或 GB 31572 中的其他污染物项目</td></tr>
<tr><td>车间或生产设施废水排放口</td><td>总铅、总镉、总砷、总镍、总汞、烷基汞、总铬、六价铬</td></tr>
<tr><td colspan="4">[a] 根据使用原料、生产工艺、产品及副产品，从 GB 31571 表 3 中选取废水有机特征污染物项目。
[b] 根据合成树脂类型，从 GB 31572 表 1 中选取废水有机特征污染物项目。
[c] 《“十三五”生态环境保护规划》及环境保护部发布文件中规定的总磷和总氮总量控制区域内的排污单位。</td></tr>
</table>

5.2　许可排放限值

5.2.1　一般原则

许可排放限值包括污染物许可排放浓度和许可排放量。许可排放量包括年许可排放量和特殊时段许可排放量。年许可排放量是指允许排污单位连续 12 个月污染物排放的最大量。地方环境保护主管部门可根据需要将年许可排放量按月进行细化。

对于大气污染物，有组织排放源主要排放口应明确各污染物许可排放浓度和颗粒物、二氧化硫、氮氧化物、挥发性有机物年许可排放量，一般排放口应明确各污染物许可排放浓度，其他排放情形不许可排放浓度和排放量；无组织排放源明确企业边界许可排放浓度和设备与管线组件、挥发性有机液体储存、挥发性有机液体装载挥发性有机物年许可排放量。特殊时段许可排放量明确有组织排放源颗粒物、二氧化硫、氮氧化物重污染天气应对期间日许可排放量。地方制定的相关法规中对特殊时段有明确规定的从其规定，国家和地方环境保护主管部门依法规定的其他特殊时段短期许可排放量应当在排污许可证当中明确。对于水污染物，车间或生产设施废水排放口应明确各污染物许可排放浓度，废水总排放口应明确各污染物许可排放浓度和年许可排放量。

按照国家或地方污染物排放标准等法律法规和管理制度要求从严确定许可排放浓度，按照总量控制指标及本标准规定的方法从严确定许可排放量。2015 年 1 月 1 日（含）后取得环境影响评价批复的排污单位，许可排放限值还应同时满足环境影响评价文件和批复要求。

总量控制指标包括地方政府或环境保护主管部门发文确定的排污单位总量控制指标、环境影响评价批复时的总量控制指标、现有排污许可证中载明的总量控制指标、通过排污权有偿使用和交易确定的总量控制指标等地方政府或环境保护主管部门与排污许可证申领排污单位以一定形式确认的总量控制指标。

排污单位填报许可限值时，应在《排污许可证申请表》中写明申请的许可排放限值计算过程。

排污单位申请的许可排放限值严于本标准规定的，排污许可证按照申请的许可排放限值核发。

5.2.2　许可排放浓度

5.2.2.1　废气

以产排污环节对应的生产设施或排放口为单位，明确各排放口各污染物许可排放浓度。

工艺加热炉、催化裂化催化剂再生烟气、重整催化剂再生烟气、酸性气回收装置尾气、氧化沥青装置废气、含卤代烃有机废气、废水处理有机废气收集处理装置、其他有机废气、锅炉废气、焚烧尾气等有组织废气中污染物许可排放浓度或速率限值按照 GB 31570、GB 31571、GB 31572、GB 13271、GB 18484 和 GB 14554 确定。

离子液法烷基化装置催化剂再生烟气、催化裂化汽油吸附脱硫再生烟气按照环境影响评价文件及其批复确定污染物许可排放浓度。

企业边界无组织排放废气污染物许可排放浓度按照 GB 31570、GB 31571、GB 31572 和 GB 14554 确定。

大气污染防治重点控制区按照《关于执行大气污染物特别排放限值的公告》（环境保护部公告 2013 年 第 14 号）及《关于执行大气污染物特别排放限值有关问题的复函》（环办大气函〔2016〕1087 号）要求执行。其他执行大气污染物特别排放限值的地域范围、时间，由国务院环境保护主管部门或省级人民政府规定。

地方有更严格的排放标准要求的，按照地方排放标准从严确定许可排放浓度限值。

若执行不同许可排放浓度限值的多台生产设施或排放口采用混合方式排放废气，且选择的监控位置只能监测混合废气中的大气污染物浓度，则执行各许可排放浓度限值中最严格的限值。

5.2.2.2 废水

排污单位水污染物许可排放浓度限值按照 GB 31570、GB 31571、GB 31572 确定。

地方有更严格的排放标准要求的，按照地方排放标准从严确定许可排放浓度限值。

若排污单位的生产设施同时适用不同排放控制要求或不同行业国家污染物排放标准，且生产设施产生的废水混合处理排放的情况下，应执行排放标准中规定的最严格的浓度限值。

5.2.3 许可排放量

5.2.3.1 废气

5.2.3.1.1 有组织排放源

a）主要排放口颗粒物、二氧化硫、氮氧化物和挥发性有机物年许可排放量

主要排放口颗粒物、二氧化硫、氮氧化物和挥发性有机物年许可排放量按式（1）计算。

$$E_i = h_i \times Q_i \times C_i \times 10^{-9} \tag{1}$$

式中：E_i——第 i 个主要排放口废气污染物年许可排放量，t/a；

h_i——第 i 个主要排放口对应生产设施设计年运行小时数，h/a；

Q_i——第 i 个主要排放口有组织排放源的设计排气量（标态），m^3/h；

C_i——第 i 个主要排放口废气污染物许可排放浓度限值，mg/m^3；挥发性有机物无许可排放浓度限值时，采用出口实际监测值（近 1 年的最大值），但同时挥发性有机物去除效率应满足 GB 31570、GB 31571 要求。

b）排污单位有组织排放源主要排放口年许可排放量

排污单位有组织排放源主要排放口颗粒物、二氧化硫、氮氧化物和挥发性有机物年许可排放量为各主要排放口年许可排放量之和，采用式（2）计算。

$$E_{\text{主要排放口年许可排放量}} = \sum_{i=1}^{n} E_i \tag{2}$$

式中：n——排污单位主要排放口数量，个。

5.2.3.1.2 设备与管线组件密封点泄漏挥发性有机物年许可排放量

挥发性有机物流经的设备与管线组件密封点泄漏的挥发性有机物年许可排放量按式（3）计算。

$$E_{\text{设备}} = 0.003 \times \sum_{i=1}^{n} \left(e_{\mathrm{TOC},i} \times \frac{\mathrm{WF}_{\mathrm{VOCs},i}}{\mathrm{WF}_{\mathrm{TOC},i}} \times t_i \right) \tag{3}$$

式中：$E_{\text{设备}}$ —— 设备与管线组件密封点泄漏的挥发性有机物年许可排放量，kg/a；

t_i —— 密封点 i 的年运行时间，h/a；

$e_{\mathrm{TOC},i}$ —— 密封点 i 的总有机碳（TOC）排放速率，kg/h，见表 4；

$\mathrm{WF}_{\mathrm{VOCs},i}$ —— 流经密封点 i 的物料中挥发性有机物平均质量分数，根据设计文件取值；

$\mathrm{WF}_{\mathrm{TOC},i}$ —— 流经密封点 i 的物料中总有机碳（TOC）平均质量分数，根据设计文件取值；

n —— 挥发性有机物流经的设备与管线组件密封点数，见附录 B 中的表 B.1。

表 4 设备与管线组件 $e_{\mathrm{TOC},i}$ 取值参数表

类型	设备类型	排放速率 $e_{\mathrm{TOC},i}$/（kg/h）
石油炼制工业	连接件	0.028
	开口阀或开口管线	0.03
	阀门	0.064
	压缩机、搅拌器、泄压设备	0.073
	泵	0.074

类型	设备类型	排放速率 $e_{TOC,i}$/（kg/h）
石油炼制工业	法兰	0.085
	其他	0.073
石油化学工业	气体阀门	0.024
	开口阀或开口管线	0.03
	有机液体阀门	0.036
	法兰或连接件	0.044
	泵、压缩机、搅拌器、泄压设备	0.14
	其他	0.073

5.2.3.1.3 挥发性有机液体储罐排放的挥发性有机物年许可排放量

a）计算方法

未设置有机废气回收或处理设施的挥发性有机液体常压储罐，其排放的挥发性有机物年许可排放量，在国家排污许可证管理信息平台采用式（4）～式（11）自动计算。

1）固定顶罐：

$$E_{固定顶罐}=E_S+E_W \tag{4}$$

$$E_S=365\left(\frac{\pi}{4}\times D^2\right)H_{VO}W_VK_EK_S \tag{5}$$

$$E_W=\frac{5.614}{RT_{LA}}M_VP_{VA}QK_NK_PK_B \tag{6}$$

2）浮顶罐：

$$E_{浮顶罐}=E_R+E_{WD}+E_F+E_D \tag{7}$$

$$E_R=\left(K_{Ra}+K_{Rb}v^n\right)DP^*M_VK_C \tag{8}$$

$$E_{WD}=\frac{(0.943)QC_SW_L}{D}\left[1+\frac{N_CF_C}{D}\right] \tag{9}$$

$$E_F=F_FP^*M_VK_C \tag{10}$$

$$E_D=K_DS_DD^2P^*M_VK_C \tag{11}$$

上述所列式中符号意义见环办〔2015〕104 号文中《石化行业 VOCs 污染源排查工作指南》。

b）计算参数

1）储罐参数：包括罐体、浮盘、密封、浮盘附件等。

2）介质参数：有机液体雷德蒸气压（取近 1 年实际储存物料雷德蒸气压的最大值）。

3）气象参数：包括大气压、日平均最高环境温度、日平均最低环境温度、水平面太阳能总辐射和年平均风速。

4）设计运行参数：物料储存温度（近 1 年平均值）、固定顶罐年平均液面高度、设计周转量。

以上参数信息，除气象参数由平台自动选取距离最近的气象数据外，其余信息由排污单位参照附录 B 中表 B.3～表 B.5 填报。

c）填报要求

1）排污单位填报的储存介质与罐型应符合 GB 31570、GB 31571 和 GB 31572 要求。

2）若不符合相关要求，国家排污许可证管理信息平台在计算年许可排放量时，按照符合排放标准要求的参数进行核定。

3）所需计算输入参数，排污单位按照国际单位制填报，由国家排污许可证管理信息平台自动转化成美制单位体系参与计算，计算输出结果为国际单位制（吨）。

4）如排污单位未填报相关参数信息，平台选取默认值计算许可排放量，默认值具体见附录 D。

5.2.3.1.4 挥发性有机液体装载过程排放的挥发性有机物年许可排放量

a）挥发性有机液体装载过程的挥发性有机物年许可排放量

挥发性有机液体装载过程的挥发性有机物许可排放量采用式（12）计算。

$$E_{装载}=\frac{L_L\times Q}{1\,000}(1-\eta_{去除}) \tag{12}$$

式中：L_L——挥发性有机液体装载过程排放系数，kg/m^3，油轮/远洋驳船装载汽油为 0.215 kg/m^3，其他驳船装载汽油为 0.410 kg/m^3，其余采用式（13）或式（14）计算；

Q——排污单位设计物料装载量，m^3/a；

$\eta_{去除}$——去除效率，%，一般控制区取 95%，重点控制区取 97%。

b）公路和铁路装载挥发性有机液体、船舶装载除汽油和原油以外挥发性有机液体的排放系数

采用公路和铁路装载挥发性有机液体、船舶装载除汽油和原油以外的挥发性有机液体时，装载过程排放系数 L_L 采用式（13）计算。

$$L_L=1.20\times10^{-4}\times\frac{S\times P_T\times M_{\text{vap}}}{273.15+T} \tag{13}$$

式中：S —— 饱和系数，量纲 1，一般取值 0.6，船舶装载汽油和原油以外的油品时取值 0.5；

P_T —— 温度 T 时装载物料的真实蒸气压，Pa；

M_{vap} —— 油气分子量，g/mol；

T —— 装载物料温度，℃，取近 1 年平均值。

c）船舶装载原油过程损耗排放系数

采用船舶运输原油时，装载过程排放系数 L_L 采用式（14）计算。

$$L_L=L_{\text{A}}+L_{\text{G}} \tag{14}$$

式中：L_{A} —— 已有排放系数，指装载前空舱中已有的蒸气在装载损耗中的贡献，取 0.040 kg/m^3；

L_{G} —— 生成排放系数，指在装载过程中气化部分，采用式（15）计算。

$$L_{\text{G}}=0.102\times(0.064P-0.42)\times\frac{1.02\times M}{273.15+T} \tag{15}$$

式中：P —— 温度 T 时装载原油的饱和蒸气压，kPa；

M —— 油气分子量，g/mol；

T —— 装载原油温度，℃，取近 1 年平均值。

5.2.3.1.5 特殊时段许可排放量

重污染天气特殊时段排污单位有组织排放源日许可排放量采用式（16）计算。

$$E_{日许可}=E_{前一年环统日均排放量}\times(1-\alpha) \tag{16}$$

式中：$E_{日许可}$ —— 重污染天气应对期间日许可排放量，t；

$E_{前一年环统日均排放量}$ —— 前一年环境统计中有组织排放源实际排放量折算到的日均值，t；

α —— 重污染天气应对期间日产量或排放量削减比例，%。

5.2.3.2 废水

排污单位废水污染物年许可排放量采用式（17）计算。

$$E=S\times Q\times\rho\times10^{-6} \tag{17}$$

式中：E —— 废水污染物年许可排放量，t/a；

S —— 原（料）油加工能力或产品产能，t/a；

Q —— 加工单位原（料）油或产品基准排水量，m^3/t 原（料）油（或产品），执行 GB 31570、GB 31572 的排污单位，根据 GB 31570、GB 31572 中规定取值，地方排放标准中有更严格要求的从其规定；执行 GB 31571 的排污单位，取近 5 年单位产品实际排水量的平均值，但需剔除浓度限值超标或者监测数据缺失时段，运行不满 5 年的则从投产之日开始计算；

ρ—— 水污染物许可排放浓度限值，mg/L。

6　污染防治可行技术

6.1　一般原则

本标准所列污染防治可行技术及运行管理要求可作为环境保护主管部门判断排污单位是否具备符合规定的污染治理设施或污染物处理能力的参考。

排污单位采用本标准所列可行技术，且填报的污染物排放设计出口浓度满足许可排放浓度限值要求，原则上认为其具备符合规定的污染治理设施或污染物处理能力。若未采用本标准所列可行技术的，排污单位应当在申请时提供说明材料（如提供已有监测数据；对于国内外首次采用的污染治理技术，还应提供中试数据等说明材料），证明可达到与污染防治可行技术相当的处理能力。

对不属于污染防治可行技术的，排污单位应加强自行监测和台账记录，评估采用技术的可行性。待石化工业污染防治可行技术指南发布后，从其规定。

6.2　废气

6.2.1　可行技术

石化工业排污单位主要废气治理可行技术参照表 5。

表 5　石化工业排污单位生产装置或设施废气治理可行技术参照表

生产装置或设施	污染物	可行技术
锅炉	二氧化硫	湿法脱硫（石灰石法、氧化镁法、氨法、氢氧化钠法）、半干法脱硫、干法脱硫
	氮氧化物	低氮燃烧技术（低氮燃烧器、空气分级燃烧、燃料分级燃烧）、选择性催化还原法（SCR）、选择性非催化还原法（SNCR）
	颗粒物	袋式除尘、电除尘、湿式电除尘
工艺加热炉	二氧化硫	采用低硫燃料
	氮氧化物	低氮燃烧技术（低氮燃烧器、空气分级燃烧、燃料分级燃烧）
	颗粒物	采用清洁燃料
催化裂化装置	二氧化硫	湿法脱硫（氢氧化钠法、氧化镁法）
	氮氧化物	选择性催化还原法（SCR）
	颗粒物	袋式除尘技术
酸性气回收装置	二氧化硫	硫黄回收+焚烧+（碱洗技术）[a] 酸性气制硫酸+（碱洗技术）[a]
设备与管线组件	挥发性有机物	泄漏检测与修复（LDAR）
储罐	挥发性有机物	油气平衡、油气回收（冷凝、吸附、吸收、膜分离或组合技术等）、燃烧净化（热力焚烧、催化燃烧、蓄热燃烧）
装载	挥发性有机物、其他	顶部浸没式或底部装载方式+油气回收或燃烧净化
污水处理厂油水分离器	挥发性有机物	密闭集输与储存+油气回收或燃烧净化
	有机特征污染物[b]	
污水处理厂生化单元	挥发性有机物、氨	生物滴滤
	有机特征污染物[b]	
	硫化氢	生物滴滤、碱洗技术

[a] 碱洗技术适用于执行特别排放限值的污染源。

[b] 对于石油炼制排污单位，有机特征污染物为苯、甲苯、二甲苯；对于石油化学排污单位，有机特征污染物为 GB 31571 中表 6 所列有机特征污染物。

6.2.2　运行管理要求

6.2.2.1　一般要求

排污单位应当按照相关法律法规、标准和技术规范等要求运行废气、废水污染防治设施，并根据工艺要求，定期对设备、电气、自控仪表及构筑物进行检查维护，确保污染治理设施正常、可靠运行，处理、排放符合国家或地方污染物排放标准的规定。

6.2.2.2 有组织排放

a）石油炼制工业排污单位有机废气排放口、石油化学工业排污单位有机废气排放口（除废水处理有机废气收集处理装置外）非甲烷总烃去除效率≥95%，执行大气污染物特别排放限值的区域非甲烷总烃去除效率≥97%。

b）产生大气污染物的生产工艺和装置需设立局部或整体气体收集系统和净化处理装置，达标排放。排气筒高度应按环境影响评价要求确定，且至少不低于 15 m。

c）废气收集系统需满足以下要求：

1）生产设施应采用密闭式，并具有与废气收集系统有效连接的部件或装置；

2）根据生产工艺、操作方式以及废气性质、处理和处置方法，设置不同的废气收集系统，尽可能对废气进行分质收集，各个废气收集系统均应实现压力损失平衡以及较高的收集效率；

3）废气收集系统应综合考虑防火、防爆、防腐蚀、耐高温、防结露、防堵塞等问题。

d）焚烧设施运行过程中要保证系统处于负压状态，避免有害气体逸出。焚烧设施的焚烧效率应大于99.9%，焚烧效率指焚烧炉烟道排出气体中二氧化碳浓度与二氧化碳和一氧化碳浓度之和的百分比。危险废物焚烧炉出口烟气中的氧气含量应为 6%～10%（干气），焚烧炉温度、烟气停留时间等必须满足 GB 18484 中表 2 的要求。

e）采取措施回收排入火炬系统的气体和液体。在任何时候，挥发性有机物和恶臭物质进入火炬都应能点燃并充分燃烧。应连续监测、记录引燃设施和火炬的工作状态（火炬气流量、火炬头温度、火种气流量、火种温度等）。

f）石油炼制工业酸性气回收装置的加工能力应保证在加工最大硫含量原油及加工装置最大负荷情况下，能完全处理产生的酸性气。脱硫溶剂再生系统、酸性水处理系统和硫黄回收装置的能力配置应保证在一套硫黄回收装置出现故障时不向酸性气火炬排放酸性气。

g）为保证废气处理装置的净化效果，合成树脂工业废气处理装置需要在线测定相关工艺参数：

1）冷凝器排出的不凝尾气的温度应低于尾气中污染物的液化温度，若尾气中有数种污染物，则不凝尾气的温度应低于尾气中液化温度最低的污染物的液化温度；

2）吸附装置的吸附剂更换/再生周期、操作温度应满足设计参数的要求；

3）洗涤装置的洗涤液水质（如 pH 值）、水量应满足设计参数的要求。

6.2.2.3 无组织排放

无组织排放的运行管理按照 GB 31570、GB 31571 和 GB 31572 中的要求执行。

a）挥发性有机液体储罐应符合下列要求：

1）储存真实蒸气压≥76.6 kPa 的挥发性有机液体应采用压力储罐。

2）储存真实蒸气压≥5.2 kPa 但＜27.6 kPa 的设计容积≥150 m^3 的挥发性有机液体储罐，以及储存真实蒸气压≥27.6 kPa 但＜76.6 kPa 的设计容积≥75 m^3 的挥发性有机液体储罐应符合下列规定之一：①采用内浮顶罐；内浮顶罐的浮盘与罐壁之间应采用液体镶嵌式、机械式鞋形、双封式等高效密封方式。②采用外浮顶罐；外浮顶罐的浮盘与罐壁之间应采用双封式密封，且初级密封采用液体镶嵌式、机械式鞋形等高效密封方式。③采用固定顶罐，应安装密闭排气系统至有机废气回收或处理装置。

3）浮顶罐浮盘上的开口、缝隙密封设施，以及浮盘与罐壁之间的密封设施在工作状态应密闭。若检测到密封设施不能密闭，在不关闭工艺单元的条件下，在 15 d 内进行维修技术上不可行，则可以延迟维修，但不应晚于最近一个停工期。

4）对浮盘的检查至少每 6 个月进行一次，每次检查应记录浮盘密封设施的状态。

b）设备与管线组件泄漏污染控制应符合以下要求：

1）对于挥发性有机物流经的初次开工开始运转的设备和管线组件，应在开工后 30 d 内对其进行第一次检测。

2）挥发性有机液体流经的设备和管线组件每周应进行目视观察，检查其密封处是否出现滴液现象。

3）根据 GB 31570、GB 31571、GB 31572 认定是否泄漏。

4）当检测到泄漏时，在可行条件下应尽快维修，一般不晚于发现泄漏后 15 d。若检测到泄漏后，在不关闭工艺单元的条件下，在 15 d 内进行维修技术上不可行，则可以延迟维修，但不应晚于最近一个停工期。首次（尝试）维修不应晚于检测到泄漏后 5 d。首次尝试维修应当包括（但不限于）以下描述的相关措施：拧紧密封螺母或压盖、在设计压力及温度下密封冲洗。

5）泄漏检测应记录检测时间、检测仪器读数；修复时应记录修复时间和确认已完成修复的时间，记录修复后检测仪器读数。

c）用于集输、储存和处理含挥发性有机物、恶臭物质的废水设施应密闭，产生的废气应接入有机废气回收或处理装置，其大气污染物排放应符合相应排放标准的规定。密闭设施上的开口应设置封盖，封盖与密闭体应设密封垫，开口在不使用时应密封。

d）挥发性有机液体装载栈桥对铁路罐车、汽车罐车进行装载，挥发性有机液体装载码头对船（驳）进行装载的设施，以及把挥发性有机液体分装到较小容器的分装设施，应密闭并设置有机废气收集、回收或处理装置，其大气污染物排放应符合 GB 31570 或 GB 31571 中相应标准限值的规定。装车、船应采用顶部浸没式或底部装载方式，顶部浸没式装载出油口距离罐底高度应小于 200 mm。底部装油结束并断开快接头时，油品滴洒量不应超过 10 mL，滴洒量取连续 3 次断开操作的平均值。

e）对于含挥发性有机物、恶臭物质的物料，其采样口应采用密闭采样或等效设施。

f）合成树脂工业排污单位挥发性物料输送（转移）、装卸、投加、分离、抽真空与干燥过程必须采取以下控制措施：

1）合成树脂工业排污单位挥发性物料输送（转移）操作单元应采用无泄漏泵；

2）挥发性物料装卸操作单元应配置气相平衡管，卸料应配置装卸器，装运挥发性物料的容器必须加盖；

3）挥发性物料和粉体物料投加操作单元应采用无泄漏泵或高位槽投加液体物料，采用管道自动计量并投加粉体物料，或者采用投料器密闭投加粉体物料；

4）挥发性物料过滤操作单元应采用全自动密闭式（氮气或空气密封）的压滤机，离心操作单元应采用全自动密闭或半密闭式的离心机；

5）挥发性物料抽真空操作单元应采用无油往复式真空泵、罗茨真空泵、液环泵，泵前与泵后均需设置气体冷却冷凝装置。如采用水喷射泵和水环泵，必须配置循环水冷却设备（盘管冷却或深冷换热）和水循环槽（罐），对挥发性废气进行收集、处理，并执行 GB 31572 中表 4、表 5 规定；

6）挥发性物料干燥操作单元应采用密闭式的干燥设备，干燥过程中挥发的有机废气必须收集、处理，并执行 GB 31572 中表 4、表 5 规定。

g）除合成树脂排污单位外，其他排污单位的下列有机废气应接入有机废气回收或处理装置，有机废气收集、传输设施的设置和操作条件应保证被收集的有机气体不通过收集、传输设施的开口向大气泄漏，其大气污染物排放应符合 GB 31570 或 GB 31571 中标准限值的规定：

1）空气氧化反应器产生的含挥发性有机物尾气；

2）序批式反应器原料装填过程、气相空间保护气置换过程、反应器升温过程和反应器清洗过程排出的废气；

3）有机固体物料气体输送废气；

4）用于含挥发性有机物容器真空保持的真空泵排气；

5）非正常工况下，生产设备通过安全阀排出的含挥发性有机物的废气；

6）生产装置、设备开停工过程不满足 GB 31570 或 GB 31571 要求的废气；

7）用于输送、储存、处理含挥发性有机物、恶臭物质的生产设施，以及水、大气、固体废物污染控制设施在检维修时清扫气；

8）做好开停工及检维修期间的环境因素识别和环境影响评估，合理安排各装置的开停工及检维修的时间和次序，优化停工退料工序，合理使用各类资源、能源，生产装置吹扫过程应优先采用密闭吹扫工艺，最大程度回收物料，减少排放。

6.3 废水

6.3.1 可行技术

石化工业排污单位主要废水可行技术参照表 6。

表 6　石化工业排污单位污水处理可行技术参照表

<table>
<tr><th>类别</th><th colspan="2">废水类型</th><th>可行技术</th></tr>
<tr><td rowspan="10">工艺装置预处理污水</td><td colspan="2">电脱盐工艺废水</td><td>破乳、除油</td></tr>
<tr><td colspan="2">含硫含氨酸性水</td><td>汽提</td></tr>
<tr><td colspan="2">碱渣废水</td><td>生化、湿式氧化</td></tr>
<tr><td colspan="2">酸碱废水</td><td>中和</td></tr>
<tr><td colspan="2">对苯二甲酸（PTA）工艺废水</td><td>沉淀、厌氧</td></tr>
<tr><td colspan="2">含腈废水</td><td>次氯酸钠或过氧化氢氧化</td></tr>
<tr><td colspan="2">纺丝过程含油剂废水</td><td>破乳、混凝、固液分离</td></tr>
<tr><td colspan="2">甲醇制烯烃（MTO）急冷塔塔底工艺废水</td><td>过滤、中和、厌氧</td></tr>
<tr><td colspan="2">苯酚丙酮工艺废水</td><td>酸化、萃取</td></tr>
<tr><td colspan="2">丁二烯装置工艺废水</td><td>溶剂回收</td></tr>
<tr><td rowspan="13">外排或回用废水</td><td rowspan="6">工艺废水</td><td>含碱废水</td><td rowspan="9">预处理+生化处理+深度处理
预处理：隔油、气浮、混凝、调节等；
生化处理：活性污泥法、序批式活性污泥法（SBR）、厌氧/缺氧/好氧法（A^2/O）、缺氧/好氧法（A/O）、氧化沟法、膜生物法（MBR）、曝气生物滤池（BAF）、生物接触氧化法、一体化微氧高浓缺氧/好氧法等；
深度处理：混凝、过滤、臭氧氧化、超滤（UF）、反渗透（RO）</td></tr>
<tr><td>含硫含氨酸性水</td></tr>
<tr><td>含苯系物废水</td></tr>
<tr><td>含盐废水</td></tr>
<tr><td>含油废水</td></tr>
<tr><td>其他工艺废水</td></tr>
<tr><td colspan="2">污染雨水</td></tr>
<tr><td colspan="2">生活污水</td></tr>
<tr><td colspan="2">循环冷却水排污水</td></tr>
<tr><td colspan="2">蒸气发生器排污水</td><td rowspan="2">回用</td></tr>
<tr><td colspan="2">余热锅炉排污水</td></tr>
<tr><td colspan="2">化学水制水排污水</td><td>中和</td></tr>
<tr><td colspan="2">脱硫废水</td><td>过滤（沉淀）+氧化</td></tr>
</table>

6.3.2 运行管理要求

a）石油炼制工业含碱废水、含硫含氨酸性水、含苯系物废水、烟气脱硫和脱硝废水、设备和管道检维修过程化学清洗废水，应单独收集、储存并进行预处理。

b）石油化学工业含苯系物废水，含 GB 31571 中表 1、表 2 所列金属废水、含氰化物废水、设备和管道检维修过程化学清洗废水，应单独收集、储存并进行预处理。

c）污水处理厂应加强源头管理，加强对上游装置来水的监测，并通过管理手段控制上游来水水质满足污水处理厂的进水要求。

7 自行监测管理要求

7.1 一般要求

石化工业排污单位在申请排污许可证时，应按照本标准确定的产排污环节、排放口、污染物项目及许可排放限值等要求，制定自行监测方案，并在《排污许可证申请表》中明确。《排污单位自行监测技术指南　石油炼制工业》和《排污单位自行监测技术指南　石油化学工业》发布后，自行监测方案的制定从其规定。排污单位自备火力发电机组（厂）、配套动力锅炉的自行监测要求按照 HJ 820 制定自行监测方案。

2015 年 1 月 1 日（含）后取得环境影响评价批复的排污单位，应根据环境影响评价文件和批复要求同步完善自行监测方案。有核发权的地方环境保护主管部门可根据环境质量改善需求，增加排污单位自行监测管理要求。

7.2　自行监测方案

自行监测方案中应明确排污单位的基本情况、监测点位及示意图、监测污染物项目、执行标准及其限值、监测频次、采样和样品保存方法、监测分析方法和仪器、质量保证与质量控制、自行监测信息公开等，其中监测频次为监测周期内至少获取 1 次有效监测数据。对于采用自动监测的排污单位应当如实填报采用自动监测的污染物指标、自动监测系统联网情况、自动监测系统的运行维护情况等；对于未采用自动监测的污染物指标，排污单位应当填报开展手工监测的污染物排放口和监测点位、监测方法、监测频率。

7.3　自行监测要求

7.3.1　一般原则

排污单位可自行或委托第三方监测机构开展监测工作，并安排专人专职对监测数据进行记录、整理、统计和分析。排污单位对监测结果的真实性、准确性、完整性负责。手工监测时生产负荷应不低于本次监测与上一次监测周期内的平均生产负荷。

7.3.2　废气排放监测

7.3.2.1　有组织废气排放监测点位

废气直接排放的，应在烟道上设置监测点位；相同监测项目多股废气混合排放的，应在废气汇合后的混合烟道上或分别在各个烟道上设置监测点位；有机废气回收或处理装置应分别在其废气入口及排放口设置监测点位。

7.3.2.2　石油炼制工业排污单位有组织废气监测项目与频次

石油炼制工业排污单位有组织废气排放监测项目及最低监测频次按表 7 执行。

表 7　石油炼制工业排污单位有组织废气排放监测项目与最低监测频次

监测点位	监测项目	监测频次
工艺加热炉排气筒	二氧化硫、颗粒物	季度（月[a]）
	氮氧化物	自动监测（单台额定功率≥14 MW） 季度（月[a]）（单台额定功率＜14 MW）
催化裂化催化剂再生烟气排气筒	二氧化硫、氮氧化物、颗粒物	自动监测
	镍及其化合物	季度
重整催化剂再生烟气排气筒、离子液法烷基化装置催化剂再生烟气排气筒	非甲烷总烃	月
	氯化氢	季度
催化裂化汽油吸附脱硫再生烟气排气筒	颗粒物、二氧化硫	季度
酸性气回收装置排气筒	二氧化硫	自动监测
	硫化氢、氮氧化物[c]	月
	硫酸雾[b]	季度
废水处理有机废气收集处理装置排气筒	非甲烷总烃、硫化氢	月
	苯、甲苯、二甲苯	季度
有机废气回收处理装置入口及其排放口[d]	非甲烷总烃	月
氧化沥青装置排气筒	沥青烟	季度
	苯并[*a*]芘	半年
危险废物焚烧炉排气筒	颗粒物、二氧化硫、氮氧化物	自动监测
	烟气黑度、一氧化碳、氯化氢、氟化氢、汞及其化合物、镉及其化合物、（砷、镍及其化合物）、铅及其化合物、（锑、铬、锡、铜、锰及其化合物）	月
	二噁英类	年

注 1：设区的市级及以上环境保护主管部门明确要求安装自动监测设备的污染物项目，须采取自动监测。
注 2：废气监测时应同步监测烟气参数。
注 3：计划内工艺加热炉、催化裂化装置、焚烧炉启停期间无法采用自动监测时，按照监测规范开展手工监测。

[a] 若燃料为净化后干气、瓦斯气、天然气则按季度监测，若采用其他燃料，则在使用期间按月监测；特殊时段时应加密监测频次。
[b] 适用于酸性气回收装置生产硫酸的情况。
[c] 适用于采用氧化法尾气污染物控制的酸性气回收装置。
[d] 有机废气排放口排气中若含有颗粒物、二氧化硫或氮氧化物，须进行监测。

7.3.2.3　石油化学和合成树脂工业排污单位有组织废气监测项目与频次

石油化学和合成树脂工业排污单位有组织废气排放监测项目及最低监测频次按表 8 执行。

表 8　石油化学和合成树脂工业排污单位有组织废气排放监测项目与最低监测频次

监测点位		监测项目	监测频次
工艺加热炉排气筒		二氧化硫、颗粒物	季度（月[a]）
工艺加热炉排气筒		氮氧化物	自动监测（单台额定功率≥14 MW） 季度（月[a]）（单台额定功率＜14 MW）
石油化学工业	废水处理有机废气收集处理装置排气筒	非甲烷总烃、硫化氢	月
石油化学工业	废水处理有机废气收集处理装置排气筒	废气有机特征污染物[b]	半年
石油化学工业	含卤代烃有机废气排气筒[c]	非甲烷总烃[d]	月
石油化学工业	含卤代烃有机废气排气筒[c]	氯化氢、氟化氢、溴化氢、氯气	季度
石油化学工业	含卤代烃有机废气排气筒[c]	废气有机特征污染物[b]	半年
石油化学工业	其他有机废气排气筒[c]	非甲烷总烃[d]	月
石油化学工业	其他有机废气排气筒[c]	废气有机特征污染物[b]	半年
合成树脂工业	生产设施车间排气筒	非甲烷总烃、颗粒物	月
合成树脂工业	生产设施车间排气筒	其他废气污染物[e]	半年
合成树脂工业	废水、废气焚烧设施排气筒	非甲烷总烃、颗粒物、二氧化硫、氮氧化物、二氧化碳、一氧化碳	月
合成树脂工业	废水、废气焚烧设施排气筒	其他废气污染物[e]	半年
合成树脂工业	废水、废气焚烧设施排气筒	二噁英类[f]	年
危险废物焚烧炉排气筒		颗粒物、二氧化硫、氮氧化物	自动监测
危险废物焚烧炉排气筒		烟气黑度、一氧化碳、氯化氢、氟化氢、汞及其化合物、镉及其化合物、（砷、镍及其化合物）、铅及其化合物、（锑、铬、锡、铜、锰及其化合物）	月
危险废物焚烧炉排气筒		二噁英类	年

注 1：设区的市级及以上环保主管部门明确要求安装自动监测设备的污染物指标，须采取自动监测。

注 2：废气监测应同步监测烟气参数。

注 3：多个乙烯裂解炉，可选择炉膛温度最高的裂解炉的排气筒按照自动监测。

注 4：未发布国家污染物监测方法标准的污染物，待国家污染物监测方法标准发布后实施。

[a] 若燃料为净化后干气、瓦斯气、天然气则按季度监测，若采用其他燃料，则在使用期间按月监测，特殊时段时应加密监测频次。

[b] 根据使用原料、生产工艺、产品及副产品，从 GB 31571 表 6 中选取废气有机特征污染物项目进行监测。

[c] 有机废气排放口排气中若含有颗粒物、二氧化硫或氮氧化物，须进行监测。

[d] 非甲烷总烃有去除效率要求的，应同时监测污染治理设施进口。

[e] 根据合成树脂类型，从 GB 31572 表 4 中选取废气污染物项目进行监测。

[f] 适用于废水、废气中含有卤素的情况。

7.3.2.4　石油炼制工业排污单位无组织废气排放监测点位、项目与频次

石油炼制工业排污单位无组织废气排放监测点位设置、监测项目及最低监测频次按表 9 执行。

表 9　石油炼制工业排污单位无组织排放监测点位、项目与最低监测频次

监测点位	监测项目	监测频次
企业边界	非甲烷总烃、颗粒物、氯化氢[a]、苯、甲苯、二甲苯、氨、硫化氢、臭气浓度	季度
企业边界	苯并[a]芘	年
泵、压缩机、阀门、开口阀或开口管线、气体/蒸气泄压设备、取样连接系统	挥发性有机物	季度
法兰及其他连接件、其他密封设备	挥发性有机物	半年

注 1：对于设备与管线组件密封点泄漏检测，若同一密封点连续 3 个周期检测无泄漏情况，则检测周期可延长一倍，但在后续监测中该检测点位一旦检测出现泄漏情况，则检测频次按原规定执行。其他要求按 HJ 733 及其他国家挥发性有机物管理规定执行。

注 2：根据原料工艺等确定是否监测其他恶臭污染物项目。

[a] 适用于工艺装置中有连续重整装置或采用离子液法烷基化装置的情况。

7.3.2.5　石油化学和合成树脂工业排污单位无组织废气排放监测点位、项目与频次

石油化学和合成树脂工业排污单位无组织废气排放监测点位设置、监测项目及最低监测频次按表 10 执行。

表 10　石油化学和合成树脂工业无组织排放监测点位、项目与最低监测频次

监测点位	监测项目	监测频次
企业边界	非甲烷总烃、颗粒物、氯化氢[a]、苯、甲苯、二甲苯[b]、氨、硫化氢、臭气浓度	季度
	苯并[a]芘[b]	年
泵、压缩机、阀门、开口阀或开口管线、气体/蒸气泄压设备、取样连接系统	挥发性有机物	季度
法兰及其他连接件、其他密封设备	挥发性有机物	半年

注 1：对于设备与管线组件密封点泄漏检测，若同一密封点连续 3 个周期检测无泄漏情况，则检测周期可延长一倍，但在后续监测中该检测点位一旦检测出现泄漏情况，则监测频次按原规定执行。
注 2：挥发性有机物监测的其他要求按 HJ 733 及国家其他挥发性有机物管控规定执行。
注 3：根据原料工艺等确定是否监测其他恶臭污染物。
[a] 适用于生产装置的原料、排气中含卤代烃的情况。
[b] 对于仅含有合成树脂生产装置的排污单位，可不监测二甲苯、苯并[a]芘。

7.3.3　废水排放监测

7.3.3.1　石油炼制工业排污单位监测点位、项目与频次

石油炼制工业排污单位废水排放监测点位、项目及最低监测频次按表 11 执行。

表 11　石油炼制工业排污单位废水排放口监测点位、项目与最低监测频次

<table>
<tr><th rowspan="2">监测点位</th><th rowspan="2">监测项目</th><th colspan="2">监测频次</th></tr>
<tr><th>直接排放</th><th>间接排放</th></tr>
<tr><td rowspan="3">废水总排放口</td><td>化学需氧量、氨氮</td><td>自动监测</td><td>周</td></tr>
<tr><td>石油类、pH 值、悬浮物、总氮、总磷、硫化物、挥发酚</td><td>周</td><td>月</td></tr>
<tr><td>五日生化需氧量、总有机碳、总钒、苯、甲苯、邻二甲苯、间二甲苯、对二甲苯、乙苯、总氰化物</td><td>月</td><td>季度</td></tr>
<tr><td>延迟焦化装置冷焦水、切焦水废水排放口</td><td>苯并[a]芘</td><td colspan="2">半年</td></tr>
<tr><td rowspan="2">加工含汞原油常减压蒸馏装置电脱盐废水排放口</td><td>总汞</td><td colspan="2">月</td></tr>
<tr><td>烷基汞</td><td colspan="2">半年</td></tr>
<tr><td>酸性水汽提装置废水排放口</td><td>总砷</td><td colspan="2">月</td></tr>
<tr><td>催化裂化装置烟气脱硫废水排放口
催化汽油吸附脱硫装置烟气脱硫废水排放口</td><td>总镍</td><td colspan="2">月</td></tr>
<tr><td>航空汽油调和车间废水排放口
四乙基铅生产装置废水排放口</td><td>总铅</td><td colspan="2">月</td></tr>
<tr><td>雨水排放口</td><td>化学需氧量、氨氮、石油类</td><td colspan="2">日[a]</td></tr>
</table>

注 1：设区的市级及以上环保主管部门明确要求安装自动监测设备的污染物指标，须采取自动监测。
注 2：监测污染物浓度时应同步监测流量。
[a] 排放期间按日监测。

7.3.3.2　石油化学和合成树脂工业排污单位监测项目与频次

石油化学工业排污单位废水排放监测项目及最低监测频次按表 12 执行。

表 12　石油化学和合成树脂工业排污单位废水排放口监测项目与最低监测频次

<table>
<tr><th rowspan="2">类型</th><th rowspan="2">监测点位</th><th rowspan="2">监测项目</th><th colspan="2">监测频次</th></tr>
<tr><th>直接排放</th><th>间接排放</th></tr>
<tr><td rowspan="4">石油化学工业</td><td rowspan="4">废水总排放口</td><td>化学需氧量、氨氮</td><td>自动监测</td><td>周</td></tr>
<tr><td>pH 值、悬浮物、总氮、总磷、石油类、硫化物、挥发酚</td><td>周</td><td>月</td></tr>
<tr><td>五日生化需氧量、总有机碳、氟化物、总钒、总铜、总锌、总氰化物、可吸附有机卤化物</td><td>月</td><td>季度</td></tr>
<tr><td>废水有机特征污染物[a]</td><td colspan="2">半年</td></tr>
</table>

<table>
<tr><th rowspan="2">类型</th><th rowspan="2">监测点位</th><th rowspan="2">监测项目</th><th colspan="2">监测频次</th></tr>
<tr><th>直接排放</th><th>间接排放</th></tr>
<tr><td rowspan="3">石油化学工业</td><td rowspan="2">车间或生产设施废水排放口[b]</td><td>总铅、总镉、总砷、总镍、总汞、总铬、六价铬</td><td colspan="2">月</td></tr>
<tr><td>苯并[a]芘、烷基汞</td><td colspan="2">半年</td></tr>
<tr><td>雨水外排口</td><td>化学需氧量、氨氮、石油类</td><td colspan="2">日[c]</td></tr>
<tr><td rowspan="7">合成树脂工业</td><td rowspan="4">废水总排放口</td><td>化学需氧量、氨氮</td><td>自动监测</td><td>周</td></tr>
<tr><td>pH 值、悬浮物、总氮、总磷</td><td>周</td><td>月</td></tr>
<tr><td>五日生化需氧量、总有机碳、可吸附有机卤化物</td><td>月</td><td>季度</td></tr>
<tr><td>其他废水污染物[c]</td><td>半年</td><td>半年</td></tr>
<tr><td rowspan="2">车间或生产设施废水排放口</td><td>总铅、总镉、总砷、总镍、总汞、总铬、六价铬</td><td colspan="2">月</td></tr>
<tr><td>烷基汞</td><td colspan="2">半年</td></tr>
<tr><td>雨水外排口</td><td>化学需氧量、氨氮</td><td colspan="2">日[d]</td></tr>
<tr><td colspan="5">注 1：设区的市级及以上环保主管部门明确要求安装自动监测设备的污染物指标，须采取自动监测。
注 2：监测污染物浓度时应同步监测流量。</td></tr>
<tr><td colspan="5">[a] 根据使用原料、生产工艺、产品及副产品，从 GB 31571 表 3 中选取废水有机特征污染物项目开展自行监测。
[b] 凡涉及 GB 31571 附录 B 中规定的生产工艺及产品种类，须在涉及该生产工艺及产品的车间或生产设施废水排放口监测产生的污染物指标；附录 B 中不涉及的，应根据使用的原料，生产工艺过程，生产的产品、副产品，确定是否在车间或生产设施废水排放口进行该项指标的监测。
[c] 指 GB 31572 表 1、表 2 中列举的其他废水污染物。
[d] 排放期间按日监测。</td></tr>
</table>

7.4 采样和测定方法

7.4.1 自动监测

废气自动监测参照 HJ/T 75、HJ/T 76 执行。废水自动监测参照 HJ/T 353、HJ/T 354、HJ/T 355 和 HJ/T 356 执行。监测数据与地方环境保护主管部门联网时，按照 HJ/T 212 要求实时上传监测数据。

自动连续监测设备发生故障时，应开展手工监测，监测数据应及时报告环境保护主管部门。

7.4.2 手工监测

有组织废气手工采样方法的选择参照 GB/T 16157、HJ/T 397 执行。无组织排放采样方法参照 HJ 733、HJ/T 55 执行。废水手工采样方法的选择参照 HJ 493、HJ 494、HJ 495 和 HJ/T 91 执行。

7.4.3 测定方法

废气、废水污染物的测定按照相应排放标准中规定的污染物浓度测定方法执行，国家或地方法律法规等另有规定的，从其规定。

7.5 数据记录要求

监测期间手工监测的记录和自动监测运行维护记录按照 HJ 819 执行。

应同步记录监测期间的生产工况。

7.6 监测质量保证与质量控制

按照 HJ 819 要求，排污单位应根据自行监测方案，建立自行监测质量保证与质量控制体系。

7.7 自行监测信息公开

排污单位应按照 HJ 819 要求进行自行监测信息公开。

8 环境管理台账与排污许可证执行报告编制要求

8.1 环境管理台账记录要求

8.1.1 一般要求

排污单位应建立环境管理台账制度，设置专职人员开展台账记录、整理、维护等管理工作，并对台账记录结果的真实性、准确性、完整性负责。

为便于携带、储存、导出及证明排污许可证执行情况，台账应按照电子化储存和纸质储存两种形式同步管理，保存期限不得少于 3 年。

排污单位环境管理台账应真实记录生产运行、污染治理设施运行、自行监测和其他环境管理信息。

其中记录频次和内容须满足排污许可证环境管理要求。

8.1.2 生产运行

生产运行情况包括生产装置或设施、公用单元和全厂运行情况，重点记录排污许可证中相关信息的实际情况及与污染物治理、排放相关的主要运行参数。

a）生产装置或设施

记录生产设施运行时间、原辅料及燃料使用情况、主要产品产量，参见附录 E 中表 E.1 和表 E.2。

b）公用单元

记录储罐、装载、火炬、循环水冷却系统运行信息，参见附录 E 中表 E.3～表 E.6。

c）全厂运行情况

包括原料、辅料、燃料使用量及产品产量，记录与污染治理设施和污染物治理、排放相关的内容，参见附录 E 中表 E.7～表 E.10。

8.1.3 污染治理设施运行

污染治理设施运行信息应按照设施类别分别记录设施的实际运行相关参数和维护记录。

a）有组织废气治理设施记录设施运行时间、运行参数等，见附录 E 中表 E.11～表 E.22。

b）无组织废气排放控制记录措施执行情况，包括储罐、动静密封点、装卸的维护、保养、检查等运行管理情况，见附录 E 中表 E.23。

c）废水处理设施包括装置预处理设施和污水处理厂预处理设施、生化处理设施、深度处理设施及回用设施三部分，分别记录每日进水水量、出水水量、药剂名称及使用量、投放频次、电耗、污泥产生量等，见附录 E 中表 E.24。

d）污染治理设施运维记录，包括设施是否正常运行、故障原因、维护过程、检查人、检查日期及班次。

8.1.4 自行监测

a）手工监测记录信息：包括手工监测日期、采样及测定方法、监测结果等，见附录 E 中表 E.25～表 E.29。

b）自动监测运维记录：包括自动监测及辅助设备运行状况、系统校准、校验记录、定期比对监测记录、维护保养记录、是否故障、故障维修记录、巡检日期等。

8.1.5 其他环境管理要求

a）6.2.2 和 6.3.2 中各项运行管理要求落实情况、雨水外排情况等。

b）如出现设施故障时，应记录故障时间、处理措施、污染物排放情况等，见附录 E 中表 E.30。

c）如生产设施开停工、检维修时，应记录起止时间、情形描述、应对措施以及污染物排放质量浓度等，见附录 E 中表 E.31。

8.2 执行报告编制规范

8.2.1 一般原则

排污单位应按照排污许可证中规定的内容和频次定期上报执行报告，并保证执行报告的规范性和真实性。地方环境保护主管部门应整合总量控制、排污收费（环境保护税）、环境统计等各项环境管理的数据上报要求，根据环境质量改善需求，规定执行报告的内容、上报频次等要求。

排污单位可参照本标准，报告排污许可证执行情况，并提交至排污许可证核发机关。

8.2.2 报告频次

8.2.2.1 年度执行报告

排污单位应每年上报一次排污许可证年度执行报告，于次年 1 月底前提交至排污许可证核发机关。对于持证时间不足 3 个月的，当年可不上报年度执行报告，许可证执行情况纳入下一年年度执行报告。

8.2.2.2 半年执行报告

排污单位每半年上报一次排污许可证半年执行报告，上半年执行报告周期为当年的 1—6 月，并于每年的 7 月底前提交至排污许可证核发机关，提交年度执行报告时可免报下半年执行报告。对于持证时间不足 3 个月的，可不上报上半年执行报告，排污许可证执行情况纳入下一年度执行报告。

8.2.2.3 月/季度执行报告

排污单位每月度/季度上报一次排污许可证月度/季度执行报告。自当年 1 月起，每月上报一次月度执行报告，每 3 个月上报一次季度执行报告，月度/季度执行报告于下月 15 日前提交至排污许可证核发机关。提交半年执行报告或年度执行报告的，可免报当月月度执行报告或当季季度执行报告。对于持证时间不足 10 d 的，该报告周期内可不上报月度执行报告，排污许可证执行情况纳入下一月度执行报告。对于持证时间不足 1 个月的，该报告周期内可不上报季度执行报告，排污许可证执行情况纳入下一季度执行报告。

8.2.3 报告内容

8.2.3.1 年度执行报告

年度执行报告内容应包括：

a）基本生产情况；

b）遵守法律法规情况；

c）污染治理设施运行情况；

d）自行监测情况；

e）台账管理情况；

f）实际排放情况及合规判定分析；

g）排污费（环境保护税）缴纳情况；

h）信息公开情况；

i）排污单位内部环境管理体系建设与运行情况；

j）排污许可证规定的其他内容执行情况；

k）其他需要说明的问题；

l）结论；

m）附件、附图要求。

具体内容参见附录 F。

8.2.3.2 月度、季度及半年执行报告

半年执行报告应至少包括年度执行报告 a）、c）～f）。

月度、季度执行报告应至少包括年度执行报告 f）中主要污染物的实际排放量核算信息、合规判定分析说明及 c）中不合规排放或污染防治设施故障情况说明等。

9 实际排放量核算方法

9.1 一般规定

排污单位应核算废气和废水所有排放口污染物实际排放量，实际排放量为正常情况和非正常情况实际排放量之和。

排污许可证要求应采用自动监测的污染物项目，根据符合监测规范的有效自动监测数据核算实际排放量。

对于排污许可证中载明应采用自动监测的排放口或污染物而未采用的，按直排核算排放量。

采用手工监测的污染物项目，按照执法监测或排污单位自行开展的手工监测数据核算实际排放量。

对于排污许可证未要求采用自动监测的污染物项目，按照优先顺序依次选取自动监测数据、执法监测数据和手工监测数据核算实际排放量。监测数据均应符合国家环境监测相关标准要求。

9.2 废气

9.2.1 有组织排放

a）采用自动监测数据核算

有组织废气主要排放口具有连续自动监测数据的污染物，采用式（18）计算实际排放量。

$$E_{j,\text{有组织废气}}=\sum_{i=1}^{n}\left(\rho_i \times Q_i\right)\times 10^{-9} \tag{18}$$

式中：$E_{j,\text{有组织废气}}$ —— 核算时段内废气有组织主要排放口第 j 项污染物的实际排放量，t；

ρ_i —— 第 j 项污染物在第 i 小时的实测平均排放质量浓度，mg/m^3；

Q_i —— 第 j 项污染物第 i 小时标准状态下干烟气量，m^3/h；

n —— 排放时间，h。

对于因自动监控设施发生故障以及其他情况导致数据缺失的按照 HJ/T 75 进行补遗。

缺失时段超过 25%的，自动监测数据不能作为核算实际排放量的依据，按 9.1 第 4 款“要求采用自动监测的排放口或污染物而未采用”的相关规定进行核算。排污单位提供充分证据证明在线数据缺失、数据异常等不是排污单位责任的，可按照排污单位提供的手工监测数据等核算实际排放量，或者按照上一个半年申报期间的稳定运行期间自动监测数据的小时浓度均值和半年平均烟气量或流量，核算数据缺失时段的实际排放量。

b）采用手工监测数据核算

有组织废气主要排放口具有手工监测数据的污染物，采用式（19）计算实际排放量。

$$E_{j,\text{有组织废气}}=\rho \times Q \times h \times 10^{-9} \tag{19}$$

式中：$E_{j,\text{有组织废气}}$ —— 核算时段内废气有组织排放口第 j 项污染物的实际排放量，t；

ρ —— 核算时段内第 j 项污染物实测平均排放质量浓度，mg/m^3；

Q —— 核算时段内第 j 项污染物标准状态下干烟气量，m^3/h；

h —— 核算时段小时数，h。

排污单位应将手工监测时段内生产负荷与核算时段内平均生产负荷进行对比，并给出对比结果。

c）全厂主要排放口污染物排放量

全厂有组织废气主要排放口污染物，采用式（20）计算实际排放量。

$$E_{\text{主要排放口}}=\sum_{j=1}^{m}E_{j,\text{有组织废气}} \tag{20}$$

式中：$E_{\text{主要排放口}}$ —— 核算时段内所有有组织废气主要排放口污染物实际排放量，t；

m —— 主要排放口数量，个。

9.2.2　无组织排放挥发性有机物

可参考环办〔2015〕104 号文中《石化行业 VOCs 污染源排查工作指南》，开展排污单位挥发性有机物污染源排查，并核算报告周期内的实际排放量。环境保护部发布新的核算方法后，从其规定。

9.2.3　火炬排放污染物量

火炬焚烧排放的挥发性有机物、二氧化硫和氮氧化物量，采用式（21）计算。

$$E_{\text{火炬系统}}=\begin{cases}2\times\sum_{i=1}^{n}\left(S_i \times Q_i \times t_i\right) & \text{（二氧化硫）}\\ \sum_{i=1}^{n}\left(\alpha \times Q_i \times t_i\right) & \text{（氮氧化物、挥发性有机物）}\end{cases} \tag{21}$$

式中：S_i —— 火炬气中的硫含量，kg/m^3；

Q_i —— 火炬气流量，m^3/h；

t_i —— 火炬系统 i 的年运行时间，h/a；

α —— 排放系数，kg/m^3，见表 13；

n —— 火炬个数。

表 13　火炬运行的排放系数

组分	排放系数/（kg/m³进料）
总烃	0.002
氮氧化物	0.054
二氧化硫	物料衡算法

9.3　废水

a）采用自动监测数据核算

废水总排放口具有连续自动监测数据的污染物实际排放量采用式（22）计算。

$$E_{废水}=\sum_{i=1}^{n}(\rho_i \times Q_i)\times 10^{-6} \tag{22}$$

式中：$E_{废水}$ —— 核算时段内废水总排放口污染物的实际排放量，t；

ρ_i —— 污染物在第 i 日的实测平均排放质量浓度，mg/L；

Q_i —— 第 i 日的流量，m^3/d；

n —— 核算时段天数，d。

当自动监测数据由于某种原因出现中断或其他情况时，根据 HJ/T 356 等予以补遗。

b）采用手工监测数据核算

废水总排放口具有手工监测数据的污染物实际排放量采用式（23）计算。

$$E_{废水}=\rho \times Q \times 10^{-6} \tag{23}$$

式中：$E_{废水}$ —— 核算时段内废水总排放口污染物的实际排放量，t；

ρ —— 核算时段内污染物实测平均排放质量浓度，mg/L；

Q —— 核算时段内废水流量，m^3。

排污单位应将手工监测时段内生产负荷与核算时段内平均生产负荷进行对比，并给出对比结果。

10　合规判定方法

10.1　一般原则

合规是指排污单位许可事项和环境管理要求符合排污许可证规定。许可事项合规是指排污单位排污口位置和数量、排放方式、排放去向、排放污染物种类、排放限值符合许可证规定，其中，排放限值合规是指排污单位污染物实际排放浓度和排放量满足许可排放限值要求；环境管理要求合规是指排污单位按许可证规定落实自行监测、台账记录、执行报告、信息公开等环境管理要求。

排污单位可通过记录环境管理台账、按时上报执行报告和开展自行监测、信息公开，自证其依证排污，满足排污许可证要求。环境保护主管部门可依据排污单位环境管理台账、执行报告、自行监测记录中的内容，判断其污染物排放浓度和排放量是否满足许可排放限值要求，也可通过执法监测判断其污染物排放浓度是否满足许可排放限值要求。

10.2　废气

10.2.1　排放浓度合规判定

10.2.1.1　正常情况

排污单位废气排放浓度合规是指各有组织排放口和企业边界无组织污染物浓度满足 5.2.2.1 要求。

a）执法监测

按照监测规范要求获取的执法监测数据不超过许可排放限值的，即视为合规。

若同一时段的执法监测数据与自动监测数据不一致，执法监测数据符合法定的监测标准和监测方法的，以该执法监测数据作为优先使用。

b）排污单位自行监测

1）自动监测

按照监测规范要求获取的自动监测数据（剔除异常值）计算得到的有效小时浓度均值不超过许可排放浓度限值，即视为合规。对于污染物项目应采用自动监测而未采用的，即视为不合规。小时浓度均值指“整点 1 h 内不少于 45 min 的有效数据的算术平均值”。

2）手工监测

按照自行监测方案开展手工监测，监测结果不超过许可排放限值，即视为合规。

10.2.1.2　非正常情况

非正常情况包括计划内的催化裂化装置、焚烧炉、锅炉启停时段。

a）催化裂化装置

计划内启动和停机时段 150 h 内的氮氧化物排放浓度不视为许可排放浓度限值判定依据。

b）焚烧炉

计划内启动和停机阶段 4 h 内的氮氧化物排放浓度不视为许可排放浓度限值判定依据。

c）锅炉

采用干（半干）法脱硫、脱硝措施的燃煤蒸汽锅炉，冷启动 1 h、热启动 0.5 h 内二氧化硫和氮氧化物排放浓度数据不视为许可排放浓度限值判定依据。

若多台设施采用混合方式排放烟气，且其中一台处于启停时段，排污单位可自行提供烟气混合前各台设施污染物有效监测数据的，按照提供数据进行合规判定。

10.2.2　排放量合规判定

a）有组织排放源

排污单位有组织排放源主要排放口的大气污染物年实际排放量之和不超过主要排放口污染物年许可排放量之和，即视为合规。有特殊时段许可排放量要求的，实际排放量不得超过特殊时段许可排放量。

b）无组织排放源

设备与管线组件、挥发性有机液体储存、挥发性有机液体装载挥发性有机物年实际排放量分别不超过其年许可排放量，即视为合规。

10.2.3　无组织排放控制要求合规判定

无组织排放源满足本标准 6.2.2.3“无组织排放运行管理要求”，即视为合规。

10.3　废水

10.3.1　排放浓度合规判定

排污单位废水排放口污染物的排放浓度合规是指任一有效日均值（除 pH 值外）均满足许可排放浓度要求。

10.3.1.1　执法监测

按照 HJ/T 91 监测要求获取的执法监测数据不超过许可排放浓度的，即视为合规。

若同一时段的执法监测数据与排污单位自动监测数据不一致，执法监测数据符合法定的监测标准和监测方法的，以该执法监测数据作为优先证据使用。

10.3.1.2　排污单位自行监测

a）自动监测

按照监测规范要求获取的自动监测数据计算得到有效日均浓度值不超过许可排放浓度的，即视为合规。

对于自动监测，有效日均浓度是对应于以每日为一个监测周期，在周期内获得的某个污染物的多个有效监测数据的平均值。在同时监测污水排放流量的情况下，有效日均值是以流量为权重的某个污染物的有效监测数据的加权平均值；在未监测污水排放流量的情况下，有效日均值是某个污染物的有效监测数据的算术平均值。

b）手工监测

按照自行监测方案开展手工监测，计算得到的有效日均浓度值不超过许可排放浓度的，即视为合规。

10.3.2 排放量合规判定

废水排放口所有污染物年实际排放量之和不超过相应污染物的年许可排放量，即视为合规。

10.4 环境管理要求

环境保护主管部门依据排污许可证中的管理要求，审核环境管理台账记录和排污许可证执行报告；检查排污单位是否按照自行监测方案开展自行监测；是否按照排污许可证中环境管理台账记录要求记录相关内容，记录频次、形式等是否满足许可证要求；是否按照许可证中执行报告要求定期上报，上报内容是否符合要求等；是否按照许可证要求定期开展信息公开；是否满足特殊时段污染防治要求。

附 录 A
（资料性附录）
石化工业排污单位生产装置

包括原油加工及石油制品制造、有机化学原料制造、初级形态塑料及合成树脂制造、合成橡胶制造、合成纤维单（聚合）体制造、化学试剂和助剂、合成纤维制造等门类所涉及的主要生产装置和公用单元。

a）原油加工及石油制品制造

包括常减压蒸馏（含电脱盐）装置、轻烃回收装置；减黏裂化装置、催化裂化装置、催化重整装置、延迟焦化装置、叠合装置、加氢裂化装置、异构化装置、烷基化装置；电化学精制装置、加氢精制装置（焦化汽油加氢、催化汽油后加氢、航煤加氢、柴油加氢、蜡油加氢、渣油加氢）、催化汽油吸附脱硫（S zorb）装置、氧化脱硫醇装置、硫黄回收装置、气体分馏装置、干气脱硫装置、液化气脱硫装置、溶剂脱沥青装置、酚精制装置、分子筛脱蜡装置、糠醛精制装置、溶剂脱蜡装置、石蜡加氢装置、石蜡白土精制装置、润滑油加氢装置、润滑油加氢补充精制装置、润滑油白土精制装置、溶剂精制装置、橡胶填充油溶剂精制装置；制氢装置、汽油碱渣提酚装置、干气提浓装置、含硫废水汽提装置、乙苯-苯乙烯装置、聚丙烯装置、变压吸附分离（PSA）、膜分离装置、氧化沥青装置、石蜡成型装置、油浆拔头装置、油页岩干馏装置等生产装置。

b）有机化学原料制造、化学试剂和助剂

包括脂肪族有机化学品装置、芳香族有机化合物装置、卤化有机化学品装置、胺及氨基有机化学品装置，以及其他有机化学品装置等生产装置。其中：

1）脂肪族有机化学品装置包括乙醛、乙酸、乙酸酐、丙酮、丙烯腈、环氧乙烯、环氧丙烷、己二酸、丁烯、环己烷、乙醇、乙烯、乙二醇、环氧乙烷、甲醛、异丙醇、甲醇、聚氧丙烯醇、丁辛醇、丙烯、氧化丙烯、醋酸乙烯、醋酸乙烯酯、1,2-二氯乙烷、1,3-丁二烯、乙酸树脂、乙酸盐、丙酮、丙酮氰醇、乙炔、丙烯酸、丙烯酸酯、烷基链烯醇、烷基化物、α-烯 1 烃丁烷、C4 烃类（不饱和）、硬脂酸钙、己内酰胺、羧甲基纤维素、醋酸纤维素丁酸酯、纤维素醚、氢过氧化枯烯、环己醇、环己醇，环己酮（混合体）、环己酮、环己烯、C12～C18 伯醇、C5 浓缩液、C9 浓缩液、正癸醇、双丙酮醇、二羧酸盐、乙醚、二甘醇、二乙二醇二乙醚、二乙二醇二甲醚、二乙二醇单乙醚、二乙二醇甲醚、二聚酸、二氧杂环乙烷、乙烷、乙烯甘油单苯基醚、乙氧基化物、乙烯甘油二甲醚、乙二醇单丁醚、乙二醇单乙醚、乙二醇乙基醚、丙三醇、乙二醛、己烷、异丁醇、异丁烯、异丁醛、异佛尔酮、异肽酸、橡胶基质、醋酸异丙酯、木素磺酸钙盐、顺式丁烯二酸酐、甲基丙烯酸、甲基丙烯酸酯、甲烷、甲基乙基酮、α-甲基丙烯酸甲酯、甲基叔丁基醚、甲基异丁基酮、正烷烃、正丁醇、正醋酸丁酯、正丁醛、正丁酸、正丁酸酐、正石蜡、正乙酸丙酯、正丙醇、次氮基三乙酸、锦纶盐、草酸、羰基醛醇、季戊四醇、戊烷、戊烯、石油磺酸油、松油、聚氧化亚丁基乙二醇、聚氧乙二醇、丙烷、丙醛、丙酸、甲基乙二醇、仲丁醇、甲酸钠、山梨醇、脂蜡酸，钙盐（蜡）、叔丁醇、1-丁烯、1-戊烯、1,4-丁二醇、乙酸异丁酯、2-丁烯（顺式和反式）、2-乙基己酮、2-乙基丁醛、2,2,4-三甲基色氨酸、1,3-戊二醇等产品的生产装置。

2）芳香族有机化合物装置包括苯、枯烯、对酞酸二甲酯、乙苯、间二甲苯、对二甲苯、苯酚、裂解汽油、苯乙烯、对苯二甲酸、甲苯、邻二甲苯、苯酐、α-甲苯基乙烯、烷基苯系物、烷基酚、烷基苯磺酸盐、氨基苯甲酸、β-萘磺酸、苯二磺酸、苯甲酸、双（2-乙基己基）邻苯二甲酸酯、双酚A、BTX-苯，甲苯，二甲苯（混合物）、邻苯二甲酸丁基酯、杂酚油、甲酚、氰尿酸、环芳香族磺酸盐、酞酸二丁酯、邻苯二甲酸二异丁酯、酞酸二异癸酯、邻苯二甲酸二异辛酯、邻苯二甲酸二甲酯、二硝基甲苯（混合物）、邻苯二甲酸双十三烷酯、间甲酚、间氨酸、亚甲基二苯基二异氰酸盐、萘、石脑油、硝基苯、硝基甲苯、壬基酚、对甲酚、邻苯二甲酸、邻苯二甲酸酐、焦油沥青、叔丁基苯酚、甲苯二异氰酸盐（混合物）、偏苯三酸、邻苯酚、四氢萘醇、1-四氢萘酮混合物、2,4-二硝基甲苯、2,6-二硝基甲苯等产品的生产装置。

3）卤化有机化学品装置包括氯乙烯、1,4-苯二胺盐酸盐、丙烯基氯、苄基氯、四氯化碳、氯化石蜡、氯苯、氯苯（混合物）、氯二氟乙烷、氯仿、氯甲烷、氯-5-甲酚（6-氯间甲酚）、氯酚、氯丁二烯、氯化氰、三聚氯氰、二氯丙烷、表氯醇、氯乙烷、氟碳化合物（氟利昂）、氯甲烷、二氯甲烷、五氯苯酚、光气、四氯乙烯、三氯乙烯、三氯氟甲烷、偏二氯乙烯、1,1-二氯乙烷、1,2-二氯乙烷、1,1,1-三氯乙烷、2,4-二氯苯酚等产品的生产装置。

4）胺及氨基有机化学品装置包括2,4-二氨基甲苯烷基胺、苯胺、己内酰胺、二乙醇胺、二苯胺杀虫剂、乙醇胺、乙胺、乙二胺、乙二胺四乙酸、脂肪胺、己二胺、异丙胺、间-甲苯胺、三聚氰胺、三聚氰胺晶体、甲胺、亚甲基双苯胺、正-丁胺、*N,N*-二乙苯胺、*N,N*-二甲基甲酰胺、硝基苯胺、聚合亚甲基双苯胺、仲丁胺、叔丁胺、甲苯二胺（混合物）、甲苯胺、邻苯二胺、2,6-二甲基苯胺、4-（*N*-羟基乙基乙胺基）-2-羟基-乙基苯胺、4,4-亚甲基（*N,N*-二甲基）-双苯胺、4,4-亚甲基双苯胺等产品的生产装置。

5）其他有机化学品装置包括己二氰、二硫化碳、脂肪氰类、有机锡化合物、磷酸酯、四乙基铅、四甲基铅、尿烷预聚物等产品的生产装置。

c）初级形态塑料及合成树脂制造

包括丙烯腈-丁二烯-苯乙烯共聚物（ABS）树脂装置、丙烯腈-丁二烯-苯乙烯-苯乙烯丙烯腈共聚物（ABS-SAN）树脂装置、丙烯酸-甲基丙烯酸酯乳液装置、丙烯酸乳液装置、丙烯酸树脂装置、醋酸纤维丁酸酯装置、醋酸纤维树脂装置、醋酸纤维素装置、醋酸纤维丙酸酯装置、硝酸纤维素装置、乙烯-甲基丙烯酸聚合物装置、乙烯-醋酸乙烯酯聚合物装置、脂肪酸树脂装置、碳氟化合物共聚物装置、尼龙11树脂装置、尼龙6-66共聚物装置、尼龙6树脂装置、尼龙612树脂装置、尼龙66树脂装置、尼龙装置、石油烃树脂装置、聚乙烯吡咯烷酮共聚物装置、聚烯烃（Alpha）装置、聚丙烯酸装置、聚酰胺装置、聚芳酰胺装置、聚丁二烯装置、聚丁烯装置、聚丁烯琥珀酸酐装置、聚碳酸酯装置、聚酯树脂装置、聚丁烯对苯二酸酯装置、聚苯酸盐装置、聚乙烯装置、聚乙烯-乙基丙烯酸盐装置、聚乙烯-聚醋酸乙烯酯共聚物装置、聚乙烯树脂装置、聚乙烯氯化物装置、聚酰亚胺装置、聚丙烯树脂装置、聚苯乙烯（晶体）装置、改性聚苯乙烯（晶体）装置、聚苯乙烯-共聚物装置、聚苯乙烯-丙烯酸乳胶装置、聚苯乙烯改性树脂装置、聚苯乙烯乳胶装置、聚苯乙烯装置、聚砜树脂装置、聚醋酸乙酸酯-PVC共聚物装置、聚醋酸乙酸酯共聚物装置、聚醋酸乙酸酯树脂装置、聚乙烯醇树脂装置、聚氯乙烯装置，氯化的聚乙烯乙醚-聚丁烯二酸酐装置、聚乙烯醇缩甲醛树脂装置、聚醋酸乙烯酯-甲基丙酸烯共聚物装置、聚醋酸乙烯酯丙酸烯共聚物装置、聚醋酸乙烯酯-2-乙基正己基丙烯酸酯共聚物装置、聚偏二氯乙烯装置、聚偏二氯乙烯共聚物装置、聚偏二氯乙烯-氯乙烯树脂装置、PVC共聚物装置、丙烯酸酯（乳胶）装置，乙烯-氯乙烯装置、松香衍生树脂装置、松香改性树脂装置、松香树脂装置、丙烯腈树脂装置、硅树脂装置、硅橡胶装置、苯乙烯顺丁烯二酸酐树脂装置、苯乙烯聚合物装置、苯乙烯-丙烯酸共聚物树脂装置、苯乙烯丙烯腈-丙烯酸酯共聚物装置、丁二烯树脂装置、丁二烯树脂（<50%丁二烯）装置、丁二烯树脂（乳胶）装置、苯乙烯-二乙烯基苯树脂（离子交换）装置、苯乙烯-甲基丙烯酸酯三聚物树脂装置、苯乙烯-甲基丙烯酸甲酯共聚物装置、苯乙烯-丁二烯装置，乙烯基甲苯三元共

聚物装置、磺化-苯乙烯-顺丁烯酸酐树脂装置、不饱和聚酯树脂装置、乙烯基甲苯树脂装置、乙烯基甲苯-丙烯酸树脂装置、乙烯基甲苯-丁二烯树脂装置、乙烯基甲苯-甲基丙烯酸树脂装置、醋酸乙烯-*N*-丙烯酸丁酯共聚物装置。醇酸树脂装置、双氰胺树脂装置、环氧树脂装置、富马酸聚酯装置、呋喃树脂装置、乙二醛-尿素甲醛纺织树脂装置、甲酮-甲醛树脂装置、三聚氰胺树脂装置、酚醛树脂装置、聚缩醛树脂装置、聚丙烯酰胺装置、聚氨酯预聚物装置、聚氨酯树脂装置、尿素甲醛树脂装置、尿素树脂装置等。

d）合成纤维单（聚合）体制造、合成纤维制造

包括锦纶纤维生产装置（聚酰胺纤维）、涤纶纤维生产装置（聚酯纤维）、腈纶纤维生产装置（聚丙烯腈纤维）、维纶纤维生产装置（聚乙烯醇纤维）、丙纶纤维生产装置（聚丙烯纤维）、氨纶纤维生产装置（聚氨酯纤维）、丙烯酸纤维（85%聚丙烯腈）装置、醋酸纤维素装置、碳氟化合物（铁氟龙）纤维装置、改性腈纶纤维装置、尼龙 6 纤维装置、尼龙 6 单丝纤维装置、尼龙 66 纤维装置、尼龙 66 单丝纤维装置、芳香聚酰胺装置、树脂纤维装置、芳香聚酰胺树脂纤维装置、聚酯纤维装置、聚乙烯纤维装置等。

e）合成橡胶制造

包括顺丁橡胶装置、丁基橡胶装置、丁苯橡胶装置、异戊橡胶装置、异丙橡胶装置、氯丁橡胶装置、丁腈橡胶装置等。

f）公用单元

包括储运系统、供排水系统、动力系统、火炬系统和其他公用单元。

储存系统包括原油罐、中间品罐、产品罐等；装载系统包括汽车装载站、铁路装载站、装载码头和其他储运单元；供排水系统包括新鲜水净化场、软化水处理站、循环水场、废水集输系统和污水处理厂；动力系统包括锅炉；火炬系统包括火炬气回收系统和火炬排放系统；其他公用单元指除储运系统、供排水系统、动力系统、火炬系统外的其他涉及排污的公用设施。

附 录 B

（资料性附录）

部分生产设施填报表

表 B.1 XXX 设备与管线组件密封点数量统计表

装置名称：		装置编号：
密封点类型	介质状态	数量/个
阀门	气体	
	有机液体	
法兰	—	
泵	—	
泄压设备	—	
连接件	—	
压缩机	—	
搅拌器	—	
开口阀或开口管线	—	
其他	—	
合计		

表 B.2 储罐统计表

序号	储罐编号	罐型	公称容积/m³	储罐内径/m	罐体高度[a]	储存物料名称	物料储存温度[b]/℃	设计年周转量/t

[a] 固定顶罐填写。
[b] 近一年物料储存平均温度。

表 B.3　固定顶罐

<table>
<tr><td colspan="2">A 装置信息</td></tr>
<tr><td colspan="2">服务装置名称：　　　　　　　　　服务装置编号：</td></tr>
<tr><td colspan="2">B 储罐信息</td></tr>
<tr><td colspan="2">储罐名称：　　　　　　　　　储罐编号：　　　　　　　　　公称容积：　　　m^3</td></tr>
<tr><td>储罐用途</td><td>□原料　□产品　□中间品</td></tr>
<tr><td>储罐类型</td><td>□立式储罐　□卧式储罐</td></tr>
<tr><td colspan="2">C 储罐参数</td></tr>
<tr><td>罐体参数</td><td>罐体内径：　m　　罐体高度：　m　　罐体长度（卧式）：　m
储罐是否保温：□是　□否　　是否地下储罐：□是　□否
罐漆颜色：□白色　□铝（镜面）　□铝（糙面）　□铝皮（亚光、未涂漆）□浅灰色　□中灰色　□深绿色　□米黄色或奶油色　□棕色或褐色　□红色（底漆）　□铁锈色　□棕褐色　□黑色
罐漆状况：□好　□差
罐顶类型：拱顶（高度：　m）　锥形顶（高度：　m）
罐漆颜色：□白色　□铝（镜面）　□铝（糙面）　□铝皮（亚光、未涂漆）□浅灰色　□中灰色　□深绿色　□米黄色或奶油色　□棕色或褐色　□红色（底漆）　□铁锈色　□棕褐色　□黑色
罐漆状况：□好　□差</td></tr>
<tr><td>呼吸阀</td><td>真空设定：　kPa　　压力设定：　kPa</td></tr>
<tr><td colspan="2">D 物流信息</td></tr>
<tr><td>储存物料</td><td>物料名称：
物料类别：□有机液体　□原油　□石油馏分
平均储存温度：　℃
如果物料以溶液的形式储存，请提供下列信息：
溶剂名称：　　溶质名称：　　溶质含量：%（质量分数）或　%（体积分数）</td></tr>
<tr><td>液位及周转量</td><td>设计周转量：　t/a　　平均液面高度：　　m</td></tr>
<tr><td>挥发性有机物控制</td><td>□蒸气平衡系统
□油气回收设施
□其他：</td></tr>
</table>

表 B.4　内浮顶罐

<table>
<tr><td colspan="4">A 装置信息</td></tr>
<tr><td colspan="4">服务装置名称：　　　　　　　　　服务装置编号：</td></tr>
<tr><td colspan="4">B 储罐信息</td></tr>
<tr><td colspan="4">储罐名称：　　　　　　　　　储罐编号：　　　　　　　公称容积：　　　m^3</td></tr>
<tr><td>储罐用途</td><td colspan="3">□原料　□产品　□中间品</td></tr>
<tr><td colspan="4">C 储罐参数</td></tr>
<tr><td>罐体参数</td><td colspan="3">储罐内径：　m　　储罐是否保温：□是　□否
是否自支撑：□是　□否
若是，固定顶支撑柱数量：　个　支撑柱当量直径：　m
罐壁状况：□轻锈　□中锈　□重锈</td></tr>
<tr><td rowspan="4">浮盘参数</td><td colspan="3">浮盘类型：□焊接　□螺栓连接</td></tr>
<tr><td>浮盘构造</td><td>浮盘密封长度/m：</td><td>浮盘拼接板尺寸/m：</td></tr>
<tr><td>□浮筒式</td><td></td><td>宽：</td></tr>
<tr><td>□双层板式</td><td></td><td>长：　　宽：</td></tr>
<tr><td>边缘密封形式</td><td colspan="3">一级密封：□机械式鞋形　□气体镶嵌式　□液体镶嵌式
二级密封：□边缘刮板　□边缘靴板　□挡雨板</td></tr>
<tr><td colspan="4">D 浮盘附件</td></tr>
<tr><td>附件名称</td><td colspan="2">附件类型</td><td>附件数量</td></tr>
<tr><td rowspan="3">人孔</td><td colspan="2">螺栓固定盖子，有密封件</td><td></td></tr>
<tr><td colspan="2">无螺栓固定盖子，无密封件</td><td></td></tr>
<tr><td colspan="2">无螺栓固定盖子，有密封件</td><td></td></tr>
<tr><td rowspan="3">计量井</td><td colspan="2">螺栓固定盖子，有密封件</td><td></td></tr>
<tr><td colspan="2">无螺栓固定盖子，无密封件</td><td></td></tr>
<tr><td colspan="2">无螺栓固定盖子，有密封件</td><td></td></tr>
<tr><td rowspan="2">真空阀</td><td colspan="2">附重加权，加密封件</td><td></td></tr>
<tr><td colspan="2">附重加权，未加密封件</td><td></td></tr>
<tr><td rowspan="2">楼梯井</td><td colspan="2">滑盖，有密封件</td><td></td></tr>
<tr><td colspan="2">滑盖，无密封件</td><td></td></tr>
</table>

边缘通气孔	配重机械驱动机构，有密封件	
	配重机械驱动机构，无密封件	
浮盘支腿	可调式-内浮顶浮盘	
	固定式	
采样管/井	有槽管式滑盖/重加权，有密封件	
	有槽管式滑盖/重加权，无密封件	
	切膜纤维密封（开度 10%）	
导向柱（有槽）	无密封件滑盖（不带浮球）	
	有密封件滑盖（不带浮球）	
	无密封件滑盖（带浮球）	
	有密封件滑盖（带浮球）	
	有密封件滑盖（带导杆刷）	
	有密封件滑盖（带导杆衬套）	
	有密封件滑盖（带导杆衬套及刷）	
	有密封件滑盖（带浮头和导杆刷）	
	有密封件滑盖（带浮头、衬套和刷）	
导向柱（无槽）	无衬垫滑盖	
	衬套衬垫带滑盖	
	无衬垫滑盖带导杆	
	有衬垫滑盖带衬套	
	有衬垫滑盖带凸轮	
D 物流信息		
储存物料	物料名称： 物料类别：□有机液体 □原油 □石油馏分 平均储存温度： ℃ 如果物料以溶液的形式储存，请提供下列信息： 溶剂名称： 溶质名称： 溶质含量： %（质量分数）或 %（体积分数）	
周转量	设计年周转量： t/a	
挥发性有机物控制	□蒸气平衡系统 □油气回收设施 □其他：	

表 B.5 外浮顶罐

A 装置信息		
服务装置名称：	服务装置编号：	
B 储罐信息		
储罐名称：	储罐编号：	公称容积： m^3
储罐用途	□原料 □产品 □中间品	
C 储罐参数		
罐体参数	罐体直径： m 储罐是否保温：□是 □否 罐壁状况：□轻锈 □中锈 □重锈	
储罐类型	□焊接 □铆接	
边缘密封形式	一级密封：□机械式鞋形 □气体镶嵌式 □液体镶嵌式 二级密封：□边缘刮板 □边缘靴板 □挡雨板	
D 浮盘附件		
附件名称	附件类型	附件数量
人孔	螺栓固定盖子，有密封件	
	无螺栓固定盖子，无密封件	
	无螺栓固定盖子，有密封件	
计量井	螺栓固定盖子，有密封件	
	无螺栓固定盖子，无密封件	
	无螺栓固定盖子，有密封件	
真空阀	附重加权，加密封件	
	附重加权，未加密封件	
楼梯井	滑盖，有密封件	
	滑盖，无密封件	
边缘通气孔	配重机械驱动机构，有密封件	
	配重机械驱动机构，无密封件	
浮盘排水管	—	

浮盘支腿	可调式（浮筒区域），无密封件	
	可调式（浮筒区域），有密封件	
	可调式（浮筒区域），衬垫	
	可调式（中心区域），无密封件	
	可调式（中心区域），有密封件	
	可调式（中心区域），衬垫	
	可调式，双层浮顶	
	固定式	
采样管/井	有槽管式滑盖/重加权，有密封件	
	有槽管式滑盖/重加权，无密封件	
	切膜纤维密封（开度 10%）	
导向柱（有槽）	无密封件滑盖（不带浮球）	
	有密封件滑盖（不带浮球）	
	无密封件滑盖（带浮球）	
	有密封件滑盖（带浮球）	
	有密封件滑盖（带导杆刷）	
	有密封件滑盖（带导杆衬套）	
	有密封件滑盖（带导杆衬套及刷）	
	有密封件滑盖（带浮头和导杆刷）	
	有密封件滑盖（带浮头、衬套和刷）	
导向柱（无槽）	无衬垫滑盖	
	衬套衬垫带滑盖	
	无衬垫滑盖带导杆	
	有衬垫滑盖带衬套	
	有衬垫滑盖带凸轮	
D 物流信息		
储存物料	物料名称： 物料类别：□有机液体　□原油　□石油馏分 平均储存温度：　℃ 如果物料以溶液的形式储存，请提供下列信息： 溶剂的名称：　　溶质名称：　　溶质含量：　%（质量分数）或　%（体积分数）	
周转量	设计年周转量：　t/a	

表 B.6　工艺加热炉、锅炉

A 服务装置信息	
服务装置名称：	
B 工艺加热炉信息	
工艺加热炉（锅炉）	生产厂家：　　产品型号：　　设备编号： 最大热负荷：　　kW　　炉膛平均温度：　　℃
燃烧器	燃烧器个数：　　燃烧器功率：　　kW 类型：□低氮氧化物　□其他：
鼓风机（引风机）	功率：　　kW　　风量：　　m^3/h
燃料类型	主要燃料：　　来源：
	备用燃料：　　来源：
	如采用炼厂气或燃料油，附燃料分析信息，包括低位热值和硫含量等；燃料油信息应包含氮含量。
控制设备类型（可多选）	□低氮燃烧器　□烟气循环　□氧含量控制　□CO 催化剂 □选择性催化还原（SCR）　□选择性非催化还原（SNCR） □其他（说明）：
燃料使用	小时最大消耗量： 炼厂气：　　kg/h　天然气：　　m^3/h　燃料油：　　kg/h 年消耗量： 炼厂气：　　kg/a　天然气：　　kg/a　燃料油：　　kg/a

表 B.7　焚烧炉

A 服务装置信息
服务装置名称：　　服务装置编号：

B 设备信息		
主燃烧室	□液化石油气　□天然气　□其他： 火嘴数量：　火嘴功率：　MW 是否是低氮火嘴：□是　□否　氮氧化物：　10^{-6}（　O_2%）	
	鼓风机类型	离心式 数量：　功率：　kW 风量：　m^3/（min・台） 数量：　功率：　kW 风量：　m^3/（min・台）
	外部尺寸	直径：　m　长：　m　宽：　m　高：　m
设计特性	从后燃烧室到温度探头的距离：　m 后燃烧室操作温度：　℃ 主燃烧室达到操作温度所需时间：　min 后燃烧室达到操作温度所需时间：　min 后燃烧室是否比主燃烧室先点火？□是　□否 如是，选择如下： □后燃烧室达到的温度：　℃　□时间延迟：　min □描述点火过程：	
C 工艺信息		
燃料使用	燃料气：　t/a	
操作方式	□批次处理　□连续处理	
工艺数据	一天几批：　每批加工物料重量：　kg 每批加工时间：　h　挥发性有机物的质量分数：	

表 B.8　火炬

A 服务装置信息			
服务装置名称：			
B 设备信息			
类型	□高架火炬　□地面火炬 辅助气类型：		
用途	□应急服务火炬　□清洁服务火炬		
尺寸	火炬高度：　m　火炬头内径：　m		
火炬气设计值	正常操作温度下的停留时间：　s（　℃）　燃烧室体积：　m^3 设计火炬气流量（标态）：　m^3/s　火炬气低位热值：　kJ/m^3		
	设计参数	最大值	最小值
	火炬头流速/（m/s）		
	流量（标态）/（m^3/s）		
助燃蒸汽	设计参数	最大值	最小值
	蒸汽压力/Pa		
	蒸汽/火炬气：　kg 蒸汽/kg 火炬气　总蒸汽流量：　kg/h　喷枪个数： 引射蒸汽　个　温度：　℃　喷枪直径：　m　喷射速度：　m/s		
助燃水	注水喷枪数：　喷枪直径：　m		
		最大值	最小值
	水压/Pa		
	总水量/m^3		
辅助燃料	是否有辅助燃料：□是　□否　燃料类型： 喷枪个数：　燃料喷射速率（20℃，1.013×10^5Pa）：　m		
	燃料使用量：		
	最大值	最小值	平均值

表 B.9　酸性水汽提塔

A 服务装置信息	
服务装置名称：	服务装置编号：
B 汽提塔信息	
汽提塔	生产厂家：　设备编号： 最大处理能力：　m^3/h　设计处理能力：　m^3/h
结构尺寸	塔径：　m　塔盘数： 抽氨侧线塔盘数：　硫化氢气体段塔盘数：
填料	填料类型：
	填料尺寸：
酸性水储罐	酸性水储罐台数： 酸性水储罐总有效容积：　m^3　每一台酸性水储罐都应填写有机液体储罐表格。

酸性水脱气罐	□有　酸性水脱气罐储罐台数：　　　□无
C 运行信息	
操作参数	汽提塔塔底温度：　　　℃ 汽提塔塔顶温度：　　　℃ 汽提塔塔顶压力：　　　kPa 出水水质：COD：　　　mg/L，硫化物：　　　mg/L，氨：　　　mg/L
运行时间	正常：　　　h/a　最大：　　　h/a

附　录　C

（资料性附录）

废气治理、废水处理设施参数附表

a）废气治理设施参数见表 C.1～表 C.18。

表 C.1　石灰石法脱硫

A 服务装置信息	
服务装置名称：	服务装置编号：
B 烟气参数	
烟气参数（标态）	入口： 流量：　　m^3/h　温度：　　℃　压力：　　Pa SO_2 浓度：　　mg/m^3　O_2：　　%　含湿量：　　% SO_3 浓度：　　mg/m^3　HCl 浓度：　　mg/m^3　HF 浓度：　　mg/m^3 烟尘浓度：　　mg/m^3 出口： 流量：　　m^3/h　温度：　　℃　压力：　　Pa SO_2 浓度：　　mg/m^3　O_2：　　%　含湿量：　　% SO_3 浓度：　　mg/m^3　HCl 浓度：　　mg/m^3　HF 浓度：　　mg/m^3 烟尘浓度：　　mg/m^3 脱硫效率：　　%
C 设备信息	
类型	□喷淋塔　□液柱塔　□单塔双循环　□双塔双循环　接触方式：□并流　□逆流 增强因素：□托盘　□气液耦合器（或旋流器）□两级串联（各塔分列）　□其他
塔体	高：　　m　直径：　　m　全塔压降：　　Pa 烟气入口至最下层喷淋层高度：　　m　至最上层喷淋层高度：　　m 烟气与循环浆液接触时间：　　s
喷淋层	层数：　　材质：　　喷淋层间距：　　m 单层喷嘴数量：　　喷嘴角度：　　面积覆盖率： 喷嘴类型、流量及数量（根据类型不同分列）：　　喷嘴雾化压力：　　10kPa 托盘开孔率（如有）：　%　托盘数目：　　托盘位置：
循环泵	数量：　用　　备　　流量：　　m^3/h 扬程：　10kPa　　功率（每台泵分列）：
循环浆液	pH 值：　　Cl^-含量：　　mg/L　Mg^{2+}含量：　　mg/L 浆液浓度：　%　温度：　　℃ 循环浆液流量：　　m^3/h　液气比：　　L/m^3 循环浆液池大小：　　m^3　浆液排出量：　　m^3/h
搅拌器	□侧搅拌式　□脉冲悬浮泵　□其他形式 台数：　　功率：　　kW
氧化风	风机形式：　　风机：　用　　备 风机流量：　　m^3/h　压头：　　kPa　进塔温度：　　℃ 氧化风分布形式：□矛枪式　□管网式　□其他形式 氧化风管浸没深度：　　m
除雾器	□屋脊式　□平板式　□管束式　□其他类型：　　层数： 压降（总）：　　Pa　　材质： 清洗喷嘴设置：　　清洗频率：　　叶片间距：　　mm
预处理	描述所有预处理过程以及烟气调节过程（如气体紧急降温）：
石灰石浆液	石灰石活性：　　min　石灰石粒径：　目　石灰石中 $CaCO_3$ 含量：　　% 石灰石中 $MgCO_3$ 含量：　　%　石灰石浆液含量：　　% 流量：　　m^3/h　Ca/S 摩尔比：
工艺水参数	工艺水耗量：　　m^3/h　Cl^-含量：　　mg/L　Na^+含量：　　mg/L 工艺水温度：　　℃

表 C.2　氧化镁法脱硫

A 服务装置信息	
服务装置名称：	服务装置编号：
B 烟气参数	
烟气参数（标态）	入口： 流量：　m^3/h　温度：　℃　压力：　Pa SO_2浓度：　mg/m^3　O_2：　%　含湿量：　% SO_3浓度：　mg/m^3　HCl 浓度：　mg/m^3　HF 浓度：　mg/m^3 烟尘浓度：　mg/m^3 出口： 流量：　m^3/h　温度：　℃　压力：　Pa SO_2浓度：　mg/m^3　O_2：　%　含湿量：　% SO_3浓度：　mg/m^3　HCl 浓度：　mg/m^3　HF 浓度：　mg/m^3 烟尘浓度：　mg/m^3　脱硫效率：　%
C 设备信息	
类型	□喷淋塔　□液柱塔　接触方式：□并流　□逆流 增强因素：　□托盘　□气液耦合器（或旋流器）□两级串联（各塔分列） □塔内局部氧化池　□塔内完全氧化池　□塔外氧化　□其他
塔体	高：　m　直径：　m　全塔压降：　Pa 烟气入口至最下层喷淋层高度：　m　至最上层喷淋层高度：　m 烟气与循环浆液接触时间：　s　塔内局部氧化池规格尺寸： 塔内完全氧化池规格尺寸：　塔外氧化池规格尺寸：
喷淋层	层数：　材质：　喷淋层间距：　m 单层喷嘴数量：　喷嘴角度：　面积覆盖率： 喷嘴类型、流量及数量（根据类型不同分列）：　喷嘴雾化压力：　10kPa 托盘开孔率（如有）：　%　托盘数目：　托盘位置：
循环泵	数量：　用　备　流量：　m^3/h 扬程：　10kPa　功率（每台泵分列）：
循环浆液	pH 值：　Cl^-含量：　mg/L　Ca^{2+}含量：　mg/L 浆液浓度：　%　温度：　℃ 循环浆液流量：　m^3/h　液气比：　L/m^3 循环浆液池大小：　m^3　浆液排出量：　m^3/h
搅拌器	□侧搅拌式　□脉冲悬浮泵　□其他形式 台数：　功率：　kW
氧化风	风机形式：　风机：　用　备 风机流量：　m^3/h　压头：　kPa　进塔温度：　℃ 氧化风分布形式：□矛枪式　□管网式　□其他形式 氧化风管浸没深度：　m
除雾器	□屋脊式　□平板式　□管束式　□其他类型：　层数： 压降（总）：　Pa　材质： 清洗喷嘴设置：　清洗频率：　叶片间距：　mm
预处理	描述所有的预处理过程以及烟气调节过程（如气体紧急降温）：
吸收剂浆液	氧化镁活性：　min　氧化镁粒径：　目　氧化镁中 CaO 含量：　% 氧化镁消化温度：　氢氧化镁浆液含量：　% 流量：　m^3/h　Mg/S 摩尔比：
副产物溶液	排放硫酸镁溶液浓度：　%　硫酸镁溶液排放量：　m^3/h
工艺水参数	工艺水耗量：　m^3/h　Cl^-含量：　mg/L　Na^+含量：　mg/L 工艺水温度：　℃

表 C.3　氨法脱硫

A 服务装置信息	
服务装置名称：	服务装置编号：
B 烟气参数	
烟气参数（标态）	入口： 流量：　m^3/h　温度：　℃　压力：　Pa SO_2浓度：　mg/m^3　O_2：　%　含湿量：　% SO_3浓度：　mg/m^3　HCl 浓度：　mg/m^3　HF 浓度：　mg/m^3 烟尘浓度：　mg/m^3 出口： 流量：　m^3/h　温度：　℃　压力：　Pa SO_2浓度：　mg/m^3　O_2：　%　含湿量：　% SO_3浓度：　mg/m^3　HCl 浓度：　mg/m^3　HF 浓度：　mg/m^3 烟尘浓度：　mg/m^3　脱硫效率：　%

C 设备信息	
类型	□喷淋塔　□液柱塔　接触方式：□并流　□逆流 增强因素：　□托盘　□气液耦合器（或旋流器）□两级串联（各塔分列） □塔内局部氧化池　□塔内完全氧化池　□塔外氧化　□其他
塔体	高：　m　直径：　m　全塔压降：　Pa 烟气入口至最下层喷淋层高度：　m　至最上层喷淋层高度：　m 烟气与循环浆液接触时间：　s　塔内局部氧化池规格尺寸： 塔内完全氧化池规格尺寸：　塔外氧化池规格尺寸：
喷淋层	层数：　材质：　喷淋层间距：　m 单层喷嘴数量：　喷嘴角度：　面积覆盖率： 喷嘴类型、流量及数量（根据类型不同分列）：　喷嘴雾化压力：　10kPa 托盘开孔率（如有）：　%　托盘数目：　托盘位置：
循环泵	数量：　用　备　流量：　m^3/h 扬程：　10kPa　功率（每台泵分列）：
循环浆液	pH 值：　Cl^-含量：　mg/L　浆液浓度：　% 温度：　℃　循环浆液流量：　m^3/h　液气比：　L/m^3 循环浆液池大小：　m^3　浆液排出量：　m^3/h
搅拌器	□侧搅拌式　□脉冲悬浮泵　□其他形式 台数：　功率：　kW
氧化风	风机形式：　风机：　用　备 风机流量：　m^3/h　压头：　kPa　进塔温度：　℃ 氧化风分布形式：□矛枪式　□管网式　□其他形式 氧化风管浸没深度：　m
除雾器	□屋脊式　□平板式　□管束式　□其他类型：　层数： 压降（总）：　Pa　材质： 清洗喷嘴设置：　清洗频率：　叶片间距：　mm
预处理	描述所有预处理过程以及烟气调节过程（如气体紧急降温）：
吸收剂溶液	氨水含量：　流量：　m^3/h　NH_4^+/S 摩尔比：
副产物溶液	排放硫酸铵溶液含量：　%　硫酸铵溶液排放量：　m^3/h
工艺水参数	工艺水耗量：　m^3/h　Cl^-含量：　mg/L　Na^+含量：　mg/L 工艺水温度：　℃

表 C.4　氢氧化钠法脱硫

A 服务装置信息	
服务装置名称： 建设规模：	服务装置编号： 投运时间：
B 烟气参数	
烟气参数（标态）	入口： 流量：　m^3/h　温度：　℃　压力：　Pa SO_2 浓度：　mg/m^3　O_2：　%　含湿量：　% SO_3 浓度：　mg/m^3　HCl 浓度：　mg/m^3　HF 浓度：　mg/m^3 烟尘浓度：　mg/m^3 出口： 流量：　m^3/h　温度：　℃　压力：　Pa SO_2 浓度：　mg/m^3　O_2：　%　含湿量：　% SO_3 浓度：　mg/m^3　HCl 浓度：　mg/m^3　HF 浓度：　mg/m^3 烟尘浓度：　mg/m^3 脱硫效率：　%
C 设备信息	
类型	□喷淋塔　□液柱塔　接触方式：□并流　□逆流 增强因素：　□托盘　□气液耦合器（或旋流器）□两级串联（各塔分列） □塔内局部氧化池　□塔内完全氧化池　□塔外氧化　□其他
塔体	高：　m　直径：　m　全塔压降：　Pa 烟气入口至最下层喷淋层高度：　m　至最上层喷淋层高度：　m 烟气与循环浆液接触时间：　s　塔内局部氧化池规格尺寸： 塔内完全氧化池规格尺寸：　塔外氧化池规格尺寸：
喷淋层	层数：　材质：　喷淋层间距：　m 单层喷嘴数量：　喷嘴角度：　面积覆盖率： 喷嘴类型、流量及数量（根据类型不同分列）：　喷嘴雾化压力：　10kPa 托盘开孔率（如有）：　%　托盘数目：　托盘位置：
循环泵	数量：　用　备　流量：　m^3/h 扬程：　10kPa　功率（每台泵分列）：

循环浆液	pH 值： Cl^-含量： mg/L 浆液浓度： % 温度： ℃ 循环浆液流量： m^3/h 液气比： L/m^3 循环浆液池大小： m^3 浆液排出量： m^3/h
搅拌器	□侧搅拌式 □脉冲悬浮泵 □其他形式 台数： 功率： kW
氧化风	风机形式： 风机： 用 备 风机流量： m^3/h 压头： kPa 进塔温度： ℃ 氧化风分布形式：□矛枪式 □管网式 □其他形式 氧化风管浸没深度： m
除雾器	□屋脊式 □平板式 □管束式 □其他类型： 层数： 压降（总）： Pa 材质： 清洗喷嘴设置： 清洗频率： 叶片间距： mm
预处理	描述所有的预处理过程以及烟气调节过程（如气体紧急降温）：
吸收剂溶液	吸收剂溶液含量： 流量： m^3/h Na^+/S 摩尔比：
副产物溶液	排放硫酸钠溶液含量： % 硫酸钠铵溶液排放量： m^3/h
工艺水参数	工艺水耗量： m^3/h Cl^-含量： mg/L Na^+含量： mg/L 工艺水温度： ℃

表 C.5 半干法脱硫

A 服务装置信息	
服务装置名称： 服务装置编号：	
B 烟气参数	
烟气参数（标态）	入口： 流量： m^3/h 温度： ℃ 压力： Pa SO_2浓度： mg/m^3 O_2： % 含湿量： % SO_3浓度： mg/m^3 HCl 浓度： mg/m^3 HF 浓度： mg/m^3 烟尘浓度： mg/m^3 出口： 流量： m^3/h 温度： ℃ 压力： Pa SO_2浓度： mg/m^3 O_2： % 含湿量： % SO_3浓度： mg/m^3 HCl 浓度： mg/m^3 HF 浓度： mg/m^3 烟尘浓度： mg/m^3 脱硫效率： %
C 设备信息	
类型	□旋转喷雾干燥（SDA） □循环流化床（CFB） □NID 接触方式：□并流 □逆流
塔体	高： m 直径： m 文丘里管规格数目： 旋转喷雾器规格数目： 全塔压降： Pa
除尘器	□电除尘 □布袋除尘 灰循环倍率： 压降（总）： Pa 布袋材质： 入口粉尘浓度： g/m^3
吸收剂溶液	吸收剂： 吸收剂溶液含量： 流量： m^3/h 吸收剂/S 摩尔比： %
副产物	亚硫酸钙含量： % 硫酸钙含量： % 氧化钙含量： % 飞灰含量： %
工艺水参数	工艺水耗量：m^3/h Cl^-含量： mg/L Na^+含量： mg/L 工艺水温度：℃

表 C.6 干法脱硫

A 服务装置信息	
服务装置名称： 服务装置编号：	
B 烟气参数	
烟气参数（标态）	入口： 流量： m^3/h 温度： ℃ 压力： Pa SO_2浓度： mg/m^3 O_2： % 含湿量： % SO_3浓度： mg/m^3 HCl 浓度： mg/m^3 HF 浓度： mg/m^3 烟尘浓度： mg/m^3 出口： 流量： m^3/h 温度： ℃ 压力： Pa SO_2浓度： mg/m^3 O_2： % 含湿量： % SO_3浓度： mg/m^3 HCl 浓度： mg/m^3 HF 浓度： mg/m^3 烟尘浓度： mg/m^3 脱硫效率： %
C 设备信息	
类型	□炉内喷钙尾部增湿活化 □循环流化床掺混石灰石 吸收剂加入点燃烧温度： 灰/床料循环倍率：
吸收剂	吸收剂类型： 吸收剂用量：t/h Ca/S 摩尔比：

表 C.7 选择性催化还原法（SCR）脱硝

A 服务装置信息	
服务装置名称：	服务装置编号：
B 烟气参数	
烟气参数（标态）	设计 SCR 装置入口烟气参数： 流量： m^3/h 温度： ℃（或 ～ ℃） 压力： Pa NO_x 浓度： mg/m^3 SO_2： mg/m^3 SO_3： mg/m^3 O_2： % 含湿量： % 粉尘含量： mg/m^3 设计出口 NO_x 含量： mg/m^3 设计脱硝效率： % NH_3 逃逸率： mg/m^3 适应负荷区间： %～ %（或 ）
C 原料信息	
还原剂	□液氨 □氨水 □尿素 □其他 还原剂耗量： kg/h
D 设备信息	
还原剂制备	尿素：□热解 □水解 热解温度： ℃ 水解温度 ℃ 水解压力： MPa
SCR 反应器	长： m 宽： m 高： m 催化剂层数： 反应器总阻力： Pa 入口均布板：□有 □无 流场温度场模拟：□有 □无 执行流场温度场模拟方：
稀释风	稀释风来源： 流量： m^3/h 温度： ℃ 稀释风风机设置：□单独设置 □其他 稀释风机： 用 备 风机类型： 风机流量： 风机压头： 稀释后 NH_3 含量： %
喷氨格栅	层数： 材质： 喷头个数：
催化剂	类型： □中温（300～420℃） □低温（150～300℃） 形状： □蜂窝式 □波纹板式 □平板式 □颗粒式 □其他 催化剂系列：□V-Ti □其他 催化剂总量： m^3 空速： h^{-1} 催化剂密度： kg/m^3 模块总数： 单层模块数量： 个 模块尺寸： m× m× m 模块内单元数量： 单元尺寸： mm× mm× mm 烟气流速： 蜂窝式催化剂：孔径： mm 节距： mm 壁厚： mm 波纹板式催化剂：基材： 波纹板间距： 平板式催化剂： 基材： 平板间距： 颗粒式催化剂：尺寸： mm × mm 其他：
吹灰器	□伸缩式 □半伸缩式 □固定式 □其他 □蒸汽吹灰 □声波吹灰 数量： 吹灰频率：

表 C.8 选择性非催化还原法（SNCR）脱硝

A 服务装置信息	
服务装置名称：	服务装置编号：
B 烟气参数	
烟气参数（标态）	设计喷入点烟气参数： 流量： m^3/h 温度： ℃（或 ～ ℃） 压力： Pa NO_x 浓度： mg/m^3 O_2： % 含湿量： % 设计出口 NO_x 含量： mg/m^3 设计脱硝效率： % NH_3 逃逸率： mg/m^3 适应负荷区间： %～ %（或 ）
C 设备信息	
还原剂	□液氨 □氨水 □尿素 □其他 还原剂进炉浓度： % 还原剂耗量： kg/h

还原剂输送泵	泵体形式：　　　　　　数量：　用　　备 流量：　　　m^3/h　　　压头：　　Pa 功率：　　　kW
稀释水泵	泵体形式：　　　　　　数量：　用　　备 流量：　　　m^3/h　　　压头：　　Pa 功率：　　　kW □预先稀释　　□在线稀释
其他设备	□稀释混合器　□计量系统　□分配系统　□其他
喷枪	总喷枪数量：　　　　层数：　　　　单层喷枪数量： 喷嘴材质：　　　　　套管材质： 单支喷嘴流量：　　L/min　进喷嘴需要压头：　MPa 雾化压缩空气流量：　L/min　压缩空气压头：　MPa 设计点雾化液滴特征直径 D32：　　mm 冷却风流量：　　L/min　冷却风压头：　MPa 冷却风来源：　　　　冷却风温度：　℃
流场温度场模拟	□有　□无 执行流场温度场模拟方：

表 C.9　旋风分离器

A 服务装置信息			
服务装置名称：　　　　　服务装置编号：			
B 烟气参数（标态）			
入口： 流量：　　m^3/h　　温度：℃　　烟尘浓度：　　mg/m^3 出口： 流量：　　m^3/h　　温度：℃　　烟尘浓度：　　mg/m^3 除尘效率：			
C 设备信息			
设备	生产厂家：型号：		
外形尺寸	前视图　顶视图 给出旋风分离器的尺寸（参照上述简图） 1. 入口宽度 *B*　　m　　5. 椎体长度 *Z*　　m 2. 入口高度 *H*　　m　　6. 筒体直径 *D*　　m 3. 排出管直径 *A*　　m　　7. 排灰口直径 *J*　　m 4. 筒体长度 *L*　　m		
旋风的类型	□湿式　□干式		
旋风分离器的类型	□单管式　□双管式　□四管式　□多管式		
鼓风机	鼓风机功率：　　kW　　设计流速：　　m^3/h 通风方式：□强制通风　□诱导通风		
预处理设备	□气旋　□预冷器　□预热器　□清箱室　□无		
后处理设备	□袋式/滤筒式　□高效空气过滤器（HEPA）　□其他：		
D 工艺信息			
工艺流程简述	附简易工艺流程图。		
工况	□正压　□负压		
颗粒大小分布数据	范围/μm	粒径分布（湿重）/%	生产厂家保证去除效率/%
	0.5～1.0		
	1.0～5.0		
	5～10		
	10～20		
	＞20		
流量数据	气体流温度：　　℃ 压降范围：高　　Pa　低　　Pa 入口流量：　　m^3/h		
灰尘收集设备	□气动的　□刮板运输机　□密闭容器　□旋转式空气闭锁器　□双转储 □螺旋输送机　□手工卸载装置　□滑动闸门　□铰链门或橱柜		

表 C.10 洗涤塔

<table>
<tr><td colspan="3">A 服务装置信息</td></tr>
<tr><td colspan="3">服务装置名称： 服务装置编号：</td></tr>
<tr><td colspan="3">B 废气参数（标态）</td></tr>
<tr><td colspan="3">入口：最大值： m^3/h 平均值： m^3/h 入口压力： Pa 温度：℃
污染物种类：□挥发性有机物 □其他
处理挥发性有机物需填写下列数据：
NMHC： mg/m^3 苯： mg/m^3 甲苯： mg/m^3 二甲苯： mg/m^3
其他有毒有害物质： mg/m^3
出口：温度： ℃
NMHC： mg/m^3 苯： mg/m^3 甲苯： mg/m^3 二甲苯： mg/m^3
其他有毒有害物质： mg/m^3</td></tr>
<tr><td colspan="3">C 设备信息</td></tr>
<tr><td>类型</td><td colspan="2">□干式洗涤器
□湿式洗涤器（选择湿式洗涤器的类型）：
□填料塔 □筛板塔 □冷凝洗涤 □盘/板 □雾化室 □文丘里 □喷淋塔
接触方式：□并流 □逆流构型：□立式 □卧式</td></tr>
<tr><td>尺寸</td><td colspan="2">高： m 直径： m 长： m</td></tr>
<tr><td>用途（去除污染物种类）</td><td colspan="2">□恶臭 □无机烟气和气体（类型）：
□氮氧化物 □颗粒物（类型）：
□硫化物 □其他：</td></tr>
<tr><td rowspan="3">组件</td><td>填料床</td><td>填充材料： 传质单元数（个或级）：
填料因数： 传质单元高度： m
填料尺寸： 压降： kPa
填料高度： m 床层横截面积： m^2</td></tr>
<tr><td>文丘里</td><td>喉管直径： m 喉管长度： m
喉管压降： kPa 喉管速度： m/s
接触流量功率： kW/（m^3/h） 液滴直径： μm</td></tr>
<tr><td>喷淋塔</td><td>喷头种类： 喷头型号：
X 层喷头个数： X 喷淋密度： t/（$m^2 \cdot h$）
喷头层数：
压降： kPa 床层横截面积： m^2</td></tr>
<tr><td>洗涤液体</td><td colspan="2">洗涤液组成： 质量分数（湿重）/%
温度： ℃ 排污量： L/min 补充液量： L/min
洗涤液：□一次通过 □循环洗涤 介质的 pH 范围：
是否自动注碱：□是 □否 是否有 pH 计：□是 □否
泵功率： kW 备用泵功率： kW 循环池大小： m^3</td></tr>
<tr><td>排气风机</td><td colspan="2">功率： kW 流量： m^3/s</td></tr>
<tr><td>预处理</td><td colspan="2">描述所有的预处理过程以及气流调节过程（如气体冷却、气体加热、气体加湿），并描述气体排入洗涤塔的设备。
洗涤塔入口处是否有除雾器：□是 □否
如有，类型： 型号： 压降： kPa</td></tr>
<tr><td colspan="3">D 工艺信息</td></tr>
<tr><td>工艺流程简述</td><td colspan="2">附简易工艺流程图。</td></tr>
<tr><td>操作参数</td><td colspan="2">洗涤塔压降： Pa 空气动力学颗粒直径： μm</td></tr>
<tr><td>后处理设备</td><td colspan="2">洗涤塔出口是否有后处理设备？□是 □否
□除雾器 □高效颗粒捕集器（HEPA） □其他：
如有，型号： 压降： Pa</td></tr>
</table>

表 C.11 袋式/滤筒式除尘器

<table>
<tr><td colspan="5">A 服务装置信息</td></tr>
<tr><td colspan="5">服务装置名称： 服务装置编号：</td></tr>
<tr><td colspan="5">B 废气参数（标态）</td></tr>
<tr><td colspan="5">流量： m^3/h 温度： ℃ 压力： Pa
粉尘浓度： mg/m^3 SO_2浓度： mg/m^3 NO_x浓度： mg/m^3
Cl^-浓度： mgm^3 O_2： % 含湿量： %
设计出口粉尘浓度： mg/m^3 设计除尘效率：</td></tr>
<tr><td colspan="5">C 设备信息</td></tr>
<tr><td colspan="2">设备</td><td colspan="3">生产厂家： 型号：</td></tr>
<tr><td rowspan="2">袋式除尘器</td><td>滤袋材料</td><td colspan="3">□诺梅克斯（一种芳族聚酰胺纤维） □尼龙 □涤纶 □丙烯酸树脂 □玻璃纤维 □棉布
□聚四氟乙烯 □PTFE 覆膜 □其他：</td></tr>
<tr><td>滤袋尺寸</td><td colspan="3">滤袋的数量： 滤袋的长度： m
滤袋的直径： m 总过滤面积： m^2</td></tr>
<tr><td rowspan="2">滤筒式除尘器</td><td rowspan="2">滤筒尺寸</td><td colspan="3">滤筒的数量： 总过滤面积： m^2
每个滤筒的尺寸： 直径： m 长度： m</td></tr>
<tr><td colspan="3">材料：</td></tr>
<tr><td colspan="2">灰尘收集设备</td><td colspan="3">□气动的 □刮板运输机 □密闭容器 □旋转式空气闭锁器
□双转储 □螺旋输送机 □手工卸载装置 □滑动闸门 □铰链门或橱柜</td></tr>
<tr><td colspan="2">清灰方式</td><td colspan="3">□手工振打 □机械振打 □反向气流喷吹 □脉冲喷吹 □机械与逆气流联合
□其他：</td></tr>
<tr><td colspan="2">鼓风机</td><td colspan="3">鼓风机功率： kW 设计流速： m^3/h
通风方式： □强制通风 □诱导通风</td></tr>
<tr><td colspan="2">预处理设备</td><td colspan="3">□气旋 □预冷器 □预热器 □清箱室
□高效空气过滤器（HEPA） □无</td></tr>
<tr><td colspan="2">后处理设备</td><td colspan="3">□高效空气过滤器（HEPA） □后燃器 □其他：</td></tr>
<tr><td colspan="5">D 工艺信息</td></tr>
<tr><td colspan="2">工艺流程简述</td><td colspan="3">附简易工艺流程图。</td></tr>
<tr><td colspan="2">工况</td><td colspan="3">□正压 □负压</td></tr>
<tr><td colspan="2" rowspan="6">颗粒大小分布数据</td><td>范围/μm</td><td>粒径分布（湿重）/%</td><td>生产厂家保证去除效率/%</td></tr>
<tr><td>0.5～1.0</td><td></td><td></td></tr>
<tr><td>1.0～5.0</td><td></td><td></td></tr>
<tr><td>5～10</td><td></td><td></td></tr>
<tr><td>10～20</td><td></td><td></td></tr>
<tr><td>＞20</td><td></td><td></td></tr>
<tr><td colspan="2">流量数据</td><td colspan="3">气体流温度： ℃
压降范围：高 Pa 低 Pa
入口流量： m^3/h</td></tr>
</table>

表 C.12 电除尘器

<table>
<tr><td colspan="2">A 服务装置信息</td></tr>
<tr><td colspan="2">服务装置名称： 服务装置编号：</td></tr>
<tr><td colspan="2">B 烟气参数（标态）</td></tr>
<tr><td colspan="2">设计入口烟气参数：
流量： m^3/h 温度：℃ 压力： Pa
粉尘浓度： g/m^3 含湿量： % 电阻率： Ω·m
设计出口粉尘浓度： mg/m^3 设计除尘效率： %</td></tr>
<tr><td colspan="2">C 设备信息</td></tr>
<tr><td>设备</td><td>生产厂家： 型号：</td></tr>
<tr><td>整体参数</td><td>□单区 □双区
驱进速度： m/s 平均场强： V/m
供电方式：□工频电源 □高频电源 □脉冲电源 □供电分区： □供电分区数/电场：
集尘板的形式：
气流分布板：□有 □无
流场温度场模拟： □有 □无 执行流场温度场模拟方：</td></tr>
</table>

<table>
<tr><td>极板（管）、极线</td><td colspan="3">卧式/立式（板式）：
极板尺寸： 极板数量： 极板形式： 极板间距：
极线尺寸： 极线数量： 极线形式：
立式（管式）：
极管尺寸： 立管形状：
极线长度： 极线形式：</td></tr>
<tr><td>除尘器特性</td><td colspan="3">放电电极数量： 集尘级与放电级的间距：
集尘级排数： 除尘器截面积： m^2
电场宽度： 电场高度：
停留时间： s
集尘级类型：□管式 □板式
静电除尘器类型：□湿式 □干式
板式清洗系统：□喷水清洗 □振打 □其他：</td></tr>
<tr><td>除灰设备</td><td colspan="3">□密闭容器 □封闭螺旋输送机 □其他：</td></tr>
<tr><td>鼓风机</td><td colspan="3">鼓风机功率： kW 设计流速： m^3/h
通风方式：□强制通风 □诱导通风</td></tr>
<tr><td>预处理设备</td><td colspan="3">□气旋 □预冷器 □预热器 □清箱室 □无</td></tr>
<tr><td>后处理设备</td><td colspan="3">□袋式/滤筒式 □高效空气过滤器（HEPA） □其他：</td></tr>
<tr><td colspan="4">D 工艺信息</td></tr>
<tr><td>工艺流程简述</td><td colspan="3">附简易工艺流程图。</td></tr>
<tr><td>工况</td><td colspan="3">□正压 □负压</td></tr>
<tr><td rowspan="6">颗粒大小分布数据</td><td>范围/μm</td><td>粒径分布（湿重）/%</td><td>生产厂家保证去除效率/%</td></tr>
<tr><td>0.5～1.0</td><td></td><td></td></tr>
<tr><td>1.0～5.0</td><td></td><td></td></tr>
<tr><td>5～10</td><td></td><td></td></tr>
<tr><td>10～20</td><td></td><td></td></tr>
<tr><td>>20</td><td></td><td></td></tr>
</table>

表 C.13 湿式静电除尘器（WESP）

<table>
<tr><td colspan="2">A 服务装置信息</td></tr>
<tr><td colspan="2">服务装置名称： 服务装置编号：</td></tr>
<tr><td colspan="2">B 烟气参数</td></tr>
<tr><td>烟气参数（标态）</td><td>烟气设计流速：m/s
WESP 入口：
流量： m^3/h 温度： ℃ 压力： Pa
PM 浓度： mg/m^3 PM 粒径分布：
SO_2 浓度： mg/m^3 SO_3 浓度： mg/m^3 NO_x 浓度： mg/m^3 O_2 含量： %
雾滴浓度： mg/m^3
WESP 出口：
流量： m^3/h 温度：℃ 压力： Pa
PM 浓度： mg/m^3 SO_2 浓度： mg/m^3
SO_3 浓度： mg/m^3 NO_x 浓度： mg/m^3
设计除尘效率： % 雾滴脱除效率： %
适应负荷区间： %～ %</td></tr>
<tr><td>C 设备信息</td><td>□卧式 □立式 □独立安装 □脱硫塔顶部安装</td></tr>
<tr><td>技术来源</td><td></td></tr>
<tr><td>本体制造厂家</td><td></td></tr>
<tr><td>项目类型</td><td>□新建 □改造</td></tr>
<tr><td>配套脱硫
设备类型</td><td></td></tr>
<tr><td>WESP 前除尘设备类型</td><td></td></tr>
<tr><td>电源</td><td>□工频电源 □高频电源 □脉冲电源 □供电分区 □供电分区数/电场：</td></tr>
<tr><td>电源生产厂家</td><td></td></tr>
<tr><td>电场数量</td><td></td></tr>
<tr><td>材质</td><td>壳体极板（管）极线</td></tr>
</table>

极板（管）、极线	卧式/立式（板式）： 极板尺寸： 极板数量： 极板形式： 极板间距： 极线尺寸极线数量极线形式 立式（管式）： 极管尺寸立管形状： 极线长度极线形式：
极板（管）水膜来源、水量	□独立供水水量： m^3/h □喷嘴电场喷水水量： m^3/h □烟气水分冷凝 □其他：
清洗系统	□在线清洗 □离线清洗 □间断清洗 □清洗频率 □连续清洗
污水处理方式	□碱池中和 □回送至 FGD 塔 □其他：
流场模拟	□有 □无 流场模拟方案提供方：

表 C.14 挥发性有机物回收装置

A 服务装置信息		
服务装置名称： 服务装置编号：		
B 废气参数		
挥发性有机物气体名称及来源描述		
气体参数（标态）	入口：气量最大值： m^3/h 气量平均值： m^3/h 温度： ℃ NMHC： mg/m^3 苯： mg/m^3 甲苯： mg/m^3 二甲苯： mg/m^3 其他有毒有害物质： mg/m^3 出口： NMHC： mg/m^3 苯： mg/m^3 甲苯： mg/m^3 二甲苯： mg/m^3 其他有毒有害物质： mg/m^3	
C 设备信息		
处理工艺（多选）	□吸附法 □吸收法 □冷凝法 □膜分离法 □其他方法	
回收区尺寸	长： m 宽： m 高： m	
挥发性有机物回收量	kg/a	
吸附法组件	吸附装置尺寸	高度 m 直径 m 设定压力： Pa
	吸附剂类型及主要参数	类型：□活性炭 □分子筛 □其他 主要参数：□吸附量 kg/m^3 □总体积：m^3
	吸附类型	□变温吸附 □变压吸附 □常温常压吸附
	解吸	□有 □无 类型：□真空 □热蒸汽 □热氮气 □其他 真空度： 最高温度： ℃
	二次污染物	解吸污染物去向及处理方式： 吸附剂更换周期及废吸附剂处理处置方式：
吸收法组件	吸收装置尺寸	高度 m 直径 m
	类型	类型：□填料塔 □筛板塔 □文丘里 □其他 接触方式：□并流 □逆流
	吸收剂类型及主要参数	类型： 主要参数：
	吸收剂流量	L/min
	泵功率	kW
	吸收液去向或处理方法	
冷凝法组件	制冷温度	℃
	制冷量	kW
	输入功率	kW
	制冷循环	□单级压缩 □两级压缩 □复叠式（□两级 □三级） □其他
	制冷剂类型	
冷凝法组件	回收去向或处理方法	
膜分离法组件	分离膜类型	
	压降	kPa
	风机参数	功率： kW 流量： m^3/h 风压： kPa
其他方法组件		
D 工艺信息		
工艺流程简述	附简易工艺流程图	

表 C.15 吸附设备

A 服务装置信息	
服务装置名称： 服务装置编号：	
B 废气信息（标态）	
入口：气量最大值： m³/h 气量平均值： m³/h 压力： kPa 温度： ℃ 相对湿度： % 混合物爆炸下限： μmol/mol 或 %（体积分数） NMHC： mg/m³ 苯： mg/m³ 甲苯： mg/m³ 二甲苯： mg/m³ 其他有毒有害物质： mg/m³ 是否有酮类或醛类物质？ □是 □否 出口： NMHC： mg/m³ 苯： mg/m³ 甲苯： mg/m³ 二甲苯： mg/m³ 其他有毒有害物质： mg/m³	
C 设备信息	
设备	生产厂家： 型号：
类型	□固定床 □移动床 □流化床 床数量： 单床容量： 如果有两个及以上吸附器，排列方式为：□串联 □并联
吸附剂材料	□粒状活性炭 □合成吸附剂商品名称： □沸石，分子筛 □其他： 吸附容量： （kg 吸附质/kg 吸附剂）
吸附剂填装尺寸	直径： m 高： m 或者长： m 宽： m 高： m
D 工艺信息	
工艺流程简述	附简易工艺流程图。
再生	吸附材料能否原位再生？ □能 □不能 原位再生的方式：□蒸汽 □空气 □惰性气体 □工艺气体 □其他： 再生周期： h

表 C.16 燃烧器/氧化器

A 服务装置信息	
服务装置名称： 服务装置编号：	
B 废气参数（标态）	
入口：最大值： m³/h 平均值： m³/h 温度： ℃ 污染物种类：□挥发性有机物 □其他 处理挥发性有机物需填写下列数据： NMHC： mg/m³ 苯： mg/m³ 甲苯： mg/m³ 二甲苯： mg/m³ 其他有毒有害物质： mg/m³ 出口： 温度： ℃ NMHC： mg/m³ 苯： mg/m³ 甲苯： mg/m³ 二甲苯： mg/m³ 其他有毒有害物质： mg/m³	
C 设备信息	
设备	生产厂家： 型号：
类型	□催化氧化 □再生式催化氧化/热交换 □直燃式热力氧化 □再生式热氧化/热交换 □蓄热式氧化（RTO） 燃烧室数量：
	对于蓄热氧化装置，选择介质的类型：□陶瓷 □石料 □其他 对于再生氧化装置，选择热交换器的类型：□管壳式 □板式 □其他
催化氧化装置	催化剂生产厂家： 催化剂类型：□低温催化剂 □贵金属催化剂 □其他 催化剂填装量： m³ 催化剂更换周期： 年 过程中排放出下列任一种潜在的催化剂掩蔽剂或减活化剂吗？ 如果是的话，请选择类型： □卤素 □重金属 □聚硅酮 □硫化物 □颗粒物 □对氯三苯酚（PCBTF） □磷化物 □其他：

<table>
<tr><td rowspan="2">燃烧器和燃料类型</td><td>□天然气
燃烧速率：　　kJ/h</td><td>燃烧器个数：
燃烧速率：　kJ/h（单个燃烧器）</td><td>□其他
燃烧速率：　　kJ/h</td></tr>
<tr><td colspan="3">生产厂家：　　　　型号：
生产厂家对燃烧器排放的保证：
NO_x：　　　　μmol/mol
CO：　　　　μmol/mol
燃烧空气鼓风机：流速　　m^3/h　功率：　　kW</td></tr>
<tr><td>设计准则</td><td colspan="3">在正常操作温度下的停留时间：　　s
燃烧室体积：　　m^3　设计气流量：　　m^3/min</td></tr>
<tr><td>预处理设备</td><td colspan="3">是否有预处理设备？□是　□否
如果有，请选择类型：
□气旋　□预冷器　□预热器　□清箱室　□滤袋　□内联过滤器　□其他：
预处理设备的尺寸：
直径：　　m　高：　　m
或者长：　　m　宽：　　m　高：　　m</td></tr>
<tr><td>辅助燃料数据（如：注气、管道燃烧器）</td><td colspan="3">是否有辅助燃料？□有　□没有　　如果有，请说明类型：
燃料消耗单位：　　m^3/h
最大值：　最小值：　平均值：</td></tr>
<tr><td>风机</td><td colspan="3">功率：　　kW　流量：　　m^3/h
通风方式：□强制通风　□诱导通风</td></tr>
<tr><td colspan="4">D 工艺信息</td></tr>
<tr><td>工艺流程简述</td><td colspan="3">附简易工艺流程图</td></tr>
</table>

表 C.17 生物滴滤法

<table>
<tr><td colspan="2">A 服务装置信息</td></tr>
<tr><td colspan="2">服务装置名称：　　　　服务装置编号：</td></tr>
<tr><td colspan="2">B 环境参数（标态）</td></tr>
<tr><td colspan="2">年最高温度：℃　　年最低温度：℃</td></tr>
<tr><td colspan="2">C 废气参数（标态）</td></tr>
<tr><td colspan="2">入口：最大值：　　m^3/h　平均值：　　m^3/h
温度：℃
NMHC：　　mg/m^3　苯：　　mg/m^3
甲苯：　　mg/m^3　二甲苯：　　mg/m^3
其他有毒有害物质：　　mg/m^3
出口：
温度：℃</td></tr>
<tr><td colspan="2">NMHC：　　mg/m^3　苯：　　mg/m^3
甲苯：　　mg/m^3　二甲苯：　　mg/m^3
其他有毒有害物质：　　mg/m^3</td></tr>
<tr><td colspan="2">D 设备信息</td></tr>
<tr><td>类型</td><td>接触方式：□并流　□逆流　□错流
构型：□立式　□卧式</td></tr>
<tr><td>尺寸</td><td>长：　　m　宽：　　m　高：　　m</td></tr>
<tr><td>填料层信息</td><td>填充材料：
层数：
每层填料尺寸：　　　　压降：　　kPa</td></tr>
<tr><td>营养液</td><td>温度：　　℃　　液量：　　L/min
营养液：□一次通过　□循环　　pH 范围：</td></tr>
<tr><td>风机</td><td>功率：　　kW　　流量：　　m^3/s</td></tr>
<tr><td>预处理</td><td>描述所有的预处理过程以及气流调节过程（如气体温度调节及方式，去除颗粒物等）。</td></tr>
<tr><td>保温或加热方式</td><td>保温或隔热材料：
加热方式：</td></tr>
<tr><td>二次污染物</td><td>排放液体去向及处理方式：</td></tr>
<tr><td>操作参数</td><td>滴滤塔压降：　　Pa</td></tr>
</table>

表 C.18　硫黄回收尾气焚烧炉

<table>
<tr><td colspan="3">A 服务装置信息</td></tr>
<tr><td colspan="3">服务装置名称：　　　　　　　　服务装置编号：</td></tr>
<tr><td colspan="3">B 设备信息</td></tr>
<tr><td rowspan="3">主燃烧室</td><td colspan="2">□液化石油气　　　□天然气　　　□其他：
火嘴数量：　　　火嘴功率：　　　MW
是否是低氮火嘴：□是　□否　　　NO_x：　　　μmol/mol（　　%）</td></tr>
<tr><td>鼓风机</td><td>数量：　　功率：　　kW　　风量：　　m^3/min/台</td></tr>
<tr><td>外部尺寸</td><td>长：　　m　宽：　　m　高：　　m</td></tr>
<tr><td>设计特性</td><td colspan="2">从后燃烧室到温度探头的距离：　　　m
后燃烧室操作温度：　　　℃
主燃烧室达到操作温度所需时间：　　　min
后燃烧室达到操作温度所需时间：　　　min
后燃烧室是否比主燃烧室先点火？□是　□否
如是，点燃主燃烧室的控制因素是什么？
□后燃烧室达到的温度：　　℃　　□时间延迟：　　min
□描述点火过程：</td></tr>
<tr><td colspan="3">C 工艺信息</td></tr>
<tr><td>燃料使用</td><td colspan="2">燃料气：　　t/a</td></tr>
<tr><td>操作方式</td><td colspan="2">□批次处理　　　　□连续处理</td></tr>
<tr><td>工艺数据</td><td colspan="2">一天几批：　　　　每批加工物料重量：　　　kg
每批加工时间：　　h　　挥发性有机物的质量分数：</td></tr>
<tr><td>仪器仪表</td><td colspan="2"></td></tr>
<tr><td>运行时间</td><td colspan="2"></td></tr>
</table>

b）污水处理设施参数见表 C.19～表 C.42。

表 C.19　污水调节罐/均质罐/事故罐

<table>
<tr><td colspan="2">A 服务装置信息</td></tr>
<tr><td colspan="2">服务装置名称：　　　　　　　　服务装置编号：</td></tr>
<tr><td colspan="2">B 储罐信息</td></tr>
<tr><td colspan="2">储罐名称：　　　　　储罐编号：　　　　　设计水量：　　m^3/h
储罐有效容积：　　m^3　　调节容积：　　m^3　　均质容积：　　m^3
调节时间：　　h　　均质时间：　　h</td></tr>
<tr><td>储罐类型</td><td>□外浮顶罐（EFRT）　□内浮顶罐（IFRT）　□卧式储罐（HT）
□立式固定顶罐（VFRT）</td></tr>
<tr><td colspan="2">C 储罐参数</td></tr>
<tr><td>罐体参数</td><td>罐体直径：　m　　罐体高度：　m
罐漆颜色：　　　　罐漆状况：□好　□差</td></tr>
<tr><td>罐顶参数</td><td>罐顶类型：□拱顶（高度：　m）　　□锥形顶（高度：　m）
罐顶漆颜色：　　　　罐顶漆状况：□好　□差</td></tr>
<tr><td colspan="2">D 罐内设施</td></tr>
<tr><td>收油设施</td><td>□浮动收油器　　□固定收油堰　　□罐中罐　　□其他
数量：规格型号：</td></tr>
<tr><td>排泥设施</td><td>□罐底刮泥机　　□排泥口　　□罐底排泥器　　□其他
数量：　　　　规格型号：</td></tr>
<tr><td>搅拌机（均质罐）</td><td>数量：　　　　型式：</td></tr>
<tr><td colspan="2">E 废气收集</td></tr>
<tr><td>是否加盖</td><td>□是　　废气送入处理设施名称：　　　废气排放量：　　m^3/h
□否</td></tr>
</table>

表 C.20　污水调节池/均质池/事故池

<table>
<tr><td colspan="2">A 服务装置信息</td></tr>
<tr><td colspan="2">服务装置名称：　　　　　　　　服务装置编号：</td></tr>
<tr><td colspan="2">B 水池信息</td></tr>
<tr><td colspan="2">水池名称：　　　　　水池编号：　　　　　设计水量：　　m^3/h
水池有效容积：　　m^3　　调节容积：　　m^3　　均质容积：　　m^3
调节时间：　　h　　均质时间　　h</td></tr>
<tr><td>水池参数</td><td>长：　　m　　宽：　　m　　深：　　m</td></tr>
</table>

C 池内设施	
收油设施	□浮动收油器　　□集油管　　□其他 数量：　　规格型号：
搅拌机	数量：　　型式：
D 废气收集	
是否加盖	□是　　废气送入处理设施名称：　　废气排放量：　　m^3/h， 加盖型式：　　加盖材质： □否

表 C.21　隔油池

A 服务装置信息	
服务装置名称：	服务装置编号：
B 油水分离器信息	
油水分离器	设备编号： 型式：□平流（API）　□斜板（CPI）　□平流+斜板组合（API+CPI） 单台处理能力：　　m^3/h
结构尺寸	长：　m　　宽：　m　　深：　m，有效水深：　m 容积：　m^3　　有效停留时间：　min
填料	填料类型： 填料尺寸：　　填料材质：　　填料量：　m^3
收油设施	□刮油刮泥机　　收油周期　h □集油管（斗）　集油池容积：　m^3
是否加盖	□是　废气送入处理设施名称：　　废气排放量：　m^3/h 加盖型式：　　加盖材质： □否
C 运行信息	
操作参数	废水流量：　m^3/h　　废水温度：　℃ 进水石油类：　mg/L　　出水石油类：　mg/L
运行时间	

表 C.22　涡凹气浮池/设备（CAF）/引气气浮池/设备（IAF）

A 服务装置信息	
服务装置名称：	服务装置编号：
B 气浮设备信息	
设备类型	设备编号： 型式：□涡凹气浮　□引气气浮　□叶轮气浮 单台处理能力：　m^3/h
混凝槽	长：　m　宽：　m　深：　m　有效水深：　m 容积：　m^3　　反应时间：　min 搅拌机型式：　　台数：　　转速：　r/min
主体结构尺寸	长：　m　宽：　m　深：　m　有效水深：　m 容积：　m^3　有效停留时间：　min
曝气机参数	类型：　　台数：　　吸气量：
加药种类	药剂种类：PAC：　投加量：　mg/L PAM：　投加量：　mg/L 其他药剂：　投加量：　mg/L
刮渣设施	□刮渣机：　　刮渣周期　h □链条材质：
是否加盖	□是　废气送入处理设施名称：　　废气排放量：　m^3/h 加盖型式：　　加盖材质： □否
C 运行信息	
操作参数	废水流量：　m^3/h 进水 SS：　mg/L　石油类：　mg/L 出水 SS：　mg/L　石油类：　mg/L
运行时间	

表 C.23　溶气气浮池/设备（DAF）

A 服务装置信息	
服务装置名称：	服务装置编号：
B 气浮设备信息	
设备类型	设备编号： 型式：□成套设备　□钢混结构 单台处理能力：　　m^3/h
混凝反应槽	类型：□混凝反应槽　□管道混合器　□絮凝反应器 长：　m　宽：　m　深：　m　有效水深：　m 容积：　m^3　反应时间：　min 搅拌机型式：　台数：　转速：　rpm 管道混合器/絮凝反应器规格型号：
主体结构尺寸	长：　m　宽：　m　深：　m　有效水深：　m 容积：　m^3　有效停留时间：　min
溶气设施	类型：□溶气罐　□溶气泵 溶气罐规格：　压力：　MPa（g） 溶气泵参数：流量：　m^3/h　扬程：　m　台数：（ 用　备）　溶气量： 回流泵参数：流量：　m^3/h　扬程：　m　台数：（ 用　备）
加药种类	药剂种类：PAC：　投加量：　mg/L PAM：　投加量：　mg/L 其他药剂：　投加量：　mg/L
刮渣设施	□刮渣机：　刮渣周期　h □链条材质：
是否加盖	□是　废气送入处理设施名称：　废气排放量：　m^3/h 加盖型式：　加盖材质： □否
C 运行信息	
操作参数	废水流量：　m^3/h 进水 SS：　mg/L　石油类：　mg/L 出水 SS：　mg/L　石油类：　mg/L
运行时间	

表 C.24　混凝沉淀池

A 服务装置信息	
服务装置名称：	服务装置编号：
B 混凝沉淀池信息	
混凝池	长：　m　宽：　m　深：　m（有效水深：　m） 容积：　m^3　反应时间：　min 搅拌机型式：　台数：　转速：　r/min
絮凝池	长：　m　宽：　m　深：　m（有效水深：　m） 容积：　m^3　反应时间：　min 搅拌机型式：　台数：　转速：　r/min
沉淀池设计参数	设备编号： 设计处理量：　m^3/h 表面负荷：　$m^3/(m^2·h)$
沉淀池型式	沉淀池型式：□圆形　□方形　□辐流式　□竖流式 进水方式：□中心进水　□周边进水　□一端进水 出水方式：□周边进水　□一端出水
沉淀池结构尺寸	长：　m　宽：　m　高：　m 或（直径：　m　深：　m） 有效水深：　m　有效容积：　m^3 水力停留时间：　h
刮泥设备类型	□刮泥机　□吸泥机　□刮吸泥机 □全桥　□半桥 功率：　kW　行走速度/转速：

污泥泵信息	剩余污泥排放方式：□连续　□间断　□从回流污泥引支管排放　□剩余污泥泵排放 剩余污泥泵参数：流量：　m^3/h　扬程：　m　台数：（　用　备）
是否加盖	□是　　废气送入处理设施名称：　　废气排放量：　m^3/h 加盖型式：　　加盖材质： □否
C 运行信息	
操作参数	剩余污泥量：　m^3/h 进水 COD：　mg/L　SS：　mg/L 出水 COD：　mg/L　SS：　mg/L

表 C.25　厌氧处理设施

A 服务装置信息	
服务装置名称：	服务装置编号：
B 生化处理设施信息	
厌氧设施设计参数	设备编号： 设计水量：　m^3/h　废水种类： COD 容积负荷：　kg/（m^3·d）　设计压力： 上升流速：　m/h
厌氧设施型式	□厌氧滤池（AF）　□UASB　□IC 反应器　□其他 设备材质：□碳钢　□不锈钢　□钢砼
结构参数	长：　m　宽：　m　深：　m　有效水深：　m （或直径：　m　高：　m） 有效容积：　m^3　水力停留时间：　h
填料	填料类型：　填料尺寸： 填料量：　m^3　填充率： 填料支撑方式：
出水回流泵	流量：　m^3/h　扬程：　m　台数：（　用　备）　回流比：
废气收集处理设施	加盖型式：　加盖材质： 沼气产生量：　m^3/h　沼气组成：CH_4：　CO_2：　H_2S：　（%） 沼气处理方式：□加压回收　□地面火炬　□燃气锅炉 去向：□系统管网　□燃烧后排放
C 设计水质	
设计水质	进水 COD：　mg/L　出水 COD：　mg/L
D 运行信息	
操作参数	废水流量：　m^3/h　废水温度：　℃ ORP：　mV　pH： 进水 COD：　mg/L　出水 COD：　mg/L
运行时间	

表 C.26　缺氧/好氧（A/O）生化处理设施

A 服务装置信息	
服务装置名称：	服务装置编号：
B 生化处理设施信息	
A/O 生化池	设备编号： 设计水量：　m^3/h COD 容积负荷：　kg/（m^3·d） NH_3-N 容积负荷：　kg/（m^3·d） NO_3-N 容积负荷：　kg/（m^3·d）
缺氧区	长：　m　宽：　m　深：　m　有效水深：　m 有效容积：　m^3　水力停留时间：　h 搅拌设备的类型：□立式搅拌机　□潜水搅拌机　□其他 搅拌设备台数：
好氧区	COD 容积负荷：　kg/（m^3·d）　耗氧量：　kg（O_2）/ kg（COD） 曝气量：　m^3/min 长：　m　宽：　m　深：　m　有效水深：　m 有效容积：　m^3　水力停留时间：　h
填料	填料类型：　填料尺寸： 填料量：　m^3　填充率： 填料支撑方式：

曝气风机	风机型式：□多级离心　□单级高速　□罗茨风机　□磁悬浮风机　□气悬浮风机　□其他 鼓风机功率：　kW　额定风量　m^3/min 额定压力：　kPa　台数：（　用　备）
曝气头	种类：□曝气盘　□穿孔管　□管式曝气器　□旋流式　□其他 通气量　m^3/（h·个）　数量：　个
硝化液回流泵	回流泵类型：□卧式离心泵　□潜污泵　□潜水轴流泵　□其他 流量：　m^3/h　扬程：　m　台数：（　用　备）　回流比：
是否加盖	□是　废气送入处理设施名称：　废气排放量：　m^3/h 加盖型式：　加盖材质： □否
C 设计水质	
设计水质	进水 COD：　mg/L　氨氮：　mg/L　总氮：　mg/L 出水 COD：　mg/L　氨氮：　mg/L　总氮：　mg/L
D 运行信息	
操作参数	废水流量：　m^3/h　废水温度：　℃ 回流比：　污泥浓度（MLVSS）：　g/L 污泥沉降比：　%　污泥指数： 好氧池 DO：　mg/L　缺氧池 ORP：　mV　pH： 进水水质：COD：　mg/L　SS：　mg/L　氨氮：　mg/L　总氮：　mg/L 出水水质：COD：　mg/L　SS：　mg/L　氨氮：　mg/L　总氮：　mg/L
运行时间	

表 C.27　厌氧/缺氧/好氧（A^2/O）生化处理设施

A 服务装置信息	
服务装置名称：服务装置编号：	
B 生化处理设施信息	
A^2/O 生化池	设备编号： 设计水量：　m^3/h COD 容积负荷：　kg/（m^3·d） NH_3-N 容积负荷：　kg/（m^3·d） NO_3-N 容积负荷：　kg/（m^3·d）
厌氧区	长：　m　宽：　m　深：　m　有效水深：　m 有效容积：　m^3　水力停留时间：　h 搅拌设备的类型：□立式搅拌机　□潜水搅拌机　□其他 搅拌设备台数：
缺氧区	NO_3-N 容积负荷：　kg/（m^3·d） 长：　m　宽：　m　深：　m　有效水深：　m 有效容积：　m^3　水力停留时间：　h 搅拌设备的类型：□立式搅拌机　□潜水搅拌机　□其他 搅拌设备台数：
好氧区	COD 容积负荷：　kg/（m^3·d）　NH_3-N 容积负荷：　kg/（m^3·d）曝气量：　m^3/min 长：　m　宽：　m　深：　m　有效水深：　m 有效容积：　m^3　水力停留时间：　h
二沉池	表面负荷：　m^3/（m^2·h） 类型：辐流式□　平流式□　竖流式□　斜板（管）沉淀池□　其他 规格尺寸：长：　m　宽：　m　深：　m　有效水深：　m 直径：　m　深：　m　有效水深：　m
填料	是否安装填料：是□　否□　安装填料请填写下面部分 填料安装池体：厌氧池□　缺氧池□　好氧池□ 填料类型：填料尺寸： 填料量：　m^3　填充率： 填料支撑方式：
曝气风机	风机型式：□多级离心　□单级高速　□罗茨风机　□磁悬浮风机　□气悬浮风机　□其他 鼓风机功率：　kW　额定风量　m^3/min 额定压力：　kPa 台数：（　用　备）
曝气头	种类：□曝气盘　□穿孔管　□管式曝气器　□旋流式　□其他 通气量　m^3/（h·个）数量：个
硝化液回流泵	回流泵类型：□卧式离心泵　□潜污泵　□潜水轴流泵　□其他 流量：　m^3/h　扬程：　m　台数：（　用　备）回流比：

污泥回流泵	回流泵类型：□卧式离心泵 □潜污泵 □潜水轴流泵 □其他 流量： m^3/h 扬程： m 台数： （ 用 备）回流比：
是否加盖	□是废气送入处理设施名称：废气排放量： m^3/h 加盖型式：加盖材质： □否
C 设计水质	
设计水质	进水 COD： mg/L 氨氮： mg/L 总氮： mg/L 总磷： mg/L 出水 COD： mg/L 氨氮： mg/L 总氮： mg/L 总磷： mg/L
D 运行信息	
操作参数	废水流量： m^3/h 废水温度： ℃ 污泥回流比： 硝化液回流比： 污泥浓度（MLVSS）： g/L 污泥沉降比： % 污泥指数： 好氧池 DO： mg/L 缺氧池 ORP： mV pH： 进水水质：COD： mg/L SS： mg/L 氨氮： mg/L 总氮： mg/L 总磷： mg/L 出水水质：COD： mg/L SS： mg/L 氨氮： mg/L 总氮： mg/L 总磷： mg/L

表 C.28 膜生物法（MBR）处理设施

A 服务装置信息	
服务装置名称：	服务装置编号：
B 生物处理设施信息	
MBR 池	设备编号： 最大水力负荷： m^3/h 设计水力负荷： m^3/h COD 容积负荷： kg/（m^3·d） NH_3-N 容积负荷： kg/（m^3·d） NO_3-N 容积负荷： kg/（m^3·d）
结构尺寸	长： m 宽： m 高： m 有效水深： m 有效容积：m^3
缺氧区	有效容积： m^3 水力停留时间： h
好氧区	COD 容积负荷： kg/（m^3·d） 耗氧量： kg（O_2）/kg（COD） 曝气量： m^3/min 有效容积： m^3 水力停留时间： h
膜区	水通量： m^3/（m^2·d） 套膜数： 套 膜面积： m^2/套 曝气量： m^3/min 水力停留时间： h
填料	填料类型： 填料尺寸：
鼓风机	鼓风机功率： kW 额定风量（标态） m^3/min。 额定压力： kPa
曝气头	种类：□穿孔板 □穿孔管 □旋流式 □其他 通气量： m^3/（h·个） 数量：个
是否加盖	□是 废气送入处理设施名称： 废气排放量： m^3/h 加盖型式： 加盖材质： □否
C 设计水质	
设计水质	进水 COD： mg/L 氨氮： mg/L 总氮： mg/L 出水 COD： mg/L 氨氮： mg/L 总氮： mg/L
D 运行信息	
操作参数	废水流量： m^3/h 废水温度： ℃ 回流比： 污泥浓度（MLVSS）： g/L 污泥沉降比： % 污泥指数： 好氧池 DO： mg/L 缺氧池 ORP： mV pH： 进水水质：COD： mg/L SS： mg/L 氨氮： mg/L 总氮： mg/L 出水水质：COD： mg/L SS： mg/L 氨氮： mg/L 总氮： mg/L
运行时间	

表 C.29 氧化沟处理设施

A 服务装置信息	
服务装置名称：	服务装置编号：

B 生物处理设施信息	
生物反应器	设备编号： 最大水力负荷：　　m^3/h　　设计水力负荷：　　m^3/h COD 容积负荷：　　kg/（$m^3 \cdot d$） NH_3-N 容积负荷：　　kg/（$m^3 \cdot d$） NO_3-N 容积负荷：　　kg/（$m^3 \cdot d$）
氧化沟结构尺寸	长：　　m　宽：　　m　高：　　m 有效水深：　　m　有效容积：　　m^3 水力停留时间：　　h
填料	填料类型：　　填料尺寸：
鼓风机	鼓风机功率：　　kW 额定风量：　　m^3/min 额定压力：　　kPa
曝气头	种类：□穿孔板　□穿孔管　□旋流式　□其他 通气量：　　m^3/（h·个）　　数量：　　个
是否加盖	□是　　废气送入处理设施名称：　　废气排放量：　　m^3/h 加盖型式：　　加盖材质： □否
C 设计水质	
设计水质	进水 COD：　　mg/L　氨氮：　　mg/L　总氮：　　mg/L 出水 COD：　　mg/L　氨氮：　　mg/L　总氮：　　mg/L
D 运行信息	
操作参数	废水流量：　　m^3/h　废水温度：　　℃ 回流比：　　污泥浓度（MLVSS）：　　g/L 污泥沉降比：　　%　污泥指数： DO：　　mg/L　ORP：　　mV　pH： 进水水质：COD：　　mg/L　SS：　　mg/L　氨氮：　　mg/L　总氮：　　mg/L 出水水质：COD：　　mg/L　SS：　　mg/L　氨氮：　　mg/L　总氮：　　mg/L
运行时间	

表 C.30　序批式活性污泥法（SBR）处理设施

A 服务装置信息	
服务装置名称：	服务装置编号：
B 生物处理设施信息	
SBR 池	设备编号： 反应器数量：　　单个反应器处理水量：　　m^3/h
结构尺寸	□矩形　长：　　m　宽：　m　高：　　m　有效水深：　　m □圆形　直径：　　m　高：　　m　有效水深：　　m 有效容积：　　m^3　　反应池的间数：
设计参数	有效容积：　　m^3　　水力停留时间：　　h COD 容积负荷：　　kg/（$m^3 \cdot d$） NH_3-N 容积负荷：　　kg/（$m^3 \cdot d$） NO_3-N 容积负荷：　　kg/（$m^3 \cdot d$）
设计参数	搅拌器种类：□液下推进器　□立轴搅拌器　□其他（请说明） 搅拌器数量：　　搅拌器额定功率： 反应周期：进水：　h　搅拌：　h　曝气：　h　沉淀：　h　滗水：　h 闲置：　h　总时长：　h
鼓风机	风机型式：□多级离心　□单级高速　□罗茨风机　□磁悬浮风机　□气悬浮风机　□其他 鼓风机功率：　　kW　额定风量　　m^3/min 额定压力：　　kPa　台数：（用备）
曝气头	种类：□穿孔板　□穿孔管　□旋流式　□橡胶膜微孔曝气器　□其他 通气量：　　m^3/（h·个）　　数量：　　个
滗水型式	□虹吸式　□旋转式　□套筒式　□其他 规格：　　m^3/h
是否加盖	□是　　废气送入处理设施名称：　　废气排放量：　　m^3/h 加盖型式：　　加盖材质： □否
C 设计水质	
设计水质	进水 COD：　　mg/L　氨氮：　　mg/L　总氮：　　mg/L 出水 COD：　　mg/L　氨氮：　　mg/L　总氮：　　mg/L

D 运行信息	
操作参数	单个反应器运行时间：进水 h，反应 h，沉淀 h，滗水 h 废水流量： m^3/h 废水温度： ℃ 污泥浓度（MLVSS）： g/L 污泥沉降比： %， 污泥指数：
操作参数	化学药剂情况：投加药剂名称： 投加量： 进水水质：COD： mg/L SS： mg/L 氨氮： mg/L 总氮： mg/L 出水水质：COD： mg/L SS： mg/L 氨氮： mg/L 总氮： mg/L
运行时间	

表 C.31 一体化微氧高浓缺氧/好氧处理设施

A 服务装置信息	
服务装置名称：	服务装置编号：
B 生物处理设施信息	
生物反应器	设备编号： 最大水力负荷： m^3/h 设计水力负荷： m^3/h COD 容积负荷： kg/（m^3·d） NH_3-N 容积负荷： kg/（m^3·d） 反硝化容积负荷（NO_x-N）： kg /（m^3·d）
结构尺寸	缺氧区： 长： m 宽： m 高： m 有效水深： m 有效容积： m^3 水力停留时间： h 好氧区： 长： m 宽： m 高： m 有效水深： m 有效容积： m^3 水力停留时间： h 沉淀区： 长： m 宽： m 高： m 有效水深： m 表面负荷： m^3/（m^2·h） 水力停留时间： h 总长： m 总宽： m 总高： m 平均有效水深： m 总水力停留时间： h
填料	□无填料 □有填料 填料类型： 填料尺寸：
鼓风机	风机型式：□多级离心 □单级高速 □罗茨风机 □磁悬浮风机 □气悬浮风机 □其他 鼓风机功率： kW 额定风量 m^3/min 额定压力： kPa 台数：（ 用 备）
曝气装置	曝气设施形式： 数量： m 通气量： m^3/（m·h）
搅拌器	□无搅拌器 □有搅拌器 安装位置： 叶轮直径： mm 转速： r/min 轴向推力： N 功率 kW 数量： 台
是否加盖	□是 废气送入处理设施名称： 废气排放量： m^3/h 加盖型式： 加盖材质： □否
C 设计水质	
设计水质	进水 COD： mg/L 氨氮： mg/L 总氮： mg/L 出水 COD： mg/L 氨氮： mg/L 总氮： mg/L
D 运行信息	
操作参数	废水流量： m^3/h 废水温度： ℃ 回流比： 污泥浓度（MLVSS）： g/L 污泥沉降比： % 污泥指数： 好氧池 DO： mg/L 缺氧池 ORP： mV pH： 进水水质：COD： mg/L SS： mg/L 氨氮： mg/L 总氮： mg/L 出水水质：COD： mg/L SS： mg/L 氨氮： mg/L 总氮： mg/L
运行时间	

表 C.32　二沉池

A 服务装置信息	
服务装置名称：	服务装置编号：
B 二沉池信息	
沉淀池设计参数	设备编号： 设计处理量：　　m^3/h 表面水力负荷：　　$m^3/(m^2\cdot h)$
沉淀池型式	沉淀池型式：□圆形　□方形　□辐流式　□竖流式 进水方式：□中心进水　□周边进水　□一端进水 出水方式：□周边进水　□一端出水
沉淀池结构尺寸	长：　m　宽：　m　深：　m　有效水深：　m 或（直径：　m　深：　m）　有效容积：　m^3 水力停留时间：　h
刮泥设备类型	□刮泥机　□吸泥机　□刮吸泥机 □全桥　□半桥 功率：　kW，行走速度/转速：
污泥泵信息	回流污泥泵参数：流量：　m^3/h　扬程：　m　台数：（　用　备） 剩余污泥泵参数：流量：　m^3/h　扬程：　m　台数：（　用　备）
是否加盖	□是　废气送入处理设施名称：　废气排放量：　m^3/h 加盖型式：　加盖材质： □否
C 运行信息	
操作参数	污泥回流比： 剩余污泥排放方式：□连续　□间断　□从回流污泥引支管排放　□剩余污泥泵排放 剩余污泥量：　m^3/h 出水 COD：　mg/L　SS：　mg/L　氨氮：　mg/L　总氮：　mg/L
运行时间	

表 C.33　曝气生物滤池（BAF）

A 服务装置信息	
服务装置名称：	服务装置编号：
B BAF 生物滤池信息	
BAF 生物滤池	设备编号： 设计水量：　m^3/h 上升速度：　m/h　反冲周期：　h BAF 池间数： 水洗强度：　气洗强度：
单池结构尺寸	长：　m　宽：　m　深：　m 有效水深：　m　有效容积：　m^3
填料	填料类型：　填料尺寸： 填料层高度：　m
工艺气鼓风机	鼓风机类型： 风量：　m^3/min　压力：　kPa　台数：（　用　备）
反冲洗鼓风机	鼓风机类型： 风量：　m^3/min　压力：　kPa　台数：（　用　备）
反冲洗水泵	流量：　m^3/h　扬程：　m　台数：（　用　备）
是否加盖	□是　废气送入处理设施名称：　废气排放量：　m^3/h 加盖型式：　加盖材质： □否
C 设计水质	
设计水质	进水 COD：　mg/L　氨氮：　mg/L 出水 COD：　mg/L　氨氮：　mg/L
D 运行信息	
操作参数	废水流量：　m^3/h 进水水质：COD：　mg/L　SS：　mg/L　氨氮：　mg/L 出水水质：COD：　mg/L　SS：　mg/L　氨氮：　mg/L
运行时间	

表 C.34 生物接触氧化法处理设施

A 服务装置信息	
服务装置名称：	服务装置编号：
B 生物处理设施信息	
生物反应器	设备编号： 最大水力负荷： m^3/h 设计水力负荷： m^3/h COD 容积负荷： kg/（m^2·d） NH_3-N 容积负荷： kg/（m^2·d）
结构尺寸	长： m 宽： m 深： m 有效水深： m 有效容积：m^3
填料	填料类型：□悬浮型 □悬挂型
鼓风机	鼓风机功率： kW 额定风量 m^3/min 额定压力： kPa
曝气头	种类：□穿孔板 □穿孔管 □旋流式 □其他________ 通气量 m^3/（m·h） 数量： 个
是否加盖	□是 废气送入处理设施名称： 废气排放量： m^3/h 加盖型式： 加盖材质： □否
C 设计水质	
设计水质	进水 COD： mg/L 氨氮： mg/L 出水 COD： mg/L 氨氮： mg/L
D 运行信息	
操作参数	废水流量： m^3/h 废水温度： ℃ 进水水质：COD： mg/L SS： mg/L 氨氮： mg/L 出水水质：COD： mg/L SS： mg/L 氨氮： mg/L
运行时间	

表 C.35 高密度沉淀池

A 服务装置信息	
服务装置名称：	服务装置编号：
B 高密度沉淀池信息	
高密度沉淀池	设备编号： 单台处理能力： m^3/h 斜管上升流速： m/h
结构尺寸	长： m 宽： m 深： m 沉淀澄清区直径： m 有效水深： m 有效容积： m^3
混凝池	搅拌机型式： 台数： 加药种类： 药剂投加量： mg/L 有效容积： m^3 水力停留时间： h
絮凝池	搅拌机型式： 台数： 加药种类： 药剂投加量： mg/L 有效容积： m^3 水力停留时间： h
沉淀澄清浓缩池	有效容积： m^3 水力停留时间： h
导流筒	直径： m
斜管填料	填料类型： 填料尺寸：
泵	污泥回流泵流量： m^3/h 扬程： m 台数：（ 用 备） 剩余污泥泵流量： m^3/h 扬程： m 台数：（ 用 备）
刮泥机	直径： m 驱动头功率： kW
是否加盖	□是 废气送入处理设施名称： 废气排放量： m^3/h 加盖型式： 加盖材质： □否
C 设计水质	
设计水质	进水 SS： mg/L 出水 SS： mg/L
D 运行信息	
操作参数	废水流量： m^3/h 废水温度： ℃ 污泥回流比： % 排放污泥浓度： g/L 进水 COD： mg/L SS： mg/L 出水 COD： mg/L SS： mg/L
运行时间	

表 C.36　臭氧氧化处理设施

A 服务装置信息	
服务装置名称：	服务装置编号：
B 臭氧氧化设施信息	
臭氧氧化池	设备编号： 设计水量：　　m^3/h
结构尺寸	长：　m　宽：　m　深：　m 有效水深：　m　有效容积：m^3 接触池水力停留时间：　h　稳定池水力停留时间：　h
臭氧发生器	类型：□空气源　□氧气源 规模：　kg/h　功率：　kW
曝气头	种类：□穿孔管　□盘式　□其他材质： 通气量：　$m^3/(m \cdot h)$　数量：　个
尾气破坏器	类型：　台数：
是否加盖	□是　废气送入处理设施名称：　废气排放量：　m^3/h 加盖型式：　加盖材质： □否
C 运行信息	
操作参数	废水流量：　m^3/h　废水温度：　℃ 臭氧投加量：　mg/L　进水 COD：　mg/L　出水 COD：　mg/L
运行时间	

表 C.37　V 型滤池

A 服务装置信息	
服务装置名称：	服务装置编号：
B V 型滤池信息	
V 型滤池	设备编号： 设计水量：　m^3/h 过滤速度：　m/h
V 型滤池	反冲周期：　h 水洗强度：　气洗强度：
结构尺寸	长：　m　宽：　m　高：　m 有效水深：　m　有效容积：m^3
填料	填料类型：　填料尺寸：　滤料高度：
反冲洗鼓风机	鼓风机类型： 风量：　m^3/min　压力：　kPa　台数：（　用　备）
反冲洗水泵	流量：　m^3/h　扬程：　m　台数：（　用　备）
C 设计水质	
设计水质	进水 SS：　mg/L　出水 SS：　mg/L
D 运行信息	
操作参数	废水流量：　m^3/h 进水浊度：　NTU　出水浊度：　NTU 反洗周期：　h
运行时间	

表 C.38　流沙过滤器

A 服务装置信息	
服务装置名称：	服务装置编号：
B 过滤设备信息	
设备处理能力	设备编号： 型式：□成套设备　□钢混结构 单台处理能力：　m^3/h　台数：（　用　备）
设备规格	长：　m　宽：　m　深：　m （或直径：　m　高：　m　滤速：　m/h
设计参数	滤层厚度：　m　滤料种类：　滤料数量：　m^3 洗沙方式：　反洗水量：
C 设计水质	
设计水质	进水 SS：　mg/L　出水 SS：　mg/L
D 运行信息	
操作参数	废水流量：　m^3/h　废水温度：　℃　pH：
控制参数	进水 SS：　mg/L　出水 SS：　mg/L
运行时间	

表 C.39　介质过滤器（核桃壳、纤维球、沙滤器、双介质过滤器）

A 服务装置信息	
服务装置名称：　　　　　　服务装置编号：	
B 过滤设备信息	
设备处理能力	设备编号： 型式：□成套设备　□钢混结构 单台处理能力：　　m^3/h　　　　台数：
设备规格	长：　m　　宽：　m　　深：　m （或直径：　m　高：　m）　滤速：　m/h
滤料参数	介质种类： 有效粒径：　mm　表面积：　m^2/g　颗粒密度：　g/cm^3
滤料参数	滤层厚度：　m　滤料数量： 一次反洗水量：　m^3
反洗	反洗方式：□气洗　□水洗　□气-水联合反洗 反洗时间：　min　过滤周期　h 反洗泵参数：流量：　m^3/h　扬程：　m　台数：（　用　备） 反洗风机参数：流量：　m^3/h　扬程：　m　台数：（　用　备）
C 设计水质	
设计水质	进水 SS：　mg/L　出水 SS：　mg/L
D 运行信息	
操作参数	废水流量：　m^3/h　废水温度：　℃　pH：
	进水 SS：　mg/L　出水 SS：　mg/L
运行时间	

表 C.40　活性炭过滤器

A 服务装置信息	
服务装置名称：　　　　　　服务装置编号：	
B 过滤设备信息	
设备处理能力	设备编号： 型式：□成套设备　□钢混结构 单台处理能力：　　m^3/h　　　　台数：
设备规格	长：　m　宽：　m　深：　m （或直径：　m　高：　m）　滤速：　m/h
滤料参数	碘值：　mg/g　亚甲基兰值　mg/g　有效粒径：　mm　表面积：　m^2/g 滤层厚度：　m　滤料种类：　滤料数量： 一次反洗水量：　m^3
反洗	反洗方式：□气洗　□水洗　□气-水联合反洗 反洗时间：　min　过滤周期　h 反洗泵参数：流量：　m^3/h　扬程：　m　台数：（　用　备） 反洗风机参数：流量：　m^3/h　扬程：　m　台数：（　用　备）
C 设计水质	
设计水质	进水 SS：　mg/L　出水 SS：　mg/L
D 运行信息	
操作参数	废水流量：　m^3/h　废水温度：　℃　pH：
	进水 COD：　mg/L　SS：　mg/L　出水 COD：　mg/L　SS：　mg/L
	预估的使用周期：　月 再生：□是　□否　再生方式：
运行时间	

表 C.41　超滤（UF）处理设施

A 服务装置信息	
服务装置名称：　　　　　　服务装置编号：	
B 超滤系统信息	
超滤系统设计参数	设备编号： 设计进水流量：　m^3/h　设计产水流量：　m^3/h　水回收率：　%
超滤膜参数	膜元件型式：□平板膜　□卷式膜　□中空纤维膜　□其他 膜丝过滤型式：□内压式　□外压式 膜材质：中空纤维：内径　mm　外径　mm 单支膜表面积：　m^2　截留分子量/筛分孔径：　μm 超滤膜丝生产厂及产地：

超滤膜组件参数	膜堆数量：套处理能力：　m^3/（h·套）　　净产水量：m^3/（h·套） 单套膜壳数量：个/套　　　　　　最大膜通量　　L/（m^2·h） 运行方式：□死端过滤　　□错流过滤 最大进水压力：　MPa　最大进水流量：　m^3/h　　最大跨膜压差：　MPa
反洗及化学清洗	反洗水失水率　　　% 化学增强反洗周期：　周　　化学正洗周期：　周　周在线水清洗周期：　周
自清洗过滤器	型式：处理量：　m^3/h 台数：（　用　备）
水泵	超滤进水泵流量：　m^3/h 扬程：　　kPa　　台数：（　用　备） 超滤反洗水泵流量：m^3/h　扬程：　　kPa　　台数：（　用　备）
C 运行信息	
操作参数	进水 COD：　mg/L　石油类：　mg/L　SS：　mg/L　pH：　温度：　℃ 出水 COD：　mg/L　石油类：　mg/L　SS：　mg/L　pH：　浊度：　NTU　SDI： 产水量：　m^3/h（按月平均计）　　担保的膜使用寿命：　年 最大膜通量：　L/（m^2·h）
运行时间	

表 C.42　反渗透（RO）处理设施

A 服务装置信息	
服务装置名称：	服务装置编号：
B 反渗透系统信息	
反渗透系统	设备编号： 设计进水流量：　m^3/h　设计产水流量：　m^3/h　水回收率：　%　脱盐率：　%
反渗透膜元件参数	膜元件型式：□平板膜　□卷式膜　□中空纤维膜　□其他 膜材质：　　　　进水流道宽度：　mil 单支膜表面积：　m^2　膜元件总数量：支 反渗透膜生产厂及产地：
膜壳参数	膜壳数量：　　套　　　　直径：　ich 材质：安装膜数量：　　　支/根 工作压力：　　　　　　　生产厂及产地
RO 系统参数	膜堆数量：　套　处理能力：　m^3/（h·套）　产水量：　m^3/h　浓水量：　m^3/h 最大膜通量　　L/（m^2·h）　　排列方式： 进水压力：　MPa　　产水排出口压力　　MPa　　浓水排出口压力　　MPa 系统压差：　　MPa　　首末支膜元件水通量比：
冲洗及化学清洗	最大冲洗水流量：　　m^3/h 化学清洗周期：　　　月化学清洗流量：　　　m^3/h
保安过滤过滤器	型式：　　　　　处理量：　　　m^3/h 台数：（　用　备）
水泵	反渗透高压泵流量：　m^3/h　扬程：　　kPa　台数：（　用　备） 反渗透增压泵流量：　m^3/h　扬程：　　kPa　台数：（　用　备） 反渗透清洗水泵流量：　m^3/h　扬程：　　kPa　台数：（　用　备）
C 运行信息	
操作参数	进水 COD：　mg/L　pH：　电导率：　μS/cm　温度：　℃　　TDS：　　mg/L 出水 COD_{Mn}：　mg/L　pH：　电导率：　μS/cm　温度：　℃　　TDS：　　mg/L 产水量：　m^3/h（按月平均计）　　　担保的膜使用寿命：　年 最大膜通量：　L/（m^2·h）　　　　回收率（3 年内）： 稳定脱盐率（3 年内）：
浓水信息	浓水水质：COD：　mg/L　石油类：　mg/L　氨氮：　mg/L　总氮：　mg/L TDS：　mg/L 浓水去向：
运行时间	

附 录 D

（资料性附录）

储罐无组织挥发性有机物许可排放量默认计算参数

表 D.1 油品性质参数

油品	油品密度/（t/m³）	油气摩尔质量/（g/mol）	雷德蒸气压/kPa	恩氏蒸馏曲线 10%点斜率
原油	0.88	50	10	—
汽油	0.76	68	42	1.8
轻石脑油	0.72	80	80	1
重石脑油	0.72	80	10	1.2
柴油	0.85	130	3	2.5
航煤	0.79	130	20	1.5
烷基化油	0.7	68	80	1.8
抽余油	0.67	68	80	1.8

表 D.2 有机化学品理化参数

有机化学品名称	有机液体密度/（t/m³）	摩尔质量/（g/mol）	有机化学品蒸气压[a]		
			安托因常数 *A*	安托因常数 *B*	安托因常数 *C*
1,1,1,2-四氯乙烷	1.6	167.85	6.898	1 365.88	209.74
1,1,1-三氯乙烷	1.35	133.42	8.643	2 136.6	302.8
1,1,2,2-四氯乙烷	1.6	167.86	6.631	1 228.1	179.9
1,1,2-三氯乙烷	1.44	133.42	6.951	1 314.41	209.2
1,2,3-三氯丙烷	1.388 9	147.44	6.903	788.2	243.23
1.2-二氯乙烯	1.29	96.94	6.965	1 141.9	231.9
1-己醇	0.82	102.18	7.86	1 761.26	196.66
1-己烯	0.67	84.16	6.865 72	1 152.971	225.849
2-甲基吡啶	0.95	93.12	7.032	1 415.73	211.63
甲基叔丁基醚（MTBE）	0.74	88	5.896	708.69	179.9
α-萘酚	1.098 9	144.17	7.284 21	2 077.56	184
苯	0.77	78	6.905 65	1 211.033	220.79
苯胺	1.02	93	7.241 79	1 675.3	200
苯酚	1.071	94.11	7.136 17	1 518.1	175
苯甲醇	1.04	108.13	7.818 44	1 950.3	194.36
苯乙烯	0.909	104.15	6.924 09	1420	206
吡啶（氮苯）	0.98	79.1	7.041	1 373.8	214.98
丙二醇	1.04	76.09	8.208 2	2 085.9	203.54
丙酮	0.79	58.08	7.024 47	1161	224
丙烯腈	0.81	53	7.038	1 232.53	222.47
醋酸乙烯	0.93	86.09	7.21	1 296.13	226.66
对苯甲酚	1.034 1	108.14	7.035	1 511.08	161.85
对二甲苯	0.861	106	6.990 52	1 453.43	215.307
对甲酚	1.017 8	108.14	7.005 92	1493	160
二甲基甲酰胺	0.94	73.1	7.114 6	1 467.45	215.23
二氯甲烷	1.325	84.93	7.409	1 325.9	252.6
二氯乙烷	1.235	98.97	7.025	1 272.3	222.9
二硝基苯	1.521	182.13	4.337	1 015.2	137
氟苯	1.024	96.11	6.936 67	1 736.35	220
环己醇	0.962 4	100.15	6.255	912.87	109.13
环己烷	0.78	84.16	6.844 98	1 203.526	222.863
环戊二烯	0.8	66.1	6.920 7	1 121.81	210.46
环戊烷	0.745	70.1	6.886 76	1 124.162	231.361
环氧丙烷	0.83	58.08	7.067 1	1 133.267	236.105 4
环氧氯丙烷	1.181 2	92.52	8.229 4	2 086.816	273.16
环氧乙烷	0.871 1	44.052	7.407 83	1 181.31	250.6
环己烷	0.78	84.16	6.844 98	1 203.526	222.863
混二甲苯	0.86	424.6	7.009 08	1 462.266	215.105

有机化学品名称	有机液体密度/（t/m^3）	摩尔质量/（g/mol）	有机化学品蒸气压[a]		
			安托因常数 A	安托因常数 B	安托因常数 C
己烷	0.67	86.17	6.877 76	1 171.53	224.366
甲苯	0.866	92	6.954	1 344.8	219.48
甲醇	0.79	32	7.878 63	1 473.11	230
甲基苯乙烯	0.911	118.18	6.923	1 486.88	202.4
间苯甲酚	1.033 6	108.137 8	7.508	1 856.36	199.07
间二苯酚	1.27	110.11	6.924 3	1 884.547	186.06
间二甲苯	0.861	106	7.009 08	1 462.266	215.105
间甲酚	1.03	108.14	7.623 36	1 907.24	201
邻苯甲酚	1.05	108.14	6.911	1 435.5	165.16
邻二甲苯	0.88	106	6.998 91	1 474.679	213.686
邻二氯苯	1.3	147	6.924	1 538.3	200
邻甲酚	1.05	108.14	6.979 43	1 479.4	170
氯苯	1.11	112.56	6.978	1 431.05	217.55
氯丁二烯	0.96	88.54	6.161	783.45	179.7
氯乙烷	0.921	64.514 5	6.986	1 030.01	238.61
氯乙烯	0.91	62.498 7	6.497 12	783.4	230
偏二氯乙烯	1.21	96.94	6.972	1 099.4	237.2
三氯氟甲烷	1.48	137.37	6.884	1 043.004	236.88
三氯甲烷	1.5	119.38	6.493	929.44	196.03
三氯乙烯	1.46	131.39	7.028 08	1 315.04	230
三硝基甲苯	1.654	227.13	3.867 3	1 259.406	160
双环戊二烯	1.8	132.204	6.920 7	1 121.81	145.7
四氯乙烯	1.63	165.82	6.98	1 386.92	217.53
五氯乙烷	1.67	202.31	6.74	1378	197
溴乙烷	1.461 2	108.965 1	6.892 85	1 083.8	231.7
乙苯	0.87	106.16	6.975	1 424.255	213.21
乙醇	0.79	46	8.321	1 718.21	237.52
乙二醇	1.1	62	8.262 1	2197	212
异丙苯	0.86	120.19	6.936 66	1 460.793	207.78
异丙醇	0.79	60.06	8.117	1 580.92	219.61
异丁醇	0.8	74.12	7.474 3	1 314.19	186.55
异庚烷	0.68	100.21	6.899 4	1 331.53	212.41
正丙醇	0.8	60.1	7.997 33	1 569.7	209.5
正丁醇	0.81	74.12	7.476 8	1 362.39	178.77
正己烷	0.692	86.18	6.876	1 171.17	224.41
仲丁醇	0.81	74.12	8.135 96	1 582.4	218.9

注：[a] 蒸汽压采用 Antoine 式计算：

$$\lg P = A - \frac{B}{t+C}$$

式中：P——物质的蒸气压，mmHg（1 mmHg=133.322 Pa）；

t——温度，℃。

表 D.3 浮顶罐边缘密封损耗系数

罐体类型	密封	K_{Ra}	K_{Rb}	n
		lb-mol/ft·a	lb-mol/（mph）^{n}-ft·a	
焊接	机械式鞋形密封	5.8	0.3	2.1
	机械式鞋形密封+边缘靴型	1.6	0.3	1.6
	机械式鞋形密封+边缘刮板	0.6	0.4	1
	液体镶嵌式密封	1.6	0.3	1.5
	液体镶嵌式密封+挡雨板	0.7	0.3	1.2
	液体镶嵌式密封+边缘刮板	0.4	0.6	0.3
	气体镶嵌式密封	6.7	0.2	4
	气体镶嵌式密封+挡雨板	3.3	0.1	3
	气体镶嵌式密封+边缘刮板	2.2	0.003	4.3

注：1lb（磅摩尔）=n×0.453 59 kg，n 为相应化合物的分子量；
1ft=0.304 8 m。
mph 为 mile/h，1 mph=447.039 mm/s。

表 D.4 储罐罐壁油垢因子

介质	罐壁状况/（m^3/1 000 m^2）		
	轻锈	中锈	重锈
汽油	0.002 6	0.012 8	0.256 7
原油	0.010 3	0.051 3	1.026 8
其他油品	0.002 6	0.012 8	0.256 7

表 D.5 浮盘附件损耗因子 K_{fa}、K_{fb}、m 和典型浮盘附件数量 N_f

附件类型	损耗因子			典型附件个数 N_f
	$K_{fa,\ lb\text{-}mole/a}$	$K_{fb,\ lb\text{-}mole/a}$	m	
人孔				1
螺栓固定盖子，有密封件[b]	1.6[a]	0	0	
无螺栓固定盖子，无密封件	36	5.9	1.2	
无螺栓固定盖子，有密封件	31	5.2	1.3	
导向柱（无槽）				1
无衬垫滑盖	31	150	1.4	
衬套衬垫带滑盖	25	13	2.2	
无衬垫滑盖带导杆	25	2.2	2.1	
有衬垫滑盖带衬套	8.6	12	0.81	
有衬垫滑盖带凸轮[b]	14[a]	3.7	0.78	
导向柱（有槽）				
无密封件滑盖（不带浮球）	43	270	1.4	
有密封件滑盖（不带浮球）	43	270	1.4	
无密封件滑盖（带浮球）	31	36	2	
有密封件滑盖（带浮球）	31	36	2	
有密封件滑盖（带导杆刷）	41	48	1.4	
有密封件滑盖（带导杆衬套）	11	46	1.4	
有密封件滑盖（带导杆衬套及刷）	8.3	4.4	1.6	
有密封件滑盖（带浮头和导杆刷）	21	7.9	1.8	
有密封件滑盖（带浮头、衬套和刷）	11	9.9	0.89	
计量井				1
无螺栓固定盖子，无密封件	14	5.4	1.1	
无螺栓固定盖子，有密封件	4.3	17	0.38	
螺栓固定盖子，有密封件[b]	2.8[a]	0	0	
采样管/井（人工检尺口）				1
有槽管式滑盖/重加权，有密封件	0.47[a]	0.02	0.97	
有槽管式滑盖/重加权，无密封件	2.3	0	0	
切膜纤维密封（开度 10%）[b]	12	0	0	
真空阀				内浮顶为 1，外浮顶见表 D.6
附重加权，加密封件[b]	6.2[a]	1.2	0.94	
附重加权，未加密封件	7.8	0.01	4	
浮盘排水管				外浮顶见表 D.6
/[b]	1.2			
浮盘支腿				外浮顶见表 D.7
可调式-内浮顶浮盘	7.9			
可调式（浮筒区域），无密封件	2	0.37	0.91	
可调式（浮筒区域），有密封件[b]	1.3	0.08	0.65	
可调式（浮筒区域），衬垫	1.2	0.14	0.65	
可调式（中心区域），无密封件	0.82	0.53	0.14	
可调式（中心区域），有密封件[b]	0.53	0.11	0.13	
可调式（中心区域），衬垫	0.49	0.16	0.14	
可调式，双层浮顶[b]	0.82	0.53	0.14	
固定式	0[a]	0	0	
边缘通气孔				1
配重机械驱动机构，有密封件[b]	0.71[a]	0.1	1	
配重机械驱动机构，无密封件	0.68	1.8	1	
楼梯井				0
滑盖，无密封件	98[a]			
滑盖，有密封件	56			

注：表中浮盘附件密封损失因子 k_{ra}，k_{rb}，n 只适用于风速 6.8 m/s 以下。

[a] 如果没有具体的浮盘附件信息，内浮顶参数可选取该项值。

[b] 如果没有具体的浮盘附件信息，外浮顶参数可选取该项值。

表 D.6 外浮顶罐真空阀典型数量 N_{vb} 和浮盘排水管数量 N_d

储罐内径/m	真空阀数量/台	浮盘排水管数量/个
＜46	1	1
46	2	2
60	2	3
80	4	5

表 D.7 外浮顶罐典型支腿数量

储罐公称容积/m^3	储罐内径/m	双层浮盘型罐顶支腿数量/个
1 000	12	7
2 000	14.5	8
3 000	16.5	10
5 000	22	13
7 000	26.5	16
10 000	28.5	20
20 000	40.5	40
30 000	46	52
50 000	60	90
100 000	80	149

表 D.8 其他计算参数

储罐颜色	白色	内浮顶罐密封形式	机械式鞋形密封
罐漆状况	良好	外浮顶罐密封形式	机械式鞋形密封+边缘刮板
罐内壁状况	轻锈	人孔	有螺栓盖和密封
呼吸阀设定压力	−295～1 765 Pa	导向杆	无开槽有垫圈有套筒
内浮顶罐浮盘缝隙长度因子	1.08	液位井	有螺栓带垫圈
储罐液面高度	罐体高度×0.9		

附 录 E

（资料性附录）

环境管理台账记录参考表（略）

附 录 F

（资料性附录）

排污许可证执行报告编制内容（略）

排污许可证申请与核发技术规范　石化工业
编制说明

1 项目背景

1.1 任务来源

国务院办公厅印发《控制污染物排放许可制实施方案》（国办发〔2016〕81 号），明确了排污许可制度改革的顶层设计、总体思路。环境保护部发布《排污许可证管理暂行规定》（环水体〔2016〕186 号）和《关于开展火电、造纸行业和京津冀试点城市高架源排污许可证管理工作的通知》（环水体〔2016〕189 号），启动了火电、造纸行业排污许可证申请与核发相关工作。按照总体部署，石化工业作为《大气污染防治行动计划》中规定的重点行业之一，应于 2017 年完成排污许可证的核发。但目前为止，国家和地方层面尚无配套的排污许可申请与核发指导文件。

2016 年 6 月，环境保护部科技标准司发布了《关于征集 2017 年度国家环境保护标准计划项目承担单位的通知》（环办科技函〔2016〕1103 号），将《石化工业排污许可相关技术规范》制订（序号 32）列入《2017 年度国家环境保护标准计划项目指南》，完成时限为 2019 年，分管业务司为环境保护部规划财务司。经过公开征集、答辩、遴选，该项目最终确定由海南省环境科学研究院承担。2017 年，环境保护部将项目名称确定为《排污许可证申请与核发技术规范　石化工业》，属于《国家环境保护标准管理-规划财务司》（科目编号：2110105）的子项目。

该项目由海南省环境科学研究院承担，中国石油大学（华东）、中国石油化工股份有限公司抚顺石油化工研究院、环境保护部环境工程评估中心、中国人民大学、中国石油集团安全环保技术研究院、中海石油环保服务（天津）有限公司作为协作单位共同成立标准编制组。

1.2 工作过程

2016 年，海南省率先启动石化工业排污许可证申请与核发试点工作，海南省环境科学研究院组织编制完成石化工业排污许可证申请与核发技术规范的初稿。

2017 年该项目立项后，编制组编制《排污许可证申请与核发技术规范　石化工业》开题论证报告，并于 3 月 3 日通过了环境保护部大气环境管理司组织的标准开题论证会。

2017 年 3 月，编制组多次组织专题讨论会，重点研究废气有组织排放源许可排放量、挥发性有机物许可排放量、非正常情况合规性判定等方面，形成技术规范《排污许可证申请与核发技术规范　石化工业》（初稿）及其编制说明。

2017 年 4 月 10 日，编制组在北京组织召开专家咨询会，形成《排污许可证申请与核发技术规范　石化工业》（征求意见稿）及其编制说明。

2017 年 4 月 11 日，环境保护部大气环境管理司在北京主持召开了本标准征求意见稿技术审查会，经审查委员会各位专家及管理部门代表的讨论、质询，通过了征求意见稿的技术审查。

2017 年 5 月 3 日—6 月 5 日，环境保护部面向全社会公开征求《排污许可证申请与核发技术规范　石化工业（征求意见稿）》意见。

2017 年 5 月 24 日，编制组在海南省洋浦经济开发区召开《排污许可证申请与核发技术规范　石化工业（征求意见稿）》试点企业试填报研讨会

2017 年 6 月 15 日，环境保护部规划财务司在北京主持召开石化工业排污许可申请与核发专题座谈会，北京市、上海市、山东省、海南省环境保护主管部门，以及多家大型石化企业的生产领导和环保管理人员参加了本次专题座谈会，会议听取试点地区环境保护部门以及企业对技术规范的意见反馈和试填报情

况，同时结合现有工作实际，进一步推动标准修改完善。

2017 年 6 月至 7 月初，编制组归纳、汇总各单位意见，并多次组织专题讨论会，形成《排污许可证申请与核发技术规范 石化工业》（送审稿）及其编制说明。

2 行业概况

2.1 全球石化工业发展情况

2016 年，全球炼油能力净增 3 630 万 t/a，达到 48.7 亿 t/a。2016 年，世界乙烯净增产能 300 万 t/a，总产能达 1.62 亿 t/a。全球乙烯需求增加 520 万 t，总量达 1.53 亿 t。2015 年，全球对二甲苯（PX）全年生产 3 696 万 t。世界合成纤维的第一大产地是中国内地，占到世界总产能的 61.2%。三大合成纤维包括涤纶、锦纶和腈纶，涤纶多年来一直是生产增长最快的合成纤维品种，也是持续拉动合成纤维增长的主要品种，世界范围内涤纶产能可占到合成纤维总产能的 84.6%。

2.2 我国石化工业发展情况

我国已成为世界第一大化学品生产国，甲醇、化肥、农药、氯碱、轮胎、无机原料等重要大宗产品产量位居世界首位，主要产品保障能力逐步增强，乙烯、丙烯的当量自给率分别提高到 50%和 72%，化工新材料自给率达到 63%。

2.2.1 石油炼制工业

中国形成了以中国石化、中国石油为主，中国海油、中国化工、中化集团、中国兵器、地方炼厂、外资及煤基油品企业等多元化发展格局。从炼厂数量看，中国石油 26 家，中国石化 35 家，中国海油 12 家，其他炼厂 100 余家。2016 年，全国千万吨级炼厂 24 家，合计炼油能力 3.14 亿 t/a，占全国的 42%。中国石油和中国石化千万吨炼厂合计炼油能力分别占各自总能力 55%和 69%。炼厂平均规模中国石油 725 万 t/a，中国石化 859 万 t/a。中国地方炼油企业加工能力接近 2 亿 t，约占全国总炼油能力 7.3 亿 t 的 27%。

2.2.2 石油化学工业

2016 年，中国乙烯总产能达到 2 310 万 t/a，新增的 3 个项目共计 110 万 t/a 的产能首次均为煤（甲醇）基烯烃，非石油基乙烯产能已占总产能的 19%。全年乙烯产量为 1 790 万 t。

对二甲苯（PX）是重要的芳烃产品之一，在二甲苯产品中使用量最大，主要用于生产精对苯二甲酸（PTA）和对苯二甲酸二甲酯（DMT）。截至 2015 年年底，国内 PX 生产能力达 1 379.7 万 t/a。2015 年国内 PX 产量 929 万 t，进口量 1 164.9 万 t。

2014 年我国合成树脂总产量达 6 950.7 万 t，进口总量为 3 215.3 万 t。2014 年我国聚烯烃总产能达 3 206.8 t。其中，聚乙烯总产能达到 1 498.8 万 t，聚丙烯总产能达到 1 668 万 t。2015 年中国聚乙烯表观消费量接近 2 500 万 t，聚丙烯接近 2 000 万 t。

合成纤维作为重要的纺织纤维，其地位已经超过天然纤维，广泛应用于各个行业。2016 年我国合成纤维累计产量 4 536.3 万 t。

2016 年全国主要合成橡胶进口量约为 131 万 t，出口仅 11.7 万 t。

2.3 石化工业主要生产工艺

石化工业可分为石油炼制工业和石油化学工业（包含合成树脂工业），根据《石油炼制工业污染物排放标准》（GB 31570）、《石油化学工业污染物排放标准》（GB 31571）和《合成树脂工业污染物排放标准》（GB 31572）的定义，石油炼制工业指以原油、重油等为原料，生产汽油馏分、柴油馏分、燃料油、润滑油、石油蜡、石油沥青和石油化工原料等的工业；石油化学工业指以石油馏分、天然气等为原料，生产有机化学品、合成树脂、合成纤维、合成橡胶等的工业；合成树脂工业指以低分子化合物—单体为主要原料，采用聚合反应结合成大分子的方式生产合成树脂的工业，或者以普通合成树脂为原料，采用改性等方法生产新的合成树脂产品的工业。

石化生产主要工艺可分为蒸馏（精馏）、裂化（减黏裂化、催化裂化、乙烯裂解、焦化）、加氢处理（加氢裂化、加氢精制）、氧化（氧氯化、氨氧化、共氧化）、分子重排（重整、烷基化、异构化、歧化、叠合）、制氢、羰基合成、水解、酯化、聚合、萃取、吸附、吸收、结晶、固液分离、干燥、纺丝、汽（气）提、瓦斯回收及火炬、酸性气回收、有机液体储存、有机固体储存、有机液体装载和分装、工业水制水、蒸发、化学水制水、循环冷却水、制氮、制氧、废水处理、废气处理等。

2.4 石化工业主要产排污环节

2.4.1 废气产排污环节分析

企业大气污染物排放源包括有组织排放源和无组织排放源。有组织排放源包括燃烧烟气和工艺尾气。燃烧烟气主要包括工艺加热炉、裂解炉、焚烧炉、锅炉等烟气，主要污染物为二氧化硫、氮氧化物、颗粒物等；工艺尾气包括催化裂化催化剂再生尾气、重整催化剂再生尾气、氧化沥青装置尾气、烷基化装置催化剂再生尾气、酸性气回收装置尾气、催化汽油吸附脱硫催化剂再生尾气、真空泵排气、有机固体物料气体输送料仓气、氧化（氨氧化、氧氯化）尾气、序批式生产设备气体置换及保护气、有机液体装载分装废气、干燥设备尾气、废水集输及处理设施排气等。其主要污染物有二氧化硫、氮氧化物、颗粒物、挥发性有机物等。无组织排放源包括设备与管线组件（如机泵、阀门、法兰等）泄漏、挥发性有机液体常压储罐（固定顶罐、内浮顶罐、外浮顶罐等）、酸性水罐呼吸、冷却塔/循环水冷却过程逸散、固体物料堆场逸散、固体物料破碎排气、过筛车间排气等，主要污染物有挥发性有机物、恶臭和颗粒物等。

挥发性有机物是石化工业的主要特征污染物。根据《石化行业 VOCs 污染源排查工作指南》，将石化工业企业挥发性有机物排放源分为 12 类，包括设备动静密封点泄漏、有机液体储存与调和挥发损失、有机液体装载挥发损失、废水集输-储存-处理处置过程逸散、工艺有组织排放、冷却塔-循环水冷却系统释放、非正常过程排放、工艺无组织排放、火炬排放、燃烧烟气排放、采样过程排放和事故排放。

其中，根据 GB 31570 和 GB 31571，储存挥发性有机液体的固定顶罐、废水集输、储存、处理设施以及挥发性有机液体传输、接驳与分装设施都应密闭并接入有机废气回收或处理装置，序批式反应器原料填装过程、气相空间保护气置换过程、有机固体物料气体输送废气也应接入有机废气回收或处理装置，因此纳入有组织排放源。

2.4.2 废水产排污环节分析

a）石油炼制工业

炼油企业生产过程中产生的废水类别包括工艺废水（含油废水、含碱废水、含盐废水、含硫含氨酸性水、含苯系物废水等）、生活污水、循环冷却水排污水、化学制水排污水、蒸汽发生器排污水、余热锅炉排污水、污染雨水等。

含油废水，约占全厂废水量的 80%以上。主要包括装置油水分离器排水、油品水洗水、容器及地面冲洗水、机泵冷却排水、油罐切水、化验室含油污水、未回用的汽提净化水、循环水排污、污染雨水等；其污染物包括石油类、硫化物、酚、化学需氧量等。与油品相接触的含油污水，如油水分离器排水、机泵轴封冷却水、油罐切水等，一般为全厂含油污水量的 20%左右，其主要污染物的浓度较高，如石油类为 500～1 000 mg/L、化学需氧量为 1 000 mg/L 左右；另一部分含油污水，如地面冲洗水、污染雨水、循环水排污等，其主要污染物的浓度较低，如石油类 100～200 mg/L、化学需氧量为 500 mg/L 以下，一般占全厂含油污水量的 70%～80%。

含硫含氨酸性水，占全厂污水的 10%～20%。主要来自加工装置蒸馏塔塔顶回流罐、加氢装置冷低分、富气水洗罐、液态烃水洗罐等。其特征污染物主要是硫化物、氨氮、氰化物、酚等，浓度较高，约占全厂污水中硫化物、氨氮总量的 90%以上。

含盐废水，约占全厂污水总量的 5%以下。主要包括含污染物浓度较高的电脱盐污水、含碱污水、码头船舶压载水、污泥滤液及循环水场旁滤罐反冲洗排水等。其污染物浓度并不低，而且变动很大，常常引起污水处理场的冲击，其特征污染物为无机盐类、游离碱、石油类、硫化物和酚等。

其他生产废水，包括循环冷却水排污水、化学制水排污水、蒸汽发生器排污水、余热锅炉排污水等。

生活污水主要来自炼油厂内生活辅助设施的排水，如办公楼卫生间、食堂等，这部分水量很少，其污染物包括五日生化需氧量、化学需氧量及悬浮物等。

b）石油化学工业

一般石油化学工业企业生产多种产品，各生产污水集中处理，其特点如下：

——污水量大。包括生产过程污水、冷却水及其他用水。

——组分复杂。石油化工产品繁多，反应过程单元操作复杂，污水组分复杂。

——有机物含量高。特别是烃类及其衍生物含量高，表现为化学需氧量和五日生化需氧量高。

——含有多种重金属。主要来自生产过程中使用的多种金属催化剂。

3　标准制定的必要性

3.1　环境形势的变化对标准提出新的要求

排污许可制度是固定污染源环境管理的有效手段，美国、欧盟等发达国家和地区建立了完善的排污许可制度，并配套了规范的排污许可技术体系。

党中央、国务院高度重视生态环境保护建设，提出改革环境管理基础制度，建立覆盖所有固定污染源的排污许可制度，使其成为排污单位守法、政府执法、社会监督的依据，实现“一证式”管理。中央全面深化改革领导小组将该项工作确定为环境保护部重点改革任务之一。2016 年，国务院办公厅印发的《控制污染物排放许可制实施方案》明确了排污许可制度改革的顶层设计、总体思路，构建以排污许可制为核心的固定污染源环境管理制度，分行业推进，完成覆盖所有固定污染源的排污许可证核发工作。按照总体部署，石化工业作为《大气污染防治行动计划》中规定的重点行业，应于 2017 年完成排污许可证的核发。

为适应新形势下的排污许可制度改革，统一全国石化工业排污许可技术要求，指导并规范石化工业企业申请与核发工作，为排污许可管理提供科学、健全、有力的技术保障，亟须制定石化工业排污许可相关技术规范。

3.2　相关环保标准和排污许可证管理工作的需要

a）相关环保标准的需要

《控制污染物排放许可制实施方案》对固定源许可排放限值核算（重污染天气）、合规判定、自行监测、环境管理等方面提出了更加严格的规定，石化工业现行的污染物排放标准、工程技术规范、总量核算管理办法等不能满足上述排污许可精细化管理要求。

b）排污许可证管理工作的需要

2016 年 12 月，环境保护部发布了《排污许可证管理暂行规定》和《关于开展火电、造纸行业和京津冀试点城市高架源排污许可证管理工作的通知》，启动了火电、造纸行业排污许可证申请与核发的相关工作，并要求 2017 年完成石化、钢铁等行业排污单位许可证核发。

目前，国家尚无石化工业排污许可证申请与核发技术规范，无法指导排污单位申请和环境保护主管部门核发工作，对推动许可证核发工作形成阻碍。为统一全国石化工业排污许可技术要求，引导并规范石化工业企业填报《排污许可证申请表》及网上填报相关申请信息，指导核发机关审核确定排污许可证许可要求，保障石化工业排污许可制度顺利实施，制订《排污许可证申请与核发技术规范　石化工业》十分必要。

4　国内外相关标准情况

4.1　国外相关标准情况

欧美发达国家已建立起了较为完善的许可证申请及许可证要求的合规管理体系。

以美国为例，从 1972 年开始在全国范围内实行排污许可证制度，并在技术路线和方法上不断得到改进和发展。法律层面，美国排污许可证制度的法律基础源于《清洁水法》（CWA）和《清洁空气法》（CAA），其规定了排污许可证的类别、申请与核发程序、公众参与、执行与监管、处罚等具体要求。联邦行政许可法等规定了许可程序等要求，也是排污许可法律体系的重要组成部分。

联邦法规（CFR）制定了工业污染源必须遵守的要求，CFR 第 40 部分环境保护是《清洁水法》和《清洁空气法》的具体“实施细则”。以固定源运营许可证为例，在 CFR 第 40 部分中 70.6 节（40 CFR Part 70.6）规定了运营许可证所要包含的 7 项基本内容：（1）规范许可证最低要求；（2）联邦执法要求；（3）守法要求；（4）一般性许可证条款；（5）临时污染源条款；（6）许可保护条款；（7）紧急情况条款。

此外，美国各州制订了许可证申请表格，规定了较为详细的申请及许可证要求等内容，以南加州空气质量管理局（SCAQMD）网站公布的表格为例，固定源需要填报的信息表包括管理信息表、基本信息表、特定污染治理设施补充申请信息表、污染物削减信用信息表、《清洁空气法》第Ⅴ部分申请和报告信息表等。管理信息表填报内容包括固定源名称变更、地址变更、运营者变更、许可证撤销、许可证更新等；基本信息表填报内容包括排污单位信息、地理位置信息、厂区平面布置图和排放口信息（排放口位置、烟囱高度等）；污染治理设施补充申请信息表包括除尘、脱硫、脱硝等污染治理设施编号、数量、工艺参数等信息；申请和报告信息表包括监测、记录、报告、豁免信息等表格。

4.2 国内相关标准情况

4.2.1 行业排污许可证申请与核发技术规范

国内尚未以标准形式正式发布任何行业排污许可证申请与核发技术规范，只是在《关于开展火电、造纸行业和京津冀试点城市高架源排污许可证管理工作的通知》中附带《火电行业排污许可证申请与核发技术规范》《造纸行业排污许可证申请与核发技术规范》，明确火电、造纸行业排污许可证适用范围及排污单位基本情况、产排污节点对应排放口及许可排放限值、可行技术、自行监测管理要求、环境管理台账记录与执行报告编制要求、合规判定方法、实际排放量核算方法。

4.2.2 石化工业相关标准情况

2015 年环境保护部正式发布了 GB 31570、GB 31571、GB 31572，规定了石油炼制工业、石油化学工业、合成树脂工业的水污染物和大气污染物排放限值、监测和监督管理要求，制定严格的污染物特别排放限值。于 2018 年，环境保护部发布《关于京津冀大气污染传输通道城市执行大气污染物特别排放限值的公告》（公告 2018 年第 9 号），进一步明确了“2+26”城市执行大气污染物特别排放限值的要求。

针对石化工业挥发性有机物管理，我国出台了《挥发性有机物（VOCs）污染防治技术政策》（公告 2013 年第 31 号）、《石化行业挥发性有机物综合整治方案》、《石化行业 VOCs 污染源排查工作指南》及《石化企业泄漏检测与修复（LDAR）工作指南》，初步形成石化工业挥发性有机物排放量核算方法、采样检测规范以及综合管控要求，为石油炼制、石油化学工业企业挥发性有机物污染源排查和设备动静密封点泄漏检测与修复等提供技术指导。

本标准按照国家排污许可制度顶层设计总体要求和《排污许可证申请与核发技术规范　总则》规定，结合石化工业产排污特点、排放标准、环境管理、监测等要求，参照《火电行业排污许可证申请与核发技术规范》及《造纸行业排污许可证申请与核发技术规范》的思路、框架内容，开展相关专题研究，细化、完善后形成了《排污许可证申请与核发技术规范　石化工业》。

5 标准制定的基本原则和技术路线

5.1 基本原则

a）协调性和一致性。本标准与我国现行有关的环境法律法规、标准相协调，与环境保护的方针政策相一致。以《控制污染物排放许可制实施方案》《排污许可证管理暂行规定》等相关的法规、方针政策及标准规范为依据制定本标准。

b）针对性和代表性。结合石化工业企业生产工艺、产排污节点、主要污染源、污染因子等特点，按照《排污许可证申请与核发技术规范 总则》等要求制定本标准。

c）全面性和科学性。通过排污单位排污许可证申请，促使排污单位全面梳理“产污—治污—排污”等信息，以满足精细化全过程环境管理的需要。

d）归一性和真实性。排污许可证制度作为固定源企事业单位的基础性核心环境管理制度，定位为环境统计、总量控制、清洁生产等其他管理制度信息唯一的来源。排污许可管理信息主要包括排污单位基础信息（一次性填报）、执行报告（定期报告或一事一报）、环境管理台账（实际运行情况）三类，数据信息之间互相佐证，形成完整证据链，作为合规判定依据。

5.2 技术路线

本标准技术路线图如下：

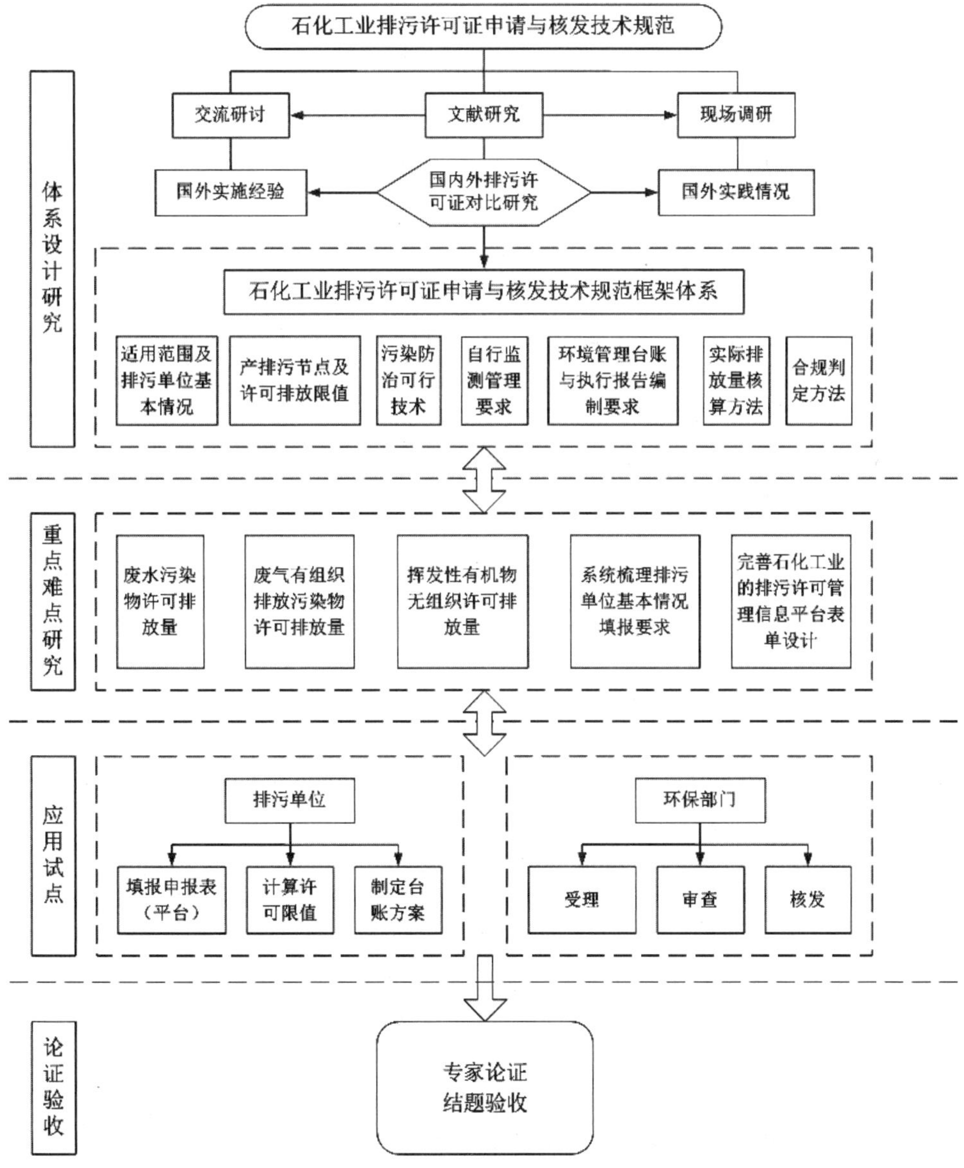

图1 石化工业排污许可证申请与核发技术规范制定技术路线图

6 标准主要内容

6.1 标准内容结构

本技术规范分为以下 10 项内容。

1 适用范围

2 规范引用文件

3 术语和定义

4 排污单位基本情况申报要求

5 产排污环节及许可排放限值确定方法

6 污染防治可行技术

7 自行监测管理要求

8 环境管理台账与排污许可证执行报告编制要求

9 实际排放量核算方法

10 合规判定方法

6.2 适用范围

为保持与国家排放标排放标准体系的一致性，本标准适用于石化工业排污单位排放大气污染物和水污染物的排污许可管理，包括为 GB 31570、GB 31571 和 GB 31572 中规定的石油炼制、石油化学、合成树脂工业排污单位。此外，石化工业排污单位中，执行 GB 13223 的生产设施和排放口适用于环水体〔2016〕189 号中附件 1《火电行业排污许可证申请与核发技术规范》；执行 GB 13271 的生产设施和排放口参照本标准执行，待锅炉的排污许可证申请与核发技术规范颁布后从其规定。

6.3 规范性引用文件

本标准涉及的相关技术规范、标准等作为规范性引用文件列入。凡是不注日期的，均适用其有效版本。

6.4 术语和定义

本标准对石油炼制工业、石油化学工业、合成树脂工业、许可排放限值、特殊时段、挥发性有机物、挥发性有机液体七个术语进行了定义。其中石油炼制工业、石油化学工业、合成树脂工业定义根据 GB 31570、GB 31571、GB 31572 确定。

6.5 排污单位基本情况申报要求

6.5.1 排污单位基本信息

用于指导排污单位在排污许可证管理信息平台申报系统填报排污单位基本信息。

6.5.2 生产装置与设施

基于石化工业门类和操作过程划分生产装置及主要工艺。

关于生产设施，主要填报与污染物排放相关的生产设施，并根据与污染排放的相关程度分为必填项和选填项。必填项包括石油炼制、石油化学和合成树脂工业污染物排放标准中管控的产生废水污染物的车间或生产设施、排出废气的生产或环保设施、常压挥发性有机液体储罐、挥发性有机液体装载设施以及生产装置中挥发性有机物流经的设备与管线组件等。选填项为除必填项外的其他生产设施，如原油常减压蒸馏装置的常压塔、减压塔，催化裂化装置的反应产物分馏塔、干气水洗塔，加氢精制低压分离器，丙烯腈生产装置分馏塔等。

其中，挥发性有机物流经泵、压缩机、阀门、开口阀或开口管线、法兰及其他连接件、泄压设备、取样连接系统及其他密封设备时，需要申报密封点数量；排污许可证管理信息平台中设定储罐必填参数与选填参数，排污单位填报的有机液体储罐参数越少，排污许可证管理信息平台中自动计算得到的挥发性有机物许可排放量将偏小。

6.5.3 主要原辅材料及燃料

根据 GB 31570 和 GB 31571 的规定，生产过程年使用量大于等于 10 t 的原料、燃料，生产过程及污染治理设施运行过程中添加的主要辅料须分别填报。其中属于《危险化学品名录》中的原料、辅料及燃料均须填报。

硫元素占比与含硫污染物排放有关，须填写原料油和燃料中的硫元素占比。

有毒有害成分及占比与有毒有害物质排放有关，须填写原料和辅料中有毒有害成分及占比。

6.5.4 产排污节点、污染物及污染治理设施

6.5.4.1 废气

a）产污环节和污染物种类

根据石化工业企业生产过程中污染排放源确定，分为有组织和无组织产污环节：

有组织产污环节，填写工艺设施各有组织排放源的相关信息。

无组织产污环节，填写设备与管线组件密封点（如机泵、阀门、法兰等动、静密封件）泄漏，挥发性有机液体常压储罐（固定顶罐、内浮顶罐、外浮顶罐等）、酸性水罐呼吸，冷却塔/循环水冷却过程逸散，固体物料堆场逸散，固体物料破碎排气、过筛车间排气等相关信息。

污染物种类为排放标准中涉及的各污染物。

b）污染治理设施名称

根据《环境工程　名词术语》（HJ 2016），废气治理设施分为脱硫设施、脱硝设施、除尘设施、挥发性有机物回收或治理设施、恶臭治理设施等。

c）污染治理工艺

按照脱硫、脱硝、除尘、挥发性有机物治理、恶臭治理等类型，确定废气污染治理工艺。

d）污染治理设施参数

填报废气治理设施设计参数，包括废气设计处理量、设计运行时间、污染物设计出口排放浓度等。

6.5.4.2 废水

a）废水类别和污染物种类

根据 GB 31570、GB 31571 和 GB 31572，确定废水类别和污染物种类。

b）废水去向

填报废水去向，包括装置预处理设施、污水处理场、回用。

c）废水排放规律

根据《废水排放规律代码》（HJ 521），结合石化行业特点，确定废水排放规律。

d）污染处理设施

根据不同的处理阶段，污水处理设施分为装置区预处理设施、污水处理场预处理设施、生化处理设施、深度处理设施及回用设施等。

e）污染处理工艺

按照装置预处理、污水处理场预处理、污水生化处理和深度处理与回用处理等类型，确定污水治理工艺。

f）污染治理设施参数

填报污水治理设施设计参数，包括污水处理量、运行时间、污染物出口排放浓度等。

6.5.4.3 污染治理设施、排放口编号

排污单位内部污染治理设施有编号的，可以直接填报排污单位内部编号；排污单位内部污染治理设施无编号的，应根据《排污单位编码规则》（HJ 608—2017）进行编号并填报。

排放口编号可填写环境保护主管部门现有编号，或由排污单位根据 HJ 608 进行编号。

6.5.4.4 可行技术

参照本标准第 6 部分“污染防治可行技术”填报。

6.5.4.5 排放口规范化设置

根据排污单位执行的排放标准中有关排放口规范化设置的规定以及环监〔1996〕470 号，按照实际情况填报废气和废水排放口设置是否符合规范化要求。

6.5.4.6 排放口类型

废气排放口类型分为主要排放口、一般排放口和特殊排放口。废水分为主要排放口、车间或生产设施废水排放口。

6.5.5 排放口基本情况

分别填写废气、废水和雨水排放口的主要信息。

6.5.6 图件要求

主要包括厂区总平面布置图、全厂雨水和污水管线走向图、生产工艺总流程图。

6.6 产排污节点及许可排放限值

6.6.1 产排污节点

根据 GB 31570、GB 31571 和 GB 31572 分别确定纳入许可管理的废气（包括有组织排放源和无组织排放源）和废水排放口及对应的污染物。

6.6.2 许可排放限值

许可排放限值包括许可排放浓度和许可排放量。

对于大气污染物，有组织排放源主要排放口应明确各污染物许可排放浓度和颗粒物、二氧化硫、氮氧化物、挥发性有机物年许可排放量；无组织排放源明确企业边界许可排放浓度和设备与管线组件、有机液体储存、有机液体装载挥发性有机物年许可排放量。对于水污染物，车间或生产设施排放口应明确各污染物许可排放浓度，废水总排放口应明确各污染物许可排放浓度和年许可排放量。

许可排放限值确定原则：

——新增污染源排放浓度确定原则：依据污染物排放标准、环境影响评价文件及批复要求从严确定。

——新增污染源许可排放量确定原则：依据环境影响评价文件及批复要求、总量控制指标及本标准推荐的方法从严确定。

——现有污染源排放浓度确定原则：依据污染物排放标准确定，有核发权的地方环境保护主管部门，可根据环境质量改善需要综合考虑环境影响评价文件及批复要求，从严确定。

——现有污染源许可排放量确定原则：依据总量控制指标及本标准推荐的方法从严确定许可排放量。

总量控制指标包括地方政府或环境保护部门发文确定的排污单位总量控制指标、环境影响评价文件及其批复中确定的总量控制指标、现有排污许可证中载明的总量控制指标、通过排污权有偿使用和交易确定的总量控制指标等地方政府或环境保护部门与排污许可证申领排污单位以一定形式确认的总量控制指标。

排污单位填报排污许可限值时，应在排污许可申请表中写明申请的许可排放限值计算过程。排污单位申请的许可排放限值严于本规范规定的，排污许可证按照排污单位申请的许可排放限值核发。

6.6.3 许可排放浓度

工艺加热炉、催化裂化催化剂再生烟气、重整催化剂再生烟气、酸性气回收装置尾气、氧化沥青装置废气、含卤代烃有机废气、废水处理有机废气收集处理装置、其他有机废气、锅炉废气、焚烧尾气等有组织废气中污染物许可排放浓度或速率限值按照 GB 31570、GB 31571、GB 31572、GB 13271、GB 18484 和 GB 14554 确定。

由于离子液法烷基化装置和催化裂化汽油吸附脱硫装置在 2015 年后使用逐渐增多，而 GB 31570 中尚无管控要求，因此目前在本技术规范中将这两个污染源项也纳入管控范围，离子液法烷基化装置催化剂再生烟气、催化裂化汽油吸附脱硫再生烟气按照环境影响评价文件及其批复确定污染物排放浓度。

企业边界无组织排放废气污染物许可排放浓度按照 GB 31570、GB 31571、GB 31572 和 GB 14554 确定。

根据《关于执行大气污染物特别排放限值的公告》（环境保护部公告　2013 年　第 14 号）、《关于执行大气污染物特别排放限值有关问题的复函》（环办大气函〔2016〕1087 号）的要求，目前北京市、天津市、石家庄市、唐山市、保定市、廊坊市、上海市、南京市、无锡市、常州市、苏州市、南通市、扬州市、镇江市、泰州市、杭州市、宁波市、嘉兴市、湖州市、绍兴市、广州市、深圳市、珠海市、佛山市、江门市、肇庆市、惠州市、东莞市、中山市、沈阳市、济南市、青岛市、淄博市、潍坊市、日照市、武汉市、长沙市、重庆市主城区、成都市、福州市、三明市、太原市、西安市、咸阳市、兰州市、银川市、乌鲁木齐市等 47 个城市市域范围应当执行特别排放限值。2018 年 1 月，环境保护部发布《关于京津冀大气污染传输通道城市执行大气污染物特别排放限值的公告》（公告 2018 年第 9 号），明确了“2+26”城市执行大气污染物特别排放限值的要求。其他执行大气污染物特别排放限值的地域范围、时间，由国务院环境保护主管部门或省级人民政府规定。地方有更严格的排放标准要求的，按照地方排放标准从严确定许可排放浓度限值。

考虑后续监管的可操作性，明确了混合排放废气污染物许可浓度确定原则。若执行不同许可排放限值的多台生产设施或排放口采用混合方式排放废气，且选择的监控位置只能监测混合废气中的污染物浓度，则应执行各限值中最严格的许可排放浓度限值。

水污染物许可排放浓度限值按照 GB 31570、GB 31571、GB 31572 以及地方污染物排放标准进行确定。

6.6.4　许可排放量

6.6.4.1　废气

石化工业产生废气污染物的种类较多，按照排放形式分为有组织排放和无组织排放。

鉴于目前正常工况下的部分废气无组织源项污染物排放量核算存在基础数据不足，核算方法不统一等原因，本标准中仅针对正常工况下无组织排放源项中的“设备及组件泄漏”“有机液体储罐”和“有机液体装载”排放的挥发性有机物进行核算。

a）有组织排放源

本标准将二氧化硫、氮氧化物、颗粒物和挥发性有机物作为有组织排放源主要核算因子。

主要有组织排放源包括加热炉排放口，工艺废气排放口（如常压炉排放口、油气回收排放口等）。加热炉废气排放取决于燃料等级、燃料组成、加热炉类型和规模、使用的火嘴和负荷以及设备的维护水平等。比如馏分油和渣油的燃烧特性不同，可以产生显著不同的排放效果。

基于以上原因，有组织污染源的各项参数应根据项目特征（如规模、加工负荷、燃烧效率等）进行保守设计和设备选型，因此各有组织排放源选择设计废气量基本可以涵盖所有工况下的废气排放情况，而废气中各污染物许可排放浓度按照相应排放标准对应的标准限值进行确定。

b）设备及组件泄漏

按照《石化行业挥发性有机物综合整治方案》要求，目前国内中国石化、中国石油及中国海油已基本完成第一轮石化工业挥发性有机物污染源排查工作，该工作积累了大量的 LDAR 数据。

编制组分别选取了中国石化、中国石油及中国海油中炼化企业的上百万个数据进行了统计分析，按气体、轻液、重液进行了密封点、泄漏量的统计与核算，核算结果与实际排查结果进行验证。

根据调研数据分析，按照 GB 31570、GB 31571 中的泄漏判定值（有机气体加挥发性有机液体 2 000 μmol/mol、重液 500 μmol/mol），现已完成的第一轮检测及修复工作中，装置的平均泄漏率约为 0.35%。

美国 EPA 初步分析认为，97%的组件未发生泄漏（如采用默认的零泄漏率），2%的组件泄漏时固定排放速率为 1 000 μmol/mol，1%的组件泄漏时固定排放速率为 10 000 μmol/mol。炼厂所提报的泄漏速率与 EPA 观察到的泄漏速率之间存在不同。对于由 EPA 调查的 17 家炼厂而言，设施所提报的平均泄漏速率为 1.3%，然而，EPA 确定的（且已由设施确认）平均泄漏速率却为 5%（USEPA，1999 年）。假定的 3%泄漏速率为两次提报值的中间值。

但是目前国内石化装置的密封点统计与美国相应的统计结果有较大差距，中国石化装置中的密封点统计结果是美国装置密封点统计数的 5～10 倍之多，从目前国内开展完成的第一轮检测结果来看，国内不可直接借用美国的泄漏率。

同时在确定验证装置泄漏顶板量时，需要给出一个定值泄漏速率，结合 GB 31570、GB 31571 和美国的经验，编制组在核算过程中，选择了泄漏浓度大于等于 10 000 μmol/mol 对应各种密封点的定值泄漏速率，该数据来源于《美国炼油厂排放估算协议》（中国环境出版社）。

调研国内炼化装置密封点的统计情况及第一轮泄漏检测结果，推算出有机气体和挥发性有机液体流经的设备与管线组件总数的 0.3%密封点，以泄漏浓度大于等于 10 000 μmol/mol 对应各种密封点的定值泄漏系数计算泄漏挥发性有机物的量，与企业实际排放量基本吻合。据此确定装置设备及管线组件挥发性有机物泄漏的许可排放量。

c）储罐

如排污单位未填报相关参数，排污许可证管理信息平台在计算许可排放量时，自动选取默认值，从严确定许可排放量。其中，油品性质参数默认值中雷德蒸气压为国内加工油品的统计结果，有机化学品蒸气压根据安托因常数计算确定。

《石油化工行业 VOCs 排放量计算办法》（财税〔2015〕71 号）和《石化行业 VOCs 污染源排查工作指南》中对有机液体储罐的计算给出了相应的计算程序，本标准推荐使用其规定的方法进行核算。

本标准考虑在国家建立申报平台时，将储罐挥发性有机物计算模块作为平台的一个核算工具。环境保护部环境工程评估中心目前已经编制了《石化行业 VOCs 污染源排查工作指南》的计算程序，同时基本实现了其软件的界面化，国家排污许可证管理信息平台将计算程序编译成平台程序嵌套，以方便排污单位通过申报参数即可计算出该源项的挥发性有机物排放量。

标准编制过程中，编制组对常压储罐（固定顶罐、外浮顶罐和内浮顶罐）填报的参数进行了表格设计，原则上排污单位须按照表格要求据实填报，平台将根据填报内容进行核算。若排污单位未填报部分内容，平台可根据其填报的储罐类型和容积（或直径）结合 AP42 中的储罐参数选取及国内储罐设计标准自动判断给出相应的浮盘附件数进行计算。

d）有机液体装载

油品装车过程废气排放主要是在装车过程中汽车、火车槽罐中气体的排放，其污染物种类与装车油品的种类直接相关，排气中有机污染物浓度主要受装车方式的影响，下表列出了某企业汽油装车排放气中有机物的组成。根据调研统计结果，汽油装车排放气中污染物浓度非常高，其中列为有毒有机污染物的甲苯浓度超过 238 μmol/mol（800 mg/m^3），总烃浓度超过 1 289 μmol/mol。

采用吸附－吸收技术、冷凝回收技术、膜分离回收技术对轻质油品装车释放气回收的先导试验中，油气回收效率一般在 80%～95%，试验结果尚需进行认真总结，以形成适合我国国情的适用技术，并加以推广。

GB 31570 和 GB 31571 中规定“油品装卸栈桥对铁路罐车进行装油，发油台对汽车罐车进行装油，油品装卸码头对油船（驳）进行装油的原油及成品油（汽油、煤油、喷气燃料、化工轻油、有机化学品）设施，应密闭装油并设置油气收集、回收或处理装置”“装车、船应采用顶部浸没式或底部装载方式，顶部浸没式装载出油口距离罐底高度应小于 200 mm”，本标准许可排放量的计算仅针对此行为，不满足上述要求的有机液体装载过程不纳入本标准的许可范围。

本标准采用目前国际上通用的 EPA AP42 中推荐公式及方法计算装载过程挥发性有机物的初始排放量，并考虑挥发性有机物送油气回收装置处理后，计算最终排放量，其中去除效率按照 GB 31570 和 GB 31571 要求，一般地区取 95%，特别排放限值地区取 97%。

6.6.4.2 废水

核算化学需氧量、氨氮、总磷、总氮以及受纳水体环境质量超标且列入 GB 31570、GB 31571 和

GB 31572 中的其他污染物年许可排放量。其中，《“十三五”生态环境保护规划》要求的总磷和总氮总量控制的区域，需要给出总磷和总氮许可排放量。

目前已有的基准排水量相对国内先进炼厂的水平存在一定的差异，但考虑到目前我国大量地方炼化企业的水平与大型国有炼化存在一定的差距，为体现公平原则，本标准推荐：

——有行业基准排水量的，排污单位优先采用基准排水量进行核算，地方有严于国家要求的按地方要求执行。

——无行业基准排水量的，排污单位采用近五年实际排水量的平均值进行核算，但需要剔除其中污染物浓度超标或者监测数据缺失时段的排水量，运行不满 5 年的则从投产之日开始计算。

——此外，排污单位同时排放两种或两种以上不同行业工业废水的，本标准推荐采用不同行业近五年的基准排水量的平均值进行核算，运行不满 5 年的则从投产之日开始计算。

排污单位水污染物许可排放量依据水污染物许可排放浓度限值、单位产品基准排水量和产品产能核定。

6.7 可行技术

根据已发布的环保设计技术标准、最佳可行技术指南以及相关环保文件，同时通过企业调研，明确石化工业脱硫、脱硝、除尘、挥发性有机物脱除等废气治理可行技术和生产设施排水预处理、污水处理场污水处理等废水处理可行技术以及运行管理要求。

6.7.1 废气

依据已发布的《挥发性有机物（VOCs）污染防治技术政策》（公告 2013 年第 31 号）、GB 31570、GB 31571、GB 31572、HJ 462 等要求，结合国内脱硫、脱硝、除尘及挥发性有机物治理技术现场调研，并参考美国加州地区的石油炼制工业 BACT 技术以及美国环保署（USEPA）的《污染控制技术指南》（CTGs）系列文件，明确石化工业脱硫、脱硝、除尘、挥发性有机物脱除等废气治理可行技术以及运行管理要求。

本标准按照石化工业中锅炉、加热炉、催化裂化再生装置、酸性气回收装置、设备与管线组件、储罐和装卸单元、污水处理场油水分离单元及污水处理场生化段单元等主要废气产生装置或设施，针对二氧化硫、氮氧化物、颗粒物、挥发性有机物等污染物，明确了废气治理可行技术。

石化行业脱硫可行技术主要有石灰石法、氧化镁法、氨法和氢氧化钠法，这些技术的效率均可至 98%以上；脱硝可行技术主要有低氮燃烧技术（一般在 50%以下）、选择性催化还原法（可至 90%以上）和选择性非催化还原法（一般在 60%以下）；除尘可行技术主要有布袋除尘技术（可至 99%以上），静电除尘技术（可至 99%以上），对于需要执行特别排放限值的，还需要增加湿式静电除尘技术（可至 70%以上）。挥发性有机物治理技术主要有冷凝法、热力焚烧法、催化燃烧法、蓄热燃烧法（又分为蓄热式热力燃烧法，简称 RTO，蓄热式催化燃烧法，简称 RCO）、吸附法、吸收法和生物滴滤法，其中冷凝法、吸附法、吸收法等技术常组合应用于挥发性有机物的回收。

6.7.2 废水

依据已发布的 GB 50747、GB 31570、GB 31571、GB 31572、HJ 2045 等技术要求，结合石化工业污水处理场现场调研成果，明确石化工业废水处理可行技术以及运行管理要求。

按照石化工业中主要工艺装置预处理污水[电脱盐工艺废水、含硫含氨酸性水、碱渣废水、酸碱废水、对苯二甲酸（PTA）工艺废水、含腈废水、甲醇制烯烃（MTO）急冷塔塔底工艺废水、苯酚丙酮工艺废水、丁二烯装置工艺废水]、外排或回用废水（含碱废水、含硫含氨酸性水、含苯系物废水、含盐废水、其他工艺废水、含油废水、污染雨水、生活污水、循环冷却水排污水、蒸汽发生器排污水、余热锅炉排污水、化学水制水排污水、脱硫废水）两大类生产废水，明确了废水处理可行技术。

石化工业企业废水处理单元分为装置区预处理，污水处理场预处理、一级生化处理、二级生化处理、深度处理及回用处理。其中：装置区常用预处理工艺主要包括破乳、除油、汽提、生物法、湿式氧化、中和、氧化、萃取、溶剂回收等；污水处理场预处理工艺主要包括隔油、浮选、混凝沉淀、调节池（罐）

等；常用一级生化处理工艺主要包括活性污泥法、序批式活性污泥法（SBR）、厌氧/缺氧/好氧法（A^2/O）、缺氧/好氧法（A/O）、氧化沟法、膜生物反应器（MBR）、曝气生物滤池（BAF）、生物接触氧化法、一体化微氧高浓缺氧/好氧法等；常用二级生化处理工艺主要包括曝气生物滤池（BAF）、生物接触氧化法等；深度处理工艺及回用工艺主要包括混凝、过滤、臭氧氧化以及超滤（UF）、反渗透（RO）等。

对于石化工业企业采用本标准所列可行技术且污染物排放设计出口浓度满足标准限值要求的，原则上认为具备符合规定的污染防治设施或污染物处理能力。对于未采用本标准所列可行技术的，石化工业企业应当在申请时提供相关证明材料（如提供已有监测数据；对于国内外首次采用的污染治理技术，还应当提供中试数据等说明材料），证明可达到与可行技术相当的处理能力。

对于未采用可行技术的，企业应当加强自行监测和台账记录，监管部门应当尽早开展执法监测，评估达标可行性，对于经评估具备稳定达标能力的污染治理技术，可增补到行业可行技术中。石化工业企业排污许可证执行情况及污染物排放数据可作为更新可行技术指南的主要依据。

6.8 自行监测管理要求

6.8.1 石油炼制工业企业自行监测方案制定

6.8.1.1 有组织废气排放监测

有组织废气监测按照《石油炼制工业污染物排放标准》（GB 31570）中规定，分 7 类排放口。其中工艺加热炉废气中监测因子包括：二氧化硫、氮氧化物、颗粒物；催化裂化再生烟气包括：二氧化硫、氮氧化物、颗粒物、镍及其化合物；重整催化剂再生烟气包括：非甲烷总烃、氯化氢；酸性气回收装置废气包括：二氧化硫、硫酸雾；氧化沥青装置废气包括：沥青烟、苯并[*a*]芘；废水处理有机废气收集处理装置包括：非甲烷总烃、苯、甲苯、二甲苯；有机废气回收处理装置为非甲烷总烃。

对于监测频次，《国家重点监控企业自行监测及信息公开办法（试行）》要求，二氧化硫、氮氧化物每周至少开展一次监测，颗粒物每月至少开展一次监测，废气中其他污染物每季度至少开展一次监测。《总则》中规定，重点排污单位主要排放口的主要指标的最低监测频次为月—季度，主要排放口其他指标的最低监测频次为半年—年，其他排放口监测指标的最低监测频次为半年—年。

石油炼制工业排污单位工艺加热炉的燃料为净化后的干气、瓦斯气或天然气，由于燃料类型为净化后的燃气，含硫含氮量低，排气中的颗粒物含量极低，因此本标准中规定二氧化硫、颗粒物的监测频次为按季度监测。由于在炼油厂燃气不够的个别时段、个别工艺加热炉会向炉内添加其他燃料进行混合燃烧，因此规定在使用其他燃料期间提高监测频次，为按月监测。

催化裂化催化剂再生烟气排气筒为石油炼制工业排污单位的主要排放口，通过对再生烟气中 4 项指标监测频次调研统计分析，调研的 24 家石油炼制企业均按照规定安装了二氧化硫、氮氧化物、颗粒物、流量自动监测仪器，因此规定对催化裂化催化剂再生烟气排气筒排放的二氧化硫、氮氧化物、颗粒物进行自动监测。对于镍及其化合物，目前调研企业中仅有 2 家开展监测，监测企业较少，主要是由于人工采样监测方法复杂，因此规定监测频次为按季度监测。

通过对重整催化剂再生烟气中 2 项指标监测频次的调研统计分析，非甲烷总烃在调研的 24 家企业中仅有 3 家开展监测，氯化氢仅有 2 家开展监测。其中，非甲烷总烃是石油炼制工业特征污染物，规定监测频次为按月监测。氯化氢指标由于采样监测方法相对复杂，因此规定监测频次为按季度监测。目前，个别石油炼制企业引进离子液法烷基化装置，该装置的催化剂再生烟气中也含有非甲烷总烃和氯化氢，其监测频次参照重整催化剂再生烟气规定执行。

酸性气回收装置排气筒为石油炼制工业排污单位的主要排放口，通过对排气中 2 项指标监测频次调研统计分析，调研企业均按照规定安装了二氧化硫、流量自动监测仪器，因此规定对酸性气回收装置排气筒排放的二氧化硫进行自动监测。该装置在生产硫酸的情况下会产生硫酸雾，调研企业中仅有 1 家开展了该因子监测。因此，规定在该装置生产硫酸的情况下，规定监测频次为按季度监测。

通过对氧化沥青装置烟气中 2 项指标监测频次调研统计分析，沥青烟、苯并[*a*]芘 2 项指标均无企业开展监测，鉴于监测方法复杂，苯并[a]芘指标监测对人体毒害大，依据《总则》规定的原则，规定沥青烟监测频次为按季度监测，苯并[a]芘监测参照《总则》规定的最低频次要求，在考虑保护监测人员的前提下，规定最低监测频次为半年。

通过对废水处理有机废气收集处理装置或车间排气筒中的 4 项指标监测频次调研统计分析，非甲烷总烃仅有 4 家企业开展监测，由于该指标为石油炼制工业特征污染物，规定监测频次为按月监测。苯、甲苯、二甲苯指标仅有 3 家企业开展监测，频次均按季度开展。因此规定监测频次为按季度监测。

通过对有机废气回收处理装置入口及其排放口 1 项指标监测频次调研统计分析，非甲烷总烃指标仅有 1 家企业开展监测，该指标为石油炼制工业特征污染物，因此规定监测频次为按月监测。

6.8.1.2　无组织废气排放监测

对于无组织排放，非甲烷总烃、颗粒物、氯化氢、苯、甲苯、二甲苯、苯并[a]芘为《石油炼制工业污染物排放标准》（GB 31570）中规定在企业边界监测的污染物。根据工艺分析，酸性水汽提装置、酸性气回收装置、污水处理厂等会产生无组织逸散的恶臭类气体。因此，依据《恶臭污染物排放标准》（GB 14554）的规定，还需在企业边界进行恶臭污染物的排放监测。石油炼制工业无组织废气排放较重的污染源，无组织废气每半年至少开展一次监测，其他无组织废气排放的污染源每年至少开展一次监测。

依据《总则》规定的原则，规定非甲烷总烃、颗粒物、氯化氢、苯、甲苯、二甲苯、氨、硫化氢、臭气浓度 9 项指标监测频次为按季度监测。另外，企业应根据环境影响评价文件及其批复，以及原料工艺等确定是否监测其他 6 项臭气污染物指标，若确定监测，则监测频次按季度监测。

调研的 24 家石油炼制企业均未开展苯并[a]芘的监测。由于苯并[a]芘指标监测对人体毒害大，因此在考虑保护监测人员的前提下，规定监测频次为年。

对于无组织排放挥发性有机物的监测点位、指标、频次，本标准引用《石油炼制工业污染物排放标准》（GB 31570）、《石化行业 VOCs 污染源排查工作指南》和《石化企业泄漏与修复工作指南》（环办〔2015〕104 号）中的内容进行规定，并参照美国环保署对挥发性有机物管控监测的相关内容，规定对于设备与管线组件密封点泄漏检测，若同一密封点连续三个周期检测无泄漏情况，则检测周期可延长一倍，但在后续监测中该检测点位一旦检测出现泄漏情况，则监测频次按原规定执行。

6.8.1.3　废水排放监测

主要考虑了企业废水总排放口、车间或生产设施废水排放口、雨水外排口监测点位设置、监测指标、监测频次。监测指标主要参照《石油炼制工业污染物排放标准》（GB 31570），并结合对国内炼油厂实地调研制定。

《石油炼制工业污染物排放标准》（GB 31570）中企业外排口主要控制 pH 值、悬浮物、化学需氧量、五日生化需氧量、氨氮、总氮、总磷、总有机碳、石油类、硫化物、挥发酚、总钒、苯、甲苯、邻二甲苯、间二甲苯、对二甲苯、乙苯、总氰化物共 19 项污染物指标。《国家重点监控企业自行监测及信息公开办法（试行）》中规定，化学需氧量、氨氮每日开展监测，废水中其他污染物每月至少开展一次监测。《总则》中规定，重点排污单位废水主要指标的最低监测频次为日—月，其他指标的最低监测频次为季度—半年。

化学需氧量、氨氮为国家规定的主要污染物总量控制指标，调研的 24 家石油炼制企业均按照规定安装了化学需氧量、氨氮自动监测仪器。因此，规定对废水总排放口直接排放的化学需氧量、氨氮进行自动监测。废水流量为污染物排放统计中的重要核算指标，规定对流量也开展自动监测。对于间接排放，采用手工监测，监测频次适当降低，规定为按周监测。

石油类、pH 值、悬浮物、硫化物、挥发酚 5 项指标为石油炼制工业的特征污染物，调研企业中，该 5 项指标监测频次高于按周监测的占 90%以上；对于总氮、总磷 2 项指标，在调研企业中，按周监测的占 60%。因此，规定以上 7 项指标直接排放的最低监测频次为按周监测，对于间接排放的，监测频次适当降低，规定为按月监测。

对于五日生化需氧量、总氰化物、总有机碳、总钒、苯系物等10项指标，调研企业中，五日生化需氧量、总氰化物2项指标的监测频次均高于按月监测，总有机碳有6家企业开展监测，50%按月监测。总钒有3家企业开展监测，均为按月监测。6种苯系物有4家企业开展监测，50%按月监测。以上指标目前除五日生化需氧量、总氰化物外，开展监测的企业较少，部分企业缺少监测所需的大型设备。因此，规定以上10项指标直接排放的最低监测频次为按月监测，对于间接排放的，监测频次适当降低，规定为按季度监测。

车间或生产设施排口监测指标按照《石油炼制工业污染物排放标准》（GB 31570）中规定，要求排污单位开展苯并[*a*]芘、总铅、总砷、总镍、总汞、烷基汞6项指标的自行监测。

对于苯并[*a*]芘指标，根据产排污分析，石油炼制工业生产装置中仅延迟焦化装置在生产焦炭过程中，冷焦水、切焦水由于与石油焦接触，存在带出苯并[*a*]芘的可能。在调研的24家石油炼制企业中，仅有1家企业开展苯并[*a*]芘指标自行监测，监测频次为按月监测，但该企业是在外排口进行该项指标的监测。考虑到苯并[*a*]芘分析方法复杂，开展监测难度较大，对人体毒害大，在考虑保护监测人员的前提下，规定监测频次为半年。

对于总汞与烷基汞2项指标，根据产排污分析，石油炼制工业排污单位在加工含汞原油时，在常减压蒸馏装置排放的电脱盐废水中会产生这2类污染物；对于总铅指标，仅航空汽油生产环节会在航空汽油调和车间及四乙基铅生产装置废水排放中带出总铅污染物；酸性水汽提装置废水排放中会带出砷；催化裂化装置与催化汽油吸附脱硫装置两套装置由于工艺废水与含镍催化剂接触，造成脱硫废水排放中可能带出污染物镍。在调研企业中，3家企业开展了总铅指标监测，6家单位开展了总砷指标监测，2家企业开展了总镍指标监测，3家企业开展了总汞指标监测，无企业开展烷基汞指标监测，上述指标监测频次从周到季度。在航空汽油调和车间及四乙基铅生产装置废水排放口监测总铅，常减压蒸馏装置电脱盐废水排放口监测总汞、烷基汞，在酸性水汽提装置废水排放口监测总砷，在催化裂化装置与催化汽油吸附脱硫装置烟气脱硫废水排放口监测总镍，监测频次除烷基汞外，统一规定为按月监测。考虑到烷基汞分析方法复杂，开展监测难度较大，对人体毒害大，在考虑保护监测人员的前提下，规定监测频次为半年一次。

石油炼制工业排污单位雨水排放口选择化学需氧量、氨氮、石油类3项指标进行监测。其中，化学需氧量、氨氮为综合性污染指标，石油类为行业特征污染指标。监测频次规定为在排放期间按日监测。

6.8.2 石油化学和合成树脂工业企业自行监测方案制定

石油化学和合成树脂工业企业自行监测指标的选择参照GB 31571与GB 31572中规定的控制项目执行，监测频次的规定原则与石油炼制工业部分相同。

6.8.3 自行监测费用测算

6.8.3.1 石油炼制工业企业自行监测费用测算

为了解石油炼制工业企业自行监测方案实施的经济成本，标准编制组以国内某知名第三方监测机构的监测技术服务收费标准，以本标准规定的监测指标、监测频次进行监测成本估算。企业的废水排放口均按1个进行计算，雨水外排口监测次数按20次计算，废气外排口除工艺加热炉外，均按1个进行计算，工艺加热炉排气筒按20个进行计算。成本估算结果见表1～表3。

表1 废水自行监测成本估算结果

序号	监测指标	计量单位	收费标准/元	监测点数/个	监测次数/次	监测成本/（元/a）
1	pH值	每个数据	100	1	52	15 600
2	悬浮物	每个数据	200	1	52	31 200
3	化学需氧量	每个数据	300	1	20	18 000
4	五日生化需氧量	每个数据	300	1	12	10 800
5	氨氮	每个数据	300	1	20	18 000

序号	监测指标	计量单位	收费标准/元	监测点数/个	监测次数/次	监测成本/（元/a）
6	总氮	每个数据	300	1	52	46 800
7	总磷	每个数据	300	1	52	46 800
8	总有机碳	每个数据	500	1	12	18 000
9	石油类	每个数据	500	1	72	108 000
10	硫化物	每个数据	300	1	52	46 800
11	挥发酚	每个数据	500	1	52	78 000
12	总钒	每个数据	500	1	12	18 000
13	苯	每个数据	300	1	12	10 800
14	甲苯	每个数据	300	1	12	10 800
15	邻二甲苯	每个数据	300	1	12	10 800
16	间二甲苯	每个数据	300	1	12	10 800
17	对二甲苯	每个数据	300	1	12	10 800
18	乙苯	每个数据	300	1	12	10 800
19	总氰化物	每个数据	500	1	12	18 000
20	苯并[a]芘	每个数据	2 000	1	2	12 000
21	总铅	每个数据	300	1	12	10 800
22	总砷	每个数据	300	1	12	10 800
23	总镍	每个数据	300	1	12	10 800
24	总汞	每个数据	300	1	12	10 800
25	烷基汞	每个数据	1 000	1	2	6 000
26	自动监测设备运维		50 000	1	—	50 000
自动设备安装			600 000			
年运行成本			650 000			

表 2 有组织废气自行监测成本估算结果

序号	监测指标	计量单位	收费标准/元	监测点数/个	监测次数/次	监测成本/（元/a）
1	颗粒物	每个数据	300	20	4	72 000
2	镍及其化合物	每个数据	500	1	4	6 000
3	二氧化硫	每个数据	300	20	4	72 000
4	氮氧化物	每个数据	300	20	4	72 000
5	硫酸雾	每个数据	500	1	4	6 000
6	氯化氢	每个数据	200	1	4	2 400
7	沥青烟	每个数据	500	1	4	6 000
8	苯并[a]芘	每个数据	2 000	1	2	12 000
9	苯	每个数据	300	1	4	3 600
10	甲苯	每个数据	300	1	4	3 600
11	二甲苯	每个数据	300	1	4	3 600
12	非甲烷总烃	每个数据	500	3	12	54 000
13	自动监测设备运维		50 000	2	—	100 000
自动设备安装			1 200 000			
年运行成本			413 200			

表 3 无组织废气自行监测成本估算结果

序号	监测指标	计量单位	收费标准/元	监测点数/个	监测次数/次	监测成本/（元/a）
1	颗粒物	每个数据	300	4	4	14 400
2	非甲烷总烃	每个数据	500	4	4	24 000
3	氯化氢	每个数据	200	4	4	9 600
4	苯	每个数据	300	4	4	14 400
5	甲苯	每个数据	300	4	4	14 400
6	二甲苯	每个数据	300	4	4	14 400
7	苯并[a]芘	每个数据	2 000	4	1	24 000
8	氨	每个数据	300	4	4	14 400
9	硫化氢	每个数据	300	4	4	14 400
10	臭气浓度	每个数据	800	4	4	38 400
年运行成本			182 400			

选取 3 个不同规模的石油炼制工业，进行设备与管线组件密封点挥发性有机物的监测成本计算。所有设备与管线组件密封点按 20%泵、压缩机、阀门、开口阀或开口管线、气体/蒸气泄压设备、取样连接系统，80%法兰及其他连接件、其他密封设备计算；泵等密封点监测频次按季度计算，法兰等密封垫监测频次按半年计算，其余参数按表中所列，则挥发性有机物成本估算结果见表 4。

表 4　设备与管线组件密封点监测成本核算

序号	1	2	3
所属企业	A 石化	B 石化	C 石化
炼油规模/万 t	500	800	1 000
全厂泄漏检测点数/个	约 15 万	约 25 万	约 40 万
每个泄漏点检测成本/元	10	10	10
年检测泄漏点个数/个	约 36 万	约 60 万	约 96 万
年成本/万元	360	600	960

综上所述，在标准实施后，企业需投入自动监测设备投资约 180 万元。

废水年监测成本约 65.0 万元，有组织废气年监测成本约 42.3 万元，无组织废气年监测成本约 18.2 万元。年监测总成本约为 125.5 万元。

企业挥发性有机物监测成本根据企业规模不同，成本在 360 万～960 万元，但随着挥发性有机物泄漏检测与修复工作的推进，该成本会逐年降低。

6.8.3.2　石油化工工业企业自行监测费用测算

为了解石油化学工业企业自行监测方案实施的经济成本，标准编制组以北京、重庆、湖北、江苏、辽宁五个省市为例，以省环境监测收费标准或知名第三方监测机构的监测技术服务收费标准为基础，以本准规定的监测指标、监测频次进行监测成本估算。

该成本估算以国内某大型石油化工集团的某企业实际为例，该企业有 4 个化工厂区，废水集中处理后外排，废水外排口按 1 个进行计算，各类指标的车间排放口均按 2 个进行计算，雨水外排口监测次数按 20 次计算；工艺加热炉排气筒按 30 个进行计算，废水处理有机废气收集处理装置排放口按 5 个计算，含卤代烃有机废气排放口按 5 个计算，其他有机废气排放口按 5 个计算；合成树脂生产设施排气筒按 5 个计算，合成树脂焚烧排气筒按 1 个计算；周边环境质量不进行监测。人工监测成本如下表所示。

由下表可知，不同地区，人工监测成本差异较大，废水年监测成本在 19.50 万～31.43 万元，有组织废气年监测成本在 75.56 万～183.84 万元，无组织废气年监测成本在 31.08 万～44.56 万元。年监测总成本在 137 万～256 万元。此部分费用不包括报告编制费、车辆交通费等费用。

表 5　人工自行监测成本估算结果

序号	类　别	北京成本/（元/a）	重庆成本/（元/a）	湖北成本/（元/a）	江苏成本/（元/a）	辽宁成本/（元/a）
1	废水人工监测	31.43	28.15	30.45	19.50	25.25
2	有组织废气人工监测	183.84	75.56	89.66	104.27	128.91
3	无组织废气人工监测	40.00	31.08	31.23	37.44	44.56
4	厂界噪声	1.41	2.69	1.60	1.55	1.14
合　计		256.68	137.48	152.94	162.76	199.86

自动监测成本以某大型国企安装自动监测设备与日常运维成本统计，如表 6 所示。在本标准实施后，企业需投入自动监测设备投资约 60 万元，年运行成本 5.0 万元。

表 6　自动监测成本估算结果

序号	类　别	单个成本/万元	点位数/个	总计/万元
1	废水自动监测设备安装	60.0	1	60.0
2	废水自动监测设备运维	5.0	1	5.0

由于未获得单独石油化工企业挥发性有机物监测数据，此部分核算选取 3 个不同规模的综合型石油工业企业（含炼油厂），进行动静密封点挥发性有机物的监测成本计算。所有动静密封点按 20%泵、压缩机、阀门、开口阀或开口管线、气体/蒸汽泄压设备、取样连接系统，80%法兰及其他连接件、其他密封设备计算；泵等密封点监测频次按季度计算，法兰等密封垫监测频次按半年计算，其余参数按表中所列，则挥发性有机物成本估算结果见表 7。

表 7　动静密封点监测成本核算表

序号	1	2	3
所属企业	A 石化	B 石化	C 石化
炼油规模/万 t	500	800	1 000
全厂泄漏检测点数/个	约 15 万	约 25 万	约 40 万
每个泄漏点检测成本/元	10	10	10
年检测泄漏点个数/个	约 36 万	约 60 万	约 96 万
年成本/万元	360	600	960

综上所述，在本标准实施后，企业需投入自动监测设备投资约 60 万元。

废水年监测成本在 19 万～32 万元，有组织废气年监测成本在 75 万～184 万元，无组织废气年监测成本在 31 万～45 万元。年监测总成本在 137 万～256 万元。企业挥发性有机物监测成本根据企业规模不同，在 360 万～960 万元，但随着挥发性有机物泄漏检测与修复工作的推进，该成本会逐年降低。

6.9　环境管理台账与执行报告编制要求

6.9.1　环境管理台账

环境管理台账记录的主要目的是规范排污单位环境管理，作为排污单位证明其按照排污许可证要求进行环境管理和污染物排放的主要依据，记录内容应真实反映排污单位日常生产运营状况及污染治理情况。环境管理台账记录既是排污单位证明其按证排污的依据，又是环境保护主管部门实施许可证核查、判断排污单位排污行为是否合规的重要依据。本标准给出的内容可作为排污单位建立环境管理台账时的参考，为满足排污许可证管理要求，排污单位可以根据自身实际情况补充完善有关内容。

环境管理台账记录内容要求真实有效、重点突出、内容全面。台账记录形式包括电子化存储和纸质存储两种形式，参照《大气污染防治法》中第四十六条“工业涂装企业应当使用低挥发性有机物含量的涂料，并建立台账，记录生产原料、辅料的使用量、废弃量、去向以及挥发性有机物含量。台账保存期限不得少于三年”的要求，本标准将环境管理台账最低保存时间设定为三年。

台账记录内容参照已经发布的《火电行业排污许可证申请与核发技术规范》和《造纸行业排污许可证申请与核发技术规范》，并结合石化工业企业环境管理特点确定，环境管理记录包括排污单位生产设施运行情况、污染治理设施运行情况、自行监测数据和其他环境管理信息四个部分，其中监测记录内容放在本标准“自行监测方案”部分。同时，为便于排污单位记录，编制了部分表格，且所有记录内容与排污许可证中设施编号相对应。

6.9.2　执行报告

执行报告是在《环境管理台账及排污许可证执行报告技术规范》指导下，根据自行监测和台账记录要求配套编制的，定期提交执行报告是排污单位证明其按证排污的重要方式，也是环境保护主管部门实施许可证后监管核查的重要基础。排污单位应根据排污许可证中规定的频次、内容编制排污许可证执行报告。本标准给出的内容作为排污单位排污许可证执行报告编制的参考，排污单位可以根据自身实际情况补充完善有关内容。

根据不同的环境影响程度，排污单位需要提交的报告包括常规报告、异常报告两种类型。环境污染事故划归环境应急管理范畴，不在排污许可证报告规范中体现。

常规报告是排污单位正常运行期间的许可证执行报告，按报告周期分为年度执行报告、半年执行报告、季度执行报告和月度执行报告等。月报/季报/半年度报告内容主要为不同时间尺度下的排放统计情况以及超标情况汇总，是整合总量控制、排污收费（环境保护税）、环境统计等各项环境管理制度的数据上传要求，是排污许可“一证式”环境管理的重要体现形式。同时，常规报告中的年报是许可证变更或注销等操作的主要依据。

异常报告是指排污单位生产过程中可能发生污染物排放异常或者违反排污许可证规定要求时应当提交的报告。报告频次视排污单位实际运行情况而定，出现上述情形时应及时向环境保护主管部门报告相关情况，报告包括的原因分析及采取的应对措施是督促排污单位不断规范并改进其排污行为的管理方式。

本标准规定的年度执行报告内容主要参照已经发布的《火电行业排污许可证申请与核发技术规范》和《造纸行业排污许可证申请与核发技术规范》确定，同时结合石化工业行业特点与监测、台账记录配套编制，包括排污单位基本生产情况、遵守法律法规情况、污染治理设施运行情况、自行监测执行情况、环境管理台账执行情况、实际排放情况及合规判定分析、排污费（环境保护税）缴纳情况、信息公开情况、排污单位内部环境管理体系建设与运行情况、排污许可证规定的其他内容执行情况、其他需要说明的问题、结论及其附件附图等。月报/季报和半年度报告主要选取年报规定中实际排放量的相关内容，以满足排污收费（环境保护税征收）管理需要。同时，为便于排污单位记录，编制了相应表格示例，排污单位可以根据自身实际情况补充完善。

6.10 实际排放量核算方法

6.10.1 废气核算方法

6.10.1.1 有组织排放源

有组织排放源实际排放量按照实际监测数据（在线监测数据、手工监测数据）核算。

6.10.1.2 无组织排放源

排污单位根据实际情况，按照《石化行业 VOCs 污染源排查工作指南》的要求，开展企业 VOCs 污染源排查，并核算企业 VOCs 月、季度和年实际排放量。

6.10.2 废水核算方法

废水污染物实际排放量核算根据自动监测数据或手工监测数据确定。无有效自动监测数据时，采用符合要求的手工监测数据核算。

6.11 合规判定方法

6.11.1 产排污环节、污染治理设施及排放口符合许可证规定

排污单位实际生产地点、主要生产装置和设施的位置、编号、生产工艺与排污许可证是否相符，实际情况与排污许可证载明规模、参数等信息是否相符。有组织废气排放口和废水排放口个数、排放方式和去向等与排污许可证是否一致。

6.11.2 废气

6.11.2.1 排放浓度合规判定

排污单位废气排放口污染物浓度或恶臭类物质速率须做到达标排放。本标准结合实际情况，按照正常情况和非正常情况，分别给出执法监测和企业自行监测（自动监测、人工监测）时浓度合规的判定方法。

a）正常情况

根据《固定污染源排气中颗粒物测定与气态污染物采样方法》（GB/T 16157）、《固定源废气监测技术规范》（HJ/T 397）、《固定污染源烟气排放连续监测技术规范（试行）》（HJ/T 75）、《固定污染源烟气排放连续监测系统技术要求及检测方法（试行）》（HJ/T 76）等，判定污染物排放是否合规。

b）非正常情况

根据国内外石化工业催化裂化装置、焚烧炉、锅炉启停特点，确定计划内启停时段不作为特定污染物排放的合规判定依据。

6.11.2.2　排放量合规判定

排污单位实际有组织排放量和无组织排放量分别满足排污许可证相应规定，即为合规。

6.11.3　废水

根据 GB 31570、GB 31571 和 GB 31572，排污单位可利用自动监测、手工监测数据判定是否合规。

7　与国内外同类标准或技术法规的水平对比和分析

7.1　主要申请材料

7.1.1　废气

美国大气运营许可证申请材料主要包括各种申请表格和其他支持性文件。各州有所不同，以德州为例，申请材料包括：申请材料概述、责任人保证书、企业基本信息汇总表；详细设备情况汇总表、不同设备类型的单独信息列表、全厂适用的许可要求、单个设备单元适用的许可要求、监测要求、合规实施方案和计划表申请、其他支持文件（如工厂位置图、平面布置图、生产流程图和生产工艺描述等）。

本标准申请材料基本涵盖了以上内容，主要区别在于详细设备情况，仅将计算许可排放量相关内容列为必填内容，其余详细信息以选填为主。

7.1.2　废水

美国现有源工艺污水排放信息表填报信息包括：各排放口编号、位置以及各自的受纳水体名称、对每个排放口进行废水来源分析、流量分析及处理措施描述、提供工厂内的水流程图、水平衡图、生产信息、技术改进要求、取水和出水特征、不在分析内的可能排污、生物分析信息等。

新排放源的工艺污水填报信息包括：各排放口编号、位置以及各自的受纳水体名称、预计开始排放的日期、对每个排放口进行废水来源分析、流量分析及处理措施描述、提供工厂内的水流程图、水平衡图、企业设计废水的“跑、冒、滴、漏”情况、如果有基于产品产量的废水产生量估算方法，则需估算其日废水产生量。

工业活动中的雨水许可申请填报信息包括：排放口编号及位置、受纳水体名称、有无收到要求改进的通知、提供排水系统图、估算每个排放口所接收的雨水来源的地表面积、简述雨水的处理、储存和处置方法、重大的泄漏或溢出事故、排放监测数据信息、生物学毒性监测数据。另外，还需要描述控制每个排放口雨水中污染物排放的处理措施，以减少其污染物的排放。如果没有雨水排放，也可以做出申明并详细描述雨水控制措施。

与美国相比，本标准废水填报信息较为简单，缺少水平衡、企业设计废水的“跑、冒、滴、漏”情况等内容，对工业活动中的后期雨水未进行排污许可，仅开展监测。

7.2　纳入排污许可管理的污染物

美国纳入许可管理的废气污染物包括常规污染物和有毒空气污染物。在州层面，通常还包括因当地污染现象或环境空气质量保护而控制的相关污染物。在大气许可证的申请中，温室气体及其他臭氧层破坏物质等都要求包含在许可证中。申请大气建设许可证的一个原则是把所有可能排放大气污染物的排放源的排放量进行估算，并作出相应的评估。综合而言，所有可能排放的污染物都需要进行管控评估。

废水污染物包括常规污染物（conventional pollutants）、有毒污染物（toxic pollutants）、非常规污染物（non-conventional pollutants）三种。其中，常规污染物包括五日生化需氧量、总悬浮物、pH、粪大肠菌群、油和油脂；有毒污染物包括 126 种金属和人造有机化合物；非常规污染物是指不属于以上两种类型的污染物质，如氨、氮、磷、化学需氧量和 WET（whole effluent toxicity）、热等。

与美国相比，本标准管控污染物仅包括排放标准中管控因子，企业排放但未纳入排放标准的污染物未纳入排污许可管理。

7.3　许可排放限值确定

美国许可排放限值包括许可排放浓度和许可排放量。美国许可证申请需要考虑基于技术的排放标准和基于水质的排放标准。不同层面的环境保护主管部门，都可以制定这样的标准机制。此外，还有行业标准、地方环境保护局颁布的环境标准。在申请许可排放量时，要根据原辅材料用量、燃料用量、生产工艺、采用的控制技术、能够达到的控制技术水平等信息，采用合理的计算方法（包括合适的排放因子或软件模型估算）确定排放量，确保数据的科学性和准确性。

与美国相比，本标准中许可排放限值同样包括许可排放浓度和许可排放量。现阶段主要考虑排放浓度和总量控制要求，尚未完全与环境质量挂钩，与技术要求也存在脱节。

7.4 污染控制技术

美国许可证申报根据不同情况需要考虑不同的控制技术。其中，大气部分根据不同环境质量分类地区包括最佳可行控制技术（Best Available Control Technology，BACT）、最低可达排放速率（Lowest Achievable Emission Rate，LAER）以及合理可达控制技术（Reasonably Available Control Technology，RACT）。水部分，针对现有源直接排入水体的常规污染物需要采用常规污染物最佳管理实践技术（BCT）；针对现有源直接排入水体的非常规污染物和有毒有害污染物需要采用最佳经济可用技术（BAT）；针对现有源直接排入水体的所有污染物需要采用最佳可实现控制技术（BPT）；针对新增源直接排入水体的所有污染物需要采用新源排放标准（NSPS）。

与美国相比，本标准给出的可行技术可作为判断企业是否具备污染治理能力的参考，可行技术体系有待进一步完善。

7.5 挥发性有机物管控

挥发性有机物是作为臭氧的前体物进行管理的，臭氧有相应的环境空气质量标准，因此挥发性有机物也作为常规污染物纳入管理，也体现在许可证管理当中。在美国，污染物排放（包括挥发性有机物）没有总量控制的要求，但是要核算企业的挥发性有机物总排放量。挥发性有机物总排放量的计算需要单独计算出各个挥发性有机物组分的排放量，然后再进行加和。从许可证管理角度，挥发性有机物是作为一个整体进行管理。如果企业排放的挥发性有机物中包括了一些特殊的挥发性有机污染物，如有毒空气污染物（HAPs）中的一种或几种，则需要对这种组分进行单独管理。

我国在挥发性有机物管控方面有待进一步完善，本标准重点管控控制挥发性有机物排放的措施，同时作为行业试点对储罐、有机液体装卸及设备及组件泄漏排放量进行许可，计算方法主要参考美国的计算方法。

7.6 自行监测

美国企业需要开展自行监测。如果是法律法规要求的，企业必须开展监测。但如果是在许可证的申请过程当中，不具备条件的企业，可以与环境保护主管部门进行沟通协商解决。企业必须遵守许可证的相关规定。反映在许可证中，或者必须要遵守法律要求的，只要落在纸上的，必须要做。如果没有条件实现的话，尤其在许可的过程中，这种情况必须要进行谈判。美国企业的监测数据不需要与环境保护主管部门联网。企业排污监测活动和数据收集保存均由企业负责。

与美国相比，本标准在监测方面要求更为严格。

7.7 台账记录和执行报告

在美国，台账记录是指获得排污许可证的企业必须完整记录足以证明企业合规的信息和数据，包括监测资料、生产数据、异常工况报告、维修记录、启停和运行时间等。所有要求的记录应保存在企业现场备查，并按时更新。企业所记录保存的资料可以构建一个完整的证据链，来证明自己是否满足排污许可证对企业提出的所有要求。数据保存的期限一般为 3～5 年。

企业报告的类型分为合规报告、背离报告两种，企业可以自行编写，也可以委托第三方编写。这样既便于环境保护主管部门的日常管理，又满足公众的知情权与社会监督。企业若按时提交了背离报告，即主动报告与许可证要求相背离的情况以及时间、次数、原因、措施等。如果是由于工艺特点或者其他不可抗力导致的污染物异常排放等，环境保护主管部门可以根据相关规定免予处罚，但若企业不报告或虚假报告，则不能免除。

与美国相比，我国要达到如此精细化管理的水平，还需要在许可证管理实施过程中逐步积累污染源的排放、控制和相关技术的基础数据，配套改革环保管理的各项制度和标准，逐步完善我国石化行业的许可证管理。

8　对实施本标准的建议

a）加快推动排污许可管理信息平台建设

建议按照本标准内容尽快建设排污许可管理信息平台的石化工业申请与核发系统，便于排污单位和环境保护主管部门应用，促进本标准的落地。

b）尽快出台配套的自行监测技术指南

建议尽快出台与石化工业排污许可相配套的《排污单位自行监测技术指南　石油炼制工业》和《排污单位自行监测技术指南　石油化学工业》。

c）建立基于最佳可行技术的排放标准体系

建议尽快出台石化工业最佳可行技术指南，建立技术名录，针对石化工业各类设施的生产工艺与产污环节，分析排放污染物种类、排放水平和环境影响，提出最佳可行的推荐技术或技术组合，并据此规定不同设施、不同规模下的排放标准和工艺技术运行标准。综合考虑现有技术的排放控制水平、经济成本以及运行管理要求等因素，建议分级开展成本-效益分析，在不同的经济可行性层面建立包括最佳实用控制技术标准、最佳控制技术标准和最严格控制技术标准在内的最佳可行技术分级体系。

d）加大宣传培训力度

国家排污许可制度对各行业提出了精细化管理要求。本标准涉及的环境管理内容多，技术要求高，应加大对排污单位操作人员和环境保护主管部门管理人员的培训，帮助理解技术规范的要求，指导排污单位申请和环境保护主管部门核发。

e）开展标准实施绩效评估

建议结合排污许可证申请与核发工作，适时开展本标准实施效果评估，必要时开展本标准的修订工作。建议对自行监测浓度小时均值的全年达标排放率开展相关研究。

中华人民共和国环境保护行业标准

排污许可证申请与核发技术规范　玻璃工业——平板玻璃

Technical specification for application and issuance of pollutant permit

—Glass industry—Flat glass

HJ 856—2017

前　言

为贯彻落实《中华人民共和国环境保护法》《中华人民共和国大气污染防治法》《中华人民共和国水污染防治法》等法律法规和《国务院办公厅关于印发控制污染物排放许可制实施方案的通知》（国办发〔2016〕81 号），完善排污许可技术支撑体系，指导和规范平板玻璃工业排污单位排污许可证申请与核发工作，制定本标准。

本标准规定了平板玻璃工业排污单位排污许可证申请与核发的基本情况填报要求、许可排放限值确定、实际排放量核算、合规判定的方法以及自行监测、环境管理台账与排污许可证执行报告等环境管理要求，提出了平板玻璃工业污染防治可行技术要求。

核发机关核发排污许可证时，对位于法律法规明确规定禁止建设区域内的、属于国家或地方已明确规定予以淘汰或取缔的平板玻璃工业排污单位或者生产装置，应不予核发排污许可证。

本标准的附录 A 和附录 B 为资料性附录。

本标准为首次发布。

本标准由环境保护部规划财务司、环境保护部科技标准司组织制订。

本标准主要起草单位：北京市环科环境工程设计所、河北科技大学、恒联海航（北京）管理咨询有限公司、中国建筑玻璃与工业玻璃协会、环境保护部环境工程评估中心、河北省环境科学学会。

本标准环境保护部 2017 年 9 月 12 日批准。

本标准自 2017 年 9 月 12 日起实施。

本标准由环境保护部解释。

1　适用范围

本标准规定了平板玻璃工业排污单位排污许可证申请与核发的基本情况填报要求、许可排放限值确定、实际排放量核算、合规判定的方法以及自行监测、环境管理台账与排污许可证执行报告等环境管理要求，提出了平板玻璃工业污染防治可行技术要求。

本标准适用于指导执行 GB 26453 的平板玻璃工业排污单位填报《排污许可证申请表》及网上填报相关申请信息，适用于指导核发机关审核确定平板玻璃工业排污单位排污许可证许可要求。

本标准适用于平板玻璃工业排污单位排放的大气污染物和水污染物的排污许可管理。

本标准未作出规定但排放工业废水、废气或者国家规定的有毒有害大气污染物的平板玻璃工业排污单位其他产污设施和排放口，参照《排污许可证申请与核发技术规范　总则》执行。

2　规范性引用文件

本标准引用了下列文件或其中的条款。凡是未注明日期的引用文件，其最新版本适用于本标准。

GB 8978　污水综合排放标准

GB 18597　危险废物贮存污染控制标准

GB 26453　平板玻璃工业大气污染物排放标准

GB/T 16157　固定污染源排气中颗粒物测定与气态污染物采样方法

GB/T 31962　污水排入城镇下水道水质标准

HJ 494　水质　采样技术指导

HJ 495　水质　采样方案设计技术规定

HJ 819　排污单位自行监测技术指南　总则

HJ/T 55　大气污染物无组织排放监测技术导则

HJ/T 75　固定污染源烟气排放连续监测技术规范（试行）

HJ/T 76　固定污染源烟气排放连续监测系统技术要求及检测方法（试行）

HJ/T 91　地表水和污水监测技术规范

HJ/T 194　环境空气质量手工监测技术规范

HJ/T 353　水污染源在线监测系统安装技术规范（试行）

HJ/T 354　水污染源在线监测系统验收技术规范（试行）

HJ/T 355　水污染源在线监测系统运行与考核技术规范（试行）

HJ/T 356　水污染源在线监测系统数据有效性判别技术规范（试行）

HJ/T 373　固定污染源监测质量保证与质量控制技术规范（试行）

HJ/T 397　固定源废气监测技术规范

*排污许可证申请与核发技术规范　总则

*排污单位自行监测技术指南　平板玻璃工业

*环境管理台账及排污许可证执行报告技术规范（试行）

《固定污染源排污许可分类管理名录（2017 版）》（环境保护部令　第 45 号）

《排污口规范化整治技术要求（试行）》（环监〔1996〕470 号）

《污染源自动监控设施运行管理办法》（环发〔2008〕6 号）

《关于执行大气污染物特别排放限值的公告》（环境保护部公告　2013 年　第 14 号）

《平板玻璃行业规范条件（2014 年本）公告》（工业和信息化部公告　2014 年　第 90 号）

《关于印发〈排污许可证管理暂行规定〉的通知》（环水体〔2016〕186 号）

《关于开展火电、造纸行业和京津冀试点城市高架源排污许可证管理工作的通知》（环水体〔2016〕189 号）

《关于加强京津冀高架源污染物自动监控有关问题的通知》（环办环监函〔2016〕1488 号）

《关于发布〈高污染燃料目录〉的通知》（国环规大气〔2017〕2 号）

3　术语和定义

下列术语和定义适用于本标准。

3.1　平板玻璃工业　flat glass industry

指采用浮法、压延等工艺制造平板玻璃的工业。

3.2　平板玻璃工业排污单位　flat glass industry pollutant emission unit

指含有平板玻璃工业生产过程的排污单位。

3.3　许可排放限值　permitted emission limits

指排污许可证中规定的允许排污单位排放的污染物最大排放浓度和排放量。

* 标准正在编制审批之中，待正式发布后按发布的标准实行。

4 排污单位基本情况填报要求

4.1 基本原则

平板玻璃工业排污单位应按照本标准要求，在排污许可证管理信息平台申报系统填报《排污许可证申请表》中的相应信息表。填报系统下拉菜单中未包括的、地方环境保护主管部门有规定需要填报或平板玻璃工业排污单位认为需要填报的，可自行增加内容。

省级环境保护主管部门按环境质量改善需求增加的管理要求，应填入排污许可证管理信息平台申报系统中“有核发权的地方环境保护主管部门增加的管理内容”一栏。

平板玻璃工业排污单位在填报申请信息时，应评估污染物排放及环境管理现状，对现状环境问题提出整改措施，并填入排污许可证管理信息平台申报系统中“改正措施”一栏。

平板玻璃工业排污单位应按照实际情况填报基本情况，对提交申请材料的真实性、合法性和完整性负法律责任。

4.2 排污单位基本信息

排污单位基本信息应填报单位名称、邮政编码、是否投产、投产日期、生产经营场所中心经度、生产经营场所中心纬度、所在地是否属于重点区域、是否有环境影响评价文件批复及文号（备案编号）、是否有地方政府对违规项目的认定或备案文件及文号、是否有主要污染物总量分配计划文件及文号、颗粒物总量指标（t/a）、二氧化硫总量指标（t/a）、氮氧化物总量指标（t/a）、化学需氧量总量指标（t/a）、氨氮总量指标（t/a）、其他污染物总量指标（如有）等。

4.3 主要产品及产能

4.3.1 主要生产单元、主要工艺、生产设施及设施参数

平板玻璃工业排污单位主要生产单元、主要工艺、生产设施及设施参数填报内容见表1。

表1 平板玻璃工业排污单位主要生产单元、主要工艺、生产设施及设施参数表

<table>
<tr><th>主要生产单元</th><th>主要工艺</th><th>生产设施</th><th>设施参数</th></tr>
<tr><td rowspan="29">浮法玻璃生产线</td><td rowspan="6">原料破碎系统</td><td>粗破机</td><td>处理量</td></tr>
<tr><td>细破机</td><td>处理量</td></tr>
<tr><td>筛分机</td><td>处理量</td></tr>
<tr><td>斗式提升机</td><td>输送量</td></tr>
<tr><td>带式输送机</td><td>输送量</td></tr>
<tr><td>其他</td><td>—</td></tr>
<tr><td rowspan="5">备料与储存系统</td><td>斗式提升机</td><td>输送量</td></tr>
<tr><td>带式输送机</td><td>输送量</td></tr>
<tr><td>筛分机</td><td>处理量</td></tr>
<tr><td>均化装备</td><td>处理量</td></tr>
<tr><td>其他</td><td>—</td></tr>
<tr><td rowspan="5">配料系统</td><td>混合机</td><td>总容积</td></tr>
<tr><td>斗式提升机</td><td>输送量</td></tr>
<tr><td>带式输送机</td><td>输送量</td></tr>
<tr><td>窑头料仓</td><td>仓储量</td></tr>
<tr><td>其他</td><td>—</td></tr>
<tr><td rowspan="3">碎玻璃系统</td><td>碎玻璃破碎机</td><td>破碎量</td></tr>
<tr><td>带式输送机</td><td>输送量</td></tr>
<tr><td>其他</td><td>—</td></tr>
<tr><td rowspan="3">熔化工序</td><td>投料机</td><td>日投料量</td></tr>
<tr><td>玻璃熔窑</td><td>熔化量</td></tr>
<tr><td>其他</td><td>—</td></tr>
<tr><td rowspan="4">成型退火工序</td><td>锡槽</td><td>拉引速度</td></tr>
<tr><td>在线镀膜设备</td><td>镀膜类型</td></tr>
<tr><td>退火窑</td><td>退火能力</td></tr>
<tr><td>其他</td><td>—</td></tr>
</table>

主要生产单元	主要工艺	生产设施	设施参数
浮法玻璃生产线	切裁装箱工序	退火窑辊道转动设备	车速
		横切机	切割长度范围
		落扳、破碎机	破碎量
		其他	—
压延玻璃生产线	原料破碎系统	粗破机	处理量
		细破机	处理量
		筛分机	处理量
		斗式提升机	输送量
		带式输送机	输送量
		其他	—
	备料与储存系统	斗式提升机	输送量
		带式输送机	输送量
		筛分机	处理量
		均化装备	处理量
		其他	—
	配料系统	混合机	总容积
		斗式提升机	输送量
		带式输送机	输送量
		窑头料仓	仓储量
		其他	—
	碎玻璃系统	碎玻璃破碎机	破碎量
		带式输送机	输送量
		其他	—
	熔化工序	投料机	日投料量
		玻璃熔窑	熔化量
		其他	—
	成型退火工序	压延成型机	速度范围
		退火窑	退火能力
		其他	—
	切裁装箱工序	退火窑辊道转动设备	车速
		横切机	切割长度范围
		落扳、破碎机	破碎量
		其他	—
燃料供应单元	燃油系统	贮油设施	贮油量
		其他	—
	燃气系统	天然气储罐	容积
		焦炉煤气储罐	容积
		其他	—
	煤制气系统	煤库	库储量
		煤加工、筛分装备	处理量
		上煤机	投煤量
		煤气发生炉	煤气产量
		其他	—
	燃石油焦系统	石油焦（粉）库	库储量
		破碎装备	破碎量
		研磨装备	加工量
		筛分设备	处理量
		输送设备	输粉量
		其他	—
公用单元	余热锅炉及发电系统	余热锅炉	锅炉效率
		汽轮机	额定功率
		发电机	输出功率
		其他	—
	软化水制备系统	多介质过滤装置	流量
		其他	—
	氮氢保护气制备系统	分馏塔	出塔氮气量
		氨分解炉	氨分解能力
		电解槽	氢气产量
		其他	—

主要生产单元	主要工艺	生产设施	设施参数
公用单元	给水及循环水冷却系统	冷却水塔	流量
		其他	—
	液氨/氨水储存系统	液氨储罐	容积
		氨水罐	容积
		其他	—
	辅助系统	灰库	占地面积
		灰渣场	占地面积
		石膏库房	占地面积
		脱硫副产物库房	占地面积
		其他	—

4.3.2 生产设施编号

平板玻璃工业排污单位填报内部生产设施编号，若平板玻璃工业排污单位无内部生产设施编号，则根据《关于开展火电、造纸行业和京津冀试点城市高架源排污许可证管理工作的通知》中的附件 4《固定污染源（水、大气）编码规则（试行）》进行编号并填报。

4.3.3 产品名称

分为浮法玻璃、压延玻璃。

4.3.4 生产能力及计量单位

生产能力为主要产品设计产能，不包括国家或地方政府予以淘汰或取缔的产能。产能计量单位为万 t/a。

4.3.5 设计年生产时间

按环境影响评价文件及批复或地方政府对违规项目的认定或备案文件中的年生产时间填写。

4.3.6 其他

平板玻璃工业排污单位如有需要说明的内容，可填写。

4.4 主要原辅材料及燃料

4.4.1 原辅材料及燃料种类

原料种类包括硅砂、长石、白云石、石灰石、纯碱、碎玻璃、其他。

辅料种类包括工艺过程中添加的辅料以及废气、废水污染治理过程中添加的化学药剂等，如澄清剂、助熔剂、氧化剂、还原剂、着色剂、脱色剂、乳浊剂、氨水、液氨、石灰、石灰石、烧碱、其他。

燃料种类包括天然气、焦炉煤气、发生炉煤气、重油、煤焦油、石油焦、燃煤、其他。

4.4.2 设计年使用量及计量单位

设计年使用量为与产能相匹配的原辅材料及燃料的年使用量。计量单位为万 t/a 或万 m^3/a。

4.4.3 原辅料硫元素、有毒有害成分及占比

平板玻璃工业排污单位应填报主要原辅材料的硫元素占比，按设计值或上一年的实际值填报。有毒有害成分及占比依据实际情况填报。

4.4.4 燃料灰分、硫分、挥发分及热值

使用燃煤的平板玻璃工业排污单位需填写燃煤的灰分、硫分、挥发分及热值，使用天然气、焦炉煤气、重油、煤焦油及石油焦的平板玻璃工业排污单位需填写硫分及热值。使用煤焦油、重油、石油焦的平板玻璃工业排污单位还应根据燃料的特性，填报总汞、总镉、总铬、总砷、总铅、总镍、总锌等重金属成分及占比。可按设计值或上一年的实际值填报。

4.4.5 其他

平板玻璃工业排污单位如有需要说明的内容，可填写。

4.5 产排污环节、污染物及污染治理设施

4.5.1 一般原则

废气产排污环节、污染物及污染治理设施包括对应产污环节、污染物种类、排放形式（有组织、无

组织）、污染治理设施、是否为可行技术、有组织排放口编号、排放口设置是否符合要求、排放口类型。

废水产排污环节、污染物及污染治理设施包括废水类别、污染物种类、排放去向、排放规律、污染治理设施、是否为可行技术、排放口编号、排放口设置是否符合要求、排放口类型。

4.5.2　废气

4.5.2.1　废气产污环节、污染物种类、排放形式及污染治理设施

平板玻璃工业排污单位废气产污环节、污染物种类、排放形式及污染治理设施填报内容见表2。平板玻璃工业排污单位污染物种类依据GB 26453确定，有地方排放标准要求的，按照地方排放标准确定。对于使用重油、煤焦油、石油焦的平板玻璃工业排污单位，还应根据排污单位实际排放情况考虑汞、镉、铬、砷、铅、镍、锌等重金属污染物。

表2　平板玻璃工业排污单位废气产污环节、污染物种类、排放形式及污染治理设施一览表

生产单元	生产设施	废气产污环节	污染物种类	排放形式	污染治理设施	
					污染治理设施名称及工艺	是否为可行技术
浮法玻璃生产线	粗破机、细破机、筛分机、斗式提升机、带式输送机、其他	破碎废气、筛分废气、输送废气、其他	颗粒物	有组织	静电除尘器（注明电场数，如三电场、四电场等）、袋式除尘器（注明滤料种类）、电袋复合除尘器（同静电除尘器和袋式除尘器要求，注明电场数和滤料种类）、旋风除尘器、滤筒除尘器、其他	□是 □否 如采用不属于“6 污染防治可行技术要求”中的技术，应提供相关证明材料
		原料破碎系统无组织废气		无组织	在破碎、筛分、输送等阶段封闭操作，在各转载及下料口等产尘点设立局部或整体气体收集系统和净化处理装置，其他	
	斗式提升机、带式输送机、筛分机、其他	输送废气、筛分废气、投料废气、其他	颗粒物	有组织	静电除尘器（注明电场数，如三电场、四电场等）、袋式除尘器（注明滤料种类）、电袋复合除尘器（同静电除尘器和袋式除尘器要求，注明电场数和滤料种类）、旋风除尘器、滤筒除尘器、其他	
		备料与储存系统无组织废气	颗粒物	无组织	在筛分、输送等阶段封闭操作，硅质原料的均化在密闭的均化库中进行，在各转载及下料口等产尘点设立局部或整体气体收集系统和净化处理装置，在易产生扬尘的临时堆场设置不低于堆放物高度的严密围挡并采取有效覆盖，其他	
	混合机、斗式提升机、带式输送机、窑头料仓、其他	混合废气、输送废气、投料废气、其他	颗粒物	有组织	静电除尘器（注明电场数，如三电场、四电场等）、袋式除尘器（注明滤料种类）、电袋复合除尘器（同静电除尘器和袋式除尘器要求，注明电场数和滤料种类）、旋风除尘器、滤筒除尘器、其他	
		配料系统无组织废气		无组织	在混合、输送、投料等阶段封闭操作，在各转载及上料口等产尘点设立局部或整体气体收集系统和净化处理装置，其他	
	碎玻璃破碎机、带式输送机	破碎废气、输送废气、其他	颗粒物	有组织	静电除尘器（注明电场数，如三电场、四电场等）、袋式除尘器（注明滤料种类）、电袋复合除尘器（同静电除尘器和袋式除尘器要求，注明电场数和滤料种类）、旋风除尘器、滤筒除尘器、其他	
	投料机、玻璃熔窑	熔化	颗粒物	有组织	静电除尘器（注明电场数，如三电场、四电场等）、袋式除尘器（注明滤料种类）、电袋复合除尘器（同静电除尘器和袋式除尘器要求，注明电场数和滤料种类）、湿式电除尘器、其他	
			二氧化硫		使用低硫燃料、旋转喷雾法脱硫技术、烟气循环流化床法脱硫技术、石灰石/石灰-石膏法脱硫技术、钠碱法脱硫技术、双碱法脱硫技术、其他	

<table>
<tr><th rowspan="2">生产单元</th><th rowspan="2">生产设施</th><th rowspan="2">废气产污环节</th><th rowspan="2">污染物种类</th><th rowspan="2">排放形式</th><th colspan="2">污染治理设施</th></tr>
<tr><th>污染治理设施名称及工艺</th><th>是否为可行技术</th></tr>
<tr><td rowspan="4">浮法玻璃生产线</td><td rowspan="3">投料机、玻璃熔窑</td><td rowspan="3">熔化</td><td>氮氧化物</td><td rowspan="3">有组织</td><td>分级燃烧技术、全氧燃烧技术、纯氧燃烧技术、富氧燃烧技术、低氮燃烧器、选择性催化还原法（SCR）、其他</td><td></td></tr>
<tr><td>氯化氢、氟化物（以总F计）、烟气黑度（林格曼黑度，级）</td><td>协同处置</td><td>—</td></tr>
<tr><td>汞[a]、镉[a]、铬[a]、砷[a]、铅[a]、镍[a]、锌[a]</td><td>—</td><td>—</td></tr>
<tr><td>在线镀膜设备</td><td>在线镀膜</td><td>颗粒物、氯化氢、氟化物（以总F计）、锡及其化合物</td><td>有组织</td><td>吸收塔、焚烧装置</td><td>□是
□否
如采用不属于“6 污染防治可行技术要求”中的技术，应提供相关证明材料</td></tr>
<tr><td rowspan="10">压延玻璃生产线</td><td rowspan="2">粗破机、细破机、筛分机、斗式提升机、带式输送机、其他</td><td>破碎废气、筛分废气、输送废气、其他</td><td rowspan="2">颗粒物</td><td>有组织</td><td>静电除尘器（注明电场数，如三电场、四电场等）、袋式除尘器（注明滤料种类）、电袋复合除尘器(同静电除尘器和袋式除尘器要求，注明电场数和滤料种类）、旋风除尘器、滤筒除尘器、其他</td><td rowspan="10">□是
□否
如采用不属于“6 污染防治可行技术要求”中的技术，应提供相关证明材料</td></tr>
<tr><td>原料破碎系统无组织废气</td><td>无组织</td><td>在破碎、筛分、输送等阶段封闭操作，在各转载及下料口等产尘点设立局部或整体气体收集系统和净化处理装置，其他</td></tr>
<tr><td rowspan="2">斗式提升机、带式输送机、筛分机、其他</td><td>输送废气、筛分废气、投料废气、其他</td><td rowspan="2">颗粒物</td><td>有组织</td><td>静电除尘器（注明电场数，如三电场、四电场等）、袋式除尘器（注明滤料种类）、电袋复合除尘器(同静电除尘器和袋式除尘器要求，注明电场数和滤料种类）、旋风除尘器、滤筒除尘器、其他</td></tr>
<tr><td>备料与储存系统无组织废气</td><td>无组织</td><td>在筛分、输送等阶段封闭操作，在各转载及下料口等产尘点设立局部或整体气体收集系统和净化处理装置，在易产生扬尘的临时堆场设置不低于堆放物高度的严密围挡并采取有效覆盖，其他</td></tr>
<tr><td rowspan="2">混合机、斗式提升机、带式输送机、窑头料仓、其他</td><td>混合废气、输送废气、投料废气、其他</td><td rowspan="2">颗粒物</td><td>有组织</td><td>静电除尘器（注明电场数，如三电场、四电场等）、袋式除尘器（注明滤料种类）、电袋复合除尘器(同静电除尘器和袋式除尘器要求，注明电场数和滤料种类）、旋风除尘器、滤筒除尘器、其他</td></tr>
<tr><td>配料系统无组织废气</td><td>无组织</td><td>在混合、输送、投料等阶段封闭操作，在各转载及上料口等产尘点设立局部或整体气体收集系统和净化处理装置，其他</td></tr>
<tr><td>碎玻璃破碎机、带式输送机</td><td>破碎废气、输送废气、其他</td><td>颗粒物</td><td>有组织</td><td>静电除尘器（注明电场数，如三电场、四电场等）、袋式除尘器（注明滤料种类）、电袋复合除尘器(同静电除尘器和袋式除尘器要求，注明电场数和滤料种类）、旋风除尘器、滤筒除尘器、其他</td></tr>
<tr><td rowspan="3">投料机、玻璃熔窑</td><td rowspan="3">熔化</td><td>颗粒物</td><td rowspan="3">有组织</td><td>静电除尘器（注明电场数，如三电场、四电场等）、袋式除尘器（注明滤料种类）、电袋复合除尘器(同静电除尘器和袋式除尘器要求，注明电场数和滤料种类）、湿式电除尘器、其他</td></tr>
<tr><td>二氧化硫</td><td>使用低硫燃料、旋转喷雾法脱硫技术、烟气循环流化床法脱硫技术、石灰石/石灰-石膏法脱硫技术、钠碱法脱硫技术、双碱法脱硫技术、其他</td></tr>
<tr><td>氮氧化物</td><td>分级燃烧技术、全氧燃烧技术、纯氧燃烧技术、富氧燃烧技术、低氮燃烧器、选择性催化还原法（SCR）、其他</td></tr>
</table>

生产单元	生产设施	废气产污环节	污染物种类	排放形式	污染治理设施	
					污染治理设施名称及工艺	是否为可行技术
压延玻璃生产线	投料机、玻璃熔窑	熔化	氯化氢、氟化物（以总F计）、烟气黑度（林格曼黑度，级）	有组织	协同处置	—
			汞[a]、镉[a]、铬[a]、砷[a]、铅[a]、镍[a]、锌[a]		—	—
燃料供应单元	贮油设施	燃油系统	非甲烷总烃	无组织	加强储罐及输送管路的密封，严格控制无组织排放	—
	煤库、加工设备、筛分装备、上煤机	煤制气系统	颗粒物	有组织	静电除尘器（注明电场数，如三电场、四电场等）、袋式除尘器（注明滤料种类）、电袋复合除尘器（同静电除尘器和袋式除尘器要求，注明电场数和滤料种类）、旋风除尘器、滤筒除尘器、其他	□是 □否 如采用不属于“6 污染防治可行技术要求”中的技术，应提供相关证明材料
				无组织	煤炭储存于储库、堆棚中	
	煤气发生炉		硫化氢	无组织	—	—
	石油焦（粉）库、破碎装备、研磨装备、筛分设备、输送设备	破碎废气、研磨废气、筛分废气、输送废气、其他	颗粒物	有组织	静电除尘器（注明电场数，如三电场、四电场等）、袋式除尘器（注明滤料种类）、电袋复合除尘器（同静电除尘器和袋式除尘器要求，注明电场数和滤料种类）、旋风除尘器、滤筒除尘器、其他	□是 □否 如采用不属于“6 污染防治可行技术要求”中的技术，应提供相关证明材料
		燃石油焦系统无组织废气		无组织	在石油焦的储存、破碎、研磨、筛分、输送等阶段封闭操作，在输送设备及各转载点等产尘点设立局部或整体气体收集系统和净化处理装置	
公用单元	液氨储罐、氨水罐	液氨/氨水储存系统	氨气	无组织	氨水/液氨用全封闭罐车运输、配氨气回收或吸收回用装置、氨罐区设氨气泄漏检测设施	

[a] 适用于使用重油、煤焦油、石油焦的平板玻璃工业排污单位。

4.5.2.2 污染治理设施、有组织排放口编号

污染治理设施编号可填写平板玻璃工业排污单位内部编号，若平板玻璃工业排污单位无内部编号，则根据《关于开展火电、造纸行业和京津冀试点城市高架源排污许可证管理工作的通知》中的附件4《固定污染源（水、大气）编码规则（试行）》进行编号并填报。

有组织排放口编号填写地方环境保护主管部门现有编号，若地方环境保护主管部门未对排放口进行编号，则根据《关于开展火电、造纸行业和京津冀试点城市高架源排污许可证管理工作的通知》中的附件4《固定污染源（水、大气）编码规则（试行）》进行编号并填报。

4.5.2.3 排放口设置要求

根据《排污口规范化整治技术要求（试行）》，以及平板玻璃工业排污单位执行的排放标准中有关排放口规范化设置的规定，填报废气排放口设置是否符合规范化要求。

4.5.2.4 排放口类型

废气排放口分为主要排放口和一般排放口。平板玻璃工业排污单位废气主要排放口为经玻璃熔窑烟气治理设施处理后的净烟气排放口。除主要排放口之外的其他废气排放口均为一般排放口。

4.5.3 废水

4.5.3.1 废水类别、污染物种类及污染治理设施

平板玻璃工业排污单位废水类别、污染物种类、排放去向、排放规律及污染治理设施填报内容见表3。平板玻璃工业排污单位污染物种类依据GB 8978、GB/T 31962确定，有地方排放标准要求的，按照地方排放标准确定。

表 3 平板玻璃工业排污单位废水类别、污染物种类及污染治理设施一览表

废水类别	燃料类型	废水来源	污染物种类	污染治理设施	
				污染治理设施名称及工艺	是否为可行技术
原料车间冲洗废水	所有燃料	原料车间	pH、悬浮物、化学需氧量、石油类	混凝+沉淀、混凝+沉淀+过滤、其他	□是 □否 如采用不属于“6 污染防治可行技术要求”中的技术，应提供相关证明材料
余热锅炉循环冷却排污水	所有燃料	余热锅炉	pH、悬浮物、化学需氧量、氨氮	反渗透、其他	
生产设备循环冷却排污水	所有燃料	玻璃熔窑、锡槽等生产设备	pH、悬浮物、化学需氧量、氨氮	反渗透、其他	
软化水制备系统排污水	所有燃料	软化水制备系统	pH、悬浮物、化学需氧量	混凝+沉淀、混凝+沉淀+过滤、其他	
含酚废水	发生炉煤气	煤气发生炉	化学需氧量、挥发酚、总氰化物、硫化物	破乳+萃取+生化、其他	
含油废水	重油、煤焦油	储油设施	化学需氧量、悬浮物、石油类	隔油+混凝+气浮、其他	
脱硫废水	所有燃料	湿法脱硫系统	悬浮物、化学需氧量、氟化物、硫化物、总汞[a]、总镉[a]、总铬[a]、总砷[a]、总铅[a]、总镍[a]、总锌[a]	中和+絮凝+沉淀、其他	
生活污水	所有燃料	厂区生活	pH、悬浮物、化学需氧量、五日生化需氧量、氨氮、总磷、动植物油	化粪池、生物接触氧化工艺、活性污泥法、其他	
初期雨水	所有燃料	厂区	悬浮物、化学需氧量、氨氮、石油类[b]、挥发酚[c]、总氰化物[c]、硫化物[c]	混凝+沉淀、混凝+沉淀+过滤、中和+絮凝+沉淀、破乳+萃取+生化、隔油+混凝+气浮、其他	

[a] 适用于使用重油、煤焦油、石油焦的平板玻璃工业排污单位。
[b] 适用于使用重油、煤焦油的平板玻璃工业排污单位。
[c] 适用于使用煤气发生炉的平板玻璃工业排污单位。

4.5.3.2 排放去向及排放规律

平板玻璃工业排污单位应明确废水排放去向及排放规律。

排放去向分为不外排；排至厂内综合污水处理站；直接进入海域；直接进入江河、湖、库等水环境；进入城市下水道（再入江河、湖、库）；进入城市下水道（再入沿海海域）；进入城市污水处理厂；进入其他单位；工业废水集中处理设施；其他（包括回喷、回填、回灌、回用等）。

排放规律分为连续排放，流量稳定；连续排放，流量不稳定，但有周期性规律；连续排放，流量不稳定，但有规律，且不属于周期性规律；连续排放，流量不稳定，属于冲击型排放；连续排放，流量不稳定且无规律，但不属于冲击型排放；间断排放，排放期间流量稳定；间断排放，排放期间流量不稳定，但有周期性规律；间断排放，排放期间流量不稳定，但有规律，且不属于非周期性规律；间断排放，排放期间流量不稳定，属于冲击型排放；间断排放，排放期间流量不稳定且无规律，但不属于冲击型排放。

4.5.3.3 污染治理设施、排放口编号

污染治理设施编号可填写平板玻璃工业排污单位内部编号，若平板玻璃工业排污单位无内部编号，则根据《关于开展火电、造纸行业和京津冀试点城市高架源排污许可证管理工作的通知》中的附件 4《固定污染源（水、大气）编码规则（试行）》进行编号并填报。

排放口编号应填写地方环境保护主管部门现有编号，若地方环境保护主管部门未对排放口进行编号，则根据《关于开展火电、造纸行业和京津冀试点城市高架源排污许可证管理工作的通知》中的附件 4《固定污染源（水、大气）编码规则（试行）》进行编号并填报。

4.5.3.4 排放口设置要求

根据《排污口规范化整治技术要求（试行）》，以及平板玻璃工业排污单位执行的排放标准中有关排放口规范化设置的规定，填报排放口设置是否符合规范化要求。

4.5.3.5　排放口类型

废水排放口分为废水总排放口和车间或生产设施废水排放口，均为一般排放口。

4.6　其他要求

排污单位基本情况还应包括生产工艺流程图（包括全厂及各工序）和厂区总平面布置图。生产工艺流程图应至少包括主要生产设施（设备）、主要原辅燃料的流向、生产工艺流程等内容。厂区总平面布置图应至少包括主体设施、公辅设施、全厂污水处理站等，同时注明厂区雨水和污水排放口位置。

5　产排污环节对应排放口及许可排放限值确定方法

5.1　产排污环节对应排放口

5.1.1　废气排放口及执行标准

废气排放口应填报排放口地理坐标、排气筒高度、排气筒出口内径、国家或地方污染物排放标准、环境影响评价文件批复要求及承诺更加严格排放限值，其余项依据本标准 4.5 填报的产排污环节及排放口信息，由信息平台系统自动生成。

5.1.2　废水排放口及执行标准

废水直接排放口应填报排放口地理坐标、间歇排放时段、受纳自然水体信息、汇入受纳自然水体处地理坐标及执行的国家或地方污染物排放标准。废水间接排放口应填报排放口地理坐标、间歇排放时段、受纳污水处理厂名称及执行的国家或地方污染物排放标准。其余项依据本标准 4.5 填报的产排污环节及排放口信息，由信息平台系统自动生成。废水间歇式排放的，还应载明排放污染物的时段。

5.2　许可排放限值

5.2.1　一般原则

许可排放限值包括污染物许可排放浓度和许可排放量。许可排放量为年许可排放量，有核发权的地方环境保护主管部门可根据环境管理规定调整许可排放量的核算周期。

年许可排放量是指允许排污单位连续 12 个月排放的污染物最大排放量，年许可排放量同时适用于考核自然年的实际排放量。地方环境保护主管部门可根据需要将年许可排放量按月进行细化。

对于大气污染物，以排放口为单位确定主要排放口和一般排放口许可排放浓度，以厂界为单位确定无组织许可排放浓度。许可排放量为各主要排放口年许可排放量之和，一般排放口不设置许可排放量要求。对于水污染物，以排放口为单位确定许可排放浓度，不设置许可排放量要求。

按照国家或地方污染物排放标准等法律法规和管理制度要求，按照从严原则确定许可排放浓度，依据总量控制指标及本标准规定的方法从严确定许可排放量。2015 年 1 月 1 日（含）后取得环境影响评价文件批复的排污单位，许可排放限值还应同时满足环境影响评价文件和批复要求。

总量控制指标包括地方政府或环境保护主管部门发文确定的排污单位总量控制指标、环境影响评价文件批复时的总量控制指标、现有排污许可证中载明的总量控制指标、通过排污权有偿使用和交易确定的总量控制指标等地方政府或环境保护主管部门与排污许可证申领排污单位以一定形式确认的总量控制指标。

平板玻璃工业排污单位填报许可排放量时，应在《排污许可申请表》中写明申请的许可排放量计算过程。

平板玻璃工业排污单位申请的许可排放限值严于本标准规定的，排污许可证按照申请的许可排放限值核发。

5.2.2　许可排放浓度

5.2.2.1　废气

按照污染物排放标准确定平板玻璃工业排污单位许可排放浓度时，应依据 GB 26453 及地方排放标准从严确定。

大气污染防治重点控制区按照《关于执行大气污染物特别排放限值的公告》等相关文件的要求执行。其他执行大气污染物特别排放限值的地域范围、时间，由国务院环境保护主管部门或省级人民政府规定。

若执行不同许可排放浓度的多台生产设施或排放口采用混合方式排放废气，且选择的监控位置只能监测混合废气中的大气污染物浓度，则应执行各限值要求中最严格的许可排放浓度。

5.2.2.2 废水

按照污染物排放标准确定平板玻璃工业排污单位许可排放浓度时，应依据 GB 8978、GB/T 31962 及地方排放标准从严确定。

若平板玻璃工业排污单位在同一个废水排放口排放两种或两种以上工业废水，且每种废水同一种污染物的排放标准不同时，许可排放浓度按照 GB 8978 中附录 A 的要求确定。

5.2.3 许可排放量

5.2.3.1 一般原则

平板玻璃工业排污单位应明确颗粒物、二氧化硫、氮氧化物的许可排放量。

5.2.3.2 许可排放量核算方法

根据污染物许可排放浓度限值、单位产品基准排气量、产能确定大气污染物年许可排放量。

年许可排放量计算公式：

$$E_{年许可}=\sum_{i=1}^{n}E_i \tag{1}$$

式中：$E_{年许可}$——平板玻璃工业排污单位年许可排放量，t/a；

E_i——第 i 个主要排放口大气污染物年许可排放量，t/a。

对于非纯氧燃烧玻璃熔窑，按式（2）核算各主要排放口大气污染物年许可排放量。

$$E_i=Q_i\times\rho_i\times P_i\times T\times K\times10^{-9} \tag{2}$$

式中：Q_i——第 i 个主要排放口标准状态下的基准排气量，m^3/t 产品，具体见表 4；

ρ_i——第 i 个主要排放口污染物许可排放浓度限值，mg/m^3；

P_i——第 i 个主要排放口对应装置的产能，以玻璃液计，t/d；

T——环境影响评价文件批复或设计的年运行天数，d；

K——玻璃熔窑熔化量与产品产量转换系数，浮法工艺取 0.88，压延工艺取 0.85。

表 4 平板玻璃工业排污单位基准排气量表

序号	生产单元	主要工艺	排放口	排放口类别	规模等级	基准排气量/(m^3/t 产品)
1	浮法	熔化工序	经玻璃熔窑烟气治理设施处理后的净烟气排放口	主要排放口	日熔量≤500 t	4 410（4 950[a]）
					500 t＜日熔量≤600 t	4 220（4 500[a]）
					600 t＜日熔量≤900 t	4 080（4 250[a]）
					日熔量＞900 t	3 200
2	压延	熔化工序	经玻璃熔窑烟气治理设施处理后的净烟气排放口	主要排放口	—	4 394（4 550[a]）
[a] 适用于使用煤气发生炉的平板玻璃工业排污单位。						

对于纯氧燃烧玻璃熔窑，按式（3）核算各主要排放口大气污染物年许可排放量。

$$E_i=Q_i\times\rho_i\times P_i\times T\times10^{-9} \tag{3}$$

式中：Q_i——第 i 个主要排放口标准状态下的基准排气量，取 3 000 m^3/t（玻璃液）；

ρ_i——第 i 个主要排放口污染物许可排放浓度限值，mg/m^3；

P_i——第 i 个主要排放口对应装置的产能，以玻璃液计，t/d；

T——环境影响评价文件批复或设计的年运行天数，d。

平板玻璃工业排污单位实际生产能力不大于环境影响评价文件批复生产能力且具备有效在线监测数

据的，也可按 9.2 核算的前一自然年实际排放量为依据申请年许可排放量，其中浓度限值超标时段或者监测数据缺失时段的排放量不得计算在内。

6　污染防治可行技术要求

6.1　一般原则

本标准所列污染防治可行技术及运行管理要求可作为环境保护主管部门对排污许可证申请材料审核的参考。对于平板玻璃工业排污单位采用本标准所列可行技术的，原则上认为具备符合规定的污染治理设施或污染物处理能力。

对于未采用本标准所列污染防治可行技术的，平板玻璃工业排污单位应在申请时提供相关证明材料（如已有监测数据；对于国内外首次采用的污染防治技术还应提供中试数据等说明材料）证明可达到与污染防治可行技术相当的处理能力。

对不属于污染防治可行技术的污染防治技术，平板玻璃工业排污单位应加强自我监测、台账记录，评估达标可行性。待平板玻璃工业污染防治可行技术指南发布后，以规范性文件为准。

6.2　废气

6.2.1　可行技术

平板玻璃工业废气污染防治可行技术见表 5。

表 5　平板玻璃工业废气污染防治可行技术

环境要素	排放口	主要污染物	燃料名称	可行技术
废气有组织排放	原料破碎、筛分、储存、称量、混合、输送、投料等通风生产设备对应排气筒	颗粒物	所有燃料	袋式除尘器、电除尘器、电袋复合除尘器
	玻璃熔窑对应排气筒	颗粒物	所有燃料	高温电除尘器+袋式除尘器、高温电除尘器+湿式电除尘器
		二氧化硫	所有燃料	湿法脱硫技术（石灰石/石灰-石膏法）、半干法脱硫技术（烟气循环流化床法）
		氮氧化物（以 NO_2 计）	天然气	纯氧燃烧技术、选择性催化还原法（SCR）、低氮燃烧+选择性催化还原法（SCR）组合降氮技术
			发生炉煤气、焦炉煤气、重油、煤焦油、石油焦	选择性催化还原法（SCR）、低氮燃烧+选择性催化还原法（SCR）组合降氮技术
废气无组织排放	—	颗粒物	所有燃料	在原料破碎、筛分、储存、称量、混合、输送、投料等阶段封闭操作，在各转载及下料口等产尘点设立局部或整体气体收集系统和净化处理装置，硅质原料的均化在密闭的均化库中进行，煤炭储存于储库、堆棚中

6.2.2　运行管理要求

6.2.2.1　有组织排放控制要求

平板玻璃工业排污单位应按照相关法律法规、标准和技术规范等要求运行大气污染治理设施，并定期进行维护和管理，保证设施正常运行。

6.2.2.2　无组织排放控制要求

对于平板玻璃工业排污单位无组织排放源，应按主要工艺分别明确无组织排放控制要求，具体见表 6。

表 6　平板玻璃工业排污单位无组织排放控制要求

主要工艺	控制措施
原料破碎系统	（1）硅质原料的均化在密闭的均化库中进行； （2）粉料卸料口密闭或设置集气罩，并配备除尘设施； （3）在物料输送阶段选择密闭式斗式提升机或螺旋输送机、对皮带输送机进行有效密闭； （4）配料车间产生粉尘的设备和产尘点设置集气罩，并配备除尘设施
备料与储存系统	
配料系统	
碎玻璃系统	
燃油系统	加强储罐及输送管路的密封，严格控制无组织排放

主要工艺	控制措施
煤制气系统	煤炭储存于储库、堆棚中
燃石油焦系统	（1）在石油焦的储存、破碎、研磨、筛分、输送等阶段封闭操作； （2）在输送设备及各转载点等产尘点设立局部或整体气体收集系统和净化处理装置
液氨/氨水储存系统	氨水/液氨用全封闭罐车运输，配氨气回收或吸收回用装置，氨罐区设氨气泄漏检测设施
其他	（1）厂区运输道路全硬化、及时清扫、无积灰扬尘、定期洒水抑尘； （2）各收尘器、管道等设备运行完好，无粉尘外溢； （3）粉状物料采用新型散装罐车，在装车设备上加装通风除尘系统； （4）厂区设置车辆清洗、清扫装置

6.2.2.3　其他控制要求

a）禁止燃用不符合质量标准的石油焦，禁止掺烧高硫石油焦。

b）位于高污染燃料禁燃区内的平板玻璃工业排污单位，使用的燃料应符合《关于发布〈高污染燃料目录〉的通知》的相关要求。

c）应妥善收集、贮存废烟气脱硝催化剂及煤气发生炉产生的煤焦油，贮存应符合 GB 18597 的相关要求，并委托具有危险废物经营许可证的单位进行处置。

d）新、改、扩建项目的环境影响评价文件或地方相关规定中有原辅材料、燃料等其他污染防治强制要求的，还应根据环境影响评价文件或地方相关规定，明确其他需要落实的污染防治要求。

e）平板玻璃工业排污单位应按照相关文件要求向环境保护主管部门提交污染治理设施检维修计划，检维修计划应至少包括检维修的起始时间、情形描述、预计结束时间、拟采取应对措施等内容。污染治理设施检维修、故障期间，烟气经旁路排放时，平板玻璃工业排污单位应按照相关文件要求在规定时限内及时告知环境保护主管部门，并上报检维修总结，检维修总结应至少包括检维修的起始时间、情形描述、结束时间、采取的应对措施、检维修期间污染物的排放浓度和排放量等内容。

6.3　废水

6.3.1　可行技术

平板玻璃工业废水污染防治可行技术见表 7。

表 7　平板玻璃工业废水污染防治可行技术

排放方式	类型	主要污染物	可行技术
循环回用	原料车间冲洗废水	pH、悬浮物、化学需氧量、石油类	混凝+沉淀、混凝+沉淀+过滤等组合处理技术
	余热锅炉循环冷却排污水	pH、悬浮物、化学需氧量、氨氮	反渗透等深度处理技术
	生产设备循环冷却排污水	pH、悬浮物、化学需氧量、氨氮	反渗透等深度处理技术
	软化水制备系统排污水	pH、悬浮物、化学需氧量	混凝+沉淀、混凝+沉淀+过滤等组合处理技术
	脱硫废水	悬浮物、化学需氧量、氟化物、硫化物、总汞[a]、总镉[a]、总铬[a]、总砷[a]、总铅[a]、总镍[a]、总锌[a]	中和+絮凝+沉淀组合处理技术
	含酚废水	化学需氧量、挥发酚、总氰化物、硫化物	破乳+萃取+生化组合处理技术
	含油废水	悬浮物、化学需氧量、石油类	隔油+混凝+气浮组合处理技术
	生活污水	pH、悬浮物、化学需氧量、五日生化需氧量、氨氮、总磷、动植物油	生物处理技术（普通活性污泥法、A/O 法、接触氧化法、MBR 法等）
	初期雨水	悬浮物、化学需氧量、氨氮、石油类[b]、挥发酚[c]、总氰化物[c]、硫化物[c]	隔油+混凝+气浮组合处理技术[b]、破乳+萃取+生化组合处理技术[c]
排入城镇污水集中处理厂	原料车间冲洗废水	pH、悬浮物、化学需氧量、石油类	混凝+沉淀、混凝+沉淀+过滤等组合处理技术
	余热锅炉循环冷却排污水	pH、悬浮物、化学需氧量、氨氮	反渗透等深度处理技术
	生产设备循环冷却排污水	pH、悬浮物、化学需氧量、氨氮	反渗透等深度处理技术
	软化水制备系统排污水	pH、悬浮物、化学需氧量	混凝+沉淀、混凝+沉淀+过滤等组合处理技术

排放方式	类型	主要污染物	可行技术
排入城镇污水集中处理厂	脱硫废水	悬浮物、化学需氧量、氟化物、硫化物、总汞[a]、总镉[a]、总铬[a]、总砷[a]、总铅[a]、总镍[a]、总锌[a]	中和+絮凝+沉淀组合处理技术
	含酚废水	化学需氧量、挥发酚、总氰化物、硫化物	破乳+萃取+生化组合处理技术
	含油废水	悬浮物、化学需氧量、石油类	隔油+混凝+气浮组合处理技术
	生活污水	pH、悬浮物、化学需氧量、五日生化需氧量、氨氮、总磷、动植物油	生物处理技术（普通活性污泥法、A/O 法、接触氧化法、MBR 法等）
	初期雨水	悬浮物、化学需氧量、氨氮、石油类[b]、挥发酚[c]、总氰化物[c]、硫化物[c]	隔油+混凝+气浮组合处理技术[b]、破乳+萃取+生化组合处理技术[c]
直接排放地表水体	原料车间冲洗废水	pH、悬浮物、化学需氧量、石油类	一级处理（混凝、沉淀、过滤等）或二级处理（普通活性污泥法、A/O 法、接触氧化法、MBR 法等）
	余热锅炉循环冷却排污水	pH、悬浮物、化学需氧量、氨氮	反渗透等深度处理技术
	生产设备循环冷却排污水	pH、悬浮物、化学需氧量、氨氮	反渗透等深度处理技术
	软化水制备系统排污水	pH、悬浮物、化学需氧量	反渗透等深度处理技术
	脱硫废水	悬浮物、化学需氧量、氟化物、硫化物、总汞[a]、总镉[a]、总铬[a]、总砷[a]、总铅[a]、总镍[a]、总锌[a]	一级处理（中和、絮凝、沉淀等）+二级处理（普通活性污泥法、A/O 法、接触氧化法、MBR 法等）+深度处理技术（超滤/纳滤、反渗透等）
	含酚废水	化学需氧量、挥发酚、总氰化物、硫化物	破乳+萃取+生化+深度处理技术（超滤/纳滤、反渗透等）
	含油废水	悬浮物、化学需氧量、石油类	隔油+混凝+气浮+深度处理技术（超滤/纳滤、反渗透等）
	生活污水	pH、悬浮物、化学需氧量、五日生化需氧量、氨氮、总磷、动植物油	生物处理技术（普通活性污泥法、A/O 法、接触氧化法、MBR 法等）
	初期雨水	悬浮物、化学需氧量、氨氮、石油类[b]、挥发酚[c]、总氰化物[c]、硫化物[c]	隔油+混凝+气浮+深度处理技术（超滤/纳滤、反渗透等）[b]、破乳+萃取+生化+深度处理技术（超滤/纳滤、反渗透等）[c]

[a] 适用于使用重油、煤焦油、石油焦的平板玻璃工业排污单位。
[b] 适用于使用重油、煤焦油的平板玻璃工业排污单位。
[c] 适用于使用煤气发生炉的平板玻璃工业排污单位。

6.3.2　运行管理要求

平板玻璃工业排污单位应按照相关法律法规、标准和技术规范等要求运行水污染治理设施并进行维护和管理，保证设施正常运行。

平板玻璃工业排污单位产生的废水回用时需根据回用途径满足相应回用水水质标准要求。其中一类污染物按照国家或地方污染物排放标准执行。

平板玻璃工业排污单位应对厂区范围内的初期雨水进行收集、处理后回用或排放。

7　自行监测管理要求

7.1　一般原则

平板玻璃工业排污单位在申请排污许可证时，应按照本标准确定产排污环节、排放口、污染因子及许可排放限值等要求，制定自行监测方案并在《排污许可证申请表》中明确，《排污单位自行监测技术指南　平板玻璃工业》发布后，自行监测方案的制定从其要求。

有核发权的地方环境保护主管部门可根据环境质量改善需求，增加平板玻璃工业排污单位自行监测管理要求。2015 年 1 月 1 日（含）后取得环境影响评价文件批复的平板玻璃工业排污单位，其环境影响评价文件有其他管理要求的，应同步完善自行监测管理要求。

7.2　自行监测方案

自行监测方案中应包括排污单位的基本情况、监测点位及示意图、监测指标、执行排放标准及其限值、监测频次、采样和样品保存方法、监测分析方法和仪器、质量保证与质量控制、自行监测信息公开等。采用自动监测的平板玻璃工业排污单位，应如实填报采用自动监测的污染物指标、自动监测系统联网情况、自动监测系统的运行维护情况等；对于未采用自动监测的污染物指标，平板玻璃工业排污单位应填报开展手工监测的污染物排放口和监测点位、监测方法、监测频次。

7.3 自行监测要求

7.3.1 一般原则

平板玻璃工业排污单位可自行或委托第三方监测机构开展监测工作，并安排专人专职对监测数据进行记录、整理、统计和分析。平板玻璃工业排污单位对监测结果的真实性、准确性、完整性负责。手工监测时生产负荷应不低于本次监测与上一次监测周期内的平均生产负荷。

7.3.2 监测内容

自行监测污染源和污染物应包括排放标准中涉及的各项废气、废水污染源和污染物。平板玻璃工业排污单位应开展自行监测的污染源包括产生有组织废气、无组织废气、生产废水、生活污水、循环冷却水、雨水等的全部污染源；污染物包括颗粒物、二氧化硫、氮氧化物、氯化氢、氟化物（以总 F 计）等大气污染物以及 pH 值、悬浮物、化学需氧量、氨氮、石油类等水污染物。

平板玻璃工业排污单位根据各采购批次的燃料成分检测分析报告确定废气、废水中开展监测的重金属污染物。若未对燃料进行成分检测分析，则平板玻璃工业排污单位应监测本标准中规定的所有重金属污染物。

7.3.3 监测点位

7.3.3.1 废气外排口

废气监测点位、监测平台、监测断面和监测孔的设置应符合 GB/T 16157、HJ/T 75、HJ/T 397 等要求。净烟气直接排放的，应在净烟气烟道上设置监测点位；净烟气与原烟气混合排放的，应在排气筒或烟气汇合后的混合烟道上设置监测点位。有旁路的应在旁路烟道设置监测点位。平板玻璃工业排污单位应自行或委托第三方监测机构在全面测试烟气流速、污染物浓度分布基础上确定最具代表性的监测点位。

7.3.3.2 废水外排口

按照排放标准规定的监控位置设置废水外排口监测点位。废水排放量大于 100 t/d 的，应安装自动测流设施并开展流量自动监测。

排放标准规定的监控位置为车间或生产设施废水排放口、废水总排放口，在相应的废水排放口采样。废水直接排放的，在排污单位的排放口采样；废水间接排放的，在排污单位的污水处理设施排放口后、进入公共污水处理系统前的排污单位用地红线边界的位置采样。单独排入城镇集中污水处理设施的生活污水不需监测，对于单独排入海域、江河、湖、库等水环境的生活污水应按照 HJ/T 91 要求执行。

循环冷却水直接排入环境水体的，不得混入其他生产废水，且应严格控制水温。选取全厂循环冷却水排放口开展监测。对于有多个循环冷却水排放口的平板玻璃工业排污单位，对全部循环冷却水排放口开展监测。

选取全厂雨水排放口开展监测。对于有多个雨水排放口的排污单位，应对全部雨水排放口开展监测。雨水监测点位设在厂内雨水排放口后、排污单位用地红线边界位置。在确保雨水排放口有流量的前提下，应在雨后 15 min 内进行采样；在雨水口没有流量的前提下，可考虑在厂区雨水收集池内进行采样。

7.3.3.3 无组织排放

存在废气无组织排放源的，应设置无组织排放监测点位，具体要求按 GB 26453、HJ/T 55、HJ 819 执行。

7.3.3.4 内部监测点位

排放标准中有污染物去除效率要求的，应在进入相应污染物处理设施单元的进口设置监测点位。

使用重油、煤焦油、石油焦的平板玻璃工业排污单位，需在脱硫废水处理设施后设置监测点位。

环境管理有要求或排污单位认为有必要更好地说清楚自身污染治理及排放状况的，可在排污单位内部设置监测点，监测污染物浓度或与有毒有害污染物排放密切相关的关键工艺参数等。

7.3.3.5 周边环境质量影响监测点位

对于 2015 年 1 月 1 日（含）后取得环境影响评价文件批复的平板玻璃工业排污单位，周边环境质量影响监测点位按照环境影响评价文件的要求设置。

7.4 监测技术手段

自行监测的技术手段包括自动监测和手工监测。

平板玻璃工业排污单位应按照《关于加强京津冀高架源污染物自动监控有关问题的通知》和《平板玻璃行业规范条件（2014 年本）公告》等文件的要求，在主要排放口安装颗粒物、二氧化硫、氮氧化物自动监控设备。

有旁路烟道的平板玻璃工业排污单位应在旁路烟道安装颗粒物、二氧化硫、氮氧化物自动监控设备。鼓励对其他排放口及污染物采用自动监控设备监测，无法开展自动监测的，应采用手工监测。

7.5 监测频次

采用自动监测的，全天连续监测。平板玻璃工业排污单位应按照 HJ/T 75 开展自动监测数据的校验比对。按照《污染源自动监控设施运行管理办法》的要求，自动监测设施不能正常运行期间，应按要求将手工监测数据向环境保护主管部门报送，每天不少于 4 次，间隔不得超过 6 h。

采用手工监测的，监测频次不能低于国家或地方发布的标准、规范性文件、环境影响评价文件及其批复等明确规定的监测频次，污水排向敏感水体或接近集中式饮用水水源，废气排向特定的环境空气质量功能区的应适当增加监测频次；排放状况波动大的，应适当增加监测频次；历史稳定达标状况较差的需增加监测频次。

可参照表 8、表 9、表 10 确定自行监测频次。对于表 8 中未涉及的其他排放口，有明确排放标准的，应按照填报的产排污环节明确废气污染物监测指标及频次，监测频次原则上不得低于 1 次/年。地方环境保护主管部门可根据环境质量改善需求，制定更严格的监测频次要求。

表 8 有组织废气污染物最低监测频次

主要工艺	生产设施	监测点位	监测指标	最低监测频次
原料破碎系统	粗破机、细破机、筛分机、斗式提升机、带式输送机	各装置对应排气筒	颗粒物	年
备料与储存系统	斗式提升机、带式输送机、筛分机			
配料系统	混合机、斗式提升机、带式输送机、窑头料仓			
碎玻璃系统	碎玻璃破碎机、带式输送机			
熔化工序	玻璃熔窑	熔窑对应排气筒	二氧化硫、氮氧化物（以 NO_2 计）、颗粒物	自动监测
			烟气黑度（林格曼，级）	年
			氯化氢、氟化物（以总 F 计）	半年
			汞[a]、镉[a]、铬[a]、砷[a]、铅[a]、镍[a]、锌[a]	半年
成型退火工序	在线镀膜设备	设备对应排气筒	颗粒物、氯化氢、氟化物（以总 F 计）、锡及其化合物	半年
煤制气系统	煤库、加工设备、筛分装备、上煤机	各装置对应排气筒	颗粒物	半年
燃石油焦系统	石油焦（粉）库、破碎装备、研磨装备、筛分设备、输送设备	各装置对应排气筒	颗粒物	半年

[a] 适用于以重油、煤焦油、石油焦为燃料的平板玻璃工业排污单位。

表 9 无组织废气污染物最低监测频次

监测点位	监测指标	最低监测频次	适用条件
厂界[a]	颗粒物	半年	适用于所有平板玻璃工业排污单位
氨罐区周边	氨	半年	适用于用液氨为原料制氢的平板玻璃工业排污单位及以氨水、液氨作为还原剂的平板玻璃工业排污单位
煤气发生炉周边	硫化氢	半年	适用于使用煤气发生炉的平板玻璃工业排污单位

[a] 厂界监测点位设置执行 GB 26453 中相关规定。

表 10 废水污染物最低监测频次

监测点位	燃料类型	监测指标	最低监测频次
废水总排口	所有燃料	pH、悬浮物、化学需氧量、氨氮、流量	日
		总磷、动植物油、石油类	月/季度[a]
	重油、煤焦油、石油焦	氟化物、硫化物、总锌	月/季度[a]
	发生炉煤气	挥发酚、总氰化物、硫化物	月/季度[a]
循环冷却水排放口	所有燃料	pH、悬浮物、化学需氧量、氨氮、流量	季度
脱硫废水处理设施排放口	重油、煤焦油、石油焦	总汞、总镉、总铬、总砷、总铅、总镍、流量	月/季度[a]

注：雨水排放口监测化学需氧量，若使用重油、煤焦油为燃料，还需监测氨氮、石油类，排放期间每日至少开展一次监测。

[a] 废水直接排放的，监测频次按月执行；废水间接排放的，监测频次按季度执行。

7.6 采样和测定方法

7.6.1 自动监测

废气自动监测参照 HJ/T 75、HJ/T 76 执行。

废水自动监测参照 HJ/T 353、HJ/T 354、HJ/T 355、HJ/T 356 执行。

7.6.2 手工采样

有组织废气手工采样方法的选择参照 GB/T 16157、HJ/T 397 执行，单次监测中，气态污染物采样应获得小时浓度均值。无组织废气手工采样方法参照 HJ/T 55 执行。周边大气环境质量监测点采样方法参照 HJ/T 194 执行。

废水手工采样方法的选择参照 HJ 494、HJ 495 和 HJ/T 91 执行。

7.6.3 测定方法

废气、废水污染物的测定按照相应排放标准中规定的污染物浓度测定方法标准执行，国家或地方法律法规等另有规定的，从其规定。

7.7 数据记录要求

监测期间手工监测的记录和自动监测运维记录按照 HJ 819 执行。

应同步记录监测期间的生产工况。

7.8 监测质量保证与质量控制

按照 HJ 819、HJ/T 373、《排污单位自行监测技术指南 平板玻璃工业》的要求，排污单位应根据自行监测方案及开展状况，梳理全过程监测质控要求，建立自行监测质量保证与质量控制体系。

7.9 自行监测信息公开

平板玻璃工业排污单位应按照 HJ 819 要求进行自行监测信息公开。

8 环境管理台账与排污许可证执行报告编制要求

8.1 环境管理台账记录要求

8.1.1 一般原则

平板玻璃工业排污单位在申请排污许可证时，应按本标准规定，在排污许可证申请表中明确环境管理台账记录要求。

平板玻璃工业排污单位应建立环境管理台账制度，设置专职人员进行台账的记录、整理、维护和管理，并对台账记录结果的真实性、准确性、完整性负责。

为实现台账便于携带、作为许可证执行情况佐证并长时间储存的目的以及导出原始数据，加工分析、综合判断运行情况的功能，台账应当按照电子化储存和纸质储存两种形式同步管理。台账保存期限不得少于 3 年。

平板玻璃工业排污单位排污许可证台账应真实记录生产设施信息和污染治理设施信息，其中，生产设施信息包括基本信息和生产设施运行管理信息，污染治理设施信息包括基本信息、污染治理设施运行管理信息、监测记录信息、其他环境管理信息等内容。

8.1.2　生产设施信息

生产设施信息包括基本信息和生产设施运行管理信息。生产设施基本信息应记录设施名称、设施编码、生产负荷等。生产设施运行管理信息应记录正常情况主要产品产量、原辅料及燃料使用情况等数据。其中，生产设施信息按天记录，记录内容参见附录 A 中表 A.1。原辅料及燃料信息按批次记录，记录内容参见附录 A 中表 A.2 与表 A.3。

8.1.3　污染治理设施信息

8.1.3.1　污染治理设施基本信息

污染治理设施基本信息应按照设施类别分别记录设施名称、编码、设计参数等，废气污染治理设施的设计参数应至少包含设计处理风量、处理效率、设计污染物排放浓度限值等信息。废水污染治理设施的设计参数应至少包含处理工艺、设计处理能力、设计进水水质、设计出水水质等信息。

8.1.3.2　污染治理设施运行管理信息

平板玻璃工业排污单位污染治理设施运行管理信息应按照有组织废气污染治理设施、无组织废气控制措施以及废水污染治理设施三种类型分别进行运行管理信息的记录。

a）有组织废气

有组织废气污染治理设施运行管理信息应按各主要生产工艺分别记录所在主要工艺名称、该主要工艺全部排放口治理设施数量、污染治理设施名称及编号，并按班次记录治理设施是否正常运转。记录内容可参见附录 A 中表 A.4。

主要排放口污染治理设施运行管理还应保留自动监测系统彩色曲线图，注明生产线编号及各条曲线含义，相同参数使用同一颜色。根据参数的变化区间合理设定参数量程，每台设备或生产线核算期同一参数量程保持不变。对曲线图中的不同参数进行合理布局，避免重叠。各自动监测系统记录曲线应至少包括以下内容：

脱硫曲线应包括标态烟气量、氧含量、原烟气二氧化硫浓度（折标）、净烟气二氧化硫浓度（折标）、出口烟气温度等信息。

脱硝曲线应包括标态烟气量、氧含量、原烟气氮氧化物浓度（折标）、净烟气氮氧化物浓度（折标）、出口烟气温度等信息；

除尘曲线应包括标态烟气量、氧含量、原烟气颗粒物浓度（折标）、净烟气颗粒物浓度（折标）、出口烟气温度等信息。

b）无组织废气

无组织排放控制措施应记录各主要生产工艺无组织排放污染因子、采用的无组织排放控制措施，并按班次记录控制措施运行参数，运行参数应包含：洒水次数、清扫频次、原料场地检查密闭情况、是否出现破损等。记录内容可参见附录 A 中表 A.5。

c）废水

废水治理设施运行管理信息应记录污染治理设施名称及工艺、污染治理设施编号、废水类型、治理设施规格参数，并按班次记录污染治理设施运行参数，运行参数包括累计运行时间、废水处理量、废水排放量、废水回用量、药剂投加种类及投加量。全厂综合污水治理设施运行参数还应按日记录实际进出水水质，包括 pH 值、化学需氧量、氨氮、流量等。记录内容可参见附录 A 中表 A.6。

8.1.3.3　监测记录信息

a）有组织废气

有组织废气污染物排放情况手工监测记录信息应包括采样日期、样品数量、采样方法、采样人姓名等采样信息，并记录排放口编码、标况烟气量、排放口温度、污染因子、许可排放浓度限值、监测浓度、监测浓度（折标）、测定方法以及是否超标等信息。若监测结果超标，应说明超标原因。记录内容参见附录 A 中表 A.7。

b）无组织废气

无组织废气污染物排放情况手工监测记录信息应包括记录采样日期、无组织采样点位数量、各点位样品数量、采样方法、采样人姓名等采样信息，并记录无组织排放工序、污染因子、采样点位、各采样点监测浓度、许可排放浓度限值、测定方法、是否超标。若监测结果超标，应说明超标原因。记录内容参见附录 A 中表 A.8。

c）废水

废水污染物排放情况手工监测记录信息应包括采样日期、样品数量、采样方法、采样人姓名等采样信息，并记录排放口编码、废水类型、水温、出口流量、污染因子、出口浓度、许可排放浓度限值、测定方法以及是否超标。若监测结果超标，应说明超标原因。记录内容参见附录 A 中表 A.9。

d）自动监测运维记录

自动监测运维记录信息应包括自动监测系统运行状况、系统辅助设备运行状况、系统校准、校验工作等；仪器说明书及相关标准规范中规定的其他检查项目等。

8.1.3.4 其他环境管理信息

平板玻璃工业排污单位应记录污染治理设施检维修、故障等非正常情况下的相关信息。记录信息包括非正常起始时刻、非正常恢复时刻、事件原因、是否报告、应对措施，并按生产设施与污染治理设施填写具体情况：生产设施应记录设施名称、编号、产品产量、原辅料消耗量、燃料消耗量等；污染治理设施应记录设施名称及工艺、编号、污染因子、排放浓度、排放量等信息。记录内容参见附录 A 中表 A.10。

非正常情况下平板玻璃工业排污单位应保留自动监测系统彩色曲线图，相关要求同正常情况下主要排放口的要求。

8.2 排污许可证执行报告编制要求

8.2.1 执行报告分类及频次

8.2.1.1 执行报告分类

排污许可证执行报告按报告周期分为年度执行报告、半年执行报告、季度执行报告和月度执行报告。持有排污许可证的平板玻璃工业排污单位，均应按照本标准规定提交年度执行报告与季度执行报告。地方环境保护主管部门有更高要求的，排污单位还应根据其规定，提交半年报告或月度执行报告。排污单位应在全国排污许可证管理信息平台上填报并提交执行报告，同时向有排污许可证核发权限的环境保护主管部门提交通过平台印制的书面执行报告。

8.2.1.2 报告频次

a）年度执行报告

平板玻璃工业排污单位应至少每年上报一次排污许可证年度执行报告，于次年 1 月底前提交至排污许可证核发机关。对于持证时间不足 3 个月的，当年可不上报年度执行报告，排污许可证执行情况纳入下一年年度执行报告。

b）半年执行报告

平板玻璃工业排污单位每半年上报一次排污许可证半年执行报告，上半年执行报告周期为当年 1 月至 6 月，于每年 7 月底前提交至排污许可证核发机关，提交年度执行报告的可免报下半年的半年执行报告。对于持证时间不足 3 个月的，该报告周期内可不上报半年执行报告，排污许可证执行情况纳入下一次半年/年度执行报告。

c）月度/季度执行报告

平板玻璃工业排污单位每月度/季度上报一次排污许可证月度/季度执行报告，于下一周期首月 15 日前提交至排污许可证核发机关，提交季度执行报告、半年执行报告或年度执行报告时，可免报当月月度执行报告。对于持证时间不足 10 d 的，该报告周期内可不上报月度执行报告，排污许可证执行情况纳入下一月度执行报告。对于持证时间不足一个月的，该报告周期内可不上报季度执行报告，排污许可证执行情况纳入下一季度执行报告。

8.2.2 年度执行报告编制规范

平板玻璃工业排污单位应根据环境管理台账记录等信息归纳总结报告期内排污许可证执行情况，按照执行报告提纲编写年度执行报告，保证执行报告的规范性和真实性，按时提交至发证机关。年度执行报告编制内容应包括以下 13 部分，各部分详细内容应按附录 B 进行编制：

a）基本生产信息；

b）遵守法律法规情况；

c）污染防治设施运行情况；

d）自行监测情况；

e）台账管理情况；

f）实际排放情况及合规判定分析；

g）排污费（环境保护税）缴纳情况；

h）信息公开情况；

i）排污单位内部环境管理体系建设与运行情况；

j）其他排污许可证规定的内容执行情况；

k）其他需要说明的问题；

l）结论；

m）附图、附件。

8.2.3 半年、月/季度执行报告编制规范

排污单位半年执行报告主要内容应至少包括 8.2.2 中年度执行报告 a）、c）至 f）。

排污单位月/季度执行报告应至少包括 8.2.2 中年度执行报告 f）及 c）中超标排放或污染防治设施异常的情况说明。

9 实际排放量核算方法

9.1 一般原则

平板玻璃工业排污单位实际排放量为正常情况和非正常情况实际排放量之和。

平板玻璃工业排污单位应核算废气污染物有组织实际排放量和废水污染物实际排放量，不核算废气污染物无组织实际排放量。核算方法包括实测法、物料衡算法、产排污系数法等。

对于排污许可证中载明应采用自动监测的排放口和污染物，根据符合监测规范的有效自动监测数据采用实测法核算实际排放量。

对于排污许可证中载明应采用自动监测的排放口或污染物而未采用的，采用物料衡算法或产排污系数法按直排核算污染物的实际排放量。

对于排污许可证未要求采用自动监测的排放口或污染物，按照优先顺序依次选取自动监测数据、执法和手工监测数据、产排污系数法或物料衡算法进行核算。在采用手工和执法监测数据进行核算时，还应以产排污系数法或物料衡算法进行校核。监测数据应符合国家环境监测相关标准技术规范要求。

9.2 废气

9.2.1 正常情况实际排放量核算方法

9.2.1.1 正常情况主要排放口实际排放量

正常情况下各主要排放口二氧化硫、氮氧化物、颗粒物的实际排放量核算方法采用实测法，以自动监测实测法为主，根据符合监测规范的污染物有效自动监测小时平均排放质量浓度、平均烟气量或流量、运行时间核算污染物实际排放量，具体见式（4）。

$$M_{j主要排放口}=\sum_{i=1}^{n}(\rho_i \times Q_i \times 10^{-9}) \tag{4}$$

式中：$M_{j\,主要排放口}$——正常情况下核算时段内第 j 个主要排放口废气污染物实际排放量，t；

ρ_i——第 j 个主要排放口在第 i 小时的实测平均排放质量浓度，mg/m^3；

Q_i——第 j 个主要排放口在第 i 小时标准状态下实测干排气量，m^3；

n——核算时段内的主要排放口污染物排放时间，h。

对于因自动监控设备发生故障以及其他情况导致数据缺失的按照 HJ/T 75 进行补遗。缺失时段超过25%的，自动监测数据不能作为核算实际排放量的依据，实际排放量按照“要求采用自动监测的排放口或污染因子而未采用”的相关规定进行核算。

平板玻璃工业排污单位提供充分证据证明在线数据缺失、数据异常等不是排污单位责任的，可按照排污单位提供的手工监测数据等核算实际排放量，或者按照上一个半年申报期间的稳定运行期间自动监测数据的小时浓度均值和半年平均烟气量核算数据缺失时段的实际排放量。

正常情况下平板玻璃工业排污单位全厂主要排放口二氧化硫、氮氧化物、颗粒物的实际排放量计算公式具体见式（5）。

$$E_{主要排放口}=\sum_{j=1}^{m}M_{j主要排放口} \tag{5}$$

式中：$E_{主要排放口}$——正常情况下平板玻璃工业排污单位全厂主要排放口废气污染物实际排放量，t；

$M_{j\,主要排放口}$——正常情况下核算时段内第 j 个主要排放口废气污染物实际排放量，t；

m——平板玻璃工业排污单位主要排放口总数量。

9.2.1.2 正常情况一般排放口实际排放量

正常情况下一般排放口颗粒物的实际排放量可采用自动监测实测法或手工监测实测法核算。自动监测实测法参见 9.2.1.1。

手工监测实测法是指根据每次手工监测时段内污染物的小时平均排放质量浓度、平均烟气量、核算时段内累计运行时间核算污染物实际排放量，核算方法见式（6）与式（7）。排污单位应将手工监测时段内生产负荷与核算时段内的平均生产负荷进行对比，并给出对比结果。

$$M_{j一般排放口}=\sum_{i=1}^{n}(\rho_i \times Q_i \times 10^{-9} \times T) \tag{6}$$

$$E_{一般排放口}=\sum_{j=1}^{m}M_{j一般排放口} \tag{7}$$

式中：$M_{j\,一般排放口}$——正常情况下核算时段内第 j 个一般排放口污染物的实际排放量，t；

ρ_i——第 j 个一般排放口污染物实测平均排放质量浓度，mg/m^3；

Q_i——第 j 个一般排放口标准状态下干排气量，m^3/h；

T——第 j 个核算时段内一般排放口累计运行时间，h；

$E_{一般排放口}$——核算时段内平板玻璃工业排污单位全厂一般排放口污染物的实际排放量，t；

m——平板玻璃工业排污单位一般排放口总数量。

9.2.1.3 正常情况实际排放量核算方法

正常情况下平板玻璃工业排污单位全厂污染物实际排放量计算公式具体见式（8）。

$$E_{正常情况}=E_{主要排放口}+E_{一般排放口} \tag{8}$$

式中：$E_{正常情况}$——正常情况下平板玻璃工业排污单位全厂废气污染物实际排放量，t；

$E_{主要排放口}$——正常情况下平板玻璃工业排污单位全厂主要排放口废气污染物实际排放量，t；

$E_{一般排放口}$——正常情况下平板玻璃工业排污单位全厂一般排放口废气污染物实际排放量，t。

9.2.2 非正常情况实际排放量核算方法

在污染治理设施检维修、故障等非正常情况下，按式（4）核定二氧化硫、氮氧化物、颗粒物的实际排放量。

非正常情况下平板玻璃工业排污单位全厂污染物实际排放量计算公式具体见式（9）。

$$E_{非正常情况}=\sum_{j=1}^{m}M_{j非正常情况} \tag{9}$$

式中：$E_{非正常情况}$——非正常情况下平板玻璃工业排污单位全厂废气污染物实际排放量，t；

$M_{j非正常情况}$——非正常情况下监测时段内第 j 个排放口（含旁路）废气污染物实际排放量，t；

m——非正常情况下排放烟气的排放口（含旁路）总数量。

9.2.3 全厂污染物实际排放量核算方法

平板玻璃工业排污单位应按式（10）核算颗粒物、二氧化硫、氮氧化物实际排放量。

$$E_{排污单位}=E_{正常情况}+E_{非正常情况} \tag{10}$$

其他大气污染物如需核算实际排放量，可参照式（10）进行核算。

9.3 废水

9.3.1 正常情况

平板玻璃工业排污单位外排水应按照本标准 7.5 要求开展自行监测，并按照式（11）及式（12）核算全厂各类水污染物排放量。

$$E_{i废水}=\sum_{j=1}^{n}(\rho_{ij}\times Q_{ij}\times 10^{-6}) \tag{11}$$

$$E_{废水}=\sum_{i=1}^{m}E_{i废水} \tag{12}$$

式中：$E_{i废水}$——核算时段内第 i 个废水排放口污染物的实际排放量，t；

ρ_{ij}——第 i 个排放口在第 j 日的实测平均排放质量浓度，mg/L；

Q_{ij}——第 i 个排放口在第 j 日的实测流量，m^3/d；

n——核算时段内的污染物排放时间，d；

$E_{废水}$——平板玻璃工业排污单位全厂废水排放口污染物实际排放量，t；

m——平板玻璃工业排污单位废水排放口总数量。

对要求采用自动监测的排放口或污染因子，在自动监测数据由于某种原因出现中断或其他情况下，应按照 HJ/T 356 进行补遗。

要求采用自动监测的排放口或污染因子而未采用的，采用产排污系数法核算化学需氧量、氨氮排放量，按直排进行核算。

对未要求采用自动监测的排放口或污染因子，采用手工监测数据进行核算。手工监测数据包括核算时间内的所有执法监测数据和排污单位自行或委托第三方的有效手工监测数据，排污单位自行或委托的手工监测频次、监测期间生产工况、数据有效性等须符合相关规范文件等要求。

位于总磷、总氮总量控制区内的平板玻璃工业排污单位总磷、总氮实际排放量核算方法同上。

9.3.2 非正常情况

废水处理设施非正常情况下的排水，如无法满足排放标准要求时，不应直接排入外环境，待废水处理设施恢复正常运行后方可排放。如因特殊原因造成污染治理设施未正常运行超标排放污染物的或偷排偷放污染物的，按产污系数与未正常运行时段（或偷排偷放时段）的累计排水量核算非正常排放期间实际排放量。

10 合规判定方法

10.1 一般原则

合规是指平板玻璃工业排污单位许可事项和环境管理要求符合排污许可证规定。许可事项合规是指平板玻璃工业排污单位排放口位置和数量、排放方式、排放去向、排放污染物种类、排放限值符合许可证规定。其中，排放限值合规是指平板玻璃工业排污单位污染物实际排放浓度和排放量满足许可排放限值要求。环境管理要求合规是指平板玻璃工业排污单位按许可证规定落实自行监测、台账记录、执行报告、信息公开等环境管理要求。

平板玻璃工业排污单位可通过环境管理台账记录、执行报告、自行监测、信息公开等内容，自证其依证排污，满足排污许可证要求。环境保护主管部门可依据平板玻璃工业排污单位环境管理台账、执行报告、自行监测记录中的内容，判断其污染物排放浓度和排放量是否满足许可排放限值要求，也可通过执法监测判断其污染物排放浓度是否满足许可排放限值要求。

10.2 废气

10.2.1 排放浓度合规判定

10.2.1.1 正常情况

平板玻璃工业排污单位废气排放浓度合规是指各有组织排放口和厂界无组织污染物排放浓度满足5.2.2.1 要求。

a）执法监测

按照监测规范要求获取的执法监测数据超过许可排放浓度限值的，即视为超标。根据 GB/T 16157、HJ/T 55、HJ/T 397 确定监测要求。

b）排污单位自行监测

1）自动监测

按照监测规范要求获取的有效自动监测数据计算得到的有效小时浓度均值（林格曼黑度除外）与许可排放浓度限值进行对比，超过许可排放浓度限值的，即视为超标。对于应采用自动监测而未采用的排放口或污染物，即视为不合规。自动监测小时浓度均值是指“整点 1 h 内不少于 45 min 的有效数据的算术平均值”。

2）手工监测

对于未要求采用自动监测的排放口或污染物，应进行手工监测。按照自行监测方案、监测规范要求获取的监测数据计算得到的有效小时浓度均值超过许可排放浓度限值的，即视为超标。

根据 GB/T 16157 和 HJ/T 397，小时浓度均值指“1 h 内等时间间隔采样 3～4 个样品监测结果的算术平均值”。

c）若同一时段的执法监测数据与排污单位自行监测数据不一致，执法监测数据符合法定的监测标准和监测方法的，以该执法监测数据为准。

10.2.1.2 非正常情况

对于已建备用污染治理设施且已拆除旁路或实行旁路挡板铅封的平板玻璃工业排污单位，非正常情况切换脱硝设施时，脱硝设施启动 6 h 内的氮氧化物排放数据可不作为合规判定依据。

10.2.2 排放量合规判定

平板玻璃工业排污单位污染物排放量合规是指正常情况主要排放口实际排放量和非正常情况实际排放量之和满足年许可排放量要求。

10.2.3 无组织排放控制要求合规判定

平板玻璃工业排污单位无组织排放合规性以现场检查本标准 6.2.2.2 无组织排放控制要求落实情况为主，必要时，辅以现场监测方式判定平板玻璃工业排污单位无组织排放合规性。

10.3 废水

平板玻璃工业排污单位各废水排放口污染物的排放浓度合规是指“任一有效日均值（pH 值除外）均满足许可排放浓度要求”。各项废水污染物有效日均值根据排污单位自行监测（包括自动监测和手工监测）、执法监测进行确定。

a）执法监测

按照监测规范要求获取的执法监测数据与许可排放浓度限值进行对比，超过许可排放浓度限值的，即视为超标。根据 HJ/T 91 确定监测要求。

b）排污单位自行监测

1）自动监测

按照监测规范要求获取的自动监测数据计算得到有效日均浓度值（pH 值除外）与许可排放浓度限值进行对比，超过许可排放浓度限值的，即视为超标。对于应采用自动监测而未采用的排放口或污染物，即视为不合规。

对于自动监测，有效日均浓度是对应于以每日为一个监测周期内获得的某个污染物的多个有效监测数据的平均值。在同时监测污水排放流量的情况下，有效日均值是以流量为权的某个污染物的有效监测数据的加权平均值；在未监测污水排放流量的情况下，有效日均值是某个污染物的有效监测数据的算术平均值。

自动监测的有效日均浓度应根据 HJ/T 355 和 HJ/T 356 等相关文件确定。

2）手工监测

对于未要求采用自动监测的排放口或污染物，应进行手工监测。按照自行监测方案、监测规范要求开展的手工监测，当日各次监测数据平均值或当日混合样监测数据（pH 值除外）超过许可排放浓度限值的，即视为超标。

c）若同一时段的执法监测数据与排污单位自行监测数据不一致，执法监测数据符合法定的监测标准和监测方法的，以该执法监测数据为准。

10.4　管理要求合规判定

环境保护主管部门依据排污许可证中的管理要求，以及平板玻璃工业相关技术规范，审核环境管理台账记录和排污许可证执行报告；检查平板玻璃工业排污单位是否按照自行监测方案开展自行监测；是否按照排污许可证中环境管理台账记录要求记录相关内容，记录频次、形式等是否满足排污许可证要求；是否按照要求定期上报执行报告，上报内容是否符合要求等；是否按照排污许可证要求定期开展信息公开。

附　录　A

（资料性附录）

环境管理台账记录参考表（略）

附　录　B

（资料性附录）

排污许可证执行报告编制内容（略）

排污许可证申请与核发技术规范 玻璃工业——平板玻璃

编制说明

1 项目背景

1.1 任务来源

美国、欧盟等发达国家和地区拥有完善的排污许可体系，并有效支撑了各种环境管理制度发挥作用，我国排污许可制度尚处于初始阶段。平板玻璃行业作为《大气污染防治行动计划》中规定的重点行业，尚无排污许可证申请与核发的具体指导文件。为控制重点行业污染排放，2016 年 6 月环境保护部下达了《关于征集 2017 年度国家环境保护标准计划项目承担单位的通知》，开展 2017 年度国家环境保护标准计划项目承担单位征集工作。

北京市环科环境工程设计所牵头承担了《排污许可证申请与核发技术规范 平板玻璃工业》制定工作。参与单位：河北科技大学、恒联海航（北京）管理咨询有限公司、中国建筑玻璃与工业玻璃协会、环境保护部环境工程评估中心和河北省环境科学学会。

1.2 工作过程

a）前期准备阶段

接受国家下达的规范制订任务后，北京市环科环境工程设计所组织河北科技大学、恒联海航（北京）管理咨询有限公司、环境保护部环境工程评估中心、中国建筑玻璃与工业玻璃协会和河北省环境科学学会组建了规范编制小组。编制组根据火电、造纸行业排污许可证申请与核发技术规范的内容，确定了标准的大纲、工作任务、主要研究内容及技术难点，对行业现状、主要工艺及产排污特点、污染治理技术等方面开展了资料调研及现场调研工作。

b）开题论证阶段

项目立项后，编制组完成了标准开题报告和初稿，并于 2017 年 3 月 10 日在北京组织召开了标准的开题论证会，来自环境保护部科技委、环境保护部环境标准研究所、中国环境监测总站、中国建材凯盛科技集团公司、秦皇岛玻璃工业研究设计院、中国玻璃控股有限公司、北京航空航天大学的专家对规范初稿进行了论证，并提出修改建议和意见。

c）征求意见阶段

针对开题论证会专家提出的意见，编制组通过密集的调研和座谈，确定了规范内容的依据和原则，进一步修改和完善了规范初稿，形成了征求意见稿。2017 年 5 月 27 日，编制组在北京召开了标准征求意见稿审查会，并通过了标准征求意见稿的技术审查。

标准征求意见期间，在试点省市环境保护局的组织下，编制组赴试点城市向该地区的平板玻璃工业排污单位召开了标准宣贯座谈会，并随后赶赴三家平板玻璃工业企业开展现场试填报工作，对宣贯座谈会收集的意见及试填报工作发现的问题进行了收集整理。

d）送审阶段

根据征求意见阶段各方反馈的修改意见及试填报期间发现的问题，编制组对标准征求意见稿进行了修改完善工作。针对部分反馈意见，编制组于 8 月 6 日召开专家咨询会，邀请来自玻璃工业研究设计院的专家、企业的代表以及工程设计施工方面的专家就基准排气量的确定、旁路排放周期及监测、特殊时段污染物排放情况豁免等问题开展了讨论工作。在上述工作基础上，形成了送审稿。

e）报批阶段

根据标准送审稿技术审查会中专家提出的修改意见，对标准内容进行了修改、完善，在此基础上形成了报批稿。

2 行业概况

2.1 平板玻璃主要生产工艺分类

平板玻璃按生产工艺主要分为浮法、压延法和拉制法。

浮法是将玻璃液漂浮在金属液面上制得平板玻璃的一种方法。它是将玻璃液从池窑连续地流入并漂浮在有还原性气体保护的金属锡液面上，依靠玻璃的表面张力、重力及机械拉引力的综合作用，拉制成不同厚度的玻璃带，经退火、冷却而制成平板玻璃。由于这种玻璃在成型时，上表面在自由空间形成火抛表面，下表面与熔融的锡液接触，因而表面平滑、厚度均匀、不产生光畸变。受厚度均匀、上下表面平整平行，加上劳动生产率高及利于管理等方面因素的影响，浮法玻璃正成为玻璃制造方式的主流。目前浮法技术中，英国的皮尔金顿浮法玻璃生产工艺、美国 PPG 浮法玻璃生产工艺和中国的洛阳浮法玻璃生产工艺并称为世界浮法玻璃生产的三大工艺。

压延法是将熔窑中的玻璃液经压延辊辊压成型、退火而制成，主要用于制造夹丝（网）玻璃和压花玻璃。随着光伏电池产业的发展，压延生产线不断增加，产能不断增长。

拉制法包括有槽垂直引上法、对辊法（也称旭法）、无槽垂直引上法、平拉法和格法。有槽垂直引上法、对辊法、无槽垂直引上法等工艺基本相似，是使玻璃液分别通过槽子砖或辊子、或采用引砖固定板根，靠引上机的石棉辊子将玻璃带向上拉引，经退火、冷却、连续地生产出平板玻璃。平拉法是将玻璃垂直引上后，借助转向辊使玻璃带转为水平方向，这些方法在 20 世纪末被完全淘汰。平拉法和格法属同一工艺，格法是当时比利时的格拉维伯尔公司将浅池平拉法改造为深池平拉法，俗称格拉维伯尔法，简称格法。我国产业政策要求作为落后工艺在 2015 年全部淘汰平拉法（含格法），目前尚有极少产能。所以，所有的拉制法工艺均不予考虑。

2.2 我国平板玻璃行业运行情况

2.2.1 我国平板玻璃产能及产量情况

a）总体情况

截至 2016 年年末全国平板玻璃产能已达 14.1 亿重量箱，其中拥有浮法玻璃 321 条，产能 11.8 亿重量箱。平板玻璃产量 7.74 亿重量箱，平板玻璃总量已连续近 28 年居世界第一，产量超全球总量 50%；其中浮法玻璃 6.76 亿重量箱，占平板玻璃总量的 88%。

随着中国经济的蓬勃发展，2000 年以后中国玻璃行业迎来发展的黄金时期，产能增长，需求放大，产品结构逐渐优化。但产能的过速增长，造成平板玻璃行业产能过剩，2006 年 11 月 30 日国家六部委联合发布的《印发关于促进平板玻璃工业结构调整的若干意见的通知》（发改运行〔2006〕269 号）中首次提出平板玻璃工业“存在产能潜在过剩”。2009 年 9 月 26 日国务院批转发展改革委等部门发布的《关于抑制部分行业产能过剩和重复建设引导产业健康发展若干意见的通知》（国发〔2009〕38 号），将平板玻璃正式列入“产能过剩”六大行业之一，定位为“产能明显过剩”。2013 年 10 月 6 日国务院发布的《关于化解产能严重过剩矛盾的指导意见》（国发〔2013〕41 号），将平板玻璃行业列入化解产能严重过剩的五大重点行业之一。2015 年和 2016 年中央经济会议，都将去产能放在首要位置。

b）不同工艺产能分布情况

初步统计，我国 2016 年浮法玻璃占平板玻璃总产能的 87.29%，光伏压延玻璃占平板玻璃总产能的 12.25%，还有少量的格法玻璃生产线（17 条）占平板玻璃总产能的 0.45%。

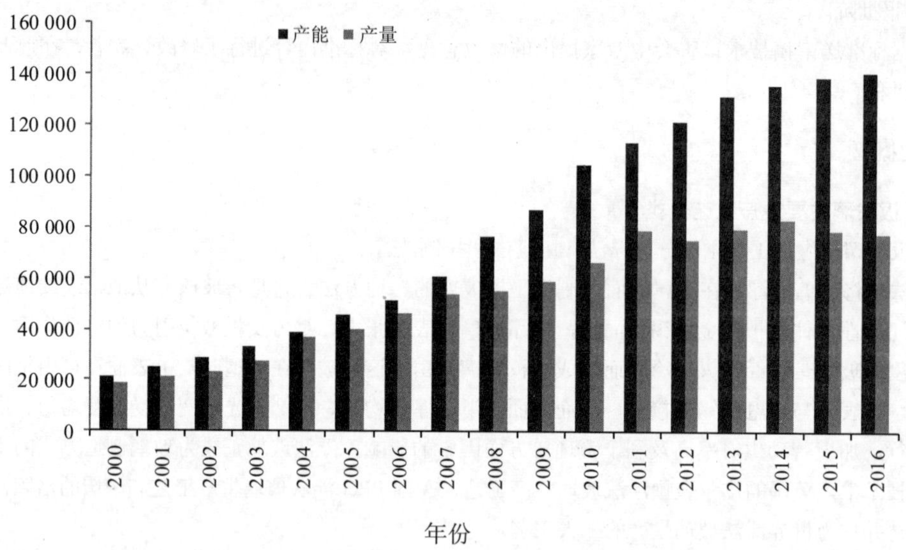

图 1 2000—2016 年平板玻璃产量和产能（万重量箱）

2.2.2 我国浮法玻璃的生产分布情况

a）我国浮法玻璃生产企业情况

近年来，随着企业“并购重组”，行业集中度有所提高，同时也涌现了一批有竞争力的大型企业，但整体而言目前我国平板玻璃行业的产能集中度仍相对偏低。截至 2016 年年底，我国平板玻璃生产企业 222 家，其中浮法玻璃生产企业 136 家，国内前十大浮法玻璃厂商的年产能为 52 608 万重量箱，占全国浮法玻璃产能 41.21%。

表 1 全国前十大浮法玻璃厂商概况

产能排序	单位名称	年产能/万重箱	市场占有率/%
1	旗滨集团	8 520	6.67
2	信义玻璃	8 280	6.49
3	沙河迎新	5 250	4.11
4	台玻集团	5 190	4.07
5	南玻集团	4 980	3.90
6	山河安全玻璃	4 830	3.78
7	中国玻璃	4 278	3.35
8	金晶科技	4 080	3.20
9	山河长城	3 660	2.87
10	中国建材	3 540	2.77
合计		52 608	41.21

b）生产线规模分布情况

2016 年年底，国内浮法玻璃生产线的熔化量大部分集中在 500 t 以下（含 500 t），有 120 条，日熔化量 51 300 t，占比为 26.06%；500～800 t 有 158 条，日熔化量 102 170 t，占比为 51.90%；800～1 000 t 有 34 条，日熔化量 32 370 t，占比为 16.44%；1 000 t 以上 9 条，日熔化量 11 000 t，占比为 5.60%。

表 2　各区域浮法玻璃生产线熔化量统计

区域	500 t 以下		500～800 t		800～1 000 t		1 000 t 以上		合计	
华东	30	12 590	59	38 020	3	2 700	1	1 200	93	54 510
华南	10	4 200	13	8 150	8	7 620	1	1 050	32	21 020
华中	19	7 010	17	11 150	6	5 550	1	1 200	43	24 910
华北	40	18 370	43	28 100	6	5 800	5	6 350	94	58 620
西北	8	3 450	5	3 050	1	1 000	1	1 200	15	8 700
西南	5	2 350	15	9 700	5	4 800	0	0	25	16 850
东北	8	3 330	6	4 000	5	4 900	0	0	19	12 230
合计	120	51 300	158	102 170	34	32 370	9	11 000	321	196 840

c）区域分布特点介绍

我国平板玻璃行业产能分布相对较散，区域集中度不高。整体而言，产能的分布更加贴近销区，如下表所示华东和华北的玻璃产能分布相对较为集中，产能占比相对较高。

表 3　各区域浮法玻璃生产线分布

区域	生产线/条	熔化量/（t/d）	所占比例/%
华东	93	54 510	27.69
华南	32	21 020	10.68
华中	43	24 910	12.65
华北	94	58 620	29.78
西北	15	8 700	4.42
西南	25	16 850	8.56
东北	19	12 230	6.21
合计	321	196 840	100.00

2.3　行业主要生产工艺及产污分析

2.3.1　玻璃生产的主要原料、辅料及燃料

2.3.1.1　主要原料

a）硅砂或硼砂。硅砂或硼砂引入玻璃的主要成分是氧化硅或氧化硼，它们在燃烧中能单独熔融成玻璃主体，决定了玻璃的主要性质，相应地称为硅酸盐玻璃或硼酸盐玻璃。

b）纯碱。纯碱引入玻璃的主要成分是氧化钠，它们在煅烧中能与硅砂等酸性氧化物形成易熔的复盐，起了助熔作用，使玻璃易于成型。但如含量过多，将使玻璃热膨胀率增大，抗拉度下降。熔窑中的氧化钠挥发冷凝后，会形成烟尘。

c）石灰石、白云石、长石等。石灰石引入玻璃的主要成分是氧化钙，增强玻璃化学稳定性和机械强度，但含量过多使玻璃析晶和降低耐热性。白云石作为引入氧化镁的原料，能提高玻璃的透明度、减少热膨胀及提高耐水性。长石作为引入氧化铝的原料，它可以控制熔化温度，同时也可提高耐久性。此外，长石还可提供氧化钾成分，提高玻璃的热膨胀性能。

d）碎玻璃。一般来说，制造玻璃时不是全部用新原料，而是掺入碎玻璃。熔窑内使用的碎玻璃总量一般为 20%，但是对于浮法玻璃熔窑而言，则可能在 10%～40%变动，对于其他类型的平板玻璃则可能超过 80%。

2.3.1.2　辅助原料

a）脱色剂。原料中的杂质如铁的氧化物会给玻璃带来色泽，常用纯碱、碳酸钠、氧化钴、氧化镍等作脱色剂，它们在玻璃中呈现与原来颜色的补色，使玻璃变成无色。此外，还有与着色杂质能形成浅色化合物的减色剂，如碳酸钠能与氧化铁氧化成二氧化二铁，使玻璃由绿色变黄色。脱色剂的使用会使排放的烟气中可能有钴、镍的金属氧化物。

b）着色剂。某些金属氧化物能直接溶于玻璃溶液中使玻璃着色。如氧化铁使玻璃呈现黄色或绿色，氧化锰能呈现紫色，氧化钴能呈现蓝色，氧化镍能呈现棕色，氧化铜和氧化铬能呈现绿色等。着色剂的使用会使排放的烟气中可能有钴、镍、铬的金属氧化物。

c）澄清剂。澄清剂能降低玻璃熔液的黏度，使化学反应所产生的气泡易于逸出而澄清。常用的澄清剂有硫酸钠、碳粉、硝酸钠等。硫酸盐在玻璃熔窑中分解会有二氧化硫和三氧化硫产生，另外一部分硫酸盐会以颗粒物的形式随烟气排出，硝酸盐在熔窑中分解会有氮氧化物产生。

d）乳浊剂。乳浊剂能使玻璃变成乳白色半透明体。常用乳浊剂有冰晶石、氟硅酸钠、磷化锡等。它们能形成 0.1～1.0 μm 的颗粒，悬浮于玻璃中，使玻璃乳浊化。

2.3.1.3 燃料

平板玻璃熔制需要在 1 550～1 600℃的极高温度下进行，因此生产过程中能源消耗非常大。目前国内排污单位选用能源种类差异很大，据初步统计，截至 2016 年年底，我国共计拥有浮法玻璃生产线 321 条，其中正常运行的有 234 条；放水、停产的 31 条，冷修的 56 条。在正常运行的生产线中，使用重油作为燃料的有 21 条，用煤焦油的有 21 条，用天然气的有 65 条，用焦炉煤气的有 5 条，用发生炉煤气的有 67 条，用石油焦的有 55 条。

a）重油。又称燃料油，是原油提取汽油、柴油后的剩余重质油，它广泛用于船舶锅炉燃料、加热炉燃料、冶金炉和其他工业炉燃料，热值为 40.1～43 MJ/kg。重油中含硫相对较高，脱硫设施之前，二氧化硫的排放浓度一般在 1 800 mg/m^3 左右。

b）煤焦油。是焦化工业的重要产品之一，它是煤干馏过程中产生的黑色或黑褐色黏稠状液体，主要成分是多环芳烃、芳香族化合物，热值为 35.5～38 MJ/kg。国内煤焦油主要分布在华北、华东、东北、西北、西南、华中等 6 大产区，年产能超过 1 100 万 t。其中，华北地区焦化企业分布众多，因此煤焦油产量也占据半壁江山，占国内产量的 46%以上；其次是华东地区占总产量的 20%左右；西北、西南地区煤焦油产量加起来占 22%。由于煤焦油中含有硫元素，以煤焦油为燃料的企业二氧化硫排放也相对较高。

c）天然气。主要成分是烷烃，其中甲烷占绝大多数，另有少量的乙烷、丙烷和丁烷，热值为 33.44～41.8 MJ/kg。使用天然气相对环保，它能减少二氧化硫和粉尘排放量近 100%，同时二氧化碳和氮氧化合物的排放量也能分别减少 60%和 50%。此外使用天然气也有助于玻璃质量的进一步提升。

d）石油焦。可以代替煤焦油、天然气、重油在熔窑中燃烧，且具有高效、节能、低成本的突出优点，热值为 35.5 MJ/kg。但是由于其富含硫等污染物，环保性能相对较差。另外还可能含有铅、汞、铬、砷、镍等重金属污染物，燃烧后随烟气排入大气中。

e）焦炉煤气。是优质的中热值气体燃料，其热值为 17～19 MJ/m^3，煤气的主要成分（体积百分比）为氢 5%～60%、甲烷 23%～27%、一氧化碳 5%～8%，含两个以上碳原子的不饱和烃 2%～4%，以及少量的二氧化碳、氮、氧等。

f）发生炉煤气。发生炉煤气的产生方法是将煤在发生炉中燃烧后，将炉底的空气加以限制，使煤不能完全燃烧，因而产生大量的一氧化碳，就是发生炉煤气，热值为 5.02～6.69 MJ/m^3。发生炉煤气的主要成分是一氧化碳、二氧化碳和氮气，热值稍低，煤耗较高，废气排放量大，煤气成分中含氮量偏高。

2.3.2 平板玻璃行业生产工艺流程

平板玻璃行业主要工艺：分为备料与储存系统、配料系统、熔化工序、成型工序、退火工序、切裁包装工序、燃料供应[煤气发生炉、天然气站、储油设施、石油焦（粉）库、备用燃料等]、氮氢保护气制备、余热利用等。平板玻璃行业主要工艺流程见图 5。

a）配料

各种原料经提升进入粉库，称量混合系统将各种粉料按比例称量后放入强制式混合机进行混合，制成配合料。原料车间制备的配合料，由带式输送机送到浮法联合车间熔制工段，碎玻璃经由电磁振动给料机，均匀地加到混合料上，经往复移动带式输送机送入窑头料仓。另外，在窑头设有一台电动葫芦作为配合料的备用上料系统。配合料由投料机进行薄层投料。

b）熔窑熔化

玻璃配合料经过高温熔化、澄清、搅拌、冷却后的玻璃液，经流液道进入锡槽。玻璃液量由流液道调节闸板控制。

c）锡槽成型或压延成型

锡槽成型：玻璃液以 1 080～1 100℃的温度，从流液道进入锡槽的锡液面上，在重力、机械拉力和表面张力的作用下，向横向伸展，在完成摊平、抛光、展薄、冷却之后，形成一定厚度和宽度的玻璃带，至 610℃离开锡槽进入退火窑。锡槽保护气体中的氮气采用空气分离法制得，氢气采用液氨分解制得。

压延成型：将熔窑中的玻璃液经压延辊辊压成型、退火而制成。

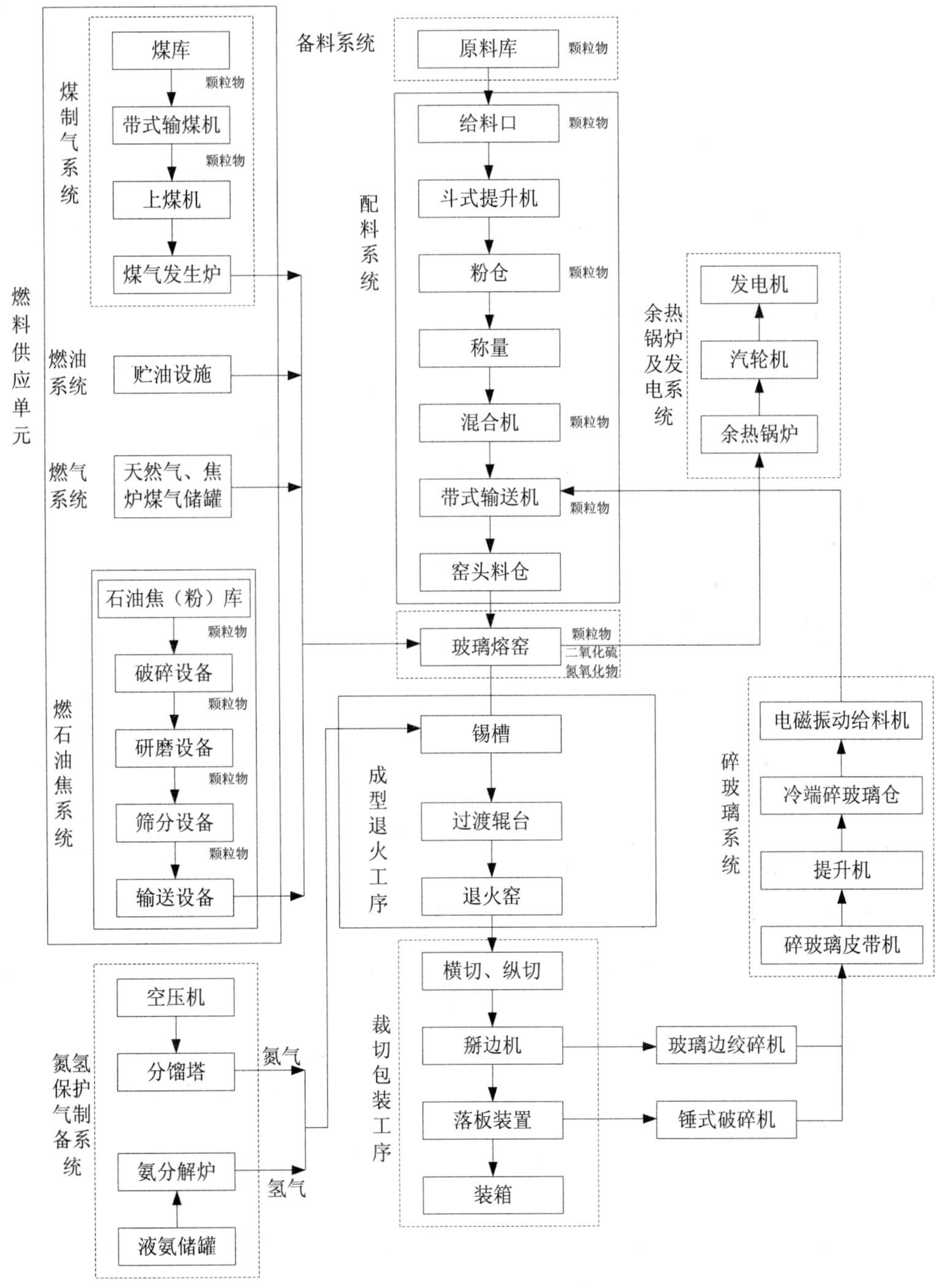

图 2　平板玻璃工业浮法工艺生产流程图

d）退火窑退火

连续的玻璃带经过渡辊台，以 610℃左右的温度进入退火窑，在 70℃左右的温度下出退火窑，进入冷端机组。

e）冷端成品库

退火窑出口处设有一台应急高速横切机和落板辊道，裁切成型入成品库。不合格的玻璃带或非正常生产的玻璃带，经落板辊道落入碎玻璃溜子，由锤式破碎机或玻璃边绞碎机将其破碎后，通过带式输送机、斗式提升机，送入冷端碎玻璃仓，再经电磁振动给料机返回作为原料再利用。

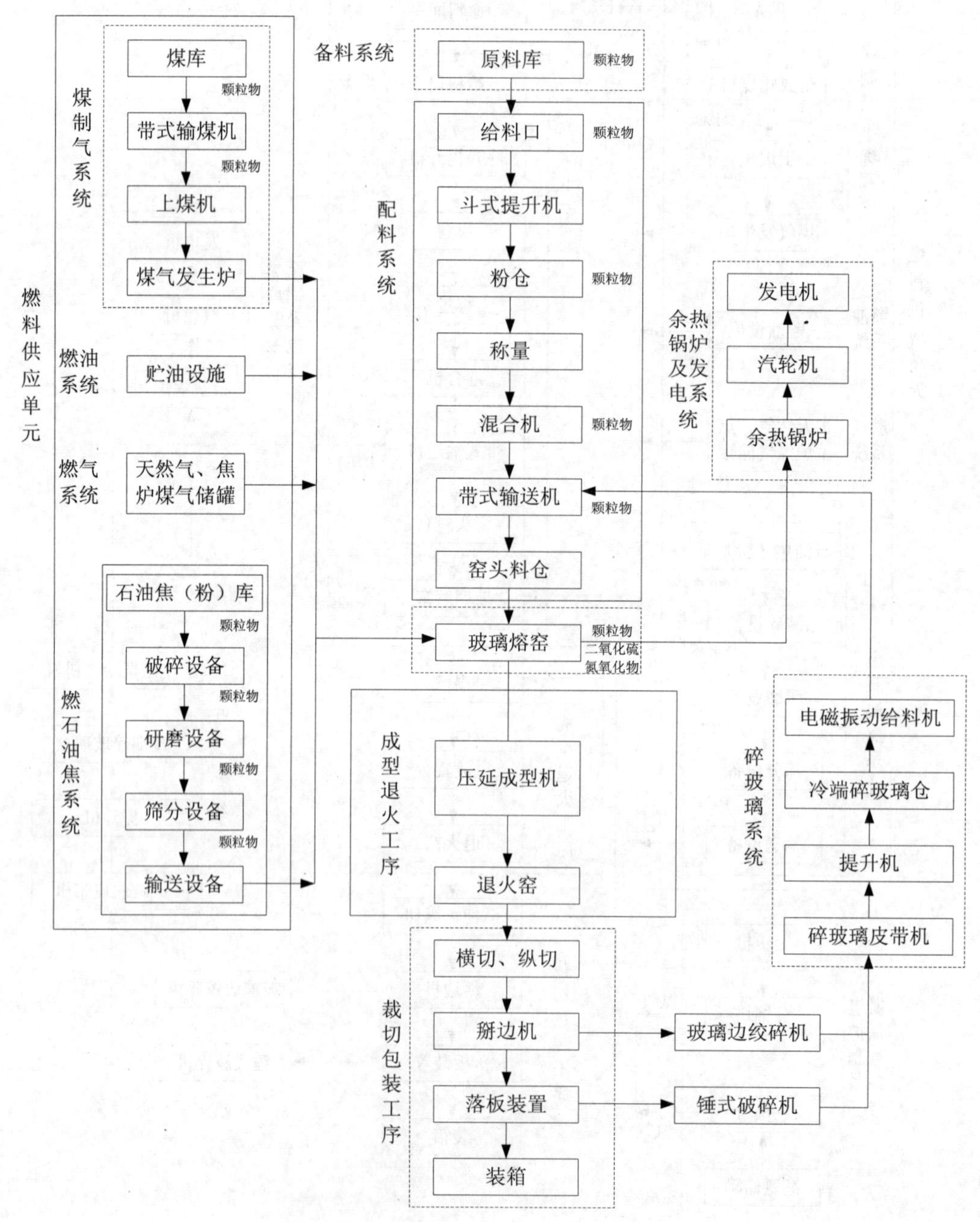

图 3　平板玻璃工业压延工艺生产流程图

2.3.3 产排污节点及排放污染物

2.3.3.1 废气产排污节点及排放污染物

平板玻璃工业排污单位废气主要来自于原料的破碎、备料及储存、配料、熔窑熔化等工艺环节。其中，在原料的破碎、储存和输送过程中，排放的污染物主要是粉尘。熔化过程排放的主要污染物是烟尘、二氧化硫、氮氧化物等。

原料破碎环节的废气排放主要来自于原料提升设备、破碎设备、输送设备等通风生产设备，污染物主要为原料的贮存、输送、破碎等生产过程中产生的粉尘。

备料及储存环节的废气排放主要来自于原辅料提升设备、输送设备、筛分设备、均化设备、料仓和储库等通风生产设备，污染物主要为提升、输送、筛分、均化等生产过程中产生的粉尘。

配料环节的废气排放主要来自于称量设备、混合设备、提升设备、输送设备、窑头料仓等通风生产设备，污染物主要为称量、混合、输送、提升、上料投料等生产过程中产生的粉尘。

熔化工序的废气排放主要来自于玻璃熔窑，由于该工序是通过燃料的燃烧产生热量将物料熔化和分解的过程，因此排放的污染物主要为熔化生产过程中产生的颗粒物、二氧化硫、氮氧化物等。

表 4 玻璃生产过程大气污染物一览表

编号	主要污染物	产生工序	排放规律
1	粉尘	原料加工、配料等	无组织/有组织
2	烟尘、SO_2、NO_x	熔制	有组织
3	锡及其化合物	在线镀膜	有组织

2.3.3.2 废水产排污节点及排放污染物

平板玻璃工业排污单位的废水，按来源可分为生产废水和生活废水。生产废水主要包括原料车间冲洗废水、循环冷却水、软化水制备排污水、脱硫废水等。此外，使用煤气发生炉的企业还会排放含酚废水，使用重油的企业还会排放含油废水。

a）循环冷却水

主要来自于余热锅炉及熔窑、锡槽等生产设备。主要污染物包括 pH、SS、COD、石油类等。

b）软化水制备排污水

主要来自于软水制备系统，主要污染物包括 pH、SS、COD、石油类等。

c）原料车间冲洗废水

主要来自冲洗车间地面及设备表面，主要污染物为 SS 等。

d）脱硫废水

主要来自于脱硫系统，主要污染物包括 SS、COD、硫化物、重金属等。

e）含酚废水

主要来自于煤气发生炉，主要污染物包括挥发酚、总氰化物、硫化物等。

f）含油废水

主要来自于重油的储油设施，主要污染物包括 COD、SS、石油类等。

g）生活废水

主要来自于办公室、食堂、浴室排水，主要污染物包括化学需氧量、悬浮物等。

2.3.3.3 主要污染物排放情况

表 5 中描述了玻璃熔窑中各种污染的排放水平，以及采取减排措施后的排放水平。

初步估算，2008 年平板玻璃工业年颗粒物排放总量约 1.8 万 t，SO_2 约 16 万 t，NO_x 约为 20 万 t，HCl 和 HF 分别为 4 000 t 和 1 200 t。2015 年平板玻璃工业年颗粒物排放总量约 2.3 万 t，SO_2 约 18 万 t，NO_x 约为 24 万 t，HCl 和 HF 分别为 7 700 t 和 2 300 t。

表 5　未采取减排措施和已采取减排措施的平板玻璃熔窑的排放水平

物　质	未采取减排措施的熔窑/（mg/m^3）（kg/t 玻璃液）	已采取减排措施的熔窑/（mg/m^3）（kg/t 玻璃液）
氮氧化物（NO_2）	1 250～2 870（2.9～7.4）	495～1 250（1.1～2.9）
硫氧化物（SO_2）	365～3 295（1.0～10.6）	300～1 600（0.5～4.0）
颗粒物	95～280（0.2～0.6）	5.0～30（0.02～0.08）
氟化物（HF）	<1.0～25（<0.002～0.07）	<1.0～4.0（<0.002～0.01）
氯化物（HCl）	7.0～85（0.06～0.22）	4.0～40（<0.01～0.1）
Se（硒）以外的其他金属物（Ni、Co、Fe、Cr）	<1.0～5.0（<0.001～0.015）	<1.0（<0.01）
硒（彩色玻璃）	30～80（0.08～0.21）	<5（<0.015）
条件：干燥、温度 0℃（273 K）、压强 101.3 kPa、氧气体积浓度 8%		

表 6　2008—2015 年我国平板玻璃主要污染物排放量

污染物		2008 年	2015 年
颗粒物	总量/万 t	1.8	2.3
	平均值/（kg/重量箱）	0.030	0.029
SO_2	总量/万 t	16	18
	平均值/（kg/重量箱）	0.267	0.229
NO_x	总量/万 t	20	24
	平均值/（kg/重量箱）	0.334	0.305

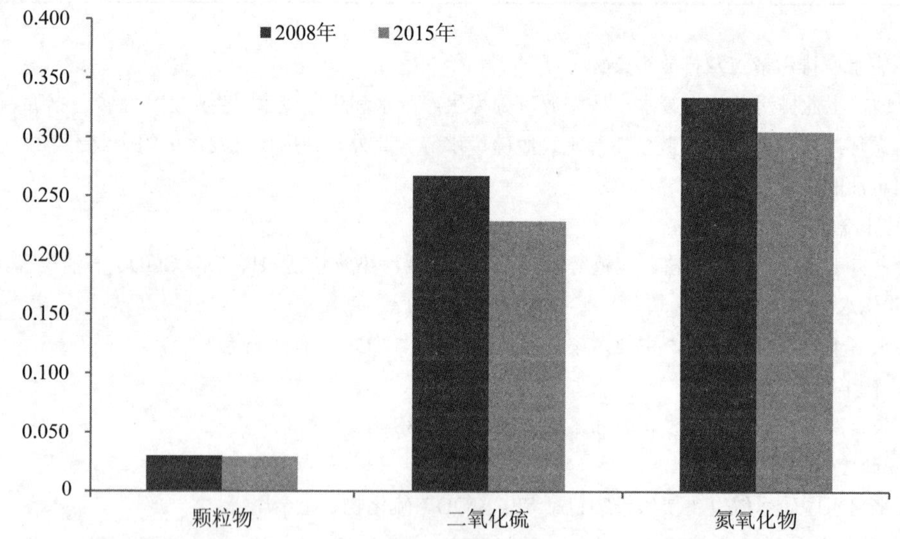

图 4　2008 年与 2015 年我国平板玻璃单位产品主要污染物排放量

2.4　行业主要污染治理技术

2.4.1　废气污染治理情况

2.4.1.1　无组织废气控制技术

目前，控制粉尘的无组织排放主要通过封闭作业来实现。物料处理、输送、装卸、贮存应当封闭；露天储料场应当采取防起尘、防雨水冲刷流失的措施；车船装、卸料时，应采取有效措施防治扬尘。

2.4.1.2　粉尘治理技术

粉尘的治理一般是根据工艺流程，选取集中或分散除尘系统，在工艺允许的条件下尽量回收可利用的粉尘。除尘系统的核心是各种除尘器，主要有袋式除尘器、电除尘器、电袋除尘器等。目前平板玻璃工业除尘以袋式除尘技术为主。袋式除尘器是一种利用有机或无机纤维过滤布将含尘气体中的粉尘过滤出来的净化设备，因滤布多做成袋式，所以称袋式除尘器。通过采用深层过滤或表面过滤的过滤机理将粉尘阻挡在滤布外部而通过洁净气体，具有除尘效率高、适应性强、维护简单等优点。为维持持续稳定的处理能力和较高的净化效率，需要采取清灰装置将附着的粉尘抖落。目前该除尘技术非常成熟，布袋除尘器具有很高的除尘效率（95%～99%），且收集起来的原料普遍回收利用。随着袋式除尘器滤料质量的提高和主机的滤袋接口技术的进步，其排放浓度普遍能达到小于 50 mg/m^3。

2.4.1.3　SO_2 治理技术

二氧化硫的治理除了采用烟气脱硫的技术外，采用低硫燃料和清洁能源替代、燃料脱硫的方式得到洁净、高燃烧值的气体燃料等手段，也是治理的根本措施之一。

烟气脱硫主要分为三大类干法、半干法和湿法。干法和半干法的原理都是相同的。反应材料（吸收剂）被引入并扩散至烟气流内。这种材料将与 SO_x 反应并形成一种固体物，该固体物必须通过静电除尘器或者袋式除尘器系统从烟气流内去除。用于去除 SO_x 的吸收剂也能够有效去除其他酸性气体，特别是卤化物（HCl 和 HF），而且还能够去除其他挥发性化合物，比如硒、硼酸等。在干法流程内，吸收剂是一种干燥粉末［通常为 $Ca(OH)_2$、$NaHCO_3$ 或 $Na_2(CO)_3$］，可以向粉末内加入空气以便于该粉末的扩散。在半干法流程内，吸收剂［通常为 Na_2CO_3，CaO 或 $Ca(OH)_2$］作为一种悬浮液或溶液添加，水的蒸发将有利于气流冷却。

干法脱硫的特点是处理后的烟气温度降低很少，烟气湿度没有增加，有利于烟囱的排气扩散，同时在烟囱附近不会出现雨雾现象。但是干法脱硫时 SO_2 的吸附或吸收速度较慢，因而脱硫效率低。

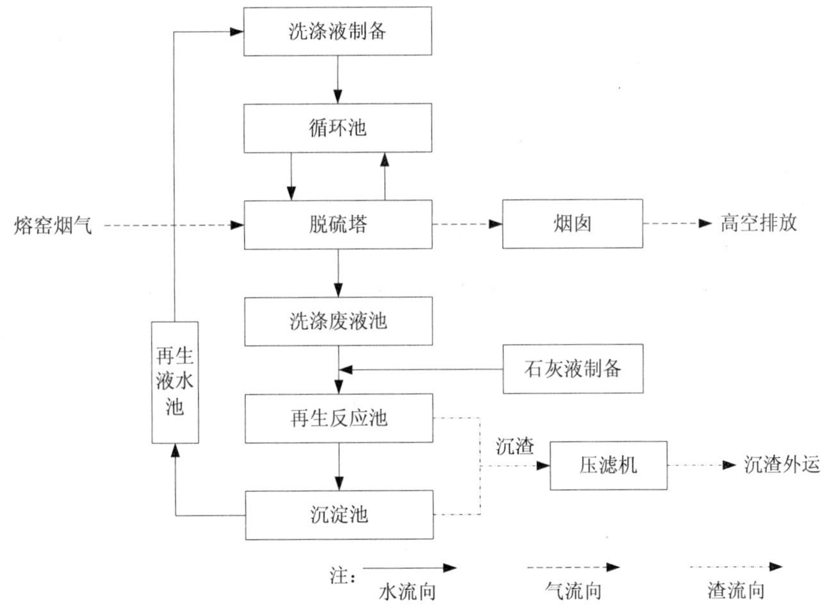

图 5　双碱法脱硫工艺流程图

半干法脱硫兼具干法和湿法脱硫的优点，悬浮液滴和二氧化硫发生反应，提高的反应速度，脱硫效率在湿法和干法之间，同时烟囱附近不会出现雨雾现象。

湿法烟气脱硫（湿式吸收法）是采用液体吸收剂洗涤烟气去除 SO_2，脱硫反应速度快，脱硫效率高，投资也相对较少。但处理后的烟气温度降低，含水量增加。为了提高扩散，防止烟囱附近形成雨雾，还需对烟气进行再加热。湿法脱硫根据采用的脱硫剂的种类可以分为镁法、氨法、石灰石/石灰—石膏法、钠碱法、双碱法等。目前钠碱法、双碱法使用较为普遍。

双碱法采用纯碱或液碱作为吸收剂，与烟气中的 SO_2 等污染物反应后的吸收废液不进行强制氧化，而是与石灰液进行反应，再生成具有吸收能力的钠碱溶液循环使用，脱硫副产物主要为 $Ca(HSO_3)_2$、$CaSO_3$，少量 $CaSO_4$ 沉淀后压滤脱水，废渣定期外运。双碱法反应速度较快；对再生剂石灰的粒度等要求不高，制备系统比较简单。

2.4.1.4 烟尘治理技术

根据调查，平板玻璃行业排放的烟气烟尘粒度范围从 0.1 μm 到 0.5 μm 以上。由于重力除尘器、惯性除尘器、离心除尘器无法捕集 1 μm 以下的小粒径烟尘，一般不用于玻璃熔窑。因此，平板玻璃行业烟尘控制目前主要采用如下几种处理工艺：湿式除尘、电除尘器和袋式除尘器。

根据调研情况分析，目前平板玻璃熔窑烟气通常采取除尘脱硫一体化的工艺，主要有如下几种：

a）湿法除尘、脱硫工艺。该技术优点在于脱硫效率高、脱硫除尘一体化，工艺设备简单，投资及运行费用较低。但如处理不当也存在易腐蚀、结垢、除尘效率较低、水污染物产生二次污染等问题。

b）干法/半干法脱硫＋电除尘工艺。该工艺已经在国内电子玻璃工业中得到广泛应用，技术很成熟，欧盟等国家的平板玻璃生产线也大多采用该技术。该工艺特点是在烟气进入电除尘器之前，须经过调湿塔。调湿塔的目的在于除硫、降温和增湿（调整烟尘比电阻，以提高除尘效率）。烟气经调湿塔后，进入电除尘器除尘，最后由风机经过管道输送至烟囱排入大气中。该技术的优势在于运行稳定、除尘效率高，缺点是能耗较大、一次性投资较大。

c）其他工艺。例如，国外一些国家采用干法/半干法脱硫+袋式除尘工艺，目前在国内也有工程实例，该技术运行稳定、除尘效率高。

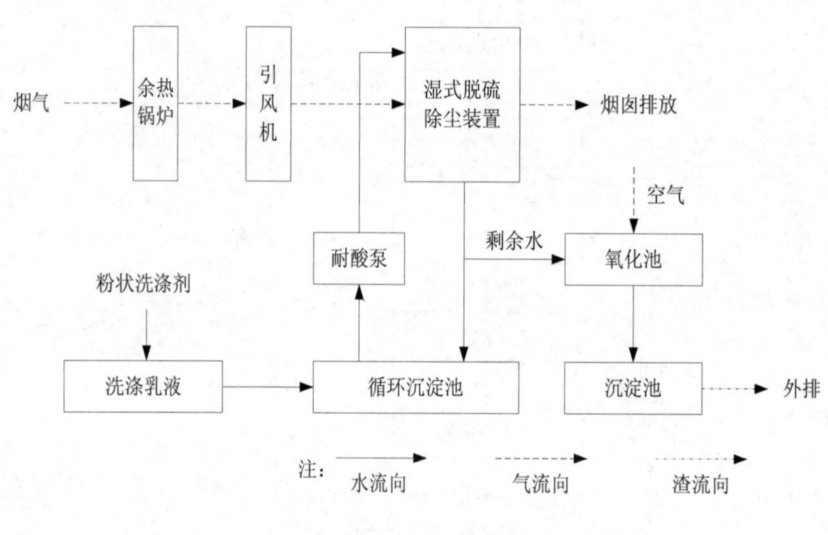

图 6 湿法脱硫除尘工艺

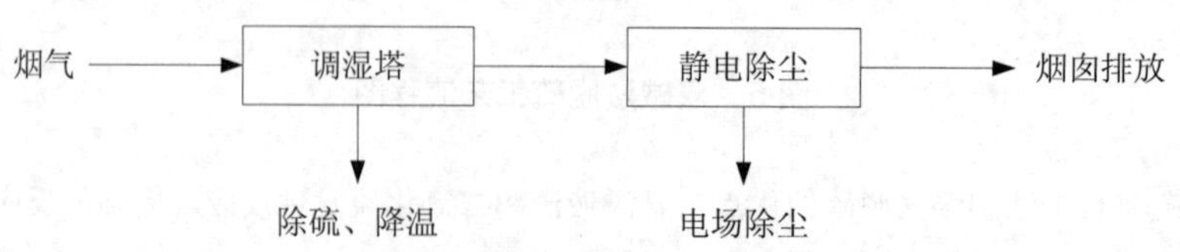

图 7 干法/半干法脱硫＋电除尘工艺

2.4.1.5 NO_x 治理技术

玻璃熔窑废气中的 NO_x 治理措施大致可分为一次措施和二次措施。一次措施突出污染源控制，即在产

生 NO_x 的源头上进行严格控制，限制 NO_x 的形成，主要的一次措施包括纯氧助燃技术和改进燃烧技术。二次措施是指对熔窑废气中已经产生的 NO_x 进行处理，从而降低废气排放时的 NO_x 浓度和 NO_x 的排放量，主要的二次措施包括：3R 技术、SCR 和 SNCR 脱硝技术。其中，采用 SCR 技术，脱硝效率可达 70%～80%。

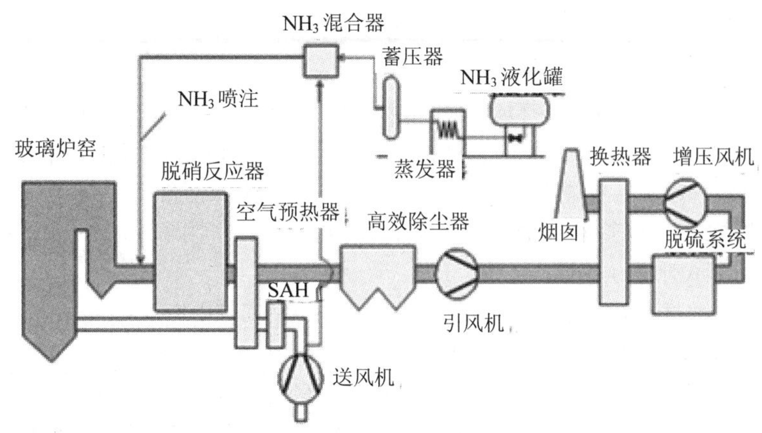

图 8　SCR 法脱硝流程图

对平板玻璃工业排污单位的实际调研结果表明，平板玻璃工业采用的方法为 SCR 法。该技术具有 NO_x 脱除效率高，二次污染小，技术较成熟，应用广泛的特点。

2.4.1.6　在线镀膜废气治理技术

在线镀膜废气产生的污染物主要是锡及其化合物（一般为有机化合物）、氯化氢和氟化物。针对锡及其化合物可以采用两种方式处理：一种是低温冷凝法，将锡及其化合物冷凝为固体，将冷凝下的固体提纯再利用；另一种是焚烧法，将锡的有机化合物焚烧为无机物质。对于氯化氢和氟化物一般采用多级碱液喷淋塔，利用碱液将氯化氢和氟化物吸收。所以目前在线镀膜尾气一般采用低温冷凝+碱液吸收或者焚烧+碱液吸收处理。

2.4.2　废水污染治理情况

原料车间冲洗废水主要污染物为悬浮物，一般经过沉淀池进行处理。冷却循环水水质变化较小，一般直接进入厂区排水系统，纳入市政污水管网。含油废水和生活废水通常有专门的处理设施如隔油池、化粪池等，处理后排入市政污水管网。

a）含油废水

含油废水主要采用隔油+气浮的方式处理。隔油池主要去除废水中的大量油脂，油脂通过脱水罐脱水以供废油回收利用；接着废水进入气浮池，进一步去除油类物质。

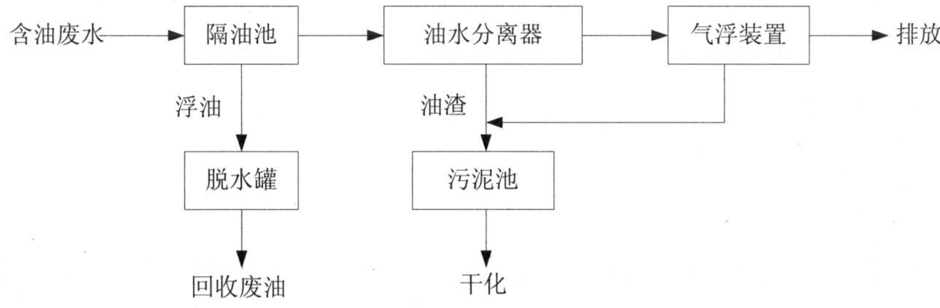

图 9　含油废水处理工艺流程

b）生活废水

平板玻璃工业排污单位产生的生活废水，一般先经过化粪池简单处理，如果排入市政污水管网，不再进行处理。对于排入环境的排污单位，需要采用好氧+厌氧的工艺处理，达标后再排放。

3 规范制（修）订的必要性

3.1 环境形势的变化对规范提出新的要求

当前我国环境管理的核心是改善环境质量，减少污染物排放是实现环境质量改善的根本手段。固定污染源是我国污染物排放主要来源，且达标排放情况不容乐观。为切实减少固定污染源的污染排放，国家依据《中华人民共和国水污染防治法》《中华人民共和国大气污染防治法》《中华人民共和国环境保护法》于 2016 年 12 月发布了《控制污染物排放许可制实施方案》，对于固定污染源的环境管理将逐步转向综合许可、一证式管理的模式。

实施综合许可，将排污单位的污染物排放许可在一个排污许可证中集中规定，包括大气和水污染物。一方面是为了更好地减轻排污单位负担，减少行政审批数量；另一方面是避免为了单纯降低某一类污染物排放而导致污染转移。一证式管理使大气和水等要素的环境管理在一个许可证中综合体现，也包括大气和水等污染物的达标排放、总量控制等各项环境管理要求，将能够有效地促进排污单位减少污染物的排放，做到许可排放。

3.2 相关环保标准和环保工作的需要

排污许可制度是落实企事业单位总量控制要求的重要手段，通过排污许可制改革，改变从上往下分解总量指标的行政区域总量控制制度，建立由下向上的企事业单位总量控制制度，将总量控制的责任回归到企事业单位，从而落实排污单位对其排放行为负责、政府对其辖区环境质量负责的法律责任。

排污许可证载明的许可排放量即为排污单位污染物排放的天花板，是排污单位污染物排放的总量指标，通过在许可证中载明，使排污单位知晓自身责任，政府明确核查重点，公众掌握监督依据。

3.3 规范的最新研究进展

为贯彻落实《控制污染物排放许可制实施方案》，环境保护部于 2016 年 12 月发布了《排污许可证管理暂行规定》和《关于开展火电、造纸行业和京津冀试点城市高架源排污许可证管理工作的通知》，启动了火电、造纸行业排污许可证申请与核发的相关工作，但平板玻璃工业排污许可证申请与核发尚无具体指导文件。

3.4 现行标准存在的问题

当前平板玻璃工业排污单位大气污染物排放执行《平板玻璃工业大气污染物排放标准》（GB 26453—2011）、水污染物排放执行《污水综合排放标准》（GB 8978—1996），标准中仅对污染物的排放限值进行了规定，未对许可量、许可事项和管理等其他方面做出规定，不能全面地遏制排污单位的污染行为。因此，迫切需要专门的行业排污许可申请和核发技术规范来对许可证的基本信息、许可事项（排污口位置、数量、排放方式、排污去向、排放污染物种类、许可排放浓度、许可排放量、重污染天气或枯水期等特殊时期许可排放浓度和许可排放量）和管理要求进行指导和规范。

4 国内外相关标准情况

4.1 排污许可证方面

4.1.1 美国排污许可证相关情况

国外自 20 世纪 60 年代末开始实施排污许可证制度，其中美国是最早推行排污许可证制度的国家，其排污许可证涵盖的范围最为广泛、制度最为健全。美国的排污许可证制度建设始于 20 世纪 70 年代。1970 年的《清洁空气法》（Clean Air Act，CAA）和 1972 年的《清洁水法》对大气和水的排污许可证做了明确的规定，对推行污染物的削减和污染源的精细化管理提供了有效的手段，并取得了显著的效果。

美国大气污染物排污许可证核发主要根据固定污染源的常规大气污染物、有害大气污染物及温室气体的年潜在排放量（即连续运行状态下的最大排放量，以一年 8 760 小时计）。其中，美国的常规大气污染物共 6 种：一氧化碳、二氧化氮、颗粒物（PM_{10} 和 $PM_{2.5}$）、地面臭氧前体物包括氮氧化物和挥发性有机物、二氧化硫、铅。有害大气污染物共计 187 种，包括 17 种无机物和 170 种有机物。温室气体共 6 种：二氧化碳、甲烷、氧化亚氮、氢氟碳化合物、全氟碳化合物、六氟化硫。根据许可性质不同，可分为酸雨许可证（也称为第四章许可证），大气建设许可证（也称为新源审核许可证，NSR）和大气运营许可证（也称为第五章许可证）。

1972 年美国清洁水法（CWA）中第四部分规定在美国建立一个废水排放许可制度，即国家污染物排放消减体系许可证（NPDES）制度。通过控制污染源直接向自然水体排放，达到恢复和保持全国水体的化学、物理和生物完整性的目标。该法案规定，所有污染物排放到美国规定水体中的点源都必须拥有许可证。通过两次修改法案，许可证制度逐步形成了以技术为基础的排放标准限制和以水质为基础的排放总量限制双重控制的管理思路，许可证实施的核心亦由排放标准向许可证排污限制转化。

4.1.1.1　酸雨许可证

酸雨许可证是一种基于市场的许可证系统，通过设定排放限额，降低 SO_2 和 NO_x 排放量，针对每个电厂，酸雨许可证还有关于排放监测和其他相应的要求。这类许可证主要是针对 CAA 第四章中关于酸雨计划的相关内容。

4.1.1.2　大气建设许可证

大气建设许可证是该设施的所有者/经营者必须遵守的法律文件，许可证列明允许且必须满足的排放限值以及操作过程，要求新建、改建工业源使用最佳可行技术（BACT）。新改扩建源需要先获得 NSR 才能开始施工，因此也被称为施工前的许可。

a）作用

新源审核许可制度与我国建设项目环境影响评价制度类似。其有两个重要作用：一是确保空气质量没有明显退化。在空气质量不达标区，它能够使新增排放量不会减缓空气质量改善的速度；在空气质量达标区尤其是原始地区，如国家公园等，保证新建源不造成空气质量的显著恶化。二是确保位于新、改、扩建大型工业源周围的人群能够获得尽可能干净的空气，使工业源在控制污染的同时，实现产业升级。

b）颁发步骤

颁发许可证一般分为三个步骤：首先，审核新源是否可以新建，通过计算新建污染源的排放是否符合要求，若排放量过高则不允许新建，若通过计算符合要求，则新源所有者要提交相关申请。其次，审核小组对提交的申请进行审核，通过审核后起草许可证，并公示 30 天和召开听证会，广泛征求公众意见。最后，在吸取公众意见的基础上颁发正式的许可证，如果公众对许可仍持有异议，可以通过法律诉讼来解决。

c）许可类型

NSR 有三种许可类型，分别为用于达标区域的预防显著恶化许可证（PSD）、非达标地区主要源的 NSR 许可证、用于达标区以及非达标区前两种许可证未做要求的固定源的次要源许可证。

1）预防显著恶化许可证（PSD）

要求在达标区域，新建或改建的主要源采用最主要的现代化设备。此类许可证规定了 28 种污染源，控制国家空气质量标准中的污染物和其他污染物。此类许可证要求新改扩建的主要源：采用最佳可行技术（BACT），如果排污单位证明采用 BACT 成本太高的话，可以降低要求；实施空气质量分析，评估对空气质量的影响；实施Ⅰ级区域影响分析，评估其对国家公园和为开发区域的影响；实施其他影响分析，评估其对土壤、植被的影响；要求进行公众参与。

2）非达标区的 NSR 许可证

要求在达标区域，新建或改建的主要源采用了最主要的现代化设备。此类许可证所指的主要源是指年排放量不超过 100 t 的新源，但排放限值要根据非达标区污染状况决定，如果新源对所处非达标区空气质量影响较大，则排放限值会进一步降低，最严可降至年排放量不超过 10 t。其监管的污染物仅包括国家空气质量标准中要求的污染物。主要要求为：采用最低可获得技术（LAER），为了保证空气质量而不考虑能源、经济、成本等因素获得排放抵消，防止新源从非达标区向达标区转移；实施选址分析，新源需向环境保护部门证明其只可以在此选址，以防止造成更严重的污染；提交新源所有者在本州其他排放源达标排放的证明；要求进行更广泛的公众参与。

要申领许可证除需要满足上述条件外，还要求以下三个方面的证明：一是同一所有权关系的其他排污点必须符合 CAA 的要求。也就是说，如果一个排污单位要新增排污点，其原有的所有排污点的设置、排污等情况都不能违反空气质量法律法规的规定。由于该要求对于拥有许多分公司的集团公司过于严厉，因而在许多个案中，对该项要求作了狭义的解释，仅将一个分公司或者分支机构看作一个所有权关系。二是新设置的污染源所带来的利益应大于其环境成本。要确定是否满足该项条件，必须进行利益选择分析。三是影响一类地区（如国家公园等）空气质量的污染源的设置必须经过联邦土地部长的审查批准。如果新设置的污染源距离一类地区 100 km 范围之内，就必须取得联邦土地部长的许可，申请者必须证明新设置的污染源不会影响该地区的空气质量指标和能见度。

3）次要源的许可

它是针对 PSD 和非达标区 NSR 没做要求的固定源的，目的是防止这些源的建设将会影响达标区的达标或是非达标区域的控制策略。监管的污染物包括国家空气质量标准中要求的污染物、温室气体和其他污染物。主要要求为：新建改建的源不能违反空气质量标准的要求，不能对达标区域产生影响；最低要求在清洁空气法案中列出；不同的州对其有不同的要求，这个许可要求是 SIP 的一部分。

d）排放抵消

NSR 要求新建项目进行排放抵消（Offset），通过削减现有源的排放量来减少新源对空气质量造成的影响。根据污染严重程度来决定抵消比率，抵消比率最高为 1.5∶1，最低为 1∶1，抵消可以从不同的源获得，抵消权限由州政府掌握。抵消削减必须是可量化、可实施、可持久、可买卖的（QEPS），必须是实际削减量而不能预计或虚报，必须经过污染测试和环境保护部门的计量，必须是稳定的永久削减，必须通过合法的可实施手段获得。

4.1.1.3 大气运营许可证

大气运营许可证即通常意义上的许可证，它是针对现有源在运行过程中颁发的许可证，按每一个设施发放。对于主要工业源及某些特定的其他源，将针对其设施的所有使用要求都整合到一个许可证上。大气运营许可证的目的是防止违反《清洁空气法案》（CAA）的规定，并提高 CAA 的执行效率。它是根据法律规定具有强制执行力的文件，是当污染源开始运行后必须遵守的文件，主要监管大多数的主要污染源和某些特定的其他源。

大气运营许可证的颁发过程与 NSR 许可证的类似，一般排污单位提出申请一年内可获得许可证，公众听证期一般为 60 天。大气运营许可证包含以下几方面：排污源的所有者；法律基础；排放的污染物名称、数量；各污染物的排放标准及限值；采取的治理措施与步骤；监测、运行记录保存及报告需求；达标实施计划；年度达标证明要求；变更许可证情况及要求；为了防止在制定许可证时由于环境保护部门原因造成的错误而造成的诉讼所设置的许可证保护；有效期及更新日期，有效期一般为 5 年。

4.1.1.4 许可证的监管

在排污许可证管理方面，联邦政府保留严格的监管权，但各州在执行上也保留有一定的弹性。许可证通常会由各州按照 EPA 审定的 SIP 的相关规定依排放源申请发放。如果州在执行 CAA 方面存在失误，许可证发放权将被收归 EPA。在这一前提下，州在实施方法上可以创新。许可证在整个空气污染管理体系中影响很大，它强化了排污单位在空气保护方面的责任，每年排污单位的一位高层领导必须签署守法证书（Compliance Certification），保证遵守许可证中的相关事项。

大气运营许可证的监管主要包括三个方面的内容：监测（monitoring）、记录（record）和报告（report）。排污单位对监测必须作全程记录，同时还必须如实记录各种投诉，以及针对投诉所采取的措施。环境保护局可在合理的时间内在没有预先通知的情况下，对排污单位进行突然检查，检查内容为监测和记录的情况。排污单位必须定期向环境保护局报告监测记录和投诉记录，报告是公开的，公众可以从报告中了解大气污染物排放许可证制度在各个排污单位的执行情况。

4.1.1.5 NPDES 许可证

a）许可证的适用范围

NPDES 许可证的控制对象为排放到水体中的传统、非传统和有毒污染物，市政废水处理设施、市政和工业暴雨排放设施、工商业排放设施和集中的动物饲养业排放设施等。20 世纪 90 年代末，NPDES 开始规范暴雨排放和实行流域控制。美国环保局 1999 年 12 月颁布的暴雨排放规则规定，符合一定要求的与工业活动有关的暴雨排放、建筑场所暴雨排放和市政暴雨排放设施必须申请 NPDES 许可证，其目的是减轻或预防来自暴雨排放设施的污染物进入水体。另外，90 年代末，美国开始采用以流域控制为基础颁发 NPDES 许可证以控制污染物排放，通过实施流域水质标准，采取各种灵活多样的机制提升流域水质。

b）许可证的分类

NPDES 有两种基本类型的许可证，为单一许可证和一般许可证。一般许可证无须个别申请，适用于一定地理区域内具有某种共同性质的特定排污设施，具体包括：雨水点源、相同或实质上相类似行业的设施、排放同类废物或从事同类型的污水利用和处置活动的设施、对下水道污泥利用及处置要求相同排放限制与运营条件的设施、要求相同或相似监控措施的设施。单一许可证是适用于个别设施的许可证，它针对该设施的具体特征、功能等规定特别的限制条件和要求。相关机构可要求其中任何排污者申请单一许可证。

c）许可证的主要内容

所有 NPDES 许可证的主要内容最少由以下五部分组成：

封面（包含了持证人的名称和位置、授权排放的说明、授权排放的特定位置）、排放限值、监测和报告要求、特殊条件[为了补充污水限值的指南，如最佳管理措施（BMPs）、额外的监测活动、环境流域调查、毒性削减评价等]、标准条件（即所有法律、行政和程序对许可证要求）。

每个许可证均包含这五个基本部分，但各部分的内容将取决于许可证是颁发给市政还是工业设施，或是单一还是多个设施（即一般许可证）。

d）许可证的审批

单一许可证和一般许可证的颁发步骤基本一致，与颁发大气运行许可证类似。许可证颁发过程中最重要的一步是计算基于技术的排放限值和基于水质的排放限值。其中基于水质的排放限值是根据每日最大负荷总量（TMDLs）来计算的，是水体达到水质标准的条件下能承受的污染物的最大排放量。选取最严格的排放限值作为最终许可证载明的排放限值要求，并根据排放限值的要求列明监测和报告要求，以及针对设施的特殊要求和针对所有许可证的标准条件要求等。

e）许可证的监管

NPDES 有完善的监管机制，主要通过执行监测、季度不执行报告和强制执行等制度来实现的。执行监测由执行复审和执行调查两部分组成，执行复审是对书面报告和其他执行状况相关材料的复审，执行调查是对规范行为执行情况的审核。季度不执行报告是要求 EPA 地方和州的办公室，每个季度向公众和 EPA 报告那些违反许可证的主要设施。强制执行是一旦排污设施被认定有了明显的违反许可证的行为，由 EPA 或州政府复审该设施的执行历史并进行强制处罚。一般强制执行的类型包括：行政命令和行政处罚、民事诉讼以及刑事诉讼，对于不履行行政命令和行政处罚的排污者，执法机关有权向联邦地方法院提起民事和刑事诉讼，法院对每件违法行为可处以每天最高 25 000 美元的民事罚款即所谓的按日计罚，违法者还可构成故意、过失和故意危险犯罪三种刑事犯罪。

4.1.2 国内排污许可证相关情况

4.1.2.1 国家

国务院办公厅于 2016 年 11 月印发《国务院办公厅关于印发控制污染物排放许可制实施方案的通知》，

要求对企事业单位发放排污许可证并依证监管实施排污许可制。为贯彻落实《控制污染物排放许可制实施方案》，环境保护部于 2016 年 12 月发布了《排污许可证管理暂行规定》和《关于开展火电、造纸行业和京津冀试点城市高架源排污许可证管理工作的通知》，启动了火电、造纸行业排污许可证申请与核发的相关工作，但平板玻璃工业排污许可证申请与核发尚无具体指导文件。

4.1.2.2 各省市

20 世纪 80 年代中期，国内一些城市环境保护部门借鉴国外经验开始探索排污许可证这一基本的环境管理制度。截至 2013 年，我国大陆 31 个省市自治区中，已有 19 个省市自治区专门针对排污许可证制度陆续发布了系列文件，并持续开展。

表 7 各省市发布排污许可证相关文件一览表

地区	文件名
广东省	广东省排污许可证管理办法
	广东省排污许可证实施细则
山西省	山西省排放污染物许可证管理办法
	山西省主要污染物初始排污权核定办法（修订）
	关于初始排污权分配核定办法中的说明
甘肃省	甘肃省排污许可证管理办法
	甘肃省排污许可证管理办法实施细则（试行）
四川省	四川省排污许可证管理暂行办法
上海市	上海市主要污染物排放许可证管理办法
陕西省	陕西省污染物排放总量与污染物排放许可管理办法
江苏省	江苏省排放水污染物许可证管理办法
	江苏省太湖流域主要水污染物排污权有偿使用和交易试点排放指标申购核定暂行办法
	江苏省二氧化硫排污权有偿使用和交易管理办法（试行）
浙江省	浙江省排污许可证管理暂行办法
	浙江省排污许可证管理暂行办法实施细则（试行）
	浙江省主要污染物排放权指标核定和分配技术方法（试行）
	嘉兴市排污单位主要污染物排污权分配量核定办法
河南省	河南省排放污染物许可证管理暂行办法
贵州省	贵州省污染物排放申报登记及污染物排放许可证管理办法
湖北省	湖北省实施排污许可证暂行办法
内蒙古	内蒙古自治区排放污染物许可证管理办法（试行）
河北省	河北省排放污染物许可证管理办法（试行）
天津市	天津市水污染物排放许可证管理办法（试行）
青海省	青海省实施排放污染物许可证管理暂行办法
新疆	自治区重点流域区域和行业实施排污许可证管理实施办法（试行）（新疆）
	新疆维吾尔自治区关于《水污染物排放许可证管理暂行办法》的实施细则
江西省	江西省水污染物排放许可证实施方案
湖南省	湖南省排污许可证管理暂行办法
	湖南省主要污染物初始排污权分配核定技术方案
重庆市	重庆市排放污染物许可证管理办法（试行）
云南省	云南省排放污染物许可证管理办法（试行）
黑龙江省	黑龙江省松花江流域及其他重点污染源临时排污许可证发放实施方案
宁夏	宁夏回族自治区环境保护局关于开展排放污染物许可证管理工作的通知
淮河和太湖流域	淮河和太湖流域排放重点水污染物许可证管理办法（试行）

各省市出台的排污许可证制度有以下几个特点：一是从发放范围来看，大多数省市自治区排污许可证的发放范围为向环境排放大气污染物和水污染物的排污单位事业单位、个体工商户（以下称排污者），重庆、广东、福建、青海等省市发放范围还涉及排放固体废弃物和噪声的排污者。二是从实施主体来看，排污许可证的实施主体为各级环境保护行政主管部门，省级环境保护行政主管部门对排污许可证工作实施统一监督、指导。市区环境保护行政主管部门每年将本行政区域上一年度排污许可证的核发和监督管理情况向本级人民政府和上一级环境保护行政主管部门报告。大多数省市自治区环境保护部门的国控、省控等重点源的排污许可证由省级环境保护行政主管部门直接负责核发和监管，其他排污者由所在市区县的环境保护行政主管部门负责。三是从许可事项来看，排污许可证一般分为正本和副本。正本载明事项主要包括排污者的名称、地址、法定代表人、污染物排放种类、浓度限值和总量限值，有效使用期限、

发证机关、发证日期和证书编号等；副本除载明正本的事项外，还涉及主要生产工艺和设备、污染物处理工艺和能力、排污口及污染物排放要求、污染物排放执行标准及监测要求、年审记录、执法检查记录等事项。四是从许可证的种类和期限来看，许可证一般分为排污许可证和临时排污许可证两类，对试生产项目或限期治理的排污者发放临时排污许可证。一般排污许可证有效期限为 3 年或 5 年，临时排污许可证有效期限一般不超过 1 年。五是从证后监管来看，环境保护行政主管部门对排污许可证执行情况进行监督检查、记录检查结果等，大多数省市自治区对排污许可证实施年度审查。六是从执行效果来看，许可证制度提升了环保管理水平，对排污单位达标排放和总量控制起到了一定的管理作用，尤其表现在重点点源污染排放管理上，同时提高了排污单位的环保守法意识，加大了排污单位环保监测能力建设。

因国家层面仍未对排污许可证制度出台专门法律规定，各地在排污许可证制度执行过程中各有差异。

4.2 排放标准方面

4.2.1 国外

表 8 国外有关平板玻璃大气污染物控制限值相关标准 单位：mg/m³

标准	颗粒物	二氧化硫	氮氧化物（以 NO_2 计）		HCl	氟化物
			mg/m³	kg/t		
欧盟 BAT	5～30	天然气：200～500 重油：500～1 200	500～700	1.25～1.75	＜30	＜5
卢森堡	50	500	500（新改建）	—	30	5
奥地利	50	500	900～1 500（与窑型有关）	—	30	5
芬兰	50	天然气：500 重油：1 500	—	2.5～4	30	5
法国	50	一般：500 特殊：1 800	天然气 900～2 000； 重油 700～1 500 （与窑型有关）	天然气 2.7～4； 重油 2.1～3	30	5
意大利	50	天然气：500 重油：1 500	天然气 1 400～3 500； 重油 1 200～3 000	—	30	5

4.2.2 国内

国内发布的平板玻璃行业相关的排放标准见表 9。

表 9 平板玻璃行业大气污染物排放标准

标准号	标准名称	发布单位	主要大气污染物排放限值/（mg/m³）		
			颗粒物	二氧化硫	氮氧化物（以 NO_2 计）
GB 26453—2011	平板玻璃工业大气污染物排放标准	环境保护部、国家质量监督检验检疫总局	50	400	700
DB 31/860—2014	工业熔窑大气污染物排放标准	上海市环境保护局、上海市质量技术监督局	20	100	200
DB 41/1066—2015	工业熔窑大气污染物排放标准	河南省环境保护厅、河南省质量技术监督局	30	200	400
DB 50/418—2016	大气污染物综合排放标准	重庆市环境保护局、重庆市质量技术监督局	50	200	200
DB 12/ 556—2015	工业熔窑大气污染物排放标准	天津市环境保护局、天津市市场和质量监督管理委员会	30	50	500
DB 37/2373—2013	山东省建材工业大气污染物排放标准	山东省环境保护厅、山东省质量技术监督局	30	300	500
DB 13/2168—2015	平板玻璃工业大气污染物排放标准	河北省环境保护厅、河北省质量技术监督局	30	250	600/500

由上述分析可知，目前在平板玻璃行业国内外的相关文件主要为行业排放标准，在排污许可方面国内外的相关文件主要为制度建设与实施方面的相关文件，平板玻璃行业的排污许可技术文件，本标准尚属于首次发布。

5 标准制定的基本原则和技术路线

5.1 标准制定的基本原则

a）与我国现行有关的环境法律法规及标准协调相配套、与环境保护的方针政策相一致原则。以《控制污染物排放许可制实施方案》（国办发〔2016〕81 号）、《排污许可证管理暂行规定》（环水体〔2016〕186 号）等相关的法律法规、标准规范为依据制定本标准。

b）适用范围和工作原则满足相关环保标准和环保工作要求的原则。本标准针对平板玻璃工业排污单位排污许可申请与核发工作而制定，指导平板玻璃工业排污单位填报申请排污许可证和核发机关审核确定排污许可证。

c）普遍适用性和实际可操作性原则。根据平板玻璃工业排污单位的实际情况，结合各污染源、污染因子的特点，提出本标准的技术要点，以保证最大限度地与平板玻璃工业排污单位的实际情况相吻合，使本标准具有行业针对性和代表性。

5.2 标准制定的技术路线（图 10）

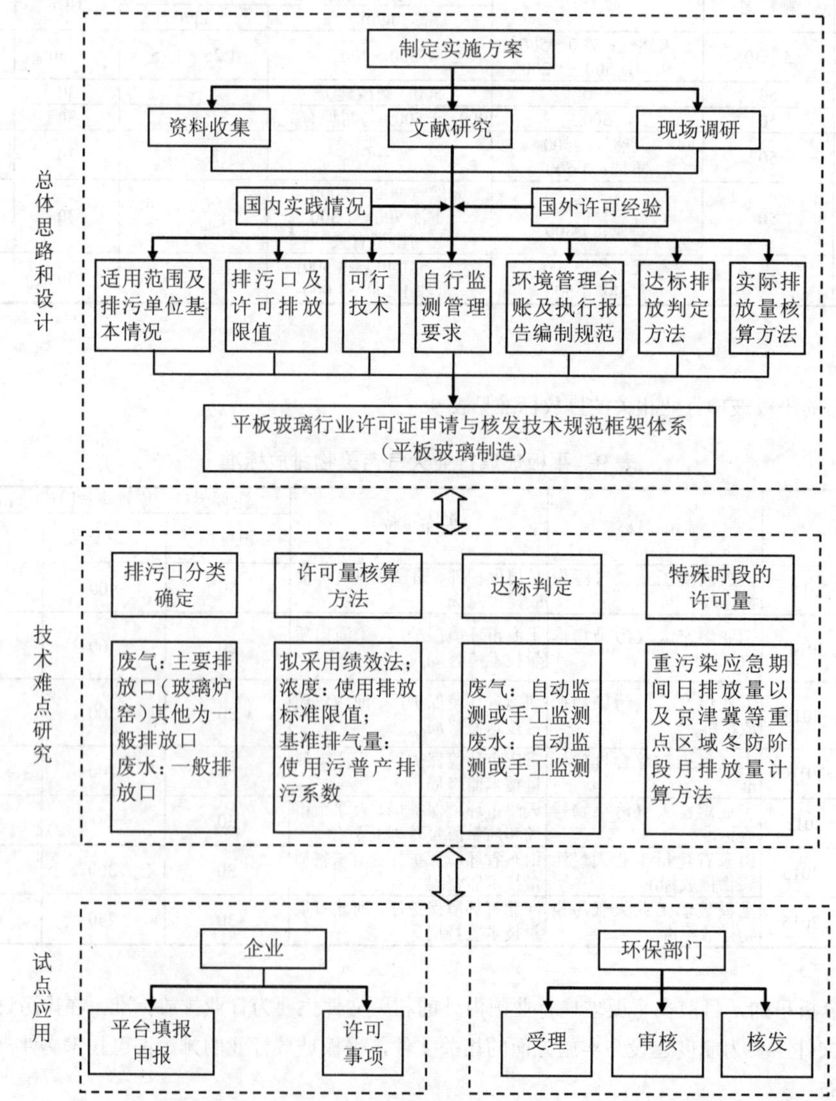

图 10 规范制定技术路线图

6 规范主要内容

6.1 标准内容结构

规范正文分十部分内容，除和火电、造纸行业技术规范一致的七个部分外，按照标准编制格式，增加了适用范围、规范性引用文件及术语和定义三部分内容。规范正文结构框架如下：

1 适用范围

2 规范性引用文件

3 术语和定义

4 排污单位基本情况填报要求

5 产排污节点对应排放口及许可排放限值确定方法

6 污染防治可行技术要求

7 自行监测管理要求

8 环境管理台账记录与执行报告编制要求

9 实际排放量核算方法

10 合规判定方法

6.2 适用范围

依据与我国现行有关的环境法律法规、标准协调相配套、与环境保护的方针政策相一致原则，以《控制污染物排放许可制实施方案》（国办发〔2016〕81 号）、《排污许可证管理暂行规定》（环水体〔2016〕186 号）等相关的法律法规、标准规范为依据制定本标准。

我国玻璃产业从产品类型上涵盖了多个领域，如建筑用平板玻璃（如玻璃幕墙玻璃、门窗玻璃等）、工业用平板玻璃（光伏玻璃等）、医用平板玻璃（如载玻片、盖玻片等）、光学平板玻璃（如摄像镜头等）、日用瓶罐玻璃、日用器皿玻璃、日用照明玻璃、药用玻璃、电子玻璃、玻璃纤维（属于建材行业）、玻璃棉（属于建材新材料行业）、泡花碱等。2010 年国家颁布的《平板玻璃工业污染物大气排放标准》针对的是建筑用平板玻璃和工业用平板玻璃。

目前国家相关部门已认识到建筑用平板玻璃及工业用平板玻璃与其他细分领域的生产特点、工况等存在较大差别，故其他玻璃产业细分领域的排放标准也在陆续制定当中，如中国轻工业清洁生产中心正在制定玻璃棉排放标准、玻璃纤维排放标准，中国日用玻璃协会正在制定日用玻璃排放标准，而还有些标准如医用平板玻璃、光学玻璃、泡花碱等尚未提上标准制定日程。

为了保持与国家排放标准体系的一致性，也由于其他细分领域的排放标准尚未出台，避免以偏概全，影响玻璃产业其他细分行业的正常发展，本标准的适用范围为执行《平板玻璃工业大气污染物排放标准》（GB 26453）的平板玻璃工业排污单位。

对于平板玻璃工业排污单位排放的大气污染物、水污染物，均应纳入排污许可管理的范围内。鉴于本标准为首次发布，且排污许可管理制度为我国新实施的一项环境管理制度，实施初期步伐不宜过快，因此暂不将噪声和固废纳入排污许可的管理范围内。

2007 年，国家发展改革委办公厅在《关于做好淘汰落后平板玻璃生产能力有关工作的通知》（发改办运行〔2007〕1959 号）中明确指出对规模小、能耗高、质量差、环境污染严重的平拉工艺等落后的平板玻璃生产线，要按照有关法律、法规和产业政策的要求，坚决予以淘汰。并在《产业结构调整指导目录（2011 年本）》中，将平拉工艺的平板玻璃生产线（含格法）列为淘汰类，因此此类排污单位不纳入许可证的发放范围内。此外，垂直引上法目前在国内也基本被淘汰，因此此类排污单位同样不纳入排污许可证的发放范围内。

6.3 规范性引用文件

给出了本标准引用的有关文件名称及文号，凡是不注日期的引用文件，其有效版本适用于本标准。

6.4 术语和定义

6.4.1 标准中的术语和定义

就平板玻璃工业、平板玻璃工业排污单位、许可排放限值等三个术语进行了定义。

平板玻璃工业：采用浮法、压延等工艺制造平板玻璃的工业。

平板玻璃工业排污单位：指含有平板玻璃工业生产过程的排污单位，不包括采用平拉工艺（含格法）的排污单位。

许可排放限值：指排污许可证中规定的允许排污单位排放的污染物最大排放浓度和排放量。

6.4.2 关于特殊时段

特殊时段包括重污染天气应对期间和冬防期间等。在此期间，排污单位应减少污染物的排放，以利于特殊时段污染物的扩散及空气质量的改善。因此，在此原则的基础上，排污单位需要在特殊时段较平时更少排放污染物，才能满足上述要求。

目前国内大多数行业常见的做法是通过在特殊时段采用停产、限产、错峰生产等做法，以达到减少污染物排放的目的。

与其他行业相比，平板玻璃行业具有自身的特殊性，主要体现在以下几个方面：

a）玻璃熔窑一旦投运不能随时启停

玻璃熔窑不同于电站锅炉等可随时启停。一旦点火，一个窑期内连续运行（国内一般为 8～12 年，国外最长到 18 年），一旦停炉，熔窑基本等于报废，需要 8～10 个月的大修，才能再次点火运行。因此，特殊时段平板玻璃工业排污单位不能像其他行业一样通过实行停产实现污染物的减排。

b）限产情况下并不能大幅度减少污染物排放量

当排污单位接到限产通知时，由于玻璃熔窑的特殊性，为了保护熔窑，即使减少了原材料的投入，但仍然需要保持熔窑的正常燃烧，因此即使在限产的情况下，排污单位消耗的燃料与正常生产相比并未减少。由于平板玻璃熔窑排放的大气污染物主要来自于燃料燃烧，因此在限产的情况下，排污单位排放的污染物并不能得到大幅度减少。因此，特殊时段平板玻璃工业排污单位不能像其他行业一样通过限产减少污染物的排放。

基于平板玻璃行业生产特点及污染物的产生特点，因此，本标准中对于平板玻璃工业，不提出特殊时段的要求，故本小节中无特殊时段的定义。

6.5 排污单位基本情况填报要求

排污单位基本情况包括：①排污单位基本信息；②主要产品及产能；③主要燃料及原辅材料信息；④产排污节点、污染物及污染治理设施；⑤生产工艺流程图；⑥厂区总平面布置图，共计 4 张表 2 张图。

本次排污许可制度改革思路提出要严格落实企事业单位环境保护责任，因此排污单位需要自主填报，自我承诺、对申请材料的真实性和完整性承担相应的法律责任。

排污单位在填报排污单位基本信息时应当按照排污单位实际情况进行填报，并对信息的真实性、完整性承担相应法律责任。

6.5.1 排污单位基本信息

本小节内容主要用于指导平板玻璃工业排污单位在全国排污许可证管理信息平台上填报排污单位基本信息表中的相关内容。

平板玻璃工业排污单位需填报的内容包括：单位名称、邮政编码、是否投产、投产日期、生产经营场所中心经度、生产经营场所中心纬度、所在地是否属于重点区域、是否有环境影响评价批复文件及文号（备案编号）、是否有地方政府对违规项目的认定或备案文件及文号、是否有主要污染物总量分配计划文件及文号、颗粒物总量指标（t/a）、二氧化硫总量指标（t/a）、氮氧化物总量指标（t/a）、化学需氧量总量指标（t/a）、氨氮总量指标（t/a）、其他污染物总量指标（如有）等。

对于同一法人拥有多个生产经营场所的情形，应分别申报排污许可证。

所在地是否属于大气污染重点控制区域，应根据《重点区域大气污染防治“十二五”规划》文件进行确定。

污染物总量控制要求包括地方政府或环境保护部门发文确定的总量控制指标、环境影响评价批复中确定的总量控制指标、现有排污许可证中载明的总量控制指标、通过排污权有偿使用和交易确定的总量控制指标等地方政府或环境保护部门与排污许可证申领单位以一定形式确认的总量控制指标。

按照《国务院办公厅关于加强环境监管执法的通知》（国办发〔2014〕56 号）要求，各地全面清理违法违规项目，经地方政府依法处理、整顿规范并符合要求的项目，纳入排污许可管理范围。

对位于法律法规明确规定禁止建设区域内的、属于国家或地方已明确规定予以淘汰或取缔的平板玻璃工业排污单位或者生产装置，原则上不予核发排污许可证。

6.5.2 主要产品及产能

本小节内容主要用于指导平板玻璃工业排污单位在全国排污许可证管理信息平台上填报主要产品及产能信息表中的相关内容。

平板玻璃工业排污单位需填报的内容包括：主要生产单元名称、主要工艺名称、生产设施名称、设施参数、产品名称、生产能力、设计年生产时间等内容。其中，主要生产单元名称、主要工艺名称、生产设施名称、设施参数、产品名称由平板玻璃工业排污单位填报时在管理信息平台的下拉菜单中选择相应内容，其余内容由排污单位根据本单位实际情况如实填报。

平板玻璃工业排污单位的主要生产单元、主要工艺、生产设施见表 10。

表 10 平板玻璃工业排污单位主要生产单元、主要工艺、生产设施及设施参数表

主要生产单元	主要工艺	生产设施	设施参数
浮法玻璃生产线	原料破碎系统	粗破机	处理量
		细破机	处理量
		筛分机	处理量
		斗式提升机	输送量
		带式输送机	输送量
	备料与储存系统	斗式提升机	输送量
		带式输送机	输送量
		筛分机	处理量
		均化装备	处理量
	配料系统	混合机	总容积
		斗式提升机	输送量
		带式输送机	输送量
		窑头料仓	仓储量
	碎玻璃系统	碎玻璃破碎机	破碎量
		带式输送机	输送量
	熔化工序	投料机	日投料量
		玻璃熔窑	拉引量
	成型退火工序	锡槽	车速
		在线镀膜设备	镀膜类型
		退火窑	退火能力
	切裁包装工序	退火窑辊道转动设备	车速
		横切机	切割长度范围
		落扳、破碎机	破碎量
压延玻璃生产线	原料破碎系统	粗破机	处理量
		细破机	处理量
		筛分机	处理量
		斗式提升机	输送量
		带式输送机	输送量
	备料与储存系统	斗式提升机	输送量
		带式输送机	输送量
		筛分机	处理量
		均化装备	处理量

主要生产单元	主要工艺	生产设施	设施参数
压延玻璃生产线	配料系统	混合机	总容积
		斗式提升机	输送量
		带式输送机	输送量
		窑头料仓	仓储量
	碎玻璃系统	碎玻璃破碎机	破碎量
		带式输送机	输送量
	熔化工序	投料机	日投料量
		玻璃熔窑	拉引量
	成型退火工序	压延成型机	速度范围
		退火窑	退火能力
	切裁包装工序	退火窑辊道转动设备	车速
		横切机	切割长度范围
		落扳、破碎机	破碎量
燃料供应单元	燃油系统	贮油设施	贮油量
		其他	
	燃气系统	天然气、焦炉煤气储罐	罐储量
		其他	
	煤制气系统	煤库	库储量
		煤加工、筛分装备	处理量
	煤制气系统	上煤机	投煤量
		煤气发生炉	煤气产量
		其他	
	燃石油焦系统	石油焦（粉）库	库储量
		破碎装备	破碎量
		研磨装备	加工量
		筛分设备	处理量
		输送设备	输粉量
		其他	
公用单元	余热锅炉及发电系统	余热锅炉	锅炉效率
		汽轮机	额定功率
		发电机	输出功率
		其他	
	软化水制备系统	多介质过滤装置	流量
		其他	
	氮氢保护气制备系统	分馏塔	出塔氮气量
		液氨储罐	罐储量
		氨分解炉	氨分解能力
		电解槽	氢气产量
		其他	
	给水及循环水冷却系统	冷却水塔	流量
		其他	
	辅助系统	灰库	容积
		灰渣场	容积
		石膏库房	容积
		脱硫副产物库房	容积
		氨水罐	容积
		液氨罐	容积
		其他	

纳入全国排污许可证管理信息平台中必须填报的设备包括两类，一是与污染物产生相关的生产设备，如玻璃熔窑等；二是与产品产量相关的主要生产设备，如锡槽、退火窑等，虽然无污染物产生，但由于是成型退火阶段的主要生产设备，故将其纳入填报范围内。部分与污染物产生无关且与主要产品产量无关的设备，如喷枪、空压机等，不纳入填报范围。

产品名称：平板玻璃工业排污单位的产品包括两类：浮法玻璃和压延玻璃。

6.5.3 主要燃料及原辅材料

本小节内容主要用于指导平板玻璃工业排污单位在全国排污许可证管理信息平台上填报主要原辅材

料及燃料信息表中的相关内容。

平板玻璃工业排污单位需填报的内容包括原辅料种类、设计年使用量、计量单位、硫元素占比、有毒有害成分占比及其他、燃料种类、灰分、硫分、挥发分、热值及其他。其中，种类及名称由平板玻璃工业排污单位填报时在全国排污许可证管理信息平台的下拉菜单中选择相应的内容。其他内容由排污单位根据实际情况如实填写。

原辅料种类：分为原料和辅料两种。其中，原料种类包括硅砂、长石、白云石、石灰石、纯碱、碎玻璃等。辅料种类包括工艺过程中添加的澄清剂、助熔剂、氧化剂、还原剂、着色剂、脱色剂、乳浊剂等。此外，废气、废水污染防治过程中添加的化学品也作为辅料需要填报，如氨水、液氨、石灰、石灰石、烧碱、纯碱等。

硫元素占比：由于原辅料中的硫元素与二氧化硫排放有关，因此须填写相关的原料、辅料及燃料中硫元素占比，如芒硝等。

有毒有害成分占比：主要与废水中的有毒有害物质排放有关，须填写原料、辅料及燃料中有毒有害成分及占比。其中，由于燃烧石油焦、重油、煤焦油会导致脱硫废水中含有总汞、总镉、总砷、总铅、总镍等水污染物，因此对于使用石油焦、重油、煤焦油的排污单位需要在有毒有害成分一栏中填写燃料中总汞、总镉、总铬、总砷、总铅、总镍、总锌等重金属种类及占比。可参考设计值或上一年的实际使用情况填报。

平板玻璃工业排污单位使用的原料、辅料及燃料名称见表 11。

表 11　平板玻璃工业排污单位原料、辅料及燃料汇总表

种类	名称
原料	硅砂
	长石
	白云石
	石灰石
	纯碱
	碎玻璃
	其他
辅料	澄清剂
	助熔剂
	氧化剂
	还原剂
	着色剂
	脱色剂
	乳浊剂
	氨水
	液氨
	石灰
	石灰石
	烧碱
	其他
燃料	发生炉煤气
	燃煤
	重油
	天然气
	石油焦
	煤焦油
	焦炉煤气

6.5.4　产排污节点、污染物及污染治理设施

本小节内容主要用于指导平板玻璃工业排污单位在全国排污许可证管理信息平台上填报产排污节点、污染物及污染治理设施信息表中的相关内容。

平板玻璃工业排污单位需填报的内容包括生产设施名称、对应产污节点名称、废水类别、污染物种类、排放形式、排放去向、排放规律、污染治理设施编号、污染治理设施名称、污染治理设施工艺、是否为可行技术、有组织排放口编号、排放口设置是否符合要求、排放口类型等内容。其中，生产设施名称、对应产污节点名称、废水类别、污染物种类、排放形式、排放去向、排放规律、污染治理设施名称、污染治理设施工艺、是否为可行技术等内容由平板玻璃工业排污单位填报时在全国排污许可证管理信息平台的下拉菜单中选择相应的内容，其他内容由排污单位根据实际情况如实填报。

6.5.4.1 废气产排污节点、污染物及污染治理设施

平板玻璃工业排污单位废气主要来自于原料破碎环节、备料及储存环节、配料环节、碎玻璃环节、熔窑烟气、成型退火、煤制气环节、石油焦（粉）储存与输送环节、氮氢保护气制备环节及储油环节等。

原料破碎环节的废气排放主要来自于原料提升设备、破碎设备、输送设备等通风生产设备，污染物主要为原料的贮存、输送、破碎等生产过程中产生的颗粒物。

备料及储存环节的废气排放主要来自于原辅料提升设备、输送设备、筛分设备、均化设备、料仓和储库等通风生产设备，污染物主要为提升、输送、筛分、均化等生产过程中产生的颗粒物。

配料环节的废气排放主要来自于称量设备、混合设备、提升设备、输送设备、窑头料仓等通风生产设备，污染物主要为称量、混合、输送、提升、上料投料等生产过程中产生的颗粒物。

碎玻璃环节的废气排放主要来自于破碎设备、输送设备等通风生产设备，污染物主要为破碎、输送等生产过程中产生的颗粒物。

熔化工序的废气排放主要来自于玻璃熔窑，污染物主要为熔化生产过程中产生的颗粒物、二氧化硫、氮氧化物、氯化氢及氟化物。

成型退火工序的废气排放主要来自于在线镀膜设备，其中，生产 LOW-E 镀膜玻璃时产生的污染物主要为颗粒物、氯化氢、氟化物、锡及其化合物，生产阳光镀膜玻璃时产生的污染物为 SiO_2。

煤制气工序的废气排放主要来自于煤加工及筛分设备、上煤机等通风生产设备以及煤气发生炉，污染物主要为煤的加工、筛分、输送、上料等生产过程中产生的颗粒物以及煤气发生炉产生的硫化氢。

石油焦（粉）储存与输送工序的废气排放主要来自于破碎设备、研磨设备、筛分设备、输送设备等通风生产设备，污染物主要为石油焦（粉）的破碎、研磨、筛分、输送等生产过程中产生的颗粒物。

氮氢保护气制备工序的废气排放主要来自于氨储罐无组织泄漏，污染物主要为氨气。

储油工序的废气排放主要来自于油罐进出口、阀门、管路无组织泄漏，污染物主要为挥发性有机物（VOCs）。

平板玻璃工业排污单位废气主要排污节点、污染物信息见表 12。

表 12 平板玻璃工业排污单位废气产污环节、污染物种类、排放形式及污染治理设施一览表

生产单元	生产设施	废气产污环节	污染物种类	排放形式	污染治理设施	
					污染治理设施名称及工艺	是否为可行技术
浮法玻璃生产线	粗破机、细破机、筛分机、斗式提升机、带式输送机、其他	破碎废气、筛分废气、输送废气、其他	颗粒物	有组织	静电除尘器（注明电场数，如三电场、四电场等）、袋式除尘器（注明滤料种类）、电袋复合除尘器（同静电除尘器和袋式除尘器要求，注明电场数和滤料种类）、旋风除尘器、滤筒除尘器、其他	□是 □否 如采用不属于“6 污染防治可行技术要求”中的技术，应提供相关证明材料
		原料破碎系统无组织废气		无组织	在破碎、筛分、输送等阶段封闭操作，在各转载及下料口等产尘点设立局部或整体气体收集系统和净化处理装置，其他	同上
	斗式提升机、带式输送机、筛分机、其他	输送废气、筛分废气、投料废气、其他	颗粒物	有组织	静电除尘器（注明电场数，如三电场、四电场等）、袋式除尘器（注明滤料种类）、电袋复合除尘器（同静电除尘器和袋式除尘器要求，注明电场数和滤料种类）、旋风除尘器、滤筒除尘器、其他	同上

生产单元	生产设施	废气产污环节	污染物种类	排放形式	污染治理设施	
					污染治理设施名称及工艺	是否为可行技术
浮法玻璃生产线	斗式提升机、带式输送机、筛分机、其他	备料与储存系统无组织废气	颗粒物	无组织	在筛分、输送等阶段封闭操作，硅质原料的均化在密闭的均化库中进行，在各转载及下料口等产尘点设立局部或整体气体收集系统和净化处理装置，在易产生扬尘的临时堆场设置不低于堆放物高度的严密围挡并采取有效覆盖，其他	同上
	混合机、斗式提升机、带式输送机、窑头料仓、其他	混合废气、输送废气、投料废气、其他	颗粒物	有组织	静电除尘器（注明电场数，如三电场、四电场等）、袋式除尘器（注明滤料种类）、电袋复合除尘器（同静电除尘器和袋式除尘器要求，注明电场数和滤料种类）、旋风除尘器、滤筒除尘器、其他	同上
		配料系统无组织废气		无组织	在混合、输送、投料等阶段封闭操作，在各转载及上料口等产尘点设立局部或整体气体收集系统和净化处理装置，其他	同上
	碎玻璃破碎机、带式输送机	破碎废气、输送废气、其他	颗粒物	有组织	静电除尘器（注明电场数，如三电场、四电场等）；袋式除尘器（注明滤料种类）；电袋复合除尘器（同静电除尘器和袋式除尘器要求，注明电场数和滤料种类）、旋风除尘器；滤筒除尘器；其他	同上
	投料机、玻璃熔窑	熔化	颗粒物	有组织	静电除尘器（注明电场数，如三电场、四电场等）、袋式除尘器（注明滤料种类）、电袋复合除尘器（同静电除尘器和袋式除尘器要求，注明电场数和滤料种类）、湿式电除尘器、其他	同上
			二氧化硫		使用低硫燃料、旋转喷雾法脱硫技术、烟气循环流化床法脱硫技术、石灰石/石灰-石膏法脱硫技术、钠碱法脱硫技术、双碱法脱硫技术、其他	同上
			氮氧化物		分级燃烧技术、全氧燃烧技术、纯氧燃烧技术、富氧燃烧技术、低氮燃烧器、SCR、其他	同上
			氯化氢、氟化物（以总F计）、烟气黑度（林格曼黑度，级）		协同处置	—
			汞[a]、镉[a]、铬[a]、砷[a]、铅[a]、镍[a]、锌[a]		—	—
	在线镀膜设备	在线镀膜	颗粒物、氯化氢、氟化物（以总F计）、锡及其化合物	有组织	吸收塔、焚烧装置	同上
压延玻璃生产线	粗破机、细破机、筛分机、斗式提升机、带式输送机、其他	破碎废气、筛分废气、输送废气、其他	颗粒物	有组织	静电除尘器（注明电场数，如三电场、四电场等）、袋式除尘器（注明滤料种类）、电袋复合除尘器（同静电除尘器和袋式除尘器要求，注明电场数和滤料种类）、旋风除尘器、滤筒除尘器、其他	同上
		原料破碎系统无组织废气		无组织	在破碎、筛分、输送等阶段封闭操作，在各转载及下料口等产尘点设立局部或整体气体收集系统和净化处理装置，其他	同上
	斗式提升机、带式输送机、筛分机、其他	输送废气、筛分废气、投料废气、其他	颗粒物	有组织	静电除尘器（注明电场数，如三电场、四电场等）、袋式除尘器（注明滤料种类）、电袋复合除尘器（同静电除尘器和袋式除尘器要求，注明电场数和滤料种类）、旋风除尘器、滤筒除尘器、其他	同上

生产单元	生产设施	废气产污环节	污染物种类	排放形式	污染治理设施	
					污染治理设施名称及工艺	是否为可行技术
压延玻璃生产线	斗式提升机、带式输送机、筛分机、其他	备料与储存系统无组织废气	颗粒物	无组织	在筛分、输送等阶段封闭操作，在各转载及下料口等产尘点设立局部或整体气体收集系统和净化处理装置，在易产生扬尘的临时堆场设置不低于堆放物高度的严密围挡并采取有效覆盖，其他	同上
	混合机、斗式提升机、带式输送机、窑头料仓、其他	混合废气、输送废气、投料废气、其他	颗粒物	有组织	静电除尘器（注明电场数，如三电场、四电场等）、袋式除尘器（注明滤料种类）、电袋复合除尘器（同静电除尘器和袋式除尘器要求，注明电场数和滤料种类）、旋风除尘器、滤筒除尘器、其他	同上
		配料系统无组织废气		无组织	在混合、输送、投料等阶段封闭操作，在各转载及上料口等产尘点设立局部或整体气体收集系统和净化处理装置，其他	同上
	碎玻璃破碎机、带式输送机	破碎废气、输送废气、其他	颗粒物	有组织	静电除尘器（注明电场数，如三电场、四电场等）、袋式除尘器（注明滤料种类）、电袋复合除尘器（同静电除尘器和袋式除尘器要求，注明电场数和滤料种类）、旋风除尘器、滤筒除尘器、其他	同上
	投料机、玻璃熔窑	熔化	颗粒物	有组织	静电除尘器（注明电场数，如三电场、四电场等）、袋式除尘器（注明滤料种类）、电袋复合除尘器（同静电除尘器和袋式除尘器要求，注明电场数和滤料种类）、湿式电除尘器、其他	同上
			二氧化硫		使用低硫燃料、旋转喷雾法脱硫技术、烟气循环流化床法脱硫技术、石灰石/石灰-石膏法脱硫技术、钠碱法脱硫技术、双碱法脱硫技术、其他	同上
			氮氧化物		分级燃烧技术、全氧燃烧技术、纯氧燃烧技术、富氧燃烧技术、低氮燃烧器、SCR、其他	同上
	投料机、玻璃熔窑	熔化	氯化氢、氟化物（以总F计）、烟气黑度（林格曼黑度，级）	有组织	协同处置	—
			汞[a]、镉[a]、铬[a]、砷[a]、铅[a]、镍[a]、锌[a]	有组织	—	—
燃料供应单元	贮油设施	燃油系统	非甲烷总烃	无组织	加强储罐及输送管路的密封，严格控制无组织排放	—
	煤库、加工设备、筛分装备、上煤机	煤制气系统	颗粒物	有组织	静电除尘器（注明电场数，如三电场、四电场等）、袋式除尘器（注明滤料种类）、电袋复合除尘器（同静电除尘器和袋式除尘器要求，注明电场数和滤料种类）、旋风除尘器、滤筒除尘器、其他	同上
				无组织	煤炭储存于储库、堆棚中	同上
	煤气发生炉		硫化氢	无组织	—	—
	石油焦（粉）库、破碎装备、研磨装备、筛分设备、输送设备	破碎废气、研磨废气、筛分废气、输送废气、其他	颗粒物	有组织	静电除尘器（注明电场数，如三电场、四电场等）、袋式除尘器（注明滤料种类）、电袋复合除尘器（同静电除尘器和袋式除尘器要求，注明电场数和滤料种类）、旋风除尘器、滤筒除尘器、其他	同上
		燃石油焦系统无组织废气		无组织	在石油焦的储存、破碎、研磨、筛分、输送等阶段封闭操作，在输送设备及各转载点等产尘点设立局部或整体气体收集系统和净化处理装置	同上
公用单元	液氨储罐、氨水罐	液氨/氨水储存系统	氨气	无组织	氨水/液氨用全封闭罐车运输、配氨气回收或吸收回用装置、氨罐区设氨气泄漏检测设施	同上

[a]适用于使用重油、煤焦油、石油焦的平板玻璃工业排污单位。

排放口类型：废气排放口分为主要排放口和一般排放口。由于玻璃熔窑排放了平板玻璃工业排污单位全部的二氧化硫、氮氧化物和绝大多数的颗粒物，因此将玻璃熔窑对应排气筒作为主要排放口，其他废气排放口均为一般排放口。

6.5.4.2 废水产排污节点、污染物及污染治理设施

依据废水来源，将平板玻璃工业排污单位废水分为原料车间冲洗废水、余热锅炉循环冷却排污水、生产设备循环冷却排污水、软化水制备系统排污水、脱硫废水、含酚废水、含油废水、生活污水等。

平板玻璃工业排污单位废水类别、污染物及污染治理设施信息见表 13。

表 13 平板玻璃工业排污单位废水类别、污染物及污染治理设施信息表

废水类别	燃料类型	废水来源	污染物种类	污染治理设施	
				污染治理设施名称及工艺	是否为可行技术
原料车间冲洗废水	所有燃料	原料车间	pH、悬浮物、化学需氧量、石油类	混凝+沉淀、混凝+沉淀+过滤、其他	□是 □否 如采用不属于"6 污染防治可行技术要求"中的技术，应提供相关证明材料
余热锅炉循环冷却排污水	所有燃料	余热锅炉	pH、悬浮物、化学需氧量、氨氮	反渗透、其他	
生产设备循环冷却排污水	所有燃料	玻璃熔窑、锡槽等生产设备	pH、悬浮物、化学需氧量、氨氮	反渗透、其他	
软化水制备系统排污水	所有燃料	软化水制备系统	pH、悬浮物、化学需氧量	混凝+沉淀、混凝+沉淀+过滤、其他	
含酚废水	发生炉煤气	煤气发生炉	化学需氧量、挥发酚、总氰化物、硫化物	破乳+萃取+生化、其他	
含油废水	重油、煤焦油	储油设施	化学需氧量、悬浮物、石油类	隔油+混凝+气浮、其他	
脱硫废水	所有燃料	湿法脱硫系统	悬浮物、化学需氧量、氟化物、硫化物、总汞[a]、总镉[a]、总铬[a]、总砷[a]、总铅[a]、总镍[a]、总锌[a]	中和+絮凝+沉淀、其他	
生活污水	所有燃料	厂区生活	pH、悬浮物、化学需氧量、五日生化需氧量、氨氮、总磷、动植物油	化粪池、生物接触氧化工艺、活性污泥法、其他	
初期雨水	所有燃料	厂区	悬浮物、化学需氧量、氨氮、石油类[b]、挥发酚[c]、总氰化物[c]、硫化物[c]	混凝+沉淀、混凝+沉淀+过滤、中和+絮凝+沉淀、破乳+萃取+生化、隔油+混凝+气浮、其他	

[a] 适用于使用重油、煤焦油、石油焦的平板玻璃工业排污单位。
[b] 适用于使用重油、煤焦油的平板玻璃工业排污单位。
[c] 适用于使用煤气发生炉的平板玻璃工业排污单位。

排放口类型：废水排放口分为废水总排放口和车间或生产设施废水排放口，其中，由于脱硫废水中含有重金属，因此脱硫废水排放口为车间或生产设施废水排放口。由于平板玻璃工业排污单位的各类废水排放量较小，因此将所有的废水排放口均作为一般排放口。

6.6 产排污节点对应排放口及许可排放限值确定方法

6.6.1 产排污节点对应排放口

6.6.1.1 废气排放口及执行标准

由于玻璃熔窑基本上排放了全部的 SO_2、NO_x 等气态污染物和大多数的颗粒物，是平板玻璃工业重点管控环节，因此将玻璃熔窑对应排气筒确定为主要废气排放口，对其实施排放浓度和排放量双重管控。其他废气排放口及废水排放口确定为一般排污口，管控排放浓度。

平板玻璃工业排污单位实施排污许可管理的废气污染物项目为 GB 26453 中规定的污染物项目，见表 14。

表 14 平板玻璃工业排污单位实施排污许可管理的废气生产设施及污染物项目

生产设施	废气有组织排放口	排放口类型	许可排放浓度污染物项目	许可排放量污染物项目
粗破机、细破机、筛分机、斗式提升机、带式输送机	各装置对应排气筒	一般排放口	颗粒物	—
斗式提升机、带式输送机、筛分机、均化装备	各装置对应排气筒	一般排放口	颗粒物	—
碎玻璃破碎机、带式输送机	各装置对应排气筒	一般排放口	颗粒物	—
投料机、玻璃熔窑	熔窑烟囱对应排气筒	主要排放口	颗粒物、二氧化硫、氮氧化物、烟气黑度（林格曼黑度，级）、氯化氢、氟化物（以总 F 计）	颗粒物、二氧化硫、氮氧化物
在线镀膜设备	在线镀膜设备对应排气筒	一般排放口	颗粒物、氯化氢、氟化物（以总 F 计）、锡及其化合物	—
煤库、加工设备、筛分装备、上煤机	各装置对应排气筒	一般排放口	颗粒物	—
石油焦（粉）库、破碎装备、研磨装备、筛分设备、输送设备	各装置对应排气筒	一般排放口	颗粒物	—
—	厂界	无组织排放	颗粒物	—

6.6.1.2 废水排放口及执行标准

由于平板玻璃工业排污单位产生的废水量较少，且多数排污单位均将废水进行回用，因此将所有的废水排放口均作为一般排放口，管控排放浓度。

平板玻璃工业排污单位实施排污许可管理的废水污染物项目为 GB 8978 中规定的污染物项目，见表 15。

表 15 平板玻璃工业排污单位实施排污许可管理的废水排放口类型及污染物项目

废水类别	燃料类型	排放口类型	许可排放浓度污染物项目
原料车间冲洗废水	所有燃料	废水总排放口	pH、悬浮物、化学需氧量、石油类
余热锅炉循环冷却排污水	所有燃料	废水总排放口	pH、悬浮物、化学需氧量、氨氮
生产设备循环冷却排污水	所有燃料	废水总排放口	pH、悬浮物、化学需氧量、氨氮
软化水制备系统排污水	所有燃料	废水总排放口	pH、悬浮物、化学需氧量
脱硫废水	重油、煤焦油、石油焦	车间或生产设施废水排放口	悬浮物、化学需氧量、氟化物、硫化物、总汞、总镉、总砷、总铅、总镍、总铬、总锌
含酚废水	发生炉煤气	废水总排放口	化学需氧量、挥发酚、总氰化物、硫化物
含油废水	重油、煤焦油	废水总排放口	化学需氧量、悬浮物、石油类
生活污水	所有燃料	废水总排放口	pH、悬浮物、化学需氧量、五日生化需氧量、氨氮、总磷、动植物油

6.6.2 许可排放限值

6.6.2.1 许可排放浓度

a）废气

基于“不加严”也“不放松”的排污许可制度设计理念，对于平板玻璃工业排污单位，废气许可排放浓度的确定依据主要为《平板玻璃工业大气污染物排放标准》（GB 26453）。对于河北、山东等出台地方行业排放标准的，可以依据国家标准及地方标准从严确定许可排放浓度。

由于国家标准中未给出平板玻璃工业大气污染物特别排放限值，《关于执行大气污染物特别排放限值的公告》中仅要求位于重点控制区内的火电、钢铁、石化、水泥、有色、化工六大行业以及燃煤锅炉新建项目需要执行大气污染物特别排放限值，并未涉及平板玻璃行业，因此在本次技术规范中并未给出平板玻璃行业的特别排放限值。而是提出了“大气污染防治重点控制区内平板玻璃工业排污单位根据大气污染物特别排放限值相关执行要求确定许可排放浓度，特别排放限值的实施时间和地域范围由国务院环境保护主管部门或省级人民政府规定”的要求。

b）废水

基于“不加严”也“不放松”的排污许可制度设计理念，对于平板玻璃工业排污单位，废水许可排放浓度的确定依据主要为《污水综合排放标准》（GB 8978）、《污水排入城镇下水道水质标准》（GB/T 31962）等相关国家标准确定。地方有更严格的排放标准要求的，可以按照地方排放标准从严确定。

6.6.2.2 许可排放量

由于玻璃熔窑排放了排污单位全部的二氧化硫、氮氧化物和近 90%的颗粒物，管控住玻璃熔窑的污染物排放，即可以管控住平板玻璃排污单位的排污总量，因此标准中要求主要排放口逐一许可排放量。一般排放口和无组织排放原则上不要求许可排放量。

由于平板玻璃排污单位排放的废水量较少，且产生的各类废水多数回用于脱硫设施中，因此将废水的排放口作为一般排放口，原则上不要求许可排放量。

许可排放量是平板玻璃工业排污单位的守法“红线”，是排污许可证的核心所在，因此在制定许可排放量的计算公式时，既要考虑行业现状，兼顾行业公平性，保证大部分排污单位能达到许可排放量的要求，又需要依靠许可排放量，将无环保治理设施、环保治理设施老旧不能稳定达标的散、小、乱、差排污单位淘汰。因此，在上述原则下，最终确定依据许可排放浓度限值、基准排气量、产能确定大气污染物年许可排放量。

a）基准排气量

由于国家行业排放标准、行业清洁生产标准等现行标准中未给出基准排气量，第一次污染源普查的产排污系数手册中按照工艺类型、燃料种类、熔窑规模列出了基准排气量，但第一次污染源普查开展的时间是 2007 年，距今已有十多年的时间，且平板玻璃工业大气污染物排放标准的出台时间为 2011 年，在行业标准出台后，各平板玻璃工业排污单位才安装脱硝设施，安装脱硝设施后对排气量是否会造成影响，需要开展调研工作，对第一次污染源普查的产排污系数手册中的基准排气量进行验证。

第一次污染源普查的产排污系数手册中，按照燃料不同分成了油（重油、煤焦油）、气（天然气、煤气）两大类，分别给出了各自的基准气量。从燃料的燃烧产物来看，使用重油、煤焦油、石油焦的企业，污染物排放浓度及排放量要普遍偏高，从环保管理需求及改善环境治理的目标来看，应鼓励企业使用清洁能源，尽量减少污染严重的燃料使用量，为此，本技术规范在制定单位产品基准排气量时将燃油、燃气统一到同一个基准排气量下。此外，由于发生炉煤气的热值（1 250 kcal/m^3）要远远低于石油焦（8 400 kcal/m^3）、重油（10 000 kcal/m^3）、煤焦油（8 000 kcal/m^3）、天然气（9 310 kcal/m^3）和焦炉煤气（4 150 kcal/m^3），因此，初步考虑将使用发生炉煤气的基准排气量单独列出。

表 16 第一次污染源普查数据

工艺	规模等级	污普系数/（m^3/t 产品）	
		油（重油、煤焦油）	气（天然气、煤气）
浮法	日熔量≤400 t	4 683	4 445
	400 t＜日熔量＜600 t	4 250	4 230
	日熔量≥600 t	4 115	3 990
压延	日熔量≥100 t	4 394	
	日熔量＜100 t	5 629	

2017 年 3—4 月，规范编制组向海生玻璃、金晶科技、荆州亿钧、南玻集团、沙河安全、信义玻璃（天津）、信义超薄玻璃（东莞）、信义节能玻璃（芜湖）、信义特种玻璃（江门）、信义玻璃（营口）、信义节能玻璃（四川）、长城玻璃、中国玻璃控股、本溪玉晶、福莱特集团、咸阳光伏、浙江嘉福等 17 家平板玻璃工业排污单位发放了调查表，共收到设计烟气量数据 70 个，实际烟气量数据 176 个，规范编

制组通过对数据的统计、整理后将调查结果与第一次污染源普查的数据进行了对比。

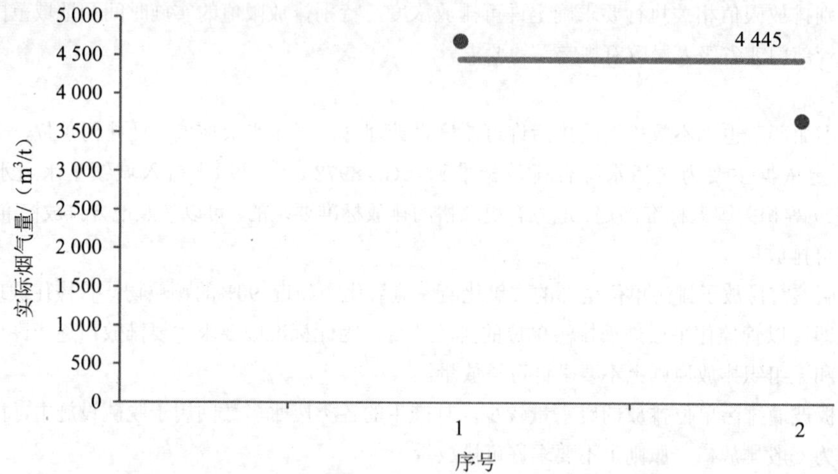

图 11 日熔量≤400 t 的熔窑非煤制气燃料—污普数据与调研数据对比图

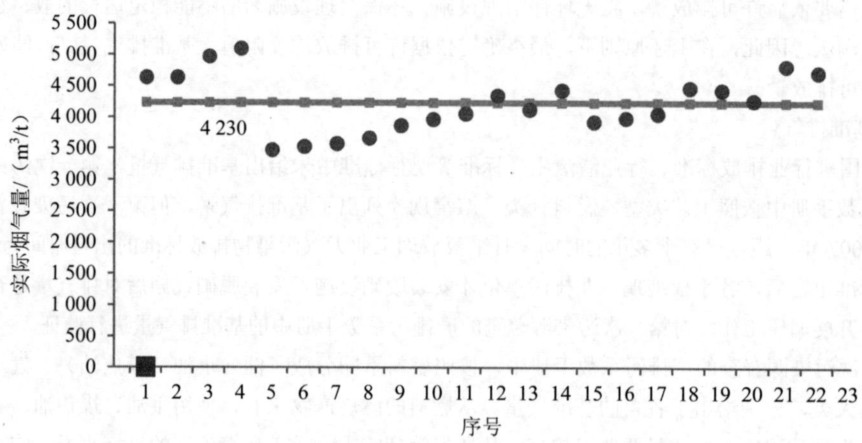

图 12 400 t<日熔量<600 t 的熔窑非煤制气燃料—污普数据与调研数据对比图

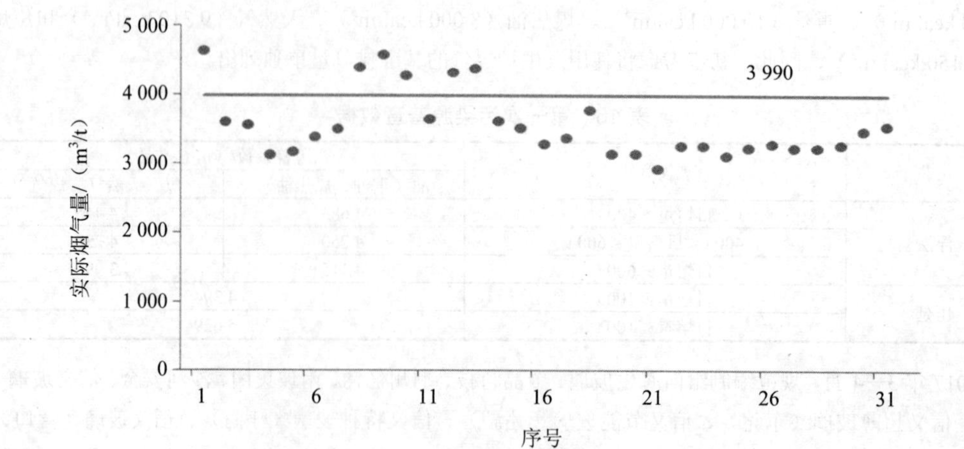

图 13 日熔量≥600 t 的熔窑非煤制气燃料—污普数据与调研数据对比图

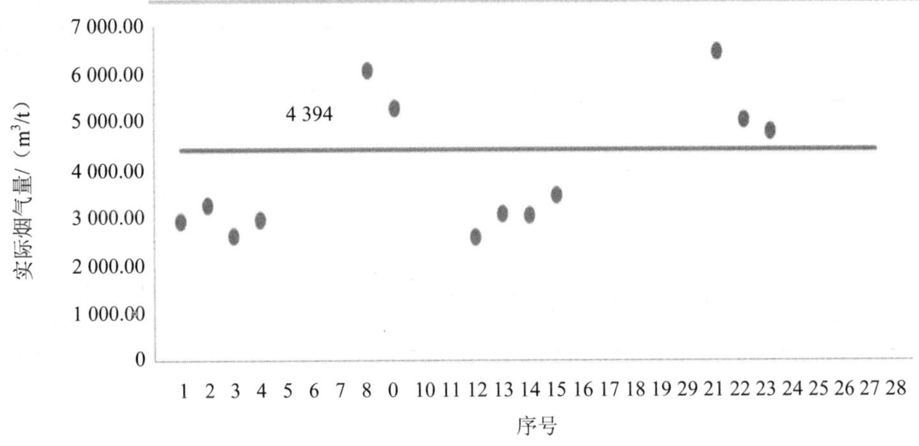

图 14　日熔量≥100 t 的熔窑非煤制气燃料一污普数据与调研数据对比图

由以上几张图可以看出，一污普中的燃气的基准排气量基本可以满足目前绝大多数使用石油焦、重油、煤焦油、天然气、焦炉煤气的平板玻璃工业排污单位的需求。

对于发生炉煤气，编制组依据《玻璃窑炉热工计算及设计》《平板玻璃单位产品能源消耗限额》《玻璃池窑热平衡测定与计算方法》等相关设计文件，按照计算公式计算出燃烧发生炉煤气对应的理论烟气量，并根据调查结果，得出实际的基准烟气量，经过对比修正后最终确定采用实际调查得到的数据作为发生炉煤气的基准烟气量。

表 17　不同熔窑分类下发生炉煤气对应理论烟气量

工艺	熔窑分类	熔窑理论基准烟气量/（m^3/t 玻璃液）	熔窑分类	实际调研得到的熔窑实际基准烟气量/（m^3/t 玻璃液）
浮法	日熔量≤500	4 891	日熔量≤500	4 950
	500＜日熔量≤800	4 672	500＜日熔量≤600	4 500
	800＜日熔量	4 400	600＜日熔量≤900	4 250
			900＜日熔量	3 200
压延	—	—	—	4 550

一污普中对于压延工艺的玻璃熔窑，按照熔化规模分为小于 100 t 及大于 100 t 两种类型，但据调研，目前小于 100 t 的平板玻璃熔窑已基本取消，因此对于压延工艺，不再按照熔窑进行划分，直接采用大于 100 t 的数据作为重油、煤焦油等五种燃料的基准排气量。

一污普中对于浮法工艺的玻璃熔窑，按照熔化规模分为日熔量≤400 t、400 t＜日熔量＜600 t、日熔量≥600 t 三种类型，但目前 500 t 以下的熔窑已禁止新建，因此将原有的日熔量≤400 t 调整为日熔量≤500 t。此外，对于高于 600 t 的熔窑而言，目前国内主要有 600 t、800 t、1 000 t、1 200 t 四个吨位，大部分的玻璃熔窑均处于这一分类中，因此仅用日熔量≥600 t 一个分档涵盖上述情况过于粗放，因此对这一分档进行细化，将其分为 600 t＜日熔量≤900 t 及日熔量＞900 t 两类，并采用回归分析法对一污普的基准排气量进行了调整。

最终确定的基准排气量见表 18。

b）许可排放浓度限值

许可排放浓度限值的确定原则见“6.6.2.1 许可排放浓度”中相关内容。

c）产能

产能为排污单位的主要产品产能，不包括国家或地方政府予以淘汰或取缔的产能。

表 18 平板玻璃工业排污单位基准排气量表

序号	生产单元	主要工艺	排放口	排放口类别	规模等级	基准排气量/（m^3/t 产品）
1	浮法	熔化工序	经玻璃熔窑烟气治理设施后的净烟气排放口	主要排放口	日熔量≤500 t	4 410（4 950[a]）
					500 t＜日熔量≤600 t	4 220（4 500[a]）
					600 t＜日熔量≤900 t	4 080（4 250[a]）
					日熔量＞900 t	3 200
2	压延	熔化工序	经玻璃熔窑烟气治理设施后的净烟气排放口	主要排放口	—	4 394（4 550[a]）

[a] 适用于使用煤气发生炉的平板玻璃工业排污单位。

年许可量计算公式如下：

$$E_{年许可} = \sum_{i=1}^{n} E_i \quad (1)$$

式中：$E_{年许可}$——平板玻璃工业排污单位年许可排放量，t/a；

E_i——第 i 个主要排放口大气污染物年许可排放量，t/a。

$$E_i = Q_i \times \rho_i \times P_i \times T \times 10^{-9} \quad (2)$$

式中：Q_i——第 i 个主要排放口标准状态下的基准排气量，m^3/t 产品，具体见表 4；

ρ_i——第 i 个主要排放口污染物许可排放浓度限值，mg/m^3；

P_i——第 i 个主要排放口对应装置的主要产品产能，t/d；

T——环境影响评价批复或设计的年运行天数，d。

由于玻璃熔窑会随窑龄的增加出现漏风，考虑到这一实际现状，因此规范中规定排污单位也可以前一自然年实际排放量为依据，申请年许可排放量，但前提是排污单位的实际生产能力不得大于环境影响评价批复生产能力，且具备有效的在线监测数据。此外，以此方法申请许可排放量时，浓度限值超标时段或者监测数据缺失时段的排放量不得计算在内。

6.7 污染防治可行技术要求

本小节内容主要用于指导平板玻璃工业排污单位在全国排污许可证管理信息平台上填报排污节点、污染物及污染治理设施信息表时确定自有的治理技术是否为可行技术。

可行技术确定原则：考虑到平板玻璃行业排污许可工作的推进时限，本标准在确定可行技术时，选择了技术上成熟可靠、经济上合理可行、运行上长期稳定、易于维护管理的污染治理技术作为本行业的可行技术。

可行技术确定方法：①采取国内外资料调研、典型排污单位现场调研、全行业书面调研相结合的方式，以资料和现场调研为主，书面调研为辅；②组织行业专家、管理部门座谈研讨，吸纳各方面意见；③对调研结果进行综合评价分析，确定平板玻璃工业行业的可行技术。

6.7.1 废气可行技术

6.7.1.1 可行技术

玻璃熔窑排放的烟气中含有可导致催化剂中毒的碱金属，易导致催化剂微孔堵塞。玻璃生产过程中加入 Na_2SO_4 作为澄清剂，导致烟气中含有 Na_2SO_4 颗粒，溶于水后产生酸钠离子易造成催化剂的中毒。同时，由于玻璃熔窑烟气温度在 420～450℃，而 SCR 脱硝催化剂的合适温度为 300～380℃，因此，目前对于熔窑烟气的处理方式是先进行除尘后再进行脱硝。

a）除尘可行技术

平板玻璃熔窑烟气颗粒物初始排放水平与现行《平板玻璃工业大气污染物排放标准》（GB 26453—2011）中的颗粒物排放浓度限值对比见表 19。

表 19 平板玻璃行业熔窑烟气颗粒物初始排放水平与执行标准对照表

污染物	初始排放浓度/（mg/m³）	排放浓度限值/（mg/m³）
颗粒物	99～280	50

由表 19 可知，玻璃熔窑初始颗粒物浓度在 99～280 mg/m³ 范围内，而排放浓度限值是 50 mg/m³，要求除尘系统的去除效率必须大于 80%，对部分熔窑更要求达到 90%才能满足标准的要求。

由于玻璃熔窑产生的粉尘粒径较小，具有一定的黏性，若采用重力除尘或旋风除尘无法达到预期的除尘效果；若采用湿式除尘，涉及的水处理设施庞大，水耗和电耗高，设备易腐蚀；袋式除尘器对温度的要求低于 200℃，若在较高温度下运行时，布袋的寿命短，会造成运行成本较高。因此目前国内较普遍的做法是在熔窑烟气进入脱硝设施前采用高温静电除尘器进行初次除尘，在治理设施的末端再采用布袋除尘器进行二次除尘，即可满足除尘效率的要求。此外，若使用湿法脱硫，则需在治理设施的末端采用湿式电除尘器进行二次除尘，即可满足除尘效率的要求。

因此本标准中推荐的熔窑烟气除尘可行技术为高温电除尘器+袋式除尘器联合处理工艺及高温电除尘器+湿式电除尘器联合处理工艺。

b）脱硝可行技术

平板玻璃熔窑烟气氮氧化物初始排放水平与现行《平板玻璃工业大气污染物排放标准》（GB 26453—2011）中的氮氧化物排放浓度限值对比见表 20。

表 20 平板玻璃行业熔窑烟气氮氧化物初始排放水平与执行标准对照表

污染物	初始排放浓度/（mg/m³）	排放浓度限值/（mg/m³）
氮氧化物（以 NO_2 计）	1 800～2 870	700

由表 20 可知，玻璃熔窑初始氮氧化物排放浓度在 1 800～2 870 mg/m³ 范围内，而排放浓度限值是 700 mg/m³，要求脱硝系统的脱硝效率必须大于 70%，对部分熔窑更要求达到 80%以上才能满足新标准的要求。

氮氧化物污染控制技术可分为燃烧中和燃烧后控制两种。燃烧中氮氧化物控制技术即低氮燃烧技术，目前主要有全氧燃烧、纯氧燃烧、富氧燃烧、高温低氧燃烧（HITAC）技术、深度氧分层技术、烟气再燃烧技术等。燃烧后氮氧化物控制技术主要包括 SNCR、SCR 和 3R 技术等。

由于玻璃熔窑结构的特殊性，进行低氮技术改造的难度较大，同时，低氮燃烧技术会降低燃烧效率，造成不完全燃烧增加损失，设备规模增大，因此，当前低氮燃烧技术难以独立达到氮氧化物排放标准要求；SNCR 脱硝技术在 950～1 010℃的高温区间进行反应，由于受炉膛内烟气温度、停留时间、烟气流场等条件的影响，还原剂会对玻璃添加剂和生产的玻璃质量带来一定的影响，且玻璃熔窑结构和工业锅炉差异较大，因此该工艺技术用于玻璃熔窑氮氧化物的治理具有局限性。3R 技术是向蓄热室添加天然气等碳氢燃料，使其与蓄热室废气中的氮氧化物发生反应而生成对环境无害的氮气和水蒸气。该技术为英国皮尔金顿公司开发，只在欧盟有实例，国内暂无相关工程应用。

选择性催化还原（SCR）技术是目前应用最广、最有效的脱硝方法。利用还原剂（如氨水或液氨）在一定的温度（280～400℃）和催化剂作用下，选择性地将烟气中的氮氧化物还原为无害的 N_2 和 H_2O，脱硝效率可达 70%～95%，催化剂的正常使用寿命为 2.6 万多小时，脱硝效果稳定。唯一需要注意的是玻璃熔窑产生的烟气中碱金属（Na^+、K^+）的含量高达 40%以上，易与催化剂的活性组分反应，致使催化剂失去活性。因此在采用此技术时需要选择合适间距的蜂窝催化剂以降低此影响。

因此本标准中推荐的熔窑烟气脱硝可行技术为纯氧燃烧技术、全氧燃烧技术、选择性催化还原法（SCR）或低氮燃烧+选择性催化还原法（SCR）等组合降氮技术。

c）脱硫可行技术

平板玻璃行业烟气二氧化硫初始排放水平与现行《平板玻璃工业大气污染物排放标准》（GB 26453—

2011）中的二氧化硫排放浓度限值对比见表 21。

表 21 平板玻璃行业熔窑烟气二氧化硫初始排放水平与执行标准对照表

污染物	燃料类型	初始排放浓度/（mg/m^3）	排放浓度限值/（mg/m^3）
二氧化硫	石油焦	4 000	400
	发生炉煤气	700～1 500	
	重油	3 000～4 000	
	天然气	≤600	

由表 21 可以看出，石油焦和重油产生的 SO_2 最高，发生炉煤气次之，天然气最少。对于以石油焦为燃料的排污单位，其脱硫系统的脱硫效率需达到 90%左右才能满足排放标准的要求。对于以重油为燃料的排污单位，其脱硫系统的脱硫效率需达到 86%以上才能满足排放标准的要求。对于以发生炉煤气为燃料的排污单位，其脱硫系统的脱硫效率达到 42%以上即可满足排放标准的要求。对于以天然气为燃料的排污单位，其脱硫系统的脱硫效率达到 33%以上即可满足排放标准的要求。

按照脱硫过程是否加水和脱硫产物的干湿形态，脱硫技术可分为湿法、半干法和干法 3 类，目前半干法脱硫工艺是主流工艺，新建的玻璃熔窑一般采用半干法脱硫，原有的熔窑一般采用湿法脱硫。各技术的工艺比较见表 22。

表 22 三种脱硫工艺的比较

工艺名称	工艺特点	脱硫效率
干法	化学反应在无液相介入的完全干燥下进行，反应产物为干粉状，不存在腐蚀、结露等问题。同时处理后的温度降低很少，从烟囱排出时容易扩散，但脱硫效率相对较低	一般在 75%以下
半干法	利用脱硫浆液中的水分遇烟气显热蒸发，同时在干燥过程中，脱硫剂与烟气中的二氧化硫发生反应，脱硫最终产物为干粉状。该法不存在腐蚀、结露等问题，处理后的烟气温度相对干法有所降低，脱硫效率比传统的干法高	90%以上
湿法	化学反应在液相的状态下进行，脱硫效率高，但存在腐蚀、结露等问题，同时因脱硫后的烟气温度低，不利于排烟，且因含湿量大，有冒白烟现象	可达到 95%以上

由表 22 可以看出，如果分别用湿法、干法和半干法三种脱硫方法处理石油焦、重油、发生炉煤气、天然气四种燃料所产生的 SO_2，则最终的结果是对于采用石油焦、重油两种燃料的熔窑湿法脱硫和半干法脱硫均能满足标准规定的 400 mg/m^3 排放要求；采用发生炉煤气的熔窑可以采用干法和半干法脱硫，一旦国家标准再次提高或者地方出台更严格的地方标准，则只能采用湿法脱硫；天然气熔窑须配置脱硫装置，三种脱硫方法均可满足排放要求。

规范编制小组对国内 20 家企业共 76 条生产线的脱硫技术工艺现状及排放现状进行了调查，调查结果见表 23。

表 23 现运行企业各种脱硫工艺对比表

序号	脱硫工艺	生产线数量	排放浓度/（mg/m^3）
1	湿法脱硫	18	49～274
2	半干法脱硫	38	30～396
3	湿法+半干法	1	5
4	无脱硫设施	19	20～400

由表 23 可知目前使用最多的脱硫工艺为半干法，占调查生产线总数的 50%，湿法脱硫占调查生产线总数的 24%。处理效率湿法脱硫相对于半干法效果较好。未安装脱硫设施的生产线，使用的燃料全部为天然气。

因此本标准中推荐的熔窑烟气脱硫可行技术按照燃料类型分为两类。对于以重油、煤焦油、石油焦为燃料的排污单位，可行技术包括湿法脱硫技术（石灰石/石灰-石膏法等）和半干法脱硫技术（旋转喷雾法、循环流化床法等）。对于以发生炉煤气、焦炉煤气、天然气为燃料的排污单位，可行技术包括干法脱硫技术（小苏打干法脱硫技术等）、半干法脱硫技术（旋转喷雾法、循环流化床法等）、湿法脱硫技术（石灰石/石灰-石膏法等）。

d）无组织排放控制可行技术

2017 年 6 月 13 日，环境保护部在官方网站面向全社会就《钢铁烧结、球团工业大气污染物排放标准》等 20 项国家污染物排放标准修改单（征求意见稿）征求意见，其中对原《平板玻璃工业大气污染物排放标准》（GB 26453—2011）中的无组织排放控制措施提出了修改，因此，本标准中的无组织排放控制可行技术参照《钢铁烧结、球团工业大气污染物排放标准》等 20 项国家污染物排放标准修改单（征求意见稿）中提出的平板玻璃行业的无组织排放控制措施保持一致。

6.7.1.2　运行管理要求

a）关于排气筒高度的要求

《平板玻璃工业大气污染物排放标准》（GB 26453—2011）中提出了“所有排气筒高度应不低于 15 m，排气筒周围半径 200 m 范围内有建筑物时，排气筒高度还应高出最高建筑物 3 m 以上”的要求，因此本标准继续采用了这一要求。

b）关于无组织排放的控制管理要求

针对平板玻璃工业排污单位无组织排放源，按生产工序分别提出了无组织排放控制要求。

表 24　平板玻璃工业排污单位无组织排放控制要求表

主要工艺	控制措施
原料破碎系统	（1）硅质原料的均化在密闭的均化库中进行； （2）粉料卸料口密闭或设置集气罩，并配备除尘设施； （3）在物料输送阶段选择密闭式斗式提升机或螺旋输送机、对皮带输送机进行有效密闭； （4）配料车间产生粉尘的设备和产尘点设置集气罩，并配备除尘设施
备料与储存系统	
配料系统	
碎玻璃系统	
燃油系统	加强储罐及输送管路的密封，严格控制无组织排放
煤制气系统	煤炭储存于储库、堆棚中
燃石油焦系统	（1）在石油焦的储存、破碎、研磨、筛分、输送等阶段封闭操作； （2）在输送设备及各转载点等产尘点设立局部或整体气体收集系统和净化处理装置
液氨/氨水储存系统	氨水/液氨用全封闭罐车运输，配氨气回收或吸收回用装置，氨罐区设氨气泄漏检测设施
其他	（1）厂区运输道路全硬化、及时清扫、无积灰扬尘、定期洒水抑尘； （2）各收尘器、管道等设备运行完好，无粉尘外溢； （3）粉状物料采用新型散装罐车，在装车设备上加装通风除尘系统； （4）厂区设置车辆清洗、清扫装置

由于采用浮法工艺的平板玻璃工业排污单位，除了脱硝治理设施之外，还需要采用液氨制作氮氢保护气，因此此类排污单位多数采用的是液氨，而采用压延工艺的平板玻璃工业排污单位，不需要采用液氨制作氮氢保护气，因此此类排污单位多数采用的是氨水用于脱硝治理设施，因此表 24 中液氨氨区的指标控制措施描述中既有氨水又有液氨。

6.7.1.3　其他控制要求

a）2013 年 9 月，国务院印发的《大气污染防治行动计划》提出限制高硫石油焦进口；2016 年 1 月起实施的现行《中华人民共和国大气污染防治法》规定：禁止进口、销售和燃用不符合质量标准的石油焦。环境保护部于 2014 年印发的《关于印发〈京津冀及周边地区重点行业大气污染限期治理方案〉的通知》（环发〔2014〕112 号）、《关于印发〈珠三角及周边地区重点行业大气污染限期治理方案〉的通知》（环发〔2014〕168 号）、《关于印发〈长三角地区重点行业大气污染限期治理方案〉的通知》（环发〔2014〕169 号）中均提到了禁止掺烧高硫石油焦。因此，在技术规范中提出了“禁止燃用不符合质量标准的石油焦，禁止掺烧高硫石油焦”的要求。

b）2017 年 3 月 28 日，环境保护部发布了《高污染燃料目录》，其中对高污染燃料禁燃区内石油焦、重油、煤焦油的使用提出了限制要求，因此，在技术规范中提出了“位于高污染燃料禁燃区内的排污单位，使用的燃料应符合《高污染燃料目录》的相关要求”。

c）由于废烟气脱硝催化剂及煤气发生炉产生的煤焦油属于危险废物，因此在技术规范中对此类物质的储存、回收处理提出了相关要求。

d）由于玻璃熔窑点火之后不能停火的特殊性，导致治理设施检修时也不能停窑。就现有排污单位烟气治理设备的客观情况，一般而言，以石油焦粉、重油为燃料的熔窑，平均每半月至少需要对脱硫设施检修一次，检修期一般在 3 天左右，以天然气为燃料的熔窑，平均每月至少需要对脱硫设施检修一次，检修期一般在 1 天左右。在检修期间，玻璃熔窑的烟气只能通过旁路直接排放。为了便于环境保护部门及时了解排污单位旁路排放，也为了利于发证后环境保护部门达标判定工作的开展，在技术规范中提出了“平板玻璃工业排污单位应按照相关文件要求向环境保护主管部门提交污染治理设施检维修计划，检维修计划应至少包括检维修的起始时间、情形描述、预计结束时间、拟采取应对措施等内容。污染治理设施检维修、故障期间，烟气经旁路排放时，平板玻璃工业排污单位应按照相关文件要求在规定时限内及时告知环境保护主管部门，并上报检维修总结，检维修总结应至少包括检维修的起始时间、情形描述、结束时间、采取的应对措施、检维修期间污染物的排放浓度和排放量等内容”的要求。

6.7.2 废水可行技术

6.7.2.1 可行技术

平板玻璃工业排污单位除脱硫废水、含酚废水、含油废水之外的废水常见的治理工艺包括过滤+混凝+沉淀+软水制备等组合处理技术。生活污水进入市政管网的，通常经过化粪池处理后排入市政管网，生活污水回用或直接排放的，通常经过二级生化处理（生物接触氧化工艺、活性污泥法等）处理后回用或排放。

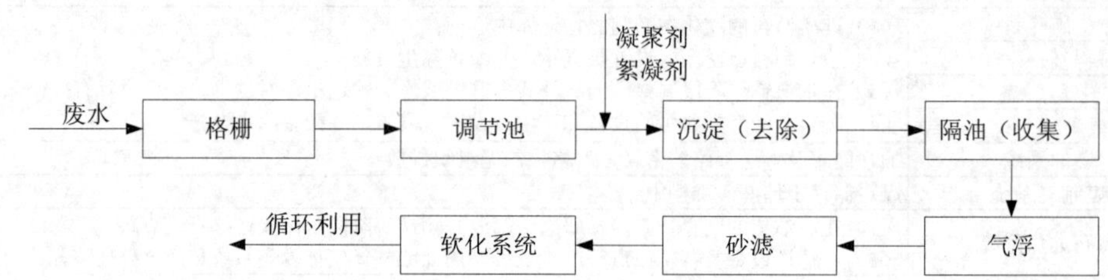

图 15 平板玻璃工业排污单位脱硫废水、含酚废水、含油废水之外的其他废水处理工艺

平板玻璃工业排污单位的脱硫废水常见的治理工艺包括中和+絮凝+沉淀等组合处理技术。

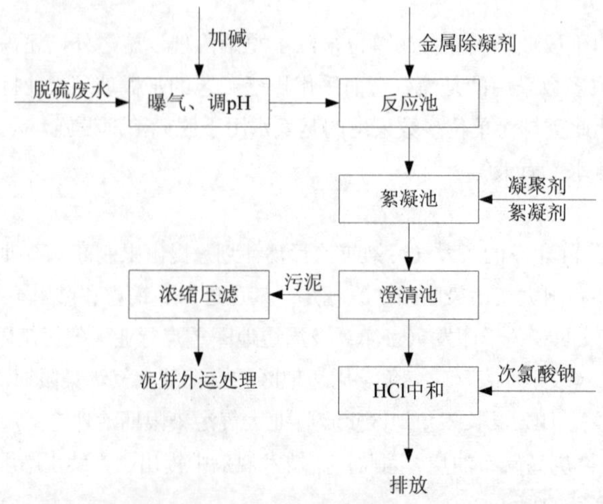

图 16 平板玻璃工业排污单位脱硫废水处理工艺

平板玻璃工业排污单位含酚废水常见的治理工艺包括破乳+萃取+生化等组合处理技术。

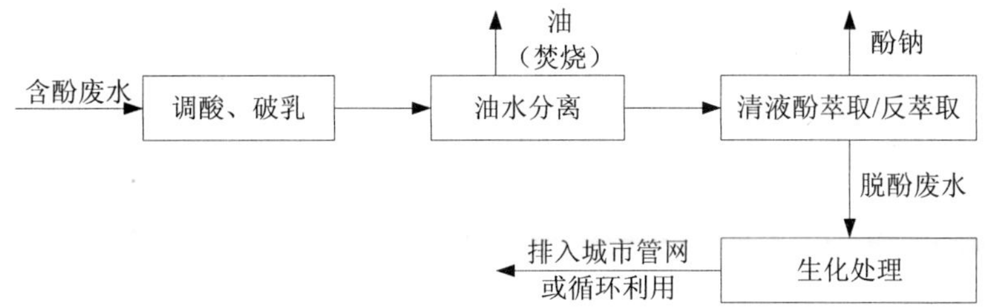

图 17　平板玻璃工业排污单位含酚废水处理工艺

平板玻璃工业排污单位含油废水常见的治理工艺包括隔油+气浮等组合处理技术。

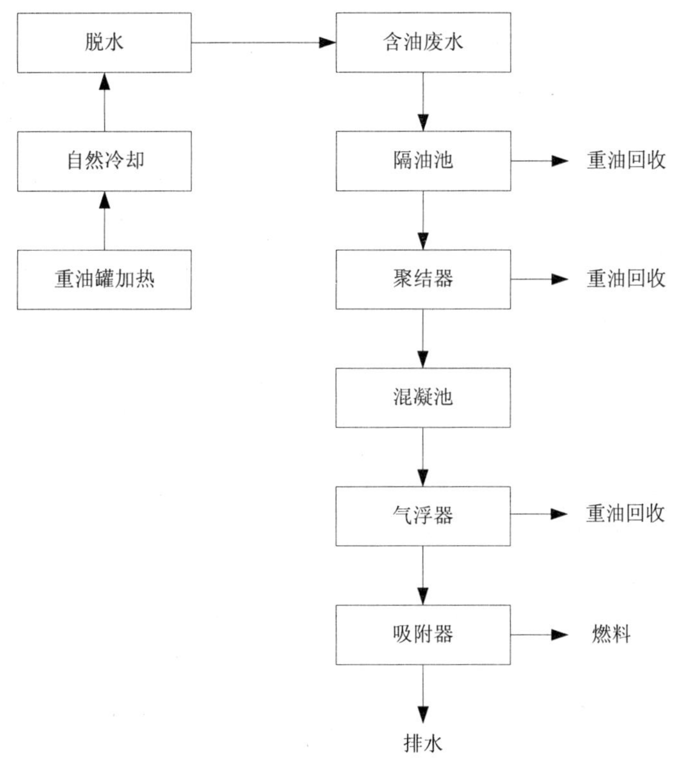

图 18　平板玻璃工业排污单位含油废水处理工艺

6.7.2.2　运行管理要求

目前平板玻璃工业排污单位对于产生的各类废水多进行回用，因此在规范中提出了回用时需根据回用途径满足相应回用水水质标准要求。

此外，还提出了应对初期雨水进行收集、处理后回用或排放的要求。

6.8　自行监测管理要求

本节内容主要指导排污单位编制自行监测方案，通过自行监测的实施证明排污许可证许可的产排污节点、排放口、污染治理设施及许可限值落实情况。

6.8.1　监测内容

平板玻璃工业排污单位开展自行监测的污染物包括排放标准中涉及的各项废气、废水污染物。

由于使用石油焦、重油、煤焦油会产生重金属污染物，所以对于使用石油焦、重油、煤焦油的排污单位，提出监测重金属的要求。

使用石油焦、重油、煤焦油的排污单位也可以对各采购批次的燃料进行成分检测分析，依据成分检测分析报告确定开展废气、废水监测的重金属污染物种类。若未对燃料进行成分检测分析，则排污单位应监测本标准中规定的所有重金属污染物。

6.8.2 监测点位的确定

6.8.2.1 废气监测点位

根据《平板玻璃工业大气污染物排放标准》（GB 26453—2011），有组织废气排放监控位置设在车间或生产设施排气筒。根据《平板玻璃工业大气污染物排放标准》（GB 26453 —2011）、《大气污染物无组织排放监测技术导则》（HJ/T 55）、《排污单位自行监测技术指南 总则》、《排污单位自行监测技术指南 平板玻璃工业》的相关要求，开展无组织废气相关监测。

6.8.2.2 废水监测点位

废水排放口包括总排口、车间或生产设施排口。由于脱硫废水中含有重金属类污染物，因此，针对脱硫废水，提出了需在废水处理设施排放口处设置监测点位并进行监测的要求，对于外排的其他废水，提出了在废水总排口处设置监测点位并进行监测的要求。对于直接排入环境水体的循环冷却水，提出了不得混入其他生产废水且应严格控制水温的要求。并要求对全部循环冷却水排放口开展监测。对于雨水，提出了选取全厂雨水排口开展监测的要求。

6.8.3 监测技术手段的确定

监测技术手段包括手工监测、自动监测、手工监测和自动监测结合三种技术手段。

《平板玻璃行业规范条件》（2014 年本）中要求“建立二氧化硫、氮氧化物等主要污染物在线实时监控系统”。《关于加强京津冀高架源污染物自动监控有关问题的通知》（环办环监函〔2016〕1488 号）中要求京津冀地区及传输通道城市所有企业各排放烟囱超过 45 米的高架源 2016 年 10 月底前均应安装污染源自动监控设备并与地方已有的国发污染源自动监控平台联网。因此在规范中提出了所有平板玻璃工业排污单位必须按照《关于加强京津冀高架源污染物自动监控有关问题的通知》（环办环监函〔2016〕1488 号）、《平板玻璃行业规范条件》（2014 年本）等文件的要求，在主要排放口安装颗粒物、二氧化硫、氮氧化物在线自动监控设备。

对于其他排口和污染物，排污单位可根据监测成本、监测指标以及监测频次等内容，合理选择适当的技术手段。鼓励平板玻璃工业排污单位在其他排放口及污染物采用自动监测设备监测，无法开展自动监测的，应采用手工监测。

对于仍然存在旁路烟道的平板玻璃工业排污单位，由于在污染治理设备检修期间未经处理的熔窑烟气会通过旁路直接排放，从全过程监管的角度考虑，要求此类排污单位应在旁路烟道安装颗粒物、二氧化硫、氮氧化物自动监控设备，对旁路排放时的情况进行监测。

6.8.4 监测频次的确定

平板玻璃工业排污单位玻璃熔窑对应排气筒为主要排放口，其余废气排气筒为一般排放口。

对于玻璃熔窑产生的颗粒物、二氧化硫、氮氧化物要求开展连续监测。烟气黑度（林格曼，级）的监测频次为一年一次。由于目前平板玻璃工业排污单位已基本不使用含有氯化氢、氟化物（以总 F 计）的原辅料，因此对于氯化氢、氟化物（以总 F 计），要求的监测频次为每半年一次。

对于原料破碎系统、备料与储存系统、配料系统、碎玻璃系统产生的颗粒物，由于排放口数量较多（一条生产线约 20 个排放口，若企业有 8 条生产线，则此类排放口多达一百多个），因此，监测频次为每年一次。

由于目前平板玻璃工业排污单位是否使用在线镀膜工序依据订单来确定，并非连续生产，因此对于在线镀膜工序的监测频次为每半年一次。

排污单位煤制气系统、燃石油焦系统的各生产设备对应排气筒的污染物监测频次为每半年一次。

目前绝大多数平板玻璃工业排污单位原料为粉状物料，且原料全部密闭储存，配料及输送全部密闭，无组织排放较少。所以对于大气无组织排放，平板玻璃工业排污单位的监测频次设为每半年开展一次监测。

虽然在液氨或氨水的储存区域，会产生氨的无组织泄漏；在煤气发生炉的周边，会产生硫化氢的无组织泄漏，对于这两类污染物，《恶臭污染物排放标准》（GB 14554）要求在厂界开展相关无组织监测，但是由于玻璃厂区一般面积较大，在厂界开展监测时普遍存在这两种污染物低于检出限的情况，因此，要求这两类企业，在相应的设施每半年开展一次自行监测工作。

污水排放口为一般排放口，根据燃料、废水类型及排放去向分别确定监测频次。总体来讲，对于废水直接排放的，按照月开展监测活动。对于废水间接排放的，按照季度开展监测活动。根据污染物的不同，要求的监测频次也不相同。对于以重油、煤焦油、石油焦为燃料的排污单位，需要在废水总排口监测氟化物、硫化物和总锌，在脱硫废水处理设施排放口监测总汞、总镉、总砷、总铅、总镍等重金属污染物。对于使用煤气发生炉的排污单位，需要在废水总排口监测挥发酚、总氰化合物及硫化物。此外，还提出了在雨水排口开展自行监测的要求。

6.9 环境管理台账记录与执行报告编制要求

环境管理台账记录的主要目的是规范排污单位环境管理，真实反映排污单位日常生产运营状况及污染治理情况，记录数据作为排污单位证明按照排污许可证要求进行环境管理和污染物排放的主要依据。记录的目的不仅为排污单位证明其守法提供依据，还为政府管理部门实施许可证核查、判断排污单位排污行为是否合法提供依据。因此，环境管理台账记录内容按照排污许可证要求确定记录内容，记录内容不仅包括监测结果，还要包括生产设施运行管理信息、原辅料、燃料采购信息、污染治理措施运行管理信息、监测记录信息以及其他环境管理信息等内容。本技术规范给出的内容作为排污单位记录的参考，排污单位可以根据自身情况补充完善有关内容。

执行报告是排污单位在排污许可管理过程中自证守法的重要方式，也是政府发放许可证后监管的重要基础。排污单位应根据排污许可证中规定的频次、内容编制排污许可证执行报告。本标准中的执行报告内容作为编制的基础规范，排污单位可以根据自身工艺、设备、污染情况补充完善相关内容。

本小节内容参考《环境管理台账及排污许可证执行报告技术规范（试行）》（讨论稿）制定。

6.10 实际排放量核算方法

6.10.1 一般原则

平板玻璃工业排污单位实际排放量为正常情况和非正常情况实际排放量之和。

平板玻璃工业排污单位应核算废气污染物有组织实际排放量和废水污染物实际排放量，不核算废气污染物无组织实际排放量。核算方法包括实测法、物料衡算法、产排污系数法等。

对于排污许可证中载明应采用自动监测的排放口和污染物，根据符合监测规范的有效自动监测数据采用实测法核算实际排放量。

对于排污许可证中载明应采用自动监测的排放口或污染物而未采用的，采用物料衡算法或产排污系数法按直排核算污染物的实际排放量。

对于排污许可证未要求采用自动监测的排放口或污染物，按照优先顺序依次选取自动监测数据、执法和手工监测数据、产排污系数法或物料衡算法进行核算。在采用手工和执法监测数据进行核算时，还应以产排污系数法或物料衡算法进行校核。监测数据应符合国家环境监测相关标准技术规范要求。

6.10.2 废气

6.10.2.1 正常情况实际排放量核算方法

a）正常情况主要排放口实际排放量

正常情况下各主要排放口二氧化硫、氮氧化物、颗粒物的实际排放量核算方法采用实测法，以自动监测实测法为主，根据符合监测规范的污染物有效自动监测小时平均排放浓度、平均烟气量或流量、运行时间核算污染物实际排放量，具体见式（3）。

$$M_{j主要排放口}=\sum_{i=1}^{n}(\rho_i \times Q_i \times 10^{-9}) \tag{3}$$

式中：$M_{j主要排放口}$——正常情况下核算时段内第j个主要排放口废气污染物实际排放量，t；

ρ_i——第j个主要排放口在第i小时的实测平均排放浓度，mg/m^3；

Q_i——第j个主要排放口在第i小时标准状态下实测干排气量，m^3；

n——核算时段内的主要排放口污染物排放时间，h。

对于因自动监控设备发生故障以及其他情况导致数据缺失的按照 HJ/T 75 进行补遗。缺失时段超过25%的，自动监测数据不能作为核算实际排放量的依据，实际排放量按照“要求采用自动监测的排放口或污染因子而未采用”的相关规定进行核算。

平板玻璃工业排污单位提供充分证据证明在线数据缺失、数据异常等不是排污单位责任的，可按照排污单位提供的手工监测数据等核算实际排放量，或者按照上一个半年申报期间的稳定运行期间自动监测数据的小时浓度均值和半年平均烟气量核算数据缺失时段的实际排放量。

正常情况下平板玻璃工业排污单位全厂主要排放口二氧化硫、氮氧化物、颗粒物的实际排放量计算公式具体见式（4）。

$$E_{主要排放口}=\sum_{j=1}^{m}M_{j主要排放口} \tag{4}$$

式中：$E_{主要排放口}$——正常情况下平板玻璃工业排污单位全厂主要排放口废气污染物实际排放量，t；

$M_{j主要排放口}$——正常情况下核算时段内第j个主要排放口废气污染物实际排放量，t；

m——平板玻璃工业排污单位主要排放口总数量。

b）正常情况一般排放口实际排放量

正常情况下一般排放口颗粒物的实际排放量可采用自动监测实测法或手工监测实测法核算。自动监测实测法参见 9.2.1.1。

手工监测实测法是指根据每次手工监测时段内污染物的小时平均排放浓度、平均烟气量、核算时段内累计运行时间核算污染物实际排放量，核算方法见式（5）与式（6）。排污单位应将手工监测时段内生产负荷与核算时段内的平均生产负荷进行对比，并给出对比结果。

$$M_{j一般排放口}=\sum_{i=1}^{n}(C_i \times Q_i \times 10^{-9} \times T) \tag{5}$$

$$E_{一般排放口}=\sum_{j=1}^{m}M_{j一般排放口} \tag{6}$$

式中：$M_{j一般排放口}$—— 正常情况下核算时段内第j个一般排放口污染物的实际排放量，t；

C_i—— 第j个一般排放口污染物实测平均排放浓度，mg/m^3；

Q_i—— 第j个一般排放口标准状态下干排气量，m^3/h；

T—— 第j个核算时段内一般排放口累计运行时间，h；

$E_{一般排放口}$—— 核算时段内平板玻璃工业排污单位全厂一般排放口污染物的实际排放量，t；

m—— 平板玻璃工业排污单位一般排放口总数量。

c）正常情况实际排放量核算方法

正常情况下平板玻璃工业排污单位全厂污染物实际排放量计算公式具体见式（7）。

$$E_{正常情况}=E_{主要排放口}+E_{一般排放口} \tag{7}$$

式中：$E_{正常情况}$—— 正常情况下平板玻璃工业排污单位全厂废气污染物实际排放量，t；

$E_{主要排放口}$ —— 正常情况下平板玻璃工业排污单位全厂主要排放口废气污染物实际排放量，t；

$E_{一般排放口}$ —— 正常情况下平板玻璃工业排污单位全厂一般排放口废气污染物实际排放量，t。

6.10.2.2　非正常情况实际排放量核算方法

在污染治理设施检维修、故障等非正常情况下，按式（3）核定二氧化硫、氮氧化物、颗粒物的实际排放量。

非正常情况下平板玻璃工业排污单位全厂污染物实际排放量计算公式具体见式（8）。

$$E_{非正常情况}=\sum_{j=1}^{m}M_{j非正常情况} \tag{8}$$

式中：$E_{非正常情况}$ —— 非正常情况下平板玻璃工业排污单位全厂废气污染物实际排放量，t；

$M_{j非正常情况}$ —— 非正常情况下监测时段内第 j 个排放口（含旁路）废气污染物实际排放量，t；

m —— 非正常情况下排放烟气的排放口（含旁路）总数量。

6.10.2.3　全厂污染物实际排放量核算方法

平板玻璃工业排污单位应按式（9）核算颗粒物、二氧化硫、氮氧化物实际排放量。

$$E_{排污单位}=E_{正常情况}+E_{非正常情况} \tag{9}$$

其他大气污染物如需核算实际排放量，可参照式（9）进行核算。

6.10.3　废水

6.10.3.1　正常情况

平板玻璃工业排污单位外排水应按照本标准 7.5 要求开展自行监测，并按照式（10）及式（11）核算全厂各类水污染物排放量。

$$E_{i废水}=\sum_{j=1}^{n}(\rho_{ij}\times Q_{ij}\times 10^{-6}) \tag{10}$$

$$E_{废水}=\sum_{i=1}^{m}E_{i废水} \tag{11}$$

式中：$E_{i废水}$——核算时段内第 i 个废水排放口污染物的实际排放量，t；

ρ_{ij}——第 i 个排放口在第 j 日的实测平均排放浓度，mg/L；

Q_{ij}——第 i 个排放口在第 j 日的实测流量，m^3/d；

n——核算时段内的污染物排放时间，d；

$E_{废水}$——平板玻璃工业排污单位全厂废水排放口污染物实际排放量，t；

m——平板玻璃工业排污单位废水排放口总数量。

对要求采用自动监测的排放口或污染因子，在自动监测数据由于某种原因出现中断或其他情况下，应按照 HJ/T 356 补遗。

要求采用自动监测的排放口或污染因子而未采用的，采用产排污系数法核算化学需氧量、氨氮排放量，按直排进行核算。

对未要求采用自动监测的排放口或污染因子，采用手工监测数据进行核算。手工监测数据包括核算时间内的所有执法监测数据和排污单位自行或委托第三方的有效手工监测数据，排污单位自行或委托的手工监测频次、监测期间生产工况、数据有效性等须符合相关规范文件等要求。

位于总磷、总氮总量控制区内的平板玻璃工业排污单位总磷、总氮实际排放量核算方法同上。

6.10.3.2　非正常情况

废水处理设施非正常情况下的排水，如无法满足排放标准要求时，不应直接排入外环境，待废水处理设施恢复正常运行后方可排放。如因特殊原因造成污染治理设施未正常运行超标排放污染物的或偷排偷放污染物的，按产污系数与未正常运行时段（或偷排偷放时段）的累计排水量核算非正常排放期间实际排放量。

6.11 合规判定方法

合规是指排污单位许可事项和环境管理要求符合排污许可证规定。

6.11.1 许可事项合规

许可事项合规是指排污单位排污口位置和数量、排放方式、排放去向、排放污染物种类、排放限值符合许可证规定。其中，排放限值合规是指排污单位污染物实际排放浓度和排放量满足许可排放限值要求，环境保护主管部门可依据排污单位环境管理台账、执行报告、自行监测记录中的内容，判断其污染物排放浓度和排放量是否满足许可排放限值要求，也可通过执法监测判断其污染物排放浓度是否满足许可排放限值要求。

有组织废气实际排放浓度合规是指“任一小时浓度均值（除林格曼黑度外、无组织排放浓度为监控点与参照点总悬浮颗粒物 1 h 浓度值的差值）均满足许可排放浓度要求”。此外，由于《平板玻璃工业大气污染物排放标准》（GB 26453—2011）中提出了纯氧燃烧除外的玻璃熔窑排气及纯氧燃烧玻璃熔窑排气的达标判定要求，因此将该标准中的相关要求写入本标准中：“对于玻璃熔窑排气（纯氧燃烧除外），应将实测排放浓度换算为含氧量 8%状态下的基准排放浓度后再进行判定。对于纯氧燃烧玻璃熔窑，应将实测排放浓度换算为基准排气量 3 000 m^3/t（玻璃液）条件下的基准排放浓度后再进行判定。”

无组织废气实际排放浓度合规是指同时满足以下两个条件：①无组织控制措施符合规范中“6.2.2 运行管理要求”表 5 的规定；②厂界监测浓度满足许可排放浓度要求。

废水实际排放浓度合规是指“任一有效日均值（除 pH 值外）均可满足许可排放浓度要求”。

排污单位剔除异常值的自动监测数据、执法监测数据及排污单位自行开展的手工监测数据均可作为合规判定的依据。若同一时段执法监测数据与自动监测数据不一致，且执法监测数据符合法定的监测标准和监测方法的，以执法监测数据作为优先合规判定的依据。

排放量合规是指：排污单位主要排放口年实际排放量之和满足排污单位年许可排放量。

当排污单位在非正常情况下从旁路排放造成短时污染物排放量较大时，应通过使用清洁能源、加强污染治理设施的运行管理、提高环保设施的污染物处理效率、改进燃烧技术、建设备用污染治理设施等减少污染物产生量及排放量的方式，确保全厂污染物年排放量（正常排放+旁路排放）满足许可排放量要求。

目前河北省邢台市要求辖区内的玻璃企业必须建设备用治理设施，通过对已经建成并投运的企业的咨询，企业普遍反映当切换备用治理设施时，至少需要 8 小时左右的时间，脱硝反应器才能达到正常脱硝效率，据此在标准中提出了“对于采用脱硝措施的玻璃熔窑，脱硝设施启动 8 小时内不作为氮氧化物合规判定时段”的规定。同时，由于建了备用治理设施，避免了治理设备检修时直排情况的发生，减少了污染物的排放量，因此本规定也会进一步刺激企业加强备用治理设施的建设。

6.11.2 环境管理要求合规

环境管理要求合规是指排污单位按许可证规定落实自行监测、台账记录、执行报告、信息公开等环境管理要求。环境保护部门依据排污许可证中的管理要求，以及平板玻璃行业相关技术规范，审核环境管理台账记录和许可证执行报告、检查排污单位是否按照自行监测方案开展自行监测、是否按照排污许可证中环境管理台账记录要求记录相关内容、记录频次及形式等是否满足许可证要求、是否按照许可证中执行报告要求定期上报、上报内容是否符合要求、是否按照许可证要求定期开展信息公开；是否满足特殊时段污染防治要求。

7 与国内外同类标准或技术法规的水平对比和分析

7.1 申请材料对比

7.1.1 废气

美国大气运营许可证申请材料主要包括各种申请表格和其他支持性文件。各州有所不同，以得克萨斯州为例，申请材料包括：（1）申请材料概述，包括罗列提交的表格和监测要求；（2）责任人保证书：所有新的运营许可申请以及运营许可的修订、更新都需要填写负责人保证书，主要内容包括排污单位基本信息、认证的类型、申请许可类型、真实性保证签名等；（3）排污单位基本信息汇总表；（4）详细设备情况汇总表；（5）不同设备类型的单独信息列表；（6）全厂适用的许可要求；（7）每个设备单元适用的许可要求；（8）监测要求；（9）合规实施方案和计划表申请；（10）其他支持文件。

7.1.2 废水

美国现有源工艺污水排放填报信息包括：各排放口编号、位置及各自的受纳水体名称；对每个排放口进行废水来源分析、流量分析及处理措施描述；提供工厂内的水流程图、水平衡图；生产信息；技术改进要求；取水和出水特征；不在分析内的可能排污；生物分析信息等。新源的工艺污水排放填报信息包括：各排放口编号、位置以及各自的受纳水体名称；预计开始排放的日期；对每个排放口进行废水来源分析、流量分析及处理措施描述；提供工厂内的水流程图、水平衡图；排污单位设计废水的“跑、冒、滴、漏”情况等。工业活动中的雨水许可申请填报信息包括：排放口编号、位置以及受纳水体名称；有无收到要求改进的通知；提供排水系统图；简述雨水的处理、储存和处置方法；描述每个排放口雨水的用于控制污染物排放的处理措施，以减少其污染物的排放等。

7.1.3 对比

与美国相比，本标准在申请材料（大气方面）基本涵盖了全部内容，主要区别在于仅将与污染物产生相关及产能相关的主要设备列入必填内容，其余的设备作为了选填项。

与美国相比，本标准在申请材料（水方面）填报内容较少，缺少水平衡、排污单位设计废水“跑、冒、滴、漏”情况等内容。对于工业活动中的后期雨水未进行排污许可，仅提出了监测要求。

7.2 纳入排污许可管理的污染物

美国纳入许可管理废气污染物包括常规污染物和有毒空气污染物。在州层面，还通常包括因当地污染现象或大气质量保护而控制的相关污染物。在大气许可证的申请中，温室气体及其他臭氧层破坏物质等都要求包含在许可证中。

废水污染物包括常规污染物、有毒污染物和非常规污染物三种。其中，有毒污染物包括 126 种金属和人造有机化合物；非常规污染物是指不属于以上两种类型的污染物质。

与美国相比，本标准管控污染物仅包括国内排放标准中的管控因子，未纳入排放标准但排污单位实际排放的污染物未纳入排污许可管理。

7.3 许可排放限值

许可排放限值包括许可排放浓度和许可排放量。美国许可证申请需要考虑基于技术的排放标准和基于环境质量的排放标准。此外，还有行业标准、地方环境保护局颁布的环境标准。在申请许可排放量时，要根据原辅材料用量、燃料用量、生产工艺、采用的控制技术，能够达到的控制技术水平等信息，采用合理的计算方法（包括合适的排放因子或模型软件估算）确定排放量，确保数据的科学性和准确性。

与美国相比，本标准中许可排放限值同样包括许可排放限值和许可排放量。现阶段主要考虑排放浓度和总量控制要求，尚未完全与环境质量挂钩，与技术要求也存在脱节。

7.4 污染控制技术

美国污水许可证申报时根据不同情况需要考虑不同的控制技术。针对现有源直接排入水体的常规污染物需要采用常规污染物最佳管理实践技术（BCT）；针对现有源直接排入水体的非常规污染物和有毒有害污染物需要采用最佳经济可用技术（BAT）；针对现有源直接排入水体的所有污染物需要采用最佳可实现控制技术（BPT）；针对新增源直接排入水体的所有污染物需要采用新源排放标准（NSPS）。

与美国相比，本标准给出的可行技术作为判断排污单位是否具备治污能力的参考，可行技术体系有待进一步完善。

7.5 自行监测

美国排污单位需要开展自行监测。如果是法律法规要求的，排污单位必须具备。但如果是在许可证的申请过程当中，不具备条件，可以与环境保护部门进行沟通协商解决。凡是许可证里规定的，排污单位必须遵守。反映在许可证中，或者必须要遵守法律要求的，只要落在纸上的，必须要做。如果不能或没有条件实现的话，这个可能就是一个谈判的过程，尤其在许可的过程中，这种情况必须进行谈判。美国排污单位的监测数据不需要与环境保护部门联网。排污单位排污监测活动和数据收集保存均由排污单位负责。

与美国相比，在监测方面，本标准提出的要求严于美国的规定。

8 对实施本标准的建议

由于玻璃熔窑点火之后不能停火的特殊性，导致治理设施检修时也不能停窑。就现有排污单位烟气治理设备的客观情况，一般而言，以石油焦粉、重油为燃料的熔窑，平均每半月至少需要对脱硫设施检修一次，检修期一般在 3 天左右，以天然气为燃料的熔窑，平均每月至少需要对脱硫设施检修一次，检修期一般在 1 天左右。在检修期间，玻璃熔窑的烟气只能通过旁路直接排放。

基于上述特点，建议平板玻璃工业排污单位应依据自身的情况加强备用环保设备的建设。

中华人民共和国环境保护行业标准

排污许可证申请与核发技术规范　电镀工业

Technical specification for application and issuance of pollutant permit —Electroplating industry

HJ 855—2017

前　言

为贯彻落实《中华人民共和国环境保护法》《中华人民共和国大气污染防治法》《中华人民共和国水污染防治法》等法律法规和《国务院办公厅关于印发控制污染物排放许可制实施方案的通知》（国办发〔2016〕81 号），完善排污许可技术支撑体系，指导和规范电镀工业排污单位排污许可证申请与核发工作，制定本标准。

本标准规定了电镀工业排污单位以及专门处理电镀废水的集中式污水处理厂排污许可证申请与核发的基本情况填报要求、许可排放限值确定、实际排放量核算、合规判定的方法以及自行监测、环境管理台账及排污许可证执行报告等环境管理要求，提出了电镀工业污染防治可行技术要求。

核发机关核发排污许可证时，对位于法律法规明确规定禁止建设区域内的、属于国家或地方已明确规定予以淘汰或取缔的电镀工业排污单位或者生产工艺，应不予核发排污许可证。

本标准附录 A～附录 E 为资料性附录。

本标准为首次发布。

本标准由环境保护部规划财务司、环境保护部科技标准司组织制订。

本标准主要起草单位：北京北方节能环保有限公司、环境保护部环境工程评估中心、环境保护部环境标准研究所、中国环境保护产业协会。

本标准环境保护部 2017 年 9 月 12 日批准。

本标准自 2017 年 9 月 12 日起实施。

本标准由环境保护部解释。

1　适用范围

本标准规定了电镀工业排污单位以及专门处理电镀废水的集中式污水处理厂排污许可证申请与核发的基本情况填报要求、许可排放限值确定、实际排放量核算、合规判定的方法以及自行监测、环境管理台账及排污许可证执行报告等环境管理要求，提出了电镀工业污染防治可行技术要求。

本标准适用于指导电镀工业排污单位以及专门处理电镀废水的集中式污水处理厂填报《排污许可证申请表》及在网上填报相关申请信息，适用于指导核发机关审核确定电镀工业排污单位以及专门处理电镀废水的集中式污水处理厂排污许可证许可要求。

本标准适用于电镀工业排污单位以及专门处理电镀废水的集中式污水处理厂排放的水污染物、大气污染物的排污许可管理。

本标准未作出规定但排放工业废水、废气的电镀工业排污单位其他产污设施和排放口，参照《排污许可证申请与核发技术规范　总则》执行。

2 规范性引用文件

本标准引用了下列文件及其中的条款，凡是未注明日期的引用文件，其最新版本适用于本标准。

GB 8978 污水综合排放标准

GB 13271 锅炉大气污染物排放标准

GB 21900 电镀污染物排放标准

GB/T 16157 固定污染源排气中颗粒物测定与气态污染物采样方法

GB/T 31962 污水排入城镇下水道水质标准

GB14554 恶臭污染物排放标准

HJ/T 55 大气污染物无组织排放监测技术导则

HJ/T 75 固定污染源烟气排放连续监测技术规范（试行）

HJ/T 76 固定污染源烟气排放连续监测系统技术要求及检测方法（试行）

HJ/T 91 地表水和污水监测技术规范

HJ/T 92 水污染物排放总量监测技术规范

HJ/T 353 水污染源在线监测系统安装技术规范（试行）

HJ/T 354 水污染源在线监测系统验收技术规范（试行）

HJ/T 355 水污染源在线监测系统运行与考核技术规范（试行）

HJ/T 356 水污染源在线监测系统数据有效性判别技术规范（试行）

HJ/T 397 固定源废气监测技术规范

HJ 494 水质 采样技术指导

HJ 495 水质 采样方案设计技术规定

HJ 819 排污单位自行监测技术指南 总则

HJ 820 排污单位自行监测技术指南 火力发电及锅炉

HJ-BAT-11 电镀工业污染防治最佳可行技术指南（试行）

*排污许可证申请与核发技术规范 总则

*排污单位自行监测技术指南 电镀工业

*环境管理台账及排污许可证执行报告技术规范（试行）

《“十三五”生态环境保护规划》（国发〔2016〕65 号）

《固定污染源排污许可分类管理名录（2017 版）》（环境保护部令 第 45 号）

《关于加强京津冀高架源污染物自动监控有关问题的通知》（环办环监函〔2016〕1488 号）

《关于执行大气污染物特别排放限值有关问题的复函》（环办大气函〔2016〕1087 号）

《关于开展火电、造纸行业和京津冀试点城市高架源排污许可证管理工作的通知》（环水体〔2016〕189 号）

《关于执行大气污染物特别排放限值的公告》（环境保护部公告 2013 年 第 14 号）

《关于太湖流域执行国家污染物排放标准水污染物特别排放限值行政区域范围的公告》（环境保护部公告 2008 年 第 30 号）

《关于太湖流域执行国家排放标准水污染物特别排放限值时间的公告》（环境保护部公告 2008 年 第 28 号）

《污染源自动监控设施运行管理办法》（环发〔2008〕6 号）

《排污口规范化整治技术要求（试行）》（环监〔1996〕470 号）

---

* 标准正在编制审批之中，待正式发布后按发布的标准实行。

3 术语和定义

下列术语和定义适用于本标准。

3.1 电镀工业排污单位 electroplating industry pollutant emission unit

指有电镀、化学镀、化学转化膜等生产工序和设施的排污单位，包括专业电镀企业和有电镀工序的企业。

3.2 专门处理电镀废水的集中式污水处理厂 centralized sewage treatment plant specially treated with electroplating wastewater

指位于电镀集中区内并拥有专门处理电镀废水集中处理设施的单位。

3.3 许可排放限值 permitted emission limits

指排污许可证中规定的允许排污单位排放的污染物最高排放浓度和最大排放量。

3.4 特殊时段 special periods

指根据国家和地方限期达标规划及其他相关环境管理规定，对排污单位的污染物排放情况有特殊要求的时段，包括重污染天气应对期间和冬防期间等。

4 排污单位基本情况填报要求

4.1 一般原则

电镀工业排污单位应按照本标准要求，在排污许可证管理信息平台申报系统填报《排污许可证申请表》中表1～表5中的信息内容。专门处理电镀废水的集中式污水处理厂只填报《排污许可证申请表》中表1和表5中的信息内容。填报系统下拉菜单中未包括的、地方环境保护主管部门有规定需要填报或电镀工业排污单位认为需要填报的，可自行增加内容。

省级环境保护主管部门按环境质量改善需求增加的管理要求，应填入排污许可证管理信息平台申报系统中“有核发权的地方环境保护主管部门增加的管理内容”一栏。

电镀工业排污单位在填报申请信息时，应评估污染排放及环境管理现状，对现状环境问题提出整改措施，并填入排污许可证管理信息平台申报系统中“改正措施”一栏。

电镀工业排污单位应按照实际情况填报基本情况，对提交申请材料的真实性、合法性和完整性负法律责任。

4.2 排污单位基本信息

电镀工业排污单位基本信息应填报单位名称、邮政编码、行业类别、是否投产、投产日期、生产经营场所经纬度、所在地是否属于重点区域、是否有环境影响批复文件及文件号（备案编号）、是否有地方政府对违规项目的认定或备案文件及其文件号、是否有主要污染物总量分配计划文件及其文件号、二氧化硫总量指标（t/a）、氮氧化物总量指标（t/a）、化学需氧量总量指标（t/a）、氨氮总量指标（t/a）、其他污染物总量指标（如有）等。

填报行业类别时，专业电镀企业应填报“金属表面处理与热处理加工”；有电镀工序的企业应填报其主行业类别；对于专门处理电镀废水的集中式污水处理厂应填报“金属表面处理与热处理加工”。

4.3 主要产品及产能

4.3.1 主要生产单元、主要工艺、生产设施及设施参数

在填报“主要产品及产能”时，需选择行业类别。其中主要生产单元名称、主要工艺名称、生产设施名称、生产设施编号、设施参数、产品名称、生产能力、计量单位、设计年运行时间项为必填项，其他项为选填项。有电镀工序的企业仅需填报与电镀、化学镀和化学转化膜相关的信息内容。

电镀主要生产单元按电镀生产线填报，参见附录A。

电镀工业排污单位主要生产单元、主要工艺及生产设施名称、设施参数填报内容见表1。

表 1　电镀工业排污单位主要生产单元、主要工艺、生产设施及设施参数表

序号	主要生产单元	主要工艺	生产设施	设施参数
1	电镀生产线	前处理	表面精饰滚光机	容积：L
2			抛光设备	功率：kW
3			喷丸设备	罐内容积：m^3
4			喷砂设备	直径/高度：mm
5			热处理设备	工作电压范围：V
				最大输入电流：A
				最大输入功率：kW
6			除油槽	数量：个
				有效容积 m^3 或 L
7			除锈槽	数量：个
				有效容积 m^3 或 L
8			酸洗槽	数量：个
				有效容积 m^3 或 L
9			粗化槽	数量：个
				有效容积 m^3 或 L
10			敏化槽	数量：个
				有效容积 m^3 或 L
11			活化槽	数量：个
				有效容积 m^3 或 L
12			中和槽	数量：个
				有效容积 m^3 或 L
13			预浸槽	数量：个
				有效容积 m^3 或 L
14			水洗槽	数量：个
				有效容积 m^3 或 L
15			其他（企业自行填写）	其他（企业自行填写）
16		镀覆处理	镀槽	数量：个
				有效容积 m^3 或 L
17			水洗槽	数量：个
				有效容积 m^3 或 L
18			其他（企业自行填写）	其他（企业自行填写）
19		后处理	钝化槽	数量：个
				有效容积 m^3 或 L
20			着色槽	数量：个
				有效容积 m^3 或 L
21			封闭槽	数量：个
				有效容积 m^3 或 L
22			中和槽	数量：个
				有效容积 m^3 或 L
23			退镀槽	数量：个
				有效容积 m^3 或 L
24			电解槽	数量：个
				有效容积 m^3 或 L
25			水洗槽	数量：个
				有效容积 m^3 或 L
26			脱水设备	电机功率：kW
27			干燥设备	功率：kW
28			烘干设备	功率：kW
29			除氢设备	功率：kW
30			其他（企业自行填写）	其他（企业自行填写）
31		配套系统	溶液过滤设备	过滤面积：m^2
32			电镀超声波清洗机	功率：kW
33			污水处理设施	数量：台（套）
				处理能力：m^3 废水/h
34			废气净化设施	数量：台（套）
				处理能力：m^3 风量/h

序号	主要生产单元	主要工艺	生产设施	设施参数
35	公用单元	供热设施	锅炉	数量：台
				最大连续蒸发量：t/h
36		储存设施	化学药品暂存库	占地面积：m^2
37			煤场、灰渣场	占地面积：m^2
38			危险废物贮存间（库）	占地面积：m^2
39		辅助设施	初级雨水收集池	数量：个
				有效容积：m^3
40			应急事故池	数量：个
				有效容积：m^3

4.3.2 生产设施编号

电镀工业排污单位填报内部生产设施编号，若无内部生产设施编号，则根据《关于开展火电、造纸行业和京津冀试点城市高架源排污许可证管理工作的通知》中附件4《固定污染源（水、大气）编码规则（试行）》进行编号并填报。

4.3.3 产品名称

分为五金件、通讯配件、电子元件及组件、饰品件、灯饰及配件、卫浴水暖件、交通运输设备零部件及配件、家用电力器具、金属制品、家具制品、塑料制品、国防产品零部件及配件等。

4.3.4 生产能力及计量单位

填报设计产能，不包括国家或地方政府予以淘汰或取缔的产能。计量单位为面积。

4.3.5 年设计生产时间

环境影响评价文件及批复、地方政府对违规项目的认定或备案文件确定的年设计生产时间。

4.3.6 其他

电镀工业排污单位如有需要说明的内容，可填写。

4.4 主要原辅材料及燃料

原辅材料及燃料种类、名称、年设计使用量为必填项，硫元素占比、有毒有害成分及占比为选填项。

4.4.1 种类

分为原辅料、燃料。

4.4.2 原辅料

4.4.2.1 名称

电镀常用原料、辅料可在附录B中选填，如附录B没有的，可自行填写。

辅料还应包括废气、废水处理过程中添加的化学药剂，如：硫酸亚铁、亚硫酸氢钠、氢氧化钠、碳酸钠、熟石灰、混凝剂、絮凝剂、助凝剂、其他等。

4.4.2.2 年设计使用量

应填报原辅材料年设计使用量。

4.4.2.3 成分

电镀工业排污单位可填报主要原辅材料中铬、镍、镉、银、铅、汞、铜、锌等有毒有害成分及占比。可参考设计值或上一年的实际使用情况填报。

4.4.2.4 主要原料利用率

可填写铜利用率、锌利用率（钝化前）、镍利用率、铬利用率等主要原料利用率。

4.4.3 燃料

4.4.3.1 名称

分为燃煤、柴油、重油、天然气、其他。

4.4.3.2 年设计使用量

应填报燃料的年设计使用量。

4.4.3.3 成分

应填写燃料的灰分、硫分、挥发分、热值，可参考设计值或上一年的实际使用情况填报。

4.4.4 其他

电镀工业排污单位如有需要说明的内容，可填写。

4.5 产排污节点、污染物及污染治理设施

4.5.1 一般原则

废气产排污环节、污染物及污染治理设施包括电镀生产设施对应的产污环节、污染物种类、排放形式（有组织、无组织）、污染治理设施、是否为可行技术、有组织排放口编号、排放口设置是否符合要求及排放口类型。

废水包括废水类别、污染物种类、排放去向、污染治理设施、是否为可行技术、排放口编号、排放口设置是否规范及排放口类型。

4.5.2 废气

4.5.2.1 废气产污环节名称、排放形式、污染物种类及污染治理设施

电镀工业排污单位废气产污环节名称、排放形式、污染物种类及污染治理设施填报内容见表2。电镀工业排污单位污染物种类依据GB 21900和GB 13271确定，有地方排放标准要求的，按照地方排放标准确定。

4.5.2.2 污染治理设施、有组织排放口编号

污染治理设施编号可填写电镀工业排污单位内部编号，若无内部编号，则根据《关于开展火电、造纸行业和京津冀试点城市高架源排污许可证管理工作的通知》附件4《固定污染源（水、大气）编码规则（试行）》进行编号并填报。

有组织排放口编号应填写地方环境保护主管部门现有编号，若地方环境保护主管部门未对排放口进行编号，则根据《关于开展火电、造纸行业和京津冀试点城市高架源排污许可证管理工作的通知》附件4《固定污染源（水、大气）编码规则（试行）》进行编号并填写。

4.5.2.3 排放口设置要求

根据《排污口规范化整治技术要求（试行）》以及电镀工业排污单位执行的排放标准中有关排放口规范化设置的规定，填报废气排放口设置是否符合规范化要求。

4.5.2.4 排放口类型

废气排放口分为主要排放口和一般排放口。电镀工业排污单位的主要排放口为锅炉（如有）烟气排放口，一般排放口为电镀设施废气排放口。

表2 电镀工业排污单位废气产污环节名称、排放形式、污染物种类及污染治理设施表

废气有组织排放					
生产单元	生产设施	废气产污环节名称	污染物种类	污染治理设施	
				污染治理设施名称及工艺	是否为可行技术
电镀生产线	表面精饰滚光机、抛光设备、喷丸设备、喷砂设备等	滚光、抛光、喷丸、喷砂等	颗粒物	袋式除尘工艺、高效湿式除尘工艺、其他	□是 □否 如采用不属于“6 污染防治可行技术要求”中的技术，应提供相关证明材料
	除油槽、除锈槽、酸洗槽、粗化槽、敏化槽、中和槽、预浸槽、活化槽、出光槽等	除油、除锈、酸洗、粗化、敏化、中和、预浸、活化、出光等	氮氧化物、氯化氢、硫酸雾、氟化物、铬酸雾	喷淋塔中和工艺、喷淋塔凝聚回收工艺、其他	
	镀铬槽	镀覆处理	铬酸雾	喷淋塔凝聚回收工艺、其他	
	有氰镀槽	镀覆处理	含氰化氢气体	喷淋塔吸收氧化工艺、其他	
	钝化槽、着色槽、封闭槽、中和槽、退镀槽等	钝化、着色、中和、退镀等	铬酸雾、氯化氢、硫酸雾、氮氧化物	喷淋塔中和工艺、喷淋塔凝聚回收工艺、其他	
公用单元	锅炉	锅炉烟气	颗粒物、二氧化硫、氮氧化物、汞及其化合物、烟气黑度	脱硫工艺（干法、半干法、湿法）、脱硝工艺（低氮燃烧器、分级燃烧、选择性非催化还原）、其他	

废气无组织排放		
排污单位	产污环节	污染物
电镀工业排污单位	电镀生产线敞口镀槽	氯化氢、铬酸雾、硫酸雾、氰化氢、氮氧化物、氟化物
	露天煤场、渣场	颗粒物

4.5.3 废水

4.5.3.1 废水类别、污染物种类及污染治理设施

电镀工业排污单位废水类别、污染物种类及污染治理设施填报内容参见表 3。电镀工业排污单位废水污染物种类依据 GB 21900 确定。有地方排放标准要求的，按照地方排放标准确定。

表 3 电镀排污单位废水类别、污染物种类及污染治理设施表

<table>
<tr><th colspan="2" rowspan="2">废水类别</th><th rowspan="2">主要污染物</th><th colspan="2">污染治理设施</th><th rowspan="2">排放口</th><th rowspan="2">备注</th></tr>
<tr><th>污染治理设施名称及工艺</th><th>是否为可行技术</th></tr>
<tr><td colspan="2">含氰废水</td><td>总氰化物</td><td>碱性氯化法处理工艺、臭氧法处理工艺、电解法处理工艺、其他</td><td rowspan="10">□是
□否
如采用不属于“6 污染防治可行技术要求”中的技术，应提供相关证明材料</td><td>—</td><td>处理后废水进入重金属处理系统</td></tr>
<tr><td colspan="2">含六价铬废水</td><td>六价铬</td><td>化学还原法处理工艺、电解法处理工艺、其他</td><td>—</td><td>此系统仅还原六价铬，处理后废水进入重金属处理系统</td></tr>
<tr><td rowspan="7">重金属废水</td><td>含镉废水</td><td>总镉</td><td>化学沉淀法处理工艺、化学法+膜分离法处理工艺、其他</td><td>车间或生产设施排放口</td><td></td></tr>
<tr><td>含镍废水</td><td>总镍</td><td>化学沉淀法处理工艺、化学法+膜分离法处理工艺、其他</td><td>车间或生产设施排放口</td><td></td></tr>
<tr><td>含铅废水</td><td>总铅</td><td>化学沉淀法处理工艺、化学法+膜分离法处理工艺、其他</td><td>车间或生产设施排放口</td><td></td></tr>
<tr><td>含银废水</td><td>总银</td><td>化学沉淀法处理工艺、化学法+膜分离法处理工艺
电解法处理工艺、其他</td><td>车间或生产设施排放口</td><td></td></tr>
<tr><td>含铜废水</td><td>总铜</td><td>化学沉淀法处理工艺、化学法+膜分离法处理工艺、其他</td><td>总排放口</td><td></td></tr>
<tr><td>含锌废水</td><td>总锌</td><td>化学沉淀法处理工艺、化学法+膜分离法处理工艺、其他</td><td>总排放口</td><td></td></tr>
<tr><td>重金属混合废水</td><td>总铬、六价铬、总镍、总镉、总银、总铅、总汞、总铜、总锌、总铁、总铝</td><td>化学沉淀法处理工艺、化学法+膜分离法处理工艺、其他</td><td>车间或生产设施排放口</td><td></td></tr>
<tr><td colspan="2">综合废水（含生活污水、初期雨水）</td><td>pH 值、悬浮物、化学需氧量、氨氮、总氮、总磷、石油类、氟化物、总氰化物</td><td>缺氧/好氧（A/O）生物处理工艺、厌氧－缺氧/好氧（A^2/O）生物处理工艺、好氧膜生物处理工艺、缺氧（或兼氧）膜生物处理工艺、厌氧－缺氧（或兼氧）膜生物处理工艺、其他</td><td>总排放口</td><td></td></tr>
</table>

4.5.3.2 排放去向及排放规律

电镀工业排污单位应明确废水排放去向及排放规律。

排放去向分为不外排；排至厂内综合污水处理站；排入专门处理电镀废水的集中式污水处理厂；排入非专门处理电镀废水的工业废水集中式污水处理厂；直接进入海域；直接进入江河、湖、库等水环境；进入城市下水道（再入江河、湖、库）；进入城市下水道（再入沿海海域）；进入城市污水处理厂；进入其他单位；其他。

排放规律分为连续排放，流量稳定；连续排放，流量不稳定，但有周期性规律；连续排放，流量不稳定，但有规律，且不属于周期性规律；连续排放，流量不稳定，属于冲击型排放；连续排放，流量不稳定且无规律，但不属于冲击型排放；间断排放，排放期间流量稳定；间断排放，排放期间流量不稳定，但有周期性规律；间断排放，排放期间流量不稳定，但有规律，且不属于非周期性规律；间断排放，排放期间流量不稳定，属于冲击型排放；间断排放，排放期间流量不稳定且无规律，但不属于冲击型排放。

4.5.3.3 污染治理设施、排放口编号

污染治理设施编号可填写电镀工业排污单位内部编号，若无内部编号，则根据《关于开展火电、造纸行业和京津冀试点城市高架源排污许可证管理工作的通知》附件 4《固定污染源（水、大气）编码规则（试行）》进行编号并填报。

排放口编号应填写地方环境保护主管部门现有编号，若地方环境保护主管部门未对排放口进行编号，则根据《关于开展火电、造纸行业和京津冀试点城市高架源排污许可证管理工作的通知》附件 4《固定污

染源（水、大气）编码规则（试行）》进行编号并填写。

4.5.3.4 排放口设置要求

根据《排污口规范化整治技术要求（试行）》以及 GB 21900 中有关排放口规范化设置的规定，填报排放口设置是否符合规范化要求。

4.5.3.5 排放口类型

废水排放口分为主要排放口和一般排放口。

专业电镀企业的车间或生产设施排放口、废水总排放口为主要排放口，单独排放的生活污水排放口和雨水排放口为一般排放口。

有电镀工序的企业的电镀车间或生产设施排放口为主要排放口，其他与电镀工序无关的排放口类型按照相关行业排污许可证申请与核发技术规范执行。

对于专门处理电镀废水的集中式污水处理厂的车间或生产设施排放口、废水总排放口为主要排放口，单独排放的生活污水排放口和雨水排放口为一般排放口。

4.6 其他要求

电镀工业排污单位基本情况还应包括生产工艺流程图、污水处理工艺流程图和厂区总平面布置图。

电镀工业排污单位应按照电镀产品和工艺提供生产工艺流程图、污水处理工艺流程图和生产厂区总平面布置图。生产工艺流程图应包括主要电镀生产设施（设备）、主要原辅燃料的流向、电镀生产工艺流程等内容；污水处理工艺流程图应包括主要处理单元、主要处理构筑物、污水走向、污水管线布置、排放口和排放去向等内容；生产厂区总平面布置图应包括主要生产线、厂房、设备位置关系，注明厂区雨水、污水的收集走向、排放口位置等内容。

专门处理电镀废水的集中式污水处理厂应提供污水处理工艺流程图和厂区总平面布置图。污水处理工艺流程图应包括主要处理设施（设备）、主要原辅材料、燃料的流向、废水处理工艺流程等内容。厂区总平面布置图应包括主要处理单元、厂房、设备位置关系，注明厂区雨水、污水收集、走向、管网布置、排放口和最终排放去向等内容，提供纳污范围、纳污企业名单和纳污企业纳管废水量。

5 产排污环节对应排放口及许可排放限值确定方法

5.1 产排污节点对应的排放口

5.1.1 废气

电镀工业排污单位废气排放口主要包括电镀生产线前处理、镀覆/化学镀/化学转化膜、后处理等产污工序对应的排气筒和供热锅炉烟囱，具体见表 4。应填报排放口地理坐标、排气筒高度、排气筒出口内径、国家或地方污染物排放标准、环境影响评价批复要求、承诺更加严格排放限值，其余项依据本标准 4.5 填报的产排污环节及排放口信息，由信息平台系统自动生成。

表 4 电镀工业排污单位废气排放口及主要污染物

电镀产污工序	废气种类	排放形式	排放口类型	主要污染物
滚光、抛光、喷丸、喷砂、热处理	含尘废气	有组织	一般排放口	颗粒物
着色、封闭、中和、除油、除锈、酸洗、粗化、预浸、活化、出光、退镀	酸碱废气	有组织	一般排放口	氯化氢、硫酸雾、氮氧化物、氟化物
镀覆、钝化、粗化	含铬酸雾废气	有组织	一般排放口	铬酸雾
镀覆	含氰废气	有组织	一般排放口	含氰化氢气体
锅炉	锅炉废气	有组织	主要排放口	烟尘、二氧化硫、氮氧化物、汞及其化合物、烟气黑度

5.1.2 废水

废水直接排放口应填报排放口地理坐标、间歇排放时段、受纳自然水体信息、汇入受纳自然水体处地理坐标及执行的国家或地方污染物排放标准；废水间接排放口应填报排放口地理坐标、间歇排放时段、受纳电镀废水集中处理厂名称及执行的国家或地方污染物排放标准；单独排入城镇集中污水处理设施的生活污水仅说明去向。其余项依据本标准 4.5 填报的产排污环节及排放口信息，由信息平台系统自动生成。废水间歇式排放的，应当载明排放污染物的时段。

电镀工业排污单位废水排放口及主要污染物见表 5。

表 5　废水排放口及主要污染物

<table>
<tr><th colspan="2">废水类别</th><th>废水排放口</th><th>排放口类型</th><th>主要污染物</th></tr>
<tr><td rowspan="5">生产废水</td><td>含六价铬废水</td><td rowspan="5">车间或生产设施排放口、总排放口</td><td rowspan="5">主要排放口</td><td rowspan="2">车间或生产设施排放口：总铬、六价铬、总镍、总镉、总银、总铅、总汞</td></tr>
<tr><td>重金属废水</td></tr>
<tr><td>含氰废水</td><td rowspan="3">总排放口：总铜、总锌、总铁、总铝、pH 值、化学需氧量、总氰化物、氨氮、总磷、总氮、氟化物、悬浮物、石油类</td></tr>
<tr><td>酸碱废水</td></tr>
<tr><td>综合废水</td></tr>
<tr><td colspan="2">生活污水</td><td rowspan="2">总排放口</td><td rowspan="2">主要排放口</td><td>pH 值、化学需氧量、五日生化需氧量、悬浮物、氨氮、动植物油等</td></tr>
<tr><td colspan="2">初期雨水</td><td>pH 值</td></tr>
<tr><td colspan="2">生活污水</td><td>单独外排口</td><td>一般排放口</td><td>pH 值、化学需氧量、五日生化需氧量、悬浮物、氨氮、动植物油等</td></tr>
<tr><td colspan="2">雨水</td><td>雨水排放口</td><td>一般排放口</td><td>pH 值</td></tr>
</table>

5.2　许可排放限值确定方法

5.2.1　一般原则

许可排放限值包括污染物许可排放浓度和许可排放量。许可排放量包括年许可排放量和特殊时段许可排放量。年许可排放量是指允许电镀工业排污单位连续 12 个月排放的污染物最大排放量。地方环境保护主管部门可根据需要将年许可排放量按月进行细化。

对于大气污染物，以排放口为单位确定主要排放口和一般排放口许可排放浓度。主要排放口逐一计算许可排放量，一般排放口不许可排放量。

对于水污染物，电镀工业排污单位车间或生产设施废水排放口、废水总排放口许可排放浓度和排放量。专门处理电镀废水的集中式污水处理厂车间或生产设施排放口和废水总排放口许可排放浓度和排放量。单独排入城镇集中污水处理设施的生活污水、雨水排放口不许可排放浓度和排放量。

按照国家或地方污染物排放标准等法律法规和管理制度要求，按照从严原则确定许可排放浓度；依据总量控制指标及本标准规定的方法从严确定许可排放量。2015 年 1 月 1 日（含）后取得环境影响评价批复的电镀工业排污单位，许可排放限值还应同时满足环境影响评价文件和批复要求。

总量控制指标包括地方政府或环境保护主管部门发文确定的电镀工业排污单位总量控制指标、环评批复的总量控制指标、现有排污许可证中载明的总量控制指标、通过排污权有偿使用和交易确定的总量控制指标等地方政府或环境保护主管部门与申领排污许可证的电镀工业排污单位以一定形式确认的总量控制指标。

电镀工业排污单位填报许可限值时，应在《排污许可证申请表》中写明申请的许可排放限值计算过程。

电镀工业排污单位申请的许可排放限值严于本标准规定的，排污许可证按照申请的许可排放限值核发。

5.2.2　许可排放质量浓度

5.2.2.1　废气

电镀工业排污单位按照 GB 21900 与 GB 13271 确定许可排放浓度，烟气黑度除外。有地方排放标准要求的，按照地方排放标准确定。

大气污染防治重点控制区按照《关于执行大气污染物特别排放限值的公告》和《关于执行大气污染物特别排放限值有关问题的复函》的要求执行。其他执行大气污染物特别排放限值的地域范围、时间，由国务院环境保护行政主管部门或省级人民政府规定。

若执行不同许可排放浓度的多台生产设施或排放口采用混合方式排放废气，且选择的监控位置只能监测混合废气中的大气污染物浓度，则应执行各限值要求中最严格的许可排放浓度。

许可排放浓度为小时均值质量浓度。

5.2.2.2 废水

电镀工业排污单位按照 GB 21900，在车间或生产设施排放口确定总铬、六价铬、总镍、总镉、总银、总铅、总汞的许可排放浓度；在废水总排放口确定总铜、总锌、总铁、总铝、pH 值、悬浮物、化学需氧量、氨氮、总氮、总磷、石油类、氟化物、总氰化物的许可排放浓度。有地方排放标准要求的，按照地方排放标准确定。许可排放浓度为日平均浓度。

电镀工业排污单位向专门处理电镀废水的集中式污水处理厂排放废水时，各类水污染物的间接排放许可浓度，按照电镀工业排污单位与专门处理电镀废水的集中式污水处理厂协商确定。

根据《关于太湖流域执行国家排放标准水污染物特别排放限值时间的公告》和《关于太湖流域执行国家污染物排放标准水污染物特别排放限值行政区域范围的公告》等相关规定，执行 GB 21900 中规定的水污染物特别排放限值的区域按特别排放限值确定水污染物许可排放浓度。省级人民政府如确定了其他需要执行特别排放限值的区域，所在区域电镀工业排污单位按特别排放限值要求确定水污染物许可排放浓度。

5.2.3 许可排放量

5.2.3.1 一般原则

电镀工业排污单位应明确主要排放口大气、水污染物许可排放量，包括年许可排放量和特殊时段许可排放量。电镀工业排污单位年许可排放量为主要排放口年许可排放量，特殊时段废气和废水污染物许可排放量为日许可排放量。

对于有水环境质量改善需求的或者地方政府有要求的，还可明确各项水污染物许可排放量，为年许可排放量。

5.2.3.2 废气

电镀工业排污单位应明确废气颗粒物、二氧化硫、氮氧化物许可排放量。许可排放量包括全厂年许可排放量和特殊时段许可排放量。

a）全厂年许可排放量

电镀工业排污单位废气污染物全厂年许可排放量为主要排放口年许可排放量。电镀工业排污单位主要排放口是锅炉烟气排放口。

燃煤或燃油锅炉废气污染物（颗粒物、二氧化硫、氮氧化物）许可排放量按式（1）计算：

$$E_j = \sum_{k=1}^{n} R_k \times Q_k \times \rho_{jk} \times 10^{-6} \tag{1}$$

燃气锅炉废气污染物（颗粒物、二氧化硫、氮氧化物）许可排放量按式（2）计算：

$$E_j = \sum_{k=1}^{n} R_k \times Q_k \times \rho_{jk} \times 10^{-9} \tag{2}$$

式中：E_j——第 j 项污染物年许可排放量，t/a；

R_k——第 k 个主要排放口对应的锅炉设计燃料用量，t/a 或 m^3/a；

Q_k——第 k 个主要排放口对应的锅炉基准排气量（标态），m^3/kg 燃料或 m^3/m^3 天然气（锅炉废气基准烟气量取值见表 6）；

ρ_{jk}——第 k 个主要排放口第 j 项污染物许可排放浓度，mg/m^3。

表 6 锅炉废气基准烟气量取值表

锅炉	热值	基准烟气量（标态）
燃煤锅炉	12.5 MJ/kg	6.2 m^3/kg
	21 MJ/kg	9.9 m^3/kg
	25 MJ/kg	11.6 m^3/kg
燃油锅炉	38 MJ/kg	12.2 m^3/kg
	40 MJ/kg	12.8 m^3/kg
	43 MJ/kg	13.76 m^3/kg
燃气锅炉	燃用天然气	12.3 m^3/m^3
注 1：燃用其他热值燃料的，可按照《动力工程师手册》进行计算。 注 2：燃用生物质燃料，蒸汽锅炉的基准排气量参考燃煤蒸汽锅炉确定，或参考近 3 年企业实测的烟气量，或近一年连续在线监测的烟气量。		

b）特殊时段日许可排放量

电镀工业排污单位特殊时段废气污染物日许可排放量按式（3）计算。地方制定的相关法规中对特殊时段许可排放量有明确规定的，从其规定。国家和地方环境保护主管部门依法规定的其他特殊时段短期许可排放量应当在排污许可证当中载明。

$$E_{j日许可}=E_{j前一年环统日均排放量}\times(1-\alpha) \tag{3}$$

式中：$E_{j日许可}$——排污单位特殊时段第 j 项污染物日许可排放量，kg/d；

$E_{j前一年环统日均排放量}$——排污单位第 j 项污染物前一年环境统计实际排放量折算的日均值，kg/d；

α——特殊时段日产量或排放量减少比例。

5.2.3.3 废水

明确电镀工业排污单位废水在车间或生产设施排放口确定总铬、六价铬、总镍、总镉、总银、总铅、总汞的许可排放量；在总排放口确定总铜、总锌、化学需氧量、氨氮以及受纳水体环境质量超标且列入 GB 21900 中的其他污染因子年许可排放量。对位于《“十三五”生态环境保护规划》及环境保护部正式发布的文件中规定的总磷、总氮总量控制区域内的电镀工业排污单位，还应分别申请总磷及总氮年许可排放量。地方环境保护主管部门另有规定的，从其规定。

水污染物许可排放量包括年许可排放量和特殊时段许可排放量。

a） 电镀工业排污单位水污染物年许可排放量

电镀工业排污单位水污染物年许可排放量按式（4）计算：

$$D_j=\rho_j\times\sum_{i=1}^{n}Q_iS_i\times10^{-6} \tag{4}$$

式中：D_j——电镀废水第 j 项污染物年许可排放量，kg/a；

ρ_j——第 j 项污染物的许可排放浓度，mg/L；

Q_i——生产第 i 种产品的单位产品基准排水量，L/m^2；

S_i——第 i 种产品设计产能，m^2/a；

n——产品种类数量。

电镀工业排污单位的单位产品基准排水量按 GB 21900 或地方污染物排放标准确定。排水量的计量位置与污染物监控位置一致。

电镀产品设计产能还可通过式（5）计算：

$$S=\frac{g\times\eta}{\rho\times h\times10^{-6}} \tag{5}$$

式中：S—— 产品设计产能，m^2/a；

g—— 金属离子的年消耗量，kg/a；

η——镀层金属利用率，%；

ρ——金属离子的密度，kg/m^3；

h——金属镀层的厚度，μm。

b）专门处理电镀废水的集中式污水处理厂水污染物年许可排放量

专门处理电镀废水的集中式污水处理厂的水污染物年许可排放量按式（6）计算：

$$D_j = \rho_j \times Q_j \times 10^{-3} \quad (6)$$

式中：D_j——专门处理电镀废水的集中式污水处理厂第 j 项污染物年许可排放量，kg/a；

Q_j——专门处理电镀废水的集中式污水处理厂第 j 项污染物 3 年平均收纳水量或设计水量；当 3 年平均收纳水量大于设计水量时按设计水量计算。在计算总铬、六价铬、总镍、总镉、总银、总铅、总汞污染物年许可排放量时，Q_j 为含该污染物的收纳水量，m^3/a；

ρ_j——第 j 项污染物许可排放浓度，mg/L。

c）特殊时段日许可排放量

电镀工业排污单位水污染物特殊时段日许可排放量按式（7）计算：

$$E_{j\text{日许可}} = E_{j\text{前一年环统日均排放量}} \times (1-\alpha) \quad (7)$$

式中：$E_{j\text{日许可}}$——电镀工业排污单位特殊时段第 j 项污染物日许可排放量，kg/d；

$E_{j\text{前一年环统日均排放量}}$——电镀工业排污单位第 j 项污染物前一年环境统计实际排放量折算的日均值，kg/d；

α——特殊时段日产量或排放量减少比例。

6 污染防治可行技术及运行管理要求

6.1 一般原则

本标准参照 HJ-BAT-11 提出的污染防治可行技术及运行管理要求可作为环境保护主管部门对排污许可证申请材料审核的参考。对于电镀工业排污单位采用本标准所列污染防治可行技术的，原则上认为具备符合规定的防治污染设施或污染物处理能力。

对于未采用本标准所列污染防治可行技术的，电镀工业排污单位应当在申请时提供相关证明材料（如已有监测数据；对于国内外首次采用的污染治理技术，还应当提供中试数据等说明材料），证明具备同等污染防治能力。

对不属于污染防治可行技术的污染治理技术，电镀工业排污单位应当加强自我监测、台账记录，评估达标可行性。

待《电镀工业污染防治可行技术指南（试行）》修订后，以其为准。

6.2 废气

6.2.1 可行技术

电镀废气有组织排放污染防治可行技术参照表详见表 7。

锅炉烟气污染防治可行技术参照表详见表 8。

表 7 电镀废气治理可行技术

序号	废气种类		污染因子	可行技术
1	铬酸雾		铬酸雾	喷淋塔凝聚回收法
2	氰化氢废气		氰化氢	喷淋塔吸收氧化法
3	酸碱废气	硫酸雾	硫酸雾	喷淋塔中和法
		氮氧化物	氮氧化物	
		氯化氢	氯化氢	
		氟化物	氟化物	

表 8 锅炉烟气污染防治可行技术

废气种类	污染因子	污染防治可行技术
执行 GB 13271 中表 1 的锅炉废气	颗粒物	电除尘技术；袋式除尘技术
	二氧化硫	石灰石/石灰-石膏等湿法脱硫技术；喷雾干燥法脱硫技术；循环流化床法脱硫技术
	氮氧化物	—
	汞及其化合物	高效除尘脱硫，综合脱除汞效率为 70%
执行 GB 13271 中表 2 的锅炉废气	颗粒物	电除尘技术；袋式除尘技术
	二氧化硫	石灰石/石灰-石膏等湿法脱硫技术；喷雾干燥法脱硫技术；循环流化床法脱硫技术
	氮氧化物	非选择性催化还原脱硝技术
	汞及其化合物	高效除尘脱硫脱硝，综合脱除汞的效率为 70%
执行 GB 13271 中表 3 的锅炉废气	颗粒物	四电场以上电除尘技术；袋式除尘技术
	二氧化硫	二氧化硫治理技术；石灰石/石灰-石膏等湿法脱硫技术；喷雾干燥法脱硫技术；循环流化床法脱硫技术
	氮氧化物	选择性催化还原脱硝技术
	汞及其化合物	高效除尘脱硫脱硝，综合脱除汞的效率为 70%

6.2.2 运行管理要求

6.2.2.1 有组织排放控制要求

a）生产工艺设备、废气收集系统以及污染治理设施应同步运行。废气收集系统或污染治理设施发生故障或检修时，应停止运转对应的生产工艺设备，待检修完毕后共同投入使用。

b）加强污染治理设备巡检，消除设备隐患，保证正常运行。布袋除尘器应定期更换滤袋。喷淋塔吸收液要按工艺要求定期投加药剂，监测吸收液 pH 值。铬酸雾净化塔拦截的铬酸应及时回收。填料塔、湍球塔、筛板塔中的填料应按时更换或补充。

6.2.2.2 无组织排放控制要求

a）电镀工业排污单位应采取措施，减少“跑、冒、滴、漏”和无组织排放。对于镀槽敞口挥发的酸性和碱性废气应采取抑制措施，并通过抽风收集处理后，经排气筒排放。

b）露天储煤场、灰渣场应配备防风抑尘网、喷淋、洒水、苫盖等抑尘措施。煤粉、石灰或石灰石粉等粉状物料须采用封闭料库存储。

6.3 废水

6.3.1 可行技术

电镀废水污染防治可行技术可参照表 9。

表 9 电镀废水治理可行技术

废水类别		主要污染物	可行技术	备注
含氰废水		总氰化物	碱性氯化法处理技术 臭氧法处理技术 电解法处理技术	处理后废水进入重金属处理系统
含六价铬废水		六价铬	化学还原法处理技术 电解法处理技术	此系统仅还原六价铬，处理后废水进入重金属处理系统
重金属废水	含镉废水	总镉	化学沉淀法处理技术 化学法+膜分离法处理技术	
	含镍废水	总镍	化学沉淀法处理技术 化学法+膜分离法处理技术	
	含铅废水	总铅	化学沉淀法处理技术 化学法+膜分离法处理技术	
	含银废水	总银	化学沉淀法处理技术 化学法+膜分离法处理技术 电解法处理技术	
	含铜废水	总铜	化学沉淀法处理技术 化学法+膜分离法处理技术	

废水类别		主要污染物	可行技术	备注
重金属废水	含锌废水	总锌	化学沉淀法处理技术 化学法+膜分离法处理技术	
	重金属混合废水	总铬、六价铬、总镍、总镉、总银、总铅、总汞、总铜、总锌、总铁、总铝	化学沉淀法处理技术 化学法+膜分离法处理技术	
综合废水（含生活污水、初期雨水）		pH 值、悬浮物、化学需氧量、氨氮、总氮、总磷、石油类、氟化物、总氰化物、动植物油类	缺氧/好氧（A/O）生物处理技术 厌氧－缺氧/好氧（A^2/O）生物处理技术 好氧膜生物处理技术 缺氧（或兼氧）膜生物处理技术 厌氧－缺氧（或兼氧）膜生物处理技术	

6.3.2 运行管理要求

电镀工业排污单位应当按照相关法律法规、标准规范等要求，运行生产设施和废水治理设施，并进行维护和管理，保证废水治理设施正常运行。

a）改进挂具和镀件的吊挂方式，减少镀液带出量，降低清洗水的浓度；工件出镀槽时，增加空气吹脱设施，减少镀液带出量；生产线上增设镀液回收装置，回收电镀液。

b）采取槽边处理方式进行清洗水回用；改进清洗方法，如喷雾或喷淋清洗；自动控制清洗水补水。

c）电镀生产设施、废水收集系统以及废水治理设施应同步运行，电镀生产废水地下收集输送管路应逐步改造为地上明管或架空管路。废水收集系统或废水治理设施发生故障或检修时，应停止运转对应的电镀生产设施，待检修完毕后共同投入使用。

d）加强废水治理设施巡检，消除设备隐患，保证正常稳定运行。

e）规范废水处理设施开停机记录、维修巡检记录、药剂使用记录、污泥产生-内部贮存记录、处理前后水质水量监测记录，要求记录规范，内容完整。

f）电镀污泥按照危险废物管理要求运输、贮存和处置，并建立健全管理制度。电（退）镀废槽液，需单独收集后交有资质的单位处理。

g）按要求安装在线监控设备，并对在线监控设备进行定期保养、维护和校正，做好记录，保证在线监控设备正常运行。

h）硫酸、盐酸、硝酸等酸罐（桶）室外贮存区应采取防雨淋、防流失、防腐蚀、防渗漏措施，设置围堰、收集管阀和应急收集池。

i）设置应急事故水池和雨水收集池。

j）初期雨水的收集时间宜为 15 min，收集的初期雨水应经处理达标后排放。

7 自行监测管理要求

7.1 一般原则

电镀工业排污单位在申请排污许可证时，应当按照本标准确定的产排污环节、排放口、污染物及许可限值等要求，制定自行监测方案，并在排污许可证申请表中明确。《排污单位自行监测技术指南 电镀工业》发布后，自行监测方案的制定从其要求。电镀工业排污单位中的锅炉自行监测方案按照 HJ 820 制定。

有核发权的地方环境保护主管部门可根据环境质量改善需求，增加电镀工业排污单位自行监测管理要求。对于 2015 年 1 月 1 日（含）后取得环境影响评价批复的电镀工业排污单位，批复的环境影响评价文件有其他管理要求的，应当同步完善电镀工业排污单位自行监测管理要求。

7.2 自行监测方案

自行监测方案中应明确电镀工业排污单位的基本情况、监测点位及示意图、监测指标、执行排放标准及其限值、监测频次、采样和样品保存方法、监测分析方法和仪器、质量保证与质量控制、自行监测信息公开等。对于采用自动监测的电镀工业排污单位应当如实填报采用自动监测的污染物指标、自动监测系统联网情况、自动监测系统的运行维护情况等；对于未采用自动监测的污染物指标，电镀工业排污单位应当填报开展手工监测的污染物排放口和监测点位、监测方法、监测频率。

7.3　自行监测要求

7.3.1　一般原则

电镀工业排污单位可自行或委托第三方监测机构开展监测工作，并安排专（兼）职人员对监测数据进行记录、整理、统计和分析，对监测结果的真实性、准确性、完整性负责。手工监测时的生产负荷不低于本次监测与上一次监测周期内的平均生产负荷。

7.3.2　监测内容

自行监测应包括排放标准以及环境影响评价文件及其批复中涉及的各项废气、废水污染源和污染物。电镀工业排污单位应当开展自行监测的污染源包括有组织废气、无组织废气、生产废水、生活污水、初期雨水的全部污染源。污染物为 GB 21900 中涉及的全部因子。

7.3.3　监测点位

电镀工业排污单位自行监测点位包括排放口、内部监测点、无组织排放监测点等。

7.3.3.1　废气排放口

各类废气污染源通过烟囱或排气筒等方式排放至外环境的废气，应在烟囱或排气筒上设置废气排放口监测点位。废气监测点位、监测平台、监测断面和监测孔等的设置应符合 GB/T 16157、HJ/T 75、HJ/T 76、HJ/T 397 等的要求。

7.3.3.2　废水排放口

按照排放标准规定的监控位置设置废水排放口监测点位，废水排放口应符合《排污口规范化整治技术要求（试行）》和 HJ/T 91、HJ/T 92 等的要求。

排放标准规定的监控位置为车间或生产设施排放口、废水总排放口，在相应的废水排放口采样。排放标准中规定的监控位置为电镀工业排污单位排放口的污染物，废水直接排放的，在电镀工业排污单位的排放口采样；间接排放的，在电镀工业排污单位的污水处理设施排放口后、进入公共污水处理系统前的电镀工业排污单位用地红线边界的位置采样。

选取全厂雨水排放口开展监测。对于有多个雨水排放口的电镀工业排污单位，应对全部雨水排放口开展监测。雨水监测点位设在厂内雨水排放口后、电镀工业排污单位用地红线边界位置。雨水排放口有流量时，应在雨后 15 min 内进行采样；雨水排放口没有流量时，可在厂内雨水收集池内进行采样。

7.3.3.3　无组织排放

存在废气无组织排放源的，应设置无组织排放监测点位，具体要求按 GB 14554 以及 HJ/T 55 执行。

7.3.3.4　内部监测点位

当排放标准中有污染物去除效率要求时，应在相应污染物处理设施单元的进出口设置监测点位。

当环境管理有要求，或电镀工业排污单位认为有必要时，可设置内部监测点，监测污染物浓度密切相关的关键工艺参数等。

7.4　监测技术手段

自行监测的技术手段包括手工监测和自动监测。

根据《关于加强京津冀高架源污染物自动监控有关问题的通知》中的相关要求，京津冀地区及传输通道城市电镀工业排污单位各排放烟囱超过 45 m 的高架源应安装污染源自动监控设备。

电镀工业排污单位的车间或生产设施排放口和废水总排放口的流量，应采用自动监测设备监测。专门处理电镀废水的集中式污水处理厂废水总排放口的流量、pH 值和化学需氧量应采用自动监测设备监测。

鼓励其他排放口及污染物采用自动监测设备监测，无法开展自动监测的，应采用手工监测。

7.5 监测频次

采用自动监测的，全天连续监测。电镀工业排污单位应按 HJ/T 75 开展自动监测数据的校验比对。由于自动监控系统故障等原因导致自动监测数据缺失的，应当进行补遗。按照《污染源自动监控设施运行管理办法》的要求，自动监测设施不能正常运行期间，应按要求将手工监测数据向环境保护主管部门报送，每天不少于 4 次，间隔不得超过 6 h。

采用手工监测的，监测频次原则上不低于国家或地方发布的标准、规范性文件、环境影响评价文件及其批复等明确规定的监测频次，污水排向敏感水体或接近集中式饮用水水源，废气排向特定的环境空气质量功能区的应适当增加监测频次；排放状况波动大的，应适当增加监测频次；历史稳定达标状况较差的需增加监测频次。

电镀工业排污单位的有组织废气排放口监测指标及最低监测频次可参照表 10 执行；无组织废气排放监测点位设置、监测指标及最低监测频次按表 11 执行；专门处理电镀废水的集中式污水处理厂无组织废气排放监测点位设置、监测指标及最低监测频次按照表 12 执行；电镀工业排污单位废水排放口监测指标及最低监测频次按照表 13 执行；专门处理电镀废水的集中式污水处理厂的污染物分质处理单元出水口以及废水总外排口的监测指标及最低监测频次按照表 14 执行。

表 10　电镀工业排污单位有组织废气排放监测点位、监测指标及最低监测频次

监测点位	监测指标	监测频次
酸碱废气排气筒	氯化氢、氮氧化物、硫酸雾、氟化物	1 次/半年
铬酸雾废气排气筒	铬酸雾	1 次/半年
含氰废气排气筒	氰化氢	1 次/半年
粉尘废气排气筒	颗粒物	1 次/半年

注 1：根据实际生产情况等，确定具体的监测指标。
注 2：排气筒废气监测要同步监测烟气参数。
注 3：监测结果超标的，应增加相应指标的监测频次。

表 11　电镀工业排污单位无组织废气排放监测点位、监测指标及最低监测频次

排污单位	监测点位	监测指标	监测频次
电镀工业排污单位	厂界	氯化氢、铬酸雾、硫酸雾、氰化氢、氟化物	1 次/年

注 1：根据有组织废气排放情况，确定具体的监测指标。
注 2：监测结果超标的，应增加相应指标的监测频次。
注 3：若周边有敏感点，应适当增加监测频次。

表 12　专门处理电镀废水的集中式污水处理厂无组织废气排放监测点位、监测指标及最低监测频次

排污单位	监测点位	监测指标	监测频次
专门处理电镀废水的集中式污水处理厂	集中式污水处理厂无组织监测点	臭气浓度	1 次/年

表 13　电镀工业排污单位废水排放口监测指标及最低监测频次

监测点位	监测指标	监测频次	备注
车间或生产设施排放口	流量	自动监测	
	总铬、六价铬、总镍、总镉、总银、总铅、总汞	1 次/d[a]	
废水总排放口	流量	自动监测	—
	pH 值、化学需氧量、总氰化物、总铜、总锌	1 次/d[a]	—
	总磷、总氮	1 次/月（日）	水环境质量中总氮（无机氮）/总磷（活性磷酸盐）超标的流域或沿海地区，或总氮/总磷实施重点控制区域，总氮/总磷最低监测频次按日执行
	总铁、总铝、氨氮、氟化物、悬浮物、石油类	1 次/月	—

注 1：根据原辅料使用情况等实际生产情况，确定具体的特征污染物监测指标。
注 2：有电镀工序的企业的废水总排放口监测指标及最低监测频次按相关行业排污许可证申请与核发技术规范执行。
注 3：车间或生产设施排放口指：含第一类污染物废水分质处理的特定处理单元出水口（分质处理的含第一类污染物的废水与其他废水混合前）。
注 4：雨水排放口在排放期间每日至少测一次 pH 值，如果 pH 值超标，应尽快分析原因，并监测本表中相应重金属污染因子。
[a] 设区的市级及以上环保主管部门明确要求安装自动监测设备的污染物指标，应采取自动监测。

表 14　专门处理电镀废水的集中式污水处理厂废水外排口监测指标及最低监测频次

监测点位	监测指标	监测频次
车间或生产设施排放口[a]	流量	自动监测
	总铬、六价铬、总镍、总镉、总银、总铅、总汞	1 次/d[b]
废水总排放口	流量、pH 值、化学需氧量	自动监测
	氨氮、总氮、总磷、总氰化物、总铜、总锌	1 次/d[b]
	总铁、总铝、氟化物、悬浮物、石油类	1 次/月

注：根据电镀工业集中式污水处理厂上游企业排放废水涉及的污染物指标，确定选测的金属指标。

[a] 车间或生产设施排放口指：含第一类污染物废水分质处理的特定处理单元出水口（分质处理的含第一类污染物的废水与其他废水混合前）。

[b] 设区的市级及以上环保主管部门明确要求安装自动监测设备的污染物指标，应采取自动监测。

《排污单位自行监测技术指南　电镀工业》颁布实施后，从其规定。地方根据规定可相应加密监测频次。对于表 4 中未涉及的其他排放口，有明确排放标准的，应当按照填报的产排污环节明确废气污染物监测指标及频次，监测频次原则上不得低于 1 次/2 年，地方环境保护主管部门可根据环境质量改善需求，制定更严格的监测频次要求。

7.6　采样和测定方法

7.6.1　自动监测

废气自动监测参照 HJ/T 75、HJ/T 76 执行。

废水自动监测参照 HJ/T 353、HJ/T 354、HJ/T 355 执行。

7.6.2　手工监测

废气手工采样方法的选择参照 GB/T 16157、HJ/T 397 执行，单次监测中，气态污染物采样，应可获得小时均值浓度。

无组织排放采样方法参照 HJ/T 55 执行。

废水手工采样方法的选择参照 HJ 494、HJ 495、HJ/T 91 和 HJ/T 92 执行。

7.6.3　测定方法

废气、废水污染物的测定按照相应排放标准中规定的污染物浓度测定方法标准执行，国家或地方另有规定的，从其规定。

7.7　数据记录要求

监测期间手工监测的记录和自动监测运维记录按照 HJ 819 执行。

应同步记录监测期间的生产工况。

7.8　监测质量保证与质量控制

按照 HJ 819 要求，电镀工业排污单位应当根据自行监测方案及开展状况，梳理全过程监测质控要求，建立自行监测质量保证与质量控制体系。

质量体系应包括对以下内容的具体描述：监测机构，人员，出具监测数据所需仪器设备，监测辅助设施和实验室环境，监测方法技术能力验证，监测活动质量控制与质量保证等。

委托其他有资质的检（监）测机构代其开展自行监测的，排污单位不用建立监测质量体系，但应对检（监）测机构的资质进行确认。

7.9　自行监测信息公开

电镀工业排污单位应按照 HJ 819 要求进行自行监测信息公开。

8　环境管理台账与执行报告编制要求

8.1　环境管理台账要求

8.1.1　一般原则

电镀工业排污单位应建立环境管理台账制度。宜设置专（兼）职人员进行台账的记录、整理、维护和管理，并对台账记录结果的真实性、准确性、完整性负责。电镀工业排污单位台账应真实记录生产设施运行管理信息、原辅料采购信息、污染治理设施运行管理信息、非正常工况及污染治理设施异常情况记录信息、监测记录信息、其他环境管理信息。电镀工业排污单位可根据实际情况自行制定记录内容格式。记录内容格式参见附录 C。

8.1.2 记录内容

8.1.2.1 生产设施运行管理信息

电镀工业排污单位应定期记录生产运行状况并留档保存，应按班次至少记录以下内容：

正常工况各电镀生产线的累计生产时间、生产负荷、主要产品产量、原辅料及燃料使用情况等数据。

生产负荷指记录时间内实际产量除以同一时间内设计产能。记录时间内的设计产能按排污许可证载明的年产能及年运行时间进行折算。

产品产量指各电镀生产线产品产量。

原辅料、燃料使用情况指种类、名称、用量、有毒有害元素成分及占比。

8.1.2.2 原辅料、燃料采购信息

电镀工业排污单位应按批次记录原辅料采购情况信息和燃料采购信息。

8.1.2.3 污染治理设施运行管理信息

a）正常工况

明确记录各治理设施作用的生产环节、治理工艺，分系统记录所有环保设施的运行情况、污染物排放情况、主要药剂添加情况等。

1）运行情况应记录：开停机时间，运行时间，是否正常运行。

2）废气治理设施应记录：处理风量、污染因子、排放浓度、排放量、治理效率、数据来源、标准限值，还应明确排放口温度、压力、排气筒高度、排放时间、副产物产生量等。

3）涉及 DCS 运行系统治理设施记录原则：要求保留彩色曲线图，注明生产线编号及各条曲线含义，相同参数使用同一颜色。根据参数的变化区间合理设定参数量程，每台设备或生产线核算期同一参数量程保持不变。对曲线图中的不同参数进行合理布局，避免重叠。曲线应至少包括以下内容：

——脱硫 DCS 曲线：负荷、烟气量、氧含量、原烟气二氧化硫浓度、净烟气二氧化硫浓度、烟气出口温度等。

——脱硝 DCS 曲线：负荷、烟气量、氧含量、总排口 NO_x 浓度、脱硝设施入口氨流量、脱硝设施入口烟气温度。

——除尘 DCS 曲线：负荷、烟气量、氧含量、原烟气颗粒物浓度、净烟气颗粒物浓度、烟气出口温度。

4）废水治理设施运行参数应按班次至少记录以下内容：实际处理量、实际进水水质、实际出水水质、药剂投加种类、药剂投加量、污泥产生量等信息。

b）非正常工况

污染治理设施应记录设施名称、编号、设施非正常（停运）时刻、恢复（启动）时刻、污染物排放量、排放浓度、事件原因、是否报告等。

8.1.2.4 监测记录信息

a）自动监测运维记录

包括自动监测及辅助设备运行状况、系统校准、校验记录、定期比对监测记录、维护保养记录、是否故障、故障维修记录、巡检日期等信息。

b）手工监测记录信息

对于无自动监测的大气污染物和水污染物指标，电镀工业排污单位应当按照排污许可证中监测方案所确定的监测频次要求，记录开展手工监测的日期、时间、污染物排放口和监测点位、监测方法、监测频次、监测仪器及型号、采样方法等，并建立台账记录报告。手工监测记录台账至少应包括表 15 内容。

表 15　手工监测报表

序号	污染源类别	监测日期	监测时间	排放口编号	监测内容	计量单位	监测结果	监测结果（折标）	是否超标	手工监测采样方法及个数	手工测定方法	手工监测仪器型号
1	废气											
2												
3	废水											
4												
5	其他											

c）监测期间生产及污染治理设施运行状况记录信息

监测期间生产及污染治理设施运行状况记录信息内容参见 8.1.2.1 和 8.1.2.3。

8.1.2.5　其他环境管理信息

应记录污染治理设施运行、维护、管理等相关信息，包括设施名称、运行时间、检查维护次数、管理人员情况等。

应记录厂区降尘洒水、清扫频次，原料或产品场地封闭、遮盖方式，日常检查维护频次及情况等。

应记录非正常工况和特殊时段的环境管理信息等。

电镀工业排污单位还应根据环境管理要求，记录其他信息。

8.1.3　记录频次

8.1.3.1　一般要求

记录频次应根据生产过程中的变化参数进行确定。

电镀工业排污单位实际生产周期与本标准要求不一致的，报有核发权的环境保护主管部门备案，经同意后可根据实际生产情况进行记录。

8.1.3.2　生产设施运行管理信息

a）生产运行状况：按照电镀工业排污单位生产班制记录，每班记录 1 次；非正常工况按照工况期记录，每工况期记录 1 次，非正常工况开始时刻至工况恢复正常时刻为一个记录工况期。

b）产品产量：连续性生产的按照班次记录，每班记录 1 次；周期性生产的按照一个周期记录，周期小于 1 天的按照 1 天记录。

c）原辅料、燃料用量：按照批次记录，每批次记录 1 次。

8.1.3.3　污染治理设施运行管理信息

a）污染治理设施运行状况：按照电镀工业排污单位生产班次记录，每班记录 1 次；非正常工况按照工况期记录，每工况期记录 1 次，非正常工况开始时刻至工况恢复正常时刻为一个记录工况期。

b）污染物产排情况：连续排放污染物的，按班次记录，每班记录 1 次；非连续排放污染物的，按照产排污阶段记录，每个产排污阶段记录 1 次。安装自动监测设施的按照自动监测频率记录，DCS 原则上以 7 d 为周期截屏。

c）药剂添加情况：采用批次投放的，按照投放批次记录，每投放批次记录 1 次；采用连续加药方式的，每班记录 1 次。

8.1.3.4　监测记录信息

监测数据的记录频次按照本标准 7.5 中所确定的监测频次要求记录。

8.1.3.5　其他环境管理信息

无组织废气污染控制措施运行、维护、管理相关的信息记录频次原则不少于 1d。

特殊时段的台账记录频次原则与正常生产记录频次要求一致，涉及特殊时段停产的电镀工业排污单位，该期间原则上仅对起始和结束当天进行 1 次记录，地方管理部门有特殊要求的，从其规定。

根据环境管理要求增加记录的内容，记录频次依实际情况确定。

8.1.4 记录保存

8.1.4.1 纸质存储

纸质台账应存放于保护袋、卷夹或保护盒中，专人保存于专门的档案保存地点，并由相关人员签字。档案保存应采取防光、防热、防潮、防细菌及防污染等措施。纸质类档案如有破损应随时修补。档案保存时间不得少于3年。

8.1.4.2 电子存储

电子台账保存于专门的存储设备中，并保留备份数据。设备由专人负责管理，定期进行维护。根据地方环境保护部门管理要求定期上传，纸版由电镀工业排污单位留存备查。台账保存期限不得少于3年。

8.2 排污许可证执行报告编制要求

8.2.1 总体要求及报告频次

8.2.1.1 一般原则

地方环境保护主管部门应当整合总量控制、排污收费（环境保护税）、环境统计等各项环境管理的数据上报要求，根据环境质量改善需求，规定排污许可证执行报告内容、上报频次等要求。

电镀工业排污单位应按照排污许可证中规定的内容和频次定期上报执行报告，并保证执行报告的规范性和真实性。

电镀工业排污单位可参照本标准，根据环境管理台账记录等归纳总结报告期内排污许可证执行情况，并提交至发证机关，台账记录留存备查。排污许可证技术负责人发生变化时，应当在年度执行报告中报告。

有电镀工序的企业的执行报告，其主行业排污许可申请与核发技术规范已发布的，执行报告从其要求；未发布的，参照本标准执行。

8.2.1.2 报告频次

a）年度执行报告

电镀工业排污单位应每自然年上报一次排污许可证年度执行报告，年报应于次年 1 月底前提交至排污许可证核发机关。

对于持证时间不足 3 个月的，当年可不上报年度执行报告，排污许可证执行情况纳入下一年年度执行报告。

b）半年、月/季度执行报告

电镀工业排污单位应每季度上报一次排污许可证季度执行报告。地方环境保护主管部门可按照环境管理要求，要求上报半年、月度执行报告，并在排污许可证中明确。

上半年执行报告周期为当年 1 月至 6 月，于每年 7 月底前提交至排污许可证核发机关。提交年度执行报告时可免报下半年执行报告。对于持证时间不足 3 个月的，该报告周期内可不上报半年执行报告，纳入下一次半年/年度执行报告。

月/季度执行报告周期为自然月/季，于下一周期首月15日前提交至排污许可证核发机关。提交季报、半年报或年报时，可免报当月月报。对于持证时间不足10 d的，该报告周期内可不上报月报，排污许可证执行情况纳入下一月执行报告。对于持证时间不足 1 个月的，该报告周期内可不上报季报，排污许可证执行情况纳入下一季度执行报告。

8.2.2 年度执行报告要求

电镀工业排污单位应根据环境管理台账记录等归纳总结报告期内排污许可证执行情况，自行或委托第三方按照执行报告提纲编写年度执行报告。

电镀工业排污单位报告周期内排污许可证执行情况，内容参见附录D。

技术负责人发生变化时，应当在年度执行报告中报告。

年度执行报告编制内容如下，具体格式要求见附录E。

a）基本生产信息；

b）遵守法律法规情况；

c）污染防治设施运行情况；

d）自行监测情况；

e）台账管理情况；

f）实际排放情况及达标判定分析；

g）排污费（环境保护税）缴纳情况；

h）信息公开情况；

i）排污单位内部环境管理体系建设与运行情况；

j）其他排污许可证规定的内容执行情况；

k）其他需要说明的问题；

l）结论；

m）附图、附件要求。

8.2.3　半年、月/季度执行报告编制要求

电镀工业排污单位半年执行报告应至少包括 8.2.2 中年度执行报告 a）、c）、d）、f）。

月/季度执行报告应至少包括 8.2.2 中年度执行报告 f）及 c）中超标排放或污染防治设施异常的情况说明。

9　实际排放量核算方法

9.1　核算原则

电镀工业排污单位实际排放量包括正常排放和非正常排放实际排放量之和。

电镀工业排污单位应核算废气主要排放口污染物实际排放量和废水主要排放口污染物实际排放量。不核算废气一般排放口、废水一般排放口和废气无组织排放的污染物实际排放量。核算方法包括实测法、物料衡算法、产排污系数法等。

对于排污许可证中载明应当采用自动监测的排放口和污染物，根据符合监测规范的有效自动监测数据采用实测法核算实际排放量。

对于排污许可证未要求采用自动监测的排放口或污染物，按照优先顺序依次选取自动监测数据、执法和手工监测数据、产排污系数法（或物料衡算法）进行核算。监测数据应符合国家环境监测相关标准技术规范要求。

9.2　废气

9.2.1　正常排放

9.2.1.1　全厂排放污染物实际排放量

电镀工业排污单位应按式（8）核算有组织排放的颗粒物、二氧化硫、氮氧化物实际排放量：

$$E_{j\text{全厂年排放}} = \sum_{k=1}^{n} E_{jk} \tag{8}$$

式中：$E_{j\text{全厂年排放}}$——全厂第 j 项污染物的实际排放量，kg；

E_{jk}——核算时段内第 k 个排放口第 j 项污染物的实际排放量，kg；

n——主要排放口数量。

9.2.1.2　主要排放口污染物实际排放量

电镀工业排污单位主要排放口废气污染物实际排放量的核算方法采用实测法。

自动监测实测法是指根据符合监测规范的有效自动监测污染物的小时平均排放浓度、平均烟气量、运行时间核算污染物年排放量，核算方法见式（9）。

$$E_{jk}=\sum_{i=1}^{n}\left(\rho_{ji}\times q_i\times 10^{-6}\right) \quad (9)$$

式中：E_{jk}——核算时段内第 k 个排放口第 j 项污染物的实际排放量，kg；

ρ_{ji}——第 k 个排放口第 j 项污染物在第 i 小时的实测平均排放质量浓度，mg/m^3；

q_i——第 k 个排放口第 i 小时的标准状态下干气体排气量，m^3/h；

n——核算时段内的污染物排放时间，h。

要求采用自动监测的排放口或污染因子而未采用的，采用物料衡算法核算二氧化硫排放量，根据原辅燃料消耗量、含硫率，按直排进行核算；采用产排污系数法核算颗粒物、氮氧化物排放量，根据单位产品污染物的产生量，按直排进行核算。

对于因自动监控设施发生故障以及其他情况导致数据缺失的按照 HJ/T 75 进行补遗。缺失时段超过25%的，自动监测数据不能作为核算实际排放量的依据，实际排放量按照“要求采用自动监测的排放口或污染因子而未采用”的相关规定进行核算。

电镀工业排污单位提供充分证据证明在线数据缺失、数据异常等不是电镀工业排污单位责任的，可按照电镀工业排污单位提供的手工监测数据核算实际排放量，或者按照上一个半年申报期间的稳定运行期间自动监测数据的小时浓度均值和半年平均烟气量或流量，核算数据缺失时段的实际排放量。

9.2.2 非正常排放

锅炉点火开炉、设备检修等非正常排放期间污染物排放量可采用实测法核定。

9.3 废水

9.3.1 一般原则

在自动监测数据由于某种原因出现中断或其他情况，可根据 HJ/T 356 予以补遗。仍无法核算出全年排放量时，可采用手工监测数据核算。

要求采用自动监测的排放口或污染因子而未采用的，采用产排污系数法核算化学需氧量排放量，按直排进行核算。

无有效自动监测数据时，可采用手工监测数据进行核算。手工监测数据包括核算时间内的所有执法监测数据和电镀工业排污单位自行或委托第三方的有效手工监测数据。电镀工业排污单位自行或委托的手工监测频次、监测期间生产工况、数据有效性等须符合相关规范文件等要求。

采用手工监测数据时，电镀工业排污单位应将手工监测时段内生产负荷与核算时段内的平均生产负荷进行对比，并给出对比结果。

9.3.2 正常排放

电镀工业排污单位应按照本标准 7.5 要求开展自行监测，并按照式（10）核算各类污染物排放量。

$$E_j=\sum_{i=1}^{n}(\rho_{ij}\times q_i\times 10^{-3}) \quad (10)$$

式中：E_j——核算时段内废水排放口第 j 项污染物的实际排放量，kg；

ρ_{ij}——第 j 项污染物在第 i 日的监测质量浓度，mg/L；

q_i——第 i 日的流量，m^3/d；其中总铜、总锌、化学需氧量及氨氮按总排放口流量计算；总铬、六价铬、总镍、总镉、总银、总铅、总汞按车间或生产设施排放口流量计算；

n——核算时段内的污染物排放时间，d。

9.3.3 非正常排放

废水处理设施非正常情况下的排水，如无法满足排放标准要求时，不应直接排入外环境，待废水处理设施恢复正常运行后方可排放。如因特殊原因造成废水治理设施未正常运行超标排放污染物的或偷排偷放污染物的，按产污系数核算非正常排放期间实际排放量。

10　合规判定方法

10.1　一般要求

合规是指排污单位许可事项和环境管理要求符合排污许可证规定。许可事项合规是指排污单位排污口位置和数量、排放方式、排放去向、排放污染物种类、排放限值符合排污许可证规定。其中，排放限值合规是指排污单位污染物实际排放浓度和排放量满足许可排放限值要求；环境管理要求合规是指排污单位按排污许可证规定落实自行监测、台账记录、执行报告、信息公开等环境管理要求。

电镀工业排污单位可通过环境管理台账记录、按时上报执行报告和开展自行监测、信息公开，自证其依证排污，满足排污许可证要求。环境保护主管部门可依据电镀工业排污单位环境管理台账、执行报告、自行监测记录中的内容，判断其污染物排放浓度和排放量是否满足许可排放限值要求，也可通过执法监测判断其污染物排放浓度是否满足许可排放限值要求。

10.2　排放限值合规判定

10.2.1　废气排放浓度合规判定

10.2.1.1　正常排放

电镀工业排污单位各废气排放口污染物的排放浓度合规是指“任 1 h 浓度均值均满足许可排放浓度要求”。

a）执法监测

按照监测规范要求获取的执法监测数据超标的，即视为不合规。根据 GB/T 16157、HJ/T 397、HJ/T 55 确定监测要求。

b）排污单位自行监测

1）自动监测

按照监测规范要求获取的有效自动监测数据计算得到的有效小时质量浓度均值与许可排放质量浓度限值进行对比，超过许可排放质量浓度限值的，即视为超标。对于应当采用自动监测而未采用的排放口或污染物，即认为不合规。自动监测小时均值是指“整点 1 h 内不少于 45 min 的有效数据的算术平均值”。

2）手工监测

对于未要求采用自动监测的排放口或污染物，应进行手工监测。按照自行监测方案、监测规范要求获取的监测数据计算得到的有效小时浓度均值超标的，即视为超标。

c）若同一时段的执法监测数据与电镀工业排污单位自行监测数据不一致，执法监测数据符合法定的监测标准和监测方法的，以执法监测数据为准。

10.2.1.2　非正常排放

电镀工业排污单位启动和停机时段内的排放数据不作为废气排放浓度合规判定依据。燃煤锅炉如采用干（半干）法脱硫、脱硝措施，冷启动不超过 1 h、热启动不超过 0.5 h。

若多台（套）电镀设施采用混合方式排放废气，且其中一台处于启停时段，电镀工业排污单位可自行提供废气混合前各台（套）设施有效监测数据的，按照电镀工业排污单位提供数据进行合规判定。

10.2.2　废水质量浓度合规判定

10.2.2.1　正常排放

电镀工业排污单位各废水排放口污染物的排放质量浓度合规是指任一有效日均值（除 pH 值外）均满足许可排放质量浓度要求。

a）执法监测

按照监测规范要求获取的执法监测数据超标的，即视为超标。根据 HJ/T 91、HJ/T 92 确定监测要求。

b）排污单位自行监测

1）自动监测

按照监测规范要求获取的自动监测数据计算得到有效日均浓度值（除 pH 值外）与许可排放浓度限值

进行对比，超过许可排放浓度限值的，即视为超标。对于应当采用自动监测而未采用的排放口或污染物，即认为不合规。

对于自动监测，有效日均浓度是对应于以每日为一个监测周期内获得的某个污染物的多个有效监测数据的平均值。在同时监测污水排放流量的情况下，有效日均值是以流量为权重的某个污染物的有效监测数据的加权平均值；在未监测污水排放流量的情况下，有效日均值是某个污染物的有效监测数据的算术平均值。

自动监测的有效日均浓度应根据 HJ/T 355 和 HJ/T 356 等相关文件确定。

2）手工监测

对于未要求采用自动监测的排放口或污染物，应进行手工监测。按照自行监测方案、监测规范进行手工监测，当日各次监测数据平均值或当日混合样监测数据（除 pH 值外）超标的，即视为超标。

c）若同一时段的执法监测数据与电镀工业排污单位自行监测数据不一致，执法监测数据符合法定的监测标准和监测方法的，以执法监测数据为准。

10.2.2.2 非正常排放

非正常工况下，电镀工业排污单位排放废水如无法满足许可排放浓度限值时，不应直接排放。如排放，合规判定方法按 10.2.2.1 执行。

10.2.3 排放量合规判定

电镀工业排污单位污染物的排放量合规是指：

a）废水车间或生产设施排放口和总排放口污染物年实际排放量满足年许可排放量要求。

b）废气主要排放口污染物年实际排放量满足主要排放口年许可排放量要求。

c）废气污染物全厂年实际排放量满足全厂年许可排放量要求。

d）对于特殊时段有许可排放量要求的排污单位，各项水和废气污染物实际排放量之和不得超过特殊时段许可排放量。

10.3 环境管理要求合规判定

环境保护主管部门依据排污许可证中的管理要求，以及电镀工业相关技术规范，审核环境管理台账记录和排污许可证执行报告；检查排污单位是否按照自行监测方案开展自行监测；是否按照排污许可证中环境管理台账记录要求记录相关内容，记录频次、形式等是否满足排污许可证要求；是否按照排污许可证中执行报告要求定期上报，上报内容是否符合要求等；是否按照排污许可证要求定期开展信息公开；是否满足特殊时段污染防治要求。

附 录 A

（资料性附录）

电镀主要生产单元一览表

电镀主要类型		主要生产单元
单金属电镀		镀锌生产线、镀镉生产线、镀锡生产线、镀铜生产线、镀镍生产线、镀铬生产线、镀铅生产线、镀铁生产线、镀银生产线、镀金生产线、镀铂生产线、镀钯生产线、镀铑生产线、镀铟生产线、镀铼生产线、镀锇生产线、镀钌生产线、镀铱生产线、镀锰生产线、镀钴生产线、镀锑生产线、镀铋生产线、镀砷生产线、镀硒生产线等
合金电镀	电镀铜基合金	电镀铜锡（青铜）合金生产线、电镀铜锌（黄铜）合金生产线、镀铜锌锡（仿金镀）合金生产线等
	电镀锌基合金	电镀锌铜（白铜）合金生产线、电镀锌铁合金生产线、电镀锌镍合金生产线、电镀锌钴合金生产线、电镀锌镍铁合金生产线、电镀锌铁钴合金生产线等
	电镀锡基合金	电镀锡镍合金生产线、电镀锡钴合金生产线、电镀锡锌合金生产线、电镀锡钴锌合金生产线、可焊性锡铅合金生产线、可焊性锡铈合金生产线、可焊性锡铋合金生产线等
	电镀镉基合金	电镀镉锡合金生产线、电镀镉钛合金生产线等

电镀主要类型	主要生产单元	
合金电镀	电镀铟基合金	电镀铟铅合金生产线、电镀铟铜合金生产线、电镀铟锌合金生产线、电镀铟镉合金生产线、电镀铟锡合金生产线、电镀铟银合金生产线等
	电镀铅基合金	电镀铅锡合金生产线等
	电镀镍基合金	电镀镍铁合金生产线、电镀镍磷合金生产线、电镀镍钴合金生产线、电镀镍钼合金生产线等
	电镀钴基合金	电镀钴镍合金生产线、电镀钴钨合金生产线、电镀钴钼合金生产线、电镀钴磷合金生产线等
	电镀金基合金	电镀金银合金生产线、电镀金铜合金生产线、电镀金镉合金生产线、电镀金钴合金生产线、电镀金镍合金生产线、电镀金锑合金生产线、电镀金铋合金生产线、电镀金钯合金生产线、电镀金铁合金生产线、电镀金锡合金生产线、电镀金铜镉合金生产线、电镀金钯铜合金生产线、电镀金钯铜镍合金生产线等
	电镀银基合金	电镀银镉合金生产线、电镀银锑（硬银）合金生产线、电镀银铅合金生产线、电镀银锡合金生产线、电镀银铜合金生产线、电镀银镍合金生产线、电镀银钴合金生产线等
	电镀钯基合金	电镀钯镍合金生产线、电镀钯钴合金生产线、电镀钯银合金生产线、电镀钯铁合金生产线等
	其他合金电镀	电镀铑钌合金生产线等
非晶态合金电镀	电镀非晶态镍磷合金生产线、电镀非晶态镍钼合金生产线、电镀非晶态镍钨合金生产线、电镀非晶态铁钨合金生产线、电镀非晶态铁钼合金生产线、电镀非晶态铁磷合金生产线等	
化学转化膜	钢质零件碱性氧化生产线、钢质零件高温氧化生产线、钢质零件磷化生产线、铝及铝合金零件化学氧化生产线、铝及铝合金零件阳极氧化生产线、镁及镁合金化学氧化生产线线、微弧氧化生产线、铜及铜合金化学氧化生产线、铜及铜合金钝化生产线、不锈钢化学钝化生产线、不锈钢阳极钝化生产线、不锈钢阳极电抛光生产线等	
化学镀	化学镀镍生产线、化学镀铜生产线、化学镀银生产线、化学镀钴生产线、化学镀锡生产线、化学镀锡铅合金生产线、化学镀锡铟合金生产线、化学镀金生产线、化学镀钯生产线、化学镀铂生产线、化学镀镍钴磷合金生产线、化学镀镍铜磷合金生产线、化学镀镍钼磷合金生产线、化学镀镍钨磷合金生产线、化学镀镍铁磷合金生产线、化学镀镍铼磷合金生产线、化学复合镀镍磷/PTFE 生产线、化学复合镀镍磷/SiC 生产线、化学复合镀镍磷/Al_2O_3 生产线等	
复合电镀	主体是以上几乎所有镀层的电镀及化学镀溶液，其中添加的分散剂如下：无机非导体分散剂：包括金属氧化物、碳化物、硼化物、氮化物；有机非导体分散剂：包括尼龙、聚四氟乙烯等；导体微粒分散剂：包括石墨、铝微粒、铬微粒、银微粒、镍微粒等	
电铸	电铸铜生产线、电铸镍生产线、电铸铁生产线、电铸镍钴合金生产线、电铸镍锰合金生产线等	
公用单元	制水、供热、排风、送风、供电、废水处理回收、废气净化及其他辅助系统等	

附 录 B

（资料性附录）

电镀常用原辅材料清单

序号	工艺	原 料	辅 料
1	镀锌	氧化锌、氯化锌、锌板、其他	氢氧化钠、硼酸、冰醋酸、柠檬酸、氨三乙酸、硫酸锌、铬酸、浓硫酸、浓硝酸、浓盐酸、氢氟酸、磷酸、硝酸、盐酸、硫酸、草酸、酒石酸、光亮剂、走位剂、净化剂、除杂剂、氰化钠、硫化钠、氯化钾、主光剂、柔软剂、氯化铵、聚乙二醇、硫脲、洗涤剂、硫酸铝、硫酸钠、明矾、糊精、开缸剂、添加剂、氯化钠、无水硫酸钠、高锰酸钾、三氧化铬、氯化铬、醋酸镍、硫酸铜、甲酸钠、硝酸银、磷酸二氢钠、三氯化铬、氟化氢铵、硝酸钠、硝酸钴、纳米硅溶胶、硫酸铬、封孔剂、双氧水、润湿剂、钝化剂、亚硫酸钠、碳酸钠、磷酸钠、硅酸钠、脱脂剂、其他
2	镀镉	硫酸镉、氯化镉、氧化镉、乙酸镉、镉板、其他	氨三乙酸、乙二胺四乙酸、硫酸、氢氧化钠、盐酸、氯化铵、氯化锌、硫酸镍、硫脲、阿拉伯树胶、固色粉、桃胶、洗净剂、硫酸钠、乙醇、β-加萘二磺酸、苯酚、明胶、氰化钠、硫酸铵、乙酸铵、三乙醇胺、焦磷酸钾、乙二胺四乙酸二钠、氰化胡椒醛、三氧化铬、硝酸铵、碳酸钠、磺化蓖麻油、纸浆、磷酸钠、硅酸钠、脱脂剂、其他
3	镀铜	焦磷酸铜、硫酸铜、醋酸铜、氰化亚铜、铜板、其他	硫酸、烟酸、氢氧化钠、冰醋酸、硝酸、铬酸、硼酸、焦磷酸钾、柠檬酸钾、柠檬酸铵、酒石酸钾钠、磷酸二氢钠、氨水、二氧化硒、2-巯基苯骈咪唑、2-巯基苯骈噻唑、光亮剂、开缸剂、主光剂、光泽剂、丙烯基硫脲、络合剂、氢氧化钾、醋酸钾、碳酸钾、乙撑硫脲、聚二硫二丙烷磺酸钠、聚乙二醇、十二烷基硫酸钠、氰化钠、氰化钾、酒石酸钾钠、硫氰酸钾、碳酸钠、硫酸锰、重铬酸钠、三氧化铬、氯化钠、间硝基苯磺酸钠、碳酸钡、硝酸钾、磷酸钠、硅酸钠、脱脂剂、硫氰酸钾、其他
4	镀镍	硫酸镍、氯化镍、氨基磺酸镍、镍板、其他	硼酸、硫酸、铬酸、氯化钠、硫酸钠、硫酸镁、氟化钠、十二烷基硫酸钠、1,4-丁炔二醇、糖精、苯亚磺酸钠、聚乙二醇、二氧化硅、光亮剂、添加剂、开缸剂、辅助剂、起沙剂、低泡润湿剂、镍封粉、添光剂、柠檬酸钠、硫酸锌、硫氰酸铵、硫氰酸钾、氯化铵、氯化锌、氯化亚锡、氯化钴、焦磷酸钾、亚光补给剂、漂白剂、钝化粉、间硝基苯磺酸钠、氰化钠、硝酸铵、酒石酸钠钾、甘油、碳酸钠、硅酸钠、脱脂剂、氢氧化钠、其他

序号	工艺	原 料	辅 料
5	镀铬	三氧化铬、无硫酸根三氧化铬、氯化铬、硫酸铬、铅锡合金板、其他	硫酸、氟硅酸、氢氧化钠、硼酸、醋酸、草酸、盐酸、冰醋酸、氟硼酸钾、硫酸锶、氧化镁、柠檬酸钠、氟化钠、糖、添加剂、硫酸铜、硝酸钠、氯化镍、亚铁氰化钾、氨基磺酸、硼酸铵、甲酸钾、甲酸铵、氯化铵、溴化铵、氯化钾、醋酸钠、导电盐、开缸剂、辅助剂、润湿剂、络合剂、抑制剂、缓冲剂、光亮剂、表面活性剂、甘油、促进剂、退除剂、碳酸钠、磷酸钠、硅酸钠、脱脂剂、其他
6	镀锡	锡酸钠、锡酸钾、硫酸亚锡、甲基磺酸、氯化亚锡、锡板、其他	氢氧化钠、氢氧化钾、硫酸、氟硼酸（游离）、氨三乙酸、柠檬酸、醋酸、硝酸、乙酸钠、硫酸、乙酸钾、萘酚、明胶、氟化钠、氟化氢铵、聚乙二醇、间硝基苯磺酸钠、三氯化铁、氯化钠、光亮剂、碳酸钠、酚磺酸、二萘酚、氢氧化钠、磷酸钠、硅酸钠、脱脂剂、其他
7	镀铅	碱式碳酸铅、铅、醋酸铅、铅板、其他	氢氟酸、硼酸、游离硼氟酸、氨基磺酸、醋酸、氢氧化钠、冰醋酸木工胶、动物胶、桃胶、对苯二酚、明胶、十六烷基三甲基溴化铵、邻甲苯胺、二硫化碳、松香、双氧水、其他
8	镀铁	氯化亚铁、铁板、其他	硼酸、盐酸、草酸、硫酸、氟硼酸、氯化钠、二氧化锰、氯化钙、氯化铵、硫酸钾、硫酸铵、硫酸锰、硫酸镁、氯化锰、十二烷基硫酸钠、氟化钠、氢氧化钠、碳酸钠、磷酸钠、硅酸钠、脱脂剂、其他
9	镀银	氯化银、氰化银、氰化银钾、硝酸银、金属银、银板、其他	氢氧化钾、硝酸、冰醋酸、磺胺噻唑硫代甘醇酸、硫酸、柠檬酸或酒石酸、浓盐酸、磺基水杨酸、烟酸、氰化钾（总）、氰化钾（游离）、碳酸钾、硫代硫酸钠、二硫化碳、光亮剂、酒石酸钾钠、氯化钴、氯化镍、酒石酸锑钾、氯化汞、氧化汞、氯化铵、无水亚硫酸钠、乙二胺四乙酸二钠、硫脲、碱式碳酸铜、亚铁氰化钾、三氧化铬、氯化钠、三氧化二铬、重铬酸钾、苯骈三氮唑、苯骈四氮唑、磺胺噻唑硫代甘醇酸、无水乙醇、碘化钾、去离子水、1-苯基 5-巯基四氮唑、铬酸钾、氢氧化铝、硫代硫酸钠（饱和）、硫脲、硅藻土、水溶性香料、水、硫代硫酸铵、焦亚硫酸钾、醋酸铵、硫代氨基脲、辅加剂、亚氨基二磺酸胺、硫酸铵、柠檬酸铵、氨水、碳酸钠、磷酸钠、硅酸钠、氢氧化钠、脱脂剂、其他
10	镀金	金粉、金氰化钾、金板、其他	氢氧化钠、金氰化钾、柠檬酸、硫酸、盐酸、氰化钾、碳酸钾、钴氰化钾、磷酸二氢钾、镍氰化钾、硫代硫酸钠、柠檬酸钾、氰化镍钾、亚硫酸铵、亚硫酸钠、柠檬酸铵、乙二胺四乙酸、硫酸钴、氯化钾、磷酸氢二钾、开缸剂、平衡液、光亮剂、补充剂、蒸馏水、间硝基苯磺酸钠、氰化钠、柠檬酸钠双氧水、硫酸浓缩退金剂、硝酸、碳酸钠、磷酸钠、硅酸钠、脱脂剂、其他
11	镀铂	亚硝酸二氨铂、氨水、不锈钢板、柏板、其他	氨基磺酸、硝酸铵、亚硝酸钠、碳酸钠、磷酸钠、硅酸钠、脱脂剂、其他
12	镀铑	铑、铑板、其他	硫酸、磷酸、氨基磺酸、硫酸铜、硝酸铅、其他
13	镀钯	钯、钯板、其他	氨水、磷酸氢二铵、磷酸氢二钠、氯化铵、碳酸钠、磷酸钠、硅酸钠、脱脂剂、其他
14	镀铟	氯化铟、金属铟、氟硼酸铟、其他	氢氧化钾、硼酸、氰化钾、葡萄糖、硫酸钠、氟硼酸铵、其他
15	电镀铜锡合金	铜、锡、氯化亚锡、四氯化锡、焦磷酸铜、锡酸钠、氰化亚铜、锡酸钾、铜锡合金板、铜锡合金板、其他	氢氧化钠、氨三乙酸、氢氧化钾、浓硝酸、氰化钠、光亮剂、焦磷酸钾、磷酸氢二钠、明胶、酒石酸钾钠、氰化钠、聚乙二醇、三乙醇胺、柠檬酸钠、硝酸钾、氰化钾、氧化锌、碳酸钾、硝酸钠、氯化钠、碳酸钠、磷酸钠、硅酸钠、脱脂剂、脱脂剂、其他
16	电镀铜锌合金	氰化亚铜、氰化锌、铜、锌、氧化锌、硫酸铜、硫酸锌、黄铜板、其他	氨水、氢氧化钠、醋酸、硫酸、硝酸、氰化钠、酒石酸钾钠、碳酸钠、氯化铵、醋酸铅、锡酸钠、附加剂、氨水、重铬酸钾、间或加苯骈三氮唑、水叻架、低温叻架、三氧化铬、磷酸钠、硅酸钠、脱脂剂、其他
17	电镀锌铜合金	氰化锌、氰化亚铜、白铜板、其他	氢氧化钠、酒石酸钾钠、柠檬酸钠、碳酸钠、钼酸钠、洋茉莉醛、其他
18	电镀锌镍合金	氯化锌、氯化镍、硫酸锌、硫酸镍、氧化锌、氢氧化钠、镍络合物、锌板、镍板、其他	硼酸、柠檬酸、硫酸、磷酸、醋酸、硝酸、氯化铵、氯化钾、氯化钠、聚乙烯乙二醇胺苯醚、络合剂、稳定剂、硫酸铵、硫酸钠、乙酸钠、添加剂、葡萄糖酸钠、柠檬酸钠、乙二胺、三乙醇胺、氨水、开缸剂、光亮剂、三氧化铬、重铬酸钠、硫酸铬、硝酸银、亚硝酸钠、碳酸钠、磷酸钠、硅酸钠、脱脂剂、其他
19	电镀锌铁合金	硫酸锌、焦磷酸锌、三氯化铁、硫酸亚铁、氧化锌、铁（二价）、氯化锌、锌板、铁板、其他	柠檬酸、氢氧化钠、抗坏血酸、醋酸、甲酸、硝酸、焦磷酸钾、磷酸氢二钠、光亮剂、硫酸钠、醋酸钠、草酸铵、碳酸钠、补给剂、铁络合剂、氯化钾、聚乙二醇、硫脲、稳定剂、三氧化铬、硫酸铜、醋酸钠、甲酸铜、发黑剂、抗蚀剂、硫酸盐、氯化钠、氟化物、其他
20	电镀锌钴合金	氯化锌、氯化钴、氧化锌、硫酸钴、硫酸锌、锌板、钴板、其他	硼酸、氢氧化钠、柠檬酸、硝酸、硫酸、氯化钾、氯化钠、三乙醇胺、稳定剂、硫酸铵、硫酸钠、醋酸钠、葡萄糖酸钠、氨水、三氧化铬、促进剂、其他

序号	工艺	原　料	辅　料
21	电镀锌镍铁合金	硫酸锌、硫酸镍、硫酸亚铁、硫酸铁、锌板、铁板、镍板、其他	盐酸、焦磷酸钾、酒石酸钾钠、磷酸氢二钠、1,4-丁炔二醇、洋茉莉醛、钼酸钠、防染盐、硫酸铵、氨水硫酸钴、氢氧化钠、碳酸钠、磷酸钠、硅酸钠、脱脂剂、其他
22	电镀铅锡合金	氟硼酸铅、氟硼酸亚锡、铅板、其他	氟硼酸、硼酸桃胶、明胶、蛋白胨、2-甲基醛缩苯胺、甲醛、平平加、β-基萘酚、重铬酸钾、碳酸钠、其他
23	光亮镀锡铅合金	氟硼酸锡、甲基磺酸铅、甲基磺酸锡、铅板、其他	甲基磺酸液、甲基硅酸、甲醛、亚苄基丙酮、4,4-氨基二甲烷、光亮剂、氢氧化钠、碳酸钠、磷酸钠、硅酸钠、脱脂剂、其他
24	光亮镀锡铈合金	硫酸亚锡、硫酸高铈、锡板铈板、其他	硫酸、光亮剂、稳定剂、其他
25	电镀锡铋合金	甲磺酸亚锡、甲磺酸铋、苯酚-4-磺酸铋、苯酚-4-磺酸锡、硫酸亚锡、硫酸铋、锡板铋板、其他	甲磺酸、甲基丙烯酸、2-巯基安息香酸、顺式甲基丁二烯酸、富马酸、硫酸、牛油胺聚氧乙烯醚、2-巯基苯并噻唑-S-戊烷磺酸钠、1-萘醛、对苯二酚、环氧乙烷/环氧丙烷共聚物、2-巯基乙胺、光亮剂、稳定剂、表面活性剂、氯化钠、明胶、其他
26	电镀锡镍合金	氯化亚锡、氯化镍、氨水、焦磷酸亚锡、硫酸镍、锡酸钠、硫酸亚锡、锡板、镍板、其他	盐酸、甲硫氨酸、氟化氢铵、氟化铵、焦磷酸钾、柠檬酸铵、乙二胺、酒石酸钠、乙二胺四乙酸四钠盐、氨基磺酸钠、间苯二酚、枪黑色稳定剂、含硫氨基酸、硫酸镁、氢氧化钠、碳酸钠、磷酸钠、硅酸钠、脱脂剂、乳化剂、其他
27	电镀锡钴合金	氯化钴、氯化亚锡、锡酸钠、焦磷酸亚锡、锡板钴板、其他	甘氨酸、氢氧化钠、醋酸、焦磷酸钾、聚乙烯亚胺、乙烯乙醇、乙二胺四乙酸二钠盐、酒石酸钾钠、重铬酸钾、三氧化铬、其他
28	电镀锡钴锌合金	氯化钴、氯化亚锡、氯化锌、其他	氰化钾、氰化钠、焦磷酸钾、添加剂、重铬酸钠、其他
29	电镀锡锌合金	锡酸钾、锡酸钠、氰化锌、氧化锌、硫酸亚锡、硫酸锌、焦磷酸亚锡、焦磷酸锌、氟硼酸锌、氟硼酸亚锡、锡板钴板锌板、其他	氢氧化钾、氢氧化钠、柠檬酸、酒石酸、琥珀酸、氟硼酸、硼酸、硫酸氰化钾、氰化钠、柠檬酸铵、葡萄糖酸盐、酒石酸铵、硫酸铵、磷酸铵、氨水、光亮剂、焦磷酸钾、添加剂、氟硼酸铵、甲醛、明胶、咖啡因、对苯酚磺酸钠、醛氨化合物、聚乙二醇、三氧化铬、钼酸钠、氯化物、钨酸钠、促进剂、其他
30	电镀镍铁合金	硫酸镍、氯化镍、硫酸亚铁、镍板铁板、其他	硼酸、琥珀酸、抗坏血酸、盐酸、氯化钠、柠檬酸钠、糖精、安定剂、苯亚磺酸钠、十二烷基硫酸钠、辅光剂、助光剂、光亮剂、湿润剂、稳定剂、开缸剂、补充剂、间硝基苯磺酸钠、乙二胺、焦磷酸钾、其他
31	电镀镍磷合金	硫酸镍、氯化镍、氨基磺酸镍、亚磷酸、磷酸、次磷酸钠、镍板、其他	硼酸、硫酸钠、添加剂、氯化钠、氢氧化钠、碳酸钠、磷酸钠、硅酸钠、脱脂剂、乳化剂、其他
32	电镀镍钴合金	硫酸镍、氯化镍、硫酸钴、氯化钴、镍板钴板、其他	硼酸、氯化钠、硫酸钠、甲酸钠甲醛、氯化钾、蔗糖、香豆素、对甲苯磺酰胺、十二烷基硫酸钠、氢氧化钠、碳酸钠、磷酸钠、硅酸钠、脱脂剂、乳化剂、其他
33	电镀镍钨合金	钨酸钠、硫酸镍、镍板钨板、其他	柠檬酸、氨水、其他
34	电镀镍钼合金	硫酸镍、钼酸钠、氯化镍、镍板、其他	柠檬酸钠、焦磷酸钾、氯化钠、其他
35	电镀钴镍合金	硫酸镍、硫酸钴、氯化镍、钴板镍板、其他	硼酸、氯化钾、湿润剂、其他
36	电镀钨钴合金	硫酸钴、钨酸钠、钨板钴板其他	硼酸、柠檬酸钠、氯化钠、酒石酸钾钠、添加剂、1,6-二胺己烷、1,8-二胺辛烷、氯化铵、硫酸钠、其他
37	电镀钴钼合金	氯化钴、硫酸钴、钼酸钠、钴板钼板、其他	柠檬酸钠、十二烷基硫酸钠、1,4-丁炔二醇、其他
38	电镀钴磷合金	硫酸钴、磷酸、亚磷酸、钴板、其他	其他
39	电镀金铜合金	氰化金钾、亚硫酸金钠、乙二胺四乙酸铜钠盐、DTPA 铜钠盐、焦硫酸铜钾、氰化亚铜、硫酸铜、金板铜板、其他	磷酸、二乙三胺五乙酸、氢氧化钠、硫酸、游离氰化钾、游离亚硫酸钠、乙二胺四乙酸钠盐、磷酸二氢钾、氰化钠、过氧化氢、甘油、间硝基苯磺酸钠、柠檬酸钠、其他

序号	工艺	原 料	辅 料
40	电镀金银合金	氰化金钾、氰化银钾、金板银板、其他	游离氰化钾、氰化钾、磷酸二氢钠、磷酸氢二钾、碳酸钾、光亮剂、添加剂、其他
41	电镀金钴合金	氰化金钾、亚硫酸金钾、硫酸钴、氰化钴钾、氰化高钴钾、焦硫酸钴钾、金板钴板、其他	柠檬酸、柠檬酸钾、酒石酸钾钠、亚硫酸钠、磷酸二氢钾、焦磷酸钾、乙二胺四乙酸钠盐、硫酸铟、缓冲剂、其他
42	电镀金镍合金	氰化金钾、氰化镍钾、硫酸镍、柠檬酸镍、焦磷酸镍钾、金板镍板、其他	柠檬酸、焦硫酸钾、酒石酸钾钠、氰化钾、柠檬酸钠、磷酸盐（钾盐）、润湿剂、氯化铵、硒盐、其他
43	电镀金锑合金	氰化金钾、三氯化金、酒石酸锑钾、金板锑板、其他	柠檬酸、磷酸氢二钾、磷酸二氢钾、柠檬酸钾、柠檬酸铵、碳酸钾、酒石酸钾钠、游离氰化钾、亚硫酸铵、甲替乙酰胺、其他
44	电镀金锡合金	氰化金钾、硫代苹果酸金钠、锡酸钠、焦磷酸亚锡、金板锡板、其他	氢氧化钠、焦磷酸钾、柠檬酸铵、碳酸钠、磷酸钠、硅酸钠、脱脂剂、乳化剂、其他
45	电镀金铋合金	氰化金钾、柠檬酸铋、金板铋板、其他	柠檬酸钾、其他
46	电镀银镉合金	氰化银、氰化镉、银板镉板、其他	氢氧化钠、氢氧化钾、氨水、氨酸乙酸、氰化钠、氰化钾、碳酸钠、硫氰酸钾、其他
47	电镀银锑合金	硝酸银、锑盐、银板锑板、其他	氢氧化钾、游离氰化钾、碳酸钾、酒石酸钾钠、添加剂、LC-1、1.4-丁炔二醇、2-巯基苯骈噻唑、硫代硫酸钠、其他
48	电镀银铅合金	碱式醋酸铅、醋酸铅、硝酸铅、酒石酸铅、氰化银、硝酸银、碘化银、银板铅板、其他	氢氧化钾、氢氧化钠、酒石酸、碘化钾、氰化钾或氰化钠、酒石酸钾、其他
49	电镀银锡合金	氰化银钾、氰化银、甲磺酸银、锡酸钾、焦硫酸锡、银板锡板、其他	硫酸、氢氧化钠、焦硫酸钾、氰化钾、氰化钠、锑盐、酒石酸钾钠、添加剂、其他
50	电镀银铜合金	硝酸银、硝酸铜、碘化亚铜、银板铜板、其他	奎宁酸、焦磷酸钾、碘化钾、氢氧化钠、碳酸钠、磷酸钠、硅酸钠、脱脂剂、乳化剂、其他
51	电镀银镍和银钴合金	氰化银、氰化银钾、氰化镍、氰化钴钾、银板镍板钴板、其他	硫酸、硝酸、氰化钠、双氧水、氢氧化钠、碳酸钠、磷酸钠、硅酸钠、脱脂剂、乳化剂、其他
52	电镀钯镍合金	氯化钯、硫酸镍、氨基磺酸镍、硫酸镍铵、钯板镍板、其他	氨水、硫酸铵、导电盐、混合添加剂、光亮剂、氢氧化钠、碳酸钠、磷酸钠、硅酸钠、脱脂剂、乳化剂、其他
53	电镀钯钴合金	氯化氨钯、钯、钴、硫酸钴、钯板钴板、其他	配合剂、硫酸铵、添加剂、开缸剂、其他
54	电镀钯银合金	氯化钯、氯化银、钯板银板、其他	氯化锂、盐酸、硝酸银、其他
55	电镀钯铁合金	硫酸铁、氯化钯、钯板铁板、其他	氨水、磺基水杨酸、其他
56	电镀铑钌合金	铑盐、钌盐、铑板钌板、其他	硫酸、氨基磺酸、其他
57	电镀镉锡合金	氯化镉、硫酸镉、氯化亚锡、镉板锡板、其他	氨三乙酸、硫酸、硝酸、乙二胺四醋酸二钠、氟化铵、氯化铵、聚乙二醇、平平加、重铬酸钠、柠檬酸铵、乙酸镉、氯化亚锡、氯化铵、二萘酚、其他
58	电镀镉钛合金	镉、氯化镉、钛、其他	氢氧化钠、氰化钠、碳酸钠、氯化铵、硝酸、磷酸钠、硅酸钠、脱脂剂、其他
59	电镀铟	氯化铟、硫酸铟、氟硼酸铟、铟板、其他	氢氧化钾、硼酸、氰化钾、葡萄糖、硫酸钠、氟硼酸铵、其他
60	电镀铟合金	氧化铟、氨基磺酸铅、铜、铟、游离氢氧化钾、锌、硫酸铟、硫酸锌、硫酸亚锡、铟板、其他	硫酸银、氨基磺酸、乙二胺四乙酸二钠盐、十六烷基三甲基溴代铵、游离氰化钾、葡萄糖、其他

序号	工艺	原　料	辅　料
61	电镀非晶态镍磷合金	硫酸镍、氯化镍、碳酸镍、亚磷酸、磷酸、镍板、其他	硼酸、氯化铵、次磷酸钠、氢氧化钠、碳酸钠、磷酸钠、硅酸钠、脱脂剂、乳化剂、其他
62	电镀非晶态镍钨合金	硫酸镍、钨酸钠、镍板钨板、其他	有机酸配合物、氨基配合物、氢氧化钠、碳酸钠、磷酸钠、硅酸钠、脱脂剂、乳化剂、其他
63	电镀非晶态镍钼合金	硫酸镍、钼酸铵、氯化镍、钼酸钠、钨酸钠、镍板钼板、其他	氨水、柠檬酸三钠、氯化钠、磷酸二氢钠、氢氧化钠、碳酸钠、磷酸钠、硅酸钠、脱脂剂、乳化剂、其他
64	电镀非晶态铁钨合金	硫酸亚铁、钨酸钠、铁板钨板、其他	酒石酸铵、氢氧化钠、碳酸钠、磷酸钠、硅酸钠、脱脂剂、乳化剂、其他
65	电镀非晶态铁磷合金	硫酸亚铁、氯化亚铁、铁板、其他	硼酸、次磷酸钠、稳定剂、氢氧化钠、碳酸钠、磷酸钠、硅酸钠、脱脂剂、其他
66	碱性化学氧化	氢氧化钠、亚硝酸钠、硝酸钠、铬酸钠	氢氧化钠、碳酸钠、磷酸钠、硅酸钠、脱脂剂、其他
67	铝件化学氧化	硫酸、三氧化铬、氟化氢铵	磷酸、氟化氢铵、磷酸氢二铵、硼酸、碳酸钠、磷酸氢二钠、重铬酸钠、氟化钠、三氧化铬、铁氰化钾、铬酸钠、氟化钠、重铬酸钠、磷酸钠、钼酸铵、硅酸钠、其他
68	阳极氧化	硫酸、三氧化铬、草酸、纯铅板	硝酸、硫酸盐、氢氟酸、硫酸、甘油、酒石酸、氢氧化钠、草酸、丙二酸、磺基水杨酸、苹果酸、水玻璃、乳酸、粗蒽、甲酸、硫酸锆、草酸钛钾、柠檬酸、十六烷基三甲基溴化铵、硫酸镍、硫酸氢钠、磷酸、添加剂、硫酸亚锡、β-萘酚、明胶、氨基磺酸、硫酸钴、硫酸铵、其他
69	化学镀镍	硫酸镍、氯化镍、醋酸镍、其他	次磷酸钠、硼氢化钠、二甲基胺硼烷、二乙基胺硼烷、肼、醋酸钠、柠檬酸钠、葡萄糖酸钠、硫酸肼、硫脲、碘酸钾、三氧化钼、氯化铵、硫酸铵、焦磷酸钾、柠檬酸铵、重铬酸钾、碳酸钠、乙二胺、抗坏血酸、结晶醋酸钠、醋酸铵、十二烷基硫酸钠、氟碳型表面活性剂、光亮剂、配位体、添加剂、缓冲剂、促进剂、稳定剂、巯基乙酸、氯化铅、硼氢化钾、氢氧化钾、酒石酸钾钠、乙二胺四乙酸二钠盐、氟化钠、偏重亚硫酸钾、硝酸铊、间硝基苯磺酸钠、单乙醇胺、硫代硫酸钠、氨三乙酸、盐酸、硼酸、乳酸、苹果酸、丁二酸、丙酸、萘磺酸、氨水、柠檬酸、羟基乙酸、甘氨酸、氟化铵、氢氧化钠、磷酸钠、硅酸钠、脱脂剂、其他
70	化学镀铜	硫酸铜、其他	酒石酸钾钠、乙二胺四乙酸二钠盐、三乙醇胺、甲醛、α-钠盐'-联吡啶、2,2'-联吡啶、亚铁氰化钾、2-巯基苯骈噻唑、聚甲醛、镍氰化钾、聚乙二醇、聚二硫酰丙烷磺酸钠、乙酸醛、柠檬酸钠、次磷酸钠、硫酸镍、碳酸钠、硫脲、氢氧化钠、氯化镍、硼酸、马来酸、甲醇、氢氧化钠、磷酸钠、硅酸钠、脱脂剂、酚磺酸、其他
71	化学镀银	硝酸银、其他	甲醛、葡萄糖、酒石酸盐、硫酸肼、乙二醛、硼氢化钠、二甲基胺硼烷、三乙醇胺、丙三醇、明胶、碘化物、硫脲、硫代硫酸钠、二巯基苯骈噻唑、巯基丙烷磺酸钠、乙醇、硫酸、硝酸、酒石酸、氨水、氢氧化钠、碳酸钠、磷酸钠、硅酸钠、脱脂剂、其他
72	化学镀钴	氯化钴、硫酸钴、其他	次磷酸钠、柠檬酸钠、酒石酸钠、氯化铵、硫酸铵、十二烷基硫酸钠、氢氧化钠、碳酸钠、磷酸钠、硅酸钠、脱脂剂、乳化剂、其他
73	化学镀锡	硫酸锡、氯化锡、其他	硫脲、氰化钠、硫酸铜、次磷酸钠、碳酸钠、氯化二氯四氨合钴（III）、柠檬酸钠、乙二胺四乙酸二钠盐、醋酸钠、氨基三乙酸、氯化钛、苯磺酸、硫酸、盐酸、氢氧化钠、磷酸钠、硅酸钠、脱脂剂、乳化剂、其他
74	化学镀金	氰化金钾、四氰金酸钾、氯化金钾、金粉、其他	氰化钾、硼氢化钾、乙二胺四乙酸二钠盐、乙醇胺、柠檬酸钠、氯化铅、明胶、氯化铵、醋酸钠、碳酸氢钠、次磷酸钠、硫酸肼、亚硫酸钠、硫代硫酸钠、硼酸钠、硫脲、*L*-苹果酸钠、氢氧化钾、氢氧化钠、碳酸钠、磷酸钠、硅酸钠、脱脂剂、乳化剂、其他
75	化学镀钯	氯化钯、氯化四氨钯、其他	乙二胺四乙酸二钠盐、碳酸钠、硫脲、肼、乙二胺、氯化铵、次磷酸钠、三甲基胺硼烷、*N*-甲基吗啉硼烷、2-巯基苯并噻唑、盐酸、氨水、氢氧化钠、硅酸钠、脱脂剂、乳化剂、其他
76	化学镀铂	六羟基铂酸钠、六氯合铂、其他	乙二胺、肼、绕丹宁、2-巯基苯并噻唑、硼氢化钠、氢氧化钠、碳酸钠、磷酸钠、硅酸钠、脱脂剂、乳化剂、其他
77	化学镀Ni-Co-P合金	氯化镍、硫酸镍、氯化钴、硫酸钴、其他	次磷酸钠、柠檬酸钠、酒石酸钠、氯化铵、硫酸铵、硼酸、氢氧化钠、碳酸钠、磷酸钠、硅酸钠、脱脂剂、乳化剂、其他
78	化学镀Ni-Cu-P合金	氯化镍、硫酸镍、氯化铜、硫酸铜、其他	柠檬酸钠、氯化铵、丁二酸、醋酸钠、缓冲剂、氢氧化钠、碳酸钠、磷酸钠、硅酸钠、脱脂剂、乳化剂、其他
79	化学镀Ni-Mo-P合金	氯化镍、硫酸镍、钼酸钠、钼酸铵、其他	次磷酸钠、柠檬酸钠、氯化铵、醋酸钠、添加剂、氨水、氢氧化钠、碳酸钠、磷酸钠、硅酸钠、脱脂剂、乳化剂、其他
80	化学镀Ni-W-P合金	硫酸镍、钨酸钠、其他	柠檬酸钠、氯化铵、硫酸铵、次磷酸钠、稳定剂、氢氧化钠、碳酸钠、磷酸钠、硅酸钠、脱脂剂、乳化剂、其他

序号	工艺	原 料	辅 料
81	化学镀 Ni-Fe-P 合金	氯化镍、硫酸镍、硫酸亚铁铵、硫酸亚铁、其他	酒石酸钾钠、柠檬酸钠、次磷酸钠、硼酸、氨水、氢氧化钠、碳酸钠、磷酸钠、硅酸钠、脱脂剂、乳化剂、其他
82	化学镀 Ni-Re-P 合金	氯化镍、硫酸镍、高铼酸钾、其他	次磷酸钠、柠檬酸钠、醋酸钠、氯化铵、氨水、氢氧化钠、碳酸钠、磷酸钠、硅酸钠、脱脂剂、乳化剂、其他
83	化学镀 Ni-P/PTFE	硫酸镍、其他	次磷酸钠、柠檬酸钠、乙酸钠、阳离子表面活性剂、非离子表面活性剂、乳酸、丁二酸、氢氧化钠、碳酸钠、磷酸钠、硅酸钠、脱脂剂、乳化剂、其他
84	化学镀 Ni-P/ $(CF)_n$	硫酸镍、其他	次磷酸钠、乙酸钠、α-磷羟基酸、α-基羟氨基酸、氟化石墨、阳离子表面活性剂、非离子表面活性剂、稳定剂二氧化钼、氢氧化钠、碳酸钠、磷酸钠、硅酸钠、脱脂剂、乳化剂、其他
85	化学镀 Ni-P/SiC	硫酸镍、碳化硅颗粒、其他	次磷酸钠、结晶醋酸钠、乳酸、丙酸、丁二酸、氢氧化钠、碳酸钠、磷酸钠、硅酸钠、脱脂剂、乳化、其他
86	化学镀 Ni-P/ Al_2O_3	硫酸镍、纳米氧化氯粒子、其他	次磷酸钠、表面活性剂、乙酸钠、乳酸、丙酸、丁二酸、氢氧化钠、碳酸钠、磷酸钠、硅酸钠、脱脂剂、乳化剂、其他
87	电抛光	磷酸、三氧化铬、硫酸、铅板	碳酸钠、磷酸钠、硅酸钠、氢氧化钠、硝酸、盐酸、
88	铝件钝化	三氧化铬、硫酸	碳酸钠、磷酸钠、硅酸钠、氢氧化钠、硝酸、虫胶漆片、酒精
89	铜件钝化	三氧化铬、硫酸	碳酸钠、磷酸钠、硅酸钠、氢氧化钠、硝酸、虫胶漆片、酒精
90	不锈钢钝化	硝酸	碳酸钠、磷酸钠、硅酸钠、氢氧化钠、硝酸
91	浸锡铅合金		碳酸钠、磷酸钠、硅酸钠、氢氧化钠、硝酸、盐酸
92	微弧氧化	氟化氢铵、硅酸钠、钨酸钠、硫酸钴、六偏磷酸钠、碳酸钠、偏钒酸铵	碳酸钠、磷酸钠、硅酸钠、硝酸
93	镁合金化学氧化	三氧化铬	碳酸钠、磷酸钠、硅酸钠、氢氧化钠、硝酸
94	磷化	马日夫盐、硝酸锰、碳酸锰、磷酸二氢锌、硝酸锌、硝酸镍	草酸、碳酸锰、碳酸钠、磷酸钠、硅酸钠、氢氧化钠、硝酸、盐酸、硝酸锌、氟化铵、硝酸钙、磷酸锰
95	钢件碱性氧化	氢氧化钠、亚硝酸钠	硝酸钠、铁氰化钾、炮油、二甲苯、汽油、石蜡、仪表油、碳酸钠、磷酸钠、硅酸钠、氢氧化钠、盐酸
96	不锈钢阳极钝化	三氧化铬、铅板	硫酸、重铬酸钾、重铬酸钠、硝酸、碳酸钠、磷酸钠、硅酸钠、氢氧化钠
97	废气、废水处理		硫酸亚铁、亚硫酸氢钠、氢氧化钠、碳酸钠、熟石灰、混凝剂、絮凝剂、助凝剂、其他

附 录 C

（资料性附录）

排污单位台账记录内容参照表（略）

附 录 D

（资料性附录）

排污许可证执行情况汇总表（略）

附 录 E

（资料性附录）

执行报告编制参考表（略）

排污许可证申请与核发技术规范　电镀工业

编制说明

1　项目背景

1.1　任务来源

为贯彻落实《中华人民共和国环境保护法》《中华人民共和国水污染防治法》《中华人民共和国大气污染防治法》，根据国务院《控制污染物排放许可制实施方案》统一部署和环境保护部计划安排，2016年7月，环境保护部科技标准司发布了《关于征集2017年度国家环境保护标准计划项目承担单位的通知》（环办科技函〔2016〕1103号），将《电镀工业排污许可相关技术规范》（序号49）列入《2017年度国家环境保护标准计划项目指南》，完成时限为2017年，分管业务司为水环境管理司（后因环境保护部排污许可相关职能调整，分管业务司调整为规划财务司）。经公开征集、答辩、遴选，最终确定由北京北方节能环保有限公司、环境保护部环境工程评估中心、环境保护部环境标准研究所、中国环保产业协会共同承担编制工作。2017年，环境保护部将项目名称确定为《排污许可证申请与核发技术规范　电镀工业》（项目统一编号2017-49）。

北京北方节能环保有限公司作为项目主承担单位，环境保护部环境标准研究所、环境保护部环境工程评估中心、中国环境保护产业协会作为协作单位，组成编制组。江苏省环境保护厅作为试点牵头单位，深圳市人居环境委员会作为试点单位，共同承担本规范的编制任务。

1.2　工作过程

1.2.1　前期准备

按照环境保护部科技标准司下达的标准制修订项目计划任务和环境保护部规划财务司工作要求，项目编制单位及早开展了查阅文件、收集资料、确定技术路线和研究方法、拟定重点调研内容与区域等大量前期准备工作。参加了环境保护部组织的集中培训，召开了项目专题论证研讨会，在此基础上，编写了项目开题论证报告和标准草案。

1.2.2　开题论证

2017年2月23日，环境保护部水环境管理司在北京组织召开了《排污许可证申请与核发技术规范　电镀工业》项目开题论证会。论证委员会通过该标准的开题论证，也提出了具体修改意见和建议：一是研究的内容与排污许可相关标准规范进一步衔接；二是进一步研究电镀产品、工艺、原辅材料分类。

1.2.3　调研咨询

2017年2月26日，标准编制单位对4家典型电镀生产企业进行了现场实地调研，并与深圳市人居环境委员会、深圳市工业表面处理行业协会、深圳市线路板行业协会、调研企业代表就排污许可证申请核发工作进行了座谈交流。2017年3月8—10日，标准编制单位赴江苏省镇江市、常州市、无锡市和江阴市的12家电镀企业和4个电镀废水集中处理设施运行单位，对电镀企业生产与排放情况进行了实地考察，召开了4场座谈会，与地方环保监管部门、行业协会、电镀企业、电镀集中区管理者、电镀废水处理第三方运营单位等各方面的人员进行座谈交流。

2017年4月13日，编制组在北京召开了《排污许可证申请与核发技术规范　电镀工业（初稿）》专家咨询会，邀请环境保护部科技委、中国表面工程协会电镀分会、江苏、吉林、山西、内蒙古的电镀企业专家和环境保护部标准所、环境保护部评估中心等单位的代表对标准内容进行了咨询和讨论。会后，又将标准（初稿）在吉林和山西两家电镀企业进一步征求意见，并根据专家咨询意见对标准文本修改完善，形成了《排污许可证申请与核发技术规范　电镀工业》征求意见稿和编制说明。

1.2.4　征求意见稿

2017 年 5 月 12 日，环境保护部规划财务司在北京主持召开了本标准征求意见稿技术审查会，经审查委员会专家及管理部门代表的讨论、质询，通过了征求意见稿的技术审查。会后，标准编制组根据专家意见，对标准文本和编制说明进行了认真修改，形成《排污许可证申请与核发技术规范　电镀工业》征求意见稿和编制说明。2017 年 6 月 16 日—7 月 15 日，环境保护部在官网公布《排污许可证申请与核发技术规范　电镀工业》（征求意见稿）和编制说明，向有关部委、单位和社会公众公开征求意见。

2017 年 7 月 8—10 日，编制组在江苏省和深圳市开展试填报工作，形成了试填报工作总结。2017 年 7 月 26 日，编制组参加了环境保护部规划财务司组织的《排污许可证申请与核发技术规范　电镀工业》专题研讨会，听取了中国表面工程协会电镀分会、广东省电镀行业协会、贵州省电镀行业协会及广东省环境保护厅、广东省环境科学研究院、环境保护部环境工程评估中心对标准征求意见稿的意见。2017 年 8 月 8 日和 2017 年 8 月 10 日，编制组集中对征求意见单位反馈的所有意见逐条讨论，形成处理意见。

1.2.5　送审稿

编制组依据反馈意见，并根据《固定污染源排污许可分类管理名录（2017 年版）》《排污许可管理办法（征求意见稿）》内容要求，结合已发布的钢铁和水泥工业排污许可证申请与核发技术规范，对标准文本和编制说明进行了修改，形成《排污许可证申请与核发技术规范　电镀工业（送审稿）》和编制说明。

2017 年 8 月 21 日，环境保护部规划财务司在北京主持召开了本标准送审稿技术审查会，经审查委员会专家及管理部门代表的讨论、质询，认为该标准对规范电镀工业企业排污许可证申请与核发工作具有重要意义；标准编制单位提供的材料齐全、内容完整；对反馈的意见处理基本恰当。审查委员会通过该标准的审查。建议进一步规范标准用语，校核标准公式。

1.2.6　报批稿

标准编制组根据送审稿技术审查会专家意见，对标准送审稿文本和编制说明文字用语进行了规范，对所有公式进行了校核，对送审稿文本进行了相应修改，形成《排污许可证申请与核发技术规范　电镀工业》报批稿。

2　电镀工业发展与管理现状

2.1　电镀工业发展现状

电镀无行无业，是众多表面处理技术中的一种，是对国民经济各行业发展起到重要作用的技术。电镀零件的基体来自于上道制造工序。电镀是在基体材料表面获得金属镀层的主要方法。随着现代工业和技术的发展，许多产品零部件在使用过程中会遇到各种特殊的工作条件，如严酷的腐蚀环境，磨损、摩擦环境，特殊的细孔（电子线路板）等，这对零部件表面电镀层的功能性提出了更高的要求，如高的耐腐蚀性、抗高温氧化性、良好的导电性、高的硬度、高的耐磨性和减摩性以及其他物理、化学特性等，这些特性都希望用电镀的方式在零部件表面获得。因此，电镀技术在机械、电子、精密仪器、日用五金和国防工业等各个领域具有广泛的应用。

电镀生产工艺流程通常划分为三段：前处理、镀覆处理和后处理。每段工艺流程由一道或多道化学处理工序和紧随其后的清洗工序组成。前处理使用的工艺方法通常有喷丸、喷砂、滚光、抛光、热处理、除油、除锈、酸洗、粗化、敏化、活化、中和、预浸、水洗等；镀覆处理包括电镀、化学镀、磷化和氧化（也称为化学转化膜）处理；后处理方法通常有钝化、着色、封闭、中和、退镀、电解、水洗、脱水、干燥、烘干、除氢等。

我国电镀生产涉及最广的是镀锌、镀铜、镀镍、镀铬。其中镀锌占 45%～50%，镀铜、镀镍、镀铬占 30%，电子产品镀铅、锡、金约占 5%，磷化和氧化膜占 10%～15%。化学镀是一种新型的金属表面处理技术，该技术以其工艺简便、节能、环保日益受到人们的关注。

电铸属于电镀的范畴，是通过电解方式获得所需要的金属层。电铸和电镀的区别为，电铸是通过电解使金属沉积在铸模上制造或复制金属制品，而电镀是利用电解在制件表面形成均匀、致密、结合良好的金属或合金沉积层。

电镀企业有两种类型，一类是专业电镀企业，一类是配套电镀企业。其中，专业电镀企业是指专门从事电镀加工的企业，配套电镀企业是指电镀加工只是企业产品制造流程中的一道生产工序，即通常所说的电镀车间。我国现有电镀企业（含电镀车间）上万个，主要分布在广东、浙江、江苏、上海等省份。其中专业电镀企业占总数的45%～50%，有电镀工序的企业占总数的50%～55%。随着各地政府对重污染企业的规范整治，电镀企业数量有减少的趋势，不少地区建立了电镀工业集中区，将过去分散的电镀企业集中在一个园区内，实行电镀生产的合理分工与协作，同时对产生的废水、废液和废渣统一收集，集中处理与处置。据2012—2014年不完全统计，目前，全国通过环境影响评价、整治验收，得到政府认可或备案的在生产的电镀企业（含电镀车间）有4 440多家，其中专业电镀企业2 620家，有电镀工序的企业1 820家。全国现有电镀集中区 115 个（包括已建成、在建、通过环境影响评价批复），也主要分布在浙江、广东、江苏等地。

在电镀企业中，配套电镀企业的数量很大，应占全国电镀企业总数的 50%以上，而且基本都没有进入电镀工业集中区。如广东省2013年统计，配套电镀企业占电镀企业总数的55%，深圳市配套电镀企业占电镀企业总数的56%。

由于电镀使用了大量强酸、强碱、铬酸酐、镉、氰化物等有毒有害化学品，在电镀过程中排放了污染环境和危害人类健康的废水、废气和危险固体废物，已成为一个世界公认的重污染行业。长期以来，电镀都是国家重点监管和规范整治的行业之一。电镀污染源主要是电镀废水，如含氰废水、含铬废水、重金属污水等。电镀的特征污染物是重金属，主要包括铬、镉、铅、镍、铜、锌等。据不完全统计，我国电镀行业每年排放各种电镀废水约上亿吨，电镀废气达3 000亿m^3，对大气环境、水环境和土壤造成严重污染。

2.2 电镀工艺及产排污特点

通常，电镀分为单层金属电镀和多层（复合）金属电镀。电镀生产工艺流程分为镀前、镀中和镀后三个阶段，以镀锌和装饰性电镀为例，电镀生产工艺流程主要包括：工件机械处理（抛光、吹砂）→空气吹扫→人工擦拭→上挂具→化学脱脂→超声波洗→热水洗→电解脱脂→热水洗→冷水洗→酸洗→冷水洗→弱酸洗→冷水洗（2级）→电镀锌→回收→热水洗→冷水洗→出光→冷水洗→低铬钝化→三价铬钝化→冷水洗（多级逆流漂洗）→封闭→热水洗→空气吹干→烘干→下件等生产工序。

电镀工艺产生的污染包括水污染、大气污染、固体废物污染和噪声污染，其中水污染（含重金属离子、氰化物、酸碱和有机污染物）、大气污染（各类酸雾）和含重金属的电镀废水处理污泥污染是主要环境问题。

2.2.1 电镀废水

电镀废水的特征污染物是重金属。据不完全统计，我国电镀行业每年排放各种电镀废水约上亿吨。不同企业根据生产工艺及镀种的不同，包含以下一项或多项废水来源：（1）镀前处理工序：用于镀件脱脂除油、酸洗、活化、中和等产生的废水；（2）电镀工序：漂洗废水，如氰化电镀漂洗水、含铬漂洗水、含镍漂洗水、含锌漂洗水、含银漂洗水；（3）镀后处理工序：钝化废水、退镀漂洗水等。此外，电镀废水还包括生产车间冲洗水、纯水制备系统树脂再生废水、实验室排水、废气洗涤废水、初期雨水、生活污水等。

电镀废水含有无机污染物主要为铜、锌、铬、镍、镉等重金属离子以及酸、碱、氰化物等；有机污染物主要为含碳有机物、含氮有机物等。

不同的电镀废水含有的污染物种类不同，如酸碱废水包括预处理及其他酸洗槽、碱洗槽的废水，主要成分为盐酸、硫酸、氢氧化钠、碳酸钠、磷酸钠等。含氰废水包括氰化镀铜、碱性氰化物镀金、中性和酸性镀金、银、铜锡合金、仿金电镀等含氰电镀工序产生的废水，主要污染物为氰化物、络合态重金属离子等。该类废水剧毒，须单独收集、处理。含铬废水包括镀铬、镀黑铬、退镀以及塑料电镀前处理粗化、铬酸阳极化、电抛光等工序产生的废水，主要污染物为六价铬、总铬等。该类废水毒性大，须单独收集、处理。重金属废水包括镀镍、镉、铜、锌等金属及其合金产生的废水、焦磷酸盐镀铜废水、钯镍合金电镀废水、化学镀废水以及阳极氧化、磷化工艺产生的废水，主要污染物为铬、镍、镉、铜、锌等的金属盐，金属络合物和有机络合剂（如柠檬酸、酒石酸和乙二胺四乙酸等）。有机废水包括工件除锈、脱脂、除油、除蜡等电镀前处理工序产生的废水，主要污染物为有机物、悬浮物、重金属等。

混合废水：个别建厂比较早的企业，废水没有实行分类，将所有电镀废水混在一起，形成了混合废水，包括多种工序排放的废水和难以收集的地面废水。组分复杂多变，主要污染物为金属离子、添加剂、络合剂、染料、分散剂以及悬浮物、石油类、磷酸盐、表面活性剂等。

2.2.2 电镀废气

在电镀生产过程中，敞口的镀槽会挥发出各种气体，抛光、磨光和喷丸、喷砂设备产生很多粉尘，对操作人员产生不同程度的影响，排放到室外也对周围环境造成危害。从生产工艺来看，电镀企业的有组织废气包括：抛光拉丝工序产生的含尘废气，脱脂除油工序产生的碱性废气，酸洗、活化、出光工序产生的酸性废气，电镀工序产生的酸性、碱性废气，以及镀铬工序、氰化工序等产生的铬酸雾、含氰化氢废气等。

无组织废气包括：电镀各工序槽液挥发的废气由于无法完全收集而导致的无组织排放。

2.3 电镀污染治理技术

2.3.1 电镀清洁生产工艺与资源回收利用技术

有毒原辅材料替代技术：包括无氰镀锌技术、无氰无甲醛酸性镀铜技术、羟基亚乙基二膦酸镀铜技术、亚硫酸盐镀金技术、三价铬电镀技术、无铬电镀技术、纳米复合电镀技术等新技术。

镀清洗水减量化技术：包括多级逆流清洗技术、间歇逆流清洗技术、喷射水洗技术、废水的分质分级利用技术等，可大大减少镀件清洗的用水量，并减少化学品的用量，提高了金属的回收利用率。

资源回收技术：包括槽边电解回收技术、槽边化学反应技术、废镀铬液回收利用技术、溶剂萃取—电解还原法回收废蚀刻液技术等。

2.3.2 电镀废水处理技术

酸碱废水：利用酸、碱废水本身的自然中和或利用酸、碱废液、废渣等相互中和的方法处理。

含氰废水：处理技术主要有碱性氯化法、电解法、臭氧法等。含氰废水应单独处理。在处理前，不得与其他废水混合。含氰废水经过处理，游离氰达到控制要求后，方可进入后续废水处理单元，去除重金属离子。

含六价铬废水：处理方法有槽内还原法、离子交换法、化学还原法、微电解法、铁氧体法、钡盐沉淀法等。目前应用比较多的是化学还原法。含六价铬废水经过处理，六价铬达到控制要求后，废水可进入后续重金属废水处理单元，去除其他重金属离子。

含镍废水：处理方法主要有化学法、离子交换法、蒸发浓缩法、吸附法、膜分离技术及生物法等。其中，膜分离技术具有高效、节能、无二次污染、操作方便、占地面积少等优点。反渗透法处理不产生污泥，渗透出来的纯水又可回到清洗槽中使用，浓缩液则可补充回镀槽。对于化学镀镍废水需用专门的高效除镍剂进行螯合沉淀处理。

含铜废水：处理方法有离子交换法、电解法、化学混凝沉淀法等。如具备条件，可将含铜废水分流收集，单独处理得到含量很高的氢氧化铜。

含锌废水：氰化物镀锌废水先按含氰废水处理方法处理。处理含锌废水的方法较多，如离子交换法、化学沉淀法等。

含镉废水：处理方法有硫化物沉淀法。该方法处理含镉废水，投资少，工艺简便，处理后的水可回用 30%～40%，排水符合排放标准。

含铅废水：主要来源是电镀铅锡合金镀层的漂洗水，处理方法主要是加入消石灰，采用间歇式处理。

含银废水：处理方法有活性炭吸附和化学法，其中化学法处理氰化镀银漂洗水，首先要利用次氯酸钠破坏 $KAg(CN)_2$，然后再加入 HCl 和 $FeCl_3$，生成氯化银沉淀。

含磷废水：低含量的含磷废水可加入处理剂 $Al_2(SO_4)_3$、$FeCl_3$、$CaCl_2$ 等生成沉淀而净化；含有络合态的磷化合物按含络合物废水处理方法处理；高含量的简单含磷废水，加入氯化铁和消石灰，生成 $FePO_4$、$Fe(OH)_3$ 和羟基磷灰石沉淀。

混合电镀废水：处理技术有化学法、化学加反渗透或利用重金属捕捉沉淀剂处理等方法。其中，重金属捕捉剂能在常温、较宽的处理条件下与废水中 Hg^{2+}、Cd^{2+}、Cu^{2+}、Pb^{2+}、Mn^{2+}、Ni^{2+}、Zn^{2+}、Cr^{3+}等各种重金属离子迅速反应，生成不溶于水的螯合盐，再加入少量有机或（和）无机絮凝剂下，形成絮状沉淀，从而达到捕集去除重金属的目的。

含有机物、络合物废水：处理方法主要有 Fenton 试剂催化氧化法、臭氧氧化法、生化法等方法。

2.3.3　电镀废气治理技术

a）有组织排放

铬酸雾废气：一般用网格式铬酸废气净化回收器将铬酸雾拦截净化后排放，同时回收铬酸。

含酸废气（硫酸雾气、盐酸雾气、硝酸雾气、氢氟酸雾气等）：多用酸碱中和的方法进行处理，常用的处理设备有喷淋塔、填料塔、湍球塔、筛板塔、吸收塔等。

含氰化物废气：采用 1.5%NaOH 和 1.5%NaClO 溶液、硫酸亚铁吸收，吸收后的废液应进行处理。

b）无组织排放

减少电镀加工过程无组织废气排放的途径，一方面可以从工艺本身入手，如采用先进的密闭式无污染设备防止废气外泄，或用无粉尘加工技术替代高粉尘工艺和设备等；另一方面可以添加气雾抑制剂，如非离子型表面活性剂。也可采用空心塑料小球或密封小管作为镀铬槽液的覆盖层来抑制铬雾。

2.3.4　噪声污染治理技术

通常从声源、传播途径和受体防护三个方面进行噪声污染防治。应选用低噪声设备，采用消声、隔振、减震等措施，从声源上控制噪声；采用隔声、吸声、绿化等措施在传播途径上降噪。

2.3.5　电镀污泥资源化处置技术

a）熔炼技术：将经烘干处理的电镀废水处理污泥和铁矿石、铜矿石、石灰石等辅助材料装入炉内，以煤炭、焦炭为燃料和还原物质进行还原反应，提炼出所需重金属。该技术适用于化学法处理含氰、含铬、含镍、含铜、含镉废水以及退镀废水时产生的电镀废水处理污泥。

b）氨水浸出技术：用氨水从电镀废水处理污泥中浸出铜和镍，再用氢氧化物沉淀法、溶剂萃取法或碳酸盐沉淀法将铜和镍分离。

c）硫酸（硫酸铁）浸出技术：用硫酸或硫酸铁从电镀废水处理污泥中浸出铜和镍，再用溶剂萃取法或碳酸盐沉淀法将铜和镍分离。

2.4　现有电镀管理标准规范

标准是实现环境管理的依据和重要技术支撑。为了保护环境，防治污染，促进电镀生产工艺和污染治理技术的进步，环境保护部于 2008 年 6 月 25 日发布了《电镀污染物排放标准》（GB 21900—2008），首次规定了电镀企业水和大气污染物的控制项目、监控点位、排放限值、基准排水量和基准排气量、监测方法与要求及达标判定方法。2010 年环境保护部发布了《电镀废水治理工程技术规范》（HJ 2002—2010），规定了电镀废水治理的原则和措施，以及电镀废水治理工程的设计、施工、验收和运行的技术要求，为电镀企业实现《电镀污染物排放标准》排放要求提供技术支撑。2011 年 2 月，国务院批复了《重金属污染综合防治“十二五”规划》，提出了对电镀等表面处理（精饰）业采取同类整合、园区化、区域式集中治污的污染源治理措施。2011 年 7 月，住房与城乡建设部发布了《电镀废水治理设计规范》

（GB 50136—2011），分 10 章和 3 个附录，对电镀废水处理的总则、术语和符号、基本规定、镀件的清洗、化学处理法、离子交换处理法、电解处理法、内电解处理法、污泥处理和废水处理站设计等内容提出了规范性的技术要求。2013 年环境保护部发布了《电镀工业污染防治最佳可行技术指南（试行）》（HJ-BAT-11），对电镀清洁生产、资源回收利用、废水、废气、固废等的处理处置技术进行了较为具体的说明。2015 年工业和信息化部发布了《电镀行业规范条件》。从产业布局、规模、工艺和装备水平、资源消耗、环境保护、安全、职业卫生、人员素质、电镀集中区（电镀定点基地）、监督管理等方面提出了行业准入门槛，严格限制重金属污染排放的具体要求。2015 年国家发展改革委、工信部和环境保护部联合发布了《电镀行业清洁生产评价指标体系》。从生产工艺及装备、资源和能源消耗、资源综合利用、污染物产生、产品特征和清洁生产管理六类指标体系规定了电镀和阳极氧化企业（车间）清洁生产的一般要求。电镀污染物排放标准颁布实施以后，国家先后颁布了《部分工业行业淘汰落后生产工艺装备和产品指导目录（2010 年）》和《产业结构调整指导目录（2011 年本）》（2013 年修订），明确提出电镀行业淘汰含氰电镀工艺（电镀金、银、铜基合金及予镀铜打底工艺，暂缓淘汰）的要求。作为电镀大省的广东省、浙江省、江苏省及重庆市等部分省市也针对性地印发了一系列电镀企业的管理办法和准入规定文件，这些省份把住环境准入关口，淘汰关停落后电镀产能、促进新的生产工艺技术的应用，为电镀企业达标排放起到积极促进作用。

上述一系列标准规范的发布，为各地调整电镀工业布局与结构，提升清洁生产水平，规范和控制电镀企业污染物排放，改善区域环境质量发挥了重要作用。

3 标准制定的必要性分析

3.1 生态文明建设对环境管理制度提出了新要求

在我国环境保护管理体系中，排污许可制度是一项重要的制度。《中华人民共和国环境保护法》第四十五条规定，国家依照法律规定实行排污许可管理制度。实行排污许可管理的企业事业单位和其他生产经营者应当按照排污许可证的要求排放污染物；未取得排污许可证的，不得排放污染物。

党的十八大以来，以习近平同志为核心的党中央把生态文明建设和环境保护摆上更加重要的战略位置，着眼于落实地方政府环境保护责任、企事业排污单位污染治理主体责任这两条主线，全面深化改革，实行最严格的环境保护制度，着力推动环境质量改善。中央《关于全面深化改革若干重大问题的决定》《生态文明体制改革总体方案》《国民经济和社会发展第十三个五年规划纲要》等明确提出要改革环境治理基础制度，建立和完善覆盖所有固定污染源的企事业单位控制污染物排放许可制。

中共中央、国务院在《生态文明体制改革总体方案》第三十五条中提出要完善污染物排放许可制，要求"尽快在全国范围建立统一公平、覆盖所有固定污染源的企业排放许可制，依法核发排污许可证，排污者必须持证排污，禁止无证排污或不按许可证规定排污"。同时，第五十四条保障措施中专门提出要"完善排污许可的法律法规"。

《生态文明体制改革总体方案》对于企业排污许可的要求是"必须持证排污""禁止无证排污或不按许可证规定排污"。"必须"和"禁止"都是强制性要求，没有丝毫例外。换句话说，就是无证就不能排污，具有强制性和唯一性，从而确立排污必须要先许可，许可后方可排污的明确关系。

3.2 确立排污许可制度基础核心地位的需要

2016 年 11 月，国务院办公厅印发《控制污染物排放许可制实施方案》，对完善控制污染物排放许可制度，实施企事业单位排污许可证管理作出部署。将排污许可制建设成为固定污染源环境管理的核心制度，作为企业守法、部门执法、社会监督的依据。

控制污染物排放许可证制度是环境保护主管部门依排污单位的申请和承诺，通过发放排污许可证法律文书形式，依法依规规范和限制排污单位排污行为并明确环境管理要求，依据排污许可证对排污单位实施监管执法的环境管理制度。排污许可证制度通过实施企业环保责任承诺制和自我管制机制，明确企业自身的环境保护责任和自我监测、自我记录、自我报告的义务，推动企业履行自身环保义务，落实企业的环境保护主体责任。因此，排污许可制度是排污单位守法、执法单位执法、社会监督护法共同依据排污许可证的一种环境管理制度。

完善排污许可制度的当务之急是尽快从法律层面确定排污许可制度的地位和实施范围、明确与其他环境管理制度的关系、明确国家和地方环境保护主管部门间的职责等。排污许可制度将成为固定源环境管理的核心制度，并由此整合环境影响评价、环境标准、“三同时”、总量控制等一系列环境管理制度。排污许可证将实行“一证式”管理，以减轻企业负担。

3.3 规范电镀工业排污许可管理的需要

《控制污染物排放许可制实施方案》要求对企事业单位发放排污许可证并依证监管实施排污许可制。环境保护部于 2016 年 12 月发布了《排污许可证管理暂行规定》和《关于开展火电、造纸行业和京津冀试点城市高架源排污许可证管理工作的通知》，并随文发布了《火电行业排污许可证申请与核发技术规范》《造纸行业排污许可证申请与核发技术规范》，明确了火电、造纸行业排污许可证适用范围，以及排污单位基本情况填报、产排污节点对应排放口及许可排放限值确定、可行技术选择、自行监测管理要求、环境管理台账记录与执行报告编制规范、达标排放判定方法及实际排放量核算方法等相关要求。

目前，我国尚未以标准形式正式发布电镀工业排污许可证申请与核发技术规范。《排污许可证申请与核发技术规范　电镀工业》的编制，是从标准层面确定、确立和完善排污许可的技术规范，明确电镀工业排污单位排污许可证申请、核发与监管要求，从电镀企业排污许可证申请、许可排放量确定、环境管理要求到监督管理方式等过程都进行明确规定，并在许可证中将企业的排污行为、自行监测和执行报告要求、日常环境管理要求进行明确，以此规范电镀工业企业排污许可制的实施与管理。

4 国内外排污许可政策研究情况

4.1 国外排污许可证的研究情况

排污许可制度作为国际通行的一项环境管理制度，在加强固定源污染防治方面，具有重要的作用。西方发达国家已建立起了较为完善的许可证申请及许可证要求的合规管理体系。美国、欧盟、日本等国家都已对排放水、大气污染物的行为实行许可管理，取得明显成效。其中，美国是最早建立排污许可制度的国家之一，政策实施效果比较好，相关经验值得借鉴。

美国从 1972 年开始在全国范围内实行污染物排放许可证制度，并在技术路线和方法上不断得到改进和发展。法律层面，美国排污许可制度的法律主要包括《清洁水法》（CWA）和《清洁空气法》（CAA），规定了排污许可证的分类、申请核发程序、公众参与、执行与监管、处罚等具体要求。

4.1.1 美国排污许可证的特点和经验

美国排污许可证的特点：一是排污许可证同时满足多重标准，核心目标是水质改善。二是污染物覆盖范围广，对不同点源实施分类管理。三是将许可证作为执法的重要依据，并以违法成本高为原则强制执法。四是制定具体详细的技术导则，兼具科学性和灵活性，增强可执行性。

美国排污许可证集合了对企业守法的管理要求，明确了企业的信息报告责任，建立了一套针对企业排放信息的报告、检查和追责体系，从而保证了企业实际排放和环境管理信息的真实性和准确性，为环保监管机构建立了一套可用于决策的排放源数据，也为企业守法证明提供了有力支撑。

美国许可证制度在强化企业守法主体责任方面的经验：以许可证的形式明确守法义务和守法能力；许可证细化守法监测报告与证明能力；规定年度守法报告；企业有接受检查的义务；说明违法后果。

美国对违法行为采取连续处罚，处罚可以往前追溯至违法的起始时间，以及往后可以证明的未来违法持续的日期。首先，区分两类不同的违法行为。实体违法（如超标排放）和程序违法（如虚假报告）是两类不同的违法行为，分别适用于不同处罚。在企业同时构成实体违法和程序违法的情况下，则分别追溯其违法的起始时间，分别追究其法律责任，互不影响。其次，处罚由执法者举证。违法起始时间的推定是从首个“可证明”的违法日期（可往前追溯）起至企业可证明其未来能达到守法状态的时间为止。

总之，美国排污许可证集合了对企业守法的管理要求，细化了企业的信息报告责任，建立了一套针对企业排放信息的报告、检查和追责体系，从而保证了企业实际排放和环境管理信息的真实性和准确性，为环保监管机构建立了一套可用于决策的排放源数据。虽然对于企业守法证明义务的一系列规定是在法律中规定的，但是许可证将这些制度整合在对企业的统一要求中，便利了企业的守法，为企业守法证明提供了有力支撑。

4.1.2 美国电镀工业废水排放预处理标准

美国的《联邦法典》环境保护部分对电镀工业现有源提出了废水预处理标准。该标准规定将废水排入公共处理厂的用户不得通过增大工艺废水量或稀释废水的方法部分或全部地替代为达到该标准而进行的适当处理。

电镀行业现有源废水预处理标准见表 1。

表 1 美国电镀工业废水排放预处理标准（PSES） 单位：mg/L

污染物	排放量＜38 000 L/d		排放量≥38 000 L/d		备注
	日均值	连续 4 日均值	日均值	连续 4 日均值	
氯化氰	5.0	2.7			适用于普通金属电镀、贵金属电镀、阳极氧化、涂敷、化学饰刻和铣削、化学镀、印刷线路板工艺
总氰化物			1.9	1.0	
Pb	0.6	0.4	0.6	0.4	
Cd	1.2	0.7	1.2	0.7	
Cu			4.5	2.7	
Ni			4.1	2.6	
Cr			7.0	4.0	
Zn			4.2	2.6	
金属总量			10.5	6.8	
TSS			20.0	13.4	
pH			7.5～10.0	7.5～10.0	
Ag			1.2	0.7	适用于贵金属电镀工艺

注：金属总量：指铜、镍、总铬和锌的浓度总和。

4.1.3 美国电镀废气的排放标准

美国在 40 CFR 63 点源有害气体污染物国家排放标准第 N 部分 镀硬铬、装饰性镀铬和铬阳极镀槽的国家排放标准（1995 年 1 月 25 日）中对铬的排放规定件表 2。

表 2 美国镀硬铬、装饰性镀铬和铬阳极镀槽的国家排放标准

项目	敞开式镀硬铬槽		密闭式镀硬铬槽		装饰性铬镀槽
	所有点源（小型现有源除外）	小型现有源	所有点源（小型现有源除外）	小型现有源	
废气排放浓度/（mg 总铬/m^3）	0.015	0.03	0.015	0.03	0.01

从表 2 可以看出，敞开式镀硬铬槽和密闭式镀硬铬槽的废气排放限值是一样的，其含义实际上就是淘汰敞开式镀硬铬槽电镀方式。

4.2 国内相关标准情况的研究

4.2.1 行业排污许可证申请与核发技术规范

2016 年环境保护部在《关于开展火电、造纸行业和京津冀试点城市高架源排污许可证管理工作的通知》（环水体〔2016〕189 号）中，附带发布了《火电行业排污许可证申请与核发技术规范》和《造纸行业排污许可证申请与核发技术规范》，明确火电、造纸行业排污许可证适用范围及排污单位基本情况、产排污节点对应排放口及许可排放限值、可行技术、自行监测管理要求、环境管理台账记录及执行报告编制规范、实际排放量核算方法、合规判定方法。

2017 年 7 月，环境保护部以标准形式发布了《排污许可证申请与核发技术规范　钢铁工业》和《排污许可证申请与核发技术规范　水泥工业》。目前正在起草和编制平板玻璃、石化、有色金属、焦化、氮肥、原料药制造、制革、电镀、农药、副食品加工等重点行业和通用工序的排污许可证申请与核发技术规范。

本标准按照国家排污许可制度顶层设计和《排污许可证申请与核发技术规范　总则》的总体要求，结合电镀工业产排污特点、排放标准、环境管理、监测等要求，参照火力发电、造纸、钢铁和水泥四个行业排污许可证申请与核发技术规范的思路、框架、内容，开展相关专题研究，细化、完善并形成电镀工业排污许可证申请与核发技术规范。

4.2.2　为排污许可提供技术支撑的相关技术规范

为了配合排污许可制度的实行，环境保护部组织有关单位正在编制重点行业排污单位自行监测技术指南、重点行业污染防治可行技术指南、重点行业污染源源强核算技术指南、环境管理台账和执行报告技术规范等一系列配套标准与规范。

5　标准制定的基本原则和技术路线

5.1　标准制定的依据

a）《中华人民共和国环境保护法》（2014 年 4 月 24 日修订）。

b）《中华人民共和国环境影响评价法》（2016 年 7 月 2 日修订）。

c）《中华人民共和国水污染防治法》（2008 年 2 月 28 日）。

d）《中华人民共和国大气污染防治法》（2015 年 8 月 29 日修订）。

e）《控制污染物排放许可制实施方案》（2016 年 11 月 10 日，国办发〔2016〕81 号）。

f）《排污许可证管理暂行规定》（2016 年 12 月 23 日）。

g）《国家环境保护标准制修订工作管理办法》（2017 年 2 月 22 日）。

h）《固定污染源排污许可分类管理名录》（2017 版）（环境保护部令 2017 年第 45 号）。

5.2　标准制定的基本原则

a）与我国现行有关的环境法律法规、标准相协调，与环境保护的方针政策相一致原则。以《控制污染物排放许可制实施方案》（国办发〔2016〕81 号）和《排污许可证管理暂行规定》（环水体〔2016〕186 号）等相关的法律法规、标准规范为依据制定本标准。

b）满足相关环保标准和环保工作要求。本标准针对电镀工业企业排污许可证申请与核发工作而制定，指导电镀工业排污单位填报排污许可证申请表及网上填报相关申请信息，同时适用于核发机关审核确定排污许可证许可要求。

c）提高适用性和可操作性。根据电镀企业的实际情况，结合各污染源、污染因子的特点，按照《排污许可证申请与核发技术规范　总则》要求开展编制工作，使本标准具有明显的行业特色和较强的可操作性。

5.3　标准制定的技术路线

本标准制定技术路线图见图 1。

6　标准主要技术内容

6.1　标准框架

本技术规范分为以下 10 项内容。

1　适用范围

2　规范性引用文件

3　术语和定义

4　排污单位基本情况填报要求

5 产排污环节对应排放口及许可排放限值确定方法

6 污染防治可行技术及运行管理要求

7 自行监测管理要求

8 环境管理台账与执行报告要求

9 实际排放量核算方法

10 合规判定方法

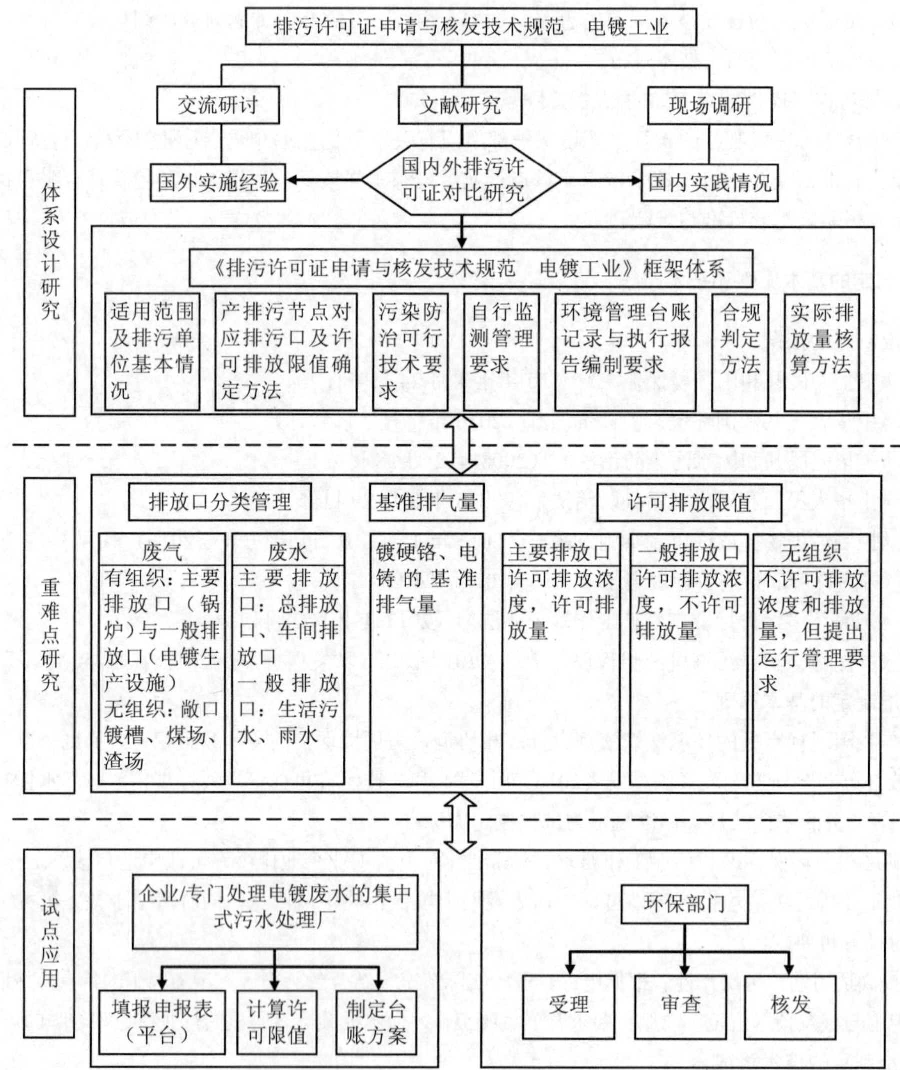

图 1 标准制定技术路线图

6.2 适用范围

本标准规定了电镀工业排污单位以及专门处理电镀废水的集中式污水处理厂基本情况填报要求、许可排放限值确定、合规判定、实际排放量核算的技术方法以及自行监测、环境管理台账与执行报告等环境管理要求，提出了电镀工业污染防治可行技术要求。

本标准适用于指导电镀工业排污单位以及专门处理电镀废水的集中式污水处理厂填报《排污许可证申请表》及在网上填报相关申请信息，适用于指导核发机关审核确定电镀工业排污单位以及专门处理电镀废水的集中式污水处理厂排污许可证许可要求。

本标准适用于电镀工业排污单位排放的水污染物、大气污染物的排污许可管理，以及专门处理电镀废水的集中式污水处理厂排放水污染物的排污许可管理。

本标准未做出规定但排放工业废水、废气的电镀工业排污单位其他产污设施和排放口，参照《排污许可证申请与核发技术规范　总则》执行。

依据《控制污染物排放许可制实施方案》和《排污许可证管理暂行规定》要求，本标准在前言中，要求“核发机关核发排污许可证时，对位于法律法规明确规定禁止建设区域内的、属于国家或地方已明确规定予以淘汰或取缔的电镀工业排污单位或者生产工艺，应不予核发排污许可证”。

电镀排污许可证发放范围为所有执行《电镀污染物排放标准》（GB 21900）的电镀企业以及有电镀设施的企业，但又扩大的适用范围。主要因为：

其一，2008 年实施的《电镀污染物排放标准》，其适用范围是电镀企业和电镀车间，阳极氧化参照执行。《电镀污染物排放标准》的电镀定义“是指利用电解方法在零件表面沉积均匀、致密、结合良好的金属或合金层的过程”，这是一个狭义的电镀概念，如镀锌、镀镍、镀铜、镀铬等，属于传统电镀，特点是使用的有毒有害成分多，污染重，危害大。

其二，电镀涉及的行业广，镀种类型多，生产规模差异较大，但不论是专业电镀企业，还是企业内的电镀车间或电镀生产线，目前所从事的电镀涵盖了各种材料电镀、电铸、电解加工、刷镀、化学镀、以及金属酸洗、抛光（电解抛光和化学抛光）、氧化、磷化、钝化等工艺工序类型，这已经从传统的狭义电镀跨越为广义电镀。按照环境保护部《固定污染源排污许可分类管理名录（2017 年版）》，上述电镀工艺和工序类型都属于实施重点管理的目标。但这其中的热浸镀不属于电镀。金属酸洗、抛光（电解抛光和化学抛光）、钝化是电镀前处理和后处理工序；刷镀和滚镀都属于不同电镀生产方式；电铸是一种特殊的电镀，特点是电镀时间长，镀层厚，因此，通常所说的电镀主要包含电镀、化学镀、化学氧化膜（氧化、磷化）等。

其三，电镀工业集中区第三方电镀废水治理运营单位。2011 年 2 月，国务院批复了《重金属污染综合防治“十二五”规划》，提出了对电镀等表面处理（精饰）业采取同类整合、园区化、区域式集中治污的污染源治理措施。此后，一些电镀大省纷纷规划建设电镀工业集中区，强力引导电镀企业“进区入园”，到目前为止，全国已有电镀工业集中区 115 多个，入园企业达 3 000 多家。这些企业进入园区，其生产废水全部由园区中的第三方电镀废水治理运营单位集中统一处理，电镀生产企业与第三方电镀废水治理运营单位形成一种合同契约关系。这次排污许可证的发放范围也包括了第三方电镀废水治理运营单位，在《固定污染源排污许可分类管理名录（2017 年版）》统一称为“专门处理电镀废水的集中处理设施”。既然本标准适用于专门处理电镀废水的集中处理设施的排污申报，所以，在标准适用范围中，明确规定了专门处理电镀废水的集中式污水处理厂基本情况填报要求、许可排放限值确定、合规判定、实际排放量核算的技术方法以及自行监测、环境管理台账与执行报告等环境管理要求，提出了电镀工业污染防治可行技术要求。

按照《国务院办公厅关于加强环境监管执法的通知》（国办发〔2014〕56 号）要求，各地全面清理违法违规项目，经地方政府依法处理、整顿规范并符合要求的电镀项目都实行了相应认可和备案，对具备环境影响评价批复文件或地方政府认定或备案的电镀企业，原则上都属于排污许可证发放范围。

因此，电镀工业排污许可证申请与核发技术规范可以涵盖《固定污染源排污许可分类管理名录（2017 年版）》所列出的广义的电镀范畴（热浸镀除外）。

6.3　规范性引用文件

本标准引用了现行的 6 个国家标准、18 个环境保护行业标准和 10 个部门规章共 34 个规范性文件。其中有 3 个行业标准规范正在编制过程中，待发布后，成为本标准的引用文件。

6.4　术语和定义

本标准列出了与本标准有关的 5 个术语，并对其进行了定义。其中，与电镀相关的术语 2 个，与排污许可证制度申请核发相关的术语 3 个。

本标准对“电镀工业排污单位”的定义是指含有电镀、化学镀、化学转化膜等生产工序和设施的排污单位，包括专业电镀企业和有电镀工序的企业。这个定义既涵盖了电镀的范围，有明确了企业的生产类型。

本标准对“专门处理电镀废水的集中式污水处理厂”进行了定义，明确了专门处理电镀废水的集中式污水处理厂是位于电镀集中区内，并拥有专门处理电镀废水集中处理设施的单位。

6.5 排污单位基本情况填报要求

6.5.1 填报的一般原则

本标准规定了电镀工业企业在国家排污许可申报系统填报《排污许可证申请表》的一般要求。

根据《排污许可证管理暂行规定》信息填报要求，结合电镀工业特点，本标准给出排污单位排污许可证申请填报原则，指导电镀工业排污单位填报排污单位基本信息、主要产品及产能、主要燃料及原辅材料、产排污节点、污染物及污染治理设施等信息，确定了排放口类型。本标准明确了电镀工业排污单位应填写《排污许可证申请表》的表 1 至表 5；专门处理电镀废水的集中式污水处理厂只填写《排污许可证申请表》中表 1 和表 5。

省级环境保护主管部门按环境质量改善需求增加的管理要求，和有核发权的地方环境保护主管部门增加的管理要求一起，应填入排污许可证管理信息平台申报系统中“有核发权的地方环境保护主管部门增加的管理内容”一栏。

排污单位在填报申请信息时，应评估污染排放及环境管理现状，对现状环境问题（如排放口设置不规范、排放不达标、未建立环境管理台账记录等）提出整改措施，并填入排污许可证管理信息平台申报系统中“改正措施”一栏。

明确要求排污单位应当按照实际情况填报有关信息，确保真实、有效。

6.5.2 排污单位基本信息

排污单位基本信息包括：单位名称、邮政编码、行业类别（填报时选择“金属表面处理与热处理加工”）、是否投产、投产日期、生产经营场所经纬度、所在地是否属于重点区域、是否有环境影响批复文件及文件号（备案编号）、是否有地方政府对违规项目的认定或备案文件及其文件号、是否有主要污染物总量分配计划文件及其文件号、二氧化硫总量指标（t/a）、氮氧化物总量指标（t/a）、化学需氧量总量指标（t/a）、氨氮总量指标（t/a）、其他污染物总量指标等。这里的“其他污染物总量指标”是指环境保护主管部门在环境影响评价批复文件或地方政府认定或备案文件中明确的除上述总量指标外的重金属总量指标，如总铬、六价铬、总铅、总镉等。

关于行业类别，本标准要求专业电镀企业应选择“金属表面处理与热处理加工”；具有电镀生产工序的企业选择其主行业类别，在通用工序中选择“电镀设施”。对于专门处理电镀废水的集中式污水处理厂，应选择“金属表面处理与热处理加工”。

6.5.3 主要产品及产能

用于指导电镀工业排污单位填写水体〔2016〕186 号附 2《排污许可证申请表》中的表 2《主要产品及产能信息表》。对具有电镀工序的企业要求填报与电镀相关信息。

为了让电镀工业排污单位在填报时准确界定和选择电镀生产单元/生产线、生产工艺、生产设施和原辅材料，编制组收集了近百种电镀生产线名称（附录 A），及其与产污有关的 40 种常用电镀设施的主要参数、名称、计量单位，并按镀种进行分类，包括了单金属电镀、合金电镀、非晶态合金电镀、化学氧化膜、化学镀、复合电镀、电铸等，基本覆盖了国内所有镀种。

关于生产能力和年设计生产时间如何填报，本标准明确应按照环境影响评价批复、政府认可或备案文件确定的设计产能和年设计生产时间填报，但不包括国家或地方政府予以淘汰或取缔的产能和工艺设备。

6.5.4 主要原辅材料及燃料

指导电镀工业排污单位填写环水体〔2016〕186 号附 2《排污许可证申请表》中的表 3《主要原辅材料及燃料信息表》。

本标准明确了原辅材料及燃料种类、名称、年设计使用量为必填项，硫元素占比、有毒有害成分及占比为选填项。

电镀企业生产过程中，原料主要为金属阳极，辅料主要为除主要原料以外的所有材料，包括废水、废气处理中所使用的化学药剂等。电镀生产涉及的原辅料种类繁多，本标准收集了近百种电镀工艺配方，将上千种原辅料按照镀种和工艺进行分类，作为本标准的附录B，方便企业在填写时选用。

电镀工业排污单位除需填报燃料中硫元素占比外，还可填报电镀生产涉及的有毒有害元素。电镀生产涉及的有毒有害元素是结合《最高人民法院、最高人民检察院关于办理环境污染刑事案件适用法律若干问题的解释》及电镀的特点，最后确定为铬元素、镍元素、镉元素、铅元素、汞元素、银元素、铜元素、锌元素，可参考设计值或上一年的实际使用情况填报。

6.5.5 产排污节点、污染物及污染治理设施

6.5.5.1 废气

提出了电镀工业排污单位填写环水体〔2016〕186号附2《排污许可证申请表》中的表4《废气产排污环节、污染物及污染治理设施信息表》中的产污环节名称、污染物种类、排放形式、污染治理设施、排放口编号、污染治理设施名称、污染治理工艺、排放口类型等各项内容及要求。其中，将废气排放口分为主要排放口和一般排放口。明确了电镀工业排污单位的锅炉（如有）烟气排放口为主要排放口，电镀废气治理设施排气筒为一般排放口。对具有电镀生产工序的企业的电镀废气治理设施排气筒为一般排放口，如有锅炉，其烟气排放口的类型按照相关行业排污许可证申请与核发技术规范执行。

其中，排放形式分为有组织排放和无组织排放。经过处理净化后的废气通过排气筒排放就属于有组织排放；未经净化处理的废气通过排气筒排放，属于无组织排放。

6.5.5.2 废水

提出了电镀工业排污单位填写环水体〔2016〕186号附2《排污许可证申请表》中的表5《废水产排污环节、污染物及污染治理设施信息表》中的各项内容及要求。

首先，明确了电镀废水的类型。依据《电镀污染物排放标准》（GB 21900）确定了废水污染物种类，明确了废水排放去向，将电镀废水的排放规律进行分类界定，给出了污染治理设施和排放口的编号要求，提出了污染治理设施名称、治理工艺和排放口类型。将废水排放口分为主要排放口和一般排放口。明确专业电镀企业的车间或生产设施排放口、废水总排放口均为主要排放口，单独排放的生活污水排放口和雨水排放口为一般排放口；具有电镀工序的企业的电镀车间或电镀生产设施排放口为主要排放口，其他与电镀工序无关的排放口类型按照相关行业排污许可证申请与核发技术规范执行。

专门处理电镀废水的集中式污水处理厂的废水总排放口为主要排放口；单独排放的生活污水排放口和雨水排放口为一般排放口。

针对专业电镀企业、具有电镀工序的企业和专门处理电镀废水的集中式污水处理厂分别提出生产工艺流程图、污水处理工艺流程图和厂区总平面布置图的内容要求。

6.6 产排污节点对应的排放口及许可排放限值确定方法

6.6.1 产排污节点对应的排放口

6.6.1.1 废气

本标准明确了按照《排污许可证申请表（试行）》中“表6 大气排放口基本情况表”“表7 废气污染物排放执行标准表”中的各项内容及要求逐一填报要求。其中，具有电镀生产工序的企业仅填报与电镀相关的内容。

同时，通过本标准表4明确了电镀工业排污单位废气排放口主要包括电镀生产线前处理、镀覆处理、后处理等产污工序对应的排气筒和供热锅炉烟囱。要求在填写《排污许可证申请表（试行）》中“表6 大气排放口基本情况表”“表7 废气污染物排放执行标准表”时，应填报排放口地理坐标、排气筒高度、排气筒出口内径、国家或地方污染物排放标准、环境影响评价批复要求、承诺更加严格排放限值。

6.6.1.2 废水

明确了按照《排污许可证申请表（试行）》中“表 11 废水直接排放口基本情况表”“表 12 废水间接排放口基本情况表”“表 13 废水污染物排放执行标准表”中的各项内容及要求逐一填报。

本标准通过表 5 给出了废水排放口的类型和污染物种类，明确废水排放口应填报排放口地理坐标、排放时段、受纳自然水体信息、受纳污水处理厂信息、执行的国家或地方污染物排放标准、环境影响评价批复要求及承诺更加严格排放限值等要求。

6.6.2 许可排放限值确定方法

6.6.2.1 一般原则

明确了许可排放限值的内容、组成，年许可排放量的有效周期，新增污染源和现有污染源许可排放浓度与许可排放量确定方法及现有总量确认原则。要求排污单位填报许可排放限值时，应在《排污许可证申请表（试行）》中写明申请的许可排放限值计算过程。如果排污单位申请的许可排放限值严于本规范规定的，排污许可证按照申请的许可排放限值核发。

本标准明确了电镀工业排污单位的大气污染物，是以排放口为单位，确定主要排放口和一般排放口许可排放浓度。主要排放口逐一计算许可排放量，一般排放口不许可排放量。

对于电镀工业排污单位的水污染物，明确车间或生产设施废水排放口、废水总排放口许可排放浓度和排放量。专门处理电镀废水的集中式污水处理厂车间或生产设施排放口（若无车间或生产设施排放口，则在污染物分质处理单元出水口）和废水总排放口许可排放浓度和排放量。单独排入城镇集中污水处理设施的生活污水排放口不许可排放浓度和排放量。

6.6.2.2 许可排放浓度

a）废气

明确以电镀车间或电镀生产线排气筒为单位，依据 GB 21900 或地方污染物排放标准确定铬酸雾、硫酸雾、氯化氢、氰化物、氟化物、氮氧化物的许可排放浓度，许可排放浓度为小时平均浓度。明确按照 GB 13271 或地方污染物排放标准确定锅炉烟囱颗粒物、二氧化硫、氮氧化物、汞及其化合物（仅适用于燃煤锅炉）的许可排放浓度，烟气黑度除外。许可排放浓度为小时平均浓度。

有地方排放标准要求的，按照地方排放标准确定。

位于大气污染防治重点控制区的电镀排污单位应按照环境保护部 2013 年第 14 号公告和环办大气函〔2016〕1087 号和《关于京津冀及周边地区执行大气污染物特别排放限值的公告》等文件要求，按特别排放限值确定大气污染物许可排放浓度。地方人民政府如确定了其他需要执行特别排放限值的区域，所在区域排污单位按特别排放限值要求确定大气污染物许可排放浓度。若执行不同污染物排放标准的多台生产设施或排放口采用混合方式排放废气，则应按各标准中最严格的浓度限值确定许可排放浓度。

b）废水

本标准明确了在车间或生产设施排放口确定总铬、六价铬、总镍、总镉、总银、总铅、总汞的许可排放浓度；在废水总排放口确定总铜、总锌、总铁、总铝、pH 值、悬浮物、化学需氧量、氨氮、总氮、总磷、石油类、氟化物、总氰化物的许可排放浓度。许可排放浓度为日平均浓度。

本标准明确了电镀工业排污单位向专门处理电镀废水的集中式污水处理厂排放废水时，各类水污染物的间接排放许可浓度，按照电镀工业排污单位与专门处理电镀废水的集中式污水处理厂协商确定。

有电镀工序的企业在电镀车间同时生产非电镀产品，排放的废水执行不同行业国家污染物排放标准或适用不同排放控制要求时，本标准要求电镀废水中总铬、六价铬、总镍、总镉、总银、总铅、总汞有毒污染物按照 GB 21900 确定许可排放浓度，其他污染物与非电镀生产设施产生的污水混合处理，应按相关行业执行排放标准确定许可排放浓度。

明确了执行 GB 21900 中规定的水污染物特别排放限值的区域按特别排放限值确定水污染物许可排放浓度。地方人民政府如确定了其他需要执行特别排放限值的区域，所在区域排污单位按特别排放限值要求确定水污染物许可排放浓度。

6.6.2.3　许可排放量

a）由于一般排放口不许可排放量，因此，本标准在一般原则中，要求电镀工业排污单位针对主要排放口明确大气、水污染物许可排放量，包括年许可排放量和特殊时段许可排放量。电镀工业排污单位年许可排放量即为主要排放口年许可排放量之和，特殊时段废气和废水污染物许可排放量为日许可排放量。对于有水环境质量改善需求的或者地方政府有要求的，还可明确各项水污染物许可排放量，也可为年许可排放量。

b）废气

规定电镀工业排污单位废气许可排放量的污染因子包括颗粒物、二氧化硫、氮氧化物。

明确了废气污染物全厂年许可排放量为主要排放口年许可排放量。并给出了主要排放口年许可排放量和特殊时段许可排放量的计算公式。

c）废水

重金属污染是电镀工业的特征污染物，控制重金属排放总量是电镀工业污染质量的重点工作。通过排污许可证规定车间排放口重金属的许可排放量是促进行业减排的重要手段。

本标准明确了在电镀车间或生产设施排放口确定总铬、六价铬、总镍、总镉、总银、总铅、总汞的许可排放量；在废水总排放口确定总铜、总锌、化学需氧量、氨氮的许可排放量；确定受纳水体环境质量超标且列入 GB 21900 中的其他水污染物的许可排放量。对位于《“十三五”生态环境保护规划》及环境保护部正式发布的文件中规定的总磷、总氮总量控制区域内的电镀工业排污单位，还应分别申请总磷及总氮年许可排放量。地方环境保护主管部门另有规定的，从其规定。

明确了水污染物许可排放量包括年许可排放量和特殊时段许可排放量。

本标准分别给出了电镀工业排污单位和专门处理电镀废水的集中式污水处理厂年许可排放量和特殊时段日许可排放量的计算方法。

明确了专门处理电镀废水的集中式污水处理厂，可按三年平均收纳水量或设计水量计算许可排放量；当三年平均收纳水量大于设计水量时按设计水量计算。其中，在计算总铬、六价铬、总镍、总镉、总银、总铅、总汞年许可排放量时，应按污水处理厂收纳的含上述污染物的水量计算。

6.7　污染防治可行技术及运行管理要求

6.7.1　污染防治可行技术

本节参照 HJ-BAT-11 提出了电镀废气、废水污染防治可行技术及运行管理要求。明确了本标准中所列污染防治可行技术及运行管理要求可作为环境保护主管部门对排污许可证申请材料审核的参考。对于电镀工业排污单位采用本标准所列可行技术的，原则上认为具备符合规定的防治污染设施或污染物处理能力。

对于未采用本标准所列可行技术的，要求电镀工业排污单位应当在申请时提供相关证明材料（如已有监测数据；国内外首次采用的污染治理技术，应提供中试数据等），证明可达到与污染防治可行技术相当的处理能力。

对不属于污染防治推荐可行技术的污染治理技术，建议排污单位应当加强自行监测、台账记录，评估达标可行性。

明确电镀废气有组织排放污染治理可行技术、锅炉烟气污染防治可行技术和电镀废水污染防治可行技术可参照 HJ-BAT-11 及表 9。待《电镀工业污染防治可行技术指南》修订后，以其为准。

6.7.2　运行管理要求

本标准参照 HJ-BAT-11 提出了废气和废水处理设施的运行管理要求。其中对电镀废气无组织排放的主要控制措施要求是，在镀槽使用酸雾抑制剂，控制电镀过程中的酸雾产生。要求露天储煤场、灰渣场应配备防风抑尘网、喷淋、洒水、苫盖等抑尘措施。煤粉、石灰或石灰石粉等粉状物料须采用封闭料库存储。

在本标准编制过程中，对 HJ-BAT-11 未包含，但近年来各地政府、环境保护部门和电镀企业在落实《中华人民共和国环境保护法》、“大气十条”“水十条”“土十条”和“两高”司法解释等国家法律法规，在电镀企业已推行并证实有效的相关环境管理要求，编制组进行了收集整理，并结合《电镀行业清洁生产评价指标体系（2015）》，对电镀企业生产设施和废水处理设施的运行管理提出了有针对性的要求，将各项环境管理要求形成合力，在源头上推行资源和原材料回收回用，减少污染物产生；加强过程控制和应急管理，确保处理设施正常运行、稳定运行、污染物达标排放，确保环境安全的同时，也体现了电镀工业污染管控的环境管理特点和精细化管理要求落地。如：改进挂具和镀件的吊挂方式，减少镀液带出量，降低清洗水的浓度；工件出镀槽时，增加空气吹脱设施，减少镀液带出量；生产线上增设镀液回收装置，回收电镀液；采取槽边处理方式进行清洗水回用；改进清洗方法，如喷雾或喷淋清洗；自动控制清洗水补水，节约用水，避免浪费；电镀生产设施和废水治理设施应同步运行；废水收集系统或废水治理设施发生故障或检修时，应停止运转对应的电镀生产设施，待检修完毕后共同投入使用；健全废水处理设施运行记录，要求记录规范，内容完整；电镀污泥按照危险废物管理要求运输、贮存和处置，并建立健全管理制度；报废的电镀槽液应纳入危险废物管理，不得直接排入废水处理系统；按要求安装在线监控设备，并对在线监控设备进行定期保养、维护和校正，做好记录，保证在线监控设备正常运行；硫酸、盐酸、硝酸等酸罐（桶）室外贮存区应采取防雨淋、防流失、防腐蚀、防渗漏措施，设置围堰、收集管阀和应急收集池；要求电镀企业设置应急事故水池和雨水收集池；收集的初期雨水应经处理达标后排放等。

6.8 自行监测管理要求

6.8.1 一般原则

明确要求电镀工业排污单位应制定自行监测方案并在《排污许可证申请表》中明确。《排污单位自行监测技术指南 电镀工业》发布后，自行监测方案的制定从其要求。其中电镀工业企业的锅炉自行监测方案的制定按照《排污单位自行监测技术指南 火力发电机锅炉》HJ 820 执行。

有核发权的地方环境保护主管部门可根据环境质量改善需求，增加电镀工业排污单位自行监测管理要求。对于 2015 年 1 月 1 日（含）后取得环境影响评价批复的电镀工业排污单位，批复的环境影响评价文件有其他管理要求的，应当同步完善电镀工业排污单位自行监测管理要求。

6.8.2 自行监测方案

明确了电镀工业排污单位制定的自行监测方案应包括电镀工业排污单位的基本情况、监测点位及示意图、监测指标、执行排放标准及其限值、监测频次、采样和样品保存方法、监测分析方法和仪器、质量保证与质量控制、自行监测信息公开等内容。对于采用自动监测的还应当如实填报采用自动监测的污染物指标、自动监测系统联网情况、自动监测系统的运行维护情况等；对于未采用自动监测的污染物指标，电镀工业排污单位应当填报开展手工监测的污染物排放口和监测点位、监测方法、监测频率。

6.8.3 自行监测要求

6.8.3.1 一般原则

明确了电镀工业排污单位可自行或委托第三方监测机构开展监测工作，并安排专（兼）职人员对监测数据进行记录、整理、统计和分析，对监测结果的真实性、准确性、完整性负责。要求手工监测时的生产负荷不低于本次监测与上一次监测周期内的平均生产负荷。

6.8.3.2 监测内容

要求电镀工业排污单位自行监测内容应包括排放标准以及环境影响评价文件及其批复中涉及的各项废气、废水污染源和污染物。电镀工业排污单位应当开展自行监测的污染源包括产生有组织废气、无组织废气、生产废水、生活污水、初期雨水的全部污染源。污染物为 GB 21900 中涉及的全部因子。

6.8.3.3 监测点位

电镀工业排污单位自行监测点位包括排放口、内部监测点、无组织排放监测点等。

a）废气排放口

明确了各类废气污染源通过烟囱或排气筒等方式排放至外环境的废气，应在烟囱或排气筒上设置废气排放口监测点位。废气监测点位、监测平台、监测断面和监测孔等的设置应符合 GB/T 16157、HJ/T 75、

HJ/T 76、HJ/T 397 等标准规范的要求。

b）废水排放口

要求按照排放标准规定的监控位置设置废水排放口监测点位。废水排放口设置应符合《排污口规范化整治技术要求（试行）》和 HJ/T 91、HJ/T 92 等的要求。

明确了排放标准规定的监控位置为车间或生产设施排放口、废水总排放口的，应在相应的废水排放口采样。排放标准中规定的监控位置为电镀工业排污单位排放口的污染物，废水直接排放的，在电镀工业排污单位的排放口采样；间接排放的，在电镀工业排污单位的污水处理设施排放口后、进入公共污水处理系统前的电镀工业排污单位用地红线边界的位置采样。

要求对全厂雨水排放口开展监测。对于有多个雨水排放口的电镀工业排污单位，应对全部雨水排放口开展监测。明确雨水监测点位设在厂内雨水排放口后、电镀工业排污单位用地红线边界位置。雨水排放口有流量时，应在雨后 15 min 内进行采样；雨水排放口没有流量时，可在厂内雨水收集池内进行采样。

c）无组织排放

对存在废气无组织排放源的，明确应设置无组织排放监测点位，具体要求按 GB 14554 以及 HJ/T 55 执行。

d）内部监测点位

当排放标准中有污染物去除效率要求时，电镀工业排污单位应在相应污染物处理设施单元的进出口设置监测点位。

当环境管理有要求，或电镀工业排污单位认为有必要时，可设置内部监测点，监测污染物浓度密切相关的关键工艺参数等。

6.8.4 监测技术手段

本标准明确自行监测的技术手段包括手工监测和自动监测。根据《关于加强京津冀高架源污染物自动监控有关问题的通知》中的相关要求，京津冀地区及传输通道城市电镀工业排污单位各排放烟囱超过 45 m 的高架源应安装污染源自动监控设备。

明确电镀工业排污单位的车间或生产设施排放口和废水总排放口的流量应采用自动监测设备监测。专门处理电镀废水的集中式污水处理厂废水总排放口的流量、pH 值和化学需氧量应采用自动监测设备监测。

鼓励电镀工业排污单位其他排放口及污染物采用自动监测设备监测，无法开展自动监测的，应采用手工监测。

6.8.5 监测频次

明确采用自动监测的，全天连续监测。要求电镀工业排污单位应按 HJ/T 75 开展自动监测数据的校验比对。由于自动监控系统故障等原因导致自动监测数据缺失的，应当进行补遗，并按照《污染源自动监控设施运行管理办法》的要求，自动监测设施不能正常运行期间，应按要求将手工监测数据向环境保护主管部门报送，每天不少于 4 次，间隔不得超过 6 h。

明确采用手工监测的，监测频次原则上不低于国家或地方发布的标准、规范性文件、环境影响评价文件及其批复等明确规定的监测频次，污水排向敏感水体或接近集中式饮用水水源，废气排向特定的环境空气质量功能区的应适当增加监测频次；排放状况波动大的，应适当增加监测频次；历史稳定达标状况较差的需增加监测频次。

本标准列表明确了电镀工业排污单位的有组织和无组织废气排放口监测点位设置、监测指标及最低监测频次；明确了专门处理电镀废水的集中式污水处理厂无组织废气排放监测点位设置、监测指标及最低监测频次；明确了电镀工业排污单位废水排放口监测指标及最低监测频次和专门处理电镀废水的集中式污水处理厂污染物监控位置及最低监测频次。

同时，明确《排污单位自行监测技术指南 电镀工业》颁布实施后，监测点位设置、监测指标及最低监测频次从其规定。地方根据规定可相应加密监测频次。对于本标准未涉及的其他排放口，有明确排放标准的，应当按照填报的产排污环节明确废气污染物监测指标及频次，监测频次原则上不得低于 1 次/2 年，地方环境保护主管部门可根据环境质量改善需求，制定更严格的监测频次要求。

6.8.6 采样和测定方法

6.8.6.1 自动监测

明确废气自动监测参照 HJ/T 75、HJ/T 76 执行。废水自动监测参照 HJ/T 353、HJ/T 354、HJ/T 355 执行。

6.8.6.2 手工监测

明确废气手工采样方法的选择参照 GB/T 16157、HJ/T 397 执行，单次监测中，气态污染物采样，应可获得小时均值浓度。无组织排放采样方法参照 HJ/T 55 执行。废水手工采样方法的选择参照 HJ 494、HJ 495、HJ/T 91 和 HJ/T 92 执行。

6.8.6.3 测定方法

明确废气、废水污染物的测定按照相应排放标准中规定的污染物浓度测定方法标准执行，国家或地方另有规定的，从其规定。

6.8.6.4 数据记录要求

明确监测期间手工监测的记录和自动监测运维记录按照 HJ 819 执行，并同步记录监测期间的生产工况。

6.8.7 监测质量保证与质量控制

明确电镀工业排污单位应当根据自行监测方案及开展状况，梳理全过程监测质控要求，按照 HJ 819 要求，建立自行监测质量保证与质量控制体系。

明确了质量体系应包括的内容，明确委托其他有资质的检（监）测机构代其开展自行监测的，电镀工业排污单位不用建立监测质量体系，但应对检（监）测机构的资质进行确认的要求。

6.9 环境管理台账与执行报告要求

6.9.1 环境管理台账要求

6.9.1.1 一般要求

要求电镀工业排污单位应建立环境管理台账制度。宜设置专（兼）职人员进行台账的记录、整理、维护和管理，并对台账记录结果的真实性、准确性、完整性负责。明确了电镀工业排污单位台账应记录的信息内容与格式。本标准附录 C 给出了环境管理台账具体记录内容与格式，供企业参考。

6.9.1.2 记录内容

a）生产设施运行管理信息

要求电镀工业排污单位应定期记录生产运行状况并留档保存，应按班次至少记录以下内容：

正常工况各电镀生产线的累计生产时间、生产负荷、主要产品产量、原辅料及燃料使用情况等数据。其中生产负荷指记录时间内实际产量除以同一时间内设计产能。记录时间内的设计产能按排污许可证载明的年产能及年运行时间进行折算。产品产量指各电镀生产线产品产量。原辅料、燃料使用情况指种类、名称、用量、有毒有害元素成分及占比。

b）原辅料、燃料采购信息

目前了电镀工业排污单位应按批次记录原辅料采购情况信息和燃料采购信息。

c）污染治理设施运行管理信息

按正常工况下，明确记录各治理设施作用的生产环节、治理工艺，分系统记录所有环保设施的运行情况、污染物排放情况、主要药剂添加情况等。对废水治理设施运行参数应按班次至少记录以下内容：实际处理量、实际进水水质、实际出水水质、药剂投加种类、药剂投加量、污泥产生量等信息。

非正常工况下污染治理设施应记录设施名称、编号、设施非正常（停运）时刻、恢复（启动）时刻、污染物排放量、排放浓度、事件原因、是否报告等。

d）监测记录信息

标准 7.7 条明确了对手工监测、自动监测运维等情况台账记录的要求。

e）其他环境管理信息

应记录污染治理设施运行、维护、管理相关的信息，包括设施名称、运行时间、检查维护次数、管理人员情况等；

应记录厂区降尘洒水、清扫频次，原料或产品场地封闭、遮盖方式，日常检查维护频次及情况等。

应记录非正常工况和特殊时段的环境管理信息等。

排污单位还应根据环境管理要求，记录其他信息。

6.9.1.3 记录频次

明确记录频次应根据生产过程中的变化参数进行确定。排污单位实际生产周期与本标准要求不一致的，报有核发权的环境保护管理部门备案，经同意后可根据实际生产情况进行记录。

a）本标准分别规定了生产设施运行管理信息记录频次要求，包括正常和非正常工况生产运行状况、产品产量、原辅料、燃料用量。

b）本标准分别规定了污染治理设施运行管理信息记录频次要求，包括污染治理设施运行状况、污染物产排情况、药剂添加情况等。

c）明确了监测数据的记录频次按照本标准 7.5 条中所确定的监测频次要求记录。

d）明确了其他环境管理信息记录要求：如：采取无组织废气污染控制措施的信息记录频次原则不小于 1 天；特殊时段的台账记录频次原则与正常生产记录频次要求一致，涉及特殊时段停产的排污单位或生产工序，该期间原则上仅对起始和结束当天进行 1 次记录，地方管理部门有特殊要求的，从其规定。根据环境管理要求增加记录的内容，记录频次依实际情况确定。

6.9.1.4 记录保存

a）纸质存储

要求纸质台账应存放于保护袋、卷夹或保护盒中，专人保存于专门的档案保存地点，并由相关人员签字。档案保存应采取防光、防热、防潮、防细菌及防污染等措施。纸质类档案如有破损应随时修补。档案保存时间原则上不低于 3 年。

b）电子存储

要求电子台账保存于专门的存储设备中，并保留备份数据。设备由专人负责管理，定期进行维护。根据地方环境保护部门管理要求定期上传，纸版由排污单位留存备查。档案保存时间原则上不低于 3 年。

6.9.2 执行报告要求

6.9.2.1 总体要求及上报频次

a）一般原则

明确地方环境保护主管部门应当整合总量控制、排污收费（环境保护税）、环境统计等各项环境管理的数据上报要求，根据环境质量改善需求，规定排污许可证执行报告内容、上报频次等要求。

要求电镀工业排污单位应按照排污许可证中规定的内容和频次定期上报执行报告，并保证执行报告的规范性和真实性。

明确电镀工业排污单位可参照本标准，根据环境管理台账记录等归纳总结报告期内排污许可证执行情况，并提交至发证机关，台账记录留存备查。排污许可证技术负责人发生变化时，应当在年度执行报告中报告。有电镀工序的企业的执行报告，其主行业排污许可申请与核发技术规范已发布的，执行报告从其要求；未发布的，参照本标准执行。

b）报告频次

明确了年度执行报告、半年、月/季度执行报告提交的时间和方式。

6.9.2.2 年度执行报告要求

明确要求电镀工业企业应根据环境管理台账记录等归纳总结报告期内排污许可证执行情况，自行或委托第三方按照执行报告提纲编写年度执行报告。

排污单位应报告周期内排污许可证执行情况，本标准附录 D 给出了排污许可证执行情况汇总表。技术负责人发生变化时，应当在年度执行报告中及时报告。

本标准给出了年度执行报告编制内容与结构如下，附录 E 给出了年度执行报告表格的具体内容，供企业参考。

a）基本生产信息；

b）遵守法律法规情况；

c）污染防治措施运行情况；

d）自行监测情况；

e）台账管理情况；

f）实际排放情况及达标判定分析；

g）排污费（环境保护税）缴纳情况；

h）信息公开情况；

i）排污单位内部环境管理体系建设与运行情况；

j）其他排污许可证规定的内容执行情况；

k）其他需要说明的问题；

l）结论；

m）附图、附件要求。

6.9.2.3 半年、月/季度执行报告要求

要求电镀工业企业半年执行报告应至少包括排污单位基本生产信息、污染防护设施运行情况、实际排放情况及达标判定分析等内容。

6.10 实际排放量核算方法

6.10.1 一般规定

明确了电镀工业排污单位污染物实际排放量为正常排放量和非正常排放量之和。

实际排放量核算方法包括实测法、物料衡算法、产排污系数法等。

明确应当采用自动监测的排放口或污染物，根据符合监测技术规范的有效自动监测数据采用实测法核算实际排放量。对于排污许可证未要求采用自动监测的排放口或污染物，按照优先顺序依次选取自动监测数据、执法和手工监测数据、产排污系数法（或物料衡算法）进行核算。要求应当采用自动监测而未采用的排放口或污染物，采用物料衡算法或产排污系数法按照直排核算实际排放量。

6.10.2 废气核算方法

6.10.2.1 实测法

对于获得符合 HJ/T 75 的连续有效自动监测数据的，可以采用自动监测数据核算污染物排放量。自动监测数据缺失或无效的，按 HJ/T 75 的要求进行排放量补遗。

未要求安装自动监测系统的，可采用符合要求的执法监测数据和手工自行监测数据进行核算。

本标准给出了电镀工业排污单位大气污染物实际排放量核算方法。

6.10.2.2 非正常排放量核算

电镀工业排污单位在非正常期间大气污染物排放量可采用实测法或产排污系数法核定。

6.10.3 废水核算方法

6.10.3.1 实测法

对于获得符合相关规范要求的连续有效自动监测数据的，可以采用自动监测数据核算污染物排放量。自动监测数据缺失或无效的，或未要求安装自动监测系统的，可采用符合要求的执法监测数据和手工自行监测数据进行核算。

本标准给出了电镀废水中污染物正常排放实际排放量的核算方法。

6.10.3.2　非正常排放量核算

明确按产污系数与非正常工况运行时段的累积排排水量核算实际排放量。

6.11　合规判定方法

6.11.1　一般要求

明确了合规判定包括电镀工业排污单位许可事项合规和环境管理要求合规。

许可事项合规是指排污单位排污口位置和数量、排放方式、排放去向、排放污染物种类、排放浓度及排放量符合许可证规定。环境保护主管部门可依据排污单位环境管理台账、执行报告、自行监测记录中的内容，判断其污染物排放浓度和排放量是否满足许可排放限值要求，也可通过执法监测判断其污染物排放浓度和排放量是否满足许可排放限值要求；环境管理要求合规是指排污单位按许可证规定落实自行监测、台账记录、执行报告、信息公开等环境管理要求。电镀排污单位可通过台账记录、执行报告和开展自行监测、信息公开，自证其依证排污，满足排污许可证要求。

6.11.2　排放浓度合规判定

6.11.2.1　废气

a）正常排放情况

明确电镀工业企业大气污染物的排放浓度合规是指"任一小时浓度均值均满足许可排放浓度要求"。

按照监测技术规范获取的执法监测数据超过许可排放浓度限值的，即视为超标。若同一时段的执法监测数据与排污单位自行监测数据不一致，以该执法监测数据作为优先证据使用。

排污单位自行监测：按照监测技术规范获取的有效小时浓度均值与许可排放浓度限值进行对比，超过许可排放浓度限值的，即视为超标。对于应当采用自动监测而未采用的，视为不合规。自动监测小时均值是指"整点 1 h 内不少于 45 min 的有效数据的算术平均值"。由于自动监测系统故障等原因导致自动监测数据缺失的，以手工监测替代。

对于未要求采用自动监测的污染物，应进行手工监测。按照自行监测方案、监测技术规范要求获取的监测数据计算得到的小时浓度均值超过许可排放浓度限值的，即视为超标。

b）非正常排放情况

明确排污单位启动和停机时段内的排放数据不作为废气排放浓度合规判定依据。其中，燃煤锅炉如采用干（半干）法脱硫、脱硝措施，冷启动不超过 1 h、热启动不超过 0.5 h。

若多台（套）电镀设施采用混合方式排放废气，且其中一台处于启停时段，排污单位可自行提供废气混合前各台（套）设施有效监测数据的，按照排污单位提供数据进行合规判定。

6.11.2.2　废水

a）正常排放情况

电镀工业排污单位各废水排放口污染物的排放浓度合规是任一有效日均值均满足许可排放浓度要求。

当执法监测时，按照监测技术规范获取的执法监测数据超过许可排放浓度限值的，即视为超标。若同一时段的执法监测数据与排污单位自行监测数据不一致，以该执法监测数据作为优先证据使用。

排污单位自行监测：按照监测技术规范获取的有效自动监测数据得到有效日均浓度值或一次采样浓度值与许可排放浓度限值进行对比，超过许可排放浓度限值的，即视为超标。对于应当采用自动监测而未采用的，视为不合规。

对于自动监测，有效日均浓度是对应于以每日为一个监测周期内获得的某个污染物的多个有效监测数据的平均值。在同时监测废水排放流量的情况下，有效日均值是以流量为权的某个污染物的有效监测数据的加权平均值；在未监测废水排放流量的情况下，有效日均值是某个污染物的有效监测数据的算术平均值。自动监测的有效日均浓度应根据 HJ/T 355 和 HJ/T 356 等相关文件确定。由于自动监测系统故障等原因导致自动监测数据缺失的，以手工监测替代。

对于未要求采用自动监测的污染物，应进行手工监测。按照自行监测方案、监测技术规范进行手工监测，手工监测数据超过许可排放浓度限值的，即视为超标。

b）非正常排放情况

明确非正常工况下，电镀工业企业排放废水如无法满足许可排放浓度限值时，不应直接排放。如排放，合规判定方法按本标准 9.2.2.1 条执行。

6.11.3 排放量合规判定

电镀工业排污单位污染物的排放量合规是指：

a）废水车间或生产设施排放口和总排放口污染物年实际排放量满足年许可排放量要求。

b）废气主要排放口污染物年实际排放量满足主要排放口年许可排放量要求。

c）废气污染物全厂年实际排放量满足全厂年许可排放量要求。

d）对于特殊时段有许可排放量要求的排污单位，各项水和大气污染物实际排放量之和不得超过特殊时段许可排放量。

6.11.4 环境管理要求合规判定

明确了环境保护主管部门依据排污许可证中的管理要求以及相关技术规范，检查排污单位是否按照自行监测方案开展自行监测；是否按照排污许可证中环境管理台账记录要求记录相关内容；是否按照许可证要求定期上报执行报告，上报内容是否符合要求等；是否按照许可证要求定期开展信息公开；是否满足特殊时段污染防治要求。满足上述各类要求的，视为环境管理要求合规。

7 标准实施措施及建议

a）进一步强化在线监测对排污许可的有效支撑

在线监测设备管理简便、监测数据量大，是监控排污单位许可排放浓度达标以及支撑实际排放量核算的有效手段。但现阶段，重金属自动在线监测设备相关的验收、运行、维护等技术规范缺失，环境保护主管部门对在线监测数据的管理和应用偏弱，在线监测数据的有效性不足，在线监测作为执法判定的法律依据不足，这些都对本标准实施形成阻力。

建议环境保护主管部门加快重金属自动在线监测设备相关的验收、运行、维护等技术规范制修订工作，加强在线监测设施的运行监管，提升在线监测的技术水平和法律地位，保证在线监测数据如实上传，保证在线监测数据的完整性，为本标准的实施提供保障。

b）注重对标准应用及问题反馈

各级环境保护管理部门在本标准颁布实施后，应严格按照标准要求，对电镀工业排污单位排污可证核发进行把关，规范电镀工业排污许可工作。技术咨询机构在本标准颁布实施后，应严格按照技术规范要求，开展电镀工业排污单位排污许可证申请与核发技术咨询工作。在本标准使用过程中，发现问题应及时向环境保护部门反馈，以利于本标准的修改完善。

c）加大对企业和环境保护部门的宣传培训力度

国家排污许可制度对各行业提出了精细化管理要求，本标准涉及的环境管理内容多，技术要求高，应加大对企业和环境保护部门的培训，帮助理解技术规范的要求，指导企业申请和环境保护部门核发。

d）开展标准实施评估和相关研究

建议结合排污许可证申请与核发工作，适时开展本标准实施效果评估，必要时开展本标准的修订工作。建议对排放标准中的基准排气量和基准排水量开展相关研究。

中华人民共和国环境保护行业标准

排污许可证申请与核发技术规范　炼焦化学工业

Technical specification for application and issuance of pollutant permit
—Coking chemical industry

HJ 854—2017

前　言

为贯彻《中华人民共和国环境保护法》《中华人民共和国大气污染防治法》《中华人民共和国水污染防治法》等法律法规和《国务院办公厅关于印发控制污染物排放许可制实施方案的通知》（国办发〔2016〕81 号），完善排污许可技术支撑体系，指导和规范炼焦化学工业排污单位排污许可证申请与核发工作，制定本标准。

本标准规定了炼焦化学工业排污单位排污许可证申请与核发的基本情况填报要求、许可排放限值确定、实际排放量核算、合规判定的方法以及自行监测、环境管理台账与排污许可证执行报告等环境管理要求，提出了炼焦化学工业污染防治可行技术要求。

核发机关核发排污许可证时，对位于法律法规明确规定禁止建设区域内的、属于国家或地方已明确规定予以淘汰或取缔的炼焦化学工业排污单位或者生产装置，应不予核发炼焦化学工业排污许可证。

本标准的附录 A、附录 B 为资料性附录。

本标准为首次发布。

本标准由环境保护部规划财务司、环境保护部科技标准司组织制订。

本标准起草单位：山西晋环科源环境资源科技有限公司、环境保护部环境工程评估中心、山西省环境科学研究院、山西省环境保护技术评估中心、赛鼎工程有限公司。

本标准环境保护部 2017 年 9 月 13 日批准。

本标准自 2017 年 9 月 13 日起实施。

本标准由环境保护部解释。

1　适用范围

本标准规定了炼焦化学工业排污单位排污许可证申请与核发的基本情况填报要求、许可排放限值确定、实际排放量核算、合规判定的方法以及自行监测、环境管理台账与排污许可证执行报告等环境管理要求，提出了炼焦化学工业污染防治可行技术要求。

本标准适用于指导炼焦化学工业排污单位（生产焦炭、半焦产品为主的煤炭加工行业和钢铁等工业企业炼焦分厂）填报《排污许可证申请表》（环水体〔2016〕186 号中附件 2）及网上填报相关申请信息，同时适用于指导核发机关审核确定排污许可证许可要求。

本标准适用于炼焦化学工业排污单位排放的大气污染物和水污染物的排污许可管理。

炼焦化学工业排污单位中，对于执行 GB 16171 的生产设施和排放口，适用《排污许可证申请与核发技术规范　炼焦化学工业》；对于执行 GB 13223 的生产设施和排放口，适用《火电行业排污许可证申请与核发技术规范》；在《排污许可证申请与核发技术规范　锅炉》发布前，热水锅炉和 65 t/h 及以下蒸汽锅炉参照本标准执行，发布后从其规定。

本标准未作出规定但排放工业废水、废气或者国家规定的有毒有害大气污染物的炼焦化学工业排污单位其他产污设施和排放口，参照《排污许可证申请与核发技术规范　总则》执行。

2 规范性引用文件

本标准引用了下列文件及其中的条款。凡是未注明日期的引用文件，其最新版本适用于本标准。

GB 13223　火电厂大气污染物排放标准

GB 13271　锅炉大气污染物排放标准

GB 16171　炼焦化学工业污染物排放标准

GB/T 16157　固定污染源排气中颗粒物测定与气态污染物采样方法

HJ 494　水质　采样技术指导

HJ 495　水质　采样方案设计技术规定

HJ 819　排污单位自行监测技术指南　总则

HJ 820　排污单位自行监测技术指南　火力发电及锅炉

HJ/T 55　大气污染物无组织排放监测技术导则

HJ/T 75　固定污染源烟气排放连续监测技术规范（试行）

HJ/T 76　固定污染源烟气排放连续监测系统技术要求及检测方法（试行）

HJ/T 91　地表水和污水监测技术规范

HJ/T 194　环境空气质量手工监测技术规范

HJ/T 353　水污染源在线监测系统安装技术规范（试行）

HJ/T 354　水污染源在线监测系统验收技术规范（试行）

HJ/T 355　水污染源在线监测系统运行与考核技术规范（试行）

HJ/T 356　水污染源在线监测系统数据有效性判别技术规范（试行）

HJ/T 373　固定污染源监测质量保证与质量控制技术规范（试行）

HJ/T 397　固定源废气监测技术规范

*排污许可证申请与核发技术规范　总则

*排污单位自行监测技术指南　钢铁工业

*环境管理台账与排污许可证执行报告技术规范（试行）

《固定污染源排污许可分类管理名录（2017版）》（环境保护部令　第45号）

《排污口规范化整治技术要求（试行）》（环监〔1996〕470号）

《污染源自动监控设施运行管理办法》（环发〔2008〕6号）

《关于执行大气污染物特别排放限值的公告》（环境保护部公告　2013年　第14号）

《“十三五”生态环境保护规划》（国发〔2016〕65号）

《关于印发〈排污许可证管理暂行规定〉的通知》（环水体〔2016〕186号）

《关于开展火电、造纸行业和京津冀试点城市高架源排污许可证管理工作的通知》（环水体〔2016〕189号）

《关于执行大气污染物特别排放限值有关问题的复函》（环办大气函〔2016〕1087号）

《关于加强京津冀高架源污染物自动监控有关问题的通知》（环办环监函〔2016〕1488号）

3 术语和定义

下列术语和定义适用于本标准。

*标准正在编制审批之中，待正式发布后按发布的标准实行。

3.1 炼焦化学工业 coking chemical industry

指炼焦煤按生产工艺和产品要求配比后，装入隔绝空气的密闭炼焦炉内，经高、中、低温干馏转化为焦炭、焦炉煤气和化学产品的工艺过程。炼焦炉型包括：常规机焦炉、热回收焦炉、半焦（兰炭）炭化炉三种。

3.2 炼焦化学工业排污单位 coking chemical industry pollutant emission unit

指含有炼焦化学工业生产过程的排污单位，包括独立焦化企业和钢铁联合企业焦化分厂。

3.3 许可排放限值 permitted emission limits

指排污许可证中规定的允许排污单位排放污染物的最大排放浓度和排放量。

3.4 特殊时段 special periods

指根据国家和地方限期达标规划及其他相关环境管理规定，对排污单位的污染物排放情况有特殊要求的时段，如冬防期间等。

3.5 标准状态 standard condition

温度为 273.15 K，压力为 101 325 Pa 时的状态，简称“标态”。本标准规定的大气污染物排放浓度和基准排气量均以标准状态下的干气体为基准。

4 排污单位基本情况填报要求

4.1 一般原则

炼焦化学工业排污单位应按照本标准要求，在全国排污许可证管理信息平台申报系统填报《排污许可证申请表》（环水体〔2016〕186 号中附 2）。填报系统中未包括的，设区的市级以上环境保护主管部门根据环境保护地方性法规需填报，或者排污单位认为需要填报的，可自行增加内容。

排污单位在填报申请信息时，应评估污染排放及环境管理现状，对现状环境问题提出整改措施，并填入全国排污许可证管理信息平台申报系统中“改正措施”一栏。

省级环境保护主管部门按环境质量改善需要增加的管理要求，应填入全国排污许可证管理信息平台申报系统中“有核发权的地方环境保护主管部门增加的管理内容”一栏。

在填报基本情况时，排污单位应当按照实际情况填报，并对提交申请材料的真实性、合法性和完整性负法律责任。

4.2 排污单位基本信息

必填项，排污单位基本信息应填报单位名称、邮政编码、是否投产、投产日期、生产经营场所中心经度、生产经营场所中心纬度、所在地是否属于重点区域、是否有环境影响评价文件批复及文号（备案编号）、是否有地方政府对违规项目的认定或备案文件及文号、是否有主要污染物总量分配计划文件及文号、二氧化硫总量指标（t/a）、氮氧化物总量指标（t/a）、化学需氧量总量指标（t/a）、氨氮总量指标（t/a）、其他污染物总量指标（如有）。

4.3 炼焦炉型、主要产品及产能

需填报行业类别、炼焦炉型、主要生产单元名称、主要工艺名称、生产设施名称、生产设施编号、设施参数、产品名称、生产能力、计量单位、设计年生产时间及其他。

在填报“行业类别”时，适用于本标准的生产设施选择炼焦化学工业，执行 GB 13223 的生产设施选择火电行业。在填报“炼焦炉型”时，需按常规机焦炉、热回收焦炉、半焦（兰炭）炭化炉三种类型进行选择。本标准中半焦（兰炭）炭化炉专指内热式半焦（兰炭）炭化炉，外热式半焦（兰炭）炭化炉参照常规机焦炉填报。

4.3.1 常规机焦炉

4.3.1.1 主要生产单元、主要工艺及生产设施名称

必填项，常规机焦炉主要生产单元、主要工艺及生产设施名称填报内容参见表 1。

表 1 常规机焦炉主要生产单元、主要工艺及生产设施名称一览表

主要生产单元	主要工艺	生产设施	设施参数	其他设施信息
备煤单元	原料煤贮存系统	煤场、筒仓、其他	设计贮量	煤场封闭方式
	备煤系统	粉碎机、振动筛、配煤塔、转运站、其他	粉碎机设计生产能力	—
炼焦单元	焦炉炼焦系统	焦炉、装煤车、推焦机、拦焦机、熄焦车、其他	焦炉炭化室孔数、有效容积、高度、平均宽度、长度、焦炉周转时间	焦炉型号、装煤方式（顶装、侧装）、加热方式（单热式、复热式）、剩余煤气去向
熄焦单元	湿熄焦系统[a]	熄焦塔、其他	熄焦塔高度、出口尺寸	—
	干熄焦及余热回收系统	干熄炉、干熄焦锅炉、汽轮机、发电机、汽轮机凝汽设备、其他	干熄炉设计生产能力、气料比，干熄焦锅炉额定蒸发量、蒸汽温度和压力，发电规模	汽轮机、发电机型号，汽轮机凝汽设备冷却方式（空冷、湿冷）
焦炭处理单元	焦炭转运、筛分系统	焦炭转运站、筛焦设施、其他	筛焦设施设计生产能力	—
	焦炭贮存系统	贮焦场、焦仓、其他	设计贮量	贮焦场封闭方式
煤气净化单元	冷凝鼓风系统	煤气初冷器、电捕焦油器、焦油氨水分离装置、循环氨水中间槽、焦油中间槽、剩余氨水槽、煤气鼓风机、其他	焦油氨水分离装置、循环氨水中间槽、焦油中间槽、剩余氨水槽容积，煤气鼓风机流量、出口压力	—
	脱硫系统	脱硫塔、再生装置、脱硫废液处理装置、其他	脱硫塔塔径、高度，再生装置规格，脱硫废液处理装置设计处理能力	脱硫塔运行方式（串联、并联、其他）
	氨回收系统	蒸氨塔、事故氨水槽、饱和器、硫铵干燥器、其他	蒸氨塔塔径、高度，事故氨水槽容积	蒸氨方式（直接蒸氨、间接蒸氨）
	粗苯回收系统	终冷塔、洗苯塔、脱苯塔、再生器、粗苯管式炉、粗苯中间槽、其他	粗苯中间槽容积	粗苯管式炉燃料类型（焦炉煤气、高炉煤气、转炉煤气、其他）
公用及辅助单元	供汽系统	锅炉、其他	锅炉额定蒸发量、蒸汽温度和压力	锅炉型号、燃料类型（焦炉煤气、高炉煤气、转炉煤气、煤、其他）
	循环冷却系统	煤气净化循环水系统、制冷循环水系统、其他	设计循环水量、进出水温度	—
	储罐系统	粗苯储罐、焦油储罐、洗油储罐、硫酸储罐、碱液储罐、其他	容积	储罐类型（固定罐、内浮顶罐、外浮顶罐、其他）
	辅助系统	制冷机组、其他	设计制冷量	热源方式（蒸汽、其他）

[a] 对于填报“湿熄焦系统”的钢铁联合企业，需载明：承诺于 2017 年 12 月底完成干熄焦改造。

4.3.1.2 生产设施编号

必填项，炼焦化学工业排污单位填报内部生产设施编号，若排污单位无内部生产设施编号，则根据《固定污染源（水、大气）编码规则（试行）》（环水体〔2016〕189 号中附件 4）编号并填报。

4.3.1.3 产品名称

必填项，分为焦炭、焦炉煤气、焦油、粗苯、硫铵等。

4.3.1.4 生产能力及计量单位

必填项，生产能力为主要产品设计产能，并标明计量单位。生产能力不包括国家或地方政府明确规定予以淘汰或取缔的产能。

4.3.1.5 设计年生产时间

必填项，按环境影响评价文件及批复、地方政府对违规项目的认定或备案文件中的年生产时间填写。

4.3.1.6 其他

选填项，企业如有需要说明的内容，可填写。

4.3.2 热回收焦炉

4.3.2.1 主要生产单元、主要工艺及生产设施名称

必填项，热回收焦炉主要生产单元、主要工艺及生产设施名称填报内容参见表 2。

4.3.2.2　生产设施编号

必填项，炼焦化学工业排污单位填报内部生产设施编号，若排污单位无内部生产设施编号，则根据《固定污染源（水、大气）编码规则（试行）》（环水体〔2016〕189 号中附件 4）编号并填报。

表 2　热回收焦炉主要生产单元、主要工艺及生产设施名称一览表

主要生产单元	主要工艺	生产设施	设施参数	其他设施信息
备煤单元	原料煤贮存系统	煤场、筒仓、其他	设计贮量	煤场封闭方式
	备煤系统	粉碎机、振动筛、配煤塔、转运站、其他	粉碎机设计生产能力	—
炼焦单元	焦炉炼焦系统	焦炉、装煤推焦车、熄焦车、其他	焦炉炭化室孔数、有效容积、焦炉周转时间	焦炉型号、装煤方式（冷装冷出、热装热出）、加热方式（焦炉煤气、其他）
熄焦单元	湿熄焦系统	熄焦塔、其他	熄焦塔高度、出口尺寸	—
	干熄焦及余热回收系统	干熄炉、干熄焦锅炉、汽轮机、发电机、汽轮机凝汽设备、其他	干熄炉设计生产能力、气料比，干熄焦锅炉额定蒸发量、蒸汽温度和压力，发电规模	汽轮机、发电机型号，汽轮机凝汽设备冷却方式（空冷、湿冷）
焦炭处理单元	焦炭转运、筛分系统	焦炭转运站、筛焦设施、其他	筛焦设施设计生产能力	—
	焦炭贮存系统	贮焦场、焦仓、其他	设计贮量	贮焦场封闭方式
余热回收单元	余热回收系统	余热锅炉、汽轮机、发电机、汽轮机凝汽设备、其他	余热锅炉额定蒸发量、蒸汽温度和压力，发电规模	汽轮机、发电机型号，汽轮机凝汽设备冷却方式（空冷、湿冷）

4.3.2.3　产品名称

必填项，分为焦炭、电、蒸汽等。

4.3.2.4　生产能力及计量单位

必填项，生产能力为主要产品设计产能，并标明计量单位。生产能力不包括国家或地方政府明确规定予以淘汰或取缔的产能。

4.3.2.5　设计年生产时间

必填项，按环境影响评价文件及批复、地方政府对违规项目的认定或备案文件中的年生产时间填写。

4.3.2.6　其他

选填项，企业如有需要说明的内容，可填写。

4.3.3　半焦（兰炭）炭化炉

4.3.3.1　主要生产单元、主要工艺及生产设施名称

必填项，半焦（兰炭）炭化炉主要生产单元、主要工艺及生产设施名称填报内容参见表 3。

表 3　半焦（兰炭）炭化炉主要生产单元、主要工艺及生产设施名称一览表

主要生产单元	主要工艺	生产设施	设施参数	其他设施信息
备煤单元	原料煤贮存系统	煤场、筒仓、其他	设计贮量	煤场封闭方式
	备煤系统	振动筛、备煤楼、转运站、其他	振动筛设计生产能力	—
炭化单元	炭化系统	炭化炉、其他	单炉生产能力	加热系统控制方式（自动控制、手动控制、其他）、熄焦方式（水浴熄焦、低水分熄焦、其他），剩余煤气去向
半焦处理单元	烘干系统	烘干设施、其他	设计处理能力	热源方式（煤气烘干、其他）
	半焦转运、筛分系统	半焦转运站、筛焦设施、其他	筛焦设施设计生产能力	—
	半焦贮存系统	贮焦场、焦仓、其他	设计贮量	贮焦场封闭方式
煤气净化单元	冷凝鼓风系统	冷却器、电捕焦油器、焦油分离装置、氨水循环池、煤气鼓风机、其他	焦油分离装置、氨水循环池容积，煤气鼓风机流量、出口压力	焦油分离装置位置（地上、地下）、氨水循环池位置（地上、地下）

主要生产单元	主要工艺	生产设施	设施参数	其他设施信息
煤气净化单元	脱硫系统	脱硫塔、再生装置、脱硫废液处理装置、其他	脱硫塔塔径、高度，再生装置规格，脱硫废液处理装置设计处理能力	脱硫塔运行方式（串联、并联、其他）
	脱氨系统	蒸氨塔、事故氨水槽、其他	蒸氨塔塔径、高度，事故氨水槽容积	蒸氨方式（直接蒸氨、间接蒸氨）
公用及辅助单元	供汽系统	锅炉、其他	锅炉额定蒸发量、蒸汽温度和压力	锅炉型号、燃料类型（焦炉煤气、煤、其他）
	循环冷却系统	煤气净化循环水系统、其他	设计循环水量、进出水温度	—
	储罐系统	焦油储罐、碱液储罐、其他	容积	储罐类型（固定罐、内浮顶罐、外浮顶罐、其他）
	辅助系统	制冷机组、其他	设计制冷量	热源方式（蒸汽、其他）

4.3.3.2 生产设施编号

必填项，炼焦化学工业排污单位填报内部生产设施编号，若排污单位无内部生产设施编号，则根据《固定污染源（水、大气）编码规则（试行）》（环水体〔2016〕189号中附件4）编号并填报。

4.3.3.3 产品名称

必填项，分为半焦（兰炭）、焦炉煤气、焦油等。

4.3.3.4 生产能力及计量单位

必填项，生产能力为主要产品设计产能，并标明计量单位。生产能力不包括国家或地方政府明确规定予以淘汰或取缔的产能。

4.3.3.5 设计年生产时间

必填项，按环境影响评价文件及批复、地方政府对违规项目的认定或备案文件中的年生产时间填写。

4.3.3.6 其他

选填项，排污单位如有需要说明的内容，可填写。

4.4 主要原辅材料及燃料

主要原辅材料及燃料应填报原料及辅料种类、名称、年最大使用量、计量单位、原料煤硫分、挥发分，燃料名称、灰分、硫分、挥发分、热值、年最大使用量及其他。属于危险化学品的原料、辅料及燃料，应全部填写。以下“4.4.1～4.4.4”为必填项，“4.4.5”为选填项。

4.4.1 原辅材料及燃料名称

原料名称包括煤、其他。

辅料名称包括酸、碱、脱硫剂、催化剂、其他。

燃料名称包括焦炉煤气、高炉煤气、转炉煤气、焦炉-高炉-转炉混合煤气、煤、其他。

4.4.2 年最大使用量

已投运炼焦化学工业排污单位的年最大使用量按近五年实际使用量的最大值填写，未投运和投运不满五年的排污单位的年最大使用量按设计年最大使用量填写。

4.4.3 原料煤硫分、挥发分

需填写原料煤（指配合煤）硫分、挥发分。填报值以干燥基为基准。

4.4.4 燃料灰分、硫分、挥发分、热值

需填写燃料灰分、硫分（固体和液体燃料按硫分计；气体燃料按总硫计，总硫包含有机硫和无机硫）、挥发分、热值（低位发热量）。填报值以收到基为基准。

4.4.5 其他

企业如有需要说明的内容，可填写。

4.5 产排污环节、污染物及污染治理设施

4.5.1 废气

应填报对应产污环节名称、污染物种类、排放形式（有组织、无组织）、污染治理设施、有组织排

放口编号、排放口设置是否符合要求、排放口类型，其余项为系统自动生成。以下“4.5.1.1～4.5.1.4”为必填项。

4.5.1.1 废气产污环节名称、污染物种类、排放形式及污染治理设施

炼焦化学工业排污单位废气产污环节名称、污染物种类、排放形式及污染治理设施（措施）填报内容参见表 4。炼焦化学工业排污单位产污环节名称、污染物种类依据 GB 16171 和 GB 13271 确定。有地方排放标准要求的，按照地方排放标准确定。

表 4 炼焦化学工业排污单位废气产污环节名称、污染物种类、排放形式及污染治理设施（措施）一览表

废气产污环节名称	污染物种类	排放形式	污染治理设施（措施）			排放口类型
			污染治理设施（措施）名称及工艺	设施参数	是否为可行技术	
精煤破碎、焦炭破碎、筛分及转运	颗粒物	有组织	袋式除尘器、滤筒除尘器、湿式除尘器、其他	袋式除尘器滤料种类	□是 □否 如采用不属于“表10、表11”中的技术，应提供相关证明材料	一般排放口
		无组织	密闭煤场、筒仓、密闭皮带、封闭通廊、管状带式输送机、其他	—		—
焦炉烟囱（含焦炉烟气尾部脱硫、脱硝设施排放口）	颗粒物	有组织	袋式除尘器（干法或半干法脱硫时配套建设）、其他	袋式除尘器滤料种类		主要排放口
	二氧化硫		脱硫技术（石灰石/石灰-石膏法、氨法、氧化镁法、双碱法、循环流化床法、旋转喷雾法）、活性焦法、其他	脱硫介质		
	氮氧化物		脱硝技术（选择性催化还原法、选择性非催化还原法）、控硝技术（废气再循环、分段燃烧加热、焦炉加热自动控制）、控硝（废气再循环、分段燃烧加热、焦炉加热自动控制）+脱硝技术（选择性催化还原法、选择性非催化还原法）、活性焦法、其他	脱硝介质		
装煤	颗粒物 苯并[a]芘 二氧化硫	有组织	干式净化除尘地面站（袋式除尘器）、侧吸管集气技术、双 U 型导烟车高压氨水消烟除尘技术、其他	袋式除尘器滤料种类、地面站风机设计风量		主要排放口
		无组织	单孔炭化室压力调节无烟装煤技术、全封闭装煤车技术、其他	—		—
推焦	颗粒物	有组织	干式净化除尘地面站（袋式除尘器）、其他	袋式除尘器滤料种类、地面站风机设计风量		主要排放口
	二氧化硫		其他	—		
干法熄焦	颗粒物	有组织	干式净化除尘地面站（袋式除尘器）、其他	袋式除尘器滤料种类、地面站风机设计风量		主要排放口
	二氧化硫		其他			
粗苯管式炉、半焦烘干和氨分解炉等燃用焦炉煤气的设施	颗粒物 二氧化硫 氮氧化物	有组织	燃用净化后的煤气、其他	—		一般排放口
冷鼓、库区焦油各类贮槽	苯并[a]芘 氰化氢 酚类 非甲烷总烃 氨 硫化氢	有组织	洗净塔、其他	洗涤介质		一般排放口
		无组织	通过压力平衡装置返回吸煤气管道、其他	—		—
苯贮槽	苯 非甲烷总烃	有组织	洗净塔、其他	洗涤介质		一般排放口
		无组织	通过压力平衡装置返回吸煤气管道、其他	—		—
脱硫再生塔	氨 硫化氢	有组织	洗净塔、其他	洗涤介质		一般排放口
硫铵结晶干燥	颗粒物 氨	有组织	旋风除尘器后串联洗涤除尘、其他	洗涤介质		一般排放口

废气产污环节名称	污染物种类	排放形式	污染治理设施（措施）			排放口类型
			污染治理设施（措施）名称及工艺	设施参数	是否为可行技术	
锅炉烟囱	颗粒物 二氧化硫 氮氧化物 汞及其化合物 烟气黑度（林格曼黑度，级）	有组织	燃用净化后的煤气、其他	—	□是 □否 如采用不属于“表10、表11”中的技术，应提供相关证明材料	主要排放口
焦炉炉体	颗粒物 苯并[a]芘 硫化氢 氨 苯可溶物	无组织	焦炉炉盖采用密封结构，装煤后用泥浆密封；上升管盖、桥管与阀体承插采用水封装置；上升管根部采用铸铁底座，耐火石棉绳填塞，泥浆封闭；焦炉炉门采用弹簧炉门或敲打刀边炉门、厚炉门板、大保护板；焦炉炉柱采用大型焊接H型钢；半焦（兰炭）炭化炉采用自动连续加煤、微负压操作、炉顶布料系统配置捕集装置、其他	—		—
厂界	颗粒物 二氧化硫 氮氧化物 苯并[a]芘 氰化氢 苯 酚类 硫化氢 氨	无组织	—	—	—	—

4.5.1.2 污染治理设施、有组织排放口编号

污染治理设施编号可填写炼焦化学工业排污单位内部编号，若排污单位无内部编号，则根据《固定污染源（水、大气）编码规则（试行）》（环水体〔2016〕189号中附件4）编号并填报。

有组织排放口编号填写地方环境保护主管部门现有编号或由企业根据《固定污染源（水、大气）编码规则（试行）》（环水体〔2016〕189号中附件4）编号并填报。

4.5.1.3 排放口设置是否符合要求

根据《排污口规范化整治技术要求（试行）》，以及排污单位执行的排放标准中有关排放口规范化设置的规定，填报废气排放口设置是否符合规范化要求。

4.5.1.4 排放口类型

废气排放口分为主要排放口、一般排放口。主要排放口包括焦炉烟囱（含焦炉烟气尾部脱硫、脱硝设施排放口），装煤、推焦地面站排放口，干法熄焦地面站排放口，锅炉烟囱，其余为一般排放口，具体参见表4。

4.5.2 废水

应填报废水类别、污染物种类、排放去向、排放规律、污染治理设施、排放口编号、排放口设置是否符合要求、排放口类型。以下“4.5.2.1～4.5.2.5”为必填项。

4.5.2.1 废水类别、污染物种类及污染治理设施

炼焦化学工业排污单位废水类别、污染物种类及污染治理设施填报内容参见表5。炼焦化学工业排污单位污染物种类依据GB 16171确定。有地方排放标准要求的，按照地方排放标准确定。

4.5.2.2 排放去向及排放规律

炼焦化学工业排污单位应明确废水排放去向及排放规律。

废水排放去向分为：不外排；排至厂内综合污水处理站；直接进入海域；直接进入江河、湖、库等水环境；进入城市下水道（再入江河、湖、库）；进入城市下水道（再入沿海海域）；进入城市污水处理厂；进入其他单位；工业废水集中处理设施；其他（包括回喷、回填、回灌、回用等）。

表 5 炼焦化学工业排污单位废水类别、污染物种类及污染治理设施一览表

<table>
<tr><th rowspan="2">废水类别</th><th rowspan="2">污染物种类</th><th colspan="3">污染治理设施</th><th rowspan="2">排放口类型</th></tr>
<tr><th>污染治理设施名称及工艺</th><th>设施参数</th><th>是否为可行技术</th></tr>
<tr><td>湿熄焦废水</td><td>pH 值、悬浮物、化学需氧量（COD_{Cr}）、氨氮、挥发酚、氰化物</td><td>沉淀池、其他</td><td>湿法熄焦设计用水量</td><td rowspan="4">□是
□否
如采用不属于“表 12”中的技术，应提供相关证明材料</td><td>车间或生产设施废水排放口</td></tr>
<tr><td>剩余氨水
煤气水封水
粗苯分离水
终冷排污水</td><td rowspan="4">pH 值、悬浮物、化学需氧量（COD_{Cr}）、氨氮、五日生化需氧量（BOD_5）、总氮、总磷、石油类、挥发酚、硫化物、苯、氰化物、多环芳烃（PAHs）、苯并[a]芘</td><td>蒸氨、焚烧、其他</td><td>设计水量</td><td>—</td></tr>
<tr><td>蒸氨废水
初期雨水
其他废水</td><td>预处理技术：混凝沉淀、重力除油、气浮除油、化学除油、脱酚、湿式催化氧化、电化学法、其他；
生化处理技术：生物脱氮、其他</td><td>设计水量、初期雨水池容积、生物脱氮工艺（厌氧-缺氧-好氧法、缺氧-好氧-好氧法、厌氧-缺氧-好氧-好氧法等）</td><td>—</td></tr>
<tr><td>酚氰污水处理站出水</td><td>生物膜法、高级氧化、吸附、超滤、反渗透、混凝沉淀、蒸发、其他</td><td>酚氰污水处理站设计规模</td><td>车间或生产设施废水排放口</td></tr>
<tr><td>独立焦化企业废水总排放口或钢铁联合企业焦化分厂废水排放口排水</td><td>—</td><td>—</td><td>—</td><td>主要排放口</td></tr>
</table>

废水排放规律分为：连续排放，流量稳定；连续排放，流量不稳定，但有周期性规律；连续排放，流量不稳定，但有规律，且不属于周期性规律；连续排放，流量不稳定，属于冲击型排放；连续排放，流量不稳定且无规律，但不属于冲击型排放；间断排放，排放期间流量稳定；间断排放，排放期间流量不稳定，但有周期性规律；间断排放，排放期间流量不稳定，但有规律，且不属于非周期性规律；间断排放，排放期间流量不稳定，属于冲击型排放；间断排放，排放期间流量不稳定且无规律，但不属于冲击型排放。

4.5.2.3 污染治理设施、排放口编号

污染治理设施编号可填写炼焦化学工业排污单位内部编号，若排污单位无内部编号，则根据《固定污染源（水、大气）编码规则（试行）》（环水体〔2016〕189 号中附件 4）编号并填报。

排放口编号填写地方环境保护主管部门现有编号或由排污单位根据《固定污染源（水、大气）编码规则（试行）》（环水体〔2016〕189 号中附件 4）编号并填报。

4.5.2.4 排放口设置是否符合要求

根据《排污口规范化整治技术要求（试行）》，以及排污单位执行的排放标准中有关排放口规范化设置的规定，填报废水排放口设置是否符合规范化要求。

4.5.2.5 排放口类型

炼焦化学工业排污单位废水排放口分为主要排放口和一般排放口，其中独立焦化企业废水总排放口或钢铁联合企业焦化分厂废水排放口为主要排放口，车间或生产设施废水排放口为一般排放口，具体参见表 5。

4.6 其他要求

排污单位基本情况还应包括生产工艺流程图和厂区总平面布置图。生产工艺流程图应至少包括主要生产设施（设备）、主要原燃料的流向、生产工艺流程等内容。厂区总平面布置图应至少包括主体设施、公辅设施、全厂污水处理站等，同时注明厂区雨水和污水排放口位置。

5 产排污环节对应排放口及许可排放限值确定方法

5.1 污染物排放

5.1.1 废气排放口及执行标准

必填项，废气排放口应填报排放口地理坐标、排气筒高度、排气筒出口内径、国家或地方污染物排放标准、环境影响评价文件批复要求、承诺更加严格排放限值，其余项依据本标准 4.5 填报的内容，由信息平台系统自动生成。

5.1.2 废水排放口及执行标准

必填项，废水直接排放口应填报排放口地理坐标、间歇排放时段、受纳自然水体信息、汇入受纳自然水体处地理坐标、国家或地方污染物排放标准、环境影响评价文件批复要求、承诺更加严格排放限值，废水间接排放口应填报排放口地理坐标、间歇排放时段、受纳污水处理厂信息、国家或地方污染物排放标准、环境影响评价文件批复要求、承诺更加严格排放限值，其余项依据本标准 4.5 填报的内容，由信息平台系统自动生成。

5.2 许可排放限值

5.2.1 一般原则

许可排放限值包括污染物许可排放浓度和许可排放量。

对于大气污染物，以排放口为单位确定主要排放口和一般排放口许可排放浓度，以炼焦炉炉顶及企业边界确定无组织许可排放浓度。主要排放口和一般排放口逐一确定许可排放量，无组织排放不核算许可排放量。

对于水污染物，主要排放口管控许可排放浓度和许可排放量，一般排放口管控许可排放浓度。

按照国家或地方污染物排放标准等法律法规和管理制度要求，按照从严原则确定许可排放浓度，依据总量控制指标及本标准规定的方法从严确定许可排放量。2015 年 1 月 1 日（含）后取得环境影响评价文件批复的排污单位，许可排放限值还应同时满足环境影响评价文件和批复的要求。总量控制指标包括地方政府或环境保护主管部门发文确定的排污单位总量控制指标、环境影响评价文件批复时的总量控制指标、现有排污许可证中载明的总量控制指标、通过排污权有偿使用和交易确定的总量控制指标等地方政府或环境保护主管部门与排污许可证申领排污单位以一定形式确认的总量控制指标。

排污单位填报申请的许可排放限值时，应在《排污许可证申请表》中写明许可排放限值计算过程。

排污单位申请的许可排放限值可严于本标准规定。

5.2.2 许可排放浓度

5.2.2.1 废气

炼焦化学工业排污单位废气许可排放浓度依据污染物排放标准确定时，参考 GB 16171 和 GB 13271。有地方排放标准要求的，按照地方排放标准确定。

大气污染防治重点控制区按照《关于执行大气污染物特别排放限值的公告》和《关于执行大气污染物特别排放限值有关问题的复函》等相关文件的要求执行。其他执行大气污染物特别排放限值的地域范围、时间，由国务院环境保护主管部门或省级人民政府规定。

5.2.2.2 废水

炼焦化学工业排污单位废水许可排放浓度依据污染物排放标准确定时，参考 GB 16171。有地方排放标准要求的，按照地方排放标准确定。

5.2.3 许可排放量核算推荐方法

5.2.3.1 废气

明确炼焦化学工业排污单位排放废气中颗粒物、二氧化硫、氮氧化物的许可排放量。许可排放量包括年许可排放量和特殊时段许可排放量，有核发权的地方环境保护主管部门可根据环境管理规定调整许可排放量的核算周期。

a）年许可排放量

炼焦化学工业排污单位年许可排放量为主要排放口年许可排放量和一般排放口年许可排放量之和。年许可排放量是指允许排污单位连续 12 个月排放的污染物最大排放量，年许可排放量同时适用于考核自然年的实际排放量。地方环境保护主管部门可根据需要将年许可排放量按月进行细化。

$$E_{年许可} = E_{主要排放口年许可} + E_{一般排放口年许可} \tag{1}$$

式中：$E_{年许可}$——炼焦化学工业排污单位污染物年许可排放量，t；

$E_{主要排放口年许可}$——炼焦化学工业排污单位主要排放口污染物年许可排放量，t；

$E_{一般排放口年许可}$——炼焦化学工业排污单位一般排放口污染物年许可排放量，t。

1）主要排放口年许可排放量

炼焦化学工业排污单位主要排放口污染物年许可排放量由基准排气量、许可排放浓度、主要产品产能或锅炉设计燃料用量相乘确定。主要排放口污染物年许可排放量计算公式如下：

$$M_i = R \times Q \times \rho \times 10^{-9} \tag{2}$$

$$E_{主要排放口年许可} = \sum_{i=1}^{n} M_i \tag{3}$$

式中：M_i——第 i 个主要排放口污染物年许可排放量，t；

R——第 i 个主要排放口对应装置的主要产品产能或锅炉设计燃料用量，t 焦/a 或 m^3/a（kg/a）；

Q——基准排气量，m^3/t 焦或 m^3/m^3（m^3/kg），按表 6～表 9 进行取值；

ρ——废气污染物许可排放浓度限值，mg/m^3；

n——主要排放口个数。

2）一般排放口年许可排放量

炼焦化学工业排污单位一般排放口污染物年许可排放量由基准排气量、许可排放浓度、主要产品产能相乘确定。一般排放口污染物年许可排放量计算公式如下：

$$M_j = R \times Q \times \rho \times 10^{-9} \tag{4}$$

$$E_{一般排放口年许可} = \sum_{j=1}^{n} M_j \tag{5}$$

式中：M_j——第 j 个一般排放口污染物年许可排放量，t；

R——第 j 个一般排放口对应装置的主要产品产能，t 焦/a；

Q——基准排气量，m^3/t 焦或 m^3/m^3（m^3/kg），按表 6～表 9 进行取值；

ρ——废气污染物许可排放浓度限值，mg/m^3；

n——一般排放口个数。

表 6　炼焦化学工业排污单位有组织排放口基准排气量参考表（常规机焦炉）

单位：m^3/t 焦

产污环节名称		顶装		捣固
		炭化室≥6 m	炭化室 4.3～6 m	
主要排放口				
焦炉烟囱[a]	使用焦炉煤气加热	1 280	1 420	1 500
	使用高炉煤气加热	1 830	1 960	2 040
装煤地面站		340	360	360
推焦地面站		660	690	700
干法熄焦地面站		750		
一般排放口				
粗苯管式炉		100		
精煤破碎、焦炭破碎、筛分及转运		650		

[a] 如果采用混合煤气加热，若焦炉煤气所占百分比为η，则焦炉烟囱基准排气量等于$\alpha\times\eta+\beta\times(1-\eta)$ m^3/t，其中 α 为使用焦炉煤气加热对应的基准排气量，β 为使用高炉煤气加热对应的基准排气量。

表 7 炼焦化学工业排污单位有组织排放口基准排气量参考表（热回收焦炉）

单位：m^3/t 焦

产污环节名称	基准排气量
主要排放口	
焦炉烟囱	4 100
一般排放口	
精煤破碎、焦炭破碎、筛分及转运	650

表 8 炼焦化学工业排污单位有组织排放口基准排气量参考表（内热式半焦炭化炉）

单位：m^3/t 焦

产污环节名称	基准排气量
一般排放口	
精煤筛分、焦炭筛分及转运	650

表 9 炼焦化学工业排污单位锅炉基准排气量参考表

产污环节名称		基准排气量
燃气锅炉烟气 [a]/（m^3/m^3）	燃用焦炉煤气	6.0
	燃用高炉煤气	1.6
	燃用转炉煤气	2.1
燃煤锅炉烟气 [b]/（m^3/kg）	热值为 12.5 MJ/kg	6.2
	热值为 21 MJ/kg	9.9
	热值为 25 MJ/kg	11.6
燃油锅炉烟气 [b]/（m^3/kg）	热值为 38 MJ/kg	12.2
	热值为 40 MJ/kg	12.8
	热值为 43 MJ/kg	13.8

[a] 以混合煤气为燃料的燃气锅炉，其基准排气量为各类煤气的体积百分比与相应基准排气量乘积的加和。
[b] 燃用其他热值燃料的，可按照《动力工程师手册》进行计算。

b）特殊时段许可排放量

炼焦化学工业排污单位应按照国家或所在地区人民政府依规制定的冬防措施确定对应特殊时段月许可排放量。国家和地方环境保护主管部门依法规定的其他特殊时段短期许可排放量应当在排污许可证当中明确。

冬防期间炼焦化学工业排污单位月许可排放量计算公式如下：

$$E_{月许可} = E_{前一年环统月均排放量} \times (1-\beta) \tag{6}$$

式中：$E_{月许可}$——冬防期间炼焦化学工业排污单位月许可排放量，t；

$E_{前一年环统月均排放量}$——炼焦化学工业排污单位前一年环境统计实际排放量折算的月均值，t；

β——冬防期间排放量减少比例，%。

5.2.3.2 废水

明确炼焦化学工业排污单位外排化学需氧量、氨氮以及受纳水体环境质量超标且列入 GB 16171 中的其他污染物年许可排放量。单独排入城镇集中污水处理设施的生活污水无须申请许可排放量。对位于《“十三五”生态环境保护规划》及环境保护部正式发布的文件中规定的总磷、总氮总量控制区域内的炼焦化学工业排污单位，还应分别申请总磷及总氮年许可排放量。地方环境保护主管部门另有规定的，从其规定。

炼焦化学工业排污单位水污染物年许可排放量依据水污染物许可排放浓度限值、单位产品基准排水量、主要产品产能核定，计算公式如下：

$$D = S \times Q \times C \times 10^{-6} \tag{7}$$

式中：D——某种水污染物年许可排放量，t；

S——主要产品产能，t 焦/a；

Q——单位产品基准排水量，m^3/t 焦，按照 GB 16171 中规定取值，地方排放标准中有严格要求的，从其规定；

C——水污染物许可排放浓度限值，mg/L。

6　污染防治可行技术要求

6.1　一般原则

本标准中所列可行技术及运行管理要求可作为环境保护主管部门对排污许可证申请材料审核的参考。对于炼焦化学工业排污单位采用本标准所列可行技术的，原则上认为具备符合规定的污染防治设施或污染物处理能力。对于未采用本标准所列可行技术的，炼焦化学工业排污单位应当在申请时提供相关证明材料（如提供已有监测数据；对于国内外首次采用的污染治理技术，还应当提供中试数据等说明材料），证明可达到与污染防治可行技术相当的处理能力。

对于炼焦化学工业排污单位未采用本标准所列可行技术的，排污单位应当加强自行监测、台账记录，评估达标可行性。待《炼焦化学工业污染防治可行技术指南》发布后，以规范性文件为准。

6.2　废气

6.2.1　可行技术

炼焦化学工业排污单位废气可行技术参照表详见表 10。

表 10　炼焦化学工业排污单位废气可行技术参照表

<table>
<tr><th rowspan="2">废气产污环节名称</th><th rowspan="2">污染物种类</th><th colspan="2">可行技术</th></tr>
<tr><th>执行特别排放限值排污单位</th><th>其他排污单位</th></tr>
<tr><td>精煤破碎、焦炭破碎、筛分及转运</td><td>颗粒物</td><td>袋式除尘器</td><td>袋式除尘器、滤筒除尘器、湿式除尘器</td></tr>
<tr><td rowspan="3">焦炉烟囱（含焦炉烟气尾部脱硫、脱硝设施排放口）</td><td>颗粒物</td><td>袋式除尘器（干法或半干法脱硫时配套建设）</td><td>袋式除尘器（干法或半干法脱硫时配套建设）</td></tr>
<tr><td>二氧化硫</td><td>脱硫技术（石灰石/石灰-石膏法、氧化镁法、循环流化床法、旋转喷雾法、氨法）</td><td>脱硫技术（石灰石/石灰-石膏法、氧化镁法、循环流化床法、旋转喷雾法、氨法）</td></tr>
<tr><td>氮氧化物</td><td>脱硝技术（选择性催化还原法）、控硝（废气再循环、分段燃烧加热、焦炉加热自动控制）+脱硝技术（选择性催化还原法、选择性非催化还原法）</td><td>脱硝技术（选择性催化还原法、选择性非催化还原法）、控硝技术（废气再循环、分段燃烧加热、焦炉加热自动控制）、控硝（废气再循环、分段燃烧加热、焦炉加热自动控制）+脱硝技术（选择性催化还原法、选择性非催化还原法）</td></tr>
<tr><td rowspan="2">装煤</td><td>颗粒物
苯并[a]芘</td><td>干式净化除尘地面站（袋式除尘器）</td><td>干式净化除尘地面站（袋式除尘器）</td></tr>
<tr><td>二氧化硫</td><td>—</td><td>—</td></tr>
<tr><td rowspan="2">推焦</td><td>颗粒物</td><td>干式净化除尘地面站（袋式除尘器）</td><td>干式净化除尘地面站（袋式除尘器）</td></tr>
<tr><td>二氧化硫</td><td>—</td><td>—</td></tr>
<tr><td rowspan="2">干法熄焦</td><td>颗粒物</td><td>干式净化除尘地面站（袋式除尘器）</td><td>干式净化除尘地面站（袋式除尘器）</td></tr>
<tr><td>二氧化硫</td><td>—</td><td>—</td></tr>
<tr><td>粗苯管式炉、半焦烘干和氨分解炉等燃用焦炉煤气的设施</td><td>颗粒物
二氧化硫
氮氧化物</td><td>燃用净化后的煤气</td><td>燃用净化后的煤气</td></tr>
<tr><td>冷鼓、库区焦油各类贮槽</td><td>苯并[a]芘
氰化氢
酚类
非甲烷总烃
氨
硫化氢</td><td>洗净塔</td><td>洗净塔</td></tr>
<tr><td>苯贮槽</td><td>苯
非甲烷总烃</td><td>洗净塔</td><td>洗净塔</td></tr>
<tr><td>脱硫再生塔</td><td>氨
硫化氢</td><td>洗净塔</td><td>洗净塔</td></tr>
<tr><td>硫铵结晶干燥</td><td>颗粒物
氨</td><td>旋风除尘器后串联洗涤除尘</td><td>旋风除尘器后串联洗涤除尘</td></tr>
<tr><td>锅炉烟囱</td><td>颗粒物
二氧化硫
氮氧化物
汞及其化合物
烟气黑度（林格曼黑度，级）</td><td>燃用净化后的煤气</td><td>燃用净化后的煤气</td></tr>
</table>

6.2.2 运行管理要求

6.2.2.1 有组织排放控制要求

产生废气污染物的生产工艺和装置必须设立局部或整体气体收集系统和净化处理装置，达标排放。新建项目各排气筒具体高度可由环境影响评价文件确定。对于燃油、燃气锅炉，其烟囱高度不应低于 8 m。炼焦化学工业排污单位其他排气筒高度不应低于 15 m（排放氰化氢废气的排气筒高度不得低于 25 m）。新建锅炉房的烟囱和炼焦化学工业排污单位其他排气筒周围半径 200 m 范围内有建筑物时，排气筒高度还应高出最高建筑物 3 m 以上。

6.2.2.2 无组织排放控制要求

对于炼焦化学工业排污单位无组织排放，需明确相应的无组织排放控制措施，具体见表 11。

表 11 炼焦化学工业排污单位无组织排放控制措施表

废气产污环节名称		无组织控制措施
精煤破碎、焦炭破碎、筛分及转运	原料煤堆场	密闭煤场或筒仓
	炼焦煤、焦炭输送	采用密闭皮带、封闭通廊或管状带式输送机输送
	原辅材料及产品的破碎、筛分及转运	破碎、筛分室封闭，配置捕集装置
焦炉炉体	焦炉炉盖	采用密封结构，装煤后用泥浆密封
	上升管盖、桥管与阀体承插	采用水封装置
	上升管根部	采用铸铁底座，耐火石棉绳填塞，泥浆封闭
	焦炉炉门	采用弹簧炉门或敲打刀边炉门、厚炉门板、大保护板
	焦炉炉柱	采用大型焊接 H 型钢
装煤		收集装煤过程中产生的炉头烟或采用单孔炭化室压力调节无烟装煤技术
冷鼓、库区焦油各类贮槽		通过压力平衡装置返回吸煤气管道
苯贮槽		通过压力平衡装置返回吸煤气管道
半焦（兰炭）炭化炉		自动连续加煤、微负压操作、炉顶布料系统配置捕集装置
半焦（兰炭）炭化炉氨水循环池		全密闭，产生的废气引入炭化炉焚烧
其他		尽可能采用焊接管道，减少法兰用量

6.3 废水

6.3.1 可行技术

炼焦化学工业排污单位废水可行技术参照表 12。

表 12 炼焦化学工业排污单位废水可行技术参照表

废水类别	污染物种类	可行技术
湿熄焦废水	pH 值、悬浮物、化学需氧量（COD_{Cr}）、氨氮、挥发酚、氰化物	—
剩余氨水 煤气水封水 粗苯分离水 终冷排污水	pH 值、悬浮物、化学需氧量（COD_{Cr}）、氨氮、五日生化需氧量（BOD_5）、总氮、总磷、石油类、挥发酚、硫化物、苯、氰化物、多环芳烃（PAHs）、苯并[a]芘	蒸氨、焚烧
蒸氨废水 初期雨水 其他废水		预处理技术：混凝沉淀、重力除油、气浮除油、化学除油、脱酚、电化学法； 生化处理技术：生物脱氮
酚氰污水处理站出水		生物膜法、高级氧化、吸附、超滤、反渗透、蒸发

6.3.2 运行管理要求

水污染防治要求包括但不限于：湿熄焦废水沉淀后循环利用；剩余氨水、煤气水封水、粗苯分离水、终冷排污水送蒸氨系统处理后方可送往酚氰污水处理系统进一步处理；半焦（兰炭）生产废水应采用除油、脱酚、蒸氨处理后方可进入酚氰污水处理系统，或直接返回炭化炉焚烧处理；炼焦化学工业排污单位需配备全厂污水处理系统。

7　自行监测管理要求

7.1　一般原则

炼焦化学工业排污单位在申请排污许可证时，应当按照本标准确定产排污环节、排放口、污染因子及许可限值的要求，制定自行监测方案并在《排污许可证申请表》中明确。《排污单位自行监测技术指南　钢铁工业》发布后，自行监测方案的制定从其要求。热水锅炉和 65 t/h 及以下蒸汽锅炉按照 HJ 820 制定自行监测方案。

2015 年 1 月 1 日（含）后取得环境影响评价文件批复的排污单位，其环境影响评价文件及批复中有其他自行监测管理要求的，应当同步完善。

7.2　监测方案

自行监测方案中应明确排污单位的基本情况、监测点位、监测指标、执行的排放标准及其限值、监测频次、监测方法和仪器、采样方法、监测质量控制、监测点位示意图、监测结果公开时限等。对于采用自动监测的，排污单位应当如实填报采用自动监测的污染物指标、自动监测系统联网情况、自动监测系统的运行维护情况等；对于无自动监测的大气污染物和水污染物指标，排污单位应当填报开展手工监测的污染物排放口、监测点位、监测方法、监测频次等。

7.3　自行监测要求

炼焦化学工业排污单位可自行或委托监测机构开展监测工作，并安排专人专职对监测数据进行记录、整理、统计和分析，对监测结果的真实性、准确性、完整性负责。手工监测时生产负荷应不低于本次监测与上一次监测周期内的平均生产负荷。

7.3.1　监测内容

自行监测内容包括 GB 16171 和 GB 13271 中涉及的各项废气污染物和废水污染物。炼焦化学工业排污单位应当开展自行监测的排放源包括有组织废气、无组织废气、生产废水、生活污水、雨水的全部排放源。废气污染物包括颗粒物、二氧化硫、苯并[*a*]芘、氰化氢、苯、酚类、非甲烷总烃、氮氧化物、氨、硫化氢、苯可溶物，废水污染物包括 pH 值、悬浮物、化学需氧量（COD_{Cr}）、氨氮、五日生化需氧量（BOD_5）、总磷、总氮、石油类、挥发酚、硫化物、苯、氰化物、多环芳烃（PAHs）、苯并[*a*]芘。雨水监测因子包括化学需氧量（COD_{Cr}）、氨氮、石油类。

7.3.2　监测点位

排污单位开展自行监测的点位包括废气外排口、废水外排口、无组织排放监测点位、内部监测点位、周边环境影响监测点位等。

7.3.2.1　废气外排口

通过排气筒等方式排放至外环境的废气，在排气筒或者原烟气与净烟气混合后的混合烟道上设置废气外排口监测点位；对于净烟气直接排放的，在净烟气烟道上设置监测点位；有旁路的旁路烟道（如焦炉热备烟囱）也应设置监测点位，并且进行自动监测；焦炉烟囱设有单独脱硫、脱硝设施排放口的，应在焦炉烟囱脱硫、脱硝设施排放口设置监测点位。废气监测平台、监测点位和监测孔的设置应符合 HJ/T 76、HJ/T 397 等的要求。

7.3.2.2　废水外排口

废水外排口应符合 HJ/T 91、《排污口规范化整治技术要求（试行）》以及排污单位执行的排放标准中有关排放口规范化设置规定等要求。

排污单位的废水监控位置为独立焦化企业废水总排放口或钢铁联合企业焦化分厂废水排放口、车间或生产设施废水排放口。废水通过总排放口直接排放的，在总排放口采样；废水间接排放的，在排污单位污水处理设施排放口后、进入公共污水处理系统前的用地红线边界位置采样。对于单独排入海域、江河、湖、库等环境水体的生活污水应按照 HJ/T 91 要求执行。

选取全厂雨水排放口开展监测。对于有多个雨水排放口的排污单位，对全部排放口开展监测。雨水监测点位设在厂内雨水排放口后、排污单位用地红线边界位置。在确保雨水排放口有流量的前提下，在雨后 15 min 内进行采样；对于雨水口没有流量的前提下，可考虑在厂内雨水收集池内进行采样。

7.3.2.3 无组织排放监测点位

存在废气无组织排放的，应设置无组织排放监测点位，具体要求按照 GB 16171 执行。炼焦化学工业排污单位无组织排放监控位置包括焦炉炉顶及排污单位厂界。

7.3.2.4 内部监测点位

当环境管理有要求或排污单位认为有必要更好地说清楚自身污染治理及排放状况的，可以在排污单位内部设置监测点位。

7.3.2.5 周边环境影响监测点位

对于 2015 年 1 月 1 日（含）后取得环境影响评价文件批复的排污单位，周边环境影响监测点位按照环境影响评价文件要求设置。

7.4 监测技术手段

自行监测技术手段包括自动监测、手工监测两种类型。

焦炉烟囱颗粒物、二氧化硫、氮氧化物及装煤、推焦、干法熄焦地面站颗粒物、二氧化硫均须采用自动监测。此外，根据《关于加强京津冀高架源污染物自动监控有关问题的通知》，京津冀地区及传输通道城市炼焦化学工业企业其他排放烟囱超过 45 m 的高架源，也应安装污染源自动监控设备。废水总排放口流量、pH 值、化学需氧量（COD_{Cr}）和氨氮须采用自动监测。设区的市级以上环境保护主管部门明确要求安装自动监测设备的污染物监测指标，须采用自动监测。

未要求采用自动监测的排放口及污染物，应采用手工监测。鼓励采用自动监测。

7.5 监测频次

采用自动监测的，按照 HJ/T 75 开展自动监测数据的校验比对。根据《污染源自动监控设施运行管理办法》的要求，自动监测设施不能正常运行期间，应按要求将手工监测数据向环境保护主管部门报送，每天不少于 4 次，间隔不得超过 6 h。

采用手工监测的，监测频次不能低于国家或地方发布的标准、规范性文件、环境影响评价文件及批复等明确规定的频次要求。

炼焦化学工业排污单位可参照表 13～表 15 确定自行监测频次，《排污单位自行监测技术指南　钢铁工业》颁布实施后，从其规定。对于表 13～表 15 中未涉及的其他排放口，有明确排放标准的，应当按照填报的产排污环节确定监测指标及频次，监测频次原则上不得低于 1 次/年。地方环境保护主管部门可根据环境质量改善需要，制定更严格的监测频次要求。

表 13　有组织废气监测指标最低监测频次

污染物排放环节	监测点位	监测指标	监测频次
精煤破碎、焦炭破碎、筛分及转运	除尘器排放口	颗粒物	年
装煤	装煤地面站排放口	颗粒物、二氧化硫	自动监测
		苯并[a]芘	半年
推焦	推焦地面站排放口	颗粒物、二氧化硫	自动监测
焦炉烟囱	焦炉烟囱（含焦炉烟气尾部脱硫、脱硝设施排放口）	颗粒物、二氧化硫、氮氧化物	自动监测
干法熄焦	干法熄焦地面站排放口	颗粒物、二氧化硫	自动监测
粗苯管式炉、半焦烘干和氨分解炉等燃用焦炉煤气的设施	设施排放口	颗粒物、二氧化硫、氮氧化物	半年
冷鼓、库区焦油各类贮槽	洗净塔排放口	苯并[a]芘、氰化物、酚类、非甲烷总烃、氨、硫化氢	半年
苯贮槽	洗净塔排放口	苯、非甲烷总烃	半年
脱硫再生塔	洗净塔排放口	氨、硫化氢	半年
硫铵结晶干燥	除尘器排放口	颗粒物、氨	半年

表 14　无组织废气监测指标最低监测频次

监测点位	监测指标	监测频次
焦炉炉顶	颗粒物、苯并[*a*]芘、硫化氢、氨、苯可溶物	季度
厂界	颗粒物、二氧化硫、苯并[*a*]芘、氰化氢、苯、酚类、硫化氢、氨、氮氧化物	季度

表 15　废水监测指标最低监测频次

监测点位	监测指标	监测频次
独立焦化排污单位废水总排放口或钢铁联合排污单位焦化分厂废水排放口	流量	自动监测
	pH 值	自动监测
	悬浮物	月
	化学需氧量（COD_{Cr}）	自动监测
	氨氮	自动监测
	五日生化需氧量（BOD_5）	月
	总氮	周（日）
	总磷	周（日）
	石油类	月
	挥发酚	月
	硫化物	月
	苯	月
	氰化物	月
车间或生产设施废水排放口[a]	流量	月
	多环芳烃（PAHs）	月
	苯并[*a*]芘	月
车间或生产设施废水排放口[b]	pH 值	周
	悬浮物	周
	化学需氧量（COD_{Cr}）	周
	氨氮	周
	挥发酚	周
	氰化物	周

注 1：总氮（无机氮）/总磷（活性磷酸盐）超标的流域或沿海地区以及环境保护部正式发布文件中规定的其他总磷、总氮总量控制区域，总氮/总磷最低监测频次按日执行。

注 2：雨水排口污染物（化学需氧量、氨氮、石油类）排放期间每日至少开展一次监测。

注 3：单独排入地表水、海水的生活污水排放口污染物（流量、pH 值、化学需氧量、五日生化需氧量、悬浮物、氨氮、动植物油、总氮、总磷）每月至少开展一次监测。

[a] 若酚氰污水处理站仅处理生产工艺废水，则在酚氰污水处理站排放口监测；若有其他废水进入酚氰污水处理站混合处理，应在其他废水混入前对生产工艺废水采样监测，环境保护部另有规定的从其规定。

[b] 指洗煤、熄焦和高炉冲渣的回用水池内和补水口，其中回用水池内仅监测挥发酚。

7.6　采样和测定方法

7.6.1　自动监测

废气自动监测参照 HJ/T 75、HJ/T 76 执行。

废水自动监测参照 HJ/T 353、HJ/T 354、HJ/T 355、HJ/T 356 执行。

7.6.2　手工监测

废气手工采样方法参照 GB/T 16157、HJ/T 397 执行。

无组织排放采样方法参照 HJ/T 55 执行。

周边大气环境质量监测点采样方法参照 HJ/T 194 执行。

废水手工采样方法参照 HJ 494、HJ 495 和 HJ/T 91 执行。

7.6.3　测定方法

废气、废水污染物的测定按照 GB 16171 和 GB 13271 中规定的污染物浓度测定方法执行，国家或地方法律法规等另有规定的，从其规定。

7.7　数据记录要求

监测期间手工监测的记录和自动监测运维记录按照 HJ 819 执行。

应同步记录监测期间的生产工况。

7.8 监测质量保证与质量控制

按照 HJ 819、HJ/T 373、《排污单位自行监测技术指南　钢铁工业》的要求，排污单位应根据自行监测方案及开展状况，建立自行监测质量保证与质量控制体系。

7.9 自行监测信息公开

排污单位应按照 HJ 819 要求开展自行监测信息公开。

8 环境管理台账记录与执行报告编制规范

8.1 环境管理台账记录要求

8.1.1 台账记录内容

排污单位应建立环境管理台账制度，设置专人专职进行台账的记录、整理、维护和管理，并对台账记录结果的真实性、准确性、完整性负责。

台账应真实记录生产设施运行管理信息、污染治理设施运行管理信息、非正常情况记录信息、监测记录信息、其他环境管理信息。设施编号按照排污许可证副本中载明的编码记录。记录格式可参照本标准或《环境管理台账及排污许可证执行报告技术规范》，也可结合实际情况和地方环境保护主管部门要求自行制定记录内容格式。

8.1.1.1 生产设施运行管理信息

记录生产设施运行参数，包括设备名称、主要生产设施参数、设计生产能力、生产负荷、产品、原辅料及燃料使用情况等。

a）生产负荷：各生产环节产品产量与设计生产能力之比；

b）产品产量：最终产品产量；

c）原辅料：记录名称、种类、用量等；

d）燃料：总硫含量、硫化氢含量、氨含量、一氧化碳含量、甲烷含量、热值（低位发热量）等。

记录内容参见附录 A 中表 A.1、表 A.2。

8.1.1.2 污染治理设施运行管理信息

记录所有污染物治理设施的规格参数、污染物排放情况、停运时段、主要药剂添加情况等。

a）污染物排放情况：

废气治理设施应记录烟气量、污染物因子、排放浓度、排放量、治理效率、数据来源，还应明确排放口烟气温度、压力、排气筒高度、排放时间等，记录内容参见附录 A 中表 A.3。

废水治理设施应记录出口流量、污染物因子、出口浓度、治理效率、数据来源、标准限值、排放去向，记录内容参见附录 A 中表 A.4。

b）停运时段：开始时间、结束时间，记录内容反映排污单位环保设施运行状况。

c）主要药剂添加情况：记录添加药剂名称、添加时间、添加量。

d）涉及治理设施分布式控制系统（DCS）的记录原则：要求保留彩色曲线图，注明设施编号及各条曲线含义，相同参数使用同一种颜色。根据参数的变化区间合理设置参数量程，每台设备或治理设施核算期同一参数量程保持不变。对曲线图中的不同参数进行合理布局，避免重叠。曲线应至少包括以下内容：

脱硫 DCS 曲线：负荷、烟气流量、氧含量、净烟气二氧化硫浓度、出口烟气温度等信息。

脱硝 DCS 曲线：负荷、烟气流量、氧含量、净烟气氮氧化物浓度、出口烟气温度等信息。

除尘 DCS 曲线：负荷、烟气流量、氧含量、净烟气颗粒物浓度、出口烟气温度等信息。

8.1.1.3 非正常情况记录信息

应记录非正常（停运）时刻、恢复（启动）时刻、事件原因、是否报告、应对措施等。记录内容参见附录 A 中表 A.5。

8.1.1.4　监测记录信息

a）有组织废气

有组织废气污染物排放情况手工监测信息应记录采样日期、样品数量、采样方法、采样人姓名等采样信息，并记录排放口编码、工况烟气量、排放口温度、污染因子、许可排放浓度限值、监测浓度、测定方法以及是否超标等信息。若监测结果超标，应说明超标原因。记录内容参见附录 A 中表 A.6。

b）无组织废气

无组织废气污染物排放情况手工监测应记录采样日期、无组织采样点位数量、各点位样品数量、采样方法、采样人姓名等采样信息，并记录无组织排放编码、污染因子、采样点位、各采样点监测浓度、许可排放浓度限值、测定方法、是否超标。若监测结果超标，应说明超标原因。记录内容参见附录 A 中表 A.7。

c）废水污染物排放情况手工监测记录信息应记录采样日期、样品数量、采样方法、采样人姓名等采样信息，并记录排放口编码、废水类型、水温、出口流量、污染因子、出口质量浓度、许可排放质量浓度限值、测定方法以及是否超标。若监测结果超标，应说明超标原因。记录内容参见附录 A 中表 A.8。

d）自动监测运维记录

包括自动监测系统运行状况、系统辅助设备运行状况、系统校准、校验工作等；仪器说明书及相关标准规范中规定的其他检查项目等。

8.1.1.5　其他环境管理信息

排污单位应记录无组织废气污染治理措施运行、维护、管理相关的信息，包括措施名称、运行时间、检查维护次数、管理人员情况等。

排污单位在冬防期间等特殊时段应记录管理要求、执行情况（包括特殊时段生产设施运行管理信息和污染治理设施运行管理信息）等。

排污单位还应根据环境管理要求和排污单位自行监测内容需求，自行增补记录。

8.1.2　台账记录频次

8.1.2.1　生产设施运行管理信息

生产运行状况：按照排污单位生产班制记录，每班记录一次。

产品产量：连续性生产的设施按照班制记录，每班记录一次；周期性生产的设施按照一个周期进行记录，周期小于一天的按照一天记录。

原辅料及燃料使用情况：每班记录一次。

8.1.2.2　污染治理设施运行管理信息

环保设施运行状况：按照排污单位生产班制记录，每班记录一次。

污染物排放情况：连续排放污染物的按班制记录，每班记录一次；非连续排放污染物的按照产排污阶段记录，每阶段记录一次。安装自动监测设施的实时在线记录，DCS 曲线原则上以 7 d 为周期截屏。

药剂添加情况：每班记录一次。

8.1.2.3　非正常情况记录信息

非正常情况信息按工况期记录，每工况期记录一次。

8.1.2.4　监测记录信息

监测数据的记录频次按照本标准中所确定的监测频次基本原则要求进行记录。

8.1.2.5　其他环境管理信息

无组织废气污染治理措施运行、维护、管理相关的信息记录频次原则上不小于 1 d。

冬防期间等特殊时段的台账记录频次原则上与正常生产记录频次一致，涉及停产的排污单位或生产工序原则上仅对起始和结束当天进行一次记录，地方环境保护主管部门有特殊要求的，从其规定。

8.1.3　台账记录形式及保存

台账应当按照纸质储存和电子化储存两种形式同步管理，台账保存期限不得少于 3 年。

纸质台账应存放于保护袋、卷夹或保护盒中，专人保存于专门的档案保存地点，并由相关人员签字。档案保存应采取防光、防热、防潮、防细菌及防污染等措施。纸质类档案如有破损应随时修补。

电子台账保存于专门存储设备中，并保留备份数据。存储设备由专人负责管理，定期进行维护。电子台账根据地方环境保护主管部门管理要求定期上传，纸质台账由排污单位留存备查。

8.2　执行报告编制规范

8.2.1　一般原则

排污许可证执行报告按报告周期分为年度执行报告、半年执行报告、季度执行报告和月度执行报告。持有排污许可证的炼焦化学工业排污单位，均应按照本标准规定提交年度执行报告与季度执行报告。地方环境保护主管部门有更高要求的，排污单位还应根据其规定，提交半年执行报告或月度执行报告。排污单位应在全国排污许可证管理信息平台上按时填报并提交执行报告，同时向有核发权的环境保护主管部门提交通过平台生成的书面执行报告。

排污单位对排污许可证执行报告的真实性和有效性负责。执行报告应能够反映排污单位的运行现状和排污许可证执行情况。执行报告由排污单位技术负责人审核，经法定代表人或实际负责人同意后提交。

8.2.2　执行报告编制内容

8.2.2.1　年度执行报告编制内容

年度执行报告编制内容包括以下 13 部分：

a）排污单位基本情况；

b）遵守法律法规情况；

c）污染防治设施运行情况；

d）自行监测执行情况；

e）环境管理台账执行情况；

f）实际排放情况及达标判定分析；

g）排污费（环境保护税）缴纳情况；

h）信息公开情况；

i）排污单位环境管理体系建设与运行情况；

j）其他排污许可证规定的内容执行情况；

k）其他需要说明的问题；

l）结论；

m）附图、附件要求。

8.2.2.2　半年执行报告编制内容

半年执行报告主要内容应至少包括排污单位基本生产信息、污染防治设施运行情况、污染物实际排放情况及达标判定分析、自行监测执行情况、超标排放或污染防治设施异常的情况说明等。

8.2.2.3　月度/季度执行报告编制内容

月度/季度执行报告主要内容应至少包括每月/每季度向环境保护主管部门上报污染物实际排放情况及达标判定分析、超标排放或污染防治设施异常的情况说明。

8.2.3　执行报告上报频次

8.2.3.1　年度执行报告上报频次

排污单位应至少每年上报一次排污许可证年度执行报告，于次年 1 月底前提交至排污许可证核发机关。对于持证时间不足 3 个月的，当年可不上报年度执行报告，排污许可证执行情况纳入下一年度执行报告。

8.2.3.2　半年执行报告上报频次

排污单位应根据环境保护主管部门的要求提交半年执行报告，上半年执行报告周期为当年 1—6 月，于每年 7 月底前提交至排污许可证核发机关，提交年度执行报告时可免报下半年执行报告。对于持证时间不足 3 个月的，该报告周期内可不上报半年执行报告，纳入下一半年执行报告。

8.2.3.3　季度执行报告上报频次

排污单位应至少每季度上报一次排污许可证季度执行报告，于下一季度首月 15 日前提交至排污许可证核发机关。对于持证时间不足 1 个月的，该报告周期内可不上报季度执行报告，排污许可证执行情况纳入下一季度执行报告。

8.2.3.4　月度执行报告上报频次

排污单位应根据环境保护主管部门的要求每月度上报一次月度执行报告，于下一月 15 日前提交至排污许可证核发机关，提交季度执行报告、半年执行报告或年度执行报告时，可免报当月月度执行报告。对于持证时间不足 10 d 的，该报告周期内可不上报月度执行报告，排污许可证执行情况纳入下一月度执行报告。

9　实际排放量核算方法

9.1　实测法

9.1.1　废气

9.1.1.1　正常情况下废气污染物实际排放量核算

a）主要排放口废气污染物实际排放量核算方法

炼焦化学工业排污单位采用自动监测实测法核算主要排放口废气污染物实际排放量。

废气自动监测实测法是指根据符合监测规范的污染物有效小时平均排放浓度、平均标态排气量、排放时间核算实际排放量。计算公式如下：

$$M_{i主要排放口}=\sum_{t=1}^{n}\left(\rho_t\times q_t\times 10^{-9}\right) \tag{8}$$

式中：$M_{i主要排放口}$——核算时段内第 i 个废气主要排放口污染物的实际排放量，t；

ρ_t——废气污染物在第 t 小时实测平均排放质量浓度，mg/m^3；

q_t——废气污染物在第 t 小时平均排气量（标态），m^3/h；

n——核算时段内的废气污染物排放小时数，h。

要求采用自动监测而未采用的排放口或污染物，按照产排污系数法核算实际排放量，且按直接排放核算。

对于因自动监控设施发生故障以及其他情况导致数据缺失的按照 HJ/T 75 进行补遗。缺失时段超过 25%的，自动监测数据不能作为核算实际排放量的依据，按照产排污系数法核算颗粒物、二氧化硫、氮氧化物的实际排放量，且按直接排放核算。

排污单位提供充分证据证明自动监测数据缺失、数据异常等不是排污单位责任的，可按照排污单位提供的手工监测数据等核算实际排放量，或者按照上一个半年申报期间稳定运行的自动监测数据小时质量浓度均值和半年平均烟气量，核算数据缺失时段的排放量。

b）一般排放口废气污染物实际排放量核算方法

炼焦化学工业排污单位采用手工监测实测法核算一般排放口废气污染物实际排放量。

手工监测实测法是指根据每次手工监测时段内每小时污染物的平均排放质量浓度、平均烟气流量、排放时间核算污染物排放量。手工监测包括排污单位自行手工监测和执法监测，同一时段的手工监测数据与执法监测数据不一致，以执法监测数据为准。计算公式如下：

$$M_{i\text{一般排放口}} = \sum_{j=1}^{m} \left(\rho_j \times q_j \times T_j \times 10^{-9} \right) \tag{9}$$

式中：$M_{i\text{一般排放口}}$——核算时段内第 i 个废气一般排放口污染物的实际排放量，t；

ρ_j——第 i 个废气一般排放口在第 j 个核算时段内的污染物平均实测质量浓度，mg/m^3；

q_j——第 i 个废气一般排放口在第 j 个核算时段内的平均排气量（标态），m^3/h；

T_j——第 i 个废气一般排放口在第 j 个核算时段内的累计实际运行时间，h；

m——核算时段的个数。

排污单位应将手工监测时段内生产负荷与核算时段内的平均生产负荷进行对比，并给出对比结果。

c）炼焦化学工业排污单位正常情况下废气污染物实际排放量核算方法

正常情况下废气污染物实际排放量计算公式如下：

$$E_{\text{正常情况废气}} = \sum_{i=1}^{e} M_{i\text{主要排放口}} + \sum_{i=1}^{f} M_{i\text{一般排放口}} \tag{10}$$

式中：$E_{\text{正常情况废气}}$——正常情况下全厂废气污染物的实际排放量，t；

e——主要排放口个数；

f——一般排放口个数。

9.1.1.2 非正常情况下废气污染物实际排放量核算

炼焦化学工业排污单位在焦炉、脱硫脱硝装置等设备故障、检维修等非正常排放期间污染物实际排放量采用实测法核定。

9.1.1.3 全厂废气污染物实际排放量核算

$$E_{\text{全厂废气}} = E_{\text{正常情况废气}} + E_{\text{非正常情况废气}} \tag{11}$$

9.1.2 废水

9.1.2.1 正常情况下废水污染物实际排放量核算

a）化学需氧量（COD_{Cr}）和氨氮实际排放量方法

炼焦化学工业排污单位废水总排放口化学需氧量（COD_{Cr}）、氨氮、流量采用自动监测，采取自动监测实测法核算全厂化学需氧量（COD_{Cr}）、氨氮实际排放量。废水自动监测实测法是指根据符合监测规范的污染物有效日平均排放浓度、平均流量、排放时间核算废水污染物排放量，核算方法计算公式如下：

$$E_{\text{正常情况废水}} = \sum_{i=1}^{n} \left(\rho_i \times q_i \times 10^{-6} \right) \tag{12}$$

式中：$E_{\text{正常情况废水}}$——核算时段内化学需氧量（COD_{Cr}）和氨氮的实际排放量，t；

ρ_i——污染物在第 i 日的实测平均排放质量浓度，mg/L；

q_i——第 i 日流量，m^3/d；

n——核算时段内的废水污染物排放天数，d。

对要求采用自动监测的排放口或污染因子，在自动监测数据由于某种原因出现中断或其他情况下，应按照 HJ/T 356 进行补遗。

要求采用自动监测而未采用的排放口或污染物，按照产排污系数法核算实际排放量，且按直接排放核算。

无有效自动监测数据时，采用手工监测数据进行核算。手工监测数据包括核算时间内的所有执法监测数据和排污单位自行或委托的有效手工监测数据。排污单位自行或委托的手工监测频次、监测期间生产工况、数据有效性等须符合相关规范文件等要求。

b）其他污染因子实际排放量核算方法

总磷、总氮及受纳水体环境质量超标且列入 GB 16171 中的其他污染因子实际排放量核算方法计算公式如下：

$$E_{正常情况废水}=\sum_{i=1}^{n}\left(\rho_i\times q_i\times10^{-6}\right) \qquad (13)$$

式中：$E_{正常情况废水}$——核算时段内总磷、总氮及其他超标污染因子的实际排放量，t；

ρ_i——污染物第 i 个核算时段实测排放质量浓度，mg/L；

q_i——第 i 个核算时段的总流量，m^3；

n——核算时段的个数。

排污单位应将手工监测时段内生产负荷与核算时段内的平均生产负荷进行对比，并给出对比结果。

9.1.2.2 非正常情况下废水污染物实际排放量核算

废水处理设施非正常情况下的排水，如无法满足排放标准要求时，不应直接排入外环境。

如因特殊原因造成污染治理设施未正常运行导致超标排放污染物的，实际排放量采用实测法核定。偷排偷放污染物的，采用产排污系数法核算实际排放量，且按照直接排放进行核算。

9.1.2.3 全厂废水污染物实际排放量核算

$$E_{全厂废水}=E_{正常情况废水}+E_{非正常情况废水} \qquad (14)$$

9.2 产排污系数法

采用产排污系数法核算污染物排放量的，根据单位产品污染物的产生量和排放量进行核算。

相关产排污系数参考《污染源普查产排污系数手册（上）》（中国环境科学出版社 2011 年 9 月第 1 版）。

10 合规判定方法

10.1 一般原则

合规是指排污单位许可事项和环境管理要求符合排污许可证规定。炼焦化学工业排污单位可通过台账记录、按时上报执行报告和开展自行监测、信息公开，自证其依证排污，满足排污许可证要求。

许可事项合规是指排污单位排污口位置和数量、排放方式、排放去向、排放污染物种类、排放限值符合排污许可证规定。其中，排放限值合规是指炼焦化学工业排污单位污染物实际排放浓度和排放量满足许可排放限值要求，环境保护主管部门可依据排污单位环境管理台账、执行报告、自行监测记录中的内容，判断其污染物排放浓度和排放量是否满足许可排放限值要求，也可通过执法监测判断其污染物排放浓度是否满足许可排放浓度要求，具体判定方法详见 10.2。

环境管理要求合规是指炼焦化学工业排污单位按排污许可证规定落实自行监测、台账记录、执行报告、信息公开等环境管理要求，具体判定方法详见 10.3。

焦炉烟气脱硫脱硝装置等污染治理设施在检维修前，排污单位需向地方环境保护主管部门上报检维修方案，检维修方案应至少包括检维修的起始时间、情形描述、预计结束时间、拟采取应对措施、检维修期间污染物的排放浓度和排放量等。

10.2 排放限值合规判定

10.2.1 废气排放浓度合规判定

炼焦化学工业排污单位各废气排放口污染物的排放浓度达标是指“任 1 h 浓度均值均满足许可排放浓度要求”。各项废气污染物小时浓度均值根据排污单位自行监测（包括自动监测和手工监测）、执法监测进行确定。

10.2.1.1 执法监测

根据 GB 16157、HJ/T 55、HJ/T 397 确定监测要求。执法监测数据超过许可排放浓度限值的，即视为超标。

若同一时段的执法监测数据与排污单位自行监测数据不一致，以执法监测数据作为优先证据使用。

10.2.1.2 排污单位自行监测

a）自动监测

按照监测规范要求获取的有效自动监测数据计算得到的有效小时浓度均值与许可排放浓度限值进行对比，超过许可排放浓度限值的，即视为超标。对于要求采用自动监测而未采用的排放口或污染物，即视为不合规。

自动监测小时浓度均值是指“整点 1 h 内不少于 45 min 的有效数据的算术平均值”。

b）手工监测

对于未要求采用自动监测的排放口或污染物，应进行手工监测。按照自行监测方案、监测规范要求获取的监测数据计算得到的有效小时浓度均值超过许可排放浓度限值的，即视为超标。

10.2.1.3 无组织排放合规判定

炼焦化学工业排污单位无组织排放合规是指：

a）无组织控制措施符合本标准“表 11”中的规定；

b）焦炉炉顶和排污单位厂界监测浓度均满足许可排放浓度要求。

同时满足以上两个条件，即判定为合规。

10.2.2 废水排放浓度合规判定

炼焦化学工业排污单位各废水排放口污染物的排放浓度达标是指“任一有效日均值（除 pH 值之外）均满足许可排放浓度要求”。各项废水污染物有效日均值根据排污单位自行监测（包括自动监测和手工监测）、执法监测进行确定。

10.2.2.1 执法监测

根据 HJ/T 91 确定监测要求。执法监测数据超过许可排放浓度限值的，即视为超标。

若同一时段的执法监测数据与排污单位自行监测数据不一致，以执法监测数据作为优先证据使用。

10.2.2.2 排污单位自行监测

a）自动监测

按照监测规范要求获取的自动监测数据计算得到有效日均浓度值（除 pH 值外）与许可排放浓度限值进行对比，超过许可排放浓度限值的，即视为超标。对于应当采用自动监测而未采用的排放口或污染物，即认为不合规。

对于自动监测，有效日均浓度是以每日为一个监测周期获得的某个污染物的有效监测数据的平均值。在同时监测废水排放流量的情况下，有效日均值是以流量为权的某个污染物的有效监测数据的加权平均值；在未监测废水排放流量的情况下，有效日均值是某个污染物的有效监测数据的算术平均值。

b）手工监测

对于未要求采用自动监测的排放口或污染物，应进行手工监测，按照自行监测方案、监测规范要求获取的当日各次监测数据平均值或混合样监测数据（除 pH 值外）超过许可排放浓度限值的，即视为超标。

10.2.3 排放量合规判定

炼焦化学工业排污单位废气、废水污染物排放量合规是指：

a）主要排放口污染物实际排放量满足年许可排放量；

b）各主要污染物实际排放量满足其年许可排放量；

c）对于特殊时段有许可排放量要求的，实际排放量不得超过特殊时段许可排放量。

同时满足以上三个条件，即判定为合规。

10.3 管理要求合规判定

环境保护主管部门依据排污许可证中的管理要求，以及炼焦化学工业相关技术规范，审核环境管理台账记录和排污许可证执行报告；检查排污单位是否按照自行监测方案开展自行监测；是否按照排污许可证中环境管理台账记录要求记录相关内容，记录频次、形式等是否满足排污许可证要求；是否按照要求定期上报执行报告，上报内容是否符合要求等；是否按照排污许可证要求定期开展信息公开等。

附　录　A

（资料性附录）

环境管理台账记录参考表（略）

附　录　B

（资料性附录）

执行报告编制参考表（略）

排污许可证申请与核发技术规范　炼焦化学工业
编制说明

1　项目背景

1.1　任务来源

2016 年 11 月 10 日，国务院办公厅印发《控制污染物排放许可制实施方案》（国办发〔2016〕81 号），对完善控制污染物排放许可制度、实施企事业单位排污许可证管理作出总体部署和系统安排，提出排污许可制度要成为固定污染源环境管理的核心制度，以实现“一证式”管理，2017 年要完成《大气污染防治行动计划》《水污染防治行动计划》重点行业及产能过剩行业企业的排污许可证核发。炼焦化学工业排污节点较多、污染物成分复杂，属于《水污染防治行动计划》中规定的重点行业，截至目前，国家和地方层面尚无配套的排污许可证申请与核发指导文件。

2016 年 7 月，环境保护部科技标准司发布了《关于征集 2017 年度国家环境保护标准计划项目承担单位的通知》（环办科技函〔2016〕1103 号），将《焦化工业排污许可相关技术规范》列入《2017 年度国家环境保护标准计划项目指南》。经过公开征集、答辩、遴选，最终确定由山西晋环科源环境资源科技有限公司承担该技术规范的编制工作。根据环境保护部工作部署，本规范名称最终调整确定为《排污许可证申请与核发技术规范　炼焦化学工业》。

本项目由山西晋环科源环境资源科技有限公司承担，环境保护部环境工程评估中心、山西省环境科学研究院、山西省环境保护技术评估中心和赛鼎工程有限公司 5 家单位共同成立了标准编制组。

1.2　工作过程

项目立项后，标准编制组积极开展讨论研究，制订详细的工作计划，梳理研究内容，确定标准制定的方法和技术路线，在资料收集和文献查阅的基础上多次与中国炼焦行业协会等单位开展咨询调研，全面排查我国炼焦行业现状，摸清底数，提出炼焦化学工业排污许可证申请与核发工作中可能存在的问题，初步明确各阶段的任务和研究目标，在此基础上，编制完成《排污许可证申请与核发技术规范　炼焦化学工业》开题报告和标准初稿。

2016 年 7 月—2017 年 3 月，标准编制组先后到国内多家焦化企业开展实地调研，重点调研不同炉型产排污环节及排污情况、污染控制技术、污染治理设施运行状况、提标改造总体进展以及企业开展自行监测和台账记录等内容，进一步充实完善标准文稿。

2017 年 3 月 3 日，环境保护部规划财务司在北京主持召开了本标准开题报告技术论证会。标准编制组介绍了开题报告和标准初稿的相关内容，行业专家和环境管理部门代表就标准制定订的技术路线、技术难点及解决途径等方面进行了讨论、质询，通过了标准的开题论证。

2017 年 3 月 16 日，环境保护部规划财务司在北京主持召开了本标准初稿专家咨询会，中国炼焦行业协会、中国钢铁工业协会、企业、科研单位及环境管理部门的专家、代表对标准内容进行了充分讨论，就基准排气量的确定、无组织排放控制措施、可行技术、自行监测、台账记录、合规判定方法和实际排放量核算等内容提出了修改意见和建议。会后，编制组根据专家意见认真进行了修改。

2017 年 4 月 20 日，标准编制组在北京组织召开了标准的专家咨询会，邀请了环境保护部大气环境管理司、山西省环境保护厅、中国炼焦行业协会、焦化企业、钢铁企业的专家和代表。经讨论，形成以下意见及建议：一是提出焦化企业采取焦炉烟气脱硫、脱硝措施的必要性；二是对湿法熄焦补充水进水口水质和熄焦循环池挥发酚指标进行管控；三是增加外热式半焦炭化炉烟囱基准排气量；四是针对焦化生产的特殊性，不考虑重污染天气应对响应；五是合理调整监测频次；六是装煤、推焦地面站和干法熄焦地面站等不宜设在线监测，应采用手工监测；七是在不超过年许可排放量的前提下，给出非正常工况下污染物合规判定的豁免时段。按照上述意见和建议，编制组对本标准进行修改完善，形成《排污许可证申请与核发技术规范 炼焦化学工业》（征求意见稿）。

2017 年 4 月 27 日，环境保护部规划财务司在北京主持召开了标准征求意见稿技术审查会，邀请行业专家、企业和管理部门代表对标准征求意见稿进行技术审查。经审查委员会各位专家及管理部门代表的讨论、质询，通过了标准征求意见稿的技术审查，专家一致认为本标准为进一步指导和规范炼焦化学工业排污单位排污许可证申请与核发工作具有重要的技术支撑作用，并形成如下工作建议：一是对标准中重要条款应在编制说明中叙述规定的理由；二是进一步完善标准的内容和格式；三是进一步核实主要排放口监测方法与核算方法的匹配性。会后，编制组根据专家意见进行了认真修改和完善。

2017 年 5 月 12 日—6 月 12 日，本标准在环境保护部网站公开征求意见。征求意见期间，为进一步完善标准和炼焦化学工业排污许可申报信息平台，编制组与唐山市环境保护局、有关技术支持单位人员于 5 月 22—24 日赴河北省唐山首钢京唐西山焦化有限责任公司开展现场试填报工作。在试填报过程中，编制组经仔细研究就标准中的问题进行修改，与平台负责人对接后对平台进行了优化。

2017 年 6 月 13—30 日，编制组对征求意见单位反馈的意见进行汇总处理，并于 6 月 20 日组织专家咨询会，对难以解决的意见进行研究讨论，对标准文本进行修改。在上述工作基础上，形成《排污许可证申请与核发技术规范 炼焦化学工业（送审稿）》。

2017 年 7 月 18 日，环境保护部规划财务司在北京主持召开了标准送审稿审查会，邀请行业专家、企业和管理部门代表对送审稿进行技术审查。经审查委员会各位专家及管理部门代表讨论、质询，通过了标准送审稿的技术审查。会后，编制组根据专家意见对焦炉烟气脱硫脱硝设备检修提出了环境管理要求，进一步核实了基准排气量，并且补充了废水中总磷、总氮等其他因子的实际排放量核算方法。

2 我国焦化行业概况

2.1 我国焦化行业的现状

2015 年，全国焦炭产量为 44 778 万 t，其中 90%以上为冶金焦。2015 年全国各省焦炭产量见图 1。

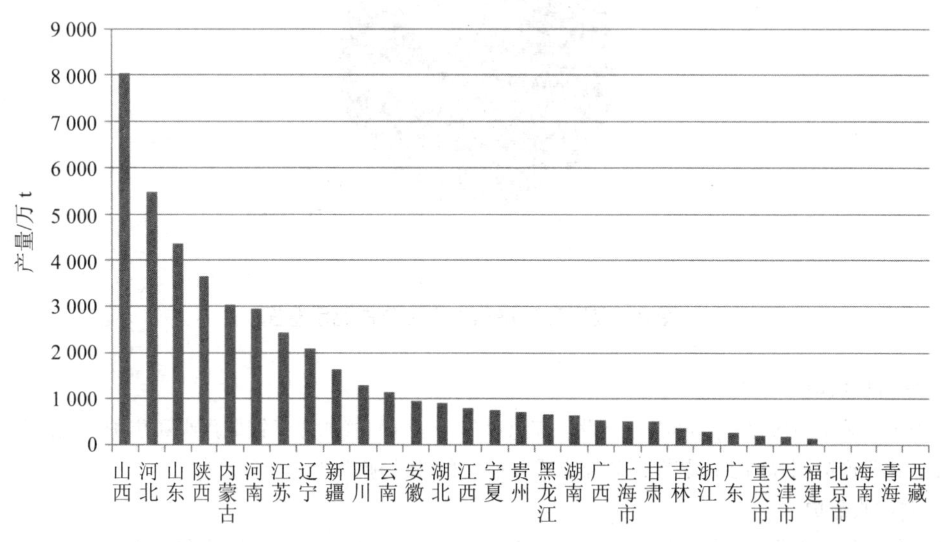

图 1 2015 年全国各省焦炭产量示意图

由图 1 可知，2015 年焦炭产量位居全国前五名的分别为山西省、河北省、山东省、陕西省、内蒙古自治区，上述地区焦炭产量为 24 565.24 万 t，占全国焦炭产量的 54.86%。各省焦炭产量占比见图 2。

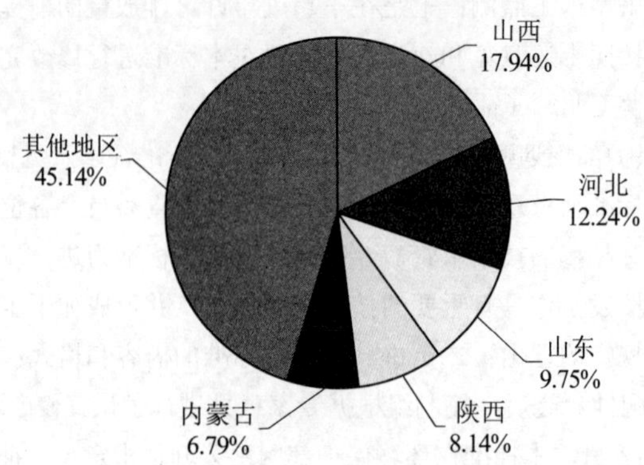

图 2　2015 年全国焦炭产量占比示意图

根据中国炼焦行业协会统计，截至 2015 年年底，全国焦炭总产能达到 6.87 亿 t，产能利用率为 65.2%；企业数量为 602 家，其中常规机焦炉焦化厂 480 家（钢铁企业焦化厂 80 家、独立焦化厂 400 家）、热回收焦炉炼焦厂 50 家、半焦厂 72 家；企业平均焦炭产能为 114 万 t。干熄焦装置总计 198 套，处理总能力达到 2.5 万 t/h。

2.2　主要生产工艺及产污分析

2.2.1　炼焦工艺

目前我国焦炭生产工艺主要有常规机焦炉、热回收焦炉、半焦（兰炭）炭化炉三种。各工艺占比情况见图 3。

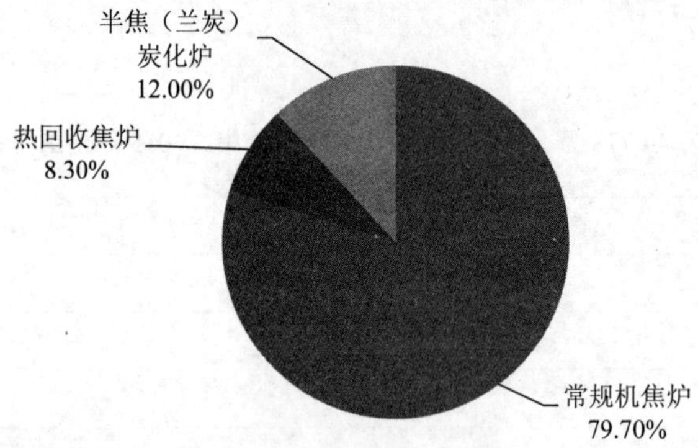

图 3　我国三种炼焦生产工艺占比示意图

a）常规机焦炉

常规机焦炉是指炭化室、燃烧室分设，炼焦煤隔绝空气间接加热干馏成焦炭和焦炉煤气，并设有煤气净化、化学产品回收的生产装置。装煤方式分顶装和捣固侧装。

b）热回收焦炉

热回收焦炉是指焦炉炭化室微负压操作，机械化捣固、装煤、出焦，回收利用炼焦燃烧尾气余热的焦炭生产装置。焦炉结构形式分立式和卧式。

c）半焦（兰炭）炭化炉

半焦（兰炭）炭化炉是指将原料煤中低温干馏成半焦（兰炭）和焦炉煤气，并设有煤气净化、化学产品回收的生产装置。加热方式分内热式和外热式。

2.2.2 主要产污环节及特点

a）常规机焦炉

常规机焦炉主要废气污染物来自装煤、推焦、熄焦、焦炉烟囱等环节。废水污染物主要来自化产工序产生的剩余氨水、粗苯分离水、终冷排污水等。

b）热回收焦炉

热回收焦炉主要废气污染物来自装煤、推焦、熄焦、焦炉烟囱等环节，与常规机焦炉相同。该炉型无煤气净化环节，不产生焦化废水。

c）半焦（兰炭）炭化炉

内热式半焦（兰炭）炭化炉燃烧废气与荒煤气混合后送往后续工段综合利用，炭化炉无单独排放口。废水污染物主要来自煤气净化过程中冷凝、脱硫、脱氨等环节。

外热式半焦（兰炭）炭化炉产污环节与常规机焦炉相似。

3 标准制定的必要性分析

3.1 环境形势的变化对标准提出新的要求

中央《关于全面深化改革若干重大问题的决定》《生态文明体制改革总体方案》《国民经济和社会发展第十三个五年规划纲要》等明确提出要改革环境治理基础制度，建立和完善覆盖所有固定污染源的企事业单位控制污染物排放许可制。

2016 年 11 月，国务院办公厅印发《控制污染物排放许可制实施方案》（国办发〔2016〕81 号），明确了排污许可制度改革的顶层设计、总体思路。

为持续推进“简政放权、放管结合、优化服务改革”，规范炼焦化学工业排污单位申领排污许可证、依证排污，指导地方环境保护部门排污许可证核发、监管，保障炼焦化学工业排污许可制度顺利实施，亟须制定炼焦化学工业排污许可相关技术规范。

3.2 相关环保标准和环保工作的需要

3.2.1 相关环保标准的需要

《控制污染物排放许可证实施方案》（国办发〔2016〕81 号）对固定污染源许可排放限值核算、污染源达标判定、自行监测、环境管理等方面提出了要求，炼焦化学工业现行的污染物排放标准、工程技术规范、总量核算管理办法等不能满足上述排污许可精细化管理要求。环境保护部整体规划了“总则+分行业”形式的排污许可技术规范总体框架，拟于 2017—2018 年完成《排污许可证申请与核发技术规范 总则》以及氮肥、印染、原料药制造、制革、电镀、农药、农副食品加工、石化、焦化、有色金属、平板玻璃、钢铁、水泥等 13 个重点行业申请与核发技术规范。

3.2.2 相关环保工作的需要

2016 年 12 月，环境保护部发布《排污许可证管理暂行规定》（环水体〔2016〕186 号）和《关于开展火电、造纸行业和京津冀试点城市高架源排污许可证管理工作的通知》（环水体〔2016〕189 号），启动了火电、造纸行业排污许可证申请与核发的相关工作，并要求 2017 年完成钢铁、水泥、焦化等行业企业许可证核发。2017 年 5 月，环境保护部办公厅发布《重点行业排污许可管理试点工作方案》（环办规财函〔2017〕787 号），山西省作为炼焦化学工业企业排污许可证核发试点省份，应于 2017 年 10 月底前基本完成区域内牵头负责或参与的相应试点行业企业排污许可证申请核发工作。

4 国内外相关标准情况的研究

4.1 主要国家、地区及国际组织相关标准情况的研究

20 世纪 70 年代，瑞典最早开始实行排污许可证制度。1999 年，瑞典出台《瑞典环境法典》，排污许可证制度成为瑞典最重要的环境管理制度。

欧盟自 1975 年开始，致力于对欧洲各国水资源保护，并制定《欧洲水法》，在此基础上于 1996 年通过了综合污染防治（Integrated Pollution Prevention and Control，IPPC）指令。IPPC 指令规定了对空气、水和土壤的污染管理中能源的使用、废物处理及事故防范等内容，并对相应的生产设备实行操作许可认证。IPPC 的排污许可证制度要求欧盟各成员国基于最佳可行技术（BAT）降低污染物排放量。

美国从 1972 年开始在全国范围内实行污染物排放许可证制度，并在技术路线和方法上不断得到改进和发展。法律层面，美国排污许可制度的法律主要包括《清洁水法》（CWA）和《清洁空气法》（CAA），规定了排污许可证的分类、申请核发程序、公众参与、执行与监管、处罚等具体要求。《清洁水法》和《清洁空气法》下面是联邦法规（CFR），CFR 第 40 部分环境保护，包括排污许可具体流程，以及排放标准、最佳可行技术等技术层面的规定，是《清洁水法》和《清洁空气法》的具体“实施细则”。美国未制定各行业排污许可证申请与核发技术规范，以空气固定源运行许可证为例，在 40CFR Part 70.6 规定了运行许可证所要包含的 7 项基本内容：（1）规范许可证最低要求；（2）联邦执法要求；（3）守法要求；（4）一般性许可证条款；（5）临时污染源条款；（6）许可保护条款；（7）紧急情况条款。在以上文本内容要求中，排放限值和相应的监测、记录和报告要求最为重要，是固定源必须满足的污染物排放限制性要求。

4.2 国内标准情况的研究

4.2.1 行业排污许可证申请与核发技术规范

国内尚未以标准形式正式发布任何行业排污许可证申请与核发技术规范。2016 年 12 月 27 日，《火电行业排污许可证申请与核发技术规范》和《造纸行业排污许可证申请与核发技术规范》以文件形式发布，明确火电、造纸行业排污许可证适用范围及排污单位基本情况、产排污环节对应排放口及许可排放限值、可行技术、自行监测管理要求、环境管理台账记录与执行报告编制规范、达标排放判定方法、实际排放量核算方法。《排污许可证申请与核发技术规范　总则》以及钢铁、水泥等 13 个重点行业技术规范正在编制过程中。

4.2.2 炼焦化学工业相关标准情况

2012 年发布了《炼焦化学工业污染物排放标准》（GB 16171—2012），规定了炼焦化学工业企业水污染物和大气污染物排放限值、监测和监控等要求。

2003 年国家环境保护总局发布了《清洁生产标准　炼焦行业》（HJ/T 126—2003），给出了常规机焦炉焦炭生产企业的炼焦、煤气净化工段及主要产品生产的清洁生产标准指标要求。2010 年环境保护部发布了《钢铁行业焦化工艺污染防治最佳可行技术指南（试行）》（环境保护部公告 2014 年第 81 号），给出了钢铁行业焦化工艺的废气和废水治理可行技术。2012 年发布了《焦化废水治理工程技术规范》（HJ 2022—2012），规定了焦化废水治理工程技术要求。

2010 年，在全国第一次污染源普查基础上，发布了《污染源普查产排污系数手册》，对主要工业行业的重点污染源、污染因子提出了产排污系数，为污染物排放量核算奠定了基础。

5 标准制定的基本原则和技术路线

5.1 基本原则

a）与我国现行有关的环境法律法规、标准相配套，与环境保护的方针政策相一致原则。

b）适用范围和工作内容满足相关环保标准和环保工作要求的原则。

c）普遍适用性和实际可操作性原则。

d）与钢铁工业排污许可技术规范衔接配套的原则。

5.2 技术路线

本标准制定的技术路线见图 4。

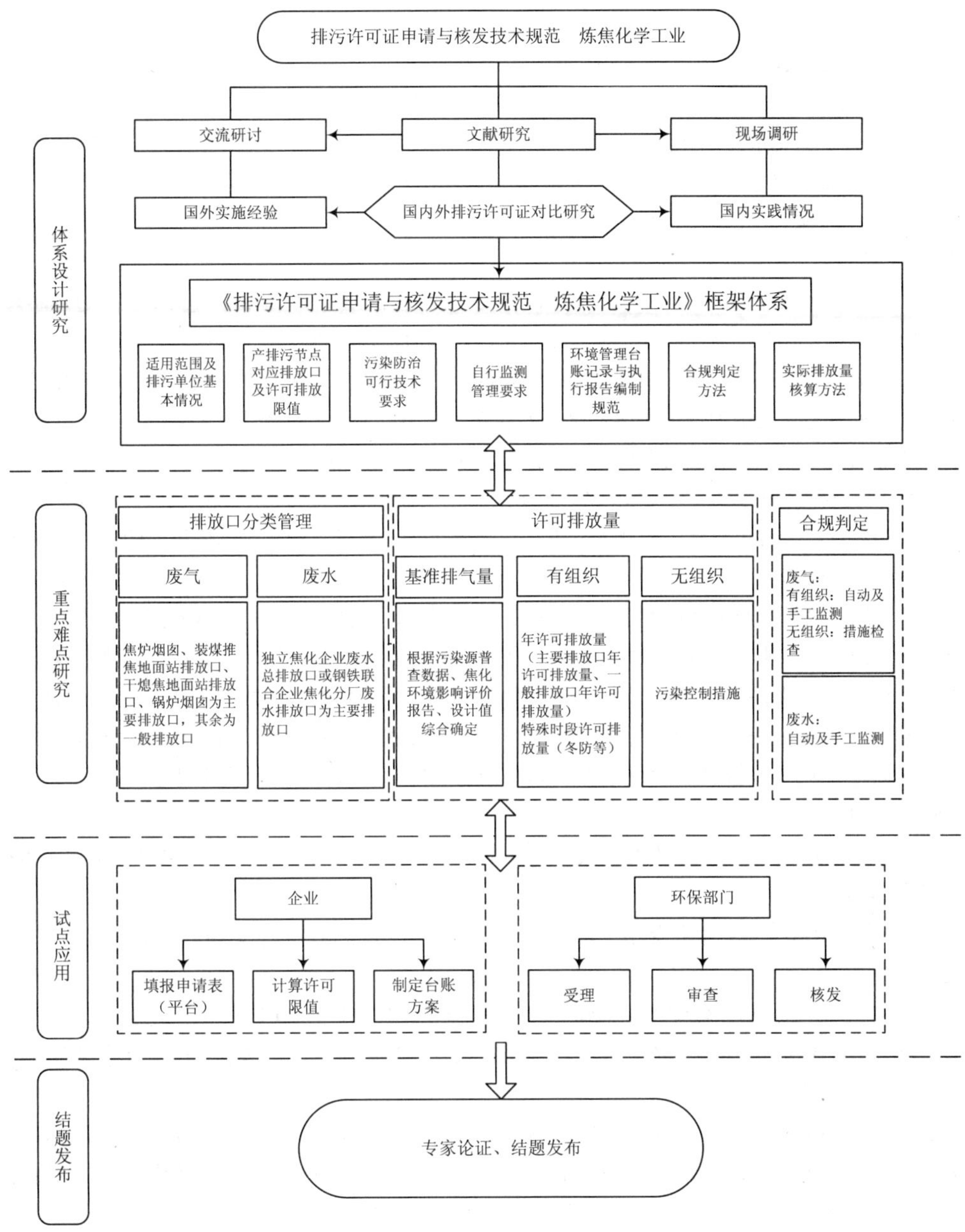

图 4 本标准技术路线图

6 标准主要内容条文说明

6.1 标准内容结构

本标准分为以下内容：

0 前言

1 适用范围

2 规范性引用文件

3 术语和定义

4 排污单位基本情况填报要求

5 产排污环节对应排放口及许可排放限值确定方法

6 污染防治可行技术要求

7 自行监测管理要求

8 环境管理台账记录与执行报告编制规范

9 实际排放量核算方法

10 合规判定方法

6.2 适用范围

《炼焦化学工业污染物排放标准》（GB 16171—2012）适用范围为现有和新建焦炉生产过程备煤、炼焦、煤气净化、炼焦化学产品回收和热能利用等工序，同时适用于钢铁等工业企业炼焦分厂。《固定污染源排污许可分类管理名录》（征求意见稿）确定的炼焦工业为生产焦炭、半焦产品为主的煤炭加工行业。因此，本标准适用范围为炼焦化学工业排污单位（生产焦炭、半焦产品为主的煤炭加工行业和钢铁等工业企业炼焦分厂），不包括焦化企业配套的焦炉煤气制甲醇、煤焦油加工、苯精制等生产环节。

《排污许可证管理暂行规定》（环水体〔2016〕186 号）中规定对排污单位排放水污染物、大气污染物的排污行为实行综合许可管理，因此本标准规定适用于炼焦化学工业排污单位排放的大气污染物和水污染物的排污许可管理。

锅炉作为炼焦化学工业生产过程中重要的辅助生产设施，其排污行为也应纳入排污许可证管理。对于执行《火电厂大气污染物排放标准》（GB 13223—2011）的锅炉，适用于《火电行业排污许可证申请与核发技术规范》；对于执行《锅炉大气污染物排放标准》（GB 13271—2014），适用于《排污许可证申请与核发技术规范 锅炉工业》，但由于该技术规范发布滞后于本标准，为保证炼焦化学工业排污许可证管理的顺利实施，暂将锅炉纳入本标准。待锅炉工业技术规范发布后，从其规定。

6.3 规范性引用文件

给出了本标准引用的有关文件名称及文号，凡是未注明日期的引用文件，其有效版本适用于本标准。

6.4 术语和定义

本标准对炼焦化学工业、炼焦化学工业排污单位、许可排放限值、特殊时段、标准状态 5 个术语进行了定义。

炼焦化学工业引自《炼焦化学工业污染物排放标准》（GB 16171—2012）中定义。

炼焦化学工业排污单位指含有炼焦化学工业生产过程的排污单位，包括独立焦化企业和钢铁联合企业焦化分厂。

许可排放限值指排污许可证中规定的允许排污单位排放污染物的最大排放浓度和排放量。许可排放浓度分为废气许可排放浓度和废水许可排放浓度。废气有组织排放口和无组织排放许可排放浓度为小时浓度。废水污染因子许可排放浓度（除 pH 值之外）为日均浓度。

特殊时段指根据国家和地方限期达标规划及其他相关环境管理规定，对排污单位的污染物排放情况有特殊要求的时段，一般包括重污染天气应对期间和冬防期间等。由于焦炉炉体结构的特殊性，若短时间内大幅降产，不仅会伤害焦炉炉体，且会因为窜漏造成更为严重的污染物排放；同时，焦化企业也无法通过提高焦炉烟气脱硫脱硝处理效率来降低污染物排放。因此在重污染天气应对期间炼焦化学工业排污单位无法快速调整生产工况，不能及时响应重污染天气应对的要求，故炼焦化学工业的特殊时段不考虑重污染天气应对期间。本标准特殊时段主要指冬防期间。

标准状态是指温度为 273 K，压力为 101 325 Pa 时的状态，简称“标态”。本标准规定的大气污染物排放浓度和基准排气量均以标准状态下的干气体为基准。

6.5 排污单位基本情况填报要求

6.5.1 排污单位基本信息

根据《排污许可证申请表》（环水体〔2016〕186 号中附 2）确定排污单位基本信息填报要求。其中：

炼焦化学工业排污单位所在地是否属于重点区域，根据《重点区域大气污染防治“十二五”规划》要求填写。

地方政府对违规项目的认定或备案文件指按照《国务院办公厅关于加强环境监管执法的通知》（国办发〔2014〕56号）要求，地方政府对违规项目依法处理、整顿规范，出具的符合要求的证明文件。

污染物总量控制要求包括地方政府或环境保护主管部门发文确定的排污单位总量控制指标、环评批复时的总量控制指标、现有排污许可证中载明的总量控制指标、通过排污权有偿使用和交易确定的总量控制指标等地方政府或环境保护主管部门与排污许可证申领排污单位以一定形式确认的总量控制指标。

6.5.2　炼焦炉型、主要产品及产能

6.5.2.1　一般原则

本节内容用于指导炼焦化学工业排污单位填报《排污许可证申请表》（环水体〔2016〕186号中附2）表2。在填报“行业类别”时，适用于本标准的生产设施选择炼焦化学工业，执行《火电厂大气污染物排放标准》（GB 13223—2011）的生产设施选择火电行业。由于炼焦化学工业主要生产工艺分为常规机焦炉、热回收焦炉、半焦（兰炭）炭化炉三种类型，在填报时，需按上述三种工艺类型进行选择。考虑到外热式半焦（兰炭）炭化炉与常规机焦炉工艺流程相似，本标准中半焦（兰炭）炭化炉专指内热式半焦（兰炭）炭化炉，外热式半焦（兰炭）炭化炉参照常规机焦炉填报，对于本标准中未列出外热式半焦（兰炭）炭化炉的有关信息，排污单位可以在“其他”一栏进行备注。

因炼焦化学工业过程较复杂，涉及的生产设施及设施参数较多，本标准仅列出了能够反映炼焦化学工业企业产能、工艺、排污状况相关的生产设施主要信息及参数。主要生产单元、主要工艺、生产设施、设施参数和其他设施信息均为必填项，企业如有，均要填报。对于其他设施信息，需要在国家排污许可证管理信息平台申报系统“其他设施信息”一栏中填报。

6.5.2.2　主要生产单元、主要工艺及生产设施名称

常规机焦炉：主要生产单元分为备煤单元、炼焦单元、熄焦单元、焦炭处理单元、煤气净化单元、公用及辅助单元共 6 部分。对于“其他设施信息”一栏，煤场和贮焦场需注明封闭方式；焦炉型号；焦炉装煤方式为顶装或捣固，加热方式为单热式或复热式，并说明煤气去向；汽轮机、发电机型号；汽轮机凝汽设备冷却方式为空冷或湿冷；脱硫塔运行方式为串联或并联；蒸氨塔蒸氨方式为直接蒸氨或间接蒸氨；粗苯管式炉燃料类型；锅炉型号、燃料类型；储罐类型为固定罐、内浮顶罐或外浮顶罐等，有其他类型的应注明；热源方式。

《国务院关于印发水污染防治行动计划的通知》（国发〔2015〕17 号）提出：“2017 年底前，钢铁企业焦炉完成干熄焦技术改造”。因此，本标准中对于常规机焦炉中填报“湿熄焦系统”的钢铁联合企业，在“其他工艺信息”一栏中需要载明：承诺于2017年12月底完成干熄焦改造。

热回收焦炉：主要生产单元分为备煤单元、炼焦单元、熄焦单元、焦炭处理单元、余热回收单元共5部分。对于“其他设施信息”一栏，煤场和贮焦场需要注明封闭方式；焦炉型号；焦炉装煤方式为冷装冷出或热装热出；加热方式；汽轮机、发电机型号；汽轮机凝汽设备冷却方式为空冷或湿冷。

内热式半焦（兰炭）炭化炉：主要生产单元分为备煤单元、炭化单元、半焦处理单元、煤气净化单元、公用及辅助单元共 5 部分。对于“其他设施信息”一栏，煤场和贮焦场需要注明封闭方式；炭化炉加热系统控制方式为自动控制或手动控制；熄焦方式为水浴熄焦或低水分熄焦，有其他方式的应注明；说明煤气去向；热源方式；焦油氨水分离装置位置为地上或地下；氨水循环池位置为地上或地下；脱硫塔运行方式为串联或并联；蒸氨塔蒸氨方式为直接蒸氨或间接蒸氨；锅炉型号、燃料类型；储罐类型为固定罐、内浮顶罐或外浮顶罐。

6.5.2.3　生产设施编号

炼焦化学工业排污单位需填报内部生产设施编号，编号必须唯一。若无内部生产设施编号，则根据《固定污染源（水、大气）编码规则（试行）》（环水体〔2016〕189号附件4）进行编号并填报。

6.5.2.4 产品名称

常规机焦炉产品分为焦炭、焦炉煤气、焦油、粗苯、硫铵等，热回收焦炉产品主要有焦炭、电、蒸汽等，内热式半焦（兰炭）炭化炉产品分为半焦（兰炭）、焦炉煤气、焦油等。对于未列出的可在“其他”一栏填写。

6.5.3 主要原辅材料及燃料

本节内容用于指导炼焦化学工业排污单位填报《排污许可证申请表》（环水体〔2016〕186号中附2）表3。

6.5.3.1 原辅材料及燃料名称

炼焦化学工业排污单位主要原料为焦炉炼焦所用的煤，是指不同煤种按照比例形成的配煤。

辅料种类包括酸（如硫铵工段使用的硫酸）、碱（如蒸氨工段使用的烧碱）、脱硫剂（焦炉煤气脱硫剂和焦炉烟气脱硫剂）等。

独立焦化企业燃料主要为焦炉煤气，钢铁联合企业焦化分厂燃料有高炉煤气、转炉煤气、焦炉-高炉-转炉混合煤气等，锅炉燃料有焦炉煤气、煤等。

对于未列出的其他原辅及燃料可在“其他”一栏填写。

6.5.3.2 原料煤硫分

原料煤硫分指全硫。填报值以干燥基为基准。

6.5.3.3 燃料灰分、硫分、挥发分、热值

燃料为固体和液体时，需要填写燃料的灰分、硫分（指总硫）、挥发分、热值（低位发热量）。

燃料为气体时，需要填写硫分（按总硫计，总硫包含有机硫和无机硫）、热值（低位发热量），同时需要在“其他”一栏注明硫化氢含量。填报值以收到基为基准。

6.5.4 产排污环节、污染物及污染治理设施

6.5.4.1 废气

本节内容用于指导炼焦化学工业排污单位填报《排污许可证申请表》（环水体〔2016〕186号中附2）表4。

a）废气产污环节名称、排放形式、污染物种类

废气产污环节与《炼焦化学工业污染物排放标准》（GB 16171—2012）、《锅炉大气污染物排放标准》（GB 13271—2014）一致，包括有组织排放和无组织排放，其中有组织排放包括精煤破碎、焦炭破碎、筛分及转运，焦炉烟囱，装煤，推焦，干法熄焦，粗苯管式炉、半焦烘干和氨分解炉等燃用焦炉煤气的设施，冷鼓、库区焦油各类贮槽，苯贮槽，脱硫再生塔，硫铵结晶干燥，锅炉烟囱。对于采用焦炉烟气脱硫、脱硝措施的，还应填报焦炉烟气脱硫、脱硝设施排放口。无组织排放包括炼焦炉炉顶及企业边界。

污染物种类按照《炼焦化学工业污染物排放标准》（GB 16171—2012）和《锅炉大气污染物排放标准》（GB 13271—2014）确定，有地方排放标准要求的，按照地方排放标准确定。

b）污染治理设施参数

需填写袋式除尘器滤料种类（聚酯、聚丙烯、玻璃纤维、聚四氟乙烯机织布或针刺毡滤料，复合滤料，覆膜滤料等）、焦炉烟气脱硫介质（石灰石、氨、氧化镁等）、焦炉烟气脱硝介质（氨、尿素等）、地面站风机设计风量、洗涤塔洗涤介质（洗油、水等）。

c）污染治理设施、有组织排放口编号

污染治理设施编号可填写炼焦化学工业排污单位内部编号，有组织排放口编号可填写地方环境保护主管部门现有编号，编号必须唯一。也可以由排污单位根据《固定污染源（水、大气）编码规则（试行）》（环水体〔2016〕189号中附件4）进行编号并填报。

d）排放口设置是否符合要求

根据《排污口规范化整治技术要求（试行）》（环监〔1996〕470 号），以及排污单位执行的排放标准中有关排放口规范化设置的规定，填报废气排放口设置是否符合规范化要求。

e）排放口类型

因炼焦化学工业企业生产工序多、废气排放源较多，因此现阶段对炼焦化学工业企业排放口管理应突出重点，结合《控制污染物排放许可制实施方案》（国办发〔2016〕81 号），本标准实行差异化管理，将排放口分为主要排放口和一般排放口。由于焦炉烟囱（含焦炉烟气尾部脱硫、脱硝设施排放口）、装煤地面站、推焦地面站、干法熄焦地面站、锅炉烟囱等 5 个排放口颗粒物排放量占全厂颗粒物排放量的 80%以上，二氧化硫和氮氧化物占全厂排放量的 95%以上，因此，确定为主要排放口，其余排放口为一般排放口。

6.5.4.2　废水

本节内容用于指导炼焦化学工业排污单位填报《排污许可证申请表》（环水体〔2016〕186 号中附 2）表 5。

a）废水类别、污染物种类

焦化废水主要包括剩余氨水、煤气水封水、粗苯分离水、终冷排污水、初期雨水等。其中剩余氨水、煤气水封水、粗苯分离水、终冷排污水等工艺废水需蒸氨后送往酚氰污水处理站统一处理。污染物种类按照《炼焦化学工业污染物排放标准》（GB 16171—2012）确定。

湿熄焦废水经沉淀池处理后循环利用不外排。按环境保护部 2016 年 4 月对江苏省环境保护厅的复函（环科技函〔2016〕66 号），凡用于洗煤、熄焦和高炉冲渣等过程的废水水质应符合《炼焦化学工业污染物排放标准》（GB 16171—2012）中第 4.1.5 条的规定，包括熄焦循环水。因此，本标准规定湿熄焦废水补水口的 pH 值、悬浮物、化学需氧量（COD_{Cr}）、氨氮、挥发酚和氰化物满足间接排放限值要求，熄焦水池内挥发酚满足标准要求。

b）污染治理设施参数

需填写湿法熄焦设计用水量，剩余氨水、煤气水封水、粗苯分离水、终冷排污水、蒸氨废水、初期雨水等废水的设计水量，初期雨水池容积，酚氰污水处理站生物脱氮具体工艺（厌氧-缺氧-好氧法、缺氧-好氧-好氧法、厌氧-缺氧-好氧-好氧法等）和设计规模。

c）排放去向、排放规律

本标准依据《排污许可证申请表》（环水体〔2016〕186 号中附 2）表 5 规定，给出炼焦化学工业排污单位废水排放去向和排放规律，排污单位可在平台下拉菜单中选择填报。

d）污染治理设施、排放口编号

污染治理设施编号可填写炼焦化学工业排污单位内部编号，排放口编号可填写地方环境保护主管部门现有编号，编号必须唯一，也可以由排污单位根据《固定污染源（水、大气）编码规则（试行）》（环水体〔2016〕189 号中附件 4）进行编号并填报。

e）排放口设置是否符合要求

根据《排污口规范化整治技术要求（试行）》（环监〔1996〕470 号），以及排污单位执行的排放标准中有关排放口规范化设置的规定，填报废水排放口设置是否符合规范化要求。

f）排放口类型

炼焦化学工业排污单位废水排放口分为主要排放口和一般排放口，其中独立焦化企业废水总排放口或钢铁联合企业焦化分厂废水排放口为主要排放口，湿熄焦废水和酚氰污水处理站排放口按照车间或生产设施废水排放口管控，为一般排放口。

6.5.5　其他要求

排污单位基本情况还应包括生产工艺流程图和厂区总平面布置图。生产工艺流程图应至少包括主要生产设施（设备）、主要原燃料的流向、生产工艺流程、产排污节点等内容。厂区总平面布置图应至少包括主体设施、公辅设施、全厂污水处理站等，同时注明厂区雨水和污水排放口位置。

6.6 产排污环节对应排放口及许可排放限值确定方法

6.6.1 污染物排放

6.6.1.1 废气排放口及执行标准

本节内容用于指导炼焦化学工业排污单位填报《排污许可证申请表》（环水体〔2016〕186 号中附 2）表 6 和表 7。

6.6.1.2 废水排放口及执行标准

本节内容用于指导炼焦化学工业排污单位填报《排污许可证申请表》（环水体〔2016〕186 号中附 2）表 11～表 13。

6.6.2 许可排放限值

6.6.2.1 许可排放浓度

a）废气

炼焦化学工业排污单位废气许可排放浓度依据污染物排放标准确定时，参考《炼焦化学工业污染物排放标准》（GB 16171—2012）和《锅炉大气污染物排放标准》（GB 13271 —2014）。有地方排放标准要求的，按照地方排放标准确定。

大气污染防治重点控制区按照《关于执行大气污染物特别排放限值的公告》（环境保护部公告 2013 年 第 14 号）和《关于执行大气污染物特别排放限值有关问题的复函》（环办大气函〔2016〕1087 号）的要求执行。

执行大气污染物特别排放限值的地域范围、时间，由国务院环境保护主管部门或省级人民政府规定。现阶段，按照国家规定，大气污染防治重点控制区包括北京市、天津市、石家庄市、唐山市、保定市、廊坊市、上海市、南京市、无锡市、常州市、苏州市、南通市、扬州市、镇江市、泰州市、杭州市、宁波市、嘉兴市、湖州市、绍兴市、广州市、深圳市、珠海市、佛山市、江门市、肇庆市、惠州市、东莞市、中山市、沈阳市、济南市、青岛市、淄博市、潍坊市、日照市、武汉市、长沙市、重庆市主城区、成都市、福州市、三明市、太原市、西安市、咸阳市、兰州市、银川市、乌鲁木齐市等 47 个城市。

b）废水

炼焦化学工业排污单位废水许可排放浓度依据污染物排放标准确定时，参考《炼焦化学工业污染物排放标准》（GB 16171—2012）。有地方排放标准要求的，按照地方排放标准确定。

6.6.2.2 许可排放量核算推荐方法

a）许可排放量核算原则

本标准给出了常规机焦炉、热回收焦炉、内热式半焦（兰炭）炭化炉许可排放量核算方法。

对于外热式半焦（兰炭）炭化炉，目前国内仅有 3 家生产企业，本标准不推荐许可排放量核算方法。2015 年 1 月 1 日（含）后取得环境影响评价批复的外热式半焦（兰炭）炭化炉排污单位，依据环境影响评价文件及批复要求、总量控制指标从严确定许可排放量；其他外热式半焦（兰炭）炭化炉排污单位，依据总量控制指标确定许可排放限值。

b）基准排气量

编制组调研并收集了十余家企业的设计和环境影响评价数据，同时参考了《中国钢铁行业污染物控制可行技术及排污许可量核定方法研究》成果，经折算对比，装煤地面站、推焦地面站、粗苯管式炉等排污节点基准排气量与《污染源普查产排污系数手册》一致。

按照《污染源普查产排污系数手册》基准排气量折算，焦炉烟气氧含量为 3.7%～4.2%，但在实际运行中由于焦炉小烟道、分烟道等部位为负压，会有部分空气窜漏，导致烟气氧含量增大，经调研，我国焦化企业焦炉烟气中氧含量多数为 8%～15%。目前欧盟焦炉烟气污染物排放氧含量要求按 5%考虑，但我国现行《炼焦化学工业污染物排放标准》（GB 16171 —2012）中并未给出焦炉烟气基准氧含量要求。为避免焦化企业稀释排放，本技术规范焦炉烟气基准排气量暂不考虑烟道空气窜漏，与《污染源普查产排污系数手册》保持一致，待 GB 16171 修订稿提出基准氧含量要求后，本技术规范基准排气量再进行相应折算。

目前我国焦化厂单套干熄焦装置能力大多为 110～160 t/h，地面站风机风量为 1 182～1 664 m^3/t 焦。干法熄焦地面站主要收集处理装焦、出焦、循环气体放散等产生的颗粒物。出焦和循环气体放散为连续排放，装焦为间歇排放，每小时装焦次数为 5～6 炉，每次时间为 1 min 左右。风机平时运行负荷为最大负荷的 60%～70%，只有装焦时风机负荷需调整为 90%～95%。高负荷风量运行时间比较短，每小时仅有 5～10 min，不超过地面站总运行时间的 15%。干法熄焦地面站多采用布袋除尘器，进口浓度变化不会导致出口浓度显著变化。综合考虑以上两个原因，干法熄焦地面站基准排气量按最大负荷的 65%取值，为 768～1 081 m^3/t 焦，与《污染源普查产排污系数手册》数据吻合。

故采用《污染源普查产排污系数手册》中数据取整后作为本标准的基准排气量。炼焦化学工业排放口基准排气量见表 1。

表 1　炼焦化学工业排放口基准排气量

序号	排放源名称				第一次全国污染源普查成果/（m^3/t 焦）	《中国钢铁行业污染物控制可行技术及排污许可量核定方法研究》中数值/（m^3/t 焦）	设计和环境影响评价数值/（m^3/t 焦）	本标准选取值/（m^3/t 焦）
1	焦炉烟囱	使用焦炉煤气加热	顶装	炭化室≥6 m	1 275	1 200～2 000	1 297～1 342	1 280
				炭化室 4.3～6 m	1 416		1 339～1 587	1 420
			捣固		1 501		1 276～1 632	1 500
		使用高炉煤气加热	顶装	炭化室≥6 m	1 831		—	1 830
				炭化室 4.3～6 m	1 960		—	1 960
			捣固		2 036		—	2 040
		清洁型热回收焦炉			4 096	—	4 096～5 395	4 100
2	装煤地面站		顶装	炭化室≥6 m	335	240～360	313～355	340
				炭化室 4.3～6 m	364		350～381	360
			捣固		358		224～394	360
3	推焦地面站		顶装	炭化室≥6 m	662	600～660	660～698	660
				炭化室 4.3～6 m	689		670～701	690
			捣固		701		591～730	700
4	干法熄焦地面站				728～751	600～800	768～1081	750
5	粗苯管式炉				93～97	—	—	100
6	精煤破碎、焦炭破碎、筛分及转运				639～674	600～700	—	650

c）特殊时段许可排放量

炼焦化学工业排污单位应按照国家或所在地区人民政府依规制定的冬防措施确定对应特殊时段月许可排放量。经征求环境保护部及相关专家意见，最终确定冬防期间月许可排放量核算方法，即以排污单位前一年环境统计实际排放量折算的月均排放量为基数，依据各地制定的冬防阶段强化措施中的削减比例计算确定。

d）总磷、总氮总量控制区

对属于总磷总量控制区和总氮总量控制区的炼焦化学工业排污单位，还应分别申请总磷及总氮年许可排放量。

根据《"十三五"生态环境保护规划》（国发〔2016〕65 号）中规定，总磷总量控制区指总磷超标的控制单元以及上游相关地区实施总磷总量控制，包括：天津市宝坻区，黑龙江省鸡西市，贵州省黔南布依族苗族自治州、黔东南苗族侗族自治州，河南省漯河市、鹤壁市、安阳市、新乡市，湖北省宜昌市、十堰市，湖南省常德市、益阳市、岳阳市，江西省南昌市、九江市，辽宁省抚顺市，四川省宜宾市、泸州市、眉山市、乐山市、成都市、资阳市，云南省玉溪市等。总氮总量控制区指在 56 个沿海地级及以上城市或区域实施总氮总量控制，包括：丹东市、大连市、锦州市、营口市、盘锦市、葫芦岛市、秦皇岛市、唐山市、沧州市、天津市、滨州市、东营市、潍坊市、烟台市、威海市、青岛市、日照市、连云港市、盐城市、南通市、上海市、杭州市、宁波市、温州市、嘉兴市、绍兴市、舟山市、台州市、福州市、平潭综合实验区、厦门市、莆田市、宁德市、漳州市、泉州市、广州市、深圳市、珠海市、汕头市、江门市、湛江市、茂名市、惠州市、汕尾市、阳江市、东莞市、中山市、潮州市、揭阳市、北海市、防城港市、钦州市、海口市、三亚市、三沙市和海南省直辖县级行政区等。在29个富营养化湖库汇水范围内实施总氮总量控制，包括：安徽省巢湖、龙感湖，安徽省、湖北省南漪湖，北京市怀柔水库，天津市于桥水库，河北省白洋淀，吉林省松花湖，内蒙古自治区呼伦湖、乌梁素海，山东省南四湖，江苏省白马湖、高邮湖、洪泽湖、太湖、阳澄湖，浙江省西湖，上海市、江苏省淀山湖，湖南省洞庭湖，广东省高州水库、鹤地水库，四川省鲁班水库、邛海，云南省滇池、杞麓湖、星云湖、异龙湖，宁夏回族自治区沙湖、香山湖，新疆维吾尔自治区艾比湖等。

环境保护部正式发布文件中规定的其他总磷、总氮总量控制区域以及地方环境保护主管部门另有规定的，从其规定。

6.7 污染防治可行技术要求

编制组根据《钢铁行业焦化工艺污染防治最佳可行技术指南（试行）》（环境保护部公告2014年第81号）、《清洁生产标准 炼焦行业》（HJ/T 126—2003）、《焦化废水治理工程技术规范》（HJ 2022—2012），同时通过现场调研、收集资料、咨询专家，明确了废气和废水处理可行技术以及运行管理要求。待《炼焦化学工业污染防治可行技术指南》发布后，从其规定。

对于炼焦化学工业排污单位采用本标准所列可行技术的，原则上认为具备符合规定的防治污染设施或污染物处理能力。对于未采用本标准所列可行技术的，排污单位应当在申请时提供相关证明材料（如提供已有监测数据；对于国内外首次采用的污染治理技术，还应当提供中试数据等说明材料），证明可达到与污染防治可行技术相当的处理能力。

对于炼焦化学工业排污单位未采用本标准所列可行技术的，排污单位应当加强自行监测、台账记录。

6.8 自行监测管理要求

6.8.1 一般原则

按照《控制污染物排放许可制实施方案》（国办发〔2016〕81号）和《排污许可证管理暂行规定》（环水体〔2016〕186号）要求，排污单位应通过自行监测证明排污许可证许可的产排污环节、排放口、污染治理设施及许可限值落实情况。

编制组依据炼焦化学工业排污特点以及《排污单位自行监测技术指南 总则》（HJ 819—2017）、《焦化行业准入条件》（2014年修订）、《排污单位自行监测技术指南 钢铁工业》、《固定污染源烟气排放连续监测系统技术要求及检测方法（试行）》（HJ/T 76—2007）、《固定源废气监测技术规范》（HJ/T 397—2007）、《关于加强京津冀高架源污染物自动监控有关问题的通知》（环办环监函〔2016〕1488号）、《排污口规范化整治技术要求（试行）》（环监〔1996〕470号）、《污染源自动监控设施运行管理办法》（环发〔2008〕6号）等标准和文件要求，对炼焦化学工业排污单位自行监测管理要求做出了规定。

6.8.2 废气监测频次

a）主要排放口废气污染物监测频次

本标准规定焦炉烟囱、装煤地面站、推焦地面站、干法熄焦地面站和锅炉烟囱为废气主要排放口。

《焦化行业准入条件》（2014年修订）中要求"炼焦企业应规范排污口建设，焦炉烟囱、地面除尘站排气烟囱和废水总排口按照环境保护主管部门相关规定设置污染物排放在线监测、监控装置，并与环境保护主管部门联网"，本标准从其规定，对焦炉烟囱的颗粒物、二氧化硫和氮氧化物三项污染物指标采用自动监测，装煤地面站、推焦地面站、干法熄焦地面站的颗粒物和二氧化硫两项污染物指标采用自动监测。目前，苯并[*a*]芘无法实现自动监测，本标准参考《排污单位自行监测技术指南 总则》（HJ 819—2017）中"表1 废气监测指标的最低监测频次"，规定对装煤地面站排放的苯并[*a*]芘按半年开展手工监测。

热水锅炉和 65 t/h 及以下蒸汽锅炉按照《排污单位自行监测技术指南 火力发电及锅炉》（HJ 820—2017）制定自行监测方案。

b）一般排放口废气污染物监测频次

本标准规定精煤破碎、焦炭破碎、筛分及转运，粗苯管式炉、半焦烘干和氨分解炉等燃用焦炉煤气的设施，冷鼓、库区焦油各类贮槽，苯贮槽，脱硫再生塔以及硫铵结晶干燥为一般排放口。《排污单位自行监测技术指南 总则》（HJ 819—2017）“表 1 废气监测指标的最低监测频次”中规定“其他排放口监测指标的最低标监测频次为半年～年”，结合《排污单位自行监测技术指南 钢铁工业》“表 1 有组织废气监测指标最低监测频次”的要求，本标准规定精煤破碎、焦炭破碎、筛分及转运废气排放口的监测频次为年，其他一般排放口的监测频次为半年。

c）无组织废气污染物监测频次

《排污单位自行监测技术指南 总则》（HJ 819—2017）“5.2.2.3 监测频次”中规定“钢铁、水泥、焦化、石油加工、有色金属冶炼、采矿业等无组织废气排放较重的排放源，无组织废气每季度至少开展一次监测”，故本标准规定焦炉炉顶及厂界的监测频次为季度。

6.8.3 废水监测频次

a）主要排放口废水污染物监测频次

炼焦化学工业废水主要排放口的污染物种类包括 pH 值、悬浮物、化学需氧量（COD_{Cr}）、氨氮、五日生化需氧量（BOD_5）、总磷、总氮、石油类、挥发酚、硫化物、苯、氰化物等。

炼焦化学工业属于《水污染防治行动计划》中规定的重点行业，本标准要求对废水主要排放口的流量、pH 值、化学需氧量（COD_{Cr}）、氨氮进行自动监测；同时按照《排污单位自行监测技术指南 总则》（HJ 819—2017）“5.3.3.2”中“对于重点排污单位主要监测指标的最低监测频次为日～月”的要求，对悬浮物、五日生化需氧量（BOD_5）、石油类、挥发酚、氰化物、硫化物、苯按月监测。由于《“十三五”生态环境保护规划》（国发〔2016〕65 号）要求对于总磷、总氮超标水域实施流域、区域性总量控制，故本标准规定总氮（无机氮）/总磷（活性磷酸盐）超标的流域或沿海地区以及环境保护部正式发布文件中规定的其他总磷、总氮总量控制区域，炼焦工序总氮、总磷最低监测频次按日执行，其他区域按周监测。

b）车间或生产设施废水排放口监测频次

按照《炼焦化学工业污染物排放标准》（GB 16171—2012）要求，车间或生产设施废水排放口要控制多环芳烃（PAHs）、苯并[*a*]芘两项污染物，但《炼焦化学工业污染物排放标准》（GB 16171—2012）中并未明确车间或生产设施废水排放口的具体监测点位。本技术规范结合焦化企业生产工艺废水产生特点，提出应在酚氰污水处理站管控上述两项污染物。目前多数焦化企业酚氰污水处理站除处理酚氰污水外，为了提高废水的可生化性，还会补入生活污水等其他废水作为碳源。但生活污水的汇入会导致酚氰污水被稀释，不符合第一类污染物管控要求。因此，本技术规范规定若酚氰污水处理站仅处理生产工艺废水，则在排放口按月监测多环芳烃（PAHs）、苯并[*a*]芘，若有其他废水进入酚氰污水处理站混合处理，则应在其他废水混入前按月监测生产工艺废水中的多环芳烃（PAHs）、苯并[*a*]芘。

炼焦化学工业排污单位需对洗煤、熄焦和高炉冲渣补水口的 pH 值、悬浮物、化学需氧量（COD_{Cr}）、氨氮、挥发酚和氰化物按周监测，回用水池内仅对挥发酚进行监测。

6.8.4 监测成本测算

本标准规定的主要排放口需要安装自动监测设施，以一组焦炉为例，废气主要排放口自动监测设施一次性投资约为 170 万元，运维费约为 33 万元/a，废水总排口在线设施一次性投资约为 30 万元，运维费约为 7 万元/a。按照江苏、山西等省环境监测服务收费标准平均值初步测算，手工监测成本 35 万～45 万元/a。一个年产 100 万 t 焦化企业每年自动监测运维费 75 万～85 万元，吨焦增加成本 0.8 元左右，不会增加企业过大的运营成本。

6.9 环境管理台账与执行报告编制要求

6.9.1 一般原则

按照《控制污染物排放许可制实施方案》（国办发〔2016〕81 号）和《排污许可证管理暂行规定》（环水体〔2016〕186 号）要求，炼焦化学工业排污单位应通过环境管理台账记录、编制执行报告证明排污单位持证排污情况。本标准结合《环境管理台账及排污许可证执行报告技术规范》以及炼焦化学工业的生产情况和产排污特点，给出了环境管理台账记录和执行报告填报的具体要求。炼焦化学工业排污单位应参照本标准资料性附录 A 制定环境管理台账，参照资料性附录 B 制定执行报告。

6.9.2 环境管理台账记录要求

本标准中明确了环境管理台账的记录内容及频次，并给出了记录形式以及台账保存的具体要求。环境管理台账应真实记录生产设施运行管理信息、污染治理设施运行管理信息、非正常工况记录信息、监测记录信息、其他环境管理信息。

本标准较《环境管理台账及排污许可证执行报告技术规范》要求增加了有组织废气污染物排放情况手工监测分析结果记录信息、无组织废气污染物排放情况手工监测分析结果记录信息和废水污染物排放情况手工监测分析结果记录信息，具体见表 A.6～表 A.8。

6.9.3 执行报告编制规范

排污许可证执行报告按报告周期分为年度执行报告、半年执行报告、季度执行报告和月度执行报告。

年度执行报告应包括排污单位基本情况、遵守法律法规情况、污染防治设施运行情况、自行监测执行情况、环境管理台账执行情况、实际排放情况及达标判定分析、排污费（环境保护税）缴纳情况、信息公开情况、排污单位环境管理体系建设与运行情况、其他排污许可证规定的内容执行情况、其他需要说明的问题、结论等。

半年执行报告较年度执行报告有所简化，应选取排污单位基本生产信息、污染防治设施运行情况、污染物实际排放情况及达标判定分析、自行监测执行情况、超标排放或污染防治设施异常的情况说明等进行填报。

月度/季度执行报告进一步简化，选取污染物实际排放情况及达标判定分析、超标排放或污染防治设施异常的情况说明等进行填报。

6.10 实际排放量核算方法

本标准给出了炼焦化学工业排污单位污染物实际排放量核算方法及其选用原则，核算方法包括实测法、产排污系数法。

6.10.1 实测法

a）废气

炼焦化学工业排污单位正常情况下废气污染物实际排放量为主要排放口和一般排放口实际排放量之和。正常情况以及非正常情况均采用实测法进行核算。

1）主要排放口废气污染物实际排放量核算方法

本标准主要排放口采用自动监测数据核算实际排放量。

对于因自动监控设施发生故障以及其他情况导致全年历史数据缺失的，按照《固定污染源烟气排放连续监测技术规范》（HJ/T 75—2007）进行补遗。缺失时段超过 25%的，自动监测数据不能作为核算实际排放量的依据。

2）一般排放口废气污染物实际排放量核算方法

本标准规定一般排放口废气污染物实际排放量采用手工监测数据进行核算。

b）废水

正常情况下，炼焦化学工业排污单位废水总排放口化学需氧量、氨氮采用自动监测实测法核算其实际排放量。总磷、总氮及受纳水体环境质量超标且列入《炼焦化学工业污染物排放标准》（GB 16171—

2012）中的其他污染因子采用手工监测实测法核算实际排放量。

对于自动监测数据缺失的情况，采用手工监测数据核算。对于要求采用自动监测而未采用的，采用产排污系数法核算化学需氧量、氨氮排放量，且均按直排进行核算。对于无有效自动监测数据的情况，可采用手工监测数据进行核算。

排污单位应将手工监测时段内生产负荷与核算时段内的平均生产负荷进行对比，并给出对比结果。

6.10.2 产排污系数法

采用产排污系数法核算颗粒物、二氧化硫、氮氧化物排放量的，根据单位产品污染物的产生量和排放量进行核算。产排污系数按照《污染源普查产排污系数手册（上）》（中国环境出版社，2011 年 9 月第 1 版）第 468—482 页取值。

6.11 排放量合规判定方法

本标准规定污染物年实际排放量需满足年许可排放量要求。对于特殊时段有许可排放量要求的排污单位，排放口实际排放量之和不得超过特殊时段许可排放量。

7 国内外相关标准、技术法规对比和分析

本标准参照国外排污许可相关法规、标准体系建设先进经验，整合、集成、优化了国内炼焦化学工业环境保护法规、规章、标准、管理要求等，紧密结合炼焦化学工程和环境特点，提出了炼焦化学工业排污许可管理的新思路，构建了炼焦化学工业排污许可申请与核发管理技术体系。

7.1 国外相关标准

本标准基本参照美国空气固定源运行许可证要求内容制定，但在许可排放限值上有一定的差异。

本标准许可排放限值确定原则与美国大气运营许可证基本上相同，在排污许可限值标准上有一定的差异，本标准许可排放限值包括许可排放浓度和许可排放量；美国规定许可排放限值由排放限值与产量即可得到许可量。

7.2 国内相关标准

7.2.1 行业排污许可证申请与核发技术规范

本标准架构上按照已发布的《火电行业排污许可证申请与核发技术规范》建立。与之相比，按照标准编制格式，架构上增加了适用范围、规范性引用文件和术语与定义三章节；内容上，在许可排放量核算、无组织排放控制、合规判定、实测法实际排放量核算方面有所不同。

7.2.1.1 明确许可排放量核算推荐方法

与《火电行业排污许可证申请与核发技术规范》中许可排放量核算采用绩效法不同，炼焦化学工业排污单位许可排放量依据许可排放浓度、基准排气量、主要产品产能确定。

一是对于产能与环境影响评价不一致的，要求企业明确说明原因。另外，排污许可证仅对企业污染物排放量进行许可和管控，企业超产能生产的情况下，应采取更严格的污染防治措施，确保污染物排放量不超过许可排放量。

二是确定了炼焦化学工业基准排气量。炼焦化学工业基准排气量是核定许可排放量的重要参数，现行《炼焦化学工业污染物排放标准》（GB 16171—2012）中无基准排气量的相关规定。

根据《污染源普查产排污系数手册》《中国钢铁行业污染物控制可行技术及排污许可量核定方法研究》以及多家企业的设计和环境影响评价数据，综合确定了焦炉烟囱、装煤地面站、推焦地面站、干法熄焦地面站、粗苯管式炉等 6 个排污节点的基准排气量，为许可排放量核算奠定了基础。

7.2.1.2 细化了炼焦化学工业排污单位无组织排放控制内容

《火电行业排污许可证申请与核发技术规范》对无组织排放控制无相应内容[《火电厂大气污染物排放标准》（GB 13223—2011）没有无组织控制相应规定]，本标准结合炼焦化学工业排污单位无组织排放点多、措施各异、管理水平参差不齐的特点，按照不同产污环节给出了无组织排放控制措施要求，将无组

织控制纳入排污许可证环境管理要求。在合规判定时，排污单位需要满足本标准规定的无组织排放控制措施，同时无组织排放浓度需满足许可排放浓度。

7.2.1.3 细化了实测法实际排放量核算方法

《火电行业排污许可证申请与核发技术规范》对实际排放量采用实测法核算时，仅给出了一般原则性规定。本标准中对炼焦化学工业排污单位采用自动监测和手工监测的排放源分别给出了核算公式。

7.2.2 炼焦化学工业相关标准

与炼焦化学工业相关标准相比，本标准涵盖内容更全面，更切合排污许可工作需要。

7.2.2.1 涵盖内容全面

本标准适用范围包括了生产焦炭、半焦产品为主的煤炭加工行业和钢铁等工业企业炼焦分厂。本标准在排污单位基本情况章节中分炉型给出了较全面的生产工艺、生产设施、污染治理设施、产排污环节、原辅料及燃料等具体的填报内容。

7.2.2.2 集成了现有国内规范及相关政策要求

本标准综合了《炼焦化学工业污染物排放标准》（GB 16171—2012）、《锅炉大气污染物排放标准》（GB 13271—2014）等标准的要求，确定了废气和废水污染因子及许可排放浓度。

8 标准实施措施及建议

a）进一步强化自动监测对排污许可的有效支撑

自动监测设备管理简便、监测数据量大，是监控企业许可排放浓度达标以及支撑实际排放量核算的有效手段。但现阶段，环境保护主管部门对自动监测数据的管理和应用偏弱，自动监测数据的有效性不足，自动监测作为执法判定的法律依据不足，这些都对本标准实施形成阻力。

因此，建议环境保护主管部门加强自动监测的管理，提升自动监测的技术水平和法律地位，保留特殊时段自动监测数据并如实上传，保证自动监测数据的完整性，为本标准的实施提供保障。

b）加快完善排污许可管理信息平台

建议按照本标准内容尽快完善排污许可管理信息平台炼焦化学工业排污许可证申请与核发系统，便于企业和环境保护主管部门应用，促进本标准的落地。

c）加大对企业和环境保护主管部门的宣传培训力度

国家排污许可制度对各行业提出了精细化管理要求，本标准涉及的环境管理内容多，技术要求高，应加大对企业和环境保护主管部门的培训，帮助理解技术规范的要求，指导企业申请和环境保护主管部门核发。

d）开展标准实施评估

建议结合排污许可证申请与核发工作，适时开展本标准实施效果评估，必要时开展本标准的修订工作。

中华人民共和国环境保护行业标准

排污许可证申请与核发技术规范 制药工业——原料药制造

Technical specification for application and issuance of pollutant permit —Pharmacy industry—Active pharmaceutical ingredient manufacturing

HJ 858.1—2017

前　言

为贯彻落实《中华人民共和国环境保护法》《中华人民共和国大气污染防治法》《中华人民共和国水污染防治法》等法律法规和《国务院办公厅关于印发控制污染物排放许可制实施方案的通知》（国办发〔2016〕81 号），完善排污许可技术支撑体系，指导和规范制药工业—原料药制造排污单位排污许可证申请与核发工作，制定本标准。

本标准规定了制药工业——原料药制造排污单位排污许可证申请与核发的基本情况填报要求、许可排放限值确定、实际排放量核算、合规判定的方法以及自行监测、环境管理台账与排污许可证执行报告等环境管理要求，提出了制药工业——原料药制造污染防治可行技术要求。

核发机关核发排污许可证时，对位于法律法规明确规定禁止建设区域内的、属于国家或地方已明确规定予以淘汰或取缔的制药工业——原料药制造排污单位或者生产装置，应不予核发制药工业——原料药制造排污许可证。

本标准的附录 A～附录 G 为资料性附录。

本标准为首次发布。

本标准由环境保护部规划财务司、环境保护部科技标准司组织制订。

本标准主要起草单位：河北科技大学、北京市环境保护科学研究院、环境保护部环境工程评估中心、河北华药环境保护研究所有限公司、恒联海航（北京）管理咨询有限公司、中国化学制药工业协会、河北省环境科学学会。

本标准由环境保护部 2017 年 9 月 29 日批准。

本标准自 2017 年 9 月 29 日起实施。

本标准由环境保护部解释。

1　适用范围

本标准规定了制药工业——原料药制造排污单位排污许可证申请与核发的基本情况填报要求、许可排放限值确定、实际排放量核算、合规判定的技术方法以及自行监测、环境管理台账与排污许可证执行报告等环境管理要求，提出了制药工业——原料药制造污染防治可行技术要求。

本标准适用于指导制药工业——原料药制造排污单位填报《排污许可证申请表》及在全国排污许可证管理信息平台上填申报系统填报相关申请信息，同时适用于指导核发机关审核确定制药工业——原料药制造排污单位排污许可证许可要求。

本标准适用于进一步加工化学药品制剂所需的原料药的生产、主要用于药物生产的医药中间体的生产及兽用药品制造（化学原料药）排污单位排放的大气污染物和水污染物的排污许可管理。

制药工业——原料药制造排污单位中，执行 GB 13223 的生产设施和排放口适用《火电行业排污许可证申请与核发技术规范》；执行 GB 13271 的生产设施和排放口参照本标准执行，待锅炉排污许可证申请与核发技术规范颁布后从其规定。

本标准未做出规定但排放工业废水、废气或者国家规定的有毒有害大气污染物的制药工业——原料药制造排污单位的其他产污设施和排放口，参照《排污许可证申请与核发技术规范　总则》执行。

2　规范性引用文件

本标准引用了下列文件或其中的条款。凡是未注明日期的引用文件，其最新版本适用于本标准。

GB 13223　火电厂大气污染物排放标准

GB 13271　锅炉大气污染物排放标准

GB 14554　恶臭污染物排放标准

GB 16297　大气污染物综合排放标准

GB 18484　危险废物焚烧污染控制标准

GB 21903　发酵类制药工业水污染物排放标准

GB 21904　化学合成类制药工业水污染物排放标准

GB 21905　提取类制药工业水污染物排放标准

GB/T 16157　固定污染源排气中颗粒物测定与气态污染物采样方法

GB/T 31962　污水排入城镇下水道水质标准

HJ/T 55　大气污染物无组织排放监测技术导则

HJ/T 75　固定污染源烟气排放连续监测技术规范（试行）

HJ/T 76　固定污染源烟气排放连续监测系统技术要求及检测方法（试行）

HJ/T 91　地表水和污水监测技术规范

HJ/T 212　污染源在线自动监控（监测）系统数据传输标准

HJ/T 353　水污染源在线监测系统安装技术规范（试行）

HJ/T 354　水污染源在线监测系统验收技术规范（试行）

HJ/T 355　水污染源在线监测系统运行与考核技术规范（试行）

HJ/T 356　水污染源在线监测系统数据有效性判别技术规范（试行）

HJ/T 373　固定污染源监测质量保证与质量控制技术规范（试行）

HJ/T 397　固定源废气监测技术规范

HJ 493　样品的保存和管理技术规定

HJ 494　水质　采样技术指导

HJ 495　水质　采样方案设计技术规定

HJ 732　固定污染源废气挥发性有机物的采样　气袋法

HJ 819　排污单位自行监测技术指南　总则

HJ 820　排污单位自行监测技术指南　火力发电及锅炉

*挥发性有机物无组织排放控制标准

*制药工业大气污染物排放标准

*排污许可证申请与核发技术规范　总则

*排污单位自行监测技术指南　发酵类制药工业

*排污单位自行监测技术指南　化学合成类制药工业

*排污单位自行监测技术指南　提取类制药工业

* 标准正在编制审批之中，待正式发布后按发布的标准实行。

*环境管理台账及排污许可证执行报告技术规范（试行）

《固定污染源排污许可分类管理名录（2017 年版）》（环境保护部令 第 45 号）

《排污口规范化整治技术要求（试行）》（环监〔1996〕470 号）

《污染源自动监控设施运行管理办法》（环发〔2008〕6 号）

《关于太湖流域执行国家排放标准水污染物特别排放限值时间的公告》（环境保护部公告 2008 年 第 28 号）

《关于太湖流域执行国家污染物排放标准水污染物特别排放限值行政区域范围的公告》（环境保护部公告 2008 年 第 30 号）

《制药工业污染防治技术政策》（环境保护部公告 2012 年 第 18 号）

《关于执行大气污染物特别排放限值的公告》（环境保护部公告 2013 年 第 14 号）

《挥发性有机物（VOCs）污染防治技术政策》（环境保护部公告 2013 年 第 31 号）

《关于印发〈排污许可证管理暂行规定〉的通知》（环水体〔2016〕186 号）

《关于开展火电、造纸行业和京津冀试点城市高架源排污许可证管理工作的通知》（环水体〔2016〕189 号）

《关于执行大气污染物特别排放限值有关问题的复函》（环办大气函〔2016〕1087 号）

《关于加强京津冀高架源污染物自动监控有关问题的通知》（环办环监函〔2016〕1488 号）

3 术语和定义

下列术语和定义适用于本标准。

3.1 原料药制造排污单位 active pharmaceutical ingredient manufacturing pollutant emission unit

指进一步加工化学药品制剂所需的原料药制造的排污单位。

3.2 许可排放限值 permitted emission limits

指排污许可证中规定的允许排污单位排放的污染物最大排放浓度（或速率）和排放量。

3.3 特殊时段 special periods

指根据国家和地方限期达标规划及其他相关环境管理规定，对排污单位的污染物排放情况有特殊要求的时段，包括重污染天气应对期间等。

3.4 挥发性有机物 volatile organic compounds（VOCs）

指参与大气光化学反应的有机化合物，或者根据规定的方法测量或核算确定的有机化合物。根据行业特征和环境管理需求，可选择对主要 VOCs 物种进行定量加和的方法测量总有机化合物（以 TVOC 表示），或者选用按基准物质标定，检测器对混合进样中 VOCs 综合响应的方法测量非甲烷有机化合物（以 NMOC 表示，以碳计），本标准以非甲烷总烃表征。

4 排污单位基本情况填报要求

4.1 基本原则

排污单位应按照本标准要求，在排污许可证管理信息平台申报系统填报《排污许可证申请表》中的相应信息。填报系统下拉菜单中未包括的、地方环境保护主管部门有规定需要填报或排污单位认为需要填报的，可自行增加内容。

省级环境保护主管部门按环境质量改善需求增加的管理要求，应填入排污许可证管理信息平台申报系统中“有核发权的地方环境保护主管部门增加的管理内容”一栏。

排污单位在填报申请信息时，应评估污染排放及环境管理现状，可对现状环境问题提出整改措施，并填入排污许可证管理信息平台申报系统中“改正措施”一栏。

排污单位应当按照实际情况填报基本情况，对提交申请材料的真实性、合法性和完整性负法律责任。

4.2 排污单位基本信息

排污单位基本信息应填报单位名称、邮政编码、行业类别（填报时选择化学药品原料药制造或兽用药品制造）、是否投产、投产日期、生产经营场所中心经纬度、所在地是否属于重点区域、是否有环境影响评价批复文件及文号（备案编号）、是否有地方政府对违规项目的认定或备案文件及文号、是否有主要污染物总量分配计划文件及文号、颗粒物总量指标（t/a）、二氧化硫总量指标（t/a）、氮氧化物总量指标（t/a）、化学需氧量总量指标（t/a）、氨氮总量指标（t/a）、其他污染物总量指标（如有）、是否实施绿色酶法生产技术改造等。

4.3 主要产品及产能

4.3.1 一般原则

在填报“主要产品及产能”时，需选择行业类别，适用于本标准的生产设施选择化学药品原料药制造或兽用药品制造。执行 GB 13223 的生产设施选择火电行业。

主要产品及产能应填报主要生产单元名称、主要工艺名称、主要生产设施名称、生产设施编号、设施参数、产品名称、生产能力、近 3 年实际产量、计量单位、设计年生产时间及其他。

4.3.2 主要生产单元

排污单位主要生产单元分为以产品命名的生产线单元、公用单元。以产品命名的生产线单元按照附录 A 中的产品名称填写，如头孢拉定生产线、维生素 C 生产线、阿莫西林生产线等。

若同一生产线生产不同产品时，以主要产品命名，备注说明生产的其他产品。若包括多个生产单元，应分别填写每一个单元。

4.3.3 主要工艺

根据生产线单元工艺流程的主要工序填写，包括配料、发酵、反应、分离、提取、精制、干燥、成品、溶剂回收、其他。

公用单元主要工艺包括物料存储系统、输送系统、纯水制备系统、循环水冷却系统、供热系统、空压系统、供冷系统、废水处理系统、废气处理系统、固废处理处置系统、事故应急系统、其他。

4.3.4 主要生产设施

4.3.4.1 一般原则

按照生产线单元、公用单元的主要工艺分类，涉及的主要生产装置及公用设施见附录 B。

4.3.4.2 必填内容

表征生产装置生产能力的设备、产生工艺废水的生产设备、排出工艺废气的生产设备、常压有机液体储罐、有机液体装载和分装设施，以及排放有毒有害大气污染物、排放第一类污染物的生产设施。

4.3.4.3 选填内容

1）生产装置中的泵、压缩机；

2）生产装置中的回流罐、缓冲罐、分液罐；

3）操作压力大于常压的有机液体储罐；

4）用于工艺参数测量和产品质量检测的设备；

5）生产单元中含有挥发性有机物流经的设备与管线组件。

4.3.4.4 生产设施编号

排污单位填报内部生产设施编号；若排污单位无内部生产设施编号，则根据环水体〔2016〕189 号中附件 4《固定污染源（水、大气）编码规则（试行）》进行编号并填报。

4.3.4.5 设施参数

设施参数分为参数名称、设计值、计量单位等，设施参数如直径、面积、容积、压力、额定功率、流量、供气量、设计排气量、最大处理量、最大热负荷、热效率等。

4.3.4.6 产品名称

产品名称参见附录 A 填写。

4.3.4.7 生产能力、近 3 年实际产量及计量单位

生产能力为主要产品设计产能，不包括国家和地方政府予以淘汰或取缔的产能。近 3 年实际产量为实际发生数（未投运和投运不满 1 年的原料药制造排污单位不需填报，投运满 1 年但未满 3 年的原料药制造排污单位按周期年填报）。产能和产量计量单位均为 t/a。

4.3.4.8 设计年生产时间

按环境影响评价文件及批复、地方政府对违规项目的认定或备案文件确定的年生产小时数填写。

4.3.4.9 其他

排污单位如有需要说明的内容，可填写。

4.4 主要原辅料及燃料

4.4.1 一般原则

填写主要原辅材料（除有机溶剂）、有机溶剂及燃料，应全部填写。

主要原辅材料（除有机溶剂）应填报原辅材料种类、设计年使用量、计量单位、纯度、有毒有害成分占比、其他。

有机溶剂应填报溶剂名称、设计年使用量、计量单位、纯度、其他。

燃料应填报燃料种类、灰分、硫分、挥发分、热值、设计年使用量、其他。

4.4.2 原辅材料及燃料种类

原辅材料（除有机溶剂）应填写具体物质名称，按反应物、增溶剂、助剂、乳化剂、吸收剂、稀释剂、螯合剂、酶、催化剂、pH 值调节剂等进行分类。

有机溶剂名称参见附录 C 填写。

燃料种类包括：燃料煤、原油、重油、柴油、燃料油、页岩油、天然气、沼气、液化石油气、煤层气、页岩气、其他。

4.4.3 设计年使用量及计量单位

设计年使用量为与产能相匹配的原辅材料及燃料年使用量。设计年使用量计量单位为 t/a 或 m^3/a。

4.4.4 原辅材料纯度

原辅材料中有机溶剂纯度为必填项，以百分比表示；其他原辅材料纯度为选填项。

4.4.5 有毒有害成分及占比

原辅材料中铅、镉、砷、镍、汞、铬含量，可参考设计值或上一年生产实际值填报。

4.4.6 燃料灰分、硫分、挥发分及热值

燃料煤需填写灰分、硫分、挥发分和低位热值；其他燃料填写硫分和低位热值。可参考设计值或上一年生产实际值填报。

4.4.7 其他

排污单位如有需要说明的内容，可填写。

4.5 产排污环节、污染物及污染治理设施

4.5.1 废气

4.5.1.1 一般原则

废气产排污环节、污染物及污染治理设施包括生产设施对应的产排污环节、污染物种类、排放形式（有组织、无组织）、污染治理设施、是否为可行技术、排放口编号、排放口设置是否规范及排放口类型。

4.5.1.2 废气主要产污环节、排放形式及污染治理设施名称

排污单位废气主要产污环节名称及污染治理设施名称填报内容参见表 1，其中废气产污环节名称以产生废气的生产设备（设施）对应的产污环节命名，分别按生产工艺分类的产污设备（设施）填写。废气

排放形式分为有组织和无组织。污染治理设施分为工艺有机废气、工艺酸碱废气、工艺含尘废气、发酵废气、罐区废气、废水处理站废气、危废暂存废气、锅炉烟气、危险废物焚烧炉烟气等治理设施，以及沼气净化设施。

表 1 废气主要产污环节及污染治理设施名称一览表

生产工艺	主要生产设施	产污环节名称	污染治理设施名称
配料	液体配料设施	有机液体配料	工艺有机废气治理设施
		酸碱调节	工艺酸碱废气治理设施
	固体配料机、整粒筛分机、破碎机	固体配料、整粒筛分、破碎	工艺含尘废气治理设施
发酵	种子罐、发酵罐、消毒罐、配料补加罐	种子培养、发酵、消毒、补料	发酵废气治理设施
反应	反应釜、缩合罐、裂解罐	反应、缩合、裂解	工艺有机废气治理设施
分离	离心机	离心	工艺有机废气治理设施
	板框压滤机	板框压滤	
	过滤器	过滤	
	转鼓过滤器	转鼓	
	膜分离器	膜分离	
	萃取罐	萃取	
	管式分离机	管式分离	
提取	酸化罐	酸化	工艺有机废气治理设施
	吸附塔	吸附	
	液贮罐	贮存	
	反渗透装置	反渗透	
	结晶罐	结晶	
	干燥器	干燥	
	转化罐	转化	
	浸提设备	浸提	
精制	脱色罐	脱色	工艺有机废气治理设施
	结晶罐	结晶	
干燥	干燥塔	干燥	工艺有机废气治理设施 工艺含尘废气治理设施
	真空泵	真空泵	
	真空干燥器	真空干燥	
	双锥干燥器	双锥干燥	
	沸腾床	沸腾干燥	
	菌渣干燥机	菌渣干燥	
成品	磨粉机	磨粉机分离	工艺含尘废气治理设施
	分装机	分装	
溶剂回收	吸收塔	吸收	工艺有机废气治理设施
	溶剂萃取设备	萃取	
	降膜吸收设备	降膜吸收	
	精馏塔	精馏塔冷凝	
	蒸馏釜	蒸馏釜冷凝	
物料储存设施	固定顶罐、浮顶罐、锥顶罐、拱顶罐、其他	呼吸口	罐区废气治理设施
装卸、转运	槽车	装卸、转运	工艺有机废气治理设施 工艺酸碱废气治理设施
供热系统	锅炉、其他	锅炉	锅炉烟气治理设施
废水处理系统	调节池、水解酸化池、好氧池、中间池、污泥浓缩池、污泥脱水间、污泥暂存间、其他	废水处理	废水处理站废气治理设施
	厌氧处理装置	厌氧处理	沼气净化设施
固废处理处置系统	危险废物暂存间	危废暂存	危废暂存废气治理设施
	危险废物焚烧炉	燃烧炉	焚烧炉烟气治理设施

注 1：表中未列出的项目，根据实际情况填写。

注 2：存在无组织排放形式的生产设施，须填写相应的产污环节名称。

4.5.1.3 污染物种类

污染物种类根据 GB 13271、GB 14554、GB 18484、GB 16297 确定，具体见表 2。待《制药工业大气污染物排放标准》颁布后，从其规定。有地方排放标准要求的，按照地方排放标准确定。

4.5.1.4 污染治理工艺

工艺有机废气治理工艺包括冷凝、水洗、碱吸收、酸吸收、离子液吸收、化学氧化、活性炭吸附再生、分子筛转轮吸附、生物洗涤、生物过滤、生物滴滤、热力燃烧、催化燃烧、蓄热式热力燃烧、蓄热式催化燃烧、其他。

工艺酸碱废气治理工艺包括水洗、碱吸收、酸吸收、其他。

工艺含尘废气治理工艺包括袋式除尘、旋风除尘、滤筒除尘、多级过滤、其他。

发酵废气治理工艺包括旋风分离、冷却、水洗、碱吸收、化学氧化、生物洗涤、生物过滤、生物滴滤、转轮吸附浓缩、热力燃烧、催化燃烧、蓄热式热力燃烧、蓄热式催化燃烧、其他。

恶臭废气治理工艺包括水洗、碱吸收、酸吸收、化学氧化、等离子氧化、光催化氧化、活性炭吸附再生、生物洗涤、生物过滤、生物滴滤、其他。

沼气净化工艺包括湿法化学脱硫、干法化学脱硫、湿法生物脱硫、其他。

焚烧炉烟气、锅炉烟气治理工艺包括除尘（静电除尘、袋式除尘、电袋复合除尘、其他）、脱硫（石灰石/石灰-石膏湿法、氨法、氧化镁法、其他）；脱硝（低氮燃烧、选择性非催化还原、选择性催化还原、其他）；锅炉烟气去除汞及其化合物（协同处置、其他）；焚烧炉烟气去除二噁英（急冷、活性炭/焦吸附、炉内添加卤化物、烟道喷入活性炭/焦、其他）等。

4.5.2 废水

4.5.2.1 一般原则

应填报废水类别、污染物种类、排放去向、排放规律、污染治理设施、是否为可行技术、排放口编号、排放口设置是否规范及排放口类型。

4.5.2.2 废水类别、污染物种类

废水类别分为：主生产过程排水（提取废水、发酵废水、合成废水、设备冲洗水、其他）、循环冷却水排水、中水回用系统排水、水环真空泵排水、储罐切水、地面冲洗水、制水排水、蒸馏设备冷凝水、废气处理设施废水、生活污水、初期雨水、其他。

污染物种类依据 GB 21903、GB 21904、GB 21905 中确定。有地方排放标准要求的，按照地方排放标准确定。

4.5.2.3 废水去向及排放规律

废水去向包括主生产过程预处理设施、综合废水处理设施、回用。

排放规律分为连续排放和间断排放，根据流量稳定性和规律性分为不同类型。废水间断排放的，应当载明排放污染物的时段。具体见《排污许可证申请表》中废水排放规律相关内容。

4.5.2.4 污染治理设施名称

包括主生产过程排水预处理设施、综合废水处理设施、中水回用处理设施、其他。

4.5.2.5 污染治理工艺

a）主生产过程排水预处理

主生产过程排水中的高含盐废水、高氨氮废水、有生物毒性或难降解废水、高悬浮物废水、高动植物油废水等，可采用蒸发、蒸氨、吹脱、汽提、氧化、还原、混凝沉淀、混凝气浮、破乳等预处理后，进入综合废水处理设施。

b）综合废水处理

预处理：隔油、混凝气浮、混凝沉淀、调节、中和、氧化、还原、其他。

生化处理：升流式厌氧污泥床（UASB）、厌氧颗粒污泥膨胀床（EGSB）、厌氧流化床（AFB）、复合式厌氧污泥床（UBF）、厌氧内循环反应器（IC）、水解酸化、生物接触氧化法、序批式活性污泥法（SBR）、膜生物法（MBR）、曝气生物滤池（BAF）、厌氧/好氧工艺（A/O）、厌氧/缺氧/好氧工艺（A^2/O）、其他。

深度处理：混凝、过滤、高级氧化、其他。

c）中水回用处理

砂滤、超滤（UF）、反渗透（RO）、脱盐、消毒、其他。

4.5.3 污染治理设施、排放口编号

污染治理设施编号可填写排污单位内部编号，若无内部编号，则根据《排污许可证管理暂行规定》中附件 4《固定污染源（水、大气）编码规则（试行）》进行编号并填报。

排放口编号应填写地方环境保护主管部门现有编号，若地方环境保护主管部门未对排放口进行编号，则根据《排污许可证管理暂行规定》中附件 4《固定污染源（水、大气）编码规则（试行）》进行编号并填报。

4.5.4 可行技术

参照本标准第 6 章“污染防治可行技术”填报。

4.5.5 排放口类型

废气排放口分为主要排放口和一般排放口。主要排放口包括发酵废气排放口、工艺有机废气排放口、废水处理站废气排放口、危险废物焚烧炉烟囱、锅炉烟囱。其他为一般排放口，见表 2。

废水排放口分为主要排放口和一般排放口。其中废水总排放口为主要排放口，车间或生产设施废水排放口和生活污水单独排放口为一般排放口。

4.5.6 排放口规范化设置

根据排污单位执行的排放标准中有关排放口规范化设置的规定以及《排污口规范化整治技术要求（试行）》，填报废气和废水排放口设置是否符合规范化要求。

4.5.7 排放口基本情况

4.5.7.1 废气排放口

废气排放口填写排放口经纬度坐标、排气筒高度、排气筒出口内径、设计排气温度。

4.5.7.2 废水排放口

废水排放口填写排放口经纬度坐标、排放去向、排放规律等。

废水直接排入环境的，还应填写受纳自然水体名称、水体功能目标。

废水间接排入环境的，还应填写受纳污水处理厂名称、废水污染物及其排放限值。

单独排入城镇集中污水处理设施的生活污水仅说明去向。

4.5.7.3 雨水排放口

填写排放口编号、排放口经纬度坐标、排放去向、汇入水体信息以及汇入处经纬度坐标。雨水排放口编号填写排污单位内部编号，如无内部编号，则根据《排污许可证管理暂行规定》中附件 4《固定污染源（水、大气）编码规则（试行）》进行编号并填报。

4.5.7.4 废水排放去向

包括直接进入海域、江河、湖、库等水环境，进入城市下水道（再入江河、湖、库），进入城市下水道（再入沿海海域），进入城市污水处理厂、工业废水集中处理设施、其他单位等。

4.6 其他要求

排污单位基本情况还应包括厂区总平面布置图、全厂污水和雨水管线走向图、工艺流程和排污节点图。厂区总平面布置图应标明主要生产单元及公用设施名称、位置，有组织排放源、废水排放口位置。厂区雨水、污水集输管道走向及排放去向，废水应急事故池位置等。工艺流程和排污节点图应标明主要生产单元名称、主要物料走向等。

5　产排污环节对应排放口及许可排放限值

5.1　产排污环节及排放口具体规定

5.1.1　废气

5.1.1.1　有组织排放源

废气排放口应填报排放口地理坐标、排放口高度、排放口出口内径、国家或地方污染物排放标准、环境影响评价批复要求及承诺更加严格排放限值，其余项为依据本标准 4.5 条填报的产排污环节及排放口信息，信息平台系统自动生成。排污单位废气排放源和污染物项目见表 2。

表 2　纳入许可管理的废气排放源及污染物项目

排放口类型	排放源	许可排放浓度（或速率）污染物项目	许可排放量污染物项目
主要排放口	发酵废气排放口	颗粒物、挥发性有机物[a]、臭气浓度	挥发性有机物
	工艺有机废气排放口	挥发性有机物[a]、特征污染物[b]	挥发性有机物
	废水处理站废气排放口	挥发性有机物[a]、臭气浓度、特征污染物[b]	挥发性有机物
	危险废物焚烧炉烟囱	烟气黑度、烟尘[c]、一氧化碳、二氧化硫、氟化氢、氯化氢、氮氧化物、汞及其化合物、镉及其化合物、（砷、镍及其化合物）、铅及其化合物、（锑、铬、锡、铜、锰及其化合物）、二噁英类	颗粒物、二氧化硫、氮氧化物
	锅炉烟囱	颗粒物、二氧化硫、氮氧化物、汞及其化合物[d]、烟气黑度（林格曼黑度，级）	颗粒物、二氧化硫、氮氧化物
一般排放口	罐区废气排放口	挥发性有机物[a]、特征污染物[b]	—
	工艺酸碱废气排放口	特征污染物[b]	—
	工艺含尘废气排放口	颗粒物	—
	危废暂存废气排放口	挥发性有机物[a]、臭气浓度、特征污染物[b]	—

注：未发布国家污染物监测方法标准的污染物，待国家污染物监测方法标准发布后实施。

[a] 本标准使用非甲烷总烃作为排气筒挥发性有机物排放的综合控制指标，待《制药工业大气污染物排放标准》发布后从其规定。

[b] 见 GB 16297、GB 14554 所列污染物，根据环境影响评价文件及其批复等相关环境管理规定，确定具体污染物项目，待《制药工业大气污染物排放标准》发布后，从其规定。地方排放标准中有要求的，从严规定。

[c] 许可排放量时以颗粒物计。

[d] 燃煤锅炉烟囱须增加控制该项目。

5.1.1.2　无组织排放源

纳入排污许可管理的排污单位边界无组织排放污染物项目见表 3。

表 3　纳入许可管理的排污单位边界无组织排放污染物项目

管控位置	许可排放浓度污染物
厂界	挥发性有机物[a]、臭气浓度、特征污染物[b]

[a] 本标准使用非甲烷总烃作为企业边界挥发性有机物排放的综合控制指标，待《制药工业大气污染物排放标准》发布后从其规定。

[b] 见 GB 16297、GB 14554 所列污染物，根据环境影响评价文件及其批复等相关环境管理规定，确定具体污染物项目，待《制药工业大气污染物排放标准》发布后，从其规定。地方排放标准中有要求的，从严规定。

5.1.2　废水

排污单位纳入许可管理的废水排放源及污染物项目见表 4。

表 4　纳入许可管理的废水排放源及污染物项目

排放源	许可排放浓度污染物项目		许可排放量污染物项目[a]
废水总排放口	适用 GB 21904 的排污单位	pH 值、色度、悬浮物、五日生化需氧量、化学需氧量、氨氮、总氮、总磷、总有机碳、急性毒性（$HgCl_2$ 毒性当量）、总铜、总锌、总氰化物、挥发酚、硫化物、硝基苯类、苯胺类、二氯甲烷	化学需氧量、氨氮、总氮[b]、总磷[b]

排放源		许可排放浓度污染物项目	许可排放量污染物项目[a]
废水总排放口	适用GB 21903的排污单位	pH值、色度、悬浮物、五日生化需氧量、化学需氧量、氨氮、总氮、总磷、总有机碳、急性毒性（$HgCl_2$毒性当量）、总锌、总氰化物	
	适用GB 21905的排污单位	pH值、色度、悬浮物、五日生化需氧量、化学需氧量、动植物油、氨氮、总氮、总磷、总有机碳、急性毒性（$HgCl_2$毒性当量）	
车间或生产设施废水排放口[c]	总汞、烷基汞、总镉、六价铬、总铅、总砷、总镍		—
生活污水排放口[d]	化学需氧量、氨氮		—

[a] 明确排污单位外排化学需氧量、氨氮以及受纳水体环境质量超标且列入 GB 21903、GB 21904、GB 21905 中的其他污染物项目年许可排放量。

[b] 对于位于《“十三五”生态环境保护规划》及环境保护部正式发布的文件中规定的总磷和总氮总量控制的区域内的排污单位，还应申请总磷、总氮年许可排放量。

[c] 适用 GB 21904 的排污单位执行该项要求。

[d] 单独排放生活污水的排放口。

5.2 许可排放限值

5.2.1 一般原则

许可排放限值包括污染物许可排放浓度和许可排放量。许可排放量包括年许可排放量和特殊时段许可排放量。年许可排放量是指允许排污单位连续 12 个月污染物排放的最大量。地方环境保护主管部门可根据需要将年许可排放量按月进行细化。

对于大气污染物，以排放口为单位确定主要排放口和一般排放口许可排放浓度，以厂界监控点确定无组织许可排放浓度。主要排放口按发酵废气、工艺有机废气、废水处理站废气、危险废物焚烧炉烟气、锅炉烟气分别确定其许可排放量。

对于水污染物，车间或生产设施排放第一类污染物的废水排放口许可排放浓度，废水总排放口许可排放浓度和排放量。

根据国家或地方污染物排放标准确定许可排放浓度。依据总量控制指标及本标准规定的方法从严确定许可排放量，2015 年 1 月 1 日（含）后取得环境影响批复的排污单位，许可排放量还应同时满足环境影响评价文件和批复要求。

总量控制指标包括地方政府或环境保护主管部门发文确定的排污单位总量控制指标、环境影响评价批复时的总量控制指标、现有排污许可证中载明的总量控制指标、通过排污权有偿使用和交易确定的总量控制指标等地方政府或环境保护主管部门与排污许可证申领排污单位以一定形式确认的总量控制指标。

排污单位填报许可限值时，应在《排污许可证申请表》中写明申请的许可排放量计算过程。

排污单位申请的许可排放限值严于本标准规定的，应在排污许可证中载明。

5.2.2 许可排放浓度

5.2.2.1 废气

以产排污环节对应的生产设施或排放口为单位，明确各排放口各污染物许可排放浓度。

发酵、工艺有机、废水处理站、罐区、工艺酸碱、工艺含尘、危废暂存等废气中涉及的废气污染物依据 GB 16297、GB 14554 确定许可排放浓度或速率限值。锅炉废气依据 GB 13271 确定许可排放浓度。焚烧危险废物的焚烧炉废气依据 GB 18484 确定许可排放浓度。

大气污染防治重点控制区按照《关于执行大气污染物特别排放限值的公告》与《关于执行大气污染物特别排放限值有关问题的复函》要求执行。其他执行大气污染物特别排放限值的地域范围、时间，由国务院环境保护主管部门或省级人民政府规定。

企业边界无组织排放废气污染物许可排放浓度按照 GB 16297、GB 14554 确定。

地方有更严格的排放标准要求的，按照地方排放标准从严确定许可排放浓度限值。

若执行不同许可排放浓度的多台生产设施或排放口采用混合方式排放废气，且选择的监控位置只能监测混合废气中的大气污染物浓度，则应执行各限值要求中最严格的许可排放浓度。

5.2.2.2　废水

排污单位水污染物依据 GB 21903、GB 21904、GB 21905 确定许可排放浓度。《关于太湖流域执行国家排放标准水污染物特别排放限值时间的公告》《关于太湖流域执行国家排放标准水污染物特别排放限值区域的公告》中所涉及行政区域的水污染物特别排放限值按其要求执行。其他依法执行特别排放限值的应从其规定。

排污单位向设置污水处理厂的城镇排水系统排放废水时，有毒污染物总镉、烷基汞、六价铬、总砷、总铅、总镍、总汞应在车间或生产设施排放口执行相应的排放限值；其他污染物的排放控制要求由排污单位与城镇污水处理厂根据其污水处理能力商定或执行相关标准，并报当地环境保护主管部门备案。

地方有更严格的排放标准要求的，按照地方排放标准从严确定许可排放浓度限值。

若排污单位的生产设施同时适用不同排放控制要求或制药行业不同类别国家污染物排放标准，且生产设施产生的废水混合处理排放的情况下，应执行排放标准中最严格的浓度限值。

5.2.3　许可排放量

5.2.3.1　废气

许可排放量包括年许可排放量和特殊时段的日许可排放量。其中，二氧化硫、氮氧化物、颗粒物的许可排放量以锅炉烟气、危险废物焚烧炉烟气分别进行许可。挥发性有机物的许可排放量以发酵废气、废水处理站废气、工艺有机废气分别进行许可。

a）二氧化硫、氮氧化物、颗粒物的年许可排放量

1）锅炉烟气

执行 GB 13271 的锅炉废气污染物许可排放量依据许可排放浓度限值、基准排气量和燃料用量核定，基准烟气量见表 5。

表 5　锅炉废气基准烟气量取值表

锅炉	热值	基准烟气量
燃煤锅炉/（m^3/kg）	12.5 MJ/kg	6.2
	21 MJ/kg	9.9
	25 MJ/kg	11.6
燃油锅炉/（m^3/kg）	38 MJ/kg	12.2
	40 MJ/kg	12.8
	43 MJ/kg	13.8
燃气锅炉/（m^3/m^3）	—	12.3
注 1：燃用其他热值燃料的，可按照《动力工程师手册》进行计算。 注 2：燃用生物质燃料蒸汽锅炉的基准排气量参考燃煤蒸汽锅炉确定，或参考近 3 年排污单位实测的烟气量，或近 1 年连续在线监测的烟气量。		

燃煤或燃油锅炉废气污染物许可排放量按式（1）计算：

$$D=R\times Q\times\rho\times10^{-6} \tag{1}$$

燃气锅炉废气污染物许可排放量按式（2）计算：

$$D=R\times Q\times\rho\times10^{-9} \tag{2}$$

式中：D——废气污染物许可排放量，t/a；

R——设计燃料用量，t/a 或 m^3/a；

ρ——废气污染物许可排放浓度限值，mg/m^3；

Q——基准排气量（标态），m^3/kg 燃煤/燃油，或 m^3/m^3 天然气。

2）危险废物焚烧烟气

危险废物焚烧烟气污染物许可排放量依据许可排放浓度限值、排气量和年设计操作时数核定，按式（3）计算。

$$D=h\times Q\times\rho\times10^{-9} \tag{3}$$

式中：D——废气污染物年许可排放量，t/a；

h——设计年生产时间，h/a；

Q——排气量（标准状态），m^3/h；排放源的排气量以近 3 年实际排气量的均值进行核算，未满 3 年的以实际生产周期的实际排气量的均值进行核算，同时不得超过设计排气量；

ρ——废气污染物许可排放浓度限值，mg/m^3。

b）挥发性有机物的年许可排放量

排污单位发酵废气、废水处理站废气、工艺有机废气等主要排放口中污染物的年许可排放量，应同时满足基于许可排放浓度（速率）和单位产品排放基准绩效两种方法核定的许可排放量。

1）基于许可排放浓度（速率）的年许可排放量

各主要排放口挥发性有机物年许可排放量依据许可排放浓度限值、排气量和年设计操作时数核定，按式（4）计算。

$$E_i=h\times Q_i\times \rho_i\times 10^{-9} \tag{4}$$

式中：E_i——第 i 个排放口废气污染物年许可排放量，t/a；

h——设计年生产时间，h/a；

Q_i——第 i 个排放口排气量（标准状态），m^3/h；排放源的排气量以近 3 年实际排气量的均值进行核算，未满 3 年的以实际生产周期的实际排气量均值进行核算，同时不得超过设计排气量；

ρ_i——第 i 个排放口挥发性有机物许可排放浓度限值，mg/m^3。

2）基于单位产品排放基准绩效的年许可排放量

各主要排放口挥发性有机物年许可排放量之和，应满足按式（5）计算的许可排放量。

$$E=S\times a\times 10^{-3} \tag{5}$$

式中：E——挥发性有机物年许可排放量，t/a；

S——排污单位近 3 年实际产量平均值，未投运或投运不满 1 年的按产能计算，投运满 1 年但未满 3 年的取周期年实际产量平均值。当实际产量平均值超过产能时，按产能计算，t/a；

a——VOCs 排放基准绩效限值，按表 6 取值；待《制药工业大气污染物排放标准》颁布后，从其规定。

表 6　主要原料药（中间体）VOCs 排放基准绩效限值

单位：kgVOCs/t 产品

适用区域	维生素 C 类	维生素 E 类	青霉素类	咖啡因	头孢类
一般地区	30	100	600	400	25
重点区域	20	70	400	300	18

c）特殊时段许可排放量核算方法

排污单位应按照国家或所在地区人民政府制定的重污染天气应急预案等文件，根据停产、限产等要求，确定特殊时段许可日排放量。排污单位特殊时段许可排放量按式（6）计算：

$$E_{日许可}=E_{前一年环统日均排放量}\times(1-\alpha) \tag{6}$$

式中：$E_{日许可}$——排污单位重污染天气应对期间日许可排放量，t；

$E_{前一年环统日均排放量}$——排污单位前一年环境统计实际排放量折算的日均值，t；

α——重污染天气应对期间日产量或排放量减少比例，%。

5.2.3.2　废水

明确排污单位外排化学需氧量、氨氮以及受纳水体环境质量超标且列入 GB 21903、GB 21904、

GB 21905 中的其他污染物项目年许可排放量。对于位于《"十三五"生态环境保护规划》及环境保护部正式发布的文件中规定的总磷和总氮总量控制的区域内的排污单位，还应申请总磷、总氮年许可排放量。

a）单独排放

排污单位生产单一产品的，废水中污染物年许可排放量按式（7）计算：

$$E = S \times Q \times \rho \times 10^{-6} \tag{7}$$

式中：D——某种水污染物年许可排放量，t/a；

S——排污单位近 3 年实际产量平均值，未投运或投运不满 1 年的按产能计算，投运满 1 年但未满 3 年的取周期年实际产量平均值。当实际产量平均值超过产能时，按产能计算，t/a；

Q——单位产品基准排水量，m^3/t 产品，具体见附录 D；地方排放标准中有要求的，从其规定；

ρ——水污染物许可排放浓度限值，mg/L。

b）混合排放

排污单位同时生产两种或两种以上产品的，废水中污染物年许可排放量按式（8）计算：

$$D = \rho \times \sum_{i}^{n} \left(Q_i \times S_i \right) \times 10^{-6} \tag{8}$$

式中：D——某种水污染物年许可排放量，t/a；

ρ——水污染物许可排放浓度限值，mg/L；

Q_i——第 i 产品工业废水基准排水量，m^3/t 产品，具体见附录 D；地方排放标准中有要求的，从其规定；

S_i——第 i 产品近 3 年实际产量平均值，未投运或投运不满 1 年的按产能计算，投运满 1 年但未满 3 年的取周期年实际产量平均值。当实际产量平均值超过产能时，按产能计算，t/a；

n——同时生产的产品种数。

6 污染防治可行技术

6.1 一般原则

本标准中所列污染防治可行技术及运行管理要求可作为环境保护主管部门对排污许可证申请材料审核的参考。对于制药工业—原料药制造排污单位采用本标准所列可行技术的，原则上认为具备符合规定的防治污染设施或污染物处理能力。对于未采用本标准所列可行技术的，制药工业—原料药排污单位应当在申请时提供相关证明材料（如提供已有监测数据；对于国内外首次采用的污染治理技术，还应当提供中试数据等说明材料），证明可达到与污染防治可行技术相当的处理能力。

对不属于污染防治可行技术的污染治理技术，排污单位应当加强自行监测、台账记录，评估达标可行性。待制药工业污染防治可行技术指南发布后，从其规定。

6.2 废气

6.2.1 可行技术

a）烟气治理可行技术

执行 GB 13271 的锅炉烟气和 GB 18484 的危险废物焚烧炉烟气治理可行技术见表 7。

表 7 烟气治理可行技术参照表

排放源	污染物项目	可行技术
执行 GB 13271 的锅炉	颗粒物	电除尘、袋式除尘、电袋除尘
	二氧化硫	湿法脱硫（石灰石/石灰-石膏、氨法）、喷雾干燥法脱硫、循环流化床法脱硫
	氮氧化物	低氮燃烧技术（低氮燃烧器、空气分级燃烧、燃料分级燃烧）、选择性催化还原法（SCR）、选择性非催化还原法（SNCR）
	汞及其化合物[a]、烟气黑度	协同处置

排放源	污染物项目	可行技术
执行 GB 18484 的危险废物焚烧炉	烟尘	袋式除尘、电袋除尘
	二氧化硫	湿法脱硫（石灰石/石灰-石膏、氨法）、喷雾干燥法脱硫、循环流化床法脱硫
	氮氧化物	低氮燃烧技术（低氮燃烧器、空气分级燃烧、燃料分级燃烧）、选择性催化还原法（SCR）、选择性非催化还原法（SNCR）
	二噁英	急冷、活性炭/焦吸附、烟道喷入活性炭/焦
	汞及其化合物、烟气黑度	协同处置
[a]仅适用于燃煤锅炉。		

b）生产过程废气治理可行技术

排污单位生产过程废气治理可行技术参照表 8。

表 8 生产过程废气治理可行技术参照表

废气种类	适用情况	可行技术
工艺含尘废气	特殊原料药（*β*-内酰胺类抗生素、避孕药、激素类药、抗肿瘤药）生产产生的颗粒物	多级过滤技术
	其他药品生产产生的颗粒物	袋式除尘技术 旋风除尘+袋式除尘技术
	VOCs 浓度＞2 000 mg/m^3	冷凝回收+吸附再生技术 燃烧处理技术
	1 000 mg/m^3＜VOCs 浓度＜2 000 mg/m^3	吸附+冷凝回收技术 吸收+回收技术 燃烧处理技术
	VOCs 浓度＜1 000 mg/m^3	吸附浓缩+燃烧处理技术 洗涤+生物净化技术 氧化技术
发酵废气	抗生素类、维生素类、氨基酸类发酵废气	碱洗+氧化+水洗处理技术 吸附浓缩+燃烧处理技术
工艺酸碱废气	酸性废气	水或碱吸收处理技术
	碱性废气	水或酸吸收处理技术
废水处理站废气、危废暂存废气	臭气浓度＞20 000（量纲 1）	化学吸收+生物净化+氧化+水洗技术
	10 000＜臭气浓度＜20 000（量纲 1）	化学吸收+水洗技术+生物净化 氧化技术
	臭气浓度＜10000（量纲 1）	水洗+生物净化技术 氧化技术
沼气	H_2S＞1000 mg/m^3	湿法化学或生物脱硫+干法脱硫处理技术
	H_2S＜1000 mg/m^3	干法脱硫处理技术

6.2.2 运行管理要求

6.2.2.1 源头控制

排污单位应优化产品结构，采用先进的生产工艺和设备，提升污染防治水平。尽量使用无毒、无害或低毒、低害的原辅材料，减少有毒、有害原辅材料的使用。积极推广清洁生产新技术，如采用绿色酶法、新型结晶、生物转化等原料药生产新技术，构建新菌种或优化抗生素、维生素、氨基酸等产品的生产菌种，提高产率。

6.2.2.2 有组织排放

有组织废气应进入废气治理设施。环保设施应与其对应的生产工艺设备同步运转，保证在生产工艺设备运行波动情况下仍能正常运转，实现达标排放。产生大气污染物的生产工艺和装置需设立局部或整体气体收集系统和净化处理装置。排污单位应按以下要求监管环保设施运行、操作、维护过程：

（1）由于事故或设备维修等原因造成治理设备停止运行时，应立即报告当地环境保护主管部门。

（2）废水处理站废气、储存罐呼吸气收集、危废暂存废气、治理设备宜采用负压运行方式，对于大气污染物收集、处理、排放装置的正压部分应加强密闭措施。

（3）有组织废气宜分类收集、分类处理或预处理，严禁经污染控制设备处理后的废气与锅炉烟气、焚烧炉烟气及其他未经处理的废气混合后直接排放，严禁经污染控制设备处理后的废气与空气混合后稀释排放。

（4）废气治理设施不允许设置旁路直接排放。如特殊工艺需求设置旁路应向环境保护主管部门报告申请，经同意的，应开展自行监测相关工作。

（5）所有治理设施应制定操作规程，明确各项运行参数，实际运行参数应与操作规程一致。相关运行参数如：①冷凝装置排出的不凝尾气的温度应低于尾气中污染物的液化温度，若尾气中有数种污染物，则不凝尾气的温度应低于所有污染物中液化温度最低的污染物的液化温度；②吸附装置的吸附剂更换/再生周期、操作温度应满足设计参数的要求；③洗涤装置的洗涤液水质（如 pH 值）、水量应满足设计参数的要求；④含有机卤素成分挥发性有机物的废气，宜采用非焚烧技术处理；⑤焚烧设施运行过程中要保证系统处于负压状态，避免有害气体溢出。焚烧设施的焚烧效率应大于等于 99.9%，焚烧效率指焚烧炉烟道排出气体中二氧化碳浓度与二氧化碳和一氧化碳浓度之和的百分比。危险废物焚烧炉出口烟气中的氧气含量应为 6%～10%（干气），焚烧炉温度、烟气停留时间等必须满足 GB 18484 中表 2 的要求。

（6）对所有治理设施的计量装置，如 pH 值计、密度计、液位计等要定期校验和比对。定期对在线监控设备进行比对校核。对所有机电设备，如风机、泵、电机等要定期检修、维护。

6.2.2.3　无组织排放

无组织排放的运行管理要求按照 GB 14554、GB 16297、GB 18484、《制药工业污染防治技术政策》中的要求执行，待《挥发性有机物无组织排放控制标准》《制药工业大气污染物排放标准》发布后，从其规定。

（1）无组织排放节点主要包括原辅材料储存、管网阀门、敞口容器、物料分离、废水处理等。对无组织排放设施应实现废气源密闭化，将其变为有组织排放；建筑物内废气无组织排放源[加料口、卸料口、离心分离、真空泵排气、反应釜（罐）排气、储罐呼吸气等]应采用全空间或局部空间有组织强制通风收集系统；对敞开式恶臭排放源（污水治理设施的调节池、酸化池、好氧池、污泥浓缩池等），应采取覆盖方式进行密闭收集。收集系统在设计时，对高浓度 VOCs 区域应考虑防爆和安全要求。根据恶臭控制要求，按照不同构筑物种类和池型设置密闭系统抽风口和补风口，并配备风阀进行控制。

（2）储罐应尽量采用压力罐、内浮顶罐减少无组织排放。所有废气收集系统应采用技术经济合理的密闭方式，具有耐腐、气密性好的特性，同时考虑具备阻燃和抗静电等性能，并结合其他专业设备的运行、维护需要，设置观察口、呼吸阀等设施。

（3）工艺过程控制要求：对生产过程动静密封点（阀门、法兰、泵、罐口、接口等）采用泄漏检测与修复（LDAR）技术控制无组织排放。对含 VOCs 物料的输送、储存、投加、转移、卸放、反应、搅拌混合、分离精制、真空、包装等可能产生 VOCs 无组织排放的环节均应密闭并设置收集排气系统，送至 VOCs 回收或净化系统进行处理。

（4）设备起启停、检修与清洗：载有含 VOCs 物料的设备、管道在开停工（车）、检修、清洗时，应在退料阶段尽量将残存物料退净，用密闭容器盛接，并回收利用；采用水冲洗清洁，高浓度的清洗水优先排到溶剂回收系统；采用蒸汽、惰性气体清洗，应将气体送至 VOCs 回收或净化系统进行处理；吹扫、气体置换时，应将气体送至 VOCs 回收或净化系统进行处理。

（5）下列有机废气应接入有机废气回收或处理装置，其大气污染物排放应符合 GB 16297 和 GB 14554 中相应标准限值的规定。①固体废物贮存、转运废气；②液体储罐、母液罐呼吸气；③用于含挥发性有机物容器真空保持的真空泵排气；④非正常工况下，生产设备通过安全阀排出的含挥发性有机物的废气；⑤生产装置、设备开停工过程不满足 GB 16297 和 GB 14554 要求的废气；⑥用于输送、储存、处理含挥发性有机物、恶臭物质的生产设施，以及水、大气、固体废物污染控制设施在检维修时清扫气应接入有机废气回收或处理装置，其大气污染物排放应符合 GB 16297 和 GB 14554 中相应标准限值的规定。

6.3 废水

6.3.1 可行技术

排污单位废水处理可行技术参照表 9。

表 9 水污染物处理可行技术参照表

<table>
<tr><th>分类</th><th colspan="2">废水类别</th><th>可行技术</th></tr>
<tr><td rowspan="5">主生产过程排水预处理技术</td><td colspan="2">高含盐废水</td><td>蒸发预处理后，冷凝液进入综合废水处理设施</td></tr>
<tr><td colspan="2">高氨氮废水</td><td>蒸氨预处理后，进入综合废水处理设施</td></tr>
<tr><td colspan="2">有生物毒性或难降解废水</td><td>氧化或还原预处理后，进入综合废水处理设施</td></tr>
<tr><td colspan="2">高悬浮物废水</td><td>混凝沉淀或混凝气浮预处理后，进入综合废水处理设施</td></tr>
<tr><td colspan="2">高动植物油废水</td><td>破乳、混凝气浮预处理后，进入综合废水处理设施</td></tr>
<tr><td rowspan="15">达标排放或回用处理技术</td><td rowspan="12">综合废水</td><td>主生产过程排水预处理后的废水</td><td rowspan="12">收集输送至综合废水处理站；
预处理：隔油、混凝气浮、混凝沉淀、调节、中和、氧化、还原等；
生化处理：升流式厌氧污泥床（UASB）或厌氧颗粒污泥膨胀床（EGSB）、水解酸化、生物接触氧化法、缺氧/好氧工艺（A/O）、厌氧/缺氧/好氧工艺（A^2/O）等；
深度处理：混凝、过滤、高级氧化等；
回用处理：砂滤、超滤（UF）、反渗透（RO）、脱盐、消毒等；
上述工艺串联组合处理后，回用或经总排口达标外排</td></tr>
<tr><td>地面冲洗废水</td></tr>
<tr><td>储罐切水</td></tr>
<tr><td>水环真空设备排水</td></tr>
<tr><td>生活污水</td></tr>
<tr><td>废气处理设施废水</td></tr>
<tr><td>中水回用设施排水</td></tr>
<tr><td>初期雨水</td></tr>
<tr><td>消防废水</td></tr>
<tr><td>事故废水</td></tr>
<tr><td>循环冷却水排污水</td></tr>
<tr><td colspan="2">余热锅炉排污水</td><td rowspan="2">装置内降温后，回用</td></tr>
<tr><td colspan="2">蒸馏（加热）设备冷凝水</td></tr>
<tr><td colspan="2">制水排污水</td><td>中和后经总排口达标排放</td></tr>
</table>

6.3.2 运行管理要求

a）源头控制

废水处理站应加强源头管理、加强对上游装置来水的监测，并通过管理手段控制上游来水水质，满足废水处理站的进水要求。

b）治理设施监测管理

排污单位根据运行管理需要及规范管理要求开展污染治理设施运行效果的监测、分析。定期对在线监控设备进行比对校核。

c）操作规程

所有治理设施应制定操作规程，明确各项运行参数，实际运行参数应与操作规程中的规定一致。记录各处理设施的运行参数，如曝气量、药剂投加量等。

d）治理设施的维护

对所有治理设施的计量装置，如 pH 值计、液位计等要定期校验和比对。对所有机电设备，如风机、泵、电机等要定期检修、维护。

7 自行监测管理要求

7.1 一般原则

排污单位在申请排污许可证时，应按照本标准确定产排污环节、排放口、污染物项目及许可限值的要求制定自行监测方案，并在排污许可证申请表中明确。《排污单位自行监测技术指南 发酵类制药工业》《排污单位自行监测技术指南 化学合成类制药工业》《排污单位自行监测技术指南 提取类制药工业》发布后，自行监测方案的制定从其规定。锅炉自行监测按 HJ 820 执行。

2015 年 1 月 1 日（含）后取得环境影响评价批复的排污单位，应根据环境影响评价文件和批复要求同步完善自行监测方案。地方环境保护主管部门可根据实际情况和环境管理需求制定更严格的自行监测管理要求。

7.2　自行监测方案

自行监测方案中应明确排污单位的基本情况、监测点位及示意图、监测污染物项目、执行排放标准及其限值、监测频次、采样和样品保存方法、监测分析方法和仪器、质量保证与质量控制、自行监测信息公开等，其中监测频次为监测周期内至少获取 1 次有效监测数据。对于采用自动监测的排污单位应当如实填报采用自动监测的污染物项目、自动监测系统联网情况、自动监测系统的运行维护情况等；对于未采用自动监测的污染物项目，排污单位应当填报开展手工监测的污染物排放口和监测点位、监测方法、监测频次。

7.3　自行监测要求

7.3.1　一般原则

排污单位可自行或委托第三方监测机构开展监测工作，并安排专人专职对监测数据进行记录、整理、统计和分析。排污单位对监测结果的真实性、准确性、完整性负责。手工监测时生产负荷应不低于本次监测与上一次监测周期内的平均生产负荷。

7.3.2　废气监测

7.3.2.1　有组织废气监测点位、指标及频次

废气直接排放的，应在烟道上设置监测点位；相同监测项目多股废气混合排放的，应分别在各个烟道上或在废气汇合后的混合烟道上设置监测点位；有机废气回收或处理装置应分别在其废气入口及排放口设置监测点位。

排污单位有组织废气监测指标及最低监测频次按表 10 执行。

表 10　有组织废气监测点位、指标及最低监测频次

监测点位	监测指标	监测频次
发酵废气排气筒	颗粒物、挥发性有机物[a]	月
	臭气浓度	年
工艺有机废气排气筒	挥发性有机物[a]	月
	特征污染物[b]	年
废水处理站废气排气筒	挥发性有机物[a]	月
	臭气浓度、特征污染物[b]	年
危险废物焚烧炉烟囱	烟尘、二氧化硫、氮氧化物	自动监测
	烟气黑度、一氧化碳、氯化氢、氟化氢、汞及其化合物、镉及其化合物、（砷、镍及其化合物）、铅及其化合物、（锑、铬、锡、铜、锰及其化合物）	半年
	二噁英类	年
锅炉烟囱	颗粒物、二氧化硫、氮氧化物	自动监测
	汞及其化合物[c]	季度
罐区废气排气筒	挥发性有机物[a]	季度
	特征污染物[b]	年
工艺酸碱废气排气筒	特征污染物[b]	年
工艺含尘废气排气筒	颗粒物	季度
危废暂存废气排气筒	挥发性有机物[a]	季度
	臭气浓度、特征污染物[b]	年

注 1：设区的市级及以上环境保护主管部门明确要求安装自动监测设备的污染物项目，须采取自动监测。
注 2：有组织废气监测要同步监测烟气参数。

[a] 本标准使用非甲烷总烃作为挥发性有机物排放的综合控制指标，待《制药工业大气污染物排放标准》发布后，从其规定。
[b] 见 GB 16297、GB 14554 所列污染物，根据环境影响评价文件及其批复等相关环境管理规定，确定具体污染物项目，待《制药工业大气污染物排放标准》发布后，从其规定。地方排放标准中有要求的，从严规定。
[c] 仅适用于燃煤锅炉。

7.3.2.2　无组织废气监测点位、指标及频次

无组织废气监测点位按 GB 14554、GB 16297 及 HJ/T 55 执行。无组织废气监测点位、监测指标及最低监测频次按表 11 执行。

表 11　无组织废气排放监测指标及最低监测频次

监测点位	监测指标	监测频次
厂界	挥发性有机物[a]、臭气浓度、特征污染物[b]	半年

[a] 本标准使用非甲烷总烃作为企业边界挥发性有机物排放的综合控制指标，待《制药工业大气污染物排放标准》发布后，从其规定。

[b] 见 GB 16297、GB 14554 所列污染物，根据环境影响评价文件及其批复等相关环境管理规定，确定具体污染物项目，待《制药工业大气污染物排放标准》发布后，从其规定。地方排放标准中有要求的，从严规定。

7.3.3　废水监测点位、指标及频次

排污单位废水监测点位、监测指标及最低监测频次按表 12 执行。

表 12　废水排放口监测指标及最低监测频次

监测点位		监测指标	监测频次	
			直接排放	间接排放
排污单位废水总排放口	发酵类	pH 值、化学需氧量、氨氮	自动监测	
		总磷	日（自动监测[a]）	月（自动监测[a]）
		总氮	日[b]	月（日[b]）
		悬浮物、色度、总有机碳、五日生化需氧量、总氰化物、总锌、急性毒性（$HgCl_2$ 毒性当量）	月	季度
	化学合成类	pH 值、化学需氧量、氨氮	自动监测	
		总磷	月（自动监测[a]）	
		总氮	月（日[b]）	
		悬浮物、色度、五日生化需氧量、总有机碳、总氰化物、挥发酚、总铜、硝基苯类、苯胺类、二氯甲烷、总锌、急性毒性（$HgCl_2$ 毒性当量）	月	季度
		硫化物	季度	半年
	提取类	pH 值、化学需氧量、氨氮	自动监测	
		总磷	日（自动监测[a]）	月（自动监测[a]）
		总氮	日[b]	月（日[b]）
		悬浮物、色度、五日生化需氧量、动植物油、总有机碳、急性毒性（$HgCl_2$ 毒性当量）	月	季度
车间或生产设施废水排放口[c]		总汞、总镉、六价铬、总砷、总铅、总镍	月	
		烷基汞	年	
生活污水排放口		pH 值、化学需氧量、氨氮	自动监测	—
		总磷	月（自动监测[a]）	—
		总氮	月（日[b]）	—
		悬浮物、五日生化需氧量、动植物油	月	—
雨水排放口		pH 值、化学需氧量、氨氮	日[d]	

注 1：设区的市级及以上环境保护主管部门明确要求安装自动监测设备的污染物项目，须采取自动监测。

注 2：监测污染物浓度时应同步监测流量。

[a] 水环境质量中总磷（活性磷酸盐）超标的流域或沿海地区，或总磷实施总量控制区域，总磷须采取自动监测。

[b] 水环境质量中总氮（无机氮）超标的流域或沿海地区，或总氮实施总量控制区域，总氮最低监测频次按日执行，待总氮自动监测技术规范发布后，应进行自动监测。

[c] 应根据使用的原料，生产工艺过程，生产的产品、副产品，确定是否在车间或生产设施废水排放口进行该指标的监测。

[d] 排放期间按日监测。

7.4　监测技术手段

自行监测的技术手段包括手工监测和自动监测。

制药工业——原料药制造排污单位中锅炉烟囱（20 t/h 及以上蒸汽锅炉和 14 MW 及以上热水锅炉）、危险废物焚烧炉烟囱均应安装颗粒物、二氧化硫、氮氧化物在线自动监控设备。此外，根据《关于加强京津冀高架源污染物自动监控有关问题的通知》中的相关内容，京津冀地区及传输通道城市排放烟囱超过 45 m 的高架源应安装污染源自动监控设备。

制药工业——原料药制造排污单位废水总排放口化学需氧量和氨氮应采用自动监测设备监测，鼓励其他排放口及污染物采用自动监测设备监测，无法开展自动监测的，应采用手工监测。

7.5 采样和测定方法

7.5.1 自动监测

废气自动监测参照 HJ/T 75、HJ/T 76 执行。

废水自动监测参照 HJ/T 353、HJ/T 354、HJ/T 355、HJ/T 356 执行。

7.5.2 手工采样

有组织废气手工采样方法的选择参照 GB/T 16157、HJ/T 397、HJ 732 执行。无组织排放采样方法参照 HJ/T 55 执行。

废水手工采样方法的选择参照 HJ 493、HJ 494、HJ 495 和 HJ/T 91 执行。

7.5.3 测定方法

废水、废气污染物的监测按照相应排放标准中规定的污染物浓度测定方法标准执行，国家或地方法律法规等另有规定的，从其规定。

7.6 数据记录要求

监测期间手工监测的记录和自动监测运行维护记录按照 HJ 819 执行。

应同步记录监测期间的生产工况。

7.7 监测质量保证与质量控制

按照 HJ 819 要求，排污单位应根据自行监测方案及开展状况，梳理全过程监测质控要求，建立自行监测质量保证与质量控制体系。

7.8 自行监测信息公开

排污单位应按照 HJ 819 要求进行自行监测信息公开。

8 环境管理台账与排污许可证执行报告编制要求

8.1 环境管理台账记录要求

8.1.1 一般原则

排污单位应建立环境管理台账制度，设置专职人员开展台账记录、整理、维护和管理工作，并对台账记录结果的真实性、准确性、完整性负责。

为便于携带、储存、导出及证明排污许可证执行情况，台账应按照电子化储存和纸质储存两种形式同步管理，保存期限不得少于 3 年。

排污单位环境管理台账应真实记录生产运行、污染治理设施运行、自行监测和其他环境管理信息。其中记录频次和内容须满足排污许可证环境管理要求。

8.1.2 记录内容与频次

8.1.2.1 主要生产设施运行管理信息

排污单位应定期记录生产运行状况并留档保存，应按批次至少记录以下内容：生产设施、运行状态、投料量、产品产量等。记录内容参见附录 E 中表 E.1。

8.1.2.2 原辅材料、燃料信息

排污单位应记录原辅材料采购量、库存量、出库量、纯度、是否有毒有害等信息。燃料应记录采购情况、燃料物质（元素）占比情况信息，涉及二次能源的需填报二次转化能源。记录内容参见附录 E 中表 E.2 与表 E.3。

8.1.2.3 污染治理设施运行管理信息

废气处理设施记录设施运行参数（包括运行工况等）、污染物排放情况、停运时段、药剂投加时间及投加量等。

废水处理设施包括预处理、综合废水处理、中水回用处理设施三部分，记录每日运行参数（包括运行工况等）、进水水质及水量、回用水量、出水水质及水量、停运时段、药剂投加时间及投加量、污泥

含水率、污泥产生量、污泥外运量等。

记录内容参见附录 E 中表 E.4、表 E.5。

8.1.2.4 非正常工况记录信息

应记录锅炉起停时段设施名称、编号、非正常起始时刻、非正常恢复时刻、污染物排放量、排放浓度、事件原因、是否报告等。

记录内容参见附录 E 中表 E.6。

8.1.2.5 监测记录信息

排污单位应建立污染治理设施运行管理监测记录，记录、台账的形式和质量控制参照 HJ/T 373、HJ 819 等相关要求执行。

记录内容参见附录 E 中表 E.7、表 E.8。

8.1.2.6 其他环境管理信息

排污单位应记录重污染天气应对期间等特殊时段管理要求、执行情况（包括特殊时段生产设施和污染治理设施运行管理信息）等。重污染天气应对期间等特殊时段的台账记录要求与正常生产记录频次要求一致，每天进行 1 次记录，地方环境保护主管部门有特殊要求的，从其规定。

排污单位还应根据环境管理要求和排污单位自行监测记录内容需求，进行增补记录。

8.2 排污许可证执行报告编制规范

8.2.1 一般原则

排污许可证执行报告按报告周期分为年度执行报告、季度执行报告和月度执行报告。持有排污许可证的原料药制造排污单位，均应按照本标准规定提交年度执行报告与季度执行报告。地方环境保护主管部门有更高要求的，排污单位还应根据其规定，提交月度执行报告。排污单位应在全国排污许可证管理信息平台上按时填报并提交执行报告，同时向有核发权的环境保护主管部门提交通过平台生成的书面执行报告。

8.2.2 报告频次

8.2.2.1 年度执行报告

排污单位应每年上报一次排污许可证年度执行报告，于次年 1 月底前提交至排污许可证核发机关。对于持证时间不足 3 个月的，当年可不上报年度执行报告，排污许可证执行情况纳入下一年年度执行报告。

8.2.2.2 季度/月度执行报告

排污单位每季度/月度上报一次排污许可证季度/月度执行报告，于下一周期首月 15 日前提交至排污许可证核发机关，提交季度执行报告或年度执行报告时，可免报当月月度执行报告。对于持证时间不足 10 d 的，该报告周期内可不上报月度执行报告，排污许可证执行情况纳入下一月度执行报告。对于持证时间不足 1 个月的，该报告周期内可不上报季度执行报告，排污许可证执行情况纳入下一季度执行报告。

8.2.3 报告内容

8.2.3.1 年度执行报告

年度执行报告内容应包括：

a）基本生产信息；

b）遵守法律法规情况；

c）污染防治设施运行情况；

d）自行监测情况；

e）台账管理情况；

f）实际排放情况及合规判定分析；

g）排污费（环境保护税）缴纳情况；

h）信息公开情况；

i）排污单位内部环境管理体系建设与运行情况；

j）其他排污许可证规定的内容执行情况；

k）其他需要说明的问题；

l）结论；

m）附图、附件要求。

具体内容参见附录 F。

8.2.3.2 月/季度执行报告

月/季度执行报告应至少包括年度执行报告 f）中主要污染物的实际排放量核算信息、合规判定分析说明及 c）中不合规排放或污染防治设施故障情况及采取的措施说明等。

9 实际排放量核算方法

9.1 一般原则

排污单位应该核算废气污染物有组织实际排放量和废水污染物实际排放量，核算方法包括实测法、物料衡算法、产排污系数法等。

排污许可证要求应采用自动监测的污染物项目，根据符合监测规范的有效自动监测数据采用实测法核算实际排放量。

对于排污许可证中载明要求应当采用自动监测的排放口或污染物项目而未采用的，按直排核算排放量。采用物料衡算法核算二氧化硫排放量，根据燃料消耗量、含硫率进行核算；采用产排污系数法核算颗粒物、氮氧化物、化学需氧量、氨氮的排放量，根据单位产品污染物的产生量进行核算。地方环境保护主管部门要求核算全厂挥发性有机物排放量的，可参照附录 G 进行核算。

对于排污许可证未要求采用自动监测的污染物项目，按照优先顺序依次选取自动监测数据、执法和手工监测数据核算实际排放量。若同一时段的手工监测数据与执法监测数据不一致，以执法监测数据为准。监测数据应符合国家环境监测相关标准技术规范要求。

9.2 废气

9.2.1 用自动监测数据核算

有组织废气主要排放口具有连续监测数据的污染物，按式（9）计算实际排放量。

$$E_j=\sum_{i=1}^{T}\left(\rho_{i,j}\times Q_i\right)\times 10^{-9} \tag{9}$$

式中：E_j—— 核算时段内主要排放口第 j 项污染物的实际排放量，t；

$\rho_{i,j}$ —— 第 j 项污染物在第 i 小时的实测平均排放质量浓度，mg/m^3；

Q_i—— 第 i 小时的标准状态下干排气量，m^3/h；

T—— 核算时段内的污染物排放时间，h。

对于因自动监控设施发生故障以及其他情况导致监测数据缺失的，按 HJ/T 75 进行补遗。

缺失时段超过 25%的自动监测数据不能作为实际排放量的依据，实际排放量“按照要求采用自动监测的排放口或污染因子而未采用”的相关规定进行计算。

排污单位提供充分证据证明在线数据缺失、数据异常等不是排污单位责任的，可按照排污单位提供的手工监测数据等核算实际排放量，或者按照上一季度申报期间的稳定运行期间自动监测数据的小时浓度均值和季度平均烟气量或流量，核算数据缺失时段的实际排放量。

9.2.2 采用手工监测数据核算

采用手工监测实测法应根据每次手工监测时段内每小时污染物的平均排放浓度、平均排气量、运行时间核算污染物排放量按式（10）计算。

$$E_j = \sum_{i=1}^{n}\left(\rho_{i,j} \times Q_i \times T\right) \times 10^{-9} \quad (10)$$

式中：E_j——核算时段内主要排放口第 j 项污染物的实际排放量，t；

$\rho_{i,j}$——第 j 项污染物在第 i 监测频次时段的实测平均排放质量浓度，mg/m³；

Q_i——第 i 次监测频次时段的实测标准状态下平均干排气量，m³/h；

T——第 i 次监测频次时段内，污染物排放时间，h；

n——核算时段内实际监测频次，但不得低于最低监测频次，次。

手工监测包括排污单位自行手工监测和执法监测，同一时段的手工监测数据与执法监测数据不一致，以执法监测数据为准。

排污单位应将手工监测时段内生产负荷与核算时段内平均生产负荷进行对比，并给出对比结果。

9.3 废水

9.3.1 采用自动监测数据核算

废水总排放口具有连续自动监测数据的污染物实际排放量按式（11）计算。

$$E_j = \sum_{i=1}^{T}\left(\rho_{i,j} \times Q_i\right) \times 10^{-6} \quad (11)$$

式中：E_j——核算时段内主要排放口第 j 项污染物的实际排放量，t；

$\rho_{i,j}$——第 j 项污染物在第 i 日的实测平均排放质量浓度，mg/L；

Q_i——第 i 日的流量，m³/d；

T——核算时段内的污染物排放时间，d。

自动监测数据由于某种原因出现中断或其他情况，可根据 HJ/T 356 进行排放量补遗。

要求采用自动监测的排放口或污染物项目而未采用的，采用产排污系数法核算化学需氧量、氨氮排放量，且均按直排进行核算。

9.3.2 采用手工监测数据核算

废水总排放口具有手工监测数据的污染物实际排放量按式（12）计算。

$$E_j = \sum_{i=1}^{n}\left(\rho_{i,j} \times Q_i \times T\right) \times 10^{-6} \quad (12)$$

式中：E_j——核算时段内主要排放口第 j 项污染物的实际排放量，t；

$\rho_{i,j}$——第 i 监测频次时段内，第 j 项污染物实测平均排放质量浓度，mg/L；

Q_i——第 i 监测频次时段内，采样当日的平均流量，m³/d；

T——第 i 监测频次时段内，污染物排放时间，d；

n——实际监测频次，但不得低于最低监测频次，次。

排污单位应将手工监测时段内生产负荷与核算时段内平均生产负荷进行对比，并给出对比结果。

10 合规判定方法

10.1 一般原则

合规是指排污单位许可事项和环境管理要求符合排污许可证规定。许可事项合规是指排污单位排污口位置和数量、排放方式、排放去向、排放污染物种类、排放限值符合许可证规定。其中，排放限值合规是指排污单位污染物实际排放浓度和排放量满足许可排放限值要求；环境管理要求合规是指排污单位按许可证规定落实自行监测、台账记录、执行报告、信息公开等环境管理要求。

排污单位可通过台账记录、按时上报执行报告和开展自行监测、信息公开，自证其依证排污，满足排污许可证要求。环境保护主管部门可依据排污单位环境管理台账、执行报告、自行监测记录中的内容，判断其污染物排放浓度和排放量是否满足许可排放限值要求，也可通过执法监测判断其污染物排放浓度是否满足许可排放限值要求。

10.2 排放限值合规判定

10.2.1 废气排放浓度合规判定

10.2.1.1 正常情况

排污单位废气有组织排放口中，氨和硫化氢的排放速率合规是指“任一速率均值均满足许可限值要求”、臭气浓度一次均值合规是指“任一次测定值满足许可浓度要求”、二噁英排放浓度合规是指“不少于两小时浓度均值满足许可浓度要求”。除上述情形外，其余废气有组织排放口污染物和无组织排放污染物排放浓度合规是指“任一小时浓度均值均满足许可排放浓度要求”。其中，废气污染物小时浓度均值根据执法监测、自行监测（包括自动监测和手工监测）进行确定。

a）执法监测

按照监测规范要求获取的执法监测数据超标的，即视为不合规。根据 GB 16157、HJ/T 397、HJ/T 55 确定监测要求。

b）自行监测

1）自动监测

按照监测规范要求获取的有效自动监测数据计算得到的有效小时浓度均值（除二噁英外）与许可排放浓度限值进行对比，超过许可排放浓度限值的，即视为超标。对于应当采用自动监测而未采用的排放口或污染物项目，即认为不合规。自动监测小时均值是指“整点 1 h 内不少于 45 min 的有效数据的算术平均值”。

2）手工监测

对于未要求采用自动监测的排放口或污染物项目，应进行手工监测，按照自行监测方案、监测规范要求获取的监测数据计算得到的有效小时浓度均值超标的，即视为超标。

c）若同一时段的执法监测数据与排污单位自行监测数据不一致，执法监测数据符合法定的监测标准和监测方法的，以该执法监测数据为准。

10.2.1.2 非正常情况

排污单位非正常排放指燃煤锅炉启停机情况下的排放。

排污单位中，对于采用脱硝措施的燃煤锅炉，冷启动 1 h、热启动 0.5 h 不作为氮氧化物合规判定时段。

10.2.2 废水排放浓度合规判定

排污单位各废水排放口污染物的排放浓度合规是指“任一有效日均值（pH 值、色度、急性毒性以一次有效数据值）均满足许可排放浓度要求”。

a）执法监测

按照监测规范要求获取的执法监测数据超标的，即视为超标。根据 HJ/T 91 确定监测要求。

b）自行监测

1）自动监测

按照监测规范要求获取的自动监测数据计算得到有效日均浓度值（除 pH 值、色度、急性毒性外）与许可排放浓度限值进行对比，超过许可排放浓度限值的，即视为超标；pH 值、色度、急性毒性以一次有效数据出现超标的，即视为超标。对于应当采用自动监测而未采用的排放口或污染物项目，即认为不合规。

对于自动监测，有效日均浓度是对应于以每日为一个监测周期内获得的某个污染物的多个有效监测数据的平均值。在同时监测废水排放流量的情况下，有效日均值是以流量为权重的某个污染物的有效监测数据的加权平均值；在未监测废水排放流量的情况下，有效日均值是某个污染物的有效监测数据的算术平均值。

自动监测的有效日均浓度应根据 HJ/T 355 和 HJ/T 356 等相关文件确定。

2）手工监测

手工监测按照自行监测方案、监测规范进行，当日各次监测数据平均值或当日混合样监测数据超标的，即视为超标；pH 值、色度、急性毒性以一次有效数据出现超标的，即视为超标。

c）若同一时段的执法监测数据与排污单位自行监测数据不一致，执法监测数据符合法定的监测标准和监测方法的，以该执法监测数据为准。

10.2.3 排放量合规判定

排污单位污染物排放量合规是指：

a）废气各类主要排放口污染物年实际排放量满足各类主要排放口年许可排放量要求；

b）对于特殊时段有许可排放量要求的，实际排放量不得超过特殊时段许可排放量；

c）废水总排放口污染物实际排放量满足年许可排放量要求。

对于排污单位燃煤锅炉启停机情况下的非正常排放，应通过加强正常运营时污染物排放管理、减少污染物排放量的方式，确保污染物实际年排放量满足许可排放量要求。

10.3 管理要求合规判定

环境保护主管部门依据排污许可证中的管理要求，以及相关技术规范，审核环境管理台账记录和许可证执行报告；检查排污单位是否按照自行监测方案开展自行监测；是否按照排污许可证中环境管理台账记录要求记录相关内容，记录频次、形式等是否满足许可证要求；是否按照许可证中执行报告要求定期上报，上报内容是否符合要求等；是否按照许可证要求定期开展信息公开；是否满足特殊时段污染防治要求。

附 录 A

（资料性附录）

原料药制造产品名称

包括抗感染类药物、解热镇痛类药物、维生素类、计划生育及激素类药物、抗肿瘤类药物、心血管类药物、中枢神经系统药物、消化系统药物、中间体、酶及其他等门类。

1．抗感染类药物：青霉素钾、青霉素钠、普鲁卡因青霉素、普鲁卡因青霉素钠、苄星青霉素、青霉素 V 钾、苯唑西林钠、氯唑西林钠、氯咪唑青霉素、氨苄西林钠、氨苄西林、阿莫西林、阿莫西林钠、羧苄西林钠、呋布西林钠、哌拉西林钠、双氯西林钠、磺苄西林钠、美洛西林钠、阿洛西林钠、仑氨西林、氟氯西林钠、替卡西林钠克拉维酸钾、替卡西林钠、哌拉西林、头孢氨苄、头孢唑林钠、头孢氢氨苄、头孢拉定、头孢呋辛钠、头孢呋辛酯、头孢克洛、头孢噻肟钠、头孢曲松钠、头孢哌酮钠、头孢他啶、头孢克肟、头孢泊肟酯、头孢地嗪钠、头孢硫脒、头孢孟多酯钠、头孢唑肟钠、头孢尼西钠、头孢他美酯、头孢地尼、头孢替呋、头孢替唑钠、头孢哌酮钠舒巴坦钠、头孢替安碳酸钠、头孢匹胺、盐酸头孢吡肟、硫酸头孢匹罗、头孢丙烯、头孢米诺钠、头孢西丁钠、头孢匹罗碳酸钠、盐酸头孢吡肟/L-精氨酸、头孢哌酮、头孢美唑钠、头孢拉定/ L-精氨酸、拉氧头孢钠、头孢西酮钠、头孢替安、硫酸头孢噻利、五水头孢唑林钠、舒巴坦钠、舒他西林（注射用）、阿莫西林克拉维酸钾、克拉维酸钾（棒酸钾）、氨曲南、美罗培南、舒巴坦匹酯、托西酸舒他西林、克拉维酸钾二氧化硅、克拉维酸钾微晶纤维素、比阿培南、阿莫西林钠克拉维酸钾、阿莫西林克拉维酸钾二氧化硅、阿莫西林钠舒巴坦钠、氨曲南/精氨酸、法罗培南钠、厄他培南钠、单硫酸卡那霉素、阿米卡星、核糖霉素、妥布霉素、庆大霉素、西索米星、奈替米星、小诺米星、异帕米星、盐酸大观霉素、硫酸大观霉素、新霉素、巴龙霉素、盐酸春雷霉素、硫酸阿米卡星、盐酸四环素、土霉素、盐酸土霉素、注射级土霉素盐、盐酸多西环素、盐酸米诺环素、金霉素、胍甲环素、地美环素、注射级土霉素碱、替加环素、氯霉素、甲砜霉素、红霉素、乳糖酸红霉素、依托红霉素、硬酯酸红霉素、硫氰酸红霉素、琥乙红霉素、罗红霉素、克拉霉素、阿奇霉素、乳糖酸阿奇霉素、地红霉素、吉他霉素、酒石酸柱晶白霉素、螺旋霉素、己二酸螺旋霉素、螺旋霉素扑酸盐、乙酰螺旋霉素、恩波酸螺旋霉素、马来酸阿奇霉素、乙酰吉他霉素、盐酸阿奇霉素、万古霉素、去甲万古霉素、林可霉素、克林霉素、克林霉素磷酸酯、磷霉素钙、磷霉素钠、磷霉素氨丁三醇、混旋磷霉素钙、替考拉宁、那他霉素、杆菌肽、克林霉素棕榈酸酯、磷霉素钠枸橼酸、磺胺嘧啶、磺胺嘧啶钠、磺胺二甲嘧啶、磺胺二甲嘧啶钠、磺胺甲恶唑、磺胺多辛、磺胺地索辛、磺胺地索辛钠、柳氮磺吡啶、硫胺嘧啶银、甲氧苄啶、地喹氯铵、吡哌酸、左氧氟沙星、甲磺酸左氧氟沙星、乳酸左氧氟沙星、盐酸环丙沙星、乳酸环丙沙星、依诺沙星、洛美沙星、氟罗沙星、甲磺酸帕珠沙星、甲苯磺酸妥舒沙星、巴洛沙星、盐酸左氧氟沙星、盐酸莫西沙星、异烟肼、帕司烟肼、对氨基水杨酸钠、利福平、利福喷丁、硫酸链霉素、双氢链霉素、乙胺丁醇、丙硫异烟胺、卷曲霉素、两性霉素 B、咪康唑、酮康唑、氟康唑、克霉唑、益康唑、伊曲康唑、特比萘芬、灰黄霉素、制霉菌素、联苯苄唑、伊迈唑盐、利拉萘酯、伏立康唑、硝酸布康唑、阿昔洛韦、更昔洛韦、盐酸伐昔洛韦、泛昔洛韦、齐多夫定、拉米夫定、司他夫定、奈韦拉平、膦甲酸钠、金刚烷胺、金刚乙胺、吗啉胍、依法韦仑、阿德福韦酯、盐酸阿比多尔、单磷酸阿糖腺苷、盐酸缬更昔洛韦、更昔洛韦钠、恩替卡韦、马来酸恩替卡韦、喷昔洛韦、恩夫韦肽、富马酸替诺福韦二吡呋酯、盐酸小檗碱、鱼腥草素钠、穿琥宁、炎琥宁、苦参碱、苦参素、苦参总碱、苦豆子总碱、三唑巴坦、聚甲酚磺醛、夫西地酸钠等。

2．解热镇痛类药物：阿司匹林、阿司匹林赖氨酸盐、淀粉阿司匹林、水杨酸钠、对乙酰氨基酚、贝诺酯、非那西丁、安替比林、异丙基安替比林、氨基比林、安乃近、安乃近镁盐、保泰松、淀粉安乃近、乙酰水杨酸锌、对乙酰氨基酚颗粒、联苯乙酸、安乃近颗粒、赖氨匹林甘氨酸混粉、盐酸丙帕他莫、曲马多、氢溴酸高乌甲素、布桂嗪、汉防己甲素、马来酸氟吡汀、吲哚美辛、阿西美辛、吡罗昔康、美洛昔康、氯诺昔康、塞来昔布、尼美舒利、醋氯芬酸、舒林酸、酮洛酸氨丁三醇、萘普生、布洛芬、酮洛芬、芬不芬、萘丁美酮、丹皮酚、洛索洛芬钠、萘普生钠、呱西替柳、艾瑞昔布、依托度酸、丙磺舒、别嘌醇、苯溴马隆、氯屈膦酸二钠、帕米膦酸二钠、阿伦膦酸钠、伊班膦酸钠、唑来膦酸、硫酸氨基葡萄糖钾、玻璃酸钠、依替膦酸二钠等。

3．维生素类：维生素 A、维生素 A 粉、维生素 D2、阿法骨化醇、维生素 B1、呋喃硫胺、盐酸呋喃硫胺、维生素 B2、维生素 B2 磷酸钠、烟酸、烟酰胺、维生素 B6、维生素 B12、腺苷钴胺、盐酸羟钴胺、甲钴胺、泛酸钠、右泛醇、维生素 C、维生素 C 钠、维生素 C 钙、维生素 C 颗粒、维生素 C 磷酸酯、维生素 E、维生素 E 粉、天然维生素 E、维生素 K1、甲萘醌、叶酸、芦丁、维生素 U、维生素、维生素 C 细粉、天然维生素 E 粉等。

4．计划生育及激素类药物：可的松、氢化可的松、氢化可的松琥珀酸钠、丁酸氢化可的松、泼尼松、泼尼松龙、泼尼松龙磷酸钠、甲泼尼龙、琥珀酸甲泼尼龙、6-甲基泼尼松龙琥珀酸酯、曲安西龙、曲安奈德、糠酸莫米松、地塞米松、醋酸地塞米松、地塞米松磷酸钠、倍他米松、倍他米松磷酸钠、氟轻松、醋酸氟轻松、地塞米松棕榈酸酯、促皮质素、甲睾酮、去氢甲睾酮、十一酸睾酮、达那唑、枸橼酸西地那非、雌二醇、戊酸雌二醇、炔雌醇、雌酚酮、盐酸雷洛昔芬、普罗雌烯、烯丙雌醇、黄体酮、甲羟孕酮、环丙孕酮、屈螺酮、绒膜促性素、尿促性素、炔诺酮、醋炔诺酮、炔诺孕酮、左炔诺孕酮、甲地孕酮、孕二烯酮、米非司酮、卡前列甲酯、缩宫素、胰岛素、苯乙双胍、二甲双胍、格列本脲、格列喹酮、格列美脲、瑞格列奈、吡格列酮、阿卡波糖、伏格列波糖、依帕司他、那格列奈、米格列醇、米格列奈钙、甲状腺粉、鲑降钙素、甲硫氧嘧啶、丙硫氧嘧啶、碘酸钾、依立雄胺、生长抑素等。

5．抗肿瘤类药物：氮芥、环磷酰胺、异环磷酰胺、卡莫司汀、白消安、甲氨蝶呤、氟尿嘧啶、替加氟、羟基脲、盐酸吉西他滨、卡培他滨、榄香烯、卡莫氟、恩曲他滨、地西他滨、博来霉素、柔红霉素、多柔比星、表柔比星、丝裂霉素、硫酸长春碱、硫酸长春新碱、硫酸长春地辛、长春瑞滨、酒石酸长春瑞滨、依托泊甙、替尼泊甙、马蔺子素、紫杉醇、多西他赛、云芝胞内糖肽、甘草酸单铵盐 A、甘草酸单铵盐 S、白藜芦醇、氟他胺、来曲唑、枸橼酸托瑞米芬、比卡鲁胺、依西美坦、米托蒽醌、磷酸氟达拉滨、顺铂、卡铂、尿嘧啶、奥沙利铂、盐酸伊立替康、去甲斑蝥素、奈达铂、替莫唑胺、氨磷汀、培美曲塞二钠、左亚叶酸钙、雷替曲塞、培门冬酶溶液、右丙亚胺、奥替拉西甲、吉美嘧啶、甲磺酸阿帕替尼、甲磺酸伊马替尼、达沙替尼、环孢素、他克莫司、甘露聚糖肽、西罗莫司、匹多莫德、沙利度胺、胸腺五肽、吗替麦考酚酯、乌苯美司、胸腺法新、银耳孢糖、咪唑立宾等。

6．**心血管类药物**：去乙酰毛花甙丙、氨力农、米力农、普萘洛尔、盐酸美西律、盐酸维拉帕米、胺碘酮、马来酸噻吗洛尔、阿替洛尔、酒石酸美托洛尔、塞利洛尔、卡维他洛、腺苷、富马酸伊布利特、硝酸甘油、戊四硝酯、硝酸异山梨酯、单硝酸异山梨酯、硝苯地平、尼群地平、尼莫地平、依拉地平、苯磺酸氨氯地平、非洛地平、双嘧达莫、尼可地尔、丹参酮ⅡA 磺酸钠、人参皂甙、三七总皂甙、银杏叶提取物、曲美他嗪、马来酸左旋氨氯地平、二丁酰环磷酸腺苷钙、L-门冬氨酸氨氯地平、拉西地平、马来酸桂哌齐特、苯磺酸左旋氨氯地平、地巴唑、双肼屈嗪、硝普钠、特拉唑嗪、哌唑嗪、米诺地尔、盐酸可乐定、盐酸拉贝洛尔、吲达帕胺、喹那普利、贝那普利、卡托普利、马来酸依那普利、缬沙坦、硫酸胍生、替米沙坦、萘哌地尔、乌拉地尔、坎地沙坦酯、奥美沙坦酯、盐酸奈必洛尔、富马酸比索洛尔、肾上腺素、重酒石酸去甲肾上腺素、果糖二磷酸钠、重酒石酸间羟胺、盐酸多巴胺、多巴酚丁胺、盐酸酚苄明、羟苯磺酸钙、桂利嗪、氟桂利嗪、己酮可可碱、磷酸川弓嗪、川弓嗪、盐酸托哌酮、倍他司汀、长春西汀、酚妥拉明、甲磺酸酚妥拉明、灯盏细辛、曲克芦丁、烟酸占替诺、胰激肽原酶、阿加曲班、培丙酯、盐酸法舒地尔、亚油酸、亚油酸乙酯、阿西莫司、氯被酸铝、苯扎贝特、非诺贝特、橙皮甙、甲基橙皮甙、降脂宁、洛伐他汀、普伐他汀钠、辛伐他汀、氟伐他汀、美伐他汀、阿托伐他汀钙、普罗布考、匹伐他汀钙、瑞舒伐他汀钙、蜂蜡素、地奥司明、磷酸肌酸钠等。

7．**中枢神经系统药物**：咖啡因、尼可刹米、洛贝林、甲氯芬酯、醋谷胺、吡硫醇、胞磷胆碱钠、多沙普仑、巴比妥、异戊巴比妥、苯巴比妥、咪达唑仑、佐匹克隆、天麻素、天麻密环菌粉、溴化钠、扎来普隆、枸橼酸芬太尼、盐酸瑞芬太尼、枸橼酸舒芬太尼、马来酸咪达唑仑、盐酸右美托咪定、苯海索、左旋多巴、富马酸喹硫平、氯丙嗪、奋乃静、归氟奋乃静、舒必利、硫必利、氯氮平、五氟利多、阿立哌唑、利培酮、盐酸齐拉西酮、甲磺酸齐拉西酮、奥氮平、氯氮卓、溴西泮、地西泮、硝西泮、氯硝西泮、劳拉西泮、艾司唑仑、阿普唑仑、丁螺环酮、甲丙氨酯、丙咪嗪、氯米帕明、阿米替林、马普替林、氟西汀、帕罗西汀、舍曲林、碳酸锂、甲磺酸瑞波西汀、氢溴酸西酞普兰、盐酸文拉法辛、盐酸托莫西汀、草酸艾司西酞普兰、米氮平、盐酸安非他酮、盐酸度洛西汀、卡马西平、奥卡西平、丙戊酸钠、扑米酮、细辛脑、加巴喷丁、磷苯妥英钠、利鲁唑、盐酸多奈哌齐、吡拉西坦、奥拉西坦、茴拉西坦、二甲磺酸阿米三嗪、依达拉奉、甲硫酸新斯的明、溴吡斯的明、加兰他敏、氯唑沙宗、单唾液酸四己糖神经节苷脂钠等。

8．**消化系统药物**：碳酸氢钠、注射碳酸氢钠、三硅酸镁、氢氧化铝、氢氧化镁、碳酸钙、重质碳酸镁、铝酸铋、西咪替丁、尼扎替丁、奥美拉唑、兰索拉唑、泮托拉唑钠、雷贝拉唑钠、丙谷胺、枸橼酸铋钾、胶体果酸铋、硫糖铝、猴头菌粉、曲昔匹特、拉呋替丁、奥美拉唑钠、瑞巴派特、埃索美拉唑镁、埃索美拉唑钠、阿托品、氢溴酸莨菪碱、间溴三酚、消旋山莨菪碱、甲氧氯普胺、盐酸昂丹司琼、盐酸格拉司琼、托烷司琼、伊托必利、枸橼酸莫沙必利、盐酸帕洛诺司琼、硫酸镁、地芬诺酯、鞣酸蛋白、碱式碳酸铋、消旋卡多曲、聚卡波非钙、蒙脱石、葡醛内酯、肌醇、水飞蓟宾、硫普罗宁、氨酪酸、硫辛酸、联苯双酯、马洛替酯、双环醇、叶绿酸铜钠、二氯醋酸二异丙胺、黄芩苷、重酒石酸胆碱、脱氧核苷酸钠、异甘草酸镁、拉克替醇、多烯磷脂酰胆碱、虫草被孢菌粉、甘草酸二胺、亮菌甲素、葫芦素、熊去氧胆酸、羟甲香豆素、卡尼汀、左卡尼汀、左卡尼汀酒石酸盐、乙酰左卡尼汀、乳酸菌素、左卡尼汀富马酸盐、地衣芽孢杆菌粉、奥利司他、甲磺酸加贝酯、奥沙拉嗪钠、甘草酸二钾、二甲硅油、醋酸奥曲肽、美他多辛、美沙拉嗪等。

9．**中间体**：异辛酸钠、左旋咪唑碱、洛索洛芬酸、汉防己甲素粗品、7-ACT、磷霉素顺酸、四氮唑、氨苄三水酸、阿奇霉素粗品、左磷右胺盐、7-AVCA、醋酸可的松、氯吡格雷、头孢替唑酸、螺旋霉素碱、吉西他滨碱、齐多夫定粗品、头孢哌酮酸、7-ADCA、头孢美唑酸、头孢唑林酸、氯磺酰异氰酸酯、替卡西林钠粗品、格拉司琼碱、头孢吡肟盐酸盐、盐酸头孢替安粗品、左舒必利、粗茶碱、缬沙坦粗品、头孢曲松粗盐、硫氰酸红霉素、头孢噻肟酸、青霉素工业盐、替米沙坦钠盐、坎地沙坦环合物、红霉素肟、6-APA、头孢西丁酸、GCLE、D-7ACA、头孢呋辛酸、头孢噻吩酸、山梨醇、二氯喹啉、美洛培南粗品、哌拉西林酸、7-ACA等。

10. 酶及其他：玻璃酸酶、糜蛋白酶、胰蛋白酶、辅酶Q10、溶菌酶、甘氨酸、苏氨酸、缬氨酸、亮氨酸、异亮氨酸、精氨酸、盐酸精氨酸、谷氨酸、谷氨酸钠、盐酸赖氨酸、醋酸赖氨酸、胱氨酸、半胱氨酸、盐酸半胱氨酸、苯丙氨酸、丙氨酸、酪氨酸、脯氨酸、色氨酸、蛋氨酸、门冬氨酸、丝氨酸、丙氨酰谷氨酰胺、门冬氨酸钙、甘氨酰酪氨酸、甘氨酰谷氨酰胺、盐酸鸟氨酸、消旋羟蛋氨酸钙、酮亮氨酸钙、消旋酮异亮氨酸钙、酮缬氨酸钙、酮苯丙氨酸钙、乙酰酪氨酸、谷氨酰胺、*N*（2）-L-丙氨酰-L-谷氨酰胺、卵磷脂、精致豆磷脂、胆酸钠、乌斯他汀、人工牛黄、发酵虫草菌粉等。

附 录 B

（资料性附录）

主要生产设施名称

主要工艺	主要生产设施
配料	配料罐、混合罐、其他
发酵	种子罐、发酵罐、补料罐、培养罐、空气过滤器、补料泵、旋风分离器、其他
反应	反应釜、酶促反应罐、缩合罐、裂解罐、真空泵、其他
分离	离心机、板框压滤机、转鼓过滤机、膜过滤机、真空泵、其他
提取	酸化罐、吸附塔、液贮罐、结晶罐、转化罐、滤液罐、结晶冷凝器、液液离心机、静态混合器、抽提罐、稀硫酸输送泵、滤液输送泵、脱色液输送泵、计量罐、待滤罐、脱色中间罐、脱色循环泵、配制罐、浸提设备、其他
精制	结晶罐、脱色罐、芬特过滤机、溶解罐、其他
干燥	干燥塔、真空泵、真空干燥器、双锥干燥器、沸腾床、三合一装置、二合一装置、真空安全罐、热水罐、热水泵、干燥加热器、干燥冷凝器、喷干塔、菌渣干燥机、其他
成品	磨粉机、分装机、混粉机、振荡筛、粉尘捕集器、封口机、造粒机、整粒机、真空上料机、其他
溶剂回收	精馏塔、蒸馏釜、再沸器、预热器、物料输送泵、冷凝器、真空泵、其他
物料存储系统	罐区（常压罐、固定顶罐、浮顶罐、锥顶罐、拱顶罐）、原料库房、成品库房、其他
输送系统	槽车、鹤管、其他
纯水制备系统	砂滤装置、保安过滤装置、超滤装置、反渗透装置、离子交换装置、其他
供热系统	锅炉、水源热泵、其他
事故应急处理系统	事故池、围堰、消防废水池、其他
废水处理系统	隔油池、混凝沉淀池、混凝气浮池、调节池、中和池、铁炭微电解反应器、升流式厌氧污泥床（UASB）、厌氧颗粒污泥膨胀床（EGSB）、厌氧流化床（AFB）、复合式厌氧污泥床（UBF）、厌氧内循环反应器（IC）、水解酸化池、折流板反应器（ABR）、两相厌氧、厌氧氨氧化池、吸附再生池（AB）、序批式间歇曝气活性污泥池（SBR）、周期循环活性污泥池（CASS、CAST）、间歇式循环延时曝气活性污泥池（ICEAS）、一体化活性污泥池（UNITANK）、氧化沟、生物流化床、膜生物反应器（MBR）、曝气生物滤池（BAF）、接触氧化池、传统硝化反硝化池（AO）、短程硝化反硝化池、同时硝化反硝化池、中间池、污泥浓缩池、污泥脱水间、污泥暂存间、污泥脱水机、风机、泵、其他
废气处理系统	吸附罐、吸附箱、吸收塔、生物滴滤塔、催化燃烧器、三电场静电除尘、四电场静电除尘、五电场静电除尘；玻纤袋式除尘、聚酯袋式除尘、诺梅克斯袋式除尘、聚酰亚胺袋式除尘、聚四氟乙烯袋式除尘、覆膜滤料袋式除尘；电袋复合除尘、石灰石/石灰-石膏湿法脱硫、双碱法脱硫、氨法脱硫、氧化镁法脱硫、循环流化床脱硫、旋转喷雾脱硫、低氮燃烧、SNCR、SCR、风机、泵、其他
固废处理处置系统	危险废物暂存间、残渣暂存间、废包装储存间、危险废物焚烧炉、其他

附 录 C

（资料性附录）

原料药制造常用的有机溶剂

序号	CAS 号	物质	序号	CAS 号	物质
1	50-00-0	甲醛	54	96-24-2	氯代丙二醇
2	56-23-5	四氯化碳	55	98-95-3	硝基苯
3	57-55-6	丙二醇	56	100-41-4	乙苯
4	60-29-7	乙醚	57	100-42-5	苯乙烯
5	62-53-3	苯胺	58	100-47-0	苯甲腈
6	64-17-5	乙醇	59	100-51-6	苯甲醇
7	64-18-6	甲酸	60	103-65-1	丙苯
8	64-19-7	乙酸	61	105-58-8	碳酸二乙酯
9	67-56-1	甲醇	62	106-44-5	对甲苯酚
10	67-63-0	异丙醇	63	106-97-8	正丁烷
11	67-64-1	丙酮	64	106-98-9	1-丁烯
12	67-66-3	氯仿	65	106-99-0	1,3-丁二烯
13	67-68-5	二甲基亚砜	66	107-02-8	丙烯醛
14	68-12-2	二甲基甲酰胺	67	107-06-2	1,2-二氯乙烷
15	71-23-8	正丙醇	68	107-15-3	乙二胺
16	71-41-0	戊醇	69	107-21-1	乙二醇
17	71-43-2	苯	70	107-31-3	甲酸甲酯
18	71-55-6	三氯乙烷	71	107-83-5	2-甲基戊烷
19	74-83-9	溴甲烷	72	108-10-1	甲基异丁基酮
20	74-84-0	乙烷	73	108-20-3	异丙醚
21	74-85-1	乙烯	74	108-21-4	乙酸异丙酯
22	74-86-2	乙炔	75	108-24-7	乙酸酐
23	74-87-3	氯甲烷	76	108-39-4	间甲苯酚
24	74-89-5	甲胺	77	108-88-3	甲苯
25	74-93-1	甲硫醇	78	108-90-7	氯苯
26	74-98-6	丙烷	79	108-91-8	环己胺
27	75-00-3	氯乙烷	80	108-94-1	环己酮
28	75-01-4	氯乙烯	81	108-95-2	苯酚
29	75-05-8	乙腈	82	109-52-4	戊酸
30	75-07-0	乙醛	83	109-67-1	1-戊烯
31	75-09-2	二氯甲烷	84	109-86-4	甲基溶纤剂
32	75-12-7	甲酰胺	85	109-89-7	二乙胺
33	75-15-0	二硫化碳	86	109-99-9	四氢呋喃
34	75-18-3	甲硫醚	87	110-54-3	正己烷
35	75-21-8	环氧乙烷	88	110-82-7	环己烷
36	75-50-3	三甲胺	89	110-86-1	吡啶
37	75-64-9	叔丁胺	90	112-40-3	十二烷
38	75-65-0	丁醇	91	115-07-1	丙烯
39	75-69-4	一氟三氯甲烷	92	121-44-8	三乙胺
40	75-71-8	二氟二氯甲烷	93	123-86-4	乙酸丁酯
41	75-97-8	甲基叔丁基酮	94	123-91-1	1,4-二噁烷
42	76-03-9	三氯乙酸	95	124-18-5	正癸烷
43	78-78-4	异戊烷	96	126-33-0	环丁砜
44	78-79-5	异戊二烯	97	127-18-4	四氯乙烯
45	78-84-2	异丁醛	98	127-19-5	二甲基乙酰胺
46	78-87-5	二氯丙烷	99	141-78-6	乙酸乙酯
47	78-93-3	丁酮	100	141-93-5	间二乙基苯
48	79-01-6	三氯乙烯	101	142-82-5	正庚烷
49	79-08-3	溴乙酸	102	144-62-7	草酸
50	79-10-7	丙烯酸	103	149-57-5	异辛酸
51	79-29-8	2,3-二甲基丁烷	104	354-58-5	1,1,1-三氯三氟乙烷
52	95-50-1	邻二氯苯	105	505-22-6	1,3-二噁烷
53	95-55-6	氨基酚	106	506-77-4	氰化氢

序号	CAS 号	物质	序号	CAS 号	物质
107	541-73-1	二氯苯	117	646-04-8	反-2-戊烯
108	542-75-6	二氯丙烯	118	765-30-0	环丙胺
109	590-18-1	顺-2-丁烯	119	1120-21-4	正十一烷
110	592-27-8	2-甲基庚烷	120	1300-21-6	二氯乙烷
111	592-41-6	1-己烯	121	1319-77-3	甲酚
112	611-14-3	2-乙基甲苯	122	1330-20-7	二甲苯
113	622-96-8	4-乙基甲苯	123	1634-04-4	甲基叔丁基醚
114	624-92-0	二甲二硫醚	124	8030-30-6	石油醚
115	627-20-3	顺-2-戊烯	125	25322-68-3	聚乙二醇
116	628-63-7	乙酸戊酯	126		其他

附 录 D

（资料性附录）

原料药制造单位产品基准排水量

表 D.1 化学合成类制药工业单位产品基准排水量 单位：m^3/t

序号	药物种类	代表性药物	单位产品基准排水量
1	神经系统类	安乃近	88
		阿司匹林	30
		咖啡因	248
		布洛芬	120
2	抗微生物感染类	氯霉素	1 000
		磺胺嘧啶	280
		呋喃唑酮	2 400
		阿莫西林	240
		头孢拉定	1 200
3	呼吸系统类	愈创木酚甘油醚	45
4	心血管系统类	辛伐他汀	240
5	激素及影响内分泌类	氢化可的松	4 500
6	维生素类	维生素 E	45
		维生素 B_1	3 400
7	氨基酸类	甘氨酸	401
8	其他类	盐酸赛庚啶	1 894
注：排水量计量位置与污染物排放监控位置相同。			

表 D.2 发酵类制药工业单位产品基准排水量 单位：m^3/t

序号	药物种类		代表性药物	单位产品基准排水量
1	抗生素	β-内酰胺类	青霉素	1 000
			头孢菌素	1 900
			其他	1 200
		四环类	土霉素	750
			四环素	750
			去甲基金霉素	1 200
			金霉素	500
			其他	500
		氨基糖苷类	链霉素、双氢链霉素	1 450
			庆大霉素	6 500
		氨基糖苷类	大观霉素	1 500
			其他	3 000
		大环内酯类	红霉素	850
			麦白霉素	750
			其他	850
		多肽类	卷曲霉素	6 500
			去甲万古霉素	5 000
			其他	5 000
		其他类	洁霉素、阿霉素、利福霉素等	6 000

序号	药物种类	代表性药物	单位产品基准排水量
2	维生素	维生素 C	300
		维生素 B12	115 000
		其他	30 000
3	氨基酸	谷氨酸	80
		赖氨酸	50
		其他	200
4	其他		1 500
注：排水量计量位置与污染物排放监控位置相同。			

表 D.3 提取类制药工业单位产品基准排水量 单位：m^3/t

序号	类别	单位产品基准排水量
1	提取类	500

附 录 E
（资料性附录）
运行管理台账（略）

附 录 F
（资料性附录）
执行报告（略）

附 录 G
（资料性附录）
排污单位挥发性有机物实际排放量核算方法

排污单位全厂挥发性有机物的实际排放量核算方法参照黑箱模型计算。

物料衡算是在工艺流程确定后进行的。目的是根据原料与产品之间的定量转化关系计算原料的消耗量，各种中间产品、产品和副产品的产量，生产过程中各阶段的消耗量以及组成。

物料衡算通式如式（G.1）：

$$\sum G_{投入}=\sum G_{产品}+\sum G_{回收}+\sum G_{流失} \tag{G.1}$$

式中：$\sum G_{投入}$——投入系统的物料总量；

$\sum G_{产品}$——系统产出的产品和副产品总量；

$\sum G_{回收}$——系统中回收的物料总量；

$\sum G_{流失}$——系统中流失的物料总量。

其中产品量应包括产品和副产品；流失量包括除产品、副产品及回收量以外各种形式的损失量，污染物排放量即包括在其中。

物料平衡计算包括总物料平衡计算、有毒有害物质物料平衡计算、有毒有害元素物料平衡计算及水平衡计算。进行有毒有害物质物料平衡计算时，当投入的物料在生产过程中发生化学反应时，可按下列总量法或定额工时进行衡算：

$$\sum G_{排放}=\sum G_{投入}-\sum G_{回收}-\sum G_{处理}-\sum G_{转化}-\sum G_{产品} \tag{G.2}$$

式中：$\sum G_{排放}$——某物质以污染物形式排放的总量；

$\sum G_{投入}$——投入物料中的某物质总量；

$\sum G_{回收}$——进入回收产品中的某物质总量；

$\sum G_{处理}$——经净化处理的某物质总量；

$\sum G_{转化}$——生产过程中被分解、转化的某物质总量；

$\sum G_{产品}$——进入产品结构中的某物质总量。

采用物料平衡法计算大气污染物排放量时，必须对生产工艺、物理变化、化学反应及副反应和环境管理等情况进行全面了解，掌握原、辅助材料、燃料的成分和消耗定额、产品的产收率等基本技术数据。

原料药制造排污单位使用的挥发性有机溶剂经过若干单元、装置、设施，最终的可能去向有：未使用作为库存；随产品、副产品带走；作为商品外卖；损失量（即经废气处理设施、废水处理设施、危险废物处理设施处理后变为其他物质，即破坏掉的溶剂量；经尾气排放口、外排废水等有组织排放，或者经动静密封点、储运过程等无组织排放等）。经回收处理设施对废挥发性有机溶剂进行回收后原料药制造排污单位自身再利用的，为溶剂在原料药制造排污单位的内部循环，不属于最终去向。

使用黑箱物料平衡法时，将原料药制造排污单位看作一个整体，一个大的黑箱。不必分析黑箱内的具体工艺过程和溶剂流向，而通过分析输入黑箱的挥发性有机溶剂使用量，及黑箱输出的已知去向的、可核算、可证明的挥发性有机溶剂量（包括库存、产品、副产品带走、外卖、处理设施处理破坏掉的量等），从而得到黑箱排放的挥发性有机溶剂量，如图 G.1 所示。对挥发性有机物的管控也可通过黑箱物料模型中的各输入输出源项进行减排分析和计划。

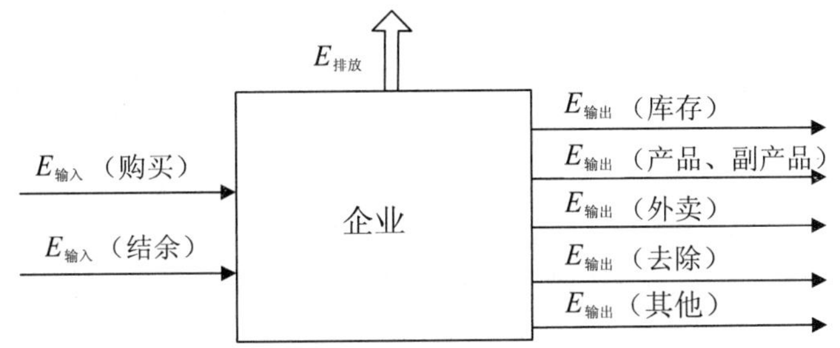

图 G.1　黑箱物料平衡法原理示意图

（1）核算公式

黑箱物料平衡法采用黑箱理论计算一个原料药制造排污单位或操作单元溶剂 VOCs 的大气排放量，核算公式见式（G.3）～式（G.5）。

$$E_{排放i}=\sum E_{输入i-j}-\sum E_{输入i-k} \tag{G.3}$$

$$\sum E_{输入i-j}=E_{输入i-采购}+\sum E_{输入i-结余}+\cdots+E_{输入i-j} \tag{G.4}$$

$$\begin{aligned}\sum E_{输出i-k}=&E_{输出i-库存}+\sum E_{输出i-产品、副产品}+E_{输出i-外卖}\\&+E_{输出i-废气处理}+E_{输出i-废水处理}+E_{输出i-固废处理}+\cdots+E_{输出i-k}\end{aligned} \tag{G.5}$$

式中：$E_{排放i}$——核算期内，企业排放的挥发性有机物 i（单物质）的量，kg；

$E_{输入i-j}$——核算期内，以 j 种形式输入企业的挥发性有机溶剂 i（单物质）的量，kg；

$E_{输出i-k}$——核算期内，以 k 种形式从企业输出的挥发性有机溶剂 i（单物质）的量，kg。

（2）公式要求

以各种形式输入、输出企业或操作单元的挥发性有机溶剂量均需提供相关有效证明材料，方有效。部分输入、输出量的有效证明材料（核算依据）如下（包括但不限于以下内容）：

$E_{输入i-采购}$：核算期内，企业采购的挥发性有机溶剂 i（单物质）的量（kg），以溶剂 i 的购买发票及出库、入库量的日常记录等结算凭证为核算依据。

$E_{输入i-结余}$：核算期内，以结余的形式输入企业的挥发性有机溶剂 i（单物质）的量，以上个核算期结束时的库存量为核算依据。

$E_{输出i-库存}$：核算期内，企业未使用作为库存的挥发性有机溶剂 i（单物质）的量，以企业的相关日常记录为核算依据。

$E_{输出i-产品、副产品}$：核算期内，随产品、副产品带走的挥发性有机溶剂 i（单物质）的量，以产品、副产品检测报告及销售发票为核算依据。

$E_{输出i-废气处理}$：核算期内，经废气处理装置处理后转变为非挥发性有机物质的溶剂 i（单物质）的量。其中：①以冷凝、吸收等回收设施回收的溶剂 i 量，作为企业内部循环使用时，不计入 $E_{输出i-废气处理}$；②以直接焚烧、催化燃烧、生物净化等废气处理设施处理的溶剂 i 量，以进出口废气中 i 物质的监测报告、进口废气量、实际燃烧效率及设施投用率等为核算依据；③以活性炭吸附等废气处理设施处理的溶剂 i 量，若企业设置后续的再生处理装置或对废活性炭委托处理，使溶剂 i 变为非挥发性有机物质的，提供相关的证明材料，并以证明材料为核算依据。

$E_{输出i-固废处理}$：核算期内，经固废处理装置处理后转变为非挥发性有机物质的溶剂 i（单物质）的量。其中：①含溶剂 i 的废液、废活性炭等危险废物，委托有资质的单位处理：有资质单位采用焚烧等方式处理掉的量，或有资质单位对废液、废活性炭采用再生、回收处理方式并对回收的溶剂 i 进行外卖时，以委托合同、危废处理五连单、有资质单位处理方式证明材料、回收溶剂 i 外卖合同等为核算依据；②资质单位以其他处理方式（如填埋等）处理含溶剂 i 的固废时，委托处置的溶剂 i 的废液量不计作 $E_{输出i-固废处理}$ 的量。

$E_{输出i-废水处理}$：核算期内，经废水处理装置处理后转变为非挥发性物质的溶剂 i（单物质）的量，仅指含溶剂 i 的废水在处理过程中降解转化为其他物质的量及处理装置出水中的溶剂 i 量，不包含挥发进入大气的溶剂 i 量，企业自行提供监测等资料作为核算依据。

加盖并设废气处理设施的废水收集和处理设施（不包括生化处理装置），废水集输、储存、处理处置过程 $E_{输出i-废水处理}$（kg）核算方法采用实测法，通过测定废水处理设施进、出口 VOCs 浓度、废水量、运行时间，废气的收集效率、废气处理设施进口 VOCs 浓度、处理气量、运行时间等计算，见式（G.6）。未加盖的废水收集和处理设施则按 $E_{输出i-废水处理}$ 为零计算。

$$\begin{aligned} E_{输出i-废水处理} &= \sum_{j=1}^{k} Q_{w,j} \times \left(\mathrm{VOCs}_{i,j,进水} - \mathrm{VOCs}_{i,j,出水}\right) \times t_{j,总} \times 10^{-3} \\ &- \sum_{j=1}^{k} Q_{j,g} \times \mathrm{VOCs}_{i,j,进气} \times t_{j,g} / \eta_{j,收集} \times 10^{-6} \end{aligned} \tag{G.6}$$

式中：$Q_{w,j}$——废水收集、处理系统 j 工段的废水流量，m^3/h；

$\mathrm{VOCs}_{i,j,进水}$——废水收集、处理系统 j 工段进水中的挥发性有机物 i 的浓度，mg/L；

$\mathrm{VOCs}_{i,j,出水}$——废水收集、处理系统 j 工段出水中的挥发性有机物 i 的浓度，mg/L；

$t_{j,总}$——j 工段废水处理设施运行的小时数，h；

$Q_{j,g}$——j 工段废气处理设施进口废气处理流量，m^3/h；

$\mathrm{VOCs}_{i,j,进气}$——j 工段对应的废气收集、处理系统进气中的挥发性有机物 i 的浓度，mg/m^3；

$t_{j,g}$——j 工段被废气处理设施收集处理的小时数，h；

k——废水收集、处理系统工段个数；

$\eta_{j,收集}$——j 工段加盖收集进入废气处理设施挥发性有机物的收集效率，%；

排污许可证申请与核发技术规范　制药工业——原料药制造 编制说明

1　项目背景

1.1　任务来源

目前全国制药工业排污单位中，污染问题突出，技术水平偏低，原料消耗高，废物成分复杂，现有的污染物排放标准不能满足环境管理的需要。我国制药工业作为污染防治的重点行业，尚无排污许可证申请与核发的具体指导文件。美国、欧盟等发达国家和地区拥有完善的排污许可体系，并有效支撑了各种环境管理制度，而我国排污许可制度尚处于初始阶段。

2016 年 6 月环境保护部标准司发布了《关于征集 2017 年度国家环境保护标准计划项目承担单位的通知》（环办科技函〔2016〕1103 号），将《制药行业排污许可相关技术规范》列入《2017 年度国家环境保护标准计划项目指南》。经过公开征集、答辩、专家评审，最终确定由河北科技大学承担该技术规范的编制工作。根据环境保护部工作部署，本规范名称确定为《排污许可证申请与核发技术规范　制药工业——原料药制造》。

本项目由河北科技大学承担，北京市环境保护科学研究院、环境保护部环境工程评估中心、河北华药环境保护研究所有限公司、恒联海航（北京）管理咨询有限公司、中国化学制药工业协会、河北省环境科学学会等 7 家单位组成标准编制组。

1.2　工作过程

项目立项后，编制组根据《关于开展 2017 年度国家环境保护标准项目实施工作的通知》（环办科技函〔2017〕413 号），按照《国家环境保护标准制修订工作管理办法》（国环规科技〔2017〕1 号）的有关要求，开展了《排污许可证申请与核发技术规范　制药工业——原料药制造》制定相关的技术性工作。

a）2016 年 7 月—2017 年 3 月，标准编制组先后到河北、江苏、浙江、山东、北京、天津等原料药制造业典型排污单位进行现场考察和调研。重点调研不同产品原料药制造业产排污节点及排污情况、原辅料使用情况、污染控制技术、污染治理设施运行状况以及企业开展自行监测和台账记录等内容。

在广泛调查的基础上，明确标准的适用范围，确定管控要素、污染因子、污染物排放限值、行业可行技术、自行监测管理要求、环境管理台账记录与执行报告编制要求、实际排放浓度合规判定方法、实际排放量核定方法。

b）2017 年 2 月 23 日，编制组在北京组织召开专家咨询会，行业专家和管理部门代表就《排污许可申请与核发技术规范　制药工业——原料药制造业（初稿）》的技术难点及标准适用范围进行了讨论，提出了改进的建议。

c）2017 年 3 月 5 日，环境保护部水环境管理司委托编制组在石家庄组织召开了制药行业排污许可政策研讨会，邀请了河北、山东、江苏、北京等地相关制药企业及管理部门代表，对本技术规范初稿进行了讨论，重点对化学合成类、发酵类、提取类原料药制造企业产物节点及排污特征，以及挥发性有机物治理措施、排污许可实施要点进行了研讨。

d）2017 年 4 月 28 日，环境保护部大气环境管理司委托标准研究所在北京主持召开了本标准开题报告技术论证会，标准编制组介绍了开题报告和标准初稿的相关内容，来自环境保护部水环境管理司、环境监测司、科技标准司，中国环境监测总站，试点地区（河北省）环境保护部门代表，以及环境保护部环境标准研究所、环境保护部科技委、中科院生态环境研究中心、天津市环境科学研究院、中国环境科学研究院、石家庄制药集团有限公司、天俱时工程科技集团、南京市环境监测中心站、河北省环境科学研究院及天津大学等单位的行业专家和环境管理部门代表就标准制定的技术路线、技术难点及解决途径等方面进行了讨论、质询，通过了标准的开题论证。

e）2017 年 6 月 9 日，邀请石药集团新诺威制药股份有限公司、华北制药集团先泰药业有限公司、三废治理中心等企业的生产和环保管理人员召开专题座谈会，听取现状台账记录、执行报告的主要做法，结合现有工作实际，对本标准中的台账记录、执行报告要求进行优化完善。

f）2017 年 6 月 10—13 日分别赴试点地区河北省石家庄市石药集团和华药集团原料药制造企业试填报。编制组根据试填企业的反馈意见，对《排污许可申请与核发技术规范　制药工业——原料药制造（初稿）》进行了修改完善。

g）2017 年 7 月 4 日，环境保护部规划财务司委托标准所在北京主持召开了本标准（征求意见稿）技术审查会，邀请环境保护部水环境管理司、环境监测司、规划财务司，试点地区（河北省）环境保护部门代表，以及环境保护部环境标准研究所、环境保护部科技委、中国科学院过程工程研究所、中国环境科学研究院、河北省环境科学研究院、天津市环境科学研究院、石家庄制药集团有限公司、河北天俱时工程集团、南京市环境监测中心站及环境保护部南京环境科学研究所等单位的行业专家和环境管理部门代表。审查委员会通过了该标准（征求意见稿）的审查。提出以下建议：进一步做好和相关标准的衔接，并提高条款表述的准确性。按照上述建议，编制组对本标准进行修改完善，形成《排污许可申请与核发技术规范　制药工业——原料药制造（征求意见稿）》及其编制说明。

2　制药工业概况

2.1　制药工业现状

中国是世界医药大国之一，抗生素是第一生产大国。制药生产排污单位遍布全国 29 个省市自治区。我国的医药制造业包括：原料药制造业制造、化学药品制剂制造、中药饮片加工、中成药生产、兽用药品制造、生物药品制造、卫生材料及医药用品制造七个子行业及纳入行业管理的制药机械和医疗器械工业八个板块；其中兽用药品制造归属农业部门管理。

2.1.1　制药工业在国民经济中的发展趋势

“十二五”以来，制药工业规模以上排污单位主营业务收入逐年增长见图 1，较“十一五”末增长了一倍多，2013 年迈上 2 万亿元大关，但增速逐年下降。根据统计快报，2015 年制药工业实现主营业务收入 26 885.2 亿元，同比增长 9.0%，高于全国工业增速 8.2 个百分点，但较上年降低 4.0 个百分点，多年来首次低至个位数增长。各子行业增速均出现下降，中成药降幅最大。

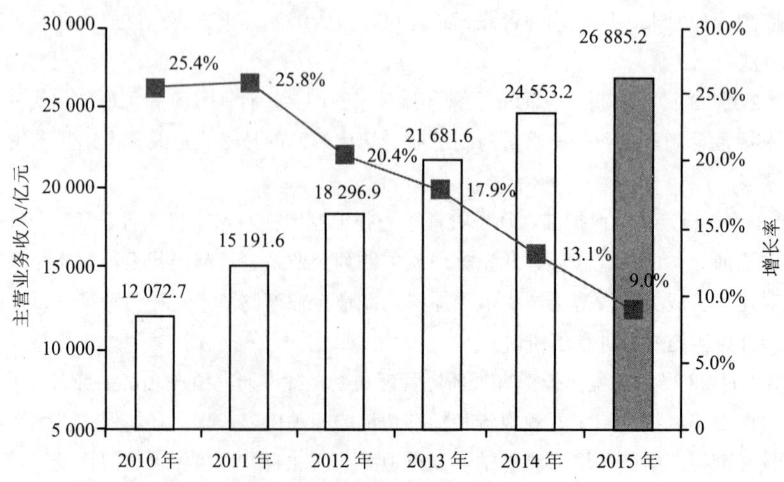

图 1　2010—2015 年制药工业主营业务收入增长趋势

2015 年，全国规模以上制药企业 6 989 家，其中化学原料药生产企业 2 348 家，化学药品制剂生产企业 1 096 家，中成药和中药饮片生产企业 2 602 家，生物药品制造企业 943 家。主营业务收入 26 885.19 亿元，同比增长 9.02%。其中化学原料药制造 4 614.21 亿元，化学药物制剂制造 6 816.04 亿元，中药饮片和中成药制造收入 9 331.55 亿元，生物药品制造 3 164.16 亿元。制药工业类别排污单位数量及营业收入比重见图 2。

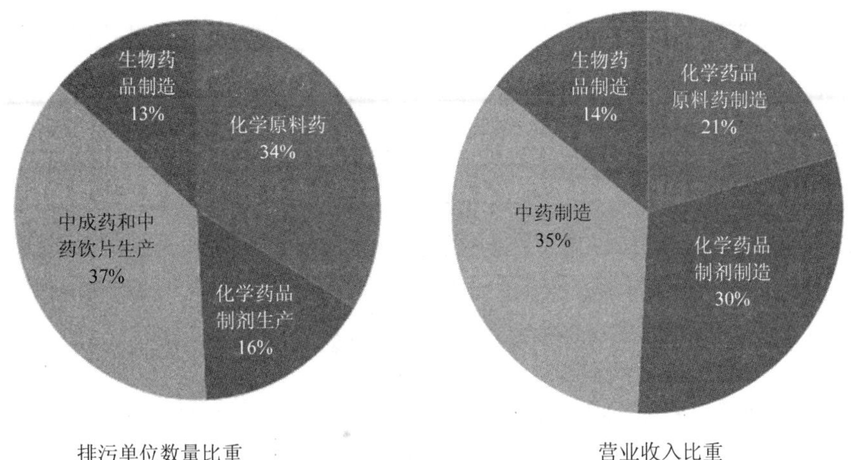

图 2　制药工业类别排污单位数量及营业收入比重图

从排污单位数量、主营业务收入所占行业比例来看，化学药物生产的两个子行业（化学原料药、化学药品制剂）都占有较大比例。根据历年经济统计数据、环境统计年报数据和第一次全国污染源普查数据显示，医药制造业工业产值占全国工业总产值的 2%～3%，废水排放量和 COD 排放量占全国的 2%～3%。2014 年废水国家重点监控排污单位 4 001 家，其中医药制造业 118 家，约占 2.9%；废气国家重点监控排污单位 3 865 家，其中医药制造业 16 家，约占 0.4%。从以往污染源调查分析来看，这两个子行业的污染负荷量约占全行业的 80%（原料药制造业的污染负荷又约占这两个子行业的绝大部分）。两个子行业是医药制造业环境保护治理工作的重点，重中之重是化学原料药。

2.1.2　化学原料药生产概况

根据中国化学制药工业协会《中国化学制药工业年度发展报告（2015 年）》统计，化学药物生产排污单位 2 348 家，占全行业的 34%。原料药制造企业主要分布在河北、山东、江苏、浙江、安徽、辽宁等省。具体分布见图 3。

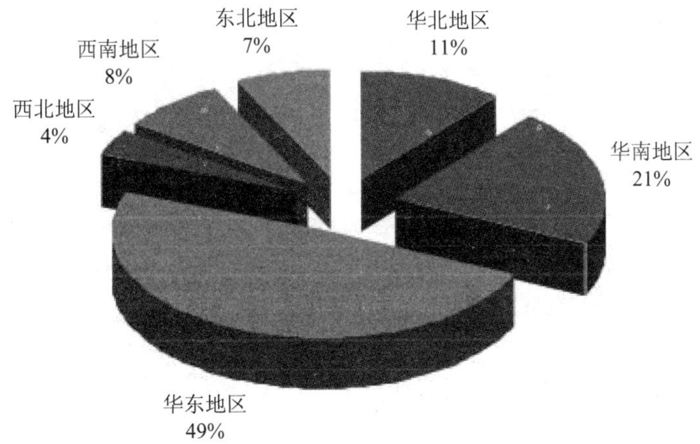

图 3　2015 年各区域化学药物生产排污单位分布情况

2015 年化学原料药生产量 1 106 789 t。其中山东省化学原料药生产量 439 982 t，约占全国总产量的 36.85%；河北省生产化学原料药 333 637 t，约占全国产量的 30.14%。2015 年全国生产化学药物中间体 279 064 t（制药排污单位生产的青霉素工业盐、6-APA、7-ACA、对氨基酚等 47 类药物中间体），出口 20 335 t，占生产量的 7.29%。各省原料药产量详情见图 4。

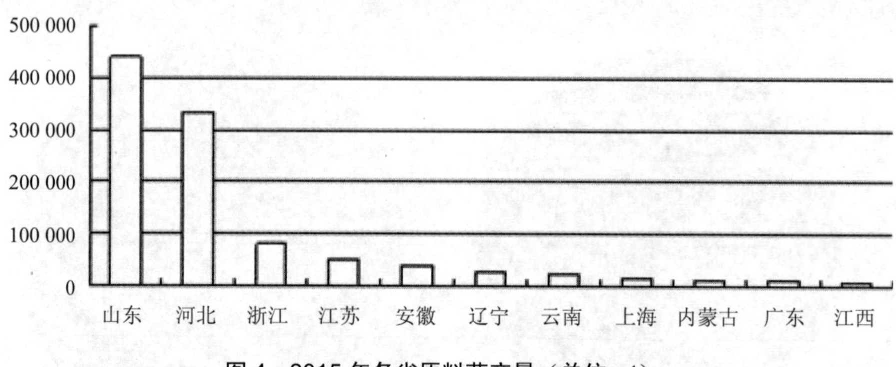

图 4　2015 年各省原料药产量（单位：t）

化学原料药生产排污单位一般都是耗能大户和耗水大户。根据化学制药工业协会调研与其他相关资料数据分析，化学制药工业 2015 年用新水量约 5.32 亿 t 左右，废水排放量约为 4.26 亿 t 左右。根据《化学原料药大宗产品生产状况调研报告》对于 16 个大宗产品耗水数据分析，单位产品耗水量最大的是盐酸林可霉素，吨产品耗水量 3 614 t。青霉素工业盐、青霉素钾（钠）、维生素 C 的单位产品耗水量亦较大。参照调研单位产品耗水量测算，产量万 t 以上的产品，吨产品耗水量和年用水量如下：青霉素工业盐吨产品耗用新水量 238 t，年耗水量 705 万 t；维生素 C 吨产品耗水量 221 t，年耗用新水量约为 3 180 万 t；阿莫西林吨产品耗用新水 44 t，年耗用新水量约 89 万 t；土霉素吨产品耗用新水量 938 t，年耗用新水量约 1 210 万 t。

2.1.3　行业主要生产工艺及产排污分析

（1）发酵类制药

通过微生物的生命活动产生和积累特定代谢产物的现象称为发酵，采用微生物发酵方法生产药物就是发酵制药。发酵类生物制药的生产主体是微生物，主要包括细菌、放线菌和真菌三大类，产品是微生物初级代谢或次级代谢产物，主要有抗生素类、维生素类、氨基酸类、多肽和蛋白质类、核酸类、酶及辅酶类等。发酵制药的基本过程是在人工控制条件下，微生物生长繁殖，在代谢中产生特定的物质，然后再经过提取、分离、纯化等过程得到药品。发酵过程是发酵法制药的特征过程，可以分为厌氧发酵和好氧发酵，目前用于制药的绝大多数都是好氧发酵，发酵过程基本相同，但发酵罐的大小、控制条件、原材料消耗、污染物产量等因素根据品种的不同有很大差异。

发酵类制药生产工艺流程一般为：种子培养、微生物发酵、发酵液预处理和固液分离、提炼纯化、精制、干燥、包装等步骤。种子培养阶段通过摇瓶种子培养、种子罐培养及发酵罐培养连续的扩增培养，获得足够量健壮均一的种子投入发酵生产。发酵液预处理的主要目的是将菌体与滤液分离开，便于后续处理，通常采用过滤法处理。提取分为从滤液中提取和菌体中提取两种不同工艺过程，产物提取的方法主要有萃取、沉淀、盐析等。产品精制纯化主要有结晶、喷雾干燥、冷冻干燥等几种方式。原材料主要是发酵需要的培养基和提取与精制过程中用到的溶剂、沉淀剂、酸、碱等，消耗的能源主要是电、蒸汽、水等。产生的废物主要有废水、废菌渣、发酵废气、含溶剂废气、溶剂废物等。

典型的发酵类制药生产工艺流程及排污节点如图 5 所示。

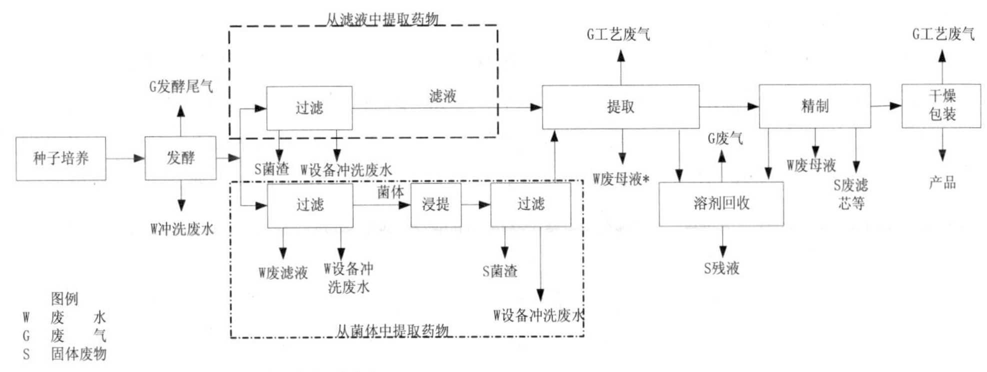

图 5 发酵类制药生产工艺及排污节点图

①水污染物产生情况

发酵类制药废水大部分属高浓度废水，酸碱度和温度变化大、碳氮比低、绝大部分发酵类制药废水含氮量高、硫酸盐浓度高、盐度（氯离子）含量高、色度较高，有的发酵母液中还含有抗生素分子及其他特征污染物，为废水处理带来一定难度。此外，生物发酵过程需要大量冷却水和去离子水，冷却水排污和制水过程排水占总排水量的 30%以上。发酵类制药废水主要污染物有 COD、BOD_5、SS、pH、色度和氨氮等。发酵类制药废水来源及水质特点见表 2-1。

表 2-1 发酵类制药废水水质特点表

废水来源	水质特点	一般水质指标/（mg/L）
主生产过程排水	包括废滤液（从菌体中提取药物）、废发酵母液（从过滤液中提取药物）、其他废母液等。废水浓度高、硫酸盐及氨氮含量高，酸碱性和温度变化大、一般含药物残留，水量相对较小	产品不同，指标差异较大 COD＞10 000；BOD_5/COD 0.3～0.5；SS：1 000～6 000
辅助过程排水	包括工艺冷却水（如发酵罐、消毒设备冷却水等）、动力设备冷却水（如空压机冷却水、制冷剂冷却水等）、循环冷却水系统排污，水环真空设备排水、去离子水制备过程排水、蒸馏（加热）设备冷凝水等。此类废水污染物浓度低，但水量大、季节性强、企业间差异大	COD≤100
冲洗水	包括容器设备冲洗水（如发酵罐冲洗水等）、过滤设备冲洗水（如板框压滤机、转鼓过滤机等过滤设备冲洗水）、树脂柱（罐）冲洗水、地面冲洗水等。污染物浓度高、酸碱度变化大。水环真空设备排水与此类水浓度相近	COD：1 000～10 000
生活污水	与企业的人数、生活习惯、管理状态相关，但不是主要废水	同一般生活污水：COD≤300；BOD_5≤200；SS≤250；NH_3-N≤40

发酵类制药生产代表性药物水质概况见表 2-2。

表 2-2 发酵类抗生素、维生素及氨基酸类制药废水水质概况

药物类别		pH	COD/（mg/L）	BOD_5/（mg/L）	SS/（mg/L）	硫酸盐/（mg/L）	NH_3-N/（mg/L）
抗生素类	β-内酰胺类	3～7	15 000～26 000	3 000～7 000	1 100～3 400	500～1 000	100～360
	氨基糖苷类	4～7	5 000～13 000	3 000～5 000	1 000～4 000	500～800	30～160
	大环内酯类	3～7	5 000～13 000	2 500～5 600	1 000～3 000	200～800	40～150
	其他类	4～9	4 000～15 000	1 000～4 000	500～3 000	150～300	50～100
维生素类		3～9	1 000～14 000	260～3 500	100～3 150	100～1 000	80～420
氨基酸类		5.5～7	2 500～5 600	1 600～2 900	400～2 500	100～2 000	120～350

②大气污染物产生情况

发酵类药物生产过程产生的废气主要包括发酵废气、含溶剂废气、含尘废气、酸碱废气及废水处理装置产生的恶臭气体。发酵废气气量大，一般每个 300 m^3 发酵罐的排气量在 3 000～5 000 m^3/h，通常每个企业的发酵罐数量在 10 个以上，主要成分为空气和二氧化碳，同时含有少量培养基物质以及发酵后期细菌开始产生抗生素时菌丝的气味，如直接排放，对厂区周边大气环境质量影响较大。有机废气主要产生于发酵、分离、提取等生产工序。废水处理装置产生恶臭气体。

（2）化学合成类制药

通过化学反应生产药品的过程称作合成制药，分为全合成和半合成两种，全合成制药指由简单的化工原料经过一系列的化学合成和物理处理过程制取药品，如传统的扑尔息痛、磺胺类药物。全化学合成药物种类繁多，许多生物合成药物和生物提取药物也逐渐转向化学合成路线，如氯霉素、紫杉醇等。半合成药物是由已知的具有一定基本结构的天然产物经过化学结构改造和物理处理过程制得，如阿莫西林、头孢、阿奇霉素、环丙沙星等。

生产过程主要以化学原料为起始反应物，生产过程要经过一次或多次的反应、提取、分离、结晶等过程才能得到最终产品。合成制药的特征生成过程是各类化学反应过程，提取、分离过程与发酵制药的过程类似。化学反应有简单的单分子反应、双分子反应，也有复杂的可逆反应、平行反应等。

生产工艺主要包括反应和药品纯化两个阶段。反应阶段包括合成、药物结构改造、脱保护基等过程。具体的化学反应类型包括酰化反应、裂解反应、硝基化反应、缩合反应和取代反应等。化学合成类制药的纯化过程包括分离、提取、精制和成型等。分离主要包括沉降、离心、过滤和膜分离技术；提取主要包括沉淀、吸附、萃取、超滤技术；精制包括离子交换、结晶、色谱分离和膜分离等技术；产品定型步骤主要包括浓缩、干燥、无菌过滤和成型等技术。化学合成类制药生产工艺流程及排污节点见图 6。

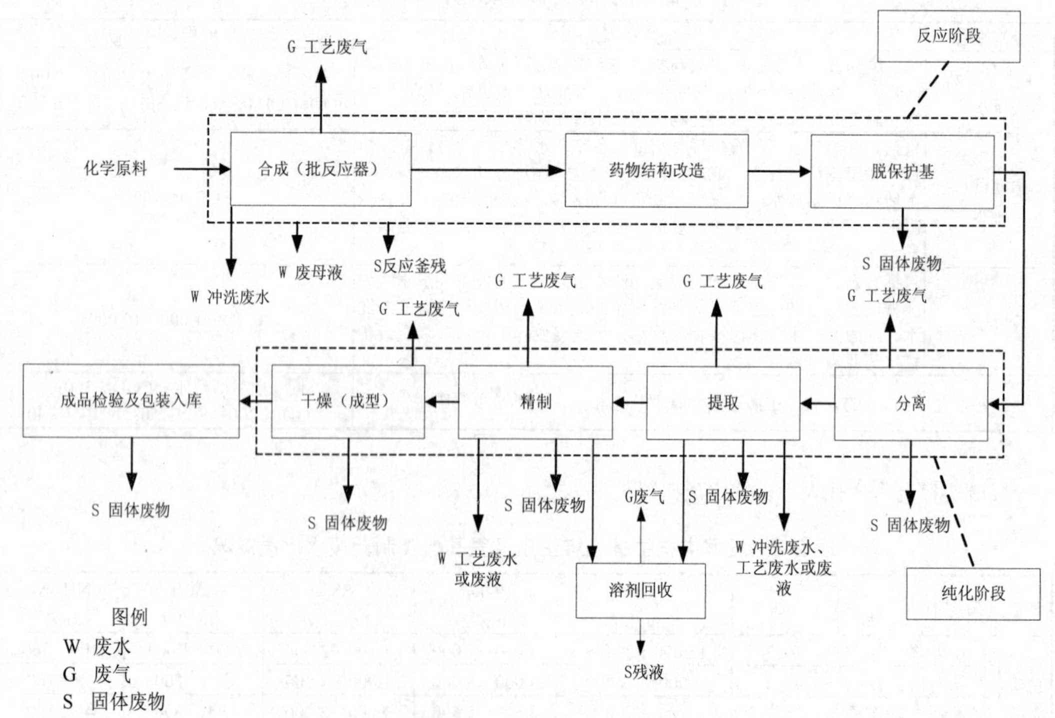

图 6 化学合成类制药生产工艺及排污节点

①水污染物产生情况

化学合成类制药废水大部分为高浓度有机废水，含盐量高，pH 值变化大，部分原料或产物具有生物毒性或难被生物降解，如酚类、苯胺类、苯系物、卤代烃、重金属等。水污染物包括常规污染物和特征污染物，即 TOC、COD、BOD_5、SS、pH、氨氮、总氮、总磷、色度、急性毒性、挥发酚、硫化物、硝基苯类、苯胺类、二氯甲烷、总锌、总铜、总氰化物和总汞、总镉、烷基汞、六价铬、总砷、总铅、总镍等污染物。化学合成类制药废水来源及水质特点见表 2-3。

表 2-3 化学合成类制药废水来源及水质特点表

废水来源	水质特点	一般水质指标/（mg/L）
母液类	包括各种结晶母液、转相母液、吸附残液等，污染物浓度高，含盐量高，废水中残余的反应物、生成物等浓度高，有一定生物毒性、难降解	COD 一般在数万，最高可达几十万；BOD_5/COD 一般在 0.3 以下；含盐量一般在数千以上，最高可达数万，乃至几十万
冲洗废水	包括过滤机械、反应容器、催化剂载体、树脂、吸附剂等设备及材料的洗涤水。其污染物浓度高、酸碱性变化大	COD：4 000～10 000 BOD_5：1 000～3 000
辅助过程排水	包括循环冷却水系统排污，水环真空设备排水、去离子水制备过程排水、蒸馏（加热）设备冷凝水等	COD≤100
生活污水	与企业的人数、生活习惯、管理状态相关，但不是主要废水	同一般生活污水：COD≤300；BOD_5≤200；SS≤250；NH_3-N≤40

②大气污染物产生情况

化学合成类制药企业主要废气排放源包括四部分：蒸馏、蒸发浓缩工段产生的含 VOCs 不凝气，合成反应、分离提取过程产生的有机溶剂废气；使用盐酸、氨水调节 pH 值产生的酸碱废气；粉碎、干燥排放的粉尘；废水处理设施产生的恶臭气体。排放的大气污染物主要有氯化氢、溶剂（丁酯、丁醇、二氯甲烷、异丙醇、丙酮、乙腈、乙醇等）、粉尘、NH_3 等。

（3）提取类制药

利用动、植物作为原料提取药物是传统制药途径之一，随着分离技术发展，提取类药物品种不断增加。植物原料主要是种子、果实和叶片，提取的药物主要是糖类、蛋白酶、植物碱，如相思豆蛋白、菠萝蛋白酶、木瓜蛋白酶、苦瓜胰岛素、前列腺素 E、人参多醣、刺五加多醣、天麻多醣、茶叶多醣等。动物原料有动物脏器、腺体，如脑、心、肺、脾、胃肠及黏膜、胰、血液、胆汁、眼球、胸腺、胎盘、角、骨等；小动物及其分泌物，如蜂王浆、蜂毒、蛇毒、蟹毒、蚕茧等；还一些动物原料来自海洋，如海藻、珊瑚、海葵、虾蟹壳、海参、海胆、鱼、海蛇、鲸等，提取的药物也主要是蛋白、多肽、有机酸、酶、多糖、抗菌素、激素、维生素等。

溶剂提取是从动植物组织或器官提取天然有效成分的常用方法，常用的溶剂有水、稀盐水、稀酸溶液、稀碱溶液、乙醇、丙酮、丁醇、三氯甲烷、乙醚、石油醚等。提取过程是提取类制药的特征过程，即溶剂与原料充分接触，有效成分从原料转移到溶剂的过程，为了转移的充分、迅速，有时需要对原料进行预处理，如粉碎、磨粉、脱脂、去皮等，提取液需要进一步除杂、转相、结晶、分离、干燥得到产品。

在工艺流程中，提取过程要经过多次成分转移、分离杂质过程，多处产生废母液和废渣，使用化学溶剂的还会产生溶剂废气。动植物组织和器官中有效成分含量一般不高，除了有效成分外，其他组分都以废物的形式出现，因此提取类制药的废物产生量也很大。

提取类制药工艺大体可分为六个阶段：原料的选择和预处理、原料的粉碎、提取、分离纯化、干燥及保存、制剂。提取类制药主要生产工艺及污染物排放节点见图 7。其中提取过程可分为：酸解、碱解、酶解、盐解及有机溶剂提取等；提取过程常用的溶剂包括水、稀盐、稀碱、稀酸、有机溶剂（如乙醇、丙酮、三氯甲烷、三氯乙酸、乙酸乙酯、草酸、乙酸等）。

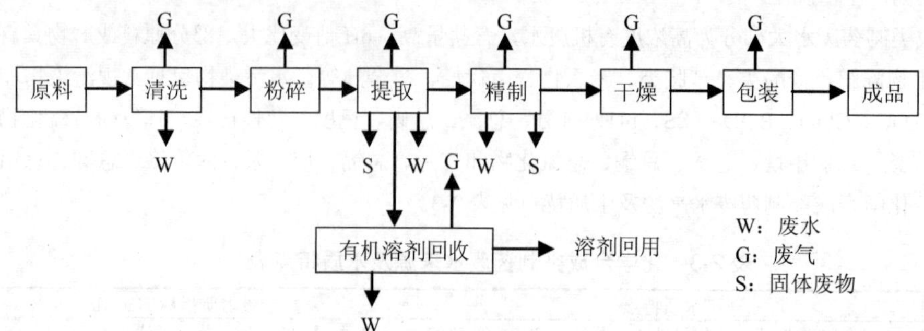

图 7　提取类制药主要生产工艺及污染物排放节点

①水污染物产生情况

提取类制药废水来源于清洗废水、提取母液、精制母液、溶剂回收母液、设备冲洗水等。废水中含有有机溶剂和天然物质的残存物，属高浓度有机废水。

②大气污染物产生情况

提取类制药废气排放包括：提取、干燥、有机溶剂回收产生的有机溶剂废气；粉碎、包装排放的粉尘；废水处理设施产生的恶臭气体；清洗过程中产物的大气污染物因提取对象不同有所差异，对植物提取主要污染物是粉尘排放，对动物提取主要污染物是恶臭气体。在酸解、碱解、等电点沉淀、pH 调解等过程中还会涉及酸碱废气的挥发。

2.2　原料药制造排污许可实施特点

原料药制造的主要特点是产品种类繁多，使用的原辅材料种类繁多、产生的污染物种类繁多、生产工艺复杂、治理工艺与排放方式多样化。因此，原料药制造排污许可申请与核发技术规范的技术特点突出、排污许可的各种污染物控制难点突出。

2.2.1　产品种类多

全球常用的化学药物约为 1 850 种，其中 523 种是天然或半合成药物，另外的 1 327 种是全合成药物。目前，中国化学制药排污单位生产的化学原料药可达 1 783 个品种（主要产品见附表 1），是世界主要生产国之一。

按照中国化学制药工业协会信息部及国家统计局的统计分类，中国的化学原料药有抗感染类、解热镇痛药、维生素类药物、抗寄生虫病药、计划生育及激素类药、抗肿瘤药、心血管系统用药、呼吸系统用药、中枢神经系统用药、消化系统药、泌尿系统用药、血液系统用药、调节水、电解质及酸碱平衡药、麻醉用药、抗组织胺类药及解毒药、生化药、消毒防腐用药、五官科用药、皮肤科用药、诊断用药、滋补营养药、放射性同位素、制剂用辅料及附加剂、其他化学药品原药共 24 大类 108 小类。化学药品原药的产品还包括化学药物中间体的各类产品，种类繁多。

按照制药行业统计分类包括抗感染类药物、解热镇痛类药物、维生素类、计划生育及激素类药物、抗肿瘤类药物、心血管类药物、中枢神经系统药物、消化系统药物、中间体、酶及其他等门类。

2.2.2　原辅料中有机溶剂类别多、用量大

原料药制造常见的原辅料种类包括：除有机溶剂、增溶剂、无机化学品、助剂、乳化剂、吸收剂、稀释剂、螯合剂、酶、催化剂、pH 调节剂、天然物质等。如：苯乙酸、苯乙酸钾、氨基噻唑乙酸、环戊烯吡啶、液氯、戊二酸、乙二胺四乙酸（EDTA）、无菌精氨酸、特戊酰氯、甲硫醇茴香醇、硅胺、硫酸铵、玉米浆、玉米油、液碱、盐酸、硫酸、氨水、液糖、黄豆饼、7-苯乙酰氨基-3-氯甲基-4-头孢烷酸对甲氧基苄酯（GCLE）、6-氨基青霉烷酸（6-APA）、对羟苯甘氨酸甲酯、碳酸钾、四甲基胍、苯苷邓盐、双氧水、溴化氢、尿素、活性炭、青霉素酰化酶、三氯化铝、钯碳、水等。

原料药制造常见的有机溶剂如：乙酸乙酯、乙酸丁酯、三乙胺、草酸、苯酚、二氯甲烷、甲苯、甲醇、乙醇、丁醇、丙酮、异丙醇、吡啶、富马酸二甲脂（DMF）等。

2.2.3　生产工艺复杂

按原料药制造生产工艺可分为发酵类、提取类、化学合成类、制剂类、生物工程类和中药类。

中国的制药排污单位，没有严格的生产分工，很多排污单位既生产化学原料药（包括化学药物中间体），也生产药物制剂；有的排污单位还生产兽用药物。不同制药产品采用不同技术工艺，其工艺和步骤也各不相同，有的产品几个工艺步骤即可完成，有的需要经十几步甚至几十步的加工程序才能完成。即使是同一产品，不同排污单位的生产工艺、原辅料、菌种亦不尽相同。工艺路线长，反应步骤多，是化学原料药生产的一大特点。主要包括配料、发酵、酶促反应、化学反应、分离、提取、精制、干燥、成品、溶剂回收等。

配套的公用单元主要工艺包括罐区、输送系统、纯水制备系统、循环水冷却系统、供热系统、空压系统、供冷系统、废水处理系统、废气处理系统、固废处理处置系统、事故应急系统等。

2.2.4　污染物成分复杂、排放量大

原料药制造投入的原辅料的种类数量多，其中一些属于危险化学品，投入的物料产成品转化率低，造成污染物种类多、生物毒性大的特点。排放的主要气态污染物（如挥发性有机化合物、苯、甲苯、二甲苯、酚类、甲醛、乙醛、丙烯醛、甲醇、苯胺类、氯苯类、硝基苯类、氯乙烯、SO_2、NO_x、HCl、H_2S、NH_3）和颗粒物等，废水污染物（如氨氮、挥发酚、硝基苯类、总汞、总镉、$HgCl_2$毒性当量、总氰化物、苯胺类、烷基汞、总砷等）。原料药制造由于产成品转化率低，造成了污染物排放量大，2015 年化学制药工业废水排放量约为 4.26 亿 t。

2.2.5　治理技术种类多

（1）制药废水

制药废水依据废水来源和用途分为主生产过程排水（提取废水、发酵废水、合成废水、设备冲洗水、其他）、辅助过程排水（循环冷却水排水、中水回用系统排水、水环真空泵排水、制水排水、蒸馏设备冷凝水、废气处理设施废水等）、生活污水、初期雨水等。综合废水处理系统常用的处理技术大多为物化-生物法联用工艺。

物化处理：主要作为生物处理工序的预处理或后处理工序。目前国内主要的物化处理技术包括混凝沉淀/气浮法处理技术、电解法处理技术、微电解（Fe-C）法处理技术、芬顿试剂氧化法处理技术、臭氧氧化法处理技术、吸附过滤法处理技术、蒸氨法处理技术、吹脱法处理技术、汽提法处理技术、多效蒸发处理技术、刮板薄膜蒸发处理技术等。

生物处理：厌氧生物处理技术主要包括升流式厌氧污泥床（UASB）处理技术、厌氧颗粒污泥膨胀床（EGSB）处理技术、厌氧流化床（AFB）处理技术、复合式厌氧污泥床（UBF）处理技术、厌氧内循环反应器（IC）处理技术、折流板反应器（ABR）处理技术、水解酸化处理技术、两相厌氧反应器处理技术等。好氧生物处理技术主要包括传统活性污泥法处理技术、接触氧化法处理技术、吸附再生法处理技术（AB 法）、曝气生物滤池（BAF）处理技术、间歇曝气活性污泥法（SBR）及其改进工艺（CASS、ICEAS、UNITANK、CAST 等）处理技术、膜生物反应器（MBR）处理技术、氧化沟法处理技术、生物流化床法处理技术等技术。

（2）制药废气

制药废气涉及发酵废气、工艺有机废气、废水处理站废气、危险废物焚烧炉烟气、锅炉烟气、罐区废气、工艺含尘废气、工艺酸碱废气、危废暂存废气等。

焚烧炉烟气、锅炉烟气治理技术包括除尘（静电除尘、袋式除尘、电袋复合除尘、其他）、脱硫（石灰石/石灰-石膏湿法、双碱法、氨法、氧化镁法、其他）；脱硝[低氮燃烧、选择性非催化还原（SNCR）、选择性催化还原（SCR）、其他]；协同处置（活性炭/焦吸附、炉内添加卤化物、烟道喷入活性炭/焦、急

冷、其他）等。

工艺有机废气处理技术：制药排污单位的有机废气主要来自于合成、提取和精制等生产工序的反应、萃取分离、溶剂蒸馏回收、干燥、真空以及输送、存储等过程。有机废气常见的处理工艺有两类：一类是破坏性方法，如燃烧法（直接燃烧、催化燃烧、热力燃烧）、微波催化氧化、生物净化等主要用于处理无回收价值或有一定毒性的气体；另一类是非破坏性的，即吸收法、吸附法、冷凝法。新发展的处理技术包括脉冲电晕法、臭氧分解法、等离子体分解法等。

工艺酸碱废气处理技术：在制药生产过程中，调节pH值和其他使用盐酸、氨水的工序，会有氯化氢和氨的部分挥发，产生酸碱废气。目前国内主要的酸碱废气处理技术包括酸碱吸收法、降膜法、吸附法等。

工艺含尘废气处理技术：制药排污单位的含尘废气主要产生于干燥、压片、填充等生产工序，常用治理技术包括高效过滤器、旋风式除尘技术、袋式除尘技术、水膜除尘技术等。

发酵废气处理技术：发酵制药过程中会产生发酵废气，主要含 CO_2、水蒸气和部分发酵代谢产物。目前，国内排污单位针对发酵废气的处理方法不多，尾气一般直接排放，污染防控方式比较粗放。有些排污单位采用NaClO和水喷淋两级吸收法，取得了一定的治理效果。

废水处理站恶臭气体和危废暂存废气处理技术：制药排污单位恶臭气体主要产生于生产环节和污水处理系统，产生的恶臭气体以硫化氢、甲硫醇和氨等为主要成分。常用的恶臭气体处理技术包括燃烧法、吸收法、吸附法、生物法和多个技术联合工艺。

沼气净化技术：废水的厌氧处理会产生大量沼气。沼气中含有 H_2S，含量最高可达4%左右，如果直接用作燃料，会对环境造成污染，且将对输气管道、贮气柜和用气设备造成严重腐蚀，因此，沼气在贮存和利用之前必须经过脱硫处理。沼气脱硫后可综合利用于沼气锅炉供热或沼气发电。目前沼气净化技术主要有湿法生物脱硫技术和化学脱硫技术以及干法脱硫技术。

3 标准制定的必要性分析

3.1 环境形势的变化对标准提出新的要求

当前我国环境管理的核心是改善环境质量，减少污染物排放是实现环境质量改善的根本手段。固定污染源是我国污染物排放主要来源，且达标排放情况不容乐观。为切实地减少固定污染源的污染排放，国家依据《水污染防治法》《大气污染防治法》《环境保护法》于2016年12月发布了《控制污染物排放许可制实施方案》，《水污染防治行动计划》规定：全面推行排污许可，依法核发排污许可证；2015年年底前，完成国控重点污染源及排污权有偿使用和交易试点地区污染源排污许可证的核发工作，其他污染源于2017年年底前完成。对于固定污染源的环境管理将逐步转向综合许可、一证式管理的模式。

为持续推进简政放权、放管结合、优化服务，规范制药工业——原料药制造排污单位申领排污许可证、依证排污，指导环境保护管理部门排污许可证核发监管，急需制定制药工业——原料药制造排污许可相关技术规范。

实施综合许可，将一个排污单位或者排污单位的污染物排放许可在一个排污许可证集中规定，包括大气和水污染物。一方面是为了更好地减轻排污单位负担，减少行政审批数量；另一方面是避免为了单纯降低某一类污染物排放而导致污染转移。一证式管理使大气和水等要素的环境管理在一个许可证中综合体现，也包括大气和水等污染物的达标排放、总量控制等各项环境管理要求，将能够有效地促进排污单位减少污染物的排放，做到许可排放。

3.2 相关环保标准和环保工作的需要

排污许可制度是落实企事业单位总量控制要求的重要手段，是衔接环境影响评价制度，融合总量控制的核心，将是一个重要的有意义的工作。通过排污许可制改革，改变从上往下分解总量指标的行政区域总量控制制度，建立由下向上的企事业单位总量控制制度，将总量控制的责任回归到企事业单位，从而落实排污单位对其排放行为负责、政府对其辖区环境质量负责的法律责任。

排污许可证载明的许可排放量即为排污单位污染物排放的天花板，是排污单位污染物排放的总量指标，通过在许可证中载明，使排污单位知晓自身责任，政府明确核查重点，公众掌握监督依据。

3.3　标准的最新研究进展

为贯彻落实《控制污染物排放许可制实施方案》（国办发〔2016〕81 号），环境保护部于 2016 年 12 月发布了《排污许可证管理暂行规定》和《关于开展火电、造纸行业和京津冀试点城市高架源排污许可证管理工作的通知》，启动了火电、造纸行业排污许可证申请与核发的相关工作。

2016 年 11 月 10 日，国务院办公厅印发《控制污染物排放许可制实施方案》（国办发〔2016〕81 号），对完善控制污染物排放许可制度、实施企事业单位排污许可证管理作出总体部署和系统安排，提出排污许可制度要成为固定污染源环境管理的核心制度，以实现“一证式”管理，2017 年要完成《大气污染防治行动计划》《水污染防治行动计划》重点行业及产能过剩行业企业的排污许可证核发。

3.4　现行标准存在的问题

当前制药排污单位大气污染物排放执行《大气污染物综合排放标准》（GB 16297—1996）及《恶臭污染物排放标准》（GB 14554—93）；水污染物排放执行 2008 年颁布的制药工业废水污染物排放系列标准：《发酵类制药工业水污染物排放标准》（GB 21903—2008）、《化学合成类制药工业水污染物排放标准》（GB 21904—2008）、《提取类制药工业水污染物排放标准》（GB 21905—2008）、《中药类制药工业水污染物排放标准》（GB 21906—2008）、《生物工程类制药工业水污染物排放标准》（GB 21907—2008）、《混装制剂类制药工业水污染物排放标准》（GB 21908—2008）等。上述标准中仅对污染物的排放限值进行了规定，未对许可量、许可事项和管理等其他方面作出规定，不能全面地遏制排污单位的污染行为。因此，迫切需要专门的行业排污许可申请和核发技术规范来对许可证的基本信息、许可事项（排污口位置、数量、排放方式、排污去向；排放污染物种类、许可排放浓度、许可排放量；重污染天气或枯水期等特殊时期许可排放浓度和许可排放量）和管理要求进行指导和规范。

4　国内外相关标准情况

4.1　制药工业废水排放标准情况

4.1.1　国外制药工业废水排放标准情况

美国 EPA 根据制药工业的产品类型和生产工艺将制药排污单位分为五大类：发酵产品类（A 类）、提取产品类（B 类）、化学合成类（C 类）、混装制剂类（D 类）、研究类（E 类）。EPA 针对不同制药工艺类型的水污染物调查统计显示，发酵和化学合成工艺的废水污染物较多，污染程度占比大，且具有类似性，执行同一排放标准；提取和混装制剂污染相对较轻，执行另一类排放标准。同时说明当制药排污单位包含多种生产工艺时，只要有发酵或化学合成工艺，则必须执行发酵和化学合成对应的排放标准。1976 年，EPA 首次发布了制药工业基于 BPT（最佳可行控制技术）的暂行规定，规定了 pH、TSS、BOD_5 和 COD 四项指标。1982 年发布了标准修订稿，增加了基于 BCT（最佳常规污染物控制技术）、BAT（最佳可得技术）的标准、NSPS（新源排放标准）、PSES（现有源预处理标准）和 PSNS（新源预处理标准），除上述四项指标外，增加了总氰化物指标。1983 年，再次发布修订稿，提出了对有毒挥发性有机物（TVOCs）的排水限值指南的讨论。1985 年发布了有关 TVOCs 的实施通知。1986 年、1995 年，分别发布了标准修订稿，主要修订内容是对标准值进行调整。1998 年 9 月，发布了美国制药工业点源污染物排放标准。

在常规污染物方面，美国制药标准控制指标包括 pH、TSS、BOD_5、COD、氨；中国在此基础上增加了动植物油、粪大肠杆菌数、色度（稀释倍数）、总有机碳、总氮和总磷，包含的指标更全面。在特征污染物方面，美国制药标准侧重总氰化物和有机污染物，其选取的有机污染物类别与中国有很大的不同，且指标数量多于中国；另外，中国除规定总氰化物和有机有毒污染物指标外，增加了重金属类的控制，并提出急性毒性当量（$HgCl_2$ 毒性当量）指标。在污染物指标限值方面，美国标准包含日最大浓度和月平均浓度，中国标准只规定出最大污染排放值，以日均值计；整体而言，中国的指标排放限值比美国标准更为严格。

4.1.2 我国制药工业废水排放标准情况

化学原料药制造业主要涉及三个废水排放标准《发酵类制药工业水污染物排放标准》（GB 21903—2008）、《化学合成类制药工业水污染物排放标准》（GB 21904—2008）、《提取类制药工业水污染物排放标准》（GB 21905—2008）。标准在污染控制指标方面，可分为常规污染物和特征污染物，见表 4-1 至表 4-6，其中化学合成类包含 25 项，其重金属指标和有毒有机物指标多于其他子行业；发酵类 12 项，提取类 10 项。在污染物排放限值方面，各子行业的常规污染物限值稍有差别。

表 4-1 化学合成类制药工业水污染物排放标准（GB 21904—2008）控制污染因子

序号	污染物项目	污染物排放监控位置
1	pH 值	排污单位废水总排放口
2	色度（稀释倍数）	
3	悬浮物	
4	五日生化需氧量（BOD_5）	
5	化学需氧量（Cr）	
6	氨氮（以 N 计）	
7	总氮	
8	总磷	
9	总有机碳	
10	急性毒性（$HgCl_2$ 毒性当量）	
11	总铜	
12	总锌	
13	总氰化物	
14	挥发酚	
15	硫化物	
16	硝基苯类	
17	苯胺类	
18	二氯甲烷	
19	总汞	车间或生产设施废水排放口
20	烷基汞	
21	总镉	
22	六价铬	
23	总砷	
24	总铅	
25	总镍	

表 4-2 化学合成类制药工业单位产品基准排水量　　单位：m^3/t

序号	药物种类	代表性药物	单位产品基准排水量
1	神经系统类	安乃近	88
		阿司匹林	30
		咖啡因	248
		布洛芬	120
2	抗微生物感染类	氯霉素	1 000
		磺胺嘧啶	280
		呋喃唑酮	2 400
		阿莫西林	240
		头孢拉定	1 200
3	呼吸系统类	愈创木酚甘油醚	45
4	心血管系统类	辛伐他汀	240
5	激素及影响内分泌类	氢化可的松	4 500
6	维生素类	维生素 E	45
		维生素 B1	3 400
7	氨基酸类	甘氨酸	401
8	其他类	盐酸赛庚啶	1 894

注：排水量计量位置与污染物排放监控位置相同。

表 4-3　发酵类制药工业水污染物排放标准（GB 21903—2008）控制污染因子

序号	污染物项目	污染物排放监控位置
1	pH 值	排污单位废水总排放口
2	色度（稀释倍数）	
3	悬浮物	
4	五日生化需氧量（BOD_5）	
5	化学需氧量（COD_{Cr}）	
6	氨氮	
7	总氮	
8	总磷	
9	总有机碳	
10	急性毒性（$HgCl_2$ 毒性当量）	
11	总锌	
12	总氰化物	

表 4-4　发酵类制药工业排污单位单位产品基准排水量　　单位：m^3/t

序号	药物种类		代表性药物	单位产品基准排水量
1	抗生素	β-内酰胺类	青霉素	1 000
			头孢菌素	1 900
			其他	1 200
		四环类	土霉素	750
			四环素	750
			去甲基金霉素	1 200
			金霉素	500
			其他	500
		氨基糖苷类	链霉素、双氢链霉素	1 450
			庆大霉素	6 500
			大观霉素	1 500
			其他	3 000
		大环内酯类	红霉素	850
			麦白霉素	750
			其他	850
		多肽类	卷曲霉素	6 500
			去甲万古霉素	5 000
			其他	5 000
		其他类	洁霉素、阿霉素、利福霉素等	6 000
2	维生素		维生素 C	300
			维生素 B_{12}	115 000
			其他	30 000
3	氨基酸		谷氨酸	80
			赖氨酸	50
			其他	200
4	其他			1 500
注：排水量计量位置与污染物排放监控位置相同。				

表 4-5　提取类制药工业水污染物排放标准（GB 21905—2008）控制污染因子

序号	污染物项目		污染物排放监控位置
1	pH 值		排污单位废水总排放口
2	色度（稀释倍数）		
3	悬浮物		
4	五日生化需氧量（BOD_5）		
5	化学需氧量（COD_{Cr}）		
6	动植物油		
7	氨氮		
8	总氮		
9	总磷		
10	总有机碳		
11	急性毒性（$HgCl_2$ 毒性当量）		
单位产品基准排水量/（m^3/t）		500	排水量计量位置与污染物排放监控位置一致

4.2 制药工业废气排放标准情况

4.2.1 国外制药工业废气排放标准情况

美国大气污染物排放标准将常规污染物与有害大气污染物分开进行控制。在排放标准中又根据排放源类型的不同，分工艺排气、设备泄漏、废水挥发、储罐、装载操作五类源，分别规定了排放限值、工艺设备和运行维护要求，见表 4-6。

表 4-6 五类排放源 VOCs 排放控制要求

排放源类型	VOCs 排放控制要求
工艺排气	a. 针对有组织的工艺排气，在 NSPS 标准中，通常控制 TOC 综合性指标，一般要求 TOC 削减率不低于 98%；b. 在 NESHAP 标准中，则控制的是总有机 HAPs（约 131 种）指标，要求削减 98%以上
设备泄漏	USEPA 对此实施了“泄漏检修及维修计划”，即“定期检测、及时维修”
储罐	USEPA 要求 VOCs 储罐采用压力罐、浮顶罐、固顶罐或其他等效措施
装载设施	装载过程中排放的 VOCs 蒸汽可以经蒸汽收集系统收集，并输送到污染控制设备处理或回流至蒸汽平衡系统
废水挥发	USEPA 建议的最佳控制技术有：a.浮动顶盖；b.液面 10cm 处挥发性有机物（以 C 计）<161 mg/m^3；c.密闭式固定覆罩及气体回收系统，其回收及破坏总效率需达 95%以上

欧盟的环境标准是以指令形式发布的。欧盟发布的有关 VOCs 排放的指令有欧盟综合污染预防与控制（IPPC）指令，关于特定大气有害物质最高排放量的指令（2001/81/EC），有机溶剂使用指令（1999/13/EC）等。

4.2.2 我国制药工业废气排放标准情况

（1）国家标准

我国 2017 年 4 月、5 月发布了《挥发性有机物无组织排放控制标准》（征求意见稿）、《制药行业大气污染物排放标准》（征求意见稿），尚未出台制药工业大气污染物排放标准正式标准，《制药行业大气污染物排放标准》（征求意见稿）中对有组织排放的发酵废气、污水处理站废气、工艺废气、燃烧废气等给出的污染物控制指标包括：颗粒物、二氧化硫、氮氧化物、VOCs（NMOC、TOC）、臭气浓度、二噁英类、特征污染物等，其中二噁英类为利用锅炉或焚烧炉燃烧处理废气时的控制指标。特征污染物包括：致癌物质，三氯乙烯、苯、甲醛；毒性物质，光气、氰化氢、丙烯醛、硫酸二甲酯、氯气；光化学毒性物质，甲苯、二甲苯、二甲基亚枫、四氢呋喃；其他特征污染物，氨、氯化氢、甲醇、二氯甲烷。包括企业厂界控制的污染因子为苯、甲醛、三氯乙烯、硫酸二甲酯、二氯甲烷、NMOC、臭气浓度；企业厂区内控制的污染因子为 NMOC。

目前制药工业大气污染物监管现依照《大气污染物综合排放标准》（GB 16297—1996）、《恶臭污染物排放标准》（GB 14554）规定的相关污染物执行。

（2）地方标准

地方行业标准：上海针对生物制药制定了《生物制药工业污染物排放标准》（DB 31373 —2010），见表 4-7；浙江省针对制药排污单位制定了《化学合成类制药工业大气污染物排放标准》（DB 33/2015—2016），见表 4-8；《生物制药工业污染物排放标准》（DB 33923—2014），见表 4-9；河北省针对青霉素制药类企业制定了《青霉素类制药挥发性有机物和恶臭特征污染物排放标准》（DB 13/2208—2015），见表 4-10。

地方综合标准：地方制药工业涉及 VOCs 的排放标准分别为河北省《工业企业挥发性有机物排放控制标准》（DB 13/2322—2016）、天津市《工业企业挥发性有机物排放控制标准》（DB 12/524—2014）、陕西省《挥发性有机物排放控制标准》（DB 61/T 1061），见表 4-11。

表 4-7 上海市《生物制药工业污染物排放标准》（DB 31/373—2010）控制污染因子

适用范围	序号	污染物
发酵类制药排污单位或生产设施	1	颗粒物
	2	氯化氢
	3	苯

适用范围	序号	污染物
发酵类制药排污单位或生产设施	4	甲苯
	5	二甲苯
	6	氯苯类
	7	苯酚
	8	甲醇
	9	甲醛
	10	非甲烷总烃
提取类制药排污单位或生产设施	1	颗粒物
	2	氯化氢
	3	甲苯
	4	二甲苯
	5	甲醇
	6	甲醛
	7	非甲烷总烃
生物工程类制药排污单位或生产设施	1	颗粒物
	2	氯化氢
	3	苯酚
	4	甲醇
	5	甲醛
	6	非甲烷总烃
制剂类制药排污单位或生产设施	1	颗粒物
	2	氯化氢
	3	甲醇
	4	甲醛
	5	非甲烷总烃
生物医药研发机构	1	颗粒物
	2	氯化氢
	3	苯
	4	甲苯
	5	二甲苯
	6	氯苯类
	7	苯酚
	8	甲醇
	9	甲醛
	10	非甲烷总烃

表 4-8　浙江省《化学合成类制药工业大气污染物排放标准》控制污染因子

序号	污染物项目		使用条件
1	颗粒物		全部
2	氯化氢		
3	氨		
4	苯		
5	甲醛		
6	二氯甲烷		
7	三氯甲烷		
8	甲醇		
9	乙酸乙酯		
10	丙酮		
11	乙腈		
12	苯系物		
13	VOCs		
14	臭气浓度		
15	其他物质	A 类	
		B 类	
		C 类	
16	二噁英		废气燃烧处理

表 4-9 浙江省《生物制药工业污染物排放标准》（DB 33/923—2014）控制污染因子

序号	污染物	适用范围
1	颗粒物	所有单位
2	氯化氢	
3	甲醇	
4	甲醛	
5	非甲烷总烃	
6	臭气浓度	
7	甲苯	发酵、提取类
8	二甲苯	
9	二氯甲烷	
10	苯	发酵类
11	氯苯类	
12	酚类化合物	
13	苯酚	生物工程类

表 4-10 河北省《青霉素类制药挥发性有机物和恶臭特征污染物排放标准》控制污染因子

序号	污染物	适用范围
1	乙酸乙酯	青霉素类制药排污单位
2	正丁醇	
3	丙酮	
4	TVOC	
5	臭气浓度	

表 4-11 地方综合排放标准针对制药工业的控制污染因子及浓度限值

省市	污染物	浓度限值/（$\mu g/m^3$）
天津市 DB 12/524—2014	VOCs	80
河北省 DB 13/2322—2016	非甲烷总烃	60
	甲醇	20
	丙酮	60
陕西省 DB 61/T 1061	非甲烷总烃	80
	甲醇	60
	丙酮	60

4.3 行业相关标准

目前，我国的原料药制造相关政策包括《制药工业污染防治技术政策》（公告 2012 年第 18 号）、《挥发性有机物（VOCs）污染防治技术政策》（公告 2013 年第 31 号）。

已发布与原料药制造有关的标准有：《环境影响评价技术导则　制药建设项目》（HJ 611）、《建设项目竣工环境保护验收技术规范　制药》（HJ 792）。正在制定或征求意见的行业标准有：《制药工业大气污染物排放标准》《排污单位自行监测技术指南　发酵类制药工业》《排污单位自行监测技术指南　化学合成类制药工业》《排污单位自行监测技术指南　提取类制药工业》。

4.4 排污许可规范

4.4.1 国外

国外自 20 世纪 60 年代末开始实施排污许可证制度，欧美发达国家已建立起了较为完善的许可证申请及许可证要求的合规管理体系。其中美国是最早推行排污许可证制度的国家，其排污许可证涵盖的范围最为广泛、制度最为健全。美国的排污许可证制度建设始于 20 世纪 70 年代。1970 年的《清洁空气法》（Clean Air Act，CAA）和 1972 年的《清洁水法》对大气和水的排污许可证做了明确的规定，对推行污染物的削减和污染源的精细化管理提供了有效的手段，并取得了显著的效果。

4.4.1.1 美国

美国大气污染物排污许可证核发主要根据固定污染源的常规大气污染物、有害大气污染物及温室气体的年潜在排放量（即连续运行状态下的最大排放量，以一年 8 760 小时计）。其中，美国的常规大气污染物共 6 种：一氧化碳、二氧化氮、颗粒物（PM_{10} 和 $PM_{2.5}$）、地面臭氧前体物包括氮氧化物和挥发性有机物、二氧化硫、铅。有害大气污染物共计 187 种，包括 17 种无机物和 170 种有机物。温室气体共 6 种：二氧化碳、甲烷、氧化亚氮、氢氟碳化合物、全氟碳化合物、六氟化硫。根据许可性质不同，可分为酸雨许可证（也称为第四章许可证），施工前许可证（也称为新源审核许可证，NSR）和运行许可证（也称为第五章许可证）。

（1）酸雨许可证

酸雨许可证是一种基于市场的许可证系统，通过设定排放限额，降低 SO_2 和 NO_x 排放量，针对每个电厂，酸雨许可证还有关于排放监测和其他相应的要求。这类许可证主要是针对 CAA 第四章中关于酸雨计划的，在此不做详细研究。

（2）新源审核许可证

新源审核许可证是该设施的所有者/经营者必须遵守的法律文件，许可证列明允许且必须满足的排放限值以及操作过程，要求新建、改建工业源使用最佳可行技术（BACT）。新改扩建源需要先获得 NSR 才能开始施工，因此也被称为施工前的许可。

1）作用

新源审核许可制度与我国建设项目环境影响评价制度类似。其有两个重要作用：一是确保空气质量没有明显退化。在空气质量不达标区，它能够使新增排放量不会减缓空气质量改善的速度；在空气质量达标区尤其是原始地区，如国家公园等，保证新建源不造成空气质量的显著恶化。二是确保位于新、改、扩建大型工业源周围的人群能够获得尽可能干净的空气，使工业源在控制污染的同时，实现产业升级。

2）颁发步骤

颁发许可证一般分为三个步骤：首先，审核新源是否可以新建，通过计算新建污染源的排放是否符合要求，若排放量过高则不允许新建，若通过计算符合要求，则新源所有者要提交相关申请。其次，审核小组对提交的申请进行审核，通过审核后起草许可证，并公示 30 天和召开听证会，广泛征求公众意见。最后，在吸取公众意见的基础上颁发正式的许可证，如果公众对许可仍持有异议，可以通过法律诉讼来解决。

（3）运行许可证

运行许可证即通常意义上的许可证，它是针对现有源在运行过程中颁发的许可证，按每一个设施发放。对于主要工业源及某些特定的其他源，将针对其设施的所有使用要求都整合到一个许可证上。运行许可证的目的是防止违反《清洁空气法》（CAA）的规定，并提高 CAA 的执行效率。它是根据法律规定具有强制执行力的文件，是当污染源开始运行后必须遵守的文件，主要监管大多数的主要污染源和某些特定的其他源。

运行许可证的颁发过程与 NSR 许可证的类似，一般排污单位提出申请一年内可获得许可证，公众听证期一般为 60 天。运行许可证包含以下几方面：排污源的所有者；法律基础；排放的污染物名称、数量；各污染物的排放标准及限值；采取的治理措施与步骤；监测、运行记录保存及报告需求；达标实施计划；年度达标证明要求；变更许可证情况及要求；许可证保护，为了防止在制定许可证时由于环境保护部门原因造成的错误而造成的诉讼所设置的；有效期及更新日期，有效期一般为 5 年。

4.4.1.2 其他

20 世纪 70 年代，瑞典开始实行排污许可证制度。1999 年，瑞典出台《瑞典环境法典》，排污许可证制度成为瑞典最重要的环境管理制度。

欧盟自 1975 年开始，致力于对欧洲各国水资源保护，并制定《欧洲水法》，在此基础上于 1996 年通过了综合污染防治（Integrated Pollution Prevention and Control，IPPC）指令。IPPC 指令规定了对空气、水和土壤的污染管理中能源的使用、废物处理及事故防范等内容，并对相应的生产设备实行操作许可认证。IPPC 的排污许可证制度要求欧盟各成员国基于最佳可行技术（BAT）降低污染物排放量。

欧盟工业排污总则（Directive 2010/75/EU of the European Parliament and of the Council of 24 November 2010 on industrial emissions）将制药（及中间产物）业产归类于化工产业分类下。该指令规定制药规模应大于 50 t/a，并且针对已建工厂和拟建新厂提出不同排污总量标准，对于已建工厂排污总量不超过原料（溶剂）用量的 15%，拟建新厂不超过原料（溶剂）用量的 5%。

4.4.2 国内

（1）国家

国务院办公厅于 2016 年 11 月印发《国务院办公厅关于印发控制污染物排放许可制实施方案的通知》，要求对企事业单位发放排污许可证并依证监管实施排污许可制。为贯彻落实《控制污染物排放许可制实施方案》，环境保护部于 2016 年 12 月发布了《排污许可证管理暂行规定》和《关于开展火电、造纸行业和京津冀试点城市高架源排污许可证管理工作的通知》，2016 年 12 月 27 日，《火电行业排污许可证申请与核发技术规范》和《造纸行业排污许可证申请与核发技术规范》以文件形式发布，明确火电、造纸行业排污许可证适用范围及排污单位基本情况、产排污节点对应排放口及许可排放限值、可行技术、自行监测管理要求、环境管理台账记录与执行报告编制规范、达标排放判定方法、实际排放量核算方法。2017 年 1 月 1 日，全国排污许可证管理信息平台上线运行，分为申请、核发、信息公开与数据应用四个子系统。截至 2017 年 3 月 22 日，全国已有 2 181 个企业注册，229 个企业完成申请前信息公开，39 个企业提交申请并进入审批流程，海南、重庆、浙江嘉兴等地的 15 个火电企业已获得排污许可证。《排污许可证申请与核发技术规范　总则》以及钢铁、水泥等 13 个重点行业技术规范正在编制过程中。

（2）各省市

从 20 世纪 80 年代中期，我国各地借鉴国外经验开始探索排污许可证这一基本的环境管理制度。截至 2013 年，全国已有 19 个省市自治区专门针对排污许可证制度陆续发布了系列文件，并持续开展，具体见表 4-12。

表 4-12　各省市发布排污许可证相关文件一览表

地区	文件名
广东省	广东省排污许可证管理办法
	广东省排污许可证实施细则
山西省	山西省排放污染物许可证管理办法
	山西省主要污染物初始排污权核定办法（修订）
	关于初始排污权分配核定办法中的说明
甘肃省	甘肃省排污许可证管理办法
	甘肃省排污许可证管理办法实施细则（试行）
四川省	四川省排污许可证管理暂行办法
上海市	上海市主要污染物排放许可证管理办法
陕西省	陕西省污染物排放总量与污染物排放许可管理办法
江苏省	江苏省排放水污染物许可证管理办法
	江苏省太湖流域主要水污染物排污权有偿使用和交易试点排放指标申购核定暂行办法
	江苏省二氧化硫排污权有偿使用和交易管理办法（试行）
浙江省	浙江省排污许可证管理暂行办法
	浙江省排污许可证管理暂行办法实施细则（试行）
	浙江省主要污染物排放权指标核定和分配技术方法（试行）
	嘉兴市排污单位主要污染物排污权分配量核定办法
河南省	河南省排放污染物许可证管理暂行办法
贵州省	贵州省污染物排放申报登记及污染物排放许可证管理办法

地区	文件名
湖北省	湖北省实施排污许可证暂行办法
内蒙古	内蒙古自治区排放污染物许可证管理办法（试行）
河北省	河北省排放污染物许可证管理办法（试行）
天津市	天津市水污染物排放许可证管理办法（试行）
青海省	青海省实施排放污染物许可证管理暂行办法
新疆	自治区重点流域区域和行业实施排污许可证管理实施办法（试行）（新疆）
	新疆维吾尔自治区关于《水污染物排放许可证管理暂行办法》的实施细则
江西省	江西省水污染物排放许可证实施方案
湖南省	湖南省排污许可证管理暂行办法
	湖南省主要污染物初始排污权分配核定技术方案
重庆市	重庆市排放污染物许可证管理办法（试行）
云南省	云南省排放污染物许可证管理办法（试行）
黑龙江省	黑龙江省松花江流域及其他重点污染源临时排污许可证发放实施方案
宁夏	宁夏回族自治区环境保护局关于开展排放污染物许可证管理工作的通知
淮河和太湖流域	淮河和太湖流域排放重点水污染物许可证管理办法（试行）

各省市出台的排污许可证制度有以下几个特点：一是从发放范围来看，大多数省市自治区排污许可证的发放范围为向环境排放大气污染物和水污染物的排污单位事业单位、个体工商户（以下称排污者），重庆、广东、福建、青海等省市发放范围还涉及排放固体废物和噪声的排污者。二是从实施主体来看，排污许可证的实施主体为各级环境保护行政主管部门，省级环境保护行政主管部门对排污许可证工作实施统一监督、指导。市区环境保护行政主管部门每年将本行政区域上一年度排污许可证的核发和监督管理情况向本级人民政府和上一级环境保护行政主管部门报告。多数省份的国控、省控等重点源的排污许可证由省级环境保护行政主管部门直接负责核发和监管，其他排污者的由所在地市县环境保护行政主管部门负责。三是从许可证的种类和期限来看，许可证一般分为排污许可证和临时排污许可证两类，对试生产项目或限期治理的排污者发放临时排污许可证。一般排污许可证有效期限为 3 年或 5 年，临时排污许可证有效期限一般不超过 1 年。四是从证后监管来看，环境保护行政主管部门对排污许可证执行情况进行监督检查、记录检查结果等，大多数省市自治区对排污许可证实施年度审查。五是从执行效果来看，许可证制度提升了环保管理水平，在污染排污单位达标排放和总量控制中起到了一定的管理作用，尤其表现在重点点源污染排放管理上，同时提高了排污单位的环保守法意识，加大了排污单位环保监测能力建设。

5　标准制定的基本原则和技术路线

5.1　标准制定的原则

（1）与我国现行有关的环境法律法规、标准协调相配套，与环境保护的方针政策相一致原则。以《控制污染物排放许可证实施方案》《排污许可证管理暂行规定》等相关的法律法规、方针政策、标准规范为依据制定本标准。

（2）满足相关环保标准和环保工作要求的原则。本标准适用于制药排污单位填报《排污许可证申请表》和网上填写相关申请信息以及核发机关审核确定排污许可证许可要求，为制药工业排污许可管理提供依据。

（3）普遍适用性和实际可操作性原则。根据原料药制造业排污单位实际情况，结合各污染源、污染因子的特点，按照《排污许可申请与核发技术规范　总则》《排污单位自行监测技术指南　发酵类制药》

《排污单位自行监测技术指南 化学合成类制药》《排污单位自行监测技术指南 提取类制药》《建设项目竣工环境保护验收技术规范 制药》要求，以保证最大限度地与制药工业排污单位的实际情况相吻合，使本标准具有行业针对性和代表性。

5.2 标准制定的技术路线

本标准制定的技术路线如图 8。

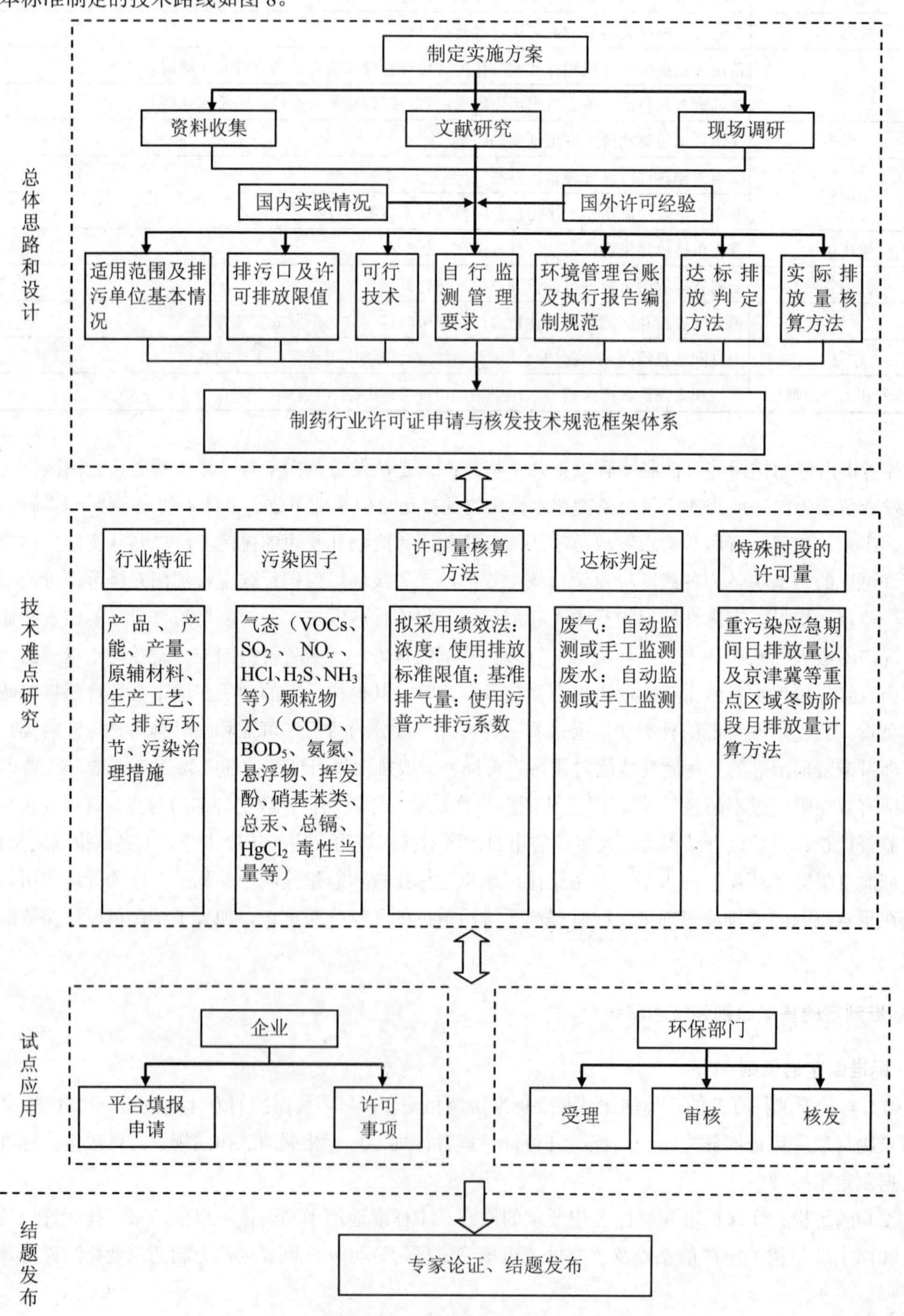

图 8 本标准技术路线图

6　标准主要技术内容

6.1　标准内容结构

本技术规范分为以下 10 项内容。

1　适用范围

2　规范性引用文件

3　术语和定义

4　排污单位基本情况填报要求

5　产排污节点对应排放口及许可排放限值确定方法

6　污染防治可行技术要求

7　自行监测管理要求

8　环境管理台账记录与执行报告编制要求

9　合规判定方法

10　实际排放量核算方法

6.2　适用范围

按照制药行业统计分类，制药工业包括：原料药制造业制造、化学药品制剂制造、中药饮片加工、中成药生产、兽用药品制造、生物药品制造、卫生材料及医药用品制造七个子行业及纳入行业管理的制药机械和医疗器械工业八个板块，其中列入《固定污染源排污许可分类管理名录（试行）》中的 C27 医药制造业（见表 6-1）包括：化学药品原料药制造 271、化学药品制剂制造 272、中成药生产 274、兽用药品制造 275、生物药品制造 276、卫生材料及医药用品制造 277。

表 6-1　医药制造行业排污许可名录表

<table>
<tr><th>序号</th><th>行业类别</th><th>一般管理行业</th><th>简化管理行业</th><th>实施时限</th><th>适用排污许可行业技术规范</th></tr>
<tr><td colspan="6">十四、医药制造 27</td></tr>
<tr><td>36</td><td>化学药品原料药制造 271</td><td>进一步加工化学药品制剂所需的原料药的生产，主要用于药物生产的医药中间体的生产</td><td>—</td><td>2017 年（主要用于药物生产的医药中间体的生产 2020 年）</td><td>24.制药工业适用排污许可行业技术规范</td></tr>
<tr><td>37</td><td>化学药品制剂制造 272</td><td>化学药品制剂制造，化学药品研发外包</td><td>—</td><td>2020 年</td><td rowspan="4">24.制药工业适用排污许可行业技术规范</td></tr>
<tr><td>38</td><td>中成药生产 274</td><td>—</td><td>有提炼工艺的中成药生产</td><td>2020 年</td></tr>
<tr><td>39</td><td>兽用药品制造 275</td><td>兽用药品制造，兽用药品研发外包</td><td>—</td><td>2020 年</td></tr>
<tr><td>40</td><td>生物药品制造 276</td><td>利用生物技术生产生物化学药品、基因工程药物的制造，生物药品研发外包</td><td>—</td><td>2020 年</td></tr>
<tr><td>41</td><td>卫生材料及医药用品制造 277</td><td>—</td><td>卫生材料、外科敷料、药品包装材料、辅料以及其他内、外科用医药制品的制造</td><td>2020 年</td><td>25.卫生材料及医药用品制造工业</td></tr>
</table>

关于本标准适用范围的几个考虑：

由于 C275 兽用药品制造（化学原料药）的生产特征及排污特征与 C271 化学药品原料药制造业制造类似，单纯药品分装、复配的制剂类兽药与 C272 化学药品制剂制造类似，因此在本标准中将 C275 兽用药品制造（化学原料药）和 C275 兽用药品制造（单纯药品分装、复配业）分别归于 C271 化学药品原料药制造业制造和 C272 化学药品制剂制造中。不含单纯药品分装、复配的兽用药品制造仅适用于化学原料药的兽用药品制造。

由于制药工业的生产工艺极其复杂，产品多种多样，污染物的产生及排放情况较为复杂，原料药制造业是医药制造业环境保护治理工作的重中之重，本标准的起草时间紧，任务重，为保证标准的专业性、普适性及可落地性，本标准分阶段制定。第一阶段适用范围定为原料药制造业，为国民经济行业目录中的 C271 化学药品原料药制造和 C275 兽用药品制造（化学原料药），即进一步加工化学药品制剂所需的原料药的生产、主要用于药物生产的医药中间体的生产、兽用药品制造（化学原料药）及原料药制造污染物处理处置的排污单位，于 2017 年年底前完成，编制《排污许可证申请与核发技术规范　制药工业——原料药制造业》。第二阶段适用范围定为制剂、中药、生物药品制造，即 C272 化学药品制剂制造、C274 中成药生产、C275 兽用药品制造（单纯药品分装、复配）、C276 生物药品制造及制剂类兽用药品制造业，待后续工作开展，预计 2020 年完成，编制《排污许可证申请与核发技术规范　制药工业—其他》。

本标准规定了制药工业——原料药制造排污单位排污许可证申请与核发的基本情况填报要求、许可排放限值确定、实际排放量核算、合规判定的方法以及自行监测、环境管理台账与排污许可证执行报告等环境管理要求，提出了制药工业——原料药制造污染防治可行技术要求。

本标准适用于指导制药工业——原料药制造排污单位填报《排污许可证申请表》及网上填报相关申请信息，适用于指导核发机关审核确定制药工业——原料药制造排污单位排污许可证许可要求。

本标准适用于进一步加工化学药品制剂所需的原料药的生产、主要用于药物生产的医药中间体的生产、兽用药品制造（化学原料药）及仅处理处置原料药制造污染物的排污单位排放的大气污染物和水污染物的排污许可管理。

制药工业——原料药制造排污单位中，对于执行 GB 13223 的生产设施或排放口，适用《火电行业排污许可证申请与核发技术规范》；在《排污许可证申请与核发技术规范 锅炉工业》发布前，热水锅炉和 65 t/h 及以下蒸汽锅炉参照本标准执行，发布后从其规定。

本标准未做出规定但排放工业废水、废气或者国家规定的有毒有害大气污染物的制药工业——原料药制造排污单位其他产污设施和排放口，参照《排污许可证申请与核发技术规范　总则》执行。

原料药制造与制剂在同一厂区生产的企业，此次仅针对原料药制造部分申报排污许可证，待制剂排污许可技术规范发布后，再申报制剂部分的排污许可证。

6.3　规范性引用文件

给出了本标准引用的有关文件名称及文号，凡是未注明日期的引用文件，其有效版本适用于本标准。

6.4　术语和定义

本标准对原料药制造排污单位、许可排放限值、特殊时段、新增排放源、现有排放源、挥发性有机物等 6 个术语进行了定义。

原料药制造业排污单位：参考《固定污染源排污许可分类管理名录（试行）》分类，并考虑我国制药集团多建有独立的三废处理中心，许多企业废水排至处理中心集中处理。为了能全面科学许可管理，本标准指进一步加工化学药品制剂所需的原料药的生产、主要用于药物生产的医药中间体的生产、兽用药品制造（化学原料药）及原料药制造污染物处理处置的排污单位。

挥发性有机物：挥发性有机物（Volatile Organic Compounds，VOCs）是一类化合物的总称，美国环保局（EPA，2000）的定义强调参加大气光化学反应，将 VOCs 定义为：挥发性有机化合物是除 CO、CO_2、H_2CO_3、金属碳化物、金属碳酸盐和碳酸铵外，每一种参加大气光化学反应的碳化合物；世界卫生组织（WHO，1989）则对沸点或初馏点作限定，不管其是否参加大气光化学反应，将 VOCs 的定义为：熔点低于室温、沸点范围在 50～260℃的挥发性有机化合物；欧盟官方将 VOCs（2004/42/CE）定义为在标准大气压（101 325 Pa）下闪点不超过 250℃的有机物；我国沈学优学者等对 VOCs 定义是沸点介于 50～260℃、常温 20℃下饱和蒸气压超过 133.322 Pa 的易挥发性化合物。

尽管目前世界卫生组织（WHO）、欧盟（EU）、美国环保局（USEPA）、国际标准化组织（ISO）等国际组织、机构/国家对 VOCs 的定义不完全相同，“但通常情况下 VOCs 指的是在常温常压下，具有高蒸气压、容易挥发的有机化学物质，主要包括烷烃、烯烃、芳香烃以及各种含氧烃、卤代烃、氮烃、硫烃、低沸点多环芳烃等，是空气中普遍存在且组成复杂的一类有机污染物。”

《挥发性有机物无组织排放控制标准》（征求意见稿）、《制药行业大气污染物排放标准》（征求意见稿）中的挥发性有机物定义，指参与大气光化学反应的有机化合物，或者根据规定的方法测量或核算确定的有机化合物。根据行业特征和环境管理需求，可选择对主要 VOCs 物种进行定量加和的方法测量总有机化合物（以 TVOC 表示），或者选用按基准物质标定，检测器对混合进样中 VOCs 综合响应的方法测量非甲烷有机化合物（以 NMOC 表示，以碳计），本标准以非甲烷总烃表征。

制药行业涉及的有机溶剂多，考虑制药行业的特点，本标准挥发性有机物的定义与《挥发性有机物无组织排放控制标准》（征求意见稿）、《制药行业大气污染物排放标准》（征求意见稿）中的挥发性有机物定义相同。

许可排放限值指排污许可证中规定的允许排污单位排放污染物的最大排放浓度和排放量。许可排放浓度分为废气许可排放浓度和废水许可排放浓度。废气有组织排放口和无组织排放许可排放浓度指小时浓度（氨、硫化氢、臭气浓度、二噁英除外）。废水污染因子许可排放浓度（pH 值、色度、急性毒性除外）指日均浓度。

氨和硫化氢任一速率均值均满足许可限值要求、臭气浓度任一次测定值满足许可限值要求、二噁英排放浓度是指“每次采样时间不得低于 45 min，连续采样三次分别测定，以平均值作为许可排放浓度”。

特殊时段指根据国家和地方限期达标规划及其他相关环境管理规定，对排污单位的污染物排放情况有特殊要求的时段，如重污染天气应对期间、重大活动期间等。

新增排放源和现有排放源，以修订后的《环境保护法》实施时间为界，同时依据《关于开展火电、造纸行业和京津冀试点城市高架源排污许可证管理工作的通知》（环水体〔2016〕189 号）中“2015 年 1 月 1 日前建成投产的项目，要按照现有污染源管理，其余项目按照新增污染源管理”的规定，并结合《控制污染物排放许可制实施方案》（国办发〔2016〕81 号）中“在发生实际排污行为之前申领排污许可证”的要求，进行了明确的界定。新增排放源是指 2015 年 1 月 1 日（含）后投产并产生实际排污行为的排放源。现有排放源是指 2015 年 1 月 1 日前已建成投产并产生实际排污行为的排放源。

6.5 排污单位基本情况填报要求

根据《排污许可证管理暂行规定》要求，结合原料药制造业特点，本标准给出原料药制造业排污单位排污许可证申请表中排污单位基本信息、主要产品及产能、主要燃料和原辅材料及溶剂、产排污节点、污染物及污染治理设施等填写内容，以指导原料药制药排污单位填报排污许可证申请表。制药企业涉及产品种类多（化学原料药达 1 783 个品种）、生产工艺复杂、有机溶剂类别多用量大、生产设施多样化等，为提高技术规范的针对性和可操作性，并实现下拉菜单式填报，排污单位基本信息中规定以产品命名的生产线单元、公用单元作为原料药制造排污单位主要生产单元填报内容；将与生产能力、排污密切相关的生产设施作为排污单位填报内容。针对制药行业产污特点，特别将原辅材料填报内容调整为原辅料（除有机溶剂）、有机溶剂，增加了原辅材料有机溶剂使用量和纯度等内容，为物料衡算提供基础参数。编制思路为以排放口及污染因子为核心，梳理以产品命名的生产线单元、主要生产工艺、生产设施、生产设施参数、产污节点名称、污染治理设施、排放形式、排放口类型（主要排放口、一般排放口）等需排污单位填报的内容。

6.5.1 排污单位基本信息

本节内容用于指导制药工业——原料药制造排污单位填报环水体〔2016〕186 号附 2《排污许可证申请表》中表 1。

原料药制造排污单位所在地是否属于重点区域，根据《重点区域大气污染防治“十二五”规划》规定填写，该规划提及京津冀、长三角、珠三角地区，以及辽宁中部、山东、武汉及其周边、长株潭、成渝、海峡西岸、山西中北部、陕西关中、甘宁、新疆乌鲁木齐城市群等区域为重点区域，具体省份和城市见《重点区域大气污染防治“十二五”规划》中附表。

地方政府对违规项目的认定或备案文件指按照《国务院办公厅关于加强环境监管执法的通知》（国办发〔2014〕56 号）要求，地方政府对违规项目依法处理、整顿规范，出具的符合要求的证明文件。

污染物总量控制要求包括地方政府或环境保护部门发文确定的总量控制指标、环境影响评价文件及其批复中确定的总量控制指标、现有排污许可证中载明的总量控制指标、通过排污权有偿使用和交易确定的总量控制指标等地方政府或环境保护部门与排污许可证申领单位以一定形式确认的总量控制指标。

6.5.2 主要产品及产能

6.5.2.1 主要生产单元

用于指导企业填写水体〔2016〕186 号附 2《排污许可证申请表》中的表 2《主要产品及产能信息表》。由于原料药制造业产品种类多（1 800 多种）、生产工艺差异大、涉及的生产设施及设施参数较多，在填报主要生产单元时，分为以产品命名的生产线单元、公用单元。以产品命名的生产线单元，按照制药行业统计分类分为抗感染类药物、解热镇痛类药物、维生素类、计划生育及激素类药物、抗肿瘤类药物、心血管类药物、中枢神经系统药物、消化系统药物、酶及其他等，参见附录 A。填写主要生产单元名称，如青霉素 G 钾工业盐生产线、头孢拉定生产线、维生素 C 生产线、阿莫西林生产线、6-APA 生产线、7-ADCA 生产线、阿司匹林生产线、氯霉素生产线、公用单元、其他。若包括多个生产单元，应分别填写每一个单元。对于本标准中未列出的主要生产单元的有关信息，排污单位可以在“其他”一栏进行备注。

6.5.2.2 主要工艺及生产设施名称

主要生产工艺根据生产线单元工艺流程的主要工序填写，包括配料、发酵、反应、分离、提取、精制、干燥、成品、溶剂回收、其他。公用单元主要工艺包括物料存储系统、输送系统、纯水制备系统、循环水冷却系统、供热系统、空压系统、供冷系统、废水处理系统、废气处理系统、固废处理处置系统、事故应急系统、其他。对于本标准中未列出的有关信息，排污单位可以在“其他”一栏进行备注。

主要生产设施名称：将表征生产装置生产能力的设备、产生工艺废水的生产设备、排出工艺废气的生产设备、常压有机液体储罐、有机液体装载和分装设施等作为必填内容。如：生产线单元的配料（配料罐）、发酵（种子罐、发酵罐、配料补加罐）、反应（反应釜、酶促合成罐、缩合罐、裂解罐、其他）、分离（离心机、板框压滤机、转鼓微孔过滤器）、提取（酸化罐、吸附塔、液贮罐、结晶罐、转化罐、滤液罐、浸提设备）、精制（结晶罐、脱色罐、带式三合一、其他）、干燥（干燥塔、真空泵、真空干燥器、双锥干燥器、沸腾床、带式三合一、其他）、成品（磨粉机、分装机、真空泵、其他）、溶剂回收（精馏塔、蒸馏釜、真空泵、其他）、其他。公用单元主要生产设施包括罐区（常压罐、固定顶罐、浮顶罐、锥顶罐、拱顶罐、氯气瓶、环氧乙烷瓶、中间母液槽、产品储存罐、其他）、装卸（槽车、鹤管、其他）、预处理（混合罐、其他）、纯水制备系统（砂滤装置、保安过滤装置、超滤装置、反渗透装置、离子交换装置、其他）、供热系统（锅炉、其他）、事故应急处理系统、废水处理系统（调节池、水解酸化池、厌氧池、好氧池、中间池、污泥浓缩池、污泥脱水间、污泥暂存间、其他）、废气处理系统（吸附罐、吸附箱、吸收塔、生物滴滤塔、催化燃烧器、风机、泵、其他）和固废处理处置系统（危险废物暂存间、残渣暂存间、废包装储存间、危险废物焚烧炉、其他）等。

对于“其他设施信息”一栏，煤场需注明封闭方式；脱硫塔运行方式为串联或并联；液体储罐类型为固定罐、内浮顶罐或外浮顶罐等，有其他类型的应注明。同时给出了部分选填的内容，以便为今后开展无组织排放量和全厂 VOCs 物料衡算提供基础参数。包括：（1）无废水、废气排出的设备；（2）生产装置中的泵、压缩机；（3）生产装置中的回流罐、缓冲罐、分液罐和只用于生产装置启停的设备；（4）操作压力大于常压的有机液体储罐；（5）用于工艺参数测量和产品质量检测的设备；（6）生产单元中含有挥发性有机物流经的设备与管线组件数量。

6.5.2.3 生产设施编号

排污单位需填报内部生产设施编号，编号必须唯一。若无内部生产设施编号，则根据《固定污染源（水、大气）编码规则（试行）》（环水体〔2016〕189 号附件 4）进行编号并填报。

6.5.2.4 生产能力及计量单位

为必填项。生产能力为主要产品设计生产能力，并注明计量单位。设计生产能力与经过环境影响评价批复的产能不相符的，应说明原因。

6.5.2.5 设计年生产时间

填写设计年生产小时数。

6.5.2.6 设施参数

设施参数为必填项，分为参数名称、设计值、计量单位等，设施参数如直径、面积、容积、压力、额定功率、流量、供气量、设计排气量、最大处理量、最大热负荷、热效率等。

6.5.3 主要原辅料和燃料

指导原料药制造业排污单位填写环水体〔2016〕186 号附 2《排污许可证申请表》中的表 3《主要原辅材料及燃料信息表》。

基于原料药制造所用有机溶剂多、VOCs 污染物排放量大，特别突出了原辅料中的有机溶剂填报内容，按照主要原辅料（除有机溶剂）、有机溶剂及燃料填写。

主要原辅材料（除有机溶剂）应填报原辅料种类、设计年使用量、计量单位、纯度、有毒有害成分占比、其他；原辅料中有机溶剂纯度为必填项，须填报溶剂名称、设计年使用量、计量单位、纯度、其他信息。

原料和辅料中铅、镉、砷、镍、汞、铬等有毒有害含量为必填项，须填写原辅料中有毒有害成分及占比。

燃料应填报燃料种类、灰分、硫分、挥发分、热值、设计年使用量、其他。

6.5.4 产污节点、污染物及污染治理设施

指导原料药制造业排污单位填写环水体〔2016〕186 号附 2《排污许可证申请表》中的表 4《废气产排污环节、污染物及污染治理设施信息表》和表 5《废水类别、污染物及污染治理设施信息表》。

产污节点：原料药制造业的废气产污节点主要在发酵、干燥、溶剂回收、反应、分离、提取、精制、危险废物焚烧、锅炉、成品、物料储存设施、配料、污水处理等过程，同时也涉及生产过程产生的废水、排入厂区污水处理场的生活污水和初期雨水。本标准对产污节点按照废气和废水并结合生产单元分类。

6.5.4.1 废气

本节内容用于指导原料药制造业排污单位填报排污许可证申请表中表 4。

（1）废气产污环节名称

废气产污环节名称以废气产生的设备（设施）对应的产污环节命名。

（2）污染物种类

原料药制造业排污单位涉及锅炉的根据 GB 13271 确定污染物种类，涉及恶臭的根据 GB 14554 确定污染物种类，涉及危险废物焚烧的根据 GB 18484 确定污染物种类，其他的根据 GB 16297 确定污染物种类，待《制药工业大气污染物排放标准》发布后从其规定。有地方排放标准要求的，按照地方排放标准确定。

（3）排放形式

包括有组织排放和无组织排放。

（4）污染治理设施

污染治理设施根据废气来源分为：发酵废气、工艺有机废气、废水处理站废气、危险废物焚烧炉烟气、锅炉烟气、罐区废气、工艺含尘废气、工艺酸碱废气、危废暂存废气等治理系统，无组织排放控制措施以及沼气净化系统。

（5）治理工艺

按照脱硫、脱硝、除尘、VOCs 回收或治理、恶臭治理等类型确定废气污染治理工艺。

经对河北、江苏、浙江、北京、天津等原料药制造业化学合成类、发酵类典型排污单位调研，原料药制造业排污单位废气产污环节名称、污染物种类、排放形式及污染治理设施情况见表 6-2。

表 6-2 原料药制造业排污单位废气产污环节名称、污染物种类、排放形式及污染治理设施一览表

生产工艺	主要生产设施	废气产污环节名称	污染物种类	排放形式	污染治理设施	
					污染治理设施名称	污染治理工艺
配料	液体配料设施	有机液体配料	VOCs、特征污染物[1]	□有组织 □无组织	配料有机废气净化系统	冷凝法、吸收法、吸附法、燃烧法、生物处理法、等离子法、光催化氧化以及联用技术、其他
		pH 调整	氯化氢、氨		酸碱废气净化系统	吸收法、吸附法、其他
	固体配料、整粒筛分设施	固体配料、整粒筛分	颗粒物		配料含尘废气治理系统	袋式除尘器、旋风除尘器、多管除尘器、滤筒除尘器、水浴除尘器、其他
	破碎机、其他	破碎、其他	颗粒物		配料含尘废气治理系统	袋式除尘器、旋风除尘器、多管除尘器、滤筒除尘器、其他
	其他	无组织排放	VOCs、特征污染物[1]、颗粒物		无组织排放控制措施	各无组织排放点配备有效的废气捕集装置（如局部密闭罩、整体密闭罩、大容积密闭罩等）、其他
发酵	种子罐、发酵罐、消毒罐、配料补加罐	种子培养	VOCs、特征污染物[1]、颗粒物、臭气浓度	□有组织 □无组织	发酵废气治理系统	吸收法、旋风分离、两级喷淋吸收法处理技术、两级碱洗+氧化处理技术、转轮浓缩+催化氧化技术、其他
		发酵				
		消毒	VOCs、特征污染物[1]、颗粒物、臭气浓度		降温后进入发酵废气治理系统	
		配料	颗粒物		发酵废气治理系统	
	其他[2]	其他	VOCs、特征污染物[1]、臭气浓度、颗粒物、其他		发酵废气治理系统	
					无组织排放控制措施	泄漏修复、各无组织排放点配备有效的废气捕集装置（如局部密闭罩、整体密闭罩、大容积密闭罩等）、其他
反应	反应釜、缩合罐、裂解罐	反应、缩合、裂解	VOCs、特征污染物[1]、颗粒物、臭气浓度	□有组织 □无组织	反应废气治理系统	冷凝法、吸收法、吸附法、燃烧法、生物处理法、等离子法、光催化氧化以及联用技术、其他
	其他	其他	VOCs、特征污染物[1]、臭气浓度、颗粒物、其他		反应废气治理系统	
					无组织排放控制措施	泄漏修复、各无组织排放点配备有效的废气捕集装置（如局部密闭罩、整体密闭罩、大容积密闭罩等）、其他
分离	离心机	离心	VOCs、特征污染物[1]、臭气浓度	□有组织 □无组织	分离废气治理系统	冷凝法、吸收法、吸附法、燃烧法、生物处理法、等离子法、光催化氧化以及联用技术、其他
	板框压滤机	板框压滤				
	过滤器	过滤器				
	转鼓过滤器	转鼓				
	微孔过滤器	微孔过滤				
	萃取罐	萃取罐				
	管式分离机	管式分离				
	其他	其他	VOCs、特征污染物[1]、臭气浓度、颗粒物、其他		其他	
					无组织排放控制措施	各无组织排放点配备有效的废气捕集装置（如局部密闭罩、整体密闭罩、大容积密闭罩等）、其他

生产工艺	生产设施	废气产污环节名称	污染物种类	排放形式	污染治理设施 污染治理设施名称	污染治理设施 污染治理工艺
提取	酸化罐	酸化	VOCs、特征污染物[1]、臭气浓度	有组织	提取废气治理系统	冷凝法、吸收法、吸附法、燃烧法、生物处理法、等离子法、光催化氧化以及联用技术、其他
	吸附塔	吸附				
	液贮罐	液贮				
	反渗透装置	反渗透				
	结晶罐	结晶				
	干燥器	干燥				
	转化罐	转化				
	浸提设备	浸提				
	其他	其他	VOCs、特征污染物[1]、臭气浓度、颗粒物、其他	□有组织 □无组织	其他	冷凝法、吸收法、吸附法、燃烧法、生物处理法、等离子法、光催化氧化以及联用技术、其他
					无组织排放控制措施	各无组织排放点配备有效的废气捕集装置（如局部密闭罩、整体密闭罩、大容积密闭罩等）、其他
精制	脱色罐	脱色	VOCs、特征污染物[1]、臭气浓度	□有组织 □无组织	精制废气治理系统	冷凝法、吸收法、吸附法、燃烧法、生物处理法、等离子法、光催化氧化以及联用技术、其他
	其他	其他	VOCs、特征污染物[1]、臭气浓度、颗粒物、其他		其他	
					无组织排放控制措施	各无组织排放点配备有效的废气捕集装置（如局部密闭罩、整体密闭罩、大容积密闭罩等）、其他
干燥	干燥塔	干燥	VOCs、特征污染物[1]、臭气浓度、颗粒物	□有组织 □无组织	干燥废气治理系统	静电除尘器（注明电场数，如三电场、四电场等）、袋式除尘器（注明滤料种类，如聚酯、聚丙烯、玻璃纤维、聚四氟乙烯机织布或针刺毡滤料，复合滤料，覆膜滤料等）、电袋复合除尘器、旋风除尘器、多管除尘器、滤筒除尘器、湿式电除尘、水浴除尘器、冷凝法、吸收法、吸附法、燃烧法、生物处理法、等离子法、光催化氧化以及联用技术、其他
	真空泵	真空				
	真空干燥器	真空干燥				
	双锥干燥器	双锥干燥				
	沸腾床	沸腾				
	其他	其他	VOCs、特征污染物[1]、臭气浓度、颗粒物、其他			
					无组织排放控制措施	各无组织排放点配备有效的废气捕集装置（如局部密闭罩、整体密闭罩、大容积密闭罩等）、其他
结晶	结晶罐	结晶	VOCs、特征污染物[1]、臭气浓度	□有组织 □无组织	结晶废气治理系统	冷凝法、吸收法、吸附法、燃烧法、生物处理法、等离子法、光催化氧化以及联用技术、其他
	其他	其他	VOCs、特征污染物[1]、臭气浓度、颗粒物、其他		无组织排放控制措施	各无组织排放点配备有效的废气捕集装置（如局部密闭罩、整体密闭罩、大容积密闭罩等）、其他
成品	磨粉机	磨粉	颗粒物	□有组织 □无组织	含尘废气治理系统	袋式除尘器（注明滤料种类，如聚酯、聚丙烯、玻璃纤维、聚四氟乙烯机织布或针刺毡滤料，复合滤料，覆膜滤料等）、旋风除尘器、多管除尘器、滤筒除尘器、湿式除尘、其他
	分装机	分装				
	其他	其他	VOCs、特征污染物[1]、臭气浓度、颗粒物、其他			
					无组织排放控制措施	各无组织排放点配备有效的废气捕集装置（如局部密闭罩、整体密闭罩、大容积密闭罩等）、其他
溶剂回收	吸收塔	吸收	VOCs、特征污染物[1]、臭气浓度	□有组织 □无组织	溶剂回收废气治理系统	冷凝法、吸收法、吸附法、燃烧法、生物处理法、等离子法、光催化氧化以及联用技术、其他
	溶剂萃取设备	溶剂萃取				
	降膜吸收设备	降膜吸收				
	精馏塔	精馏				
	蒸馏釜	蒸馏				
	其他	其他			无组织排放控制措施	各无组织排放点配备有效的废气捕集装置（如局部密闭罩、整体密闭罩、大容积密闭罩等）、其他

生产工艺	生产设施	废气产污环节名称	污染物种类	排放形式	污染治理设施	
					污染治理设施名称	污染治理工艺
罐区	压力罐、常压罐、固定顶罐、浮顶罐、锥顶罐、拱顶罐、氯气瓶、环氧乙烷瓶、中间母液槽、产品储存罐、其他	呼吸口	VOCs、特征污染物[(1)]	□有组织 □无组织	罐区废气治理系统	密闭配套有效的管网送至净化系统、冷凝法、吸收法、吸附法、燃烧法、生物处理法、等离子法、光催化氧化以及联用技术、其他
		其他	VOCs、特征污染物[(1)]、臭气浓度		无组织排放控制措施	封闭皮带、封闭料仓/库、洒水抑尘、苫盖、原料场出口配备车轮清洗（扫）装置、粉料运输采取密闭措施、其他
装卸、转运	槽车、鹤管、其他	装卸料、转运、破碎、混匀、筛分、其他	颗粒物	□有组织 □无组织	含尘废气治理系统	袋式除尘器（注明滤料种类，如聚酯、聚丙烯、玻璃纤维、聚四氟乙烯机织布或针刺毡滤料，复合滤料，覆膜滤料等）、旋风除尘器、多管除尘器、滤筒除尘器、湿式除尘、其他
	泵、管网、其他	无组织排放			无组织排放控制措施	无、封闭皮带、封闭料仓/库、洒水抑尘、苫盖、原料场出口配备车轮清洗（扫）装置、粉料运输采取密闭措施、其他
供热系统	锅炉、其他	锅炉	烟尘	有组织	锅炉烟气治理系统	静电除尘器（注明电场数，如三电场、四电场等）、袋式除尘器（注明滤料种类，如聚酯、聚丙烯、玻璃纤维、聚四氟乙烯机织布或针刺毡滤料，覆膜滤料等）、电袋复合除尘器、旋风除尘器、多管除尘器、滤筒除尘器、湿式电除尘、水浴除尘器、其他
			二氧化硫、氮氧化物、汞及其化合物			脱硫系统（石灰石/石灰-石膏法、氨法、氧化镁法、双碱法、循环流化床法、旋转喷雾法、密相干塔法、新型脱硫除尘一体化技术、MEROS法脱硫技术、海水脱硫）、脱硝系统（SCR、SNCR、低氮燃烧）、协同处置装置（活性炭（焦）法）、炉内添加卤化物、烟道喷入活性炭（焦）、其他
废水处理系统	调节池、水解酸化池、好氧池、中间池、污泥浓缩池、污泥脱水间、污泥暂存间、风机、泵、其他	废水处理	VOCs、特征污染物[(1)]、硫化氢、氨、臭气	□有组织 □无组织	恶臭治理净化系统	冷凝法、吸收法、吸附法、燃烧法、生物处理法、等离子法、光催化氧化以及联用技术、其他
	厌氧池	厌氧	VOCs、特征污染物[(1)]、硫化氢、氨、臭气		沼气净化系统	湿法化学脱硫、湿法生物脱硫、干法化学脱硫、燃烧火炬或锅炉
	其他	无组织排放	VOCs、特征污染物[(1)]、硫化氢、氨、臭气浓度		无组织排放控制措施	密闭配套有效的管网送至净化系统、密闭并配备有效的废气捕集装置（如局部密闭罩、整体密闭罩、大容积密闭罩等）和配套管网送至净化系统
固废处理处置系统	危险废物暂存间、残渣暂存间、废包装储存间	固废	VOCs、特征污染物[(1)]、臭气浓度	□有组织 □无组织	无组织排放控制措施	密闭配套有效的管网送至有机废气处理系统

生产工艺	生产设施	废气产污环节名称	污染物种类	排放形式	污染治理设施	
					污染治理设施名称	污染治理工艺
固废处理处置系统	危险废物焚烧炉	燃烧	烟尘		焚烧炉烟气治理系统	静电除尘器（注明电场数，如三电场、四电场等）、袋式除尘器（注明滤料种类，如聚酯、聚丙烯、玻璃纤维、聚四氟乙烯机织布或针刺毡滤料，覆膜滤料等）、电袋复合除尘器、旋风除尘器、多管除尘器、滤筒除尘器、湿式电除尘、其他
			二氧化硫、氮氧化物、氯化氢、氟化氢、汞及其化合物、镉、铅、砷			脱硫系统（石灰石/石灰-石膏法、氨法、氧化镁法、双碱法、循环流化床法、旋转喷雾法、密相干塔法、新型脱硫除尘一体化技术、MEROS法脱硫技术）、脱硝系统（SCR、SNCR、低氮燃烧）、协同处置装置（活性炭（焦）法）、炉内添加卤化物、烟道喷入活性炭（焦）、其他
	其他	无组织废气	颗粒物、氯化氢、非甲烷总烃、其他[2]		无组织排放控制措施	各无组织点配备有效的废气捕集装置（如局部密闭罩、整体密闭罩、大容积密闭罩等）、其他

注 1：特征污染物指苯、甲苯、二甲苯、酚类、甲醛、乙醛、丙烯腈、丙烯醛、氰化氢、甲醇、苯胺类、氯苯类、硝基苯类、氯乙烯、苯并[a]芘、光气、丙酮、二氯甲烷、苯酚、氯苯类、醋酸丁酯、乙酸乙酯、乙酸丁酯、正丁醇、氨、三甲胺、硫化氢、甲硫醇、甲硫醚、二甲二硫醚、二硫化碳、苯乙烯等。

注 2：若利用锅炉或焚烧炉燃烧处理废气时，污染物种类应增加 VOCs、臭气浓度，若燃烧含氯有机废气时，还需增加二噁英类指标。待《制药工业大气污染物排放标准》发布后执行。

注 3：其他是指表中未列出的项目，需根据实际情况手工填写。

（6）污染治理设施、有组织排放口编号

排污单位可填写企业内部污染治理设施编号、地方环境管理部门现有有组织排放口编号，或者由排污单位根据《固定污染源（水、大气）编码规则（试行）》进行编号并填写。填报完成后，平台会针对排污单位填报编号自动生成统一规范的污染治理设施编号和排放口编号。

（7）排放口设置是否符合要求

排放口设置应符合《排污口规范化整治技术要求（试行）》（环监〔1996〕470 号）等相关文件的规定，若地方有排污口规范化要求的，应符合地方要求。排污单位在申报排污许可证时应提交排污口规范化的相关证明文件，自证符合要求。

（8）排放口类型

废气排放口分为主要排放口和一般排放口。制药行业有组织排放源较多，一个制药联合企业可能有上百根排气筒或烟囱。为兼顾行业特点和精细化管理要求，本技术规范对废气有组织排放口实施分类管控，将排放量约占 80%以上的发酵废气、工艺有机废气、废水处理站废气、锅炉烟气和危险废物焚烧烟气排放口作为主要排放口，除主要排放口之外的罐区废气排放口、工艺酸碱废气排放口、工艺含尘废气排气口、危废暂存废气排放口等均为一般排放口。

6.5.4.2　废水

本节内容用于指导原料药制造业排污单位填报排污许可证申请表中表 5。

（1）废水类别和污染物种类

依据《发酵类制药工业水污染物排放标准》（GB 21903）、《化学合成类制药工业水污染物排放标准》（GB 21904）、《提取类制药工业水污染物排放标准》（GB 21905）确定，有地方排放标准要求的，按照地方排放标准确定。

废水类别：分为主生产过程排水（提取废水、发酵废水、合成废水、设备冲洗水等）、循环冷却水排水、中水回用系统排水、水环真空泵排水、储罐切水、地面冲洗水、制水排水、蒸馏设备冷凝水、废气处理设施废水、生活污水、初期雨水、其他。

污染物种类：为国家标准 GB 8978、GB 21903、GB 21904、GB 21905、GB/T 31962 中各项污染因子，包括：pH 值、色度（稀释倍数）、悬浮物、五日生化需氧量（BOD_5）、化学需氧量（COD_{Cr}）、氨氮、总氮、总磷、总有机碳（TOC）、急性毒性（$HgCl_2$ 毒性当量）、总铜、总锌、总氰化物、挥发酚、硫化物、硝基苯类、苯胺类、二氯甲烷、总汞、烷基汞、总镉、六价铬、总砷、总铅、总镍、动植物油、急性毒性、甲醛、乙腈、总余氯（以 Cl 计）、粪大肠菌群数（MPN/L）等。地方有其他要求的，服从其规定。

（2）排放去向及排放规律

根据《废水排放去向代码》（HJ 523），确定废水排放去向。排放去向分为：不外排；排至厂内综合废水处理站；进入工业废水集中处理设施；进入城市污水处理厂；直接进入海域；直接进入江河、湖、库等水环境；进入城市下水道（再入江河、湖、库）；进入城市下水道（再入沿海海域）；进入其他单位。

根据《废水排放规律代码》（HJ 521），确定废水排放规律：连续排放，流量稳定；连续排放，流量不稳定，但有周期性规律；连续排放，流量不稳定，但有规律，且不属于周期性规律；连续排放，流量不稳定，属于冲击型排放；连续排放，流量不稳定且无规律，但不属于冲击型排放；间断排放，排放期间流量稳定；间断排放，排放期间流量不稳定，但有周期性规律；间断排放，排放期间流量不稳定，但有规律，且不属于非周期性规律；间断排放，排放期间流量不稳定，属于冲击型排放；间断排放，排放期间流量不稳定且无规律，但不属于冲击型排放。

（3）废水治理设施名称

根据不同的处理阶段分为主生产过程排水预处理设施、综合废水处理设施、中水回用处理设施、其他。

（4）污染治理工艺

根据废水类型、水质及相关标准要求确定污染治理工艺。

a）主生产过程排水预处理：主生产过程排水中的高含盐废水、高氨氮废水、有生物毒性或难降解废水、高悬浮物废水、高动植物油废水等，可分别采用蒸发、蒸氨、吹脱、汽提、氧化、还原、混凝沉淀、混凝气浮、破乳等预处理后，进入综合废水处理设施。

b）综合废水处理：

预处理：隔油、混凝气浮、混凝沉淀、调节、中和、氧化、还原、其他。

生化处理：升流式厌氧污泥床（UASB）、厌氧颗粒污泥膨胀床（EGSB）、厌氧流化床（AFB）、复合式厌氧污泥床（UBF）、厌氧内循环反应器（IC）、水解酸化、生物接触氧化法、序批式活性污泥法（SBR）、膜生物法（MBR）、曝气生物滤池（BAF）、缺氧/好氧工艺（A/O）、厌氧/缺氧/好氧工艺（A^2/O）、其他。

深度处理：混凝、过滤、高级氧化、其他。

c）中水回用处理：砂滤、超滤（UF）、反渗透（RO）、脱盐、消毒、其他。

（5）排放口类型

根据 GB 31570 和 GB 31571，废水排放口类型分为排污单位废水总排放口（直接排放口、间接排放口）和车间或生产设施废水排放口。

经调研，原料药制造排污单位废水产污环节名称、污染物种类、排放形式及污染治理设施见表 6-3。

（6）污染治理设施、排放口编号

根据企业内部污染治理设施编号、地方环境管理部门现有排放口编号，或由排污单位根据《固定污染源（水、大气）编码规则（试行）》进行编号并填写。填报完成后，平台会针对排污单位填报编号自动生成统一规范的污染治理设施编号和排放口编号。

（7）排放口设置是否符合要求

根据《排污口规范化整治技术要求（试行）》（环监〔1996〕470 号）等相关文件的规定，结合实际情况填报废水排放口设置是否符合规范化要求。若地方有排污口规范化要求的，应符合地方要求。排污单位在申报排污许可证时应提交排污口规范化的相关证明文件，自证符合要求。

（8）其他要求

对标准中未明确事项进行解释说明，主要包括厂区总平面布置图和全厂雨水、污水管线图、生产工艺流程图。

a）厂区总平面布置图

给出厂区总平面布置图，图中应标明主要生产单元名称、位置，有组织排放源、废水排放口位置。

b）全厂雨水、污水管线图

厂区雨水、污水集输管道走向及排放去向，废水应急事故池位置等。

c）生产工艺流程图

按产品类别给出生产工艺流程和排污节点图，图中应标明主要生产单元名称、主要物料走向等。

地方环境保护管理部门有规定的或企业认为有必要的，排污单位可给出生产单元工艺流程及产排污节点图，并标明物料走向和产排污节点（设备位号、排放位置和去向）。

表 6-3　废水产污环节名称、污染物种类、排放形式及污染治理设施一览表

生产环节	生产设施	废水产污环节名称	主要污染物种类及浓度/（mg/L）	排放形式	污染治理设施	
					污染治理设施名称	污染治理工艺
发酵	发酵罐、种子罐、其他	设备清洗	COD（＜1 000）、氨氮（＜100）	间歇	废水处理站	废水处理工艺包括综合预处理+生化处理+后处理，综合预处理包括中和、混凝沉淀或气浮、化学氧化或还原等，生化处理包括厌氧（UASB、UBF、IC 等）、水解酸化、好氧（活性污泥法、接触氧化、SBR、CASS、MBR 等），后处理包括催化氧化、混凝沉淀、BAF、MVR 等
		地面清洗	COD（＜500）、氨氮（＜50）	间歇		
反应	反应釜、缩合釜、裂解釜、其他	设备清洗	COD（＜1 000）、氨氮（＜100）	间歇		
		地面清洗	COD（＜500）、氨氮（＜50）	间歇		
分离	离心机、板框压滤、转鼓过滤机、其他	废滤液（从菌体中提取药物或药物已结晶）	发酵类一般 COD（＞10 000）、氨氮（＜300）；合成类 COD 一般数万、氨氮不一定，高的数千以上，盐度较高，有的含一类污染物；两类均可能残留微量药物	批次	车间单独收集、预处理后进废水处理站	车间预处理工艺包括中和、萃取、汽提、吹脱、氧化还原、多效蒸发等，含一类污染物的，车间或预处理设施排放口达标，再进入废水处理站
		设备清洗	一般 COD（1 000～10 000）、发酵类悬浮物较高	间歇	废水处理站	废水处理工艺包括综合预处理+生化处理+后处理
		地面清洗	COD（＜500）、氨氮（＜50）	间歇		
提取	吸附罐、结晶罐、浸提设备、萃取罐、其他	废母液	发酵和提取类一般 COD 数千以上；合成类 COD 一般数万、氨氮均不一定，高的数千以上，盐度较高，两类均可能残留微量药物	批次	车间单独收集、预处理后进废水处理站	车间预处理工艺包括中和、萃取、汽提、吹脱、氧化还原、多效蒸发等，再进入废水处理站
		设备清洗	COD（＜1 000）、氨氮（＜100）	间歇	废水处理站	废水处理工艺包括综合预处理+生化处理+后处理
		地面清洗	COD（＜500）、氨氮（＜50）	间歇		
精制	结晶罐、脱色罐、其他	废母液	COD 数千以上，氨氮均不一定，高的数千以上，可能残留微量药物	批次	车间单独收集、预处理后进废水处理站	车间预处理工艺包括中和、萃取、汽提、吹脱、氧化还原、多效蒸发等，再进入废水处理站
		设备清洗	COD（＜1 000）、氨氮（＜100）	间歇	废水处理站	废水处理工艺包括综合预处理+生化处理+后处理
		地面清洗	COD（＜500）、氨氮（＜50）	间歇		

生产环节	生产设施	废水产污环节名称	主要污染物种类及浓度/（mg/L）	排放形式	污染治理设施	
					污染治理设施名称	污染治理工艺
干燥	真空干燥塔、双锥干燥、沸腾床、水环真空泵、其他	水环真空泵排水	COD一般最高数千，氨氮较低	连续	废水处理站	废水处理工艺包括综合预处理+生化处理+后处理
		设备清洗	COD（＜1 000）、氨氮（＜100）	间歇	废水处理站	
		地面清洗	COD（＜500）、氨氮（＜50）	间歇		
成品	磨粉机、分装机、水环真空泵、其他	水环真空泵排水	COD一般最高数千，氨氮较低	连续	废水处理站	废水处理工艺包括综合预处理+生化处理+后处理
		设备清洗	COD（＜1 000）、氨氮（＜100）	间歇		
		地面清洗	COD（＜500）、氨氮（＜50）	间歇		
溶剂回收	蒸馏釜、精馏塔、萃取罐、降膜吸收塔、水环真空泵、其他	废母液（水相）	发酵和提取类一般COD＞10 000，合成类COD一般数万，盐度均较高	批次	车间单独收集、预处理后进废水处理站	车间预处理工艺包括中和、萃取、汽提、吹脱、氧化还原、多效蒸发等，再进入废水处理站
		水环真空泵排水	COD一般最高数千，氨氮较低	连续	废水处理站	废水处理工艺包括综合预处理+生化处理+后处理
		设备清洗	COD（＜1 000）、氨氮（＜100）	间歇		
		地面清洗	COD（＜500）、氨氮（＜50）	间歇		
供热系统	锅炉、其他	锅炉废水	COD（＜100），盐度＞1 000	间歇	直接排放或回用	如回用需脱盐处理，一般采用“双膜法”
		脱硫除尘废水	COD约100，酸性，悬浮物和TDS均超过1 000	连续	单独处理后直接排放或回用	处理采用中和、沉淀、过滤技术，如回用需脱盐处理，一般采用“双膜法”
		设备地面清洗废水	COD（＜500）、氨氮（＜50）	间歇	废水处理站	废水处理工艺包括综合预处理+生化处理+后处理
固体废物处置系统	菌渣暂存房、危险废物暂存间、废包装间、危险废物焚烧炉、其他	暂存间清洗废水	COD（＜1 000）、氨氮（＜100）	间歇	废水处理站	废水处理工艺包括综合预处理+生化处理+后处理
		燃烧烟气处理排水	COD一般最高数千，成分复杂	间歇		
		设备地面清洗废水	COD（＜500）、氨氮（＜50）	间歇		废水处理工艺包括综合预处理+生化处理+后处理
废气处理系统	洗涤塔、其他	废气处理排水	COD（＜1 000）、氨氮（＜100）	间歇	废水处理站	废水处理工艺包括综合预处理+生化处理+后处理
		设备地面清洗废水	COD（＜500）、氨氮（＜50）	间歇		
动力系统	纯水制备设施、循环水系统、制冷系统、空压系统等	制水排水	COD（＜100），盐度＞1 000	间歇	直接排放或回用	如回用需脱盐处理，一般采用“双膜法”
		冷却排水	COD（＜100）、盐度＞1 000，悬浮物（＜100）	间歇		如回用需脱盐处理，一般采用“双膜法”
		设备地面清洗废水	COD（＜500）、氨氮（＜50）	间歇	废水处理站	废水处理工艺包括综合预处理+生化处理+后处理
厂区	化粪池、消防废水和初期雨水池、其他	生活污水	COD（＜500）、氨氮（＜50）	间歇	生活污水处理系统或综合废水处理站	生活污水处理系统一般为化粪池、好氧生物处理；综合废水处理工艺包括综合预处理+生化处理+后处理
		消防废水	COD一般最高数千，成分复杂	批次	废水处理站	废水处理工艺包括综合预处理+生化处理+后处理
		初期雨水	COD（＜500）、氨氮（＜50）	批次		废水处理工艺包括综合预处理+生化处理+后处理

6.6 产排污节点对应排放口及许可排放限值确定方法

6.6.1 产排污节点对应排放口

（1）废气

排污单位应按照本标准要求，在排污许可证管理信息平台申报系统填报《排污许可证申请表》中废气排放口信息，包括排放口地理坐标、排放口高度、排放口出口内径、国家或地方污染物排放标准、环境影响评价批复要求、承诺更加严格排放限值，其余项为依据本标准第 4.5 部分填报的产排污节点及排放口信息，信息平台系统自动生成。

排污单位废气排放源和污染物项目见表 6-4。

表 6-4　纳入许可管理的废气排放源及污染物项目

排放口类型	排放源	许可排放浓度（或速率）污染物项目	许可排放量污染物项目
主要排放口	发酵废气排放口	颗粒物、挥发性有机物、臭气浓度、特征污染物[a]	挥发性有机物
	工艺有机废气排放口	挥发性有机物、臭气浓度、特征污染物[a]、二氧化硫[b]、氮氧化物[b]	挥发性有机物
	废水处理站废气排放口	挥发性有机物、臭气浓度、特征污染物[a]	挥发性有机物
	危险废物焚烧炉烟囱	烟尘[c]、一氧化碳、二氧化硫、氟化氢、氯化氢、氮氧化物、汞及其化合物、镉及其化合物、（砷、镍及其化合物）、铅及其化合物、（锑、铬、锡、铜、锰及其化合物）、二噁英类	颗粒物、二氧化硫、氮氧化物
	锅炉烟囱	颗粒物、二氧化硫、氮氧化物、汞及其化合物[d]、烟气黑度（林格曼黑度，级）	颗粒物、二氧化硫、氮氧化物
一般排放口	罐区废气排放口	挥发性有机物、特征污染物[a]	—
	工艺酸碱废气排放口	特征污染物[a]	—
	工艺含尘废气排放口	颗粒物	—
	危废暂存废气排放口	挥发性有机物、臭气浓度、特征污染物[a]	—

[a] 见 GB 16297、GB 14554 所列污染物，属 GB 14554 所列恶臭项目执行许可排放速率。根据排污许可证、所执行的污染物排放（控制）标准、环境影响评价文件及其批复等相关环境管理规定，以及生产工艺、原辅材料、中间体及最终产品，确定具体污染物项目。
[b] 采用燃烧法处理含硫或含氮有机物的须增加控制该项目。
[c] 许可排放量时以颗粒物计。
[d] 燃煤锅炉烟囱须增加控制该项目。

（2）废水

本节内容用于原料药制造排污单位填报《排污许可证申请表》（环水体〔2016〕186 号中附 2）表 11 至表 13。

排污单位应按照本标准要求，在排污许可证管理信息平台申报系统填报《排污许可证申请表》中废水直接排放口和间接排放口信息。废水直接排放口应填报排放口地理坐标、间歇排放时段、受纳自然水体信息、汇入受纳自然水体处地理坐标、国家或地方污染物排放标准、环境影响评价批复要求、承诺更加严格排放限值；废水间接排放口应填报排放口地理坐标、间歇排放时段、受纳污水处理厂信息及执行的污染物接收标准。其余项为依据本标准第 4.5 条填报的产排污节点及排放口信息，信息平台系统自动生成。

排污单位纳入排污许可管理的废水类别包括所有生产过程产生的废水、排入厂区废水处理站的生活污水和初期雨水。单独排入城镇集中污水处理设施的生活污水仅说明去向。见表 6-5。地方有其他要求的，从其规定。

表 6-5　纳入许可管理的废水排放源及污染物项目

排放源	许可排放浓度污染物项目		许可排放量污染物项目[a]
废水总排放口	化学合成类	pH 值、色度、悬浮物、五日生化需氧量、化学需氧量、氨氮、总氮、总磷、总有机碳、急性毒性（$HgCl_2$ 毒性当量）、总铜、总锌、总氰化物、挥发酚、硫化物、硝基苯类、苯胺类、二氯甲烷	化学需氧量、氨氮、总氮[b]、总磷[b]
	发酵类	pH 值、色度、悬浮物、五日生化需氧量、化学需氧量、氨氮、总氮、总磷、总有机碳、急性毒性（$HgCl_2$ 毒性当量）、总锌、总氰化物	
	提取类	pH 值、色度、悬浮物、五日生化需氧量、化学需氧量、动植物油、氨氮、总氮、总磷、总有机碳、急性毒性（$HgCl_2$ 毒性当量）	
车间或生产设施废水排	总汞、烷基汞、总镉、六价铬、总铅、总砷、总镍		—

排放源	许可排放浓度污染物项目	许可排放量污染物项目[a]
放口[c]		
生活污水排放口[d]	化学需氧量、氨氮	—

[a] 明确排污单位外排化学需氧量、氨氮以及受纳水体环境质量超标且列入 GB 21903、GB 21904、GB 21905 中的其他污染因子年许可排放量。
[b] 对于位于《"十三五"生态环境保护规划》及环境保护部正式发布的文件中规定的总磷和总氮总量控制的区域内的排污单位，还应申请总磷、总氮年许可排放量。
[c] 排污单位根据环境影响评价要求确定纳入许可管理的废水污染物项目。
[d] 单独排放生活污水的排放口。

6.6.2 许可排放限值

6.6.2.1 一般原则

许可排放限值包括污染物许可排放浓度和许可排放量。

对于大气污染物，以排放口为单位确定主要排放口和一般排放口的许可排放浓度，以厂界点确定无组织许可排放浓度。主要排放口按排放口类别逐一确定许可排放量。

对于水污染物，车间或生产设施排放一类污染物的废水排放口许可排放浓度，废水总排放口许可排放浓度和排放量。

对于新增排放源，依据环境影响评价文件及批复要求、总量控制指标及本标准推荐的方法从严确定许可排放量。

对于现有排放源，依据污染物排放标准确定许可排放浓度；依据总量控制指标及本标准推荐的方法从严确定许可排放量。有核发权的地方环境保护主管部门，可根据环境质量改善需要综合考虑环境影响评价批复要求，从严确定许可排放浓度和许可排放量。

总量控制指标包括地方政府或环境保护管理部门发文确定的排污单位总量控制指标、环境影响评价文件及其批复中确定的总量控制指标、现有排污许可证中载明的总量控制指标、通过排污权有偿使用和交易确定的总量控制指标等地方政府或环境保护管理部门与排污许可证申领企业以一定形式确认的总量控制指标。

排污单位填报排污许可限值时，应在排污许可申请表中写明申请的许可排放限值计算过程。

排污单位申请的许可排放限值严于本规范规定的，排污许可证按照申请的许可排放限值核发。

6.6.2.2 许可排放浓度

（1）废气

以产排污节点对应的生产设施或排放口为单位，明确各排放口各污染物许可排放浓度。

用于指导排污许可证申请表中的表 7、表 8、表 9、表 13。

原料药制造排污单位废气污染物种类多，按照排放形式分为有组织排放、无组织排放。鉴于目前无组织排放量的计算存在基础数据不足，计算方法不统一等原因，本标准仅对厂界和厂内无组织排放限值进行要求。

有组织废气排放浓度许可原则如下：

发酵、工艺有机、废水处理站、罐区、工艺酸碱、工艺含尘、危废暂存等废气中涉及的废气污染物依据 GB 16297、GB 14554 确定许可排放浓度，待《制药工业大气污染物排放标准》发布后从其规定。

锅炉废气中颗粒物、二氧化硫、氮氧化物、汞及其化合物（仅适用于燃煤锅炉）、烟气黑度（林格曼黑度，级）依据 GB 13271 确定许可排放浓度。其中京津冀大气污染传输通道城市（"2+26"城市）北京市、天津市、石家庄市、唐山市、保定市、廊坊市、沧州市、衡水市、邢台市、邯郸市、太原市、阳泉市、长治市、晋城市、济南市、淄博市、济宁市、德州市、聊城市、滨州市、菏泽市、郑州市、开封市、安阳市、鹤壁市、新乡市、焦作市、濮阳市等按照《关于京津冀及周边地区执行大气污染物特别排放限值的公告（征求意见稿）》（环办大气函〔2017〕773号）的要求确定许可排放浓度；上海市、南京市、无锡市、常州市、苏州市、南通市、扬州市、镇江市、泰州市、杭州市、宁波市、嘉兴市、湖州市、绍兴市、广州市、深圳市、珠海市、佛山市、江门市、肇庆市、惠州市、东莞市、中山市、沈阳市、青岛市、潍坊市、日照市、武汉市、长沙市、重庆市主城区、成都市、福州市、三明市、西安市、咸阳市、兰州市、银川市、乌鲁木齐等城市市域范围按照《关于执行大气污染物特别排放限值的公告》（环境保护部公告　2013 年　第 14 号）和《关于执行大气污染物特别排放限值有关问题的复函》（环办大气函〔2016〕1087号）的要求确定许可排放浓度。其他依法执行特别排放限值的应从其规定。

焚烧危险废物的焚烧炉废气中烟尘、二氧化硫、一氧化碳、氟化氢、氯化氢、氮氧化物、汞及其化合物、镉及其化合物、（砷、镍及其化合物）、铅及其化合物、（锑、铬、锡、铜、锰及其化合物）、二噁英类污染物应依据GB 18484确定许可排放浓度。

若利用锅炉或焚烧炉燃烧处理有机废气时，增加监测VOCs、臭气浓度许可排放浓度指标。

若执行不同许可排放浓度的多台生产设施或排放口采用混合方式排放废气，且选择的监控位置只能监测混合废气中的大气污染物浓度，应执行各限值要求中最严格的许可排放浓度。

（2）废水

1）直接排放

排污单位水污染物依据GB 21903、GB 21904、GB 21905确定许可排放浓度。有地方排放标准的，按照地方排放标准确定。

《关于太湖流域执行国家排放标准水污染物特别排放限值时间的公告》（公告2008年第28号）中所涉及行政区域的水污染物特别排放限值按其要求执行，江苏省苏州市全市辖区，无锡市全市辖区，常州市全市辖区，镇江市的丹阳市、句容市、丹徒区，南京市的溧水县、高淳县；浙江省湖州市全市辖区，嘉兴市全市辖区，杭州市的杭州市区（上城区、下城区、拱墅区、江干区、余杭区，西湖区的钱塘江流域以外区域）、临安市的钱塘江流域以外区域；上海市青浦区全部辖区。其他依法执行特别排放限值的应从其规定。

2）间接排放

排污单位向园区污水处理厂或城镇污水处理厂的排水系统排放废水时，其污染物的排放控制要求由排污单位与园区处理厂根据其污水处理能力商定相关标准，或满足GB/T 31962要求，并报当地环境保护主管部门备案。

3）混合排放

若排污单位生产设施同时生产两种以上产品、可适用不同排放控制要求或不同行业国家污染物排放标准，且生产设施产生的污水混合处理排放的情况下，应执行各限值要求中最严格的许可排放浓度。

6.6.2.3　许可排放量

（1）废气

用于指导排污许可证申请表中表8、表9、表10的填写。

原料药制造排污单位许可排放量为主要排放口的许可排放量，包括年许可排放量和特殊时段的日许可排放量。其中，二氧化硫、氮氧化物、颗粒物的许可排放量以锅炉烟气、危险废物焚烧炉烟气分类进行许可。挥发性有机物的许可排放量以发酵废气、废水处理站废气、工艺有机废气分类进行许可，若锅炉或焚烧炉燃烧有机废气，还需分别对其挥发性有机物排放量进行许可。

本标准将二氧化硫、氮氧化物、颗粒物和挥发性有机物作为有组织排放源排放量核算的主要因子。

1）二氧化硫、氮氧化物、颗粒物的年许可排放量核算方法

①锅炉烟气

锅炉烟气许可排排放量参照《造纸行业排污许可证申请与核发技术规范》中关于锅炉烟气许可排放量的核算方法，采用基准排气量法核算许可排放量。

②危险废物焚烧烟气

危险废物焚烧烟气许可排放量由于没有基准排气量，采用废气污染物许可排放浓度限值、排放源的排气量和年设计操作时数核算许可排放量。

危险废物焚烧烟气污染物许可排放量依据废气污染物许可排放浓度限值、排放源的排气量和年设计操作时数核算。

$$D = h \times Q \times \rho \times 10^{-9} \tag{1}$$

式中：D——废气污染物年许可排放量，t/a；

h——年设计操作时数，h/a；

Q——排放源的排气量（标准状态下），m^3/h；排放源的排气量以近三年实际排气量的均值进行核算，未满三年的以实际生产周期的实际排气量的均值进行核算，新建企业以环境影响评价核算的设计排气量进行核算；

ρ——废气污染物许可排放浓度限值，mg/m^3。

2）挥发性有机物的年许可排放量核算方法

《制药行业大气污染物排放标准》（征求意见稿）中仅给出了 5 个产品的挥发性有机物排放绩效值。对于排污许可证中的 VOCs 许可排放量，若采用绩效值法进行计算，标准中给出的 5 个产品仅为 3 大类中的典型产品，难以涵盖制药工业 10 大类的 2 000 余种产品。编制组充分考虑各类许可排放量核算方法，考虑到采用《制药行业大气污染物排放标准》（征求意见稿）中的绩效值法，难以核算各类药品的挥发性有机物许可排放量，因此编制组参照《排污许可证申请与核发技术规范 石化工业》（征求意见稿）中大气污染物许可排放量的核算方法，依据废气污染物许可排放浓度限值、排气量和年设计操作时数核定挥发性有机物的许可排放量。

发酵废气、工艺废气、废水处理站废气、锅炉废气、焚烧炉废气分别许可挥发性有机物的年许可排放量。挥发性有机物年许可排放量依据废气污染物许可排放浓度限值、排气量和年设计操作时数核定。

$$E = h \times Q \times \rho \times 10^{-9} \tag{2}$$

式中：E——废气污染物年许可排放量，t/a；

h——年设计操作时数，h/a；

Q——排放源的设计排气量（标准状态下），m^3/h；排放源的排气量以近三年实际排气量的均值进行核算，未满三年的以实际生产周期的实际排气量均值进行核算，同时不得超过排放源的设计排气量；

ρ——废气污染物许可排放浓度限值，mg/m^3。

3）特殊时段许可排放量核算方法

重污染天气应对期间、重大活动保障期间和冬防期间，排污单位应按照国家或所在地区人民政府制定的重污染天气应急预案、各地人民政府制定的冬防措施、重大活动保障措施等文件，根据停产、减产等要求，确定特殊时段短期许可排放量和产量控制要求。在许可证有效期内，国家或排污单位所在地区人民政府发布新的特殊时段要求的，排污单位应当按照新的停产、减产等要求进行排放。日许可排放量计算方法：

$$E_{\text{日许可}} = E_{\text{前一年环统日均排放量}} \times (1-\alpha) \tag{3}$$

式中：$E_{\text{日许可}}$——制药工业排污单位重污染天气应对期间日许可排放量，t；

$E_{\text{前一年环统日均排放量}}$——制药工业排污单位前一年环境统计实际排放量折算的日均值，t；

α——重污染天气应对期间日产量或排放量减少比例，%。

（2）废水

用于指导排污单位填写环水体〔2016〕186 号附 2《排污许可证申请表》中的表 14。核算化学需氧量、氨氮、总磷、总氮以及受纳水体环境质量超标且列入 GB 21903、GB 21904、GB 21905 中的其他污染物项目年许可排放量。其中，《“十三五”生态环境保护规划》要求总磷和总氮总量控制的区域，需要给出总磷和总氮许可排放量。生活污水单独排入城镇集中污水处理设施的生活污水无须申请许可排放量。

对位于《“十三五”生态环境保护规划》区域性、流域性的总磷、总氮总量控制区域内的原料药制造业排污单位，还应申请总磷和总氮年许可排放量。总磷总量控制区指总磷超标的控制单元以及上游相关地区实施总磷总量控制，包括：天津市宝坻区，黑龙江省鸡西市，贵州省黔南布依族苗族自治州、黔东南苗族侗族自治州，河南省漯河市、鹤壁市、安阳市、新乡市，湖北省宜昌市、十堰市，湖南省常德市、益阳市、岳阳市，江西省南昌市、九江市，辽宁省抚顺市，四川省宜宾市、泸州市、眉山市、乐山市、成都市、资阳市，云南省玉溪市等。总氮总量控制区指在56个沿海地级及以上城市或区域实施总氮总量控制，包括：丹东市、大连市、锦州市、营口市、盘锦市、葫芦岛市、秦皇岛市、唐山市、沧州市、天津市、滨州市、东营市、潍坊市、烟台市、威海市、青岛市、日照市、连云港市、盐城市、南通市、上海市、杭州市、宁波市、温州市、嘉兴市、绍兴市、舟山市、台州市、福州市、平潭综合实验区、厦门市、莆田市、宁德市、漳州市、泉州市、广州市、深圳市、珠海市、汕头市、江门市、湛江市、茂名市、惠州市、汕尾市、阳江市、东莞市、中山市、潮州市、揭阳市、北海市、防城港市、钦州市、海口市、三亚市、三沙市和海南省直辖县级行政区等。在29个富营养化湖库汇水范围内实施总氮总量控制，包括：安徽省巢湖、龙感湖，安徽省、湖北省南漪湖，北京市怀柔水库，天津市于桥水库，河北省白洋淀，吉林省松花湖，内蒙古自治区呼伦湖、乌梁素海，山东省南四湖，江苏省白马湖、高邮湖、洪泽湖、太湖、阳澄湖，浙江省西湖，上海市、江苏省淀山湖，湖南省洞庭湖，广东省高州水库、鹤地水库，四川省鲁班水库、邛海，云南省滇池、杞麓湖、星云湖、异龙湖，宁夏回族自治区沙湖、香山湖，新疆维吾尔自治区艾比湖等。

明确排污单位水污染物年许可排放量依据水污染物许可排放浓度限值、单位产品基准排水量和产品设计产能核定。单位产品基准排水量见附录C。附录C中未注明单位产品基准排水量的产品，产品产量和排水量取近三年的实际年均值核算该产品的单位产品基准排水量；未投运和投运不满一年的产品，产品产量和排水量参照环境影响评价报告取值核算该产品的单位产品基准排水量；投运满一年但未满三年的产品，产品产量和排水量取实际周期的年均值核算该产品的单位产品基准排水量。计算公式如下：

1）单独排放

排污单位水污染物年许可排放量计算公式如下：

$$D = S \times Q \times \rho \times 10^{-6} \tag{4}$$

式中：D——某种水污染物年许可排放量，t/a；

S——企业设计产能，t/a；

Q——单位产品基准排水量，m^3/t产品，按照GB 21903、GB 21904、GB 21905中规定取值，地方排放标准中有严格要求的，从其规定；

ρ——水污染物许可排放浓度限值，mg/L。

2）混合排放

排污单位同时生产两种或两种以上产品时，确定废水中污染物年许可排放量采用公式：

$$D = \rho \times \sum_{i=1}^{n}(Q_i \times S_i) \times 10^{-6} \tag{5}$$

式中：D——某种水污染物年许可排放量，t/a；

ρ——水污染物许可排放浓度限值，mg/L；

Q_i——i产品工业废水基准排水量，m^3/t产品，具体见附录D；附录D未包括的，根据排污单位近三年实际排水量平均值核算单位产品排水量，如投运不满三年的，根据实际周期的平均值核算单位产品排水量；地方排放标准中有严格要求的，从其规定；

S_i——i产品近三年实际产量年均值，投运不满三年的，取实际周期的年均值，但不得超过环境影响评价批复的产能，t/a；

n——同时生产的产品种数。

6.7 污染防治可行技术要求

6.7.1 废气

6.7.1.1 废气处理推荐可行技术

编制组依据已发布的《建设项目竣工环境保护验收技术规范 制药》（HJ 792—2016）《制药工业污染防治技术政策（公告 2012 年第 18 号）、《挥发性有机物（VOCs）污染防治技术政策》（公告 2013 年第 31 号）、挥发性有机物无组织排放控制标准，以及《环境影响评价技术导则 制药建设项目》（HJ 611 —2011）等文件相关要求，同时通过企业调研、收集资料及专家意见，明确原料药制造业废气处理推荐可行技术。

依据《火电厂除尘工程技术规范》（HJ 2039—2014）、《袋式除尘工程通用技术规范》（HJ 2020—2012）、《火电厂脱硫工程技术规范》等国家相关规范，给出了锅炉和焚烧炉烟气除尘、脱硫、脱硝、二噁英去除等烟气处理推荐可行技术。

本标准按照原料药制造中配料、反应、分离、提取、精制、干燥、溶剂回收等各生产环节产生的工艺有机废气及发酵废气，针对 VOCs、特征污染物、臭气浓度等污染物，对工艺废气酸碱废气、工艺含尘废气，针对酸碱特性、颗粒物等污染物，依据排放标准及限值要求，推荐了原料药制造业生产过程废气处理可行技术。

根据废水处理站及危险废物暂存产生的恶臭废气特点，结合调研的恶臭废气治理成熟技术，依据排放标准及限值要求，推荐了恶臭废气推荐可行技术。

执行 GB 13271 的锅炉烟气和 GB 18484 危险废物焚烧炉烟气治理可行技术见表 6-6、生产过程废气治理可行技术参照表详见表 6-7。

表 6-6 烟气治理可行技术参照表

排放源	污染因子	可行技术
执行 GB 13271 的锅炉	颗粒物	电除尘、袋式除尘、电袋除尘
	二氧化硫	湿法脱硫（石灰石/石灰-石膏、双碱法、氨法）、喷雾干燥法脱硫、循环流化床法脱硫
	氮氧化物	低氮燃烧技术（低氮燃烧器、空气分级燃烧、燃料分级燃烧）、选择性催化还原法（SCR）、选择性非催化还原法（SNCR）
	汞及其化合物[a]、烟气黑度（林格曼黑度，级）	协同处置
执行 GB 18484 的危险废物焚烧炉	烟尘	袋式除尘、电袋除尘
	二氧化硫	湿法脱硫（石灰石/石灰-石膏、双碱法、氨法）、喷雾干燥法脱硫、循环流化床法脱硫
	氮氧化物	低氮燃烧技术（低氮燃烧器、空气分级燃烧、燃料分级燃烧）、选择性催化还原法（SCR）、选择性非催化还原法（SNCR）
	二噁英	急冷、活性炭/焦吸附、烟道喷入活性炭/焦
	汞及其化合物	协同处置

注：[a] 仅适用于燃煤锅炉。

表 6-7 生产过程废气治理可行技术参照表

废气种类	适用情况	推荐可行技术
工艺含尘废气	特殊原料药（β-内酰胺类抗生素、避孕药、激素类药、抗肿瘤药）生产产生的颗粒物	多级过滤技术
	其他药品生产产生的颗粒物	袋式除尘技术 旋风除尘+袋式除尘技术
工艺有机废气	VOCs 浓度＞2 000 mg/m³	冷凝回收+吸附再生技术 燃烧处理技术
	1 000 mg/m³＜VOCs 浓度＜2 000 mg/m³	吸附+冷凝回收技术 吸收+回收技术 燃烧处理技术

废气种类	适用情况	推荐可行技术
工艺有机废气	VOCs 浓度＜1 000 mg/m^3	吸附浓缩+燃烧处理技术 洗涤+生物净化技术 氧化技术
发酵废气	抗生素类、维生素类、氨基酸类发酵废气	碱洗+氧化+水洗处理技术 吸附浓缩+燃烧处理技术
工艺酸碱废气	酸性废气	水或碱吸收处理技术
	碱性废气	水或酸吸收处理技术
废水处理站废气、危废暂存废气	臭气浓度＞20 000（量纲 1）	化学吸收+生物净化+氧化+水洗技术
	10 000＜臭气浓度＜20 000（量纲 1）	化学吸收+水洗技术+生物净化 氧化技术
	臭气浓度＜10 000（量纲 1）	水洗+生物净化技术 氧化技术
沼气	H_2S＞1 000 mg/m^3	湿法化学或生物脱硫+干法脱硫处理技术
	H_2S＜1 000 mg/m^3	干法脱硫处理技术

6.7.1.2 废气处理运行管理要求

在推荐废气可行技术的基础上，编制组从源头控制、有组织和无组织等方面提出了运行管理要求。

源头控制：排污单位应优化产品结构，采用先进的生产工艺和设备，提升污染防治水平；淘汰高耗能、高耗水、高污染、低效率的落后工艺和设备。尽量使用无毒、无害或低毒、低害的原辅材料，减少有毒、有害原辅材料的使用。积极推广清洁生产新技术，如采用酶法、新型结晶、生物转化等原料药生产新技术，构建新菌种或优化抗生素、维生素、氨基酸等产品的生产菌种，提高产率。

有组织排放：本标准对有组织排放废气环保设施提出了运行、操作、维护过程监管要求，主要包括：事故或设备维修期间，废水处理站废气、储存罐呼吸气收集、危废暂存废气、治理设备的运行方式；废气分类收集、分类处理或预处理原则；不允许设置旁路直接排放；提出了主要废气处理装置冷凝、吸附、洗涤、焚烧废气设施等的主要运行参数，明确含有机卤素成分 VOCs 的废气，宜采用非焚烧技术处理，要求所有治理设施的计量装置定期校验和比对。明确所有有组织废气需进入废气治理设施。环保设施应与其对应的生产工艺设备同步运转，保证在生产工艺设备运行波动情况下仍能正常运转，实现达标排放。

无组织排放：制药行业污染物无组织排放不容忽视，考虑到现行工作基础和环境管理需要，本标准按照 GB 14554、GB 16297、GB 18484、HJ 792、《挥发性有机物无组织排放控制标准》（征求意见稿）、《制药工业大气污染物排放标准》（征求意见稿）和《制药工业污染防治技术政策》（公告 2012 年第 18 号）中的要求给出了无组织排放的运行管理要求。

对原辅材料储存、有机溶剂储存、管网阀门、敞口容器、物料分离、废水处理以及危险废物暂存处置、储罐、设备起停、检修与清洗等无组织排放节点排放的挥发性有机物提出管控措施要求。同时，建议下一步尽快对无组织控制环节的监测方法（包括点位、时间、限值等）进行研究，以满足排污许可管理需要。

对生产过程动静密封点（阀门、法兰、泵、罐口、接口等），提出采用泄漏检测与修复（LDAR）技术控制无组织排放。对含 VOCs 物料的输送和储存，含 VOCs 物料的投加、转移和卸放，含 VOCs 物料的反应、搅拌混合、分离精制、真空、包装等可能产生 VOCs 无组织排放的环节均应密闭并设置收集有效的配备有效的废气捕集装置（如局部密闭罩、整体密闭罩、大容积密闭罩等）、配套有效的管网送至净化系统，送至 VOCs 回收或净化系统进行处理。

6.7.2 废水

编制组调研了多家企业化学合成类、发酵类及提取类原料药制药排污单位废水治理设施及处理效果，结合《发酵类制药工业废水治理工程技术规范》（HJ 2044—2014）及专家的建议，明确废水污染物处理推荐可行技术和运行管理要求。

本标准按照主生产过程排水中的高含盐废水、高氨氮废水、有生物毒性或难降解废水、高悬浮物废水、高动植物油废水等，以及辅助过程排水（循环冷却水排水、中水回用系统排水、水环真空泵排水、制水排水、蒸馏设备冷凝水、废气处理设施废水、其他）、生活污水、初期雨水等的水质特性，推荐了主生产过程排水预处理可行技术，综合废水（生产过程排水预处理后的废水、冲洗废水、水环真空设备排水、生活污水、废气处理设施废水、中水回用设施排水、初期雨水、消防废水、事故废水、循环冷却水排污水等）处理系统预处理单元、生化处理单元、深度处理单元的达标排放或回用处理可行技术，以及余热锅炉排污水、蒸馏（加热）设备冷凝水、制水排污水等达标排放或回用处理可行技术。

原料药制造废水污染物处理可行技术参照见表 6-8。

表 6-8 水污染物处理可行技术参照表

分类	废水类别		可行技术
主生产过程排水预处理技术	高含盐废水		蒸发预处理后，冷凝液进入综合废水处理设施
	高氨氮废水		蒸氨预处理后，进入综合废水处理设施
	有生物毒性或难降解废水		氧化或还原预处理后，进入综合废水处理设施
	高悬浮物废水		混凝沉淀或混凝气浮预处理后，进入综合废水处理设施
	高动植物油废水		破乳、混凝气浮预处理后，进入综合废水处理设施
达标排放或回用处理技术	综合废水	生产过程排水预处理后的废水	收集输送至综合废水处理站； 预处理：隔油、混凝气浮、混凝沉淀、调节、中和、氧化、还原等； 生化处理：升流式厌氧污泥床（UASB）或厌氧颗粒污泥膨胀床（EGSB）、水解酸化、生物接触氧化法、缺氧/好氧工艺（A/O）、厌氧/缺氧/好氧工艺（A^2/O）等； 深度处理：混凝、过滤、高级氧化等； 回用处理：砂滤、超滤（UF）、反渗透（RO）、脱盐、消毒等； 上述工艺串联组合处理后，回用或经总排口达标外排
		地面冲洗废水	
		储罐切水	
		水环真空设备排水	
		生活污水	
		废气处理设施废水	
		中水回用设施排水	
		初期雨水	
		消防废水	
		事故废水	
		循环冷却水排污水	
	余热锅炉排污水		装置内降温后，回用
	蒸馏（加热）设备冷凝水		
	制水排污水		中和后经总排口达标排放

6.8 自行监测管理要求

根据《控制污染物排放许可制实施方案》（国办发〔2016〕81 号）、《排污许可证管理暂行规定》（环水体〔2016〕186 号）和《排污单位自行监测技术指南 总则》（HJ 819）要求，排污企业应通过自行监测证明排污许可证许可限值落实情况。

本标准根据相关废气污染源和废水污染源监测技术规范和方法，结合原料药制造企业的排放源管控重点，规定原料药制造企业自行监测要求，原料药制造企业在申请排污许可证时，应当按照本标准制定自行监测方案，对于新增排放源，周边环境影响监测点位、监测指标参照企业环境影响评价文件的要求执行，在排污许可证申请表中明确。《排污单位自行监测技术指南 发酵类制药工业》《排污单位自行监测技术指南 化学合成类制药工业》《排污单位自行监测技术指南 提取类制药工业》发布后从其规定。

根据原料药制造业排污特点并依据《固定污染源烟气排放连续监测系统技术要求及检测方法（试行）》（HJ/T 76）、《固定源废气监测技术规范》（HJ/T 397）、《排污口规范化整治技术要求（试行）》（环监〔1996〕470 号）和《地表水和污水监测技术规范》（HJ/T 91）等文件，规定了原料药制造业排污单位自行监测方案中应包括监测内容、监测点位、监测技术手段、监测频次、采样和测定方法、信息记录和报告、监测质量保证与质量控制。

自行监测要求：企业可自行或委托第三方监测机构开展监测并安排专人专职对监测数据进行记录、整理、统计和分析，同时对监测结果的真实性、准确性、完整性负责。

自行监测内容：自行监测包括废气和废水的监测。原料药制造企业废气自行监测的排放源包括有组织废气、无组织废气。

6.9 环境管理台账记录及执行报告编制要求

6.9.1 一般要求

按照《控制污染物排放许可制实施方案》和《排污许可证管理暂行规定》要求，原料药制造业排污单位应通过环境管理台账记录，编制执行报告证明排污单位持证排污情况。本标准根据上述要求，并结合制药工业特点，给出制药工业排污单位环境管理台账记录和执行报告填写的具体要求，制药工业排污单位应依照标准中要求，并参照技术规范资料性附录 E 制定符合排污单位的环境管理台账，并按照标准中执行报告要求的类型、频次、内容，并参照资料性附录 F 填写执行报告。

6.9.2 环保管理台账记录

环境管理台账记录的主要目的是规范排污单位环境管理，真实反映排污单位日常生产运营状况及污染治理情况，记录数据作为排污单位证明按照排污许可证要求进行环境管理和污染物排放的主要依据。记录的目的不仅为排污单位证明其守法提供依据，还为政府管理部门实施许可证核查、判断排污单位排污行为是否合法提供依据。

排污单位在申请排污许可证时，应按本标准规定，在排污许可证申请表中明确环境管理台账记录要求。有核发权的地方环境保护主管部门补充制定相关技术规范中要求增加的，在本标准基础上进行补充。排污单位还可根据自行监测管理的要求补充填报其他必要内容。建立环境管理台账制度，设置专职人员进行台账的记录和管理，并对台账记录结果的真实性、准确性、完整性负责。台账应当按照电子化储存和纸质储存两种形式同步管理。台账保存期限不得少于三年。

排污单位台账应真实记录生产设施运行管理信息、原辅料、燃料采购信息、污染治理设施运行管理信息、监测记录信息、其他环境管理信息。结合制药工业实际特点，本标准较《环境管理台账及排污许可证执行报告技术规范》要求增加了原辅料信息、监测记录信息，其中原辅料区分了有机溶剂及其他原辅料，监测记录中添加了废气污染物排放情况结果记录信息、废水污染物排放情况结果记录信息。

6.9.3 执行报告的编制要求

原料药制造业排污单位应根据排污许可证中规定的频次、内容编制排污许可证执行报告。排污许可证执行报告按报告周期分为年度执行报告、半年执行报告、季度执行报告和月度执行报告。年度执行报告应包括排污单位基本情况、遵守法律法规情况、生产设施运行情况、污染治理设施运行情况、自行监测情况、台账管理情况、实际排放情况及合规判定分析、排污费（环境保护税）缴纳情况、信息公开情况、排污单位环境管理体系建设与运行情况、排污许可证规定的其他内容执行情况、其他需要说明的问题、结论等。

半年执行报告较年度执行报告有所简化，应选取能直接代表企业生产及污染情况的基本生产信息、污染治理设施运行信息、自行监测情况、台账管理情况、实际排放情况及合规判定分析进行填报；月度/季度执行报告进一步简化，选取污染物实际排放情况及合规判定分析及污染防治设施异常情况进行填报。

排污单位原则上应至少每自然年上报一次排污许可证年度执行报告，年报应于次年一月底前提交至排污许可证核发机关。对于持证时间不足三个月的，当年可不上报年度执行报告，许可证执行情况纳入下一年年度执行报告。地方环境管理部门按照环境管理要求，可要求企业上报半年报、月/季度执行报告，并在排污许可证中明确。地方要求排污单位每半年上报一次排污许可证半年执行报告的，报告周期为当年 1 月至 6 月，提交年度执行报告时可免报 7 月至 12 月周期内的半年执行报告。对于持证时间不足三个月的，该报告周期内可不上报半年执行报告，排污许可证执行情况纳入年度执行报告。地方要求排污单位每月度/季度上报一次排污许可证月度/季度执行报告的，自当年 1 月起，每 3 个月上报一次季度执行报告，提交半年执行报告或年度执行报告时可免报紧邻季度的季度执行报告。对于持证时间不足 1 个月的，该报告周期内可不上报季度执行报告，排污许可证执行情况纳入下一季度执行报告。

6.10 实际排放量核算方法

6.10.1 实际排放量核算方法选取原则

排污单位应该核算废气污染物有组织实际排放量和废水污染物实际排放量，核算方法包括实测法、物料衡算法、产排污系数法等，产排污系数见《产排污系数手册》修订版。

对于排污许可证中载明应当采用自动监测的排放口和污染物，根据符合监测规范的有效自动监测数据采用实测法核算实际排放量。

对于排污许可证中载明要求应当采用自动监测的排放口或污染因子而未采用的，采用物料衡算法核算二氧化硫排放量，核算时根据燃料消耗量、含硫率进行核算，采用产排污系数法根据单位燃料的污染物产生量核算颗粒物、氮氧化物的排放量，采用产排污系数法根据单位产品的污染物产生量核算化学需氧量、氨氮的排放量，且均按直排进行核算。其他采用手工监测的污染因子，按照执法监测或排污单位自行开展的手工监测数据进行核算。

对于排污许可证未要求采用自动监测的排放口或污染因子，按照优先顺序依次选取自动监测数据、执法和手工监测数据、产排污系数法进行核算。在采用手工和执法监测数据进行核算时，还应以产排污系数法进行校核；若同一时段的手工监测数据与执法监测数据不一致，以执法监测数据为准。监测数据应符合国家环境监测相关标准技术规范要求。

6.10.2 废气

6.10.2.1 主要排放口

排污单位主要排放口废气污染物实际排放量的核算方法包括实测法、物料衡算法和产排污系数法等。

编制组参考已出台排污许可申请核发技术规范，分别采用实测法、物料衡算法和产排污系数法进行大气污染物实际排放量的计算。其中针对锅炉、焚烧炉排放的颗粒物、二氧化硫、氮氧化物采用在线监测数据核算实际排放量；若无在线监测数据，采用物料衡算法核算二氧化硫等排放量的，根据原辅燃料消耗量、含硫率进行核算；采用产排污系数法核算烟尘、氮氧化物等排放量的，根据单位燃料使用量进行污染物的产生量和排放量核算。工艺废气、发酵废气、污水处理厂废气的挥发性有机物及特征污染物采用手工监测法核算实际排放量。

（1）自动监测

自动监测实测法是指根据符合监测规范的有效自动监测数据污染物的小时平均排放浓度、平均排气量、运行时间核算污染物年排放量，核算方法见式（6）。

$$E_j = \sum_{i=1}^{h} (\rho_{i,j} \times Q_i) \times 10^{-9} \qquad (6)$$

式中：E_j——核算时段内主要排放口第 j 项污染物的实际排放量，t；

$\rho_{i,j}$——第 j 项污染物在第 i 小时的实测平均排放浓度，mg/m^3；

Q_i——第 i 小时的标准状态下干排气量，m^3/h；

h——核算时段内的污染物排放时间，h。

自动监控设施发生故障需要维修或更换，按要求在 48 小时内恢复正常运行的，且在此期间按照《污染源自动监控设施运行管理办法》（环发〔2008〕6 号）开展手工监测并报送手工监测数据的，根据手工监测结果核算该时段实际排放量。对于未按要求开展手工监测并报送数据的，或未能按要求及时恢复设施正常运行的，采用物料衡算法核算二氧化硫排放量，产排污系数法核算颗粒物、氮氧化物排放量，且均按直排进行核算。

对于因其他情况导致全年历史数据缺失时段、数据异常累计时段低于全年运行小时数的 10%的，该时段污染物排放浓度、烟气量或流量按照全年稳定运行期间最高月均值取值，核算实际排放量。

对于其他情况导致全年历史数据缺失时段、数据异常累计时段超过全年运行小时数 10%～25%的，该时段污染物排放浓度、烟气量或流量按照全年稳定运行期间最高小时均值取值，核算实际排放量；超过

25%的，自动监测数据不能作为核算实际排放量的依据，采用物料衡算法核算二氧化硫排放量，产排污系数法核算颗粒物、氮氧化物排放量，且均按直排进行核算。

排污单位提供充分证据证明在线数据缺失、数据异常等不是排污单位责任的，可按照排污单位提供的手工监测数据等核算实际排放量，或者按照上一个半年申报期间的稳定运行期间自动监测数据的小时浓度均值和半年平均流量，核算数据缺失时段的实际排放量。

（2）手工监测

手工监测实测法是指根据每次手工监测时段内每小时污染物的平均排放浓度、平均排气量、运行时间核算污染物年排放量，核算方法见式（7）。

$$E_j = \sum_{i=1}^{n} (\rho_{i,j} \times Q_i \times T) \times 10^{-9} \tag{7}$$

式中：E_j——核算时段内主要排放口第 j 项污染物的实际排放量，t；

$\rho_{i,j}$——第 j 项污染物在第 i 监测频次时段的实测平均排放浓度，mg/m^3；

Q_i——第 i 次监测频次时段的实测标准状态下平均干排气量，m^3/h；

T——第 i 次监测频次时段内，污染物排放时间，h；

n——核算时段内，最低监测频次，次。

6.10.2.2　非正常情况

燃煤蒸汽锅炉设施启停机等非正常排放期间污染物排放量可采用实测法核定。

6.10.3　废水

正常情况下，废水实际排放量依据实测法确定，实测法是指根据监测数据测算实际排放量的方法，分为自动监测和手工监测。对于排污许可证中载明的要求采用自动监测的污染因子，应采用符合监测规范的有效自动监测数据核算污染物年排放量。对于未要求采用自动监测的污染因子，可采用自动监测数据或手工监测数据核算污染物年排放量。

根据自行监测要求，排污单位废水总排放口化学需氧量、氨氮、总磷、总氮应采用自动监测，因此应采取自动监测实测法核算全厂化学需氧量、氨氮、总磷、总氮的实际排放量。废水自动监测实测法是指根据符合监测规范的有效自动监测数据污染物的日平均排放浓度、日平均流量、运行时间核算污染物年排放量，核算方法见式（8）。

$$E_j = \sum_{i=1}^{T} (\rho_{i,j} \times Q_i) \times 10^{-6} \tag{8}$$

式中：E_j——核算时段内主要排放口第 j 项污染物的实际排放量，t；

$\rho_{i,j}$——第 j 项污染物在第 i 日的实测平均排放浓度，mg/L；

Q_i——第 i 日的流量，m^3/d；

T——核算时段内的污染物排放时间，d。

在自动监测数据由于某种原因出现中断或其他情况，可根据 HJ/T 356 予以补遗修约，仍无法核算出全年排放量时，可采用手工监测数据核算。

要求采用自动监测的排放口或污染因子而未采用的，采用产排污系数法核算化学需氧量、氨氮排放量，且均按直排进行核算。

无有效自动监测数据或某些污染物无自动监测时，可采用手工监测数据进行核算。手工监测数据包括核算时间内的所有执法监测数据和企业自行或委托第三方的有效手工监测数据，企业自行或委托的手工监测频次、监测期间生产工况、数据有效性等须符合相关规范、环境影响评价文件等要求。核算方法见式（9）。

$$E_j = \sum_{i=1}^{n} (\rho_{i,j} \times Q_i \times T) \times 10^{-6} \tag{9}$$

式中：E_j——核算时段内主要排放口第 j 项污染物的实际排放量，t；

$\rho_{i,j}$——第 i 监测频次时段内，第 j 项污染物实测平均排放浓度，mg/L；

Q_i——第 i 监测频次时段内，采样当日的平均流量，m^3/d；

T——第 i 监测频次时段内，污染物排放时间，d；

n——核算时段内，最低监测频次，次。

6.11 合规判定方法

合规是指排污单位许可事项和环境管理要求符合排污许可证规定。排污单位可通过台账记录、按时上报执行报告和开展自行监测、信息公开，自证其依证排污，满足排污许可证要求。

许可事项合规是指排污单位排污口位置和数量、排放方式、排放去向、排放污染物种类、排放限值符合许可证规定。其中，排放限值合规是指排污单位污染物实际排放浓度和排放量满足许可排放限值要求，环境保护主管部门可依据排污单位环境管理台账、执行报告、自行监测记录中的内容，判断其污染物排放浓度和排放量是否满足许可排放限值要求，也可通过执法监测判断其污染物排放浓度是否满足许可排放限值要求。

环境管理要求合规是指原料药制造业排污单位按许可证规定落实自行监测、台账记录、执行报告、信息公开等环境管理要求。

6.11.1 产排污环节、污染治理设施及排放口符合许可证规定

排污单位实际的生产地点、主要生产单元、生产工艺、生产设施、污染治理设施的位置、编号是否与排污许可证及执行报告相符，实际情况与排污许可证或者执行报告上载明的规模、参数等信息基本相符。所有有组织排放口和各类废水排放口的个数、类别、排放方式和去向等与排污许可证载明信息一致。

6.11.2 排放限值合规判定

6.11.2.1 排放浓度合规判定

（1）废气排放浓度合规判定

1）正常情况

排污单位废气有组织排放口中，氨和硫化氢的排放速率达标是指“任一速率均值均满足许可限值要求”、臭气浓度一次均值达标是指“任一次测定值满足许可限值要求”、二噁英排放浓度合规是指“连续三次测定值的算数平均值满足许可排放浓度要求”。除上述情形外，其余废气有组织排放口污染物和无组织排放污染物排放浓度合规是指“任一小时浓度均值均满足许可排放浓度要求”。其中，废气污染物小时浓度均值根据自行监测（包括自动监测和手工监测）、执法监测进行确定。

（a）执法监测

按照监测规范要求获取的执法监测数据超标的，即视为不合规。根据 GB 16157、HJ 55 确定监测要求。

若同一时段的执法监测数据与经过企业自行监测数据不一致，执法监测数据符合法定的监测标准和监测方法的，以该执法监测数据作为优先证据使用。

（b）自行监测

①自动监测

按照监测规范要求获取的有效自动监测数据计算得到的有效小时浓度均值与许可排放浓度限值进行对比，超过许可排放浓度限值的，即视为超标。对于应当采用自动监测而未采用的排放口或污染因子，即认为不合规。自动监测小时均值是指“整点 1 h 内不少于 45 min 的有效数据的算术平均值”。

②手工监测

对于未要求采用自动监测的排放口或污染因子，应进行手工监测，按照自行监测方案、监测规范要

求获取的监测数据计算得到的有效小时浓度均值超标的，即视为超标。

2）非正常情况

排污单位非正常排放指燃煤蒸汽锅炉等设施启停机情况下的排放。

排污单位中，对于采用干（半干）法脱硫的燃煤锅炉，冷启动 1 h、热启动 0.5 h 不作为二氧化硫合规判定时段；对于采用脱硝措施的燃煤锅炉，冷启动 1 h、热启动 0.5 h 不作为氮氧化物合规判定时段。若多台设施采用混合方式排放烟气，且其中一台处于启停时段，排污单位可自行提供烟气混合前各台设施有效监测数据的，按照排污单位提供数据进行合规判定。

（2）废水排放浓度合规判定

排污单位各废水排放口污染物的排放浓度合规是指“任一有效日均值（除 pH 值、色度、急性毒性）均满足许可排放浓度要求”。各项污染物有效日均值根据自行监测（包括自动监测和手工监测）、执法监测的分类进行确定。pH 值、色度、急性毒性以一次有效数据超标即视为超标。

1）执法监测

按照监测规范要求获取的执法监测数据超标的，即视为超标。根据 HJ/T 91 确定监测要求。

若同一时段的执法监测数据与企业自行监测数据不一致，执法监测数据符合法定的监测标准和监测方法的，以该执法监测数据作为优先证据使用。

2）自行监测

①自动监测

按照监测规范要求获取的自动监测数据计算得到有效日均浓度值（除 pH 值外）与许可排放浓度限值进行对比，超过许可排放浓度限值的，即视为超标；pH 值以一次有效数据超标即视为超标。对于应当采用自动监测而未采用的排放口或污染因子，即认为不合规。

对于自动监测，有效日均浓度是对应于以每日为一个监测周期内获得的某个污染物的多个有效监测数据的平均值。在同时监测废水排放流量的情况下，有效日均值是以流量为权的某个污染物的有效监测数据的加权平均值；在未监测废水排放流量的情况下，有效日均值是某个污染物的有效监测数据的算术平均值。

自动监测的有效日均浓度应根据 HJ/T 355 和 HJ/T 356 等相关文件确定。

②手工监测

对于未要求采用自动监测的排放口或污染因子，应进行手工监测，按照自行监测方案、监测规范进行手工监测，当日各次监测数据平均值（或当日混合样监测数据）超标的，pH 值、色度、急性毒性以一次有效数据出现超标的，即视为超标。

6.11.2.2 排放量合规判定

排污单位污染物排放量合规是指：

（1）各类主要排放口污染物实际排放量满足其许可排放量要求；

（2）对于特殊时段有许可排放量要求的，实际排放量不得超过特殊时段许可排放量。

对于排污单位燃煤锅炉启停机情况下的非正常排放，应通过加强正常运营时污染物排放管理、减少污染物排放量的方式，确保污染物实际年排放量满足许可排放量要求。

6.11.2.3 管理要求合规判定

环境保护主管部门依据排污许可证中的管理要求，以及制药工业相关技术规范，审核环境管理台账记录和许可证执行报告；检查排污单位是否按照自行监测方案开展自行监测；是否按照排污许可证中环境管理台账记录要求记录相关内容，记录频次、形式等是否满足许可证要求；是否按照许可证中执行报告要求定期上报，上报内容是否符合要求等；是否按照许可证要求定期开展信息公开；是否满足特殊时段污染防治要求。

7 国内外相关标准、技术法规对比和分析

7.1 主要申请材料

7.1.1 废气

美国大气运营许可证申请材料主要包括各种申请表格和其他支持性文件。各州有所不同，以德州为例，申请材料包括：申请材料概述、责任人保证书、企业基本信息汇总表；详细设备情况汇总表、不同设备类型的单独信息列表、全厂适用的许可要求、单个设备单元适用的许可要求、监测要求、合规实施方案和计划表申请、其他支持文件（如工厂位置图、平面布置图、生产流程图和生产工艺描述等）。

本标准申请材料基本涵盖了以上内容，主要区别在于详细设备情况，仅将计算许可排放量相关的生产设施内容列为必填内容，其余详细信息以选填为主。

7.1.2 废水

美国现有源工艺污水排放信息表填报信息包括：各排放口编号、位置以及各自的受纳水体名称、对每个排放口进行废水来源分析、流量分析及处理措施描述、提供工厂内的水流程图、水平衡图、生产信息、技术改进要求、取水和出水特征、不在分析内的可能排污、生物分析信息等。

新排放源的工艺污水填报信息包括：各排放口编号、位置以及各自的受纳水体名称、预计开始排放的日期、对每个排放口进行废水来源分析、流量分析及处理措施描述、提供工厂内的水流程图、水平衡图、企业设计废水的"跑、冒、滴、漏"情况、如果有基于产品产量的废水产生量估算方法，则需估算其日废水产生量。

工业活动中的雨水许可申请填报信息包括：排放口编号及位置、受纳水体名称、有无收到要求改进的通知、提供排水系统图、估算每个排放口所接收的雨水来源的地表面积、简述雨水的处理、储存和处置方法、重大的泄漏或溢出事故、排放监测数据信息、生物学毒性监测数据。另外，还需要描述每个排放口雨水的用于控制污染物排放的处理措施，以减少其污染物的排放。如果没有雨水排放，也可以做出申明并详细描述雨水控制措施。

与美国相比，本标准废水填报信息较为简单，缺少水平衡、企业设计废水的"跑、冒、滴、漏"情况等内容，对工业活动中的后期雨水未进行排污许可，仅开展监测。

7.2 纳入排污许可管理的污染物

美国纳入许可管理废气污染物包括常规污染物和有毒空气污染物。在州层面，通常还包括因当地污染现象或大气质量保护而控制的相关污染物。在大气许可证的申请中，温室气体及其他臭氧层破坏物质等都要求包含在许可证中。申请大气建设许可证的一个原则是把所有可能排放大气污染物的排放源和排放量进行估算，并作出相应的评估。综合而言，所有可能排放的污染物都需要进行管控评估。

废水污染物包括常规污染物（conventional pollutants）、有毒污染物（toxic pollutants）、非常规污染物（non-conventional pollutants）三种。其中，常规污染物包括五日生化需氧量、总悬浮物、pH、粪大肠菌群、油和油脂；有毒污染物包括 126 种金属和人造有机化合物。

非常规污染物是指不属于以上两种类型的污染物质，如氨、氮、磷、化学需氧量和 WET（whole effluent toxicity）、热等。

与美国相比，本标准管控污染物仅包括排放标准中管控因子，企业排放但未纳入排放标准的污染物未纳入排污许可管理。

7.3 许可排放限值确定

美国许可排放限值包括许可排放浓度和许可排放量。美国许可证申请需要考虑基于技术的排放标准和基于水质的排放标准。不同层面的环境保护主管部门，都可以制定这样的标准机制。此外，还有行业标准、有标准颁布的地方环境保护局颁布的环境标准。在申请许可排放量时，要根据原辅材料用量、燃料用量、生产工艺、采用的控制技术、能够达到的控制技术水平等信息，采用合理的计算方法（包括合

适的排放因子或模型软件估算）确定排放量，确保数据的科学性和准确性。

与美国相比，本标准中许可排放限值同样包括许可排放限值和许可排放量。现阶段主要考虑排放浓度和总量控制要求，尚未完全与环境质量挂钩，与技术要求也存在脱节。

7.4　污染控制技术

美国许可证申报根据不同情况需要考虑不同的控制技术。其中，大气部分根据不同环境质量分类地区包括最佳可行控制技术（Best Available Control Technology，BACT）、最低可达排放速率（Lowest Achievable Emission Rate，LAER）以及合理可达控制技术（Reasonably Available Control Technology，RACT）。水部分，针对现有源直接排入水体的常规污染物需要采用常规污染物最佳管理实践技术（BCT）；针对现有源直接排入水体的非常规污染物和有毒有害污染物需要采用最佳经济可用技术（BAT）；针对现有源直接排入水体的所有污染物需要采用最佳可实现控制技术（BPT）；针对新增源直接排入水体的所有污染物需要采用新源排放标准（NSPS）。

与美国相比，本标准给出的可行技术可作为判断企业是否具备污染治理能力的参考，可行技术体系有待进一步完善。

7.5　挥发性有机物管控

挥发性有机物是作为臭氧的前体物进行管理的，臭氧有相应的大气质量标准，因此挥发性有机也作为常规污染物纳入管理，也体现在许可证管理当中。在美国，污染物排放（包括挥发性有机物）没有总量控制的要求，但是要核算企业的挥发性有机物总排放量。挥发性有机物总排放量的计算需要单独计算出各个挥发性有机物组分的排放量，然后再进行加和。从许可证管理角度，挥发性有机物是作为一个整体进行管理。如果企业排放的挥发性有机物中包括了一些特殊的挥发性有机污染物，如 HAPs 中的一种或几种，则需要对这种组分进行单独管理。

本标准将有组织主要排放口挥发性有机物排放浓度和排放量作为许可内容，提出了无组织挥发性有机物的管控要求，待条件成熟时将全厂挥发性有机物排放量作为总量许可内容。

7.6　自行监测

美国企业需要开展自行监测。如果是法律法规要求的，企业必须开展监测。但如果是在许可证的申请过程当中，不具备条件的企业，可以与环境保护主管部门进行沟通协商解决。企业必须遵守许可证的相关规定。反映在许可证中，或者必须要遵守法律要求的，只要落在纸上的，必须要做。如果没有条件实现的话，尤其在许可的过程中，这种情况必须要进行谈判。美国企业的监测数据不需要与环境保护主管部门联网。企业排污监测活动和数据收集保存均由企业负责。

与美国相比，本标准在监测方面要求更为严格。

7.7　台账记录和执行报告

在美国，台账记录是指获得排污许可证的企业必须完整记录足以证明企业合规的信息和数据，包括监测资料、生产数据、异常工况报告、维修记录、启停和运行时间等。所有要求的记录应保存在企业现场备查，并按时更新。企业所记录保存的资料可以构建一个完整的证据链，来证明自己是否满足排污许可证对企业提出的所有要求。数据保存的期限一般为 3～5 年。

企业报告的类型分为合规报告、背离报告两种，企业可以自行编写，也可以委托第三方编写。这样既便于环境保护主管部门的日常管理，又满足公众的知情权与社会监督。企业若按时提交了背离报告，即主动报告与许可证要求相背离的情况以及时间、次数、原因、措施等。如果是由于工艺特点或者其他不可抗力导致的污染物异常排放等，环境保护主管部门可以根据相关规定免予处罚，但若企业不报告或虚假报告，则不能免除。

与美国相比，我国要达到如此精细化管理的水平，还需要在许可证管理实施过程中逐步积累排放源的排放、控制和相关技术的基础数据，配套改革环境保护管理的各项制度和标准，逐步完善我国制药行业的许可证管理。

8 标准实施措施及建议

（1）《原料药制造业排污许可证申请与核发技术规范》对于指导原料药制造业所在的排污单位填报《排污许可证申请表》及网上填报相关申请信息，和指导核发机关审核确定排污许可证许可要求将发挥重要的作用。为进一步加强制药工业的污染排放许可管理，需要相关的排污许可文件进行配套，包括《排污单位自行监测技术指南 化学合成类制药工业》《排污单位自行监测技术指南 发酵类制药工业》《排污单位自行监测技术指南 提取类制药工业》《污染源源强核算技术指南准则》《制药工业大气污染物排放标准》等。

（2）当前原料药制造业水污染物排放执行《发酵类制药工业水污染物排放标准》（GB 21903—2008）、《化学合成类制药工业水污染物排放标准》（GB 21904—2008）、《提取类制药工业水污染物排放标准》（GB 21905—2008）、《中药类制药工业水污染物排放标准》（GB 21906—2008）、《生物工程类制药工业水污染物排放标准》（GB 21907—2008）、《混装制剂类制药工业水污染物排放标准》（GB 21908—2008），于 2008 年实施以来，对于行业的污染减排起到重要的作用。但随着污染控制技术的不断发展和成熟，当前的排放标准较为宽松，需要对该标准适用性及实施的情况进行评估和分析，适时地对排放标准进行修订和加严。

（3）管理部门和技术咨询机构应注重对标准的应用及问题反馈

各级环境保护管理部门在本标准颁布实施后，应严格按照标准要求，对原料药制造业排污单位排污可证核发进行把关，规范原料药制造业排污许可工作。技术咨询机构在本标准颁布实施后，应严格按照技术规范要求，开展原料药制造业排污单位排污许可证申请与核发技术咨询工作。在本标准使用过程中，发现问题应及时向环境保护部反馈，以利于本标准的修改完善。

（4）加大对企业和环境保护部门的宣传培训力度

国家排污许可制度对各行业提出了精细化管理要求，本标准涉及的环境管理内容多，技术要求高，应加大对企业和环境保护部门的培训，帮助理解技术规范的要求，指导企业申请和环境保护部门核发。

（5）开展标准实施评估

建议结合排污许可证申请与核发工作，适时开展本标准实施效果评估，必要时开展本标准的修订工作。

中华人民共和国环境保护行业标准

排污许可证申请与核发技术规范 制革及毛皮加工工业——制革工业

Technical specification for application and issuance of pollutant permit —Leather and fur making industry—Leather making industry

HJ 859.1—2017

前　言

为贯彻落实《中华人民共和国环境保护法》《中华人民共和国大气污染防治法》《中华人民共和国水污染防治法》等法律法规和《国务院办公厅关于印发控制污染物排放许可制实施方案的通知》（国办发〔2016〕81 号），完善排污许可技术支撑体系，指导和规范制革工业排污许可证申请与核发工作，制定本标准。

本标准规定了制革工业排污许可证申请与核发的基本情况填报要求、许可排放限值确定、实际排放量核算和合规判定的方法，以及自行监测、环境管理台账与排污许可证执行报告等环境管理要求，提出了制革工业污染防治可行技术要求。

核发机关核发排污许可证时，对位于法律法规明确规定禁止建设区域内的、属于国家或地方已明确规定予以淘汰或取缔的制革工业排污单位或者生产装置，应不予核发排污许可证。

本标准的附录 A 和附录 B 为资料性附录。

本标准为首次发布。

本标准由环境保护部规划财务司、环境保护部科技标准司组织制订。

本标准主要起草单位：中国皮革协会、中国环境科学研究院、环境保护部环境规划院。

本标准环境保护部 2017 年 9 月 29 日批准。

本标准自 2017 年 9 月 29 日起实施。

本标准由环境保护部解释。

1　适用范围

本标准规定了制革工业排污许可证申请与核发的基本情况填报要求、许可排放限值确定、实际排放量核算和合规判定的方法，以及自行监测、环境管理台账与排污许可证执行报告等环境管理要求，提出了制革工业污染防治可行技术要求。

本标准适用于指导制革工业排污许可证的申请、核发与监管工作。

本标准适用于指导制革工业排污单位填报《关于印发〈排污许可证管理暂行规定〉的通知》（环水体〔2016〕186 号）中附 2《排污许可证申请表》及在全国排污许可证管理信息平台上填报相关申请信息，同时适用于指导核发机关审核确定制革工业排污单位排污许可证许可要求。

本标准适用于制革工业排污单位排放的水污染物和大气污染物的排污许可管理。

制革工业排污单位中，对于执行《火电厂大气污染物排放标准》（GB 13223）的生产设施或排放口，适用《关于开展火电、造纸行业和京津冀试点城市高架源排污许可证管理工作的通知》（环水体〔2016〕189 号）中附件 1《火电行业排污许可证申请与核发技术规范》；对于执行《锅炉大气污染物排放标准》（GB 13271）的生产设施和排放口，参照本标准执行，待锅炉工业排污许可证申请与核发技术规范发布后从其规定。

本标准未作规定但排放工业废水、废气或者国家规定的有毒有害大气污染物的制革工业排污单位其他产污设施和排放口，参照《排污许可证申请与核发技术规范 总则》执行。

2 规范性引用文件

本标准引用了下列文件或其中的条款。凡是未注明日期的引用文件，其最新版本适用于本标准。

GB 13223 火电厂大气污染物排放标准

GB 13271 锅炉大气污染物排放标准

GB 14554 恶臭污染物排放标准

GB 16297 大气污染物综合排放标准

GB 30486 制革及毛皮加工工业水污染物排放标准

GB/T 16157 固定污染源排气中颗粒物测定与气态污染物采样方法

HJ/T 55 大气污染物无组织排放监测技术导则

HJ/T 75 固定污染源烟气排放连续监测技术规范（试行）

HJ/T 76 固定污染源烟气排放连续监测系统技术要求及检测方法（试行）

HJ/T 91 地表水和污水监测技术规范

HJ/T 353 水污染源在线监测系统安装技术规范（试行）

HJ/T 354 水污染源在线监测系统验收技术规范（试行）

HJ/T 355 水污染源在线监测系统运行与考核技术规范（试行）

HJ/T 356 水污染源在线监测系统数据有效性判别技术规范（试行）

HJ/T 373 固定污染源监测质量保证与质量控制技术规范（试行）

HJ/T 397 固定源废气监测技术规范

HJ 494 水质 采样技术指导

HJ 495 水质 采样方案设计技术规定

HJ 819 排污单位自行监测技术指南 总则

HJ 820 排污单位自行监测技术指南 火力发电及锅炉

*排污许可证申请与核发技术规范 总则

*排污单位自行监测技术指南 制革及毛皮加工工业

《固定污染源排污许可分类管理名录（2017年版）》（环境保护部令 第45号）

《排污口规范化整治技术要求（试行）》（环监〔1996〕470号）

《污染源自动监控设施运行管理办法》（环发〔2008〕6号）

《关于执行大气污染物特别排放限值的公告》（环境保护部公告 2013年 第14号）

《“十三五”生态环境保护规划》（国发〔2016〕65号）

《关于印发〈排污许可证管理暂行规定〉的通知》（环水体〔2016〕186号）

《关于开展火电、造纸行业和京津冀试点城市高架源排污许可证管理工作的通知》（环水体〔2016〕189号）

《关于执行大气污染物特别排放限值有关问题的复函》（环办大气函〔2016〕1087号）

《关于加强京津冀高架源污染物自动监控有关问题的通知》（环办环监函〔2016〕1488号）

* 标准正在编制审批之中，待正式发布后按发布的标准实行。

3 术语和定义

下列术语和定义适用于本标准。

3.1 制革 leather making

指把从猪、牛、羊等动物体上剥下来的皮（即生皮），进行系统的化学和物理处理，制作成适合各种用途的半成品革或成品革的过程。从半成品革经过整饰加工成成品革也属于制革的范畴。

3.2 制革工业排污单位 leather making industry pollutant emission unit

指以生皮或半成品革（包括蓝湿革和坯革）为原料进行制革的排污单位。

3.3 原料皮 raw materials

指制革工业排污单位加工皮革所用的最初状态的皮料，包括成品革之前的所有阶段的产品，如生皮、蓝湿革、坯革等。

3.4 含铬废水 chromium-containing wastewater

指在铬鞣及铬复鞣工序中产生的废铬液及相应的水洗工序废水。

3.5 许可排放限值 permitted emission limits

指排污许可证中规定的允许排污单位排放的污染物最大排放浓度和排放量。

3.6 特殊时段 special periods

指根据国家和地方限期达标规划及其他相关环境管理规定，对排污单位的污染物排放情况有特殊要求的时段，包括重污染天气应对期间和冬防期间等。

4 制革工业排污单位基本情况申报要求

4.1 基本原则

制革工业排污单位应按照实际情况进行填报，对提交申请材料的真实性、合法性和完整性负法律责任。

制革工业排污单位应按照本标准要求，在全国排污许可证管理信息平台申报系统填报《排污许可证申请表》中的相应信息。填报系统中未包括，地方环境保护主管部门有规定需要填报或排污单位认为需要填报的，可自行增加内容。

4.2 排污单位基本信息

制革工业排污单位基本信息应填报单位名称、邮政编码、行业类别（填报时选择“皮革鞣制加工业”）、是否投产、投产日期、生产经营场所经纬度、所在地是否属于重点区域、建设项目环境影响评价文件批复及文号（备案编号）或者地方政府对违规项目的认定或备案文件及文号、主要污染物总量分配计划文件及文号、颗粒物总量指标（t/a）、二氧化硫总量指标（t/a）、氮氧化物总量指标（t/a）、化学需氧量总量指标（t/a）、氨氮总量指标（t/a）、总铬总量指标（kg/a）、涉及的其他污染物总量指标等，以及实施铬减量化和封闭循环利用技术改造情况等。

4.3 主要产品及产能

4.3.1 一般原则

应填报主要生产单元、主要工艺、主要生产设施、主要生产设施编号、设施参数、产品名称、生产能力及计量单位、设计年生产时间和其他。

4.3.2 主要生产单元

主要生产单元为必填项，分为牛皮生产线、羊皮生产线、猪皮生产线、其他生产线、公共单元等。

4.3.3 主要工艺及公共单元

主要工艺及公共单元为必填项。主要工艺分为生皮至成品革（坯革）、生皮至蓝湿革、蓝湿革至成品革（坯革）、坯革至成品革等。公共单元包括锅炉供热系统、储存系统、辅助系统、供水处理系统等。

4.3.4 主要生产设施

a）生皮至成品革（坯革）生产工艺的主要生产设施，必填项包括准备工段转鼓（划槽），鞣制工段转鼓，湿整饰工段转鼓，车间废液循环设施，干整饰工段喷浆机、辊涂机、磨革机等；选填项包括去肉机，片皮机，削匀机等。

b）生皮至蓝湿革生产工艺的主要生产设施，必填项包括准备工段转鼓（划槽），鞣制工段转鼓，车间废液循环设施；选填项包括去肉机，片皮机等。

c）蓝湿革至成品革（坯革）生产工艺的主要生产设施，必填项包括湿整饰工段转鼓，干整饰工段喷浆机、辊涂机、磨革机等；选填项包括片皮机，削匀机等。

d）坯革至成品革生产工艺的主要生产设施，必填项包括干整饰工段喷浆机、辊涂机、磨革机等。

e）公共单元设施（设备），必填项包括锅炉供热系统（燃煤锅炉、燃油锅炉、燃气锅炉、生物质锅炉、电锅炉、其他），储存系统（原料皮库、化学品库、成品库、煤场、油罐、气罐、其他），辅助系统（污水处理设施、危险废物储存间、灰库、渣仓、灰渣场、其他）；选填项包括供水处理系统（清水制备系统、软化水制备系统、其他）等。

4.3.5 主要生产设施编号

制革工业排污单位填报内部生产设施编号，若排污单位无内部生产设施编号，则根据《固定污染源（水、大气）编码规则（试行）》（环水体〔2016〕189号中附件4）进行编号并填报。

4.3.6 设施参数

分为参数名称、设计值、计量单位等。必填项包括准备工段转鼓（划槽）、鞣制工段转鼓、湿整饰工段转鼓的设计投料量（t/鼓），干整饰工段喷浆机、辊涂机的设计速率（m/min），磨革机的设计速率（m/min）等；选填项包括设备规格或型号等。

4.3.7 产品名称

分为蓝湿革、成品革（包括鞋面革、服装革、包袋革、沙发革、汽车革等）、坯革等。

4.3.8 生产能力及计量单位

生产能力为主要产品设计产能，不包括国家或地方政府明确规定予以淘汰或取缔的产能。生产能力计量单位为 t/a。

4.3.9 设计年生产时间

环境影响评价文件及其批复、地方政府对违规项目的认定或备案文件确定的年生产天数。

4.3.10 其他

制革工业排污单位如有需要说明的内容，可填写。

4.4 主要原辅材料及燃料

4.4.1 一般原则

填写各生产单元主要原辅材料及燃料的名称、设计年使用量及计量单位、硫元素占比、铬元素占比等。

4.4.2 种类

包括原料、辅料和燃料。

4.4.3 原辅材料名称

原料名称为必填项，包括牛皮（生皮、蓝湿革或坯革）、羊皮（生皮、蓝湿革或坯革）、猪皮（生皮、蓝湿革或坯革）、水等。

辅料名称中，必填项包括废水、废气污染治理过程中添加的化学品，如硫酸亚铁、氢氧化钠、PAM、PAC、臭氧、双氧水等；制革加工过程中使用的铬鞣剂、硫化钠/硫氢化钠、工业盐、含铬复鞣剂、涂饰树脂等。其余为选填项。

4.4.4 原辅材料成分及占比

应按设计值或上一年生产实际值填写原料、辅料中铬元素、硫元素占比，如使用溶剂型涂饰材料进行涂饰的制革工业排污单位，还应填写涂饰材料溶剂占比。填报值以收到基为基准。

4.4.5 燃料名称

应填写燃料煤、天然气、柴油、重油、其他。

4.4.6 燃料成分

按设计值或上一年生产实际值填写燃料灰分、硫分（固体和液体燃料按硫分计；气体燃料按总硫计，总硫包含有机硫和无机硫）、挥发分及热值，燃油和燃气填写硫分及热值。填报值以收到基为基准。

4.4.7 设计年使用量及计量单位

设计年使用量为与生产能力相匹配的原辅材料及燃料年使用量。

设计年使用量的计量单位为 t/a 或 m^3/a。

4.4.8 其他

制革工业排污单位如有需要说明的其他内容，可填写。

4.5 产排污节点、污染物及污染治理设施

4.5.1 一般原则

废水产排污节点、污染物及污染治理设施包括废水类别、污染物种类、排放去向、排放规律、污染治理设施、排放口编号、排放口设置是否符合要求、排放口类型。

废气产排污节点、污染物及污染治理设施包括对应产污环节名称、污染物种类、排放形式（有组织、无组织）、污染治理设施、有组织排放口编号、排放口设置是否符合要求、排放口类型。

4.5.2 废水

4.5.2.1 类别

废水类别分为含铬废水、其他生产废水、生活污水等。

4.5.2.2 污染物种类

制革工业排污单位水污染物种类依据 GB 30486 确定，地方有更严格排放标准要求的，按照地方排放标准从严确定。

4.5.2.3 污染治理设施名称

废水污染治理设施包括含铬废水处理系统、全厂废水（包括含铬废水除铬后上清液、其他生产废水和生活污水）处理系统等。

4.5.2.4 污染治理工艺

废水污染治理工艺分为一级处理（过滤、沉淀、气浮、其他），二级处理（A/O、变型 A/O、SBR、氧化沟、生物接触氧化、厌氧、其他），深度处理（超滤/纳滤、反渗透、吸附过滤、氧化塘、生物滤池、芬顿、其他）等。

4.5.2.5 排放去向

排放去向分为不外排；排至厂内综合污水处理站；直接进入海域；直接进入江河、湖、库等水环境；进入城市下水道（再入江河、湖、库）；进入城市下水道（再入沿海海域）；进入城市污水处理厂；进入工业废水集中处理设施；进入其他单位；其他。

4.5.2.6 排放规律

排放规律分为连续排放，流量稳定；连续排放，流量不稳定，但有周期性规律；连续排放，流量不稳定，但有规律，且不属于周期性规律；连续排放，流量不稳定，属于冲击型排放；连续排放，流量不稳定且无规律，但不属于冲击型排放；间断排放，排放期间流量稳定；间断排放，排放期间流量不稳定，但有周期性规律；间断排放，排放期间流量不稳定，但有规律，且不属于非周期性规律；间断排放，排放期间流量不稳定，属于冲击型排放；间断排放，排放期间流量不稳定且无规律，但不属于冲击型排放。

4.5.3 废气

4.5.3.1 产污环节

产污环节包括锅炉、生皮库、脱毛车间、磨革车间、涂饰车间、污水处理设施等。

4.5.3.2 污染物种类

a）锅炉大气污染物种类依据 GB 13271 确定。

b）生皮库污染物种类为臭气浓度、氨。

c）使用硫化物的脱毛车间污染物种类为臭气浓度、硫化氢。

d）涂饰车间污染物种类为苯、甲苯、二甲苯、非甲烷总烃。

e）磨革车间、煤场污染物种类为颗粒物。

f）污水处理设施（指调节池、集水池和污泥处理设施）污染物种类为臭气浓度、氨、硫化氢。

地方有更严格排放标准要求的，按照地方排放标准从严确定。

4.5.3.3 污染治理设施名称

废气污染治理设施包括除尘系统、脱硫系统、脱硝系统、有组织废气收集处理系统等。

4.5.3.4 污染治理工艺

废气污染治理工艺包括除尘设施（袋式除尘器、电式除尘器、其他），脱硫设施（湿法脱硫、半干法脱硫、干法脱硫、其他），脱硝设施（低氮燃烧技术、SCR、SNCR、其他），有组织废气收集处理设施（活性炭吸附、生物滤塔、喷淋吸收、催化燃烧、强氧化、其他）等。

4.5.4 污染治理设施、有组织排放口编号

污染治理设施编号可填写制革工业排污单位内部编号，若无内部编号，则根据《固定污染源（水、大气）编码规则（试行）》（环水体〔2016〕189 号中附件 4）进行编号并填报。

有组织排放口编号应填写地方环境保护主管部门现有编号，若地方环境保护主管部门未对排放口进行编号，则根据《固定污染源（水、大气）编码规则（试行）》（环水体〔2016〕189 号中附件 4）进行编号并填报。

4.5.5 可行技术

参照本标准第 6 章“污染防治可行技术要求”填报。

4.5.6 排放口规范化设置

根据《排污口规范化整治技术要求（试行）》等相关文件的规定填报排放口设置是否符合规范化要求。

4.5.7 排放口类型

废水排放口分为主要排放口和一般排放口。主要排放口包括废水总排放口和车间或生产设施废水排放口，其他废水排放口均为一般排放口。

废气排放口分为主要排放口和一般排放口。主要排放口包括锅炉供热系统烟囱，其他废气排放口均为一般排放口。

4.6 图件要求

制革工业排污单位基本情况还应包括生产工艺流程图（包括全厂及各工序）、厂区总平面布置图、雨污水管网平面布置图。

生产工艺流程图应至少包括主要生产设施（设备）、主要原辅燃料的流向、生产工艺流程等内容。

厂区总平面布置图应至少包括主体设施、公辅设施、污水处理设施等内容，同时注明厂区运输路线等。

雨污水管网平面布置图应包括厂区雨水和污水集输管线走向、排放口位置及排放去向等内容。

4.7 其他要求

制革工业排污单位在填报申请信息时，应评估污染物排放及环境管理现状，对现状环境问题提出整改措施，并填入全国排污许可证管理信息平台申报系统中“改正措施”一栏。

省级环境保护主管部门按照环境质量改善需求增加的管理要求，应填入全国排污许可证管理信息平台申报系统中“有核发权的地方环境保护主管部门增加的管理内容”一栏。

5　产排污环节对应排放口及许可排放限值确定方法

5.1　污染物排放

5.1.1　废水排放口及执行标准

废水直接排放口应填报排放口地理坐标、间歇排放时段、受纳自然水体信息、汇入受纳自然水体处地理坐标及执行的国家或地方污染物排放标准；废水间接排放口应填报排放口地理坐标、间歇排放时段、受纳污水处理厂名称及执行的国家或地方污染物排放标准。废水间歇式排放的，应载明排放污染物的时段。

制革工业排污单位纳入排污许可管理的废水类别、排放口类型及污染物项目见表 1。地方有其他管理要求的，从其规定。

表 1　纳入排污许可管理的废水类别、排放口类型及污染物项目

废水类别	废水排放口	排放口类型	污染物
含铬废水	车间或生产设施废水排放口	主要排放口	总铬、六价铬
全厂废水（含铬废水除铬后上清液、其他生产废水、生活污水[a]）	废水总排放口	主要排放口	pH 值、色度、悬浮物、化学需氧量、五日生化需氧量、氨氮、总磷、总氮、硫化物、动植物油、氯离子
雨水	雨水排放口	一般排放口	化学需氧量
[a] 单独排入城镇集中污水处理设施的生活污水仅说明去向。			

5.1.2　废气排放口及执行标准

废气排放口应填报排放口地理坐标、排气筒高度、排气筒出口内径、国家或地方污染物排放标准、环境影响评价文件批复要求及排污单位承诺更加严格的排放限值。

制革工业排污单位纳入排污许可管理的废气产生环节、排放类型及污染物项目见表 2。

表 2　纳入排污许可管理的废气产生环节、排放类型及污染物项目

废气产生环节	排放口	排放口类型	污染物
废气有组织排放			
各种燃料锅炉	锅炉烟囱	主要排放口	颗粒物、二氧化硫、氮氧化物、汞及其化合物[a]、烟气黑度（林格曼黑度，级）
污水处理设施[b]	排气筒	一般排放口	臭气浓度、氨、硫化氢
喷浆设施	排气筒	一般排放口	苯、甲苯、二甲苯、非甲烷总烃
废气无组织排放			
生皮库[c]	—	—	臭气浓度、氨
使用硫化物的脱毛车间[d]	—	—	臭气浓度、硫化氢
磨革车间[e]	—	—	颗粒物
涂饰车间[f]	—	—	苯、甲苯、二甲苯、非甲烷总烃
煤场[g]	—	—	颗粒物
注：地方环境保护主管部门对污染物项目有特殊要求的，从其规定。			
[a] 适用于燃煤锅炉。 [b] 污水处理设施采用全生化除臭等先进污水处理技术的，其污染物纳入无组织排放管理。 [c, d, e, f, g] 如建有废气收集处理系统，经排气筒排放，其污染物纳入有组织排放管理。 [f] 指辊涂、补伤、刷涂等可能造成废气无组织排放的工序。			

5.2　许可排放限值

5.2.1　一般原则

许可排放限值包括污染物许可排放浓度和许可排放量。依据《固定污染源排污许可分类管理名录》规定的实施简化管理的制革工业排污单位原则上仅许可排放浓度，不许可排放量，地方环境保护主管部门有其他管理要求的，从其规定。许可排放量包括年许可排放量和特殊时段许可排放量。年许可排放量

是指允许制革工业排污单位连续 12 个月排放的污染物最大排放量。年许可排放量同时适用于考核自然年的实际排放量。有核发权的地方环境保护主管部门可根据环境管理规定细化许可排放量的核算周期。

对于水污染物，车间或生产设施废水排放口和废水总排放口均许可排放浓度和许可排放量，单独排入城镇集中污水处理设施的生活污水排放口不许可排放浓度和排放量。

对于大气污染物，以排放口为单位确定主要排放口和一般排放口的许可排放浓度，以厂界确定无组织许可排放浓度。主要排放口逐一计算许可排放量，一般排放口和无组织不许可排放量。

根据国家或地方污染物排放标准确定许可排放浓度。依据总量控制指标及本标准规定的方法从严确定许可排放量，2015 年 1 月 1 日（含）后取得环境影响评价文件批复的制革工业排污单位，许可排放量还应同时满足环境影响评价文件和批复要求。

总量控制指标包括地方政府或环境保护主管部门发文确定的排污单位总量控制指标、环境影响评价文件批复中确定的总量控制指标、现有排污许可证中载明的总量控制指标、通过排污权有偿使用和交易确定的总量控制指标等地方政府或环境保护主管部门与排污许可证申领排污单位以一定形式确认的总量控制指标。

制革工业排污单位填报申请的排污许可排放限值时，应在《排污许可证申请表》中写明许可排放限值计算过程。

制革工业排污单位承诺的排放浓度严于本标准要求的，应在排污许可证中载明。

5.2.2 许可排放浓度

5.2.2.1 废水

依据 GB 30486 确定制革工业排污单位许可排放浓度限值。地方有更严格排放标准要求的，按照地方排放标准从严确定。

5.2.2.2 废气

依据 GB 13271、GB 14554、GB 16297 确定制革工业排污单位许可排放浓度限值。地方有更严格排放标准要求的，按照地方排放标准从严确定。

大气污染防治重点控制区按照《关于执行大气污染物特别排放限值的公告》和《关于执行大气污染物特别排放限值有关问题的复函》的要求执行。其他执行大气污染物特别排放限值的地域范围、时间，由国务院环境保护主管部门或省级人民政府规定。

若执行不同许可排放浓度的多台生产设施或排放口采用混合方式排放废气，且选择的监控位置只能监测混合废气中的大气污染物浓度，则应执行各许可排放限值要求中最严格限值。

5.2.3 许可排放量

5.2.3.1 废水

明确制革工业排污单位对化学需氧量、氨氮、总铬，以及受纳水体环境质量超标且列入 GB 30486 中的其他污染物项目年许可排放量。对位于《“十三五”生态环境保护规划》及环境保护部正式发布的文件中规定的总氮、总磷总量控制区域内的制革工业排污单位，还应申请总氮、总磷年许可排放量。地方环境保护主管部门另有规定的，从其规定。

本标准按照制革工业排污单位的生产工艺将年许可排放量分为单一生产工艺排放和混合工艺排放两种核算方法。

a）单一生产工艺排放

采用单一生产工艺（如全部产品为从蓝湿革加工到成品革）的制革工业排污单位，其水污染物许可排放量依据水污染物许可排放浓度限值、单位原料皮基准排水量和产品产能核算，计算公式如下：

$$D=S\times Q\times \rho \times 10^{-6} \tag{1}$$

式中：D——某种水污染物年许可排放量，t/a；

S——产品年产能（单位换算见表 3），t/a；

Q——单位原料皮基准排水量（见表 4，执行 GB 30486 中特别排放限值的制革工业排污单位，其单位原料皮基准排水量按照 GB 30486 中表 3 取值），m^3/t 生皮或蓝湿革；地方有更严格排放标准要求的，按照地方排放标准从严确定；

ρ——水污染物许可排放浓度限值，mg/L。

b）混合生产工艺排放

采用两种或两种以上生产工艺（例如，一部分产品从生皮加工到成品革，另一部分产品从蓝湿革加工到成品革），许可排放量采用如下公式核算：

$$D=\rho\times\sum_{i=1}^{n}\left(S_i\times Q_i\right)\times10^{-6} \tag{2}$$

式中：D—— 某种水污染物年许可排放量，t/a；

ρ—— 水污染物许可排放浓度限值，mg/L；

S_i—— 采用不同生产工艺的产品年产能（单位换算见表 3），t/a；

Q_i—— 采用不同生产工艺的单位原料皮基准排水量（见表 4，执行 GB 30486 中特别排放限值的制革工业排污单位，其单位原料皮基准排水量按照 GB 30486 中表 3 取值），m^3/t 生皮或蓝湿革；地方有更严格排放标准要求的，按照地方排放标准从严确定；

n—— 制革工业排污单位所采用的生产工艺种类数量。

表 3　产品产能单位换算

项目	1 标准张		1 m^2 成品革	
	生皮	蓝湿革	生皮	蓝湿革
牛皮基准重量/kg	25	12.5	5.5	2.8
猪皮基准重量/kg	5	2.5	4.2	2.1
绵羊皮基准重量/kg	4.5	1.2	5.6	1.4
山羊皮基准重量/kg	2.2	0.6	4.4	1.2

表 4 单位原料皮基准排水量

废水类别	工艺类别		
	生皮-成品革/（m^3/t 生皮）	生皮-蓝湿革/（m^3/t 生皮）	蓝湿革-成品革/（m^3/t 蓝湿革）
全厂废水	55	40	羊皮：55 其他：30
含铬废水	12	4	羊皮：28 其他：15

5.2.3.2　废气

明确制革工业排污单位对锅炉废气中颗粒物、二氧化硫、氮氧化物按本标准确定许可排放量，备用锅炉不再单独许可排放量。

对于执行 GB 13223 的制革工业排污单位，颗粒物、二氧化硫、氮氧化物许可排放量参照《火电行业排污许可证申请与核发技术规范》执行；对于执行 GB 13271 的制革工业排污单位，颗粒物、二氧化硫、氮氧化物许可排放量核算方法参照本标准执行，待锅炉工业排污许可证申请与核发技术规范发布后从其规定。

a）年许可排放量核算方法

锅炉废气污染物年许可排放量依据废气污染物许可排放浓度限值、基准烟气量和设计燃料用量核算。

燃煤或燃油锅炉废气污染物许可排放量计算公式如下：

$$D=R\times Q\times\rho\times10^{-6} \tag{3}$$

燃气锅炉废气污染物许可排放量计算公式如下：

$$D=R\times Q\times \rho\times 10^{-9} \tag{4}$$

式中：D—— 废气污染物许可排放量，t/a；

R—— 设计燃料用量，t/a 或 m^3/a；

ρ—— 废气污染物许可排放浓度限值，mg/m^3；

Q—— 基准烟气量（标态），m^3/kg 燃煤（燃油），或 m^3/m^3 天然气，具体取值见表 5。

表 5 锅炉废气基准烟气量取值表

锅 炉	热 值	基准烟气量
燃煤锅炉/（m^3/kg）	12.5 MJ/kg	6.2
	21 MJ/kg	9.9
	25 MJ/kg	11.6
燃油锅炉/（m^3/kg）	38 MJ/kg	12.2
	40 MJ/kg	12.8
	43 MJ/kg	13.8
燃气锅炉/（m^3/m^3）	—	12.3
注 1：燃用其他热值燃料的，可按照《动力工程师手册》进行计算。 注 2：燃用生物质燃料蒸汽锅炉的基准排气量参考燃煤蒸汽锅炉确定，或参考近 3 年制革工业排污单位实测的烟气量，或近 1 年连续在线监测的烟气量。		

b）特殊时段许可排放量核算方法

特殊时段制革工业排污单位日许可排放量按式（5）计算。地方制定的相关法规中对特殊时段许可排放量有明确规定的，从其规定。国家和地方环境保护主管部门依法规定的其他特殊时段短期许可排放量应在排污许可证当中载明。

$$E_{日许可}=E_{前一年环统日均排放量}\times(1-\alpha) \tag{5}$$

式中：$E_{日许可}$—— 制革工业排污单位重污染天气应对期间或冬防期间日许可排放量，t；

$E_{前一年环统日均排放量}$—— 根据制革工业排污单位前一年环境统计实际排放量折算的日均值，t；

α—— 重污染天气应对期间或冬防期间排放量削减比例，%。

6 污染防治可行技术要求

6.1 一般原则

本标准所列污染防治可行技术及运行管理要求可作为环境保护主管部门对排污许可证申请材料审核的参考。对于制革工业排污单位采用本标准所列污染防治可行技术的，原则上认为其具备符合规定的污染防治设施或污染物处理能力。

对于未采用本标准所列污染防治可行技术的，制革工业排污单位应在申请时提供相关证明材料（如已有监测数据；对于国内外首次采用的污染治理技术，还应提供中试数据等说明材料），证明可达到与污染防治可行技术相当的处理能力。

对不属于污染防治可行技术的污染治理技术，制革工业排污单位应加强自行监测、台账记录，评估达标可行性。待制革工业污染防治可行技术指南发布后，从其规定。

6.2 废水

6.2.1 污染防治可行技术

制革工业排污单位废水污染防治可行技术详见表 6。

表 6 制革工业排污单位废水污染防治可行技术参照表

废水类别	污染物种类	可行技术
含铬废水	总铬、六价铬	结合生产工艺采用铬减量化和封闭循环利用或碱沉淀、过滤、吸附及深度处理等技术，经处理总铬、六价铬满足限值要求后排至污水处理站进一步处理

废水类别	污染物种类	可行技术
全厂废水	pH 值、色度、五日生化需氧量、悬浮物、化学需氧量、氨氮、总氮、总磷、动植物油、硫化物、氯离子	排至污水处理站经一级物化、二级生化、深度处理或全生化工艺后回用或经总排放口达标外排 一级物化：隔油、气浮、混凝、沉淀等 二级生化：A/O、变型 A/O、氧化沟、A/B、SBR、生物接触氧化、BAF、MBR、厌氧等，以及相应组合工艺 深度处理：氧化塘、芬顿氧化/臭氧氧化、生物滤池、膜技术（微滤/超滤/反渗透）、吸附等

6.2.2　运行管理要求

制革工业排污单位应按照相关法律法规、标准和技术规范等要求运行水污染防治设施，并进行维护和管理，保证设施运行正常，处理、排放水污染物符合相关国家或地方污染物排放标准的规定。

6.3　废气

6.3.1　污染防治可行技术

制革工业排污单位废气污染防治可行技术详见表 7。

表 7　制革工业排污单位废气污染防治可行技术参照表

生产装置或设施	污染物种类	可行技术
锅炉	二氧化硫	湿法脱硫（石灰石法、氧化镁法、氨法、氢氧化钠法）、半干法脱硫、干法脱硫
	氮氧化物	低氮燃烧技术（低氮燃烧器、空气分级燃烧、燃料分级燃烧）、选择性催化还原法（SCR）、选择性非催化还原法（SNCR）
	颗粒物	袋式除尘技术、电除尘技术
污水处理设施	硫化氢、氨、臭气浓度	集中收集后采用喷淋吸收、生物滤塔、活性炭吸附、强氧化等技术
喷浆设施	苯、甲苯、二甲苯、非甲烷总烃	集中收集后采用喷淋、过滤、吸附等技术

6.3.2　运行管理要求

6.3.2.1　有组织排放

制革工业排污单位应按照相关法律法规、标准和技术规范等要求运行大气污染防治设施，并进行维护和管理，保证设施正常运行，处理、排放大气污染物符合相关国家或地方污染物排放标准的规定。

6.3.2.2　无组织排放

制革工业排污单位废气无组织排放运行管理要求见表 8。

表 8　制革工业排污单位废气无组织排放运行管理要求

产污环节	运行管理要求
生皮库	低温保藏或封闭贮存，集中收集处理后经排气筒排放
硫化物脱毛车间	采用少硫无硫脱毛技术
磨革车间	建立封闭除尘系统
涂饰车间	采用水性涂饰材料
污水处理设施	采用全生化除臭等先进污水处理技术
露天堆煤场	采用防风抑尘网、喷淋、洒水等抑尘措施

7　自行监测管理要求

7.1　一般原则

制革工业排污单位在申请排污许可证时，应按照本标准确定的产排污节点排放口、污染物项目及许可排放限值等要求，制定自行监测方案，并在《排污许可证申请表》中明确。制革工业排污单位自行监测技术指南发布后，自行监测方案的制定从其要求。制革工业排污单位中的锅炉自行监测方案按照 HJ 820 制定。

有核发权的地方环境保护主管部门可根据环境质量改善需求，增加制革工业排污单位自行监测管理要求。对于 2015 年 1 月 1 日（含）后取得环境影响评价文件批复的制革工业排污单位，其环境影响评价文件及其批复中有其他管理要求的，应同步完善自行监测方案。

7.2 自行监测方案

自行监测方案中应明确制革工业排污单位的基本情况、监测点位及示意图、监测项目、执行排放标准及其限值、监测频次、采样和样品保存方法、监测分析方法和仪器、质量保证与质量控制、自行监测信息公开方式等。对于采用自动监测的制革工业排污单位应如实填报采用自动监测的污染物指标、自动监测系统联网情况、自动监测系统的运行维护情况等；对于未采用自动监测的污染物指标，制革工业排污单位应填报开展手工监测的污染物排放口和监测点位、监测方法、监测频次等。

7.3 自行监测要求

制革工业排污单位可自行或委托第三方监测机构开展监测工作，并安排专人专职对监测数据进行记录、整理、统计和分析，对监测结果的真实性、准确性、完整性负责。手工监测时的生产负荷原则上不低于本次监测与上一次监测期间内的平均生产负荷。

7.3.1 监测内容

自行监测应包括排放标准中涉及的各项废水、废气污染源和污染物。制革工业排污单位自行监测应包括生产废水、生活污水、雨水、有组织排放废气、无组织排放废气的全部污染源，单独排入城镇集中污水处理设施的生活污水可不开展自行监测；自行监测污染物包括 GB 30486 中涉及的水污染物以及颗粒物、二氧化硫、氮氧化物等废气污染物，雨水仅对化学需氧量开展自行监测。

7.3.2 监测点位

7.3.2.1 一般原则

制革工业排污单位自行监测点位包括外排口、车间排口监测点位、无组织排放监测点位、周边环境质量影响监测点位等。

7.3.2.2 废水外排口

按照排放标准规定的监控位置设置废水监测点位。废水排放口应符合《排污口规范化整治技术要求（试行）》和 HJ/T 91 等的要求。

排放标准规定的监控位置为车间或生产设施废水排放口、废水总排放口，在相应的废水排放口采样。废水直接排放的，在制革工业排污单位的排污口采样；废水间接排放的，在制革工业排污单位的污水处理设施排放口后、进入公共污水处理系统前的用地红线边界位置采样。

选取全厂雨水排放口开展监测。对于有多个雨水排放口的单位，对全部排放口开展监测。雨水监测点位设在厂内雨水排放口后、排污单位用地红线边界位置。在确保雨水排放口有流量的前提下进行采样。

7.3.2.3 车间排口

使用铬鞣剂的制革工业排污单位，应在车间或生产设施废水排放口设置监测点位。

7.3.2.4 废气外排口

点位设置应符合 GB/T 16157、HJ/T 75、HJ/T 397 等要求。净烟气直接排放的，应在净烟气烟道上设置监测点位；净烟气与原烟气混合排放的，应在排气筒或烟气汇合后的混合烟道上设置监测点位。

7.3.2.5 无组织排放

实行重点管理的制革工业排污单位应设置废气无组织排放监测点位，无组织排放监控位置为厂界。实行简化管理的制革工业排污单位，原则上不设置无组织监测点位，仅检查治理措施落实及运维情况。

7.3.2.6 周边环境影响监测点

对于 2015 年 1 月 1 日（含）后取得环境影响评价文件批复的制革工业排污单位，周边环境质量影响监测点位按照环境影响评价文件的要求设置。

7.4 监测技术手段

自行监测的技术手段包括手工监测、自动监测两种类型。

根据《关于加强京津冀高架源污染物自动监控有关问题的通知》中的相关内容，京津冀地区及传输通道城市制革工业排污单位排放烟囱超过 45 m 的各高架源应安装污染源自动监控设备。鼓励其他排放口及污染物采用自动监测设备监测，对于未要求采用自动监测的排放口或污染物，应采用手工监测。

7.5　监测频次

采用自动监测的，全天连续监测。制革工业排污单位应按照 HJ/T 75 开展自动监测数据的校验比对。按照《污染源自动监控设施运行管理办法》的要求，自动监测设施不能正常运行期间，应按要求将手工监测数据向环境保护主管部门报送，每天不少于 4 次，间隔不得超过 6 h。

采用手工监测的，监测频次不能低于国家或地方发布的标准、规范性文件、环境影响评价文件及其批复等明确规定的监测频次；污水排向敏感水体或接近集中式饮用水水源、废气排向特定的环境空气质量功能区的应适当增加监测频次；排放状况波动大的，应适当增加监测频次；历史稳定达标状况较差的应增加监测频次。

可以参照表 9、表 10、表 11 确定自行监测频次。对于表 10 中未涉及的其他排放口，有明确排放标准的，应按照填报的产排污节点明确废气污染物监测指标及频次，监测频次原则上不得低于 1 次/年。地方环境保护主管部门可根据环境质量改善需求，制定更严格的监测频次要求。

表 9　制革工业排污单位废水排放口监测点位、项目与最低监测频次

排污单位级别	监测点位	监测项目	监测频次	
			直接排放	间接排放
重点管理	废水总排放口	流量	自动监测	自动监测
		pH 值、化学需氧量、氨氮	自动监测	自动监测/日
		总氮[a]	周（日）	月
		五日生化需氧量、总磷、悬浮物、色度、硫化物、动植物油、氯离子	月	季度
	车间或生产设施废水排放口	总铬、流量	周	
		六价铬	月	
	雨水排放口[b]	化学需氧量	日[b]	
简化管理	废水总排放口	pH 值、化学需氧量、氨氮、五日生化需氧量、总氮、总磷、悬浮物、色度、硫化物、动植物油、氯离子、流量	季度	半年

注 1：设区的市级及以上环境保护主管部门明确要求安装自动监测设备的污染物指标，须采取自动监测。
注 2：重点管理与简化管理的排污单位依据《固定污染源排污许可分类管理名录》确定。
[a] 水环境质量中总氮（无机氮）超标的流域或沿海地区，或总氮实施总量控制区域，总氮最低监测频次按日执行。
[b] 在雨水排放期间按日监测。

表 10　制革工业排污单位有组织废气排放监测项目与最低监测频次

生产单元	监测点位	监测项目[a]	监测频次
污水处理设施	排气筒	臭气浓度、氨、硫化氢	年
喷浆设施[b]	排气筒	苯、甲苯、二甲苯、非甲烷总烃	半年

[a] 废气监测须按照相关标准分析方法、技术规范同步监测烟气参数。
[b] 仅使用水性涂饰材料的排污单位可不监测。如环境影响评价及其批复文件有特殊要求的，按要求监测污染物指标。

表 11　制革工业排污单位无组织排放监测点位、项目与最低监测频次

排污单位类型	监测点位	监测项目	监测频次
建有原料皮库的排污单位[a]	厂界	臭气浓度、氨	年
有硫化物脱毛车间的排污单位[b]	厂界	臭气浓度、硫化氢	年
有磨革车间的排污单位[c]	厂界	颗粒物	年
有涂饰车间的排污单位[d]	厂界	苯、甲苯、二甲苯、非甲烷总烃	年
纳入无组织管理的污水处理设施[e]	厂界	臭气浓度、氨、硫化氢	年
有煤场的排污单位	厂界	颗粒物	年

[a] 仅贮存生皮的原料皮库监测表中指标，贮存蓝湿革、坯革等其他原料皮的排污单位可不监测。
[a,b,c,d,e] 如建有废气收集处理系统，经排气筒排放，其监测点位为排气筒出口，监测项目与监测频次保持不变。
[d] 仅使用水性涂饰材料的涂饰车间可不监测。

7.6 采样和测定方法

7.6.1 自动监测

废水自动监测参照 HJ/T 353、HJ/T 354、HJ/T 355 执行。

废气自动监测参照 HJ/T 75、HJ/T 76 执行。

7.6.2 手工监测

废水手工采样方法的选择参照 HJ 494、HJ 495、HJ/T 91 执行。

有组织排放废气手工采样方法参照 GB/T 16157、HJ/T 397 执行。

无组织排放废气采样方法参照 HJ/T 55 执行。

7.6.3 测定方法

废水、废气污染物的测定按照相应排放标准中规定的浓度测定方法标准执行，国家或地方法律法规等另有规定的，从其规定。

7.7 数据记录要求

监测期间手工监测的记录和自动监测运维记录应符合 HJ 819 的要求。

应同步记录监测期间的生产工况。

7.8 监测质量保证与质量控制

按照 HJ 819 和 HJ/T 373 的要求，制革工业排污单位应根据自行监测方案及开展状况，梳理全过程监测质控要求，建立自行监测质量保证与质量控制体系。

8 环境管理台账与排污许可证执行报告编制要求

8.1 环境管理台账记录要求

8.1.1 一般原则

制革工业排污单位在申请排污许可证时，应按本标准规定，在《排污许可证申请表》中明确环境管理台账记录要求。有核发权的地方环境保护主管部门补充制订相关技术规范中要求增加的，在本标准基础上进行补充；排污单位还可根据自行监测管理的要求补充填报其他必要内容。

制革工业排污单位应建立环境管理台账制度，设置专职人员开展台账记录、整理、维护等管理工作，并对台账记录结果的真实性、准确性、完整性负责。

排污许可证台账应按生产设施进行填报，内容主要包括基本信息、主要工艺运行管理信息、污染治理设施运行管理信息、监测记录信息及其他环境管理信息等内容，记录频次和记录内容须满足排污许可证的各项环境管理要求。

8.1.2 基本信息

8.1.2.1 一般情况

制革工业排污单位基本信息包括排污单位基本信息、主要工艺基本信息、治理设施基本信息。基本信息因排污单位工艺、设施调整等情况发生变化的，应在基本信息台账记录表中进行相应修改，并将变化内容的说明纳入执行报告中。

8.1.2.2 排污单位基本信息

制革工业排污单位基本信息应记录排污单位名称、生产经营场所地址、行业类别、法定代表人、组织机构代码、统一社会信用代码、产品名称、生产工艺、生产规模、环保投资情况、环境影响评价及批复情况、竣工环保验收情况及排污许可证编号等。记录样式见附录 A 中表 A.1。

8.1.2.3 主要工艺基本信息

制革工业排污单位主要工艺基本信息应记录主要工艺名称、编号、生产能力、工艺类型，主要鞣剂名称和用量，主要产品种类和产量，排污单位新鲜取水量、重复用水量、排水量等。记录样式见附录 A 中表 A.2。

8.1.2.4 治理设施基本信息

制革工业排污单位治理设施基本信息应记录废水治理设施名称、编号、处理规模、处理工艺、排放去向、是否安装流量计、是否安装在线监测及在线监测指标、污泥处理处置方式；锅炉废气治理设施名称、编号、治理设施型号、排气筒高度、排放口位置、是否安装在线监测及在线监测指标；有组织排放气体收集装置名称、编号、设施型号、气体收集处理方式、排放口位置、是否开展监测、主要监测指标及监测频次等。记录样式见附录 A 中表 A.3。

8.1.3 生产工艺运行管理信息

8.1.3.1 生产工艺日常运行信息

制革工业排污单位生产线日常运行信息应分生产车间记录生产设施运行参数；运行状态、生产负荷、产品名称、产品产量、原辅料使用情况等，记录样式见附录 A 中表 A.4。

制革工业排污单位有锅炉的，应记录锅炉燃料信息表，记录样式见附录 A 中表 A.5。锅炉热源由企业外供给的，说明供热来源即可。

8.1.3.2 生产工艺维修维护记录信息

制革工业排污单位生产工艺维修维护记录信息应分生产车间记录设施维修维护情况，异常（故障、限产、维护）状态、异常状态开始时刻、异常状态恢复时刻、事件原因、是否排污、是否报告等。生产工艺维护维修记录原则上在异常状态（故障、限产、维护）发生后随时记录，及时向地方环境保护主管部门报告，并按年度汇总。记录样式见附录 A 中表 A.6。

8.1.4 污染治理设施运行管理信息

8.1.4.1 污染治理设施日常运行信息

制革工业排污单位污染治理设施日常运行信息应分废水、废气分别记录设施基本情况、设施运行情况、污染物排放情况、主要药剂添加情况等。日常运行信息应每日记录，按月汇总。废水治理设施、废气治理设施日常运行信息表记录样式见附录 A 中表 A.7、表 A.8。

8.1.4.2 污染治理设施维修维护记录

制革工业排污单位污染治理设施维修维护记录，应记录各污染治理设施的维修维护情况，如异常（故障、事故、维护）状态、异常状态开始时刻、异常状态恢复时刻、事件原因、污染物排放量、排放浓度、是否报告、应对措施等。维护维修记录原则上在异常状态发生后随时记录，及时向地方环境保护主管部门报告，并按年度汇总。记录样式见附录 A 中表 A.9。

8.1.5 监测记录信息

制革工业排污单位监测记录信息应记录监测数据的监测技术手段、记录频次、采样和测定方法，按照本标准第 7 章确定的要求予以记录。

自动监测运维记录应包括自动监测系统运行状况、系统辅助设备运行状况、系统校准、校验记录等；仪器说明书及相关标准规范中规定的其他检查项目；定期比对监测记录、维护保养、维修记录、巡检日期等。

手工监测记录是对于无自动监测的大气污染物和水污染物指标，制革工业排污单位按照排污许可证中监测方案所确定的监测频次要求记录开展手工监测的日期、时间、污染物排放口、监测内容、监测结果、是否超标、监测采样方法、手工测定方法、监测仪器型号等，并建立台账记录报告。手工监测记录应按日记录，按月汇总，记录样式及范例见附录 A 中表 A.10。

8.1.6 其他环境管理信息

制革工业排污单位所在区域环境保护主管部门有其他环境管理信息要求的，可根据环境管理要求增加记录的内容，记录频次依实际生产内容、生产规律等确定。

其他环境管理信息包括但不限于污水收集系统、清洁雨水及应急准备措施；污水收集系统记录污水收集系统保养计划执行情况；清洁雨水记录初期雨水收集、处理、外排情况；应急准备措施记录为防范事故准备的应急物资、方案、人员等。

8.1.7 记录保存

为便于携带、储存、导出及证明排污许可证执行情况，台账应按照电子化储存和纸质储存两种形式同步管理，保存期限不得少于 3 年。纸质台账应存放于保护袋、卷夹或保护盒中，专人保存于专门的档案保存地点，并由相关人员签字。档案保存应采取防光、防热、防潮、防细菌及防污染等措施。纸制类档案如有破损应随时修补。

电子台账保存于专门的存储设备中，并保留备份数据，设备由专人负责管理，定期进维护。根据地方环境保护主管部门管理要求定期上传，纸质版由制革工业排污单位留存备查。

8.1.8 简化管理要求

实行简化管理的制革工业排污单位，可依据本标准及地方环境保护主管部门对环境管理台账与执行报告简化要求，适当简化台账记录及执行报告编制内容。

台账主要记录基本信息和生产及治理设施运行管理信息。

基本信息台账主要包括企业名称、法人代表、社会统一信用代码、地址、生产规模、许可证编号、生产及治理设施名称、规格型号、设计生产及污染物处理能力等。

生产及治理设施运行管理信息台账主要包括运行状态、产品产量、原辅材料及燃料使用情况、污染物排放情况等。

无组织排放源应记录治理措施运行、维护情况。

原则上台账记录内容应反映制革工业排污单位生产运营及污染治理状况。

8.2 排污许可证执行报告编制要求

8.2.1 执行报告分类

排污许可证执行报告按报告周期分为年度执行报告、季度执行报告和月度执行报告。

持有排污许可证的制革工业排污单位，均应按照本标准规定提交年度执行报告与季度执行报告。为满足其他环境管理要求，地方环境保护主管部门有更高要求的，制革工业排污单位还应根据其规定，提交月度执行报告。制革工业排污单位应在全国排污许可证管理信息平台上填报并提交执行报告，同时向有排污许可证核发权限的环境保护主管部门提交通过平台印制的书面执行报告。

8.2.2 报告频次

a）年度执行报告

制革工业排污单位应每年上报一次排污许可证年度执行报告，于次年一月底前提交至排污许可证核发机关。对于持证时间不足 3 个月的，当年可不上报年度执行报告，排污许可证执行情况纳入下一年年度执行报告。

b）月度/季度执行报告

制革工业排污单位每月度/季度上报一次排污许可证月度/季度执行报告，于下一周期首月 15 日前提交至排污许可证核发机关，提交季度执行报告或年度执行报告时，可免报当月月度执行报告。对于持证时间不足 10 d 的，该报告周期内可不上报月度执行报告，排污许可证执行情况纳入下一月度执行报告。对于持证时间不足 1 个月的，该报告周期内可不上报季度执行报告，排污许可证执行情况纳入下一季度执行报告。

8.2.3 年度执行报告提纲

制革工业排污单位应根据环境管理台账记录等信息归纳总结报告期内排污许可证执行情况，按照执行报告提纲编写年度执行报告，保证执行报告的规范性和真实性，按时提交至发证机关。负责人员发生变化时，应在年度执行报告中及时报告。执行报告提纲具体内容如下。

8.2.3.1 基本生产情况

说明制革工业排污单位基本生产信息：排污单位名称、所属行业、许可证编号、统一社会信用代码

（组织机构代码）、单位地址、执行标准、排污许可证中的自行监测要求等，记录样式参照附录 B 中表 B.1。结合环境管理台账内容，总结概述许可证报告期内原辅料、能源消耗、生产规模、主要产品、取排水、运行时间、生产负荷、污染治理设施计划投资情况等，记录样式参照附录 B 中表 B.2。各生产设施运行情况记录汇总，记录样式参照附录 B 中表 B.3。

8.2.3.2　遵守法律法规情况

说明制革工业排污单位在许可证执行过程中遵守法律法规情况；配合环境保护主管部门和其他有环境监督管理权的工作人员职务行为情况；自觉遵守环境行政命令和环境行政决定情况；公众举报、投诉情况及具体环境行政处罚等行政决定执行情况。

如发生公众举报、投诉及受到行政处罚等情况，进行相应说明，说明内容参照附录 B 中表 B.4。

8.2.3.3　污染治理设施运行情况

污染物来源及处理说明。根据环境管理台账，总结各污染源污染物产生情况、治理措施及效果；说明排水去向及受纳水体、排入的污水处理厂名称等，分析与许可证载明事项变化情况。污染治理措施运行情况应包括废水、废气治理设施运行费用。记录样式参照附录 B 中表 B.5。

污染治理设施异常情况说明。制革工业排污单位拆除、闲置停运污染防治设施，需说明原因、递交书面报告、收到回复及实施拆除、闲置停运的起止日期及相关情况；因故障等紧急情况停运污染防治设施，或污染防治设施运行异常的，应说明原因，废水、废气等污染物排放情况、报告递交情况及采取的措施。

如有发生污染事故，制革工业排污单位应说明在污染事故发生时采取的措施、污染物排放情况及对周边环境造成的影响。记录样式参照附录 B 中表 B.6。

8.2.3.4　自行监测执行情况

自动监测执行情况应说明监测点位、监测指标、监测频次、监测方法和仪器、采样方法、监测质量控制、自动监测系统联网、自动监测系统的运行维护及监测结果公开情况等，并建立台账记录报告。

对于无自动监测的水污染物和大气污染物指标，制革工业排污单位应按照自行监测数据记录总结说明开展手工监测的情况。记录样式参照附录 B 中表 B.7～B.9。

分析与排污许可证规定的自行监测方案变化情况及是否满足排污许可证要求。

8.2.3.5　台账管理情况

说明按总量控制、排污收费、环境保护税等各项环境管理要求统计基本信息、污染治理措施运行管理信息、其他环境管理信息等情况；说明记录、保存监测数据的情况；说明生产运行台账是否满足接受各级环境保护主管部门检查要求。

8.2.3.6　实际排放情况及合规判定分析

根据自行监测数据记录及环境管理台账的相关数据信息，概述制革工业排污单位各项污染源、各项污染物的排放情况，分析全年、特殊时段许可浓度限值及许可排放量的合规情况。实际排放量报表可参照附录 B 中表 B.10 填报，对于超标时段还应填报附录 B 中表 B.11 内容。

8.2.3.7　排污费（环境保护税）缴纳情况

说明根据相关环境法律法规，按照排放污染物的种类、浓度、数量等缴纳排污费（环境保护税）的情况。记录样式参照附录 B 中表 B.12。如遇有不可抗力自然灾害和其他突发事件申请减免或缓缴，应说明书面申请及批复情况。

间接排放的制革工业排污单位，应说明与污水处理厂协议缴纳污水处理费的情况。记录样式参照附录 B 中表 B.12。

8.2.3.8　排污权有偿使用和交易开展情况

有开展排污权有偿使用和交易试点地区的制革工业排污单位，应说明本年度排污权有偿使用费缴纳情况，本年度排污权交易记录。记录样式参照附录 B 中表 B.13。

8.2.3.9 信息公开情况

说明依据排污许可证规定的环境信息公开要求，开展信息公开的情况。记录样式参照附录B中表B.14。

8.2.3.10 内部环境管理体系建设与运行情况

说明制革工业排污单位内部环境管理体系的设置、人员保障、设施配备、排污单位环境保护规划、相关规章制度的建设和实施情况、相关责任的落实情况等。

8.2.3.11 排污许可证规定的其他内容执行情况

制革工业排污单位可补充说明其他排污许可证规定的内容的执行情况。

8.2.3.12 其他需要说明的问题

制革工业排污单位对排污许可证或其他环境管理要求有意见建议的，可进行说明。

8.2.3.13 结论

按照上述内容要求对排污单位在报告周期内的排污许可证执行情况进行总结，明确排污许可证执行过程中存在的问题，以及下一步需进行整改的内容。

8.2.3.14 附件、附图要求

提交为说明排污许可证执行情况所需的附件附图。

附件包括实际排放量计算过程、相关特殊情况的证明材料，以及支持排污许可证执行报告的其他相关材料。

附图为自行监测布点图等。如平面布置发生变化，提交变化后平面布置图。

执行报告附图应图像清晰、显示要点明确，包括图例、比例尺、风向标等内容；各种附图中应为中文标注，必要时可用简称的附注释说明。

8.2.4 月/季度执行报告编制规范

制革工业排污单位每月或每季度应至少向环境保护主管部门上报年度执行报告中的 8.2.3.6 的实际排放量报表、合规判定分析说明。

8.2.5 简化管理要求

实行简化管理的制革工业排污单位，应提交年度执行报告与季度执行报告。其中，年度执行报告内容应包括排污单位基本情况、遵守法律法规情况、污染防治设施运行情况、自行监测执行情况、环境管理台账执行情况、实际排放情况及合规判定分析、排污费（环境保护税）缴纳情况。

9 实际排放量核算方法

9.1 一般原则

正常情况下，制革工业排污单位废水、废气污染物实际排放量的核算方法包括实测法、物料衡算法和产排污系数法等。优先采用实测法，其次采用物料衡算法和产排污系数法。

废水、有组织废气原则上采用实测法进行实际排放量核算。

9.2 废水

9.2.1 正常情况

9.2.1.1 核算方法要求

制革工业排污单位原则上采用实测法根据监测数据核算化学需氧量、氨氮、总铬、总氮、总磷实际排放量。实测法适用于有自动监测数据或手工采样监测数据的制革工业排污单位。要求采用自动监测的排放口或污染物项目而未采用的，采用产排污系数法核算化学需氧量、氨氮、总铬、总氮、总磷排放量，按直排进行核算。

9.2.1.2 采用自动监测数据核算

自动监测实测法是指根据符合监测规范的有效自动监测数据污染物的日平均排放浓度、平均流量、运行时间核算污染物年排放量。核算方法如下。

$$E_{正常情况下废水} = \sum_{i=1}^{n}(\rho_i \times Q_i) \times 10^{-6} \tag{6}$$

式中：$E_{正常情况下废水}$——核算时段内废水排放口污染物的实际排放量，t；

ρ_i——污染物在第 i 日的实测平均排放质量浓度，mg/L；

Q_i——第 i 日的流量，m^3/d；

n——核算时段内的废水污染物排放时间，d。

当自动监测数据由于某种原因出现中断或其他情况时，根据 HJ/T 356 等予以补遗，仍无法核算出全年排放量时，可采用手工监测数据核算。

9.2.1.3　采用手工监测数据核算

未安装自动监测系统或无有效自动监测数据时，可采用手工监测数据进行核算。手工监测数据包括核算时间内的所有执法监测数据和制革工业排污单位自行或委托第三方监测机构的有效手工监测数据，制革工业排污单位自行或委托的手工监测频次、监测期间生产工况、数据有效性等须符合相关规范、环境影响评价文件的要求。核算方法如下。

$$E_{正常情况下废水} = \rho \times Q \times 10^{-6} \tag{7}$$

式中：$E_{正常情况下废水}$——核算时段内废水排放口污染物的实际排放量，t；

ρ——核算时段内污染物实测平均排放质量浓度，mg/L；

Q——核算时段内废水总流量，m^3；

制革工业排污单位应将手工监测时段内生产负荷与核算时段内平均生产负荷进行对比，并给出对比结果。

9.2.2　非正常情况

废水处理设施非正常情况下的排水，如无法满足排放标准要求时，不应直接排入外环境，待废水处理设施恢复正常运行后方可排放。如因特殊原因造成污染治理设施未正常运行超标排放污染物的或偷排偷放污染物的，按产污系数核算非正常排放期间实际排放量。

9.2.3　全厂废水污染物实际排放量核算

按式（8）核算。

$$E_{全厂废水}=E_{正常情况下废水}+E_{非正常情况下废水} \tag{8}$$

9.3　废气

9.3.1　正常情况

9.3.1.1　核算方法要求

制革工业排污单位可采用实测法、物料衡算法和产排污系数法等核算主要排放口二氧化硫、氮氧化物、颗粒物实际排放量。

9.3.1.2　实测法

实测法分为自动监测和手工监测。对于排污许可证中载明的要求采用自动监测的污染物项目，应采用符合监测规范的有效自动监测数据核算污染物年排放量。对于未要求采用自动监测的污染物项目，可采用自动监测数据或手工监测数据核算污染物年排放量。

a）采用自动监测数据核算

自动监测实测法是指根据符合监测规范的有效自动监测数据污染物的小时平均排放浓度、平均烟气量、运行时间核算污染物年排放量。核算方法如下：

$$E = \sum_{i=1}^{n}(\rho_i \times Q_i) \times 10^{-9} \tag{9}$$

式中：E——核算时段内废气主要排放口污染物的实际排放量，t；

ρ_i——污染物在第 i 小时的实测平均排放质量浓度，mg/m^3；

Q_i——第 i 小时的标准状态下干排气量，m^3/h；

n——核算时段内的污染物排放时间，h。

采用自动监测的污染物项目，应同时根据手工监测数据进行校核，若同一时段的手工监测数据与自动监测数据不一致，手工监测数据符合法定的监测标准和监测方法的，以手工监测数据为准。要求采用自动监测的排放口或污染物项目而未采用的，采用物料衡算法核算二氧化硫排放量，根据原料、辅料和燃料的消耗量、含硫率，按直排进行核算；采用产排污系数法核算颗粒物、氮氧化物排放量，根据单位产品污染物的产生量，按直排进行核算。

对于因自动监控设施发生故障以及其他情况导致数据缺失的按照 HJ/T 75 进行补遗。缺失时段超过25%的，自动监测数据不能作为核算实际排放量的依据，实际排放量按照“要求采用自动监测的排放口或污染物项目而未采用”的相关规定进行核算。制革工业排污单位提供充分证据证明在线数据缺失、数据异常等不是排污单位责任的，可按照排污单位提供的手工监测数据等核算实际排放量，或者按照上一个半年申报期间的稳定运行期间自动监测数据的小时浓度均值和半年平均烟气量或流量，核算数据缺失时段的实际排放量。

b）采用手工采样监测数据核算

自动监测数据由于某种原因出现中断或其他情况无有效在线监测数据的，或未安装自动监测系统的，可采用手工监测数据进行核算。手工监测数据频次、监测期间生产工况、有效性等须符合相关规范、环境影响评价文件等要求。

手工监测实测法是指根据每次手工监测时段内每小时污染物的平均排放浓度、平均烟气量、运行时间核算污染物年排放量。核算方法如下：

$$E = \rho \times Q \times h \times 10^{-9} \tag{10}$$

式中：E——核算时段内废气主要排放口污染物的实际排放量，t；

ρ——核算时段内污染物实测平均排放质量浓度，mg/m^3；

Q——核算时段内标准状态下干烟气量，m^3/h；

h——核算时段内的污染物排放时间，h。

制革工业排污单位应将手工监测时段内生产负荷与核算时段内平均生产负荷进行对比，并给出对比结果。

9.3.1.3 物料核算法

采用物料衡算法核算二氧化硫排放量的，根据燃料消耗量、含硫率进行核算。

9.3.1.4 产排污系数法

采用产排污系数法核算颗粒物、氮氧化物排放量的，根据单位产品污染物的产生量和排放量进行核算。相关产排污系数参考《污染源普查产排污系数手册（上）》（中国环境科学出版社，2011 年第 1 版）。

9.3.2 非正常情况

燃煤蒸汽锅炉设施启停机等非正常排放期间污染物排放量可采用实测法核定。

9.3.3 全厂废气污染物实际排放量核算

按式（11）核算。

$$E_{\text{全厂废气}} = E_{\text{正常情况下废气}} + E_{\text{非正常情况下废气}} \tag{11}$$

10 合规判定方法

10.1 一般原则

合规是指制革工业排污单位许可事项和环境管理要求符合排污许可证规定。许可事项合规是指制革工业排污单位排污口位置和数量、排放方式、排放去向、排放污染物种类、排放限值符合许可证规定，其中，排放限值合规是指制革工业排污单位污染物实际排放浓度和排放量满足许可排放限值要求。环境管理要求合规是指制革工业排污单位按许可证规定落实自行监测、台账记录、执行报告、信息公开等环境管理要求。

制革工业排污单位可通过环境管理台账记录、按时上报执行报告和开展自行监测、信息公开，自证其依证排污，满足排污许可证要求。环境保护主管部门可依据制革工业排污单位环境管理台账、执行报告、自行监测记录中的内容，判断其污染物排放浓度和排放量是否满足许可排放限值要求，也可通过执法监测判断其污染物排放浓度是否满足许可排放限值要求。

10.2 排放浓度合规判定

10.2.1 废水排放浓度合规判定

制革工业排污单位各废水排放口污染物（除 pH 值、色度外）的排放浓度合规是指任一监测日的有效日均值均满足许可排放浓度限值要求。各项废水污染物监测日的有效日均值可根据执法监测、排污单位自行监测（包括自动监测和手工监测）确定。

10.2.1.1 执法监测

按照 HJ/T 91 监测要求获取的执法监测数据不超过许可排放浓度限值的，即视为合规。

若同一时段的执法监测数据与企业自行监测数据不一致，执法监测数据符合法定的监测标准和监测方法的，以该执法监测数据作为优先证据使用。

10.2.1.2 制革工业排污单位自行监测

a）自动监测

按照监测规范要求获取的有效自动监测数据计算得到的有效日均浓度值不超过许可排放浓度的，即视为合规。对于排放口或污染物应采用自动监测而未采用的，即认为不合规。

有效日均浓度是对应于以每日为一个监测周期，在周期内获得的某个污染物的多个有效监测数据的平均值。在同时监测污水排放流量的情况下，有效日均值是以流量为权重的某个污染物的有效监测数据的加权平均值；在未监测污水排放流量的情况下，有效日均值是某个污染物的有效监测数据的算术平均值。

自动监测的有效日均浓度应根据 HJ/T 355 和 HJ/T 356 等相关文件确定。

b）手工监测

对于未要求采用自动监测的排放口或污染物，应进行手工监测。按照自行监测方案、监测规范进行手工监测，当日各次监测数据平均值或当日混合样监测数据（除 pH 值外）不超过许可排放浓度限值的，即视为合规。

10.2.2 废气排放浓度合规判定

10.2.2.1 正常情况

制革工业排污单位无组织排放口的臭气浓度最大值达标是指“任一次测定均值满足许可限值要求”。除此之外，其余废气有组织排放口污染物或厂界无组织污染物排放浓度达标均是指“任一小时浓度均值均满足许可排放浓度要求”。废气污染物小时浓度均值根据排污单位自行监测（包括自动监测和手工监测）、执法监测进行确定。

a）执法监测

按照监测规范要求获取的执法监测数据不超过许可排放浓度限值的，即视为合规。若同一时段的执法监测数据与企业自行监测数据不一致，执法监测数据符合法定的监测标准和监测方法的，以该执法监测数据作为优先证据使用。

b）制革工业排污单位自行监测

1）自动监测

按照 HJ/T 75 要求获取的有效自动监测数据计算得到的有效小时浓度均值不超过许可排放浓度限值

的，即视为合规。小时浓度均值指“整点 1 h 内不少于 45 min 的有效数据的算术平均值”。

2）手工监测

按照自行监测方案开展手工监测，计算得到的监测结果不超过许可排放浓度限值的，即视为合规。

对于手工监测，小时浓度均值指“1 h 内连续采样 45 min 以上的监测结果，或等时间间隔采样 3～4 个样品监测结果的算术平均值”。若为间断性排放，且排放时间小于 1 h 的，小时均值指“在排放时段内实行连续采样，或在排放时段内等间隔采集 2～4 个样品监测结果的算数平均值”。

10.2.2.2 非正常情况

非正常情况指燃煤锅炉等设施启停机、设备故障、检维修等情况下的排放。

制革工业排污单位中，对于采用干（半干）法脱硫、脱硝措施的燃煤锅炉，冷启动 1 h、热启动 0.5 h 不作为氮氧化物合规判定时段。

若多台设施采用混合方式排放烟气，且其中一台处于启停时段，企业可自行提供烟气混合前各台设施有效监测数据的，按照企业提供数据进行合规判定。

10.3 排放量合规判定

制革工业排污单位污染物许可排放量合规是指：

a）废水总排放口污染物实际排放量满足年许可排放量要求。

b）车间或生产设施废水排放口总铬实际排放量满足年许可排放量要求。

c）有组织排放废气污染物年实际排放量满足有组织排放年许可排放量要求。

d）对于特殊时段有许可排放量要求的，特殊时段实际排放量满足特殊时段许可排放量要求。

10.4 环境管理要求合规判定

环境保护主管部门依据排污许可证中的管理要求，以及制革行业相关技术规范，审核制革工业排污单位环境管理台账记录和许可证执行报告；检查制革工业排污单位是否按照要求运行污染防治设施，并进行维护和管理；是否按照自行监测方案开展自行监测；是否按照排污许可证中环境管理台账要求记录相关内容，记录频次、形式等是否满足要求；是否按照许可证中执行报告要求定期上报，上报内容是否符合要求等；是否按照许可证要求定期开展信息公开；是否满足特殊时段污染防治要求。

附 录 A

（资料性附录）

环境管理台账记录参考表（略）

附 录 B

（资料性附录）

执行报告编制参考表（略）

排污许可证申请与核发技术规范 制革及毛皮加工工业——制革工业编制说明

1 项目背景

1.1 任务来源

为贯彻落实《中华人民共和国环境保护法》《中华人民共和国水污染防治法》《中华人民共和国大气污染防治法》，根据《国务院办公厅关于印发控制污染物排放许可制实施方案的通知》（国办发〔2016〕81 号）统一部署和环境保护部计划安排，环境保护部科技标准司于 2016 年 7 月发布了《关于征集 2017 年度国家环境保护标准计划项目承担单位的通知》（环办科技函〔2016〕1103 号），将《制革工业排污许可相关技术规范》（序号 48）列入《2017 年度国家环境保护标准计划项目指南》。经公开征集、答辩、遴选，最终确定由中国皮革协会承担该项标准编制工作。2017 年环境保护部将项目名称确定为《排污许可证申请与核发技术规范 制革及毛皮加工工业——制革工业》（项目统一编号 2017-48），分管业务司为规划财务司。

中国皮革协会作为标准项目承担单位，中国环境科学研究院、环境保护部环境规划院作为标准项目协作单位，组成标准编制组。

1.2 工作过程

2016 年 9 月，按照环境保护部科技标准司下达的标准制修订项目计划任务和环境保护部规划财务司工作要求，项目主承担单位和协作单位成立标准编制组，与行业管理经验丰富和产业优势明显的科研机构、重点企业联系，组建专家团队，作为标准编制的技术支撑。

2016 年 9—12 月，查阅收集国内外文件资料，确定技术路线和研究方法、拟定重点调研内容与区域等大量前期准备工作，并开展行业调研。

2016 年 12 月，环境保护部水环境管理司组织召开《排污许可证申请与核发技术规范 制革及毛皮加工工业——制革工业》编制研讨会，明确技术路线，基本框架与重点内容，同时细化进度安排。

2017 年 1 月，在资料收集和开展调研的基础上，编制《排污许可证申请与核发技术规范 制革及毛皮加工工业——制革工业》开题报告，并于 1 月 17 日通过了环境保护部水环境管理司组织的开题论证会。

2017 年 2 月，根据开题论证会专家意见，补充函调，形成《排污许可证申请与核发技术规范 制革及毛皮加工工业——制革工业（初稿）》。

2017 年 2—3 月，通过行业调研，确定许可排放量核算因子，包括基准排水量、产能和原料皮重量单位换算等。

2017 年 3 月，编制组赴浙江嘉兴开展现场调研和座谈，重点调研了污染物产排情况、水污染物与大气污染物处理设施的运行与管理、排污单位自行监测因子与频次、无组织排放控制措施等，座谈讨论了基准排水量、产品产能单位换算、许可排放量核算方法及自行监测等内容。

2017 年 3 月 23 日，在北京组织召开了专家咨询会，与会专家经认真审阅、研讨与质询，提出修改意见和建议，并明确了总铬许可排放量、污染物监测频次、可行技术及基准排水量等重点问题解决方案。会后修改完善《排污许可证申请与核发技术规范 制革及毛皮加工工业——制革工业（初稿）》。

2017 年 4 月 7 日，环境保护部大气环境管理司在北京组织召开工作调度会，指明标准编制工作重点，部署下一步工作安排。

2017 年 4—5 月，形成《排污许可证申请与核发技术规范 制革及毛皮加工工业——制革工业（征求意见稿）》；同期完善编制说明。

2017 年 6 月 1 日，中国皮革协会在北京召开了标准的专家咨询会，邀请环境保护部规划财务司、水环境管理司、中国环境科学研究院、环境保护部环境规划院、制革工业排污单位的专家、代表参会。与会专家讨论了技术规范重点内容，尤其对排污单位基本情况填报要求、产排污节点对应排放口及许可排放限值确定方法、可行技术、自行监测管理要求、环境管理台账等内容，结合行业实际情况与当前环境管理要求提出了修改意见与建议。会后，编制组根据专家意见对《排污许可证申请与核发技术规范　制革及毛皮加工工业——制革工业（征求意见稿）》进行修改。

2017 年 6 月 8 日，环境保护部规划财务司组织召开部内审查会，会上专家就技术规范前言、适用范围、规范性引用文件、术语和定义、排污单位基本情况填报要求、产排污节点对应排放口及许可排放限值确定方法、污染防治可行技术要求、自行监测管理要求、环境管理台账与执行报告编制要求、实际排放量核算方法、合规判定方法逐条进行审查，提出修改意见与建议。会后，编制组根据专家意见以及环境保护部对技术规范的新要求进一步修改完善，形成《排污许可证申请与核发技术规范　制革及毛皮加工工业——制革工业（征求意见稿）》。

2017 年 8 月 3 日—9 月 3 日，环境保护部对《排污许可证申请与核发技术规范　制革及毛皮加工工业——制革工业（征求意见稿）》公开征求意见。

2017 年 8 月，编制组分别赴河北辛集、浙江嘉兴开展制革工业排污单位排污许可证申请试填报工作；同期对征求意见反馈情况进行收集、汇总与处理。

2017 年 9 月，编制组完成征求意见的处理工作，并对标准进行修改与完善，形成《排污许可证申请与核发技术规范　制革及毛皮加工工业——制革工业（送审稿）》。

2017 年 9 月 6 日、9 月 8 日，环境保护部规划财务司针对《排污许可证申请与核发技术规范　制革及毛皮加工工业——制革工业（送审稿）》召开部内审查会。会上就制革工业产排污节点、许可排放限值、监测频次以及征求意见处理情况进行重点讨论，并提出修改意见与建议。会后，编制组根据修改意见对《排污许可证申请与核发技术规范　制革及毛皮加工工业——制革工业（送审稿）》进行修改。

2017 年 9 月 13 日，环境保护部规划财务司计划在北京组织召开送审稿技术审查会。

2017 年 9 月 29 日，环境保护部正式发布《排污许可证申请与核发技术规范　制革及毛皮加工工业——制革工业》（HJ 859.1—2017）。

2　制革工业概况

2.1　我国制革工业发展概况

皮革行业是我国轻工行业的支柱产业之一，在我国国民经济建设和出口创汇中发挥着重要作用。我国皮革行业已经形成完整的产业链，其中制革工业是基础。我国是畜牧业养殖大国，猪、牛、羊存栏量均居世界前列，其副产品生皮经过制革过程，使资源得到再利用，附加值大幅提升，不但增加了养殖业的收入，而且避免了因其腐烂变质而造成的环境污染。因此，制革工业是一个符合循环经济范畴的行业。改革开放以来，我国制革工业快速发展，1978 年皮革年产量为 2 659 万标张牛皮，1988 年产量达 5 203 万标张牛皮，1998 年达到 1.13 亿标张牛皮，进入 2000 年以后仍然维持逐年递增，到 2010 年达到最高 7.5 亿 m^2，2013 年以后受国际大环境影响，产量有所下滑，2013 年以后，皮革产量维持在 6 亿 m^2 左右。我国制革产量变化情况如图 1 所示。

随着制革技术水平不断进步，成品皮革质量大幅提升，获得国际市场的广泛认可，目前我国成为世界公认的制革大国。据统计，2016 年全国规模以上制革企业轻革产量为 6 亿 m^2，占世界皮革总产量 25% 左右。从原料皮种类看，牛皮约占 74%，羊皮约占 18%，猪皮约占 8%。

近年来，由于原材料、劳动力和能源成本不断上升，环保压力不断加大以及国内外市场不振等多种因素的影响，行业发展进入了一个深度调整、转型升级期。随着《制革行业结构调整指导意见》《制革

行业规范条件》等一系列产业政策的颁布实施，我国制革工业已进入集中生产、统一治污的发展模式。

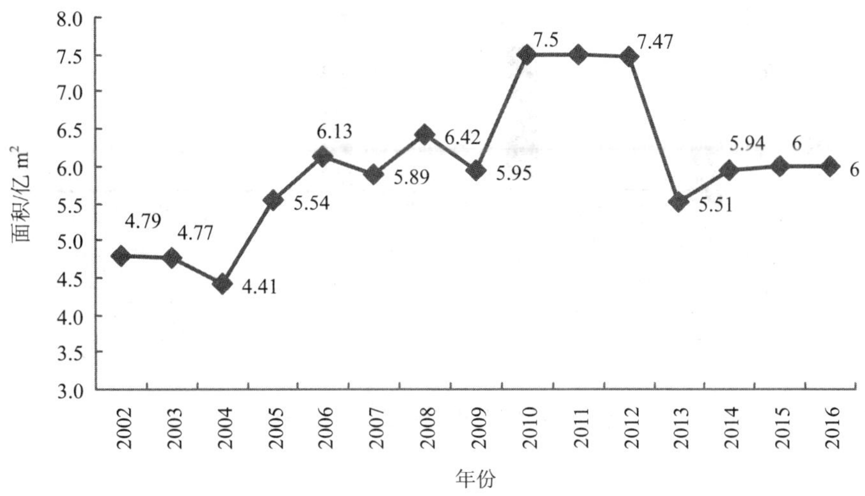

图1　我国制革产量变化情况

2.2　排污单位分布情况

制革过程会产生污染，也是整个皮革产业链中污染的主要来源。在改革开放初期，由于当时生产水平较低，产业环保意识不强，制革工业给局部地区环境造成了较大的污染。但随着行业经济的发展，国家环保管理力度不断加大，行业环保意识逐步增强，制革工业污染治理技术和清洁生产技术水平快速提升，从而使制革工业污染得到有效治理。

我国轻革产区日趋集中，以河北、浙江、河南、广东等十大省份为主（见图 2）。其轻革产量约占全国总产量的 95%以上。据 2016 年统计，河北省轻革完成累计产量占全国规模以上制革工业排污单位轻革总产量的 31.06%，同比增长 14.58%；浙江省占总产量 18.86%，同比下降 0.55%；河南省占总产量 11.44%，同比下降 26.22%；广东省占总产量 8.83%，同比增长 38.09%；山东省占总产量 7.53%，同比下降 2.87%；江西省占总产量 5.93%，同比下降 3.48%；江苏省占总产量 5.62%，同比增长 47.12%；福建省占总产量 4.27%，同比下降 1.90%；四川省占总产量 1.84%，同比下降 9.37%；广西占总产量 1.083%，同比下降 7.09%。

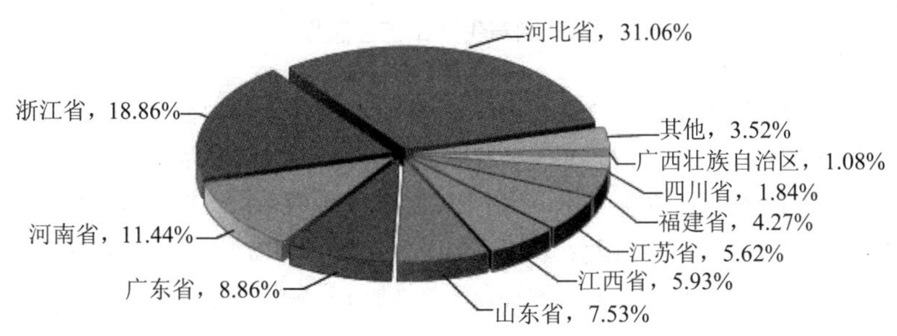

图 2　2016 年十大轻革产区产量情况

2.3　制革典型加工工艺

制革的原材料主要是各种家畜动物皮，如牛皮、羊皮、猪皮等。将原料皮转变为皮革的制革工艺由数十个物理和化学工序组成。制革工艺依据原料皮的种类、状态和最终产品要求的不同而有所变化，但一般而言，制革工艺可被划分为三大工段，即准备工段、鞣制工段和整饰工段（又分为湿整饰和干整饰），每个工段都包括多个工序，其典型生产工艺如图 4 所示。

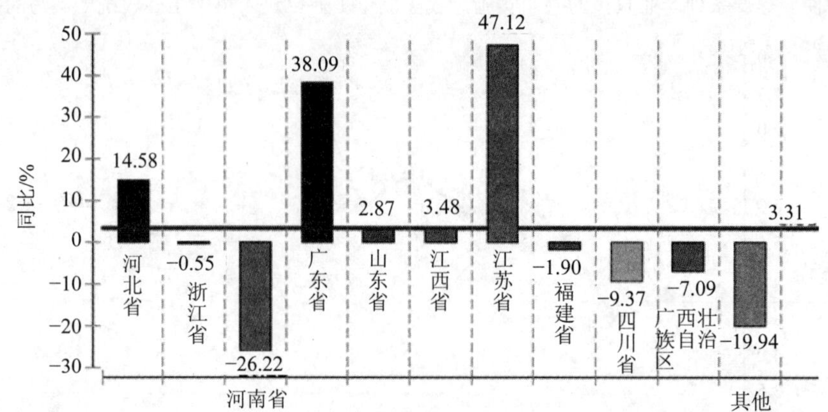

图 3 2016 年十大轻革产区同比情况

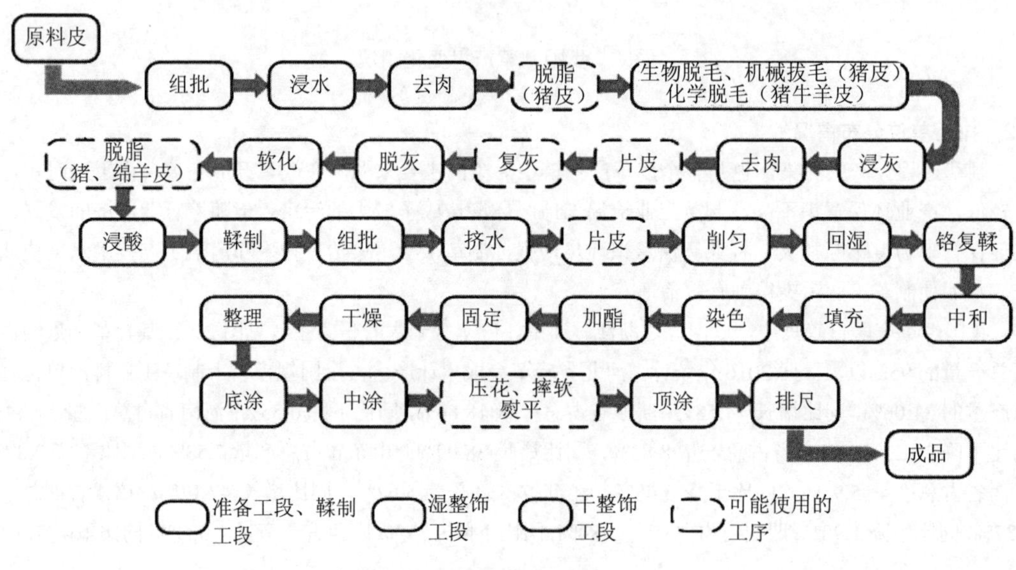

图 4 制革生产工艺全流程

制革工业排污单位类型通常根据生产工艺划分为四类，即从生皮加工至成品革（坯革）制革工业排污单位、生皮加工至蓝湿革制革工业排污单位、蓝湿革加工至成品革（坯革）制革工业排污单位和从坯革加工至成品革的制革工业排污单位。其中，从生皮加工至成品革的生产工艺如图 4 所示，包括准备工段、鞣制工段和整饰工段，历经全部流程；从生皮加工至蓝湿革的生产工艺历经准备工段和鞣制工段；从蓝湿革加工至成品革的生产工艺只进行湿整饰和干整饰加工；从坯革加工至成品革的生产工艺仅包括干整饰加工。

2.4 制革工业污染控制现状及趋势

2.4.1 制革工业污染物排放现状

2.4.1.1 废水

a）主要污染物组成

制革大多数工序是在有水的条件下进行的，用水量较大。加工过程中采用的化工原材料较多，如酸、碱、盐、硫化钠、石灰、鞣剂、复鞣剂、加脂剂、染料等，其中一部分化学物质跟皮胶原纤维结合，另一部分化学物质进入废水；同时，在制革加工过程中，大量的蛋白质、脂肪转移到水中，因此制革废水有机物含量较高。制革废水主要来自于准备、鞣制和湿整饰工段，且加工过程废水多为间歇性排放。各工段废水来源及污染物排放情况如表 1 所示。

表 1　制革各工段污水来源和污染物排放情况

工段	项目	内容
准备工段	污水来源	水洗、浸水、脱脂、脱毛、浸灰、脱灰、软化等工序
	主要污染物	有机物：污血、蛋白质、油脂、脱脂剂、助剂等 无机物：盐、硫化物、石灰、Na_2CO_3、无机铵盐等 此外还含有大量的毛发、泥沙等固体悬浮物
	污染物特征指标	COD、BOD_5、SS、S^{2-}、pH 值、油脂、氨氮
	污染负荷比例	污水排放量约占制革总水量的 60%～70% 污染负荷占总排放量的 70%左右，是制革污水的主要来源
鞣制工段	污水来源	浸酸和鞣制
	主要污染物	无机盐、Cr^{3+}、悬浮物等
	污染物特征指标	COD、BOD_5、SS、Cr^{3+}、pH 值、油脂、氨氮
	污染负荷比例	污水排放量约占制革总水量的 8%
整饰工段	污水来源	中和、复鞣、染色、加脂、喷涂、除尘等工序
	主要污染物	色度、有机化合物（如染料、各类复鞣剂、树脂）、悬浮物
	污染物特征指标	COD、BOD_5、SS、Cr^{3+}、pH 值、油脂、氨氮
	污染负荷比例	污水排放量占制革总水量的 20%～30%

b）主要污染物浓度分析

从表 1 可以看出，制革过程要经过浸水、脱脂、脱毛浸灰、脱灰、软化、浸酸、鞣制、中和、复鞣、染色加脂等。工序繁多，使用的化工材料也非常繁杂，因此制革废水有机物浓度、悬浮物浓度、色度均较高。此外，制革废水中还含有一些难以降解的物质，如丹宁、木质素，同时还含有一些对污水处理不利的无机化合物，如硫化物、铬及酸碱等。

为了去掉动物皮上的毛发，传统浸灰脱毛工序使用石灰和硫化钠或硫氢化钠，大量碱性化合物、硫化物、角蛋白及胶原蛋白进入水中，致使污染物中 COD 浓度较高，浸灰废液中 COD 可达 15 000 mg/L 以上，占废水总负荷的 40%左右，硫化物浓度高达 3 000 mg/L 以上，占废水总硫化物的 90%以上。随着环保意识的提升以及制革清洁生产技术的提高，越来越多的制革工业排污单位采用保毛脱毛技术，其脱毛废液 COD 可降低 50%，从而使污染负荷有较大幅度的降低。

传统脱灰技术需要使用氯化铵或硫酸铵，使大量的氨进入水中，在脱灰废液中氨氮的浓度高达 3 000～7 000 mg/L，同时在制革预处理过程中进入水中的部分蛋白质也会变为氨氮，进一步加大了制革污水氨氮处理的难度。目前，很多制革工业排污单位采用低氨无氨脱灰技术，脱灰废液中氨氮含量可以降低 70%以上。

皮革鞣制普遍使用三价铬鞣剂。迄今为止，三价铬鞣剂是鞣性最好的鞣剂，全球 85%以上的皮革使用铬鞣剂。在传统铬鞣方法中，皮革对铬鞣剂的吸收率一般为 60%～70%，铬鞣废液中的三价铬浓度较高，为 2 000～3 000 mg/L。随着高吸收铬鞣剂的出现，目前皮革对铬鞣剂的吸收率大大提高，铬吸收率可以达到 90%以上，铬鞣废液中的铬含量可以降低到 500 mg/L 以下。另外，随着皮革化工材料的发展，目前无铬鞣剂已经在部分皮革产品中得以应用，但因受性能以及成本所限，尚不能大量代替铬鞣剂。

此外，在脱脂、软化、复鞣、染色、加脂等工序又将加脂剂、复鞣剂、助剂、染料等合成有机物带入废水，同时生皮中蛋白质和油脂也作为污染物进入水中，这些难生物降解的有机物增加了废水处理的难度。传统制革废水水质情况见表 2。

表 2　传统制革废水水质调查表　　单位：mg/L，pH 值除外

工序	pH 值	COD	BOD_5	SS	色度	油脂	氨氮	S^{2-}	总铬
浸水	7～8	2 500～5 500	1 100～2 500	2 000～5 000	150～500	1 000～5 000	100～200		
脱脂	11～13	3 000～20 000	400～700	3 000～5 000	3 000～7 000	1 000～8 000			

工序	pH 值	COD	BOD_5	SS	色度	油脂	氨氮	S^{2-}	总铬
浸灰脱毛	13～14	15 000～40 000	5 000～10 000	6 000～20 000	2 000～4 000	300～800	50～100	2 000～5 000	
脱灰	7～9	2 500～7 000	2 000～5 000	1500～3 000	50～200		3 000～7 000	300～600	
软化	7～8	2 500～7 000	2 000～5 000	300～700	1 000～2 000		1 000～3 000	100～200	
浸酸	2～3	3 000～5 000	500～1 000	1 000～2 000	60～160		200～500		
鞣制	3～4.5	3 000～7 000	300～800	1 000～2500	1 000～3 000	500～1 000	100～200		500～2 500
复鞣中和	5～7	3 000～7 000	1 000～2 000	300～500	500～2 000		200～400		40～200
染色加脂	4～6	2 500～7 000	1 500～3 000	300～600	500～10 0000	400～800			
综合废水	8～10	3 000～5 000	1 500～2 000	2 000～4 000	600～4 000	250～2 000	200～500	40～100	

采用清洁生产技术的制革废水水质情况见表 3。

表 3 采用清洁生产技术制革废水水质调查表 单位：mg/L，pH 值除外

工序	pH 值	COD	BOD_5	SS	色度	油脂	氨氮	S^{2-}	总铬
浸水	7～8	2 500～5 500	1100～2 500	2 000～5 000	150～500	1 000～5 000			
脱脂	11～13	3 000～20 000	400～700	3 000～5 000	2 000～5 000	1 000～8 000			
浸灰脱毛	13～14	8 000～20 000	3 000～7 000	3 000～6 000	2 000～4 000	300～800	50～100	0～2 000	
脱灰	7～9	2 500～7 000	2 000～5 000	1 500～3 000	50～200		100～1 000	300～600	
软化	7～8	2 000～6 000	2 000～5 000	300～700	1 000～2 000		100～500	100～200	
浸酸	2～3	3 000～5 000	500～1 000	1 000～2 000	60～160				
鞣制	3～4.5	3 000～7 000	300～800	1 000～2 500	1 000～3 000	500～1 000			0～1 000
复鞣中和	5～7	2 000～6 000	1 000～2 000	300～500	500～2 000		100～200		0～200
染色加脂	4～6	2 000～6 000	1 500～3 000	300～600	400～6 000	400～800			
综合废水	8～10	1 500～3 000	1 000～2 000	1 000～2 500	500～3 000	200～2 000	50～200	20～50	

c）主要污染物排放量

根据《2015 年中国环境统计年报》数据统计，2015 年皮革、毛皮、羽毛及其制品和制鞋业的废水排放量为 2.5 亿 t，COD 排放量为 5.3 万 t，氨氮排放量为 4 735 t，总铬年排放量为 52.025 t。经估算，制革工业废水排放量约为 1.1 亿 t，COD 排放量约为 1.2 万 t，氨氮排放量约为 2 000 t。

制革过程所用铬鞣剂，仅涉及三价铬，不涉及六价铬。大量研究已经证明三价铬无毒性，而且在自然条件下非常稳定，难以转化为六价铬。但是，目前国际通用的检测六价铬的标准方法为分光光度法，用该方法检测制革废水中是否含有六价铬时，因受到废水中的色度干扰可能会测出一定含量的六价铬。据推算，2015 年我国制革工业含铬废水单独处理后，排放的总铬约为 43 t。

2.4.1.2 废气

a）有组织废气

制革工业的大气污染物主要可以分为锅炉废气、喷涂设施有机废气、磨革粉尘、恶臭气体等。

锅炉废气：随着制革工业的发展，制革集中生产的比重越来越大。据估算，目前制革工业约有 50%的制革工业排污单位在工业园区，大部分工业园区已经实现集中供热，不再建有锅炉。另一方面，自建锅炉的制革工业排污单位，通过脱硫、脱硝、除尘处理后污染物符合 GB 13271 排放要求。

喷涂设施有机废气：制革生产过程中在后整饰阶段可能会使用部分溶剂型涂饰材料，但是用量很少。目前，随着皮革化工材料研发水平的进展，水性涂饰材料所占比重越来越大，经调研，目前全行业水性涂饰材料已经达到 90%以上，只有生产个别产品可能会用到溶剂性涂饰材料，因此制革过程产生的挥发性有机物非常少。

污水处理系统：污水处理过程中，由于废水中含有较高浓度的蛋白质，容易腐败变质散发出恶臭气体，特别是在污水处理开始部分，比如集水池和调节池，恶臭问题尤其严重；此外，废水中含有含硫化合物和铵盐，在处理过程中可能会有少量的硫化氢和氨产生；在污泥中仍然含有大量的有机物，在污泥存放过程中也会发出恶臭气体。近年来，制革工业排污单位越来越重视恶臭气体的处置，一般采用加盖收集，经过喷淋洗脱去除或采用全生化除臭等先进污水处理技术，有效削减恶臭污染物排放。

b）无组织废气

无组织废气污染物为来自于生皮库、硫化物脱毛车间、磨革车间以及堆煤场等污染源产生的臭气浓度、氨、硫化氢及颗粒物。

生皮需要经过盐腌等防腐处置，但在存放过程中，由于细菌的存在，会造成部分蛋白质腐败，其中氨基酸被氧化成甲基吲哚，水解生成硫醇，散发出臭味。

制革脱毛废水中含有一定浓度的硫化物，但脱毛废水的 pH 值较高，同时含硫废水在废水处理前期就要处理掉，因此在脱毛车间一般不会产生硫化氢气体。

在制革的打软、磨皮等工序产生粉尘等，制革工业排污单位一般建有专门的磨革车间，并建有除尘设施。

自备锅炉的露天堆煤场会产生粉尘，制革工业排污单位一般配备防风抑尘网、喷淋、洒水等抑尘措施。

c）主要污染物排放情况

根据《2015 年中国环境统计年报》数据统计，2015 年皮革、毛皮、羽毛及其制品和制鞋业二氧化硫排放量为 2.6 万 t，氮氧化物排放量为 0.8 万 t，烟粉尘排放量为 1.3 万 t。

2.4.2 制革工业污染治理现状及趋势

2.4.2.1 废水

制革工业经过多年来不断地整治提升，制革主鞣和复鞣工序产生的含铬废水经单独分流收集，通过加碱沉淀法可得到有效处理。其他生产废水以生化系统为核心，围绕不同的出水标准，可选择单独的好氧以及厌氧-好氧相结合的各类生物处理方法实现达标排放。

随着制革废水生化技术不断发展，氨氮不再是治理的难点，而敏感区域 COD 和总氮的高标准达标才是技术选择的重点。近年来，皮革行业经过不懈的探索，已经形成了一系列较为成熟的生化处理体系。主要的生物处理工艺有以下几种类型：1）二级 A/O 工艺；2）水解酸化+氧化沟工艺；3）厌氧+ A/O 工艺；4）水解酸化+好氧生化+SBR 工艺；5）多级生物强化的好氧生化工艺等。这些工艺在不同进水 COD、总氮和氨氮浓度下被不同排污单位灵活应用，均可以实现废水达标排放的目标。

2.4.2.2 废气

随着国家对大气污染治理的日益严格，单个制革工业排污单位的锅炉设置已逐渐被集中供热所替代，烟气除尘和脱硫脱硝一体化技术将在锅炉废气排放控制技术中得到贯彻实施，最大限度的实现颗粒物、二氧化硫、氮氧化物排放的有效控制。

常规制革脱毛会用到一定量的硫化物，因此废水中会含有一定浓度的硫化物，但脱毛废水的 pH 值较高，同时硫化物在废水处理前期需要进行有效去除，因此一般不会产生硫化氢气体。含硫废水在后续污水处理过程中，会有少量硫化氢产生，由于硫化氢具有剧毒，因此制革工业排污单位越来越重视对硫化氢的处理，一般都会对可能产生硫化氢气体的部分加盖收集，经过洗脱去除。

目前绝大多数涂饰材料为水性涂饰材料，因此挥发性有机物的排放量非常少。对于使用溶剂型涂饰材料的制革工业排污单位，其涂饰工序在封闭的涂饰操作台进行，产生的废气经集气罩负压收集后，经水膜喷淋过滤后由排气筒排放。在有条件的情况下，可于排气筒后段连接吸附塔进一步削减残余的挥发性有机物。

制革是对皮革胶原蛋白质的加工处理，在加工过程中会有一部分生皮蛋白质变性产生恶臭污染物，但因为加工过程很快，生皮很快变成皮革，同时废水很快经过处理，同时对污水处理设施中的集水池、调节池、污泥处理系统产生的废气进行加盖负压收集处理或采用全生化除臭等先进污水处理技术，因此恶臭污染物均可达标排放。

制革磨革车间会产生粉尘，制革工业排污单位将磨革工序单独分隔，同时采用布袋除尘系统除尘。

对于污水处理过程中产生的臭气浓度、硫化氢和氨，制革工业排污单位一般采用加盖收集，经过喷淋洗脱等技术进行处理或采用全生化除臭等先进污水处理技术，可有效削减恶臭污染物排放。

制革磨革车间会产生粉尘。

3 标准制定的必要性分析

3.1 环境形势的变化对标准提出新的要求

排污许可制度是固定污染源环境管理的有效手段，数十年以来，美国、欧盟等发达国家和地区相继以环境立法为基础，构建了完善的排污许可制度，配套了规范的排污许可技术体系，成为固定源环境管理的有效抓手，并向部分非固定源管理领域发展。

党中央、国务院高度重视生态环境保护建设，提出改革环境管理基础制度，建立覆盖所有固定污染源的排污许可制度，使其成为排污单位守法、政府执法、社会监督的依据，实现“一证式”管理，中央全面深化改革领导小组将该项工作确定为环境保护部重点改革任务之一。2015 年实行的新《中华人民共和国环境保护法》明确“国家依照法律规定实行排污许可管理制度”；2015 年 4 月 2 日发布的《水污染防治行动计划》中明确要“全面推行排污许可，依法核发排污许可证，2015 年底前，完成国控重点污染源及排污权有偿使用和交易试点地区污染源排污许可证的核发工作，其他污染源于 2017 年底前完成”；2015 年 4 月 25 日，《中共中央国务院关于加快推进生态文明建设的意见》明确要完善污染物排放许可证制度，禁止无证排污和超标准、超总量排污。

2016 年，《国务院办公厅关于印发控制污染物排放许可制实施方案的通知》（国办发〔2016〕81 号）明确了排污许可制度改革的顶层设计、总体思路，构建以排污许可制为核心的固定污染源环境管理制度，分行业推进，到 2020 年完成覆盖所有固定污染源的排污许可证核发工作。环境保护部发布的《排污许可证管理暂行规定》和《关于开展火电、造纸行业和京津冀试点城市高架源排污许可证管理工作的通知》中明确了将制革工业列入许可证试点核发行业，依据《固定污染源排污许可分类管理名录》，2017 年底前完成全国含鞣制工序（包括复鞣工序）的制革工业排污单位的排污许可证的核发。

根据《固定污染源排污许可分类管理名录》以及《水污染防治行动计划》要求，2017 年底前应当完成全国制革工业排污单位排污许可证的核发。

为适应新形势下的排污许可制度改革，统一全国制革工业排污单位排污许可技术要求，指导并规范制革工业排污单位排污许可证的申请与核发，为排污许可管理提供科学、健全、有力的技术保障，亟须制定适用于制革工业的排污许可证申请与核发技术规范。

3.2 排污许可证核发工作有效开展的需要

3.2.1 现行环保标准不能满足排污许可管理要求

《控制污染物排放许可制实施方案》对固定源许可排放限值核算、合规判定、自行监测、环境管理等方面提出了更加严格的要求，制革工业现行的污染物排放标准、工程技术规范、总量核算管理办法等不能满足制革工业排污单位和环境保护主管部门完成上述排污许可精细化管理的要求。比如，目前《制革及毛皮加工工业水污染物排放标准》仅对制革工业排污单位进行污染物浓度限值管理，缺乏总量核算办法；该标准中的单位产品基准排水量为单一数值，无法满足不同生产工艺的制革工业排污单位的污染物排放总量的测算需求。

3.2.2　有效推进排污许可证核发工作需要有相应标准作为支持

2016 年至今，国家先后发布了《排污许可证管理暂行规定》《关于开展火电、造纸行业和京津冀试点城市高架源排污许可证管理工作的通知》《京津冀及周边地区 2017 年大气污染防治工作方案》，启动了火电、造纸行业排污许可证申请与核发的相关工作，并要求 2017 年完成制革在内的 13 个行业排污单位许可证核发，要求 2017 年 12 月 31 日前完成全国范围内含鞣制工序（包括复鞣工序）的制革工业排污单位排污许可证核发工作。

目前，国家尚无制革工业排污许可证申请与核发技术规范，无法指导排污单位申请和环境保护主管部门核发排污许可证，对推动许可证核发工作形成阻碍。为统一全国制革工业排污许可技术要求，引导并规范制革工业排污单位填报《排污许可证申请表》及网上填报相关申请信息，指导核发机关审核确定排污许可证许可要求，保障制革工业排污许可制度顺利实施，制定《排污许可证申请与核发技术规范　制革及毛皮加工工业——制革工业》十分必要。

3.3　制革工业可持续发展的要求

3.3.1　我国皮革行业“十三五”规划绿色发展的要求

《皮革行业发展规划（2016—2020）》中明确提出，“十三五”期间，我国皮革行业绿色制造水平大幅提升，进一步提高清洁生产水平，提高废水循环利用率，降低生产过程中能耗、物耗及污染物排放量，基本实现生产废弃物的资源再利用。单位原料皮废水、化学需氧量、氨氮、总氮排放量分别削减 9%、15%、25%、30%。

要改善环境质量，减少污染物排放是最根本的手段，而实施排污许可制正是强化环境保护精细化管理，促进排污单位达标排放，并有效控制区域流域污染物排放量的有效手段。

3.3.2　清洁生产及产业结构调整的要求

清洁化生产是解决我国制革污染最有效的方法之一。国家也越来越重视清洁化工作，从 2003 年开始，先后出台了一系列制革工业清洁生产标准，对皮革行业清洁生产推广起到了积极的作用。

排污许可管理从总量对重点污染指标进行控制，必将进一步促进制革工业排污单位积极采用清洁生产技术，减少污染物的产生量，从而降低污染物排放总量达标的难度。

通过制定和落实排污许可证申请与核发技术规范，可以有效落实排污许可制度，以排污许可制度为抓手，形成制度管理、排污单位投入、技术提升、淘汰落后为一体的综合良性发展体系，树立发展规范、技术先进、绿色清洁的制革工业新形象。

4　国内外相关标准情况

4.1　主要国家、地区及国际组织相关标准情况的研究

西方发达国家已建立起较为完善的许可证申请及许可证要求的管理体系。以美国为例，从 1972 年开始在全国范围内实行污染物排放许可证制度（NPDES），此后在技术路线和方法上不断改进和发展。美国排污许可制度相关的法律主要是《清洁水法》（CWA）和《清洁空气法》（CAA）。《清洁水法》第四章规定了在美国建立废水排放许可制度，即国家污染物排放消减体系。它通过控制污染源直接向自然水体排放，达到恢复和保持全国水体的化学、物理和生物完整性目标。该法案规定，所有污染物排放到美国规定水体中的点源都必须拥有许可证。水污染物排放标准主要通过制定排放许可证来实施，即通过制定技术为基础的许可限制来将其应用到具体排放源。同时《清洁水法》详细规定了排污许可证的分类、申请核发程序、公众参与、执行与监管、处罚等具体要求。联邦行政许可法等规定了许可程序等要求，

也是排污许可法律体系的重要组成部分。

《清洁水法》和《清洁空气法》下面还有联邦法规（CFR），CFR40是环境保护部分，其中有些内容是规定工业污染源必须遵守的要求，包括排污许可具体流程，以及排放标准、最佳可行技术等技术层面的规定，是《清洁水法》和《清洁空气法》的具体实施细则。

所有的 NPDES 许可证至少要包含以下五个部分：（1）概况：被许可人的名称、地址、授权排放的说明与排放地点等；（2）排放标准：控制污染物排放的基于技术和水质的标准等；（3）监控和报告的义务：被许可人必须履行监控各项排放设施以及向授权机构报告的义务，该要求主要用于评价废水处理效率、排放水体质量以及被许可人遵守许可证的程度等；（4）特别条款：指最好的管理实践（BMPs）、毒性削减评价（TREs）等补充的排放限制条款；（5）共性条款：适用于所有许可证的有关法定的、行政的和程序的要求。

此外，美国排放许可证制度还非常注重配套机制的建设，主要包括三个方面：一是监测，监测在整个监管环节中成本最高，需要以尖端技术为支持，设备比较昂贵，人员成本也较高。二是记录，排污单位对监测必须作全程记录，同时还必须如实记录各种投诉，以及针对投诉所采取的措施。三是报告，排污单位必须定期向环境保护主管部门报告监测记录和投诉记录；报告是公开的，公众可以从报告中了解各个排污单位的污染物排放情况。报告的内容非常丰富，其中管理信息表填报内容包括固定源名称变更、地址变更、运营者变更、许可证撤销、许可证重置等；基本信息表填报内容包括运营者信息、位置信息(周围学校信息、周围人口密度信息、周边建筑物信息、与居民区和商业区距离等信息）、厂区平面图和排放口信息（排放口位置、烟囱高度等）；特定污染防治设施补充申请信息表包括除尘、脱硫、脱硝等污染防治设施编号、数量、参数等信息；污染物削减信用信息、认领计划信息表包括各类排污权交易计划下的信用额度、交易信息、交易价格；《清洁空气法》第V部分申请和报告信息表，包括清洁空气法第V部分框架下的各计划要求的记录、报告、豁免信息等表格。

4.2 国内相关标准情况的研究

4.2.1 行业排污许可证申请与核发技术规范

国内尚未以标准形式正式发布任何行业排污许可证申请与核发技术规范，只是在《关于开展火电、造纸行业和京津冀试点城市高架源排污许可证管理工作的通知》中附带《火电行业排污许可证申请与核发技术规范》《造纸行业排污许可证申请与核发技术规范》，明确火电、造纸行业排污许可证适用范围及排污单位基本情况、产排污节点对应排放口及许可排放限值、可行技术、自行监测管理要求、环境管理台账记录与执行报告编制规范、达标排放判定方法、实际排放量核算方法。

4.2.2 制革工业相关标准情况

我国于2013年正式制订发布了《制革及毛皮加工工业水污染物排放标准》（GB 30486），将制革工业的排放要求从污水综合排放标准中分离出来，规定了制革工业排污单位13个水污染物指标的排放限值；提出总铬、六价铬在车间或生产设施废水排放口监控的要求；确定了单位产品基准排水量。2010年，发布了《制革及毛皮加工工业废水治理工程技术规范》。这两个标准是制定本标准的重要依据。

本标准按照国家排污许可制度顶层设计总体要求和《排污许可证申请与核发技术规范　总则》的要求，结合制革工业产排污特点，排放标准、环境管理、监测等方面的要求，参照《火电行业排污许可证申请与核发技术规范》《造纸行业排污许可证申请与核发技术规范》的思路、框架内容，开展相关专题研究，细化、完善形成《排污许可证申请与核发技术规范　制革及毛皮加工工业——制革工业》。

5 标准制定的基本原则和技术路线

5.1 标准制定的原则

按照我国现行环境法律法规、标准协调配套，与环境保护的方针政策相一致原则。以《中华人民共和国环境保护法》《中华人民共和国大气污染防治法》《中华人民共和国水污染防治法》《国务院办公厅关于印发控制污染物排放许可制实施方案的通知》《排污许可证申请与核发技术规范 总则》等相关的法律法规、方针政策、标准规范为依据制定本标准。

适用范围和工作原则满足相关环保标准和环保工作要求的原则。本标准适用于指导制革工业排污单位填报《排污许可证申请表》及网上填报相关申请信息，同时适用于指导核发机关审核确定制革工业排污单位排污许可证许可要求。

普遍适用性和实际可操作性原则。根据制革工业排污单位实际情况，结合各污染源、污染因子的特点，提出本标准的技术要点，以保证最大限度地与制革工业排污单位的实际情况相吻合，使本标准具有行业针对性和代表性。本标准适用于所有制革工业排污单位排放的水污染物、大气污染物的排污许可管理，本标准未做出规定但排放工业废水、废气和有毒有害大气污染物的制革工业排污单位及其产污设施和排放口，参照《排污许可证申请与核发技术规范 总则》执行。

5.2 标准制定的技术路线

本标准技术路线图如图 5。

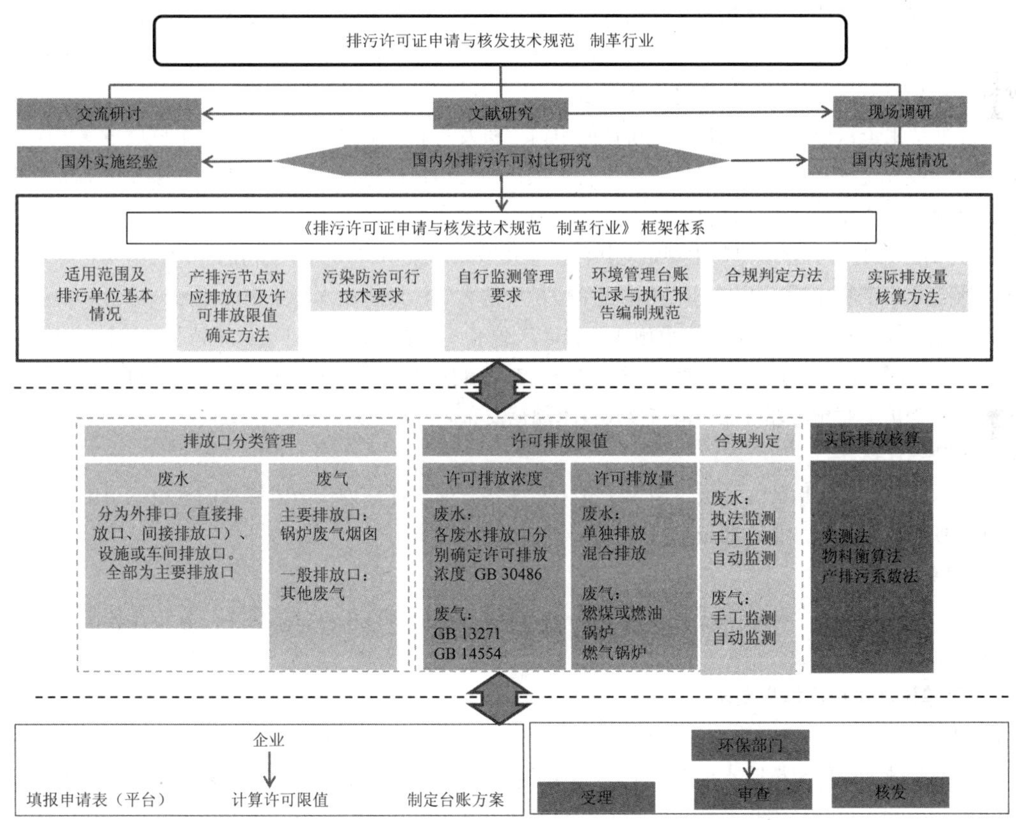

图 5 技术路线图

6 标准主要技术内容

6.1 标准框架

本标准内容包括：适用范围、规范性引用文件、术语和定义、排污单位基本情况填报要求、产排污节点对应排放口及许可排放限值确定方法、污染防治可行技术要求、自行监测管理要求、环境管理台账与排污许可证执行报告编制要求、实际排放量核算方法、合规判定方法共 10 章。

6.2 适用范围

制革和毛皮加工工业属于“皮革、毛皮、羽毛（绒）及其制品业”子行业，加工原材料均为动物原料皮，但其行业特点有明显差别。制革要求对原料皮脱毛只保留皮板，最终产品为皮革；毛皮加工要求保留毛被，最终产品为毛皮。两者分属于不同的子行业，加工工艺、加工设备以及行业特点等都有较大差别，同时考虑到排污许可证的申请与核发工作时间紧、任务重，因此本标准仅适用于制革工业。

制革工业排污单位分化越来越细，目前制革工业排污单位可以大致有四类：从生皮到成品革，从生皮到蓝湿革，从蓝湿革到成品革，从坯革到成品革。鉴于不同类别制革工业排污单位的污染产生情况差别很大，特别是从坯革到成品革的排污单位只有干整饰工序，废水产生量很小；同时，涂饰基本用水性涂饰材料，挥发性有机物产生量低。本标准根据《固定污染源排污许可分类管理名录》要求，按照主次分别对待的原则，规定重点前三类制革工业排污单位（从生皮到成品革，从生皮到蓝湿革，从蓝湿革到成品革）入手，即对含鞣制工序（包括复鞣工序）的制革工业排污单位实行排污许可证重点管理；对于第四类制革工业排污单位（从坯革到成品革）实行排污许可证简化管理。

本标准规定了制革工业排污单位排污许可证申请与核发的基本情况填报要求、许可排放限值确定、实际排放量核算、合规判定方法以及自行监测、环境管理台账与排污许可证执行报告编制要求等环境管理要求，提出了制革工业污染防治可行技术要求。

本标准适用于指导制革工业排污许可证的申请、核发与监管工作，适用于排污单位填报《排污许可证申请表》及在全国排污许可证管理信息平台上填报相关申请信息，同时适用于指导核发机关审核确定制革工业排污单位排污许可证许可要求。

《排污许可证管理暂行规定》中规定对排污单位排放水污染物、大气污染物的排污行为实行综合许可管理，因此本标准规定适用于制革工业排污单位排放的大气污染物和水污染物的排污许可管理。制革工业排污单位中执行 GB 13223 的生产设施或排放口，适用《火电行业排污许可证申请与核发技术规范》，其他生产设施和排放口均适用本标准。执行 GB 13271 的制革工业排污单位的生产设施和排放口参照本标准执行，待锅炉工业排污许可证申请与核发技术规范发布后从其规定。

6.3 规范性引用文件

对于本标准直接引用的文件或者引用了其中某些条款的文件，均作为本标准的规范性引用文件。凡是不注日期的引用文件，其有效版本适用于本标准。

6.4 术语和定义

本标准按照制革工业的特点对制革、制革工业排污单位、原料皮、含铬废水、许可排放限值、特殊时段 6 个术语进行了定义。

6.5 排污单位基本情况填报要求

6.5.1 基本原则

制革工业排污单位应按照本标准要求，在国家排污许可证管理信息平台申报系统填报《排污许可证申请表》中的相应信息。填报系统未包括的，地方环境保护主管部门有规定需要填报或排污单位认为需要填报的，可自行增加内容。

排污单位基本情况应当按照实际情况填报，对提交申请材料的真实性、合法性和完整性负法律责任。

6.5.2 排污单位基本信息

制革工业排污单位所在地是否属于重点区域，依据《重点区域大气污染防治“十二五”规划》规定填写，该规划提及京津冀、长三角、珠三角地区，以及辽宁中部、山东、武汉及其周边、长株潭、成渝、海峡西岸、山西中北部、陕西关中、甘宁、新疆乌鲁木齐城市群等区域为重点区域，具体省份和城市见《重点区域大气污染防治“十二五”规划》中附表。

地方政府对违规项目的认定或备案文件指按照《国务院办公厅关于印发加强环境监管执法的通知》（国办发〔2014〕56 号）要求，地方政府对违规项目依法处理、整顿规范，出具符合要求的证明文件。

污染物总量指标包括地方政府或环境保护部门发文确定的排污单位总量控制指标、环境影响评价文件及其批复文件中确定的总量控制指标、现有排污许可证中载明的总量控制指标、通过排污权有偿使用和交易确定的总量控制指标等地方政府或环境保护部门与排污许可证申领制革工业排污单位以一定形式确认的总量控制指标。

6.5.3 主要产品及产能

根据制革工业排污单位的实际情况确定排污单位应填报主要生产单元、主要工艺、主要生产设施、主要生产设施编号、设施参数、产品名称、生产能力及计量单位、设计年生产时间及其他。

关于主要生产单元，制革加工阶段一般按原料皮划分生产单元，原料皮有牛皮、羊皮、猪皮等之分，此外还有污水处理系统、锅炉供热系统等公共单元，因此将生产单元分为牛皮生产线、羊皮生产线、猪皮生产线、其他生产线、公用单元等。

对于生产工艺，按照制革实际情况分为生皮至成品革（坯革）、生皮至蓝湿革、蓝湿革至成品革（坯革）、坯革至成品革等。公共单元包括锅炉供热系统、储存系统、供水处理系统等。

对于生产设施，不同的生产工艺设施不同，因此将生产设施按从生皮至成品革（坯革）、生皮到蓝湿革、蓝湿革到成品革（坯革）、坯革到成品革进行分别填报。同时在不同的生产工艺中，分必填项和选填项，必填项为能表征产能或者能产生污染物的生产设施，而对不会产生污染物的生产设施为选填项。

以此原则，生皮至成品革（坯革）生产工艺必填项包括：准备工段转鼓（划槽），鞣制工段转鼓，湿整饰工段转鼓，车间废液循环设施，干整饰工段喷浆机、辊涂机、磨革机等；选填项包括：去肉机、片皮机、削匀机等。

生皮至蓝湿革生产工艺必填项包括：准备工段转鼓（划槽），鞣制工段转鼓，车间废液循环设施；选填项包括：去肉机、片皮机等。

蓝湿革至成品革（坯革）生产工艺必填项包括：湿整饰工段转鼓，干整饰工段喷浆机、辊涂机、磨革机等；选填项包括：片皮机、削匀机等。

坯革到成品革生产工艺必填项包括：涂饰喷浆机、滚涂机、磨革机等。

公共单元必填项包括：锅炉供热系统（燃煤锅炉、燃油锅炉、燃气锅炉、生物质锅炉、电锅炉等）、储存系统（原料皮库、化学品库、成品库、煤场、油罐、气罐等）、辅助系统（污水处理设施、危险废物储存间、灰库、渣仓、灰渣场等）等；选填项包括：供水处理系统（清水制备系统、软化水制备系统、其他）等。

对于制革工业排污许可证申请表中的生产设施编号，按排污单位填报内部生产设施编号填写，若排污单位无内部生产设施编号，则根据《关于开展火电、造纸行业和京津冀试点城市高架源排污许可证管理工作的通知》（环水体〔2016〕189 号）附件 4《固定污染源（水、大气）编码规则（试行）》进行编号并填报。

对于设施参数，根据行业实际情况，分为参数名称、设计值、计量单位等，必填项包括准备工段转鼓、鞣制工段转鼓、湿整饰工段转鼓的设计投料量（t/鼓）及干整饰工段喷浆机、滚涂机的设计速率（m/min）等，选填项包括设备规格或型号等。

产品名称对于计算排污量是重要指标。分为蓝湿革、成品革（包括鞋面革、服装革、包袋革、沙发革、汽车革等）、坯革或其他。

生产能力及计量单位对计算排污许可量是重要指标。生产能力为主要产品设计产能，不包括国家或地方政府予以淘汰或取缔的产能，生产能力需标明计量单位（t/a）。

设计年生产时间按按环境影响评价文件及批复或地方政府对违规项目的认定或备案文件中的年生产天数填写。

6.5.4 主要原辅材料及燃料

主要原辅材料及燃料包括名称、年最大使用量、硫元素占比、铬元素占比等。

制革原料主要分为牛皮、羊皮、猪皮等。此外，制革是在水中进行，同时污染物也主要为水污染物，因此把水也作为原料。鉴于原料对于排污量的计算很重要，因此为必填项，

辅料主要为制革过程中及末端污水处理过程中使用的化工材料，主要包括：渗透剂、杀菌剂、脱脂剂、助剂、纯碱、硫化钠、硫氢化钠、石灰、脱灰剂、软化剂、工业盐、甲酸、硫酸、草酸、防霉剂、铬鞣剂、染料、颜料膏、中和剂、单宁、复鞣剂、蛋白填料、加脂剂、涂饰树脂、涂饰填料、阳离子、PAM、PAC、硫酸亚铁、氢氧化钠、臭氧、双氧水等。鉴于化工材料繁多，将能产生特征污染物的铬鞣剂、硫化钠/硫氢化钠、工业盐以及加工过程中使用量较大的化学品，如含铬复鞣剂、涂饰树脂等也作为必填项。废水、废气污染治理过程中添加化学品，因为其能够一定程度的反应污染治理效果以及工艺运行是否有效，因此也作为必填项；其余为选填项。

原辅料成分应填写主要原辅材料中铬元素占比、硫元素占比，如使用溶剂型涂饰材料进行涂饰的排污单位，需填写涂饰材料溶剂占比。填报值以收到基为基准。

制革锅炉供热系统使用的燃料主要为燃煤、天然气、柴油、重油等。燃料成分主要是燃料的灰分、硫分、挥发分、热值。填报值以收到基为基准。

原辅材料及燃料的设计年使用量应填写与生产能力相匹配的年使用量，计量单位为 t/a 或 m^3/a。

6.5.5 产排污节点、污染物及污染治理设施

废水产排污节点、污染物及污染治理设施包括废水类别、污染物种类、排放去向、排放规律、污染治理设施、排放口编号、排放口设置是否符合要求、排放口类型。

废气产排污节点、污染物及污染治理设施包括对应产排污环节名称、污染物种类、排放形式（有组织、无组织）、污染治理设施、是否为可行技术、有组织排放口编号、排放口设置是否符合要求、排放口类型。

6.5.5.1 废水

废水类别根据制革废水特点分为含铬废水、其他生产废水、生活污水等。

污染物种类根据 GB 30486 中的规定确定；有地方排放标准要求的，按照地方排放标准确定。

GB 30486 要求对总铬在含铬废水单独处理车间进行监测，因此制革含铬废水必须单独处理。故而治理设施包括含铬废水处理系统、其他生产废水处理系统等。

制革废水为高浓度有机废水，一般采用多级生化处理工艺，包括一级处理（过滤、沉淀、气浮、其他）、二级处理（A/O、变型 A/O、SBR、氧化沟、生物接触氧化、厌氧、其他），深度处理（超滤/纳滤、反渗透、吸附过滤、氧化塘、生物滤池、芬顿、其他）等。

制革工业排污单位的废水排放分直接排放和间接排放，还有的废水在生产加工过程汇总进行循环使用。因此，排放去向分为不外排；进入厂内综合污水处理站；直接进入海域；直接进入江河、湖、库等水环境；进入城市下水道（再入江河、湖、库）；进入城市下水道（再入沿海海域）；进入城市污水处理厂；进入工业废水集中处理设施；进入其他单位；其他。

6.5.5.2 废气

制革工业排污单位的废气产生主要在锅炉、生皮库、喷涂设施、磨革车间、使用硫化物的脱毛车间以及污水处理设施等几个环节。

对于污染物种类，锅炉根据 GB 13271 确定污染因子，有地方排放标准要求的，按照地方排放标准确定；生皮库污染因子主要为臭气浓度、氨；使用溶剂型涂饰材料的喷涂设备污染因子为苯、甲苯、二甲苯、非甲烷总烃等；磨革车间和使用硫化物的脱毛车间污染因子主要分别为颗粒物和硫化氢；污水处理设施（集水池、调节池、污泥处理系统）污染因子为臭气浓度、氨和硫化氢。

制革工业排污单位废气治理设施包括除尘系统、脱硫系统、脱硝系统、有组织废气收集处理系统等。

废气包括除尘设施（袋式除尘器、电式除尘器；其他）、脱硫设施（湿法脱硫、半干法脱硫、干法脱硫、其他）、脱硝设施（低氮燃烧技术、SCR、SNCR、其他）、有组织废气收集处理设施

（活性炭吸附、生物滤塔、喷淋吸收、催化燃烧、强氧化、其他）等。

6.5.5.3 污染治理设施、排放口编号

污染治理设施编号可填写制革工业排污单位内部污染治理设施编号。若制革工业排污单位无内部编号，则根据《关于开展火电、造纸行业和京津冀试点城市高架源排污许可证管理工作的通知》（环水体〔2016〕189 号）附件 4《固定污染源（水、大气）编码规则（试行）》进行编号并填报。

有组织排放口编号应填写地方环境保护主管部门现有编号，若地方环境保护主管部门未对排放口进行编号，则根据《关于开展火电、造纸行业和京津冀试点城市高架源排污许可证管理工作的通知》（环水体〔2016〕189 号）附件 4《固定污染源（水、大气）编码规则（试行）》进行编号并填写。

6.5.5.4 排放口设置要求

根据《排污口规范化整治技术要求（试行）》（环监〔1996〕470 号）等相关文件的规定，结合实际情况填报排放口设置是否符合规范化要求。有地方要求的，应符合地方要求。

6.5.5.5 排放口类型

根据制革工业废水排放特点，废水排放口分为主要排放口和一般排放口，主要排放口指废水总排放口和车间或生产设施废水排放口，其余废水排放口均为一般排放口。

根据制革工业各废气排放口污染物排放特点及排放负荷，将废气排放口分为主要排放口和一般排放口。主要排放口是指锅炉供热系统烟囱，其余废气排放口均为一般排放口。

6.6 产排污节点对应排放口及许可排放限值确定方法

6.6.1 产排污节点对应排放口

6.6.1.1 废水

现在国家环保政策要求制革工业排污单位生产废水只能有一个总排放口。含铬废水单独收集处理后，达标排放到其他生产废水处理系统，经处理后通过总排放口排放。排放口分直接排放口和间接排放口两类。

目前排污单位一般执行 GB 30486，但有一部分地区的制革工业排污单位执行地方排放标准，比如广东省要执行地方标准。

制革工业排污单位纳入排污许可管理的废水类别、排放口类型及污染物项目见表 4。地方有其他要求的，从其规定。

表 4 纳入排污许可管理的废水类别、排放口类型及污染物项目

废水类别	废水排放口	排放口类型	污染物
含铬废水	车间或生产设施废水排放口	主要排放口	总铬、六价铬
全厂废水（含铬废水除铬后的上清液、其他生产废水、生活污水[a]）	废水总排放口	主要排放口	pH 值、色度、悬浮物、化学需氧量、五日生化需氧量、氨氮、总磷、总氮、硫化物、动植物油、氯离子
雨水	雨水排放口	一般排放口	化学需氧量

[a] 单独排入城镇集中污水处理设施的生活污水仅说明去向。

制革废水污染因子按照 GB 30486 确定，包括标准中的所有污染因子。

废水直接排放口应填报排放口地理坐标、间歇排放时段、受纳自然水体信息、汇入受纳自然水体处地理坐标及执行的国家或地方污染物排放标准；废水间接排放口应填报排放口地理坐标、间歇排放时段、受纳污水处理厂名称及执行的国家或地方污染物排放标准。其余项为依据标准第 4.5 条填报的产排污节点及排放口信息，信息平台系统自动生成。废水间歇式排放的，应当载明排放污染物的时段。

6.6.1.2 废气

制革工业排污单位废气主要来源于锅炉、有组织废气收集处理设施等，相应的排放口分为锅炉烟囱或排气筒，具体见表 5。

表 5　纳入排污许可管理的废气产生设施、排放类型及污染物项目

废气产生环节	排放口	排放口类型	污染物
废气有组织排放			
各种燃料锅炉	锅炉烟囱	主要排放口	颗粒物、二氧化硫、氮氧化物、汞及其化合物[a]、烟气黑度（林格曼黑度，级）
污水处理设施[b]	排气筒	一般排放口	臭气浓度、氨、硫化氢
喷浆设施			苯、甲苯、二甲苯、非甲烷总烃
废气无组织排放			
生皮库[c]	—	—	臭气浓度、氨
使用硫化物的脱毛车间[d]	—	—	臭气浓度、硫化氢
磨革车间[e]	—	—	颗粒物
涂饰车间[f]	—	—	苯、甲苯、二甲苯、非甲烷总烃
煤场[g]	—	—	颗粒物

注：地方环境保护主管部门对污染物项目有特殊要求的，从其规定。

[a] 适用于燃煤锅炉。

[b] 污水处理设施采用全生化除臭等先进污水处理技术的，其污染物纳入无组织排放管理。

[c、d、e、f、g] 如建有废气收集处理系统，经排气筒排放，其污染物纳入有组织排放管理。

[f] 指辊涂、补伤、刷涂等可能造成废气无组织排放的工序。

废气排放口应填报排放口地理坐标、排气筒高度、排气筒出口内径、国家或地方污染物排放标准、环境影响评价批复要求及承诺更加严格排放限值，其余项为依据本标准第 4.5 条填报的产排污节点及排放口信息，信息平台系统自动生成。

如表 5 所示，使用溶剂型涂饰材料的排污单位，其污染因子为苯、甲苯、二甲苯、非甲烷总烃等，如地方环境保护主管部门对污染物项目有特殊要求的，从其规定。

6.6.2　许可排放限值的确定方法

6.6.2.1　许可排放浓度

a）废水

按污染物排放标准确定制革工业排污单位许可排放浓度时，应依据 GB 30486 确定。有地方排放标准要求的，按照地方排放标准确定。

b）废气

按照污染物排放标准确定制革工业排污单位许可排放浓度时，应根据 GB 13271、GB 14554、GB 16297 确定。有地方排放标准要求的，按照地方排放标准确定。

大气污染防治重点控制区按照《关于执行大气污染物特别排放限值的公告》（公告 2013 年第 14 号）和《关于执行大气污染物特别排放限值有关问题的复函》（环办大气函〔2016〕1087 号）的要求执行。其他执行大气污染物特别排放限值的地域范围、时间，由国务院环境保护行政主管部门或省级人民政府规定。

若执行不同许可排放浓度的多台生产设施或排放口采用混合方式排放废气，且选择的监控位置只能监测混合废气中的大气污染物浓度，则应执行各限值要求中最严格的许可排放浓度。

6.6.2.2　水污染物许可排放量核算方法

明确制革工业排污单位对化学需氧量、氨氮、总铬，以及受纳水体环境质量超标且列入 GB 30486 中的其他污染因子年许可年排放量。单独排入城镇集中污水处理设施的生活污水无须申请许可排放量。根据《“十三五”生态环境保护规划》等区域性、流域性的总氮总磷总量控制区域内的制革工业排污单位，还应申请总氮总磷年许可排放量。地方环境保护主管部门另有规定的，从其规定。

a）核算公式

根据排放标准浓度限值、单位产品基准排水量、核定产能确定制革工业排污单位水污染物许可排放量。

对于制革工业排污单位，前面已经提及产生废水的主要有三类：从生皮到成品革（坯革），从生皮到蓝湿革，从蓝湿革到成品革（坯革）。由于每种工艺基准排水量有很大差别，因此对于采用单一生

产工艺的排污单位计算许可排放量是比较容易，按以下公式计算即可：

$$D=S\times Q\times \rho\times 10^{-6} \tag{1}$$

式中：D—— 某种水污染物年许可排放量，t/a；

S—— 产品年产能，t/a；

Q—— 单位产品基准排水量（执行 GB 30486 中特别排放限值的排污单位，其单位产品基准排水量按照 GB 30486 中表 3 取值），m^3/t 生皮或蓝湿革；

ρ—— 水污染物许可排放浓度限值，mg/L。

但有一部分排污单位，同时有两种或两种以上生产工艺，这部分排污单位在核算过程中应以每种工艺分别核算许可排放量，然后相加。按以下公式计算：

$$D=\rho\times\sum_{i=1}^{n}\left(S_i\times Q_i\right)\times 10^{-6} \tag{2}$$

式中：D—— 某种水污染物年许可排放量，t/a；

ρ—— 废水许可排放浓度限值，mg/L；

S_i—— 采用不同生产工艺的年产品产能，t/a。

Q_i—— 采用不同生产工艺的单位产品基准排水量（执行 GB 30486 中特别排放限值的排污单位，其单位产品基准排水量按照 GB 30486 中表 3 取值），m^3/t 生皮或蓝湿革。

b）基准排水量的确定

制革是一个水资源需求量较高的行业，其工业用水主要包括生产工艺用水、蒸汽供热耗水、清洗用水及生活用水等。由于皮革产品类型多、原料来源广泛，因此工业用水量随制革工艺和产品类型不同有较大变化。同时，不同制革工业排污单位由于加工工艺不一样，所需要的水资源量也存在较大差别。

单位原料皮基准排水量是用于核定制革工业排污单位水污染物排放浓度而制定的单位原料皮废水排放量上限值。

1）制革工业排污单位用水量和排放量情况

在该标准编制过程中，编制单位对国内主要制革工业排污单位进行调研。

①调研方式及调研内容

调研方式为实地调研及问卷调研相结合，了解制革工业排污单位生产所采用的工艺过程、各生产工序用水量和排水量情况。

总共调研 67 家排污单位，其中牛皮革加工排污单位 33 家，猪皮革加工排污单位 8 家，羊皮革加工排污单位 26 家。在 33 家牛皮革加工排污单位中，从生皮加工至成品革的排污单位 10 家，从生皮加工至蓝湿革的排污单位 6 家，从蓝湿革加工至成品革的排污单位 17 家；8 家猪皮加工排污单位中，从生皮加工至成品革的排污单位 4 家，从生皮加工至蓝湿革的排污单位 2 家，从蓝湿革加工至成品革的排污单位 2 家；26 家羊皮加工排污单位中，从生皮加工至成品革的排污单位 12 家，从生皮加工至蓝湿革的排污单位 7 家，从蓝湿革加工至成品革的排污单位 7 家。

②制革工业排污单位各生产工序用水量和排放排放量调研情况

以单位重量生皮用水量计（m^3/t 生皮），牛皮全程生产过程总用水量为 60～90 m^3/t，从生皮加工到蓝湿革用水量为 40～60 m^3/t；猪皮全程生产过程总用水量一般为 60～100 m^3/t，从生皮加工至蓝湿革用水量为 45～70 m^3/t；羊皮全程生产过程总用水量为 60～90 m^3/t，从生皮加工到蓝湿革用水量为 40～60 m^3/t。一般情况下，从生皮加工至蓝湿革的用水量约占全程加工用水量的 60%～70%，其排水量也相应发生变化。牛皮、猪皮蓝湿革的重量约为生皮重量 50%，而羊皮蓝湿革的重量为生皮重量的 25%～30%，从蓝湿革加工至成品革的制革工业排污单位中，单位重量羊皮蓝湿革用水量要远大于单位重量牛皮和猪皮蓝湿革的用水量。

由于在制革以及污水治理过程中，要消耗一部分水分，因此制革污水排放量要小于用水量，一般情况下，排放量是用水量的90%左右。

不同原料皮用水量和排水量调研情况如下：

表6　不同原料皮从生皮加工至成品革的用水量和排放量调研值　　单位：m^3/t 生皮

生产工序	牛皮	猪皮	羊皮
浸水	11～15	11～18	11～16
脱脂	2～3	6～9	3.5～5.5
浸灰、脱毛	11～15	10～16	8.5～12.5
脱灰、软化	14～20	11～18	14～21
浸酸、鞣制	5～8	6～9	5～7
复鞣加脂	13～20	13～22	14.5～21.5
整饰	4～7	4～6	2.5～4
其他	1～2	1～2	1～2
用水量合计	60～90	60～100	60～90
排水量合计	55～80	55～90	55～80

表7　不同原料皮从生皮加工至蓝湿革的用水量和排放量调研值　　单位：m^3/t 生皮

生产工序	牛皮	猪皮	羊皮
浸水	11～15	11～18	11～16
脱脂	2～3	6～9	3.5～5.5
浸灰、脱毛	11～15	10～16	8.5～12.5
脱灰、软化	14～20	11～18	14～21
浸酸、鞣制	5～8	6～9	5～7
用水量合计	43～61	44～70	42～62
排水量	40～55	40～65	40～55

从蓝湿革加工至成品革的排污单位，蓝湿革经过长时间存储和运输，含水量下降10%～15%，在复鞣前需要进行回水操作，使蓝湿革充分回软，便于后续操作。不同品种蓝湿革加工至成品革用水量和排放量的调研情况见表8。

表8　不同原料从蓝湿革加工至成品革的皮用水量和排放量调研值　　单位：m^3/t 蓝湿革

生产工序	牛皮	猪皮	羊皮
蓝湿革回水	2～3	2～3	2～3
复鞣加脂	22～32	24～38	48～70
整饰	8～12	7～10	10～15
其他	1～2	1～2	1～2
用水量合计	33～49	34～53	61～90
排水量合计	30～44	30～47	55～80

③制革工业排污单位涉铬工序用水量和排放量调研情况

从生皮加工至成品革，涉及含铬废水排放的工序主要包括铬鞣工序和铬复鞣工序以及复鞣前对蓝湿革的水洗工序，用水量为13～30 m^3/t 生皮，排水量为12～27 m^3/t 生皮。

从生皮加工至蓝湿革，涉及含铬废水排放的工序主要是铬鞣工序，用水量为5～9 m^3/t 生皮，排水量为4～8 m^3/t 生皮。

从蓝湿革加工至成品革，涉及含铬废水排放的工序主要是蓝湿革回水和铬复鞣工序，蓝湿牛皮和蓝湿猪皮涉铬工序用水量为16～35 m^3/t 蓝湿革，排水量为15～27 m^3/t 蓝湿革，蓝湿羊皮涉铬工序用水量为31～48 m^3/t 蓝湿革，排水量为28～43 m^3/t 蓝湿革。

2）确定基准排水量

GB 30486 对制革工业排污单位规定的基准排水量为55 m^3/t 原料皮。本技术规范依据该标准并结合行业调研情况，对制革工业不同生产工艺进行分类规定了基准排水量，基准排水量限值定在排水量的下限。

从生皮加工至成品革的工艺，综合废水基准排水量限值规定为 55 m^3/t 原料皮，含铬废水基准排水量限值规定为 12 m^3/t 原料皮；从生皮加工至蓝湿革的工段，综合废水基准排水量限值规定为 40 m^3/t 原料皮，含铬废水基准排水量限值规定为 4 m^3/t 原料皮；从蓝湿革加工至成品革的工段，牛皮、猪皮综合废水基准排水量限值规定为 30 m^3/t 原料皮，含铬废水基准排水量限值规定为 12 m^3/t，羊皮综合废水基准排水量限值规定为 55 m^3/t 原料皮，含铬废水基准排水量限值规定为 28 m^3/t 原料皮。

制革工业排污单位要达到该基准排水量必须采取节水措施，采用废液循环利用和处理后的废水回用等技术。

表 9 制革工业排污单位原料皮基准排水量

工艺类别 废水类别	生皮-成品革/（m^3/t 生皮）	生皮-蓝湿革/（m^3/t 生皮）	蓝湿革-成品革/（m^3/t 蓝湿革）
全厂废水	55	40	羊皮：55 其他：30
含铬废水	12	4	羊皮：28 其他：15

含铬废水单独收集处理，总铬监测点位于车间或生产设施废水排放口，因此核算总铬许可排放量时，使用含铬废水的基准排水量。核算化学需氧量、氨氮许可排放量时，使用其他生产废水基准排水量。

c）产品产能的确定

在水污染物许可排放量核算公式中，产品产能的单位为 t/a，而当前各地区制革工业排污单位环境影响评价批复的产能采用的单位并不统一，有的以加工生皮或蓝湿革的重量为单位，有的以原料皮的张数为单位，有的以成品革面积为单位，为便于依据产能核定制革工业排污单位污染物许可排放量，需要确定不同品种皮革张数、面积与重量之间的换算关系。

1）原料皮分析

为配合本技术规范的制定，编制组对 35 家制革工业排污单位进行了调研，其中生牛皮加工排污单位 5 家，蓝湿牛皮加工排污单位 7 家；生猪皮加工排污单位 4 家，蓝湿猪皮加工排污单位 2 家，生绵羊皮加工排污单位 6 家，蓝湿绵羊皮加工排污单位 4 家，生山羊皮加工排污单位 4 家，蓝湿山羊皮加工排污单位 3 家。

原料皮的重量随原料皮的品种、产地、张幅大小、存储及运输时间不同而有较大差异。但通常而言，相同品种的原料皮重量与成品革面积具有正相关性，即原料皮越重，则原料皮的张幅越大，得到的成品革面积越大。

①牛皮原料皮重量与面积的调研情况

表 10 牛皮重量与面积的调研值

	重量范围/kg	常规重量/kg	成品革面积/m^2	常规面积/m^2
生牛皮	16～30	25	3.5～6	4.5
蓝湿牛皮	6～20	12.5	3.5～6	4.5

②猪皮原料皮重量与面积的调研情况

表 11 猪皮重量与面积的调研值

	重量范围/kg	常规重量/kg	成品革面积/m^2	常规面积/m^2
生猪皮	4～6	5	1～1.5	1.2
蓝湿猪皮	2～4	2.5	1～1.5	1.2

③绵羊原料皮重量与面积的调研情况

表 12　绵羊皮重量与面积的调研值

	重量范围/kg	常规重量/kg	成品革面积/m^2	常规面积/m^2
生绵羊皮	2.5～6	4.5	0.5～1	0.8
蓝湿绵羊皮	0.8～2.5	1.2	0.5～1	0.8

④山羊原料皮重量与面积的调研情况

表 13　山羊皮重量与面积的调研值

	重量范围/kg	常规重量/kg	成品革面积/m^2	常规面积/m^2
生山羊皮	1.5～3.5	2.2	0.45～0.75	0.5
蓝湿山羊皮	0.5～1.5	0.6	0.45～0.75	0.5

2）产品产能换算关系的确认

通过行业实际情况调研和数据分析，首先确定每标准张牛皮、猪皮、绵羊皮、山羊皮的生皮和蓝湿革的基准重量，然后根据调研数据找出成品革面积与最初生皮或蓝湿革之间的关系，进而形成制革工业排污单位的产品产能换算表，作为核算污染物许可排放量的依据。

表 14　产品产能单位换算表

换算项目 产品	1 标准张		1 m^2 成品革	
	生皮	蓝湿革	生皮	蓝湿革
牛皮基准重量/kg	25	12.5	5.5	2.8
猪皮基准重量/kg	5	2.5	4.2	2.1
绵羊皮基准重量/kg	4.5	1.2	5.6	1.4
山羊皮基准重量/kg	2.2	0.6	4.4	1.2

6.6.2.3　废气

根据行业实际情况，本标准仅明确对锅炉废气中颗粒物、二氧化硫、氮氧化物可按本规范规定年许可排放量，备用锅炉不再单独许可排放量。

a）年许可排放量核算方法

锅炉废气污染物许可排放量依据废气污染许可排放浓度限值、基准排气量和燃料用量核定。

燃煤或燃油锅炉废气污染物许可排放量计算公式如下：

$$D=R\times Q\times \rho\times 10^{-6} \tag{3}$$

燃气锅炉废气污染物许可排放量计算公式如下：

$$D=R\times Q\times \rho\times 10^{-9} \tag{4}$$

式中：D —— 废气污染物许可排放量，t/a；

R —— 设计燃料用量，t/a 或 m^3/a；

ρ —— 废气污染物许可排放浓度限值，mg/m^3；

Q —— 基准排气量，m^3/kg 燃煤或 m^3/m^3 天然气，具体取值见表 15。

表 15　锅炉废气基准烟气量取值表

锅　炉	热　值	基准烟气量
燃煤锅炉/（m^3/kg 燃煤）	12.5 MJ/kg	6.2
	21 MJ/kg	9.9
	25 MJ/kg	11.6
燃油锅炉/（m^3/kg 燃油）	38 MJ/kg	12.2
	40 MJ/kg	12.8
	43 MJ/kg	13.8
燃气锅炉/（m^3/m^3 燃气）	—	12.3

锅 炉	热 值	基准烟气量
注 1：燃用其他热值燃料的，可按照《动力工程师手册》进行计算。 注 2：燃用生物质燃料蒸汽锅炉的基准排气量参考燃煤蒸汽锅炉确定，或参考近三年排污单位实测的烟气量，或近一年连续在线监测的烟气量。		

b）特殊时段许可排放量核算方法

特殊时段制革工业排污单位日许可排放量按以下公式计算。地方制定的相关法规中对特殊时段许可排放量有明确规定的从其规定。国家和地方环境保护主管部门依法规定的其他特殊时段短期许可排放量应当在排污许可证当中载明。

$$E_{日许可}=E_{前一年环统日均排放量}\times(1-\alpha) \quad (5)$$

式中：$E_{日许可}$ —— 制革工业排污单位重污染天气应对期间或冬防期间日许可排放量，t；

$E_{前一年环统日均排放量}$ —— 根据制革工业排污单位前一年环境统计实际排放量折算的日均值，t；

α —— 重污染天气应对期间或冬防期间排放量削减比例，%。

6.7 污染防治可行技术要求

6.7.1 一般原则

本标准所列污染防治可行技术及运行管理要求可作为环境保护主管部门对排污许可证申请材料审核的参考。

对于制革工业排污单位采用本标准所列的可行技术的，原则上认为其具备符合规定的污染防治设施或污染物处理能力。对于未采用本标准所列可行技术的，制革工业排污单位应在申请时提供相关证明材料（如已有污染物排放监测数据；对于国内外首次采用的污染治理技术，还应提供中试数据等说明材料），证明可达到与污染防治可行技术相当的处理能力。

对不属于污染防治推荐可行技术的污染治理技术，排污单位应当加强自行监测、台账记录，评估达标可行性。待制革工业污染防治可行技术指南发布后，从其规定。

6.7.2 废水可行技术

对于使用三价铬鞣剂进行鞣制加工的制革工业排污单位，按照 GB 30486 的要求，必须对含铬废水单独收集处理，首先结合生产工艺回收利用，不能再利用含铬废液需经碱沉淀、过滤、吸附等技术，经处理总铬、六价铬满足限值要求后进入其他生产废水处理系统。在此需要说明的是，制革生产过程和污水处理过程均不涉及六价铬，仅涉及性能稳定无毒的三价铬，因此六价铬仅作为标准中的一个指标列入管理。

对于其他污染物来说，废水经一级物化、二级生化、深度处理后可满足直接排放限值；经一级物化、二级生化可满足间接排放限值。期中，一级物化包括混凝沉淀、混凝气浮等；二级生化包括 A/O、变型 A/O、氧化沟、A/B、SBR、生物接触氧化、BAF、MBR、厌氧等，以及相应组合工艺；深度处理包括氧化塘、芬顿氧化/臭氧氧化、生物滤池、膜技术（微滤/超滤/反渗透）等。

常见制革末端治理技术见表 16。

表 16 制革工业废水常见末端治理技术汇总表

技术名称		效果
物化处理	气浮	SS 去除率 50%～60%，COD 去除率 15%～20%
	混凝沉淀	SS 去除率 45%～65%；COD 去除率 10%～20%；BOD_5 去除率 10%～15%
生化处理	氧化沟	COD 去除率＞87%，BOD_5 去除率＞95%，SS 去除率＞95%，氨氮去除率＞60%，去除率＞99%
	UASB+SBR	COD 去除率＞95%，BOD_5 去除率＞98%，SS 去除率＞90%，氨氮和总氮去除率＞80%
	A/O 工艺	COD 去除率＞95%，BOD_5 去除率＞96%，SS 去除率＞94%，氨氮和总氮去除率＞90%
	膜生物反应器	COD 去除率＞95%，BOD_5 去除率＞98%，SS 去除率＞98%，氨氮去除率＞98%，总氮去除率＞85%

技术名称		效果
深度处理	人工湿地	氨氮去除率＞70%，COD 去除率＞50%
	高级氧化	COD 去除率 60%～90%
	微滤	与混凝沉淀工艺组合使用，SS 去除率＞90%
	超滤	SS 去除率＞95%以上
	反渗透	除盐率可达 98%以上
	消毒	宜采用紫外线法和氯化法

6.7.3 废气可行技术

6.7.3.1 锅炉废气

从调研情况看，建有锅炉的制革工业排污单位执行 GB 13271。废气可行技术主要是末端处理技术，技术成熟。其中，颗粒物的处理技术有电除尘技术或者袋式除尘技术；二氧化硫可采用湿法脱硫技术、半干法脱硫技术、干法脱硫技术等；氮氧化物可采用低氮燃烧技术、选择性催化还原技术、选择性非催化还原技术。

6.7.3.2 有组织废气管理要求

从制革工业排污单位实际情况看，目前采用有组织废气管理的车间主要有污水处理设施（集水池、调节池、污泥处理系统）、喷涂设施，主要指标为恶臭和挥发性有机物，其中污水处理设施（集水池、调节池、污泥处理系统）主要为恶臭，喷涂过程中有少量挥发性有机物产生。对于恶臭，主要采用喷淋吸收、生物滤塔、活性炭吸附、强氧化等技术；对于挥发性有机物，主要采用喷淋、过滤、吸附等技术。

废气治理效果见表 17。

表 17 废气治理效果

技术名称	效果
喷涂设施挥发性有机物控制技术	外排废气可达标排放
污水处理设施恶臭治理技术	外排废气可达标排放
锅炉烟气控制技术	采用该技术可最大限度地实现 SO_2、NO_x 和粉尘的控制目标

6.7.3.3 无组织废气

表 18 废气无组织运行管理要求

产污环节	运行管理要求
生皮库	低温保藏或封闭贮存，集中收集处理后经排气筒排放
硫化物脱毛车间	采用少硫无硫脱毛技术
磨革车间	建立封闭除尘系统
涂饰车间	采用水性涂饰材料
污水处理设施	采用全生化除臭等先进污水处理技术
露天堆煤场	采用防风抑尘网、喷淋、洒水等抑尘措施

6.8 自行监测管理要求

6.8.1 自行监测现状

《国家重点监控排污单位自行监测及信息公开办法（试行）》（环发〔2013〕81 号）文件发布后，各地排污单位均按要求开始编制排污单位污染源自行监测方案，规范开展排污单位自行监测活动及信息公开，掌握排污单位污染物排放状况及其对周边环境质量的影响等，具备了一定的工作基础。由于工作开展时间相对有限，仍存在一定的问题。

a）各地现行水环境监测管理要求差异较大

GB 30486 规定了 13 中制革工业排污单位废水监测项目：pH 值、化学需氧量、氨氮、五日生化需氧量、总氮、总磷、悬浮物、色度、硫化物、动植物油、氯离子、总铬、六价铬。根据对河北、浙江、广东、山东、福建、江苏、河南、四川、广西、甘肃和天津 11 省市排污单位公开的自行监测方案统计结果，

2015 以来年开展自行监测的 200 家制革工业排污单位中，要求监测 2～4 个指标的（主要是总铬、六价铬、化学需氧量、氨氮）合计 41 家，占抽查排污单位总数的 20.0%；要求监测 5～7 个指标的（均未监测五日生化需氧量、总氮、氯化物）合计 14 家，占抽查排污单位总数的 7%；要求监测 8～12 个指标的（多数未监测动物油、色度）合计 39 家，占抽查排污单位总数的 20%；要求监测 13 个指标的（全项）合计 106 家，占抽查排污单位总数的 53%。200 家参与调查的制革工业排污单位中，仅有 61 家排污单位在车间重金属处理设施出口进行总铬、六价铬的监测，占比仅为 30.5%。

11 个省市 2016 年开展自行监测的 200 家制革工业排污单位中，废水监测指标完成率较低的指标是动植物油、色度、氯离子、五日生化需氧量、总氮、总磷 6 项指标，监测完成率分别为 60.5%、63.5%、63.5%、64.5%、67.0%、67.0%；其余 7 项污染指标监测完成率均在 75%以上，监测完成率排名前四位的是总铬、六价铬、化学需氧量和氨氮，监测完成率分别为 97%、91%、86.5%和 84.5%。其中六价铬超标主要与检测方法有关。

b）废气排放监测普遍未得到重视

无论是监督性监测还是自行监测，制革工业的监测重点都在废水上，制革工业废气排放监测普遍未得到重视。根据 200 家制革工业排污单位监测方案调研情况来看，仅有 39 家排污单位涉及了废气监测，占比仅为 19.5%。从监测指标设置看，没有废水指标规范统一。39 家排污单位中 10 家排污单位监测锅炉废气、6 家排污单位监测污泥（污水）臭气排放口、23 家排污单位监测喷涂工序挥发性有机物、7 家排污单位监测厂界无组织恶臭，分别占比为 25.6%、15.4%、58.9%和 17.9%。监测废气的省份为河北、浙江、广东和福建。全国制革工业排污单位普遍存在废气监测点位设置不全的问题，如脱毛工序、生皮存放和污水处理设施运行过程中产生恶臭未设置无组织监测点位；使用有机溶剂进行喷涂整饰工序未监测挥发性有机物。这主要是由于缺少具体的标准规范规定，对制革工业废气排放监测没有指导性文件，监测部门和排污单位都存在认识不到位的问题。

6.8.2　自行监测要求

根据《控制污染物排放许可制实施方案》和《排污许可证管理暂行规定》要求，排污单位应通过自行监测证明排污许可证许可限值落实情况。

本标准根据相关废气和废水污染源监测技术规范和方法，结合制革工业排污单位的污染源管控重点，在系统分析排污单位公开的自行监测方案基础上，规定制革工业排污单位自行监测要求，排污单位在申请排污许可证时，应当按照本标准制定自行监测方案。《排污单位自行监测技术指南　制革工业》发布后从其规定。

根据调研情况，目前国内规模排污单位基本都制订了监测方案，具备实施条件和基础。标准中进一步明确了排污单位可自行或委托第三方监测机构开展监测、排污单位对监测结果的真实性、准确性、完整性负责等内容。

根据此次排污许可工作总体要求，许可内容包括废水和废气两部分。

6.8.2.1　废水排放监测

将排污单位分为重点管理排污单位和简化管理排污单位。

对于排放口主要考虑了废水总排放口、车间或生产设施废水排放口和雨水排放口的监测点位设置、监测指标、监测频次及采样方法。污染物指标主要以 GB 30486 为依据确定。

GB 30486 规定排污单位总排放口主要控制 pH 值、化学需氧量、氨氮、五日生化需氧量、总氮、总磷、悬浮物、色度、硫化物、动植物油、氯离子 11 项污染物指标，车间或生产设施废水排放口控制总铬和六价铬 2 项，共 13 项污染物指标。

对于监测频次，废水直接排放的重点管理排污单位，化学需氧量和氨氮为我国总量减排主要污染物，pH 值对排水安全很重要的指标，也是制革废水中一项特征指标，同时考虑到 80%以上排污单位对化学需氧量、氨氮和 pH 值采用自动在线监测，因此对上述三项污染物指标提出自动在线监测；总铬为许可工作方案中进行总量控制的污染物指标，六价铬对人体毒害大，但考虑到制革过程仅使用三价铬，另外由于其监测方法较为复杂，大部分排污单位实际运行排放浓度均低于排放标准，因此规定总铬每周监测一次，六价铬每月监测一次。考虑到制革工业废水中总氮是部分区域性、流域性的总量控制指标，按每周监测一次。但水环境质量中总氮（无机氮）超标的流域或沿海地区，或总氮实施总量控制区域，总氮监测频次应提高，为每日监测一次；其他监测指标按照《国家重点监控排污单位自行监测及信息公开办法（试行）》规定每月至少监测一次。13 项污染物指标中出现超标的排污单位，应提高相应指标的监测频次。

废水流量监测是废水监测指标的一项重要内容，流量监测点应放在废水总排放口、车间或生产设施废水排放口。总体原则是流量的监测与污染物浓度监测同步。根据调研情况，总排放口规定采用自动监测。车间或生产设施排放口监测频次与总铬一致，为每周一次。

对于废水间接排放的重点管理单位，由于废水处理后不直接排入环境自然水体，因此除 pH 值、化学需氧量、氨氮，其他污染物指标监测频次适量降低。但对于重金属总铬、六价铬，考虑到常规污水处理工艺没有去除能力，因此，间排不放松要求，监测频次同直排一致。

对于雨水排放口，其中重点管理排污单位对化学需氧量在雨水排放期间按日监测。简化管理单位雨水排放口监测不作要求。

简化管理的排污单位的监测频次根据《排污单位自行监测技术指南　总则》中规定的最低频次要求确定。流量的监测频次与污染物浓度监测频次同步。

根据当前环境管理状况，对制革工业内部监测没有明确需求，本标准暂不考虑，地方或排污单位有需要的，可根据《排污单位自行监测技术指南　总则》确定监测点位、监测指标和频次。

6.8.2.2　废气排放监测

根据制革工业排污单位可能涉及的废气排放源，对废气排放监测进行了明确的规定。

对于制革工业废气，没有专门的行业排放标准要求，现执行 GB 16297。根据现场调研及开展自行监测制革工业排污单位的信息公开数据，部分制革工业排污单位因生产需要都自备供热锅炉，制革工业排污单位均设有污水处理设施，同时部分排污单位在涂饰工序依然使用有机溶剂，以上废气可以实现有组织排放，其监控位置设置为锅炉排气筒或烟道，污水处理设施排气筒及喷涂设施的排气筒。调研排污单位的实际情况是，锅炉废气和喷涂设施废气每季度监测一次的为主，无组织排放废气厂界每季度监测一次的为主。

考虑到目前废气监测的普及率很低，因此要求自备锅炉的监测要求参照《排污单位自行监测技术指南　火力发电及锅炉》执行，其他各类有组织废气污染物排放量较小，规定污水处理设施按年至少开展一次监测，喷涂设施按半年开展一次监测。对于无组织排放，主要根据各类制革工业排污单位涉及的无组织排放源类型提出了监测指标，频次为一年至少一次。

6.9　环境管理台账记录及执行报告编制要求

按照《控制污染物排放实施方案》和《排污许可证管理暂行规定》要求，环境管理台账为排污单位依证排污、自证守法的主要依据，为依证监管主要检查内容。台账记录必须为原始记录，真实反映实际运行情况，依据排污单位实际运行情况进行总结归纳，形成执行报告。

本标准按照台账记录和执行报告编制目的，结合制革工业特点，规定了排污单位环境管理台账和排污许可证执行报告编制要求。台账记录内容需满足规范要求，也可参照规定格式制定环境管理台账。制革工业在现有台账记录过程中应当注意三点：1）针对生产过程的关键节点与末端治理同时进行环境管理台账记录，注意排污单位生产台账与环保台账中相关内容的一致性；2）生产台账与环保台账应定期整理、汇总，形成每日、每周、每月的规范性台账记录；3）末端治理台账中，制革废水有分流处理的（如含铬废水、含硫废水），应分别进行台账登记，其中各分流废水的流量应当重点记录，必要时需要在关键节点新增流量计进行计量。

执行报告需按本标准规定的上报内容和频次提交，并在排污许可证申请表中明确。有条件的地方环境保护主管部门，可以根据本标准的规定，将执行报告进行表格化处理与归纳，降低排污单位编制执行报告的难度。

6.10 实际排放量核算方法

6.10.1 实际排放量核算方法选取原则

本章节根据制革工业的特点给出了实际排放量的核算方法和核算方法的选用原则。

正常情况下，制革工业排污单位废水、废气主要污染物实际排放量核算方法包括实测法、物料衡算法、产排污系数法等。优先采用实测法，其次采用物料衡算法和产排污系数法。

废水、废气原则上采用实测法进行实际排放量核算。之所以把产排污系数法放到最后，主要是因为制革工业地产排污系数是在2009年出台，已经有8年的时间，这期间制革工业的加工工艺技术、化工材料等发生了较大的变化，产物系数也有较大的变化，目前如果仍然用以前的数据会产生较大的误差。因此，目前产排污系数法只能做参考使用。

6.10.2 废水

6.10.2.1 正常情况

制革工业排污单位原则上采用实测法根据监测数据核算化学需氧量、氨氮、总铬、总氮、总磷实际排放量。实测法是适用于有自动监测数据或手工采样监测数据的制革工业排污单位。要求采用自动监测的排放口或污染因子而未采用的，采用产排污系数法核算实际排放量，按直接排放进行核算。

a）采用自动监测数据核算

自动监测实测法是指根据符合监测规范的有效自动监测污染物数据的日平均排放浓度、平均流量、运行时间核算污染物年排放量。

b）采用手工监测数据核算

未安装自动监测系统或无有效自动监测数据时，可采用手工监测数据进行核算。手工监测数据包括核算时间内的所有执法监测数据和排污单位自行或委托第三方监测机构的有效手工监测数据，排污单位自行或委托的手工监测频次、监测期间生产工况、数据有效性等须符合相关规范、环境影响评价文件的要求。

6.10.2.2 非正常情况

废水处理设施非正常情况下的排水，如无法满足排放标准要求时，不应直接排入外环境，待废水处理设施恢复正常运行后方可排放。如因特殊原因造成污染治理设施未正常运行而超标排放污染物的或偷排偷放污染物的，按产污系数核算非正常排放期间实际排放量。

6.10.2.3 全厂水污染物实际排放量核算方法

全厂水污染物实际排放量为正常情况下水污染物排放量与非正常情况下水污染物排放量之和。

6.10.3 废气

6.10.3.1 正常情况

制革工业排污单位可采用实测法、物料衡算法和产排污系数法等核算主要排放口二氧化硫、氮氧化物、颗粒物实际排放量。

a）实测法

实测法分为自动监测和手工监测。对于排污许可证中载明的要求采用自动监测的污染因子，应采用符合监测规范的有效自动监测数据核算污染物年排放量。对于未要求采用自动监测的污染因子，可采用自动监测数据或手工监测数据核算污染物年排放量。

1）采用自动监测数据核算

自动监测实测法是指根据符合监测规范的有效自动监测数据污染物的小时平均排放浓度、平均烟气量、运行时间核算污染物年排放量。

采用自动监测的污染因子，应同时根据手工监测数据进行校核，若同一时段的手工监测数据与自动监测数据不一致，手工监测数据符合法定的监测标准和监测方法的，以手工监测数据为准。要求采用自动监测的排放口或污染因子而未采用的，采用物料衡算法核算二氧化硫排放量，根据原料、辅料和燃料的消耗量、含硫率，按直排进行核算；采用产排污系数法核算颗粒物、氮氧化物排放量，根据单位产品污染物的产生量，按直排进行核算。

2）采用手工采样监测数据核算

自动监测数据由于某种原因出现中断或其他情况无有效在线监测数据的，或未安装自动监测系统的，可采用手工监测数据进行核算。手工监测数据频次、监测期间生产工况、有效性等须符合相关规范、环境影响评价文件等要求。

手工监测实测法是指根据每次手工监测时段内每小时污染物的平均排放浓度、平均烟气量、运行时间核算污染物年排放量。

另外，自动监控设施发生故障需要维修或更换，按要求在48小时内恢复正常运行的，且在此期间按照《污染源自动监控设施运行管理办法》（环发〔2008〕6号）开展手工监测并报送手工监测数据的，根据手工监测结果核算该时段实际排放量。对于未按要求开展手工监测并报送数据的，该时段污染物排放浓度、烟气量按照全年稳定运行期间最高小时均值取值。

排污单位提供充分证据证明在线数据缺失、数据异常等不是排污单位责任的，可按照排污单位提供的手工监测数据等核算实际排放量，或者按照上一个半年申报期间的稳定运行期间自动监测数据的小时浓度均值和半年平均烟气量，核算数据缺失时段的实际排放量。

b）物料核算法

采用物料衡算法核算二氧化硫排放量的，根据燃料消耗量、含硫率进行核算。

c）产排污系数法

采用产排污系数法核算颗粒物、氮氧化物排放量的，根据单位产品污染物的产生量和排放量进行核算。

6.10.3.2 非正常情况

燃煤蒸汽锅炉设施启停机等非正常排放期间污染物排放量可采用实测法核定。

6.10.3.3 全厂废气污染物实际排放量核算

全厂废气污染物实际排放量是指正常情况下废气污染物排放量与非正常情况下废气污染物排放量之和。

6.11 合规判定方法

6.11.1 一般要求

合规是指制革工业排污单位许可事项和环境管理要求符合排污许可证的规定。

许可事项合规是指排污单位排放口位置和数量、排放方式、排放去向、排放污染物种类、排放限值符合许可证规定。其中，排放限值合规包括制革工业排污单位污染物实际排放浓度和排放量满足许可排放限值要求。环境管理要求合规是指制革工业排污单位按许可证规定落实自行监测、台账记录、执行报告、信息公开等环境管理要求。

6.11.2 废水排放限值合规

包括污染物浓度和总量合规。明确污染物排放浓度达标是指任一有效日均值均满足许可排放浓度要求，这是符合排污单位实际情况、与国际一致的做法。出现争议时，明确执法监测数据具有优先使用性，以应对出现争议的情况。

6.11.3 废气排放限值合规

废气并非制革工业主要特征污染物，因此仅锅炉废气涉及总量合规问题。对于锅炉废气有组织排放和无组织排放的浓度合规要求，与相关行业类似，规定了废气污染物以“小时浓度均值”为判定依据，明确了执法监测与自行监测数据之间的优先关系等。

7 标准实施措施及建议

a）进一步强化在线监测对排污许可的有效支撑

在线监测设备管理简便、监测数据量大，是监控排污单位许可排放浓度达标以及支撑实际排放量核算的有效手段。建议环境保护主管部门加强在线监测的管理，提升在线监测的技术水平和法律地位，保证在线监测数据的完整性，为本标准的实施提供保障。

b）加快完善排污许可管理信息平台

建议按照本标准内容，尽快完善排污许可管理信息平台制革工业申请与核发系统，便于排污单位和环境保护主管部门应用，促进本标准的落地。

c）建立标准化、流程化的制革工业排污单位环保台账管理体系

根据标准编制组对排污单位的现场调研，制革工业排污单位虽然大多已经在进行生产台账记录与维护，但基本从未将生产台账与末端治理台账进行对应管理，对环保台账的理解也仅限于末端处理设施的运营维护。部分中小制革工业排污单位台账记录管理意识较弱，污水处理设施运行较为简陋，运行台账记录较为随意，进水水量、水质均无计量或检测，也未单独对含铬废水进行计量、检测。调研过程还发现，排污单位的主要环境管理人员对排污许可制度及改革方向还较为陌生，处于对政策消化过程中，许多规范设计内容尚无法提出更多意见建议。台账未能落实，排污单位也尚不能形成年度报告意识，月度报表未形成年度总结，在执行报告方面意识还需加强。

本标准针对上述情况，对制革工业排污单位的台账提出了规范性管理的要求，希望排污单位能够建立标准化、流程化的环保台账管理体系，真正将清洁生产、过程管理的思路融入环境保护中来，构建生产-节水-治污一体化、过程-末端并举的台账管理体系，从而帮助环境保护部门更好地掌握排污单位生产及排污状况，落实排污许可制度。建议环境保护部门尤其是环境保护部加大对排污单位台账管理理念转变的培训，加快制革工业排污单位对台账管理与年度报告的理解。

d）健全完善排污单位废水排放计量质量认证体系

目前制革工业许多管理节点都缺乏流量计量，根据调研反馈，安装流量计除成本问题外，重点是流量计存在质量认证问题，目前监督性监测的流量计质量认证可由管理部门付费，但排污单位自行安装的流量计要起法律效用需要自行支付质量认证费用，每 2 年检验一次，费用约为 2 000 元/次。建议国家层面就此问题与质检相关部门开展沟通，并对地方管理部门提出要求，要求对含铬废水流量进行单独计量，对排放向市政污水处理系统的综合废水排放口流量进行单独计量，提高精细化管理程度。

e）研究制革工业排污单位六价铬排放要求的合理性

随着工艺技术的发展，现阶段制革工业排污单位主要采用三价铬粉作为鞣剂，部分制革工业排污单位已经开展无铬鞣制，生产过程中没有充分的氧化环境，很难生成六价铬，六价铬污染物在制革工业中的实际排放较少。提高对六价铬的监测频次要求是不经济的，也容易给排污单位增加额外负担。建议按照含铬鞣、不含铬鞣的工艺区别进行分别要求，对于长期未检出六价铬的排污单位可以放松要求。

f）加大对排污单位和环境保护主管部门的宣传培训力度

国家排污许可制度对各行业提出了精细化管理要求，本标准涉及的环境管理内容多，技术要求高，应加大对排污单位和环境保护主管部门的培训，帮助理解技术规范的要求，指导排污单位申请和环境保护主管部门核发。

g）开展标准实施评估

建议结合排污许可证申请与核发工作，适时开展本标准实施效果评估，必要时开展本标准的修订工作。建议对自行监测小时浓度均值的全年达标排放率先开展相关研究。

中华人民共和国环境保护行业标准

排污许可证申请与核发技术规范 农副食品加工工业——制糖工业

Technical specification for application and issuance of pollutant permit —Farm and sideline food processing industry—Sugar manufacturing industry

HJ 860.1—2017

前 言

为贯彻落实《中华人民共和国环境保护法》《中华人民共和国大气污染防治法》《中华人民共和国水污染防治法》等法律法规和《国务院办公厅关于印发控制污染物排放许可制实施方案的通知》（国办发〔2016〕81 号），完善排污许可技术支撑体系，指导和规范制糖工业排污许可证申请与核发工作，制定本标准。

本标准规定了制糖工业排污许可证申请与核发的基本情况填报要求、许可排放限值确定、实际排放量核算和合规判定的方法，以及自行监测、环境管理台账与排污许可证执行报告等环境管理要求，提出了制糖工业污染防治可行技术要求。

核发机关核发排污许可证时，对位于法律法规明确规定禁止建设区域内的、属于国家和地方已明确规定予以淘汰或取缔的制糖工业排污单位或者生产装置，应不予核发排污许可证。

本标准附录 A 和附录 B 为资料性附录。

本标准为首次发布。

本标准由环境保护部规划财务司、环境保护部科技标准司组织制订。

本标准主要起草单位：中国环境科学研究院、中国轻工业清洁生产中心、中国糖业协会、环境保护部环境工程评估中心、广西壮族自治区环境保护科学研究院。

本标准环境保护部 2017 年 9 月 29 日批准。

本标准自 2017 年 9 月 29 日起实施。

本标准由环境保护部解释。

1 适用范围

本标准规定了制糖工业排污许可证申请与核发的基本情况填报要求、许可排放限值确定、实际排放量核算和合规判定的方法，以及自行监测、环境管理台账与排污许可证执行报告等环境管理要求，提出了制糖工业污染防治可行技术要求。

本标准适用于指导制糖工业排污许可证的申请、核发与监管工作。

本标准适用于指导制糖工业排污单位填报《关于印发〈排污许可证管理暂行规定〉的通知》（环水体〔2016〕186 号）中附 2《排污许可证申请表》及在全国排污许可证管理信息平台填报相关申请信息，同时适用于指导核发机关审核确定制糖工业排污单位排污许可证许可要求。

本标准适用于制糖工业排污单位排放的大气污染物和水污染物的排污许可管理。除蔗渣用于生物质燃料锅炉和甜菜制糖中的颗粒粕生产外，利用废糖蜜制酒精、酵母等产品、以及利用蔗渣造纸、利用蔗渣和滤泥生产肥料等制糖工业固体废物的综合利用不适用于本标准。

制糖工业排污单位中，对于执行《火电厂大气污染物排放标准》（GB 13223）的生产设施或排放口，适用《关于开展火电、造纸行业和京津冀试点城市高架源排污许可证管理工作的通知》（环水体〔2016〕189 号）中附件 1《火电行业排污许可证申请与核发技术规范》；对于执行《锅炉大气污染物排放标准》（GB 13271）的生产设施或排放口，参照本标准执行，待锅炉工业排污许可证申请与核发技术规范发布后从其规定。

本标准未作规定但排放工业废水、废气或者国家规定的有毒有害大气污染物的制糖工业排污单位其他产污设施和排放口，参照《排污许可证申请与核发技术规范 总则》执行。

2 规范性引用文件

本标准引用了下列文件或其中的条款。凡是未注明日期的引用文件，其最新版本适用于本标准。

GB 8978 污水综合排放标准

GB 9078 工业炉窑大气污染物排放标准

GB 13223 火电厂大气污染物排放标准

GB 13271 锅炉大气污染物排放标准

GB 14554 恶臭污染物排放标准

GB/T 16157 固定污染源排气中颗粒物测定与气态污染物采样办法

GB 16297 大气污染物综合排放标准

GB 21909 制糖工业水污染物排放标准

GB/T 31962 污水排入城镇下水道水质标准

HJ/T 55 大气污染物无组织排放监测技术导则

HJ/T 75 固定污染源烟气排放连续监测技术规范（试行）

HJ/T 76 固定污染源烟气排放连续监测系统技术要求及检测方法（试行）

HJ/T 91 地表水和污水监测技术规范

HJ/T 353 水污染源在线监测系统安装技术规范（试行）

HJ/T 354 水污染源在线监测系统验收技术规范（试行）

HJ/T 355 水污染源在线监测系统运行与考核技术规范（试行）

HJ/T 356 水污染源在线监测系统数据有效性判别技术规范（试行）

HJ/T 373 固定污染源监测质量保证与质量控制技术规范（试行）

HJ/T 397 固定源废气监测技术规范

HJ 629 固定污染源废气 二氧化硫的测定 非分散红外吸收法

HJ 819 排污单位自行监测技术指南 总则

HJ 820 排污单位自行监测技术指南 火力发电及锅炉

*排污许可证申请与核发技术规范 总则

*排污单位自行监测技术指南 农副食品加工业

*环境管理台账及排污许可证执行报告技术规范（试行）

《固定污染源排污许可分类管理名录（2017 年版）》（环境保护部令 第 45 号）

《关于印发〈排污许可证管理暂行规定〉的通知》（环水体〔2016〕186 号）

《关于开展火电、造纸行业和京津冀试点城市高架源排污许可证管理工作的通知》（环水体〔2016〕189 号）

《排污口规范化整治技术要求（试行）》（环监〔1996〕470 号）

《污染源自动监控设施运行管理办法》（环发〔2008〕6 号）

* 标准正在编制审批之中，待正式发布后按发布的标准实行。

《关于执行大气污染物特别排放限值的公告》（环境保护部公告　2013 年　第 14 号）

《关于执行大气污染物特别排放限值有关问题的复函》（环办大气函〔2016〕1087 号）

《关于加强京津冀高架源污染物自动监控有关问题的通知》（环办环监函〔2016〕1488 号）

《“十三五”生态环境保护规划》（国发〔2016〕65 号）

3　术语和定义

下列术语和定义适用于本标准。

3.1　制糖工业排污单位　sugar manufacturing industry pollutant emission unit

指所有以甘蔗、甜菜或原糖为原料制作原糖或成品糖（绵白糖、白砂糖、赤砂糖、黄砂糖、红糖），以及以原糖或成品糖为原料精炼加工各种精幼砂糖的排污单位。

3.2　甜菜颗粒粕　beet pellet

指由甜菜粕经压榨、干燥和造粒制成的便于保藏和运输的饲料。

3.3　许可排放限值　permitted emission limits

指排污许可证中规定的允许排污单位排放的污染物最大排放浓度和排放量。

3.4　特殊时段　special periods

指根据国家和地方限期达标规划及其他相关环境管理规定，对排污单位的污染物排放情况有特殊要求的时段，包括重污染天气应对期间和冬防期间等。

3.5　生产期　production period

指制糖工业排污单位自启动制糖开始至结束制糖的时间段，按日计。

4　排污单位基本情况申报要求

4.1　基本原则

制糖工业排污单位应当按照实际情况进行填报，对提交申请材料的真实性、合法性和完整性负法律责任。

制糖工业排污单位应按照本标准要求，在全国排污许可证管理信息平台申报系统填报《排污许可证申请表》中的相应信息。填报系统中未包括，地方环境保护主管部门有规定需要填报或排污单位认为需要填报的，可自行增加内容。

4.2　排污单位基本信息

制糖工业排污单位基本信息应填报单位名称、邮政编码、行业类别（填报时选择“制糖业”）、是否投产、投产日期、生产经营场所经纬度、所在地是否属于重点区域、建设项目环境影响评价文件批复及文号（备案编号）或者地方政府对违规项目的认定或备案文件及文号、主要污染物总量分配计划文件及文号、二氧化硫总量指标（t/a）、氮氧化物总量指标（t/a）、化学需氧量总量指标（t/a）、氨氮总量指标（t/a）、涉及的其他污染物总量指标等。

4.3　主要产品及产能

4.3.1　一般原则

应填报主要生产单元名称、主要工艺名称、生产设施名称、生产设施编号、设施参数、产品名称、生产能力、计量单位、设计年生产时间及其他。以下“4.3.2～4.3.6”为必填项，“4.3.7”为选填项。

4.3.2　主要生产单元、主要工艺及生产设施名称

制糖工业排污单位主要生产单元、主要工艺及生产设施名称填报内容见表 1。

4.3.3　生产设施编号

制糖工业排污单位填报内部生产设施编号，若排污单位无内部生产设施编号，则根据《固定污染源（水、大气）编码规则（试行）》（环水体〔2016〕189 号中附件 4）进行编号并填报。

表 1 制糖工业排污单位主要生产单元、主要工艺及生产设施名称一览表

主要生产单元	主要工艺	生产设施	参数	单位
原料系统	机械化原料场、非机械化原料场	原料场	原料场面积	m^2
		液压翻板卸蔗系统	卸蔗能力	t/次
		其他		
提汁系统	甘蔗压榨提汁	撕解机/切蔗机、压榨机	处理能力	t/d
		其他		
	甜菜预处理、渗出提汁	流送沟或皮带输送机	输送能力	t/d
		洗菜机	处理能力	t/d
		渗出器（扩散器）	提汁率	%
		其他		
溶糖系统	原糖回溶、砂糖回溶	回溶槽	回溶处理量	kg/h
		其他		
清净系统	石灰法：加灰过滤	石灰消和机	每小时消和石灰量	t/d
		沉降器	沉降器容积	m^3
		过滤机	过滤面积	m^2
		其他		
	亚硫酸法：中和过滤	硫熏燃硫炉	硫熏强度	mg/L
		石灰消和机	每小时消和石灰量	t/d
		磷酸箱	有效容积	m^3
		沉降器	沉降器容积	m^3
		真空吸滤机	过滤面积	m^2
		其他		
	碳酸法：饱充过滤	石灰窑	石灰石用量	t/d
		饱充罐	有效容积	m^3
		硫熏燃硫炉	硫熏强度	mg/L
		自动板框过滤机	过滤面积	m^2
		其他		
	离子交换法	离子树脂交换塔	塔的有效容积	m^3
		其他		
蒸发系统	加热蒸发	蒸发罐	加热面积	m^2
		喷射冷凝器	用水量	m^3/h
		其他		
结晶分蜜系统	煮糖助晶	结晶罐	有效容积	m^3
		喷射冷凝器	用水量	m^3/h
		其他		
	分蜜	离心分蜜机、干燥器、筛分机	处理能力	t/d
		其他		
包装系统	自动包装、手工包装	振动筛选机、包装机、其他	处理能力	t/d
		其他		
贮存系统	产品、蔗渣、煤	产品仓、蔗渣堆放仓、煤场	储藏能力	m^3
		其他		
颗粒粕系统	甜菜粕生产颗粒粕	压榨机、干燥器、造粒机	处理能力	t/d
		燃烧炉	炉排有效面积	m^2
		引风机	风量	m^3/h
		鼓风机	风量	m^3/h
		其他		
公用单元	供热、综合污水处理站、其他辅助系统	生物质（蔗渣）锅炉、燃煤锅炉、燃油锅炉、燃气锅炉	锅炉蒸汽量	t/h
		冷却循环水系统	冷却循环水能力	t/h
		综合污水处理站	处理能力	t/d
		其他		

4.3.4 产品名称

包括原糖、绵白糖、白砂糖、赤砂糖、黄砂糖、红糖、精幼砂糖、颗粒粕、其他。

4.3.5 生产能力及计量单位

生产能力为主要产品设计产能，不包括国家或地方政府明确规定予以淘汰或取缔的产能。生产能力

计量单位为 t/a。

4.3.6 设计年生产时间

环境影响评价文件及其批复、地方政府对违规项目的认定或备案文件确定的年生产天数。

4.3.7 其他

制糖工业排污单位如有其他需要说明的内容，可填写。

4.4 主要原辅材料及燃料

4.4.1 一般原则

主要原辅材料及燃料应填报原辅材料及燃料种类、设计年使用量及计量单位；原辅材料中有毒有害成分及占比；燃料成分，包括灰分、硫分、挥发分、水分、热值；其他。以下“4.4.2～4.4.5”为必填项，“4.4.6”为选填项。

4.4.2 原辅材料及燃料种类

原料种类包括甘蔗、甜菜、原糖、砂糖、水、其他。

辅料种类包括石灰石、石灰、硫黄、磷酸、絮凝剂、其他。

燃料种类包括蔗渣、煤、重油、柴油、天然气、焦炭、其他生物质燃料（如花生壳燃料）、其他。

4.4.3 设计年使用量及计量单位

设计年使用量为与生产能力相匹配的原辅材料及燃料年使用量。

设计年使用量的计量单位均为 t/a 或 m^3/a。

4.4.4 原辅材料中有毒有害成分及占比

应填报原辅材料中硫元素等有毒有害成分及占比，可参照设计值或上一年的实际使用情况填报。

4.4.5 燃料灰分、硫分、挥发分及热值

按设计值或上一年生产实际值填写燃料灰分、硫分（固体和液体燃料按硫分计；气体燃料按总硫计，总硫包括有机硫和无机硫）、挥发分及热值，燃油和燃气填写硫分及热值。填报值以收到基为基准。

4.4.6 其他

制糖工业排污单位如有其他需要说明的内容，可填写。

4.5 产排污节点、污染物及污染治理设施

4.5.1 废气

4.5.1.1 一般原则

应填报对应产污环节名称、污染物种类、排放形式（有组织、无组织）、污染治理设施、有组织排放口编号、排放口设置是否符合要求、排放口类型，其余项为系统自动生成。以下“4.5.1.2～4.5.1.5”为必填项。

4.5.1.2 废气产污环节名称、污染物种类、排放形式及污染治理设施

制糖工业排污单位废气产污环节、污染物种类、排放形式及污染治理设施填报内容见表 2。制糖工业排污单位废气污染物种类依据 GB 9078、GB 13271、GB 14554、GB 16297 确定。地方有更严格排放标准要求的，按照地方排放标准从严确定。

表 2 制糖工业排污单位废气产污环节、污染物种类、排放形式及污染治理设施一览表

生产单元	生产设施	废气产污环节	污染物种类	排放形式	污染治理设施	
					污染治理设施名称及工艺	是否为可行技术
原料系统	原料场	装卸料废气	颗粒物	无组织	洒水抑尘、原料场出口配备车轮清洗（扫）装置、防尘网、其他	□是 □否 如采用不属于“6 污染防治可行技术要求”中的技术，应提供相关证明材料
	液压翻板卸蔗系统	转运废气				
清净系统	石灰消和机	石灰消和机加料废气	颗粒物	无组织	喷水除尘、加强密封、集中收集处理后至排气筒排放、喷水除尘、加强密封、其他	
	过滤机	滤泥发酵臭气	氨、硫化氢、臭气浓度	无组织	及时清运、减少堆放量和堆放时间、防止日晒雨淋、加强通风、其他	

生产单元	生产设施	废气产污环节	污染物种类	排放形式	污染治理设施	
					污染治理设施名称及工艺	是否为可行技术
清净系统	硫熏燃硫炉	硫熏燃硫炉尾气	颗粒物、二氧化硫	无组织	采用喷射式自控燃硫炉、汽化旋风低温燃硫炉等高效燃硫设备、集中收集处理后至排气筒排放、其他	□是 □否 如采用不属于“6 污染防治可行技术要求”中的技术，应提供相关证明材料
	石灰窑	石灰窑加料废气	颗粒物	无组织	加料控制、集中收集处理后至排气筒排放、其他	
结晶分蜜系统	筛分机	糖粉	颗粒物	无组织	回收回溶、集中收集处理后至排气筒排放、加强密封、其他	
包装系统	振动筛选机	振动筛选机糖粉	颗粒物	无组织	回收回溶、集中收集处理后至排气筒排放、加强密封、其他	
	包装机	包装机废气				
贮存系统	蔗渣	蔗渣堆放发酵臭气、废气	氨、硫化氢、臭气浓度、颗粒物	无组织	堆场周围设置防尘网、挡尘棚、加强密封、采取洒水等降尘措施、蔗渣堆场地面采取排水、硬化防渗措施、其他	
	煤	煤粉	颗粒物	无组织	煤场周围设置防尘网、挡尘棚、加强密封、采取洒水等降尘措施、其他	
颗粒粕系统	干燥器	干燥器废气	颗粒物、二氧化硫、氮氧化物	有组织	集中收集处理后至排气筒排放、其他	
	造粒机	造粒废气	颗粒物	有组织	集中收集处理后至排气筒排放、其他	
公用单元	生物质（蔗渣）锅炉、燃煤锅炉、燃油锅炉、燃气锅炉	燃烧废气	颗粒物	有组织	静电除尘器（注明电场数，如三电场、四电场等）、袋式除尘器（注明滤料种类，如聚酯、聚丙烯、玻璃纤维、聚四氟乙烯机织布或针刺毡滤料，覆膜滤料等）、电袋复合除尘器、旋风除尘器、多管除尘器、滤筒除尘器、湿式电除尘、水浴除尘器、其他	
			二氧化硫、氮氧化物、汞及其化合物、烟气黑度（林格曼黑度，级）		燃用净化后煤气、脱硫系统（石灰石/石灰-石膏法、氨法、氧化镁法、双碱法、循环流化床法、旋转喷雾法、密相干塔法、新型脱硫除尘一体化技术、MEROS 法脱硫技术）、脱硝系统（SCR、SNCR、低氮燃烧）、炉内添加卤化物、烟道喷入活性炭（焦）、其他	
	综合污水处理站	污水处理废气	氨、硫化氢、臭气浓度	无组织	产臭区域加罩或加盖密封、投放除臭剂、集中收集至生物脱臭装置（干法生物滤池）处理、设置喷淋塔除臭、其他	

4.5.1.3　污染治理设施、有组织排放口编号

污染治理设施编号可填写制糖工业排污单位内部编号，若排污单位无内部编号，则根据《固定污染源（水、大气）编码规则（试行）》（环水体〔2016〕189 号中附件 4）进行编号并填报。

有组织排放口编号填写地方环境管理部门现有编号或由制糖工业排污单位根据《固定污染源（水、大气）编码规则（试行）》（环水体〔2016〕189 号中附件 4）进行编号并填写。

4.5.1.4　排放口规范化设置

根据《排污口规范化整治技术要求（试行）》，以及制糖工业排污单位执行的排放标准中有关排放口规范化设置的规定，填报废气排放口设置是否符合规范化要求。

4.5.1.5　排放口类型

废气排放口分为主要排放口和一般排放口。主要排放口为锅炉烟囱和甜菜制糖颗粒粕系统的干燥器废气排放口，其他废气排放口均为一般排放口。

4.5.2　废水

4.5.2.1　一般原则

应填报废水类别、污染物种类、排放去向、排放规律、污染治理设施、排放口编号、排放口设置是否符合要求、排放口类型。以下“4.5.2.2～4.5.2.6”为必填项。

4.5.2.2 废水类别、污染物种类及污染治理设施

制糖工业排污单位排放废水类别、污染物种类、排放去向及污染治理设施填报内容参见表 3。制糖工业排污单位水污染物种类依据 GB 21909 确定。地方有更严格排放标准要求的，按照地方排放标准从严确定。

表 3 制糖工业排污单位废水类别、污染物种类及污染治理设施一览表

废水类别	污染物种类	污染治理设施	
		污染治理设施名称及工艺	是否为可行技术
冷凝水、汽凝水、冷却水、冷却循环水、真空吸滤机水喷射泵用水等循环水	pH 值、悬浮物、化学需氧量、五日生化需氧量、氨氮、总氮、总磷	直接回用、排入循环热水池、经冷却塔冷却降温后回用、冷却后排入综合污水处理站、其他	□是 □否 如采用不属于“6 污染防治可行技术要求”中的技术，应提供相关证明材料
生活污水	pH 值、悬浮物、化学需氧量、五日生化需氧量、氨氮、总氮、总磷	处理后回用、排入城镇排水管网、排入综合污水处理站、其他	
综合污水	pH 值、悬浮物、化学需氧量、五日生化需氧量、氨氮、总氮、总磷	干化场沉淀过滤 预处理：除油、沉淀、过滤等 生化处理：好氧、水解酸化-好氧、厌氧-好氧、兼性-好氧、氧化沟、生物转盘等 深度处理：生物滤池、过滤、混凝沉淀（或澄清）等 其他	

4.5.2.3 排放去向及排放规律

制糖工业排污单位应明确废水排放去向及排放规律。

排放去向分为不外排；直接进入江河、湖、库等水环境；直接进入海域；进入城市下水道（再入江河、湖、库）；进入城市下水道（再入沿海海域）；进入城镇污水处理厂；进入其他单位；进入工业废水集中处理设施；其他。

排放规律分为连续排放，流量稳定；连续排放，流量不稳定，但有周期性规律；连续排放，流量不稳定，但有规律，且不属于周期性规律；连续排放，流量不稳定，属于冲击型排放；连续排放，流量不稳定且无规律，但不属于冲击型排放；间断排放，排放期间流量稳定；间断排放，排放期间流量不稳定，但有周期性规律；间断排放，排放期间流量不稳定，但有规律，且不属于非周期性规律；间断排放，排放期间流量不稳定，属于冲击型排放；间断排放，排放期间流量不稳定且无规律，但不属于冲击型排放。

4.5.2.4 污染治理设施、排放口编号

污染治理设施编号可填写制糖工业排污单位内部编号，若排污单位无内部编号，则根据《固定污染源（水、大气）编码规则（试行）》（环水体〔2016〕189 号中附件 4）进行编号并填报。

排放口编号填写地方环境管理部门现有编号或由排污单位根据《固定污染源（水、大气）编码规则（试行）》（环水体〔2016〕189 号中附件 4）进行编号并填写。

4.5.2.5 排放口规范化设置

根据《排污口规范化整治技术要求（试行）》，以及制糖工业排污单位执行的排放标准中有关排放口规范化设置的规定，填报废水排放口设置是否符合规范化要求。

4.5.2.6 排放口类型

制糖工业排污单位废水排放口分为废水总排放口（综合污水处理站排放口）、单独排入城镇集中污水处理设施的生活污水排放口，其中废水总排放口为主要排放口，其他废水排放口为一般排放口。

4.6 图件要求

制糖工业排污单位基本情况还应包括生产工艺流程图（包括全厂及各工序）、厂区总平面布置图、雨污水管网平面布置图。

生产工艺流程图应至少包括主要生产设施（设备）、主要原辅燃料的流向、生产工艺流程等内容。

厂区总平面布置图应至少包括主体设施、公辅设施、污水处理设施等内容，同时注明厂区运输路线等。

雨污水管网平面布置图应包括厂区雨水和污水集输管线走向、排放口位置及排放去向等内容。

4.7　其他要求

制糖工业排污单位在填报申请信息时，应评估污染物排放及环境管理现状，对现状环境问题提出整改措施，并填入全国排污许可证管理信息平台申报系统中“改正措施”一栏。

省级环境保护主管部门按照环境质量改善需求增加的管理要求，应填入全国排污许可证管理信息平台申报系统中“有核发权的地方环境保护主管部门增加的管理内容”一栏。

5　产排污环节对应排放口及许可排放限值确定方法

5.1　排放口及执行标准

5.1.1　废气排放口及执行标准

废气排放口应填报排放口地理坐标、排气筒高度、排气筒出口内径、国家或地方污染物排放标准、环境影响评价文件批复要求及承诺更加严格的排放限值。

5.1.2　废水排放口及执行标准

废水直接排放口应填报排放口地理坐标、间歇排放时段、受纳自然水体信息、汇入受纳自然水体处的地理坐标及执行的国家或地方污染物排放标准，废水间接排放口应填报排放口地理坐标、间歇排放时段、受纳污水处理厂信息及执行的国家或地方污染物排放标准，单独排入城镇集中污水处理设施的生活污水仅说明去向。废水间歇式排放的，应当载明排放污染物的时段。

5.2　许可排放限值

5.2.1　一般原则

许可排放限值包括污染物许可排放浓度和许可排放量。许可排放量包括年许可排放量和特殊时段许可排放量。年许可排放量是指允许制糖工业排污单位连续 12 个月排放的污染物最大排放量。年许可排放量同时适用于考核自然年的实际排放量。有核发权的地方环境保护主管部门可根据环境管理规定细化许可排放量的核算周期。

对于大气污染物，以排放口为单位确定主要排放口和一般排放口许可排放浓度，以厂界确定无组织许可排放浓度。主要排放口逐一计算许可排放量，一般排放口和无组织不许可排放量。

对于水污染物，废水总排放口许可排放浓度和排放量，单独排入城镇集中污水处理设施的生活污水排放口不许可排放浓度和排放量。

根据国家或地方污染物排放标准确定许可排放浓度。依据总量控制指标及本标准规定的方法从严确定许可排放量，2015 年 1 月 1 日（含）后取得环境影响评价文件批复的制糖工业排污单位，许可排放量还应同时满足环境影响评价文件和批复要求。总量控制指标包括地方政府或环境保护主管部门发文确定的排污单位总量控制指标、环境影响评价文件批复中确定的总量控制指标、现有排污许可证中载明的总量控制指标、通过排污权有偿使用和交易确定的总量控制指标等地方政府或环境保护主管部门与排污许可证申领排污单位以一定形式确认的总量控制指标。

制糖工业排污单位填报申请的排污许可排放限值时，应在《排污许可证申请表》中写明许可排放限值计算过程。

制糖工业排污单位承诺的排放浓度严于本标准要求的，应在排污许可证中载明。

5.2.2　许可排放浓度

5.2.2.1　废气

依据 GB 9078、GB 13271、GB 14554、GB 16297 确定制糖工业排污单位废气许可排放浓度限值。地方有更严格排放标准要求的，按照地方排放标准从严确定。

大气污染防治重点控制区按照《关于执行大气污染物特别排放限值的公告》和《关于执行大气污染物特别排放限值有关问题的复函》要求执行。其他执行大气污染物特别排放限值的地域范围、时间，由国务院环境保护行政主管部门或省级人民政府规定。

若执行不同许可排放浓度的多台生产设施或排放口采用混合方式排放废气，且选择的监控位置只能监测混合废气中的大气污染物浓度，则应执行各许可排放限值要求中最严格限值。

5.2.2.2 废水

对于制糖工业排污单位废水直接排向环境水体的情况，依据 GB 21909 确定排污单位废水总排放口的水污染物许可排放浓度。地方有更严格排放标准要求的，按照地方排放标准从严确定。

若制糖工业排污单位的生产设施为两种及两种以上工序或同时生产两种及两种以上产品，可适用不同排放控制要求或不同行业国家污染物排放标准时，且生产设施产生的污水混合处理排放的情况下，应执行排放标准中规定的最严格的浓度限值。

对于制糖排污单位废水排入城镇污水处理厂的情况，按企业与城镇污水处理厂负责单位商定值确定许可排放浓度，无商定值时，按照 GB 8978 中的三级排放限值、GB/T 31962 以及其他有关标准从严确定。对于制糖排污单位废水排入工业废水集中处理设施的情况，按照 GB 8978 中的三级排放限值以及其他有关标准从严确定。

5.2.3 许可排放量

5.2.3.1 废气

制糖工业排污单位应明确颗粒物、二氧化硫、氮氧化物的许可排放量。

a）年许可排放量

1）年许可排放量

制糖工业排污单位的大气污染物年许可排放量为各主要排放口年许可排放量之和，如式（1）所示。

$$E_{j,\text{年许可}} = E_{j,\text{主要排放口年许可}} \tag{1}$$

式中：$E_{j,\text{年许可}}$ —— 排污单位第 j 项大气污染物的年许可排放量，t/a；

$E_{j,\text{主要排放口年许可}}$ —— 主要排放口第 j 项大气污染物年许可排放量，t/a。

2）主要排放口年许可排放量

制糖工业排污单位废气的主要排放口是锅炉烟囱和甜菜制糖颗粒粕生产中干燥器的废气排放口。

对锅炉排放口废气污染物年许可排放量，依据废气污染物许可排放浓度限值、基准排气量和设计燃料用量相乘核定。

燃煤或燃油锅炉废气污染物年许可排放量计算公式如式（2）所示：

$$E_{ij}=R_i \times Q_i \times \rho_{ij} \times 10^{-6} \tag{2}$$

燃气锅炉废气污染物年许可排放量计算公式如式（3）所示：

$$E_{ij}=R_i \times Q_i \times \rho_{ij} \times 10^{-9} \tag{3}$$

式中：E_{ij} —— 第 i 个锅炉排放口废气第 j 项大气污染物年许可排放量，t/a；

R_i —— 第 i 个锅炉排放口设计燃料用量，燃煤或燃油时单位为 t/a，燃气时单位为 m^3/a；

Q_i —— 第 i 个锅炉排放口基准排气量，燃煤时或燃油 m^3/kg，燃气时单位为 m^3/m^3，具体取值见表 4；地方有更严格排放标准要求的，按照地方排放标准从严确定；

ρ_{ij} —— 第 i 个锅炉排放口废气第 j 项大气污染物许可排放浓度限值，mg/m^3。

表 4 制糖工业排污单位锅炉废气基准排气量参考表

燃料分类	热值/（MJ/kg）	基准排气量（标态）
燃煤[a]	12.5	6.2 m^3/kg 燃煤
	21	9.9 m^3/kg 燃煤
	25	11.6 m^3/kg 燃煤
燃油[a]	38	12.2 m^3/kg 燃油
	40	12.8 m^3/kg 燃油
	43	13.8 m^3/kg 燃油

燃料分类	热值/（MJ/kg）	基准排气量（标态）
燃气[b]	燃用天然气	12.3 m^3/m^3 天然气
[a] 燃用其他热值燃料的，可按照《动力工程师手册》进行计算。 [b] 以混合煤气为燃料的燃气锅炉，其基准排气量为各类煤气的体积百分比与相应基准排气量乘积的加和。		

以蔗渣为生物质燃料的锅炉废气污染物年许可排放量参考燃煤锅炉计算，基准排气量可参考燃煤锅炉确定，或采用近 3 年企业实测的锅炉排气量或近一年连续在线监测的锅炉排气量除以相应的燃料实际使用量确定。蔗渣的热值优先采用实测结果，在没有实测数据的情况下，可参考式（4）或式（5）进行计算。

对于绝干蔗渣，热值为（按干基计算）：

$$Q=17.88-2.51W/(100-W) \quad (4)$$

对于湿蔗渣，热值为（按湿基计算）：

$$Q=17.88-0.2039W \quad (5)$$

式中：Q —— 蔗渣的热值，MJ/kg；

W —— 蔗渣的含水率（质量分数），%。

对于颗粒粕干燥器，废气中颗粒物和二氧化硫年许可排放量计算公式如式（6）所示：

$$E_{ij}=R_i \times Q_i \times \rho_{ij} \times 10^{-9} \quad (6)$$

式中：E_{ij} —— 第 i 个颗粒粕干燥器排放口废气第 j 项大气污染物年许可排放量，t/a；

R_i —— 第 i 个颗粒粕干燥器的颗粒粕产品产能，t/a；

Q_i —— 第 i 个颗粒粕干燥器排放口基准排气量（标态，干烟气量），11 000 m^3/t 颗粒粕；地方有更严格排放标准要求的，按照地方排放标准从严确定；

ρ_{ij} —— 第 i 个颗粒粕干燥器排放口废气第 j 项大气污染物许可排放浓度限值，mg/m^3。

废气中氮氧化物年许可排放量计算公式如式（7）所示：

$$E_i=R_i \times P_i \times 10^{-3} \quad (7)$$

式中：E_i —— 第 i 个颗粒粕干燥器排放口废气氮氧化物年许可排放量，t/a；

R_i —— 第 i 个颗粒粕干燥器的颗粒粕产品产能，t/a；

P_i —— 第 i 个颗粒粕干燥器排放口生产单位产品的氮氧化物排放量限值，2.64 kg/t 颗粒粕。

所有主要排放口的年许可排放量等于各主要排放口年许可排放量的加和，如式（8）所示。

$$E_{j,\text{主要排放口年许可}}=\sum_{i=1}^{n} E_{ij} \quad (8)$$

式中：$E_{j,\text{主要排放口年许可}}$ —— 主要排放口第 j 项大气污染物年许可排放量，t/a；

E_{ij} —— 第 i 个主要排放口废气第 j 项污染物年许可排放量，t/a；

n —— 主要排放口数量。

b）特殊时段许可排放量

制糖工业排污单位特殊时段大气污染物日许可排放量按式（9）计算。地方制定的相关法规中对特殊时段许可排放量有明确规定的，从其规定。国家和地方环境保护主管部门依法规定的其他特殊时段短期许可排放量应当在排污许可证当中载明。

$$E_{\text{日许可}}=E_{\text{前一年环统日均排放量}} \times (1-\alpha) \quad (9)$$

式中：$E_{\text{日许可}}$ —— 制糖工业排污单位重污染天气应对期间日许可排放量，t/d；

$E_{\text{前一年环统日均排放量}}$ —— 根据制糖工业排污单位前一年环境统计实际排放量折算的日均值，t/d；

α —— 重污染天气应对期间排放量削减比例，%。

5.2.3.2　废水

制糖工业排污单位应明确化学需氧量、氨氮以及受纳水体环境质量年均值超标且列入 GB 21909 中的其他排放因子的年许可排放量。位于《“十三五”生态环境保护规划》及环境保护部正式发布的文件中规定的总磷、总氮总量控制区域内的制糖工业排污单位，还应分别申请总磷及总氮年许可排放量。地方环境保护主管部门另有规定的，从其规定。

a）单独排放

制糖工业排污单位水污染物年许可排放量是指排污单位废水总排放口水污染物年排放量的最高允许值，分别按照以下两种方式进行计算，从严确定。

1）依据水污染物许可排放浓度限值、单位产品基准排水量和产品产能核定，计算公式如式（10）所示。

$$E_j=S\times Q\times \rho_j\times 10^{-6} \tag{10}$$

式中：E_j —— 排污单位废水第 j 项水污染物的年许可排放量，t/a；

S —— 排污单位主要产品产能，t/a；

Q —— 单位产品基准排水量，m^3/t 产品（糖），按照 GB 21909 及其修改单规定的单位产品基准排水量核算；地方有更严格排放标准要求的，按照地方排放标准从严确定；

ρ_j —— 排污单位废水第 j 项水污染物许可排放浓度限值，mg/L。

2）依据生产单位产品的水污染物排放量限值和产品产能核定，计算公式如式（11）所示。

$$E_j=S\times P_j\times 10^{-3} \tag{11}$$

式中：E_j —— 排污单位废水第 j 项水污染物的年许可排放量，t/a；

S —— 排污单位年生产产品产能，t/a；

P_j —— 生产单位产品的第 j 项水污染物排放量限值，kg/t 产品（糖），按照表 5 核算。

表 5　制糖工业排污单位生产单位产品的水污染物排放量限值

分类	COD_{Cr}/（kg/t 糖）		氨氮/（kg/t 糖）		总氮/（kg/t 糖）		总磷/（kg/t 糖）	
	执行特别排放限值排污单位	其他排污单位	执行特别排放限值排污单位	其他排污单位	执行特别排放限值排污单位	其他排污单位	执行特别排放限值排污单位	其他排污单位
甘蔗制糖	0.25	1	0.025	0.1	0.04	0.15	0.002 5	0.005
甜菜制糖	0.75	2.4	0.075	0.24	0.12	0.36	0.007 5	0.012

b）混合排放

排污单位同时排放制糖工业和其他工业等多种工业废水，年许可排放量的计算公式如式（12）所示。同时，对于其中的制糖废水，生产单位产品的水污染物排放量还不得超过表 5 规定的限值。

$$E_j=\rho_j\times\sum_{i=1}^{n}(Q_i\times S_i)\times 10^{-6} \tag{12}$$

式中：E_j —— 排污单位废水第 j 项水污染物的年许可排放量，t/a；

ρ_j —— 排污单位废水中第 j 项水污染物的许可排放浓度限值，mg/L；

Q_i —— 第 i 个产品基准排水量，m^3/t 产品；

S_i —— 第 i 个产品产能，t/a；

n —— 排污单位的产品数量。

5.2.4　无组织排放控制要求

对于制糖工业排污单位无组织排放源，应根据所处区域的不同，分生产工序分别明确无组织排放控制要求，具体见表 6。

表 6　制糖工业排污单位无组织排放控制要求表

序号	生产单元	废气产污环节	无组织排放控制要求
1	原料系统	装卸料废气、转运废气	采用覆盖防风抑尘网或洒水抑尘、喷洒抑尘剂等抑尘措施；输运车辆采用封闭或覆盖等抑尘措施；原料场出口配备车轮清洗（扫）装置
2	清净系统	石灰消和机加料废气	对卸灰、加料设施作业车间采用加强密封等抑尘措施
		滤泥发酵臭气	及时清运、减少堆放量和堆放时间、防止日晒雨淋、加强通风
		硫熏燃硫炉尾气	采用自动控制的燃硫设施或设置二氧化硫吸收装置或就近接入有组织排放口
		石灰窑加料废气	加料控制、加强密封

序号	生产单元	废气产污环节	无组织排放控制要求
3	结晶分蜜系统	糖粉	回收回溶或经集中收集处理后至排气筒排放
4	包装系统	振动筛选机废气、包装机废气	回收回溶或经集中收集处理后至排气筒排放
5	贮存系统	蔗渣堆放仓发酵臭气	堆场周围设置挡尘棚、采取洒水等降尘措施；蔗渣堆场地面采取排水、硬化防渗措施
		煤尘	煤场周围设置防尘网、挡尘棚、采取洒水等降尘措施
6	公用单元	厂区综合污水处理站臭气	产臭区域投放除臭剂，或加罩、加盖，或采用引风机引至生物脱臭装置（干法生物滤池）处理、设置喷淋塔除臭
注：制糖工业排污单位执行严于国家标准的地方标准时，可参照执行重点地区无组织排放控制要求。			

5.2.5　其他

新、改、扩建项目的环境影响评价文件或地方相关规定中有原辅材料、燃料等其他污染防治强制要求的，还应根据环境影响评价文件或地方相关规定，明确其他需要落实的污染防治要求。

6　污染防治可行技术要求

6.1　一般原则

本标准所列污染防治可行技术及运行管理要求可作为环境保护主管部门对排污许可证申请材料审核的参考。对于制糖工业排污单位采用本标准所列污染防治可行技术的，原则上认为具备符合规定的防治污染设施或污染物处理能力。

对于未采用本标准所列污染防治可行技术的，排污单位应当在申请时提供相关证明材料（如已有监测数据；对于国内外首次采用的污染治理技术，还应当提供中试数据等说明材料），证明可达到与污染防治可行技术相当的处理能力。

对不属于污染防治可行技术的污染治理技术，排污单位应当加强自行监测、台账记录，评估达标可行性。待制糖工业污染防治可行技术指南发布后，从其规定。

6.2　废气

6.2.1　可行技术

制糖工业排污单位产生的废气主要来源于结晶分蜜系统、包装系统、颗粒粕系统和锅炉等公用工程。

制糖工业排污单位废气治理可行技术参照表 7。

表 7　制糖工业排污单位废气治理可行技术

污染源	污染物项目	可行技术
结晶分蜜系统废气	颗粒物	袋式除尘技术；湿式除尘技术
包装系统废气	颗粒物	袋式除尘技术；湿式除尘技术
颗粒粕系统干燥器废气	颗粒物	旋风除尘技术；湿式除尘技术
	二氧化硫	天然气等清洁燃料替代；石灰石/石灰-石膏等湿法脱硫技术；干法半干法脱硫技术
	氮氧化物	低氮燃烧；选择性非催化还原脱硝（SNCR）技术
颗粒粕系统造粒废气	颗粒物	袋式除尘技术
执行《锅炉大气污染物排放标准》（GB 13271）中表 1 的锅炉废气	颗粒物	电除尘技术；袋式除尘技术；湿式除尘技术
	二氧化硫	石灰石/石灰-石膏等湿法脱硫技术；喷雾干燥法脱硫技术；循环流化床法脱硫技术
	氮氧化物	—
	汞及其化合物	高效除尘脱硫脱氮脱汞一体化技术
执行《锅炉大气污染物排放标准》（GB 13271）中表 2 的锅炉废气	颗粒物	电除尘技术；袋式除尘技术；陶瓷旋风除尘技术
	二氧化硫	石灰石/石灰-石膏等湿法脱硫技术；喷雾干燥法脱硫技术；循环流化床法脱硫技术
	氮氧化物	低氮燃烧；选择性非催化还原脱硝（SNCR）技术
	汞及其化合物	高效除尘脱硫脱氮脱汞一体化技术
执行《锅炉大气污染物排放标准》（GB 13271）中表 3 的锅炉废气	颗粒物	四电场以上电除尘技术；袋式除尘技术
	二氧化硫	二氧化硫治理技术；石灰石/石灰-石膏等湿法脱硫技术；喷雾干燥法脱硫技术；循环流化床法脱硫技术
	氮氧化物	低氮燃烧；选择性催化还原脱硝（SCR）技术
	汞及其化合物	高效除尘脱硫脱氮脱汞一体化技术

6.2.2 运行管理要求

制糖工业排污单位应当按照相关法律法规、标准和技术规范等要求运行大气污染防治设施并进行维护和管理，保证设施运行正常，处理、排放大气污染物符合相关国家或地方污染物排放标准的规定。

6.2.2.1 有组织排放控制要求

a）环保设施应与其对应的生产工艺设备同步运转，保证在生产工艺设备运行波动情况下仍能正常运转，实现达标排放。

b）加强除尘设备巡检，消除设备隐患，保证正常运行。布袋除尘器应定期更换布袋除尘器滤袋，保证滤袋完整无破损。电除尘器定期检修维护极板、极丝、振打清灰装置。

c）通过蔗渣干燥、粉碎、磨细等措施，提高蔗渣锅炉燃烧效率，减少污染物排放。

d）不应设置烟气旁路通道，已设置的大气污染源烟气旁路通道应予以拆除或实行旁路挡板铅封。

6.2.2.2 无组织排放控制要求

a）蔗渣输送廊道应为密封廊道，在输送交接部分应设置抑尘装置，蔗渣堆场、除髓打包间应设置防尘设施，有效抑制蔗渣扬尘。

b）有条件的企业应选用喷射式自控燃硫炉、汽化旋风低温燃硫炉等高效燃硫设备；使用传统燃硫炉的企业，应设置二氧化硫吸收装置，对生产不正常情况下溢出的二氧化硫进行吸收，或就近接入有组织排放口，防止二氧化硫泄漏。

c）对于露天储煤场应配备防风抑尘网、喷淋、洒水、苫盖等抑尘措施，且防风抑尘网不得有明显破损。煤粉、石灰石粉等粉状物料须采用筒仓等封闭式料库存储。其他易起尘物料应苫盖。

6.3 废水

6.3.1 可行技术

制糖工业排污单位废水可行技术参照表 8。

表 8 制糖工业排污单位废水治理可行技术

废水类别	污染物种类	排放去向	污染物排放监控位置	可行技术	
				其他排污单位	执行特别排放限值排污单位
冷凝水、汽凝水、冷却水、冷却循环水、真空吸滤机水喷射泵用水等循环水	pH值、悬浮物、化学需氧量、五日生化需氧量、氨氮、总氮、总磷	排至厂内综合污水处理站	排污单位废水总排放口	—	
		直接进入江河、湖、库等水环境；直接进入海域；进入城市下水道（再入江河、湖、库）；进入城市下水道（再入沿海海域）	清下水排放口	除油、沉淀、自然塘（湖）、经冷却塔或喷淋池冷却等处理后回用或排放	
生活污水	pH值、悬浮物、化学需氧量、五日生化需氧量、氨氮、总氮、总磷	排至厂内综合污水处理站	排污单位废水总排放口	—	
		单独进入城镇污水集中处理设施	生活污水排放口	—	
综合污水	pH值、悬浮物、化学需氧量、五日生化需氧量、氨氮、总氮、总磷	直接进入江河、湖、库等水环境；直接进入海域；进入城市下水道（再入江河、湖、库）；进入城市下水道（再入沿海海域）	排污单位废水总排放口	预处理：除油、沉淀、过滤等 生化处理：好氧、水解酸化-好氧、厌氧-好氧、兼性-好氧、氧化沟、生物转盘等	预处理：除油、沉淀、过滤等 生化处理：好氧、水解酸化-好氧、厌氧-好氧、兼性-好氧、氧化沟、生物转盘等 生物接触氧化法；活性污泥法：氧化沟、传统活性污泥法、A^2/O 活性污泥法、CASS 工艺、SBR 工艺、AB 卡鲁塞尔工艺、ABJ ICEAS 工艺等 深度处理：生物滤池、过滤、混凝沉淀（或澄清）、活性炭吸附等
		进入城镇污水集中处理设施；进入其他单位污水处理设施；进入工业废水集中处理设施		—	—

6.3.2 运行管理要求

制糖工业排污单位应当按照相关法律法规、标准和技术规范等要求运行水污染防治设施并进行维护和管理，保证设施运行正常，处理、排放水污染物符合相关国家或地方污染物排放标准的规定。

a）应进行雨污分流、清污分流、污污分流、冷热分流，分类收集、分质处理，循环利用，污染物稳定达到排放标准要求。

b）甜菜制糖企业应建立封闭式压粕水回收系统，回用至渗出器。

c）加热器、蒸发罐、煮糖罐的清洗用水应回收利用。

d）应分别建立甜菜流送洗涤水循环系统、冷凝器冷凝水闭合循环系统、汽轮机冷却水循环系统、锅炉冲灰水循环系统及其他废水循环系统，提高废水循环利用率。

e）澄清工段应减少滤布洗水产生量，提高滤布洗水循环利用率，企业应根据自身生产状况选择无滤布真空吸滤机、全自动隔膜压滤机等高效、节能、节水设备。

f）蒸发、煮糖工段应根据企业自身生产状况选择高效捕汁器、喷雾真空冷凝器等高效节水设备。

7 自行监测管理要求

7.1 一般原则

制糖工业排污单位在申请排污许可证时，应当按照本标准确定的产排污节点、排放口、污染物项目及许可限值等要求，制定自行监测方案，并在《排污许可证申请表》中明确。农副产品加工业排污单位自行监测技术指南发布后，自行监测方案的制定从其要求。制糖工业排污单位中的锅炉自行监测方案按照 HJ 820 制定。

有核发权的地方环境保护主管部门可根据环境质量改善需求，增加制糖工业排污单位自行监测管理要求。对于 2015 年 1 月 1 日（含）后取得环境影响评价文件批复的制糖工业排污单位，其环境影响评价文件及批复中有其他自行监测管理要求的，应当同步完善制糖工业排污单位自行监测管理要求。

7.2 自行监测方案

自行监测方案中应明确制糖工业排污单位的基本情况、监测点位、监测指标、执行排放标准及其限值、监测频次、监测方法和仪器、采样方法、监测质量控制、监测点位示意图、监测结果公开时限等。对于采用自动监测的排污单位应当如实填报采用自动监测的污染物指标、自动监测系统联网情况、自动监测系统的运行维护情况等；对于无自动监测的大气污染物和水污染物指标，排污单位应当填报开展手工监测的污染物排放口和监测点位、监测方法、监测频次等。

7.3 自行监测要求

制糖工业排污单位可自行或委托第三方监测机构开展监测工作，并安排专人专职对监测数据进行记录、整理、统计和分析。对监测结果的真实性、准确性、完整性负责。手工监测时生产负荷应不低于本次监测与上一次监测周期内的平均生产负荷。

7.3.1 监测内容

自行监测污染源和污染物应包括排放标准中涉及的各项废气、废水污染源和污染物。制糖工业排污单位应当开展自行监测的污染源包括产生有组织废气、无组织废气、生产废水等的全部污染源；废水污染物包括 GB 21909 中规定的全部因子。废气污染物包括颗粒物、二氧化硫、氮氧化物、臭气浓度、硫化氢、氨等。同时对雨水中化学需氧量开展监测。

7.3.2 监测点位

制糖工业排污单位自行监测点位包括外排口、无组织排放监测点、内部监测点、周边环境影响监测点等。

7.3.2.1 废气外排口

各类废气污染源通过烟囱或排气筒等方式排放至外环境的废气，应在烟囱或排气筒上设置废气外排口监测点位。点位设置应满足 GB/T 16157、HJ/T 75 等技术规范的要求。净烟气与原烟气混合排放的，应在排气筒或烟气汇合后的混合烟道上设置监测点位；净烟气直接排放的，应在净烟气烟道上设置监测点位。

废气监测平台、监测断面和监测孔的设置应符合 HJ/T 76、HJ/T 397 等的要求，同时监测平台应便于开展监测活动，应能保证监测人员的安全。

7.3.2.2 废水外排口

按照排放标准规定的监控位置设置废水外排口即废水总排放口的监测点位，废水排放口应符合环监〔1996〕470 号和 HJ/T 91 等的要求，水量（不包括间接冷却水等下水）大于 100 t/d 的，应安装自动测流设施并开展流量自动监测。

排放标准中规定的监控位置为排污单位废水总排放口的污染物，废水直接排放的，在排污单位的排污口采样；废水间接排放的，在排污单位的污水处理设施排放口后、进入公共污水处理系统前的用地红线边界位置采样。单独排入城镇污水集中处理设施的生活污水不需监测。

选取全厂雨水排放口开展监测。对于有多个雨水排放口的排污单位，对全部排放口开展监测。雨水监测点位设在厂内雨水排放口后、排污单位用地红线边界位置。在雨水排放口有流量的前提下进行采样。

制糖工业排污单位废水排放监测的监测点位为排污单位总排放口。

7.3.2.3 无组织排放

制糖工业排污单位应设置废气无组织排放监测点位，无组织排放监控位置为厂界。

7.3.2.4 内部监测点位

当排放标准中有污染物去除效率要求时，应在进入相应污染物处理设施单元的进口设置监测点位。

当环境管理有要求，或排污单位认为有必要的，可以在排污单位内部设置监测点，监测污染物浓度等。

7.3.2.5 周边环境影响监测点

对于 2015 年 1 月 1 日（含）后取得环境影响评价批复的排污单位，周边环境质量影响监测点位按照环境影响评价文件的要求设置。

7.4 监测技术手段

自行监测的技术手段包括手工监测、自动监测两种类型，制糖工业排污单位可根据监测成本、监测指标以及监测频次等内容，合理选择适当的技术手段。

根据《关于加强京津冀高架源污染物自动监控有关问题的通知》，京津冀地区及传输通道城市制糖工业排污单位各排放烟囱超过 45 m 的高架源应安装污染源自动监控设备。鼓励其他排放口及污染物采用自动监测设备监测，无法开展自动监测的，应采用手工监测。

7.5 监测频次

采用自动监测的，全天连续监测。制糖工业排污单位应按照 HJ/T 75 开展自动监测数据的校验比对。按照《污染源自动监控设施运行管理办法》的要求，自动监测设施不能正常运行期间，应按要求将手工监测数据向环境保护主管部门报送，每天不少于 4 次，间隔不得超过 6 h。

采用手工监测的，监测频次不能低于国家或地方发布的标准、规范性文件、环境影响评价文件及其批复等明确规定的监测频次；污水排向敏感水体或接近集中式饮用水水源、废气排向特定的环境空气质量功能区的，应适当增加监测频次；排放状况波动大的，应适当增加监测频次；历史稳定达标状况较差的应增加监测频次。

排污单位应在生产期内和非生产期但有污染物排放时开展监测，并参照表 9、表 10、表 11 确定自行监测频次，地方根据规定可相应加密监测频次。

表 9 废水污染物最低监测频次

监测点位		污染物指标	监测频次[a]	
			直接排放	间接排放
重点管理排污单位废水总排放口[b]	废水总排放口	流量、pH 值、化学需氧量	自动监测	自动监测
		氨氮	日	日
		悬浮物、五日生化需氧量	月	月
		总氮、总磷	月/日[c]	月
		五日生化需氧量	月	月
	雨水排放口	化学需氧量	日[d]	日[d]
简化管理排污单位废水总排放口[b]	废水总排放口	流量、pH 值、悬浮物、化学需氧量、氨氮、总氮、总磷、五日生化需氧量	每两个月 1 次	生产期内 1 次

[a] 设区的市级及以上环境保护主管部门明确要求安装自动监测设备的污染物指标，须采取自动监测。
[b] 重点管理与简化管理的排污单位依据《固定污染源排污许可分类管理名录》确定；废水总排放口监测指标和监测频次根据所执行的排放标准或当地环境管理要求参照本表确定。
[c] 水环境质量中总氮（无机氮）/总磷（活性磷酸盐）超标的流域或沿海地区，或总氮/总磷实施总量控制区域，总氮/总磷最低监测频次按日执行。
[d] 在雨水排放期间按日监测。

表 10 有组织废气污染物最低监测频次

污染源	监测点位	监测指标	监测频次
结晶分筛系统	结晶分筛系统除尘装置排气筒	颗粒物	生产期内 1 次
包装系统	包装系统除尘装置排气筒	颗粒物	生产期内 1 次
颗粒粕系统	干燥器废气处理装置排气筒	颗粒物、二氧化硫、氮氧化物	自动监测或每周 1 次
	造粒机除尘装置排气筒	颗粒物	生产期内 1 次

表 11 无组织废气污染物最低监测频次

排污单位类型	监测点位	监测指标	监测频次[a]
有装卸料、转运、破碎、蔗渣堆场、滤泥堆场	厂界	臭气浓度	生产期内 1 次
有生化污水处理工序	厂界	臭气浓度、硫化氢、氨	生产期内 1 次

[a] 若周边有环境敏感点，或监测结果超标的，应适当增加监测频次。

7.6 采样和测定方法

7.6.1 自动监测

废气自动监测参照 HJ/T 75、HJ/T 76 执行。

废水自动监测参照 HJ/T 353、HJ/T 354、HJ/T 355 执行。

7.6.2 手工监测

废气手工采样方法的选择参照 GB/T 16157、HJ/T 397 执行。

无组织排放采样方法参照 HJ/T 55 执行。

废水手工采样方法的选择参照 HJ 494、HJ 495 和 HJ/T 91 执行。

7.6.3 测定方法

废气、废水污染物的测定按照相应排放标准中规定的污染物浓度测定方法标准执行，国家或地方法律法规等另有规定的，从其规定。

7.7 数据记录要求

监测期间手工监测的记录和自动监测运维记录按照 HJ 819 执行。应同步记录监测期间的生产工况。

7.8 监测质量保证与质量控制

按照 HJ 819、HJ/T 373 要求，制糖工业排污单位应当根据自行监测方案及开展状况，梳理全过程监测质控要求，建立自行监测质量保证与质量控制体系。

8 环境管理台账记录与执行报告编制要求

8.1 环境管理台账记录要求

8.1.1 一般原则

制糖工业排污单位在申请排污许可证时，应按本标准规定，在《排污许可证申请表》中明确环境管理台账记录要求。有核发权的地方环境保护主管部门补充制订相关技术规范中要求增加的，在本标准基础上进行补充；排污单位还可根据自行监测管理的要求补充填报其他必要内容。

制糖工业排污单位应建立环境管理台账制度，设置专职人员进行台账的记录、整理、维护和管理，并对台账记录结果的真实性、准确性、完整性负责。

台账应当按照电子化和纸质储存两种形式同步管理，保存期限不少于 3 年。

8.1.2 环境管理记录内容

制糖工业排污单位环境管理台账应真实记录生产设施信息、污染治理设施信息、监测记录信息、其他环境管理信息等内容。

8.1.2.1 生产设施运行情况

制糖工业排污单位应记录生产设施基本信息与运行管理信息，记录样式参见附录 A 中表 A.1～表 A.5。

a）生产设施基本信息

设施名称（压榨机、渗出器、硫熏中和器、饱充罐、蒸发罐等）、编码、生产能力等。

b）生产设施运行管理信息

制糖工业排污单位应定期记录生产运行状况并留档保存，应按班次至少记录以下内容：运行状态、生产负荷、原辅料及燃料使用情况、主要产品产量等。其中，生产负荷是指实际产品产量与实际核定产能之比。

8.1.2.2 污染治理设施运行情况

制糖工业排污单位应记录污染治理设施基本信息与运行管理信息，记录样式参见附录 A 中表 A.6～表 A.10。

a）污染治理设施基本信息

设施名称（收尘设施、脱硫设施、脱硝设施、污水处理设施等）、编码、设施规格型号（标牌型号）、相关设计参数（参数名称、设计值、单位）。

b）污染治理设施运行管理信息

制糖工业排污单位应按班次记录污染治理设施运行管理信息。应至少记录以下内容：有组织、无组织废气以及废水污染治理设施名称及工艺、污染治理设施编号、对应生产设施名称及编号、污染物项目、治理设施规格参数、风机负荷、对应生产设施生产负荷、运行参数。其中针对运行参数应记录以下内容：

1）有组织废气治理设施

袋式除尘器：除尘器进出口压差、过滤风速、风机电流、实际风量；

旋风除尘器：风机电流，实际风量；

静电除尘器：二次电压、二次电流、风机电流、实际风量；

电袋复合除尘器：除尘器进出口压差、过滤风速、风机电流、二次电压、二次电流、风机电流、实际风量；

脱硫系统：标态烟气量、原烟气 SO_2 浓度（标态）、净烟气 SO_2 浓度（标态）、脱硫剂用量、脱硫副产物产量；

脱硝系统：标态烟气量、原烟气 NO_x 浓度（标态）、净烟 NO_x 浓度（标态）、脱硝剂用量。

涉及 DCS 运行系统治理设施记录原则：要求每周记录彩色 DCS 曲线图（除尘、脱硫、脱硝各一张），注明生产线编号，量程合理，每个参数按照统一的颜色画出曲线。曲线应至少包括以下内容：

脱硫 DCS 曲线：负荷、烟气量、氧含量、原烟气 SO_2 浓度、净烟气 SO_2 浓度、烟气出口温度等。

脱硝 DCS 曲线：负荷、烟气量、氧含量、总排口 NO_x 浓度、脱硝设施入口氨流量、脱硝设施入口烟气温度。

除尘 DCS 曲线：负荷、烟气量、氧含量、原烟气颗粒物浓度、净烟气颗粒物浓度、烟气出口温度。

2）无组织废气治理设施

应按天次至少记录以下内容：厂区降尘洒水次数、抑尘剂种类、车轮清洗（扫）方式、原料或产品场地封闭、遮盖情况、是否出现破损。

3）废水治理设施

废水环保设施台账应包括所有环保设施的运行参数及排放情况等，废水治理设施包括废水处理能力（t/d）、运行参数（包括运行工况等）、废水排放量、废水回用量、污泥产生量及运行费用（元/t）、滤泥量及去向、出水水质（各因子浓度和水量等）、排水去向及受纳水体、排入的污水处理厂名称等。

8.1.2.3　监测记录信息

制糖工业排污单位应记录自动监测运维信息和手工监测信息。

a）自动监测运维信息

包括自动监测系统运行状况、系统辅助设备运行状况、系统校准、校验工作等；仪器说明书及相关标准规范中规定的其他检查项目；校准、维护保养、维修记录等。

b）手工监测记录信息

对于无自动监测的大气污染物和水污染物指标，排污单位应当按照排污许可证中监测方案所确定的监测频次要求记录开展手工监测的日期、时间、污染物排放口和监测点位、监测方法、监测频次、监测仪器及型号、采样方法等，并建立台账记录报告，记录样式参见附录 A 中表 A.11～表 A.13。

8.1.2.4　其他环境管理信息

制糖工业排污单位应记录的其他环境管理信息包括以下几个方面：

a）净化处理装置故障期间

应记录故障设施、故障原因、故障期间污染物排放浓度以及所采取的措施。

b）特殊时段

应记录重污染天气应对期间等特殊时段管理要求、执行情况（包括特殊时段生产设施运行管理信息和污染治理设施运行管理信息）等。重污染天气应对期间等特殊时段的台账记录要求与正常生产记录频次要求一致，涉及特殊时段停产的排污单位或生产工序，该期间应每天进行 1 次记录，地方环境保护主管部门有特殊要求的，从其规定。

c）非正常工况

非正常工况信息按工况期记录，每工况期记录 1 次，内容应记录非正常（停运）时刻、恢复（启动）时刻、事件原因、是否报告、所采取的措施，并按生产设施与污染治理设施填写具体情况：生产设施应记录设施名称、编号、产品产量、原辅料消耗量、燃料消耗量等；污染治理设施应记录设施名称、编号、污染物项目、排放量、排放浓度等。

8.2　执行报告编制要求

8.2.1　一般原则

地方环境主管部门应当整合总量控制、排污收费（环境保护税）、环境统计等各项环境管理的数据上报要求，可以参照本标准，在排污许可证中根据各项环境管理要求，规定排污许可证执行报告内容、上报频次等要求。

制糖工业排污单位应按照排污许可证中规定的内容和频次定期上报执行报告。排污单位可参照本标准，根据环境管理台账记录等归纳总结报告期内排污许可证执行情况，并提交至发证机关，台账记录留存备查。排污单位应保证执行报告的规范性和真实性。排污许可证技术负责人发生变化时，应当在年度执行报告中及时报告。

8.2.2 报告频次

8.2.2.1 年度执行报告

制糖工业排污单位原则上应至少每自然年上报一次排污许可证年度执行报告，年报应于次年 1 月底前提交至排污许可证核发机关。

对于持证时间不足 3 个月的，当年可不上报年度执行报告，排污许可证执行情况纳入下一年年度执行报告。

8.2.2.2 月/季度执行报告

制糖工业排污单位应提交季度执行报告。地方环境主管部门按照环境管理要求，可要求排污单位在其生产期内上报月执行报告，并在排污许可证中明确。

每月/季度上报一次排污许可证月/季度执行报告。自当年 1 月起，每一个月上报一次月报，每 3 个月上报一次季报，月/季度报应于下月 15 日前提交至排污许可证核发机关，提交年报的，可免报当月月报或当季季报。对于持证时间不足 10 d 的，该报告周期内可不上报月报，排污许可证执行情况纳入下一月度执行报告。对于持证时间不足 1 个月的，该报告周期内可不上报季报，排污许可证执行情况纳入下一季度执行报告。

8.2.3 报告内容

8.2.3.1 年度执行报告

年度执行报告内容应包括：

1. 基本生产信息；
2. 遵守法律法规情况；
3. 污染防治设施运行情况；
4. 自行监测情况；
5. 台账管理情况；
6. 实际排放情况及合规判定分析；
7. 排污费（环境保护税）缴纳情况；
8. 信息公开情况；
9. 排污单位内部环境管理体系建设与运行情况；
10. 其他排污许可证规定的内容执行情况；
11. 环境监察执法记录问题的反馈；
12. 其他需要说明的问题；
13. 结论；
14. 附图、附件要求。

具体内容要求见附录 B。

8.2.3.2 月/季度执行报告

月/季度执行报告应至少包括年度执行报告 6 中化学需氧量、氨氮、颗粒物、二氧化硫、氮氧化物等主要污染物的实际排放量核算信息、合规判定分析说明及第 3 部分超标排放或污染防治设施异常的情况说明及所采取的措施等。

8.3 简化管理要求

实行简化管理的制糖工业排污单位，可依据本标准及地方环境保护主管部门对环境管理台账与执行报告简化要求，适当简化台账记录及执行报告编制内容。

8.3.1 环境管理台账简化管理

实行简化管理的制糖工业排污单位，环境管理台账主要记录基本信息和生产及治理设施运行管理信息。

基本信息台账主要包括企业名称、法人代表、社会统一信用代码、地址、生产规模、排污许可证编号、生产及治理设施名称、规格型号、设计生产及污染物处理能力等。

生产及治理设施运行管理信息台账主要包括运行状态、产品产量、原辅料及燃料使用情况、污染物排放情况等。

无组织排放源应记录治理措施运行、维护情况。

原则上台账记录内容应反映制糖工业排污单位生产运营及污染治理状况。

8.3.2 执行报告简化管理

实行简化管理的制糖工业排污单位，应提交年度执行报告与季度执行报告。其中，年度执行报告内容应包括排污单位基本情况、遵守法律法规情况、污染防治设施运行情况、自行监测执行情况、环境管理台账执行情况、实际排放情况及合规判定分析、排污费（环境保护税）缴纳情况。

9 实际排放量核算方法

9.1 废气

9.1.1 正常情况

制糖工业排污单位应按式（13）核算有组织排放颗粒物、二氧化硫、氮氧化物的实际排放量：

$$E_{\text{有组织排放}} = E_{\text{主要排放口}} \tag{13}$$

其他大气污染物如需核算有组织实际排放量，可以参照式（13）进行核算。

制糖工业排污单位主要排放口废气污染物实际排放量的核算方法包括实测法、物料衡算法、产排污系数法等。优先采用实测法，其次采用物料衡算法和产排污系数法。

a）实测法

实测法是指根据监测数据测算实际排放量的方法，分为自动监测和手工监测。对于排污许可证中载明的要求采用自动监测的污染物项目，应采用符合监测规范的有效自动监测数据核算污染物年排放量。对于未要求采用自动监测的污染物项目，可采用自动监测数据或手工监测数据核算污染物年排放量。

自动监测实测法是指根据符合监测规范的有效自动监测数据污染物的小时平均排放浓度、平均烟气量、运行时间核算污染物年排放量，核算方法见式（14）。

$$E_{\text{主要排放口}} = \sum_{i=1}^{n}\left(\rho_i \times q_i \times 10^{-9}\right) \tag{14}$$

式中：$E_{\text{主要排放口}}$ —— 核算时段内主要排放口污染物的实际排放量，t；

ρ_i —— 污染物在第 i 小时的实测平均排放质量浓度，mg/m^3；

q_i —— 第 i 小时的标准状态下干排气量，m^3/h；

n —— 核算时段内的污染物排放时间，h。

采用自动监测的污染物项目，应同时根据手工监测数据进行校核，若同一时段的手工监测数据与自动监测数据不一致，手工监测数据符合法定的监测标准和监测方法的，以手工监测数据为准。要求采用自动监测的排放口或污染物项目而未采用的，采用物料衡算法核算二氧化硫排放量、产排污系数法核算颗粒物、氮氧化物排放量，且按直接排放核算。

手工监测实测法是指根据每次手工监测时段内每小时污染物的平均排放浓度、平均烟气量、运行时间核算污染物年排放量，核算方法见式（15）。

$$E_{\text{主要排放口}} = \sum_{i=1}^{n}\left(\rho \times q \times 10^{-9}\right) \tag{15}$$

式中：$E_{\text{主要排放口}}$ —— 核算时段内主要排放口污染物的实际排放量，t；

ρ —— 污染物实测平均排放质量浓度，mg/m^3；

q —— 标准状态下干排气量，m^3/h；

n —— 核算时段内的污染物排放时间，h。

对于因自动监控设施发生故障以及其他情况导致数据缺失的按照 HJ/T 75 进行补遗。缺失时段超过25%的，自动监测数据不能作为核算实际排放量的依据，采用物料衡算法核算二氧化硫排放量、产排污系数法核算颗粒物、氮氧化物排放量，且按直接排放核算。

排污单位提供充分证据证明自动监测数据缺失、数据异常等不是排污单位责任的，可按照排污单位提供的手工监测数据等核算实际排放量，或者按照上一个半年申报期间稳定运行的自动监测数据小时浓度均值和半年平均烟气量，核算数据缺失时段的排放量。

b）物料衡算法

采用物料衡算法核算二氧化硫等排放量的，根据原辅燃料消耗量、含硫率等进行核算。

c）产排污系数法

采用产排污系数法核算污染物排放量的，根据单位产品污染物的产生量和排放量进行核算。相关产排污系数参考《污染源普查产排污系数手册（下）》（中国环境科学出版社，2011 年第 1 版）。

9.1.2 非正常情况

制糖生产设施、锅炉设施启停机等非正常排放期间污染物排放量可采用实测法核定。

9.2 废水

9.2.1 正常情况

制糖工业排污单位废水总排放口装有化学需氧量、氨氮自动监测设备的，原则上应采取自动监测实测法核算全厂化学需氧量、氨氮实际排放量。废水自动监测实测法是指根据符合监测规范的有效自动监测数据污染物的日平均排放浓度、平均流量、运行时间核算污染物年排放量，核算方法见式（16）。

$$E_{废水}=\sum_{i=1}^{n}\left(\rho_i\times q_i\times 10^{-6}\right) \tag{16}$$

式中：$E_{废水}$ —— 核算时段内主要排放口污染物的实际排放量，t；

ρ_i —— 污染物在第 i 日的实测平均排放质量浓度，mg/L；

q_i —— 第 i 日的流量，m^3/d；

n —— 核算时段内的污染物排放时间，d。

对要求采用自动监测的排放口或污染因子，在自动监测数据由于某种原因出现中断或其他情况下，应按照 HJ/T 356 补遗。

要求采用自动监测而未采用的排放口或污染物，按照产排污系数法核算实际排放量，且按直接排放核算。

无有效自动监测数据时，采用手工监测数据进行核算。手工监测数据包括核算时间内的所有执法监测数据和排污单位自行或委托的有效手工监测数据。排污单位自行或委托的手工监测频次、监测期间生产工况、数据有效性等须符合相关规范文件等要求。

9.2.2 非正常情况

废水处理设施非正常情况下的排水，如无法满足排放标准要求时，不应直接排入外环境，待废水处理设施恢复正常运行后方可排放。如因特殊原因造成污染治理设施未正常运行超标排放污染物的或偷排偷放污染物的，按产污系数法核算非正常排放期间实际排放量。

10 合规判定方法

10.1 一般原则

合规是指制糖工业排污单位许可事项和环境管理要求符合排污许可证规定。许可事项合规是指排污单位排污口位置和数量、排放方式、排放去向、排放污染物种类、排放限值符合排污许可证规定。其中，排放限值合规是指制糖工业排污单位污染物实际排放浓度和排放量满足许可排放限值要求。环境管理要求合规是指制糖工业排污单位按排污许可证规定落实自行监测、台账记录、执行报告、信息公开等环境管理要求。

制糖工业排污单位可通过台账记录、按时上报执行报告和开展自行监测、信息公开，自证其依证排污，满足排污许可证要求。环境保护主管部门可依据排污单位环境管理台账、执行报告、自行监测记录中的内容，判断其污染物排放浓度和排放量是否满足许可排放限值要求，也可通过执法监测判断其污染物排放浓度是否满足许可排放限值要求。

10.2 产排污环节、污染治理设施及排放口符合许可证规定

制糖工业排污单位实际的生产地点、主要生产单元、生产工艺、生产设施、污染治理设施的位置、编号与排污许可证相符，实际情况与排污许可证载明的规模、参数等信息基本相符。所有有组织排放口和各类废水排放口的个数、类别、排放方式和去向等与排污许可证载明信息一致。

10.3 废气

10.3.1 排放浓度合规判定

10.3.1.1 正常情况

制糖工业排污单位无组织排放口的臭气浓度最大值达标是指“任一次测定均值满足许可限值要求”。除此之外，其余废气有组织排放口污染物或厂界无组织污染物排放浓度达标均是指“任一小时浓度均值均满足许可排放浓度要求”。废气污染物小时浓度均值根据排污单位自行监测（包括自动监测和手工监测）、执法监测进行确定。

a）执法监测

按照监测规范要求获取的执法监测数据超过许可排放浓度限值的，即视为超标。根据 GB/T 16157、HJ/T 397、HJ/T 55 确定监测要求。

b）排污单位自行监测

1）自动监测

按照监测规范要求获取的有效自动监测数据计算得到的有效小时浓度均值与许可排放浓度限值进行对比，超过许可排放浓度限值的，即视为超标。对于应当采用自动监测而未采用的排放口或污染物，即视为不合规。自动监测小时均值是指“整点 1 h 内不少于 45 min 的有效数据的算术平均值”。

2）手工监测

对于未要求采用自动监测的排放口或污染物，应进行手工监测，按照自行监测方案、监测规范要求获取的监测数据计算得到的有效小时浓度均值超过许可排放浓度限值的，即视为超标。

根据 GB/T 16157 和 HJ/T 397，小时浓度均值指“1 h 内等时间间隔采样 3～4 个样品监测结果的算术平均值”。

c）若同一时段的执法监测数据与排污单位自行监测数据不一致，以执法监测数据作为优先证据使用。

10.3.1.2 非正常情况

非正常情况包括锅炉、颗粒粕系统燃烧炉启停时段。

锅炉如采用干（半干）法脱硫、脱硝措施，冷启动 1 h、热启动 0.5 h 内，锅炉废气的排放监测数据不作为氮氧化物达标判定的依据。

颗粒粕系统燃烧炉冷启动 1 h、热启动 0.5 h 内，干燥器废气的排放监测数据不作为氮氧化物达标判定的依据。

若多台设施采用混合方式排放烟气，且其中一台处于启停时段，企业可自行提供烟气混合前各台设施有效监测数据的，按照企业提供数据进行达标判定。

10.3.2 排放量合规判定

制糖工业排污单位各主要废气污染物许可排放量合规是指：

a）主要排放口实际排放量满足主要排放口年许可排放量；

b）排污单位实际排放量满足排污单位年许可排放量；

c）对于特殊时段有许可排放量要求的，特殊时段实际排放量满足特殊时段许可排放量。

制糖工业排污单位开始生产、停止生产等非正常排放造成短时污染物排放量较大时，应通过加强正常运营时污染物排放管理、减少污染物排放量的方式，确保全厂污染物年排放量（正常排放与非正常排放之和）满足许可排放量要求。

10.3.3 无组织排放控制要求合规判定

制糖工业排污单位排污许可证无组织排放源合规性以现场检查本标准 5.2.4 无组织控制要求落实情况为主，必要时，辅以现场监测方式判定制糖工业排污单位无组织排放合规性。

10.4 废水

10.4.1 排放浓度合规判定

制糖工业排污单位各废水排放口污染物的排放浓度达标是指任一有效日均值（除 pH 值外）均满足许可排放浓度要求。各项废水污染物有效日均值采用自动监测、执法监测、排污单位自行开展的手工监测三种方法分类进行确定排放合规性。

10.4.1.1 执法监测

按照监测规范要求获取的执法监测数据超过许可排放浓度限值的，即视为超标。根据 HJ/T 91 确定监测要求。

10.4.1.2 排污单位自行监测

a）自动监测

按照监测规范要求获取的自动监测数据计算得到有效日均浓度值（除 pH 值外）与许可排放浓度限值进行对比，超过许可排放浓度限值的，即视为超标。对于应当采用自动监测而未采用的排放口或污染物，即认为不合规。

对于自动监测，有效日均浓度是对应于以每日为一个监测周期内获得的某个污染物的多个有效监测数据的平均值。在同时监测污水排放流量的情况下，有效日均值是以流量为权的某个污染物的有效监测数据的加权平均值；在未监测污水排放流量的情况下，有效日均值是某个污染物的有效监测数据的算术平均值。

自动监测的有效日均浓度应根据 HJ/T 355、HJ/T 356 等相关文件要求确定。

b）手工监测

对于未要求采用自动监测的排放口或污染物，应进行手工监测。按照自行监测方案、监测规范进行手工监测，当日各次监测数据平均值或当日混合样监测数据（除 pH 值外）超过许可排放浓度限值的，即视为超标。

c）若同一时段的执法监测数据与排污单位自行监测数据不一致，以执法监测数据作为优先证据使用。

10.4.2 排放量合规判定

废水排放口污染物排放量合规指制糖工业排污单位所有废水排放口污染物年实际排放量之和不超过相应污染物的年许可排放量。

10.5 管理要求合规判定

环境保护主管部门依据排污许可证中的管理要求，以及制糖行业相关技术规范，审核环境管理台账记录和排污许可证执行报告；检查排污单位是否按照自行监测方案开展自行监测；是否按照排污许可证中环境管理台账记录要求记录相关内容，记录频次、形式等是否满足排污许可证要求；是否按照排污许可证中执行报告要求定期上报，上报内容是否符合要求等；是否按照排污许可证要求定期开展信息公开；是否满足特殊时段污染防治要求。

附　录　A

（资料性附录）

环境管理台账记录参考表（略）

附　录　B

（资料性附录）

执行报告编制参考表（略）

排污许可证申请与核发技术规范　农副食品加工工业——制糖工业编制说明

1　项目背景

1.1　任务来源

2016年，国务院办公厅印发了《控制污染物排放许可制实施方案》（国办发〔2016〕81号），随后环境保护部发布《排污许可证管理暂行规定》（环水体〔2016〕186号），明确了排污许可制度改革的顶层设计和工作部署。根据部署要求，农副食品加工业作为《水污染防治行动计划》中规定的十大重点行业之一，应于2017年完成排污许可证的申请与核发工作。根据行业的产排污分析和固定污染源排污许可分类管理名录，2017年主要完成农副食品加工业中制糖行业的排污许可证申请与核发工作。

受环境保护部委托，中国环境科学研究院负责牵头编制《排污许可证申请与核发技术规范　农副食品加工工业——制糖工业》，具体由环境标准研究所（以下简称“标准所”）承担，中国轻工业清洁生产中心、中国糖业协会、环境保护部环境工程评估中心、广西壮族自治区环境保护科学研究院作为协作单位共同参与标准编制。

1.2　工作过程

成立编制组，学习排污许可相关文件，制订工作计划。按照环境保护部下达的标准制修订项目计划任务和工作要求，项目承担单位和协作单位、试点省市共同组成标准编制组和工作团队，编制组认真学习领会了国家关于实施控制污染物排放许可的一系列政策法规和文件精神，收集了相关资料，并制定工作方案。

参加培训，内部研讨，起草标准文本初稿。编制组成员积极参加环境保护部组织的集中培训，编制组内部进行集中研讨，并邀请其他行业排污许可证申请与规范的编制专家进行咨询，明确标准制定技术路线及关键问题，起草了标准文本初稿。

开展调研，形成征求意见稿初稿。2017年3—5月分别赴广西、云南、新疆的制糖企业进行实地调研，了解企业实际产排污和污染防治技术应用情况，以及排放标准实施情况，与试点省份环境保护部门进行深入沟通，起草形成征求意见稿初稿。调研发现，制糖工业企业的单位产品排水量水平已普遍大幅下降，向环境保护部水环境管理司提交制定《制糖工业水污染物排放标准》（GB 21909—2008）修改单的建议，并在本标准的水污染物许可排放量限值计算中予以体现。

就征求意见稿初稿进行行业咨询。2017年5月23日，在北京召开了以企业和行业协会代表为主的研讨会，沟通落实相关标准内容。进一步调研甜菜制糖生产中颗粒粕生产用干燥器的废气排放情况。

2017年6月9日，环境保护部规划财务司组织召开内审会，并提出修改意见。2017年6月14日，水环境管理司为推进GB 21909修改单工作，发函请广西、广东、云南、新疆、内蒙古等省、自治区制糖工业企业协助提供有关调研信息。根据修改意见和问卷返回信息等，进一步编制完成《排污许可证申请与核发技术规范　农副食品加工业——制糖工业》（征求意见稿）及编制说明。

2017年7月20日，环境保护部规划财务司组织召开标准征求意见稿及编制说明的专家审查会。与会专家对编制组工作和提交材料予以认可，并一致通过标准审查。建议进一步体现对重点管理与简化管理排污单位的差别性要求，并吸收已经或即将颁布的其他排污许可技术规范的有关规定。

2017年8月3日—9月3日，环境保护部办公厅以环办规财函〔2017〕1237号文的形式，对《排污许可证申请与核发技术规范　农副食品加工工业——制糖工业（征求意见稿）》及编制说明公开征求意见。

为更好地完善标准文本，2017年8月21—31日，编制组主要与广西壮族自治区环境保护厅、新疆维吾尔自治区环境保护厅以及制糖工业企业共同开展了排污许可试填报工作。共 15 家企业参加试填报，其中甘蔗制糖 14 家，甜菜制糖 1 家。通过试填报，收集汇总企业提出的修改意见和建议，并进行处理回复。

2017 年 9 月 8 日，环境保护部规划财务司在北京组织召开标准送审稿及编制说明的专家审查会。与会专家对编制组工作和提交材料予以认可，并一致通过标准审查。建议考虑制糖工业的涉农产品生产周期特点，进一步考虑排放量限值规定方式；进一步考虑颗粒粕干燥器的在线监测可行性。

2 行业概况

2.1 我国制糖工业发展情况

2.1.1 我国制糖工业总体发展概况

我国是既产甘蔗糖又产甜菜糖的国家。是一个食糖净进口国家，多年来一直维持“国产为主、进口为辅”的供求格局。近十年来，食糖产量基本上在 800 万～1 500 万 t。其波动幅度主要与国际糖价和国内进口糖管控力度以及农业年景有关。

2015—2016 年制糖期自 2015 年 9 月 25 日中粮屯河博州糖业公司正式开机生产，至 2016 年 6 月 30 日云南钟山糖厂最后一个停机，历时 280 天。本制糖期，全国共有开工制糖生产企业（集团）46 家，开工糖厂 227 家，其中，甜菜糖生产企业（集团）4 家，糖厂 27 家；甘蔗糖生产企业（集团）42 家，糖厂 200 家。甘蔗制糖产量约占总产量的 90%，甜菜制糖产量约占 10%。

2.1.2 我国糖料结构情况

我国制糖行业的原料有甘蔗和甜菜两种，2015—2016 年制糖期全国糖料种植面积 2 134.93 万亩。其中甘蔗种植 1 943.19 万亩，占 91%；甜菜种植 191.74 万亩，占 9%。全国甘蔗平均单产 4.02 t/亩，甜菜平均单产 3.59 t/亩。甘蔗平均含糖分 13.14%，甜菜平均含糖分 15.16%。甘蔗糖产糖率 11.82%，甜菜糖产糖率 12.66%。

2.1.3 我国糖业区域布局

我国糖业分布在全国 14 个省区。甘蔗糖产区主要分布在广西、云南、广东、海南及邻近省区；甜菜糖产区主要分布在新疆、黑龙江、内蒙古及邻近省区。制糖业的产能通常是以日加工糖料量来表述的，2015—2016 年制糖期全国制糖产能是 106.61 万 t 糖料/d。食糖总产量 870.19 万 t，其中甘蔗糖占 90.23%，甜菜糖占 9.77%。在总产量中，广西、云南两省区近年来产能和产糖量占全国 80%～85%。2015/16 年制糖期，全国制糖生产能力及产糖量分布见表 1。

表 1 2015—2016 年制糖期我国制糖生产能力及产糖量分布表

省份	生产能力/（万 t/d）	产糖量/（万 t/d）
全国合计	106.6	870.19
甘蔗糖合计	99.65	785.21
广东	10.43	63.09
广西	64.25	511.00
云南	20.55	191.04
海南	3.6	15.09
其他	0.82	4.99
甜菜糖合计	6.95	84.98
黑龙江	0.45	1.10
新疆	4.54	43.23
内蒙古	2.2	28.40
其他	0.66	12.25

2.2 制糖工业主要生产工艺

我国甘蔗糖厂 95%采用亚硫酸法工艺、5%采用碳酸法工艺。甜菜糖厂全部使用碳酸法工艺。每个糖厂的制糖生产过程都是一个连续化的生产过程，污染物连续排放，产成品连续产出。甜菜制糖与甘蔗制糖的主要工艺基本相同，主要区别在提汁工序，甜菜制糖需要通过干法或湿法输送甜菜并用水洗涤去除甜菜根茎上的沙土，切丝并渗出糖汁，由此产生流送洗涤废水及压粕水，有机物浓度较高，处理后排放或回用。其他后续的澄清、蒸煮、成糖等工序，甜菜制糖与甘蔗制糖基本相同。

2.3 制糖工业主要产排污环节

具体的甘蔗制糖工艺路线见图 1、图 2，甜菜制糖工艺路线见图 3。制糖工业生产单元分为原料系统、提汁系统、溶糖系统、清净系统、蒸发系统、结晶系统、包装系统、贮存系统、颗粒粕系统、公用单元 10 个部分。

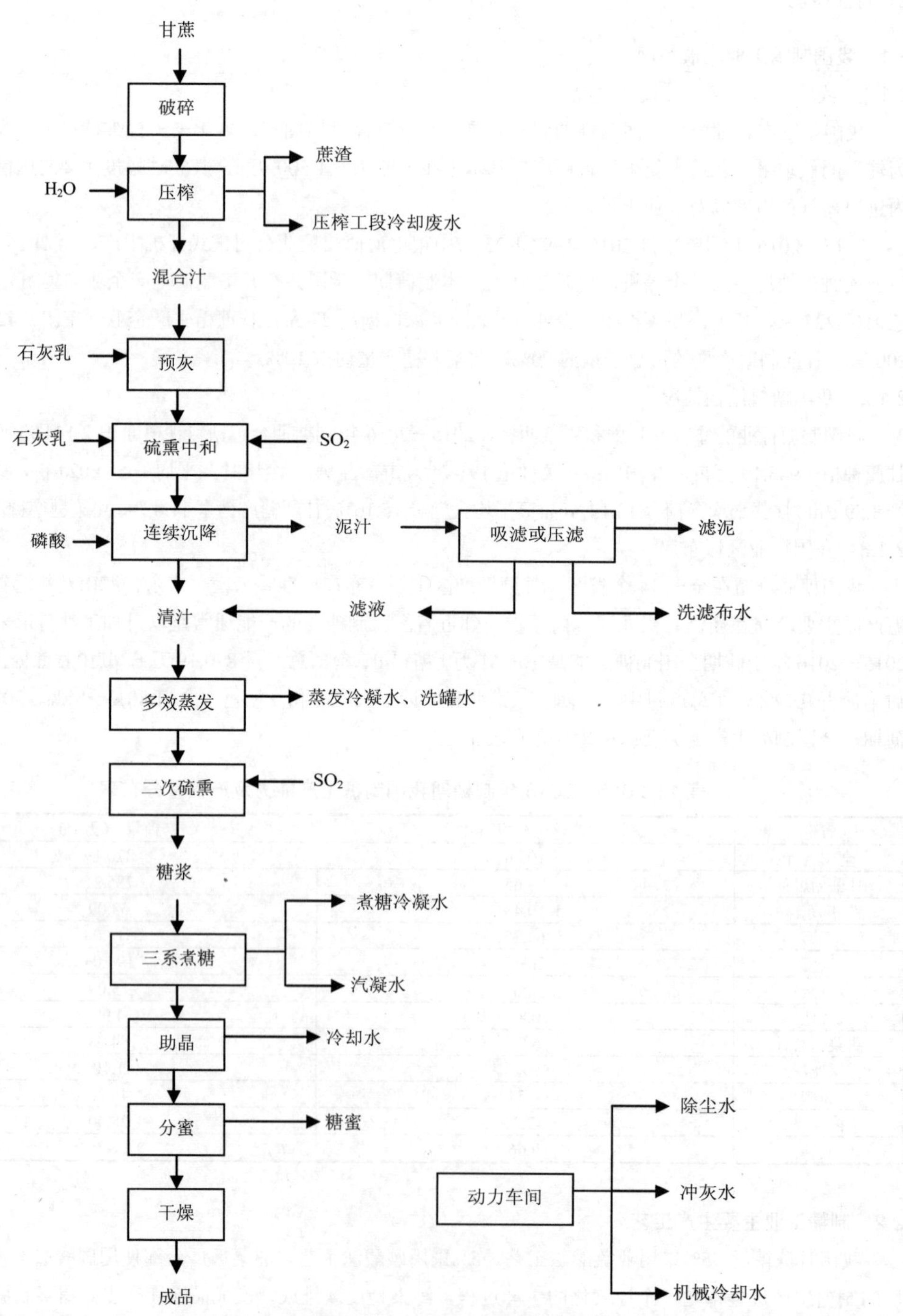

图 1 甘蔗制糖—亚硫酸法工艺流程图

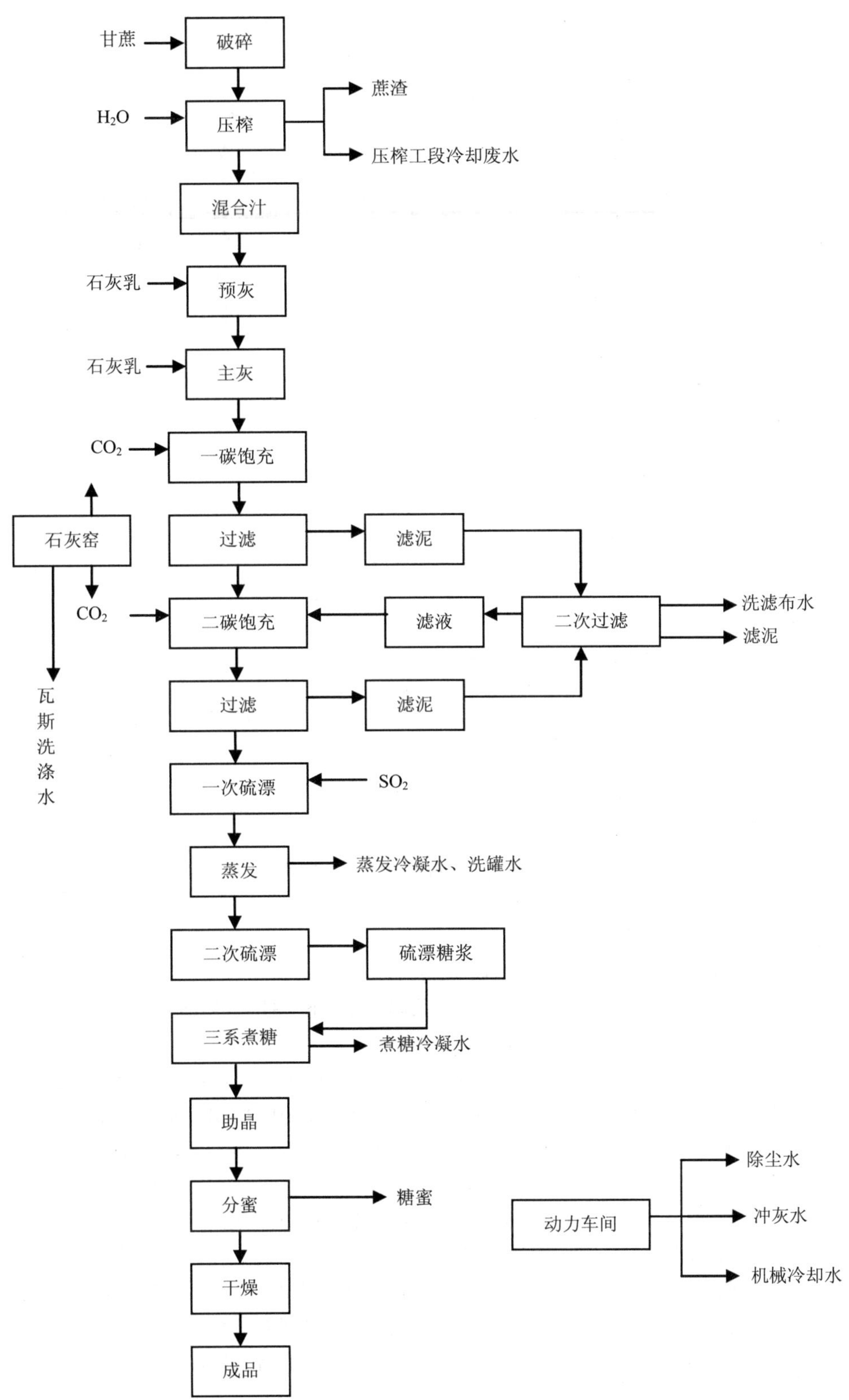

图 2　甘蔗制糖—碳酸法工艺流程图

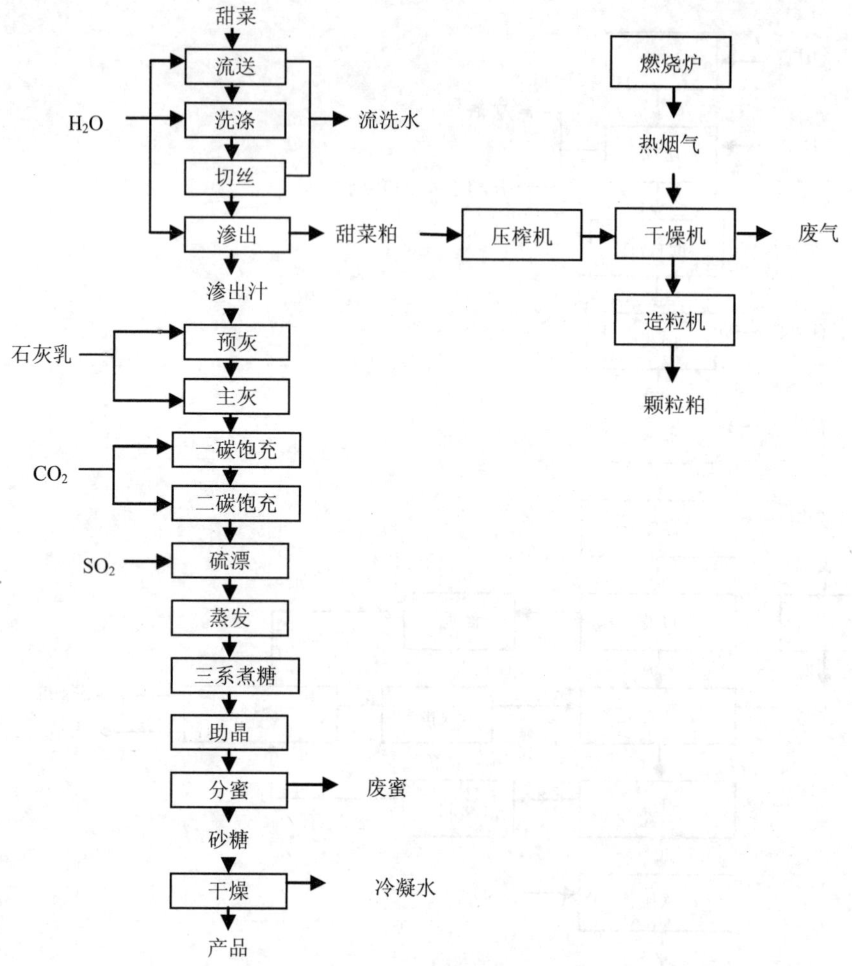

图 3 甜菜制糖—碳酸法工艺流程图

2.3.1 废水

按照生产单位的顺序，简述制糖工业及废水产生情况。

a）原料系统：甘蔗运进厂内，经地磅房衡重后，用起重机卸下，部分卸至蔗场存放，一部分直接卸至称蔗台，经喂蔗台送入输蔗机。这部分基本无废水产生。

b）提汁系统：对于甘蔗制糖：甘蔗经过切蔗机破碎后，进入压榨机，进而排出蔗汁。该过程会产生压榨设备轴承需冷却水。对于甜菜制糖：甜菜制糖通过干法或湿法输送甜菜并用水洗涤去除甜菜根茎上的沙土，产生甜菜制糖流送洗涤水、甜菜制糖流送水泥浆。随后经切丝渗出糖汁，该过程中产生甜菜制糖压粕水。

c）溶糖系统：如制糖原料采用原糖或白砂糖，需采用一定量的水溶解原糖或者白砂糖。在停产后需要清洗罐体，产生洗罐废水。

d）清净系统：蔗汁经过加热，进入中和器吸入 SO_2 气和石灰乳进行中和，随后进入连续沉淀器分离成清汁和泥汁，泥汁经过滤，得到滤清汁和滤泥。如采用有滤布的过滤机，会产生洗滤布水，真空吸滤机水喷射泵废水。此外还有部分糖厂采用离子树脂交换法进行蔗汁清净，离子树脂反冲洗也产生清洗废水。

e）蒸发系统：清汁加热后进入蒸发系统，蒸发浓缩为粗糖浆，经硫漂后进入结晶系统。该工序会产生蒸发罐冷凝水、汽凝水。

f）结晶系统：通过煮糖、助晶、结晶程序组成。其中助晶罐和结晶罐运行过程中会产生冷凝水。

g）包装系统：经干燥后的产品糖达到包装温度，由皮带提升入震动筛选机中除去糖块和糖粉后装包。这部分基本无废水产生。

h）贮存系统：装包的成品糖送入仓库储存。这部分基本无废水产生。

i）颗粒粕系统：该工艺为甜菜制糖特有的，甜菜粕经压榨机，在干燥机内接触燃烧炉产生的热烟气从而被烘干，随后进入造粒机造粒。该部分会产生一定量的冷却水。

j）公用单元：包括供热锅炉、发电系统、软化水制备系统、冷却水循环水系统等。其中锅炉或者发电机等设备需耗用一定量的水进行冷却，产生设备冷却水。锅炉冲灰需耗用一定量水，产生锅炉湿法排灰废水、烟囱湿式除尘废水、瓦斯洗涤水。

此外，地面清洗或者各类罐清洗也需要耗用和排放一定的水。

2.3.2　废气

按照生产单位的顺序，简述制糖工业用水及废水产生情况。

a）原料系统：甘蔗运进厂内，经地磅房衡重后，用起重机卸下，部分卸至蔗场存放，一部分直接卸至称蔗台，经喂蔗台送入输蔗机。在卸料过程中会产生装卸料废气。

b）提汁系统：对于甘蔗制糖：甘蔗经过切蔗机破碎后，进入压榨机，进而排出蔗汁。破碎过程会产生一定量的破碎废气。

c）溶糖系统：该工序无废气产生。

d）清净系统：辅料石灰卸灰时会产生废气，石灰消和机、石灰窑加料时也会产生一定量的废气。该工序的硫熏燃硫炉在工况改变的时候可能会产生少量 SO_2 废气。此外，连续沉淀器产生的泥汁经过滤，产生滤泥，滤泥发酵后会产生臭气。

e）蒸发系统：该工序无废气产生。

f）结晶系统：结晶罐在分类筛分过程中会产生少量糖粉。

g）包装系统：经干燥后的产品糖达到包装温度，由皮带提升入震动筛选机中除去糖块和糖粉后装包。会产生振动筛分机废气、输送机废气、包装机废气。

h）贮存系统：蔗渣堆放时间过长会产生发酵臭气。

i）颗粒粕系统：甜菜粕经压榨机，在干燥机内接触燃烧炉产生的热烟气从而被烘干，随后进入造粒机造粒。该过程会产生干燥器废气、造粒废气。

j）公用单元：包括供热锅炉、发电系统、软化水制备系统、冷却水循环水系统等。其中锅炉产生燃烧废气。综合污水处理站的水解酸化池、厌氧池、污泥间、氧化塘会散发臭气。

3　标准制定的必要性

3.1　推进实施排污许可制的需要

改革环境管理基础制度，建立覆盖所有固定污染源的企事业单位污染物排放许可制，是党中央、国务院推进生态文明建设、加强环境保护工作的一项重要举措，也是中央全面深化改革领导小组确定的环境保护部的重点改革任务之一。构建以排污许可制为核心的固定污染源环境管理制度，完成覆盖所有固定污染源的排污许可证核发工作，使其成为企业守法、政府执法、社会监督的依据，实现“一证式”管理，为提高环境管理效能和改善环境质量奠定坚实的基础。为推进排污许可制的实施，需要一系列的标准规范作为技术支撑，包括排污许可证申请与核发技术规范、自行监测技术指南、排污许可环境管理台账及执行报告技术规范等。

3.2　提高制糖工业污染防治水平的需要

排污许可证是企事业单位生产运营期排污行为的唯一行政许可，并明确其排污行为依法应当遵守的环境管理要求和承担的法律责任义务。通过实施排污许可制，可使相关行业排污单位更清楚明确排污限值和管理要求，促进行业污染防治技术水平的提升。根据环境统计数据，2015 年，我国制糖工业废水及主要污染物的排放量均较大，废水、化学需氧量、氨氮的排放量分别为 2.73 亿 t、8.31 万 t、0.17 万 t，分别占农副食品加工业的 19.67%、20.72%、9.32%。因此，有必要优先对制糖工业排污单位实施排污许可制，从而要求排污单位开展自行监测、提升技术水平、加强环境管理、达到许可限值。根据《排污许可分类管理名录》的要求，2017 年，须完成制糖工业排污单位排污许可证的申请与核发工作。

3.3 规范排污许可证申请与核发工作的需要

《控制污染物排放许可证实施方案》对固定源许可排放限值核算、污染源达标判定、自行监测、环境管理等方面提出了更加严格的要求，现行的污染物排放标准、工程技术规范、总量核算管理办法等不能满足上述排污许可制实施的精细化管理要求。环境保护部整体规划了“总则+分行业”形式的排污许可技术规范总体框架，分阶段制定排污许可证申请与核发技术规范总则以及钢铁、水泥、制糖、淀粉、屠宰与肉类加工、电镀等行业的排污许可证申请与核发技术规范。其中，《排污许可证申请与核发技术规范 制糖工业》将对该行业排污许可证的申请与核发进行指导与规范，一方面指导制糖工业排污单位填报《排污许可证申请表》及在全国排污许可证管理信息平台填报相关申请信息，一方面规范核发机关审核确定制糖工业排污单位排污许可证许可要求提供规范。

4 标准制定的原则与技术路线

4.1 标准制定的原则

a）与我国现行有关的环境法律法规、标准协调相配套，与环境保护的方针政策相一致原则。以《控制污染物排放许可制实施方案》（国办发〔2016〕81 号）、《排污许可证管理暂行规定》（环水体〔2016〕186 号）等相关的法律法规、标准规范为依据制定本标准。

b）适用范围和工作原则满足相关环保标准和环保工作要求的原则。本标准针对制糖企业排污许可申请与核发工作而制定，指导制糖工业排污单位填报《排污许可证申请表》及网上填报相关申请信息，同时适用于核发机关审核确定排污许可证许可要求。

c）普遍适用性和实际可操作性原则。根据制糖企业的实际情况，结合各污染源、污染因子的特点，按照《排污许可证申请与核发技术规范　总则》最终提出本标准的技术要点，以保证最大限度地与制糖企业的实际情况相吻合，使本标准具有行业针对性和代表性。

4.2 标准制定的技术路线（图 4）

5 国内外相关标准

5.1 主要国家、地区及国际组织相关标准

西方发达国家已建立起了较为完善的许可证申请及许可证要求的合规管理体系。

以美国为例，从 1972 年开始在全国范围内实行污染物排放许可证制度，并在技术路线和方法上不断得到改进和发展。法律层面，美国排污许可制度的法律主要包括《清洁水法》（CWA）和《清洁空气法》（CAA），规定了排污许可证的分类、申请核发程序、公众参与、执行与监管、处罚等具体要求。如《清洁空气法》中的 Title Ⅴ主要内容是运营许可证，包括：运营许可证定义、计划及申请、要求及条件、信息公开、其他与此相关的授权内容等。联邦行政许可法等规定了许可程序等要求，也是排污许可法律体系的重要组成部分。

联邦规定，《清洁水法》和《清洁空气法》下面是联邦法规（CFR），法规制定了工业大气污染源必须遵守的要求，CFR 第 40 部分环境保护，包括排污许可具体流程，以及排放标准、最佳可行技术等技术层面的规定，是《清洁水法》和《清洁空气法》的具体“实施细则”。

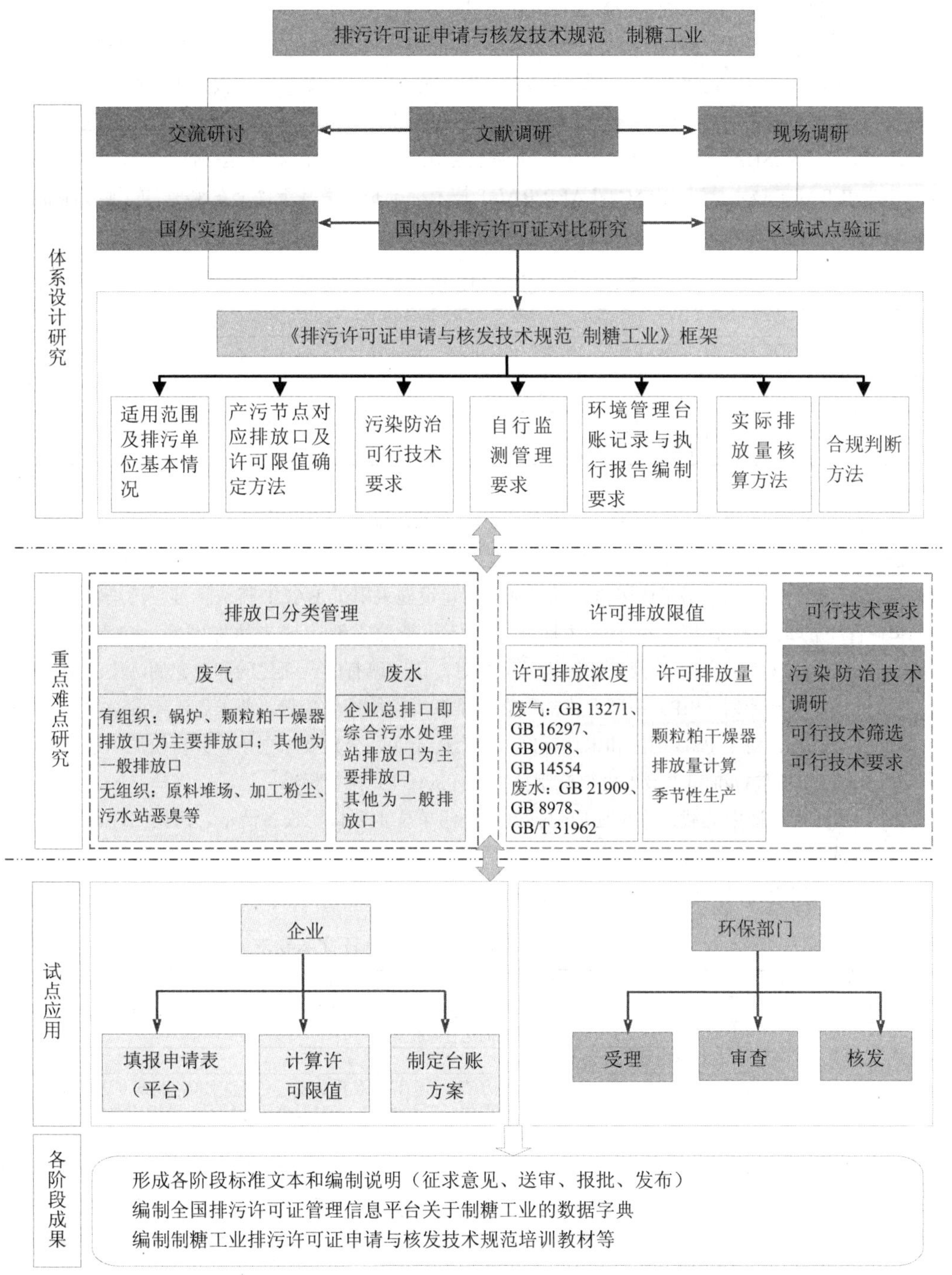

图 4　本标准制定的技术路线

5.2　美国空气固定源运行许可证内容

美国未制定各行业排污许可证申请与核发技术规范，以空气固定源运行许可证为例，在 40 CFR Part 70.6 规定了运行许可证所要包含的 7 项基本内容：（1）规范许可证最低要求；（2）联邦执法要求；（3）守法要求；（4）一般性许可证条款；（5）临时污染源条款；（6）许可保护条款；（7）紧急情况条款。

在以上文本内容要求中，排放限值和相应的监测、记录和报告要求最为重要，是固定源必须满足的污染物排放限制性要求。美国固定源排放标准主要基于控制技术制定，包括对污染物排放量、排放浓度、排放速率等的要求，以及对原料、生产、处置等环节的要求。以 1970 年《清洁空气法》修正案的出台为界限，污染源可分为“新污染源”和“现有污染源”。对于新污染源，EPA 按照先进的污染控制技术水平制定针对常规污染物的“新污染源绩效标准”（NSPS）和针对危险空气污染物的“国家危险空气污染物排放标准”（NESHAP）。此外，对于防止明显恶化（PSD）地区和非达标区，固定源还需要遵守 BACT/LAER/RACT 技术标准，BACT/LAER/RACT 技术标准是一类基于“个案水平”的地方标准。美国的空气固定源排放标准体系如下表 2 所示：

表 2　美国空气固定源排放标准体系

地区	新污染源	现有污染源
全国	基于 BDT 技术的“新污染源绩效标准”（NSPS） 基于 MACT 技术的“危险空气污染物国家排放标准”（NESHAP）	
PSD 地区	“最佳可得控制技术”（BACT）排放标准	“最佳可得改进技术”（BART）排放标准
未达标区	“最低排放率”（LAER）排放标准	“最大可得控制技术”（RACT）排放标准

对于达标地区（PSD 地区），新污染源审查制度（New Source Review，NSR）遵循防止明显恶化原则（PSD），要求许可证申请者充分证明从新建设施中排放的污染物不会导致或引起该 PSD 地区空气污染物浓度超过所允许的浓度增量或限值；同时证明新建设施采用了 BACT 排放标准，污染物的排放量为该技术条件下的最小排放量。对于非达标地区，新污染源需要申请未达标区新污染源审查许可证（Nonattainment NSR Permits）。要求新污染源运行时，该区现有的、新建的和改建的污染源所排放的污染物总量低于州实施计划（SIP）中所允许的现有污染源污染物排放总量，要求新污染源必须采用最严格的 LAER 排放标准。对于 PSD 地区和未达标区的现有固定源，分别要求采用较为宽松的“最佳可得改进技术”（BART）排放标准和“最大可得控制技术”（RACT）排放标准。

此外，排污许可证中的载入事项还应包括许可排污单位主要排污设备清单、污染治理设施清单、对应的排污口设置及标识要求等。

美国联邦法规 40 CFR Part 70.6 各部分内容的具体要求如表 3 所示。

表 3　40 CFR Part 70.6 运行许可证文本要求

序号	基本要求	具体条款	
（1）	规范许可证最低要求	排放限值和标准	包括浓度限值要求；包含产排污设施运行要求，并详细界定不同标准对应的运行条件
		许可证有效期，通常为 5 年	
		监测、记录和报告	监测方法，监测设备及其安装、使用和维护，测试方法； 记录取样时间、地点、当时设施运行状况，分析监测数据的时间、公司、方法、结果，所有信息保留至少 5 年备查； 持证人需每 6 个月向管理部门提交监测记录报告，出现异常情况需及时报告
		《清洁空气法》酸雨控制政策相关要求	任何许可证不得增加受控酸雨固定源的排放量 任何许可证不得限制受控酸雨固定源的配额数量，同时，受控酸雨固定源也不可用配额数量作为不达标的理由 受控酸雨固定源的所有配额使用情况都要遵守酸雨控制政策的要求
		许可证条款合法证明，要求许可证规定的所有条款均符合《清洁空气法》的要求	
		许可证守法/违法处理条款	持证人必须遵守本法规所有要求，对于任何违反许可条款的行为，管理部门都将申请强制执行判决的诉讼 许可证可按照相关要求进行修改、条款废除、重启、再审批或终止 许可证不可包含任何特权条款 当许可授权发放机构要求执证人提交书面的许可证修改、条款废除、重启、再审批或终止的合法解释时，执证人需及时提交报告
		许可证费条款，许可证费缴纳时间表	
		排污量交易	如经济刺激、可交易许可证计划、排污量交易等计划下许可证修改规定
		设计运行方案	许可证申请时，污染源合理的设计运行方案解释

序号	基本要求	具体条款	
（2）	联邦执法要求	联邦环保署署长与公民可依据《清洁空气法》执行许可证所有条款	
		许可授权发放机构需专门说明不由联邦实施的条款	
（3）	守法要求	测试、监测、记录、报告要求	严格遵守本法规关于“监测、记录和报告”中的规定
		连续达标时间表	执证人至少每半年须向管理部门提交达标进展报告，报告需包含达标时间、未达标时间的情况说明等
		达标证明要求	达标证明提交频率（不少于每年提交一次），监测方案说明，许可证各项操作要求条款下达标情况说明，其他污染源运行事实说明
（4）	一般性许可证条款	一般性许可证发放条件	公示及公众听证会 满足《清洁空气法》及本法规所有要求
（5）	临时污染源条款	临时污染源许可证发放条件	排污行为应为暂时性的
		临时许可证内容	确保临时污染源达标排放的条件 所有者或运营者在污染源地点发生变化时需要提前至少 10 天告知许可授权发放机构
（6）	许可保护条款	许可保护条款适用情况	许可证保护条款的具体适用情形 许可授权发放机构签署条款以外的其他情形
（7）	紧急情况条款	紧急情况定义	任何突发的、合理不可预知的、超出污染源控制能力的情况
		紧急情况发生可作辩护依据	

5.3　国内相关标准

5.3.1　排污许可证申请与核发技术规范

国务院办公厅于 2016 年 11 月印发《国务院办公厅关于印发控制污染物排放许可制实施方案的通知》，要求对企事业单位发放排污许可证并依证监管实施排污许可制。为贯彻落实《控制污染物排放许可制实施方案》（以下简称实施方案），环境保护部于 2016 年 12 月发布了《排污许可证管理暂行规定》（以下简称暂行规定）和《关于开展火电、造纸行业和京津冀试点城市高架源排污许可证管理工作的通知》，其中含有《火电行业排污许可证申请与核发技术规范》《造纸行业排污许可证申请与核发技术规范》，明确了火电、造纸行业排污许可证适用范围及排污单位基本情况、产排污节点对应排放口及许可排放限值、可行技术、自行监测管理要求、环境管理台账记录与执行报告编制规范、达标排放判定方法、实际排放量核算方法。今年，水泥、钢铁、农药、电镀等行业的排污许可证申请与核发技术规范陆续编制并公开征求意见，《排污许可证申请与核发技术规范　总则》也已基本完成编制。但是，截至目前，国内尚未以标准形式正式发布任何排污许可证申请与核发技术规范。

5.3.2　制糖工业相关标准

为加强行业污染物排放控制，环境保护部制定发布了《制糖行业水污染物排放标准》（GB 21909—2008），该标准较之前制糖行业执行的《污水综合排放标准》（GB 8978）在水污染物排放控制要求方面有了明显加严，增加了总氮、总磷排放控制指标，新建企业排放限值达到城镇污水处理二级水平，还规定了特别排放限值，同时给出了基准排水量控制要求。

为加强技术指导，促进制糖工业生产工艺和污染防治技术进步，环境保护部还制定发布了《制糖工业污染防治技术政策》（环境保护部公告 2016 年第 87 号）、《清洁生产标准　甘蔗制糖业》（HJ/T 186—2006）、《制糖废水治理工程技术规范》（HJ 2018—2012）等。这些文件或标准从源头及生产过程污染防控、污染治理及综合利用、二次污染防治等方面给出技术路线和技术要求，特别是《制糖工业污染防治技术政策》中提出制糖企业应分别建立甜菜流送洗涤水循环系统、冷凝器冷凝水闭合循环系统、汽轮机冷却水循环系统、锅炉冲灰水循环系统及其他废水循环系统，提高废水循环利用率。

在大气排放控制方面，制糖工业除锅炉执行《锅炉大气污染物排放标准》（GB 13271）或《火电厂大气污染物排放标准》（GB 13223）、颗粒粕干燥器执行《工业炉窑大气污染物排放标准》（GB 9078）外，其他设施执行《大气污染物综合排放标准》（GB 16297）和《恶臭污染物排放标准》（GB 14554）。

5.3.3 《产排污系数手册》相关情况

为实施全国污染源普查，国务院第一次全国污染源普查领导小组办公室于2008年2月发布了《第一次全国污染与那普查工业污染源产排污系数手册》（简称《系数手册》），其中第二分册中公布了制糖行业的产排污系数。根据行业情况，2010年12月，对制糖行业产排污系数进行了更新。增加了氨氮的产排污系数，同时对采用真空无滤布吸滤工艺等废水处理工艺的系数进行了调整。此次更新给出的亚法甘蔗糖厂末端治理技术为好氧生物法的废水排放系数为28 t/t产品，COD_{Cr}排放系数为2 240 g/t产品，BOD_5排放系数为560 g/t产品，氨氮排放系数252 g/t产品。碳法甘蔗糖厂末端治理技术为好氧生物法的废水排放系数为29 t/t产品，COD_{Cr}排放系数为2 320 g/t产品，BOD_5排放系数为580 g/t产品，氨氮排放系数261 g/t产品。碳法甜菜糖厂末端治理技术为厌氧-好氧生物组合的废水排放系数为 40 t/t 产品，COD_{Cr}排放系数为3 520 g/t产品，BOD_5排放系数为1 400 g/t产品，氨氮排放系数240 g/t产品。根据更新的产排污系数，可以得到基于《系数手册》得出的制糖行业污染物产生强度如表4 所示。

表4 基于《系数手册》得出的主要水污染物产生强度

原料类别	加工工艺	产生强度			
		废水产生量/（t/t产品）	COD_{Cr}/（g/t产品）	BOD_5/（g/t产品）	氨氮/（g/t产品）
甘蔗制糖	亚硫酸法	28.5	21 375	14 535	342
	碳酸法	29.5	22 420	15 192.5	354
甜菜制糖	碳酸法	41	71 750	49 200	615

6 标准主要内容条文说明

6.1 标准内容结构

本标准分为以下10项内容。

1 适用范围

2 规范性引用文件

3 术语和定义

4 排污单位基本情况填报要求

5 产排污环节对应排放口及许可排放限值确定方法

6 污染防治可行技术要求

7 自行监测管理要求

8 环境管理台账与执行报告编制要求

9 实际排放量核算方法

10 合规判定方法

6.2 适用范围

本标准规定了制糖工业排污单位排污许可证申请与核发的填报要求、许可排放限值确定和合规判定方法、实际排放量核算方法以及自行监测、管理台账与执行报告等环境管理要求，提出了制糖工业污染防治可行技术要求。

本标准适用于指导制糖工业排污单位填报《排污许可证申请表》及在全国排污许可证管理信息平台填报相关申请信息，同时适用于指导核发机关审核确定制糖工业排污单位排污许可证许可要求。

本标准适用于制糖工业排污单位排放的大气污染物和水污染物的排污许可管理。

特别需要说明的是，制糖工业排污单位往往对产生的蔗渣、废糖蜜和滤泥等进行综合利用，但本标准仅考虑了蔗渣用于生物质燃料锅炉的利用和甜菜制糖中的颗粒粕生产，其他利用并不涵盖，如利用废糖蜜制酒精、酵母等产品、以及利用蔗渣造纸、利用蔗渣和滤泥生产肥料等制糖工业固体废物的综合利用。主要原因有二：一是这些综合利用目前多数已不在制糖企业厂内进行，而是集中送往专门进行综合利用的厂点进行；二是这些综合利用涉及其他排放标准，如酒精制造、酵母生产均有相应的排放标准［《发酵酒精和白酒工业水污染物排放标准》（GB 27631—2011）和《酵母工业水污染物排放标准》（GB 25462 —2010）］，因此，也有相应的行业排污许可证申请与核发技术规范，为避免交叉，本标准不涵盖这些综合利用过程的排污许可要求。

制糖工业排污单位中，对于执行 GB 13223 的生产设施或排放口，适用《火电行业排污许可证申请与核发技术规范》；执行 GB 13271 生产设施或排放口，在锅炉工业排污许可证申请与核发技术规范发布前参照本标准执行，待其发布后从其规定。

本标准未做出规定但排放工业废水、废气和有毒有害大气污染物的制糖工业排污单位其他产污设施和排放口，参照《排污许可证申请与核发技术规范　总则》执行。

实行排污许可重点管理和简化管理的排污单位范围按《固定污染源排污许可分类管理名录（试行）》执行。

6.3　规范性引用文件

给出了本标准引用的有关文件，凡是不注日期的引用文件，其最新版本适用于本标准。引用文件主要包括相关污染物排放标准、环境监测规范、环境监测方法标准、排污许可管理相关文件或标准等。

6.4　术语和定义

就制糖工业排污单位、甜菜颗粒粕、许可排放限值、特殊时段等术语进行了定义。

制糖工业排污单位指所有以甘蔗、甜菜或原糖为原料制作原糖或成品糖（绵白糖、白砂糖、赤砂糖、黄砂糖、红糖），以及以原糖或成品糖为原料精炼加工各种精幼砂糖的排污单位。

甜菜颗粒粕指由甜菜粕经压榨、干燥和造粒制成的便于保藏和运输的饲料。

许可排放限值指排污许可证中规定的允许排污单位排放的污染物最大排放浓度和排放量。

特殊时段指根据国家和地方限期达标规划及其他相关环境管理规定，对排污单位的污染物排放情况有特殊要求的时段，包括重污染天气应对期间和冬防期间等。

6.5　排污单位基本情况填报要求

根据《排污许可证管理暂行规定》要求，结合制糖工业特点，本标准给出制糖工业排污单位填报排污许可证申请表中基本情况的一般原则、排污单位基本信息、主要产品及产能、主要原辅材料及燃料、产排污节点、污染物及污染治理设施、其他要求等填报要求，以指导制糖工业排污单位填报排污许可证申请表。编制思路为以排放口及污染因子为核心，梳理生产单元（原料系统、提汁系统、溶糖系统、清净系统、蒸发系统、结晶系统、包装系统、贮存系统、颗粒粕系统、公用单元）、主要工艺（机械化原料场、非机械化原料场、甘蔗压榨提汁、甜菜渗出提汁、原糖回溶、石灰法清净、碳酸法清净、加热蒸发、煮糖结晶、分蜜、甜菜粕生产颗粒粕等）、生产设施（切蔗机、压榨机、洗菜机、切丝机、回溶槽、沉降器、过滤机、硫熏燃硫路、结晶罐、蒸发罐、干燥器、离心分蜜机等）、生产设施参数（容积、过滤面积、加热面积、处理能力等）、污染治理设施（袋式除尘器、静电除尘器、电袋复合除尘器、石灰石/石灰-石膏法脱硫、氨法脱硫、氧化镁法脱硫、SCR 脱硝、SNCR 脱硝等）、排放形式（有组织、无组织）、排放口类型（主要排放口、一般排放口）等需排污单位填报的内容。

6.5.1　一般原则

制糖工业排污单位应按照本标准要求，在全国排污许可证管理信息平台申报系统填报《排污许可证申请表》中的相应信息表。填报系统下拉菜单中未包括的、地方环境保护主管部门有规定需要填报或排污单位认为需要填报的，可自行增加内容。

排污单位在填报申请信息时，应评估污染排放及环境管理现状，对现状环境问题提出整改措施，并填入排污许可证管理信息平台申报系统中“改正措施”一栏。

省级环境保护主管部门按照环境质量改善需求增加的管理要求，应填入排污许可证管理信息平台申报系统中“有核发权的地方环境保护主管部门增加的管理内容”一栏。

排污单位基本信息应当按照排污单位实际情况填报，对提交申请材料的真实性、合法性和完整性负法律责任。

6.5.2 排污单位基本信息

本节内容用于指导制糖工业排污单位填报排污许可证申请表中表 1。

按有关规定经地方政府依法处理、整顿规范并符合要求的相关证明材料指按照《国务院办公厅关于印发加强环境监管执法的通知》（国办发〔2014〕56 号）要求，地方政府对违规项目依法处理、整顿规范，出具的符合要求的证明文件。

污染物总量指标包括地方政府或环境保护部门发文确定的排污单位总量控制指标、环境影响评价文件及其批复中确定的总量控制指标、现有排污许可证中载明的总量控制指标、通过排污权有偿使用和交易确定的总量控制指标等地方政府或环境保护部门与排污许可证申领企业以一定形式确认的总量控制指标。

6.5.3 主要产品及产能

本节内容用于指导制糖工业排污单位填报排污许可证申请表中表 2。

制糖企业应填写主要生产单元名称、主要工艺名称、生产设施名称、生产设施编号、设施参数、制糖能力、计量单位、设计年生产时间及其他。

6.5.3.1 主要生产单元、主要工艺及生产设施名称

根据制糖工业生产工艺流程，本标准将制糖工业排污单位主要生产单元分为原料系统、提汁系统、溶糖系统、清净系统、蒸发系统、结晶系统、包装系统、贮存系统、颗粒粕系统、公用单元共 10 部分。

原料系统：目前国内制糖工业原料系统分为机械化原料场、非机械化原料场。原料系统生产设施主要填写产生废气污染物的供卸料设施，对于其他产生污染物的生产设施，排污单位可在平台下拉菜单的其他选项中补充填报。原料系统生产设施参数主要填报原料场面积和卸蔗能力。

提汁系统：按照原料不同，分为甘蔗压榨提汁、甜菜渗出提汁。各工艺产生废气污染物的生产设施主要为撕解机/切蔗机、切丝机，废水污染物的生产设施主要为甘蔗制糖压榨设备轴承、甜菜制糖流送、甜菜制糖压粕。对于其他产生污染物的生产设施，排污单位可在平台下拉菜单的其他选项中补充填报。生产设施参数主要填报提汁率和处理能力。

溶糖系统：分为原糖回溶、砂糖回溶。废水污染物的生产设施主要为停产后洗罐废水。对于其他产生污染物的生产设施，排污单位可在平台下拉菜单的其他选项中补充填报。生产设施参数主要填报回溶处理量。

清净系统：分为石灰法清净、碳酸法清净和离子交换法清净。各工艺产生废气污染物的生产设施主要为外购石灰消和机、硫熏燃烧炉、石灰窑。产生废水污染物的生产设施主要为吸滤机、李子树脂交换塔。对于其他产生污染物的生产设施，排污单位可在平台下拉菜单的其他选项中补充填报。生产设施参数主要填报处理能力。

蒸发系统：加热蒸发，主要有加热器、蒸发罐、高压清洗机、冷凝抽气机等生产设施。产生废水的生产设施为蒸发罐，产生冷凝水、汽凝水和洗罐污水，另外还有车间的地面清洗废水。生产设施参数主要填报加热面积。

结晶系统：分为煮糖助晶、分蜜。各工艺产生废气污染物的生产设施主要为分蜜机。产生废水污染物的生产设施主要为结晶罐。对于其他产生污染物的生产设施，排污单位可在平台下拉菜单的其他选项中补充填报。生产设施参数主要填报处理能力。

包装系统：产生废气污染物的生产设施主要为振动筛分机。对于其他产生污染物的生产设施，排污单位可在平台下拉菜单的其他选项中补充填报。生产设施参数主要填报处理能力。

贮存系统：产生废气污染物的生产设施主要为蔗渣堆放仓库。对于其他产生污染物的生产设施，排

污单位可在平台下拉菜单的其他选项中补充填报。生产设施参数主要填报处理能力。

颗粒粕系统：产生废气污染物的生产设施主要为燃烧炉、干燥器、造粒机。产生废水污染物的生产设施主要为燃烧炉。对于其他产生污染物的生产设施，排污单位可在平台下拉菜单的其他选项中补充填报。生产设施参数主要填报处理能力。

公用单元：公用单元主要填报产生废气污染物的发电和供热生产设施、冷却循环水系统、综合污水处理站及主要设施参数。发电和供热生产设施包括生物质（蔗渣）锅炉、燃煤锅炉、燃油锅炉、燃气锅炉，因为热水锅炉和 65 t/h 及以下蒸汽锅炉排污许可证申请与核发，在锅炉工业排污许可证申请与核发技术规范发布前执行本标准，因此设施参数主要填报锅炉蒸汽量。冷却循环水系统的设施参数主要填报冷却循环水能力。综合污水处理站的参数填报处理能力。

6.5.3.2　生产设施编号

制糖企业填报内部生产设施编号，若企业无内部生产设施编号，则根据《固定污染源（水、大气）编码规则（试行）》进行编号并填报。

6.5.3.3　产品名称

根据制糖工业生产单元分类，本标准给出各单元产品名称，包括原糖、绵白糖、白砂糖、赤砂糖、黄砂糖、红糖、精幼砂糖、颗粒粕、其他。

6.5.3.4　生产能力、近三年实际产量及计量单位

生产能力为环境影响评价批复或按有关规定经地方政府依法处理、整顿规范并符合要求的相关证明材料中的主要产品产能，不包括国家或地方政府予以淘汰或取缔的产能。近三年实际产量为实际发生数[未投运和投运不满一年的制糖工业排污单位不需填报，投运满一年但未满三年的制糖工业排污单位按实际周期年填报，以排污许可证申报时间向前滚动 12 个月（近一年）、24 个月（近两年）]。产能和产量计量单位均为 t/a。

6.5.3.5　设计年生产时间

按环境影响评价批复、按有关规定经地方政府依法处理、整顿规范并符合要求的相关证明材料中的年生产时间填写。

6.5.3.6　其他

制糖工业排污单位如有需要说明的内容，可填写。

6.5.4　主要原辅材料及燃料

本节内容用于指导制糖工业排污单位填报排污许可证申请表中表 3。

制糖企业应填写原料、辅料及燃料名称、设计年使用量、有毒有害成分及占比等。

a）原料名称：制糖所消耗的原料主要由甜菜、甘蔗、原糖、砂糖等构成。

b）辅料名称：主要由石灰石、石灰、硫黄、磷酸、絮凝剂等构成。

c）燃料名称：分为蔗渣、煤、重油、柴油、天然气、焦炭、其他生物质燃料（如花生壳燃料）等。

d）设计年使用量：指制糖企业与核定产能相匹配的原辅材料及燃料年使用量。近三年实际使用量为实际发生数（未投运和投运不满一年的制糖工业排污单位不需填报，投运满一年但未满三年的制糖工业排污单位按实际周期年填报）。设计年使用量和近三年实际使用量的计量单位均为 t/a 或 m^3/a。

e）燃料灰分、硫分、挥发分及热值：需按设计值或上一年生产实际值填写燃料灰分、硫分（固体和液体燃料按硫分计；气体燃料按总硫计，总硫包含有机硫和无机硫）、挥发分及热值，燃油和燃气填写硫分及热值。填报值以收到基为基准。

6.5.5　产排污节点、污染物及污染治理设施

6.5.5.1　废气

本节内容用于指导制糖工业排污单位填报《排污许可证申请表》表 4，表中需填报对应产污环节名称、污染物种类、排放形式（有组织、无组织）、污染治理设施、有组织排放口编号、排放口设置是否符合

要求、排放口类型，其余项为系统自动生成。以下（1）—（5）为必填项。制糖工业排污单位废气产污环节、污染物种类、排放形式及污染治理设施填报内容见标准文本中表 2。制糖工业排污单位污染物种类依据 GB 9078、GB 13271、GB 14554、GB 16297 确定。有地方排放标准要求的，按照地方排放标准确定。

a）废气产污环节名称、污染物种类

制糖生产线：产污环节为原料、辅料及燃料在装卸、转运、破碎、筛分、包装等过程中产生的含尘废气，料堆受自然风力的影响产生的扬尘，污染物种类主要为颗粒物。此外，颗粒粕生产中的干燥器排放废气，污染物种类为颗粒物、SO_2、NO_x。

滤泥、蔗渣堆放仓/库：产污环节为发酵臭气，污染物种类为氨、硫化氢、臭气浓度。

厂内污水综合处理站：产污环节为水解酸化池、厌氧池、污泥间废气等部分产出臭气，污染物种类为氨、硫化氢、臭气浓度。

公用单元：产污环节为锅炉产生的含颗粒物、SO_2、NO_x 的烟气。

b）污染治理设施

除尘设施：静电除尘器（注明电场数，如三电场、四电场等）、袋式除尘器（注明滤料种类，如聚酯、聚丙烯、玻璃纤维、聚四氟乙烯机织布或针刺毡滤料，覆膜滤料等）、电袋复合除尘器、旋风除尘器、多管除尘器、滤筒除尘器、湿式电除尘、水浴除尘器、其他。

脱硫设施：制糖工业脱硫设施包括脱硫系统（石灰石/石灰-石膏法、氨法、氧化镁法、双碱法、循环流化床法、旋转喷雾法、密相干塔法、新型脱硫除尘一体化技术、MEROS 法脱硫技术）、其他。

脱硝设施：制糖工业脱硫设施包括脱硝系统（SCR、SNCR、低氮燃烧）、炉内添加卤化物、烟道喷入活性炭（焦）、其他等。

其他废气治理设施：由于制糖企业制糖生产线废气排放形式多为无组织排放，对无组织排放管控要求为对破碎设施作业车间采用封闭等抑尘措施；输运车辆应采用封闭或覆盖等抑尘措施、蔗渣堆场地面应采取排水、硬化防渗措施；筛分设施筛出的糖粉经抽风机抽送至排气筒排放；滤泥、蔗渣堆放密闭储存，定时清运；高浓度污水处理设施、污泥间废气经密闭收集处理后通过排气筒排放等。

c）有组织排放口编号

污染治理设施编号可填写制糖工业排污单位内部编号，若制糖工业排污单位无内部编号，则根据《固定污染源（水、大气）编码规则（试行）》进行编号并填报。

有组织排放口编号填写地方环境管理部门现有编号或由制糖工业排污单位根据《固定污染源（水、大气）编码规则（试行）》进行编号并填写。

d）排放口设置是否符合要求

排放口设置应符合《排污口规范化整治技术要求（试行）》（环监〔1996〕470 号）等相关文件的规定，若地方有排污口规范化要求的，应符合地方要求。排污单位在申报排污许可证时应提交排污口规范化的相关证明文件，自证符合要求。

e）排放口类型

制糖企业废气排放口分为主要排放口和一般排放口，主要排放口为锅炉烟囱和甜菜制糖颗粒粕系统的干燥器废气排放口，除主要排放口之外的均为一般排放口。

6.5.5.2 废水

本节内容用于指导制糖工业排污单位填报《排污许可证申请表》表 5，表中需填报对应产污环节名称、污染物种类、排放规律（连续、间断）、污染治理设施及工艺等。制糖工业排污单位废水产污环节、污染物种类、排放形式及污染治理设施填报内容见标准文本中的表 3。制糖工业排污单位污染物种类依据 GB 21909 确定。有地方排放标准要求的，按照地方排放标准确定。

a）废水产污环节名称、污染物种类

提汁系统：产生的废水有设备冷却水、甜菜制糖流送洗涤水、甜菜制糖流送水泥浆、甜菜制糖压粕水、地面或储罐清洗废水。

溶糖系统：产生的废水有停产后洗罐废水。

清净系统：产生的废水有洗滤布水、真空吸滤机喷射泵用水、离子树脂交换塔反冲洗水。

蒸发系统：产生的废水有蒸发罐冷凝水、汽凝水、洗罐废水、地面清洗废水。

结晶系统：产生的废水有结晶罐冷凝水、助晶箱冷却水、洗罐污水。

颗粒粕系统：产生的废水有设备冷却水。

公用单元：产生的废水有设备冷却水、锅炉湿法排灰废水、锅炉湿法排灰废水、瓦斯洗涤水、冷却循环水、生活污水、综合污水。

产生的污染物主要有 pH 值、SS、COD_{Cr}、BOD_5、氨氮、总氮、总磷。

b）排放去向及排放规律

本标准依据排污许可申请表中表 5 规定，给出制糖工业排污单位废水排放去向和排放规律，排污单位可在平台下拉菜单中选择填报。

c）污染治理设施、排放口编号

制糖工艺废水及公用单元产生废水主要采用以下污染治理设施及工艺：除油、冷却、过滤、沉淀、澄清、除渣、杀菌、自然塘（湖）。

综合污水处理站采用的工艺主要有：干化场沉淀过滤；预处理：除油、沉淀、过滤等；生化处理：好氧、水解酸化-好氧、厌氧-好氧、兼性-好氧、氧化沟、生物转盘等；深度处理：生物滤池、过滤、混凝沉淀（或澄清）等。

污染治理设施编号可填写制糖工业排污单位内部编号，若制糖工业排污单位无内部编号，则根据《固定污染源（水、大气）编码规则（试行）》进行编号并填报。

排放口编号填写地方环境管理部门现有编号或由排污单位根据《固定污染源（水、大气）编码规则（试行）》进行编号并填写。

d）排放口设置是否符合要求

根据《排污口规范化整治技术要求（试行）》（环监〔1996〕470 号），以及排污单位执行的排放标准中有关排放口规范化设置的规定，填报废水排放口设置是否符合规范化要求。排污单位在申报排污许可证时应提交排污口规范化的相关证明文件，自证符合要求。

e）排放口类型

制糖企业废水排放口包括综合污水处理站排放口即废水总排放口、单独排向市政管网的生活污水排放口，其中废水总排放口为主要排放口，其他排放口为一般排放口。

6.5.6 其他要求

排污单位基本情况还应包括生产工艺流程图（包括全厂及各工序）、雨污水管网平面布置图和厂区总平面布置图。生产工艺流程图：应包括主要生产设施（设备）、主要原、辅料的流向、生产工艺流程等内容。生产厂区总平面布置图：应包括主要工序、厂房、设备位置关系，注明厂区雨水、污水收集和运输走向等内容。

6.6 产排污环节对应排放口及许可排放限值确定方法

6.6.1 排放口及执行标准

6.6.1.1 废气排放口及执行标准

本节内容用于指导制糖工业排污单位填报《排污许可证申请表》表 6 和表 7，表 6 中需填报排放口地理坐标、排气筒高度、排气筒出口内径，表 7 中需填报国家或地方污染物排放标准、环境影响评价批复要求或承诺更加严格排放限值，其余项为依据本标准第 4.5 条填报的产排污节点及排放口信息，信息平台系统自动生成。

6.6.1.2 废水排放口及执行标准

本节内容用于指导制糖工业排污单位填报《排污许可证申请表》表 11 至表 13，表 11 中需填报废水直接排放口地理坐标、间歇排放时段、受纳自然水体信息及汇入受纳自然水体处地理坐标，表 12 中需填报废水间接排放口地理坐标、间歇排放时段及受纳污水处理厂信息，表 13 中需填报国家或地方污染物排放标准，其余项为依据本标准第 4.5 条填报的产排污节点及排放口信息，信息平台系统自动生成。废水间歇式排放的，应当载明排放污染物的时段。

6.6.2 许可排放限值

6.6.2.1 一般原则

许可排放限值包括污染物许可排放浓度和许可排放量。

对于大气污染物，以排放口为单位确定有组织许可排放浓度，以厂界确定无组织许可排放浓度。主要排放口核算许可排放量，一般排放口和无组织不核算许可排放量。

对于水污染物，废水总排放口许可排放浓度和排放量，单独排向市政管网的生活污水排放口不管控浓度和排放量。

按照国家或地方污染物排放标准等法律法规和管理制度要求，按照从严原则确定许可排放浓度，依据总量控制指标及本标准规定的方法从严确定许可排放量。2015 年 1 月 1 日（含）后取得环境影响评价批复的排污单位，许可排放限值还应同时满足环境影响评价文件和批复要求。总量控制指标包括地方政府或环境保护主管部门发文确定的排污单位总量控制指标、环境影响评价文件及其批复中确定的总量控制指标、现有排污许可证中载明的总量控制指标、通过排污权有偿使用和交易确定的总量控制指标等地方政府或环境保护主管部门与排污许可证申领排污单位以一定形式确认的总量控制指标。

制糖工业排污单位填报排污许可排放量时，应在《排污许可证申请表》中写明申请的许可排放限值计算过程。

制糖工业排污单位申请的许可排放限值严于本标准规定的，排污许可证按照申请的许可排放限值核发。

a）废气

制糖工业排污单位废气许可排放浓度依据 GB 9078、GB 13271、GB 14554、GB 16297 确定。有地方排放标准要求的，按照地方排放标准确定。

大气污染防治重点控制区按照《关于执行大气污染物特别排放限值的公告》（公告 2013 年第 14 号）和《关于执行大气污染物特别排放限值有关问题的复函》（环办大气函〔2016〕1087 号）的要求执行。

北京市、天津市、石家庄市、唐山市、保定市、廊坊市、上海市、南京市、无锡市、常州市、苏州市、南通市、扬州市、镇江市、泰州市、杭州市、宁波市、嘉兴市、湖州市、绍兴市、广州市、深圳市、珠海市、佛山市、江门市、肇庆市、惠州市、东莞市、中山市、沈阳市、济南市、青岛市、淄博市、潍坊市、日照市、武汉市、长沙市、重庆市主城区、成都市、福州市、三明市、太原市、西安市、咸阳市、兰州市、银川市等 47 个城市市域范围按照《关于执行大气污染物特别排放限值的公告》（环境保护部公告 2013 年 第 14 号）和《关于执行大气污染物特别排放限值有关问题的复函》（环办大气函〔2016〕1087 号）的要求确定许可排放浓度。其他执行大气污染物特别排放限值的地域范围、时间，由国务院环境保护行政主管部门或省级人民政府规定。

若执行不同许可排放浓度的多台生产设施或排放口采用混合方式排放废气，且选择的监控位置只能监测混合废气中的大气污染物浓度，则应执行各限值要求中最严格的许可排放浓度。

b）废水

对于排污单位废水直接排向环境水体的情况，按照污染物排放标准确定制糖工业排污单位废水许可排放浓度时，废水总排放口的水污染物许可排放浓度均应依据 GB 21909 确定。有地方排放标准要求的，按照地方排放标准确定。

若排污单位的生产设施为两种及以上工序或同时生产两种及以上产品，可适用不同排放控制要求或不同行业国家污染物排放标准时，且生产设施产生的污水混合处理排放的情况下，应执行排放标准中规定的最严格的浓度限值。

对于制糖排污单位废水排入城镇污水处理厂的情况，按企业与城镇污水处理厂负责单位商定值确定许可排放浓度，无商定值时，按照 GB 8978 中的三级排放限值、GB/T 31962 以及其他有关标准从严确定。对于制糖排污单位废水排入工业废水集中处理设施的情况，按照 GB 8978 中的三级排放限值以及其他有关标准从严确定。

6.6.2.2 许可排放量

a）废气

制糖工业排污单位应明确颗粒物、二氧化硫、氮氧化物的许可排放量。许可排放量包括年许可排放量和特殊时段许可排放量。

（1）年许可排放量

年许可排放量的有效周期应以许可证核发时间起算，滚动 12 个月。年许可排放量同时适用于考核自然年的实际排放量。地方环境保护主管部门可根据需要将年许可排放量按月进行细化。

制糖工业排污单位的大气污染物年许可排放量等于主要排放口、一般排放口和无组织排放的年许可排放量，制糖工业一般排放口和无组织排放的排放量忽略不计，因此，排污单位年许可排放量等于主要排放口年许可排放量，如式（1）所示。

$$E_{j,\text{年许可}} = E_{j,\text{主要排放口年许可}} \tag{1}$$

式中：$E_{j,\text{年许可}}$ —— 排污单位第 j 项大气污染物的年许可排放量，t/a；

$E_{j,\text{主要排放口年许可}}$ —— 主要排放口第 j 项大气污染物年许可排放量，t/a。

主要排放口年许可排放量

制糖工业排污单位废气的主要排放口是锅炉烟囱和甜菜制糖颗粒粕系统的废气排放口。

对锅炉排放口废气污染物年许可排放量，依据废气污染物许可排放浓度限值，基准排气量和设计燃料用量相乘核定。

燃煤或燃油锅炉废气污染物年许可排放量计算公式如下：

$$E_{ij} = R_i \times Q_i \times \rho_{ij} \times 10^{-6} \tag{2}$$

燃气锅炉废气污染物年许可排放量计算公式如下：

$$E_{ij} = R_i \times Q_i \times \rho_{ij} \times 10^{-9} \tag{3}$$

式中：E_{ij} —— 第 i 个锅炉排放口废气第 j 项大气污染物年许可排放量，t/a；

R_i —— 第 i 个锅炉排放口设计燃料用量，燃煤或燃油时 t/a，燃气时 m^3/a；

Q_i —— 第 i 个锅炉排放口基准排气量，燃煤时 m^3/kg 燃煤，燃油时 m^3/kg 燃油，燃气时 m^3/m^3 天然气，具体取值见本标准中表 4；

ρ_{ij} —— 第 i 个锅炉排放口废气第 j 项大气污染物许可排放浓度限值，mg/m^3。

以蔗渣为生物质燃料的锅炉废气污染物年许可排放量参考燃煤锅炉计算，基准排气量可参考燃煤锅炉确定，或采用近三年企业实测的锅炉排气量或近一年连续在线监测的锅炉排气量除以相应的燃料实际使用量确定。蔗渣的热值优先采用实测结果，在没有实测数据的情况下，可参考式（4）或式（5）进行计算。

对于绝干蔗渣，热值为（按干基计算）：

$$Q\text{（MJ/kg）}=17.88-[2.51W/（100-W）] \tag{4}$$

对于湿蔗渣，热值为（按湿基计算）：

$$Q'\text{（MJ/kg）}=Q\text{（}100-W\text{）}/100=17.88-0.2039W \quad (5)$$

式中：W—— 蔗渣中水分含量，以质量百分比计，%。

对于颗粒粕干燥器，废气中颗粒物和二氧化硫年许可排放量计算公式如式（6）所示：

$$E_{ij}=R_i\times Q_i\times \rho_{ij}\times 10^{-9} \quad (6)$$

式中：E_{ij}—— 第 i 个颗粒粕干燥器排放口废气第 j 项大气污染物年许可排放量，t/a；

R_i—— 第 i 个颗粒粕干燥器的颗粒粕产品产能，t/a；

Q_i—— 第 i 个颗粒粕干燥器排放口基准排气量，11 000 m^3（标态，干烟气量）/t 颗粒粕；地方有更严格排放标准要求的，按照地方排放标准从严确定；

ρ_{ij}—— 第 i 个颗粒粕干燥器排放口废气第 j 项大气污染物许可排放浓度限值，mg/m^3。

废气中氮氧化物年许可排放量计算公式如式（7）所示：

$$E_i=R_i\times P_i\times 10^{-3} \quad (7)$$

式中：E_i—— 第 i 个颗粒粕干燥器排放口废气氮氧化物年许可排放量，t/a；

R_i—— 第 i 个颗粒粕干燥器的颗粒粕产品产能，t/a；

P_i—— 第 i 个颗粒粕干燥器排放口生产单位产品的氮氧化物排放量限值，2.64 kg/t 颗粒粕。

关于颗粒粕干燥器排放量的说明

甜菜制糖普遍配有颗粒粕生产设施，通过燃烧炉产生的烟气使甜菜丝在干燥器中得以干燥，之后成型包装。干燥器排放口排放大量废气，但现行排放标准尚无针对颗粒粕生产中干燥器排放的基准排气量限值。理论测算，对于 3 000 t 甜菜/d 的甜菜制糖厂，日产颗粒粕 165 t/d 时，即 6.875 t/h，耗煤量约为 0.6 t 标煤/t 颗粒粕，吨颗粒粕需蒸发水量 23.04 t/h，颗粒粕烟气排量 110 714 m^3/h（标态，湿烟气量），即 76 230 m^3/h（标态，干烟气量）。因此，干燥器的基准排气量为 11 000 m^3（干烟气量）/t 颗粒粕。

由于 GB 9078 中未规定氮氧化物的排放控制要求，参照《大气污染物综合排放标准》（GB 16297）中表 2 的氮氧化物排放浓度限值，计算氮氧化物许可排放量。按照氮氧化物排放浓度 240 mg/m^3，基准排气量 11 000 m^3（干烟气量）/t 颗粒粕计算，则生产单位产品（颗粒粕）的氮氧化物排放量限值为：2.648 kg/t 颗粒粕，该值与颗粒粕产能的乘积为年许可排放量限值。

所有主要排放口的年许可排放量等于各主要排放口年许可排放量的加和，如下式所示。

$$E_{j,\text{主要排放口年许可}}=\sum_{i=1}^{n}E_{ij} \quad (8)$$

式中：$E_{j,\text{主要排放口年许可}}$—— 主要排放口第 j 项大气污染物年许可排放量，t/a。

E_{ij}—— 第 i 个主要排放口废气第 j 项污染物年许可排放量，t/a；

n—— 主要排放口数量。

（2）特殊时段许可排放量

特殊时段排污单位应按照国家或所在地区人民政府制定的《重污染天气应急预案》、各地人民政府制定的冬防措施等文件，根据停产、减产减排等要求，确定特殊时段短期许可排放量和产量控制要求。在许可证有效期内，国家或排污单位所在地区人民政府发布新的特殊时段要求的，排污单位应当按照新的停产、减产等要求进行排放。特殊时段制糖工业排污单位日许可排放量计算方法如式（9）所示。

$$E_{\text{日许可}}=E_{\text{前一年环统日均排放量}}\times(1-\alpha) \quad (9)$$

式中：$E_{\text{日许可}}$—— 制糖工业排污单位重污染天气应对期间日许可排放量，t/d；

$E_{\text{前一年环统日均排放量}}$—— 根据制糖工业排污单位前一年实际排放量与相应生产日期折算的日均值，列入环境统计的排放单位采用环境统计的实际排放量计算，t/d；

α—— 重污染天气应对期间排放量削减比例。

b）废水

（1）单独排放

制糖工业排污单位水污染物年许可排放量是指排污单位废水总排放口年排放量的最高允许值，分别按照以下两种方式进行计算，从严执行。

①依据水污染物许可排放浓度限值、单位产品基准排水量和产品产能核定，计算公式如式（10）所示。

$$E_j = S \times Q \times \rho_j \times 10^{-6} \tag{10}$$

式中：E_j—— 排污单位废水第 j 项水污染物的年许可排放量，t/a；

S—— 排污单位年生产产品产能，t/a；

Q—— 单位产品基准排水量，m^3/t 产品（糖），按照 GB 21909 及其修改单规定的单位产品基准排水量核算；

ρ_j—— 排污单位废水第 j 项水污染物许可排放浓度限值，mg/L。

②依据生产单位产品的水污染物排放量限值和产品产能核定，计算公式如式（11）所示。

$$E_j = S \times P_j \times 10^{-3} \tag{11}$$

式中：E_j—— 排污单位废水第 j 项水污染物的年许可排放量，t/a；

S—— 排污单位年生产产品产能，t/a；

P_j—— 生产单位产品的水污染物排放量限值，kg/t 产品（糖），按照表 5 核算。

表 5　制糖工业排污单位生产单位产品的水污染物排放量限值

分类	COD_{Cr}/（kg/t 糖）		氨氮/（kg/t 糖）		总氮/（kg/t 糖）		总磷/（kg/t 糖）	
	执行特别排放限值排污单位	其他排污单位	执行特别排放限值排污单位	其他排污单位	执行特别排放限值排污单位	其他排污单位	执行特别排放限值排污单位	其他排污单位
甘蔗制糖	0.25	1	0.025	0.1	0.04	0.15	0.002 5	0.005
甜菜制糖	0.75	2.4	0.075	0.24	0.12	0.36	0.007 5	0.012

（2）混合排放

排污单位同时排放制糖工业和其他工业等多种工业废水，年许可排放量的计算公式如式（12）所示。同时，对于其中的制糖废水，生产单位产品的水污染物排放量还不得超过表 5 规定的限值。

$$E_j = \rho_j \times \sum_{i=1}^{n} Q_i S_i \times 10^{-6} \tag{12}$$

式中：E_j—— 排污单位废水第 j 项水污染物的年许可排放量，t/a；

ρ_j—— 排污单位废水中第 j 项水污染物的许可排放浓度限值，mg/L；

Q_i—— 第 i 个产品基准排水量，m^3/t 产品；

S_i—— 第 i 个产品产能，t/a；

n—— 排污单位的产品数量。

关于单位产品基准排水量的说明

本标准制定过程中，通过调研发现制糖行业，特别是甘蔗制糖行业排污单位产品排水量已大幅下降，远远低于《制糖工业水污染物排放标准》（GB 21909—2008）中规定的基准排水量限值。据调查，甘蔗糖产区主要分布在广西、云南、广东、海南等南方省区；甜菜糖产区主要分布在新疆、黑龙江、内蒙古等北方省区。近年来，广西、云南两省区的产糖量约占全国的 80%～85%。今年 2—4 月对广西、云南、新疆部分制糖企业调研得到的单位产品排水量结果见表 5。

如表 6 所示，目前甘蔗制糖企业的单位产品排水量在 0.8～8.0 m^3/t 糖，甜菜制糖企业的单位产品排水量在 8～21 m^3/t 糖。远远低于《制糖工业水污染物排放标准》规定限值，即甘蔗制糖 51 m^3/t 糖（新建企业）、34 m³/t 糖（特别排放限值），甜菜制糖 32 m³/t 糖（新建企业）、20 m³/t 糖（特别排放限值）。

表 6 广西、云南、新疆部分制糖企业单位产品排水量调研结果

省区	企业	类型	生产规模/（万 t/a）	单位产品排水量/（m^3/t 糖）		
				14/15 榨季	15/16 榨季	16/17 榨季
广西	企业 1	甘蔗制糖	2.33	4.21	5.94	5.17
	企业 2	甘蔗制糖	20.26	0.97	1.04	1.96
	企业 3	甘蔗制糖	26.30	5.44	1.28	1.07
	企业 4	甘蔗制糖	13.63	1.64	2.0	—
	企业 5	甘蔗制糖	13.03	—	—	2.68
	企业 6	甘蔗制糖	1.77	—	2.29	1.86
	企业 7	甘蔗制糖	2.50	—	—	6.82
云南	企业 1	甘蔗制糖	2.82	12.31	10.45	3.60
	企业 2	甘蔗制糖	6.18	3.09	2.02	0.79
	企业 3	甘蔗制糖	8.88	2.64	1.57	0.98
新疆	企业 1	甜菜制糖	2.50	38.65	24.81	20.18
	企业 2	甜菜制糖	—	25.74	30.13	8.29

分析原因，标准制定之时，制糖企业普遍污染防治水平不高，特别是污水、废水治理设施落后甚至无处理设施，回用率较低，一些企业冷凝水、冷却水未充分进行循环利用就排放，洗罐水、流送洗涤水、压粕水等中高浓度废水进入污水处理站处理后也未进行有效利用。标准实施后，大部分企业积极实施提标改造，加强清污分流、污污分流，提高污水治理设施水平，建设循环冷却塔，加强精细化管理，处理后的水尽可能回用，一些制糖集团的下属企业在用水指标上开展竞争，节水增效。因此，单位产品排水量得以大幅下降。

鉴于标准限值与实际水平差异过大，并考虑全面修订标准工作复杂且需时较长，为与年底核发许可证形成有效衔接，建议专门针对单位产品基准排水量开展调研论证，发布《制糖工业水污染物排放标准》修改单。目前，经请示，环境保护部已同意尽快起草修改单征求意见稿，为排污许可实施提前做好准备。

6.6.2.3 无组织排放控制要求

对于制糖工业排污单位无组织排放源，应根据所处区域的不同，分生产工序分别明确无组织排放控制要求，具体见标准中表 5。

6.6.2.4 其他

新、改、扩建项目的环境影响评价文件或地方相关规定中有原辅材料、燃料等其他污染防治强制要求的，还应根据环境影响评价文件或地方相关规定，明确其他需要落实的污染防治要求。

6.7 污染防治可行技术要求

编制组根据已发布的《制糖废水治理工程技术规范》（HJ 2018—2012），以及《制糖工业污染防治技术政策》（环境保护部公告 2016 年第 87 号）等文件相关要求，同时通过企业调研，明确制糖工业除尘、脱硫、脱硝等废气处理和废水处理可行技术以及运行管理要求。目前制糖工业污染防治最佳可行技术指南正在编制中，待其发布后，应按其规定执行。

本标准所列污染防治推荐可行技术及运行管理要求可作为环境保护主管部门对排污许可证申请材料审核的参考。对于制糖工业排污单位采用本标准所列污染防治可行技术的，原则上认为具备符合规定的防治污染设施或污染物处理能力。

对于未采用本标准所列污染防治可行技术的，排污单位应当在申请时提供相关证明材料（如已有监测数据；对于国内外首次采用的污染治理技术，还应当提供中试数据等说明材料），证明可达到与污染防治可行技术相当的处理能力。

对于不属于本标准所列可行技术的，排污单位应当加强自行监测、台账记录，评估达标可行性。制糖工业排污单位排污许可证执行情况及污染物排放数据作为更新可行技术指南的主要依据。

为保证排污许可证中落实无组织排放相关管控要求，本标准规定制糖工业排污单位应满足《制糖工业污染防治技术政策》（环境保护部公告 2016 年第 87 号）中有关要求，并且要求露天储煤场应配备防风抑尘网、喷淋、洒水、苫盖等抑尘措施，且防风抑尘网不得有明显破损。煤粉、石灰石粉等粉状物料须采用筒仓等封闭式料库存储。其他易起尘物料应苫盖。此外，蔗渣输送廊道应为密封廊道，在输送交接部分应设置抑尘装置，蔗渣堆场、除髓打包间应设置防尘设施，有效抑制蔗渣扬尘。有条件的企业应选用喷射式自控燃硫炉、汽化旋风低温燃硫炉等高效燃硫设备；使用传统燃硫炉的企业，应设置二氧化硫吸收装置，对生产不正常情况下溢出的二氧化硫进行吸收，或就近接入有组织排放口，防止二氧化硫泄漏。

为保证污染防治效果，制糖工业排污单位应当按照相关法律法规、标准和技术规范等要求运行水污染防治设施并进行维护和管理，保证设施运行正常。主要管理要求如下：

a）应进行雨污分流，清污分流，污污分流，冷热分流，分类收集，分质处理，循环利用，污染物稳定达到排放标准要求。

b）甜菜制糖企业应建立封闭式压粕水回收系统，回用至渗出器。

c）加热器、蒸发罐、煮糖罐的清洗用水应回收利用。

d）应分别建立甜菜流送洗涤水循环系统、冷凝器冷凝水闭合循环系统、汽轮机冷却水循环系统、锅炉冲灰水循环系统及其他废水循环系统，提高废水循环利用率。

e）澄清工段应减少滤布洗水产生量，提高滤布洗水循环利用率，企业应根据自身生产状况选择无滤布真空吸滤机、全自动隔膜压滤机等高效、节能、节水设备。

f）蒸发、煮糖工段应根据企业自身生产状况选择高效捕汁器、喷雾真空冷凝器等高效节水设备。

6.8　自行监测管理要求

根据《控制污染物排放许可制实施方案》和《排污许可证管理暂行规定》要求，企业应通过自行监测证明排污许可证许可的产排污节点、排放口、污染治理设施及许可限值落实情况。

本标准根据《制糖工业水污染物排放标准》（GB 21909—2008）、《排污单位自行监测技术指南　总则》（HJ 819）以及相关废水、废气污染源监测技术规范和方法，结合制糖工业排污单位的污染源管控重点，按照重点排污单位监测频次高于非重点排污单位，主要污染物监测频次高于非主要污染物的总体原则，规定制糖工业排污单位自行监测要求。

制糖工业排污单位在申请排污许可证时，应当按照本标准确定的产排污节点、排放口、污染因子及许可限值等要求，制定自行监测方案，并在《排污许可证申请表》中明确。《排污单位自行监测技术指南　农副产品加工业》发布后，自行监测方案的制定从其要求。

对需要综合考虑批复的环境影响评价文件等其他管理要求的，应当同步完善排污单位自行监测管理要求。

据估算，各排污单位每年用于废气和废水监测的费用约为 10 万元，不会对排污单位造成很大经济压力。

6.9　环境管理台账与执行报告编制要求

按照《控制污染物排放许可制实施方案》和《排污许可证管理暂行规定》要求，环境管理台账为排污单位依证排污、自证守法的主要依据，为环境管理部门依证监管的主要检查内容。台账记录为原始记录，真实反映实际运行情况，依据排污单位实际运行情况进行总结归纳，形成执行报告。本标准按照台账记录和执行报告编制目的，结合制糖工业特点，规定了排污单位环境管理台账记录和执行报告编制要求。制糖工业现有台账记录内容需满足规范要求，也可参照规定格式制定环境管理台账。执行报告需按本标准规定的上报内容和频次提交，并在排污许可证申请表中明确。

6.10　实际排放量核算方法

6.10.1　废气

全厂主要污染实际排放量

制糖工业排污单位应按式（13）核算全厂颗粒物、二氧化硫、氮氧化物实际排放量：

$$E_{有组织排放} = E_{主要排放口} \tag{13}$$

其他大气污染物如需核算有组织实际排放量，可以参照式（13）进行核算。

制糖工业排污单位主要排放口废气污染物实际排放量的核算方法包括实测法、物料衡算法、产排污系数法等。优先采用实测法，其次采用物料衡算法和产排污系数法。

6.10.1.1 正常情况

a）实测法

实测法是指根据监测数据测算实际排放量的方法，分为自动监测和手工监测。对于排污许可证中载明的要求采用自动监测的污染因子，应采用符合监测规范的有效自动监测数据核算污染物年排放量。对于未要求采用自动监测的污染因子，可采用自动监测数据或手工监测数据核算污染物年排放量。

自动监测实测法是指根据符合监测规范的有效自动监测数据污染物的小时平均排放浓度、平均烟气量、运行时间核算污染物年排放量，核算方法见式（14）。

$$E_{主要排放口} = \sum_{i=1}^{n}(\rho_i \times q_i \times 10^{-9}) \tag{14}$$

式中：$E_{主要排放口}$ —— 核算时段内主要排放口污染物的实际排放量，t；

ρ_i —— 污染物在第 i 小时的实测平均排放浓度，mg/m^3；

q_i —— 第 i 小时的标准状态下干排气量，m^3/h；

n —— 核算时段内的污染物排放时间，h。

采用自动监测的污染因子，应同时根据手工监测数据进行校核，若同一时段的手工监测数据与自动监测数据不一致，手工监测数据符合法定的监测标准和监测方法的，以手工监测数据为准。要求采用自动监测的排放口或污染因子而未采用的，采用物料衡算法核算二氧化硫排放量、产排污系数法核算颗粒物、氮氧化物排放量，且均按直排进行核算。

手工监测实测法是指根据每次手工监测时段内每小时污染物的平均排放浓度、平均烟气量、运行时间核算污染物年排放量，核算方法见式（15）。

$$E_{主要排放口} = \sum_{i=1}^{n}(\rho \times q \times 10^{-9}) \tag{15}$$

式中：$E_{主要排放口}$ —— 核算时段内主要排放口污染物的实际排放量，t；

ρ —— 污染物实测平均排放浓度，mg/m^3；

q —— 标准状态下干排气量，m^3/h；

n —— 核算时段内的污染物排放时间，h。

对于因自动监控设施发生故障以及其他情况导致数据缺失的按照 HJ/T 75 进行补遗。缺失时段超过25%的，自动监测数据不能作为核算实际排放量的依据，实际排放量按照“要求采用自动监测的排放口或污染因子而未采用”的相关规定进行核算。

排污单位提供充分证据证明在线数据缺失、数据异常等不是排污单位责任的，可按照排污单位提供的手工监测数据等核算实际排放量，或者按照上一个半年申报期间的稳定运行期间自动监测数据的小时浓度均值和半年平均烟气量，核算数据缺失时段的实际排放量。

b）物料衡算法

采用物料衡算法核算二氧化硫等排放量的，根据原辅燃料消耗量、含硫率进行核算。

c）产排污系数法

采用产排污系数法核算污染物排放量的，根据单位产品污染物的产生量和排放量进行核算。相关产排污系数参考《污染源普查产排污系数手册（下）》（中国环境出版社，2011 年第 1 版）。

6.10.1.2 非正常情况

制糖生产线运行设施、燃煤蒸汽锅炉设施启停机等非正常排放期间污染物排放量可采用实测法核定。

6.10.2 废水

6.10.2.1 正常情况

制糖工业排污单位废水总排放口装有化学需氧量、氨氮自动监测设备的，原则上应采取自动监测实测法核算全厂化学需氧量、氨氮实际排放量。废水自动监测实测法是指根据符合监测规范的有效自动监测数据污染物的日平均排放浓度、平均流量、运行时间核算污染物年排放量，核算方法见式（16）。

$$E_{废水}=\sum_{i=1}^{n}(\rho_i \times q_i \times 10^{-6}) \tag{16}$$

式中：$E_{废水}$—— 核算时段内主要排放口污染物的实际排放量，t；

ρ_i—— 污染物在第 i 日的实测平均排放浓度，mg/L；

q_i—— 第 i 日的流量，m^3/d；

n—— 核算时段内的污染物排放时间，d。

当自动监测数据由于某种原因出现中断或其他情况时，根据 HJ/T 356 等予以补遗。

无有效自动监测数据时，可采用手工监测数据进行核算。手工监测数据包括核算时间内的所有执法监测数据和排污单位自行或委托第三方的有效手工监测数据，排污单位自行或委托的手工监测频次、监测期间生产工况、数据有效性等须符合相关规范、环境影响评价文件等要求。

6.10.2.2 非正常情况

废水处理设施非正常情况下的排水，如无法满足排放标准要求时，不应直接排入外环境，待废水处理设施恢复正常运行后方可排放。如因特殊原因造成污染治理设施未正常运行超标排放污染物的或偷排偷放污染物的，按产污系数与未正常运行时段（或偷排偷放时段）的累计排水量核算非正常排放期间实际排放量。

6.11 合规判定方法

合规是指制糖工业排污单位许可事项和环境管理要求符合排污许可证规定。许可事项合规是指排污单位排污口位置和数量、排放方式、排放去向、排放污染物种类、排放限值符合排污许可证规定。其中，排放限值合规是指制糖工业排污单位污染物实际排放浓度和排放量满足许可排放限值要求。环境管理要求合规是指制糖工业排污单位按排污许可证规定落实自行监测、台账记录、执行报告、信息公开等环境管理要求。

制糖工业排污单位可通过台账记录、按时上报执行报告和开展自行监测、信息公开，自证其依证排污，满足排污许可证要求。环境保护主管部门可依据排污单位环境管理台账、执行报告、自行监测记录中的内容，判断其污染物排放浓度和排放量是否满足许可排放限值要求，也可通过执法监测判断其污染物排放浓度是否满足许可排放限值要求。

6.11.1 产排污环节、污染治理设施及排放口符合许可证规定

排污单位实际的生产地点、主要生产单元、生产工艺、生产设施、污染治理设施的位置、编号与排污许可证相符，实际情况与排污许可证载明的规模、参数等信息基本相符。所有有组织排放口和各类废水排放口的个数、类别、排放方式和去向等与排污许可证载明信息一致。

6.11.2 废气

6.11.2.1 排放浓度合规判定

a）正常情况

制糖工业排污单位无组织排放口的臭气浓度最大值达标是指“任一次测定均值满足许可限值要求”。除此之外，其余废气有组织排放口污染物或厂界无组织污染物排放浓度达标均是指“任一小时浓度均值均满足许可排放浓度要求”。废气污染物小时浓度均值根据排污单位自行监测（包括自动监测和手工监

测）、执法监测进行确定。

b）非正常情况

针对制糖企业锅炉、颗粒粕系统干燥器，分别给出了氮氧化物排放监测数据不作为达标判定的时段。

6.11.2.2 排放量合规判定

制糖工业排污单位各主要废气污染物许可排放量合规是指：

a）主要排放口实际排放量满足主要排放口年许可排放量；

b）排污单位实际排放量满足排污单位年许可排放量；

c）对于特殊时段有许可排放量要求的，特殊时段实际排放量满足特殊时段许可排放量。

制糖工业排污单位启动、停窑等非正常排放造成短时污染物排放量较大时，应通过加强正常运营时污染物排放管理、减少污染物排放量的方式，确保全厂污染物年排放量（正常排放与非正常排放之和）满足许可排放量要求。

6.11.2.3 无组织排放控制要求合规判定

制糖工业排污单位排污许可证无组织排放源合规性以现场检查本标准5.2.4无组织控制要求落实情况为主，必要时，辅以现场监测方式判定制糖工业排污单位无组织排放合规性。

6.11.3 废水

6.11.3.1 排放浓度合规判定

制糖工业排污单位各废水排放口污染物的排放浓度达标是指任一有效日均值（除pH值外）均满足许可排放浓度要求。各项废水污染物有效日均值采用自动监测、执法监测、排污单位自行开展的手工监测三种方法分类进行确定。

6.11.3.2 排放量合规判定

废水排放口污染物排放量合规指排污单位所有废水排放口污染物年实际排放量之和不超过相应污染物的年许可排放量。

6.11.3.3 管理要求合规判定

环境保护主管部门依据排污许可证中的管理要求，以及制糖行业相关技术规范，审核环境管理台账记录和许可证执行报告；检查排污单位是否按照自行监测方案开展自行监测；是否按照排污许可证中环境管理台账记录要求记录相关内容，记录频次、形式等是否满足许可证要求；是否按照排污许可证中执行报告要求定期上报，上报内容是否符合要求等；是否按照排污许可证要求定期开展信息公开；是否满足特殊时段污染防治要求。

7 对实施本标准的建议

a）管理部门和技术咨询机构应注重对标准的应用及问题反馈

各级环境保护管理部门在本标准颁布实施后，应严格按照标准要求，对制糖工业排污单位排污可证核发进行把关，规范制糖工业排污许可工作。技术咨询机构在本标准颁布实施后，应严格按照技术规范要求，开展制糖工业排污单位排污许可证申请与核发技术咨询工作。在本标准使用过程中，发现问题应及时向环境保护部反馈，以利于本标准的修改完善。

b）加大对企业和环境保护部门的宣传培训力度

国家排污许可制度对各行业提出了精细化管理要求，本标准涉及的环境管理内容多，技术要求高，应加大对企业和环境保护部门的培训，帮助理解技术规范的要求，指导企业申请和环境保护部门核发。

c）开展标准实施评估

建议结合排污许可证申请与核发工作，适时开展本标准实施效果评估，必要时开展本标准的修订工作。建议对自行监测浓度小时均值的全年达标排放率开展相关研究。

中华人民共和国环境保护行业标准

排污许可证申请与核发技术规范 纺织印染工业

Technical specification for application and issuance of pollutant permit —Textile and dyeing industry

HJ 861—2017

前 言

为贯彻落实《中华人民共和国环境保护法》《中华人民共和国水污染防治法》《中华人民共和国大气污染防治法》等法律法规和《国务院办公厅关于印发控制污染物排放许可制实施方案的通知》（国办发〔2016〕81号），完善排污许可技术支撑体系，指导和规范纺织印染工业排污许可证申请与核发工作，制定本标准。

本标准规定了纺织印染工业排污许可证申请与核发的基本情况填报要求、许可排放限值确定、实际排放量核算和合规判定的方法，以及自行监测、环境管理台账与排污许可证执行报告等环境管理要求，提出了纺织印染工业污染防治可行技术要求。

核发机关核发排污许可证时，对位于法律法规明确规定禁止建设区域内的、属于国家或地方已明确规定予以淘汰或取缔的纺织印染工业排污单位或者生产装置，应不予核发排污许可证。

本标准附录A、附录B、附录C、附录D为资料性附录。

本标准为首次发布。

本标准由环境保护部规划财务司、环境保护部科技标准司组织制订。

本标准主要起草单位：东华大学、环境保护部环境工程评估中心、浙江省环境保护科学设计研究院、北京市环境保护科学研究院、环境保护部华南环境科学研究所。

本标准环境保护部2017年9月29日批准。

本标准自2017年9月29日起实施。

本标准由环境保护部解释。

1 适用范围

本标准规定了纺织印染工业排污许可证申请与核发的基本情况填报要求、许可排放限值确定、实际排放量核算和合规判定的方法，以及自行监测、环境管理台账与排污许可证执行报告等环境管理要求，提出了纺织印染工业污染防治可行技术要求。

本标准适用于指导纺织印染工业排污许可证的申请、核发与监管工作。

本标准适用于指导纺织印染工业排污单位填报《关于印发〈排污许可证管理暂行规定〉的通知》（环水体〔2016〕186号）中附件2《排污许可证申请表》及在全国排污许可证管理信息平台申报系统填报相关申请信息，适用于指导核发机关审核确定纺织印染工业排污许可证许可要求。

本标准适用于纺织印染工业排污单位排放的水污染物和大气污染物的排污许可管理，具体包括《国民经济行业分类》（GB/T 4754）中的棉纺织及印染精加工 171，毛纺织及染整精加工 172，麻纺织及染整精加工 173，丝绢纺织及印染精加工 174，化纤纺织及印染精加工 175，纺织服装、服饰业 18。

纺织印染工业排污单位中，对于执行《火电厂大气污染物排放标准》（GB 13223）的生产设施或排放口，适用《关于开展火电、造纸行业和京津冀试点城市高架源排污许可证管理工作的通知》（环水体

〔2016〕189 号）中附件 1《火电行业排污许可证申请与核发技术规范》；对于执行《锅炉大气污染物排放标准》（GB 13271）的生产设施或排放口，参照本标准执行，待锅炉工业排污许可证申请与核发技术规范发布后从其规定。

本标准未作规定但排放工业废水、废气或者国家规定的有毒有害大气污染物的纺织印染工业排污单位其他产污设施和排放口，参照《排污许可证申请与核发技术规范 总则》执行。

2 规范性引用文件

本标准引用了下列文件或其中的条款。凡是未注明日期的引用文件，其最新版适用于本标准。

GB 4287 纺织染整工业水污染物排放标准

GB 8978 污水综合排放标准

GB 13223 火电厂大气污染物排放标准

GB 13271 锅炉大气污染物排放标准

GB 14554 恶臭污染物排放标准

GB/T 15432 环境空气 总悬浮颗粒物的测定 重量法

GB/T 16157 固定污染源排气中颗粒物测定与气态污染物采样方法

GB 16297 大气污染物综合排放标准

GB 20814 染料产品中重金属元素的限量及测定

GB 28936 缫丝工业水污染物排放标准

GB 28937 毛纺工业水污染物排放标准

GB 28938 麻纺工业水污染物排放标准

GB 50477 纺织工业企业职业安全卫生设计规范

HJ/T 55 大气污染物无组织排放监测技术导则

HJ/T 75 固定污染源烟气排放连续监测技术规范（试行）

HJ/T 76 固定污染源烟气排放连续监测系统技术要求及检测方法（试行）

HJ/T 91 地表水和污水监测技术规范

HJ/T 194 环境空气质量手工监测技术规范

HJ/T 353 水污染源在线监测系统安装技术规范（试行）

HJ/T 354 水污染源在线监测系统验收技术规范（试行）

HJ/T 355 水污染源在线监测系统运行与考核技术规范（试行）

HJ/T 356 水污染源在线监测系统数据有效性判别技术规范（试行）

HJ/T 373 固定污染源监测质量保证与质量控制技术规范（试行）

HJ/T 397 固定源废气监测技术规范

HJ 471 纺织染整工业废水治理工程技术规范

HJ 494 水质采样技术指导

HJ 495 水质采样方案设计技术规定

HJ 819 排污单位自行监测技术指南 总则

HJ 820 排污单位自行监测技术指南 火力发电及锅炉

FZ/T 01002 印染企业综合能耗计算办法及基本定额

*排污许可证申请与核发技术规范 总则

*排污单位自行监测技术指南 纺织印染工业

* 标准正在编制审批之中，待正式发布后按发布的标准实行。

*环境管理台账及排污许可证执行报告技术规范（试行）

《固定污染源排污许可分类管理名录（2017 年版）》（环境保护部令 第 45 号）

《排污口规范化整治技术要求（试行）》（环监〔1996〕470 号）

《污染源自动监控设施运行管理办法》（环发〔2008〕6 号）

《关于执行大气污染物特别排放限值的公告》（环境保护部公告 2013 年 第 14 号）

《“十三五”生态环境保护规划》（国发〔2016〕65 号）

《关于印发〈排污许可证管理暂行规定〉的通知》（环水体〔2016〕186 号）

《关于开展火电、造纸行业和京津冀试点城市高架源排污许可证管理工作的通知》（环水体〔2016〕189 号）

《关于执行大气污染物特别排放限值有关问题的复函》（环办大气函〔2016〕1087 号）

《关于加强京津冀高架源污染物自动监控有关问题的通知》（环办环监函〔2016〕1488 号）

3 术语和定义

下列术语和定义适用于本标准。

3.1 纺织印染工业排污单位 textile and dyeing industry pollutant emission unit

指从事对麻、丝、毛等纺前纤维进行加工，纺织材料前处理、染色、印花、整理为主的印染加工，以及从事织造，服装与服饰加工，并有水污染物或大气污染物产生的生产单位。

3.2 许可排放限值 permitted emission limits

指排污许可证中规定的允许排污单位排放的污染物最大排放浓度和排放量。

3.3 特殊时段 special periods

指根据国家和地方限期达标规划及其他相关环境管理规定，对排污单位的污染物排放情况有特殊要求的时段，包括重污染天气应对期间和冬防期间等。

3.4 印染 dyeing and printing

指对纺织材料（纤维、纱、线及织物）进行以化学处理为主的工艺过程，包括前处理、染色、印花、整理（包括一般整理与功能整理）等工序。

4 纺织印染工业排污单位基本情况申报要求

4.1 基本原则

纺织印染工业排污单位应当按照实际情况填报，对提交申请材料的真实性、合法性和完整性负法律责任。

纺织印染工业排污单位应按照本标准要求，在全国排污许可证管理信息平台申报系统填报《排污许可证申请表》中的相应信息。填报系统中未包括的，地方环境保护主管部门有规定需要填报或排污单位认为需要填报的，可自行增加内容。

4.2 排污单位基本信息

纺织印染工业排污单位基本信息应填报单位名称、邮政编码、行业类别（填报时选择纺织印染相关行业）、是否投产、投产日期、生产经营场所中心经度、生产经营场所中心纬度、所在地是否属于重点区域、环境影响评价文件批复及文号（备案编号）或者地方政府对违规项目的认定或备案文件及文号、主要污染物总量分配计划文件及文号、二氧化硫总量指标（t/a）、氮氧化物总量指标（t/a）、颗粒物总量指标（t/a）、化学需氧量总量指标（t/a）、氨氮总量指标（t/a）、涉及的其他污染物总量指标，以及实施低排水染整工艺改造情况等。

4.3 主要产品及产能

4.3.1 一般原则

纺织印染工业排污单位应填报主要生产单元名称、主要工艺名称、生产设施名称、生产设施编号、设施参数、产品名称、生产能力及计量单位、设计年生产时间及其他。

4.3.2 主要生产单元

洗毛单元、麻脱胶单元、缫丝单元、织造单元、印染单元、成衣水洗单元、公用单元为必填内容，纺纱、服装及家纺加工等生产单元为选填内容。

4.3.3 主要工艺

洗毛单元：包括乳化洗毛工艺、溶剂洗毛工艺、冷冻洗毛工艺、超声波洗毛工艺。

麻脱胶单元：包括化学脱胶、生物脱胶、物理脱胶、生化联合脱胶工艺。

缫丝单元：包括桑蚕缫丝、柞蚕缫丝工艺。

织造单元：包括喷水织造、喷气织造工艺。

印染单元：包括前处理、印花、染色、整理工艺。

成衣水洗单元：包括普通水洗、酵素洗、漂洗、石磨洗工艺。

公用单元：包括锅炉、软化水系统、储存系统、废水处理系统、辅助系统。

4.3.4 生产设施

分为必填内容和选填内容。

a）必填内容

1）洗毛单元：包括洗毛设施（喷射洗毛机、滚筒洗毛机、超声洗毛机、联合洗毛机等）、炭化设施、剥鳞设施。

2）麻脱胶单元：包括浸渍设施、汽爆装置、沤麻设施、碱处理设施、漂白设施、酸洗设施、煮练设施、漂洗设施、发酵罐。

3）缫丝单元：包括煮茧机、缫丝机、打棉机。

4）织造单元：包括喷水织机及其他。

5）印染生产单元：包括前处理工序（烧毛设施、退浆设施、精炼设施、煮练设施、漂白设施、丝光设施、定型设施、碱减量设施、前处理一体式设施等）、染色工序（散纤维染色设施、纱线染色设施、连续轧染设施、浸染染色设施、喷射染色设施、冷堆染色设施、卷染染色设施、经轴染色设施、溢流染色设施、气流染色设施、气液染色设施等）、印花工序（滚筒印花设施、圆网印花设施、平网印花设施、静电植绒设施、转移印花设施、数码印花设施、泡沫印花设施、印花感光制网设施、平洗设备、砂洗设备等）、整理工序（磨毛机、起毛机、定型设施、直接涂层设施、转移涂层设施、凝固涂层设施、层压复合设施、配料设施等）。

6）成衣水洗单元：包括水洗机、吊染机、喷色机、马骝机、喷砂机、磨砂机、镭射造型机。

7）公用单元：包括储存系统（煤场、化学品库、油罐、气罐等）、锅炉（燃煤锅炉、燃油锅炉、燃气锅炉、生物质锅炉等）。

b）选填内容

除a）中要求外，其他生产设施为选填内容，包括：选毛机、开毛机、烘毛机、打麻机、脱水机、烘干机、剥茧机、选茧机、筛茧机、真空给湿机、定幅机、拉幅机、电光机、轧纹机、轧光机、剪毛机、打布机、浆布机、脱水机、猫须设备等。

4.3.5 生产设施编号

纺织印染工业排污单位填报内部生产设施编号，若排污单位无内部生产设施编号，则根据《固定污染源（水、大气）编码规则（试行）》（环水体〔2016〕189号中附件4）进行编号并填报。

4.3.6　设施参数

填写参数名称、设计值、单位等，参数包括型号、浴比、车速、布幅宽度、容积等。

4.3.7　产品名称

填写各生产单元的产品名称，包括生丝、净毛、精干麻、纱、坯布、色纤、色纱、面料、家用纺织制成品、产业用纺织制成品、纺织服装、服饰品等。

4.3.8　生产能力及计量单位

生产能力为主要产品设计产能，并标明计量单位，不包括国家或地方政府予以淘汰或取缔的产能。

4.3.9　设计年生产时间

环境影响评价文件及其批复、地方政府对违规项目的认定或备案文件确定的年生产天数。

4.3.10　其他

纺织印染工业排污单位如有需要说明的内容，可填写。

4.4　主要原辅料及燃料

4.4.1　原料

洗毛单元原料种类包括原毛、水、其他。

麻脱胶单元原料种类包括苎麻、亚麻、黄麻、大麻、红麻、罗布麻、水、其他。

缫丝单元原料种类包括桑蚕茧、柞蚕茧、水、其他。

织造单元原料种类包括天然纤维（棉、麻、丝、毛、石棉及其他）与化学纤维（再生纤维、合成纤维、无机纤维、其他）。

印染单元原料种类包括散纤维、纱、织物、水、其他。

成衣水洗单元原料种类包括成衣、成品布、水、其他。

4.4.2　辅料

通用辅料包括生产过程中添加的化学品以及废水、废气污染治理过程中添加的化学品（包括石灰、硫酸、盐酸、混凝剂、助凝剂等）。

洗毛单元辅料包括烧碱、合成洗涤剂、氯化钠、硫酸钠、硫酸铵、有机溶剂、盐酸、漂白剂、双氧水、其他。

麻脱胶单元辅料包括烧碱、硫酸、盐酸、双氧水、生物酶、给油剂、其他。

缫丝单元辅料包括渗透剂、抑制剂、解舒剂、其他。

织造单元辅料包括浆料、表面活性剂、油剂、防腐剂、石蜡、其他。

印染单元辅料包括染料（直接染料、活性染料、还原染料、硫化染料、酸性染料、分散染料、冰染染料、碱性染料、媒染染料、荧光染料、氧化染料、酞菁染料、缩聚染料、暂溶性染料）、颜料、糊料、酸剂（乙酸、苹果酸、酒石酸、琥珀酸、硫酸、盐酸）、碱剂（烧碱、纯碱、氨水）、氧化剂（二氧化氯、液氯、双氧水、次氯酸钠）、还原剂（二氧化硫、保险粉、元明粉）、生物酶、短纤维绒、离型纸、助剂（分散剂、精炼剂、润湿剂、乳化剂、洗涤剂、渗透剂、均染剂、黏合剂、增白剂、消泡剂、增稠剂、皂洗剂、硬挺剂、固色剂及其他）、整理剂（柔软剂、抗菌防皱剂、防污整理剂、拒油整理剂、防紫外线整理剂、阻燃整理剂、防水整理剂、防皱整理剂、抗静电整理剂、稳定剂、增塑剂、发泡机、促进剂、填充料、着色剂、防光氧化剂、交联剂、防水解剂、增稠剂、引发剂及其他）、涂层剂［聚氯乙烯（PVC）胶、聚氨酯（PU）胶、聚丙烯酸酯（PA）胶、聚有机硅氧烷、橡胶乳液及其他］、溶剂（甲苯、二甲苯、二甲基甲酰胺、丁酮、苯乙烯、丙烯酸、乙酸乙酯、丙烯酸酯及其他）、感光胶（含铬感光胶、常规感光胶）、其他。

成衣水洗单元辅料包括酵素、柔软剂、渗透剂、蓬松剂、冰醋酸、烧碱、双氧水、碳酸钠、漂白粉、其他。

4.4.3 燃料

燃料种类包括燃煤、天然气、重油、生物质燃料等。

4.4.4 设计年使用量

设计年使用量为与产能相匹配的原辅材料及燃料年使用量。

设计年使用量的计量单位均为 t/a 或 m^3/a。

4.4.5 原辅材料成分及占比

按设计值或上一年生产实际值填写，如染料或助剂中含有铬，应填报铬元素占比，含量须满足 GB 20814 相关要求。

4.4.6 燃料灰分、硫分、挥发分及热值

需按设计值或上一年生产实际值填写燃料灰分、硫分（固体和液体燃料按硫分计；气体燃料按总硫计，总硫包含有机硫和无机硫）、挥发分及热值（低位发热量），燃油和燃气填写硫分及热值。

4.4.7 其他

纺织印染工业排污单位如有需要说明的内容，可填写。

4.5 产排污节点、污染物及污染治理设施

4.5.1 一般原则

废水产排污节点、污染物及污染治理设施包括废水类别、污染物种类、排放去向、排放规律、污染治理设施、排放口编号、排放口设置是否符合要求、排放口类型。以下“4.5.2.1～4.5.2.5”为必填项。

废气产排污节点、污染物及污染治理设施包括对应产污环节名称、污染物种类、排放形式（有组织、无组织）、污染治理设施、有组织排放口编号、排放口设置是否符合要求、排放口类型。以下“4.5.3.1～4.5.3.4”为必填项。

4.5.2 废水

4.5.2.1 废水类别、污染物种类及污染治理设施

纺织印染工业排污单位废水类别、产污环节、污染物项目、污染治理设施及排放口类型填报内容参见表 1。有地方排放标准要求的，按照地方排放标准确定。

4.5.2.2 排放去向及排放规律

纺织印染工业排污单位应明确废水排放去向及排放规律。

废水排放去向分为：不外排；排至厂内综合污水处理站；直接进入海域；直接进入江河、湖、库等水环境；进入城市下水道（再入江河、湖、库）；进入城市下水道（再入沿海海域）；进入城市污水处理厂；进入其他单位；进入工业废水集中处理设施；其他。

废水排放规律分为：连续排放，流量稳定；连续排放，流量不稳定，但有周期性规律；连续排放，流量不稳定，但有规律，且不属于周期性规律；连续排放，流量不稳定，属于冲击型排放；连续排放，流量不稳定且无规律，但不属于冲击型排放；间断排放，排放期间流量稳定；间断排放，排放期间流量不稳定，但有周期性规律；间断排放，排放期间流量不稳定，但有规律，且不属于非周期性规律；间断排放，排放期间流量不稳定，属于冲击型排放；间断排放，排放期间流量不稳定且无规律，但不属于冲击型排放。

4.5.2.3 污染治理设施、排放口编号

污染治理设施编号可填写纺织印染工业排污单位内部编号，若无内部编号，则根据《固定污染源（水、大气）编码规则（试行）》（环水体〔2016〕189 号中附件 4）进行编号并填报。

排放口编号应填写地方环境保护主管部门现有编号，若地方环境保护主管部门未对排放口进行编号，则排污单位根据《固定污染源（水、大气）编码规则（试行）》（环水体〔2016〕189 号中附件 4）进行编号并填写。

4.5.2.4 排放口设置要求

根据《排污口规范化整治技术要求（试行）》等相关文件的规定，结合实际情况填报排放口设置是否符合规范化要求。

4.5.2.5　排放口类型

纺织印染工业排污单位排放口分为废水总排放口（直接排放口、间接排放口）和车间或生产设施废水排放口，其中废水总排放口为主要排放口。具体参见表 1。

表 1　纺织印染工业排污单位废水类别、污染物项目及污染治理设施一览表

<table>
<tr><th rowspan="2">废水类别</th><th rowspan="2">产污环节</th><th rowspan="2">污染物项目</th><th colspan="2">污染治理设施</th><th rowspan="2">排放口类型</th></tr>
<tr><th>污染治理设施名称及工艺</th><th>是否为可行技术</th></tr>
<tr><td>缫丝废水</td><td>煮茧、缫丝、打棉</td><td rowspan="2">化学需氧量、悬浮物、五日生化需氧量、氨氮、总氮、总磷、pH 值、动植物油</td><td rowspan="7">一级处理设施：捞毛机、格栅、中和调节、气浮、混凝、沉淀及其他；
二级处理设施：水解酸化、厌氧生物法、好氧生物法；
深度处理设施：活性炭吸附、曝气生物滤池、高级氧化、臭氧、芬顿氧化、滤池/滤布、离子交换、树脂过滤、膜分离、人工湿地及其他</td><td rowspan="7">□是
□否
如采用不属于“6　污染防治可行技术要求”中的技术，应提供应用证明、监测数据等相关证明材料</td><td rowspan="7">总排放口(□直接排放口/□间接排放口）/生产设施或车间废水排放口</td></tr>
<tr><td>洗毛废水</td><td>洗毛、剥鳞、炭化、水洗、漂白</td></tr>
<tr><td>麻脱胶废水</td><td>浸渍、碱处理、酸洗、漂白、煮练、脱水</td><td>化学需氧量、悬浮物、五日生化需氧量、氨氮、总氮、总磷、pH 值、可吸附有机卤素、色度</td></tr>
<tr><td>印染废水</td><td>退浆、煮练、精炼、漂白、丝光、碱减量、染色、印花、漂洗、定型整理</td><td>化学需氧量、悬浮物、五日生化需氧量、氨氮、总氮、总磷、pH 值、六价铬、色度、可吸附有机卤素、苯胺类、硫化物、二氧化氯、总锑</td></tr>
<tr><td>成衣水洗废水</td><td>水洗</td><td>化学需氧量、悬浮物、五日生化需氧量、氨氮、总氮、总磷、pH 值、色度</td></tr>
<tr><td>织造废水</td><td>喷水织造</td><td rowspan="2">化学需氧量、悬浮物、五日生化需氧量、氨氮、总氮、总磷、pH 值</td></tr>
<tr><td>初期雨水、生活污水[a]、循环冷却水排污水</td><td>—</td></tr>
<tr><td colspan="6">[a] 单独排入城镇集中污水处理设施的生活污水仅说明去向。</td></tr>
</table>

4.5.3　废气

4.5.3.1　废气产污环节名称、污染物种类、排放形式及污染治理设施

纺织印染工业排污单位废气产污环节名称、污染物种类、排放形式及污染治理设施（措施）填报内容参见表 2。有地方排放标准要求的，按照地方排放标准确定。

4.5.3.2　污染治理环节设施、有组织排放口编号

污染治理设施编号可填写纺织印染工业排污单位内部编号，若无内部编号，则根据《固定污染源（水、大气）编码规则（试行）》（环水体〔2016〕189 号中附件 4）进行编号并填报。

有组织排放口编号应填写地方环境保护主管部门现有编号，若地方环境保护主管部门未对排放口进行编号，则排污单位根据《固定污染源（水、大气）编码规则（试行）》（环水体〔2016〕189 号中附件 4）进行编号并填写。

4.5.3.3　排放口设置要求

填写排放口设置是否符合《排污口规范化整治技术要求（试行）》等相关文件的规定，结合实际情况填报排放口设置是否符合规范化要求。

4.5.3.4　排放口类型

纺织印染工业排污单位废气排放口分为主要排放口、一般排放口。主要排放口为锅炉烟囱，其余为一般排放口。具体参见表 2。

4.6　图件要求

纺织印染工业排污单位基本情况还应包括生产工艺流程图（包括全厂及各工序）、厂区总平面布置图、雨污水管网平面布置图。

生产工艺流程图应至少包括主要生产设施（设备）、主要原辅燃料的流向、生产工艺流程等内容。

表 2　纺织印染工业排污单位废气产污环节名称、污染物项目、排放形式及污染治理设施（措施）一览表

<table>
<tr><th rowspan="2">生产单元</th><th rowspan="2">废气产污环节名称</th><th rowspan="2">污染物项目</th><th rowspan="2">排放形式</th><th colspan="2">污染治理设施（措施）</th><th rowspan="2">排放口类型</th></tr>
<tr><th>污染治理设施（措施）名称及工艺</th><th>是否为可行技术</th></tr>
<tr><td>缫丝单元</td><td>打棉</td><td>臭气浓度</td><td>无组织</td><td rowspan="5">废气产生点配备有效的废气捕集装置（如局部密闭罩、整体密闭罩、大容积密闭罩、车间密闭等）并配备滤尘系统、其他</td><td>—</td><td>—</td></tr>
<tr><td>麻脱胶单元</td><td>扎把、梳麻、沤麻、浸渍、开松</td><td>颗粒物、臭气浓度</td><td>无组织</td><td>—</td><td>—</td></tr>
<tr><td>洗毛单元</td><td>选毛、梳毛</td><td>颗粒物</td><td>无组织</td><td>—</td><td>—</td></tr>
<tr><td>织造单元</td><td>清棉、梳理、开松、废棉处理、喷气织造</td><td>颗粒物</td><td>无组织</td><td>—</td><td>—</td></tr>
<tr><td rowspan="4">印染单元</td><td>烧毛、磨毛、拉毛</td><td>颗粒物</td><td>无组织</td><td>—</td><td>—</td></tr>
<tr><td>印花[a]</td><td>甲苯、二甲苯、非甲烷总烃</td><td>有组织</td><td>喷淋洗涤、吸附、生物净化、吸附-冷凝回收、吸附-催化燃烧</td><td rowspan="3">□是
□否
如采用不属于“6　污染防治可行技术要求”中的技术，应提供应用证明、监测数据等相关证明材料</td><td>一般排放口</td></tr>
<tr><td>定型</td><td>颗粒物、非甲烷总烃</td><td>有组织</td><td>喷淋洗涤、吸附、喷淋洗涤-静电</td><td>一般排放口</td></tr>
<tr><td>涂层整理</td><td>甲苯、二甲苯、非甲烷总烃</td><td>有组织</td><td>喷淋洗涤、吸附、吸附-冷凝回收、吸附-催化燃烧、蓄热式燃烧、蓄热式催化燃烧</td><td>一般排放口</td></tr>
<tr><td>成衣水洗</td><td>磨砂、喷马骝、镭射</td><td>颗粒物</td><td>无组织</td><td>废气产生点配备有效的废气捕集装置（如局部密闭罩、整体密闭罩、大容积密闭罩、车间密闭等）并配备滤尘系统</td><td>—</td><td>—</td></tr>
<tr><td rowspan="2">公用单元</td><td>锅炉</td><td>颗粒物、二氧化硫、氮氧化物、汞及其化合物、烟气黑度（林格曼黑度）</td><td>有组织</td><td>除尘（电除尘、袋式除尘、电袋复合除尘、湿式电除尘）、脱硫（石灰石/石灰-石膏等湿法、喷雾干燥法、循环流化床法）、脱硝（选择性催化还原、非选择性催化还原法、低氮燃烧+选择性催化还原、低氮燃烧+非选择性催化还原、脱硫脱硝一体法）</td><td>□是
□否
如采用不属于“6　污染防治可行技术要求”中的技术，应提供应用证明、监测数据等相关证明材料</td><td>主要排放口</td></tr>
<tr><td>储运系统、配料系统</td><td>颗粒物、非甲烷总烃</td><td>无组织</td><td>配料间及仓库密闭、堆放场地进行遮盖、煤堆场洒水</td><td>—</td><td>—</td></tr>
<tr><td colspan="7">[a] 指蒸化、静电植绒、数码印花、转移印花等产生废气的重点工段。</td></tr>
</table>

厂区总平面布置图应至少包括主体设施、公辅设施、污水处理设施等内容，同时注明厂区运输路线等。

雨污水管网平面布置图应包括厂区雨水和污水集输管线走向、排放口位置及排放去向等内容。

4.7　其他要求

省级环境保护主管部门按环境质量改善需求增加的管理要求，应在“有核发权的地方环境保护主管部门增加的管理内容”中填写。

纺织印染工业排污单位在填报申请信息时，应评估污染排放及环境管理现状，对现状环境问题提出整改措施，并在全国排污许可证管理信息平台申报系统中“改正措施栏”填写。

5　产排污节点对应排放口及许可排放限值确定方法

5.1　产排污节点及排放口具体规定

5.1.1　废水

纺织印染工业排污单位应按照本标准要求，在全国排污许可证管理信息平台申报系统填报《排污许可证申请表》中废水直接排放口和间接排放口信息。废水直接排放口应填报直接排放口地理坐标、间歇排放时段、受纳水体水质目标、汇入受纳水体处地理坐标及执行的污染物排放标准；废水间接排放口应填报间接排放口地理坐标、间歇排放时段、受纳污水处理厂信息及执行的污染物接收标准。其余项为依据本标准 4.5 填报的产排污节点及排放口信息，信息平台系统自动生成。废水间歇式排放的，应当载明排放污染物的时段。排污单位纳入排污许可管理的废水排放口和污染物项目见表 3。有地方要求的，从其规定。

表 3　纳入许可管理的废水排放口及污染物项目

废水排放口	污染物项目
车间或生产设施废水排放口	六价铬[a]
纺织印染工业排污单位废水总排放口	pH 值
	色度
	悬浮物
	化学需氧量
	五日生化需氧量
	氨氮
	总氮
	总磷
	动植物油[b]
	可吸附有机卤素[c]
	苯胺类[d]
	硫化物[e]
	二氧化氯[f]
	总锑[g]

[a] 仅适用于使用含铬染料或助剂、含有感光制网工艺的排污单位。
[b] 仅适用于含缫丝、毛纺生产单元的排污单位。
[c、f] 仅适用于麻纺、印染生产单元中含氯漂工艺的排污单位。
[d、e] 仅适用于含印染生产单元的排污单位。
[g] 仅适用于含涤纶化纤碱减量工艺的排污单位。

5.1.2　废气

废气排放口应填报排放口地理坐标、排气筒高度、排气筒出口内径、国家或地方污染物排放标准、环境影响评价文件批复要求及承诺更加严格的排放限值，其余项依据本标准 4.5 填报的产排污节点及排放口信息，信息平台系统自动生成。

纺织印染工业排污单位有组织排放源和污染物项目管控范围见表 4。

表 4　纳入排污许可管理的废气产生环节、排放口及污染物项目

废气有组织排放			
废气产生环节	废气有组织排放口	排放口类型	污染物项目
锅炉	锅炉烟囱	主要排放口	颗粒物、二氧化硫、氮氧化物、烟气黑度（林格曼黑度）、汞及其化合物[a]
印花设施[b]	排气筒	一般排放口	甲苯、二甲苯、非甲烷总烃
定型设施			颗粒物、非甲烷总烃
涂层设施			甲苯、二甲苯、非甲烷总烃
废气无组织排放			
印染单元	厂界	颗粒物、非甲烷总烃	
毛纺单元、麻纺单元、缫丝单元		颗粒物、臭气浓度、硫化氢	
织造单元、成衣水洗单元		颗粒物	
废水处理设施		臭气浓度、氨、硫化氢	

[a] 适用于燃煤锅炉。
[b] 指蒸化、静电植绒、数码印花、转移印花等产生废气的重点工段。

5.2　许可排放限值

5.2.1　一般原则

许可排放限值包括污染物许可排放浓度和许可排放量。许可排放量包括年许可排放量和特殊时段许可排放量。年许可排放量是指允许纺织印染工业排污单位连续 12 个月排放的污染物最大排放量。年许可排放量同时适用于考核自然年的实际排放量。有核发权的地方环境保护主管部门可根据环境管理规定细化许可排放量的核算周期。

对于水污染物，按照排放口确定许可排放浓度、许可排放量。对于纺织印染工业排污单位生产废水排入城市污水处理厂、工业废水集中处理设施的情况，除核算排污单位许可排放量外，还需根据城市污

水处理厂、工业废水集中处理设施执行的外排标准，核算排入外环境的排放量，并载入排污许可证中。单独排入城镇集中污水处理设施的生活污水排放口不许可排放浓度和排放量。

对于大气污染物，有组织排放源主要排放口应明确各污染物许可排放浓度和年许可排放量，一般排放口应明确各污染物许可排放浓度。无组织废气按照厂界确定许可排放浓度，不设置许可排放量要求。

根据国家或地方污染物排放标准确定许可排放浓度。依据总量控制指标及本标准规定的方法从严确定许可排放量，2015 年 1 月 1 日（含）后取得环境影响评价文件批复的纺织印染工业排污单位，许可排放量还应同时满足环境影响评价文件和批复要求。总量控制指标包括地方政府或环境保护主管部门发文确定的排污单位总量控制指标、环境影响评价文件批复时的总量控制指标、现有排污许可证中载明的总量控制指标、通过排污权有偿使用和交易确定的总量控制指标等地方政府或环境保护主管部门与排污许可证申领排污单位以一定形式确认的总量控制指标。

纺织印染工业排污单位填报申请的排污许可排放限值时，应在《排污许可证申请表》中写明许可排放限值计算过程。

纺织印染工业排污单位承诺的排放浓度严于本标准要求的，应在排污许可证中载明。

5.2.2 许可排放浓度

5.2.2.1 废水

纺织印染工业排污单位水污染物许可排放浓度限值按照 GB 4287、GB 8978、GB 28936、GB 28937、GB 28938 确定，地方有更严格的排放标准要求的，按照地方排放标准从严确定。废水排入城镇污水处理厂或工业集中污水处理设施的排污单位，应按相应排放标准规定执行。

若纺织印染工业排污单位的产品同时适用不同排放控制要求或不同类别国家污染物排放标准，且不同产品产生的废水混合处理排放的情况下，应执行排放标准中规定的最严格的浓度限值。

5.2.2.2 废气

纺织印染工业排污单位有组织废气处理设施大气污染物许可排放浓度限值按照 GB 13271、GB 14554、GB 16297 确定，厂界废气无组织排放中的臭气浓度、硫化氢许可排放浓度按照 GB 14554 确定，颗粒物许可排放浓度按照 GB 13271、GB 16297 确定。地方有更严格排放标准要求的，按照地方排放标准从严确定许可排放浓度限值。污染物项目根据表 4 确定，待纺织印染工业大气污染物排放标准发布后，从其规定。

若执行不同许可排放浓度的多台生产设施或排放口采用混合方式排放废气，且选择的监控位置只能监测混合废气中的大气污染物浓度，则应执行各限值要求中最严格的许可排放浓度。

大气污染防治重点控制区按照《关于执行大气污染物特别排放限值的公告》与《关于执行大气污染物特别排放限值有关问题的复函》等相关文件的要求执行。其他执行大气污染物特别排放限值的地域范围、时间，由国务院环境保护行政主管部门或省级人民政府规定。

5.2.3 许可排放量

5.2.3.1 废水

纺织印染工业排污单位应明确外排化学需氧量、氨氮以及受纳水体环境质量超标且列入 GB 4287、GB 8978、GB 28936、GB 28937、GB 28938 中的其他污染物项目年许可排放量。单独排入城镇集中污水处理设施的生活污水不申请许可排放量。对位于《“十三五”生态环境保护规划》区域性、流域性的总磷、总氮总量控制区域内的排污单位，还应分别申请总磷及总氮年许可排放量。

a）单一产品

1）喷水织造、成衣水洗单元单位产品的水污染物排放量限值和产品产能核定，计算公式如式（1）所示。

$$D_j = S \times P_j \times 10^{-3} \qquad (1)$$

式中：D_j——排污单位废水第 j 项水污染物的年许可排放量，t/a；

S——排污单位产品产能，t/a 或百米布/a；

P_j——生产单位产品的水污染物排放量限值，kg/t 产品。喷水织造单元单位产品水污染物排放量限值，间接排放的排污单位按 0.30 kg 化学需氧量/百米布、0.006 0 kg 氨氮/百米布计，直接排放的排污单位按 0.060 kg 化学需氧量/百米布、0.00 36 kg 氨氮/百米布计；成衣水洗单元单位产品水污染物排放量限值，间接排放的排污单位按 20.00 kg 化学需氧量/t 产品、0.20 kg 氨氮/t 产品计，直接排放的排污单位按 2.00 kg 化学需氧量/t 产品、0.12 kg 氨氮/t 产品计。地方有更严格要求的，按照地方要求从严确定。

2）其他生产单元排污单位水污染物许可排放量依据该产品产能、单位产品基准排水量和水污染物许可排放浓度限值核定，计算公式如式（2）所示。

$$D_j = S \times Q \times \rho_j \times 10^{-6} \tag{2}$$

式中：D_j——排污单位废水第 j 项水污染物年许可排放量，t/a；

S——排污单位产品产能，t/a，产能单位按 FZ/T 01002 进行折算；

Q——单位产品基准排水量，m^3/t 产品，排污单位执行 GB 28936、GB 28937、GB 28938 及 GB 4287 中的相关取值；地方有更严格排放标准要求的，按照地方排放标准从严确定；

ρ_j——排污单位废水第 j 项水污染物许可排放浓度限值，mg/L。

b）多种产品

纺织印染工业排污单位含有执行不同排放浓度或单位产品基准排水量的产品，年许可排放量的计算公式如式（3）所示。

$$D_j = \rho_j \times \sum_{i=1}^{n}\left(Q_i \times S_i \times 10^{-6}\right) \tag{3}$$

式中：D_j——排污单位废水第 j 项水污染物年许可排放量，t/a；

ρ_j——排污单位废水第 j 项水污染物许可排放浓度，mg/L；

n——排污单位产品种类数量；

Q_i——第 i 类产品基准排水量，m^3/t 产品；

S_i——第 i 类产品产能，t/a。

5.2.3.2 废气

纺织印染工业排污单位应明确主要排放口排放的废气中颗粒物、二氧化硫、氮氧化物的许可排放量。

a）年许可排放量

纺织印染工业排污单位主要排放口污染物年许可排放量根据基准排气量、许可排放浓度、锅炉设计燃料用量核定。主要排放口污染物年许可排放量计算公式如下：

$$E_{jk} = R_k \times Q_k \times \rho_{jk} \times 10^{-6} \tag{4}$$

$$E_{j,\text{主要排放口年许可}} = \sum_{k=1}^{m} E_{jk} \tag{5}$$

式中：E_{jk}——排污单位第 k 个锅炉排放口废气第 j 项大气污染物年许可排放量，t/a；

R_k——排污单位第 k 个锅炉排放口设计燃料用量（标态），燃煤或燃油时单位为 t/a，燃气时单位为 10^3 m^3/a；

Q_k——第 k 个锅炉排放口基准排气量（标态），燃煤时单位为 m^3/kg 燃煤，燃油时单位为 m^3/kg 燃油，燃气时单位为 m^3/m^3 燃气，按表 5 进行经验取值；地方有更严格排放标准要求的，按照地方排放标准从严确定；

ρ_{jk}——第 k 个锅炉排放口废气第 j 项大气污染物许可排放浓度限值，mg/m^3；

$E_{j,主要排放口年许可}$——主要排放口的大气污染物年许可排放量，t/a；

m——主要排放口数量。

表 5　锅炉废气基准烟气量取值表

产污环节名称		基准烟气量
燃煤锅炉/（m^3/kg）	热值为 12.5 MJ/kg	6.2
	热值为 21 MJ/kg	9.9
	热值为 25 MJ/kg	11.6
燃油锅炉/（m^3/kg）	热值为 38 MJ/kg	12.2
	热值为 40 MJ/kg	12.8
	热值为 43 MJ/kg	13.8
燃气锅炉/（m^3/m^3）	燃用天然气	12.3
注：燃用其他热值燃料的，可按照《动力工程师手册》进行计算。		

b）特殊时段许可排放量

特殊时段纺织印染工业排污单位日许可排放量按式（6）计算。地方制定的相关法规中对特殊时段许可排放量有明确规定的从其规定。国家和核发机关依法规定的其他特殊时段短期许可排放量应当在排污许可证当中载明。

$$E_{日许可}=E_{前一年环统日均排放量}\times(1-\alpha) \tag{6}$$

式中：$E_{日许可}$——排污单位特殊时段日许可排放量，t；

$E_{前一年环统日均排放量}$——根据纺织印染工业排污单位前一年环境统计实际排放量折算的日均值，t；

α——特殊时段排放量削减比例，%。

6　污染防治可行技术要求

6.1　一般原则

本标准中所列污染防治可行技术及运行管理要求可作为核发机关对排污许可证申请材料审核的参考。对于纺织印染工业排污单位采用本标准所列可行技术的，原则上认为具备符合规定的防治污染设施或污染物处理能力。对于未采用本标准所列可行技术的，排污单位应当在申请时提供相关证明材料（如提供应用案例的监测数据；对于国内外首次采用的污染治理技术，还应当提供中试数据等说明材料），证明可达到与污染防治可行技术相当的处理能力。

对不属于污染防治可行技术的污染治理技术，纺织印染工业排污单位应当加强自行监测、台账记录，评估达标可行性。待纺织印染工业污染防治可行技术指南发布后，从其规定。

6.2　废水

6.2.1　可行技术

纺织印染工业排污单位废水处理方式分为分质综合处理和直接综合处理。分质综合处理是对要求车间或生产设施排放口达标排放的生产废水（如含铬废水），或者对具有资源回用价值的工艺废水（缫丝废水、洗毛废水、碱减量废水等）进行单独处理后，排入厂区综合废水处理设施进行混合处理的方式。直接综合处理是排污单位生产废水直接排入厂区综合废水处理设施进行混合处理的方式。纺织印染排污单位综合污水处理设施分为一级、二级及深度处理。纺织印染废水处理可行技术具体详见附录 A。

6.2.2　运行管理要求

纺织印染工业排污单位根据产污环节合理确定废水处理工艺及设施参数，应符合 HJ 471 相关要求。废水中含有棉毛短绒、纤维较多时应采用具有清洗功能的滤网设备，含细砂和短纤维的成衣水洗废水应设置除砂及过滤设备。采用化学脱色处理废水时，宜首选不含氯脱色剂。废水处理中产生的栅渣、污泥等做好收集处理处置，防止二次污染。根据工艺要求，定期对构筑物、设备、电气及自控仪表进行检查维护，确保处理设施稳定运行。

纺织印染工业排污单位应进行雨污分流，重视生产节水管理，加强各类废水的处理与回用，实施低排水印染工艺改造。根据用水水质要求实现废水梯级利用，尽量减少污水排放量。厂区内废水管线和处理设施做好防渗，防止有毒有害污染物渗入地下水体。

根据废水处理设施生产及周围环境实际情况，考虑各种可能的突发性事故，做好应急预案，配备人力、设备、通讯等资源，预留应急处置的条件。未经当地环境保护行政主管部门批准，废水处理设施不得停止运行。由于紧急事故造成设施停止运行时，应立即报告当地环境保护主管部门。

6.3 废气

6.3.1 可行技术

纺织印染工业排污单位废气处理可行技术具体详见附录 B。

6.3.2 运行管理要求

6.3.2.1 有组织排放控制要求

纺织印染工业排污单位应当按照相关法律法规、标准和技术规范等的要求运行大气污染防治设施并进行维护和管理，保证设施运行正常，处理、排放大气污染物符合相关国家或地方污染物排放标准的规定。

纺织印染工业排污单位产生废气的生产工艺和装置必须设立局部或整体气体收集系统和净化处理装置，达标排放。

布袋除尘器应定期更换滤袋，确保完整无破损。

静电除尘装置应定期检修维护极板、极丝、振打清灰装置；处理定型机废气时还应定期清洗电极，清理废油。

喷淋吸收装置应定期排放更换吸收液，确保吸收效果。

吸附装置应定期更换吸附材料，确保吸附材料的吸附效能，如脱附后采用催化燃烧装置，则应定期更换催化剂。

RTO 装置应定期检查燃烧器、蓄热体、切换阀等组件，确保系统安全、稳定运行。

RCO 装置应定期检查燃烧器、蓄热体、切换阀等组件，定期更换催化剂，确保系统安全、稳定运行。

6.3.2.2 无组织排放控制要求

纺织印染工业排污单位的无组织废气收集与处理应符合 GB 50477 的要求。

对于颗粒物无组织废气产生点，纺织印染工业排污单位应配备有效的废气捕集装置，如局部密闭罩、整体密闭罩、大容积密闭罩、车间密闭等，并配备滤尘设施。

对于挥发性有机溶剂、恶臭等无组织废气产生点，如打棉、沤麻、原麻浸渍、浆料池、调浆、醋酸调节等设施，纺织印染工业排污单位应采取密闭措施以减少废气散发。有机溶剂储存和装卸单元应配置气相平衡管或将产生的废气接入废气处理设施。异味明显的废水处理单元，应加盖密闭，并配备废气收集处理设施。

对于露天储煤场、粉状物料储运系统，纺织印染工业排污单位应配备防风抑尘网、喷淋、洒水、苫盖等抑尘措施，且防风抑尘网不得有明显破损。煤粉、石灰石粉等粉状物料须采用筒仓等封闭式料库存储。其他易起尘物料应遮盖。

环境影响评价文件或地方相关规定中有针对原辅料、生产过程、燃料等其他污染防治强制要求的，还应根据环境影响评价文件或地方相关规定，明确其他需要落实的污染防治要求。

7 自行监测管理要求

7.1 一般原则

纺织印染工业排污单位在申请排污许可证时，应当按照本标准确定产排污节点、排放口、污染因子及许可排放限值的要求，制定自行监测方案并在《排污许可证申请表》中明确。纺织印染工业排污单位自行监测技术指南发布后，自行监测方案的制定从其要求。排污单位自备火力发电厂机组（厂）、配套锅炉的自行监测要求按照 HJ 820 制定自行监测方案。

2015 年 1 月 1 日（含）后取得环境影响评价文件批复的纺织印染工业排污单位，应根据环境影响评价文件和批复要求同步完善自行监测方案。有核发权的地方环境保护主管部门可根据环境质量改善需求，增加纺织印染工业排污单位自行监测管理要求。

7.2 自行监测方案

自行监测方案中应明确纺织印染工业排污单位的基本情况、监测点位及示意图、监测污染物项目、执行标准及其限值、监测频次、采样和样品保存方法、监测分析方法和仪器、质量保证与质量控制、自行监测信息公开等。其中监测频次为监测周期内至少获取 1 次有效监测数据。对于采用自动监测的排污单位应当如实填报采用自动监测的污染物项目、自动监测系统联网情况、自动监测系统的运行维护情况等；对于未采用自动监测的污染物项目，排污单位应当填报开展手工监测的污染物排放口、监测点位、监测方法、监测频次等。

7.3 自行监测要求

7.3.1 一般原则

纺织印染工业排污单位可自行或委托第三方监测机构开展监测工作，并安排专人专职对监测数据进行记录、整理、统计和分析。排污单位对监测结果的真实性、准确性、完整性负责。手工监测时生产负荷应不低于本次监测与上一次监测周期内的平均生产负荷。

7.3.2 监测内容

自行监测污染源和污染物应包括排放标准中涉及的各项废气、废水污染源和污染物。纺织印染工业排污单位应当开展自行监测的污染源包括产生有组织废气、无组织废气、生产废水、生活污水、雨水等全部污染源。

7.3.3 监测点位

纺织印染工业排污单位开展自行监测的点位包括废气外排口、废水外排口、无组织排放监测点位、内部监测点位、周边环境影响监测点位等。

7.3.3.1 废气外排口

通过排气筒等方式排放至外环境的废气，在排气筒或者原烟气与净烟气混合后的混合烟道上设置废气外排口监测点位；通过净烟气烟道直接排放的废气，应在净烟气烟道上设置监测点位，有旁路的烟道也应设置监测点位。废气监测平台、监测点位和监测孔的设置应符合 HJ/T 76、HJ/T 397 等的要求，同时监测平台应便于开展监测活动，保证监测人员的安全。

7.3.3.2 废水外排口

纺织印染工业排污单位应按照排放标准规定的监控位置设置废水外排口监测点位，废水排放口应符合《排污口规范化整治技术要求（试行）》和 HJ/T 91 的要求。设区的市级及以上环境保护主管部门明确要求安装自动监测设备的污染物项目，须采取自动监测。

排放标准中规定的监控位置为车间或生产设施废水排放口的污染物，在相应的废水排放口采样。排放标准中规定的监控位置为排污单位总排放口的污染物，废水直接排放的，在排污单位的总排放口采样；废水间接排放的，在排污单位的污水处理设施排放口后、进入公共污水处理系统前的排污单位用地红线边界的位置采样。单独排入城镇集中污水处理设施的生活污水无须开展自行监测。

选取全厂雨水排放口开展监测。对于有多个雨水排放口的排污单位，对全部排放口开展监测。雨水监测点位设在厂内雨水排放口后、排污单位用地红线边界位置。在确保雨水排放口有流量的前提下进行采样。

纺织印染工业排污单位废水排放监测的监测点位为排污单位总排放口。

7.3.3.3 周边环境影响监测点位

对于 2015 年 1 月 1 日（含）后取得环境影响评价文件批复的纺织印染工业排污单位，周边环境影响监测点位按照环境影响评价文件要求设置。

7.4 监测技术手段

自行监测技术手段包括自动监测、手工监测两种类型，纺织印染工业排污单位可根据监测成本、监测指标以及监测频次等内容，合理选择适当的监测技术手段。

根据《关于加强京津冀高架源污染物自动监控有关问题的通知》中的相关内容，京津冀地区及传输通道城市纺织印染工业排污单位各排放烟囱超过 45 m 的高架源应安装污染源自动监控设备。鼓励其他排放口及污染物采用自动监测设备监测，无法开展自动监测的，应采用手工监测。

7.5 监测频次

纺织印染工业排污单位应按照 HJ/T 75 开展自动监测数据的校验比对。中控自动设备或自动监控设施出现故障期间，按照《污染源自动监控设施运行管理办法》的要求，将手工监测数据向环境保护主管部门报送，每天不少于 4 次，间隔不得超过 6 h。印染、纺织、水洗行业排污单位废水排放口监测指标及最低监测频次分别按照表 6、表 7 执行，废气排放口监测指标及最低监测频次按照表 8、表 9 执行。

表 6 纺织印染工业印染行业排污单位废水外排口监测指标及最低监测频次

监测点位	监测指标	监测频次	
		直接排放	间接排放
废水总排放口	流量、pH 值、化学需氧量、氨氮	自动监测	自动监测
	悬浮物、色度	日	周
	五日生化需氧量、总氮[a]、总磷[a]	周	月
	苯胺类、硫化物	月	季度
废水总排放口	二氧化氯[b]、可吸附有机卤素（AOX）[b]	年	年
	总锑[c]	季度	半年
车间或生产设施排放口	六价铬[d]	月	

注：雨水排口污染物（化学需氧量）在排放期间按日监测。

[a] 水环境质量中总氮（无机氮）/总磷（活性磷酸盐）超标的流域或沿海地区，或总氮/总磷实施总量控制区域，总氮/总磷最低监测频次按日执行。

[b] 适用于含氯漂工艺的排污单位。监测结果超标的，应增加监测频次。

[c] 适用于以含涤纶为原料的排污单位。水环境质量中总锑超标的流域或沿海地区，总锑最低监测频次按月执行。

[d] 适用于使用含铬染料及助剂、有感光制网工艺进行印染加工的排污单位。

表 7 纺织行业（毛纺、麻纺、缫丝、织造）、水洗行业排污单位废水外排口监测指标及最低监测频次

监测点位	监测指标	监测频次	
		直接排放	间接排放
废水总排放口	流量、pH 值、化学需氧量、氨氮	自动监测	自动监测
	悬浮物、色度[a]	日	周
	五日生化需氧量	周	月
	总氮[b]、总磷[b]	月	季度
	动植物油[c]	月	季度
	可吸附有机卤素（AOX）[d]	年	

注：雨水排口污染物（化学需氧量）在排放期间按日监测。

[a] 适用于麻纺、成衣水洗排污单位。

[b] 水环境质量中总氮（无机氮）/总磷（活性磷酸盐）超标的流域或沿海地区，或总氮/总磷实施总量控制区域，总氮/总磷最低监测频次按日执行。

[c] 适用于毛纺、缫丝排污单位。

[d] 适用于麻纺排污单位。监测结果超标的排污单位，应增加监测频次。

表 8 纺织印染工业排污单位废气排放口监测指标及最低监测频次

污染源	监测点位	监测指标	监测频次
印花设施	印花机排气筒或车间废气处理设施排放口	非甲烷总烃	季度
		甲苯、二甲苯	半年
定型设施	定型机排气筒或车间废气处理设施排放口	颗粒物	半年
		非甲烷总烃	季度
涂层设施	涂层机排气筒或车间废气处理设施排放口	非甲烷总烃	季度
		甲苯、二甲苯	半年

污染源	监测点位	监测指标	监测频次
注1：监测的印花设施指蒸化、静电植绒、数码印花、转移印花等产生废气的重点工段。 注2：排气筒废气监测要同步监测烟气参数。 注3：监测结果超标的，应增加相应指标的监测频次。			

表9　纺织印染工业排污单位无组织废气排放监测点位、监测指标及最低监测频次

排污单位	监测点位	监测指标	监测频次
印染工业排污单位	厂界	颗粒物、非甲烷总烃、臭气浓度[a]、氨[a]、硫化氢[a]	半年
毛纺、麻纺、缫丝排污单位	厂界	颗粒物、臭气浓度、氨[a]、硫化氢[a]	半年
织造、成衣水洗排污单位	厂界	颗粒物、臭气浓度[a]、氨[a]、硫化氢[a]	半年
注：若周边有敏感点，应适当增加监测频次。			
[a] 含有污水处理设施的排污单位监测该污染物项目。			

7.6　采样和测定方法

7.6.1　自动监测

废气自动监测参照HJ/T 75、HJ/T 76执行。

废水自动监测参照HJ/T 353、HJ/T 354、HJ/T 355执行。

7.6.2　手工监测

废气手工采样方法的选择参照GB/T 16157、HJ/T 397执行。

无组织排放采样方法参照GB/T 15432、HJ/T 55执行。

周边大气环境质量监测点采样方法参照HJ/T 194执行。

废水手工采样方法的选择参照HJ 494、HJ 495和HJ/T 91执行。

7.6.3　测定方法

废气、废水污染物的测定按照相应排放标准中规定的污染物浓度测定方法标准执行，国家或地方法律法规等另有规定的，从其规定。

7.7　数据记录要求

监测期间手工监测的记录和自动监测运维记录按照HJ 819执行，同步记录监测期间的生产工况。

7.8　监测质量保证与质量控制

按照HJ 819、HJ/T 373，纺织印染工业排污单位应当根据自行监测方案及开展状况，梳理全过程监测质控要求，建立自行监测质量保证与质量控制体系。

7.9　自行监测信息公开

纺织印染工业排污单位应按照HJ 819要求进行自行监测信息公开。

8　环境管理台账记录与执行报告编制要求

8.1　环境管理台账记录要求

8.1.1　一般原则

纺织印染工业排污单位在申请排污许可证时，应按本标准规定，在《排污许可证申请表》中明确环境管理台账记录要求。有核发权的地方环境保护主管部门补充制定相关技术规范中要求增加的，在本标准基础上进行补充；排污单位还可根据自行监测管理的要求补充填报其他必要内容。

纺织印染工业排污单位应建立环境管理台账制度，设置专人专职进行台账的记录、整理、维护和管理，并对台账记录结果的真实性、准确性、完整性负责。

8.1.2　台账记录内容

纺织印染工业排污单位排污许可证台账应真实记录生产设施和污染防治设施信息，其中，生产设施信息包括基本信息和生产设施运行管理信息，污染防治设施信息包括基本信息、污染防治设施运行管理信息、监测记录信息、其他环境管理信息等内容。

8.1.2.1 生产设施信息

记录生产设施运行参数，包括设备名称、主要生产设施参数、设计生产能力、产品产量、生产负荷、原辅料及燃料使用情况等。

a）产品产量：记录最终产品产量；

b）生产负荷：记录实际产品产量与实际核定产能之比；

c）原辅料：记录名称、种类、用量等；

d）燃料：记录总硫含量、硫化氢含量等。

记录内容参见附录C中表C.1、表C.2。

8.1.2.2 污染防治设施运行管理信息

记录所有污染治理设施的规格参数、污染物排放情况、停运时段、主要药剂添加情况等。

a）污染物排放情况：

废水防治设施台账应包括所有防治设施的运行参数及排放情况等，废水治理设施包括废水处理能力（m^3/d）、运行参数、废水排放量、废水回用量、污泥产生量及去向、出水水质、排水去向等。记录内容参见附录C中表C.3。

废气治理设施应记录入口风量、污染物项目、排放浓度、排放量、治理效率、数据来源，还应明确排放口烟气温度、压力、排气筒高度、排放时间等。记录内容参见附录C中表C.4。

b）停运时段：开始时间、结束时间，记录内容反映纺织印染工业排污单位污染防治设施运行状况。

c）主要药剂添加情况：记录添加药剂名称、添加时间、添加量。

8.1.2.3 非正常工况记录信息

非正常工况记录信息内容应记录非正常（停运）时刻、恢复（启动）时刻、事件原因、是否报告、所采取的措施等。记录内容参见附录C中表C.5。

8.1.2.4 监测记录信息

对手工监测记录、自动监测运行维护记录、信息报告、应急报告内容的要求进行台账记录。

监测质量控制根据HJ/T 373、HJ 819要求执行。

8.1.2.5 其他环境管理信息

纺织印染工业排污单位应记录无组织废气污染治理措施运行、维护、管理相关的信息。无组织废气治理措施应按天次至少记录厂区降尘洒水次数、原料或产品场地封闭、遮盖情况、是否出现破损等。

纺织印染工业排污单位在特殊时段应记录管理要求、执行情况（包括特殊时段生产设施运行管理信息和污染防治设施运行管理信息）等。

纺织印染工业排污单位还应根据环境管理要求和排污单位自行监测内容需求，自行增补记录。

8.1.3 台账记录频次

8.1.3.1 生产设施运行管理信息

生产运行状况：按照纺织印染工业排污单位生产班制记录，每班记录1次。

产品产量：连续性生产的设施按照班制记录，每班记录 1 次；间歇性生产的设施按照一个完整的生产过程进行记录。

原辅料及燃料使用情况：每批记录1次。

8.1.3.2 污染治理设施运行管理信息

污染防治设施运行状况：按照污染治理设施管理单位班制记录，每班记录1次。

污染物排放情况：连续排放污染物的按班制记录，每班记录 1 次；非连续排放污染物的按照产排污阶段记录，每阶段记录1次。

药剂添加情况：每班记录1次。

8.1.3.3 非正常工况记录信息

非正常工况信息按工况期记录，每工况期记录 1 次。

8.1.3.4 监测记录信息

监测数据的记录频次与本标准规定的废气、废水监测频次一致。

8.1.3.5 其他环境管理信息

无组织废气污染治理措施运行、维护、管理相关的信息记录频次原则上不小于 1 天 1 次。

重污染天气应对期间等特殊时段的台账记录频次原则上与正常生产记录频次一致，涉及停产的纺织印染工业排污单位或生产工序原则上仅对起始和结束当天进行 1 次记录，地方环境保护主管部门有特殊要求的，从其规定。

8.1.4 台账记录形式及保存

台账应当按照纸质储存和电子化储存两种形式同步管理，台账保存期限不得少于 3 年。

纸质台账应存放于保护袋、卷夹或保护盒中，专人保存于专门的档案保存地点，并由相关人员签字。档案保存应采取防光、防热、防潮、防细菌及防污染等措施。纸质类档案如有破损应随时修补。

电子台账保存于专门存储设备中，并保留备份数据。存储设备由专人负责管理，定期进行维护。电子台账根据地方环境保护主管部门管理要求定期上传，纸质台账由纺织印染工业排污单位留存备查。

8.2 排污许可证执行报告编制规范

8.2.1 一般原则

排污许可证执行报告按报告周期分为年度执行报告、季度执行报告和月度执行报告。

持有排污许可证的纺织印染工业排污单位，均应按照本标准规定提交年度执行报告与季度执行报告。为满足其他环境管理要求，地方环境保护主管部门有更高要求的，排污单位还应根据其规定，提交月度执行报告。排污单位应在全国排污许可证管理信息平台上填报并提交执行报告，同时向有核发机关提交通过平台印制的书面执行报告。

8.2.2 执行报告频次

8.2.2.1 年度执行报告

纺织印染工业排污单位应至少每年上报一次排污许可证年度执行报告，于次年 1 月底前提交至排污许可证核发机关。对于持证时间不足 3 个月的，当年可不上报年度执行报告，排污许可证执行情况纳入下一年年度执行报告。

8.2.2.2 季度执行报告

纺织印染工业排污单位每季度上报一次排污许可证季度执行报告。自当年 1 月起，每 3 个月上报一次季度执行报告，季度执行报告于下季度首月 15 日前提交至排污许可证核发机关，提交年度执行报告的可免报当季季度执行报告。但对于无法按时上报年度执行报告的，应先提交季度报告，并于 10 d 内提交年度执行报告。对于持证时间不足一个月的，该报告周期内可不上报季度执行报告，排污许可证执行情况纳入下一季度执行报告。

8.2.3 执行报告内容

8.2.3.1 年度执行报告

纺织印染工业排污单位应根据环境管理台账记录等信息归纳总结报告期内排污许可证执行情况，按照执行报告提纲编写年度执行报告，保证执行报告的规范性和真实性，按时提交至发证机关。年度执行报告编制内容包括以下 13 个部分，各部分详细内容应按附录 D 进行编制：

a）基本生产信息；

b）遵守法律法规情况；

c）污染防治设施运行情况；

d）自行监测情况；

e）台账管理情况；

f）实际排放情况及合规判定分析；

g）排污费（环境保护税）缴纳情况；

h）信息公开情况；

i）纺织印染工业排污单位内部环境管理体系建设与运行情况；

j）其他排污许可证规定的内容执行情况；

k）其他需要说明的问题；

l）结论；

m）附图、附件要求。

8.2.3.2 季度执行报告

纺织印染工业排污单位季度执行报告编写内容应至少包括污染物实际排放情况及合规判定分析，以及污染防治设施运行情况中异常情况的说明及所采取的措施。

9 实际排放量核算方法

9.1 一般原则

纺织印染工业排污单位实际排放量为正常情况与非正常情况实际排放量之和。

纺织印染工业排污单位应核算废气污染物主要排放口实际排放量和废水污染物实际排放量，不核算废气污染物一般排放口实际排放量和无组织实际排放量。核算方法包括实测法、物料衡算法、产污系数法。

对于排污许可证中载明应当采用自动监测的排放口和污染物，纺织印染工业排污单位根据符合监测规范的有效自动监测数据采用实测法核算实际排放量。

对于排污许可证中载明应当采用自动监测的排放口或污染物而未采用的，纺织印染工业排污单位应采用物料衡算法核算二氧化硫实际排放量，核算时根据原辅燃料消耗量、含硫率，按直排进行核算；采用产污系数法核算颗粒物、氮氧化物、化学需氧量、氨氮等污染物的实际排放量，根据产品产量和单位产品污染物产生量，按直排进行核算。

对于排污许可证未要求采用自动监测的排放口或污染物，纺织印染工业排污单位按照优先顺序依次选取自动监测数据、执法和手工监测数据、产污系数法或物料衡算法进行核算。在采用手工和执法监测数据进行核算时，排污单位还应以产污系数或物料衡算法进行校核。监测数据应符合国家环境监测相关标准技术规范要求。

9.2 实测法

9.2.1 废水核算方法

9.2.1.1 正常情况

根据自行监测要求，必须采用自动监测的纺织印染工业排污单位废水总排放口的化学需氧量、氨氮，应采取自动监测实测法核算。废水自动监测实测法是指根据符合监测规范的有效自动监测数据，通过污染物的日平均排放浓度、累计排水量、运行时间核算污染物年排放量，核算方法见式（7）。

$$E_{j废水}=\sum_{i=1}^{n}(\rho_{ij}\times q_i\times 10^{-6}) \tag{7}$$

式中：$E_{j废水}$——核算时段内主要排放口第 j 项污染物的实际排放量，t；

n——核算时段内的污染物排放时间，d；

ρ_{ij}——第 j 项污染物在第 i 日的实测平均排放质量浓度，mg/L；

q_i——第 i 日的累计流量，m^3/d。

在自动监测数据由于某种原因出现中断或其他情况，纺织印染工业排污单位应按照进行 HJ/T 356 补遗。

要求采用自动监测的排放口或污染物项目而未采用的，纺织印染工业排污单位应采用产排污系数法核算化学需氧量、氨氮排放量，按直排进行核算。

对未要求采用自动监测的排放口或污染物项目，纺织印染工业排污单位应采用手工监测数据进行核算。手工监测数据包括核算时间内的所有执法监测数据和排污单位自行或委托第三方的有效手工监测数据。排污单位自行或委托的手工监测频次、监测期间生产工况、数据有效性等须符合相关规范文件要求。

废水总排放口具有手工监测数据的污染物实际排放量，核算方法见式（8）。

$$E_{j废水}=\left(\rho_{ij}\times q_i\times 10^{-6}\right)\times T \tag{8}$$

式中：$E_{j废水}$——核算时段内主要排放口第 j 项污染物的实际排放量，t；

ρ_{ij}——第 j 项污染物在第 i 日的实测平均排放质量浓度，mg/L；

q_i——第 i 日的累计流量，m^3/d；

T——核算时间段内主要排放口的累计运行时间，d。

纺织印染工业排污单位应将手工监测时段内生产负荷与核算时段内平均生产负荷进行对比，并给出对比结果。

9.2.1.2 非正常情况

废水处理设施非正常情况下的排水，如无法满足排放标准要求时，不应直接排入外环境，待废水处理设施恢复正常运行后方可排放。如因特殊原因造成污染治理设施未正常运行超标排放污染物的或偷排偷放污染物的，按产污系数、手工监测数据和未正常运行时段（或偷排偷放时段）的累计排水量核算非正常排放期间实际排放量。

9.2.2 废气核算方法

9.2.2.1 正常情况

纺织印染工业排污单位对锅炉主要排放口的污染物进行实际排放量核算。以自动监测的实测法为主，根据符合监测规范的污染物有效自动监测数据的小时平均排放浓度、平均烟气量或流量、运行时间核算污染物实际排放量，核算方法见式（9）及式（10）：

$$E_{jk}=\sum_{i=1}^{n}\left(\rho_{ij}\times q_i\times 10^{-6}\right) \tag{9}$$

$$E_{j全厂排放量}=\sum_{k=1}^{m}E_{jk} \tag{10}$$

式中：E_{jk}——核算时段内第 k 个主要排放口第 j 项污染物的实际排放量，t；

n——核算时段内的污染物排放时间，h；

ρ_{ij}——第 j 项污染物在第 i 小时的实测平均排放质量浓度，mg/m^3；

q_i——第 i 小时的标准状态下干排气量，m^3/h；

$E_{j全厂排放量}$——核算时间段内全厂主要排放口的第 j 项污染物实际排放量，t；

m——全厂主要排放口数量。

对于因自动监控设施发生故障以及其他情况导致数据缺失的按照 HJ/T 75 进行补遗。缺失时段超过25%的，自动监测数据不能作为核算实际排放量的依据，按 9.1 中“应当采用自动监测的排放口或污染物而未采用”的相关规定进行核算。

纺织印染工业排污单位提供充分证据证明在线数据缺失、数据异常等不是排污单位责任的，可按照排污单位提供的手工监测数据等核算实际排放量，或者按照上一个半年申报期间的稳定运行期间自动监测数据的小时浓度均值和半年平均烟气量或流量，核算数据缺失时段的实际排放量。

9.2.2.2 非正常情况

锅炉在点火开炉、设备检修等非正常情况期间应保持自动监测设备同步运行，自动监测设备应记录非正常情况下实时监测数据，纺织印染工业排污单位根据自动监测数据按式（8）核算该时段的各类污染物的实际排放量并计入年实际排放量中。

9.3 物料衡算法

纺织印染工业排污单位采用物料衡算法核算二氧化硫等排放量的，根据原辅料及燃料消耗量、含硫率、脱硫率进行核算。污染治理设施的脱硫率应采用实测法确定。

9.4 产污系数法

纺织印染工业排污单位采用产污系数法核算污染物排放量的，根据单位产品污染物的产生量、产品产量以及污染治理设施的处理效率进行核算。污染治理设施的处理效率应采用实测法确定。

10 合规判定方法

10.1 一般原则

合规是指纺织印染工业排污单位许可事项和环境管理要求符合排污许可证规定。许可事项合规是指排污单位排污口位置和数量、排放方式、排放去向、排放污染物种类、排放限值符合许可证规定，其中，排放限值合规是指排污单位污染物实际排放浓度和排放量满足许可排放限值要求；环境管理要求合规是指排污单位按许可证规定落实自行监测、台账记录、执行报告、信息公开等环境管理要求。

纺织印染工业排污单位可通过环境管理台账记录、按时上报执行报告和开展自行监测、信息公开，自证其依证排污，满足排污许可证要求。环境保护主管部门可依据排污单位环境管理台账、执行报告、自行监测记录中的内容，判断其污染物排放浓度和排放量是否满足许可排放限值要求，也可通过执法监测判断其污染物排放浓度是否满足许可排放限值要求。

10.2 排放限值合规判定

10.2.1 废水排放浓度合规判定

纺织印染工业排污单位各废水排放口污染物的排放浓度达标是指任一有效日均值（除 pH 值、色度外）均满足许可排放浓度要求。废水污染物有效日均值采用执法监测、排污单位自行开展的自动监测和手工监测三种方法确定。

a）执法监测

按照监测规范要求获取的执法监测数据超过许可排放浓度限值的，即视为超标。根据 HJ/T 91 确定监测要求。

b）纺织印染工业排污单位自行监测

1）自动监测

按照监测规范要求获取的自动监测数据计算得到有效日均浓度值（除 pH 值与色度外）与许可排放浓度限值进行对比，超过许可排放浓度限值的，即视为超标。对于应当采用自动监测而未采用的排放口或污染物，即视为不合规。

对于自动监测，有效日均浓度是对应于以每日为一个监测周期内获得的某个污染物的多个有效监测数据的平均值。在同时监测污水排放流量的情况下，有效日均值是以流量为权的某个污染物的有效监测数据的加权平均值；在未监测污水排放流量的情况下，有效日均值是某个污染物的有效监测数据的算术平均值。

自动监测的排放浓度应根据 HJ/T 355、HJ/T 356 等相关文件确定。

2）手工监测

按照自行监测方案、监测规范要求开展的手工监测，当日各次监测数据平均值（或当日混合样监测数据）超过许可排放浓度限值的，即视为超标。

若同一时段的管理部门执法监测与纺织印染工业排污单位自行监测数据不一致的，以该执法监测数据作为优先证据使用。

10.2.2 废气排放浓度合规判定

10.2.2.1 正常情况

纺织印染工业排污单位厂界无组织排放的臭气浓度最大值达标是指“任一次测定均值满足许可限值要求”。除此之外，其余废气有组织排放口污染物或厂界无组织污染物排放浓度达标均是指“任一小时浓度均值均满足许可排放浓度要求”。废气污染物小时浓度均值根据执法监测、排污单位自行监测（包括自动监测和手工监测）进行确定。

a）执法监测

按照监测规范要求获取的执法监测数据超过许可排放浓度限值的，即视为超标。根据 GB/T 16157、HJ/T 55、HJ/T 397 确定监测要求。

b）纺织印染工业排污单位自行监测

1）自动监测

按照监测规范要求获取的有效自动监测数据小时浓度均值与许可排放浓度限值进行对比，超过许可排放浓度限值的，即视为超标。对于应当采用自动监测而未采用的排放口或污染物，即视为不合规。自动监测小时均值是指“整点 1 h 内不少于 45 min 的有效数据的算术平均值”。

2）手工监测

对于未要求采用自动监测的排放口或污染物，应进行手工监测，按照自行监测方案、监测规范要求获取的监测数据计算得到的有效小时浓度均值超过许可排放浓度限值的，即视为超标。

根据 GB/T 16157 与 HJ/T 397，小时浓度均值指“1 h 内等时间间隔采样 3～4 个样品监测结果的算术平均值”。

若同一时段的管理部门执法监测与纺织印染工业排污单位自行监测数据不一致的，以管理部门执法监测数据为准。

c）无组织排放合规判定

纺织印染工业排污单位无组织排放合规是指同时满足以下两个条件：

1）无组织控制措施符合“6.3.2.2”中的要求；

2）厂界监测浓度均满足许可排放浓度要求。

10.2.2.2 非正常情况

纺织印染工业排污单位非正常排放指主要产污环节生产设施启停机、工艺设备运转异常情况下的排放，非正常排放不作为废气达标判定依据。其中，印花设施、定型设施、涂层设施的风机启动和停机时间不超过 1 h；燃煤锅炉如采用干（半干）法脱硫、脱硝措施，冷启动不超过 1 h、热启动不超过 0.5 h。

10.2.3 排放量合规判定

纺织印染工业排污单位污染物排放量合规是指同时满足以下两个条件：

a）纳入排污许可量管理范围的主要排放口污染物实际排放量之和满足纺织印染工业排污单位年许可排放量；

b）对于特殊时段有许可排放量要求的，实际排放量不得超过特殊时段许可排放量。

纺织印染工业排污单位启停机等非正常情况造成短时污染物排放量较大时，应通过加强正常运营时污染物排放管理、减少污染物排放量的方式，确保全厂污染物年排放量（正常排放+非正常排放）满足许可排放量要求。

10.3 管理要求合规判定

环境保护主管部门依据排污许可证中的管理要求，以及纺织印染行业相关技术规范，审核环境管理台账记录和排污许可证执行报告；检查纺织印染工业排污单位是否按照自行监测方案开展自行监测；是否按照排污许可证中环境管理台账记录要求记录相关内容，记录频次、形式等是否满足排污许可证要求；是否按照排污许可证中执行报告要求定期上报，上报内容是否符合要求等；是否按照排污许可证要求定期开展信息公开；是否满足特殊时段污染防治要求。

附　录　A
（资料性附录）
纺织印染工业废水污染防治可行技术

表 A.1　纺织印染工业废水污染防治可行技术参照表

类别	废水类型		可行技术	备注
含铬废水	感光制网废水		化学还原+絮凝沉淀法、电解还原法、离子交换法	含铬废水必须经过预处理满足限值要求后可排出车间或生产设施排放口
	含铬印染废水			
可资源回收生产废水	洗毛废水		离心分离、膜分离、混凝气浮	可资源回收生产废水：可直接排入全厂综合废水处理设施
	缫丝废水		酸析法、冷冻法、膜分离	
	退浆废水		膜分离、絮凝沉淀	
	碱减量废水		酸析法，盐析法	
全厂综合废水	工艺废水	喷水织机废水	一级处理：格栅、捞毛机、中和、混凝、气浮、沉淀；二级处理：水解酸化、厌氧生物法、好氧生物法；深度处理：曝气生物滤池、臭氧、芬顿氧化、滤池、离子交换、树脂过滤、膜分离、人工湿地、活性炭吸附、蒸发结晶	喷水织机废水经一级+二级处理可达到直接排放标准，其余类型的废水执行间接排放标准的须经一级+二级处理；执行直接排放标准的须经一级+二级+深度处理。每级处理工艺中技术至少选择一种
		成衣水洗废水		
		麻脱胶废水		
		印染废水		
	初期雨水			
	生活污水			
	循环冷却水排污水			

附　录　B
（资料性附录）
纺织印染工业废气污染防治可行技术

表 B.1　纺织印染工业排污单位废气可行技术

废气产污环节名称	污染物种类	标准名称及限值/（mg/m³）				可行技术	
		执行标准	现有排污单位大气污染物排放浓度限值	新建排污单位大气污染物排放浓度限值	大气污染物特别排放限值	一般地区排污单位	重点地区排污单位
印花设施	甲苯	GB 16297	60	40	—	喷淋洗涤、吸附、生物净化、吸附-冷凝回收、吸附-催化燃烧	
	二甲苯	GB 16297	90	70	—		
	非甲烷总烃	GB 16297	150	120	—		
定型设施	颗粒物	GB 16297	150	120	—	喷淋洗涤、吸附、喷淋洗涤-静电	
	非甲烷总烃	GB 16297	150	120	—		
涂层设施	甲苯	GB 16297	60	40	—	喷淋洗涤、吸附、吸附-冷凝回收、吸附-催化燃烧、蓄热式燃烧、蓄热式催化燃烧	
	二甲苯	GB 16297	90	70	—		
	非甲烷总烃	GB 16297	150	120	—		
锅炉	颗粒物	GB 13271	80/60/30	50/30/20	30/30/20	电除尘、袋式除尘、电袋复合除尘	四电场以上电除尘、袋式除尘、电袋复合除尘、湿式电除尘
	二氧化硫		400（550）/300/100	300/200/50	200/100/50	石灰石/石灰-石膏等湿法脱硫、喷雾干燥法脱硫、循环流化床法脱硫	
	氮氧化物		400	300/250/200	200/200/150	非选择性催化还原脱硝（SNCR）、选择性催化还原脱硝（SCR）、低氮燃烧+SNCR、低氮燃烧+SCR、脱硫脱硝一体化	非选择性催化还原脱硝（SNCR）、选择性催化还原脱硝（SCR）、低氮燃烧+SNCR、低氮燃烧+SCR、脱硫脱硝一体化
	汞及其化合物		0.05	0.05	0.05	高效除尘脱硫脱硝综合脱除汞的效率为 70%	

注：锅炉烟气的排放浓度限值为燃煤/燃油/燃气，括号内为广西、四川、重庆、贵州燃煤锅炉执行限值。

附 录 C

（资料性附录）

环境管理台账记录参考表（略）

附 录 D

（资料性附录）

执行报告编制参考表（略）

排污许可证申请与核发技术规范　纺织印染工业

编制说明

1　项目背景

1.1　任务来源

国务院办公厅印发《控制污染物排放许可制实施方案》（国办发〔2016〕81 号）（以下简称《实施方案》），明确了排污许可制度改革的顶层设计、总体思路，环境保护部发布《关于印发〈排污许可证管理暂行规定〉的通知》（环水体〔2016〕186 号）（以下简称《暂行规定》）和《关于开展火电、造纸行业和京津冀试点城市高架源排污许可证管理工作的通知》（环水体〔2016〕189 号），启动了火电、造纸行业排污许可证申请与核发的相关工作。"印染"行业作为《水污染防治行动计划》中规定的重点行业之一，应于 2017 年完成排污许可证的核发。

2016 年 7 月，环境保护部发布 2017 年度标准制定指南。经过环境保护部组织的专家评选，"印染工业排污许可相关技术规范"项目由东华大学主持制定，参与单位有环境保护部环境工程评估中心、浙江省环境保护科学设计研究院、北京市环境保护科学研究院、环境保护部华南环境科学研究所。项目主要工作内容为"印染行业排污许可证申请与核发技术规范"，依据《环境保护法》《水污染防治法》《大气污染防治法》《行政许可法》等法律和《实施方案》的要求，从国家层面统一印染行业排污许可管理的相关规定，主要用于指导当前各地印染企业排污许可证申请与核发等工作，是实现排污许可证覆盖印染行业固定污染源的重要支撑。

1.2　工作过程

2017 年 2 月，环境保护部确定浙江省为《排污许可证申请与核发技术规范　纺织印染工业》的试点省份，浙江省厅同时也作为项目牵头单位。任务下达后，标准编制组整理了以下方面的资料：

a）国内外印染行业相关资料，包括企业数量及产业结构、废水与污染物排放量、行业特征污染物等行业的整体数据；

b）国内的国家综合排放标准、行业排放标准和地方排放标准和相关法律法规（包括水污染物排放标准、大气污染物的排放标准、技术规范、设计规范、可行性技术指南）；

c）目前已经发布的火电、造纸行业排污许可证申请与核发技术规范；

d）国外在排污许可制度方面的法规和经验做法。

通过对资料和信息的收集，通过研读、讨论与专家访谈，对以下几方面做了研究：

e）国内早期排污许可制度的得失及问题，为本项目的制定提供一定的借鉴；

f）目前印染企业、工业园区、产业密集地区在排放标准执行上的一些问题，以及一些地方政府相关产业问题；

g）国内纺织印染企业和工业区集中污水处理厂主要采用的环境治理工艺、技术、措施等，对可行性技术进行梳理；

h）由于目前废气排放标准的缺失，重点梳理了废气的有组织与无组织的产污环节，选择纳入许可管理的污染物项目。

2017 年 2 月 24 日，环境保护部标准司在北京主持召开了《排污许可证申请与核发技术规范　纺织印染工业》开题论证会，标准编制组介绍了开题报告和标准草案的相关内容，论证委员会各位专家及管理部门代表经讨论、质询，通过了标准的开题论证，并形成如下工作建议：规范适用范围应包括具有印染生产工序的生产企业以及单独进行洗毛、麻脱胶、缫丝、涂层的企业；进一步明确大气污染物的排污许可管理要求，包括纳入排污许可管理的有组织排放口的种类、大气污染因子及排放限值，以及无组织排放管理要求。

2017 年 3 月 7—16 日，编制组分别于浙江绍兴、江苏江阴和吴江等地开展了现场调研和座谈，重点调研典型纺织印染园区、印染企业及当地环境管理部门，了解企业、纺织集聚区在排放标准问题上的执行情况，从而疏理在实施排污许可证申请过程中所具备的基础条件和存在的问题，了解具有核发权的地方环境保护部门的工作基础和实际需求，完善标准编制工作方案和技术路线，明确纺织印染排污许可实施范围及拟解决的主要技术问题。在上述工作基础上，标准编制组对技术规范进行了修改完善，并形成技术规范《排污许可证申请与核发技术规范　纺织印染工业》。

2017 年 3 月 21 日、4 月 21 日在京组织召开了《排污许可证申请与核发技术规范　纺织印染工业》（初稿）及《排污单位自行监测技术指南　纺织印染工业》专家咨询会。会上专家意见认为：通过进一步梳理生产单元、主要工艺、生产设施、生产设施参数、产污节点名称、污染治理设施、污染治理可行技术等需排污单位填报的内容，可梳理各排放口污染因子自行监测要求；为提高技术规范的针对性和可操作性，确保排污许可制度的顺利推行，明确将与排污密切相关的生产设施作为排污单位的填报内容；进一步分析目前企业、工业区在执行纺织印染废水排放标准中间接排放的问题及无法全面顺利执行的原因，预测排污许可制在纺织印染工业核发、后期监管中遇到的问题。会后东华大学及协作单位根据专家意见认真进行修改。

2017 年 6 月 12 日，环境保护部规划财务司组织编制组在北京对稿件进行集中讨论，进一步完善规范。根据讨论结果，进一步明确了特殊时段的定义、增加了废气有组织排放的许可管理项目、修正了执行报告频次。同时认真分析了废水间排标准的问题与行业许可证制度之间的不兼容性，提出了修订当前染整废水排放标准的建议，并形成当前技术规范。

2017 年 7 月 21 日，征求意见稿专家论证会召开。由规划财务司组织、邀请了试点省份（浙江）代表，以及环境保护部科技标准司、标准所、中国印染协会、北京纺织环境保护中心、溢达集团、盛虹集团等单位的专家，通过了本规范征求意见稿，提出了与其他行业规范共性问题一致等建议。编制组根据会上的专家意见，认真修改后已提交规划财务司。

2017 年 8 月 7 日，征求意见稿发布。环境保护部网站正式发布《排污许可证申请与核发技术规范　纺织印染工业》（征求意见稿）及其编制说明。

2017 年 8 月 28 日—9 月 1 日，平台系统试填报。至浙江省嘉兴市、绍兴市进行平台系统试填报，并进入纺织印染工业排污许可申请与核发技术规范培训教材编写的实质性工作。

2　纺织印染工业概况

2.1　我国纺织工业现状

2010 年和 2015 年纺织工业废水及水污染物排放量如下表所示。2015 年纺织工业废水排放量占工业行业废水总排放量的 9.22%，COD 排放量占工业行业排放总量的 7.02%，氨氮排放量占工业行业排放总量的 6.91%。

表 2-1　近年纺织工业废水及水污染物排放情况

污染物种类	2010 年		2015 年	
	工业行业	纺织工业	工业行业	纺织工业
废水排放量/亿 t	237.5	27.55	199.5	18.4
化学需氧量/万 t	434.8	35.65	293.5	20.6
氨氮/万 t	120.3	1.94	21.7	1.5

注：数据来源于历年《中国环境统计年报》，该数据为纺织全行业（不包括纺织服装、服饰业）废水和污染物排放量，印染行业废水和水污染物排放量小于该数据。

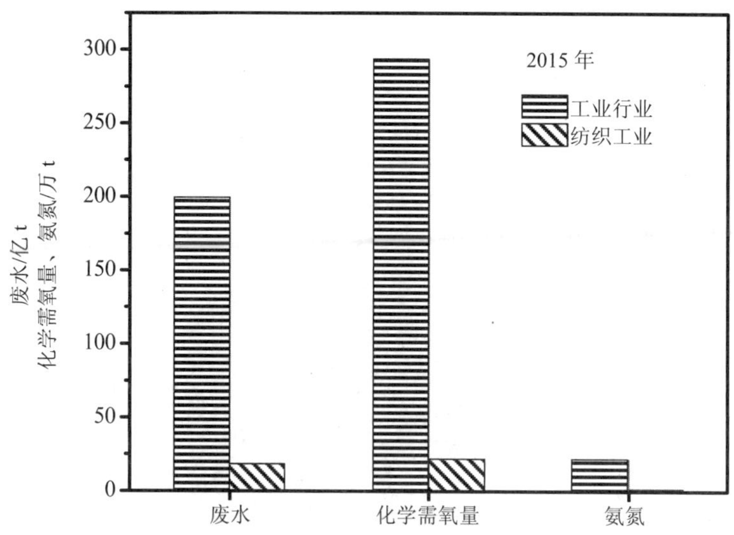

图 2-1　2015 年纺织工业废水及水污染物排放情况

印染工业是我国传统的支柱产业之一，在国民经济建设和出口创汇中一直发挥着非常重要的作用。据统计，2014 年规模以上印染企业印染布产量 536.74 亿 m，主营业务收入 3 747.10 亿元，同比增长 3.2%，利润总额 188.91 亿元，同比增长 1.78%。

据统计，2013 年印染行业废水排放量 15.02 亿 m^3，占全国工业废水排放总量的 7.86%，排位第三；化学需氧量 17.79 万 t，占全国工业化学需氧量排放总量的 6.23%，氨氮 1.26 万 t，占全国工业氨氮排放总量的 5.63%。印染工业已成为我国污染防治的重点行业之一。2006—2013 年印染工业废水及水污染物排放量如表 2-2 所示。

表 2-2　近年印染工业废水及水污染物排放情况

年份	印染布产量/亿 m	印染废水排放量/亿 t	化学需氧量排放量/万 t	氨氮排放量/万 t
2010	601.65	17.20	21.00	1.23
2011	593.03	15.85	20.44	1.42
2012	566.02	16.61	19.39	1.33
2013	542.36	15.02	17.79	1.26
注：数据来源于中国印染协会。				

印染工业在生产环节会排放含铬废水和污泥，铬是我国重点防控和排放量控制的重金属之一，印染废水排放量在前的浙江、江苏和广东等省份属于我国重金属污染重点防控区域。2013 年印染工业废水六价铬排放量 0.986 t，排名工业第六位，占工业废水六价铬排放总量的 1.7%。（数据来源于 2013 年中国环境统计年报）

纺织工业在定型、涂层等工序以及污水处理环节会产生颗粒物、挥发性有机化合物（VOCs）以及恶臭等污染物。据统计，2014 年我国纺织工业 VOCs 排放量 20 万～30 万 t，约占工业源 VOCs 总排放量的 1.5%。

2.2　纺织印染生产

纺织工业，可以从狭义和广义两个层次进行理解。狭义的纺织业是指用天然纤维或化学纤维加工而成各种纱、丝、绳、织物及其色染制品的工业，可分为棉纺织、毛纺织、丝纺织、麻纺织、化学纤维及其印染精加行业等。其产品不仅涵盖服装、家纺原料，还包括产业、医疗使用的纺织成品制造。按生产工艺的不同，纺织工业可分为纺前纤维加工（不含化学纤维制造）、纺纱、织造、印染以及织物功能整理等行业。而广义的纺织业，除包括上述的内容之外，还包括纺织服装、服饰业。本规范所指纺织业为广义纺织业，包含了纺织加工业与服装、服饰业。

印染精加工，是对纺织物进行物理、化学处理过程的综合。从社会分工上讲，印染行业是纺织工业中的一个细分行业。严格地讲，印染与染整两者之间的定义和内涵是没有区别的。

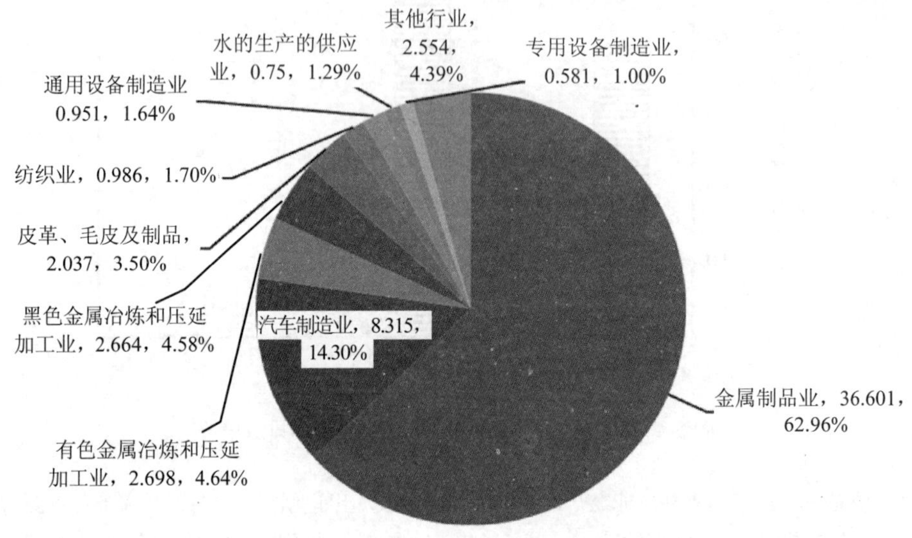

图 2-2 工业废水六价铬排放分布图

2.2.1 原辅料分析

纺织行业主要涉及的原辅材料为纺织纤维、织物和印染行业所用的化学品。印染行业所用的原辅料主要包括四大类，分别是纺织纤维、染料、印染助剂及有机硅油。其中，纺织纤维直接影响印染过程中所使用染料和印染助剂，也间接影响了后整理过程中废气的成分和含量。另外，有机硅油也是后整理废气中重要的污染物来源。

2.2.1.1 纺织纤维

根据纤维的来源和生产工艺，可将纤维分为天然纤维和化学纤维。其中天然纤维是自然界原有的或经人工培植的植物上、人工饲养的动物上直接取得的纺织纤维。一般包括植物纤维、动物纤维和矿物纤维。化学纤维则是用天然或人工合成的高分子化合物为原料，经过制备纺丝原液、纺丝和后处理等工序制得的具有纺织性能的纤维。

2.2.1.2 染料

按照染料性质和应用方法，可将染料分为直接染料、酸性染料、分散染料、活性染料（反应染料）、还原染料、阳离子染料、冰染料（不溶性偶氮染料）、缩聚染料、氧化染料、硫化染料、酞菁染料等十余种。

2.2.1.3 印染助剂

印染助剂是指在纤维纺织加工过程中，纺织品前处理、染色、印花、后整理及染料后处理过程中使用的除染料和通用化学品（如无机或有机的酸、碱和盐）以外的物质的总称。主要可划分为前处理助剂、染色助剂、印花助剂和后整理助剂。其中，备受关注的高危害物质甲醛、苯、甲苯等挥发性有机物都是来源于分散剂、固色剂、交联剂、印花浆、黏合剂等印染助剂在印染过程中的热分解。

有机硅油在纺织印染过程中可做织物的柔软剂、润滑剂、防水剂、整理剂等。其是指在室温下保持液体状态的线性聚硅氧烷产品，一般无色（或淡黄色）、无味、无毒、不易挥发的液体。常温条件下为流动状态，且不单纯使用，常作为辅助材料。按其加工状况可分为一次产品和二次产品。前者是指加工前的硅油产品，包括羟基硅油、硅官能硅油、碳官能硅油和非活性改性硅油 4 大类。二次硅油产品是指以硅油为原料，配入增稠剂、表面活性剂、溶剂及添加剂等，并经特定工艺加工成的脂膏状物、乳液及溶液等产品，如硅脂、硅膏等。

2.2.2　印染生产工艺产污分析

2.2.2.1　废水产生环节分析

根据不同织物性质，主要织物印染的生产工艺见下表 2-3。

表 2-3　不同织物印染加工工艺

序号	生产工艺	工艺流程
1	纯棉或棉混纺织物染色、印花	棉坯布→烧毛→退浆→煮练→（漂白）→（丝光）→染色、印花→整理→成品
2	棉针织产品染色、印花	针织坯布→煮练→漂白→染色、印花→整理→成品
3	毛粗纺织物染色、印花	毛坯布→洗呢→缩呢→染色→整理→成品
4	毛粗纺散毛染色	散毛→染色→梳毛→纺纱→络筒→整经→织造→洗呢→缩呢→整理→成品
5	毛精纺毛条染色	毛条→染色→复精梳→纺纱→络筒→整经→织造→烧毛→洗呢→煮呢→蒸呢→成品
6	绒线染色	坯线→洗线→染色→烘干→成品
7	麻纺产品染色	坯布→烧毛→退浆→煮练→（漂白）→（丝光）→染色、印花→整理→成品
8	丝绸产品染色、印花	坯绸→精炼→染色、印花→整理→成品
9	涤棉织物染色	化纤织物→烧毛→退浆→煮练→（漂白）→丝光→染色、印花→整理→成品
10	涤纶仿真织物染色、印花	坯布→精炼→收缩→预定型→碱减量→染色、印花→水洗→整理→成品

印染废水是纺织工业废水的主要来源，其中含有纤维原料本身的夹带物以及加工过程中所用的浆料、油剂、染料和化学助剂等，总体而言印染废水具有以下特点：①COD 和 BOD 波动大，COD 高时可达 2 000～3 000 mg/L，BOD 也高达 600～900 mg/L；②pH 值高，如硫化染料和还原染料废水 pH 值可达 10 以上，丝光、碱减量废水 pH 值可达 14；③色度大，有机物含量高，含有大量的染料、助剂及浆料，废水黏性大；④水温水量变化大，由于加工品种、产量的变化，水温一般在 40℃以上，影响废水的生物处理效果。

传统的印染加工过程中还会产生有毒废水，废水中一些有毒染料或加工助剂在加工过程中会附着在织物上对人体健康产生影响。如偶氮染料、甲醛、荧光增白剂和柔软剂具致敏性，聚乙烯醇和聚丙烯类浆料不易生物降解，含氯漂白剂污染严重，一些芳香胺染料具有致癌性，部分染料中含有重金属，含甲醛的各类整理剂和印染助剂对人体具有毒害作用等。此类废水如果不经处理或经处理后未达标就排放，不仅直接危害人们的身体健康，而且严重破坏水、土环境及其生态系统。

2.2.2.2　废气产生环节分析

印染生产过程的废气主要产生于后整理工艺中的涂层和层压整理原辅材料。

随着功能性面料（防水、抗菌、防紫外线等）的大量使用，涂层工艺在印染行业面料处理中被广泛应用。相比较于一般传统的后整理浸轧，其只处理织物表面，不透入织物内部，可节省化工原料；且主要采用轧光、涂布、烘燥等技术，可不用水洗，能节约大量用水；另外其对基布要求低，在纤维上可以不受品种限制等优势。目前，常见的家用涂层织物包括防水外套、浴帘、床垫套、阻燃装饰布、清洁桌布、窗帘衬里等；工业用涂层织物包括防水油布、救生衣、救生艇、飞机救生伞、气垫船密封裙缘、防护罩、遮阳篷、航行器油箱和柔性容器，汽车、客车和火车坐套等。常见的层压织物有衣领、腰带、贴边、车顶内衬、行李箱等。涂层与层压的主要区别在于前者是将液态的涂层剂涂抹到基布上，而后者是将预先制备好的薄膜贴合于基布上。

涂层整理过程中会使用到大量的有机溶剂，特别溶剂型涂层，对大气污染较为严重。表 2-4 列举了不同涂层方式及其工艺流程。

表 2-4 不同涂层方式及其工艺流程

涂层方式及定义	工艺流程
直接涂层：将涂层剂通过物理和机械方法直接均匀地涂布于织物表面而后使其成膜的方法，分干法和湿法涂层	干法：基布→浸轧防水剂→烘干→轧光→涂层→烘干→焙烘→成品
	湿法：基布预处理→涂布溶剂型聚氨酯浆→水浴凝固（20～30℃）→水洗→轧光→成品
热熔涂层：将热塑性树脂加热熔融后涂布于基布，经冷却而粘着于基布表面的涂层工艺	基布→涂布→熔融树脂→冷却→轧光→成品
黏合涂层：是将树脂薄膜与涂有黏合剂的基布叠合，经压轧而使其黏合成一体，或将树脂薄膜与高温熔融辊接触，使树脂薄膜表面熔融而后于基布叠合，再通过压轧而黏合成一体，形成的涂层薄膜较厚	基布→涂布黏合剂→烘干→薄膜黏合→焙烘→轧光→成品
转移涂层：先以涂层浆涂布于经有机硅处理过的转移纸，而后于基布叠合，在低张力下经烘干、轧平和冷却，然后使转移纸和涂层织物分离	转移纸→涂布涂层浆→基布黏合→烘干→轧光→冷却→织物与转移纸分离→成品

图 2-3 列举了某企业直接涂层的工艺流程和产污节点。

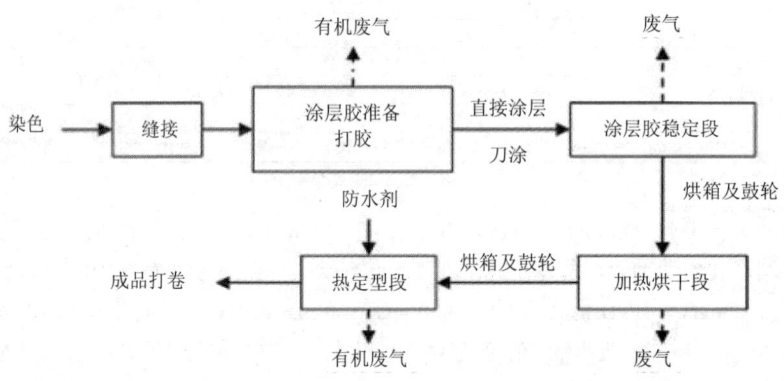

图 2-3 某纺织企业直接涂层的工艺流程与产污流程

涂层织物生产过程主要使用到涂层剂（涂层整理剂或涂层胶）及其相关助剂和溶剂。按照使用的分散介质不同可分为溶剂型和水基型。其中，溶剂型涂层剂有成膜性好、耐水压高、烘燥快、含固量低等特性，但需要大量有机溶剂，如 DMF、丁酮等高环境危害、高毒性物质。水基型涂层剂虽耐水压低、烘燥慢，但无毒、不燃、使用安全、相对成本较低，且对环境污染小。另外，按照涂层剂化学结构分，主要有聚丙烯酸酯类（PA）、聚氨酯类（PU）、聚氯乙烯类（PVC）、有机硅类、硅酮弹性体类、合成橡胶类（如氯丁橡胶、丁腈橡胶等）、聚四氯乙烯、聚酯、聚酰胺、聚乙烯等。织物层压加工方法主要包括黏合剂法、焰熔法、热熔层压法三种：①黏合剂层压属于湿法加工，黏合剂要制成液体，利用涂敷、印刷、喷涂等方法实现织物与织物，或织物与其他材料之间的层压；②焰熔层压是利用火焰加热把薄层聚氨酯泡沫塑料的表面熔化，生产粘性粒状含有异氰酸酯基团的物质；③热熔层压通过加热加压把织物和织物或其他材料黏合在一起，可分为两种不同形式：第一种使用黏合剂；第二种通过加热使基材黏合在一起；具体采用哪种方式取决于黏合剂的形式，包括薄膜、网、粉末或液体。目前，焰熔法由于聚氨酯燃烧产生具有潜在毒性的烟雾，在环保方面受到的压力越来越大。热熔型相对更清洁、消耗的能量更少，健康和安全风险较小，应用日益广泛。

3 标准制定的必要性分析

3.1 环境形势的变化对标准提出新的要求

党的十八届三中全会通过的《中共中央关于全面深化改革若干重大问题的决定》指出："完善污染物排放许可制，实行企事业单位污染物排放总量控制制度"。排污许可制度逐渐成为我国环境管理制度的重要组成部分。

a)2014 年 4 月 24 日第十二届全国人民代表大会常务委员会第八次会议修订通过的《环境保护法》，以环境保护基础法的地位明确规定了排污许可管理制度。因此，国家环境保护部门和有关部门如何完善和落实污染物排放许可制度，就成为一项十分紧迫的重大任务。

b）《中共中央国务院关于加快推进生态文明建设的意见》（2015 年 4 月 25 日）中将“完善污染物排放许可证制度”确定为完善生态环境监管制度的重要内容。

c）《中共中央关于制定国民经济和社会发展第十三个五年规划的建议》（2015 年 10 月 29 日十八届五中全会通过）提出“改革环境治理基础制度，建立覆盖所有固定污染源的企业排放许可制”。

d）“制定污染物排放许可制实施方案”是中央全面深化改革领导小组确定的 2016 年重点改革任务之一。

2016 年 11 月 10 日，国务院办公厅关于印发《控制污染物排放许可制实施方案的通知》，2017 年环境管理部门确定对“大气十条”、“水十条”确定的重点行业企业核发排污许可证。到 2020 年，基本完成各行业排污许可证核发，表明我国环境管理制度开始向“排污许可”制为核心过渡。

3.2 纺织印染工业环境治理的要求

印染行业是公认的水环境污染的主要行业之一，根据 2013 年环境统计数据，在调查统计的 41 个工业行业中，纺织业废水排放量 21.5 亿 t，居第 3 位，化学需氧量排放量 25.4 万 t，居第 4 位，氨氮排放量 1.8 万 t，居第 4 位。印染行业关于废气方面虽然没有精确的统计数据，但在纺织印染行业中的热定型、涂层、转移印花工段均有不可忽视的 VOCs 废气排放。因此，为加强印染行业污染防治以进一步改善环境质量，制定《排污许可证申请与核发技术规范　纺织印染工业》十分必要。纺织印染行业的环境问题主要有以下几点：

a）产业体量大，产业布局集中。规模以上印染企业每年印染布产量 500 多亿 m，印染布产量约占全球 60%；我国印染企业分布集中，东部沿海五省占全国总产量的 90%以上。

b）产业排污量大。印染行业的污水排放量位于工业行业第三，2015 年印染污水排放量 19.6 亿 t。从目前的数据看，污水排放量和 COD 排放量，呈逐年递减趋势，与 2010 年相比，削减近 20%左右。废气方面目前的排污数据空白。

c）产业链较长，企业之间差别大，水平参差不齐。企业在产业链上的跨度差别大，一个企业生产多种产品，也可能只涵盖某一个工段；同一种产品，各个企业的生产工艺和环境管理水平差别较大，导致排放数据波动幅度大。

3.3 相关环保标准和环保工作的需要

根据环境保护部的工作规划，2017 年确定对“大气十条”、“水十条”确定的重点行业企业核发排污许可证，到 2020 年，基本完成各行业排污许可证核发。基于这个目标任务，面对近 2 000 家规模以上企业，工艺复杂、管理水平参差不齐的行业，非常有必要在全国范围内通过一个统一的、全面的规范来执行排污许可证的申请与发放，而该规范必须做到以下几点：

a）符合法律、法规和经济发展、科技发展的方针，以改善环境质量为目标、以环境管理转型为契机、环境管理制度的有机融合、强化企业环境自主责任；

b）符合我国的实际情况，与我国的实际生产水平相适应，做到印染行业全面覆盖与印染企业持证排放；

c）按规范做到“一证式”管理和全过程监督。

3.4 标准的最新研究进展

2016 年国务院发布《控制污染物排放许可制实施方案》（国办发〔2016〕81 号），随后环境保护部也发布了《排污许可证管理暂行规定》（环水体〔2016〕186 号）。目前国内关于行业的“排污许可证的申请与核发技术规范”还在起步阶段，已经公开发布的行业规范仅有火电和造纸行业，即《火电行业排污许可证申请与核发技术规范》和《造纸行业排污许可证申请与核发技术规范》，以及相配套的《固定污染源（水、大气）编码规则（试行）》。

目前的排污许可证主要针对固定污染源。固定污染源是我国污染物排放主要来源，且达标排放情况不容乐观，抓住固定污染源实质就是抓住了工业污染防治的重点和关键。排污许可证的有效期首次核发为 3 年，延续核发是 5 年。环境保护部制定固定污染源排污许可分类管理名录，在名录范围内的企业将纳入排污许可管理。许可证主要内容包括基本信息、许可事项和管理要求三方面。其中，许可事项主要包括排污口位置和数量、排放方式、排放去向，排放污染物种类、许可排放浓度、许可排放量，重污染天气或枯水期等特殊时期许可排放浓度和许可排放量。

3.5 现行标准存在的问题

我国的排污许可制度始于 20 世纪 80 年代，从水污染排污许可开始做起。1988 年 3 月原国家环保总局发布的《水污染物排放许可证管理暂行办法》（以下简称《暂行办法》），对水污染物排放许可制度作出了较为详细的规定。根据现行法律法规的规定，目前我国的排污许可包括两类，一类是与总量控制挂钩的排污许可，如主要大气污染物排放许可；另一类是针对一般污染物的，不与总量控制挂钩的排污许可，如水污染防治法规定的工业废水、医疗污水排放许可。排污许可的管理主体包括两类，一是水污染防治法及实施细则规定的地方环境保护部门，二是大气污染防治法规定的地方人民政府。

排污许可制度及实施存在的主要问题在于我国排污许可制度的实施程度太低。根据一些研究机构的调研，许多地方原先的排污许可证制度事实上处于“名存实亡”的境地，一是发证的数字与实际排污企业数差距太大，二是法律对排污许可制度的定位不够明晰，三是法律之间以及法律与法规之间明显不协调。

4 国内外相关标准情况

4.1 国外排污许可制度的发展

20 世纪 70 年代，瑞典最早开始应用排污许可证制度，此后欧盟、美国、日本也实施了排污许可证制度。

4.1.1 美国

基于水排污许可证制度体系，美国总体构建起了一套权责利分明、多元主体参与、高效运作的点源环境治理系统。美国的水排污许可证体系，较合理地界定了政府和企业的责、权、利边界。企业为了运行和发展需要，有权申请水排污许可证，同时也需要承担许多相关的责任。政府机构（美国环保局或授权的州环保机构）有保护或恢复水环境质量的最终责任，因此也被法律授予了审核发放和管理水排污许可证的权力。为了管理水排污许可证，政府需要投入一定的公共财政经费。联邦环保署制定了一套行之有效且奖惩分明的环境执法体系，有效地保障了企业责、权、利的统一，推动了企业环境自守法。

大气排污许可制度是美国《清洁空气法》规定的系统、专业、高效的固定源污染排放行为常规化管理手段，是以排放标准为核心内容，以监测、记录和报告工作为实施关键的微观政策工具。在《美国联邦行政法规》中，排污许可制度的主要管理对象被定义为“主要污染源”，通常指单一固定源或位于相邻区域并接受统一管理的一组固定源，其实际排放量或潜在排放量达到或超过某个排放阈值。常规单一空气污染物排放阈值为每年 100 t，危险空气污染物排放阈值为每年 25 t（下述固定源均指主要污染源）。固定源监测定义为“通过手动和自动仪器装置测量和收集数据，对数据进行记录和处理，用数据核查污染排放水平及生产设施、污染防治设施的运行状态，以确保与产排污相关的操作遵守适用的要求”，即通过测量、记录、分析与排污有关的数据，获得固定源的产污、治污、排污信息，作为固定源证明其守法排放的证据和管理机关核查固定源守法排污的依据。

4.1.2 欧盟

欧盟的环境管理政策一般分为欧盟层面和成员国层面。欧盟层面指令规定了欧盟地区及某类污染源的环境目标或污染物排放的管理要求，各成员国可在欧盟指令的基础上，自主实施满足指令要求的环境保护防控措施。欧盟自 1975 年开始，致力于欧洲各国水资源保护，并制定《欧洲水法》；在此基础上于 1996 年通过了综合污染防治（IPPC）指令。IPPC 指令规定了对空气、水和土壤的污染管理中能源的使用、废物处理及事故防范等内容，并对相应的生产设备实行操作许可认证。IPPC 的排污许可证制度要求欧盟各成员国基于最佳可行技术（BAT）降低污染物排放量。BAT 作为排污限值和设施许可的基础，综合考量经济可行性、技术链接和成本数据，从而使污染物的排放实现 IPPC 的目标要求。德国、英国等国遵循欧盟指令制定相应水污染物排放总量控制管理方法后，使排入莱茵河的污废水得到了处理，并取得一定的成效，充分说明欧盟排污许可证制度具有较高的实用性及可操作性。欧盟排污许可证制度的特点：①基于最佳可行技术。欧盟的排污许可证制度以 BAT 指导文件中不同设备污染物的排放水平作为设置排污许可的条件；②灵活的排放限值与许可期限。针对特殊的环境条件、工艺设备、成本效益等情况，欧盟允许排污许可证的排放限值存在暂时性偏离，这对鼓励新兴技术及稳定经济起到很大的推动作用；③公众参与。确保民众在排污许可证审批过程中的参与权和排污许可证持证企业环境监测结果的知情权。

4.1.3　日本

日本采取污染物总量控制。水污染物总量控制始于 1973 年濑户内海的《环境保护临时措施法》。日本的总量控制策略是以广域闭锁性水域为对象，以保护水环境、改善水质为目标的环境管理制度。通过实施水质总量减排措施，使污染极为严重的海域和河川的水质得到了改善，恶臭现象减少，成功削减了相关水域的污染负荷量。在水污染物总量控制过程中，根据不同行业和不同设施（共 215 个大类）分别规定了各种污染物的控制标准浓度值（C 值），并由生产工艺和污染治理技术水平确定污染物允许排放量；然后由每个行业的 C 值和特定行业允许排水总量（日均允许排水量）计算各海域中各行业每年的污染物总量控制目标值，并通过各行业处理技术决定其 C 值和总量目标。日本总量控制目标值的确定是一个“自下而上”、技术水平决定总量控制目标的过程。区域总量控制目标是由国家、地方和企业在技术水平的基础上，并充分考虑各地方和企业的执行能力所提出的目标控制量。总量控制要求各排污企业达到其所属行业和设施类型的 C 值，并不涉及具体的减排任务。本质上，日本的水污染物排放总量是指允许排放浓度和排放水量标准的“乘积”。

这些国家在环境治理方面获得的成功经验是非常值得借鉴的，其排污许可制度也供我们在规范制定过程参考。但我们在实际的标准制定过程中需注意我国的国情、经济技术发展水平、政府职能定位，使法规符合切合实际的要求和作用。

4.2　国内标准情况的研究

4.2.1　国内相关排放标准与行业规范

《缫丝工业水污染物排放标准》（GB 28936—2012）；

《毛纺工业水污染物排放标准》（GB 28937—2012）；

《麻纺工业水污染物排放标准》（GB 28938—2012）；

《纺织染整工业水污染物排放标准》（GB 4287）及其修改单、公告；

《江苏省纺织染整工业水污染物排放标准》（DB 32/670—2004）；

《山东省纺织染整工业水污染物排放标准》（DB 37/533—2005）；

《污水排入城镇下水道水质标准》（GB/T 31962—2015）；

《污水综合排放标准》（GB 8978—1996）；

《大气污染物综合排放标准》（GB 16297—1996）；

《纺织染整工业大气污染物排放标准》（DB 33/962—2015）浙江；

《恶臭污染物排放标准》（GB 14554—93）；

《纺织染整工业废水治理工程技术规范》（HJ 471—2009）；

《纺织工业企业环境保护设计规范》（GB 50425—2008）；

《纺织染整行业污染防治可行性技术指南（试行）》（意见征求稿）；

《印染行业准入条件》（工消费〔2010〕第 93 号）；

《清洁生产标准　纺织业（棉印染）》（HJ/T 185—2006）；
《节水型企业纺织染整行业》（GB/T 26923—2011）；
《印染企业综合能耗计算办法及基本定额》（FZ/T 01002—2010）；
《纺织工业企业职业安全卫生设计规范》（GB 50477）；
《纺织印染业职业病危害预防控制指南》（GB Z/T 212）。

4.2.2 排污许可相关法规与标准

国内尚未以标准形式正式发布任何行业排污许可证申请与核发技术规范，只是在《关于开展火电、造纸行业和京津冀试点城市高架源排污许可证管理工作的通知》中附带《火电行业排污许可证申请与核发技术规范》《造纸行业排污许可证申请与核发技术规范》，明确火电、造纸行业排污许可证适用范围及排污单位基本情况、产排污节点对应排放口及许可排放限值、可行技术、自行监测管理要求、环境管理台账记录与执行报告编制规范、达标排放判定方法、实际排放量核算方法。目前国内已有的排放许可相关法规与标准如下：

《控制污染物排放许可制实施方案》（国办发〔2016〕81 号）；
《排污许可证管理暂行规定》（环水体〔2016〕186 号）；
《火电行业排污许可证申请与核发技术规范》；
《造纸行业排污许可证申请与核发技术规范》；
《固定污染源（水、大气）编码规则（试行）》；
《水污染防治措施计划及许可申请审查管理办法》中国台湾地区。

4.2.3 与本规范的关系

a）纺织染整行业废水与废气的排放标准，是排污许可证申请和发放过程中对于限定浓度基础和达标排放的判定主要依据，也是排放基准量数据的依据；

b）纺织行业的环保设计规程、工程技术规范和可行性技术指南是“可行技术的确定”部分的重要参考来源；

c）行业的节水、能耗规范与准入条件是排污基准量和排污系数折算过程中的参考依据，例如排放基准量的“t 水/百米布”与“t 水/t 布”之间的转换需要基准纺织产品产量计算；

d）《实施方案》和《暂行规定》是企业基础数据填报和许可证核发的基础法规。

5 标准制定的基本原则和技术路线

5.1 标准制定的原则

5.1.1 标准的适用范围和工作原则满足相关环保标准和环保工作的要求

在切合纺织印染工业环境管理要求、不增加新的环境管理程序、不增加企业负担的前提下，将环保要求进行精简整合，满足一证式管理需要，提高环境管理效能，是排污许可制度真正成为固定源环境管理的核心制度。

5.1.2 标准的内容考虑全面，满足各项评价指标的要求

贯彻“既不加严，也不放松”的原则，确保环境保护管理制度的整体相容性，与地方环境质量改善要求相配合，强化各项环境管理制度的有效性。围绕改善环境质量的总目标，严格落实企业环保主体责任。

5.1.3 标准具有普遍适用性，易于使用

涵盖整体行业的企业，覆盖信息全面，易于企业平台填报。

5.2 标准制定的技术路线

本规范制定技术路线图如图 5-1 所示。

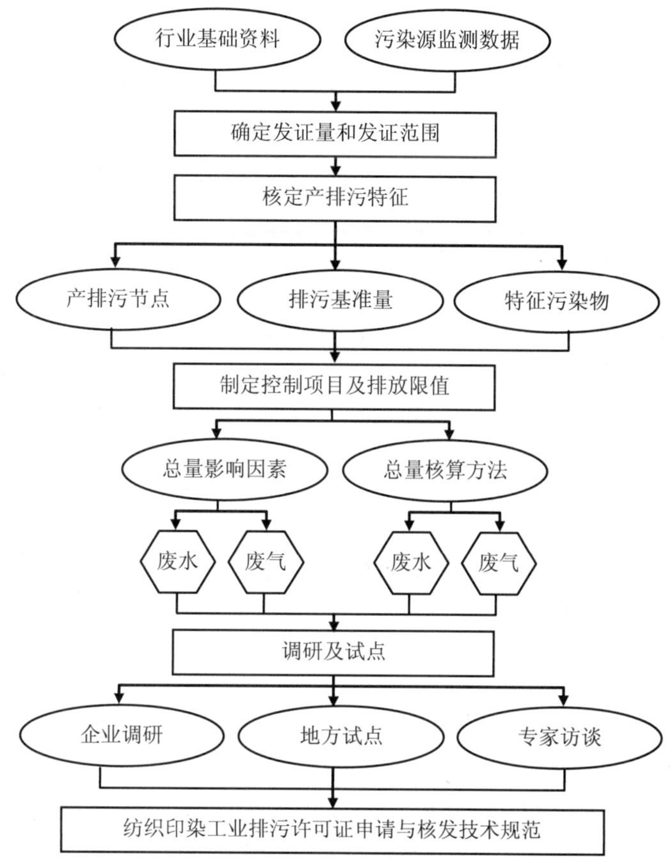

图 5-1 标准制定技术路线图

6 标准主要技术内容

6.1 标准框架

本技术规范分为以下 10 项内容。

1 适用范围

2 规范性引用文件

3 术语和定义

4 排污单位基本情况填报要求

5 产排污环节对应排放口及许可排放限值确定方法

6 污染防治可行技术要求

7 自行监测管理要求

8 环境管理台账记录与执行报告编制要求

9 实际排放量核算方法

10 合规判定方法

6.2 适用范围

根据 2015 年环统数据，纺织类企业 8 513 家，目前印染协会最新统计数据，全国规模以上印染企业 1 887 家，其中，棉、化纤印染精加工企业占 75%以上，其余为毛染整精加工企业、麻染整精加工企业和丝印染精加工企业。印染产业中的退浆、精炼、漂白、丝光、染色、印花、整理等多道工序，产生的废水具有水量大、浓度高，大部分呈碱性且色度高的特点，是工业废水中较难处理的一类废水。同时，印染企业的废水水质、水量与企业的生产工艺、原辅材料和管理水平有关，随订单的产品种类不同而变动，因此印染企业的产排污情况波动较大。同时印染企业在整理及功能整理中的定型、涂层等工序以及污水处理环节会产生颗粒物、VOCs 以及恶臭污染物。据研究，2014 年统计的我国纺织染整工业 VOCs 排放量 20 万～30 万 t，约占工业源 VOCs 总排放量的 1.5%。因此，从环境角度考虑，为突出印染行业在纺织工业污染治理中的重要性，将“纺织印染企业”作为整个纺织工业排污许可管理与环境治理的重点对象。

同时，为了突出印染行业在纺织工业排污方面的重要性，配合“水十条”中关于“印染”行业的时限要求，本规范的名称正式确定为《排污许可证申请与核发技术规范　纺织印染工业》。本规范规定了纺织印染工业排污许可证发放范围为含缫丝、洗毛、麻脱胶、喷水织造、前处理、染色、印花、整理以及成衣水洗工序的纺织及纺织服装、服饰企业。

本规范适用于纺织印染排污单位水污染物和大气污染物排污许可管理，具体涉及《国民经济行业分类》（GB/T 4754）中的棉纺织及染整精加工 171，毛纺织及染整精加工 172，麻纺织及染整精加工 173，丝绢纺织及印染精加工 174，化纤纺织及印染精加工 175，纺织服装、服饰业 18。“针织或钩针编织物及其制品制造 176”“家用纺织制成品制造 177”中涉及印染加工的工序已基本包含在以上范围内，未涉及印染加工的工序水污染物、大气污染物的排放量小，因此不纳入本规范；“非家用纺织制成品制造 178”中涉及非织造布的生产，非织造布生产工艺、产污环节与特征污染物均与化纤生产类似，甚至是化纤企业的生产单元之一，因此不纳入本规范，建议纳入“化纤工业”范围。

6.3　规范性引用文件

规范性的引用文件包含排污许可制度方面的通用标准、纺织印染行业的排放标准、监测技术规法、排污口设置规范、工程设计规范。

a）本行业内产品产量的计量单位由于机织布和针织布的单位不一致，为统一换算原则，将单位换算标准《印染企业综合能耗计算办法及基本定额》（FZ/T 01002）作为本规范的规范性文件。

b）为强化纺织印染排污单位无组织废气的管理，并与其他相关管理部门的法规文件保持相容性，引用了《纺织工业企业职业安全卫生设计规范》（GB 50477）与《纺织印染业职业病危害预防控制指南》（GB Z/T 212）。

c）“引用文件包含其修改单、公告等相关文件”。由于 GB 4287《纺织染整工业水污染物排放标准》相继出台修改单与公告，特引入此说明。

6.4　术语和定义

本规范对纺织印染排污单位、许可排放限值、特殊时段、印染等 4 个术语进行了定义。

印染：指纺织材料（纤维、纱、线及织物）进行以化学处理为主的工艺过程，包括前处理、染色、印花、整理（包括一般整理与功能整理）等工序。本规范特别针对“整理”进行说明，包含一般整理与功能整理。将涂层等功能整理工艺也纳入本规范的范围。

6.4.1　纺织印染排污单位

本规范根据《纺织辞典》的定义，结合生产过程中产排污问题和环境相关问题，特定义“指从事对麻、丝、毛等纺前纤维进行加工，纺织材料前处理、染色、印花、整理为主的印染加工，以及从事织造，服装与服饰加工，并有水污染物或大气污染物产生的生产单位”。

6.4.2　特殊时段

包括根据国家和地方限期达标规划及其他相关环境管理规定，对排污单位的污染物排放情况有特殊要求的时段，如重污染天气预警期间等。特殊时段污染物排放有明确规定的，应计算特殊时段许可排放量。对于纺织印染排污单位，目前特殊时段包括重污染天气应急预警和重大活动保障，各地人民政府制定的重污染天气应急预案和重大活动保障措施中，对于特殊时段均提出了污染物排放削减比例要求，应计算特殊时段污染物日许可排放量。

6.5 排污单位基本情况填报要求

根据《暂行规定》信息填报要求，结合纺织印染行业特点，本规范给出纺织印染企业排污许可证申请填报原则，指导企业填报排污单位基本信息、主要产品及产能、主要燃料及原辅材料、产排污节点、污染物及污染治理设施等信息。

6.5.1 排污单位基本信息

根据《暂行规定》要求，结合纺织印染工业特点，本规范给出纺织印染工业排污许可证申请表中排污单位基本信息、主要产品及产能、主要原辅材料及燃料、产排污节点、污染物及污染治理设施、污染物排放等填报要求。除排污单位的工商等登记备案信息外，环境影响评价、验收、备案、环境影响评价批复文件、污染物总量等文件应按报批项目分别填写。

6.5.2 主要产品及产能

指企业主要生产单元、主要工艺、生产设施、生产设施编号、设施参数、产品、生产能力、设计生产时间及其他。本规范的行业覆盖为“纺织业”“纺织服装、服饰业”。

6.5.2.1 主要生产单元

根据产业链的上下游关系，从原料制备-原料加工-半成品-成品-后加工的产业链，再根据生产过程中的产排污量，产排污较多的生产单位为必填项，其余为选填项或者自行填报项。

必填项，分为缫丝单元、麻脱胶单元、洗毛单元、织造单元、印染单元、成衣水洗单元、公用单元等。

缫丝单元、麻脱胶单元、洗毛单元均有废水产生，而织造单元中只有喷水织造工艺有废水产生，而喷气织造、剑杆织造等其他织造均无废水或废气产生。印染单元为纺织工业的重点产污环节，印染工业量大面广，包括退浆、精炼、漂白、丝光、染色、印花、整理等多道工序，产生的废水具有水量大、浓度高，大部分呈碱性且色泽深的特点，是工业废水中较难处理的一类废水，对环境和水资源的安全构成了严重威胁。印染废水的水质与企业的生产工艺和所用染料有关，随纺织品种类不同而有所差异，因此水质波动较大。

6.5.2.2 主要工艺

目前行业中主流的生产工艺分别列项，对于生产过程中生产工艺与产排污关联度不高的情况，规范中不再按生产的正规称谓分类，而是以与产排污相关的俗称分类。

在织造生产中，必填项只有喷水织机的工艺产生废水，为避免选项遗漏，在选填项中列出目前织造生产的所有工艺。

6.5.2.3 生产设施

设施参数：因纺织印染企业生产设施较多，产业链较长，本规范建议重点填写能够反映纺织印染企业产能、工艺、排污状况等相关设备参数，如浴比、车速、布幅宽度、容积等；对于公用单元的锅炉为必填项，其他的进行选填。

6.5.2.4 主要产品

分为生丝、净毛、精干麻、纱、坯布、色纤、色纱、面料、家用纺织制成品、产业用纺织制成品、纺织服装、服饰品及其他。

6.5.3 主要原辅料和燃料

6.5.3.1 原料名称

为方便填报，按生产单元分类：

关于洗毛单元，选项为原毛、水及其他。

关于麻脱胶单元，选项分别为苎麻、亚麻、黄麻、大麻、红麻、罗布麻、水及其他。

关于缫丝单元，选项分为桑蚕茧、柞蚕茧、水及其他。

关于织造单元，选项分为天然纤维（棉、麻、丝、毛、石棉及其他）与化学纤维（再生纤维、合成纤维、无机纤维及其他）。

印染单元包括散纤维、纱、织物及其他。

关于成衣水洗单元，选项分为成衣、成品布、半成品布、水及其他。

6.5.3.2 辅料名称

在纺织印染行业中，由于涉及化学品过多，因此与产排污关联度不高的辅料按大类进行分类，例如分为精炼剂、润湿剂、乳化剂、分散剂、洗涤剂、渗透剂、表面活性剂等。对于染料及助剂，需明确是否含重金属铬。

6.5.4 产污节点、污染物及污染治理设施

6.5.4.1 废水

主要针对整个纺织上下游生产链，纺织原材料生产、印染、整理过程中产生的废水进行统计，包括纺织原材料生产过程、印染（包括染色与印花）、整理过程产生的废水以及公共单元（生活污水、初期雨水、冷却循环水）等设施等。主要的产污环节如下：

缫丝单元：煮茧、缫丝、打棉工段，主要污染物以颗粒物、蚕丝及蚕蛹溶出物为主，可生化性较好；

洗毛单元：洗毛、剥鳞、炭化、水洗、漂白工段，主要污染物以羊毛短纤、羊毛脂、表面活性剂等为主，可生化性相对较好；

麻脱胶单元：沤麻、浸渍工段，主要污染物以酸碱、蜡纸、果胶、纤维等为主，色度高，可生化性相对较差；

印染单元：退浆、煮练、精炼、漂白、丝光、碱减量、染色、印花、漂洗、定型、整理等工段，主要污染物以浆料、染料、助剂、纤维、整理剂等为主，色度高，可生化性相对较差；部分染料可能含有重金属；

成衣水洗单元：水洗工段，污染物以染料、助剂、纤维、表面活性剂等为主，色度高、可生化性相对较差；

织造单元：喷水织造工段，污染物主要以浆料、纤维、表面活性剂等为主；

感光印花制网工序、使用含铬媒介染料的染色/印花工序中产生含六价铬废水，因此含铬废水单独沉淀处理达标汇入其他生产废水处理系统，经处理后通过总排放口排放。纺织印染废水排放口全部为主要排放口，如使用含铬染料或含有感光印花制网工序的企业需填写设施与车间排放口。

6.5.4.2 废气

a）产污节点以及对应的污染物种类

纺织印染工业的生产过程较为复杂，排污单位排放的废气涵盖了整个纺织印染工业上下游生产链，包括了对纺织原材料生产、印染、后整理过程和公用单元的管控，同时对上述工艺过程中所采取的大气污染防治措施也作出了相关规定。

各产污节点产生的废气包括麻脱胶臭气、印染单元烧毛、磨毛、拉毛产生的纤维尘，后整理过程产生的印花、定型、涂层废气以及公用单元的锅炉烟气等。为便于分析纺织印染工业大气污染物，在分析过程中以纺织印染生产工序为线索，概括了主要生产和辅助生产等工序。在纺织印染工业中，大气污染还涉及锅炉（包括蒸汽锅炉和热载体锅炉）烟气。

1）前处理

烧毛废气的主要污染物为颗粒物，若以柴油等为燃料，污染物还有二氧化硫和氮氧化物。烧毛废气稳定性较高，烟气温度为 110～130℃。目前根据调研情况排放是无组织排放，基本上没有进行处理。

含有氨纶的织物常常需要在染色前进行预定型处理。预定型的温度为 180～240℃，有湿预定型和干预定型 2 种方式。由于织物上有一定量主要成分为矿物油的织造油，因此，在预定型中会有较大量的油雾产生，是纺织印染工业主要的大气污染物之一。预定型废气是有组织排放，废气量较大。

2）染色/印花

烘干是使织物上的水分挥发的过程。由于织物在染整过程中会吸附部分助剂或化学品。因此，在烘

干过程中，吸附的助剂和化学品会挥发出来，产生一定量的废气。

蒸化过程在密闭条件下进行，有大量水蒸气产生。因此，蒸化过程基本上不排放废气，只有水蒸气排放。

3）后整理

抓毛和磨毛过程产生的大气污染物主要是毛绒和颗粒物。

功能性整理是湿加工过程，基本上不产生废气。但是，功能性整理中将加入大量的表面活性剂，导致在定型或烘干过程中产生含有有害成分的废气。

染色后的热定型所产生的废气是最重要的废气，废气中所含的污染物也是最主要的污染物。热定型温度为 140～210℃，在此温度区间，织物上吸附的可挥发物质将会挥发出来，导致废气中含有各种挥发性有机物。同时，热定型废气量较大，每台定型机排风量为 5 000～8 000 m^3/m。

4）锅炉

根据《锅炉大气污染物排放标准》（GB 13271）、《大气污染物综合排放标准》（GB 16297）、《恶臭污染物排放标准》（GB 14554）确定各废气产污环节污染因子；根据《锅炉大气污染物排放标准》（GB 13271）确定污染因子为颗粒物、二氧化硫、氮氧化物和林格曼黑度；根据《大气污染物综合排放标准》（GB 16297）确定污染因子为颗粒物、非甲烷总烃；根据《恶臭污染物排放标准》（GB 14554）确定污染因子为氨、硫化氢和臭气浓度。

5）无组织排放要求

纺织印染企业无组织废气的来源主要有敞开式的操作过程、废气收集过程、助剂、染料等运输、使用过程中产生。考虑到目前废气无排放标准，工艺生产过程中无组织排放的执行浓度按 GB 16297、GB 14554 进行管理。

b）污染治理设施

一般锅炉烟气主要为颗粒物、二氧化硫和氮氧化物，对应的污染治理设施为除尘系统、脱硫系统、脱硝系统等。

工艺废气主要为颗粒物（油烟）、非甲烷总烃。颗粒物（油烟）主要产生于定型工序，主要采用喷淋-静电处理工艺。非甲烷总烃是综合性指标，根据不同的 VOCs 种类选择喷淋吸收、吸附、吸附-脱附冷凝回收、吸附-脱附催化燃烧、蓄热式燃烧（RTO）、蓄热式催化燃烧（RCO）处理工艺。针对非水溶性 VOCs 不得仅采用喷淋吸收处理工艺。当采用吸附工艺（一次性抛弃法）时，必须根据 VOCs 产生量和处理效率定期更换吸附剂。

c）排放口设置是否符合要求

排放口设置应符合《排污口规范化整治技术要求（试行）》（环监〔1996〕470 号）等相关文件的规定，若有地方有排污口规范化要求的，应符合地方要求。排污单位在申报排污许可证时应提交排污口规范化的相关证明文件，自证符合要求。

d）排放口类型

纺织印染工业排污单位生产工序多、废气污染源较多，但是由于国家层面未制定发布纺织印染工业大气污染物排放标准和 VOCs 排放量核算方法，无法对工艺废气的排放量进行核算，因此现阶段对纺织印染工业排污单位排放口管理应突出重点，结合《实施方案》，本规范实行差异化管理，将排放口分为主要排放口和一般排放口。

由于锅炉烟气的监管较为成熟，本规范将锅炉排放口作为主要排放口。工艺废气中，印花、定型、涂层废气排放口作为一般排放口。

6.6　产排污节点对应排放口及许可排放限值确定方法

6.6.1　产排污节点对应排放口

6.6.1.1　废水

从调研情况来看，地方已对印染企业废水中六价铬和总锑的排放浓度进行严格监管，但六价铬仅在含毛纺印染或含制网工序的印花的企业废水中，总锑仅在含涤纶化纤印染的企业废水中才有可能存在。地方管理部门已将六价铬和总锑作为印染废水监管的重要因子，且相关企业也已对六价铬和总锑采取污染治理措施。

企业含有不同的生产单元，执行不同的排放标准。不同的标准执行 GB 28936、GB 28937、GB 28938、GB 4287 涵盖的污染因子不同，因此本规范规定企业同时生产两种以上产品、可适用不同排放控制要求或不同行业国家污染物排放标准，且生产设施产生的污水混合处理排放的情况下，废水排放口实施许可管理的污染因子应执行排放标准中规定的所有污染因子。目前喷水织机和洗衣废水无相关的行业标准，大部分企业按综排标准或集中污水处理厂纳管标准执行。

6.6.1.2 废气

纺织印染工业排污单位的废气产排污节点包括对应的生产工序和相应排放口，产生废气的环节主要有印花、定型、涂层等工段和锅炉等公用单元，相应排放口主要包括上述产污环节产生废气收集处理后排放的烟囱或排放口。

6.6.2 许可排放限值

6.6.2.1 一般规定

许可排放限值包括污染物许可排放浓度和许可排放量。

关于废水，纺织印染行业作为“水十条”重点行业，废水排放量及排放浓度均较大，废水排放口全部作为主要排放口。对于水污染物，按照排放口确定许可排放浓度、许可排放量。对于纺织印染工业排污单位生产废水排入城市污水处理厂、工业废水集中处理设施的情况，除核算排污单位许可排放量外，还需根据城市污水处理厂、工业废水集中处理设施执行的外排标准，核算排入外环境的排放量，并载入许可证中。

关于废气，纺织印染行业的工业废气主要是颗粒物、油烟和 VOCs，对于大气污染物，以工艺生产设施或有组织排放口为单位确定许可排放浓度；锅炉设施大气有组织排放口确定许可排放浓度、许可排放量。组织废气按照厂界确定许可排放浓度，不设置许可排放量要求。

6.6.2.2 许可排放浓度

a）废气

目前《纺织印染工业大气污染物排放标准》未出台，但为确保本规范能够对纺织工业废气排污进行有效监管，同时具有可执行性，本规范中规定废气“纺织印染工业排污单位有组织废气处理设施废气污染物许可排放浓度限值按照 GB 13271、GB 14554 和 GB 16297 的要求确定许可排放浓度，厂界废气无组织排放中的氨、硫化氢、臭气浓度许可排放浓度按照 GB 14554 确定，颗粒物许可排放浓度按照 GB 16297 确定”，并结合《排污单位自行监测技术指南　纺织印染工业》（征求意见稿），以充分考虑管理需求。锅炉烟气中的颗粒物、二氧化硫、氮氧化物、林格曼黑度按照《锅炉大气污染物排放标准》（GB 13271）中的要求确定许可排放浓度。工艺废气中的颗粒物、甲苯、二甲苯、非甲烷总烃的有组织、无组织排放指标均按照《大气污染物综合排放标准》（GB 16297）的要求确定许可排放浓度，氨、硫化氢、臭气浓度按照《恶臭污染物排放标准》（GB 14554）中的要求执行，其中氨和硫化氢适用于考核排污单位的无组织废气。有更为严格的地方排放标准要求的，按照地方排放标准确定。

大气污染防治重点控制区按照《关于执行大气污染物特别排放限值的公告》（环境保护部公告　2013 年　第 14 号）和《关于执行大气污染物特别排放限值有关问题的复函》（环办大气函〔2016〕1087 号）的要求执行。

执行大气污染物特别排放限值的地域范围、时间，由国务院环境保护主管部门或省级人民政府规定。现阶段，按照国家规定，大气污染防治重点控制区包括北京市、天津市、石家庄市、唐山市、保定市、廊坊市、上海市、南京市、无锡市、常州市、苏州市、南通市、扬州市、镇江市、泰州市、杭州市、宁波市、嘉兴市、湖州市、绍兴市、广州市、深圳市、珠海市、佛山市、江门市、肇庆市、惠州市、东莞市、中山市、沈阳市、济南市、青岛市、淄博市、潍坊市、日照市、武汉市、长沙市、重庆市主城区、成都市、福州市、三明市、太原市、西安市、咸阳市、兰州市、银川市、乌鲁木齐市等47个城市。

执行《锅炉大气污染物排放标准》（GB 13271）的锅炉废气参照已发布行业排污许可规范中相关内容。

1）颗粒物

颗粒物是目前印染企业定型机废气治理重要的监测指标之一。根据历年监测数据统计，其产生浓度介于 5.41～2 821.40 mg/m^3，平均产生浓度约为 200 mg/m^3；经处理后排放出口的范围介于 2.08～300 mg/m^3，平均排放浓度约为 35 mg/m^3，平均去除率约为 83%。现有企业采用常规水喷淋处理技术普遍能达到颗粒物去除率高于 80%的要求。另外，根据现场调研监测较为先进印染企业，采用静电除尘技术或水喷淋+静电除尘技术二级处理，废气处理设施出口颗粒物排放浓度介于 2.03～43.20 mg/m^3，平均排放浓度约为 8.7 mg/m^3；湿布定型直接静电处理效果不佳，最低值也高达 53.8 mg/m^3。目前我国《大气污染物综合排放标准》（GB 16297—1996）对现有、新建颗粒物（其他）的要求分别为 150 mg/m^3、120 mg/m^3。因此，一般安装以上处理设施后能实现达标排放。

根据现阶段定型机废气颗粒物的控制技术基础以及未来的发展趋势，并参考北京地方大气污染物排放标准和浙江省地方标准，本规范将源颗粒物的控制限值设定为 150 mg/m^3，新源控制限值设定为 120 mg/m^3（GB 16297 甲苯控制限值）。

表 6-1 列举了国内外相关标准对颗粒物排放的控制要求。

表 6-1 国内外相关标准对颗粒物排放控制要求

标准名称	颗粒物排放浓度要求/（mg/m^3）
国家大气污染物综合排放标准	新源，其他：120
北京市地方大气污染物综合排放标准	II 时段，其他颗粒物：30
德国大气污染物排放标准	20
EHS-纺织品制造业环境、健康与安全指南	50[a]
浙江省地方标准《纺织染整工业大气污染物排放标准》	20

[a] 30 min 烟道排放的平均值。

2）臭气浓度

印染定型机废气具有恶臭气味，长期吸入对人体健康产生严重的危害，其恶臭气味也是居民投诉的重点问题。目前，我国针对恶臭的标准仅有《恶臭污染物综合排放标准》（GB 14554）和天津地方《恶臭污染物排放标准》（DB 12/-059-95），其对臭气浓度的要求分别为 2 000/6 000（15/20 m 排气筒）和 1 500/4 500（15/20 m 排气筒）。从现场调研较先进排污单位数据来看，印染定型机废气排放臭气浓度介于 74～550，平均浓度约为 316.5。臭气浓度按《恶臭污染物排放标准》（GB 14554）执行是可行的。

3）甲苯、二甲苯

印染过程中会经常使用到苯、甲苯、二甲苯、苯乙烯等含单环芳香烃化合物。由于苯系物其潜在的环境和人体危害性，本规范将苯系物作为重要的污染控制指标项目。按照在印染过程作用和使用量的差异，分别为用于涂层整理作为溶剂类和其他类。涂层整理过程中常用苯系物（甲苯、二甲苯）和 DMF 等作为溶剂，用量大大超过其他后整理类工序（如定型）。

考虑到涂层整理工艺与合成革、人造革生产工艺类似，所使用的涂层剂（或胶黏剂）和溶剂也基本相同。其中，现有调研数据统计 15 家纺织涂层企业 27 个排放口，涉及 4 家水性溶剂企业，涵盖甲苯回收装置、废气处理装置、水膜喷淋三种类型。表 6-2 列举了调研数据中 10 家纺织涂层企业苯系物排放情况。甲苯排放浓度介于 0.08～66.70 mg/m^3，而二甲苯浓度均较低。因此参考国家标准《合成革与人造革工业污染物排放标准》（GB 21902 —2008）和现有调研数据及情况，本规范将涂层整理类企业甲苯的控制限值设定为 60 mg/m^3 与 40 mg/m^3（GB 16297 甲苯控制限值），同时为防止排污单位采用二甲苯替代，设定二甲苯限值为 90 mg/m^3 与 70 mg/m^3（GB 16297 二甲苯控制限值）。

表 6-2 浙江省部分纺织涂层企业苯系物排放情况

企业编号	使用溶剂	处理类型	监测点位	监测项目	排放浓度
1	甲苯	甲苯回收塔	涂层线废气处理装置排放口	甲苯	1.57
				二甲苯	＜0.089
2	甲苯	甲苯回收机	甲苯回收装置排放口	甲苯	16.0
				二甲苯	＜0.083
3	甲苯	甲苯回收机	甲苯回收装置（南侧）	甲苯	65.6
				二甲苯	＜0.085
			甲苯回收装置（南侧）	甲苯	3.90
				二甲苯	＜0.085
4	甲苯	甲苯回收机	涂层线废气处理装置排放口	甲苯	9.32
				二甲苯	＜0.093
5	甲苯	甲苯回收机	甲苯回收装置排放口	甲苯	66.7
				二甲苯	＜0.070
6	水性溶剂	—	涂层线废气排放口	甲苯	8.09
				二甲苯	＜0.080
7	水性溶剂	—	涂层线废气排放口	甲苯	1.43
				二甲苯	＜0.084
8	水性溶剂（PA、PU）	废气回收装置	废气净化装置排放口 1#	甲苯	0.486
				二甲苯	＜0.085
			废气净化装置排放口 2#	甲苯	1.18
				二甲苯	＜0.085
9	水性溶剂	废气净化装置	涂层机废气排放口	甲苯	＜0.085
				二甲苯	＜0.085
10	有机溶剂	水膜	涂层机废气排放口	甲苯	＜0.084
				二甲苯	＜0.084

另外，对于涂层过程中经常使用的胶黏剂、涂料等也有明确的环保质量要求。《环境标志产品技术要求 胶黏剂》（HJ/T 220—2005）要求生产过程中不得添加苯、甲苯、二甲苯、乙苯、卤代烃等有毒有机溶剂，且对胶黏剂中挥发有机物进行了含量的规定。

表 6-3 国内其他行业标准对甲苯及二甲苯的控制要求

标准名称（行业）			指标限值要求/（mg/m^3）	
国家	橡胶制品工业污染物排放标准		甲苯与二甲苯合计	15.0
	合成革与人造革工业污染物排放标准 1		甲苯	30
			二甲苯	40
	皮革制品工业大气污染物排放标准 2		甲苯、二甲苯	40（20）
北京	大气污染物综合排放标准	汽车制造涂装、汽车维修保养	甲苯与二甲苯合计	18.0
		半导体及电子产品	甲苯与二甲苯合计	12.0
		人造板与木制家具制造	甲苯与二甲苯合计	20.0
		印刷、制鞋与皮革制品	甲苯与二甲苯合计	15.0
广东	制鞋行业挥发性有机化合物排放标准		甲苯与二甲苯合计	15.0
	表面涂装（汽车制造业）挥发性有机化合物排放标准		甲苯与二甲苯合计	18.0
	印刷行业挥发性有机化合物排放标准		甲苯与二甲苯合计	15.0
	家具制造行业挥发性有机化合物排放标准		甲苯与二甲苯合计	20.0

目前，纺织染整涂层整理类企业，对于甲苯、二甲苯溶剂都设有溶剂回收装置，但在处理设施管理上及处理成本等因素的考虑（未及时更换活性炭），常常存在排放不达标的现象。因此，对于该类企业，建议在溶剂回收装置前端（或末端）增加废气处理设施或再增加一级回收装置，以达到本规范排放限值的要求。

4）非甲烷总烃

对于印染废气中的有机酸类、醇类、酮类及酯类化合物，若存在大量使用（如乙酸、乙酸乙酯、丙酮、丁酮、异丙醇）应按相关的方法监测并计算入 VOCs 排放总量。由于项目调研监测期间，该类 VOCs 监测方法并未制定发布，现场排污单位通过监测非甲烷总烃指标表征 VOCs 排放量。定型机废气的非甲烷总烃指标偏低，现场监测的最大值仅 13.2 mg/m^3，未能有效地反映出定型机废气 VOCs 实际排放情况。但目前无监测方法的污染物算术之和表征总 VOCs 排放量，规范以非甲烷总烃表征总 VOCs 排放量。

b）废水

目前纺织行业有四项水污染排放标准（即麻、丝、毛与染整行业排放标准），但没有涵盖喷水织机行业和成衣水洗行业。目前江苏、浙江和广东等省份是按当地的地方标准执行，或者按环境影响评价要求执行。因此，本规范规定“排污单位水污染物许可排放浓度限值按照 GB 28936、GB 28937、GB 28938、GB 4287、GB 8978 以及地方污染物排放标准按从严进行确定。各污染物许可排放浓度（除 pH 值与色度外）为日均浓度。废水排入城镇或工业集中污水处理设施的排污单位，应按相应排放标准规定执行。如环境影响评价批复有其他要求的，从其规定”。

6.6.2.3 许可排放量

a）废水

明确对化学需氧量、氨氮以及受纳水体环境质量超标且列入相应排放标准中的其他污染因子许可年排放量。由于 1 家纺织企业可能生产多种产品，因此本规范中列出多种生产的可能性。

排污单位水污染物许可排放量依据主要产品产能、单位产品基准排水量和水污染物许可排放浓度限值核定，计算如式（1）：

$$D = S \times Q \times \rho \times 10^{-6} \tag{1}$$

式中：D——某种水污染物年许可排放量，t/a；

S——主要产品产能，t/a；

Q——单位产品基准排水量，m^3/t 产品，排污单位执行 GB 28936、GB 28937、GB 28938 及 GB 4287 中的相关取值。地方有更严格排放标准要求的，按照地方排放标准从严确定；

ρ——水污染物许可排放浓度限值，mg/L。

目前喷水织造与成衣水洗废水均不按 GB 28936、GB 28937、GB 28938 及 GB 4287 标准执行，因此在计算中采用“许可排放量=单位产品产能×单位产品的水污染物排放量限值”。为配合本技术规范的修订，编制组在调研过程中，对江浙地区进行了实地调研及相关环境影响评价报告书的查阅，初步得到了喷水织造与成衣水洗的单位产品的水污染物排放量限值。喷水织造单元单位产品水污染物排放量限值，间接排放的排污单位按 0.30 kg 化学需氧量/百米布、0.006 0 kg 氨氮/百米布计，直接排放的排污单位按 0.060 kg 化学需氧量/百米布、0.003 6 kg 氨氮/百米布计；成衣水洗单元单位产品水污染物排放量限值，间接排放的排污单位按 20.00 kg 化学需氧量/t 产品、0.20 kg 氨氮/t 产品计，直接排放的排污单位按 2.00 kg 化学需氧量/t 产品、0.12 kg 氨氮/t 产品计。

1）喷水织机

喷水织机是采用喷射水柱牵引纬纱穿越梭口的无梭织机。一般是丝越细水压越大，丝越粗水压越小，喷水织机主要以涤纶化纤为主，排水量与幅宽无直接关联。按传统梭织布的计量方法，产能以百米布计。由于喷水织机的产品、工艺单一，基准排水量相对变化幅度较小。编制组在嘉兴、绍兴、吴江等地，5 家喷水织机厂（幅宽以 1.6 m 为主），为方便企业填报，本规范对于喷水织机也以百米布计。综合分析相关调研数据，见表 6-4。

表 6-4 喷水织机基准排水量统计分析表

企业编号	1#	2#	3#	4#	5#	平均
企业地点	嘉兴	嘉兴	绍兴	苏州	苏州	
产能/（百米布/a）	600 000	80 000	100 000	120 000	250 000	
排水量/（万 t/a）	68	10.1	9.7	13.2	32	
基准排水量/（m^3/百米布）	1.13	1.26	0.97	1.10	1.28	1.15

通过以上数据可知，喷水织机基准排水量取 1.2 m^3/百米布，规范体现“既不放松，也不加严”的要

求，具有科学性及可行性。

2）成衣水洗

服装后整理是服装生产链条中最后一个环节，服装水洗是后整理的核心，直接关系着服装的外观、品质和价值。水洗的方法分为普通水洗、化学洗、石洗、破坏洗、漂洗、砂洗、酶洗等。目前主要的水洗服装以牛仔为主，也有少量的休闲服装。由于水洗工序属于典型的离散型生产，产品多样化、无统一标准、计量不同等特点。因此，编制组分别通过实地调研与各地环境影响评价资料的收集，获得以下成衣水洗基准排水量数据。

编制组对广东、辽宁、浙江、江苏的成衣水洗排污单位进行分析，但由于水洗行业没有行业的统一标准，大部分企业以“件”为单位进行计量、小部分企业可以用“磅”和“打”单位进行计量，而以“件”为单位在实际操作中不具备一致性，因此编制组按每件成衣产品以 1.0 kg 计，将产能折算成质量单位“t”。

表 6-5　成衣水洗基准排水量统计分析表

企业编号	地区	年产能	折算产能/（t/a）	生产排水量/（万 m^3/a）	基准排水量/（m^3/t）
1#	广东增城	550 万件	550	21.0	38.2
2#	广东增城	1 000 万件	1 000	26.0	26.0
3#	广东增城	2 500 万件	2 500	79.5	31.8
4#	广东增城	800 万件	800	36.0	45.0
5#	广东增城	500 万件	500	15.5	31.0
6#	广东佛山	50.4 万打	605	50.4	84.0
7#	辽宁灯塔	70 万件	700	1.9	27.1
8#	辽宁营口	600 万件	6 000	27.0	45
9#	浙江温州	2 500 万件	25 000	43.6	17.44
10#	安徽六安	550 万件	5 500	23.2	42.1
11#	江苏苏州	4 000 t	4 000	8.9	22.3
平均					37.3

从理论上计算，普通水洗若按水洗的浴比 1∶15 进行操作，经过退浆、水洗、柔软等工序，以过水 3 次计，成衣水洗的基准耗水量应为 45 m^3/t，排水量按排放系数 0.9 计，将产品基准排水量为 40 m^3/t。同理，酵素洗、漂洗产品基准排水量为 60 m^3/t，石磨洗产品基准排水量为 80 m^3/t。实际生产过程中，企业也会采用组合工艺，如“石磨+漂洗”工艺，导致基准排水量增加。

b）废气

本规范核定大气污染物许可排放量的为锅炉烟气排放的颗粒物、二氧化硫和氮氧化物，年许可排放量据基准排气量、许可排放浓度、锅炉设计燃料用量核定。主要排放口污染物年许可排放量计算公式如下：

$$E_{年许可}=E_{主要排放口年许可} \quad (2)$$

主要排放口污染物年许可排放量计算公式如下：

$$M_i = R_i \times Q \times \rho \times 10^{-9} \quad (3)$$

$$E_{主要排放口年许可} = \sum_{i=1}^{n} M_i \quad (4)$$

式中：M_i——第 i 个主要排放口污染物年许可排放量，t；

R_i——第 i 个主要排放口对应装置的锅炉设计燃料用量，t 焦/a 或 m^3/a（kg/a）；

Q——基准排气量，m^3/t 焦或 m^3/m^3（m^3/kg）；

ρ——废气污染物许可排放浓度限值，mg/m^3。

一般排放口主要为印花、定型、涂层废气排放口。由于未出台国家层面的纺织印染工业大气污染物排放标准，纺织印染工业典型的 VOCs 缺少相应的排放标准和监测方法，因此本规范不对一般排放口许可排放量。

纺织印染工业排污单位应按照国家或所在地区人民政府制定的《重污染天气应急预案》、各地人民政府制定的重大活动保障措施等文件，根据停产和减产要求，确定特殊时段短期许可排放量控制要求。即以排污单位前一年环境统计实际排放量折算的月均排放量为基数，依据各地制定的特殊时段控制措施中的削减比例计算确定。

6.7 污染防治可行技术要求

编制组根据已发布的纺织印染工业环保设计技术规范、纺织染整工业废水治理工程技术规范以及相关环保文件，同时通过企业调研，明确纺织印染工业的废水、废气处理以及运行管理要求。目前纺织工业污染防治最佳可行技术指南正在编制中，待其发布后，应按其规定执行。

对于纺织印染工业排污单位采用本规范所列可行技术的，原则上认为具备符合规定的防治污染设施或污染物处理能力。对于未采用本规范所列可行技术的，纺织印染工业排污单位应当在申请时提供相关证明材料（如提供已有监测数据；对于国内外首次采用的污染治理技术，还应当提供中试数据等说明材料），证明可达到与可行技术相当的处理能力。

6.7.1 废水

编制组在编制中依据已发布的《纺织印染工业企业环境保护设计规范》（GB 50425）、《纺织染整工业废水治理工程技术规范》（HJ 471）、《纺织工业污染防治最佳可行技术指南（试行）》（征求意见稿）等文件相关要求，同时通过企业调研、收集资料，明确纺织印染工业废水处理可行技术以及运行管理要求。

纺前纤维加工企业（毛、丝、麻纤维）产生工艺废水的工段有缫丝、打棉、洗毛、剥鳞、炭化、麻脱胶等。印染企业产生工艺废水主要工段有碱减量、退浆、煮练、精炼、漂白、丝光、染色、印花、定型、功能整理等。

本规范针对纺织染整工业废水治理工艺设计中涉及的一些重点问题提出了基本要求。由于不同的纺织染整产品生产过程产生的废水水质变化较大，因此企业应根据现行的国家和地方相关排放标准、污染物的来源及性质、排水去向及处理效率等因素确定纺织染整废水处理系统的处理程度，选择相应的处理级别和处理工艺，经技术经济比较后确定、细化。目前我国纺织印染废水处理的主要技术路线为：经适当预处理后，采用以生物处理技术为主，物理化学处理技术为辅的综合处理技术。

在综合考虑目前国家环境管理的要求、纺织印染工业的技术与经济发展水平，结合现场调研结果的基础上，本规范选择了基础处理工艺，规范同时要求含重金属废水必须单独收集、分质处理；退浆废水、煮练废水、洗毛废水、缫丝废水等废水可单独收集进行分质预处理，其出水水质在不影响上述基础处理工艺处理效率的基础上，可接入综合废水处理系统一并处理；为了满足高的出水水质要求，本规范推荐了三级组合处理工艺：

一级处理：格栅、捞毛机、中和、混凝、气浮、沉淀；

二级处理：水解酸化、厌氧生物法、好氧生物法；

深度处理：曝气生物滤池、臭氧、芬顿氧化、滤池、离子交换、树脂过滤、膜分离、人工湿地、蒸发结晶。

本规范需要强调的是：

a）纺织染整废水是一个大类，纤维或织物原料不同（如棉、毛、丝、麻、涤纶、腈纶、氨纶、锦纶等，以及针织产品、梭织产品等）、所采用的染料不同（如活性、阳离子、分散、靛兰、酸性染料等）、前处理和染色工艺不同、所用的助剂不同等，其最终排放的污染物种类和浓度相差很大，所以废水处理工艺以及所选择参数差别也会很大。

b）一个废水处理工艺方案实际上是技术优化组合。工艺方案只是解决处理达到目标的可能性，同样的工艺对同样的废水，可能处理结果不一样，在具体实施时，技术参数的选择是施工设计的关键，且运行管理的水平也与处理效果密切相关。

c）蜡染及印花等工艺使用尿素，某些染色工艺也可能使用尿素，其排放的是一类含氮量较高的染整废水，废水的NH_3-N值可达300 mg/L，在废水处理工艺选择时应考虑设计脱氮工艺单元。

6.7.2 废气

编制组在编制中依据《纺织染整行业污染防治可行技术指南（试行）》、《大气污染治理工程技术导则》（HJ 2000）、《吸附法工业有机废气治理工程技术规范》（HJ 2026）、《催化燃烧法工业有机废气治理工程技术规范》（HJ 2027）等技术规范，通过排污单位调研、资料收集、专家的建议，对废气提出污染防治推荐可行技术及运行管理要求。

纺织印染工业排污单位产生废气主要有工艺废气（印花工段、定型整理工段、涂层整理工段）和锅炉等公用单元。工艺废气处理工艺包括喷淋吸收、静电、喷淋-静电、吸附、吸附-脱附冷凝回收、吸附-脱附催化燃烧、蓄热式燃烧（RTO）、蓄热式催化燃烧（RCO）等。对于纺织印染工业排污单位未采用本规范所列可行技术的，排污单位应当加强自行监测、台账记录，监管部门应当尽早开展执法监测，评估可行性。

纺织印染工业排污单位无组织废气的来源主要有敞开式的操作过程、废气收集过程、助剂/染料等运输使用过程、污水处理单元等。污染物厂界控制浓度与背景浓度差值原则上应按照我国《环境空气质量标准》（GB 3095）的二级标准定值。没有质量标准的污染物按照《工业企业设计卫生标准》中规定值。考虑到本规范大部分指标都已有相关标准可参考，其无组织排放要求也作类似参考与引用。

6.8 自行监测管理要求

主要考虑了外排口监测点位设置、监测指标及监测频次，包括各类纺织工业企业的总外排口、印染工业企业的染色印花车间排口以及纺织工业园区总排放口。污染物指标主要以《纺织染整工业水污染物排放标准》（GB 4287—2012）、《缫丝工业水污染物排放标准》（GB 28936—2012）、《毛纺工业水污染物排放标准》（GB 28937—2012）、《麻纺工业水污染物排放标准》（GB 28938—2012）为依据。根据调研情况，考虑了环境影响评价及批复或摸底监测确定的其他重金属污染物指标。

对于印染工业企业，明确二氧化氯、可吸附有机卤素（AOX）监测适用于含氯漂工艺的印染工业企业。总锑监测适用于以含锑催化剂的涤纶为原料的印染工业企业。六价铬监测适用于使用含铬染料或助剂、有制网工艺进行印花的企业。

化学需氧量为我国总量减排控制主要污染物。pH值为基础但对排水安全很重要的指标，同时也是纺织废水中一项特征指标，印染废水绝大部分属碱性，但丝绸印染和毛印染因采用酸性染料使废水呈偏酸性。洗毛废水的pH值受中性洗毛、碱性洗毛和酸性洗毛的不同工艺影响，呈中型、偏碱性或偏酸性。麻纺企业的浸酸废水和酸洗废水呈酸性，煮练废水和拷麻废水呈碱性。缫丝废水呈偏碱性。故对上述两项指标监测频次提出较高要求，需采用自动监测。

悬浮物和色度对于纺织企业存在一定比例的超标情况，且容易从感观上引起公众反应，印染废水中的染料残留是造成印染废水色度的主要原因。且考虑到该两项指标的监测相对简单。故对这两项污染物指标在监测频次上提出较高要求，需每日监测。五日生化需氧量监测相对耗时，且已对化学需氧量提出较高监测要求，故对其监测频次要求相对低。

除了蜡染和印花等部分使用尿素的工艺废水含氮量较高外，大多数印染废水是缺氮的，在废水处理站调试时往往要添加尿素直至生化运行正常为止，所以印染废水处理一般不考虑脱氮问题。印染废水中磷主要来源于含磷洗涤剂，部分企业采用磷酸三钠，磷的浓度就会很高，达到几十毫克每升，这时必须将含磷高的废水在前处理中去除。通过不使用或少使用含磷洗涤剂，磷化物浓度可大幅降低。故对总氮、总磷这两项污染物指标监测频次要求相对低一些。但对于总氮或总磷超标的流域和沿海地区，实施总氮或总磷总量控制的，可提高相应指标的监测频次。

氨氮也是我国总量减排控制主要污染物，但由于印染废水通常缺氮的特点，对其监测频次要求稍低，仅对蜡染、印花企业的氨氮提出较高频次要求。其他类型纺织工业企业氨氮监测按日执行。

印染工业企业排放的苯胺类毒性比较高，且由于具有长期残留性、生物蓄积性、致癌性等特点，被美国 EPA 列为优先控制的 129 种污染物。硫化物是水体污染的一项重要指标，对人和动植物的健康都有负面影响。六价铬属一类污染物，且为车间或生产设施废水排放口监测的污染物指标。因此，根据《总则》要求对苯胺类、硫化物、六价铬每月监测一次。

考虑污染物因子企业手工监测能力及委托监测成本，按照重点排污单位监测频次高于非重点排污单位，主要污染物监测频次高于非主要污染物的总体原则，参照《总则》，确定纺织工业企业各排污口不同污染物的监测频次。

根据《总则》，对于水环境质量中总锑超标的流域或沿海地区，要求提高总锑监测频次。

纺织工业园区废水外排口监测指标包含各类纺织工业企业废水监测指标，根据《总则》要求以及企业废水特点，确定流量、pH 值、化学需氧量（COD_{Cr}）、氨氮、悬浮物、色度、五日生化需氧量（BOD_5）、总氮、总磷为必测指标，并作为主要监测指标提出高频次要求。二氧化氯、可吸附有机卤素（AOX）、硫化物、苯胺类、总锑、六价铬、动植物油等 7 项指标作为选测指标，园区单一行业类型集中式污水处理厂应根据上游纺织工业企业类型从中确定监测指标，监测频次稍低于主要监测指标。

根据当前环境管理状况，对纺织工业排污单位内部监测没有明确需求，本规范中暂未考虑，各地或排污单位有需要的，可根据《总则》确定内部监测的监测点位、监测指标和频次。

根据纺织工业企业、园区涉及的废气排放源，对废气排放监测位置、频次进行了明确。

对于纺织工业企业废气，当前没有专门的行业排放标准，执行《大气污染物综合排放标准》（GB 16297—1996）。参考浙江省《纺织染整工业大气污染物排放标准》（DB 33/962—2015），纺织工业企业有组织废气排放监控位置应为车间或生产设施排气筒。

根据《总则》，同时考虑到目前污染物排放限值等研究基础薄弱，从积累一定监测数据为出发点，纺织企业各类有组织废气按季度开展监测，为日后明确管理要求奠定基础。

纺织工业企业需根据环境影响评价及其批复，以及原料工艺等确定是否需要监测其他有机废气污染物。涂层过程中如使用丁酮溶剂，需按季度对其进行监测。此外，涂层企业可根据二甲基甲酰胺（DMF）溶剂使用量及处理情况，确定是否监测二甲基甲酰胺。

对于无组织排放，主要根据纺织工业排污单位各自涉及的无组织排放源类型提出了监测指标及频次。在调研过程中发现，纺织工业企业由于定型机、污水处理等带来恶臭问题易引起公众投诉，对周边居民产生影响，因此，根据《总则》要求，若周边有居民区等敏感点，应提高监测频次。

按照当前行业污染物标准制定情况，结合当前环境管理需求，本规范确定了监测的废物污染物指标，今后应根据标准制定和管理要求的具体变化，根据《总则》增加或减少污染物因子，并确定自行监测的点位、频次。

对纺织工业企业、园区潜在的噪声源进行梳理，从而为其进行噪声监测布点提供依据。

根据纺织工业排污单位的排放状况及对周边环境质量的影响情况，考虑了废水直接排入地表水、海水的两种情况的监测要求。

对纺织工业企业、园区生产和污染治理设施运行状况的记录内容进行了细化。

对纺织工业企业、园区一般固体废物、危险固体废物的来源进行梳理，提出信息记录要求。

排污单位应制定监测方案、设置和维护监测设施、开展自行监测、做好监测质量保证与质量控制、记录和保存监测数据。本规范是在《总则》的指导下，根据纺织工业排污单位的实际情况，对监测方案制定和信息记录中的部分内容进行具体细化，对于各行业通用的内容未在本规范中进行说明，但对于纺织工业排污单位同样适用，因此除本规范规定的内容外，其他按《总则》执行。

对纺织工业企业开展自行监测的经济成本进行计算，主要考虑在线监测和委托性监测等情况。其中，废气、噪声自行监测按采取委托性监测计。

表 6-6 纺织工业企业废水自行监测成本（以一年计）

监测指标	监测频次	监测成本/（元/a）
流量	自动监测	30 000～40 000[a]（5 000[b]）
pH 值	自动监测	4 000～5 000[a]（1 000～1 500[b]）
化学需氧量（COD_{Cr}）	自动监测	140 000～150 000[a]（15 000～22 500[b]）
氨氮	周（日[c]）	5 200
悬浮物	日	18 250
色度	日	10 950
总氮	周	5 200
总磷	周	5 200
五日生化需氧量	周	9 360
苯胺类	月	4 800
二氧化氯	季度	1 200
可吸附有机卤素（AOX）	季度（半年[d]）	7 200（3 600）
硫化物	月	1 080
总锑	季度	600
六价铬	月	2 400
动植物油	月	3 000

[a] 流量、pH 值、化学需氧量的设备购置费用；
[b] 流量、pH 值、化学需氧量的年运行维护费用；
[c] 毛纺、麻纺、缫丝、织造、成衣水洗工业企业的氨氮最低监测频次为日；
[d] 麻纺工业企业的可吸附有机卤素（AOX）监测最低频次为半年。

表 6-7 纺织工业企业废气自行监测成本（以一年计）

监测指标	排放方式	监测频次	监测成本/（元/a）
氨	有组织	季度	1 600
颗粒物	有组织	季度	1 600
染整油烟	有组织	季度	1 600
非甲烷总烃	有组织	季度	2 400
甲苯	有组织	季度	1 200
二甲苯	有组织	季度	800
颗粒物	无组织	年	400
氨	无组织	年	400
臭气浓度	无组织	年	500
硫化氢	无组织	年	1 600
非甲烷总烃	无组织	年	600

噪声按每季度监测一次计算，全年委托性监测费用共计 3 200 元。

以印染工业企业为例，除流量、pH 值、化学需氧量三项指标外，其他废水采用委托性监测方式，则每年需花费 71 440 元，废水自行监测总费用第一年（在线监测设备购置年）为 266 440～295 440 元，其后每年总费用为 92 440～100 440 元。各类有组织废气污染源监测按各一个排气筒或处理设施排放口计算，则每年有组织废气监测费用为 9 200 元，无组织废气每年委托性监测费用为 3 500 元。综上，则印染工业企业每年废水、废气、噪声自行监测成本共计 108 340～116 340 元。

6.9 环境管理台账记录及执行报告编制要求

按“环境管理台账记录及执行报告编制规范”总则要求进行。

6.10 实际排放量核算方法

本章节给出了纺织印染企业实际排放量的核算方法和核算方法的选用原则，列出了核算的具体公式并对异常情况处理原则作出了规定。

企业污染物排放总量达标是指有许可排放量要求的主要排放口的主要污染物实际排放量之和满足主要排放口年许可排放量要求。对于特殊时期短时间内有许可排放量要求的企业，主要排放口实际排放量之和不得超过特殊时期许可排放量。

6.10.1 废水核算方法

实测法适用于有连续在线监测数据或手工采样监测数据的企业。

未安装在线监测系统或无有效在线监测数据时，可采用手工监测数据进行核算。手工监测数据包括核算时间内的所有执法监测数据和企业自行或委托第三方的有效手工监测数据，企业自行或委托的手工监测频次、监测期间生产工况、数据有效性等须符合相关规范要求。

采用产污系数法核算污染物排放量的，根据单位产品污染物的产生量、产品产量以及污染治理设施的处理效率进行核算。污染治理设施的处理效率应采用实测法确定。

6.10.2 废气核算方法

实测法是通过实际废气排放量及其所对应污染物排放浓度核算污染物排放量，适用于有连续在线监测数据或手工采样监测数据的现有污染源。

非正常情况污染物排放量可采用实测法或产排污系数法核定。

6.11 合规判定方法

合规判定包括纺织印染排污单位许可事项合规和环境管理要求合规。

许可事项合规是指排污单位排污口位置和数量、排放方式、排放去向、排放污染物种类、排放限值符合许可证规定，其中，排放限值合规是指排污单位污染物实际排放浓度和排放量满足许可排放限值要求；环境管理要求合规是指排污单位按许可证规定落实自行监测、台账记录、执行报告、信息公开等环境管理要求。

6.11.1 废水

纺织印染工业排污单位废水排放浓度合规是废水排放口污染物排放浓度满足规范 5.2.2.1 要求。各项废水污染物有效日均值采用自动监测、执法监测、企业自行开展的手工监测三种方法分类进行确定。

6.11.2 废气

6.11.2.1 正常情况

纺织印染工业排污单位废气排放浓度合规是指各有组织排放口和厂界无组织污染物排放浓度满足 5.2.2.2 要求。各项废气污染物小时浓度均值根据自动监测数据和手工监测数据确定。无特殊需说明的情况。

6.11.2.2 非正常情况

纺织印染工业排污单位非正常排放指主要产污环节生产设施启停机、工艺设备运转异常情况下的排放，非正常排放不作为废气达标判定依据。其中，印花设施、定型设施、涂层设施的风机启动和停机时间不超过 1 h；燃煤蒸汽锅炉如采用干（半干）法脱硫、脱硝措施，冷启动不超过 1 h、热启动不超过 0.5 h。

6.11.3 排放量合规判定

纺织印染工业排污单位污染物排放量合规是指：

a）主要排放口的纳入排污许可管理的污染物实际排放量满足其年许可排放量；

b）对于特殊时段有许可排放量要求的，实际排放量不得超过特殊时段许可排放量。

同时满足以上两个条件，即判定为合规。

纺织印染工业排污单位启、停机等非正常情况造成短时污染物排放量较大时，应通过加强正常运营时污染物排放管理、减少污染物排放量的方式，确保全厂污染物年排放量（正常排放+非正常排放）满足许可排放量要求。

6.11.4 管理要求合规判定

环境保护主管部门依据排污许可证中的管理要求，以及纺织印染行业相关技术规范，审核环境管理台账记录和许可证执行报告；检查排污单位是否按照自行监测方案开展自行监测；是否按照排污许可证中环境管理台账记录要求记录相关内容，记录频次、形式等是否满足许可证要求；是否按照许可证中执行报告要求定期上报，上报内容是否符合要求等；是否按照许可证要求定期开展信息公开；是否满足特殊时段污染防治要求。

7 国内外相关标准、技术法规对比和分析

7.1 国外相关标准

美国、日本等国家在排污许可制度上已经取得了很好的成果，给予了我们宝贵的经验，但鉴于我国国情，考虑在经济技术发展水平、政府职能定位上与这些国家存在一定的差异，为使法规符合实际的要求和作用，在标准的制定上也会有所区别。

7.1.1 美国

水排污许可证（Water Pollutant Discharge Permit，WPDP）是美国水环境治理的核心管理制度，在内部统筹协调了多项点源相关的环境管理制度，在外部又将污染源、环境管理和执法部门、公众、司法部门等多个主体联系在一起。水排污许可证中的核心内容是点源的排放限值，而排放限值是通过行业的“最佳可用技术”来确定。水排污许可证作为对点源水污染管理的核心，一般包括了允许排放污染物的种类、限值、监测、信息公开等要求，与环境影响评价、排放标准、水环境质量、有害污染物管控、排放总量和交易、环境监测与执法、信息公开和公众参与、弹性管理等管理手段和工具密切相关，共同编织了一张严密的点源水污染排放环境管理网。

本规范许可排放限值确定原则与美国大气运营许可证基本上相同，在排污许可限值标准上有一定的差异，本规范许可排放限值包括许可排放浓度（mg/m^3，1 h 均值浓度）和许可排放量；美国规定许可排放限值（单位产品排放量，30 天滚动平均），由排放限值与产量即可得到许可量。在《美国联邦行政法规》中，排污许可制度的主要管理对象被定义为“主要污染源”，通常指单一固定源或位于相邻区域并接受统一管理的一组固定源，其实际排放量或潜在排放量达到或超过某个排放阈值。常规单一空气污染物排放阈值为每年 100 t，危险空气污染物排放阈值为每年 25 t。而本规范的排放限值（即排放阈值）区分新源和现有源根据企业实际情况制定：对于新增污染源，应对照环境影响评价文件及批复要求，从严确定；对于现有污染源，有核发权的地方环境保护主管部门可根据环境质量改善需要，综合考虑本规范及环境影响评价文件及批复要求，确定许可限值。

7.1.2 欧盟

欧盟的排污许可证制度以最佳可行技术（BAT）指导文件中不同设备污染物的排放水平作为排污限值和设施许可的基础，综合考量经济、技术和成本数据，从而使污染物的排放实现综合污染防治（IPPC）的目标要求，取得了很好的效果。本规范在制定中借鉴了这一优点，规定在审核排污许可申请材料时，需参照行业可行技术，判断企业是否具备符合规定的防治污染设施或污染物处理能力，对于企业采用相关可行技术的，原则上认为具备符合规定的防治污染设施或污染物处理能力。对于未采用的，企业应当在申请时提供相关证明材料（如已有监测数据；对于国内外首次采用的污染治理技术，还应当提供中试数据等说明材料），证明具备上述相关能力。

7.1.3 日本

日本采取污染物总量控制制定排污许可。日本的总量控制策略是以广域闭锁性水域为对象，根据不同行业和不同设施以及行业处理技术水平分别规定了各种污染物的控制标准浓度值（C 值），并由生产工艺和污染治理技术水平确定污染物允许排放量；然后由每个行业的 C 值和特定行业允许排水总量（日均允许排水量）计算各海域中各行业每年的污染物总量控制目标值。日本总量控制目标值的确定是一个“自下而上”、技术水平决定总量控制目标的过程。总量控制要求各排污企业达到其所属行业和设施类型的 C 值，并不涉及具体的减排任务。

7.2 国内相关标准

7.2.1 行业排污许可证申请与核发技术规范

本规范架构上按照已发布的《火电行业排污许可证申请与核发技术规范》和《造纸行业排污许可证申请与核发技术规范》建立，架构上增加了规范性引用文件和术语与定义两部分内容；根据纺织印染行

业生产、排污的特点在内容上进行了调整，在许可排放量核算、无组织排放控制、实测法实际排放量核算方面也有所不同。

7.2.1.1 明确许可排放量核算推荐方法

与《火电行业排污许可证申请与核发技术规范》中许可排放量核算采用绩效法不同，本技术规范借鉴《造纸行业排污许可证申请与核发技术规范》依据许可排放浓度、基准排水量、主要产品实际核定产能确定纺织印染行业企业许可排放量。并在许可排放量中明确了企业含有执行不同单位产品基准排水量的产品的情况下的年最大许可排放量，进一步明确按照企业实际核定产能核算许可排放量的方法。

7.2.1.2 细化纺织印染企业无组织排放控制内容

《火电行业排污许可证申请与核发技术规范》对无组织排放控制无相应内容，本规范借鉴《造纸行业排污许可证申请与核发技术规范》，结合纺织印染行业企业不同生产区域无组织排放情况存在差异的特点，对生产工段、露天储煤场及高浓度污水/污泥处理设施、污泥间等场所提出了不同的运行管理要求。在自动监测上，按生产类型将纺织印染企业分为两大类提出了不同的监测指标，同时对纺织工业园区也提出了相应的监测指标和要求。

7.2.2 纺织印染行业相关标准

目前，纺织印染行业相关污染物排放标准主要是针对废水的，主要包括《缫丝工业水污染物排放标准》（GB 28936—2012）、《毛纺工业水污染物排放标准》（GB 28937—2012）、《麻纺工业水污染物排放标准》（GB 28938—2012）、《纺织染整工业水污染物排放标准》（GB 4287）及其修改单、公告以及《污水综合排放标准》（GB 8978—1996）。废气方面国家暂无针对性的行业排放标准，主要依据《大气污染物综合排放标准》（GB 16297 —1996）和《恶臭污染物排放标准》（GB 14554—93）。纺织印染行业相关的规范主要包括《纺织染整工业废水治理工程技术规范》（HJ 471—2009）、《纺织工业企业环境保护设计规范》（GB 50425—2008）、《纺织染整行业污染防治可行性技术指南（试行）》（意见征求稿）、《清洁生产标准 纺织业（棉印染）》（HJ/T 185—2006）等。与上述标准相比，本规范针对排污许可工作制定，切合排污许可工作需要。

7.2.2.1 涵盖内容全面

本规范在排污单位基本情况章节中分类型给出了较全面纺织印染企业相关生产单元、生产工艺、生产设施、产品及产能原辅料类别、产排污节点、污染治理设施等具体的填报内容，较《纺织工业企业环境保护设计规范》（GB 50425—2008）中规定的内容分类更明确，更切合排污许可工作需要。

7.2.2.2 在归纳总结基础上核对了行业基准排水量

现行《缫丝工业水污染物排放标准》（GB 28936—2012）、《毛纺工业水污染物排放标准》（GB 28937—2012）、《麻纺工业水污染物排放标准》（GB 28938—2012）、《纺织染整工业水污染物排放标准》（GB 4287）中有基准排水量的相关的规定，但无法涵盖所有的纺织印染类别。本规范在充分调研典型企业、行业协会及相关统计数据的基础上，核对了喷水织造单元、成衣水洗企业单位产品的基准排水量，为许可排放量核算提供了重要的基准数据。

7.2.2.3 集成了现有国内规范及相关政策要求

本规范综合了《缫丝工业水污染物排放标准》（GB 28936—2012）、《毛纺工业水污染物排放标准》（GB 28937—2012）、《麻纺工业水污染物排放标准》（GB 28938—2012）、《纺织染整工业水污染物排放标准》（GB 4287）及其修改单、公告、《污水综合排放标准》（GB 8978—1996）、《大气污染物综合排放标准》（GB 16297—1996）、《恶臭污染物排放标准》（GB 14554—93）等标准的要求，确定了废气和废水污染因子及许可排放浓度，集成了现有国内的规范、标准要求。

在废气无组织排放与管理方面，为与卫生管理方面的规范保持相容性，规范引用与参考了《纺织工业企业职业安全卫生设计规范》（GB 50477）、《纺织印染业职业病危害预防控制指南》（GBZ/T 212）中的部分管理要求。

8 标准实施措施及建议

a）加强排污单位自行监测对排污许可的有效支撑

为落实《中华人民共和国环境保护法》《中华人民共和国水污染防治法》《中华人民共和国大气污染防治法》的要求，环境保护部目前正在制定《排污单位自行监测技术指南　纺织工业》，对自行监测方案、信息记录和报告等基本内容和要求作详细规定，为排污单位开展自行监测活动提供指导，同时可为排污许可证的申请与核发提供支撑，因此建议加快该指南的发布与实施。

b）加大对企业和环境保护主管部门的宣传培训力度

国家排污许可制度对各行业提出了精细化管理要求，本规范涉及的环境管理内容多，技术要求高，应加大对企业和环境保护主管部门的培训，帮助理解技术规范的要求，指导企业申请和环境保护主管部门核发。

c）加快行业相关标准、技术规范的制修订工作

1）排放标准是行业许可证申请和核发的基础文件，当前相关标准、技术规范注重涉水排放的行业，涉气的行业标准、技术规范空缺。在印花、定型、涂层等工段大气污染物排放还是比较严重的，目前有必要加快纺织印染行业的大气污染物排放标准的制定。

2）4 项行业水污染物排放标准的修订。主要包括废水排放标准与纺织行业的水污染物的排放标准目前有 4 项，即《缫丝工业水污染物排放标准》（GB 28936—2012）、《毛纺工业水污染物排放标准》（GB 28937—2012）、《麻纺工业水污染物排放标准》（GB 28938—2012）、《纺织染整工业水污染物排放标准》（GB 4287—2012）及其修改单与公告。从此次的调研过程看，GB 4287—2012 仍存在较大的争议与问题，经历两次修改，目前也处于评估过程中。建议加快这 4 项行业水污染物排放标准的修订，并合并成 1 项标准。

3）喷水织机与成衣水洗的水污染物排放标准的制定。《纺织染整工业污染物排放标准》（GB 4287—2012）的制定过程中没有将喷水织机与成衣水洗的工艺废水纳入考虑范围，因此《纺织染整工业污染物排放标准》（GB 4287—2012）标准的特征污染因子、基准排放量也很难与喷水织机与成衣水洗的工艺废水相匹配。目前，江浙地区的喷水织机与成衣水洗工艺废水排放标准按《污水综合排放标准》或者执行集中污水处理厂自定的纳管标准。广东地区大部分企业执行地标《水污染物排放限值》（DB 4426—2001）或纳管标准。

4）污染源源强核算技术手册的制定。纺织印染行业产业链较长，产排污环节较多，企业的水平也参差不齐。纺织企业之间差别大，水平参差不齐，不少企业在环境管理方面缺少专业的人员，导致排放数据不全，尤其是废气排放方面往往只记录排放浓度，对排放量不加以记录。这就导致了企业填报时的困难，环境保护部门也难以核实正确。在实测数据缺失的情况下，采用产排污系数法。但目前《固定污染源源强核算技术手册　纺织染整》还未出台，而第一次全国污染源调查的排污系数手册的数据，水污染物与目前的实际企业生产有较大的出入，且大气污染物数据空缺。

中华人民共和国环境保护行业标准

排污许可证申请与核发技术规范　农药制造工业

Technical specification for application and issuance of pollutant permit —Permit pesticide industry

HJ 862—2017

前　言

为贯彻落实《中华人民共和国环境保护法》《中华人民共和国大气污染防治法》《中华人民共和国水污染防治法》等法律法规和《国务院办公厅关于印发控制污染物排放许可制实施方案的通知》（国办发〔2016〕81 号），完善排污许可技术支撑体系，指导和规范农药制造工业排污单位排污许可证申请与核发工作，制定本标准。

本标准规定了农药制造工业排污单位排污许可证申请与核发的基本情况填报要求、许可排放限值确定、实际排放量核算、合规判定的方法以及自行监测、环境管理台账与排污许可证执行报告等环境管理要求，提出了农药制造工业污染防治可行技术要求。

核发机关核发排污许可证时，对位于法律法规明确规定禁止建设区域内、属于国家或地方已明确规定予以淘汰或取缔的农药制造工业排污单位或者生产装置，应不予核发农药制造工业排污许可证。

本标准的附录 A、附录 B、附录 C、附录 D、附录 E 为资料性附录。

本标准为首次发布。

本标准由环境保护部规划财务司、环境保护部科技标准司组织制订。

本标准主要起草单位：环境保护部南京环境科学研究所、中国农药工业协会、中国环境科学研究院、江苏环保产业技术研究院、沈阳化工研究院、江苏润环环境科技有限公司。

本标准环境保护部 2017 年 9 月 29 日批准。

本标准自 2017 年 9 月 29 日起实施。

本标准由环境保护部解释。

1　适用范围

本标准规定了农药制造工业排污单位排污许可证申请与核发的基本情况填报要求、许可排放限值确定、实际排放量核算、合规判定的方法以及自行监测、环境管理台账与排污许可证执行报告等环境管理要求，提出了农药制造工业污染防治可行技术要求。

本标准适用于指导农药制造工业排污单位填报《排污许可证申请表》及在全国排污许可证管理信息平台申报系统上填报相关申请信息，同时适用于指导核发机关审核确定农药制造工业排污单位排污许可证许可要求。

本标准适用于农药原药制造、主要用于农药生产的农药中间体制造、农药制剂加工排污单位排放的大气污染物和水污染物的排污许可管理。

农药制造工业排污单位中，执行 GB 13223 的生产设施和排放口适用《火电行业排污许可证申请与核发技术规范》；对于执行 GB 13271 的生产设施和排放口，参照本标准执行，待锅炉工业排污许可证申请与核发技术规范发布后从其规定。

本标准未作出规定但排放工业废水、废气或者国家规定的有毒有害大气污染物的农药制造工业排污单位其他产污设施和排放口，参照《排污许可证申请与核发技术规范　总则》执行。

2 规范性引用文件

本标准引用了下列文件或其中的条款。凡是未注明日期的引用文件，其最新版本适用于本标准。

GB 8978　污水综合排放标准

GB 13271　锅炉大气污染物排放标准

GB 14554　恶臭污染物排放标准

GB 16297　大气污染物综合排放标准

GB 18484　危险废物焚烧污染控制标准

GB 21523　杂环类农药工业水污染物排放标准

GB/T 15432　环境空气　总悬浮颗粒物的测定　重量法

GB/T 16157　固定污染源排气中颗粒物测定与气态污染物采样方法

GB/T 31962　污水排入城镇下水道水质标准

HJ/T 55　大气污染物无组织排放监测技术导则

HJ/T 75　固定污染源烟气排放连续监测技术规范（试行）

HJ/T 76　固定污染源烟气排放连续监测系统技术要求及检测方法（试行）

HJ/T 91　地表水和污水监测技术规范

HJ/T 194　环境空气质量手工监测技术规范

HJ/T 212　污染源在线自动监控（监测）系统数据传输标准

HJ/T 353　水污染源在线监测系统安装技术规范

HJ/T 354　水污染源在线监测系统验收技术规范

HJ/T 355　水污染源在线监测系统运行与考核技术规范（试行）

HJ/T 356　水污染源在线监测系统数据有效性判别技术规范（试行）

HJ/T 373　固定污染源监测质量保证与质量控制技术规范（试行）

HJ/T 397　固定源废气监测技术规范

HJ 493　水质　样品的保存和管理技术规定

HJ 494　水质　采样技术指导

HJ 819　排污单位自行监测技术指南　总则

HJ 820　排污单位自行监测技术指南　火力发电及锅炉

HJ 2026　吸附法工业有机废气治理工程技术规范

HJ 2027　催化燃烧法工业有机废气治理工程技术规范

*挥发性有机物无组织排放控制标准

*农药工业水污染物排放标准

*排污许可证申请与核发技术规范　总则

*排污单位自行监测技术指南　农药制造工业

*环境管理台账及排污许可证执行报告技术规范（试行）

《排污口规范化整治技术要求（试行）》（环监〔1996〕470 号）

《环境监测管理办法》（国家环境保护总局令　第 39 号）

《污染源自动监控设施运行管理办法》（环发〔2008〕6 号）

《关于太湖流域执行国家排放标准水污染物特别排放限值时间的公告》（环境保护部公告　2008 年

*标准正在编制审批之中，待正式发布后按发布的标准实行。

第 28 号）

《关于太湖流域执行国家污染物排放标准水污染物特别排放限值行政区域范围的公告》（环境保护部公告　2008 年　第 30 号）

《国务院办公厅关于加强环境监管执法的通知》（国办发〔2014〕56 号）

《关于执行大气污染物特别排放限值的公告》（环境保护部公告　2013 年　第 14 号）

《挥发性有机物（VOCs）污染防治技术政策》（环境保护部公告　2013 年　第 31 号）

《关于印发〈挥发性有机物排污收费试点办法〉的通知》（财税〔2015〕71 号）

《“十三五”生态环境保护规划》（国发〔2016〕65 号）

《排污许可证管理暂行规定》（环水体〔2016〕186 号）

《关于开展火电、造纸行业和京津冀试点城市高架源排污许可证管理工作的通知》（环水体〔2016〕189 号）

《关于执行大气污染物特别排放限值有关问题的复函》（环办大气函〔2016〕1087 号）

《固定污染源排污许可分类管理名录（2017 年版）》（环境保护部令　第 45 号）

3　术语和定义

下列术语和定义适用于本标准。

3.1　农药制造工业排污单位　pesticide industry pollutant emission unit

指生产用于预防、控制危害农业、林业的病、虫、草、鼠和其他有害生物以及有目的地调节植物、昆虫生长的化学合成或者来源于生物、其他天然物质的一种物质或者几种物质的混合物及其制剂的排污单位。

3.2　许可排放限值　permitted emission limits

指排污许可证中规定的允许排污单位排放的污染物的最大排放浓度（或速率）和排放量。

3.3　特殊时段　special periods

指根据国家和地方限期达标规划及其他相关环境管理规定，对排污单位的污染物排放情况有特殊要求的时段，包括重污染天气应对期间等。

3.4　挥发性有机物　volatile organic compounds

指参与大气光化学反应的有机化合物，或者根据规定的方法测量或核算确定的有机化合物。根据行业特征和环境管理需求，可选择对主要 VOCs 物种进行定量加和的方法测量总有机化合物（以 TOC 表示），或者选用按基准物质标定，检测器对混合进样中 VOCs 综合响应的方法测量非甲烷有机化合物（以 NMOC 表示，以碳计）。本标准以非甲烷总烃表征。

4　排污单位基本情况填报要求

4.1　基本原则

农药制造工业排污单位应按照本标准要求，在排污许可证管理信息平台申报系统填报《排污许可证申请表》中的相应信息。填报系统下拉菜单中未包括的、地方环境保护主管部门有规定需要填报或排污单位认为需要填报的，可自行增加内容。

省级环境保护主管部门按环境质量改善需求增加的管理要求，应填入排污许可证管理信息平台申报系统中“有核发权的地方环境保护主管部门增加的管理内容”一栏。

排污单位在填报申请信息时，应评估污染排放及环境管理现状，对现状环境问题提出整改措施，并填入排污许可证管理信息平台申报系统中“改正措施”一栏。

排污单位基本情况应当按照实际情况填报，对提交申请材料的真实性、合法性和完整性负法律责任。

4.2　排污单位基本信息

排污单位基本信息应填报单位名称、邮政编码、行业类别、是否投产、投产日期、生产经营场所中心经纬度、所在地是否属于重点区域、是否有环境影响评价批复文件及文号（备案编号）、是否有地方政府对违规项目的认定或备案文件及文号、是否有主要污染物总量分配计划文件及文号、颗粒物总量指标（t/a）、二氧化硫总量指标（t/a）、氮氧化物总量指标（t/a）、化学需氧量总量指标（t/a）、氨氮总量指标（t/a）、其他污染物总量指标（如有）等。

4.3 主要产品及产能

4.3.1 一般要求

在填报“主要产品及产能”时，需选择行业类别，适用于本标准的生产设施选择农药制造工业。执行 GB 13223 的生产设施选择火电行业。

主要产品及产能应填报主要生产单元名称、主要工艺名称、主要生产设施名称、生产设施编号、设施参数、产品名称、生产能力、计量单位、设计年生产时间及其他。以下除 4.3.4.2、4.3.9 为选填项外，其余为必填项。

4.3.2 主要生产单元

农药制造工业排污单位主要生产单元分为以产品命名的生产线单元和公用单元。按照农药行业统计分类为化学农药原药、生物农药原药、农药制剂，以产品命名的生产线单元参见附录 A。填写主要生产单元名称，如草甘膦原药生产线、阿维菌素原药生产线、毒死蜱乳油制剂生产线、公用单元、其他。

若同一生产线生产不同产品时，以主要产品命名，备注说明生产的其他产品。

4.3.3 主要工艺

根据生产线单元工艺流程的主要工序填写。化学农药原药（中间体）生产工艺包括：备料、反应、精制/溶剂回收、分离、干燥、其他；生物农药原药（中间体）生产工艺包括：发酵、分离、干燥、其他；农药制剂加工工艺包括：制剂加工、其他。公用单元主要工艺包括：物料储存系统、输送系统、供热系统、废水处理系统、固废处理处置系统及其他辅助系统等。

若农药制造工业排污单位同时生产农药原药与制剂，则主要工艺填报应包括原药与制剂加工的上述生产工艺；若农药制造工业排污单位仅是单纯混合或分装的农药制剂加工企业，则主要工艺只需填报农药制剂加工工艺。

4.3.4 主要生产设施

4.3.4.1 必填内容

表征生产装置生产能力的设备、产生工艺废水的生产设备、排出工艺废气的生产设备、常压有机液体储罐、有机液体装载和分装设施等。按照生产线单元、公用单元的主要工艺分类，涉及的具体主要生产设施、公用设施及其设施参数见表 1。

表 1 主要生产设施名称

工艺	生产设施	设施参数
备料	配料罐、混合罐、配料釜、混合釜、高位槽、其他	有效容积
	破碎机、其他	额定功率
发酵	种子罐、发酵罐、补料罐、培养罐、消毒罐、其他	设计生产能力、有效容积
反应	反应釜、反应器、反应床、其他	设计生产能力、有效容积、压力
精制/溶剂回收	蒸馏釜、精馏釜、蒸馏塔、精馏塔、其他	有效容积、温度、压力
	洗涤釜、中和釜、其他	
	脱色釜、脱色罐、其他	
	再沸器、预热器、冷凝器、薄膜蒸发器、其他	换热面积
分离	萃取罐、分层罐、结晶罐、其他	设计处理能力、有效容积
	离心过滤机、真空抽滤机、板框压滤机、“三合一”过滤机、其他	额定功率、转数、面积
干燥	干燥塔、真空干燥器（盘式、耙式、双锥）、沸腾床、喷干塔、烘箱、其他	温度、处理能力、有效容积
	干燥加热器、干燥冷凝器、其他	面积
制剂加工	粉碎机、其他	额定功率
	混合机、混合罐、其他	体积、额定功率
	砂磨机、过滤器、造粒机、其他	设计能力

工艺	生产设施	设施参数
物料储存系统	原料储存罐、中间母液槽、产品储存罐、其他	罐体的类型、有效容积、储存物质的名称、密度、腐蚀性、可燃性、其他
	液氯钢瓶、液氨钢瓶、氯化氢钢瓶、其他	
输送系统	槽车、鹤管、其他	吨位
供热系统	锅炉、导热油炉、加热炉、其他	加热能力
废水处理系统	三效蒸发器、MVR 蒸发器、其他	设计处理能力
	调节池、水解酸化池、其他	体积
	厌氧池、好氧池、中间池、其他	
	污泥浓缩池、污泥脱水间、污泥暂存间、其他	
固废处理处置系统	危险废物暂存间、残渣暂存间、废包装储存间、其他	面积、堆存量
	危险废物焚烧炉、其他	设计处理能力、燃烧温度

4.3.4.2 选填内容

1）生产装置中的泵、压缩机；

2）生产装置中的回流罐、缓冲罐、分液罐和只用于生产装置启停的设备；

3）操作压力大于常压的有机液体储罐；

4）用于工艺参数测量和产品质量检测的设备；

5）生产单元中含有挥发性有机物流经的设备与管线组件。

4.3.5 生产设施编号

农药制造工业排污单位填报内部生产设施编号，若农药制造工业排污单位无内部生产设施编号，则根据《排污许可证管理暂行规定》中附件 4《固定污染源（水、大气）编码规则（试行）》进行编号并填报。

4.3.6 产品名称

填报各生产单元生产产品名称，包括化学农药原药产品、生物农药原药产品、农药制剂产品等，参见附录 A。

4.3.7 生产能力及计量单位

生产能力为主要产品设计产能，不包括国家或地方政府予以淘汰或取缔的产能，并标明计量单位。

4.3.8 设计年生产时间

按环境影响评价文件及批复、地方政府对违规项目的认定或备案文件中的年生产小时数填写。

4.3.9 其他

排污单位如有需要说明的内容，可填写。

4.4 主要原辅材料及燃料

4.4.1 原辅料及燃料种类

原料包括化学品基本原料，应填写具体物质名称，参见附录 B。

辅料指工艺过程和废水、废气污染治理过程中添加的化学品和其他物质等，如催化剂、溶剂、助剂等“化工三剂”。包括：硫酸、盐酸、烧碱、液碱、液氨、氨水、三乙胺、甲醇、乙醇、二甲苯、二氯甲烷、二氯乙烷、异丙醇、叔丁醇、乙醚、石油醚、碳酸氢钠、无水三氯化铝、金属镁、硫化钠、双氧水、臭氧、二氧化氯、高岭土、陶土、硅藻土、混凝剂、助凝剂、其他。

燃料包括：燃煤、原油、重油、柴油、燃料油、页岩油、天然气、沼气、液化石油气、煤层气、页岩气、其他。

4.4.2 设计年使用量及计量单位

设计年使用量为与产能相匹配的原辅料及燃料年使用量，计量单位为 t/a 或 m^3/a。

4.4.3 原辅料纯度

原辅料纯度为必填项，以百分含量表示。可参考设计值或上一年的实际使用情况填报。

4.4.4 有毒有害成分及占比

煤中的汞含量，原料和辅料中铅、镉、砷、镍、汞、铬含量（重量比）为必填项，其余为选填项。可参考设计值或上一年的实际使用情况填报。

4.4.5 燃料灰分、硫分、挥发分及热值

燃煤需填写燃料灰分、硫分、挥发分及热值，燃油和燃气填写硫分及热值。可参考设计值或上一年的实际使用情况填报。

4.4.6 其他

排污单位如有其他需要说明的内容，可填写。

4.5 产排污环节、污染物及污染治理设施

4.5.1 一般原则

废气产排污环节、污染物及污染治理设施包括生产设施对应的产污环节名称、污染物种类、排放形式（有组织、无组织）、污染治理设施、是否为可行技术、有组织排放口编号、排放口设置是否符合要求、排放口类型。

废水产排污环节、污染物及污染治理设施包括废水类别、污染物种类、排放去向、排放规律、污染治理设施、是否为可行技术、排放口编号、排放口设置是否符合要求、排放口类型。

4.5.2 废气

4.5.2.1 废气产污环节名称、污染物种类、排放形式及污染治理设施

农药制造工业排污单位废气产污环节名称、污染物种类、排放形式及污染治理设施填报内容参见表2。农药制造工业排污单位污染物种类依据GB 13271、GB 14554、GB 16297和GB 18484确定，有地方排放标准要求的，按照地方排放标准确定。

表2 农药制造工业排污单位废气产污环节名称、污染物种类、排放形式及污染治理设施表

生产工艺	生产设施	废气产污环节名称	污染物种类	排放形式	污染治理设施	
					污染治理设施名称	污染治理工艺名称
化学农药原药（中间体）						
备料	液体配料设施	溶剂挥发、pH值调整废气	挥发性有机物[a]、特征污染物[b]	有组织	工艺废气治理系统	冷凝、吸收、吸附、生物处理、直接燃烧、热力燃烧、催化燃烧、等离子法、光催化氧化、其他
	固体配料设施	固体配料粉尘	颗粒物		含尘废气治理系统	静电除尘、袋式除尘、电袋复合除尘、旋风除尘、多管除尘、滤筒除尘、电除尘、湿式除尘、水浴除尘、其他
	破碎机	物料破碎粉尘	颗粒物			
	其他	无组织废气	挥发性有机物、特征污染物、颗粒物	无组织	无组织排放控制措施	泄漏修复、配备有效的废气捕集装置（如局部密闭罩、整体密闭罩、大容积密闭罩等）、配套有效的管网送至净化系统、其他
反应	反应釜、反应器、反应床、其他	反应废气	挥发性有机物、特征污染物、二氧化硫[c]、氮氧化物[c]、二噁英类[d]	有组织	工艺废气治理系统	冷凝、吸收、吸附、生物处理、直接燃烧、热力燃烧、催化燃烧、等离子法、光催化氧化、其他
	其他	无组织废气	挥发性有机物、特征污染物	无组织	无组织排放控制措施	泄漏修复、配备有效的废气捕集装置（如局部密闭罩、整体密闭罩、大容积密闭罩等）、配套有效的管网送至净化系统、其他
精制/溶剂回收	蒸馏釜、精馏釜、蒸馏塔、精馏塔、薄膜蒸发器、洗涤釜、中和釜、脱色釜、脱色罐、其他	溶剂挥发、蒸馏精馏产生的不凝气等	挥发性有机物、特征污染物	有组织	工艺废气治理系统	冷凝、吸收、吸附、生物处理、直接燃烧、热力燃烧、催化燃烧、等离子法、光催化氧化、其他
	其他	无组织废气	挥发性有机物、特征污染物	无组织	无组织排放控制措施	泄漏修复、配备有效的废气捕集装置（如局部密闭罩、整体密闭罩、大容积密闭罩等）、配套有效的管网送至净化系统、其他

生产工艺	生产设施	废气产污环节名称	污染物种类	排放形式	污染治理设施	
					污染治理设施名称	污染治理工艺名称
分离	萃取设备、分层罐、结晶设备、离心过滤机、真空抽滤机、板框压滤机、“三合一”过滤机、其他	溶剂挥发、提取尾气	挥发性有机物、特征污染物	有组织	工艺废气治理系统	冷凝、吸收、吸附、生物处理、直接燃烧、热力燃烧、催化燃烧、等离子法、光催化氧化、其他
	其他	无组织废气	挥发性有机物、特征污染物	无组织	无组织排放控制措施	泄漏修复、配备有效的废气捕集装置（如局部密闭罩、整体密闭罩、大容积密闭罩等）、配套有效的管网送至净化系统、其他
干燥	真空干燥器、烘箱、其他	真空干燥废气、烘干废气	挥发性有机物、特征污染物	有组织	工艺废气治理系统	冷凝、吸收、吸附、生物处理、直接燃烧、热力燃烧、催化燃烧、等离子法、光催化氧化、其他
			颗粒物		含尘废气治理系统	静电除尘、袋式除尘、电袋复合除尘、旋风除尘、多管除尘、滤筒除尘、电除尘、湿式除尘、水浴除尘、其他
		无组织废气	挥发性有机物、特征污染物、颗粒物	无组织	无组织排放控制措施	泄漏修复、配备有效的废气捕集装置（如局部密闭罩、整体密闭罩、大容积密闭罩等）、配套有效的管网送至净化系统、其他
生物农药原药（中间体）						
发酵	种子罐、发酵罐、消毒罐、其他	发酵尾气	挥发性有机物、特征污染物、臭气浓度、二氧化硫[c]、氮氧化物[c]、二噁英类[d]	有组织	发酵废气治理系统	旋风分离、冷却降温（气气换热、气液换热）、水洗、碱吸收、氧化吸收、转轮浓缩、催化燃烧、其他
	种子罐、发酵罐、消毒罐、其他	发酵尾气	颗粒物	有组织	含尘废气治理系统	静电除尘、袋式除尘、电袋复合除尘、旋风除尘、多管除尘、滤筒除尘、电除尘、湿式除尘、水浴除尘、其他
	其他	无组织废气	挥发性有机物、特征污染物、颗粒物、臭气浓度	无组织	无组织排放控制措施	泄漏修复、配备有效的废气捕集装置（如局部密闭罩、整体密闭罩、大容积密闭罩等）、配套有效的管网送至净化系统、其他
分离	萃取设备、分层罐、结晶设备、离心过滤机、真空抽滤机、板框压滤机、“三合一”过滤机、其他	溶剂挥发、提取尾气	挥发性有机物、特征污染物	有组织	工艺废气治理系统	冷凝、吸收、吸附、生物处理、直接燃烧、热力燃烧、催化燃烧、等离子法、光催化氧化、其他
	其他	无组织废气	挥发性有机物、特征污染物	无组织	无组织排放控制措施	泄漏修复、配备有效的废气捕集装置（如局部密闭罩、整体密闭罩、大容积密闭罩等）、配套有效的管网送至净化系统、其他
干燥	真空干燥器、烘箱、其他	真空干燥废气、烘干废气	挥发性有机物、特征污染物	有组织	工艺废气治理系统	冷凝、吸收、吸附、生物处理、直接燃烧、热力燃烧、催化燃烧、等离子法、光催化氧化、其他
			颗粒物		含尘废气治理系统	静电除尘、袋式除尘、电袋复合除尘、旋风除尘、多管除尘、滤筒除尘、电除尘、湿式除尘、水浴除尘、其他
		无组织废气	挥发性有机物、特征污染物、颗粒物	无组织	无组织排放控制措施	泄漏修复、配备有效的废气捕集装置（如局部密闭罩、整体密闭罩、大容积密闭罩等）、配套有效的管网送至净化系统、其他
农药制剂						
制剂加工	粉碎机、混合机、研磨机、过滤器、造粒机、其他	制剂加工废气	挥发性有机物	有组织	工艺废气治理系统	冷凝、吸收、吸附、生物处理、直接燃烧、热力燃烧、催化燃烧、等离子法、光催化氧化、其他
			颗粒物	有组织	含尘废气治理系统	静电除尘、袋式除尘、电袋复合除尘、旋风除尘、多管除尘、滤筒除尘、电除尘、湿式除尘、水浴除尘、其他

<table>
<tr><th rowspan="2">生产工艺</th><th rowspan="2">生产设施</th><th rowspan="2">废气产污环节名称</th><th rowspan="2">污染物种类</th><th rowspan="2">排放形式</th><th colspan="2">污染治理设施</th></tr>
<tr><th>污染治理设施名称</th><th>污染治理工艺名称</th></tr>
<tr><td>制剂加工</td><td>粉碎机、混合机、研磨机、过滤器、造粒机、其他</td><td>无组织废气</td><td>挥发性有机物、颗粒物</td><td>无组织</td><td>无组织排放控制措施</td><td>泄漏修复、配备有效的废气捕集装置（如局部密闭罩、整体密闭罩、大容积密闭罩等）、配套有效的管网送至净化系统、其他</td></tr>
<tr><td colspan="7">公用单元</td></tr>
<tr><td rowspan="3">物料储存系统</td><td>原料储存罐、中间母液槽、产品储存罐、其他</td><td>呼吸口废气</td><td>挥发性有机物、特征污染物</td><td>有组织</td><td rowspan="2">罐区废气治理系统</td><td rowspan="2">冷凝、吸收、吸附、生物处理、直接燃烧、热力燃烧、催化燃烧、等离子法、光催化氧化、其他</td></tr>
<tr><td>液氯钢瓶、液氨钢瓶、氯化氢钢瓶、其他</td><td>呼吸口废气</td><td>特征污染物</td><td>有组织</td></tr>
<tr><td>其他</td><td>无组织废气</td><td>挥发性有机物、特征污染物</td><td>无组织</td><td>无组织排放控制措施</td><td>泄漏修复、配备有效的废气捕集装置（如局部密闭罩、整体密闭罩、大容积密闭罩等）、配套有效的管网送至净化系统、其他</td></tr>
<tr><td rowspan="2">输送系统</td><td rowspan="2">槽车、鹤管、其他</td><td>装卸、转运废气</td><td>挥发性有机物、特征污染物</td><td>有组织</td><td>输送过程废气治理系统</td><td>冷凝、吸收、吸附、生物处理、直接燃烧、热力燃烧、催化燃烧、等离子法、光催化氧化、其他</td></tr>
<tr><td>无组织废气</td><td>挥发性有机物、特征污染物</td><td>无组织</td><td>无组织排放控制措施</td><td>泄漏修复、配备有效的废气捕集装置（如局部密闭罩、整体密闭罩、大容积密闭罩等）、配套有效的管网送至净化系统、其他</td></tr>
<tr><td rowspan="4">供热系统</td><td rowspan="4">锅炉、导热油炉、加热炉、其他</td><td rowspan="4">供热系统烟气</td><td>颗粒物</td><td rowspan="4">有组织</td><td>含尘废气治理系统</td><td>静电除尘、袋式除尘、电袋复合除尘、旋风除尘、多管除尘、滤筒除尘、电除尘、湿式除尘、水浴除尘、其他</td></tr>
<tr><td>二氧化硫</td><td>脱硫系统</td><td>石灰石/石灰-石膏湿法脱硫、双碱法脱硫、氨法脱硫、氧化镁法脱硫、循环流化床脱硫、旋转喷雾脱硫、其他</td></tr>
<tr><td>氮氧化物</td><td>脱硝系统</td><td>低氮燃烧、选择性催化还原（SCR）、选择性非催化还原（SNCR）、其他</td></tr>
<tr><td>汞及其化合物</td><td>协同处置系统</td><td>活性炭/焦吸附、炉内添加卤化物、烟道喷入活性炭/焦、其他</td></tr>
<tr><td rowspan="2">废水处理系统</td><td>三效蒸发器、MVR蒸发器、调节池、水解酸化池、厌氧池、好氧池、中间池、污泥浓缩池、污泥脱水间、污泥暂存间、风机、泵、其他</td><td>废水处理废气</td><td>挥发性有机物、特征污染物、臭气浓度</td><td>有组织</td><td>废水处理站废气治理系统</td><td>冷凝、吸收、吸附、生物处理、直接燃烧、热力燃烧、催化燃烧、等离子法、光催化氧化、其他</td></tr>
<tr><td>其他</td><td>无组织废气</td><td>挥发性有机物、特征污染物、臭气浓度</td><td>无组织</td><td>无组织排放控制措施</td><td>泄漏修复、配备有效的废气捕集装置（如局部密闭罩、整体密闭罩、大容积密闭罩等）、配套有效的管网送至净化系统、其他</td></tr>
<tr><td rowspan="4">固废处理处置系统</td><td rowspan="2">危险废物暂存间、残渣暂存间、废包装储存间、其他</td><td rowspan="2">危险废物暂存废气</td><td>挥发性有机物、特征污染物、臭气浓度</td><td>有组织</td><td>危废暂存废气治理系统</td><td>冷凝、吸收、吸附、生物处理、直接燃烧、热力燃烧、催化燃烧、等离子法、光催化氧化、其他</td></tr>
<tr><td>挥发性有机物、特征污染物、臭气浓度</td><td>无组织</td><td>无组织排放控制措施</td><td>泄漏修复、配备有效的废气捕集装置（如局部密闭罩、整体密闭罩、大容积密闭罩等）、配套有效的管网送至净化系统、其他</td></tr>
<tr><td rowspan="2">危险废物焚烧炉</td><td rowspan="2">焚烧炉烟气</td><td>烟尘</td><td rowspan="2">有组织</td><td>含尘废气治理系统</td><td>静电除尘、袋式除尘、电袋复合除尘、旋风除尘、多管除尘、滤筒除尘、电除尘、湿式除尘、水浴除尘、其他</td></tr>
<tr><td>二氧化硫</td><td>脱硫系统</td><td>石灰石/石灰-石膏湿法脱硫、双碱法脱硫、氨法脱硫、氧化镁法脱硫、循环流化床脱硫、旋转喷雾脱硫、其他</td></tr>
</table>

生产工艺	生产设施	废气产污环节名称	污染物种类	排放形式	污染治理设施	
					污染治理设施名称	污染治理工艺名称
固废处理处置系统	危险废物焚烧炉	焚烧炉烟气	氮氧化物	有组织	脱硝系统	低氮燃烧、选择性催化还原（SCR）、选择性非催化还原（SNCR）、其他
			氯化氢、一氧化碳、氟化氢		危废焚烧废气治理系统	吸收、吸附、提高燃烧效率、其他
			汞及其化合物、镉及其化合物、（砷、镍及其化合物）、铅及其化合物、（铬、锡、锑、铜、锰及其化合物）、二噁英类		协同处置系统	活性炭/焦吸附、炉内添加卤化物、烟道喷入活性炭/焦/石灰

[a] 本标准使用非甲烷总烃作为排气筒挥发性有机物排放的综合控制指标。
[b] 见 GB 16297、GB 14554 所列污染物，根据环境影响评价文件及其批复等相关环境管理规定，确定具体污染物项目，待农药工业大气污染物排放标准发布后，从其规定。地方排放标准有要求的，从其规定。
[c] 若工艺废气和发酵废气采用燃烧法，须增加二氧化硫、氮氧化物项目；若工艺废气和发酵废气采用非燃烧法，排放二氧化硫的生产工艺须增加二氧化硫项目，排放氮氧化物的生产工艺须增加氮氧化物项目。
[d] 采用燃烧法处理时须增加该项目控制。

4.5.2.2　污染治理设施、有组织排放口编号

污染治理设施编号可填写农药制造工业排污单位内部编号，若排污单位无内部编号，则根据《排污许可证管理暂行规定》中附件 4《固定污染源（水、大气）编码规则（试行）》进行编号并填报。

有组织排放口编号应填写地方环境保护主管部门现有编号，若地方环境保护主管部门未对排放口进行编号，则根据《排污许可证管理暂行规定》中附件 4《固定污染源（水、大气）编码规则（试行）》进行编号并填写。

4.5.2.3　可行技术

按照本标准第 6 章规定填报。

4.5.2.4　排放口设置要求

根据《排污口规范化整治技术要求（试行）》等相关文件的规定，结合实际情况填报排放口设置是否符合规范化要求。有地方要求的，应符合地方要求。

4.5.2.5　排放口类型

废气排放口分为主要排放口和一般排放口。主要排放口包括工艺废气排放口（备料、反应、精制/溶剂回收、分离、干燥工艺对应的生产设施废气排放口），发酵废气排放口（发酵工艺对应的生产设施废气排放口），供热系统烟囱和危险废物焚烧炉烟囱。制剂加工废气排放口、罐区废气排放口、废水处理站废气排放口、危废暂存废气排放口等均为一般排放口。

4.5.3　废水

4.5.3.1　废水类别、污染物种类及污染治理设施

农药制造工业排污单位废水类别分为生产废水（包括各反应、精制/溶剂回收、分离阶段产生的水相母液等工艺废水；催化剂载体、吸附剂、各类工艺设备和材料的洗涤水、地面冲洗废水及真空废水等）、辅助生产工序排水（包括循环冷却水系统排水、去离子水制备过程排水、锅炉排水、热电锅炉等辅助设备冷凝水等）、生活污水、初期雨水等。农药制造工业排污单位废水类别、污染物种类、污染治理设施填报内容参见表 3。农药制造工业排污单位污染物种类依据 GB 8978、GB 21523 确定，有地方排放标准要求的，按照地方排放标准确定。

表 3 农药制造工业排污单位废水类别、污染物种类及污染治理设施表

废水类别	污染物种类	排放口类型	污染治理设施/工艺
生产废水	杂环类农药原药制造工业排污单位：莠去津、氟虫腈	车间或生产设施废水排放口	车间处理设施：调节、混凝、沉淀、中和、萃取、吸附、其他
	其他类农药制造工业排污单位：总汞、烷基汞、总镉、总铬、六价铬、总砷、总铅、总镍、苯并[a]芘、总铍、总银		
	杂环类农药原药制造工业排污单位：pH 值、色度、悬浮物、化学需氧量、氨氮、总氰化物、氟化物、甲醛、甲苯、氯苯、可吸附有机卤化物、苯胺类、2-氯-5-氯甲基吡啶、咪唑烷、吡虫啉、三唑酮、对氯苯酚、多菌灵、邻苯二胺、吡啶、百草枯离子、2,2′:6′,2″-三联吡啶	总排放口	预处理系统：调节、蒸发、吹脱、汽提、混凝、沉淀、气浮、破乳、油水分离（隔油、浮选）、中和、氧化、萃取、蒸馏、吸附、水解、其他 生化处理系统：升流式厌氧污泥床（UASB）、厌氧颗粒污泥膨胀床（EGSB）、厌氧流化床（AFB）、复合式厌氧污泥床（UBF）、厌氧内循环反应器（IC）、水解酸化、活性污泥法、序批式活性污泥法（SBR）、氧化沟、缺氧/好氧法（A/O）、膜生物法（MBR）、曝气生物滤池（BAF）、生物接触氧化法、传统硝化反硝化（AO）、短程硝化反硝化、同时硝化反硝化 其他 深度处理系统：蒸发结晶、混凝、砂滤、臭氧氧化、Fenton 氧化、超滤（UF）、反渗透（RO）、焚烧、其他
	其他类农药制造工业排污单位：pH 值、色度、悬浮物、化学需氧量、五日生化需氧量、总有机碳、氨氮、石油类、动植物油、氟化物、磷酸盐（以 P 计）、硫化物、总锰、总锌、挥发酚、总氰化物、可吸附有机卤化物、甲醛、氯苯类、硝基苯类、苯胺类、苯、甲苯、二甲苯、乙苯、有机磷农药（以 P 计）、乐果、马拉硫磷、五氯酚及五氯酚钠（以五氯酚计）		
辅助生产工序排水	悬浮物、化学需氧量、五日生化需氧量、氨氮、石油类		
初期雨水	杂环类农药原药制造工业排污单位：pH 值、色度、悬浮物、化学需氧量、氨氮、总氰化物、氟化物、甲醛、甲苯、氯苯、可吸附有机卤化物、苯胺类、2-氯-5-氯甲基吡啶、咪唑烷、吡虫啉、三唑酮、对氯苯酚、多菌灵、邻苯二胺、吡啶、百草枯离子、2,2′:6′,2″三联吡啶		
	其他类农药制造工业排污单位：pH 值、色度、悬浮物、化学需氧量、五日生化需氧量、总有机碳、氨氮、石油类、动植物油、氟化物、磷酸盐（以 P 计）、硫化物、总锰、总锌、挥发酚、总氰化物、可吸附有机卤化物、甲醛、氯苯类、硝基苯类、苯胺类、苯、甲苯、二甲苯、乙苯、有机磷农药（以 P 计）、乐果、马拉硫磷、五氯酚及五氯酚钠（以五氯酚计）		
生活污水	pH 值、悬浮物、化学需氧量、五日生化需氧量、动植物油、氨氮		

4.5.3.2 排放去向及排放规律

农药制造工业排污单位应明确废水排放去向及排放规律。

排放去向分为不外排；排至厂内综合污水处理站；直接进入海域、江河、湖、库等水环境；进入城市下水道（再入江河、湖、库）；进入城市下水道（再入沿海海域）；进入城镇污水处理厂；进入其他单位；进入工业废水集中处理设施；其他（回用等）。

废水排放规律分为连续排放和间歇排放，根据流量稳定性和周期性可进行细化。

4.5.3.3 污染治理设施、排放口编号

污染治理设施编号可填写农药制造工业排污单位内部编号，若排污单位无内部编号，则根据《排污许可证管理暂行规定》中附件 4《固定污染源（水、大气）编码规则（试行）》进行编号并填报。

排放口编号应填写地方环境保护主管部门现有编号，若地方环境保护主管部门未对排放口进行编号，则根据《排污许可证管理暂行规定》中附件 4《固定污染源（水、大气）编码规则（试行）》进行编号并填报。

4.5.3.4 可行技术

按照本标准第 6 章规定填报。

4.5.3.5 排放口设置要求

根据《排污口规范化整治技术要求（试行）》等相关文件的规定，结合实际情况填报排放口设置是否符合规范化要求。有地方要求的，应符合地方要求。

4.5.3.6 排放口类型

农药制造工业排污单位废水排放口分为主要排放口和一般排放口。其中废水总排放口为主要排放口，

车间或生产设施废水排放口为一般排放口，单纯的农药制剂加工排污单位总排口为一般排放口。

4.6 其他要求

排污单位基本情况还应包括厂区总平面布置图、工艺流程和排污节点图。

厂区总平面布置图应标明主要生产单元名称、位置，有组织排放源、废水排放口位置，厂区雨水、污水集输管道走向及排放去向，初期雨水池、废水应急事故池位置等。

工艺流程和排污节点图应标明主要生产单元名称、主要物料走向等。

5 产排污环节对应排放口及许可排放限值确定方法

5.1 产排污环节及排放口具体规定

5.1.1 废气

5.1.1.1 有组织排放源

废气排放口应填报排放口地理坐标、排气筒高度、排气筒出口内径、国家或地方污染物排放标准、环境影响评价批复要求及承诺更加严格排放限值，其余项为依据本标准 4.5 填报的产排污环节及排放口信息，信息平台系统自动生成。排污单位废气排放源和污染物项目见表 4。

表 4 纳入许可管理的废气排放源及污染物项目

排放口类型	排放源	许可排放浓度（或速率）污染物项目	许可排放量污染物项目
主要排放口	工艺废气排气筒	颗粒物、挥发性有机物[a]、特征污染物[b]、二氧化硫[c]、氮氧化物[c]、二噁英类[d]	挥发性有机物、二氧化硫[c]、氮氧化物[c]、颗粒物
	发酵废气排气筒	颗粒物、挥发性有机物、特征污染物、臭气浓度、二氧化硫[c]、氮氧化物[c]、二噁英类[d]	挥发性有机物、二氧化硫[c]、氮氧化物[c]、颗粒物
	供热系统烟囱	颗粒物、二氧化硫、氮氧化物、汞及其化合物[e]	颗粒物、二氧化硫、氮氧化物
	危险废物焚烧炉烟囱	烟尘[f]、二氧化硫、氮氧化物、一氧化碳、氯化氢、氟化氢、汞及其化合物、镉及其化合物、（砷、镍及其化合物）、铅及其化合物、（铬、锡、锑、铜、锰及其化合物）、二噁英类	颗粒物、二氧化硫、氮氧化物
一般排放口	制剂加工废气排放口	颗粒物、挥发性有机物	—
	罐区废气排放口	挥发性有机物、特征污染物	—
	废水处理站废气排放口	挥发性有机物、臭气浓度、特征污染物	—
	危废暂存废气排放口	挥发性有机物、臭气浓度、特征污染物	—

注：未发布国家污染物监测方法标准的污染物，待国家污染物监测方法标准发布后实施。

[a] 本标准用非甲烷总烃作为排气筒挥发性有机物排放的综合控制指标，待 TOC 或 NMOC 监测标准发布后，从其规定。

[b] 见 GB 16297、GB 14554 所列污染物，根据环境影响评价文件及其批复等相关环境管理规定，确定具体污染物项目，待农药工业大气污染物排放标准发布后，从其规定。地方排放标准有要求的，从其规定。

[c] 若工艺废气和发酵废气采用燃烧法，须增加二氧化硫、氮氧化物项目；若工艺废气和发酵废气采用非燃烧法，排放二氧化硫的生产工艺须增加二氧化硫项目，排放氮氧化物的生产工艺增加氮氧化物项目。

[d] 采用燃烧法处理时须增加该项目控制。

[e] 燃煤锅炉烟囱须增加该项目控制。

[f] 许可排放量以颗粒物计。

5.1.1.2 无组织排放源

纳入排污许可管理的排污单位厂界无组织排放污染物项目见表 5。

表 5 纳入许可管理的排污单位厂界无组织排放污染物项目

管控位置	许可排放浓度污染物
厂界	颗粒物、挥发性有机物[a]、臭气浓度、特征污染物[b]

[a] 本标准用非甲烷总烃作为厂界挥发性有机物排放的综合控制指标，待 TOC 或 NMOC 监测标准发布后，从其规定。

[b] 见 GB 16297、GB 14554 所列污染物，根据环境影响评价文件及其批复等相关环境管理规定，确定具体污染物项目，待农药工业大气污染物排放标准发布后，从其规定。地方排放标准有要求的，从其规定

5.1.2 废水

废水直接排放口应填报排放口地理坐标、间歇排放时段、受纳自然水体信息、汇入受纳自然水体处地理坐标、执行的国家或地方污染物排放标准、环境影响评价批复要求及承诺更加严格排放限值；废水间接排放口应填报排放口地理坐标、间歇排放时段、受纳污水处理厂信息及执行的污染物接收标准。其余项为依据本标准 4.5 填报的产排污环节及排放口信息，由信息平台系统自动生成。废水间歇式排放的，应当载明排放污染物的时段。单独排入城镇集中污水处理设施的生活污水仅说明去向。排污单位废水排放口和污染物项目见表 6。

表 6 纳入许可管理的废水排放口及污染物项目

排放口		许可排放浓度污染物项目	许可排放量污染物项目
废水总排放口	杂环类农药原药	pH 值、色度、悬浮物、化学需氧量、氨氮、总氰化物、氟化物、甲醛、甲苯、氯苯、可吸附有机卤化物、苯胺类、2-氯-5-氯甲基吡啶、咪唑烷、吡虫啉、三唑酮、对氯苯酚、多菌灵、邻苯二胺、吡啶、百草枯离子、2,2′:6′,2″-三联吡啶	化学需氧量、氨氮及受纳水体环境质量超标且列入 GB 8978 和 GB 21523 中的其他污染物项目
	其他类农药	pH 值、色度、悬浮物、化学需氧量、五日生化需氧量、总有机碳、氨氮、石油类、动植物油、氟化物、磷酸盐（以 P 计）、硫化物、总锰、总锌、挥发酚、总氰化物、可吸附有机卤化物、甲醛、氯苯类、硝基苯类、苯胺类、苯、甲苯、二甲苯、乙苯、有机磷农药（以 P 计）、乐果、马拉硫磷、五氯酚及五氯酚钠（以五氯酚计）	
车间或生产设施废水排放口	杂环类农药原药	莠去津、氟虫腈	—
	其他类农药	总汞、烷基汞、总镉、总铬、六价铬、总砷、总铅、总镍、苯并[a]芘、总铍、总银	—

注 1：排污单位根据原辅用料、生产工艺、环境影响评价文件及批复等相关管理规定，从表中选取纳入排污许可管理的污染物。
注 2：单纯的农药制剂加工排污单位不许可排放量。
注 3：对位于《“十三五”生态环境保护规划》及环境保护部正式发布的文件中规定的总磷和总氮总量控制的区域内的排污单位，待农药工业水污染物排放标准发布并提出总磷、总氮的排放限值要求后，还应申请总磷、总氮许可排放量。

5.2 许可排放限值

5.2.1 一般原则

许可排放限值包括污染物许可排放浓度和许可排放量。许可排放量包括年许可排放量和特殊时段许可排放量。年许可排放量是指允许排污单位连续 12 个月排放的污染物最大排放量。地方环境保护主管部门可根据需要将年许可排放量按月进行细化。单纯的农药制剂加工排污单位不许可排放量，仅许可排放浓度。

对于大气污染物，以排放口为单位确定主要排放口和一般排放口的许可排放浓度，以厂界监控点确定无组织许可排放浓度。主要排放口逐一计算许可排放量，农药制造工业排污单位总许可排放量为所有主要排放口许可排放量之和。一般排放口和无组织排放不许可排放量。

对于水污染物，车间或生产设施排放第一类污染物的废水排放口许可排放浓度，废水总排放口许可排放浓度和排放量。单纯的农药制剂加工排污单位废水总排口不许可排放量。

根据国家或地方污染物排放标准确定许可排放浓度。依据总量控制指标及本标准规定的方法从严确定许可排放量，2015 年 1 月 1 日（含）后取得环境影响评价批复的排污单位，许可排放量还应同时满足环境影响评价文件和批复要求。

总量控制指标包括地方政府或环境保护主管部门发文确定的排污单位总量控制指标、环境影响评价批复时的总量控制指标、现有排污许可证中载明的总量控制指标、通过排污权有偿使用和交易确定的总量控制指标等地方政府或环境保护主管部门与排污许可证申领排污单位以一定形式确认的总量控制指标。

排污单位填报许可排放限值时，应在《排污许可证申请表》中写明申请的许可排放量计算过程。

排污单位申请的许可排放限值严于本标准规定的，应在排污许可证中载明。

5.2.2 许可排放浓度

5.2.2.1 废气

工艺、发酵、制剂加工、罐区、废水处理站、危废暂存等不同种类废气中涉及的污染物许可排放浓度或速率限值依据 GB 16297、GB 14554 确定，采用燃烧法处理工艺或发酵废气时，二噁英类污染物许可排放浓度依据 GB 18484 确定。有地方排放标准要求的，按照地方排放标准确定。

执行 GB 13271 的锅炉废气中颗粒物、二氧化硫、氮氧化物、汞及其化合物（仅适用于燃煤锅炉）许可排放浓度依据 GB 13271 确定。大气污染防治重点控制区按照《关于执行大气污染物特别排放限值的公告》和《关于执行大气污染物特别排放限值有关问题的复函》的要求执行。

对于焚烧危险废物的，焚烧炉烟气污染物许可排放浓度依据 GB 18484 确定。

厂界无组织废气中涉及的污染物许可排放浓度依据 GB 16297、GB 14554 确定。

地方有更严格的排放标准要求的，按照地方排放标准从严确定许可排放浓度限值。

若执行不同许可排放浓度的多台生产设施或排放口采用混合方式排放废气，且选择的监控位置只能监测混合废气中的大气污染物浓度，则应执行各限值要求中最严格的许可排放浓度。

5.2.2.2 废水

按照污染物排放标准确定农药制造工业排污单位许可排放浓度时，应依据 GB 21523、GB 8978 及 GB/T 31962 确定。有地方排放标准要求的，按照地方排放标准确定。农药工业水污染物排放标准发布之后，从其规定。《关于太湖流域执行国家排放标准水污染物特别排放限值时间的公告》《关于太湖流域执行国家排放标准水污染物特别排放限值区域的公告》中所涉及行政区域的水污染物特别排放限值按其要求执行。其他依法执行特别排放限值的应从其规定。

若排污单位在同一个废水排放口排放两种或两种以上工业废水，且每种废水同一种污染物的排放限值不同时，若各种废水均适用 GB 8978，则许可排放浓度按照 GB 8978 中附录 A 的要求确定；若其中一种或一种以上废水适用某项行业水污染物排放标准，则优先执行相应行业水污染物排放标准中关于混合废水排放标准的规定，行业水污染物排放标准未作规定的，适用 GB 8978 中附录 A 的要求。若杂环类农药原药制造工业排污单位生产设施同时生产两种以上产品、可适用不同排放控制要求或不同行业国家污染物排放标准，且生产设施产生的污水混合处理排放的情况下，应执行排放标准中规定的最严格的浓度限值。

5.2.3 许可排放量

5.2.3.1 废气

许可排放量包括年许可排放量和特殊时段许可排放量。其中，供热系统烟气、危险废物焚烧炉烟气许可排放量包括二氧化硫、氮氧化物、颗粒物的许可排放量，工艺废气和发酵废气许可排放量包括挥发性有机物、二氧化硫、氮氧化物、颗粒物的许可排放量。如果工艺废气与发酵废气采用非燃烧法处理，且不涉及产生二氧化硫与氮氧化物的工艺，不许可二氧化硫与氮氧化物的排放量。

5.2.3.1.1 年许可排放量核算方法

排污单位年许可排放量为主要排放口的年许可排放量之和，年许可排放量是指允许排污单位连续 12 个月排放的污染物最大排放量。若执行不同许可排放浓度的多台生产设施或排放口采用混合方式排放废气，年许可排放量为各设施污染物年许可排放量之和。年许可排放量适用于考核自然年的实际排放量。

二氧化硫、氮氧化物、颗粒物的年许可排放量为供热系统、危险废物焚烧炉烟气和工艺/发酵废气的年许可排放量之和。挥发性有机物的年许可排放量为各工艺/发酵废气的年许可排放量之和。

$$E=\sum_{i=1}^{n}E_i \tag{1}$$

式中：E——农药制造工业排污单位年许可排放量，t/a；

E_i ——第 i 个排放口废气污染物的年许可排放量，t/a。

1）供热系统烟气二氧化硫、氮氧化物、颗粒物的年许可排放量

使用燃煤或燃油的供热系统烟气污染物许可排放量计算公式如下：

$$E_i = R \times Q \times \rho \times 10^{-6} \tag{2}$$

使用燃气的供热系统烟气污染物许可排放量计算公式如下：

$$E_i = R \times Q \times \rho \times 10^{-9} \tag{3}$$

式中：E_i——第 i 个排放口废气污染物的年许可排放量，t/a；

R ——设计燃料用量，t/a 或 m^3/a；

ρ ——污染物的许可排放浓度，mg/ m^3；

Q ——基准烟气量（标态），m^3/kg 燃煤/燃油，或 m^3/m^3 天然气，具体取值见表 7。

表 7　燃烧废气基准烟气量取值表

燃　料	热　值	基准烟气量
煤炭/（m^3/kg）	12.5 MJ/kg	6.2
	21 MJ/kg	9.9
	25 MJ/kg	11.6
燃料油/（m^3/kg）	38 MJ/kg	12.2
	40 MJ/kg	12.8
	43 MJ/kg	13.8
天然气/（m^3/m^3）	—	12.3
注 1：燃用其他热值燃料的，可按照《动力工程师手册》进行计算。 注 2：燃用生物质燃料蒸汽锅炉的基准排气量参考燃煤蒸汽锅炉确定，或参考近三年企业实测的烟气量，或近一年连续在线监测的烟气量。		

2）危险废物焚烧炉烟气二氧化硫、氮氧化物、颗粒物的年许可排放量

危险废物焚烧炉烟气污染物许可排放量依据污染物许可排放浓度、排放口的排气量和年设计运行时数核算。

$$E_i = h \times Q \times \rho \times 10^{-9} \tag{4}$$

式中：E_i——第 i 个排放口废气污染物的年许可排放量，t/a；

h——年设计运行时数，h/a；

Q——排气量（标准状态），m^3/h，排放源的排气量以近 3 年实际排气量的均值进行核算；未满 3 年的以实际生产周期的实际排气量的均值进行核算；投运满 3 年，但近 3 年实际排气量波动较大，可选取正常运行的 1 年实际排气量的均值进行核算；排气量不得超过设计排气量；

ρ ——污染物许可排放浓度，mg/m^3。

3）工艺/发酵废气挥发性有机物、二氧化硫、氮氧化物、颗粒物年许可排放量

污染物的年许可排放量为所有工艺/发酵废气排口年许可排放量之和。应同时采用基于许可排放浓度和单位产品排放绩效两种方法核定许可排放量，从严确定许可排放量。

基于许可排放浓度的许可排放量核算方法按式（5）计算：

$$E = \sum_{i=1}^{n} h_i \times Q_i \times \rho_i \times 10^{-9} \tag{5}$$

式中：E——废气污染物年许可排放量，t/a；

h_i——第 i 个工艺/发酵废气排口年设计运行时数，h/a；

Q_i——第 i 个工艺/发酵废气排口的排气量（标准状态），m^3/h，排放源的排气量以近 3 年实际排气量的均值进行核算；未满 3 年的以实际生产周期的实际排气量的均值进行核算；投运满 3

年，但近 3 年实际排气量波动较大，可选取正常运行的 1 年实际排气量的均值进行核算；排气量不得超过设计排气量；

ρ_i——第 i 个工艺/发酵废气排口的污染物许可排放浓度，mg/m³；

n——排污单位工艺/发酵废气排口的数量，量纲为 1。

基于单位产品排放绩效的许可排放量核算方法按式（6）计算：

$$E = \rho \times \sum_{i}^{n} \left(P_i \times S_i\right) \times 10^{-9} \tag{6}$$

式中：E——废气污染物年许可排放量，t/a；

ρ——污染物许可排放浓度限值，mg/m³；

P_i——i 产品工业废气量（标准状态）排污系数，m³/t 产品，按附录 C 取值；附录 C 中未包括的农药产品，按 1.6×10^5 m³/t 产品取值；待农药工业大气污染物排放标准发布后，从其规定；

S_i——第 i 产品近 3 年实际产量平均值，t/a；未投运或投运不满 1 年的按产能计算，投运满 1 年但未满 3 年的取周期年实际产量平均值计算；投运满 3 年，但实际产量波动较大时，可选取正常运行 1 年的实际产量计算；当实际产量平均值超过产能时，按合法产能计算。

5.2.3.1.2 特殊时段许可排放量

农药制造工业排污单位应按照国家或所在地区人民政府制定的重污染天气应急预案等文件，根据停产、限产等要求，确定特殊时段短期许可排放量和产量控制要求。在许可证有效期内，国家或排污单位所在地区人民政府发布新的特殊时段要求的，排污单位应当按照新的停产、限产等要求进行排放，国家和地方环境保护部门依法规定的其他特殊时段短期许可排放量应在排污许可证当中明确。特殊时段农药制造工业排污单位日许可排放量计算方法：

$$E_{\text{日许可}} = E_{\text{前一年环统日均排放量}} \times (1-\alpha) \tag{7}$$

式中：$E_{\text{日许可}}$——农药制造工业排污单位重污染天气应对期间日许可排放量，t；

$E_{\text{前一年环统日均排放量}}$——农药制造工业排污单位前一年环境统计实际排放量折算到的日均值，t；

α——重污染天气应对期间排放量削减比例，%。

5.2.3.2 废水

明确排污单位外排化学需氧量、氨氮以及受纳水体环境质量超标且列入 GB 8978 和 GB 21523 中的其他污染因子年许可排放量。单独排入城镇集中污水处理设施的生活污水无须申请许可排放量。对位于《“十三五”生态环境保护规划》及环境保护部正式发布的文件中规定的总磷、总氮总量控制区域内的农药制造工业排污单位，待农药工业水污染物排放标准发布并提出总磷、总氮的排放限值要求后，还应分别申请总磷及总氮年许可排放量。

5.2.3.2.1 单独排放

排污单位生产单一产品的，应同时采用基于许可排放浓度和单位产品排放绩效两种方法核定许可排放量，从严确定许可排放量。

基于许可排放浓度的许可排放量核算方法按式（8）计算：

$$E = S \times Q \times \rho \times 10^{-6} \tag{8}$$

式中：E——某种水污染物最大年许可排放量，t/a；

S——排污单位产品近 3 年实际产量平均值，t/a；未投运或投运不满 1 年的按产能计算；投运满 1 年但未满 3 年的取该周期内年实际产量平均值计算；投运满 3 年，但实际产量波动较大时，可选取正常生产的 1 年实际产量计算；当实际产量平均值超过产能时，按合法产能计算；

Q——单位产品基准排水量，m³/t 产品，杂环类农药执行 GB 21523 规定，其他类执行 GB 8978 规定，地方有更严格标准要求的从其规定，待农药工业水污染物排放标准发布后从其规定；无基准排水量的品种按单位产品的实际排水量确定，核算周期为 3 年，投运未满 3 年的按周期内单位产品的实际排水量计算，投运满 3 年，但实际产量波动较大时，可选取正常生产的 1 年内单位产品实际排水量计算；

ρ——污染物许可排放质量浓度，mg/L。

基于单位产品排放绩效的许可排放量核算方法按式（9）计算：

$$E = S \times \alpha \times 10^{-3} \tag{9}$$

式中：E——某种水污染物最大年许可排放量，t/a；

S——排污单位产品近 3 年实际产量平均值，t/a；未投运或投运不满 1 年的按产能计算；投运满 1 年但未满 3 年的取该周期内年实际产量平均值计算；投运满 3 年，但实际产量波动较大时，可选取正常生产的 1 年实际产量计算；当实际产量平均值超过产能时，按合法产能计算；

α——单位产品污染物排放绩效值，kg/t 产品，按表 8 取值。

表 8　常见农药生产品种的排放绩效值　　单位：kg/t 产品

序号	类别	产品		化学需氧量		氨氮	
				直接排放	间接排放	直接排放	间接排放
1	有机磷类	草甘膦	甘氨酸法，不含三氯化磷和亚磷酸二甲酯的生产	6	24	0.9	1.8
			IDA 法，不含双甘磷的生产	5	20	0.75	1.5
2		辛硫磷		4.5	18	0.675	1.35
3		毒死蜱		8	32	1.2	2.4
4		丙溴磷		4	16	0.6	1.2
5		乐果		8	32	1.2	2.4
6		马拉硫磷		4.5	18	0.675	1.35
7		二嗪磷		8	32	1.2	2.4
8		草铵膦		13	52	1.95	3.9
9		乙酰甲胺磷		13	52	1.95	3.9
10		三唑磷		8	32	1.2	2.4
11		异稻瘟净		15	60	2.25	4.5
12		稻丰散		15	60	2.25	4.5
13		敌敌畏		7	28	1.05	2.1
14		敌百虫		5	20	0.75	1.5
15		氧乐果		8	32	1.2	2.4
16	拟除虫菊酯类	氯氰菊酯		7	28	1.05	2.1
17		氯氟氰菊酯		8	32	1.2	2.4
18		烯丙菊酯		10	40	1.5	3
19		氰戊菊酯		7	28	1.05	2.1
20		甲氰菊酯		5	20	0.75	1.5
21	有机硫类	代森类	钠法	4	16	0.6	1.2
			氨法	7	28	1.05	2.1
22		硝磺草酮类		7	28	1.05	2.1
23		沙蚕毒素类		6.5	26	0.975	1.95
24	苯氧羧酸类	苯氧羧酸类		3.5	14	0.525	1.05
25	磺酰脲类	磺酰脲类（一步反应合成的品种）		2.5	10	0.375	0.75
26	酰胺类	酰胺类		1.5	6	0.225	0.45
27	有机氯类	百菌清		8	32	1.2	2.4
28	氨基甲酸酯类	灭多威（自合成灭多威肟）		1.5	6	0.225	0.45
29		克百威（自合成呋喃酚）		0.6	2.4	0.09	0.18
30		异丙威、仲丁威及其他氨基甲酸酯类		0.1	0.4	0.015	0.03
31	生物类	阿维菌素		80	200	15	30

序号	类别	产品		化学需氧量		氨氮	
				直接排放	间接排放	直接排放	间接排放
32		赤霉素		200	500	37.5	75
33		井冈霉素	40%以上高含量粉剂	184	460	34.5	69
			水剂	8	20	1.5	3
34		苏云金芽孢杆菌		0.64	1.6	0.12	0.24
35	杂环类	氟虫腈		20	80	3	6
36		百草枯		2	8	0.3	0.6
37		吡虫啉		15	60	2.25	4.5
38		三唑酮		2	8	0.3	0.6
39		多菌灵		12	48	1.8	3.6
40		莠去津		2	8	0.3	0.6

注1：产品污染物排放绩效值仅适用于原药，暂未考虑制剂。
注2：根据结构与工艺的相似性，烟碱和部分甲氧基丙烯酸酯污染物排放绩效值可参照杂环类，脲类、苯甲酰脲、酞酰亚胺、二硝基苯胺和二甲酰脲污染物排放绩效值可参照酰胺类。

5.2.3.2.2　混合排放

企业同时排放两种或两种以上工业废水，应同时采用基于许可排放浓度和单位产品排放绩效两种方法核定许可排放量，从严确定许可排放量。

基于许可排放浓度的许可排放量核算方法按式（10）计算：

$$E=\rho\times\sum_{i}^{n}\left(S_i\times Q_i\right)\times10^{-6} \tag{10}$$

式中：E——某种水污染物年许可排放量，t/a；

ρ——水污染物许可排放浓度限值，mg/L；

S_i——排污单位 i 产品近3年实际产量平均值，t/a；未投运或投运不满1年的按产能计算，投运满1年但未满3年的取该周期内年实际产量平均值计算；投运满3年，但实际产量波动较大时，可选取正常生产的1年实际产量计算；当实际产量平均值超过产能时，按合法产能计算；

Q_i——i 产品单位产品基准排水量，m^3/t 产品，杂环类农药执行GB 21523规定，其他类执行GB 8978规定，地方有更严格标准要求的从其规定，待农药工业水污染物排放标准发布后从其规定；无基准排水量的品种按单位产品的实际排水量确定，核算周期为3年，投运未满3年的按周期内单位产品的实际排水量计算，投运满3年，但实际产量波动较大时，可选取正常生产的1年内单位产品的实际排水量计算。

基于单位产品排放绩效的许可排放量核算方法按式（11）计算：

$$E=\sum_{i}^{n}\left(\alpha_i\times S_i\right)\times10^{-3} \tag{11}$$

式中：E——某种水污染物年许可排放量，t/a；

α_i——排污单位 i 产品污染物排放绩效值，kg/t 产品，按表8取值。

S_i——排污单位 i 产品近3年实际产量平均值，t/a；未投运或投运不满1年的按产能计算；投运满1年但未满3年的取该周期内年实际产量平均值计算；投运满3年，但实际产量波动较大时，可选取正常生产的1年实际产量计算；当实际产量平均值超过产能时，按合法产能计算。

6　污染防治可行技术要求

6.1　一般要求

本标准所列污染防治可行技术及运行管理要求可作为环境保护主管部门判断排污单位是否具备符合规定的污染治理设施或污染物处理能力的参考。对于农药制造工业排污单位采用本标准所列可行技术的，原则上认为具备符合规定的防治污染设施或污染物处理能力。对于未采用本标准所列可行技术的，农药制造工业排污单位应当在申请时提供相关证明材料（如提供已有监测数据；对于国内外首次采用的污染治理技术，还应当提供中试数据等说明材料），证明可达到与污染防治可行技术相当的处理能力。对不属于污染防治可行技术的污染治理技术，排污单位应当加强自行监测、台账记录，评估采用技术的可行性。待农药制造工业污染防治可行技术指南发布后，从其规定。

6.2 废气

6.2.1 可行技术

农药制造工业排污单位主要废气治理可行技术参见表 9。

表 9 农药制造工业排污单位废气治理可行技术参照表

废气种类	污染物	可行技术
工艺废气	二氧化硫[a]	低硫燃料、湿法脱硫（石灰石法、氧化镁法、氨法、氢氧化钠法）、半干法脱硫、干法脱硫
	氮氧化物[a]	低氮燃烧（低氮燃烧器、空气分级燃烧、燃料分级燃烧）、选择性催化还原法（SCR）、选择性非催化还原法（SNCR）、碱吸收
	颗粒物	采用清洁燃料、除尘（袋式除尘、电袋复合除尘、旋风除尘、多管除尘、滤筒除尘、电除尘、湿式除尘、水浴除尘）
	挥发性有机物	冷凝、吸收、吸附、生物处理、直接燃烧、热力燃烧、催化燃烧、等离子法、光催化氧化、电氧化
	光气	催化水解、碱吸收
	三甲胺	酸吸收、降膜吸收+吸附法、燃烧法
	甲醇、甲醛、乙醛	水吸收、吸附、燃烧
	氨	水吸收、酸吸收
	氯气、氯化氢、硫化氢、氰化氢、硫酸雾、氟化物	降膜吸收、水吸收、碱吸收
	其他有机特征污染物[b]	冷凝、吸附、燃烧
	二噁英类	活性炭/焦吸附
含尘废气	颗粒物	静电除尘、袋式除尘、电袋复合除尘、旋风除尘、多管除尘、滤筒除尘、电除尘、湿式除尘、水浴除尘
发酵废气	挥发性有机物、特征污染物、臭气浓度	旋风分离、冷却降温（气气换热、气液换热）、水洗、碱吸收、氧化吸收、转轮浓缩、催化燃烧
供热系统烟气	二氧化硫	低硫燃料、湿法脱硫（石灰石法、氧化镁法、氨法、氢氧化钠法）、半干法脱硫、干法脱硫
供热系统烟气	氮氧化物	低氮燃烧技术（低氮燃烧器、空气分级燃烧、燃料分级燃烧）、选择性催化还原法（SCR）、选择性非催化还原法（SNCR）
	颗粒物	采用清洁燃料、除尘（袋式除尘、电袋复合除尘、旋风除尘、多管除尘、滤筒除尘、电除尘、湿式除尘、水浴除尘）
	汞及其化合物	协同处置（活性炭/焦吸附、炉内添加卤化物、烟道喷入活性炭/焦）
危险废物焚烧炉烟气	烟尘	采用清洁燃料、除尘（袋式除尘、电袋复合除尘、旋风除尘、多管除尘、滤筒除尘、电除尘、湿式除尘、水浴除尘）
	二氧化硫	湿法脱硫（石灰石法、氧化镁法、氨法、氢氧化钠法）、半干法脱硫、干法脱硫
	氮氧化物	低氮燃烧技术（低氮燃烧器、空气分级燃烧、燃料分级燃烧）、选择性催化还原法（SCR）、选择性非催化还原法（SNCR）
	氟化氢、氯化氢	碱吸收
	二噁英类	活性炭/焦吸附、烟道喷入活性炭/焦/石灰
废水处理站废气	硫化氢	生物滴滤、碱洗
	氨	生物滴滤、吸收
	挥发性有机物、特征污染物、臭气浓度	化学吸收、生物净化、生物滴滤、吸附、氧化、焚烧
罐区和装卸区废气	挥发性有机物、特征污染物	选用浮顶罐、设置呼吸阀、呼吸气收集进行吸收、吸附或焚烧处理
生产区、危废暂存区无组织废气	挥发性有机物、特征污染物、臭气浓度	密闭的生产和输送设备、泄漏检测与修复、集气罩收集或密闭操作间整体通风收集后进行吸收、吸附或焚烧处理

[a] 适用于燃烧法处理产生的二氧化硫、氮氧化物。

[b] 列入 GB 16297、GB 14554 中除甲醇、甲醛、乙醛、光气、三甲胺外的其他有机污染物。

6.2.2 运行管理要求

6.2.2.1 有组织排放

有组织排放要求主要是针对废气处理系统的安装、运行、维护等规范和要求，包括：

a）污染治理设施应与产生废气的生产工艺设备同步运行。由于事故或设备维修等原因造成治理设备停止运行时，应立即报告当地环境保护主管部门。

b）污染治理设施运行应在满足设计工况的条件下进行，并根据工艺要求，定期对设备、电气、自控仪表及构筑物进行检查维护，确保污染治理设施的可靠运行。

c）污染治理设施正常运行中废气的排放应符合国家、地方或相关行业污染物排放标准的规定。

d）污染治理设施正常运行时废气的集输、处理和排放应符合国家或地方污染物排放标准的规定。

e）为保证废气处理装置的净化效果，废气处理装置需按照国家、地方或相关行业的规范进行设计，并在线测定相关工艺参数，包括：

1）冷凝器排出的不凝尾气的温度应低于尾气中污染物的液化温度，若尾气中有数种污染物，则不凝尾气的温度应低于尾气中液化温度最低的污染物的液化温度；

2）吸附装置按照 HJ 2026 要求进行建设，吸附装置的净化效率不得低于 90%，吸附剂更换/再生周期、操作温度应满足设计参数的要求；

3）洗涤装置配置 pH 值在线监测自动加药系统，洗涤液水质、水量应满足设计参数的要求；

4）催化燃烧设施按照 HJ 2027 进行建设，催化燃烧装置的净化效率不得低于 97%。进入催化燃烧器装置的废气中有机物浓度应低于其爆炸极限下限的 25%，颗粒物浓度应低于 10 mg/m^3。热力燃烧设施部分指标参照 HJ 2027 执行；

5）固废焚烧设施排放应满足 GB 18484 中控制要求，主要工艺参数要求包括：炉膛内温度≥1 100℃，烟气停留时间≥2 s，炉膛内渣热灼减率＜5%，燃烧效率≥99.9%，焚毁去除率≥99.99%；

f）产生大气污染物的生产工艺和装置需设立局部或整体气体收集系统和净化处理装置，达标排放。

6.2.2.2 无组织排放

排污单位无组织排放节点主要包括生产车间间歇性生产过程的进出料、物料中转与转移、固液分离等过程产生的挥发气，化学品仓库、罐区、装卸站、固废仓库等储运过程的挥发气，实验室或研发中心的试验废气，高浓度污水处理设施、污泥间产生的恶臭气体等。

工艺过程控制要求：对生产过程动静密封点（阀门、法兰、泵、罐口、接口等）采用泄漏检测与修复（LDAR）技术控制无组织排放。对含挥发性有机物物料的输送、储存、投加、转移、卸放、反应、搅拌混合、分离精制、真空、包装等可能产生挥发性有机物无组织排放的环节均应密闭并设置收集排气系统，送至挥发性有机物回收或净化系统进行处理。

对于生产车间的无组织废气，尽可能采用密闭的物料转移（管道、螺旋输送机等）、固液分离（“三合一”压滤机、非三足式离心机等）设施；物料中转的高位槽、中间储罐与反应设备建立气相平衡通过管道密闭收集送废气处理设施处理；设置合理的集气罩对进出料过程的无组织废气进行收集并送废气处理设施进行处理。

对于罐区、装卸站无组织废气，装卸时储罐与槽车建立气相平衡；储罐根据物料性质选用浮顶罐，或设置必要的氮封、呼吸阀，呼吸气利用集气罩收集送废气处理设施处理。

对于化学品仓库、固废仓库的无组织废气，密闭、整体通风换气，置换的废气送废气处理设施处理。

对于实验室或研发中心的试验废气，利用通风橱、集气罩或管道等收集送废气处理设施处理。

对于废水集输、物化及生化处理、污泥浓缩产生的恶臭气体，主要处理构筑物加盖，污泥间密闭、整体通风，废气统一收集送废气处理设施处理。

6.3 废水

6.3.1 可行技术

农药行业品种繁多，其中有机磷类农药、杂环类农药、苯氧羧酸类农药、菊酯类农药、磺酰脲类农药、酰胺类农药、有机硫类农药、氨基甲酸酯类农药、有机氯类农药废水及综合农药废水污染治理的可行技术见表 10，表 10 未包含的农药类别可根据其污染物排放特征参考相同类别的处理技术。

表 10 农药制造工业排污单位废水可行技术参照表

废水来源	农药类别	废水名称	主要污染物	可行技术
生产线单元	杂环类	缩合废水	悬浮物、化学需氧量、五日生化需氧量、氨氮、苯胺类	焚烧
				湿式氧化（或碱性水解/蒸发浓缩）+活性炭吸附+生化
		含苯胺类废水	悬浮物、化学需氧量、五日生化需氧量、氨氮、苯胺类	络合萃取（或液膜萃取、树脂吸附）+活性炭吸附+生化
		莠去津生产设施或车间排水	莠去津	络合萃取（或液膜萃取）
		氟虫腈生产设施或车间排水	氟虫腈	浓缩焚烧
	有机磷类	含有机磷废水	悬浮物、化学需氧量、五日生化需氧量、氨氮	催化碱性/加压水解（或湿式氧化）/定向转化+脱盐+生化
		含杂环废水	悬浮物、化学需氧量、五日生化需氧量、氨氮	浓缩焚烧、碱性高压水解
		高含盐废水	悬浮物、化学需氧量、五日生化需氧量、氨氮	蒸发浓缩+生化
	苯氧羧酸类	缩合废水、氯化废水	悬浮物、化学需氧量、五日生化需氧量、氨氮	络合萃取/液膜萃取/树脂吸附+蒸发浓缩+生化+活性炭吸附
	菊酯类	含氰化钠废水	悬浮物、化学需氧量、五日生化需氧量、氨氮、总氰化物、	碱性水解（或次氯酸钠破氰）+脱氨+生化
	菊酯类	中间体合成废水	悬浮物、化学需氧量、五日生化需氧量、氨氮、甲苯、总氰化物	蒸发浓缩+生化
		缩合废水	悬浮物、化学需氧量、五日生化需氧量、氨氮	蒸发浓缩+生化+活性炭吸附
	磺酰脲类	缩合废水	悬浮物、化学需氧量、五日生化需氧量、氨氮	活性炭吸附+生化、焚烧
	酰胺类	磷酸废水、碱性废水、盐酸废水	悬浮物、化学需氧量、五日生化需氧量、氨氮、苯胺类	循环套用后蒸发浓缩+生化处理
	酰胺类	酰化废水、醚化废水	悬浮物、化学需氧量、五日生化需氧量、氨氮、苯胺类	萃取（或树脂吸附/蒸发浓缩）+生化
		缩合废水	悬浮物、化学需氧量、五日生化需氧量、氨氮、苯胺类	蒸发浓缩+生化+活性炭吸附
	有机硫类	代森系列农药废水	悬浮物、化学需氧量、五日生化需氧量、氨氮、总锌、总锰	中和沉淀+絮凝+脱氨+生化+活性炭吸附
		沙蝉毒类农药废水	悬浮物、化学需氧量、五日生化需氧量、氨氮、总氰化物	碱性水解（或高温氧化/湿式氧化/化学氧化）+生化+活性炭吸附
		硝磺草酮废水	悬浮物、化学需氧量、五日生化需氧量、氨氮、硝基苯	蒸发浓缩+生化
	氨基甲酸酯类	缩合废水	悬浮物、化学需氧量、五日生化需氧量、氨氮	蒸发浓缩+生化+活性炭吸附
	有机氯类	缩合废水	悬浮物、化学需氧量、五日生化需氧量、氨氮、总氰化物	蒸发浓缩+生化+活性炭吸附
	其余工艺废水	—	悬浮物、化学需氧量、五日生化需氧量、氨氮	蒸发浓缩、碱性水解、高温氧化、湿式氧化、萃取、集输至污水综合处理装置
公用单元	所有类别	洗水、设备及地面冲洗水	悬浮物、化学需氧量、五日生化需氧量、氨氮	集输至污水综合处理装置
		动力车间、汽轮发电机等设备冷却水	悬浮物、化学需氧量、五日生化需氧量、氨氮、石油类	经沉淀、除油、冷却塔或喷淋池冷却后回用
		锅炉排灰废水	悬浮物、化学需氧量、五日生化需氧量、氨氮	经沉灰池沉降、灰水分离器处理后回用
		烟囱除尘废水	悬浮物、化学需氧量、五日生化需氧量、氨氮	沉淀后回用

废水来源	农药类别	废水名称	主要污染物	可行技术
公用单元	所有类别	瓦斯洗涤水	悬浮物、化学需氧量、五日生化需氧量、氨氮	沉淀后回用
	所有类别	冷却循环水	悬浮物、化学需氧量、五日生化需氧量、氨氮	处理后回用或排放
	所有类别	罐区喷淋及初期雨水	悬浮物、化学需氧量、五日生化需氧量、氨氮	活性炭吸附+生化
	所有类别	生活污水	悬浮物、化学需氧量、五日生化需氧量、氨氮、动植物油、pH 值	预处理系统：调节、多效蒸发、吹脱、汽提、混凝、沉淀、气浮、破乳、油水分离（隔油、浮选）、中和、氧化、萃取、蒸馏、吸附、水解、其他； 生化处理：升流式厌氧污泥床（UASB）、厌氧颗粒污泥膨胀床（EGSB）、厌氧流化床（AFB）、复合式厌氧污泥床（UBF）、厌氧内循环反应器（IC）、水解酸化、活性污泥法、序批式活性污泥法（SBR）、氧化沟、缺氧/好氧法（A/O）、膜生物法（MBR）、曝气生物滤池（BAF）、生物接触氧化法、传统硝化反硝化（AO）、短程硝化反硝化、同时硝化反硝化、其他； 深度处理与回用：蒸发结晶、混凝、砂滤、臭氧氧化、Fenton 氧化、超滤（UF）、反渗透（RO）、焚烧、其他
	所有类别	综合污水	pH 值、悬浮物、化学需氧量、五日生化需氧量、氨氮	

6.3.2　运行管理要求

a）污水输送管道布设合理，防止跑、冒、滴、漏，设备、地坪冲洗水必须纳入生产废水处理系统。污水管网等要求防腐、防渗漏处理。污水贮池还应采取防雨措施。

b）所有处理装置的进水口要定期监测相关指标（如 pH 值、化学需氧量、氨氮等），确保处理装置的处理效果。

c）企业应按照运行管理规定记录所有装置的实时运行参数、设备的使用情况、检查及维修记录、相关检测指标。

d）企业应建立监测制度，对所有排放口定时进行监测，确保污染物的排放符合排放标准或控制指标。

7　自行监测管理要求

7.1　一般要求

农药制造工业排污单位在申请排污许可证时，应按照本标准确定的产排污环节、排放口、污染物项目及许可限值的要求制定自行监测方案，并在《排污许可证申请表》中明确。《排污单位自行监测技术指南　农药制造工业》发布后，自行监测方案的制定从其要求。65 t/h 及以下锅炉按照 HJ 820 制定自行监测方案。有核发权的地方环境保护主管部门可根据环境质量改善需求，增加排污单位自行监测管理要求。

7.2　自行监测方案

7.2.1　一般原则

自行监测方案中应明确排污单位的基本情况、监测点位及其示意图、监测污染物项目、执行排放标准及其限值、监测频次、监测方法和仪器、采样和样品保存方法、质量保证与质量控制、监测结果公开时限等。对于采用自动监测的，排污单位应当如实填报采用自动监测的污染物项目、自动监测系统联网情况、自动监测系统的运行维护情况等；对于未采用自动监测的污染物项目，排污单位应当填报开展手工监测的污染物排放口、监测点位、监测方法、监测频次等；2015 年 1 月 1 日（含）后取得环境影响评价批复的排污单位，应根据环境影响评价文件及批复中有关要求同步完善排污单位自行监测管理内容。

排污单位可自行或委托有资质的监测机构开展监测工作，并安排专人专职对监测数据进行记录、整理、统计和分析，对监测结果的真实性、准确性、完整性负责。

7.2.2 废气监测

7.2.2.1 有组织废气排放监测点位、污染物项目与频次

采用单独方式排放的，应在烟道上设置监测点位；采用混合方式排放的，应在废气汇合后的混合烟道上设置监测点位，监测频次从严。点位设置应满足 GB/T 16157、HJ/T 75 等技术规范的要求。废气监测平台、监测断面和监测孔的设置应符合 HJ/T 75、HJ/T 397 等的要求。

根据《关于加强京津冀高架源污染物自动监控有关问题的通知》中的相关内容，京津冀地区及传输通道城市排放烟囱超过 45 m 的高架源应安装污染源自动监控设备。

排污单位有组织废气排放监测点位及最低监测频次按表 11 执行。

表 11 农药制造工业排污单位有组织废气排放监测点位、项目及最低监测频次

监测点位		监测项目	监测频次	备注
工艺废气排气筒	燃烧法废气处理设施排气筒	二氧化硫、氮氧化物、颗粒物	自动监测	—
		二噁英类	年	
	非燃烧法废气处理设施排气筒	二氧化硫[a]、氮氧化物[a]、颗粒物	自动监测	
	燃烧法和非燃烧法废气处理设施排气筒	挥发性有机物[b]	月	
		特征污染物[c]	半年	根据许可的污染物种类确定具体监测项目
发酵废气排气筒	燃烧法废气处理设施排气筒	二氧化硫、氮氧化物、颗粒物	自动监测	—
		二噁英类	年	
	非燃烧法废气处理设施排气筒	二氧化硫[a]、氮氧化物[a]、颗粒物	自动监测	
	燃烧法和非燃烧法废气处理设施排气筒	挥发性有机物	月	
		臭气浓度	半年	
		特征污染物	半年	根据许可的污染物种类确定具体监测项目
危险废物焚烧炉烟囱		烟尘、二氧化硫、氮氧化物	自动监测	—
		一氧化碳、氯化氢、氟化氢、汞及其化合物、镉及其化合物、（砷、镍及其化合物）、铅及其化合物、（铬、锡、锑、铜、锰及其化合物）	半年	—
		二噁英类	年	—
制剂加工废气排气筒		颗粒物、挥发性有机物	季度	—
罐区废气排气筒		挥发性有机物	季度	—
		特征污染物	年	根据许可的污染物种类确定具体监测项目
废水处理站废气排气筒		挥发性有机物	季度	—
		臭气浓度	年	—
		特征污染物	年	根据许可的污染物种类确定具体监测项目
危废暂存废气排气筒		挥发性有机物	季度	—
		臭气浓度	年	—
		特征污染物	年	根据许可的污染物种类确定具体监测项目

注 1：设区的市级及以上环境保护主管部门明确要求安装自动监测设备的污染物项目，须采取自动监测；若不同类型废气混合排放，监测指标需涵盖全部污染物项目，监测频次从严。

注 2：排气筒废气监测时同步监测烟气参数。

注 3：未发布国家污染物监测方法标准的污染物监测项目，待国家监测方法标准发布后实施。

[a] 排放二氧化硫的生产工艺须增加二氧化硫项目，排放氮氧化物的生产工艺须增加氮氧化物项目。

[b] 本标准使用非甲烷总烃作为排气筒挥发性有机物排放的综合控制指标。

[c] 见 GB 16297 所列污染物，属 GB 14554 所列恶臭项目执行许可排放速率。地方排放标准中有严格要求的，从其规定。

7.2.2.2 无组织废气排放监测点位、项目与频次

无组织废气监测点位按 GB 14554、GB 16297 及 HJ/T 55 执行。排污单位无组织废气排放监测点位及最低监测频次按表 12 执行。

表 12　农药制造工业排污单位无组织排放监测点位、项目及最低监测频次

监测点位	监测项目	监测频次	备注
厂界	颗粒物、挥发性有机物[a]、臭气浓度、特征污染物[b]	半年	根据许可的污染物种类确定具体监测项目

[a] 本标准使用非甲烷总烃作为厂界挥发性有机物排放的综合控制指标。
[b] 见 GB 16297 所列污染物，属 GB 14554 所列恶臭项目执行许可排放速率。地方排放标准中有严格要求的，从其规定。

7.2.3　废水监测

7.2.3.1　监测点位

按照排放标准规定设置废水外排口监测点位。排放标准规定的监测点位为车间或生产设施排放口的污染物，应按要求在相应的废水排放口采样。排放标准中规定的监测点位为排污单位外排口的污染物，废水直接排放的，在排污单位的外排口采样；废水间接排放的，在排污单位的废水处理设施排放口后、进入集中污水处理设施前的排污单位法定边界的位置采样。

7.2.3.2　监测项目与频次

农药制造工业排污单位废水排放监测点位及最低监测频次按表 13 执行。

表 13　农药制造工业排污单位废水排放口监测项目及最低监测频次

<table>
<tr><th rowspan="2">排污单位级别</th><th rowspan="2">监测点位</th><th rowspan="2">监测项目</th><th colspan="2">监测频次[a]</th><th rowspan="2">备注</th></tr>
<tr><th>直接排放</th><th>间接排放</th></tr>
<tr><td rowspan="7">重点管理排污单位</td><td rowspan="6">废水总排放口</td><td>pH 值、化学需氧量、氨氮、流量</td><td colspan="2">自动监测</td><td>—</td></tr>
<tr><td>悬浮物、石油类、色度</td><td>日</td><td>月</td><td>—</td></tr>
<tr><td>五日生化需氧量</td><td>月</td><td>季度</td><td>—</td></tr>
<tr><td>磷酸盐（以 P 计）</td><td>月</td><td>季度</td><td rowspan="4">根据许可的污染物种类确定具体监测项目</td></tr>
<tr><td>挥发酚、总氰化物、氯苯类、硝基苯类、苯胺类、苯、甲苯、二甲苯、乙苯、甲醛、总锌、五氯酚及五氯酚钠（以五氯酚计）、乐果、2-氯-5-氯甲基吡啶、咪唑烷、吡虫啉、三唑酮、对氯苯酚、多菌灵、邻苯二胺、吡啶、百草枯离子、2,2′:6′,2″-三联吡啶，有机磷农药（以 P 计）、马拉硫磷</td><td>月</td><td>季度</td></tr>
<tr><td>总有机碳、氟化物、硫化物、可吸附有机卤化物（AOX）、总锰、动植物油</td><td>季度</td><td>半年</td></tr>
<tr><td>车间或生产设施排放口</td><td>总汞、烷基汞、总镉、总铬、六价铬、总砷、总铅、总镍、苯并[a]芘、总铍、总银、莠去津、氟虫腈、流量</td><td>月</td><td>月</td></tr>
<tr><td rowspan="5">简化管理排污单位</td><td rowspan="4">废水总排放口</td><td>pH 值、悬浮物、化学需氧量、氨氮、石油类、色度、五日生化需氧量、流量</td><td colspan="2">季度</td><td>—</td></tr>
<tr><td>磷酸盐（以 P 计）</td><td colspan="2">季度</td><td rowspan="4">根据许可的污染物种类确定具体监测项目</td></tr>
<tr><td>挥发酚、总氰化物、氯苯类、硝基苯类、苯胺类、苯、甲苯、二甲苯、乙苯、甲醛、总锌</td><td colspan="2">季度</td></tr>
<tr><td>总有机碳、氟化物、硫化物、可吸附有机卤化物、总锰、动植物油</td><td colspan="2">半年</td></tr>
<tr><td>车间或生产设施排放口</td><td>总汞、总镉、六价铬、总砷、总铅、总镍、流量</td><td colspan="2">季度</td></tr>
<tr><td colspan="6">[a] 设区的市级及以上环保主管部门明确要求安装自动监测设备的污染物项目，须采取自动监测。</td></tr>
</table>

7.3　采样和测定方法

7.3.1　自动监测

废气自动监测参照 HJ/T 75、HJ/T 76 执行。

废水自动监测参照 HJ/T 353、HJ/T 354、HJ/T 355 和 HJ/T 356 执行。

7.3.2　手工采样

有组织废气手工采样方法参照 GB/T 16157、HJ/T 397 执行，单次监测中，气态污染物采样，应获得小时均值浓度；颗粒物采样，至少采集 3 个反映监测断面颗粒物平均浓度的样品。

无组织废气采样方法参照 GB/T 15432、HJ/T 55 执行。实行连续 1 h 的采样，或者实行在 1 h 内以等时间间隔采集 4 个样品计平均值。在进行实际监测时，为了捕捉到监控点最高浓度的时段，实际安排的采样时间可超过 1 h。

废水手工采样方法参照 HJ 493、HJ 494、HJ 495 和 HJ/T 91 执行。

7.3.3 监测方法

废气、废水污染物的监测按照相应排放标准中规定的污染物浓度测定方法标准执行，国家或地方法律法规等另有规定的，从其规定。

7.4 数据记录要求

手工监测的记录和自动监测运行维护记录按照 HJ 819 执行。

监测期间应同步记录与排污许可证中污染物排放相关的生产工况、运行参数及主要设备生产负荷。

7.5 监测质量保证与质量控制

按照 HJ 819 的要求，排污单位应根据自行监测方案及开展状况，梳理全过程监测质控要求，建立自行监测质量保证与质量控制体系。

7.6 自行监测信息公开

排污单位应按照 HJ 819 的要求进行自行监测信息公开。

8 环境管理台账与排污许可证执行报告编制要求

8.1 环境管理台账记录要求

8.1.1 一般要求

农药制造工业排污单位应建立环境管理台账制度，设置专职人员进行台账的记录、整理、维护和管理，并对台账记录结果的真实性、准确性、完整性、规范性负责。排污单位应按照“规范、真实、全面、细致”的原则，依据本标准要求，记录生产设施运行管理信息、原辅料、燃料采购信息、污染治理设施运行管理信息、非正常工况记录信息、监测记录信息、其他环境管理信息。排污单位可在满足本标准要求的基础上根据实际情况自行制定记录内容格式。

8.1.2 记录内容与频次

8.1.2.1 生产设施运行管理信息

农药制造工业排污单位应定期记录生产运行状况并留档保存，应按生产批次至少记录以下内容，包括正常工况各主要生产单元每项生产设施的运行状态、生产负荷、主要产品产量、原辅料及燃料使用情况、运行参数等数据，其中：

运行状态：运行时间，是否按照生产要求正常运行。

生产负荷：各生产单元实际产品产量与设计生产能力之比，设计生产能力取最大设计值；

产品产量：各生产单元产品产量及最终产品（含副产品）产量；

原辅料、燃料使用情况：种类、名称、用量、有毒有害元素成分及占比；

运行参数：各生产单元运行过程中的压力、温度。

记录内容参见附录 D 中表 D.1。

8.1.2.2 原辅料、燃料采购信息

农药制造工业排污单位应填写原辅料采购量、纯度、运输和卸料方式、来源地、是否有毒有害、储存位置等信息。燃料应记录采购量、使用量、来源地和燃料物质（元素）占比情况信息，记录内容参见附录 D 中表 D.2 与表 D.3。

8.1.2.3 污染治理设施运行管理信息

农药制造工业排污单位记录污染治理设施运行管理信息应至少包括以下内容：有组织、无组织废气以及废水污染治理设施名称及工艺、污染治理设施编号、对应生产设施名称及编号、污染因子、治理设

施规格参数、风机负荷、对应生产设施生产负荷、运行参数。

a）有组织废气治理设施运行参数应至少记录以下内容

冷凝法：冷凝介质、温度、冷凝面积，如有多级冷凝，各级冷凝应分别填写，冷凝液去向；

吸附吸收法：吸附单元压力、吸收剂名称、用量、循环使用量、更换频次及吸附剂或吸收液去向；

燃烧法：燃烧温度、停留时间、烟气量、温度、原烟气二氧化硫浓度、净烟气二氧化硫浓度、原烟气氮氧化物浓度、净烟气氮氧化物浓度、原烟气和净烟气中特征污染物浓度、使用催化燃烧的应记录催化剂种类、使用量和更换频次及去向；

袋式除尘器：除尘器进出口压差、过滤风速、风机电流、实际风量；

静电除尘器：二次电压、二次电流、风机电流、实际风量；

电袋复合除尘器：除尘器进出口压差、过滤风速、风机电流、二次电压、二次电流、风机电流、实际风量；

湿法除尘：洗涤液用量；

脱硫系统：烟气量、原烟气二氧化硫浓度、净烟气二氧化硫浓度、脱硫剂用量、脱硫副产物产量；

脱硝系统：烟气量、原烟气氮氧化物浓度、净烟气氮氧化物浓度、脱硝剂用量。

b）无组织废气治理设施运行参数应至少记录以下内容

检查密闭情况、是否出现破损、集气设备运行情况、集气压力、风机风量、泄漏检测与修复情况。

c）废水治理设施运行参数应按批次至少记录以下内容

实际处理量、实际进水水质、实际出水水质、污泥产生量、实际停留时间、药剂投加种类、药剂投加量等信息。

污染治理设施运行管理信息记录内容参见附录 D 中表 D.4、表 D.5、表 D.6。

8.1.2.4 非正常工况记录信息

非正常工况信息按工况期记录，每工况期记录 1 次，内容应记录生产设施与污染治理设施非正常（停运）时刻、恢复（启动）时刻、事件原因、是否报告、应对措施等。记录内容参见附录 D 中表 D.7。

8.1.2.5 监测记录信息

有组织废气和废水监测记录信息包括监测时间、排放口编码、污染因子、监测设施、许可排放浓度限值、浓度监测结果、是否超标、数据来源、其他，参见附录 D 中表 D.8 和表 D.10；

无组织废气监测记录信息包括监测时间、监测点位或设施、污染因子、许可排放浓度限值、浓度监测结果、是否超标、数据来源、其他，参见附录 D 中表 D.9。

8.1.2.6 其他环境管理信息

排污单位应记录重污染天气应对期间等特殊时段管理要求、执行情况（包括特殊时段生产设施和污染治理设施运行管理信息）等。重污染天气应对期间等特殊时段的台账记录要求与正常生产记录频次要求一致，地方环境保护主管部门有特殊要求的，从其规定。

排污单位还应根据环境管理要求和排污单位自行监测记录内容需求，进行增补记录。

8.1.3 记录形式及保存

台账应当按照电子化储存和纸质储存两种形式同步管理。

a）纸质存储：纸质台账应存放于保护袋、卷夹或保护盒中，专人保存于专门的档案保存地点，并由相关人员签字。档案保存应采取防光、防热、防潮、防细菌及防污染等措施。纸质类档案如有破损应随时修补。档案保存时间原则上不低于 3 年。

b）电子存储：电子台账保存于专门的存储设备中，并保留备份数据。设备由专人负责管理，定期进行维护。根据地方环境保护部门管理要求定期上传，纸版排污单位留存备查。档案保存时间原则上不低于 3 年。

8.2 排污许可证执行报告编制要求

8.2.1 一般要求

排污许可证执行报告按报告周期分为年度执行报告、季度执行报告和月度执行报告。

持有排污许可证的农药制造工业排污单位，均应按照本标准规定提交年度执行报告与季度执行报告。地方环境保护主管部门有更高要求的，排污单位还应根据其规定，提交月度执行报告。排污单位应在全国排污许可证管理信息平台上按时填报并提交执行报告，同时向有核发权的环境保护主管部门提交通过平台生成的书面执行报告。

8.2.2 报告上报频次

8.2.2.1 年度执行报告

农药制造工业排污单位应至少每年上报一次排污许可证年度执行报告，于次年 1 月底前提交至排污许可证核发机关。对于持证时间不足 3 个月的，当年可不上报年度执行报告，排污许可证执行情况纳入下 1 年年度执行报告。

8.2.2.2 季度/月度执行报告

排污单位每季度/月度上报一次排污许可证季度/月度执行报告，于下一周期首月 15 日前提交至排污许可证核发机关，提交季度执行报告或年度执行报告时，可免报当月月度执行报告。对于持证时间不足 10 d 的，该报告周期内可不上报月度执行报告，排污许可证执行情况纳入下一月度执行报告。对于持证时间不足 1 个月的，该报告周期内可不上报季度执行报告，排污许可证执行情况纳入下一季度执行报告。

8.2.3 报告内容

8.2.3.1 年度执行报告

农药制造工业排污单位应根据环境管理台账记录等信息归纳总结报告期内排污许可证执行情况，按照执行报告提纲编写年度执行报告，保证执行报告的规范性和真实性，按时提交至核发机关。年度执行报告编制内容如下，详细内容参见附录 D。

a）基本生产信息；

b）遵守法律法规情况；

c）污染防治措施运行情况；

d）自行监测情况；

e）台账管理情况；

f）实际排放情况及合规判定分析；

g）排污费（环境保护税）缴纳情况；

h）信息公开情况；

i）排污单位内部环境管理体系建设与运行情况；

j）排污许可证规定的其他内容执行情况；

k）其他需要说明的问题；

l）结论；

m）附图、附件要求。

8.2.3.2 季度/月度执行报告

季度/月度报告应至少包括年度执行报告 f）中主要污染物的实际排放量核算信息、合规判定分析说明和 c）中不合规排放或污染防治设施故障及采取对应措施的情况说明。

8.2.3.3 单纯的农药制剂加工排污单位执行报告要求

对于单纯的农药制剂加工排污单位，年度执行报告内容为 8.2.3.1 中年度执行报告 a）～g）、j）～m），依据各部分内容要求，按排污单位实际情况编制执行报告。季度报告内容参照 8.2.3.2 内容执行。

8.2.3.4　异常情况报告

异常报告是指排污单位生产过程中可能发生污染物排放异常或者违反排污许可证规定要求时，向环境保护主管部门提交的异常情况报告及所采取的措施，应当“一事一报”，具体按表 14 所示。

表 14　异常情况报告

起始时间	终止时间	持续时长	情形描述	是否符合许可证要求	原因分析	应对措施
				□ 是　□ 否		
				□ 是　□ 否		

9　实际排放量核算方法

9.1　一般原则

排污单位应该分别核算废气污染物和废水污染物的实际排放量，实际排放量为正常情况和非正常情况实际排放量之和。

排污许可证要求应采用自动监测的排放口和污染物项目，根据符合监测规范的有效自动监测数据采用实测法核算实际排放量。

对于排污许可证中载明应当采用自动监测的排放口或污染物项目而未采用的，按直排核算排放量。对于排污许可证未要求采用自动监测的排放口或污染物项目，按照优先顺序依次选取自动监测数据、执法监测数据和手工监测数据核算实际排放量。若同一时段的手工监测数据与执法监测数据不一致，以执法监测数据为准。监测数据应符合国家环境监测相关标准要求。

9.2　废气

9.2.1　实测法

9.2.1.1　自动监测

自动监测实测法是指根据符合监测规范的有效自动监测数据污染物的小时平均排放浓度、平均排气量、运行时间核算污染物年排放量，核算方法见式（12）。

$$E_j=\sum_{i=1}^{T}\left(\rho_{i,j}\times Q_i\right)\times 10^{-9} \tag{12}$$

式中：E_j——核算时段内主要排放口第 j 项污染物的实际排放量，t；

$\rho_{i,j}$——第 j 项污染物在第 i 小时的实测平均排放质量浓度，mg/m^3；

Q_i——第 j 项污染物第 i 小时的标准状态下干排气量，m^3/h；

T——核算时段内的污染物排放时间，h。

对于因自动监控设施发生故障以及其他情况导致数据缺失的按照 HJ/T 75 进行补遗。

缺失时段超过 25%的，自动监测数据不能作为核算实际排放量的依据，按 9.1 中“应当采用自动监测的排放口或污染物项目而未采用”的相关规定进行核算。

排污单位提供充分证据证明在线数据缺失、数据异常等不是排污单位责任的，可按照排污单位提供的手工监测数据等核算实际排放量，或者按照上一个季度申报期间的稳定运行期间自动监测数据的小时浓度均值和季度平均排气量，核算数据缺失时段的实际排放量。

9.2.1.2　手工监测

手工监测实测法是指根据每次手工监测时段内每小时污染物的平均排放浓度、平均排气量、运行时间核算污染物排放量，核算方法见式（13）。手工监测包括排污单位自行手工监测和执法监测，同一时段的手工监测数据与执法监测数据不一致，以执法监测数据为准。

$$E_j=\sum_{i=1}^{n}\left(\rho_{i,j}\times Q_i\times h\right)\times 10^{-9} \tag{13}$$

式中：E_j——核算时段内主要排放口第 j 项污染物的实际排放量，t；

$\rho_{i,j}$——第 j 项污染物在第 i 监测频次时段的实测平均排放质量浓度，mg/m^3；

Q_i——第 i 次监测频次时段的实测标准状态下平均干排气量，m^3/h；

h——第 i 次监测频次时段内，污染物排放时间，h；

n——核算时段内，实际手工监测频次，次。

排污单位应将手工监测时段内生产负荷与核算时段内平均生产负荷进行对比，并给出对比结果。

9.3 废水

9.3.1 自动监测

废水自动监测实测法是指根据符合监测规范的有效自动监测数据污染物的日平均排放浓度、日平均流量、运行时间核算污染物年排放量，核算方法见式（14）。

$$E_j = \sum_{i=1}^{h}\left(\rho_{i,j} \times Q_i\right) \times 10^{-6} \tag{14}$$

式中：E_j——核算时段内主要排放口第 j 项污染物的实际排放量，t；

$\rho_{i,j}$——第 j 项污染物在第 i 日的实测平均排放质量浓度，mg/L；

Q_i——第 i 日的流量，m^3/d；

h——核算时段内的污染物排放时间，d。

在自动监测数据由于某种原因出现中断或其他情况，可根据 HJ/T 356 进行补遗。

要求采用自动监测的排放口或污染物项目而未采用的，按直排核算化学需氧量、氨氮排放量。

9.3.2 手工监测

无有效自动监测数据或某些污染物无自动监测时，可采用手工监测数据进行核算。手工监测数据包括核算时段内的所有执法监测数据和排污单位自行监测有效手工监测数据，排污单位自行监测的手工监测频次、监测期间生产工况、数据有效性等须符合相关规范要求。手工监测核算方法见式（15）。

$$E_j = \sum_{i=1}^{n}\left(\rho_{i,j} \times Q_i \times h\right) \times 10^{-6} \tag{15}$$

式中：E_j——核算时段内主要排放口第 j 项污染物的实际排放量，t；

$\rho_{i,j}$——第 i 监测频次时段内，第 j 项污染物实测平均排放质量浓度，mg/L；

Q_i——第 i 监测频次时段内，采样当日的平均流量，m^3/h；

h——第 i 监测频次时段内，污染物排放时间，d；

n——核算时段内，实际手工监测频次，次。

10 合规判定方法

10.1 一般原则

合规是指农药制造工业排污单位许可事项和环境管理要求符合排污许可证规定。许可事项合规是指排污单位排污口位置和数量、排放方式、排放去向、排放污染物种类、排放限值符合许可证规定，其中，排放限值合规是指农药制造工业排污单位污染物实际排放浓度和排放量满足许可排放限值要求。环境管理要求合规是指农药制造工业排污单位按许可证规定落实自行监测、台账记录、执行报告、信息公开等环境管理要求。

农药制造工业排污单位可通过环境管理台账记录、按时上报执行报告和开展自行监测、信息公开，自证其依证排污，满足排污许可证要求。环境保护主管部门可依据排污单位环境管理台账、执行报告、自行监测记录中的内容，判断其污染物排放浓度和排放量是否满足许可排放限值要求，也可通过执法监测判断其污染物排放浓度是否满足许可排放限值要求。

10.2 排放限值合规判定

10.2.1 废气排放浓度合规判定

10.2.1.1 正常情况

排污单位废气有组织排放口中，执行 GB 14554 的污染物排放速率合规是指“任一速率均值均满足许可限值要求”、臭气浓度一次均值合规是指“任一次测定值满足许可浓度要求”、二噁英类排放浓度合规是指“每次采样时间不得低于 45 min，连续采样 3 次分别测定，以平均值作为许可排放浓度合规判定值”。除上述情形外，其余废气有组织排放口污染物和无组织排放污染物排放浓度合规是指“任一小时浓度均值均满足许可排放浓度要求”。其中，废气污染物小时浓度均值根据执法监测、自行监测（包括自动监测和手工监测）进行确定。

a）执法监测

按照 GB 16157、GB 18484、HJ/T 397、HJ/T 55 监测规范要求获取的执法监测数据超标的，即视为不合规。

b）排污单位自行监测

1）自动监测

按照监测规范要求获取的有效自动监测数据计算得到的有效小时浓度均值（除二噁英类外）与许可排放浓度限值进行对比，超过许可排放浓度限值的，即视为超标。对于应当采用自动监测而未采用的排放口或污染物，即认为不合规。自动监测小时均值是指“整点 1 h 内不少于 45 min 的有效数据的算术平均值”。

2）手工监测

对于未要求采用自动监测的排放口或污染物，应进行手工监测，按照自行监测方案、监测规范要求获取的监测数据计算得到的有效小时浓度均值超标的，即视为不合规。

若同一时段的执法监测数据与排污单位自行监测数据不一致，执法监测数据符合法定的监测标准和监测方法的，以该执法监测数据为准。

10.2.1.2 非正常情况

排污单位非正常排放指焚烧炉、燃煤锅炉启停机情况下的排放。

a）焚烧炉

计划内启动和停机阶段 4 h 内的氮氧化物排放浓度不视为许可排放浓度限值的判定依据。

b）锅炉

对于采用脱硝措施的燃煤蒸汽锅炉，冷启动 1 h、热启动 0.5 h 不作为氮氧化物合规判定时段。

若多台设施采用混合方式排放烟气，且其中一台处于启停时段，排污单位可自行提供烟气混合前各台设施污染物有效监测数据的，按照提供数据进行合规判定。

10.2.1.3 无组织排放控制要求合规判定

无组织排放源满足本标准 6.2.2.2“无组织排放运行管理要求”，即视为合规。

10.2.2 废水排放浓度合规判定

农药制造工业排污单位各废水排放口污染物的排放浓度合规是指任一有效日均值（除 pH 值外）均满足许可排放浓度要求。

a）执法监测

按照 HJ/T 91 等监测规范要求获取的执法监测数据超标的，即视为不合规。

b）排污单位自行监测

1）自动监测

按照监测规范要求获取的自动监测数据计算得到有效日均浓度值（除 pH 值外）与许可排放浓度限值进行对比，超过许可排放浓度限值的，即视为不合规。对于应当采用自动监测而未采用的排放口或污染物，即认为不合规。

对于自动监测，有效日均浓度是对应于以每日为一个监测周期内获得的某个污染物的多个有效监测数据的平均值。在同时监测污水排放流量的情况下，有效日均值是以流量为权重的某个污染物的有效监测数据的加权平均值；在未监测污水排放流量的情况下，有效日均值是某个污染物的有效监测数据的算术平均值。

自动监测的有效日均浓度应根据 HJ/T 356、HJ/T 355 等相关文件确定。

2）手工监测

对于未要求采用自动监测的排放口或污染物，应进行手工监测。按照自行监测方案、监测规范进行手工监测，当日各次监测数据平均值或当日混合样监测数据（除 pH 值外）超标的，即视为不合规。pH 值、色度以一次有效数据出现超标的，即视为不合规。

若同一时段的执法监测数据与排污单位自行监测数据不一致，执法监测数据符合法定的监测标准和监测方法的，以该执法监测数据为准。

10.2.3 排放量合规判定

农药制造工业排污单位污染物的排放总量合规是指：

a）各类主要排放口污染物实际排放量之和满足年许可排放量要求；

b）对于特殊时段有许可排放量要求的，实际排放量不得超过特殊时段许可排放量。

对于排污单位燃煤锅炉启停机情况下的非正常排放，应通过加强正常运营时污染物排放管理、减少污染物排放量的方式，确保污染物实际年排放量满足许可排放量要求。

10.3 管理要求合规判定

环境保护主管部门依据排污许可证中的管理要求，审核环境管理台账记录和许可证执行报告；检查排污单位是否按照自行监测方案开展自行监测；是否按照排污许可证中环境管理台账记录要求记录相关内容，记录频次、形式等是否满足许可证要求；是否按照许可证中执行报告要求定期上报，上报内容是否符合要求等；是否按照许可证要求定期开展信息公开；是否满足特殊时段污染防治要求。

附 录 A

（资料性附录）

农药种类填报参考

A.1 化学农药原药

（1）有机磷类：草甘膦、辛硫磷、毒死蜱、丙溴磷、乐果、马拉硫磷、二嗪磷、草铵膦、乙酰甲胺磷、三唑磷、异稻瘟净、稻丰散、敌敌畏、敌百虫、氧乐果、其他；

（2）拟除虫菊酯类：氯氰菊酯、氯氟氰菊酯、烯丙菊酯、氰戊菊酯、甲氰菊酯、其他；

（3）有机硫类：代森锰锌、沙蚕毒素、硝磺草酮、其他；

（4）苯氧羧酸类：2,4-滴系列、2-甲-4-氯系列、其他；

（5）磺酰脲类：氯磺隆、苄嘧磺隆、氯嘧磺隆、苯磺隆、烟嘧磺隆、其他；

（6）酰胺类：乙草胺、甲草胺、丁草胺、异丙甲草胺、其他；

（7）有机氯类：百菌清、其他；

（8）杂环类：莠去津、百草枯、多菌灵、吡虫啉、噻嗪酮、三唑酮、甲基硫菌灵、氟虫腈、其他；

（9）氨基甲酸酯类：克百威、灭多威、异丙威、仲丁威、其他；

（10）其他类：其他。

A.2 生物农药原药

阿维菌素、井冈霉素、赤霉素、苏云金芽孢杆菌、其他。

A.3　农药制剂（剂型）

乳油、水剂、水乳剂、微乳剂、可溶性液剂、悬浮剂、可分散油悬剂、悬浮种衣剂、悬乳剂、可湿性粉剂、可溶性粉剂、粉剂、水分散粒剂、干悬浮剂、颗粒剂、水溶性粒剂、其他。

附　录　B
（资料性附录）
原料填报参考

序号	产品名称	原料名称
1	草甘膦	多聚甲醛、甘氨酸、亚磷酸二甲酯、氢氰酸、六次甲基四胺、甲醛、亚氨基二乙腈、二乙醇胺、其他
2	莠去津	三聚氯氰、乙胺、异丙胺、其他
3	百草枯	吡啶、氯甲烷、氯气、其他
4	乙草胺	2-甲基-6-乙基苯胺、氯乙酰氯、甲醛、乙醇、其他
5	对二氯苯	苯、氯气、其他
6	代森锰锌	乙二胺、二硫化碳、氢氧化钠、硫酸锰、硫酸锌、其他
7	毒死蜱	三氯乙酰氯、丙烯腈、乙基氯化物、四氯吡啶、其他
8	异丙甲草胺	甲氧基丙醇、2-甲基-6-乙基苯胺、氯乙酰氯、其他
9	百菌清	间二甲苯、氯气、氨、其他
10	多菌灵	液氯、甲醇、石灰氮、邻苯二胺、光气、硫化碱、其他
11	2,4-滴	苯酚、氯乙酸、氯气、二氧化硫、氯乙酸钠、液碱、其他
12	吡虫啉	双环戊二烯、咪唑烷、2-氯-5-氯甲基吡啶、其他
13	杀虫单	二甲胺、氯丙烯、氯气、硫代硫酸钠、其他
14	乙酰甲胺磷	甲醇、三氯硫磷、精胺、乙酸酐、其他
15	丁草胺	2,6-二乙基苯胺、氯乙酰氯、甲醛、乙醇、其他
16	甲基硫菌灵	邻苯二胺、硫氰化钠、氯甲酸甲酯、其他
17	二甲戊灵	3,4-二甲基硝基苯、3-戊酮、氢气、硝酸、其他
18	敌草隆	3,4-二氯苯胺、二甲胺、光气、其他
19	杀虫双	二甲胺、氯丙烯、氯气、硫代硫酸钠、其他
20	三乙膦酸铝	三氯化磷、乙醇、硫酸铝、其他
21	氟乐灵	对氯甲苯、液氯、氟化氢、浓硝酸、二正丙胺、其他
22	丙草胺	2,6-二乙基苯胺、乙醇、氯乙酰氯、溴丙烷、其他
23	敌百虫	亚磷酸二甲酯、三氯乙醛、其他
24	杀螟丹	杀虫双、氰化钠、甲醇、氯化氢、其他
25	咪鲜胺	三氯苯酚、二氯乙烷、丙胺、三氯甲基碳酸酯、咪唑、其他
26	克百威	异丁烯、液氯、邻苯二酚、异氰酸甲酯、其他
27	氯氰菊酯	间甲苯酚、氯苯、贲亭酸甲酯、氯化亚砜、其他
28	戊唑醇	对氯甲苯醛、频那酮、三氮唑、其他
29	扑草净	扑灭净、甲硫醇钠、其他
30	高效氯氟氰菊酯	间甲苯酚、氯苯、贲亭酸甲酯、三氟三氯乙烷、氰醇、其他
31	嘧菌酯	邻羟基苯乙酸、甲醇、4,6-二氯嘧啶、邻羟基苯腈、原甲酸三甲酯、硫酸二甲酯、其他
32	丙环唑	2,4-二氯苯乙酮、溴、1,2-戊二醇、三氮唑、其他
33	灭多威	盐酸羟胺、乙醛、氯气、甲硫醇钠、甲基异氰酸酯、其他
34	氟磺胺草醚	3,4-二氯三氟甲苯、间羟基苯甲酸、三氯氧磷、硝酸、甲基磺酰胺、其他
35	噻嗪酮	叔丁醇、硫氰酸铵、硫脲、*N*-甲基苯胺、光气、氯气、其他
36	磷化铝	铝粉、赤磷、其他
37	麦草畏	1,2,4-三氯苯、氢氧化钠、甲醇、2,5-二氯苯胺、氢氧化钾、二氧化碳、氯甲烷、硫酸二甲酯、其他
38	阿维菌素	玉米淀粉、甲醇、其他
39	啶虫脒	乙腈、甲醇、乙醇、氯化氢、单氰胺、2-氯-5-氯甲基吡啶、氰基乙酯、氰基甲酯、其他
40	莠灭净	莠去津、甲硫醇钠、其他
41	丙溴磷	邻氯酚、溴素、乙基氯化物、溴丙烷、二甲胺、其他
42	灭草松	苯酐、次氯酸钠、异丙胺、2-甲基吡啶、三氧化硫、三氯氧磷、氯磺酸、其他
43	苯嗪草酮	乙酸乙酯、水合肼、苯甲酰甲酸乙酯、其他
44	嗪草酮	二氯频呐酮、水合肼、氯气、二硫化碳、溴甲烷、其他
45	2 甲 4 氯	邻甲酚、氯乙酸、氯气、其他
46	三唑磷	盐酸苯肼、脲、甲酸、乙基氯化物、其他

序号	产品名称	原料名称
47	吡蚜酮	水合肼、乙酸乙酯、光气、氯丙酮、碳酸氢钠、氢气、其他
48	烟嘧磺隆	2-氯烟酸、氯化亚砜、二甲胺、硫化钠、氯甲酸乙酯、氯气、嘧啶胺、其他
注：本表所列原料为 48 种常见农药品种主要工艺使用的原料。		

附 录 C

（资料性附录）

农药制造工业废气排污系数表

表 C.1 化学农药制造工业排污系数表

产品名称	原料名称	工艺名称	末端治理技术名称	排污系数（标态）/（m^3/t 产品）
草甘膦	多聚甲醛 甘氨酸 亚磷酸二甲酯	甘氨酸工艺	压缩回收	20.70
	二乙醇胺 亚磷酸 多聚甲醛	二乙醇胺氧化、双甘膦工艺	吸收法+催化氧化法	241.4
敌百虫	三氯化磷 三氯乙醛 甲醇	三氯乙醛工艺	压缩回收	68.60
三唑磷	乙基氯化物 苯肼	缩合	吸收法	48 480
毒死蜱	三氯乙酰氯 丙烯腈 乙基氯化物	环合+缩合	冷凝法+吸收法	46 343
其他有机磷类农药[a]	含磷原料	合成	吸收法	5 000
吡虫啉	双环戊二烯 2 氯-5 氯甲基吡啶 咪唑烷	双环戊二烯法	吸收法	69 725
	丙醛 吗啉 丙烯酸甲酯	丙醛－吗啉法	吸收法	22.70
多菌灵	石灰氮 邻苯二胺 光气 甲醇	水解、缩合	催化水解法（回收）	39.20
其他杂环类农药[b]	含氮原料	合成	吸收法	1 000
乙草胺	2,6-甲乙基苯胺 氯乙酰氯 多聚甲醛 乙醇	酰胺法/甲叉法	吸收法	172.8
其他酰胺类农药[c]	原料	合成	吸收法	173.0
克百威	呋喃酚 甲基异氰酸酯 一甲胺 光气	合成	催化水解法	110 000
异丙威、混灭威、速灭威	邻异丙基酚	甲异氰酸酯合成法	催化水解法	9 000
其他氨基甲酸酯类农药[d]			催化水解法	9 000
代森锰锌[e]	硫酸锰	合成	过滤式除尘法	3 000
杀虫双	氯丙烯 液氯 二甲胺 二氯乙烷	氯丙烯溶剂法	吸收法	34.97
其他沙蚕毒素类农药[f]	原料	合成	吸收法	50.00
苯磺隆	糖精、甲醇、光气、甲基三嗪	半合成法	吸收法	13 000

产品名称	原料名称	工艺名称	末端治理技术名称	排污系数（标态）/（m^3/t 产品）
苄嘧磺隆	邻甲基苯甲酸、光气、氯气、硝酸胍、丙酯、甲醇、三氯氧磷	全合成法	催化水解法	17 000
	卞磺胺，光气、2-氨基-4,6-二甲氧基嘧啶	半合成法	催化水解法	48 000
其他磺酰脲类[g]	糖精、甲醇、光气、异氰酸丁酯、二羟基嘧啶、三氯氧磷	全合成	催化水解法	8 500
	原料	半合成	催化水解法	30 000

[a] 其他有机磷农药如下：倍硫磷、拌种灵、丙溴磷、草铵磷、虫胺磷、哒嗪硫磷、稻丰散、二嗪磷、二溴磷、伏杀硫磷、甲拌磷、甲基吡噁磷、甲基毒死蜱、甲基嘧啶磷、甲基异柳磷、喹硫磷、乐果、氯胺磷、马拉硫磷、嘧啶磷、灭线磷、三乙膦酸铝、杀螟腈、杀螟硫磷、杀扑磷、莎稗磷、水胺硫磷、双硫磷、特丁硫磷、硝虫硫磷、亚胺硫磷、氧乐果、乙酰甲胺磷、异稻瘟净、苯线磷。

[b] 其他杂环农药如下：百草枯、苯菌灵、吡嗪酮、草除灵、稻瘟灵、敌草快、啶虫脒、噁草酮、噁霉灵、噁唑禾草灵、二氯吡啶酸、氟菌唑、氟吗啉、环嗪酮、氯吡脲、氟氯吡氧乙酸、氯噻啉、咪唑喹啉酸、咪草烟、咪唑乙烟酸、嗪草酮、嗪草酸、噻菌灵、噻菌铜、噻霉酮、噻嗪酮、噻森铜、噻唑锌、噻苯隆、三氯吡氧乙酸、十三吗啉、四螨嗪、烯丙苯噻唑、烯啶虫胺、烯禾啶、烯酰吗啉、异霉唑、呋喃虫酰肼、吡丙醚、高效氟吡甲禾灵、高效吡氟甲禾灵、啶菌噁唑、精吡氟禾草灵、精噁唑禾草灵、精氟吡甲禾灵、喹禾灵、精喹禾灵、喹啉铜、嘧霉胺、异噁草松。

[c] 其他酰胺类农药如下：苯噻酰草胺、吡氟酰草胺、丙草胺、敌稗、毒草胺、克草胺、丁草胺、异丙草胺、异丙甲草胺。

[d] 其他氨基甲酸酯类农药如下：残杀威、丁硫克百威、甲萘威、抗蚜威、硫双威、灭多威、双氧威、涕灭威、仲丁威、唑蚜威。

[e] 其他有机硫类农药如下：丙森锌、代森锌、福美双、福美锌、代森联；该类品种的产排污系数同代森锰锌。

[f] 其他沙蚕毒类农药如下：杀虫单、杀虫环、杀螟丹、杀虫安。

[g] 其他磺酰脲类农药如下：氯磺隆、甲磺隆、甲嘧磺隆、苯磺隆、苄嘧磺隆、吡嘧磺隆、单嘧磺隆、氯嘧磺隆、胺苯磺隆、烟嘧磺隆、醚磺隆、噻吩磺隆、醚苯磺隆、乙氧磺隆。

表 C.2　生物农药制造工业排污系数表

产品名称	原料名称	工艺名称	末端治理技术名称	排污系数（标态）/（m^3/t 产品）
阿维菌素	淀粉 黄豆饼粉	生物发酵	直排	6 802 000
苏云金杆菌（*Bt*）	豆粕 淀粉 玉米浆等	生物发酵	直排	0.297 0
其他类生物农药[a]	淀粉等 原料	发酵/提取等	直排	1 000 000
其他类生物农药	动、植物原料	染毒活体或培养基粉碎[b] 植物粉碎、萃取等[c]		10 000

[a] 采用发酵工艺生产的其他生物农药如下：赤霉素、赤霉素 A4，A7、申嗪霉素、水合霉素、春雷霉素、多抗霉素、枯草芽孢杆菌、多粘类芽孢杆菌、金核霉素、长川霉素、武夷霉素、中生菌素等。

[b] 利用细菌或病毒饲养，然后染毒活体或培养基粉碎制得产品，除少量清洗废水和生活废水外，没有其他污染物排放。此类农药有：棉铃虫核型多角体病毒、草原毛虫核多角体病毒、茶尺蠖核多角体病毒、苜蓿斜纹夜蛾核多角体病毒、甜菜夜蛾核多角体病毒、油桐尺蠖核多角体病毒、斜纹夜蛾核多角体病毒、小菜蛾颗粒体病毒、黏虫颗粒体病毒、放射土壤杆菌、枯草芽孢杆菌、地衣芽孢杆菌、荧光假单胞杆菌、厚垣孢轮枝菌、块状耳霉菌、绿僵菌、球孢白僵菌、耳霉菌等。

[c] 利用植物种子、枝叶或花粉碎、萃取，萃取液直接配制成产品，提取残余物可直接制成堆肥。此类农药有：除虫菊素、烟碱、苦参剑、苦豆子碱、狼毒素、马钱子碱、印楝素、血根碱、藜芦碱、小檗碱、百部碱、鱼藤酮、葡聚糖、腐殖酸钠、腐殖酸铜、姑类蛋白多糖、琥胶肥酸铜、茴蒿素、蛇床子素等。

附　录　D

（资料性附录）

环境管理台账记录参考表（略）

附　录　E

（资料性附录）

执行报告编制参考表（略）

排污许可证申请与核发技术规范　农药制造工业 编制说明

1　项目背景

1.1　任务来源

《国务院办公厅关于印发控制污染物排放许可制实施方案的通知》（国办发〔2016〕81号），明确了排污许可制度改革的顶层设计、总体思路。环境保护部发布《排污许可证管理暂行规定》（环水体〔2016〕186号）和《关于开展火电、造纸行业和京津冀试点城市高架源排污许可证管理工作的通知》(环水体〔2016〕189号），启动了火电、造纸行业排污许可证申请与核发相关工作。按照总体部署，农药制造工业作为《水污染防治行动计划》中规定的重点行业，应于2017年完成排污许可证的核发。但目前为止，国家和地方层面尚无配套的农药制造工业排污许可申请与核发指导文件。

2017年2月，《排污许可证申请与核发技术规范　农药制造工业》编制工作确定由环境保护部南京环境科学研究所承担。中国农药工业协会、中国环境科学研究院、江苏环保产业技术研究院、沈阳化工研究院、江苏润环环境科技有限公司作为协作单位，组成标准编制组。

1.2　工作过程

2017年2月21日，在北京召开“重点行业排污许可证申请与核发技术规范动员会”，明确“农药排污许可证申请与核发”任务的分配。

2017年3月10日，环境保护部规划财务司组织召开《排污许可证申请与核发技术规范　农药工业》进展汇报会，环境保护部南京环境科学研究所汇报了进展情况，针对进展中遇到的标准使用、农药分类等问题进行讨论，并明确接下来各任务的时间节点。

2017年4—5月，编制组赴江苏、山东等多家农药工业典型排污单位进行现场考察和调研，多次组织专题讨论会，编制完成《排污许可申请与核发技术规范　农药工业》初稿和编制说明，并征求地方环境保护主管部门、行业协会及相关农药企业等20家单位意见。

2017年6月9日，环境保护部规划财务司组织召开《排污许可证申请与核发技术规范　农药工业》进展汇报会，就主要管控排放口、管控因子、排放限值确定方法等相关技术问题进一步讨论明确。

2017年6月14日，编制组在南京组织召开了企业座谈会和专家咨询会，就技术规范中排污单位生产设施与污染治理设施填报要求及产排污环节等内容进行了深入的讨论，与会代表和专家对部分内容提出了修改建议，会后编制组根据专家意见进行了认真修改。

2017年7月3日，编制组在北京组织召开了技术规范专家咨询会，与会专家一致肯定技术规范内容，提出部分修改建议，会后编制组根据专家意见进行了认真修改，形成《排污许可证申请与核发技术规范　农药工业》（征求意见稿）和编制说明。

2017年7月18日，环境保护部规划财务司委托环境保护部环境标准所在北京主持召开了本标准征求意见稿技术审查会，经审查委员会各位专家及管理部门代表的讨论、质询，通过了标准征求意见稿的技术审查。

2017年7月31日—8月30日，《排污许可证申请与核发技术规范　农药工业》（征求意见稿）和编制说明公开向全社会征求意见。

2017年8月15—16日编制组赴江苏中旗作物保护股份有限公司和南京红太阳生物化学有限责任公司两家企业开展试填报工作，汇总发现的问题，及时与环境保护部环境工程评估中心沟通改进平台。

2017年8月25日，江苏省环境保护厅组织召开了农药行业排污许可证试点工作座谈会。江苏省生态评估中心、南京市环境保护局、南通市环境保护局、连云港市环境保护局及部分企业代表参加了本次会议。参会代表针对具体问题进行了深入的交流和讨论。

2017 年 9 月 12 日，环境保护部规划财务司委托环境保护部环境标准所在北京主持召开了本标准送审稿技术审查会，经审查委员会各位专家及管理部门代表的讨论、质询，通过了标准送审稿的技术审查。

2　农药制造工业概况

2.1　其他国家和地区农药制造工业发展情况

发达国家农药制造工业起步较早，已经走过了高速发展时期。由于面临越来越大的环保压力，以及农药研究开发的高投入、高风险，农药制造工业逐步走向高度集中、高度垄断。进入 20 世纪 90 年代后，国外主要农药市场趋于成熟，品种进入升级换代的新时期。

2.2　我国农药制造工业发展情况

我国农药制造工业经过多年发展，已形成了包括科研开发、原药生产和制剂加工、原材料及中间体配套等较为完整的农药制造工业体系。到 2015 年年底，获得农药生产资质的企业有近 2 000 家，其中原药生产企业 500 多家，全行业从业人员达 16 万人。据国家统计局公布的数字，2015 年全国农药产量达到 374.1 万 t，可生产 500 多个品种，常年生产 300 多个品种。2015 年农药制造工业主营业务收入 3 107.22 亿元，实现利润 225.56 亿元。2011 —2015 年，我国农药销售收入年均递增 17%，利润年均递增 23.9%。

2.3　农药制造工业主要生产工艺

农药制造工业化学合成反应工艺路线极其复杂，使用数种无机或有机原辅料、溶剂和催化剂，在不同生产工段又产生不同的中间体等其他物质，生产的产品（原药或活性成分）又都是有机物，因此贯穿整个农药生产始终的基本是各种易挥发、毒性大的物质。而且，农药生产涉及多种化工工艺，其中氧化、烷基化、氯化、光气、胺化、磺化、重氮化、加氢、氟化、硝化等 10 种工艺属于《首批重点监管危险化工工艺目录》中确定的危险化工工艺。按照化学组成划分的 10 类农药（有机磷类、拟除虫菊酯类、有机硫类、苯氧羧酸类、磺酰脲类、酰胺类、有机氯类、杂环类、氨基甲酸酯类、生物类），基本涵盖了目前市场上的主流农药产品，对这些主流农药产品的生产工艺通过比较、整合、梳理总结出了农药制造工业的主要生产工艺。

生产流程大致包括化学合成/生物发酵、后处理（含精制、溶剂回收等）、制剂加工等主要步骤。其中，化学合成和后处理过程是污染物产生的主要环节，集中了大部分排污节点。

化学合成主要是有机合成，包括农药前体化合物、农药活性成分合成过程。具体的化学反应类型主要有酰化反应、酯化反应、卤代反应、光气化、氧化反应、还原反应、硝化反应、缩合反应等。生物发酵主要是发酵培养。

后处理过程主要包括结晶（沉淀）、过滤、萃取、脱溶、精馏等中间产物和产品分离与精制技术以及生成气体的冷凝、吸收、吸附等捕集技术。

制剂加工主要包括复配、混合和定型、产品包装，其中定型主要包括浓缩、干燥、过滤和成型（颗粒剂、水溶性粒剂造粒）等技术。

2.4　农药制造工业主要产排污环节

2.4.1　废气产排污环节分析

2.4.1.1　主要废气来源

根据生产工艺流程分析，农药制造工业排污单位主要废气来源包括以下几种：

a）涉及反应/发酵的废气：包括化学农药原药合成各种反应产生的废气及生物农药原药发酵产生的发酵尾气；

b）不涉及化学反应的混合设备（混合釜、混合器）的废气；

c）涉及中间产品精制、提纯、固液分离或溶剂回收等产生的废气；

d）制剂加工灌装等过程挥发产生的各种废气；

e）粉碎、干燥、包装等工序排放的原辅料废气、粉尘等；

f）锅炉、导热油炉、加热炉等燃烧烟气；

g）环保设施固废焚烧炉燃烧烟气、废水蒸发脱盐设备废气、废水集输及生化处理设施排气等；

h）无组织产污环节包括：固体人孔投料、桶装液体抽料过程的挥发气，固体物料输送、液体物料装桶中转、产品包装或灌装过程的挥发气，离心机、压滤机、抽滤槽、真空水箱、污水处理设施等未捕集的逸散气，储罐、中间储罐的呼吸气等。

2.4.1.2 废气污染物特点

通过以上分析得知，废气污染物产生环节多而杂，包括常规污染物和特征污染物等多种污染物，主要有氯化氢、氯气、氟化物、氨、颗粒物等多种无机污染物，以及各种有机溶剂、生物发酵、化学合成反应等过程中产生的中间体、原药等各种挥发性有机污染物和恶臭污染物等。

2.4.2 废水产排污环节分析

2.4.2.1 主要废水来源

根据生产工艺流程分析，农药制造工业排污单位主要废水来源包括以下几种：

a）生产废水：各反应阶段、分离阶段产生的水相母液等工艺废水；催化剂载体、吸附剂、各类工艺设备和材料的洗涤水、地面冲洗废水及真空废水；

b）辅助生产工序排水：循环冷却水系统排污、去离子水制备过程排水、热电锅炉等辅助设备冷凝水等，不是主要生产废水；

c）生活污水：与企业人数相配套的生活设施等产生的废水，不是主要生产废水；

d）初期雨水：降雨过程受到污染的雨水，一般指降雨开始后前 15～30 min。

2.4.2.2 废水污染物特点

通过以上分析可以得知，农药生产过程中产生的废水污染物种类多，包括常规污染物、特征污染物，以及农药原药或农药活性成分；有机成分普遍含量高，有机成分差异大；污染物浓度较高，化学需氧量可达每升几万乃至几十万毫克；毒性大，废水中含有大量毒性较高的原料和原药活性成分，生产过程中还会产生多种有毒有害物质，如中间体、代谢产物等；因为合成过程中大量使用酸和碱，因此含盐量高；间歇排放方式导致水量不稳定，水质复杂、难生化降解，处理难度大。对照我国水中优先控制污染物名单不难发现，农药制造工业排污单位排放的特征污染物包括了多种优先控制污染物，如硝基苯、苯胺、氯苯、苯酚等。

3 标准制定的必要性分析

3.1 环境形势的变化对标准提出新的要求

排污许可证制度是固定污染源环境管理的有效手段，美国、欧盟等发达国家和地区建立了完善的排污许可制度，并配套了规范的排污许可技术体系。

党中央、国务院高度重视生态环境保护建设，提出改革环境管理基础制度，建立覆盖所有固定污染源的排污许可制度，使其成为企业守法、政府执法、社会监督的依据，实现"一证式"管理，中央全面深化改革领导小组将该项工作确定为环境保护部重点改革任务之一。2016 年，国务院办公厅印发的《控制污染物排放许可证实施方案》明确了排污许可制度改革的顶层设计、总体思路，构建以排污许可制为核心的固定污染源环境管理制度，分行业推进，到 2020 年完成覆盖所有固定污染源的排污许可证核发工作。环境保护部发布的《排污许可证管理暂行规定》《重点行业和流域排污许可管理试点工作方案（征求意见稿）》《固定污染源排污许可分类管理名录（征求意见稿）》中指出 2017 年将完成农药制造工业排污许可证核发工作。

为适应新形势下的排污许可制度改革，统一全国农药制造工业排污许可技术要求，指导并规范农药制造工业排污单位排污许可证的申请与核发，为排污许可管理提供科学、健全、有力的技术保障，亟须制定农药制造工业排污许可相关技术规范。

3.2 相关环保标准和环保工作的需要

3.2.1 相关环保标准的需要

《控制污染物排放许可证实施方案》对固定源许可排放限值核算（重污染天气、错峰时段等）、合规判定、自行监测、环境管理等方面提出了更加严格的要求，农药制造工业现行的污染物排放标准、工程技术规范、总量核算管理办法等不能满足上述排污许可精细化管理要求。环境保护部整体规划了“总则+分行业”形式的排污许可技术规范总体框架，拟于 2017 年完成《排污许可证申请与核发技术规范　总则》以及钢铁、水泥、焦化、有色金属等 13 个行业申请与核发技术规范。

3.2.2 相关环保工作的需要

2016 年至今，国家先后发布了《排污许可证管理暂行规定》《关于开展火电、造纸行业和京津冀试点城市高架源排污许可证管理工作的通知》《京津冀及周边地区 2017 年大气污染防治工作方案》，启动了火电、造纸行业排污许可证申请与核发的相关工作，并要求 2017 年完成石化、化工、钢铁、有色、水泥、印染、制革、焦化、农副食品加工、农药、电镀等行业企业许可证核发。由于农药行业工作基础薄弱，要求于 2017 年 4 月底前完成初稿，7 月底前完成行业规范的部内审批程序并征求意见，10 月底前试点省、市基本完成行政区域内相关行业排污许可证申请核发工作。

目前，国家尚无农药制造工业排污许可证申请与核发技术规范，无法指导企业申请和环境保护主管部门核发，对推动许可证核发工作形成阻碍。为统一全国农药制造工业排污许可技术要求，引导并规范农药企业填报《排污许可证申请表》及网上填报相关申请信息，指导核发机关审核确定排污许可证许可要求，保障农药制造工业排污许可制度顺利实施，制定《排污许可证申请与核发技术规范　农药制造工业》十分必要。

4 国内外相关标准情况

4.1 国外相关标准情况

西方发达国家已建立起了较为完善的许可证申请及许可证要求的合规管理体系。

以美国为例，从 1972 年开始在全国范围内实行污染物排放许可证制度，并在技术路线和方法上不断得到改进和发展。法律层面，美国排污许可制度的法律主要包括《清洁水法》（CWA）和《清洁空气法》（CAA），规定了排污许可证的分类、申请核发程序、公众参与、执行与监管、处罚等具体要求。如《清洁空气法》中的 Title Ⅴ主要内容是运营许可证，包括：运营许可证定义、计划及申请、要求及条件、信息公开、其他与此相关的授权内容等。联邦行政许可法等规定了许可程序等要求，也是排污许可法律体系的重要组成部分。

联邦规定，《清洁水法》和《清洁空气法》下面是联邦法规（CFR），法规制定了工业大气污染源必须遵守的要求，CFR 第 40 部分环境保护，包括排污许可具体流程，以及排放标准、最佳可行技术等技术层面的规定，是《清洁水法》和《清洁空气法》的具体“实施细则”。以空气固定源运营许可证为例，在 40CFRPart70.6 规定了运营许可证所要包含的 7 项基本内容：（1）规范许可证最低要求；（2）联邦执法要求；（3）守法要求；（4）一般性许可证条款；（5）临时污染源条款；（6）许可保护条款；（7）紧急情况条款。

此外，美国各州制定了许可证申请表格，规定了较为详细的申请及许可证要求等内容，以南加州空气质量管理局（SCAQMD）网站公布的表格为例，固定源需要填报的信息表包括管理信息表、基本信息表、特定污染防治设施补充申请信息表、污染物削减信用信息表、RECLAIM 计划信息表、《清洁空气法》第Ⅴ部分申请和报告信息表。

4.2 国内相关标准情况

4.2.1 行业排污许可证申请与核发技术规范

国内尚未以标准形式正式发布任何行业排污许可证申请与核发技术规范，只是在《关于开展火电、造纸行业和京津冀试点城市高架源排污许可证管理工作的通知》中附带《火电行业排污许可证申请与核发技术规范》《造纸行业排污许可证申请与核发技术规范》，明确火电、造纸行业排污许可证适用范围及排污单位基本情况、产排污节点对应排放口及许可排放限值、可行技术、自行监测管理要求、环境管理台账记录与执行报告编制规范、达标排放判定方法、实际排放量核算方法。

4.2.2 农药制造工业相关标准情况

目前，涉及农药制造工业的国家排放标准、环境影响评价导则等主要有《污水综合排放标准》（GB 8978—1996）、《杂环类农药工业水污染物排放标准》（GB 21523—2008）、《大气污染物综合排放标准》（GB 16297—1996）、《恶臭污染物排放标准》（GB 14554—1993）、《危险废物焚烧污染控制标准》（GB 18484—2001）、《环境影响评价技术导则　农药建设项目》（HJ 582—2010）等。

水污染物排放标准方面，国家《污水综合排放标准》（GB 8978—1996）除包括部分通用监测指标限值外，仅对有机磷农药的个别监测指标进行了限值规定；2008 年颁布的《杂环类农药工业水污染物排放标准》（GB 21523—2008）对六种杂环类农药水污染物指标、限值、单位基准用水量、监测采样的一般原则等做了明确规定。目前，《农药工业水污染物排放标准》（GB ×××××—20××）正在征求意见中，待颁布后替代《杂环类农药工业水污染物排放标准》（GB 21523—2008）。

大气污染物排放标准方面，目前存在的主要问题是，缺少农药制造工业大气污染物排放标准，目前主要依据《大气污染物综合排放标准》（GB 16297—1996）和《恶臭污染物排放标准》（GB 14554—1993）。天津、上海、江苏等省市已颁布的工业企业挥发性有机物排放控制标准、大气污染物综合排放标准等标准中，也仅对非甲烷总烃、VOCs、臭气浓度等部分指标提出了要求。

鉴于以上情况可知，现有农药制造工业相关的国家和地方排放标准，对污染因子、标准限值等提出了一定的要求，为本标准的编制提供了部分依据，但也存在支撑性作用不足的问题。

5 标准制定的基本原则和技术路线

5.1 基本原则

与我国现行有关的环境法律法规、标准协调相配套，与环境保护的方针政策相一致原则。以《控制污染物排放许可证实施方案》《排污许可证管理暂行规定》等相关的法律法规、方针政策、标准规范为依据制定本标准。

适用范围和工作原则满足相关环保标准和环保工作要求的原则。本标准适用于农药制造工业排污单位填报《排污许可证申请表》和网上填写相关申请信息以及核发机关审核确定排污许可证许可要求，力求为农药制造工业排污许可管理提供可借鉴的依据。

普遍适用性和实际可操作性原则。根据农药制造工业排污单位实际情况，结合各污染源、污染因子的特点，提出本标准的技术要点，以保证最大限度地与农药制造工业建设项目的实际情况相吻合，使本标准具有行业针对性和代表性。

5.2 技术路线

本标准技术路线如下图。

6 标准主要内容

6.1 标准框架

本标准内容包括：适用范围、规范性引用文件、术语和定义、排污单位基本情况填报要求、产排污环节对应排放口及许可排放限值确定方法、污染防治可行技术要求、自行监测管理要求、环境管理台账与排污许可证执行报告编制要求、实际排放量核算方法、合规判定方法共 10 章。

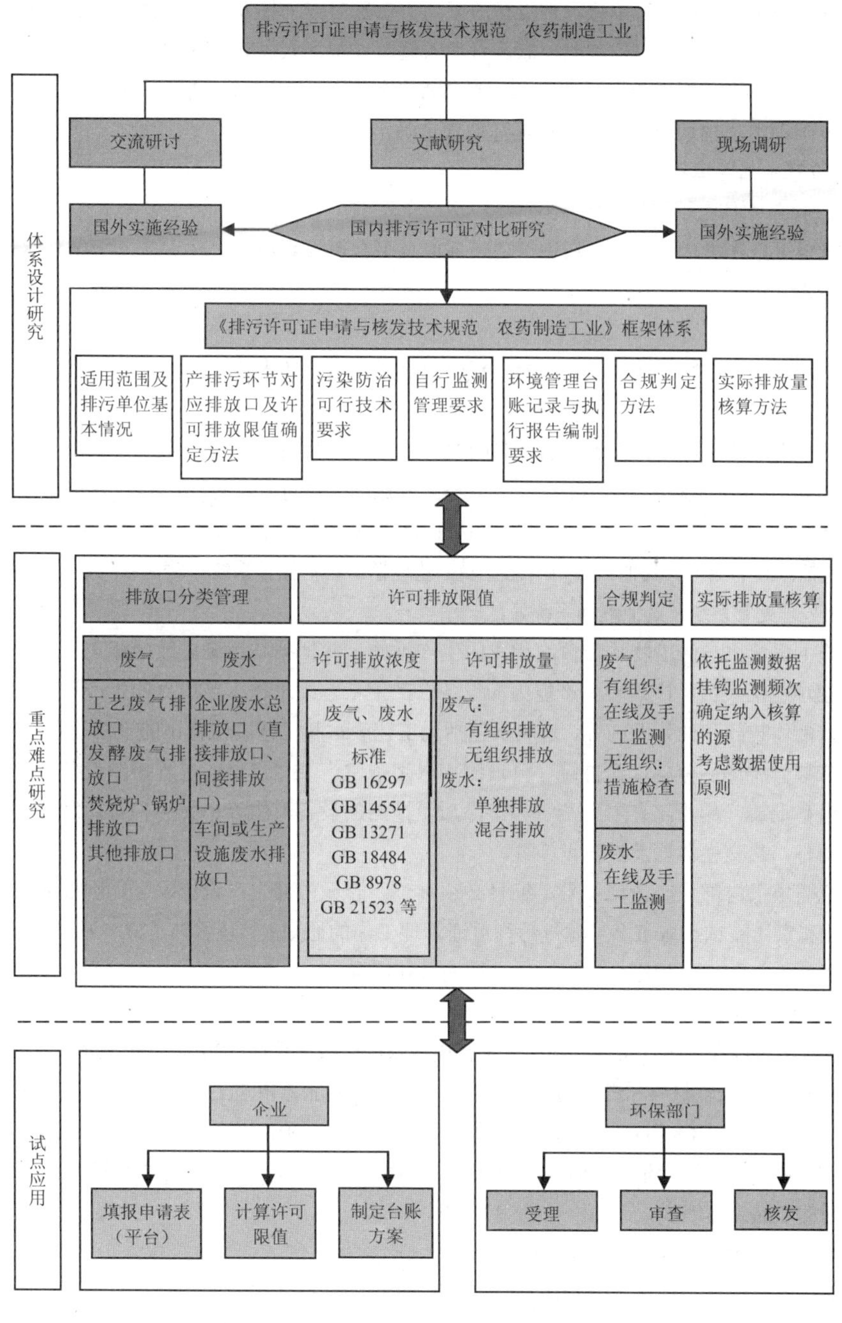

技术路线图

6.2 适用范围

本标准根据《固定污染源排污许可分类管理名录（2017 年版）》中的农药制造（263）分类确定。本标准适用于农药原药制造、主要用于农药生产的农药中间体制造、农药制剂加工排污单位排放的大气污染物和水污染物的排污许可管理。其中农药中间体为生产工艺与农药类似的农药前体物质。

6.3 规范性引用文件

给出了本标准引用的有关文件名称及文号，凡是未注明日期的引用文件，其有效版本适用于本标准。

6.4 术语和定义

本标准对农药制造工业排污单位、许可排放限值、特殊时段、挥发性有机物等 4 个术语进行了定义。

其中，农药制造工业排污单位参照《农药管理条例》（中华人民共和国国务院令第 677 号）中的定义；挥发性有机物参考《挥发性有机物无组织排放控制标准》（征求意见稿）中的定义；特殊时段指根据国家和地方限期达标规划及其他相关环境管理规定确定。

6.5 排污单位基本情况填报要求

6.5.1 排污单位基本信息

本节内容用于指导排污单位在排污许可证管理信息平台申报系统填报环水体〔2016〕186 号附 2《排污许可证申请表》中表 1。

6.5.2 主要产品及产能

用于指导排污单位在排污许可证管理信息平台申报系统填报环水体〔2016〕186 号附 2《排污许可证申请表》中表 2。

在填报主要生产单元时，分为以产品命名的生产线单元、公用单元。

根据生产线单元工艺流程的主要工序填写。化学农药原药（中间体）生产工艺包括：备料、反应、精制/溶剂回收、分离、干燥、其他；生物农药原药（中间体）生产工艺包括：发酵、分离、干燥、其他；农药制剂加工工艺包括：制剂加工、其他。公用单元主要工艺包括：物料储存系统、输送系统、供热系统、废水处理系统、固废处理处置系统及其他辅助系统等。

生产设施主要填报与污染物排放情况相关的生产设施，并根据与污染排放的相关程度分为必填项和选填项。必填项包括表征生产装置生产能力的设备，产生工艺废水和工艺废气的生产设备，常压有机液体储罐、有机液体装载和分装设施等。选填项包括无工艺废水和工艺废气排出的设备，生产装置中的泵、压缩机，生产装置中的回流罐、缓冲罐、分液罐和只用于生产装置启停的过程控制设备，操作压力大于常压的有机液体储罐，用于工艺参数测量和产品质量检测的设备，生产单元中含有挥发性有机物流经的设备与管线组件，热交换器以及报警设施等。

排污单位需填报内部生产设施编号，编号必须唯一。若无内部生产设施编号，则根据《关于开展火电、造纸行业和京津冀试点城市高架源排污许可证管理工作的通知》（环水体〔2016〕189 号）附件 4《固定污染源（水、大气）编码规则（试行）》进行编号并填报。

6.5.3 主要原辅料和燃料

用于指导排污单位在排污许可证管理信息平台申报系统填报环水体〔2016〕186 号附 2《排污许可证申请表》中的表 3。主要原辅材料和燃料均应分别填报与核定生产能力相匹配的设计年使用量。基于农药制造工业所用有机溶剂多、VOCs 污染物排放量大，原辅料纯度为必填项，以百分含量表示。另外，原料和辅料中铅、镉、砷、镍、汞、铬含量，燃煤的燃料灰分、硫分、挥发分及热值，燃油和燃气的硫分及热值，原辅材料所对应的产品为必填项。

6.5.4 产排污环节、污染物及污染治理设施

用于指导排污单位填写环水体〔2016〕186 号附 2《排污许可证申请表》中的表 4《废气产排污环节、污染物及污染治理设施信息表》和表 5《废水类别、污染物及污染治理设施信息表》。

6.5.4.1 废气

本节内容用于指导农药制造工业排污单位填报排污许可证申请表中表 4。

a）废气产污环节名称

废气产污环节名称以废气产生对应的工艺环节命名。

b）污染物种类

农药制造工业排污单位涉及锅炉废气的根据 GB 13271 确定污染物种类，涉及危险废物焚烧废气的根据 GB 18484 确定污染物种类。

涉及工艺废气、发酵废气等其他废气根据 GB 16297 和 GB 14554 确定污染因子，除二氧化硫、氮氧化物、颗粒物、臭气浓度、挥发性有机物等 5 个指标外，不同排污单位、产品、工艺排放的污染物种类有很大差异，排污单位应根据排污单位根据原辅用料、生产工艺、环境影响评价文件及批复等相关管理规定，确定 28 种特征污染物中的具体管控指标，包括：苯、甲苯、二甲苯、酚类、甲醛、乙醛、丙烯腈、丙烯醛、甲醇、苯胺类、氯苯类、硝基苯类、氯乙烯、光气、甲硫醇、甲硫醚、二甲二硫醚、二硫化碳、三甲胺、苯乙烯、氨气、氯气、氯化氢、硫化氢、氰化氢、硫酸雾、氟化物等。地方排放标准中有要求的，从严规定。待农药工业大气污染物排放标准发布后污染物种类从其规定。未发布国家污染物监测方法标准的污染物，待国家污染物监测方法标准发布后实施。

c）排放形式

根据农药制造工业排污单位生产过程中污染排放源确定，分为有组织和无组织排放类型。

d）污染治理设施

污染治理设施根据废气来源分为：工艺废气、含尘废气、发酵废气、锅炉烟气、危险废物焚烧炉烟气、废水处理站废气、罐区废气、危废暂存废气等治理系统。

e）排放口类型

废气排放口分为主要排放口和一般排放口。主要排放口包括工艺废气排放口（备料、反应、精制/溶剂回收、分离、干燥工艺对应的生产设施废气排放口），发酵废气排放口（发酵工艺对应的生产设施废气排放口），供热系统烟囱和危险废物焚烧炉烟囱。制剂加工废气排放口、罐区废气排放口、废水处理站废气排放口、危废暂存废气排放口均为一般排放口。

6.5.4.2　废水

本节内容用于指导农药制造工业排污单位填报排污许可证申请表中表 5。

a）废水类别和污染物种类

根据 GB 8978、GB 21523，同时参考《农药工业水污染物排放标准》（征求意见稿），确定废水类别和污染物。有地方排放标准要求的，按照地方排放标准确定。

b）排放去向及排放规律

根据《废水排放去向代码》（HJ 523），确定废水排放去向。根据《废水排放规律代码》（HJ 521），结合农药行业特点，确定废水排放规律。

c）废水治理设施名称及污染治理工艺

治理设施名称：分为预处理系统、生化处理系统和深度处理系统等。

预处理系统包括：调节，多效蒸发，吹脱，汽提，混凝，沉淀，气浮，破乳，油水分离（隔油、浮选），中和，氧化，萃取，蒸馏，吸附，水解，其他。

生化处理：升流式厌氧污泥床（UASB），厌氧颗粒污泥膨胀床（EGSB），厌氧流化床（AFB），复合式厌氧污泥床（UBF），厌氧内循环反应器（IC），水解酸化，活性污泥法，序批式活性污泥法（SBR），氧化沟，缺氧/好氧法（A/O），膜生物法（MBR），曝气生物滤池（BAF），生物接触氧化法，传统硝化反硝化（AO），短程硝化反硝化，同时硝化反硝化，其他。

深度处理与回用：蒸发结晶，混凝，砂滤，臭氧氧化，Fenton 氧化，超滤（UF），反渗透（RO），焚烧，其他。

d）排放口类型

根据 GB 8978、GB 21523，废水排放口类型分为排污单位废水总排放口（直接排放口、间接排放口）和车间或生产设施废水排放口两类，其中废水总排放口为主要排放口，车间或生产设施废水排放口为一般排放口。单纯的农药制剂加工排污单位总排口也为一般排放口。

e）排放口设置是否符合要求

根据《排污口规范化整治技术要求（试行）》（环监〔1996〕470 号）等相关文件的规定，按照实际情况填报废气、废水排放口设置是否符合规范化要求。若地方有排污口规范化要求的，应符合地方要求。排污单位在申报排污许可证时应提交排污口规范化的相关证明文件，自证符合要求。

6.5.5 其他要求

a）厂区总平面布置图

给出厂区总平面布置图，图中应标明主要生产单元及设施名称、位置，有组织排放污染源、废水排放口位置，厂区雨水、污水集输管道走向及排放去向，初期雨水池、废水应急事故池位置等。

b）生产工艺总流程图

给出全厂物料总加工流程图，图中应标明主要生产单元名称、主要物料走向等。

地方环境保护主管部门有规定的或企业认为有必要的，农药制造工业排污单位可给出生产单元工艺流程及产排污节点图，并标明物料走向和产排污节点（设备位号、排放位置和去向）。

6.6 产排污环节对应排放口及许可排放限值确定

6.6.1 产排污环节对应排放口

a）废气

本节内容用于指导排污单位填报《排污许可证申请表》（环水体〔2016〕186 号）中附 2 表 6 和表 7。

废气排放口应填报排气筒地理坐标、排气筒高度、排气筒出口内径、国家或地方污染物排放标准，其余项为依据本技术规范第 4.5 条填报的产排污节点及排放口信息，信息平台系统自动生成。

实施许可管理的废气污染物项目为 GB 16297、GB 14554、GB 13271 及 GB 18484 中规定的污染物项目，地方排放标准中有要求的，从严规定。

b）废水

农药制造工业排污单位在排污许可证管理信息平台申报系统填报环水体〔2016〕186 号附 2《排污许可证申请表》中废水直接排放口和间接排放口信息。废水直接排放口应填报排放口地理坐标、间歇排放时段、受纳自然水体信息及汇入受纳自然水体处地理坐标，废水间接排放口应填报排放口地理坐标、间歇排放时段、受纳污水处理厂信息。其余项为依据本技术规范第 4.5 部分填报的产排污环节及排放口信息，信息平台系统自动生成。废水间歇式排放的，应当载明排放污染物的时段。

农药制造工业排污单位纳入排污许可管理的废水类别包括所有生产过程产生的废水、排入厂区污水处理场的生活污水和污染雨水。实施许可管理的污染物项目为列入 GB 8978 和 GB 21523 中规定的污染物项目。待《农药工业水污染物排放标准》发布后污染物种类从其规定。地方有其他要求的，从其规定。

6.6.2 许可排放限值

6.6.2.1 一般原则

许可排放限值包括污染物许可排放浓度和许可排放量。许可排放量包括年许可排放量和特殊时段许可排放量。年许可排放量是指允许排污单位连续 12 个月排放的污染物最大排放量。地方环境保护主管部门可根据需要将年许可排放量按月进行细化。单纯的农药混合与分装制剂生产线不许可排放量，仅许可排放浓度。

对于大气污染物，以排放口为单位确定主要排放口和一般排放口的许可排放浓度，以厂界监控点确定无组织许可排放浓度。主要排放口逐一计算许可排放量，农药制造工业排污单位总许可排放量为所有主要排放口许可排放量之和。一般排放口和无组织排放不许可排放量。

对于水污染物，车间或生产设施排放第一类污染物的废水排放口许可排放浓度，废水总排放口许可排放浓度和排放量。单纯的农药制剂加工排污单位废水总排口不许可排放量。

根据国家或地方污染物排放标准确定许可排放浓度。依据总量控制指标及本标准规定的方法从严确定许可排放量，2015 年 1 月 1 日（含）后取得环境影响评价批复的排污单位，许可排放量还应同时满足环境影响评价文件和批复要求。

总量控制指标包括地方政府或环境保护主管部门发文确定的排污单位总量控制指标、环境影响评价批复时的总量控制指标、现有排污许可证中载明的总量控制指标、通过排污权有偿使用和交易确定的总量控制指标等地方政府或环境保护主管部门与排污许可证申领排污单位以一定形式确认的总量控制指标。

排污单位填报许可限值时，应在《排污许可证申请表》中写明申请的许可排放限值计算过程。包括用本方法公式计算的各类取值来源，计算结果，与其他结果比较等。

排污单位申请的许可排放限值严于本标准规定的，排污许可证按照申请的许可排放限值核发。

6.6.2.2　许可排放浓度

a）废气

用于指导排污单位填写环水体〔2016〕186 号附 2《排污许可证申请表》中的表 7、表 8、表 9、表 13。

农药制造工业排污单位废气污染物种类多，按照排放形式分为有组织排放、无组织排放。鉴于目前无组织排放量的计算存在基础数据不足，计算方法不统一等原因，本标准仅对厂界无组织排放浓度进行要求。

有组织废气排放浓度许可原则：

生产过程废气污染物依据 GB 16297、GB 14554 确定许可排放浓度。有地方排放标准要求的，按照地方排放标准确定。

锅炉、导热油炉、加热炉等废气中颗粒物、二氧化硫、氮氧化物、汞及其化合物（仅适用于燃煤锅炉）依据 GB 13271 确定许可排放浓度。上海市、南京市等城市市域范围按照《关于执行大气污染物特别排放限值的公告》（环境保护部公告　2013 年　第 14 号）和《关于执行大气污染物特别排放限值有关问题的复函》（环办大气函〔2016〕1087 号）的要求确定许可排放浓度。其他依法执行特别排放限值的应从其规定。

焚烧危险废物的焚烧炉废气依据 GB 18484 确定许可排放浓度。

若执行不同许可排放浓度的多台生产设施或排放口采用混合方式排放废气，且选择的监控位置只能监测混合废气中的大气污染物浓度，则应执行各限值要求中最严格的许可排放浓度。

无组织废气排放浓度许可原则：

厂界无组织排放浓度依据 GB 16297、GB 14554 确定许可排放浓度。有地方排放标准要求的，按照地方排放标准确定。

b）废水

农药制造工业排污单位水污染物依据 GB 21523 和 GB 8978 确定许可排放浓度。农药工业水污染物排放标准正式发布后，从其规定。有地方排放标准要求的，按照地方排放标准确定。

对于直排外环境的，GB 21523 和 GB 8978 的管理要求相同，只是在污染因子和排放浓度上有差别，本标准规定按相应污染物排放标准确定许可排放因子和浓度。

对于混合排放，许可排放浓度按照 GB 8978 中附录 A 的要求确定，而 GB 21523 则规定若排污单位生产设施同时生产两种以上产品、可适用不同排放控制要求或不同行业国家污染物排放标准，且生产设施产生的污水混合处理排放的情况下，应执行排放标准中规定的最严格的浓度限值。因此，本标准将农药制造工业排污单位按照杂环类农药制造工业排污单位和其他类农药制造工业排污单位进行分类处理。

6.6.2.3　许可排放量

a）废气

用于指导排污单位填写环水体〔2016〕186 号附 2《排污许可证申请表》中的表 8、表 9、表 10。

农药制造工业排污单位产生废气污染物的种类较多，按照排放形式分为有组织排放、无组织排放。鉴于目前部分正常工况下的无组织废气排放量的计算存在基础数据不足，计算方法不统一等原因，此次本标准仅对正常工况下的有组织排放源二氧化硫、氮氧化物、颗粒物和挥发性有机物的年许可排放量进行核算。其中，供热系统烟气、危险废物焚烧炉烟气年许可排放量包括二氧化硫、氮氧化物、颗粒物的年许可排放量，工艺废气和发酵废气年许可排放量包括挥发性有机物、二氧化硫、氮氧化物、颗粒物的年许可排放量。

其中，在计算危险废物焚烧炉烟气及工艺或发酵废气中污染物的排放量时，缺乏基准排气量的基础数据支撑，本技术规范计算公式中规定许可排放源的排气量以近三年实际排气量的均值进行核算，未满三年的以实际生产周期的实际排气量均值进行核算，投运满三年，但近三年实际排气量波动较大，可选取其中正常生产的一年实际排气量的均值进行核算，同时不得超过排放源的设计排气量。排污单位安装在线监测系统的，按照在线系统统计数据计算；排污单位未安装在线监测系统的，优先采用执法监测数据，无执法监测数据的采用手工监测数据，计算排放源的排气量。同时，技术规范规定，核定后的工艺/发酵废气污染物年许可排放量不得高于排污系数法核定的许可排放量，排污系数法核算方法见公式（6）。

b）废水

用于指导排污单位填写环水体〔2016〕186 号附 2《排污许可证申请表》中的表 14。

核算化学需氧量、氨氮以及受纳水体环境质量超标且列入 GB 8978 和 GB 21523 中的其他污染物项目年许可排放量。按照《“十三五”生态环境保护规划》等要求进行总氮和总磷总量控制的区域，在农药工业水污染物排放标准发布并提出总磷、总氮的排放限值要求后，需要核算总磷和总氮许可排放量。

排污单位水污染物年许可排放量应同时采用基于许可排放浓度和单位产品排放绩效两种方法核定许可排放量，从严确定许可排放量。常见农药产品排放绩效值见标准表 8。表 8 的数据来源为《农药工业水污染物排放标准》（征求意见稿），使用基准排水量×许可排放浓度确定。

6.7 可行技术

本标准所列污染防治可行技术及运行管理要求可作为环境保护部门判断企业是否具备符合规定的污染防治设施或污染物处理能力的参考。

对于企业采用本标准所列可行技术的，且填报的设计出口浓度满足许可排放浓度限值要求时，原则上认为具备符合规定的污染防治设施或污染物处理能力。对于未采用本标准所列可行技术的，企业应当在申请时提供相关证明材料（如已有监测数据；对于国内外首次采用的污染治理技术，还应当提供中试数据等说明材料），证明可达到与可行技术相当的处理能力。

对于未采用可行技术的，企业应当加强自行监测、台账记录，监管部门应当尽早开展执法监测，评估采用技术可行性。

6.8 自行监测管理要求确定

6.8.1 废气

按照有组织和无组织废气排放监测要求分别制定了自行监测方案。结合农药制造工业排污单位的污染源管控重点，规定农药企业自行监测要求。

有组织废气监测指标按照 GB 16297、GB 14554、GB 13271 及 GB 18484 规定，分 8 类排放口进行指标规定。

工艺废气 6 项：二氧化硫、氮氧化物、颗粒物、挥发性有机物、特征污染物、二噁英类；发酵废气 7 项：二氧化硫、氮氧化物、颗粒物、臭气浓度、挥发性有机物、特征污染物、二噁英类；供热系统烟气 4 项：二氧化硫、氮氧化物、颗粒物、汞及其化合物；危险废物焚烧炉烟气 12 项：烟尘、二氧化硫、氮氧化物、一氧化碳、氯化氢、氟化物、汞及其化合物、镉及其化合物、铅及其化合物、砷、镍及其化合物、铬、锡、锑、铜、锰及其化合物、二噁英类；制剂加工废气 2 项：颗粒物、挥发性有机物；罐区废气 2 项：挥发性有机物、特征污染物；废水处理站废气 3 项：挥发性有机物、臭气浓度、特征污染物；危废暂存废气排气筒 3 项：挥发性有机物、臭气浓度、特征污染物。

按照 HJ 819 中要求，给出了各类排放口各污染物的监测频次。

依据 GB 14554、GB 16297 及 HJ/T 55，规定了厂界监控点的无组织监测指标，包括颗粒物、挥发性有机物、臭气浓度、特征污染物 4 项；规定了厂界污染物每半年至少开展一次监测，其中特征污染物见 GB 16297

所列污染物，属 GB 14554 所列恶臭项目执行许可排放速率。地方排放标准中有要求的，从严规定。

6.8.2　废水

本标准按照 HJ 819 中的要求，按重点管理排污单位及简化管理排污单位分别给出监测指标及监测频次。

a）企业废水总排口监测

废水总排口的污染物种类包括：pH、化学需氧量、氨氮、流量、悬浮物、石油类、色度、总氮、总磷、五日生化需氧量、磷酸盐（以 P 计）、挥发酚、总氰化物、氯苯类、硝基苯类、苯胺类、苯、甲苯、二甲苯、乙苯、甲醛、吡啶、总锌、五氯酚及五氯酚钠（以五氯酚计）、乐果、总有机碳、氟化物、硫化物、可吸附有机卤化物、总锰、动植物油、2-氯-5-氯甲基吡啶、咪唑烷、吡虫啉、三唑酮、对氯苯酚、多菌灵、邻苯二胺、百草枯离子、2,2′：6′,2″-三联吡啶，有机磷农药（以 P 计）、马拉硫磷等指标。

按照 HJ 819 中要求，给出了各污染物的监测频次。水环境质量中总氮（无机氮）/总磷（活性磷酸盐）超标的流域或沿海地区，或总氮/总磷实施总量控制区域，技术规范对其监测方式和最低监测频次进行了规定。

b）车间或生产设施废水排放口监测

针对车间或生产设施排放一类污染物和莠去津、氟虫腈的排放口提出了监测要求。

6.9　环境管理台账及执行报告编制要求

按照《控制污染物排放实施方案》和《排污许可证管理暂行规定》要求，环境管理台账为排污单位依证排污、自证守法的主要依据，为环境管理部门依证监管主要检查内容。台账记录为原始记录，真实反映实际运行情况，依据企业实际运行情况进行总结归纳，形成执行报告。本标准按照台账记录和执行报告编制目的，结合农药制造工业特点，规定了排污单位环境管理台账记录和执行报告编制要求。农药制造工业现有台账记录内容需满足规范要求，也可参照规定格式制定环境管理台账。执行报告需按本标准规定的上报内容和频次提交，并在排污许可证申请表中明确。

6.10　实际排放量核算方法

排污单位应该核算废气污染物实际排放量和废水污染物实际排放量，实际排放量为正常情况和非正常情况实际排放量之和。

对于排污许可证中载明应当采用自动监测的排放口和污染因子，根据符合监测规范的有效自动监测数据采用实测法核算实际排放量。

对于排污许可证中载明应当采用自动监测的排放口或污染因子而未采用的，按直排核算排放量。

对于排污许可证未要求采用自动监测的排放口或污染因子，按照优先顺序依次选取自动监测数据、执法和手工监测数据核算实际排放量。若同一时段的手工监测数据与执法监测数据不一致，以执法监测数据为准。监测数据应符合国家有关环境监测、计量认证规定和技术规范。

6.11　合规判定方法

6.11.1　产排污环节、污染治理设施及排放口符合许可证规定

排污单位实际的生产地点、主要生产单元、生产工艺、生产设施、污染治理设施的位置、编号是否与排污许可证及执行报告相符，实际情况与排污许可证或者执行报告上载明的规模、参数等信息基本相符。所有有组织排放口和各类废水排放口的个数、类别、排放方式和去向等与排污许可证载明信息一致。

6.11.2　废气

6.11.2.1　排放浓度合规判定

排污单位废气排放口、废水排放口污染物浓度须做到达标排放，其中浓度达标排放至关重要，本标准结合实际情况，按照正常情况、非正常情况，分别给出执法监测和企业自行监测（自动监测、人工监测）时浓度合规的判定方法。

废气排放浓度合规分为两种情形，正常情况和非正常（装置启停）情况。

a）正常情况

根据企业自行监测（包括自动监测和手工监测）、执法监测获得的有效排放浓度值与许可排放浓度

限值进行对比，判定是否达标。

特别说明的是，对于应当采用自动监测而未采用的排放口或污染物，即视为不合规。

此外，根据《关于污染源在线监测数据与现场监测数据不一致时证据适用问题的复函》（环政法函〔2016〕98号）规定，给出了“若同一时段的执法监测数据与经过有效性审核的企业自行监测数据不一致，执法监测数据符合法定的监测标准和监测方法的，以该执法监测数据作为优先证据使用”的要求。

b）装置启停情况

根据农药制造工业焚烧炉、燃煤锅炉启停特点，确定豁免时段。

6.11.2.2 排放量达标判定

农药制造工业排污单位污染物年实际排放量满足年许可排放量，特殊时段实际排放量满足特殊时段许可排放量，即为合规。

6.11.3 废水

6.11.3.1 排放浓度合规判定

根据排污单位自行监测（包括自动监测和手工监测）、执法监测获得的有效排放浓度值与许可排放浓度限值进行对比，判定是否合规。

6.11.3.2 排放量达标判定

废水排放口污染物排放量符合许可证要求是指企业所有废水排放口各项污染物年实际排放量之和不超过相应污染物的年许可排放量。

7 与国内外同类标准或技术法规的水平对比和分析

7.1 主要申请材料

7.1.1 废气

美国大气运营许可证申请材料主要包括各种申请表格和其他支持性文件。各州有所不同，以德州为例，申请材料包括：申请材料概述、责任人保证书、企业基本信息汇总表；详细设备情况汇总表、不同设备类型的单独信息列表、全厂适用的许可要求、单个设备单元适用的许可要求、监测要求、合规实施方案和计划表申请、其他支持文件（如工厂位置图、平面布置图、生产流程图和生产工艺描述等）。

本标准申请材料基本涵盖了以上内容，主要区别在于详细设备情况，仅将产排污相关内容列为必填内容，其余详细信息以选填为主。

7.1.2 废水

美国现有源工艺污水排放信息表填报信息包括：各排放口编号、位置以及各自的受纳水体名称、对每个排放口进行废水来源分析、流量分析及处理措施描述、提供工厂内的水流程图、水平衡图、生产信息、技术改进要求、取水和出水特征、不在分析内的可能排污、生物分析信息等。

新排放源的工艺污水填报信息包括：各排放口编号、位置以及各自的受纳水体名称、预计开始排放的日期、对每个排放口进行废水来源分析、流量分析及处理措施描述、提供工厂内的水流程图、水平衡图、企业设计废水的“跑、冒、滴、漏”情况、如果有基于产品产量的废水产生量估算方法，则需估算其日废水产生量。

工业活动中的雨水许可申请填报信息包括：排放口编号及位置、受纳水体名称、有无收到要求改进的通知、提供排水系统图、估算每个排放口所接收的雨水来源的地表面积、简述雨水的处理、储存和处置方法、重大的泄漏或溢出事故、排放监测数据信息、生物学毒性监测数据。另外，还需要描述每个排放口雨水的用于控制污染物排放的处理措施，以减少其污染物的排放。如果没有雨水排放，也可以做出申明并详细描述雨水控制措施。

与美国相比，本标准废水填报信息较为简单，缺少水平衡、企业设备废水的“跑、冒、滴、漏”情况等内容，对工业活动中的后期雨水未进行排污许可，仅开展监测。

7.2 纳入排污许可管理的污染物

美国纳入许可管理废气污染物包括常规污染物和有毒空气污染物。在州层面，通常还包括因当地污染现象或大气质量保护而控制的相关污染物。在大气许可证的申请中，温室气体及其他臭氧层破坏物质等都要求包含在许可证中。申请大气建设许可证的一个原则是把所有可能排放大气污染物的排放源和排放量进行估算，并作出相应的评估。综合而言，所有可能排放的污染物都需要进行管控评估。

废水污染物包括常规污染物（conventionalpollutants）、有毒污染物（toxicpollutants）、非常规污染物（non-conventionalpollutants）三种。其中，常规污染物包括五日生化需氧量、总悬浮物、pH、粪大肠菌群、油和油脂；有毒污染物包括 126 种金属和人造有机化合物；非常规污染物是指不属于以上两种类型的污染物质，如氨、氮、磷、化学需氧量和 WET（wholeeffluenttoxicity）、热等。

与美国相比，本标准管控的废气污染物仅包括《大气污染物综合排放标准》《恶臭污染物排放标准》《危险废物焚烧污染控制标准》《锅炉大气污染物排放控制标准》中列示的管控因子；管控的废水污染物仅包括《污水综合排放标准》和《杂环类农药工业水污染物排放标准》中列示的管控因子，排污单位排放的，但排放标准中未列示的污染物未纳入本排污许可管理。

7.3 许可排放限值确定

美国许可排放限值包括许可排放浓度和许可排放量。美国许可证申请需要考虑基于技术的排放标准和基于水质的排放标准。不同层面的环境保护主管部门，都可以制定这样的标准机制。此外，还有行业标准、有标准颁布的地方环境保护局颁布的环境标准。在申请许可排放量时，要根据原辅材料用量、燃料用量、生产工艺、采用的控制技术、能够达到的控制技术水平等信息，采用合理的计算方法（包括合适的排放因子或模型软件估算）确定排放量，确保数据的科学性和准确性。

与美国相比，本标准中许可排放限值同样包括许可排放限值和许可排放量。现阶段主要考虑排放浓度和总量控制要求，尚未完全与环境质量挂钩，与技术要求也存在脱节，国家尚未出台农药制造工业最佳可行技术指南，缺乏可供参考的不同设施、不同规模下的排放标准和工艺技术运行标准，无法明确采用的控制技术和排放控制水平。

7.4 污染控制技术

美国许可证申报根据不同情况需要考虑不同的控制技术。其中，大气部分根据不同环境质量分类地区包括最佳可行控制技术（Best Available Control Technology，BACT）、最低可达排放速率（Lowest Achievable Emission Rate，LAER）以及合理可达控制技术（Reasonably Available Control Technology，RACT）。水部分，针对现有源直接排入水体的常规污染物需要采用常规污染物最佳管理实践技术（BCT）；针对现有源直接排入水体的非常规污染物和有毒有害污染物需要采用最佳经济可用技术（BAT）；针对现有源直接排入水体的所有污染物需要采用最佳可实现控制技术（BPT）；针对新增源直接排入水体的所有污染物需要采用新源排放标准（NSPS）。

与美国相比，本标准给出的可行技术可作为判断企业是否具备污染治理能力的参考，可行技术体系有待进一步完善。

7.5 挥发性有机物管控

挥发性有机物是作为臭氧的前体物进行管理的，臭氧有相应的大气质量标准，因此挥发性有机也作为常规污染物纳入管理，也体现在许可证管理当中。在美国，污染排放（包括挥发性有机物）没有总量控制的要求，但是要核算企业的挥发性有机物总排放量。挥发性有机物总排放量的计算需要单独计算出各个挥发性有机物组分的排放量，然后再进行加和。从许可证管理角度，挥发性有机物是作为一个整体进行管理。如果企业排放的挥发性有机物中包括了一些特殊的挥发性有机污染物，比如 HAPs 中的一种或几种，则需要对这种组分进行单独管理。

我国在挥发性有机物管控方面有待进一步完善，本标准重点管控挥发性有机物排放的控制措施，计算方法主要参考美国计算方法。

7.6 自行监测

美国企业需要开展自行监测。如果是法律法规要求的，企业必须开展监测。但如果是在许可证的申请过程当中，不具备条件的企业，可以与环境保护主管部门进行沟通协商解决。企业必须遵守许可证的相关规定。反映在许可证中，或者必须要遵守法律要求的，只要落在纸上的，必须要做。如果没有条件实现的话，必须进行谈判核准许可。美国企业的监测数据不需要与环境保护主管部门联网。企业排污监测活动和数据收集保存均由企业负责。

与美国相比，本标准在监测方面要求更为严格。自动连续监测装置需与地方环境保护主管部门保持联网，排放许可限值不容谈判。

7.7 台账记录和执行报告

在美国，台账记录是指获得排污许可证的企业必须完整记录足以证明企业合规的信息和数据，包括监测资料、生产数据、异常工况报告、维修记录、启停和运行时间等。所有要求的记录应保存在企业现场备查，并按时更新。企业所记录保存的资料可以构建一个完整的证据链，来证明自己是否满足排污许可证对企业提出的所有要求。数据保存的期限一般为3～5年。

企业报告的类型分为合规报告、背离报告两种，企业可以自行编写，也可以委托第三方编写。这样既便于环境保护主管部门的日常管理，又满足公众的知情权与社会监督。企业若按时提交了背离报告，即主动报告与许可证要求相背离的情况以及时间、次数、原因、措施等。如果是由于工艺特点或者其他不可抗力导致的污染物异常排放等，环境保护主管部门可以根据相关规定免予处罚，但若企业不报告或虚假报告，则不能免除。

与美国相比，我国要达到如此精细化管理的水平，还需要在许可证管理实施过程中逐步积累污染源的排放、控制和相关技术的基础数据，配套改革环保管理的各项制度和标准，逐步完善我国石化行业的许可证管理。

8 对实施本标准的建议

a）建立基于最佳可行技术的排放标准体系

建议尽快出台农药制造工业最佳可行技术指南，建立设施名录，针对农药制造工业的各类设施的生产工艺与产污环节，分析排放污染物种类、排放水平和环境影响。提出最佳可行的推荐技术或技术组合，并据此规定不同设施、不同规模下的排放标准和工艺技术运行标准。综合考虑现有技术的排放控制水平、经济成本以及运行管理要求等因素，建议分级开展成本-效益分析，在不同的经济可行性层面建立包括最佳实用控制技术标准、最佳控制技术标准和最严格控制技术标准在内的最佳可行技术分级体系。

b）加快完善排污许可管理信息平台

建议按照本标准内容尽快完善排污许可管理信息平台农药制造工业申请与核发系统，便于企业和环境保护主管部门应用，促进本标准的落地。

c）推进行业挥发性有机物排放控制标准的出台

行业挥发性有机物排放控制标准是完善本标准体系的重要法律支撑，推进该标准的出台能给挥发性有机物的排放监测提供强有力的依据。

d）加大对企业和环境保护主管部门的宣传培训力度

国家排污许可制度对各行业提出了精细化管理要求，本标准涉及的环境管理内容多，技术要求高，应加大对企业和环境保护主管部门的培训，帮助理解技术规范的要求，指导企业申请和环境保护主管部门核发。

e）开展标准实施评估

建议结合排污许可证申请与核发工作，适时开展本标准实施效果评估，必要时开展本标准的修订工作。建议对自行监测小时浓度均值的全年达标排放率先开展相关研究。

中华人民共和国环境保护行业标准

排污许可证申请与核发技术规范　化肥工业——氮肥

Technical specification for application and issuance of pollutant permit —Nitrogenous fertilizer industry

HJ 864.1—2017

前　言

为贯彻落实《中华人民共和国环境保护法》《中华人民共和国大气污染防治法》《中华人民共和国水污染防治法》等法律法规和《国务院办公厅关于印发控制污染物排放许可制实施方案的通知》（国办发〔2016〕81 号），完善排污许可技术支撑体系，指导和规范氮肥工业排污单位排污许可证申请与核发工作，制定本标准。

本标准规定了氮肥工业排污许可证申请与核发的排污单位基本情况填报要求、许可排放限值确定、实际排放量核算方法、合规判定方法以及自行监测、环境管理台账和排污许可证执行报告等环境管理要求，提出了氮肥工业污染防治可行技术要求。

核发机关核发排污许可证时，对位于法律法规明确规定禁止建设区域内的、属于国家或地方政府明确规定予以淘汰或取缔的氮肥工业排污单位或者生产装置，应不予核发排污许可证。

本标准附录 A、附录 B 和附录 C 为资料性附录。

本标准为首次发布。

本标准由环境保护部规划财务司、科技标准司组织制订。

本标准起草单位：环境保护部环境工程评估中心、中国寰球工程有限公司、中国氮肥工业协会、中国石油大学（华东）、大连理工大学。

本标准环境保护部 2017 年 9 月 29 日批准。

本标准自 2017 年 9 月 29 日起实施。

本标准由环境保护部解释。

1　适用范围

本标准规定了氮肥工业排污许可证申请与核发的排污单位基本情况填报要求、许可排放限值确定、实际排放量核算方法、合规判定方法以及自行监测、环境管理台账和排污许可证执行报告等环境管理要求，提出了氮肥工业污染防治可行技术要求。

本标准适用于指导氮肥工业排污单位填报《排污许可证申请表》（环水体〔2016〕186 号中附件 2）及网上填报相关申请信息，适用于指导核发机关审核确定氮肥工业排污许可证许可要求。

本标准适用于氮肥工业排污单位排放水污染物和大气污染物的排污许可管理，包括生产合成氨和以合成氨为原料生产尿素、硝酸铵、碳酸氢铵以及醇氨联产的生产企业或生产设施。

氮肥工业排污单位中，执行 GB 13223 的生产设施和排放口适用于《火电行业排污许可证申请与核发技术规范》（环水体〔2016〕189 号附件 1）；执行 GB 13271 的生产设施和排放口参照本标准执行，待《排污许可证申请与核发技术规范　锅炉工业》颁布后，从其规定。

本标准未做出规定，但排放工业废水、废气或有毒有害污染物的氮肥工业排污单位的其他产污设施和排放口，参照《排污许可证申请与核发技术规范　总则》执行。

2 规范性引用文件

本标准引用了下列文件或其中的条款。凡是未注明日期的引用文件，其最新版本适用于本标准。

GB 9078 工业炉窑大气污染物排放标准

GB 13223 火电厂大气污染物排放标准

GB 13271 锅炉大气污染物排放标准

GB 13458 合成氨工业水污染物排放标准

GB 14554 恶臭污染物排放标准

GB 16171 炼焦化学工业污染物排放标准

GB 16297 大气污染物综合排放标准

GB/T 16157 固定污染源排气中颗粒物测定与气态污染物采样方法

HJ/T 55 大气污染物无组织排放监测技术导则

HJ/T 75 固定污染源烟气排放连续监测技术规范（试行）

HJ/T 76 固定污染源烟气排放连续监测系统技术要求及检测方法（试行）

HJ/T 91 地表水和污水监测技术规范

HJ/T 212 污染源在线监控（监测）系统数据传输标准

HJ/T 353 水污染源在线监测系统安装技术规范（试行）

HJ/T 354 水污染源在线监测系统验收技术规范（试行）

HJ/T 355 水污染源在线监测系统运行与考核技术规范（试行）

HJ/T 356 水污染源在线监测系统数据有效性判别技术规范（试行）

HJ/T 373 固定污染源监测质量保证与质量控制技术规范（试行）

HJ/T 397 固定源废气监测技术规范

HJ 493 水质 样品的保存和管理技术规定

HJ 494 水质 采样技术指导

HJ 495 水质 采样方案设计技术规定

HJ 819 排污单位自行监测技术指南 总则

HJ 820 排污单位自行监测技术指南 火力发电及锅炉

HJ 853 排污许可证申请与核发技术规范 石化工业

*排污许可证申请与核发技术规范 总则

*环境管理台账及排污许可证执行报告技术规范

*排污单位自行监测技术指南 化肥工业

《固定污染源排污许可分类管理名录（2017 年版）》（环境保护部 第 45 号）

《污染源自动监控设施运行管理办法》（环发〔2008〕6 号）

《国务院办公厅关于加强环境监管执法的通知》（国办发〔2014〕56 号）

《污染源自动监控管理办法》（国家环境保护总局令 第 28 号）

《环境监测管理办法》（国家环境保护总局令 第 39 号）

《排污口规范化整治技术要求》（环监〔1996〕470 号）

《关于印发〈排污许可证管理暂行规定〉的通知》（环水体〔2016〕186 号）

《关于开展火电、造纸行业和京津冀试点城市高架源排污许可证管理工作的通知》（环水体〔2016〕189 号）

* 标准正在编制审批之中，待正式发布后按发布的标准实行。

《关于执行大气污染物特别排放限值的公告》（环境保护部公告　2013 年　第 14 号）

《关于执行大气污染物特别排放限值有关问题的复函》（环办大气函〔2016〕1087 号）

《关于加强京津冀高架源污染物自动监控有关问题的通知》（环办环监函〔2016〕1488 号）

3　术语和定义

下列术语和定义适用于本标准。

3.1　氮肥工业排污单位　nitrogenous fertilizer industry pollutant emission units

指生产合成氨和以合成氨为原料生产尿素、硝酸铵、碳酸氢铵以及醇氨联产的生产企业或生产设施。

3.2　许可排放限值　permitted emission limits

指排污许可证中规定的允许排污单位排放的污染物最大排放浓度（速率）和排放量。

3.3　特殊时段　special periods

指根据国家和地方限期达标规划及其他相关环境管理规定，对排污单位的污染物排放情况有特殊要求的时段，包括重污染天气应对期间等。

4　排污单位基本情况填报要求

4.1　一般规定

排污单位应当按照实际情况填报基本情况，对提交申请材料的真实性、合法性和完整性负法律责任。

排污单位应按照本标准要求，在排污许可证管理信息平台申报系统填报《排污许可证申请表》（环水体〔2016〕186 号中附件 2）中的相应信息。填报系统下拉菜单中未包括的、地方环境保护主管部门有规定需要填报或排污单位认为需要填报的，可自行增加内容。

4.2　排污单位基本情况

排污单位基本信息包括单位名称、邮政编码、行业类别（填报时选择氮肥行业）、生产经营场所经纬度、所在地是否属于重点区域、是否投产及投产日期、环境影响评价批复文号（备案编号）、认定或备案文号、主要污染物总量分配计划文件文号、颗粒物总量指标、二氧化硫总量指标、氮氧化物总量指标、化学需氧量总量指标、氨氮总量指标、其他污染物总量指标（如有）等。

4.3　主要产品及产能

4.3.1　一般要求

在填报“主要产品及产能”时，需选择行业类别，适用于本标准的生产设施，选择氮肥行业；执行 GB 13223 的生产设施选择火电行业。

主要产品及产能填写主要生产单元、主要工序、主要工艺、生产设施、生产设施编号、设施参数、产品名称、生产能力及计量单位、设计年生产时间和其他。

4.3.2　主要生产单元

包括备煤（以煤为原料的排污单位填写）、原料气制备、原料气净化、氨合成、尿素和硝酸铵等工艺单元以及公用工程单元。

4.3.3　主要工序及工艺

主要工序和主要工艺见附录 A 中表 A.1～表 A.3。

4.3.4　生产设施

分必填内容和选填内容。

a）必填内容，包括：

1）表征生产单元生产能力的设施，如原料气制备单元的气化炉；原料气净化单元的碳化塔；氨合成单元的氨合成塔；尿素单元的尿素合成塔；硝酸铵单元的中和反应器等；

2）排放工艺废水的生产及环保设施，如原料气制备单元采用固定床常压煤气化工艺的洗气塔、造气废水沉淀池、造气循环水冷却塔，水煤浆或干煤粉气流床气化工艺的黑（灰）水处理系统，碎煤固定床加压气化工艺的煤气水分离系统、酚氨回收系统，天然气或重油部分氧化工艺的黑水处理系统，尿素单元的工艺冷凝液处理系统，硝酸铵单元的工艺冷凝液处理系统等；

3）排放工艺废气的生产及环保设施，如备煤单元破碎机、筛分机、皮带输送机、转运站等；原料气制备单元固定床常压煤气化工艺的放空管、吹风气余热回收系统或“三废”混燃系统，干煤粉气流床气化工艺的磨煤干燥热风炉、煤粉过滤器、粉煤仓，焦炉气转化工艺的脱硫再生槽，天然气或焦炉气转化工艺的一段转化炉；原料气净化单元的脱碳气提塔、低温甲醇洗尾气洗涤塔、硫回收尾气处理系统；尿素单元的放空气洗涤塔、造粒塔（机）；硝酸铵单元的造粒塔；固体产品（尿素、硝酸铵）包装机；生产单元开工加热炉等；

4）储罐，如液氨罐、甲醇罐、甲醛罐、原料油罐等；

5）给排水系统的净水场、除盐水站、循环冷却水场、污水处理厂，动力系统的动力锅炉及全厂开工锅炉，火炬系统的火炬等。

b）选填内容包括：

除 a）外，其他生产设施为选填内容。

4.3.5 生产设施编号

排污单位可填报内部生产设施编号，若排污单位无内部生产设施编号，则根据《固定污染源（水、大气）编码规则（试行）》（环水体〔2016〕189 号附件 4）进行编号并填报。

4.3.6 设施参数

设施参数填写设计年运行小时数、处理量。排放废气的生产设施还应填写设计废气排放量。

4.3.7 产品名称

填写各生产单元的主要产品名称。如原料气制备单元产品包括粗合成气、酚、液氨、焦油等，原料气净化单元产品包括净化合成气、石脑油、硫黄、液化气等，氨合成单元产品包括液氨，尿素单元产品包括尿素。

4.3.8 生产能力和计量单位

填写生产单元的设计生产（加工）能力，并标明计量单位。生产（加工）能力不包括国家或地方政府明确规定予以淘汰或取缔的产能。

4.3.9 设计年生产时间

环境影响评价文件及其批复或地方政府对违规项目的认定或备案文件确定的年生产小时数。

4.3.10 其他

排污单位如有需要说明的内容，可填写。

4.4 主要原辅材料及燃料

4.4.1 一般要求

填写各生产单元主要原料、辅料及燃料的名称、设计年使用量和成分。属于《危险化学品目录》的原料、辅料及燃料，应全部填写。

4.4.2 原料、辅料

4.4.2.1 名称

原料包括煤（无烟煤、烟煤、褐煤）、天然气、焦炉气、油、焦炭等。

辅料包括工艺过程和废水处理、废气治理过程中添加的辅料。

4.4.2.2 设计年使用量

填写与生产（加工）能力相匹配的设计年使用量。

4.4.2.3 成分

原料中硫元素占比为必填项。可参考设计值或上一年的实际使用情况填报。

4.4.3 燃料

4.4.3.1 名称

包括燃料煤、燃料油、燃料气、天然气、液化石油气等，在备注中标明自产或外购。

4.4.3.2 设计年使用量

填写与生产（加工）能力相匹配的设计年使用量。

4.4.3.3 成分

煤中硫分、灰分、挥发分、汞含量、低位热值和其他燃料中硫元素占比、低位热值为必填项，其余参数为选填项。可参考设计值或上一年的实际使用情况填报。

4.4.4 其他

填写排污单位需要说明的内容。

4.5 产排污节点、污染物及污染治理设施

4.5.1 一般要求

废气产排污环节、污染物及污染治理设施包括生产单元或生产设施对应的产排污节点、污染物种类、排放形式（有组织、无组织）、污染治理设施、是否为可行技术、排放口编号及排放口设置是否规范及排放口类型等。

废水产排污环节、污染物及污染治理设施包括废水类别、污染物种类、排放去向、排放规律、污染治理设施、是否为可行技术、排放口编号、排放口设置是否规范及排放口类型等。

4.5.2 废气

4.5.2.1 产排污环节和污染物种类

产排污环节包括备煤单元的煤堆场、含尘废气收集处理设施；原料气制备单元的固定床常压煤气化工艺的吹风气余热回收系统或“三废”混燃系统、造气循环水冷却塔、造气炉放空管、造气废水沉淀池，干煤粉气流床气化工艺的磨煤干燥热风炉和煤粉过滤器、煤粉输送及加压进料系统粉煤仓，天然气转化工艺的一段转化炉，焦炉气转化工艺的脱硫再生槽、一段转化炉；原料气净化单元的脱碳气提塔、低温甲醇洗尾气洗涤塔、硫回收尾气处理系统等；尿素生产单元的放空气洗涤塔、造粒塔（机）、包装机；硝酸铵生产单元的造粒塔、包装机；公用工程单元的动力锅炉、污水处理厂废气收集处理设施（以煤或油为原料）、火炬等排放源。

污染物种类为各污染物项目，具体见表 1。有地方排放标准要求的，按照地方排放标准确定。

4.5.2.2 污染治理设施

废气治理设施主要包括脱硫、脱硝、除尘、挥发性有机物及臭气处理等。

4.5.2.3 污染治理工艺

a）脱硫：干法脱硫、半干法脱硫、湿法脱硫（石灰石法、氧化镁法、氨法、氢氧化钠法）等；

b）脱硝：低氮燃烧、选择性催化还原法（SCR）、选择性非催化还原法（SNCR）等；

c）除尘：电除尘、袋式除尘、湿式除尘等；

d）挥发性有机物及臭气处理：蓄热氧化、热力焚烧、洗涤、生物滴滤等。

4.5.2.4 污染治理设施参数

包括参数名称、设计值和计量单位，其中参数包括废气排放量、运行时间、污染物（参见表 1）排放浓度等。

需要填写废气治理设施详细参数时，参照 HJ 853 中附录 C 选填。

4.5.2.5 排放口类型

废气排放口分为主要排放口、一般排放口和其他排放情形，具体见表 1。

4.5.3 废水

4.5.3.1 废水类别和污染物种类

废水类别包括工艺废水、循环冷却水场排污水、除盐水站排污水、锅炉排污水、污染雨水和生活污水等。

污染物种类为排放标准中的各污染物项目，具体见表 2。

4.5.3.2 排放去向

生产设施废水排放去向包括装置预处理设施、污水处理厂、废水总排口和回用。

废水总排口排放去向包括直接进入海域，直接进入江河、湖、库等水环境，进入城市下水道（再入江河、湖、库），进入城市下水道（再入沿海海域），进入城市污水处理厂，进入工业废水集中处理厂，进入其他单位等。

4.5.3.3 排放规律

排放规律包括连续排放和间断排放，具体按照《排污许可证申请表》（环水体〔2016〕189 号附件 2）中的废水排放规律相关内容填报。

4.5.3.4 污染治理设施

包括装置预处理设施和污水处理厂预处理设施、生化处理设施、深度处理与回用设施等。

4.5.3.5 污染治理工艺

a）装置预处理：过滤、沉淀、除油、闪蒸、汽（气）提、萃取、溶剂回收等；

b）污水处理厂预处理：调节、混凝沉淀、隔油、浮选等；

c）污水处理厂生化处理：缺氧/好氧（A/O）、序批式活性污泥法（SBR）、周期循环活性污泥法（CASS）、氧化沟、曝气生物滤池（BAF）、膜生物反应器（MBR）、生物接触氧化法等；

d）污水处理厂深度处理与回用：混凝沉淀、过滤、臭氧氧化、超滤（UF）、反渗透（RO）等。

4.5.3.6 污染治理设施参数

包括参数名称、设计值和计量单位，其中参数包括废水处理量、运行时间、污染物（化学需氧量、氨氮、总氮）排放浓度等。

需要填写废水治理设施详细参数时，参照 HJ 853 中附录 C 选填。

4.5.3.7 排放口类型

废水总排放口为主要排放口。

4.5.4 污染治理设施、排放口编号

污染治理设施编号可填写排污单位内部污染治理设施编号。若排污单位无内部编号，则根据《固定污染源（水、大气）编码规则（试行）》（环水体〔2016〕189 号附件 4）进行编号并填报。

排放口编号可填写地方环境保护主管部门现有编号或根据《固定污染源（水、大气）编码规则（试行）》（环水体〔2016〕189 号附件 4）进行编号并填报。

4.5.5 可行技术

参照本标准第 6 章“污染防治可行技术”填报。对于采用不属于可行技术范围的污染治理技术，应提供相关证明材料。

4.5.6 排放口设置要求

根据排污单位执行的排放标准中有关排放口规范化设置的规定以及环监〔1996〕470 号，填报废气和废水排放口设置是否符合规范化要求。

4.5.7 排放口基本情况

4.5.7.1 废气排放口

废气排放口主要填写排放口经纬度坐标、排气筒高度、排气筒出口内径。

4.5.7.2 废水排放口

废水排放口主要填写排放口经纬度坐标、排放去向、排放规律，废水直接排入外环境的须填写受纳水体水质目标、汇入受纳自然水体处经纬度坐标，废水间接排放的须填写受纳污水处理厂名称及其废水排放标准。

4.5.7.3　雨水排放口

雨水排放口主要填写排放口编号、排放口经纬度坐标、排放去向、受纳水体名称及水质目标，以及汇入受纳自然水体处经纬度坐标。雨水排放口编号填写排污单位内部编号，如无内部编号，则采用“YS+三位流水号数字”（如 YS001）进行编号并填报。

4.6　其他要求

a）厂区平面布置图

给出厂区平面布置图，图中应标明主要生产单元及公用工程单元设施名称、位置，有组织废气排放源、废水排放口、雨水排放口位置。

b）全厂雨水和污水管线走向图

分别给出厂区雨水、污水集输管线走向及排放去向等。

c）生产工艺总流程图

给出全厂物料总加工流程图，图中应标明主要生产单元名称、主要物料走向等。

d）地方环境保护主管部门另有规定或排污单位认为有必要的，可给出生产单元工艺流程及产排污节点图，并标明物料走向和产排污节点（设备位号、排出位置和去向）。

5　产排污节点及许可排放限值

5.1　产排污节点

5.1.1　废气

纳入许可管理的废气污染源、污染物项目和排放口类型具体见表 1。

表 1　纳入许可管理的废气污染源及污染物项目

污染源				许可排放浓度（速率）污染物项目	许可排放量污染物项目	排放口类型
以煤为原料	备煤		含尘废气收集处理设施排气筒	颗粒物	—	一般排放口
	固定床常压煤气化工艺	原料气制备	吹风气余热回收系统或三废混燃系统烟囱	颗粒物、二氧化硫、氮氧化物、汞及其化合物[a]、烟气黑度	颗粒物、二氧化硫、氮氧化物	主要排放口
			造气循环水冷却塔	—	—	其他排放情形
			造气废水沉淀池废气收集处理设施排气筒	—	—	其他排放情形
以煤为原料	固定床常压煤气化工艺	原料气制备	造气炉放空管	—	—	其他排放情形
		原料气净化	脱碳气提塔废气排气筒	（硫化氢）、（氨）、非甲烷总烃	—	一般排放口
	干煤粉气流床气化工艺	原料气制备	磨煤干燥系统放空气排气筒	颗粒物、氮氧化物	—	一般排放口
			煤粉输送及加压进料系统粉煤仓排气筒	颗粒物、甲醇[b]、（硫化氢[b]）	—	一般排放口
		原料气净化	低温甲醇洗尾气洗涤塔排气筒	甲醇、（硫化氢）	—	一般排放口
			硫回收尾气排气筒	二氧化硫、硫酸雾[c]	二氧化硫	主要排放口
	水煤浆气流床气化工艺	原料气净化	低温甲醇洗尾气洗涤塔排气筒	甲醇、（硫化氢）	—	一般排放口
			硫回收尾气排气筒	二氧化硫、硫酸雾[c]	二氧化硫	主要排放口
	碎煤固定床加压气化工艺	原料气净化	酸性气脱除设施排气筒	二氧化硫、氮氧化物、甲醇、非甲烷总烃	二氧化硫、氮氧化物	主要排放口
			硫回收尾气排气筒	二氧化硫、硫酸雾[c]	二氧化硫	主要排放口
以天然气为原料	蒸汽转化法	原料气制备	一段转化炉烟囱	颗粒物	颗粒物、氮氧化物	主要排放口
以焦炉气为原料	部分转化法	原料气制备	脱硫再生槽废气排放口	硫化氢、氨	—	一般排放口
			一段转化炉烟囱	颗粒物	颗粒物、氮氧化物	主要排放口
以油为原料	部分氧化法	原料气净化	低温甲醇洗尾气洗涤塔排气筒	甲醇、（硫化氢）	—	一般排放口
			硫回收尾气排气筒	二氧化硫、硫酸雾[c]	二氧化硫	主要排放口
尿素			放空气洗涤塔排气筒	（氨）	氨	主要排放口
			造粒塔或造粒机排气筒	颗粒物、（氨）、甲醛[d]	颗粒物、氨	主要排放口
			包装机排气筒	颗粒物		一般排放口

污染源		许可排放浓度（速率）污染物项目	许可排放量污染物项目	排放口类型
硝酸铵	造粒塔排气筒	颗粒物、（氨）	颗粒物、氨	主要排放口
	包装机排气筒	颗粒物	—	一般排放口
公用工程	动力锅炉烟囱	颗粒物、二氧化硫、氮氧化物、汞及其化合物[a]、烟气黑度	颗粒物、二氧化硫、氮氧化物	主要排放口
	污水处理厂废气收集处理设施排气筒（以煤或油为原料）	（氨）、（硫化氢）、酚类[e]、非甲烷总烃[e]	—	一般排放口
	火炬[f]	—	—	其他排放情形
厂界		氨、非甲烷总烃、臭气浓度、硫化氢[g]、颗粒物[g]、甲醇[h]、酚类[i]	—	—
注：括号内污染物管控排放速率。				

[a]采用“三废”混燃系统时，应管控汞及其化合物。
[b]干煤粉气流床气化工艺煤粉输送载气采用来自低温甲醇洗脱硫脱碳设施的二氧化碳气时，应管控硫化氢、甲醇。
[c]硫回收生产硫酸时，应管控硫酸雾。
[d]造粒过程使用甲醛时，应管控甲醛。
[e]采用固定床煤气化工艺时，应管控酚类、非甲烷总烃。
[f]指全厂主火炬。
[g]以天然气为原料和燃料的排污单位可不管控硫化氢和颗粒物。
[h]氨醇联产或脱硫脱碳采用低温甲醇洗工艺时，应管控甲醇。
[i]采用固定床煤气化工艺时，应管控酚类。

5.1.2 废水

纳入排污许可管理的废水类别包括所有生产过程产生的废水、排入厂区污水处理厂的生活污水和污染雨水，单独排入城镇集中污水处理设施的生活污水仅说明去向。废水总排放口实施许可管理的水污染物项目为列入 GB 13458 的所有污染物项目，具体见表 2。

表 2 纳入许可管理的废水排放口及污染物项目

废水排放口	许可排放浓度污染物项目	许可排放量污染物项目
排污单位废水总排放口	pH 值、化学需氧量、氨氮、悬浮物、总氮、总磷、石油类、硫化物、氰化物、挥发酚	化学需氧量、氨氮、总氮[a]、总磷[a]

[a]位于《“十三五”生态环境保护规划》及环境保护部正式发布的文件中规定的总磷和总氮总量控制区域内的排污单位，应管控总磷和总氮年许可排放量。

5.2 许可排放限值

5.2.1 一般原则

许可排放限值包括污染物许可排放浓度和许可排放量。许可排放量包括年许可排放量和特殊时段许可排放量。年许可排放量是指允许排污单位连续 12 个月污染物排放的最大量。地方环境保护主管部门可根据需要将年许可排放量按月进行细化。

对于大气污染物，有组织排放源主要排放口应明确各污染物许可排放浓度和颗粒物、二氧化硫、氮氧化物、氨年许可排放量，一般排放口应明确各污染物许可排放浓度，其他排放情形不许可排放浓度和排放量；无组织排放源明确企业边界许可排放浓度。特殊时段许可排放量明确有组织排放源颗粒物、二氧化硫、氮氧化物重污染天气应对期间日许可排放量。地方制定的相关法规中对特殊时段有明确规定的从其规定，国家和地方环境保护主管部门依法规定的其他特殊时段短期许可排放量应在排污许可证中明确。对于水污染物，废水总排放口应明确各污染物许可排放浓度和年许可排放量。

根据国家或地方污染物排放标准确定许可排放浓度。依据总量控制指标及本标准规定的方法从严确定许可排放量，2015 年 1 月 1 日（含）后取得环境影响批复的排污单位，许可排放量还应同时满足环境影响评价文件和批复要求。

总量控制指标包括地方政府或环境保护主管部门发文确定的排污单位总量控制指标、环境影响评价批复时的总量控制指标、现有排污许可证中载明的总量控制指标、通过排污权有偿使用和交易确定的总量控制指标等地方政府或环境保护主管部门与排污许可证申领排污单位以一定形式确认的总量控制指标。

排污单位填报许可限值时，应在《排污许可证申请表》（环水体〔2016〕186 号中附件 2）中写明申请的许可排放限值计算过程。

排污单位申请的许可排放限值严于本标准规定的，在排污许可证中载明。

5.2.2 许可排放浓度

5.2.2.1 废气

以产排污节点对应的生产设施或排放口为单位，明确各排放口各项大气污染物许可排放浓度。

天然气（或焦炉气）转化工艺的一段转化炉烟气中颗粒物许可排放浓度按照 GB 9078 确定。

焦炉气转化工艺的脱硫再生槽废气中硫化氢、氨许可排放浓度按照 GB 16171 中脱硫再生塔排放限值确定。

固定床常压煤气化工艺的吹风气余热回收系统或“三废”混燃系统烟气和公用工程单元的动力锅炉烟气中颗粒物、二氧化硫、氮氧化物、汞及其化合物、烟气黑度许可排放浓度按照 GB 13223 或 GB 13271 确定。大气污染防治重点控制区按照《关于执行大气污染物特别排放限值的公告》及《关于执行大气污染物特别排放限值有关问题的复函》要求执行。其他执行大气污染物特别排放限值的地域范围、时间，由国务院环境保护主管部门或省级人民政府规定。

其他管控的有组织排放源中颗粒物、二氧化硫、硫酸雾、氮氧化物、甲醇、酚类、非甲烷总烃、甲醛许可排放浓度按照 GB 16297 确定。

有组织排放源中氨、硫化氢许可排放速率按照 GB 14554 确定。

企业边界无组织排放废气污染物许可排放浓度按照 GB 16297、GB 14554 确定。

地方有更严格的排放标准要求的，从其规定。

待行业大气污染物排放标准发布后，从其规定。

若执行不同许可排放浓度的多台生产设施或排放口采用混合方式排放废气，且选择的监控位置只能监测混合废气中的污染物浓度，则应执行各限值要求中最严格的许可排放浓度限值。

5.2.2.2 废水

废水排放口的水污染物许可排放浓度限值按照 GB 13458 确定。

排污单位直接向环境排放的废水，其污染物许可排放浓度按照 GB 13458 中表 2 直接排放标准确定；向公共污水处理系统排放的废水，其污染物许可排放浓度按照 GB 13458 中表 2 间接排放标准确定。国务院环境保护主管部门或省级人民政府要求应当执行特别排放限值的排污单位，其污染物许可排放浓度按照 GB 13458 中表 3 水污染物特别排放限值确定。地方有更严格的排放标准要求的，从其规定。

排污单位生产设施同时生产两种以上产品、可适用不同排放控制要求或不同行业水污染物排放标准，且生产设施产生的污水混合处理排放的情况下，应执行排放标准中规定的最严格的浓度限值。

5.2.3 许可排放量

5.2.3.1 废气

许可排放量包括年许可排放量和特殊时段许可排放量。主要排放口中颗粒物、二氧化硫、氮氧化物和氨核算年许可排放量。年许可排放量分别按照基于许可排放浓度（速率）和单位产品排放绩效两种方法计算，从严确定。

应同时满足基于许可排放浓度（速率）和单位产品排放绩效两种方法核定的许可排放量。

a）基于许可排放浓度（速率）的年许可排放量

1）二氧化硫、氮氧化物、颗粒物

主要排放口中二氧化硫、氮氧化物、颗粒物的年许可排放量按式（1）计算：

$$E_i=h\times Q\times \rho \times 10^{-9} \tag{1}$$

式中：E_i —— 第 i 个主要排放口大气污染物年许可排放量，t/a；

h—— 主要排放口年运行小时数，h/a；

Q—— 主要排放口设计排气量（标态），m^3/h；

ρ—— 大气污染物许可排放浓度，mg/m^3，按照 GB 9078、GB 13271、GB 16297 取值，地方有更严格排放标准要求的，从其规定。待行业大气污染物排放标准发布后，则从其规定。

2）氨

主要排放口氨的年许可排放量按式（2）计算：

$$E=R\times h\times 10^{-3} \tag{2}$$

式中：E—— 主要排放口氨年许可排放量，t/a；

h—— 主要排放口年设计年操作时间，h/a；

R—— 主要排放口许可排放速率，kg/h。

b）基于单位产品排放绩效的年许可排放量

1）二氧化硫、氮氧化物、颗粒物、氨的年许可排放量按式（3）计算：

$$E=S\times\alpha\times 10^{-3} \tag{3}$$

式中：E—— 污染物年许可排放量，t/a；

S—— 单位产品产能，t/a；

α—— 单位产品排放绩效值，按表 3 取值。

表 3　大气污染物许可排放绩效参考表

产品名称	污染物项目	单位	排放绩效值
合成氨[a]（以煤或油为原料）	颗粒物	kg/t 合成氨	0.375
	二氧化硫	kg/t 合成氨	1.3
	氮氧化物	kg/t 合成氨	1.5
合成氨[a]（以天然气和焦炉气为原料）	颗粒物	kg/t 合成氨	0.04
	氮氧化物	kg/t 合成氨	0.306
尿素[b]	颗粒物	kg/t 尿素	0.3
	氨	kg/t 尿素	0.5
硝酸铵[c]	颗粒物	kg/t 硝酸铵	0.3
	氨	kg/t 硝酸铵	0.5

[a] 包括备煤、原料气制备、原料气净化和氨合成单元。
[b] 指尿素单元。
[c] 指硝酸铵单元。

2）公用工程动力锅炉污染物年许可排放量按式（4）计算：

$$E=S\times Q\times\rho\times 10^{-9} \tag{4}$$

式中：E—— 污染物年许可排放量，t/a；

S—— 设计燃料消耗量，kg/a 或 m^3/a；

ρ—— 许可排放浓度限值，mg/m^3；按照 GB 13271 取值，地方有更严格的排放标准要求的，从其规定。

Q—— 基准烟气量，按表 4 取值。

表 4　锅炉废气基准烟气量参考表

锅炉类型	热值	基准烟气量
燃天然气锅炉/（m^3/m^3 燃气）	—	12.3
燃煤锅炉/（m^3/kg 燃煤）	12.5 MJ/kg	6.2
	21 MJ/kg	9.9
	25 MJ/kg	11.6
燃油锅炉/（m^3/kg 燃油）	38 MJ/kg	12.2
	40 MJ/kg	12.8
	43 MJ/kg	13.8

注：燃用其他热值燃料的，可按照动力工程师手册进行计算。

c）排污单位大气污染物年许可排放量

排污单位大气污染物许可排放量为各主要排放口大气污染物许可排放量之和，按式（5）计算：

$$E_{年许可}=\sum_{i=1}^{n}E_i \tag{5}$$

式中：$E_{年许可}$——排污单位大气污染物年许可排放量，t/a；

E_i——第 i 个主要排放口大气污染物年许可排放量，t/a。

d）混合排放

若执行不同许可排放浓度的多台生产设施采用混合方式排放烟气，许可排放量为各设施许可排放量之和。

e）特殊时段许可排放量

特殊时段排污单位应按照国家或所在地区人民政府制定的《重污染天气应急预案》等文件，根据停产、减产等要求，确定特殊时段短期许可排放量和产量控制要求。国家和地方环境保护主管部门依法规定的其他特殊时段短期许可排放量应当在排污许可证当中明确。在许可证有效期内，国家或排污单位所在地区人民政府发布新的特殊时段要求的，排污单位应当按照新的停产、减产等要求进行排放。

特殊时段排污单位有组织排放的污染物日许可排放量按式（6）计算。

$$E_{日许可}=E_{前一年环统日均排放量}\times(1-\alpha) \tag{6}$$

式中：$E_{日许可}$——排污单位重污染天气应对期间日许可排放量，t；

$E_{前一年环统日平均排放量}$——排污单位前一年环境统计实际排放量折算的日均值，t；

α——特殊时段日产量或排放量削减比例，%。

5.2.3.2　废水

所有排污单位明确化学需氧量、氨氮许可排放量。实行总磷、总氮总量控制的区域，明确总磷、总氮许可排放量。对于有水环境质量改善需求的或者地方政府有要求的，还可明确列入 GB 13458 中的其他各项水污染物年许可排放量。

a）单独排放

废水中污染物年许可排放量分别按照基于许可排放浓度和单位产品排放绩效两种方法计算，从严确定。

1）基于许可排放浓度的年许可排放量

水污染物年许可排放量按照式（7）计算：

$$E=S\times Q\times\rho\times10^{-6} \tag{7}$$

式中：E——某种水污染物年许可排放量，t/a；

S——合成氨产品产能，t/a；

Q——单位产品基准排水量，m^3/t 氨，按照 GB 13458 取值，地方有更严格标准要求的从其规定。向公共污水处理系统排放废水的排污单位，如有协商废水排放量，可按照协商排水量（折算为单位产品排水量）计算，但不应超过 GB 13458 的要求；

ρ——水污染物许可排放浓度限值，mg/L。

2）基于单位产品排放绩效的年许可排放量

废水直接排入外环境的排污单位，废水中化学需氧量、氨氮、总氮的年许可排放量按式（8）计算：

$$E=S\times\alpha\times10^{-3} \tag{8}$$

式中：E——污染物年许可排放量，t/a；

S—— 单位产品产能，t/a；

α—— 单位产品排放绩效值，按表 5 取值。

表 5　废水污染物许可排放绩效参考表

污染物项目	单位	排放绩效值	
		执行特别排放限值的企业	其他企业
化学需氧量	kg/t 合成氨	0.25	0.4
氨氮	kg/t 合成氨	0.025	0.05
总氮	kg/t 合成氨	0.125	0.175

b）混合排放

排污单位同时排放两种或两种以上不同行业废水，许可排放量按式（9）计算：

$$E=\rho\times\sum_{i=1}^{n}\left(S_i\times Q_i\right)\times10^{-6}\qquad(9)$$

式中：E—— 某种水污染物年许可排放量，t/a；

ρ—— 某种水污染物许可排放浓度，mg/L；

Q_i—— 不同行业污水基准排水量，m^3/t 产品；如无污水基准排水量，取近 5 年单位产品实际排水量的平均值，但需剔除浓度限值超标或者监测数据缺失时段，运行不满 5 年的则从投产之日开始计算；

n—— 排放的工业废水类别；

S_i—— 不同行业产品产能，t/a。

6　污染防治可行技术

6.1　一般规定

本标准所列污染防治可行技术及运行管理要求可作为环境保护主管部门判断排污单位是否具备符合规定的污染治理设施或污染物处理能力的参考。

排污单位采用本标准所列的可行技术，且填报的污染物排放设计出口浓度满足许可排放浓度限值要求，原则上认为其采用的技术具备符合规定的污染治理设施或污染物处理能力。

未采用本标准所列可行技术，排污单位应在申请时提供说明材料（如已有污染物排放监测数据；对于国内外首次采用的污染治理技术，还应提供中试数据等），证明可达到与可行技术相当的处理能力。排污单位应加强自行监测和台账记录，评估所采用技术的达标可行性。

待氮肥工业污染防治可行技术指南发布后，从其规定。

6.2　废气

6.2.1　可行技术

排污单位主要废气治理可行技术参照表 6。

表 6　排污单位生产单元或设施废气治理可行技术参照表

生产单元或设施废气	主要控制污染物	可行技术
备煤单元含尘废气	颗粒物	袋式除尘
固定床常压煤气化工艺吹风气余热回收系统或三废混燃系统烟气、公用工程动力锅炉烟气	颗粒物	电除尘、袋式除尘、湿式电除尘
	二氧化硫	干法脱硫、半干法脱硫、湿法脱硫（石灰石法、氧化镁法、氨法、氢氧化钠法）
	氮氧化物	低氮燃烧+选择性催化还原法（SCR）、低氮燃烧+选择性非催化还原法（SNCR）
	汞及其化合物	协同处置
干煤粉气流床气化工艺磨煤干燥系统放空气	颗粒物	袋式除尘
	氮氧化物	低氮燃烧

生产单元或设施废气	主要控制污染物	可行技术
干煤粉气流床气化工艺煤粉输送及加压进料系统粉煤仓放空气	颗粒物	袋式除尘
	甲醇	洗涤
干煤粉/水煤浆气流床气化工艺低温甲醇洗尾气	甲醇	洗涤
碎煤固定床加压气化工艺低温甲醇洗尾气	甲醇、非甲烷总烃、硫化氢	蓄热氧化或热力焚烧
原料气净化单元硫回收尾气	二氧化硫	硫黄回收+尾气处理
	硫酸雾[a]	碱洗
天然气（或焦炉气）一段转化炉烟气	颗粒物	清洁燃料
	二氧化硫	低硫燃料
	氮氧化物	低氮燃烧
尿素单元放空气	氨	洗涤
尿素单元造粒塔放空气	颗粒物（尿素尘）、氨	洗涤
尿素单元造粒机放空气		袋式除尘+洗涤
生产单元或设施废气	主要控制污染物	可行技术
硝酸铵单元造粒塔放空气	颗粒物（硝酸铵尘）、氨	洗涤
污水处理厂废气收集处理设施（以煤或油为原料）尾气	硫化氢、氨、酚类	生物滴滤
[a]适用于酸性气回收生产硫酸。		

6.2.2 运行管理要求

6.2.2.1 有组织排放

有组织排放要求主要针对废气处理系统的安装、运行、维护等过程。

a）污染治理设施应与产生废气的生产工艺设备同步运行。

b）污染治理设施运行应在满足设计工况的条件下进行，并根据工艺要求，定期对设备、电气、自控仪表及构筑物进行检查维护，确保污染治理设施可靠运行。

c）干煤粉气流床气化工艺中的磨煤干燥系统热风炉燃料应采用低硫燃料气。

6.2.2.2 无组织排放

无组织排放的运行管理要求按照 GB 14554、GB 16297 中的要求执行，待《氮肥工业的大气污染物排放标准》和《挥发性有机物无组织排放控制标准》发布后，从其规定。

a）煤堆场要实现封闭储存或建设防风抑尘设施。煤粉等粉状物料应采用筒仓等全封闭料库存储。其他易起尘物料应有苫盖。煤卸料汽车/火车受料槽采用喷水、水雾或干雾抑尘等方式或封闭方式；储仓上设置布袋除尘器或其他粉尘收集处理设施。翻车机房在作业过程中要保证除尘设施的正常运行。输煤栈桥、输煤转运站采用封闭措施并配置袋式除尘器。对原煤破碎、筛分产生的粉尘要进行有效收集。

b）以煤或油为原料的排污单位，用于集输、储存和处理含挥发性有机物、恶臭物质的废水（如造气废水、脱硫废水等工艺废水）设施应密闭，产生的废气应净化处理，其大气污染物排放应符合相应排放标准的规定。

c）挥发性液体储罐应优先采用压力罐、浮顶罐，以减少无组织排放。

d）固定床常压煤气化工艺醇氨联产的甲醇生产单元、碎煤固定床加压气化工艺的原料气制备及原料气净化单元、水煤浆或干粉煤气流床气化工艺的脱硫脱碳工序（采用低温甲醇洗工艺）中，挥发性有机物流经的设备与管线组件（阀门、法兰、泵、罐口、接口、压缩机等）的动静密封点应开展泄漏检测与修复（LDAR）工作，以减少挥发性有机物无组织排放。

e）做好开停工及检维修期间的环境因素识别和环境影响评估，合理安排开停车和检维修的时间及次序，做好开停车及检维修期间的污染物控制措施，最大限度地回收、处理污染物，避免直接排入环境。

6.3 废水

6.3.1 可行技术

排污单位主要废水处理可行技术参照表 7。

表 7　排污单位废水处理可行技术参照表

<table>
<tr><th>类别</th><th colspan="2">废水类型</th><th>可行技术</th></tr>
<tr><td rowspan="6">工艺装置预处理废水</td><td rowspan="2">气化废水</td><td>干煤粉或水煤浆气流床气化工艺气化废水</td><td>闪蒸+沉淀、闪蒸+汽提+沉淀</td></tr>
<tr><td>碎煤固定床加压气化工艺气化废水、变换含油废水</td><td>闪蒸+沉淀除油除尘+汽提脱酸脱氨+萃取脱酚</td></tr>
<tr><td colspan="2">干煤粉或水煤浆气流床煤气化工艺原料气净化单元含硫含氨废水</td><td>汽提（汽提气送硫回收）</td></tr>
<tr><td colspan="2">天然气（焦炉气）原料净化单元工艺冷凝液</td><td>中压汽提</td></tr>
<tr><td colspan="2">尿素单元工艺冷凝液</td><td>水解解吸</td></tr>
<tr><td colspan="2">硝酸铵单元工艺冷凝液</td><td>电渗析、A/B 床吸附</td></tr>
<tr><td rowspan="6">外排废水</td><td colspan="2">工艺废水</td><td rowspan="6">预处理单元（隔油、浮选、混凝沉淀、调节等）+生化单元(缺氧/好氧(A/O)、序批式活性污泥法(SBR)、周期循环活性污泥法（CASS）、氧化沟、曝气生物滤池（BAF）、膜生物反应器（MBR）、生物接触氧化法等）</td></tr>
<tr><td colspan="2">循环冷却水场排污水</td></tr>
<tr><td colspan="2">除盐水站排污水</td></tr>
<tr><td colspan="2">其他生产废水</td></tr>
<tr><td colspan="2">污染雨水</td></tr>
<tr><td colspan="2">生活污水</td></tr>
</table>

6.3.2　运行管理要求

a）污染治理设施运行应满足设计工况条件，并根据工艺要求，定期对设备、电气、自控仪表及构筑物进行检查维护，确保污染治理设施可靠运行。

b）污水处理厂应加强源头管理，加强对上游装置来水的监测，并通过管理手段控制上游来水水质满足污水处理厂的进水要求。

c）设备、管道检维修过程化学清洗污水应单独收集、储存并进行预处理。

7　自行监测管理要求

7.1　一般规定

排污单位在申请排污许可证时，应按照本标准确定的产排污环节、排放口、污染物项目及许可排放限值等要求，制定自行监测方案，并在《排污许可证申请表》（环水体〔2016〕186 号中附件 2）中明确。待《排污单位自行监测技术指南　化肥工业》发布后，自行监测方案的制定从其规定。排污单位公用工程动力锅炉的自行监测要求按照 HJ 820 制定自行监测方案。

2015 年 1 月 1 日（含）后取得环境影响评价批复的排污单位，应根据环境影响评价文件和批复要求同步完善自行监测方案。有核发权的地方环境保护主管部门可根据环境质量改善需求，增加排污单位自行监测管理要求。

排污单位应制定自行监测方案，设置和维护监测设施，按照监测方案开展自行监测，做好质量保证和质量控制，记录和保存监测数据，依法开展信息公开工作。

7.2　自行监测方案

自行监测方案中应明确排污单位的基本情况、监测点位及示意图、监测污染物项目、执行标准及其限值、监测频次、采样和样品保存方法、监测分析方法和仪器、质量保证与质量控制、自行监测信息公开等，其中监测频次为监测周期内至少获取 1 次有效监测数据。采用自动监测的排污单位应当如实填报采用自动监测的污染物指标、自动监测系统联网情况、自动监测系统的运行维护情况等；未采用自动监测的污染物指标，排污单位应当填报手工监测的污染物排放口和监测点位、监测方法、监测频率。

7.3　自行监测要求

7.3.1　一般要求

排污单位可自行或委托第三方监测机构开展监测工作，并安排专人专职对监测数据进行记录、整理、统计和分析。排污单位对监测结果的真实性、准确性、完整性负责。手工监测时生产负荷应不低于本次监测与上一次监测周期内的平均生产负荷。

7.3.2　废气

7.3.2.1　有组织废气排放监测点位、监测项目及频次

废气直接排放的，应在烟道上设置监测点位，点位设置应满足 GB/T 16157、HJ/T 75 等技术规范的要求；采用混合方式排放的，应在废气汇合后的混合烟道上设置监测点位。

排污单位废气排污口的监测项目及频次具体见表 8。

表 8　有组织废气排放监测项目和最低监测频次

监测点位				监测项目	监测频次
以煤为原料	备煤		含尘废气排气筒	颗粒物	半年
	固定床常压煤气化工艺	原料气制备	吹风气余热回收系统或三废混燃系统烟囱	颗粒物、二氧化硫、氮氧化物	自动监测
				汞及其化合物[a]	半年
				烟气黑度	年
			造气废水沉淀池废气收集处理设施排气筒	氨、硫化氢、酚类、氰化氢、非甲烷总烃	季度
				苯并[a]芘	半年
			造气炉放空管	颗粒物、氨、硫化氢、非甲烷总烃、苯并[a]芘	放空期间
		原料气净化	脱碳气提塔排气筒	硫化氢、氨、非甲烷总烃	季度
	干煤粉气流床气化工艺	原料气制备	磨煤干燥系统排气筒	颗粒物、氮氧化物	季度
			煤粉输送及加压进料系统粉煤仓排气筒	颗粒物	季度
				甲醇[b]、硫化氢[b]	年
		原料气净化	低温甲醇洗尾气洗涤塔排气筒	甲醇、硫化氢	季度
			硫回收尾气排气筒	二氧化硫	自动监测
				硫酸雾[c]	半年
	水煤浆气流床气化工艺	原料气净化	低温甲醇洗尾气洗涤塔排气筒	甲醇、硫化氢	季度
			硫回收尾气排气筒	二氧化硫	自动监测
				硫酸雾[c]	半年
	碎煤固定床加压气化工艺	原料气净化	酸性气体脱除设施排气筒	甲醇、非甲烷总烃、二氧化硫、氮氧化物	季度
			硫回收尾气排气筒	二氧化硫	自动监测
				硫酸雾[c]	半年
以天然气为原料	蒸汽转化法	原料气制备	一段转化炉烟囱	颗粒物、氮氧化物	季度
以焦炉气为原料	部分转化法	原料气制备	脱硫再生槽废气排放口	硫化氢、氨	月
			一段转化炉烟囱	颗粒物、氮氧化物	季度
以油为原料	重油部分氧化法	原料气净化	低温甲醇洗尾气洗涤塔排气筒	甲醇、硫化氢	季度
			硫回收尾气排气筒	二氧化硫	自动监测
				硫酸雾[c]	半年
尿素			放空气洗涤塔排气筒	氨	季度
			造粒塔或造粒机排气筒	颗粒物、氨、甲醛[d]	季度
			包装机排气筒	颗粒物	年
硝酸铵			造粒塔排气筒	颗粒物、氨	季度
			包装机排气筒	颗粒物	年
公用工程			污水处理厂废气收集处理设施排气筒（以煤或油为原料）	非甲烷总烃[e]	季度
				氨、硫化氢、酚类[e]	半年

注：废气监测须按照相应标准分析方法、技术规范同步监测烟气参数（造气炉放空管除外）。

[a] 采用三废混燃系统时，应监测汞及其化合物。

[b] 干煤粉气流床气化工艺煤粉输送载气采用来自低温甲醇洗工段的二氧化碳气时，应监测硫化氢、甲醇。

[c] 硫回收生产硫酸时，硫回收尾气应监测硫酸雾。

[d] 造粒过程使用甲醛时，应监测甲醛。

[e] 采用固定床煤气化工艺时，污水处理厂废气收集处理设施排放气应监测酚类、非甲烷总烃。

7.3.2.2　无组织废气排放监测点位、监测项目及频次

排污单位无组织废气排放监测点位设置、监测项目及监测频次具体见表 9。

表 9　无组织废气排放监测项目和最低监测频次

监测点位	监测项目	监测频次
排污单位厂界	氨、非甲烷总烃、臭气浓度、硫化氢[a]	季度
	颗粒物[a]、甲醇[b]、酚类[c]、苯并[a]芘[c]	年

[a] 以天然气为原料和燃料的排污单位可不监测硫化氢和颗粒物。

[b] 醇氨联产或采用低温甲醇洗工艺的排污单位应监测甲醇。

[c] 采用固定床煤气化工艺的排污单位应监测酚类和苯并[a]芘。

7.3.3 废水

7.3.3.1 监测点位设置

排污单位应在排污单位废水总排放口、排污单位雨水排放口设置监测点位，具体见表 10。

7.3.3.2 监测项目及频次

排污单位各废水排放口监测项目及最低监测频次具体见表 10。

表 10 排污单位废水排放口监测指标及最低监测频次

监测点位	监测项目	监测频次	
		直接排放	间接排放
排污单位废水总排放口	流量、pH 值、化学需氧量、氨氮	自动监测	
	悬浮物、总氮[a]、总磷[a]	周（日）	月
	石油类、硫化物[b]、氰化物[b]、挥发酚[b]	月	季度
排污单位雨水排放口	流量、pH 值、化学需氧量、氨氮	日[c]	

[a] 括号内为位于总磷、总氮总量控制区域内的排污单位的最低监测频次。
[b] 以天然气为原料的排污单位硫化物、氰化物、挥发酚的监测频次按年执行。
[c] 排放期间按日监测。

7.4 采样和测定方法

7.4.1 自动监测

废气自动监测参照 HJ/T 75、HJ/T 76 执行。废水自动监测参照 HJ/T 353、HJ/T 354、HJ/T 355 和 HJ/T 356 执行。监测数据与地方环境保护主管部门联网时，按照 HJ/T 212 要求实时上传监测数据。

自动连续监测设备发生故障时，应开展手工监测，监测数据应及时报告环境保护主管部门。

7.4.2 手工监测

有组织废气手工采样方法的选择参照 GB/T 16157、HJ/T 397 执行。无组织排放采样方法参照 HJ/T 55 执行。废水手工采样方法的选择参照 HJ 493、HJ 494、HJ 495 和 HJ/T 91 执行。

7.4.3 测定方法

废气、废水污染物的测定按照相应排放标准中规定的污染物浓度测定方法执行，国家或地方法律法规等另有规定的，从其规定。

7.5 数据记录要求

监测期间手工监测的记录和自动监测运行维护记录按照 HJ 819 执行。

应同步记录监测期间的生产工况。

7.6 监测质量保证与质量控制

按照 HJ 819 要求，排污单位应根据自行监测方案，建立自行监测质量保证与质量控制体系。

7.7 自行监测信息公开

排污单位应按照 HJ 819 要求进行自行监测信息公开。

8 环境管理台账记录与排污许可证执行报告编制要求

8.1 环境管理台账记录要求

8.1.1 一般要求

排污单位应建立环境管理台账制度，设置专人开展台账记录、整理、维护等管理工作，并对台账记录结果的真实性、准确性、完整性负责。

为便于携带、储存、导出及证明排污许可证执行情况，台账应按照电子化储存和纸质储存两种形式同步管理，保存期限不得少于 3 年。

排污单位环境管理台账应真实记录生产运行、污染治理设施运行、自行监测和其他环境管理信息。其中记录频次和内容须满足排污许可证环境管理要求。

8.1.2 生产设施运行情况

生产运行情况包括工艺单元和设施、公用工程单元和全厂运行情况，重点记录排污许可证中相关信息的实际情况及与污染物治理、排放相关的主要运行参数。

主要记录各生产设施、燃烧设施、固定床常压煤气化工艺的造气炉放空管、造气循环冷却水系统、火炬系统运行，以及全厂原辅料（含危险化学品）及燃料使用量、主要产品产量等信息。参见附录 B 中表 B.1～表 B.9。全厂情况按批次记录，火炬系统在线记录火炬气流量，按日记录火炬气中总硫含量，造气炉放空管按发生次数记录放空时段原料消耗量，其他信息按班次记录。

8.1.3 污染治理设施运行情况

污染治理设施运行信息应按照设施类别分别记录设施的实际运行相关参数和维护记录。

a）有组织废气治理设施记录设施运行时间、运行参数等，可参见附录 B 中表 B.10～表 B.21。

b）无组织废气排放控制记录措施执行情况，可参见附录 B 中表 B.22。

c）废水处理设施包括装置区预处理设施和污水处理厂预处理设施、生化处理设施、深度处理设施及回用设施，分别记录每日进水水量、出水水量、药剂名称及使用量、投放频次、电耗、污泥产生量等，可参见附录 B 中表 B.23。

d）污染治理设施运维记录，包括设施是否正常运行、故障原因、维护过程、检查人、检查日期及班次等。

8.1.4 自行监测记录数据

a）手工监测记录信息包括手工监测日期、采样及测定方法、监测结果等，可参见附录 B 中表 B.24～表 B.26。

b）自动监测运维记录包括自动监测及辅助设备运行状况、系统校准、校验记录、定期比对监测记录、维护保养记录、是否故障、故障维修记录、巡检日期等。

c）采用固定床常压煤气化工艺的排污单位还应对表 11 中规定的内容进行记录，用于后续核定实际排放量，记录可参见附录 B 中表 B.27、表 B.28。

表 11 固定床常压煤气化工艺废气和废水记录项目和最低记录频次

记录点位	记录项目	记录频次
造气工段余热回收后煤气、变换工段前半水煤气、造气废水废气处理系统进气及排气	气体流量、氨、硫化氢、酚类、氰化氢、非甲烷总烃、苯并[a]芘	月
造气循环冷却系统进水[a]、洗气塔进出水和造气废水沉淀池污泥废水	流量、硫化物、氨氮、总有机碳、氰化物、挥发酚、苯系物、苯并[a]芘、多环芳烃	月
[a] 造气循环冷却系统进水包括造气废水等进入造气循环冷却塔的各股进水，分别进行记录。		

8.1.5 其他环境管理要求

a）记录 6.2.2 和 6.3.2 中各项运行管理要求落实情况、雨水外排情况等。

b）如出现设施故障时，应记录故障时间、处理措施、污染物排放情况等，可参见附录 B 中表 B.29。

c）如生产设施开停工、检维修时，应记录起止时间、情形描述、应对措施及污染物排放浓度等，可参见附录 B 中表 B.30。

8.2 执行报告编制要求

8.2.1 一般要求

排污单位应按照排污许可证中规定的内容和频次定期上报执行报告，并保证执行报告的规范性和真实性。地方环境保护主管部门应整合总量控制、排污收费（环境保护税）、环境统计等各项环境管理的数据上报要求，根据环境质量改善需求，规定执行报告的内容、上报频次等要求。

排污单位可参照本标准，报告排污许可证执行情况，并提交至排污许可证核发机关。

8.2.2 报告频次

8.2.2.1 年度执行报告

排污单位应每年上报一次排污许可证年度执行报告，于次年 1 月底前提交至排污许可证核发机关。对于持证时间不足 3 个月的，当年可不上报年度执行报告，许可证执行情况纳入下一年年度执行报告。

8.2.2.2 月/季度执行报告

排污单位每月度/季度上报一次排污许可证月/季度执行报告。自当年 1 月起，每月上报一次月度执行报告，每 3 个月上报一次季度执行报告，月/季度执行报告于下月 15 日前提交至排污许可证核发机关。提交年度执行报告的，可免报当月月度执行报告或当季季度执行报告。对于持证时间不足 10 d 的，该报告周期内可不上报月度执行报告，排污许可证执行情况纳入下一月度执行报告。对于持证时间不足 1 个月的，该报告周期内可不上报季度执行报告，排污许可证执行情况纳入下一季度执行报告。

8.2.3 报告内容

8.2.3.1 年度执行报告

年度执行报告内容应包括：

a）基本生产情况；

b）遵守法律法规情况；

c）污染治理设施运行情况；

d）自行监测情况；

e）台账管理情况；

f）实际排放情况及合规判定分析；

g）排污费（环境保护税）缴纳情况；

h）信息公开情况；

i）排污单位内部环境管理体系建设与运行情况；

j）排污许可证规定的其他内容执行情况；

k）其他需要说明的问题；

l）结论；

m）附件、附图要求。

具体内容参见附录 C。

8.2.3.2 月报季报报告规范

月度、季度执行报告应至少包括年度执行报告 f）中主要污染物的实际排放量核算信息、合规判定分析说明及 c）中不合规排放或污染防治设施故障情况及采取措施的说明等。

9 实际排放量核算方法

9.1 一般规定

排污单位应核算废气和废水所有排放口污染物实际排放量，包括主要排放口、一般排放口和其他排放情形。实际排放量为正常情况和非正常情况实际排放量之和。

排污许可证要求应采用自动监测的污染物项目，根据符合监测规范的有效自动监测数据核算实际排放量。

对于排污许可证中载明应采用自动监测的排放口或污染物而未采用的，按直排核算排放量。

采用手工监测的污染物项目，按照执法监测或排污单位自行开展的手工监测数据核算实际排放量。

对于排污许可证未要求采用自动监测的污染物项目，按照优先顺序依次选取自动监测数据、执法监测数据和手工监测数据核算实际排放量。监测数据均应符合国家环境监测相关标准要求。

9.2 废气

9.2.1 有组织排放

a）采用自动监测数据核算

有组织废气主要排放口具有连续自动监测数据的污染物，采用式（10）计算实际排放量。

$$E_{j,有组织废气}=\sum_{i=1}^{n}(\rho_i\times Q_i)\times 10^{-9} \tag{10}$$

式中：$E_{j,有组织废气}$—— 核算时段内废气有组织主要排放口第 j 项污染物的实际排放量，t；

ρ_i—— 第 j 项污染物在第 i 小时的标准状态下干烟气量对应的实测平均排放质量浓度，mg/m^3；

Q_i—— 第 j 项污染物第 i 小时标准状态下干烟气量，m^3/h；

n—— 排放时间，h。

对于因自动监控设施发生故障以及其他情况导致数据缺失的按照 HJ/T 75 进行补遗。缺失时段超过 25%的，自动监测数据不能作为核算实际排放量的依据，按 9.1 条第 3 款“应采用自动监测的排放口或污染物而未采用”的相关规定进行核算。排污单位提供充分证据证明在线数据缺失、数据异常等不是排污单位责任的，可按照排污单位提供的手工监测数据等核算实际排放量，或者按照上一个季度申报期间的稳定运行期间自动监测数据的小时浓度均值和季度平均烟气量或流量，核算数据缺失时段的实际排放量。

b）采用手工监测数据核算

有组织废气主要排放口具有手工监测数据的污染物，采用式（11）计算实际排放量。

$$E_{j,有组织废气}=\rho\times Q\times h\times 10^{-9} \tag{11}$$

式中：$E_{j,有组织废气}$—— 核算时段内废气有组织排放口第 j 项污染物的实际排放量，t；

ρ—— 核算时段内第 j 项污染物标准状态下干烟气量对应的实测平均排放质量浓度，mg/m^3；

Q—— 核算时段内第 j 项污染物标准状态下干烟气量，m^3/h；

h—— 核算时段小时数，h。

排污单位应将手工监测时段内生产负荷与核算时段内平均生产负荷进行对比，并给出对比结果。

c）全厂主要排放口污染物排放量

全厂有组织废气主要排放口污染物，采用式（12）计算实际排放量。

$$E_{主要排放口}=\sum_{j=1}^{m}E_{j,有组织废气} \tag{12}$$

式中：$E_{主要排放口}$—— 核算时段内所有有组织废气主要排放口污染物实际排放量，t；

m—— 主要排放口数量。

9.2.2 固定床常压煤气化工艺造气循环冷却水系统废气污染物排放量

a）根据进出水中污染物浓度与流量计算废气污染物排放量，采用式（13）计算。

$$E_i=\alpha\times\left\{\begin{array}{l}\sum_{i=1}^{n}\left(\rho_{循环冷却系统进水}\times Q_{循环冷却系统进水}\right)\times 10^{-6}+\\ \sum_{i=1}^{m}\left[\left(\rho_{洗气塔出水}\times Q_{洗气塔出水}-\rho_{洗气塔进水}\times Q_{洗气塔进水}\right)\right]\times 10^{-6}\\ -\rho_{沉淀池废水}\times Q_{污泥焚烧前废水量}\times 10^{-6}\end{array}\right\}-E_{造气废水废气处理系统减排量} \tag{13}$$

式中：E_i—— 核算时段废气污染物排放量，t；

α—— 排放系数，量纲 1，氨、硫化氢、苯并[a]芘及其他污染物取值分别为 1.21、1.06、1；

ρ —— 废水中氨氮（以 N 计）、硫化物（以 S 计）和苯并[a]芘及其他污染物浓度，mg/L；

Q —— 核算时段废水流量，m^3；其中洗气塔进水及出水包括洗气塔、水封设施、冲渣等工艺过程的用水及排水；

m —— 洗气塔的数量；

n —— 进入造气循环冷却系统的废水数量，量纲 1；

$Q_{污泥焚烧前废水量}$ —— 根据污泥排放量和焚烧前污泥含水率乘积计算，m^3；

$E_{造气废水废气处理系统减排量}$ —— 造气循环冷却系统水废气密闭收集处理减排量，t；按照式（14）计算，如未密闭收集处理则取值为 0。

$$E_{造气废水废气处理系统减排量}=(\rho_{处理系统入口}-\rho_{处理系统出口})\times Q\times h\times 10^{-9} \tag{14}$$

式中：ρ —— 核算时段内第 j 项污染物标准状态下干烟气量对应的实测平均排放浓度，mg/m^3；

Q —— 核算时段内第 j 项污染物标准状态下干烟气量，m^3/h；

h —— 核算时段小时数，h。

b）根据固定床常压煤气化工艺造气工段余热回收后煤气、变换工段前半水煤气中污染物浓度和气体流量计算废气污染物排放量，采用式（15）计算。

$$\begin{aligned}E_i=&(\rho_{煤气}\times Q_{煤气}-\rho_{半水煤气}\times Q_{半水煤气})\times h_i\times 10^{-9}+\alpha_1\times\sum_{i=1}^{n}(\rho_{循环冷却系统补水}\times Q_{循环冷却系统补水})\times 10^{-6}\\&-\alpha_1\times\rho_{沉淀池废水}\times Q_{污泥焚烧前废水量}\times 10^{-6}-\alpha_2\times E_{造气废水废气处理系统减排量}\times S\end{aligned} \tag{15}$$

式中：E_i —— 某段时间废气污染物排放量，t；

α_1 —— 排放系数，量纲 1，氨、硫化氢、苯并[a]芘及其他污染物取值分别为 1.21、1.06、1；

α_2 —— 排放系数，量纲 1，氨、硫化氢、苯并[a]芘及其他污染物取值分别为 0、1.06、0；

ρ —— 污染物浓度，mg/m^3；

Q —— 气体流量，m^3/h；

S —— 回收硫黄量，t/h；

h_i —— 两次监测间隔时间，h；

$Q_{循环冷却系统补水}$ —— 除洗气塔、水封设施、冲渣等工艺过程排水外，循环冷却系统的补充水；

$Q_{污泥焚烧前废水量}$ —— 根据污泥排放量和焚烧前污泥含水率乘积计算，m^3；

$E_{造气废水废气处理系统减排量}$ —— 造气循环冷却系统水废气密闭收集处理减排量，t；按照式（14）计算，如未密闭收集处理则取值为 0。

9.2.3 固定床常压煤气化工艺造气炉放空管废气污染物排放量

固定床常压煤气化工艺造气炉放空管废气中氨、硫化氢、苯并[a]芘及其他污染物排放量，采用式（16）计算。

$$E_{造气炉放空管,i}=\rho_i\times Q\times h\times 10^{-9} \tag{16}$$

式中：$E_{造气炉放空管,i}$ —— 核算时段内造气炉放空管 i 污染物的实际排放量，t；

ρ_i —— i 污染物的实测平均排放浓度，mg/m^3；

Q —— 风机输入空气量（折算为标准状态），m^3/h；

h —— 排放时间，h。

9.2.4 火炬污染物排放量

火炬焚烧排放的二氧化硫和氮氧化物量，采用式（17）计算。

$$E_{火炬系统}=\begin{cases}2\times\sum_{i=1}^{n}\left(S_i\times Q_i\times h_i\right) & （二氧化硫）\\ \sum_{i=1}^{n}\left(\alpha\times Q_i\times h_i\right) & （氮氧化物）\end{cases} \tag{17}$$

式中：S_i——火炬气中的硫含量，kg/m^3；

Q_i——火炬气流量，m^3/h；

h_i——火炬系统 i 的年运行时间，h/a；

α——排放系数，0.054 kg/m^3；

n——火炬个数。

9.3 废水

a）采用自动监测数据核算

废水总排放口具有连续自动监测数据的污染物实际排放量采用式（18）计算。

$$E_{废水}=\sum_{i=1}^{n}\left(\rho_i\times Q_i\right)\times10^{-6} \tag{18}$$

式中：$E_{废水}$——核算时段内废水总排放口污染物的实际排放量，t；

ρ_i——污染物在第 i 日的实测平均排放浓度，mg/L；

Q_i——第 i 日的流量，m^3/d；

n——核算时段天数，d。

b）采用手工监测数据核算

废水总排放口具有手工监测数据的污染物实际排放量采用式（19）计算。

$$E_{废水}=\rho\times Q\times10^{-6} \tag{19}$$

式中：$E_{废水}$——核算时段内废水总排放口污染物的实际排放量，t；

ρ——核算时段内污染物实测平均排放浓度，mg/L；

Q——核算时段内废水流量，m^3。

排污单位应将手工监测时段内生产负荷与核算时段内平均生产负荷进行对比，并给出对比结果。

10 合规判定方法

10.1 一般规定

合规是指排污单位许可事项和环境管理要求符合排污许可证规定。许可事项合规是指排污单位排污口位置和数量、排放方式、排放去向、排放污染物种类、排放限值符合许可证规定，其中，排放限值合规是指排污单位污染物实际排放浓度和排放量满足许可排放限值要求；环境管理要求合规是指排污单位按许可证规定落实自行监测、台账记录、执行报告、信息公开等环境管理要求。

排污单位可通过记录环境管理台账、按时上报执行报告和开展自行监测、信息公开，自证其依证排污，满足排污许可证要求。环境保护主管部门可依据排污单位环境管理台账、执行报告、自行监测记录中的内容，判断其污染物排放浓度和排放量是否满足许可排放限值要求，也可通过执法监测判断其污染物排放浓度是否满足许可排放限值要求。

10.2 废气

10.2.1 排放浓度合规判定

10.2.1.1 正常情况

排污单位废气排放浓度合规是指各有组织排放口和企业边界无组织污染物排放浓度满足 5.2.2.1 条要求。

a）执法监测

按照监测规范要求获取的执法监测数据不超过许可排放限值的，即视为合规。

若同一时段的执法监测数据与排污单位自行监测数据不一致，执法监测数据符合法定的监测标准和监测方法的，以执法监测数据为准。

b）排污单位自行监测

1）自动监测

按照监测规范要求获取的自动监测数据（剔除异常值）计算得到的有效小时浓度均值不超过许可排放浓度限值，即视为合规。对于污染物项目应采用自动监测而未采用的，即视为不合规。小时浓度均值指“整点 1 h 内不少于 45 min 的有效数据的算术平均值”。

2）手工监测

按照自行监测方案开展手工监测，监测结果不超过许可排放限值，即视为合规。

10.2.1.2 锅炉装置启停情况

蒸汽锅炉冷启动 1 h、热启动 0.5 h 内的氮氧化物监测数据不作为合规判定依据。

若多台设施采用混合方式排放烟气，且其中一台处于启停时段，排污单位可自行提供烟气混合前各台设施污染物项目有效监测数据的，按照提供数据进行合格判定。

10.2.2 排放量合规判定

排污单位有组织排放源主要排放口的大气污染物年实际排放量之和不超过主要排放口污染物年许可排放量之和，即视为合规。有特殊时段许可排放量要求的，实际排放量不得超过特殊时段许可排放量。

10.2.3 无组织排放控制要求合规判定

排污单位排污许可证无组织排放源合规性以现场检查本标准 6.2.2.2 无组织控制要求落实情况为主，必要时辅以现场监测方式判定排污单位无组织排放合规性。

10.3 废水

10.3.1 排放浓度合规判定

排污单位废水排放口污染物的排放浓度合规是指任一有效日均值（除 pH 值外）均满足许可排放浓度要求。

10.3.1.1 执法监测

按照 HJ/T 91 监测要求获取的执法监测数据不超过许可排放浓度的，即视为合规。

若同一时段的执法监测数据与排污单位自行监测数据不一致，执法监测数据符合法定的监测标准和监测方法的，以执法监测数据为准。

10.3.1.2 排污单位自行监测

a）自动监测

按照监测规范要求获取的自动监测数据计算得到有效日均浓度值不超过许可排放浓度的，即视为合规。有效日均浓度值的计算按照 HJ/T 356 执行。

b）手工监测

按照 HJ 494、HJ 495 开展手工监测，计算得到的有效日均浓度值不超过许可排放浓度的，即视为合规。

10.3.2 排放量合规判定

废水排放口所有污染物年实际排放量之和不超过相应污染物的年许可排放量，即视为合规。

10.4 管理要求合规判定

环境保护主管部门依据排污许可证中的管理要求，审核环境管理台账记录和排污许可证执行报告；检查排污单位是否按照自行监测方案开展自行监测；是否按照排污许可证中环境管理台账记录要求记录相关内容，记录频次、形式等是否满足许可证要求；是否按照许可证中执行报告要求定期上报，上报内容是否符合要求等；是否按照许可证要求定期开展信息公开工作；是否满足特殊时段污染防治要求。

附 录 A

（资料性附录）

主要工艺及生产设施

表 A.1 主要工艺及生产设施（以煤为原料）

主要生产单元	主要工序	主要工艺	生产设施
备煤	进料系统	—	汽车受料槽
			火车受料槽
	储存系统	—	煤堆场
			煤仓
	备料系统	—	碎煤机
			筛分机
	输煤系统	—	皮带输送机
			转运站
原料气制备	气化	固定床常压煤气化工艺（间歇/连续）	造气炉
			吹风气余热回收系统或“三废”混燃系统[a]
			洗气塔
			造气废水沉淀池
			造气循环水冷却塔
			放空管
		水煤浆气流床气化工艺（GE 德士古/多喷嘴/多元料浆/其他）	煤仓
			气化炉
			黑（灰）水处理系统
		干煤粉气流床气化工艺（壳牌炉/航天炉/GSP 炉/科林炉/其他）	煤仓
			磨煤干燥热风炉
			煤粉过滤器
			粉煤仓
			气化炉
			黑（灰）水处理系统
		固定床碎煤加压气化工艺（鲁奇技术/BGL 技术/其他）	煤斗
			气化炉
			煤气水分离系统
			酚氨回收系统
原料气净化（固定床常压煤气化工艺）	半水煤气脱硫	RTS 脱硫/PDS 脱硫/栲胶脱硫/其他	脱硫塔
	变换	中低温变换/全低温变换/其他	变换炉
			开工加热炉
	碳化[b]	—	碳化塔
	变换气脱硫	DDS 湿法脱硫+精脱硫/RTS 脱硫+精脱硫/其他	脱硫塔
	硫回收	硫泡沫熔硫	熔硫釜
原料气净化（固定床常压煤气化工艺）	脱碳	碳丙液物理吸收/热钾碱吸收/聚乙二醇二甲醚溶液吸收/其他	脱碳气提塔
	原料气精制	醇烃化/醇烷化/其他	醇化塔
原料气净化（除固定床常压煤气化工艺外）	变换	宽温耐硫变换/其他	变换炉
			开工加热炉
	脱硫脱碳	低温甲醇洗/聚乙二醇二甲醚溶液吸收/其他	尾气洗涤塔
			氧化器或燃烧器[c]
	硫回收	克劳斯/其他	尾气处理系统
	原料气精制	液氮洗/甲烷化/其他	氮洗塔
氨合成	—	—	氨合成塔
			开工加热炉
尿素	—	二氧化碳汽提法/氨汽提法/水溶液全循环法	尿素合成塔
			放空气洗涤塔
			造粒塔（机）
			包装机
			工艺冷凝液处理系统
硝酸铵	—	常压中和法/加压中和法/管式反应器法	中和反应器
			工艺冷凝液处理系统
			造粒塔
			包装机

主要生产单元	主要工序	主要工艺	生产设施
公用工程	储运系统	—	甲醇罐
			甲醛罐
			液氨罐
	给排水系统	—	净水场
			循环冷却水场
			除盐水站
			污水处理厂
	火炬系统	—	主火炬
			酸性气火炬
			火炬气回收系统
	动力系统	—	动力锅炉
			开工锅炉
[a]采用固定床间歇煤气化工艺时填写。 [b]生产碳酸氢铵时填写。 [c]碎煤固定床加压气化工艺时填写。			

表 A.2 主要工艺填报表单（以天然气或焦炉气为原料）

主要生产单元	主要工序	主要工艺	生产设施
原料气制备	—	蒸汽转化法（一段转化法/二段转化法）	一段转化炉
		部分转化法（催化部分转化法/非催化部分转化法）	脱硫再生槽
			一段转化炉
		非催化部分氧化法（德士古/其他）	气化炉
			黑水处理系统
原料气净化（除非催化部分氧化法外）	变换	高低温变换/其他	变换炉
	脱碳	MDEA/热钾碱/其他	脱碳塔
	原料气精制	甲烷化/冷箱/其他	甲烷化反应器
原料气净化（非催化部分氧化法）	变换	耐硫变换/其他	变换炉
	脱硫脱碳	低温甲醇洗/NHD 溶液吸收/其他	尾气洗涤塔
	原料气精制	液氮洗/甲烷化/其他	氮洗塔
氨合成	—	—	氨合成塔
			开工加热炉
尿素	—	二氧化碳汽提法/氨汽提法/水溶液全循环法	尿素合成塔
			放空气洗涤塔
			工艺冷凝液处理系统
			造粒塔（机）
			包装机
硝酸铵	—	常压中和法/加压中和法/管式反应器法	中和反应器
			工艺冷凝液处理系统
			造粒塔
			包装机
公用工程	储运系统	—	甲醇罐
			甲醛罐
			液氨罐
	给排水系统	—	净水场
			循环冷却水场
			除盐水站
			污水处理厂
	火炬系统	—	主火炬
			火炬气回收系统
	动力系统	—	动力锅炉
			开工锅炉

表 A.3 主要工艺填报表单（以油为原料）

主要生产单元	主要工序	主要工艺	生产设施
原料气制备	—	重油部分氧化法（德士古/其他）	气化炉
			黑水处理系统
原料气净化	变换	宽温耐硫变换/其他	变换炉
			开工加热炉
	脱硫脱碳	低温甲醇洗/NHD 溶液吸收/其他	尾气洗涤塔
	硫回收	克劳斯/其他	尾气处理系统
	原料气精制	液氮洗/甲烷化/其他	氮洗塔
氨合成	—	—	氨合成塔
			开工加热炉

主要生产单元	主要工序	主要工艺	生产设施
尿素	—	二氧化碳汽提法/氨汽提法/水溶液全循环法	尿素合成塔
			放空气洗涤塔
			工艺冷凝液处理系统
			造粒塔（机）
			包装机
硝酸铵	—	常压中和法/加压中和法/管式反应器法	中和反应器
			工艺冷凝液处理系统
			造粒塔
			包装机
公用工程	储运系统	—	原料油罐
			甲醇罐
			甲醛罐
			液氨罐
	给排水系统	—	净水场
			循环冷却水场
			除盐水站
			污水处理厂
	火炬系统	—	主火炬
			酸性气火炬
			火炬气回收系统
	动力系统	—	动力锅炉
			开工锅炉

附 录 B

（资料性附录）

环境管理台账记录参考表（略）

附 录 C

（资料性附录）

排污许可证执行报告编制内容（略）

排污许可证申请与核发技术规范　化肥工业——氮肥

编制说明

1　项目背景

1.1　任务来源

国务院办公厅印发《控制污染物排放许可制实施方案》（国办发〔2016〕81 号），明确了排污许可制度改革的顶层设计、总体思路。要求按行业分步实现对固定污染源的全覆盖，率先对火电、造纸行业企业核发排污许可证，2017 年完成《大气污染防治行动计划》和《水污染防治行动计划》重点行业及产能过剩行业企业排污许可证核发，2020 年全国基本完成排污许可证核发。

环境保护部发布《排污许可证管理暂行规定》（环水体〔2016〕186 号）和《关于开展火电、造纸行业和京津冀试点城市高架源排污许可证管理工作的通知》（环水体〔2016〕189 号），启动了火电、造纸行业排污许可证申请与核发的相关工作。

按照总体部署，氮肥工业作为《水污染防治行动计划》中规定的重点行业，应于 2017 年完成排污许可证的核发。但目前为止，国家和地方层面尚无配套的排污许可申请与核发指导文件。

2016 年 6 月，环境保护部科技标准司发布了《关于征集 2017 年度国家环境保护标准计划项目承担单位的通知》（环办科技函〔2016〕1103 号），将《化肥工业排污许可相关技术规范》制定（序号 45）列入《2017 年度国家环境保护标准计划项目指南》，工作时限为 2 年。经过公开征集、答辩、遴选，最终确定由环境保护部环境工程评估中心承担。2017 年，环境保护部将项目名称确定为《排污许可证申请与核发技术规范　化肥工业》，属于《国家环境保护标准管理-水环境管理司》（科目编号：2110105）的子项目。

根据《国民经济行业分类与代码》（GB 4754），化肥包括氮肥、磷肥、钾肥和复混肥。按照急用优先的原则，将在 2017 年先期开展《排污许可证申请与核发技术规范　化肥工业——氮肥》（以下简称本标准）编制工作，2018 年完成《排污许可证申请与核发技术规范　化肥工业——钾肥》《排污许可证申请与核发技术规范　化肥工业——磷肥和复混肥》，最终完成化肥工业的排污许可证申请与核发技术规范。

本标准由环境保护部环境工程评估中心承担，中国寰球工程有限公司、中国氮肥工业协会、中国石油大学（华东）、大连理工大学为协作单位共同成立标准编制组。

1.2　工作过程

2017 年该项目立项后，根据工作需要，编制组多次组织内部专题研讨，排查行业，摸清底数，分析了当前氮肥工业排污许可证申请、核发过程中可能存在的问题，设立了制定原则，确立了本标准的适用范围、主要工艺情况填报、环境管理、许可排放量确定、实际排放量核算等关键问题。在此基础上编制完成开题报告。

2017 年 1 月 6 日环境保护部规划财务司组织了本标准的开题论证会。会上，编制组详细介绍了开题论证报告。专家一致通过开题论证，按照急用优先的原则，建议先期开展氮肥工业排污许可证申请与核发技术规范编制工作，在内容和格式上与已发布的火电、造纸行业排污许可技术规范保持一致。会后，编制组根据专家意见建议对本标准进行修改完善。

2017 年 2 月 20 日，编制组完成《排污许可证申请与核发技术规范　化肥工业——氮肥》（初稿），在北京组织召开专家咨询会。会议邀请了试点地区环境保护部门代表以及有关专家参会。与会代表和专家对标准的许可限值核定方法、标准选取及证中应载明的生产工艺、治污措施等内容提出了修改意见与建议。会后，编制组根据专家意见建议对本标准进行修改完善。

2017 年 3 月 8—11 日，编制组会同山东省环境保护厅、聊城市环境保护局、课题参与单位、化肥行业监测指南编制单位代表及氮肥行业多位专家赴山东某典型企业进行了现场调研和座谈，重点了解氮肥工业排污单位污染排放和环境管理现状，梳理行业主要的工艺技术、产排污节点和污染源强特征，研究行业污染物达标排放判定方法和实际排放量核算方法，试填报氮肥行业排污许可证申请表。在上述工作基础上，编制组对本标准进行了修改完善。

2017 年 6 月 5 日，编制组邀请工艺、环保专家就主要工艺填报表单、产排污节点、污染防治可行技术、自行监测等内容进行了讨论。

2017 年 6 月 26 日，编制组在北京组织召开专家咨询会，会议邀请了试点地区环境保护部门代表、企业代表以及有关专家参会。与会代表和专家对本标准的语言规范性、特殊污染源的管控合理性，编制说明的明确性等内容提出了修改意见与建议。会后，编制组根据专家意见建议修改完善本标准。

2017 年 6 月 30 日，编制组邀请工艺、环保专家就实际排放量核算等内容进行了讨论。会后，编制组根据专家意见建议修改完善本标准。

2017 年 7 月 3 日，规划财务司在北京主持召开了本标准征求意见稿的专家审查会，经与会专家及管理部门代表讨论、质询，通过了征求意见稿的技术审查。会后编制组根据专家意见，对标准文本及编制说明进行修改完善，形成征求意见稿及编制说明。

2017 年 7 月 19 日—8 月 20 日，规划财务司通过环境保护部网站对《排污许可证申请与核发技术规范　化肥工业——氮肥》（征求意见稿）及编制说明公开征求意见。

征求意见期间，为完善标准与平台，编制组分别于 7 月 17—21 日、7 月 20 日 —8 月 1 日、8 月 2—5 日分别赴山东、黑龙江、海南选取不同原料气制备工艺的典型企业开展现场试填报工作。在与企业共同试填过程中，发现标准和平台存在的问题，经仔细研究就标准中的问题进行修改，与平台负责人对接后对平台进行了优化。

2017 年 8 月 21 日—9 月 2 日，编制组归纳、汇总各单位意见，并多次组织专题讨论会，形成《排污许可证申请与核发技术规范　化肥工业——氮肥》（送审稿）及其编制说明。

2　行业概况

2.1　我国氮肥工业发展情况

2.1.1　我国氮肥工业总体发展概况

氮肥产品主要有合成氨、尿素、碳酸氢铵、硝酸铵、氯化铵、硫酸铵等。其中合成氨是氮肥工业的中间产品，约 83%的氨最终转化为氮肥产品，其中尿素是最主要的产品。

“十二五”以来，我国氮肥工业继续保持快速增长，年均增速超过 5.2%，合成氨和尿素产量分别占到世界总量的 38.5%和 41.6%，成为世界最大的生产国。

2016 年全国共有合成氨生产企业 269 家，合成氨总产量 6 071 万 t，尿素生产企业 145 家，尿素总产量 6 192 万 t。尿素占氮肥总产量的 69%以上。

表 1　2016 年全国氮肥产品产量情况

	2016 年产量（折纯）/万 t	2016 年产量（实物量）/万 t	占氮肥总量比例/%
合成氨		6 071.1	
氮肥	4 136.0		
尿素	2 866.8	6 191.8	69.3
碳酸氢铵	133.1	782.8	3.2
氯化铵	276.8	1 153.4	6.7
硝酸铵	132.4	378.2	3.2
硫酸铵	160.5		3.9
石灰氮	35.0		0.8
磷酸氢二铵	288.4		7.0

	2016年产量（折纯）/万t	2016年产量（实物量）/万t	占氮肥总量比例/%
磷酸二氢铵	126.0		3.0
复合肥折纯氮	102.9		2.5
其他	14.2		0.3

2.1.2 我国氮肥工业原料结构

目前世界 80%的合成氨以天然气为原料，但缺油、少气、煤炭相对丰富的资源特征，决定了我国合成氨生产原料以煤为主。2015 年全国合成氨总产量 6 120 万 t，以煤为原料合成氨产量占全国总产量的 78.8%，其中采用固定床常压间歇煤气化工艺的产量占比达到了 49.8%；以气为原料的合成氨产量占全国总产量的 20.4%，其中使用天然气为原料的合成氨产量占全国总产量的 19.2%。

表 2 2015 年合成氨产量原料结构

原料	占全国比例/%
合计	100.0
煤	78.8
其中：固定床间歇煤气化	49.8
水煤浆、干煤粉、碎煤加压气化	28.1
恩德煤气化、常压富氧气化	0.9
天然气	19.2
焦炉气	1.2
油	0.4
其他	0.5

2.1.3 我国氮肥工业区域分布

我国氮肥生产企业主要分布在粮棉主产区和原料资源地，主要集中在山东、河南、山西、湖北、四川、河北、江苏、安徽等省，其中，以煤为原料的企业主要集中在农业主产区和无烟煤产地，以山东产量最大，其次是山西和河南；以天然气为原料的企业靠近气源地，以四川产量最大。

表 3 2015 年合成氨产量区域分布

省份	合成氨产量/万t	占全国比例/%	省份	合成氨产量/万t	占全国比例/%
山东	781.17	11.7	湖南	112.60	1.7
河南	725.27	10.9	广西	102.48	1.5
山西	542.62	8.1	宁夏	94.48	1.4
湖北	490.45	7.3	辽宁	92.59	1.4
内蒙古	404.70	6.1	黑龙江	90.30	1.4
安徽	404.00	6.0	福建	89.60	1.3
四川	403.15	6.0	海南	79.16	1.2
河北	397.59	6.0	浙江	72.25	1.1
江苏	366.82	5.5	甘肃	57.69	0.9
新疆	317.85	4.8	吉林	49.66	0.7
贵州	265.04	4.0	青海	41.28	0.6
云南	252.98	3.8	天津	20.11	0.3
陕西	226.40	3.4	江西	8.98	0.1
重庆	187.99	2.8	广东	0.59	0.0
			总计	6 677.79	

2.1.4 我国氮肥工业现状

我国合成氨装置规模较小，具有核心竞争力的大型氮肥企业数量较少。单套规模一般小于 20 万 t（发达国家一般在 30 万～60 万 t/a），单套 30 万 t 及以上合成氨装置的产能仅占全国总产能的三分之一。

《石化和化学工业发展规划（2016—2020 年）》显示，氮肥等重点行业产能过剩尤为明显。中国氮肥工业协会的数据表明，“十二五”期间尿素产能年均增长率达到 5.1%，新建产能 3 060 万 t，退出产能不足 1 300 万 t，产能过剩达 1 000 万 t。产能过剩导致企业运营困难，盈利能力下降。2015 年全行业主营业务收入 2 532.9 亿元，全行业亏损 31.3 亿元。其中亏损企业 129 家，亏损额 117.1 亿元。

2.2 氮肥工业主要生产工艺

2.2.1 合成氨生产工艺

根据生产原料不同，我国合成氨生产采用的工艺技术可以分为以煤为原料的生产工艺、以气（天然气或焦炉气）为原料的生产工艺和以油为原料的生产工艺这三大类。合成氨生产工艺技术有很多种，但无论是哪一种生产工艺技术，合成氨生产工艺流程过程均可大致分为原料气制备、原料气净化和氨合成三个单元。首先，将煤、天然气、焦炉气或油等原料制成含氢气、氮气、一氧化碳和二氧化碳等粗原料气；其次，对粗原料气进行净化处理，包括变换、脱硫、脱碳以及气体精制等过程，除去氢气和氮气以外的杂质；最后，将净化后的合成气压缩至合成所需压力条件，并在催化剂的作用下生成合成氨。

原料气制备单元的生产工艺包括以煤为原料的固定床常压煤气化工艺、水煤浆气流床气化工艺、干煤粉气流床气化工艺和碎煤固定床加压气化工艺等；以天然气或焦炉气为原料的天然气蒸汽转化法和焦炉气部分转化法等；以油为原料的重油部分氧化法等。

原料气净化单元的生产工艺与原料气制备单元的生产工艺相对应，主要包括变换、碳化（联产碳酸氢铵时）、脱硫脱碳（脱硫+脱碳、脱碳、脱硫脱碳）、硫回收、原料气精制等。

氨合成单元的生产工艺包括高压法、中压法、低压法等。

2.2.2 尿素及其他产品生产工艺

尿素生产工艺包括水溶液全循环法、二氧化碳汽提法、氨汽提法等；硝酸铵单元包括常压中和法、加压中和法、管式反应器法等。

2.3 氮肥工业主要产排污环节

2.3.1 合成氨

a）固定床常压煤气化工艺

废水产排污环节包括：造气循环冷却水系统排放废水、变换工艺冷凝液废水、氨回收排放废水、压缩机排放废水等。造气循环冷却水系统排放废水、变换工艺冷凝液废水主要污染物有悬浮物、COD、氨氮、总氮、氰化物、硫化物、挥发酚、石油类等，氨回收排放废水主要污染物为氨氮，压缩机排放废水，主要污染物为 COD、石油类。

废气产排污节点包括：固定床间歇煤气化工艺吹风气余热回收系统烟气，主要污染物为颗粒物、二氧化硫、氮氧化物；脱硫、脱碳再生废气（指溶剂或吸附剂再生时产生的汽提气、解析气、放空二氧化碳气，如半水煤气脱硫再生槽废气、变换气脱硫再生槽废气、脱碳气提塔废气等），主要污染物为硫化氢、氨、非甲烷总烃；硫回收熔硫釜废气，主要污染物为硫化氢。目前该工艺造气循环冷却水系统采用污水循环，使用造气废水、脱硫废水等工艺废水作为补水，在造气废水沉淀池沉淀除尘处理和造气循环冷却水冷却塔降温等过程中，污水中的氨、硫化氢、挥发酚、氰化物、苯并[*a*]芘、非甲烷总烃等污染物逸散排入大气。

b）干煤粉气流床气化工艺

废水产排污节点包括：气化废水，主要污染物有悬浮物、COD、氨氮、总氮、硫化物、氰化物等；低温甲醇洗排放废水，主要污染物为 COD；氨回收排放废水，主要污染物为氨氮。

废气产排污节点包括：磨煤干燥系统放空气，主要污染物主要污染物为颗粒物、二氧化硫、氮氧化物；粉煤输送及加压进料系统粉煤仓排气，主要污染物为颗粒物，使用低温甲醇洗工段的二氧化碳作载气时，还排放甲醇、硫化氢；低温甲醇洗尾气，主要污染物为甲醇、H_2S；硫回收尾气，主要污染物为二氧化硫、氮氧化物。

c）水煤浆气流床气化工艺/重油部分氧化工艺

废水产排污节点包括：气化废水，主要污染物有悬浮物、COD、氨氮、总氮、硫化物、氰化物等；低温甲醇洗排放废水，主要污染物为 COD；氨回收排放废水，主要污染物为氨氮。

废气产排污节点包括：低温甲醇洗尾气，主要污染物为甲醇、H_2S；硫回收尾气，主要污染物为二氧化硫、氮氧化物。

d）天然气/焦炉气转化工艺

废水产排污节点包括：变换工艺冷凝液废水，主要污染物有 COD、氨氮、总氮；氨回收排放废水，主要污染物为氨氮；压缩机排放废水，主要污染物为 COD、石油类。

废气产排污节点包括：焦炉气脱硫再生槽废气，主要污染物为硫化氢、氨、非甲烷总烃；一段转化炉烟气，主要污染物主要为颗粒物、二氧化硫、氮氧化物；脱碳再生塔放空气，主要污染物为 CO_2。

2.3.2 尿素及硝酸铵

尿素和硝酸铵生产废水产排污环节基本相同，主要为工艺冷凝液，主要污染物为氨氮、总氮。

尿素生产的废气产排污环节包括：放空气洗涤塔尾气，主要污染物为氨；造粒塔（机）排气，主要污染物为尿素粉尘、氨、甲醛；尿素包装机排气，主要污染物是尿素粉尘。

硝酸铵生产的产排污环节包括：造粒塔排气，主要污染物为硝酸铵粉尘、氨；包装机排气，主要污染物是硝酸铵粉尘。

2.3.3 公用工程单元

公用工程单元包括：储运系统（罐区、装卸设施）、给排水系统（净水场、循环冷却水场、除盐水站、污水处理场）、动力系统锅炉。

2.3.3.1 废水

公用工程单元废水产排污节点包括：净水场废水，主要污染物为悬浮物；循环冷却水场废水，主要污染物为 COD、总磷；除盐水站废水，主要污染物为 pH 值；生活污水，主要污染物为 COD、氨氮；污水处理场废水，主要污染物为 COD、氨氮、总氮、总磷等。

2.3.3.2 废气

公用工程单元废气产排污节点包括：常压储罐无组织排放；动力锅炉烟气，主要污染物为颗粒物、二氧化硫、氮氧化物，以煤为燃料时，还排放汞及其化合物。

3 标准制定的必要性

3.1 环境形势的变化对标准提出新的要求

排污许可证制度是固定污染源环境管理的有效手段，美国、欧盟等发达国家和地区建立了完善的排污许可制度，并配套了规范的排污许可技术体系。

党中央、国务院高度重视生态环境保护建设，提出改革环境管理基础制度，建立覆盖所有固定污染源的排污许可制度，使其成为企业守法、政府执法、社会监督的依据，实现“一证式”管理，中央全面深化改革领导小组将该项工作确定为环境保护部重点改革任务之一。2016 年，国务院办公厅印发的《控制污染物排放许可证实施方案》明确了排污许可制度改革的顶层设计、总体思路，构建以排污许可制为核心的固定污染源环境管理制度，分行业推进，完成覆盖所有固定污染源的排污许可证核发工作。按照总体部署，氮肥工业作为《水污染防治行动计划》中规定的重点行业，应于 2017 年完成排污许可证的核发。

为适应新形势下的排污许可制度改革，统一全国氮肥工业排污许可技术要求，指导并规范氮肥工业排污单位申请与核发工作，为排污许可管理提供科学、健全、有力的技术保障，亟须制定氮肥工业排污许可相关技术规范。

3.2 相关环保标准和排污许可证管理工作的需要

a）相关环保标准的需要

《控制污染物排放许可制实施方案》对固定源许可排放限值、合规判定、自行监测、环境管理等方面提出了原则规定，氮肥工业现行的污染物排放标准、工程技术规范、总量核算管理办法等不能满足上述排污许可精细化管理要求。环境保护部制定了“总则+分行业”形式的排污许可技术规范总体框架，行业技术规范包括石化、钢铁、水泥、焦化、化肥（包括氮肥）、有色金属等。

b）排污许可证管理工作的需要

2016 年 12 月，环境保护部发布了《排污许可证管理暂行规定》和《关于开展火电、造纸行业和京津冀试点城市高架源排污许可证管理工作的通知》，启动了火电、造纸行业排污许可证申请与核发的相关工作，并要求 2017 年完成石化、化工、钢铁、有色、水泥、氮肥、印染、制革、焦化、农副食品加工、农药、电镀等行业排污单位许可证核发。

目前，国家尚无氮肥工业排污许可证申请与核发技术规范，无法指导排污单位申请和环境保护主管部门核发，不利于推动许可证核发工作。为统一全国氮肥工业排污许可技术要求，指导氮肥工业排污单位申请排污许可证和核发机关审核确定排污许可证，保障氮肥工业排污许可制度顺利实施，制定本标准十分必要。

4 国内外相关标准情况

4.1 国外相关标准情况

西方发达国家已建立了较为完善的许可证申请及许可证要求的合规管理体系。

以美国为例，从 1972 年开始在全国范围内实行水污染物排放许可证制度，并在技术路线和方法上不断得到改进和发展。法律层面，美国排污许可制度的法律主要包括《清洁水法》（CWA）和《清洁空气法》（CAA），规定了排污许可证的分类、申请核发程序、公众参与、执行与监管、处罚等具体要求。如《清洁空气法》中的 Title Ⅴ主要内容是运营许可证，包括：运营许可证定义、计划及申请、要求及条件、信息公开、其他与此相关的授权内容等。联邦行政许可法等规定了许可程序等要求，也是排污许可法律体系的重要组成部分。

联邦法规（CFR）制定了工业大气污染源必须遵守的要求，CFR 第 40 部分环境保护，包括排污许可具体流程，以及排放标准、最佳可行技术等技术层面的规定，是《清洁水法》和《清洁空气法》的具体“实施细则”。以空气固定源运营许可证为例，在 40 CFR Part 70.6 规定了运营许可证所要包含的 7 项基本内容：（1）规范许可证最低要求；（2）联邦执法要求；（3）守法要求；（4）一般性许可证条款；（5）临时污染源条款；（6）许可保护条款；（7）紧急情况条款。

此外，美国各州制订了许可证申请表格，规定了较为详细的申请及许可证要求等内容，以南加州空气质量管理局（SCAQMD）网站公布的表格为例，固定源需要填报的信息表包括管理信息表、基本信息表、特定污染防治设施补充申请信息表、污染物削减信用信息表、RECLAIM 计划信息表、《清洁空气法》第Ⅴ部分申请和报告信息表。管理信息表填报内容包括固定源名称变更、地址变更、运营者变更、许可证撤销、许可证重置等；基本信息表填报内容包括操作者信息、位置信息（周围学校信息，周围人口密度信息、周边建筑物信息、与居民区和商业区距离等信息）、厂区平面图和排放口信息（排放口位置、烟囱高度等）；特定污染防治设施补充申请信息表包括除尘、脱硫、脱硝等污染防治设施编号、数量、参数等信息；污染物削减信用信息、RECLAIM 计划信息表包括各类排污权交易计划下的信用额度、交易信息、交易价格；《清洁空气法》第Ⅴ部分申请和报告信息表包括清洁空气法第Ⅴ部分框架下的各计划要求的记录、报告、豁免信息等表格。

欧盟排污许可为综合许可，包括废水、废气、固废和噪声。许可证需要遵守的法规包括欧盟和各国层面的法规。欧盟发布了欧盟工业排放指令（2010/75/EU），该指令整合了之前颁布的多部指令，是工业污染物排放综合性指令，详细规定了排污许可制度，包括通用条款、特别条款和执行机构。许可证详细规定了工厂里每个排放源需要遵守的要求。许可证申请内容主要包括设备及其生产活动、原辅材料及能量、设备地点、设备向环境媒介释放的物质和能量并证实其影响、污染物控制技术、监测计划，以及科技、技术及措施的替代方案。

4.2 国内相关标准情况

4.2.1 行业排污许可证申请与核发技术规范

国内尚未以标准形式正式发布任何行业排污许可证申请与核发技术规范，只是在《关于开展火电、造纸行业和京津冀试点城市高架源排污许可证管理工作的通知》中附带《火电行业排污许可证申请与核发技术规范》《造纸行业排污许可证申请与核发技术规范》，明确火电、造纸行业排污许可证适用范围及排污单位基本情况、产排污节点对应排放口及许可排放限值、可行技术、自行监测管理要求、环境管理台账记录与执行报告编制规范、合规判定方法、实际排放量核算方法。

4.2.2 氮肥工业相关标准情况

目前我国仅发布了合成氨工业水污染控制排放标准，尚未发布氮肥工业大气污染物排放标准。2013年发布的《合成氨工业水污染物排放标准》（GB 13458），规定了合成氨工业排污单位生产过程中水污染物排放限值、监测要求。

本标准按照国家排污许可制度顶层设计总体要求和《排污许可证申请与核发技术规范　总则》，结合氮肥工业产排污特点、排放标准、环境管理、监测等要求，参照《火电行业排污许可证申请与核发技术规范》及《造纸行业排污许可证申请与核发技术规范》的思路、框架内容，开展相关专题研究，细化、完善形成氮肥工业排污许可证申请与核发技术规范。

5 基本原则和技术路线

5.1 基本原则

a）协调性和一致性。本标准与我国现行有关的环境法律法规、标准协调相配套，与环境保护的方针政策相一致。以《控制污染物排放许可制实施方案》《排污许可证管理暂行规定》等相关的法律法规、方针政策、标准规范为依据制定本标准。

b）针对性和代表性。结合氮肥工业排污单位生产工艺、产排污节点、主要污染源、污染因子等特点，按照《排污许可证申请与核发技术规范　总则》等要求制定本标准。

c）全面性和科学性。通过排污单位排污许可证申请，促使排污单位全面梳理“产污 —治污—排污”等信息，以满足精细化全过程环境管理的需要。

d）归一性和真实性。排污许可证制度作为固定源企事业单位的基础性核心环境管理制度，定位为环境统计、总量控制等其他管理制度信息唯一的来源。排污许可管理信息主要包括排污单位基础信息（一次性填报）、执行报告（定期报告或一事一报）、环境管理台账（实际运行情况）三类，数据信息之间互相佐证，形成完整证据链，作为合规判定依据。

5.2 技术路线

本标准技术路线见图 1。

6 标准主要内容

6.1 标准内容结构

本标准分为以下内容：

0　前言

1　适用范围

2　规范性引用文件

3　术语和定义

4　排污单位基本情况填报要求

5　产排污节点及许可排放限值

6　污染防治可行技术

7 自行监测管理要求

8 环境管理台账记录与排污许可证执行报告编制规范

9 实际排放量核算方法

10 合规判定方法

6.2 适用范围

氮肥产品主要有合成氨、尿素、碳酸氢铵、硝酸铵、氯化铵、硫酸铵等。考虑氯化铵主要为制碱工业副产品，硫酸铵主要为烟气脱硫副产品，因此，本标准未将氯化铵、硫酸铵纳入氮肥工业排污许可管理。《合成氨工业水污染物排放标准》（GB 13458）是目前氮肥工业主要的污染物排放标准。本标准适用范围与《合成氨工业水污染物排放标准》（GB 13458）一致，将氮肥工业定义为包括生产合成氨和以合成氨为原料生产尿素、硝酸铵、碳酸氢铵以及醇氨联产的生产企业或生产设施。

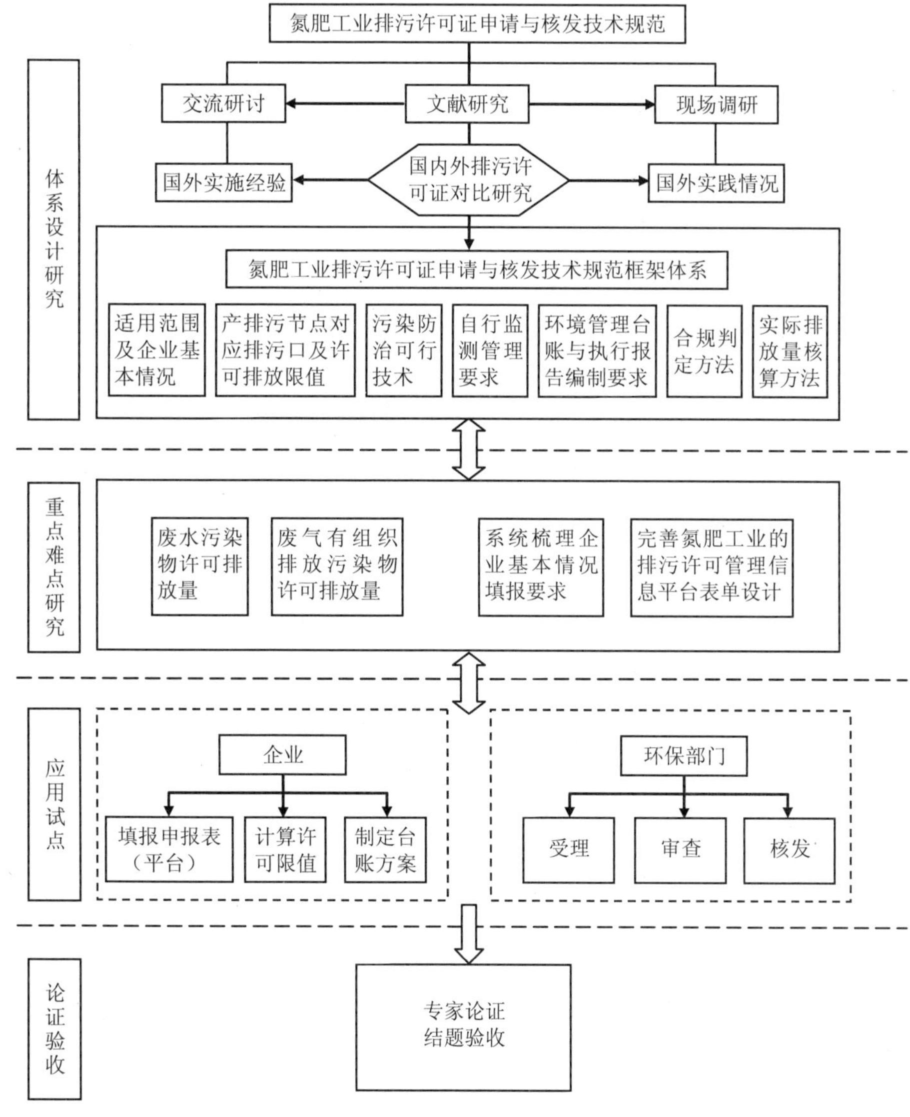

图1 氮肥工业排污许可证申请与核发技术规范制定技术路线图

6.3 规范性引用文件

本标准涉及的相关排放标准、技术规范、监测方法等作为规范性引用文件列入。凡是未注明日期的，均适用其有效版本。

6.4 术语和定义

本标准对氮肥工业排污单位、许可排放限值、特殊时段、排放口四个术语进行了定义。

氮肥工业排污单位定义根据 GB 13458 确定；排放口是按照氮肥工业各排放口污染物排放特点及排放负荷，实行分类管理，其中废气排放口分为主要排放口、一般排放口和其他排放情形，废水总排放口为主要排放口。主要排放口管控污染物许可排放浓度和许可排放量；一般排放口管控污染物许可排放浓度；其他排放情形暂不管控污染物许可排放浓度和许可排放量，但需要开展监测工作。

6.5 排污单位基本情况填报要求

根据《排污许可证管理暂行规定》要求，结合氮肥工业特点，给出了氮肥工业排污许可证申请表中排污单位基本情况、主要产品及产能、主要原辅材料及燃料、产排污节点、污染物及污染治理设施等填报要求，以指导氮肥工业排污单位填报排污许可证申请表。

6.5.1 排污单位基本情况

用于指导排污单位在排污许可证管理信息平台申报系统填报环水体〔2016〕186 号附 2《排污许可证申请表》中表 1。

6.5.2 主要产品及产能

用于指导排污单位在排污许可证管理信息平台申报系统填报环水体〔2016〕186 号附 2《排污许可证申请表》中表 2。

按合成氨生产工艺流程过程，将合成氨生产分为原料气制备、原料气净化和氨合成三个生产单元。煤不仅是我国合成氨生产的主要原料，同时也为氮肥工业排污单位动力系统锅炉的主要燃料，因此将备煤单元作为以煤为原料或燃料的排污单位的一个主要生产单元列出。尿素生产、硝酸铵生产设施相对独立，均按一个生产单元列出。公用工程设施为排污单位的重要组成部分，也按一个生产单元列出。

考虑全过程管控、精细化管理要求和企业管理现状，将生产设施分为必填和选填，必填内容主要为表征生产单元主要生产能力和废水、废气污染物排放密切情况相关的生产设施等，其余为选填项。

6.5.3 主要原辅材料及燃料

根据生产单元填写主要原辅材料及燃料信息，最终通过系统加和运算，生成排污许可证管理信息平台申报系统填报环水体〔2016〕186 号附 2《排污许可证申请表》中的表 3。

填写各生产单元主要原料、辅料及燃料的名称、设计年使用量和成分。属于《危险化学品目录》的化学品须全部填报。氮肥行业主要原料为煤、天然气、焦炉气、油、焦炭等，其中按《中国煤炭分类标准》将原料煤分为无烟煤、烟煤和褐煤。辅料包括工艺过程和废水处理、废气治理过程中添加的辅料等。燃料包括燃料煤、燃料油、燃料气、天然气、液化石油气等，填写时需在备注中标明自产燃料或外购燃料并说明燃料热值。设计年使用量为与生产（加工）能力相匹配的设计年使用量。原料、辅料中硫元素占比为必填项，燃料中煤的硫分、灰分、挥发分、汞含量和其他燃料中硫元素占比为必填项，其余参数为选填项，可参考设计值或上一年的实际使用情况填报。

6.5.4 产排污节点、污染物及污染治理设施

用于指导排污单位填写环水体〔2016〕186 号附 2《排污许可证申请表》中的表 4 至表 12。

6.5.4.1 废气

a）产排污环节和污染物种类

根据氮肥工业排污单位生产过程中污染排放源确定，包括有组织和无组织产排污环节。污染物种类根据排放标准确定。考虑我国尚未颁发氮肥工业的行业大气污染物排放标准，目前氮肥工业大气污染物排放主要执行 GB 9078、GB 13223、GB 13271、GB 14554、GB 16171、GB 16297 等标准。本标准根据相

关标准和氮肥工业生产设施污染物排放因子确定各排放源纳入排污许可管控的污染物种类。

b）污染治理设施

根据《环境工程　名词术语》（HJ 2016），废气治理设施分为脱硫系统、脱硝系统、除尘设施、臭气处理系统等。

c）污染治理工艺

根据氮肥工业废气排放特点，废气治理主要包括脱硫、脱硝、除尘、臭气处理等类型，具体工艺包括：

1）脱硫：干法脱硫、半干法脱硫、湿法脱硫（石灰石法、氨法、氢氧化钠法、氧化镁法）等；

2）脱硝：低氮燃烧、选择性催化还原法（SCR）、选择性非催化还原法（SNCR）等；

3）除尘：电除尘、袋式除尘、湿式除尘等；

4）臭气处理：蓄热氧化、热力焚烧、洗涤、生物除臭等。

d）污染治理设施参数

包括参数名称、设计值和计量单位，其中参数包括废气处理量、运行时间、污染物排放浓度等。

需要填写废气治理设施详细参数时，参照《排污许可证申请与核发技术规范　石化工业》（HJ 853）中附录 C 选填。

e）排放口类型

废气排放口分为主要排放口、一般排放口和其他排放情形。

6.5.4.2　废水

a）废水类别和污染物种类

本标准结合氮肥工业排污单位生产特点，在 GB 13458 的基础上将废水类别分为工艺废水、循环冷却水场排污水、除盐水站排污水、锅炉排污水、污染雨水、生活污水等。污染物种类根据 GB 13458 确定。

b）废水排放去向

根据《废水排放去向代码》（HJ 523），结合氮肥工业排污单位生产特点，确定排污单位废水总排口废水的排放去向。

c）废水排放规律

根据《废水排放规律代码》（HJ 521），结合氮肥工业排污单位生产特点，确定废水排放规律。

d）污染处理设施名称

根据不同的处理阶段，污水处理设施分为装置预处理设施，污水处理场预处理设施、生化处理设施、深度处理与回用设施等。

e）污染治理工艺

主要包括：

1）装置预处理：沉淀、除油、闪蒸、汽（气）提、萃取、溶剂回收等；

2）污水处理场预处理：调节、混凝沉淀、隔油、浮选等；

3）污水处理场生化处理：缺氧/好氧（A/O）、序批式活性污泥法（SBR）、周期循环活性污泥法（CASS）、氧化沟、曝气生物滤池（BAF）、膜生物反应器（MBR）、生物接触氧化法等；

4）污水处理场深度处理与回用：混凝沉淀、过滤、臭氧氧化、超滤（UF）、反渗透（RO）等。

f）污染治理设施参数

填报污水处理设施设计参数，包括废水处理量、运行时间、污染物排放浓度等。需要填写废水治理设施详细参数时，参照《排污许可证申请与核发技术规范　石化工业》（HJ 853）中附录 C 选填。

g）排放口类型

废水总排放口为主要排放口。

6.5.4.3　污染治理设施、排放口编号

排污单位内部污染治理设施有编号的，可以直接填报排污单位内部编号；排污单位内部污染治理设

施无编号的，应根据《关于开展火电、造纸行业和京津冀试点城市高架源排污许可证管理工作的通知》（环水体〔2016〕189 号）中附件 4《固定污染源（水、大气）编码规则》（试行）进行编号并填报。

排放口编号可填写环境保护主管部门现有编号，或根据《关于开展火电、造纸行业和京津冀试点城市高架源排污许可证管理工作的通知》（环水体〔2016〕189 号）中附 4《固定污染源（水、大气）编码规则》（试行）进行编号并填报。

6.5.4.4 可行技术

是否为可以技术参照本标准第 6 部分“污染防治可行技术”填报。对于采用不属于可行技术范围的污染治理技术，应填写提供的相关证明材料。

6.5.4.5 排放口设置要求

目前，排污口规范化要求主要依据《排污口规范化整治技术要求（试行）》（环监〔1996〕470 号）等相关文件，排污单位可结合实际情况，判断废气和废水排放口设置是否符合规范化要求并如实进行填报。

6.5.4.6 排放口基本情况

本标准在废水排放口和废气排放口的基础上，增加了雨水排放口，用于管理部门了解雨水排放口的地理坐标和排放去向。

6.5.5 其他要求

主要包括厂区总平面布置图、全厂雨水和污水管线走向图、生产工艺总流程图等。厂区总平面布置图、全厂雨水和污水管线走向图、生产工艺总流程图用于说明全厂布局、管线走向和总体工艺情况。

6.6 产排污节点及许可排放限值

用于指导氮肥工业排污单位填写《排污许可证管理暂行规定》（环水体〔2016〕186 号）附 2《排污许可证申请表》中的表 7《废气污染物排放执行标准表》、表 8《大气污染物有组织排放表》、表 9《大气污染物无组织排放表》、表 10《排污单位大气排放总许可量》等废气相关信息，以及表 13《废水污染物排放执行标准表》和表 14《废水污染物排放》等废水相关信息。

6.6.1 产排污节点

6.6.1.1 废气

用于指导氮肥工业排污单位填写环水体〔2016〕186 号附 2《排污许可证申请表》中的表 6《大气排放口基本情况表》。

按照氮肥工业各排放口污染物排放特点及排放负荷，本标准实行差异化管理，将排放口划分为主要排放口、一般排放口和其他排放情形。主要排放口管控许可排放浓度和许可排放量，一般排放口管控许可排放浓度。将污染物排放量大但无排放标准管控的排放口列为其他排放情形，暂不管控许可排放浓度和许可排放量，但需核算实际排放量。

将污染物排放量大的排放口列为主要排放口，包括备煤单元含尘废气收集处理设施排气筒，固定床常压煤气化工艺的吹风气余热回收系统烟囱，干煤粉气流床气化工艺的磨煤干燥系统放空气排气筒、煤粉输送及加压进料系统粉煤仓排气筒等 14 类排放口；固定床常压煤气化工艺的造气循环水冷却塔、造气废水沉淀池废气收集处理设施排气筒、造气炉放空管和公用工程单元火炬 4 类定为其他排放情形；其他排放口为一般排放口。根据《工业炉窑大气污染物排放标准》（GB 9078）、《火电厂大气污染物排放标准》（GB 13223）、《锅炉大气污染物排放标准》（GB 13271）、《恶臭污染物排放标准》（GB 14554）、《炼焦化学工业污染物排放标准》（GB 16171）、《大气污染物综合排放标准》（GB 16297）要求，列出了纳入许可管理的废气污染源及污染物项目。

氮肥工业不同原料及生产工艺的污染物产生及排放情况差异较大。与天然气相比，以煤为原料的生产工艺产生及排放的污染物种类多、数量大，其中固定床常压煤气化工艺环境污染尤为严重。固定床常压煤气化工艺的造气循环冷却水系统采用污水循环，使用造气炉、洗涤塔、气柜等造气废水，除尘塔、冷却塔、清洗塔等脱硫废水，循环压缩机含油污水等多股废水作为补水，含有氨、硫化氢、挥发酚、氰化氢、非甲烷总烃、苯并[a]芘等污染物，在造气废水集输过程和冷却塔对流换热过程中会挥发逸散到大气中，是固定床常压煤气化工艺主要废气排放源。2006 年，国家发展改革委《关于加强煤化工项目建设管理促进产业健康发展的通知》（发改工业〔2006〕1350 号文），提出“积极采用先进煤气化技术改造以间歇气化技术为主的化肥行业，减少环境污染，推动产业发展和技术升级，……禁止核准或备案以及采用固定床间歇气化和直流冷却技术的煤气化项目”。但因其适合无烟煤造气，具有投资少、运行稳定等特点，在氮肥实际生产中仍占主导地位。本标准在许可排放因子、排放浓度、无组织排放控制要求、自行监测和实际排放量核算等方面加严了对以煤、油和焦炉气为原料的生产工艺的管控要求。因此本标准将固定床常压煤气化工艺的造气循环水冷却塔、造气废水沉淀池废气收集处理设施排气筒列为其他排放情形管理。

固定床常压煤气化造气炉规模小、数量多、启停较为频繁，单台产能 1～2 t/h，全国有 3 000 多台，一般三个月启停一次。气化炉启停期间，产生的废气包括氨、硫化氢等多种污染物，通过炉顶放空管直接排放。需要加强对该污染源的管控，因此本标准要求排污单位计算气化炉装置启停期间放空管污染物排放量，并将其列为其他排放情形。

化工企业在生产过程中为确保安全生产，通过设置火炬将一些不可回收且具有一定危害性的可燃性气体，燃烧转变为危害小的气体后排入大气。由于进入火炬燃烧处理的火炬气具有不确定性，也无法用排放标准来限定污染物排放，因此本标准将公用工程单元的火炬列为其他排放情形，不管控许可排放浓度和排放量，但要求记录火炬的排放情况，以核算实际排放量。

6.6.1.2　废水

本标准将废水总排口列为主要排放口，污染物项目根据 GB 13458 确定。所有污染物项目均管控污染物浓度。化学需氧量、氨氮管控许可排放量。对位于《“十三五”生态环境保护规划》及环境保护部正式发布的文件中规定的总磷和总氮总量控制区域内的排污单位，还应分别申请总磷、总氮年许可排放量。地方环境保护主管部门另有规定的，从其规定。

6.6.2　许可排放限值

6.6.2.1　一般规定

许可排放量包括年许可排放量和特殊时段许可排放量。年许可排放量是指允许排污单位连续 12 个月污染物排放的最大量。地方环境保护主管部门可根据需要将年许可排放量按月进行细化。

对于大气污染物，有组织排放源主要排放口应明确各污染物许可排放浓度和颗粒物、二氧化硫、氮氧化物、氨年许可排放量，一般排放口应明确各污染物许可排放浓度，其他排放情形不许可排放浓度和排放量；无组织排放源明确企业边界许可排放浓度。特殊时段许可排放量明确有组织排放源颗粒物、二氧化硫、氮氧化物重污染天气应对期间日许可排放量。地方制定的相关法规中对特殊时段有明确规定的从其规定，国家和地方环境保护主管部门依法规定的其他特殊时段短期许可排放量应当在排污许可证当中明确。对于水污染物，废水总排放口应明确各污染物许可排放浓度和年许可排放量。

按照国家和地方污染物排放标准等法律法规以及管理制度要求从严确定许可排放浓度，按照总量控制指标及本标准规定的方法从严确定许可排放量。2015 年 1 月 1 日（含）后取得环境影响评价批复的排污单位，许可排放限值还应同时满足环境影响评价文件和批复要求。

总量控制指标包括地方政府或环境保护主管部门发文确定的排污单位总量控制指标、环境影响评价批复时的总量控制指标、现有排污许可证中载明的总量控制指标、通过排污权有偿使用和交易确定的总量控制指标等地方政府或环境保护主管部门与排污许可证申领排污单位以一定形式确认的总量控制指标。

排污单位填报许可限值时，应在《排污许可证申请表》中写明申请的许可排放限值计算过程。

排污单位申请的许可排放限值严于本标准规定的，排污许可证按照申请的许可排放限值核发。

6.6.2.2　许可排放浓度

a）废气

用于指导氮肥工业排污单位填写《排污许可证管理暂行规定》（环水体〔2016〕186 号）附 2《排污

许可证申请表》中的表 7《废气污染物排放执行标准表》、表 8《大气污染物有组织排放表》和表 9《大气污染物无组织排放表》。

我国尚未颁发氮肥（或化肥）工业大气污染物排放标准，目前氮肥（或化肥）工业大气污染物排放控制主要涉及《工业炉窑大气污染物排放标准》（GB 9078）、《恶臭污染物排放标准》（GB 14554）、《大气污染物综合排放标准》（GB 16297）等，其中 GB 9078 对一段转化炉等工业炉窑烟气中的烟粉尘排放浓度作了具体要求，浓度为 200 mg/m^3，未对二氧化硫和氮氧化物的排放浓度做出规定。因此，本标准提出一段转化炉烟气中颗粒物按照 GB 9078 确定许可排放浓度，未对二氧化硫和氮氧化物浓度提出具体规定，但在自行监测中要求对二氧化硫和氮氧化物进行监测，用于核算实际排放量。

综合利用焦炉气生产合成氨时，需根据焦炉气含硫量进行脱硫预处理，其湿法脱硫过程与炼焦化学工业焦炉气脱硫过程相同，因此，本标准提出焦炉气转化工艺的脱硫再生槽废气中硫化氢、氨许可排放浓度按照 GB 16171 脱硫再生塔确定。

根据《关于部分供热及发电锅炉执行大气污染物排放标准有关问题的复函》（环函〔2014〕179 号）的要求，按照 GB 13223 或 GB 13271 确定固定床常压间歇煤气化工艺的吹风气余热回收系统烟气和公用工程单元的动力锅炉烟气中各污染物许可排放浓度。根据《关于执行大气污染物特别排放限值的公告》（环境保护部公告 2013 年 第 14 号）和《关于执行大气污染物特别排放限值有关问题的复函》（环办大气函〔2016〕1087 号）的要求，目前北京市、天津市、石家庄市、唐山市、保定市、廊坊市、上海市、南京市、无锡市、常州市、苏州市、南通市、扬州市、镇江市、泰州市、杭州市、宁波市、嘉兴市、湖州市、绍兴市、广州市、深圳市、珠海市、佛山市、江门市、肇庆市、惠州市、东莞市、中山市、沈阳市、济南市、青岛市、淄博市、潍坊市、日照市、武汉市、长沙市、重庆市主城区、成都市、福州市、三明市、太原市、西安市、咸阳市、兰州市、银川市、乌鲁木齐等 47 个城市市域范围应当执行特别排放限值，锅炉烟气的污染物许可排放浓度须按照 GB 13271 特别排放限值确定。如后续发布其他文件要求执行特别排放限值，从其规定。

GB 16297 对有组织废气排放源的颗粒物、二氧化硫、硫酸雾、氮氧化物、甲醇、酚类、非甲烷总烃、甲醛排放浓度作了具体要求；GB 14554 对硫化氢、氨等恶臭污染物的有组织排放速率和臭气浓度作了具体要求。

企业边界无组织排放废气污染物许可排放浓度按照 GB 16297、GB 14554 确定。

地方有更严格的排放标准要求的，从其规定。

考虑后续监管的可操作性，明确了混合排放废气污染物浓度确定原则。若执行不同许可排放浓度的多台生产设施或排放口采用混合方式排放废气，且选择的监控位置只能监测混合废气中的大气污染物浓度，则应执行各限值要求中最严格的许可排放浓度限值。

b）废水

用于指导氮肥工业排污单位填写《排污许可证管理暂行规定》（环水体〔2016〕186 号）附 2《排污许可证申请表》中的表 13《废水污染物排放执行标准表》。废水污染物项目及许可排放浓度按 GB 13458 确定。

排污单位直接向环境排放的废水，其污染物许可排放浓度按照 GB 13458 表 2 直接排放标准确定；向公共污水处理系统排放的废水，其污染物许可排放浓度按照 GB 13458 表 2 间接排放标准确定。国务院环境保护主管部门或省级人民政府要求应当执行特别排放限值的排污单位，其污染物许可排放浓度按照 GB 13458 表 3 水污染物特别排放限值确定。地方有更严格的排放标准要求的，从其规定。

排污单位生产设施同时生产两种以上产品、可适用不同排放控制要求或不同行业水污染物排放标准，且生产设施产生的污水混合处理排放的情况下，应执行排放标准中规定的最严格的浓度限值。

6.6.2.3 许可排放量

a）废气

用于指导排污单位填写《排污许可证管理暂行规定》（环水体〔2016〕186 号）附 2《排污许可证申

请表》中的表 8《大气污染物有组织排放表》、表 9《大气污染物无组织排放表》、表 10《排污单位大气排放总许可量》。

氮肥工业排污单位产生废气污染物的种类较多，按照排放形式分为有组织排放、无组织排放。鉴于目前无组织废气排放量的计算存在基础数据不足，计算方法不统一等原因，此次本标准仅对有组织排放的污染物进行核算。

有组织排放口的许可排放量根据设计排气量、年运行小时数、许可排放浓度计算。考虑氨没有许可排放浓度，仅有排放速率，因此氨的许可排放量按年运行小时数、许可排放速率计算。

b）废水

用于指导排污单位填写环水体〔2016〕186 号附 2《排污许可证申请表》中的表 14。根据总量控制和改善环境质量要求，确定核算核算年许可排放量的污染物项目为化学需氧量、氨氮以及受纳水体环境质量超标且列入 GB 13458 中的其他污染物项目。同时，根据《“十三五”生态环境保护规划》要求，纳入总磷和总氮总量控制区域的需要核算总磷、总氮许可排放量。实施总磷总量控制的区域包括天津市宝坻区，黑龙江省鸡西市，贵州省黔南布依族苗族自治州、黔东南苗族侗族自治州，河南省漯河市、鹤壁市、安阳市、新乡市，湖北省宜昌市、十堰市，湖南省常德市、益阳市、岳阳市，江西省南昌市、九江市，辽宁省抚顺市，四川省宜宾市、泸州市、眉山市、乐山市、成都市、资阳市，云南省玉溪市等。实施总氮总量控制的区域包括丹东市、大连市、锦州市、营口市、盘锦市、葫芦岛市、秦皇岛市、唐山市、沧州市、天津市、滨州市、东营市、潍坊市、烟台市、威海市、青岛市、日照市、连云港市、盐城市、南通市、上海市、杭州市、宁波市、温州市、嘉兴市、绍兴市、舟山市、台州市、福州市、平潭综合实验区、厦门市、莆田市、宁德市、漳州市、泉州市、广州市、深圳市、珠海市、汕头市、江门市、湛江市、茂名市、惠州市、汕尾市、阳江市、东莞市、中山市、潮州市、揭阳市、北海市、防城港市、钦州市、海口市、三亚市、三沙市和海南省直辖县级行政区等 56 个沿海地级及以上城市或区域；安徽省巢湖、龙感湖，安徽省、湖北省南漪湖，北京市怀柔水库，天津市于桥水库，河北省白洋淀，吉林省松花湖，内蒙古自治区呼伦湖、乌梁素海，山东省南四湖，江苏省白马湖、高邮湖、洪泽湖、太湖、阳澄湖，浙江省西湖，上海市、江苏省淀山湖，湖南省洞庭湖，广东省高州水库、鹤地水库，四川省鲁班水库、邛海，云南省滇池、杞麓湖、星云湖、异龙湖，宁夏回族自治区沙湖、香山湖，新疆维吾尔自治区艾比湖等 29 个富营养化湖库汇水范围。

废水污染物年许可排放量根据许可排放浓度、单位产品基准排水量和产品产能确定。单位产品基准排水量根据 GB 13458 确定。

6.7 污染防治可行技术

可行技术主要作为环境保护主管部门判断排污单位是否具备符合规定的污染治理设施或污染物处理能力的参考。因此，本标准根据已发布的环保设计技术标准、相关环保文件，结合氮肥工业企业运行现状，对主要废气产生装置或设施，以及废水产生装置或设施及污水处理场，明确了主要的污染物项目的废气治理和废水处理的可行技术。

如排污单位采用可行技术，且排放浓度满足许可要求，视为具备相应的治污能力。如排污单位采用可行技术之外的处理技术，应提供相关证明材料，证明所采用技术可达到与可行技术相当的处理能力。

6.7.1 废气

备煤单元含尘废气的主要污染物为颗粒物，通常采用袋式除尘技术实现达标排放。固定床常压间歇煤气化工艺吹风气余热回收系统烟气和公用工程动力锅炉烟气主要污染物为颗粒物、二氧化硫、氮氧化物、汞及其化合物：对于颗粒物常用电除尘、袋式除尘技术实现达标排放，对于有“超低排放”要求的，还应增加湿式电除尘技术实现达标排放；对于二氧化硫常用电干法脱硫、半干法脱硫、湿法脱硫（石灰石法、氨法、氢氧化钠法、氧化镁法）技术实现达标排放；对于氮氧化物常用低氮燃烧、选择性催化还原法（SCR）、选择性非催化还原法（SNCR）技术实现达标排放；对于汞及其化合物，常用 SCR+脱硫+

除尘技术协同治理实现达标排放。干煤粉气流床气化工艺磨煤干燥系统放空气的主要污染物为颗粒物、二氧化硫和氮氧化物：对于颗粒物常用袋式除尘技术实现达标排放，对于二氧化硫，常用降低燃料气硫含量的方法实现达标排放，对于氮氧化物，常用低氮燃烧技术实现达标排放。煤粉气流床气化工艺煤粉输送及加压进料系统粉煤仓放空气的主要污染物为颗粒物和甲醇，对于颗粒物，常用袋式除尘技术实现达标排放；对于甲醇，常用洗涤法实现达标排放。干煤粉/水煤浆气流床气化工艺低温甲醇洗尾气的主要污染物甲醇，对于甲醇，常用洗涤法实现达标排放。碎煤固定床加压气化工艺低温甲醇洗尾气的主要污染物为非甲烷总烃、甲醇和硫化氢，通常采用蓄热氧化或热力焚烧技术实现达标排放。原料气净化单元硫回收尾气的主要污染物为二氧化硫，通常采用硫黄回收+尾气处理技术实现达标排放；对于酸性气回收生产硫酸的，还需对尾气进行碱洗以实现达标排放。天然气（或焦炉气）工艺一段转化炉烟气的主要污染物为颗粒物、二氧化硫和氮氧化物，对于颗粒物通常采用清洁燃料技术实现达标排放；对于二氧化硫通常采用降低燃料气硫含量的方法实现达标排放；对氮氧化物通常采用低氮燃烧技术实现达标排放。尿素单元放空气的主要污染物为氨，通常采用洗涤法实现达标排放。尿素单元造粒塔（机）放空气的主要污染物为颗粒物（尿素尘）和氨，对于尿素单元造粒塔通常采用洗涤法实现达标排放；对于尿素单元造粒机，通常采用袋式除尘+洗涤法实现达标排放。硝酸铵单元造粒塔放空气的主要污染物为颗粒物（硝酸铵尘）和氨，通常采用洗涤法实现达标排放。污水处理场废气收集处理设施（以煤或油为原料）尾气的主要污染物为颗粒物硫化氢、氨和酚类，应采用生物滴滤技术实现达标排放。

6.7.2 废水

废水的可行技术分为装置区预处理技术和外排污水（污水处理场）处理技术。装置区预处理技术主要作用在于回收物料或降低进入污水处理场的污染物的污染负荷。外排污水处理技术主要作用在于实现达标排放。

装置预处理废水主要包括干煤粉或水煤浆气流床气化工艺气化废水、碎煤固定床加压气化工艺气化废水、干煤粉或水煤浆气流床煤气化工艺原料气净化单元含氨废水等。干煤粉或水煤浆气流床气化工艺气化废水，通常采用闪蒸+沉淀、闪蒸+汽提+沉淀技术。碎煤固定床加压气化工艺气化废水、变换工艺冷凝液通常采用闪蒸+沉淀除油除尘+汽提脱酸脱氨+萃取脱酚技术。干煤粉或水煤浆气流床煤气化工艺原料气净化单元含氨废水通常采用汽提技术（汽提气送硫回收）。天然气（焦炉气）原料净化单元工艺冷凝液通常采用中压汽提工艺。尿素单元工艺冷凝液通常采用水解解吸技术。硝酸铵单元工艺冷凝液通常采用电渗析或A/B床吸附技术。

污水处理场污水处理单元通常可分为预处理单元和生化处理单元，其中预处理单元常用技术有隔油、浮选、混凝沉淀、调节等；生化单元处理技术通常采用缺氧/好氧（A/O）、序批式活性污泥法（SBR）、周期循环活性污泥法（CASS）、氧化沟、曝气生物滤池（BAF）、膜生物反应器（MBR）、生物接触氧化法等。

6.7.3 运行管理要求

结合相关标准要求，在治理技术的基础上，本标准提出了运行管理要求。2006年，国家发展改革委《关于加强煤化工项目建设管理促进产业健康发展的通知》（发改工业〔2006〕1350号文），提出“积极采用先进煤气化技术改造以间歇气化技术为主的化肥行业，减少环境污染，推动产业发展和技术升级，……禁止核准或备案以及采用固定床间歇气化和直流冷却技术的煤气化项目”。2017年4月14日，环境保护部发布了《挥发性有机物无组织排放控制标准》（征求意见稿）（环办大气函〔2017〕565号），提出“产生VOCs的生产或服务活动，应当在密闭空间或者设备中进行，废气经收集系统和（或）处理设施后排放。如不能密闭，则应采取局部气体收集处理措施或其他有效污染控制措施”。因此，本标准针对固定床常压煤气化工艺无组织排放，提出固定床常压煤气化工艺的造气废水、脱硫废水等工艺废水应密闭集输，避免水中污染物以逸散形式向大气排放；对于以煤或油为原料的排污单位，用于储存和处理含恶臭物质的废水设施应密闭，产生的废气处理后达标排放。

考虑氮肥工作煤气化单元的气化炉开停车较为频繁，本标准提出排污单位应合理安排开停车和检维修的时间及次序，做好开停车及检维修期间的污染物控制措施，最大程度的回收、处理污染物，避免直接排入外环境。

同时，固定床常压煤气化工艺的脱硫再生槽和焦炉气脱硫再生槽等产生恶臭气体，本标准提出以上排放源须设置气体收集和净化处理设施，以实现达标排放。

6.8 自行监测管理要求

6.8.1 废气

6.8.1.1 有组织废气排放监测点位、监测项目及频次

氮肥工业排污单位由于所采用的原料和生产工艺不同，有组织废气排放源及排放的污染物有较大的差异。本标准对各有组织排放源规定了所需监测的大气污染物，主要包括颗粒物、二氧化硫、氮氧化物、汞及其化合物、氨、硫化氢、甲醇、非甲烷总烃、酚类、甲醛，并根据生产原料、生产工艺和污染物排放情况不同，提出相应的自行监测要求。

《国家重点监控企业自行监测及信息公开办法（试行）》（环发〔2013〕81 号）中要求，二氧化硫、氮氧化物每周至少开展一次监测，颗粒物每月至少开展一次监测，废气中其他污染物每季度至少开展一次监测。《排污单位自行监测指南　总则》中规定，重点排污单位主要排放口的主要指标的最低监测频次为月～季度，主要排放口其他指标的最低监测频次为半年～年，其他排放口监测指标的最低监测频次为半年～年。根据以上要求，确定各排气筒最低监测频次（至少获得一次有效数据的监测周期）。如备煤单元含尘废气收集处理设施排放筒主要污染物为颗粒物（煤尘），其环境影响较小，目前进行监测的排污单位较少，因此，依据总则规定的原则，规定监测频次为半年。固定床常压间歇煤气化工艺吹风气余热回收系统烟囱废气污染物排放标准执行 GB 13223 或 GB 13271，参照 HJ 820 确定监测频次，烟气中二氧化硫、氮氧化物、颗粒物监测频次规定为自动监测，汞及其化合物监测频次为半年。同时，考虑烟气黑度不需核算实际排放量，监测频次不宜过于频繁，监测频次规定为年。

造气废水沉淀池废气收集处理设施排气筒、造气炉放空管作为其他排放情形，需要核算实际排放量。根据废气产生机理、排放因子、排放特点确定监测因子和监测频次。

6.8.1.2 无组织废气排放监测点位、监测项目及频次

根据原料及无组织排放因子，确定厂界监测因子。根据《排污单位自行监测指南　总则》规定的原则，规定厂界各因子监测频次。

6.8.2 废水

废水排放监测主要考虑排污单位总外排口。

GB 13458 中排污单位废水外排口主要控制 pH 值、悬浮物、化学需氧量、氨氮、总氮、总磷、氰化物、挥发酚、硫化物、石油类等 10 项污染物指标，将排放标准中的所有因子纳入监测。根据《国家重点监控企业自行监测及信息公开办法（试行）》（环发〔2013〕81 号）、《排污单位自行监测指南　总则》（HJ 819）规定，确定监测频次。

同时，为加强雨水外排口监测，提出排水期间对 pH 值、化学需氧量和氨氮进行监测。

6.8.3 自行监测经济成本分析

通过测算，采用固定床常压煤气化工艺的排污单位污染物排放种类多，监测点位和频次高，监测费用最高，为 50 万～70 万元（其中废水 7 万～10 万元）+3 套大气自动监测（国产 150 万元），每年运行费用约 20 万元。以天然气为原料企业监测费用最低，日常监测费用约为 10 万元。

6.9 环境管理台账与执行报告编制规范

6.9.1 环境管理台账记录要求

环境管理台账记录的主要目的是规范排污单位环境管理，作为排污单位证明按照排污许可证要求进行环境管理和污染物排放的主要依据，记录内容应真实反映排污单位日常生产运营状况及污染治理情况。

环境管理台账记录既是排污单位证明其按证排污的依据，又是环境保护主管部门实施许可证核查、判断排污单位排污行为是否合规的重要依据。本标准给出的内容作为排污单位建立环境管理台账的参考，为满足排污许可证管理要求，排污单位可以根据自身实际情况补充完善有关内容。

台账记录内容参照已经发布的《火电行业排污许可证申请与核发技术规范》和《造纸行业排污许可证申请与核发技术规范》，并结合氮肥工业排污单位环境管理特点确定，环境管理记录包括排污单位生产设施运行情况、污染治理措施运行情况、自行监测数据和其他环境管理信息等四个部分，其中监测记录内容放在本标准“自行监测方案”部分。同时，为便于排污单位记录，编制了部分表格，且所有记录内容与排污许可证中编号相对应。

6.9.2 执行报告编制规范

执行报告是在《环境管理台账及排污许可证执行报告技术规范》指导下，根据自行监测和台账记录要求配套编制的，定期提交执行报告是排污单位证明其按证排污的重要方式，也是环境保护主管部门实施许可证后监管核查的重要基础。排污单位应根据排污许可证中规定的频次、内容编制排污许可证执行报告。本标准给出的内容作为排污单位排污许可证执行报告编制的参考，排污单位可以根据自身实际情况补充完善有关内容。

年度执行报告规范要求的内容主要参照已经发布的《火电行业排污许可证申请与核发技术规范》和《造纸行业排污许可证申请与核发技术规范》确定，结合氮肥工业行业特点与监测、台账记录配套编制，包括排污单位基本情况、遵守法律法规情况、生产设施运行情况、污染治理设施运行情况、自行监测执行情况、环境管理台账执行情况、实际排放情况及达标判定分析、排污费（环境保护税）缴纳情况、信息公开情况、排污单位内部环境管理体系建设与运行情况以及其他排污许可证规定的内容执行情况等。月报/季报和半年度报告主要选取年报规定中实际排放量的相关内容，以满足排污收费（环境保护税征收）的管理需要。同时，为便于排污单位记录，各部分均编制了表格示例，排污单位可以根据自身实际情况完善补充。

6.10 实际排放量核算方法

所有排放口包括主要排放口、一般排放口和其他排放情形均需核算实际排放量，本标准给出了实际排放量核算方法及选取原则。实际排放量的核算方法包括实测法、物料衡算法和排放系数法等。

实际排放量的核算原则包括：排污许可证要求应采用自动监测的污染物项目，根据符合监测规范的有效自动监测数据核算实际排放量。对于排污许可证中载明应采用自动监测的排放口或污染物而未采用的，按直排核算排放量。采用手工监测的污染物项目，按照执法监测或排污单位自行开展的手工监测数据核算实际排放量。对于排污许可证未要求采用自动监测的污染物项目，按照优先顺序依次选取自动监测数据、执法监测数据和手工监测数据核算实际排放量。监测数据均应符合国家环境监测相关标准要求。

废气主要排放口和一般排放口污染物实际排放量按实测法计算。分别给出了采用自动监测的排放口、采用手工监测的排放口和全厂主要排放口的污染物排放量的计算方法。

其他排放情形的核算方法简介如下：

固定床常压煤气化工艺造气循环冷却水系统废气污染物排放量可以通过两种方法计算：

a）通过监测不同工段废水中污染物的浓度和水量以计算污染物的量，其差值为废气污染物排放量。根据造气循环冷却水系统特点，固定床常压煤气化工艺造气循环冷却水系统废气排放量为造气循环水冷却塔废气污染物排放量和造气废水沉淀池废气污染物排放量之和。也就是分别监测造气循环水冷却塔和造气废水沉淀池进出水中污染物浓度与流量，造气循环水冷却塔废气污染物排放量和造气废水沉淀池废气污染物排放量之和。对于造气废水沉淀池废气密闭收集处理后通过排气筒排放的，其污染物排放量按照有组织排放量计算公式计算。

b）通过监测不同工段废气中污染物的浓度和气量以计算污染物的量，其差值为废气污染物排放量。根据造气工序的特点，对固定床常压煤气化工艺造气工段余热回收后煤气、变换工段前半水煤气中污染物浓度和气体流量进行监测，分别计算污染物的量，其差值为废气污染物（氨和苯并[*a*]芘的排放量，对于硫化氢，由于中间工段对于硫化氢进行了处理，因此还需扣除硫的回收量）。

对火炬气流量和硫含量进行实测，通过物料衡算法计算二氧化硫实际排放量。氮氧化物实际排放量参考《美国炼油厂排放估算协议》，结合实测气量，采用排放系数法计算。

造气炉放空管污染物实际排放量根据风机输入空气量和污染物的实测平均排放浓度计算。

废水总排放口污染物实际排放量根据不同的监测要求，分别给出了采用自动监测的污染因子和采用手动监测的污染因子的计算方法。

公用工程锅炉的直接排放量分别给出了物料衡算法、产污系数法和排污系数法。

6.11　合规排放判定方法

该章节主要对废气排放浓度合规性、废气实际排放量的合规性、废水排放浓度合规性以及环境管理合规性作出具体要求。

6.11.1　排放浓度合规判定

氮肥工业排污单位废气排放口、废水排放口污染物浓度须做到达标排放，其中浓度达标排放至关重要，本标准结合实际情况，按照正常情况、装置启停情况，分别给出执法监测和排污单位自行监测（自动监测、人工监测）时浓度合规的判定方法。

废气浓度合规分为两种情形，正常情况和非正常情况。

a）正常情况

根据企业自行监测（包括自动监测和手工监测）、执法监测获得的有效排放浓度值对标判定是否达标。

特别说明的是，对于应当采用自动监测而未采用的排放口或污染物，即视为不合规。此外，根据《关于污染源在线监测数据与现场监测数据不一致时证据适用问题的复函》（环政法函〔2016〕98 号）规定，提出若同一时段的执法监测数据与企业自行监测数据不一致，且执法监测数据符合法定的监测标准和监测方法的，以该执法监测数据作为优先证据使用。

b）锅炉装置启停情况

非正常情况主要涉及锅炉启停，合规判定要求根据《关于开展火电、造纸行业和京津冀试点城市高架源排污许可证管理工作的通知》（环水体〔2016〕189 号）确定。

6.11.2　排放量合规判定

排污单位所有主要排放口污染物年实际排放量不超过许可排放量，即视为合规。实际排放量包括正常和非正常情况。特殊时段实际排放量满足特殊时段许可排放量。

6.11.3　无组织排放控制要求合规判定

排污单位排污许可证无组织排放源合规性以现场检查本标准 6.2.2.2 无组织控制要求落实情况为主，必要时辅以现场监测方式判定排污单位无组织排放合规性。

6.11.4　管理要求合规判定

环境保护主管部门依据排污许可证中的管理要求，审核环境管理台账记录和排污许可证执行报告；检查排污单位是否按照自行监测方案开展自行监测；是否按照排污许可证中环境管理台账记录要求记录相关内容，记录频次、形式等是否满足许可证要求；是否按照许可证中执行报告要求定期上报，上报内容是否符合要求等；是否按照许可证要求定期开展信息公开；是否满足特殊时段污染防治要求。

7　与国内外同类标准或技术法规的水平对比和分析

7.1　主要申请材料对比

7.1.1　废气

美国大气运营许可证申请材料主要包括各种申请表格和其他支持性文件。各州有所不同，以德州为例，申请材料包括：

——申请材料概述，包括罗列提交的表格和监测要求；

——责任人保证书：所有新的运营许可申请以及运营许可的修订、更新都需要填写责任人保证书，主要内容包括排污单位基本信息、认证的类型、申请许可类型、真实性保证签名等；

——排污单位基本信息汇总表；

——详细设备情况汇总表；

——不同设备类型的单独信息列表；

——全厂适用的许可要求；

——单个设备单元适用的许可要求；

——监测要求；

——合规实施方案和计划表申请；

——其他支持文件（如工厂位置图、平面布置图、生产流程图和生产工艺描述等）。

本标准申请材料基本涵盖了以上内容，主要区别在于详细设备情况，仅将计算许可排放量相关内容列为必填内容，其余详细信息以选填为主。

7.1.2 废水

a）美国现有源工艺污水排放信息表填报信息包括：

1）各排放口编号、位置以及各自的受纳水体名称；

2）对每个排放口进行废水来源分析、流量分析及处理措施描述；

3）提供工厂内的水流程图、水平衡图；

4）生产信息；

5）技术改进要求；

6）取水和出水特征；

7）不在分析内的可能排污；

8）生物分析信息等。

b）新排放源的工艺污水填报信息包括：

1）各排放口编号、位置以及各自的受纳水体名称；

2）预计开始排放的日期；

3）对每个排放口进行废水来源分析、流量分析及处理措施描述；

4）提供工厂内的水流程图、水平衡图；

5）排污单位设计废水的“跑、冒、滴、漏”情况；

6）如果有基于产品产量的废水产生量估算方法，则需估算其日废水产生量。

c）工业活动中的雨水许可申请填报信息包括：

1）排放口编号及位置，受纳水体名称；

2）有无收到要求改进的通知；

3）提供排水系统图；

4）估算每个排放口所接收的雨水来源的地表面积；

5）简述雨水的处理、储存和处置方法；

6）描述每个排放口雨水的用于控制污染物排放的处理措施，以减少其污染物的排放；

7）如果没有雨水排放，也可以做出申明并详细描述雨水控制措施；

8）重大的泄漏或溢出事故；

9）排放信息，按要求提供各监测数据；

10）生物学毒性监测数据。

与美国相比，本标准废水填报信息较为简单，缺少水平衡、排污单位设计废水的“跑、冒、滴、漏”情况等内容，对工业活动中的后期雨水未进行排污许可，仅开展监测。

7.2 纳入排污许可管理的污染物

美国纳入许可管理废气污染物包括常规污染物和有毒空气污染物。在州层面，通常还包括因当地污染现象或大气质量保护而控制的相关污染物。在大气许可证的申请中，温室气体及其他臭氧层破坏物质等都要求包含在许可证中。申请大气建设许可证的一个原则是把所有可能排放大气污染物的排放源和排放量进行估算，并作出相应的评估。综合而言，所有可能排放的污染物都需要进行管控评估。

废水污染物包括常规污染物（conventional pollutants）、有毒污染物（toxic pollutants）、非常规污染物（non-conventional pollutants）三种。其中，常规污染物包括五日生化需氧量、总悬浮物、pH、粪大肠菌群、油和油脂；有毒污染物包括 126 种金属和人造有机化合物；非常规污染物是指不属于以上两种类型的污染物质，如氨、氮、磷、化学需氧量和 WET（whole effluent toxicity）、热等。

与美国相比，本标准管控污染物仅包括排放标准中管控因子，排污单位排放但未纳入排放标准的污染物未纳入排污许可管理。

7.3 许可排放限值确定

许可排放限值包括许可排放浓度和许可排放量。美国许可证申请需要考虑基于技术的排放标准和基于水质的排放标准。不同层面的环境保护部门，都可以制定这样的标准机制。此外，还有行业标准、有标准颁布的地方环境保护局颁布的环境标准。在申请许可排放量时，要根据原辅材料用量、燃料用量、生产工艺、采用的控制技术、能够达到的控制技术水平等信息，采用合理的计算方法（包括合适的排放因子或模型软件估算）确定排放量，确保数据的科学性和准确性。

7.3.1 废气

a）基于技术的排放标准体系

美国的排污许可限值标准的构成按照新源、现有源以及污染源所在区域的空气质量是否达标进行分类管理。大气污染物排放标准在很大程度上是基于技术的排放标准。标准体系除包括固定源排放浓度、排放量等数值标准外，还包括涉及污染源运营，尤其是环保设备运行和保养等操作要求的运行技术标准。排放标准的制定并非整齐划一，而是针对不同固定源的技术经济水平进行考察，结合美国环保局公布的控制技术清单和本州的空气质量控制目标，制定具有针对性的排放标准，以体现公平性和边际成本有效的原则。

针对固定污染源，USEPA 制定的大气污染物排放标准分为《新污染源执行标准》（New Source Performance Standard，NSPS）和《有害大气污染物国家排放标准》（National Emission Standard for Hazardous Air Pollutants，NESHAPs）。

新污染源执行标准：NSPS 针对常规污染物（颗粒物、二氧化硫、氮氧化物、一氧化碳、Pb、臭氧）、酸性气体（氟化物、氯化氢等）和挥发性有机物按工业行业分类（污染源种类）确定最底线的标准限值。依据《国家环境空气质量标准》，一个州的各地区可划分为达标区和未达标区。不同地区的不同类型污染源执行不同的技术标准。在达标区，重点源如火电厂、水泥厂、金属冶炼厂、纸浆厂、焚烧装置等的 NSPS 技术依据，是最佳适用控制技术（Best Available Control Technology，BACT）。即在考虑到能耗、环境、经济成本等影响因素下可以获得的能达到最大减排量的技术。BACT 的构成包括污染防治、设备的具体要求和监测监控、减排控制装置、优质的工程实践方法和最优的管理实践方法以及治理装置的性能指标等内容。CAA 要求对位于在未达标区（空气质量较差地区）的新污染源实施最严格的污染物控制技术与标准，采用最低可达排放率（Lowest Achievable Emission Rate，LAER），不考虑运行成本、企业经济效益等条件的最严格技术。一些州为了实现州特定的污染源管理要求或者空气质量改善目标，确定的新源或现有污染源技术标准。例如，德克萨斯州用以实现降低空气质量退化相关规定的合理可得控制技术和合理可得控制措施（RACM），是臭氧不达标区域中执行的州实施计划最核心的技术标准依据。它规定了某一特定污染源通过采用合理的控制技术而应当达到的最低排放限值要求，以及为了促进空气质量达标而采取的控制措施。一般来说，RACT 规定的主要是控制水平和控制级别，而非强制性要求采用特定的技术或控制途径。

有害大气污染物国家排放标准（NESHAPs）：NESHAPs 对特定的危险性有害大气污染物，包括氡气、铁、汞、氯乙烯、核素、石棉、无机砷、苯等发布了 22 项固定源排放标准，技术依据采用最佳可得控制技术。选择这些污染物作为危险性污染物，是因为此类污染物会造成或部分造成公众死亡率提高或导致公众患上不可治愈的疾病。NESHAPs 还规定对“主要”有害气体污染源必须使用最大可得控制技术，实施最大可得控制技术标准（Most Achievable Control Technology，MACT）。主要污染源是指每年排放单项 HAP 在 4.5 t 以上的或排放几种 HAP 之和在 11.4 t 以上的工厂就被认定为主要污染源。以最大可得控制技术为基础制定的 MACT 标准，主要侧重于采用技术标准，对固定污染源（含点源和面源）的污染预防措施提出要求，包括控制装置的安装、控制方法的采用、生产工艺的改进、物料替代、操作流程、原材料成分的要求、事故排放的规定、记录和报告要求、监测要求如安装连续排放监测系统等。在 MACT 标准中，对同一排放点源的多种污染物按有机 HAP 或无机 HAP 实行统一控制，一反以往对同一排放源排放的多种有害污染物分别制定标准的作法。MACT 标准既适用于新污染源，也适用于现有工业污染源，截至 2009 年 2 月已发布了 123 项 MACT 标准。

b）基于环境质量和标准的许可要求确定方法

对于建前许可，基于技术标准的许可限值和要求主要包括新源或现有源的技术与性能标准、有害大气污染物的技术性能标准、最佳适用控制技术或最低排放率技术、执法部门或法令规定的其他标准要求、防止洲际传输的污染物限值、防止超国家环境空气质量标准的限值要求（州实施计划中明确的限值要求）等。对于运营许可，基于技术标准的许可限值和要求应当综合建前许可以及各州的管理规定等全部要求。至少包括新污染源排放标准要求、有害大气污染物国家排放标准、达标地区的 PSD 许可或未达标地区的 NSR 许可要求、州实施计划及其他规定等内容。

针对达标地区的 PSD 许可和未达标地区的 NSR 许可，对技术标准和性能要求是不同的。PSD 许可是基于最佳适用控制技术（BACT）的排放标准进行确定，通过进行逐一的最佳适用控制技术分析，综合考虑能源、环境和经济的影响，保障新增的许可授予后依然能够保持良好的环境质量状况。最佳适用控制技术分析大致可分为五步。一是确定正在审查的企业所适用的所有控制技术，列表应尽可能全面；二是针对该污染源评估其特定的技术可行性，剔除技术上不可行的选项；三是按照控制有效性将剩余的控制技术基于每项污染物和控制单元进行排序，控制有效性包括控制效率、预期减排量、预期排放率、经济影响（成本效益）、环境影响、能源影响等；四是通过比较控制有效性、不利影响，包括其附带的环境影响，将列表中的控制技术逐一进行分析评估；五是选择 BACT。

NSR 许可的要求则比 PSD 许可更为严格。一方面，要求企业必须安装污染物最低排放率技术，即不考虑成本的现有控制技术中最严格的技术，并执行最严格的排放限值；另一方面，要求企业执行排污抵消制度，即新增污染物排放量必须小于现存企业的污染物削减量，企业只有替新污染源找到“排污空间”，才能获得 NSR 许可。无论是从现行法律还是实践的角度出发，对于这一类污染源中每一个排放环节执行的都是最为严格的排放限值。LAER 除了表现为限值的要求外，同样也是综合的技术考虑，可以指定某种系统设计、操作规程或者设备标准。

此外，新源许可中除了标准限值和技术性能要求外，还详细规定了包括限值合规性要求、监测监控要求、记录与报告的要求、检查和执行条件、启停等特殊时段要求等核心的许可条件。同时，对于新建或者改扩建的污染源在许可过程中还须实施环境影响评估，通过空气质量模型等技术手段预测和评估污染源对周边环境的污染物浓度水平的影响，据此作为是否授予建前许可的重要判断依据。评估的方法主要分为三种，一是基于国家空气质量标准对主要污染物进行预测分析；二是基于州内对厂区地界线的分析；三是对所有污染物进行单独分析评估。

7.3.2 废水

a）直接排放的工业源

直接排放的工业源在确定许可排放限值时，综合考虑基于技术的排放限值、基于水质排放限值及反退化要求三方面内容，选取三者中最严格的排放限值，确定最终排放限值（Final Effluent Limitations）。与我国排放标准不同的是，NPDES 许可证限值用每月平均日排放限值（AML）、每周平均日排放限值及每日最大排放限值（MDL）来表述。

关于基于技术的排放限值。基于技术的排放限值（Technology-Based Effluent Limitations，TBELs）目的在于通过制定出水水质的最低水平来控制污染，而排放者可以使用任何适当的污染控制技术以达到该最低水平。美国 EPA 已经制定了 50 多个行业的排放限值导则（ELGs），包括最佳实用技术（Best Practicable Control Technology Currently Available，BPT）、经济上可实现的最佳可行技术（Best Available Technology Economically Achievable，BAT）、最佳常规污染物控制技术（Best Conventional Pollutant Control Technology，BCT）、新建污染源执行标准（NSPS）、现有源的预处理标准（Pretreatment Standards for Existing Sources，PSES）和新建污染源预处理标准（Pretreatment Standards for New Sources，PSNS），明确了不同类型污染源和不同类型的污染物通过应用污染治理技术所能够达到的污染物削减程度。对于 ELGs 中未涉及的内容，可采用最佳专业判定（BPJ）。部分州环境保护局制订了州内的可行技术，如华盛顿州制订了“AKART”，明确了现行的达标可行技术，凡是采用 AKART 中所列技术的工业设施，认为可以满足达标排放。

关于基于水质的排放限值。基于水质排放限值（Water Quality-Based Effluent Limitations，WQBLs）就是许可证排放限值必须满足水体水质目标要求。许可证编写者通过选择合适的水质模型，推导出点源污染负荷，在充分考虑污水排放的波动性、受纳水体的稀释能力和监测频次的基础上确定基于水质的排放限值。对于水质不达标的水体，EPA 区域办公室列出水体名称并排出需要制定 TMDL 的优先顺序。由区域办公室或州环保局通过建立模型、模型计算、模型验证，确定具体的水质指标和污染总量分配，并需要与各方商定具体实施措施，通过常年水质监测保证制定的措施能实现水质达标。水体的最大日负荷总量（TMDL）包括点源污染负荷（WLA）、非点源污染负荷（LA）以及安全临界值（MOS）三部分。TMDL 可以用有毒性或其他可测的方法确定的单位时间的污染物的质量表示。

关于反退化要求。NPDES 许可证更新时，除某些特殊情况外，需遵循反退化原则，即许可排放限值确定后，在许可证更新时，许可限值可以加严，但不能随意放宽。在实际操作上，管理部门往往不会主动降低许可要求，企业有时会向管理部门提出降低排放要求的申请，需证明这种降低不违反“反退化”原则。

b）间接排放源

预处理项目排放限值需满足联邦、州及地方三个层面管理部门制定的预处理排放标准、最佳实践及其他管理要求，主要包括基于技术的排放标准、禁排要求及地方预处理排放标准三方面，基于技术的排放标准用于避免企业通过稀释排放规避废水处理，禁排要求用于禁止任何可以引起干扰或穿透城镇污水处理的废水排放。地方预处理标准是由地方政府按照当地的情况和自己的需要所制定的工业废水排放标准。

与美国相比，本标准中许可排放限值同样包括许可排放限值和许可排放量。现阶段主要考虑排放浓度和总量控制要求，尚未完全与环境质量挂钩，与技术要求也存在脱节。

7.4　污染控制技术

美国污水许可证申报时根据不同情况需要考虑不同的控制技术。针对现有源直接排入水体的常规污染物需要采用常规污染物最佳管理实践技术（BCT）；针对现有源直接排入水体的非常规污染物和有毒有害污染物需要采用最佳经济可用技术（BAT）；针对现有源直接排入水体的所有污染物需要采用最佳可实现控制技术（BPT）；针对新增源直接排入水体的所有污染物需要采用新源排放标准（NSPS）。

与美国相比，本标准给出的可行技术作为判断企业是否具备治污能力的参考，可行技术体系有待进一步完善。

7.5　自行监测

美国企业需要开展自行监测。如果是法律法规要求的，企业必须具备。但如果是在许可证的申请过程当中，不具备条件，可以与环境保护部门进行沟通协商解决。凡是许可证里规定的，企业必须遵守。反映在许可证中，或者必须要遵守法律要求的，只要落在纸上的，必须要做。如果不能或没有条件实现的话，这个可能就是一个谈判的过程，尤其在许可的过程中，这种情况必须要进行谈判。美国企业的监测数据不需要与环境保护部门联网。企业排污监测活动和数据收集保存均由企业负责。

与美国相比，本标准在监测方面要求更为严格。

8 对实施本标准的建议

a）尽早颁布氮肥或化肥工业大气污染物排放标准

目前的氮肥工业的大气污染物排放标准时间较早，为进一步规范氮肥工业大气污染物管控，应尽早颁布氮肥或化肥工业大气污染物排放标准。

b）加快推动排污许可管理信息平台建设

建议按照本标准内容尽快建设排污许可管理信息平台氮肥工业申请与核发系统，便于企业和环境保护部门应用，促进本标准的落地。

c）建议尽快出台配套的自行监测技术指南

建议尽快出台与氮肥或化肥工业排污许可相配套的《排污单位自行监测技术指南　化肥工业》。

d）建立基于最佳可行技术的排放标准体系

建议尽快出台氮肥工业最佳可行技术指南，建立设施名录，针对氮肥工业的各类设施的生产工艺与产污环节，分析排放污染物种类、排放水平和环境影响。提出最佳可行的推荐技术或技术组合，并据此规定不同设施、不同规模下的排放标准和工艺技术运行标准。综合考虑现有技术的排放控制水平、经济成本以及运行管理要求等因素，建议分级开展成本-效益分析，在不同的经济可行性层面建立包括最佳实用控制技术标准、最佳控制技术标准和最严格控制技术标准在内的最佳可行技术分级体系。

e）加大对企业和环境保护部门的宣传培训力度

国家排污许可制度对各行业提出了精细化管理要求，本标准涉及的环境管理内容多，技术要求高，应加大对企业和环境保护部门的培训，帮助理解本标准的要求，指导企业申请和环境保护部门核发。

f）开展标准实施评估

建议结合排污许可证申请与核发工作，适时开展本标准实施效果评估，必要时开展本标准的修订工作。建议对自行监测浓度小时均值的全年达标排放率开展相关研究。

g）加强特殊排放源的管理

氮肥工业生产单元众多，生产工艺复杂，产排污环节众多，一些隐蔽污染源甚至重大污染源长期以来未得到有效监管，建议加强固定床常压煤气化工艺造气循环水冷却系统、造气炉放空管等特殊排放源的有效监管。对特殊排放源许可排放量的核定方法开展进一步的研究。

中华人民共和国环境保护行业标准

排污许可证申请与核发技术规范 有色金属工业——铅锌冶炼

Technical specification for application and issuance of pollutant permit —Non-ferrous metal metallurgy industry —Lead and zinc smelting

HJ 863.1—2017

前 言

为贯彻落实《中华人民共和国环境保护法》《中华人民共和国大气污染防治法》《中华人民共和国水污染防治法》等法律法规以及《国务院办公厅关于印发控制污染物排放许可制实施方案的通知》（国办发〔2016〕81 号），完善排污许可技术支撑体系，指导和规范铅锌冶炼排污单位排污许可证申请与核发工作，制定本标准。

本标准规定了铅锌冶炼排污单位排污许可证申请与核发的基本情况填报要求、许可排放限值确定、实际排放量核算、合规判定的方法以及自行监测、环境管理台账与排污许可证执行报告等环境管理要求，提出了铅锌冶炼行业污染防治可行技术要求。

核发机关核发排污许可证时，对位于法律法规明确规定禁止建设区域内的、属于国家和地方政府明确规定予以淘汰或取缔的铅锌冶炼排污单位或者生产装置，应不予核发排污许可证。

本标准附录 A、附录 B、附录 C、附录 D、附录 E 为资料性附录。

本标准为首次发布。

本标准由环境保护部规划财务司、环境保护部科技标准司组织制订。

本标准主要起草单位：中国环境科学研究院、北京矿冶研究总院、环境保护部环境保护对外合作中心、中国有色金属工业协会。

本标准环境保护部 2017 年 9 月 29 日批准。

本标准自 2017 年 9 月 29 日起实施。

本标准由环境保护部解释。

1 适用范围

本标准规定了铅锌冶炼排污单位排污许可证申请与核发的基本情况填报要求、许可排放限值确定、实际排放量核算、合规判定的方法以及自行监测、环境管理台账与排污许可证执行报告等环境管理要求，提出了铅锌冶炼行业污染防治可行技术要求。

本标准适用于指导铅锌冶炼排污单位填报《排污许可证申请表》及在全国排污许可证管理信息平台申报系统中填报相关申请信息，适用于指导核发机关审核确定铅锌冶炼行业排污许可证许可要求。

本标准适用于以铅精矿、锌精矿或铅锌混合精矿为主要原料的铅锌冶炼排污单位排放的大气污染物、水污染物的排污许可管理，本标准不适用于独立以铅锌二次资源为原料的铅锌冶炼排污单位和生产再生铅、再生锌及铅、锌材压延加工产品排污单位的排污许可证申请与核发工作。

本标准未做出规定但排放工业废水、废气或者国家规定的有毒有害大气污染物的铅锌冶炼排污单位其他产污设施和排放口，参照《排污许可证申请与核发技术规范 总则》执行，在《排污许可证申请与核发技术规范 锅炉工业》发布前，热水锅炉和 65 t/h 及以下蒸汽锅炉参照本标准执行，发布后从其规定。

2 规范性引用文件

本标准引用了下列文件或其中的条款。凡是未注明日期的引用文件，其最新版本适用于本标准。

GB 13271 锅炉大气污染物排放标准

GB 25466 铅、锌工业污染物排放标准

GB/T 16157 固定污染源排气中颗粒物测定与气态污染物采样方法

HJ 493 水质采样 样品的保存和管理技术规定

HJ 494 水质 采样技术指导

HJ 495 水质 采样方案设计技术规定

HJ 819 排污单位自行监测技术指南 总则

HJ 820 排污单位自行监测技术指南 火力发电及锅炉

HJ 2049—2015 铅冶炼废气治理工程技术规范

HJ-BAT-7 铅冶炼污染防治最佳可行技术指南（试行）

HJ/T 55 大气污染物无组织排放监测技术导则

HJ/T 75 固定污染源烟气排放连续监测技术规范（试行）

HJ/T 76 固定污染源烟气排放连续监测系统技术要求及监测方法（试行）

HJ/T 91 地表水和污水监测技术规范

HJ/T 353 水污染源在线监测系统安装技术规范（试行）

HJ/T 354 水污染源在线监测系统验收技术规范（试行）

HJ/T 355 水污染源在线监测系统运行与考核技术规范（试行）

HJ/T 356 水污染源在线监测系统数据有效性判别技术规范（试行）

HJ/T 397 固定源废气监测技术规范

*排污许可证申请与核发技术规范 总则

*排污单位自行监测技术指南 有色金属冶炼与压延加工

*环境管理台账及排污许可证执行报告技术规范（试行）

铅锌冶炼工业污染防治技术政策（环境保护部公告 2012 年第 18 号）

《固定污染源排污许可分类管理名录（2017 年版）》（环境保护部令 第 45 号）

《排污口规范化整治技术要求（试行）》（环监〔1996〕470 号）

《污染源自动监控设施运行管理办法》（环发〔2008〕6 号）

《关于开展火电、造纸行业和京津冀试点城市高架源排污许可证管理工作的通知》（环水体〔2016〕189 号）

3 术语和定义

下列术语和定义适用于本标准。

3.1 铅锌冶炼排污单位 lead and zinc smelting pollutant emission unit

指以铅精矿、锌精矿或铅锌混合精矿为主要原料的铅锌冶炼企业。

3.2 许可排放限值 permitted emission limits

指排污许可证中规定的允许排污单位排放的污染物最大排放浓度和最大排放量。

3.3 特殊时段 special periods

指根据国家和地方限期达标规划及其他相关环境管理规定，对排污单位的污染物排放情况有特殊要

* 标准正在编制审批之中，待正式发布后按发布的标准实行。

求的时段，包括重污染天气应对期间和冬防期间等。

4 排污单位基本情况填报要求

4.1 一般原则

排污单位应按照本标准要求，在排污许可证管理信息平台申报系统填报《排污许可证申请表》中的相应信息。填报系统下拉菜单中未包括的、地方环境保护主管部门有规定需要填报或排污单位认为需要填报的，可自行增加内容。

省级环境保护主管部门按环境质量改善需求增加的管理要求，应填入排污许可证管理信息平台申报系统中“有核发权的地方环境保护主管部门增加的管理内容”一栏。

排污单位在填报申请信息时，应评估污染排放及环境管理现状，对现状环境问题提出整改措施，并填入排污许可证管理信息平台申报系统中“改正措施”一栏。

排污单位基本情况应当按照实际情况填报，对提交申请材料的真实性、合法性和完整性负法律责任。

4.2 排污单位基本信息

排污单位基本信息应填报单位名称、邮政编码、是否投产、投产日期、生产经营场所中心经度、生产经营场所中心纬度、所在地是否属于重点区域、是否有环境影响评价批复文件及文号、是否有地方政府对违规项目的认定或备案文件及文号、是否有主要污染物总量分配计划文件及文号、颗粒物总量指标（t/a）、二氧化硫总量指标（t/a）、氮氧化物（以 NO2 计）总量指标（t/a）、化学需氧量总量指标（t/a）、氨氮总量指标（t/a）、铅及其化合物总量指标（t/a）、汞及其化合物总量指标（t/a）、总铅总量指标（t/a）、总砷总量指标（t/a）、总镉总量指标（t/a）、总汞总量指标（t/a），其余项（如有）由企业自行补充填报。

4.3 主要产品及产能

4.3.1 一般原则

在填报主要产品及产能时，应选择“铅锌冶炼”。

排污单位应根据本标准要求填写排污许可证管理信息平台申报系统中有关主要生产工艺、生产设施、生产设施编号、设施参数、产品名称、生产能力及计量单位、设计年生产时间及其他选项等信息。

4.3.2 主要生产单元

主要生产单元具体分类如下：

a）铅冶炼：分为备料、熔炼-还原、烟气制酸、烟化、铅精炼、铜浮渣处理、公用单元等；

b）湿法炼锌：分为备料、沸腾焙烧、烟气制酸、浸出-净化、锌电解、浸出渣处理、公用单元等；

c）电炉炼锌：分为备料、沸腾焙烧、烟气制酸、电炉熔炼、渣处理、锌精馏、公用单元等；

d）竖罐炼锌：分为备料、沸腾焙烧、烟气制酸、调和制团、焦结蒸馏、渣处理、锌精馏、公用单元等；

e）密闭鼓风炉熔炼（ISP 法）：分为备料、烧结、烟气制酸、密闭鼓风炉熔炼、烟化、铅精炼、铜浮渣处理、锌精馏、煤气净化、公用单元等。

4.3.3 主要生产工艺

主要生产工艺均为必填项，具体要求如下：

a）铅冶炼：分为富氧底吹（顶吹、侧吹）熔炼-鼓风炉还原炼铅工艺、富氧底吹（顶吹、侧吹）熔炼-液态高铅渣直接还原工艺、闪速熔炼（基夫赛特法、铅富氧闪速熔炼）工艺；

b）湿法炼锌：分为常规浸出法、高温高酸法、氧压浸出法、富氧常压浸出法等；

c）火法炼锌：分为电炉炼锌、竖罐炼锌、密闭鼓风炉熔炼法（ISP 法）。

4.3.4 生产设施

生产设施分为必填项和选填项，具体要求如下：

a）铅冶炼：必填项为备料工序（包括原料库等）、熔炼-还原工序（包括熔炼炉、还原炉等）、烟气制酸工序（包括制酸系统等）、烟化工序（烟化炉）、铅精炼工序（包括熔铅锅、电解槽、电铅锅等）、铜浮渣处理工序（包括反射炉等）、公用设施（包括锅炉等），选填项为备料工序的碎磨机、干燥窑等，熔炼-还原工序的圆盘浇铸机、铸渣机等；

b）湿法炼锌：必填项为备料工序（包括原料库等）、沸腾焙烧工序（包括沸腾焙烧炉、焙砂仓等）、烟气制酸工序（包括制酸系统等）、湿法浸出-净化工序（包括浸出槽、净化槽等）、锌电解工序（包括电解槽、感应电炉等）、浸出渣处理工序（包括回转窑、多膛炉等）、公用设施（包括锅炉等），选填项包括备料工序的碎磨机、干燥窑、冷却圆筒等，锌电解工序的铸锭机等；

c）电炉炼锌：必填项为备料工序（包括原料库等）、沸腾焙烧工序（包括沸腾焙烧炉、焙砂仓等）、熔炼工序（包括电炉、回转窑或烟化炉）、精馏工序（包括锌精馏炉等）、烟气制酸工序（包括制酸系统等）、公用设施（包括锅炉等），选填项包括备料工序的碎磨机、干燥窑等，电炉熔炼工序的保温槽、冷凝器等；

d）竖罐炼锌：必填项为备料工序（包括原料库等）、沸腾焙烧工序（包括沸腾焙烧炉、焙砂仓等）、调和制团工序（包括棒磨机、轮碾机、制团机等）、焦结蒸馏工序（包括焦结炉、竖罐蒸馏炉等）、蒸馏残渣处理工序（包括漩涡熔炼炉等）、精馏工序（包括锌精馏炉等）、烟气制酸工序（包括制酸系统等）、公用设施（包括锅炉房、煤气发生炉等），选填项包括备料工序的碎磨机、干燥窑等，锌精馏工序的保温槽、冷凝器等；

e）密闭鼓风炉熔炼法（ISP 法）：必填项为备料工序（包括原料库等）、烧结工序（包括烧结机、破碎机等）、密闭鼓风熔炼工序（包括密闭鼓风炉等）、烟气制酸工序（包括制酸系统等）、铅电解工序（包括熔铅锅、电解槽、电铅锅等）、铜浮渣处理工序（包括反射炉等）、锌精馏工序（包括锌精馏炉等）、公用设施（包括锅炉房、煤气发生炉等），选填项包括备料工序的碎磨机、干燥窑、冷却圆筒等，铅电解工序浇铸机等，粗锌精馏工序的保温槽、冷凝器等。

4.3.5 生产设施编号

生产设施编号为必填项，具体要求如下：

a）若生产设施有排污单位内部生产设施编号，则填报相应编号；

b）若生产设施无排污单位内部生产设施编号，则根据《关于开展火电、造纸行业和京津冀试点城市高架源排污许可证管理工作的通知》（环水体〔2016〕189 号）中的附件 4《固定污染源（水、大气）编码规则（试行）》进行编号并填报。

4.3.6 设施参数

设施参数分为必填项和选填项，具体要求如下：

a）铅冶炼：生产设施中熔炼炉、还原炉、熔铅锅、电铅锅、烟化炉、回转窑、反射炉等的炉型、处理能力，公用单元的锅炉生产能力、原料库贮存能力为必填项。其他为选填项；

b）锌冶炼：沸腾焙烧炉、烧结机、密闭鼓风炉、电炉、焦结炉、竖罐蒸馏炉、漩涡炉、烟化炉、回转窑、多膛炉、熔铅锅、电铅锅、反射炉等的炉型、处理能力，公用单元的锅炉生产能力、原料库贮存能力为必填项。其他为选填项。

4.3.7 产品名称

产品名称为必填项，具体要求如下：

a）铅冶炼：分为粗铅、电铅、硫酸等；

b）锌冶炼：分为锌焙砂、电锌、粗锌、精锌、硫酸等。

4.3.8 生产能力及计量单位

生产能力及计量单位为必填项，生产能力为主要产品设计产能。产能和产量计量单位均为万 t/a。

4.3.9 设计年生产时间

设计年生产时间为必填项，应按环境影响评价文件及批复或地方政府对违规项目的认定或备案文件确定的年生产小时数填写。

4.3.10 其他

其他为选填项，排污单位若有需要说明的内容，可填写。

4.4 主要原辅材料及燃料

主要原辅材料及燃料填写内容包括种类、原辅材料名称、原辅材料成分、燃料名称、燃料成分、设计年使用量、其他等，具体要求如下：

a）种类：分为原辅材料、燃料；

b）原辅材料名称：

1）铅冶炼：原料包括铅精矿、粗铅、含铅废料等，辅料包括纯碱等；

2）锌冶炼：原料包括锌精矿、铅锌混合精矿、氧化锌矿、锌焙砂、粗锌、次氧化锌、含锌废料等，辅料包括硫酸、氯化铵、锌粉等。

c）原辅材料成分：主要原辅材料的硫元素占比（干基）、主要有毒有害物质成分及占比；

d）燃料名称：煤、焦炭、重油、天然气等；

e）燃料成分：应填报燃料的灰分、硫分、挥发分、热值，其中硫分为必填项，其余为选填项；

f）设计年使用量：设计年使用量为与核定产能相匹配的原辅材料及燃料年使用量，单位为万 t/a 或万 m^3/a；

g）其他：排污单位若有需要说明的内容，可填写；

h）上述 a）～f）为必填项，g）为选填项。

4.5 产排污节点、污染物及污染治理设施

4.5.1 一般原则

废气产排污环节、污染物及污染治理设施包括生产设施对应的产污环节、污染物种类、排放形式（有组织、无组织）、污染治理设施及工艺、是否为可行技术、排放口编号、排放口设置是否规范及排放口类型。

废水包括废水类别、污染物种类、排放去向、污染治理设施及工艺、是否为可行技术、排放口编号、排放口设置是否规范及排放口类型。

4.5.2 废气

4.5.2.1 产污环节

铅冶炼、湿法炼锌、电炉炼锌、竖罐炼锌、密闭鼓风炉熔炼法（ISP 法）的产排污节点如下：

a）铅冶炼包括备料、制酸系统（熔炼炉烟气）、还原炉、烟化炉、熔铅锅、电铅锅、反射炉、锅炉、环境集烟等；

b）湿法炼锌包括备料、制酸系统（沸腾焙烧炉烟气）、浸出槽、净化槽、多膛炉、回转窑、锌熔铸、锅炉等；

c）电炉炼锌包括备料、制酸系统（沸腾焙烧炉烟气）、电炉、烟化炉（回转窑）、锌精馏系统、锅炉、环境集烟等；

d）竖罐炼锌包括备料、制酸系统（沸腾焙烧炉烟气）、焦结炉、竖罐蒸馏炉、漩涡炉、锌精馏系统、锅炉等；

e）密闭鼓风炉熔炼法（ISP 法）包括备料、制酸系统（烧结机烟气）、烧结机头、破碎机、密闭鼓风炉、烟化炉、熔铅锅、电铅锅、反射炉、锌精馏系统、锅炉、环境集烟等。

4.5.2.2 污染物种类

污染物种类应根据 GB 13271、GB 25466 确定，见表 1。有地方排放标准的，按照地方排放标准确定。

4.5.2.3 治理设施

治理设施名称应填写除尘设施、脱硫设施、脱硝设施等。

4.5.2.4 污染治理工艺

污染治理工艺填写除尘设施治理工艺（湿法除尘、电除尘、袋式除尘等）、脱硫设施治理工艺（石灰/石灰石-石膏法、有机溶液循环吸收法、金属氧化物吸收法、活性焦吸附法、氨法、双碱法、双氧水脱

硫法等）、脱硝设施治理工艺（SCR、SNCR 等）。

4.5.3 废水

4.5.3.1 类别

铅锌冶炼废水填写类别包括生产废水（污酸、酸性废水、一般生产废水、初期雨水）和生活污水等。

4.5.3.2 污染物种类

污染物种类应根据 GB 25466 确定，见表 1。有地方排放标准的，按照地方排放标准确定。

4.5.3.3 治理设施

治理设施名称应填写生活污水处理设施、生产废水处理设施等。

4.5.3.4 污染治理工艺

污染治理工艺填写包括生产废水治理工艺（石灰中和法、高密度泥浆法、硫化法、石灰-铁盐（铝盐）法、生物制剂法、电化学法、膜分离法等）、生活污水处理工艺（生物接触氧化法、序批式活性污泥法、膜生物反应器处理工艺等）。

4.5.3.5 排放去向及排放规律

铅锌冶炼排污单位应明确废水排放去向及排放规律。

排放去向分为不外排；排至厂内综合污水处理站；直接进入海域；直接进入江河、湖、库等水环境；进入城市下水道（再入江河、湖、库）；进入城市下水道（再入沿海海域）；进入城市污水处理厂；进入其他单位；进入工业废水集中处理设施；其他（回用等）。

排放规律分为连续排放，流量稳定；连续排放，流量不稳定，但有周期性规律；连续排放，流量不稳定，但有规律，且不属于周期性规律；连续排放，流量不稳定，属于冲击型排放；连续排放，流量不稳定且无规律，但不属于冲击型排放；间断排放，排放期间流量稳定；间断排放，排放期间流量不稳定，但有周期性规律；间断排放，排放期间流量不稳定，但有规律，且不属于非周期性规律；间断排放，排放期间流量不稳定，属于冲击型排放；间断排放，排放期间流量不稳定且无规律，但不属于冲击型排放。

4.5.4 排放口设置要求

根据《排污口规范化整治技术要求（试行）》以及排污单位执行的排放标准中有关排放口规范化设置的规定，填报废气和废水排放口设置是否符合规范化要求。

4.5.5 排放口信息

排放口类型划分为主要排放口和一般排放口，具体见表 1。

废气排放口应填报排放口地理坐标、排气筒高度、排气筒出口内径、国家或地方污染物排放标准、环境影响评价批复要求及承诺更加严格排放限值。废水直接排放口应填报排放口地理坐标、间歇排放时段、受纳自然水体信息、汇入受纳自然水体处地理坐标及执行的国家或地方污染物排放标准，废水间接排放口应填报排放口地理坐标、间歇排放时段、受纳污水处理厂名称及执行的国家或地方污染物排放标准。废水间歇式排放的，应当载明排放污染物的时段。

4.5.6 污染治理设施和排放口编号

污染治理设施编号可填写铅锌冶炼工业排污单位内部编号，若铅锌冶炼工业排污单位无内部编号，则根据《关于开展火电、造纸行业和京津冀试点城市高架源排污许可证管理工作的通知》中的附件 4《固定污染源（水、大气）编码规则（试行）》进行编号并填报。

有组织排放口编号应填写地方环境保护主管部门现有编号，若地方环境保护主管部门未对排放口进行编号，则根据《关于开展火电、造纸行业和京津冀试点城市高架源排污许可证管理工作的通知》中的附件 4《固定污染源（水、大气）编码规则（试行）》进行编号并填写。

4.6 其他要求

排污单位基本情况还应包括生产工艺流程图（包括全厂及各工序）和厂区总平面布置图。

生产工艺流程图应包括主要生产设施（设备）、主要原辅材料、燃料的流向、生产工艺流程等内容。

厂区总平面布置图应包括主要生产单元、厂房、设备位置关系，注明厂区污水收集和运输走向等内容，同时注明厂区雨水和污水排放口位置。

5　产排污节点、对应排放口及许可排放限值

5.1　产排污节点及对应排放口

废气和废水的产排污节点及对应排放口见表 1。

表 1　产排污节点、排放口及污染因子一览表

产排污节点	排放口	排放口类型	污染因子	备注
铅冶炼废气有组织排放				
备料系统	备料排气筒	一般排放口	颗粒物	
制酸系统（熔炼炉烟气）	制酸尾气烟囱	主要排放口	颗粒物、二氧化硫、硫酸雾、铅及其化合物、汞及其化合物、氮氧化物（以 NO_2 计）	
还原炉+烟化炉	脱硫尾气烟囱	主要排放口	颗粒物、二氧化硫、铅及其化合物、汞及其化合物、氮氧化物（以 NO_2 计）	部分排污单位还原炉烟气送制酸
熔炼炉、还原炉、烟化炉环境集烟	环境集烟烟囱	主要排放口	颗粒物、二氧化硫、铅及其化合物、汞及其化合物、氮氧化物（以 NO_2 计）	
熔铅（电铅）锅	熔铅（电铅）锅烟囱	一般排放口	颗粒物、铅及其化合物	
浮渣反射炉	反射炉烟囱	一般排放口	颗粒物、二氧化硫、铅及其化合物、汞及其化合物、氮氧化物（以 NO_2 计）	
锅炉	锅炉烟囱	一般排放口	颗粒物、二氧化硫、氮氧化物（以 NO_2 计）、汞及其化合物、烟气黑度（格林曼黑度，级）	
锌冶炼废气有组织排放				
备料系统	备料排气筒	一般排放口	颗粒物	湿法炼锌
制酸系统（沸腾炉烟气）	制酸尾气烟囱	主要排放口	颗粒物、二氧化硫、硫酸雾、铅及其化合物、汞及其化合物、氮氧化物（以 NO_2 计）	湿法炼锌
浸出槽	浸出槽排气筒	一般排放口	硫酸雾	湿法炼锌
净化槽	净化槽排气筒	一般排放口	硫酸雾	湿法炼锌
感应电炉	熔铸烟气烟囱	一般排放口	颗粒物	湿法炼锌
回转窑（烟化炉）	回转窑（烟化炉）烟囱	主要排放口	颗粒物、二氧化硫、铅及其化合物、汞及其化合物、氮氧化物（以 NO_2 计）	湿法炼锌
多膛炉	多膛炉烟囱	一般排放口	颗粒物、二氧化硫、铅及其化合物、汞及其化合物、氮氧化物（以 NO_2 计）	
锅炉	锅炉烟囱	一般排放口	颗粒物、二氧化硫、氮氧化物（以 NO_2 计）、汞及其化合物、烟气黑度（格林曼黑度，级）	
备料系统	备料排气筒	一般排放口	颗粒物	电炉炼锌
制酸系统（沸腾炉烟气）	制酸尾气烟囱	主要排放口	颗粒物、二氧化硫、硫酸雾、铅及其化合物、汞及其化合物、氮氧化物（以 NO_2 计）	电炉炼锌
电炉环境集烟	环境集烟烟囱	主要排放口	颗粒物、二氧化硫、铅及其化合物、汞及其化合物、氮氧化物（以 NO_2 计）	电炉炼锌
回转窑（烟化炉）	回转窑（烟化炉）烟囱	主要排放口	颗粒物、二氧化硫、铅及其化合物、汞及其化合物、氮氧化物（以 NO_2 计）	电炉炼锌
锌精馏系统	锌精馏系统烟囱	一般排放口	颗粒物、二氧化硫、氮氧化物（以 NO_2 计）、铅及其化合物、汞及其化合物	电炉炼锌
锅炉	锅炉烟囱	一般排放口	颗粒物、二氧化硫、氮氧化物（以 NO_2 计）、汞及其化合物、烟气黑度（格林曼黑度，级）	电炉炼锌
备料系统	备料排气筒	一般排放口	颗粒物	竖罐炼锌
制酸系统（沸腾炉烟气）	制酸尾气烟囱	主要排放口	颗粒物、二氧化硫、硫酸雾、铅及其化合物、汞及其化合物、氮氧化物（以 NO_2 计）	竖罐炼锌
焦结蒸馏系统	焦结蒸馏系统烟囱	主要排放口	颗粒物、二氧化硫、铅及其化合物、汞及其化合物、氮氧化物（以 NO_2 计）	竖罐炼锌
漩涡炉	漩涡炉烟囱	主要排放口	颗粒物、二氧化硫、铅及其化合物、汞及其化合物、氮氧化物（以 NO_2 计）	竖罐炼锌
锌精馏系统	锌精馏系统烟囱	一般排放口	颗粒物、二氧化硫、铅及其化合物、汞及其化合物、氮氧化物（以 NO_2 计）	竖罐炼锌
锅炉	锅炉烟囱	一般排放口	颗粒物、二氧化硫、氮氧化物（以 NO_2 计）、汞及其化合物、烟气黑度（格林曼黑度，级）	竖罐炼锌

产排污节点	排放口	排放口类型	污染因子	备注
烧结备料系统	烧结备料排气筒	一般排放口	颗粒物	ISP 法
烧结机头	烧结机头排气筒	主要排放口	颗粒物、二氧化硫、铅及其化合物、汞及其化合物、氮氧化物（以 NO_2 计）	
制酸系统（烧结烟气）	制酸尾气烟囱	主要排放口	颗粒物、二氧化硫、硫酸雾、铅及其化合物、汞及其化合物、氮氧化物（以 NO_2 计）	
烧结料破碎系统	烧结料破碎排气筒	一般排放口	颗粒物	
熔炼备料系统	熔炼备料排气筒	一般排放口	颗粒物	
密闭鼓风炉环境集烟	环境集烟烟囱	主要排放口	颗粒物、二氧化硫、铅及其化合物、汞及其化合物、氮氧化物（以 NO_2 计）	
烟化炉	烟化炉烟囱	主要排放口	颗粒物、二氧化硫、铅及其化合物、汞及其化合物、氮氧化物（以 NO_2 计）	
熔铅（电铅）锅	熔铅（电铅）锅烟囱	一般排放口	颗粒物、铅及其化合物	
浮渣反射炉	反射炉烟囱	一般排放口	颗粒物、二氧化硫、铅及其化合物、汞及其化合物、氮氧化物（以 NO_2 计）	
锌精馏系统	锌精馏系统烟囱	一般排放口	颗粒物、二氧化硫、氮氧化物（以 NO_2 计）、铅及其化合物、汞及其化合物	
锅炉	锅炉烟囱	一般排放口	颗粒物、二氧化硫、氮氧化物（以 NO_2 计）、汞及其化合物、烟气黑度（格林曼黑度，级）	
铅锌冶炼废气无组织排放				
	企业边界		二氧化硫、颗粒物、硫酸雾、铅及其化合物、汞及其化合物	
铅锌冶炼废水排放				
生产废水	废水总排放口	主要排放口	pH 值、悬浮物、化学需氧量、氨氮、总磷、总氮、总锌、总铜、硫化物、氟化物、总铅、总镉、总汞、总砷、总镍、总铬	
	车间或生产设施废水排放口	主要排放口	总铅、总镉、总汞、总砷、总镍、总铬	
注：氮氧化物（以 NO_2 计）只适用于特别排放限值区域；锅炉烟气中汞及其化合物只适用于燃煤锅炉。				

排污单位应填报环境影响评价批复要求、国家或地方污染物排放标准、承诺更加严格排放限值，其余项依据本标准 4.5 填报产排污节点及排放口信息。

5.2 许可排放限值

5.2.1 一般规定

许可排放限值包括污染物许可排放浓度和许可排放量。

对于大气污染物，以生产设施或有组织排放口为单位确定许可排放浓度、许可排放量。主要排放口逐一计算许可排放量，一般排放口只许可浓度，不许可排放量。

对于水污染物，以车间或生产设施排放口和企业废水总排放口确定许可排放浓度和许可排放量。

根据国家或地方污染物排放标准确定许可排放浓度。依据总量控制指标及本标准规定的方法从严确定许可排放量，2015 年 1 月 1 日（含）后取得环境影响批复的排污单位，许可排放量还应同时满足环境影响评价文件和批复要求。

总量控制指标包括地方政府或环境保护主管部门发文确定的排污单位总量控制指标、环境影响评价批复的总量控制指标、现有排污许可证中载明的总量控制指标、通过排污权有偿使用和交易确定的总量控制指标等地方政府或环境保护主管部门与排污许可证申领排污单位以一定形式确认的总量控制指标。

排污单位填报许可排放量时，应在《排污许可申请表》中写明申请的许可排放限值计算过程。

排污单位申请的许可排放限值严于本标准规定的，在排污许可证中载明。

5.2.2 许可排放质量浓度

5.2.2.1 废气

排污单位废气许可排放浓度依据 GB 13271、GB 25466 确定，许可排放浓度为小时均值质量浓度。有地方排放标准要求的，按照地方排放标准确定。

大气污染防治重点控制区按照《关于执行大气污染物特别排放限值的公告》和《关于执行大气污染

物特别排放限值有关问题的复函》的要求执行。其他执行大气污染物特别排放限值的地域范围、时间，由国务院环境保护主管部门或省级人民政府规定。

若执行不同许可排放浓度的多台设施采用混合方式排放烟气，且选择的监控位置只能监测混合烟气中的大气污染物质量浓度，则应执行各限值要求中最严格的许可排放浓度。

5.2.2.2 废水

排污单位水污染物许可排放浓度按照 GB 25466 确定，许可浓度排放为日均质量浓度（pH 值为任何一次监测值）。有地方排放标准要求的，按照地方排放标准确定。

若排污单位在同一个废水排放口排放两种或两种以上工业废水，且每种废水同一种污染物执行的排放标准不同时，则应执行各限值要求中最严格的许可排放浓度。

5.2.3 许可排放量

5.2.3.1 一般规定

许可排放量包括排污单位年许可排放量、主要排放口年许可排放量、特殊时段许可排放量。其中，年许可排放量是指允许排污单位连续 12 个月排放的污染物最大排放量。年许可排放量同时适用于考核自然年的实际排放量。有核发权的地方环境保护主管部门可根据环境管理规定细化许可排放量的核算周期。单独排入城镇集中污水处理设施的生活污水无须申请许可排放量。

废气许可排放量污染因子为颗粒物、二氧化硫、氮氧化物（以 NO_2 计）（仅适用于执行特别排放限值区域的排污单位）、铅及其化合物、汞及其化合物。

废水许可排放量污染因子为化学需氧量、氨氮、总铅、总砷、总汞、总镉。

对位于《“十三五”生态环境保护规划》等文件规定的总磷、总氮总量控制区域内的铅锌冶炼排污单位，还应分别申请总磷及总氮年许可排放量。地方环境保护部门另有规定的从其规定。

5.2.3.2 许可排放量核算方法

5.2.3.2.1 废气

a）年许可排放量

年许可排放量等于主要排放口年许可排放量，计算如下：

$$E_{i许可} = E_{i主要排放口} \tag{1}$$

式中：$E_{i许可}$ —— 排污单位第 i 项大气污染物年许可排放量，t/a；

$E_{i主要排放口}$ —— 排污单位第 i 项大气污染物主要排放口年许可排放量，t/a。

b）主要排放口年许可排放量

主要排放口年许可排放量用式（2）计算：

$$E_{i主要排放口} = \sum_{j=1}^{n} \rho_i \times Q_j \times R \times 10^{-9} \tag{2}$$

式中：$E_{i主要排放口}$ —— 主要排放口第 i 种大气污染物年许可排放量，t/a；

ρ_i —— 第 i 种大气污染物许可排放浓度限值，mg/m^3；

R —— 第主要产品设计产能，t/a；

Q_j —— 第 j 个主要排放口单位产品基准排气量，m^3/t，参照表 2 取值。

铅锌冶炼排污单位铅及化合物、汞及化合物排放浓度限值与表 2 中各主要排放口基准排气量乘积之和应不超过表 3 给出重金属废气排放绩效，否则主要排放口重金属许可量计算方法参照式（3）进行核算。

c）主要排放口重金属年许可排放量用下式计算：

$$E_{i重金属}=R\times G_{i重金属}\times 10^{-6} \tag{3}$$

式中：$E_{i重金属}$ —— 主要排放口第 i 种重金属大气污染物许可排放量，t/a；

R—— 主要产品设计产能，t/a；

$G_{i\,重金属}$—— 第 i 中重金属大气污染物排放绩效值，g/t 产品，参照表 3 取值。

表 2　铅锌冶炼排污单位主要排放口基准排气量表　　单位：m^3/t 产品

行业类型	产排污节点	排放口	单位产品基准烟气量（干烟气）	备注
铅冶炼	制酸系统（熔炼炉烟气）	制酸尾气烟囱	3 000	
	还原炉+烟化炉	脱硫尾气烟囱	6 000	部分排污单位还原炉烟气送制酸
	熔炼炉、还原炉、烟化炉环境集烟	环境集烟烟囱	20 000	
锌冶炼	制酸系统（沸腾炉烟气）	制酸尾气烟囱	5 000	湿法炼锌
	回转窑（烟化炉）	回转窑（烟化炉）烟囱	5 000	
	制酸系统（沸腾炉烟气）	制酸尾气烟囱	5 000	电炉炼锌
	电炉环境集烟	环境集烟烟囱	8 000	
	回转炉（烟化炉）	回转窑（烟化炉）烟囱	5 000	
	制酸系统（沸腾炉烟气）	制酸尾气烟囱	5 000	竖罐炼锌
	焦结蒸馏系统	焦结蒸馏系统烟囱	20 000	
	漩涡炉	漩涡炉烟囱	5 000	
	烧结机头	烧结机头排气筒	4 500	ISP 法
	制酸系统（烧结机烟气）	制酸尾气烟囱	5 000	
	密闭鼓风炉环境集烟	环境集烟烟囱	10 000	
	烟化炉	烟化炉烟囱	2 500	

注 1：产品产量以电铅、电锌（精锌）计，单独生产粗铅、锌焙砂、粗锌的铅锌冶炼企业，产量应折电铅、电锌（精锌）计。
注 2：外购锌焙砂、粗铅、粗锌为原料的铅锌冶炼企业，该部分铅、锌产量只计入与其相关的生产单元。
注 3：ISP 法产品产量为铅、锌产品产量之和。

表 3　铅锌冶炼排污重金属大气污染物排放绩效值

行业类型		重金属类别	排放绩效/（g/t 产品）
铅冶炼		铅及其化合物	31.53
		汞及其化合物	0.124
锌冶炼	湿法炼锌	铅及其化合物	3.463
		汞及其化合物	0.385
	火法炼锌（ISP 法除外）	铅及其化合物	5.528
		汞及其化合物	0.512
	ISP 法	铅及其化合物	21.306
		汞及其化合物	0.390

注 1：产品产量以电铅、电锌（精锌）计，单独生产粗铅、锌焙砂、粗锌的铅锌冶炼企业，产量应折电铅、电锌（精锌）计。
注 2：外购锌焙砂、粗铅、粗锌为原料的铅锌冶炼企业，该部分铅、锌产量只计入与其相关的生产单元。
注 3：ISP 法产品产量为铅、锌产品产量之和。

d）特殊时段许可排放量

特殊时段排污单位日许可排放量按式（4）计算。地方制定的相关法规中对特殊时段许可排放量有明确规定的从其规定。国家和地方环境保护主管部门依法规定的其他特殊时段短期许可排放量应当在排污许可证当中载明。

$$E_{日许可} = E_{前一年环统日均排放量} \times (1-\alpha) \tag{4}$$

式中：$E_{日许可}$—— 铅锌冶炼排污单位重污染天气应对期间或冬防阶段日许可排放量，t；

$E_{前一年环统日均排放量}$—— 铅锌冶炼排污单位前一年环境统计实际排放量折算的日均值，t；

α—— 重污染天气应对期间或冬防阶段日产量或排放量减少比例。

5.2.3.2.2 废水

水污染物年许可排放量根据水污染物许可排放浓度限值、单位产品基准排水量和设计产能进行核算。

a）主要排放口年许可排放量

主要排放口年许可排放量用下式计算：

$$D_i = \rho_i \times Q \times R \times 10^{-6} \tag{5}$$

式中：D_i—— 主要排放口第 i 种水污染物年许可排放量，t/a；

ρ_i—— 第 i 种水污染物许可排放浓度限值，mg/L；

R—— 主要产品的设计产能，t/a；

Q—— 主要排放口单位产品基准排水量，m^3/t，取值参见表 4。

b）年许可排放量

铅锌冶炼排污单位总铅、总砷、总镉、总汞年许可排放量为车间或生产设施排放口年许可排放量，化学需氧量和氨氮年许可量则为企业废水总排放口年许可量，按照式（5）进行核算，其中 C_i 取值参照 GB 25466 中污染因子浓度，基准排水量 Q_i 取值参见表 4。

表 4 铅锌冶炼排污单位基准排水量取值表　　单位：m^3/t 产品

序号	排放口	排污口类型	单位产品基准排水量
1	车间或生产设施废水排放口	主要排放口	2
2	企业废水总排放口	主要排放口	8
注 1：产品产量以电铅、电锌（精锌）计，单独生产粗铅、锌焙砂、粗锌的铅锌冶炼企业，产量应折电铅、电锌（精锌）计。 注 2：外购锌焙砂、粗铅、粗锌为原料的铅锌冶炼企业，该部分铅、锌产量只计入与其相关的生产单元。 注 3：ISP 法产品产量为铅、锌产量之和。			

5.2.4 无组织排放控制要求

铅锌冶炼排污单位无组织排放节点和控制措施见表 5。

表 5 铅锌冶炼排污单位生产无组织排放控制要求表

序号	工序	指标控制措施
1	运输	（1）粉状物料运输应采取密闭措施 （2）厂内大宗物料转移、输送应采取皮带通廊、封闭式皮带输送机或流态化输送等输送方式。皮带通廊应封闭，带式输送机的受料点、卸料点采取喷雾等抑尘措施；或设置集气除尘设施 （3）厂内运输道路应硬化，及时清扫并采取洒水、喷雾或抑尘措施 （4）运输车辆驶离厂区前应冲洗车轮，或采取其他控制措施
2	冶炼	（1）原辅料、燃料等粉状物料应贮存于封闭厂房，精矿装卸、输送、配料、精矿干燥、给料等备料过程产尘点应设置集气收尘设施 （2）铅冶炼熔炼炉、还原炉加料口、出铅口、出渣口，烟化炉加料口、出渣口，浮渣反射炉加料口、放冰铜口、出渣口，应设置集气罩，并配套除尘脱硫设施，溜槽应设置盖板；熔铅（电铅）锅生产过程密闭，加料口、出铅口及扒渣过程应设置集气收尘设施 （3）湿法炼锌浸出槽、净化槽等应设置抽风及酸雾净化装置；火法炼锌炉窑加料口、出料口、出渣口应设置集气罩，并配套除尘脱硫设施

5.2.5 其他

新、改、扩建项目的环境影响评价文件或地方相关规定中有原辅材料、燃料等其他污染防治强制要求的，还应根据环境影响评价文件或地方相关规定，明确其他需要落实的污染防治要求。

6 污染防治可行技术要求

6.1 一般原则

本标准中所列污染防治可行技术及运行管理要求可作为环境保护主管部门对排污许可证申请材料审

核的参考。对于排污单位采用本标准所列推荐可行技术的，原则上认为具备符合规定的防治污染设施或污染物处理能力。对于未采用本标准所列推荐可行技术的，排污单位应当在申请时提供相关证明材料。对于国内外首次采用的污染治理技术，还应当提供中试数据等说明材料，证明可达到与污染防治可行技术相当的处理能力。

对不属于污染防治推荐可行技术的污染治理技术，排污单位应当加强自行监测、台账记录，评估达标可行性。

对于废气实施特别排放限值的，排污单位自行填报可行的污染治理技术及管理要求。

6.2 废气推荐可行技术

铅锌冶炼产生的有组织废气中颗粒物、铅及其化合物、汞及其化合物，通常采用湿法除尘、袋式除尘、静电除尘等；冶炼炉窑产生的二氧化硫，通常采用石灰/石灰石-石膏法、有机溶液循环吸收法、金属氧化物吸收法、活性焦吸附法、氨法吸收法、双碱法、双氧水脱硫法等。

本标准推荐的铅冶炼排污单位废气可行技术参照 HJ-BAT-7，锌冶炼排污单位废气可行技术具体见附录 A。

6.3 废水推荐可行技术

铅锌冶炼生产过程产生的污酸一般采用硫化法+石灰石/石灰中法、石灰+铁盐法处理，处理后污酸后液与酸性废水合并处理；酸性废水一般采用石灰中和法、高密度泥浆法（HDS 法）、石灰+铁盐（铝盐）法、硫化法、生物制剂法、电化学法、膜分离法等。

本标准推荐的铅冶炼排污单位废水可行技术参照 HJ-BAT-7，锌冶炼排污单位废水可行技术具体见附录 B。

6.4 运行管理要求

铅锌冶炼排污单位应当按照相关法律法规、标准和技术规范等要求运行大气及水污染防治设施，并进行维护和管理，保证设施正常运行。对于特殊时段，铅锌冶炼排污单位应满足《重污染天气应急预案》、各地人民政府制定的冬防措施等文件规定的污染防治要求。

7 自行监测管理要求

7.1 一般原则

铅锌冶炼排污单位在申请排污许可证时，应当按照本标准确定的产排污节点、排放口、污染因子及许可限值等要求，制定自行监测方案，并在《排污许可证申请表》中明确，《排污单位自行监测技术指南　有色金属冶炼和压延加工业》发布后，自行监测方案的制定从其要求。热水锅炉和 65 t/h 及以下蒸汽锅炉按照 HJ 820 制定自行监测方案。

对于 2015 年 1 月 1 日（含）后取得环境影响评价批复的排污单位，环境影响评价文件有其他管理要求的应当同步完善排污单位自行监测管理要求。有核发权的地方环境保护主管部门可根据环境质量改善需求，增加铅锌冶炼排污单位自行监测管理要求。

7.2 自行监测方案

自行监测方案中应明确排污单位的基本情况、监测点位及示意图、监测指标、执行排放标准及其限值、监测频次、采样和样品保存方法、监测分析方法和仪器、质量保证与质量控制、自行监测信息公开等。对于采用自动监测的排污单位应当如实填报采用自动监测的污染物指标、自动监测系统联网情况、自动监测系统的运行维护情况等；对于未要求开展自动监测的污染物指标，排污单位应当填报开展手工监测的污染物排放口和监测点位、监测方法、监测频次；对于 2015 年 1 月 1 日（含）后取得环境影响评价批复的排污单位，排污单位还应按照环境影响评价文件的要求填报周边环境质量监测。

7.3　自行监测要求

7.3.1　一般原则

排污单位可自行或委托第三方监测机构开展监测工作，并安排专人专职对监测数据进行记录、整理、统计和分析。排污单位对监测结果的真实性、准确性、完整性负责。手工监测时生产负荷应不低于本次监测与上一次监测周期内的平均生产负荷。

7.3.2　监测内容

铅锌冶炼排污单位应当开展自行监测的污染源包括产生的有组织废气、无组织废气、生产废水、生活污水等全部污染源。污染物应包括 GB 13271、GB 25466 中涉及的各项废气、废水污染物。

7.3.3　监测点位、监测因子及监测频次

排污单位应明确开展自行监测的外排口监测点位、无组织排放监测点位、周边环境质量影响监测点位等，自行监测点位、监测因子及监测频次执行表 6～表 10。单独排入城镇集中污水处理设施的生活污水不需监测，对于单独排入海域、江河、湖、库等水环境的生活污水应按照 HJ/T 91 要求执行。

《排污单位自行监测指南　有色金属冶炼和压延加工业》发布后，从其规定。

本标准规定的监测频次为排污单位自行监测的最低频次要求。排污单位原料发生重大变化的，应加密自行监测频次。

7.3.4　周边环境质量影响监测点

对于 2015 年 1 月 1 日（含）后取得环境影响评价批复的排污单位，周边环境质量影响监测点位按照批复的环境影响评价文件的要求设置。

表 6　铅冶炼排污单位自行监测点位、监测因子及最低监测频次一览表

产排污节点	监测点位	排放口类型	监测因子	最低监测频次
废气有组织排放				
备料系统	污染物净化设施排放口	一般排放口	颗粒物	季度
环境集烟	污染物净化设施排放口	主要排放口	二氧化硫、氮氧化物（以 NO_2 计）[b]、颗粒物	自动监测
			铅及其化合物、汞及其化合物	月
还原炉[a]、烟化炉	污染物净化设施排放口	主要排放口	二氧化硫、氮氧化物（以 NO_2 计）[b]、颗粒物	自动监测
			铅及其化合物、汞及其化合物	月
制酸系统（熔炼炉烟气）	污染物净化设施排放口	主要排放口	二氧化硫、氮氧化物（以 NO_2 计）[b]、颗粒物	自动监测
			铅及其化合物、汞及其化合物	月
			硫酸雾	季度
熔铅（电铅）锅	污染物净化设施排放口	一般排放口	颗粒物、铅及其化合物	季度
浮渣反射炉	污染物净化设施排放口	一般排放口	二氧化硫、氮氧化物（以 NO_2 计）[b]、颗粒物、铅及其化合物、汞及其化合物	季度
废气无组织排放				
厂界	企业边界		二氧化硫、颗粒物、硫酸雾、铅及其化合物、汞及其化合物	季度
废水排放				
生产废水	废水总排放口	主要排放口	流量、pH 值、化学需氧量、氨氮、总磷、总氮	自动监测
			总锌、总铜	月
			悬浮物、氟化物、硫化物	季度
			总铅、总镉、总砷、总汞	日
			总铬、总镍	月
	车间或生产设施废水排放口	主要排放口	总铅、总镉、总砷、总汞	日
			总铬、总镍	月

注 1：单独排入地表水、海水的生活污水排放口污染物（pH 值、COD、BOD_5、悬浮物、氨氮、动植物油、总氮、总磷）每月至少开展一次监测。

注 2：总磷和总氮安装自动监测主要适用于《“十三五”生态环境保护规划》等文件规定的总磷、总氮总量控制区域的排污单位。

[a] 部分排污单位还原炉烟气送制酸。

[b] 仅适用于执行特别排放限值区。

表 7　湿法炼锌排污单位自行监测污染源、监测因子及最低监测频次一览表

产排污节点	排放口	排放口类型	监测因子	最低监测频次
废气有组织排放				
备料系统	污染物净化设施排放口	一般排放口	颗粒物	季度
制酸系统（沸腾炉烟气）	污染物净化设施排放口	主要排放口	二氧化硫、颗粒物、氮氧化物（以 NO_2 计）[a]	自动监测
			铅及其化合物、汞及其化合物	月
			硫酸雾	季度
回转窑	污染物净化设施排放口	主要排放口	二氧化硫、颗粒物、氮氧化物（以 NO_2 计）[a]	自动监测
			铅及其化合物、汞及其化合物	月
多膛炉	污染物净化设施排放口	一般排放口	二氧化硫、颗粒物、氮氧化物（以 NO_2 计）[a]、铅及其化合物、汞及其化合物	季度
浸出槽	污染物净化设施排放口	一般排放口	硫酸雾	季度
净化槽	污染物净化设施排放口	一般排放口	硫酸雾	季度
感应电炉	污染物净化设施排放口	一般排放口	颗粒物	季度
废气无组织排放				
厂界	企业边界		二氧化硫、颗粒物、硫酸雾、铅及其化合物、汞及其化合物	季度
废水排放				
生产废水	废水总排放口	主要排放口	流量、pH 值、化学需氧量、氨氮、总磷、总氮	自动监测
			总锌、总铜	月
			悬浮物、氟化物、硫化物	季度
			总铅、总镉、总砷、总汞	日
			总铬、总镍	月
	车间或生产设施废水排放口	主要排放口	总铅、总镉、总砷、总汞	日
			总铬、总镍	月

注 1：单独排入地表水、海水的生活污水排放口污染物（pH 值、COD、BOD_5、悬浮物、氨氮、动植物油、总氮、总磷）每月至少开展一次监测。

注 2：总磷和总氮安装自动监测主要适用于《“十三五”生态环境保护规划》等文件规定的总磷、总氮总量控制区域的排污单位。

[a] 仅适用于执行特别排放限值区。

表 8　电炉炼锌排污单位自行监测污染源、监测因子及最低监测频次一览表

产排污节点	排放口	排放口类型	监测因子	最低监测频次
废气有组织排放				
备料系统	污染物净化设施排放口	一般排放口	颗粒物	季度
制酸系统（沸腾炉烟气）	污染物净化设施排放口	主要排放口	二氧化硫、氮氧化物（以 NO_2 计）[a]、颗粒物	自动监测
			铅及其化合物、汞及其化合物	月
			硫酸雾	季度
电炉环境集烟	污染物净化设施排放口	主要排放口	二氧化硫、氮氧化物（以 NO_2 计）[a]、颗粒物	自动监测
			铅及其化合物、汞及其化合物	月
烟化炉（回转窑）	污染物净化设施排放口	主要排放口	二氧化硫、氮氧化物（以 NO_2 计）[a]、颗粒物	自动监测
			铅及其化合物、汞及其化合物	月
锌精馏系统	污染物净化设施排放口	一般排放口	颗粒物、二氧化硫、氮氧化物（以 NO_2 计）[a]、铅及其化合物、汞及其化合物	季度
废气无组织排放				
厂界	企业边界		二氧化硫、颗粒物、硫酸雾、铅及其化合物、汞及其化合物	季度
废水排放				
生产废水	废水总排放口	主要排放口	流量、pH 值、化学需氧量、氨氮、总磷、总氮	自动监测
			总锌、总铜	月
			悬浮物、氟化物、硫化物	季度
			总铅、总镉、总砷、总汞	日
			总铬、总镍	月
	车间或生产设施废水排放口	主要排放口	总铅、总镉、总砷、总汞	日
			总铬、总镍	月

产排污节点	排放口	排放口类型	监测因子	最低监测频次
注 1：单独排入地表水、海水的生活污水排放口污染物（pH 值、COD、BOD_5、悬浮物、氨氮、动植物油、总氮、总磷）每月至少开展一次监测。 注 2：总磷和总氮安装自动监测主要适用于《“十三五”生态环境保护规划》等文件规定的总磷、总氮总量控制区域的排污单位。 [a] 仅适用于执行特别排放限值区。				

表 9　竖罐炼锌排污单位自行监测污染源、监测因子及最低监测频次一览表

产排污节点	排放口	排放口类型	监测因子	最低监测频次
废气有组织排放				
备料系统	污染物净化设施排放口	一般排放口	颗粒物	季度
制酸系统（沸腾炉烟气）	污染物净化设施排放口	主要排放口	二氧化硫、氮氧化物（以 NO_2 计）[a]、颗粒物	自动监测
			硫酸雾	季度
			铅及其化合物、汞及其化合物	月
焦结蒸馏系统	污染物净化设施排放口	主要排放口	二氧化硫、氮氧化物（以 NO_2 计）[a]、颗粒物	自动监测
			铅及其化合物、汞及其化合物	月
漩涡熔炼炉	污染物净化设施排放口	主要排放口	二氧化硫、氮氧化物（以 NO_2 计）[a]、颗粒物	自动监测
			铅及其化合物、汞及其化合物	月
锌精馏系统	污染物净化设施排放口	一般排放口	颗粒物、二氧化硫、氮氧化物（以 NO_2 计）[a]、铅及其化合物、汞及其化合物	季度
废气无组织排放				
厂界	企业边界		二氧化硫、颗粒物、硫酸雾、铅及其化合物、汞及其化合物	季度
废水排放				
生产废水	废水总排放口	主要排放口	流量、pH 值、化学需氧量、氨氮、总磷、总氮	自动监测
			总锌、总铜	月
			悬浮物、氟化物、硫化物	季度
			总铅、总镉、总砷、总汞	日
			总铬、总镍	月
	车间或生产设施废水排放口	一般排放口	总铅、总镉、总砷、总汞	日
			总铬、总镍	月
注 1：单独排入地表水、海水的生活污水排放口污染物（pH 值、COD、BOD_5、悬浮物、氨氮、动植物油、总氮、总磷）每月至少开展一次监测。 注 2：总磷和总氮安装自动监测主要适用于《“十三五”生态环境保护规划》等文件规定的总磷、总氮总量控制区域的排污单位。 [a] 仅适用于执行特别排放限值区。				

表 10　密闭鼓风熔炼法（ISP）排污单位自行监测污染源、监测因子及最低监测频次一览表

产污环节	排放口	排放口类型	监测因子	最低监测频次
废气有组织排放				
烧结备料系统	污染物净化	一般排放口	颗粒物	季度
烧结机头	污染物净化设施排放口	主要排放口	二氧化硫、氮氧化物（以 NO_2 计）[a]、颗粒物	自动监测
			铅及其化合物、汞及其化合物	季度
制酸系统（烧结机烟气）	污染物净化设施排放口	主要排放口	二氧化硫、氮氧化物（以 NO_2 计）[a]、颗粒物	自动监测
			铅及其化合物、汞及其化合物	月
			硫酸雾	季度
烧结料破碎系统	污染物净化设施排放口	一般排放口	颗粒物	季度
熔炼备料系统	污染物净化设施排放口	一般排放口	颗粒物	季度
环境集烟（密闭鼓风炉）	污染物净化设施排放口	主要排放口	二氧化硫、氮氧化物（以 NO_2 计）[a]、颗粒物	自动监测
			铅及其化合物、汞及其化合物	月
熔铅（电铅）锅	污染物净化设施排放口	一般排放口	颗粒物、铅及其化合物	季度
锌精馏系统	污染物净化设施排放口	一般排放口	二氧化硫、氮氧化物（以 NO_2 计）[a]、颗粒物	季度
			铅及其化合物、汞及其化合物	季度

产污环节	排放口	排放口类型	监测因子	最低监测频次
烟化炉	污染物净化设施排放口	主要排放口	二氧化硫、氮氧化物（以 NO_2 计）[a]、颗粒物	自动监测
			铅及其化合物、汞及其化合物	月
反射炉	污染物净化设施排放口	一般排放口	二氧化硫、氮氧化物（以 NO_2 计）[a]、颗粒物、铅及其化合物、汞及其化合物	季度
废气无组织排放				
企业边界			二氧化硫、颗粒物、硫酸雾、铅及其化合物、汞及其化合物	季度
废水排放				
生产废水	废水总排放口	主要排放口	流量、pH 值、化学需氧量、氨氮、总磷、总氮	自动监测
			总锌、总铜	月
			悬浮物、氟化物、硫化物	季度
			总铅、总镉、总砷、总汞	日
			总铬、总镍	月
	车间或生产设施排放口	主要排放口	总铅、总镉、总砷、总汞	日
			总铬、总镍	月
注 1：单独排入地表水、海水的生活污水排放口污染物（pH 值、COD、BOD_5、悬浮物、氨氮、动植物油、总氮、总磷）每月至少开展一次监测。				
注 2：总磷和总氮安装自动监测主要适用于《“十三五”生态环境保护规划》等文件规定的总磷、总氮总量控制区域的排污单位。				
[a] 仅适用于执行特别排放限值区。				

7.4 监测技术手段

自行监测的技术手段包括手工监测和自动监测。

铅锌冶炼排污单位中主要排放口的颗粒物、二氧化硫、氮氧化物（以 NO_2 计）（仅适用于执行特别排放限值区域的排污单位）应安装自动监测设备。鼓励其他排放口及污染物采用自动监测设备监测，无法开展自动监测的，应采用手工监测。

铅锌冶炼排污单位生产废水总排放口应安装流量、pH 值、化学需氧量、氨氮、总磷、总氮自动监测设备，其中总磷和总氮安装自动监测设备只适用于《“十三五”生态环境保护规划》等文件规定的总磷、总氮总量控制区域的排污单位，鼓励其他排放口及污染物采用自动监测设备监测，无法开展自动监测的，应采用手工监测。

7.5 采样和测定方法

7.5.1 自动监测

废气自动监测参照 HJ/T 75、HJ/T 76 执行。

废水自动监测参照 HJ/T 353、HJ/T 354、HJ/T 355、HJ/T 356 执行。

7.5.2 手工监测

有组织废气手工采样方法的选择参照 GB/T 16157、HJ/T 397 执行，单次监测中，气态污染物采样，应可获得小时均值浓度；颗粒物采样，至少采集三个反映监测断面颗粒物平均浓度的样品。

无组织排放采样方法参照 GB/T 15432、HJ/T 55 执行。

废水手工采样方法的选择参照 HJ 493、HJ 494、HJ 495 和 HJ/T 91 执行。

7.5.3 测定方法

废气、废水污染物的测定按照 GB 13271 和 GB 25466 中规定的污染物浓度测定方法标准执行，国家或地方法律法规等另有规定的，从其规定。

7.6 数据记录要求

监测期间手工监测的记录和自动监测运维记录按照 HJ 819 执行。

应同步记录监测期间的生产工况。

7.7 监测质量保证与质量控制

按照 HJ 819 要求，排污单位应当根据自行监测方案及开展状况，梳理全过程监测质控要求，建立自行监测质量保证与质量控制体系。

7.8 自行监测信息公开

排污单位应按照 HJ 819 要求进行自行监测信息公开。

8 环境管理台账记录与执行报告编制要求

8.1 环境管理台账记录要求

8.1.1 一般原则

排污单位应建立环境管理台账制度，设置专职人员进行台账的记录、整理、维护和管理，并对台账记录结果的真实性、准确性、完整性负责。

台账应当按照电子化储存和纸质储存两种形式同步管理。台账保存期限不得少于三年。

排污单位排污许可证台账应真实记录基本信息、生产设施及其运行情况、污染防治设施及其运行情况、监测记录信息、其他环境管理信息等。待《环境管理台账及排污许可证执行报告技术规范（试行）》发布后从其规定。

8.1.2 基本信息

基本信息主要包括排污单位基本信息、生产设施基本信息、治理设施基本信息。基本信息因排污单位工艺、设施调整等情形发生变化的，需在基本信息台账记录表中进行相应修改，并将变化内容进行说明纳入执行报告中。

a）排污单位基本信息：排污单位名称、注册地址、行业类别、生产经营场所地址、组织机构代码、统一社会信用代码、法定代表人、技术负责人、生产工艺、产品名称、生产规模、环保投资情况、环评及批复情况、竣工环保验收情况、排污许可证编号等；

b）生产设施基本信息：生产设施（设备）名称、编码、设施规格型号、相关参数（包括参数名称、设计值、单位）、设计生产能力等，详见附录 C；

c）治理设施基本信息：治理设施名称、编码、设施规格型号、相关参数（包括参数名称、设计值、单位）等。

8.1.3 生产设施运行管理信息

排污单位应定期记录生产设施运行状况并留档保存，应按班次至少记录以下内容：

a）运行状态：开始时间，结束时间，是否按照生产要求正常运行；

b）生产负荷：实际生产能力与设计生产能力之比，设计生产能力取最大设计值；

c）产品产量：记录统计时段内主要产品产量；

d）原辅料：记录名称、来源地、种类、用量、有毒有害成分及占比、是否为危险化学品；

e）燃料：记录种类、用量、成分、热值、品质。涉及二次能源的需建立能源平衡报表，应填报一次购入能源和二次转化能源。

8.1.4 污染治理设施运行管理信息

铅锌冶炼排污单位应记录环保设施的运行状态、污染物排放情况、治理药剂添加情况等。污染治理设施运行管理信息还应当包括设备运行校验关键参数，能充分反映生产设施及治理设施运行管理情况。

a）有组织废气治理设施

废气环保设施台账应包括所有环保设施的运行参数及排放情况等，废气环保设施台账包括废气处理能力（m^3/h）、运行参数（包括运行工况等）、废气排放量，脱硫药剂使用用量等。

b）无组织废气治理设施

原辅料储库、固废临时渣场、燃料储库、成品库、物料运输系统等无组织废气污染治理措施相应的运行、维护、管理相关的信息记录，可用于说明无组织治理措施（厂区降尘洒水、清扫、原料或产品场地封闭、遮盖等）运行情况和效果。

c）废水治理设施

废水环保设施台账应包括所有环保设施的运行参数及排放情况等，废水治理设施包括废水处理量（t/d）、运行参数（包括运行工况等）、废水排放量、废水回用量、污泥产生量、出水水质（各因子浓度和水量等）、排水去向及受纳水体、排入的污水处理厂名称等。

8.1.5 其他环境管理信息

铅锌冶炼排污单位应记录的其他环境管理信息包括以下几个方面：

a）污染治理设施故障期间

应记录污染治理设施故障设施、故障原因、故障期间污染物排放浓度以及应对措施。记录内容参见附录 C 中表 C.7。

b）特殊时段

应记录重污染天气应对期间、冬防期间等特殊时段管理要求、执行情况（包括特殊时段生产设施运行管理信息和污染治理设施运行管理信息）等。重污染天气应急预警期间、冬防期间等特殊时段的台账记录要求与正常生产记录频次要求一致，涉及特殊时段停产的排污单位或生产工序，该期间原则上仅对起始和结束当天各进行 1 次记录，地方管理部门有特殊要求的，从其规定。

c）非正常工况

铅锌冶炼排污单位开炉、设备检修（停炉）等非正常工况信息按工况期记录，每工况期记录 1 次，内容应记录非正常（开停炉）工况时间、事件原因、是否报告、应对措施，并按生产设施与污染治理设施填写具体情况：生产设施应记录设施名称、编号、产品产量、原辅料消耗量、燃料消耗量等；污染治理设施应记录设施名称、编号、污染因子、排放量、排放浓度等。记录内容参见附录 C 中表 C.7。

8.1.6 监测记录信息

a）自动监测运维记录

包括自动监测系统运行状况、系统辅助设备运行状况、系统校准、校验工作等；仪器说明书及相关标准规范中规定的其他检查项目；校准、维护保养、维修记录等。

b）手工监测记录信息

无自动监测要求的排污单位和废气和废水污染物，排污单位应当按照排污许可证中手工监测要求记录手工监测的日期、时间、污染物排放口和监测点位、监测方法、监测频次、监测仪器及型号、采样方法等，并建立台账记录报告，手工监测记录台账至少应包括附录 D 内容。

c）监测期间生产及污染治理设施运行状况记录信息

监测期间生产及污染治理设施运行状况记录信息内容分别见本标准 8.1.3 和 8.1.4 相关规定。

8.1.7 记录频次

8.1.7.1 一般原则

记录频次应根据生产过程中的变化参数进行确定。

8.1.7.2 生产设施运行管理信息

a）生产运行状况：按照排污单位生产班制记录，每班次记录 1 次。非正常工况按照工况期记录，每工况期记录 1 次，非正常工况开始时刻至工况恢复正常时刻为一个记录工况期；

b）产品产量：连续性生产的排污单位产品产量按照班制记录，每班记录 1 次。周期性生产的设施按照一个周期进行记录，周期小于 1 天的按照 1 天记录；

c）原辅料、燃料用量：按照批次记录，每批次记录 1 次。

8.1.7.3 污染治理设施运行管理信息

a）污染治理设施运行状况：按照排污单位生产班制记录，每班次记录 1 次。非正常工况按照工况期记录，每工况期记录 1 次，非正常工况开始时刻至工况恢复正常时刻为一个记录工况期；

b）污染物产排情况：连续排放污染物的，按班制记录，每班次记录 1 次。非连续排放污染物的，按照产排污阶段记录，每个产排阶段记录 1 次。安装自动监测设施的按照自动监测频率记录，DCS 原则上以 7 d 为周期截屏；

c）药剂添加情况：采用批次投放的，按照投放批次记录，每投放批次记录 1 次。采用连续加药方式的，每班次记录 1 次。

8.1.7.4　监测记录信息

监测数据的记录频次按照本标准 7.5 中所确定的监测频次要求记录。

8.1.7.5　其他环境管理信息

采取无组织废气污染控制措施的信息记录频次原则不小于 1 天。

特殊时段的台账记录频次原则与正常生产记录频次要求一致，涉及特殊时段停产的排污单位或生产工序，该期间原则上仅对起始和结束当天进行 1 次记录，地方管理部门有特殊要求的，从其规定。

根据环境管理要求增加记录的内容，记录频次依实际情况确定。

8.1.8　记录保存

8.1.8.1　纸质存储

纸质台账应存放于保护袋、卷夹或保护盒中，专人保存于专门的档案保存地点，并由相关人员签字。档案保存应采取防光、防热、防潮、防细菌及防污染等措施。纸质类档案如有破损应随时修补。档案保存时间原则上不低于 3 年。

8.1.8.2　电子存储

电子台账保存于专门的存储设备中，并保留备份数据。设备由专人负责管理，定期进行维护。根据地方环境保护主管部门要求定期上传，纸版由排污单位留存备查。档案保存时间原则上不低于 3 年。

8.2　排污许可证执行报告编制要求

8.2.1　一般原则

地方环境主管部门应当整合总量控制、排污收费（环境保护税）、环境统计等各项环境管理的数据上报要求，可以参照本标准，在排污许可证中根据各项环境管理要求，规定排污许可证执行报告内容、上报频次等要求。

排污单位应按照排污许可证中规定的内容和频次定期上报执行报告。铅锌冶炼排污单位可参照本标准，根据环境管理台账记录等归纳总结报告期内排污许可证执行情况，并提交至发证机关，台账记录留存备查。排污单位应保证执行报告的规范性和真实性。技术负责人发生变化时，应当在年度执行报告中及时报告。

8.2.2　报告分类及频次

8.2.2.1　报告分类

排污许可证执行报告按报告周期分为年度执行报告、季度执行报告和月度执行报告。

持有排污许可证的铅锌冶炼排污单位，均应按照本标准规定提交年度执行报告与季度执行报告。为满足其他环境管理要求，地方环境保护主管部门有更高要求的，排污单位还应根据其规定，提交月度执行报告。排污单位应在全国排污许可证管理信息平台上填报并提交执行报告，同时向有排污许可证核发权限的环境保护主管部门提交通过平台印制的书面执行报告。

8.2.2.2　上报频次

a）年度执行报告上报频次

铅锌冶炼排污单位应至少每年上报一次排污许可证年度执行报告，于次年 1 月底前提交至排污许可证核发机关。对于持证时间不足三个月的，当年可不上报年度执行报告，排污许可证执行情况纳入下 1 年年度执行报告。具体内容见附录 E。

b）月度/季度执行报告上报频次

排污单位每月度/季度上报一次排污许可证月度/季度执行报告，于下一周期首月 15 日前提交至排污许可证核发机关，提交季度执行报告或年度执行报告时，可免报当月月度执行报告。对于持证时间不足 10 d 的，该报告周期内可不上报月度执行报告，排污许可证执行情况纳入下一月度执行报告。对于持证时间不足一个月的，该报告周期内可不上报季度执行报告，排污许可证执行情况纳入下一季度执行报告。

排污单位每月或每季度应至少向环境保护主管部门上报年度执行报告中的“实际排放量报表”、合规判定分析说明、污染防治设施异常情况说明及所采取的措施。

9 实际排放量核算方法

9.1 一般规定

铅锌冶炼排污单位主要排放口废气污染物和废水污染物实际排放量的核算采用实测法。排污许可证要求采用自动监测的排放口或污染因子而未采用自动监测的，采用物料衡算法或产排污系数法核算实际排放量。

物料衡算法只用于核算二氧化硫，根据原辅材料、燃料消耗量、含硫率、硫回收率，按直排进行核算。

其他总量许可污染因子采用产排污系数法核算排放量时，可参考《污染源普查工业污染源产排污系数手册（中）》33 有色金属冶炼和压延加工业，根据单位产品污染物的产生量，按直排进行核算。

9.1.1 采用自动监测数据核算

采用自动监测数据基本原则如下：

a）废气污染源自动监测符合 HJ/T 75 要求，废水污染源自动监测符合 HJ/T 355 和 HJ/T 356 要求，可以采用自动监测数据核算污染物排放量；

b）对于因自动监控设施发生故障以及其他情况导致数据缺失的，废气污染源按照 HJ/T 75 进行补遗，废水污染源按照 HJ/T 356 进行补遗；

c）缺失时段超过 25%的，自动监测数据不能作为核算实际排放量的依据，按照“要求采用自动监测的排放口或污染因子而未采用”的相关规定进行核算。

9.1.2 采用手工监测数据核算

a）未要求安装自动监测系统时，可采用手工监测数据进行核算。手工监测数据包括核算时间内的所有执法监测数据和排污单位自行或委托第三方监测机构的有效手工监测数据，排污单位自行或委托的手工监测频次、监测期间生产工况、数据有效性等须符合相关规范等要求；

b）自动监测设施发生故障需要维修或更换，按要求在 48 h 内恢复正常运行的，且在此期间按照《污染源自动监控设施运行管理办法》开展手工监测并报送手工监测数据的，根据手工监测结果核算该时段实际排放量；

c）排污单位提供充分证据证明自动监测数据缺失、数据异常等不是排污单位责任的，可按照排污单位提供的手工监测数据等核算实际排放量，或者按照上一个半年申报期间的稳定运行期间自动监测数据的均值（废气按照小时浓度均值和半年平均烟气量，废水按照日均浓度值和半年平均排水量），核算数据缺失时段的实际排放量；

d）排污单位应将手工监测时段内生产负荷与核算时段内的平均生产负荷进行对比，并给出对比结论。

排污单位手工监测应符合国家有关环境监测、计量认证规定和技术规范。若同一时段的手工监测数据与执法监测数据不一致，以执法监测数据为准。

对于未能按要求及时恢复设施正常运行的，采用物料衡算法或产污系数法按照直排核算该时段实际排放量。

9.2 废气核算方法

9.2.1 实测法

根据符合 HJ/T75 的有效自动监测或手工监测污染物的小时平均排放浓度、平均烟气量、运行时间核算污染物年排放量。自动监测数据缺失或无效的，按 HJ/T 75 的要求进行排放量补遗。

大气污染物实际排放量核算方法如下：

$$E_{jk}=\sum_{i=1}^{n}\rho_{ij}\times q_i\times 10^{-9} \qquad (6)$$

式中：E_{jk}——核算时段内第 k 个排放口第 j 项污染物的实际排放量，t；

ρ_{ij}——第 k 个排放口第 j 项污染物在第 i 小时的实测平均排放质量浓度，mg/m^3；

q_i——第 k 个排放口第 i 小时的标准状态下干排气量，m^3/h；

n——核算时段内的污染物排放时间，h。

$$E_j=\sum_{k=1}^{n}E_{jk} \qquad (7)$$

式中：E_j——核算时段内第 j 项污染物的实际排放量，t；

n——排放口数量。

9.2.2　非正常情况

炉窑启停等非正常排放期间污染物排放量可采用实测法或产污系数直排核算。

9.3　废水核算方法

9.3.1　实测法

根据符合 HJ/T 353、HJ/T 354、HJ/T 355、HJ/T 356 的有效自动监测或手工监测污染物的日平均排放浓度、平均流量、运行时间核算污染物年排放量。

废水污染因子实际排放量核算方法如下：

$$E_j=\sum_{i=1}^{n}\rho_{ji}\times q_i\times 10^{-6} \qquad (8)$$

式中：E_j——核算时段内车间或生产设施排放口和企业废水总排放口第 j 项污染物的实际排放量，t；

ρ_{ji}——第 j 项污染物在第 i 日的实测日平均排放浓度，mg/L；

q_i——第 i 日的流量，m^3/h；

n——核算时段内的污染物排放时间，h。

9.3.2　非正常情况

废水处理设施非正常情况下的排水，如无法满足排放标准要求时，不应直接排入外环境，待废水处理设施恢复正常运行后方可排放。如因特殊原因造成污染治理设施未正常运行超标排放污染物的或偷排偷放污染物的，按产污系数与未正常运行时段（或偷排偷放时段）的累计排水量核算非正常排放期间实际排放量。

10　合规判定方法

10.1　一般原则

合规是指铅锌冶炼排污单位许可事项和环境管理要求符合排污许可证规定。

许可事项合规是指铅锌冶炼排污单位排放口位置和数量、排放方式、排放去向、排放污染物种类、排放限值符合许可证规定。其中，排放限值合规是指铅锌冶炼排污单位污染物实际排放质量浓度和排放量满足许可排放限值要求，无组织排放满足本技术规范无组织监管措施要求，环境管理要求合规是指铅锌冶炼排污单位按许可证规定落实自行监测、台账记录、执行报告，信息公开等环境管理要求。

铅锌冶炼排污单位可通过环境管理台账记录、按时上报执行报告和开展自行监测、信息公开，自证其依证排污，满足排污许可证要求。环境保护主管部门可依据排污单位环境管理台账、执行报告、自行监测记录中的内容，判断其污染物排放质量浓度和排放量是否满足许可排放限值要求，也可通过执法监测判断其污染物排放质量浓度是否满足许可排放限值要求。

10.2 排放限值合规判定

10.2.1 废气排放质量浓度合规判定

10.2.1.1 正常情况

铅锌冶炼排污单位各废气排放口污染物或厂界无组织污染物的排放质量浓度达标是指“任一小时质量浓度均值均满足许可排放浓度要求”。

a）执法监测

按照监测规范要求获取的执法监测数据超标的，即视为不合规。根据 GB/T 16157、HJ/T 397、HJ/T 55 确定监测要求。

b）排污单位自行监测

（1）自动监测

按照本标准 7.5.1 要求获取的有效自动监测数据计算得到的有效小时浓度均值与许可排放浓度限值进行对比，超过许可排放浓度限值的，即视为超标。对于应当采用自动监测而未采用的排放口或污染物，即认为超标。自动监测小时均值是指“整点 1 h 内不少于 45 min 的有效数据的算术平均值”。

（2）手工监测

对于未要求采用自动监测的排放口或污染物，应进行手工监测。按照自行监测方案、监测规范要求获取的监测数据计算得到的有效小时浓度均值超标的，即视为超标。

若同一时段的执法监测数据与排污单位自行监测数据不一致，执法监测数据符合法定的监测标准和监测方法的，以该执法监测数据为准。

10.2.1.2 非正常情况

铅锌冶炼排污单位非正常排放指炉窑启停机、设备故障、检维修等情况下的排放。

铅锌冶炼排污单位开停炉期间必须确保制酸尾气脱硫系统的正常运行，不得未经处理直接排放；排污单位应该将开停炉时间段及时上报环境保护行政主管部门。

若多台设施采用混合方式排放烟气，且其中一台处于启停时段，排污单位能提供烟气混合前各台设施有效监测数据的，可按照排污单位提供数据进行合规判定。

10.2.2 废水排放浓度合规判定

排污单位各废水排放口污染物（pH 值除外）的排放浓度达标是指“任一有效日均值（pH 值除外）均满足许可排放浓度要求”。

10.2.2.1 执法监测

按照监测规范要求获取的执法监测数据超标的，即视为超标。根据 HJ/T 91、GB 25466 确定监测要求。

10.2.2.2 排污单位自行监测

a）自动监测

按照本标准 7.5.1 要求获取的自动监测数据计算得到有效日均浓度值（除 pH 值外）与许可排放浓度限值进行对比，超过许可排放浓度限值的，即视为超标。对于应当采用自动监测而未采用的排放口或污染物，即认为不合规。

对于自动监测，有效日均浓度是对应于以每日为一个监测周期内获得的某个污染物的多个有效监测数据的平均值。在同时监测污水排放流量的情况下，有效日均值是以流量为权的某个污染物的有效监测数据的加权平均值；在未监测污水排放流量的情况下，有效日均值是某个污染物的有效监测数据的算术平均值。

自动监测的有效日均浓度应根据 HJ/T 355 和 HJ/T 356 等相关文件确定。

b）手工监测

对于未要求采用自动监测的排放口或污染物，应进行手工监测。按照本标准 7.2 和 7.5.2 进行手工监测，当日各次监测数据平均值或当日混合样监测数据（除 pH 值外）超标的，即视为超标。

c）若同一时段的执法监测数据与排污单位自行监测数据不一致，执法监测数据符合法定的监测标准和监测方法的，以该执法监测数据为准。

10.2.3　排放量合规判定

铅锌冶炼排污单位污染物的排放量合规是指：

a）废水和废气污染物年实际排放量满足各自的年许可排放量要求，年许可排放量是正常情况和非正常情况排放量之和；

b）废水和废气污染物各主要排放口实际排放量之和满足主要排放口的许可排放量要求；

c）对于特殊时段有许可排放量要求的排污单位，排放口实际排放量之和不得超过特殊时期许可排放量。

10.3　环境管理要求合规判定

环境保护主管部门依据排污许可证中的管理要求以及铅锌冶炼行业相关技术规范，审核环境管理台账记录和许可证执行报告；检查排污单位是否按照自行监测方案开展自行监测；是否按照排污许可证中环境管理台账记录要求记录相关内容，记录频次、形式等是否满足许可证要求；是否按照许可证中执行报告要求定期上报，上报内容是否符合要求等；是否按照许可证要求定期开展信息公开；是否满足特殊时段污染防治要求。

附　录　A
（资料性附录）
锌冶炼废气污染防治可行推荐技术

污染类型	污染因子	可行技术
废气	颗粒物 铅及其化合物 汞及其化合物	湿法除尘技术 电除尘技术 袋式除尘技术
	二氧化硫	石灰-石膏法脱硫技术 有机溶液循环吸收法脱硫技术 金属氧化物吸收法脱硫技术 活性焦吸附法脱硫技术 氨法脱硫技术 双碱法脱硫技术

附　录　B
（资料性附录）
锌冶炼废水污染防治可行推荐技术

污染类型	废水来源	污染因子	可行技术
废水	生产废水	pH 值、COD、悬浮物、氨氮、总磷、总氮、硫化物、氟化物、总锌、总铜、总铅、总镉、总砷、总汞、总铬、总镍	石灰中和法（LDS 法） 高密度泥浆法（HDS 法） 硫化法 石灰-铁盐（铝盐）法 生物制剂法 电化学法 膜分离法

附 录 C

（资料性附录）

环境管理台账记录参考表（略）

附 录 D

（资料性附录）

手工监测报表示例表

序号	污染源类别	监测日期	监测时间	排放口编号	监测内容	计量单位	监测结果	监测结果（折标）	是否超标	手工监测采样方法及个数	手工测定方法	手工监测仪器型号
1	废气	2016-06-06	10:00—10:15	DA001	SO_2	mg/m^3	100	110		连续采样	HJ/T 57	AAA
…		2016-06-06	10:00—10:15	DA001	烟气量	m^3/h	5 000	5 500		—	—	—
	废水											
	其他											

附 录 E

（资料性附录）

铅锌冶炼排污单位排污许可证执行报告编制内容（略）

中华人民共和国环境保护行业标准

排污许可证申请与核发技术规范 有色金属工业——铝冶炼

Technical specification for application and issuance of pollutant permit

——Non-ferrous metal metallurgy industry —Aluminum smelting

HJ 863.2—2017

前 言

为贯彻落实《中华人民共和国环境保护法》《中华人民共和国大气污染防治法》《中华人民共和国水污染防治法》等法律法规以及《国务院办公厅关于印发控制污染物排放许可制实施方案的通知》（国办发〔2016〕81 号），完善排污许可技术支撑体系，指导和规范铝冶炼排污单位排污许可证申请与核发工作，制定本标准。

本标准规定了铝冶炼排污单位排污许可证申请与核发的基本情况填报要求、许可排放限值确定、实际排放量核算方法、合规判定方法以及自行监测、环境管理台账与执行报告等环境管理要求，提出了铝冶炼行业污染防治可行技术及运行管理要求。

核发机关核发排污许可证时，对位于法律法规明确规定禁止建设区域内的、属于国家和地方政府明确规定予以淘汰或取缔的铝冶炼排污单位或者生产装置，应不予核发排污许可证。

本标准附录 A、附录 B、附录 C、附录 D、附录 E 为资料性附录。

本标准为首次发布。

本标准由环境保护部规划财务司、科技标准司组织制订。

本标准主要起草单位：中国环境科学研究院、中铝国际工程股份有限公司沈阳分公司、中国有色金属工业协会、环境保护部环境保护对外合作中心、环境保护部环境工程评估中心。

本标准环境保护部 2017 年 9 月 29 日批准。

本标准自 2017 年 9 月 29 起实施。

本标准由环境保护部解释。

1 适用范围

本标准规定了铝冶炼排污单位排污许可证申请与核发的基本情况填报要求、许可排放限值确定、实际排放量核算、合规判定的技术方法以及自行监测、环境管理台账与排污许可证执行报告等环境管理要求，提出了铝冶炼排污单位污染防治可行技术要求。

本标准适用于指导铝冶炼排污单位填报《排污许可证申请表》及网上填报相关申请信息，适用于指导核发机关审核确定铝冶炼工业排污单位排污许可证许可要求。

本标准适用于以铝土矿为原料生产氧化铝、以氧化铝为原料生产电解铝的冶炼企业或生产设施排放的大气污染物和水污染物的排污许可管理。本标准不适用于铝用碳素排污单位的排污许可证申请与核发工作。

铝冶炼排污单位中，对于执行 GB 13223 的生产设施或排放口，适用《火电行业排污许可证申请与核发技术规范》。

本标准未作出规定但排放工业废水、废气或者国家规定的有毒有害大气污染物的铝冶炼业排污单位其他产污设施和排放口，参照《排污许可证申请与核发技术规范 总则》执行，在《排污许可证申请与核发技术规范 锅炉工业》发布前，热水锅炉和 65 t/h 及以下蒸汽锅炉参照本标准执行，发布后从其规定。

2 规范性引用文件

本标准引用了下列文件或其中的条款。凡是未注明日期的引用文件，其最新版本适用于本标准。

GB 13223 火电厂大气污染物排放标准

GB 13271 锅炉大气污染物排放标准

GB 25465 铝工业污染物排放标准

GB/T 16157 固定污染源排气中颗粒物测定与气态污染物采样方法

HJ 493 水质采样 样品的保存和管理技术规定

HJ 494 水质 采样技术指导

HJ 495 水质 采样方案设计技术规定

HJ 819 排污单位自行监测技术指南 总则

HJ 820 排污单位自行监测技术指南 火力发电及锅炉

HJ/T 55 大气污染物无组织排放监测技术导则

HJ/T 75 固定污染源烟气排放连续监测技术规范（试行）

HJ/T 76 固定污染源烟气排放连续监测系统技术要求及监测方法（试行）

HJ/T 91 地表水和污水监测技术规范

HJ/T 353 水污染源在线监测系统安装技术规范（试行）

HJ/T 354 水污染源在线监测系统验收技术规范（试行）

HJ/T 355 水污染源在线监测系统运行与考核技术规范（试行）

HJ/T 356 水污染源在线监测系统数据有效性判别技术规范（试行）

HJ/T 397 固定源废气监测技术规范

*排污许可证申请与核发技术规范 总则

*排污单位自行监测技术指南 有色金属冶炼与压延加工

*环境管理台账及排污许可证执行报告技术规范（试行）

《固定污染源排污许可分类管理名录（2017 年版）》（环境保护部令 第 45 号）

《排污口规范化整治技术要求（试行）》（环监〔1996〕470 号）

《污染源自动监控设施运行管理办法》（环发〔2008〕6 号）

《关于开展火电、造纸行业和京津冀试点城市高架源排污许可证管理工作的通知》（环水体〔2016〕189 号）

3 术语和定义

下列术语和定义适用于本标准。

3.1 铝冶炼排污单位 aluminum smelting pollutant emission unit

指利用铝土矿为原料生产氧化铝和利用氧化铝为原料生产电解铝的冶炼企业或生产设施。

3.2 许可排放限值 permitted emission limits

指排污许可证中规定的允许排污单位排放的污染物最大排放浓度和最大排放量。

3.3 特殊时段 special periods

指根据国家和地方限期达标规划及其他相关环境管理规定，对排污单位的污染物排放情况有特殊要求的时段，包括重污染天气应对期间和冬防期间等。

---

* 标准正在编制审批之中，待正式发布后按发布的标准实行。

4　排污单位基本情况填报要求

4.1　一般原则

排污单位应按照本标准要求，在排污许可证管理信息平台申报系统填报《排污许可证申请表》中的相应信息表。填报系统下拉菜单中未包括的、地方环境保护主管部门有规定需要填报或排污单位认为需要填报的，可自行增加内容。

省级环境保护主管部门按环境质量改善需求增加的管理要求，应填入排污许可证管理信息平台申报系统中“有核发权的地方环境保护主管部门增加的管理内容”一栏。

排污单位在填报申请信息时，应评估污染排放及环境管理现状，对现状环境问题提出整改措施，并填入排污许可证管理信息平台申报系统中“改正措施”一栏。

排污单位基本情况应当按照实际情况填报，对提交申请材料的真实性、合法性和完整性负法律责任。

4.2　排污单位基本信息

排污单位基本信息应填报单位名称、邮政编码、是否投产、投产日期、生产经营场所中心经度、生产经营场所中心纬度、所在地是否属于重点区域、是否有环境影响评价批复文件及文号、是否有地方政府对违规项目的认定或备案文件及文号、是否有主要污染物总量分配计划文件及文号、颗粒物总量指标（t/a）、二氧化硫总量指标（t/a）、氮氧化物（以 NO_2 计）总量指标（t/a）、化学需氧量总量指标（t/a）、氨氮总量指标（t/a）、氟化物（以 F 计）总量指标（t/a）（仅适用于电解铝），其余项（如有）由企业自行填报。

4.3　主要产品及产能

4.3.1　一般原则

在填报主要产品及产能时，选择“铝冶炼”。

排污单位应根据本标准要求填写排污许可证管理信息平台申报系统中有关主要生产单元、主要工艺、生产设施、生产设施编号、设施参数、产品名称、生产能力及计量单位、设计年生产时间及其他选项等信息。

4.3.2　主要生产单元

主要生产单元均为必填项，具体分类如下：

a）氧化铝生产单元

1）烧结法氧化铝生产单元：原料配制单元、石灰烧制及石灰乳制备单元、熟料烧成单元、溶出及硅渣分离单元、赤泥分离洗涤单元、分解过滤单元、蒸发单元、氢氧化铝过滤及焙烧单元、氧化铝贮运及包装单元、赤泥堆场；

2）拜耳法氧化铝生产单元：原料配制单元、石灰烧制（若有）及石灰乳制备单元、溶出及硅渣分离单元、赤泥分离洗涤单元、分解过滤单元、蒸发单元、氢氧化铝过滤及焙烧单元、氧化铝贮运及包装单元、赤泥堆场；

3）联合法氧化铝生产单元：原料配制单元、石灰烧制及石灰乳制备单元、溶出及硅渣分离单元、赤泥分离洗涤单元、熟料烧成单元、分解过滤单元、蒸发单元、氢氧化铝过滤及焙烧单元、氧化铝贮运及包装单元、赤泥堆场。

b）电解铝生产单元：原料单元、电解单元、铸造单元、电解质处理单元、阳极组装及残极处理单元。

4.3.3　主要工艺

主要工艺均为必填项，具体要求如下：

a）氧化铝：烧结法、拜耳法、联合法。

b）电解铝：熔盐电解法。

4.3.4 生产设施

生产设施分为必填项和选填项，具体要求如下：

a）氧化铝

1）烧结法工艺生产氧化铝：必填项为原料贮运、取料机、均化库、原料磨机、化灰机、石灰炉（窑）、熟料烧成窑、熟料中碎系统、氢氧化铝焙烧炉、氧化铝仓库、氧化铝贮仓，其他为选填项；

2）拜耳法工艺生产氧化铝：必填项为原料贮运、取料机、均化库、原料磨机、石灰炉（窑）（若有）、化灰机、熔盐加热炉（若有）、氢氧化铝焙烧炉、氧化铝仓库、氧化铝贮仓，其他为选填项；

3）联合法工艺生产氧化铝：必填项为原料贮运、取料机、均化库、原料磨机、石灰炉（窑）（若有）、化灰机、熟料烧成窑、熟料中碎系统、氢氧化铝焙烧炉、氧化铝仓库、氧化铝贮仓，其他为选填项。

b）电解铝：必填项为氧化铝贮运、电解槽、混合炉、铸造机组、破碎机、残极压脱机、磷铁环压脱机、磷铁环清理机、中（工）频感应炉，其他为选填项。

c）本标准尚未作出规定，但排放工业废气或者排放有毒有害大气污染物，且有明确国家和地方排放标准的，相应生产设施为必填项。

4.3.5 生产设施编号

生产设施编号为必填项，具体要求如下：

a）若生产设施有排污单位内部生产设施编号，则填报相应编号；

b）若生产设施无排污单位内部生产设施编号，则根据《关于开展火电、造纸行业和京津冀试点城市高架源排污许可证管理工作的通知》中的附件4《固定污染源（水、大气）编码规则（试行）》进行编号并填报。

4.3.6 设施参数

设施参数分为必填项和选填项，具体要求如下：

a）氧化铝：必填项为参数名称、设计值、计量单位等（包括风量、蒸发量、压力、温度等），其他为选填项；

b）电解铝：必填项为参数名称、设计值、计量单位等（包括风量、压力、温度等，电解槽填写电解槽电流强度，电流效率），其他为选填项。

4.3.7 产品名称

产品名称为必填项，具体要求如下：

a）氧化铝产品：氧化铝；

b）电解铝产品：电解铝（原铝）。

4.3.8 生产能力及计量单位

生产能力及计量单位为必填项，生产能力为主要产品设计产能。产能和产量计量单位均为万 t/a。

4.3.9 设计年生产时间

设计年生产时间为必填项，应按环境影响评价文件及批复或地方政府对违规项目的认定或备案文件确定的年生产时间填写。

4.3.10 其他

其他为选填项，排污单位若有需要说明的内容，可填写。

4.4 主要原辅材料及燃料

主要原辅材料及燃料填写内容包括种类、原辅材料名称、原辅材料成分、燃料名称、燃料成分、设计年使用量、其他等，具体要求如下：

a）种类：分为原辅材料、燃料；

b）原辅材料名称：

1）氧化铝：原料为铝土矿等，辅料包括碳酸钠、氢氧化钠、石灰/石灰石、原料煤等；

2）电解铝：原料包括氧化铝等，辅料包括氟化铝、冰晶石、阳极等。

c）原辅材料成分：辅料硫元素、有毒有害成分及占比、铝用碳素阳极的硫元素占比，氟化铝、冰晶石等氟化盐的氟元素占比；

d）燃料名称：

1）氧化铝：熟料烧成窑燃料为煤粉，其他为：天然气、煤气、液化石油气等；

2）电解铝：天然气、液化石油气、电等。

e）燃料成分：煤及燃油应填报灰分、硫分、挥发分、热值；天然气、煤气、液化石油气应填报硫含量、热值；

f）设计年使用量：设计年使用量为与核定产能相匹配的原辅及燃料年使用量，单位为万 t/a 或万 m^3/a；

g）其他：排污单位若有需要说明的内容，可填写；

h）上述 a）～f）为必填项，g）为选填项。

4.5 产排污节点、污染物及污染治理设施

4.5.1 一般原则

废气产排污环节、污染物及污染治理设施包括生产设施对应的产污环节、污染物种类、排放形式（有组织、无组织）、污染治理设施、是否为可行技术、排放口编号、排放口设置是否规范及排放口类型。

废水包括废水类别、污染物种类、排放去向、污染治理设施、是否为可行技术、排放口编号、排放口设置是否规范及排放口类型。

4.5.2 废气

4.5.2.1 产污环节

氧化铝及电解铝的产排污环节如下：

a）氧化铝：原燃料贮运、破碎、筛分、石灰炉（窑）（若有）、石灰乳制备、熟料烧成窑（若有）、熔盐加热炉（若有）、氢氧化铝焙烧炉、氧化铝贮运及包装等；

b）电解铝：氧化铝和氟化盐贮运、电解槽、混合炉、电解质破碎、阳极组装系统的残极抛丸清理、残极破碎、残极压脱、电解质清理、钢爪抛丸清理、磷铁环压脱、导杆清理、残极处理、中（工）频感应炉等。

4.5.2.2 污染物种类

污染物种类应根据 GB 13271、GB 25465 确定，见表 1。有地方排放标准的，按照地方排放标准确定。

4.5.2.3 治理设施

a）氧化铝：治理设施名称应填写除尘设施、脱硫设施、脱硝设施等；

b）电解铝：治理设施名称应填写电解烟气氧化铝吸附干法净化设施、除尘设施、脱硫设施等。

4.5.2.4 污染治理工艺

a）氧化铝：污染治理工艺填写包括除尘设施（三电场静电除尘器、四电场静电除尘器、五电场静电除尘器；袋式除尘器；电袋复合除尘器；其他）、脱硫设施、脱硝设施；

b）电解铝：污染治理工艺填写包括电解烟气氧化铝吸附干法净化设施、除尘设施（袋式除尘器；其他）、脱硫设施等。

4.5.3 废水

4.5.3.1 类别

a）氧化铝生产包括生产废水（渗漏的少量含碱和悬浮物料液、各种炉窑及设备循环冷却系统排水、含化验废水及化学水制备废水等辅助生产废水）和生活污水等；

b）电解铝生产包括生产废水（铸造冷却、空压机、阳极组装、风机等设备循环冷却系统排水、含化验废水及软水制备废水等辅助生产废水）和生活污水等。

4.5.3.2 污染物种类

污染物种类应根据 GB 25465 确定，见表 1。有地方排放标准的，按照地方排放标准确定。

4.5.3.3 治理设施

治理设施名称应填写生活污水处理设施、生产废水处理设施等。

4.5.3.4 污染治理工艺

污染治理工艺分为一级处理（过滤、沉淀、冷却）、二级处理（生物接触氧化工艺、活性污泥法、A/O、A^2/O、其他）、其他。

4.5.3.5 排放去向及排放规律

铝冶炼排污单位应明确废水排放去向及排放规律。

排放去向分为不外排；排至厂内综合污水处理站；直接进入海域；直接进入江河、湖、库等水环境；进入城市下水道（再入江河、湖、库）；进入城市下水道（再入沿海海域）；进入城市污水处理厂；进入其他单位；工业废水集中处理设施；其他（包括回用等）。

排放规律分为连续排放，流量稳定；连续排放，流量不稳定，但有周期性规律；连续排放，流量不稳定，但有规律，且不属于周期性规律；连续排放，流量不稳定，属于冲击型排放；连续排放，流量不稳定且无规律，但不属于冲击型排放；间断排放，排放期间流量稳定；间断排放，排放期间流量不稳定，但有周期性规律；间断排放，排放期间流量不稳定，但有规律，且不属于非周期性规律；间断排放，排放期间流量不稳定，属于冲击型排放；间断排放，排放期间流量不稳定且无规律，但不属于冲击型排放。

4.5.4 排放口设置要求

根据《排污口规范化整治技术要求（试行）》，以及排污单位执行的排放标准中有关排放口规范化设置的规定，填报废气和废水排放口设置是否符合规范化要求。

4.5.5 排放口信息

排放口类型划分为主要排放口和一般排放口，具体见表 1。废气排放口应填报排放口地理坐标、排气筒高度、排气筒出口内径、国家或地方污染物排放标准、环境影响评价批复要求及承诺更加严格排放限值。废水直接排放口应填报排放口地理坐标、间歇排放时段、受纳自然水体信息、汇入受纳自然水体处地理坐标及执行的国家或地方污染物排放标准，废水间接排放口应填报排放口地理坐标、间歇排放时段、受纳污水处理厂名称及执行的国家或地方污染物排放标准。废水间歇式排放的，应当载明排放污染物的时段。

4.5.6 污染治理设施和排放口编号

污染治理设施编号可填写铝冶炼排污单位内部编号，若铝冶炼排污单位无内部编号，则根据《关于开展火电、造纸行业和京津冀试点城市高架源排污许可证管理工作的通知》中的附件 4《固定污染源（水、大气）编码规则（试行）》进行编号并填报。

有组织排放口编号应填写地方环境保护主管部门现有编号，若地方环境保护主管部门未对排放口进行编号，则根据《关于开展火电、造纸行业和京津冀试点城市高架源排污许可证管理工作的通知》中的附件 4《固定污染源（水、大气）编码规则（试行）》进行编号并填写。

4.6 其他要求

排污单位基本情况还应包括生产工艺流程图（包括全厂及各工序）和厂区总平面布置图。

生产工艺流程图应包括主要生产设施（设备）、主要原辅材料、燃料的流向、生产工艺流程等内容。

厂区总平面布置图应包括主要生产单元、厂房、设备位置关系，注明厂区污水收集和运输走向等内容，同时注明厂区雨水和污水排放口位置。

5 产排污节点、对应排放口及许可排放限值

5.1 产排污节点及对应排放口

废气和废水的产排污节点及对应排放口见表 1。

表 1　产排污节点、排放口及污染因子一览表

<table>
<tr><td colspan="2">产排污节点</td><td>排放口</td><td>排放口类型</td><td>污染因子</td></tr>
<tr><td colspan="5">废气有组织排放</td></tr>
<tr><td rowspan="7">氧化铝</td><td>原料系统</td><td>装置除尘排放口</td><td>一般排放口</td><td>颗粒物</td></tr>
<tr><td>熟料中碎系统</td><td>装置除尘排放口</td><td>一般排放口</td><td>颗粒物</td></tr>
<tr><td>氧化铝贮运系统</td><td>装置除尘排放口</td><td>一般排放口</td><td>颗粒物</td></tr>
<tr><td>熟料烧成窑</td><td>烟气治理措施排放口</td><td>主要排放口</td><td>颗粒物、二氧化硫、氮氧化物（以 NO_2 计）</td></tr>
<tr><td>氢氧化铝焙烧炉</td><td>烟气治理措施排放口</td><td>主要排放口</td><td>颗粒物、二氧化硫、氮氧化物（以 NO_2 计）</td></tr>
<tr><td>熔盐加热炉</td><td>烟气排放口</td><td>一般排放口</td><td>颗粒物、二氧化硫、氮氧化物（以 NO_2 计）</td></tr>
<tr><td>石灰炉（窑）</td><td>烟气治理措施排放口</td><td>主要排放口</td><td>颗粒物</td></tr>
<tr><td rowspan="5">电解铝</td><td>原料系统</td><td>装置除尘排放口</td><td>一般排放口</td><td>颗粒物</td></tr>
<tr><td>电解质破碎系统</td><td>装置除尘排放口</td><td>一般排放口</td><td>颗粒物</td></tr>
<tr><td>阳极组装及残极处理系统</td><td>装置除尘排放口</td><td>一般排放口</td><td>颗粒物</td></tr>
<tr><td>铸造系统</td><td>装置除尘排放口</td><td>一般排放口</td><td>颗粒物</td></tr>
<tr><td>电解槽</td><td>烟气治理措施排放口</td><td>主要排放口</td><td>颗粒物、二氧化硫、氟化物（以 F 计）</td></tr>
<tr><td colspan="2">锅炉</td><td>烟气排放口</td><td>主要排放口</td><td>颗粒物、二氧化硫、氮氧化物（以 NO_2 计）、汞及其化合物[a]、烟气黑度（林格曼黑度，级）</td></tr>
<tr><td colspan="2">产排污节点</td><td>排放口</td><td>排放口类型</td><td>污染因子</td></tr>
<tr><td colspan="5">废气无组织排放</td></tr>
<tr><td colspan="2">氧化铝工业</td><td colspan="2">企业边界</td><td>二氧化硫、颗粒物</td></tr>
<tr><td colspan="2">电解铝工业</td><td colspan="2">企业边界</td><td>二氧化硫、颗粒物、氟化物（以 F 计）</td></tr>
<tr><td colspan="5">废水排放</td></tr>
<tr><td>废水类别</td><td>废水排放口</td><td>排放口类型</td><td colspan="2">污染因子</td></tr>
<tr><td>生产废水</td><td>企业废水总排放口</td><td>主要排放口</td><td colspan="2">化学需氧量、氨氮、总氮、总磷、pH、悬浮物、氟化物（以 F 计）、石油类、总氰化物[b]、硫化物[b]、挥发酚[b]</td></tr>
<tr><td colspan="5">注：氮氧化物（以 NO_2 计）只适用于特别排放限值区域的排污单位。</td></tr>
<tr><td colspan="5">[a] 适用于燃煤锅炉。
[b] 设有煤气生产系统排污单位增加的控制项目。</td></tr>
</table>

排污单位应填报国家或地方污染物排放标准、环境影响评价批复要求、承诺更加严格排放限值，其余项依据本标准 4.5 填报产排污节点及排放口信息。

5.2　许可排放限值

5.2.1　一般原则

许可排放限值包括污染物许可排放浓度和许可排放量。

对于大气污染物，以生产设施或有组织排放口为单位确定许可排放浓度、许可排放量。主要排放口逐一计算许可排放量，一般排放口只许可浓度，不许可排放量。

对于水污染物，以企业废水总排放口确定许可排放浓度和许可排放量。

根据国家或地方污染物排放标准确定许可排放浓度。依据总量控制指标及本标准规定的方法从严确定许可排放量，2015 年 1 月 1 日（含）后取得环境影响批复的排污单位，许可排放量还应同时满足环境影响评价文件和批复要求。

总量控制指标包括地方政府或环境保护主管部门发文确定的排污单位总量控制指标、环境影响评价批复的总量控制指标、现有排污许可证中载明的总量控制指标、通过排污权有偿使用和交易确定的总量控制指标等地方政府或环境保护主管部门与排污许可证申领排污单位以一定形式确认的总量控制指标。

排污单位填报许可排放量时，应在排污许可申请表中写明申请的许可排放限值计算过程。

排污单位申请的许可排放限值严于本标准规定的，在排污许可证中载明。

5.2.2 许可排放质量浓度

5.2.2.1 废气

排污单位废气许可排放浓度依据 GB 13271、GB 25465 确定，许可排放浓度为小时均值浓度（烟气黑度除外）。有地方排放标准要求的，按照地方排放标准确定。

大气污染防治重点控制区按照《关于执行大气污染物特别排放限值的公告》和《关于执行大气污染物特别排放限值有关问题的复函》的要求执行。其他执行大气污染物特别排放限值的地域范围、时间，由国务院环境保护主管部门或省级人民政府规定。

若执行不同许可排放浓度的多台设施采用混合方式排放烟气，且选择的监控位置只能监测混合烟气中的大气污染物浓度，则应执行各限值要求中最严格的许可排放浓度。

5.2.2.2 废水

排污单位水污染物许可排放浓度按照 GB 25465 确定，许可浓度排放为日均浓度（pH 值为任何一次监测值）。有地方排放标准要求的，按照地方排放标准确定。

若排污单位在同一个废水排放口排放两种或两种以上工业废水，且每种废水同一种污染物执行的排放标准不同时，则应执行各限值要求中最严格的许可排放浓度。

5.2.3 许可排放量

5.2.3.1 一般规定

许可排放量包括排污单位年许可排放量、主要排放口年许可排放量、特殊时段许可排放量。其中，年许可排放量是指允许排污单位连续 12 个月排放的污染物最大排放量。年许可排放量同时适用于考核自然年的实际排放量。有核发权的地方环境保护主管部门可根据环境管理规定细化许可排放量的核算周期。单独排入城镇集中污水处理设施的生活污水无须申请许可排放量。

废气许可排放量污染因子为颗粒物、二氧化硫、氮氧化物（以 NO_2 计）（仅适用于执行特别排放限值区域的排污单位）、氟化物（以 F 计）（仅适用于电解铝排污单位）。

废水许可排放量污染因子为化学需氧量、氨氮。

对位于《“十三五”生态环境保护规划》等文件规定的总磷、总氮总量控制区域内的铝冶炼排污单位，还应分别申请总磷及总氮年许可排放量。地方环境保护部门另有规定的从其规定。

5.2.3.2 许可排放量核算方法

5.2.3.2.1 废气

根据排放标准浓度限值、单位产品基准排气量、产能确定大气污染物许可排放量。

a）年许可排放量

年许可排放量等于主要排放口年许可排放量，计算如下：

$$E_{i许可} = E_{i主要排放口} \tag{1}$$

式中：$E_{i许可}$ —— 排污单位第 i 项大气污染物年许可排放量，t/a；

$E_{i主要排放口}$ —— 排污单位第 i 项大气污染物主要排放口年许可排放量，t/a。

b）主要排放口年许可排放量

主要排放口年许可排放量用下式计算：

$$E_{i主要排放口} = \sum_{j=1}^{n} \rho_i \times Q_i \times R_j \times 10^{-9} \tag{2}$$

式中：$E_{i主要排放口}$ —— 第 i 种大气污染物年许可排放量，t/a；

ρ_i —— 第 i 种大气污染物许可排放浓度限值，mg/m^3；

R_j —— 第 j 个主要排放口对应生产设施的主要产品产能，t/a；

Q_j —— 第 j 个主要排放口单位产品基准排气量，m^3/t 产品，参照表 2 和表 3 取值。

表 2 铝冶炼排污单位主要排放口基准排气量表

序号	工序	产排污节点	排放口	单位产品基准烟气量
1	氧化铝	熟料烧成窑	烟气治理措施排放口	5 500 m^3/t 熟料
2		氢氧化铝焙烧炉	烟气治理措施排放口	2 200 m^3/t 氧化铝
3		石灰炉（窑）	烟气治理措施排放口	4 000 m^3/t 石灰
8	电解铝	电流强度小于 300 kA 预焙阳极电解槽	烟气治理措施排放口	110 000 m^3/t 铝
9		电流强度大于等于 300 kA，且小于 400 kA 预焙阳极电解槽	烟气治理措施排放口	100 000 m^3/t 铝
10		电流强度大于等于 400 kA 预焙阳极电解槽	烟气治理措施排放口	98 000 m^3/t 铝

表 3 锅炉废气基准烟气量（标态）取值表

锅 炉	热 值	基准烟气量
燃煤锅炉/（m^3/kg）	12.5 MJ/kg	6.2
	21 MJ/kg	9.9
	25 MJ/kg	11.6
燃油锅炉/（m^3/kg）	38 MJ/kg	12.2
	40 MJ/kg	12.8
	43 MJ/kg	13.8
燃气锅炉/（m^3/kg）	—	12.3
注：燃用其他热值燃料的，可按照《动力工程师手册》进行计算。		

c）特殊时段许可排放量

特殊时段排污单位日许可排放量按式（3）计算。地方制定的相关法规中对特殊时段许可排放量有明确规定的从其规定。国家和地方环境保护主管部门依法规定的其他特殊时段短期许可排放量应当在排污许可证当中载明。

$$E_{日许可}=E_{前一年环统日均排放量}\times(1-\alpha) \tag{3}$$

式中：$E_{日许可}$——铝冶炼排污单位重污染天气应对期间或冬防阶段日许可排放量，t；

$E_{前一年环统日均排放量}$——铝冶炼排污单位前一年环境统计实际排放量折算的日均值，t；

α——重污染天气应对期间或冬防阶段日产量或排放量减少比例。

5.2.3.2.2 废水

水污染物年许可排放量根据水污染物许可排放浓度限值、单位产品基准排水量和产能核定。

铝冶炼排污单位废水排放只有一个主要排放口，即企业废水总排放口。铝冶炼排污单位主要排放口的废水污染物年许可排放量即为排污单位年许可排放量。年许可排放量和主要排放口年许可量计算公式如下：

$$D_i=\rho_i\times Q\times R\times10^{-6} \tag{4}$$

式中：D_i——主要排放口第 i 种水污染物年许可排放量，t/a；

ρ_i——第 i 种水污染物许可排放浓度限值，mg/L；

R——主要产品产能，t/a；

Q——主要排放口单位产品基准排水量，m^3/t 产品，取值参见 GB 25465。

5.2.4 无组织排放控制要求

铝冶炼排污单位无组织排放节点和控制措施见表 4。

表 4 铝冶炼排污单位生产无组织排放控制要求表

序号	工序	指标控制措施
1	运输	（1）冶炼厂内粉状物料运输应采取密闭措施。 （2）冶炼厂内大宗物料转移、输送应采取皮带通廊、封闭式皮带输送机或流态化输送等输送方式，皮带通廊应封闭。带式输送机的受料点、卸料点采取喷雾等抑尘措施；或设置密闭罩，并配备除尘设施。 （3）冶炼厂内运输道路应硬化，并采取洒水、喷雾、移动吸尘等措施。 （4）运输车辆驶离冶炼厂前应冲洗车轮，或采取其他控制措施

序号	工序	指标控制措施
2	冶炼	（1）原煤贮存于封闭式煤场，场内设喷水装置，在煤堆装卸时洒水降尘；不能封闭的应采用防风抑尘网。铝土矿堆场应设置防风抑尘网，防风抑尘网高度不低于堆存物料高度的1.1倍。石灰/石灰石等固态辅料应采用库房贮存。 （2）氧化铝生产原矿浆磨制工序应在封闭厂房内进行。石灰石煅烧炉（窑）、熟料烧成窑等炉窑的加料口、出料口，氢氧化铝焙烧炉出料口，固态原辅料破碎、筛分、石灰卸灰、氧化铝包装工段应设置集气罩，并配备密闭抽风收尘设施。受料产尘点采取洒水或喷雾等抑尘措施；或设置密闭罩，并配备除尘设施。赤泥堆场应采取边坡覆土种草绿化或洒水等抑尘措施。 （3）电解铝生产工序应在封闭厂房内进行。电解槽运行过程中应保持槽罩无破损、变形；应采用先进电解槽计算机自动控制技术，打壳等操作应实现自动化，无须开启槽罩板进行操作；出铝时应开启一扇槽罩，更换阳极时应开启两扇槽罩，捞碳渣、取样分析等应开启一扇槽罩，严格控制开槽操作时间；采用清扫车清洁电解车间地面及电解槽上部结构，应保持电解车间地面及电解槽上部结构清洁，不得采用压缩空气吹扫等易产生扬尘的清理措施。氧化铝和氟化盐贮运、电解质破碎等工段产尘处应设置集气罩，并配备密闭抽风收尘设施

5.2.5 其他

新、改、扩建项目的环境影响评价文件或地方相关规定中有原辅材料、燃料等其他污染防治强制要求的，还应根据环境影响评价文件或地方相关规定，明确其他需要落实的污染防治要求。

6 污染防治可行技术要求

6.1 一般原则

本标准中所列污染防治可行技术及运行管理要求可作为环境保护主管部门对排污许可证申请材料审核的参考。对于排污单位采用本标准所列推荐可行技术的，原则上认为具备符合规定的污染防治设施或污染物处理能力。对于未采用本标准所列推荐可行技术的，排污单位应当在申请时提供相关证明材料。对于国内外首次采用的污染治理技术，还应当提供中试数据等说明材料，证明可达到与污染防治可行技术相当的处理能力。

对不属于污染防治推荐可行技术的污染治理技术，排污单位应当加强自行监测、台账记录，评估达标可行性。

对于废气实施特别排放限值的，排污单位自行填报可行的污染治理技术及管理要求。

6.2 废气推荐可行技术

氧化铝生产过程产生的有组织排放颗粒物，采用袋式除尘器、电除尘器等；熟料烧成窑中大部分硫以硫酸盐的形式固化在熟料中；燃煤熔盐炉采用除尘器和湿法脱硫设施；石灰炉（窑）采用袋式除尘器、电除尘器等。

电解铝生产过程产生的有组织排放颗粒物，采用袋式除尘器、电除尘器即可满足排放标准限值要求；电解烟气采用密闭罩集气、氧化铝吸附干法净化设施。

本标准推荐的铝冶炼废气可行技术详见附录A。

6.3 废水推荐可行技术

铝冶炼生产废水一般采用混凝沉淀法净化处理，可满足排放标准的要求排放或回用。

本标准推荐的铝冶炼废水可行技术详见附录B。

6.4 运行管理要求

铝冶炼排污单位应当按照相关法律法规、标准和技术规范等要求运行大气及水污染防治设施，并进行维护和管理，保证设施正常运行。对于特殊时段，铝冶炼排污单位应满足《重污染天气应急预案》、各地人民政府制定的冬防措施等文件规定的污染防治要求。

7 自行监测管理要求

7.1 一般原则

铝冶炼排污单位在申请排污许可证时，应当按照本标准确定的产排污节点、排放口、污染因子及许可限值等要求，制定自行监测方案，并在《排污许可证申请表》中明确，《排污单位自行监测技术指南 有色金属冶炼和压延加工》发布后，自行监测方案的制定从其要求。热水锅炉和 65 t/h 及以下蒸汽锅炉按照 HJ 820 制定自行监测方案。

对于 2015 年 1 月 1 日（含）后取得环境影响评价批复的排污单位，环境影响评价文件有其他管理要求的应当同步完善排污单位自行监测管理要求。有核发权的地方环境保护主管部门可根据环境质量改善需求，增加铝冶炼排污单位自行监测管理要求。

7.2 自行监测方案

自行监测方案中应明确排污单位的基本情况、监测点位及示意图、监测指标、执行排放标准及其限值、监测频次、采样和样品保存方法、监测分析方法和仪器、质量保证与质量控制、自行监测信息公开等。对于采用自动监测的排污单位应当如实填报采用自动监测的污染物指标、自动监测系统联网情况、自动监测系统的运行维护情况等；对于未要求开展自动监测的污染物指标，排污单位应当填报开展手工监测的污染物排放口和监测点位、监测方法、监测频率；对于 2015 年 1 月 1 日（含）后取得环境影响评价批复的排污单位，排污单位还应按照环境影响评价文件的要求填报周边环境质量监测方案。

7.3 自行监测要求

7.3.1 一般原则

排污单位可自行或委托第三方监测机构开展监测工作，并安排专人专职对监测数据进行记录、整理、统计和分析，排污单位对监测结果的真实性、准确性、完整性负责。

手工监测时生产负荷应不低于本次监测与上一次监测周期内的平均生产负荷。

7.3.2 监测内容

自行监测污染源和污染物应包括排放标准中涉及的各项废气、废水污染源和污染物。铝冶炼排污单位应当开展自行监测的污染源包括产生的有组织废气、无组织废气、生产废水、生活污水等全部污染源。污染物包括 GB 13271、GB 25465 中涉及的废气和废水污染因子。

7.3.3 监测点位、监测因子及监测频次

排污单位应明确开展自行监测的外排口监测点位、无组织排放监测点位、周边环境质量影响监测点位等，自行监测点位、监测因子及监测频次执行表 5。单独排入城镇集中污水处理设施的生活污水无须监测，对于单独排入海域、江河、湖、库等水环境的生活污水应按照 HJ/T 91 要求执行。

表 5 铝冶炼排污单位自行监测点位、监测因子及最低监测频次一览表

产排污节点			排放口类型	监测因子	监测频次
产污环节		监测点位			
废气有组织排放					
氧化铝	原料系统	污染物净化设施排放口	一般排放口	颗粒物	半年
	熟料中碎系统	污染物净化设施排放口	一般排放口	颗粒物	半年
	氧化铝贮运系统	污染物净化设施排放口	一般排放口	颗粒物	半年
	熟料烧成窑	污染物净化设施排放口	主要排放口	颗粒物、二氧化硫、氮氧化物（以 NO_2 计）	自动监测
	氢氧化铝焙烧炉	污染物净化设施排放口	主要排放口	颗粒物、二氧化硫、氮氧化物（以 NO_2 计）	自动监测
	石灰炉（窑）	污染物净化设施排放口	主要排放口	颗粒物	自动监测
	熔盐加热炉	污染物净化设施排放口	一般排放口	颗粒物、二氧化硫、氮氧化物（以 NO_2 计）	季度
电解铝	原料系统	污染物净化设施排放口	一般排放口	颗粒物	半年
	电解质破碎系统	污染物净化设施排放口	一般排放口	颗粒物	半年
	阳极组装及残极处理系统	污染物净化设施排放口	一般排放口	颗粒物	半年
	混合炉	污染物净化设施排放口	一般排放口	颗粒物	半年
	电解槽	污染物净化设施排放口	主要排放口	颗粒物、二氧化硫	自动监测
				氟化物（以 F 计）（以氟计）	月
锅炉		烟囱或烟道	主要排放口	颗粒物、二氧化硫、氮氧化物（以 NO_2 计）	自动监测
				汞及其化合物[a]、烟气黑度（林格曼黑度，级）	季度

产排污节点		排放口类型	监测因子	监测频次
产污环节	监测点位			
废气无组织排放				
氧化铝工业	企业边界	二氧化硫、颗粒物		季度
电解铝工业	企业边界	二氧化硫、颗粒物、氟化物（以 F 计）		季度
废水排放				
生产废水	企业废水总排放口	主要排放口	pH、流量、化学需氧量、氨氮、总氮、总磷	自动监测
			氟化物（以 F 计）	月
			悬浮物、石油类、总氰化物[b]、硫化物[b]、挥发酚[b]	季度
注 1：单独排入地表水、海水的生活污水排放口污染物（pH、COD、BOD_5、悬浮物、氨氮、动植物油、总氮、总磷）每月至少开展一次监测。				
注 2：总磷和总氮安装在线主要适用于《“十三五”生态环境保护规划》等文件规定的总磷、总氮总量控制区域的排污单位。				
[a] 适用于燃煤锅炉。 [b] 设有煤气生产系统排污单位增加的控制项目。				

《排污单位自行监测指南　有色金属冶炼和压延加工》发布后，从其规定。

本标准规定的监测频次为排污单位自行监测的最低频次要求。

7.3.4　周边环境质量影响监测点

对于 2015 年 1 月 1 日（含）后取得环境影响评价批复的排污单位，周边环境质量影响监测点位按照批复的环境影响评价文件的要求设置。

7.4　监测技术手段

自行监测的技术手段包括手工监测和自动监测。

铝冶炼排污单位中主要排放口均应安装颗粒物、二氧化硫、氮氧化物（以 NO_2 计）（仅适用于执行特别排放限值区域的排污单位）自动监测设备。鼓励其他排放口及污染物采用自动监测设备监测，无法开展自动监测的，应采用手工监测。

铝冶炼排污单位全厂生产废水排放口应安装流量、pH 值、化学需氧量、氨氮、总磷、总氮自动监测设备，其中总磷和总氮安装自动监测设备只适用于《“十三五”生态环境保护规划》等文件规定的总磷、总氮总量控制区域的排污单位，鼓励其他排放口及污染物采用自动监测设备监测，无法开展自动监测的，应采用手工监测。

7.5　采样和测定方法

7.5.1　自动监测

废气自动监测参照 HJ/T 75、HJ/T 76 执行。

废水自动监测参照 HJ/T 353、HJ/T 354、HJ/T 355、HJ/T 356 执行。

7.5.2　手工监测

有组织废气手工采样方法参照 GB/T 16157、HJ/T 397 执行，单次监测中，气态污染物采样，应可获得小时均值浓度；颗粒物采样，至少采集三个反映监测断面颗粒物平均浓度的样品。

无组织排放采样方法参照 GB/T 15432、HJ/T 55 执行。

废水手工采样方法参照 HJ 493、HJ 494、HJ 495 和 HJ/T 91 执行。

7.5.3　测定方法

废气、废水污染物的测定按照 GB 13271 和 GB 25466 中规定的污染物浓度测定方法标准执行，国家或地方法律法规等另有规定的，从其规定。

7.6　数据记录要求

监测期间手工监测的记录和自动监测运维记录按照 HJ 819 执行。

应同步记录监测期间的生产工况。

7.7　监测质量保证与质量控制

按照 HJ 819 要求，排污单位应当根据自行监测方案及开展状况，梳理全过程监测质控要求，建立自行监测质量保证与质量控制体系。

7.8　自行监测信息公开

排污单位应按照 HJ 819 要求进行自行监测信息公开。

8　环境管理台账记录与执行报告编制要求

8.1　环境管理台账记录要求

8.1.1　一般原则

排污单位应建立环境管理台账制度，设置专职人员进行台账的记录、整理、维护和管理，并对台账记录结果的真实性、准确性、完整性负责。

台账应当按照电子化储存和纸质储存两种形式同步管理。台账保存期限不得少于 3 年。

排污单位排污许可证台账应真实记录生产设施和污染防治设施信息，其中，生产设施信息包括基本信息和生产设施运行管理信息，污染防治设施信息包括基本信息、污染治理措施运行管理信息、监测记录信息、其他环境管理信息等内容。

8.1.2　基本信息

基本信息主要包括排污单位基本信息、生产设施基本信息、治理设施基本信息。基本信息因排污单位工艺、设施调整等情形发生变化的，需在基本信息台账记录表中进行相应修改，并将变化内容进行说明纳入执行报告中。

a）排污单位基本信息：排污单位名称、注册地址、行业类别、生产经营场所地址、组织机构代码、统一社会信用代码、法定代表人、技术负责人、生产工艺、产品名称、生产规模、环保投资情况、环评及批复情况、竣工环保验收情况、排污许可证编号等；

b）生产设施基本信息：生产设施（设备）名称、编码、设施规格型号、相关参数（包括参数名称、设计值、单位）、设计生产能力等，详见附录 C；

c）治理设施基本信息：治理设施名称、编码、设施规格型号、相关参数（包括参数名称、设计值、单位）等。

8.1.3　生产设施运行管理信息

铝冶炼排污单位应定期记录生产运行状况并留档保存，应按班次至少记录以下内容：

正常工况各生产单元主要生产设施的累计生产时间、生产负荷、主要产品产量、原辅料及燃料使用情况等数据。

生产负荷指记录时间内实际产量除以同一时间内设计产能。记录时间内的设计产能按排污许可证载明的年产能及年运行时间进行折算。

产品产量指各生产单元产品产量（如氧化铝、原铝等产量）。

铝冶炼排污单位应按批次记录原辅料采购情况信息，记录内容参见附录 C 中表 C.2。

铝冶炼排污单位燃料采购信息应按照“固态燃料及罐装燃料”“液态燃料”以及“气态燃料”分别记录，其中“固态燃料及罐装燃料”与“液态燃料”应按批次填写燃料采购情况信息，“气态燃料”应按月记录燃料采购情况，记录内容参见附录 C 中表 C.3。

8.1.4　污染治理设施运行管理信息

铝冶炼排污单位污染治理设施运行管理信息应按照有组织主要排放口污染治理设施、有组织一般排放口污染治理设施、无组织废气控制措施以及废水污染治理设施这四种类型分别进行运行管理信息的记录。

a）有组织主要排放口

有组织主要排放口污染治理设施运行管理应保留自动监测系统彩色曲线图，注明生产线编号及各条曲线含义，相同参数使用同一颜色。根据参数的变化区间合理设定参数量程，每台设备或生产线核算期同一参数量程保持不变。对曲线图中的不同参数进行合理布局，避免重叠。各自动监测系统记录曲线应至少包括以下内容：

袋式除尘器：除尘器进出口压差、过滤风速、风机电流、实际风量；

静电除尘器：二次电压、二次电流、风机电流、实际风量；

脱硫系统（若有）：标态烟气量、原烟气二氧化硫浓度（折标）、净烟气二氧化硫浓度（折标）、脱硫剂用量、脱硫副产物产量；

涉及 DCS 运行系统治理设施记录原则：要求每周提供彩色 DCS 曲线图，注明生产设施编号，量程合理，每个参数按照统一的颜色画出曲线。曲线应至少包括以下内容：

除尘 DCS 曲线：烟气量、净烟气颗粒物浓度、烟气出口温度；

除氟 DCS 曲线（若有）：烟气量、净烟气氟化物（以 F 计）浓度、烟气出口温度。

b）有组织一般排放口

有组织一般排放口污染治理设施运行管理信息应按各生产单元分别记录所在生产单元名称、该生产单元全部一般排放口治理设施数量、污染治理设施名称及编号，并按班次开展点检工作，记录治理设施是否正常运转。排污单位应自行制定点检方案，确保方案能够真实反映排污单位一般排放口污染治理设施是否正常运转，本规范不再规定排污单位具体点检方法。记录内容可参见附录 C 中表 C.4。

c）无组织废气

无组织废气控制措施运行参数应记录污染控制措施名称及工艺、对应生产设施名称及编号、污染因子、控制措施规格参数，并按班次记录控制措施运行参数，运行参数应包含：堆高、洒水次数、抑尘剂种类、车轮清洗（扫）方式、检查密闭情况、是否出现破损等。记录内容可参见附录 C 中表 C.5。

d）废水

废水治理设施运行管理信息应记录污染治理设施名称及工艺、污染治理设施编号、废水类别、治理设施规格参数，并按班次记录污染治理设施运行参数，运行参数包括累计运行时间、废水累计流量、污泥产生量、药剂投加种类及投加量。其中，全厂综合污水治理设施运行参数还应按班次记录实际进水水质与实际出水水质，其中实际进水水质按班次记录 pH 值、化学需氧量、氨氮，实际出水水质按小时记录流量、pH 值、化学需氧量、氨氮。记录内容可参见附录 C 中表 C.6。

8.1.5 其他环境管理信息

铝冶炼排污单位应记录的其他环境管理信息包括以下几个方面：

a）污染治理设施故障期间

应记录污染治理设施故障设施、故障原因、故障期间污染物排放浓度以及应对措施。记录内容参见附录 C 中表 C.7。

b）特殊时段

应记录重污染天气应对期间和冬防期间等特殊时段管理要求、执行情况（包括特殊时段生产设施运行管理信息和污染治理设施运行管理信息）等。重污染天气应急预警期间和冬防期间等特殊时段的台账记录要求与正常生产记录频次要求一致，涉及特殊时段停产的排污单位或生产工序，该期间原则上仅对起始和结束当天各进行 1 次记录，地方管理部门有特殊要求的，从其规定。

c）非正常工况

铝冶炼排污单位开炉、设备检修（停炉）等非正常工况信息按工况期记录，每工况期记录 1 次，内容应记录非正常（开停炉）工况时间、事件原因、是否报告、应对措施，并按生产设施与污染治理设施填写具体情况：生产设施应记录设施名称、编号、产品产量、原辅料消耗量、燃料消耗量等；污染治理设施应记录设施名称、编号、污染因子、排放量、排放浓度等。记录内容参见附录 C 中表 C.7。

8.1.6　监测记录信息

a）有组织废气

有组织废气污染物排放情况手工监测信息应记录采样日期、样品数量、采样方法、采样人姓名等采样信息，并记录排放口编码、工况烟气量、排口温度、污染因子、许可排放浓度限值、监测浓度、测定方法以及是否超标等信息。若监测结果超标，应说明超标原因。记录内容参见附录 C 中表 C.8。

b）无组织废气

无组织废气污染物排放情况手工监测应记录采样日期、无组织采样点位数量、各点位样品数量、采样方法、采样人姓名等采样信息，并记录无组织排放编码、污染因子、采样点位、各采样点监测浓度及车间浓度最大值、许可排放浓度限值、测定方法、是否超标。若监测结果超标，应说明超标原因。记录内容参见附录 C 中表 C.9。

c）废水污染物排放情况手工监测记录信息应记录采样日期、样品数量、采样方法、采样人姓名等采样信息，并记录排放口编码、废水类型、水温、出口流量、污染因子、出口浓度、许可排放浓度限值、测定方法以及是否超标。若监测结果超标，应说明超标原因。记录内容参见附录 C 中表 C.10。

d）自动监测运维记录

包括自动监测系统运行状况、系统辅助设备运行状况、系统校准、校验工作等；仪器说明书及相关标准规范中规定的其他检查项目等。

8.1.7　记录频次

8.1.7.1　一般原则

记录频次应根据生产过程中的变化参数进行确定。

8.1.7.2　生产设施运行管理信息

a）生产运行状况：按照排污单位生产班制记录，每班次记录 1 次。非正常工况按照工况期记录，每工况期记录 1 次，非正常工况开始时刻至工况恢复正常时刻为一个记录工况期；

b）产品产量：连续性生产的排污单位产品产量按照班制记录，每班记录 1 次。周期性生产的设施按照一个周期进行记录，周期小于 1 天的按照 1 天记录；

c）原辅料、燃料用量：按照批次记录，每批次记录 1 次。

8.1.7.3　污染治理设施运行管理信息

a）污染治理设施运行状况：按照排污单位生产班制记录，每班次记录 1 次。非正常工况按照工况期记录，每工况期记录 1 次，非正常工况开始时刻至工况恢复正常时刻为一个记录工况期。

b）污染物产排情况：连续排放污染物的，按班制记录，每班次记录 1 次。非连续排放污染物的，按照产排污阶段记录，每个产排阶段记录 1 次。安装自动监测设施的按照自动监测频率记录，DCS 上保存自动监测记录。

c）药剂添加情况：采用批次投放的，按照投放批次记录，每投放批次记录 1 次。采用连续加药方式的，每班次记录 1 次。

8.1.7.4　监测记录信息

监测数据的记录频次按照本标准 7.5 中所确定的监测频次要求记录。

8.1.7.5　其他环境管理信息

采取无组织废气污染控制措施的信息记录频次原则不小于 1 天。

特殊时段的台账记录频次原则与正常生产记录频次要求一致，涉及特殊时段停产的排污单位或生产工序，该期间原则上仅对起始和结束当天进行 1 次记录，地方管理部门有特殊要求的，从其规定。

根据环境管理要求增加记录的内容，记录频次依实际情况确定。

8.1.8　记录保存

8.1.8.1　纸质存储

纸质台账应存放于保护袋、卷夹或保护盒中，专人保存于专门的档案保存地点，并由相关人员签字。档案保存应采取防光、防热、防潮、防细菌及防污染等措施。纸质类档案如有破损应随时修补。档案保存时间原则上不低于 3 年。

8.1.8.2 电子存储

电子台账保存于专门的存储设备中，并保留备份数据。设备由专人负责管理，定期进行维护。根据地方环境保护主管部门要求定期上传，纸版由排污单位留存备查。档案保存时间原则上不低于 3 年。

8.2 排污许可证执行报告编制要求

8.2.1 一般原则

地方环境主管部门应当整合总量控制、排污收费（环境保护税）、环境统计等各项环境管理的数据上报要求，可以参照本标准，在排污许可证中根据各项环境管理要求，规定排污许可证执行报告内容、上报频次等要求。

排污单位应按照排污许可证中规定的内容和频次定期上报执行报告。排污单位可参照本标准，根据环境管理台账记录等归纳总结报告期内排污许可证执行情况，并提交至发证机关，台账记录留存备查。排污单位应保证执行报告的规范性和真实性。技术负责人发生变化时，应当在年度执行报告中及时报告。

8.2.2 报告分类频次

8.2.2.1 报告分类

排污许可证执行报告按报告周期分为年度执行报告、季度执行报告和月度执行报告。

持有排污许可证的铝冶炼排污单位，均应按照本标准规定提交年度执行报告与季度执行报告。为满足其他环境管理要求，地方环境保护主管部门有更高要求的，排污单位还应根据其规定，提交月度执行报告。排污单位应在全国排污许可证管理信息平台上填报并提交执行报告，同时向有排污许可证核发权限的环境保护主管部门提交通过平台印制的书面执行报告。

8.2.2.2 上报频次

a）年度执行报告上报频次

铝冶炼排污单位应至少每年上报一次排污许可证年度执行报告，于次年 1 月底前提交至排污许可证核发机关。对于持证时间不足 3 个月的，当年可不上报年度执行报告，排污许可证执行情况纳入下一年年度执行报告。

b）月度/季度执行报告上报频次

排污单位每月度/季度上报一次排污许可证月度/季度执行报告，于下一周期首月 15 日前提交至排污许可证核发机关，提交季度执行报告、半年执行报告或年度执行报告时，可免报当月月度执行报告。对于持证时间不足 10 d 的，该报告周期内可不上报月度执行报告，排污许可证执行情况纳入下一月度执行报告。对于持证时间不足一个月的，该报告周期内可不上报季度执行报告，排污许可证执行情况纳入下一季度执行报告。

排污单位每月或每季度应至少向环境保护主管部门上报年度执行报告中的“实际排放量报表”、合规判定分析说明及污染防治设施异常情况说明及所采取的措施。

9 实际排放量核算方法

9.1 一般规定

铝冶炼排污单位主要排放口废气污染物和废水污染物实际排放量的核算方法采用实测法。排污许可证要求采用自动监测的排放口或污染因子而未采用自动监测的，采用物料衡算法或产排污系数法核算实际排放量。

物料衡算法只用于核算二氧化硫，根据原辅燃料消耗量、含硫率、硫回收率，按直排进行核算。

其他总量许可污染因子采用产排污系数法核算排放量时，可参考《污染源普查工业污染源产排污系数手册（中）》33 有色金属冶炼及压延加工业，根据单位产品污染物的排量，进行核算。

9.1.1　采用自动监测数据核算

采用自动监测数据基本原则如下：

a）废气污染源自动监测符合 HJ/T 75 要求，废水污染源自动监测符合 HJ/T 355 和 HJ/T 356 要求，可以采用自动监测数据核算污染物排放量；

b）对于因自动监控设施发生故障以及其他情况导致数据缺失的，废气污染源按照 HJ/T 75 进行补遗，废水污染源按照 HJ/T 356 进行补遗；

c）缺失时段超过 25%的，自动监测数据不能作为核算实际排放量的依据，按照“要求采用自动监测的排放口或污染因子而未采用” 的相关规定进行核算。

9.1.2　采用手工监测数据核算

a）未要求安装自动监测系统时，可采用手工监测数据进行核算。手工监测数据包括核算时间内的所有执法监测数据和排污单位自行或委托第三方监测机构的有效手工监测数据，排污单位自行或委托的手工监测频次、监测期间生产工况、数据有效性等须符合相关规范等要求；

b）自动监控设施发生故障需要维修或更换，按要求在 48 h 内恢复正常运行的，且在此期间按照《污染源自动监控设施运行管理办法》开展手工监测并报送手工监测数据的，根据手工监测结果核算该时段实际排放量；

c）排污单位提供充分证据证明自动数据缺失、数据异常等不是排污单位责任的，可按照排污单位提供的手工监测数据等核算实际排放量，或者按照上一个半年申报期间的稳定运行期间自动监测数据的均值（废气按照小时浓度均值和半年平均烟气量，废水按照日均浓度值和半年平均排水量），核算数据缺失时段的实际排放量；

d）排污单位应将手工监测时段内生产负荷与核算时段内的平均生产负荷进行对比，并给出对比结论。

排污单位手工监测应符合国家有关环境监测、计量认证规定和技术规范。若同一时段的手工监测数据与执法监测数据不一致，以执法监测数据为准。

对于未能按要求及时恢复设施正常运行的，采用物料衡算法或产污系数法按照直排核算该时段实际排放量。

9.2　废气核算方法

9.2.1　实测法

根据符合 HJ/T 75 的有效自动监测和手工监测污染物的小时平均排放浓度、平均烟气量、运行时间核算污染物年排放量。

大气污染物实际排放量核算方法如下：

$$E_{jk}=\sum_{i=1}^{n}\rho_{ij}\times q_i\times 10^{-9} \tag{5}$$

式中：E_{jk} —— 核算时段内第 k 个排放口第 j 项污染物的实际排放量，t；

ρ_{ij} —— 第 k 个排放口第 j 项污染物在第 i 小时的实测平均排放质量浓度，mg/m^3；

q_i —— 第 k 个排放口第 i 小时的标准状态下干排气量，m^3/h；

n —— 核算时段内的污染物排放时间，h。

$$E_j=\sum_{k=1}^{n}E_{jk} \tag{6}$$

式中：E_j —— 核算时段内第 j 项污染物的实际排放量，t；

E_{jk} —— 核算时段内第 k 个排放口第 j 项污染物的实际排放量，t；

n —— 排放口数量。

9.2.2 非正常情况

炉窑启停等非正常排放期间污染物排放量可采用实测法或产污系数直排核算。

9.3 废水核算方法

9.3.1 实测法

根据符合 HJ/T 353、HJ/T 354、HJ/T 355、HJ/T 356 的有效自动监测或手工监测数据污染物的日平均排放浓度、平均流量、运行时间核算污染物年排放量。

废水污染因子实际排放量核算方法如下：

$$E_j = \sum_{i=1}^{n} \rho_{ji} \times q_i \times 10^{-6} \tag{7}$$

式中：E_j —— 核算时段内企业废水总排放口第 j 项污染物的实际排放量，t；

ρ_{ji} —— 第 j 项污染物在第 i 日的实测日平均排放质量浓度，mg/L；

q_i —— 第 i 日的流量，m^3/h；

n —— 核算时段内的污染物排放时间，h。

9.3.2 非正常情况

废水处理设施非正常情况下的排水，如无法满足排放标准要求时，不应直接排入外环境，待废水处理设施恢复正常运行后方可排放。如因特殊原因造成污染治理设施未正常运行超标排放污染物的或偷排偷放污染物的，按产污系数与未正常运行时段（或偷排偷放时段）的累计排水量核算非正常排放期间实际排放量。

10 合规判定方法

10.1 一般规定

合规是指铝冶炼排污单位许可事项和环境管理要求符合排污许可证规定。

许可事项合规是指铝冶炼排污单位排放口位置和数量、排放方式、排放去向、排放污染物种类、排放限值符合许可证规定。其中，排放限值合规是指铝冶炼排污单位污染物实际排放浓度和排放量满足许可排放限值要求，无组织排放满足本技术规范无组织监管措施要求，环境管理要求合规是指铝冶炼排污单位按许可证规定落实自行监测、台账记录、执行报告、信息公开等环境管理要求。

铝冶炼排污单位可通过环境管理台账记录、按时上报执行报告和开展自行监测、信息公开，自证其依证排污，满足排污许可证要求。环境保护主管部门可依据排污单位环境管理台账、执行报告、自行监测记录中的内容，判断其污染物排放浓度和排放量是否满足许可排放限值要求，也可通过执法监测判断其污染物排放浓度是否满足许可排放限值要求。

10.2 排放限值合规判定

10.2.1 废气排放浓度合规判定

10.2.1.1 正常情况

铝冶炼排污单位各废气排放口污染物或厂界无组织污染物的排放浓度达标是指“任一小时浓度均值均满足许可排放浓度要求”。

a）执法监测

按照监测规范要求获取的执法监测数据超标的，即视为不合规。根据 GB/T 16157、HJ/T 397、HJ/T 55 确定监测要求。

b）排污单位自行监测

（1）自动监测

按照本标准 7.5.1 要求获取的有效自动监测数据计算得到的有效小时浓度均值与许可排放浓度限值进行对比，超过许可排放浓度限值的，即视为超标。对于应当采用自动监测而未采用的排放口或污染物，即视为超标。自动监测小时浓度均值是指“整点 1 h 内不少于 45 min 的有效数据的算术平均值”。

（2）手工监测

对于未要求采用自动检测的排放口或污染物，应进行手工监测，按照自行监测方案、监测规范要求获取的监测数据计算得到的有效小时浓度均值超过许可排放浓度限值，即视为超标。

若同一时段的自动监测数据与手工监测数据不一致，且手工监测数据符合法定的监测标准和监测方法的，以手工监测数据作为优先达标判定依据。

10.2.1.2 非正常情况

铝冶炼排污单位非正常排放指氧化铝排污单位的熟料烧成窑、氢氧化铝焙烧炉等设施启停机、设备故障、检维修等情况下的排放。

铝冶炼排污单位应将炉窑开停炉时间及时上报环境保护主管部门。

若多台设施采用混合方式排放烟气，且其中一台处于启停时段，排污单位能提供烟气混合前各台设施有效监测数据的，可按照排污单位提供数据进行合规判定。

10.2.2 废水排放浓度合规判定

排污单位各废水排放口污染物（pH 值除外）的排放浓度达标是指“任一有效日均值均满足许可排放浓度要求”。

10.2.2.1 执法监测

按照监测规范要求获取的执法监测数据超标的，即视为超标。根据 HJ/T 91 确定监测要求。

10.2.2.2 排污单位自行监测

a）自动监测

按照本标准 7.5.1 要求获取的自动监测数据计算得到有效日均浓度值（除 pH 值外）与许可排放浓度限值进行对比，超过许可排放浓度限值的，即视为超标。对于应当采用自动监测而未采用的排放口或污染物，即认为不合规。

对于自动监测，有效日均浓度是对应于以每日为一个监测周期获得的某个污染物的多个有效监测数据的平均值。在同时监测污水排放流量的情况下，有效日均值是以流量为权的某个污染物的有效监测数据的加权平均值；在未监测污水排放流量的情况下，有效日均值是某个污染物的有效监测数据的算术平均值。

自动监测的有效日均浓度应根据 HJ/T 355 和 HJ/T 356 等相关文件确定。

b）手工监测

对于未要求采用自动监测的排放口或污染物，应进行手工监测。按照本标准 7.2 和 7.5.2 进行手工监测，当日各次监测数据平均值或当日混合样监测数据（除 pH 值外）超标的，即视为超标。

c）若同一时段的执法监测数据与排污单位自行监测数据不一致，执法监测数据符合法定的监测标准和监测方法的，以该执法监测数据为准。

10.2.3 排放量合规判定

铝冶炼排污单位污染物的排放量合规是指：

a）废水和废气污染物年实际排放量满足各自的年许可排放量要求，年许可排放量是正常情况和非正常情况排放量之和；

b）废水和废气污染物各主要排放口实际排放量之和满足主要排放口的许可排放量要求；

c）对于特殊时段有许可排放量要求的排污单位，排放口实际排放量之和不得超过特殊时期许可排放量。

10.3 环境管理要求合规判定

环境保护主管部门依据排污许可证中的管理要求，以及铝冶炼行业相关技术规范，审核环境管理台账记录和许可证执行报告；检查排污单位是否按照自行监测方案开展自行监测；是否按照排污许可证中环境管理台账记录要求记录相关内容，记录频次、形式等是否满足许可证要求；是否按照许可证中执行报告要求定期上报，上报内容是否符合要求等；是否按照许可证要求定期开展信息公开；是否满足特殊时段污染防治要求。

附 录 A

（资料性附录）

铝冶炼废气污染防治可行技术推荐表

行业	污染类型	污染源	污染因子	可行技术
氧化铝	大气	熟料烧成窑	颗粒物	旋风除尘+静电除尘器组合工艺
		氢氧化铝焙烧炉	颗粒物	电除尘、袋式除尘工艺
			二氧化硫	控制燃料含硫量
		石灰炉（窑）	颗粒物	电除尘、袋式除尘
		燃煤熔盐炉	颗粒物	旋风除尘、电除尘、袋式除尘等工艺
			二氧化硫	石灰-石膏湿法、双碱法
		其他	颗粒物	电除尘、袋式除尘等工艺
电解铝		电解槽	颗粒物	密闭罩集气+氧化铝吸附干法净化技术
			氟化物（以F计）	
		其他	颗粒物	电除尘、袋式除尘等工艺

附 录 B

（资料性附录）

铝冶炼废水污染防治可行技术推荐表

环境要素	废水来源	污染因子	可行技术
废水	生产废水	pH值、悬浮物、化学耗氧量、氨氮、总磷、总氮、氟化物（以F计）	混凝沉淀法

附 录 C

（资料性附录）

环境管理台账记录参考表（略）

附 录 D

（资料性附录）

手工监测报表示例表

序号	污染源类别	监测日期	监测时间	排放口编号	监测内容	计量单位	监测结果	监测结果（折标）	是否超标	手工监测采样方法及个数	手工测定方法	手工监测仪器型号
1	废气	2016-06-06	10:00—10:15	DA001	SO_2	mg/m^3	100	110		连续采样	HJ/T 57	AAA
		2016-06-06	10:00—10:15	DA001	烟气量	m^3/h	5 000	5 500		—	—	—
	废水											
	其他											

附 录 E

（资料性附录）

铝冶炼排污单位排污许可证执行报告编制内容（略）

中华人民共和国环境保护行业标准

排污许可证申请与核发技术规范　有色金属工业——铜冶炼

Technical specification for application and issuance of pollutant permit —Non-ferrous metal metallurgy industry —Copper smelting

HJ 863.3—2017

前　言

为贯彻落实《中华人民共和国环境保护法》《中华人民共和国大气污染防治法》《中华人民共和国水污染防治法》等法律法规以及《国务院办公厅关于印发控制污染物排放许可制实施方案的通知》（国办发〔2016〕81 号），完善排污许可技术支撑体系，指导和规范铜冶炼排污单位排污许可证申请与核发工作，制定本标准。

本标准规定了铜冶炼排污单位排污许可证申请与核发的基本情况填报要求、许可排放限值确定、实际排放量核算、合规判定的方法以及自行监测、环境管理台账与排污许可证执行报告等环境管理要求，提出了铜冶炼行业污染防治可行技术。

核发机关核发排污许可证时，对位于法律法规明确规定禁止建设区域内的、属于国家和地方政府明确规定予以淘汰或取缔的铜冶炼排污单位或生产装置，应不予核发排污许可证。

本标准附录 A、附录 B、附录 C 为资料性附录。

本标准为首次发布。

本标准由环境保护部规划财务司、环境保护部科技标准司组织制订。

本标准主要起草单位：中国环境科学研究院、中南大学、环境保护部环境保护对外合作中心、中国有色金属工业协会、环境保护部环境工程评估中心。

本标准环境保护部 2017 年 9 月 29 日批准。

本标准自 2017 年 9 月 29 日起实施。

本标准由环境保护部解释。

1　适用范围

本标准规定了铜冶炼排污单位排污许可证申请与核发的基本情况填报要求、许可排放限值确定、实际排放量核算、合规判定的方法以及自行监测、环境管理台账与排污许可证执行报告等环境管理要求，提出了铜冶炼排污单位污染防治可行技术要求。

本标准适用于指导铜冶炼排污单位填报《排污许可证申请表》及在全国排污许可证管理信息平台申报系统中填报相关申请信息，适用于指导核发机关审核确定铜冶炼排污单位排污许可证许可要求。

本标准适用于以原生矿或铜精矿为主要原料的铜冶炼排污单位，不包括以废旧铜物料为原料的再生冶炼排污单位排放的大气污染物和水污染物的排污许可管理。

本标准未做出规定但排放工业废水、废气或者国家规定的有毒有害大气污染物的铜冶炼排污单位其他产污设施和排放口，参照《排污许可证申请与核发技术规范　总则》执行，在《排污许可证申请与核发技术规范　锅炉工业》发布前，热水锅炉和 65 t/h 及以下蒸汽锅炉参照本标准执行，发布后从其规定。

2 规范性引用文件

本标准引用了下列文件或其中的条款。凡是未注明日期的引用文件，其最新版本适用于本标准。

GB 13271 锅炉大气污染物排放标准

GB 25467 铜、镍、钴工业污染物排放标准

GB/T 16157 固定污染源排气中颗粒物测定与气态污染物采样方法

HJ 493 水质采样 样品的保存和管理技术规定

HJ 494 水质 采样技术指导

HJ 495 水质 采样方案设计技术规定

HJ 819 排污单位自行监测技术指南 总则

HJ 820 排污单位自行监测技术指南 火力发电及锅炉

HJ/T 55 大气污染物无组织排放监测技术导则

HJ/T 75 固定污染源烟气排放连续监测技术规范（试行）

HJ/T 76 固定污染源烟气排放连续监测系统技术要求及监测方法（试行）

HJ/T 91 地表水和污水监测技术规范

HJ/T 353 水污染源在线监测系统安装技术规范（试行）

HJ/T 354 水污染源在线监测系统验收技术规范（试行）

HJ/T 355 水污染源在线监测系统运行与考核技术规范（试行）

HJ/T 356 水污染源在线监测系统数据有效性判别技术规范（试行）

HJ/T 397 固定源废气监测技术规范

*排污许可证申请与核发技术规范 总则

*排污单位自行监测技术指南 有色金属冶炼和压延加工业

*环境管理台账及排污许可证执行报告技术规范（试行）

《固定污染源排污许可分类管理名录（2017年版）》（环境保护部令 第45号）

《排污口规范化整治技术要求（试行）》（环监〔1996〕470号）

《污染源自动监控设施运行管理办法》（环发〔2008〕6号）

《铜冶炼污染防治可行技术指南（试行）》（环境保护部公告 2015年 第24号）

《关于开展火电、造纸行业和京津冀试点城市高架源排污许可证管理工作的通知》（环水体〔2016〕189号）

3 术语和定义

下列术语和定义适用于本标准。

3.1 铜冶炼排污单位 copper smelting pollutant emission unit

指以原生矿或铜精矿为主要原料的铜冶炼企业，不包括以废旧铜物料为原料的再生冶炼企业。

3.2 许可排放限值 permitted emission limits

指排污许可证中规定的允许排污单位排放的污染物最大排放浓度和最大排放量。

3.3 特殊时段 special periods

指根据国家和地方限期达标规划及其他相关环境管理规定，对排污单位的污染物排放情况有特殊要求的时段，包括重污染天气应对期间和冬防期间等。

---

* 标准正在编制审批之中，待正式发布后按发布的标准实行。

4 排污单位基本情况填报要求

4.1 一般原则

排污单位应按照本标准要求，在排污许可证管理信息平台申报系统填报《排污许可证申请表》中的相应信息表。填报系统下拉菜单中未包括的、地方环境保护主管部门有规定需要填报或排污单位认为需要填报的，可自行增加内容。

省级环境保护主管部门按环境质量改善需求增加的管理要求，应填入排污许可证管理信息平台申报系统中“有核发权的地方环境保护主管部门增加的管理内容”一栏。

排污单位在填报申请信息时，应评估污染排放及环境管理现状，对现状环境问题提出整改措施，并填入排污许可证管理信息平台申报系统中“改正措施”一栏。

排污单位基本情况应当按照实际情况填报，对提交申请材料的真实性、合法性和完整性负法律责任。

4.2 排污单位基本信息

排污单位基本信息应填报单位名称、邮政编码、是否投产、投产日期、生产经营场所中心经度、生产经营场所中心纬度、所在地是否属于重点区域、是否有环境影响评价批复文件及文号、是否有地方政府对违规项目的认定或备案文件及文号、是否有主要污染物总量分配计划文件及文号、颗粒物总量指标（t/a）、二氧化硫总量指标（t/a）、氮氧化物总量指标（t/a）、化学需氧量总量指标（t/a）、氨氮总量指标（t/a）、铅及其化合物总量指标（t/a）、砷及其化合物总量指标（t/a）、汞及其化合物总量指标（t/a）、镉及其化合物总量指标（t/a），总铅总量指标（t/a）、总砷总量指标（t/a）、总汞总量指标（t/a）、总镉总量指标（t/a），其余项（如有）由企业自行补充填报。

4.3 主要产品及产能

4.3.1 一般要求

在填报主要产品及产能时，应选择“铜冶炼”。

排污单位应根据本标准要求填写排污许可证管理信息平台申报系统中有关主要生产单元、主要工艺、生产设施、生产设施编号、设施参数、产品名称、生产能力及计量单位、设计年生产时间及其他选项等信息。

4.3.2 主要生产单元

主要生产单元均为必填项，具体分类如下：

a）火法工艺：备料、熔炼、吹炼、火法精炼、电解精炼、渣选矿、烟气制酸、公用单元等；

b）湿法工艺：备料、破碎、筑堆、浸出、萃取、电积、渣堆处理、公用单元等。

4.3.3 主要工艺

主要工艺均为必填项，具体要求如下：

a）火法工艺：包括熔炼、吹炼、精炼（火法和湿法）工艺；

熔炼：分为闪速熔炼、富氧底吹、富氧顶吹、富氧侧吹、合成炉熔炼等富氧熔池熔炼或富氧漂浮熔炼工艺。

吹炼：转炉、闪速、顶吹浸没、底吹、侧吹等吹炼工艺；

火法精炼：分为回转炉精炼和倾动炉精炼等精炼工艺；湿法精炼主要有电解精炼；

b）湿法工艺：浸出—萃取—电积、堆浸—萃取—电积等工艺。

4.3.4 生产设施

生产设施分为必填项和选填项，具体要求如下：

a）火法工艺：必填项为备料工序（包括原料库、转运站、碎磨机等）、熔炼（闪速炉、顶吹炉、侧吹炉、底吹炉）、吹炼（转炉、铜锍磨热风炉—闪速吹炼炉、底吹炉、顶吹炉、侧吹炉）、火法精炼（阳极炉、圆盘浇铸机）、电解精炼（电解槽、电解液循环槽、循环槽）、烟气制酸（净化塔、转化塔、吸收塔）、公用设施（包括化学水处理站、锅炉房、阳极泥储存间等），选填项包括干燥窑、余热锅炉及发电系统等；

b）湿法工艺：必填项为备料工序（包括原料库、转运站、碎磨机等）、浸出（浸出槽）、萃取-反萃（萃取槽、反萃槽等）和电积系统（电积槽、脱铜电积槽等），选填项包括备料工序的干燥窑等；

c）本标准尚未作出规定，且排放工业废气和有毒有害大气污染物，有明确国家和地方排放标准的，相应生产设施为必填项。

4.3.5 生产设施编号

生产设施编号为必填项，具体要求如下：

a）若生产设施有排污单位内部生产设施编号，则填报相应编号；

b）若生产设施无排污单位内部生产设施编号，则根据《关于开展火电、造纸行业和京津冀试点城市高架源排污许可证管理工作的通知》中的附件4《固定污染源（水、大气）编码规则（试行）》进行编号并填报。

4.3.6 设施参数

设施参数分为必填项和选填项，具体要求如下：

生产设施中熔炼炉、吹炼炉、阳极炉等的炉型、处理能力，公用单元中的锅炉生产能力、原料库贮存能力、辅助系统的处理（贮存）能力为必填项，其他为选填项。

4.3.7 产品名称

产品名称为必填项，分为：粗铜、阳极铜、阴极铜、硫酸等。

4.3.8 生产能力及计量单位

生产能力及计量单位为必填项，生产能力为主要产品设计产能。产能和产量计量单位均为万 t/a。

4.3.9 设计年生产时间

设计年生产时间为必填项，应按环境影响评价文件及批复或地方政府对违规项目的认定或备案文件确定的年生产小时数填写。

4.3.10 其他

其他为选填项，排污单位若有需要说明的内容，可填写。

4.4 主要原辅材料及燃料

主要原辅材料及燃料填写内容包括种类、原辅材料名称、原辅材料成分、燃料名称、燃料成分、设计年使用量、其他等，具体要求如下：

a）种类：分为原辅材料、燃料；

b）原辅材料名称：原料包括原生矿、铜精矿、含铜废料等。辅料包括熔剂（石英石，石灰石），精炼渣，烟尘，吹炼渣，渣精矿等；

c）原辅材料成分：主要原辅材料的硫元素占比（干基），及主要有毒有害物质成分、占比；

d）燃料名称：天然气、重油、煤等；

e）燃料成分：应填报主要燃料的硫元素占比（干基）、灰分，及主要有毒有害物质成分、占比；

f）设计年使用量：设计年使用量为与核定产能相匹配的原辅材料及燃料年使用量，单位为万 t/a 或万 m^3/a；

g）其他：排污单位若有需要说明的内容，可填写；

h）上述 a）～f）为必填项，g）为选填项。

4.5 产排污节点、污染物及污染治理设施

4.5.1 一般原则

废气产排污节点、污染物及污染治理设施包括对应产污环节名称、污染物种类、排放形式（有组织、无组织）、污染治理设施、是否为可行技术、有组织排放口编号、排放口设置是否符合要求、排放口类型。

废水产排污节点、污染物及污染治理设施包括废水类别、污染物种类、排放去向、排放规律、污染治理设施、排放口编号、排放口设置是否符合要求、排放口类型。

4.5.2　废气

4.5.2.1　产污环节

分为原料制备、熔炼、吹炼、火法精炼、烟气制酸、电解、电积、净液。

4.5.2.2　污染物种类

污染物种类应根据 GB 13271、GB 25467 确定，见表 1。有地方排放标准的，按照地方排放标准确定。

4.5.2.3　污染治理设施

治理设施名称应填写除尘设施、脱硫设施、脱硝设施等。

4.5.2.4　污染治理工艺

污染治理工艺填写除尘设施治理工艺（湿法除尘、旋风除尘、电除尘、袋式除尘等）、脱硫设施治理工艺（石灰/石灰石-石膏法、有机溶液循环吸收法、金属氧化物吸收法、活性焦吸附法、氨法、双碱法、双氧水脱硫法等）、脱硝设施治理工艺（SCR、SNCR 等）。

4.5.3　废水

4.5.3.1　类别

废水填写类别包括生产废水（污酸、酸性废水、一般生产废水等）、初期雨水和生活污水。

4.5.3.2　污染物种类

污染物种类应根据 GB 25467 确定，见表 1。有地方排放标准的，按照地方排放标准确定。

4.5.3.3　治理设施

应填写生活污水处理设施、生产废水处理设施等。

4.5.3.4　污染治理工艺

污染治理工艺包括生产废水治理工艺[石灰中和法、高密度泥浆法、硫化法、石灰-铁盐（铝盐）法、生物制剂法、电化学法、膜分离法等]、生活污水处理工艺（生物接触氧化法、序批式活性污泥法处理工艺、膜生物反应器处理工艺等）。

4.5.3.5　排放去向及排放规律

铜冶炼排污单位应明确废水排放去向及排放规律。

排放去向分为不外排；排至厂内综合污水处理站；直接进入海域；直接进入江河、湖、库等水环境；进入城市下水道（再入江河、湖、库）；进入城市下水道（再入沿海海域）；进入城市污水处理厂；进入其他单位；进入工业废水集中处理设施；其他（包括回用等）。

排放规律分为连续排放，流量稳定；连续排放，流量不稳定，但有周期性规律；连续排放，流量不稳定，但有规律，且不属于周期性规律；连续排放，流量不稳定，属于冲击型排放；连续排放，流量不稳定且无规律，但不属于冲击型排放；间歇排放，排放期间流量稳定；间歇排放，排放期间流量不稳定，但有周期性规律；间歇排放，排放期间流量不稳定，但有规律，且不属于非周期性规律；间歇排放，排放期间流量不稳定，属于冲击型排放；间歇排放，排放期间流量不稳定且无规律，但不属于冲击型排放。

4.5.4　排放口设置要求

根据《排污口规范化整治技术要求（试行）》以及排污单位执行的排放标准中有关排放口规范化设置的规定，结合实际情况填报废气和废水排放口设置是否符合规范化要求。

4.5.5　排放口信息

排放口类型划分为主要排放口和一般排放口，具体见表 1。废气排放口应填报排放口地理坐标、排气筒高度、排气筒出口内径、国家或地方污染物排放标准、环境影响评价批复要求及承诺更加严格排放限值。废水直接排放口应填报排放口地理坐标、间断排放时段、受纳自然水体信息、汇入受纳自然水体处地理坐标及执行的国家或地方污染物排放标准。废水间接排放口应填报排放口地理坐标、间断排放时段、受纳污水处理厂名称及执行的国家或地方污染物排放标准。废水间断排放的，应当载明排放污染物的时段。

4.5.6 污染治理设施和排放口编号

污染治理设施编号可填写铜冶炼排污单位内部编号。若铜冶炼排污单位无内部编号，则根据《关于开展火电、造纸行业和京津冀试点城市高架源排污许可证管理工作的通知》中的附件 4《固定污染源（水、大气）编码规则（试行）》进行编号并填报。

有组织排放口编号应填写地方环境保护主管部门现有编号，若地方环境保护主管部门未对排放口进行编号，则根据《关于开展火电、造纸行业和京津冀试点城市高架源排污许可证管理工作的通知》中的附件 4《固定污染源（水、大气）编码规则（试行）》进行编号并填报。

4.6 其他要求

排污单位基本情况还应包括生产工艺流程图（包括全厂及各工序）和厂区总平面布置图，并说明主要生产设施（设备）、主要原辅材料、燃料的流向、生产工艺流程等内容。厂区总平面布置图应包括主要生产单元、厂房、设备位置关系，注明厂区污水收集和运输走向等内容，同时注明厂区雨水和污水排放口位置。

5 产排污节点对应排放口及许可排放限值

5.1 产排污节点及对应排放口

废气和废水的产排污节点及对应排放口见表 1。

铜冶炼排污单位应填报国家或地方污染物排放标准、环境影响评价批复要求、承诺更加严格排放限值，其余项依据本标准 4.5 填报产排污节点及排放口信息。

表 1 产排污节点、排放口及污染因子一览表

产排污节点	排放口	排放口类型	污染因子
废气有组织排放			
原料制备	原料制备系统烟囱/排气筒	一般排放口	颗粒物
熔炼炉、吹炼炉	制酸尾气烟囱	主要排放口	颗粒物、二氧化硫、氮氧化物（以 NO_2 计）、铅及其化合物、砷及其化合物、汞及其化合物、硫酸雾、氟化物
阳极炉（精炼炉）	制酸尾气烟囱/精炼烟囱	主要排放口	颗粒物、二氧化硫、氮氧化物（以 NO_2 计）、铅及其化合物、砷及其化合物、汞及其化合物、硫酸雾、氟化物
炉窑等	环境集烟烟囱	主要排放口	颗粒物、二氧化硫、氮氧化物（以 NO_2 计）、铅及其化合物、砷及其化合物、汞及其化合物、硫酸雾、氟化物
锅炉	烟气排放口	一般排放口	颗粒物、二氧化硫、氮氧化物（以 NO_2 计）、汞及其化合物[a]、烟气黑度（林格曼黑度，级）
电解槽，电解液循环槽		一般排放口	硫酸雾
电积槽及其他槽		一般排放口	硫酸雾
真空蒸发器、脱铜电积槽		一般排放口	硫酸雾
废气无组织排放			
厂界		企业周边	二氧化硫、颗粒物、硫酸雾、氯气、氯化氢、氟化物、铅及其化合物、砷及其化合物、汞及其化合物
废水排放			
废水类别	废水排放口	排放口类型	主要污染因子
生产废水	废水总排放口	主要排放口	pH 值、悬浮物、化学需氧量、氟化物、总氮、总磷、氨氮、总锌、石油类、总铜、硫化物、总铅、总砷、总镉、总汞、总镍、总钴
	车间或生产设施废水排放口	主要排放口	总铅、总砷、总镉、总汞、总镍、总钴
注：氮氧化物（以 NO_2 计）只适用于特别排放限值区域的排污单位。			
[a] 适用于燃煤锅炉。			

5.2　许可排放限值

5.2.1　一般原则

许可排放限值包括污染物许可排放浓度和许可排放量。

对于大气污染物，以生产设施或有组织排放口为单位确定许可排放浓度、许可排放量。主要排放口逐一计算许可排放量，一般排放口只许可浓度，不许可排放量。

对于水污染物，以生产车间或设施废水排放口和企业废水总排放口为单位确定许可排放浓度和许可排放量。

根据国家或地方污染物排放标准确定许可排放浓度。依据总量控制指标及本标准规定的方法从严确定许可排放量，2015 年 1 月 1 日（含）后取得环境影响批复的排污单位，许可排放量还应同时满足环境影响评价文件和批复要求。

总量控制指标包括地方政府或环境保护主管部门发文确定的排污单位总量控制指标、环评批复的总量控制指标、现有排污许可证中载明的总量控制指标、通过排污权有偿使用和交易确定的总量控制指标等地方政府或环境保护主管部门与排污许可证申领排污单位以一定形式确认的总量控制指标。

排污单位填报许可排放量时，应在《排污许可申请表》中写明申请的许可排放限值计算过程。

排污单位申请的许可排放限值严于本标准规定的，在排污许可证中载明。

5.2.2　许可排放质量浓度

5.2.2.1　废气

排污单位废气许可排放浓度依据 GB 13271、GB 25467 确定，许可排放质量浓度为小时均值浓度（烟气黑度除外）。有地方排放标准要求的，按照地方排放标准确定。

大气污染防治重点控制区按照《关于执行大气污染物特别排放限值的公告》和《关于执行大气污染物特别排放限值有关问题的复函》的要求执行。其他执行大气污染物特别排放限值的地域范围、时间，由国务院环境保护主管部门或省级人民政府规定。

若执行不同许可排放质量浓度的多台设施或排放口采用混合方式排放废气，且选择的监控位置只能监测混合烟气中的大气污染物浓度，则应执行各限值要求中最严格的许可排放质量浓度。

5.2.2.2　废水

排污单位水污染物许可排放浓度依据 GB 25467 确定，许可排放浓度为日均浓度（pH 值为任何一次监测值）。有地方排放标准要求的，按照地方排放标准确定。

若排污单位在同一个废水排放口排放两种或两种以上工业废水，且每种废水同一种污染物执行的排放标准不同时，则应执行各限值要求中最严格的许可排放浓度。

5.2.3　许可排放量

5.2.3.1　一般规定

许可排放量包括排污单位年许可排放量、主要排放口年许可排放量、特殊时段许可排放量。其中，年许可排放量是指允许排污单位连续 12 个月排放的污染物最大排放量。年许可排放量同时适用于考核自然年的实际排放量。有核发权的地方环境保护主管部门可根据环境管理规定细化许可排放量的核算周期。单独排入城镇集中污水处理设施的生活污水无须申请许可排放量。

废气许可排放量污染因子为颗粒物、二氧化硫、氮氧化物（以 NO_2 计，仅适用于执行特别排放限值区域的排污单位）、砷及其化合物、铅及其化合物、汞及其化合物。

废水许可排放量污染因子为化学需氧量、氨氮、总铅、总砷、总汞、总镉。

对位于《“十三五”生态环境保护规划》等文件规定的总磷、总氮总量控制区域内的铜冶炼排污单位，还应分别申请总磷及总氮年许可排放量。地方环境保护部门另有规定的从其规定。

5.2.3.2　许可排放量核算方法

5.2.3.2.1　废气

根据排放标准浓度限值、单位产品基准排气量、产能确定大气污染物许可排放量。

a）年许可排放量

年许可排放量等于主要排放口年许可排放量，计算如下：

$$E_{i许可}=E_{i主要排放口} \tag{1}$$

式中：$E_{i许可}$ —— 排污单位第 i 项大气污染物年许可排放量，t/a；

$E_{i主要排放口}$ —— 排污单位第 i 项大气污染物主要排放口年许可排放量，t/a。

b）主要排放口年许可排放量

主要排放口年许可排放量用式（2）计算：

$$E_{i主要排放口}=\sum_{j=1}^{n}Q_j\times\rho_i\times R\times10^{-9} \tag{2}$$

式中：$E_{i主要排放口}$ —— 主要排放口第 i 种大气污染物年许可排放量，t/a；

ρ_i —— 第 i 种大气污染物许可排放浓度限值，mg/m³；

R —— 主要产品产能，t/a；

Q_j —— 第 j 个主要排放口单位产品基准排气量，m³/t 产品，参照表 2 取值。

表 2　铜冶炼排污单位基准排气量表　　单位：m³/t

序号	产排污节点	排放口	单位产品基准烟气量
1	熔炼炉、吹炼炉	制酸尾气烟囱	8 000
2	阳极炉（精炼炉）	制酸尾气烟囱/精炼烟囱	1 000
3	炉窑等	环境集烟烟囱	7 500

c）特殊时段许可排放量

特殊时段排污单位日许可排放量按式（3）计算。地方制定的相关法规中对特殊时段许可排放量有明确规定的从其规定。国家和地方环境保护主管部门依法规定的其他特殊时段短期许可排放量应当在排污许可证当中载明。

$$E_{日许可}=E_{前一年环统日均排放量}\times(1-\alpha) \tag{3}$$

式中：$E_{日许可}$ —— 铜冶炼排污单位重污染天气应对期间或冬防阶段日许可排放量，t；

$E_{前一年环统日均排放量}$ —— 铜冶炼排污单位前一年环境统计实际排放量折算的日均值，t；

α —— 重污染天气应对期间或冬防阶段日产量或排放量减少比例，%。

5.2.3.2.2　废水

水污染物年许可排放量根据水污染物许可排放浓度限值、单位产品基准排水量和产能核定。

a）主要排放口年许可排放量

主要排放口年许可排放量用式（4）计算：

$$D_i=\rho_i\times Q\times R\times10^{-6} \tag{4}$$

式中：D_i —— 主要排放口第 i 种水污染物年许可排放量，t/a；

ρ_i —— 第 i 种水污染物许可排放浓度限值，mg/L；

R —— 主要产品产能，t/a；

Q —— 主要排放口单位产品基准排水量，m³/t，取值参见表 3。

b）年许可排放量

铜冶炼排污单位总铅、总砷、总镉、总汞年许可排放量为生产车间或设施废水排放口许可排放量，化学需氧量和氨氮年许可量为企业废水总排放口许可排放量，按照式（4）进行核算，其中 C_i 取值参照 GB 25467 中污染因子质量浓度，基准排水量 Q_i 取值参见表 3。

表 3　铜冶炼排污单位基准排水量表

单位：m^3/t

序号	排放口	单位产品基准排水量
1	车间或生产设施废水排放口	2
2	总废水排放口	10

5.2.4　无组织排放控制要求

铜冶炼排污单位无组织排放节点和控制措施见表 4。

表 4　铜冶炼排污单位生产无组织排放控制要求表

序号	工序	指标控制措施
1	运输	（1）冶炼厂及矿区内粉状物料运输应采取密闭措施 （2）冶炼厂及矿区内大宗物料转移、输送应采取皮带通廊、封闭式皮带输送机或流态化输送等输送方式。皮带通廊应封闭，带式输送机的受料点、卸料点采取喷雾等抑尘措施；或设置密闭罩，并配备除尘设施 （3）冶炼厂及选矿厂内运输道路应硬化，并采取洒水、喷雾、移动吸尘等措施 （4）运输车辆驶离矿区前以及冶炼厂前应冲洗车轮，或采取其他控制措施
2	冶炼	（1）原煤应贮存于封闭式煤场，场内设喷水装置，在煤堆装卸时洒水降尘；不能封闭的应采用防风抑尘网，防风抑尘网高度不低于堆存物料高度的 1.1 倍。铜原生矿、铜精矿等原料，石英石、石灰石等辅料应采用库房贮存。备料工序产尘点应设置集气罩，并配备除尘设施 （2）冶炼炉（窑）的加料口、出料口应设置集气罩并保证足够的集气效率，配套设置密闭抽风收尘设施 （3）溜槽应设置盖板

5.2.5　其他

新（改、扩）建项目的环境影响评价文件或地方相关规定中有原辅材料、燃料等其他污染防治强制要求的，还应根据环境影响评价文件或地方相关规定，明确其他需要落实的污染防治要求。

6　污染防治可行技术要求

6.1　一般原则

本标准中所列污染防治可行技术及运行管理要求可作为环境保护主管部门对排污许可证申请材料审核的参考。对于铜冶炼排污单位采用本标准所列推荐可行技术的，原则上认为具备符合规定的防治污染设施或污染物处理能力。对于未采用本标准所列推荐可行技术的，铜冶炼排污单位应当在申请时提供相关证明材料（如提供已有监测数据；对于国内外首次采用的污染治理技术，还应当提供中试数据等说明材料），证明可达到与污染防治可行技术相当的处理能力。

对不属于污染防治推荐可行技术的污染治理技术，排污单位应当加强自行监测、台账记录，评估达标可行性。

对于废气实施特别排放限值的，排污单位自行填报可行的污染治理技术及管理要求。

6.2　废气推荐可行技术

铜冶炼排污单位产生的有组织废气中颗粒物、铅及其化合物、砷及其化合物、汞及其化合物，通常采用湿法除尘器、袋式除尘器、静电除尘器等；冶炼炉窑产生的二氧化硫，通常采用石灰-石膏法、有机溶液循环吸收法、金属氧化物吸收法、活性焦吸附法、氨法吸收法、双氧水脱硫法等。

本标准推荐的排污单位废气治理可行技术详见《铜冶炼污染防治可行技术指南（试行）》。

6.3　废水推荐可行技术

铜冶炼排污单位生产过程产生的污酸一般采用硫化法+石灰石/石灰中法、石灰+铁盐法处理，处理后污酸后液与酸性废水合并处理；酸性废水一般采用石灰中和法、高密度泥浆法（HDS 法）、石灰+铁盐（铝盐）法、硫化法、生物制剂法、电化学法、膜分离法等。

本标准推荐的排污单位废水处理可行技术详见《铜冶炼污染防治可行技术指南（试行）》。

6.4　运行管理要求

铜冶炼排污单位应当按照相关法律法规、标准和技术规范等要求运行大气及水污染防治设施，并进行维护和管理，保证设施正常运行。对于特殊时段，铜冶炼排污单位应满足《重污染天气应急预案》、各地人民政府制定的冬防措施等文件规定的污染防治要求。

7 自行监测管理要求

7.1 一般原则

铜冶炼排污单位在申请排污许可证时，应当按照本标准确定的产排污节点、排放口、污染因子及许可排放限值等要求，制定自行监测方案，并在《排污许可证申请表》中明确。《排污单位自行监测技术指南 有色金属冶炼与压延加工业》发布后，自行监测方案的制定从其要求。热水锅炉和 65 t/h 及以下蒸汽锅炉按照 HJ 820 制定自行监测方案。

对于 2015 年 1 月 1 日（含）后取得环境影响评价批复的排污单位，环境影响评价文件有其他管理要求的应当同步完善排污单位自行监测管理要求。有核发权的地方环境保护主管部门可根据环境质量改善需求，增加铜冶炼排污单位自行监测管理要求。

7.2 自行监测方案

自行监测方案中应明确排污单位的基本情况、监测点位及示意图、监测指标、执行排放标准及其限值、监测频次、采样和样品保存方法、监测分析方法和仪器、质量保证与质量控制、自行监测信息公开等。对于采用自动监测的排污单位应当如实填报采用自动监测的污染物指标、自动监测系统联网情况、自动监测系统的运行维护情况等；对于未要求开展自动监测的污染物指标，排污单位应当填报开展手工监测的污染物排放口和监测点位、监测方法、监测频率；对于 2015 年 1 月 1 日（含）后取得环境影响评价批复的排污单位，排污单位还应按照环境影响评价文件的要求填报周边环境质量监测方案。

7.3 自行监测要求

7.3.1 一般原则

排污单位可自行或委托第三方监测机构开展监测工作，并安排专人专职对监测数据进行记录、整理、统计和分析。排污单位对监测结果的真实性、准确性、完整性负责。手工监测时生产负荷应不低于本次监测与上一次监测周期内的平均生产负荷。

7.3.2 监测内容

铜冶炼排污单位应当开展自行监测的污染源包括有组织废气、无组织废气、生产废水、生活污水、初期雨水等全部污染源。污染物包括 GB 13271、GB 25467 中涉及的各项废气、废水污染物。

7.3.3 监测点位、监测因子及监测频次

排污单位应明确开展自行监测的外排口监测点位、无组织排放监测点位、周边环境质量影响监测点位等，自行监测点位、监测因子及监测频次执行表 5。单独排入城镇集中污水处理设施的生活污水无须监测，对于单独排入海域、江河、湖、库等水环境的生活污水应按照 HJ/T 91 要求执行。《排污单位自行监测技术指南 有色金属冶炼与压延加工业》发布后，从其规定。

本标准规定的监测频次为排污单位自行监测的最低频次要求。排污单位原料发生重大变化的，应加密监测频次。

表 5 铜冶炼排污单位自行监测点位、监测因子及最低监测频次一览表

产排污节点	监测点位	排放口类型	监测因子	监测频次
废气有组织排放				
原料制备	污染物净化设施排放口	一般排放口	颗粒物	季度
熔炼炉、吹炼炉	污染物净化设施排放口	主要排放口	颗粒物、二氧化硫、氮氧化物（以 NO_2 计）	自动监测
			硫酸雾、氟化物	季度
			铅及其化合物、砷及其化合物、汞及其化合物	月

产排污节点	监测点位	排放口类型	监测因子	监测频次
阳极炉（精炼炉）	污染物净化设施排放口	主要排放口	颗粒物、二氧化硫、氮氧化物（以 NO_2 计）	自动监测
			硫酸雾、氟化物	季度
			铅及其化合物、砷及其化合物、汞及其化合物	月
炉窑等	污染物净化设施排放口	主要排放口	颗粒物、二氧化硫、氮氧化物（以 NO_2 计）	自动监测
			硫酸雾、氟化物	季度
			铅及其化合物、砷及其化合物、汞及其化合物	月
锅炉	污染物净化设施排放口	一般排放口	颗粒物、二氧化硫、氮氧化物（以 NO_2 计）	自动监测
			汞及其化合物、烟气黑度（林格曼黑度，级）	季度
电解槽，电解液循环槽等	污染物净化设施排放口	一般排放口	硫酸雾	季度
电积槽及其他槽	污染物净化设施排放口	一般排放口	硫酸雾	季度
真空蒸发器、脱铜电积槽	污染物净化设施排放口	一般排放口	硫酸雾	季度
废气无组织排放				
厂界	企业边界		二氧化硫、颗粒物、硫酸雾、氯气、氯化氢、氟化物、铅及其化合物、砷及其化合物、汞及其化合物	季度
废水排放				
生产废水	企业废水总排放口	主要排放口	流量、pH 值、化学需氧量、氨氮、总磷、总氮	自动监测
			悬浮物、氟化物（以 F 计）、石油类、硫化物	季度
			总铅、总砷、总镉、总汞	日
			总锌、总铜、总镍、总钴	月
	车间或生产设施废水排放口	主要排放口	总铅、总砷、总镉、总汞、	日
			总镍、总钴	月
注 1：单独排入地表水、海水的生活污水排放口污染物（pH、COD、BOD_5、悬浮物、氨氮、动植物油、总氮、总磷）每月至少开展一次监测。 注 2：总磷和总氮安装在线只适用于《“十三五”生态环境保护规划》等文件规定的总磷、总氮总量控制区域的排污单位。 注 3：氮氧化物（以 NO_2 计）自动监测只适用于执行特别排放限值区域的排污单位。				

7.4　监测技术手段

自行监测的技术手段包括手工监测和自动监测。

铜冶炼排污单位中主要排放口均应安装颗粒物、二氧化硫、氮氧化物（以 NO_2 计，仅适用于执行特别排放限值区域的排污单位）自动监测设备。鼓励其他排放口及污染物采用自动监测设备监测，无法开展自动监测的，应采用手工监测。

铜冶炼排污单位生产废水总排放口应安装流量、pH 值、化学需氧量、氨氮、总磷、总氮自动监测设备，其中总磷和总氮安装自动监测设备只适用于《“十三五”生态环境保护规划》等文件规定的总磷、总氮总量控制区域的排污单位，鼓励其他排放口及污染物采用自动监测设备监测，无法开展自动监测的，应采用手工监测。

7.5　采样和测定方法

7.5.1　自动监测

废气自动监测参照 HJ/T 75、HJ/T 76 执行。

废水自动监测参照 HJ/T 353、HJ/T 354、HJ/T 355、HJ/T 356 执行。

7.5.2　手工采样

有组织废气手工采样方法的选择参照 GB/T 16157、HJ/T 397 执行，单次监测中，气态污染物采样，应可获得小时均值浓度；颗粒物采样，至少采集三个反映监测断面颗粒物平均浓度的样品。

无组织排放采样方法参照 GB/T 15432、HJ/T 55 执行。

废水手工采样方法的选择参照 HJ 493、HJ 494、HJ 495 和 HJ/T 91 执行。

7.5.3 测定方法

废气、废水污染物的测定按照 GB 13271 和 GB 25467 中规定的污染物质量浓度测定方法标准执行。国家或地方法律法规等另有规定的，从其规定。

7.6 数据记录要求

监测期间手工监测的记录和自动监测运维记录按照 HJ 819 执行。

应同步记录监测期间的生产工况。

7.7 监测质量保证与质量控制

按照 HJ 819 要求，排污单位应当根据自行监测方案及开展状况，梳理全过程监测质控要求，建立自行监测质量保证与质量控制体系。

7.8 自行监测信息公开

排污单位应按照 HJ 819 要求进行自行监测信息公开。

8 环境管理台账记录与排污许可证执行报告编制要求

8.1 环境管理台账记录要求

8.1.1 一般原则

排污单位应建立环境管理台账制度，设置专职人员进行台账的记录、整理、维护和管理，并对台账记录结果的真实性、准确性、完整性负责。

台账应当按照电子化储存和纸质储存两种形式同步管理。台账保存期限不得少于 3 年。

排污单位排污许可证台账应真实记录基本信息、生产设施及其运行情况、污染防治设施及其运行情况、监测记录信息、其他环境管理信息等。待《环境管理台账及排污许可证执行报告技术规范（试行）》发布后从其规定。

8.1.2 基本信息

基本信息主要包括排污单位基本信息、生产设施基本信息、治理设施基本信息。基本信息因排污单位工艺、设施调整等情形发生变化的，需在基本信息台账记录表中进行相应修改，并将变化内容进行说明纳入执行报告中。

a）排污单位基本信息：排污单位名称、注册地址、行业类别、生产经营场所地址、组织机构代码、统一社会信用代码、法定代表人、技术负责人、生产工艺、产品名称、生产规模、环保投资情况、环评及批复情况、竣工环保验收情况、排污许可证编号等；

b）生产设施基本信息：生产设施（设备）名称、编码、设施规格型号、相关参数（包括参数名称、设计值、单位）、设计生产能力等；

c）治理设施基本信息：治理设施名称、编码、设施规格型号、相关参数（包括参数名称、设计值、单位）等。

8.1.3 生产设施运行管理信息

排污单位应定期记录生产设施运行状况并留档保存，应按班次至少记录以下内容：

a）运行状态：开始时间，结束时间，是否按照生产要求正常运行；

b）生产负荷：实际生产能力与设计生产能力之比，设计生产能力取最大设计值；

c）产品产量：记录统计时段内主要产品产量；

d）原辅料：记录名称、来源地、种类、用量、有毒有害物质成分及占比、是否为危险化学品；

e）燃料：记录种类、用量、成分、热值、品质。涉及二次能源的需建立能源平衡报表，应填报一次购入能源和二次转化能源。

8.1.4 污染治理设施运行管理信息

铜冶炼排污单位应记录环保设施的运行状态、污染物排放情况、治理药剂添加情况等。污染治理设施运行管理信息还应当包括设备运行校验关键参数，能充分反映生产设施及治理设施运行管理情况。

a）有组织废气治理设施

废气环保设施台账应包括所有环保设施的运行参数及排放情况等，废气环保设施台账包括废气处理能力（m^3/h）、运行参数（包括运行工况等）、废气排放量，脱硫药剂使用量及运行费用等。

b）无组织废气治理设施

原辅料储库、固废临时渣场、燃料储库、成品库、物料运输系统等无组织废气污染治理措施相应的运行、维护、管理相关的信息记录，可用于说明无组织治理措施（厂区降尘洒水、清扫、原料或产品场地封闭、遮盖等）运行情况和效果。

c）废水治理设施

废水环保设施台账应包括所有环保设施的运行参数及排放情况等，废水治理设施包括废水处理能力（t/d）、运行参数（包括运行工况等）、废水排放量、废水回用量、污泥产生量及运行费用（元/t）、出水水质（各因子质量浓度和水量等）、排水去向及受纳水体、排入的污水处理厂名称等。

8.1.5 其他环境管理信息

铜冶炼排污单位应记录的其他环境管理信息包括以下几方面：

a）污染治理设施故障期间

应记录污染治理设施故障设施、故障原因、故障期间污染物排放质量浓度以及应对措施。记录内容参见附录 A 中表 A.7。

b）特殊时段

应记录重污染天气应对期间和冬防期间等特殊时段管理要求、执行情况（包括特殊时段生产设施运行管理信息和污染治理设施运行管理信息）等。重污染天气应急预警期间和冬防期间等特殊时段的台账记录要求与正常生产记录频次要求一致，涉及特殊时段停产的排污单位或生产工序，该期间原则上仅对起始和结束当天各进行 1 次记录，地方管理部门有特殊要求的，从其规定。

c）非正常工况

铜冶炼排污单位开炉、设备检修（停炉）等非正常工况信息按工况期记录，每工况期记录 1 次，内容应记录非正常（开停炉）工况时间、事件原因、是否报告、应对措施，并按生产设施与污染治理设施填写具体情况：生产设施应记录设施名称、编号、产品产量、原辅料消耗量、燃料消耗量等；污染治理设施应记录设施名称、编号、污染因子、排放量、排放质量浓度等。记录内容参见附录 A 中表 A.7。

8.1.6 监测记录信息

a）自动监测运维记录

包括自动监测系统运行状况、系统辅助设备运行状况、系统校准、校验工作等；仪器说明书及相关标准规范中规定的其他检查项目，如校准、维护保养、维修记录等。

b）手工监测记录信息

无自动监测要求的排污单位和废气和废水污染物，排污单位应当按照排污许可证中手工监测要求记录手工监测的日期、时间、污染物排放口和监测点位、监测方法、监测频次、监测仪器及型号、采样方法等，并建立台账记录报告，手工监测记录台账至少应包括附录 A。

c）监测期间生产及污染治理设施运行状况记录信息

监测期间生产及污染治理设施运行状况记录信息内容分别见本标准 8.1.3 和 8.1.4 相关规定。

8.1.7 记录频次

8.1.7.1 一般原则

记录频次应根据生产过程中的变化参数进行确定。

8.1.7.2 生产设施运行管理信息

a）生产运行状况：按照排污单位生产班次记录，每班次记录 1 次。非正常工况按照工况期记录，每工况期记录 1 次，非正常工况开始时刻至工况恢复正常时刻为一个记录工况期；

b）产品产量：连续性生产的排污单位产品产量按照班次记录，每班次记录 1 次。周期性生产的设施按照一个周期进行记录，周期小于 1 天的按照 1 天记录；

c）原辅料、燃料用量：按照批次记录，每批次记录 1 次。

8.1.7.3 污染治理设施运行管理信息

a）污染治理设施运行状况：按照排污单位生产班次记录，每班次记录 1 次。非正常工况按照工况期记录，每工况期记录 1 次，非正常工况开始时刻至工况恢复正常时刻为一个记录工况期；

b）污染物产排情况：连续排放污染物的，按班次记录，每班次记录 1 次。非连续排放污染物的，按照产排污阶段记录，每个产排阶段记录 1 次。安装自动监测设施的按照自动监测频率记录，DCS 上保存自动监测记录；

c）药剂添加情况：采用批次投放的，按照投放批次记录，每投放批次记录 1 次。采用连续加药方式的，每班次记录 1 次。

8.1.7.4 监测记录信息

监测数据的记录频次按照本标准 7.5 中所确定的监测频次要求记录。

8.1.7.5 其他环境管理信息

采取无组织废气污染控制措施的信息记录频次原则不小于 1 天。

特殊时段的台账记录频次原则与正常生产记录频次要求一致，涉及特殊时段停产的排污单位或生产工序，该期间原则上仅对起始和结束当天进行 1 次记录，地方管理部门有特殊要求的，从其规定。

根据环境管理要求增加记录的内容，记录频次依实际情况确定。

8.1.8 记录保存

8.1.8.1 纸质存储

纸质台账应存放于保护袋、卷夹或保护盒中，专人保存于专门的档案保存地点，并由相关人员签字。档案保存应采取防光、防热、防潮、防细菌及防污染等措施。纸质类档案如有破损应随时修补。

8.1.8.2 电子存储

电子台账保存于专门的存储设备中，并保留备份数据。设备由专人负责管理，定期进行维护。根据地方环境保护主管部门要求定期上传，纸版由排污单位留存备查。档案保存时间原则上不低于 3 年。

8.2 执行报告编制规范

8.2.1 一般原则

地方环境主管部门应当整合总量控制、排污收费（环境保护税）、环境统计等各项环境管理的数据上报要求，可以参照本标准，在排污许可证中根据各项环境管理要求，规定排污许可证执行报告内容、上报频次等要求。

排污单位应按照排污许可证中规定的内容和频次定期上报执行报告。铜冶炼排污单位可参照本标准，根据环境管理台账记录等归纳总结报告期内排污许可证执行情况，并提交至发证机关，台账记录留存备查。排污单位应保证执行报告的规范性和真实性。技术负责人发生变化时，应当在年度执行报告中及时报告。

8.2.2 报告分类及频次

8.2.2.1 报告分类

排污许可证执行报告按报告周期分为年度执行报告、季度执行报告和月度执行报告。

持有排污许可证的铜冶炼排污单位，均应按照本标准规定提交年度执行报告与季度执行报告。为满足其他环境管理要求，地方环境保护主管部门有更高要求的，排污单位还应根据其规定，提交月度执行报告。排污单位应在全国排污许可证管理信息平台上填报并提交执行报告，同时向有排污许可证核发权限的环境保护主管部门提交通过平台印制的书面执行报告。

8.2.2.2 上报频次

a）年度执行报告上报频次

铜冶炼排污单位应至少每年上报一次排污许可证年度执行报告，于次年 1 月底前提交至排污许可证核发机关。对于持证时间不足 3 个月的，当年可不上报年度执行报告，排污许可证执行情况纳入下一年年度执行报告。具体内容见附录 C。

b）月度/季度执行报告上报频次

排污单位每月度/季度上报一次排污许可证月度/季度执行报告，于下一周期首月 15 日前提交至排污许可证核发机关，提交季度执行报告或年度执行报告时，可免报当月月度执行报告。对于持证时间不足 10 d 的，该报告周期内可不上报月度执行报告，排污许可证执行情况纳入下一月度执行报告。对于持证时间不足一个月的，该报告周期内可不上报季度执行报告，排污许可证执行情况纳入下一季度执行报告。

排污单位每月或每季度应至少向环境保护主管部门上报年度执行报告中的“实际排放量报表”、合规判定分析说明及污染防治设施异常情况说明及所采取的措施。

9 实际排放量核算方法

9.1 一般原则

铜冶炼排污单位主要排放口废气污染物和废水污染物实际排放量的核算方法采用实测法。排污许可证要求采用自动监测的排放口或污染因子而未采用自动监测的，采用物料衡算法或产排污系数法核算实际排放量。

物料衡算法只用于核算二氧化硫，根据原辅燃料消耗量、含硫率、硫回收率，按直排进行核算。

其他总量许可污染因子采用产排污系数法核算排放量时，可参考《污染源普查工业污染源产排污系数手册（中）》33 有色金属冶炼及压延加工业，根据单位产品污染物的产生量，按直排进行核算。

9.1.1 采用自动监测数据核算

采用自动监测数据基本原则如下：

a）污染源自动监测符合 HJ/T 75 要求，废水污染源自动监测符合 HJ/T 355 和 HJ/T 356 要求，可以采用自动监测数据核算污染物排放量。

b）对于因自动监控设施发生故障以及其他情况导致数据缺失的，废气污染源按照 HJ/T 75 进行补遗，废水污染源按照 HJ/T 356 进行补遗。

c）缺失时段超过 25%的，自动监测数据不能作为核算实际排放量的依据，按照“要求采用自动监测的排放口或污染因子而未采用”的相关规定进行核算。

9.1.2 采用手工监测数据核算

a）未要求安装自动监测系统时，可采用手工监测数据进行核算。手工监测数据包括核算时间内的所有执法监测数据和排污单位自行或委托第三方检测机构的有效手工监测数据，排污单位自行或委托的手工监测频次、监测期间生产工况、数据有效性等须符合相关规范等要求。

b）自动监测设施发生故障需要维修或更换，按要求在 48 h 内恢复正常运行的，且在此期间按照《污染源自动监控设施运行管理办法》开展手工监测并报送手工监测数据的，根据手工监测结果核算该时段实际排放量。

c）排污单位提供充分证据证明自动监测数据缺失、数据异常等不是排污单位责任的，可按照排污单位提供的手工监测数据等核算实际排放量，或者按照上一个半年申报期间的稳定运行期间自动监测数据的均值（废气按照小时浓度均值和半年平均烟气量，废水按照日均浓度值和半年平均排水量），核算数据缺失时段的实际排放量。

d）排污单位应将手工监测时段内生产负荷与核算时段内的平均生产负荷进行对比，并给出对比结论。

排污单位手工监测应符合国家有关环境监测、计量认证规定和技术规范。若同一时段的手工监测数据与执法监测数据不一致，执法监测数据符合法定的监测标准和监测方法的，以执法监测数据为准。

对于未能按要求及时恢复设施正常运行的，采用产污系数法按照直排核算该时段实际排放量。

9.2 废气核算方法

9.2.1 实测法

根据符合 HJ/T 75 的有效自动监测和手工监测污染物的小时平均排放浓度、平均烟气量、运行时间核算污染物年排放量。

大气污染物实际排放量核算方法如下：

$$E_{jk}=\sum_{i=1}^{n}\rho_{ji}\times q_i\times 10^{-9} \tag{5}$$

式中：E_{jk} —— 核算时段内第 k 个排放口第 j 项污染物的实际排放量，t；

ρ_{ji} —— 第 k 个排放口第 j 项污染物在第 i 小时的实测平均排放质量浓度，mg/m^3；

q_i —— 第 k 个排放口第 i 小时标准状态下干气体排气量，m^3/h；

n —— 核算时段内的污染物排放时间，h。

$$E_j=\sum_{k=1}^{n}E_{jk} \tag{6}$$

式中：E_j —— 核算时段内第 j 项污染物的实际排放量，t；

E_{jk} —— 核算时段内第 k 个排放口第 j 项污染物的实际排放量，t；

n —— 排放口数量。

9.2.2 非正常情况

炉窑启停等非正常排放期间污染物排放量可采用实测法或产污系数直排核算。

9.3 废水核算方法

9.3.1 实测法

根据符合 HJ/T 353、HJ/T 354、HJ/T 355、HJ/T 356 的有效自动监测或手工监测数据污染物的日平均排放浓度、平均流量、运行时间核算污染物年排放量。

废水污染因子实际排放量核算方法如下：

$$E_j=\sum_{i=1}^{n}\rho_{ji}\times q_i\times 10^{-6} \tag{7}$$

式中：E_j —— 核算时段内生产车间或设施废水排放口和企业废水总排放口第 j 项污染物的实际排放量，t；

ρ_{ji} —— 第 j 项污染物在第 i 日的实测日平均排放质量浓度，mg/L；

q_i —— 第 i 日的流量，m^3/h；

n —— 核算时段内的污染物排放时间，h。

9.3.2 非正常情况

废水处理设施非正常情况下的排水，如无法满足排放标准要求时，不应直接排入外环境，待废水处理设施恢复正常运行后方可排放。如因特殊原因造成污染治理设施未正常运行超标排放污染物的或偷排偷放污染物的，按产污系数与未正常运行时段（或偷排偷放时段）的累计排水量核算非正常排放期间实际排放量。

10 合规判定方法

10.1 一般原则

合规是指铜冶炼排污单位许可事项和环境管理要求符合排污许可证规定。

许可事项合规是指铜冶炼排污单位排放口位置和数量、排放方式、排放去向、排放污染物种类、排放限值符合许可证规定。其中，排放限值合规是指铜冶炼排污单位污染物实际排放浓度和排放量满足许可排放限值要求，无组织排放满足无组织排放监管措施要求，环境管理要求合规是指铜冶炼排污单位按许可证规定落实自行监测、台账记录、执行报告、信息公开等环境管理要求。

铜冶炼排污单位可通过环境管理台账记录、按时上报执行报告和开展自行监测、信息公开，自证其依证排污，满足排污许可证要求。环境保护主管部门可依据排污单位环境管理台账、执行报告、自行监测记录中的内容，判断其污染物排放浓度和排放量是否满足许可排放限值要求，也可通过执法监测判断其污染物排放浓度是否满足许可排放限值要求。

10.2　排放限值合规判定

10.2.1　废气排放质量浓度合规判定

10.2.1.1　正常情况

铜冶炼排污单位各废气排放口污染物或厂界无组织污染物的排放浓度达标是指“任 1 h 浓度均值均满足许可排放浓度要求”。

a）执法监测

按照监测规范要求获取的执法监测数据超标的，即视为不合规。根据 GB/T 16157、HJ/T 397、HJ/T 55 确定监测要求。

b）排污单位自行监测

（1）自动监测

按照本标准 7.5.1 要求获取的有效自动监测数据计算得到的有效小时浓度均值与许可排放浓度限值进行对比，超过许可排放浓度限值的，即视为超标。对于应当采用自动监测而未采用的排放口或污染物，即认为不合规。自动监测小时均值是指“整点 1 h 内不少于 45 min 的有效数据的算术平均值”。

（2）手工监测

对于未要求采用自动监测的排放口或污染物，应进行手工监测。按照自行监测方案、监测规范要求获取的监测数据计算得到的有效小时浓度均值超标的，即视为超标。

若同一时段的执法监测数据与排污单位自行监测数据不一致，执法监测数据符合法定的监测标准和监测方法的，以该执法监测数据为准。

10.2.1.2　非正常情况

铜冶炼排污单位非正常排放指炉窑启停机、设备故障、检维修等情况下的排放。

铜冶炼排污单位开停炉期间必须确保制酸尾气脱硫系统的正常运行，不得未经处理直接排放，排污单位应该开停炉前及时将开停炉时间段上报环境保护主管部门。

若多台设施采用混合方式排放烟气，且其中一台处于启停时段，排污单位能提供烟气混合前各台设施有效监测数据的，可按照排污单位提供数据进行合规判定。

10.2.2　废水排放质量浓度合规判定

排污单位各废水排放口污染物（pH 值除外）的排放浓度达标是指“任一有效日均值（pH 值除外）均满足许可排放浓度要求”。

10.2.2.1　执法监测

按照监测规范要求获取的执法监测数据超标的，即视为超标。根据 HJ/T 91 确定监测要求。

10.2.2.2　排污单位自行监测

a）自动监测

按照本标准 7.5.1 要求获取的自动监测数据计算得到有效日均浓度值（除 pH 值外）与许可排放浓度限值进行对比，超过许可排放浓度限值的，即视为超标。对于应当采用自动监测而未采用的排放口或污染物，即认为不合规。

对于自动监测，有效日均浓度是对应于以每日为一个监测周期获得的某个污染物的多个有效监测数据的平均值。在同时监测污水排放流量的情况下，有效日均值是以流量为权的某个污染物的有效监测数据的加权平均值；在未监测污水排放流量的情况下，有效日均值是某个污染物的有效监测数据的算术平均值。

自动监测的有效日均浓度应根据 HJ/T 355 和 HJ/T 356 等相关文件确定。

b）手工监测

对于未要求采用自动监测的排放口或污染物，应进行手工监测。按照本标准 7.2 和 7.5.2 要求进行手工监测，当日各次监测数据平均值或当日混合样监测数据（除 pH 值外）超标即视为超标。

c）若同一时段的执法监测数据与排污单位自行监测数据不一致，执法监测数据符合法定的监测标准和监测方法的，以该执法监测数据为准。

10.2.3 排放量合规判定

铜冶炼排污单位污染物的排放量合规是指：

a）废水和废气污染物年实际排放量满足各自的年许可排放量要求，年许可排放量是正常情况和非正常情况排放量之和；

b）废水和废气污染物各主要排放口实际排放量之和满足主要排放口的许可排放量要求；

c）对于特殊时段有许可排放量要求的排污单位，排放口实际排放量之和不得超过特殊时期许可排放量。

10.3 环境管理要求合规判定

环境保护主管部门依据排污许可证中的管理要求以及铜冶炼行业相关技术规范，审核环境管理台账记录和许可证执行报告，检查排污单位是否按照自行监测方案开展自行监测；是否按照排污许可证中环境管理台账记录要求记录相关内容、记录频次、形式是否满足许可证要求；是否按照许可证要求定期上报执行报告，上报内容是否符合要求等；是否按照许可证要求定期开展信息公开；是否满足特殊时段污染防治要求。

附 录 A

（资料性附录）

环境管理台账记录参考表（略）

附 录 B

（资料性附录）

手工监测报表示例表

序号	污染源类别	监测日期	监测时间	排放口编号	监测内容	计量单位	监测结果	监测结果（折标）	是否超标	手工监测采样方法及个数	手工测定方法	手工监测仪器型号
1	废气	2016-06-06	10:00—10:15	DA001	SO_2	mg/m^3	100	110		连续采样	HJ/T 57	AAA
		2016-06-06	10:00—10:15	DA001	烟气量	m^3/h	5000	5 500		—	—	—
	废水											
	其他											

附 录 C

（资料性附录）

铜冶炼排污单位排污许可证执行报告编制内容（略）

中华人民共和国环境保护行业标准

排污许可证申请与核发技术规范　有色金属工业——汞冶炼

Technical specification for application and issuance of pollutant permit
—Non-ferrous metal metallurgy industry—Mercury smelting

HJ 931—2017

前　言

为贯彻落实《中华人民共和国环境保护法》《中华人民共和国大气污染防治法》《中华人民共和国水污染防治法》等法律法规以及《国务院办公厅关于印发控制污染物排放许可制实施方案的通知》（国办发〔2016〕81 号），完善排污许可技术支撑体系，指导和规范汞冶炼排污单位排污许可证申请与核发工作，制定本标准。

本标准规定了汞冶炼排污单位排污许可证申请与核发的基本情况填报要求、许可排放限值确定、实际排放量核算、合规判定的方法以及自行监测、环境管理台账与排污许可证执行报告等环境管理要求，提出了汞冶炼行业污染防治可行技术要求。

核发机关核发排污许可证时，对位于法律法规明确规定禁止建设区域内的、属于国家和地方政府明确规定予以淘汰或取缔的汞冶炼排污单位或者生产装置，应不予核发排污许可证。

本标准的附录 A、附录 B、附录 C、附录 D、附录 E、附录 F 为资料性附录。

本标准为首次发布。

本标准由环境保护部规划财务司、科技标准司组织制定。

本标准主要起草单位：中国环境科学研究院、北京矿冶研究总院、环境保护部环境保护对外合作中心、中国有色金属工业协会、环境保护部环境工程评估中心。

本标准环境保护部 2017 年 12 月 27 日批准。

本标准自 2017 年 12 月 27 日起实施。

本标准由环境保护部解释。

1　适用范围

本标准规定了汞冶炼排污单位排污许可证申请与核发的基本情况填报要求、许可排放限值确定、实际排放量核算、合规判定的方法以及自行监测、环境管理台账与排污许可证执行报告等环境管理要求，提出了汞冶炼行业污染防治可行技术要求。

本标准适用于指导汞冶炼排污单位填报《排污许可证申请表》及在全国排污许可证管理信息平台申报系统中填报相关申请信息，适用于指导核发机关审核确定汞冶炼行业排污许可证许可要求。

本标准适用于汞冶炼排污单位排放的大气污染物、水污染物的排污许可管理，不适用于以废旧汞物料为原料的再生冶炼排污单位的排污许可证申请与核发工作。

本标准未做出规定但排放工业废水、废气或者国家规定的有毒有害大气污染物的汞冶炼排污单位其他产污设施和排放口，参照《排污许可证申请与核发技术规范　总则》执行，在《排污许可证申请与核发技术规范　锅炉》发布前，热水锅炉和 65 t/h 及以下蒸汽锅炉参照本标准执行，发布后从其规定。

2　规范性引用文件

本标准引用了下列文件或其中的条款。凡是未注明日期的引用文件，其最新版本适用于本标准。

GB 13271　锅炉大气污染物排放标准

GB 30770　锡、锑、汞工业污染物排放标准

GB/T 16157 固定污染源排气中颗粒物测定与气态污染物采样方法

GB/T 15432 环境空气 总悬浮颗粒物的测定 重量法

HJ 493 水质采样 样品的保存和管理技术规定

HJ 494 水质 采样技术指导

HJ 495 水质 采样方案设计技术规定

HJ 819 排污单位自行监测技术指南 总则

HJ 820 排污单位自行监测技术指南 火力发电及锅炉

HJ/T 55 大气污染物无组织排放监测技术导则

HJ/T 75 固定污染源烟气（SO_2、NO_x、颗粒物）排放连续监测技术规范

HJ/T 76 固定污染源烟气（SO_2、NO_x、颗粒物）排放连续监测系统技术要求及监测方法

HJ/T 91 地表水和污水监测技术规范

HJ/T 353 水污染源在线监测系统安装技术规范（试行）

HJ/T 354 水污染源在线监测系统验收技术规范（试行）

HJ/T 355 水污染源在线监测系统运行与考核技术规范（试行）

HJ/T 356 水污染源在线监测系统数据有效性判别技术规范（试行）

HJ/T 397 固定源废气监测技术规范

*排污许可证申请与核发技术规范 总则

*排污单位自行监测技术指南 有色金属冶炼与压延加工

*环境管理台账及排污许可证执行报告技术规范（试行）

*排污许可证申请与核发技术规范 锅炉工业

《固定污染源排污许可分类管理名录》

《排污口规范化整治技术要求（试行）》（国家环保局 环监〔1996〕470 号）

《污染源自动监控设施运行管理办法》（环发〔2008〕6 号）

《关于开展火电、造纸行业和京津冀试点城市高架源排污许可证管理工作的通知》（环水体〔2016〕189 号）

3 术语和定义

下列术语和定义适用于本标准。

3.1 汞冶炼排污单位 mercury smelting pollutant emission unit

指生产汞金属的冶炼企业，不包括以废旧汞物料为原料的再生冶炼企业。

3.2 许可排放限值 permitted emission limits

指排污许可证中规定的允许排污单位排放的污染物最大排放浓度和最大排放量。

3.3 特殊时段 special periods

指根据国家和地方限期达标规划及其他相关环境管理规定，对排污单位的污染物排放情况有特殊要求的时段，包括重污染天气应对期间和冬防期间等。

4 排污单位基本情况填报要求

4.1 一般原则

排污单位应按照本标准要求，在排污许可证管理信息平台申报系统填报《排污许可证申请表》中的相应信息表。填报系统下拉菜单中未包括的、地方环境保护主管部门有规定需要填报或排污单位认为需要填报的，可自行增加内容。

省级环境保护主管部门按环境质量改善需求增加的管理要求，应填入排污许可证管理信息平台申报系统中“有核发权的地方环境保护主管部门增加的管理内容”一栏。

---

* 标准正在编制审批之中，待正式发布后按发布的标准实行。

排污单位在填报申请信息时，应评估污染排放及环境管理现状，对现状环境问题提出整改措施，并填入排污许可证管理信息平台申报系统中“改正措施”一栏。

排污单位基本情况应当按照实际情况填报，对提交申请材料的真实性、合法性和完整性负法律责任。

4.2　排污单位基本信息

排污单位基本信息应填报单位名称、邮政编码、是否投产、投产日期、生产经营场所中心经度、生产经营场所中心纬度、所在地是否属于重点区域、是否有环评批复文件及文号、是否有地方政府对违规项目的认定或备案文件及文号、是否有主要污染物总量分配计划文件及文号、颗粒物总量指标（t/a）、二氧化硫总量指标（t/a）、氮氧化物总量指标（t/a）、化学需氧量总量指标（t/a）、氨氮总量指标（t/a）、铅及化合物总量指标（t/a）、汞及化合物总量指标（t/a），总铅总量指标（t/a）、总砷总量指标（t/a）、总汞总量指标（t/a）、总镉总量指标（t/a），其余项（如有）由企业自行补充填报。

4.3　主要产品及产能

4.3.1　一般原则

在填报主要产品及产能时，应选择“汞冶炼”。

排污单位应根据本标准要求填写排污许可证管理信息平台申报系统中有关主要生产工艺、生产设施、生产设施编号、设施参数、产品名称、生产能力及计量单位、设计年生产时间及其他选项等信息。

4.3.2　主要生产单元

主要生产单元为必填项，主要包括蒸馏、冷凝、公用单元、其他。

4.3.3　主要工艺

主要工艺为必填项，主要包括蒸馏、冷凝、其他。

4.3.4　生产设施

生产设施具体分为必填项和选填项，具体要求如下：

a）必填项为蒸馏炉、马釜炉、打汞机、储存系统（原料堆场、煤场）、锅炉（燃煤锅炉、燃油锅炉、燃气锅炉），选填项为辅助系统（中间物料贮存场、渣库）；

b）本标准尚未做出规定，但排放工业废气或者排放有毒有害大气污染物，且有明确国家和地方排放标准的，相应生产设施为必填项。

4.3.5　生产设施编号

生产设施编号为必填项，具体分类如下：

a）若生产设施有排污单位内部生产设施编号，则填报相应编号；

b）若生产设施无排污单位内部生产设施编号，则根据《关于开展火电、造纸行业和京津冀试点城市高架源排污许可证管理工作的通知》中的附件 4《固定污染源（水、大气）编码规则（试行）》进行编号并填报。

4.3.6　设施参数

设施参数分为必填项和选填项，各炉窑的炉型尺寸或处理能力为必填项，其他为选填项。

4.3.7　产品名称

产品名称为必填项，主要包括汞。

4.3.8　生产能力及计量单位

生产能力及计量单位为必填项，生产能力为主要产品设计产能。产能和产量计量单位均为万 t/a。

4.3.9　设计年生产时间

设计年生产时间为必填项，应按环境影响评价文件及批复或地方政府对违规项目的认定或备案文件确定的年生产小时数填写。

4.3.10　其他

其他为选填项，排污单位若有需要说明的内容，可填写。

4.4　主要燃料及原辅材料

主要燃料及原辅材料填写内容：包括种类、原辅材料名称、原辅材料成分、燃料名称、燃料成分、设计年使用量、其他等，具体要求如下：

a）种类：分为原辅材料、燃料；

b）原辅材料名称：原料为汞精矿，其他辅料包括煤、石灰、废水、废气污染治理过程中添加的化学品（氢氧化钠（烧碱）、碳酸钠、石灰、硫化钠、混凝剂、助凝剂、漂白粉和活性炭等）、其他；

c）原辅材料成分：主要原辅材料的硫元素占比（干基）、主要有毒有害物质成分及占比；

d）燃料名称：分为煤、天然气、柴油、其他；

e）燃料成分：应填报燃料的灰分、硫分、挥发分、热值，其中硫分为必填项，其余为选填项；

f）设计年使用量：设计年使用量为与核定产能相匹配的原辅材料及燃料年使用量，单位为万 t/a 或万 m^3/a；

g）其他：排污单位若有需要说明的内容，可填写；

h）上述 a）～f）为必填项，g）为选填项。

4.5 产排污节点、污染物种类及污染治理设施

4.5.1 一般规定

废气产排污环节、污染物及污染治理设施包括生产设施对应的产污环节、污染物种类、排放形式（有组织、无组织）、污染治理设施、是否为可行技术、排放口编号、排放口设置是否规范及排放口类型。

废水包括废水类别、污染物种类、排放去向、污染治理设施、是否为可行技术、排放口编号、排放口设置是否规范及排放口类型。

4.5.2 废气

4.5.2.1 产排污节点

包括马釜炉、蒸馏炉和锅炉等。

4.5.2.2 污染物种类

污染物种类应根据 GB 13271、GB 30770 确定，见表 1。有地方排放标准的，按照地方排放标准确定。

4.5.2.3 治理设施

治理设施名称应填写除尘设施、脱硫设施、脱汞设施等。

4.5.2.4 污染治理工艺

污染治理工艺填写除尘设施治理工艺（袋式除尘器、其他）、脱硫设施治理工艺（石灰-石膏法、钠碱法、其他）、脱汞设施治理工艺（硫酸软锰矿净化法、漂白粉净化法、多硫化钠净化法、碘络合法及酸洗脱汞法、其他）。

4.5.3 废水

4.5.3.1 类别

汞冶炼废水填写类别包括生产废水（地面冲洗水、脱硫水、设备冷却水、汞炱水封水、初期雨水）和生活污水等。

4.5.3.2 污染物种类

污染物种类应根据 GB 30770 确定，见表 1。有地方排放标准的，按照地方排放标准确定。

4.5.3.3 治理设施

治理设施名称应填写生活污水处理设施、生产废水处理设施等。

4.5.3.4 污染治理工艺

污染治理工艺填写包括生产废水治理工艺（硫化法、中和法、吸附法等）、生活污水处理工艺（生物接触氧化法、活性污泥法、A/O、A^2/O 等）。

4.5.3.5 排放去向及排放规律

汞冶炼排污单位应明确废水排放去向及排放规律。

排放去向分为不外排；排至厂内综合污水处理站；直接进入海域；直接进入江河、湖、库等水环境；进入城市下水道（再入江河、湖、库）；进入城市下水道（再入沿海海域）；进入城市污水处理厂；进入其他单位；进入工业废水集中处理设施；其他（包括回用等）。

排放规律分为连续排放，流量稳定；连续排放，流量不稳定，但有周期性规律；连续排放，流量不

稳定，但有规律，且不属于周期性规律；连续排放，流量不稳定，属于冲击型排放；连续排放，流量不稳定且无规律，但不属于冲击型排放；间断排放，排放期间流量稳定；间断排放，排放期间流量不稳定，但有周期性规律；间断排放，排放期间流量不稳定，但有规律，且不属于非周期性规律；间断排放，排放期间流量不稳定，属于冲击型排放；间断排放，排放期间流量不稳定且无规律，但不属于冲击型排放。

4.5.4　排放口设置要求

根据《排污口规范化整治技术要求（试行）》以及排污单位执行的排放标准中有关排放口规范化设置的规定，填报废气和废水排放口设置是否符合规范化要求。

4.5.5　排放口信息

排放口类型划分为主要排放口和一般排放口，具体见表1。

废气排放口应填报排放口地理坐标、排气筒高度、排气筒出口内径、国家或地方污染物排放标准、环境影响评价批复要求及承诺更加严格排放限值。废水直接排放口应填报排放口地理坐标、间歇排放时段、受纳自然水体信息、汇入受纳自然水体处地理坐标及执行的国家或地方污染物排放标准，废水间接排放口应填报排放口地理坐标、间歇排放时段、受纳污水处理厂名称及执行的国家或地方污染物排放标准。废水间歇式排放的，应当载明排放污染物的时段。

4.5.6　污染治理设施和排放口编号

污染治理设施编号可填写汞冶炼排污单位内部编号，若汞冶炼排污单位无内部编号，则根据《关于开展火电、造纸行业和京津冀试点城市高架源排污许可证管理工作的通知》中的附件4《固定污染源（水、大气）编码规则（试行）》进行编号并填报。

有组织排放口编号应填写地方环境保护主管部门现有编号，若地方环境保护主管部门未对排放口进行编号，则根据《关于开展火电、造纸行业和京津冀试点城市高架源排污许可证管理工作的通知》中的附件4《固定污染源（水、大气）编码规则（试行）》进行编号并填写。

4.6　其他要求

排污单位基本情况还应包括生产工艺流程图（包括全厂及各工序）和厂区总平面布置图。

生产工艺流程图应包括主要生产设施（设备）、主要原辅材料、燃料的流向、生产工艺流程等内容。

厂区总平面布置图应包括主要生产单元、厂房、设备位置关系，注明厂区污水收集和运输走向等内容，同时注明厂区雨水和污水排放口位置。

5　产排污节点、对应排放口及许可排放限值

5.1　产排污节点及对应排放口

废气和废水产排污节点及对应排放口见表1。

表1　产排污节点、排放口及污染因子一览表

产排污节点	排放口	排放口类型	污染因子
废气有组织排放			
蒸馏炉	各装置排气筒	主要排放口	颗粒物、二氧化硫、氮氧化物、锑及其化合物、汞及其化合物、铅及其化合物
马釜炉	各装置排气筒	主要排放口	颗粒物、二氧化硫、氮氧化物、锑及其化合物、汞及其化合物、铅及其化合物
锅炉	烟气排放口	一般排放口	颗粒物、二氧化硫、氮氧化物、汞及其化合物①、烟气黑度（林格曼黑度，级）
废气无组织排放			
厂界	企业周边		硫酸雾、汞及其化合物、铅及其化合物
废水排放			
废水	车间或生产装置排放口	主要排放口	总汞、总镉、总铅、总砷、六价铬
	企业废水总排放口	主要排放口	pH、石油类、悬浮物、化学需氧量、硫化物、氨氮、总磷、总氮、氟化物、总铜、总锌、总锑、总汞、总镉、总铅、总砷、六价铬
注：①适用于燃煤锅炉。			

排污单位应填报国家或地方污染物排放标准、环境影响评价批复要求、承诺更加严格排放限值，其余项依据本技术规范 4.5 填报产排污节点及排放口信息。

5.2 许可排放限值

5.2.1 一般原则

许可排放限值包括污染物许可排放浓度和许可排放量。

对于大气污染物，以生产设施或有组织排放口为单位确定许可排放浓度、许可排放量。主要排放口逐一计算许可排放量，一般排放口只许可浓度，不许可排放量。

对于水污染物，以车间或生产设施排放口和企业废水总排放口确定许可排放浓度和许可排放量。

根据国家或地方污染物排放标准确定许可排放浓度。依据总量控制指标及本标准规定的方法从严确定许可排放量，2015 年 1 月 1 日（含）后取得环境影响批复的排污单位，许可排放量还应同时满足环境影响评价文件和批复要求。

总量控制指标包括地方政府或环境保护主管部门发文确定的排污单位总量控制指标、环评批复的总量控制指标、现有排污许可证中载明的总量控制指标、通过排污权有偿使用和交易确定的总量控制指标等地方政府或环境保护主管部门与排污许可证申领排污单位以一定形式确认的总量控制指标。

排污单位填报许可排放量时，应在《排污许可申请表》中写明申请的许可排放限值计算过程。

排污单位申请的许可排放限值严于本标准规定的，在排污许可证中载明。

5.2.2 许可排放浓度

5.2.2.1 废气

排污单位废气许可排放浓度依据 GB 13271、GB 30770 确定，污染物许可排放浓度为小时均值浓度。有地方排放标准要求的，按照地方排放标准确定。

大气污染防治重点控制区按照《关于执行大气污染物特别排放限值的公告》和《关于执行大气污染物特别排放限值有关问题的复函》的要求执行。其他执行大气污染物特别排放限值的地域范围、时间，由国务院环境保护主管部门或省级人民政府规定。

若执行不同许可排放浓度的多台设施采用混合方式排放烟气，且选择的监控位置只能监测混合烟气中的大气污染物浓度，则应执行各限值要求中最严格的许可排放浓度。

5.2.2.2 废水

汞冶炼排污单位水污染物许可排放浓度按照 GB 30770 确定，许可排放浓度为日均浓度（pH 为任何一次监测值）。有地方排放标准要求的，按照地方排放标准确定。

若排污单位在同一个废水排放口排放两种或两种以上的工业废水，且每种废水同一种污染物执行的排放标准不同时，则应执行各限值要求中最严格的许可排放浓度。

5.2.3 许可排放量

5.2.3.1 一般规定

许可排放量包括排污单位年许可排放量、主要排放口年许可排放量、特殊时段许可排放量。其中，年许可排放量是指允许排污单位连续 12 个月排放的污染物最大排放量。年许可排放量同时适用于考核自然年的实际排放量。有核发权的地方环境保护主管部门可根据环境管理规定细化许可排放量的核算周期。单独排入城镇集中污水处理设施的生活污水无须申请许可排放量。

废气许可排放量污染因子为颗粒物、二氧化硫、氮氧化物、汞及其化合物、铅及其化合物。

废水许可排放量污染因子为化学需氧量、氨氮、总汞、总镉、总铅、总砷。

对位于《“十三五”生态环境保护规划》等文件规定的总磷、总氮总量控制区域内的汞冶炼排污单位，还应分别申请总磷及总氮年许可排放量。地方环境保护部门另有规定的从其规定。

5.2.3.2 许可排放量核算方法

5.2.3.2.1 废气

根据排放标准浓度限值、单位产品基准排气量、产能确定大气污染物许可排放量。

a）年许可排放量

年许可排放量等于主要排放口年许可排放量，计算如下：

$$E_{i许可} = E_{i主要排放口} \tag{1}$$

式中：$E_{i许可}$ —— 排污单位第 i 项大气污染物年许可排放量，t/a；

$E_{i主要排放口}$ —— 排污单位第 i 项大气污染物主要排放口年许可排放量，t/a。

b）主要排放口年许可排放量

主要排放口年许可排放量用下式计算：

$$E_{i主要排放口} = \sum_{j=1}^{n} C_i \times Q_j \times R \times 10^{-9} \tag{2}$$

式中：$E_{i主要排放口}$ —— 主要排放口第 i 种大气污染物年许可排放量，t/a；

C_i —— 第 i 种大气污染物许可排放浓度限值，mg/m³；

R —— 主要产品年产能，t/a；

Q_j —— 第 j 个主要排放口单位产品基准排气量，m³/t 产品，参照表 2 取值。

表 2　汞冶炼排污单位主要排放口基准排气量表　　单位：m³/t 产品

序号	产排污节点	排放口	排放口类型	基准烟气量
1	蒸馏炉	装置排气筒	主要排放口	41000
2	马釜炉	装置排气筒	主要排放口	22000

c）特殊时段许可排放量

汞冶炼排污单位特殊时段日许可排放量按式（3）计算。地方制定的相关法规中对特殊时段许可排放量有明确规定的从其规定。国家和地方环境保护主管部门依法规定的其他特殊时段短期许可排放量应当在排污许可证当中载明。

$$E_{日许可} = E_{前一年环统日均排放量} \times (1-\alpha) \tag{3}$$

式中：$E_{日许可}$ —— 汞冶炼排污单位重污染天气应对期间或冬防阶段日许可排放量，t/d；

$E_{前一年环统日均排放量}$ —— 汞冶炼排污单位前一年环境统计实际排放量折算的日均值，t/d；

α —— 重污染天气应对期间或冬防阶段日产量或排放量减少比例。

5.2.3.2.2　废水

a）主要排放口年许可排放量

主要排放口年许可排放量用下式计算：

$$D_i = \rho_i \times Q \times R \times 10^{-6} \tag{4}$$

式中：D_i —— 主要排放口第 i 种水污染物年许可排放量，t/a；

ρ_i —— 第 i 种水污染物许可排放浓度限值，mg/L；

R —— 主要产品年产能，t/a；

Q —— 主要排放口单位产品基准排水量，m³/t 产品，取值参见表 3。

b）年许可排放量

汞冶炼排污单位总铅、总砷、总镉、总汞年许可排放量为车间或生产装置排放口年许可排放量，化学需氧量和氨氮年许可量在企业废水总排放口许可年排放量，按照式（4）进行核算，其中ρ_i 取值参照 GB 30770 中污染因子浓度，基准排水量 Q 参考表 3。

表 3　汞冶炼排污单位基准排水量表　　单位：m³/t

序号	排放口	排放口类型	基准排水量
1	车间或生产装置排放口	主要排放口	2（1）
2	企业废水总排放口	主要排放口	2（1）
注：括号内的数值为执行特别排放限值排污单位的基准排水量。			

5.2.4　无组织排放控制要求

汞冶炼排污单位无组织排放节点和控制措施见表 4。

表 4　汞冶炼排污单位生产无组织排放控制要求表

序号	工序	指标控制措施
1	运输	（1）冶炼厂内粉状物料运输应采取抑尘措施； （2）冶炼厂内大宗物料转移、输送应采取皮带通廊、封闭式皮带输送机或流态化输送等输送方式。带式输送机的受料点、卸料点采取喷雾等抑尘措施；或设置密闭罩，并配备除尘设施； （3）冶炼厂内运输道路应硬化，并采取洒水、喷雾或移动吸尘等措施； （4）运输车辆驶离冶炼厂前应冲洗车轮，或采取其他控制措施
2	冶炼	（1）原煤应贮存于封闭式煤场；不能封闭的应采用防风抑尘网，防风抑尘网高度不低于堆存物料高度的 1.1 倍。汞精矿等原料，石英石、石灰石等辅料应采用库房贮存。备料工序产尘点应设置集气罩，并配备除尘设施； （2）冶炼炉（窑）的加料口、出料口应设置集气罩并保证足够的集气效率，配套设置密闭抽风收尘设施； （3）溜槽应设置盖板

5.2.5　其他

新（改、扩）建项目的环境影响评价文件或地方相关规定中有原辅材料、燃料等其他污染防治强制要求的，还应根据环境影响评价文件或地方相关规定，明确其他需要落实的污染防治要求。

6　污染防治可行技术要求

6.1　一般原则

本标准中所列污染防治可行技术及运行管理要求可作为环境保护主管部门对排污许可证申请材料审核的参考。对于排污单位采用本标准所列推荐可行技术的，原则上认为具备符合规定的污染防治设施或污染物处理能力。对于未采用本标准所列推荐可行技术的，排污单位应当在申请时提供相关证明材料。对于国内外首次采用的污染治理技术，还应当提供中试数据等说明材料，证明可达到与污染防治可行技术相当的处理能力。

对不属于污染防治推荐可行技术的污染治理技术，排污单位应当加强自行监测、台账记录，评估达标可行性。

对于废气实施特别排放限值的，排污单位自行填报可行的污染治理技术及管理要求。

6.2　废气推荐可行技术

汞冶炼生产过程产生的有组织废气中颗粒物，通常采用袋式除尘技术；炉窑产生的二氧化硫，采用石灰-石膏湿法、钠碱法技术。炉窑产生的汞，采用硫酸软锰矿净化法、漂白粉净化法、多硫化钠净化法、碘络合法及酸洗脱汞法技术。

本标准推荐的废气可行技术详见附录 A。

6.3　废水推荐可行技术

汞冶炼生产过程产生的废水，一般采用硫化法、中和法、吸附法等技术。本标准推荐的废水可行技术详见附录 B。

6.4　运行管理要求

汞冶炼排污单位应当按照相关法律法规、标准和技术规范等要求运行大气及水污染防治设施，并进行维护和管理，保证设施正常运行。对于特殊时段，汞冶炼排污单位应满足《重污染天气应急预案》、各地人民政府制定的冬防措施等文件规定的污染防治要求。

7　自行监测管理要求

7.1　一般原则

汞冶炼排污单位在申请排污许可证时，应当按照本标准确定的产排污节点、排放口、污染因子及许可限值等要求，制定自行监测方案，并在《排污许可证申请表》中明确，《排污单位自行监测技术指南　有色金属冶炼与压延加工》发布后，自行监测方案的制定从其要求。热水锅炉和 65 t/h 及以下蒸汽锅炉按照 HJ 820 制定自行监测方案。

对于 2015 年 1 月 1 日（含）后取得环境影响评价批复的排污单位，环境影响评价文件有其他管理要求的应当同步完善排污单位自行监测管理要求。有核发权的地方环境保护主管部门可根据环境质量改善需求，增加汞冶炼排污单位自行监测管理要求。

7.2 自行监测方案

自行监测方案中应明确排污单位的基本情况、监测点位及示意图、监测指标、执行排放标准及其限值、监测频次、采样和样品保存方法、监测分析方法和仪器、质量保证与质量控制、自行监测信息公开等。对于采用自动监测的排污单位应当如实填报采用自动监测的污染物指标、自动监测系统联网情况、自动监测系统的运行维护情况等；对于未采用自动监测的污染物指标，排污单位应当填报开展手工监测的污染物排放口和监测点位、监测方法、监测频率；对于 2015 年 1 月 1 日（含）后取得环境影响评价批复的排污单位，排污单位还应按照环境影响评价文件的要求填报周边环境质量监测方案。

7.3 自行监测要求

7.3.1 一般原则

排污单位可自行或委托第三方监测机构开展监测工作，并安排专人专职对监测数据进行记录、整理、统计和分析。排污单位对监测结果的真实性、准确性、完整性负责。手工监测时生产负荷应不低于本次监测与上一次监测周期内的平均生产负荷。

7.3.2 监测内容

汞冶炼排污单位应当开展自行监测的污染源包括产生有组织废气、无组织废气、生产废水、生活污水、初期雨水等全部污染源。污染物应包括 GB 13271、GB 30770 中涉及的各项废气、废水污染物。

7.3.3 监测点位、监测因子及监测频次

排污单位应明确开展自行监测的外排口监测点位、无组织排放监测点位、周边环境质量影响监测点位等，自行监测点位、监测因子及监测频次执行表 5。单独排入城镇集中污水处理设施的生活污水无须监测，对于单独排入海域、江河、湖、库等水环境的生活污水应按照 HJ/T 91 要求执行。

表 5　汞冶炼排污单位自行监测点位、监测因子及最低监测频次一览表

污染源		排放口类型	监测因子	监测频次
产排污节点	监测点位			
废气有组织排放				
马釜炉烟囱	装置排气筒	主要排放口	颗粒物、二氧化硫、氮氧化物	自动监测
			锑及其化合物、汞及其化合物、铅及其化合物	月度
蒸馏炉烟囱	装置排气筒	主要排放口	颗粒物、二氧化硫、氮氧化物	自动监测
			锑及其化合物、汞及其化合物、铅及其化合物	月度
锅炉烟囱	烟囱或烟道	一般排放口	颗粒物、二氧化硫、氮氧化物	自动监测
			汞及其化合物[a]、烟气黑度（林格曼黑度，级）	季度
废气无组织排放				
厂界	企业周边		硫酸雾、汞及其化合物、铅及其化合物	季度
废水排放				
废水	车间或生产装置排放口	主要排放口	总砷、总铅、总镉、总汞	日
			六价铬	月
	企业废水总排放口	主要排放口	pH 值、流量、化学需氧量、氨氮、总磷、总氮	自动监测
			总砷、总铅、总镉、总汞	日
			总锌、总铜、六价铬、总锑	月
			悬浮物、氟化物、硫化物、石油类	季度

注 1：单独排入地表水、海水的生活污水排放口污染物（pH 值、COD、BOD_5、悬浮物、氨氮、动植物油、总氮、总磷）每月至少开展一次监测。

注 2：总磷和总氮安装在线主要适用于《“十三五”生态环境保护规划》等文件规定的总磷、总氮总量控制区域的排污单位。

[a] 适用于燃煤锅炉。

《排污单位自行监测指南　有色金属冶炼与压延加工》发布后，从其规定。

本标准规定的监测频次为排污单位自行监测的最低频次要求。排污单位原料发生重大变化的，应加密监测频次。

7.3.4 周边环境质量影响监测点

对于 2015 年 1 月 1 日（含）后取得环境影响评价批复的排污单位，周边环境质量影响监测点位按照批复的环境影响评价文件的要求设置。

7.4 监测技术手段

自行监测的技术手段包括手工监测和自动监测。

汞冶炼排污单位中废气主要排放口的颗粒物、二氧化硫、氮氧化物应安装自动监测设备。鼓励其他排放口及污染物采用自动监测设备监测，无法开展自动监测的，应采用手工监测。

汞冶炼排污单位生产废水总排放口应安装流量、pH 值、化学需氧量、氨氮、总磷、总氮自动监测设备，其中总磷和总氮安装自动监测设备主要适用于《“十三五”生态环境保护规划》等文件规定的总磷、总氮总量控制区域的排污单位，鼓励其他排放口及污染物采用自动监测设备监测，无法开展自动监测的，应采用手工监测。

7.5 采样和测定方法

7.5.1 自动监测

废气自动监测参照 HJ/T 75、HJ/T 76 执行。

废水自动监测参照 HJ/T 353、HJ/T 354、HJ/T 355、HJ/T 356 执行。

7.5.2 手工监测

有组织废气手工采样方法的选择参照 GB/T 16157、HJ/T 397 执行，单次监测中，气态污染物采样，应可获得小时均值浓度；颗粒物采样，至少采集 3 个反映监测断面颗粒物平均浓度的样品。

无组织排放采样方法参照 GB/T 15432、HJ/T 55 执行。

废水手工采样方法的选择参照 HJ 493、HJ 494、HJ 495 和 HJ/T 91 执行。

7.5.3 测定方法

废气、废水污染物的测定按照 GB 13271 和 GB 30770 中规定的污染物浓度测定方法标准执行，国家或地方法律法规等另有规定的，从其规定。

7.6 数据记录要求

监测期间手工监测的记录和自动监测运维记录按照 HJ 819 执行。

应同步记录监测期间的生产工况。

7.7 监测质量保证与质量控制

按照 HJ 819 要求，排污单位应当根据自行监测方案及开展状况，梳理全过程监测质控要求，建立自行监测质量保证与质量控制体系。

7.8 自行监测信息公开

排污单位应按照 HJ 819 要求进行自行监测信息公开。

8 环境管理台账记录与执行报告编制要求

8.1 环境管理台账记录要求

8.1.1 一般原则

排污单位应建立环境管理台账制度，设置专职人员进行台账的记录、整理、维护和管理，并对台账记录结果的真实性、准确性、完整性负责。

台账应当按照电子化储存和纸质储存两种形式同步管理。台账保存期限不得少于 3 年。

排污单位排污许可证台账应真实记录生产设施和污染防治设施信息，其中，生产设施信息包括基本信息和生产设施运行管理信息，污染防治设施信息包括基本信息、污染治理措施运行管理信息、监测记录信息、其他环境管理信息等内容。

8.1.2 基本信息

基本信息主要包括排污单位基本信息、生产设施基本信息、治理设施基本信息。基本信息因排污单位工艺、设施调整等情形发生变化的，需在基本信息台账记录表中进行相应修改，并将变化内容进行说明纳入执行报告中。

a）排污单位基本信息：排污单位名称、注册地址、行业类别、生产经营场所地址、组织机构代码、统一社会信用代码、法定代表人、技术负责人、生产工艺、产品名称、生产规模、环保投资情况、环境影响评价及批复情况、竣工环保验收情况、排污许可证编号等；

b）生产设施基本信息：生产设施（设备）名称、编码、设施规格型号、相关参数（包括参数名称、设计值、单位）、设计生产能力等，详见附录 C；

c）治理设施基本信息：治理设施名称、编码、设施规格型号、相关参数（包括参数名称、设计值、单位）等。

8.1.3　生产设施运行管理信息

排污单位应定期记录生产设施运行状况并留档保存，应按班次至少记录以下内容：

a）运行状态：开始时间，结束时间，是否按照生产要求正常运行；

b）生产负荷：实际生产能力与设计生产能力之比，设计生产能力取最大设计值；

c）产品产量：记录统计时段内主要产品产量；

d）原辅料：记录名称、来源地、种类、用量、有毒有害成分及占比、是否为危险化学品；

e）燃料：记录种类、用量、成分、热值、品质。涉及二次能源的需建立能源平衡报表，应填报一次购入能源和二次转化能源。

8.1.4　污染治理设施运行管理信息

汞冶炼排污单位应记录环保设施的运行状态、污染物排放情况、治理药剂添加情况等。

a）有组织废气治理措施

环保设施台账应包括所有环保设施的运行参数及排放情况等，废气治理设施包括废气处理能力（m^3/h）、进出废气情况（各因子浓度和气量等）、运行参数（包括烟气温度、烟气压力、用水量、脱汞剂消耗、脱硫剂消耗量和脱硫渣产生情况等）、运行费用（元/t）。

b）无组织废气治理措施

原辅料储库、固废储库、燃料储库、物料运输系统等无组织废气污染治理措施相应的运行、维护、管理相关的信息记录，可用于说明无组织治理措施（厂区降尘洒水、清扫、原料或产品场地封闭、遮盖等）运行情况和效果。

c）废水治理设施

废水环保设施台账应包括所有环保设施的运行参数及排放情况等，废水治理设施包括废水处理能力（t/d）、进出废水水质（各因子浓度和水量等）、运行参数（包括 pH 值、投加药剂名称、调配浓度、投加量、投加时间、投加点位和废水处理污泥产生情况等）、出水水质（各因子浓度和水量等）、运行费用（元/t）、排水去向及受纳水体、排入的污水处理厂名称等。

8.1.5　其他环境管理信息

汞冶炼排污单位应记录的其他环境管理信息包括以下几方面：

a）污染治理设施故障期间

应记录污染治理设施故障设施、故障原因、故障期间污染物排放浓度以及应对措施。记录内容参见附录 C 中表 C.7。

b）特殊时段

应记录重污染天气应对期间和冬防期间等特殊时段管理要求、执行情况（包括特殊时段生产设施运行管理信息和污染治理设施运行管理信息）等。重污染天气应急预警期间和冬防期间等特殊时段的台账记录要求与正常生产记录频次要求一致，涉及特殊时段停产的排污单位或生产工序，该期间原则上仅对起始和结束当天各进行 1 次记录，地方管理部门有特殊要求的，从其规定。

c）非正常工况

汞冶炼排污单位开炉、设备检修（停炉）等非正常工况信息按工况期记录，每工况期记录 1 次，内容应记录非正常（开停炉）工况时间、事件原因、是否报告、应对措施，并按生产设施与污染治理设施填写具体情况：生产设施应记录设施名称、编号、产品产量、原辅料消耗量、燃料消耗量等；污染治理设施应记录设施名称、编号、污染因子、排放量、排放浓度等。记录内容参见附录 C 中表 C.7。

8.1.6　监测记录信息

a）自动监测运维记录

包括自动监测系统运行状况、系统辅助设备运行状况、系统校准、校验工作等；仪器说明书及相关标准规范中规定的其他检查项目；校准、维护保养、维修记录等。

b）手工监测记录信息

对于无自动监测要求的废气污染物和废水污染物，排污单位应当按照排污许可证中监测方案所确定的监测频次要求记录开展手工监测的日期、时间、污染物排放口和监测点位、监测方法、监测频次、监测仪器及型号、采样方法等，并建立台账记录报告，手工监测记录台账至少应包括附录 D 内容。

c）监测期间生产及污染治理设施运行状况记录信息

监测期间生产及污染治理设施运行状况记录信息内容分别见本标准 8.1.3 和 8.1.4 相关规定。

8.1.7 记录频次

8.1.7.1 一般原则

记录频次应根据生产过程中的变化参数进行确定。

8.1.7.2 生产设施运行管理信息

a）生产运行状况：按照排污单位生产班次记录，每班次记录 1 次。非正常工况按照工况期记录，每工况期记录 1 次，非正常工况开始时刻至工况恢复正常时刻为一个记录工况期。

b）产品产量：连续性生产的排污单位产品产量按照班次记录，每班记录 1 次。周期性生产的设施按照一个周期进行记录，周期小于 1 天的按照 1 天记录。

c）原辅料、燃料用量：按照批次记录，每批次记录 1 次。

8.1.7.3 污染治理设施运行管理信息

a）污染治理设施运行状况：按照排污单位生产班次记录，每班次记录 1 次。非正常工况按照工况期记录，每工况期记录 1 次，非正常工况开始时刻至工况恢复正常时刻为一个记录工况期。

b）污染物产排情况：连续排放污染物的，按班次记录，每班次记录 1 次。非连续排放污染物的，按照产排污阶段记录，每个产排阶段记录 1 次。安装自动监测设施的按照自动监测频率记录，DCS 上保存自动监测记录。

c）药剂添加情况：采用批次投放的，按照投放批次记录，每投放批次记录 1 次。采用连续加药方式的，每班次记录 1 次。

8.1.7.4 监测记录信息

监测数据的记录频次按照本标准 7.5 中所确定的监测频次要求记录。

8.1.7.5 其他环境管理信息

采取无组织废气污染控制措施的信息记录频次原则上不小于 1 d。

特殊时段的台账记录频次原则上与正常生产记录频次要求一致，涉及特殊时段停产的排污单位或生产工序，该期间原则上仅对起始和结束当天进行 1 次记录，地方管理部门有特殊要求的，从其规定。

根据环境管理要求增加记录的内容，记录频次依实际情况确定。

8.1.8 记录保存

8.1.8.1 纸质存储

纸质台账应存放于保护袋、卷夹或保护盒中，专人保存于专门的档案保存地点，并由相关人员签字。档案保存应采取防光、防热、防潮、防细菌及防污染等措施。纸制类档案如有破损应随时修补。档案保存时间原则上不低于 3 年。

8.1.8.2 电子存储

电子台账保存于专门的存储设备中，并保留备份数据。设备由专人负责管理，定期进行维护。根据地方环境保护主管部门要求定期上传，纸版由排污单位留存备查。档案保存时间原则上不低于 3 年。

8.2 排污许可证执行报告编制要求

8.2.1 一般原则

地方环境保护主管部门应当整合总量控制、环境保护税（排污收费）、环境统计等各项环境管理的数据上报要求，可以参照本标准，在排污许可证中根据各项环境管理要求，规定排污许可证执行报告内容、上报频次等要求。

排污单位应按照排污许可证中规定的内容和频次定期上报执行报告。排污单位可参照本标准，根据环境管理台账记录等归纳总结报告期内排污许可证执行情况，并提交至发证机关，台账记录留存备查。排污单位应保证执行报告的规范性和真实性。技术负责人发生变化时，应当在年度执行报告中及时报告。

8.2.2　报告分类频次

8.2.2.1　报告分类

排污许可证执行报告按报告周期分为年度执行报告、季度执行报告和月度执行报告。

持有排污许可证的汞冶炼排污单位，均应按照本标准规定提交年度执行报告与季度执行报告。为满足其他环境管理要求，地方环境保护主管部门有更高要求的，排污单位还应根据其规定，提交月度执行报告。排污单位应在全国排污许可证管理信息平台上填报并提交执行报告，同时向有排污许可证核发权限的环境保护主管部门提交通过平台印制的书面执行报告。

8.2.2.2　上报频次

a）年度执行报告上报频次

汞冶炼排污单位应至少每年上报一次排污许可证年度执行报告，于次年 1 月底前提交至排污许可证核发机关。对于持证时间不足 3 个月的，当年可不上报年度执行报告，排污许可证执行情况纳入下一年度执行报告。具体内容见附录 E。

b）月度/季度执行报告上报频次

排污单位每月度/季度上报一次排污许可证月度/季度执行报告，于下一周期首月 15 日前提交至排污许可证核发机关，提交季度执行报告或年度执行报告时，可免报当月月度执行报告。对于持证时间不足 10 d 的，该报告周期内可不上报月度执行报告，排污许可证执行情况纳入下一月度执行报告。对于持证时间不足一个月的，该报告周期内可不上报季度执行报告，排污许可证执行情况纳入下一季度执行报告。

排污单位每月或每季度应至少向环境保护主管部门上报年度执行报告中的“实际排放量报表”、合规判定分析说明、污染防治设施异常情况说明及所采取的措施。

9　实际排放量核算方法

9.1　一般规定

汞冶炼排污单位的废水、废气污染物在核算时段内的实际排放量等于正常情况与非正常情况实际排放量之和。核算时段根据管理需求，可以是季度、年或特殊时段等。

汞冶炼排污单位的废水污染物在核算时段内的实际排放量等于主要排放口的实际排放量。汞冶炼排污单位的废气污染物在核算时段内的实际排放量等于主要排放口的实际排放量，即各主要排放口实际排放量之和，不核算一般排放口和无组织排放的实际排放量。核算方法包括实测法、物料衡算法、产排污系数法等。

汞冶炼排污单位的废水、废气污染物在核算时段内正常情况下的实际排放量首先采用实测法核算，分为自动监测实测法和手工监测实测法。对于排污许可证中载明应当采用自动监测的排放口和污染物，应根据符合监测规范的有效自动监测数据核算污染物实际排放量。对于未要求采用自动监测的污染物，可采用自动监测数据或手工监测数据核算污染物实际排放量。采用自动监测的污染物，应同时根据手工监测数据进行校核，若同一时段的手工监测数据与自动监测数据不一致，手工监测数据符合法定的监测标准和监测方法的，以手工监测数据为准。

排污许可证中载明要求采用自动监测的排放口或污染物而未采用的，采用物料衡算法核算二氧化硫排放量、产污系数法核算氮氧化物、颗粒物（烟尘）、化学需氧量、氨氮等其他污染物排放量，且均按直接排放进行核算。未按照相关规范文件等要求进行手工监测（无有效监测数据）的排放口或污染物，有有效治理设施的按排污系数法核算，无有效治理设施的按产污系数法核算。

汞冶炼排污单位的废气污染物在核算时段内非正常情况下的实际排放量首先采用实测法核算，无法采用实测法核算的，采用物料衡算法核算二氧化硫排放量、产污系数法核算其他污染物排放量，且均按直接排放进行核算。汞冶炼排污单位的废水污染物在核算时段内非正常情况下的实际排放量采用产污系数法核算污染物排放量，且均按直接排放进行核算。

汞冶炼排污单位如含有适用其他行业排污许可技术规范的生产设施，废气污染物的实际排放量为涉及的各行业生产设施实际排放量之和。废水污染物的实际排放量采用实测法核算时，按本核算方法核算。采用产排污系数法核算时，实际排放量为涉及的各行业生产设施实际排放量之和。

9.2 正常情况废气污染物实际排放量核算方法

9.2.1 实测法

废气自动监测实测法是指根据符合监测规范的小时平均排放浓度、平均烟气量、运行时间等有效自动监测数据核算污染物年排放量，某主要排放口某项大气污染物实际排放量的核算方法见式（5）。

排污单位废气污染物主要排放口实际排放量核算方法如下：

$$E_{jk}=\sum_{i=1}^{n}\rho_{ji}\times q_i\times 10^{-9} \tag{5}$$

式中：E_{jk}—— 核算时段内第 k 个主要排放口第 j 项污染物的实际排放量，t；

ρ_{ji}—— 第 k 个主要排放口第 j 项污染物在第 i 小时的实测平均排放浓度（标态），mg/m^3；

q_i—— 第 k 个主要排放口第 i 小时的标准状态下干排气量，m^3/h；

n—— 核算时段内的污染物排放时间，h。

手工监测实测法是指根据每次手工监测时段内每小时污染物的平均排放浓度、平均烟气量、运行时间核算污染物年排放量，核算方法见式（6）和式（7）。手工监测数据包括核算时间内的所有执法监测数据和排污单位自行或委托的有效手工监测数据。排污单位自行或委托的手工监测频次、监测期间生产工况、数据有效性等须符合相关规范文件等要求。排污单位应将手工监测时段内生产负荷与核算时段内的平均生产负荷进行对比，并给出对比结果。

$$E=\rho\times q\times h\times 10^{-9} \tag{6}$$

$$\rho=\frac{\sum_{i=1}^{n}(\rho_i\times q_i)}{\sum_{i=1}^{n}q_i},\quad q=\frac{\sum_{i=1}^{n}q_i}{n} \tag{7}$$

式中：E—— 核算时段内某主要排放口某项大气污染物的实际排放量，t；

ρ—— 核算时段内某主要排放口某项大气污染物的实测小时加权平均排放浓度（标态），mg/m^3；

q—— 核算时段内某主要排放口的标准状态下小时平均干排气量，m^3/h；

ρ_i—— 核算时段内第 i 次监测的小时监测浓度（标态），mg/m^3；

q_i—— 核算时段内第 i 次监测的标准状态下小时干排气量（标态），m^3/h；

n—— 核算时段内取样监测次数，量纲 1；

h—— 核算时段内某主要排放口的大气污染物排放时间，h。

对于因自动监控设施发生故障以及其他情况导致数据缺失的按照 HJ/T 75 进行补遗。缺失时段超过25%的，自动监测数据不能作为核算实际排放量的依据，实际排放量采用物料衡算法核算二氧化硫排放量、产污系数法核算其他污染物排放量，且均按直接排放进行核算。排污单位提供充分证据证明自动监测数据缺失、数据异常等不是排污单位责任的，可按照排污单位提供的手工监测数据等核算实际排放量，或者按照上一个半年申报期间稳定运行的自动监测数据小时浓度均值和半年平均烟气量，核算数据缺失时段的排放量。

9.2.2 物料衡算法

物料衡算法只适用于二氧化硫排放量核算，根据原辅材料、燃料消耗量、含硫率等按照直排进行核算。核算公式如下：

$$D=\left[\sum_{i=1}^{n}\left(m_i\times\frac{S_{m_i}}{100}\right)+\sum_{i=1}^{n}\left(f_i\times\frac{S_{f_i}}{100}\right)+\sum_{i=1}^{n}\left(g_i\times S_{g_i}\times 10^{-5}\right)-\sum_{i=1}^{n}\left(p_i\times\frac{S_{p_i}}{100}\right)\right]\times 2 \tag{8}$$

式中：D—— 核算时段内二氧化硫排放量，t；

m_i—— 核算时段内第 i 种入炉物料使用量，t；

S_{m_i} —— 核算时段内第 i 种入炉物料含硫率，%；

f_i—— 核算时段内第 i 种固体燃料使用量，t；

S_{f_i}—— 核算时段内第 i 种固体燃料含硫率，%；

g_i—— 核算时段内第 i 种入炉气体燃料使用量，10^4m^3；

S_{g_i}—— 核算时段内第 i 种入炉气体燃料硫含量，mg/m^3；

p_i—— 核算时段内第 i 种产物产生量，t；

S_{p_i}—— 核算时段内第 i 种产物含硫率，%。

9.2.3　产排污系数法

采用产排污系数法核算直接排放量的，可参考《全国污染源普查工业污染源产排污系数手册（下）》（33 有色金属冶炼与压延加工业）产污系数或排污系数进行核算。核算公式如下：

$$D = M \times \beta \times 10^{-6} \tag{9}$$

式中：D—— 核算时段内废气污染物的产生量或排放量，t；

M—— 核算时段内产品产量，t；

β—— 废气污染物产污系数或排污系数，g/t 产品，见附录 F。

当废气污染物氮氧化物、铅及其化合物产污系数缺失时，则按照式（10）核算其产生量：

$$D_{产} = M \times \alpha \times 10^{-6} \tag{10}$$

式中：$D_{产}$—— 核算时段内某污染物的产生量，t；

M—— 核算时段内产品产量，t；

α—— 某污染物核算系数，g/t 产品，见附录 F。

当废气污染物氮氧化物、铅及其化合物排污系数缺失时，则按照式（11）核算其排放量：

$$D_{排} = D_{产} \times (1 - n) \tag{11}$$

式中：$D_{排}$—— 核算时段内某污染物的排放量，t；

$D_{产}$—— 核算时段内某污染物的产生量，t；

n—— 末端治理设施的治理率，%，氮氧化物取 0%，铅及其化合物取 99%。

9.3　非正常情况废气污染物实际排放量核算方法

汞冶炼炉窑启停等非正常情况下污染物排放量采用实测法核算排放量，参见式（5）。无法采用实测法核算的，采用物料衡算法核算二氧化硫排放量、产污系数法核算其他污染物排放量，且均按直接排放进行核算。

9.4　正常情况废水污染物实际排放量核算方法

9.4.1　实测法

汞冶炼排污单位废水总排放口装有化学需氧量、氨氮自动监测设备的，原则上应采取自动监测实测法核算全厂化学需氧量、氨氮实际排放量。废水自动监测实测法是指根据符合监测规范的日平均排放浓度、平均流量、运行时间等有效自动监测数据核算污染物年排放量，核算方法见式（12）。

$$E_j = \sum_{i=1}^{n} \rho_{ji} \times q_i \times 10^{-6} \tag{12}$$

式中：E_j—— 核算时段内主要排放口第 j 项污染物的实际排放量，t；

ρ_{ji}—— 第 j 项污染物在第 i 日的实测日平均排放质量浓度，mg/L；

q_i—— 第 i 日的流量，m^3/h；

n—— 核算时段内的污染物排放时间，h。

手工监测实测法是指根据每次手工监测时段内每日污染物的平均排放浓度、平均排水量、运行时间核算污染物年排放量，核算方法见式（13）和式（14）。手工监测数据包括核算时间内的所有执法监测数据和排污单位自行或委托的有效手工监测数据。排污单位自行或委托的手工监测频次、监测期间生产工况、数据有效性等须符合相关规范文件等要求。排污单位应将手工监测时段内生产负荷与核算时段内的平均生产负荷进行对比，并给出对比结果。

$$E_j = \rho \times q \times h \times 10^{-6} \tag{13}$$

$$\rho = \frac{\sum_{i=1}^{n}(\rho_i \times q_i)}{\sum_{i=1}^{n} q_i}, \quad q = \frac{\sum_{i=1}^{n} q_i}{n} \tag{14}$$

式中：E_j——核算时段内主要排放口水污染物的实际排放量，t；

ρ——核算时段内主要排放口水污染物的实测日加权平均排放质量浓度，mg/L；

q——核算时段内主要排放口的日平均排水量，m^3/d；

ρ_i——核算时段内第 i 次监测的日监测质量浓度，mg/L；

q_i——核算时段内第 i 次监测的日排水量，m^3/d；

n——核算时段内取样监测次数，量纲 1；

h——核算时段内主要排放口的水污染物排放时间，d。

对要求采用自动监测的排放口或污染因子，在自动监测数据由于某种原因出现中断或其他情况下，应按照 HJ/T 356 补遗。无有效自动监测数据时，采用手工监测数据进行核算。手工监测数据包括核算时间内的所有执法监测数据和排污单位自行或委托的有效手工监测数据。排污单位自行或委托的手工监测频次、监测期间生产工况、数据有效性等须符合相关规范文件等要求。排污单位提供充分证据证明自动监测数据缺失、数据异常等不是排污单位责任的，可按照排污单位提供的手工监测数据等核算实际排放量，或者按照上一个半年申报期间稳定运行的自动监测数据日均浓度值和半年平均排水量，核算数据缺失时段的排放量。

其他水污染物如需核算实际排放量，可以参照式（13）和式（14）进行核算。

9.4.2 产排污系数法

采用产排污系数法核算废水污染物实际排放量时，可参考《全国污染源普查工业污染源产排污系数手册（下）》（33 有色金属冶炼及压延加工业）产污系数或排污系数进行核算。核算公式如下：

$$D = M \times \beta \times 10^{-6} \tag{15}$$

式中：D——核算时段内某污染物的产生量或排放量，t；

M——核算时段内产品产量，t；

β——某污染物产污系数或排污系数，g/t 产品，见附录 F。

当废水污染物化学需氧量、氨氮、总氮、总磷产污系数缺失时，则按照式（16）核算其产生量：

$$D_{产} = M \times \alpha \times 10^{-6} \tag{16}$$

式中：$D_{产}$——核算时段内某污染物的产生量，t；

M——核算时段内产品产量，t；

α——某污染物核算系数，g/t 产品，见附录 F。

当废水污染物化学需氧量、氨氮、总氮、总磷排污系数缺失时，则按照式（17）核算其排放量：

$$D_{排} = D_{产} \times (1-n) \tag{17}$$

式中：$D_{排}$——核算时段内某污染物的排放量，t；

$D_{产}$——核算时段内某污染物的产生量，t；

n——末端治理设施的治理率，%，化学需氧量、氨氮、总氮和总磷取 20%。

9.5 非正常情况废水污染物实际排放量核算方法

废水处理设施异常情况下的排水，如无法满足排放标准要求时，不应直接排入外环境，待废水处理设施恢复正常运行后方可排放。如因特殊原因造成污染治理设施未正常运行超标排放污染物的或偷排偷放污染物的，按产污系数法核算非正常情况期间的实际排放量，计算公式见式（15），式中核算时段为未正常运行时段（或偷排偷放时段）。

10 合规判定方法

10.1 一般规定

合规是指汞冶炼排污单位许可事项和环境管理要求符合排污许可证规定。

许可事项合规是指汞冶炼排污单位排放口位置和数量、排放方式、排放去向、排放污染物种类、排放限值符合许可证规定。其中，排放限值合规是指汞冶炼排污单位污染物实际排放浓度和排放量满足许可排放限值要求，无组织排放满足本技术规范无组织监管措施要求，环境管理要求合规是指汞冶炼排污单位按许可证规定落实自行监测、台账记录、执行报告、信息公开等环境管理要求。

汞冶炼排污单位可通过环境管理台账记录、按时上报执行报告和开展自行监测、信息公开，自证其依证排污，满足排污许可证要求。环境保护主管部门可依据排污单位环境管理台账、执行报告、自行监测记录中的内容，判断其污染物排放浓度和排放量是否满足许可排放限值要求，也可通过执法监测判断其污染物排放浓度是否满足许可排放限值要求。

10.2 排放限值合规判定

10.2.1 废气排放浓度合规判定

10.2.1.1 正常情况

汞冶炼排污单位各废气排放口污染物或厂界无组织污染物的排放浓度达标是指“任一小时浓度均值均满足许可排放浓度要求”。

a）执法监测

按照监测规范要求获取的执法监测数据超标的，即视为不合规。根据 GB/T 16157、HJ/T 397、HJ/T 55 确定监测要求。

b）排污单位自行监测

（1）自动监测

按照本标准 7.5.1 要求获取的有效自动监测数据计算得到的有效小时浓度均值与许可排放浓度限值进行对比，超过许可排放浓度限值的，即视为超标。对于应当采用自动监测而未采用的排放口或污染物，即认为不合规。自动监测小时均值是指“整点 1 h 内不少于 45 min 的有效数据的算术平均值”。

（2）手工监测

对于未要求采用自动监测的排放口或污染物，应进行手工监测。按照自行监测方案、监测规范要求获取的监测数据计算得到的有效小时浓度均值超标的，即视为超标。

若同一时段的执法监测数据与排污单位自行监测数据不一致，执法监测数据符合法定的监测标准和监测方法的，以该执法监测数据为准。

10.2.1.2 非正常情况

汞冶炼排污单位非正常排放指炉窑启停机、设备故障、检维修等情况下的排放。

汞冶炼排污单位开停炉期间必须确保烟气净化系统的正常运行，不得未经处理直接排放，排污单位应该及时将开停炉时间段上报环境保护主管部门。

若多台设施采用混合方式排放烟气，且其中一台处于启停时段，排污单位能提供烟气混合前各台设施有效监测数据的，可按照排污单位提供数据进行合规判定。

10.2.2 废水排放浓度合规判定

排污单位各废水排放口污染物（除 pH 值外）的排放浓度达标是指“任一有效日均值均满足许可排放浓度要求”。

10.2.2.1 执法监测

按照监测规范要求获取的执法监测数据超标的，即视为超标。根据 HJ/T 91、确定监测要求。

10.2.2.2 排污单位自行监测

a）自动监测

按照本标准 7.5.1 要求获取的自动监测数据计算得到有效日均浓度值（除 pH 值外）与许可排放浓度

限值进行对比，超过许可排放浓度限值的，即视为超标。对于应当采用自动监测而未采用的排放口或污染物，即认为不合规。

对于自动监测，有效日均浓度是对应于以每日为一个监测周期获得的某个污染物的多个有效监测数据的平均值。在同时监测污水排放流量的情况下，有效日均值是以流量为权重的某个污染物的有效监测数据的加权平均值；在未监测污水排放流量的情况下，有效日均值是某个污染物的有效监测数据的算术平均值。

自动监测的有效日均浓度应根据 HJ/T 355 和 HJ/T 356 等相关文件确定。

b）手工监测

对于未要求采用自动监测的排放口或污染物，应进行手工监测。按照本标准 7.2 和 7.5.2 进行手工监测，当日各次监测数据平均值或当日混合样监测数据（除 pH 值外）超标的，即视为超标。

c）若同一时段的执法监测数据与排污单位自行监测数据不一致，执法监测数据符合法定的监测标准和监测方法的，以该执法监测数据为准。

10.2.3 排放量合规判定

汞冶炼排污单位污染物的排放量合规是指：

a）废水和废气污染物年实际排放量满足各自的年许可排放量要求，年许可排放量是正常情况和非正常情况排放量之和；

b）废水和废气污染物各主要排放口实际排放量之和满足主要排放口的许可排放量要求；

c）对于特殊时段有许可排放量要求的排污单位，排放口实际排放量之和不得超过特殊时段许可排放量。

10.3 环境管理要求合规判定

环境保护主管部门依据排污许可证中的管理要求，以及汞冶炼行业相关技术规范，审核环境管理台账记录和许可证执行报告；检查排污单位是否按照自行监测方案开展自行监测；是否按照排污许可证中环境管理台账记录要求记录相关内容，记录频次、形式等是否满足许可证要求；是否按照许可证中执行报告要求定期上报，上报内容是否符合要求等；是否按照许可证要求定期开展信息公开；是否满足特殊时段污染防治要求。

附 录 A

（资料性附录）

汞冶炼废气污染防治可行技术推荐表

污染类型	主要污染物	可行技术
废气	颗粒物	袋式除尘、湿法除尘等单个或组合工艺
	锑及其化合物	
	铅及其化合物	
	汞及其化合物	硫酸软锰矿净化法、漂白粉净化法、多硫化钠净化法、碘络合法及酸洗脱汞法
	二氧化硫	石灰-石膏湿法；钠碱法

附 录 B

（资料性附录）

汞冶炼废水污染防治可行技术推荐表

污染类型	主要污染物	可行技术
废水	pH 值	硫化法、中和法、吸附法等多个工艺组合
	COD	
	石油类	
	悬浮物	

污染类型	主要污染物	可行技术
废水	氟化物	硫化法、中和法、吸附法等多个工艺组合
	总铜	
	总锌	
	总锑	
	总汞	
	总镉	
	总铅	
	总砷	
	六价铬	

附 录 C

（资料性附录）

环境管理台账记录参考表（略）

附 录 D

（资料性附录）

手工监测报表示例表

序号	污染源类别	监测日期	监测时间	排放口编号	监测内容	计量单位	监测结果	监测结果（折标）	是否超标	手工监测采样方法及个数	手工测定方法	手工监测仪器型号
1	废气	20160606	10:00—10:15	DA001	SO_2	mg/m^3	100	110		连续采样	HJ/T 57	AAA
		20160606	10:00—10:15	DA001	烟气量	m^3/h	5 000	5 500		—	—	—
	废水											
				……	……					……	……	
	其他				……					……	……	

附 录 E

（资料性附录）

汞冶炼排污单位排污许可证执行报告编制内容（略）

附 录 F

（资料性附录）

汞冶炼行业产排污系数表

产品名称	原料名称	工艺名称	规模等级	污染物指标	单位	产污系数	排污系数
汞	汞精矿	蒸馏法冶炼工艺	各种规模	镉	g/t-产品	2.895	0.131 6
				铅	g/t-产品	14.79	0.763 2
				砷	g/t-产品	4.763	0.552 6
				汞	g/t-产品	2.158	0.105 3
				烟尘	kg/t-产品	14.49	0.250 1
				汞	g/t-产品	145.9	0.095
氮氧化物、铅及其化合物、化学需氧量、氨氮、总氮、总磷核算系数							
汞	汞精矿	蒸馏法冶炼工艺	各种规模	氮氧化物	kg/t-产品	12.6	—
				铅及其化合物	g/t-产品	3 150	—
				化学需氧量	g/t-产品	1 200	—
				氨氮	g/t-产品	20	—
				总氮	g/t-产品	37.5	—
				总磷	g/t-产品	2.5	—

中华人民共和国环境保护行业标准

排污许可证申请与核发技术规范　有色金属工业——镁冶炼

Technical specification for application and issuance of pollutant permit —Non-ferrous metal metallurgy industry—Magnesium smelting

HJ 933—2017

前　言

为贯彻落实《中华人民共和国环境保护法》《中华人民共和国大气污染防治法》《中华人民共和国水污染防治法》等法律法规和《国务院办公厅关于印发控制污染物排放许可制实施方案的通知》（国办发〔2016〕81 号），完善排污许可技术支撑体系，指导和规范镁冶炼排污单位排污许可证申请与核发工作，制定本标准。

本标准规定了镁冶炼排污单位排污许可证申请与核发的基本情况填报要求、许可排放限值确定、实际排放量核算、合规判定的方法以及自行监测、环境管理台账与排污许可证执行报告等环境管理要求，提出了镁冶炼污染防治可行技术要求。

核发机关核发排污许可证时，对位于法律法规明确规定禁止建设区域内的、属于国家和地方政府明确规定予以淘汰或取缔的镁冶炼排污单位或者生产装置，应不予核发排污许可证。

本标准附录 A、附录 B、附录 C、附录 D、附录 E、附录 F 为资料性附录。

本标准为首次发布。

本标准由环境保护部规划财务司、科技标准司组织制订。

本标准主要起草单位：中国环境科学研究院、中铝国际工程股份有限公司贵阳分公司、中国有色金属工业协会、环境保护部环境工程评估中心。

本标准环境保护部 2017 年 12 月 27 日批准。

本标准自 2017 年 12 月 27 日起实施。

本标准由环境保护部解释。

1　适用范围

本标准规定了镁冶炼排污单位排污许可证申请与核发的基本情况填报要求、许可排放限值确定、实际排放量核算、合规判定的方法以及自行监测、环境管理台账与排污许可证执行报告等环境管理要求，提出了镁冶炼排污单位污染防治推荐可行技术。

本标准适用于指导镁冶炼排污单位填报《排污许可证申请表》及在全国排污许可证管理信息平台申报系统中填报相关申请信息，适用于指导核发机关审核确定镁冶炼排污单位排污许可证许可要求。

本标准适用于以白云石为原料生产金属镁的硅热法镁冶炼排污单位排放的大气污染物和水污染物的排污许可管理。

本标准未做出规定但排放工业废水、废气或者国家规定有毒有害大气污染物的镁冶炼排污单位其他产污设施和排放口，参照《排污许可证申请与核发技术规范 总则》执行，在《排污许可证申请与核发技术规范 锅炉工业》发布前，热水锅炉和 65 t/h 及以下蒸汽锅炉参照本标准执行，发布后从其规定。

2　规范性引用文件

本标准引用了下列文件或其中的条款。凡是未注明日期的引用文件，其最新版本适用于本标准。

GB 13271　锅炉大气污染物排放标准

GB 25468　镁、钛工业污染物排放标准

GB/T 16157　固定污染源排气中颗粒物测定与气态污染物采样方法

GB/T 15432　环境空气　总悬浮颗粒物的测定　重量法

HJ 493　水质采样 样品的保存和管理技术规定

HJ 494　水质 采样技术指导

HJ 495　水质 采样方案设计技术规定

HJ 819　排污单位自行监测技术指南　总则

HJ 820　排污单位自行监测技术指南　火力发电及锅炉

HJ/T 55　大气污染物无组织排放监测技术导则

HJ/T 75　固定污染源烟气（SO_2、NO_x、颗粒物）排放连续监测技术规范

HJ/T 76　固定污染源烟气（SO_2、NO_x、颗粒物）排放连续监测系统技术要求及监测方法

HJ/T 91　地表水和污水监测技术规范

HJ/T 353　水污染源在线监测系统安装技术规范（试行）

HJ/T 354　水污染源在线监测系统验收技术规范（试行）

HJ/T 355　水污染源在线监测系统运行与考核技术规范（试行）

HJ/T 356　水污染源在线监测系统数据有效性判别技术规范（试行）

HJ/T 397　固定源废气监测技术规范

*排污许可证申请与核发技术规范　总则

*排污单位自行监测技术指南 有色金属冶炼与压延加工

*环境管理台账及排污许可证执行报告技术规范（试行）

*排污许可证申请与核发技术规范　锅炉工业

《固定污染源排污许可分类管理名录》

《排污口规范化整治技术要求（试行）》（国家环保局　环监〔1996〕470 号）

《污染源自动监控设施运行管理办法》（环发〔2008〕6 号）

《镁行业准入条件》（工业和信息化部公告　2011 年第 7 号）

《关于开展火电、造纸行业和京津冀试点城市高架源排污许可证管理工作的通知》（环水体〔2016〕189 号）

3　术语和定义

下列术语和定义适用于本标准。

3.1　镁冶炼排污单位　magnesium smelting pollutant emission unit

指以白云石为原料，采用硅热法冶炼工艺生产金属镁的企业。

3.2　许可排放限值　permitted emission limits

指排污许可证中规定的允许排污单位排放的污染物最大排放浓度和最大排放量。

3.3　特殊时段　special periods

指根据国家和地方限期达标规划及其他相关环境管理规定，对排污单位的污染物排放情况有特殊要求的时段，包括重污染天气应对期间和冬防期间等。

4　排污单位基本情况填报要求

4.1　一般原则

排污单位应按照本标准要求，在排污许可证管理信息平台申报系统填报《排污许可证申请表》中的相应信息表。填报系统下拉菜单中未包括的、地方环境保护主管部门有规定需要填报或排污单位认为需要填报的，可自行增加内容。

省级环境保护主管部门按环境质量改善需求增加的管理要求，应填入排污许可证管理信息平台申报

---

* 标准正在编制审批之中，待正式发布后按发布的标准实行。

系统中"有核发权的地方环境保护主管部门增加的管理内容"一栏。

排污单位在填报申请信息时，应评估污染排放及环境管理现状，对现状环境问题提出整改措施，并填入排污许可证管理信息平台申报系统中"改正措施"一栏。

排污单位基本情况应当按照实际情况填报，对提交申请材料的真实性、合法性和完整性负法律责任。

4.2 排污单位基本信息

排污单位基本信息应填报单位名称、邮政编码、是否投产、投产日期、生产经营场所中心经度、生产经营场所中心纬度、所在地是否属于重点区域、是否有环境影响评价批复文件及文号、是否有地方政府对违规项目的认定或备案文件及文号、是否有主要污染物总量分配计划文件及文号、颗粒物总量指标（t/a）、二氧化硫总量指标（t/a）、氮氧化物（以 NO_2 计）总量指标（t/a）、化学需氧量总量指标（t/a）、氨氮总量指标（t/a），其余项（如有）由企业自行填报。

4.3 主要产品及产能

4.3.1 一般原则

在填报主要产品及产能时，应选择"镁冶炼"。

排污单位应根据本标准要求填写排污许可证管理信息平台申报系统中有关主要生产单元、主要工艺、生产设施、生产设施编号、设施参数、产品名称、生产能力及计量单位、设计年生产时间及其他选项等信息。

4.3.2 主要生产单元

主要生产单元均为必填项，具体分类如下：

a）镁冶炼单元；

b）公用辅助单元等。

4.3.3 主要工艺

主要生产单元均为必填项，具体分类如下：

a）镁冶炼单元：包括白云石堆场及破碎系统、煤粉制备系统、白云石煅烧系统、原料制备系统、还原系统、精炼铸锭系统；

b）公用辅助单元：包括辅助系统、蒸汽供应系统、供排水处理系统、燃料气供应系统、还原罐生产系统。

4.3.4 生产设施

生产设施分为必填项和选填项，具体要求如下：

a）镁冶炼单元：必填项为白云石堆场及破碎系统（破碎机、筛分机、带式输送机、转运站），煤粉制备系统（煤磨机），白云石煅烧系统（白云石煅烧窑炉、煅白冷却机、矿石预热器），原料制备系统（硅铁破碎机、球磨机、压球机），还原炉，精炼铸锭系统（精炼炉、静置炉、铸锭机），精炼废气净化系统。其他为选填项；

b）公用辅助单元：锅炉房、冷却循环水系统、污水处理系统、燃料气脱硫净化系统为必填项；

c）本标准尚未作出规定，但排放工业废气或者排放有毒有害大气污染物，且有明确国家和地方排放标准的，相应生产设施为必填项。

4.3.5 生产设施编号

生产设施编号为必填项，具体要求如下：

a）若生产设施有排污单位内部生产设施编号，则填报相应编号；

b）若生产设施无排污单位内部生产设施编号，则根据《关于开展火电、造纸行业和京津冀试点城市高架源排污许可证管理工作的通知》中的附件 4《固定污染源（水、大气）编码规则（试行）》进行编号并填报。

4.3.6 设施参数

设施参数包括参数名称、设计值、计量单位等，分为必填项和选填项，具体要求如下：

必填项为回转窑筒体外径和长度、磨机筒体内径和长度、还原炉的还原罐数量、还原罐内径和长度、还原罐放置形式，精炼炉坩埚内径和高度。其他为选填项。

4.3.7 产品名称

产品名称为必填项，主要包括镁水、镁锭。

4.3.8 生产能力及计量单位

生产能力及计量单位为必填项，生产能力为主要产品设计产能，不包括国家或地方政府明确规定予以淘汰或取缔的产能。产能和产量计量单位均为万 t/a。

4.3.9 设计年生产时间

设计年生产时间为必填项，应按环境影响评价文件及批复或地方政府对违规项目的认定或备案文件确定的年生产小时数填写。

4.3.10 其他

其他为选填项，排污单位若有需要说明的内容，可填写。

4.4 主要燃料及原辅材料

主要原辅材料及燃料填写内容包括种类、原辅材料名称、原辅材料成分、燃料名称、燃料成分、设计年使用量、其他等，具体要求如下：

a）种类：分为原辅材料、燃料；

b）原辅材料名称

1）原料名称：白云石；

2）辅料名称：硅铁、萤石、精炼熔剂、合金添加剂、硫黄粉、保护气体等。

c）原辅料成分：主要原辅材料的硫元素占比（干基）、主要有毒有害物质成分及占比；

d）燃料名称：包括煤、重油、煤气、天然气等；

e）燃料成分：包括灰分、硫分、挥发分、热值等；

f）设计年使用量：设计年使用量为与核定产能相匹配的原辅及燃料年使用量，单位为万 t/a 或万 m^3/a；

g）其他：排污单位若有需要说明的内容，可填写；

h）上述 a）～f）为必填项，g）为选填项。

4.5 产排污节点、污染物及污染治理设施

4.5.1 一般原则

废气产排污环节、污染物及污染治理设施包括生产设施对应的产污环节、污染物种类、排放形式（有组织、无组织）、污染治理设施、是否为可行技术、排放口编号、排放口设置是否规范及排放口类型。

废水包括废水类别、污染物种类、排放去向、污染治理设施、是否为可行技术、排放口编号、排放口设置是否规范及排放口类型。

4.5.2 废气

4.5.2.1 产排污节点

镁冶炼生产过程中的产排污节点如下：

a）原料堆场及破碎：包括白云石破碎、筛分、输送及其他生产、通风设备等；

b）煅烧：包括白云石煅烧窑炉及窑尾余热利用系统、冷却机、煤磨及其他生产、通风设备；

c）煅白磨粉制团：包括硅铁破碎机、球磨机、压球机及其他生产、通风设备等；

d）还原：还原炉及其他生产、通风设备等；

e）精炼铸锭：精炼炉、静置炉、铸锭机及其他生产、通风设备等。

4.5.2.2 污染物种类

污染物种类应根据 GB 13271、GB 25468 确定，见表 1。有地方排放标准的，按照地方排放标准确定。

4.5.2.3 治理设施

治理设施名称应填写除尘设施、脱硫设施、脱硝设施等。

4.5.2.4 污染治理工艺

污染治理工艺填写应包括除尘设施治理工艺（三电场静电除尘器、四电场静电除尘器、五电场静电除尘器、袋式除尘器、电袋复合除尘器）、燃料气脱硫除尘设施治理工艺（干法、湿法）、废气净化装置治理工艺（废气洗涤吸收法）等。

4.5.3 废水

4.5.3.1 类别

镁冶炼废水填写类别包括生产废水（循环冷却系统排水、化验废水及化水制备废水、废气净化装置排污水、初期雨水）和生活污水等。

4.5.3.2 污染物种类

污染物种类应根据 GB 25468 确定，见表 1。有地方排放标准的，按照地方排放标准确定。

4.5.3.3 治理设施

治理设施名称应填写生活污水处理设施、生产废水处理设施等。

4.5.3.4 污染治理工艺

污染治理工艺填写包括一级处理（过滤、沉淀、上浮法、冷却）、二级处理（生物接触氧化工艺、活性污泥法、A/O、A^2/O、其他）。

4.5.3.5 排放去向及排放规律

镁冶炼排污单位应明确废水排放去向及排放规律。

排放去向分为不外排；排至厂内综合污水处理站；直接进入海域；直接进入江河、湖、库等水环境；进入城市下水道（再入江河、湖、库）；进入城市下水道（再入沿海海域）；进入城市污水处理厂；进入其他单位；进入工业废水集中处理设施；其他（回用等）。

排放规律分为连续排放，流量稳定；连续排放，流量不稳定，但有周期性规律；连续排放，流量不稳定，但有规律，且不属于周期性规律；连续排放，流量不稳定，属于冲击型排放；连续排放，流量不稳定且无规律，但不属于冲击型排放；间断排放，排放期间流量稳定；间断排放，排放期间流量不稳定，但有周期性规律；间断排放，排放期间流量不稳定，但有规律，且不属于非周期性规律；间断排放，排放期间流量不稳定，属于冲击型排放；间断排放，排放期间流量不稳定且无规律，但不属于冲击型排放。

4.5.4 排放口设置要求

根据《排污口规范化整治技术要求（试行）》以及排污单位执行的排放标准中有关排放口规范化设置的规定，填报废气和废水排放口设置是否符合规范化要求。

4.5.5 排放口信息

排放口类型划分为主要排放口和一般排放口，具体见表 1。

表 1 产排污节点、排放口及污染因子一览表

产排污节点	排放口	排放口类型	污染因子
废气有组织排放			
矿石破碎机	布袋除尘器排气口	一般排放口	颗粒物
白云石煅烧窑炉	窑尾烟囱口	主要排放口	颗粒物、二氧化硫、氮氧化物（以 NO_2 计）
煤磨	装置排气口	一般排放口	颗粒物
硅铁破碎机	装置排气口	一般排放口	颗粒物
球磨机	装置排气口	一般排放口	颗粒物
压球机	装置排气口	一般排放口	颗粒物
还原炉	烟囱口	主要排放口	颗粒物、二氧化硫、氮氧化物（以 NO_2 计）
精炼炉	烟囱口	主要排放口	颗粒物、二氧化硫、氮氧化物（以 NO_2 计）
精炼坩埚和铸锭机	通风废气处理系统排气口	一般排放口	颗粒物、二氧化硫
废气有组织排放			
锅炉	烟气排放口	一般排放口	颗粒物、二氧化硫、氮氧化物（以 NO_2 计）、汞及其化合物[a]、烟气黑度（林格曼黑度，级）
废气物组织排放			
厂界	企业边界		二氧化硫、总悬浮颗粒物
废水排放			
废水类别	废水排放口	排放口类型	污染因子
生产废水	车间或生产设施废水排放口	一般排放口	总铬、六价铬
	企业废水总放排口	主要排放口	pH、悬浮物、化学需氧量（COD_{Cr}）、石油类、氨氮、总氮、总磷、总铜、总铬、六价铬
注：氮氧化物（以 NO_2 计）只适用于特别排放限值区域的排污单位。			
[a] 适用于燃煤锅炉。			

废气排放口应填报排放口地理坐标、排气筒高度、排气筒出口内径、国家或地方污染物排放标准、环境影响评价批复要求及承诺更加严格排放限值。废水直接排放口应填报排放口地理坐标、间歇排放时段、受纳自然水体信息、汇入受纳自然水体处地理坐标及执行的国家或地方污染物排放标准，废水间接排放口应填报排放口地理坐标、间歇排放时段、受纳污水处理厂名称及执行的国家或地方污染物排放标准。废水间歇式排放的，应当载明排放污染物的时段。

4.5.6　污染治理设施和排放口编号

污染治理设施编号可填写镁冶炼排污单位内部编号，若镁冶炼排污单位无内部编号，则根据《关于开展火电、造纸行业和京津冀试点城市高架源排污许可证管理工作的通知》中的附件 4《固定污染源（水、大气）编码规则（试行）》进行编号并填报。

有组织排放口编号应填写地方环境保护主管部门现有编号，若地方环境保护主管部门未对排放口进行编号，则根据《关于开展火电、造纸行业和京津冀试点城市高架源排污许可证管理工作的通知》中的附件 4《固定污染源（水、大气）编码规则（试行）》进行编号并填写。

4.6　其他要求

排污单位基本情况应包括生产工艺流程图（包括全厂及各工序）和厂区总平面布置图。

生产工艺流程图应包括主要生产设施（设备）、主要原辅材料、燃料的流向、生产工艺流程等内容。

厂区总平面布置图应包括主要生产单元、厂房、设备位置关系，注明厂区污水收集和运输走向等内容，同时注明厂区雨水和污水排放口位置。

5　产排污节点对应排放口及许可排放限值确定方法

5.1　产排污节点对应排放口

废气和废水的产排污节点对应排放口见表 1。排污单位应填报国家或地方污染物排放标准、环境影响评价批复要求、承诺更加严格排放限值，其余项依据本标准第 4.5 填报产排污节点及排放口信息。

5.2　许可排放限值

5.2.1　一般原则

许可排放限值包括污染物许可排放浓度和许可排放量。

对于大气污染物，以生产设施或有组织排放口为单位确定许可排放浓度、许可排放量。主要排放口逐一计算许可排放量，一般排放口只许可浓度，不许可排放量。

对于水污染物，以车间或生产设施排放口和企业废水总排放口确定许可排放浓度和许可排放量。

根据国家或地方污染物排放标准确定许可排放浓度。依据总量控制指标及本标准规定的方法从严确定许可排放量，2015 年 1 月 1 日（含）后取得环境影响批复的排污单位，许可排放量还应同时满足环境影响评价文件和批复要求。

总量控制指标包括地方政府或环境保护主管部门发文确定的排污单位总量控制指标、环评批复的总量控制指标、现有排污许可证中载明的总量控制指标、通过排污权有偿使用和交易确定的总量控制指标等地方政府或环境保护主管部门与排污许可证申领排污单位以一定形式确认的总量控制指标。

排污单位填报许可排放量时，应在《排污许可申请表》中写明申请的许可排放限值计算过程。

排污单位申请的许可排放限值严于本标准规定的，在排污许可证中载明。

5.2.2　许可排放浓度

5.2.2.1　废气

排污单位废气许可排放浓度依据 GB 13271、GB 25468 确定，许可排放浓度为小时均值浓度（烟气黑度除外）。有地方排放标准要求的，按照地方排放标准确定。

大气污染防治重点控制区按照《关于执行大气污染物特别排放限值的公告》和《关于执行大气污染物特别排放限值有关问题的复函》的要求执行。其他执行大气污染物特别排放限值的地域范围、时间，由国务院环境保护主管部门或省级人民政府规定。

若执行不同许可排放浓度的多台设施采用混合方式排放烟气，且选择的监控位置只能监测混合烟气中的大气污染物浓度，则应执行各限值要求中最严格的许可排放浓度。

5.2.2.2 废水

排污单位水污染物许可排放浓度按照 GB 25468 确定，许可排放浓度为日均浓度（pH 为任何一次监测值）。有地方排放标准要求的，按照地方排放标准确定。

若排污单位在同一个废水排放口排放两种或两种以上工业废水，且每种废水同一种污染物的排放标准不同时，则应执行各限值要求中最严格的许可排放浓度。

5.2.3 许可排放量

5.2.3.1 一般规定

许可排放量包括排污单位年许可排放量、主要排放口年许可排放量、特殊时段许可排放量。其中，年许可排放量是指允许排污单位连续 12 个月排放的污染物最大排放量。年许可排放量同时适用于考核自然年的实际排放量。有核发权的地方环境保护主管部门可根据环境管理规定细化许可排放量的核算周期。单独排入城镇集中污水处理设施的生活污水无须申请许可排放量。

废气许可排放量污染因子为颗粒物、二氧化硫、氮氧化物（以 NO_2 计）（仅适用于执行特别排放限值区域的排污单位）。

废水许可排放量污染因子为化学需氧量、氨氮。

对位于《“十三五”生态环境保护规划》等文件规定的总磷、总氮总量控制区域内的镁冶炼排污单位，还应分别申请总磷及总氮年许可排放量。地方环境保护部门另有规定的从其规定。

5.2.3.2 许可排放量核算推荐方法

5.2.3.2.1 废气

根据排放标准浓度限值、单位产品基准排气量、产能确定大气污染物许可排放量。

a）年许可排放量

年许可排放量等于主要排放口年许可排放量，计算如下：

$$E_{i许可} = E_{i主要排放口} \tag{1}$$

式中：$E_{i许可}$ —— 排污单位第 i 项大气污染物年许可排放量，t/a；

$E_{i主要排放口}$ —— 排污单位第 i 项大气污染物主要排放口年许可排放量，t/a。

b）主要排放口年许可排放量

主要排放口年许可排放量用下式计算：

$$E_{i主要排放口} = \sum_{j=1}^{n} \rho_i \times Q_j \times R \times 10^{-9} \tag{2}$$

式中：$E_{i主要排放口}$ —— 主要排放口第 i 种大气污染物年许可排放量，t/a；

ρ_i —— 第 i 种大气污染物许可排放浓度限值，mg/m^3；

R —— 主要产品年产能，t/a；

Q_j —— 第 j 个主要排放口单位产品基准排气量，m^3/t 产品，参照表 2 取值。

表 2 镁冶炼排污单位主要排放口基准排气量表 单位：m^3/t 产品

序号	工序	排放口	基准排气量	备注
1	白云石煅烧	窑尾烟囱	18 300	
2	还原	还原炉烟囱	23 800	燃料气热值小于 10.45 MJ/m^3 时
			14 500	燃料气热值大于等于 10.45 MJ/m^3 时
3	精炼	精炼炉烟囱	1 850	

c）特殊时段许可排放量

镁冶炼排污单位特殊时段日许可排放量按式（3）计算。地方制定的相关法规中对特殊时段许可排放量有明确规定的从其规定。国家和地方环境保护主管部门依法规定的其他特殊时段短期许可排放量应当在排污许可证当中载明。

$$E_{日许可} = E_{前一年环统日均排放量} \times (1-\alpha) \quad (3)$$

式中：$E_{日许可}$ —— 镁冶炼排污单位重污染天气应对期间或冬防阶段日许可排放量，t/d；

$E_{前一年环统日均排放量}$ —— 镁冶炼排污单位前一年环境统计实际排放量折算的日均值，t/d；

α —— 重污染天气应对期间或冬防阶段日产量或排放量减少比例。

5.2.3.2.2　废水

水污染物年许可排放量根据水污染物许可排放浓度限值、单位产品基准排水量和产能核定。

镁冶炼排污单位只有一个主要排放口，即废水总排放口。因此，镁冶炼排污单位年许可排放量计算公式如下：

$$D_i = \rho_i \times Q \times R \times 10^{-6} \quad (4)$$

式中：D_i —— 废水总排放口第 i 种水污染物年许可排放量，t/a；

ρ_i —— 第 i 种水污染物许可排放浓度限值，mg/L；

R —— 主要产品年产能，t/a；

Q —— 主要排放口单位产品基准排水量，m^3/t 产品，取值参见 GB 25468。

5.2.4　无组织排放控制要求

镁冶炼排污单位无组织排放节点和控制措施见表 3。

表 3　镁冶炼排污单位生产无组织排放控制要求表

序号	工序	要　求
1	运输	（1）冶炼厂及矿区内粉状物料运输应采取密闭措施。 （2）冶炼厂及矿区内大宗物料转移、输送应采取皮带通廊、封闭式带式输送机或流态化输送等输送方式。皮带通廊应封闭，带式输送机的受料点、卸料点采取设置密闭罩，并配备除尘设施。 （3）冶炼厂及选矿厂内运输道路应硬化，并采取洒水、喷雾、移动吸尘等措施。 （4）运输车辆驶离矿区前以及冶炼厂前应冲洗车轮，或采取其他控制措施
2	冶炼	（1）储煤场应设置防风抑尘网或封闭式煤场，配置自动喷淋装置。镁精矿等原料，硅铁、萤石、精炼熔剂等辅料应采用库房贮存。 （2）原料制备过程中破碎、筛分、磨矿等工序的产尘点处应设置集气罩，并配备密闭抽风收尘设施。 （3）冶炼工序各炉（窑）的加料口、出料口处应设置集气罩，并配备抽风收尘设施。 （4）溜槽应设置盖板

5.2.5　其他

新（改、扩）建项目的环境影响评价文件或地方相关规定中有原辅材料、燃料等其他污染防治强制要求的，还应根据环境影响评价文件或地方相关规定，明确其他需要落实的污染防治要求。

6　污染防治可行技术要求

6.1　一般原则

本标准中所列污染防治可行技术及运行管理要求可作为环境保护主管部门对排污许可证申请材料审核的参考。对于排污单位采用本标准所列推荐可行技术的，原则上认为具备符合规定的污染防治设施或污染物处理能力。对于未采用本标准所列推荐可行技术的，排污单位应当在申请时提供相关证明材料。对于国内外首次采用的污染治理技术，还应当提供中试数据等说明材料，证明可达到与污染防治可行技术相当的处理能力。

对不属于污染防治推荐可行技术的污染治理技术，排污单位应当加强自行监测、台账记录，评估达标可行性。

对于废气实施特别排放限值的，镁冶炼排污单位自行填报可行的污染治理技术及管理要求。

6.2　废气推荐可行技术

镁冶炼生产过程产生的有组织排放颗粒物，一般采用袋式除尘器、电除尘器、电袋复合除尘器等设备对废气进行处理，或对炉窑使用的燃料气采用水洗+湿式电除尘器、袋式除尘器进行除尘处理；对于各种炉窑所使用燃料的硫含量进行限制，对含硫较高的气体燃料，可采用干法或湿法脱硫技术等处理技术；

对于精炼铸造废气的处理，可采用碱液洗涤吸收法等处理技术。

在执行大气污染物特别排放限值的地域范围，对烟气的氮氧化物（以 NO_2 计）有排放限制，二氧化硫的排放限值更低，可采用选择性催化还原方法（SCR）+低氮燃烧技术等组合降氮技术。对降低燃料硫含量仍不能达标的，可采用窑炉外干法、半干法、湿法烟气脱硫技术等处理技术。

本标准推荐的镁冶炼废气可行技术具体见附录 A。

6.3 废水推荐可行技术

镁冶炼排污单位脱硫废水（若有）等废水处理技术，排污单位暂可自行填报可行的污染治理技术及其运行管理要求。

本标准推荐的镁冶炼废水可行技术具体见附录 B。

6.4 运行管理要求

镁冶炼排污单位应当按照相关法律法规、标准和技术规范等要求运行大气及水污染防治设施，并进行维护和管理，保证设施正常运行。镁冶炼排污单位新增废气污染源不得设置烟气旁路通道。对于特殊时段，镁冶炼排污单位应满足《重污染天气应急预案》、各地人民政府制定的冬防措施等文件规定的污染防治要求。

7 自行监测管理要求

7.1 一般原则

镁冶炼排污单位在申请排污许可证时，应当按照本标准确定的产排污节点、排放口、污染因子及许可限值等要求，制定自行监测方案，并在《排污许可证申请表》中明确，《排污单位自行监测技术指南　有色金属冶炼与压延加工》发布后，自行监测方案的制定从其要求。热水锅炉和 65 t/h 及以下蒸汽锅炉按照 HJ 820 制定自行监测方案。

对于 2015 年 1 月 1 日（含）后取得环境影响评价批复的排污单位，环境影响评价文件有其他管理要求的应当同步完善排污单位自行监测管理要求。有核发权的地方环境保护主管部门可根据环境质量改善需求，增加镁冶炼排污单位自行监测管理要求。

7.2 自行监测方案

自行监测方案中应明确排污单位的基本情况、监测点位及示意图、监测指标、执行排放标准及其限值、监测频次、采样和样品保存方法、监测分析方法和仪器、质量保证与质量控制、自行监测信息公开等。对于采用自动监测的排污单位应当如实填报采用自动监测的污染物指标、自动监测系统联网情况、自动监测系统的运行维护情况等；对于未要求开展自动监测的污染物指标，排污单位应当填报开展手工监测的污染物排放口和监测点位、监测方法、监测频率；对于 2015 年 1 月 1 日（含）后取得环境影响评价批复的排污单位，排污单位还应按照环境影响评价文件的要求填报周边环境质量监测方案。

7.3 自行监测要求

7.3.1 一般原则

排污单位可自行或委托第三方监测机构开展监测工作，并安排专人专职对监测数据进行记录、整理、统计和分析。排污单位对监测结果的真实性、准确性、完整性负责。

手工监测时生产负荷应不低于本次监测与上一次监测周期内的平均生产负荷。

7.3.2 监测内容

镁冶炼排污单位应当开展自行监测的污染源包括产生的有组织废气、无组织废气、生产废水、生活污水等全部污染源。监测的污染物执行 GB 13271、GB 25468 中废气和废水污染因子。

7.3.3 监测点位、监测因子及监测频次

排污单位应明确开展自行监测的外排口监测点位、无组织排放监测点位、周边环境质量影响监测点位等，自行监测点位、监测因子及监测频次执行表 4。单独排入城镇集中污水处理设施的生活污水不需监测，对于单独排入海域、江河、湖、库等水环境的生活污水应按照 HJ/T 91 要求执行。

《排污单位自行监测技术指南　有色金属冶炼与压延加工》发布后，从其规定。

本标准规定的监测频次为排污单位自行监测的最低频次要求。排污单位原料发生重大变化的，应加

密监测频次。

7.3.4 周边环境质量影响监测点

对于 2015 年 1 月 1 日（含）后取得环境影响评价批复的排污单位，周边环境质量影响监测点位按照批复的环境影响评价文件的要求设置。

表 4 镁冶炼排污单位自行监测点位、监测因子及最低监测频次一览表

污染源		排放口类型	监测因子	监测频次
产污环节	监测点位			
废气有组织排放				
矿石破碎机	污染物净化设施排放口	一般排放口	颗粒物	半年
煅烧窑炉	污染物净化设施排放口	主要排放口	颗粒物、二氧化硫、氮氧化物（以 NO_2 计）	自动监测
煤磨	污染物净化设施排放口	一般排放口	颗粒物	半年
废气有组织排放				
硅铁破碎机	污染物净化设施排放口	一般排放口	颗粒物	半年
球磨机		一般排放口	颗粒物	半年
压球机		一般排放口	颗粒物	半年
还原炉	污染物净化设施排放口	主要排放口	颗粒物、二氧化硫、氮氧化物（以 NO_2 计）	自动监测
精炼炉	污染物净化设施排放口	主要排放口	颗粒物、二氧化硫、氮氧化物（以 NO_2 计）	自动监测
精炼坩埚和铸锭机	污染物净化设施排放口	一般排放口	二氧化硫	半年
锅炉	烟囱或烟道	一般排放口	颗粒物、二氧化硫、氮氧化物（以 NO_2 计）	自动监测
			汞及其化合物[a]、烟气黑度（林格曼黑度，级）	季度
废气无组织排放				
厂界	企业边界	二氧化硫、总悬浮颗粒物		季度
废水排放				
生产废水	企业废水总排放口	主要排放口	pH、化学需氧量（COD_{Cr}）、氨氮、总磷、总氮	自动监测
			悬浮物、石油类	季度
			总铜	月
			总铬、六价铬	日
	车间或生产设施废水排放口	一般排放口	总铬、六价铬	日

注 1：单独排入地表水、海水的生活污水排放口污染物（pH 值、化学需氧量（COD_{Cr}）、BOD_5、悬浮物、氨氮、动植物油、总氮、总磷）每月至少开展一次监测。
注 2：总磷和总氮安装在线主要适用于《“十三五”生态环境保护规划》等文件规定的总磷、总氮总量控制区域的排污单位。
注 3：氮氧化物（以 NO_2 计）自动监测只适用于执行特别排放限值区域的排污单位。
[a] 适用于燃煤锅炉。

7.4 监测技术手段

自行监测的技术手段包括手工监测和自动监测。

镁冶炼排污单位中主要排放口的颗粒物、二氧化硫、氮氧化物（以 NO_2 计）（仅适用于执行特别排放限值区域的排污单位）应安装自动监测设备。鼓励其他排放口及污染物采用自动监测设备监测，无法开展自动监测的，应采用手工监测。

镁冶炼排污单位全厂生产废水排放口应安装流量、pH 值、化学需氧量、氨氮、总磷、总氮自动监测设备，其中总磷和总氮安装自动监测设备只适用于《“十三五”生态环境保护规划》等文件规定的总磷、总氮总量控制区域的排污单位，鼓励其他排放口及污染物采用自动监测设备监测，无法开展自动监测的，应采用手工监测。

7.5 采样和测定方法

7.5.1 自动监测

废气自动监测参照 HJ/T 75、HJ/T 76 执行。

废水自动监测参照 HJ/T 353、HJ/T 354、HJ/T 355、HJ/T 356 执行。

7.5.2 手工监测

废气手工采样方法的选择参照 GB/T 16157、HJ/T 397 执行，单次监测中，气态污染物采样，应可获得小时均值浓度；颗粒物采样，至少采集 3 个反映监测断面颗粒物平均浓度的样品。

无组织排放采样方法参照 GB/T 15432、HJ/T 55 执行。

废水手工采样方法的选择参照 HJ 493、HJ 494、HJ 495 和 HJ/T 91 执行。

7.5.3 测定方法

废气、废水污染物的测定按照 GB 13271 和 GB 25468 中规定的污染物浓度测定方法标准执行，国家或地方法律法规等另有规定的，从其规定。

7.6 数据记录要求

监测期间手工监测的记录和自动监测运维记录按照 HJ 819 执行。

应同步记录监测期间的生产工况。

7.7 监测质量保证与质量控制

按照 HJ 819 要求，排污单位应当根据自行监测方案及开展状况，梳理全过程监测质控要求，建立自行监测质量保证与质量控制体系。

7.8 自行监测信息公开

排污单位应按照 HJ 819 要求进行自行监测信息公开。

8 环境管理台账记录与执行报告编制要求

8.1 环境管理台账记录要求

8.1.1 一般原则

排污单位应建立环境管理台账制度，设置专职人员进行台账的记录、整理、维护和管理，并对台账记录结果的真实性、准确性、完整性负责。

台账应当按照电子化储存和纸质储存两种形式同步管理。台账保存期限不得少于 3 年。

排污单位排污许可证台账应真实记录基本信息、生产设施及其运行情况、污染防治设施及其运行情况、监测记录信息、其他环境管理信息等。待《排污许可环境管理台账及执行报告技术规范》发布后从其规定。

8.1.2 基本信息

基本信息主要包括排污单位基本信息、生产设施基本信息、治理设施基本信息。基本信息因排污单位工艺、设施调整等情形发生变化的，需在基本信息台账记录表中进行相应修改，并将变化内容进行说明纳入执行报告中。

a）排污单位基本信息：排污单位名称、注册地址、行业类别、生产经营场所地址、组织机构代码、统一社会信用代码、法定代表人、技术负责人、生产工艺、产品名称、生产规模、环保投资情况、环评及批复情况、竣工环保验收情况、排污许可证编号等；

b）生产设施基本信息：生产设施（设备）名称、编码、设施规格型号、相关参数（包括参数名称、设计值、单位）、设计生产能力等，详见附录 C；

c）治理设施基本信息：治理设施名称、编码、设施规格型号、相关参数（包括参数名称、设计值、单位）等。

8.1.3 生产设施运行管理信息

排污单位应定期记录生产设施运行状况并留档保存，应按班次至少记录以下内容：

a）运行状态：开始时间，结束时间，是否按照生产要求正常运行；

b）生产负荷：实际生产能力与设计生产能力之比，设计生产能力取最大设计值；

c）产品产量：记录统计时段内主要产品产量；

d）原辅料：记录名称、来源地、种类、用量、有毒有害成分及占比、是否为危险化学品；

e）燃料：记录种类、用量、成分、热值、品质。涉及二次能源的需建立能源平衡报表，应填报一次购入能源和二次转化能源。

8.1.4　污染治理设施运行管理信息

主要包括环保设施的运行状态、污染物排放情况、治理药剂添加情况等。污染治理设施运行管理信息还应当包括设备运行校验关键参数，能充分反映生产设施及治理设施运行管理情况，如典型关键参数主要包括 DCS 曲线等。

a）有组织废气治理设施

袋式除尘器：除尘器进出口压差、过滤风速、风机电流、实际风量；

静电除尘器：二次电压、二次电流、风机电流、实际风量；

电袋复合除尘器：除尘器进出口压差、过滤风速、风机电流、二次电压、二次电流、风机电流、实际风量；

煤气脱硫系统（若有）：标态煤气量、原煤气二氧化硫浓度（折标）、净煤气二氧化硫浓度（折标）、脱硫剂用量、脱硫副产物产量；

脱硝系统：标态烟气量、原烟气氮氧化物浓度（折标）、净烟氮氧化物浓度（折标）、脱硝剂用量。

涉及 DCS 运行系统治理设施记录原则：要求每周提供彩色 DCS 曲线图（除尘、脱硫、脱硝各一张），注明生产线编号，量程合理，每个参数按照统一的颜色画出曲线。曲线应至少包括以下内容：

脱硫 DCS 曲线（若有）：标态煤气量（同时给出镁折算系数）、原煤气二氧化硫浓度（折标）、净煤气二氧化硫浓度（折标）、脱硫剂使用量、煤气出口温度；

脱硝 DCS 曲线：各炉窑的进料量（同时给出镁折算系数）、氧含量、烟气量、总排口氮氧化物浓度（折算）、脱硝设施入口还原剂使用量、分解炉出口烟气温度；

除尘 DCS 曲线：煅烧窑炉喂料量（同时给出镁折算系数）、氧含量、烟气量、净烟气颗粒物浓度、烟气出口温度。

b）无组织废气治理设施

原辅料储库、冶炼渣储库、燃料储库、物料运输系统等无组织废气污染治理措施相应的运行、维护、管理相关的信息记录，可用于说明无组织治理措施（厂区降尘洒水、清扫、原料或产品场地封闭、遮盖等）运行情况和效果。

8.1.5　其他环境管理信息

镁冶炼排污单位应记录的其他环境管理信息包括以下几方面：

a）污染治理设施故障期间

应记录污染治理设施故障设施、故障原因、故障期间污染物排放浓度以及应对措施。记录内容参见附录 C 中表 C.7。

b）特殊时段

应记录重污染天气应对期间、冬防期间等特殊时段管理要求、执行情况（包括特殊时段生产设施运行管理信息和污染治理设施运行管理信息）等。重污染天气应急预警期间、冬防期间等特殊时段的台账记录要求与正常生产记录频次要求一致，涉及特殊时段停产的排污单位或生产工序，该期间原则上仅对起始和结束当天各进行 1 次记录，地方管理部门有特殊要求的，从其规定。

c）非正常工况

镁冶炼排污单位开炉、设备检修（停炉）等非正常工况信息按工况期记录，每工况期记录 1 次，内容应记录非正常（开停炉）工况时间、事件原因、是否报告、应对措施，并按生产设施与污染治理设施填写具体情况：生产设施应记录设施名称、编号、产品产量、原辅料消耗量、燃料消耗量等；污染治理设施应记录设施名称、编号、污染因子、排放量、排放浓度等。记录内容参见附录 C 中表 C.7。

8.1.6　监测记录信息

a）自动监测运维记录

包括自动监测系统运行状况、系统辅助设备运行状况、系统校准、校验工作等；仪器说明书及相关标准规范中规定的其他检查项目；校准、维护保养、维修记录等。

b）手工监测记录信息

无自动监测要求的废气和废水污染物，排污单位应当按照排污许可证中手工监测要求记录手工监测的日期、时间、污染物排放口和监测点位、监测方法、监测频次、监测仪器及型号、采样方法等，并建立台账记录报告，手工监测记录台账至少应包括附录D内容。

c）监测期间生产及污染治理设施运行状况记录信息

监测期间生产及污染治理设施运行状况记录信息内容分别见本标准8.1.3和8.1.4的相关规定。

8.1.7 记录频次

8.1.7.1 一般原则

记录频次应根据生产过程中的变化参数进行确定。

8.1.7.2 生产设施运行管理信息

a）生产运行状况：按照排污单位生产班次记录，每班次记录1次。非正常工况按照工况期记录，每工况期记录1次，非正常工况开始时刻至工况恢复正常时刻为一个记录工况期；

b）产品产量：连续性生产的排污单位产品产量按照班次记录，每班次记录1次。周期性生产的设施按照一个周期进行记录，周期小于1天的按照1天记录；

c）原辅料、燃料用量：按照批次记录，每批次记录1次。

8.1.7.3 污染治理设施运行管理信息

a）污染治理设施运行状况：按照排污单位生产班次记录，每班次记录1次。非正常工况按照工况期记录，每工况期记录1次，非正常工况开始时刻至工况恢复正常时刻为一个记录工况期；

b）污染物产排情况：连续排放污染物的，按班次记录，每班次记录1次。非连续排放污染物的，按照产排污阶段记录，每个产排阶段记录1次。安装自动监测设施的按照自动监测频率记录，DCS上保存自动监测记录；

c）药剂添加情况：采用批次投放的，按照投放批次记录，每投放批次记录1次。采用连续加药方式的，每班次记录1次。

8.1.7.4 监测记录信息

监测数据的记录频次按照本标准7.5中所确定的监测频次要求记录。

8.1.7.5 其他环境管理信息

采取无组织废气污染控制措施的信息记录频次原则上不小于1天。

特殊时段的台账记录频次原则上与正常生产记录频次要求一致，涉及特殊时段停产的排污单位或生产工序，该期间原则上仅对起始和结束当天进行1次记录，地方管理部门有特殊要求的，从其规定。

根据环境管理要求增加记录的内容，记录频次依实际情况确定。

8.1.8 记录保存

8.1.8.1 纸质存储

纸质台账应存放于保护袋、卷夹或保护盒中，专人保存于专门的档案保存地点，并由相关人员签字。档案保存应采取防光、防热、防潮、防细菌及防污染等措施。纸制类档案如有破损应随时修补。档案保存时间原则上不低于3年。

8.1.8.2 电子存储

电子台账保存于专门的存储设备中，并保留备份数据。设备由专人负责管理，定期进行维护。根据地方环境保护主管部门要求定期上传，纸版由排污单位留存备查。档案保存时间原则上不低于3年。

8.2 排污许可证执行报告编制要求

8.2.1 一般原则

地方环境保护主管部门应当整合总量控制、环境保护税（排污收费）、环境统计等各项环境管理的数据上报要求，可以参照本标准，在排污许可证中根据各项环境管理要求，规定排污许可证执行报告内容、上报频次等要求。

排污单位应按照排污许可证中规定的内容和频次定期上报执行报告。镁冶炼排污单位可参照本标准，根据环境管理台账记录等归纳总结报告期内排污许可证执行情况，并提交至发证机关，台账记录留存备查。排污单位应保证执行报告的规范性和真实性。技术负责人发生变化时，应当在年度执行报告中及时报告。

8.2.2　报告分类及频次

8.2.2.1　报告分类

排污许可证执行报告按报告周期分为年度执行报告、季度执行报告和月度执行报告。

持有排污许可证的镁冶炼排污单位，均应按照本标准规定提交年度执行报告与季度执行报告。为满足其他环境管理要求，地方环境保护主管部门有更高要求的，排污单位还应根据其规定，提交月度执行报告。排污单位应在全国排污许可证管理信息平台上填报并提交执行报告，同时向有排污许可证核发权限的环境保护主管部门提交通过平台印制的书面执行报告。

8.2.2.2　上报频次

a）年度执行报告上报频次

镁冶炼排污单位应至少每年上报一次排污许可证年度执行报告，于次年 1 月底前提交至排污许可证核发机关。对于持证时间不足 3 个月的，当年可不上报年度执行报告，排污许可证执行情况纳入下一年度执行报告。具体内容见附录 E。

b）月度/季度执行报告上报频次

排污单位每月度/季度上报一次排污许可证月度/季度执行报告，于下一周期首月 15 日前提交至排污许可证核发机关，提交季度执行报告或年度执行报告时，可免报当月月度执行报告。对于持证时间不足 10 d 的，该报告周期内可不上报月度执行报告，排污许可证执行情况纳入下一月度执行报告。对于持证时间不足 1 个月的，该报告周期内可不上报季度执行报告，排污许可证执行情况纳入下一季度执行报告。

排污单位每月或每季度应至少向环境保护主管部门上报年度执行报告中的“实际排放量报表”、合规判定分析说明、污染防治设施异常情况说明及所采取的措施。

9　实际排放量核算方法

9.1　一般规定

镁冶炼排污单位的废水、废气污染物在核算时段内的实际排放量等于正常情况与非正常情况实际排放量之和。核算时段根据管理需求，可以是季度、年或特殊时段等。

镁冶炼排污单位的废水污染物在核算时段内的实际排放量等于主要排放口的实际排放量。镁冶炼排污单位的废气污染物在核算时段内的实际排放量等于主要排放口的实际排放量，即各主要排放口实际排放量之和，不核算一般排放口和无组织排放的实际排放量。核算方法包括实测法、物料衡算法、产排污系数法等。

镁冶炼排污单位的废水、废气污染物在核算时段内正常情况下的实际排放量首先采用实测法核算，分为自动监测实测法和手工监测实测法。对于排污许可证中载明应当采用自动监测的排放口和污染物，应根据符合监测规范的有效自动监测数据核算污染物实际排放量。对于未要求采用自动监测的污染物，可采用自动监测数据或手工监测数据核算污染物实际排放量。采用自动监测的污染物，应同时根据手工监测数据进行校核，若同一时段的手工监测数据与自动监测数据不一致，手工监测数据符合法定的监测标准和监测方法的，以手工监测数据为准。

排污许可证中载明要求采用自动监测的排放口或污染物而未采用的，采用物料衡算法核算二氧化硫排放量、产污系数法核算氮氧化物、颗粒物（烟尘）、化学需氧量、氨氮等其他污染物排放量，且均按直接排放进行核算。未按照相关规范文件等要求进行手工监测（无有效监测数据）的排放口或污染物，有有效治理设施的按排污系数法核算，无有效治理设施的按产污系数法核算。

镁冶炼排污单位的废气污染物在核算时段内非正常情况下的实际排放量首先采用实测法核算，无法采用实测法核算的，采用物料衡算法核算二氧化硫排放量、产污系数法核算其他污染物排放量，且均按直接排放进行核算。镁冶炼排污单位的废水污染物在核算时段内非正常情况下的实际排放量采用产污系数法核算污染物排放量，且均按直接排放进行核算。

镁冶炼排污单位如含有适用其他行业排污许可技术规范的生产设施，废气污染物的实际排放量为涉及的各行业生产设施实际排放量之和。废水污染物的实际排放量采用实测法核算时，按本核算方法核算。采用产排污系数法核算时，实际排放量为涉及的各行业生产设施实际排放量之和。

9.2 正常情况废气污染物实际排放量核算方法

9.2.1 实测法

废气自动监测实测法是指根据符合监测规范的小时平均排放浓度、平均烟气量、运行时间等有效自动监测数据核算污染物年排放量，某主要排放口某项大气污染物实际排放量的核算方法见式（5）。

排污单位废气污染物主要排放口实际排放量核算方法如下：

$$E_{jk}=\sum_{i=1}^{n}\rho_{ji}\times q_i\times 10^{-9} \tag{5}$$

式中：E_{jk}——核算时段内第 k 个主要排放口第 j 项污染物的实际排放量，t；

ρ_{ji}——第 k 个主要排放口第 j 项污染物在第 i 小时的实测平均排放浓度（标态），mg/m^3；

q_i——第 k 个主要排放口第 i 小时的标准状态下干排气量，m^3/h；

n——核算时段内的污染物排放时间，h。

手工监测实测法是指根据每次手工监测时段内每小时污染物的平均排放浓度、平均烟气量、运行时间核算污染物年排放量，核算方法见式（6）和式（7）。手工监测数据包括核算时间内的所有执法监测数据和排污单位自行或委托的有效手工监测数据。排污单位自行或委托的手工监测频次、监测期间生产工况、数据有效性等须符合相关规范文件等要求。排污单位应将手工监测时段内生产负荷与核算时段内的平均生产负荷进行对比，并给出对比结果。

$$E=\rho\times q\times h\times 10^{-9} \tag{6}$$

$$\rho=\frac{\sum_{i=1}^{n}\left(\rho_i\times q_i\right)}{\sum_{i=1}^{n}q_i},\quad q=\frac{\sum_{i=1}^{n}q_i}{n} \tag{7}$$

式中：E——核算时段内某主要排放口某项大气污染物的实际排放量，t；

ρ——核算时段内某主要排放口某项大气污染物的实测小时加权平均排放浓度（标态），mg/m^3；

q——核算时段内某主要排放口的标准状态下小时平均干排气量，m^3/h；

ρ_i——核算时段内第 i 次监测的小时监测浓度（标态），mg/m^3；

q_i——核算时段内第 i 次监测的标准状态下小时干排气量（标态），m^3/h；

n——核算时段内取样监测次数，量纲 1；

h——核算时段内某主要排放口的大气污染物排放时间，h。

对于因自动监控设施发生故障以及其他情况导致数据缺失的按照 HJ/T 75 进行补遗。缺失时段超过25%的，自动监测数据不能作为核算实际排放量的依据，实际排放量采用物料衡算法核算二氧化硫排放量、产污系数法核算其他污染物排放量，且均按直接排放进行核算。排污单位提供充分证据证明自动监测数据缺失、数据异常等不是排污单位责任的，可按照排污单位提供的手工监测数据等核算实际排放量，或者按照上一个半年申报期间稳定运行的自动监测数据小时浓度均值和半年平均烟气量，核算数据缺失时段的排放量。

9.2.2 物料衡算法

物料衡算法只适用于二氧化硫排放量核算，根据原辅材料、燃料消耗量、含硫率等按照直排进行核算。核算公式如下：

$$D=\left[\sum_{i=1}^{n}\left(m_i\times\frac{S_{m_i}}{100}\right)+\sum_{i=1}^{n}\left(f_i\times\frac{S_{f_i}}{100}\right)+\sum_{i=1}^{n}\left(g_i\times S_{g_i}\times 10^{-5}\right)-\sum_{i=1}^{n}\left(p_i\times\frac{S_{p_i}}{100}\right)\right]\times 2 \tag{8}$$

式中：D—— 核算时段内二氧化硫排放量，t；

m_i—— 核算时段内第 i 种入炉物料使用量，t；

S_{m_i} —— 核算时段内第 i 种入炉物料含硫率，%；

f_i—— 核算时段内第 i 种固体燃料使用量，t；

S_{f_i} —— 核算时段内第 i 种固体燃料含硫率，%；

g_i—— 核算时段内第 i 种入炉气体燃料使用量，10^4m^3；

S_{g_i} —— 核算时段内第 i 种入炉气体燃料硫含量，mg/m^3；

p_i—— 核算时段内第 i 种产物产生量，t；

S_{p_i} —— 核算时段内第 i 种产物含硫率，%。

9.2.3 产排污系数法

采用产排污系数法核算直接排放量的，可参考《全国污染源普查工业污染源产排污系数手册（下）》（33 有色金属冶炼及压延加工业）产污系数或排污系数进行核算。核算公式如下：

$$D = M \times \beta \times 10^{-6} \tag{9}$$

式中：D—— 核算时段内废气污染物的产生量或排放量，t；

M—— 核算时段内产品产量，t；

β—— 废气污染物产污系数或排污系数，g/t 产品，见附录 F。

当废气污染物氮氧化物产污系数缺失时，则按照式（10）核算其产生量：

$$D_{产} = M \times \alpha \times 10^{-6} \tag{10}$$

式中：$D_{产}$ —— 核算时段内某污染物的产生量，t；

M—— 核算时段内产品产量，t；

α—— 某污染物核算系数，g/t 产品，见附录 F。

当废气污染物氮氧化物排污系数缺失时，则按照式（11）核算其排放量：

$$D_{排} = D_{产} \times (1 - n) \tag{11}$$

式中：$D_{排}$ —— 核算时段内某污染物的排放量，t；

$D_{产}$ —— 核算时段内某污染物的产生量，t；

n—— 末端治理设施的治理率，%，氮氧化物取 0%。

9.3 非正常情况废气污染物实际排放量核算方法

镁冶炼炉窑启停等非正常情况下污染物排放量采用实测法核算排放量，参见式（5）。无法采用实测法核算的，采用物料衡算法核算二氧化硫排放量、产污系数法核算其他污染物排放量，且均按直接排放进行核算。

9.4 正常情况废水污染物实际排放量核算方法

9.4.1 实测法

镁冶炼排污单位废水总排放口装有化学需氧量、氨氮自动监测设备的，原则上应采取自动监测实测法核算全厂化学需氧量、氨氮实际排放量。废水自动监测实测法是指根据符合监测规范的日平均排放浓度、平均流量、运行时间等有效自动监测数据核算污染物年排放量，核算方法见式（12）。

$$E_j = \sum_{i=1}^{n} \rho_{ji} \times q_i \times 10^{-6} \tag{12}$$

式中：E_j—— 核算时段内主要排放口第 j 项污染物的实际排放量，t；

ρ_{ji}—— 第 j 项污染物在第 i 日的实测日平均排放质量浓度，mg/L；

q_i—— 第 i 日的流量，m^3/h；

n—— 核算时段内的污染物排放时间，h。

手工监测实测法是指根据每次手工监测时段内每日污染物的平均排放浓度、平均排水量、运行时间核算污染物年排放量，核算方法见式（13）和式（14）。手工监测数据包括核算时间内的所有执法监测数据和排污单位自行或委托的有效手工监测数据。排污单位自行或委托的手工监测频次、监测期间生产工况、数据有效性等须符合相关规范文件等要求。排污单位应将手工监测时段内生产负荷与核算时段内的平均生产负荷进行对比，并给出对比结果。

$$E_j = \rho \times q \times h \times 10^{-6} \tag{13}$$

$$\rho = \frac{\sum_{i=1}^{n}(\rho_i \times q_i)}{\sum_{i=1}^{n} q_i}，\quad q = \frac{\sum_{i=1}^{n} q_i}{n} \tag{14}$$

式中：E_j —— 核算时段内主要排放口水污染物的实际排放量，t；

ρ —— 核算时段内主要排放口水污染物的实测日加权平均排放浓度，mg/L；

q —— 核算时段内主要排放口的日平均排水量，m^3/d；

ρ_i —— 核算时段内第 i 次监测的日监测质量浓度，mg/L；

q_i —— 核算时段内第 i 次监测的日排水量，m^3/d；

n —— 核算时段内取样监测次数，量纲 1；

h —— 核算时段内主要排放口的水污染物排放时间，d。

对要求采用自动监测的排放口或污染因子，在自动监测数据由于某种原因出现中断或其他情况下，应按照 HJ/T 356 补遗。无有效自动监测数据时，采用手工监测数据进行核算。手工监测数据包括核算时间内的所有执法监测数据和排污单位自行或委托的有效手工监测数据。排污单位自行或委托的手工监测频次、监测期间生产工况、数据有效性等须符合相关规范文件等要求。排污单位提供充分证据证明自动监测数据缺失、数据异常等不是排污单位责任的，可按照排污单位提供的手工监测数据等核算实际排放量，或者按照上一个半年申报期间稳定运行的自动监测数据日均浓度值和半年平均排水量，核算数据缺失时段的排放量。

其他水污染物如需核算实际排放量，可以参照式（13）和式（14）进行核算。

9.4.2 产排污系数法

采用产排污系数法核算废水污染物实际排放量时，可参考《全国污染源普查工业污染源产排污系数手册（下）》（33 有色金属冶炼及压延加工业）产污系数或排污系数进行核算。核算公式如下：

$$D = M \times \beta \times 10^{-6} \tag{15}$$

式中：D —— 核算时段内某污染物的产生量或排放量，t；

M —— 核算时段内产品产量，t；

β —— 某污染物产污系数或排污系数，g/t 产品，见附录 F。

当废水污染物氨氮、总氮、总磷产污系数缺失时，则按照式（16）核算其产生量：

$$D_{产} = M \times \alpha \times 10^{-6} \tag{16}$$

式中：$D_{产}$ —— 核算时段内某污染物的产生量，t；

M —— 核算时段内产品产量，t；

α —— 某污染物核算系数，g/t 产品，见附录 F。

当废水污染物氨氮、总氮、总磷排污系数缺失时，则按照式（17）核算其排放量：

$$D_{排} = D_{产} \times (1-n) \tag{17}$$

式中：$D_{排}$ —— 核算时段内某污染物的排放量，t；

$D_{产}$ —— 核算时段内某污染物的产生量，t；

n —— 末端治理设施的治理率，%，氨氮、总氮和总磷取 20%。

9.5　非正常情况废水污染物实际排放量核算方法

废水处理设施异常情况下的排水，如无法满足排放标准要求时，不应直接排入外环境，待废水处理设施恢复正常运行后方可排放。如因特殊原因造成污染治理设施未正常运行超标排放污染物的或偷排偷放污染物的，按产污系数法核算非正常情况期间的实际排放量，计算公式见式（15），式中核算时段为未正常运行时段（或偷排偷放时段）。

10　合规判定方法

10.1　一般规定

合规是指镁冶炼排污单位许可事项和环境管理要求符合排污许可证规定。

许可事项合规是指镁冶炼排污单位排放口位置和数量、排放方式、排放去向、排放污染物种类、排放限值符合许可证规定。其中，排放限值合规是指镁冶炼排污单位污染物实际排放浓度和排放量满足许可排放限值要求，无组织排放满足本技术规范无组织监管措施要求，环境管理要求合规是指镁冶炼排污单位按许可证规定落实自行监测、台账记录、执行报告、信息公开等环境管理要求。

镁冶炼排污单位可通过环境管理台账记录、按时上报执行报告和开展自行监测、信息公开，自证其依证排污，满足排污许可证要求。环境保护主管部门可依据排污单位环境管理台账、执行报告、自行监测记录中的内容，判断其污染物排放浓度和排放量是否满足许可排放限值要求，也可通过执法监测判断其污染物排放浓度是否满足许可排放限值要求。

10.2　排放限值合规判定

10.2.1　废气排放浓度合规判定

10.2.1.1　正常情况

镁冶炼排污单位各废气排放口污染物或厂界无组织污染物的排放浓度达标是指“任一小时浓度均值均满足许可排放浓度要求”。

a）执法监测

按照监测规范要求获取的执法监测数据超标的，即视为不合规。根据 GB/T 16157、HJ/T 397、HJ/T 55 确定监测要求。

b）排污单位自行监测

（1）自动监测

按照本标准 7.5.1 要求获取的有效自动监测数据计算得到的有效小时浓度均值与许可排放浓度限值进行对比，超过许可排放浓度限值的，即视为超标。对于应当采用自动监测而未采用的排放口或污染物，即认为不合规。自动监测小时均值是指“整点 1 h 内不少于 45 min 的有效数据的算术平均值”。

（2）手工监测

对于未要求采用自动监测的排放口或污染物，应进行手工监测。按照自行监测方案、监测规范要求获取的监测数据计算得到的有效小时浓度均值超标的，即视为超标。

若同一时段的执法监测数据与排污单位自行监测数据不一致，执法监测数据符合法定的监测标准和监测方法的，以该执法监测数据为准。

10.2.1.2　非正常情况

镁冶炼排污单位非正常排放指炉窑启停机、设备故障、检维修等情况下的排放。

镁冶炼排污单位应将炉窑开停炉时间及时上报环境保护主管部门，排污单位应该于开停炉前一个月将开停炉时间段上报环境保护主管部门；设备故障等紧急停窑的，应及时将开停炉时间段及时上报环境保护主管部门。

若多台设施采用混合方式排放烟气，且其中一台处于启停时段，排污单位能提供烟气混合前各台设施有效监测数据的，可按照排污单位提供数据进行达标判定。

10.2.2　废水排放浓度合规判定

排污单位各废水排放口污染物（除 pH 值外）的排放浓度达标是指“任一有效日均值（除 pH 值外）均满足许可排放浓度要求”。

10.2.2.1 执法监测

按照监测规范要求获取的执法监测数据超标的，即视为超标。根据 HJ/T 91、GB 25468 确定监测要求。

10.2.2.2 排污单位自行监测

a）自动监测

按照本标准 7.5.1 要求获取的自动监测数据计算得到有效日均浓度值（除 pH 值外）与许可排放浓度限值进行对比，超过许可排放浓度限值的，即视为超标。对于应当采用自动监测而未采用的排放口或污染物，即认为不合规。

对于自动监测，有效日均浓度是对应于以每日为一个监测周期获得的某个污染物的多个有效监测数据的平均值。在同时监测污水排放流量的情况下，有效日均值是以流量为权的某个污染物的有效监测数据的加权平均值；在未监测污水排放流量的情况下，有效日均值是某个污染物的有效监测数据的算术平均值。

自动监测的有效日均浓度应根据 HJ/T 355 和 HJ/T 356 等相关文件确定。

b）手工监测

对于未要求采用自动监测的排放口或污染物，应进行手工监测。按照本标准 7.2 和 7.5.2 进行手工监测，当日各次监测数据平均值或当日混合样监测数据（除 pH 值外）超标的，即视为超标。

c）若同一时段的执法监测数据与排污单位自行监测数据不一致，执法监测数据符合法定的监测标准和监测方法的，以该执法监测数据为准。

10.2.3 排放量合规判定

镁冶炼排污单位污染物的排放量合规是指：

a）废水和废气污染物年实际排放量满足各自的年许可排放量要求，年许可排放量是正常情况和非正常情况排放量之和；

b）废水和废气污染物各主要排放口实际排放量之和满足主要排放口的许可排放量要求；

c）对于特殊时段有许可排放量要求的排污单位，排放口实际排放量之和不得超过特殊时段许可排放量。

10.3 环境管理要求合规判定

环境保护主管部门依据排污许可证中的管理要求，以及镁冶炼行业相关技术规范，审核环境管理台账记录和许可证执行报告；检查排污单位是否按照自行监测方案开展自行监测；是否按照排污许可证中环境管理台账记录要求记录相关内容，记录频次、形式等是否满足许可证要求；是否按照许可证中执行报告要求定期上报，上报内容是否符合要求等；是否按照许可证要求定期开展信息公开；是否满足特殊时段污染防治要求。

附 录 A

（资料性附录）

镁冶炼废气污染防治推荐可行技术

污染类型	污染因子	可行技术
废气	颗粒物	废气所含颗粒物可采用袋式除尘器、电除尘器、电袋复合除尘器进行处理
		含可燃物的废气应采用防爆袋式除尘器
		当燃料气含尘较高，燃烧后烟气排放颗粒物不能满足要求时，可采用水洗+湿式电除尘器、防爆袋式除尘器对燃料气进行除尘处理
	二氧化硫	当燃料气中硫含量较高，采用燃料气干法、湿法预脱硫措施
		当原燃料中硫含量较高，采用窑外干法、半干法、湿法烟气脱硫措施
		精炼坩埚和铸锭机产生的废气可采用碱液洗涤吸收法进行脱硫
	氮氧化物（以 NO_2 计）	低氮燃烧器+ SCR

附　录　B
（资料性附录）
镁冶炼废水污染防治推荐可行技术

<table>
<tr><th>污染类型</th><th>类型</th><th>污染因子</th><th>可行技术</th></tr>
<tr><td rowspan="2">废水</td><td>生活污水</td><td>pH、悬浮物、化学需氧量（COD_{Cr}）、BOD、氨氮、总磷</td><td>经隔油、过滤、絮凝沉淀、生物接触氧化、消毒处理后并入生产废水系统</td></tr>
<tr><td>生产废水</td><td>pH、悬浮物、化学需氧量（COD_{Cr}）、石油类、氨氮、总氮、总磷、总铜、总铬、六价铬</td><td>经隔油、过滤、絮凝沉淀、生物接触氧化处理后，用于厂区绿化、道路及堆场洒水降尘、设备循环冷却水池补充水</td></tr>
</table>

附　录　C
（资料性附录）
环境管理台账记录参考表（略）

附　录　D
（资料性附录）
手工监测报表示例表（略）

附　录　E
（资料性附录）
镁冶炼排污单位排污许可证执行报告编制内容（略）

附　录　F
（资料性附录）
镁冶炼行业产排污系数表

<table>
<tr><th>产品名称</th><th>原料名称</th><th>工艺名称</th><th>规模等级</th><th>污染物指标</th><th>单位</th><th>产污系数</th><th>排污系数</th></tr>
<tr><td rowspan="8">金属镁</td><td rowspan="8">白云石</td><td rowspan="8">皮江法</td><td rowspan="4">≥1 万 t/a</td><td>化学需氧量</td><td>g/t-产品</td><td>100</td><td>50</td></tr>
<tr><td>石油类</td><td>g/t-产品</td><td>5</td><td>2.5</td></tr>
<tr><td>六价铬</td><td>g/t-产品</td><td>5</td><td>0.5</td></tr>
<tr><td>工业粉尘</td><td>kg/t-产品</td><td>45</td><td>8.5</td></tr>
<tr><td rowspan="4">0.5 万（含）～1 万 t/a</td><td>化学需氧量</td><td>g/t-产品</td><td>100</td><td>50</td></tr>
<tr><td>石油类</td><td>g/t-产品</td><td>5</td><td>2.5</td></tr>
<tr><td>六价铬</td><td>g/t-产品</td><td>5</td><td>0.5</td></tr>
<tr><td>工业粉尘</td><td>kg/t-产品</td><td>72</td><td>15</td></tr>
<tr><td rowspan="4">金属镁</td><td rowspan="4">白云石</td><td rowspan="4">皮江法</td><td rowspan="4">＜0.5 万 t/a</td><td>化学需氧量</td><td>g/t-产品</td><td>100</td><td>50</td></tr>
<tr><td>石油类</td><td>g/t-产品</td><td>5</td><td>2.5</td></tr>
<tr><td>六价铬</td><td>g/t-产品</td><td>5</td><td>0.5</td></tr>
<tr><td>工业粉尘</td><td>kg/t-产品</td><td>120</td><td>40</td></tr>
<tr><td colspan="8">氮氧化物、氨氮、总氮、总磷核算系数</td></tr>
<tr><td rowspan="4">金属镁</td><td rowspan="4">白云石</td><td rowspan="4">皮江法</td><td rowspan="4">各种规模</td><td>氮氧化物</td><td>g/t-产品</td><td>4 395（燃料气热值小于 10.45 MJ/m³）3 465（燃料气热值大于等于 10.45 MJ/m³）</td><td>—</td></tr>
<tr><td>氨氮</td><td>g/t-产品</td><td>10</td><td>—</td></tr>
<tr><td>总氮</td><td>g/t-产品</td><td>18.75</td><td>—</td></tr>
<tr><td>总磷</td><td>g/t-产品</td><td>1.25</td><td>—</td></tr>
</table>

中华人民共和国环境保护行业标准

排污许可证申请与核发技术规范 有色金属工业——镍冶炼

Technical specification for application and issuance of pollutant permit —Non-ferrous metal metallurgy industry—Nickel smelting

HJ 934—2017

前 言

为贯彻落实《中华人民共和国环境保护法》《中华人民共和国大气污染防治法》《中华人民共和国水污染防治法》等法律法规和《国务院办公厅关于印发控制污染物排放许可制实施方案的通知》（国办发〔2016〕81 号），完善排污许可技术支撑体系，指导和规范镍冶炼排污单位排污许可证申请与核发工作，制定本标准。

本标准规定了镍冶炼排污单位排污许可证申请与核发的基本情况填报要求、许可排放限值确定和实际排放量核算、合规判定方法以及自行监测、环境管理台账与排污许可证执行报告等环境管理要求，提出了镍冶炼行业污染防治可行技术要求。

核发机关核发排污许可证时，对位于法律法规明确规定禁止建设区域内的、属于国家和地方政府明确规定予以淘汰或取缔的镍冶炼排污单位或生产装置，应不予核发排污许可证。

本标准附录 A、附录 B、附录 C、附录 D 为资料性附录。

本标准为首次发布。

本标准由环境保护部规划财务司、科技标准司组织制订。

本标准主要起草单位：中国环境科学研究院、中南大学、中国有色金属工业协会、环境保护部环境保护对外合作中心、环境保护部环境工程评估中心。

本标准环境保护部 2017 年 12 月 27 日批准。

本标准自 2017 年 12 月 27 日起实施。

本标准由环境保护部解释。

1 适用范围

本标准规定了镍冶炼排污单位排污许可证申请与核发的基本情况填报要求、许可排放限值确定、实际排放量核算、合规判定的方法以及自行监测、环境管理台账与排污许可证执行报告等环境管理要求，提出了镍冶炼行业污染防治可行技术要求。

本标准适用于指导镍冶炼排污单位填报《排污许可证申请表》及在全国排污许可证管理信息平台申报系统中填报相关申请信息，适用于指导核发机关审核确定镍冶炼行业排污许可证许可要求。

本标准适用于以镍矿为原料的镍冶炼排污单位排放的大气污染物、水污染物的排污许可管理，不适用于以废旧镍物料为原料的再生冶炼排污单位排放的大气污染物、水污染物的排污许可管理。

本标准未做出规定但排放工业废水、废气或国家规定的有毒有害大气污染物的镍冶炼排污单位的其他产污设施和排放口，参照《排污许可证申请与核发技术规范 总则》执行；在《排污许可证申请与核发技术规范 锅炉工业》发布前，热水锅炉和 65 t/h 及以下蒸汽锅炉参照本标准执行，发布后从其规定。

2 规范性引用文件

本标准引用了下列文件或其中的条款。凡是未注明日期的引用文件，其最新版本适用于本标准。

GB 13271 锅炉大气污染物排放标准

GB 25467 铜、镍、钴工业污染物排放标准

GB/T 16157　固定污染源排气中颗粒物测定与气态污染物采样方法
GB/T 15432　环境空气　总悬浮颗粒物的测定　重量法
HJ 493　水质采样　样品的保存和管理技术规定
HJ 494　水质　采样技术指导
HJ 495　水质　采样方案设计技术规定
HJ 819　排污单位自行监测技术指南　总则
HJ 820　排污单位自行监测技术指南　火力发电及锅炉
HJ/T 55　大气污染物无组织排放监测技术导则
HJ/T 75　固定污染源烟气（SO_2、NO_x、颗粒物）排放连续监测技术规范
HJ/T 76　固定污染源烟气（SO_2、NO_x、颗粒物）排放连续监测系统技术要求及监测方法
HJ/T 91　地表水和污水监测技术规范
HJ/T 353　水污染源在线监测系统安装技术规范（试行）
HJ/T 354　水污染源在线监测系统验收技术规范（试行）
HJ/T 355　水污染源在线监测系统运行与考核技术规范（试行）
HJ/T 356　水污染源在线监测系统数据有效性判别技术规范（试行）
HJ/T 397　固定源废气监测技术规范
*排污许可证申请与核发技术规范　总则
*排污单位自行监测技术指南　有色金属冶炼与压延加工
*排污许可环境管理台账及执行报告技术规范（试行）
*排污许可证申请与核发技术规范　锅炉工业
《固定污染源排污许可分类管理名录》
《排污口规范化整治技术要求（试行）》（国家环保局　环监〔1996〕470 号）
《污染源自动监控设施运行管理办法》（环发〔2008〕6 号）
《镍冶炼污染防治可行技术指南（试行）》（环境保护部公告　2015 年第 24 号）
《关于开展火电、造纸行业和京津冀试点城市高架源排污许可证管理工作的通知》（环水体〔2016〕189 号）

3　术语和定义

下列术语和定义适用于本标准。

3.1　镍冶炼排污单位　nickel smelting pollutant emission unit

指以镍矿为原料的镍冶炼排污单位，不包括以废旧镍物料为原料的再生冶炼企业。

3.2　许可排放限值　permitted emission limits

排污许可证中规定的允许排污单位排放的污染物最大排放浓度和最大排放量。

3.3　特殊时段　special periods

指根据国家和地方限期达标规划及其他相关环境管理规定，对排污单位的污染物排放情况有特殊要求的时段，包括重污染天气应对期间和冬防期间等。

4　排污单位基本情况填报要求

4.1　一般原则

排污单位应按照本标准要求，在排污许可证管理信息平台申报系统填报《排污许可证申请表》中的相应信息表。填报系统下拉菜单中未包括的、地方环境保护主管部门有规定需要填报或排污单位认为需要填报的，可自行增加内容。

省级环境保护主管部门按环境质量改善需求增加的管理要求，应填入排污许可证管理信息平台申报

---

* 标准正在编制审批之中，待正式发布后按发布的标准实行。

系统中“有核发权的地方环境保护主管部门增加的管理内容”一栏。

排污单位在填报申请信息时，应评估污染排放及环境管理现状，对现状环境问题提出整改措施，并填入排污许可证管理信息平台申报系统中“改正措施”一栏。排污单位基本情况应当按照实际情况填报，对提交申请材料的真实性、合法性和完整性负法律责任。

4.2 排污单位基本信息

排污单位基本信息应填报单位名称、邮政编码、是否投产、投产日期、生产经营场所中心经度、生产经营场所中心纬度、所在地是否属于重点区域、是否有环评批复文件及文号、是否有地方政府对违规项目的认定或备案文件及文号、是否有主要污染物总量分配计划文件及文号、颗粒物总量指标（t/a）、二氧化硫总量指标（t/a）、氮氧化物（以 NO_2 计）总量指标（t/a）、化学需氧量总量指标（t/a）、氨氮总量指标（t/a）、铅及其化合物总量指标（t/a）、砷及其化合物总量指标（t/a）、汞及其化合物总量指标（t/a）、总铅总量指标（t/a）、总汞总量指标（t/a）、总砷总量指标（t/a）、总镉总量指标（t/a），其余项（如有）由企业自行填报。

4.3 主要产品及产能

4.3.1 一般原则

在填报主要产品及产能时，选择“镍冶炼”。

排污单位应根据本标准要求填写排污许可证管理信息平台申报系统中有关主要生产单元、主要工艺、生产设施、生产设施编号、设施参数、产品名称、生产能力及计量单位、设计年生产时间及其他选项等信息。

4.3.2 主要生产单元

主要生产单元均为必填项，具体分类如下：

a）火法工艺：备料、焙烧、闪速熔炼、顶吹熔炼、侧吹熔炼、转炉吹炼、高锍磨浮、反射炉熔炼、公用单元等；

b）湿法工艺：备料、破碎、浸出、萃取、电解精炼、除铜渣氯气浸出、公用单元等。

4.3.3 主要工艺

主要工艺均为必填项，具体要求如下：

a）火法工艺：熔炼—吹炼—铜镍分离—熔铸—电解、熔炼—吹炼—浸出—电积、焙烧—熔炼—精炼；

b）湿法工艺：硫酸化焙烧—浸出、氧压浸出—置换。

4.3.4 生产设施

生产设施分为必填项和选填项，具体要求如下：

a）火法工艺：必填项为备料工序（包括原料库、转运站、碎磨机、干燥窑等）、焙烧（焙烧炉）、熔炼（闪速炉、顶吹炉、底吹炉、侧吹炉、电炉、反射炉）、吹炼（转炉）、浸出（浸出槽、反应釜）、精炼（电解槽、净化槽、电积槽）、烟气制酸（净化塔、转化塔、吸收塔）、公用设施（包括化学水处理站、锅炉房等）；选填项包括余热锅炉及发电系统等。

b）湿法工艺：必填项为备料工序（包括原料库、转运站、碎磨机等）、浸出（浸出槽）、萃取-反萃（萃取槽、反萃槽等）和电积系统（电积槽、脱铜电积槽等）；选填项包括备料工序的干燥窑等。

c）本标准尚未作出规定，且排放工业废气和有毒有害大气污染物，有明确国家和地方排放标准的，相应生产设施为必填项。

4.3.5 生产设施编号

生产设施编号为必填项，具体要求如下：

a）若生产设施有排污单位内部生产设施编号，则填报相应编号；

b）若生产设施无排污单位内部生产设施编号，则根据《关于开展火电、造纸行业和京津冀试点城市高架源排污许可证管理工作的通知》中的附件 4《固定污染源（水、大气）编码规则（试行）》进行编号并填报。

4.3.6 设施参数

设施参数分为必填项和选填项，具体要求如下：

生产设施中焙烧炉、熔炼炉、吹炼炉、电炉等的炉型、处理能力，公用单元的锅炉生产能力、原料库贮存能力、贮存系统、辅助系统的处理（贮存）能力为必填项。其他为选填项。

4.3.7 产品名称

产品名称为必填项，分为电解镍、镍扣、镍丸等。

4.3.8 生产能力及计量单位

生产能力及计量单位为必填项，生产能力为主要产品年产能。产能和产量计量单位均为万 t/a。

4.3.9 设计年生产时间

设计年生产时间为必填项，应按环境影响评价文件及批复或地方政府对违规项目的认定或备案文件确定的年生产小时数填写。

4.3.10 其他

其他为选填项，排污单位若有需要说明的内容，可填写。

4.4 主要原辅材料及燃料

主要原辅材料及燃料填写内容包括种类、原辅材料名称、原辅材料成分、燃料名称、燃料成分、设计年使用量、其他等，具体要求如下：

a）种类：分为原辅材料、燃料；

b）原辅材料名称：原料包括硫化镍矿、氧化镍矿等，辅料包括氧气、石英、硫酸、盐酸、碳酸钠、硫化钠、一氧化碳、煤油、P204、P507、活性炭、石灰、氨水/液氨等；

c）原辅材料成分：主要原辅材料的硫元素占比，及主要有毒有害物质成分及占比；

d）燃料名称：分为焦粉、重油、天然气、煤、柴油；

e）燃料成分：应填报主要原辅材料的硫元素占比（干基）、灰分，及主要有毒有害物质成分及占比；

f）设计年使用量：设计年使用量为与核定产能相匹配的原辅材料及燃料年使用量，单位为万 t/a 或万 m^3/a；

g）其他：排污单位若有需要说明的内容，可填写；

h）上述 a）～f）为必填项，g）为选填项。

4.5 产排污节点、污染物及污染治理设施

4.5.1 一般原则

废气产排污节点、污染物及污染治理设施包括生产设施对应的产污环节、污染物种类、排放形式（有组织、无组织）、污染治理设施、是否为可行技术、排放口编号、排放口设置是否符合要求、排放口类型。

废水产排污节点、污染物及污染治理设施包括废水类别、污染物种类、排放去向、排放规律、污染治理设施、是否为可行技术、排放口编号、排放口设置是否符合要求、排放口类型。

4.5.2 废气

4.5.2.1 产排污节点

分为原料制备、焙烧、熔炼、吹炼、精炼、烟气制酸、电解、电积、净液等。

4.5.2.2 污染物种类

污染物种类应根据 GB 13271、GB 25467 确定，见表 1。有地方排放标准的，按照地方排放标准确定。

4.5.2.3 污染治理设施

治理设施名称应填写除尘设施、脱硫设施、脱硝设施等。

4.5.2.4 污染治理工艺

污染治理工艺填写除尘设施治理工艺（湿法除尘、旋风除尘、电除尘、袋式除尘等）、脱硫设施治理工艺（石灰/石灰石-石膏法、有机溶液循环吸收法、金属氧化物吸收法、活性焦吸附法、氨法、双碱法、双氧水脱硫法等）、脱硝设施治理工艺（SCR、SNCR 等）。

4.5.3 废水

4.5.3.1 类别

废水填写类别包括生产废水（污酸、酸性废水、一般生产废水、初期雨水等）和生活污水。

4.5.3.2 污染物种类

污染物种类应根据 GB 25467 确定，见表 1。有地方排放标准的，按照地方排放标准确定。

4.5.3.3 污染治理设施

应填写生活污水处理设施、生产废水处理设施等。

4.5.3.4 污染治理工艺

污染治理工艺包括生产废水治理工艺（石灰中和法、高密度泥浆法、硫化法、石灰-铁盐（铝盐）法、生物制剂法、电化学法、膜分离法等）、生活污水处理工艺（生物接触氧化法、序批式活性污泥法处理工艺、膜生物反应器处理工艺等）。

4.5.3.5 排放去向及排放规律

镍冶炼排污单位应明确废水排放去向及排放规律。

排放去向分为不外排；排至厂内综合污水处理站；直接进入海域；直接进入江河、湖、库等水环境；进入城市下水道（再入江河、湖、库）；进入城市下水道（再入沿海海域）；进入城市污水处理厂；进入其他单位；进入工业废水集中处理设施；其他（回用等）。

排放规律分为连续排放，流量稳定；连续排放，流量不稳定，但有周期性规律；连续排放，流量不稳定，但有规律，且不属于周期性规律；连续排放，流量不稳定，属于冲击型排放；连续排放，流量不稳定且无规律，但不属于冲击型排放；间歇排放，排放期间流量稳定；间歇排放，排放期间流量不稳定，但有周期性规律；间歇排放，排放期间流量不稳定，但有规律，且不属于非周期性规律；间歇排放，排放期间流量不稳定，属于冲击型排放；间歇排放，排放期间流量不稳定且无规律，但不属于冲击型排放。

4.5.4 排放口设置要求

根据《排污口规范化整治技术要求（试行）》以及排污单位执行的排放标准中有关排放口规范化设置的规定，结合实际情况填报废气和废水排放口设置是否符合规范化要求。

4.5.5 排放口信息

排放口类型划分为主要排放口和一般排放口，具体见表 1。

废气排放口应填报排放口地理坐标、排气筒高度、排气筒出口内径、国家或地方污染物排放标准、环境影响评价批复要求及承诺更加严格排放限值。废水直接排放口应填报排放口地理坐标、间歇排放时段、受纳自然水体信息、汇入受纳自然水体处地理坐标及执行的国家或地方污染物排放标准，废水间接排放口应填报排放口地理坐标、间歇排放时段、受纳污水处理厂名称及执行的国家或地方污染物排放标准。废水间歇式排放的，应当载明排放污染物的时段。

4.5.6 污染治理设施和排放口编号

污染治理设施编号可填写镍冶炼工业排污单位内部编号，若镍冶炼工业排污单位无内部编号，则根据《关于开展火电、造纸行业和京津冀试点城市高架源排污许可证管理工作的通知》中的附件 4《固定污染源（水、大气）编码规则（试行）》进行编号并填报。

有组织排放口编号应填写地方环境保护主管部门现有编号，若地方环境保护主管部门未对排放口进行编号，则根据《关于开展火电、造纸行业和京津冀试点城市高架源排污许可证管理工作的通知》中的附件 4《固定污染源（水、大气）编码规则（试行）》进行编号并填报。

4.6 其他要求

排污单位基本情况还应包括生产工艺流程图（包括全厂及各工序）和厂区总平面布置图。

生产工艺流程图应包括主要生产设施（设备）、主要原辅材料、燃料的流向、生产工艺流程等内容。

厂区总平面布置图应包括主要生产单元、厂房、设备位置关系，注明厂区污水收集和运输走向等内容，同时注明厂区雨水和污水排放口位置。

5 产排污节点对应排放口及许可排放限值

5.1 产排污节点对应排放口

废气和废水的产排污节点对应排放口见表 1。

镍冶炼排污单位应填报国家或地方污染物排放标准、环境影响评价批复要求、承诺更加严格排放限值，其余项依据本标准 4.5 填报产排污节点及排放口信息。

表 1　产排污节点、排放口及污染因子一览表

产排污节点	排放口	排放口类型	污染因子
废气有组织排放			
原料制备	原料制备系统烟囱/排气筒	一般排放口	颗粒物
熔炼炉、吹炼炉、贫化炉等	制酸尾气烟囱	主要排放口	二氧化硫、氮氧化物（以 NO_2 计）、颗粒物、硫酸雾、铅及其化合物、砷及其化合物、镍及其化合物、汞及其化合物、氯气、氯化氢、氟化物
炉窑等	环境集烟烟囱	主要排放口	二氧化硫、氮氧化物（以 NO_2 计）、颗粒物、硫酸雾、铅及其化合物、砷及其化合物、镍及其化合物、汞及其化合物、氯气、氯化氢、氟化物
净化槽、电解槽	吸收塔排气口	一般排放口	硫酸雾、氯气
废气有组织排放			
浸出槽、电积槽	吸收塔排气口	一般排放口	硫酸雾
锅炉	烟气排放口	一般排放口	颗粒物、二氧化硫、氮氧化物（以 NO_2 计）、汞及其化合物[a]、烟气黑度（林格曼黑度，级）
无组织排放			
厂界		企业周边	二氧化硫、颗粒物、硫酸雾、氯气、氯化氢、氟化物、铅及其化合物、砷及其化合物、镍及其化合物、汞及其化合物
废水排放			
废水类别	排放口	排放口类型	污染因子
生产废水	废水总排放口	主要排放口	pH 值、悬浮物、化学需氧量、氟化物、总氮、总磷、氨氮、总锌、石油类、总铜、硫化物
	车间或生产设施废水排放口	主要排放口	总铅、总砷、总镉、总汞、总镍、总钴
注：氮氧化物（以 NO_2 计）只适用于特别排放限值区域的排污单位。			
[a] 适用于燃煤锅炉。			

5.2　许可排放限值

5.2.1　一般规定

许可排放限值包括污染物许可排放浓度和许可排放量。

对于大气污染物，以生产设施或有组织排放口为单位确定许可排放浓度、许可排放量。主要排放口逐一计算许可排放量，一般排放口只许可浓度，不许可排放量。

对于水污染物，以车间或生产设施排放口和企业废水总排放口确定许可排放浓度和许可排放量。

根据国家或地方污染物排放标准确定许可排放浓度。依据总量控制指标及本标准规定的方法从严确定许可排放量，2015 年 1 月 1 日（含）后取得环境影响批复的排污单位，许可排放量还应同时满足环境影响评价文件和批复要求。

总量控制指标包括地方政府或环境保护主管部门发文确定的排污单位总量控制指标、环评批复的总量控制指标、现有排污许可证中载明的总量控制指标、通过排污权有偿使用和交易确定的总量控制指标等地方政府或环境保护主管部门与排污许可证申领排污单位以一定形式确认的总量控制指标。

排污单位填报许可排放量时，应在《排污许可申请表》中写明申请的许可排放限值计算过程。

排污单位申请的许可排放限值严于本标准规定的，在排污许可证中载明。

5.2.2　许可排放浓度

5.2.2.1　废气

排污单位废气许可排放浓度依据 GB 13271、GB 25467 确定，许可排放浓度为小时均浓度。有地方排放标准要求的，按照地方排放标准确定。

大气污染防治重点控制区按照《关于执行大气污染物特别排放限值的公告》和《关于执行大气污染物特别排放限值有关问题的复函》的要求执行。其他执行大气污染物特别排放限值的地域范围、时间，

由国务院环境保护主管部门或省级人民政府规定。

若执行不同许可排放浓度的多台生产设施或排放口采用混合方式排放废气，且选择的监控位置只能监测混合烟气中的大气污染物浓度，则应执行各限值要求中最严格的许可排放浓度。

5.2.2.2 废水

排污单位水污染物许可排放浓度依据 GB 25467 确定，许可排放浓度为日均浓度（pH 值为任何一次监测值）。有地方排放标准要求的，按照地方排放标准确定。

若排污单位在同一个废水排放口排放两种或两种以上工业废水，且每种废水同一种污染物执行的排放标准不同时，则应执行各限值要求中最严格的许可排放浓度。

5.2.3 许可排放量

5.2.3.1 一般规定

许可排放量包括排污单位年许可排放量、主要排放口年许可排放量、特殊时段许可排放量。其中，年许可排放量是指允许排污单位连续 12 个月排放的污染物最大排放量。年许可排放量同时适用于考核自然年的实际排放量。有核发权的地方环境保护主管部门可根据环境管理规定细化许可排放量的核算周期。单独排入城镇集中污水处理设施的生活污水无须申请许可排放量。

废气许可排放量污染因子为颗粒物、二氧化硫、氮氧化物（以 NO_2 计，仅适用于执行特别排放限值区域的排污单位）、砷及其化合物、铅及其化合物、汞及其化合物。

废水许可排放量污染因子为化学需氧量、氨氮、总铅、总砷、总汞、总镉。

对位于《“十三五”生态环境保护规划》等文件规定的总磷、总氮总量控制区域内的镍冶炼排污单位，还应分别申请总磷及总氮年许可排放量。地方环境保护部门另有规定的从其规定。

5.2.3.2 许可排放量核算方法

5.2.3.2.1 废气

根据排放标准浓度限值、单位产品基准排气量、产能确定大气污染物许可排放量。

a）年许可排放量

年许可排放量等于主要排放口年许可排放量，计算如下：

$$E_{i\text{许可}} = E_{i\text{主要排放口}} \tag{1}$$

式中：$E_{i\text{许可}}$ —— 排污单位第 i 项大气污染物年许可排放量，t/a；

$E_{i\text{主要排放口}}$ —— 排污单位第 i 项大气污染物主要排放口年许可排放量，t/a。

b）主要排放口年许可排放量

主要排放口年许可排放量用下式计算：

$$E_{i\text{主要排放口}} = \sum_{j=1}^{n} Q_j \times \rho_i \times R \times 10^{-9} \tag{2}$$

式中：$E_{i\text{主要排放口}}$ —— 主要排放口第 i 种大气污染物年许可排放量，t/a；

ρ_i —— 第 i 种大气污染物许可排放浓度限值，mg/m^3；

R —— 主要产品年产能，t/a；

Q_j —— 第 j 个主要排放口单位产品基准排气量，m^3/t 产品，参照表 2 取值。

表 2 镍冶炼排污单位主要排放口基准排气量表　　单位：m^3/t 产品

序号	生产设施	排放口	基准烟气量
1	熔炼炉、吹炼炉、贫化炉等	制酸尾气烟囱	12 000
2	炉窑等	环境集烟烟囱	18 000

c）特殊时段许可排放量

镍冶炼排污单位特殊时段日许可排放量按式（3）计算。地方制定的相关法规中对特殊时段许可排放量有明确规定的从其规定。国家和地方环境保护主管部门依法规定的其他特殊时段短期许可排放量应当在排污许可证当中载明。

$$E_{日许可} = E_{前一年环统日均排放量} \times (1-\alpha) \quad (3)$$

式中：$E_{日许可}$—— 镍冶炼排污单位重污染天气应对期间或冬防阶段日许可排放量，t/d；

$E_{前一年环统日均排放量}$—— 镍冶炼排污单位前一年环境统计实际排放量折算的日均值，t/d；

α—— 重污染天气应对期间或冬防阶段日产量或排放量减少比例。

5.2.3.2.2　废水

水污染物年许可排放量根据水污染物许可排放浓度限值、单位产品基准排水量和产能核定。

a）主要排放口年许可排放量

主要排放口年许可排放量用下式计算：

$$D_i = \rho_i \times Q \times R \times 10^{-6} \quad (4)$$

式中：D_i—— 主要排放口第 i 种水污染物年许可排放量，t/a；

ρ_i—— 第 i 种水污染物许可排放浓度限值，mg/L；

R—— 主要产品年产能，t/a；

Q—— 主要排放口单位产品基准排水量，m^3/t 产品，取值参见表 3。

b）年许可排放量

镍冶炼排污单位总铅、总砷、总镉、总汞年许可排放量为生产车间或设施废水排放口许可排放量；化学需氧量和氨氮年许可量为企业废水总排放口许可排放量，按照式（4）进行核算，其中ρ_i 取值参见 GB 25467 中污染因子浓度，基准排水量 Q 取值参见表 3。

表 3　镍冶炼排污单位基准排水量表　　单位：m^3/t 产品

序号	排放口	排放口类型	单位产品基准排水量
1	车间或生产设施废水排放口	主要排放口	2
2	废水总排放口	主要排放口	15

5.2.4　无组织排放控制要求

镍冶炼排污单位无组织排放节点和控制措施见表 4。

表 4　镍冶炼排污单位生产无组织排放控制要求表

序号	工序	指标控制措施
1	冶炼	（1）原煤应贮存于封闭式煤场，场内设喷水装置，在煤堆装卸时洒水降尘；不能封闭的应采用防风抑尘网，防风抑尘网高度不低于堆存物料高度的 1.1 倍。镍精矿等原料，石英石、石灰石等辅料应采用库房贮存。备料工序产尘点应设置集气罩，并配备除尘设施。 （2）冶炼工序应在封闭厂房内进行。冶炼炉（窑）的加料口、出料口等处应设置集气罩并保证有足够的环保集气量，配套设置密闭抽风收尘设施。 （3）溜槽应设置盖板。 （4）湿法冶炼工艺中氧化矿和低品位矿石破碎机应设置集气罩，并配备除尘设施。各堆场应采取喷雾等抑尘措施
2	运输	（1）冶炼厂及矿区内粉状物料运输应采取密闭措施。 （2）冶炼厂及矿区内大宗物料转移、输送应采取皮带通廊、封闭式皮带输送机或流态化输送等输送方式。皮带通廊应封闭，带式输送机的受料点、卸料点采取喷雾等抑尘措施；或设置密闭罩，并配备除尘设施。 （3）冶炼厂及选矿厂内运输道路应硬化，并采取洒水、喷雾、移动吸尘等措施。 （4）运输车辆驶离矿区前以及冶炼厂前应冲洗车轮，或采取其他控制措施

5.2.5　其他

新（改、扩）建项目的环境影响评价文件或地方相关规定中有原辅材料、燃料等其他污染防治有强制要求的，还应根据环境影响评价文件或地方相关规定，明确其他需要落实的污染防治要求。

6　污染防治可行技术要求

6.1　一般原则

本标准中所列污染防治可行技术及运行管理要求可作为环境保护主管部门对排污许可证申请材料审

核的参考。对于排污单位采用本标准所列推荐可行技术的，原则上认为具备符合规定的防治污染设施或污染物处理能力。对于未采用本标准所列推荐可行技术的，镍冶炼排污单位应当在申请时提供相关证明材料（如提供已有监测数据；对于国内外首次采用的污染治理技术，还应当提供中试数据等说明材料），证明可达到与污染防治可行技术相当的处理能力。

对不属于污染防治推荐可行技术的污染治理技术，排污单位应当加强自行监测、台账记录，评估达标可行性。

对于废气实施特别排放限值的，排污单位自行填报可行的污染治理技术及管理要求。

6.2 废气推荐可行技术

镍冶炼排污单位产生的有组织废气中颗粒物、铅及其化合物、砷及其化合物、汞及其化合物，通常采用湿法除尘器、袋式除尘器、静电除尘器等；冶炼炉窑产生的二氧化硫，通常采用石灰-石膏法、有机溶液循环吸收法、金属氧化物吸收法、活性焦吸附法、氨法吸收法、双氧水脱硫法。

本标准推荐的排污单位废气治理可行技术详见《镍冶炼污染防治可行技术指南（试行）》。

6.3 废水推荐可行技术

镍冶炼排污单位生产过程产生的污酸一般采用硫化法+石灰石/石灰中法、石灰+铁盐法处理。处理后，污酸废液与酸性废水合并处理；酸性废水一般采用石灰中和法、高密度泥浆法（HDS 法）、石灰+铁盐（铝盐）法、硫化法、生物制剂法、电化学法、膜分离法等。

本标准推荐的排污单位废水处理可行技术详见《镍冶炼污染防治可行技术指南（试行）》。

6.4 运行管理要求

镍冶炼排污单位应当按照相关法律法规、标准和技术规范等要求运行大气及水污染防治设施，并进行维护和管理，保证设施正常运行。对于特殊时段，镍冶炼排污单位应满足《重污染天气应急预案》、各地人民政府制定的冬防措施等文件规定的污染防治要求。

7 自行监测管理要求

7.1 一般原则

镍冶炼排污单位在申请排污许可证时，应当按照本标准确定的产排污节点、排放口、污染因子及许可排放限值等要求，制定自行监测方案并在《排污许可证申请表》中明确。《排污单位自行监测技术指南 有色金属冶炼与压延加工》发布后，自行监测方案的制定从其要求。热水锅炉和 65 t/h 及以下蒸汽锅炉按照 HJ 820 制定自行监测方案。

对于 2015 年 1 月 1 日（含）后取得环境影响评价批复的排污单位，环境影响评价文件有其他管理要求的应当同步完善排污单位自行监测管理要求。有核发权的地方环境保护主管部门可根据环境质量改善需求，增加镍冶炼排污单位自行监测管理要求。

7.2 自行监测方案

自行监测方案中应明确排污单位的基本情况、监测点位及示意图、监测指标、执行排放标准及其限值、监测频次、采样和样品保存方法、监测分析方法和仪器、质量保证与质量控制、自行监测信息公开等。对于采用自动监测的排污单位应当如实填报采用自动监测的污染物指标、自动监测系统联网情况、自动监测系统的运行维护情况等；对于未要求开展自动监测的污染物指标，排污单位应当填报开展手工监测的污染物排放口和监测点位、监测方法、监测频率；对于 2015 年 1 月 1 日（含）后取得环境影响评价批复的排污单位，排污单位还应按照环境影响评价文件的要求填报周边环境质量监测。

7.3 自行监测要求

7.3.1 一般原则

排污单位可自行或委托第三方监测机构开展监测工作，并安排专人专职对监测数据进行记录、整理、统计和分析。排污单位对监测结果的真实性、准确性、完整性负责。手工监测时生产负荷应不低于本次监测与上一次监测周期内的平均生产负荷。

7.3.2 监测内容

镍冶炼排污单位应当开展自行监测的污染源包括产生的有组织废气、无组织废气、生产废水、生活污水、雨水等全部污染源。污染物包括 GB 13271、GB 25467 中涉及的各项废气、废水污染物。

7.3.3　监测点位、监测因子及监测频次

排污单位应明确开展自行监测的外排口监测点位、无组织排放监测点位、周边环境质量影响监测点位等，自行监测点位、监测因子及监测频次执行表 5。单独排入城镇集中污水处理设施的生活污水不需监测，对于单独排入海域、江河、湖、库等水环境的生活污水应按照 HJ/T 91 要求执行。

《排污单位自行监测指南　有色金属冶炼与压延加工》发布后，从其规定。

本标准规定的监测频次为排污单位自行监测的最低频次要求。排污单位原料发生重大变化的，应加密监测频次。

7.3.4　周边环境质量影响监测点

对于 2015 年 1 月 1 日（含）后取得环境影响评价批复的排污单位，周边环境质量影响监测点位按照批复的环境影响评价文件的要求设置。

表 5　镍冶炼排污单位自行监测点位、监测因子及最低监测频次一览表

产污环节	监测点位	排放口类型	监测因子	监测频次
废气有组织排放				
原料制备	污染物净化设施排放口	一般排放口	颗粒物	季度
熔炼炉、吹炼炉、贫化炉等	污染物净化设施排放口	主要排放口	硫酸雾、镍及其化合物、氯气、氯化氢、氟化物	季度
			铅及其化合物、砷及其化合物、镍及其化合物、汞及其化合物	月
炉窑等	污染物净化设施排放口	主要排放口	颗粒物、二氧化硫、氮氧化物（以 NO_2 计）	自动监测
			硫酸雾、镍及其化合物、氯气、氯化氢、氟化物	季度
			铅及其化合物、砷及其化合物、汞及其化合物	月
净化、电解槽	污染物净化设施排放口	一般排放口	硫酸雾、氯气	半年
浸出槽、电积槽	污染物净化设施排放口	一般排放口	硫酸雾	半年
锅炉	烟囱和烟道	一般排放口	颗粒物、二氧化硫、氮氧化物（以 NO_2 计）	自动监测
			汞及其化合物[a]、烟气黑度（林格曼黑度，级）	季度
废气无组织排放				
厂界	企业边界		二氧化硫、颗粒物、硫酸雾、氯气、氯化氢、氟化物、铅及其化合物、砷及其化合物、镍及其化合物、汞及其化合物	季度
废水排放				
废水类别	废水排放口	排放口类型	主要污染因子	监测频次
生产废水	企业废水总排放口	主要排放口	流量、pH 值、化学需氧量、氨氮、总磷、总氮	自动监测
			总铅、总砷、总汞、总镉	日
			总锌、总铜、总镍、总钴	月
			悬浮物、氟化物（以 F 计）、石油类、硫化物	季度
	车间或生产设施废水排放口	主要排放口	总铅、总砷、总汞、总镉	日
			总镍、总钴	月

注 1：单独排入地表水、海水的生活污水排放口污染物（pH 值、COD、BOD_5、悬浮物、氨氮、动植物油、总氮、总磷）每月至少开展一次监测。

注 2：总磷和总氮安装在线主要适用于《“十三五”生态环境保护规划》等文件规定的总磷、总氮总量控制区域的排污单位。

注 3：氮氧化物（以 NO_2 计）自动监测只适用于执行特别排放限值区域的排污单位。

[a] 适用于燃煤锅炉。

7.4　监测技术手段

自行监测的技术手段包括手工监测和自动监测。

镍冶炼排污单位中主要排放口应安装颗粒物、二氧化硫、氮氧化物（以 NO_2 计，仅适用于执行特别排放限值区域的排污单位）自动监测设备。鼓励其他排放口及污染物采用自动监测设备监测，无法开展自动监测的，应采用手工监测。

镍冶炼排污单位生产废水排放口应安装流量、pH 值、化学需氧量、氨氮、总磷、总氮自动监测设备，其中总磷和总氮安装自动监测设备主要适用于《“十三五“生态环境保护规划》等文件规定的总磷、总氮总量控制区域的排污单位，鼓励其他排放口及污染物采用自动监测设备监测，无法开展自动监测的，

应采用手工监测。

7.5 采样和测定方法

废气自动监测参照 HJ/T 75、HJ/T 76 执行。

废水自动监测参照 HJ/T 353、HJ/T 354、HJ/T 355、HJ/T 356 执行。

7.5.1 手工采样

有组织废气手工采样方法的选择参照 GB/T 16157、HJ/T 397 执行，单次监测中，气态污染物采样，应可获得小时均值浓度；颗粒物采样，至少采集 3 个反映监测断面颗粒物平均浓度的样品。

无组织排放采样方法参照 GB/T 15432、HJ/T 55 执行。

废水手工采样方法的选择参照 HJ 493、HJ 494、HJ 495 和 HJ/T 91 执行。

7.5.2 测定方法

废气、废水污染物的测定按照 GB 13271 和 GB 25467 中规定的污染物浓度测定方法标准执行。国家或地方法律法规等另有规定的，从其规定。

7.6 数据记录要求

监测期间手工监测的记录和自动监测运维记录按照 HJ 819 执行。

应同步记录监测期间的生产工况。

7.7 监测质量保证与质量控制

按照 HJ 819 要求，排污单位应当根据自行监测方案及开展状况，梳理全过程监测质控要求，建立自行监测质量保证与质量控制体系。

7.8 自行监测信息公开

排污单位应按照 HJ 819 要求进行自行监测信息公开。

8 环境管理台账与排污许可证执行报告编制要求

8.1 环境管理台账记录要求

8.1.1 一般原则

排污单位应建立环境管理台账制度，设置专职人员进行台账的记录、整理、维护和管理，并对台账记录结果的真实性、准确性、完整性负责。

台账应当按照电子化储存和纸质储存两种形式同步管理。台账保存期限不得少于 3 年。

排污单位排污许可证台账应真实记录基本信息、生产设施及其运行情况、污染防治设施及其运行情况、监测记录信息、其他环境管理信息等。待《排污许可环境管理台账及执行报告技术规范》发布后从其规定。

8.1.2 基本信息

基本信息主要包括排污单位基本信息、生产设施基本信息、治理设施基本信息。基本信息因排污单位工艺、设施调整等情形发生变化的，需在基本信息台账记录表中进行相应修改，并将变化内容进行说明纳入执行报告中。

a）排污单位基本信息：排污单位名称、注册地址、行业类别、生产经营场所地址、组织机构代码、统一社会信用代码、法定代表人、技术负责人、生产工艺、产品名称、生产规模、环保投资情况、环评及批复情况、竣工环保验收情况、排污许可证编号等；

b）生产设施基本信息：生产设施（设备）名称、编码、设施规格型号、相关参数（包括参数名称、设计值、单位）、设计生产能力等；

c）治理设施基本信息：治理设施名称、编码、设施规格型号、相关参数（包括参数名称、设计值、单位）等。

8.1.3 生产设施运行管理信息

排污单位应定期记录生产设施运行状况并留档保存，应按班次至少记录以下内容：

a）运行状态：开始时间，结束时间，是否按照生产要求正常运行；

b）生产负荷：实际生产能力与设计生产能力之比，设计生产能力取最大设计值；

c）产品产量：记录统计时段内主要产品产量；

d）原辅料：记录名称、来源地、种类、用量、有毒有害物质成分及占比、是否为危险化学品；

e）燃料：记录种类、用量、成分、热值、品质。涉及二次能源的需建立能源平衡报表，应填报一次购入能源和二次转化能源。

8.1.4 污染治理设施运行管理信息

镍冶炼排污单位应记录环保设施的运行状态、污染物排放情况、治理药剂添加情况等。污染治理设施运行管理信息还应当包括设备运行校验关键参数，能充分反映生产设施及治理设施运行管理情况。

a）有组织废气治理设施

废气环保设施台账应包括所有环保设施的运行参数及排放情况等，废气环保设施台账包括废气处理能力（m^3/h）、运行参数（包括运行工况等）、废气排放量，脱硫药剂使用量及运行费用等。

b）无组织废气治理设施

原辅料储库、固废临时渣场、燃料储库、成品库、物料运输系统等无组织废气污染治理措施相应的运行、维护、管理相关的信息记录，可用于说明无组织治理措施（厂区降尘洒水、清扫、原料或产品场地封闭、遮盖等）运行情况和效果。

c）废水治理设施

废水环保设施台账应包括所有环保设施的运行参数及排放情况等，废水治理设施包括废水处理能力（t/d）、运行参数（包括运行工况等）、废水排放量、废水回用量、污泥产生量及运行费用（元/t）、出水水质（各因子浓度和水量等）、排水去向及受纳水体、排入的污水处理厂名称等。

8.1.5 其他环境管理信息

镍冶炼排污单位应记录的其他环境管理信息包括以下几方面：

a）污染治理设施故障期间

应记录污染治理设施故障设施、故障原因、故障期间污染物排放浓度以及应对措施。记录内容参见附录 A 中表 A.7。

b）特殊时段

应记录重污染天气应对期间和冬防期间等特殊时段管理要求、执行情况（包括特殊时段生产设施运行管理信息和污染治理设施运行管理信息）等。重污染天气应急预警期间和冬防期间等特殊时段的台账记录要求与正常生产记录频次要求一致，涉及特殊时段停产的排污单位或生产工序，该期间原则上仅对起始和结束当天各进行 1 次记录，地方管理部门有特殊要求的，从其规定。

c）非正常工况

镍冶炼排污单位开炉、设备检修（停炉）等非正常工况信息按工况期记录，每工况期记录 1 次，内容应记录非正常（开停炉）工况时间、事件原因、是否报告、应对措施，并按生产设施与污染治理设施填写具体情况：生产设施应记录设施名称、编号、产品产量、原辅料消耗量、燃料消耗量等；污染治理设施应记录设施名称、编号、污染因子、排放量、排放浓度等。记录内容参见附录 A 中表 A.7。

8.1.6 监测记录信息

a）自动监测运维记录

包括自动监测系统运行状况、系统辅助设备运行状况、系统校准、校验工作等；仪器说明书及相关标准规范中规定的其他检查项目；校准、维护保养、维修记录等。

b）手工监测记录信息

无自动监测要求的废气和废水污染物，排污单位应当按照排污许可证中手工监测要求记录手工监测的日期、时间、污染物排放口和监测点位、监测方法、监测频次、监测仪器及型号、采样方法等，并建立台账记录报告，手工监测记录台账至少应包括附录 B。

c）监测期间生产及污染治理设施运行状况记录信息

监测期间生产及污染治理设施运行状况记录信息内容分别见本标准 8.1.3 和 8.1.4 的相关规定。

8.1.7 记录频次

8.1.7.1 一般原则

记录频次应根据生产过程中的变化参数进行确定。

8.1.7.2 生产设施运行管理信息

a）生产运行状况：按照排污单位生产班次记录，每班次记录 1 次。非正常工况按照工况期记录，每工况期记录 1 次，非正常工况开始时刻至工况恢复正常时刻为一个记录工况期；

b）产品产量：连续性生产的排污单位产品产量按照班次记录，每班次记录 1 次。周期性生产的设施按照一个周期进行记录，周期小于 1 天的按照 1 天记录；

c）原辅料、燃料用量：按照批次记录，每批次记录 1 次。

8.1.7.3 污染治理设施运行管理信息

a）污染治理设施运行状况：按照排污单位生产班次记录，每班次记录 1 次。非正常工况按照工况期记录，每工况期记录 1 次，非正常工况开始时刻至工况恢复正常时刻为一个记录工况期；

b）污染物产排情况：连续排放污染物的，按班次记录，每班次记录 1 次。非连续排放污染物的，按照产排污阶段记录，每个产排阶段记录 1 次。安装自动监测设施的按照自动监测频率记录，DCS 上保存自动监测记录；

c）药剂添加情况：采用批次投放的，按照投放批次记录，每投放批次记录 1 次。采用连续加药方式的，每班次记录 1 次。

8.1.7.4 监测记录信息

监测数据的记录频次按照本标准 7.5 中所确定的监测频次要求记录。

8.1.7.5 其他环境管理信息

采取无组织废气污染控制措施的信息记录频次原则上不小于 1 天。

特殊时段的台账记录频次原则上与正常生产记录频次要求一致，涉及特殊时段停产的排污单位或生产工序，该期间原则上仅对起始和结束当天进行 1 次记录，地方管理部门有特殊要求的，从其规定。

根据环境管理要求增加记录的内容，记录频次依实际情况确定。

8.1.8 记录保存

8.1.8.1 纸质存储

纸质台账应存放于保护袋、卷夹或保护盒中，专人保存于专门的档案保存地点，并由相关人员签字。档案保存应采取防光、防热、防潮、防细菌及防污染等措施。纸制类档案如有破损应随时修补。档案保存时间原则上不低于 3 年。

8.1.8.2 电子存储

电子台账保存于专门的存储设备中，并保留备份数据。设备由专人负责管理，定期进行维护。根据地方环境保护主管部门要求定期上传，纸版由排污单位留存备查。档案保存时间原则上不低于 3 年。

8.2 排污许可证执行报告编制要求

8.2.1 一般原则

地方环境保护主管部门应当整合总量控制、环境保护税（排污收费）、环境统计等各项环境管理的数据上报要求，可以参照本标准，在排污许可证中根据各项环境管理要求，规定排污许可证执行报告内容、上报频次等要求。

排污单位应按照排污许可证中规定的内容和频次定期上报执行报告。镍冶炼排污单位可参照本标准，根据环境管理台账记录等归纳总结报告期内排污许可证执行情况，并提交至发证机关，台账记录留存备查。排污单位应保证执行报告的规范性和真实性。技术负责人发生变化时，应当在年度执行报告中及时报告。

8.2.2 报告分类及频次

8.2.2.1 报告分类

排污许可证执行报告按报告周期分为年度执行报告、季度执行报告和月度执行报告。

持有排污许可证的镍冶炼排污单位，均应按照本标准规定提交年度执行报告与季度执行报告。为满足其他环境管理要求，地方环境保护主管部门有更高要求的，排污单位还应根据其规定，提交月度执行报告。排污单位应在全国排污许可证管理信息平台上填报并提交执行报告，同时向有排污许可证核发权限的环境保护主管部门提交通过平台印制的书面执行报告。

8.2.2.2 上报频次

a）年度执行报告上报频次

镍冶炼排污单位应至少每年上报一次排污许可证年度执行报告，于次年 1 月底前提交至排污许可证核发机关。对于持证时间不足 3 个月的，当年可不上报年度执行报告，排污许可证执行情况纳入下一年度执行报告。具体内容见附录 C。

b）月度/季度执行报告上报频次

排污单位每月度/季度上报一次排污许可证月度/季度执行报告，于下一周期首月 15 日前提交至排污许可证核发机关，提交季度执行报告或年度执行报告时，可免报当月月度执行报告。对于持证时间不足 10 d 的，该报告周期内可不上报月度执行报告，排污许可证执行情况纳入下一月度执行报告。对于持证时间不足一个月的，该报告周期内可不上报季度执行报告，排污许可证执行情况纳入下一季度执行报告。

排污单位每月或每季度应至少向环境保护主管部门上报年度执行报告中的“实际排放量报表”、合规判定分析说明、污染防治设施异常情况说明及所采取的措施。

9 实际排放量核算方法

9.1 一般原则

镍冶炼排污单位的废水、废气污染物在核算时段内的实际排放量等于正常情况与非正常情况实际排放量之和。核算时段根据管理需求，可以是季度、年或特殊时段等。

镍冶炼排污单位的废水污染物在核算时段内的实际排放量等于主要排放口的实际排放量。镍冶炼排污单位的废气污染物在核算时段内的实际排放量等于主要排放口的实际排放量，即各主要排放口实际排放量之和，不核算一般排放口和无组织排放的实际排放量。核算方法包括实测法、物料衡算法、产排污系数法等。

镍冶炼排污单位的废水、废气污染物在核算时段内正常情况下的实际排放量首先采用实测法核算，分为自动监测实测法和手工监测实测法。对于排污许可证中载明应当采用自动监测的排放口和污染物，应根据符合监测规范的有效自动监测数据核算污染物实际排放量。对于未要求采用自动监测的污染物，可采用自动监测数据或手工监测数据核算污染物实际排放量。采用自动监测的污染物，应同时根据手工监测数据进行校核，若同一时段的手工监测数据与自动监测数据不一致，手工监测数据符合法定的监测标准和监测方法的，以手工监测数据为准。

排污许可证中载明要求采用自动监测的排放口或污染物而未采用的，采用物料衡算法核算二氧化硫排放量、产污系数法核算氮氧化物、颗粒物（烟尘）、化学需氧量、氨氮等其他污染物排放量，且均按直接排放进行核算。未按照相关规范文件等要求进行手工监测（无有效监测数据）的排放口或污染物，有有效治理设施的按排污系数法核算，无有效治理设施的按产污系数法核算。

镍冶炼排污单位的废气污染物在核算时段内非正常情况下的实际排放量首先采用实测法核算，无法采用实测法核算的，采用物料衡算法核算二氧化硫排放量、产污系数法核算其他污染物排放量，且均按直接排放进行核算。镍冶炼排污单位的废水污染物在核算时段内非正常情况下的实际排放量采用产污系数法核算污染物排放量，且均按直接排放进行核算。

镍冶炼排污单位如含有适用其他行业排污许可技术规范的生产设施，废气污染物的实际排放量为涉及的各行业生产设施实际排放量之和。废水污染物的实际排放量采用实测法核算时，按本核算方法核算。采用产排污系数法核算时，实际排放量为涉及的各行业生产设施实际排放量之和。

9.2 正常情况废气污染物实际排放量核算方法

9.2.1 实测法

废气自动监测实测法是指根据符合监测规范的小时平均排放浓度、平均烟气量、运行时间等有效自动监测数据核算污染物年排放量，某主要排放口某项大气污染物实际排放量的核算方法见式（5）。

排污单位废气污染物主要排放口实际排放量核算方法如下：

$$E_{jk}=\sum_{i=1}^{n}\rho_{ji}\times q_i\times 10^{-9} \tag{5}$$

式中：E_{jk} —— 核算时段内第 k 个主要排放口第 j 项污染物的实际排放量，t；

ρ_{ji} —— 第 k 个主要排放口第 j 项污染物在第 i 小时的实测平均排放浓度（标态），mg/m^3；

q_i —— 第 k 个主要排放口第 i 小时的标准状态下干排气量，m^3/h；

n —— 核算时段内的污染物排放时间，h。

手工监测实测法是指根据每次手工监测时段内每小时污染物的平均排放浓度、平均烟气量、运行时间核算污染物年排放量，核算方法见式（6）和式（7）。手工监测数据包括核算时间内的所有执法监测数据和排污单位自行或委托的有效手工监测数据。排污单位自行或委托的手工监测频次、监测期间生产工况、数据有效性等须符合相关规范文件等要求。排污单位应将手工监测时段内生产负荷与核算时段内的平均生产负荷进行对比，并给出对比结果。

$$E = \rho \times q \times h \times 10^{-9} \tag{6}$$

$$\rho = \frac{\sum_{i=1}^{n}(\rho_i \times q_i)}{\sum_{i=1}^{n} q_i}，\quad q = \frac{\sum_{i=1}^{n} q_i}{n} \tag{7}$$

式中：E —— 核算时段内某主要排放口某项大气污染物的实际排放量，t；

ρ —— 核算时段内某主要排放口某项大气污染物的实测小时加权平均排放浓度（标态），mg/m^3；

q —— 核算时段内某主要排放口的标准状态下小时平均干排气量，m^3/h；

ρ_i —— 核算时段内第 i 次监测的小时监测浓度（标态），mg/m^3；

q_i —— 核算时段内第 i 次监测的标准状态下小时干排气量（标态），m^3/h；

n —— 核算时段内取样监测次数，量纲 1；

h —— 核算时段内某主要排放口的大气污染物排放时间，h。

对于因自动监控设施发生故障以及其他情况导致数据缺失的按照 HJ/T 75 进行补遗。缺失时段超过25%的，自动监测数据不能作为核算实际排放量的依据，实际排放量采用物料衡算法核算二氧化硫排放量、产排污系数法核算其他污染物排放量，且均按直接排放进行核算。排污单位提供充分证据证明自动监测数据缺失、数据异常等不是排污单位责任的，可按照排污单位提供的手工监测数据等核算实际排放量，或者按照上一个半年申报期间稳定运行的自动监测数据小时浓度均值和半年平均烟气量，核算数据缺失时段的排放量。

9.2.2 物料衡算法

物料衡算法只适用于二氧化硫排放量核算，根据原辅材料、燃料消耗量、含硫率等按照直排进行核算。核算公式如下：

$$D = \left[\sum_{i=1}^{n}\left(m_i \times \frac{S_{m_i}}{100}\right) + \sum_{i=1}^{n}\left(f_i \times \frac{S_{f_i}}{100}\right) + \sum_{i=1}^{n}\left(g_i \times S_{g_i} \times 10^{-5}\right) - \sum_{i=1}^{n}\left(p_i \times \frac{S_{p_i}}{100}\right)\right] \times 2 \tag{8}$$

式中：D —— 核算时段内二氧化硫排放量，t；

m_i —— 核算时段内第 i 种入炉物料使用量，t；

S_{m_i} —— 核算时段内第 i 种入炉物料含硫率，%；

f_i —— 核算时段内第 i 种固体燃料使用量，t；

S_{f_i} —— 核算时段内第 i 种固体燃料含硫率，%；

g_i —— 核算时段内第 i 种入炉气体燃料使用量，10^4m^3；

S_{g_i} —— 核算时段内第 i 种入炉气体燃料硫含量，mg/m^3；

p_i —— 核算时段内第 i 种产物产生量，t；

S_{p_i} —— 核算时段内第 i 种产物含硫率，%。

9.2.3　产排污系数法

采用产排污系数法核算直接排放量的，可参考《全国污染源普查工业污染源产排污系数手册（下）》（33　有色金属冶炼及压延加工业）产污系数或排污系数进行核算。核算公式如下：

$$D = M \times \beta \times 10^{-6} \tag{9}$$

式中：D—— 核算时段内废气污染物的产生量或排放量，t；

M—— 核算时段内产品产量，t；

β—— 废气污染物产污系数或排污系数，g/t 产品，见附录 D。

当废气污染物氮氧化物、铅及其化合物产污系数缺失时，则按照式（10）核算其产生量：

$$D_{产} = M \times \alpha \times 10^{-6} \tag{10}$$

式中：$D_{产}$ —— 核算时段内某污染物的产生量，t；

M—— 核算时段内产品产量，t；

α—— 某污染物核算系数，g/t 产品，见附录 D。

当废气污染物氮氧化物、铅及其化合物排污系数缺失时，则按照式（11）核算其产生量：

$$D_{排} = D_{产} \times (1-n) \tag{11}$$

式中：$D_{排}$ —— 核算时段内某污染物的排放量，t；

$D_{产}$ —— 核算时段内某污染物的产生量，t；

n—— 末端治理设施的治理率，%，氮氧化物取 0%，铅及其化合物取 99%。

9.3　非正常情况废气污染物实际排放量核算方法

镍冶炼炉窑启停等非正常情况下污染物排放量采用实测法核算排放量，参见式（5）。无法采用实测法核算的，采用物料衡算法核算二氧化硫排放量、产污系数法核算其他污染物排放量，且均按直接排放进行核算。

9.4　正常情况废水污染物实际排放量核算方法

9.4.1　实测法

镍冶炼排污单位废水总排放口装有化学需氧量、氨氮自动监测设备的，原则上应采取自动监测实测法核算全厂化学需氧量、氨氮实际排放量。废水自动监测实测法是指根据符合监测规范的日平均排放浓度、平均流量、运行时间等有效自动监测数据核算污染物年排放量，核算方法见式（12）。

$$E_j = \sum_{i=1}^{n} \rho_{ji} \times q_i \times 10^{-6} \tag{12}$$

式中：E_j—— 核算时段内主要排放口第 j 项污染物的实际排放量，t；

ρ_{ji}—— 第 j 项污染物在第 i 日的实测日平均排放质量浓度，mg/L；

q_i—— 第 i 日的流量，m^3/h；

n—— 核算时段内的污染物排放时间，h。

手工监测实测法是指根据每次手工监测时段内每日污染物的平均排放浓度、平均排水量、运行时间核算污染物年排放量，核算方法见式（13）和式（14）。手工监测数据包括核算时间内的所有执法监测数据和排污单位自行或委托的有效手工监测数据。排污单位自行或委托的手工监测频次、监测期间生产工况、数据有效性等须符合相关规范文件等要求。排污单位应将手工监测时段内生产负荷与核算时段内的平均生产负荷进行对比，并给出对比结果。

$$E_j = \rho \times q \times h \times 10^{-6} \tag{13}$$

$$\rho = \frac{\sum_{i=1}^{n}(\rho_i \times q_i)}{\sum_{i=1}^{n} q_i}，\quad q = \frac{\sum_{i=1}^{n} q_i}{n} \tag{14}$$

式中：E_j—— 核算时段内主要排放口水污染物的实际排放量，t；

ρ—— 核算时段内主要排放口水污染物的实测日加权平均排放浓度，mg/L；

q—— 核算时段内主要排放口的日平均排水量，m^3/d；

ρ_i—— 核算时段内第 i 次监测的日监测质量浓度，mg/L；

q_i—— 核算时段内第 i 次监测的日排水量，m^3/d；

n—— 核算时段内取样监测次数，量纲 1；

h—— 核算时段内主要排放口的水污染物排放时间，d。

对要求采用自动监测的排放口或污染因子，在自动监测数据由于某种原因出现中断或其他情况下，应按照 HJ/T 356 补遗。无有效自动监测数据时，采用手工监测数据进行核算。手工监测数据包括核算时间内的所有执法监测数据和排污单位自行或委托的有效手工监测数据。排污单位自行或委托的手工监测频次、监测期间生产工况、数据有效性等须符合相关规范文件等要求。排污单位提供充分证据证明自动监测数据缺失、数据异常等不是排污单位责任的，可按照排污单位提供的手工监测数据等核算实际排放量，或者按照上一个半年申报期间稳定运行的自动监测数据日均浓度值和半年平均排水量，核算数据缺失时段的排放量。

其他水污染物如需核算实际排放量，可以参照式（13）和式（14）进行核算。

9.4.2 产排污系数法

采用产排污系数法核算废水污染物实际排放量时，可参考《全国污染源普查工业污染源产排污系数手册（下）》（33 有色金属冶炼及压延加工业）产污系数或排污系数进行核算。核算公式如下：

$$D = M \times \beta \times 10^{-6} \tag{15}$$

式中：D—— 核算时段内某污染物的产生量或排放量，t；

M—— 核算时段内产品产量，t；

β—— 某污染物产污系数或排污系数，g/t 产品，见附录 D。

当废水污染物化学需氧量、氨氮、总汞、总氮、总磷产污系数缺失时，则按照式（16）核算其产生量：

$$D_{产} = M \times \alpha \times 10^{-6} \tag{16}$$

式中：$D_{产}$—— 核算时段内某污染物的产生量，t；

M—— 核算时段内产品产量，t；

α—— 某污染物核算系数，g/t 产品，见附录 D。

当废水污染物化学需氧量、氨氮、总汞、总氮、总磷缺失时，则按照式（17）核算其排放量：

$$D_{排} = D_{产} \times (1-n) \tag{17}$$

式中：$D_{排}$—— 核算时段内某污染物的排放量，t；

$D_{产}$—— 核算时段内某污染物的产生量，t；

n—— 末端治理设施的治理率，%，化学需氧量、氨氮、总氮和总磷取 20%，总汞取 90%。

9.5 非正常情况废水污染物实际排放量核算方法

废水处理设施异常情况下的排水，如无法满足排放标准要求时，不应直接排入外环境，待废水处理设施恢复正常运行后方可排放。如因特殊原因造成污染治理设施未正常运行超标排放污染物的或偷排偷放污染物的，按产污系数法核算非正常情况期间的实际排放量，计算公式见式（15），式中核算时段为未正常运行时段（或偷排偷放时段）。

10 合规判定方法

10.1 一般原则

合规是指镍冶炼排污单位许可事项和环境管理要求符合排污许可证规定。许可事项合规是指镍冶炼排污单位排放口位置和数量、排放方式、排放去向、排放污染物种类、排放限值符合许可证规定。其中，排放限值合规是指镍冶炼排污单位污染物实际排放浓度和排放量满足许可排放限值要求，无组织排放满足本技术规范无组织监管措施要求，环境管理要求合规是指镍冶炼排污单位按许可证规定落实自行监测、台账记录、执行报告、信息公开等环境管理要求。

镍冶炼排污单位可通过环境管理台账记录、按时上报执行报告和开展自行监测、信息公开，自证其依证排污，满足排污许可证要求。环境保护主管部门可依据排污单位环境管理台账、执行报告、自行监测记录中的内容，判断其污染物排放浓度和排放量是否满足许可排放限值要求，也可通过执法监测判断其污染物排放浓度是否满足许可排放限值要求。

10.2　排放限值合规判定

10.2.1　废气排放浓度合规判定

10.2.1.1　正常情况

镍冶炼排污单位各废气排放口污染物或厂界无组织污染物的排放浓度达标是指“任一小时浓度均值均满足许可排放浓度要求”。

a）执法监测

按照监测规范要求获取的执法监测数据超标的，即视为不合规。根据 GB/T 16157、HJ/T 397、HJ/T 55 确定监测要求。

b）排污单位自行监测

1）自动监测

按照本标准 7.5.1 要求获取的有效自动监测数据计算得到的有效小时浓度均值与许可排放浓度限值进行对比，超过许可排放浓度限值的，即视为超标。对于应当采用自动监测而未采用的排放口或污染物，即认为不合规。自动监测小时均值是指“整点 1 h 内不少于 45 min 的有效数据的算术平均值”。

2）手工监测

对于未要求采用自动检测的排放口或污染物，应进行手工监测，按照自行监测方案、监测规范要求获取的监测数据计算得到的有效小时浓度均值超过许可排放浓度限值，即视为超标。

若同一时段的执法监测数据与排污单位自行监测数据不一致，执法监测数据符合法定的监测标准和监测方法的，以该执法监测数据为准。

10.2.1.2　非正常情况

镍冶炼排污单位非正常排放指炉窑启停机、设备故障、检维修等情况下的排放。

镍冶炼排污单位开停炉间必须确保制酸尾气脱硫系统的正常运行，不得未经处理直接排放，排污单位应该开停炉前及时将开停炉时间段上报环境保护主管部门。若多台设施采用混合方式排放烟气，且其中一台处于启停时段，排污单位可提供烟气混合前各台设施有效监测数据的，按照排污单位提供数据进行达标判定。

10.2.2　废水排放浓度合规判定

镍冶炼排污单位各废水排放口污染物（除 pH 值外）的排放浓度达标是指“任一有效日均值（除 pH 值外）均满足许可排放浓度要求”。

10.2.2.1　执法监测

按照监测规范要求获取的执法监测数据超标的，即视为超标。根据 HJ/T 91、GB 25467 确定监测要求。

10.2.2.2　排污单位自行监测

a）自动监测

按照本标准 7.5.1 要求获取的自动监测数据计算得到有效日均浓度值（除 pH 值外）与许可排放浓度限值进行对比，超过许可排放浓度限值的，即视为超标。对于应当采用自动监测而未采用的排放口或污染物，即认为不合规。

对于自动监测，有效日均浓度是对应于以每日为一个监测周期内获得的某个污染物的多个有效监测数据的平均值。在同时监测污水排放流量的情况下，有效日均值是以流量为权的某个污染物的有效监测数据的加权平均值；在未监测污水排放流量的情况下，有效日均值是某个污染物的有效监测数据的算术平均值。

自动监测的有效日均浓度应根据 HJ/T 355 和 HJ/T 356 等相关文件确定。

b）手工监测

对于未要求采用自动监测的排放口或污染物，应进行手工监测。按照本标准 7.2 和 7.5.2 进行手工监测，当日各次监测数据平均值或当日混合样监测数据（除 pH 值外）超标的，即视为超标。

c）若同一时段的执法监测数据与排污单位自行监测数据不一致，执法监测数据符合法定的监测标准和监测方法的，以该执法监测数据为准。

10.2.3 排放量合规判定

镍冶炼排污单位污染物的排放量合规是指：

a）废水和废气污染物年实际排放量满足各自的年许可排放量要求，年许可排放量是正常情况和非正常情况排放量之和；

b）废水和废气污染物各主要排放口实际排放量之和满足主要排放口的许可排放量要求；

c）对于特殊时段有许可排放量要求的排污单位，排放口实际排放量之和不得超过特殊时期许可排放量。

10.3 管理要求合规判定

环境保护主管部门依据排污许可证中的管理要求以及镍冶炼行业相关技术规范，审核环境管理台账记录和许可证执行报告；检查排污单位是否按照自行监测方案开展自行监测；是否按照排污许可证中环境管理台账记录要求记录相关内容，记录频次、形式等是否满足许可证要求；是否按照许可证中执行报告要求定期上报，上报内容是否符合要求等；是否按照许可证要求定期开展信息公开；是否满足特殊时段污染防治要求。

附 录 A

（资料性附录）

环境管理台账记录参考表（略）

附 录 B

（资料性附录）

手工监测报表示例表

序号	污染源类别	监测日期	监测时间	排放口编号	监测内容	计量单位	监测结果	监测结果（折标）	是否超标	手工监测采样方法及个数	手工测定方法	手工监测仪器型号
1	废气	20160606	10:00—10:15	DA001	SO_2	mg/m^3	100	110		连续采样	HJ/T 57	AAA
		20160606	10:00—10:15	DA001	烟气量	m^3/h	5 000	5 500		—	—	—
	废水											
				……	……					……	……	
	其他				……					……	……	

附 录 C

（资料性附录）

镍冶炼排污单位排污许可证执行报告编制内容（略）

附 录 D

（资料性附录）

镍冶炼行业产排污系数表

产品名称	原料名称	工艺名称	规模等级	污染物指标	单位	产污系数	排污系数
高冰镍含镍量	镍精矿	电炉工艺	≥20 000t/a	化学耗氧量	g/t-产品	1 785	820.4
				镉	g/t-产品	1.573	0.085
				铅	g/t-产品	3.613	0.723
				砷	g/t-产品	22.53	0.234
				烟尘	千克/t-产品	977.2	5.103
高冰镍含镍量	镍精矿	电炉工艺	＜20 000 t/a	化学需氧量	g/t-产品	1 909	855.4
				镉	g/t-产品	1.679	0.158
				砷	g/t-产品	31.90	0.412
高冰镍含镍量	镍精矿	电炉工艺	＜20 000 t/a	烟尘	千克/t-产品	672.9	13.75
高冰镍含镍量	镍精矿	闪速炉工艺	所有规模	化学需氧量	g/t-产品	764.7	352.2
				镉	g/t-产品	1.295	0.035
				铅	g/t-产品	2.572	0.337
				砷	g/t-产品	11.53	0.124
				烟尘	千克/t-产品	925.3	3.863
电镍	高冰镍	反射炉-电解工艺	所有规模	化学需氧量	g/t-产品	8 898	1 142
				镉	g/t-产品	2.243	0.063
				铅	g/t-产品	2.862	0.349
				砷	g/t-产品	1.63	0.189
				烟尘	kg/t-产品	23.82	1.58
电镍	高冰镍	浸出-电解工艺	所有规模	化学需氧量	g/t-产品	1 270	975
				镉	g/t-产品	1.916	0.633
				砷	g/t-产品	36.4	0.199
氮氧化物、铅及其化合物、砷及其化合物、汞及其化合物、氨氮、总汞、总氮、总磷核算系数							
高冰镍含镍量电镍	各种原料	各种工艺	各种规模	氮氧化物	kg/t-产品	3.0	—
				铅及其化合物	g/t-产品	2 100	—
				砷及其化合物	g/t-产品	1 200	—
				汞及其化合物	g/t-产品	36	—
				氨氮	g/t-产品	150	—
				总汞	g/t-产品	7.5	—
				总氮	g/t-产品	281.25	—
				总磷	g/t 产品	18.75	—

中华人民共和国环境保护行业标准

排污许可证申请与核发技术规范　有色金属工业——钛冶炼

Technical specification for application and issuance of pollutant permit —Non-ferrous metal metallurgy industry—Titanium smelting

HJ 935—2017

前　言

为贯彻落实《中华人民共和国环境保护法》《中华人民共和国大气污染防治法》《中华人民共和国水污染防治法》等法律法规和《国务院办公厅关于印发控制污染物排放许可制实施方案的通知》（国办发〔2016〕81 号），完善排污许可技术支撑体系，指导和规范钛冶炼排污单位排污许可证申请与核发工作，制定本标准。

本标准规定了钛冶炼排污单位排污许可证申请与核发的基本情况填报要求、许可排放限值确定、实际排放量核算、合规判定的方法以及自行监测、环境管理台账与排污许可证执行报告等环境管理要求，提出了钛冶炼污染防治可行技术要求。

核发机关核发排污许可证时，对位于法律法规明确规定禁止建设区域内的、属于国家和地方政府明确规定予以淘汰或取缔的钛冶炼排污单位或者生产装置，应不予核发排污许可证。

本标准的附录 A、附录 B、附录 C、附录 D、附录 E、附录 F 为资料性附录。

本标准为首次发布。

本标准由环境保护部规划财务司、科技标准司组织制订。

本标准主要起草单位：中国环境科学研究院、中铝国际工程股份有限公司贵阳分公司、中国有色金属工业协会、环境保护部环境保护对外合作中心、环境保护部环境工程评估中心。

本标准环境保护部 2017 年 12 月 27 日批准。

本标准自 2017 年 12 月 27 日起实施。

本标准由环境保护部解释。

1　适用范围

本标准规定了钛冶炼排污单位排污许可证申请与核发的基本情况填报要求、许可排放限值确定、实际排放量核算、合规判定的方法以及自行监测、环境管理台账与排污许可证执行报告等环境管理要求，提出了钛冶炼排污单位污染防治可行技术。

本标准适用于指导钛冶炼排污单位填报《排污许可证申请表》及在全国排污许可证管理信息平台申报系统中填报相关申请信息，适用于指导核发机关审核确定钛冶炼排污单位排污许可证许可要求。

本标准适用于钛冶炼排污单位排放的大气污染物、水污染物的排污许可管理。

本标准未做出规定但排放工业废水、废气和国家规定的有毒有害大气污染物的钛冶炼排污单位其他产污设施和排放口，参照《排污许可证申请与核发技术规范　总则》执行，在《排污许可证申请与核发技术规范　锅炉工业》发布前，热水锅炉和 65 t/h 及以下蒸汽锅炉参照本标准执行，发布后从其规定。

2　规范性引用文件

本标准引用了下列文件或其中的条款。凡是未注明日期的引用文件，其最新版本适用于本标准。

GB 13271　锅炉大气污染物排放标准

GB 25468　镁、钛工业污染物排放标准

GB/T 16157　固定污染源排气中颗粒物测定与气态污染物采样方法

HJ 493　水质采样　样品的保存和管理技术规定
HJ 494　水质　采样技术指导
HJ 495　水质　采样方案设计技术规定
HJ 819　排污单位自行监测技术指南　总则
HJ 820　排污单位自行监测技术指南　火力发电及锅炉
HJ/T 55　大气污染物无组织排放监测技术导则
HJ/T 75　固定污染源烟气（SO_2、NO_x、颗粒物）排放连续监测技术规范
HJ/T 76　固定污染源烟气（SO_2、NO_x、颗粒物）排放连续监测系统技术要求及监测方法
HJ/T 91　地表水和污水监测技术规范
HJ/T 353　水污染源在线监测系统安装技术规范（试行）
HJ/T 354　水污染源在线监测系统验收技术规范（试行）
HJ/T 355　水污染源在线监测系统运行与考核技术规范（试行）
HJ/T 356　水污染源在线监测系统数据有效性判别技术规范（试行）
HJ/T 397　固定源废气监测技术规范
*排污许可证申请与核发技术规范　总则
*排污单位自行监测技术指南　有色金属冶炼与压延加工
*环境管理台账及排污许可证执行报告技术规范（试行）
《固定污染源排污许可分类管理名录》
《排污口规范化整治技术要求》（环监〔1996〕470 号）
《污染源自动监控设施运行管理办法》（环发〔2008〕6 号）
《钛冶炼厂工艺设计规范》
《关于开展火电、造纸行业和京津冀试点城市高架源排污许可证管理工作的通知》（环水体〔2016〕189 号）

3　术语和定义

下列术语和定义适用于本标准。

3.1　钛冶炼排污单位　titanium smelting pollutant emission unit

指以钛精矿或高钛渣或四氯化钛为原料生产海绵钛企业，产品包括高钛渣、四氯化钛、海绵钛。

3.2　许可排放限值　permitted emission limits

指排污许可证中规定的允许排污单位排放的污染物最大排放浓度和最大排放量。

3.3　特殊时段　special periods

指根据国家和地方限期达标规划及其他相关环境管理规定，对排污单位的污染物排放情况有特殊要求的时段，包括重污染天气应对期间和冬防期间等。

4　排污单位基本情况填报要求

4.1　一般原则

排污单位应按照本标准要求，在排污许可证管理信息平台申报系统填报《排污许可证申请表》中的相应信息表。填报系统下拉菜单中未包括的、地方环境保护主管部门有规定需要填报或排污单位认为需要填报的，可自行增加内容。

省级环境保护主管部门按环境质量改善需求增加的管理要求，应填入排污许可证管理信息平台申报系统中“有核发权的地方环境保护主管部门增加的管理内容”一栏。

排污单位在填报申请信息时，应评估污染排放及环境管理现状，对现状环境问题提出整改措施，并填入排污许可证管理信息平台申报系统中“改正措施”一栏。

---

* 标准正在编制审批之中，待正式发布后按发布的标准实行。

排污单位基本情况应当按照实际情况填报，对提交申请材料的真实性、合法性和完整性负法律责任。

4.2 排污单位基本信息

排污单位基本信息应填报单位名称、邮政编码、是否投产、投产日期、生产经营场所中心经度、生产经营场所中心纬度、所在地是否属于重点区域、是否有环评批复文件及文号、是否有地方政府对违规项目的认定或备案文件及文号、是否有主要污染物总量分配计划文件及文号、颗粒物总量指标（t/a）、二氧化硫总量指标（t/a）、氮氧化物（以 NO_2 计）总量指标（t/a）、化学需氧量总量指标（t/a）、氨氮总量指标（t/a），其余项（如有）由企业自行填报。

4.3 主要产品及产能

4.3.1 一般原则

在填报主要产品及产能时，选择“钛冶炼”。

排污单位应根据本标准要求填写排污许可证管理信息平台申报系统中有关主要生产单元、主要工艺、生产设施、生产设施编号、设施参数、产品名称、生产能力及计量单位、设计年生产时间及其他选项等信息。

4.3.2 主要生产单元

主要生产单元均为必填项，具体要求如下：

分为生产系统、公用单元等。

4.3.3 主要工艺

主要工艺均为必填项，具体分类如下：

富钛料生产系统、海绵钛生产系统、镁生产系统、仓储系统等，公用单元包括辅助生产系统、给排水处理系统、输送系统、装卸系统等。

4.3.4 生产设施

生产设施分为必填项，具体要求如下：

a）生产系统包括钛渣熔炼（钛渣电炉、抬包车、其他）、生铁回收（保温炉、铸锭机、其他）、钛渣熔炼烟气综合利用净化（除尘器、洗涤塔、换热器、其他）、钛渣破碎（破碎机、筛分机、磁选机、风选机、干燥机、其他）；海绵钛生产系统包括四氯化钛制备（氯化炉、收尘器、淋洗塔、泵、其他）、四氯化钛制备尾气处理（洗涤塔、泵、其他）、收尘渣及废液处理系统（处理池、压滤机、泵、其他）、精制（再沸器、加热釜、蒸馏塔、精馏塔、其他）、还原蒸馏（还原蒸馏炉、其他）、海绵钛破碎（破碎机、筛分机、其他）；镁生产系统包括镁电解车间（镁电解槽、精炼装置、其他）、氯压机室（除尘器、压缩机）、液氯蒸发（蒸发器）、氯气液化、镁系统废气处理（洗涤塔）；输送系统（输送皮带、转运站、斗提、其他）等；

b）仓储系统包括原料库、四氯化钛储罐区、液氩贮库、液氯储库、液碱贮库、化学品库、成品库等；

c）公用单元：锅炉房、冷冻站、空压站、制氧站、循环水系统、临时渣场（厂内）、给水处理站、加压泵站、污水处理站等；

d）本标准尚未作出规定但排放工业废气或者排放有毒有害大气污染物，且有明确国家和地方排放标准的相应生产设施为必填项。

4.3.5 生产设施编号

生产设施编号为必填项，具体要求如下：

a）若生产设施有排污单位内部生产设施编号，则填报相应编号；

b）若生产设施无排污单位内部生产设施编号，则根据《关于开展火电、造纸行业和京津冀试点城市高架源排污许可证管理工作的通知》中的附件 4《固定污染源（水、大气）编码规则（试行）》进行编号并填报。

4.3.6 设施参数

设施参数分为必填项和选填项，其中产能、炉型、容量、压力、温度为必填项，其他为选填项。

4.3.7 产品名称

产品名称为必填项，具体分为钛渣、四氯化钛、生铁、海绵钛、氯化镁。

4.3.8 生产能力及计量单位

生产能力及计量单位为必填项，生产能力为主要产品设计产能。产能和产量计量单位均为万 t/a。

4.3.9 设计年生产时间

设计年生产时间为必填项，应按环境影响评价文件及批复或地方政府对违规项目的认定或备案文件确定的年生产小时数填写。

4.3.10 其他

其他为选填项，排污单位若有需要说明的内容，可填写。

4.4 主要燃料及原辅材料

主要原辅材料及燃料填写内容包括种类、原辅材料名称、原辅材料成分、燃料名称、燃料成分、设计年使用量、其他等，具体要求如下：

a）种类：分为原辅材料、燃料；

b）原辅材料名称：

1）原料分为钛精矿、钛铁矿、钛渣、金红石、四氯化钛、金属镁；

2）辅料分为无烟煤、冶金焦、电极、石油焦、氯气、氯化钠、浓硫酸、煅后焦、除钒剂、氧气、氮气、氩气、其他。

c）原辅材料成分：要原辅材料的硫元素占比（干基）、主要有毒有害物质成分及占比；

d）燃料名称：分为燃煤（灰分、硫分、挥发分、热值）、柴油、重油、其他等；

e）燃料成分：应填报燃料的灰分、硫分、挥发分、热值；

f）设计年使用量：设计年使用量为与核定产能相匹配的原辅材料及燃料年使用量，单位为万 t/a 或万 m^3/a；

g）其他：排污单位若有需要说明的内容，可填写；

h）上述 a）～f）为必填项，g）为选填项。

4.5 产排污节点、污染物及污染治理设施

4.5.1 一般原则

废气产排污环节、污染物及污染治理设施包括生产设施对应的产污环节、污染物种类、排放形式（有组织、无组织）、污染治理设施、是否为可行技术、排放口编号、排放口设置是否规范及排放口类型。

废水包括废水类别、污染物种类、排放去向、污染治理设施、是否为可行技术、排放口编号、排放口设置是否规范及排放口类型。

4.5.2 废气

4.5.2.1 产排污节点

a）钛渣熔炼包括原料准备、钛渣熔炼电炉烟气综合利用（净化）、钛渣破碎及其他通风生产设备等；

b）四氯化钛制备包括原料制备、四氯化钛制备尾气处理及其他通风生产设备；

c）海绵钛生产包括还原蒸馏废气净化及其他通风生产设备；

d）镁电解生产系统包括镁电解/精炼废气处理系统、氯气加压及氯气液化废气净化和其他通风生产设备；

e）公用单元包括储存、转运、锅炉及其他通风生产设备等。

4.5.2.2 污染物种类

污染物种类应根据 GB 13271、GB 25468 确定，见表 1。有地方排放标准的，按照地方排放标准确定。

4.5.2.3 治理设施

治理设施名称应填写除尘设施、脱硫设施、脱硝系统等。

4.5.2.4 污染治理工艺

污染治理工艺包括除尘设施治理工艺（静电除尘器、袋式除尘器、电袋复合除尘器、其他）、脱硫设施治理工艺（干法、半干法、湿法、其他）、脱硝设施治理工艺（SCR、SNCR 等）、氯洗涤设施治理工艺（碱洗涤）。

4.5.3 废水

4.5.3.1 类别

钛冶炼废水填写类别包括生产废水（洗涤、冲渣废水、循环冷却系统排水、化验废水、酸洗废水、车间地面冲洗等）和生活污水等。

4.5.3.2 污染物种类

污染物种类应根据 GB 25468 确定，见表 1。有地方排放标准的，按照地方排放标准确定。

4.5.3.3 治理设施

治理设施名称应填写生活污水处理设施、生产废水处理设施等。

4.5.3.4 污染治理工艺

生活污水治理工艺分为一级处理（沉砂、沉淀）、二级处理（生物膜法、活性污泥法、SBR、A^2/O、其他）。生产废水治理工艺分为一级处理（中和、混凝、沉淀、过滤、气浮、其他）、深度处理（吸附、反渗透、离子交换、其他）。

4.5.3.5 排放去向及排放规律

钛冶炼排污单位应明确废水排放去向及排放规律。

排放去向分为不外排；排至厂内综合污水处理站；直接进入海域；直接进入江河、湖、库等水环境；进入城市下水道（再入江河、湖、库）；进入城市下水道（再入沿海海域）；进入城市污水处理厂；进入其他单位；进入工业废水集中处理设施；其他（包括回用等）。

排放规律分为连续排放，流量稳定；连续排放，流量不稳定，但有周期性规律；连续排放，流量不稳定，但有规律，且不属于周期性规律；连续排放，流量不稳定，属于冲击型排放；连续排放，流量不稳定且无规律，但不属于冲击型排放；间断排放，排放期间流量稳定；间断排放，排放期间流量不稳定，但有周期性规律；间断排放，排放期间流量不稳定，但有规律，且不属于非周期性规律；间断排放，排放期间流量不稳定，属于冲击型排放；间断排放，排放期间流量不稳定且无规律，但不属于冲击型排放。

4.5.4 排放口设置要求

根据《排污口规范化整治技术要求（试行）》以及排污单位执行的排放标准中有关排放口规范化设置的规定，填报废气和废水排放口设置是否符合规范化要求。

4.5.5 排放口信息

排放口类型划分为主要排放口和一般排放口，具体见表 1。

废气排放口应填报排放口地理坐标、排气筒高度、排气筒出口内径、国家或地方污染物排放标准、环评批复要求及承诺更加严格排放限值。废水直接排放口应填报排放口地理坐标、间歇排放时段、受纳自然水体信息、汇入受纳自然水体处地理坐标及执行的国家或地方污染物排放标准，废水间接排放口应填报排放口地理坐标、间歇排放时段、受纳污水处理厂名称及执行的国家或地方污染物排放标准。废水间歇式排放的，应当载明排放污染物的时段。

4.5.6 污染治理设施和排放口编号

污染治理设施编号可填写钛冶炼排污单位内部编号，若钛冶炼排污单位无内部编号，则根据《关于开展火电、造纸行业和京津冀试点城市高架源排污许可证管理工作的通知》中的附件 4《固定污染源（水、大气）编码规则（试行）》进行编号并填报。

有组织排放口编号应填写地方环境保护主管部门现有编号，若地方环境保护主管部门未对排放口进行编号，则根据《关于开展火电、造纸行业和京津冀试点城市高架源排污许可证管理工作的通知》中的附件 4《固定污染源（水、大气）编码规则（试行）》进行编号并填写。

4.6 其他要求

排污单位基本情况还应包括生产工艺流程图（包括全厂及各工序）和厂区总平面布置图。

生产工艺流程图应包括主要生产设施（设备）、主要原辅材料、燃料的流向、生产工艺流程等内容。

厂区总平面布置图应包括主要生产单元、厂房、设备位置关系，注明厂区污水收集和运输走向等内容，同时注明厂区雨水和污水排放口位置。

5　产排污节点、对应排放口及许可排放限值

5.1　产排污节点及对应排放口

废气和废水的产排污节点及对应排放口见表 1。

排污单位应填报国家或地方污染物排放标准、环评批复要求、承诺更加严格排放限值，其余项依据本标准 4.5 填报产排污节点及排放口信息。

表 1　产排污节点、排放口及污染因子一览表

产排污节点	排放口	排放口类型	污染因子
废气有组织排放			
原料制备（配料系统、破碎机其他转运通风生产设备）	装置排气口	一般排放口	颗粒物
钛渣熔炼烟气综合利用（净化）系统（钛渣熔炼电炉）	烟囱	主要排放口	颗粒物、二氧化硫、氮氧化物（以 NO_2 计）
钛渣破碎系统（破碎、筛分、干燥设备等）	装置排气口	一般排放口	颗粒物
原料准备（生产通风设备、原辅料输送设备、料仓和储库等）	装置排气口	一般排放口	颗粒物
四氯化钛制备尾气处理系统（氯化炉、精馏塔等）	尾气处理烟囱排放口	一般排放口	氯气、氯化氢
镁电解系统（镁电解槽、镁精炼炉、氯气压缩、氯气液化、液氯蒸发系统）	卫生排气及事故处理系统烟囱、废气处理系统烟囱	一般排放口	颗粒物、氯气、氯化氢
锅炉	烟气排放口	一般排放口	颗粒物、二氧化硫、氮氧化物（以 NO_2 计）、汞及其化合物[①]、烟气黑度（林格曼黑度，级）
废气无组织排放			
厂界	企业边界		二氧化硫、总悬浮颗粒物、氯气、氯化氢
废水排放			
废水类别	废水排放口	排放口类型	污染因子
生产废水	车间或生产设施废水排放口	一般排放口	总铬、六价铬
	废水总排口	主要排放口	化学需氧量、氨氮、总氮、总磷、pH、悬浮物、石油类、总铜
注：氮氧化物（以 NO_2 计）主要适用于特别排放限值区域的排污单位。			
[a]适用于燃煤锅炉。			

5.2　许可排放限值

5.2.1　一般原则

许可排放限值包括污染物许可排放浓度和许可排放量。

对于大气污染物，以生产设施或有组织排放口为单位确定许可排放浓度、许可排放量。主要排放口逐一计算许可排放量，一般排放口只许可浓度，不许可排放量。

对于水污染物，以车间或生产设施排放口和企业废水总排放口确定许可排放浓度和许可排放量。

根据国家或地方污染物排放标准确定许可排放浓度。依据总量控制指标及本标准规定的方法从严确定许可排放量，2015 年 1 月 1 日（含）后取得环境影响批复的排污单位，许可排放量还应同时满足环境影响评价文件和批复要求。

总量控制指标包括地方政府或环境保护主管部门发文确定的排污单位总量控制指标、环评批复的总量控制指标、现有排污许可证中载明的总量控制指标、通过排污权有偿使用和交易确定的总量控制指标等地方政府或环境保护主管部门与排污许可证申领排污单位以一定形式确认的总量控制指标。

排污单位填报许可排放量时，应在《排污许可申请表》中写明申请的许可排放限值计算过程。

排污单位申请的许可排放限值严于本标准规定的，在排污许可证中载明。

5.2.2　许可排放浓度

5.2.2.1　废气

排污单位废气许可排放浓度依据 GB 13271、GB 25468 确定，许可排放浓度为小时均值浓度（烟气黑度除外）。有地方排放标准要求的，按照地方排放标准确定。

大气污染防治重点控制区按照《关于执行大气污染物特别排放限值的公告》和《关于执行大气污染物特别排放限值有关问题的复函》的要求执行。其他执行大气污染物特别排放限值的地域范围、时间，由国务院环境保护主管部门或省级人民政府规定。

若执行不同许可排放浓度的多台设施采用混合方式排放烟气，且选择的监控位置只能监测混合烟气中的大气污染物浓度，则应执行各限值要求中最严格的许可排放浓度。

5.2.2.2 废水

排污单位水污染物许可排放浓度按照 GB 25468 确定，许可排放浓度为日均浓度（pH 值为任何一次监测值）。有地方排放标准要求的，按照地方排放标准确定。

若排污单位在同一个废水排放口排放两种或两种以上工业废水，且每种废水同一种污染物执行的排放标准不同时，则应执行各限值要求中最严格的许可排放浓度。

5.2.3 许可排放量

5.2.3.1 一般规定

许可排放量包括排污单位年许可排放量、主要排放口年许可排放量、特殊时段许可排放量。其中，年许可排放量是指允许排污单位连续 12 个月排放的污染物最大排放量。年许可排放量同时适用于考核自然年的实际排放量。有核发权的地方环境保护主管部门可根据环境管理规定细化许可排放量的核算周期。单独排入城镇集中污水处理设施的生活污水无须申请许可排放量。

废气许可排放量污染因子为颗粒物、二氧化硫、氮氧化物（以 NO_2 计）（仅适用于特别排放限值区域的排污单位）。

废水许可排放量污染因子为化学需氧量、氨氮。

对位于《“十三五”生态环境保护规划》等文件规定的总磷、总氮总量控制区域内的钛冶炼排污单位，还应分别申请总磷及总氮年许可排放量。地方环境保护部门另有规定的从其规定。

5.2.3.2 许可排放量核算方法

5.2.3.2.1 废气

根据排放标准浓度限值、单位产品基准排气量、产能确定大气污染物许可排放量。

a）年许可排放量

年许可排放量等于主要排放口年许可排放量，计算如下：

$$E_{i许可}=E_{i主要排放口} \tag{1}$$

式中：$E_{i许可}$ —— 排污单位第 i 项大气污染物年许可排放量，t/a；

$E_{i主要排放口}$ —— 排污单位第 i 项大气污染物主要排放口年许可排放量，t/a。

b）主要排放口年许可排放量

主要排放口年许可排放量用下式计算：

$$E_{i主要排放口}=\sum_{j=1}^{n}\rho_i\times Q_j\times R\times 10^{-9} \tag{2}$$

式中：$E_{i主要排放口}$ —— 主要排放口第 i 种大气污染物年许可排放量，t/a；

ρ_i —— 第 i 种大气污染物许可排放浓度限值，mg/m³；

R —— 主要产品年产能，t/a；

Q_j —— 第 j 个主要排放口单位产品基准排气量，m³/t 产品，参照表 2 取值。

表 2 钛冶炼排污单位主要排放口基准排气量表

序号	生产设施	排放口	基准排气量
1	钛渣熔炼电炉	烟囱排放口	5 000 m³/t 钛渣
2	四氯化钛制备尾气处理系统	尾气处理烟囱排放口	2 800 m³/t 四氯化钛

c）特殊时段许可排放量

钛冶炼排污单位特殊时段日许可排放量按式（3）计算。地方制定的相关法规中对特殊时段许可排放量有明确规定的从其规定。国家和地方环境保护主管部门依法规定的其他特殊时段短期许可排放量应当在排污许可证当中载明。

$$E_{日许可} = E_{前一年环统日均排放量} \times (1-\alpha) \tag{3}$$

式中：$E_{日许可}$ —— 钛冶炼排污单位重污染天气应对期间或冬防阶段日许可排放量，t/d；

$E_{前一年环统日均排放量}$ —— 钛冶炼排污单位前一年环境统计实际排放量折算的日均值，t/d；

α —— 重污染天气应对期间或冬防阶段日产量或排放量减少比例。

5.2.3.2.2 废水

水污染物年许可排放量根据水污染物许可排放浓度限值、单位产品基准排水量和产能核定。

钛冶炼排污单位只有一个主要排放口，即废水总排口，因此主要排放口的废水污染因子年许可量即为排污单位年许可排放量，年许可排放量计算公式如下：

$$D_i = \rho_i \times Q \times R \times 10^{-6} \tag{4}$$

式中：D_i —— 主要排放口第 i 种水污染物年许可排放量，t/a；

ρ_i —— 第 i 种水污染物许可排放浓度限值，mg/L；

R —— 主要产品年产能，t/a；

Q —— 主要排放口单位产品基准排水量，m^3/t 产品，参照 GB 25468。

5.2.4 无组织排放控制要求

对于钛冶炼排污单位无组织排放源，应根据所处区域的不同，分生产工序分别明确无组织排放控制要求，具体见表 3。

表 3 钛冶炼排污单位生产无组织排放控制要求表

序号	工序	指标控制措施
1	运输	（1）冶炼厂及矿区内粉状物料运输应采取密闭措施。 （2）冶炼厂及矿区内大宗物料转移、输送应采取皮带通廊、封闭式皮带输送机或流态化输送等输送方式。皮带通廊应封闭，带式输送机的受料点、卸料点采取喷雾等抑尘措施；或设置密闭罩，并配备除尘设施。 （3）冶炼厂及选矿厂内运输道路应硬化，并采取洒水、喷雾、移动吸尘等措施。 （4）运输车辆驶离矿区前以及冶炼厂前应冲洗车轮，或采取其他控制措施
2	冶炼	（1）原煤应贮存于封闭式煤场，场内设喷水装置，在煤堆装卸时洒水降尘；不能封闭的应采用防风抑尘网，防风抑尘网高度不低于堆存物料高度的 1.1 倍。钛精矿等原料，还原剂、工业盐、精炼熔剂等辅料应采用库房贮存。 （2）原料制备过程中破碎、筛分、磨矿等工序的产尘点处应设置集气罩，并配备密闭抽风收尘设施。 （3）冶炼工序应在封闭厂房内进行。各炉（窑）的加料口、出料口处应设置集气罩，并配备密闭抽风收尘设施。 （4）收尘渣堆放场应设置防尘设置。溜槽应设置盖板

5.2.5 其他

新（改、扩）建项目的环境影响评价文件或地方相关规定中有原辅材料、燃料等其他污染防治强制要求的，还应根据环境影响评价文件或地方相关规定，明确其他需要落实的污染防治要求。

6 污染防治可行技术要求

6.1 一般原则

本标准中所列污染防治可行技术及运行管理要求可作为环境保护主管部门对排污许可证申请材料审核的参考。对于排污单位采用本标准所列推荐可行技术的，原则上认为具备符合规定的污染防治设施或污染物处理能力。对于未采用本标准所列推荐可行技术的，排污单位应当在申请时提供相关证明材料。对于国内外首次采用的污染治理技术，还应当提供中试数据等说明材料，证明可达到与污染防治可行技术相当的处理能力。

对不属于污染防治推荐可行技术的污染治理技术，排污单位应当加强自行监测、台账记录，评估达标可行性。

对于废气实施特别排放限值的，钛冶炼排污单位自行填报可行的污染治理技术及管理要求。

6.2 废气推荐可行技术

钛冶炼生产过程产生的有组织废气中的颗粒物，通常采用袋式除尘器、电除尘器、电袋复合除尘器等处理设备；钛渣熔炼电炉产生的二氧化硫，通常采用选择低硫分的还原剂，石灰/石灰石-石膏法、活性焦吸附法、双碱法处理等处理技术；氯气、氯化氢采用两级水洗后再经二级以上碱洗等处理技术。

本标准推荐的钛冶炼废气可行技术具体见附录 A。

6.3 废水推荐可行技术

本标准推荐的钛冶炼废水可行技术具体见附录 B。

6.4 运行管理要求

钛冶炼排污单位应当按照相关法律法规、标准和技术规范等要求运行大气及水污染防治设施，并进行维护和管理，保证设施正常运行。钛冶炼排污单位新增废气污染源不得设置烟气旁路通道。对于特殊时段，钛冶炼排污单位应满足《重污染天气应急预案》、各地人民政府制定的冬防措施等文件规定的污染防治要求。

7 自行监测管理要求

7.1 一般原则

钛冶炼排污单位在申请排污许可证时，应当按照本标准确定的产排污节点、排放口、污染因子及许可限值等要求，制定自行监测方案，并在《排污许可证申请表》中明确，《排污单位自行监测技术指南　有色金属冶炼与压延加工》发布后，自行监测方案的制定从其要求。热水锅炉和 65 t/h 及以下蒸汽锅炉按照 HJ 820 制定自行监测方案。

对于 2015 年 1 月 1 日（含）后取得环评批复的排污单位，环境影响评价文件有其他管理要求的应当同步完善排污单位自行监测管理要求。有核发权的地方环境保护主管部门可根据环境质量改善需求，增加钛冶炼排污单位自行监测管理要求。

7.2 自行监测方案

自行监测方案中应明确排污单位的基本情况、监测点位及示意图、监测指标、执行排放标准及其限值、监测频次、采样和样品保存方法、监测分析方法和仪器、质量保证与质量控制、自行监测信息公开等。对于采用自动监测的排污单位应当如实填报采用自动监测的污染物指标、自动监测系统联网情况、自动监测系统的运行维护情况等；对于未要求开展自动监测的污染物指标，排污单位应当填报开展手工监测的污染物排放口和监测点位、监测方法、监测频率；对于 2015 年 1 月 1 日（含）后取得环评批复的排污单位，还应按照环境影响评价文件的要求填报周边环境质量监测方案。

7.3 自行监测要求

7.3.1 一般原则

排污单位可自行或委托第三方监测机构开展监测工作，并安排专人专职对监测数据进行记录、整理、统计和分析。排污单位对监测结果的真实性、准确性、完整性负责。手工监测时生产负荷应不低于本次监测与上一次监测周期内的平均生产负荷。

7.3.2 监测内容

钛冶炼排污单位应当开展自行监测的污染源包括产生有组织废气、无组织废气、生产废水、生活污水、初期雨水等全部污染源。监测的污染物执行 GB 13271、GB 25468 中废气和废水污染因子。

7.3.3 监测点位、监测因子及监测频次

排污单位应明确开展自行监测的外排口监测点位、无组织排放监测点位、周边环境质量影响监测点位等，自行监测点位、监测因子及监测频次执行表 4。单独排入城镇集中污水处理设施的生活污水无须监测，对于单独排入海域、江河、湖、库等水环境的生活污水应按照 HJ/T 91 要求执行。

表 4　钛冶炼行业排污单位自行监测点位、监测因子及监测频次一览表

产排污节点	监测点位	排放口类型	监测因子	监测频次
废气有组织排放				
原料制备（转运设备、配料系统、破碎机、其他通风生产设备等）	污染物净化设施排放口	一般排放口	颗粒物	季度
钛渣熔炼烟气综合利用（净化）系统（钛渣熔炼电炉）	污染物净化设施排放口	主要排放口	颗粒物、二氧化硫、氮氧化物（以 NO_2 计）	自动监测
废气有组织排放				
钛渣破碎系统（破碎机、其他通风生产设备等）	污染物净化设施排放口	一般排放口	颗粒物	季度
原料准备（通风生产设备、原辅料输送设备、料仓和储库等）	污染物净化设施排放口	一般排放口	颗粒物	季度
四氯化钛制备尾气处理系统（氯化炉、精馏塔等）	污染物净化设施排放口	一般排放口	氯化氢、氯气[a]	季度
镁电解槽、镁精炼炉	排气筒出口及事故处理系统出口	一般排放口	颗粒物、二氧化硫、氯气、氯化氢	季度
锅炉	烟囱或烟道	一般排放口	颗粒物、二氧化硫、氮氧化物（以 NO_2 计）	自动监测
			汞及其化合物[b]、烟气黑度（林格曼黑度，级）	季度
废气无组织排放				
厂界		企业边界	二氧化硫、总悬浮颗粒物、氯气、氯化氢	季度
废水排放				
生产废水	企业废水总排放口	主要排放口	pH、化学需氧量（COD_{Cr}）、氨氮、总磷、总氮	自动监测
			悬浮物、石油类	季度
			总铜	月
			总铬、六价铬	日
	车间或生产设施废水排放口	一般排放口	总铬、六价铬	日

注 1：单独排入地表水、海水的生活污水排放口污染物（pH 值、COD、BOD_5、悬浮物、氨氮、动植物油、总氮、总磷）每月至少开展一次监测。

注 2：总磷和总氮安装在线主要适用于《“十三五”生态环境保护规划》等文件规定的总磷、总氮总量控制区域的排污单位。

注 3：氮氧化物（以 NO_2 计）自动监测只适用于执行特别排放限值区域的排污单位。

[a] 含精制系统。

[b] 适用于燃煤锅炉。

《排污单位自行监测指南　有色金属冶炼与压延加工》发布后，从其规定。

本标准规定的监测频次为排污单位自行监测的最低频次要求。排污单位原料发生重大变化的，应加密监测频次。

7.3.4　周边环境质量影响监测点

对于 2015 年 1 月 1 日（含）后取得环评批复的排污单位，周边环境质量影响监测点位按照批复的环境影响评价文件的要求设置。

7.4　监测技术手段

自行监测的技术手段包括手工监测和自动监测。

钛冶炼排污单位中主要排放口的颗粒物、二氧化硫、氮氧化物（以 NO_2 计）（仅适用于执行特别排放限值区域的排污单位）应安装自动监测设备。鼓励其他排放口及污染物采用自动监测设备监测，无法开展自动监测的，应采用手工监测。

钛冶炼排污单位生产废水排放口应安装流量、pH 值、化学需氧量、氨氮、总磷、总氮自动监测设备，其中总磷和总氮安装自动监测设备只适用于《“十三五”生态环境保护规划》等文件规定的总磷、总氮总量控制区域的排污单位，鼓励其他排放口及污染物采用自动监测设备监测，无法开展自动监测的，应采用手工监测。

7.5 采样和测定方法

7.5.1 自动监测

废气自动监测参照 HJ/T 75、HJ/T 76 执行。

废水自动监测参照 HJ/T 353、HJ/T 354、HJ/T 355、HJ/T 356 执行。

7.5.2 手工监测

有组织废气手工采样方法的选择参照 GB/T 16157、HJ/T 397 执行，单次监测中，气态污染物采样，应可获得小时均值浓度；颗粒物采样，至少采集 3 个反映监测断面颗粒物平均浓度的样品。

无组织排放采样方法参照 GB/T 15432、HJ/T 55 执行。

废水手工采样方法的选择参照 HJ 493、HJ 494、HJ 495 和 HJ/T 91 执行。

7.5.3 测定方法

废气、废水污染物的测定按照 GB 13271 和 GB 25468 中规定的污染物浓度测定方法标准执行，国家或地方法律法规等另有规定的，从其规定。

7.6 数据记录要求

监测期间手工监测的记录和自动监测运维记录按照 HJ 819 执行。

应同步记录监测期间的生产工况。

7.7 监测质量保证与质量控制

按照 HJ 819 要求，排污单位应当根据自行监测方案及开展状况，梳理全过程监测质控要求，建立自行监测质量保证与质量控制体系。

7.8 自行监测信息公开

排污单位应按照 HJ 819 要求进行自行监测信息公开。

8 环境管理台账记录与执行报告编制要求

8.1 环境管理台账记录要求

8.1.1 一般原则

排污单位应建立环境管理台账制度，设置专职人员进行台账的记录、整理、维护和管理，并对台账记录结果的真实性、准确性、完整性负责。

台账应当按照电子化储存和纸质储存两种形式同步管理。台账保存期限不得少于 3 年。

排污单位排污许可证台账应真实记录基本信息、生产设施及其运行情况、污染防治设施及其运行情况、监测记录信息、其他环境管理信息等。待《排污许可环境管理台账及执行报告技术规范》发布后从其规定。

8.1.2 基本信息

基本信息主要包括排污单位基本信息、生产设施基本信息、治理设施基本信息。基本信息因排污单位工艺、设施调整等情形发生变化的，需在基本信息台账记录表中进行相应修改，并将变化内容进行说明纳入执行报告中。

a）排污单位基本信息：排污单位名称、注册地址、行业类别、生产经营场所地址、组织机构代码、统一社会信用代码、法定代表人、技术负责人、生产工艺、产品名称、生产规模、环保投资情况、环境影响评价及批复情况、竣工环保验收情况、排污许可证编号等；

b）生产设施基本信息：生产设施（设备）名称、编码、设施规格型号、相关参数（包括参数名称、设计值、单位）、设计生产能力等，详见附录 C；

c）治理设施基本信息：治理设施名称、编码、设施规格型号、相关参数（包括参数名称、设计值、单位）等。

8.1.3 生产设施运行管理信息

排污单位应定期记录生产设施运行状况并留档保存，应按班次至少记录以下内容：

a）运行状态：开始时间，结束时间，是否按照生产要求正常运行；

b）生产负荷：实际生产能力与设计生产能力之比，设计生产能力取最大设计值；

c）产品产量：记录统计时段内主要产品产量；

d）原辅料：记录名称、来源地、种类、用量、有毒有害成分及占比、是否为危险化学品；

e）燃料：记录种类、用量、成分、热值、品质。涉及二次能源的需建立能源平衡报表，应填报一次购入能源和二次转化能源。

8.1.4 污染治理设施运行管理信息

钛冶炼排污单位应记录环保设施的运行状态、污染物排放情况、治理药剂添加情况等。污染治理设施运行管理信息还应当包括设备运行校验关键参数，能充分反映生产设施及治理设施运行管理情况。

a）有组织废气治理设施

废气环保设施台账应包括所有环保设施的运行参数及排放情况等，废气环保设施台账包括废气处理能力（m^3/h）、运行参数（包括运行工况等）、废气排放量，脱硫药剂使用量及运行费用等。

b）无组织废气治理措施

原辅料储库、固废临时渣场、燃料储库、成品库、物料运输系统等无组织废气污染治理措施相应的运行、维护、管理相关的信息记录，可用于说明无组织治理措施（厂区降尘洒水、清扫、原料或产品场地封闭、遮盖等）运行情况和效果。

c）废水治理设施

废水环保设施台账应包括所有环保设施的运行参数及排放情况等，废水治理设施包括废水处理能力（t/d）、运行参数（包括运行工况等）、废水排放量、废水回用量、污泥产生量及运行费用（元/t）、出水水质（各因子浓度和水量等）、排水去向及受纳水体、排入的污水处理厂名称等。

8.1.5 其他环境管理信息

钛冶炼排污单位应记录的其他环境管理信息包括以下几方面：

a）污染治理设施故障期间

应记录污染治理设施故障设施、故障原因、故障期间污染物排放浓度以及应对措施。记录内容参见附录 C 中表 C.7。

b）特殊时段

应记录重污染天气应对期间、冬防期间等特殊时段管理要求、执行情况（包括特殊时段生产设施运行管理信息和污染治理设施运行管理信息）等。重污染天气应急预警期间、冬防期间等特殊时段的台账记录要求与正常生产记录频次要求一致，涉及特殊时段停产的排污单位或生产工序，该期间原则上仅对起始和结束当天各进行 1 次记录，地方管理部门有特殊要求的，从其规定。

c）非正常工况

钛冶炼排污单位开炉、设备检修（停炉）等非正常工况信息按工况期记录，每工况期记录 1 次，内容应记录非正常（开停炉）工况时间、事件原因、是否报告、应对措施，并按生产设施与污染治理设施填写具体情况：生产设施应记录设施名称、编号、产品产量、原辅料消耗量、燃料消耗量等；污染治理设施应记录设施名称、编号、污染因子、排放量、排放浓度等。记录内容参见附录 C 中表 C.7。

8.1.6 监测记录信息

a）自动监测运维记录

包括自动监测系统运行状况、系统辅助设备运行状况、系统校准、校验工作等；仪器说明书及相关标准规范中规定的其他检查项目；校准、维护保养、维修记录等。

b）手工监测记录信息

无自动监测要求的废气、废水污染物，排污单位应当按照排污许可证中手工监测要求记录手工监测的日期、时间、污染物排放口和监测点位、监测方法、监测频次、监测仪器及型号、采样方法等，并建立台账记录报告，手工监测记录台账至少应包括附录 D 内容。

c）监测期间生产及污染治理设施运行状况记录信息

监测期间生产及污染治理设施运行状况记录信息内容分别见本标准第 8.1.3 和第 8.1.4 条相关规定。

8.1.7 记录频次

8.1.7.1 一般原则

记录频次应根据生产过程中的变化参数进行确定。

8.1.7.2 生产设施运行管理信息

a）生产运行状况：按照排污单位生产班次记录，每班次记录 1 次。非正常工况按照工况期记录，每工况期记录 1 次，非正常工况开始时刻至工况恢复正常时刻为一个记录工况期；

b）产品产量：连续性生产的排污单位产品产量按照班次记录，每班次记录 1 次。周期性生产的设施按照一个周期进行记录，周期小于 1 天的按照 1 天记录；

c）原辅料、燃料用量：按照批次记录，每批次记录 1 次。

8.1.7.3 污染治理设施运行管理信息

a）污染治理设施运行状况：按照排污单位生产班次记录，每班次记录 1 次。非正常工况按照工况期记录，每工况期记录 1 次，非正常工况开始时刻至工况恢复正常时刻为一个记录工况期；

b）污染物产排情况：连续排放污染物的，按班次记录，每班次记录 1 次。非连续排放污染物的，按照产排污阶段记录，每个产排阶段记录 1 次。安装自动监测设施的按照自动监测频率记录，DCS 上保存自动监测记录；

c）药剂添加情况：采用批次投放的，按照投放批次记录，每投放批次记录 1 次。采用连续加药方式的，每班次记录 1 次。

8.1.7.4 监测记录信息

监测数据的记录频次按照本标准 7.5 中所确定的监测频次要求记录。

8.1.7.5 其他环境管理信息

采取无组织废气污染控制措施的信息记录频次原则上不小于 1 d。

特殊时段的台账记录频次原则上与正常生产记录频次要求一致，涉及特殊时段停产的排污单位或生产工序，该期间原则上仅对起始和结束当天进行 1 次记录，地方管理部门有特殊要求的，从其规定。

根据环境管理要求增加记录的内容，记录频次依实际情况确定。

8.1.8 记录保存

8.1.8.1 纸质存储

纸质台账应存放于保护袋、卷夹或保护盒中，专人保存于专门的档案保存地点，并由相关人员签字。档案保存应采取防光、防热、防潮、防细菌及防污染等措施。纸制类档案如有破损应随时修补。档案保存时间原则上不低于 3 年。

8.1.8.2 电子存储

电子台账保存于专门的存储设备中，并保留备份数据。设备由专人负责管理，定期进行维护。根据地方环境保护主管部门要求定期上传，纸版由排污单位留存备查。档案保存时间原则上不低于 3 年。

8.2 排污许可证执行报告编制要求

8.2.1 一般原则

地方环境保护主管部门应当整合总量控制、环境保护税（排污收费）、环境统计等各项环境管理的数据上报要求，可以参照本标准，在排污许可证中根据各项环境管理要求，规定排污许可证执行报告内容、上报频次等要求。

排污单位应按照排污许可证中规定的内容和频次定期上报执行报告。钛冶炼排污单位可参照本标准，根据环境管理台账记录等归纳总结报告期内排污许可证执行情况，并提交至发证机关，台账记录留存备查。排污单位应保证执行报告的规范性和真实性。技术负责人发生变化时，应当在年度执行报告中及时报告。

8.2.2 报告分类及频次

8.2.2.1 报告分类

排污许可证执行报告按报告周期分为年度执行报告、季度执行报告和月度执行报告。

持有排污许可证的钛冶炼排污单位，均应按照本标准规定提交年度执行报告与季度执行报告。为满足其他环境管理要求，地方环境保护主管部门有更高要求的，排污单位还应根据其规定，提交月度执行报告。排污单位应在全国排污许可证管理信息平台上填报并提交执行报告，同时向有排污许可证核发权限的环境保护主管部门提交通过平台印制的书面执行报告。

8.2.2.2 上报频次

a）年度执行报告上报频次

钛冶炼排污单位应至少每年上报一次排污许可证年度执行报告，于次年 1 月底前提交至排污许可证核发机关。对于持证时间不足 3 个月的，当年可不上报年度执行报告，排污许可证执行情况纳入下一年度执行报告。具体内容见附录 E。

b）月度/季度执行报告上报频次

排污单位每月度/季度上报一次排污许可证月度/季度执行报告，于下一周期首月 15 日前提交至排污许可证核发机关，提交季度执行报告或年度执行报告时，可免报当月月度执行报告。对于持证时间不足 10 d 的，该报告周期内可不上报月度执行报告，排污许可证执行情况纳入下一月度执行报告。对于持证时间不足一个月的，该报告周期内可不上报季度执行报告，排污许可证执行情况纳入下一季度执行报告。

排污单位每月或每季度应至少向环境保护主管部门上报年度执行报告中的“实际排放量报表”、合规判定分析说明、污染防治设施异常情况说明及所采取的措施。

9 实际排放量核算方法

9.1 一般规定

钛冶炼排污单位的废水、废气污染物在核算时段内的实际排放量等于正常情况与非正常情况实际排放量之和。核算时段根据管理需求，可以是季度、年或特殊时段等。

钛冶炼排污单位的废水污染物在核算时段内的实际排放量等于主要排放口的实际排放量。钛冶炼排污单位的废气污染物在核算时段内的实际排放量等于主要排放口的实际排放量，即各主要排放口实际排放量之和，不核算一般排放口和无组织排放的实际排放量。核算方法包括实测法、物料衡算法、产排污系数法等。

钛冶炼排污单位的废水、废气污染物在核算时段内正常情况下的实际排放量首先采用实测法核算，分为自动监测实测法和手工监测实测法。对于排污许可证中载明应当采用自动监测的排放口和污染物，应根据符合监测规范的有效自动监测数据核算污染物实际排放量。对于未要求采用自动监测的污染物，可采用自动监测数据或手工监测数据核算污染物实际排放量。采用自动监测的污染物，应同时根据手工监测数据进行校核，若同一时段的手工监测数据与自动监测数据不一致，手工监测数据符合法定的监测标准和监测方法的，以手工监测数据为准。

排污许可证中载明要求采用自动监测的排放口或污染物而未采用的，采用物料衡算法核算二氧化硫排放量、产污系数法核算氮氧化物、颗粒物（烟尘）、化学需氧量、氨氮等其他污染物排放量，且均按直接排放进行核算。未按照相关规范文件等要求进行手工监测（无有效监测数据）的排放口或污染物，有有效治理设施的按排污系数法核算，无有效治理设施的按产污系数法核算。

钛冶炼排污单位的废气污染物在核算时段内非正常情况下的实际排放量首先采用实测法核算，无法采用实测法核算的，采用物料衡算法核算二氧化硫排放量、产污系数法核算其他污染物排放量，且均按直接排放进行核算。钛冶炼排污单位的废水污染物在核算时段内非正常情况下的实际排放量采用产污系数法核算污染物排放量，且均按直接排放进行核算。

钛冶炼排污单位如含有适用其他行业排污许可技术规范的生产设施，废气污染物的实际排放量为涉及的各行业生产设施实际排放量之和。废水污染物的实际排放量采用实测法核算时，按本核算方法核算。采用产排污系数法核算时，实际排放量为涉及的各行业生产设施实际排放量之和。

9.2 正常情况废气污染物实际排放量核算方法

9.2.1 实测法

废气自动监测实测法是指根据符合监测规范的小时平均排放浓度、平均烟气量、运行时间等有效自动监测数据核算污染物年排放量，某主要排放口某项大气污染物实际排放量的核算方法见式（5）。

排污单位废气污染物主要排放口实际排放量核算方法如下：

$$E_{jk}=\sum_{i=1}^{n}\rho_{ji}\times q_i\times 10^{-9} \tag{5}$$

式中：E_{jk} —— 核算时段内第 k 个主要排放口第 j 项污染物的实际排放量，t；

ρ_{ji} —— 第 k 个主要排放口第 j 项污染物在第 i 小时的实测平均排放浓度（标态），mg/m^3；

q_i —— 第 k 个主要排放口第 i 小时的标准状态下干排气量，m^3/h；

n —— 核算时段内的污染物排放时间，h。

手工监测实测法是指根据每次手工监测时段内每小时污染物的平均排放浓度、平均烟气量、运行时间核算污染物年排放量，核算方法见式（6）和式（7）。手工监测数据包括核算时间内的所有执法监测数据和排污单位自行或委托的有效手工监测数据。排污单位自行或委托的手工监测频次、监测期间生产工况、数据有效性等须符合相关规范文件等要求。排污单位应将手工监测时段内生产负荷与核算时段内的平均生产负荷进行对比，并给出对比结果。

$$E=\rho\times q\times h\times 10^{-9} \tag{6}$$

$$\rho=\frac{\sum_{i=1}^{n}(\rho_i\times q_i)}{\sum_{i=1}^{n}q_i},\quad q=\frac{\sum_{i=1}^{n}q_i}{n} \tag{7}$$

式中：E —— 核算时段内某主要排放口某项大气污染物的实际排放量，t；

ρ —— 核算时段内某主要排放口某项大气污染物的实测小时加权平均排放浓度（标态），mg/m^3；

q —— 核算时段内某主要排放口的标准状态下小时平均干排气量，m^3/h；

ρ_i —— 核算时段内第 i 次监测的小时监测浓度（标态），mg/m^3；

q_i —— 核算时段内第 i 次监测的标准状态下小时干排气量（标态），m^3/h；

n —— 核算时段内取样监测次数，量纲 1；

h —— 核算时段内某主要排放口的大气污染物排放时间，h。

对于因自动监控设施发生故障以及其他情况导致数据缺失的按照 HJ/T 75 进行补遗。缺失时段超过25%的，自动监测数据不能作为核算实际排放量的依据，实际排放量采用物料衡算法核算二氧化硫排放量、产排污系数法核算其他污染物排放量，且均按直接排放进行核算。排污单位提供充分证据证明自动监测数据缺失、数据异常等不是排污单位责任的，可按照排污单位提供的手工监测数据等核算实际排放量，或者按照上一个半年申报期间稳定运行的自动监测数据小时浓度均值和半年平均烟气量，核算数据缺失时段的排放量。

9.2.2 物料衡算法

物料衡算法只适用于二氧化硫排放量核算，根据原辅材料、燃料消耗量、含硫率等按照直排进行核算。核算公式如下：

$$D=\left[\sum_{i=1}^{n}\left(m_i\times\frac{S_{m_i}}{100}\right)+\sum_{i=1}^{n}\left(f_i\times\frac{S_{f_i}}{100}\right)+\sum_{i=1}^{n}\left(g_i\times S_{g_i}\times 10^{-5}\right)-\sum_{i=1}^{n}\left(p_i\times\frac{S_{p_i}}{100}\right)\right]\times 2 \tag{8}$$

式中：D —— 核算时段内二氧化硫排放量，t；

m_i —— 核算时段内第 i 种入炉物料使用量，t；

S_{m_i} —— 核算时段内第 i 种入炉物料含硫率，%；

f_i —— 核算时段内第 i 种固体燃料使用量，t；

S_{f_i} —— 核算时段内第 i 种固体燃料含硫率，%；

g_i —— 核算时段内第 i 种入炉气体燃料使用量，10^{4}m^3；

S_{g_i} —— 核算时段内第 i 种入炉气体燃料硫含量，mg/m^3；

p_i —— 核算时段内第 i 种产物产生量，t；

S_{p_i} —— 核算时段内第 i 种产物含硫率，%。

9.2.3　产排污系数法

采用产排污系数法核算直接排放量的，可参考《全国污染源普查工业污染源产排污系数手册（下）》（33　有色金属冶炼及压延加工业）产污系数或排污系数进行核算。核算公式如下：

$$D = M \times \beta \times 10^{-6} \tag{9}$$

式中：D —— 核算时段内废气污染物的产生量或排放量，t；

M —— 核算时段内产品产量，t；

β —— 废气污染物产污系数或排污系数，g/t 产品，见附录 F。

当废气污染物氮氧化物产污系数缺失时，则按照式（10）核算其产生量：

$$D_{产} = M \times \alpha \times 10^{-6} \tag{10}$$

式中：$D_{产}$ —— 核算时段内某污染物的产生量，t；

M —— 核算时段内产品产量，t；

α —— 某污染物核算系数，g/t 产品，见附录 F。

当废气污染物氮氧化物排污系数缺失时，则按照式（11）核算其排放量：

$$D_{排} = D_{产} \times (1 - n) \tag{11}$$

式中：$D_{排}$ —— 核算时段内某污染物的排放量，t；

$D_{产}$ —— 核算时段内某污染物的产生量，t；

n —— 末端治理设施的治理率，%，氮氧化物取 0%。

9.3　非正常情况废气污染物实际排放量核算方法

钛冶炼炉窑启停等非正常情况下污染物排放量采用实测法核算排放量，参见式（5）。无法采用实测法核算的，采用物料衡算法核算二氧化硫排放量、产排污系数法核算其他污染物排放量，且均按直接排放进行核算。

9.4　正常情况废水污染物实际排放量核算方法

9.4.1　实测法

钛冶炼排污单位废水总排放口装有化学需氧量、氨氮自动监测设备的，原则上应采取自动监测实测法核算全厂化学需氧量、氨氮实际排放量。废水自动监测实测法是指根据符合监测规范的日平均排放浓度、平均流量、运行时间等有效自动监测数据核算污染物年排放量，核算方法见式（12）。

$$E_j = \sum_{i=1}^{n} \rho_{ji} \times q_i \times 10^{-6} \tag{12}$$

式中：E_j —— 核算时段内主要排放口第 j 项污染物的实际排放量，t；

ρ_{ji} —— 第 j 项污染物在第 i 日的实测日平均排放浓度，mg/L；

q_i —— 第 i 日的流量，m^3/h；

n —— 核算时段内的污染物排放时间，h。

手工监测实测法是指根据每次手工监测时段内每日污染物的平均排放浓度、平均排水量、运行时间核算污染物年排放量，核算方法见式（13）和式（14）。手工监测数据包括核算时间内的所有执法监测数据和排污单位自行或委托的有效手工监测数据。排污单位自行或委托的手工监测频次、监测期间生产工况、数据有效性等须符合相关规范文件等要求。排污单位应将手工监测时段内生产负荷与核算时段内的平均生产负荷进行对比，并给出对比结果。

$$E_j = \rho \times q \times h \times 10^{-6} \tag{13}$$

$$\rho = \frac{\sum_{i=1}^{n}(\rho_i \times q_i)}{\sum_{i=1}^{n} q_i}, \quad q = \frac{\sum_{i=1}^{n} q_i}{n} \tag{14}$$

式中：E_j —— 核算时段内主要排放口水污染物的实际排放量，t；

ρ —— 核算时段内主要排放口水污染物的实测日加权平均排放浓度，mg/L；

q —— 核算时段内主要排放口的日平均排水量，m^3/d；

ρ_i —— 核算时段内第 i 次监测的日监测浓度，mg/L；

q_i —— 核算时段内第 i 次监测的日排水量，m^3/d；

n —— 核算时段内取样监测次数，量纲 1；

h —— 核算时段内主要排放口的水污染物排放时间，d。

对要求采用自动监测的排放口或污染因子，在自动监测数据由于某种原因出现中断或其他情况下，应按照 HJ/T 356 补遗。无有效自动监测数据时，采用手工监测数据进行核算。手工监测数据包括核算时间内的所有执法监测数据和排污单位自行或委托的有效手工监测数据。排污单位自行或委托的手工监测频次、监测期间生产工况、数据有效性等须符合相关规范文件等要求。排污单位提供充分证据证明自动监测数据缺失、数据异常等不是排污单位责任的，可按照排污单位提供的手工监测数据等核算实际排放量，或者按照上一个半年申报期间稳定运行的自动监测数据日均浓度值和半年平均排水量，核算数据缺失时段的排放量。

其他水污染物如需核算实际排放量，可以参照式（13）和式（14）进行核算。

9.4.2 产排污系数法

采用产排污系数法核算废水污染物实际排放量时，可参考《全国污染源普查工业污染源产排污系数手册（下）》（33 有色金属冶炼及压延加工业）产污系数或排污系数进行核算。核算公式如下：

$$D = M \times \beta \times 10^{-6} \tag{15}$$

式中：D —— 核算时段内某污染物的产生量或排放量，t；

M —— 核算时段内产品产量，t；

β —— 某污染物产污系数或排污系数，g/t 产品，见附录 F。

当废水污染物化学需氧量、氨氮、总氮、总磷产污系数缺失时，则按照式（16）核算其产生量：

$$D_{产} = M \times \alpha \times 10^{-6} \tag{16}$$

式中：$D_{产}$ —— 核算时段内某污染物的产生量，t；

M —— 核算时段内产品产量，t；

α —— 某污染物核算系数，g/t 产品，见附录 F。

当废水污染物化学需氧量、氨氮、总氮、总磷排污系数缺失时，则按照式（17）核算其排放量：

$$D_{排} = D_{产} \times (1-n) \tag{17}$$

式中：$D_{排}$ —— 核算时段内某污染物的排放量，t；

$D_{产}$ —— 核算时段内某污染物的产生量，t；

n —— 末端治理设施的治理率，%，化学需氧量、氨氮、总氮和总磷取 20%。

9.5 非正常情况废水污染物实际排放量核算方法

废水处理设施异常情况下的排水，如无法满足排放标准要求时，不应直接排入外环境，待废水处理设施恢复正常运行后方可排放。如因特殊原因造成污染治理设施未正常运行超标排放污染物的或偷排偷放污染物的，按产污系数法核算非正常情况期间的实际排放量，计算公式见式（15），式中核算时段为未正常运行时段（或偷排偷放时段）。

10 合规判定方法

10.1 一般规定

合规是指排钛冶炼污单位许可事项和环境管理要求符合排污许可证规定。

许可事项合规是指钛冶炼排污单位排放口位置和数量、排放方式、排放去向、排放污染物种类、排放限值符合许可证规定。其中，排放限值合规是指钛冶炼排污单位污染物实际排放浓度和排放量满足许可排放限值要求，无组织排放满足本技术规范无组织监管措施要求，环境管理要求合规是指钛冶炼排污单位按许可证规定落实自行监测、台账记录、执行报告、信息公开等环境管理要求。

钛冶炼排污单位可通过环境管理台账记录、按时上报执行报告和开展自行监测、信息公开，自证其依证排污，满足排污许可证要求。环境保护主管部门可依据排污单位环境管理台账、执行报告、自行监测记录中的内容，判断其污染物排放浓度和排放量是否满足许可排放限值要求，也可通过执法监测判断其污染物排放浓度是否满足许可排放限值要求。

10.2　排放限值合规判定

10.2.1　废气排放浓度合规判定

10.2.1.1　正常情况

钛冶炼排污单位各废气排放口污染物或厂界无组织污染物的排放浓度达标是指“任一小时浓度均值均满足许可排放浓度要求”。

a）执法监测

按照监测规范要求获取的执法监测数据超标的，即视为不合规。根据 GB/T 16157、HJ/T 397、HJ/T 55 确定监测要求。

b）排污单位自行监测

（1）自动监测

按照本标准 7.5.1 要求获取的有效自动监测数据计算得到的有效小时浓度均值与许可排放浓度限值进行对比，超过许可排放浓度限值的，即视为超标。对于应当采用自动监测而未采用的排放口或污染物，即认为不合规。自动监测小时均值是指“整点 1 h 内不少于 45 min 的有效数据的算术平均值”。

（2）手工监测

对于未要求采用自动监测的排放口或污染物，应进行手工监测。按照自行监测方案、监测规范要求获取的监测数据计算得到的有效小时浓度均值超过许可排放浓度限值的，即视为超标。

若同一时段的自动监测数据与手工监测数据不一致，且手工监测数据符合法定的监测标准和监测方法的，以手工监测数据作为优先合规判定依据。

10.2.1.2　非正常情况

钛冶炼排污单位非正常排放指炉窑启停机、设备故障、检维修等情况下的排放。

钛冶炼排污单位应将炉窑开停炉时间及时上报环境保护主管部门，排污单位应该于开停炉前一个月将开停炉时间段上报环境保护主管部门；设备故障等紧急停窑的，应及时将开停炉时间段上报环境保护部门。

若多台设施采用混合方式排放烟气，且其中一台处于启停时段，排污单位能提供烟气混合前各台设施有效监测数据的，可按照排污单位提供数据进行合规判定。

10.2.2　废水排放浓度合规判定

排污单位各废水排放口污染物（除 pH 值外）的排放浓度达标是指“任一有效日均值（除 pH 值外）均满足许可排放浓度要求”。

10.2.2.1　执法监测

按照监测规范要求获取的执法监测数据超标的，即视为超标。根据 HJ/T 91、GB 25468 确定监测要求。

10.2.2.2　排污单位自行监测

a）自动监测

按照本标准 7.5.1 要求获取的自动监测数据计算得到有效日均浓度值（除 pH 值外）与许可排放浓度限值进行对比，超过许可排放浓度限值的，即视为超标。对于应当采用自动监测而未采用的排放口或污染物，即认为不合规。

对于自动监测，有效日均浓度是指以每日为一个监测周期获得的某个污染物的多个有效监测数据的平均值。在同时监测污水排放流量的情况下，有效日均值是以流量为权的某个污染物的有效监测数据的加权平均值；在未监测污水排放流量的情况下，有效日均值是某个污染物的有效监测数据的算术平均值。

自动监测的有效日均浓度应根据 HJ/T 355 和 HJ/T 356 等相关文件确定。

b）手工监测

对于未要求采用自动监测的排放口或污染物，应进行手工监测。按照本标准 7.2 和 7.5.2 进行手工监测，当日各次监测数据平均值或当日混合样监测数据（除 pH 值外）超标的，即视为超标。

c）若同一时段的执法监测数据与排污单位自行监测数据不一致，执法监测数据符合法定的监测标准和监测方法的，以该执法监测数据为准。

10.2.3 排放量合规判定

钛冶炼排污单位污染物的排放量合规是指：

a）废水和废气污染物年实际排放量满足各自的年许可排放量要求，年许可排放量是正常情况和非正常情况排放量之和；

b）废水和废气污染物各主要排放口实际排放量之和满足主要排放口的许可排放量要求；

c）对于特殊时段有许可排放量要求的排污单位，排放口实际排放量之和不得超过特殊时段许可排放量。

10.3 环境管理要求合规判定

环境保护主管部门依据排污许可证中的管理要求，以及钛冶炼行业相关技术规范，审核环境管理台账记录和许可证执行报告；检查排污单位是否按照自行监测方案开展自行监测；是否按照排污许可证中环境管理台账记录要求记录相关内容，记录频次、形式等是否满足许可证要求；是否按照许可证中执行报告要求定期上报，上报内容是否符合要求等；是否按照许可证要求定期开展信息公开；是否满足特殊时段污染防治要求。

附 录 A

（资料性附录）

钛冶炼废气污染防治推荐可行技术

污染类型	污染因子	可行技术
废气排放	颗粒物	袋式除尘器、电除尘器、电袋复合除尘器
	二氧化硫	当原料有机硫含量较低时，无须采取净化措施即可满足达标排放要求
	颗粒物	袋式除尘器
	氯气	水洗+碱洗
	氯化氢	水洗+碱洗

注：*氮氧化物（以 NO_2 计）为执行大气污染物特别限值的地区的排放标准。

附 录 B

（资料性附录）

钛冶炼废水污染防治推荐可行技术

	排放方式	类型	主要污染因子	可行技术
钛冶炼废水污染防治推荐可行技术废水	循环回用	循环冷却排污水	化学需氧量、悬浮物、石油类、pH	循环利用，不外排
		生活污水、生产废水	pH、悬浮物、化学需氧量、石油类、氨氮、总磷、水温	经隔油、生物接触氧化、中和、絮凝、沉淀、过滤、消毒处理后，用于厂区绿化、道路及堆场洒水降尘、钛渣直接冷却喷水、氯化渣冲渣用水、设备循环冷却水池补充水等，不外排
	排入城镇污水集中处理站	循环冷却排污水	化学需氧量、悬浮物、石油类、pH	经絮凝、沉淀、过滤处理后，用于厂区绿化、道路及堆场洒水降尘、钛渣直接冷却喷水、氯化渣冲渣用水、设备循环冷却水池补充水等，不外排
		生活污水、生产废水	pH、悬浮物、化学需氧量、石油类、氨氮、总磷、水温	经隔油、生物接触氧化、中和、絮凝、沉淀、过滤处理达到《镁、钛工业污染物排放标准》（GB 25468）中间接排放标准后，排入城镇污水集中处理站
	直接排放地表水体	循环冷却排污水	化学需氧量、悬浮物、石油类、pH	经絮凝、沉淀、过滤处理后，用于厂区绿化、道路及堆场洒水降尘、钛渣直接冷却喷水、氯化渣冲渣用水、设备循环冷却水池补充水等，不外排
		生活污水、生产废水	pH、悬浮物、化学需氧量、石油类、氨氮、总磷、水温	经隔油、生物接触氧化、中和、絮凝、沉淀、过滤处理达到《镁、钛工业污染物排放标准》（GB 25468）中直接排放标准后，排入地表水体

附　录　C

（资料性附录）

环境管理台账记录参考表（略）

附　录　D

（资料性附录）

手工监测报表示例表

序号	污染源类别	监测日期	监测时间	排放口编号	监测内容	计量单位	监测结果	监测结果（折标）	是否超标	手工监测采样方法及个数	手工测定方法	手工监测仪器型号
1	废气	20160606	10:00—10:15	DA001	SO_2	mg/m^3	100	110		连续采样	HJ/T 57	AAA
		20160606	10:00—10:15	DA001	烟气量	m^3/h	5 000	5 500		—	—	—
	废水											
				……	……					……	……	
	其他				……					……	……	

附　录　E

（资料性附录）

钛冶炼排污单位排污许可证执行报告编制内容（略）

附　录　F

（资料性附录）

钛冶炼行业产排污系数表

产品名称	原料名称	工艺名称	规模等级	污染物指标	单位	产污系数	排污系数
海绵钛	富钛料	沸腾氯化—镁还原	各种规模	烟尘	kg/t-海绵钛	442.2	10.19
海绵钛	富钛料	熔盐氯化—镁还原	各种规模	烟尘	kg/t-海绵钛	413.7	9.351
四氯化钛	富钛料	沸腾氯化	各种规模	烟尘	kg/t-四氯化钛	87.2	1.73
四氯化钛	富钛料	熔盐氯化	各种规模	烟尘	kg/t-四氯化钛	85.9	1.68
海绵钛	四氯化钛	镁还原	各种规模	烟尘	kg/t-海绵钛	93.6	1.35
氮氧化物、氨氮、总氮、总磷核算系数							
钛精矿	海绵钛	各种工艺	各种规模	氮氧化物	g/t-产品	780	—
				化学需氧量	g/t-产品	33	—
				氨氮	g/t-产品	550	—
				总氮	g/t-产品	1 031.25	—
				总磷	g/t-产品	68.75	—
精四氯化钛	海绵钛			氮氧化物	g/t-产品	780	—
				化学需氧量	g/t-产品	4.8	—
				氨氮	g/t-产品	80	—
				总氮	g/t-产品	150	—
				总磷	g/t-产品	10	—
高钛渣	海绵钛			氮氧化物	g/t-产品	780	—
				化学需氧量	g/t-产品	7.2	—
				氨氮	g/t-产品	120	—
				总氮	g/t-产品	225	—
				总磷	g/t-产品	15	—
钛精矿	高钛渣			氮氧化物	g/t-产品	780	—
				化学需氧量	g/t-产品	0.12	—
				氨氮	g/t-产品	2	—
				总氮	g/t-产品	3.75	—
				总磷	g/t-产品	0.25	—

中华人民共和国环境保护行业标准

排污许可证申请与核发技术规范　有色金属工业——锡冶炼

Technical specification for application and issuance of pollutant permit
—Non-ferrous metal metallurgy industry—Tin smelting

HJ 936—2017

前　言

为贯彻落实《中华人民共和国环境保护法》《中华人民共和国大气污染防治法》《中华人民共和国水污染防治法》等法律法规以及《国务院办公厅关于印发控制污染物排放许可制实施方案的通知》（国办发〔2016〕81 号），完善排污许可技术支撑体系，指导和规范锡冶炼排污单位排污许可证申请与核发工作，制定本标准。

本标准规定了锡冶炼排污单位排污许可证申请与核发的基本情况填报要求、许可排放限值确定、实际排放量核算、合规判定的方法以及自行监测、环境管理台账与排污许可证执行报告等环境管理要求，提出了锡冶炼污染防治可行技术要求。

核发机关核发排污许可证时，对位于法律法规明确规定禁止建设区域内的、属于国家和地方政府明确规定予以淘汰或取缔的锡冶炼排污单位或者生产装置，应不予核发排污许可证。

本标准的附录 A、附录 B、附录 C、附录 D、附录 E、附录 F 为资料性附录。

本标准为首次发布。

本标准由环境保护部规划财务司、科技标准司组织制订。

本标准主要起草单位：中国环境科学研究院、北京矿冶研究总院。

本标准环境保护部 2017 年 12 月 27 日批准。

本标准自 2017 年 12 月 27 日起实施。

本标准由环境保护部解释。

1　适用范围

本标准规定了锡冶炼排污单位排污许可证申请与核发的基本情况填报要求、许可排放限值确定、实际排放量核算、合规判定的方法以及自行监测、环境管理台账与排污许可证执行报告等环境管理要求，提出了锡冶炼行业污染防治可行技术。

本标准适用于指导锡冶炼排污单位填报《排污许可证申请表》及在全国排污许可证管理信息平台申报系统中填报相关申请信息，适用于指导核发机关审核确定锡冶炼排污单位排污许可证许可要求。

本标准适用于以锡精矿、锡中矿等为原料生产粗锡、精锡和焊锡排污单位排放的大气污染物和水污染物的排污许可管理，不适用于以废旧锡物料为原料的再生冶炼排污单位的排污许可证申请与核发工作。

本标准未做出规定但排放工业废水、废气或者国家规定的有毒有害大气污染物的锡冶炼排污单位其他产污设施和排放口，参照《排污许可证申请与核发技术规范　总则》执行，在《排污许可证申请与核发技术规范　锅炉工业》发布前，热水锅炉和 65 t/h 及以下蒸汽锅炉参照本标准执行，发布后从其规定。

2　规范性引用文件

本标准引用了下列文件或其中的条款。凡是未注明日期的引用文件，其最新版本适用于本标准。

GB 13271　锅炉大气污染物排放标准

GB 30770　锡、锑、汞工业污染物排放标准

GB/T 16157　固定污染源排气中颗粒物测定与气态污染物采样方法

HJ 493　水质采样　样品的保存和管理技术规定

HJ 494　水质　采样技术指导

HJ 495　水质　采样方案设计技术规定

HJ 819　排污单位自行监测技术指南　总则

HJ 820　排污单位自行监测技术指南　火力发电及锅炉

HJ/T 55　大气污染物无组织排放监测技术导则

HJ/T 75　固定污染源烟气排放连续监测技术规范（试行）

HJ/T 76　固定污染源烟气排放连续监测系统技术要求及监测方法（试行）

HJ/T 91　地表水和污水监测技术规范

HJ/T 353　水污染源在线监测系统安装技术规范（试行）

HJ/T 354　水污染源在线监测系统验收技术规范（试行）

HJ/T 355　水污染源在线监测系统运行与考核技术规范（试行）

HJ/T 356　水污染源在线监测系统数据有效性判别技术规范（试行）

HJ/T 397　固定源废气监测技术规范

*排污许可证申请与核发技术规范　总则

*排污单位自行监测技术指南　有色金属冶炼与压延加工

*环境管理台账及排污许可证执行报告技术规范（试行）

《固定污染源排污许可分类管理名录》

《排污口规范化整治技术要求》（国家环保局　环监〔1996〕470 号）

《污染源自动监控设施运行管理办法》（环发〔2008〕6 号）

《关于开展火电、造纸行业和京津冀试点城市高架源排污许可证管理工作的通知》（环水体〔2016〕189 号）

3　术语和定义

下列术语和定义适用于本标准。

3.1　锡冶炼排污单位　tin smelting pollutant emission unit

指生产锡金属的冶炼企业，不包括以废旧锡物料为原料的再生冶炼企业。

3.2　许可排放限值　permitted emission limits

指排污许可证中规定的允许排污单位排放的污染物最大排放浓度和最大排放量。

3.3　特殊时段　special periods

指根据国家和地方限期达标规划及其他相关环境管理规定，对排污单位的污染物排放情况有特殊要求的时段，包括重污染天气应对期间和冬防期间等。

4　排污单位基本情况填报要求

4.1　一般原则

排污单位应按照本标准要求，在排污许可证管理信息平台申报系统填报《排污许可证申请表》中的相应信息表。填报系统下拉菜单中未包括的、地方环境保护主管部门有规定需要填报或排污单位认为需要填报的，可自行增加内容。

省级环境保护主管部门按环境质量改善需求增加的管理要求，应填入排污许可证管理信息平台申报系统中“有核发权的地方环境保护主管部门增加的管理内容”一栏。

排污单位在填报申请信息时，应评估污染排放及环境管理现状，对现状环境问题提出整改措施，并填入排污许可证管理信息平台申报系统中“改正措施”一栏。

排污单位基本情况应当按照实际情况填报，对提交申请材料的真实性、合法性和完整性负法律责任。

---

* 标准正在编制审批之中，待正式发布后按发布的标准实行。

4.2 排污单位基本信息

排污单位基本信息应填报单位名称、邮政编码、是否投产、投产日期、生产经营场所中心经度、生产经营场所中心纬度、所在地是否属于重点区域、是否有环评批复文件及文号、是否有地方政府对违规项目的认定或备案文件及文号、是否有主要污染物总量分配计划文件及文号、颗粒物总量指标（t/a）、二氧化硫总量指标（t/a）、氮氧化物总量指标（t/a）、化学需氧量总量指标（t/a）、氨氮总量指标（t/a）、铅及化合物总量指标（t/a）、砷及化合物总量指标（t/a）、汞及化合物总量指标（t/a）、镉及化合物总量指标（t/a）、总铅总量指标（t/a）、总砷总量指标（t/a）、总汞总量指标（t/a）、总镉总量指标（t/a），其余项（如有）由企业自行填报。

4.3 主要产品及产能

4.3.1 一般原则

在填报主要产品及产能时，应选择"锡冶炼"。

排污单位应根据本标准要求填写排污许可证管理信息平台申报系统中有关主要生产工艺、生产设施、生产设施编号、设施参数、产品名称、生产能力及计量单位、设计年生产时间及其他选项等信息。

4.3.2 主要生产单元

主要生产单元为必填项，分为炼前处理、还原熔炼、挥发熔炼、精炼。

4.3.3 主要工艺

主要工艺为必填项，分为还原熔炼—硫化挥发工艺、还原熔炼—精炼工艺、其他。

4.3.4 生产设施

生产设施分为必填项和选填项，具体要求如下：

a）必填项为炼前处理（沸腾焙烧炉、回转窑），还原熔炼（澳斯麦特炉、电炉、反射炉），挥发熔炼（烟化炉），精炼（熔析炉、精炼氧化锅、合锡锅、机械结晶机、熔化锅、电解槽、真空炉、离心机），锅炉（燃煤锅炉、燃油锅炉、燃气锅炉、煤气发生炉）等；

b）选填项为储存系统（原料堆场、煤场、酸储罐、碱储罐、液氧储罐），辅助系统[中间物料贮存场、渣（烟尘）库]。

4.3.5 生产设施编号

生产设施编号为必填项，具体分类如下：

a）若生产设施排污单位有内部生产设施编号，则填报相应编号；

b）若生产设施无排污单位内部生产设施编号，则根据《关于开展火电、造纸行业和京津冀试点城市高架源排污许可证管理工作的通知》中的附件 4《固定污染源（水、大气）编码规则（试行）》进行编号并填报。

4.3.6 设施参数

设施参数分为必填项和选填项，必填项为各炉窑炉型尺寸或处理能力，其他为选填项。

4.3.7 产品名称

产品名称为必填项，分为粗锡、精锡、焊锡。

4.3.8 生产能力及计量单位

生产能力及计量单位为必填项，生产能力为主要产品设计产能。产能和产量计量单位均为万 t/a。

4.3.9 设计年生产时间

设计年生产时间为必填项，应按环境影响评价文件及批复或地方政府对违规项目的认定或备案文件确定的年生产小时数填写。

4.3.10 其他

其他为选填项，排污单位若有需要说明的内容，可填写。

4.4 主要燃料及原辅材料

主要燃料及原辅材料填写内容包括种类、原辅料名称、原辅料成分、燃料名称、燃料成分、设计年使用量、其他等，具体要求如下：

a）种类：分为原辅料、燃料；

b）原辅料名称：

1）原料分为锡精矿、锡中矿。

2）其他辅料包括还原煤、石英、石灰石、硅氟酸、硫黄、铝粒和废水、废气污染治理过程中添加的化学品（氢氧化钠、硫化钠、碳酸钠、石灰、干法脱硫剂、铁盐、混凝剂、助凝剂等）、其他。

c）原辅料成分：主要原辅材料的硫元素占比（干基）、有毒有害成分及占比；

d）燃料名称：煤、煤气、煤焦油、天然气、柴油、重油、其他等；

e）燃料成分：应填报燃料的灰分、硫分、挥发分、热值，其中硫分为必填项，其余为选填项；

f）设计年使用量：设计年使用量为与核定产能相匹配的原辅料及燃料年使用量，单位为万 t/a 或万 m^3/a；

g）其他：排污单位若有需要说明的内容，可填写；

h）上述 a）～f）为必填项，g）为选填项。

4.5　产排污节点、污染物及污染治理设施

4.5.1　一般规定

废气产排污环节、污染物及污染治理设施包括生产设施对应的产污环节、污染物种类、排放形式（有组织、无组织）、污染治理设施及工艺、是否为可行技术、排放口编号、排放口设置是否规范及排放口类型。

废水包括废水类别、污染物种类、排放去向、污染治理设施、是否为可行技术、排放口编号、排放口设置是否规范及排放口类型。

4.5.2　废气

4.5.2.1　产污环节

锡冶炼产排污节点包括配料，粉煤制备，炼前处理（沸腾焙烧炉、回转窑），还原熔炼（澳斯麦特炉、电炉、反射炉），挥发熔炼（烟化炉），精炼（熔析炉、精炼氧化锅、合锡锅、离心机、机械结晶机、熔化锅、电解槽、真空炉），环境集烟，锅炉等。

4.5.2.2　污染物种类

污染物种类应根据 GB 13271、GB 30770 确定，见表 1。有地方排放标准的，按照地方排放标准确定。

4.5.2.3　治理设施

治理设施名称应填写除尘设施、脱硫设施、工业废水处理设施、生活污水处理设施等。

4.5.2.4　污染治理工艺

污染治理工艺填写除尘设施（电除尘器、袋式除尘器、其他）、脱硫设施（石灰/石灰石-石膏法脱硫系统、有机溶液循环吸收脱硫系统、动力波湍冲废气吸收系统、双碱法脱硫系统、金属氧化物脱硫系统、其他）等。

4.5.3　废水

4.5.3.1　类别

锡冶炼废水填写类别包括生产废水（污酸废水、地面冲洗水、冲渣水、脱硫水、设备冷却水、初期雨水）和生活污水等。

4.5.3.2　污染物种类

污染物种类应根据 GB 30770 确定，见表 1。有地方排放标准的，按照地方排放标准确定。

4.5.3.3　治理设施

治理设施名称应填写生活污水处理设施、生产废水处理设施等。

4.5.3.4　污染治理工艺

污染治理工艺填写包括生产废水治理工艺（硫化法+石灰石/石灰中和法、石灰+铁盐法、膜分离法技术、吸附法、电化学法等）、生活污水处理工艺（生物接触氧化法、活性污泥法、A/O、A^2/O 等）。

4.5.3.5　排放去向及排放规律

锡冶炼排污单位应明确废水排放去向及排放规律。

排放去向分为不外排；排至厂内综合污水处理站；直接进入海域；直接进入江河、湖、库等水环境；

进入城市下水道（再入江河、湖、库）；进入城市下水道（再入沿海海域）；进入城市污水处理厂；进入其他单位；进入工业废水集中处理设施；其他（包括回用等）。

排放规律分为连续排放，流量稳定；连续排放，流量不稳定，但有规律，且不属于周期性规律；连续排放，流量不稳定，属于冲击型排放；连续排放，流量不稳定且无规律，但不属于冲击型排放；间断排放，排放期间流量稳定；间断排放，排放期间流量不稳定，但有周期性规律；间断排放，排放期间流量不稳定，但有规律，且不属于非周期性规律；间断排放，排放期间流量不稳定，属于冲击型排放；间断排放，排放期间流量不稳定且无规律，但不属于冲击型排放。

4.5.4 排放口设置要求

根据《排污口规范化整治技术要求（试行）》以及排污单位执行的排放标准中有关排放口规范化设置的规定，填报废气和废水排放口设置是否符合规范化要求。

4.5.5 排放口信息

排放口类型划分为主要排放口和一般排放口，具体见表 1。

废气排放口应填报排放口地理坐标、排气筒高度、排气筒出口内径、国家或地方污染物排放标准、环评批复要求及承诺更加严格排放限值。废水直接排放口应填报排放口地理坐标、间歇排放时段、受纳自然水体信息、汇入受纳自然水体处地理坐标及执行的国家或地方污染物排放标准，废水间接排放口应填报排放口地理坐标、间歇排放时段、受纳污水处理厂名称及执行的国家或地方污染物排放标准。废水间歇式排放的，应当载明排放污染物的时段。

4.5.6 污染治理设施和排放口编号

污染治理设施编号可填写锡冶炼排污单位内部编号，若锡冶炼排污单位无内部编号，则根据《关于开展火电、造纸行业和京津冀试点城市高架源排污许可证管理工作的通知》中的附件 4《固定污染源（水、大气）编码规则（试行）》进行编号并填报。

有组织排放口编号应填写地方环境保护主管部门现有编号，若地方环境保护主管部门未对排放口进行编号，则根据《关于开展火电、造纸行业和京津冀试点城市高架源排污许可证管理工作的通知》中的附件 4《固定污染源（水、大气）编码规则（试行）》进行编号并填写。

4.6 其他要求

排污单位基本情况还应包括生产工艺流程图（包括全厂及各工序）和厂区总平面布置图。

生产工艺流程图应至少包括主要生产设施（设备）、主要原辅材料、燃料的流向、生产工艺流程等内容。

厂区总平面布置图应包括主要生产单元、厂房、设备位置关系，注明厂区污水收集和运输走向等内容，同时注明厂区雨水和污水排放口位置。

5 产排污节点对应排放口及许可排放限值

5.1 产排污节点及排放口

废气和废水的产排污节点对应排放口见表 1。

表 1 产排污节点、排放口及污染因子一览表

生产设施	排放口	排放口类型	污染因子
废气有组织排放			
炼前处理系统	装置排气口	主要排放口	颗粒物、二氧化硫、氮氧化物、氟化物、锡及其化合物、汞及其化合物、镉及其化合物、铅及其化合物、砷及其化合物和锑及其化合物
还原熔炼系统	装置排气口	主要排放口	颗粒物、二氧化硫、氮氧化物、氟化物、锡及其化合物、汞及其化合物、镉及其化合物、铅及其化合物、砷及其化合物和锑及其化合物
挥发熔炼系统	装置排气口	主要排放口	颗粒物、二氧化硫、氮氧化物、氟化物、锡及其化合物、汞及其化合物、镉及其化合物、铅及其化合物、砷及其化合物和锑及其化合物

生产设施	排放口	排放口类型	污染因子
环境集烟	装置排气口	主要排放口	颗粒物、二氧化硫、氮氧化物、氟化物、锡及其化合物、汞及其化合物、镉及其化合物、铅及其化合物、砷及其化合物和锑及其化合物
配料系统	装置排气口	一般排放口	颗粒物、锡及其化合物、汞及其化合物、镉及其化合物、铅及其化合物、砷及其化合物和锑及其化合物
粉煤制备系统	装置排气口	一般排放口	颗粒物
精炼系统	装置排气口	一般排放口	颗粒物、二氧化硫、氮氧化物、氟化物、锡及其化合物、汞及其化合物、镉及其化合物、铅及其化合物、砷及其化合物和锑及其化合物
锅炉	烟气排放口	一般排放口	颗粒物、二氧化硫、氮氧化物、汞及其化合物[a]、烟气黑度（林格曼黑度，级）
废气无组织排放			
厂界	企业边界		硫酸雾、氟化物、锡及其化合物、汞及其化合物、镉及其化合物、铅及其化合物、砷及其化合物和锑及其化合物
废水排放			
废水类别	排放口	排放口类型	污染因子
废水	车间或生产装置排放口	主要排放口	总汞、总镉、总铅、总砷、六价铬
	企业废水总排放口	主要排放口	pH、石油类、悬浮物、化学需氧量、硫化物、氨氮、总磷、总氮、氟化物、总铜、总锌、总锡、总锑、总汞、总镉、总铅、总砷、六价铬
注：烟气制酸企业的相关排放口需监测硫酸雾。			
[a] 适用于燃煤锅炉。			

排污单位应填报环评批复要求、国家或地方污染物排放标准、承诺更加严格排放限值，其余项依据本标准 4.5 填报产排污节点及排放口信息。

5.2 许可排放限值

5.2.1 一般原则

许可排放限值包括污染物许可排放浓度和许可排放量。

对于大气污染物，以生产设施或有组织排放口为单位确定许可排放浓度、许可排放量。主要排放口逐一计算许可排放量，一般排放口只许可浓度，不许可排放量。

对于水污染物，以车间或生产设施排放口和企业废水总排放口许可排放浓度和许可排放量。

根据国家或地方污染物排放标准确定许可排放浓度。依据总量控制指标及本标准规定的方法从严确定许可排放量，2015 年 1 月 1 日（含）后取得环境影响批复的排污单位，许可排放量还应同时满足环境影响评价文件和批复要求。

总量控制指标包括地方政府或环境保护主管部门发文确定的排污单位总量控制指标、环评批复的总量控制指标、现有排污许可证中载明的总量控制指标、通过排污权有偿使用和交易确定的总量控制指标等地方政府或环境保护主管部门与排污许可证申领排污单位以一定形式确认的总量控制指标。

排污单位填报许可排放量时，应在《排污许可申请表》中写明申请的许可排放限值计算过程。

排污单位申请的许可排放限值严于本标准规定的，在排污许可证中载明。

5.2.2 许可排放浓度

5.2.2.1 废气

排污单位废气许可排放浓度依据 GB 13271、GB 30770 确定，污染物许可排放浓度为小时均值浓度。有地方排放标准要求的，按照地方排放标准确定。

大气污染防治重点控制区按照《关于执行大气污染物特别排放限值的公告》和《关于执行大气污染物特别排放限值有关问题的复函》的要求执行。其他执行大气污染物特别排放限值的地域范围、时间，由国务院环境保护主管部门或省级人民政府规定。

若执行不同许可排放浓度的多台设施采用混合方式排放烟气，且选择的监控位置只能监测混合烟气中的大气污染物浓度，则应执行各限值要求中最严格的许可排放浓度。

5.2.2.2 废水

排污单位水污染物许可排放浓度按照 GB 30770 确定，许可浓度排放为日均浓度（pH 值为任何一次监测值）。有地方排放标准要求的，按照地方排放标准确定。

若排污单位在同一个废水排放口排放两种或两种以上工业废水，且每种废水同一种污染物的排放标准不同时，则应执行各限值要求中最严格的许可排放浓度。

5.2.3 许可排放量

5.2.3.1 一般规定

许可排放量包括排污单位年许可排放量、主要排放口年许可排放量、特殊时段许可排放量。其中，年许可排放量是指允许排污单位连续 12 个月排放的污染物最大排放量。年许可排放量同时适用于考核自然年的实际排放量。有核发权的地方环境保护主管部门可根据环境管理规定细化许可排放量的核算周期。单独排入城镇集中污水处理设施的生活污水无须申请许可排放量。

废气许可排放量污染因子为颗粒物、二氧化硫、氮氧化物、铅及其化合物、汞及其化合物、镉及其化合物、砷及其化合物。

废水许可排放量污染因子为化学需氧量、氨氮、总汞、总镉、总铅、总砷。

对位于《“十三五”生态环境保护规划》等文件规定的总磷、总氮总量控制区域内的锡冶炼排污单位，还应分别申请总磷及总氮年许可排放量。地方环境保护部门另有规定的从其规定。

5.2.3.2 许可排放量核算方法

5.2.3.2.1 废气

根据排放标准浓度限值、单位产品基准排气量、产能确定大气污染物许可排放量。

a）年许可排放量

年许可排放量等于主要排放口年许可排放量，计算如下：

$$E_{i许可} = E_{i主要排放口} \tag{1}$$

式中：$E_{i许可}$ —— 排污单位第 i 项大气污染物年许可排放量，t/a；

$E_{i主要排放口}$ —— 排污单位第 i 项大气污染物主要排放口年许可排放量，t/a。

b）主要排放口年许可排放量

主要排放口年许可排放量用下式计算：

$$E_{i主要排放口} = \sum_{j=1}^{n} \rho_i \times Q_j \times R \times 10^{-9} \tag{2}$$

式中：$E_{i主要排放口}$ —— 第 i 种大气污染物年许可排放量，t/a；

ρ_i —— 第 i 种大气污染物许可排放浓度限值，mg/m^3；

R —— 主要产品年产能，t/a；

Q_j —— 第 j 个主要排放口单位产品基准排气量，m^3/t 产品，参照表 2 取值。

表 2 锡冶炼排污单位主要排放口基准排气量表 单位：m^3/t 产品

序号	工序名称	排放口	基准烟气量
1	炼前处理系统	装置排气筒	6 000
2	还原熔炼系统	装置排气筒	10 000
3	挥发熔炼系统	装置排气筒	22 000
4	环境集烟（出渣、出锡口等）	装置排气筒	10 000

注 1：对多个主要排放口烟气统一排放的情况，基准烟气量取相关工序基准排气量之和。

注 2：对于除炼前处理系统、还原熔炼系统、挥发熔炼系统烟气外，其他全部烟气（包括环境集烟、精炼烟气等）在一个排气口排放的情况，该排气口应确定为主要排放口，基准烟气量（标态）为 25 000 m^3。

注 3：产品为最终产品精锡，以粗锡为最终产品的企业需折算成锡的金属量。

c）特殊时段许可排放量

特殊时段排污单位日许可排放量按式（3）计算。地方制定的相关法规中对特殊时段许可排放量有明确规定的从其规定。国家和地方环境保护主管部门依法规定的其他特殊时段短期许可排放量应当在排污许可证当中载明。

$$E_{日许可} = E_{前一年环统日均排放量} \times (1-\alpha) \qquad (3)$$

式中：$E_{日许可}$—— 锡冶炼排污单位重污染天气应对期间或冬防阶段日许可排放量，t/d；

$E_{前一年环统日均排放量}$—— 锡冶炼排污单位前一年环境统计实际排放量折算的日均值，t/d；

α—— 重污染天气应对期间或冬防阶段日产量或排放量减少比例。

5.2.3.2.2 废水

水污染物年许可排放量根据水污染物许可排放浓度限值、单位产品基准排水量和产能核定。

a）主要排放口年许可排放量

主要排放口年许可排放量用下式计算：

$$D_i = \rho_i \times Q \times R \times 10^{-6} \qquad (4)$$

式中：D_i—— 主要排放口第 i 种水污染物年许可排放量，t/a；

ρ_i—— 第 i 种水污染物许可排放浓度限值，mg/L；

R—— 主要产品年产能，t/a；

Q—— 主要排放口单位产品基准排水量，m^3/t 产品，取值参见表 3。

b）年许可排放量

锡冶炼排污单位总铅、总砷、总镉、总汞年许可排放量为车间或生产装置排放口年许可排放量，化学需氧量和氨氮在企业废水总排放口许可年排放量，按照式（4）进行核算，其中ρ_i 取值参照 GB 30770 中污染因子浓度，基准排水量 Q 参考表 3。

没有制酸的锡冶炼排污单位的许可年排放量按照式（4）进行核算，其中ρ_i 取值参照 GB 30770 中污染因子浓度，基准排水量参见 GB 30770。

表 3 锡冶炼排污单位基准排水量表 单位：m^3/t

序号	排放口	排放口类型	基准排水量
1	车间或生产装置排放口	主要排放口	2
2	企业废水总排放口	主要排放口	5（3）
注：括号内的数值为执行特别排放限值排污单位的基准排水量。			

5.2.4 无组织排放控制要求

锡冶炼排污单位无组织排放节点和控制措施见表 4。

表 4 锡冶炼排污单位生产无组织排放控制要求表

序号	工序	指标控制措施
1	运输	（1）冶炼厂内粉状物料运输应采取抑尘措施； （2）冶炼厂内大宗物料转移、输送应采取皮带通廊、封闭式皮带输送机或流态化输送等输送方式。带式输送机的受料点、卸料点采取喷雾等抑尘措施；或设置密闭罩，并配备除尘设施； （3）冶炼厂内运输道路应硬化，并采取洒水、喷雾或移动吸尘等措施； （4）运输车辆驶离冶炼厂前应冲洗车轮，或采取其他控制措施
2	冶炼	（1）原煤应贮存于封闭式煤场；不能封闭的应采用防风抑尘网，防风抑尘网高度不低于堆存物料高度的 1.1 倍。锡精矿等原料，石英石、石灰石等辅料应采用库房贮存。备料工序产尘点应设置集气罩，并配备除尘设施； （2）冶炼炉（窑）的加料口、出料口应设置集气罩并保证足够的集气效率，配套设置密闭抽风收尘设施； （3）溜槽应设置盖板

5.2.5 其他

新（改、扩）建项目的环境影响评价文件或地方相关规定中有原辅材料、燃料等其他污染防治强制要求的，还应根据环境影响评价文件或地方相关规定，明确其他需要落实的污染防治要求。

6 污染防治可行技术要求

6.1 一般原则

本标准中所列污染防治可行技术及运行管理要求可作为环境保护主管部门对排污许可证申请材料审

核的参考。对于排污单位采用本标准所列推荐可行技术的，原则上认为具备符合规定的污染防治设施或污染物处理能力。对于未采用本标准所列推荐可行技术的，排污单位应当在申请时提供相关证明材料。对于国内外首次采用的污染治理技术，还应当提供中试数据等说明材料，证明可达到与污染防治可行技术相当的处理能力。

对不属于污染防治推荐可行技术的污染治理技术，排污单位应当加强自行监测、台账记录，评估达标可行性。

对于废气实施特别排放限值的，排污单位自行填报可行的污染治理技术及管理要求。

6.2 废气推荐可行技术

对于锡冶炼生产过程产生的有组织排放颗粒物，一般采用电除尘器、袋式除尘器、动力波洗涤等单个或组合工艺；炉窑产生的二氧化硫，采用有机溶液循环吸收脱硫技术、石灰/石灰石-石膏法脱硫技术、动力波湍冲废气吸收技术、钠碱法、氧化锌脱硫等处理技术。

本标准推荐的废气可行技术具体见附录 A。

6.3 废水推荐可行技术

锡冶炼生产过程产生的废水，一般采用硫化法、中和法、铁盐法、混凝-沉淀法、膜分离法技术、吸附法和电化学法等处理技术。

本标准推荐的废水可行技术具体见附录 B。

6.4 运行管理要求

锡排污单位应当按照相关法律法规、标准和技术规范等要求运行大气及水污染防治设施，并进行维护和管理，保证设施正常运行。对于特殊时段，锡冶炼排污单位应满足《重污染天气应急预案》、各地人民政府制定的冬防措施等文件规定的污染防治要求。

7 自行监测管理要求

7.1 一般原则

锡冶炼排污单位在申请排污许可证时，应当按照本标准确定的产排污节点、排放口、污染因子及许可限值等要求，制定自行监测方案，并在《排污许可证申请表》中明确，《排污单位自行监测技术指南　有色金属冶炼与压延加工》发布后，自行监测方案的制定从其要求。热水锅炉和 65 t/h 及以下蒸汽锅炉按照 HJ 820 制定自行监测方案。

对于 2015 年 1 月 1 日（含）后取得环评批复的排污单位，环境影响评价文件有其他管理要求的应当同步完善排污单位自行监测管理要求。有核发权的地方环境保护主管部门可根据环境质量改善需求，增加锡冶炼排污单位自行监测管理要求。

7.2 自行监测方案

自行监测方案中应明确排污单位的基本情况、监测点位及示意图、监测指标、执行排放标准及其限值、监测频次、采样和样品保存方法、监测分析方法和仪器、质量保证与质量控制、自行监测信息公开等。对于采用自动监测的排污单位应当如实填报采用自动监测的污染物指标、自动监测系统联网情况、自动监测系统的运行维护情况等；对于未采用自动监测的污染物指标，排污单位应当填报开展手工监测的污染物排放口和监测点位、监测方法、监测频率；对于 2015 年 1 月 1 日（含）后取得环评批复的排污单位，排污单位还应按照环境影响评价文件的要求填报周边环境质量监测方案。

7.3 自行监测要求

7.3.1 一般原则

排污单位可自行或委托第三方监测机构开展监测工作，并安排专人专职对监测数据进行记录、整理、统计和分析。排污单位对监测结果的真实性、准确性、完整性负责。手工监测时生产负荷应不低于本次监测与上一次监测周期内的平均生产负荷。

7.3.2 监测内容

锡冶炼排污单位应当开展自行监测的污染源包括产生有组织废气、无组织废气、生产废水、生活污水、初期雨水等全部污染源。监测的污染物执行 GB 13271、GB 30770 中涉及的各项废气、废水污染物。

7.3.3 监测点位、监测因子及监测频次

排污单位应明确开展自行监测的外排口监测点位、无组织排放监测点位、周边环境质量影响监测点位等，自行监测点位、监测因子及监测频次执行表5。单独排入城镇集中污水处理设施的生活污水无须监测，对于单独排入海域、江河、湖、库等水环境的生活污水应按照HJ/T 91要求执行。

《排污单位自行监测指南 有色金属冶炼与压延加工》发布后，从其规定。

本标准规定的监测频次为排污单位自行监测的最低频次要求。排污单位原料发生重大变化的，应加密监测频次。

7.3.4 周边环境质量影响监测点

对于2015年1月1日（含）后取得环评批复的排污单位，周边环境质量影响监测点位按照批复的环境影响评价文件的要求设置。

表5 锡冶炼生产系统自行监测点位、监测因子及最低监测频次一览表

污染源		排放口类型	监测因子	监测频次
产污环节	监测点位			
废气有组织排放				
配料系统烟囱	装置排气筒	一般排放口	颗粒物、锡及其化合物、汞及其化合物、镉及其化合物、铅及其化合物、砷及其化合物和锑及其化合物	半年
炼前处理系统烟囱	装置排气筒	主要排放口	颗粒物、二氧化硫、氮氧化物	自动监测
			氟化物	季度
			锡及其化合物、汞及其化合物、镉及其化合物、铅及其化合物、砷及其化合物和锑及其化合物	月度
还原熔炼系统烟囱	装置排气筒	主要排放口	颗粒物、二氧化硫、氮氧化物	自动监测
			氟化物	季度
			锡及其化合物、汞及其化合物、镉及其化合物、铅及其化合物、砷及其化合物和锑及其化合物	月度
挥发熔炼系统烟囱	装置排气筒	主要排放口	颗粒物、二氧化硫、氮氧化物	自动监测
			氟化物	季度
			锡及其化合物、汞及其化合物、镉及其化合物、铅及其化合物、砷及其化合物和锑及其化合物	月度
环境集烟烟囱	装置排气筒	主要排放口	颗粒物、二氧化硫、氮氧化物	自动监测
			氟化物	季度
			锡及其化合物、汞及其化合物、镉及其化合物、铅及其化合物、砷及其化合物和锑及其化合物	月度
粉煤制备烟囱	装置排气筒	一般排放口	颗粒物	半年
精炼系统烟囱	装置排气筒	一般排放口	颗粒物、二氧化硫、氮氧化物、氟化物、锡及其化合物、汞及其化合物、镉及其化合物、铅及其化合物、砷及其化合物和锑及其化合物	季度
锅炉烟囱	烟囱或烟道	一般排放口	颗粒物、二氧化硫、氮氧化物	自动监测
			汞及其化合物[a]、烟气黑度（林格曼黑度，级）	季度
废气无组织排放				
厂界	企业边界	硫酸雾、氟化物、锡及其化合物、汞及其化合物、镉及其化合物、铅及其化合物、砷及其化合物和锑及其化合物		季度
废水排放				
废水	车间或生产装置废水排放口	主要排放口	总砷、总铅、总镉、总汞	日
			六价铬	月
	生产企业废水总排放口	主要排放口	pH值、流量、化学需氧量、氨氮、总磷、总氮	自动监测
			总砷、总铅、总镉、总汞	日
			总锡、总锌、总铜、六价铬、总锑	月
			氟化物、悬浮物、硫化物、石油类	季度

注1：烟气制酸企业的相关排放口需监测硫酸雾。

注2：单独排入地表水、海水的生活污水排放口污染物（pH值、COD、BOD_5、悬浮物、氨氮、动植物油、总氮、总磷）每月至少开展一次监测。

注3：总磷和总氮安装在线主要适用于《“十三五”生态环境保护规划》等文件规定的总磷、总氮总量控制区域的排污单位。

[a]适用于燃煤锅炉。

7.4 监测技术手段

自行监测的技术手段包括手工监测和自动监测。

锡冶炼排污单位中主要排放口的颗粒物、二氧化硫、氮氧化物应安装自动监测设备。鼓励其他排放口及污染物采用自动监测设备监测，无法开展自动监测的，应采用手工监测。

锡冶炼排污单位全厂生产废水总排放口应安装流量、pH 值、化学需氧量、氨氮、总磷、总氮自动监测设备，其中总磷和总氮安装自动监测设备只适用于《"十三五"生态环境保护规划》等文件规定的总磷、总氮总量控制区域的排污单位，鼓励其他排放口及污染物采用自动监测设备监测，无法开展自动监测的，应采用手工监测。

7.5 采样和测定方法

7.5.1 自动监测

废气自动监测参照 HJ/T 75、HJ/T 76 执行。

废水自动监测参照 HJ/T 353、HJ/T 354、HJ/T 355、HJ/T 356 执行。

7.5.2 手工监测

有组织废气手工采样方法的选择参照 GB/T 16157、HJ/T 397 执行，单次监测中，气态污染物采样，应可获得小时均值浓度；颗粒物采样，至少采集 3 个反映监测断面颗粒物平均浓度的样品。

无组织排放采样方法参照 GB/T 15432、HJ/T 55 执行。

废水手工采样方法的选择参照 HJ 493、HJ 494、HJ 495 和 HJ/T 91 执行。

7.5.3 测定方法

废气、废水污染物的测定按照 GB 13271 和 GB 30770 中规定的污染物浓度测定方法标准执行，国家或地方法律法规等另有规定的，从其规定。

7.6 数据记录要求

监测期间手工监测的记录和自动监测运维记录按照 HJ 819 执行。

应同步记录监测期间的生产工况。

7.7 监测质量保证与质量控制

按照 HJ 819 要求，排污单位应当根据自行监测方案及开展状况，梳理全过程监测质控要求，建立自行监测质量保证与质量控制体系。

7.8 自行监测信息公开

排污单位应按照 HJ 819 要求进行自行监测信息公开。

8 环境管理台账记录与执行报告编制要求

8.1 环境管理台账记录要求

8.1.1 一般原则

排污单位应建立环境管理台账制度，设置专职人员进行台账的记录、整理、维护和管理，并对台账记录结果的真实性、准确性、完整性负责。

台账应当按照电子化储存和纸质储存两种形式同步管理。台账保存期限不得少于 3 年。

排污单位排污许可证台账应真实记录基本信息、生产设施及其运行情况、污染防治设施及其运行情况、监测记录信息、其他环境管理信息等。待《排污许可环境管理台账及执行报告技术规范》发布后从其规定。

8.1.2 基本信息

基本信息主要包括排污单位基本信息、生产设施基本信息、治理设施基本信息。基本信息因排污单位工艺、设施调整等情形发生变化的，需在基本信息台账记录表中进行相应修改，并将变化内容进行说明纳入执行报告中。

a）排污单位基本信息：排污单位名称、注册地址、行业类别、生产经营场所地址、组织机构代码、统一社会信用代码、法定代表人、技术负责人、生产工艺、产品名称、生产规模、环保投资情况、环评及批复情况、竣工环保验收情况、排污许可证编号等；

b）生产设施基本信息：生产设施（设备）名称、编码、设施规格型号、相关参数（包括参数名称、设计值、单位）、设计生产能力等，详见附录 C；

c）治理设施基本信息：治理设施名称、编码、设施规格型号、相关参数（包括参数名称、设计值、单位）等。

8.1.3　生产设施运行管理信息

排污单位应定期记录生产设施运行状况并留档保存，应按班次至少记录以下内容：

a）运行状态：开始时间，结束时间，是否按照生产要求正常运行；

b）生产负荷：实际生产能力与设计生产能力之比，设计生产能力取最大设计值；

c）产品产量：记录统计时段内主要产品产量；

d）原辅料：记录名称、来源地、种类、用量、有毒有害成分及占比、是否为危险化学品；

e）燃料：记录种类、用量、成分、热值、品质。涉及二次能源的需建立能源平衡报表，应填报一次购入能源和二次转化能源。

8.1.4　污染治理设施运行管理信息

锡冶炼排污单位应记录环保设施的运行状态、污染物排放情况、治理药剂添加情况等。污染治理设施运行管理信息还应当包括设备运行校验关键参数，能充分反映生产设施及治理设施运行管理情况。

a）有组织废气治理措施

废气治理设施包括废气处理能力（m^3/h）、进出废气情况（各因子浓度和气量等）、运行参数（包括烟气温度、烟气压力、用水量、脱硫剂消耗量和脱硫渣产生情况等）、污泥处置费用（元/t）。

b）无组织废气治理措施

原辅料储库、固体废物储库、燃料储库、物料运输系统等无组织废气污染治理措施相应的运行、维护、管理相关的信息记录，可用于说明无组织治理措施（厂区降尘洒水、清扫、原料或产品场地封闭、遮盖等）运行情况和效果。

c）废水治理设施

废水环保设施台账应包括所有环保设施的运行参数及排放情况等，废水治理设施包括废水处理能力（t/d）、进水水量、水质、运行参数（包括运行工况等）、废水排放量、回用量、污泥产生量（含水率）及处置费用（元/t）、排水去向及受纳水体等。

8.1.5　其他环境管理信息

锡冶炼排污单位应记录的其他环境管理信息包括以下几方面：

a）污染治理设施故障期间

应记录污染治理设施故障设施、故障原因、故障期间污染物排放浓度以及应对措施。记录内容参见附录 C 中表 C.7。

b）特殊时段

应记录重污染天气应对期间冬防期间等特殊时段管理要求、执行情况（包括特殊时段生产设施运行管理信息和污染治理设施运行管理信息）等。重污染天气应急预警期间、冬防期间等特殊时段的台账记录要求与正常生产记录频次要求一致，涉及特殊时段停产的排污单位或生产工序，该期间原则上仅对起始和结束当天各进行 1 次记录，地方管理部门有特殊要求的，从其规定。

c）非正常工况

锡冶炼排污单位开炉、设备检修（停炉）等非正常工况信息按工况期记录，每工况期记录 1 次，内容应记录非正常（开停炉）工况时间、事件原因、是否报告、应对措施，并按生产设施与污染治理设施填写具体情况：生产设施应记录设施名称、编号、产品产量、原辅料消耗量、燃料消耗量等；污染治理设施应记录设施名称、编号、污染因子、排放量、排放浓度等。记录内容参见附录 C 中表 C.7。

8.1.6　监测记录信息

a）自动监测运维记录

包括自动监测系统运行状况、系统辅助设备运行状况、系统校准、校验工作等；仪器说明书及相关标准规范中规定的其他检查项目；校准、维护保养、维修记录等。

b）手工监测记录信息

无自动监测要求的废气和废水污染物，排污单位应当按照排污许可证中手工监测要求记录手工监测的日期、时间、污染物排放口和监测点位、监测方法、监测频次、监测仪器及型号、采样方法等，并建立台账记录报告，手工监测记录台账至少应包括附录的内容。

c）监测期间生产及污染治理设施运行状况记录信息

监测期间生产及污染治理设施运行状况记录信息内容分别见本标准 8.1.3 和 8.1.4 的相关规定。

8.1.7 记录频次

8.1.7.1 一般原则

记录频次应根据生产过程中的变化参数进行确定。

8.1.7.2 生产设施运行管理信息

a）生产运行状况：按照排污单位生产班次记录，每班次记录 1 次。非正常工况按照工况期记录，每工况期记录 1 次，非正常工况开始时刻至工况恢复正常时刻为一个记录工况期；

b）产品产量：连续性生产的排污单位产品产量按照班次记录，每班次记录 1 次。周期性生产的设施按照一个周期进行记录，周期小于 1 天的按照 1 天记录；

c）原辅料、燃料用量：按照批次记录，每批次记录 1 次。

8.1.7.3 污染治理设施运行管理信息

a）污染治理设施运行状况：按照排污单位生产班次记录，每班次记录 1 次。非正常工况按照工况期记录，每工况期记录 1 次，非正常工况开始时刻至工况恢复正常时刻为一个记录工况期。

b）污染物产排情况：连续排放污染物的，按班次记录，每班次记录 1 次。非连续排放污染物的，按照产排污阶段记录，每个产排阶段记录 1 次。安装自动监测设施的按照自动监测频率记录，DCS 原则上以 7 d 为周期截屏。

c）药剂添加情况：采用批次投放的，按照投放批次记录，每投放批次记录 1 次。采用连续加药方式的，每班次记录 1 次。

8.1.7.4 监测记录信息

监测数据的记录频次按照本标准 7.5 中所确定的监测频次要求记录。

8.1.7.5 其他环境管理信息

采取无组织废气污染控制措施的信息记录频次原则上不小于 1 d。

特殊时段的台账记录频次原则上与正常生产记录频次要求一致，涉及特殊时段停产的排污单位或生产工序，该期间原则上仅对起始和结束当天进行 1 次记录，地方管理部门有特殊要求的，从其规定。

根据环境管理要求增加记录的内容，记录频次依实际情况确定。

8.1.8 记录保存

8.1.8.1 纸质存储

纸质台账应存放于保护袋、卷夹或保护盒中，专人保存于专门的档案保存地点，并由相关人员签字。档案保存应采取防光、防热、防潮、防细菌及防污染等措施。纸制类档案如有破损应随时修补。档案保存时间原则上不低于 3 年。

8.1.8.2 电子存储

电子台账保存于专门的存储设备中，并保留备份数据。设备由专人负责管理，定期进行维护。根据地方环境保护主管部门要求定期上传，纸版由排污单位留存备查。档案保存时间原则上不低于 3 年。

8.2 排污许可证执行报告编制要求

8.2.1 一般原则

地方环境保护主管部门应当整合总量控制、环境保护税（排污收费）、环境统计等各项环境管理的数据上报要求，可以参照本标准，在排污许可证中根据各项环境管理要求，规定排污许可证执行报告内容、上报频次等要求。

排污单位应按照排污许可证中规定的内容和频次定期上报执行报告。锡冶炼排污单位可参照本标准，根据环境管理台账记录等归纳总结报告期内排污许可证执行情况，并提交至发证机关，台账记录留存备查。排污单位应保证执行报告的规范性和真实性。技术负责人发生变化时，应当在年度执行报告中及时报告。

8.2.2 报告分类及频次

8.2.2.1 报告分类

排污许可证执行报告按报告周期分为年度执行报告、季度执行报告和月度执行报告。

持有排污许可证的锡冶炼排污单位，均应按照本标准规定提交年度执行报告与季度执行报告。为满足其他环境管理要求，地方环境保护主管部门有更高要求的，排污单位还应根据其规定，提交月度执行报告。排污单位应在全国排污许可证管理信息平台上填报并提交执行报告，同时向有排污许可证核发权限的环境保护主管部门提交通过平台印制的书面执行报告。

8.2.2.2 上报频次

a）年度执行报告上报频次

锡冶炼排污单位应至少每年上报一次排污许可证年度执行报告，于次年 1 月底前提交至排污许可证核发机关。对于持证时间不足 3 个月的，当年可不上报年度执行报告，排污许可证执行情况纳入下一年度执行报告。具体内容见附录 E。

b）月度/季度执行报告上报频次

排污单位每月度/季度上报一次排污许可证月度/季度执行报告，于下一周期首月 15 日前提交至排污许可证核发机关，提交季度执行报告、半年执行报告或年度执行报告时，可免报当月月度执行报告。对于持证时间不足 10 d 的，该报告周期内可不上报月度执行报告，排污许可证执行情况纳入下一月度执行报告。对于持证时间不足 1 个月的，该报告周期内可不上报季度执行报告，排污许可证执行情况纳入下一季度执行报告。

排污单位每月或每季度应至少向环境保护主管部门上报年度执行报告中的“实际排放量报表”、合规判定分析说明、污染防治设施异常情况说明及所采取的措施。

9 实际排放量核算方法

9.1 一般规定

锡冶炼排污单位的废水、废气污染物在核算时段内的实际排放量等于正常情况与非正常情况实际排放量之和。核算时段根据管理需求，可以是季度、年或特殊时段等。

锡冶炼排污单位的废水污染物在核算时段内的实际排放量等于主要排放口的实际排放量。锡冶炼排污单位的废气污染物在核算时段内的实际排放量等于主要排放口的实际排放量，即各主要排放口实际排放量之和，不核算一般排放口和无组织排放的实际排放量。核算方法包括实测法、物料衡算法、产排污系数法等。

锡冶炼排污单位的废水、废气污染物在核算时段内正常情况下的实际排放量首先采用实测法核算，分为自动监测实测法和手工监测实测法。对于排污许可证中载明应当采用自动监测的排放口和污染物，应根据符合监测规范的有效自动监测数据核算污染物实际排放量。对于未要求采用自动监测的污染物，可采用自动监测数据或手工监测数据核算污染物实际排放量。采用自动监测的污染物，应同时根据手工监测数据进行校核，若同一时段的手工监测数据与自动监测数据不一致，手工监测数据符合法定的监测标准和监测方法的，以手工监测数据为准。

排污许可证中载明要求采用自动监测的排放口或污染物而未采用的，采用物料衡算法核算二氧化硫排放量、产污系数法核算氮氧化物、颗粒物（烟尘）、化学需氧量、氨氮等其他污染物排放量，且均按直接排放进行核算。未按照相关规范文件等要求进行手工监测（无有效监测数据）的排放口或污染物，有有效治理设施的按排污系数法核算，无有效治理设施的按产污系数法核算。

锡冶炼排污单位的废气污染物在核算时段内非正常情况下的实际排放量首先采用实测法核算，无法采用实测法核算的，采用物料衡算法核算二氧化硫排放量、产污系数法核算其他污染物排放量，且均按直接排放进行核算。锡冶炼排污单位的废水污染物在核算时段内非正常情况下的实际排放量采用产污系数法核算污染物排放量，且均按直接排放进行核算。

锡冶炼排污单位如含有适用其他行业排污许可技术规范的生产设施，废气污染物的实际排放量为涉及的各行业生产设施实际排放量之和。废水污染物的实际排放量采用实测法核算时，按本核算方法核算。采用产排污系数法核算时，实际排放量为涉及的各行业生产设施实际排放量之和。

9.2 正常情况废气污染物实际排放量核算方法

9.2.1 实测法

废气自动监测实测法是指根据符合监测规范的小时平均排放浓度、平均烟气量、运行时间等有效自动监测数据核算污染物年排放量，某主要排放口某项大气污染物实际排放量的核算方法见式（5）。

排污单位废气污染物主要排放口实际排放量核算方法如下：

$$E_{jk}=\sum_{i=1}^{n}\rho_{ji}\times q_i\times 10^{-9} \tag{5}$$

式中：E_{jk}—— 核算时段内第 k 个主要排放口第 j 项污染物的实际排放量，t；

ρ_{ji}—— 第 k 个主要排放口第 j 项污染物在第 i 小时的实测平均排放浓度（标态），mg/m³；

q_i—— 第 k 个主要排放口第 i 小时的标准状态下干排气量，m³/h；

n—— 核算时段内的污染物排放时间，h。

手工监测实测法是指根据每次手工监测时段内每小时污染物的平均排放浓度、平均烟气量、运行时间核算污染物年排放量，核算方法见式（6）和式（7）。手工监测数据包括核算时间内的所有执法监测数据和排污单位自行或委托的有效手工监测数据。排污单位自行或委托的手工监测频次、监测期间生产工况、数据有效性等须符合相关规范文件等要求。排污单位应将手工监测时段内生产负荷与核算时段内的平均生产负荷进行对比，并给出对比结果。

$$E=\rho\times q\times h\times 10^{-9} \tag{6}$$

$$\rho=\frac{\sum_{i=1}^{n}(\rho_i\times q_i)}{\sum_{i=1}^{n}q_i},\quad q=\frac{\sum_{i=1}^{n}q_i}{n} \tag{7}$$

式中：E—— 核算时段内某主要排放口某项大气污染物的实际排放量，t；

ρ—— 核算时段内某主要排放口某项大气污染物的实测小时加权平均排放浓度（标态），mg/m³；

q—— 核算时段内某主要排放口的标准状态下小时平均干排气量，m³/h；

ρ_i—— 核算时段内第 i 次监测的小时监测浓度（标态），mg/m³；

q_i—— 核算时段内第 i 次监测的标准状态下小时干排气量（标态），m³/h；

n—— 核算时段内取样监测次数，量纲 1；

h—— 核算时段内某主要排放口的大气污染物排放时间，h。

对于因自动监控设施发生故障以及其他情况导致数据缺失的按照 HJ/T 75 进行补遗。缺失时段超过25%的，自动监测数据不能作为核算实际排放量的依据，实际排放量采用物料衡算法核算二氧化硫排放量、产污系数法核算其他污染物排放量，且均按直接排放进行核算。排污单位提供充分证据证明自动监测数据缺失、数据异常等不是排污单位责任的，可按照排污单位提供的手工监测数据等核算实际排放量，或者按照上一个半年申报期间稳定运行的自动监测数据小时浓度均值和半年平均烟气量，核算数据缺失时段的排放量。

9.2.2 物料衡算法

物料衡算法只适用于二氧化硫排放量核算，根据原辅材料、燃料消耗量、含硫率等按照直排进行核算。核算公式如下：

$$D=\left[\sum_{i=1}^{n}\left(m_i\times\frac{S_{m_i}}{100}\right)+\sum_{i=1}^{n}\left(f_i\times\frac{S_{f_i}}{100}\right)+\sum_{i=1}^{n}\left(g_i\times S_{g_i}\times 10^{-5}\right)-\sum_{i=1}^{n}\left(p_i\times\frac{S_{p_i}}{100}\right)\right]\times 2 \tag{8}$$

式中：D—— 核算时段内二氧化硫排放量，t；

m_i—— 核算时段内第 i 种入炉物料使用量，t；

S_{m_i} —— 核算时段内第 i 种入炉物料含硫率，%；

f_i —— 核算时段内第 i 种固体燃料使用量，t；

S_{f_i} —— 核算时段内第 i 种固体燃料含硫率，%；

g_i —— 核算时段内第 i 种入炉气体燃料使用量，10^4m^3；

S_{g_i} —— 核算时段内第 i 种入炉气体燃料硫含量，mg/m^3；

p_i —— 核算时段内第 i 种产物产生量，t；

S_{p_i} —— 核算时段内第 i 种产物含硫率，%。

9.2.3　产排污系数法

采用产排污系数法核算直接排放量的，可参考《全国污染源普查工业污染源产排污系数手册（下）》（33　有色金属冶炼及压延加工业）产污系数或排污系数进行核算。核算公式如下：

$$D = M \times \beta \times 10^{-6} \tag{9}$$

式中：D—— 核算时段内废气污染物的产生量或排放量，t；

M—— 核算时段内产品产量，t；

β—— 废气污染物产污系数或排污系数，g/t 产品，见附录 F。

当废气污染物氮氧化物、铅及其化合物、汞及其化合物、镉及其化合物、砷及其化合物产污系数缺失时，则按照式（10）核算其产生量：

$$D_{产} = M \times \alpha \times 10^{-6} \tag{10}$$

式中：$D_{产}$ —— 核算时段内某污染物的产生量，t；

M—— 核算时段内产品产量，t；

α—— 某污染物核算系数，g/t 产品，见附录 F。

当废气污染物氮氧化物、铅及其化合物、汞及其化合物、镉及其化合物、砷及其化合物排污系数缺失时，则按照式（11）核算其排放量：

$$D_{排} = D_{产} \times (1-n) \tag{11}$$

式中：$D_{排}$ —— 核算时段内某污染物的排放量，t；

$D_{产}$ —— 核算时段内某污染物的产生量，t；

n—— 末端治理设施的治理率，%，氮氧化物取 0%，铅及其化合物、汞及其化合物、镉及其化合物、砷及其化合物取 99%。

9.3　非正常情况废气污染物实际排放量核算方法

锡冶炼炉窑启停等非正常情况下污染物排放量采用实测法核算排放量，参见式（5）。无法采用实测法核算的，采用物料衡算法核算二氧化硫排放量、产污系数法核算其他污染物排放量，且均按直接排放进行核算。

9.4　正常情况废水污染物实际排放量核算方法

9.4.1　实测法

锡冶炼排污单位废水总排放口装有化学需氧量、氨氮自动监测设备的，原则上应采取自动监测实测法核算全厂化学需氧量、氨氮实际排放量。废水自动监测实测法是指根据符合监测规范的日平均排放浓度、平均流量、运行时间等有效自动监测数据核算污染物年排放量，核算方法见式（12）。

$$E_j = \sum_{i=1}^{n} \rho_{ji} \times q_i \times 10^{-6} \tag{12}$$

式中：E_j—— 核算时段内主要排放口第 j 项污染物的实际排放量，t；

ρ_{ji}—— 第 j 项污染物在第 i 日的实测日平均排放质量浓度，mg/L；

q_i—— 第 i 日的流量，m^3/h；

n—— 核算时段内的污染物排放时间，h。

手工监测实测法是指根据每次手工监测时段内每日污染物的平均排放浓度、平均排水量、运行时间核算污染物年排放量，核算方法见式（13）和式（14）。手工监测数据包括核算时间内的所有执法监测数据和排污单位自行或委托的有效手工监测数据。排污单位自行或委托的手工监测频次、监测期间生产工况、数据有效性等须符合相关规范文件等要求。排污单位应将手工监测时段内生产负荷与核算时段内的平均生产负荷进行对比，并给出对比结果。

$$E_j = \rho \times q \times h \times 10^{-6} \tag{13}$$

$$\rho = \frac{\sum_{i=1}^{n}(\rho_i \times q_i)}{\sum_{i=1}^{n} q_i}, \quad q = \frac{\sum_{i=1}^{n} q_i}{n} \tag{14}$$

式中：E_j—— 核算时段内主要排放口水污染物的实际排放量，t；

ρ—— 核算时段内主要排放口水污染物的实测日加权平均排放浓度，mg/L；

q—— 核算时段内主要排放口的日平均排水量，m^3/d；

ρ_i—— 核算时段内第 i 次监测的日监测浓度，mg/L；

q_i—— 核算时段内第 i 次监测的日排水量，m^3/d；

n—— 核算时段内取样监测次数，量纲 1；

h—— 核算时段内主要排放口的水污染物排放时间，d。

对要求采用自动监测的排放口或污染因子，在自动监测数据由于某种原因出现中断或其他情况下，应按照 HJ/T 356 补遗。无有效自动监测数据时，采用手工监测数据进行核算。手工监测数据包括核算时间内的所有执法监测数据和排污单位自行或委托的有效手工监测数据。排污单位自行或委托的手工监测频次、监测期间生产工况、数据有效性等须符合相关规范文件等要求。排污单位提供充分证据证明自动监测数据缺失、数据异常等不是排污单位责任的，可按照排污单位提供的手工监测数据等核算实际排放量，或者按照上一个半年申报期间稳定运行的自动监测数据日均浓度值和半年平均排水量，核算数据缺失时段的排放量。

其他水污染物如需核算实际排放量，可以参照式（13）和式（14）进行核算。

9.4.2 产排污系数法

采用产排污系数法核算废水污染物实际排放量时，可参考《全国污染源普查工业污染源产排污系数手册（下）》（33 有色金属冶炼及压延加工业）产污系数或排污系数进行核算。核算公式如下：

$$D = M \times \beta \times 10^{-6} \tag{15}$$

式中：D—— 核算时段内某污染物的产生量或排放量，t；

M—— 核算时段内产品产量，t；

β—— 某污染物产污系数或排污系数，g/t 产品，见附录 F。

当废水污染物化学需氧量、氨氮、总氮、总磷产污系数缺失时，则按照式（16）核算其产生量：

$$D_{产} = M \times \alpha \times 10^{-6} \tag{16}$$

式中：$D_{产}$—— 核算时段内某污染物的产生量，t；

M—— 核算时段内产品产量，t；

α—— 某污染物核算系数，g/t 产品，，见附录 F。

当废水污染物化学需氧量、氨氮、总氮、总磷排污系数缺失时，则按照式（17）核算其排放量：

$$D_{排} = D_{产} \times (1-n) \tag{17}$$

式中：$D_{排}$ —— 核算时段内某污染物的排放量，t；

$D_{产}$ —— 核算时段内某污染物的产生量，t；

n —— 末端治理设施的治理率，%，化学需氧量、氨氮、总氮和总磷取 20%。

9.5 非正常情况废水污染物实际排放量核算方法

废水处理设施异常情况下的排水，如无法满足排放标准要求时，不应直接排入外环境，待废水处理设施恢复正常运行后方可排放。如因特殊原因造成污染治理设施未正常运行超标排放污染物的或偷排偷放污染物的，按产污系数法核算非正常情况期间的实际排放量，计算公式见式（15），式中核算时段为未正常运行时段（或偷排偷放时段）。

10 合规判定方法

10.1 一般规定

合规是指锡冶炼排污单位许可事项和环境管理要求符合排污许可证规定。

许可事项合规是指锡冶炼排污单位排放口位置和数量、排放方式、排放去向、排放污染物种类、排放限值符合许可证规定。其中，排放限值合规是指锡冶炼排污单位污染物实际排放浓度和排放量满足许可排放限值要求，无组织排放满足本技术规范无组织监管措施要求，环境管理要求合规是指锡冶炼排污单位按许可证规定落实自行监测、台账记录、执行报告、信息公开等环境管理要求。

锡冶炼排污单位可通过环境管理台账记录、按时上报执行报告和开展自行监测、信息公开，自证其依证排污，满足排污许可证要求。环境保护主管部门可依据排污单位环境管理台账、执行报告、自行监测记录中的内容，判断其污染物排放浓度和排放量是否满足许可排放限值要求，也可通过执法监测判断其污染物排放浓度是否满足许可排放限值要求。

10.2 排放限值合规判定

10.2.1 废气排放浓度合规判定

10.2.1.1 正常情况

锡冶炼排污单位各废气排放口污染物或厂界无组织污染物的排放浓度达标是指“任一小时浓度均值均满足许可排放浓度要求”。

a）执法监测

按照监测规范要求获取的执法监测数据超标的，即视为不合规。根据 GB/T 16157、HJ/T 397、HJ/T 55 确定监测要求。

b）排污单位自行监测

（1）自动监测

按照本标准 7.5.1 要求获取的有效自动监测数据计算得到的有效小时浓度均值与许可排放浓度限值进行对比，超过许可排放浓度限值的，即视为超标。对于应当采用自动监测而未采用的排放口或污染物，即认为超标。自动监测小时均值是指“整点 1 h 内不少于 45 min 的有效数据的算术平均值”。

（2）手工监测

对于未要求采用自动监测的排放口或污染物，应进行手工监测。按照自行监测方案、监测规范要求获取的监测数据计算得到的有效小时浓度均值超标的，即视为超标。

若同一时段的执法监测数据与排污单位自行监测数据不一致，执法监测数据符合法定的监测标准和监测方法的，以该执法监测数据为准。

10.2.1.2 非正常情况

锡冶炼排污单位非正常排放指炉窑启停机、设备故障、检维修等情况下的排放。

锡冶炼排污单位开停炉期间必须确保烟气净化系统的正常运行，不得未经处理直接排放，排污单位应该将开停炉时间段上报环境保护主管部门。

若多台设施采用混合方式排放烟气，且其中一台处于启停时段，排污单位能提供烟气混合前各台设施有效监测数据的，可按照排污单位提供数据进行合规判定。

10.2.2 废水排放浓度合规判定

排污单位各废水排放口污染物（除 pH 值外）的排放浓度达标是指“任一有效日均值（除 pH 值外）均满足许可排放浓度要求”。

10.2.2.1 执法监测

按照监测规范要求获取的执法监测数据超标的，即视为超标。根据 HJ/T 91、GB 30770 确定监测要求。

10.2.2.2 排污单位自行监测

a）自动监测

按照本标准 7.5.1 要求获取的自动监测数据计算得到有效日均浓度值（除 pH 值外）与许可排放浓度限值进行对比，超过许可排放浓度限值的，即视为超标。对于应当采用自动监测而未采用的排放口或污染物，即认为不合规。

对于自动监测，有效日均浓度是对应于以每日为一个监测周期获得的某个污染物的多个有效监测数据的平均值。在同时监测污水排放流量的情况下，有效日均值是以流量为权的某个污染物的有效监测数据的加权平均值；在未监测污水排放流量的情况下，有效日均值是某个污染物的有效监测数据的算术平均值。

自动监测的有效日均浓度应根据 HJ/T 355 和 HJ/T 356 等相关文件确定。

b）手工监测

对于未要求采用自动监测的排放口或污染物，应进行手工监测。按照本标准 7.2 和 7.5.2 要求进行手工监测，当日各次监测数据平均值或当日混合样监测数据（除 pH 值外）超标的，即视为超标。

c）若同一时段的执法监测数据与排污单位自行监测数据不一致，执法监测数据符合法定的监测标准和监测方法的，以该执法监测数据为准。

10.2.3 排放量合规判定

锡冶炼排污单位污染物的排放量合规是指：

a）废水和废气污染物年实际排放量满足各自的年许可排放量要求，年许可排放量是正常情况和非正常情况排放量之和；

b）废水和废气污染物各主要排放口实际排放量之和满足主要排放口的许可排放量要求；

c）对于特殊时段有许可排放量要求的排污单位，排放口实际排放量之和不得超过特殊时段许可排放量。

10.3 环境管理要求合规判定

环境保护主管部门依据排污许可证中的管理要求以及锡冶炼行业相关技术规范，审核环境管理台账记录和许可证执行报告；检查排污单位是否按照自行监测方案开展自行监测；是否按照排污许可证中环境管理台账记录要求记录相关内容、记录频次、形式是否满足许可证要求；是否按照许可证中执行报告要求定期上报，上报内容是否符合要求等；是否按照许可证要求定期开展信息公开；是否满足特殊时段污染防治要求。

附 录 A

（资料性附录）

锡冶炼废气污染防治可行技术推荐表

污染类型	主要污染物	可行技术
废气	颗粒物	电除尘器、袋式除尘器、动力波洗涤等单个或组合工艺
	锡及其化合物	
	镉及其化合物	
	铅及其化合物	
	砷及其化合物	
	汞及其化合物	
	锑及其化合物	
	二氧化硫	有机溶液循环吸收脱硫技术、石灰/石灰石-石膏法脱硫技术、动力波湍冲废气吸收技术、钠碱法、氧化锌脱硫技术

附　录　B
（资料性附录）
锡冶炼废水污染物防治可行技术推荐表

污染类型	主要污染物	可行技术
废水	pH 值	硫化法、中和法、铁盐法、混凝-沉淀法、膜分离法技术、吸附法和电化学法等深度处理法多个工艺组合
	悬浮物	
	氟化物	
	总铜	
	总锌	
	总锡	
	总锑	
	总汞	
	总镉	
	总铅	
	总砷	
	六价铬	

附　录　C
（资料性附录）
环境管理台账记录参考表（略）

附　录　D
（资料性附录）
手工监测报表示例表

序号	污染源类别	监测日期	监测时间	排放口编号	监测内容	计量单位	监测结果	监测结果（折标）	是否超标	手工监测采样方法及个数	手工测定方法	手工监测仪器型号
1	废气	20160606	10:00—10:15	DA001	SO_2	mg/m^3	100	110		连续采样	HJ/T57	AAA
		20160606	10:00—10:15	DA001	烟气量	m^3/h	5 000	5 500		—	—	—
	废水											
				……	……					……	……	
	其他				……					……	……	

附　录　E
（资料性附录）
锡冶炼排污单位排污许可证执行报告编制内容（略）

附　录　F
（资料性附录）
锡冶炼行业产排污系数表

产品名称	原料名称	工艺名称	规模等级	污染物指标	单位	产污系数	排污系数
精锡	锡精矿	还原熔炼-硫化挥发法	≥8 000 t/a	汞	mg/t-产品	966	43.1
				镉	g/t-产品	0.52	0.025
				铅	g/t-产品	6.27	0.066
				砷	g/t-产品	244.4	0.275 3
				六价铬	g/t-产品	0.52	0.034
				烟尘	kg/t-产品	353.7	4.095
			3 000～8 000 t/a	汞	mg/t-产品	1 026	45.8
				镉	g/t-产品	4.86	0.340
				铅	g/t-产品	5.85	0.248
				砷	g/t-产品	312.7	1.42

产品名称	原料名称	工艺名称	规模等级	污染物指标	单位	产污系数	排污系数
精锡	锡精矿	还原熔炼-硫化挥发法	3 000～8 000 t/a	六价铬	g/t-产品	4.82	0.425
				烟尘	kg/t-产品	326	6.48
			≤3 000t/a	汞	mg/t-产品	926	51.2
				镉	g/t-产品	4.86	0.972
				铅	g/t-产品	5.85	1.17
				砷	g/t-产品	289.4	0.498 5
				六价铬	g/t-产品	2.82	0.564
				烟尘	kg/t-产品	567.1	7.975
		两段熔炼法	所有规模	汞	mg/t-产品	486	51.1
				镉	g/t-产品	5.85	0.135
				铅	g/t-产品	4.82	0.355
				砷	g/t-产品	305.7	0.68
				六价铬	g/t-产品	1.27	0.32
				烟尘	kg/t-产品	169.2	5.322
		硫化挥发-还原熔炼法	所有规模	汞	mg/t-产品	446	51
				镉	g/t-产品	5.62	0.127
				铅	g/t-产品	4.72	0.505
				砷	g/t-产品	322	0.67
				六价铬	g/t-产品	1.3	0.342
				烟尘	kg/t-产品	1 067	11.9
氮氧化物、铅及其化合物、汞及其化合物、镉及其化合物、砷及其化合物、化学需氧量、氨氮、总氮、总磷核算系数							
精锡	各种原料	各种工艺	各种规模	氮氧化物	kg/t-产品	12.6	—
				铅及其化合物	g/t-产品	12 600	—
				汞及其化合物	g/t-产品	63	—
				镉及其化合物	g/t-产品	315	—
				砷及其化合物	g/t-产品	3 150	—
				化学需氧量	g/t-产品	3 000	—
				氨氮	g/t-产品	50	—
				总氮	g/t-产品	93.75	—
				总磷	g/t-产品	6.25	—

中华人民共和国环境保护行业标准

排污许可证申请与核发技术规范　有色金属工业——钴冶炼

Technical specification for application and issuance of pollutant permit —Non-ferrous metal metallurgy industry—Cobalt smelting

HJ 937—2017

前　言

为贯彻落实《中华人民共和国环境保护法》《中华人民共和国大气污染防治法》《中华人民共和国水污染防治法》等法律法规和《国务院办公厅关于印发控制污染物排放许可制实施方案的通知》（国办发〔2016〕81 号），完善排污许可技术支撑体系，指导和规范钴冶炼排污单位排污许可证申请与核发工作，制定本标准。

本标准规定了钴冶炼排污单位排污许可证申请与核发的基本情况填报要求、许可排放限值确定、实际排放量核算方法、合规判定方法以及自行监测、环境管理台账与排污许可证执行报告等环境管理要求，提出了钴冶炼行业污染防治可行技术要求。

核发机关核发排污许可证时，对位于法律法规明确规定禁止建设区域内的、属于国家和地方政府明确规定予以淘汰或取缔的钴冶炼排污单位或生产装置，应不予核发排污许可证。

本标准附录 A、附录 B、附录 C、附录 D 为资料性附录。

本标准为首次发布。

本标准由环境保护部规划财务司、环境保护部科技标准司组织制订。

本标准主要起草单位：中国环境科学研究院、中南大学、环境保护部环境保护对外合作中心、中国有色金属工业协会。

本标准环境保护部 2017 年 12 月 27 日批准。

本标准自 2017 年 12 月 27 日起实施。

本标准由环境保护部解释。

1　适用范围

本标准规定了钴冶炼排污单位排污许可证申请与核发的基本情况填报要求、许可排放限值确定、实际排放量核算、合规判定的方法以及自行监测、环境管理台账与排污许可证执行报告等环境管理要求，提出了钴冶炼行业污染防治可行技术要求。

本标准适用于指导钴冶炼排污单位填报《排污许可证申请表》及在全国排污许可证管理信息平台申报系统中填报相关申请信息，适用于指导核发机关审核确定钴冶炼排污单位排污许可证许可要求。

本标准适用于以钴精矿、含钴物料为主要原料的钴冶炼排污单位排放的大气污染物和水污染物的排污许可管理，不适用于以废旧钴物料为原料的再生冶炼排污单位排放的大气污染物和水污染物的排污许可管理。

本标准未做出规定但排放工业废水、废气或者国家规定的有毒有害大气污染物的钴冶炼排污单位其他产污设施和排放口，参照《排污许可证申请与核发技术规范　总则》执行；在《排污许可证申请与核发技术规范　锅炉工业》发布前，热水锅炉和 65 t/h 及以下蒸汽锅炉参照本标准执行，发布后从其规定。

2　规范性引用文件

本标准引用了下列文件或其中的条款。凡是未注明日期的引用文件，其最新版本适用于本标准。

GB 13271　锅炉大气污染物排放标准

GB 25467　铜、镍、钴工业污染物排放标准

GB/T 16157　固定污染源排气中颗粒物测定与气态污染物采样方法

HJ 493　水质采样　样品的保存和管理技术规定

HJ 494　水质　采样技术指导

HJ 495　水质　采样方案设计技术规定

HJ 819　排污单位自行监测技术指南　总则

HJ 820　排污单位自行监测技术指南　火力发电及锅炉

HJ/T 55　大气污染物无组织排放监测技术导则

HJ/T 75　固定污染源烟气排放连续监测技术规范（试行）

HJ/T 76　固定污染源烟气排放连续监测系统技术要求及监测方法（试行）

HJ/T 91　地表水和污水监测技术规范

HJ/T 353　水污染源在线监测系统安装技术规范（试行）

HJ/T 354　水污染源在线监测系统验收技术规范（试行）

HJ/T 355　水污染源在线监测系统运行与考核技术规范（试行）

HJ/T 356　水污染源在线监测系统数据有效性判别技术规范（试行）

HJ/T 397　固定源废气监测技术规范

*排污许可证申请与核发技术规范　总则

*排污单位自行监测技术指南　有色金属冶炼与压延加工

*环境管理台账及排污许可证执行报告技术规范（试行）

《固定污染源排污许可分类管理名录》

《钴冶炼污染防治最佳可行技术指南（试行）》（环境保护部公告　2015 年第 24 号）

《排污口规范化整治技术要求》（国家环保局　环监〔1996〕470 号）

《污染源自动监控设施运行管理办法》（环发〔2008〕6 号）

《关于开展火电、造纸行业和京津冀试点城市高架源排污许可证管理工作的通知》（环水体〔2016〕189 号）

3　术语和定义

下列术语和定义适用于本标准。

3.1　钴冶炼排污单位　cobalt smelter pollutant emission unit

指以钴精矿、含钴物料为主要原料的钴冶炼排污单位，不包括以废旧钴物料为原料的再生冶炼企业。

3.2　许可排放限值　permitted emission limits

指排污许可证中规定的允许排污单位排放的污染物最大排放浓度和最大排放量。

3.3　特殊时段　special periods

指根据国家和地方限期达标规划及其他相关环境管理规定，对排污单位的污染物排放情况有特殊要求的时段，包括重污染天气应对期间和冬防期间等。

4　排污单位基本情况填报要求

4.1　一般原则

排污单位应按照本标准要求，在排污许可证管理信息平台申报系统填报《排污许可证申请表》中的相应信息表。填报系统下拉菜单中未包括的、地方环境保护主管部门有规定需要填报或排污单位认为需要填报的，可自行增加内容。

省级环境保护主管部门按环境质量改善需求增加的管理要求，应填入排污许可证管理信息平台申报系统中“有核发权的地方环境保护主管部门增加的管理内容”一栏。

---

* 标准正在编制审批之中，待正式发布后按发布的标准实行。

排污单位在填报申请信息时，应评估污染排放及环境管理现状，对现状环境问题提出整改措施，并填入排污许可证管理信息平台申报系统中“改正措施”一栏。

排污单位基本情况应当按照实际情况填报，对提交申请材料的真实性、合法性和完整性负法律责任。

4.2 排污单位基本信息

排污单位基本信息应填报单位名称、邮政编码、是否投产、投产日期、生产经营场所中心经度、生产经营场所中心纬度、所在地是否属于重点区域、是否有环评批复文件及文号、是否有地方政府对违规项目的认定或备案文件及文号、是否有主要污染物总量分配计划文件及文号、颗粒物总量指标（t/a）、二氧化硫总量指标（t/a）、氮氧化物（以 NO_2 计）总量指标（t/a）、化学需氧量总量指标（t/a）、氨氮总量指标（t/a）、铅及其化合物总量指标（t/a）、砷及其化合物总量指标（t/a）、汞及其化合物总量指标（t/a），总铅总量指标（t/a）、总砷总量指标（t/a）、总汞总量指标（t/a）、总镉总量指标（t/a），其余项（如有）由企业自行补充填报。

4.3 主要产品及产能

4.3.1 一般原则

在填报主要产品及产能时，选择“钴冶炼”。

排污单位应根据本标准要求填写排污许可证管理信息平台申报系统中有关主要生产单元、主要工艺、生产设施、生产设施编号、设施参数、产品名称、生产能力及计量单位、设计年生产时间及其他选项等信息。

4.3.2 主要生产单元

主要生产单元均为必填项，具体分类如下：

a）火法工艺：备料、熔炼、焙烧、浸出、电积、沉淀、蒸发结晶、烟气制酸、公用单元等；

b）湿法工艺：备料、破碎、浸出（常压+氧压）、除铁、萃取、电积、沉淀、蒸发结晶、渣堆处理、公用单元等。

4.3.3 主要工艺

主要工艺均为必填项，具体要求如下：

a）火法工艺：电炉熔炼—浸出—萃取—电积工艺、电炉熔炼—浸出—萃取—蒸发结晶工艺、焙烧—浸出—萃取—电积工艺、焙烧—浸出—萃取—沉淀工艺、焙烧—浸出—萃取—蒸发结晶工艺；

b）湿法工艺：浸出—萃取—沉淀工艺、浸出—萃取—蒸发结晶工艺、浸出—萃取—电积工艺。

4.3.4 生产设施

生产设施分为必填项和选填项，具体要求如下：

a）火法工艺：必填项为备料工序（包括原料库、转运站、碎磨机等）、熔炼（电炉）、焙烧（焙烧炉）、浸出（浸出槽）、除铁（除铁罐）、萃取（萃取槽、反萃槽）、精炼（电积槽、净化槽）、蒸发（蒸发器、结晶器）、烟气制酸（净化塔、转化塔、吸收塔）、公用设施（包括化学水处理站、锅炉房等）；选填项包括备料工序的干燥窑、余热锅炉及发电系统等；

b）湿法工艺：必填项包括备料工序（包括原料库、转运站、碎磨机等）、浸出（浸出槽、反应釜）、除铁（除铁罐）、萃取（萃取槽、反萃槽）、精炼（电积槽、净化槽）、蒸发结晶（蒸发器、结晶器）、公用设施（包括化学水处理站、锅炉房等）。选填项包括备料工序的干燥窑等；

c）本标准尚未做出规定，且排放工业废气和有毒有害大气污染物，有明确国家和地方排放标准的，相应生产设施为必填项。

4.3.5 生产设施编号

生产设施编号为必填项，具体要求如下：

a）若生产设施有排污单位内部生产设施编号，则填报相应编号；

b）若生产设施无排污单位内部生产设施编号，则根据《关于开展火电、造纸行业和京津冀试点城市高架源排污许可证管理工作的通知》中的附件 4《固定污染源（水、大气）编码规则（试行）》进行编号并填报。

4.3.6 设施参数

设施参数分为必填项和选填项，具体要求如下：

生产设施中熔炼炉、焙烧炉等的炉型、处理能力，公用单元中的锅炉生产能力、原料库贮存能力及贮存系统、辅助系统的处理（贮存）能力为必填项。其他为选填项。

4.3.7 产品名称

产品名称为必填项，分为电钴、硫酸钴、氧化钴、钴粉、氯化钴、硝酸钴、钴铁、钴扣等。

4.3.8 生产能力及计量单位

生产能力及计量单位为必填项，生产能力为主要产品设计年产能。产能和产量计量单位均为万 t/a。

4.3.9 设计年生产时间

设计年生产时间为必填项，应按环境影响评价文件及批复或地方政府对违规项目的认定或备案文件确定的年生产小时数填写。

4.3.10 其他

其他为选填项，排污单位若有需要说明的内容，可填写。

4.4 主要燃料及原辅材料

主要原辅材料及燃料填写内容包括种类、原辅材料名称、原辅材料成分、燃料名称、燃料成分、设计年使用量、其他等，具体要求如下：

a）种类：分为原辅材料、燃料；

b）原辅材料：原料包括铜钴矿（水钴矿）、铜钴合金、镍冶炼钴渣、锌冶炼钴渣等；辅料包括亚硫酸钠、氧气、硫酸、盐酸、溶剂、P204、P507、C272、活性炭、石灰、尿素、氨水/液氨、液碱、碳酸钠、硝酸、氯酸钠、硼酸等；

c）原辅材料成分：主要原辅材料的硫元素占比，及主要有毒有害物质成分与占比；

d）燃料名称：分为天然气、焦粉、重油、其他；

e）燃料成分：应填报主要原辅材料的硫元素占比（干基）、灰分，及主要有毒有害物质成分与占比；

f）设计年使用量：设计年使用量为与核定产能相匹配的原辅材料及燃料年使用量，单位为万 t/a 或万 m^3/a；

g）其他：排污单位若有需要说明的内容，可填写；

h）上述 a）～f）为必填项，g）为选填项。

4.5 产排污节点、污染物及污染治理设施

4.5.1 一般原则

废气产排污环节、污染物及污染治理设施包括生产设施对应的产污环节、污染物种类、排放形式（有组织、无组织）、污染治理设施及工艺、是否为可行技术、排放口编号、排放口设置是否规范及排放口类型。

废水产排污节点、污染物及污染治理设施包括废水类别、污染物种类、排放去向、污染治理设施及工艺、是否为可行技术、排放口编号、排放口设置是否规范及排放口类型。

4.5.2 废气

4.5.2.1 产污环节

包括原料制备、熔炼、焙烧、浸出、萃取、电积、蒸发结晶、烟气制酸等。

4.5.2.2 污染物种类

污染物种类应根据 GB 13271、GB 25467 确定，见表 1。有地方排放标准的，按照地方排放标准确定。

4.5.2.3 污染治理设施

治理设施名称应填写除尘设施、酸雾处理设施、氯气吸收设施。

4.5.2.4 污染治理工艺

污染治理工艺填写除尘设施治理工艺（湿法除尘、旋风除尘、电除尘、袋式除尘等）、脱硫设施治理工艺（石灰/石灰石-石膏法、有机溶液循环吸收法、金属氧化物吸收法、活性焦吸附法、氨法、双碱法、双氧水脱硫法等）、脱硝设施治理工艺（SCR、SNCR 等）、酸雾处理系统（填料吸收塔、湍冲洗涤塔等），除氯系统（填料吸收塔、湍冲洗涤塔等）等。

4.5.3 废水

4.5.3.1 类别

废水填写类别包括生产废水（污酸、酸性废水、一般生产废水、初期雨水等）和生活污水。

4.5.3.2 污染物种类

污染物种类应根据 GB 25467 确定，见表 1。有地方排放标准的，按照地方排放标准确定。

4.5.3.3 污染治理设施

应填写生活污水处理设施、生产废水处理设施等。

4.5.3.4 污染治理工艺

污染治理工艺包括生产废水治理工艺（石灰中和法、高密度泥浆法、硫化法、石灰-铁盐（铝盐）法、生物制剂法、电化学法、膜分离法等）、生活污水处理工艺（生物接触氧化法、序批式活性污泥法处理工艺、膜生物反应器处理工艺等）。

4.5.3.5 排放去向及排放规律

钴冶炼排污单位应明确废水排放去向及排放规律。

排放去向分为不外排；排至厂内综合污水处理站；直接进入海域；直接进入江河、湖、库等水环境；进入城市下水道（再入江河、湖、库）；进入城市下水道（再入沿海海域）；进入城市污水处理厂；进入其他单位；进入工业废水集中处理设施；其他（回用等）。

排放规律分为连续排放，流量稳定；连续排放，流量不稳定，但有周期性规律；连续排放，流量不稳定，但有规律，且不属于周期性规律；连续排放，流量不稳定，属于冲击型排放；连续排放，流量不稳定且无规律，但不属于冲击型排放；间歇排放，排放期间流量稳定；间歇排放，排放期间流量不稳定，但有周期性规律；间歇排放，排放期间流量不稳定，但有规律，且不属于非周期性规律；间歇排放，排放期间流量不稳定，属于冲击型排放；间歇排放，排放期间流量不稳定且无规律，但不属于冲击型排放。

4.5.4 排放口设置要求

根据《排污口规范化整治技术要求（试行）》以及排污单位执行的排放标准中有关排放口规范化设置的规定，填报废气和废水排放口设置是否符合规范化要求。

4.5.5 排放口信息

排放口类型划分为主要排放口和一般排放口，具体见表 1。

废气排放口应填报排放口地理坐标、排气筒高度、排气筒出口内径、国家或地方污染物排放标准、环评批复要求及承诺更加严格排放限值。废水直接排放口应填报排放口地理坐标、间歇排放时段、受纳自然水体信息、汇入受纳自然水体处地理坐标及执行的国家或地方污染物排放标准。废水间接排放口应填报排放口地理坐标、间歇排放时段、受纳污水处理厂名称及执行的国家或地方污染物排放标准。废水间歇式排放的，应当载明排放污染物的时段。

4.5.6 污染治理设施和排放口编号

污染治理设施编号可填写钴冶炼工业排污单位内部编号。若钴冶炼工业排污单位无内部编号，则根据《关于开展火电、造纸行业和京津冀试点城市高架源排污许可证管理工作的通知》中的附件 4《固定污染源（水、大气）编码规则（试行）》进行编号并填报。

有组织排放口编号应填写地方环境保护主管部门现有编号。若地方环境保护主管部门未对排放口进行编号，则根据《关于开展火电、造纸行业和京津冀试点城市高架源排污许可证管理工作的通知》中的附件 4《固定污染源（水、大气）编码规则（试行）》进行编号并填报。

4.6 其他要求

排污单位基本情况还应包括生产工艺流程图（包括全厂及各工序）和厂区总平面布置图。

生产工艺流程图应包括主要生产设施（设备）、主要原辅材料、燃料的流向、生产工艺流程等内容。

厂区总平面布置图应包括主要生产单元、厂房、设备位置关系，注明厂区污水收集和运输走向等内容，同时注明厂区雨水和污水排放口位置。

5 产排污节点、对应排放口及许可排放限值

5.1 产排污节点及对应排放口

废气和废水的产排污节点及对应排放口见表 1、表 2。

钴冶炼排污单位应填报国家或地方污染物排放标准、环评批复要求、承诺更加严格排放限值。其余

项依据本标准 4.5 条填报产排污节点及排放口信息。

表 1　钴湿法冶炼产排污节点、排放口及污染因子一览表

产排污节点	排放口	排放口类型	污染因子
废气有组织排放			
浸出槽	吸收塔出口	一般排放口	硫酸雾
除铁槽	吸收塔出口	一般排放口	硫酸雾、氯气
萃取槽	吸收塔出口	一般排放口	硫酸雾
电积槽	吸收塔出口	一般排放口	硫酸雾、氯气
锅炉	烟气排放口	一般排放口	颗粒物、二氧化硫、氮氧化物（以 NO_2 计）、汞及其化合物[a]、烟气黑度（林格曼黑度，级）
废气无组织排放			
厂界		企业周边	二氧化硫、颗粒物、硫酸雾、氯气、氯化氢、氟化物、铅及其化合物、砷及其化合物、镍及其化合物、汞及其化合物
废水排放			
生产废水	企业废水总排放口	主要排放口	pH 值、悬浮物、化学需氧量、氟化物、总氮、总磷、氨氮、总锌、石油类、总铜、硫化物
	生产车间或设施废水排放口	主要排放口	总铅、总砷、总镉、总汞、总镍、总钴
注：氮氧化物（以 NO_2 计）只适用于特别排放限值区域的排污单位。			
[a] 适用于燃煤锅炉。			

表 2　钴火法冶炼产排污节点、排放口及污染因子一览表

产排污节点	排放口	排放口类型	污染因子
废气有组织排放			
原料制备	原料制备系统烟囱/排气筒	主要排放口	颗粒物
熔炼炉、焙烧炉等	制酸尾气烟囱	主要排放口	颗粒物、二氧化硫、氮氧化物（以 NO_2 计）、硫酸雾、铅及其化合物、砷及其化合物、镍及其化合物、汞及其化合物、氯气、氯化氢、氟化物
炉窑等	环境集烟烟囱	主要排放口	颗粒物、二氧化硫、氮氧化物（以 NO_2 计）、硫酸雾、铅及其化合物、砷及其化合物、镍及其化合物、汞及其化合物、氯气、氯化氢、氟化物
废气有组织排放			
锅炉	烟气排放口	一般排放口	颗粒物、二氧化硫、氮氧化物（以 NO_2 计）、汞及其化合物[a]、烟气黑度（林格曼黑度，级）
废气无组织排放			
厂界		企业周边	二氧化硫、颗粒物、硫酸雾、氯气、氯化氢、氟化物、铅及其化合物、砷及其化合物、镍及其化合物、汞及其化合物
废水排放			
废水类别	排放口	排放口类型	污染因子
生产废水	废水总排放口	主要排放口	pH 值、悬浮物、化学需氧量、氟化物、总氮、总磷、氨氮、总锌、石油类、总铜、硫化物
	车间或生产设施废水排放口	主要排放口	总铅、总砷、总镉、总汞、总镍、总钴
注：氮氧化物（以 NO_2 计）只适用于特别排放限值区域的排污单位。			
a 适用于燃煤锅炉。			

5.2　许可排放限值

5.2.1　一般原则

许可排放限值包括污染物许可排放浓度和许可排放量。

对于大气污染物，以生产设施或有组织排放口为单位确定许可排放浓度、许可排放量。主要排放口逐一计算许可排放量，一般排放口只许可浓度，不许可排放量。

对于水污染物，以车间或生产设施排放口和企业废水总排放口确定许可排放浓度和许可排放量。

根据国家或地方污染物排放标准确定许可排放浓度。依据总量控制指标及本标准规定的方法从严确定许可排放量，2015 年 1 月 1 日（含）后取得环境影响批复的排污单位，许可排放量还应同时满足环境影响评价文件和批复要求。

总量控制指标包括地方政府或环境保护主管部门发文确定的排污单位总量控制指标、环评批复的总量控制指标、现有排污许可证中载明的总量控制指标、通过排污权有偿使用和交易确定的总量控制指标等地方政府或环境保护主管部门与排污许可证申领排污单位以一定形式确认的总量控制指标。

排污单位填报许可排放量时，应在《排污许可申请表》中写明申请的许可排放限值计算过程。

排污单位申请的许可排放限值严于本标准规定的，在排污许可证中载明。

5.2.2 许可排放浓度

5.2.2.1 废气

排污单位废气许可排放浓度依据 GB 13271、GB 25467 确定，许可排放浓度为小时均值浓度（烟气黑度除外）。有地方排放标准要求的，按照地方排放标准确定。

大气污染防治重点控制区按照《关于执行大气污染物特别排放限值的公告》和《关于执行大气污染物特别排放限值有关问题的复函》的要求执行。其他执行大气污染物特别排放限值的地域范围、时间，由国务院环境保护主管部门或省级人民政府规定。

若执行不同许可排放浓度的多台设施采用混合方式排放烟气，且选择的监控位置只能监测混合烟气中的大气污染物浓度，则应执行各限值要求中最严格的许可排放浓度。

5.2.2.2 废水

排污单位水污染物许可排放浓度依据 GB 25467 确定，许可排放浓度为日均浓度（pH 值为任何一次监测值）。有地方排放标准要求的，按照地方排放标准确定。

若排污单位在同一个废水排放口排放两种或两种以上工业废水，且每种废水同一种污染物执行的排放标准不同时，则应执行各限值要求中最严格的许可排放浓度。

5.2.3 许可排放量

5.2.3.1 一般规定

许可排放量包括排污单位年许可排放量、主要排放口年许可排放量、特殊时段许可排放量。其中，年许可排放量是指允许排污单位连续 12 个月排放的污染物最大排放量。年许可排放量同时适用于考核自然年的实际排放量。有核发权的地方环境保护主管部门可根据环境管理规定细化许可排放量的核算周期。单独排入城镇集中污水处理设施的生活污水无须申请许可排放量。

钴湿法冶炼排污单位不许可废气排放量，钴火法冶炼排污单位许可排放量污染因子为颗粒物、二氧化硫、氮氧化物（以 NO_2 计，仅适用于执行特别排放限值区域排污单位）、砷及其化合物、铅及其化合物、汞及其化合物。

废水许可排放量污染因子为化学需氧量、氨氮、总铅、总砷、总汞、总镉。

对位于《“十三五”生态环境保护规划》等文件规定的总磷、总氮总量控制区域内的钴冶炼排污单位，还应分别申请总磷及总氮年许可排放量。地方环境保护部门另有规定的从其规定。

5.2.3.2 许可排放量核算推荐方法

5.2.3.2.1 废气

根据排放标准浓度限值、单位产品基准排气量、产能确定大气污染物许可排放量。

a）年许可排放量

钴冶炼火法冶炼废气污染因子年许可排放量等于主要排放口年许可排放量，计算如下：

$$E_{i许可} = E_{i主要排放口} \tag{1}$$

式中：$E_{i许可}$ —— 排污单位第 i 项大气污染物年许可排放量，t/a；

$E_{i主要排放口}$ —— 排污单位第 i 项大气污染物主要排放口年许可排放量，t/a。

b）主要排放口年许可排放量

主要排放口年许可排放量用下式计算：

$$E_{i主要排放口} = \sum_{j=1}^{n} \rho_i \times Q_j \times R \times 10^{-9} \tag{2}$$

式中：$E_{i主要排放口}$ —— 主要排放口第 i 种大气污染物年许可排放量，t/a；

ρ_i —— 第 i 种大气污染物许可排放浓度限值，mg/m^3；

R—— 主要产品年产能，t/a；

Q_j—— 第 j 个主要排放口单位产品基准排气量，m^3/t 产品，根据排污单位实际监测数据许可量。

c）特殊时段许可排放量

钴冶炼排污单位特殊时段日许可排放量按式（3）计算。地方制定的相关法规中对特殊时段许可排放量有明确规定的从其规定。国家和地方环境保护主管部门依法规定的其他特殊时段短期许可排放量应当在排污许可证当中载明。

$$E_{日许可} = E_{前一年环统日均排放量} \times (1-\alpha) \tag{3}$$

式中：$E_{日许可}$—— 钴冶炼排污单位重污染天气应对期间或冬防阶段日许可排放量，t/d；

$E_{前一年环统日均排放量}$—— 钴冶炼排污单位前一年环境统计实际排放量折算的日均值，t/d；

α—— 重污染天气应对期间或冬防阶段日产量或排放量减少比例。

5.2.3.2.2 废水

水污染物年许可排放量根据水污染物许可排放浓度限值、单位产品基准排水量和产能核定。

a）主要排放口年许可排放量

主要排放口年许可排放量用下式计算：

$$D_i = R \times G_i \times 10^{-6} \tag{4}$$

式中：D_i—— 主要排放口第 i 种水污染物年许可排放量，t/a；

R—— 主要产品年产能，t/a；

G_i—— 第 i 种水污染物排放绩效值，g/t 产品，参照表 3 取值。

b）年许可排放量

钴冶炼排污单位总铅、总砷、总镉、总汞年许可排放量为生产车间或设施废水排放口许可排放量，化学需氧量和氨氮年许可量为企业废水总排放口许可排放量，按照式（4）进行核算。

表 3　钴冶炼排污单位水污染物排放绩效值

污染因子	排放绩效/（g/t 产品）			
	车间或生产设施排放口		废水总排放口	
	直接排放	间接排放	直接排放	间接排放
化学需氧量	3 000（湿法冶炼）	9 000（湿法冶炼）	4 500（湿法冶炼）	13 500（湿法冶炼）
	1 800（其他）	6 000（其他）	2 700（其他）	9 000（其他）
氨氮	240	600	360	900
总铅	15		22.5	
总砷	15		22.5	
总汞	1.5		2.25	
总镉	3		4.5	

5.2.4 无组织排放控制要求

钴冶炼排污单位无组织排放节点和控制措施见表 4。

表 4　钴冶炼排污单位生产无组织排放控制要求表

序号	工序	指标控制措施
1	冶炼	（1）原煤应贮存于封闭式煤场，场内设喷水装置，在煤堆装卸时洒水降尘；不能封闭的应采用防风抑尘网，防风抑尘网高度不低于堆存物料高度的 1.1 倍。钴精矿等原料，石英石、石灰石等辅料应采用库房贮存。备料工序产尘点应设置集气罩，并配备除尘设施。 （2）冶炼工序应在封闭厂房内进行。冶炼炉（窑）的加料口、出料口等处应设置集气罩并保证有足够的环保集气量，配套设置密闭抽风收尘设施。 （3）溜槽应设置盖板。 （4）湿法冶炼工艺中氧化矿和低品位矿石破碎机应设置集气罩，并配备除尘设施。各堆场应采取喷雾等抑尘措施
2	运输	（1）冶炼厂粉状物料运输应采取密闭措施。 （2）冶炼厂内大宗物料转移、输送应采取皮带通廊、封闭式皮带输送机或流态化输送等输送方式。皮带通廊应封闭，带式输送机的受料点、卸料点采取喷雾等抑尘措施；或设置密闭罩，并配备除尘设施。 （3）冶炼厂内运输道路应硬化，并采取洒水、喷雾、移动吸尘等措施。 （4）运输车辆驶离矿区前以及冶炼厂前应冲洗车轮，或采取其他控制措施

5.2.5 其他

新（改、扩）建项目的环境影响评价文件或地方相关规定中有原辅材料、燃料等其他污染防治强制要求的，还应根据环境影响评价文件或地方相关规定，明确其他需要落实的污染防治要求。

6 污染防治可行技术要求

6.1 一般原则

本标准中所列污染防治可行技术及运行管理要求可作为环境保护主管部门对排污许可证申请材料审核的参考。对于排污单位采用本标准所列推荐可行技术的，原则上认为具备符合规定的污染防治设施或污染物处理能力。对于未采用本标准所列推荐可行技术的，钴冶炼排污单位应当在申请时提供相关证明材料（如提供已有监测数据；对于国内外首次采用的污染治理技术，还应当提供中试数据等说明材料），证明可达到与污染防治可行技术相当的处理能力。

对不属于污染防治推荐可行技术的污染治理技术，排污单位应当加强自行监测、台账记录，评估达标可行性。

对于废气实施特别排放限值的，钴冶炼排污单位自行填报可行的污染治理技术及管理要求。

6.2 废气推荐可行技术

钴冶炼排污单位产生的有组织废气中颗粒物、铅及其化合物、砷及其化合物、汞及其化合物通常采用湿法除尘器、袋式除尘器、静电除尘器等处理技术；冶炼炉窑产生的二氧化硫，通常采用石灰-石膏法、有机溶液循环吸收法、金属氧化物吸收法、活性焦吸附法、氨法吸收法、双氧水脱硫法等处理技术；萃取、电积等过程产生的硫酸雾、氯气，通常采用填料吸收塔、动力波湍冲废气吸收等处理技术。

本标准推荐的排污单位废气治理可行技术参照《钴冶炼污染防治最佳可行技术指南（试行）》。

6.3 废水推荐可行技术

钴冶炼排污单位生产过程产生的车间排放废水一般采用硫化法+石灰石/石灰中法、石灰+铁盐法处理，处理后液与酸性废水合并处理；酸性废水一般采用石灰中和法、高密度泥浆法（HDS 法）、石灰+铁盐（铝盐）法、硫化法、生物制剂法、电化学法、膜分离法等处理，处理后出水可达标排放或回用。

本标准推荐的排污单位废水处理可行技术详见《钴冶炼污染防治最佳可行技术指南（试行）》。

6.4 运行管理要求

钴冶炼排污单位应当按照相关法律法规、标准和技术规范等要求运行大气及水污染防治设施，并进行维护和管理，保证设施正常运行。对于特殊时段，钴冶炼排污单位应满足《重污染天气应急预案》、各地人民政府制定的冬防措施等文件规定的污染防治要求。

7 自行监测管理要求

7.1 一般原则

钴冶炼排污单位在申请排污许可证时，应当按照本标准确定的产排污节点、排放口、污染因子及许可排放限值等要求，制定自行监测方案，并在《排污许可证申请表》中明确，《排污单位自行监测技术指南　有色金属冶炼与压延加工》发布后，自行监测方案的制定从其要求。热水锅炉和 65 t/h 及以下蒸汽锅炉按照 HJ 820 制定自行监测方案。

对于 2015 年 1 月 1 日（含）后取得环评批复的排污单位，环境影响评价文件有其他管理要求的应当同步完善排污单位自行监测管理要求。有核发权的地方环境保护主管部门可根据环境质量改善需求，增加钴冶炼排污单位自行监测管理要求。

7.2 自行监测方案

自行监测方案中应明确排污单位的基本情况、监测点位及示意图、监测指标、执行排放标准及其限值、监测频次、采样和样品保存方法、监测分析方法和仪器、质量保证与质量控制、自行监测信息公开等。对于采用自动监测的排污单位应当如实填报采用自动监测的污染物指标、自动监测系统联网情况、自动监测系统的运行维护情况等；对于未要求开展自动监测的污染物指标，排污单位应当填报开展手工监测的污染物排放口和监测点位、监测方法、监测频率；对于 2015 年 1 月 1 日（含）后取得环评批复的排污单位，排污单位还应按照环境影响评价文件的要求填报周边环境质量方案监测。

7.3 自行监测要求

7.3.1 一般原则

排污单位可自行或委托第三方监测机构开展监测工作，并安排专人专职对监测数据进行记录、整理、统计和分析。排污单位对监测结果的真实性、准确性、完整性负责。手工监测时生产负荷应不低于本次监测与上一次监测周期内的平均生产负荷。

7.3.2 监测内容

钴冶炼排污单位应当开展自行监测的污染源包括产生有组织废气、无组织废气、生产废水、生活废水、初期雨水等全部污染源。污染物包括 GB 13271、GB 25467 中涉及的各项废气、废水污染物。

7.3.3 监测点位、监测因子及监测频次

排污单位应明确开展自行监测的外排口监测点位、无组织排放监测点位、周边环境质量影响监测点位等，自行监测点位、监测因子及监测频次执行表 5。单独排入城镇集中污水处理设施的生活污水无须监测，对于单独排入海域、江河、湖、库等水环境的生活污水应按照 HJ/T 91 要求执行。

表 5 钴冶炼排污单位自行监测点位、监测因子及最低监测频次一览表

产污环节	监测点位	排放口类型	监测因子	监测频次
废气有组织排放				
原料制备	污染物净化设施排放口	主要排放口	颗粒物	季度
熔炼炉、焙烧炉等	污染物净化设施排放口	主要排放口	颗粒物、二氧化硫、氮氧化物（以 NO_2 计）	自动监测
			硫酸雾、镍及其化合物、氟化物	季度
			铅及其化合物、砷及其化合物、汞及其化合物	月
炉窑等	污染物净化设施排放口	主要排放口	颗粒物、二氧化硫、氮氧化物（以 NO_2 计）	自动监测
			硫酸雾、镍及其化合物、氟化物	季度
			铅及其化合物、砷及其化合物、汞及其化合物	月
浸出槽	污染物净化设施排放口	一般排放口	硫酸雾	季度
除铁槽	污染物净化设施排放口	一般排放口	硫酸雾、氯气、氨气[a]	半年
萃取槽	污染物净化设施排放口	一般排放口	硫酸雾、氨气[a]	半年
电积槽	污染物净化设施排放口	一般排放口	硫酸雾	半年
			氯气	季度
锅炉	烟囱或烟道	一般排放口	颗粒物、二氧化硫、氮氧化物（以 NO_2 计）	自动监测
			汞及其化合物[b]、烟气黑度（林格曼黑度，级）	季度
废气无组织排放				
厂界	企业边界	二氧化硫、颗粒物、硫酸雾、氯气、氯化氢、氟化物、铅及其化合物、砷及其化合物、镍及其化合物、汞及其化合物		季度
废水排放				
废水类别	废水排放口	排放口类型	主要污染因子	监测频次
生产废水	企业废水总排放口	主要排放口	流量、pH 值、化学需氧量、氨氮、总磷、总氮	自动监测
			总铅、总砷、总汞、总镉	日
			总锌、总铜、总镍、总钴	月
			悬浮物、氟化物（以 F 计）石油类、硫化物	季度
	车间或生产设施废水排放口	主要排放口	总铅、总砷、总汞、总镉	日
			总镍、总钴	月

注 1：单独排入地表水、海水的生活污水排放口污染物（pH 值、COD、BOD_5、悬浮物、氨氮、动植物油、总氮、总磷）每月至少开展一次监测。

注 2：总磷和总氮安装在线主要适用于《“十三五”生态环境保护规划》等文件规定的总磷、总氮总量控制区域的排污单位。

[a] 氨皂化工艺。

[b] 适用于燃煤锅炉。

《排污单位自行监测技术指南 有色金属冶炼与压延加工》发布后，从其规定。

本标准规定的监测频次为排污单位自行监测的最低频次要求。排污单位原料发生重大变化的，应加密监测频次。

7.3.4 周边环境质量影响监测点

对于 2015 年 1 月 1 日（含）后取得环评批复的排污单位，周边环境质量影响监测点位按照批复的环

境影响评价文件的要求设置。

7.4 监测技术手段

自行监测的技术手段包括手工监测和自动监测。

钴冶炼排污单位中主要排放口的颗粒物、二氧化硫、氮氧化物（以 NO_2 计，仅适用于执行特别排放限值区域的排污单位）应安装自动监测设备。鼓励其他排放口及污染物采用自动监测设备监测，无法开展自动监测的，应采用手工监测。

钴冶炼排污单位生产废水总排放口应安装流量、pH 值、化学需氧量、氨氮、总磷、总氮自动监测设备，其中总磷和总氮安装自动监测设备只适用于《"十三五"生态环境保护规划》等文件规定的总磷、总氮总量控制区域的排污单位，鼓励其他排放口及污染物采用自动监测设备监测，无法开展自动监测的，应采用手工监测。

7.5 采样和测定方法

7.5.1 自动监测

废气自动监测参照 HJ/T 75、HJ/T 76 执行。

废水自动监测参照 HJ/T 353、HJ/T 354、HJ/T 355、HJ/T 356 执行。

7.5.2 手工采样

有组织废气手工采样方法的选择参照 GB/T 16157、HJ/T 397 执行，单次监测中，气态污染物采样，应可获得小时均值浓度；颗粒物采样，至少采集 3 个反映监测断面颗粒物平均浓度的样品。

无组织排放采样方法参照 GB/T 15432、HJ/T 55 执行。

废水手工采样方法的选择参照 HJ 493、HJ 494、HJ 495 和 HJ/T 91 执行。

7.5.3 测定方法

废气、废水污染物的测定按照 GB 13271 和 GB 25467 中规定的污染物浓度测定方法标准执行。国家或地方法律法规等另有规定的，从其规定。

7.6 数据记录要求

监测期间手工监测的记录和自动监测运维记录按照 HJ 819 执行。

应同步记录监测期间的生产工况。

7.7 监测质量保证与质量控制

按照 HJ 819 要求，排污单位应当根据自行监测方案及开展状况，梳理全过程监测质控要求，建立自行监测质量保证与质量控制体系。

7.8 自行监测信息公开

排污单位应按照 HJ 819 要求进行自行监测信息公开。

8 环境管理台账记录与排污许可证执行报告编制要求

8.1 环境管理台账记录要求

8.1.1 一般原则

排污单位应建立环境管理台账制度，设置专职人员进行台账的记录、整理、维护和管理，并对台账记录结果的真实性、准确性、完整性负责。

台账应当按照电子化储存和纸质储存两种形式同步管理。台账保存期限不得少于 3 年。

8.1.2 基本信息

基本信息主要包括排污单位基本信息、生产设施基本信息、治理设施基本信息。基本信息因排污单位工艺、设施调整等情形发生变化的，需在基本信息台账记录表中进行相应修改，并将变化内容进行说明纳入执行报告中。

a）排污单位基本信息：排污单位名称、注册地址、行业类别、生产经营场所地址、组织机构代码、统一社会信用代码、法定代表人、技术负责人、生产工艺、产品名称、生产规模、环保投资情况、环评及批复情况、竣工环保验收情况、排污许可证编号等。

b）生产设施基本信息：生产设施（设备）名称、编码、设施规格型号、相关参数（包括参数名称、设计值、单位）、设计生产能力等。

c）治理设施基本信息：治理设施名称、编码、设施规格型号、相关参数（包括参数名称、设计值、单位）等。

8.1.3 生产设施运行管理信息

排污单位应定期记录生产设施运行状况并留档保存，应按班次至少记录以下内容：

a）运行状态：开始时间，结束时间，是否按照生产要求正常运行；

b）生产负荷：实际生产能力与设计生产能力之比，设计生产能力取最大设计值；

c）产品产量：记录统计时段内主要产品产量；

d）原辅料：记录名称、来源地、种类、用量、有毒有害物质成分及占比、是否为危险化学品；

e）燃料：记录种类、用量、成分、热值、品质。涉及二次能源的需建立能源平衡报表，应填报一次购入能源和二次转化能源。

8.1.4 污染治理设施运行管理信息

钴冶炼排污单位应记录环保设施的运行状态、污染物排放情况、治理药剂添加情况等。污染治理设施运行管理信息还应当包括设备运行校验关键参数，能充分反映生产设施及治理设施运行管理情况。

a）有组织废气治理设施

废气环保设施台账应包括所有环保设施的运行参数及排放情况等，废气环保设施台账包括废气处理能力（m^3/h）、运行参数（包括运行工况等）、废气排放量，脱硫药剂使用量及运行费用等。

b）无组织废气治理设施

原辅料储库、固体废物临时渣场、燃料储库、成品库、物料运输系统等无组织废气污染治理措施相应的运行、维护、管理相关的信息记录，可用于说明无组织治理措施（厂区降尘洒水、清扫、原料或产品场地封闭、遮盖等）运行情况和效果。

c）废水治理设施

废水环保设施台账应包括所有环保设施的运行参数及排放情况等，废水治理设施包括废水处理能力（t/d）、运行参数（包括运行工况等）、废水排放量、废水回用量、污泥产生量及运行费用（元/t）、出水水质（各因子浓度和水量等）、排水去向及受纳水体、排入的污水处理厂名称等。

8.1.5 其他环境管理信息

钴冶炼排污单位应记录的其他环境管理信息包括以下几方面：

a）污染治理设施故障期间

应记录污染治理设施故障设施、故障原因、故障期间污染物排放浓度以及应对措施。记录内容参见附录 A 中表 A.7。

b）特殊时段

应记录重污染天气应对期间和冬防期间等特殊时段管理要求、执行情况（包括特殊时段生产设施运行管理信息和污染治理设施运行管理信息）等。重污染天气应急预警期间和冬防期间等特殊时段的台账记录要求与正常生产记录频次要求一致，涉及特殊时段停产的排污单位或生产工序，该期间原则上仅对起始和结束当天各进行 1 次记录，地方管理部门有特殊要求的，从其规定。

c）非正常工况

钴冶炼排污单位开炉、设备检修（停炉）等非正常工况信息按工况期记录，每工况期记录 1 次，内容应记录非正常（开停炉）工况时间、事件原因、是否报告、应对措施，并按生产设施与污染治理设施填写具体情况：生产设施应记录设施名称、编号、产品产量、原辅料消耗量、燃料消耗量等；污染治理设施应记录设施名称、编号、污染因子、排放量、排放浓度等。记录内容参见附录 A 中表 A.7。

8.1.6 监测记录信息

a）自动监测运维记录

包括自动监测系统运行状况、系统辅助设备运行状况、系统校准、校验工作等；仪器说明书及相关标准规范中规定的其他检查项目；校准、维护保养、维修记录等。

b）手工监测记录信息

无自动监测要求的废气和废水污染物，排污单位应当按照排污许可证中手工监测要求记录手工监测的日期、时间、污染物排放口和监测点位、监测方法、监测频次、监测仪器及型号、采样方法等，并建立台账记录报告，手工监测记录台账至少应包括附录 B。

c）监测期间生产及污染治理设施运行状况记录信息

监测期间生产及污染治理设施运行状况记录信息内容分别见本标准 8.1.3 和 8.1.4 的相关规定。

8.1.7　记录频次

8.1.7.1　一般要求

记录频次应根据生产过程中的变化参数进行确定。

8.1.7.2　生产设施运行管理信息

a）生产运行状况：按照排污单位生产班次记录，每班次记录 1 次。非正常工况按照工况期记录，每工况期记录 1 次，非正常工况开始时刻至工况恢复正常时刻为一个记录工况期；

b）产品产量：连续性生产的排污单位产品产量按照班次记录，每班次记录 1 次。周期性生产的设施按照一个周期进行记录，周期小于 1 天的按照 1 天记录；

c）原辅料、燃料用量：按照批次记录，每批次记录 1 次。

8.1.7.3　污染治理设施运行管理信息

a）污染治理设施运行状况：按照排污单位生产班次记录，每班次记录 1 次。非正常工况按照工况期记录，每工况期记录 1 次，非正常工况开始时刻至工况恢复正常时刻为一个记录工况期；

b）污染物产排情况：连续排放污染物的，按班次记录，每班次记录 1 次。非连续排放污染物的，按照产排污阶段记录，每个产排阶段记录 1 次。安装自动监测设施的按照自动监测频率记录，DCS 上保存自动监测记录；

c）药剂添加情况：采用批次投放的，按照投放批次记录，每投放批次记录 1 次。采用连续加药方式的，每班次记录 1 次。

8.1.7.4　监测记录信息

监测数据的记录频次按照本标准 7.5 中所确定的监测频次要求记录。

8.1.7.5　其他环境管理信息

采取无组织废气污染控制措施的信息记录频次原则上不小于 1 d。

特殊时段的台账记录频次原则上与正常生产记录频次要求一致，涉及特殊时段停产的排污单位或生产工序，该期间原则上仅对起始和结束当天进行 1 次记录，地方管理部门有特殊要求的，从其规定。

根据环境管理要求增加记录的内容，记录频次依实际情况确定。

8.1.8　记录保存

8.1.8.1　纸质存储

纸质台账应存放于保护袋、卷夹或保护盒中，专人保存于专门的档案保存地点，并由相关人员签字。档案保存应采取防光、防热、防潮、防细菌及防污染等措施。纸制类档案如有破损应随时修补。档案保存时间原则上不低于 3 年。

8.1.8.2　电子存储

电子台账保存于专门的存储设备中，并保留备份数据。设备由专人负责管理，定期进行维护。根据地方环境保护主管部门要求定期上传，纸版由排污单位留存备查。档案保存时间原则上不低于 3 年。

8.2　执行报告编制规范

8.2.1　一般原则

地方环境保护主管部门应当整合总量控制、环境保护税（排污收费）、环境统计等各项环境管理的数据上报要求，可以参照本标准，在排污许可证中根据各项环境管理要求，规定排污许可证执行报告内容、上报频次等要求。

排污单位应按照排污许可证中规定的内容和频次定期上报执行报告。钴冶炼排污单位可参照本标准，根据环境管理台账记录等归纳总结报告期内排污许可证执行情况，并提交至发证机关，台账记录留存备查。排污单位应保证执行报告的规范性和真实性。技术负责人发生变化时，应当在年度执行报告中及时报告。

8.2.2 报告分类及频次

8.2.2.1 报告分类

排污许可证执行报告按报告周期分为年度执行报告、季度执行报告和月度执行报告。

持有排污许可证的钴冶炼排污单位，均应按照本标准规定提交年度执行报告与季度执行报告。为满足其他环境管理要求，地方环境保护主管部门有更高要求的，排污单位还应根据其规定，提交月度执行报告。排污单位应在全国排污许可证管理信息平台上填报并提交执行报告，同时向有排污许可证核发权限的环境保护主管部门提交通过平台印制的书面执行报告。

8.2.2.2 上报频次

a）年度执行报告上报频次

钴冶炼排污单位应至少每年上报一次排污许可证年度执行报告，于次年 1 月底前提交至排污许可证核发机关。对于持证时间不足 3 个月的，当年可不上报年度执行报告，排污许可证执行情况纳入下一年度执行报告。具体内容见附录 C。

b）月度/季度执行报告上报频次

排污单位每月度/季度上报一次排污许可证月度/季度执行报告，于下一周期首月 15 日前提交至排污许可证核发机关，提交季度执行报告或年度执行报告时，可免报当月月度执行报告。对于持证时间不足 10 d 的，该报告周期内可不上报月度执行报告，排污许可证执行情况纳入下一月度执行报告。对于持证时间不足 1 个月的，该报告周期内可不上报季度执行报告，排污许可证执行情况纳入下一季度执行报告。

排污单位每月或每季度应至少向环境保护主管部门上报年度执行报告中的“实际排放量报表”、合规判定分析说明、污染防治设施异常情况说明及所采取的措施。

9 实际排放量核算方法

9.1 一般原则

钴冶炼排污单位的废水、废气污染物在核算时段内的实际排放量等于正常情况与非正常情况实际排放量之和。核算时段根据管理需求，可以是季度、年或特殊时段等。

钴冶炼排污单位的废水污染物在核算时段内的实际排放量等于主要排放口的实际排放量。钴冶炼排污单位的废气污染物在核算时段内的实际排放量等于主要排放口的实际排放量，即各主要排放口实际排放量之和，不核算一般排放口和无组织排放的实际排放量。核算方法包括实测法、物料衡算法、产排污系数法等。

钴冶炼排污单位的废水、废气污染物在核算时段内正常情况下的实际排放量首先采用实测法核算，分为自动监测实测法和手工监测实测法。对于排污许可证中载明应当采用自动监测的排放口和污染物，应根据符合监测规范的有效自动监测数据核算污染物实际排放量。对于未要求采用自动监测的污染物，可采用自动监测数据或手工监测数据核算污染物实际排放量。采用自动监测的污染物，应同时根据手工监测数据进行校核，若同一时段的手工监测数据与自动监测数据不一致，手工监测数据符合法定的监测标准和监测方法的，以手工监测数据为准。

排污许可证中载明要求采用自动监测的排放口或污染物而未采用的，采用物料衡算法核算二氧化硫排放量、产污系数法核算氮氧化物、颗粒物（烟尘）、化学需氧量、氨氮等其他污染物排放量，且均按直接排放进行核算。未按照相关规范文件等要求进行手工监测（无有效监测数据）的排放口或污染物，有有效治理设施的按排污系数法核算，无有效治理设施的按产污系数法核算。

钴冶炼排污单位的废气污染物在核算时段内非正常情况下的实际排放量首先采用实测法核算，无法采用实测法核算的，采用物料衡算法核算二氧化硫排放量、产污系数法核算其他污染物排放量，且均按直接排放进行核算。钴冶炼排污单位的废水污染物在核算时段内非正常情况下的实际排放量采用产污系数法核算污染物排放量，且均按直接排放进行核算。

钴冶炼排污单位如含有适用其他行业排污许可技术规范的生产设施，废气污染物的实际排放量为涉及的各行业生产设施实际排放量之和。废水污染物的实际排放量采用实测法核算时，按本核算方法核算。

采用产排污系数法核算时，实际排放量为涉及的各行业生产设施实际排放量之和。

9.2 正常情况废气污染物实际排放量核算方法

9.2.1 实测法

废气自动监测实测法是指根据符合监测规范的小时平均排放浓度、平均烟气量、运行时间等有效自动监测数据核算污染物年排放量，某主要排放口某项大气污染物实际排放量的核算方法见式（5）。

排污单位废气污染物主要排放口实际排放量核算方法如下：

$$E_{jk}=\sum_{i=1}^{n}\rho_{ji}\times q_i\times 10^{-9} \tag{5}$$

式中：E_{jk}—— 核算时段内第 k 个主要排放口第 j 项污染物的实际排放量，t；

ρ_{ji}—— 第 k 个主要排放口第 j 项污染物在第 i 小时的实测平均排放浓度（标态），mg/m^3；

q_i—— 第 k 个主要排放口第 i 小时的标准状态下干排气量，m^3/h；

n—— 核算时段内的污染物排放时间，h。

手工监测实测法是指根据每次手工监测时段内每小时污染物的平均排放浓度、平均烟气量、运行时间核算污染物年排放量，核算方法见式（6）和式（7）。手工监测数据包括核算时间内的所有执法监测数据和排污单位自行或委托的有效手工监测数据。排污单位自行或委托的手工监测频次、监测期间生产工况、数据有效性等须符合相关规范文件等要求。排污单位应将手工监测时段内生产负荷与核算时段内的平均生产负荷进行对比，并给出对比结果。

$$E=\rho\times q\times h\times 10^{-9} \tag{6}$$

$$\rho=\frac{\sum_{i=1}^{n}(\rho_i\times q_i)}{\sum_{i=1}^{n}q_i},\quad q=\frac{\sum_{i=1}^{n}q_i}{n} \tag{7}$$

式中：E—— 核算时段内某主要排放口某项大气污染物的实际排放量，t；

ρ—— 核算时段内某主要排放口某项大气污染物的实测小时加权平均排放浓度（标态），mg/m^3；

q—— 核算时段内某主要排放口的标准状态下小时平均干排气量，m^3/h；

ρ_i—— 核算时段内第 i 次监测的小时监测浓度（标态），mg/m^3；

q_i—— 核算时段内第 i 次监测的标准状态下小时干排气量（标态），m^3/h；

n—— 核算时段内取样监测次数，量纲 1；

h—— 核算时段内某主要排放口的大气污染物排放时间，h。

对于因自动监控设施发生故障以及其他情况导致数据缺失的按照 HJ/T 75 进行补遗。缺失时段超过25%的，自动监测数据不能作为核算实际排放量的依据，实际排放量采用物料衡算法核算二氧化硫排放量、产污系数法核算其他污染物排放量，且均按直接排放进行核算。排污单位提供充分证据证明自动监测数据缺失、数据异常等不是排污单位责任的，可按照排污单位提供的手工监测数据等核算实际排放量，或者按照上一个半年申报期间稳定运行的自动监测数据小时浓度均值和半年平均烟气量，核算数据缺失时段的排放量。

9.2.2 物料衡算法

物料衡算法只适用于二氧化硫排放量核算，根据原辅材料、燃料消耗量、含硫率等按照直排进行核算。核算公式如下：

$$D=\left[\sum_{i=1}^{n}\left(m_i\times\frac{S_{m_i}}{100}\right)+\sum_{i=1}^{n}\left(f_i\times\frac{S_{f_i}}{100}\right)+\sum_{i=1}^{n}\left(g_i\times S_{g_i}\times 10^{-5}\right)-\sum_{i=1}^{n}\left(p_i\times\frac{S_{p_i}}{100}\right)\right]\times 2 \tag{8}$$

式中：D—— 核算时段内二氧化硫排放量，t；

m_i—— 核算时段内第 i 种入炉物料使用量，t；

S_{m_i} —— 核算时段内第 i 种入炉物料含硫率，%；

f_i —— 核算时段内第 i 种固体燃料使用量，t；

S_{f_i} —— 核算时段内第 i 种固体燃料含硫率，%；

g_i —— 核算时段内第 i 种入炉气体燃料使用量，10^4m^3；

S_{g_i} —— 核算时段内第 i 种入炉气体燃料硫含量，mg/m^3；

p_i —— 核算时段内第 i 种产物产生量，t；

S_{p_i} —— 核算时段内第 i 种产物含硫率，%。

9.3 非正常情况废气污染物实际排放量核算方法

钴冶炼炉窑启停等非正常情况下污染物排放量采用实测法核算排放量，参见式（5）。无法采用实测法核算的，采用物料衡算法核算二氧化硫排放量、产污系数法核算其他污染物排放量，且均按直接排放进行核算。

9.4 正常情况废水污染物实际排放量核算方法

9.4.1 实测法

钴冶炼排污单位废水总排放口装有化学需氧量、氨氮自动监测设备的，原则上应采取自动监测实测法核算全厂化学需氧量、氨氮实际排放量。废水自动监测实测法是指根据符合监测规范的日平均排放浓度、平均流量、运行时间等有效自动监测数据核算污染物年排放量，核算方法见式（9）。

$$E_j=\sum_{i=1}^{n}\rho_{ji}\times q_i\times 10^{-6} \tag{9}$$

式中：E_j —— 核算时段内主要排放口第 j 项污染物的实际排放量，t；

ρ_{ji} —— 第 j 项污染物在第 i 日的实测日平均排放质量浓度，mg/L；

q_i —— 第 i 日的流量，m^3/h；

n —— 核算时段内的污染物排放时间，h。

手工监测实测法是指根据每次手工监测时段内每日污染物的平均排放浓度、平均排水量、运行时间核算污染物年排放量，核算方法见式（10）和式（11）。手工监测数据包括核算时间内的所有执法监测数据和排污单位自行或委托的有效手工监测数据。排污单位自行或委托的手工监测频次、监测期间生产工况、数据有效性等须符合相关规范文件等要求。排污单位应将手工监测时段内生产负荷与核算时段内的平均生产负荷进行对比，并给出对比结果。

$$E_j=\rho\times q\times h\times 10^{-6} \tag{10}$$

$$\rho=\frac{\sum_{i=1}^{n}\left(\rho_i\times q_i\right)}{\sum_{i=1}^{n}q_i},\quad q=\frac{\sum_{i=1}^{n}q_i}{n} \tag{11}$$

式中：E_j —— 核算时段内主要排放口水污染物的实际排放量，t；

ρ —— 核算时段内主要排放口水污染物的实测日加权平均排放浓度，mg/L；

q —— 核算时段内主要排放口的日平均排水量，m^3/d；

ρ_i —— 核算时段内第 i 次监测的日监测浓度，mg/L；

q_i —— 核算时段内第 i 次监测的日排水量，m^3/d；

n —— 核算时段内取样监测次数，量纲 1；

h —— 核算时段内主要排放口的水污染物排放时间，d。

对要求采用自动监测的排放口或污染因子，在自动监测数据由于某种原因出现中断或其他情况下，应按照 HJ/T 356 补遗。无有效自动监测数据时，采用手工监测数据进行核算。手工监测数据包括核算时间内的所有执法监测数据和排污单位自行或委托的有效手工监测数据。排污单位自行或委托的手工监测频次、监测期间生产工况、数据有效性等须符合相关规范文件等要求。排污单位提供充分证据证明自动监测数据缺失、数据异常等不是排污单位责任的，可按照排污单位提供的手工监测数据等核算实际排放量，或者按照上一个半年申报期间稳定运行的自动监测数据日均浓度值和半年平均排水量，核算数据缺失时段的排放量。

其他水污染物如需核算实际排放量，可以参照式（10）和式（11）进行核算。

9.4.2　产排污系数法

采用产排污系数法核算废水污染物实际排放量时，可参考《全国污染源普查工业污染源产排污系数手册（下）》（33　有色金属冶炼及压延加工业）产污系数或排污系数进行核算。核算公式如下：

$$D = M \times \beta \times 10^{-6} \tag{12}$$

式中：D—— 核算时段内某污染物的产生量或排放量，t；

M—— 核算时段内产品产量，t；

β—— 某污染物产污系数或排污系数，g/t 产品，见附录 D。

当废水污染物氨氮、总汞、总氮、总磷产污系数缺失时，则按照式（13）核算其产生量：

$$D_{产} = M \times \alpha \times 10^{-6} \tag{13}$$

式中：$D_{产}$ —— 核算时段内某污染物的产生量，t；

M—— 核算时段内产品产量，t；

α—— 某污染物核算系数，g/t 产品，见附录 D。

当废水污染物氨氮、总汞、总氮、总磷排污系数缺失时，则按照式（14）核算其排放量：

$$D_{排} = D_{产} \times (1-n) \tag{14}$$

式中：$D_{排}$ —— 核算时段内某污染物的排放量，t；

$D_{产}$ —— 核算时段内某污染物的产生量，t；

n—— 末端治理设施的治理率，%，氨氮、总氮和总磷取 20%，总汞取 90%。

9.5　非正常情况废水污染物实际排放量核算方法

废水处理设施异常情况下的排水，如无法满足排放标准要求时，不应直接排入外环境，待废水处理设施恢复正常运行后方可排放。如因特殊原因造成污染治理设施未正常运行超标排放污染物的或偷排偷放污染物的，按产污系数法核算非正常情况期间的实际排放量，计算公式见式（12），式中核算时段为未正常运行时段（或偷排偷放时段）。

10　合规判定方法

10.1　一般原则

合规是指钴冶炼排污单位许可事项和环境管理要求符合排污许可证规定。

许可事项合规是指钴冶炼排污单位排放口位置和数量、排放方式、排放去向、排放污染物种类、排放限值符合许可证规定。其中，排放限值合规是指钴冶炼排污单位污染物实际排放浓度和排放量满足许可排放限值要求，无组织排放满足本技术规范无组织监管措施要求，环境管理要求合规是指钴冶炼排污单位按许可证规定落实自行监测、台账记录、执行报告、信息公开等环境管理要求。

钴冶炼排污单位可通过环境管理台账记录、按时上报执行报告和开展自行监测、信息公开，自证其依证排污，满足排污许可证要求。环境保护主管部门可依据排污单位环境管理台账、执行报告、自行监测记录中的内容，判断其污染物排放浓度和排放量是否满足许可排放限值要求，也可通过执法监测判断其污染物排放浓度是否满足许可排放限值要求。

10.2　排放限值合规判定

10.2.1　废气排放浓度合规判定

10.2.1.1　正常情况

钴冶炼排污单位各废气排放口污染物或厂界无组织污染物的排放浓度达标是指“任一小时浓度均值均满足许可排放浓度要求”。

a）执法监测

按照监测规范要求获取的执法监测数据超标的，即视为不合规。根据 GB/T 16157、HJ/T 397、HJ/T 55

确定监测要求。

b）排污单位自行监测

（1）自动监测

按照本标准 7.5.1 要求获取的有效自动监测数据计算得到的有效小时浓度均值与许可排放浓度限值进行对比，超过许可排放浓度限值的，即视为超标。对于应当采用自动监测而未采用的排放口或污染物，即认为超标。自动监测小时均值是指“整点 1 h 内不少于 45 min 的有效数据的算术平均值”。

（2）手工监测

对于未要求采用自动监测的排放口或污染物，应进行手工监测，按照自行监测方案、监测规范要求获取的监测数据计算得到的有效小时浓度均值超过许可排放浓度限值，即视为超标。

若同一时段的执法监测数据与排污单位自行监测数据不一致，执法监测数据符合法定的监测标准和监测方法的，以该执法监测数据为准。若同一时段的自动监测数据与手工监测数据不一致，且手工监测数据符合法定的监测标准和监测方法的，以手工监测数据作为优先达标判定依据。

10.2.1.2 非正常情况

钴冶炼排污单位非正常排放指炉窑启停机、设备故障、检维修等情况下的排放。

钴冶炼排污单位启停炉期间必须确保制酸尾气脱硫系统的正常运行，不得未经处理直接排放，排污单位应及时上报环境保护主管部门；设备故障等紧急停窑的，排污单位应及时将开停炉时间段上报环境保护主管部门。

若多台设施采用混合方式排放烟气，且其中一台处于启停时段，排污单位能提供烟气混合前各台设施有效监测数据的，可按照排污单位提供数据进行合规判定。

10.2.2 废水排放浓度合规判定

排污单位各废水排放口污染物（除 pH 值外）的排放浓度达标是指“任一有效日均值（除 pH 值外）均满足许可排放浓度要求”。

10.2.2.1 执法监测

按照监测规范要求获取的执法监测数据超标的，即视为超标。根据 HJ/T 91、GB 25466 确定监测要求。

10.2.2.2 排污单位自行监测

a）自动监测

按照本标准 7.5.1 要求获取的自动监测数据计算得到有效日均浓度值（除 pH 值外）与许可排放浓度限值进行对比，超过许可排放浓度限值的，即视为超标。对于应当采用自动监测而未采用的排放口或污染物，即认为不合规。

对于自动监测，有效日均浓度是对应于以每日为一个监测周期内获得的某个污染物的多个有效监测数据的平均值。在同时监测污水排放流量的情况下，有效日均值是以流量为权的某个污染物的有效监测数据的加权平均值；在未监测污水排放流量的情况下，有效日均值是某个污染物的有效监测数据的算术平均值。

自动监测的有效日均浓度应根据 HJ/T 355 和 HJ/T 356 等相关文件确定。

b）手工监测

对于未要求采用自动监测的排放口或污染物，应进行手工监测。按照本标准 7.2 和 7.5.2 进行手工监测，当日各次监测数据平均值或当日混合样监测数据（除 pH 值外）超标的，即视为超标。

c）若同一时段的执法监测数据与排污单位自行监测数据不一致，执法监测数据符合法定的监测标准和监测方法的，以该执法监测数据为准。

10.2.3 排放量合规判定

钴冶炼排污单位废水污染物许可排放量合规是指：

a）废水和废气污染物年实际排放量满足各自的年许可排放量要求，年许可排放量是正常情况和非正常情况排放量之和；

b）废水和废气污染物各主要排放口实际排放量之和满足主要排放口的许可排放量要求；

c）对于特殊时段有许可排放量要求的排污单位，排放口实际排放量之和不得超过特殊时段许可排放量。

10.3 环境管理要求合规判定

环境保护主管部门依据排污许可证中的管理要求以及钴冶炼行业相关技术规范，审核环境管理台账记录和许可证执行报告；检查排污单位是否按照自行监测方案开展自行监测；是否按照排污许可证中环境管理台账记录要求记录相关内容、记录频次、形式等是否满足许可证要求；是否按照许可证中执行报告要求定期上报，上报内容是否符合要求等；是否按照许可证要求定期开展信息公开；是否满足特殊时段污染防治要求。

附 录 A

（资料性附录）

环境管理台账记录参考表（略）

附 录 B

（资料性附录）

手工监测报表示例表

序号	污染源类别	监测日期	监测时间	排放口编号	监测内容	计量单位	监测结果	监测结果（折标）	是否超标	手工监测采样方法及个数	手工测定方法	手工监测仪器型号
1	废气	20160606	10:00—10:15	DA001	SO_2	mg/m^3	100	110		连续采样	HJ/T 57	AAA
		20160606	10:00—10:15	DA001	烟气量	m^3/h	5 000	5 500		—	—	—
2	废水											
				……	……					……	……	
	其他				……					……	……	

附 录 C

（资料性附录）

钴冶炼排污单位排污许可证执行报告编制内容（略）

附 录 D

（资料性附录）

钴冶炼行业产排污系数表

产品名称	原料名称	工艺名称	规模等级	污染物指标	单位	产污系数	排污系数
钴	含钴渣或钴盐	浸出-萃取-电解工艺	所有规模	化学需氧量	g/t-产品	106 400	10 690（中和法） 76 230（沉淀分离）
				镉	g/t-产品	8.374	1.224
				铅	g/t-产品	19.42	3.671
				砷	g/t-产品	7.695	1.224
钴盐（氯化钴等）含钴量	钴矿	浸出-萃取-除杂工艺	所有规模	化学需氧量	g/t-产品	403 700	194 500
				镉	g/t-产品	82.36	3.089
				铅	g/t-产品	11.73	6.439
				砷	g/t-产品	1.149	0.639
氨氮、总汞、总氮、总磷核算系数							
电钴 钴盐	各种原料	各种工艺	各种规模	氨氮	g/t-产品	300	—
				总汞	g/t-产品	15	—
				总氮	g/t-产品	562.5	—
				总磷	g/t-产品	37.5	—

中华人民共和国环境保护行业标准

排污许可证申请与核发技术规范　有色金属工业——锑冶炼

Technical specification for application and issuance of pollutant permit —Non-ferrous metal metallurgy industry—Antimony smelting

HJ 938—2017

前　言

为贯彻落实《中华人民共和国环境保护法》《中华人民共和国大气污染防治法》《中华人民共和国水污染防治法》等法律法规和《国务院办公厅关于印发控制污染物排放许可制实施方案的通知》（国办发〔2016〕81 号），完善排污许可技术支撑体系，指导和规范锑冶炼排污单位排污许可证申请与核发工作，制定本标准。

本标准规定了锑冶炼排污单位排污许可证申请与核发的基本情况填报要求、许可排放限值确定、实际排放量核算、合规判定的方法以及自行监测、环境管理台账与排污许可证执行报告等环境管理要求，提出了锑冶炼污染防治可行技术要求。

核发机关核发排污许可证时，对位于法律法规明确规定禁止建设区域内的、属于国家和地方政府明确规定予以淘汰或取缔的锑冶炼排污单位或者生产装置，应不予核发排污许可证。

本标准的附录 A、附录 B、附录 C、附录 D、附录 E、附录 F 为资料性附录。

本标准为首次发布。

本标准由环境保护部规划财务司、科技标准司组织制订。

本标准主要起草单位：中国环境科学研究院、北京矿冶研究总院、中国有色金属工业协会、环境保护部环境保护对外合作中心、环境保护部环境工程评估中心。

本标准环境保护部 2017 年 12 月 27 日批准。

本标准自 2017 年 12 月 27 日起实施。

本标准由环境保护部解释。

1　适用范围

本标准规定了锑冶炼排污单位排污许可证申请与核发的基本情况填报要求、许可排放限值确定、实际排放量核算、合规判定的方法以及自行监测、环境管理台账与排污许可证执行报告等环境管理要求，提出了锑冶炼行业污染防治可行技术要求。

本标准适用于指导锑冶炼排污单位填报《排污许可证申请表》及在全国排污许可证管理信息平台申报系统中填报相关申请信息，适用于指导核发机关审核确定锑冶炼行业排污许可证许可要求。

本标准适用于锑精矿、铅锑精矿、锑金精矿和精锑等为原料生产精锑、精铅、锑白排污单位排放的大气污染物和水污染物的排污许可管理，不适用于以废锑物料为原料的再生冶炼排污单位排放的大气污染物和水污染物的排污许可管理。

本标准未做出规定但排放工业废水、废气或者国家规定的有毒有害大气污染物的锑冶炼排污单位其他产污设施和排放口，参照《排污许可证申请与核发技术规范　总则》执行，在《排污许可证申请与核发技术规范　锅炉工业》发布前，热水锅炉和 65 t/h 及以下蒸汽锅炉参照本标准执行，发布后从其规定。

2　规范性引用文件

本标准引用了下列文件或其中的条款。凡是未注明日期的引用文件，其最新版本适用于本标准。

GB 13271　锅炉大气污染物排放标准

GB 30770 锡、锑、汞工业污染物排放标准
GB/T 16157 固定污染源排气中颗粒物测定与气态污染物采样方法
HJ 493 水质采样 样品的保存和管理技术规定
HJ 494 水质 采样技术指导
HJ 495 水质 采样方案设计技术规定
HJ 819 排污单位自行监测技术指南 总则
HJ 820 排污单位自行监测技术指南 火力发电及锅炉
HJ/T 55 大气污染物无组织排放监测技术导则
HJ/T 75 固定污染源烟气排放连续监测技术规范（试行）
HJ/T 76 固定污染源烟气排放连续监测系统技术要求及监测方法（试行）
HJ/T 91 地表水和污水监测技术规范
HJ/T 353 水污染源在线监测系统安装技术规范（试行）
HJ/T 354 水污染源在线监测系统验收技术规范（试行）
HJ/T 355 水污染源在线监测系统运行与考核技术规范（试行）
HJ/T 356 水污染源在线监测系统数据有效性判别技术规范（试行）
HJ/T 397 固定源废气监测技术规范
*排污许可证申请与核发技术规范 总则
*排污单位自行监测技术指南 有色金属冶炼与压延加工
*环境管理台账及排污许可证执行报告技术规范（试行）
《固定污染源排污许可分类管理名录》
《排污口规范化整治技术要求》（环监〔1996〕470 号）
《污染源自动监控设施运行管理办法》（环发〔2008〕6 号）
《关于开展火电、造纸行业和京津冀试点城市高架源排污许可证管理工作的通知》（环水体〔2016〕189 号）

3 术语和定义

下列术语和定义适用于本标准。

3.1 锑冶炼排污单位 antimony smelting pollutant emission unit

指生产锑金属的冶炼企业，不包括以废旧锑物料为原料的再生冶炼企业。

3.2 许可排放限值 permitted emission limits

指排污许可证中规定的允许排污单位排放的污染物最大排放浓度和最大排放量。

3.3 特殊时段 special periods

指根据国家和地方限期达标规划及其他相关环境管理规定，对排污单位的污染物排放情况有特殊要求的时段，包括重污染天气应对期间和冬防期间等。

4 排污单位基本情况填报要求

4.1 一般原则

排污单位应按照本标准要求，在排污许可证管理信息平台申报系统填报《排污许可证申请表》中的相应信息表。填报系统下拉菜单中未包括的、地方环境保护主管部门有规定需要填报或排污单位认为需要填报的，可自行增加内容。

省级环境保护主管部门按环境质量改善需求增加的管理要求，应填入排污许可证管理信息平台申报系统中“有核发权的地方环境保护主管部门增加的管理内容”一栏。

排污单位在填报申请信息时，应评估污染排放及环境管理现状，对现状环境问题提出整改措施，并

* 标准正在编制审批之中，待正式发布后按发布的标准实行。

填入排污许可证管理信息平台申报系统中“改正措施”一栏。

排污单位基本情况应当按照实际情况填报，对提交申请材料的真实性、合法性和完整性负法律责任。

4.2 排污单位基本信息

排污单位基本信息应填报单位名称、邮政编码、是否投产、投产日期、生产经营场所中心经度、生产经营场所中心纬度、所在地是否属于重点区域、是否有环评批复文件及文号、是否有地方政府对违规项目的认定或备案文件及文号、是否有主要污染物总量分配计划文件及文号、颗粒物总量指标（t/a）、二氧化硫总量指标（t/a）、氮氧化物总量指标（t/a）、化学需氧量总量指标（t/a）、氨氮总量指标（t/a）、铅及化合物总量指标（t/a）、砷及化合物总量指标（t/a）、汞及化合物总量指标（t/a）、镉及化合物总量指标（t/a），总铅总量指标（t/a）、总砷总量指标（t/a）、总汞总量指标（t/a）、总镉总量指标（t/a），其余项（如有）由企业自行填报。

4.3 主要产品及产能

4.3.1 一般原则

在填报主要产品及产能时，应选择“锑冶炼”。

排污单位应根据本标准要求填写排污许可证管理信息平台申报系统中有关主要生产单元、主要工艺、生产设施、生产设施编号、设施参数、产品名称、生产能力及计量单位、设计年生产时间及其他选项等信息。

4.3.2 主要生产单元

主要生产单元为必填项。

a）以锑精矿为原料分为挥发熔炼（焙烧）、还原熔炼；

b）以铅锑精矿为原料分为沸腾焙烧、烧结、还原熔炼、吹炼、精炼；

c）以锑金精矿为原料分为挥发熔炼、还原熔炼、氯化；

d）以精锑为原料分为熔化氧化挥发。

4.3.3 主要工艺

主要工艺为必填项，分为挥发熔炼（焙烧）-还原熔炼、沸腾焙烧-还原熔炼、鼓风炉挥发熔炼-选择性氯化提金、熔化-氧化挥发、其他。

4.3.4 生产设施

必填项为：

a）以锑精矿为原料分为挥发熔炼（鼓风炉）、挥发焙烧（平炉）、还原熔炼（反射炉）等；

b）以铅锑精矿为原料分为沸腾焙烧炉、烧结炉、还原熔炼（鼓风炉）、吹炼炉、精炼（反射炉）等；

c）以锑金精矿为原料分为挥发熔炼（鼓风炉）、灰吹炉、炼金炉、还原熔炼炉、氯化（氯化浸出槽）等；

d）以精锑为原料分为熔化氧化挥发（锑白炉）；

e）锅炉（燃煤锅炉、燃油锅炉、燃气锅炉）。

选填项为：

f）储存系统（原料堆场、煤场）、辅助系统（中间物料贮存场、渣库）。

4.3.5 生产设施编号

生产设施编号为必填项。

a）若生产设施排污单位有内部生产设施编号，则填报相应编号；

b）若生产设施无排污单位内部生产设施编号，则根据《关于开展火电、造纸行业和京津冀试点城市高架源排污许可证管理工作的通知》中的附件4《固定污染源（水、大气）编码规则（试行）》进行编号并填报。

4.3.6 设施参数

设施参数分为参数名称、设计值、计量单位等。对于各炉窑和氯化浸出槽填写炉型尺寸或处理能力。

4.3.7 产品名称

产品名称为必填项，分为精锑、精铅、锑白。

4.3.8　生产能力及计量单位

生产能力及计量单位为必填项，生产能力为主要产品设计产能。产能和产量计量单位均为万 t/a。

4.3.9　设计年生产时间

设计年生产时间为必填项，应按环境影响评价文件及批复或地方政府对违规项目的认定或备案文件确定的年生产小时数填写。

4.3.10　其他

其他为选填项，排污单位若有需要说明的内容，可填写。

4.4　主要原辅材料及燃料

主要原辅材料及燃料填写内容包括种类、原辅材料名称、原辅材料成分、燃料名称、燃料成分、设计年使用量等，具体要求如下：

a）种类：分为原辅材料、燃料；

b）原辅材料名称

原料分为锑精矿、锑金精矿、铅锑精矿、精锑；

其他辅料：包括煤、铁矿、纯碱、石灰石、除铅剂、除砷剂、废水、废气污染治理过程中添加的化学品（氢氧化钠（烧碱）、碳酸钠、石灰、碳铵、铁盐、混凝剂、助凝剂等）、其他；

c）原辅材料成分：应填报主要原辅材料的硫元素占比、有毒有害成分及占比；

d）燃料名称：分为煤、焦炭、柴油、天然气、重油、其他；

e）燃料成分：应填报燃料的灰分、硫分、挥发分、热值；

f）设计年使用量：设计年使用量为与核定产能相匹配的原辅材料及燃料年使用量，单位为万 t/a 或万 m^3/a；

g）其他：排污单位若有需要说明的内容，可填写；

h）上述 a）～f）为必填项，g）为选填项。

4.5　产排污节点、污染物及污染治理设施

4.5.1　一般原则

废气产排污环节、污染物及污染治理设施包括生产设施对应的产污环节、污染物种类、排放形式（有组织、无组织）、污染治理设施及工艺、是否为可行技术、排放口编号、排放口设置是否规范及排放口类型。

废水包括废水类别、污染物种类、排放去向、污染治理设施及工艺、是否为可行技术、排放口编号、排放口设置是否规范及排放口类型。

4.5.2　废气

4.5.2.1　产排污节点

a）以锑精矿为原料包括配料、挥发熔炼（鼓风炉）、前床、挥发焙烧（平炉）、还原熔炼（反射炉）、环境集烟（进料、出渣、出锑口等）等；

b）以铅锑精矿为原料包括沸腾焙烧炉、烧结炉、还原熔炼（鼓风炉）、吹炼炉、精炼（反射炉）、环境集烟（配料、进料、出渣、出锑口等）等；

c）以锑金精矿为原料包括配料、挥发熔炼（鼓风炉）、前床、灰吹炉、炼金炉、还原熔炼（纯炉）、环境集烟（进料、出渣、出锑口等）等；

d）以精锑为原料包括熔化氧化挥发（锑白炉）等。

e）锅炉。

4.5.2.2　污染物种类

污染物种类应根据 GB 13271、GB 30770 确定，见表 1。有地方排放标准的，按照地方排放标准确定。

4.5.2.3　治理设施名称

治理设施名称应当填写除尘设施、脱硫系统设施等。

4.5.2.4　污染治理工艺

废气包括除尘设施治理工艺（袋式除尘器、湿法除尘、其他）、脱硫设施治理工艺（石灰-石膏湿系统、钠碱法系统、氨法脱硫系统、其他）。

4.5.3 废水

4.5.3.1 类别

锑冶炼废水分为生产废水（地面冲洗水、冲渣水、脱硫水、设备冷却水、初期雨水）和生活污水。

4.5.3.2 污染物种类

污染物种类应根据 GB 30770 确定，见表 1。有地方排放标准的，按照地方排放标准确定。

4.5.3.3 治理设施

治理设施名称应填写生活污水处理设施、生产废水处理设施等。

4.5.3.4 污染治理工艺

生产废水治理工艺（硫化法、石灰+铁盐法、电化学法、吸附法等）、生活污水处理工艺（生物接触氧化法、活性污泥法、A/O、A^2/O 等）。

4.5.3.5 排放去向及排放规律

锑冶炼排污单位应明确废水排放去向及排放规律。

排放去向分为不外排；排至厂内综合污水处理站；直接进入海域；直接进入江河、湖、库等水环境；进入城市下水道（再入江河、湖、库）；进入城市下水道（再入沿海海域）；进入城市污水处理厂进入其他单位；进入工业废水集中处理设施；其他（包括回用等）。

排放规律分为连续排放，流量稳定；连续排放，流量不稳定，但有规律，且不属于周期性规律；连续排放，流量不稳定，属于冲击型排放；连续排放，流量不稳定且无规律，但不属于冲击型排放；间断排放，排放期间流量稳定；间断排放，排放期间流量不稳定，但有周期性规律；间断排放，排放期间流量不稳定，但有规律，且不属于非周期性规律；间断排放，排放期间流量不稳定，属于冲击型排放；间断排放，排放期间流量不稳定且无规律，但不属于冲击型排放。

4.5.4 排放口设置要求

根据《排污口规范化整治技术要求（试行）》以及排污单位执行的排放标准中有关排放口规范化设置的规定，填报废气和废水排放口设置是否符合规范化要求。

4.5.5 排放口信息

排放口类型划分为主要排放口和一般排放口，具体见表 1。

废气排放口应填报排放口地理坐标、排气筒高度、排气筒出口内径、国家或地方污染物排放标准、环评批复要求及承诺更加严格排放限值。废水直接排放口应填报排放口地理坐标、间歇排放时段、受纳自然水体信息、汇入受纳自然水体处地理坐标及执行的国家或地方污染物排放标准，废水间接排放口应填报排放口地理坐标、间歇排放时段、受纳污水处理厂名称及执行的国家或地方污染物排放标准。废水间歇式排放的，应当载明排放污染物的时段。

4.5.6 污染治理设施和排放口编号

污染治理设施编号可填写锑冶炼排污单位内部编号，若锑冶炼排污单位无内部编号，则根据《关于开展火电、造纸行业和京津冀试点城市高架源排污许可证管理工作的通知》中的附件 4《固定污染源（水、大气）编码规则（试行）》进行编号并填报。

有组织排放口编号应填写地方环境保护主管部门现有编号，若地方环境保护主管部门未对排放口进行编号，则根据《关于开展火电、造纸行业和京津冀试点城市高架源排污许可证管理工作的通知》中的《固定污染源（水、大气）编码规则（试行）》进行编号并填写。

4.6 其他要求

排污单位基本情况还应包括生产工艺流程图（包括全厂及各工序）和厂区总平面布置图。

生产工艺流程图应包括主要生产设施（设备）、主要原辅材料、燃料的流向、生产工艺流程等内容。

厂区总平面布置图应包括主要生产单元、厂房、设备位置关系，注明厂区污水收集和运输走向等内容，同时注明厂区雨水和污水排放口位置。

5　产排污节点对应排放口及许可排放限值

5.1　产排污节点及排放口

废气和废水的产排污节点对应排放口见表 1。

排污单位应填报国家或地方污染物排放标准、环评批复要求、承诺更加严格排放限值，其余项依据本标准 4.5 填报产排污节点及排放口信息。

表 1　产排污节点、排放口及污染因子一览表

生产设施	排放口	排放口类型	污染因子
废气有组织排放			
以锑精矿为原料			
配料系统	装置排气筒	一般排放口	颗粒物、锡及其化合物、汞及其化合物、镉及其化合物、铅及其化合物、砷及其化合物和锑及其化合物
挥发熔炼系统（包括前床）	装置排气筒	主要排放口	颗粒物、二氧化硫、氮氧化物、锡及其化合物、汞及其化合物、镉及其化合物、铅及其化合物、砷及其化合物和锑及其化合物
挥发焙烧系统	装置排气筒	主要排放口	颗粒物、二氧化硫、氮氧化物、锡及其化合物、汞及其化合物、镉及其化合物、铅及其化合物、砷及其化合物和锑及其化合物
还原熔炼系统	装置排气筒	主要排放口	颗粒物、二氧化硫、氮氧化物、锡及其化合物、汞及其化合物、镉及其化合物、铅及其化合物、砷及其化合物和锑及其化合物
环境集烟（进料、出渣、出锑口等）	装置排气筒	一般排放口	颗粒物、二氧化硫、氮氧化物、锡及其化合物、汞及其化合物、镉及其化合物、铅及其化合物、砷及其化合物和锑及其化合物
以铅锑精矿为原料			
沸腾焙烧系统	装置排气筒	主要排放口	颗粒物、二氧化硫、氮氧化物、锡及其化合物、汞及其化合物、镉及其化合物、铅及其化合物、砷及其化合物和锑及其化合物
烧结系统	装置排气筒	主要排放口	颗粒物、二氧化硫、氮氧化物、锡及其化合物、汞及其化合物、镉及其化合物、铅及其化合物、砷及其化合物和锑及其化合物
还原熔炼系统	装置排气筒	主要排放口	颗粒物、二氧化硫、氮氧化物、锡及其化合物、汞及其化合物、镉及其化合物、铅及其化合物、砷及其化合物和锑及其化合物
精炼系统	装置排气筒	主要排放口	颗粒物、二氧化硫、氮氧化物、锡及其化合物、汞及其化合物、镉及其化合物、铅及其化合物、砷及其化合物和锑及其化合物
吹炼系统	装置排气筒	主要排放口	颗粒物、二氧化硫、氮氧化物、锡及其化合物、汞及其化合物、镉及其化合物、铅及其化合物、砷及其化合物和锑及其化合物
环境集烟（配料、进料、出渣、出锑口等）	装置排气筒	主要排放口	颗粒物、二氧化硫、氮氧化物、锡及其化合物、汞及其化合物、镉及其化合物、铅及其化合物、砷及其化合物和锑及其化合物
以锑金精矿为原料			
配料系统	装置排气筒	一般排放口	颗粒物、锡及其化合物、汞及其化合物、镉及其化合物、铅及其化合物、砷及其化合物和锑及其化合物
挥发熔炼系统（包括前床）	装置排气筒	主要排放口	颗粒物、二氧化硫、氮氧化物、锡及其化合物、汞及其化合物、镉及其化合物、铅及其化合物、砷及其化合物和锑及其化合物
还原熔炼系统	装置排气筒	主要排放口	颗粒物、二氧化硫、氮氧化物、锡及其化合物、汞及其化合物、镉及其化合物、铅及其化合物、砷及其化合物和锑及其化合物
灰吹系统	装置排气筒	主要排放口	颗粒物、二氧化硫、氮氧化物、锡及其化合物、汞及其化合物、镉及其化合物、铅及其化合物、砷及其化合物和锑及其化合物
炼金系统	装置排气筒	一般排放口	颗粒物、二氧化硫、氮氧化物、锡及其化合物、汞及其化合物、镉及其化合物、铅及其化合物、砷及其化合物和锑及其化合物
环境集烟（进料、出渣、出锑口等）	装置排气筒	一般排放口	颗粒物、二氧化硫、氮氧化物、锡及其化合物、汞及其化合物、镉及其化合物、铅及其化合物、砷及其化合物和锑及其化合物
以精锑为原料			
锑白炉	装置排气筒	一般排放口	颗粒物、二氧化硫、氮氧化物、锑及其化合物
其他			
锅炉	烟气排放口	一般排放口	颗粒物、二氧化硫、氮氧化物、汞及其化合物[a]、烟气黑度（林格曼黑度，级）
废气无组织排放			
厂界	企业周边		硫酸雾、锡及其化合物、汞及其化合物、镉及其化合物、铅及其化合物、砷及其化合物和锑及其化合物
废水排放			
废水类别	排放口	排放口类型	污染因子

生产设施	排放口	排放口类型	污染因子
废水	车间或生产装置排放口	主要排放口	总汞、总镉、总铅、总砷、六价铬
	企业废水总排放口	主要排放口	pH、石油类、悬浮物、化学需氧量、硫化物、氨氮、总磷、总氮、氟化物、总铜、总锌、总锡、总锑、总汞、总镉、总铅、总砷、六价铬
注：相关企业为一个排放口的，该排放口为主要排放口。			
[a]适用于燃煤锅炉。			

5.2 许可排放限值

5.2.1 一般原则

许可排放限值包括污染物许可排放浓度和许可排放量。

对于大气污染物，以生产设施或有组织排放口为单位确定许可排放浓度、许可排放量。主要排放口逐一计算许可排放量，一般排放口只许可浓度，不许可排放量。

对于水污染物，以车间或生产设施排放口和企业废水总排放口确定许可排放浓度和许可排放量。

根据国家或地方污染物排放标准确定许可排放浓度。依据总量控制指标及本标准规定的方法从严确定许可排放量，2015 年 1 月 1 日（含）后取得环境影响批复的排污单位，许可排放量还应同时满足环境影响评价文件和批复要求。

总量控制指标包括地方政府或环境保护主管部门发文确定的排污单位总量控制指标、环评批复的总量控制指标、现有排污许可证中载明的总量控制指标、通过排污权有偿使用和交易确定的总量控制指标等地方政府或环境保护主管部门与排污许可证申领排污单位以一定形式确认的总量控制指标。

排污单位填报许可排放量时，应在《排污许可申请表》中写明申请的许可排放限值计算过程。

排污单位申请的许可排放限值严于本标准规定的，在排污许可证中载明。

5.2.2 许可排放浓度

5.2.2.1 废气

锑冶炼排污单位废气许可排放浓度依据 GB 13271、GB 30770 确定，污染物许可排放浓度为小时均值浓度。有地方排放标准要求的，按照地方排放标准确定。

大气污染防治重点控制区按照《关于执行大气污染物特别排放限值的公告》和《关于执行大气污染物特别排放限值有关问题的复函》的要求执行。其他执行大气污染物特别排放限值的地域范围、时间，由国务院环境保护主管部门或省级人民政府规定。

若执行不同许可排放浓度的多台设施采用混合方式排放烟气，且选择的监控位置只能监测混合烟气中的大气污染物浓度，则应执行各限值要求中最严格的许可排放浓度。

5.2.2.2 废水

锑冶炼排污单位水污染物许可排放浓度按照 GB 30770 确定，许可排放浓度为日均浓度（pH 值为任何一次监测值）。有地方排放标准要求的，按照地方排放标准确定。

若排污单位在同一个废水排放口排放两种或两种以上工业废水，且每种废水同一种污染物执行的排放标准不同时，则应执行各限值要求中最严格的许可排放浓度。

5.2.3 许可排放量

5.2.3.1 一般规定

许可排放量包括排污单位年许可排放量、主要排放口年许可排放量、特殊时段许可排放量。其中，年许可排放量是指允许排污单位连续 12 个月排放的污染物最大排放量。年许可排放量同时适用于考核自然年的实际排放量。有核发权的地方环境保护主管部门可根据环境管理规定细化许可排放量的核算周期。单独排入城镇集中污水处理设施的生活污水无须申请许可排放量。

废气许可排放量污染因子为颗粒物、二氧化硫、氮氧化物、汞及其化合物、镉及其化合物、铅及其化合物、砷及其化合物。

废水许可排放量污染因子为化学需氧量、氨氮、总汞、总镉、总铅、总砷。

对位于《“十三五”生态环境保护规划》等文件规定的总磷、总氮总量控制区域内的锑冶炼排污单位，还应分别申请总磷及总氮年许可排放量。地方环境保护部门另有规定的从其规定。

5.2.3.2　许可排放量核算方法

5.2.3.2.1　废气

根据排放标准浓度限值、单位产品基准排气量、产能确定大气污染物许可排放量。

a）年许可排放量

年许可排放量等于主要排放口年许可排放量，计算如下：

$$E_{i许可}=E_{i主要排放口} \tag{1}$$

式中：$E_{i许可}$——排污单位第 i 项大气污染物年许可排放量，t/a；

$E_{i主要排放口}$——排污单位第 i 项大气污染物主要排放口年许可排放量，t/a。

b）主要排放口年许可排放量

主要排放口年许可排放量用下式计算：

$$E_{i主要排放口}=\sum_{j=1}^{n}\rho_i\times Q_j\times R\times 10^{-9} \tag{2}$$

式中：$E_{i主要排放口}$——主要排放口第 i 种大气污染物年许可排放量，t/a；

ρ_i——第 i 种大气污染物许可排放浓度限值，mg/m^3；

R——主要产品年产能，t/a；

Q_j——第 j 个主要排放口单位产品基准排气量，m^3/t 产品，参照表 2 取值。

表 2　锑冶炼排污单位主要排放口基准排气量表　单位：m^3/t 产品

序号	原料	生产设施	排放口	基准烟气量
1	以锑精矿为原料	挥发熔炼（焙烧）系统（包括前床）	各装置排气筒	46 000
2				
		还原熔炼系统		12 500
3	以铅锑精矿为原料	沸腾焙烧系统	装置排气筒	63 000
4		烧结系统		
5		还原熔炼系统		
6		精炼系统		
7		吹炼系统		
8		环境集烟（配料、进料、出渣、出锑口）		
9	以锑金精矿为原料	挥发熔炼系统（包括前床）	各装置排气筒	39 000
10		还原熔炼系统		11 000
11		灰吹系统		6 500

注 1：以锑精矿为原料生产的挥发熔炼（焙烧）系统（包括鼓风炉前床），如果鼓风炉和鼓风炉前床分别设置排放口，则鼓风炉和鼓风炉前床分别按照基准烟气量的 85%和 15%计算。

注 2：以锑精矿和锑金精矿为原料，产品以精锑计。以铅锑精矿为原料，产品以精锑和精铅之和计。

c）特殊时段许可排放量

锑冶炼排污单位特殊时段日许可排放量按式（3）计算。地方制定的相关法规中对特殊时段许可排放量有明确规定的从其规定。国家和地方环境保护主管部门依法规定的其他特殊时段短期许可排放量应当在排污许可证当中载明。

$$E_{日许可}=E_{前一年环统日均排放量}\times(1-\alpha) \tag{3}$$

式中：$E_{日许可}$——锑冶炼排污单位重污染天气应对期间或冬防阶段日许可排放量，t/d；

$E_{前一年环统日均排放量}$——锑冶炼排污单位前一年环境统计实际排放量折算的日均值，t/d；

α——重污染天气应对期间或冬防阶段日产量或排放量减少比例。

5.2.3.2.2　废水

水污染物年许可排放量根据水污染物许可排放浓度限值、单位产品基准排水量和产能核定。

a）主要排放口年许可排放量

主要排放口年许可排放量用下式计算：

$$D_i = \rho_i \times Q \times R \times 10^{-6} \tag{4}$$

式中：D_i —— 主要排放口第 i 种水污染物年许可排放量，t/a；

ρ_i —— 第 i 种水污染物许可排放浓度限值，mg/L；

R —— 主要产品年产能，t/a；

Q —— 主要排放口单位产品基准排水量，m^3/t 产品，取值参见表 3。

b）年许可排放量

锑冶炼排污单位总铅、总砷、总镉、总汞年许可排放量为车间或生产装置排放口年许可排放量，化学需氧量和氨氮年许可量在企业废水总排放口许可年排放量，按照式（4）进行核算，其中 C_i 取值参照 GB 30770 中污染因子浓度，基准排水量 Q 参考表 3。

表 3　锑冶炼排污单位基准排水量表　　单位：m^3/t

序号	排放口	排放口类型	基准排水量
1	车间或生产装置排放口	主要排放口	5（3）
2	企业废水总排放口	主要排放口	5（3）
注：括号内的数值为执行特别排放限值排污单位的基准排水量。			

5.2.4 无组织排放控制要求

锑冶炼排污单位无组织排放节点和控制措施见表 4。

表 4　锑冶炼排污单位生产无组织排放控制要求表

序号	工序	指标控制措施
1	运输	（1）冶炼厂内粉状物料运输应采取抑尘措施； （2）冶炼厂内大宗物料转移、输送应采取皮带通廊、封闭式皮带输送机或流态化输送等输送方式。带式输送机的受料点、卸料点采取喷雾等抑尘措施；或设置密闭罩，并配备除尘设施； （3）冶炼厂内运输道路应硬化，并采取洒水、喷雾或移动吸尘等措施； （4）运输车辆驶离冶炼厂前应冲洗车轮，或采取其他控制措施
2	冶炼	（1）原煤应贮存于封闭式煤场；不能封闭的应采用防风抑尘网，防风抑尘网高度不低于堆存物料高度的 1.1 倍。锑精矿等原料，石英石、石灰石等辅料应采用库房贮存。备料工序产尘点应设置集气罩，并配备除尘设施； （2）冶炼炉（窑）的加料口、出料口应设置集气罩并保证足够的集气效率，配套设置密闭抽风收尘设施； （3）溜槽应设置盖板

5.2.5 其他

新（改、扩）建项目的环境影响评价文件或地方相关规定中有原辅材料、燃料等其他污染防治强制要求的，还应根据环境影响评价文件或地方相关规定，明确其他需要落实的污染防治要求。

6 污染防治可行技术要求

6.1 一般原则

本标准中所列污染防治可行技术及运行管理要求可作为环境保护主管部门对排污许可证申请材料审核的参考。对于排污单位采用本标准所列推荐可行技术的，原则上认为具备符合规定的污染防治设施或污染物处理能力。对于未采用本标准所列推荐可行技术的，排污单位应当在申请时提供相关证明材料。对于国内外首次采用的污染治理技术，还应当提供中试数据等说明材料，证明可达到与污染防治可行技术相当的处理能力。

对不属于污染防治推荐可行技术的污染治理技术，排污单位应当加强自行监测、台账记录，评估达标可行性。

对于废气实施特别排放限值的，排污单位自行填报可行的污染治理技术及管理要求。

6.2 废气推荐可行技术

对于锑冶炼生产过程产生的有组织排放颗粒物，一般采用袋式除尘和湿法除尘等处理技术；炉窑产生的二氧化硫，采用石灰-石膏湿法、钠碱法、氨法脱硫等处理技术。

本标准推荐的锑冶炼废气可行技术具体见附录 A。

6.3 废水推荐可行技术

对于锑冶炼生产过程产生的废水，一般采用硫化法、石灰+铁盐法、电化学法、吸附法等处理技术。

本标准推荐的锑冶炼废水可行技术具体见附录 B。

6.4 运行管理要求

锑冶炼排污单位应当按照相关法律法规、标准和技术规范等要求运行大气及水污染防治设施，并进行维护和管理，保证设施正常运行。对于特殊时段，锑冶炼排污单位应满足《重污染天气应急预案》、各地人民政府制定的冬防措施等文件规定的污染防治要求。

7 自行监测管理要求

7.1 一般原则

锑冶炼排污单位在申请排污许可证时，应当按照本标准确定的产排污节点、排放口、污染因子及许可限值等要求，制定自行监测方案，并在《排污许可证申请表》中明确，《排污单位自行监测技术指南　有色金属冶炼与压延加工》发布后，自行监测方案的制定从其要求。热水锅炉和 65 t/h 及以下蒸汽锅炉按照 HJ 820 制定自行监测方案。

对于 2015 年 1 月 1 日（含）后取得环评批复的排污单位，环境影响评价文件有其他管理要求的应当同步完善排污单位自行监测管理要求。有核发权的地方环境保护主管部门可根据环境质量改善需求，增加锑冶炼排污单位自行监测管理要求。

7.2 自行监测方案

自行监测方案中应明确排污单位的基本情况、监测点位及示意图、监测指标、执行排放标准及其限值、监测频次、采样和样品保存方法、监测分析方法和仪器、质量保证与质量控制、自行监测信息公开等。对于采用自动监测的排污单位应当如实填报采用自动监测的污染物指标、自动监测系统联网情况、自动监测系统的运行维护情况等；对于未采用自动监测的污染物指标，排污单位应当填报开展手工监测的污染物排放口和监测点位、监测方法、监测频率；对于 2015 年 1 月 1 日（含）后取得环评批复的排污单位，排污单位还应按照环境影响评价文件的要求填报周边环境质量监测（如需）。

7.3 自行监测要求

7.3.1 一般原则

排污单位可自行或委托第三方监测机构开展监测工作，并安排专人专职对监测数据进行记录、整理、统计和分析。排污单位对监测结果的真实性、准确性、完整性负责。手工监测时生产负荷应不低于本次监测与上一次监测周期内的平均生产负荷。

7.3.2 监测内容

锑冶炼排污单位应当开展自行监测的污染源包括产生的有组织废气、无组织废气、生产废水、生活污水、初期雨水等全部污染源。监测的污染物执行 GB 13271、GB 30770 中废气和废水污染因子。

7.3.3 监测点位、监测因子及监测频次

排污单位应明确开展自行监测的外排口监测点位、无组织排放监测点位、周边环境质量影响监测点位等，自行监测点位、监测因子及监测频次执行表 5。单独排入城镇集中污水处理设施的生活污水不需监测，对于单独排入海域、江河、湖、库等水环境的生活污水应按照 HJ/T 91 要求执行。

《排污单位自行监测技术指南　有色金属冶炼与压延加工》发布后，从其规定。

本标准规定的监测频次为排污单位自行监测的最低频次要求。排污单位原料发生重大变化的，应加密自行监测频次。

7.3.4 周边环境质量影响监测点

对于 2015 年 1 月 1 日（含）后取得环评批复的排污单位，周边环境质量影响监测点位按照批复的环境影响评价文件的要求设置。

表 5　锑冶炼排污单位自行监测点位、监测因子及最低监测频次一览表

污染源		排放口类型	监测因子	监测频次
产污环节	监测点位			
废气有组织排放				
以锑精矿为原料				
挥发熔炼系统（包括前床）	装置排气筒	主要排放口	颗粒物、二氧化硫、氮氧化物	自动监测
挥发焙烧系统	装置排气筒			
还原熔炼系统	装置排气筒		锡及其化合物、汞及其化合物、镉及其化合物、铅及其化合物、砷及其化合物和锑及其化合物	月度
配料系统	装置排气筒	一般排放口	颗粒物、锡及其化合物、汞及其化合物、镉及其化合物、铅及其化合物、砷及其化合物和锑及其化合物	半年
环境集烟（进料、出渣、出锑口等）	装置排气筒	一般排放口	颗粒物、二氧化硫、氮氧化物、锡及其化合物、汞及其化合物、镉及其化合物、铅及其化合物、砷及其化合物和锑及其化合物	季度
以铅锑精矿为原料				
沸腾焙烧系统	装置排气筒	主要排放口	颗粒物、二氧化硫、氮氧化物	自动监测
烧结系统	装置排气筒			
还原熔炼系统	装置排气筒			
精炼系统	装置排气筒		锡及其化合物、汞及其化合物、镉及其化合物、铅及其化合物、砷及其化合物和锑及其化合物	月度
吹炼系统	装置排气筒			
环境集烟（配料、进料、出渣、出锑口等）	烟囱或烟道			
以锑金精矿为原料				
挥发熔炼系统（包括前床）	装置排气筒	主要排放口	颗粒物、二氧化硫、氮氧化物	自动监测
灰吹系统	装置排气筒		锡及其化合物、汞及其化合物、镉及其化合物、铅及其化合物、砷及其化合物和锑及其化合物	月度
还原熔炼系统	装置排气筒			
配料系统	装置排气筒	一般排放口	颗粒物、锡及其化合物、汞及其化合物、镉及其化合物、铅及其化合物、砷及其化合物和锑及其化合物	半年
环境集烟（进料、出渣、出锑口等）	装置排气筒	一般排放口	颗粒物、二氧化硫、氮氧化物、锡及其化合物、汞及其化合物、镉及其化合物、铅及其化合物、砷及其化合物和锑及其化合物	季度
炼金系统	装置排气筒	一般排放口	颗粒物、二氧化硫、氮氧化物、锡及其化合物、汞及其化合物、镉及其化合物、铅及其化合物、砷及其化合物和锑及其化合物	半年
以精锑为原料				
锑白炉	装置排气筒	一般排放口	颗粒物、二氧化硫、氮氧化物、锑及其化合物	半年
其他				
锅炉	烟囱或烟道	一般排放口	颗粒物、二氧化硫、氮氧化物	自动监测
			汞及其化合物[a]、烟气黑度（林格曼黑度，级）	季度
废气无组织排放				
厂界	企业周边	硫酸雾、锡及其化合物、汞及其化合物、镉及其化合物、铅及其化合物、砷及其化合物和锑及其化合物		季度
废水排放				
废水	车间或生产装置排放口	主要排放口	总砷、总铅、总镉、总汞	日
			六价铬	月
	企业废水总排放口	主要排放口	pH 值、流量、化学需氧量、氨氮、总磷、总氮	自动监测
			总砷、总铅、总镉、总汞	日
			总锡、总锌、总铜、六价铬、总锑	月
			悬浮物、氟化物、硫化物、石油类	季度

注 1：单独排入地表水、海水的生活污水排放口污染物（pH 值、COD、BOD_5、悬浮物、氨氮、动植物油、总氮、总磷）每月至少开展一次监测。

注 2：总磷和总氮安装在线主要适用于《“十三五”生态环境保护规划》等文件规定的总磷、总氮总量控制区域的排污单位。

[a] 适用于燃煤锅炉。

7.4　监测技术手段

自行监测的技术手段包括手工监测和自动监测。

锑冶炼排污单位中主要排放口的颗粒物、二氧化硫、氮氧化物应安装自动监测设备。鼓励其他排放口及污染物采用自动监测设备监测，无法开展自动监测的，应采用手工监测。

锑冶炼排污单位全厂生产废水排放口应安装流量、pH 值、化学需氧量、氨氮、总磷、总氮自动监测设备，其中总磷和总氮安装自动监测设备只适用于《“十三五”生态环境保护规划》等文件规定的总磷、总氮总量控制区域的排污单位，鼓励其他排放口及污染物采用自动监测设备监测，无法开展自动监测的，应采用手工监测。

7.5　采样和测定方法

7.5.1　自动监测

废气自动监测参照 HJ/T 75、HJ/T 76 执行。

废水自动监测参照 HJ/T 353、HJ/T 354、HJ/T 355、HJ/T 356 执行。

7.5.2　手工监测

有组织废气手工采样方法的选择参照 GB/T 16157、HJ/T 397 执行，单次监测中，气态污染物采样，应可获得小时均值浓度；颗粒物采样，至少采集 3 个反映监测断面颗粒物平均浓度的样品。

无组织排放采样方法参照 GB/T 15432、HJ/T 55 执行。

废水手工采样方法的选择参照 HJ 493、HJ 494、HJ 495 和 HJ/T 91 执行。

7.5.3　测定方法

废气、废水污染物的测定按照 GB 13271 和 GB 30770 中规定的污染物浓度测定方法标准执行，国家或地方法律法规等另有规定的，从其规定。

7.6　数据记录要求

监测期间手工监测的记录和自动监测运维记录按照 HJ 819 执行。

应同步记录监测期间的生产工况。

7.7　监测质量保证与质量控制

按照 HJ 819 要求，排污单位应当根据自行监测方案及开展状况，梳理全过程监测质控要求，建立自行监测质量保证与质量控制体系。

7.8　自行监测信息公开

排污单位应按照 HJ 819 要求进行自行监测信息公开。

8　环境管理台账记录与执行报告编制要求

8.1　环境管理台账记录要求

8.1.1　一般原则

排污单位应建立环境管理台账制度，设置专职人员进行台账的记录、整理、维护和管理，并对台账记录结果的真实性、准确性、完整性负责。

台账应当按照电子化储存和纸质储存两种形式同步管理。台账保存期限不得少于 3 年。

排污单位排污许可证台账应真实记录基本信息、生产设施及其运行情况、污染防治设施及其运行情况、监测记录信息、其他环境管理信息等。待《排污许可环境管理台账及执行报告技术规范》发布后从其规定。

8.1.2　基本信息

基本信息主要包括排污单位基本信息、生产设施基本信息、治理设施基本信息。基本信息因排污单位工艺、设施调整等情形发生变化的，需在基本信息台账记录表中进行相应修改，并将变化内容进行说明纳入执行报告中。

a）排污单位基本信息：排污单位名称、注册地址、行业类别、生产经营场所地址、组织机构代码、统一社会信用代码、法定代表人、技术负责人、生产工艺、产品名称、生产规模、环保投资情况、环境影响评价及批复情况、竣工环保验收情况、排污许可证编号等；

b）生产设施基本信息：生产设施（设备）名称、编码、设施规格型号、相关参数（包括参数名称、设计值、单位）、设计生产能力等，详见附录 C；

c）治理设施基本信息：治理设施名称、编码、设施规格型号、相关参数（包括参数名称、设计值、单位）等。

8.1.3 生产设施运行管理信息

排污单位应定期记录生产设施运行状况并留档保存，应按班次至少记录以下内容：

a）运行状态：开始时间，结束时间，是否按照生产要求正常运行；

b）生产负荷：实际生产能力与设计生产能力之比，设计生产能力取最大设计值；

c）产品产量：记录统计时段内主要产品产量；

d）原辅料：记录名称、来源地、种类、用量、有毒有害成分及占比、是否为危险化学品；

e）燃料：记录种类、用量、成分、热值、品质。涉及二次能源的需建立能源平衡报表，应填报一次购入能源和二次转化能源。

8.1.4 污染治理设施运行管理信息

锑冶炼排污单位应记录环保设施的运行状态、污染物排放情况、治理药剂添加情况等。污染治理设施运行管理信息还应当包括设备运行校验关键参数，能充分反映生产设施及治理设施运行管理情况。

a）有组织废气治理设施

废气环保设施台账应包括所有环保设施的运行参数及排放情况等，废气环保设施台账包括废气处理能力（m^3/h）、运行参数（包括运行工况等）、废气排放量，脱硫药剂使用量及运行费用等。

b）无组织废气治理设施

原辅料储库、固体废物临时渣场、燃料储库、成品库、物料运输系统等无组织废气污染治理措施相应的运行、维护、管理相关的信息记录，可用于说明无组织治理措施（厂区降尘洒水、清扫、原料或产品场地封闭、遮盖等）运行情况和效果。

c）废水治理设施

废水环保设施台账应包括所有环保设施的运行参数及排放情况等，废水治理设施包括废水处理能力（t/d）、运行参数（包括运行工况等）、废水排放量、废水回用量、污泥产生量及处置费用（元/t）、出水水质（各因子浓度和水量等）、排水去向及受纳水体、排入的污水处理厂名称等。

8.1.5 其他环境管理信息

锑冶炼排污单位应记录的其他环境管理信息包括以下几方面：

a）污染治理设施故障期间

应记录污染治理设施故障设施、故障原因、故障期间污染物排放浓度以及应对措施。记录内容参见附录 C 中表 C.7。

b）特殊时段

应记录重污染天气应对期间、重大活动保障期间和冬防期间等特殊时段管理要求、执行情况（包括特殊时段生产设施运行管理信息和污染治理设施运行管理信息）等。重污染天气应急预警期间、重大活动保障期间和冬防期间等特殊时段的台账记录要求与正常生产记录频次要求一致，涉及特殊时段停产的排污单位或生产工序，该期间原则上仅对起始和结束当天各进行 1 次记录，地方管理部门有特殊要求的，从其规定。

c）非正常工况

锑冶炼排污单位开炉、设备检修（停炉）等非正常工况信息按工况期记录，每工况期记录 1 次，内容应记录非正常（开停炉）工况时间、事件原因、是否报告、应对措施，并按生产设施与污染治理设施填写具体情况：生产设施应记录设施名称、编号、产品产量、原辅料消耗量、燃料消耗量等；污染治理设施应记录设施名称、编号、污染因子、排放量、排放浓度等。记录内容参见附录 C 中表 C.7。

8.1.6 监测记录信息

a）自动监测运维记录

包括自动监测系统运行状况、系统辅助设备运行状况、系统校准、校验工作等；仪器说明书及相关标准规范中规定的其他检查项目；校准、维护保养、维修记录等。

b）手工监测记录信息

无自动监测要求的废气和废水污染物，排污单位应当按照排污许可证中手工监测要求记录手工监测的日期、时间、污染物排放口和监测点位、监测方法、监测频次、监测仪器及型号、采样方法等，并建立台账记录报告，手工监测记录台账至少应包括附录 D。

c）监测期间生产及污染治理设施运行状况记录信息

监测期间生产及污染治理设施运行状况记录信息内容分别见本标准 8.1.3 和 8.1.4 的相关规定。

8.1.7 记录频次

8.1.7.1 一般原则

记录频次应根据生产过程中的变化参数进行确定。

8.1.7.2 生产设施运行管理信息

a）生产运行状况：按照排污单位生产班次记录，每班次记录 1 次。非正常工况按照工况期记录，每工况期记录 1 次，非正常工况开始时刻至工况恢复正常时刻为一个记录工况期；

b）产品产量：连续性生产的排污单位产品产量按照班次记录，每班次记录 1 次。周期性生产的设施按照一个周期进行记录，周期小于 1 天的按照 1 天记录；

c）原辅料、燃料用量：按照批次记录，每批次记录 1 次。

8.1.7.3 污染治理设施运行管理信息

a）污染治理设施运行状况：按照排污单位生产班次记录，每班次记录 1 次。非正常工况按照工况期记录，每工况期记录 1 次，非正常工况开始时刻至工况恢复正常时刻为一个记录工况期；

b）污染物产排情况：连续排放污染物的，按班次记录，每班次记录 1 次。非连续排放污染物的，按照产排污阶段记录，每个产排阶段记录 1 次。安装自动监测设施的按照自动监测频率记录，DCS 上保存自动监测记录；

c）药剂添加情况：采用批次投放的，按照投放批次记录，每投放批次记录 1 次。采用连续加药方式的，每班次记录 1 次。

8.1.7.4 监测记录信息

监测数据的记录频次按照本标准 7.5 中所确定的监测频次要求记录。

8.1.7.5 其他环境管理信息

采取无组织废气污染控制措施的信息记录频次原则上不小于 1 d。

特殊时段的台账记录频次原则上与正常生产记录频次要求一致，涉及特殊时段停产的排污单位或生产工序，该期间原则上仅对起始和结束当天进行 1 次记录，地方管理部门有特殊要求的，从其规定。

根据环境管理要求增加记录的内容，记录频次依实际情况确定。

8.1.8 记录保存

8.1.8.1 纸质存储

纸质台账应存放于保护袋、卷夹或保护盒中，专人保存于专门的档案保存地点，并由相关人员签字。档案保存应采取防光、防热、防潮、防细菌及防污染等措施。纸制类档案如有破损应随时修补。档案保存时间原则上不低于 3 年。

8.1.8.2 电子存储

电子台账保存于专门的存储设备中，并保留备份数据。设备由专人负责管理，定期进行维护。根据地方环境保护主管部门要求定期上传，纸版由排污单位留存备查。档案保存时间原则上不低于 3 年。

8.2 排污许可证执行报告编制要求

8.2.1 一般原则

地方环境保护主管部门应当整合总量控制、环境保护税（排污收费）、环境统计等各项环境管理的数据上报要求，可以参照本标准，在排污许可证中根据各项环境管理要求，规定排污许可证执行报告内容、上报频次等要求。

排污单位应按照排污许可证中规定的内容和频次定期上报执行报告。锑冶炼排污单位可参照本标准，根据环境管理台账记录等归纳总结报告期内排污许可证执行情况，并提交至发证机关，台账记录留存备查。排污单位应保证执行报告的规范性和真实性。技术负责人发生变化时，应当在年度执行报告中及时报告。

8.2.2 报告分类及频次

8.2.2.1 报告分类

排污许可证执行报告按报告周期分为年度执行报告、季度执行报告和月度执行报告。

持有排污许可证的锑冶炼排污单位，均应按照本标准规定提交年度执行报告与季度执行报告。为满足其他环境管理要求，地方环境保护主管部门有更高要求的，排污单位还应根据其规定，提交月度执行报告。排污单位应在全国排污许可证管理信息平台上填报并提交执行报告，同时向有排污许可证核发权限的环境保护主管部门提交通过平台印制的书面执行报告。

8.2.2.2 上报频次

a）年度执行报告上报频次

锑冶炼排污单位应至少每年上报一次排污许可证年度执行报告，于次年 1 月底前提交至排污许可证核发机关。对于持证时间不足 3 个月的，当年可不上报年度执行报告，排污许可证执行情况纳入下一年度执行报告。具体内容见附录 E。

b）月度/季度执行报告上报频次

排污单位每月度/季度上报一次排污许可证月度/季度执行报告，于下一周期首月 15 日前提交至排污许可证核发机关，提交季度执行报告或年度执行报告时，可免报当月月度执行报告。对于持证时间不足 10 d 的，该报告周期内可不上报月度执行报告，排污许可证执行情况纳入下一月度执行报告。对于持证时间不足 1 个月的，该报告周期内可不上报季度执行报告，排污许可证执行情况纳入下一季度执行报告。

排污单位每月或每季度应至少向环境保护主管部门上报年度执行报告中的“实际排放量报表”、合规判定分析说明、污染防治设施异常情况说明及所采取的措施。

9 实际排放量核算方法

9.1 一般规定

锑冶炼排污单位的废水、废气污染物在核算时段内的实际排放量等于正常情况与非正常情况实际排放量之和。核算时段根据管理需求，可以是季度、年或特殊时段等。

锑冶炼排污单位的废水污染物在核算时段内的实际排放量等于主要排放口的实际排放量。锑冶炼排污单位的废气污染物在核算时段内的实际排放量等于主要排放口的实际排放量，即各主要排放口实际排放量之和，不核算一般排放口和无组织排放的实际排放量。核算方法包括实测法、物料衡算法、产排污系数法等。

锑冶炼排污单位的废水、废气污染物在核算时段内正常情况下的实际排放量首先采用实测法核算，分为自动监测实测法和手工监测实测法。对于排污许可证中载明应当采用自动监测的排放口和污染物，应根据符合监测规范的有效自动监测数据核算污染物实际排放量。对于未要求采用自动监测的污染物，可采用自动监测数据或手工监测数据核算污染物实际排放量。采用自动监测的污染物，应同时根据手工监测数据进行校核，若同一时段的手工监测数据与自动监测数据不一致，手工监测数据符合法定的监测标准和监测方法的，以手工监测数据为准。

排污许可证中载明要求采用自动监测的排放口或污染物而未采用的，采用物料衡算法核算二氧化硫排放量、产污系数法核算氮氧化物、颗粒物（烟尘）、化学需氧量、氨氮等其他污染物排放量，且均按直接排放进行核算。未按照相关规范文件等要求进行手工监测（无有效监测数据）的排放口或污染物，有有效治理设施的按排污系数法核算，无有效治理设施的按产污系数法核算。

锑冶炼排污单位的废气污染物在核算时段内非正常情况下的实际排放量首先采用实测法核算，无法采用实测法核算的，采用物料衡算法核算二氧化硫排放量、产污系数法核算其他污染物排放量，且均按直接排放进行核算。锑冶炼排污单位的废水污染物在核算时段内非正常情况下的实际排放量采用产污系数法核算污染物排放量，且均按直接排放进行核算。

锑冶炼排污单位如含有适用其他行业排污许可技术规范的生产设施，废气污染物的实际排放量为涉及的各行业生产设施实际排放量之和。废水污染物的实际排放量采用实测法核算时，按本核算方法核算。

采用产排污系数法核算时，实际排放量为涉及的各行业生产设施实际排放量之和。

9.2 正常情况废气污染物实际排放量核算方法

9.2.1 实测法

废气自动监测实测法是指根据符合监测规范的小时平均排放浓度、平均烟气量、运行时间等有效自动监测数据核算污染物年排放量，某主要排放口某项大气污染物实际排放量的核算方法见式（5）。

排污单位废气污染物主要排放口实际排放量核算方法如下：

$$E_{jk}=\sum_{i=1}^{n}\rho_{ji}\times q_i\times 10^{-9} \tag{5}$$

式中：E_{jk}—— 核算时段内第 k 个主要排放口第 j 项污染物的实际排放量，t；

ρ_{ji}—— 第 k 个主要排放口第 j 项污染物在第 i 小时的实测平均排放浓度（标态），mg/m^3；

q_i—— 第 k 个主要排放口第 i 小时的标准状态下干排气量，m^3/h；

n—— 核算时段内的污染物排放时间，h。

手工监测实测法是指根据每次手工监测时段内每小时污染物的平均排放浓度、平均烟气量、运行时间核算污染物年排放量，核算方法见式（6）和式（7）。手工监测数据包括核算时间内的所有执法监测数据和排污单位自行或委托的有效手工监测数据。排污单位自行或委托的手工监测频次、监测期间生产工况、数据有效性等须符合相关规范文件等要求。排污单位应将手工监测时段内生产负荷与核算时段内的平均生产负荷进行对比，并给出对比结果。

$$E=\rho\times q\times h\times 10^{-9} \tag{6}$$

$$\rho=\frac{\sum_{i=1}^{n}\left(\rho_i\times q_i\right)}{\sum_{i=1}^{n}q_i},\quad q=\frac{\sum_{i=1}^{n}q_i}{n} \tag{7}$$

式中：E—— 核算时段内某主要排放口某项大气污染物的实际排放量，t；

ρ—— 核算时段内某主要排放口某项大气污染物的实测小时加权平均排放浓度（标态），mg/m^3；

q—— 核算时段内某主要排放口的标准状态下小时平均干排气量，m^3/h；

ρ_i—— 核算时段内第 i 次监测的小时监测浓度（标态），mg/m^3；

q_i—— 核算时段内第 i 次监测的标准状态下小时干排气量（标态），m^3/h；

n—— 核算时段内取样监测次数，量纲 1；

h—— 核算时段内某主要排放口的大气污染物排放时间，h。

对于因自动监控设施发生故障以及其他情况导致数据缺失的按照 HJ/T 75 进行补遗。缺失时段超过25%的，自动监测数据不能作为核算实际排放量的依据，实际排放量采用物料衡算法核算二氧化硫排放量、产排污系数法核算其他污染物排放量，且均按直接排放进行核算。排污单位提供充分证据证明自动监测数据缺失、数据异常等不是排污单位责任的，可按照排污单位提供的手工监测数据等核算实际排放量，或者按照上一个半年申报期间稳定运行的自动监测数据小时浓度均值和半年平均烟气量，核算数据缺失时段的排放量。

9.2.2 物料衡算法

物料衡算法只适用于二氧化硫排放量核算，根据原辅材料、燃料消耗量、含硫率等按照直排进行核算。核算公式如下：

$$D=\left[\sum_{i=1}^{n}\left(m_i\times\frac{S_{m_i}}{100}\right)+\sum_{i=1}^{n}\left(f_i\times\frac{S_{f_i}}{100}\right)+\sum_{i=1}^{n}\left(g_i\times S_{g_i}\times 10^{-5}\right)-\sum_{i=1}^{n}\left(p_i\times\frac{S_{p_i}}{100}\right)\right]\times 2 \tag{8}$$

式中：D—— 核算时段内二氧化硫排放量，t；

m_i—— 核算时段内第 i 种入炉物料使用量，t；

S_{m_i} —— 核算时段内第 i 种入炉物料含硫率，%；

f_i —— 核算时段内第 i 种固体燃料使用量，t；

S_{f_i} —— 核算时段内第 i 种固体燃料含硫率，%；

g_i —— 核算时段内第 i 种入炉气体燃料使用量，10^4m^3；

S_{g_i} —— 核算时段内第 i 种入炉气体燃料硫含量，mg/m^3；

p_i —— 核算时段内第 i 种产物产生量，t；

S_{p_i} —— 核算时段内第 i 种产物含硫率，%。

9.2.3　产排污系数法

采用产排污系数法核算直接排放量的，可参考《全国污染源普查工业污染源产排污系数手册（下）》（33　有色金属冶炼及压延加工业）产污系数或排污系数进行核算。核算公式如下：

$$D = M \times \beta \times 10^{-6} \tag{9}$$

式中：D —— 核算时段内废气污染物的产生量或排放量，t；

M —— 核算时段内产品产量，t；

β —— 废气污染物产污系数或排污系数，g/t 产品，见附录 F。

当废气污染物氮氧化物、铅及其化合物、汞及其化合物、镉及其化合物、砷及其化合物产污系数缺失时，则按照式（10）核算其产生量：

$$D_{产} = M \times \alpha \times 10^{-6} \tag{10}$$

式中：$D_{产}$ —— 核算时段内某污染物的产生量，t；

M —— 核算时段内产品产量，t；

α —— 某污染物核算系数，g/t 产品，见附录 F。

当废气污染物氮氧化物、铅及其化合物、汞及其化合物、镉及其化合物、砷及其化合物排污系数缺失时，则按照式（11）核算其排放量：

$$D_{排} = D_{产} \times (1-n) \tag{11}$$

式中：$D_{排}$ —— 核算时段内某污染物的排放量，t；

$D_{产}$ —— 核算时段内某污染物的产生量，t；

n —— 末端治理设施的治理率，%，氮氧化物取 0%，铅及其化合物、汞及其化合物、镉及其化合物、砷及其化合物取 99%。

9.3　非正常情况废气污染物实际排放量核算方法

锑冶炼炉窑启停等非正常情况下污染物排放量采用实测法核算排放量，参见式（5）。无法采用实测法核算的，采用物料衡算法核算二氧化硫排放量、产排污系数法核算其他污染物排放量，且均按直接排放进行核算。

9.4　正常情况废水污染物实际排放量核算方法

9.4.1　实测法

锑冶炼排污单位废水总排放口装有化学需氧量、氨氮自动监测设备的，原则上应采取自动监测实测法核算全厂化学需氧量、氨氮实际排放量。废水自动监测实测法是指根据符合监测规范的日平均排放浓度、平均流量、运行时间等有效自动监测数据核算污染物年排放量，核算方法见式（12）。

$$E_j = \sum_{i=1}^{n} \rho_{ji} \times q_i \times 10^{-6} \tag{12}$$

式中：E_j —— 核算时段内主要排放口第 j 项污染物的实际排放量，t；

ρ_{ji} —— 第 j 项污染物在第 i 日的实测日平均排放质量浓度，mg/L；

q_i —— 第 i 日的流量，m^3/h；

n —— 核算时段内的污染物排放时间，h。

手工监测实测法是指根据每次手工监测时段内每日污染物的平均排放浓度、平均排水量、运行时间核算污染物年排放量，核算方法见式（13）和式（14）。手工监测数据包括核算时间内的所有执法监测数据和排污单位自行或委托的有效手工监测数据。排污单位自行或委托的手工监测频次、监测期间生产工况、数据有效性等须符合相关规范文件等要求。排污单位应将手工监测时段内生产负荷与核算时段内的平均生产负荷进行对比，并给出对比结果。

$$E_j = \rho \times q \times h \times 10^{-6} \tag{13}$$

$$\rho = \frac{\sum_{i=1}^{n}(\rho_i \times q_i)}{\sum_{i=1}^{n} q_i},\quad q = \frac{\sum_{i=1}^{n} q_i}{n} \tag{14}$$

式中：E_j —— 核算时段内主要排放口水污染物的实际排放量，t；

ρ —— 核算时段内主要排放口水污染物的实测日加权平均排放质量浓度，mg/L；

q —— 核算时段内主要排放口的日平均排水量，m^3/d；

ρ_i —— 核算时段内第 i 次监测的日监测质量浓度，mg/L；

q_i —— 核算时段内第 i 次监测的日排水量，m^3/d；

n —— 核算时段内取样监测次数，量纲 1；

h —— 核算时段内主要排放口的水污染物排放时间，d。

对要求采用自动监测的排放口或污染因子，在自动监测数据由于某种原因出现中断或其他情况下，应按照 HJ/T 356 补遗。无有效自动监测数据时，采用手工监测数据进行核算。手工监测数据包括核算时间内的所有执法监测数据和排污单位自行或委托的有效手工监测数据。排污单位自行或委托的手工监测频次、监测期间生产工况、数据有效性等须符合相关规范文件等要求。排污单位提供充分证据证明自动监测数据缺失、数据异常等不是排污单位责任的，可按照排污单位提供的手工监测数据等核算实际排放量，或者按照上一个半年申报期间稳定运行的自动监测数据日均浓度值和半年平均排水量，核算数据缺失时段的排放量。

其他水污染物如需核算实际排放量，可以参照式（13）和式（14）进行核算。

9.4.2 产排污系数法

采用产排污系数法核算废水污染物实际排放量时，可参考《全国污染源普查工业污染源产排污系数手册（下）》（33 有色金属冶炼及压延加工业）产污系数或排污系数进行核算。核算公式如下：

$$D = M \times \beta \times 10^{-6} \tag{15}$$

式中：D —— 核算时段内某污染物的产生量或排放量，t；

M —— 核算时段内产品产量，t；

β —— 某污染物产污系数或排污系数，g/t 产品，见附录 F。

当废水污染物化学需氧量、氨氮、总氮、总磷产污系数缺失时，则按照式（16）核算其产生量：

$$D_{产} = M \times \alpha \times 10^{-6} \tag{16}$$

式中：$D_{产}$ —— 核算时段内某污染物的产生量，t；

M —— 核算时段内产品产量，t；

α —— 某污染物核算系数，g/t 产品，见附录 F。

当废水污染物化学需氧量、氨氮、总氮、总磷排污系数缺失时，则按照式（17）核算其排放量：

$$D_{排} = D_{产} \times (1-n) \tag{17}$$

式中：$D_{排}$ —— 核算时段内某污染物的排放量，t；

$D_{产}$ —— 核算时段内某污染物的产生量，t；

n —— 末端治理设施的治理率，%，化学需氧量、氨氮、总氮、总磷和总磷取 20%。

9.5 非正常情况废水污染物实际排放量核算方法

废水处理设施异常情况下的排水，如无法满足排放标准要求时，不应直接排入外环境，待废水处理设施恢复正常运行后方可排放。如因特殊原因造成污染治理设施未正常运行超标排放污染物的或偷排偷放污染物的，按产污系数法核算非正常情况期间的实际排放量，计算公式见式（15），式中核算时段为未正常运行时段（或偷排偷放时段）。

10 合规判定方法

10.1 一般规定

合规是指锑冶炼排污单位许可事项和环境管理要求符合排污许可证规定。

许可事项合规是指锑冶炼排污单位排放口位置和数量、排放方式、排放去向、排放污染物种类、排放限值符合许可证规定。其中，排放限值合规是指锑冶炼排污单位污染物实际排放浓度和排放量满足许可排放限值要求，无组织排放满足本技术规范无组织监管措施要求，环境管理要求合规是指锑冶炼排污单位按许可证规定落实自行监测、台账记录、执行报告、信息公开等环境管理要求。

锑冶炼排污单位可通过环境管理台账记录、按时上报执行报告和开展自行监测、信息公开，自证其依证排污，满足排污许可证要求。环境保护主管部门可依据排污单位环境管理台账、执行报告、自行监测记录中的内容，判断其污染物排放浓度和排放量是否满足许可排放限值要求，也可通过执法监测判断其污染物排放浓度是否满足许可排放限值要求。

10.2 排放限值合规判定

10.2.1 废气排放浓度合规判定

10.2.1.1 正常情况

锑冶炼排污单位各废气排放口污染物或厂界无组织污染物的排放浓度达标是指“任一小时浓度均值均满足许可排放浓度要求”。

a）执法监测

按照监测规范要求获取的执法监测数据超标的，即视为不合规。根据 GB/T 16157、HJ/T 397、HJ/T 55 确定监测要求。

b）排污单位自行监测

（1）自动监测

按照本标准 7.5.1 要求获取的有效自动监测数据计算得到的有效小时浓度均值与许可排放浓度限值进行对比，超过许可排放浓度限值的，即视为超标。对于应当采用自动监测而未采用的排放口或污染物，即认为不合规。自动监测小时均值是指“整点 1 h 内不少于 45 min 的有效数据的算术平均值”。

（2）手工监测

对于未要求采用自动监测的排放口或污染物，应进行手工监测。按照自行监测方案、监测规范要求获取的监测数据计算得到的有效小时浓度均值超标的，即视为超标。

若同一时段的执法监测数据与排污单位自行监测数据不一致，执法监测数据符合法定的监测标准和监测方法的，以该执法监测数据为准。

10.2.1.2 非正常情况

锑冶炼排污单位非正常排放指炉窑启停机、设备故障、检维修等情况下的排放。

锑冶炼排污单位开停炉期间必须确保烟气净化系统的正常运行，不得未经处理直接排放，排污单位应及时将开停炉时间段上报环境保护主管部门。

若多台设施采用混合方式排放烟气，且其中一台处于启停时段，排污单位能提供烟气混合前各台设施有效监测数据的，可按照排污单位提供数据进行达标判定。

10.2.2 废水排放浓度合规判定

排污单位各废水排放口污染物（除 pH 值外）的排放浓度达标是指“任一有效日均值（除 pH 值外）均满足许可排放浓度要求”。

10.2.2.1　执法监测

按照监测规范要求获取的执法监测数据超标的，即视为超标。根据 HJ/T 91 确定监测要求。

10.2.2.2　排污单位自行监测

a）自动监测

按照本标准 7.5.1 要求获取的自动监测数据计算得到有效日均浓度值（除 pH 值外）与许可排放浓度限值进行对比，超过许可排放浓度限值的，即视为超标。对于应当采用自动监测而未采用的排放口或污染物，即认为不合规。

对于自动监测，有效日均浓度是对应于以每日为一个监测周期获得的某个污染物的多个有效监测数据的平均值。在同时监测污水排放流量的情况下，有效日均值是以流量为权的某个污染物的有效监测数据的加权平均值；在未监测污水排放流量的情况下，有效日均值是某个污染物的有效监测数据的算术平均值。

自动监测的有效日均浓度应根据 HJ/T 355 和 HJ/T 356 等相关文件确定。

b）手工监测

对于未要求采用自动监测的排放口或污染物，应进行手工监测。按照本标准 7.2 和 7.5.2 进行手工监测，当日各次监测数据平均值或当日混合样监测数据（除 pH 值外）超标的，即视为超标。

c）若同一时段的执法监测数据与排污单位自行监测数据不一致，执法监测数据符合法定的监测标准和监测方法的，以该执法监测数据为准。

10.2.3　排放量合规判定

锑冶炼排污单位污染物的排放量合规是指：

a）废水和废气污染物年实际排放量满足各自的年许可排放量要求，年许可排放量是正常情况和非正常情况排放量之和；

b）废水和废气污染物各主要排放口实际排放量之和满足主要排放口的许可排放量要求；

c）对于特殊时段有许可排放量要求的排污单位，排放口实际排放量之和不得超过特殊时段许可排放量。

10.3　环境管理要求合规判定

环境保护主管部门依据排污许可证中的管理要求，以及锑冶炼行业相关技术规范，审核环境管理台账记录和许可证执行报告；检查排污单位是否按照自行监测方案开展自行监测；是否按照排污许可证中环境管理台账记录要求记录相关内容，记录频次、形式等是否满足许可证要求；是否按照许可证中执行报告要求定期上报，上报内容是否符合要求等；是否按照许可证要求定期开展信息公开；是否满足特殊时段污染防治要求。

附　录　A

（资料性附录）

锑冶炼废气污染防治可行技术推荐表

污染类型	主要污染物	可行技术
废气	颗粒物	袋式除尘、湿法除尘技术
	锡及其化合物	
	镉及其化合物	
	铅及其化合物	
	砷及其化合物	
	汞及其化合物	
	锑及其化合物	
	二氧化硫	石灰-石膏湿法；钠碱法；氨法脱硫技术

附 录 B

（资料性附录）

锑冶炼废水污染物防治可行技术推荐表

污染类型	主要污染物	可行技术
废水	pH 值	硫化法、石灰+铁盐法、电化学法、吸附法等深度处理法多个工艺组合
	悬浮物	
	氟化物	
	总铜	
	总锌	
	总锡	
	总锑	
	总汞	
	总镉	
	总铅	
	总砷	
	六价铬	

附 录 C

（资料性附录）

环境管理台账记录参考表（略）

附 录 D

（资料性附录）

手工监测报表示例表

序号	污染源类别	监测日期	监测时间	排放口编号	监测内容	计量单位	监测结果	监测结果（折标）	是否超标	手工监测采样方法及个数	手工测定方法	手工监测仪器型号
1	废气	20160606	10:00—10:15	DA001	SO_2	mg/m^3	100	110		连续采样	HJ/T 57	AAA
		20160606	10:00—10:15	DA001	烟气量	m^3/h	5 000	5 500		—	—	—
2	废水			……	……					……	……	
	其他				……					……	……	

附 录 E

（资料性附录）

锑冶炼排污单位排污许可证执行报告编制内容（略）

附 录 F

（资料性附录）

锑冶炼行业产排污系数表

产品名称	原料名称	工艺名称	规模等级	污染物指标	单 位	产污系数	排污系数
金属锑	锑精矿	挥发熔炼-还原熔炼	≥5 000 t/a	汞	mg/t-原料（折金属锑）	216	51
				镉	g/t-原料（折金属锑）	1.452	0.377
				铅	g/t-原料（折金属锑）	3.95	0.505
				砷	g/t-原料（折金属锑）	1.2	0.255
				六价铬	g/t-原料（折金属锑）	0.41	0.087
				烟尘	kg/t-原料（折金属锑）	230.6	3.8

产品名称	原料名称	工艺名称	规模等级	污染物指标	单 位	产污系数	排污系数
锑	锑精矿	挥发熔炼-还原熔炼	<5 000 t/a	汞	mg/t-原料（折金属锑）	225	32
				镉	g/t-原料（折金属锑）	1.47	0.36
				铅	g/t-原料（折金属锑）	4.1	0.612
				砷	g/t-原料（折金属锑）	5.4	1.45
				六价铬	g/t-原料（折金属锑）	0.36	0.095
				烟尘	kg/t-原料（折金属锑）	344.2	14.53
金属锑+铅锭	铅锑精矿	沸腾炉焙烧-还原熔炼法	所有规模	汞	mg/t-原料（折金属锑）	385	42
				镉	g/t-原料（折金属锑）	2.37	0.595
				铅	g/t-原料（折金属锑）	6.8	1.49
				砷	g/t-原料（折金属锑）	11.9	2.85
				六价铬	g/t-原料（折金属锑）	0.535	0.135
				烟尘	kg/t-原料（折金属锑）	662.6	8.86
金属锑+有色料副产金	锑金精矿	鼓风炉挥发熔炼-选择性氯化提金法	所有规模	汞	mg/t-原料（折金属锑）	355	16
				镉	g/t-原料（折金属锑）	2.03	0.095
				铅	g/t-原料（折金属锑）	4.8	0.275
				砷	g/t-原料（折金属锑）	9.15	0.372
				六价铬	g/t-原料（折金属锑）	0.545	0.028
				烟尘	kg/t-原料（折金属锑）	244.1	4.6
锑白	锑精矿	熔化-氧化挥发法	所有规模	汞	mg/t-原料（折金属锑）	770	27.1
				镉	g/t-原料（折金属锑）	4.32	0.645
				铅	g/t-原料（折金属锑）	10.36	0.976
				砷	g/t-原料（折金属锑）	22.375	2.615
				六价铬	g/t-原料（折金属锑）	0.942	0.156
				烟尘	kg/t-原料（折金属锑）	266.7	4.49
氮氧化物、铅及其化合物、汞及其化合物、镉及其化合物、砷及其化合物、化学需氧量、氨氮、总氮、总磷核算系数							
锑 金属锑+铅锭 金属锑+有色料副产金 锑白	各种原料	各种工艺	各种规模	氮氧化物	kg/t-产品	12.6	—
				铅及其化合物	g/t-产品	3 150	—
				汞及其化合物	g/t-产品	63	—
				镉及其化合物	g/t-产品	315	—
				砷及其化合物	g/t-产品	3 150	—
				化学需氧量	g/t-产品	3 000	—
				氨氮	g/t-产品	50	—
				总氮	g/t-产品	93.75	—
				总磷	g/t-产品	6.25	—

排污许可证申请与核发技术规范　有色金属工业
编制说明

1　项目背景

1.1　任务来源

国务院办公厅印发《控制污染物排放许可制实施方案》（国办发〔2016〕81 号），明确了排污许可制度改革的顶层设计、总体思路，环境保护部发布《排污许可证管理暂行规定》和《关于开展火电、造纸行业和京津冀试点城市高架源排污许可证管理工作的通知》，启动了火电、造纸行业排污许可证申请与核发的相关工作。按照总体部署，有色行业作为《大气污染防治行动计划》中规定的重点行业，应于 2017 年完成排污许可证的核发工作。但目前为止，国家和地方层面尚无配套的排污许可证申请与核发指导文件。

为加快落实排污许可制，环境保护部科技标准司发布了《关于征集 2017 年度国家环境保护标准计划项目承担单位的通知》（环办科技函〔2016〕1103 号），将《排污许可证申请与核发技术规范　有色金属冶炼行业》（以下简称本标准）（序号 37）列入《2017 年度国家环境保护标准计划项目指南》，完成时限为 2017 年。

2016 年 7 月，经过公开征集、答辩、遴选，最终确定由中国环境科学研究院承担。2017 年，环境保护部将项目名称确定为《有色金属冶炼行业排污许可证申请与核发技术规范》。

该项目由中国环境科学研究院清洁生产与循环经济研究中心承担，中国有色金属工业协会、北京矿冶研究总院、中南大学、中铝国际工程股份有限公司沈阳分公司、中铝国际工程股份有限公司贵阳分公司、环境保护部环境工程评估中心、环境保护部环境保护对外合作中心共同成立标准编制组。

1.2　工作过程

a）前期准备

2016 年 7 月，环境保护部经过公开征集、答辩、遴选，最终确定由中国环境科学研究院承担标准编制工作，与中国有色金属工业协会、北京矿冶研究总院、中南大学、中铝国际工程股份有限公司沈阳分公司、中铝国际工程股份有限公司贵阳分公司、环境保护部环境工程评估中心、环境保护部环境保护对外合作中心等单位共同成立标准编制组。

b）开题论证

编制组在开展国内外有色金属冶炼行业排污许可调研工作基础上，分析了当前有色金属冶炼行业主要工艺分类及产排污环节，多次组织内部专题研讨标准制定原则、适用范围、技术路线等关键问题，编制完成了标准开题报告。2017 年 3 月 10 日，环境保护部规划财务司在京召开了本标准开题论证会，通过了开题论证并形成如下工作建议：（1）进一步明确适用范围；（2）进一步明确无组织排放的管理和监控措施。

c）征求意见稿

开题论证会后，编制组根据开题论证意见建议修改并完善技术规范，多次召开专家咨询会，重点研究排放标准适用范围、主要排放口基准排气量核算方法、无组织排放监管、许可限值确定方法、无组织排放控制措施等内容，并根据专家建议，将标准涵盖范围确定为铜、铝、铅、锌、锡、锑、汞、镁、铝、钛、钴 11 个子行业，各子行业技术规范单独成册，形成标准征求意见稿和编制说明。2017 年 7 月 21 日，环境保护部规划财务司在京召开本标准征求意见稿技术审查会，通过技术审查。

d）公开征求意见

2017 年 8 月 7 日—9 月 7 日，《排污许可证申请与核发技术规范　有色金属工业》（征求意见稿）和编制说明公开向全社会征求意见。

e）企业试填报

标准征求意见期间，为进一步完善标准和有色行业排污许可申报信息平台，编制组与技术支持单位人员于 2017 年 9 月 4—5 日赴湖南省环境保护厅、中铝广西分公司、中州铝业、山西华泽及青海分公司开展现场试填报工作。

f）送审稿

2017 年 9 月 7—14 日，编制组讨论研究和汇总处理反馈意见，形成标准送审稿和编制说明，9 月 15 日，环境保护部规划财务司在北京主持召开了本标准送审稿技术审查会，并通过技术审查。

g）发布实施第一批标准

2017 年 9 月 29 日正式发布实施铜、铝、铅锌三个有色金属工业排污许可证申请与核发技术规范。

2 有色金属冶炼行业概况

2.1 我国有色金属冶炼行业产量现状

有色金属是指除了黑色金属（铁、锰、铬和铁的合金）以外的 64 种金属。目前我国工业生产中主要包括铅、锌、铜、铝、锡、锑、汞、镁、钛、镍、钴等。

根据中国有色金属工业协会行业统计年鉴，2016 年常用有色金属产量占行业总产量 95%以上，其中铝产量、铜产量、铅产量分别占到行业总产量的 74%、11%和 7%。

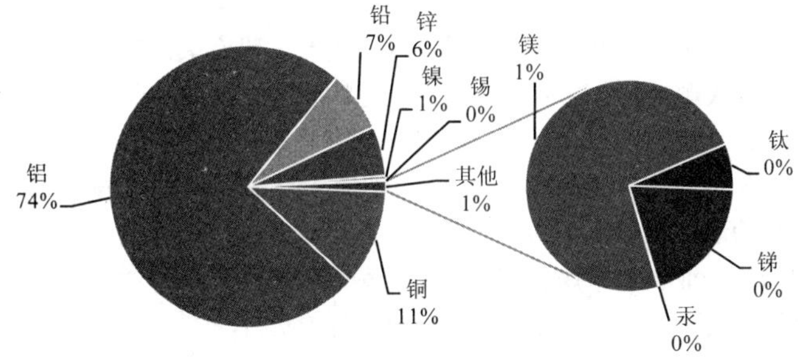

图 2-1 2016 年有色金属产量行业占比

2010—2014 年我国十大有色金属总产量逐年增加，到 2014 年达到 18 710 万 t，其中铜、铝、铅、锌四大常用金属产量占比达到 96.07%。

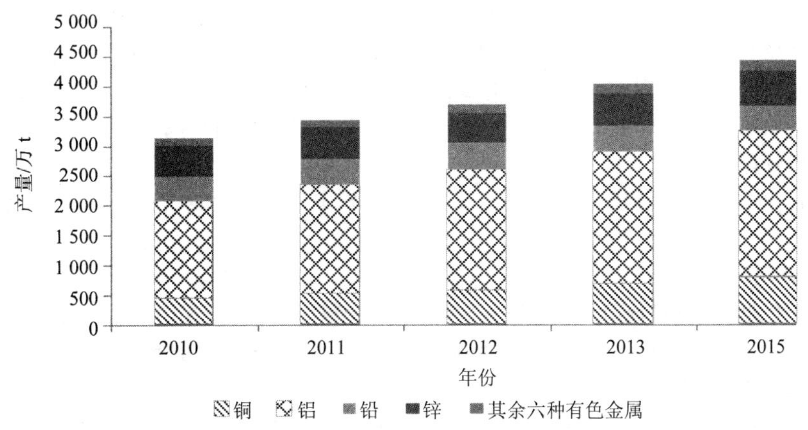

图 2-2 2010—2014 年中国十大有色金属产量

2016 年有色金属冶炼企业共计 1 156 家，其中 2017 年需发证 733 家（铜 218 家、铅锌 365 家、电解铝 150 家），主要分布在湖南、广东、河南、山东、云南、陕西、山西、宁夏、贵州、内蒙古等省份。

2.2 有色金属冶炼行业污染控制现状

2.2.1 有色金属冶炼行业污染物排放现状

有色金属行业庞杂、工艺繁多、污染因子多。近年来，有色金属单位产品污染物排放量呈现下降趋势，但重有色金属产量增长较快，污染物排放总量依然较大。

有色金属行业重金属污染物排放主要集中在铜、铅、锌冶炼过程中，据统计，2012 年我国主要重有色金属（铜、铅、锌）生产过程中 SO_2 排放量 40 万 t；重金属（铅、镉、砷、汞）排放量 974 t。从重金属污染种类来看，铅排放量 680 t、镉排放量 57 t、砷排放量 232 t、汞排放量 4 t。从金属品种来看，铜冶炼重金属排放量 412 t，铅冶炼重金属排放量 566 t，锌冶炼重金属排放量 89 t。近年来，由于长期排放累积造成的涉及重金属的污染问题不断显露，流域和区域层面重大重金属污染事件时有发生，对我国社会经济可持续发展和居民身体健康都构成了严重的威胁，同时对于我国生态系统的安全也是重大的隐患和不安因素。

2.2.2 有色金属冶炼行业大气污染物治理现状

2.2.2.1 铜镍钴冶炼行业

铜镍钴冶炼企业污染物排放执行《铜、钴、镍工业污染物排放标准》（GB 25467）。

a）有组织废气治理现状及趋势

《铜冶炼污染防治可行技术指南（试行）》、《镍冶炼污染防治可行技术指南（试行）》及《钴冶炼污染防治可行技术指南（试行）》（环境保护部公告 2015 年第 24 号），是我国铜镍钴冶炼行业生产过程污染控制技术实施的重要依据。其中，钴冶炼工艺目前基本没有火法工艺，全部采用湿法工艺，因此钴冶炼生产过程一般不排放颗粒物、二氧化硫及氮氧化物等污染因子，废气一般来源于锅炉排放。

1）颗粒物治理技术

目前铜镍冶炼过程颗粒物治理技术，主要包括电收尘技术、袋式收尘技术，以及旋风收尘技术。其中，电收尘技术在铜镍冶炼厂主要用于熔炼炉收尘、吹炼炉收尘、贫化电炉收尘、干燥烟气收尘。袋式收尘技术适用于铜镍冶炼企业精矿干燥、铜冶炼阳极炉烟气收尘和卫生通风系统含尘废气的净化；旋风收尘器一般只能作为初级收尘使用，以减轻后续收尘设备的负荷。

2）二氧化硫治理技术

目前铜镍冶炼企业二氧化硫污染治理一般采用氨法脱硫、石灰/石灰石-石膏法脱硫，钠碱法脱硫、金属氧化物吸收脱硫、有机溶液循环吸收脱硫及活性焦吸附法脱硫等技术，以确保达标排放。其中，氨法脱硫技术适用于低浓度 SO_2 烟气的脱硫，尤其适用于液氨供应充足，且副产物有一定需求的冶炼企业。石灰/石灰石-石膏法脱硫技术适应性较强，在满足铜冶炼企业低浓度 SO_2 治理的同时，还可以部分去除烟气中的 SO_3、重金属离子、氟离子、氯离子等，但不适用于脱硫剂资源短缺、场地有限的冶炼企业。金属氧化物吸收脱硫技术适用于金属氧化物易得或金属氧化物为副产物的冶炼厂烟气脱硫。有机溶液循环吸收脱硫适用于厂内低压蒸汽易得，烟气 SO_2 浓度较高、波动较大，副产物 SO_2 可回收利用的冶炼企业。活性焦吸附法脱硫适用于厂内蒸汽供应充足，场地宽裕，副产物 SO_2 可回收利用的冶炼企业。

3）氮氧化物治理技术

铜镍冶炼行业大部分企业氮氧化物不超标，部分不能稳定达标的企业采用氨法脱硝等技术可满足排放标准限值要求。

b）无组织废气治理趋势

铜镍钴冶炼企业无组织排放节点主要包括原料装卸、备料、转运、干燥、给料等过程中产生的粉尘，各类炉窑进料口、出料口、出渣口、溜槽等处泄漏烟气，电解车间槽罐逸散酸雾等。因此铜镍钴冶炼企业无组织排放管控措施主要为：

1）厂区内主要运输道路路面实施硬化处理，运输路线应经常洒水降尘防尘，以减少扬尘污染。

2）原辅物料贮存、输送应采取密闭措施，同时设置集气收尘设施。备料、转运过程中上料口、落料点应设置集气收尘设施。

3）熔炼炉、吹炼炉及精炼炉等炉窑进出口、溜槽等处应设置集气收尘、脱硫设施。浸出槽、净化槽等湿法设施应设置集气设施，并送酸雾净化设施处理。

2.2.2.2 铅锌冶炼行业

铅锌冶炼企业污染物排放执行《铅、锌工业污染物排放标准》（GB 25466）及其修改单。根据目前的污染治理可行技术措施，铅锌冶炼行业废水基本实现生产废水处理后全部回用，不外排；有组织废气污染物可以确保达标排放。从发展趋势情况看，无组织废气管控应该成为行业的下阶段的减排重点。

a）有组织废气治理现状及趋势

铅锌冶炼业有组织排放废气主要污染物为原料制备工序的颗粒物、冶炼炉窑产生的颗粒物、二氧化硫、氮氧化物、含重金属颗粒物、湿法冶炼产生的硫酸雾、氯化氢、氯气等。

1）颗粒物治理技术

铅锌冶炼颗粒物除尘主要采用旋风除尘、湿法除尘、袋式除尘、静电除尘、电袋复合除尘等，其中旋风除尘一般为预处理，其余除尘技术除尘效率可达 99%～99.99%，颗粒物排放浓度可控制在 20～50 mg/L，满足行业排放标准要求；近年来部分企业采用进口高效褶式滤筒除尘器，颗粒物排放浓度可控制在 10 mg/L 以下。

2）二氧化硫治理技术

脱硫技术主要采用石灰/石灰石-石膏法、有机溶剂循环吸收法、金属氧化物吸收法、活性焦吸附法、氨法、钠碱法、双碱法等，脱硫效率可达 95%。行业污染物排放标准实施后，铅锌冶炼企业制酸尾气、环境集烟及其他炉窑烟气基本配备了脱硫设施，在加强管理的前提下，二氧化硫排放浓度基本可稳定达标（400 mg/m^3）排放。

3）氮氧化物治理技术

铅锌冶炼企业氮氧化物基本能够达标（参照 GB 16297）排放，铅锌冶炼企业一般不设置脱硝设施。铅锌行业标准仅规定了氮氧化物的特别排放限值。

4）酸雾治理技术

湿法冶炼产生的硫酸雾、氯化氢、氯气等一般采用填料吸收塔、湍流洗涤塔等净化处理，净化效率 80%～90%，一般可实现污染物达标排放。

b）无组织废气治理趋势

铅锌冶炼企业无组织排放主要是物料的原辅料及废渣贮存、备料和转运、各炉窑进、出料口和出渣口、运输等过程中产生的逸散烟尘导致。目前部分企业的原辅料及废渣贮存、运输皮带尚未完全做到封闭，运输道路积灰等问题还存在。铅锌冶炼企业无组织废气管控应从以下方面入手：

1）对于精矿、石灰、粉煤等原辅料以及废渣堆场需封闭式贮存，其他易起尘物料应苫盖。

2）应设置密封式皮带廊转运和集气收集处理等措施控制粉尘无组织排放。

3）需设置集尘罩，收集的烟气全部通过废气处理设施统一处理，抑制无组织外排。

4）厂区内主要运输道路路面实施硬化处理，运输路线应经常洒水降尘防尘，以减少扬尘污染。

2.2.2.3 锡锑汞行业

新颁发的《锡、锑、汞工业污染物排放标准》（GB 30770）已经成为重有色行业最严的标准，很多标准已经接近或严于国外，根据目前的污染治理可行技术措施，可以确保达标排放。从发展趋势情况看，无组织废气管控应该成为行业的下阶段的减排重点。

a）有组织废气治理现状及趋势

1）颗粒物治理技术：目前污染治理设施一般采用静电除尘器、袋式除尘器、动力波洗涤等单个或组合工艺即可满足排放标准限值要求。针对标准要求严格的地区，袋式除尘器通过采用覆膜滤料、增加滤料厚度和降低过滤风速等措施提高收尘效率。针对静电除尘器，通过采用高频电源、脉冲电源、三相电源、增加电场级数、增大集尘面积、移动电极技术、降低电场风速、改善颗粒物比电阻等措施，提高收尘效率，确保污染物浓度达标排放。

2）二氧化硫治理技术：锡冶炼行业目前污染治理一般采用有机溶液循环吸收脱硫技术、石灰/石灰石-石膏法脱硫技术、动力波湍冲废气吸收技术、钠碱法、氧化锌脱硫技术，以确保达标排放；锑冶炼行业目前污染治理一般采用石灰-石膏湿法、钠碱法、氨法脱硫技术，以确保达标排放；汞冶炼行业目前污染治理一般采用石灰-石膏湿法、钠碱法技术，以确保达标排放。

3）氮氧化物治理技术：锡冶炼、锑冶炼行业大部分企业氮氧化物不超标，部分不能稳定达标的企业采用氨法脱硝等技术可满足排放标准限值要求。汞冶炼行业大部分企业氮氧化物不超标，部分不能稳定达标的企业需采用相关脱硝技术进行处理。

4）汞治理技术：汞冶炼行业，目前污染治理一般采用硫酸软锰矿净化法、漂白粉净化法、多硫化钠净化法、碘络合法及酸洗脱汞法即可满足排放标准限值要求。

b）无组织废气治理趋势

锡锑汞行业无组织废气排放主要是物料的原辅料及废渣贮存、备料和转运、各炉窑进、出料口和出渣口、运输等过程中产生的逸散烟尘导致。目前部分企业的原辅料及废渣贮存、运输皮带尚未完全做到封闭，运输道路积灰等问题还存在。锡锑汞企业无组织废气管控应从以下方面入手：

1）精矿、石灰、粉煤等原辅料以及废渣堆场需封闭式贮存，其他易起尘物料应苫盖。

2）应设置密封式皮带廊转运和集气收集处理等措施控制粉尘无组织排放。

3）需设置有集尘罩，收集的烟气全部通过废气处理设施统一处理，抑制无组织排放。

4）厂区内主要运输道路路面实施硬化处理，运输路线应经常洒水降尘防尘，以减少扬尘污染。

2.2.2.4 铝冶炼行业

目前铝冶炼企业作为一个成熟的工业体系，污染治理技术已经成熟且完备，根据目前的污染治理可行技术措施，各种污染物可满足《铝工业污染物排放标准》（GB 25465）的要求。从国内外铝冶炼企业的污染控制水平分析，加强铝冶炼企业炉窑污染治理水平，进一步削减氧化铝工业的氮氧化物、二氧化硫和颗粒物排放量，削减电解铝行业的二氧化硫排放量，应该成为行业的下阶段的减排重点。

a）有组织废气治理现状及趋势

1）熟料烧成窑颗粒物治理技术：目前氧化铝工业的熟料烧成窑采用旋风和电除尘器等治理技术，颗粒物排放浓度可控制在 100 mg/m^3 内。一般地区可满足标准要求，但重点地区氧化铝企业难以达标排放，需对电除尘器进行改进，通过采用高温布袋、高频电源、脉冲电源、三相电源、增加电场级数、增大集尘面积、移动电极技术、降低电场风速等措施，提高收尘效率，确保污染物浓度达标排放。

2）氧化铝工业的炉窑氮氧化物治理技术：目前氧化铝的熟料烧成窑烟气氮氧化物排放浓度在 300 mg/m^3 内，氢氧化铝焙烧炉烟气氮氧化物排放浓度在 200 mg/m^3 内，重点地区氧化铝企业氮氧化物超标。氧化铝企业已开展了氮氧化物治理措施的研究，目前尚无成功案例。

3）氢氧化铝焙烧炉的二氧化硫治理技术：SO_2 排放主要取决于燃气的硫含量，绝大部分企业二氧化硫排放浓度低于 50 mg/m^3。对于燃用自产煤气的企业，只要采用脱硫煤气，二氧化硫排放浓度较低。因此，严格控制煤气含硫量是控制氢氧化铝焙烧炉二氧化硫排放量的关键。

4）电解烟气二氧化硫治理技术：SO_2 排放主要取决于阳极的硫含量，通过采用中低硫阳极，二氧化硫可达标排放。随着阳极生产的原料中低石油焦的供应日趋紧张，重点地区氧化铝企业超标状况显出。由于电解槽存在烟气量大、二氧化硫浓度低等难点，世界各国基本未采取脱硫治理措施。电解铝企业已开展了电解烟气脱硫的研究，目前尚无成功案例。

b）无组织废气治理趋势

氧化铝工业无组织废气主要是物料的露天堆放、物料破碎、转运、装载、粉磨、贮存等过程中产生的扬尘导致。目前部分氧化铝企业的运输皮带尚未完全做到封闭，物料转运点的落差处未全部安装收尘器或收尘器偏小，原辅材露天堆放、运输道路积灰等问题还存在。氧化铝企业无组织废气管控应从以下方面入手：

1）堆场采取封闭措施，对铝土矿堆场及各种辅材堆场进行封闭，采用半封闭式均化库，在矿石堆料和取料过程采用喷水抑尘措施；

2）加强对厂区内道路扬尘治理，道路应进行全硬化并及时清扫，定期洒水抑尘，厂内配置车辆车轮清洗装置；

3）各物料转运皮带进行封闭，皮带头部及尾部配置收尘器，对中转过程的物料有落差部位安装收尘器，尽可能将无组织排放转有组织排放，从而降低无组织排放量。

电解铝工业无组织废气主要是电解车间的无组织排放，以及物料破碎、转运、装载、贮存等过程中的产生的扬尘导致。目前部分电解铝企业的电解槽密闭罩存在破损现象，部分电解铝企业的阳极组装及残极处理的残极处理设备机械化水平低，电解质清理为人工操作，难以集气，无组织排放量较大。电解铝企业无组织废气管控应从以下方面入手：

1）加强管理，及时修复破损的电解罩集气罩，保证电解槽集气效率；

2）对电解槽的集气方式、残极冷却箱及烟气治理等方面改造，提高电解槽集气效率，降低无组织排放；

3）残极处理单元实现机械化作业，全面提高装备水平，各产点配置收尘器，尽可能将无组织排放转有组织排放，从而降低无组织排放量；

4）加强对厂区内道路扬尘治理，道路应进行全硬化并及时清扫，定期洒水抑尘。

2.2.2.5　镁冶炼行业

现在国内炼镁行业执行的标准较为宽松，在污染物排放方面与排污相类似的行业相比有一定的提升空间。

a）有组织废气治理现状及趋势

镁冶炼企业产排污节点包括对应的生产设施和相应排放口，生产设施主要包括矿石破碎机、白云石煅烧窑炉、煤磨、硅铁破碎机、球磨机、压球机、还原炉、精炼炉，相应排放口主要包括上述生产设施烟囱。

原料堆场及破碎：破碎机及其他通风设备污染因子为颗粒物。《镁、钛工业污染物排放标准》（GB 25468）中颗粒物的许可排放浓度为 50 mg/m^3，而在水泥行业《水泥工业大气污染物排放标准》（GB 4915—2013）中，破碎机及其他通风生产设备的颗粒物排放浓度限值为 20 mg/m^3。

煅烧窑炉：窑炉尾气排放口污染因子为颗粒物、二氧化硫、氮氧化物，在《镁、钛工业污染物排放标准》（GB 25468）中的限值为颗粒物 150 mg/m^3、二氧化硫 800 mg/m^3、氮氧化物没限值。而在水泥行业《水泥工业大气污染物排放标准》（GB 4915—2013）中，水泥窑设备的颗粒物排放浓度限值为 30 mg/m^3、二氧化硫排放浓度限值为 200 mg/m^3、氮氧化物排放浓度限值为 400 mg/m^3。

煅白磨粉制团：硅铁破碎机、球磨机、压球机及其他通风生产设备排放口，污染因子为颗粒物，在《镁、钛工业污染物排放标准》（GB 25468）中的限值为 150 mg/m^3。而在水泥行业《水泥工业大气污染物排放标准》（GB 4915—2013）中，类似设备的颗粒物排放浓度限值为 20 mg/m^3。

还原炉、精炼炉：还原炉和精炼炉烟气排放口污染因子为二氧化硫、氮氧化物，《镁、钛工业污染物排放标准》（GB 2546）中的限值为二氧化硫 400 mg/m^3、氮氧化物没限值。而在水泥行业《水泥工业大气污染物排放标准》（GB 4915—2013）中，水泥窑设备的二氧化硫排放浓度限值为 200 mg/m^3、氮氧化物排放浓度限值为 400 mg/m^3。

b）无组织废气治理趋势

镁冶炼行业无组织废气排放，主要是物料的露天堆放、物料破碎、转运、装载、粉磨、贮存等过程中产生的扬尘导致。目前部分镁冶炼行业的运输皮带尚未完全做到封闭，物料转运点的落差处未全部安装收尘器或收尘器偏小，原辅材露天堆放、运输道路积灰等问题还存在。镁冶炼企业无组织废气管控应从以下方面入手：

1）堆场采取封闭措施，对白云石堆场及各种辅材堆场进行封闭，对车辆进出点增加挡帘抑尘，在白云石堆料和取料过程采用喷水抑尘措施；

2）加强对厂区内道路扬尘治理，道路应进行全硬化并及时清扫，定期洒水抑尘，厂内配置车辆车轮清洗装置；

3）各物料转运皮带进行封闭，皮带头部及尾部配置收尘器，对中转过程的物料有落差部位安装收尘器，尽可能将无组织排放转有组织排放，从而降低无组织排放量。

2.2.2.6　钛冶炼行业

目前钛冶炼企业是一个相对成熟的工业体系，污染治理技术成熟且完备，根据目前的污染治理可行技术措施，各种污染物可满足《镁、钛工业污染物排放标准》（GB 25468）的要求。从国内外钛冶炼企业的污染控制水平分析，加强钛冶炼企业各个污染治理水平，进一步削减钛冶炼的氯气、二氧化硫和颗粒物排放量，应该成为行业的下阶段的减排重点。

a）有组织废气治理现状及趋势

1）钛渣熔炼过程颗粒物和二氧化硫治理技术：目前钛冶炼工业的钛渣熔炼采用旋风和袋式除尘器、电除尘器等治理技术，颗粒物排放浓度可控制在 70 mg/m^3 内。部分企业采用旋风除尘器和水洗回收电炉煤气，从而提高收尘效率同时达到资源综合利用，确保污染物浓度达标排放。钛渣熔炼二氧化硫产生主要取决于还原剂中的硫含量，为减少产品和副产品中的硫含量，在还原剂的选择上都采用含硫量低的无烟煤、兰炭或石油焦，绝大部分企业二氧化硫排放浓度低于 300 mg/m^3。钛渣熔炼过程中的氮氧化物世界各国基本未采取治理措施。

钛渣电炉的大型化和电炉采用密闭结构形式，电炉煤气综合回收利用是将来发展的趋势。

2）钛冶炼工业的氯气治理技术：目前钛冶炼企业氯气和氯化氢的治理设施主要为水洗和碱液洗涤塔，碱液采用石灰乳或氢氧化钠；一般采用两级水洗回收盐酸和两级以上的碱洗，废气中的氯气排放浓度低于 60 mg/m^3，氯化氢浓度低于 80 mg/m^3。世界各国氯气的净化洗涤都是采用水洗+碱洗的治理措施。

b）无组织废气治理趋势

钛熔炼工业无组织废气主要是物料的露天堆放、物料破碎、转运、贮存等过程中产生的扬尘导致。

目前部分钛渣熔炼企业的运输皮带尚未完全做到封闭，物料转运点的落差处未全部安装收尘器或收尘器偏小，原辅材露天堆放、运输道路积灰等问题还存在。部分企业钛渣电炉烟罩仍采用半密闭的形式，闭罩存在破损现象，出炉口无集气罩等。钛渣熔炼企业无组织废气管控应从以下方面入手：

1）堆场采取封闭措施，对钛矿堆场及各种辅材堆场进行封闭，采用半封闭式库房，钛精矿堆场采用覆盖措施；

2）加强对厂区内道路扬尘治理，道路应进行全硬化并及时清扫，定期洒水抑尘，厂内配置车辆车轮清洗装置；

3）各物料转运皮带进行封闭，皮带头部及尾部配置收尘器，对中转过程的物料有落差部位安装收尘器；即时修复破损的电炉烟罩和出炉口集气罩，采用密闭电炉的结构形式，保证电炉的集气效率，尽可能将无组织排放转有组织排放，从而降低无组织排放量。

海绵钛生产无组织废气主要是原料准备的无组织排放，以及物料转运、贮存等过程中产生的扬尘，设备更换、维修和排渣过程中产生的漏气，还原过程中氯化镁排放未设置集气罩导致。钛冶炼企业无组织废气管控应从以下方面入手：

1）加强四氯化钛制备系统设备和管道的巡检及时修复泄漏点，保证系统的密闭性；

2）对还原过程氯化镁的排点设置集气罩，降低无组织排放；

3）加强对厂区内道路扬尘治理，道路应进行全硬化并及时清扫，定期洒水抑尘。

2.2.3 有色金属冶炼行业水污染物治理现状

有色金属重金属冶炼生产废水一般包括污酸、酸性废水、一般生产废水和初期雨水，其中污酸、酸性废水、初期雨水主要污染物为 Pb、As、Cd、Hg 等重金属，一般生产废水主要污染物为盐类。

污酸一般采用硫化法+石灰石/石灰中法、石灰+铁盐法处理，处理后污酸后液与酸性废水合并处理；酸性重金属废水一般采用石灰中和法、高密度泥浆法（HDS 法）、石灰+铁盐（铝盐）法、硫化法、生物制剂法、电化学法等处理，处理后出水回用；回用水质有特殊要求的，一般还在后续采用膜法深度处理技术处理酸性废水处理站出水和一般生产废水，出水可全部回用。

轻金属冶炼废水主要是生产废水和生活污水，其主要处理工艺包括：

废水治理工艺分为一级处理（过滤、沉淀、冷却）、二级处理（生物接触氧化工艺、活性污泥法、A/O、A^2/O、其他）、深度处理（超滤/纳滤、反渗透、吸附过滤、其他）。

各种设备冷却排污水、辅助生产废水（机修废水、化验废水）处理工艺一般为一级处理工艺；生活污水处理工艺一般为一级处理和二级处理工艺。

3 标准制定的必要性分析

3.1 环境形势的变化对标准提出新的要求

排污许可制度是固定污染源环境管理的有效手段，美国、欧盟等发达国家和地区建立了完善的排污许可制度，并配套了规范的排污许可技术体系。

党中央、国务院高度重视生态环境保护，提出改革环境管理基础制度，建立覆盖所有固定污染源的排污许可制度，使其成为企业守法、政府执法、社会监督的依据，实现“一证式”管理。2016 年，国务院办公厅印发的《控制污染物排放许可证实施方案》明确了排污许可制度改革的顶层设计、总体思路，构建以排污许可制为核心的固定污染源环境管理制度，分行业推进，完成覆盖所有固定污染源的排污许可证核发工作。

为适应新形势下的排污许可制度改革，统一全国有色金属冶炼行业排污许可技术要求，指导并规范有色金属冶炼企业排污许可证申请与核发，为排污许可管理提供科学、健全、有力的技术保障，亟须制定有色金属冶炼行业排污许可相关技术规范。

3.2　相关环保标准和环保工作的需要

a）相关环保标准的需要

《控制污染物排放许可证实施方案》对固定源许可排放限值核算（重污染天气、错峰时段等）、污染源达标判定、自行监测、环境管理等方面提出了更加严格的要求，有色金属冶炼行业现行的污染物排放标准、工程技术规范、总量核算管理办法等不能满足上述排污许可精细化管理要求。环境保护部整体规划了“总则+分行业”形式的排污许可技术规范总体框架，拟于 2017—2018 年完成《排污许可申请与核发技术规范　总则》以及钢铁、水泥、焦化、有色金属等 14 个行业申请与核发技术规范。

b）相关环保工作的需要

《关于开展火电、造纸行业和京津冀试点城市高架源排污许可证管理工作的通知》，启动了火电、造纸行业排污许可证申请与核发的相关工作，并要求 2017 年完成石化、化工、钢铁、有色、水泥、印染、制革、焦化、农副食品加工、农药、电镀等行业企业许可证核发。

目前，国家尚无有色金属冶炼行业排污许可证申请与核发技术规范，无法指导企业申请和环境保护部门核发，对推动许可证核发工作形成阻碍。为统一全国有色金属冶炼行业排污许可技术要求，引导并规范有色金属冶炼企业填报《排污许可证申请表》及网上填报相关申请信息，指导核发机关审核确定排污许可证许可要求，保障有色金属冶炼行业排污许可制度顺利实施，制定《排污许可证申请与核发技术规范　有色金属冶炼行业》十分必要。

4　国内外相关标准情况

4.1　主要国家、地区及国际组织相关标准情况的研究

西方发达国家已建立起了较为完善的许可证申请及许可证要求的合规管理体系。

以美国为例，从 1972 年开始在全国范围内实行污染物排放许可证制度，并在技术路线和方法上不断得到改进和发展。法律层面，美国排污许可制度的法律主要包括《清洁水法》（CWA）和《清洁空气法》（CAA），规定了排污许可证的分类、申请核发程序、公众参与、执行与监管、处罚等具体要求。如《清洁空气法》中的 Title Ⅴ主要内容是运营许可证，包括：运营许可证定义、计划及申请、要求及条件、信息公开、其他与此相关的授权内容等。联邦行政许可法等规定了许可程序等要求，也是排污许可法律体系的重要组成部分。

联邦规定，《清洁水法》和《清洁空气法》下面是联邦法规（CFR），法规制定了工业大气污染源必须遵守的要求，CFR 第 40 部分环境保护，包括排污许可具体流程，以及排放标准、最佳可行技术等技术层面的规定，是《清洁水法》和《清洁空气法》的具体“实施细则”。

美国未制定各行业排污许可证申请与核发技术规范，以空气固定源运行许可证为例，在 40 CFR Part 70.6 规定了运行许可证所要包含的 7 项基本内容：（1）规范许可证最低要求；（2）联邦执法要求；（3）守法要求；（4）一般性许可证条款；（5）临时污染源条款；（6）许可保护条款；（7）紧急情况条款。

在以上文本内容要求中，排放限值和相应的监测、记录和报告要求最为重要，是固定源必须满足的污染物排放限制性要求。美国固定源排放标准主要基于控制技术制定，包括对污染物排放量、排放浓度、排放速率等的要求，以及对原料、生产、处置等环节的要求。以 1970 年《清洁空气法》修正案的出台为界限，污染源可分为“新污染源”和“现有污染源”。对于新污染源，EPA 按照先进的污染控制技术水

平制定针对常规污染物的“新污染源绩效标准”（NSPS）和针对危险空气污染物的“国家危险空气污染物排放标准”（NESHAP）。此外，对于防止明显恶化（PSD）地区和非达标区，固定源还需要遵守BACT/LAER/RACT技术标准，BACT/LAER/RACT技术标准是一类基于“个案水平”的地方标准。美国的空气固定源排放标准体系如表4-1所示。

表4-1　美国空气固定源排放标准体系

<table>
<tr><th>地区</th><th>新污染源</th><th>现有污染源</th><th>备注</th></tr>
<tr><td rowspan="2">全国</td><td>基于“最佳示范技术”（BDT技术）的“新污染源绩效标准”（NSPS）（针对常规污染物）</td><td>针对常规污染物中现有排放源的控制分两种情况进行：一、非指定污染物由州制定实施计划（SIP）；二、指定污染物由EPA公布排放指南（EG），各州据此制定实施计划（SIP）</td><td rowspan="2">—</td></tr>
<tr><td colspan="2">基于“最大可达控制技术”（MACT技术）的“危险空气污染物国家排放标准”（NESHAP）</td></tr>
<tr><td>PSD地区</td><td>“最佳可得控制技术”（BACT）排放标准</td><td rowspan="2">“合理可行控制技术”（RACT）排放标准</td><td rowspan="2">基于“个案水平”的地方标准</td></tr>
<tr><td>未达标区</td><td>“最低可得排放率”（LAER）排放标准</td></tr>
</table>

对于达标地区（PSD地区），新污染源审查制度（New Source Review，NSR）遵循防止明显恶化原则（PSD），要求许可证申请者充分证明从新建设施中排放的污染物不会导致或引起该PSD地区空气污染物浓度超过所允许的浓度增量或限值；同时证明新建设施采用了BACT排放标准，污染物的排放量为该技术条件下的最小排放量。对于非达标地区，新污染源需要申请未达标区新污染源审查许可证（Nonattainment NSR Permits）。要求新污染源运行时，该区现有的、新建的和改建的污染源所排放的污染物总量低于州实施计划（SIP）中所允许的现有污染源污染物排放总量，要求新污染源必须采用最严格的LAER排放标准。对于PSD地区和未达标区的现有固定源，考虑到技术更新的成本问题，则统一采用合理可行控制技术（RACT）排放标准。

此外，排污许可证中的载入事项还应包括许可排污单位主要排污设备清单、污染治理设施清单、对应的排污口设置及标识要求等。

美国联邦法规40 CFR Part 70.6各部分内容的具体要求如表4-2所示。

表4-2　40 CFR Part 70.6运行许可证文本要求

<table>
<tr><th>序号</th><th>许可证文本基本要求</th><th colspan="2">具体条款</th></tr>
<tr><td rowspan="10">（1）</td><td rowspan="10">规范许可证最低要求</td><td>排放限值和标准</td><td>包括浓度限值要求；包含产排污设施运行要求，并详细界定不同标准对应的运行条件</td></tr>
<tr><td colspan="2">许可证有效期，通常为5年</td></tr>
<tr><td>监测、记录和报告</td><td>监测方法，监测设备及其安装、使用和维护，测试方法；
记录取样时间、地点、当时设施运行状况，分析监测数据的时间、公司、方法、结果，所有信息保留至少5年备查；
持证人需每6个月向管理部门提交监测记录报告，出现异常情况需及时报告</td></tr>
<tr><td>《清洁空气法》酸雨控制政策相关要求</td><td>任何许可证不得增加受控酸雨固定源的排放量；
任何许可证不得限制受控酸雨固定源的配额数量，同时，受控酸雨固定源亦不可用配额数量作为不达标的理由；
受控酸雨固定源的所有配额使用情况都要遵守酸雨控制政策的要求</td></tr>
<tr><td colspan="2">许可证条款合法证明，要求许可证规定的所有条款均符合《清洁空气法》的要求</td></tr>
<tr><td>许可证守法/违法处理条款</td><td>持证人必须遵守本法规所有要求，对于任何违反许可条款的行为，管理部门都将申请强制执行判决的诉讼；
许可证可按照相关要求进行修改、条款废除、重启、再审批或终止；
许可证不可包含任何特权条款；
当许可授权发放机构要求执证人提交书面的许可证修改、条款废除、重启、再审批或终止的合法解释时，执证人需及时提交报告</td></tr>
<tr><td colspan="2">许可证费条款，许可证费缴纳时间表</td></tr>
<tr><td>排污量交易</td><td>如经济刺激、可交易许可证计划、排污量交易等计划下许可证修改规定</td></tr>
<tr><td>设计运行方案</td><td>许可证申请时，污染源合理的设计运行方案解释</td></tr>
</table>

序号	许可证文本基本要求	具体条款	
（2）	联邦执法要求	美国环保局局长与公民可依据《清洁空气法》执行许可证所有条款	
		许可授权发放机构需专门说明不由联邦实施的条款	
（3）	守法要求	测试、监测、记录、报告要求	严格遵守本法规关于“监测、记录和报告”中的规定
		连续达标时间表	执证人至少每半年须向管理部门提交达标进展报告，报告需包含达标时间、未达标时间的情况说明等
		达标证明要求	达标证明提交频率（不少于每年提交一次），监测方案说明，许可证各项操作要求条款下达标情况说明，其他污染源运行事实说明
（4）	一般性许可证条款	一般性许可证发放条件	公示及公众听证会； 满足《清洁空气法》及本法规所有要求
（5）	临时污染源条款	临时污染源许可证发放条件	排污行为应为暂时性的
		临时许可证内容	确保临时污染源达标排放的条件； 所有者或运营者在污染源地点发生变化时需要提前至少10天告知许可授权发放机构
（6）	许可保护条款	许可保护条款适用情况	许可证保护条款的具体适用情形； 许可授权发放机构签署条款以外的其他情形
（7）	紧急情况条款	紧急情况定义	任何突发的、合理不可预知的、超出污染源控制能力的情况
		紧急情况发生可作辩护依据	

4.2 国内相关标准和技术规范实施情况

4.2.1 行业排污许可证申请与核发技术规范

国内尚未以标准形式正式发布任何行业排污许可证申请与核发技术规范，只是在《关于开展火电、造纸行业和京津冀试点城市高架源排污许可证管理工作的通知》中附带《火电行业排污许可证申请与核发技术规范》《造纸行业排污许可证申请与核发技术规范》，明确火电、造纸行业排污许可证适用范围及排污单位基本情况、产排污节点对应排放口及许可排放限值、可行技术、自行监测管理要求、环境管理台账记录与执行报告编制规范、达标排放判定方法、实际排放量核算方法。

4.2.2 有色金属冶炼行业相关标准和技术规范

4.2.2.1 行业排放标准

根据国民经济统计，我国有色金属行业涉及金属共计 64 种，其中包括重金属、轻金属、贵金属、半金属以及稀有金属五大类。截至目前我国针对有色金属行业共发布实施 11 项污染物排放标准，其中行业污染物排放标准共计 9 项，大气和水综合排放标准 2 项。

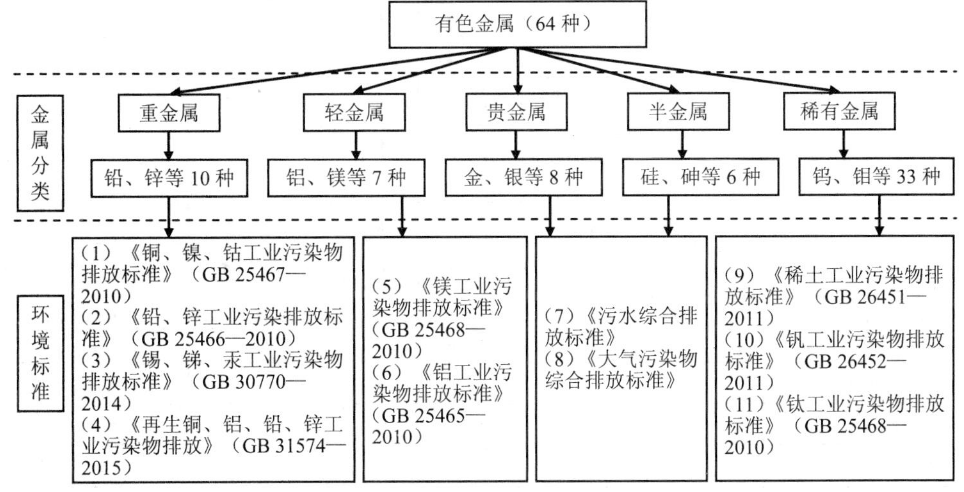

图 4-1　我国有色金属冶炼行业污染物排放标准执行情况

我国针对有色金属行业（不含再生金属）已经发布实施的行业排放标准有如下 8 项，共涉及有色金属 13 种，其中 11 种有色金属和 2 种稀有金属。关于有色金属行业排放标准情况与主要的污染因子如表 4-3 至表 4-5 所示。

表 4-3　我国有色金属工业污染排放标准制修订情况

金属分类	具体名称	排放标准
重金属	铜、铅、锌、锡、镍、钴、锑、汞、镉和铋	《铜、镍、钴工业污染物排放标准》（GB 25467） 《铅、锌工业污染物排放标准》（GB 25466） 《锡、锑、汞工业污染物排放标准》（GB 30770）
轻金属	铍、铝、镁、钠、钾、钙、锶	《镁、钛工业污染物排放标准》（GB 25468） 《铝工业污染物排放标准》（GB 25465）
贵金属	金、银和铂族金属（钌、铑、钯、锇、铱、铂）	《污水综合排放标准》（GB 8978—1996） 《大气污染物综合排放标准》（GB 16297—1996）
半金属	硼、硅、砷、碲、硒、钋	
稀有金属	锂、铷、铯、铍、钛、锆、铪、钒、铌、钽、钼、钨、镓、铟、铊、锗、铼以及硒、碲、钪、钇及镧、铈、镨、钕、钷、钐、铕、钆、铽、镝、钬、铒、铥、镱、镥和同族的钪、钇共 17 个元素的总称（稀土）和锕系金属中的锕、钍、镤、铀、镅、钷、锕系其他元素和 104 至 107 号元素，共 33 种	《钒工业污染物排放标准》（GB 26452—2011） 《钛工业污染物排放标准》（GB 25468）

表 4-4　11 种有色金属冶炼排放标准中水污染控制因子

序号	污染因子	铅	锌	铜	镍	钴	锡	锑	汞	铝	镁	钛
1	pH	★	★	★	★	★	★	★	★	★	★	★
2	化学需氧量	★	★	★	★	★	★	★	★	★	★	★
3	悬浮物（SS）	★	★	★	★	★	★	★	★	★	★	★
4	氨氮	★	★	★	★	★	★	★	★	★	★	★
5	总磷	★	★	★	★	★	★	★	★	★	★	★
6	总氮	★	★	★	★	★	★	★	★	★	★	★
7	总锌	★	★	★	★	★	★	★	★			
8	总铜	★	★	★	★	★	★	★	★		★	★
9	硫化物	★	★	★	★	★	★	★	★	★		
10	氟化物	★	★	★	★	★	★	★	★	★		
11	石油类			★		★	★		★	★		
12	总铅	★	★	★	★	★	★	★	★			
13	总镉	★	★	★	★	★	★	★	★			
14	总汞	★	★	★	★	★	★	★	★			
15	总砷	★	★	★	★	★	★	★	★			
16	总镍	★	★	★	★	★	★	★	★	★	★	★
17	总铬	★	★								★	★
18	总钴			★	★	★						
19	六价铬						★	★	★		★	★
20	总氰化物									★		
21	挥发酚									★		

表 4-5　11 种有色金属冶炼排放标准中大气污染控制因子

序号	污染因子	铅	锌	铜	镍	钴	锡	锑	汞	铝	镁	钛
1	颗粒物	★	★	★	★	★	★	★	★	★	★	★
2	氮氧化物			★	★	★	★	★	★			
3	二氧化硫	★	★	★	★	★	★	★	★	★	★	★
4	硫酸雾	★	★	★	★	★						
5	氯气				★	★						
6	氯化氢				★	★						
7	氟化物			★	★	★	★			★		
8	铅及其化合物	★	★	★	★	★	★	★	★			
9	砷及其化合物						★	★				
10	锡及其化合物						★	★				
11	汞及其化合物	★	★	★	★	★	★	★	★			
12	镉及其化合物						★	★				
13	锑及其化合物						★	★	★			
14	镍及其化合物				★	★						

4.2.2.2　行业可行技术

污染防治可行技术（BAT）是污染综合防治与控制工作中的一个重要组成部分，对实现污染减排目标以及从整体上实现高水平的环境保护具有重要作用。关于常用有色冶炼行业的污染防治可行技术主要有《铜冶炼污染防治可行技术指南（试行）》（环境保护部公告 2015 年第 24 号）、《钴冶炼污染防治可行技术指南（试行）》（环境保护部公告 2015 年第 24 号）、《镍冶炼污染防治可行技术指南（试行）》（环境保护部公告 2015 年第 24 号）、《铅冶炼污染防治最佳可行技术指南（试行）》（环境保护部公告 2012 年第 4 号）。

4.2.2.3　行业自行监测技术指南

行业自行监测指南是为了落实《中华人民共和国环境保护法》的有关要求，进一步规范排污单位自行监测行为，为排污单位开展自行监测活动提供指导的指南。目前环境保护部已发布了《排污单位自行监测指南　总则》（HJ 819），同时正在编制“排污单位自行监测指南　有色金属冶炼与压延加工业”，重点针对有色金属冶炼行业自行监测方案制定、信息记录和报告等的基本内容和要求提出了相关要求，目前该技术规范还在进展中。

5　标准制定的基本原则和技术路线

5.1　标准制定的原则

（1）与我国现行有关的环境法律法规、标准协调相配套，与环境保护的方针政策相一致原则。以《控制污染物排放许可证实施方案》《排污许可证管理暂行规定》等相关的法律法规、方针政策、标准规范为依据制定本标准。

（2）适用范围和工作原则满足相关环保标准和环保工作要求的原则。本标准适用于有色金属冶炼企业填报《排污许可证申请表》和网上填写相关申请信息以及核发机关审核确定排污许可证许可要求，为有色金属冶炼行业排污许可管理提供依据。

（3）普遍适用性和实际可操作性原则。根据有色金属冶炼行业排污单位实际情况，结合各污染源、污染因子的特点，使本标准具有行业针对性和代表性。

5.2　标准制定的技术路线

编制组通过系统调研、资料收集等环节，确定了本标准的框架体系，识别出标准编制中的重点难点问题，通过现场调研、专家咨询等方式，对本标准编制过程中的重难点问题进行攻破，编制本标准；通过试点企业的应用，不断完善该标准，最终进行论证验收。

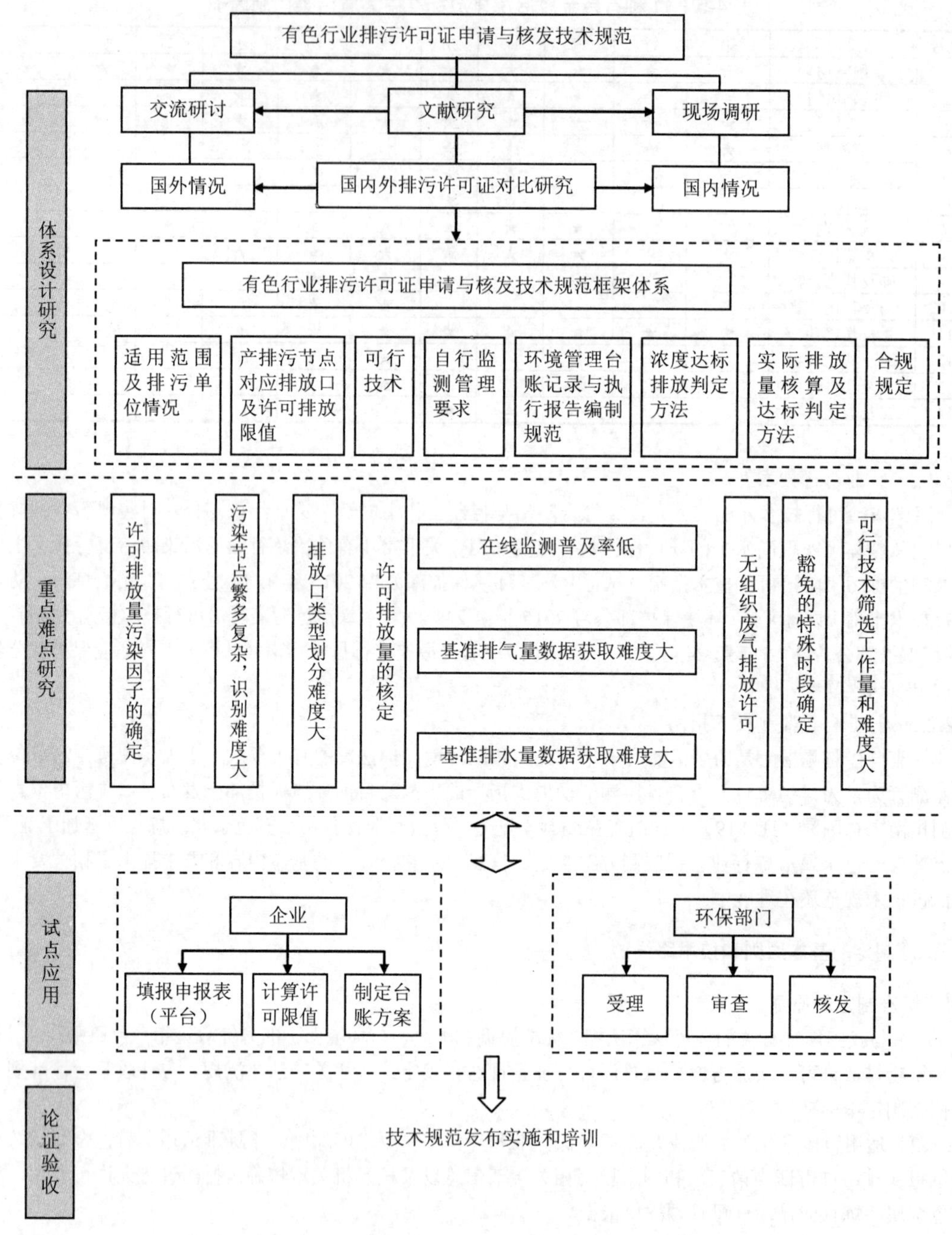

图 5-1 标准技术路线图

6 标准主要研究技术内容

6.1 标准框架

本标准分为以下 10 项内容。

1 适用范围

2 规范性引用文件

3 术语和定义

4 排污单位基本情况填报要求
5 产排污节点对应排放口及许可排放限值
6 污染防治可行技术要求
7 自行监测管理要求
8 环境管理台账记录与执行报告编制要求
9 实际排放量核算方法
10 合规判定方法

6.2 本标准适用范围的确定

有色行业排污申请与核发技术规范适用于有色金属冶炼行业，不适用于采选、压延和合金行业。依据如下：

a）环境保护部最新发布的固定污染源排污许可分类管理名录

2017年环境保护部发布的固定污染源排污许可分类管理名录中明确规定了2017年底完成有色金属冶炼行业常用有色金属的排污许可证发放工作。

b）11种常用有色金属已发布实施行业排放标准

根据《排污许可证管理暂行规定》第十条中提出“核发机关根据污染物排放标准、总量控制指标、环境影响评价文件及批复要求等，依法合理确定排放污染物种类、浓度及排放量”，由此可见，排污许可证的核发重要依据是污染物排放标准。截至目前，有色行业常用有色金属冶炼行业共涉及颁布实施的排放标准有如下5项共涉及11种常用有色金属：

表6-1 有色金属冶炼国民经济行业分类及排放标准

行业	涉及国民经济行业数量	排放标准
铅、锌、铜、镍、钴、锡、锑、汞、铝、镁、钛冶炼	32 有色金属冶炼与压延加工业 321 有色金属冶炼 3211 铜冶炼 3212 铅锌冶炼 3213 镍钴冶炼 3214 锡冶炼 3215 锑冶炼 3216 铝冶炼 3217 镁冶炼 3219 其他有色金属冶炼	《铅、锌工业污染物排放标准》（GB 25466） 《铜、镍、钴工业污染物排放标准》（GB 25467） 《锡、锑、汞工业污染物排放标准》（GB 30770） 《镁、钛工业污染物排放标准》（GB 25468） 《铝工业污染物排放标准》（GB 25465）

c）11种有色金属产量占有色金属行业金属总产量的95%以上

根据中国有色金属工业协会行业统计年鉴，2016年常用有色金属产量占到行业总产量95%以上，其中铝产量、铜产量、铅产量分别占到行业总产量的74%、11%和7%。

为了细化标准11种金属的适用范围，通过资料调研，给出了11种常用有色金属冶炼行业排污许可技术规范的适用范围，具体规定如下：

本标准规定了有色金属冶炼行业（包括铜、镍、钴、铅、锌、锡、锑、汞、铝、镁、钛）企业基本情况填报内容、许可排放限值确定、合规判定、实际排放量核算的技术方法以及自行监测、环境管理台账与执行报告等环境管理要求，提出了有色金属冶炼行业（包括铜、镍、钴、铅、锌、锡、锑、汞、铝、镁、钛）污染防治推荐可行技术。

a）《排污许可证申请与核发技术规范 有色金属工业——铜冶炼》

《排污许可证申请与核发技术规范 有色金属工业——铜冶炼》适用于原生矿或铜精矿为主要原料的铜冶炼排污单位，不包括以废旧铜物料为原料的再生冶炼排污单位排放的大气污染物和水污染物的排污许可管理。

b）《排污许可证申请与核发技术规范 有色金属工业——镍冶炼》

《排污许可证申请与核发技术规范 有色金属工业——镍冶炼》适用于镍矿为原料的镍冶炼排污单位排放的大气污染物、水污染物的排污许可管理，不适用于以废旧镍物料为原料的再生冶炼排污单位排放的大气污染物、水污染物的排污许可管理。

c）《排污许可证申请与核发技术规范　有色金属工业——钴冶炼》

《排污许可证申请与核发技术规范　有色金属工业——钴冶炼》适用于以钴精矿、含钴物料为主要原料的钴冶炼排污单位排放的大气污染物和水污染物的排污许可管理，不适用于以废旧钴物料为原料的再生冶炼排污单位排放的大气污染物和水污染物的排污许可管理。

d）《排污许可证申请与核发技术规范　有色金属工业——铅锌冶炼》

《排污许可证申请与核发技术规范　有色金属工业——铅锌冶炼》适用于以铅精矿、锌精矿或铅锌混合精矿为主要原料的铅锌冶炼排污单位排放的大气污染物、水污染物的排污许可管理，本标准不适用于独立以铅锌二次资源为原料的铅锌冶炼排污单位和生产再生铅、再生锌及铅、锌材压延加工产品排污单位的排污许可证申请与核发工作。

e）《排污许可证申请与核发技术规范　有色金属工业——锡冶炼》

《排污许可证申请与核发技术规范　有色金属工业——锡冶炼》适用于以锡精矿、锡中矿等为原料生产粗锡、精锡和焊锡排污单位排放的大气污染物和水污染物的排污许可管理，不适用于以废旧锡物料为原料的再生冶炼排污单位排放的大气污染物和水污染物的排污许可管理；

f）《排污许可证申请与核发技术规范　有色金属工业——锑冶炼》

《排污许可证申请与核发技术规范　有色金属工业——锑冶炼》适用于锑精矿、铅锑精矿、锑金精矿和精锑等为原料生产精锑、精铅、锑白排污单位排放的大气污染物和水污染物的排污许可管理，不适用于以废锑物料为原料的再生冶炼排污单位排放的大气污染物和水污染物的排污许可管理。

g）《排污许可证申请与核发技术规范　有色金属工业——汞冶炼》

《排污许可证申请与核发技术规范　有色金属工业——汞冶炼》适用于汞冶炼排污单位排放的大气污染物和水污染物的排污许可管理。

h）《排污许可证申请与核发技术规范　有色金属工业——铝冶炼》

《排污许可证申请与核发技术规范　有色金属工业——铝冶炼》适用于以铝土矿为原料生产氧化铝、以氧化铝为原料生产电解铝的冶炼企业或生产设施排放的大气污染物和水污染物的排污许可管理。本标准不适用于铝用碳素排污单位的排污许可证申请与核发工作。

i）《排污许可证申请与核发技术规范　有色金属工业——镁冶炼》

《排污许可证申请与核发技术规范　有色金属工业——镁冶炼》适用于以白云石为原料生产金属镁的硅热法镁冶炼排污单位排放的大气污染物和水污染物的排污许可管理。

j）《排污许可证申请与核发技术规范　有色金属工业——钛冶炼》

《排污许可证申请与核发技术规范　有色金属工业——钛冶炼》适用于钛冶炼排污单位排放的大气污染物、水污染物的排污许可管理。

6.3　规范性引用文件

给出了本标准引用的有关文件名称及文号，凡是未注明日期的引用文件，其有效版本适用于本标准。11 种有色金属排污许可许可证申请与核发技术规范，规范性引用文件如下：

GB 13271　锅炉大气污染物排放标准

GB 25465　铝工业污染物排放标准

GB 25466　铅、锌工业污染物排放标准

GB 25467　铜、镍、钴工业污染物排放标准

GB 25468　镁、钛工业污染物排放标准

GB 30770　锡、锑、汞工业污染物排放标准

GB/T 16157　固定污染源排气中颗粒物测定与气态污染物采样方法

HJ/T 55　大气污染物无组织排放监测技术导则

HJ/T 75　固定污染源烟气排放连续监测技术规范（试行）

HJ/T 76　固定污染源烟气排放连续监测系统技术要求及监测方法（试行）

HJ/T 91　地表水和污水监测技术规范

HJ/T 353　水污染源在线监测系统安装技术规范（试行）

HJ/T 354　水污染源在线监测系统验收技术规范（试行）

HJ/T 355　水污染源在线监测系统运行与考核技术规范（试行）

HJ/T 356　水污染源在线监测系统数据有效性判别技术规范（试行）

HJ/T 373　固定污染源监测质量保证与质量控制技术规范（试行）

HJ/T 397　固定源废气监测技术规范

HJ 493　水质采样　样品的保存和管理技术规定

HJ 494　水质采样技术指导

HJ 495　水质采样方案设计技术规定

HJ 819　排污单位自行监测技术指南　总则

HJ 820　排污单位自行监测技术指南　火力发电及锅炉

HJ-BAT-7　铅冶炼污染防治最佳可行技术指南（试行）

HJ □□—201□　排污许可证申请与核发技术规范　总则

HJ □□—201□　排污单位自行监测技术指南　有色金属冶炼与压延加工业

HJ □□—201□　环境管理台账及排污许可证执行报告技术规范（试行）

《固定污染源排污许可分类管理名录》

《铅锌冶炼工业污染防治技术政策》（环境保护部公告 2012 年第 18 号）

《铜冶炼污染防治可行技术指南（试行）》（环境保护部公告 2015 年第 24 号）

《镍冶炼污染防治可行技术指南（试行）》（环境保护部公告 2015 年第 24 号）

《钴冶炼污染防治可行技术指南（试行）》（环境保护部公告 2015 年第 24 号）

《排污口规范化整治技术要求（试行）》（环监〔1996〕470 号）

《污染源自动监控设施运行管理办法》（环发〔2008〕6 号）

《关于开展火电、造纸行业和京津冀试点城市高架源排污许可证管理工作的通知》（环水体〔2016〕189 号）

6.4　术语和定义

本标准对有色金属冶炼排污单位、许可排放限值、特殊时段、新增污染源、现有污染源 5 类术语进行了定义。

a）有色金属冶炼排污单位

1）铜冶炼排污单位

指以原生矿为主要原料的铜冶炼企业，不包括以废旧铜物料为原料的再生冶炼企业。

2）镍冶炼排污单位

指以镍矿为原料的镍冶炼排污单位，不包括以废旧镍物料为原料的再生冶炼企业。

3）钴冶炼排污单位

指以钴精矿、含钴物料为主要原料的钴冶炼排污单位，不包括以废旧钴物料为原料的再生冶炼企业。

4）铅锌冶炼排污单位

指以铅精矿、锌精矿或铅锌混合精矿为主要原料的铅锌冶炼企业。

5）锡冶炼排污单位

指生产锡金属的冶炼企业，不包括以废旧锡物料为原料的再生冶炼企业。

6）锑冶炼排污单位

指生产锑金属的冶炼企业，不包括以废旧锑物料为原料的再生冶炼企业。

7）汞冶炼排污单位

指生产汞金属的冶炼企业，不包括以废旧汞物料为原料的再生冶炼企业。

8）铝冶炼排污单位

指利用铝土矿为原料生产氧化铝和利用氧化铝为原料生产电解铝的冶炼企业或生产设施。

9）镁冶炼排污单位

指白云石为原料生产金属镁的硅热法镁冶炼企业。

10）钛冶炼排污单位

指以钛精矿或高钛渣或四氯化钛为原料生产海绵钛企业，产品包括高钛渣、四氯化钛、海绵钛。

b）许可排放限值

指排污许可证中规定的允许排污单位排放的污染物最大排放浓度和排放量。

c）特殊时段

是指依照相关法律法规对铝冶炼工业排污单位的污染物排放情况有特殊要求的时段，包括重污染天气应对期间和冬防期间等。

6.5 排污单位基本情况填报要求

根据《排污许可证管理暂行规定》信息填报要求，结合有色金属冶炼行业特点，本标准给出有色金属冶炼企业排污许可证申请填报原则，指导企业填报排污单位基本信息、主要产品及产能、主要燃料及原辅材料、产排污节点、污染物及污染治理设施等信息，确定了排放口类型，指导有色金属冶炼企业完成《排污许可证申请表》的表 1 至表 5 的填写。

6.5.1 填报原则

用于指导有色金属冶炼行业企业在排污许可证管理信息平台申报系统填报《排污许可证申请表》中的相应信息表，填报系统下拉菜单中未包括的、地方环境保护主管部门有规定需要填报或排污单位认为需要填报的，可自行增加内容。

省级环境保护主管部门按环境质量改善需求增加的管理要求，应填入排污许可证管理信息平台申报系统中“有核发权的地方环境保护主管部门增加的管理内容”一栏。

排污单位在填报申请信息时，应评估污染排放及环境管理现状，对现状环境问题提出整改措施，并填入排污许可证管理信息平台申报系统中“改正措施”一栏。

排污单位基本情况应当按照实际情况填报，对提交申请材料的真实性、合法性和完整性负法律责任。

6.5.2 排污单位基本信息

排污单位基本信息应填报单位名称、邮政编码、是否投产、投产日期、生产经营场所中心经度、生产经营场所中心纬度、所在地是否属于重点区域、是否有环评批复文件及文号（备案编号）、是否有地方政府对违规项目的认定或备案文件及文号、是否有主要污染物总量分配计划文件及文号、颗粒物总量指标（t/a）、二氧化硫总量指标（t/a）、氮氧化物总量指标（t/a）、化学需氧量总量指标（t/a）、氨氮总量指标（t/a）、氟化物总量指标（t/a）（仅适用于电解铝）、铅及化合物总量指标（t/a）、砷及化合物总量指标（t/a）、汞及化合物总量指标（t/a）、镉及化合物总量指标（t/a），其余项为系统自动生成。

6.5.3 主要产品及产能

用于指导企业填写《排污许可证申请表》中的《主要产品及产能信息表》。

a）铜冶炼

主要生产单元：基于铜冶炼工业的生产工艺进行确定，分为火法工艺与湿法工艺。火法工艺：装卸、储存备料、配料、熔炼、吹炼、火法精炼、电解精炼、烟气制酸、公用系统；湿法工艺：备料、破碎、筑堆、浸出、萃取电积、渣堆处理、公用系统。

主要工艺：火法铜冶炼：分为熔炼、吹炼、精炼（火法和湿法）工艺。熔炼：分为闪速熔炼、富氧底吹、富氧顶吹、富氧侧吹、合成炉熔炼等富氧熔池熔炼或富氧漂浮熔炼工艺；吹炼主要有转炉炼、闪速、顶吹浸没、底吹、侧吹等吹炼工艺；火法精炼：分为回转炉精炼和倾动炉精炼等精炼工艺；湿法精炼主要有电解精炼。湿法炼铜工艺主要有浸出-萃取-电积、堆浸-萃取-电积等工艺。

设施参数：因铜冶炼企业生产设施较多，本标准建议重点填写能够反映铜冶炼企业产能、工艺、排污状况等相关设备参数，如铜熔炼（闪速炉、顶吹炉、侧吹炉、底吹炉）、吹炼（转炉、冰铜磨热风炉-闪速吹炼、底吹、顶吹）、火法精炼（阳极炉、圆盘浇铸机）等设备；

铜冶炼企业主要产品填写阳极铜、粗铜、阴极铜、电沉积铜、硫酸铜等。

生产能力为主要产品设计产能，产能单位为 t/a。

设计年生产时间：应按环境影响评价文件及批复或地方政府对违规项目的认定或备案文件确定的年

生产天数填写。

b）镍冶炼

主要生产单元：镍冶炼工业的生产工艺分为火法工艺与湿法工艺。火法工艺：装卸、储存备料、配料、焙烧、闪速熔炼、顶吹熔炼、侧吹熔炼、转炉吹炼、高锍磨浮、反射炉熔炼、羰化系统、公用系统；湿法工艺：备料、破碎、浸出、萃取、电解精炼、除铜渣氯气浸出、公用系统。

主要工艺：火法的主要工艺为造锍熔炼-吹炼-铜镍分离及精炼（熔炼-吹炼-铜镍分离-熔铸-电解，熔炼-吹炼-浸出-电积）；湿法的主要工艺为湿法硫酸化焙烧-浸出、氧压浸出-置换。

设施参数：本标准建议重点填写能够反映镍冶炼企业产能、工艺、排污状况等相关设备参数，包括生产过程中项目建设时间、投产时间，冶炼炉（电炉、反射炉、闪速炉、转炉、焙烧炉）、羰化炉（硫化炉、合成釜、分解器）的使用年份、使用年限、冷却水用量；各工序的金属直收率、回收率、中间产品量、渣量、液体体积量、水循环率、设备容积、储槽容积、风机风量、蒸发量、蒸汽压力、废水沉淀池容积等，以上均为设计值。

镍冶炼企业主要产品填写电解镍、羰基镍粉、镍扣、镍丸、硫酸镍、氯化镍、氢氧化亚镍、氧化亚镍、硝酸镍、氟化镍等。

生产能力为主要产品设计产能，产能单位为 t/a。

设计年生产时间：应按环境影响评价文件及批复或地方政府对违规项目的认定或备案文件确定的年生产天数填写。

c）钴冶炼

主要生产单元：钴冶炼主要为湿法工艺，包括：备料、破碎、浆化、浸出（常压+氧压）、除铁、萃取、电积、蒸发结晶、渣堆处理、公用系统。

主要工艺：包括常压酸浸-萃取-蒸发结晶工艺，常压酸浸-萃取-电积工艺，氧压浸出-萃取-电积工艺，氧压浸出-萃取-蒸发结晶工艺。

设施参数：本标准建议重点填写能够反映钴冶炼企业产能、工艺、排污状况等相关设备参数，包括生产过程中项目建设时间、投产时间，如项目建设时间、投产时间，转炉、焙烧炉的使用年份、使用年限、冷却水用量；各工序的金属直收率、回收率、中间产品量、渣量、液体体积量、水循环率、设备容积、储槽容积、风机风量、蒸发量、蒸汽压力、废水沉淀池容积等，以上均为设计值。

钴冶炼企业主要产品填写电解钴、硫酸钴、硝酸钴、氯化钴、硝酸钴、钴铁、钴扣等。

生产能力为主要产品设计产能，产能单位为 t/a。

设计年生产时间：应按环境影响评价文件及批复或地方政府对违规项目的认定或备案文件确定的年生产天数填写。

d）铅锌冶炼

主要生产单元：铅冶炼：分为备料、熔炼-还原、烟气制酸、烟化、铅精炼、铜浮渣处理、阳极泥处理、公用单元等；湿法炼锌：分为备料、沸腾焙烧、烟气制酸、浸出-净化、锌电解、浸出渣处理、公用单元等；电炉炼锌：分为备料、沸腾焙烧、烟气制酸、电炉熔炼、回转窑挥发（或烟化）、锌精馏、公用单元等；密闭鼓风炉熔炼（ISP 法）：分为备料、烧结、烟气制酸、密闭鼓风炉熔炼、烟化、铅精炼、铜浮渣处理、阳极泥处理、锌精馏、煤气净化、公用单元等。

主要工艺：铅冶炼：分为富氧底吹（顶吹、侧吹）熔炼-鼓风炉还原炼铅工艺、富氧底吹（顶吹、侧吹）熔炼-液态高铅渣直接还原工艺、闪速熔炼（基夫赛特法、富氧底吹闪速熔炼）工艺；湿法炼锌：分为常规浸出法、高温高酸法、氧压浸出法、富氧常压浸出法等；火法炼锌：分为电炉炼锌、竖罐炼锌、密闭鼓风炉熔炼法（ISP 法）。

设施参数：对于各炉窑和湿法浸出槽填写炉型尺寸或处理能力。

企业主要产品：铅冶炼填写粗铅、电铅，锌冶炼填写电锌、精锌。

生产能力为主要产品设计产能，产能单位为 t/a。

设计年生产时间：应按环境影响评价文件及批复或地方政府对违规项目的认定或备案文件确定的年生产天数填写。

e）锡冶炼

主要生产单元：为炼前处理、还原熔炼、挥发熔炼、精炼。

主要工艺分为还原熔炼—硫化挥发工艺、还原熔炼—精炼工艺、其他。

企业主要产品填写分为精锡、焊锡、其他。

生产能力为主要产品设计产能，产能单位为 t/a。

设计年生产时间：应按环境影响评价文件及批复或地方政府对违规项目的认定或备案文件确定的年生产天数填写。

f）锑冶炼

主要生产单元：以锑精矿为原料，分为挥发熔炼（焙烧）、还原熔炼；以铅锑精矿为原料，分为沸腾焙烧、烧结、还原熔炼、吹炼、精炼；以锑金精矿为原料，分为挥发熔炼、还原熔炼、氯化；以精锑为原料，分为熔化氧化挥发。

主要工艺分为挥发熔炼（焙烧）-还原熔炼、沸腾焙烧-还原熔炼、鼓风炉挥发熔炼-选择性氯化提金、熔化-氧化挥发、其他。

设施参数：对于各炉窑和氯化浸出槽填写炉型尺寸或处理能力。

企业主要产品填写分为精锑、精铅、锑白、其他。

生产能力为主要产品设计产能，产能单位为 t/a。

设计年生产时间：应按环境影响评价文件及批复或地方政府对违规项目的认定或备案文件确定的年生产天数填写。

g）汞冶炼

主要生产单元：蒸馏、冷凝、公用单元、其他。

主要工艺：主要包括蒸馏—冷凝、其他。

设施参数：对于各炉窑填写炉型尺寸或处理能力。

企业主要产品填写分为汞、其他。

生产能力为主要产品设计产能，产能单位为 t/a。

设计年生产时间：应按环境影响评价文件及批复或地方政府对违规项目的认定或备案文件确定的年生产天数填写。

h）铝冶炼

主要生产单元均为必填项，具体分类如下：

1）氧化铝生产单元

烧结法氧化铝生产单元：原料配制单元、石灰烧制及石灰乳制备单元、熟料烧成单元、溶出及硅渣分离单元、赤泥分离洗涤单元、分解过滤单元、蒸发单元、氢氧化铝过滤及焙烧单元、氧化铝贮运及包装单元、赤泥堆场。

拜耳法氧化铝生产单元：原料配制单元、石灰烧制及石灰乳制备单元、溶出及硅渣分离单元、赤泥分离洗涤单元、分解过滤单元、蒸发单元、氢氧化铝过滤及焙烧单元、氧化铝贮运及包装单元、赤泥堆场。

联合法氧化铝生产单元：原料配制单元、石灰烧制及石灰乳制备单元、溶出及硅渣分离单元、赤泥分离洗涤单元、熟料烧成单元、分解过滤单元、蒸发单元、氢氧化铝过滤及焙烧单元、氧化铝贮运及包装单元、赤泥堆场。

2）电解铝生产单元：原料单元、电解单元、铸造单元、电解质处理单元、阳极组装及残极处理单元。

主要工艺均为必填项，具体要求如下：a）氧化铝：烧结法、拜耳法、联合法。b）电解铝：熔盐电解法。

设施参数：因铝冶炼企业生产设施较多，很多设施不产污，本标准建议重点填写能够反映铝冶炼企业产能、工艺、排污状况等相关设备参数，如球磨机筒体内直径和长度、立磨的磨盘直径，回转窑的筒体内径和长度，蒸发器的蒸发量，氢氧化铝焙烧炉的日产量，电解槽的电流强度、电流效率等为必填项，其他的进行选填。

氧化铝企业产品填写氧化铝，电解铝企业产品填写电解铝（原铝）。

生产能力为主要产品设计产能，产能单位为 t/a。

设计年生产时间：应按环境影响评价文件及批复或地方政府对违规项目的认定或备案文件确定的年生产天数填写。

i）镁冶炼

主要生产单元：镁冶炼单元、公用辅助单元等。

主要工艺：镁冶炼单元：包括白云石堆场及破碎系统、煤粉制备系统、白云石煅烧系统、原料制备系统、还原系统、精炼铸锭系统等；公用辅助单元：包括辅助系统、供水处理系统、燃料气供应系统、还原罐生产系统等。

设施参数：分为参数名称、设计值、计量单位等，回转窑填写筒体外径和长度，磨机填写筒体内径和长度，还原炉填写还原罐数量、还原罐内径和长度、还原罐是竖式或卧式放置，精炼炉填写坩埚内径和高度。

产品名称：镁水、镁锭。

生产能力为主要产品设计产能，产能单位为 t/a。

设计年生产时间：应按环境影响评价文件及批复或地方政府对违规项目的认定或备案文件确定的年生产天数填写。

j）钛冶炼

主要生产单元：基于钛冶炼工业的产品确定的，分别为钛渣熔炼、四氯化钛制备、海绵钛生产、镁电解以及配套的公用单元。

主要工艺：富钛料生产系统、海绵钛生产系统、镁生产系统、仓储系统等，公用单元包括辅助生产系统、给排水处理系统、输送系统、装卸系统等。

设施参数：因钛冶炼工艺流程长，生产设施较多，很多设施不产污，本标准建议重点填写能够反映钛冶炼企业产能、工艺、排污状况等相关设备参数，如钛渣电炉的容量、电炉的结构形式（密闭、半密闭）、破碎机型号、氯化炉结构形式（熔盐氯化炉、沸腾氯化炉）、氯化炉的日产量、电解槽的电流强度、电流效率、液氯储罐容量等为必填项，其他的进行选填。

产品名称：钛渣、四氯化钛、海绵钛。

生产能力为主要产品设计产能，产能单位为 t/a。

设计年生产时间：应按环境影响评价文件及批复或地方政府对违规项目的认定或备案文件确定的年生产天数填写。

6.5.4 主要原辅料和燃料

指导有色金属冶炼行业企业填写《排污许可证申请表》中的《主要原辅材料及燃料信息表》。

a）铜冶炼

铜冶炼业原辅料分为原料和辅料。原料为铜精矿等；辅料名称包括：氧气，氮气、熔剂（石英石，石灰石、造硅渣），氧气，耐火砖，黑铜粉，精炼渣，细烟尘、块烟尘、吹炼渣、渣精矿、硫酸、盐酸、氯气、硫酸铜、氧化硫硫杆细菌、氧化亚铁硫杆菌。

燃料分为天然气、重油、煤等。

b）镍冶炼

镍冶炼业原辅料分为原料和辅料。原料为分为硫化矿、氧化矿、化工中间产品、二次资源等主要原料；其他辅料包括氧气、石英、硫酸、盐酸、碳酸钠、硫化钠、一氧化碳、煤油、P204、P507、活性炭、石灰、尿素、草酸、氨水/液氨等。

燃料分为焦粉、重油、天然气、煤、柴油。

c）钴冶炼

钴冶炼业原辅料分为原料和辅料。原料为钴硫精矿、铜钴矿（水钴矿）、氢氧化钴、硫化镍钴矿、碳酸钴、白合金、钴砷矿、镍生产中的钴渣、锌冶炼钴渣、水淬富钴锍等；辅料为亚硫酸钠、氧气、硫酸、盐酸、溶剂、P204、P507、C272、活性炭、石灰、尿素、氨水/液氨、液碱、碳酸钠、硝酸、氯酸钠、硼酸等。

燃料分为天然气、焦粉、重油、其他。

d）铅冶炼

铅冶炼原料包括铅精矿、粗铅、含铅废料等，辅料包括石英石、石灰石、硫酸、纯碱、烧碱、硫黄、硅氟酸、木质素、铁屑、催化剂、混凝剂、助凝剂等。

燃料分为煤、焦炭、重油、天然气等。

e）锌冶炼

原料包括锌精矿、铅锌混合精矿、氧化锌矿、锌焙砂、次氧化锌、含锌废料等，辅料包括硫酸、锌粉、锰矿粉、氯化铵、石灰石、石英石、骨胶、絮凝剂等。其他辅料：包括废水、废气污染治理过程中添加的化学品如氢氧化钠（烧碱）、碳酸钠、石灰、碳铵、铁盐、混凝剂、助凝剂等。

燃料分为煤、焦炭、重油、天然气等。

f）锡冶炼

锡冶炼原料分为锡精矿、锡中矿。其他辅料：包括还原煤、石英、石灰石、硅氟酸、硫黄、铝粒和废水、废气污染治理过程中添加的化学品（氢氧化钠、硫化钠、碳酸钠、石灰、干法脱硫剂、铁盐、混凝剂、助凝剂等）、其他。

燃料分为燃煤、煤气、煤焦油、天然气、柴油、重油、其他。

g）锑冶炼

锑冶炼原料分为锑精矿、锑金精矿、铅锑精矿、精锑。其他辅料：包括煤、铁矿、纯碱、石灰石、除铅剂、除砷剂及废水、废气污染治理过程中添加的化学品（氢氧化钠（烧碱）、碳酸钠、石灰、碳铵、铁盐、混凝剂、助凝剂等）、其他。

燃料分为煤、焦炭、柴油、天然气、重油、其他。

h）汞冶炼

汞冶炼原料为汞精矿，其他辅料：包括煤、石灰、废水、废气污染治理过程中添加的化学品（氢氧化钠（烧碱）、碳酸钠、石灰、硫化钠、混凝剂、助凝剂、漂白粉和活性炭等）、其他。

燃料名称：分为煤、天然气、柴油、其他。

i）铝冶炼

氧化铝：原料包括铝土矿等，辅料包括碳酸钠、氢氧化钠、石灰/石灰石、原料煤等；电解铝：原料包括氧化铝等，辅料包括氟化铝、冰晶石、阳极等。

燃料：氧化铝：熟料烧成窑燃料为煤粉，其他为：天然气、煤气、液化石油气；电解铝：天然气、液化石油气、电。

j）镁冶炼

镁冶炼原料为白云石；辅料为硅铁、萤石、精炼熔剂、合金添加剂、硫黄粉、保护气体等。

燃料为煤、重油、煤气、天然气等。

k）钛冶炼

钛冶炼原料为钛精矿、钛铁矿、钛渣、金红石、四氯化钛、金属镁；辅料分为无烟煤、冶金焦、电极、石油焦、氯气、氯化钠、浓硫酸、煅后焦、除钒剂、氧气、氮气、氩气、其他。

燃料为煤、柴油、重油、其他等。

6.5.5 产污节点、污染物及污染治理设施

指导有色金属冶炼行业企业填写《排污许可证申请表》中的“废气产排污环节、污染物及污染治理设施信息表”和“废水类别、污染物及污染治理设施信息表”。

6.5.5.1 铜冶炼

全球矿铜产量的75%～80%来自以硫化物形态存在的矿床，经开采、浮选得到的铜精矿为原料，采用火法冶炼工艺提炼铜。经造锍熔炼获得铜锍（俗称冰铜），铜锍经吹炼产出粗铜。粗铜火法精炼后浇铸成阳极板，再经电解精炼获得品位99.95%以上的电解铜。浸出、萃取、电积的湿法冶炼工艺适用于氧化铜矿、低品位矿石或适于浸出的硫化矿，近年获得较大发展，全球2000年生产能力已超过200万t。

a）产污环节及污染因子

造锍熔炼的传统方法如鼓风炉熔炼、反射炉熔炼和电炉熔炼，由于效率低、能耗高、环境污染严重

而逐渐被新的强化熔炼所代替，但目前在中小型冶炼企业尚未全部淘汰。新的强化熔炼有闪速熔炼和熔池熔炼两大类，前者包括奥托昆普型闪速熔炼和加拿大国际镍公司闪速熔炼等，后者包括诺兰达法、特尼恩特法、三菱法、艾萨法、奥斯麦特法、瓦纽可夫法和白银法等。火法炼铜技术走向连续化、自动化，金属和硫的回收率提高，环境状况获得很大改善，特别是 SO_2 污染得到有效的控制。

吹炼是将含 Cu、Fe、S 的铜锍经吹炼作业获得含铜 98%～99.5%的粗铜。铜锍吹炼方法有传统的卧式转炉、连续吹炼炉、虹吸式转炉。近年来，吹炼技术又有创新，如 ISA 吹炼炉、三菱吹炼炉和闪速吹炼炉等。

粗铜的火法精炼在阳极炉内进行，对转炉产出的液态粗铜采用回转式阳极炉或固定反射炉精炼，经氧化、还原等作业进一步脱除粗铜中的 Fe、Pb、Zn、As、Sb、Bi 等杂质，并浇铸成含铜 99.2%～99.7%的阳极板。对冷态粗铜或回收的紫杂铜等则在固定式反射炉和倾动炉中进行熔化的精炼作业。

铜电解工艺有传统电解法、永久阴极电解法和周期反向电流电解法三种。目前大多数电解铜厂都使用传统电解法，永久阴极电解法（ISA 法和 KiDD 法）和周期反向电流电解法（PRC 法）是 20 世纪 70 年代以来发展的新技术。

根据铜冶炼工业企业生产工艺特点，确定废气产污环节为原料制备、熔炼、吹炼、精炼、阳极泥处理、环境集烟六大部分同时根据 GB 25466 和 GB 13271 确定各废气产污环节的污染因子。铜冶炼工业企业废气污染环节主要有：

原料制备：具体产污节点为干燥、配料等生产运营过程中，排放口为原料制备系统烟囱/排气筒；

熔炼：具体产污节点为熔炼炉，排放口为制酸尾气烟囱；

吹炼：具体产污节点为吹炼炉，排放口为制酸尾气烟囱；

精炼：具体产污节点为精炼炉，排放口为制酸尾气烟囱及精炼烟囱；

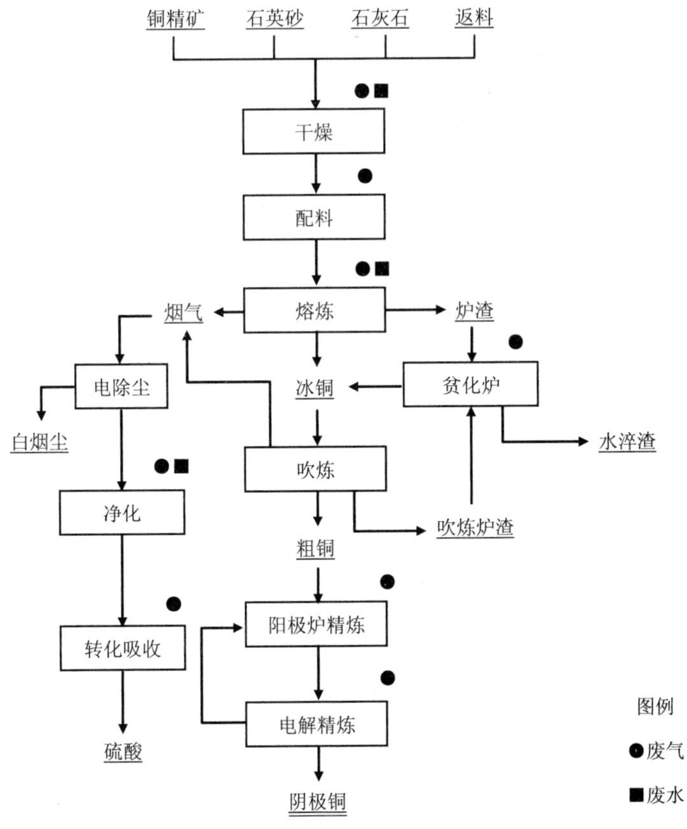

图 6-1　铜冶炼火法生产工艺流程及产排污节点图

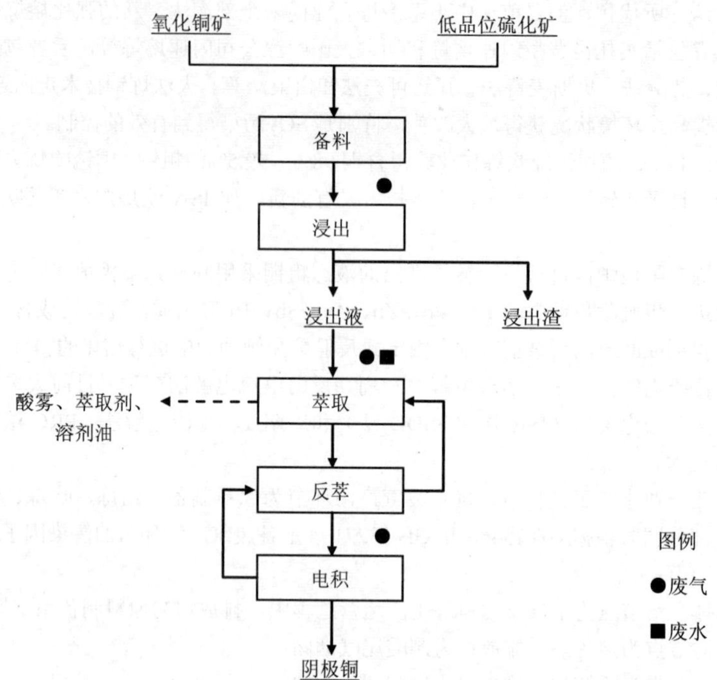

图 6-2 铜冶炼湿法生产工艺流程及产排污节点图

阳极泥处理：具体产污节点为回转窑、卡尔多炉、贵铅炉、分银炉、中频炉等设备运行过程中，排放口为相应炉窑烟囱；

环境集烟：具体产污节点为生产过程中的无组织排放工段，排放口为环境集烟烟囱。

b）污染治理设施和工艺

一般铜冶炼生产线废气主要污染物为颗粒物、二氧化硫、氮氧化物、重金属、硫酸雾等，对应的污染治理设施为除尘系统、脱硫系统、酸雾洗涤设施等，污染治理工艺主要包括：

除尘：铜冶炼企业除尘设施主要是旋风收尘、电收尘、袋式收尘组合工艺；

脱硫：对高浓度 SO_2 烟气（5%～14%），首先采用双接触烟气制酸工艺，使 SO_2 转化率不低于 99.5%，制酸后的尾气采用石灰/石灰石-石膏法脱硫技术处理。对低浓度 SO_2 烟气（3%）必须设置碱吸收或者硫回收工艺。

酸雾洗涤设施：采用填料吸收塔、湍冲洗涤塔等进行洗涤，净化效率达到 80%～99%。

铜冶炼废水包括生活污水处理设施和生产废水治理设施，主要治理工艺有：

污酸采用气液硫化法、硫化法+石灰石/石灰中和法、石灰+铁盐法等污酸处理技术，回收其中的酸度及有价成分，处理后的出水与其他废水合并后进污水处理站做进一步处理。

对于常规的酸性废水，先采用中和法等净化法进行处理。

生活污水一般采用二级生化处理工艺。

6.5.5.2 镍冶炼

从目前我国的镍金属生产工艺路线来看，分为两大类型：一是利用硫化镍矿资源，采用火法冶炼-电解精炼工艺生产电解镍，这是目前我国最主流的电解镍生产方式；第二种类型是利用氧化镍矿，采用湿法冶炼工艺生产电解镍，但这种工艺目前在国内应用的并不多；还有一种工艺是利用进口氧化镍矿，采用高炉或者矿热电炉生产含镍生铁（或镍铁），这种工艺目前已成为国内处理印尼、菲律宾氧化镍矿的主要方式。由于我国硫化镍矿的短缺，加之镍铁具有的成本优势，因此利用氧化镍矿生产镍铁已成为我国未来镍金属产业的主要发展方向。

a）产污节点以及污染因子

目前镍冶炼行业的主导工艺类型主要包括硫化矿冶金工艺、氧化镍矿冶金工艺等，其主要生产工艺如下：

1）硫化镍矿冶金工艺

硫化镍精矿由于含铜钴及贵金属，大部分用火法冶金工艺炼成低镍锍，再将低镍锍用转炉吹炼成高镍锍，然后用湿法冶炼分离提纯（只有个别工厂直接用湿法冶炼）。其基本流程为备料（焙烧）→熔炼→吹炼→精炼（电解）等环节。

2）氧化镍矿冶金工艺

氧化镍矿主要采用火法冶炼，也可以采用湿法冶炼。火法冶炼既可以生产镍锍再精炼生产电解镍，也可以直接生产镍铁，但其工艺能耗高，金属综合回收效果差，为保证矿石处理的经济性，通常要求在熔炼前，先对风化程度低、品位较低的矿石进行筛除。

氧化镍矿有两种类型，这两种矿大部分分布在赤道附近。一种是含镁高的硅酸盐镍矿，即以残积层矿或腐殖土为主的矿床下部硅、镁的含量比较高，铁、钴含量较低的矿石。火法工艺（RKEF 工艺）就适合处理此类型矿，宜于用电炉熔炼生产镍铁或镍锍。主要工艺流程为：回转窑干燥→配料→焙烧预还原→电炉熔炼→精炼（或吹炼），产品为镍铁合金。在回转窑的出料口喷入硫黄或者在镍铁转炉内加入硫黄，可将镍铁转变成镍锍。另一种是含铁高的褐铁矿型氧化镍矿，宜于湿法冶炼。

氧化镍矿多采用破碎、筛分等工序预先除去含镍低的大块基岩。氧化镍矿不宜用机械选矿方法予以富集，只能直接冶炼。氧化镍矿的冶炼富集方法，可分为火法和湿法两大类。前者又可分为造硫熔炼、镍铁法和粒铁法；后者又有还原焙烧-常压氨浸法、高压酸浸法等。

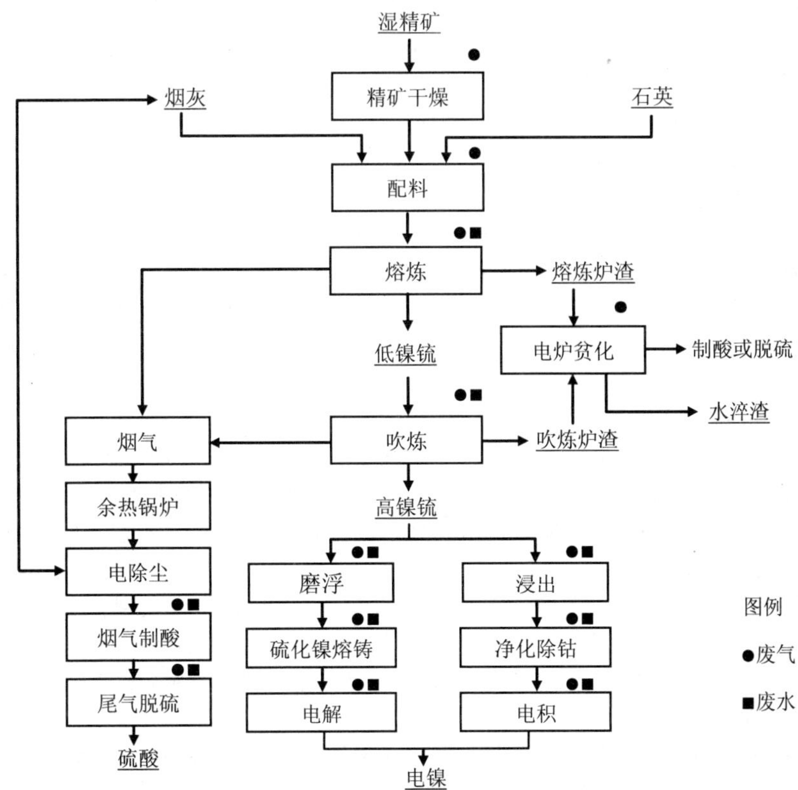

图 6-3　硫化镍冶炼工艺流程及产排污节点图

镍冶炼工业企业废气产污环节主要包括：

原料制备：具体产污节点为干燥、配料等生产运营过程中，排放口为原料制备系统烟囱/排气筒；

熔炼：具体产污节点为熔炼炉，排放口为制酸尾气烟囱；

吹炼：具体产污节点为吹炼炉，排放口为制酸尾气烟囱；

反射炉熔铸工序：具体产污节点为反射炉，排放口为脱硫系统烟囱；

渣贫化工序：具体产污节点为贫化炉等设备运行过程中，排放口为烟气制酸烟囱/脱硫系统烟囱；

环境集烟：具体产污节点为生产过程中的无组织排放工段，排放口为环境集烟烟囱。废气污染因子根据 GB 25467 和 GB 13271 确定。

废水类别包括工艺废水（车间废水、酸性废水）、冷却水、冲洗水、初期雨水、污酸、生活污水、碱性废液、浓盐水、P204 皂化废水、P507 皂化废水、电解残液处理废水。废水污染因子可根据 GB 25467 确定。

b）污染治理设施和工艺

镍冶炼工业企业废气主要的污染治理设施为除尘系统、脱硫系统、酸雾洗涤设施、氯气处理系统等，治理工艺主要包括：

除尘：镍冶炼企业除尘设施主要是旋风收尘、电收尘、袋式收尘组合工艺；

脱硫：对高浓度 SO_2 烟气（5%～14%），首先采用双接触烟气制酸工艺，使 SO_2 转化率不低于 99.5%，制酸后的尾气采用石灰/石灰石-石膏法脱硫技术处理。对低浓度 SO_2 烟气（3%）必须设置碱吸收或者硫回收工艺；

酸雾洗涤设施：采用填料吸收塔、湍冲洗涤塔等进行洗涤，净化效率达到 80%～99%；

氯气处理：采用钠碱吸收净化。一般采用三级吸收，第一、第二级吸收装置采用湍冲塔，第三级采用填料塔。

镍冶炼行业废水治理设施主要包括生活污水处理设施和生产废水治理设施，其主要生产工艺包括：

污酸采用气液硫化法、硫化法+石灰石/石灰中和法、石灰+铁盐法等污酸处理技术，回收其中的酸度及有价成分，处理后的出水与其他废水合并后进污水处理站做进一步处理。

常规酸性废水，先采用中和法等净化法进行处理。

生活废水一般采用二级生化处理工艺。

6.5.5.3 钴冶炼

由于钴大多伴生在其他矿物中，而且成分复杂，所以其冶炼方法繁多，流程复杂，几乎所有的有色金属冶炼方法和新技术都在钴冶金方面得到应用。钴的冶炼工艺是根据其原料、所需的最终产品、技术和经济条件来进行选择的。提钴工艺流程基本上湿法工艺。国内在钴的生产中做了大量的研究工作，很早就开展过从镍转炉渣中提钴工艺试验研究，另外，镍电解净化钴渣生产钴系列产品的工艺也成功应用于生产。

a）产污节点和污染因子

我国钴的生产厂家众多，其生产流程因原料各异而互不相同。综合国内各厂实际生产情况，我国目前所采用的主要是钴湿法冶金工艺，火法工艺已经逐渐消失。钴湿法工艺可归纳为以下几种：

1）以钴硫精矿为原料，采用钴硫精矿的硫酸化焙烧→焙砂的浸出→浸出液的净化→电炉还原熔炼→电解精炼制取氧化钴或电钴的工艺。

2）以砷钴矿为原料，采用焙烧脱砷→浸出→除铁→萃取→草酸沉钴→煅烧制取氧化钴的工艺。

3）以铜钴矿为原料，采用两段浸出、两段萃取工艺分离铜，含钴溶液再经过净化、萃取、沉淀或电积工艺生产钴盐制品或电钴的工艺。铜钴原矿、钴废杂料经浸出将铜钴金属溶于溶液，其他工序与钴硫精矿的处理大致相同。

4）以镍系统钴渣为原料，采用还原溶解→黄钠铁矾除铁→二次沉钴→煅烧→还原熔炼成粗钴阳极板→可溶阳极电解生产电钴的工艺。目前我国采用此工艺的厂家较多，根据当前湿法冶金发展的趋势，这种工艺流程将逐步被不溶阳极电极法所取代，金川公司已采用了钴渣硫酸溶解→黄钠铁矾除铁→萃取除杂→钴、镍萃取分离→氯化钴不溶阳极电积技术生产电钴和其他钴产品。

5）以镍系统钴渣为原料，采用钴渣还原溶解→除铁→萃取除杂质→草酸沉钴→煅烧→制取氧化钴粉萃取液电积生产电钴的工艺。镍电解净液过程得到的钴渣，是提钴的重要原料之一。溶剂萃取法的应用，可以说是钴湿法冶金技术较大的进步，已被我国电钴生产厂家广泛采用。该方法的主要优点在于生产流程短，劳动强度低，金属回收率高，生产成本低，但也存在着电积过程产生的氯气难以回收利用等问题。含镍红土矿中的钴赋存于镍钴氢氧化物中，钴提取工艺同于钴渣处理工艺。

6）以水淬富钴锍为原料，采用水淬富钴锍球磨→加压氧浸→除铁→溶剂萃取分离镍、钴、铜→氯化钴液沉钴→煅烧生产氧化钴的工艺。

7）以锌冶炼钴渣为原料，采用焙烧分解有机物→焙砂经浸出→除铁→萃取提纯生产钴盐的工艺。锌冶炼得到的富钴渣为有机盐，回收钴的过程中包括焙烧分解有机物，焙砂经浸出、除铁、萃取提纯，生产钴盐产品。

钴冶炼行业废气主要产污环节有：

原料制备：具体产污节点为干燥、配料等生产运营过程中，排放口为原料制备系统烟囱/排气筒；

煅烧：具体产污节点为煅烧炉等，排放口为窑炉烟囱；

环境集烟：具体产污节点为生产过程中的无组织排放工段，排放口为环境集烟烟囱。

废气污染因子可根据 GB 25467 和 GB 13271 确定。

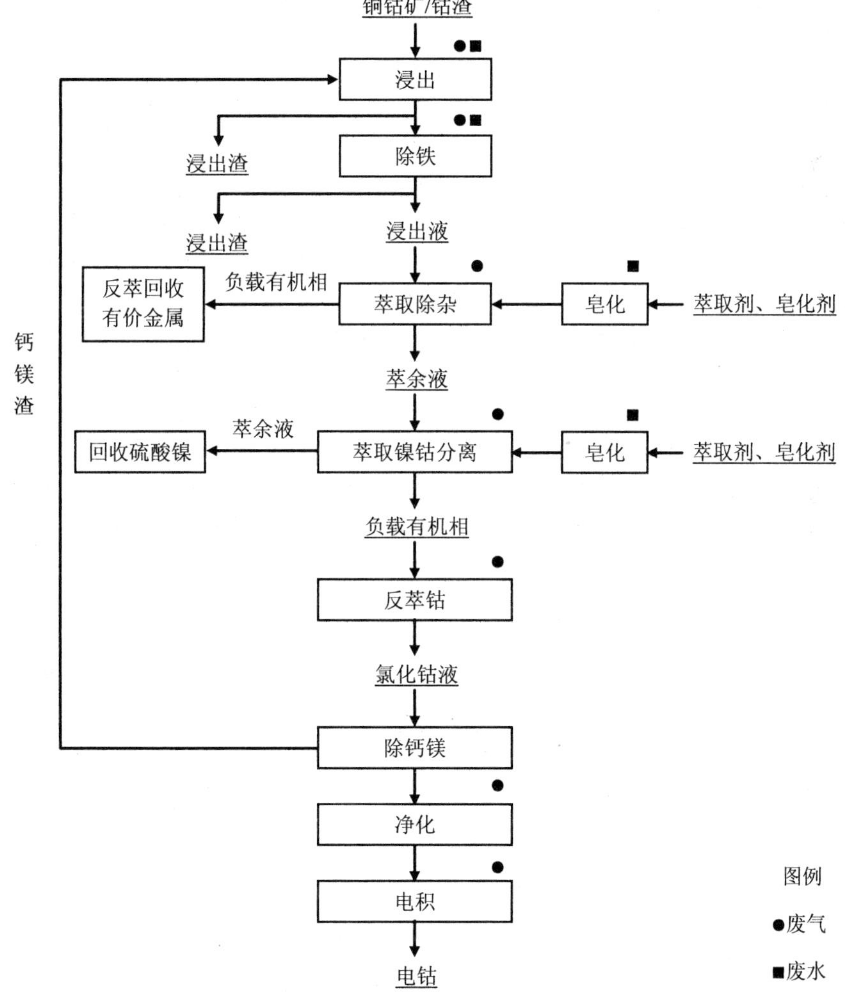

图 6-4　钴湿法冶炼工艺流程图及产排污节点图

废水包括生产废水（P204 皂化废水、P507 皂化废水、电解残液处理废水、碱吸收废液及其他生产废水、冷却水、冲洗水、初期雨水）和生活污水。

b）污染治理设施和工艺

钴冶炼废气污染治理主要有除尘系统、脱硫系统、酸雾洗涤设施、氯气处理系统等，其主要治理工艺如下：

除尘：钴冶炼企业除尘设施主要是旋风收尘、电收尘、袋式收尘组合工艺；

脱硫：对低浓度 SO_2 烟气（3%）必须设置碱吸收或者硫回收工艺。

酸雾洗涤：采用填料吸收塔、湍冲洗涤塔等进行洗涤，净化效率达到 80%～99%；

氯气处理：采用钠碱吸收净化。一般采用三级吸收，第一、第二级吸收装置采用湍冲塔，第三级采用填料塔。

钴冶炼废水治理设施包括生产废水治理设施和生活污水处理设施，其主要治理工艺包括：

污酸采用气液硫化法、硫化法+石灰石/石灰中和法、石灰+铁盐法等污酸处理技术，回收其中的酸度及有价成分，处理后的出水与其他废水合并后进污水处理站做进一步处理；

常规酸性废水先采用中和法等净化法进行处理；

生活废水一般采用二级生化处理工艺。

6.5.5.4 铅锌冶炼

2015 年中国精炼铅产量 385 万 t，精炼铅产量占世界总产量 40%左右，规模以上铅冶炼企业 136 家，是世界上第一大铅生产国。

铅冶炼有火法冶炼和湿法冶炼。工业上应用的铅冶炼工艺几乎全是火法，火法冶炼包括粗铅冶炼、精炼过程。湿法冶炼至今仍处于起步阶段，云南祥云飞龙再生科技股份有限公司利用锌冶炼浸出渣建成我国首条湿法铅冶炼生产线，规模 3 万 t/a。

粗铅冶炼可分为传统炼铅法和直接炼铅法。传统炼铅法包括烧结－鼓风炉熔炼法、电炉熔炼法等，属《铅锌行业规范条件》《产业结构调整指导目录（2011 年本）修正》明令禁止、淘汰工艺，但目前仍有小部分企业采用该工艺进行生产。近年来，我国建设的铅冶炼项目大多以直接炼铅工艺为主，一些大中型冶炼企业也多建设直接炼铅系统，对原有的传统冶炼工艺进行改造。

粗铅精炼包括火法精炼和电解精炼。火法精炼的基建投资省，生产费用低，为世界许多炼铅厂采用；电解精炼除铋效果好，粗铅含铋高时，宜采用电解精炼。铅精炼方面，我国基本上采取电解精炼工艺，仅在电解前熔铅锅部分根据粗铅成分有一小段火法除铜过程，除铜通常是采用熔析及硫化除铜法；而俄罗斯和欧美等国主要采用火法精炼。

我国目前直接炼铅法采用较多的是富氧底吹（顶吹、侧吹）－鼓风炉还原炼铅工艺及其改造的液态高铅渣直接还原工艺、闪速炼铅工艺（包括基夫赛特法、铅富氧闪速熔炼法）。

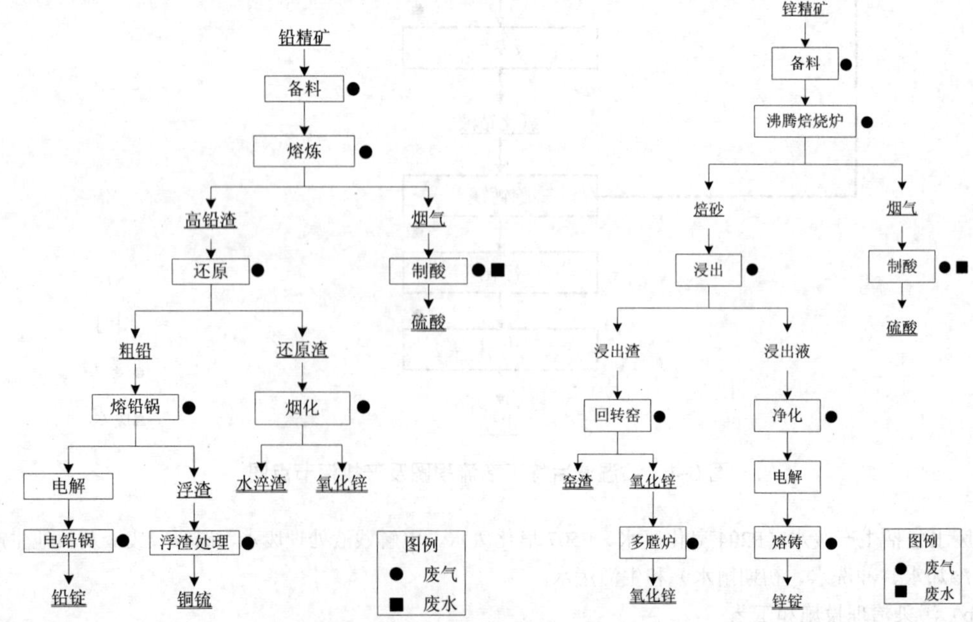

图 6-5 铅冶炼典型生产工艺流程及产排污节点图 图 6-6 湿法炼锌典型生产工艺流程及产排污节点图

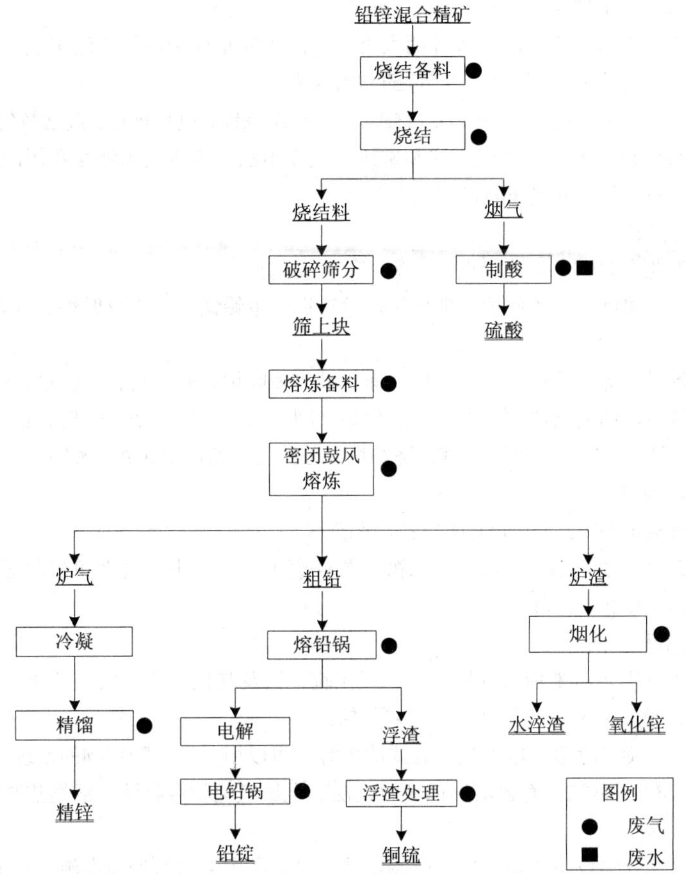

图 6-7　ISP 生产工艺流程及产排污节点图

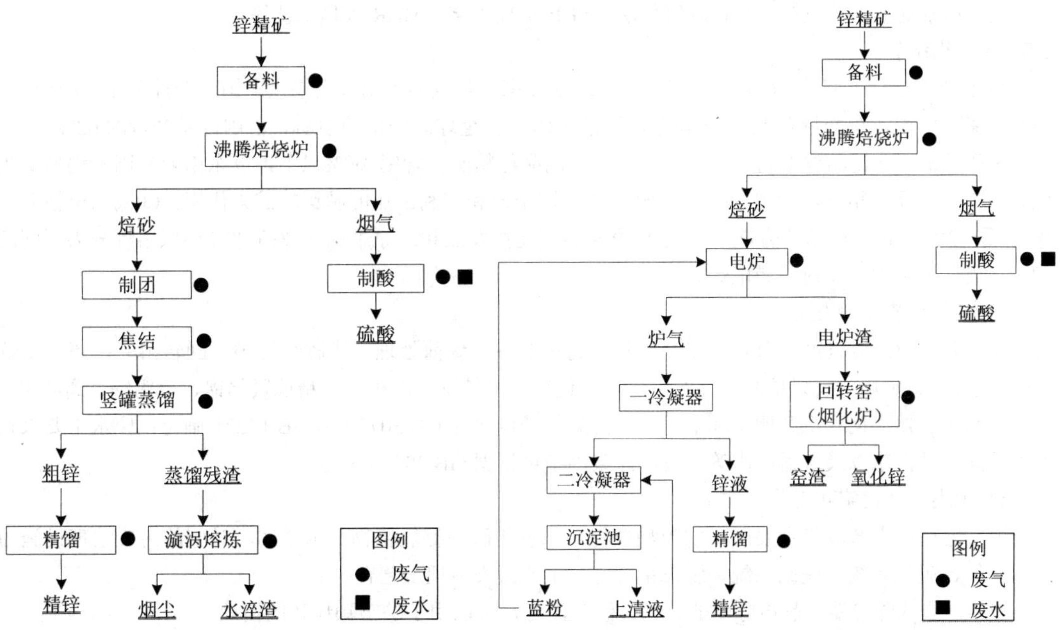

图 6-8　竖罐炼锌生产工艺流程及产排污节点图　图 6-9　电炉炼锌生产工艺流程及产排污节点图

2016 年，我国锌产量 627 万 t，同比增长 1.96%。

现代炼锌方法分为火法炼锌和湿法炼锌两大类。湿法炼锌是锌冶炼的主流工艺，产量占世界总锌产量的 85%以上。我国湿法炼锌产量占总锌产量的 90%左右。

我国火法炼锌主要有密闭鼓风炉炼锌法（ISP 法）、竖罐炼锌、电炉炼锌；湿法炼锌有常压浸出法（包括常规浸出法、热酸浸出法）、氧压浸出法和常压富氧浸出法。常压浸出法是我国湿法炼锌的主要生产方法，其产量占湿法炼锌总产量的 60%以上。

a）产污环节及污染因子

结合铅锌冶炼工业企业生产工艺特点，产污环节主要包括：

铅冶炼包括备料、熔炼炉、还原炉、烟化炉、熔铅锅、电铅锅、浮渣反射炉、锅炉烟气、环境集烟、阳极泥处理等环节。

湿法炼锌包括备料、沸腾焙烧炉、浸出槽、净化槽、多膛炉、回转窑、电解槽、熔铸、锅炉烟气等。

电炉炼锌包括备料、沸腾焙烧炉、电炉、烟化炉（回转窑）、锌精馏、熔铸、锅炉烟气等。

密闭鼓风炉熔炼法（ISP 法）包括备料、烧结机、破碎机、密闭鼓风炉、烟化炉、熔铅锅、电铅锅、锌精馏、熔铸、锅炉烟气等。

废气污染因子可根据 GB 25466 和 GB 13271 确定。

铅锌冶炼行业废水主要包括生产废水（污酸、酸性废水、一般生产废水和初期雨水）和生活污水。废水污染因子可根据 GB 25466 确定。

b）污染治理设施和工艺

铅锌冶炼生产废气主要污染物为颗粒物、二氧化硫、铅及其化合物、汞及其化合物，对应的污染治理设施为除尘系统、脱硫系统等，主要治理工艺包括：

除尘：湿法除尘、旋风除尘、电除尘、袋式除尘等，可以用于炉窑颗粒物的治理。

脱硫：包括石灰石-石膏法、有机溶液循环吸收法、金属氧化物吸收法、活性焦吸附法、氨法、双碱法等。

铅锌冶炼行业废水处理设施主要包括生产废水治理设施和生活污水处理设施，其主要生产工艺包括：

生产废水治理工艺包括石灰中和法（LDS 法）、高密度泥浆法（HDS 法）、硫化法、石灰-铁盐（铝盐）法、生物制剂法、电化学法、膜分离法等。

生活污水处理工艺包括生物接触氧化法、SBR 处理工艺、MBR 处理工艺等。

6.5.5.5 锡冶炼

2015 年中国锡产量为 16.5 万 t，企业数量 20 多家，是世界上第一大锡生产国。全球前 12 家锡企业中有 5 家在中国，总产量占 12 家公司总产量的 38%，占全球总产量的 30%，占国内总产量的 62%。

锡精矿根据含锡品位不同大致分为三类：①高品位精矿，含锡 60%以上，以东南亚各国砂锡精矿为代表；②中等品位精矿，含锡 30%～50%，以中国个旧和玻利维亚的脉锡精矿为代表；③低品位精矿，含锡低于 30%。锡精矿冶炼方法主要是还原熔炼-烟化挥发法和还原熔炼-精炼工艺（还原熔炼分为不同的炉型：奥斯麦特炉、反射炉和电炉）。

a）产污环节及污染因子

锡冶炼工业的废气产污节点主要在配料，粉煤制备，炼前处理（沸腾焙烧炉、回转窑），还原熔炼（澳斯麦特炉、电炉、反射炉），挥发熔炼（烟化炉），精炼（熔析炉、精炼氧化锅、合锡锅、离心机、机械结晶机、熔化锅、电解槽等环节。废气污染因子可根据 GB 30770 和 GB 13271 确定；废水主要来自制酸车间、冲洗水以及生活污水等。废水污染因子可根据 GB 30770 确定。

b）污染治理设施和工艺

锡冶炼行业生产废气主要污染物为颗粒物、二氧化硫、氮氧化物、重金属，对应的污染治理设施为除尘系统、脱硫系统、脱硝系统、脱汞系统等。主要污染治理工艺有：

除尘：袋式除尘器、静电除尘器、动力波洗涤等，可以用于炉窑颗粒物的治理。

脱硝：大部分锡冶炼企业氮氧化物不超标，超标企业可以采用脱硝系统。

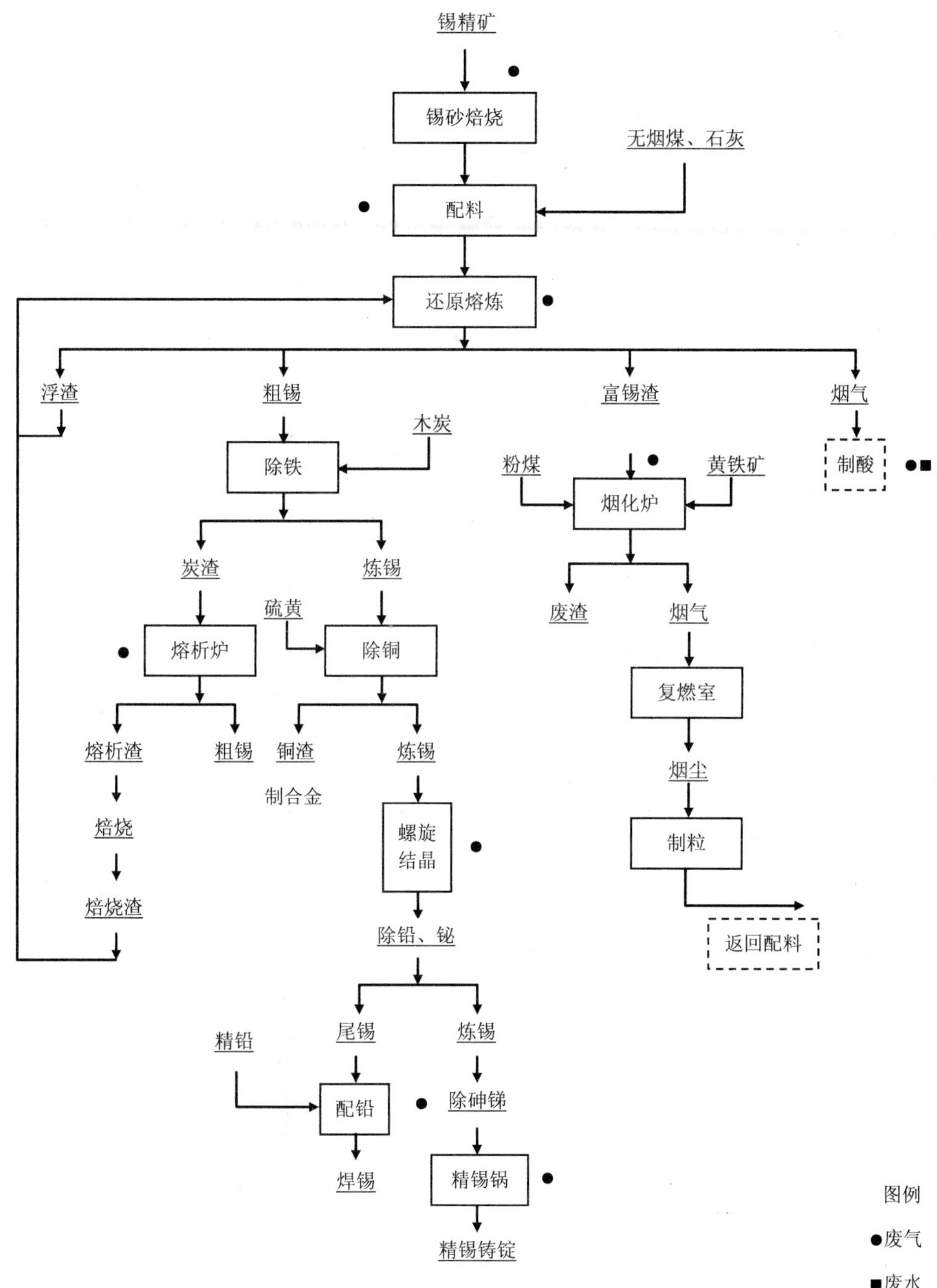

图 6-10 锡冶炼工艺流程及产排污节点图

脱硫：包括有机溶液循环吸收脱硫技术、石灰/石灰石-石膏法脱硫技术、动力波湍冲废气吸收技术、钠碱法、氧化锌脱硫技术等多级组合工艺。

脱汞：硫酸软锰矿净化法、漂白粉净化法、多硫化钠净化法、碘络合法及酸洗脱汞法。

锡冶炼行业废水污染治理设施主要是生活污水处理系统和生产废水治理设施，主要治理工艺有：

生产废水治理工艺分为硫化法、中和法、铁盐法、混凝-沉淀法、膜分离法技术、吸附法和电化学法等深度处理法多个工艺组合。

生活污水主要采用生化法处理工艺。

6.5.5.6 锑冶炼

2015年我国锑产品产量为13.55万t，企业数量30余家，我国的锑产量对世界锑产量占比达到80%～90%。我国的锑冶炼厂，95%以上采用火法炼锑工艺，即先将硫化锑矿石或精矿挥发焙烧（熔炼）产出三氧化锑，在对其进行还原熔炼和精炼，产出金属锑。

不同类型的锑精矿（辉锑矿、混合硫化氧化锑精矿、锑金（砷）精矿、锑铅复合精矿、锑汞），采用不同的冶炼工艺。辉锑精矿冶炼方法主要有挥发熔炼（焙烧）-还原熔炼。锑金精矿冶炼方法主要为鼓风炉挥发熔炼-选择性氯化提金法；锑铅精矿冶炼方法主要为沸腾炉焙烧-还原熔炼。

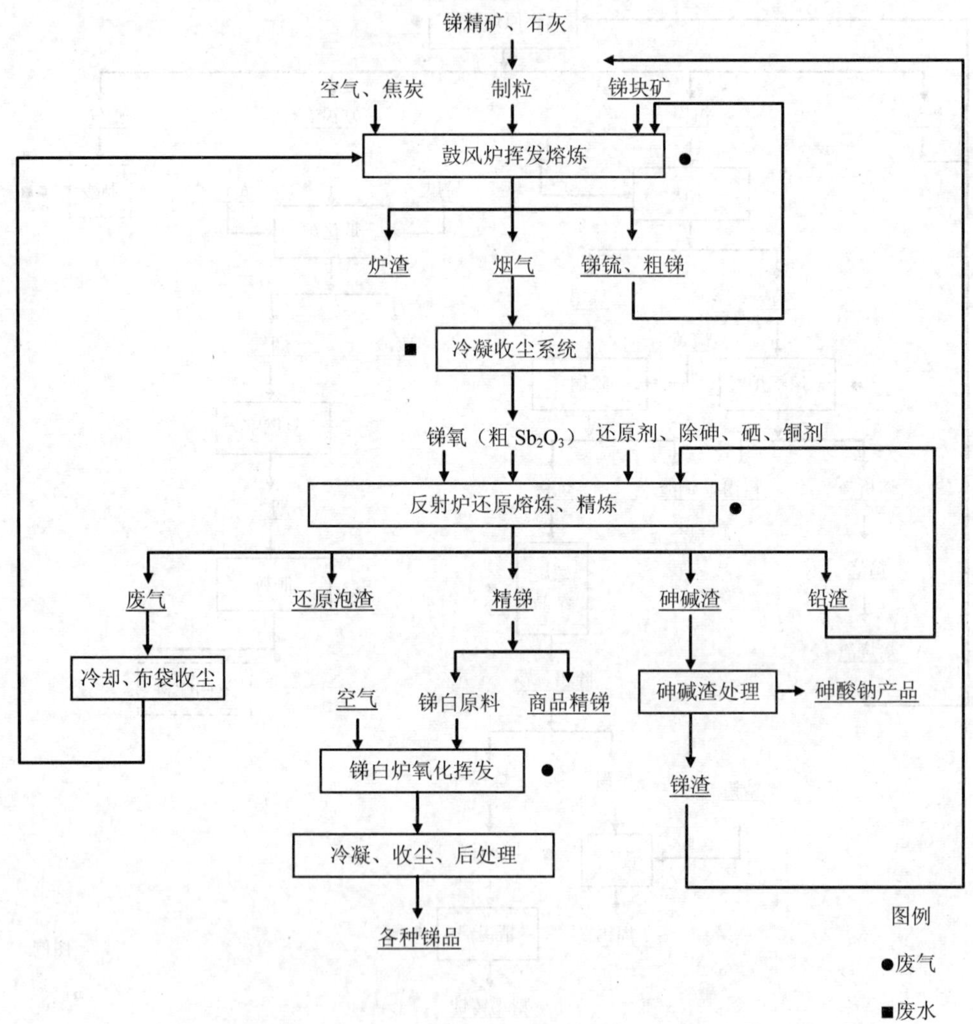

图6-11 锑冶炼工艺流程及产排污节点图

a）产污环节及污染因子

锑冶炼行业以锑精矿为原料的，产污环节包括挥发熔炼（鼓风炉）、挥发焙烧（平炉）、还原熔炼（反射炉）；以铅锑精矿为原料的，产污环节包括沸腾焙烧炉、烧结炉、还原熔炼（鼓风炉）、吹炼炉、精炼（反射炉）；以锑金精矿为原料的，产污环节包括挥发熔炼（鼓风炉）、灰吹炉、炼金炉、还原熔炼炉、氯化（氯化浸出槽）；以精锑为原料的，产污环节包括熔化氧化挥发（锑白炉）等环节。锑冶炼行业污染因子依据GB 30770和GB 13271确定。

废水主要来自于鼓风炉熔炼烟气冷凝收尘等环节；废水主要来自制酸车间、冲洗水以及生活污水等。

b）污染治理设施和工艺

锑冶炼行业废气污染治理设施主要有除尘系统、脱硫系统、脱硝系统、脱汞系统等。污染治理工艺主要包括：

除尘：主要涵盖了袋式除尘器、湿法除尘等，可以用于炉窑颗粒物的治理；

脱硝：大部分锑冶炼企业氮氧化物不超标，超标企业可以采用脱硝系统；

脱硫：主要包括石灰-石膏湿法；钠碱法；氨法脱硫技术等多级组合工艺；

脱汞：硫酸软锰矿净化法、漂白粉净化法、多硫化钠净化法、碘络合法及酸洗脱汞法。

锑冶炼行业废水污染治理设施主要是生活污水处理系统和生产废水治理设施，主要治理工艺有：

生产废水治理工艺有硫化法、石灰+铁盐法、以及电化学法、吸附法等深度处理法多个工艺组合；

生活污水主要采用生化法处理工艺。

6.5.5.7　汞冶炼

我国主要以汞（再生、回收）冶炼行业为主要发展方向，从含汞废物中回收汞将逐渐成为国内精炼汞的重要来源。

a）产污环节及污染因子

2015 年我国原生汞矿冶炼汞产品产量约为 300 t，企业数量 1 家，所占比例不到 20%，采用蒸馏-冷凝回收工艺。

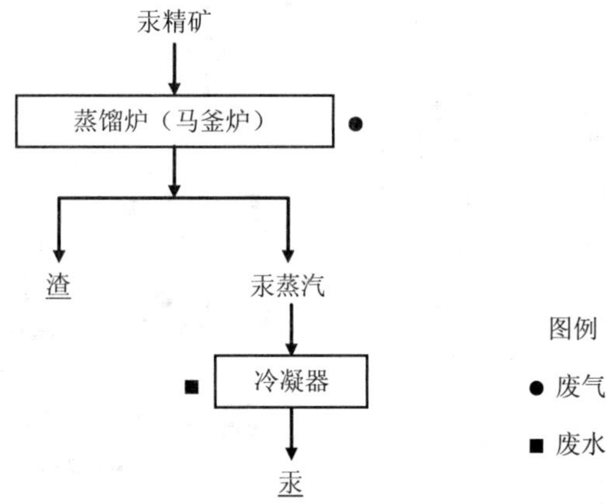

图 6-12　汞冶炼工艺流程及产排污节点图

汞冶炼企业大气污染主要产污环节集中在蒸馏炉或马釜炉和公共锅炉，废气污染因子根据 GB 30770 和 GB 13271 确定。废水主要来源于汞蒸汽的冷凝器和生活污水，废水污染因子根据 GB 30770 确定。

b）污染治理设施和工艺

汞冶炼行业生产废气污染治理设施主要包括除尘系统、脱硫系统、脱硝系统、脱汞系统等，其主要污染治理工艺有：

除尘：汞冶炼行业除尘设施主要有袋式除尘器、湿法除尘等，可以用于炉窑颗粒物的治理。

脱硝：汞冶炼企业氮氧化物不超标，超标企业可以采用脱硝系统。

脱硫：汞冶炼行业脱硫包括石灰-石膏湿法；钠碱法等多级组合工艺。

脱汞设施：硫酸软锰矿净化法、漂白粉净化法、多硫化钠净化法、碘络合法及酸洗脱汞法。

汞冶炼行业废水污染治理设施主要是生活污水处理系统和生产废水治理设施，主要治理工艺有：

生产废水治理工艺有硫化法、中和法、吸附法等多个工艺组合；

生活污水主要采用生化法处理工艺。

6.5.5.8　铝冶炼

a）氧化铝生产工艺

从矿石提取氧化铝的生产方法多样，目前在工业上采用的是碱法，主要原料是铝土矿、碱和石灰石，生产方法有烧结法、拜耳法、联合法。各种生产工艺中，拜耳法工艺最简单，没有熟料烧成工序。

1）产污节点和污染因子

①碱石灰烧结法

铝土矿与石灰、碱粉、无烟煤以及生产返回的硅渣浆及炭分蒸发母液按比例磨制成生料浆。生料浆送烧成窑烧成熟料。熟料破碎后与后面工序返回的调整液按比例加入溶出磨进行磨细、溶出。溶出料浆经沉降进行赤泥分离，赤泥经洗涤后送往赤泥堆场堆存。分离溢流加温、加压处理进行脱硅和钠硅渣分离，钠硅渣及附液返回矿浆磨配料。分离溢液一部分经叶滤后送去种分槽进行种子分解，析出氢氧化铝结晶经过热水洗涤、过滤后送去焙烧系统，用焙烧得合格的氧化铝，种分母液送溶出系统作调整液。另外一部分加石灰乳深度脱硅，分离出的钙硅渣及附液返回矿浆磨制系统配料，二次精液通入二氧化碳气进行碳酸化分解。分解浆液分离后，氢氧化铝送去洗涤。碳分母液分别送去母液蒸发和溶出系统作调整液，经蒸发的碳分蒸发母液送去矿浆磨制系统配料。烧结法工艺流程见图 6-13。

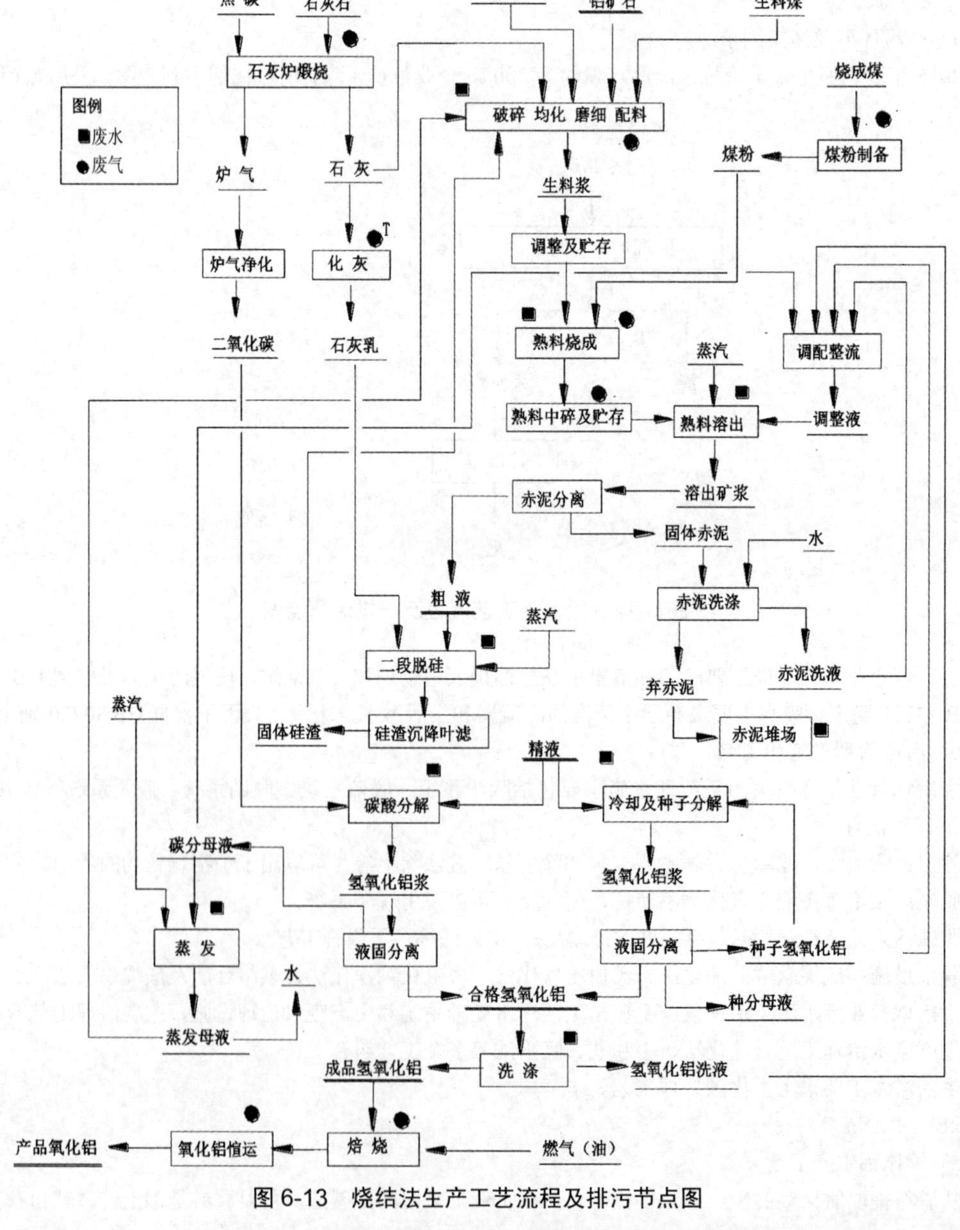

图 6-13 烧结法生产工艺流程及排污节点图

②拜耳法工艺

铝矿石按比例与蒸发母液及液碱和石灰等，同时送入矿浆磨中，磨制成原矿浆。原矿浆经预脱硅后送至溶出工序，矿石中的氧化铝与碱作用生成铝酸钠转入溶液。溶出后产生的赤泥（残渣）中含矿石中不溶杂质和反应生成的沉淀物。铝酸钠溶液经稀释和赤泥分离后，送叶滤机进一步除去溶液中的残留固体物，所得精液中加入氢氧化铝晶种进行搅拌分解，溶液中的氧化铝呈氢氧化铝结晶析出，溶液与固体分离后，细粒返回作晶种，粗粒经热水多次洗涤去掉附着碱，然后送氢氧化铝焙烧炉在高温下烧去附着水及结晶水，得成品氧化铝。与氢氧化铝分离的种分母液用蒸汽蒸发浓缩后返回工艺处理下一批矿石。分离的赤泥经洗涤回收附碱后，送赤泥堆场集中堆放。拜耳法工艺流程见图 6-14。

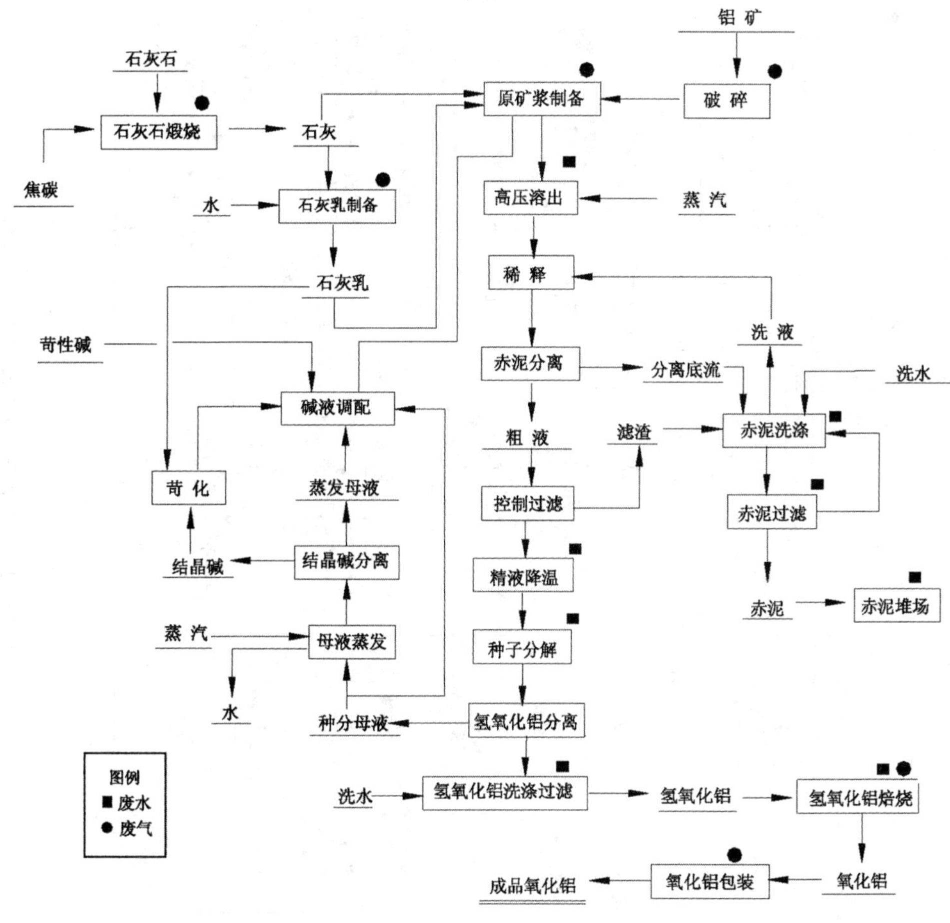

图 6-14　拜耳法生产工艺流程及排污节点图

③联合法

联合法又分串联法、并联法和混联法，联合法由拜耳法和烧结法两部分组成。

串联法工艺中，烧结法系统不使用原矿，而是利用拜耳法产生的固体废物-赤泥作生产原料，提高氧化铝回收率。

并联法可处理高、低两种不同 A/S 的矿石，其拜耳系统和烧结系统各自处理矿石原料，在种分工序后合成同一生产线。

混联法的烧结系统既处理拜耳系统的赤泥，又新加入铝土矿，加入量据熟料配方中的铝硅比要求确定。因此，混联法组织生产灵活，氧化铝回收率较高，其能耗和大气污染物排放量较烧结法低，是我国氧化铝厂采用较多的工艺方法。联合法工艺流程见图 6-15。

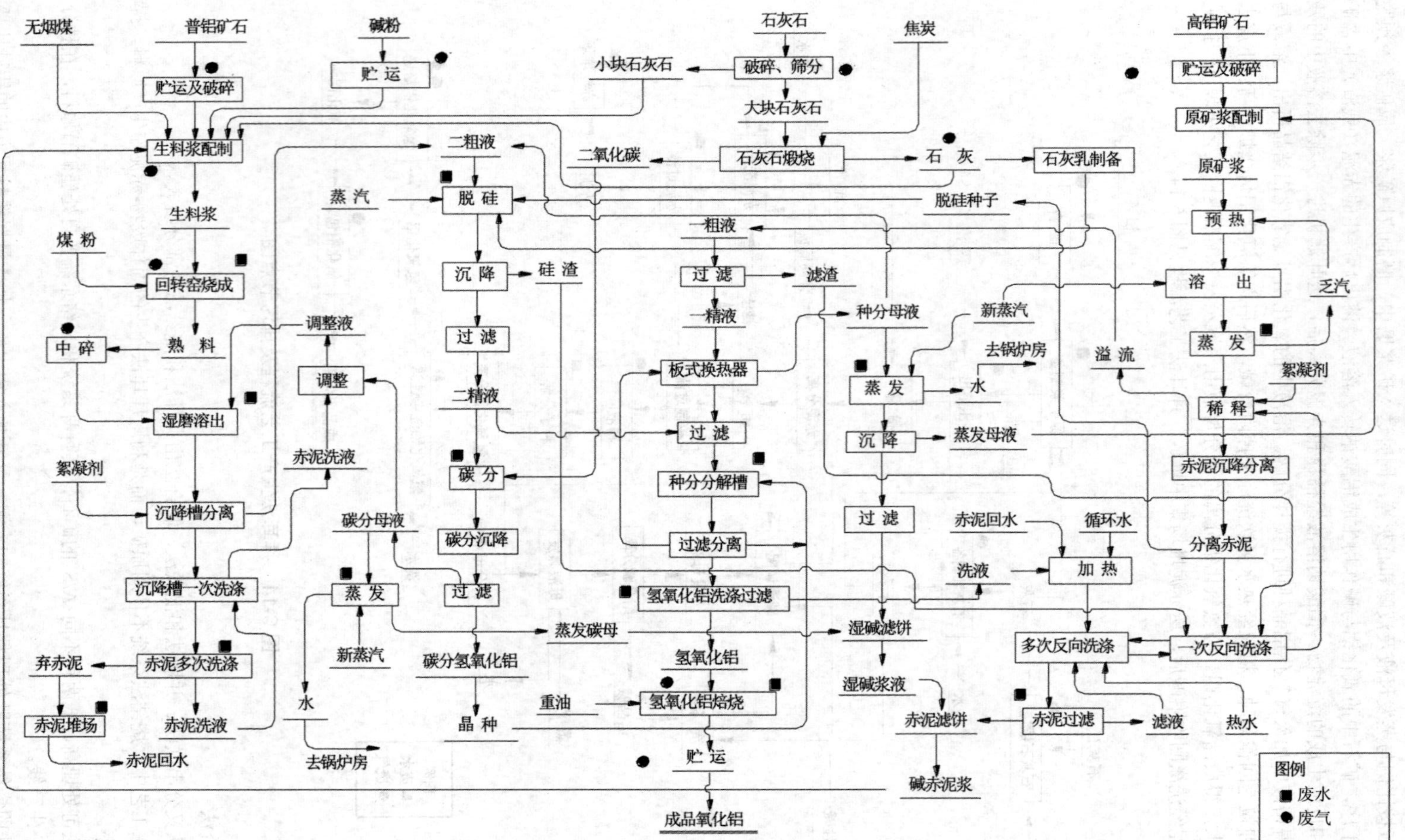

图 6-15 联合法生产工艺流程及排污节点图

氧化铝的废气污染产污环节主要包括：

熟料烧成窑是氧化铝的联合法、烧结法生产最主要废气污染源；

氢氧化铝焙烧均采用流态化焙烧炉为主要废气产污环节；

石灰炉（窑）采用气体燃料、熔盐加热炉采用煤或气体燃料为燃料，也是废气主要产污环节；

其他的产污节点为各类原辅燃料的转运及均化、物料的破碎、筛分、粉磨、石灰乳制备、氧化铝贮运及包装等生产过程。

氧化铝行业的废气污染因子应根据 GB 25465 和 GB 13271 确定。

废水主要来源于生产废水（洗涤、过滤、蒸发等环节）以及生活污水，氧化铝行业的废水污染因子应根据 GB 25465 确定。

2）污染治理设施和工艺

氧化铝污染治理设施主要有熟料烧成窑除尘系统、氢氧化铝焙烧炉除尘系统、石灰炉（窑）除尘系统、燃煤熔盐加热炉脱硫除尘系统。原料转运、破碎、熟料中碎、磨粉等除尘系统，氧化铝贮运及包装过程等除尘系统，其主要治理工艺包括：

除尘：主要是电除尘器、袋式除尘器，其中电收尘分为三电场静电除尘器、四电场静电除尘器，主要用于熟料烧成窑、氢氧化铝焙烧炉颗粒物的治理；袋式除尘器主要用于石灰炉窑、各通风除尘系统等颗粒物的治理；

脱硫：燃煤熔盐加热炉的二氧化硫需采用湿式脱硫装置。

b）电解铝

金属铝生产采用的冰晶石-氧化铝熔盐电解法，是目前工业生产金属铝的唯一方法。金属铝主要生产原料是氧化铝、氟化盐（冰晶石、氟化铝等）、炭素阳极。

1）产污节点和污染因子

电解槽导入强大直流电，氧化铝、氟化盐在 950℃左右高温条件下熔融（电解质），电解质在电解槽内经过复杂的电化学反应，氧化铝被分解，在槽底阴极析出液态金属铝，定期用真空抬包抽出运至铸造部经混合炉除渣后由连续铸造机浇铸成铝锭，冷却、打捆后即为成品。

电解过程中，炭素阳极与氧反应生成 CO_2 和 CO 而不断消耗，通过定期更换阳极块进行补充。电解槽散发的烟气中含有氟化物、粉尘及 SO_2 等大气污染物，是铝厂最主要的大气污染源。

从电解槽上卸下的残极运至阳极组装车间，经装卸站挂到积放式悬挂输送机上，由悬链吊运残极依次通过残极清理、残极压脱、磷铁环压脱、导杆矫直、钢爪清刷、涂石墨、导杆清刷、浇铸磷生铁等流水作业站，组装出新的阳极组。清理下的电解质由破碎系统破碎至 8 mm 以下，返回电解槽作为阳极覆盖料使用。经残极压脱机压下的残极炭块返回阳极生产厂做原料用。钢爪上磷铁环压脱后再经清理滚筒清理后返回中频炉使用。

电解铝生产工艺流程见图 6-16。

电解铝企业废气产污节点主要为电解槽，以及混合炉、氧化铝和氟化盐贮运、电解质破碎、阳极组装系统的残极抛丸清理、残极破碎、残极压脱、电解质清理、钢爪抛丸清理、磷铁环压脱、导杆清理、残极处理、中（工）频感应炉等过程。废气污染因子按照 GB 25465 和 GB 13271 确定。

电解铝的废水主要包括生产工艺废水和生活污水。工艺废水主要产生于铸造机和中频感应炉等环节。废水污染因子按照 GB 25465 确定。

2）污染治理设施和工艺

电解铝的废气污染治理设施主要有电解烟气净化系统，氧化铝、氟化盐贮运系统、混合炉（若有）、中（工）频感应炉（若有）、残极抛丸清理、残极破碎、残极压脱、电解质破碎、电解质清理、钢爪抛丸清理、磷铁环压脱、导杆清理等除尘系统，其主要治理工艺有：

除尘除氟：电解烟气采用氧化铝吸附干法净化治理颗粒物、氟化物；

除尘：采用袋式除尘器回收吸附氟化铝的氧化铝和颗粒物；

废水处理主要包括生产废水治理设施和生活污水处理设施，其主要生产工艺包括：

废水治理工艺分为一级处理（过滤、沉淀、冷却）、二级处理（生物接触氧化工艺、活性污泥法、

A/O、A^2/O、其他）、深度处理（超滤/纳滤、反渗透、吸附过滤、其他）；

各种设备冷却排污水、辅助生产废水（机修废水、化验废水）处理工艺一般为一级处理工艺；

生活污水处理工艺一般为一级处理和二级处理工艺。

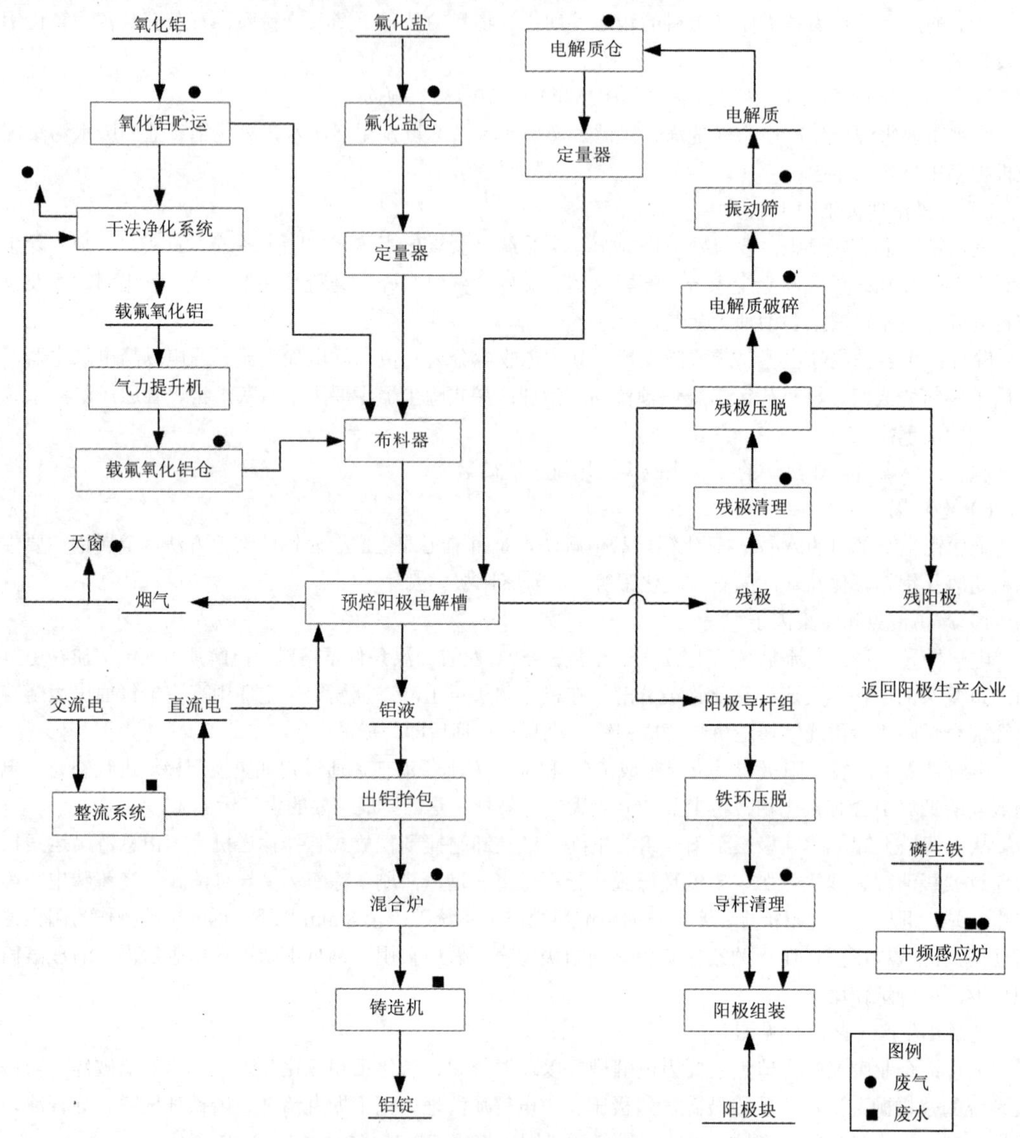

图 6-16 电解铝生产工艺流程及排污节点图

6.5.5.9 镁冶炼

金属镁生产工艺有电解法和硅热法。电解法根据原料的不同或制取氯化镁的方式不同又分为：菱镁矿颗粒氯化法、菱镁矿成球氯化法、海水白云石法、光卤石脱水电解法、氯化镁熔融氯化脱水电解法、氯化镁在氯化氢气氛下脱水电解法等工艺。硅热法又根据加热方式分为：皮江法、马格尼特法和波尔萨诺法。

目前，国内所有的商品镁都是由皮江法工艺生产，其产量占世界镁产量的 80%左右，国内还有一座电解法镁厂在格尔木正在建设中，还没正式投产。

a）产污节点和污染因子

所有的镁电解工艺都是将各种矿物转变成无水氯化镁进行电解制镁。含氯矿物如海水、光卤石、卤水等，在制镁过程中，吨镁会附产 2.8～2.9 t 氯气，这类镁厂就必须配套建设能消纳氯气的装置，如生产 PVC 等。不含氯的矿物如菱镁矿、蛇纹石、水镁石等，在制镁过程中，需补充氯元素如氯气、盐酸等。

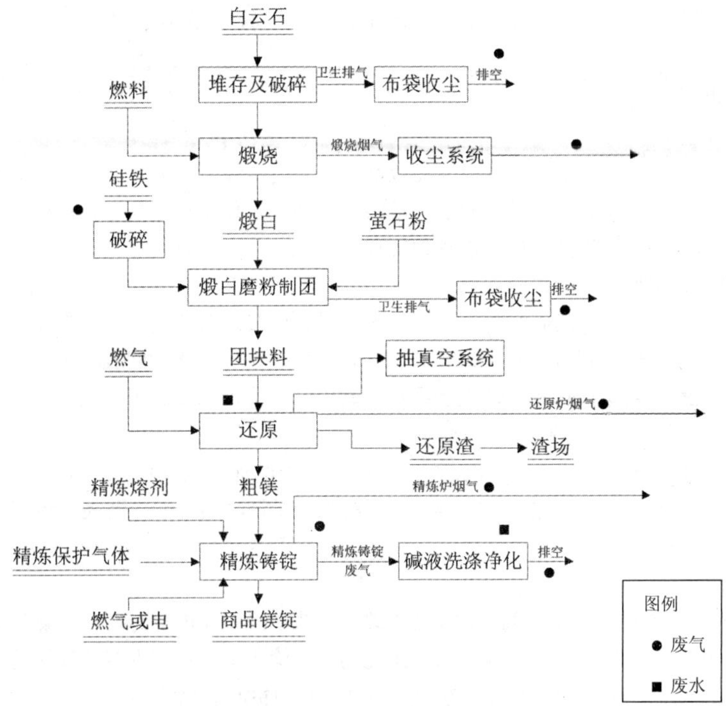

图 6-17　皮江法炼镁工艺流程及产排污节点图

硅热法就是以硅铁为还原剂，在高温和高真空条件下将煅白（MgO·CaO）中的镁还原出来。

皮江法是将反应物料置于还原罐中通过外加热完成还原反应；马格尼特法也叫半连续法，是在真空直流电弧炉中加热完成还原反应，炉渣定期以熔融态形式从炉内排出。波尔萨诺法是采用内热式电炉，通过与物料接触的铁电阻体发热来完成还原反应。目前在国内的镁生产中还没有后两种工艺。

皮江法炼镁就是将白云石煅烧后制得煅白（MgO·CaO），配入硅铁、萤石，经磨粉后压制成团块料，再送入还原炉的还原罐中，抽真空并加热到 1 200℃左右后发生还原反应，且析出镁蒸汽并在结晶器内冷凝得到结晶粗镁，粗镁经重熔精炼净化后浇铸成金属镁锭或将镁水用于其他工序，还原后产生的还原渣送堆场堆存或综合利用。见皮江法炼镁工艺流程图。

镁冶炼废气主要产污环节包括：

原料堆场及破碎：包括白云石破碎及其他通风生产设备等；

煅烧：包括白云石煅烧窑炉及窑尾余热利用系统、冷却机、煤磨及其他通风生产设备；

煅白磨粉制团：包括硅铁破碎机、球磨机、压球机及其他通风生产设备等；

还原：还原炉、真空机组、装料机、扒渣机及其他通风生产设备等；

精炼铸锭：精炼炉、静置炉、铸锭机及其他通风生产设备等；

公用辅助单元：空压机、工（中）频炉、离心铸管机及其他通风生产设备等。

镁冶炼行业废水主要包括循环冷却系统排水、辅助生产废水（化验废水及化水制备废水）、废气净化装置排污水，生活污水。

b）污染治理设施和工艺

镁冶炼行业废气治理设施包括除尘系统、煤气脱硫系统（若有）、精炼铸造废气处理系统等，其主要治理工艺包括：

除尘：三电场静电除尘器、四电场静电除尘器、五电场静电除尘器；袋式除尘器、电袋复合除尘器；

脱硫：干法、湿法等；

废气净化：洗涤吸收法等。

废水包括工业废水处理系统和生活污水处理系统，其主要工艺包括：废水治理工艺分为一级处理（过滤、沉淀、上浮法、冷却）、二级处理（生物接触氧化工艺、活性污泥法、A/O、A^2/O、其他）。

6.5.5.10 钛冶炼

a）产污节点和污染因子

1）钛渣生产工艺

富钛料分为金红石和钛渣，金红石分为天然金红石和人造金红石，天然金红石由天然金红石矿选矿得到，人造金红石是采用钛铁矿采用盐酸浸法、锈蚀法、选择氯化法等富集二氧化钛生产得到。钛渣分为氯化渣和酸溶性渣两种，酸溶渣供硫酸法钛白的原料，氯化渣主要氯化法钛白和海绵钛的原料。全世界范围内富钛料的供应90%以上为钛渣。

钛渣生产工艺：钛精矿（钛铁矿）与还原剂（无烟煤、兰炭、石油焦）按一定比例加入钛渣熔炼电炉中，在高温下经还原熔炼得到钛渣和生铁。高温电炉烟气经收尘净化后回收利用，用于原料干燥、钛渣烘干钛渣、生产蒸汽、烘烤抬包等。钛渣经冷却、破碎、磁选、包装送下一级用户。生铁经铸锭送钢铁企业。

钛渣熔炼过程中还原剂与钛精矿（钛铁矿）中的氧化铁及其他金属氧化物进行还原反应生成 CO_2 和 CO，钛渣电炉的高温烟气中含有粉尘、SO_2 等大气污染物，是钛渣熔炼的主要大气污染物。

2）海绵钛生产工艺

①四氯化钛制备

钛渣与煅后焦按一定比例配料，连续加入氯化炉中；补充氯和镁电解返回循环氯气通入氯化炉，在高温下与钛渣进行化学反应生成四氯化钛和杂质氯化物，经除尘降温后用四氯化钛淋洗吸收得到粗四氯化钛，粗四氯化钛经除钒、蒸馏和精馏除去杂质，得到合格的精四氯化钛。

四氯化钛制备过程中氯气与富钛料中的二氧化钛在高温下生产四氯化钛，同时与其他金属氧化物生成金属氯化盐，与物料中的水反应生成氯化氢，四氯化钛制备尾气中含有未反应的氯气、氯化氢及部分氯化物，是该工序的主要大气污染物。

②海绵钛生产

将电解镁工序来的熔融金属镁加入到经密闭的反应器中，连续加入精四氯化钛，经高温还原得到金属钛和氯化镁，还原过程中定期排出氯化镁，氯化镁送镁电解系统。还原反应结束后转入蒸馏作业，将过量的金属镁、残留的氯化镁与金属钛蒸馏分离，金属镁和残留的氯化镁冷凝在另一端反应器中。蒸馏结束后将氩气注入反应器中并冷却至室温；从反应器中取出金属海绵钛坨，送至破碎工序。钛坨经切碎、破碎、筛分达到合格粒度，再经磁选、人工挑选、检验合格后充氩气包装、分级存放。

海绵钛生产过程中，在还原过程氯化镁的排放高温氯化镁和泄压时气体含有部分低价钛的氯化物，气体中含有的颗粒物是还原蒸馏无组织排放的主要大气污染物。

③镁电解系统

镁电解是将还原蒸馏过程中产生得熔融氯化镁注入至镁电解槽中，电解成金属镁和氯气，电解出的熔体镁经精炼后送钛还原蒸馏工序还原四氯化钛；氯气经加压（或液化）送四氯化钛制备。

镁电解系统氯气加压液化过程中存在部分未液化的氯气以及槽的卫生排气中含有氯气，是该镁电解系统的主要大气污染物。

钛冶炼工艺流程及污染节点图见图 6-18。

钛冶炼废气主要产污节点包括：

钛渣冶炼废气产污节点主要在物料的存储、堆放、转运、破碎、包装等过程，钛渣熔炼等炉窑等；

四氯化钛制备废气产污节点主要在钛渣贮运、氯化精制尾气处理等过程；

镁电解生产废气产污节点镁电解废气处理净化、氯气加压及氯气液化废气净化等过程。

钛冶炼废气污染因子根据 GB 25468 和 GB 13271 确定。

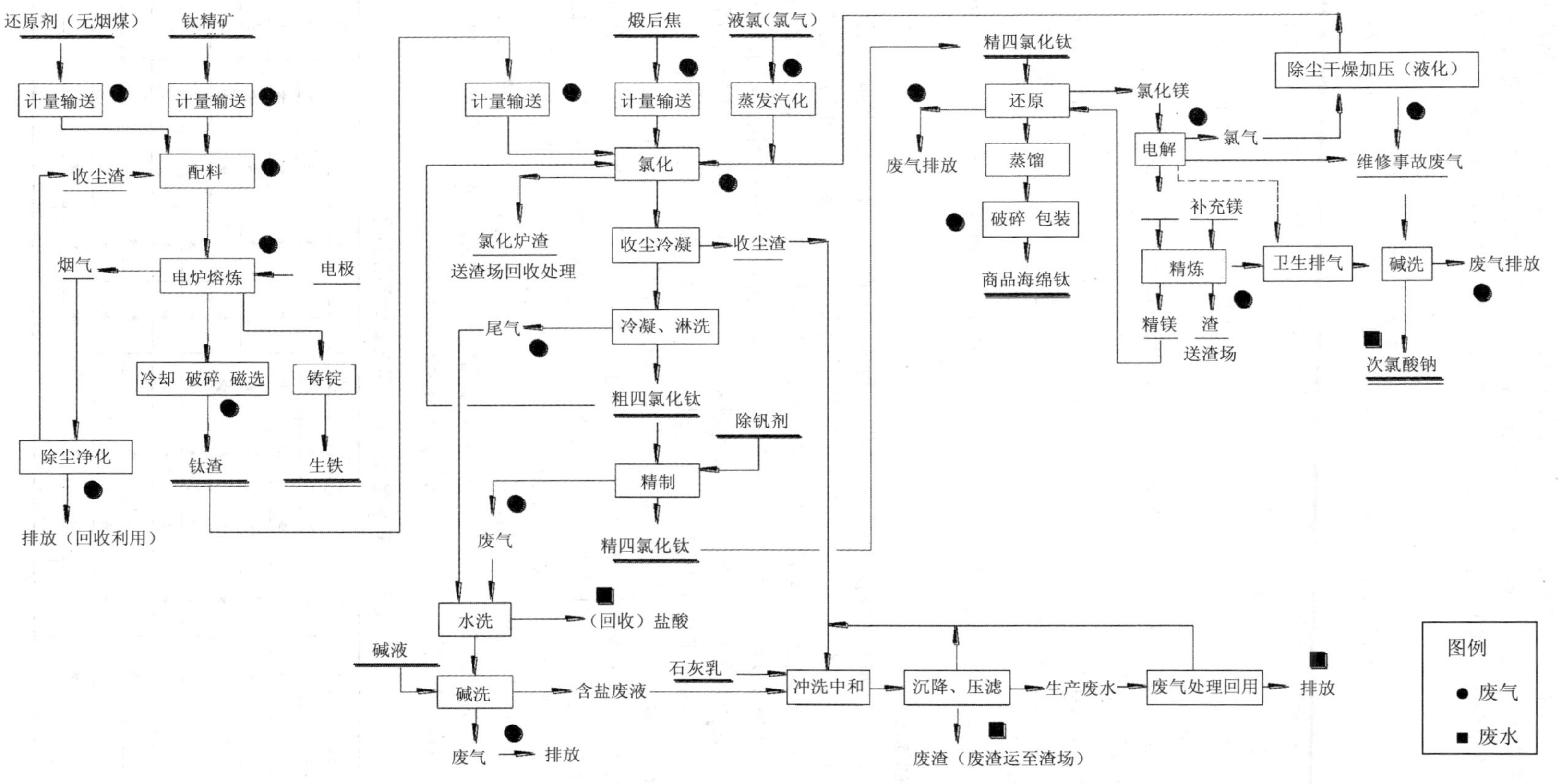

图 6-18 钛冶炼生产工艺流程及排污节点图

钛冶炼工艺过程大部分在酸性条件下进行，废水有四氯化钛生产过程中的冲洗收尘渣废水、尾气洗涤酸性废水、维修冲洗水等，污染物是酸和悬浮物等，以及各种炉窑及设备循环冷却系统排污水、辅助生产废水（化验废水及地面冲洗废水），同时还有生活污水。钛冶炼行业废水污染因子根据 GB 25468 确定。

b）污染治理设施和工艺

钛冶炼行业废气污染治理设施主要有原料贮运、转运、破碎等除尘系统、洗涤净化系统，主要治理工艺包括：

钛渣熔炼除尘：旋风、电除尘器、袋式除尘器，其中电收尘分为三电场静电除尘器、四电场静电除尘器，主要用于钛渣电炉烟气的颗粒物的治理。

四氯化钛制备废气净化：主要是采用二级水洗塔、两级以上碱洗塔，主要用于四氯化钛生产尾气中的氯气、氯化氢的治理。

镁电解废净化：主要采用两级以上碱洗塔，主要用于在氯气压缩输送系统维修、氯气液化残余废气以及电解槽卫生排气中氯气的洗涤净化。

钛冶炼行业废水处理系统主要包括生产废水处理系统和生活污水处理系统，其治理工艺主要包括：

生产废水治理工艺分为一级处理（中和、混凝、沉淀、过滤、气浮、其他）、深度处理（吸附、反渗透、离子交换、其他）。

生活污水治理工艺分为一级处理（沉砂、沉淀）、二级处理（生物膜法、活性污泥法、SBR、A^2/O、其他）。

6.6 许可因子的筛选

根据《排污许可证申请与核发技术规范　总则》（初稿）中规定，“十三五”期间，只针对颗粒物、二氧化硫、氮氧化物、挥发性有机物（重点行业）、废水化学需氧量、氨氮等污染因子确定许可排放量。本次技术规范涉及的 5 项行业排放标准中只针对颗粒物、二氧化硫、氮氧化物、废水化学需氧量、氨氮 5 项污染因子，并不涉及挥发性有机物（重点行业）。同时，从行业污染特征和全国污染物排放贡献来看，无论是从行业特征污染监管还是全国污染物总体削减来看，重金属污染排放应该纳入行业乃至全国排污许可的重要环境监管污染因子，也是实现排污许可规范和引导行业企业主要污染因子稳定达标的重要内容之一。因此本标准将针对 11 种常用有色金属冶炼行业明确重金属排污许可因子。

本标准重点对 5 项有色金属行业排放标准污染排放因子的梳理，结合《重金属污染综合防治“十二五”规划》以及“大气十条”“土十条”和“水十条”等相关管理文件要求，筛选出有色金属行业许可排放量的污染因子。本标准许可排放量的污染因子确定为颗粒物、二氧化硫、化学需氧量、氮氧化物、氨氮等 5 项污染物，同时重有色金属（铅、锌、铜、镍、钴、锡、锑、汞）补充汞、镉、铅、砷 4 种重金属作为许可排放量的污染因子，轻有色金属铝补充氟化物作为许可排放量的污染因子。地方有环境质量改善要求的，可根据需求扩大有色行业许可排放量污染因子的范围。

表 6-2 有色金属工业许可总量的污染因子

序号	污染因子	铅	锌	铜	镍	钴	锡	锑	汞	铝	镁	钛
1	二氧化硫	★	★	★	★	★	★	★	★	★	★	★
2	氮氧化物	★	★	★	★	★	★	★	★	★	★	★
3	颗粒物	★	★	★	★	★	★	★	★	★	★	★
4	化学需氧量	★	★	★	★	★	★	★	★	★	★	★
5	氨氮	★	★	★	★	★	★	★	★	★	★	★
6	总铅	★	★	★	★	★	★	★	★			
7	总砷	★	★	★	★	★	★	★	★			
8	总汞	★	★	★	★	★	★	★	★			
9	总镉	★	★	★	★	★	★	★	★			
10	氟化物									★		

6.7 排污单位排放口划分

因有色金属冶炼行业生产工序多，污染源较多，因此现阶段对有色金属冶炼行业排污单位排放口管理应突出重点，结合《控制污染物排放许可制实施方案》差异化管理的要求，为提高对有色冶炼行业企业污染源管控的效能，同时提高排污许可证申报与核发效率，减小核算工作量，将排放口分主要排放口和一般排放口两大类进行分类管理。污染物排放量大、污染物排放种类多、安装在线监测设施便于考核、5+X 种污染物（5 种为二氧化硫、氮氧化物、颗粒物、化学需氧量、氨氮；X 种为总铅、总砷、总汞、总镉、氟化物）排放量占企业总排放量大的污染物排放口设置为主要排放口，管控排放浓度和排放量；其余的污染物排放口设为一般排放口，只管控许可排放浓度。

废水主要排放口为工业废水总排放口及车间或生产设施排放口。

废气排放口按照上述划分原则，分为主要排放口和一般排放口；铝冶炼技术规范中锅炉为主要排放口，其他规范中锅炉为一般排放口。

a）铜冶炼

废气主要排放口为制酸尾气烟囱、制酸尾气烟囱/精炼烟囱、环境集烟烟囱。废气一般排放口为原料制备系统烟囱/排气筒、锅炉烟囱、电解槽、电解液循环槽等；电积槽及其他槽；真空蒸发器、脱铜电积槽。废水主要排放口为废水总排放口、车间或生产设施排放口。

b）镍冶炼

镍冶炼废气主要排放口为原料制备系统烟囱/排气筒、制酸尾气烟囱、环境集烟烟囱。废气一般排放口为吸收塔排气口、吸收塔排气口、烟气排放口。

c）钴冶炼

钴冶炼废气均为一般排放口，有吸收塔出口和锅炉烟囱。废水主要排放口为废水总排放口。

d）铅锌冶炼

铅冶炼废气主要排放口为制酸尾气烟囱、脱硫尾气烟囱、环境集烟烟囱。废气一般排放口有备料排气筒、反射炉烟囱、锅炉烟囱。

锌冶炼分为湿法炼锌、电炉炼锌、竖罐炼锌、ISP 法炼锌。

湿法炼锌的废气主要排放口有制酸尾气烟囱、回转窑（烟化炉）烟囱、多膛炉烟囱，废气一般排放口有锅炉烟囱、备料排气筒、浸出槽排气筒、净化槽排气筒、熔铸烟气烟囱。

电炉炼锌废气主要排放口有制酸尾气烟囱、环境集烟烟囱、回转窑（烟化炉）烟囱，一般排放口有备料排气筒、电炉烟囱、锌精馏系统烟囱、锅炉烟囱。

竖罐炼锌废气主要排放口有制酸尾气烟囱、焦结蒸馏系统烟囱、漩涡炉烟囱；一般排放口有备料排气筒、精馏系统烟囱、锅炉烟囱。

ISP 法主要排放口有烧结机头排气筒、制酸尾气烟囱、环境集烟烟囱、烟化炉烟囱；废气一般排气口有熔铅锅烟囱、锌精馏系统烟囱、熔炼备料排气筒、烧结料破碎排气筒、熔炼备料排气筒、反射炉烟囱、锅炉烟囱。

铅锌冶炼废水主要排放口为总废水排放口、车间或生产设施排放口。

e）锡冶炼

锡冶炼工业企业废气主要排放口是指炼前处理系统烟囱、还原熔炼系统烟囱、挥发熔炼系统烟囱、环境集烟烟囱、制酸尾气烟气排放口；其余废气一般排放口有配料系统、粉煤制备系统、精炼系统装置排放口、锅炉烟囱。

废水主要排放口为废水总排放口、车间或生产设施废水总排放口。

f）锑冶炼

锑冶炼工业企业废气主要排放口是指以锑精矿为原料的挥发熔炼烟囱、挥发焙烧烟囱、还原熔炼烟囱；以铅锑精矿为原料的沸腾焙烧炉烟囱、烧结炉烟囱、还原熔炼烟囱、吹炼炉烟囱、精炼烟囱、环境集烟烟囱；以锑金精矿为原料的挥发熔炼烟囱、还原熔炼炉烟囱、灰吹炉烟囱。其余废气排放口均为一般排放口。

废水主要排放口为废水总排口和车间或生产设施废水总排放口。

g）汞冶炼

汞冶炼工业企业废气主要排放口是马釜炉烟囱、蒸馏炉烟囱，一般排放口为锅炉烟囱。

废水主要排放口为废水总排口。

h）铝冶炼

氧化铝冶炼废气主要排放口为熟料烧成窑和氢氧化铝焙烧炉的烟气治理措施排放口以及石灰炉（窑）的烟气治理措施排放口；废气一般排放口有原料系统、熟料中碎系统、氧化铝贮运系统的装置除尘排放口和熔盐加热炉的烟气排放口。

电解铝电解槽烟气治理设施排放口为废气主要排放口，其他原料系统、电解质破碎系统、阳极组装及残极处理系统和铸造系统的装置除尘排放口为废气一般排放口。

废水主要排放口为废水总排口。

i）镁冶炼

废气主要排放口为白云石煅烧窑炉、还原炉、精炼炉。废气一般排放口有矿石破碎机的布袋除尘器排气口、煤磨、硅铁破碎机、球磨机、压球机的装置排气口、精炼坩埚和铸锭机的通风废气处理系统排气口和锅炉烟囱。

废水主要排放口为废水总排口。

j）钛冶炼

钛冶炼废气主要排放口有钛渣电炉烟气综合回收治理系统烟囱、四氯化钛制备尾气净化系统烟囱。其余废气排放口为废气一般排放口。

废水主要排放口为废水总排口。

6.8 许可排放限值核定方法

6.8.1 一般规定

许可排放限值包括污染物许可排放浓度和许可排放量。

对于大气污染物，以生产设施或有组织排放口为单位确定许可排放浓度、许可排放量。主要排放口逐一计算许可排放量，一般排放口只许可浓度，不许可排放量。

对于水污染物，以车间或生产设施排放口和废水总排口确定许可排放浓度和许可排放量。

根据国家或地方污染物排放标准确定许可排放浓度。依据总量控制指标及本标准规定的方法从严确定许可排放量，2015 年 1 月 1 日（含）后取得环境影响批复的排污单位，许可排放量还应同时满足环境影响评价文件和批复要求。

总量控制指标包括地方政府或环境保护主管部门发文确定的排污单位总量控制指标、环评批复的总量控制指标、现有排污许可证中载明的总量控制指标、通过排污权有偿使用和交易确定的总量控制指标等地方政府或环境保护主管部门与排污许可证申领排污单位以一定形式确认的总量控制指标。

排污单位填报许可排放量时，应在《排污许可申请表》中写明申请的许可排放限值计算过程。

排污单位申请的许可排放限值严于本标准规定的，在排污许可证中载明。

6.8.2 许可排放浓度规定

6.8.2.1 废气

根据《铜、镍、钴工业污染物排放标准》（GB 25467）、《铅、锌工业污染物排放标准》（GB 25466）、《锡、锑、汞工业污染物排放标准》（GB 30770）、《铝工业污染物排放标准》（GB 25465）、《镁、钛工业污染物排放标准》（GB 25468），以产排污节点对应的生产设施或排放口为单位，确定废气许可排放浓度为小时均值浓度。锅炉烟气中颗粒物、二氧化硫、氮氧化物、汞及其化合物许可排放浓度限值按照《锅炉大气污染物排放标准》（GB 13271）确定，其余排放口中颗粒物、二氧化硫、硫酸雾、铅及其化合物、汞及其化合物等污染因子许可排放浓度限值按照有色冶炼各个行业的排放标准确定。

地方有更严格的排放标准要求的，按照地方排放标准从严确定。

若执行不同许可排放浓度的多台生产设施或排放口采用混合方式排放废气，且选择的监控位置只能监测混合废气中的大气污染物浓度，执行各限值要求中最严格的许可排放浓度。

其中，北京市、天津市、石家庄市、唐山市、保定市、廊坊市、上海市、南京市、无锡市、常州市、苏州市、南通市、扬州市、镇江市、泰州市、杭州市、宁波市、嘉兴市、湖州市、绍兴市、广州市、深圳市、珠海市、佛山市、江门市、肇庆市、惠州市、东莞市、中山市、沈阳市、济南市、青岛市、淄博市、潍坊市、日照市、武汉市、长沙市、重庆市主城区、成都市、福州市、三明市、太原市、西安市、咸阳市、兰州市、银川市等47个城市市域范围按照《关于执行大气污染物特别排放限值的公告》（环境保护部公告2013年第14号）和《关于执行大气污染物特别排放限值有关问题的复函》（环办大气函〔2016〕1087号）的要求确定许可排放浓度。地方有更严格的排放标准要求的，按照地方排放标准确定。

a）铜镍钴

根据《铜、镍、钴工业污染物排放标准》（GB 25467），确定铜镍钴冶炼生产设施对应排放口排放的二氧化硫、颗粒物、砷及其化合物等的排放许可浓度，详见表6-3。

表6-3 现有与新建铜镍钴冶炼企业大气污染物排放浓度限值 单位：mg/m^3

序号	生产类别	工艺或工序	限值										污染物排放监控位置
			二氧化硫	颗粒物	砷及其化合物	硫酸雾	氯气	氯化氢	镍及其化合物	铅及其化合物	氟化物	汞及其化合物	
1	铜冶炼	全部	400	80	0.4	40	—	—	—	0.7	3.0	0.012	
2	镍、钴冶炼	全部	400	80	0.4	40	60	80	4.3	0.7	3.0	0.012	
3	烟气制酸	全部	400	50	0.4	40	—	—	—	0.7	3.0	0.012	
单位产品基准排气量			铜冶炼/（m^3/t）		21 000								
			镍冶炼/（m^3/t）		36 000								

按照“《铜、镍、钴工业污染物排放标准》（GB 25467）修改单”，根据国家环境保护工作的要求，在国土开发密度较高、环境承载能力开始减弱，或大气环境容量较小、生态环境脆弱，容易发生严重大气环境污染问题而需要采取特别保护措施的地区，应严格控制企业的污染物排放行为，在上述地区的企业执行表6-4规定的大气污染物特别排放限值。

表6-4 《铜、镍钴工业污染物排放标准》（GB 25467）大气污染物特别排放限值

单位：mg/m^3

序号	污染物项目	生产类别及工艺和工序	限值	污染物排放监控位置
1	颗粒物	全部	10	车间或生产设施排气筒
2	二氧化硫	全部	100	
3	氮氧化物（以NO_2计）	全部	100	
4	硫酸雾	全部（破碎、筛分除外）	20	
5	氯化氢	采选，镍、钴冶炼	80	
6	氯气	采选，镍、钴冶炼	60	
7	氟化物	铜、镍、钴冶炼和制酸	3.0	
8	砷及其化合物	铜、镍、钴冶炼和制酸	0.4	
9	镍及其化合物	镍、钴冶炼和制酸	4.3	
10	铅及其化合物	铜、镍、钴冶炼和制酸	0.7	
11	汞及其化合物	铜、镍、钴冶炼和制酸	0.012	

b）铅锌

根据《铅、锌工业污染物排放标准》（GB 25466），确定铅锌冶炼生产设施对应排放口排放的二氧化硫、颗粒物、硫酸雾、铅及其化合物等的排放许可浓度，详见表6-5。

表6-5 现有与新建铅锌冶炼企业大气污染物排放浓度限值 单位：mg/m^3

序号	污染物	适用范围	排放浓度限值	污染物排放监控位置
1	颗粒物	所有	80	车间或生产设施排气筒
2	二氧化硫	所有	400	
3	硫酸雾	制酸	20	
4	铅及其化合物	熔炼	8	
5	汞及其化合物	烧结、熔炼	0.05	

按照“《铅、锌工业污染物排放标准》（GB 25466）修改单”，根据国家环境保护工作的要求，在国土开发密度较高、环境承载能力开始减弱，或大气环境容量较小、生态环境脆弱，容易发生严重大气环境污染问题而需要采取特别保护措施的地区，应严格控制企业的污染物排放行为，在上述地区的企业执行下表规定的大气污染物特别排放限值。

表 6-6 《铅、锌工业污染物排放标准》（GB 25466）大气污染物特别排放限值

单位：mg/m³

序号	污染物项目	适用范围	限值	污染物排放监控位置
1	颗粒物	所有	10	车间或生产设施排气筒
2	二氧化硫	所有	100	
3	氮氧化硫（以 NO_2 计）	所有	100	
4	硫酸雾	制酸	20	
5	铅及其化合物	熔炼	2	
6	汞及其化合物	烧结、熔炼	0.05	

c）锡锑汞

根据《锡、锑、汞工业污染物排放标准》（GB 30770），确定锡锑汞冶炼生产设施对应排放口排放的二氧化硫、颗粒物、硫酸雾、氮氧化物等的排放许可浓度，详见表 6-7。

表 6-7 锡锑汞冶炼行业新建和现有大气污染物排放限值 单位：mg/m³

序号	生产类别	工艺或工序	污染物名称及排放限值											污染物排放监控位置
			二氧化硫	颗粒物	硫酸雾	氮氧化物	氟化物	锡及其化合物[1]	锑及其化合物[1]	汞及其化合物[1]	镉及其化合物[1]	铅及其化合物[1]	砷及其化合物[1]	
1	采选	破碎筛分		50										车间或生产设施排气筒
		其他		30										
2	锡冶炼	全部	400	30		200	3	4	1	0.01	0.05	2	0.5	
3	锑冶炼	全部	400	30		200		1	4	0.01	0.05	0.52[2]	0.5	
4	汞冶炼	全部	400	30		200			1	0.01		0.5		
5	烟气制酸	全部	400	30	20	200	3	1	1	0.01	0.05	0.5	0.5	
6	单位产品基准排气量/（m³/t 产品）		冶炼			63 000				排气量计量位置与污染物排放监控位置一致				

注：1）金属及其化合物均以金属元素计；2）以脆硫锑铅矿为原料的锑冶炼企业。

d）铝

根据《铝工业污染物排放标准》（GB 25465），确定锡铝冶炼生产设施对应排放口排放的二氧化硫、颗粒物、氟化物等的排放许可浓度，详见表 6-8。

表 6-8 现有与新建铝冶炼企业大气污染物排放浓度限值 单位：mg/m³

生产系统及设备		限值				污染物排放监控位置
		颗粒物	二氧化硫	氟化物（以 F 计）	沥青烟	
矿山	破碎、筛分、转运	50	—	—	—	车间或生产设施排气筒
氧化铝厂	熟料烧成窑	100	400	—	—	
	氢氧化铝焙烧炉、石灰炉（窑）	50	400	—	—	
	原料加工、运输	50	—	—	—	
	氧化铝贮运	30	—	—	—	
	其他	50	400	—	—	
电解铝厂	电解槽烟气净化	20	200	3.0	—	
	氧化铝、氟化盐贮运	30	—	—	—	
	电解质破碎	30	—	—	—	
	其他	50	400	—	—	

按照“《铝工业污染物排放标准》（GB 25465）修改单”，根据国家环境保护工作的要求，在国土开发密度较高、环境承载能力开始减弱，或大气环境容量较小、生态环境脆弱，容易发生严重大气环境污染问题而需要采取特别保护措施的地区，应严格控制企业的污染物排放行为，在上述地区的企业执行表 6-9 规定的大气污染物特别排放限值。

表 6-9 《铝工业污染物排放标准》（GB 25465）大气污染物特别排放限值

单位：mg/m³

生产系统及设备		污染物名称及排放限值					污染物排放监控位置
		颗粒物	二氧化硫	氮氧化物（以 NO_2 计）	氟化物	沥青烟	
矿山	破碎、筛分、转运	10	—		—	—	车间或生产设施排气筒
氧化铝厂	熟料烧成窑	10 100		100			
	氢氧化铝焙烧炉、石灰炉（窑）	10	100	100			
	原料加工、运输		—				
	氧化铝贮运		—				
	其他		100	100			
电解铝厂	电解槽烟气净化	10	100		30		
	氧化铝、氟化盐贮运		—				
	电解质破碎		—				
	其他		100				

e）镁钛

根据《镁、钛工业污染物排放标准》（GB 25468），确定镁钛冶炼生产设施对应排放口排放的二氧化硫、颗粒物、氟化物等的排放许可浓度，详见表 6-10。

表 6-10 现有与新建镁钛冶炼企业大气污染物排放浓度限值

单位：mg/m³

生产系统及设备		限值				污染物排放监控位置
		颗粒物	二氧化硫	氯气	氯化氢	
矿山	破碎、筛分、转运	50	—	—	—	车间或生产设施排气筒
镁冶炼	原料制备	50	—	—	—	
	煅烧炉	150	400	—	—	
	还原炉	50	400	—	—	
	精炼	50	400	—	—	
	其他	50	400	—	—	
钛冶炼	原料制备	50	—	—	—	
	高钛渣电炉	70	—	—	—	
	氯化系统	—	400	60	80	
	精制系统	—	—	60	80	
	镁电解槽	—	—	60	80	
	镁精炼	50	400	—	—	
	其他	50	400	60	80	

按照“《镁、钛工业污染物排放标准》（GB 25468）修改单”，根据国家环境保护工作的要求，在国土开发密度较高、环境承载能力开始减弱，或大气环境容量较小、生态环境脆弱，容易发生严重大气环境污染问题而需要采取特别保护措施的地区，应严格控制企业的污染物排放行为，在上述地区的企业执行表 6-11 规定的大气污染物特别排放限值。

表 6-11 《镁、钛工业污染物排放标准》（GB 25468）大气污染物特别排放限值

单位：mg/m³

生产系统及设备		排放浓度限值					污染物排放监控位置
		颗粒物	二氧化硫	氯气	氯化氢	氮氧化物（以 NO_2 计）	
矿山	破碎、筛分、转运	10					车间或生产设施排气筒
镁冶炼	原料制备	10					
	煅烧炉	10	100			100	
	还原炉	10	100			100	
	精炼	10	100			100	
	其他	10	100			100	
钛冶炼	原料制备	10					
	高钛渣电炉	10	100			100	
	氯化系统	10		60	80		
	精制系统	10		60	80		
	镁电解槽	10		60	80		
	镁精炼	10	100			100	
	其他	10	100	60	80		

6.8.2.2 废水

明确规定有色冶炼工业企业水污染物许可排放浓度按照《铜、镍、钴工业污染物排放标准》（GB 25467）、《铅、锌工业污染物排放标准》（GB 25466）、《锡、锑、汞工业污染物排放标准》（GB 30770）、《镁、钛工业污染物排放标准》（GB 25468）、《铝工业污染物排放标准》（GB 25465）确定，许可排放浓度为日均浓度（pH 值为任何一次监测值）。

若企业在同一个废水排放口排放两种或两种以上工业废水，且每种废水同一种污染物的排放标准不同时，执行各限值中最严格的排放浓度。

有色冶炼企业废水直接排放至水体的，其污染物许可排放浓度根据《铜、镍、钴工业污染物排放标准》（GB 25467）、《铅、锌工业污染物排放标准》（GB 25466）、《锡、锑、汞工业污染物排放标准》（GB 30770）、《镁、钛工业污染物排放标准》（GB 25468）、《铝工业污染物排放标准》（GB 25465）确定，废水排入集中污水处理设施的，许可排放浓度根据《铜、镍、钴工业污染物排放标准》（GB 25467）、《铅、锌工业污染物排放标准》（GB 25466）、《锡、锑、汞工业污染物排放标准》（GB 30770）、《镁、钛工业污染物排放标准》（GB 25468）、《铝工业污染物排放标准》（GB 25465）间接排放限值和集中污水处理设施运营单位要求确定。

重点地区有色冶炼工业企业按特别排放限值许可排放浓度，特别排放限值的实施时间和地域范围由国务院环境保护行政主管部门或省级人民政府规定。地方有更严格的排放标准要求的，按照地方排放标准从严确定。

a）铜镍钴

按照《铜、镍、钴工业污染物排放标准》（GB 25467）、新建与现有铜镍钴企业污染物排放浓度限值及单位产品基准排放量见表 6-12；水污染特别排放限值见表 6-13。

表 6-12 现有与新建企业铜镍钴冶炼企业水污染物排放浓度限值及单位产品基准排水量

单位：mg/L（pH 除外）

序号	污染物项目	限值		污染物排放监控位置
		直接排放	间接排放	
1	pH 值	6~9	6~9	企业废水总排放口
2	悬浮物	80（采选）	200（采选）	
		30（其他）	140（其他）	
3	化学需氧量（COD_{Cr}）	100（湿法冶炼）	300（湿法冶炼）	
		60（其他）	200（其他）	
4	氟化物（以 F 计）	5	15	
5	总氮	15	40	

序号	污染物项目	限值		污染物排放监控位置
		直接排放	间接排放	
6	总磷	1.0	2.0	企业废水总排放口
7	氨氮	8	20	
8	总锌	1.5	4.0	
9	石油类	3.0	15	
10	总铜	0.5	1.0	
11	硫化物	1.0	1.0	
12	总铅	0.5		车间或生产设施废水排放口
13	总镉	0.1		
14	总镍	0.5		
15	总砷	0.5		
16	总汞	0.05		
17	总钴	1.0		
单位产品基准排水量	选矿（原矿）/（m^3/t）	1.0		排水量计量位置与污染物排放监控位置一致
	铜冶炼/（m^3/t）	10		
	镍冶炼/（m^3/t）	15		
	钴冶炼/（m^3/t）	30		

表 6-13 《铜、镍、钴工业污染物排放标准》（GB 25467）水污染物特别排放限值

单位：mg/L（pH 除外）

序号	污染物项目	限值		污染物排放监控位置
		直接排放	间接排放	
1	pH 值	6～9	6～9	企业废水总排放口
2	悬浮物	30（采选）	80（采选）	
		10（其他）	30（其他）	
3	化学需氧量（COD_{Cr}）	50	60	
4	氟化物（以 F 计）	2	5	
5	总氮	10	15	
6	总磷	0.5	1.0	
7	氨氮	5	8	企业废水总排放口
8	总锌	1.0	1.5	
9	石油类	1.0	3.0	
10	总铜	0.2	0.5	
11	硫化物	0.5	1.0	

b）铅锌

按照《铅、锌工业污染物排放标准》（GB 25466），新建与现有铅锌企业污染物排放浓度限值及单位产品基准排放量见表 6-14；水污染特别排放限值见表 6-15。

表 6-14 现有与新建企业铅、锌冶炼企业水污染物排放浓度限值及单位产品基准排水量

单位：mg/L（pH 除外）

序号	污染物项目	限值		污染物排放监控位置
		直接排放	间接排放	
1	pH 值	6～9	6～9	企业废水总排放口
2	化学需氧量（COD_{Cr}）	60	200	
3	悬浮物（SS）	50	70	
4	氨氮（以 N 计）	8	25	
5	总磷（以 P 计）	1.0	2.0	
6	总氮（以 N 计）	15	30	
7	总锌	1.5	1.5	
8	总铜	0.5	0.5	
9	硫化物	1.0	1.0	
10	氟化物	8	8	
11	总铅	0.5		车间或生产设施废水排放口
12	总镉	0.05		

序号	污染物项目	限值		污染物排放监控位置
		直接排放	间接排放	
13	总汞	0.03		车间或生产设施废水排放口
14	总砷	0.3		
15	总镍	0.5		
16	总铬	1.5		
单位产品基准排水量	选矿（原矿）/（m^3/t）	2.5		排水量计量位置与污染物排放监控位置一致
	冶炼/（m^3/t）	8		

表 6-15 《铅、锌工业污染物排放标准》（GB 25466）水污染物特别排放限值

单位：mg/L（pH 除外）

序号	污染物项目	限值		污染物排放监控位置
		直接排放	间接排放	
1	pH 值	6～9	6～9	企业废水总排放口
2	化学需氧量（COD_{Cr}）	50	60	
3	悬浮物（SS）	10	50	
4	氨氮（以 N 计）	5	8	
5	总磷（以 P 计）	0.5	1.0	企业废水总排放口
6	总氮（以 N 计）	10	15	
7	总锌	1.0	1.0	
8	总铜	0.2	0.2	
9	硫化物	1.0	1.0	
10	氟化物	5	5	
11	总铅	0.2		车间或生产设施废水排放口
12	总镉	0.02		
13	总汞	0.01		
14	总砷	0.1		
15	总镍	0.5		
16	总铬	1.5		
单位产品基准排水量	选矿（原矿）/（m^3/t）	1.5		排水量计量位置与污染物排放监控位置一致
	冶炼/（m^3/t）	4		

c）锡锑汞

按照《锡、锑、汞工业污染物排放标准》（GB 30770），新建与现有锡锑汞企业污染物排放浓度限值及单位产品基准排放量见表 6-16；水污染特别排放限值见表 6-17。

表 6-16 现有与新建企业锡锑汞冶炼企业水污染物排放浓度限值及单位产品基准排水量

单位：mg/L（pH 除外）

序号	污染物项目	限值		污染物排放监控位置
		直接排放	间接排放	
1	pH 值	6～9	6～9	企业废水总排放口
2	化学需氧量（COD_{Cr}）	60	200	
3	总磷	1.0	2.0	
4	总氮	15	40	
5	氨氮	8	25	
6	石油类	3	10	
7	悬浮物	70（采选）	200（采选）	
		30（其他）	140（其他）	
8	硫化物	0.5	1.5	
9	氟化物	5	15	
10	总铜	0.2		车间或生产设施废水排放口
11	总锌	1.0		
12	总锡	2.0		
13	总锑	0.3		
14	总汞	0.005		

序号	污染物项目	限值		污染物排放监控位置
		直接排放	间接排放	
15	总镉	0.02		车间或生产设施废水排放口
16	总铅	0.2		
17	总砷	0.1		
18	六价格	0.2		
单位产品基准排水量	选矿（原矿）/（m^3/t）	1.4 2.0[2]		排水量计量位置与污染物排放监控位置一致
	锡、锑冶炼/（m^3/t）	5.0		
	汞冶炼/（m^3/t 产品）	2.0		
注：1）为锡、锑工业企业废水监测项目；2）为多金属锑矿。				

表 6-17 《锡、锑、汞工业污染物排放标准》（GB 30770）水污染物特别排放限值

单位：mg/L（pH 除外）

序号	污染物项目	限值		污染物排放监控位置
		直接排放	间接排放	
1	pH 值	6～9	6～9	企业废水总排口
2	化学需氧量（COD_{Cr}）	50	60	
3	总磷	0.5	1.0	
4	总氮	10	15	
5	氨氮	5	8	
6	石油类	1	3	
7	悬浮物	10	30	
8	硫化物	0.5	1	
9	氟化物	5	10	
10	总铜	0.2		
11	总锌	1.0		
12	总锡	2.0		
13	总锑	0.3		
14	总汞	0.005		车间或生产设施废水排放口
15	总镉	0.02		
16	总铅	0.2		
17	总砷	0.1		
18	六价格	0.2		
单位产品基准排水量	选矿（原矿）/（m^3/t）	1.0 1.5[2]		排水量计量位置与污染物排放监控位置一致
	锡、锑冶炼/（m^3/t）	3.0		
	汞冶炼/（m^3/t 产品）	1.0		
注：1）为锡、锑工业企业废水监测项目；2）为多金属锑矿。				

d）铝

按照《铝工业污染物排放标准》（GB 25465），新建与现有铝企业污染物排放浓度限值及单位产品基准排放量见表 6-18；水污染特别排放限值见表 6-19。

表 6-18　现有与新建企业铝冶炼企业水污染物排放浓度限值及单位产品基准排水量

单位：mg/L（pH 除外）

序号	污染物项目	限值		污染物排放监控位置
		直接排放	间接排放	
1	pH 值	6～9	6～9	企业废水总排放口
2	悬浮物	30	70	
3	化学需氧量（COD_{Cr}）	60	200	
4	氟化物（以 F 计）	5.0	5.0	
5	氨氮	8.0	25	
6	总氮	15	30	
7	总磷	1.0	2.0	
8	石油类	3.0	3.0	
9	总氰化物[1]	0.5	0.5	

序号	污染物项目	限值		污染物排放监控位置
		直接排放	间接排放	
10	硫化物[1)]	1.0	1.0	企业废水总排放口
11	挥发酚[1)]	0.5	0.5	
单位产品基准排水量	氧化铝厂/（m^3/t）	0.5		排水量计量位置与污染物排放监控位置一致
	电解铝厂/（m^3/t）	1.5		
注：1）设有煤气生产系统企业增加的控制项目。				

表 6-19 《铝工业污染物排放标准》（GB 25465）水污染物特别排放限值

单位：mg/L（pH 除外）

序号	污染物项目	限值		污染物排放监控位置
		直接排放	间接排放	
1	pH 值	6.5～8.5	6～9	企业废水总排放口
2	悬浮物	10	30	
3	化学需氧量（COD_{Cr}）	50	60	
4	氟化物（以 F 计）	2.0	2.0	
5	氨氮	5.0	8.0	
6	总氮	10	15	
7	总磷	0.5	1.0	
8	石油类	10	1.0	
9	总氰化物[1)]	0.2	0.2	
10	硫化物[1)]	0.5	0.5	
11	挥发酚[1)]	0.3	0.3	
单位产品基准排水量	氧化铝厂/（m^3/t）	0.1		排水量计量位置与污染物排放监控位置一致
	电解铝厂/（m^3/t）	0.2		
注：1）设有煤气生产系统企业增加的控制项目。				

e）镁钛

按照《镁、钛工业污染物排放标准》（GB 25468），新建与现有镁钛企业污染物排放浓度限值及单位产品基准排放量见表 6-20；水污染特别排放限值见表 6-21。

表 6-20 现有与新建企业镁钛冶炼企业水污染物排放浓度限值及单位产品基准排水量

单位：mg/L（pH 除外）

序号	污染物项目	限值		污染物排放监控位置
		直接排放	间接排放	
1	pH 值	6～9	6～9	企业废水总排放口
2	悬浮物	30	70	
3	化学需氧量（COD_{Cr}）	60	180	
4	石油类	3	15	
5	总氮	15	40	
6	总磷	1.0	3.0	
7	氨氮	8	25	
8	总铜	0.5	1.0	
9	总铬	1.5		车间或生产设施废水排放口
10	六价铬[1)]	0.5		
单位产品基准排水量	镁冶炼企业/（m^3/t）	1.0		排水量计量位置与污染物排放监控位置一致
	以钛精矿为原料生产海绵钛/（m^3/t）	55		
	以精 $TiCl_4$ 为原料生产的海绵钛/（m^3/t）	8		
	以高钛渣为原料生产四氯化钛/（m^3/t）	12		
注：1）设有煤气生产系统企业增加的控制项目。				

表 6-21　《镁、钛工业污染物排放标准》（GB 25468）水污染物特别排放限值

单位：mg/L（pH 除外）

序号	污染物项目	限值		污染物排放监控位置
		直接排放	间接排放	
1	pH 值	6.5～8.5	6～9	企业废水总排放口
2	悬浮物	10	30	
3	化学需氧量（COD_{Cr}）	50	60	
4	石油类	1.0	3.0	
5	总氮	15	15	
6	总磷	0.5	1.0	
7	氨氮	5.0	8	
8	总铜	0.2	0.5	
9	总铬	1.0		车间或生产设施废水排放口
10	六价铬	0.2		
单位产品基准排水量	镁冶炼企业/（m^3/t）	0.5		排水量计量位置与污染物排放监控位置一致
	以钛精矿为原料生产海绵钛/（m^3/t）	35		
	以精 $TiCl_4$ 为原料生产的海绵钛/（m^3/t）	6		
	以高钛渣为原料生产四氯化钛/（m^3/t）	8		
	以钛精矿为原料生产高钛渣/（m^3/t）	0.1		

6.8.3　许可排放量核算方法

许可排放量包括排污单位年许可排放量、主要排放口年许可排放量、特殊时段许可排放量。其中，年许可排放量是指允许排污单位连续 12 个月排放的污染物最大排放量。年许可排放量同时适用于考核自然年的实际排放量。有核发权的地方环境保护主管部门可根据环境管理规定细化许可排放量的核算周期。单独排入城镇集中污水处理设施的生活污水无须申请许可排放量。

依据总量控制指标及本标准规定的方法从严确定许可排放量，2015 年 1 月 1 日（含）后取得环境影响批复的排污单位，许可排放量还应同时满足环境影响评价文件和批复要求。

总量控制指标包括地方政府或环境保护主管部门发文确定的排污单位总量控制指标、环评批复的总量控制指标、现有排污许可证中载明的总量控制指标、通过排污权有偿使用和交易确定的总量控制指标等地方政府或环境保护主管部门与排污许可证申领排污单位以一定形式确认的总量控制指标。

对位于《“十三五”生态环境保护规划》等文件规定的总磷、总氮总量控制区域内的有色金属冶炼排污单位，还应分别申请总磷及总氮年许可排放量。地方环境保护部门另有更严格规定的从其规定。

根据《关于执行大气污染物特别排放限值的公告》（环境保护部公告 2013 年第 14 号）和《关于执行大气污染物特别排放限值有关问题的复函》（环办大气函〔2016〕1087 号）的要求应当执行特别排放限值的企业，按照特别排放限值确定许可排放量。对重污染天气应急预警期间日排放量以及京津冀等重点区域冬防阶段月排放量有明确规定的，还应计算特殊时段许可排放量。

6.8.3.1　废气

a）年许可排放量

年许可排放量等于主要排放口年许可排放量之和，年许可排放量用下式计算：

$$E_{j\,年许可}=E_{j\,主要排放口} \tag{1}$$

式中：$E_{j\,年许可}$ —— 排污单位第 j 项大气污染物年许可排放量，t/a；

$E_{j\,主要排放口}$ —— 排污单位所有主要排放口第 j 项大气污染物年许可排放量，t/a。

b）主要排放口年许可排放量

根据排放标准浓度限值、单位产品基准排气量/排水量、产能进行核定。

主要排放口年许可排放量计算公式：

$$E_{i主要排放口}=\sum_{j=1}^{n}C_i\times Q_j\times R_j\times 10^{-9} \tag{2}$$

式中：$E_{i\,主要排放口}$—— 第 i 种大气污染物年许可排放量，t/a；

C_i—— 第 i 种大气污染物许可排放浓度限值，mg/m³，按照《铜、镍、钴工业污染物排放标准》（GB 25467）、《铅、锌工业污染物排放标准》（GB 25466）、《锡、锑、汞工业污染物排放标准》（GB 30770）、《铝工业污染物排放标准》（GB 25465）、《镁、钛工业污染物排放标准》（GB 25468）取值；

R_j—— 第 j 个主要排放口主要产品产能，t/a；

Q_j—— 第 j 个主要排放口单位产品基准排气量，m³/t 产品，参照各金属计算的主要排放口基准排气量。

其中铅锌冶炼排污单位大气重金属污染物许可排放量需同时按照绩效法进行核算，两者取小。大气重金属污染物绩效法核算公式如下：

$$E_{i重金属} = R \times G_{i重金属} \times 10^{-6} \tag{3}$$

式中：$E_{i\,重金属}$—— 主要排放口第 i 种重金属大气污染物许可排放量，t/a；

R—— 主要产品设计产能，t/a；

$G_{i\,重金属}$—— 第 i 种重金属大气污染物排放绩效值，g/t 产品。

各种金属基准排气量及铅锌冶炼排污单位大气重金属污染物排放绩效值的取值见 6.8.4。

c）特殊时段许可排放量

特殊时段排污单位日许可排放量按式（3）计算。地方制定的相关法规中对特殊时段许可排放量有明确规定的从其规定。国家和地方环境保护主管部门依法规定的其他特殊时段短期许可排放量应当在排污许可证当中载明。

根据《关于印发〈京津冀及周边地区 2017 年大气污染防治工作方案〉的通知》，京津冀大气污染传输通道区域的采暖季电解铝厂限产 30%以上，以停产的电解槽数量计；氧化铝企业限产 30%左右，以生产线计。因此，特殊时段许可排放量依据限产期间执行的排放浓度、限产期间的产量、基准排气量核定。

特殊时段许可排放用下式计算：

$$E_{日许可} = E_{前一年环统日均排放量} \times (1-\alpha) \tag{4}$$

式中：$E_{\,日许可}$—— 排污单位重污染天气应对期间日许可排放量，t；

$E_{\,前一年环统日均排放量}$—— 排污单位前一年环境统计实际排放量折算的日均值，t；

α—— 重污染天气应对期间日产量或排放量减少比例。

6.8.3.2 废水

a）主要排放口年许可排放量

明确对重金属、化学需氧量、氨氮等污染因子以及受纳水体环境质量超标且列入有色冶炼各行业工业污染物排放标准中的其他污染因子许可年排放量。

水污染物年许可排放量根据水污染物许可排放浓度限值、单位产品基准排水量和产能核定，公式如下：

$$D_i = C_i \times Q_i \times R \times 10^{-6} \tag{5}$$

式中：D_i—— 主要排放口第 i 种水污染物年许可排放量，t/a；

C_i—— 第 i 种水污染物许可排放浓度限值，mg/L；

R—— 主要产品的产能，t/a；

Q_i—— 主要排放口单位产品基准排水量，m³/t 产品。单位产品基准排水量参加各技术规范给出数值和相应的行业排放标准。

b）年许可排放量

铝冶炼、镁冶炼、钛冶炼金属冶炼排污单位废水总排口年许可排放量即为该单位废水中污染物的年许可排放量。单独排入城镇集中污水处理设施的生活污水无须申请许可排放量。

铜冶炼、镍冶炼、钴冶炼、铅锌冶炼、锑冶炼、锡冶炼、汞冶炼排污单位总铅、总砷、总镉、总汞年许可排放量为车间或生产设施排放口允许排放量，而化学需氧量和氨氮年许可量则按照下面公式进行核算。年许可排放量用下式计算：

$$D_i = C_i \times Q_i \times R \times 10^{-6} \quad (6)$$

式中：D_i—— 主要排放口第 i 种水污染物年许可排放量，t/a；

C_i—— 第 i 种水污染物许可排放浓度限值，mg/m^3；

R—— 主要产品的产能，t/a；

Q_i—— 单位产品基准排水量，m^3/t 产品，按照《铜、镍、钴工业污染物排放标准》（GB 25467）、《铅、锌工业污染物排放标准》（GB 25466）、《锡、锑、汞工业污染物排放标准》（GB 30770）取值和各技术规范给出的车间或生产设施基准排水量取值。

6.8.4　基准排气量、基准排水的确定

按照《铜、镍、钴工业污染物排放标准》（GB 25467）、《铅、锌工业污染物排放标准》（GB 25466）、《锡、锑、汞工业污染物排放标准》（GB 30770）、《铝工业污染物排放标准》（GB 25465）、《镁、钛工业污染物排放标准》（GB 25468），有些标准里面已经规定了基准排水量与基准排气量，其中标准中所给出的基准排水量与基准排气量的数值列于表 6-22。

表 6-22　排放标准中关于基准排气量与基准排水量的规定

标准	基准排气量/（m^3/t 产品）		基准排水量/（m^3/t 产品）		
	排放限值	特别排放限值		排放限值	特别排放限值
《铜、镍、钴工业污染物排放标准》（GB 25467）	铜 21 000	—	铜	10	8
	镍 36 000	—	镍	15	12
	—	—	钴	30	16
《铅、锌工业污染物排放标准》（GB 25466）	—	—	冶炼	8	4
《锡、锑、汞工业污染物排放标准》（GB 30770）	63 000	63 000	锡、锑、汞冶炼	5 2	3 1
《铝工业污染物排放标准》（GB 25465）	—	—	氧化铝	0.5	0.2
			电解铝	1.5	1
《镁、钛工业污染物排放标准》（GB 25468）	—	—	镁	1	0.5
			以钛精矿为原料生产海绵钛	55	35
			以精 $TiCl_4$ 为原料生产海绵钛	8	6
			以高钛渣为原料生产 $TiCl_4$	12	8
			以钛精矿为原料生产高钛渣	0.2	0.1

基准排气量的确定方法：

①排放标准中对基准排气量做出规定的。根据《铜、镍、钴工业污染物排放标准》（GB 25467）、《锡、锑、汞工业污染物排放标准》（GB 30770），标准中对铜冶炼、镍冶炼、锡锑汞冶炼行业的基准排气量做了规定，铜冶炼、镍冶炼、锡锑汞冶炼排污单位年许可排放量的基准排气量执行排放标准中的基准排气量。对于主要排放口基准烟气量的确定，标准编制组通过企业调研和资料收集，重点收集企业历史台账、部分在线监测数据、主体设备设计和运行参数、产排物系数、企业自行监测数据、三同时验收数据、环境影响评价数据以及企业环统申报数据等数据，通过数据收集、甄选和核算给出代表行业共性的排污许可限值，进而核算主要排放口的污染物年度许可排放量。

②排放标准中未对基准烟气量做出规定的冶炼行业：对于除铜镍锡锑汞冶炼外的其他常用有色金属冶炼行业排污单位，主要排放口及一般排放口的基准烟气量的确定均由编制组通过企业调研和资料收集，重点收集企业历史台账、部分在线监测数据、主体设备设计和运行参数、产排物系数、企业自行监测数据、三同时验收数据、环境影响评价数据以及企业环统申报数据等数据，通过数据收集、甄选和核算给出代表行业共性的排污许可限值，进而核算主要排放口及一般排放口的基准烟气量。

基准排水量的确定，总废水排放口的基准排水量执行《铜、镍、钴工业污染物排放标准》（GB 25467）、《铅、锌工业污染物排放标准》（GB 25466）、《锡、锑、汞工业污染物排放标准》（GB 30770）、《铝

工业污染物排放标准》（GB 25465）、《镁、钛工业污染物排放标准》（GB 25468）中的相关取值；有地方排放标准的，按照地方排放标准对应的排放绩效测算；执行特别排放限值的，按照重点地区对应的排放绩效测算。车间排放口基准排水量的确定，通过企业调研和资料收集，核算出代表行业的车间排放口基准排水量数值；车间排口排放口只涉及一类污染物的重金属，铝镁钛是轻金属，所以镁铝钛冶炼行业中不涉及车间排口的基准排水量。

为了科学确定常用有色冶炼行业的基准排气量与基准排水量，项目组完成了 11 个行业 40%～85%以上产能企业调研，覆盖 11 种常用有色金属全部生产工艺。同时开展了行业排放限值与生产工艺、装备（窑炉炉型和电解槽等）等要素相关性分析，通过对 11 种常用有色金属现有企业调研，编制组基于行业设计手册、环境影响评价文件数据等分析，并结合企业提供的实际数据对以下主要排放口的基准排气量进行了设定。

表 6-23 调研企业数量及产能占比

冶炼行业	企业名单	数量	产能占比
铜行业	铜陵有色金属集团控股有限公司、江西铜业集团公司、山东方圆有色金属集团、山东阳谷祥光铜业、金川有色金属控股有限公司、白银有色集团股份有限公司、大冶有色金属集团、中铝东南铜业有限公司、河南豫光金铅集团有限责任公司、湖南水口山有色金属集团有限公司、烟台鹏晖铜业有限公司、新疆五鑫铜业有限责任公司、辽宁远东铜业有限公司、青海铜业有限责任公司	14 家	80%
镍行业	金川有色金属控股有限公司、吉林吉恩镍业股份有限公司、新疆新鑫矿业股份有限公司	3 家	＞85%
钴行业	浙江华友钴业股份有限公司、金川有色金属控股有限公司、广东佳纳能源科技有限公司	3 家	＞70%
铅锌行业	中金岭南韶关冶炼厂、株洲冶炼集团股份有限公司、湖南水口山有色金属集团有限公司、河南豫光金铅集团有限责任公司、云南驰宏锌锗股份有限公司、江西铜业铅锌金属有限公司、济源市万洋冶炼（集团）有限公司、白银有色金属（集团）有限责任公司、云南华联锌铟股份有限公司、呼伦贝尔驰宏矿业有限公司、会理铅锌冶炼有限责任公司、赤峰中色库博红烨锌业有限公司、广西河池市南方有色金属集团有限公司、云南罗平锌电股份有限公司、云南金鼎锌业有限公司	15 家	铅＞55% 锌＞55%
锡行业	云南锡业集团（控股）有限责任公司冶炼分公司、来宾华锡冶炼有限公司、云南乘风有色金属股份有限公司、赤峰大井子锡业有限公司	4 家	＞75%
锑行业	锡矿山闪星锑业有限责任公司、湖南辰州矿业股份有限公司、云南木利锑业有限公司、河池五吉有限责任公司冶炼二厂、贵州东峰锑业股份有限公司、冷水江市锑品行业协会	6 家	＞75%
汞行业	陕西汞锑科技有限公司	1 家	100%
铝行业 氧化铝	开曼铝业三门峡有限公司、广西信发铝电公司、中国铝业广西分公司、中国铝业河南分公司、贵州华锦铝业有限公司、中铝山东分公司、中国铝业山西分公司、中国铝业中州分公司、遵义氧化铝	9 家	＞40%
铝行业 电解铝	山东怡力电业有限公司、山东魏桥铝电有限公司阳信厂区、广西来宾银海铝业有限责任公司、广西信发铝电公司、霍煤鸿骏铝电公司、包头铝业有限公司、中国铝业贵州分公司、山西华泽铝电有限公司、山东华宇合金材料有限公司、中国铝业兰州分公司、中国铝业连城分公司、中国铝业青海分公司、山西华圣铝业公司、遵义铝业公司、营口忠旺铝业公司	15 家	＞35%
镁行业	南京云海特种金属有限公司、陕西天宇镁业集团有限公司、青海三工镁业有限公司	3 家	＞10%
钛行业	攀钢集团钛业有限公司、贵州遵义钛业集团有限公司、云南冶金集团新立钛业有限公司、洛阳双瑞钛业有限公司、山西卓峰钛业有限公司、抚顺钛业有限公司、金川集团钛业有限公司、攀枝花兴宇化工钛业公司	8 家	＞60%
共计		81 家	

有色金属冶炼行业公用锅炉都属于主要排放口，锅炉的基准烟气量如表 6-24 所示。

表 6-24 锅炉基准烟气量表

锅炉	热值	基准烟气量
燃煤锅炉/（m^3/kg 燃煤）	12.5 MJ/kg	6.2
	21 MJ/kg	9.9
	25 MJ/kg	11.6
燃油锅炉/（m^3/kg 燃油）	38 MJ/kg	12.2
	40 MJ/kg	12.8
	43 MJ/kg	13.8
燃气锅炉/（m^3/m^3）	—	12.3

a）铜冶炼

依据《铜、镍、钴工业污染物排放标准》（GB 25467）及铜冶炼企业设计值的平均值核定，确定基准烟气量。同时为加强企业无组织排放管理，考虑适当加大环境集烟集气量对改善操作条件，以减少污染物的无组织排放。铜冶炼过程主要排放口基准烟气量取值表如表 6-25 所示；按照基准排水量的确定方法，铜冶炼企业主要排放口单位产品基准排水量取值表如表 6-26 所示。

表 6-25　铜冶炼排污单位基准排气量表　单位：m^3/t 产品

序号	产排污节点	排放口	基准烟气量
1	熔炼炉、吹炼炉	制酸尾气烟囱	8 000
2	阳极炉（精炼炉）	制酸尾气烟囱/精炼烟囱	1 000
3	炉窑等	环境集烟烟囱	7 500

表 6-26　铜冶炼主要排放口单位产品基准排水量取值表　单位：m^3/t

序号	排放口	基准排水量
1	车间或生产设施废水排放口	2
2	总废水排放口	10

本编制组调研的企业数据涵盖了目前国内原生铜大部分产能规模的生产线，以及结合相关企业环境影响评价报告数据，汇总于表 6-27。

表 6-27　本次调研铜冶炼企业烟气及车间排放口废水排放量情况

序号	工艺特征	产能/万 t	原料制备工序/（m^3/t 产品）	制酸尾气/（m^3/t 产品）	环境集烟/（m^3/t 产品）	阳极炉/（m^3/t 产品）	车间排放口/（m^3/t 产品）
企业 1	奥斯麦特炉→PS 转炉	120	3 494	10 700	6 200	1 100	0.61
企业 2	氧气底吹造锍捕金	40	7 500	8 500	12 100	通入制酸工序	1.5
企业 3	双底吹炼铜	10	无干燥，并入环境集烟	11 400	280	通入制酸工序	0.9
企业 4	旋浮铜冶炼	60	3 346	4 140	4 433	1 115	1
企业 5	底吹熔炼-PS 转炉吹炼	10	无干燥，并入环境集烟	12 003	56 000	通入制酸工序	1
企业 6	闪速熔炼	60	11 472	13 257	15 151	2 141	0.8
企业 7	闪速熔炼	120	5 950	7 027	17 374	894	1.15
企业 8	澳斯麦特熔炼	70	90	100	200	20	1.2
企业 9	闪速	40	11 780	8 906	8 905	通入制酸工序	0.72
企业 10	富氧底吹	10	14 196	7 575	35 870	氧化期烟气进入制酸统，还原期烟气进入环境集烟	1
企业 11	奥斯曼特炉	10	6 209	11 218	23 577	2 829	0.78
企业 12	闪烁	20	2 370	5 641	11 880	3 252	1
企业 13	闪烁	20	8 567	7 027	17 348	895	1.2
企业 14	闪烁	40	13 765	4 085	11 041	902	0.8

1）基准排气量

编制组基于行业设计手册、环境影响评价文件数据等分析，并结合企业提供的实际数据对以下主要排放口的基准排气量进行了设定。本编制组调研的企业数据涵盖了目前国内原生铜大部分产能规模的生产线，以及结合相关企业环境影响评价报告数据，汇总于表 6-27。

①烟气制酸工序

铜冶炼过程熔炼炉烟气、吹炼炉烟气经余热回收、除尘后，经制酸系统回收二氧化硫后脱硫达标排放。根据调研，部分企业将阳极炉氧化期烟气并入制酸系统，主要污染因子为颗粒物、二氧化硫、氮氧化物、铅及化合物、砷及其化合物、汞及其化合物、镉及其化合物。

从现有统计数据看，制酸尾气波动幅度亦较大，不同生产工艺分布在 4 000～13 000 m^3/t 产品，平均值为 8 677 m^3/t 产品，这是由冶炼过程中精矿含硫量二氧化硫烟气中的总含硫量和选用的制酸工艺流程决定。因为国内铜冶炼及制酸工艺相对成熟，根据相关设计要求且给予企业一定的控制空间，本标准规定烟气制酸工序的基准排气量为 8 000 m^3/t 产品。

②环境集烟

环境集烟是针对生产过程无组织排放，为维护生产作业场所环境质量和减少低空面源污染而设置的通风排烟系统，其排放量一般随各企业的生产要求设置而不同，主要污染因子主要是颗粒物、铅及化合物、砷及其化合物、汞及其化合物、镉及其化合物等。环境集烟量对于控制无组织排放、降低低空污染有显著作用，可以有效改善企业生产作业环境，保护工人身体健康。

由表 6-27 可见，显然环境集烟波动范围更大，从 4 400 m^3/t 产品变化到 56 000 m^3/t 产品。其中 56 000 m^3/t 产品的数据来源于新建生产线的调试过程数据，因此该数据存在较大的调整空间，因此暂不做核算考虑。现有数据平均值为 15 100 m^3/t 产品，而且部分企业的环境集烟量也可以低到 4 000～6 000 m^3/t 产品。为促进强化铜企业生产过程无组织排放控制，同时考虑排标的总量控制要求，建议控制环境集烟排气量到 7 500 m^3/t 产品。

③阳极炉烟气

阳极炉烟气是粗铜火法精炼过程中产生的烟气。根据调查，部分企业将该部分烟气经脱硫系统脱硫后达标排放，部分企业为平衡熔炼和吹炼产生的烟气中的二氧化硫的浓度，将该部分烟气并入制酸系统制酸脱硫达标排放。主要污染因子为颗粒物、二氧化硫、氮氧化物、铅及化合物、砷及其化合物、汞及其化合物、镉及其化合物。

由表 6-27 可见，阳极炉烟气量整体不大，一般在 1 000～2 000 m^3/t 产品波动，其平均值为 1 680 m^3/t 产品。此外，部分企业铜冶炼生产过程中阳极炉烟气最终直接通入烟气制酸工序，因此本标准规定原料制备工序的基准排气量为 1 000 m^3/t 产品。

④原料制备工序

精矿与辅助材料等的卸料、破碎、配料及运输、干燥等过程中会产生含颗粒物烟尘，经除尘后的烟气排放，是铜冶炼生产工艺中排放口之一，主要污染因子为颗粒物。

从表 6-27 数据看，原料制备工序各企业的排放量数据波动较大，为 3 300～12 000 m^3/t 产品。主要是由于各企业生产工艺对原料干燥、备料及储运要求不同，产生的烟气排放区别较大。现有数据平均值为 8 137 m^3/t 产品，为进一步推动企业对原料制备工序烟气的控制，因此本标准规定原料制备工序的基准排气量为 4 500 m^3/t 产品。

综合以上数据，铜冶炼工艺中主要排放口基准排气量总计为 21 000 m^3/t 产品，符合排标要求，所定的基准排气量具有合理性。但由于原料制备过程中污染因子主要集中于颗粒物，烟气量相对较低。因此设定其为一般排放口。

2）基准排水量

《铜、镍、钴工业污染物排放标准》（GB 25467）中已经明确规定了铜冶炼行业中，现有企业及新建企业的基准排水量为 10 m^3/t 产品。由企业调研数据看，绝大多数铜冶炼企业的基准排水量值都达到了排放标准要求。

根据《铜、镍、钴工业污染物排放标准》（GB 25467）及相关政策规定，铜冶炼企业的污酸车间排放口应设置为主要排放口。表 6-26 给出部分代表企业的车间排放口（污酸酸性废水处理站排放口）的基准排水量数据。

由表 6-26 可见，铜冶炼企业的污酸酸性废水处理站排放口的数据相对稳定，基本维持在 0.6～1.5 m^3/t 产品，其平均值为 1.1 m^3/t 产品。但考虑车间废水经处理站处理后，排放的酸性废水量会增大，本标准设定铜冶炼企业车间或生产设施排放口基准排水量设定为 2.0 m^3/t 产品。

b）镍冶炼

按照基准排水量和基准排气量的确定方法，确定镍行业主要排口基准烟气量取值如表 6-28 所示，主要排放口单位产品基准排水量如表 6-29 所示。

表 6-28 镍冶炼主要排放口基准烟气量取值表 单位：m^3/t 产品

序号	生产设施	排放口	基准烟气量
1	熔炼、吹炼炉、贫化炉	制酸尾气烟囱	12 000
2	反射炉、窑炉	环境集烟烟囱	18 000

表 6-29 镍冶炼排污单位主要排放口单位产品基准排水量取值表 单位：m^3/t 产品

序号	排放口	排放口类型	单位产品基准排水量
1	车间或生产设施废水排放口	主要排放口	2
2	废水总排放口	主要排放口	15

目前国内镍冶炼企业原料主要分为硫化镍矿和氧化镍矿。由于原料组成的不同，含二氧化硫及重金属烟气排放主要集中于硫化镍矿冶炼企业。目前，国内硫化镍矿冶炼企业数量很少，主要是金川集团股份有限公司、吉林吉恩等少数几家公司，其中金川公司镍年产量 15 万 t，达到了国内硫化矿镍行业产量的 85%以上。其他公司一般产量在数千吨左右。氧化镍矿冶炼企业则亦主要集中于江苏德龙镍业有限公司等十余家公司，其中 2015 年德龙镍业产量为 6 万 t 镍，占国内镍铁行业产量的 25%。相关调研情况参见表 6-30。

表 6-30 本次调研镍冶炼企业烟气及车间排放口废水排放量情况

企业	工艺类型	主要排放口	基准烟气量/（干烟气，m^3/t 产品）	污酸酸性废水处理站基准排水量/（m^3/t 产品）
企业 1	闪速炉工艺	原料制备系统	6 420	1.49
		熔炼、吹炼炉（制酸，含贫化电炉）	9 630	
		环境集烟	22 470	
	顶吹炉工艺	原料制备系统	4 240	
		熔炼、吹炼炉（制酸）	13 780	
		环境集烟	21 200	
企业 2	顶吹炉工艺	原料制备系统	7 200	2.6
		熔炼、吹炼炉（制酸）	15 000	
		环境集烟	26 000	
企业 3	侧吹炉工艺	原料制备系统	7 300	6.7
		熔炼、吹炼炉（制酸）	20 000	
		环境集烟	50 000	

1）基准排气量

编制组基于行业设计手册、环境影响评价文件数据等分析，并结合企业提供的实际数据对以下主要排放口的基准排气量进行了设定。

目前，金川公司采用闪速熔炼和顶吹熔炼工艺生产电解镍，技术装备水平具有国际先进水平，在国内属于领先层次。镍鼓风炉熔炼是最早的炼镍方法之一，具有投资少、建设周期短、操作简单、易控制等特点，成为当前国内一般中、小型企业的首选工艺。但是随着生产规模扩大、冶炼技术进步，以及环境保护要求的提高，鼓风炉熔炼工艺已经被或逐渐列入国家明令淘汰的工艺名录。此外，也有数家企业采用顶吹熔炼工艺生产电解镍，但由于无法达到产能生产，稳定性不强，导致企业生产过程中烟气排放量数据不稳定，而且与金川公司相比，由于工艺规模较小，其生产技术装备水平也有一定距离。

因此，本编制组主要结合排放标准要求，以及依托现有硫化矿镍企业冶炼生产过程排放数据，确定镍冶炼工艺废气/废水基准排放量。

①烟气制酸工序

镍冶炼过程熔炼炉烟气、吹炼炉烟气经余热回收、除尘后，经制酸系统回收二氧化硫后脱硫达标排放。主要污染因子为颗粒物、二氧化硫、氮氧化物、铅及化合物、砷及其化合物、汞及其化合物、镉及其化合物。

由表 6-30 可知，制酸尾气波动幅度稍大，不同生产工艺分布在 9 600～20 000 m^3/t 产品，这是由冶炼过程中精矿含硫量二氧化硫烟气中的总含硫量和选用的制酸工艺流程所致。因为国内镍冶炼及制酸工艺相对成熟，为促进企业加强熔炼-吹炼过程烟气的控制，本标准规定烟气制酸工序的基准排气量为12 000 m^3/t 产品。

②环境集烟

环境集烟是针对生产过程无组织排放，为维护生产作业场所环境质量和减少低空面源污染而设置的通风排烟系统，其排放量一般随各企业的生产要求设置而不同，主要污染因子主要是颗粒物、铅及化合物、砷及其化合物、汞及其化合物、镉及其化合物等。

经企业现场实地调研及专家咨询发现，环境集烟量对于控制无组织排放、降低低空污染有显著作用，可以有效改善企业生产作业环境，保护工人身体健康。由现有调查数据可见，目前企业的环境集烟量大都在 20 000 m^3/t 产品以上，为促进镍企业生产过程无组织排放控制，建议控制环境集烟排气量到18 000 m^3/t 产品。

③原料制备工序

精矿与辅助材料等的卸料、破碎、配料及运输、干燥等过程中会产生含颗粒物烟尘，经除尘后的烟气排放，是镍冶炼生产工艺中主要排放口之一，主要污染因子为颗粒物。

从调研数据看，不同工艺的情况下，原料制备工序的排放量数据有一定幅度的波动。为进一步推动企业对原料制备工序烟气的控制，因此本规范规定原料制备工序的基准排气量为 6 000 m^3/t 产品。

综合以上数据，镍冶炼工艺中主要排放口基准排气量总计为 36 000 m^3/t 产品，达到《铜、镍、钴工业污染物排放标准》（GB 25467）规定的 36 000 m^3/t 产品的要求，因此所定的基准排气量具有合理性。但由于原料制备过程中污染因子主要集中于颗粒物，烟气量相对较低。因此设定其为一般排放口。

2）基准排水量

《铜、镍、钴工业污染物排放标准》（GB 25467）中已经明确规定了镍冶炼行业中，现有企业及新建企业的基准排水量为 15 m^3/t 产品。由企业调研数据看，镍冶炼企业的基准排水量值基本达到了排标要求。

根据《铜、镍、钴工业污染物排放标准》（GB 25467）及相关政策规定，镍冶炼企业的污酸车间排放口应设置为主要排放口。如表 6-30 所示，企业 1 的污酸酸性废水处理站排放口的基准排水量数据为1.49 m^3/t 产品。但同时对比企业的数据，达到了 2.6 m^3/t 产品和 6.7 m^3/t 产品。由于污酸废水酸度高，组分复杂，重金属离子浓度大，环境污染严重，为进一步控制镍冶炼企业污酸废水排放，本标准设定镍冶炼企业车间或生产设施排放口废水基准排放量为 2 m^3/t 产品。

c）钴冶炼

1）基准排气量

目前，国内钴冶炼企业已经基本没有火法冶炼工艺，而广泛采用湿法冶炼工艺，其废气主要是浸出、电积等过程的酸雾排放。因此钴冶炼企业不设置主要排放口，也不进行废气排放基准排气量的核算。

2）基准排水量

按照基准排水量的确定方法，钴冶炼企业主要排放口单位产品基准排水量取值如表 6-31 所示。

表 6-31 钴冶炼排污单位主要排放口单位产品基准排水量取值表 单位：m^3/t 产品

序号	排放口	排放口类型	基准排水量
1	车间或生产设施排放口	主要排放口	30
2	废水总排放口	主要排放口	30

d）铅锌冶炼

1）基准排气量

《铅、锌工业污染物排放标准》（GB 25466）未规定单位产品基准排气量。为配合本标准的修订，编制组对 13 家铅冶炼企业、18 家锌冶炼企业（其中湿法炼锌 12 家、ISP 法 2 家、竖罐炼锌 2 家、电炉炼锌 2 家）数据进行统计和分析，经过科学测算，最终得出铅锌冶炼企业基准排气量如表 6-32 所示。

表 6-32 铅锌冶炼行业基准排气量取值表 单位：m^3/t 产品

行业类型	产排污节点	排放口	基准烟气量（干烟气）	备注
铅冶炼	制酸系统（熔炼炉烟气）	制酸尾气烟囱	3 000	
	烟化炉+还原炉	脱硫尾气烟囱	6 000	部分排污单位还原炉烟气送制酸
	熔炼炉、还原炉、烟化炉环境集烟	环境集烟烟囱	20 000	
锌冶炼	制酸系统（沸腾炉烟气）	制酸尾气烟囱	5 000	湿法炼锌
	回转窑（烟化炉）	回转窑（烟化炉）烟囱	5 000	
	制酸系统（沸腾炉烟气）	制酸尾气烟囱	5 000	电炉炼锌
	电炉环境集烟	环境集烟烟囱	8 000	
	回转炉/烟化炉	回转窑/烟化炉烟囱	5 000	
	制酸系统（沸腾炉烟气）	制酸尾气烟囱	5 000	竖罐炼锌
	焦结蒸馏系统	焦结蒸馏系统烟囱	20 000	
	漩涡熔炼炉	漩涡炉烟囱	5 000	
	烧结机头	烧结机头排气筒	4 500	ISP 法
	制酸系统（烧结机烟气）	制酸尾气烟囱	5 000	
	密闭鼓风炉环境集烟	环境集烟烟囱	10 000	
	烟化炉	烟化炉烟囱	2 500	
注：ISP 法产品产量为铅、锌产量之和。				

调研的铅锌冶炼各主要生产设施对应污染治理设施排气量见表 6-33、表 6-34、表 6-35 和表 6-36。

我国现有采用电炉炼锌和 ISP 工艺的锌冶炼企业较少，调研结果表明相同排放口基准排气量差异不大，因此各排放口基准排气量直接取均值。铅冶炼、湿法炼锌企业数量较多，调研企业分别为 13 家、14 家，各排放口基准排气量根据调研情况剔除异常值（如极大值、极小值）后取均值。

为鼓励铅锌冶炼企业加强无组织废气集气处理，减少无组织排放，根据各排放口统计均值，环境集烟基准排气量取值偏大，其余排放口基准排气量取值偏严。对于不同处理工艺中相同功能的生产设施，如熔铅（电铅）锅、烟化炉、贵铅炉、分银炉等，其对应排放口的基准排气量不分工艺统一计算均值。

综上所述，铅锌冶炼基准烟气量具有科学性及可行性。

表 6-33 铅冶炼排放口排气量取值调研表 单位：m^3/t 产品

	企业1	企业2	企业3	企业4	企业5	企业6	企业7	企业8	企业9	企业10	企业11	企业12	企业13	均值	去除最大最小值后均值
工艺	水口山法	水口山法	水口山法	粗铅电解精炼	富氧熔炼-直接还原	富氧熔炼-直接还原	富氧熔炼-直接还原	富氧熔炼-直接还原	富氧熔炼-直接还原	富氧熔炼-直接还原	基夫赛特法	基夫赛特法	基夫赛特法		
产能	6 万	8 万	6 万	10 万	6 万	6 万	10 万	20 万	10 万	15 万	10 万	10 万	10 万		
环境集烟	40 458	29 453	44 220	0	35 772	19 932	16 632	13 147	5 782	20 244	21 780	14 113	6 581	22 343	21 811
制酸	3 499	1 667	2 335	0	4 020	3 594	3 312	4 075	3 274	2 273	3 630	2 174	3 065	3 076	3 117
还原炉	4 028	3344	3 165	0	25 159	0	0	0	0	1 614	979	475	528	4 912	2 276
烟化炉	17 244	2 819	1 913	0	0	4 108	3 380	2 717	1 717	5 782	5 162	4 885	5 664	5 035	4 048

表 6-34 锌冶炼企业基准烟气量取值调研表 单位：m^3/t 产品

	企业 1	企业 2	企业 3	企业 4	企业 5	企业 6	企业 7	企业 8	企业 9	企业 10	企业 11	企业 12	企业 13	企业 14	均值	去极值后均值
工艺	湿法炼锌	湿法炼锌	湿法炼锌	湿法炼锌	湿法炼锌	湿法炼锌	湿法炼锌	湿法炼锌	湿法炼锌	湿法炼锌	氧压浸出	氧压浸出	氧压浸出	氧压浸出		
产能	12 万	12 万	10 万	18 万	14 万	10 万	10 万	10 万	32 万	10 万	14 万	10 万	20 万	15 万		
制酸	4 569	5 250	2 218	2 550	4 830	3 441	6 415	8 505	4 436	5 326	0	0	0	0	4 754	4 602
回转窑	0	0	4 927	5 491	5 203	0	4 356	0	2 372	0	0	0	0	0	4 470	4 829

表 6-35 ISP 法基准烟气量取值调研表 单位：m^3/t 产品

工艺	企业 1		企业 2		均值
	ISP		ISP		
产能/万 t	铅锌 26 万	基准排气量	铅锌 10 万	基准排气量	
烧结机头	140 747	4 287	66 400	5 259	4 773
制酸	142 333	4 336	74 581	5 907	5 121
环境集烟（密闭鼓风炉）	375 972	11 453	105 173	8 330	9 891
烟化炉	100 320	3 056	22 550	1 786	2 421

表 6-36 电炉炼锌/竖罐炼锌基准烟气量取值调研表 单位：m^3/t 产品

	企业 1	企业 2			企业 3	企业 4	均值
工艺	电炉炼锌	电炉炼锌		工艺	竖罐炼锌	竖罐炼锌	
产能	3 万	5 万	均值	产能	10 万	7 万	
制酸	—	2 528	2 528	制酸	5 495	3143	4 319
电炉环集	10 032	9 504	9 768	焦结蒸馏	31 116	14 708	22 912
回转窑/烟化炉	—	—	—	漩涡炉	4 142	22 618	16 497

2）大气重金属污染物排放绩效值

铅冶炼主要排放口全部集中在粗铅冶炼阶段，粗铅冶炼工艺主要包括富氧底吹熔炼-鼓风炉还原、富氧底吹熔炼-液态高铅渣直接还原、铅富氧闪速熔炼工艺，其中铅富氧闪速熔炼工艺排放绩效参照液态高铅渣直接还原工艺。根据调研结果确定富氧熔炼-鼓风炉还原（铅精矿-粗铅）、富氧熔炼-液态高铅渣直接还原(铅精矿-粗铅)重金属排污绩效和工艺占比情况(约 4/6),确定铅冶炼重金属排放绩效为 Pb 31.53 g/t 产品、Hg 0.124 g/t 产品。

湿法炼锌重金属排放集中在主要排放口（制酸尾气、回转窑烟气），因此，湿法炼锌主要排放口重金属排放绩效视规模大小（>10 万 t/a、<10 万 t/a），分别为 Pb 2.427～0.499 g/t 产品、Hg 0.203～0.556 g/t 产品，取均值为 Pb 3.463 g/t 产品、Hg 0.385 g/t 产品。

火法炼锌分为 ISP 法、电炉炼锌和竖罐炼锌，考虑到 ISP 同时生产铅、锌金属，因此将 ISP 法与其他两种火法炼锌区别对待。

电炉炼锌主要排放口重金属排放集中在锌精矿-粗锌阶段，根据调研电炉炼锌主要排放口重金属排放绩效分别为 Pb 5.535 g/t 产品、Hg 0.645 g/t 产品。竖罐炼锌主要排放口重金属排放全部集中在锌精矿-蒸馏锌阶段，蒸馏锌-精锌阶段重金属排放绩效为 Pb 5.522 g/t 产品、Hg 0.379 g/t 产品。二者取均值即为火法炼锌重金属排放绩效，分别为 Pb 5.528 g/t 产品、Hg 0.512 g/t 产品。

ISP 法铅、锌产量之比一般为 1/2，分别参照富氧熔炼-鼓风炉还原（铅精矿-粗铅）重金属排放绩效、火法炼锌重金属排放绩效按照 1/2 比例取值，计算得 ISP 法重金属排放绩效为 Pb 21.306 g/t 产品、Hg 0.390 g/t 产品，其中产品产量为铅、锌金属产量之和。

表 6-37 铅锌冶炼行业大气重金属污染物排放绩效值确定过程

序号	名称	权重	铅及其化合物	汞及其化合物
1	铅冶炼重金属排放绩效		31.53	0.124
(1)	富氧熔炼-鼓风炉还原（铅精矿-粗铅）	0.4	52.86	0.147
(2)	富氧底吹熔炼-液态高铅渣直接还原（铅精矿-粗铅）	0.6	17.31	0.109
2	湿法炼锌重金属排放绩效		3.463	0.385
(1)	湿法炼锌（锌精矿-电锌，>10 万 t/a）	0.5	2.427	0.203
(2)	湿法炼锌（锌精矿-电锌，<10 万 t/a）	0.5	4.499	0.556
3	火法炼锌（不含 ISP）重金属排放绩效		5.528	0.512
3.1	电炉炼锌重金属排放绩效	0.5	5.535	0.645
(1)	竖罐炼锌（锌精矿-精锌）		5.67	0.383

序号	名称	权重	铅及其化合物	汞及其化合物
（2）	锌精馏（粗锌-精锌）		0.148	0.004
3.2	竖罐炼锌重金属排放绩效	0.5	5.522	0.379
（1）	竖罐炼锌（锌精矿-精锌）		5.67	0.383
（2）	锌精馏（粗锌-精锌）		0.148	0.004
4	ISP 法重金属排放绩效		21.306	0.390
（1）	富氧熔炼-鼓风炉还原（铅精矿-粗铅）	1/3	52.86	0.147
（2）	火法炼锌重金属排放绩效	2/3	5.528	0.512

3）基准排水量

依据《铅、锌工业污染物排放标准》（GB 25466），确定总排放口的基准排水量数据；经过企业调研，确定铅锌冶炼行业车间排放口基准排水量数据。

表 6-38　铅锌冶炼排污单位主要排放口单位产品基准排水量取值表　　单位：m^3/t 产品

序号	排放口	处理设施	单位产品基准排水量
1	污酸处理站排口	污酸处理站	2
2	废水总排口	全厂综合废水处理站	8

e）锡冶炼

1）基准排气量

根据《锡、锑、汞工业污染物排放标准》（GB 30770），基准排气量为 63 000 m^3/t 产品。通过对锡冶炼行业典型企业的基准排气量的调研，经过科学的测算，编制组最后确定的锡冶炼工业企业基准排气量如表 6-39 所示。

表 6-39　锡冶炼排污单位基准排气量表　　单位：m^3/t 产品

序号	工序名称	排放口	基准烟气量
1	炼前处理系统①	装置排气口	6 000
2	还原熔炼系统①	装置排气口	10 000
3	挥发熔炼系统①	装置排气口	22 000
4	环境集烟（出渣、出锡口）	装置排气口	10 000
注：①制酸排污单位的制酸尾气采用相关工序基准排气量之和。			

为配合本标准的修订，编制组对 4 个企业数据进行统计和分析，涵盖了锡冶炼产量的 75%以上，由于部分企业的排气量超过了基准排气量，按照折标处理详情见表 6-40。

表 6-40　炉窑排气量统计分析表　　单位：m^3/t 产品

		本标准抽样调查（炉窑排气量）							
		企业 1	企业 2	企业 3	企业 4	最小值	最大值	平均值	折标后平均值
炼前处理	沸腾焙烧炉	5 100	5 774			5 100	8 000	6 570	6 144
	回转窑			7 406	8 000				
还原熔炼	澳斯麦特炉	10 000	11 500			10 000	11 500	10 750	10 053
	电炉	3 500			8 000	3 500	8 000	5 750	
	反射炉			15 000		15 000	15 000	15 000	
挥发熔炼	烟化炉	12 000	41 290	16 945	20 000	12 000	41 290	22 572	21 100
环境集烟	出锡、出渣口	15 600	3 400		10 000	3 400	15 600	9 666	9 030
精炼系统		27 900	5 000		11 000	5 000	23 000	14 600	13 600

经分析，炼前处理烟气量平均值为 6 144 m^3/t 产品。其中低于拟定基准排气量 6 000 m^3/t 产品的企业有 2 个，占样本数的 50%，而且另一家企业超出的部分很少（15%以内）。还原熔炼中澳斯麦特炉烟气量平均值为 10 053 m^3/t 产品。其中低于拟定基准排气量 10 000 m^3/t 产品的企业有 1 个，占样本数的 50%，而且另一家企业超出的部分很少（15%以内），奥斯麦特炉为锡冶炼行业的先进生产工艺，以该炉型确定还原熔炼的基准排气量。挥发熔炼中烟化炉烟气量平均值为 21 100 m^3/t 产品。其中低于拟定基准排气量

22 000 m^3/t 产品的企业有 3 个，占样本数的 75%。环境集烟烟气量平均值为 9 030 m^3/t 产品。其中低于拟定基准排气量 10 000 m^3/t 产品的企业有 2 个，占样本数的 67%。配料和粉煤制备的样本数为 1 家，采用折标后的数值作为基准排气量。精炼系统烟气量平均值为 13 600 m^3/t 产品。其中低于拟定基准排气量 12 000 m^3/t 产品的企业有 2 个，占样本数的 67%。

综上所述，锡冶炼基准烟气量具有科学性及可行性。

2）基准排水量

总排放口基准排水量的确定按照《锡、锑、汞工业污染物排放标准》（GB 30770）取值；污酸处理车间排放口的单位产品基准排水量参考值取为 2 m^3/t 锡，有涉及重金属车间排口的锡冶炼行业仅有一家，选取这家数值 2 m^3/t 锡。

表 6-41 锡冶炼排污单位基准排水量表 单位：m^3/t 锡

序号	排放口	排放口类型	基准排水量
1	车间或生产设施废水排放口	主要排放口	2
2	废水总排放口	主要排放口	5（3）
注：括号内的数值为执行特别排放限值排污单位的基准排水量。			

f）锑冶炼

1）基准排气量

按照基准排气量的确定方法，确定锑冶炼工业企业基准排气量如表 6-42 所示：

表 6-42 锑冶炼排污单位基准排气量表 单位：m^3/t 产品

序号	原料	生产设施	排放口	基准烟气量
1	以锑精矿为原料	挥发熔炼（焙烧）系统	各装置排气筒	44 000
2				
		还原熔炼系统		12 500
3	以铅锑精矿为原料	沸腾焙烧系统	装置排气筒	63 000
4		烧结系统		
5		还原熔炼系统		
6		精炼系统		
7		吹炼系统		
8		环境集烟（配料、出渣、出锡口）		
9	以锑金精矿为原料	挥发熔炼系统	各装置排气筒	34 000
10		还原熔炼系统		8 500
11		灰吹系统		9 000

为配合本标准的修订，编制组对 6 个企业数据进行统计和分析，涵盖了锑冶炼产量的 75%以上，由于部分企业的排气量超过了基准排气量，按照折标处理详情见表 6-43，挥发熔炼（焙烧）烟气量平均值为 46 272 m^3/t 产品。其中低于拟定基准排气量 44 000 m^3/t 产品的企业有 2 个，占样本数的 50%，而且另一家企业超出的部分很少（10%以内）。还原熔炼中反射炉烟气量平均值为 12 985 m^3/t 产品。其中低于拟定基准排气量 12 500 m^3/t 产品的企业有 2 个，占样本数的 50%，而且另一家企业超出的部分很少（15%以内）。金锑冶炼企业为 1 家，采用该家企业的设计、环境影响评价和实测数据为依据，进行核算；铅锑冶炼企业只有一个排放烟筒，采用排放标准中的基准排气量，不再核算。

综上所述，锑冶炼炉窑基准烟气量具有科学性及可行性。

表 6-43 锑冶炼炉排气量统计分析表 单位：m^3/t 产品

	本标准抽样调查（炉窑排气量）							
		企业 1	企业 2	企业 3	企业 4	最小值	最大值	平均值
挥发熔炼	鼓风炉	41 817		54 400	42 600	41 817	54 400	46 272
挥发焙烧	平炉		47 000					
还原熔炼	反射炉	9 100	15 000	8 640	19 200	8 640	19 200	12 985

2）基准排水量

总排放口基准排水量的确定按照《锡、锑、汞工业污染物排放标准》（GB 30770）取值。

g）汞冶炼

1）基准排气量

根据《锡、锑、汞工业污染物排放标准》（GB 30770），基准排气量为 63 000 m^3/t 产品。为配合本标准的修订，编制组对目前现存的 1 家汞冶炼企业数据进行统计和分析，由于部分企业的排气量超过了基准排气量，按照折标处理详情见表 6-44。综上所述，汞冶炼基准烟气量具有科学性及可行性。

表 6-44 汞冶炼排污单位基准排气量表 单位：m^3/t 产品

序号	产排污节点	排放口	排放口类型	基准烟气量
1	蒸馏炉	装置排气筒	主要排放口	41 000
2	马釜炉	装置排气筒	主要排放口	22 000

2）基准排水量

汞冶炼排污单位废水几乎全部来源于车间或生产设施排放口，因此排污单位车间或生产设施排放口和废水总排放口基准排水量基本相同，二者基准排水量确定按照《锡、锑、汞工业污染物排放标准》（GB 30770）取值。

h）铝冶炼

1）基准排气量

按照基准排气量的确定方法，最终确定铝冶炼工业企业基准排气量表如下：

表 6-45 铝冶炼排污单位基准排气量表

序号	工序	产排污节点	排放口	基准烟气量
1	氧化铝	熟料烧成窑	烟气治理措施排放口	5 500 m^3/t・熟料
2		氢氧化铝焙烧炉	烟气治理措施排放口	2 200 m^3/t・氧化铝
3		石灰炉（窑）	烟气治理措施排放口	4 000 m^3/t・石灰
8	电解铝	电流强度小于 300 kA 预焙阳极电解槽	烟气治理措施排放口	110 000 m^3/t・铝
9		电流强度大于等于 300 kA，且小于 400 kA 预焙阳极电解槽	烟气治理措施排放口	100 000 m^3/t・铝
10		电流强度大于等于 400 kA 预焙阳极电解槽	烟气治理措施排放口	98 000 m^3/t・铝

①熟料烧成窑基准烟气量

为配合本标准的修订，编制组调查 13 台熟料烧成窑运行数据进行统计和分析，涵盖了目前国内全部在产运行的熟料烧成窑的。经分析，熟料烧成窑烟气量最大的为 6 500 m^3/t 熟料，最小值为 4 500 m^3/t 熟料，平均值为 5 287 m^3/t 熟料，其中低于拟定基准排气量 5 500 m^3/t 熟料烧成窑有 8 台，占样本数的 61.5%。

综上所述，熟料烧成窑基准烟气量 5 500 m^3/t 熟料具有科学性及可行性。

表 6-46 氧化铝工业熟料烧成窑单位产品排气量统计表 单位：m^3/t 产品

序号	企业名称	炉窑名称	单位产品排气量
1	山东 ZLS 厂	1#熟料烧成窑	6 500
2		3#熟料烧成窑	6 500
3		5#熟料烧成窑	6 500
4		6#熟料烧成窑	6 500
5	山西 ZLS 厂	1#熟料烧成窑	4 500
6		2#熟料烧成窑	4 500
7		3#熟料烧成窑	4 500
8		4#熟料烧成窑	4 500
9		5#熟料烧成窑	4 500
10		6#熟料烧成窑	4 500
11	河南 ZLZ 厂	5#熟料烧成窑	4 872
12		6#熟料烧成窑	5 283
13		7#熟料烧成窑	5 582

②氢氧化铝焙烧炉基准烟气量

编制组调查 32 台氢氧化铝焙烧炉运行数据进行统计和分析，氢氧化铝焙烧炉烟气量最大的为 2 746 m^3/t 熟料，最小值为 1 336 m^3/t 熟料，平均值为 1 992 m^3/t 氧化铝。

氢氧化铝焙烧炉的燃料有自产煤气、天然气，煤气和天然气混合气，其中自产煤气有一段炉煤气、二段炉煤气、气化炉煤气，氢氧化铝焙烧炉燃料热值差别较大，因此，烟气量波动较大。随着我国氧化铝不断提高技术装备水平，氢氧化铝焙烧炉消耗燃料总体能耗呈下降趋势，新投产焙烧炉的单位产品烟气量相对较低。

从收集样本数分析，低于拟定基准排气量 2 200 m^3/t 氢氧化铝焙烧炉有 26 台，占样本数的 81.25%。

综上所述，氢氧化铝焙烧炉基准烟气量 2 200 m^3/t 氧化铝具有科学性及可行性。

表 6-47 氧化铝工业熟料烧成窑单位产品排气量统计表　　单位：m^3/t 产品

序号	企业名称	炉窑名称	燃料	单位产品排气量
1	河南 KM 厂	1#氢氧化铝焙烧炉	天然气	2 040
2		2#氢氧化铝焙烧炉		2 010
3		3#氢氧化铝焙烧炉	天然气煤气混合	2 145
4		4#氢氧化铝焙烧炉	煤气	2 211
5	广西 XF 厂	1#氢氧化铝焙烧炉	煤气	2 068
6		2#氢氧化铝焙烧炉		2 076
7		3#氢氧化铝焙烧炉		2 100
8		4#氢氧化铝焙烧炉		2 200
9		5#氢氧化铝焙烧炉		2 243
10		6#氢氧化铝焙烧炉		2 160
11	广西 ZLG 厂	1#氢氧化铝焙烧炉	煤气	1 592
12		2#氢氧化铝焙烧炉		1 736
13		3#氢氧化铝焙烧炉		1 623
14		4#氢氧化铝焙烧炉		1 553
15		5#氢氧化铝焙烧炉		1 626
16	河南 ZLH 厂	1#氢氧化铝焙烧炉	天然气	1 963
17		3#氢氧化铝焙烧炉		2 143
18		4#氢氧化铝焙烧炉		2 076
19	贵州 HJ 厂	1#氢氧化铝焙烧炉	煤气	1 554
20		2#氢氧化铝焙烧炉		1 336
21	贵州 ZYY 厂	1#氢氧化铝焙烧炉	天然气	2 453
22		2#氢氧化铝焙烧炉	煤气	2 006
23	山西 ZLS 厂	2#氢氧化铝焙烧炉	煤气	2 160
24		3#氢氧化铝焙烧炉		2 160
25		4#氢氧化铝焙烧炉		1 728
26		5#氢氧化铝焙烧炉		1 728
27		6#氢氧化铝焙烧炉		1 728
28	河南 ZLZ 厂	1#氢氧化铝焙烧炉	天然气煤气混合	2 746
29		2#氢氧化铝焙烧炉		2 233
30		3#氢氧化铝焙烧炉		2 164
31		4#氢氧化铝焙烧炉		2 024
32		5#氢氧化铝焙烧炉		2 148

③电解烟气净化系统烟囱基准烟气量

根据《铝电解废气氟化物和粉尘治理工程技术规范》（HJ 434—2013），160 kA 槽烟气产生量 99 000～119 000 m^3/t 铝，200 kA 槽烟气产生量 95 000～111 000 m^3/t 铝，300 kA 槽烟气产生量 74 000～84 500 m^3/t 铝，400 kA 槽烟气产生量 64 000～79 000 m^3/t 铝。

根据《第一次全国污染源普查工业污染源产排污系数手册》数据，＜160 kA 电解槽工业废气排污系数 160 000 m^3/t 铝，≥160 kA 电解槽工业废气排污系数 115 000 m^3/t 铝。

编制组调查 15 家电解铝企业的 26 个电解系列电解烟气排烟量数据，详情见表 6-48。电解槽槽型为 160～500 kA，基本涵盖了我国目前运行的电解铝工业的电解槽槽型。

经分析，电解烟气净化系统烟囱烟气量最大的为 167 600 m^3/t 铝，最小值为 76 964 m^3/t 铝，平均值为 1 021 523 m^3/t 铝。

电解槽集气罩由水平罩板和数块侧部罩板组成，每块罩板均有细小的缝隙，在风机的抽力作用下，烟气由槽排风口各槽上的支管，然后汇入排烟总管，最终进入电解烟气净化系统净化处理。为避免电解槽封闭运行时烟气的无组织排放，电解槽槽内形成微负压，因此，电解槽排烟量包括了电解生产产生的气体和吸入槽膛的烟气。在密闭罩内排烟管道抽风口控制风速相同条件下，烟气量与槽的比表面积成正比，槽容量越大，比表面积越小，理论上其单位产品的烟气量就小。鉴于电解烟气净化系统排烟量与电解槽容量相关，槽容量越大，其单位产品排烟量越小，因此，电解烟气净化系统基准烟气量按槽容量分别确定。

调查 12 个企业的 160～240 kA 电解槽的电解烟气净化系统排烟量数据，其烟气量在 80 100～137 400 m^3/t 铝。按《铝电解废气氟化物和粉尘治理工程技术规范》（HJ 434—2013），其 200 kA 槽烟气产生量 95 000～111 000 m^3/t 铝，考虑烟气净化系统排气折算 1.1～1.2 系数，将电流强度＜300 kA 电解槽基准烟气量拟定为 110 000 m^3/t 铝。

调查 6 个企业电流强度 300～330 kA 电解槽的电解烟气净化系统排烟量数据，其烟气量在 85 300～99 150 m^3/t 铝，按《铝电解废气氟化物和粉尘治理工程技术规范》（HJ 434 —2013），其 300 kA 槽烟气产生量 74 000～845 000 m^3/t 铝，考虑电解烟气净化系统排气折算 1.1～1.2 系数，将电流强度≥300 kA，且＜400 kA 电解槽基准烟气量拟定为 100 000 m^3/t 铝。

调查 8 个企业电流强度≥400 kA 电解槽的电解烟气净化系统排烟量数据，其烟气量在 76 964～12 940 m^3/t 铝，按《铝电解废气氟化物和粉尘治理工程技术规范》（HJ 434—2013），其 400 kA 槽烟气产生量 64 000～79 000 m^3/t 铝，考虑电解烟气净化系统排气折算 1.1～1.2 系数，将电流强度≥400 kA 电解槽基准烟气量拟定为 98 000 m^3/t 铝。

表 6-48　烟气净化系统排放口单位产品排气量统计表　　单位：m^3/t 产品

序号	企业名称	电解槽槽型	单位产品排气量
1	山东 NSYL 厂	300 kA	86 893
2		400 kA	90 601
3	山东 WQYX 厂	400 kA	76 964
4	广西 LB 厂	330 kA	87 118
5	广西 XF 厂	240 kA	103 400
6	内蒙古 HH 厂	400 kA	92 078
7		300 kA	90 607
8		330 kA	99 150
9	内蒙古 BTZ 厂	400 kA	104 480
10		240 kA	85 550
11		200 kA	91 630
12	贵州 ZLG 厂	160 kA	162 200
13		160 kA	167 600
14		240 kA	80 100
15	山西 ZLHZ 厂	300 kA	85 300
16	山东 ZLHY 厂	240 kA	102 200
17	甘肃 ZLL 厂	200 kA	110 200
18		400 kA	129 400
19	甘肃 ZLLC 厂	200 kA	110 000
20		500 kA	88 600
21	青海 ZLQ 厂	160 kA	97 100
22		200 kA	103 600
23	山西 ZLHS 厂	300 kA	80 000
24	贵州 ZYL 厂	200 kA	137 400
25		400 kA	107 800
26	辽宁 YZW 厂	500 kA	86 000

根据统计表可以看出，约 73%的电解烟气净化系统低于拟定基准排气量，因此，拟定的电解烟气净

化系统基准排气量具有可行性和科学性。

2）基准排水量

铝冶炼排污单位只有一个排放口，即废水总排口，其基准排水量按照《铝工业污染物排放标准》（GB 25465）取值。

i）镁冶炼

1）基准排气量

依据《镁、钛工业污染物排放标准》（GB 25468）及镁冶炼企业设计值的平均值核定，确定基准烟气量。镁冶炼工业企业基准烟气量取值如表 6-49 所示。

表 6-49　镁冶炼排污单位基准排气量表　　单位：m^3/t 产品

序号	工序	排放口	基准排气量	备注
1	白云石煅烧	窑尾烟囱	18 300	
2	还原	还原炉烟囱	23 800	燃料气热值小于 10.45 MJ/m^3 时
			14 500	燃料气热值大于等于 10.45 MJ/m^3 时
3	精炼	精炼炉烟囱	1 850	

目前的炼镁企业数量多、规模小，普遍装备较差，缺乏有代表性的实测数据，因此，本标准基准排气量的确定是以燃料的消耗推算出来的。

白云石煅烧工序的燃料消耗按 36.58 GJ/t 镁，计算出废气量为 18 300 m^3/t 镁。

在还原工序，使用热值较低的燃气（燃料气热值小于 10.45 MJ/m^3 时），热效率相对要低些，燃料消耗一般为 64.3 GJ/t 镁，计算出废气量为 23 800 m^3/t 镁；使用热值较高的燃气（燃料气热值大于等于 10.45 MJ/m^3 时），热效率较高，燃料消耗按 44.4 GJ/t 镁，计算出废气量为 14 500 m^3/t 镁。

精炼工序使用燃气加热时，燃料消耗按 5.8 GJ/t 镁，计算出废气量为 1 850 m^3/t 镁。

2）基准排水量

镁冶炼排污单位只有一个废水排放口，即废水总排口，其基准排水量按照《镁、钛工业污染物排放标准》（GB 25468）取值。

j）钛冶炼

1）基准排气量

依据《镁、钛工业污染物排放标准》（GB 25468）及钛冶炼企业设计值的平均值核定，确定基准烟气量。钛冶炼工业企业基准烟气量取值如下表所示。

表 6-50　钛冶炼排污单位基准排气量表　　单位：m^3/t 产品

序号	生产设施	排放口	基准排气量
1	钛渣熔炼电炉	烟囱	2 000 m^3/t 钛渣
2	四氯化钛制备尾气处理系统	尾气处理烟囱排放口	2 800 m^3/t 四氯化钛

①钛渣电炉基准烟气量

目前国内钛渣电炉的容量大小、电炉烟罩结构形式、采用原料、熔炼方式（连续加料、间断加料）、产品（氯化渣、酸溶性渣）不同，单位产品产生的烟气量不同，根据不同炉型（半密闭电炉、密闭电炉）烟气量差别较大，同一台电炉生产不同产品烟气量也不尽相同，同时国内目前大部分钛渣电炉容量较小（电炉容量 7 000 kVA 以下，仍有敞开和矮烟罩结构形式钛渣电炉，多数仍有 1 800 kVA、3 200 kVA 敞开式钛渣电炉），编制组调查国内钛渣电炉和电炉烟罩的结构形式和计算分析，经分析，敞开和矮烟罩结构形式钛渣电炉烟气量最大，4 300 m^3/t 钛渣以上（无组织排放也很大），半密闭钛渣电炉烟气量为 3 000～3 800 m^3/t 钛渣，密闭钛渣电炉烟气量最小，小于 1 500 m^3/t 钛渣，为限值敞开和矮烟罩形式的建设，拟定基准排气量 3 500 m^3/t 钛渣。

国内典型钛渣电炉的烟气量见表 6-51：

表 6-51　国内钛冶炼行业基准烟气量统计表

电炉容量/kVA	烟罩结构形式	矿品位	产品	烟气量/（m^3/t 钛渣）	备注
30 000	密闭电炉	48～50	90	920	国内 1 台
25 000	密闭电炉	46	76	3 400	国内 3 台
33 000	密闭电炉	48～50	90	1 500	国内 2 台
12 500	半密闭	46、48～50	78、90	3 000～3 800	国内 6 台
小于 7 000	矮烟罩			＞4 300	

②四氯化钛制备基准废气量

四氯化钛生产过程中原料品位、氯气的浓度（镁电解返回氯气、液氯）、氯化炉结构形式（熔盐氯化、沸腾氯化）、进料形式（机械加料、氮气输送加料）、操作方式（负压操作、正压操作）的不同，单位产品产生的尾气量不同，氯化和精制合并排放和单独排放，尾气量也不同。

在四氯化钛制备中富钛料的二氧化钛含量从 76%～95%，含量越低尾气量越大；氯气的浓度主要为返回氯气，其氯气浓度从 80%～96%，镁电解启动时和生产不匹配时氯气浓度仅为 50%左右，镁电解槽需要 6～12 个月才能完全启动相应配套的数量，氯气浓度越低尾气量越大。影响钛冶炼企业四氯化钛制备的尾气排放量因素较多，根据不同工况、不同物料、操作方式等基准排气量 2 500 m^3/t 精四氯化钛。如排渣和其他废气（一般为间断）应设置单独设置检测装置。

表 6-52　不同氯化炉型氯化钛制备尾气排放量统计

炉型	产能/（t/d）	尾气量/（m^3/t 四氯化钛）	备注
沸腾氯化	120～140	1 920	海绵钛生产
沸腾氯化	60～80	2 340	海绵钛生产
沸腾氯化	60～80	1 520	海绵钛生产
沸腾氯化	130～140	2 200	海绵钛生产
熔盐氯化	70～80	2 450	海绵钛生产
沸腾氯化	35～40	3 150	海绵钛生产
沸腾氯化	450～480	1 500	钛白生产
沸腾氯化	160～180	1 220	钛白生产

钛冶炼企业产能小、生产企业发展较不平衡、技术水平差异较大，各地区的环保要求也不尽相同，新建企业为减少投资、减少排放口，将废气性质相同的排放口合并，老企业仍沿用独立排放口的形式，在排放核准时应根据实际情况确定。

2）基准排水量

总排放口的基准排水量按照《镁、钛工业污染物排放标准》（GB 25468）取值，车间排口排放口只涉及一类污染物的重金属，钛是轻金属，所以钛冶炼行业中不涉及车间排口的基准排水量。

6.8.5　主要排放口污染物占比

按照主要排放口和一般排放口的划分原则，主要排放口污染物应占污染物排放总量的 80%以上。各金属行业主要排放口污染物占比如下：

表 6-53　各金属行业主要排放口污染物占比

行业＼占比		主要污染物类型							
		SO_2	NO_x	颗粒物	重金属				氟化物
					Pb	As	Hg	Cd	
铜		80%	80%	100%	80%	80%	80%	—	—
镍		85%	85%	100%	85%	85%	85%	85%	—
钴		—	—	—	—	—	—	—	—
铅		96%	96%	86%	81%	—	95%	—	—
锌	湿法	100%	100%	75%	100%	—	100%	—	—
	电炉	82%	82%	67%	97%	—	97%	—	
	竖罐	83%	83%	81%	100%		100%		
	ISP	80%	80%	55%	82%	—	80%	—	
锡		85%	85%	80%	80%				—

占比 行业			主要污染物类型							
			SO_2	NO_x	颗粒物	重金属				氟化物
						Pb	As	Hg	Cd	
锑			以锑精矿和锑金精矿为原料95%以上；以铅锑精矿为原料100%							—
汞			95%	95%	95%	100%	—	100%	—	—
铝	氧化铝	烧结法	90%	90%	82%	—				—
		拜耳法	85%	85%	77%					
		联合法	85%	85%	80%					
	电解铝		98%	—	93%					100%
镁			98%	100%	70%	—				
钛			100%	—	—	—				

6.9 相关标准比对

通过排放标准与企业调研数据确定常用金属冶炼行业排污单位基准排气量，然后通过基准排气量与许可排放浓度计算排污单位年许可排放量，以及吨金属污染物排放指标，与相关标准对比。

6.9.1 铜冶炼行业

依据《铜、镍、钴工业污染物排放标准》（GB 25467）及铜冶炼企业设计值的平均值核定，确定基准烟气量。总排放口基准烟气量为21 000 m^3/t。

表6-54 铜冶炼企业单位产品二氧化硫产生量与清洁生产标准对比

工序名称	基准烟气量（干烟气）/（m^3/t）	主要污染物	二氧化硫许可排放浓度/（mg/m^3）
原料制备系统	4 500	颗粒物	—
熔炼、吹炼炉（制酸）	8 000	颗粒物、二氧化硫、砷以及化合物等	400
阳极炉（精炼炉）	1 000	颗粒物、二氧化硫、砷及其化合物等	400
环境集烟	7 500	颗粒物、二氧化硫、砷以及化合物等	400
单位产品二氧化硫产生量/（kg/t）			6.6
与《清洁生产标准　铜冶炼业》对比			Ⅰ级
注：《清洁生产标准　铜冶炼业》（HJ 558—2010）中单位产品二氧化硫产生量（制酸后）：Ⅰ级≤12；Ⅱ级≤16；Ⅲ级≤20。			

由上表可知，以本标准规定方法得出的铜冶炼排污单位二氧化硫许可排放量计算吨金属二氧化硫排放指标，执行新建企业限制时二氧化硫吨金属排放指标可达到《清洁生产标准　铜冶炼业》（HJ 558—2010）中Ⅰ级要求（国际领先）。

6.9.2 铅冶炼行业

本标准给出了铅冶炼行业排污单位所有排放口的基准排气量，根据本标准中给出的基准排气量与许可排放浓度，计算污染物吨金属排放指标，并与相关标准对比：

表6-55 铅冶炼行业污染物排放指标对比

排放口	产污环节	基准烟气量（干烟气）/（m^3/t）	主要污染物	二氧化硫许可排放浓度/（mg/m^3）	颗粒物许可排放浓度/（mg/m^3）
备料排气筒	备料、转运工序	4 000	颗粒物	—	80
制酸尾气烟囱	熔炼炉	3 000	颗粒物、二氧化硫等	400	80
烟化炉+还原炉烟囱	烟化炉+还原炉	6 000	颗粒物、二氧化硫等	400	80
环境集烟烟囱	环境集烟	25 000	颗粒物、二氧化硫等	400	80
熔铅锅+电铅锅烟囱	熔铅锅+电铅锅	6 000	颗粒物、二氧化硫等	400	80
反射炉烟囱	浮渣反射炉	1 000	颗粒物、二氧化硫等	400	80
贵铅炉+分银炉烟囱	贵铅炉+分银炉	1 500	颗粒物、二氧化硫等	400	80
银电解烟囱	银电解造液槽	500	氮氧化物	—	—
单位产品污染物产生量/（kg/t）				1.2（制酸尾气）	3.72
与《清洁生产标准　铅冶炼业》对比				Ⅰ级	Ⅲ级
注：《清洁生产标准　铅冶炼业》（HJ 512—2009）中： 单位产品二氧化硫产生量（制酸尾气）：Ⅰ级≤2；Ⅱ级≤4；Ⅲ级≤8； 单位产品颗粒物产生量：Ⅰ级≤1.5；Ⅱ级≤3.0；Ⅲ级≤5.0。					

由上表可知，以本标准规定方法得出的铅冶炼排污单位颗粒物许可排放量计算吨金属颗粒物排放指标，执行新建企业限制时颗粒物吨金属排放指标可达到《清洁生产标准 铅冶炼业》中Ⅲ级要求（国内一般）。本标准计算的单位产品二氧化硫产生量（制酸尾气）可达到《清洁生产标准 铅冶炼业》中Ⅱ级要求（国际先进）。

6.9.3 锌冶炼行业

本标准给出了锌冶炼行业排污单位所有排放口的基准排气量，根据本标准中给出的基准排气量与许可排放浓度，分别以 ISP 法、电炉炼锌和湿法炼锌为例，计算污染物吨金属排放指标，并与相关标准对比。

表 6-56 锌冶炼行业污染物排放指标对比

冶炼方法	排放口	产污环节	基准烟气量（干烟气）/（m^3/t）	主要污染物	二氧化硫许可排放浓度/（mg/m^3）
ISP 法	烧结备料排气筒	烧结备料	5 000	颗粒物	—
	烧结机头排气筒	烧结机头	5 000	颗粒物、二氧化硫等	400
	制酸尾气烟囱	烧结机	6 000	颗粒物、二氧化硫等	400
	烧结料破碎排气筒	烧结料破碎	18 000	颗粒物	—
	熔炼备料排气筒	熔炼备料	10 000	颗粒物	—
	环境集烟烟囱	环境集烟	16 000	颗粒物、二氧化硫等	400
	烟化炉烟囱	烟化炉	2 500	颗粒物、二氧化硫等	400
	熔铅锅+电铅锅烟囱	熔铅锅+电铅锅	5 000	颗粒物、二氧化硫等	400
	锌精馏烟囱	锌精馏炉	8 000	颗粒物、二氧化硫等	400
	反射炉烟囱	浮渣反射炉	500	颗粒物、二氧化硫等	400
	贵铅炉+分银炉烟囱	贵铅炉+分银炉	1 000	颗粒物、二氧化硫等	400
	银电解烟囱	银电解造液槽	500	氮氧化物	—
单位产品二氧化硫产生量/（kg/t）					13.2
与《锌冶炼行业清洁生产评价指标体系》对比					Ⅲ级
湿法炼锌	备料排气筒	备料、转运工序	1 500	颗粒物	—
	制酸尾气烟囱	沸腾焙烧炉	5 000	颗粒物、二氧化硫等	400
	熔铸排气筒	感应电炉	2 500	颗粒物、二氧化硫等	400
	回转窑	回转窑	5 000	颗粒物、二氧化硫等	400
	多膛炉烟囱	多膛炉	1 800	颗粒物、二氧化硫等	400
单位产品二氧化硫产生量/（kg/t）					5.72
与《锌冶炼行业清洁生产评价指标体系》对比					Ⅰ级
电炉炼锌	备料排气筒	备料转运工序	1 500	颗粒物	—
	制酸烟气排气筒	沸腾焙烧炉	5 000	颗粒物、二氧化硫等	400
	电炉烟囱	电炉	500	颗粒物、二氧化硫等	400
	回转窑/烟化炉烟囱	回转炉/烟化炉	5 000	颗粒物、二氧化硫等	400
	锌精馏烟囱	锌精馏炉	8 000	颗粒物、二氧化硫等	400
单位产品二氧化硫产生量/（kg/t）					7.4
与《锌冶炼行业清洁生产评价指标体系》对比					Ⅰ级
注：《锌冶炼行业清洁生产评价指标体系》中单位产品二氧化硫产生量：Ⅰ级≤8；Ⅱ级≤10；Ⅲ级≤20。					

由上表可知，以本标准规定方法得出的锌冶炼排污单位二氧化硫许可排放量计算吨金属二氧化硫排放指标，ISP 法执行新建企业限制时二氧化硫吨金属排放指标可达到《锌冶炼行业清洁生产评价指标体系》中Ⅲ级要求（国内一般）。湿法炼锌和电炉炼锌，本标准计算的单位产品二氧化硫产生量可达到《锌冶炼行业清洁生产评价指标体系》中Ⅰ级要求（国际先进）。

6.9.4 铝冶炼行业

本标准给出了铝冶炼行业排污单位所有排放口的基准排气量，根据本标准中给出的基准排气量与排标中的许可排放浓度，以电解铝为例，计算全氟产生量，并与《清洁生产标准 电解铝业》（HJ/T 187—2006）对比：

表 6-57 电解铝行业污染物排放指标对比

工序	炉窑名称	排放口类别	主要污染物	基准烟气量/(m^3/t)	氟化物（以 F 计）/(mg/m^3)
电解铝	电流强度小于 300 kA 预焙阳极电解槽	主要排放口		110 000	3
	电流强度大于等于 300 kA，且小于 400 kA 预焙阳极电解槽	主要排放口		100 000	3
	电流强度大于等于 400 kA 预焙阳极电解槽	主要排放口		98 000	3
	单位产品氟化物产生量/（kg/t）				≤0.36
	《铝行业规范条件》氟化物排放限值				0.6

本标准计算出的单位产品氟化物排放量与《铝行业规范条件》相比，小于铝行业规范条件的氟化物排放限值。

6.10 无组织排放控制要求

《大气污染物无组织排放监测技术导则》（HJ/T 55—2000）从大气污染物的迁移扩散规律出发，结合无组织排放的各种具体情况，对气象条件的简易测定、气象条件适宜程度的判定、监测时段选择和监控点设置方法等做出进一步规定和指导，其中也并无关于无组织排放浓度和量的核算方法。

因此本次技术规范重点针对有色行业无组织排放提出监管措施要求，通过设备密闭性提升以及环境集烟等措施管控，本技术规范提出以措施现场检查为主，辅以现场监测判定企业无组织达标情况，结合标准、规范及企业实际情况，细化了无组织排放源控制，不给出具体确定的许可排放浓度和量的要求。

a）铜冶炼

铜冶炼企业无组织排放节点主要包括原料装卸、备料、转运、干燥、给料等过程产生的粉尘，各类炉窑进料口、出料口、出渣口、溜槽等处泄漏烟气，电解车间槽罐逸散酸雾等。

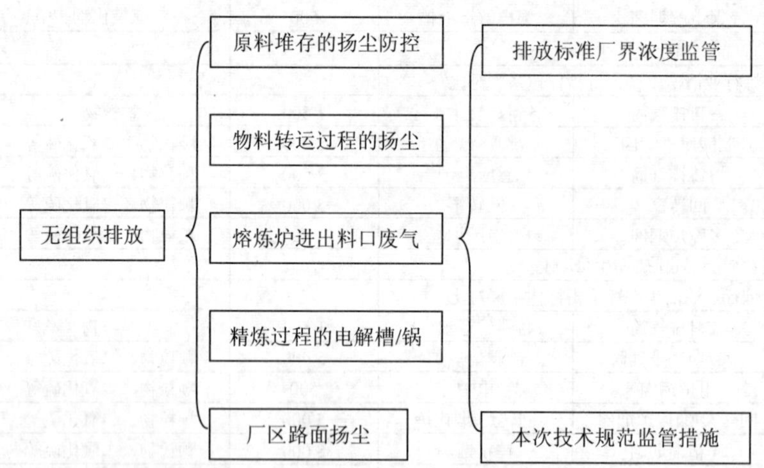

图 6-19 有色金属冶炼行业无组织排放情况

1）运输

①冶炼厂及矿区内粉状物料运输应采取密闭措施。

②冶炼厂及矿区内大宗物料转移、输送应采取皮带通廊、封闭式皮带输送机或流态化输送等输送方式。皮带通廊应封闭，带式输送机的受料点、卸料点采取喷雾等抑尘措施；或设置密闭罩，并配备除尘设施。

③冶炼厂及选矿厂内运输道路应硬化，并采取洒水、喷雾、移动吸尘等措施。

④运输车辆驶离矿区前以及冶炼厂前应冲洗车轮，或采取其他控制措施。

2）冶炼

①原煤应贮存于封闭式煤场，场内设喷水装置，在煤堆装卸时洒水降尘；不能封闭的应采用防风抑

尘网，防风抑尘网高度不低于堆存物料高度的 1.1 倍。汞精矿等原料，石英石、石灰石等辅料应采用库房贮存。备料工序产尘点应设置集气罩，并配备除尘设施。

②冶炼炉（窑）的加料口、出料口应设置集气罩并保证足够的集气效率，配套设置密闭抽风收尘设施。

③溜槽应设置盖板。

b）镍冶炼

镍冶炼企业无组织排放节点主要包括原料装卸、备料、转运、干燥、给料等过程产生的粉尘，各类炉窑进料口、出料口、出渣口、溜槽等处泄漏烟气，电解车间槽罐逸散酸雾等。

1）冶炼

①原煤应贮存于封闭式煤场，场内设喷水装置，在煤堆装卸时洒水降尘；不能封闭的应采用防风抑尘网，防风抑尘网高度不低于堆存物料高度的 1.1 倍。镍精矿等原料，石英石、石灰石等辅料应采用库房贮存。备料工序产尘点应设置集气罩，并配备除尘设施。

②冶炼工序应在封闭厂房内进行。冶炼炉（窑）的加料口、出料口等处应设置集气罩并保证有足够的环保集气量，配套设置密闭抽风收尘设施。

③溜槽应设置盖板。

④渣选矿的破碎、磨矿、筛分等工序设在厂房内，产尘点设置集气罩。

⑤湿法冶炼工艺中氧化矿和低品位矿石破碎机应设置集气罩，并配备除尘设施。各堆场应采取喷雾等抑尘措施。

2）运输

①冶炼厂及矿区内粉状物料运输应采取密闭措施。

②冶炼厂及矿区内大宗物料转移、输送应采取皮带通廊、封闭式皮带输送机或流态化输送等输送方式。皮带通廊应封闭，带式输送机的受料点、卸料点采取喷雾等抑尘措施；或设置密闭罩，并配备除尘设施。

③冶炼厂及选矿厂内运输道路应硬化，并采取洒水、喷雾、移动吸尘等措施。

④运输车辆驶离矿区前以及冶炼厂前应冲洗车轮，或采取其他控制措施。

c）钴冶炼

钴冶炼企业无组织排放节点主要包括原料装卸、备料、转运、给料等过程产生的粉尘，电解车间槽罐逸散酸雾等。

1）运输

①冶炼厂及矿区内粉状物料运输应采取密闭措施。

②冶炼厂及矿区内大宗物料转移、输送应采取皮带通廊、封闭式皮带输送机或流态化输送等输送方式。皮带通廊应封闭，带式输送机的受料点、卸料点采取喷雾等抑尘措施；或设置密闭罩，并配备除尘设施。

③冶炼厂及选矿厂内运输道路应硬化，并采取洒水、喷雾、移动吸尘等措施。

④运输车辆驶离矿区前以及冶炼厂前应冲洗车轮，或采取其他控制措施。

2）冶炼

①原煤应贮存于封闭式煤场，场内设喷水装置，在煤堆装卸时洒水降尘；不能封闭的应采用防风抑尘网，防风抑尘网高度不低于堆存物料高度的 1.1 倍。钴精矿等原料，石英石、石灰石等辅料应采用库房贮存。备料工序产尘点应设置集气罩，并配备除尘设施。

②冶炼工序应在封闭厂房内进行。冶炼炉（窑）的加料口、出料口等处应设置集气罩并保证有足够的环保集气量，配套设置密闭抽风收尘设施。

③溜槽应设置盖板。

④渣选矿的破碎、磨矿、筛分等工序设在厂房内，产尘点设置集气罩。

⑤湿法冶炼工艺中氧化矿和低品位矿石破碎机应设置集气罩，并配备除尘设施。各堆场应采取喷雾等抑尘措施。

d）铅锌冶炼

铅锌冶炼企业无组织排放节点主要包括原料装卸、备料、转运、干燥、给料等过程产生的粉尘，各类炉窑进料口、出料口、出渣口、溜槽等处泄漏烟气，电解车间槽罐逸散酸雾等。

1）运输

①冶炼厂及矿区内粉状物料运输应采取密闭措施。

②冶炼厂及矿区内大宗物料转移、输送应采取皮带通廊、封闭式皮带输送机或流态化输送等输送方式。皮带通廊应封闭，带式输送机的受料点、卸料点采取喷雾等抑尘措施；或设置密闭罩，并配备除尘设施。

③冶炼厂及选矿厂内运输道路应硬化，并采取洒水、喷雾、移动吸尘等措施。

④运输车辆驶离矿区前以及冶炼厂前应冲洗车轮，或采取其他控制措施。

2）冶炼

①原煤应贮存于封闭式煤场，场内设喷水装置，在煤堆装卸时洒水降尘；不能封闭的应采用防风抑尘网，防风抑尘网高度不低于堆存物料高度的1.1倍。镍精矿等原料，石英石、石灰石等辅料应采用库房贮存。备料工序产尘点应设置集气罩，并配备除尘设施。

②冶炼工序应在封闭厂房内进行。冶炼炉（窑）的加料口、出料口等处应设置集气罩并保证有足够的环保集气量，配套设置密闭抽风收尘设施。

③溜槽应设置盖板。

④渣选矿的破碎、磨矿、筛分等工序设在厂房内，产尘点设置集气罩。

⑤湿法冶炼工艺中氧化矿和低品位矿石破碎机应设置集气罩，并配备除尘设施。各堆场应采取喷雾等抑尘措施。

e）锡锑汞冶炼

因锡锑汞冶炼企业的无组织排放点多、措施各异、管理水平参差不齐等问题导致无法准确核算无组织排放量，因此本标准对无组织排放源的可控制措施提出了具体的要求，以确保无组织排放受控。编制组根据专家组的建议及现场调研，制定了《锡锑汞工业企业生产无组织排放控制要求表》，表中所列的控制措施为该污染源污染控制的最低要求，锡锑汞企业可以采用严于本标准所定的管理措施。

《锡锑汞工业企业生产无组织排放控制要求表》分别提出了两方面管控要求，无组织排放控制要求主要在配置的收尘器及物料存放封闭情况有差异，其余的要求皆大体相同，具体情况如下：

1）运输

①冶炼厂及矿区内粉状物料运输应采取密闭措施。

②冶炼厂及矿区内大宗物料转移、输送应采取皮带通廊、封闭式皮带输送机或流态化输送等输送方式。皮带通廊应封闭，带式输送机的受料点、卸料点采取喷雾等抑尘措施；或设置密闭罩，并配备除尘设施。

③冶炼厂及选矿厂内运输道路应硬化，并采取洒水、喷雾、移动吸尘等措施。

④运输车辆驶离矿区前以及冶炼厂前应冲洗车轮，或采取其他控制措施。

2）冶炼

①原煤应贮存于封闭式煤场，场内设喷水装置，在煤堆装卸时洒水降尘；不能封闭的应采用防风抑尘网，防风抑尘网高度不低于堆存物料高度的1.1倍。锡精矿等原料，石英石、石灰石等辅料应采用库房贮存。备料工序产尘点应设置集气罩，并配备除尘设施。

②冶炼炉（窑）的加料口、出料口应设置集气罩并保证足够的集气效率，配套设置密闭抽风收尘设施。

③溜槽应设置盖板。

f）铝冶炼

因铝冶炼企业的无组织排放点多、措施各异、管理水平参差不齐等问题导致无法准确核算无组织排放量，因此本标准对无组织排放源的可控制措施提出了具体的要求，以确保无组织排放受控。编制组根据专家组的建议及现场调研，制定了《铝冶炼企业生产无组织排放控制要求表》，表中所列的控制措施为该污染源污染控制的最低要求，铝冶炼企业可以采用严于本标准所定的管理措施。

1）运输

①冶炼厂及矿区内粉状物料运输应采取密闭措施。

②冶炼厂及矿区内大宗物料转移、输送应采取皮带通廊、封闭式皮带输送机或流态化输送等输送方式，皮带通廊应封闭。带式输送机的受料点、卸料点采取喷雾等抑尘措施；或设置密闭罩，并配备除尘设施。

③冶炼厂及选矿厂内运输道路应硬化，并采取洒水、喷雾、移动吸尘等措施。

④运输车辆驶离矿区前以及冶炼厂前应冲洗车轮，或采取其他控制措施。

2）冶炼

①原煤贮存于封闭式煤场，场内设喷水装置，在煤堆装卸时洒水降尘；不能封闭的应采用防风抑尘网。铝土矿堆场应设置防风抑尘网，防风抑尘网高度不低于堆存物料高度的 1.1 倍。石灰/石灰石等固态辅料应采用库房贮存。

②氧化铝生产原矿浆磨制工序应在封闭厂房内进行。石灰石煅烧炉（窑）、熟料烧成窑等炉窑的加料口、出料口，氢氧化铝焙烧炉出料口，固态原辅料破碎、筛分、石灰卸灰、氧化铝包装工段应设置集气罩，并配备密闭抽风收尘设施。受料产尘点采取洒水或喷雾等抑尘措施；或设置密闭罩，并配备除尘设施。赤泥堆场应采取边坡覆土种草绿化或洒水等抑尘措施。

③电解铝生产工序应在封闭厂房内进行。电解槽运行过程中应保持槽罩无破损、变形；应采用先进电解槽计算机自动控制技术，打壳、阳极效应及电解质和铝水平测定等操作应实现自动化，无须开启槽罩板进行操作；出铝时应开启一扇槽罩，更换阳极时应开启两扇槽罩，捞碳渣、取样分析等应开启一扇槽罩，严格控制开槽操作时间；应保持电解车间地面及电解槽上部结构清洁，不得采用压缩空气吹扫等易产生扬尘的清理措施。氧化铝和氟化盐贮运、电解质破碎等工段产尘处应设置集气罩，并配备密闭抽风收尘设施。

g）镁冶炼

镁冶炼企业无组织排放节点主要包括原料及还原渣装卸、备料、转运、给料等过程产生的粉尘，各类炉窑进料口、出料口、出渣口、溜槽等处泄漏废气。

1）运输

①冶炼厂及矿区内粉状物料运输应采取密闭措施。

②冶炼厂及矿区内大宗物料转移、输送应采取皮带通廊、封闭式皮带输送机或流态化输送等输送方式。皮带通廊应封闭，带式输送机的受料点、卸料点采取喷雾等抑尘措施；或设置密闭罩，并配备除尘设施。

③冶炼厂及选矿厂内运输道路应硬化，并采取洒水、喷雾、移动吸尘等措施。

④运输车辆驶离矿区前以及冶炼厂前应冲洗车轮，或采取其他控制措施

2）冶炼

①原煤应贮存于封闭式煤场，场内设喷水装置，在煤堆装卸时洒水降尘；不能封闭的应采用防风抑尘网，防风抑尘网高度不低于堆存物料高度的 1.1 倍。镁精矿等原料，硅铁、萤石、精炼熔剂等辅料应采用库房贮存。

②原料制备过程中破碎、筛分、磨矿等工序的产尘点处应设置集气罩，并配备密闭抽风收尘设施。

③冶炼工序应在封闭厂房内进行。各炉（窑）的加料口、出料口处应设置集气罩，并配备密闭抽风收尘设施。

④溜槽应设置盖板。

h）钛冶炼

因钛冶炼企业的无组织排放点多、措施各异、管理水平参差不齐等问题导致无法准确核算无组织排放量，因此本标准对无组织排放源的可控制措施提出了具体的要求，以确保无组织排放受控。

1）运输

①冶炼厂及矿区内粉状物料运输应采取密闭措施。

②冶炼厂及矿区内大宗物料转移、输送应采取皮带通廊、封闭式皮带输送机或流态化输送等输送方式。皮带通廊应封闭，带式输送机的受料点、卸料点采取喷雾等抑尘措施；或设置密闭罩，并配备除尘设施。

③冶炼厂及选矿厂内运输道路应硬化，并采取洒水、喷雾、移动吸尘等措施。

④运输车辆驶离矿区前以及冶炼厂前应冲洗车轮，或采取其他控制措施。

2）冶炼

①原煤应贮存于封闭式煤场，场内设喷水装置，在煤堆装卸时洒水降尘；不能封闭的应采用防风抑尘网，防风抑尘网高度不低于堆存物料高度的 1.1 倍。钛精矿等原料，硅铁、萤石、精炼熔剂等辅料应采用库房贮存。

②原料制备过程中破碎、筛分、磨矿等工序的产尘点处应设置集气罩，并配备密闭抽风收尘设施。

③冶炼工序应在封闭厂房内进行。各炉（窑）的加料口、出料口处应设置集气罩，并配备密闭抽风收尘设施。

④溜槽应设置盖板。

6.11 污染防治可行技术要求

截至目前，有色金属冶炼污染防治可行技术指南部分子行业已经发布，如铅冶炼、铜冶炼等，个别行业尚未发布，本次技术规范对于已经发布行业可行技术指南的则参照发布标准实施，对尚未发布的则针对废气和废水提出了污染防治可行技术推荐清单。

表 6-58 有色金属冶炼行业污染防治可行技术指南发布实施情况

金属类型	是否发布实施可行技术指南
铜	铜冶炼污染防治可行技术指南（试行）（公告 2015 年第 24 号）
钴	钴冶炼污染防治可行技术指南（试行）（公告 2015 年第 24 号）
镍	镍冶炼污染防治可行技术指南（试行）（公告 2015 年第 24 号）
铅	铅冶炼污染防治最佳可行技术指南（试行）（公告 2012 年第 4 号）
锡锑汞	无
锌	无
镁、铝、钛	无

a）铜镍钴冶炼

铜、镍、钴污染防治推荐可行技术引自《铜冶炼污染防治可行技术指南（试行）》《镍冶炼污染防治可行技术指南（试行）》《钴冶炼污染防治可行技术指南（试行）》（公告 2015 年第 24 号）。

b）铅锌冶炼

铅冶炼行业污染防治推荐可行技术参照环境保护部发布的 2012 年第 4 号公告《铅冶炼污染防治最佳可行技术指南（试行）》（HJ-BAT-7）。

c）锡锑汞冶炼

锡锑汞冶炼企业采用本标准中给出的污染防治可行技术的，许可证审查核发时原则上可以认为该企业具备符合规定的防治污染设施或污染物处理能力。

锡锑汞企业若未采用本标准中给出的可行技术的，企业申报时应提供相关证明材料（如已有监测数据；对于国内外首次采用的污染治理技术，还应当提供中试数据等说明材料），另外企业还应加强自行监测及台账记录，证明污染治理技术能够达到与可行技术相当的处理效果。

通过企业调研、专家的建议，提出了锡锑汞废水、废气污染防治推荐可行技术，具体见本标准附录 A、附录 B。

d）铝冶炼

铝冶炼企业采用本标准中给出的污染防治可行技术的，许可证审查核发时原则上可以认为该企业具备符合规定的防治污染设施或污染物处理能力。

铝冶炼企业若未采用本标准中给出的可行技术的，企业申报时应提供相关证明材料（如已有监测数据；对于国内外首次采用的污染治理技术，还应当提供中试数据等说明材料），另外企业还应加强自行监测及台账记录，证明污染治理技术能够达到与可行技术相当的处理效果。

因铝冶炼企业无相关行业废气、废水可行技术指南，本编制组参考《有色金属工业环境保护工程设计规范》（GB 50988）、《铝电解厂通风除尘与烟气净化设计规范》（GB 51020）、《铝电解废气氟化物和粉尘治理工程技术规范》（HJ 2033—2013），结合企业调研和专家管理建议形成的推荐可行技术，具体见本标准附录 A、附录 B。

e）镁冶炼

镁冶炼行业目前还没有行业的污染防治可行技术指南。

f）钛冶炼

钛冶炼企业采用本标准中给出的污染防治可行技术的，许可证审查核发时原则上可以认为该企业具备符合规定的防治污染设施或污染物处理能力。

钛冶炼企业若未采用本标准中给出的可行技术的，企业申报时应提供相关证明材料（如已有监测数据；对于国内外首次采用的污染治理技术，还应当提供中试数据等说明材料），另外企业还应加强自行监测及台账记录，证明污染治理技术能够达到与可行技术相当的处理效果。

因钛冶炼企业无相关行业废气、废水可行技术指南，本编制组参考《有色金属工业环境保护工程设计规范》（GB 50988），结合企业调研和专家管理建议形成的推荐可行技术，具体见本标准附录 A、附录 B。

6.12　自行监测管理要求

根据《控制污染物排放许可制实施方案》和《排污许可证管理暂行规定》要求，排污企业应通过自行监测证明排污许可证许可限值落实情况。

本标准根据相关废气污染源和废水污染源监测技术规范和方法，结合有色金属冶炼企业的污染源管控重点，规定有色金属冶炼企业自行监测要求，有色金属冶炼企业在申请排污许可证时，应当按照本标准制定自行监测方案，2015 年 1 月 1 日（含）后取得环评批复的排污单位，周边环境影响监测点位、监测指标参照企业环境影响评价文件的要求执行，在排污许可证申请表中明确。《排污单位自行监测指南 有色金属冶炼与压延加工》发布后从其规定。

本节规定了有色金属冶炼企业自行监测方案中应包括监测内容、监测点位、监测技术手段、监测频次、采样和测定方法、数据记录要求、监测质量保证与质量控制。

自行监测要求：企业可自行或委托第三方监测机构开展监测并安排专人专职对监测数据进行记录、整理、统计和分析，同时对监测结果的真实性、准确性、完整性负责。手工监测时生产负荷应不低于本次监测与上一次监测周期内的平均生产负荷。

自行监测内容：自行监测污染源和污染物应包括排放标准中涉及的各项废气、废水污染源和污染物。有色金属冶炼企业应当开展自行监测的污染源包括产生有组织废气、无组织废气、生产废水、生活污水、雨水等，污染物包括颗粒物、二氧化硫、氮氧化物、硫酸雾、铅及其化合物、汞及其化合物等大气污染物以及 pH 值、悬浮物、化学需氧量、氨氮、总氮、总磷、总锌、总铜、硫化物、氟化物、总铅、总镉、总砷、总汞、总铬、总镍等水污染物。对于新增污染源，周边环境影响监测点位、监测指标参照企业环境影响评价文件的要求执行。

废气监测：废气监测包括有组织监测和厂界无组织监测。

废气有组织监测内容：有色金属冶炼生产线企业监测污染物为颗粒物、二氧化硫、氮氧化物、硫酸雾、铅及其化合物、汞及其化合物、硫酸雾等。

废气无组织监测内容：有色金属冶炼生产线企业应对厂界无组织的监测内容主要为总悬浮颗粒物、二氧化硫、硫酸雾、铅及其化合物、汞及其化合物。

废水有组织监测内容：总排口监测的污染物为 pH、化学需氧量、悬浮物、氨氮、总氮、总磷、总锌、总铜、硫化物、总铅、总镉、总汞、总砷、总镍、总铬，车间或设施排口监测的污染物为 pH 值、总铅、总镉、总砷、总汞、总镍、总铬。

监测点位：有色金属冶炼行业企业的监测点位包括废气外排口、废水外排口、无组织监测点位，对于2015年1月1日（含）后取得环评批复的排污单位，周边环境影响监测点位按照环境影响评价文件的要求设置。各监测点位排放口设置应符合相关技术规范的要求。根据《排污单位自行监测技术指南　总则》（正在编制）要求，水量（不包括间接冷却水等清下水）大于100 t/d的，应安装自动测流设施并开展流量自动监测。

监测技术手段：自行监测的技术手段包括手工监测、自动监测两种类型，企业可根据监测成本、监测指标以及监测频次等内容，选择适当的技术手段。按照环发〔2008〕25号要求，有色金属冶炼排污单位属于国控重点污染源的按照相关要求开展自动监测。主要是各类窑炉尾气、制酸尾气、环集烟气的颗粒物、二氧化硫、氮氧化物和生产废和生活污水的pH、流量、COD、氨氮等应采用自动监测装置，其余废气、废水污染源各项污染物可采用手工监测。

监测频次：监测频次按照本标准要求进行，《排污单位自行监测指南　有色金属冶炼与压延加工》发布后，从其规定。

6.13 环境管理台账记录及执行报告编制要求

6.13.1 环保管理台账记录要求

按照《控制污染物排放许可制实施方案》和《排污许可证管理暂行规定》要求，环境管理台账为排污单位依证排污、自证守法的主要依据，为环境管理部门依证监管主要检查内容。台账记录为原始记录，真实反映实际运行情况，依据企业实际运行情况进行总结归纳，形成执行报告。本标准按照台账记录和执行报告编制目的，结合有色金属冶炼行业特点，规定了排污单位环境管理台账记录和执行报告编制要求。有色金属冶炼行业现有台账记录内容需满足规范要求，也可参照规定格式制定环境管理台账。执行报告需按本标准规定的上报内容和频次提交，并在排污许可证申请表中明确。

a）一般要求：有色金属冶炼行业企业在申请排污许可证时，应按本标准规定，在排污许可证申请表中明确环境管理台账记录要求。有核发权的地方环境保护主管部门补充制订相关技术规范中要求增加的，在本标准基础上进行补充；企业还可根据自行监测管理的要求补充填报其他必要内容。企业应建立环境管理台账制度，设置专职人员进行台账的记录、整理、维护和管理，并对台账记录结果的真实性、准确性、完整性负责。为实现台账便于携带、作为许可证执行情况佐证并长时间储存的目的以及导出原始数据，加工分析、综合判断运行情况的功能，台账应当按照电子化储存和纸质储存两种形式同步管理。台账保存期限不得少于三年。

b）记录信息的内容：有色金属冶炼行业企业排污许可证台账应真实记录生产设施和污染防治设施信息，其中，生产设施信息包括基本信息和生产设施运行管理信息，污染防治设施信息包括基本信息、污染治理措施运行管理信息、监测记录信息、其他环境管理信息等内容。

6.13.2 执行报告的编制要求

a）一般要求：地方环境管理部门应当整合总量控制、排污收费（环境保护税）、环境统计等各项环境管理的数据上报要求，可以参照本标准，在排污许可证中根据各项环境管理要求，规定排污许可证执行报告内容、上报频次等要求。

有色金属冶炼行业企业应按照排污许可证中规定的内容和频次定期上报执行报告。有色金属冶炼行业企业可参照本标准，根据环境管理台账记录等归纳总结报告期内排污许可证执行情况，并提交至发证机关，台账记录留存备查。企业应保证执行报告的规范性和真实性。技术负责人发生变化时，应当在年度执行报告中及时报告。

b）报告频次：

1）年度执行报告

有色金属冶炼工业企业原则上应至少每自然年上报一次排污许可证年度执行报告，年报应于次年1月底前提交至排污许可证核发机关。对于持证时间不足3个月的，当年可不上报年度执行报告，许可证执行情况纳入下一年年度执行报告。

2）月/季度执行报告

地方环境管理部门按照环境管理要求，可要求上报月/季度执行报告，并在排污许可证中明确。每月/季度上报一次排污许可证月/季度执行报告。自当年一月起，每一个月上报一次月报，每三个月上报一次季报，月/季度报应于下月十五日前提交至排污许可证核发机关，提交半年报或年报的，可免报当月月报或当季季报。对于持证时间不足 10 d 的，该报告周期内可不上报月报，排污许可证执行情况纳入下一月度执行报告。对于持证时间不足 1 个月的，该报告周期内可不上报季报，排污许可证执行情况纳入下一季度执行报告。

c）报告内容：具体内容要求见标准附录。

d）有色金属冶炼企业执行报告要求：对于有色金属冶炼企业，仅上报年度执行报告，报告内容按照本标准进行简化。

6.14　实际排放量核算方法

本章节给出了有色金属冶炼企业实际排放量的核算方法和核算方法的选用原则，列出了核算的具体公式并对异常情况处理原则做出了规定。

实际排放量的核算方法包括采用自动监测的污染源实际排放量核算法、采用手工监测的污染源实际排放量核算法，物料衡算法、产排污系数法。

6.14.1　实际排放量核算方法选取原则

a）对于排污许可证中载明应当采用自动监测的排放口和污染因子，根据符合监测规范的有效自动监测数据采用实测法核算实际排放量。同时根据手工监测数据进行校核，若同一时段的手工监测数据与自动监测数据不一致，手工监测数据符合法定的监测标准和监测方法的，以手工监测数据为准。

b）对于排污许可证中载明应当采用自动监测的排放口或污染因子而未采用的，采用物料衡算法或产排污系数法核算实际排放量。其他采用手工监测的污染因子，按照执法监测或企业自行开展的手工监测数据进行核算。若同一时段的执法监测数据与企业自行开展的手工监测数据不一致，以执法监测数据为准。

c）对于排污许可证未要求采用自动监测的排放口或污染因子，按照优先顺序依次选取自动监测数据、执法和手工监测数据、产排污系数法进行核算。在采用手工和执法监测数据进行核算时，还应以产排污系数进行校核；若同一时段的手工监测数据与执法监测数据不一致，以执法监测数据为准。监测数据应符合国家有关环境监测、计量认证规定和技术规范。

6.14.2　实测法

实测法是指根据监测数据核算实际排放量的方法，分为自动监测实测法和手工监测实测法。

6.14.2.1　采用自动监测的污染源实际排放量核算方法

污染源自动监测符合 HJ/T 75、HJ/T 353 要求并获得有效连续在线监测数据的，可以采用自动监测数据核算污染物排放量。

6.14.2.2　采用手工监测的污染源实际排放量核算方法

未安装自动监测系统或无有效自动监测数据时，可采用手工监测数据进行核算。手工监测数据包括核算时间内的所有执法监测数据和企业自行监测数据，企业自行监测频次、监测期间生产工况、数据有效性等须符合标准中监测点位、监测因子及监测频次相关规范、环境影响评价文件等要求。

6.14.3　有色金属冶炼企业各类污染物实际排放量核算

a）物料衡算法

根据原辅料、燃料的消耗量、含硫量及硫捕集率，采用物料衡算法核算二氧化硫排放量。

b）产排污系数法

对于要求安装自动监测而未安装，或自动监测发生故障不能及时恢复运行的以及排污单位非正常情况，可采用产排污系数核算污染物实际排放量。

其他总量许可污染因子采用产排污系数法核算排放量时，可参考《污染源普查工业污染源产排污系数手册（中）》33 有色金属冶炼与压延加工业，根据单位产品污染物的产生量，按直排进行核算。

c）非正常情况污染物排放量核算

废水处理设施非正常情况下的排水，如无法满足排放标准要求时，不应直接排入外环境，待废水处理设施恢复正常运行后方可排放。如因特殊原因造成污染治理设施未正常运行超标排放污染物的，按产污系数与未正常运行时段的累计排水量核算实际排放量。

炉窑启停等非正常情况污染物排放量可采用实测法或产排污系数法核定。

6.15 合规判定方法

该章节主要对废气排放浓度合规性、废气实际排放量的合规性、废水排放浓度合规性以及环境管理合规性做出具体要求。

环境保护部门依据排污许可证的许可内容及运行管理要求对有色金属冶炼行业企业排放污染物行为进行监管执法，检查许可事项的落实情况，具体审核企业环境管理台账记录和许可证执行报告，检查污染防治设施运行、自行监测、信息公开等排污许可证管理要求的执行情况。

有色金属冶炼行业企业可通过台账记录、按时上报执行报告和开展自行监测、信息公开，自证其依证排污，满足排污许可证要求。

6.15.1 排放限值合规判定

6.15.1.1 废气排放浓度合规判定

a）正常情况

冶炼排污单位各废气排放口污染物或厂界无组织污染物的排放浓度达标是指“任一小时浓度均值均满足许可排放浓度要求”。各项废气污染物小时浓度均值根据排污单位自行监测（包括自动监测和手工监）、执法监测确定。

1）执法监测

按照监测规范要求获取的执法监测数据超标的，即视为不合规。根据 GB/T 16157、HJ/T 397、HJ/T 55 确定监测要求。

若同一时段的执法监测数据与经过有效性审核的排污单位自行监测数据不一致，执法监测数据符合法定的监测标准和监测方法，以执法监测数据作为优先证据使用。

2）排污单位自行监测

①自动监测

按照监测规范要求获取的自动监测数据（剔除异常值）计算得到的有效小时浓度均值与许可排放浓度限值进行对比，超过许可排放浓度限值的，即视为超标。对于应当采用自动监测而未采用的，视为不合规。自动监测小时浓度均值是指“整点 1 h 内不少于 45 min 的有效数据的算术平均值”。

由于自动监控系统故障等原因导致自动监测数据缺失的，应当参照 HJ/T 75 进行补遗。

②手工监测

对于未要求采用自动监测的排放口或污染物，应进行手工监测。按照自行监测方案、监测规范要求获取的监测数据计算得到的有效小时浓度均值超过许可排放浓度限值的，即视为超标。

若同一时段的自动监测数据与手工监测数据不一致，且手工监测数据符合法定的监测标准和监测方法的，以手工监测数据作为优先合规判定依据。

b）非正常情况

禁止设置烟气旁路，开停炉期间必须确保制酸尾气脱硫系统的正常运行，不得未经处理直接排放，企业应该开停炉前一个月将开停炉时间段上报环境保护部门。由环境保护部门确定后可作为豁免依据。

若多台设施采用混合方式排放烟气，且其中一台处于启停时段，排污单位能提供烟气混合前各台设施有效监测数据的，可按照排污单位提供数据进行合规判定。

1）铜镍钴冶炼

①国内铜镍钴企业情况

企业生产过程非正常过程产生的突发状态污染主要来源于两方面，一是突发故障时，短时间的波动影响环保系统不能在短时间调整，造成排放指标波动；二是环保设施突发故障情况，即使第一时间生产系统停料，也会造成短时间的影响，事故烟气切换脱硫系统存在时间差，期间也会造成影响。突发状况主要视突发状况的原因、部位不同，产生的影响结果也不尽相同。

熔炼炉一般每 3 年进行一次小修，8 年进行一次大修，平均每年需停炉进行一次检修。停炉时，先停生产系统，制酸系统根据系统条件延后停运，环集系统最后停运；启炉时要先确定环保设施具备正常运行条件方可启炉。在熔炼炉准备停炉检修时，自动控制系统将减少相关生产设备的投料，以使各车间能够同步减产。当投料减少时，熔炼系统产生烟气中的 SO_2 浓度降低，无法达到制酸指标的要求，经除尘器除尘后将其直接接入制酸尾气脱硫系统和环集脱硫系统进行处理，以确保尾气经脱硫达标排放。当环保设施突发故障，生产系统立即停料，处于闷炉状态，尽量减少外排。

②美国有色行业企业排污许可对启动、停窑和故障期间管理规定

美国《联邦规章典集》40 篇第 63 部分规定的操作和维护要求：

在任何时候，包括启动、停机和故障期间，所有者或操作人员必须按照安全和良好空气污染控制措施的要求来进行相关的空气污染控制设备和监控设备的操作和维护。在启动、停机或故障发生期间，所有者或操作者须按照安全与良好空气污染控制措施的要求，尽可能以最大限度地减少污染物的排放。此时，当污染控制技术与安全和良好空气污染控制措施不一致时，不要求所有者或操作者必须按照标准要求的排放水平来减少污染物的排放；当已经达到标准要求的排放水平时，也不要求所有者或操作者作进一步努力去减少污染物的排放。

故障发生后，必须尽快纠正故障。在启动、停机或故障期间出现意外事故的情况下，所有者或操作人员按照安全和良好空气污染控制措施的要求减少污染物的排放。

每个冶炼厂所有者或经营者必须根据制定并实施书面的冶炼厂启动、关闭和故障计划。计划需详细描述在启动、关闭和故障期间污染源的控制程序，以及符合相关标准要求的故障处理、空气污染控制和检测设备运行的纠正措施。制订计划的目的主要是为了：1）保证所有者或经营者最小化排放的方式来操作和维护相关的空气污染控制和监测设备；2）保证在情况发生后，所有者或操作者能尽快纠正故障，以尽量减少有害空气污染物的过量排放；3）减少启动、停机和故障期间相关的报告负担（包括采取的将故障过程和空气污染控制设备恢复正常或通常的操作方式的纠正措施）。

当所有者或操作者在启动或关闭期间或故障采取的行动与计划中指定的程序一致时，所有者或操作员必须保存该事件的记录，表明遵循计划中指定的程序。这些记录可以“清单”或其他有效的形式保留，用以证明生产操作符合启动、关闭和故障计划，并记录为该事件采取的行动。此外，所有者或经营者必须保存这些事件的记录，包括每次启动或关闭的发生和持续时间，运行故障，以及空气污染控制和监测设备的故障等记录。

如果所有者或操作者在此期间采取的措施（包括纠正故障的措施）与计划中规定的措施不一致，并且污染源超出任何有关排放标准的适用排放限制，所有人或经营者必须记录为该事件采取的行动，并且必须行动后 2 个工作日内报告此类行为，然后在事件结束后 7 个工作日内以书面形式报告此事件。

③本标准对启动、停窑管理要求

铜/钴冶炼排污单位：禁止设置烟气旁路，开停炉期间必须确保制酸尾气脱硫系统的正常运行，不得未经处理直接排放，企业应该开停炉前一个月将开停炉时间段上报环境保护部门。若多台设施采用混合方式排放烟气，且其中一台处于启停时段，排污单位可提供烟气混合前各台设施有效监测数据的，按照排污单位提供数据进行达标判定。

镍冶炼排污单位：镍冶炼排污单位开炉、设备检修（停炉）等非正常工况信息按工况期记录，每工况期记录 1 次，内容应记录非正常（开停炉）工况时间、事件原因、是否报告、应对措施，并按生产设施与污染治理设施填写具体情况：生产设施应记录设施名称、编号、产品产量、原辅料消耗量、燃料消耗量等；污染治理设施应记录设施名称、编号、污染因子、排放量、排放浓度等。

2）铅锌冶炼

①国内企业整体情况

铅锌冶炼企业非正常情况为熔炼炉启动开始投料和准备停炉检修时等生产不稳定状态。

编制组通过现场调研和座谈，结合铅锌冶炼企业非正常情况下运行情况进行了相应研究。该时段熔炼系统产生烟气中的 SO_2 浓度低，无法达到制酸指标的要求，此时的烟气只能经除尘器除尘后将其直接接入制酸尾气脱硫系统。

②本标准对启动、停窑管理要求

在借鉴国外管理经验和国内铅锌冶炼企业的调研基础上，确定了非正常情况的豁免时间段，具体如下：

开停炉期间必须确保制酸尾气脱硫系统的正常运行，禁止烟气通过旁路未经处理直接排放，企业应

该开停炉前一个月将开停炉时间段上报环境保护部门。

通过要求企业加强点火、停窑的工艺操作管理以及尽可能减少开停机次数，加强日常环保管理，确保全年排放量满足许可排放量的要求。

企业在此非正常情况期间应保持在线监测设备的运行，记录实际污染物的排放量，将该时段的各类污染物的实际排放量纳入全年实际排放量中。

3）锡锑汞冶炼

①国内企业整体情况

锡锑冶炼企业非正常情况为熔炼炉启动开始投料和准备停炉检修时等生产不稳定状态。

编制组通过现场调研和座谈，结合锡锑冶炼企业非正常情况下运行情况进行了相应研究。该时段熔炼系统产生烟气中的 SO_2 浓度低，无法达到制酸指标的要求，此时的烟气只能经除尘器除尘后将其直接接入制酸尾气脱硫系统。

②本标准对启动、停窑管理要求

在借鉴国外管理经验和国内锡锑冶炼企业的调研基础上，确定了非正常情况的豁免时间段，具体如下：

开停炉期间必须确保制酸尾气脱硫系统的正常运行，禁止烟气通过旁路未经处理直接排放，企业应该开停炉前一个月将开停炉时间段上报环境保护部门。

通过要求企业加强点火、停窑的工艺操作管理以及尽可能减少开停机次数，加强日常环保管理，确保全年排放量满足许可排放量的要求。

企业在此非正常情况期间应保持在线监测设备的运行，记录实际污染物的排放量，将该时段的各类污染物的实际排放量纳入全年实际排放量中。

4）铝冶炼

①国内铝冶炼企业情况

铝冶炼企业非正常情况为点火升温至投料、停窑、临停排除故障等生产不稳定状态，铝冶炼企业非正常情况的设备为氧化铝工业的熟料烧成窑、氢氧化铝焙烧炉。

编制组通过现场调研，结合铝冶炼企业非正常情况下在线监测设备运行情况对启动、停窑和临停排除故障的超标排放时间进行了相应研究。目前地方管理部门普遍不要求铝冶炼企业上传该时段在线监测数据，导致难以对企业特殊情况下的排放实施管控。

通过对调研企业炉窑启动情况了解分析，炉窑非正常工况如下：

熟料烧成窑：窑检修结束后，根据要求进行冷态点火升温烘炉，采用木柴、煤粉烘炉，烘炉时间需要 4～6 h，烘炉不下料。当熟料烧成窑尾部温度达到 400℃，开始下料。熟料烧成窑冷态启动时，料浆含湿量大，为防止除尘器结结疤，正常下料四个小时，温度达到露点以上后，电除尘器才开启正常除尘净化。

氢氧化铝焙烧炉：炉检修更换耐火材料后，要求进行冷态点火升温烘炉，燃料为燃气、柴油，烘炉的时间一般根据更换耐火材料的有所不同，烘炉时间需要 72～168 h，烘炉不下料。炉冷态启动时，烘炉需要 24 h，下料后 0.5 h 温度达到露点以上后，电除尘器才开启正常除尘净化。停炉时，先停料、燃气、最后停除尘器，停炉时风机需要运转一段时间，停炉后 0.5 h 内颗粒物有波动。

②本标准对启动、停窑管理要求

禁止设置烟气旁路，开停炉期间必须确保制酸尾气脱硫系统的正常运行，不得未经处理直接排放，企业应该开停炉前一个月将开停炉时间段上报环境保护部门。

若多台设施采用混合方式排放烟气，且其中一台处于启停时段，排污单位能提供烟气混合前各台设施有效监测数据的，可按照排污单位提供数据进行合规判定。

5）钛冶炼

①国内钛冶炼企业情况

钛冶炼企业非正常工况为点火升温至投料、挂渣、停炉、临停排除故障等生产不稳定状态，钛冶炼企业非正常工况的设备为钛渣电炉、氯化炉、镁电解槽。

编制组通过现场调研，结合钛冶炼企业非正常情况下在线监测设备运行情况对启动、停炉和临停排除故障的超标排放时间进行了相应研究。目前地方管理部门普遍不要求钛冶炼企业上传该时段在线监测数据，导致难以对企业特殊情况下的排放实施管控。

通过对调研企业炉窑启动情况了解分析，炉子非正常工况如下：

钛渣电炉：根据炉型的大型，新筑炉、大修结束后，根据要求进行冷态点火升温烘炉，采用木柴、石油焦烘炉，烘炉时间需要 8～15 d，烘炉不下料。炉墙挂渣 3～5 d。热启动需根据炉内的存料情况一般在 1～2 d，钛渣电炉冷态启动时，系统内含湿量大、加料和送电不平稳，收尘净化系统数据不准确。

氯化炉：炉检修更换耐火材料后，要求进行冷态点火升温烘炉，燃料为木柴、石油焦、燃气、柴油，烘炉的时间一般根据更换耐火材料和炉型的大小有所不同，烘炉时间需要 72～168 h，烘炉不通氯气。加料通氯气后需 3～4 h 炉内趋于稳定。通氯气前必须启动尾气洗涤净化系统，但由于炉内物料量少和不均匀，在线检测不正确。

②本标准对启动、停窑管理要求

钛冶炼排污单位非正常情况是指炉窑起停炉。禁止设置烟气旁路，开停炉期间必须确保净化系统的正常运行，不得未经处理直接排放，企业应该开停炉前一个月将开停炉时间段上报环境保护部门。

若多台设施采用混合方式排放烟气，且其中一台处于启停时段，企业可自行提供烟气混合前各台设施有效监测数据的，按照企业提供数据进行达标判定。

6.15.1.2　废水排放浓度合规判定

排污单位各废水排放口污染物（除 pH 值外）的排放浓度达标是指“任一有效日均值均满足许可排放浓度要求”。

a）执法监测

按照 HJ/T 91 要求获取的执法监测数据超过排污许可浓度限值的，即视为超标。

若同一时段的执法监测数据与经过有效性审核的排污单位自行监测数据不一致，执法监测数据符合法定的监测标准和监测方法的，以执法监测数据作为优先证据使用。

b）排污单位自行监测

1）自动监测

按照 HJ/T 91 要求获取的自动监测数据计算得到有效日均浓度值超过许可排放浓度限值的，即视为超标。对于应当采用自动监测而未采用的，视为不合规。

对于自动监测，有效日均浓度是指以每日为一个监测周期内获得的某个污染物的多个有效监测数据的平均值。在同时监测污水排放流量的情况下，有效日均值是以流量为权的某个污染物的有效监测数据的加权平均值；在未监测污水排放流量的情况下，有效日均值是某个污染物的有效监测数据的算术平均值。

自动监测的有效日均浓度应根 HJ/T 356、HJ/T 373 等相关文件确定。由于自动监测系统故障等原因导致自动监测数据缺失的，应当参照 HJ/T 355、HJ/T 373 的要求，以手工监测替代进行补遗。

2）手工监测

按照自行监测方案、监测规范进行手工监测，当日各次监测数据平均值（或当日混合样监测数据）超过排污许可浓度限值的，即视为超标。

6.15.2　排放量合规判定

冶炼排污单位污染物的排放量合规是指：

a）废水和废气污染物年实际排放量满足各自的年许可排放量要求，年许可排放量是正常情况和非正常情况排放量之和；

b）废水和废气污染物各主要排放口实际排放量满足各主要排放口的许可排放量要求；

c）特殊时段排污单位废气和废水污染物实际排放量满足各自特殊时段许可排放量要求。

6.15.3　环境管理要求合规判定

环境保护主管部门依据排污许可证中的管理要求以及相关技术规范，检查排污单位是否按照自行监测方案开展自行监测；是否按照排污许可证中环境管理台账记录要求记录相关内容、记录频次、形式是否满足许可证要求；是否按照许可证要求定期上报执行报告，上报内容是否符合要求等；是否按照许可证要求定期开展信息公开；是否满足特殊时段污染防治要求。

7 国内外相关标准、技术法规对比和分析

本标准参照国外排污许可相关法规、标准体系建设先进经验，整合、集成、优化了国内有色金属冶炼行业环境保护法规、规章、标准、管理要求等，紧密结合有色金属冶炼行业工程和环境特点，提出了有色金属冶炼行业排污许可管理的新思路，构建了有色金属冶炼行业排污许可申请与核发管理技术体系。

7.1 国外相关标准

本标准基本参照美国空气固定源运行许可证要求内容制定，但在许可排放限值上有一定的差异。

a）铜镍钴冶炼

本标准许可排放限值确定原则与美国大气运营许可证基本相同，在排污许可限值标准上有一定的差异。对于水污染物，本标准许可排放值包括许可排放浓度（mg/L）和单位产品基准排水量。而美国规定了吨产品的天最大许可排放量和月平均最大许可排放量（30 天滚动平均）；对于大气污染物，本标准许可排放限值包括许可排放浓度（mg/m^3，小时均值浓度）和单位产品基准排气量；美国仅规定许可排放浓度限值（mg/m^3），对排气量没有特别规定。以现有企业铜冶炼物料干燥工序气体污染物排放限值为例，来说明其中的差异，具体见下表。

表 7-1 美国原生铜冶炼行业大气污染物排放控制限制与中国的比较

<table>
<tr><th colspan="4">美国 NESHAP 标准</th><th colspan="3">中国《铜、镍、钴工业污染物排放标准》（GB 25467）</th></tr>
<tr><th>受控设施/工艺</th><th>污染物</th><th>排放限值</th><th>说明</th><th>污染物</th><th>排放限值</th><th>说明</th></tr>
<tr><td rowspan="7">原生铜冶炼物料干燥窑</td><td rowspan="3">PM</td><td rowspan="3">50 mg/m³</td><td rowspan="7">烟气必须排至制酸系统，SO₂浓度限定对象为制酸尾气</td><td>颗粒物</td><td>100</td><td rowspan="7">1 h 均值浓度</td></tr>
<tr><td>SO₂</td><td>800</td></tr>
<tr><td>砷及其化合物</td><td>0.5</td></tr>
<tr><td rowspan="4">SO₂</td><td rowspan="4">0.065%</td><td>硫酸雾</td><td>45</td></tr>
<tr><td>铅及其他化合物</td><td>0.7</td></tr>
<tr><td>氟化物</td><td>9.0</td></tr>
<tr><td>汞及其化合物</td><td>0.012</td></tr>
</table>

美国铜、钴、镍行业污染物排放限值规定

美国有色行业污染物排放限值规定相关法规主要有：National Emission Standards for Hazardous Air Pollutants（NESHAP）、New Source Performance Standards（NSPS）、Clean Air Act Standards and Guidelines for the Metals Production Industry（CAASG）、Code of Federal Regulations Part 421-Nonferrous Metals Manufacturing Point Source Category（CFR）等。其中 NESHAP、NSPS、CAASG 规定了有色行业大气污染物排放限值，CFR、NSPS 规定了有色行业水污染物排放限值。

①大气污染物排放限值规定

法规对原生铜冶炼行业控制的大气污染物进行了规定，对原生镍、钴冶炼行业控制的大气污染物没有相关规定。原生铜行业控制的大气污染物主要为颗粒物（PM）和 SO_2，如表 7-2 所示。

表 7-2 美国原生铜冶炼行业大气污染物排放控制限值

序号	工艺	来源	污染物名称	排放限值
1	干燥窑	废气	PM	现有：50 mg/m^3 新建：23 mg/m^3
		废气	SO_2	0.065%
2	焙烧炉	废气	SO_2	0.065%
3	熔炼炉	制酸尾气	PM	6.2 mg/m^3
		无组织排放废气	PM	23 mg/m^3
		废气	SO_2	0.065%
4	贫化炉	制酸尾气	PM	6.2 mg/m^3
		湿式除尘尾气	PM	46 mg/m^3
		无组织排放废气	PM	23 mg/m^3
5	吹炼炉	制酸尾气	PM	6.2 mg/m^3
		无组织排放废气	PM	23 mg/m^3
		现有 Pierce-Smith 和 Hoboken 炉无组织排放	排放量	4%
		废气	SO_2	0.065%

②水污染物排放限值规定

原生铜冶炼

对于现有企业，无论废水处理技术是当前最佳可行的控制技术（BPT）还是最佳经济可行技术（BAT），水污染物都不允许直接排放；对于新建企业，水污染物不允许直接排放，且不允许间接排放。

原生铜电解精炼：

a. 对于现有企业，废水处理技术为 BPT 时，废水中污染物浓度限值要求如下表所示。

表 7-3 现有企业水污染物浓度限值要求（BPT）

单位：kg/t 产品（pH 除外）

污染物	天最大值	连续 30 d 的天平均值
总悬浮物	0.100	0.050
Cu	0.001 7	0.000 8
Cd	0.000 06	0.000 03
Pb	0.000 6	0.002 6
Zn	0.001 2	0.000 3
pH	6.0～9.0	6.0～9.0

b. 对于现有企业，废水处理技术为 BAT 时，废水中污染物浓度限值要求如下表所示。

表 7-4 现有企业水污染物浓度限值要求（BAT）

污染源	污染物	天最大值	月平均最大值
铸造冷却废水（单位：mg/kg 铸铜）	As	0.692	0.309
	Cu	0.638	0.304
	Ni	0.274	0.18
阳极和阴极清洗废水（单位：mg/kg 阴极铜）	As	0.000	0.000
	Cu	0.000	0.000
	Ni	0.000	0.000
废电解液（单位：mg/kg 阴极铜）	As	0.068	0.031
	Cu	0.063	0.030
	Ni	0.027	0.018
铸造废气湿式洗涤废水（单位：mg/kg 铸铜）	As	0.000	0.000
	Cu	0.000	0.000
	Ni	0.000	0.000
副产品回收废水（单位：mg/kg 从电解泥中回收的产品）	As	0.000	0.000
	Cu	0.000	0.000
	Ni	0.000	0.000

c. 对于新建企业，废水中污染物浓度限值如下表所示。

表 7-5 新建企业水污染物浓度限值要求

污染源	污染物	天最大值	月平均最大值
铸造冷却废水（单位：mg/kg 铸铜，pH 除外）	As	0.692	0.309
	Cu	0.638	0.304
	Ni	0.274	0.184
	总悬浮物	7.470	5.976
	pH	7.5～10.0	7.5～10.0
阳极和阴极清洗废水（单位：mg/kg 阴极铜）	As	0.000	0.000
	Cu	0.000	0.000
	Ni	0.000	0.000
	总悬浮物	0.000	0.000
	pH	7.5～10.0	7.5～10.0
废电解液（单位：mg/kg 阴极铜）	As	0.068	0.031
	Cu	0.063	0.030
	Ni	0.027	0.018
	总悬浮物	0.735	0.588
	pH	7.5～10.0	7.5～10.0

污染源	污染物	天最大值	月平均最大值
铸造废气湿式洗涤废水（单位：mg/kg 铸铜）	As	0.000	0.000
	Cu	0.000	0.000
	Ni	0.000	0.000
	总悬浮物	0.000	0.000
	pH	7.5～10.0	7.5～10.0
副产品回收废水（单位：mg/kg 从电解泥中回收的产品）	As	0.000	0.000
	Cu	0.000	0.000
	Ni	0.000	0.000
	总悬浮物	0.000	0.000
	pH	7.5～10.0	7.5～10.0

d. 对于新建企业，水污染物间接排放浓度限值如下表所示。

表 7-6　新建企业水污染物间接排放浓度限值要求

污染源	污染物	天最大值	月平均最大值
铸造冷却废水（单位：mg/kg 铸铜，pH 除外）	As	0.692	0.309
	Cu	0.638	0.304
	Ni	0.274	0.184
阳极和阴极清洗废水（单位：mg/kg 阴极铜）	As	0.000	0.000
	Cu	0.000	0.000
	Ni	0.000	0.000
废电解液（单位：mg/kg 阴极铜）	As	0.068	0.031
	Cu	0.063	0.030
	Ni	0.027	0.018
铸造废气湿式洗涤废水（单位：mg/kg 铸铜）	As	0.000	0.000
	Cu	0.000	0.000
	Ni	0.000	0.000
副产品回收废水（单位：mg/kg 从电解泥中回收的产品）	As	0.000	0.000
	Cu	0.000	0.000
	Ni	0.000	0.000

原生镍、钴冶炼

a. 对于现有企业，废水处理技术为 BPT 时，水污染物浓度限值要求如下表所示。

表 7-7　现有企业水污染物浓度限值要求（BPT）

污染源	污染物	天最大值	月平均最大值
原料除尘废水（单位：mg/kg 镍或钴原料，pH 除外）	Cu	0.146	0.077
	Ni	0.148	0.098
	氨氮	10.260	4.512
	Co	0.016	0.007
	总悬浮物	3.157	1.502
	pH	7.5～10.0	7.5～10.0
洗镍废水（单位：mg/kg 镍粉，pH 除外）	Cu	0.064	0.034
	Ni	0.065	0.043
	氨氮	4.515	1.985
	Co	0.007	0.003
	总悬浮物	1.389	0.66
	pH	7.5～10.0	7.5～10.0
镍还原废水（单位：mg/kg 镍，pH 除外）	Cu	24.12	12.7
	Ni	24.37	16.12
	氨氮	1 692.00	743.9
	Co	2.666	1.143
	总悬浮物	520.5	247.6
	pH	7.5～10.0	7.5～10.0
钴还原废水（单位：mg/kg 钴，pH 除外）	Cu	40.66	21.4
	Ni	41.08	27.18
	氨氮	2 852.0	1 254.0
	Co	4.494	1.926
	总悬浮物	877.3	417.3
	pH	7.5～10.0	7.5～10.0

b. 对于现有企业，废水处理技术为 BAT 时，水污染物浓度限值要求如下表所示。

表 7-8　现有企业水污染物浓度限值要求（BAT）

污染源	污染物	天最大值	月平均最大值
原料除尘废水（单位：mg/kg 镍或钴原料）	Cu	0.099	0.047
	Ni	0.042	0.028
	氨氮	10.260	4.512
	Co	0.011	0.005
洗镍废水（单位：mg/kg 镍粉）	Cu	0.043	0.021
	Ni	0.019	0.013
	氨氮	4.515	1.985
	Co	0.005	0.002
镍还原废水（单位：mg/kg 镍）	Cu	16.250	7.744
	Ni	6.982	4.697
	氨氮	1 692.0	743.9
	Co	1.777	0.889
钴还原废水（单位：mg/kg 钴）	Cu	27.390	13.050
	Ni	11.770	7.917
	氨氮	2 852.0	1 254.0
	Co	2.996	1.498

c. 对于新建企业，水污染物浓度限值要求如下表所示。

表 7-9　新建企业水污染物浓度限值要求

污染源	污染物	天最大值	月平均最大值
原料除尘废水（单位：mg/kg 镍或钴原料，pH 除外）	Cu	0.099	0.047
	Ni	0.042	0.028
	氨氮	10.260	4.512
	Co	0.011	0.005
	总悬浮物	1.155	0.924
	pH	7.5～10.0	7.5～10.0
洗镍废水（单位：mg/kg 镍粉，pH 除外）	Cu	0.043	0.021
	Ni	0.019	0.013
	氨氮	4.515	1.985
	Co	0.005	0.002
	总悬浮物	0.508	0.406
	pH	7.5～10.0	7.5～10.0
镍还原废水（单位：mg/kg 镍，pH 除外）	Cu	16.250	7.744
	Ni	6.982	4.697
	氨氮	1 692.0	743.9
	Co	1.777	0.889
	总悬浮物	190.4	152.3
	pH	7.5～10.0	7.5～10.0
钴还原废水（单位：mg/kg 钴，pH 除外）	Cu	27.39	13.05
	Ni	11.770	7.917
	氨氮	2 852.0	1 254.0
	Co	2.996	1.498
	总悬浮物	321.0	256.8
	pH	7.5～10.0	7.5～10.0

d. 对于新建企业，水污染物间接排放浓度限值如下表所示。

表 7-10　新建企业水污染物间接排放浓度限值要求

污染源	污染物	天最大值	月平均最大值
原料除尘废水（单位：mg/kg 镍或钴原料）	Cu	0.099	0.047
	Ni	0.042	0.028
	氨氮	10.260	4.512
	Co	0.011	0.005

污染源	污染物	天最大值	月平均最大值
洗镍废水 （单位：mg/kg 镍粉）	Cu	0.043	0.021
	Ni	0.019	0.013
	氨氮	4.515	1.985
	Co	0.005	0.002
镍还原废水 （单位：mg/kg 镍）	Cu	16.250	7.744
	Ni	6.982	4.697
	氨氮	1 692.0	743.9
	Co	1.777	0.889
钴还原废水 （单位：mg/kg 钴）	Cu	27.39	13.05
	Ni	11.770	7.917
	氨氮	2 852.0	1 254.0
	Co	2.996	1.498

b）铅锌冶炼

欧洲国家有色金属工业控制的废气污染物包括颗粒物、SO_2和NO_x、铅及其化合物、汞及其化合物，废水污染物包括总铅、总锌、总镉、总汞、总砷、总铜、悬浮物、硫化物。下表列出了新污染源的排放限值：

表 7-11　欧洲国家有色金属行业污染物排放标准

环境要素	欧洲				中国《铅、锌工业污染物排放标准》（GB 25466）		
	工业	污染物	限值/（mg/m^3）	国家	污染物	限值	特别限值
废气	铅	颗粒物	10	比利时	颗粒物	80	10
	铅/锌火法		10	法国			
	铅		10	德国			
	锌		30	荷兰			
	锌		50	西班牙			
	铅（一般过程）		50				
	铅（精炼）		10				
	有色金属	二氧化硫	800	比利时	二氧化硫	400	100
	锌		1 200	荷兰			
	有色金属		1 425	西班牙			
			800	世行、欧德国盟			
	通用	氮氧化物 （以NO_2计）	500	德国		—	100
	铅/锌火法	铅及其化合物	0.5 kg/h	法国		8	2
	通用		5	德国			
	铅/锌		30 t/a	瑞典			
	铅（流量＜300 mg/m^3） 铅（流量＜300 mg/m^3）		80 10	西班牙			
	铅/锌火法	汞及其化合物	0.01 kg/h	法国		0.05	0.05
	通用		0.2	德国			
	铅/锌		0.35 t/a 0.4 g/t 进料	瑞典			
废水	所有	总铅	2	比利时		0.5	0.2
	所有		0.5	德国			
	铅/锌	总锌	1	德国		1.5	1.0
	锌		1	法国			
	锌		5	挪威			
	所有	总镉	0.2	德国		0.05	0.02
	锌		0.2	挪威			

环境要素	欧洲				中国《铅、锌工业污染物排放标准》（GB 25466）		
	工业	污染物	限值/（mg/m^3）	国家	污染物	限值	特别限值
废水	所有	总汞	0.1	比利时		0.03	0.01
	所有		0.05	德国			
	锌焙烧及制酸 锌浸出		0.1 0.03	挪威			
	所有	总砷	0.1	德国		0.3	0.1
	所有		0.5	西班牙			
	铅/锌	总铜	4	比利时		0.5	0.2
	所有		0.5	德国			
	锌		0.2	挪威			
	所有		0.2	西班牙			
	锌	悬浮物	30	法国		直接 50 间接 70	直接 10 间接 50
	所有		80	西班牙			
	铅/锌	硫化物	1	德国		1.0	1.0

c）锡锑汞冶炼

德国工业排放标准控制的常规污染物包括颗粒物、SO_2和NO_x、汞及其化合物、铅及其化合物、COD、氨氮、总汞、总铅、总砷、总镉。世行和欧盟标准控制的有毒污染物包括颗粒物、SO_2和NO_x、汞及其化合物、总汞、总铅、总砷、总镉等。表 7-12 列出了新污染源的排放限值：

表 7-12 许可排放限值比较

德国有色标准					中国《锡、锑、汞工业污染物排放标准》（GB 30770）		
受控设施/工艺	污染物	新污染源	说明	备注	污染物	排放限值/（mg/m^3）	说明
锡锑汞冶炼行业	颗粒物	20 mg/m^3			颗粒物	10～30	1 h 均值浓度
	NO_x	350 mg/m^3			NO_x	100～200	
	SO_2	350～500 mg/m^3			SO_2	100～400	
	汞及其化合物	0.05 mg/m^3			汞及其化合物	0.01	
	铅及其化合物	1～5 mg/m^3			铅及其化合物	2	

d）铝冶炼

国外专门针对铝冶炼行业制定的污染物排放指标主要是氟，其次是粉尘。对电解铝厂大气污染物排放主要有吨铝排氟指标控制和排放浓度控制两种方式。

美国联邦法规 40 号 2015 年 8 月 22 日颁布原铝生产企业有害空气污染物排放标准，电解铝厂的总氟化物控制标准为 0.6 kg/t 铝。

欧盟 BAT 的电解铝厂排放标准：总氟化物排放浓度 1.5 mg/m^3，氟化氢排放浓度 1 mg/m^3，颗粒物排放浓度 2～5 mg/m^3。

世界银行的基础金属冶炼的环境健康安全导则要求，铝厂的总氟化物排放浓度 0.8 mg/m^3，氟化氢排放浓度 0.5 mg/m^3，颗粒物排放浓度 1～5 mg/m^3，SO_2 排放浓度 50～200 mg/m^3，NO_x 排放浓度 100～300 mg/m^3。

下表 7-13 列出了铝冶炼的排放限值。

e）镁冶炼

目前，世界 80%以上的原镁产量是由中国皮江法工艺生产的，国外主要是以电解法制镁为主，而本标准的适用范围只涵盖皮江法工艺，因此，在标准编制过程中没有国外相关标准参照。

表 7-13　电解铝许可排放限值比较

受控设施/工艺	国外标准				中国《铝工业污染物排放标准》（GB 25465）		
	污染物	排放限值	备注	说明	污染物	排放限值	说明
排放量/（kg/t 铝）	氟化物	0.6	美国[1]		氟化物	0.6[4]	
		—	欧盟[2]				
		—	世行[3]				
排气筒浓度/（mg/m^3）		—	美国[1]			3	
		1.5	欧盟[2]				
		0.8	世行[3]				
排放量/（kg/t 铝）	氟化氢	0.6	美国[1]		氟化氢	—	
		—	欧盟[2]				
		—	世行[3]				
排气筒浓度/（mg/m^3）		—	美国[1]			—	
		1	欧盟[2]				
		0.5	世行[3]				
排气筒浓度/（mg/m^3）	粉尘	—	美国[1]		粉尘	20	
		2～5	欧盟[2]				
		1～5	世行[3]				
排气筒浓度/（mg/m^3）	SO_2	—	美国[1]		SO_2	200	
		—	欧盟[2]				
		50～200	世行[3]				
排气筒浓度/（mg/m^3）	NO_x	—	美国[1]		NO_x	—	
		—	欧盟[2]				
		100～300	世行[3]				

注：（1）40 CFR 63.844，USEPA，National Emission Standards for Hazardous Air Pollutants for Source Categories；National Emission Standards for Hazardous Air Pollutants for Primary Aluminum Reduction Plants。

（2）COMMISSION IMPLEMENTING DECISION（EU）2016/1032 of 13 June 2016 establishing best available techniques（BAT）conclusions，under Directive 2010/75/EU of the European Parliament and of the Council，for the non-ferrous metals industries（notified under document C（2016）3563）。

（3）Environmental，Health，and Safety Guidelines Base Metal Smelting and Refining（APRIL 30，2007）。

（4）《铝行业规范条件》。

7.2　国内相关标准

7.2.1　行业排污许可证申请与核发技术规范

本标准架构上按照已发布的《火电行业排污许可证申请与核发技术规范》建立，与该技术规范相比，按照标准编制格式，架构上增加了适用范围、规范性引用文件和术语与定义三章节；内容上，在许可排放量核算、无组织排放控制、实测法实际排放量核算方面有所不同。

a）明确许可排放量核算推荐方法

与《火电行业排污许可证申请与核发技术规范》中许可排放量核算采用绩效法不同，有色金属冶炼行业企业许可排放量依据许可排放浓度、基准排气量、主要产品实际核定产能确定。

首先，进一步明确按照企业实际核定产能核算许可排放量的方法。建议核定企业许可排放量时采用实际核定产能，根据企业的实际核定产能或《工业和信息化部关于印发部分产能严重过剩行业产能置换实施办法的通知》（工信部产业〔2015〕127 号）来确定，同时对于实际核定产能与环境影响评价不一致的，要求企业明确说明原因。另外，排污许可证仅对企业污染物排放量进行许可和管控，企业超实际核定产能生产的情况下，应采取更严格的污染防治措施，确保污染物排放量不超过许可排放量。

其次，确定了有色金属冶炼行业基准排气/水量。

现行《铜、镍、钴工业污染物排放标准》设定了铜镍工业基准排气量，分别为 210 m^3/t 产品及 360 m^3/t 产品；也设定了铜、镍、钴工业基准排水量，分别为 10 m^3/t 产品、15 m^3/t 产品及 30 m^3/t 产品，可作为核定相关企业生产工艺废气、废水许可排放量的重要参数。

铅锌冶炼行业基准排气量是核定许可排放量的重要参数，现行《铅、锌工业污染物排放标准》中无基准排气量的相关的规定。本标准根据国内铅锌冶炼企业典型生产工艺各主要生产设施对应的污染防治设施排气量统计结果，按照行业平均水平分别给出了主要排放口基准排气量。

锡锑汞行业基准排气量是核定许可排放量的重要参数，现行《锡、锑、汞工业污染物排放标准》中有基准排气量的相关的规定。以此为依据，按照行业平均水平分别给出了主要排放口基准排气量。

铝冶炼行业基准排气量是核定许可排放量的重要参数，现行《铝工业污染物排放标准》中无基准排气量的相关的规定。通过对熟料烧成窑、氢氧化铝焙烧炉、电解槽等热工标定数据以及企业数据统计资料，综合确定了熟料烧成窑烟气治理系统烟囱、焙烧炉烟气排放口、电解烟气净化系统烟囱的基准排气量。

镁冶炼行业基准排气量是核定许可排放量的重要参数，现行《镁、钛工业污染物排放标准》中无基准排气量的相关的规定。

钛冶炼行业基准排气量是核定许可排放量的重要参数，现行《镁、钛工业污染物排放标准》中无基准排气量的相关的规定。通过对钛渣熔炼电炉、四氯化钛制备、镁电解系统等热工标定数据以及企业数据统计资料，综合确定了钛渣熔炼烟气综合回收治理系统烟囱、四氯化钛制备尾气排放口、镁电解废净化系统烟囱的基准排气量。

b）细化了有色金属冶炼企业无组织排放控制内容

《火电行业排污许可证申请与核发技术规范》对无组织排放控制无相应内容（《火电厂大气污染物排放标准》（GB 13223）未有无组织控制相应规定），本标准结合有色金属冶炼行业企业无组织排放点多、措施各异、管理水平参差不齐的特点，将无组织控制要求纳入排污许可证环境管理要求。在合规判定时，对无组织排放源以现场措施检查为主，必要时以现场监测方式判定无组织达标情况。

c）细化了实测法实际排放量核算方法

《火电行业排污许可证申请与核发技术规范》对实际排放量采用实测法核算时，仅给出了一般原则性规定。本标准中对有色金属冶炼企业采用自动监测和手工监测的污染源分别给出了核算公式。鉴于有色金属冶炼企业一般排放口较多，在核算一般排放口实际排放量时，给出了纳入一般排放口颗粒物实际排放量核算的污染源类型和系数α（纳入核算范围内的污染源颗粒物排放量占有色金属冶炼行业企业一般排放口颗粒物排放量的百分比，该系数由企业统计数据确定），企业在对纳入一般排放口的污染源进行监测获得实测浓度和标干排气量后即可根据公式得到所有一般排放口实际排放量。

7.2.2 有色金属冶炼行业相关标准

有色金属冶炼行业相关标准包括《铜、镍、钴工业污染物排放标准》（GB 25467）、《铅、锌工业污染物排放标准》（GB 25466）、《锡、锑、汞工业污染物排放标准》（GB 30770）、《镁、钛工业污染物排放标准》（GB 25468）、《铝工业污染物排放标准》（GB 25465）、《铜冶炼厂工艺设计规范》（GB 50616）、《钴冶炼工厂工艺设计规范（征求意见稿）》、《铅锌冶炼厂工艺设计规范》（GB 50985）、《镁冶炼厂工艺设计规范》（YS 5032—2000）、《钛冶炼厂工艺设计规范（征求意见稿）》、《铜冶炼污染防治最佳可行技术指南》、《铅锌冶炼工业污染防治技术政策》等，与上述标准相比，本标准涵盖内容更全面，更切合排污许可工作需要。

a）涵盖内容全面

本标准在排污单位基本情况章节中分类型给出了较全面的有色金属冶炼企业相关生产工艺、生产设施、污染治理设施、产排污节点、产品及产能、原辅料及燃料等具体的填报内容，较《冶炼工厂设计规范》中规定的内容分类更明确，更切合排污许可工作需要。

b）在归纳总结基础上给出了基准排气量

现行有色金属工业污染物排放标准中无基准排气量的相关的规定，本标准在综合结合企业实际情况、给出了 11 种有色金属冶炼种类工艺类型排放口的基准排气量，为许可排放量核算奠定了基础。

c）对启停非正常情况豁免时段进行了明确界定

相较于有色金属冶炼行业相关标准，本标准针对有色金属冶炼企业启动、停炉期间可能会出现污染物排放浓度超标的情况，结合有色金属冶炼企业在线监测数据及其他有色金属冶炼企业排污许可证对该情况规定等内容，明确了有色金属冶炼企业开停炉的豁免时段，并明确规定该时段污染物排放量纳入年许可排放量核算。

8 标准实施措施及建议

a）进一步强化在线监测对排污许可的有效支撑

在线监测设备管理简便、监测数据量大，是监控企业许可排放浓度达标以及支撑实际排放量核算的有效手段。但现阶段，环境保护部门对在线监测数据的管理和应用偏弱，在线监测数据的有效性不足，在线监测作为执法判定的法律依据不足，这些都对本标准实施形成阻力。

本标准提出制酸等特殊情况下一定时段内的浓度超标给予豁免，但为督促企业加强环境管理，减少特殊情况的发生，该时段的排放量仍纳入全年排放量考核。但经过调研，目前地方管理部门普遍不要求上传该时段在线监测数据，软件设置也自动剔除该时段的在线监测数据，导致难以对企业特殊情况下的排放实施管控。

因此，建议环境保护部门加强在线监测的管理，提升在线监测的技术水平和法律地位，保留特殊时段在线监测数据并如实上传，保证在线监测数据的完整性，为本标准的实施提供保障。

b）加快推动排污许可管理信息平台建设

建议按照本标准内容尽快建设排污许可管理信息平台有色金属冶炼行业申请与核发系统，便于企业和环境保护部门应用，促进本标准的落地。

c）加大对企业和环境保护部门的宣传培训力度

国家排污许可制度对各行业提出了精细化管理要求，本标准涉及的环境管理内容多，技术要求高，应加大对企业和环境保护部门的培训，帮助理解技术规范的要求，指导企业申请和环境保护部门核发。

d）开展标准实施评估

根据《铜、镍、钴工业污染物排放标准》（GB 25467—2010）及编制说明，该标准制定时钴冶炼行业的生产工艺主要为火法冶炼，基准排水量也主要是基于火法冶炼工艺制定的，而根据调研分析，目前钴冶炼企业已全部采用湿法冶炼工艺，企业单位产品实际排水量已超过了标准规定基准排水量限值。为与 GB 25467 的要求保持一致，钴冶炼行业技术规范中暂以标准规定基准排水量核算废水污染因子许可排放量，因此存在核算出的许可排放量偏小，国内几乎所有钴冶炼企业的实际排放量将超出许可排放量的情况。

根据《铜、镍、钴工业污染物排放标准》（GB 25467—2010）及编制说明，该标准制定时铜冶炼行业的废气产污环节主要考虑烟气制酸工序和阳极炉，基准排气量也基于上述两处的排气情况制定，未考虑环境集烟的排放情况。但随着环保管理要求提高，铜冶炼行业生产车间的无组织废气经环境集烟收集后通过排气筒排放，企业的实际排气量包含环境集烟的排气量。为与 GB 25467 的要求保持一致，铜冶炼行业技术规范中暂以标准规定基准排气量核算废气污染因子许可排放量，因此存在核算出的许可排放量偏小，国内几乎所有铜冶炼行业企业的实际排放量将超出许可排放量的情况。

建议对《铜、镍、钴工业污染物排放标准》（GB 25467）等标准就基准排气量/基准排水量等相关问题开展标准评估工作。

中华人民共和国环境保护行业标准
排污许可证申请与核发技术规范　总则

Technical specification for application and issuance of pollutant permit
—General programme

HJ 942—2018

前　言

为贯彻落实《中华人民共和国环境保护法》《中华人民共和国大气污染防治法》《中华人民共和国水污染防治法》等法律法规、《国务院办公厅关于印发控制污染物排放许可制实施方案的通知》（国办发〔2016〕81号）和《排污许可管理办法（试行）》（环境保护部令　第48号），加强大气、水、土壤污染防治，落实相关治理措施和企业主体责任，完善排污许可技术支撑体系，指导排污单位排污许可证申请与核发工作，制定本标准。

本标准规定了排污单位基本情况填报要求、许可排放限值确定、实际排放量核算和合规判定的一般方法，以及自行监测、环境管理台账及排污许可证执行报告等环境管理要求，提出了排污单位污染防治可行技术的原则要求。

本标准附录A为资料性附录。

本标准为首次发布。

本标准由环境保护部规划财务司、环境保护部科技标准司组织制订。

本标准主要起草单位：环境保护部环境工程评估中心。

本标准环境保护部2018年2月8日批准。

本标准自2018年2月8日起实施。

本标准由环境保护部解释。

1　适用范围

本标准适用于指导排污单位填报《排污许可证申请表》及网上填报相关申请信息，适用于指导核发环境保护部门审核确定排污单位排污许可证许可要求，排污许可证申请与核发程序参见附录A。

有行业排污许可证申请与核发技术规范（以下简称行业技术规范）的，执行行业技术规范；无行业技术规范的，执行本标准；行业涉及通用工序的，执行通用工序排污许可证申请与核发技术规范。行业或通用工序排污许可证申请与核发技术规范的编制可参考本标准。

2　规范性引用文件

本标准引用了下列文件或其中的条款。凡是未注明日期的引用文件，其最新版本适用于本标准。

GB/T 16157　固定污染源排气中颗粒物测定与气态污染物采样方法

HJ/T 55　大气污染物无组织排放监测技术导则

HJ 75　固定污染源烟气（SO_2、NO_x、颗粒物）排放连续监测技术规范

HJ/T 91　地表水和污水监测技术规范

HJ/T 356　水污染源在线监测系统数据有效性判别技术规范（试行）

HJ/T 397　固定源废气监测技术规范

HJ 608　排污单位编码规则

HJ 819　排污单位自行监测技术指南　总则

HJ 944—2018　排污单位环境管理台账及排污许可证执行报告技术规范　总则（试行）

《排污许可管理办法（试行）》（环境保护部令　第 48 号）

《固定污染源排污许可分类管理名录》

《排污口规范化整治技术要求（试行）》（国家环保局　环监〔1996〕470 号）

《未纳入排污许可管理行业适用的排污系数、物料衡算方法（试行）》（环境保护部公告　2017 年第 81 号）

3 术语和定义

下列术语和定义适用于本标准。

3.1 生产设施　production facilities

指在排污单位中与产排污有关的，直接参加生产过程或直接为生产服务的设备或设施。

3.2 污染治理设施　pollution control facilities

指对生产过程中产生的污染物进行收集、净化、去除的设备或设施。

3.3 许可排放限值　permitted emission limits

指排污许可证中规定的允许排污单位排放的污染物最大排放浓度和排放量。

3.4 特殊时段　special periods

指根据地方人民政府依法制定的环境质量限期达标规划或其他相关环境管理文件，对排污单位的污染物排放有特殊要求的时段，包括重污染天气应对期间和冬防期间等。

3.5 非正常情况　abnormal situation

指开停炉（机）、设备检修、工艺设备运转异常等生产设施非正常工况或污染治理设施非正常状况。

4 排污单位基本情况填报要求

4.1 一般原则

排污单位应按照本标准要求，在全国排污许可证管理信息平台申报系统填报《排污许可证申请表》中的相应信息表。地方环境保护主管部门有规定需要填报或排污单位认为需要填报的，可自行增加内容。

设区的市级以上地方环境保护主管部门可以根据环境保护地方性法规，增加需要在排污许可证中载明的内容，并填入排污许可证管理信息平台申报系统中“有核发权的地方环境保护主管部门增加的管理内容”一栏。

未依法取得建设项目环境影响评价文件审批意见或按照有关规定经地方人民政府依法处理、整顿规范并符合要求的相关证明材料的排污单位，采用的污染防治设施或措施不能达到许可排放浓度要求的排污单位，以及存在其他依规需要改正行为的排污单位，在首次申报排污许可证填报申请信息时，应在全国排污许可证管理信息平台申报系统中“改正规定”一栏，提出改正方案。

排污单位基本情况应当按照实际情况填报，排污单位对提交申请材料的真实性、合法性和完整性负法律责任。

4.2 排污单位基本信息

排污单位基本信息应填报单位名称、是否需整改、许可证管理类别、邮政编码、是否投产、投产日期、生产经营场所中心经度、生产经营场所中心纬度、所在地是否属于环境敏感区（如大气重点控制区域、总磷总氮控制区等）、所属工业园区名称、环境影响评价审批意见文号（备案编号）、地方政府对违规项目的认定或备案文件文号、主要污染物总量分配计划文件文号、颗粒物总量指标（t/a）、二氧化硫总量指标（t/a）、氮氧化物总量指标（t/a）、化学需氧量总量指标（t/a）、氨氮总量指标（t/a）、挥发性有机物总量指标（t/a）、其他污染物总量指标（如有）等。

4.3 主要产品及产能

4.3.1 主要生产单元、主要工艺、生产设施及设施参数

在填报“主要产品及产能”时，需选择所属行业类别。排污单位主要生产单元、主要工艺、生产设施及设施参数填报内容见表 1。

表 1 排污单位主要生产单元、主要工艺、生产设施及设施参数表

主要生产单元	主要工艺	生产设施	设施参数
主体工程	主要生产线	与排放废气和废水密切相关的主要生产设施，包括工业炉窑（熔炼炉、焚烧炉、熔化炉、加热炉、热处理炉、石灰窑等）、化工类排污单位的反应设备（化学反应釜/器/塔、蒸馏/蒸发/萃取设备等）、包装印刷设备、工业涂装工序生产设施等	设计生产能力、功率、尺寸、面积、额定蒸发量、额定功率、压力、流量、设计处理能力、设计排气量、储量、容积、周转量等
公用工程	发电、供热系统等公用系统	与排放废气和废水密切相关的生产设施，包括锅炉、汽轮机、发电机等	
辅助工程	污水处理系统等其他为生产线配套服务的系统	与排放废气和废水密切相关的生产设施或污染治理设施，包括污水处理站等	
储运工程	储运系统	与排放废气和废水密切相关的生产设施，包括物料的存储、运输设施如储罐、仓库、固体废物储存间、转运站等	

4.3.2 生产设施编号

排污单位填写内部生产设施编号，若排污单位无内部生产设施编号，则根据 HJ 608 进行编号并填报。

4.3.3 产品名称

填写生产设施主要产品名称。涉及化学品的，填报化学品名称及 CAS 编号。

4.3.4 生产能力、计量单位及设计年生产时间

生产能力为主要产品设计产能，并标明计量单位。生产能力不包括国家或地方政府予以淘汰或取缔的产能。

设计生产时间按环境影响评价文件及审批意见或地方政府对违规项目的认定或备案文件中的年生产时间填写。

4.3.5 其他

排污单位如有需要说明的内容，可填写。

4.4 主要原辅材料及燃料信息

4.4.1 原辅材料及燃料种类

按原料、辅料、燃料种类分别填写具体物质名称。涉及化学品的，填报化学品名称及 CAS 编号。

原料填报产品生产加工过程所需的主要原材料以及所有有毒有害化学品原材料。

辅料填报产品生产加工过程中添加的主要辅料和污染治理过程中添加的化学品。

燃料种类包括：固体燃料（煤炭、煤矸石、焦炭、生物质燃料等），液体燃料（原油、汽油、煤油、柴油、燃料油等），气体燃料（天然气、煤层气、冶金副产煤气、石油炼制副产燃气、煤气发生炉煤气等）。

4.4.2 设计年使用量及计量单位

设计年使用量为与产能相匹配的原辅料及燃料年使用量，并标明计量单位。

4.4.3 原辅料有毒有害物质及成分占比

为优先控制化学品名录、污染物排放标准中的“第一类污染物”以及有关文件中规定的有毒有害物质或元素，及其在原辅料中的成分占比，应按设计值或上一年生产实际值填写，原辅料中不含有毒有害物质或元素的可不填写。

4.4.4 燃料灰分、硫分、挥发分及热值

应按设计值或上一年生产实际值填写固体燃料灰分、硫分、挥发分及热值（低位发热量）。燃油和燃气填写硫分（液体燃料按硫分计；气体燃料按总硫计，总硫包含有机硫和无机硫）及热值（低位发热量）。

原则上固体燃料和液体燃料填报值以收到基为基准，排污单位可结合行业特点填报，并注明填报基准。

4.4.5 其他

排污单位如有需要说明的内容，可填写。

4.5 产排污环节、污染物及污染治理设施

4.5.1 一般原则

废气产排污环节、污染物及污染治理设施包括对应产排污环节名称、污染物种类、排放形式（有组织、无组织）、污染治理设施、有组织排放口编号及名称、排放口设置是否符合要求、排放口类型。

废水类别、污染物及污染治理设施包括废水类别、污染物种类、污染治理设施、排放去向、排放方

式、排放规律、排放口编号及名称、排放口设置是否符合要求、排放口类型。

4.5.2 废气

4.5.2.1 废气产排污环节、污染物种类、排放形式及污染治理设施

产排污环节为生产设施对应的产排污环节名称，依据国家和地方污染物排放标准、环境影响评价文件及审批意见综合确定。

污染物种类为排放标准中的各污染物项目，依据国家和地方污染物排放标准确定。

排放形式分有组织排放和无组织排放两种形式。

污染治理设施包括设施编号、名称、工艺、是否为可行技术，污染治理设施应与生产设施产排污环节相对应。

废气污染治理设施分为除尘系统、脱硫系统、脱硝系统、有机废气收集治理系统、恶臭治理系统、其他废气收集处理系统等。

废气污染治理设施工艺包括除尘设施（袋式除尘器、电除尘器、电袋复合除尘器、其他）、脱硫设施（干法、半干法、湿法、其他）、脱硝设施（低氮燃烧、SCR、SNCR、其他）、有机废气收集治理设施（焚烧、吸附、催化分解、其他）、恶臭治理设施（水洗、吸收、氧化、活性炭吸附、过滤、其他）、其他废气收集处理设施（活性炭吸附、生物滤塔、洗涤、吸收、燃烧、氧化、过滤、其他）等。

4.5.2.2 污染治理设施、有组织排放口编号

污染治理设施编号填写排污单位内部编号，若排污单位无内部编号，则根据 HJ 608 进行编号并填报。

有组织排放口编号可填写地方环境保护主管部门现有编号，或根据 HJ 608 进行编号并填写。

4.5.2.3 排放口设置要求

根据《排污口规范化整治技术要求（试行）》（国家环保局　环监〔1996〕470 号），以及排污单位执行的污染物排放标准中有关排放口规范化设置的规定，填报废气排放口设置是否符合规范化要求。

4.5.2.4 排放口类型

废气排放口分为主要排放口、一般排放口和其他排放口。原则上将主体工程中的工业炉窑、化工类排污单位的主要反应设备、公用工程中出力 10 t/h 及以上的燃料锅炉、燃气轮机组以及与出力 10 t/h 及以上的燃料锅炉和燃气轮机组排放污染物相当的污染源，其对应的排放口为主要排放口；主体工程、辅助工程、储运工程中污染物排放量相对较小的污染源，其对应的排放口为一般排放口；公用工程中的火炬、放空管等污染物排放标准中未明确污染物排放浓度限值要求的排放口为其他排放口。具体见表 2。

表 2　纳入许可管理的废气排放源及排放口类型

主要生产单元	生产设施	排放口类型
有组织排放		
主体工程	工业炉窑（熔炼炉、焚烧炉、熔化炉、加热炉、热处理炉、石灰窑等）	主要排放口
	化工类排污单位的主要反应设备（化学反应釜/器/塔、蒸馏/蒸发/萃取设备等）	
	与出力 10 t/h 及以上的燃料锅炉和燃气轮机组排放污染物相当的污染源	主要排放口
	其他	一般排放口
公用工程	出力 10 t/h 及以上的燃料锅炉和燃气轮机组等	主要排放口
	火炬、放空管等	其他排放口
辅助工程	污水处理站	一般排放口
储运工程	储罐、仓库、固体废物储存间、转运站等储运设施	一般排放口
无组织排放		
排污单位生产设施、生产单元或厂界		—

4.5.3 废水

4.5.3.1 废水类别、污染物种类、排放方式及污染治理设施

废水类别分为对应工艺（工序）的生产废水、综合废水、生活污水、初期雨水、循环冷却水等。

污染物种类为排放标准中的各污染物项目，依据国家和地方污染物排放标准确定。

排放方式分为间接排放、直接排放和不外排三种方式。

污染治理设施包括设施编号、名称、工艺、是否为可行技术，污染治理设施应与废水类别相对应。

废水污染治理设施名称包括工艺（工序）的生产废水预处理设施、综合废水处理设施、生活污水处理设施、其他。

废水污染治理工艺分为一级处理（过滤、沉淀、气浮、其他），二级处理（A/O、A^2/O、SBR、活性污泥法、生物接触氧化、其他）、深度处理（超滤/纳滤、反渗透、吸附过滤、蒸发结晶、其他）、其他。

4.5.3.2 废水排放去向及排放规律

排污单位应明确废水排放去向及排放规律。

废水排放去向包括：不外排；排至厂内综合污水处理站；直接进入海域；直接进入江、湖、库等水环境；进入城市下水道（再入江河、湖、库）；进入城市下水道（再入沿海海域）；进入城市污水处理厂；进入其他单位；进入工业废水集中处理厂；其他。对于工艺、工序产生的废水，“不外排”指全部在工序内部循环使用，“排至厂内综合污水处理站”指工序废水经处理后排至综合污水处理站，对于综合污水处理站，“不外排”指全厂废水经处理后全部回用不向环境排放。

排放规律包括连续排放，流量稳定；连续排放，流量不稳定，但有周期性规律；连续排放，流量不稳定，但有规律，且不属于周期性规律；连续排放，流量不稳定，属于冲击型排放；连续排放，流量不稳定且无规律，但不属于冲击型排放；间断排放，排放期间流量稳定；间断排放，排放期间流量不稳定，但有周期性规律；间断排放，排放期间流量不稳定，但有规律，且不属于非周期性规律；间断排放，排放期间流量不稳定，属于冲击型排放；间断排放，排放期间流量不稳定且无规律，但不属于冲击型排放。

4.5.3.3 污染治理设施、排放口编号

污染治理设施编号填写排污单位内部编号，若排污单位无内部编号，则根据 HJ 608 进行编号并填报。

排放口编号可填写地方环境保护主管部门现有编号，或根据 HJ 608 进行编号并填写。

4.5.3.4 排放口设置要求

根据《排污口规范化整治技术要求（试行）》（国家环保局 环监〔1996〕470 号），以及排污单位执行的污染物排放标准中有关排放口规范化设置的规定，填报排放口设置是否符合规范化要求。

4.5.3.5 排放口类型

根据排污单位废水排放特点，废水排放口包括车间或生产设施排放口、废水总排放口。原则上涉及排放第一类污染物的车间或生产设施排放口以及纳入水环境重点排污单位名录中的排污单位废水总排放口为主要排放口，其他为一般排放口。

4.6 其他要求

排污单位基本情况还应包括生产工艺流程图（包括全厂及各工序）和厂区总平面布置图。

生产工艺流程图应至少包括主要生产设施（设备）、主要原辅材料及燃料的流向、生产工艺流程等内容。

厂区总平面布置图应至少包括主体设施、公辅设施、全厂污水处理站等，同时注明厂区雨水和污水排放口位置。

5 产排污环节对应排放口及许可排放限值确定方法

5.1 产排污环节对应排放口

5.1.1 废气

废气排放口应填报排放口地理坐标、排气筒高度、排气筒出口内径、国家和地方污染物排放标准及承诺更加严格排放限值，其余项为依据本标准 4.5 填报的产排污环节及排放口信息，信息平台系统自动生成。

5.1.2 废水

废水直接排放口应填报排放口地理坐标、间歇排放时段、受纳自然水体信息、汇入受纳自然水体处地理坐标及执行的国家和地方污染物排放标准，废水间接排放口应填报排放口地理坐标、间歇排放时段、受纳污水处理厂名称及执行的国家和地方污染物排放标准。废水向海洋排放的，还应说明岸边排放或深海排放。深海排放的，还应说明排污口的深度、与岸线直线距离。其余项为依据本标准 4.5 填报的产排污环节及排放口信息，信息平台系统自动生成。

5.2 许可排放限值

5.2.1 一般原则

许可排放限值包括污染物许可排放浓度和许可排放量。许可排放量包括年许可排放量和特殊时段许可排放量。年许可排放量是指允许排污单位连续 12 个月排放的污染物最大排放量。核发环境保护部门可根据需要（如采暖季、枯水期等）将年许可排放量按月、季进行细化。

对于大气污染物，以排放口为单位确定有组织主要排放口和一般排放口许可排放浓度，以生产设施、生产单元或厂界为单位确定无组织许可排放浓度。主要排放口逐一计算许可排放量；一般排放口和无组织废气不许可排放量；其他排放口不许可排放浓度和排放量。

对于水污染物，以排放口为单位确定主要排放口许可排放浓度和排放量，一般排放口仅许可排放浓度。单独排入城镇集中污水处理设施的生活污水仅说明排放去向。

根据国家和地方污染物排放标准，按从严原则确定许可排放浓度。依据本标准 5.2.3 规定的允许排放量核算方法和依法分解落实到排污单位的重点污染物排放总量控制指标，从严确定许可排放量，落实环境质量改善要求。2015 年 1 月 1 日及以后取得环境影响评价审批意见的排污单位，许可排放量还应同时满足环境影响评价文件和审批意见确定的排放量的要求。

按照《固定污染源排污许可分类管理名录》实施简化管理的排污单位原则上仅许可排放浓度，不许可排放量。

排污单位填报许可限值时，应在《排污许可证申请表》中写明申请的许可排放限值计算过程。

排污单位承诺执行更加严格的排放浓度的，应在排污许可证中载明。

5.2.2 许可排放浓度

5.2.2.1 废气

按照国家和地方污染物排放标准确定排污单位许可排放浓度时，应依据排污单位执行的国家和地方污染物排放标准从严确定。

按照国务院环境保护行政主管部门或省级人民政府规定执行大气污染物特别排放限值的区域，应按照规定的行政区域范围、时间，执行相关排放标准的污染物特别排放限值。

若执行不同许可排放浓度的多台生产设施或排放口采用混合方式排放废气，且选择的监控位置只能监测混合废气中的大气污染物浓度，应根据污染物排放标准要求确定许可排放浓度。若污染物排放标准中无混合排放浓度确定要求的，则应执行各限值要求中最严格的排放浓度。

5.2.2.2 废水

按照国家和地方污染物排放标准确定排污单位许可排放浓度时，应依据排污单位执行的国家和地方污染物排放标准从严确定。

按照国务院环境保护行政主管部门或省级人民政府规定执行水污染物特别排放限值的区域，应按照规定的行政区域范围、时间，执行相关排放标准的污染物特别排放限值。

若排污单位生产设施为两种及以上工序或同时生产两种及以上产品，可适用不同污染物排放控制要求或不同行业污染物排放标准时，且生产设施产生的污水混合处理排放的情况下，应根据污染物排放标准要求确定许可排放浓度。若污染物排放标准中无混合排放浓度确定要求的，则应执行各限值要求中最严格的排放浓度。

5.2.3 允许排放量

5.2.3.1 废气

通常对颗粒物、二氧化硫、氮氧化物、挥发性有机物（石化、化工、包装印刷、工业涂装等重点行业）、重金属（有色冶炼等重点行业）等污染物许可排放量。

废气许可排放量包括年许可排放量和特殊时段许可排放量。排污单位的废气年许可排放量为各废气主要排放口许可排放量之和。

a）年许可排放量核算方法

废气有组织排放口年许可排放量依据许可排放浓度、污染物排放标准中规定的基准排气量、主要产品产能确定，核算方法见式（1）与式（2）。

$$M_i = R \times Q \times \rho \times 10^{-9} \tag{1}$$

$$E_{年许可} = \sum_{i=1}^{n} M_i \tag{2}$$

式中：M_i—— 第 i 个主要排放口污染物年许可排放量，t；

R——第 i 个主要排放口对应装置产能，t；

Q——基准排气量（标态），m^3/t 产品；

ρ——污染物许可排放质量浓度限值（标态），mg/m^3；

$E_{年许可}$——污染物年许可排放量，t/a。

无规定的基准排气量时，也可按照许可排放浓度、风量、年生产时间确定，核算方法见式（3）与式（4）。

$$M_i = Q \times \rho \times T \times 10^{-9} \tag{3}$$

$$E_{年许可} = \sum_{i=1}^{n} M_i \tag{4}$$

式中：M_i——第 i 个主要排放口污染物年许可排放量，t；

Q——第 i 个主要排放口风量（标态），m^3/h；

ρ——污染物许可排放质量浓度限值（标态），mg/m^3；

T——第 i 个主要排放口对应装置设计年生产时间，h；

$E_{年许可}$——污染物年许可排放量，t/a。

b）特殊时段许可排放量核算方法

特殊时段排污单位应按照国家或所在地区人民政府制定的重污染天气应急预案等文件，根据停产、减产、减排等要求，确定特殊时段短期许可排放量要求。国家和地方环境保护主管部门依法规定的其他特殊时段短期许可排放量应当在排污许可证中明确。在排污许可证有效期内，国家或排污单位所在地区人民政府发布新的特殊时段要求的，排污单位应当按照新的停产、减产、减排等要求进行排放。

特殊时段日（月）许可排放量根据排污单位前一年实际排放量折算的日（月）均值、特殊时段产量或排放量削减比例核算，核算方法见式（5）。

$$E_{日（月）许可} = E_{前一年日（月）实际排放量} \times (1-\alpha) \tag{5}$$

式中：$E_{日（月）许可}$——特殊时段日（月）许可排放量，t；

$E_{前一年日（月）实际排放量}$——排污单位前一年实际排放量折算的日（月）均值，t；

α——特殊时段日（月）产量或排放量削减比例。

5.2.3.2 废水

对排污单位废水主要排放口化学需氧量、氨氮，以及受纳水体环境质量超标且列入相关污染物排放标准的污染物许可排放量；对位于《“十三五”生态环境保护规划》及环境保护部规定的总磷、总氮总量控制区域内排放总磷、总氮的排污单位，废水主要排放口还应分别申请总磷及总氮年许可排放量。

废水许可排放量为年许可排放量，排污单位的废水年许可排放量为主要排放口许可排放量之和。

废水主要排放口年许可排放量依据许可排放浓度、污染物排放标准中规定的基准排水量、主要产品产能确定，核算方法见式（6）。

$$E_{年许可} = S \times Q \times \rho \times 10^{-6} \tag{6}$$

式中：$E_{年许可}$——污染物年许可排放量，t/a；

S—— 主要产品产能，t；

Q—— 单位产品基准排水量，m^3/t 产品；

ρ —— 污染物许可排放浓度限值，mg/L。

无规定的基准排水量时，也可按照许可排放浓度、排水量、年生产时间确定，核算方法见式（7）。

$$E_{年许可} = Q \times \rho \times T \times 10^{-6} \tag{7}$$

式中：$E_{年许可}$——污染物年许可排放量，t/a；

Q——排水量，m^3/d；

ρ——污染物许可排放浓度限值，单位为 mg/L；

T——设计年生产时间，d。

6 可行技术要求

6.1 可行技术要求

可行技术可按照行业可行技术指南和污染物排放标准控制要求确定。以污染防治技术的污染物排放持续稳定达标性、规模应用和经济可行性作为确定污染防治可行技术的重要依据。

对采用相应污染防治可行技术的，或者新建、改建、扩建建设项目排污单位采用环境影响评价审批意见要求的污染治理技术的，原则上认为排污单位具有符合国家要求的污染防治设施或污染物处理能力；对于未采用的，排污单位应当在申请时提供相关证明材料（如已有监测数据；对于国内外首次采用的污染防治技术，还应当提供中试数据等说明材料），证明可达到与污染防治可行技术相当的处理能力。

对于未采用污染防治可行技术的，排污单位应当加强自行监测、台账记录，评估污染防治技术达标可行性。环境保护部依据全国排污许可证执行情况，动态更新污染防治可行技术指南。

6.2 运行管理要求

6.2.1 废气

6.2.1.1 有组织排放

主要针对废气污染治理设施的安装、运行、维护等提出要求，包括：

a）废气污染治理设施应按照国家和地方规范进行设计；

b）污染治理设施应与产生废气的生产设施同步运行。由于事故或设备维修等原因造成污染治理设施停止运行时，应立即报告当地环境保护主管部门；

c）污染治理设施应在满足设计工况的条件下运行，并根据工艺要求，定期对设备、电气、自控仪表及构筑物进行检查维护，确保污染治理设施可靠运行；

d）污染治理设施正常运行中废气的排放应符合国家和地方污染物排放标准。

6.2.1.2 无组织排放

无组织排放的运行管理按照国家和地方污染物排放标准要求执行。

6.2.2 废水

主要针对废水污染治理设施的安装、运行、维护等提出要求，包括：

a）废水污染治理设施应按照国家和地方规范进行设计；

b）由于事故或设备维修等原因造成污染治理设施停止运行时，应立即报告当地环境保护主管部门；

c）污染治理设施应在满足设计工况的条件下运行，并根据工艺要求，定期对设备、电气、自控仪表及构筑物进行检查维护，确保污染治理设施可靠运行；

d）全厂综合污水处理厂应加强源头管理，加强对上游装置来水的监测，并通过管理手段控制上游来水水质满足污水处理厂的进水要求；

e）污染治理设施正常运行中废水的排放应符合国家和地方污染物排放标准。

6.2.3 渗漏、泄漏防治措施要求

涉及有毒有害污染物的排污单位，针对可能污染土壤和地下水的渗漏、泄漏风险点应采取相应防治措施，包括：

a）源头控制

对有毒有害物质，特别是液体或粉状固体物质储存及输送、生产加工，污水治理、固体废物堆放采取相应的防渗漏、泄漏措施。

b）分区防控

原辅料及燃料储存区、生产装置区、输送管道、污水治理设施、固体废物堆存区的防渗要求，应满足国家和地方标准、防渗技术规范要求。

c）渗漏、泄漏检测

对管道、储罐等配置渗漏、泄漏检测装置，阴极保护系统等防腐蚀装置，定期对渗漏、泄漏风险点进行隐患排查。

7　自行监测管理要求

排污单位自行监测按照 HJ 819 执行。

8　环境管理台账及排污许可证执行报告编制要求

环境管理台账及排污许可证执行报告编制按照《排污单位环境管理台账及排污许可证执行报告技术规范　总则（试行）》（HJ 944—2018）执行。

9　实际排放量核算方法

9.1　一般原则

排污单位应核算废气和废水主要排放口的污染物实际排放量。实际排放量为正常情况和非正常情况实际排放量之和。排污单位废气、废水污染物实际排放量的核算方法包括实测法、物料衡算法和产排污系数法等。

实测法为根据监测数据测算污染物实际排放量的方法，分为自动监测和手工监测。对于排污许可证载明的要求采用自动监测的污染物项目，应采用符合监测规范的有效自动监测数据核算污染物实际排放量。对于排污许可证载明的未要求采用自动监测的污染物项目，可采用自动监测数据或手工监测数据核算污染物实际排放量。

物料衡算法根据质量守恒定律，利用物料数量或元素数量在输入端与输出端之间的平衡关系，核算污染物实际排放量。

产排污系数法根据单位产品污染物的产生量和排放量，核算污染物实际排放量。相关产排污系数参考污染源普查产排污系数手册或《未纳入排污许可管理行业适用的排污系数、物料衡算方法（试行）》的相关内容。

9.2　废气

9.2.1　正常情况

a）采用自动监测数据核算

废气自动监测实测法应采用符合监测规范的有效自动监测数据污染物的小时平均排放浓度、小时烟气量、运行时间核算污染物实际排放量，核算方法见式（8）与式（9）。

$$M_{j\text{主要排放口}} = \sum_{i=1}^{n} (\rho_i \times q_i \times 10^{-9}) \tag{8}$$

$$E_{\text{主要排放口}} = \sum_{j=1}^{m} M_{j\text{主要排放口}} \tag{9}$$

式中：$M_{j\text{主要排放口}}$——核算时段内第 j 个主要排放口污染物的实际排放量，t；

ρ_i——第 j 个主要排放口污染物在第 i 小时的实测平均排放质量浓度（标态），mg/m^3；

q_i——第 j 个主要排放口在第 i 小时的排气量（标态），m^3/h；

n——核算时段内的污染物排放时间，h；

$E_{\text{主要排放口}}$——核算时段内主要排放口污染物的实际排放量，t。

要求采用自动监测的排放口或污染物项目而未采用的以及自动监测设备不符合规定的，采用物料衡算法核算二氧化硫排放量，根据原辅燃料消耗量、含硫率，按直排进行核算，核算方法见式（10）。

$$E=\left[\sum_{i}^{n}(m_i\times\frac{s_{m_i}}{100})-p_i\times\frac{s_{p_i}}{100}-d_i\times\frac{s_{d_i}}{100}\right]\times 2 \tag{10}$$

式中：E—— 核算时段内二氧化硫排放量，t；

m_i—— 核算时段内第 i 种原辅料及燃料使用量，t；

s_{m_i} —— 核算时段内第 i 种原辅料及燃料含硫率，%；

p_i —— 核算时段内第 i 种产品产量，t；

s_{p_i} —— 核算时段内第 i 种产品含硫率，%；

d_i —— 核算时段内第 i 种废物收集量，t；

s_{d_i} —— 核算时段内第 i 种废物含硫率，%。

要求采用自动监测的排放口或污染物项目而未采用的以及自动监测设备不符合规定的，采用产排污系数法核算颗粒物、氮氧化物、挥发性有机物等污染物实际排放量，根据单位产品污染物的产生量，按直排进行核算，核算方法见式（11）。

$$E=M\times\beta\times 10^{-3} \tag{11}$$

式中：E——核算时段内污染物的排放量，t；

M——核算时段内某工序或生产设施产品产量，t；

β——产污系数，kg/t。

对于因自动监控设施发生故障以及其他情况导致数据缺失的按照 HJ 75 进行补遗。二氧化硫、氮氧化物、颗粒物在线监测数据缺失时段超过 25%的，自动监测数据不能作为核算实际排放量的依据，实际排放量按照"要求采用自动监测的排放口或污染物项目而未采用"的相关规定进行核算，其他污染物在线监测数据缺失情形可参照核算，环境保护部另有规定的从其规定。

对于出现在线数据缺失或数据异常等情况的排污单位，若排污单位能提供材料充分证明不是其责任的，可按照排污单位提供的手工监测数据等核算实际排放量，或者按照上一个半年申报期间的稳定运行期间自动监测数据的小时浓度均值和半年平均烟气量，核算数据缺失时段的实际排放量。

b）采用手工监测数据核算

废气手工监测实测法应采用每次手工监测时段内污染物的小时平均排放浓度、小时烟气量、运行时间核算污染物实际排放量，核算方法见式（12）与式（13）。排污单位应将手工监测时段内生产负荷与核算时段内的平均生产负荷进行对比，并给出对比结果。监测时段内有多组监测数据时，应加权平均。

$$M_{j\text{主要排放口}}=\sum_{i=1}^{n}(\rho_i\times q_i\times 10^{-9}\times T) \tag{12}$$

$$E_{\text{主要排放口}}=\sum_{j=1}^{m}M_{j\text{主要排放口}} \tag{13}$$

式中：$M_{j\text{主要排放口}}$——核算时段内第 j 个主要排放口污染物的实际排放量，t；

ρ_i——第 j 个主要排放口在第 i 个监测时段的污染物实测小时排放浓度（标态），mg/m^3；

q_i——第 j 个主要排放口在第 i 个监测时段的排气量（标态），m^3/h；

T——第 i 个监测时段内主要排放口累计运行时间，h；

$E_{\text{主要排放口}}$——核算时段内主要排放口污染物的实际排放量，t。

手工监测数据包括核算时间内的所有执法监测数据和排污单位自行或委托其他有资质的检（监）测机构的有效手工监测数据，若同一时段既有执法监测数据又有手工监测数据，优先使用执法监测数据。排污单位采用手工监测数据核算实际排放量时，排污单位自行或委托的手工监测频次、监测期间生产工况、数据有效性等须符合相关规范文件等要求。

9.2.2 非正常情况

非正常情况下污染物排放量优先采用实测法核定，其次采用物料衡算法和产排污系数法。

9.3 废水

9.3.1 正常情况

a）采用自动监测数据核算

废水自动监测实测法应采用符合监测规范的有效自动监测数据污染物的日平均排放浓度、日废水量、运行时间核算污染物年排放量，核算方法见式（14）。

$$E_{废水}=\sum_{i=1}^{n}(\rho_i \times q_i \times 10^{-6}) \tag{14}$$

式中：$E_{废水}$——核算时段内主要排放口污染物的实际排放量，t；

ρ_i——污染物在第 i 日的实测平均排放质量浓度，mg/L；

q_i——第 i 日的流量，m^3/d；

n——核算时段内的污染物排放时间，d。

对要求采用自动监测的排放口或污染物项目，在自动监测数据由于某种原因出现中断或其他情况，应按照 HJ/T 356 补遗。

要求采用自动监测的排放口或污染物项目而未采用的以及自动监测设备不符合规定的，采用产排污系数法核算化学需氧量、氨氮等污染物实际排放量，按直排进行核算，核算方法见式（15）。

$$E=M\times\beta\times10^{-6} \tag{15}$$

式中：E——核算时段内污染物的排放量，t；

M——核算时段内某工序或生产设施产品产量，t；

β——产污系数，g/t。

b）采用手工监测数据核算

废水手工监测实测法应采用每次手工监测时段内污染物的日平均排放浓度、日废水量、运行时间核算污染物年排放量，核算方法见式（16）。排污单位应将手工监测时段内生产负荷与核算时段内的平均生产负荷进行对比，并给出对比结果。监测时段内有多组监测数据时，应加权平均。

$$E_{废水}=\sum_{i=1}^{n}(\rho_i \times q_i \times 10^{-6} \times T) \tag{16}$$

式中：$E_{废水}$——核算时段内主要排放口污染物的实际排放量，t；

ρ_i——第 i 个监测时段的污染物实测日均排放质量浓度，mg/L；

q_i——第 i 个监测时段的流量，m^3/d；

T——第 i 个监测时段内主要排放口累计运行时间，d。

手工监测数据包括核算时间内的所有执法监测数据和排污单位自行或委托其他有资质的检（监）测机构的有效手工监测数据，若同一时段既有执法监测数据又有手工监测数据，优先使用执法监测数据。排污单位采用手工监测数据核算实际排放量时，排污单位自行或委托的手工监测频次、监测期间生产工况、数据有效性等须符合相关规范文件等要求。

9.3.2 非正常情况

废水处理设施非正常情况下的排水，如无法满足排放标准要求时，不应直接排入外环境，待废水处理设施恢复正常运行后方可排放。如造成污染治理设施未正常运行超标排放污染物的或偷排偷放污染物的，采用产排污系数法按直排核算非正常排放期间实际排放量。

10 合规判定方法

10.1 一般原则

合规是指排污单位许可事项和环境管理要求符合排污许可证规定。

许可事项合规是指排污单位排放口位置和数量、排放方式、排放去向、排放污染物种类、排放限值符合排污许可证规定。其中，排放限值合规是指排污单位污染物实际排放浓度和排放量满足许可排放限值要求。

环境管理要求合规是指排污单位按排污许可证规定落实自行监测、台账记录、执行报告、信息公开等环境管理要求。

排污单位可通过台账记录、按时上报执行报告和开展自行监测、信息公开，自证其依证排污，满足排污许可证要求。

核发环境保护部门可依据执法监测数据，以及排污单位环境管理台账、执行报告、自行监测记录中的内容，判断其污染物排放浓度和排放量是否满足许可排放限值要求。

10.2 排放浓度合规判定方法

10.2.1 废气

10.2.1.1 正常情况

废气有组织排放口污染物排放浓度或生产设施、生产单元、厂界无组织污染物排放浓度达标均是指“任一小时浓度均值均满足许可排放浓度要求”。排放标准中浓度限值非小时均值的污染物，其排放浓度达标是指按相关监测规范要求测定的排放浓度满足许可排放浓度要求。环境保护部发布在线监测数据达标判定方法的，从其规定。

a）执法监测

按照监测规范要求获取的执法监测数据超标的，即视为不合规。根据 GB/T 16157、HJ/T 397、HJ/T 55 确定监测要求。相关标准中对采样频次和采样时间有规定的，按相关标准的规定执行。

b）排污单位自行监测

1）自动监测

按照监测规范要求获取的自动监测数据计算得到的有效小时浓度均值与许可排放浓度进行对比，超过许可排放浓度的，即视为不合规。对于应当采用自动监测的排放口或污染物项目而未采用的以及自动监测设备不符合规定的，即认为不合规。

2）手工监测

对于未采用自动监测的排放口或污染物，应进行手工监测，按照自行监测方案、监测规范要求获取的监测数据计算得到的有效小时浓度均值超标的，即视为不合规。

c）其他

若同一时段既有执法监测数据又有排污单位自行监测数据，优先使用执法监测数据。

10.2.1.2 非正常情况

若多台设施采用混合方式排放废气，且其中一台处于启停时段，排污单位可自行提供废气混合前各台设施污染物有效监测数据的，按照提供数据进行合规判定。

其他非正常情况导致污染物超标排放的，应立即停产整改。

10.2.1.3 无组织排放合规判定

无组织排放满足污染物排放标准中排放浓度限值要求及污染控制措施要求的，即认为合规，其他情形则认为不合规。

10.2.2 废水

排污单位废水排放口污染物排放浓度达标是指任一有效日均值（除 pH 值外）满足许可排放浓度要求。排放标准中浓度限值非日均值的污染物，其排放浓度达标是指按相关监测规范要求测定的排放浓度满足许可排放浓度要求。环境保护部发布在线监测数据达标判定方法的，从其规定。

a）执法监测

按照监测规范要求获取的执法监测数据超标的，即视为不合规。根据 HJ/T 91 确定监测要求。相关标准中对采样频次和采样时间有规定的，按相关标准规定执行。

b）排污单位自行监测

1）自动监测

按照监测规范要求获取的自动监测数据计算得到有效日均浓度（除 pH 值外）与许可排放浓度进行对比，超过许可排放浓度的，即视为不合规。对于应当采用自动监测的排放口或污染物项目而未采用的以及自动监测设备不符合规定的，即认为不合规。

2）手工监测

对于未要求采用自动监测的排放口或污染物，排污单位应按照自行监测方案、监测规范进行手工监测，当日各次监测数据平均值或当日混合样监测数据（除 pH 值外）超标的，即视为不合规。

c）其他

若同一时段既有执法监测数据又有排污单位自行监测数据，优先使用执法监测数据。

10.3　排放量合规判定方法

污染物排放量合规是指：

a）排污单位污染物年实际排放量满足年许可排放量要求；

b）对于特殊时段有许可排放量要求的排污单位，实际排放量之和不得超过特殊时段许可排放量。

10.4　管理要求合规判定

核发环境保护部门依据排污许可证中的管理要求，审核环境管理台账记录和排污许可证执行报告，核查排污单位是否满足排污许可证管理要求。管理要求合规判定包括：

a）排污单位是否按照自行监测方案开展自行监测；

b）排污单位是否按照排污许可证中环境管理台账记录要求记录相关内容，记录频次、形式等是否满足排污许可证要求；

c）排污单位是否按照排污许可证中执行报告要求定期上报，上报内容是否符合要求等；

d）排污单位是否按照排污许可证要求定期开展信息公开；

e）排污单位是否满足特殊时段污染防治要求。

附　录　A
（资料性附录）
排污许可证申请与核发程序

排污单位在规定的申请时限，登录全国排污许可证管理信息平台（http：//permit.mep. gov.cn）进行网上注册，并填写排污许可申请材料。

申请前信息公开结束后，排污单位在全国排污许可证管理信息平台上填写《排污许可证申领信息公开情况说明表》，并按照平台“业务办理流程”，将相关申请材料一并提交。同时向核发环境保护部门提交通过全国排污许可证管理信息平台印制的书面申请材料。

核发环境保护部门收到排污单位提交的申请材料后，对材料的完整性、规范性进行审查，并在全国排污许可证管理信息平台上做出受理或者不予受理排污许可证申请的决定。同意受理的进入审核流程，核发环境保护部门对排污单位的申请材料进行审核，对满足条件的排污单位核发排污许可证，对不满足条件的排污单位不予核发排污许可证（图 A.1）。

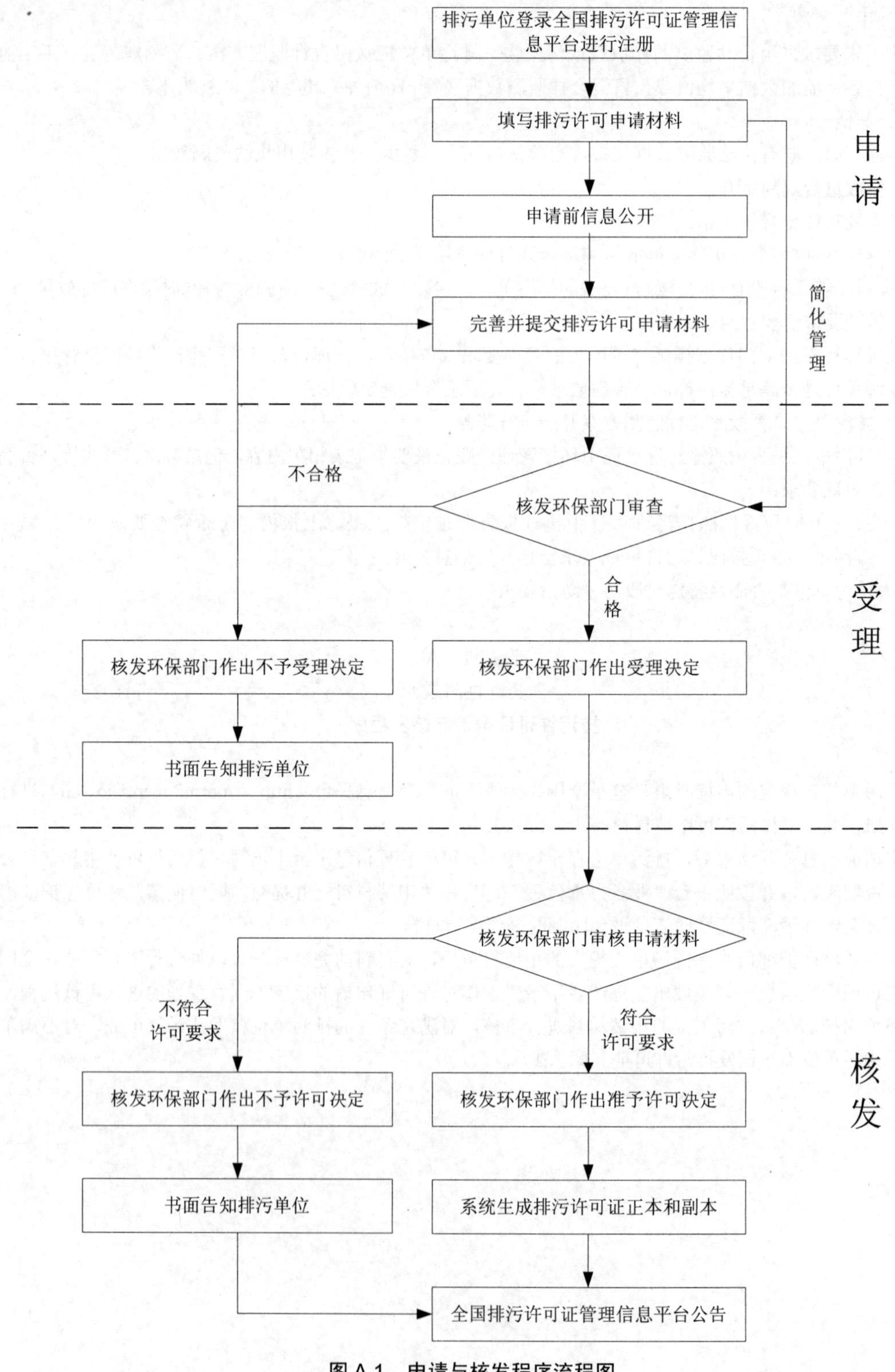

图 A.1　申请与核发程序流程图

排污许可证申请与核发技术规范 总则
编制说明

1 项目背景

1.1 任务来源

国务院办公厅印发《控制污染物排放许可制实施方案》（国办发〔2016〕81 号），明确了排污许可制度改革的顶层设计、总体思路，环境保护部发布《排污许可证管理暂行规定》和《关于开展火电、造纸行业和京津冀试点城市高架源排污许可证管理工作的通知》，启动了火电、造纸行业企业排污许可证申请与核发的相关工作。

按照总体部署，2017 年将完成《大气污染防治行动计划》和《水污染防治行动计划》重点行业及产能过剩行业企业排污许可证的核发，2020 年全国基本完成排污许可证核发。目前为止，火电、造纸、钢铁、水泥等 15 个行业，均已发布了行业排污许可证申请与核发技术规范，并基本完成了排污许可证的核发工作，但部分行业排污许可证申请与核发工作尚无配套的指导文件。如部分未列入标准制定计划的行业；部分未在《固定污染源排污许可分类管理名录》（2017 版）中列明的行业，根据名录第六条规定的情形，这部分视同名录规定的重点管理行业；部分行业技术规范中未做出规定的以及部分计划但尚未编制技术规范的行业。同时，随着排污许可工作的推进，在行业排污许可证申请与核发技术规范的编制过程中，出现了各行业申请与核发技术规范编制格式、管理原则等不一致的实际问题，另外行业技术规范中未明确的情形也需通过总则提出原则要求。

《排污许可证申请与核发技术规范 总则》未列入环境保护部科技标准司《2017 年度国家环境保护标准计划项目指南》。2017 年初，为指导无行业排污许可证申请与核发技术规范的企业填报和核发许可证，保证排污许可申请与核发原则要求的统一，满足排污许可改革的总体要求，亟待本标准出台。鉴于上述原因，规划财务司向科技标准司申请绿色通道，将本标准列入国家环境保护标准计划。

该标准由环境保护部环境工程评估中心（以下简称评估中心）承担，成立标准编制组。

1.2 工作过程

本标准制定工作过程按照《关于发布〈国家环境保护标准制修订工作管理办法〉的公告》（国环规科技〔2017〕1 号）相关要求开展。

接受任务委托后，课题承担单位（评估中心）组织人员成立了标准编制组。标准编制组查阅了国内外相关技术资料，编制了课题研究大纲。

为确保按时完成行业排污许可证申请与核发工作，标准编制组于 2017 年多次组织内部专题研讨，分析了当前各行业排污许可证申请与核发过程中存在的问题，设立了制订原则，确定了实施方法，制订了技术路线，梳理了研究内容、技术关键及技术难点，提出了标准制订设想，并专题研究了许可限值确定、实际排放量核算、合规判定、可行技术、环境管理台账和执行报告等关键问题，在此基础上编制完成了《排污许可证申请与核发技术规范 总则》的初稿。

2017 年 2 月 27 日，标准编制组组织召开专家咨询会，邀请行业专家和管理部门对初稿进行讨论，最终确定了适用范围、排污许可证填报要求、许可排放限值核定方法、自行监测管理要求等，优化了工作程序。

2017 年 3 月 21 日，大气环境管理司在北京组织召开了各行业排污许可证申请与核发技术规范编制组集中研讨会，就总则中的许可限值核定、特殊情况许可排放量确定、达标判定、实际排放量核算等关键技术问题结合各行业需求展开了细致的研讨，进一步完善了规范内容。

2017 年 3—8 月，标准编制组根据咨询会意见，对规范内容进行了修改，修改完成后针对重点难点问题，再次征求了制革、电镀、印染等行业排污许可证申请与核发技术规范编制组的意见，综合各相关意见进行了多次修改，形成了《排污许可证申请与核发技术规范　总则》（征求意见稿）。

2017 年 8 月 14 日，环境保护部规划财务司在北京组织召开了标准征求意见稿审查会，邀请行业专家、环保管理部门代表对征求意见稿进行技术审查。经审查委员会各位专家及管理部门代表讨论、质询，通过了标准征求意见稿的技术审查。征求意见稿技术审查会后，编制组根据专家意见进一步修改完善标准文本。2017 年 8 月 31 日—9 月 30 日，本标准在环境保护部网站公开征求意见。

2017 年 10 月 9—20 日，编制组对征求意见单位反馈的意见进行汇总处理，并对标准文本进行修改，形成《排污许可证申请与核发技术规范　总则》（送审稿）。

2017 年 12 月 15 日，环境保护部规划财务司在北京主持召开了标准送审稿审查会，邀请行业专家、环保管理部门代表对送审稿进行技术审查。经审查委员会各位专家及管理部门代表讨论、质询，通过了标准送审稿的技术审查。送审稿技术审查会后，编制组根据专家意见对标准文本和意见采纳理由进行修改，形成《排污许可证申请与核发技术规范　总则》（报批稿）。

2017 年 12 月 29 日，本标准通过规划财务司司务会审议，根据司务会纪要修改完善后形成标准报批稿。

2018 年 1 月 15 日，本标准通过了部长专题会审议，修改完善后形成标准发布稿。

2　标准制定的必要性分析

2.1　环境形势的变化对标准提出新的要求

当前，我国正处于工业化中后期，污染源量大、面广且仍在高速增长，污染源管理仍是我国环境管理的重心。环境管理“老三项”制度（排污收费、环境影响评价和“三同时”）全部是与污染源管理密切相关的，“新五项”制度中除城市环境综合整治与定量考核外，环境保护目标责任制、排污申报与许可、限期治理、污染集中控制等也都最终作用于污染源，使得我国的环境管理制度体系不断完善、治理能力不断提高。但是，这些制度仍存在不完善、不协调、不系统等问题，与当前我国环境管理面临的新形势、新任务、新要求不适应。全面推进环境管理制度体系和治理能力现代化建设将是今后一定时期内环境保护的重要任务。

排污许可制度是固定污染源环境管理的有效手段，美国、欧盟等发达国家和地区建立了完善的排污许可制度，并建立了完整的排污许可技术体系。

党中央、国务院高度重视生态环境保护建设，提出改革环境管理基础制度，建立覆盖所有固定污染源的排污许可制度，使其成为企业守法、政府执法、社会监督的依据，实现“一证式”管理，中央全面深化改革领导小组将该项工作确定为环境保护部重点改革任务之一。2016 年，国务院办公厅印发的《控制污染物排放许可制实施方案》明确了排污许可制度改革的顶层设计、总体思路，构建以排污许可制为核心的固定污染源环境管理制度，分行业推进，完成覆盖所有固定污染源的排污许可证核发工作。

《控制污染物排放许可制实施方案》中明确按行业分步实现对固定污染源的全覆盖，率先对火电、造纸行业企业核发排污许可证，2017 年完成《大气污染防治行动计划》和《水污染防治行动计划》重点行业及产能过剩行业企业排污许可证核发，2020 年全国基本完成排污许可证核发。为适应新形势下的排污许可制度改革，指导无行业技术规范企业排污许可证的申请与核发，为排污许可管理提供科学、健全、有力的技术保障，亟须制定本标准。

2.2　相关环保标准和环保工作的需要

a）相关环保标准的需要

《控制污染物排放许可制实施方案》对固定源许可排放限值核算（重污染天气、冬防等）、污染源合规判定、自行监测、环境管理等方面提出了更加细致的要求，各行业现行的污染物排放标准、工程技术规范、总量核算管理办法等不能满足上述精细化管理要求。环境保护部整体规划了“总则+分行业”形式的排污许可技术规范总体框架。

b）相关环保工作的需要

2016 年 12 月，环境保护部发布了《排污许可证管理暂行规定》和《关于开展火电、造纸行业和京津冀试点城市高架源排污许可证管理工作的通知》，率先启动了火电、造纸行业排污许可证申请与核发的相关工作，并要求 2017 年完成石化、化工、钢铁、有色、水泥、印染、制革、焦化、农副食品加工、农药、电镀等行业企业排污许可证核发，2020 年全国基本完成排污许可证核发。

目前，火电、造纸、钢铁、水泥等 15 个行业，均已发布了行业排污许可证申请与核发技术规范，但部分行业排污许可证申请与核发工作尚无配套的指导文件。同时，在行业排污许可证申请与核发技术规范的编制过程中，各行业申请与核发技术规范编制格式、管理原则等不一致的实际问题，以及行业技术规范中未明确的情形也需通过总则提出原则要求。因此，为推动许可证核发工作，保证排污许可证申请与核发原则要求的统一，引导并规范各行业企业填报《排污许可证申请表》及网上填报相关申请信息，指导核发机关审核确定排污许可证许可原则要求，保障排污许可制度改革工作的顺利实施，制定《排污许可证申请与核发技术规范　总则》十分必要。

3　国内外相关标准情况

3.1　主要国家、地区及国际组织相关标准情况的研究

西方发达国家已建立了较为完善的许可证申请及许可证要求的管理技术体系。

以美国为例，从 1972 年开始在全国范围内实行污染物排放许可证制度，并在技术路线和方法上不断改进和发展。

法律层面，美国排污许可制度的法律主要包括《清洁水法》（CWA）和《清洁空气法》（CAA），规定了排污许可证的分类、申请核发程序、公众参与、执行与监管、处罚等具体要求。如：《清洁空气法》中的 Title Ⅴ主要内容是运营许可证，包括：运营许可证定义、计划及申请、要求及条件、信息公开、其他与此相关的授权内容等。联邦行政许可法等规定了许可程序等要求，也是排污许可法律体系的重要组成部分。

联邦规定，《清洁水法》和《清洁空气法》下面是联邦法规（CFR），CFR 第 40 部分环境保护，包括排污许可具体流程，以及排放标准、最佳可行技术等技术层面的规定，是《清洁水法》和《清洁空气法》的具体“实施细则”。

美国未制定各行业排污许可证申请与核发技术规范，以空气固定源运行许可证为例，在 40 CFR Part 70.6 规定了运行许可证所要包含的 7 项基本内容：（1）规范许可证最低要求；（2）联邦执法要求；（3）守法要求；（4）一般性许可证条款；（5）临时污染源条款；（6）许可保护条款；（7）紧急情况条款。

在以上文本内容要求中，排放限值和相应的监测、记录和报告要求最为重要，是固定源必须满足的污染物排放限制性要求。美国固定源排放标准主要基于控制技术制定，包括对污染物排放量、排放浓度、排放速率等的要求，以及对原料、生产、处置等环节的要求。以 1970 年《清洁空气法》修正案的出台时间为界限，污染源分为“新污染源”和“现有污染源”。对于新污染源，EPA 按照先进的污染控制技术水平制定针对常规污染物的“新污染源绩效标准”（NSPS）和针对危险空气污染物的“国家危险空气污染物排放标准”（NESHAP）。此外，对于防止明显恶化（PSD）地区和非达标区，固定源还需要遵守 BACT/LAER/RACT 技术标准，BACT/LAER/RACT 技术标准是一类基于“个案水平”的地方标准。美国的空气固定源排放标准体系如表 1 所示。

表 1　美国空气固定源排放标准体系

<table>
<tr><th>地区</th><th>新污染源</th><th>现有污染源</th><th>备注</th></tr>
<tr><td rowspan="2">全国</td><td>基于“最佳示范技术”（BDT 技术）的“新污染源绩效标准”（NSPS）（针对常规污染物）</td><td>针对常规污染物中现有排放源的控制分两种情况进行：一、非指定污染物由州制定实施计划（SIP）；二、指定污染物由 EPA 公布排放指南（EG），各州据此制定实施计划（SIP）</td><td rowspan="2">—</td></tr>
<tr><td colspan="2">基于“最大可达控制技术”（MACT 技术）的“危险空气污染物国家排放标准”（NESHAP）</td></tr>
<tr><td>PSD 地区</td><td>“最佳可得控制技术”（BACT）排放标准</td><td rowspan="2">“合理可行控制技术”（RACT）排放标准</td><td rowspan="2">基于“个案水平”的地方标准</td></tr>
<tr><td>未达标区</td><td>“最低可得排放率”（LAER）排放标准</td></tr>
</table>

对于达标地区（PSD 地区），新污染源审查制度（New Source Review，NSR）遵循防止明显恶化原则（PSD），要求许可证申请者充分证明从新建设施中排放的污染物不会导致或引起该 PSD 地区空气污染物浓度超过所允许的浓度增量或限值；同时证明新建设施采用了 BACT 排放标准，污染物的排放量为

该技术条件下的最小排放量。对于非达标地区，新污染源需要申请未达标区新污染源审查许可证（Nonattainment NSR Permits）。要求新污染源运行时，该区现有的、新建的和改建的污染源所排放的污染物总量低于州实施计划（SIP）中所允许的现有污染源污染物排放总量，要求新污染源必须采用最严格的 LAER 排放标准。对于 PSD 地区和未达标区的现有固定源，考虑到技术更新的成本问题，则统一采用合理可行控制技术（RACT）排放标准。

此外，排污许可证中的载入事项还应包括许可排污单位主要排污设备清单、污染治理设施清单、对应的排污口设置及标识要求等。

美国联邦法规 40 CFR Part 70.6 各部分内容的具体要求如表 2 所示。

表 2　40 CFR Part 70.6 运行许可证文本要求

序号	许可证文本基本要求	具体条款	
1	规范许可证最低要求	排放限值和标准	包括浓度限值要求；包含产排污设施运行要求，并详细界定不同标准对应的运行条件
		许可证有效期，通常为 5 年	
		监测、记录和报告	监测方法，监测设备及其安装、使用和维护，测试方法； 记录取样时间、地点、当时设施运行状况，分析监测数据的时间、公司、方法、结果，所有信息保留至少 5 年备查； 持证人需每 6 个月向管理部门提交监测记录报告，出现异常情况需及时报告
		《清洁空气法》酸雨控制政策相关要求	任何许可证不得增加受控酸雨固定源的排放量； 任何许可证不得限制受控酸雨固定源的配额数量，同时，受控酸雨固定源也不可用配额数量作为不达标的理由； 受控酸雨固定源的所有配额使用情况都要遵守酸雨控制政策的要求
		许可证条款合法证明，要求许可证规定的所有条款均符合《清洁空气法》的要求	
		许可证守法/违法处理条款	持证人必须遵守本法规所有要求，对于任何违反许可条款的行为，管理部门都将申请强制执行判决的诉讼； 许可证可按照相关要求进行修改、条款废除、重启、再审批或终止； 许可证不可包含任何特权条款； 当许可授权发放机构要求执证人提交书面的许可证修改、条款废除、重启、再审批或终止的合法解释时，执证人需及时提交报告
		许可证费条款，许可证费缴纳时间表	
		排污量交易	如经济刺激、可交易许可证计划、排污量交易等计划下许可证修改规定
		设计运行方案	许可证申请时，污染源合理的设计运行方案解释
2	联邦执法要求	联邦环保署署长与公民可依据《清洁空气法》执行许可证所有条款	
		许可授权发放机构需专门说明不由联邦实施的条款	
3	守法要求	测试、监测、记录、报告要求	严格遵守本法规关于“监测、记录和报告”中的规定
		连续达标时间表	执证人至少每半年须向管理部门提交达标进展报告，报告需包含达标时间、未达标时间的情况说明等
		达标证明要求	达标证明提交频率（不少于每年提交一次），监测方案说明，许可证各项操作要求条款下达标情况说明，其他污染源运行事实说明
4	一般性许可证条款	一般性许可证发放条件	公示及公众听证会； 满足《清洁空气法》及本法规所有要求
5	临时污染源条款	临时污染源许可证发放条件	排污行为应为暂时性的
		临时许可证内容	确保临时污染源达标排放的条件； 所有者或运营者在污染源地点发生变化时需要提前至少 10 天告知许可授权发放机构
6	许可保护条款	许可保护条款适用情况	许可证保护条款的具体适用情形； 许可授权发放机构签署条款以外的其他情形
7	紧急情况条款	紧急情况定义	任何突发的、合理不可预知的、超出污染源控制能力的情况
		紧急情况发生可作辩护依据	

此外，美国各州制定了许可证申请表格，规定了较为详细的申请及许可证要求等内容，以南加州空气质量管理局（SCAQMD）网站公布的表格为例，固定源需要填报的信息表包括管理信息表、基本信息表、特定污染防治设施补充申请信息表、污染物削减信用信息表、RECLAIM 计划信息表、《清洁空气法》第Ⅴ部分申请和报告信息表。管理信息表填报内容包括固定源名称变更、地址变更、运营者变更、许可

证撤销、许可证重置等；基本信息表填报内容包括操作者信息、位置信息（周围学校信息、周围人口密度信息、周边建筑物信息、与居民区和商业区距离等信息）、厂区平面图和排放口信息（排放口位置、烟囱高度等）；特定污染防治设施补充申请信息表包括除尘、脱硫、脱硝等污染防治设施编号、数量、参数等信息；污染物削减信用信息、RECLAIM 计划信息表包括各类排污权交易计划下的信用额度、交易信息、交易价格；《清洁空气法》第Ⅴ部分申请和报告信息表包括清洁空气法第Ⅴ部分框架下的各计划要求的记录、报告、豁免信息等表格。

3.2　国内相关标准情况的研究

目前国内火电、造纸、钢铁、水泥等 15 个行业，均已发布了各行业排污许可证申请与核发技术规范，同时，发布了《排污单位自行监测技术指南　总则》等配套标准。本标准具体框架内容参考火电、造纸、钢铁、水泥等 15 个行业排污许可证申请与核发技术规范，整合了相关标准内容要求，其中产排污节点对应排放口及许可排放限值、可行技术和自行监测管理要求等内容均是以上述标准规范为基础，污染因子依据国家或地方排放标准综合确定。

本标准按照国家排污许可制度顶层设计总体要求，参照各行业排污许可证申请与核发技术规范，结合各行业产排污特点、排放标准等要求的思路、框架内容，开展相关专题研究，细化、完善形成《排污许可证申请与核发技术规范　总则》。

4　标准制定的基本原则和技术路线

4.1　标准制定的原则

a）与我国现行有关的环境法律法规、标准协调相配套，与环境保护的方针政策相一致原则。以《控制污染物排放许可制实施方案》《排污许可证管理暂行规定》等相关的法律法规、方针政策、标准规范为依据制定本标准。

b）适用范围和工作原则满足相关环保标准和环保工作要求的原则。本标准适用于无行业排污许可证申请与核发技术规范的排污单位填报《排污许可证申请表》和网上填报相关申请信息，适用于指导核发机关审核确定排污许可证许可要求，行业排污许可证申请与核发技术规范的编制也可参考本标准的框架内容，目的为规范和指导排污单位排污许可证的申请与核发以及行业排污许可证申请与核发技术规范编制。

c）普遍适用性和实际可操作性原则。调查各行业排污单位实际情况，总结归纳其共同特点，参照已发行业排污许可证申请与核发技术规范的内容，最终提出本技术规范的技术要点，以保证提出符合不同行业排污许可管理的最基本要求，使本技术规范具有全面性和可操作性。

4.2　标准制定的技术路线

本标准技术路线图如图 1。

5　标准主要技术内容

5.1　标准框架

本技术规范分为以下 12 项内容。

1　适用范围

2　规范性引用文件

3　术语和定义

4　排污单位基本情况填报要求

5　产排污环节对应排放口及许可排放限值确定方法

6　可行技术要求

7　自行监测管理要求

8　环境管理台账及排污许可证执行报告编制要求

9　实际排放量核算方法

10　合规判定方法

5.2 适用范围

本标准规定了排污单位排污许可证申请与核发的程序（具体见附录 A）、基本情况填报要求、许可排放限值确定、实际排放量核算和合规判定的一般方法，以及自行监测、环境管理台账与排污许可证执行报告等环境管理要求，提出了排污单位污染防治可行技术的原则要求，其中自行监测管理要求按照《排污单位自行监测技术指南　总则》（HJ 819）执行，环境管理台账及排污许可证执行报告编制要求按照《排污单位环境管理台账及排污许可证执行报告技术规范　总则（试行）》执行。

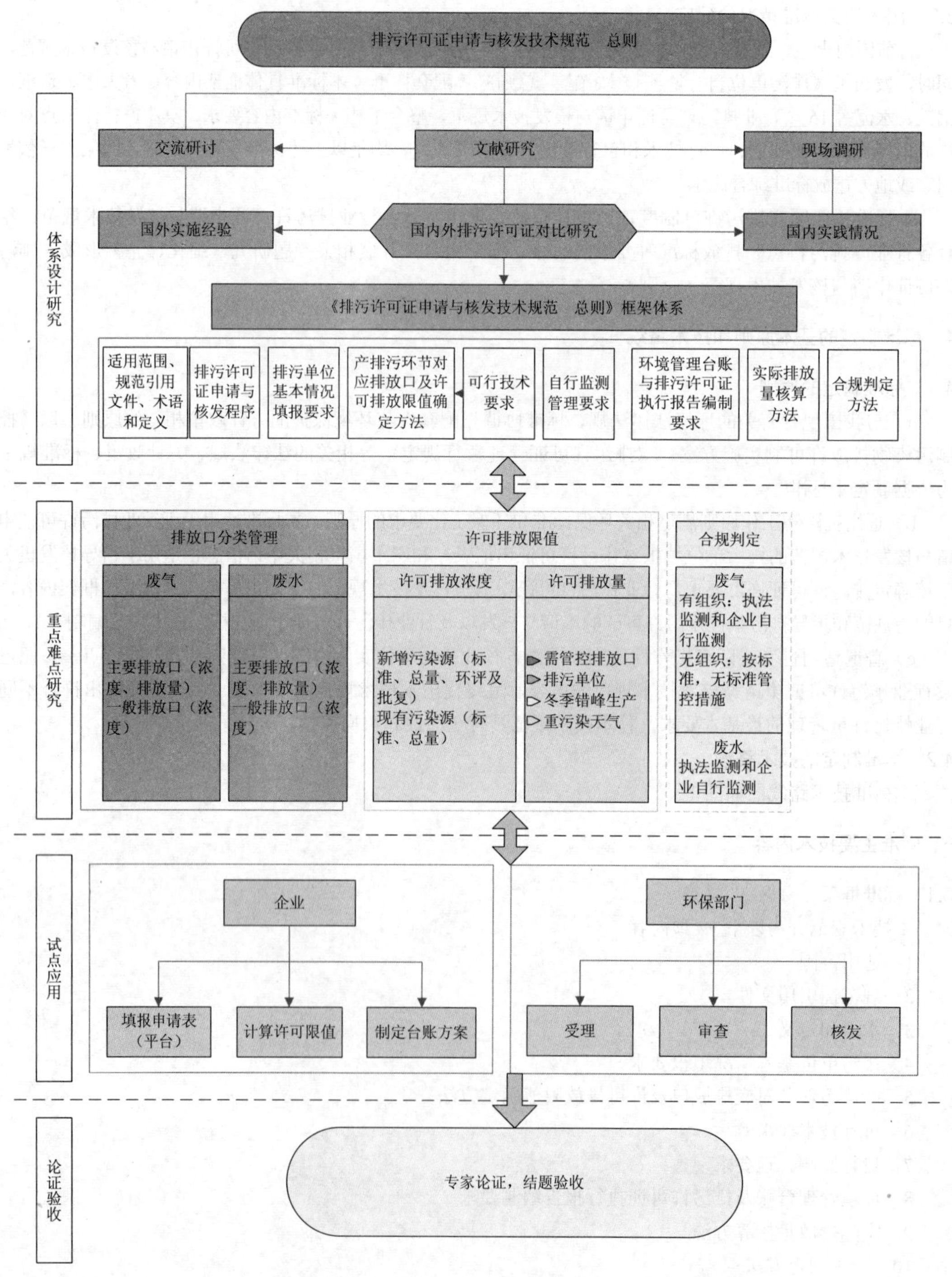

图 1　本标准技术路线图

考虑到与《固定污染源排污许可分类管理名录》匹配，重点管理行业均将制订排污许可证申请与核发技术规范，但部分行业排污许可证申请与核发工作尚无配套的指导文件。为指导该部分行业排污许可证的申请与核发工作，本标准提出适用于指导该部分行业排污许可证申请与核发工作，即无行业技术规范排污单位可依据本标准要求进行网上填报申请信息，核发部门可依据本标准规定对申请信息进行审核。

有行业技术规范的，执行行业技术规范；无行业技术规范的，执行本标准。即行业技术规范规定内容更契合行业实际，更具体，因此有行业技术规范的按照行业技术规范执行。

此外，随着排污许可工作的推进，在行业排污许可证申请与核发技术规范的编制过程中，出现了各行业申请与核发技术规范编制格式、管理原则等不一致的实际问题，另外行业技术规范中未明确的情形也需通过总则提出原则要求。因此，为保证排污许可证申请与核发原则要求的统一，满足排污许可改革的总体要求，本标准提出，行业或通用工序排污许可证申请与核发技术规范可参考本标准的框架和要求进行编制。

5.3　规范性引用文件

给出了本标准引用的有关文件名称及文号，凡是未注明日期的引用文件，其最新版本适用于本标准。

5.4　术语和定义

就生产设施、污染治理设施、许可排放限值、特殊时段、非正常情况等 5 个术语进行了定义。

本部分是针对排污许可制度体系中容易产生分歧的内容，并结合排污单位申请填报流程进行定义。排污单位生产过程与产排污有关的生产设施纳入管控范围，生产设施产生的污染物通过污染治理设施进行治理，通过对应的排放口排放至外环境，因此要明确排放至外环境的污染物许可排放限值，执行过程中排污单位通过自行监测、环境管理台账及执行报告等自证守法，监管部门也通过对其自证材料的检查来判定排污单位是否依证排污，非正常情况、特殊时段也要纳入排污许可的管理，提出相应的管控要求，本标准按照上述管理思路对全过程的重要阶段进行了定义。

特殊时段指根据依法制定并发布的国家和地方环境质量限期达标规划或其他相关环境管理文件，对排污单位的污染物排放情况有特殊要求的时段，如重污染天气应对期间和冬防期间等。特殊时段污染物排放有明确规定的，应计算特殊时段许可排放量。

5.5　排污单位基本情况填报要求

根据《排污许可证管理办法（试行）》的要求，综合考虑各行业特点，本标准给出排污许可证申请表中排污单位基本信息、主要产品及产能、主要原辅材料及燃料、产排污节点、污染物及污染治理设施、污染物排放等填报要求，以指导排污单位填报排污许可证申请表。

5.5.1　填报原则

设区的市级以上地方环境保护主管部门可以根据环境保护地方性法规，增加需要在排污许可证中载明的内容，并填入排污许可证管理信息平台申报系统中“有核发权的地方环境保护主管部门增加的管理内容”一栏。

未依法取得建设项目环境影响评价文件审批意见或按照有关规定经地方人民政府依法处理、整顿规范并符合要求的相关证明材料的排污单位，采用的污染防治设施或措施不能达到许可排放浓度要求的排污单位，以及存在其他依规需要改正行为的排污单位，在首次申报排污许可证填报申请信息时，应在全国排污许可证管理信息平台申报系统中“改正规定”一栏，提出改正方案。

排污单位基本情况应当按照实际情况填报，排污单位对提交申请材料的真实性、合法性和完整性负法律责任。

5.5.2　排污单位基本信息

本节内容用于指导排污单位填报排污许可证申请表中表 1。

排污单位所在地是否属于环境敏感区，主要指的是大气重点控制区域以及总磷总氮控制区等，其中大气重点控制区域依据《重点区域大气污染防治“十二五”规划》的规定，该规划提及京津冀、长三角、珠三角地区，以及辽宁中部、山东、武汉及其周边、长株潭、成渝、海峡西岸、山西中北部、陕西关中、甘宁、新疆乌鲁木齐城市群等区域为重点区域，具体省份和城市见《重点区域大气污染防治“十二五”规划》中附表。

地方政府对违规项目的认定或备案文件指按照《国务院办公厅关于印发加强环境监管执法的通知》（国办发〔2014〕56号）等文件要求，地方政府对违规项目依法处理、整顿规范，出具的符合要求的证明文件。

污染物总量指标包括地方政府或环境保护部门发文确定的排污单位总量控制指标、环评批复时的总量控制指标、现有排污许可证中载明的总量控制指标、通过排污权有偿使用和交易确定的总量控制指标等地方政府或环境保护部门与排污许可证申领企业以一定形式确认的总量控制指标。

5.5.3 主要产品及产能

本节内容用于指导排污单位填报排污许可证申请表中表2。根据排污单位的实际情况确定排污单位应填报主要生产单元、主要工艺、主要生产设施、主要生产设施编号、设施参数、产品名称、生产能力及计量单位、设计年生产时间及其他。

关于主要生产单元，分为主体工程、公用工程、辅助工程和储运工程。主体工程生产工艺为产品生产的生产线名称，按行业常用名称填写，生产设施填报与排放工艺废气和废水密切相关的主要生产设施；公用工程为发电、供热系统等公用系统，包括锅炉、汽轮机、发电机等；辅助工程为污水处理系统等其他为生产线配套服务的系统；储运工程主要是物料的存储、运输设施如储罐、仓库、固体废物储存间、转运站等。设施参数，根据行业实际情况，分为参数名称、设计值、计量单位等。填写能表征设施生产能力的参数，如设计生产能力、处理能力、尺寸、额定功率、容积等。

排污单位填写内部生产设施编号，若排污单位无内部生产设施编号，则根据《排污单位编码规则》进行编号并填报。

产品名称对于计算排污量是重要指标。应根据行业实际情况，填写具体产品名称。

生产能力为主要产品设计产能，并标明计量单位。生产能力不包括国家或地方政府予以淘汰或取缔的产能。设计年生产时间按环境影响评价文件及审批意见或地方政府对违规项目的认定或备案文件中的年生产时间填写。

5.5.4 主要原辅料和燃料

本节内容用于指导排污单位填报排污许可证申请表中表3。

按原料、辅料、燃料种类分别填写具体物质名称。涉及化学品的，填报化学品名称及CAS编号。

原料填报产品生产加工过程所需的主要原材料以及所有有毒有害化学品原材料。

辅料填报产品生产加工过程中添加的主要辅料和污染治理过程中添加的化学品。

燃料种类包括：固体燃料（煤炭、煤矸石、焦炭、生物质燃料等），液体燃料（原油、汽油、煤油、柴油、燃料油等），气体燃料（天然气、煤层气、冶金副产煤气、石油炼制副产燃气、煤气发生炉煤气等）。

有毒有害元素占比：《加强国家污染物排放标准制修订工作的指导意见》中规定有毒污染物是指直接或者间接为生物摄入体内后，导致该生物或者其后代发病、行为反常、遗传异变、生理机能失常、机体变形或者死亡的污染物。有毒污染物的范围包括《剧毒化学品目录》中所列物质、《污水综合排放标准》中的“第一类污染物”（包括总汞、烷基汞、总镉、总铬、六价铬、总砷、总铅、总镍、苯并[*a*]芘、总铍、总银、总α放射性、总β放射性等）和 POPs 物质等。经科学研究表明具有上述特征的其他物质，属于有毒污染物。

5.5.5 产排污环节、污染物及污染治理设施

5.5.5.1 废气

a）产污环节以及对应的污染物种类

生产设施对应的产排污环节名称，依据国家和地方污染物排放标准、环境影响评价文件及其审批意见综合确定。

污染物种类为排放标准中的各污染物项目，依据国家和地方污染物排放标准确定。

b）污染治理设施

废气污染治理设施分为除尘系统、脱硫系统、脱硝系统、有机废气收集治理系统、恶臭治理系统、其他废气收集处理系统等。

c）污染治理工艺

1）除尘设施：除尘设施主要是电除尘器、袋式除尘器以及电袋复合除尘器，其中电除尘分为三电场电除尘器、四电场电除尘器、五电场电除尘器；袋式除尘分为玻纤袋式除尘器、聚酯袋式除尘器、诺梅克斯袋式除尘器、聚酰亚胺袋式除尘器、聚四氟乙烯袋式除尘器及其他袋式除尘器；电袋复合除尘器。

2）脱硫设施：当原辅燃料有机硫及硫化物硫含量较低时，无须采取净化措施即可满足达标排放要求；当原辅燃料中有机硫和硫化物硫含量较高，应采用脱硫设施（干法、半干法、湿法脱硫）措施。

3）脱硝设施：脱硝设施用于 NO_x 的治理，目前脱硝治理设施为低氮燃烧器、SCR、SNCR 脱硝设施，排污单位可根据实际情况选择。

4）有机废气收集治理设施：根据排污单位实际情况选择焚烧、吸附、催化分解或其他措施。

5）恶臭治理设施：根据排污单位实际情况选择水洗、吸收、氧化、活性炭吸附、过滤或其他措施。

6）其他废气收集处理设施：根据排污单位实际排放有机废气、酸碱废气等其他废气采取相应措施。

d）污染治理设施、有组织排放口编号

污染治理设施编号填写排污单位内部编号，若排污单位无内部编号，则根据《排污单位编码规则》进行编号并填报。有组织排放口编号可填写地方环境保护主管部门现有编号，或根据《排污单位编码规则》进行编号并填写。填报完成后，平台会针对排污单位填报编号自动生成统一规范的污染治理设施编号和排放口编号。

e）排放口设置要求

根据《排污口规范化整治技术要求（试行）》（环监〔1996〕470 号），以及排污单位执行的污染物排放标准中有关排放口规范化设置的规定，填报废气排放口设置是否符合规范化要求。

f）排放口类型

废气排放口分为主要排放口、一般排放口和其他排放口。原则上将主体工程中的工业炉窑（熔炼炉、焚烧炉、熔化炉、加热炉、热处理炉、石灰窑等）、化工类排污单位的主要反应设备（化学反应釜/器/塔、蒸馏/蒸发/萃取设备等）、公用工程中出力 10 t/h 及以上的燃料锅炉、燃气轮机组以及与出力 10 t/h 及以上锅炉和燃气轮机组排放污染物相当的污染源，其对应的排放口作为主要排放口；主体工程、辅助工程、储运工程中污染物排放量相对较小的污染源，其对应的排放口作为一般排放口；公用工程中的火炬、放空管等污染物排放标准中污染物排放浓度限值未明确要求的排放口作为其他排放口管控。

5.5.5.2　废水

a）废水类别、污染物种类

废水类别分为对应工艺（工序）的生产废水、综合废水、生活污水、初期雨水、循环冷却水等。

污染物种类为排放标准中的各污染物项目，依据国家和地方污染物排放标准确定。

b）废水治理设施

废水污染治理设施名称包括工艺（工序）的生产废水预处理设施、综合废水处理设施、生活污水处理设施、其他。

c）废水治理工艺

设备冷却排污水、余热发电锅炉循环冷却排污水、辅助生产废水处理工艺一般为一级处理工艺。生活污水处理工艺一般为一级处理和二级处理工艺。综合废水处理工艺一般进行深度处理（超滤/纳滤、反渗透、吸附过滤、蒸发结晶、其他）以及其他处理工艺。

d）污染治理设施、有组织排放口编号

污染治理设施编号填写排污单位内部编号，若排污单位无内部编号，则根据《排污单位编码规则》进行编号并填写。填报完成后，平台会针对排污单位填报编号自动生成统一规范的污染治理设施编号和排放口编号。

e）排放口设置要求

排放口设置应符合《排污口规范化整治技术要求（试行）》（环监〔1996〕470 号）等相关文件的规定，若地方有排污口规范化要求的，还应符合地方要求。

f）排放口类型

根据排污单位废水排放特点，废水排放口包括车间或生产设施排放口、废水总排放口。原则上涉及排放第一类污染物的车间或生产设施排放口以及纳入水环境重点排污单位名录中的排污单位，其废水总排放口为主要排放口，其他为一般排放口。

5.6 产排污环节对应排放口及许可排放限值确定方法

5.6.1 产排污环节对应排放口

5.6.1.1 废气

本节内容用于指导排污单位填报排污许可证申请表中表 6 和表 7。

5.6.1.2 废水

本节内容用于指导排污单位填报排污许可证申请表中表 11～表 13。

5.6.2 许可排放限值核定方法

5.6.2.1 一般原则

许可排放限值包括污染物许可排放浓度和许可排放量。许可排放量包括年许可排放量和特殊时段许可排放量。年许可排放量是指允许排污单位连续 12 个月排放的污染物最大排放量。核发部门可根据需要（如采暖季、枯水期等）将年许可排放量按月、季进行细化。

对于大气污染物，以排放口为单位确定有组织主要排放口和一般排放口许可排放浓度，以生产设施、生产单元或厂界为单位确定无组织许可排放浓度。主要排放口逐一计算许可排放量；一般排放口和无组织废气不许可排放量，其他排放口不许可排放浓度和排放量。

对于水污染物，以排放口为单位确定主要排放口许可排放浓度和排放量，一般排放口仅许可排放浓度。单独排入城镇集中污水处理设施的生活污水仅说明排放去向。

根据国家和地方污染物排放标准，按从严原则确定许可排放浓度。依据总量控制指标及本标准规定的方法从严确定许可排放量。2015 年 1 月 1 日及以后取得环境影响评价审批意见的排污单位，许可排放量还应同时满足环境影响评价文件和审批意见确定的排放量的要求。

总量控制指标包括地方政府或环境保护主管部门发文确定的总量控制指标、环评批复时的总量控制指标、现有排污许可证中载明的总量控制指标、通过排污权有偿使用和交易确定的总量控制指标等地方政府或环境保护主管部门与排污单位以一定形式确认的总量控制指标。

按照《固定污染源排污许可分类管理名录（2017 年版）》实施简化管理行业的排污单位原则上仅许可排放浓度，不许可排放量。

排污单位填报许可排放限值时，应在《排污许可证申请表》中写明申请的许可排放限值计算过程。

排污单位承诺执行更加严格的排放浓度，应在排污许可证中载明。

5.6.2.2 许可排放浓度核定方法

a）废气

排污单位废气许可排放浓度根据排污单位应执行的国家和地方污染物排放标准进行从严确定。

国务院环境保护行政主管部门或省级人民政府规定的执行大气污染物特别排放限值的区域，应按照规定的行政区域范围、时间，执行相关排放标准的污染物特别排放限值。例如，大气污染防治重点控制区排放口浓度按照《关于执行大气污染物特别排放限值的公告》（公告 2013 年第 14 号）和《关于执行大气污染物特别排放限值有关问题的复函》（环办大气函〔2016〕1087 号）的要求进行确定。现阶段，按照国家规定，北京市、天津市、石家庄市、唐山市、保定市、廊坊市、上海市、南京市、无锡市、常州市、苏州市、南通市、扬州市、镇江市、泰州市、杭州市、宁波市、嘉兴市、湖州市、绍兴市、广州市、深圳市、珠海市、佛山市、江门市、肇庆市、惠州市、东莞市、中山市、沈阳市、济南市、青岛市、淄博市、潍坊市、日照市、武汉市、长沙市、重庆市主城区、成都市、福州市、三明市、太原市、西安市、咸阳市、兰州市、银川市、乌鲁木齐市等 47 个城市被列为重点控制区，其他执行大气污染物特别排放限值的地域范围、时间，由国务院环境保护行政主管部门或省级人民政府规定。

若执行不同许可排放浓度的多台生产设施或排放口采用混合方式排放废气，且选择的监控位置只能监测混合废气中的大气污染物浓度，应根据污染物排放标准要求确定。若污染物排放标准中无混合排放浓度确定要求的，则应执行各限值要求中最严格的排放浓度。

b）废水

排污单位废水许可排放浓度依据排污单位执行的国家和地方污染物排放标准从严确定。国务院环境保护行政主管部门或省级人民政府规定执行水污染物特别排放限值的区域，应按照规定的行政区域范围、时间，执行相关排放标准的污染物特别排放限值。

若排污单位生产设施为两种及以上工序或同时生产两种及以上产品，可适用不同污染物排放控制要求或不同行业污染物排放标准时，且生产设施产生的污水混合处理排放的情况下，应根据污染物排放标准要求确定，污染物排放标准中对混合排放浓度有其他方法确定的，如污水综合排放标准中对混合排放的采用加权计算的方法确定排放浓度。若污染物排放标准中无混合排放浓度确定要求的，则应执行各限值要求中最严格的排放浓度。

5.6.2.3　许可排放量核定方法

a）废气

对颗粒物、二氧化硫、氮氧化物、挥发性有机物（石化、化工、包装印刷、工业涂装等重点行业）、重金属（有色冶炼等重点行业）等污染物许可排放量。

废气许可排放量包括年许可排放量和重污染天气应对期间日许可排放量以及有环境质量改善计划的京津冀等重点区域冬防阶段月许可排放量等特殊时段许可排放量。废气年许可排放量为各废气主要排放口许可排放量之和。

废气有组织排放口年许可排放量依据许可排放浓度、污染物排放标准中规定的基准排气量、主要产品产能确定。无规定的基准排气量时，也可按照许可排放浓度、风量、年生产时间确定。

根据环境保护部区域处就大气司针对特殊时段许可排放量的复函中建议，特殊时段许可排放量确定为排污单位前一年实际排放量折算到日（月）均值，并依据各地制定的应急预案和冬防阶段强化措施中的削减比例要求确定。

b）废水

对排污单位废水总排放口化学需氧量、氨氮，以及受纳水体环境质量超标且列入相关污染物排放标准的污染物许可排放量；对位于《“十三五”生态环境保护规划》及环境保护部规定的总磷、总氮总量控制区域内排放总磷、总氮的排污单位，废水总排放口还应分别申请总磷及总氮年许可排放量。

废水许可排放量为年许可排放量，废水年许可排放量为主要排放口许可排放量之和。

废水主要排放口年许可排放量依据许可排放浓度、污染物排放标准中规定的基准排水量、主要产品产能确定。无规定的基准排水量时，也可按照许可排放浓度、排水量、年生产时间确定。

5.7　可行技术要求

各行业可行技术可参照行业可行技术指南和污染物排放标准控制要求确定。

以污染防治技术的污染物排放持续稳定达标性、规模应用和经济可行性作为确定是否为污染防治可行技术的重要依据。

排污单位采用的污染治理技术为可行技术，或者新建、改建、扩建建设项目排污单位采用环评批复的污染治理技术的，原则上认为具有符合国家要求的污染防治设施或污染物处理能力。

对于未采用可行技术的，排污单位应当在申请时提供相关证明材料（如已有监测数据；对于国内外首次采用的污染防治技术，还应当提供中试数据等说明材料），证明可达到与污染防治可行技术相当的处理能力。另外，排污单位还应当加强自行监测、台账记录，评估所采用技术的达标可行性。

为保证污染治理设施正常运行，对排污单位提出了管理要求，包括有组织废气、无组织废气及废水。另外，对涉及有毒有害污染物排污单位，针对其可能污染土壤和地下水的渗漏、泄漏风险点，提出了渗漏、泄漏防治措施要求。

5.8　自行监测管理要求

根据《控制污染物排放许可制实施方案》和《排污许可管理办法（试行）》的要求，排污单位应通过自行监测证明排污许可证许可要求的落实情况。

《排污单位自行监测技术指南　总则》（HJ 819）于 2017 年 6 月实施，规定了排污单位自行监测的一般要求、监测方案制定、监测质量保证和质量控制、信息记录和报告的基本内容和要求，适用于无行业自行监测技术指南的排污单位。因此，本标准中自行监测按照 HJ 819 执行，不再另行规定。

5.9 环境管理台账及排污许可证执行报告编制要求

按照《控制污染物排放许可制实施方案》和《排污许可管理办法（试行）》要求，环境管理台账为排污单位依证排污、自证守法的主要依据，为环境保护主管部门依证监管主要检查内容。台账记录为原始记录，真实反映实际运行情况，依据排污单位实际运行情况进行总结归纳，按要求形成执行报告。

《排污单位环境管理台账及排污许可证执行报告技术规范　总则（试行）》正在编制中，其规定了排污许可证环境管理台账的记录形式、记录内容、记录频次和记录保存要求，以及排污许可证执行报告分类、编制流程、编制内容和上报频次等要求，适用于无行业排污许可证申请与核发技术规范的排污单位。因此，本标准中环境管理台账与排污许可证执行报告编制按照《排污单位环境管理台账及排污许可证执行报告技术规范　总则（试行）》执行，不再另行规定。

5.10 实际排放量核算方法

本节给出了排污单位废气和废水主要排放口许可了排放量的污染物实际排放量核算方法，实际排放量为正常情况和非正常情况实际排放量之和。排污单位废气、废水污染物实际排放量的核算方法包括实测法、物料衡算法和产排污系数法等。

5.10.1 废气

a）正常情况

废气主要排放口实际排放量核算方法采用实测法，分为自动监测和手工监测。对于排污许可证载明的要求采用自动监测的污染物项目，应采用符合监测规范的有效自动监测数据核算污染物实际排放量。对于排污许可证载明的未要求采用自动监测的污染物项目，可采用自动监测数据或手工监测数据核算污染物实际排放量。

要求采用自动监测的排放口或污染物项目而未采用的，采用物料衡算法核算二氧化硫排放量，根据原辅燃料消耗量、含硫率，按直排进行核算；采用产排污系数法核算颗粒物、氮氧化物、挥发性有机物等污染物实际排放量，按直排进行核算。

对于因自动监控设施发生故障以及其他情况导致数据缺失的按照 HJ 75 进行补遗。二氧化硫、氮氧化物、颗粒物在线监测数据缺失时段超过 25%的，自动监测数据不能作为核算实际排放量的依据，实际排放量按照“要求采用自动监测的排放口或污染物项目而未采用”的相关规定进行核算。

排污单位提供充分证据证明在线数据缺失、数据异常等不是排污单位责任的，可按照排污单位提供的手工监测数据等核算实际排放量，或者按照上一个半年申报期间的稳定运行期间自动监测数据的小时浓度均值和半年平均烟气量，核算数据缺失时段的实际排放量。

b）非正常情况

非正常情况下污染物排放量优先采用实测法核定，其次采用物料衡算法和产排污系数法。

5.10.2 废水

a）正常情况

废水主要排放口实际排放量核算方法采用实测法，分为自动监测和手工监测。对于排污许可证载明的要求采用自动监测的污染物项目，应采用符合监测规范的有效自动监测数据核算污染物实际排放量。对于排污许可证载明的未要求采用自动监测的污染物项目，可采用自动监测数据或手工监测数据核算污染物实际排放量。

要求采用自动监测的排放口或污染物项目而未采用的，采用产排污系数法核算化学需氧量、氨氮等污染物实际排放量，按直排进行核算。

对要求采用自动监测的排放口或污染物项目，在自动监测数据由于某种原因出现中断或其他情况，应按照 HJ/T 356 补遗。

b）非正常情况

废水处理设施非正常情况下的排水，如无法满足排放标准要求时，不应直接排入外环境，待废水处理设施恢复正常运行后方可排放。如造成污染治理设施未正常运行超标排放污染物的或偷排偷放污染物的，采用产排污系数法按直排核算非正常排放期间实际排放量。

5.11　合规判定方法

合规是指排污单位许可事项和环境管理要求符合排污许可证规定。许可事项合规是指排污单位排污口位置和数量、排放方式、排放去向、排放污染物种类、排放限值符合许可证规定，其中排放限值合规是指排污单位污染物实际排放浓度和排放量满足许可排放限值要求。环境管理要求合规是指排污单位按许可证规定落实自行监测、台账记录、执行报告、信息公开等环境管理要求。

5.11.1　排放浓度合规判定方法

本标准规定了正常情况下废气和废水污染物排放浓度合规判定方法，若同一时段既有执法监测数据又有排污单位自行监测数据，优先使用执法监测数据。

若多台设施采用混合方式排放烟气，且其中一台处于启停时段，排污单位可自行提供烟气混合前各台设施污染物有效监测数据的，按照提供数据进行合规判定。其他非正常情况导致污染物超标排放，应立即停产整顿。

无组织排放满足污染物排放标准中排放浓度限值要求及污染控制措施要求的，即认为合规，否则不合规。

5.11.2　排放量合规判定方法

排污单位废气和废水污染物年实际排放量满足年许可排放量要求；对于特殊时段有许可排放量要求的排污单位，实际排放量之和不得超过特殊时段许可排放量。

5.11.3　管理要求合规判定

核发部门依据排污许可证中的管理要求，检查排污单位是否满足许可证要求，检查内容包括自行监测、管理台账记录、执行报告、信息公开等。

6　国内外相关标准、技术法规对比和分析

美国制定了《清洁水法》和《清洁空气法》，分别适用于水污染物和大气污染物排污许可制度的实施，联邦法规中对程序做出了规定。我国颁布了《控制污染物排放许可制实施方案》，分行业稳步推进排污许可制，突破了国外全行业推行的制度体系，更符合中国国情。在程序和许可量计算方法上融合《建设项目主要污染物排放总量指标审核及管理暂行办法》（环发〔2014〕197 号），制定了《排污许可证管理暂行规定》和各行业申请与核发技术规范，规范了申请与核发程序和许可排放量的计算方法。

本次集成了各行业特征，借鉴国外排污许可制度体系建设先进经验，参照国外相关法规、标准体系并结合我国现行规范、标准，融合国内环境管理相关制度要求，制定本标准。

7　标准实施措施及建议

a）加快推动排污许可管理信息平台建设

建议按照本标准内容尽快建设排污许可管理信息平台申请与核发系统，满足无行业排污许可证申请与核发技术规范排污单位填报与环境保护部门核发的需求，便于排污单位和环境保护部门应用，促进本标准的落地。

b）加大对排污单位和环境保护部门的宣传培训力度

国家排污许可制度对各行业提出了精细化管理要求，本标准涉及的环境管理内容多，技术要求高，应加大对排污单位和环境保护部门的培训，帮助理解技术规范的要求，指导排污单位申请和环境保护部门核发。

c）开展标准实施效果评估

建议结合行业申请与核发技术规范的制定情况和排污许可证申请与核发工作开展情况，适时开展本标准实施效果评估，必要时开展本标准的修订工作。

中华人民共和国环境保护行业标准

排污单位环境管理台账及排污许可证执行报告技术规范 总则（试行）

Environmental management records and compliance reports of pollutant emission permit technical specification for pollution sources —General rule（on trial）

HJ 944—2018

前 言

为贯彻落实《中华人民共和国环境保护法》《中华人民共和国大气污染防治法》《中华人民共和国水污染防治法》等法律法规，以及《国务院办公厅关于印发控制污染物排放许可制实施方案的通知》（国办发〔2016〕81 号）和《排污许可管理办法（试行）》（环境保护部令 第 48 号），完善排污许可技术体系，确定环境管理台账记录和排污许可证执行报告编制要求，制定本标准。

本标准规定了排污单位环境管理台账记录形式、记录内容、记录频次和记录保存的一般要求，以及排污许可证执行报告分类、编制流程、编制内容和报告周期等原则要求。

本标准附录 A、附录 B、附录 C、附录 D、附录 E、附录 F 和附录 G 为资料性附录。

本标准为首次发布。

本标准由生态环境部规划财务司、生态环境部科技标准司组织制订。

本标准主要起草单位：环境保护部环境工程评估中心。

本标准生态环境部 2018 年 3 月 27 日批准。

本标准自 2018 年 3 月 27 日起实施。

本标准由生态环境部解释。

1 适用范围

本标准适用于排污许可证的申请、核发、执行、监管全过程。

本标准适用于指导排污单位开展环境管理台账记录和执行报告编制及提交。有行业排污许可证申请与核发技术规范（以下简称行业技术规范）的，按照行业技术规范执行；无行业技术规范的，按照本标准执行；行业涉及通用工序的，执行通用工序排污许可证申请与核发技术规范。制订行业或通用工序排污许可证申请与核发技术规范“环境管理台账与排污许可证执行报告编制要求”可参考本标准。

2 规范性引用文件

本标准引用了下列文件或其中的条款。凡是未注明日期的引用文件，其最新版本适用于本标准。

GB/T 16157 固定污染源排气中颗粒物测定与气态污染物采样方法

HJ/T 55 大气污染物无组织排放监测技术导则

HJ 75 固定污染源烟气（SO_2、NO_x、颗粒物）排放连续监测技术规范

HJ 76 固定污染源烟气（SO_2、NO_x、颗粒物）排放连续监测系统技术要求及检测方法

HJ/T 91 地表水和污水监测技术规范

HJ/T 212 污染源在线自动监控（监测）系统数据传输标准

HJ/T 353 水污染源在线监测系统安装技术规范（试行）

HJ/T 354 水污染源在线监测系统验收技术规范（试行）

HJ/T 355 水污染源在线监测系统运行与考核技术规范（试行）

HJ/T 356 水污染源在线监测系统数据有效性判别技术规范（试行）

HJ/T 373 固定污染源监测质量保证与质量控制技术规范（试行）

HJ/T 397 固定源废气监测技术规范

HJ 477 污染源在线自动监控（监测）数据采集传输仪技术要求

HJ 608 排污单位编码规则

HJ 819 排污单位自行监测技术指南 总则

HJ 942 排污许可证申请与核发技术规范 总则

《排污许可管理办法（试行）》（环境保护部令 第48号）

3 术语和定义

下列术语和定义适用于本标准。

3.1 环境管理台账 environmental management records

指排污单位根据排污许可证的规定，对自行监测、落实各项环境管理要求等行为的具体记录，包括电子台账和纸质台账两种。

3.2 执行报告 compliance reports

指排污单位根据排污许可证和相关规范的规定，对自行监测、污染物排放及落实各项环境管理要求等行为的定期报告，包括电子报告和书面报告两种。

3.3 电子化存储 electronic storage

指将环境管理台账以文字和数据的形式记录并保存在磁盘、硬盘、光盘等电子存储介质内的形式。

3.4 报告周期 frequency of reporting

指排污单位提交执行报告的频次和时间要求。

4 环境管理台账记录要求

4.1 一般原则

本标准所指环境管理台账记录要求为基本要求，排污单位可自行增加和加严记录要求，环境保护主管部门也可依据法律法规、标准规范增加和加严记录要求。排污单位应建立环境管理台账记录制度，落实环境管理台账记录的责任单位和责任人，明确工作职责，并对环境管理台账的真实性、完整性和规范性负责。一般按日或按批次进行记录，异常情况应按次记录。

实施简化管理的排污单位，其环境管理台账内容可适当缩减，至少记录污染防治设施运行管理信息和监测记录信息，记录频次可适当降低。

4.2 记录形式

分为电子台账和纸质台账两种形式。

4.3 记录内容

包括基本信息、生产设施运行管理信息、污染防治设施运行管理信息、监测记录信息及其他环境管理信息等，参照附录A。生产设施、污染防治设施、排放口编码应与排污许可证副本中载明的编码一致。

4.3.1 基本信息

包括排污单位生产设施基本信息、污染防治设施基本信息。

a）生产设施基本信息：主要技术参数及设计值等。

b）污染防治设施基本信息：主要技术参数及设计值；对于防渗漏、防泄漏等污染防治措施，还应记录落实情况及问题整改情况等。

4.3.2 生产设施运行管理信息

包括主体工程、公用工程、辅助工程、储运工程等单元的生产设施运行管理信息。

a）正常工况：运行状态、生产负荷、主要产品产量、原辅料及燃料等。

1）运行状态：是否正常运行，主要参数名称及数值。

2）生产负荷：主要产品产量与设计生产能力之比。

3）主要产品产量：名称、产量。

4）原辅料：名称、用量、硫元素占比、有毒有害物质及成分占比（如有）。

5）燃料：名称、用量、硫元素占比、热值等。

6）其他：用电量等。

b）非正常工况：起止时间、产品产量、原辅料及燃料消耗量、事件原因、应对措施、是否报告等。

对于无实际产品、燃料消耗、非正常工况的辅助工程及储运工程的相关生产设施，仅记录正常工况下的运行状态和生产负荷信息。

4.3.3 污染防治设施运行管理信息

a）正常情况：运行情况、主要药剂添加情况等。

1）运行情况：是否正常运行；治理效率、副产物产生量等。

2）主要药剂（吸附剂）添加情况：添加（更换）时间、添加量等。

3）涉及 DCS 系统的，还应记录 DCS 曲线图。DCS 曲线图应按不同污染物分别记录，至少包括烟气量、污染物进出口浓度等。

b）异常情况：起止时间、污染物排放浓度、异常原因、应对措施、是否报告等。

4.3.4 监测记录信息

按照 HJ 819 及各行业自行监测技术指南规定执行。

监测质量控制按照 HJ/T 373 和 HJ 819 等规定执行。

4.3.5 其他环境管理信息

无组织废气污染防治措施管理维护信息：管理维护时间及主要内容等。

特殊时段环境管理信息：具体管理要求及其执行情况。

其他信息：法律法规、标准规范确定的其他信息，企业自主记录的环境管理信息。

4.4 记录频次

本标准规定了基本信息、生产设施运行管理信息、污染防治设施运行管理信息、监测记录信息、其他环境管理信息的记录频次。

4.4.1 基本信息

对于未发生变化的基本信息，按年记录，1 次/a；对于发生变化的基本信息，在发生变化时记录 1 次。

4.4.2 生产设施运行管理信息

a）正常工况：

1）运行状态：一般按日或批次记录，1 次/d 或批次。

2）生产负荷：一般按日或批次记录，1 次/d 或批次。

3）产品产量：连续生产的，按日记录，1 次/d。非连续生产的，按照生产周期记录，1 次/周期；周期小于 1 d 的，按日记录，1 次/d。

4）原辅料：按照采购批次记录，1 次/批。

5）燃料：按照采购批次记录，1 次/批。

b）非正常工况：按照工况期记录，1 次/工况期。

4.4.3 污染防治设施运行管理信息

a）正常情况：

1）运行情况：按日记录，1 次/d。

2）主要药剂添加情况：按日或批次记录，1 次/d 或批次。

3）DCS 曲线图：按月记录，1 次/月。

b）异常情况：按照异常情况期记录，1 次/异常情况期。

4.4.4 监测记录信息

按照 HJ 819 及各行业自行监测技术指南规定执行。

4.4.5　其他环境管理信息

废气无组织污染防治措施管理信息：按日记录，1 次/d。

特殊时段环境管理信息：按照 4.4.1～4.4.4 规定频次记录；对于停产或错峰生产的，原则上仅对停产或错峰生产的起止日期各记录 1 次。

其他信息：依据法律法规、标准规范或实际生产运行规律等确定记录频次。

4.5　记录存储及保存

a）纸质存储：应将纸质台账存放于保护袋、卷夹或保护盒等保存介质中；由专人签字、定点保存；应采取防光、防热、防潮、防细菌及防污染等措施；如有破损应及时修补，并留存备查；保存时间原则上不低于 3 年。

b）电子化存储：应存放于电子存储介质中，并进行数据备份；可在排污许可管理信息平台填报并保存；由专人定期维护管理；保存时间原则上不低于 3 年。

5　排污许可证执行报告编制要求

5.1　报告分类

按报告周期分为年度执行报告、季度执行报告和月度执行报告。

5.2　编制流程

包括资料收集与分析、编制、质量控制、提交四个阶段（见附录 B）。

第一阶段（资料收集与分析阶段）：收集排污许可证及申请材料、历史排污许可证执行报告、环境管理台账等相关资料，全面梳理排污单位在报告周期内的执行情况。

第二阶段（编制阶段）：针对排污许可证执行情况，汇总梳理依证排污的依据，分析违证排污的情形及原因，提出整改计划，在全国排污许可证管理信息平台填报相关内容。

第三阶段（质量控制阶段）：开展报告质量审核，确保执行报告内容真实、有效，并经排污单位技术负责人签字确认。

第四阶段（提交阶段）：排污单位在全国排污许可证管理信息平台提交电子版执行报告，同时向有排污许可证核发权的环境保护主管部门提交通过平台印制的经排污单位法定代表人或实际负责人签字并加盖公章的书面执行报告。电子版执行报告与书面执行报告应保持一致。

5.3　编制内容

排污单位应对提交的排污许可证执行报告中各项内容和数据的真实性、有效性负责，并自愿承担相应法律责任；应自觉接受环境保护主管部门监管和社会公众监督，如提交的内容和数据与实际情况不符，应积极配合调查，并依法接受处罚。

排污单位应对上述要求作出承诺，并将承诺书纳入执行报告中。执行报告封面格式参见附录 C，编写提纲参见附录 D。

5.3.1　年度执行报告

包括排污单位基本情况、污染防治设施运行情况、自行监测执行情况、环境管理台账执行情况、实际排放情况及合规判定分析、信息公开情况、排污单位内部环境管理体系建设与运行情况、其他排污许可证规定的内容执行情况、其他需要说明的问题、结论、附图附件等。

对于排污单位信息有变化和违证排污等情形，应分析与排污许可证内容的差异，并说明原因。

5.3.1.1　排污单位基本情况

a）说明排污许可证执行情况，包括排污单位基本信息、产排污节点、污染物及污染防治设施、环境管理要求等，参见附录 E。

b）按照生产单元或主要工艺，分析排污单位的生产状况，说明平均生产负荷、原辅料及燃料使用等情况；说明取水及排水情况；对于报告期内有污染防治投资的，还应说明防治设施建成运行时间、计划总投资、报告周期内累计完成投资等，参见附录 F.1。

c）说明排放口规范性整改情况（如有）。

d）新（改、扩）建项目环境影响评价及其批复、竣工环境保护验收等情况。

e）其他需要说明的情况，包括排污许可证变更情况，以及执行过程中遇到的困难、问题等。

5.3.1.2 污染防治设施运行情况

a）正常情况说明。分别说明有组织废气、无组织废气、废水等污染防治设施的处理效率、药剂添加、催化剂更换、固废产生、副产物产生、运行费用等情况，以及防治设施运行维护情况，参见附录 F.2。

b）异常情况说明。排污单位拆除、停运污染防治设施，应说明实施拆除、停运的原因、起止日期等情况，并提供环境保护主管部门同意文件；因故障等紧急情况停运污染防治设施，或污染防治设施运行异常的，排污单位应说明故障原因、废水废气等污染物排放情况、报告提交情况及采取的应急措施，参见附录 F.3。

c）如发生污染事故，排污单位应说明发生事故次数、事故等级、事故发生时采取的措施、污染物排放、处理情况等信息。

5.3.1.3 自行监测执行情况

a）说明自行监测要求执行情况，并附监测布点图，参见附录 F.4 至 F.7。

b）对于自动监测，说明是否满足 HJ 75、HJ 76、HJ/T 353、HJ/T 354、HJ/T 355、HJ/T 356、HJ/T 373、HJ 477 等相关规范要求。说明自动监测系统发生故障时，向环境保护主管部门提交补充监测和事故分析报告的情况。

c）对于手工监测，说明是否满足 GB/T 16157、HJ/T 55、HJ/T 91、HJ/T 373、HJ/T 397 等相关标准与规范要求。

d）对于非正常工况，说明废气有效监测数据数量、监测结果等，参见附录 F.8 至 F.9。

e）对于特殊时段，说明废气有效监测数据数量、监测结果等，参见附录 F.10。

f）对于有周边环境质量监测要求的，说明监测点位、指标、时间、频次、有效监测数据数量、监测结果等内容，并附监测布点图。

g）对于未开展自行监测、自行监测方案与排污许可证要求不符、监测数据无效等情形，说明原因及措施。

5.3.1.4 环境管理台账执行情况

说明是否按排污许可证要求记录环境管理台账的情况，参见附录 F.11。

5.3.1.5 实际排放情况及合规判定分析

a）以自行监测数据为基础，说明各排放口的实际排放浓度范围、有效数据数量等内容，参见附录 F.4 至 F.10。

b）按照《排污许可证申请与核发技术规范 总则》，核算排污单位实际排放量，给出计算方法、所用的参数依据来源和计算过程，并与许可排放量进行对比分析，参见附录 F.12 至 F.16。

c）对于非正常工况，说明发生的原因、次数、起止时间、防治措施等。

d）对于特殊时段，说明各污染物的排放浓度及达标情况等。

e）对于废气污染物超标排放，应逐时说明；对于废水污染物超标排放，应逐日说明；说明内容包括排放口、污染物、超标时段、实际排放浓度、超标原因等，以及向环境保护主管部门报告及接受处罚的情况，参见附录 F.17 至 F.18。

f）说明实际排放量与生产负荷之间的关系。

5.3.1.6 信息公开情况

说明信息公开的方式、内容、频率及时间节点等信息，参见附录 F.19。

5.3.1.7 排污单位内部环境管理体系建设与运行情况

a）说明环境管理机构及人员设置情况、环境管理制度建立情况、排污单位环境保护规划、环保措施整改计划等。

b）说明环境管理体系的实施、相关责任的落实情况。

5.3.1.8 其他排污许可证规定的内容执行情况

说明排污许可证中规定的其他内容执行情况。

5.3.1.9　其他需要说明的问题

对于违证排污的情况，提出相应整改计划。

5.3.1.10　结论

总结排污单位在报告周期内排污许可证执行情况，说明执行过程中存在的问题，以及下一步需进行整改的内容。

5.3.1.11　附图附件

a）附图包括自行监测布点图等。执行报告附图应清晰、要点明确。

b）附件包括污染物实际排放量计算过程、非正常工况证明材料，以及支持排污许可证执行报告的其他材料。

5.3.2　季度/月度执行报告

至少包括污染物实际排放浓度和排放量，合规判定分析，超标排放或污染防治设施异常情况说明等内容。其中，季度执行报告还应包括各月度生产小时数、主要产品及其产量、主要原料及其消耗量、新水用量及废水排放量、主要污染物排放量等信息。

5.3.3　简化管理要求

实行简化管理的排污单位，应提交年度执行报告与季度执行报告，其中年度执行报告内容应至少包括排污单位基本情况、污染防治设施运行情况、自行监测执行情况、环境管理台账执行情况、实际排放情况及合规判定分析、结论等；季度执行报告至少包括污染物实际排放浓度和排放量，合规判定分析，超标排放或污染防治设施异常情况说明等内容，参见附录 G。

5.3.3.1　排污单位基本情况

a）说明排污许可证执行情况，包括排污单位基本信息、产排污节点、污染物及污染防治设施、环境管理要求等，参见附录 E。

b）说明排放口规范性整改情况（如有）。

5.3.3.2　污染防治设施运行情况

a）正常情况说明。分别说明有组织废气、无组织废气、废水等污染防治设施的运行时间、污水处理量、脱硫脱硝剂用量、运行费用等情况，参见附录 G.1。

b）异常情况说明。排污单位拆除、停运污染防治设施，应说明实施拆除、停运的原因、起止日期等情况，并提供环境保护主管部门同意文件；因故障等紧急情况停运污染防治设施，或污染防治设施运行异常的，排污单位应说明故障原因、废水废气等污染物排放情况、报告提交情况及采取的应急措施，参见附录 G.2。

c）如发生污染事故，排污单位应说明发生事故次数、事故等级、事故发生时采取的措施、污染物排放、处理情况等信息。

5.3.3.3　自行监测执行情况

a）说明自行监测要求执行情况，并附监测布点图，参见附录 G.3 至 G.6。

b）对于自动监测，说明是否满足 HJ 75、HJ 76、HJ/T 353、HJ/T 354、HJ/T 355、HJ/T 356、HJ/T 373、HJ 477 等相关规范要求。说明自动监测系统发生故障时，向环境保护主管部门提交补充监测和事故分析报告的情况。

c）对于手工监测，说明是否满足 GB/T 16157、HJ/T 55、HJ/T 91、HJ/T 373、HJ/T 397 等相关标准与规范要求。

d）对于非正常工况，说明废气有效监测数据数量、监测结果等，参见附录 G.7 至 G.8。

e）对于特殊时段，说明废气有效监测数据数量、监测结果等，参见附录 G.9。

f）对于有周边环境质量监测要求的，说明监测点位、指标、时间、频次、有效监测数据数量、监测结果等内容，并附监测布点图。

g）对于未开展自行监测、自行监测方案与排污许可证要求不符、监测数据无效等情形，说明原因及措施。

5.3.3.4 环境管理台账执行情况

说明是否按排污许可证要求记录环境管理台账的情况，参见附录 G.10。

5.3.3.5 实际排放情况及合规判定分析

a）以自行监测数据为基础，说明各排放口的实际排放浓度范围、有效数据数量等内容，参见附录 G.3 至 G.9。

b）按照《排污许可证申请与核发技术规范 总则》（HJ 942），核算排污单位实际排放量，给出计算方法、所用的参数依据来源和计算过程，并与许可排放量进行对比分析，参见附录 G.11 至 G.15。

c）对于非正常工况，说明发生的原因、次数、起止时间、防治措施等。

d）对于特殊时段，说明各污染物的排放浓度及达标情况等。

e）对于废气污染物超标排放，应逐时说明；对于废水污染物超标排放，应逐日说明；说明内容包括排放口、污染物、超标时段、实际排放浓度、超标原因等，以及向环境保护主管部门报告及接受处罚的情况，参见附录 G.16 至 G.17。

f）说明实际排放量与生产负荷之间的关系。

5.3.3.6 结论

总结排污单位在报告周期内排污许可证执行情况，说明执行过程中存在的问题，以及下一步需进行整改的内容。

5.4 报告周期

排污单位按照排污许可证规定的时间提交执行报告，应每年提交一次排污许可证年度执行报告；同时，还应依据法律法规、标准等文件的要求，提交季度执行报告或月度执行报告。

5.4.1 年度执行报告

对于持证时间超过三个月的年度，报告周期为当年全年（自然年）；对于持证时间不足 3 个月的年度，当年可不提交年度执行报告，排污许可证执行情况纳入下一年度执行报告。

5.4.2 季度执行报告

对于持证时间超过一个月的季度，报告周期为当季全季（自然季度）；对于持证时间不足 1 个月的季度，该报告周期内可不提交季度执行报告，排污许可证执行情况纳入下一季度执行报告。

5.4.3 月度执行报告

对于持证时间超过 10 d 的月份，报告周期为当月全月（自然月）；对于持证时间不足 10 d 的月份，该报告周期内可不提交月度执行报告，排污许可证执行情况纳入下一月度执行报告。

附 录 A

（资料性附录）

环境管理台账记录内容

表 A.1 排污单位基本信息表

单位名称	生产经营场所地址	行业类别	法定代表人	统一社会信用代码	产品名称	生产工艺	生产规模	环保投资	环评批复文号[a]	排污权交易文件	排污许可证编号

[a] 列出环评批复文件文号、备案编号，或者地方政府出具的认定或备案文件文号。

记录时间： 记录人： 审核人：

表 A.2 生产设施正常工况信息表

生产设施（设备）名称[a]	编码	生产设施型号	主要生产设施（设备）规格参数[b]				设计生产能力		运行状态		生产负荷	产品产量				原辅料						
			参数名称	设计值	实际值	单位	生产能力	单位	开始时间[c]	结束时间[c]		中间产品	单位	最终产品	单位	名称	种类	用量	单位	有毒有害元素		来源地
																				成分	占比	

注：中间产品和单位可选填。

[a] 指主要生产设施（设备）名称。

[b] 指设施（设备）的设计规格参数，包括参数名称、设计值、实际值、计量单位；参数名称包括排污许可证载明的参数及其他参数，如储罐参数包括尺寸、运行时间等，焚烧炉参数包括平均燃烧率、热酌减率、焚毁去除率等；对于设计值与实际值相同的参数，可仅填报设计值。

[c] 开始时间、结束时间为记录频次内的起止时刻。

记录时间： 记录人： 审核人：

表 A.3 燃料信息表

名称[a]	用量	低位热值	单位	品质[b]								
				燃煤				燃油		燃气		其他燃料
				含硫量/%	灰分/%	挥发分/%	其他[c]	含硫量/%	其他[c]	硫化氢含量/%	其他[c]	相关物质含量

[a] 指燃料名称，包括燃煤、燃油、燃气等。

[b] 根据燃料类型对应填写，可以收到基品质为准。

[c] 指燃料燃烧后与污染物产生有关的成分。

记录时间： 记录人： 审核人：

表 A.4 废气污染防治设施基本信息与运行管理信息表

防治设施名称	编码	防治设施型号	主要防治设施规格参数			运行状态			污染物排放情况				排气筒高度/m	排口温度/℃	压力/kPa	排放时间/h	耗电量/（kW·h）	副产物		药剂情况		
			参数名称	设计值	单位	开始时间	结束时间	是否正常	烟气量/（m^3/h）	污染因子	治理效率/%	数据来源						名称	产生量/t	名称	添加时间	添加量/t

注：根据行业特点及监测情况，选择记录“治理效率”。

记录时间： 记录人： 审核人：

表 A.5 废水污染防治设施运行管理信息表

防治设施名称	编码	防治设施型号	主要防治设施规格参数			运行状态			污染物排放情况					污泥产生量	处理方式	耗电量	药剂情况		
			参数名称	设计值	单位	开始时间	结束时间	是否正常	出口流量/（m^3/d）	污染因子	治理效率/%	数据来源	排放去向				名称	添加时间	添加量/t

注：根据行业特点及监测情况，选择记录“治理效率”。

记录时间： 记录人： 审核人：

表 A.6 防治设施异常情况信息表

防治设施名称	编号	异常情况起始时刻	异常情况终止时刻	污染物排放情况			事件原因	是否报告	应对措施
				污染物种类	排放浓度	排放去向			

记录时间： 记录人： 审核人：

表 A.7 有组织废气（手工/在线监测）污染物监测原始结果表

序号	排放口编号	监测日期	监测时间	出口									进口									
				标态干烟气量/（m^3/h）	氧含量/%	二氧硫化/（mg/m^3）		颗粒物/（mg/m^3）		氮氧物化/（mg/m^3）		……	标态干烟气量/（m^3/h）	氧含量/%	二氧化硫/（mg/m^3）		颗粒物/（mg/m^3）		氮氧化物/（mg/m^3）		……
						监测结果	折标值	监测结果	折标值	监测结果	折标值				监测结果	折标值	监测结果	折标值	监测结果	折标值	
注：进口监测数据按照监测方法、设备条件、企业需求选择性填报。																					

记录时间： 记录人： 审核人：

表 A.8 无组织废气污染物监测原始结果表

序号	生产设施/无组织排放编号	监测日期	监测时间	二氧化硫/（mg/m^3）	颗粒物/（mg/m^3）	氮氧化物/（mg/m^3）	……

记录时间： 记录人： 审核人：

表 A.9 废水监测仪器信息表

排放口编码	污染物种类	监测采样方法及个数	监测次数	测定方法	监测仪器型号	备注

记录时间： 记录人： 审核人：

表 A.10 废水污染物监测结果表

序号	排放口编号	监测日期	监测时间	出 口					进 口				
				化学需氧量/（mg/L）	生化需氧量/（mg/L）	氨氮/（mg/L）	悬浮物/（mg/L）	……	化学需氧量/（mg/L）	生化需氧量/（mg/L）	氨氮/（mg/L）	悬浮物/（mg/L）	……
注：进口监测数据按照监测方法、设备条件、企业需求选择性填报。													

记录时间： 记录人： 审核人：

附 录 B
（资料性附录）
排污许可证年度执行报告编制流程

排污许可证年度执行报告编制的工作流程可分为四个阶段。具体流程见图 1。

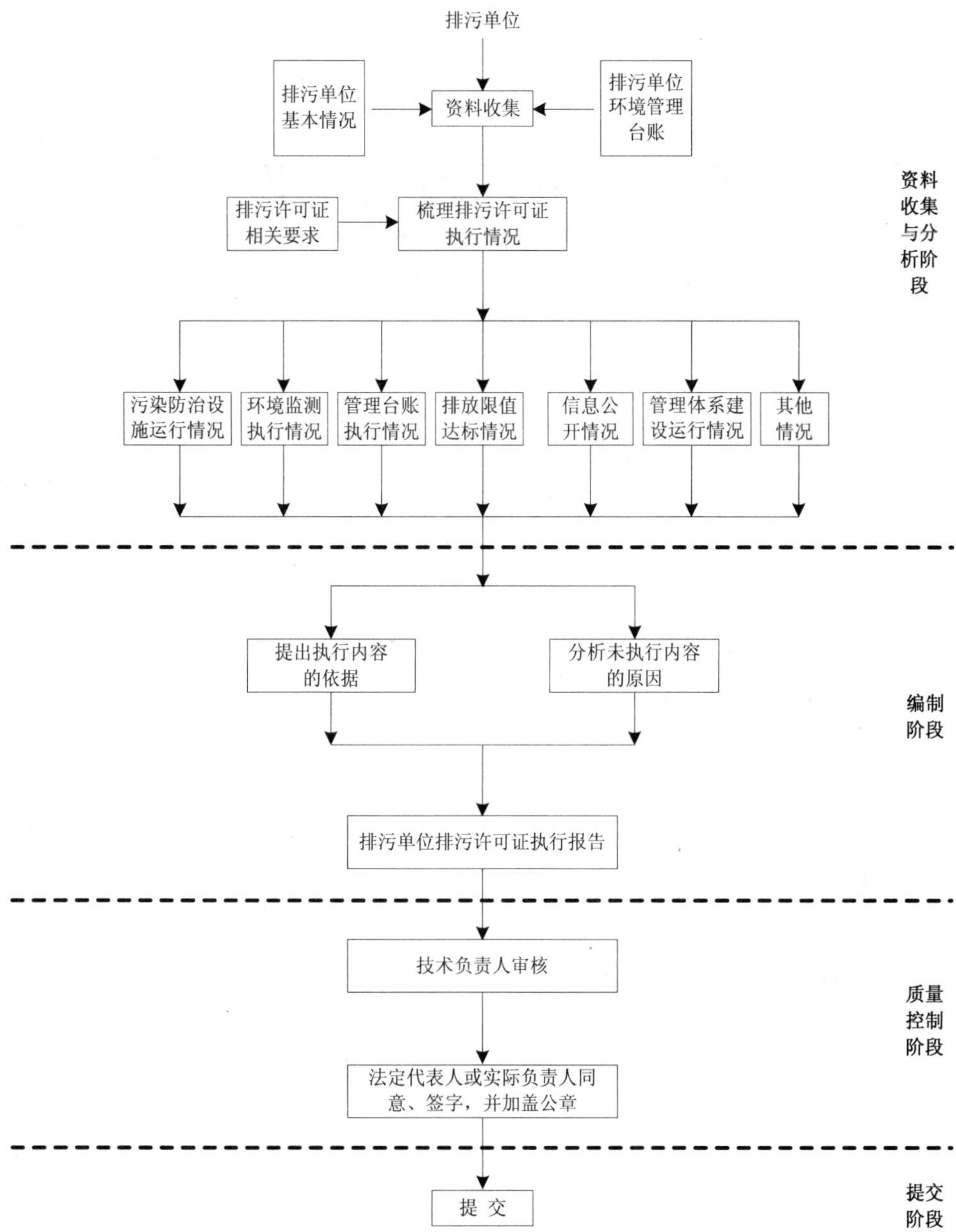

图 1　排污许可证年度执行报告编制流程

附　录　C
（资料性附录）
排污许可证执行报告封面样式

排污许可证执行报告封面样式见图 2。

排污许可证执行报告

（月报□ 季报□ 年报□）

排污许可证编号：

单位名称：

报告时段：

法定代表人（实际负责人）：

技术负责人：

固定电话：

移动电话：

排污单位名称：（盖章）

报告日期： 年 月 日

图 2 排污许可证执行报告封面样式

附　录　D
（资料性附录）
排污许可证年度执行报告编写提纲

排污许可证年度执行报告的编写提纲如下：

承诺书

1. 排污单位基本情况
    1.1 排污单位基本信息
    1.2 排污许可证执行情况
    1.3 排污单位生产运行情况
    1.4 原辅材料及燃料消耗情况
    1.5 排污单位生产流程及产排污节点情况
    1.6 排放口规范化
    1.7 需说明的其他情况
2. 污染防治设施运行情况
    2.1 污染防治设施变化情况
    2.2 重点污染防治设施运行情况
    2.3 污染防治设施维护情况
    2.4 污染防治设施异常情况
3. 自行监测执行情况
    3.1 排污单位自行监测方案及变化情况
    3.2 自动监控系统运行情况
    3.3 手工监测执行情况
    3.4 周边环境质量监测情况
4. 环境管理台账
    4.1 环境管理台账要求
    4.2 环境管理台账执行情况
5. 实际排放情况及合规判定
    5.1 污染物排放浓度及达标情况
    5.2 污染物实际排放量及达标情况
    5.3 特殊时段排放情况
    5.4 非正常排放情况
6. 信息公开
    6.1 信息公开情况
    6.2 信息公开执行情况
7. 排污单位环境管理体系建设与运行情况
    7.1 环境管理体系建设情况
    7.2 环境管理体系落实情况

8. 其他排污许可证规定的内容执行情况
9. 其他需要说明的问题
10. 结论

附图

附件

附 录 E
（资料性附录）
排污许可证执行情况表格形式

表 E.1 排污许可证执行情况汇总表

项目	内容				报告周期内执行情况	备注
1 排污单位基本情况	(一)排污单位基本信息			单位名称	□变化 □未变化	
				注册地址	□变化 □未变化	
				邮政编码	□变化 □未变化	
				生产经营场所地址	□变化 □未变化	
				行业类别	□变化 □未变化	
				生产经营场所中心经度	□变化 □未变化	
				生产经营场所中心纬度	□变化 □未变化	
				统一社会信用代码	□变化 □未变化	
				技术负责人	□变化 □未变化	
				联系电话	□变化 □未变化	
				所在地是否属于重点区域	□变化 □未变化	
				主要污染物类别及种类	□变化 □未变化	
				大气污染物排放方式	□变化 □未变化	
				废水污染物排放规律	□变化 □未变化	
				大气污染物排放执行标准名称	□变化 □未变化	
				水污染物排放执行标准名称	□变化 □未变化	
				设计生产能力	□变化 □未变化	
1 排污单位基本情况	(二)主要原辅材料及燃料	原料	原料①（自动生成）	年最大使用量	□变化 □未变化	
				硫元素占比	□变化 □未变化	
				有毒有害成分及占比	□变化 □未变化	
			……	……	□变化 □未变化	
		辅料	辅料①（自动生成）	年最大使用量	□变化 □未变化	
				硫元素占比	□变化 □未变化	
				有毒有害成分及占比	□变化 □未变化	
			……	……	□变化 □未变化	
		燃料	污染防治设施①（自动生成）	灰分	□变化 □未变化	
				硫分	□变化 □未变化	
				挥发分	□变化 □未变化	
				热值	□变化 □未变化	
				年最大使用量	□变化 □未变化	
			……	……	□变化 □未变化	
		废气	污染防治设施①（自动生成）	治理污染物种类	□变化 □未变化	
				污染防治设施工艺	□变化 □未变化	
				排放形式	□变化 □未变化	
				排放口位置	□变化 □未变化	
			……	……	□变化 □未变化	

<table>
<tr><td>项目</td><td colspan="4">内容</td><td>报告周期内执行情况</td><td>备注</td></tr>
<tr><td rowspan="5">1 排污单位基本情况</td><td rowspan="5">（二）主要原辅材料及燃料</td><td rowspan="5">废水</td><td rowspan="5">污染防治设施①（自动生成）</td><td>治理污染物种类</td><td>□变化　□未变化</td><td></td></tr>
<tr><td>污染防治设施工艺</td><td>□变化　□未变化</td><td></td></tr>
<tr><td>排放去向</td><td>□变化　□未变化</td><td></td></tr>
<tr><td>排放规律</td><td>□变化　□未变化</td><td></td></tr>
<tr><td>排放口位置</td><td>□变化　□未变化</td><td></td></tr>
<tr><td rowspan="11">2 环境管理要求</td><td rowspan="11" colspan="2">自行监测要求</td><td rowspan="10">排放口①（自动生成）</td><td>污染物种类</td><td>□变化　□未变化</td><td></td></tr>
<tr><td>监测设施</td><td>□变化　□未变化</td><td></td></tr>
<tr><td>自动监测是否联网</td><td>□变化　□未变化</td><td></td></tr>
<tr><td>自动监测仪器名称</td><td>□变化　□未变化</td><td></td></tr>
<tr><td>自动监测设施安装位置</td><td>□变化　□未变化</td><td></td></tr>
<tr><td>自动监测设施是否符合安装、运行、维护等管理要求</td><td>□变化　□未变化</td><td></td></tr>
<tr><td>手工监测采样方法及个数</td><td>□变化　□未变化</td><td></td></tr>
<tr><td>手工监测频次</td><td>□变化　□未变化</td><td></td></tr>
<tr><td>手工测定方法</td><td>□变化　□未变化</td><td></td></tr>
<tr><td>……</td><td>□变化　□未变化</td><td></td></tr>
<tr><td>……</td><td>……</td><td>□变化　□未变化</td><td></td></tr>
<tr><td colspan="7">注：对于选择“变化”的，应在“备注”中说明原因。</td></tr>
</table>

附　录　F

（资料性附录）

排污许可证年度执行报告表格形式（重点管理）

表 F.1　排污单位基本信息表

<table>
<tr><td>序号</td><td>记录内容</td><td colspan="2">名称</td><td>数量或内容</td><td>计量单位</td><td>备注</td></tr>
<tr><td rowspan="3">1</td><td rowspan="3">主要原料用量</td><td colspan="2">原料 1（自动生成）</td><td></td><td></td><td></td></tr>
<tr><td colspan="2">其他原料</td><td></td><td></td><td></td></tr>
<tr><td colspan="2">……</td><td></td><td></td><td></td></tr>
<tr><td rowspan="3">2</td><td rowspan="3">主要辅料用量</td><td colspan="2">辅料 1（自动生成）</td><td></td><td></td><td></td></tr>
<tr><td colspan="2">其他辅料</td><td></td><td></td><td></td></tr>
<tr><td colspan="2">……</td><td></td><td></td><td></td></tr>
<tr><td rowspan="9">3</td><td rowspan="9">能源消耗</td><td rowspan="5">能源类型（自动生成）</td><td>用量</td><td></td><td></td><td></td></tr>
<tr><td>硫分</td><td></td><td>%</td><td></td></tr>
<tr><td>灰分</td><td></td><td>%</td><td></td></tr>
<tr><td>挥发分</td><td></td><td>%</td><td></td></tr>
<tr><td>热值</td><td></td><td></td><td></td></tr>
<tr><td>……</td><td>……</td><td></td><td></td><td></td></tr>
<tr><td colspan="2">蒸汽消耗量</td><td></td><td>MJ</td><td></td></tr>
<tr><td colspan="2">用电量</td><td></td><td>kW·h</td><td></td></tr>
<tr><td colspan="2">……</td><td></td><td></td><td></td></tr>
<tr><td rowspan="2">4</td><td rowspan="2">生产规模</td><td colspan="2">生产单元 1（自动生成）</td><td></td><td></td><td></td></tr>
<tr><td colspan="2">……</td><td></td><td></td><td></td></tr>
<tr><td rowspan="4">5</td><td rowspan="4">运行时间</td><td rowspan="3">生产单元 1（自动生成）</td><td>正常运行时间</td><td></td><td>h</td><td></td></tr>
<tr><td>非正常运行时间</td><td></td><td>h</td><td></td></tr>
<tr><td>停产时间</td><td></td><td>h</td><td></td></tr>
<tr><td>……</td><td></td><td></td><td></td><td></td></tr>
<tr><td rowspan="2">6</td><td rowspan="2">主要产品产量</td><td colspan="2">产品 1（自动生成）</td><td></td><td></td><td></td></tr>
<tr><td colspan="2">……</td><td></td><td></td><td></td></tr>
<tr><td rowspan="2">7</td><td rowspan="2">取排水</td><td colspan="2">取水量</td><td></td><td></td><td></td></tr>
<tr><td colspan="2">废水排放量</td><td></td><td></td><td></td></tr>
</table>

序号	记录内容	名称	数量或内容	计量单位	备注
8	全年生产负荷			%	
9	污染防治设施计划投资情况（执行报告周期如涉及）	治理设施类型		—	
		开工时间		万元	
		建成投产时间			
		计划总投资			
		报告周期内累计完成投资		万元	
		……			
10	其他内容				

注 1：排污单位应根据行业特征补充细化列表中相关内容。

注 2：如与排污许可证载明事项不符的，在“备注”中说明变化情况及原因。

注 3：如报告周期有污染治理投资的，填写 9 有关内容。

注 4：列表中未能涵盖的信息，排污单位可以文字形式另行说明。

注 5：能源类型中的用量、硫分、灰分、挥发分、热值原则上指报告时段内全厂各批次收到基燃料的加权平均值，以入厂数据来衡量；排污单位也可使用入炉数据并在备注中说明；对于液体或气体燃料，可只填报用量、硫分、热值；热值指燃料低位发热量。

注 6：取水量指排污单位生产用水和生活用水的合计总量。

注 7：治理设施类型指颗粒物废气治理设施、二氧化硫废气治理设施、氮氧化物废气治理设施、其他废气治理设施、废水治理设施等。

表 F.2 污染防治设施正常情况汇总表

序号	污染源	污染防治设施					备注
		名称			数量	单位	
1	废水	污染防治设施 1	污染防治设施编号	废水防治设施运行时间		h	
				污水处理量		t	
				污水回用量		t	
				污水排放量		t	
				耗电量		kW·h	
				××药剂使用量		kg	
				××污染物处理效率		%	
				运行费用		万元	
				……			
		……	……	……			
2	废气	脱硫设施 1	污染防治设施编号	脱硫设施运行时间		h	
				脱硫剂用量		t	
				平均脱硫效率		%	
				脱硫固废产生量		t	
				运行费用		万元	
				……			
		……	……	……			
		脱硝设施 1	污染防治设施编号	脱硝设施运行时间		h	
				脱硝剂用量		t	
				平均脱硝效率		%	
				脱硝固废产生量		t	
				运行费用		万元	
				……			
		……	……	……			
		除尘设施 1	污染防治设施编号	除尘设施运行时间		h	
				平均除尘效率		%	
				除尘灰产生量		t	
				布袋除尘器清灰周期及换袋情况			
				运行费用		万元	
				……			
		……	……	……			
		其他防治设施 1	污染防治设施编号	……			
		……	……	……			

注 1：排污单位应根据行业特征细化列表中内容，如有相关内容则填写，如无相关内容则不填写。
注 2：列表中未能涵盖的信息，排污单位可以文字形式另行说明。
注 3：其他防治设施中包括无组织等防治设施。
注 4：污染物处理效率/平均脱硫效率/平均脱硝效率/平均除尘效率为报告期内算数平均值。
注 5：废水污染防治设施运行费用主要为药剂、电等的消耗费用，不包括人工、绿化、设备折旧和财务费用等；废气污染防治设施运行费用主要为脱硫/脱硝剂等物料及水、电等的消耗费用，不包括人工、绿化、设备折旧和财务费用等。

表 F.3　污染防治设施异常情况汇总表

污染防治设施编号	时段		故障设施	故障原因	各排放因子浓度/（mg/m³）		采取的应对措施
	开始时间	结束时间			（自行填写）	……	
废气防治设施							
……	……	……	……	……	……	……	……
废水防治设施							
……	……	……	……	……	……	……	……

注 1：如废气防治设施异常，排放因子填写二氧化硫、氮氧化物、烟尘等。
注 2：如废水防治设施异常，排放因子填写化学需氧量、氨氮等。

表 F.4　有组织废气污染物排放浓度监测数据统计表

排放口编号	污染物种类	监测设施	有效监测数据（小时值）数量	许可排放浓度限值/（mg/m³）	监测结果（折标，小时浓度）/（mg/m³）			超标数据数量	超标率/%	备注
					最小值	最大值	平均值			
自动生成	自动生成	自动生成		自动生成						
	……	……		……						
……	……	……		……						

注 1：若采用手工监测，有效监测数据数量为报告周期内的监测次数。
注 2：若采用自动和手工联合监测，有效监测数据数量为两者有效数据数量的总和。
注 3：超标率是指超标的监测数据个数占总有效监测数据个数的比例。
注 4：监测要求与排污许可证不一致的原因以及污染物浓度超标原因等可在“备注”中进行说明。

表 F.5　有组织废气污染物排放速率监测数据统计表

排放口编号/设施编号	污染物种类	排放速率有效监测数据数量	许可排放速率/（kg/h）	实际排放速率/（kg/h）			超标数据数量	超标率/%	超标原因	备注
				最小值	最大值	平均值				
自动生成	自动生成									如排污许可证未许可排放速率，可不填
	……									
……	……									

注：超标率是指超标的监测数据个数占总有效监测数据个数的比例。

表 F.6　无组织废气污染物排放浓度监测数据统计表

序号	监测点位/设施	生产设施/无组织排放编号	监测时间	污染物种类	许可排放浓度限值/（mg/m³）	浓度监测结果（折标，小时浓度）/（mg/m³）	是否超标及超标原因	备注
1	自动生成	自动生成		自动生成	自动生成			如排污许可证无无组织废气监测要求，可不填
		……		……	……			
……	……	……		……	……			

表 F.7 废水污染物排放浓度监测数据统计表

排放口编号	污染物种类	监测设施	有效监测数据（日均值）数量	许可排放浓度限值/（mg/L）	浓度监测结果（日均浓度）/（mg/L）			超标数据数量	超标率/%	备注
					最小值	最大值	平均值			
自动生成	自动生成	自动生成		自动生成						
	……	……		……						
……	……	……		……						

注 1：若采用手工监测，有效监测数据数量为报告周期内的监测次数。
注 2：若采用自动和手工联合监测，有效监测数据数量为两者有效数据数量的总和。
注 3：超标率是指超标的监测数据个数占总有效监测数据个数的比例。
注 4：监测要求与排污许可证不一致的原因以及污染物浓度超标原因等可在“备注”中进行说明。

表 F.8 非正常工况有组织废气污染物监测数据统计表

起止时间	排放口编号	污染物种类	有效监测数据（小时值）数量	许可排放浓度限值/（mg/m^3）	浓度监测结果（折标，小时浓度）/（mg/m^3）			超标数据数量	超标率/%	备注
					最小值	最大值	平均值			
	自动生成	自动生成		自动生成						
		……		……						
	……	……		……						

注 1：若采用手工监测，有效监测数据数量为报告周期内的监测次数。
注 2：若采用自动和手工联合监测，有效监测数据数量为两者有效数据数量的总和。
注 3：超标率是指超标的监测数据个数占总有效监测数据个数的比例。
注 4：监测要求与排污许可证不一致的原因以及污染物浓度超标原因等可在“备注”中进行说明。

表 F.9 非正常工况无组织废气污染物浓度监测数据统计表

起止时间	生产设施/无组织排放编号	监测时间	污染物种类	监测次数	许可排放浓度限值/（mg/m^3）	浓度监测结果（折标，小时浓度）/（mg/m^3）	是否超标及超标原因	备注
	自动生成		自动生成		自动生成			如排污许可证无无组织废气监测要求，可不填
	……		……		……			
	……		……		……			

表 F.10 特殊时段有组织废气污染物监测数据统计表

记录日期	排放口编号	污染物种类	监测设施	有效监测数据（小时值）数量	许可排放浓度限值/（mg/m^3）	监测结果（折标，小时浓度）/（mg/m^3）			超标数据数量	超标率/%	备注
						最小值	最大值	平均值			
	自动生成	自动生成	自动生成		自动生成						
		……	……		……						
	……	……	……		……						

注 1：若采用手工监测，有效监测数据数量为报告周期内的监测次数。
注 2：若采用自动和手工联合监测，有效监测数据数量为两者有效数据数量的总和。
注 3：超标率是指超标的监测数据个数占总有效监测数据个数的比例。
注 4：监测要求等与排污许可证不一致的，或超标原因等可在“备注”中进行说明。

表 F.11 台账管理情况表

序号	记录内容	是否完整	说明
	自动生成	□是 □否	
	……	□是 □否	
	……	□是 □否	

表 F.12　废气污染物实际排放量报表（季度报告）

排放口类型	排放口编号	月份	污染物种类	许可排放量/t	实际排放量/t	是否超标及超标原因	备注
有组织废气主要排放口	自动生成		自动生成				如排污许可证未许可排放量，可不填
			……				
			自动生成				
			……				
			自动生成				
			……				
		季度合计	自动生成				
			……				
	……	……	……				
其他合计			自动生成				
			……				
			自动生成				
			……				
			自动生成				
			……				
		季度合计	自动生成				
			……				
全厂合计			自动生成				
			……				
			自动生成				
			……				
			自动生成				
			……				
		季度合计	自动生成				
			……				
注：其他合计指除主要排放口以外的污染物排放量合计，如一般排放口、无组织排放（如有）、其他排放情形（如有）等。							

表 F.13　废水污染物实际排放量报表（季度报告）

排放口类型	排放口编号	月份	污染物种类	许可排放量/t	实际排放量/t	是否超标及超标原因	备注
主要排放口	自动生成		自动生成				如排污许可证未许可排放量，可不填
			……				
			自动生成				
			……				
			自动生成				
			……				
		季度合计	自动生成				
			……				
	……	……	……				
一般排放口合计			自动生成				
			……				
			自动生成				
			……				
			自动生成				
			……				
		季度合计	自动生成				
			……				
全厂合计			自动生成				
			……				
			自动生成				
			……				
			自动生成				
			……				
		季度合计	自动生成				
			……				

表 F.14 废气污染物实际排放量报表（年度报告）

排放口类型	排放口编号	季度	污染物种类	许可排放量/t	实际排放量/t	是否超标及超标原因	备注
有组织废气主要排放口	自动生成	第一季度	自动生成				如排污许可证未许可排放量，可不填
			……				
		第二季度	自动生成				
			……				
		第三季度	自动生成				
			……				
		第四季度	自动生成				
			……				
		年度合计	自动生成				
			……				
	……	……	……				
其他合计		第一季度	自动生成				
			……				
		第二季度	自动生成				
			……				
		第三季度	自动生成				
			……				
		第四季度	自动生成				
			……				
		年度合计	自动生成				
			……				
全厂合计		第一季度	自动生成				
			……				
		第二季度	自动生成				
			……				
		第三季度	自动生成				
			……				
		第四季度	自动生成				
			……				
		年度合计	自动生成				
			……				
注：其他合计指除主要排放口以外的污染物排放量合计，如一般排放口、无组织排放（如有）、其他排放情形（如有）等。							

表 F.15 废水污染物实际排放量报表（年度报告）

排放口类型	排放口编号	季度	污染物种类	许可排放量/t	实际排放量/t	是否超标及超标原因	备注
主要排放口	自动生成	第一季度	自动生成				如排污许可证未许可排放量，可不填
			……				
		第二季度	自动生成				
			……				
		第三季度	自动生成				
			……				
		第四季度	自动生成				
			……				
		年度合计	自动生成				
			……				
	……	……	……				
一般排放口合计		第一季度	自动生成				
			……				
		第二季度	自动生成				
			……				
		第三季度	自动生成				
			……				
		第四季度	自动生成				
			……				

排放口类型	排放口编号	季度	污染物种类	许可排放量/t	实际排放量/t	是否超标及超标原因	备注
一般排放口合计		年度合计	自动生成				
			……				
全厂合计		第一季度	自动生成				
			……				
		第二季度	自动生成				
			……				
		第三季度	自动生成				
			……				
		第四季度	自动生成				
			……				
		年度合计	自动生成				
			……				

表 F.16　特殊时段废气污染物实际排放量报表

重污染天气应急预警期间等特殊时段							
日期	废气类型	排放口编号/设施编号	污染物种类	许可日排放量/kg	实际日排放量/kg	是否超标及超标原因	备注
	有组织废气	自动生成	自动生成				如排污许可证未许可特殊时段排放量，可不填
			……	……			
		……	……	……			
	无组织废气	自动生成	自动生成				
			……	……			
		……	……	……			
	全厂合计		自动生成				
			……	……			
冬防等特殊时段							
月份	废气类型	排放口编号/设施编号	污染物种类	许可月排放量/t	实际月排放量/t	是否超标及超标原因	备注
	有组织废气	自动生成	自动生成				如排污许可证未许可特殊时段排放量，可不填
			……	……			
		……	……	……			
	无组织废气	自动生成	自动生成				
			……	……			
		……	……	……			
	全厂合计		自动生成				
			……	……			

表 F.17　废气污染物超标时段小时均值报表

日期	时间	生产设施编号	排放口编号	超标污染物种类	实际排放浓度（折标）/（mg/m^3）	超标原因说明

表 F.18　废水污染物超标时段日均值报表

日期	时间	排放口编号	超标污染物种类	实际排放浓度/（mg/m^3）	超标原因说明

表 F.19　信息公开情况报表

序号	分类	执行情况	是否符合排污许可证要求	备注
1	公开方式		□是　□否	
2	时间节点		□是　□否	
3	公开内容		□是　□否	
……	……	……	……	
注：信息公开情况不符合排污许可证要求的，在“备注”中说明原因。				

附 录 G

（资料性附录）

排污许可证年度执行报告表格形式（简化管理）

表 G.1 污染防治设施正常情况汇总表

序号	污染源	污染防治设施					备注
		名称			数量	单位	
1	废水	污染防治设施 1	污染防治设施编号	废水防治设施运行时间		h	
				污水处理量		t	
				运行费用		万元	
				……			
		……	……	……			
2	废气	脱硫设施 1	污染防治设施编号	脱硫设施运行时间		h	
				脱硫剂用量			
				运行费用		万元	
				……			
		……	……	……			
		脱硝设施 1	污染防治设施编号	脱硝设施运行时间		h	
				脱硝剂用量			
				运行费用		万元	
				……			
		……	……	……			
		除尘设施 1	污染防治设施编号	除尘设施运行时间		h	
				运行费用		万元	
				……			
		……	……	……			
		其他防治设施 1	污染防治设施编号	……			
		……	……	……			

注 1：排污单位应根据行业特征细化列表中内容，如有相关内容则填写，如无相关内容则不填写。

注 2：列表中未能涵盖的信息，排污单位可以文字形式另行说明。

注 3：其他防治设施中包括无组织等防治设施。

注 4：废水污染防治设施运行费用主要为药剂、电等的消耗费用，不包括人工、绿化、设备折旧和财务费用等；废气污染防治设施运行费用主要为脱硫/脱硝剂等物料及水、电等的消耗费用，不包括人工、绿化、设备折旧和财务费用等。

表 G.2 污染防治设施异常情况汇总表

污染防治设施编号	时段		故障设施	故障原因	各排放因子浓度/（mg/m^3）		采取的应对措施
	开始时间	结束时间			（自行填写）	……	
废气防治设施							
……	……	……	……	……	……	……	……
废水防治设施							
……	……	……	……	……	……	……	……

注 1：如废气防治设施异常，排放因子填写二氧化硫、氮氧化物、烟尘等。

注 2：如废水防治设施异常，排放因子填写化学需氧量、氨氮等。

表 G.3　有组织废气污染物排放浓度监测数据统计表

排放口编号	污染物种类	监测设施	有效监测数据（小时值）数量	许可排放浓度限值/（mg/m^3）	浓度监测结果（折标，小时浓度）/（mg/m^3）			超标数据数量	超标率/%	备注
					最小值	最大值	平均值			
自动生成	自动生成	自动生成		自动生成						
	……	……		……						
……	……	……		……						

注 1：若采用手工监测，有效监测数据数量为报告周期内的监测次数。
注 2：若采用自动和手工联合监测，有效监测数据数量为两者有效数据数量的总和。
注 3：超标率是指超标的监测数据个数占总有效监测数据个数的比例。
注 4：监测要求与排污许可证不一致的原因以及污染物浓度超标原因等可在“备注”中进行说明。

表 G.4　有组织废气污染物排放速率监测数据统计表

排放口编号/设施编号	污染物种类	排放速率有效监测数据数量	许可排放速率/（kg/h）	实际排放速率/（kg/h）			超标数据数量	超标率/%	超标原因	备注
				最小值	最大值	平均值				
自动生成	自动生成									如排污许可证未许可排放速率，可不填
	……									
……	……									

注：超标率是指超标的监测数据个数占总有效监测数据个数的比例。

表 G.5　无组织废气污染物排放浓度监测数据统计表

序号	监测点位/设施	生产设施/无组织排放编号	监测时间	污染物种类	许可排放浓度限值/（mg/m^3）	浓度监测结果（折标，小时浓度）/（mg/m^3）	是否超标及超标原因	备注
1	自动生成	自动生成		自动生成	自动生成			如排污许可证无无组织废气监测要求，可不填
		……		……	……			
……	……	……		……	……			

表 G.6　废水污染物排放浓度监测数据统计表

排放口编号	污染物种类	监测设施	有效监测数据（日均值）数量	许可排放浓度限值/（mg/L）	浓度监测结果（日均浓度）/（mg/L）			超标数据数量	超标率/%	备注
					最小值	最大值	平均值			
自动生成	自动生成	自动生成		自动生成						
	……	……		……						
……	……	……		……						

注 1：若采用手工监测，有效监测数据数量为报告周期内的监测次数。
注 2：若采用自动和手工联合监测，有效监测数据数量为两者有效数据数量的总和。
注 3：超标率是指超标的监测数据个数占总有效监测数据个数的比例。
注 4：监测要求与排污许可证不一致的原因以及污染物浓度超标原因等可在“备注”中进行说明。

表 G.7　非正常工况有组织废气污染物监测数据统计表

起止时间	排放口编号	污染物种类	有效监测数据（小时值）数量	许可排放浓度限值/（mg/m^3）	浓度监测结果（折标，小时浓度）/（mg/m^3）			超标数据数量	超标率/%	备注
					最小值	最大值	平均值			
	自动生成	自动生成		自动生成						
		……		……						
	……	……		……						

注 1：若采用手工监测，有效监测数据数量为报告周期内的监测次数。
注 2：若采用自动和手工联合监测，有效监测数据数量为两者有效数据数量的总和。
注 3：超标率是指超标的监测数据个数占总有效监测数据个数的比例。
注 4：监测要求与排污许可证不一致的原因以及污染物浓度超标原因等可在“备注”中进行说明。

表 G.8 非正常工况无组织废气污染物浓度监测数据统计表

起止时间	生产设施/无组织排放编号	监测时间	污染物种类	监测次数	许可排放浓度限值/（mg/m³）	浓度监测结果（折标，小时浓度）/（mg/m³）	是否超标及超标原因	备注
	自动生成		自动生成		自动生成			如排污许可证无无组织废气监测要求，可不填
	……		……		……			
	……		……		……			

表 G.9 特殊时段有组织废气污染物监测数据统计表

记录日期	排放口编号	污染物种类	监测设施	有效监测数据（小时值）数量	许可排放浓度限值/（mg/m³）	监测结果（折标，小时浓度）/（mg/m³）			超标数据数量	超标率/%	备注
						最小值	最大值	平均值			
	自动生成	自动生成	自动生成		自动生成						
		……	……		……						
	……	……	……		……						

注 1：若采用手工监测，有效监测数据数量为报告周期内的监测次数。
注 2：若采用自动和手工联合监测，有效监测数据数量为两者有效数据数量的总和。
注 3：超标率是指超标的监测数据个数占总有效监测数据个数的比例。
注 4：监测要求等与排污许可证不一致的，或超标原因等可在“备注”中进行说明。

表 G.10 台账管理情况表

序号	记录内容	是否完整	说明
	自动生成	□是 □否	
	……	□是 □否	
	……	□是 □否	

表 G.11 废气污染物实际排放量报表（季度报告）

	月份	污染物种类	许可排放量/t	实际排放量/t	是否超标及超标原因	备注
全厂合计		自动生成				如排污许可证未许可排放量，可不填
		……				
		自动生成				
		……				
		自动生成				
		……				
	季度合计	自动生成				
		……				

表 G.12 废水污染物实际排放量报表（季度报告）

	月份	污染物种类	许可排放量/t	实际排放量/t	是否超标及超标原因	备注
全厂合计		自动生成				如排污许可证未许可排放量，可不填
		……				
		自动生成				
		……				
		自动生成				
		……				
	季度合计	自动生成				
		……				

表 G.13　废气污染物实际排放量报表（年度报告）

	季度	污染物种类	许可排放量/t	实际排放量/t	是否超标及超标原因	备注
全厂合计	第一季度	自动生成				如排污许可证未许可排放量，可不填
		……				
	第二季度	自动生成				
		……				
	第三季度	自动生成				
		……				
	第四季度	自动生成				
		……				
	年度合计	自动生成				
		……				

表 G.14　废水污染物实际排放量报表（年度报告）

	季度	污染物种类	许可排放量/t	实际排放量/t	是否超标及超标原因	备注
全厂合计	第一季度	自动生成				如排污许可证未许可排放量，可不填
		……				
	第二季度	自动生成				
		……				
	第三季度	自动生成				
		……				
	第四季度	自动生成				
		……				
	年度合计	自动生成				
		……				

表 G.15　特殊时段废气污染物实际排放量报表

重污染天气应急预警期间等特殊时段						
日期	废气类型	污染物种类	许可日排放量/kg	实际日排放量/kg	是否超标及超标原因	备注
	全厂合计	自动生成				如排污许可证未许可特殊时段排放量，可不填
		……	……			
冬防等特殊时段						
月份	废气类型	污染物种类	许可月排放量/t	实际月排放量/t	是否超标及超标原因	备注
	全厂合计	自动生成				如排污许可证未许可特殊时段排放量，可不填
		……	……			

表 G.16　废气污染物超标时段小时均值报表

日期	时间	生产设施编号	排放口编号	超标污染物种类	实际排放浓度（折标）/（mg/m^3）	超标原因说明

表 G.17　废水污染物超标时段日均值报表

日期	时间	排放口编号	超标污染物种类	实际排放浓度/（mg/m^3）	超标原因说明

排污单位环境管理台账及排污许可证执行报告技术规范　总则（试行）编制说明

1　项目背景

1.1　任务来源

2016年，国务院办公厅印发《控制污染物排放许可制实施方案》（国办发〔2016〕81号），明确了排污许可制度改革的顶层设计、总体思路，环境保护部发布《排污许可证管理暂行规定》和《关于开展火电、造纸行业和京津冀试点城市高架源排污许可证管理工作的通知》，启动了火电、造纸行业排污许可证申请与核发的相关工作。按照总体部署，2017年将完成《大气污染防治行动计划》和《水污染防治行动计划》重点行业和产能过剩行业企业排污许可证核发，2020年全国基本完成《固定污染源排污许可分类管理名录》涉及行业企业排污许可证核发。环境管理台账和执行报告是排污许可证申请、核发、执行、监管过程中的重要内容，目前除火电、造纸、钢铁、水泥等15个行业排污许可证申请与核发技术规范涉及部分内容外，国家和地方尚未出台专门技术文件，该部分内容亟待进行规范统一。

《排污单位环境管理台账及排污许可证执行报告技术规范　总则（试行）》并未列入环境保护部科技标准司《2017年度国家环境保护标准计划项目指南》，但随着排污许可工作的推进，《固定污染源排污许可分类管理名录（2017年版）》中除火电、造纸、钢铁、水泥等15个行业外，其他行业尚未出台行业排污许可证申请与核发技术规范，台账和执行报告要求尚无配套的指导文件；同时，其他行业排污许可证申请与核发技术规范编制过程中，也需要将台账和执行报告相关要求进行统一。2017年初，为规范《固定污染源排污许可分类管理名录（2017年版）》中无行业排污许可证申请与核发技术规范的排污单位环境管理台账记录和执行报告内容，同时为统一其他行业排污许可证申请与核发技术规范编制中环境管理台账及执行报告要求，对排污许可证执行过程中环境管理台账记录、执行报告编制做出原则性要求，保证排污许可技术体系的健全和排污许可证的实施，制定本标准。鉴于上述原因，规划财务司向科技标准司申请绿色通道，将本标准列入国家环境保护标准计划。

该标准由环境保护部环境工程评估中心（以下简称评估中心）承担。

1.2　工作过程

本标准制定工作过程按照《关于发布〈国家环境保护标准制修订工作管理办法〉的公告》（国环规科技〔2017〕1号）相关要求开展。

2016年，课题承担单位（评估中心）组织人员成立了标准编制组。编制组查阅了国内外相关技术资料，编制了课题研究大纲。编制组先后召开了1次专家咨询会，2次中心内部交流讨论会，对标准编制思路、框架和主要内容等进行了反复讨论，基本确定了五部分正文+附件、台账与执行报告分别成章等架构，以及执行报告要满足环境统计、总量控制等环境管理要求为前提，完成了标准初稿。

2017年3月9日，为加快标准编制工作，编制组组织召开了标准初稿专家咨询会，邀请中国环境监测总站等单位参会。与会专家和代表对标准文本提出环境管理台账记录要求需符合企业记录实际，应能够反映企业实际污染物排放情况，执行报告应更具有可操作性，表单内容设计应更合理等建议。

2017年3月21日，规划财务司在北京组织召开标准初稿集中研讨会，邀请水环境管理司、环境保护部环境标准所、中国环境监测总站等部门单位代表，各行业排污许可证申请与核发技术规范编制组成员等参会。与会代表和专家逐条讨论了标准内容，对适用范围、台账记录内容、执行报告表单提出了修改意见与建议。

2017年3月至4月，按照规划财务司要求，编制组起草了火电行业排污许可证执行报告表单，先后邀请了国家和地方大型电力集团、行业专家等，召开了4次专家咨询和研讨会，编制组对火电行业执行报告表单的编制思路和过程进行了介绍，企业集团和行业专家对各表单逐一提出修改完善建议。最终形成了火电行业排污许可证执行报告框架和主要内容，并以试填的形式进行了验证，目前已嵌入国家排污许可信息管理平台。

2017 年 5—8 月，按照最新管理要求进行了多次修改完善，形成标准征求意见稿。

2017 年 8 月 14 日，在北京召开了标准征求意见稿专家审查会，专家组一致认为该标准具备征求意见的条件，通过审查。2017 年 8 月 28 日至 9 月 27 日，向社会公开征求意见。

2017 年 9 月 27 日至 11 月，全面梳理公开征求的意见，并按其修改完善；调整标准适用范围。

2017 年 12 月 15 日，规划财务司在北京主持召开了标准送审稿审查会，经审查委员会各位专家及管理部门代表讨论、质询，通过了标准送审稿的技术审查。

2018 年 1 月 15 日，本标准报批稿通过了部长专题会审议，根据会议精神进行修改形成标准发布稿，标准名称最终确定为《排污单位环境管理台账及排污许可证执行报告技术规范　总则（试行）》。

2 标准制定的必要性分析

2.1 环境形势的变化对标准提出新的要求

当前，我国正处于工业化中后期，污染源量大、面广且仍在高速增长，污染源管理仍是我国环境管理的重心。环境管理“老三项”制度（排污收费、环境影响评价和“三同时”）全部是与污染源管理密切相关的，“新五项”制度中除城市环境综合整治与定量考核外，环境保护目标责任制、排污申报与许可、限期治理、污染集中控制等也都最终作用于污染源，使得我国的生态环境治理体系不断完善、治理能力不断提高。但是，这些制度仍存在不完善、不协调、不系统等问题，与当前我国环境管理面临的新形势、新任务、新要求不适应、不全面、不深化、不到位。全面推进国家生态环境治理体系和治理能力现代化建设将是今后一定时期环境保护的重要任务。

排污许可制度是固定污染源环境管理的有效手段，美国、欧盟等发达国家和地区建立了完善的排污许可制度，并配套了规范的排污许可技术体系。

党中央、国务院高度重视生态环境保护建设，提出改革环境管理基础制度，建立覆盖所有固定污染源的排污许可制度，使其成为企业守法、政府执法、社会监督的依据，实现“一证式”管理，中央全面深化改革领导小组将该项工作确定为环境保护部重点改革任务之一。2016 年，国务院办公厅印发的《控制污染物排放许可制实施方案》明确了排污许可制度改革的顶层设计、总体思路，构建以排污许可制为核心的固定污染源环境管理制度，分行业推进，完成覆盖所有固定污染源的排污许可证核发工作。

《控制污染物排放许可制实施方案》中明确按行业分步实现对固定污染源的全覆盖，率先对火电、造纸行业企业核发排污许可证，2017 年完成《大气污染防治行动计划》和《水污染防治行动计划》重点行业及产能过剩行业企业排污许可证核发，2020 年全国基本完成排污许可证核发。为适应新形势下的排污许可制度改革，规范无行业排污许可证申请与核发技术规范的排污单位许可证执行过程环境管理台账记录及执行报告编制要求，为排污许可管理提供科学、健全、有力的技术保障，亟须制定本标准。

2.2 相关环保标准和环保工作的需要

（1）相关环保标准的需要

《控制污染物排放许可制实施方案》对环境管理台账及执行报告等提出了更高的要求，各行业现行的环境管理制度不能满足排污许可精细化管理需要。环境保护部整体规划了“申请与核发技术规范”“环境管理台账及执行报告技术规范”“排污许可证执法手册”等全过程管理技术体系总体框架，拟于 2018 年完成本标准，并指导行业申请与核发技术规范编制。

（2）相关环保工作的需要

2016 年 12 月，环境保护部发布《排污许可证管理暂行规定》和《关于开展火电、造纸行业和京津冀试点城市高架源排污许可证管理工作的通知》，2018 年 1 月发布了《排污许可管理办法（试行）》，率先启动了火电、造纸行业排污许可证申请与核发的相关工作，并要求 2017 年完成石化、化工、钢铁、有色、水泥、印染、制革、焦化、农副食品加工、农药、电镀等行业企业许可证核发，2020 年全国基本完成排污许可证核发。

目前，除火电、造纸、钢铁、水泥等 15 个行业申请与核发技术规范中规定了台账记录和执行报告编制要求外，国家尚无其他环境管理台账及执行报告技术规范。为规范《固定污染源排污许可分类管理名录》中无行业排污许可证申请与核发技术规范的排污单位环境管理台账记录和执行报告上报内容，统一全国排污许可证申请与核发过程中环境管理台账记录及执行报告上报的要求，作为核发部门核查排污单位自证守法、依证排污的有效证据，制定《排污单位环境管理台账及排污许可证执行报告技术规范　总则（试行）》十分必要。

3　国内外相关标准情况

3.1　主要国家、地区及国际组织相关标准情况的研究

西方发达国家已建立起较为完善的许可证申请及许可证要求的合规管理体系。

以美国为例，从 1972 年开始在全国范围内实行污染物排放许可证制度，并在技术路线和方法上不断得到改进和发展。

法律层面，美国排污许可制度的法律主要包括《清洁水法》（CWA）和《清洁空气法》（CAA），规定了排污许可证的分类、申请核发程序、公众参与、执行与监管、处罚等具体要求。如《清洁空气法》中的 Title Ⅴ主要内容是运营许可证，包括运营许可证定义、计划及申请、要求及条件、信息公开、其他与此相关的授权内容等。联邦行政许可法等规定了许可程序等要求，也是排污许可法律体系的重要组成部分。

联邦规定，《清洁水法》和《清洁空气法》下面是联邦法规（CFR），CFR 第 40 部分环境保护，包括排污许可具体流程，以及排放标准、最佳可行技术等技术层面的规定，是《清洁水法》和《清洁空气法》的具体“实施细则”。

美国未制定各行业排污许可证申请与核发技术规范，以空气固定源运行许可证为例，在 40 CFR Part 70.6 规定了运行许可证所要包含的 7 项基本内容：（1）规范许可证最低要求；（2）联邦执法要求；（3）守法要求；（4）一般性许可证条款；（5）临时污染源条款；（6）许可保护条款；（7）紧急情况条款。

在以上文本内容要求中，排放限值和相应的监测、记录和报告要求最为重要，是固定源必须满足的污染物排放限制性要求。美国固定源排放标准主要基于控制技术制定，包括对日常污染治理情况及上报等环节的要求。以 1970 年《清洁空气法》修正案的出台为界限，污染源可分为“新污染源”和“现有污染源”。对于新污染源，EPA 按照先进的污染控制技术水平制定针对常规污染物的“新污染源绩效标准”（NSPS）和针对有害空气污染物的“国家有害空气污染物排放标准”（NESHAP）。此外，对于防止明显恶化（PSD）地区和非达标区，固定源还需要遵守 BACT/LAER/RACT 技术标准，BACT/LAER/RACT 技术标准是一类基于“个案分析”的标准。美国的空气固定源排放标准体系如表 1 所示：

表 1　美国空气固定源排放标准体系

<table>
<tr><th>地区</th><th>新污染源</th><th>现有污染源</th><th>备注</th></tr>
<tr><td rowspan="2">全国</td><td>基于“最佳示范技术”（BDT 技术）的“新污染源绩效标准”（NSPS）（针对常规污染物）</td><td>针对常规污染物中现有排放源的控制分两种情况进行：一、非指定污染物由州制定实施计划（SIP）；二、指定污染物由 EPA 公布排放指南（EG），各州据此制订实施计划（SIP）</td><td rowspan="2">—</td></tr>
<tr><td colspan="2">基于“最大可达控制技术”（MACT 技术）的“危险空气污染物国家排放标准”（NESHAP）</td></tr>
<tr><td>PSD 地区</td><td>“最佳可得控制技术”（BACT）排放标准</td><td rowspan="2">“合理可行控制技术”（RACT）排放标准</td><td rowspan="2">基于“个案分析”的标准</td></tr>
<tr><td>未达标区</td><td>“最低可得排放率”（LAER）排放标准</td></tr>
</table>

对于达标地区（PSD 地区），新污染源审查制度（New Source Review，NSR）遵循防止明显恶化原则（PSD），要求许可证申请者充分证明从新建设施中排放的污染物不会导致或引起该 PSD 地区空气污染物浓度超过所允许的浓度增量或限值；同时证明新建设施采用了 BACT 排放标准，污染物的排放量为该技术条件下的最小排放量。对于非达标地区，新污染源需要申请未达标区新污染源审查许可证

（Nonattainment NSR Permits）。要求新污染源运行时，该区现有的、新建的和改建的污染源所排放的污染物总量低于州实施计划（SIP）中所允许的现有污染源污染物排放总量，要求新污染源必须采用最严格的 LAER 排放标准。对于 PSD 地区和未达标区的现有固定源，考虑到技术更新的成本问题，则统一采用合理可行控制技术（RACT）排放标准。

此外，排污许可证内容还应包括许可排污单位主要排污设备清单、污染治理设施清单、对应的排污口设置及标识要求等。

美国联邦法规 40 CFR Part 70.6 各部分内容的具体要求如表 2 所示。

表 2　40 CFR Part 70.6 运行许可证文本要求

序号	许可证文本基本要求	具体条款	
（1）	规范许可证最低要求	排放限值和标准	包括浓度限值要求；包含产排污设施运行要求，并详细界定不同标准对应的运行条件
		许可证有效期，通常为 5 年	
		监测、记录和报告	监测方法，监测设备及其安装、使用和维护，测试方法； 记录取样时间、地点、当时设施运行状况，分析监测数据的时间、公司、方法、结果，所有信息保留至少 5 年备查； 持证人需每 6 个月向管理部门提交监测记录报告，出现异常情况需及时报告
		《清洁空气法》酸雨控制政策相关要求	任何许可证不得增加受控酸雨固定源的排放量； 任何许可证不得限制受控酸雨固定源的配额数量，同时，受控酸雨固定源亦不可用配额数量作为不达标的理由； 受控酸雨固定源的所有配额使用情况都要遵守酸雨控制政策的要求
		许可证条款合法证明，要求许可证规定的所有条款均符合《清洁空气法》的要求	
		许可证守法/违法处理条款	持证人必须遵守本法规所有要求，对于任何违反许可条款的行为，管理部门都将申请强制执行判决的诉讼； 许可证可按照相关要求进行修改、条款废除、重启、再审批或终止； 许可证不可包含任何特权条款； 当许可授权发放机构要求执证人提交书面的许可证修改、条款废除、重启、再审批或终止的合法解释时，执证人需及时提交报告
		许可证费条款，许可证费缴纳时间表	
		排污量交易	如经济刺激、可交易许可证计划、排污量交易等计划下许可证修改规定
		设计运行方案	许可证申请时，污染源合理的设计运行方案解释
（2）	联邦执法要求	联邦环保署署长与公民可依据《清洁空气法》执行许可证所有条款	
		许可授权发放机构需专门说明不由联邦实施的条款	
（3）	守法要求	测试、监测、记录、报告要求	严格遵守本法规关于“监测、记录和报告”中的规定
		连续达标时间表	执证人至少每半年须向管理部门提交达标进展报告，报告需包含达标时间、未达标时间的情况说明等
		达标证明要求	达标证明提交频率（不少于每年提交一次），监测方案说明，许可证各项操作要求条款下达标情况说明，其他污染源运行事实说明
（4）	一般性许可证条款	一般性许可证发放条件	公示及公众听证会； 满足《清洁空气法》及本法规所有要求
（5）	临时污染源条款	临时污染源许可证发放条件	排污行为应为暂时性的
		临时许可证内容	确保临时污染源达标排放的条件； 所有者或运营者在污染源地点发生变化时需要提前至少 10 天告知许可授权发放机构
（6）	许可保护条款	许可保护条款适用情况	许可证保护条款的具体适用情形； 许可授权发放机构签署条款以外的其他情形
（7）	紧急情况条款	紧急情况定义	任何突发的、合理不可预知的、超出污染源控制能力的情况
		紧急情况发生可作辩护依据	

此外，美国各州制定了许可证申请表格，规定了较为详细的申请及许可证要求等内容，以南加州空气质量管理局（SCAQMD）网站公布的表格为例，固定源需要填报的信息表包括管理信息表、基本信息表、特定污染防治设施补充申请信息表、污染物削减信用信息表、RECLAIM 计划信息表、《清洁空气法》第Ⅴ部分申请和报告信息表。管理信息表填报内容包括固定源名称变更、地址变更、运营者变更、许可

证撤销、许可证重置等；基本信息表填报内容包括操作者信息、位置信息（周围学校信息，周围人口密度信息、周边建筑物信息、与居民区和商业区距离等信息）、厂区平面图和排放口信息（排放口位置、烟囱高度等）；特定污染防治设施补充申请信息表包括除尘、脱硫、脱硝等污染防治设施编号、数量、参数等信息；污染物削减信用信息、RECLAIM 计划信息表包括各类排污权交易计划下的信用额度、交易信息、交易价格；《清洁空气法》第Ⅴ部分申请和报告信息表包括清洁空气法第Ⅴ部分框架下的各计划要求的记录、报告、豁免信息等表格。

3.2 国内相关标准情况的研究

国内尚未以标准形式正式发布任何与环境管理台账及排污许可证执行报告相关的技术规范，只是在《关于开展火电、造纸行业和京津冀试点城市高架源排污许可证管理工作的通知》中附带的《火电行业排污许可证申请与核发技术规范》《造纸行业排污许可证申请与核发技术规范》中有环境管理台账及执行报告内容，明确火电、造纸行业环境管理台账记录与执行报告编制要求。

本标准具体框架内容参考排污许可证申请过程相应环节，并结合排污许可证执行、监管的需求制定。本标准按照国家排污许可制度顶层设计总体要求，参照《火电行业排污许可证申请与核发技术规范》《造纸行业排污许可证申请与核发技术规范》中环境管理台账记录及执行报告上报要求，综合各行业产排污特点、排放标准、台账记录、环境管理、监测等建立了技术规范框架和内容，并开展相关专题研究，细化、完善形成《排污单位环境管理台账及排污许可证执行报告技术规范　总则（试行）》。

4 标准制定的基本原则和技术路线

4.1 标准制定的原则

（1）与我国现行有关的环境法律法规、标准协调配套，与环境保护方针政策一致的原则。以《控制污染物排放许可制实施方案》《排污许可证管理暂行规定》《排污许可管理办法（试行）》等相关政策、标准规范为依据制定本标准。

（2）适用范围和工作原则满足相关环保标准和环保工作要求的原则。本标准适用于排污许可证的申请、核发、执行、监管全过程，无行业技术规范的企业，按照本标准执行，制订行业或通用工序排污许可证申请与核发技术规范“环境管理台账与排污许可证执行报告编制要求”可参考本标准。力求为行业排污许可证申请与核发技术规范编制及排污许可证执行提供技术依据。

（3）普遍适用性和实际可操作性原则。调查各行业排污单位实际情况，总结归纳其共性特点，最终提出本标准技术要点，以保证提出符合全行业的台账记录内容的基本要求和执行报告编制的基本框架，使本标准具有全面性和可操作性。

4.2 标准制定的技术路线

本标准技术路线图如图 1。

5 标准主要技术内容

5.1 标准框架

本技术规范分为以下 5 项内容。

1 适用范围

2 规范性引用文件

3 术语和定义

4 环境管理台账记录要求

5 排污许可证执行报告编制要求

5.2 适用范围

本标准对排污许可证环境管理台账记录的目的、形式、内容、频次和保存以及排污许可证执行报告的分类、编制流程及原则、编制内容、上报频次等提出了原则性要求。

在排污许可证申请阶段，本标准适用于指导排污单位填报《排污许可证申请表》中的“环境管理台账信息表”。在排污许可证核发阶段，本标准适用于指导核发部门审核《排污许可证申请表》中的“环境管理台账信息表”，填写执行（守法）报告信息表。在排污许可证执行阶段，本标准适用于指导排污单位记录环境管理台账，以及编制和上报执行报告。在排污许可证监管阶段，本标准适用于指导监管部门审核排污单位的环境管理台账和执行报告的完整性和全面性。

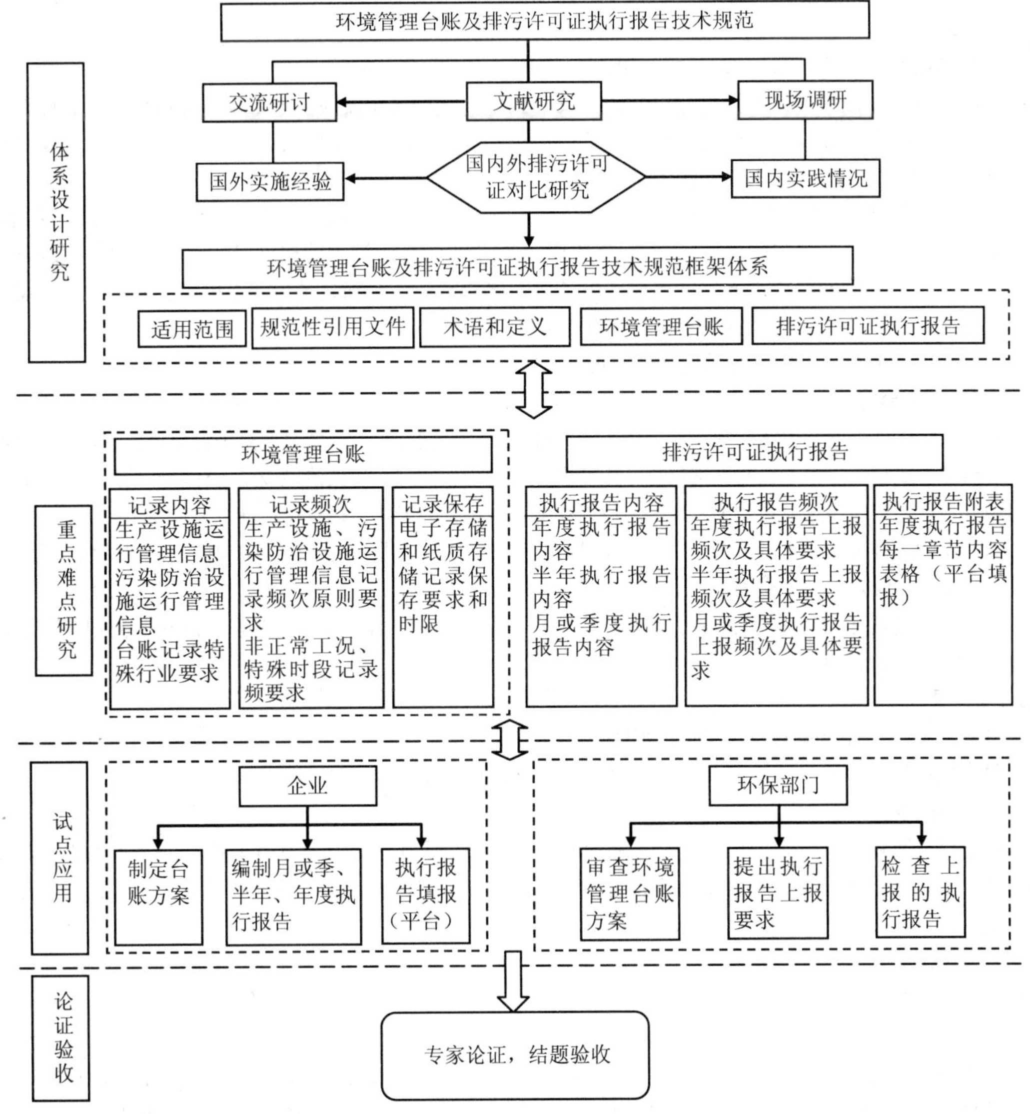

图 1　本标准技术路线图

考虑到与《固定污染源排污许可分类管理名录（2017 年版）》的匹配关系，本标准适用于《固定污染源排污许可分类管理名录（2017 年版）》中无行业排污许可证技术规范的排污单位，主要包括以下 4 类：

1. 部分未列入标准制定计划行业（如卫生材料及医药用品制造工业和汽车、摩托车修理业等）；
2. 行业技术规范中未做出规定行业（水泥工业中的石灰制造行业和玻璃工业中除平板玻璃以外的其他行业等）；
3. 符合《名录》第六条规定的其他行业；
4. 尚未编制技术规范的行业。

同时，行业排污许可证申请与核发技术规范中“环境管理台账与排污许可证执行报告编制要求”可参考本标准制定。

5.3 规范性引用文件

给出了本标准引用的有关文件名称及文号，凡是未注明日期的引用文件，其最新版本适用于本标准。

5.4 术语和定义

本标准就环境管理台账、执行报告、电子化存储、报告周期等 4 个术语进行了定义。

环境管理台账是结合排污许可证申请、核发、执行、监管工作需要，规定排污许可体系中台账管理应记录的内容，包括企业基本情况、生产设施、污染治理设施运行情况、监测情况等，并确定环境管理台账是排污单位自证守法的主要原始依据。

执行报告是结合排污许可证核发、执行、监管工作需要，规定了执行报告上报内容，包括生产信息、污染防治设施运行情况、按证排污情况等，并确定执行报告是排污许可管理过程中自证守法的主要载体。

为明确电子存储的路径，本标准增加了电子化存储的定义，明确记录内容以电子表格或文字数据的形式记录在硬盘、光盘等电子存储设备内的存储方式。

执行报告周期至少每年、每季度（或月度）上报一次。

5.5 环境管理台账记录要求

根据《排污许可证管理暂行规定》《排污许可管理办法（试行）》，结合信息平台填报内容，本标准给出环境管理台账记录内容，包括基本信息、生产设施运行管理信息、污染治理设施运行管理信息、监测记录信息及其他环境管理信息记录要求。排污单位以环境管理台账的形式，记录排污许可证中要求的台账记录内容，有利于规范排污单位环境管理，真实反映排污单位日常生产运营状况及污染治理情况，记录数据作为排污单位环境管理依据，留存备查。

简化管理排污单位可仅记录与污染物排放直接相关的污染防治设施运行管理信息和监测记录信息，记录频次可视情况降低。

5.5.1 记录原则

（1）排污单位对台账记录内容的真实性和有效负责。

（2）台账记录内容全面，重点反映企业生产运行情况及污染物治理情况。

5.5.2 记录形式

根据现行企业记录形式，环境管理台账存储形式分为电子化存储和纸质存储两种。为贯彻本次制度改革的要求，不增加企业负担，未对优先记录的形式进行规定，也未规定具体的格式，只需包含本标准规定记录内容留存备查即可。

5.5.3 记录内容

5.5.3.1 基本信息

本节所列基本信息为企业固定不变的信息，包括排污单位基本信息、生产设施基本信息、污染治理设施基本信息，排污单位基本信息如不发生变化仅在每个年度记录内容中体现一次即可。生产设施和污染治理设施基本信息如不发生变化无须更改，在记录过程中根据记录频次体现相应内容即可。

5.5.3.2 生产设施运行管理信息

分为正常工况和非正常工况记录：

运行状态：生产是否正常运行直接影响污染物排放情况。

生产负荷：是否满负荷生产可作为污染物排放正常与否的参考内容，没有满负荷生产一般情况下污染物排放应相对许可排放量减少。

产品产量：各环节产品产量是通过物料衡算企业实际排放量的依据。

原辅料：原辅料使用情况变化可体现企业生产实际情况，也是通过物料衡算企业实际排放量的依据。

燃料：燃料记录内容可核算其燃烧后污染物排放情况。

非正常工况记录起止时间、产品产量、原辅料及燃料消耗量、事件原因、应对措施、是否报告等信息。

5.5.3.3 污染治理设施运行管理信息

分为正常情况和异常情况记录：

运行状态：反映污染治理设施运行状况，判断是否正常运行，能否达到要求的污染物处理能力。

主要药剂添加情况：药剂添加情况可反映实际的药剂消耗量，通过药剂消耗量判断治理效果。也可通过药剂消耗采用物料衡算法核算污染物排放量。

涉及 DCS 系统的，还要记录 DCS 曲线图，图中曲线按污染物分别记录。

异常情况记录起止时间、污染物排放浓度、异常原因、应对措施、是否报告等信息。

5.5.3.4 监测记录信息

按照《排污单位自行监测技术指南 总则》及行业自行监测指南中对手工监测记录、自动监测运维记录内容要求进行台账记录。本标准涉及与《排污单位自行监测技术指南 总则》相同的记录内容可不重复记录。

5.5.3.5 其他环境管理信息

包括无组织环境管理信息、特殊时段环境管理信息等，如涉及本标准中规定的记录内容按照本标准记录，行业排污许可证申请与核发技术规范增加的记录内容按照其要求记录，管理部门规定记录的内容增补记录。

5.5.4 记录频次

通过对 10 余家包括火电厂、水泥企业、钢铁企业台账记录频次的调查，各环节生产台账多为按班次记录，少数按天或按批次等记录，为结合排污许可管理要求，根据记录内容不同并考虑企业实际情况，本标准给出记录频次的原则性要求，生产情况和污染物排放情况按日或批次记录，非正常工况按工况期记录；对于周期性生产的企业，按照生产周期记录，对于连续排放和间歇排放的按照每个产排污阶段记录。原辅料、燃料以污染治理药剂添加情况按日或批次记录。监测记录信息按照《排污单位自行监测技术指南 总则》中规定的记录频次要求记录。对无组织废气治理情况按照每天记录，特殊时段与正常生产记录频次保持一致，停产的可只记录起止日情况。

5.5.5 记录保存

本标准参照台湾制定的《档案保存技术规范》以及地方环境保护管理部门相关数据上传要求，并结合排污税法中原始凭证保存期限要求，确定本标准记录保存要求和时限。

5.6 排污许可证执行报告编制要求

根据《排污许可证管理暂行规定》《排污许可管理办法（试行）》的规定，结合信息平台填报内容，本标准给出了排污许可证执行报告分类、编制流程及原则、编制内容和上报频次，其中执行报告分类、编制内容及上报频次与《火电行业排污许可证申请与核发技术规范》《造纸行业排污许可证申请与核发技术规范》中的执行报告编制规范章节对照，给出了具体的要求。

5.6.1 执行报告分类

排污许可证执行报告按照报告周期进行分类，分别为年度执行报告、季度执行报告和月度执行报告等。

5.6.2 编制流程及原则

本标准根据资料收集与分析、编制报告、质量控制、提交四个阶段给出了执行报告的编制流程。根据排污单位自证守法的原则，要求排污单位相关负责人知晓执行报告上报内容，并对报告内容的真实性和有效性负责。因此本标准要求排污单位技术负责人对报告内容进行质量审核，同时要求经法定代表人或实际负责人同意后方可上报。

为方便排污单位填报执行报告，本次在全国排污许可证管理信息平台上设计了相关表格，要求在信息平台上填报并提交，同步提交经法定代表人或实际负责人签字并加盖公章的纸质版执行报告。

5.6.3 编制内容

排污单位应对提交的排污许可证执行报告中各项内容和数据的真实性、有效性负责，并自愿承担相应法律责任。本次要求排污单位应做出书面承诺，承诺自觉接受环境保护主管部门监管和社会公众监督，如提交的内容和数据与实际情况不符，将积极配合调查，并依法接受处罚。承诺书应作为纸质版执行报告的内容一并上报。

为满足分类管理的需要，本标准分别规定了重点管理和简化管理排污单位执行报告内容。

5.6.3.1 排污单位基本情况

排污单位基本信息：为排污单位固定不变的信息，包括名称、所属行业、排污许可证编号、投产时间、现有排污许可证申领时间、有效期等内容。排污单位基本信息如不发生变化在排污许可证执行情况汇总表中选择“无变化”即可；若发生变化，应在汇总表“备注”中说明变化的原因。

排污单位生产工艺、产排污节点、污染治理设施状况、自行监测要求：为与排污单位污染物产生、治理、排放密切相关的内容，对其进行梳理和说明可知晓排污单位的整体运行维护状况。上述信息如不发生变化在排污许可证执行情况汇总表中选择“无变化”即可；若发生变化，应在汇总表“备注”中说明变化的原因。

生产规模、产品、产量、生产设施、生产状况、原辅料及燃料使用情况、取水情况、回用水情况、排水情况、污染治理投资情况等，可用于对报告周期内污染物排放数据的验证，体现排污许可证的执行情况。原辅料及燃料名称、生产设施名称、相关运行参数名称等自动从排污许可证中带入，如相关内容与排污许可证内容不一致，应说明变化的原因。

排污口规范化设置的相关要求：根据排放口基础资料档案和监督检查档案情况等，可查验排污单位的废气、废水排放口是否进行规范化设置。

新（改、扩）建设项目：说明环境影响评价及批复，环境保护设施查验、监测、运行等情况，可与排污许可证变更情况进行对照查验，若涉及新（改、扩）建设项目，排污单位应变更排污许可证。

需要说明的其他情况：对报告周期内排污许可证的变更情况、执行过程中存在的困难、问题及局限性进行说明，是对排污许可证中未涉及内容的补充说明。

5.6.3.2 污染防治设施运行情况

分正常情况和异常情况分别进行说明。

污染治理设施运行参数、处理效率、原辅材料消耗、副产品及固废产生、运行费用等，均可反映污染治理设施是否运行正常；洒水抑尘频次等反映无组织废气污染治理设施的管理要求执行情况。污染治理设施的运行情况、维护情况均可用于查验排污单位在报告周期内污染物排放数据的正确性和合理性。

污染防治设施异常情况：对于排污单位拆除、闲置停运污染防治设施，说明原因、递交书面报告、收到回复及实施拆除、闲置停运的起止日期及相关情况；对于因故障等紧急情况停运污染防治设施，或污染防治设施运行异常的，说明故障原因、废水废气等污染物排放情况、报告递交情况及采取的应急措施。污染防治设施异常情况的报告信息，可用于查验污染物排放数据的正确性及污染防治设施的治理效率。

5.6.3.3 自行监测执行情况

分正常工况、非正常工况及特殊时段分别进行记录。

正常工况下有组织废气污染物监测数据记录内容包括排放口编号、污染物、监测设施、有效监测数据（小时值）数量、许可排放浓度限值、浓度监测数据（按折标数据记录）的范围、超标数据数量、超标率等。其中排放口编号、污染物、监测设施、许可排放浓度限值均从排污许可证中自动带入。有效监测数据（小时值）数量反映报告周期内所有有效监测数据的数量，浓度监测结果反映了污染物排放浓度的范围和平均值，超标数据数量、超标率反映了污染物排放是否超标及超标比例。

正常工况下无组织废气污染物监测数据记录内容包括监测点位或生产设施、生产设施/无组织排放编号、监测时间、污染物、监测次数、许可排放浓度限值、浓度监测数据（按折标数据记录）、是否超标等。其中监测点位或生产设施、生产设施/无组织排放编号、污染物、许可排放浓度限值内容均从排污许可证中自动带入。考虑到无组织监测的频次较低，本次要求记录每次的监测时间、监测次数、浓度监测数据等。

正常工况下废水污染物监测数据记录内容与有组织废气污染物监测数据记录内容基本一致，但浓度监测数据为日均值。

非正常工况下有组织废气污染物监测数据记录内容包括起止时间、排放口编号、污染物、有效监测数据（小时值）数量、许可排放浓度限值、浓度监测数据（按折标数据记录）的范围、超标数据数量、超标率等。其中起止时间反映了每次非正常工况的开始和终止时间，其他记录内容也为该起止时间段内的记录内容。

非正常工况下无组织废气污染物监测数据记录内容与正常工况下无组织废气污染物监测数据记录内

容基本一致，但需补充记录每次非正常工况的开始和终止时间，其他记录内容也为该起止时间段内的记录内容。

非正常工况下的废水可暂存在调节池或事故池内，待恢复正常后再进行处理，故无须对非正常工况下的废水污染物进行监测。

特殊时段的污染物监测主要针对有组织废气，其记录内容与正常工况下有组织废气污染物监测数据记录内容基本一致，但应明确每次的记录日期，其他记录内容为该记录日期内的记录内容。

5.6.3.4　环境管理台账执行情况

排污单位环境管理台账记录内容包括基本信息、生产设施运行管理信息、污染治理措施运行管理信息、监测记录信息、其他环境管理信息等方面。根据排污许可证管理要求，重点说明排污单位环境管理台账执行情况与排污许可证要求的相符性，如不相符，应在填报表格备注中说明原因。

5.6.3.5　实际排放情况及合规判定分析

分一般时段和特殊时段分别进行记录和合规判定。

一般时段的废气、废水污染物实际排放情况应按季度分别填报有组织废气主要排放口，一般排放口、无组织排放（如有）、火炬源等其他排放情形（如有）合计许可排放量、实际排放量、是否超标及超标原因；其中排放口编号可自动生成，第一、二、三季度实际排放量可从季报中自动获取，排污单位仅需填报第四季度实际排放量，系统即可自动计算全年排放量。

特殊时段废气污染物实际排放情况应按重污染天气应急预警期间和冬季污染防控期间分别报告，报告内容包括日期、废气类型、排放口编号/设施编号、污染物、许可日排放量、实际日排放量、许可月排放量、实际月排放量等。对于排污许可证中有日排放量限值要求的，填写许可日排放量和实际日排放量，有月排放量限值要求的，填写许可月排放量和实际月排放量。

对于排放浓度或排放量超标的，记录具体日期、时间、机组编号、超标污染物种类、实际排放浓度、超标原因等，是对排放浓度或者排放量超标情况的汇总统计。

对于点火开炉、启（停）机、大修检修等非正常工况，应汇总报告周期内非正常工况发生的原因、次数、起止时间及防治措施等，并分别说明各污染物的排放浓度，并分析达标情况。可进行达标判定豁免的，也应进行相应的说明。

记录报告周期内实际排放量与生产负荷之间的关系，可通过推算反映满负荷情况下的实际排放量情况。

5.6.3.6　信息公开情况

信息公开情况主要包括信息公开方式、信息公开的时间节点及信息公开的内容三大部分，重点说明信息公开情况与排污许可证要求的相符性，不相符的应在填报表格备注中说明具体原因。

5.6.3.7　排污单位环境管理体系建设与运行情况

排污单位环境管理体系建设情况：包括环境管理机构设置情况、专职人员配置情况、环境管理制度建立情况、排污单位环境保护规划、相关规章制度、整改计划等，其中整改计划既包括排污单位为提高环境管理水平进行的整改，也包括上一报告周期内提出的整改计划的落实情况，反映排污单位的整体环境管理水平。

5.6.3.8　其他排污许可证规定的内容执行情况

排污许可证中已要求的，除上述内容以外的其他内容的执行情况，以文字进行说明。

5.6.3.9　其他需要说明的问题

对于报告周期内未按照排污许可证执行的内容，文字说明相应的整改计划。

5.6.3.10　结论

文字总结排污单位在报告周期内排污许可证的执行情况，说明排污许可证执行过程中存在的问题，以及下一步需进行整改的内容。

5.6.3.11　附图附件

附图包括自行监测布点图等，自行监测布点图反映自行监测布点的规范性。

附件包括实际排放量计算过程、相关特殊情况的证明材料，以及支持排污许可证执行报告的其他相关材料。实际排放量计算过程反映实际排放量计算的正确性；特殊情况的证明材料如开停机证明等，可反映污染物达标判定豁免情况。

5.6.3.12 月度/季度执行报告编制内容

排污单位每月或每季度应当提交排污许可证月度执行报告或季度执行报告，月度/季度执行报告的内容均以表格形式呈现，主要上报内容应至少包括污染物实际排放浓度和排放量，合规判定分析，超标排放或污染防治设施异常情况说明等内容。其中，季度执行报告还应包括各月度生产小时数、主要产品及其产量、主要原料及其消耗量、新水用量及废水排放量、主要污染物排放量等信息。其中，季度污染物排放量按照月份填报，系统可自动计算并生成当季污染物排放总量。

5.6.4 提交频次

执行报告提交时间应严格按照排污许可证规定执行。

年度执行报告上报频次：排污单位每年均应向环境保护主管部门上报一次年度执行报告。对于持证时间不足 3 个月的，可以免报当年的年度执行报告，排污许可证执行情况在下一年的年度执行报告中进行说明。

月度/季度执行报告上报频次：排污单位应自每年一月起，每一个月上报一次月度执行报告，或每三个月上报一次季度执行报告。对于持证时间不足十日的月份，该报告周期内可免报月度执行报告，排污许可证执行情况纳入下一月度执行报告。对于持证时间不足 1 个月的，该报告周期内可免报季度执行报告，排污许可证执行情况纳入下一季度执行报告。

6 国内外相关标准、技术法规对比和分析

美国制定了《清洁水法》和《清洁空气法》，分别适用于水污染物和大气污染物排污许可制度的实施，联邦法规中对程序做出了规定。我国颁布了《控制污染物排放许可制实施方案》，分行业稳步推进排污许可制，突破了国外全行业推行的制度体系，更符合中国国情。联邦法规中规定了监测记录、上报要求，本标准规定了从生产到治理全过程记录及上报要求，更具体，更全面，体现了排污许可制度精细化管理的要求。

本次集成了各行业特征，借鉴国外排污许可体系建设先进经验，参照国外相关法规、标准体系并结合我国现行规范、标准，融合国内环境管理相关制度要求，制定本标准。

目前国内外尚未出台过与对环境管理台账记录及执行报告编制相关的规范、标准，本标准与发布的《火电行业排污许可证申请与核发技术规范》《造纸行业排污许可证申请与核发技术规范》中相应部分保持一致，并细化了相应记录内容和执行报告上报内容，提出了适用于全行业台账记录的基本要求，并增加了台账记录形式和频次、记录保存要求以及执行报告频次、编制内容等要求。

7 标准实施措施及建议

1. 加快推动排污许可管理信息平台建设

建议按照本标准内容尽快建设排污许可管理信息平台执行报告模块，满足各行业执行报告上报要求，便于企业和环境保护部门应用，促进本标准的落地。

2. 加大对企业和环境保护部门的宣传培训力度

国家排污许可制度对各行业提出了精细化管理要求，本标准涉及的环境管理内容多，技术要求高，应加大对企业和环境保护部门的培训，帮助理解技术规范的要求，指导企业环境管理台账的记录及执行报告的编制、上报。

3. 开展标准实施效果评估

建议结合行业排污许可证申请与核发技术规范中台账记录及执行报告的编制情况和排污许可证执行、监管工作开展情况，适时开展本标准实施效果评估，必要时开展本标准的修订工作。

火电行业排污许可证申请与核发技术规范

——引自《关于开展火电、造纸行业和京津冀试点城市高架源排污许可证管理工作的通知》（环水体〔2016〕189 号）附件 1

一、适用范围及排污单位基本情况

（一）适用范围

本技术规范适用于指导火电行业及自备电厂所在的排污单位填报《排污许可证申请表》及网上填报相关申请信息，同时适用于指导核发机关审核确定排污许可证许可要求。

火电行业排污许可证发放范围为执行《火电厂大气污染物排放标准》（GB 13223）的火电机组所在企业，以及有自备电厂的企业，其中自备电厂所在企业仅包括执行 GB 13223 标准的设施（蒸汽仅用于供热且不发电的锅炉除外）。

火电企业排放的大气污染物、水污染物均应实施排污许可管理。

排污许可分类管理名录出台后，火电行业排污许可证发放范围从其规定。

（二）排污单位基本情况填报要求

排污单位基本情况包括：排污单位基本信息，主要产品及产能，主要原辅材料及燃料信息，产排污节点、污染物及污染治理设施，以及生产工艺流程图和厂区总平面布置图。其中主要产品及产能、主要原辅材料及燃料在排污许可证管理信息平台申报系统的下拉菜单中选择，菜单中未包括的，可自行增加内容。

企业基本信息应当按照企业实际情况填报，确保真实、有效。生产设施及排放口信息要满足本技术规范的要求。本技术规范尚未作出规定，且排放工业废气和有毒有害大气污染物，应当执行国家和地方排放标准的，要参照相关技术规范自行填报。企业针对申请的排污许可要求，评估污染排放及环境管理现状，对存在需要改正的，可在排污许可证管理信息平台申请系统中提出改正措施。

有核发权的地方环境保护主管部门补充制订的相关技术规范有要求的，以及企业认为需要填报的，应补充填报。

1. 排污单位基本信息

火电企业需填报的排污单位基本信息包括：单位名称、法人、生产经营场所经纬度、所在地是否属于大气污染重点控制区域、是否投产、技术负责人、环境影响评价及验收批复文件文号、地方政府对违规项目的认定或备案文件、总量分配文件文号等。对于同一法人拥有多个生产经营场所的情形，应分别申报。

按照《国务院办公厅关于加强环境监管执法的通知》（国办发〔2014〕56 号）要求，各地全面清理违法违规项目，经地方政府依法处理、整顿规范并符合要求的项目，纳入排污许可管理范围。对于不具备环评批复文件或地方政府对违规项目的认定或备案文件的火电企业，原则上不得申报排污许可证。

2. 主要产品及产能

火电企业应填写主要生产单元、主要工艺、生产设施、生产设施编号、设施参数、产品、生产能力、设计生产时间及其他。

在填报“主要产品及产能”时，需选择行业类别，执行《火电厂大气污染物排放标准》（GB 13223）的生产设施需选择火电行业。

（1）主要生产单元：为必填项，分为机组名称、公用单元等；其中，对于所有机组公用的储煤、磨煤、碎煤等设施，在公用单元中填报；对于其他设施，在机组中填报。

（2）主要工艺：为必填项，分为装卸系统、储存系统、运输系统、备料系统、锅炉及发电系统、燃气轮机系统、循环冷却系统、辅助系统等。

（3）生产设施：分为必填项和选填项，其中必填项为装卸系统，包括卸煤码头、翻车机房、火车受料槽、汽车受料槽、临时堆场；储存系统，包括条形煤场、圆形煤场、筒仓、煤粉仓、油罐、气罐；运输系统，包括输送皮带、皮带机头部、输油管线、输气管线、转运站、燃料制样间；备料系统包括碎煤机、磨煤机；锅炉及发电系统，包括一次风机、送风机、二次风机、循环流化床锅炉、煤粉锅炉、燃油锅炉、燃气锅炉、凝汽式汽轮机、抽凝式汽轮机、背压式汽轮机、抽背式汽轮机、发电机；燃气轮机系统，包括燃气轮机、发电机、余热锅炉；循环冷却系统，包括直流冷却、直接空冷塔、间接空冷塔、机械通风冷却塔；辅助系统，包括灰库、渣仓、渣场、灰渣场、石膏库房、脱硫副产物库房、氨水罐、液氨罐、石灰石粉仓等。选填项为装卸系统的门机、抓斗卸煤机，运输系统的入厂采样间、入炉采样间、原煤仓，锅炉及发电系统的省煤器、空气预热器等。

本技术规范尚未作出规定，且排放工业废气和有毒有害大气污染物，有明确国家和地方排放标准的，相应生产设施为必填项。

（4）排污许可证申请表中的生产设施编号：为必填项。企业填报内部生产设施编号，若企业无内部生产设施编号，则根据《固定污染源（水、大气）编码规则（试行）》进行编号并填报。

（5）设施参数分为参数名称、设计值、计量单位等，包括储量、风量、蒸发量、蒸汽压力、蒸汽温度、锅炉效率、供热量、额定功率、采暖抽汽量、采暖抽汽参数、工业抽汽量、工业抽汽参数、背压排汽参数、输出功率、燃气温度、压缩比、容积等。

（6）产品名称：为必填项，分为蒸汽、电等。

（7）生产能力及计量单位：为必填项，生产能力为主要产品设计产能，并标明计量单位。产能与经过环评批复的产能不相符的，应说明原因。

（8）设计年生产时间：为必填项。

（9）其他：为选填项，企业如有需要说明的内容，可填写。

3. 主要原辅材料及燃料

火电企业应填写原料、辅料及燃料名称、年最大使用量等。

（1）种类：为必填项，分为原料、辅料。

（2）原料名称：除燃料外，如无其他原料，可不填。

（3）辅料名称：包括盐酸、烧碱、石灰石、石灰、电石渣、液氨、尿素、氨水、氧化镁、氢氧化镁、混凝剂、助凝剂等。

（4）燃料名称：为必填项，分为常规燃煤、原油、重油、柴油、燃料油、页岩油、天然气、液化石油气、煤层气、页岩气等。

（5）年最大使用量：为必填项。已投运排污单位的年最大使用量按近五年实际使用量的最大值填写，未投运排污单位的年最大使用量按设计使用量填写。

（6）硫元素占比：为必填项。

（7）有毒有害成分及占比及其他：为选填项。

4. 排污节点、污染物及污染治理设施

该部分包括废气和废水两部分。废气部分火电企业应填写生产设施对应的产污节点、污染物种类、排放形式（有组织、无组织）、污染治理设施、是否为可行技术、排放口编号及类型。废水部分火电企业应填写废水类别、污染物种类、排放去向、污染治理设施、是否为可行技术、排放口编号、排放口设置是否规范及排放口类型。

（1）废气产污环节：分为锅炉烟气、输煤转运站、石灰石筒仓、灰库、储煤设施等。

（2）污染物种类：为标准中各项污染因子，如废气中的烟尘、二氧化硫、氮氧化物等和废水中的COD、氨氮等。

（3）排污许可证申请表中的污染治理设施编号：可填写企业内部污染治理设施编号，若企业无内部编号，则根据《固定污染源（水、大气）编码规则（试行）》进行编号并填报。

（4）治理设施名称：废气分为脱硫系统（单塔单循环、单塔双循环、双塔双循环等）、脱硝系统、脱汞措施、除尘器等。

（5）污染治理工艺中废气分为脱硫系统（石灰石-石膏湿法、石灰-石膏湿法、电石渣法、氨-肥法、氨-亚硫酸铵法等）、脱硝系统（高效低氮燃烧器、空气分级燃烧技术、燃料分级燃烧技术、SCR、SNCR等）、脱汞措施（卤素除汞、烟道喷入活性炭吸附剂等）、除尘器（麻石水膜、水吸收、旋风除尘、静电除尘、袋式除尘器、电袋复合除尘器、湿式电除尘等）；废水分为工业废水处理系统、生活污水处理系统、脱硫废水处理系统、含油废水处理系统、含煤废水处理系统、高盐水处理系统等。

（6）废水类别包括原水预处理废水、锅炉补给水处理废水、油罐区废水、输煤系统废水、脱硫废水、脱硝废水、除尘废水、循环冷却系统排水、直流冷却水排水、锅炉酸洗废水等。

（7）废水排放去向包括不外排、排至厂内综合污水处理站、直接进入海域等。

（8）废水排放规律包括连续排放，流量稳定；连续排放，流量不稳定，但有周期性规律等。

（9）可行技术：具体内容见“三、可行技术”；对于采用不属于可行技术范围的污染治理技术，应填写提供的相关证明材料。

（10）排污许可证申请表中的排放口编号：填写地方环境管理部门现有编号或由企业根据《固定污染源（水、大气）编码规则（试行）》进行编号并填写。

（11）排放口设置是否符合要求：填写排放口设置是否符合排污口规范化整治技术要求等相关文件的规定。

（12）排放口类型分为外排口、设施或车间排放口，其中外排口又分为主要排放口、一般排放口。火电企业废气主要排放口包括锅炉烟囱和燃气轮机组烟囱，废气一般排放口包括输煤转运站排气筒、采样间排气筒等；火电企业废水排放口为一般排放口。

二、产排污节点对应排放口及许可排放限值

本技术规范主要基于污染物排放标准及总量控制要求确定产排污节点、排放口、污染因子及许可限值。对于新增污染源，应对照环境影响评价文件及批复要求，从严确定；对于现有污染源，有核发权的地方环境保护主管部门可根据环境质量改善需要，综合考虑本技术规范及环境影响评价文件及批复要求，确定产排污节点、排放口、污染因子及许可限值。依法制定并发布的限期达标规划中有明确要求的，还要综合考虑，确定产排污节点、排放口、污染因子及许可限值。有核发权的地方环境保护主管部门合规补充制定的其他各项要求，应当依据规范性文件相应增加内容。

（一）产排污节点及排放口具体规定

1. 废气产排污节点及排放口

火电企业产排污节点包括对应的生产设施和相应排放口，生产设施主要包括发电锅炉和燃气轮机组、输煤转运系统等，相应排放口主要包括锅炉烟囱和燃气轮机组烟囱等有组织排放口。实施许可管理的废气污染因子为《火电厂大气污染物排放标准》（GB 13223）中的所有因子，具体见表1。

表1　生产设施及排放口

废气		
生产设施	废气有组织排放口	污染因子
发电锅炉[1]	锅炉烟囱	烟尘
		SO_2
		NO_x
		汞及其化合物[2]
		林格曼黑度
燃气轮机组	燃气轮机组烟囱	颗粒物
		SO_2
		NO_x
废气无组织排放		
无组织排放点位	燃料类型	污染因子
厂界无组织排放	以煤、煤矸石、石油焦、油页岩、生物质为燃料	颗粒物
储油罐周边及厂界	以油为燃料	非甲烷总烃
氨罐区周边		氨

废水		
废水类别	废水排放口	污染因子
生产废水 生活污水 冷却水排水 脱硫废水[③]	……	COD
		氨氮
		pH
		SS
		硫化物
		石油类
		TDS
		总磷
		氟化物
		挥发酚
		动植物油类
注：①单台出力 65 t/h 以上的纯蒸汽锅炉（非发电锅炉）参照本规范执行。 ②适用于燃煤锅炉。 ③具备条件的企业还应关注总砷、总铅、总汞、总镉等重金属污染物。		

火电企业锅炉烟囱和燃气轮机组烟囱等有组织排放口为主要排放口，管控许可排放浓度和许可排放量，企业应详细填报排放口具体位置、排气筒高度、排气筒出口内径等信息。其他有组织废气由企业在申请排污许可证阶段自行申报，按照相应的污染物排放标准进行管控；无组织废气污染源应说明采取的控制措施。地方排污许可规范性文件有具体规定或其他要求的，从其规定。

2. 废水类别及排放口

火电企业纳入排污许可管理的废水类别包括生产废水、生活污水和冷却水排水等，单独排入城镇集中污水处理设施的生活污水仅说明去向。根据《污水综合排放标准》（GB 8978）及企业实际排放情况明确水污染因子，包括化学需氧量、氨氮、pH、SS、硫化物、石油类、TDS、总磷、氟化物、挥发酚等，具体见表 1。地方有其他要求的，从其规定。

（二）许可排放限值

许可排放限值包括污染物许可排放浓度和许可排放量，原则上按照污染物排放标准和总量控制要求确定。执行特别排放限值的地区或有地方排放标准的，按照从严原则确定。

企业申请的许可排放限值严于本规范规定的，排污许可证按照申请的许可排放限值核发。

对于大气污染物，以生产设施或有组织排放口为单位确定许可排放浓度和许可排放量。对于水污染物，按照排放口确定许可排放浓度和许可排放量。企业填报排污许可限值时，应在排污许可申请表中写明申请的许可排放限值计算过程。

1. 许可排放浓度

（1）废气

根据《火电厂大气污染物排放标准》（GB 13223），以产排污节点对应的生产设施或排放口为单位，明确各台发电锅炉、燃气轮机组烟尘、二氧化硫、氮氧化物、汞及其化合物许可排放浓度，为小时浓度。其中，北京市、天津市、石家庄市、唐山市、保定市、廊坊市、上海市、南京市、无锡市、常州市、苏州市、南通市、扬州市、镇江市、泰州市、杭州市、宁波市、嘉兴市、湖州市、绍兴市、广州市、深圳市、珠海市、佛山市、江门市、肇庆市、惠州市、东莞市、中山市、沈阳市、济南市、青岛市、淄博市、潍坊市、日照市、武汉市、长沙市、重庆市主城区、成都市、福州市、三明市、太原市、西安市、咸阳市、兰州市、银川市等 47 个城市市域范围按照《关于执行大气污染物特别排放限值的公告》（环境保护部公告 2013 年第 14 号）和《关于执行大气污染物特别排放限值有关问题的复函》（环办大气函〔2016〕1087 号）的要求确定许可排放浓度。地方有更严格的排放标准要求的，按照地方排放标准确定。

若执行不同许可排放浓度的多台设施采用混合方式排放烟气，且选择的监控位置只能监测混合烟气中的大气污染物浓度，则应执行各限值要求中最严格的许可排放浓度。

按照国家和地方要求实施超低排放改造的，除按上述要求确定许可排放浓度并实施监管外，还应填报超低排放浓度限值。未能达到超低排放水平的，不能享受国家和地方的超低排放各类经济补贴和政策优惠。

（2）废水

明确所有废水排放口各项水污染因子许可排放浓度（除 pH 值、TDS 外），为日均浓度。火电机组废水直接排放至水体的，其污染物许可排放浓度按照《污水综合排放标准》（GB 8978）及地方排放标准确定。

若企业在同一个废水排放口排放两种或两种以上工业废水，且每种废水同一种污染物的排放标准不同时，许可排放浓度按照《污水综合排放标准》（GB 8978）中附录 A 的要求确定。

废水排入集中式污水处理设施的，许可排放浓度按照国家或地方污染物排放标准确定；对于国家或地方污染物排放标准没有明确规定的，按照《污水综合排放标准》（GB 8978）中的三级排放限值、《污水排入城镇下水道水质标准》（GB/T 31962），以及其他有关标准从严确定。

2. 许可排放量

明确各台发电锅炉、燃气轮机组烟尘、二氧化硫、氮氧化物许可排放量，包括年许可排放量、不同级别应急预警期间日排放量以及京津冀等重点区域冬防阶段月排放量。其中，年许可排放量的有效周期应以许可证核发时间起算，滚动 12 个月。排污许可证许可排放量为各台锅炉和燃气轮机组许可排放量之和，包括有组织排放和无组织排放。对于有水环境质量改善需求的或者地方政府有要求的，还可明确各项水污染因子许可排放量，为年许可排放量。

备用机组不再单独许可排放量，按照企业全厂许可排放量管理。存在锅炉和机组不对应情况的企业，对于纯发电机组，按照发电机数量分别计算许可排放量；对于热电机组，根据发电机额定功率比例计算各自的供热能力，再按照发电机数量分别计算许可排放量。

有环评批复的新增火电机组依据环境影响评价文件及批复确定许可排放量。环境影响评价文件及批复中无排放总量要求或排放总量要求低于按照排放标准（含特别排放限值）确定的许可排放量的，按照执行的排放标准（含特别排放限值）要求为依据，采用本规范推荐的排放绩效法确定许可排放量。地方有更严格的环境管理要求的，按照地方要求核定。

总量控制要求包括地方政府或环境保护部门发文确定的企业总量控制指标、环境影响评价文件及其批复中确定的总量控制指标、现有排污许可证中载明的总量控制指标、通过排污权有偿使用和交易确定的总量控制指标等地方政府或环境保护部门与排污许可证申领企业以一定形式确认的总量控制指标。

根据《关于执行大气污染物特别排放限值的公告》（环境保护部公告 2013 年第 14 号）和《关于执行大气污染物特别排放限值有关问题的复函》（环办大气函〔2016〕1087 号）的要求应当执行特别排放限值的企业，按照特别排放限值确定许可排放量。对重污染天气应急预警期间日排放量以及京津冀等重点区域冬防阶段月排放量有明确规定的，还应计算特殊时段许可排放量。

排放绩效法测算方法如下。发电锅炉、燃气轮机组 SO_2、NO_x、烟尘的许可排放量根据机组装机容量和年利用小时数，采用排放绩效法测算。排放绩效分别按照《火电厂大气污染物排放标准》（GB 13223），根据达到排放标准、特别排放限值要求进行确定，详见表 2、表 3、表 4。有地方排放标准的，按照地方排放标准对应的排放绩效测算。原则上，年利用小时数按照 5 000 h 取值；自备发电机组和严格落实环境影响评价审批热负荷的热电联产机组按 5 500 h 取值；若企业可提供监测数据等材料证明自备发电机组和热电联产机组前三年平均利用小时数确大于 5 500 h 的，可按照前三年平均数取值；对于不联网的自备热电机组，可以根据供热的主体设施运行小时数取值。具备有效在线监测数据的，企业也可以前一自然年实际排放量为依据，申请年许可排放量，其中浓度限值超标或者监测数据缺失时段的排放量不得计算在内。

火电企业绩效法年许可排放量计算公式：

$$E_{年许可}=\sum_{i=1}^{n}M_i \tag{1}$$

式中：$E_{年许可}$ —— 火电企业年许可排放量，t；

M_i —— 第 i 台机组大气污染物年许可排放量，t；

$$M_i=(\mathrm{CAP}_i\times 5\,000+D_i/1\,000)\times \mathrm{GSP}_i\times 10^{-3} \tag{2}$$

式中：CAP_i —— 第 i 台机组的装机容量，MW；

GSP_i —— 第 i 台机组的排放绩效，g/(kW·h)，取值可参考表 2。

热电联产机组的供热部分折算成发电量，用等效发电量表示。计算公式为：

$$D_i = H_{热增} \times 0.278 \times 0.3 \tag{3}$$

式中：D_i——第 i 台机组供热量折算的等效发电量，kW·h；

H_i——第 i 台机组的设计供热能力，MJ/a。

特殊时段火电企业日许可排放量计算方法：

$$E_{日许可} = E_{日许可} / 365 \times (1-\alpha) \tag{4}$$

式中：$E_{日许可}$——火电企业日许可排放量，t；

α——重污染天气预警时段内的产能减少比例。

表 2　火电机组二氧化硫排放绩效值选取表

燃料	地区	适用条件	绩效值/[g/（kW·h）]	
			≥750 MW	＜750 MW
煤	高硫煤地区	新建锅炉	0.7	0.8
		现有锅炉	1.4	1.6
	重点地区	全部	0.175	0.2
	其他地区	新建锅炉	0.35	0.4
		现有锅炉	0.7	0.8
油	重点地区	全部	0.115	
	其他地区	新建锅炉	0.23	
		现有锅炉	0.46	
天然气	全部		0.175	

注：1. 新建锅炉为 2012 年 1 月 1 日之后环境影响评价文件通过审批的新建、扩建和改建的火力发电锅炉；现有锅炉为 2012 年 1 月 1 日之前建成投产或环境影响评价文件已通过审批的火力发电锅炉。
2. 有地方排放标准的，按照地方排放标准对应的排放绩效测算。
3. 位于广西壮族自治区、重庆市、四川省和贵州省的火力发电锅炉，按照高硫煤地区对应的排放绩效测算。
4. 执行特别排放限值的，按照重点地区对应的排放绩效测算。

表 3　火电机组氮氧化物排放绩效值

燃　料	地　区	适用条件	锅炉/机组类型	绩效值/[g/（kW·h）]	
				≥750 MW	＜750 MW
煤	重点地区	全部	全部	0.35	0.4
	其他地区	全部	W 型火焰锅炉、现有循环流化床锅炉	0.7	0.8
			其他锅炉	0.35	0.4
油	重点地区	全部		0.23	
	其他地区	新建锅炉	全部	0.23	
		现有锅炉		0.46	
天然气	全部			0.25	

注：1. 新建锅炉为 2012 年 1 月 1 日之后环境影响评价文件通过审批的新建、扩建和改建的火力发电锅炉；现有锅炉为 2012 年 1 月 1 日之前建成投产或环境影响评价文件已通过审批的火力发电锅炉；2003 年 12 月 31 日之前建成投产或通过建设项目环境影响评价报告书审批的火力发电锅炉，按照 W 型火焰锅炉、现有循环流化床锅炉对应的排放绩效测算；采用煤矸石、生物质、油页岩、石油焦等燃料的发电锅炉，可以参照循环流化床锅炉绩效值测算。
2. 有地方排放标准的，按照地方排放标准对应的排放绩效测算。
3. 执行特别排放限值的，按照重点地区对应的排放绩效测算。

表 4　火电机组烟尘排放绩效值

燃料	地区	绩效值/[g/（kW·h）]	
		≥750 MW	＜750 MW
煤	重点地区	0.07	0.08
	其他地区	0.105	0.12
油	重点地区	0.046	
	其他地区	0.069	
天然气	全部	0.0175	

注：1. 有地方排放标准的，按照地方排放标准对应的排放绩效测算。
2. 执行特别排放限值的，按照重点地区对应的排放绩效测算。
3. 其他。

新（改、扩）建项目的环境影响评价文件或地方相关规定中有原辅材料、燃料等其他污染防治强制要求的，还应根据环境影响评价文件或地方相关规定，明确其他需要落实的污染防治要求。

三、可行技术

本规范通过可行技术，明确除尘设施、脱硫设施、脱硝设施等尾气处理装置的运行和维护要求，无组织排放控制及水污染控制的管理要求。在火电行业可行技术指南发布后，以规范性文件要求为准。

具有核发权限的环境保护部门，在审核排污许可申请材料时，判断企业是否具备符合规定的防治污染设施或污染物处理能力，可以参照行业可行技术，对于企业采用相关可行技术的，原则上认为具备符合规定的防治污染设施或污染物处理能力。对于未采用的，企业应当在申请时提供相关证明材料（如已有监测数据；对于国内外首次采用的污染治理技术，还应当提供中试数据等说明材料），证明具备上述相关能力。

对不属于可行技术的污染治理技术，企业应当加强自我监测、台账记录，评估达标可行性，监管部门应当尽早开展执法监测。行业排污许可证实施情况及排放数据作为更新行业可行技术指南的主要依据。

（一）废气

1. 达标可行技术

对于火电企业产生的烟尘，一般采用袋式除尘器、静电除尘＋湿法脱硫或电袋复合除尘器即可满足排放标准限值要求；对于二氧化硫，采用低硫煤（硫分＜1%），并安装脱硫效率超过 95%的烟气脱硫装置，或采用 IGCC 等其他发电工艺，即可满足 100 mg/m^3 的排放标准限值要求；采用低硫煤（硫分＜1.5%），并安装脱硫效率超过 95%的烟气脱硫装置，即可满足 200 mg/m^3 的排放标准限值要求；对于氮氧化物，采用高效低氮燃烧器＋SCR 或高效低氮燃烧器＋SNCR，即可满足排放标准限值要求。对于汞及其化合物，可采用烟气脱硝＋静电除尘/布袋除尘＋湿法烟气脱硫的组合技术进行协同控制，如采用协同控制还未达标，可采用炉内添加卤化物等和烟道喷入活性炭吸附剂。

火电企业废气可行技术详见表 5。

表 5　火电企业废气可行技术

环境要素	污染物项目	标准名称	限值/（mg/m^3）	可行技术
废气	烟尘	《火电厂大气污染物排放标准》（GB 13223）	30	袋式除尘器、静电除尘器或电袋复合除尘器
	二氧化硫		100	采用低硫煤（硫分＜1%），并安装脱硫效率超过 95%的烟气脱硫装置，包括石灰石-石膏法、氧化镁法、海水脱硫技术等；或采用 IGCC 等其他发电工艺
			200	采用低硫煤（硫分＜1.5%），并安装脱硫效率超过 95%的烟气脱硫装置，包括石灰石-石膏法、氧化镁法、海水脱硫技术等
	氮氧化物		100	采用高效低氮燃烧器+SCR 或高效低氮燃烧器+SNCR，CFB 锅炉低温燃烧或+SNCR
	汞及其化合物		0.03	采用烟气脱硝+静电除尘/布袋除尘+湿法烟气脱硫的组合技术进行协同控制，如采用协同控制还未达标，可采用炉内添加卤化物等和烟道喷入活性炭吸附剂

2. 运行管理要求

火电企业应当按照相关法律法规、标准和技术规范等要求运行大气污染防治设施并进行维护和管理。针对火电企业的大气污染防治要求包括有组织废气排放控制要求和无组织废气排放控制要求。

（1）有组织排放

有组织排放要求主要是针对烟气处理系统的安装、运行、维护等规范和要求。所有燃煤机组都要安装脱硫设施，除循环流化床锅炉以外的燃煤机组均采用低氮燃烧技术并安装脱硝设施，以煤炭和生物质为燃料的机组配备高效除尘设施。所有火电企业必须按要求安装、运行、维护自动监测系统，并对二氧化硫、氮氧化物和烟尘的排放情况开展连续监测。

企业应按以下要求进行火电机组环保设施运行过程监管。

①取消或拆除烟气旁路

新建火电机组不得设置烟气旁路通道。现有火电机组须拆除烟气旁路，或实行旁路挡板铅封。旁路烟道挡板门应采用电动装置启停，并保存密封风机电流、旁路烟道开启度等信号。正常情况下旁路挡板应处于关闭状态，如旁路挡板开启应当向环境保护主管部门报告。

②除尘设施

各项参数数据范围应与操作规程中的规定一致；布袋除尘器滤袋应完整无破损。

③脱硫设施

对石灰石-石膏湿法，吸收塔浆液 pH 值、浆液密度须符合运行规程要求；对 pH 计、密度计、液位计等要定期校验和比对。

对循环流化床锅炉、炉内喷钙尾部烟气增湿活化脱硫，要求脱硫剂料仓料位高度、给料泵电流须符合运行规程要求；钙硫比应当符合要求。

对烟气循环流化床脱硫，要求脱硫剂料仓料位高度、给料泵电流须符合运行规程要求。

对海水脱硫，海水提升泵电流和海水使用量应当符合运行规程要求；海水再生系统的曝气时间、含氧量，外排水温度、pH 值应当符合环境影响评价要求。

④脱硝设施

对 SCR 脱硝工艺，烟温应达脱硝反应窗口温度（一般为 320～350℃）。SCR、SNCR-SCR 脱硝设施氨的逃逸率应控制在 2.5 mg/m^3 以下，氨的储运必须采取环境安全应急措施。催化剂如发生堵塞或腐蚀现象应及时更换。

对 SNCR 脱硝工艺，要求运行温度一般在 850～1 100℃，NH_3 和 NO_x 比值在 0.8～2.5，氨的逃逸率应控制在 8 mg/m^3 以下。

（2）无组织排放

火电企业无组织排放节点主要包括储煤场、输煤系统、油罐区、物料场、翻车机房、备煤备料系统、石灰石及石膏储存区、脱硝辅料区（氨罐区）、灰场等。

对于露天储煤场应配备防风抑尘网、喷淋、洒水、苫盖等抑尘措施，且防风抑尘网不得有明显破损。煤粉、石灰或石灰石粉等粉状物料须采用筒仓等全封闭料库存储。其他易起尘物料应苫盖。石灰石卸料斗和储仓上设置布袋除尘器或其他粉尘收集处理设施。翻车机房在作业过程要保证除尘设施的正常运行。输煤栈桥、输煤转运站采用封闭措施并配置袋式除尘器。对原煤或物料破碎、磨粉产生的粉尘要进行有效收集。氨罐区应设有防泄漏围堰、氨气泄漏检测设施。氨罐区应安装氨（氨水）流量计。

3. 其他

对于废气实施特别排放标准限值、超低排放限值的，企业自行填报可行的污染治理技术及其运行管理要求。

（二）废水

1. 可行技术

火电企业生产废水经隔油、过滤、沉淀等处理后，可用于厂区绿化及道路、堆场洒水，或用于原料磨、增湿塔喷水；生活污水采用二级生化处理工艺处理即可满足《污水综合排放标准》（GB 8978）相应限值要求。火电企业废水可行技术参照表详见表 6。

表 6　火电企业废水可行技术参照表

环境要素	废水来源	标准名称	污染因子	可行技术
废水	生产废水	《污水综合排放标准》（GB 8978）	COD、氨氮、硫化物、SS、石油类、氟化物等	生产废水经隔油、过滤、沉淀等处理后，可用于厂区绿化及道路、堆场洒水，或用于原料磨、增湿塔喷水；生活污水采用二级生化处理工艺
	生活污水		COD、氨氮、SS 等	

2. 运行管理要求

按照废水的不同来源，火电企业产生的废水主要分为生产废水、生活污水以及冷却水排水。

火电企业中的生活污水应当按规定优先纳入集中式污水处理设施，对于未纳入集中式污水处理设施的应当经过处理后达到《污水综合排放标准》（GB 8978）中的三级标准限值。

工业废水主要包括化学水处理系统酸碱再生废水、过滤器反洗废水、锅炉清洗废水、机组杂排水、输煤冲洗和除尘废水、含油废水、冷却塔排污废水、脱硫废水等。其中，化学水处理系统酸碱再生废水、过滤器反洗废水、锅炉清洗废水、机组杂排水、输煤冲洗和除尘废水、含油废水、冷却塔排污废水等应当全部集中收集排入废水处理系统。脱硫废水进入脱硫废水处理装置，通过中和、除重金属、絮凝、沉淀等反应处理到水质满足《火电厂石灰石-石膏湿法脱硫废水水质控制指标》（DL/T 997）。高含盐量的化学再生废水单独收集后再生回用。锅炉酸洗废液应收集后进行中和，再排入综合废水处理系统。

污水处理站的冲灰水系统的灰水比等参数应在设计指标范围内，处理设施各工艺环节主要控制参数要符合操作规程，保证水处理设施运行正常。脱硫废水处理系统的沉降箱 pH 值、出水箱 pH 值、浊度、COD 控制范围等应当符合操作规范，pH 计、浊度仪要定期校验和比对，并保存手工监测比对记录。

直流冷却水、循环冷却水直接排入环境水体的，不得混入其他生产废水，且应严格控制水温，同时确保含盐量、pH 值、有机物浓度、悬浮物含量等满足排放标准要求。

3. 其他

脱硫废水、直流冷却水等废水处理技术，企业暂可自行填报可行的污染治理技术及其运行管理要求。

四、自行监测管理要求

企业制定自行监测管理要求的目的是证明排污许可证许可的产排污节点、排放口、污染治理设施及许可限值落实情况。火电企业在申请排污许可证时，应当按照本技术规范制定自行监测方案并在排污许可证申请表中明确，火电行业排污单位自行监测技术指南发布后，以规范性文件要求为准。以确定的产排污节点、排放口、污染因子及许可限值要求为主要依据，结合其他环境管理要求，完善自行监测管理要求。

（一）自行监测方案

自行监测方案中应明确企业的基本情况、监测点位、监测指标、执行排放标准及其限值、监测频次、监测方法和仪器、采样方法、监测质量控制、监测点位示意图、监测结果公开时限等。对于采用自动监测的，企业应当如实填报采用自动监测的污染物指标、自动监测系统联网情况、自动监测系统的运行维护情况等；对于无自动监测的大气污染物和水污染物指标，企业应当填报开展手工监测的污染物排放口、监测点位、监测方法、监测频次；对于新增污染源，企业还应按照环境影响评价文件的要求填报周边环境质量监测方案（如需）。

（二）自行监测要求

企业可自行或委托第三方监测机构开展监测工作，并安排专人专职对监测数据进行记录、整理、统计和分析。对监测结果的真实性、准确性、完整性负责。

1. 监测内容

自行监测污染源和污染物应包括排放标准中涉及的各项废气、废水污染源和污染物。火电企业应当开展自行监测的污染源包括产生有组织废气、无组织废气、生产废水、生活污水的全部污染源；污染物包括烟尘、二氧化硫、氮氧化物、汞及其化合物等大气污染物以及 COD、氨氮、pH、SS、总磷、氟化物、挥发酚、石油类、TDS、硫化物等水污染物。对于新增污染源，周边环境影响监测点位、监测指标参照企业环境影响评价文件的要求执行。

2. 监测点位

企业开展自行监测的监测点位包括外排口监测点位、内部监测点位、无组织排放监测点位、周边环境影响监测点位等。

（1）废气外排口

各类废气污染源通过排气筒等方式排放至外环境的废气，应在排气筒，或原烟气与净烟气会合后的混合烟道上设置废气外排口监测点位；对于净烟气直接排放的锅炉或燃气轮机组，应在净烟气烟道上设置监测点位，有旁路的旁路烟道也应设置监测点位。火电企业应自行或委托有资质的机构在全面测试烟气流速、污染物浓度分布基础上确定最具代表性的监测点位。废气监测平台、监测断面和监测孔的设置应符合《固定污染源烟气排放连续监测系统技术要求及检测方法（试行）》（HJ/T 76）、《固定源废气监测技术规范》（HJ/T397）等的要求，同时监测平台应便于开展监测活动，应能保证监测人员的安全。

（2）废水外排口

按照排放标准规定的监控位置设置废水外排口监测点位，废水排放口应符合《排污口规范化整治技术要求（试行）》（环监〔1996〕470 号）和《地表水和污水监测技术规范》（HJ/T 91）等的要求，水量（不包括间接冷却水等清下水）大于 100 t/d 的，应安装自动测流设施并开展流量自动监测。

排放标准规定的监控位置为车间排放口、车间处理设施排放口、生产设施废水排放口的污染物，在相应的废水排放口采样。排放标准中规定的监控位置为企业排放口的污染物，废水直接排放的，在企业的排污口采样；废水间接排放的，在企业的污水处理设施排放口后、进入公共污水处理系统前的企业法定边界的位置采样。

火电企业废水排放监测的监测点位包括企业排放口、脱硫废水排口、循环冷却水排口、直流冷却水排口。

（3）无组织排放

存在废气无组织排放源的，应设置无组织排放监测点位，根据火电行业排污单位自行监测技术指南的要求，火电企业无组织排放监控位置包括厂界、储油罐周边及氨罐区周边等。

（4）内部监测点位

当排放标准中有污染物去除效率要求时，应在进入相应污染物处理设施单元的进口设置监测点位。

当环境管理有要求，或企业认为有必要更好地说清楚自身污染治理及排放状况的，可以在企业内部设置监测点，监测污染物浓度或与有毒污染物排放密切相关的关键工艺参数等。

3. 监测技术手段

自行监测的技术手段包括手工监测、自动监测两种类型，企业可根据监测成本、监测指标以及监测频次等内容，合理选择适当的技术手段。

对于以煤或油为燃料的发电锅炉或燃气轮机组，烟气颗粒物、二氧化硫和氮氧化物应当采用自动监测；对于以净化天然气为燃料的发电锅炉或燃气轮机组，烟气氮氧化物应当采用自动监测；对于以其他气体为燃料的发电锅炉或燃气轮机组，烟气、二氧化硫、氮氧化物应当采用自动监测。

根据《关于加强京津冀高架源污染物自动监控有关问题的通知》（环办环监函〔2016〕1488 号）中的相关内容，京津冀地区及传输通道城市火电企业各排放烟囱超过 45 米的高架源应安装污染源自动监控设备。

4. 监测频次

采用自动监测的，全天连续监测。火电企业应按照 HJ/T 75 开展自动监测数据的校验比对。在中控自动设备或自动监控设施出现故障期间，手工监测要增加频次，每四小时至少监测一次，每天不得少于六次；同时，按照《污染源自动监控设施运行管理办法》（环发〔2008〕6 号）的要求，自动监测设施不能正常运行期间，应按要求将手工监测数据向环境保护主管部门报送，每天不少于 4 次，间隔不得超过 6 h。

采用手工监测的，监测频次不能低于国家或地方发布的标准、规范性文件、环境影响报告书（表）及其批复等明确规定的监测频次，污水排向敏感水体或接近集中式饮用水水源，废气排向特定的环境空气质量功能区的应适当增加监测频次；排放状况波动大的，应适当增加监测频次；历史稳定达标状况较差的需增加监测频次，达标状况良好的可以适当降低频次。

可以参照表 7、表 8、表 9 确定自行监测频次，地方根据规定可相应加密监测频次。对于表 7 中未涉及的其他排放口，有明确排放标准的，应当按照填报的产排污节点明确废气污染物监测指标及频次，监测频次原则上不得低于 1 次/a，地方有更严格规定的，从其规定。

表 7　废气污染物最低监测频次

燃料类型	锅炉或燃气轮机规模	监测指标	监测频次
燃煤	20 t/h 或 14 MW 及以上	颗粒物、二氧化硫、氮氧化物	连续监测
		汞及其化合物[1]、氨[2]、林格曼黑度	季度
	20 t/h 或 14 MW 以下	颗粒物、二氧化硫、氮氧化物、林格曼黑度、汞及其化合物	月

燃料类型	锅炉或燃气轮机规模	监测指标	监测频次
燃油	20 t/h 或 14 MW 及以上	颗粒物、二氧化硫、氮氧化物	连续监测
		氨[2]、林格曼黑度	季度
	20 t/h 或 14 MW 以下	颗粒物、二氧化硫、氮氧化物、林格曼黑度	月
燃气[3]	20 t/h 或 14 MW 及以上	氮氧化物	连续监测
		颗粒物、二氧化硫、氨[2]、林格曼黑度	季度
	20 t/h 或 14 MW 以下	氮氧化物	月
		颗粒物、二氧化硫、林格曼黑度	年

注：1. 煤种改变时，需对汞及其化合物增加监测频次。
2. 使用液氨等含氨物质作为还原剂，去除烟气中氮氧化物的，可以选测。
3. 仅限于以净化天然气为燃料的锅炉或燃气轮机组，其他气体燃料的锅炉或燃气轮机组参照以油为燃料的锅炉或燃气轮机组。
4. 煤矸石锅炉参照燃煤锅炉；油页岩、石油焦、生物质锅炉或燃气轮机组参照以油为燃料的锅炉或燃气轮机组。
5. 多种燃料掺烧的锅炉或燃气轮机污染物应执行最严格的监测频次。
6. 关于排气筒废气监测，要求同步监测烟气参数，包括排气量、温度、压力、湿度、氧含量等。

表 8 废水污染物最低监测频次

锅炉或燃气轮机规模	燃料类型	监测点位	监测指标	监测频次
涉单台 20 t/h 或 14 MW 及以上锅炉或燃气轮机的排污单位	燃煤	废水排放口	pH、COD、氨氮、悬浮物、总磷、石油类、氟化物、硫化物、挥发酚、溶解性总固体（全盐量）、流量	月
		脱硫废水排放口	pH、总砷、总铅、总汞、总镉、流量	月
	燃气	废水排放口	pH、COD、氨氮、悬浮物、流量	季度
	燃油	废水排放口	pH、COD、氨氮、悬浮物、总磷、石油类、硫化物、流量	月
涉单台 20 t/h 或 14 MW 及以上锅炉或燃气轮机的排污单位	燃油	脱硫废水排放口	pH、总砷、总铅、总汞、总镉、流量	月
	所有	循环冷却水排放口	pH、COD、总磷、流量	季度
	所有	直流冷却水排放口	水温	日
			余氯	冬、夏各监测一次
仅涉单台 20 t/h 或 14 MW 以下锅炉的排污单位	所有	废水排放口	pH、COD、氨氮、悬浮物、流量	年[1]

注：1. 是否监测由地方环境保护主管部门确定。
2. 除脱硫废水外，废水与其他工业废水混合排放的，参照相关工业行业监测要求执行。
3. 废水排放量（不包括间接冷却水等清下水）大于 100 t/d 的，应安装自动测流设施并开展流量自动监测。

表 9 无组织废气污染物最低监测频次

燃料类型	监测点位	监测指标	监测频次
煤、煤矸石、石油焦、油页岩、生物质	厂界	颗粒物	季度
油	储油罐周边及厂界	非甲烷总烃	季度
所有燃料	氨罐区周边	氨[1]	季度

注：1. 适用于使用液氨或氨水作为还原剂的企业。
2. 周边无敏感点的，可适当降低监测频次。

5. 采样和测定方法

（1）自动监测

废气自动监测参照《固定污染源烟气排放连续监测技术规范》（HJ/T 75）、《固定污染源排放烟气连续监测系统技术要求及检测方法》（HJ/T 76）执行。

废水自动监测参照《水污染源在线监测系统安装技术规范》（HJ/T 353）、《水污染源在线监测系统验收技术规范》（HJ/T 354）、《水污染源在线监测系统运行与考核技术规范（试行）》（HJ/T 355）执行。

（2）手工采样

废气手工采样方法的选择参照《固定污染源排气中颗粒物和气态污染物》（GB/T 16157）、《固定源废气监测技术规范》（HJ/T 397）执行，单次监测中，气态污染物采样，应获得小时均值浓度；颗粒物采样，至少采集三个反映监测断面颗粒物平均浓度的样品。

废水手工采样方法的选择参照《水质采样技术指导》（HJ 494）、《水质采样方案设计技术规定》

（HJ 495）和《地表水和污水监测技术规范》（HJ/T 91）执行。

（3）测定方法

废气、废水污染物的测定按照相应排放标准中规定的污染物浓度测定方法标准执行，国家或地方法律法规等另有规定的，从其规定。

6. 数据记录要求

（1）监测信息记录

手工监测的记录和自动监测运维记录按照《排污单位自行监测技术指南　总则》执行。

对于无自动监测的大气污染物和水污染物指标，企业应当定期记录开展手工监测的日期、时间、污染物排放口和监测点位、监测方法、监测频次、监测仪器及型号、采样方法等，并建立台账记录报告，手工监测记录台账至少应包括表 10 内容，填报方法可参照排污许可证申请表相关注释。

表 10　手工监测报表

序号	污染源类别	监测日期	监测时间	排放口编号	监测内容	计量单位	监测结果	监测结果（折标）	手工监测采样方法及个数	手工测定方法	手工监测仪器型号
1	废气	20160606	10:00—10:15	DA001	SO_2	mg/m^3	100	110	连续采样	HJ/T 57	AAA
		20160606	10:00—10:15	DA001	烟气流量	m^3/h	5 000	5 500	—	—	—
	废水										
				……	……				……	……	
	其他				……				……	……	
注：监测内容包括：自行监测指南中确定应当开展监测的废气、废水污染因子，及其他需要监测的污染物；对于需要同步监测的烟气参数（排气量、温度、压力、湿度、氧含量等）、废水排放量等，要同步记录。											

（2）生产和污染治理设施运行状况记录要求

①火电厂生产运行情况

燃煤机组：按照发电机组记录每日的运行小时、用煤量、发电煤耗、产灰量、产渣量、实际发电量、实际供热量、负荷率。

燃气机组：按照燃气机组记录每日的运行小时、用气量、发电气耗、实际发电量、实际供热量、负荷率。

燃油机组：按照发电机组记录每日的运行小时、用油量、发电油耗、实际发电量、实际供热量、负荷率。

②燃料分析结果

燃煤火电厂应每天记录煤质分析，包括收到基灰分、干燥无灰基挥发分、收到基全硫、低位发热量等；燃气火电厂应每天记录天然气成分分析；燃油火电厂应每天记录油品品质分析，包括含硫量等；其他燃料的火电厂应每天记录燃料成分。

火电企业需定期记录生产和污染治理设施运行状况并留档保存，记录内容至少应包括表 11、表 12 内容。

表 11　生产情况报表

日期	机组编号	规模/MW	发电量/[万(kW·h)]	供热量/万 GJ	负荷率	燃料消耗量/（t 或 m^3）	发电标准煤耗[g 标煤/(kW·h)]	产灰量（仅燃煤机组记录）	产渣量（仅燃煤机组记录）

表 12　燃料分析报表

日期	燃煤机组				燃油机组		燃气机组	
	低位发热量/（MJ/kg）	硫分/%	干燥无灰基挥发分/%	灰分/%	低位发热量/（MJ/kg）	硫分/%	低位发热量/（MJ/m^3）	硫化氢/%

③废气处理设施运行情况

应记录脱硫、脱硝、除尘设备的工艺、设计建设企业、投运时间等基本情况。按日记录脱硫剂使用量、脱硫副产物产生量、脱硝剂使用量、粉煤灰产生量、布袋除尘器清灰周期及换袋情况等，并记录脱硫、脱硝、除尘设施运行、故障及维护情况等。企业需整理成台账保存。废气处理设施运行情况记录应至少包括表 13、表 14 内容。

表 13　废气治理设施运行报表

机组编号	日期	发电量	供热量	机组运行时间	脱硫设施运行时间	脱硝设施运行时间	脱硫剂用量	脱硫副产品产量	脱硝还原剂用量	脱硫副产物产生量	粉煤灰产生量	布袋除尘器清灰周期及换袋情况	废气污染治理设施运行费用
		万 kW·h	万 GJ	h	h	h	t	t	t	t	t		元

表 14　治污设施异常情况汇总表

时间	故障设施	故障原因	排放浓度/（mg/m^3）			应对措施
			SO_2	NO_x	烟尘	

④污水处理运行状况记录

按日记录污水处理量、污水回用量、污水排放量、污泥产生量（包括含水率）、污水处理使用的药剂名称及用量、冷却水的排放量等。企业需整理成台账保存，汇总表可以参考表 13。

7. 监测质量保证与质量控制

按照《排污单位自行监测技术指南　总则》要求，企业应当根据自行监测方案及开展状况，梳理全过程监测质控要求，建立自行监测质量保证与质量控制体系。

五、环境管理台账记录与执行报告编制规范

企业开展环境管理台账记录、编制执行报告目的是自我证明企业的持证排放情况。《环境管理台账及排污许可证执行报告技术规范》及相关技术规范性文件发布后，企业环境管理台账记录要求及执行报告编制规范以规范性文件要求为准。

（一）环境管理台账记录要求

火电企业应按照“规范、真实、全面、细致”的原则，依据本技术规范要求，在排污许可证管理信息平台申报系统进行填报；有核发权的地方环境保护主管部门补充制订相关技术规范中要求增加的，在本技术规范基础上进行补充；企业还可根据自行监测管理的要求补充填报其他必要内容。企业应建立环境管理台账制度，设置专职人员进行台账的记录、整理、维护和管理，并对台账记录结果的真实性、准确性、完整性负责。

为实现台账便于携带、作为许可证执行情况佐证并长时间储存的目的以及导出原始数据，加工分析、综合判断运行情况的功能，台账应当按照电子化储存和纸质储存两种形式同步管理。台账保存期限不得少于三年。

排污许可证台账应按生产设施进行填报，内容主要包括基本信息、污染治理措施运行管理信息、监测记录信息、其他环境管理信息等内容，记录频次和记录内容要满足排污许可证的各项环境管理要求。其中，基本信息主要包括企业、生产设施、治理设施的名称、工艺等排污许可证规定的各项排污单位基本信息的实际情况及与污染物排放相关的主要运行参数；污染治理设施台账主要包括污染物排放自行监测数据记录要求以及污染治理设施运行管理信息。监测记录信息按照自行监测管理要求实施。

污染治理设施运行管理信息应当包括设备运行校验关键参数，能充分反映生产设施及治理设施运行管理情况，典型关键参数列举如下。

1. DCS 曲线记录要求

DCS 曲线要求截屏后粘贴在 Word 文档中，无须打印后再扫描，要注明每条曲线代表的含义。

DCS 曲线应能准确直观地反映出脱硫、脱硝设施运行状况和污染物排放浓度变化趋势。要求每周一张彩色曲线图，注明机组编号，量程合理，每个参数按照统一的颜色划出曲线。曲线应至少包括以下内容：

脱硫 DCS 曲线：机组负荷、烟气量、增压风机电流、旁路挡板开关信号、原烟气 SO_2浓度、净烟气 SO_2浓度、浆液循环泵电流、烟气出口温度、供浆泵电流或流量。

脱硝 DCS 曲线：机组/锅炉负荷、烟气量、脱硝设施入口 A 侧 NO_x浓度、入口 B 侧 NO_x浓度、总排口 NO_x浓度、脱硝设施入口 A 侧氨流量、入口 B 侧氨流量、脱硝设施入口 A 侧烟气温度、入口 B 侧烟气温度。

除尘 DCS 曲线：机组负荷、烟气量、增压风机电流、引风机电流、原烟气颗粒物浓度、净烟气颗粒物浓度、烟气出口温度。

2. 无组织废气污染治理措施运行记录要求

与储煤场、输煤系统、油罐区、物料场、翻车机房、备煤备料系统、石灰石及石膏储存区、脱硝辅料区（氨罐区）、灰场等无组织废气污染治理措施相应的运行、维护、管理相关的信息记录，可用于说明上述措施的运行情况和效果。

3. 废水环保设施运行记录要求

废水环保设施台账应包括所有环保设施的运行参数及排放情况等，废水治理设施包括废水处理能力（t/d）、进水水质（各因子浓度和水量等）、运行参数（包括运行工况等）、废水排放量、废水回用量、污泥产生量及运行费用（元/t）、排水去向及受纳水体、排入的污水处理厂名称等。

（二）执行报告编制规范

地方环境管理部门应当整合总量控制、排污收费、环境统计等各项环境管理的数据上报要求，可以参照本技术规范，在排污许可证中根据各项环境管理要求，确定执行报告的内容与频次。火电企业应按照许可证中规定的内容和频次定期上报。

1. 报告频次

火电企业应至少每年上报一次许可证年度执行报告，对于持证时间不足 3 个月的，当年可不上报年度执行报告，许可证执行情况纳入下一年年度执行报告。每月或每季度向环境保护主管部门上报二氧化硫、氮氧化物、烟尘等主要污染物的实际排放量。同时，每半年提交一次半年执行报告，报告内容主要包括生产情况报表、二氧化硫、氮氧化物、烟尘等主要污染物的超标时段自动监测小时均值报表，二氧化硫、氮氧化物、烟尘实际排放量及排污费（环境保护税）申报表，脱硫、脱硝、除尘设施异常情况汇总表。

企业还应自行或委托第三方咨询机构按照执行报告提纲编写年度执行报告，连同环保管理台账等相关报表于次年 1 月 15 日之前提交至发证机关。年度执行报告包括企业规模、产品、产量、装备等基本信息，并系统分析生产负荷、污染物产生和排放、污染治理设施运行、许可限值达标情况、自行监测、台账建立与记录以及许可证规定的各项相关环境义务履行等情况。企业应保证执行报告的规范性和真实性。技术负责人发生变化时，应当在年度执行报告中及时报告。

2. 年度执行报告提纲

火电企业应当根据报告期内环境管理台账记录、自行监测数据记录等内容，归纳总结排污许可证执行情况、编制年度执行报告。年度执行报告编制提纲如下：

（1）基本生产信息。基本生产信息包括排污单位名称、所属行业、许可证编号、组织机构代码、营业执照注册号、投产时间、环保设施运行时间等内容，火电企业还应按照自行监测数据记录要求，概述许可证报告期内企业规模、产品、产量、设备等基本信息，并分析企业与上年同期相比相关信息变化情况；对于报告周期内有污染治理投资的，还应包括治理类型、开工年月、建成投产年月、计划总投资、报告周期内累计完成投资等信息。报告内容至少应包括表 11、表 12 的总结说明。

（2）遵守法律法规情况。说明企业在许可证执行过程中遵守法律法规情况；配合环境保护行政主管部门和其他有环境监督管理权的工作人员职务行为情况；自觉遵守环境行政命令和环境行政决定情况；公众举报、投诉情况及具体环境行政处罚等行政决定执行情况。

（3）污染防治设施运行情况。污染来源及处理说明。根据自行监测数据记录及环境管理台账的相关信息，总结说明污染物来源及处理情况，具体生产工艺产生的废水废气及处理措施和处理效果等。报告内容至少应包括对表 13 的总结说明，以及废气、废水治理设施运行费用等。

污染防治设施异常情况说明。企业拆除、闲置停运污染防治设施，需说明原因、递交书面报告、收到回复及实施拆除、闲置停运的起止日期及相关情况；因故障等紧急情况停运污染防治设施，或污染防治设施运行异常的，企业应说明故障原因、废水废气等污染物排放情况、报告递交情况及采取的应急措施，并附表 14 的记录内容。

如有发生污染事故，企业需要说明在污染事故发生时采取的措施、污染物排放情况及对周边环境造成的影响。

（4）自行监测情况。企业说明如何根据排污许可证规定的自行监测方案开展自行监测的情况。自动监测情况应当说明监测点位、监测指标、监测频次、监测方法和仪器、采样方法、监测质量控制、自动监测系统联网、自动监测系统的运行维护及监测结果公开情况等，并建立台账记录报告。

对于无自动监测的大气污染物和水污染物指标，企业应当按照自行监测数据记录总结说明企业开展手工监测的情况。报告内容至少应当包括表 10 的总结说明。

（5）台账管理情况。企业应说明按总量控制、排污收费、环境保护税等各项环境管理要求统计基本信息、污染治理措施运行管理信息、其他环境管理信息等情况；说明记录、保存监测数据的情况；说明生产运行台账是否满足接受各级环境保护主管部门检查要求。

（6）实际排放情况及达标判定分析。根据企业自行监测数据记录及环境管理台账的相关数据信息，概述企业各项污染源、各项污染物的排放情况，分析全年、特殊时段、启停机时段许可浓度限值及许可排放量的达标情况。实际排放量和达标排放判定方法详见本规范第六和第七部分。实际排放量报表可参照表 15 填报，对于超标时段还应填报表 16 内容。

表 15　实际排放量报表

排放口名称	排放口编码	污染物	年许可排放量/t	报告期实际排放量/t	报告期
		SO_2			月/季度/年
		NO_x			
		烟尘			
		……			
全厂					

表 16　污染物超标时段自动监测小时均值报表

日期	时间	机组编号	超标污染物种类	排放浓度（折标） mg/m³	超标原因说明
					启动、故障等

（7）排污费（环境保护税）缴纳情况。企业说明根据相关环境法律法规，按照排放污染物的种类、浓度、数量等缴纳排污费（环境保护税）的情况。

（8）信息公开情况。企业说明依据排污许可证规定的环境信息公开要求，开展信息公开的情况。

（9）企业内部环境管理体系建设与运行情况。说明企业内部环境管理体系的设置、人员保障、设施配备、企业环境保护规划、相关规章制度的建设和实施情况、相关责任的落实情况等。

（10）其他排污许可证规定的内容执行情况。

（11）其他需要说明的问题。

3. 半年及月报规范

企业每月或每季度应至少向环境保护主管部门上报年度执行报告中的第（6）部分中的“实际排放量报表”、达标判定分析说明及污染防治设施异常情况说明。半年报告应至少向环境保护主管部门上报全年报告中的第（1）、第（3）至第（6）部分。

六、达标排放判定方法

对于实施排污许可管理的企业，达标判定是指各项污染物是否达到许可限值的各项规定，主要包括许可排放量和许可排放浓度判定。其中各项污染物许可排放量达标，是指根据本技术规范第七部分计算的全厂实际排放总量不超过相应污染物的许可排放量。许可浓度限值判定方法具体如下。

（一）废气

1. 一般情况

火电企业各废气排放口污染物的排放浓度达标是指“任一小时浓度均值均满足许可排放浓度要求”。各项废气污染物小时浓度均值根据自动监测数据和手工监测数据确定。

自动监测小时均值是指“整点 1 h 内不少于 45 min 的有效数据的算术平均值”。按照《固定污染源排气中颗粒物测定与气态污染物采样方法》（GB/T 16157）和《固定源废气监测技术规范》（HJ/T 397）中的相关规定，手工监测小时均值是指“1 h 内等时间间隔采样 3～4 个样品监测结果的算数平均值”。

对于火电企业的 SO_2、NO_x、颗粒物、汞及其化合物，按照剔除异常值的自动监测数据、执法监测数据及企业自行开展的手工监测数据作为达标判定依据。若同一时段的手工监测数据与自动监测数据不一致，手工监测数据符合法定的监测标准和监测方法的，以手工监测数据作为优先达标判定依据。由于自动监控系统故障等原因导致自动监测数据缺失的，连续缺失时段在 24 h 以内的应当参照《固定污染源烟气排放连续监测技术规范》（HJ/T 75）进行补遗，超过 24 h 的，超过时段按照缺失前 720 有效小时均值中最大小时均值进行补遗。

2. 特殊情况

NO_x 的稳定运行达标判定期为机组启动后出力达到额定的 50%开始到机组解列前出力降到额定的 50%为止。在此期间外的启动和停机时段内的排放数据可不作为火电机组 NO_x 达标判定依据。其中，启动时间原则上并网后不得超过 4 h，如企业可提供一年以上在线监测数据等证明实际启动时间超过 4 h 的，可适当延长，最高可延长至 8 h；停机时间为 1 h。对于电量不上网的自备电厂，冷启动不得超过 4～5 h，热启动不得超过 3～4 h，停机时间为 1 h。

若多台设施采用混合方式排放烟气，且其中一台处于启停时段，企业可提供烟气混合前各台设施有效监测数据的，按照企业提供数据进行达标判定。

（二）废水

火电企业各废水排放口污染物的排放浓度达标是指任一有效日均值均满足许可排放浓度要求。各项废水污染物有效日均值采用自动监测、执法监测、企业自行开展的手工监测三种方法分类进行确定。

1. 自动监测

按照监测规范要求获取的自动监测数据计算得到有效日均浓度值与许可排放浓度限值进行对比，超过许可排放浓度限值的，即视为超标。

对于自动监测，有效日均浓度是对应于以每日为一个监测周期内获得的某个污染物的多个有效监测数据的平均值。在同时监测污水排放流量的情况下，有效日均值是以流量为权的某个污染物的有效监测数据的加权平均值；在未监测污水排放流量的情况下，有效日均值是某个污染物的有效监测数据的算术平均值。

自动监测的有效日均浓度应根据《水污染源在线监测系统运行与考核技术规范（试行）》（HJ/T 355）和《水污染源在线监测系统数据有效性判别技术规范（试行）》（HJ/T 356）等相关文件确定。技术规范修订后，按其最新修订版执行。

2. 执法监测

按照监测规范要求获取的执法监测数据超标的，即视为超标。根据《地表水和污水监测技术规范》（HJ/T 91）确定监测要求。

若同一时段的现场监测数据与在线监测数据不一致，现场监测数据符合法定的监测标准和监测方法的，以该现场监测数据作为优先证据使用。

3. 企业手工监测

按照自行监测方案、监测规范进行手工监测，当日各次监测数据平均值（或当日混合样监测数据）超标的，即视为超标。超标判定原则同执法监测。

七、实际排放量核算方法

火电企业污染物的排放总量达标是指企业中有许可排放量要求的主要排放口的主要污染物实际排放量之和满足年许可排放量要求。对于特殊时期短时间内有许可排放量要求的企业，主要排放口实际排放量之和不得超过特殊时期许可排放量。

火电企业 SO_2、NO_x 和烟尘实际排放量的核算方法包括实测法、物料衡算法和产排污系数法等。

应当采用自动监测的污染因子，根据符合监测规范的有效自动监测数据采用实测法核算实际排放量。同时根据执法监测、企业自行开展的手工监测数据进行校核，若同一时段的手工监测数据与自动监测数据不一致，手工监测数据符合法定的监测标准和监测方法的，以手工监测数据为准。

对于应当采用自动监测而未采用的污染因子，采用物料衡算法或产排污系数法按照直排核算实际排放量。其他采用手工监测的污染因子，按照执法监测或企业自行开展的手工监测数据进行核算。若同一时段的执法监测数据与企业自行开展的手工监测数据不一致，以执法监测数据为准。

未要求采用自动监测的排放口或污染因子，按照优先顺序依次选取自动监测数据、手工和执法监测数据、产排污系数法进行核算。在采用手工和执法监测数据进行核算时，还应以产排污系数进行校核；若同一时段的手工监测数据与执法监测数据不一致，以执法监测数据为准。监测数据应符合国家有关环境监测、计量认证规定和技术规范。

1. 实测法

实测法是指根据监测数据测算实际排放量的方法，分为自动监测实测法和手工监测实测法。其中，自动监测实测法是指根据 DCS 历史存储的 CEMS 数据中的每小时污染物的平均排放浓度、平均烟气量、运行时间核算污染物年排放量；手工监测实测法是指根据每次手工监测时段内每小时污染物的平均排放浓度、平均烟气量、运行时间核算污染物年排放量。

自动监控设施发生故障需要维修或更换，按要求在 48 h 内恢复正常运行的，且在此期间按照《污染源自动监控设施运行管理办法》（环发〔2008〕6 号）开展手工监测并报送手工监测数据的，根据手工监测结果核算该时段实际排放量。对于未按要求开展手工监测并报送数据的，或未能按要求及时恢复设施正常运行的，采用物料衡算法或产排污系数法按照直排核算该时段实际排放量。

对于其他情况导致全年历史数据缺失、数据异常累计时段低于全年运行小时数的 10%的，该时段污染物排放浓度按照全年稳定运行期间最高月均值取值，烟气量按照全年平均烟气量取值，核算排放量。

对于其他情况导致全年历史数据缺失、数据异常累计时段超过全年运行小时数的 10%的，该时段污染物排放浓度按照全年稳定运行期间最高小时均值取值，烟气量按照全年平均烟气量取值，核算排放量。

企业提供充分证据证明在线数据缺失、数据异常等不是企业责任的，可按照企业提供的脱硫剂消耗量、手工监测数据等核算实际排放量，或者按照上一个半年申报期间的稳定运行期间小时浓度均值和半年平均烟气量核算数据缺失时段的实际排放量。

要求采用自动监测的排放口或污染因子而未采用的，采用物料衡算法核算二氧化硫排放量、产排污系数法核算氮氧化物、烟尘排放量，且均按直排进行核算。

2. 物料衡算法

采用物料衡算法核算二氧化硫排放量的，根据燃料消耗量、含硫率进行核算。

3. 产排污系数法

采用产排污系数法核算氮氧化物、烟尘排放量的，根据燃料消耗量、产污强度进行核算。

造纸行业排污许可证申请与核发技术规范

——引自《关于开展火电、造纸行业和京津冀试点城市高架源排污许可证管理工作的通知》

（环水体〔2016〕189号）附件2

一、适用范围及排污单位基本情况

（一）适用范围

本技术规范适用于指导造纸行业排污单位填报《排污许可证申请表》及网上填报相关申请信息，同时适用于指导核发机关审核确定排污许可证许可要求。

造纸行业排污许可证发放范围为所有制浆企业、造纸企业、浆纸联合企业以及纳入排污许可证管理的纸制品企业。

造纸企业排放的水污染物、大气污染物均应实施排污许可管理。

造纸企业中，执行《火电厂大气污染物排放标准》（GB 13223）的生产设施或排放口，适用《火电行业排污许可证申请与核发技术规范》，其余均适用本技术规范。

排污许可分类管理名录出台后，造纸行业排污许可证发放范围从其规定。

（二）排污单位基本情况填报要求

排污单位基本情况包括：排污单位基本信息，主要产品及产能，主要原辅材料及燃料，产排污节点、污染物及污染治理设施，以及生产工艺流程图和厂区总平面布置图。

1. 排污单位基本信息

企业需填报的排污单位基本信息包括：单位名称、法人、生产经营场所经纬度、所在地是否属于大气污染重点控制区域、是否投产、环境影响评价及验收批复文件文号、地方政府对违规项目的认定或备案文件、总量分配文件文号等。对于同一法人拥有多个生产经营场所的情形，应分别申报。

按照《国务院办公厅关于加强环境监管执法的通知》（国办发〔2014〕56 号）要求，各地全面清理违法违规项目，经地方政府依法处理、整顿规范并符合要求的项目，纳入排污许可管理范围。对于不具备环评批复文件或地方政府对违规项目的认定或备案文件的造纸企业，原则上不得申报排污许可证。

2. 主要产品及产能

造纸企业应填写主要生产单元、主要工艺、生产设施、生产设施编号、设施参数、产品、生产能力、设计生产时间及其他。

在填报“主要产品及产能”时，需选择行业类别，除在填写执行《火电厂大气污染物排放标准》（GB 13223）的生产设施需选择火电行业外，其余均选择造纸行业。

（1）主要生产单元：为必填项，分为化学浆生产线、半化学浆生产线、化机浆生产线、机械浆生产线、废纸浆生产线、造纸生产线、公用单元等。（企业在填报时，应当在国家排污许可证管理信息平台申报系统的下拉菜单中选择并填写。对于选填内容或菜单中未包括的内容，可由地方环境保护部门决定是否填报，企业认为需要填报的，可以自行填报，下同）。

（2）主要工艺：为必填项，分为漂白/本色硫酸盐化学浆、漂白/本色亚硫酸盐化学浆、漂白/本色碱法化学浆、漂白/本色亚氨法制浆、漂白/本色过氧化氢化学浆、漂白/本色碱性过氧化氢化学机械浆（APMP）、漂白/本色化学热法机械木浆（BCTMP）、漂白/本色化学热磨机械浆（CTMP）、漂白/本色热磨机械浆（TMP）、漂白/本色半化学浆、漂白/本色废纸浆、溶解浆、造纸、加工纸、纸制品，公用单元分为化学品制备、碱回收车间、储存系统、锅炉、辅助系统等。

（3）生产设施

关于木浆及非木浆生产线，必填项包括：备料（湿法备料、干法备料、废纸挑选）、蒸煮（连续蒸煮器、立锅、蒸球、其他）、洗涤（置换洗浆机、真空洗浆机、压力洗浆机、带式洗浆机、螺旋挤浆机、其他）、筛选（全封闭压力筛选、压力筛选、其他）、氧脱木素（无、一段、两段）、漂白（二氧化氯漂白、次氯酸盐漂白、氯气漂白、过氧化氢漂白、其他漂白系统）、机械磨浆（压力磨浆机、常压磨浆机、低浓磨浆机、其他磨浆机）、碱回收车间（碱回收炉、蒸发器、污冷凝水回收、石灰窑）、化学品制备（二氧化氯制备、次氯酸盐制备、其他）、制浆废液回收利用（红液回收、废液燃烧回收、黑液综合利用、亚氨法废液综合利用）。选填项包括：机械浆预处理等生产设施。

关于废纸制浆生产线，必填项包括：脱墨（一级浮选、二级浮选、一级洗涤、二级洗涤、其他）和漂白（过氧化氢、二氧化氯、臭氧、氯气、其他）；选填项包括碎浆、热分散、筛选等生产设施。

关于造纸生产线，必填项包括：造纸（圆网造纸机、长网造纸机、超成型造纸机、叠网纸机、夹网纸机、斜网造纸机、其他）和白水回收（气浮、沉淀塔、多盘回收机、圆网浓缩机、其他）；选填项包括：涂布、表面施胶、干燥等生产设施。

关于公用单元，必填项包括：燃烧炉（锅炉、生物质炉、焚烧炉）、储存系统（原料堆场、煤场、筒仓、油罐、气罐、化学品库）、锅炉（循环流化床锅炉、煤粉锅炉、燃油锅炉、燃气锅炉、凝汽式汽轮机、抽凝式汽轮机、背压式汽轮机、抽背式汽轮机）、辅助系统（灰库、渣仓、渣场、灰渣场、石膏库房、氨水罐、液氨罐、石灰石粉仓、污泥储存间）；选填项包括：供水处理系统（清水制备系统、软化水制备设备、其他）和锅炉及发电系统中省煤器、空气预热器、一次风机、送风机、二次风机等。

本技术规范尚未作出规定，且排放工业废气和有毒有害大气污染物，有明确国家和地方排放标准的，相应生产设施为必填项。

（4）排污许可证申请表中的生产设施编号：为必填项。企业填报内部生产设施编号，若企业无内部生产设施编号，则根据《固定污染源（水、大气）编码规则（试行）》进行编号并填报。

（5）设施参数：分为参数名称、设计值、计量单位等，对于公用单元的燃烧炉、储存系统、辅助系统为必填项，生产过程中蒸煮工艺填写粗浆得率、漂白工艺填写漂白浓度、碱回收单元的蒸发填写黑液提取率、机械磨浆填写磨浆浓度、白水回收系统填写白水循环利用率，造纸机填写抄宽、车速，均为设计值，其他为选填项。

（6）产品名称：为必填项，分为浆板、新闻纸、生活用纸、包装用纸、箱纸板、瓦楞原纸、特种纸、纸制品等。

（7）生产能力及计量单位：为必填项，生产能力为主要产品设计产能，并标明计量单位。产能与经过环评批复的产能不相符的，应说明原因。

（8）设计年生产时间：为必填项。

（9）其他：为选填项，企业如有需要说明的内容，可填写。

3. 主要原辅材料及燃料

造纸企业应填写原料、辅料及燃料名称、年最大使用量等。

（1）种类：为必填项，分为原料、辅料。

（2）原料名称：为必填项，分为针叶木、阔叶木、竹类、麦草、芦苇、甘蔗渣、废纸、商品浆、水等。

（3）辅料名称：包括工艺过程中添加辅料和废水、废气污染治理过程中添加的化学品，分为氢氧化钠（烧碱）、硫化钠、双氧水、臭氧、二氧化氯、液氯、液氨、氨水、石灰石、石灰、填料、增白剂、硫酸、盐酸、混凝剂、助凝剂等。必填项为废水、废气污染治理过程中添加的化学品，制浆过程中蒸煮、漂白工艺添加的化学品和造纸过程中添加的填料为必填项，其余为选填项。

（4）燃料名称：为必填项，分为燃煤（灰分、硫分、挥发分、热值等）、天然气、重油等。

（5）年最大使用量：为必填项。已投运排污单位的年最大使用量按近五年实际使用量的最大值填写，未投运排污单位的年最大使用量按设计使用量填写。

（6）有毒有害元素占比、硫元素占比及其他：为选填项。

4. 产排污节点、污染物及污染治理设施

该部分包括废气和废水两部分。废气部分应填写生产设施对应的产污节点、污染物种类、排放形式（有组织、无组织）、污染治理设施、是否为可行技术、排放口编号及类型。废水部分应填写废水类别、污染物种类、排放去向、污染治理设施、是否为可行技术、排放口编号、排放口设置是否规范及排放口类型。

（1）废气产污环节：分为锅炉、碱回收炉、石灰窑、焚烧炉、堆场、备料、蒸煮、洗涤、漂白、储存系统等。

（2）污染物种类：为标准中污染因子，如废气中的颗粒物、二氧化硫、氮氧化物等和废水中的COD、氨氮等。

（3）排污许可证申请表中的污染治理设施编号：可填写企业内部污染治理设施编号，若企业无内部编号，则根据《固定污染源（水、大气）编码规则（试行）》进行编号并填报。

（4）治理设施名称：废气分为脱硫系统（单塔单循环、单塔双循环、双塔双循环等）、脱硝系统、脱汞措施、除尘器等；废水分为工业废水处理系统、生活污水处理系统等。

（5）污染治理工艺：废气包括脱硫系统（石灰石-石膏湿法、石灰-石膏湿法、电石渣法、氨-肥法、氨-亚硫酸铵法等）、脱硝系统（低氮燃烧器、SCR、SNCR等）、脱汞措施（卤素除汞、烟道喷入活性炭吸附剂等）、除尘器（静电除尘、袋式除尘器、电袋复合除尘器等）；废水治理工艺分为混凝、沉淀、絮凝、气浮、厌氧、好氧、蒸发结晶、深度处理等。

（6）废水类别：分为制浆废水、造纸废水、生活污水、热电锅炉排水、初期雨水等。

（7）废水排放去向：分为不外排、排至厂内综合污水处理站、直接进入海域等。

（8）废水排放规律：分为连续排放，流量稳定；连续排放，流量不稳定，但有周期性规律等。

（9）可行技术：具体内容见“三、可行技术”；对于采用不属于可行技术范围的污染治理技术，应填写提供的相关证明材料。

（10）排污许可证申请表中的排放口编号：填写地方环境管理部门现有编号或由企业根据《固定污染源（水、大气）编码规则（试行）》进行编号并填写。

（11）排放口设置是否符合要求：填写排放口设置是否符合排污口规范化整治技术要求等相关文件的规定。

（12）排放口类型：分为外排口、设施或车间排放口，其中外排口又分为主要排放口、一般排放口。造纸废水排放口全部为主要排放口，如采用氯气漂白工艺需填写设施或车间排放口；废气主要排放口为碱回收炉和锅炉废气排放口，一般排放口为石灰窑和焚烧炉废气排放口。

排污单位基本信息内容原则上为必填项，在填报主要产品及产能、主要原辅材料及燃料时区分必填项和选填项，并应当在国家排污许可证管理信息平台申报系统的下拉菜单中选择，菜单中未包括的，可自行增加内容。

企业基本信息应当按照企业实际情况填报，确保真实、有效。生产设施及排放口信息要满足本技术规范的要求。本技术规范尚未作出规定，且排放工业废气和有毒有害大气污染物的，应当执行国家和地方排放标准的，要参照相关技术规范自行填报。企业针对申请的排污许可要求，评估污染排放及环境管理现状，对存在需要改正的，可在排污许可证管理信息平台申请系统中提出改正措施。

有核发权的地方环境保护主管部门补充制订的相关技术规范有要求的，以及企业认为需要填报的，应补充填报。

二、产排污节点对应排放口及许可排放限值

本技术规范主要基于污染物排放标准及总量控制要求确定产排污节点、排放口、污染因子及许可限值。对于新增污染源，应对照环境影响评价文件及批复要求，从严确定；对于现有污染源，有核发权的地方环境保护主管部门可根据环境质量改善需要，综合考虑本技术规范及环境影响评价文件及批复要求，确定产排污节点、排放口、污染因子及许可限值。依法制定并发布的限期达标规划中有明确要求的，还要综合考虑，确定产排污节点、排放口、污染因子及许可限值。有核发权的地方环境保护主管部门合规补充制定的其他各项要求，应当依据规范性文件相应增加内容。

（一）产排污节点及排放口具体规定

1. 废水类别及排放口

造纸企业纳入排污许可管理的废水类别包括所有生产废水和排入厂区污水处理站的生活污水、初期雨水，单独排入城镇集中污水处理设施的生活污水仅说明去向。对于造纸行业废水排放口，不再区分主要排放口和一般排放口。所有废水排放口实施许可管理污染因子为列入《制浆造纸工业水污染物排放标准》（GB 3544）的所有污染因子，具体见表1。地方有其他要求的，从其规定。

2. 废气产排污节点及排放口

造纸企业废气产排污节点包括对应的生产设施和相应排放口，生产设施主要包括锅炉、碱回收炉、石灰窑炉、焚烧炉等，相应排放口主要包括上述生产设施烟囱或排气筒。实施许可管理的废气污染因子为列入相应排放标准的所有污染因子，具体见表2。

造纸企业废气排放口分为主要排放口和一般排放口，主要排放口管控许可排放浓度和许可排放量，详细填报排放口具体位置、排气筒高度、排气筒出口内径等信息。本次暂将锅炉、碱回收炉烟囱列为主要排放口，石灰窑炉、焚烧炉烟囱列为一般排放口，其他有组织废气由企业在申请排污许可证阶段自行申报，按照相应的污染物排放标准进行管控；无组织废气污染源应说明采取的控制措施。地方排污许可规范性文件有具体规定或其他要求的，从其规定。

表1　废水类别及污染因子

废水类别	污染因子
漂白车间或生产设施废水排放口	可吸附有机卤素（AOX）①
	二噁英②
生活污水初期雨水	……
生产废水外排口	pH
	色度
	悬浮物
生产废水外排口	化学需氧量
	生化需氧量
	氨氮
	总磷
	总氮
注：①②AOX和二噁英仅适用于含元素氯漂白工艺的企业。	

表2　废气生产设施及排放口

生产设施	排放口	污染因子
主要排放口		
锅炉	锅炉烟囱	颗粒物
		二氧化硫
		氮氧化物
		汞及其化合物①
		烟气黑度（林格曼黑度，级）
碱回收炉	碱回收炉烟囱	颗粒物
		二氧化硫
		氮氧化物
一般排放口		
石灰窑炉	石灰窑炉烟囱	颗粒物
		二氧化硫
焚烧炉	焚烧炉烟囱	二氧化硫
		氮氧化物
		颗粒物、氯化氢、汞及其化合物、（镉、铊及其化合物）、（锑、砷、铅、铬、钴、铜、锰、镍及其化合物）、二噁英、一氧化碳②
		烟尘、一氧化碳、氟化氢、氯化氢、汞及其化合物、镉及其化合物、（砷、镍及其化合物）、铅及其化合物、（铬、锡、锑、铜、锰及其化合物）、二噁英③
厂界		臭气浓度、硫化氢、氨、颗粒物、氯化氢④

注：①适用于燃煤锅炉；
②、③分别为《生活垃圾焚烧污染控制标准》（GB 18485）、《危险废物焚烧污染控制标准》（GB 18484）中污染因子。废气排放口中如排放①②中涉及的污染因子，则纳入管控范围。
④适用于采用含氯漂白工艺的企业。

（二）许可排放限值

许可排放限值包括污染物许可排放浓度和许可排放量，原则上按照污染物排放标准和总量控制要求进行确定。执行特别排放限值的地区或有地方排放标准的，按照从严原则进行确定。

企业申请的许可排放限值严于本规范规定的，排污许可证按照申请的许可排放限值核发。

对于大气污染物，以生产设施或有组织排放口为单位确定许可排放浓度和许可排放量。对于水污染物，按照排放口确定许可排放浓度和许可排放量。企业填报排污许可限值时，应在排污许可申请表中写明申请的许可排放限值计算过程。

1. 许可排放浓度

（1）废水

所有废水排放口分别确定许可排放浓度。

明确各项水污染因子许可排放浓度（除 pH 值、色度外）为日均浓度。

废水直接排放外环境的现有制浆、造纸及制浆造纸联合企业水污染物许可排放浓度限值按照《制浆造纸工业水污染物排放标准》（GB 3544）确定；根据《关于太湖流域执行国家排放标准水污染物特别排放限值时间的公告》（环境保护部 2008 年第 28 号公告）和《关于太湖流域执行国家污染物排放标准水污染物特别排放限值行政区域范围的公告》（环境保护部 2008 年第 30 号公告），江苏省苏州市全市辖区，无锡市全市辖区，常州市全市辖区，镇江市的丹阳市、句容市、丹徒区，南京市的溧水县、高淳县；浙江省湖州市全市辖区，嘉兴市全市辖区，杭州市的杭州市区（上城区、下城区、拱墅区、江干区、余杭区，西湖区的钱塘江流域以外区域）、临安市的钱塘江流域以外区域；上海市青浦区全部辖区自 2008 年 9 月 1 日起执行《制浆造纸工业水污染物排放标准》（GB 3544）的水污染物特别排放限值。省级环境保护部门如确定了其他需要执行特别排放限值的区域，所在区域企业执行相应的特别排放限值要求。地方污染物排放标准有更严格要求的，从其规定。

废水排入集中式污水处理设施的造纸企业，其污染物许可排放浓度限值按照《制浆造纸工业水污染物排放标准》（GB 3544）或地方污染物排放标准规定，由企业与污水处理设施运营单位协商确定；如未商定的，按照《污水综合排放标准》（GB 8978）中的三级排放限值、《污水排入城镇下水道水质标准》（GB/T 31962）以及其他有关标准从严确定。

制浆、造纸及制浆造纸联合企业生产设施同时生产两种以上产品、可适用不同排放控制要求或不同行业国家污染物排放标准，且生产设施产生的污水混合处理排放的情况下，应执行排放标准中规定的最严格的浓度限值。

纸制品企业水污染物许可排放浓度限值按照《污水综合排放标准》（GB 8978）要求确定，其中总磷、总氮因子排放浓度限值参照《制浆造纸工业水污染物排放标准》（GB 3544）中造纸企业的排放要求确定，对于有环评批复且目前按照环境影响评价确定的限值进行环境监管的企业，也可按照环境影响评价文件及批复要求申请许可排放浓度限值。

（2）废气

以产排污节点对应的生产设施或排放口为单位，明确各台碱回收炉、石灰窑炉、焚烧炉各类污染物许可排放浓度，为小时浓度。

根据《关于碱回收炉烟气执行排放标准有关意见的复函》（环函〔2014〕124 号），65 蒸吨/h 以上碱回收炉废气中烟尘、二氧化硫、氮氧化物许可排放浓度限值可参照《火电厂大气污染物排放标准》（GB 13223）中现有循环流化床火力发电锅炉的排放控制要求确定；65 蒸吨/h 及以下碱回收炉废气中烟尘、二氧化硫、氮氧化物许可排放浓度限值参照《锅炉大气污染物排放标准》（GB 13271）中生物质成型燃料锅炉的排放控制要求确定。对于有环评批复的，也可按照环境影响评价文件及批复要求确定许可排放浓度限值。

执行《锅炉大气污染物排放标准》（GB 13271）的锅炉废气中颗粒物、二氧化硫、氮氧化物、汞及其化合物（仅适用于燃煤锅炉）许可排放浓度限值按照《锅炉大气污染物排放标准》（GB 13271）确定。北京市、天津市、石家庄市、唐山市、保定市、廊坊市、上海市、南京市、无锡市、常州市、苏州市、南通市、扬州市、镇江市、泰州市、杭州市、宁波市、嘉兴市、湖州市、绍兴市、广州市、深圳市、珠海市、佛山市、江门市、肇庆市、惠州市、东莞市、中山市、沈阳市、济南市、青岛市、淄博市、潍坊市、日照市、武汉市、长沙市、重庆市主城区、成都市、福州市、三明市、太原市、西安市、咸阳市、兰州市、银川市等47个城市市域范围按照《关于执行大气污染物特别排放限值的公告》（环境保护部公告2013年第14号）和《关于执行大气污染物特别排放限值有关问题的复函》（环办大气函〔2016〕1087号）的要求确定许可排放浓度。地方有更严格的排放标准要求的，按照地方排放标准进行确定。

石灰窑炉废气中烟尘、二氧化硫许可排放浓度限值按照《工业炉窑大气污染物排放标准》（GB 9078）确定。

焚烧炉废气中烟尘、二氧化硫、氮氧化物、汞及其化合物、CO和废气中明确排放的氯化氢、氟化氢、（镉、铊及其化合物）、（锑、砷、铅、铬、钴、铜、锰镍及其化合物）、二噁英污染物许可排放浓度限值，对于焚烧危险废物的，按照《危险废物焚烧污染控制标准》（GB 18484）确定；对于焚烧一般固废的，参照《生活垃圾焚烧污染控制标准》（GB 18485）确定，有环评批复且目前环境监管按照环境影响评价确定的限值进行监管的，也可按照环境影响评价文件及批复要求申请许可排放浓度限值。

若执行不同许可排放浓度的多台生产设施或排放口采用混合方式排放废气，且选择的监控位置只能监测混合废气中的大气污染物浓度，则应执行各限值要求中最严格的许可排放浓度。

2. 许可排放量

年许可排放量的有效周期应以许可证核发时间起算，滚动12个月。许可排放量包括有组织排放和无组织排放。

有环评批复的新增污染源依据环境影响评价文件及批复确定许可排放量。环境影响评价文件及批复中无排放总量要求或排放总量要求低于按照排放标准（含特别排放限值）确定的许可排放量的，按照执行的排放标准（含特别排放限值）要求为依据，采用下列方法确定许可排放量。地方有更严格的环境管理要求的，按照地方要求进行核定。

现有污染源基于国家或地方排放标准采用下列方法确定许可排放量。地方有总量控制要求且将总量指标分配到企业的，按照从严原则确定企业许可排放量。

总量控制要求包括地方政府或环境保护部门发文确定的企业总量控制指标、环境影响评价文件及其批复中确定的总量控制指标、现有排污许可证中载明的总量控制指标、通过排污权有偿使用和交易确定的总量控制指标等地方政府或环境保护部门与排污许可证申领企业以一定形式确认的总量控制指标。

（1）废水

明确对化学需氧量、氨氮以及受纳水体环境质量超标且列入《制浆造纸工业水污染物排放标准》（GB 3544）中的其他污染因子许可年排放量。

①单独排放

企业水污染物许可排放量依据水污染物许可排放浓度限值、单位产品基准排水量和产品产能核定，计算公式如下：

$$D=S\times Q\times C\times 10^{-6} \tag{1}$$

式中：D——某种水污染物最大年许可排放量，t/a；

S——产品年产能规模，t/a；

Q——单位产品基准排水量，m^3/t 产品，造纸企业执行《制浆造纸工业水污染物排放标准》（GB 3544）的相关取值，纸制品企业单位产品基准排水量按1 m^3/t 产品取值，地方排放标准中有严格要求的，从其规定；

C——水污染物许可排放浓度限值，mg/L。

②混合排放

企业同时排放两种或两种以上工业废水，许可排放量可采用如下公式确定：

$$D = C\times \sum_{i=1}^{n} Q_i S_i \tag{2}$$

式中：C——废水许可排放浓度，mg/L；

Q_i——不同工业污水基准排水量，m^3/t 产品；

S_i——不同产品产能，t/a。

（2）废气

明确各生产设施排气筒许可排放量，包括年许可排放量、不同级别应急预警期间日排放量等。企业废气中各污染物许可排放量为各台生产设施废气中污染物许可排放量之和。备用锅炉或其他备用炉窑不再单独许可排放量，按照企业许可排放总量管理。

对锅炉废气中烟尘、二氧化硫、氮氧化物和碱回收炉废气中氮氧化物按本规范规定年许可排放量。

对于石灰窑、焚烧炉等一般排放口，许可排放量根据实际情况填报。对于排放量较大的一般排放口，应该加强管理；地方有明确规定的，从其规定。

碱回收炉和锅炉废气中污染物许可排放量可依据许可排放浓度与基准排气量进行核定，具体公式如下。同时，具备有效在线监测数据的企业，也可以前一自然年实际排放量为依据，申请年许可排放量，其中浓度限值超标或者监测数据缺失的时段的排放量不得计算在内。

①碱回收炉废气中污染物许可排放量依据许可排放浓度限值、单位产品基准排气量和产品产能核定，计算公式如下：

$$D=R\times Q\times C\times 10^{-9} \tag{3}$$

式中：D—— 废气污染物许可排放量，t/a；

R—— 产品产能，吨风干浆/a；

C—— 废气污染物许可排放浓度限值，mg/m^3；

Q—— 基准排气量，标立方米/吨浆，按表 3 进行经验取值。

②执行《锅炉大气污染物排放标准》（GB 13271）的锅炉废气污染物许可排放量依据废气污染物许可排放浓度限值、基准排气量和燃料用量核定。

表 3 碱回收炉基准烟气量取值表 单位：m^3/t 风干浆

碱回收炉	规模	基准烟气量（干烟气）
化学木浆	≤50 万 t 浆/a	7 000
	＞50 万 t 浆/a	8 000
化学竹浆	≤10 万 t 浆/a	5 500
	＞10 万 t 浆/a	6 000
化学非木浆	—	6 000
化学机械浆	—	1 000

a）燃煤或燃油锅炉废气污染物许可排放量计算公式如下：

$$D=R\times Q\times C\times 10^{-6} \tag{4}$$

b）燃气锅炉废气污染物许可排放量计算公式如下：

$$D=R\times Q\times C\times 10^{-9} \tag{5}$$

式中：D—— 废气污染物许可排放量，t/a；

R—— 设计燃料用量，t/a 或 m^3/a；

C—— 废气污染物许可排放浓度限值，mg/m^3；

Q—— 基准排气量，m^3/kg 燃煤或 m^3/m^3 天然气，具体取值见表 4。

表 4 锅炉废气基准烟气量取值表

锅炉	热值	基准烟气量
燃煤锅炉/（m^3/kg 燃煤）	12.5 MJ/kg	6.2
	21 MJ/kg	9.9
	25 MJ/kg	11.6
燃油锅炉/（m^3/kg 燃煤）	38 MJ/kg	12.2
	40 MJ/kg	12.8
	43 MJ/kg	13.8
燃气锅炉/（m^3/m^3）	—	12.3

锅炉	热值	基准烟气量
注：①燃用其他热值燃料的，可按照《动力工程师手册》进行计算。 ②燃用生物质燃料蒸汽锅炉的基准排气量参考燃煤蒸汽锅炉确定，或参考近三年企业实测的烟气量，或近一年连续在线监测的烟气量。		

③主要排放口排放量之和

企业大气许可排放量为各主要排放口排放量之和，年许可排放量计算公式如下：

$$E_{年许可}=\sum_{i=1}^{n}M_i \tag{6}$$

式中：$E_{年许可}$—— 造纸企业年许可排放量，t；

M_i—— 第 i 个排放口大气污染物年许可排放量，t。

④混合排放

若执行不同许可排放浓度的多台设施采用混合方式排放烟气，且选择的监控位置只能监测混合烟气中的大气污染物浓度，许可排放量为各烟气量许可排放量之和。

3. 其他

新（改、扩）建项目的环境影响评价文件或地方相关规定中有原辅材料、燃料等其他污染防治强制要求的，还应根据环境影响评价文件或地方相关规定，明确其他需要落实的污染防治要求。

三、可行技术

具有核发权限的环境保护部门，在审核排污许可申请材料时，判断企业是否具备符合规定的防治污染设施或污染物处理能力，可以参照行业可行技术，对于企业采用相关可行技术的，原则上认为具备符合规定的防治污染设施或污染物处理能力。对于未采用的，企业应当在申请时提供相关证明材料（如已有监测数据；对于国内外首次采用的污染治理技术，还应当提供中试数据等说明材料），证明具备上述相关能力。

（一）废水

废水可行技术参照环境保护部发布的 2013 年第 81 号公告发布的《造纸行业木材制浆工艺污染防治可行技术指南（试行）》《造纸行业非木材制浆工艺污染防治可行技术指南（试行）》《造纸行业废纸制浆及造纸工艺污染防治可行技术指南（试行）》。在造纸行业可行技术指南发布后，以规范性文件要求为准。

（二）废气

1. 可行技术

锅炉、碱回收炉、石灰窑炉和焚烧炉废气污染治理可行技术详见表 5。

表 5　废气可行技术

污染源	污染因子	限值/（mg/m³）	可行技术
执行《锅炉大气污染物排放标准》（GB 13271）中表 1 的锅炉废气	颗粒物	80/60/30	电除尘技术；袋式除尘技术
	二氧化硫	400（550）/300/100	石灰石/石灰-石膏等湿法脱硫技术；喷雾干燥法脱硫技术；循环流化床法脱硫技术
	氮氧化物	400	—
	汞及其化合物	0.05	高效除尘脱硫综合脱除汞效率为 70%
	注：浓度限值为燃煤/燃油/燃气，括号内为广西、四川、重庆、贵州燃煤锅炉执行限值		
执行《锅炉大气污染物排放标准》（GB 13271）中表 2 的锅炉废气	颗粒物	50/30/20	电除尘技术；袋式除尘技术
	二氧化硫	300/200/50	石灰石/石灰-石膏等湿法脱硫技术；喷雾干燥法脱硫技术；循环流化床法脱硫技术
	氮氧化物	300/250/200	非选择性催化还原脱硝技术
	汞及其化合物	0.05	高效除尘脱硫脱硝综合脱除汞的效率为 70%
	注：浓度限值为燃煤/燃油/燃气		
执行《锅炉大气污染物排放标准》（GB 13271）中表 3 的锅炉废气	颗粒物	30/30/20	四电场以上电除尘技术；袋式除尘技术
	二氧化硫	200/100/50	二氧化硫治理技术；石灰石/石灰-石膏等湿法脱硫技术；喷雾干燥法脱硫技术；循环流化床法脱硫技术
	氮氧化物	200/200/150	选择性催化还原脱硝技术
	汞及其化合物	0.05	高效除尘脱硫脱硝综合脱除汞的效率为 70%

污染源	污染因子	限值/（mg/m^3）	可行技术
碱回收炉废气	烟尘	30/50	三电场或四电场静电除尘器、布袋除尘器
	二氧化硫	200/300	不采取脱硫措施的情况下，碱回收炉废气中二氧化硫浓度可达到70 mg/m^3 以下
	氮氧化物	200/300	不采取脱硝措施的情况下，碱回收炉废气中氮氧化物浓度可达到300 mg/m^3 以下。如排放浓度小于 200 mg/m^3，需增加脱硝措施
	注：浓度限值为 65 蒸吨/h 以上/65 蒸吨/h 及以下		
石灰窑炉废气	烟尘	200	三电场或四电场静电除尘器
	二氧化硫	850	—
	氮氧化物		—
焚烧炉废气	烟尘	30/65	布袋除尘器
	二氧化硫	100/200	石灰石/石灰-石膏法脱硫技术；喷雾干燥法脱硫技术；循环流化床法脱硫技术
	氮氧化物	300/500	如不能稳定达标，可采用 SNCR 脱硝
	二噁英	0.1/0.5 $ngTEQ/m^3$	活性炭吸附
	注：浓度限值为《生活垃圾焚烧污染控制标准》（GB 18485）1 h 均值/《危险废物焚烧污染控制标准》（GB 18484）		

2. 运行管理要求

（1）有组织

有组织排放要求主要是针对烟气处理系统的安装、运行、维护等规范和要求。

碱回收炉、石灰窑炉布袋除尘器滤袋应完整无破损。

执行《生活垃圾焚烧污染控制标准》（GB 18485）的焚烧炉废气排放控制要求应满足 GB 18485 中各项要求，包括炉膛内焚烧温度≥850℃，烟气停留时间≥2 s，渣热灼减率≤5%等。

执行《危险废物焚烧污染控制标准》（GB 18484）的焚烧炉废气，排放控制要求应满足 GB 18484 中各项要求，包括炉膛内温度≥1 100℃，烟气停留时间≥2 s；炉膛内渣热灼减率≤5%，燃烧效率≥99.9%，焚毁去除率≥99.99%等。

（2）无组织

企业无组织排放节点主要包括高浓度污水处理设施、污泥间废气、制浆及碱回收工段产生的恶臭气体、储煤场、脱硝辅料区等。

对于高浓度污水处理设施、污泥间废气经密闭收集处理后通过排气筒排放。对于制浆及碱回收工段产生的不凝气、汽提气等含恶臭物质，经收集后送碱回收炉等进行焚烧处置。对于露天储煤场应配备防风抑尘网、喷淋、洒水、苫盖等抑尘措施，且防风抑尘网不得有明显破损。煤粉、石灰或石灰石粉等粉状物料须采用筒仓等全封闭料库存储。其他易起尘物料应苫盖。石灰石卸料斗和储仓上设置布袋除尘器或其他粉尘收集处理设施。氨区应设有防泄漏围堰、氨气泄漏检测设施。氨罐区应安装氨（氨水）流量计。

四、自行监测管理要求

企业制定自行监测管理要求的目的是证明排污许可证许可的产排污节点、排放口、污染治理设施及许可限值落实情况。造纸企业在申请排污许可证时，应当按照本技术规范制定自行监测方案并在排污许可证申请表中明确，造纸行业排污单位自行监测技术指南发布后，以规范性文件要求为准。以确定产排污节点、排放口、污染因子及许可限值的要求为依据，对需要综合考虑批复的环境影响评价文件等其他管理要求的，应当同步完善企业自行监测管理要求。

（一）自行监测方案

自行监测方案中应明确企业的基本情况、监测点位、监测指标、执行排放标准及其限值、监测频次、监测方法和仪器、采样方法、监测质量控制、监测点位示意图、监测结果公开时限等。对于采用自动监测的，企业应当如实填报采用自动监测的污染物指标、自动监测系统联网情况、自动监测系统的运行维护情况等；对于无自动监测的大气污染物和水污染物指标，企业应当填报开展手工监测的污染物排放口、监测点位、监测方法、监测频次；对于新增污染源，企业还应按照环境影响评价文件的要求填报周边环境质量监测（如需）方案。

（二）自行监测要求

企业可自行或委托第三方监测机构开展监测工作，并安排专人专职对监测数据进行记录、整理、统计和分析。对监测结果的真实性、准确性、完整性负责。

1. 废水

（1）监测点位设置

有元素氯漂白工序的造纸工业企业，须在元素氯漂白车间排放口或元素氯漂白车间处理设施排放口设置监测点位。有脱墨工序，且脱墨工序排放重金属的废纸造纸工业企业，须在脱墨车间排放口或脱墨车间处理设施排放口设置监测点位。所有造纸工业企业均须在企业废水外排口设置监测点位；废水间接排放，无明显外排口的，在排污单位的废水处理设施排放口位置采样。

（2）监测指标及监测频次

监测指标及频次按照表 6 执行，地方根据规定可相应加密监测频次。对于新增污染源，周边环境影响监测点位、监测指标按照企业环境影响评价文件的要求执行。

表 6　废水排放口及污染物最低监测频次

监测点位	污染物指标	监测频次①	备注
企业废水总排放口②	流量	连续监测	—
	pH、悬浮物、色度、化学需氧量、氨氮	日	—
	五日生化需氧量、总氮、总磷	周	水环境质量中总氮（无机氮）/总磷（活性磷酸盐）超标的流域或沿海地区，总氮/总磷最低监测频次按日执行
	挥发酚、硫化物、溶解性总固体（全盐量）	季度	选测
元素氯漂白车间废水排放口	AOX、二噁英、流量	年	—
脱墨车间废水排放口	环境影响评价及批复或摸底监测确定的重金属污染物指标	周	若无重金属排放，则不需要开展监测

注：①设区的市级及以上环保主管部门明确要求安装自动监测设备的污染物指标，须采取自动监测；其他可自行确定采用手工或自动监测手段。
②间接排放造纸工业企业废水总排口的监测指标和监测频次根据所执行的排放标准或当地环境管理要求参照本表确定。

2. 有组织废气

根据《关于加强京津冀高架源污染物自动监控有关问题的通知》（环办环监函〔2016〕1488 号）中的相关要求，京津冀地区及传输通道城市各排放烟囱超过 45 m 的高架源应安装污染源自动监控设备。

造纸企业锅炉废气按照火电行业中企业自行监测要求确定，碱回收炉、石灰窑炉排污口的监测指标及频次按照表 7 执行，地方根据规定可相应加密监测频次。

表 7　废气排放口污染物指标最低监测频次

污染源	监测点位	污染物指标	监测频次
碱回收炉	碱回收炉排气筒或原烟气与净烟气会合后的混合烟道上	氮氧化物、二氧化硫	连续监测
		颗粒物、烟气黑度	季度
石灰窑	石灰窑排气筒或原烟气与净烟气会合后的混合烟道上	颗粒物、氮氧化物、二氧化硫	季度
焚烧炉（以一般固废为燃料）	焚烧炉排气筒或原烟气与净烟气会合后的混合烟道上	颗粒物、氮氧化物、二氧化硫、一氧化碳、氯化氢、流量、炉膛温度	连续监测
		汞及其化合物、镉和铊及其化合物、（锑、砷、铅、铬、钴、铜、锰、镍及其化合物）	月（如排放）
		二噁英	年
焚烧炉（燃料含危险废物）	焚烧炉排气筒或原烟气与净烟气会合后的混合烟道上	颗粒物、氮氧化物、二氧化硫、流量	连续监测
		氯化氢、氟化氢、汞及其化合物、镉及其化合物、砷及其化合物、镍及其化合物、铅及其化合物、（铬、锡、锑、铜、锰及其化合物）	月（如排放）
		烟气黑度、二噁英	年

3. 无组织废气

造纸工业企业无组织排放监测点位设置、监测指标及监测频次按表 8 执行。

表 8　无组织废气污染物指标最低监测频次

企业类型	监测点位	监测指标	监测频次
有制浆工序的企业	厂界	臭气浓度①、颗粒物	月或年②
有生化污水处理工序	厂界	臭气浓度、硫化氢、氨	季
采用含氯漂白工艺的企业	漂白车间或二氧化氯制备车间外	氯化氢	年
有石灰窑的	厂界	颗粒物	年
注：①根据环境影响评价文件及其批复，以及原料工艺等确定是否监测其他臭气污染物。 ②适用于有硫酸盐法制浆或硫酸盐法纸浆漂白工序的企业，若周边没有敏感点，可适当降低监测频次。			

4. 采样和测定方法

（1）自动监测

废水自动监测参照《水污染源在线监测系统安装技术规范》（HJ/T 353）、《水污染源在线监测系统验收技术规范》（HJ/T 354）、《水污染源在线监测系统运行与考核技术规范（试行）》（HJ/T 355）执行。

废气自动监测参照《固定污染源烟气排放连续监测技术规范》（HJ/T 75）、《固定污染源排放烟气连续监测系统技术要求及检测方法》（HJ/T 76）执行。

（2）手工采样

废水手工采样方法的选择参照《水质采样技术指导》（HJ 494）、《水质采样方案设计技术规定》（HJ 495）和《地表水和污水监测技术规范》（HJ/T 91）执行。

废气手工采样方法的选择参照《固定污染源排气中颗粒物和气态污染物》（GB/T 16157）、《固定源废气监测技术规范》（HJ/T 397）执行，单次监测中，气态污染物采样，应获得小时均值浓度；颗粒物采样，至少采集三个反映监测断面颗粒物平均浓度的样品。

（3）测定方法

废气、废水污染物的测定按照相应排放标准中规定的污染物浓度测定方法标准执行，国家或地方法律法规等另有规定的，从其规定。

5. 数据记录要求

（1）监测信息记录

手工监测的记录和自动监测运维记录按照《排污单位自行监测技术指南　总则》执行。

对于无自动监测的大气污染物和水污染物指标，企业应当定期记录开展手工监测的日期、时间、污染物排放口和监测点位、监测方法、监测频次、监测方法和仪器、采样方法等，并建立台账记录报告，手工监测记录台账至少应包括表 9 内容，填报方法可参照排污许可证申请表相关注释。

表 9　手工监测报表

序号	污染源类别	监测日期	监测时间	排放口编号	监测内容	计量单位	监测结果	监测结果（折标）	手工监测采样方法及个数	手工测定方法	手工监测仪器型号
1	废气	20160606	10:00—10:15	DA001	SO_2	mg/m^3	100	110	连续采样	HJ/T 57	AAA
		20160606	10:00—10:15	DA001	烟气流量	m^3/h	5 000	5 500	—	—	—
	废水										
				……	……				……	……	
	其他				……				……	……	
注：监测内容包括：自行监测指南中确定应当开展监测的废气、废水污染因子，及其他需要监测的污染物；对于需要同步监测的烟气参数（排气量、温度、压力、湿度、氧含量等）、废水排放量等，要同步记录。											

（2）生产和污染治理设施运行状况信息记录

监测期间应详细记录企业以下生产及污染治理设施运行状况，日常生产中也应参照以下内容记录相关信息，并整理成台账保存备查。

①制浆造纸生产运行状况记录

分生产线记录每日的原辅料用量及产量：取水量（新鲜水），主要原辅料（木材、竹、芦苇、蔗渣、稻麦草等植物、废纸等）使用量，商品浆和纸板及机制纸产量等；

化学浆生产线还需要记录粗浆得率、细浆得率、碱回收率、黑液提取率等；

半化学浆、化机浆生产线还需要记录纸浆得率等。

②碱回收工艺运行状况记录

按生产周期记录石灰窑原料使用量、石灰窑产品产量、总固形物处理量、燃料消耗量、燃料含硫量等。

③污水处理运行状况记录

按日记录污水处理量、污水回用量、白水回用率、污水排放量、污泥产生量（记录含水率）、进水浓度、排水浓度、污水处理使用的药剂名称及用量。

6. 监测质量保证与质量控制

按照《排污单位自行监测技术指南　总则》要求，企业应当根据自行监测方案及开展状况，梳理全过程监测质控要求，建立自行监测质量保证与质量控制体系。

污染物样品采集、保存、现场测试及实验室分析、监测质量保证与质量控制、监测数据整理及处理等应符合 GB/T 27025、HJ/T 91、HJ/T 355、HJ/T 356、HJ/T 373、HJ/T 397、HJ 494、HJ 495 等相关规定。

7. 其他要求

现有造纸企业结合原辅料、生产工艺以及自行监测确定企业排放的其他污染物指标也可纳入监测指标范围，并参照前述要求确定监测频次。

新改扩建项目的自行监测要求需同时满足环境影响评价报告书（表）及其批复要求。地方有更严格环境管理要求的，从其规定。

五、环境管理台账记录与执行报告编制规范

企业开展环境管理台账记录、编制执行报告目的是自我证明企业的持证排放情况。《环境管理台账及排污许可证执行报告技术规范》及相关技术规范性文件发布后，企业环境管理台账记录要求及执行报告编制规范以规范性文件要求为准。

（一）环境管理台账记录要求

造纸企业应按照“规范、真实、全面、细致”的原则，依据本技术规范要求，在排污许可证管理信息平台申报系统进行填报；有核发权的地方环境管理部门补充制定相关技术规范中要求增加的，在本技术规范基础上进行补充；企业还可根据自行监测管理要求补充填报其他内容。企业应建立环境管理台账制度，设置专职人员进行台账的记录、整理、维护和管理，并对台账记录结果的真实性、准确性、完整性负责。

为实现台账便于携带、作为许可证执行情况佐证并长时间储存的目的以及导出原始数据，加工分析、综合判断运行情况的功能，台账应当按照电子化储存和纸质储存两种形式同步管理。台账保存三年以上备查。

排污许可证台账应按生产设施进行填报，内容主要包括基本信息、污染治理措施运行管理信息、监测记录信息、其他环境管理信息等内容，记录频次和记录内容要满足排污许可证的各项环境管理要求。其中，基本信息主要包括企业、生产设施、治理设施的名称、工艺等排污许可证规定的各项排污单位基本信息的实际情况及与污染物排放相关的主要运行参数；污染治理设施台账主要包括污染物排放自行监测数据记录要求以及污染治理设施运行管理信息。监测记录信息按照自行监测管理要求实施。

污染治理措施运行管理信息应当包括设备运行校验关键参数，能充分反映生产设施及治理设施运行管理情况。

（1）污染治理设施运行管理信息

环保设施台账应包括所有环保设施的运行参数及排放情况等，废水治理设施包括废水处理能力（t/d）、进水水质（各因子浓度和水量等）、运行参数（包括运行工况等）、污泥运行费用（元/t）。焚烧炉应记录入炉固体废物、性质、数量、设施运行参数等。

（2）其他相关信息

年生产时间（分正常工况和非正常工况，单位为小时）、生产负荷、燃料（柴油、重油、天然气等）消耗量、主要产品产量（吨）等。

（二）执行报告编制规范

地方环境管理部门应当整合总量控制、排污收费、环境统计等各项环境管理的数据上报要求，可以参照本技术规范，在排污许可证中根据各项环境管理要求，确定执行报告的内容与频次。造纸企业应按照许可证中规定的内容和频次定期上报。

1. 报告频次

造纸企业应至少每年上报一次许可证年度执行报告，对于持证时间不足 3 个月的，当年可不上报年度执行报告，许可证执行情况纳入下一年年度执行报告；每月或每季度向环境保护主管部门上报化学需氧量、氨氮、二氧化硫、氮氧化物等主要污染物的实际排放量。

2. 年度执行报告提纲

造纸企业应根据许可证要求时间提交执行报告，根据环境管理台账记录等归纳总结报告期内排污许可证执行情况，自行或委托第三方按照执行报告提纲编写年度执行报告，保证执行报告的规范性和真实性，并连同环保管理台账一并提交至发证机关。负责工程师发生变化时，应当在年度执行报告中及时报告。执行报告提纲具体内容如下：

（1）基本生产信息。

基本生产信息包括排污单位名称、所属行业、许可证编号、组织机构代码、营业执照注册号、投产时间、环保设施运行时间等内容，结合环境管理台账内容，总结概述许可证报告期内企业规模、原辅料、产品、产量、设备等基本信息，并分析与许可证载明事项及上年同比变化情况；对于报告周期内有污染治理投资的，还应包括治理类型、开工年月、建成投产年月、计划总投资、报告周期内累计完成投资等信息。企业基本生产信息至少应包括“四、自行监测管理要求”中数据记录要求的各项内容。

（2）遵守法律法规情况。

说明企业在许可证执行过程中遵守法律法规情况；配合环境保护行政主管部门和其他有环境监督管理权的工作人员职务行为情况；自觉遵守环境行政命令和环境行政决定情况；公众举报、投诉情况及具体环境行政处罚等行政决定执行情况。

（3）污染防治措施运行情况。

污染物来源及处理说明。根据环境管理台账，总结各污染源污染物产生情况、治理措施及效果；说明排水去向及受纳水体、排入的污水处理厂名称等，分析与许可证载明事项变化情况。 污染防治措施运行情况至少应包括“四、自行监测管理要求”中数据记录要求的各项内容，以及废气、废水治理设施运行费用等。

污染防治设施异常情况说明。企业拆除、闲置停运污染防治设施，需说明原因、递交书面报告、收到回复及实施拆除、闲置停运的起止日期及相关情况；因故障等紧急情况停运污染防治设施，或污染防治设施运行异常的，企业应说明原因、废水废气等污染物排放情况、报告递交情况及采取的应急措施。

如有发生污染事故，企业需要说明在污染事故发生时采取的措施、污染物排放情况及对周边环境造成的影响。

（4）自行监测情况。

自动监测情况应当说明监测点位、监测指标、监测频次、监测方法和仪器、采样方法、监测质量控制、自动监测系统联网、自动监测系统的运行维护及监测结果公开情况等，并建立台账记录报告。

对于无自动监测的大气污染物和水污染物指标，企业应当按照自行监测数据记录总结说明企业开展手工监测的情况。至少应当包括表 10 的总结说明。

分析与排污许可证规定的自行监测方案变化情况及是否满足排污许可证要求。

（5）台账管理情况。企业应说明按总量控制、排污收费、环境保护税等各项环境管理要求统计基本信息、污染治理措施运行管理信息、其他环境管理信息等情况；说明记录、保存监测数据的情况；说明生产运行台账是否满足接受各级环境保护主管部门检查要求。

（6）实际排放情况及达标判定分析。根据企业自行监测数据记录及环境管理台账的相关数据信息，概述企业各项污染源、各项污染物的排放情况，分析全年、特殊时段、启停机时段许可浓度限值及许可排放量的达标情况。实际排放量和达标排放判定方法详见本规范第六和第七部分。实际排放量报表可参照表 10 填报，对于超标时段还应填报表 11 内容。

表 10　实际排放量报表

排放口名称	排放口编码	污染物	年许可排放量/t	报告期实际排放量/t	报告期（月/季度/年）
		SO_2			
		NO_x			
		烟尘			
		……			
全厂					

表 11　污染物超标时段自动监测小时均值报表

日期	时间	排放口编码	超标污染物种类	排放浓度（折标）	超标原因说明
				mg/m^3 或 mg/L	（启动、故障等）

（7）排污费（环境保护税）缴纳情况。企业说明根据相关环境法律法规，按照排放污染物的种类、浓度、数量等缴纳排污费（环境保护税）的情况。如遇有不可抗力自然灾害和其他突发事件申请减免或缓缴，企业需说明书面申请及批复情况。

（8）信息公开情况。企业说明依据排污许可证规定的环境信息公开要求，开展信息公开的情况。

（9）企业内部环境管理体系建设与运行情况。说明企业内部环境管理体系的设置、人员保障、设施配备、企业环境保护规划、相关规章制度的建设和实施情况、相关责任的落实情况等。

（10）其他排污许可证规定的内容执行情况。

（11）其他需要说明的问题。

3. 半年及月报规范

企业每月或每季度应至少向环境保护主管部门上报全年报告中的第（6）部分中的“实际排放量报表”、达标判定分析说明及第（4）部分中“治污设施异常情况汇总表”。半年报告应至少向环境保护主管部门上报全年报告中的第（1）、第（3）至第（6）部分。

六、达标排放判定方法

对于实施排污许可管理的企业，达标判定是指各项污染物是否达到许可限值的各项规定，主要包括许可排放量和许可排放浓度判定。其中各项污染物许可排放量达标，是指根据本技术规范第七部分计算的全厂实际排放总量不超过相应污染物的许可排放量。许可浓度限值判定方法具体如下。

（一）废水

造纸企业各废水排放口污染物的排放浓度达标是指任一有效日均值均满足许可排放浓度要求。各项废水污染物有效日均值采用自动监测、执法监测、企业自行开展的手工监测三种方法分类进行确定。

1. 自动监测

按照监测规范要求获取的自动监测数据计算得到有效日均浓度值与许可排放浓度限值进行对比，超过许可排放浓度限值的，即视为超标。

对于自动监测，有效日均浓度是对应于以每日为一个监测周期内获得的某个污染物的多个有效监测数据的平均值。在同时监测污水排放流量的情况下，有效日均值是以流量为权的某个污染物的有效监测数据的加权平均值；在未监测污水排放流量的情况下，有效日均值是某个污染物的有效监测数据的算术平均值。

自动监测的有效日均浓度应根据《水污染源在线监测系统数据有效性判别技术规范（试行）》（HJ/T 356）、《水污染源在线监测系统运行与考核技术规范（试行）》（HJ/T 355）等相关文件确定。技术规范修订后，按其最新修订版执行，下同。

2. 执法监测

按照监测规范要求获取的执法监测数据超标的，即视为超标。根据《地表水和污水监测技术规范》（HJ/T 91）确定监测要求。

若同一时段的现场监测数据与在线监测数据不一致，现场监测数据符合法定的监测标准和监测方法的，以该现场监测数据作为优先证据使用。

3. 手工自行监测

按照自行监测方案、监测规范要求开展的手工监测，当日各次监测数据平均值（或当日混合样监测数据）超标的，即视为超标。超标判定原则同执法监测。

（二）废气

1. 一般情况

造纸企业各废气排放口污染物的排放浓度达标是指“任一小时浓度均值均满足许可排放浓度要求”。各项废气污染物小时浓度均值根据自动监测数据和手工监测数据确定。

自动监测小时均值是指“整点 1 h 内不少于 45 min 的有效数据的算术平均值”。按照《固定污染源排气中颗粒物测定与气态污染物采样方法》（GB/T 16157）和《固定源废气监测技术规范》（HJ/T 397）中的相关规定，手工监测小时均值是指“1 h 内等时间间隔采样 3～4 个样品监测结果的算数平均值”。

对于造纸企业的污染因子，按照剔除异常值的自动监测数据、执法监测数据及企业自行开展的手工监测数据作为达标判定依据。若同一时段的手工监测数据与自动监测数据不一致，手工监测数据符合法定的监测标准和监测方法的，以手工监测数据作为优先达标判定依据。由于自动监控系统故障等原因导致自动监测数据缺失的，连续缺失时段在 24 h 以内的应当参照《固定污染源烟气排放连续监测技术规范》（HJ/T 75）进行补遗，超过 24 h 的，超过时段按照缺失前 720 有效小时均值中最大小时均值进行补遗。

对于未要求采用自动监测的排放口或污染物，应以手工监测为准，同一时段有执法监测的，以执法监测为准。

2. 特殊情况

启动和停机时段内的排放数据可不作为废气达标判定依据，其中碱回收炉冷启动不超过 8 h，不冲洗炉膛直接启动不超过 5 h，停炉时间不超过 4 h；石灰窑炉冷启动不超过 24 h、热启动不超过 6 h；焚烧炉冷启动时间不超过 4 h，热启动时间不超过 2 h，停炉时间不超过 1 h，每年启动、停炉（含故障）时间累积不超过 60 h；燃煤蒸汽锅炉如采用干（半干）法脱硫、脱硝措施，冷启动不超过 1 h、热启动不超过 0.5 h，不作为二氧化硫和氮氧化物达标判定的时段。

若多台设施采用混合方式排放烟气，且其中一台处于启停时段，企业可自行提供烟气混合前各台设施有效监测数据的，按照企业提供数据进行达标判定。

七、实际排放量核算方法

造纸企业污染物排放总量达标是指有许可排放量要求的主要排放口的主要污染物实际排放量之和满足主要排放口年许可排放量要求。对于特殊时期短时间内有许可排放量要求的企业，主要排放口实际排放量之和不得超过特殊时期许可排放量。

对于主要排放口之外的实际排放量算法，按照优先原则，由企业自行申报，地方另有规定的从其规定。

造纸企业污染物实际排放量为正常和非正常排放量之和，主要污染物实际排放量核算方法包括实测法、物料衡算法、产排污系数法等。

应当采用自动监测的排放口和污染因子，根据符合监测规范的有效自动监测数据采用实测法核算实际排放量。同时根据执法监测、企业自行开展的手工监测数据进行校核，若同一时段的手工监测数据与自动监测数据不一致，手工监测数据符合法定的监测标准和监测方法的，以手工监测数据为准。

应当采用自动监测而未采用的排放口或污染因子，采用物料衡算法或产排污系数法按照直排核算实际排放量。

未要求采用自动监测的排放口或污染因子，按照优先顺序依次选取自动监测数据、手工和执法监测数据、产排污系数法进行核算。在采用手工和执法监测数据进行核算时，还应以产排污系数进行校核；若同一时段的手工监测数据与执法监测数据不一致，以执法监测数据为准。监测数据应符合国家有关环境监测、计量认证规定和技术规范。

（一）废水核算方法

1. 实测法

实测法适用于有连续在线监测数据或手工采样监测数据的企业。

①采用连续在线监测数据核算

污染源自动监测符合 HJ/T 353 要求并获得有效连续在线监测数据的，可以采用在线监测数据核算污染物排放量。在连续在线监测数据由于某种原因出现中断或其他情况，可根据 HJ/T 356 等予以补遗修约，仍无法核算出全年排放量时，可结合手工监测数据共同核算。

②采用手工监测数据核算

未安装在线监测系统或无有效在线监测数据时，可采用手工监测数据进行核算。手工监测数据包括核算时间内的所有执法监测数据和企业自行或委托第三方的有效手工监测数据，企业自行或委托的手工监测频次、监测期间生产工况、数据有效性等须符合相关规范、环境影响评价文件等要求。

2. 产排污系数法

根据产污系数与产品产量核算污染物产生量，再根据产生量与污染治理措施去除效果核算污染物排放量，产污系数可以参考《产排污系数手册》。

3. 非正常情况污染物排放量核算

废水处理设施非正常情况下的排水，如无法满足排放标准要求时，不应直接排入外环境，待废水处理设施恢复正常运行后方可排放。如因特殊原因造成污染治理设施未正常运行超标排放污染物的或偷排偷放污染物的，按产污系数与未正常运行时段（或偷排偷放时段）的累计排水量核算实际排放量。

（二）废气核算方法

1. 实测法

实测法是通过实际废气排放量及其所对应污染物排放浓度核算污染物排放量，适用于有连续在线监测数据或手工采样监测数据的现有污染源。

①采用连续在线监测数据核算

污染源自动监测符合 HJ/T 75 要求并获得有效连续在线监测数据的，可以采用在线监测数据核算污染物排放量。

②用手工采样监测数据核算

连续在线监测数据由于某种原因出现中断或其他情况无有效在线监测数据的，或未安装在线监测系统的，可采用手工监测数据进行核算。手工监测数据频次、监测期间生产工况、有效性等须符合相关规范、环境影响评价文件等要求。

2. 产排污系数法

碱回收炉未安装脱硝措施时，废气中氮氧化物实际排放量为产生量，产污系数可参考表 12；安装脱硝措施时，氮氧化物实际排放量应当在产污系数基础上考虑处理效率。

表 12 碱回收炉废气中氮氧化物产污系数表

产品名称	燃料名称	工艺名称	规模等级	产污系数/（kg/t 浆）
化学木（竹）浆	固形物	碱回收炉	＜50 万 t 浆/a	1.2～3.0
			≥50 万 t 浆/a	0.8～2.7
化学非木浆	固形物	碱回收炉	所有规模	1.0～3.0
化学机械浆	固形物	碱回收炉	所有规模	0.1～0.36

3. 非正常排放量

碱回收炉启动等非正常期间污染物排放量可采用实测法或产排污系数法核定。

第四章

排污单位自行监测技术指南

中华人民共和国国家环境保护标准

排污单位自行监测技术指南　总则

Self-monitoring technology guidelines for pollution sources

—General rule

HJ 819—2017

前　言

为落实《中华人民共和国环境保护法》《中华人民共和国大气污染防治法》《中华人民共和国水污染防治法》，指导和规范排污单位自行监测工作，制定本标准。

本标准提出了排污单位自行监测的一般要求、监测方案制定、监测质量保证和质量控制、信息记录和报告的基本内容和要求。

本标准为首次发布。

本标准由环境保护部环境监测司、科技标准司提出并组织制订。

本标准主要起草单位：中国环境监测总站。

本标准环境保护部 2017 年 4 月 25 日批准。

本标准自 2017 年 6 月 1 日起实施。

本标准由环境保护部解释。

1　适用范围

本标准提出了排污单位自行监测的一般要求、监测方案制定、监测质量保证和质量控制、信息记录和报告的基本内容和要求。

排污单位可参照本标准在生产运行阶段对其排放的水、气污染物，噪声以及对其周边环境质量影响开展监测。

本标准适用于无行业自行监测技术指南的排污单位；行业自行监测技术指南中未规定的内容按本标准执行。

2　规范性引用文件

本标准引用了下列文件或其中的条款。凡是未注明日期的引用文件，其最新版本适用于本标准。

GB 12348　工业企业厂界环境噪声排放标准

GB/T 16157　固定污染源排气中颗粒物测定与气态污染物采样方法

HJ 2.1　环境影响评价技术导则　总纲

HJ 2.2　环境影响评价技术导则　大气环境

HJ/T 2.3　环境影响评价技术导则　地面水环境

HJ 2.4　环境影响评价技术导则　声环境

HJ/T 55　大气污染物无组织排放监测技术导则

HJ/T 75　固定污染源烟气排放连续监测技术规范（试行）

HJ/T 76　固定污染源烟气排放连续监测系统技术要求及检测方法（试行）

HJ/T 91　地表水和污水监测技术规范

HJ/T 92　水污染物排放总量监测技术规范

HJ/T 164　地下水环境监测技术规范

HJ/T 166　土壤环境监测技术规范

HJ/T 194　环境空气质量手工监测技术规范

HJ/T 353　水污染源在线监测系统安装技术规范（试行）

HJ/T 354　水污染源在线监测系统验收技术规范（试行）

HJ/T 355　水污染源在线监测系统运行与考核技术规范（试行）

HJ/T 356　水污染源在线监测系统数据有效性判别技术规范（试行）

HJ/T 397　固定源废气监测技术规范

HJ 442　近岸海域环境监测规范

HJ 493　水质　样品的保存和管理技术规定

HJ 494　水质　采样技术指导

HJ 495　水质　采样方案设计技术规定

HJ 610　环境影响评价技术导则　地下水环境

HJ 733　泄漏和敞开液面排放的挥发性有机物检测技术导则

《企业事业单位环境信息公开办法》（环境保护部令第 31 号）

《国家重点监控企业自行监测及信息公开办法（试行）》（环发〔2013〕81 号）

3　术语和定义

下列术语和定义适用于本标准。

3.1　自行监测　self-monitoring

指排污单位为掌握本单位的污染物排放状况及其对周边环境质量的影响等情况，按照相关法律法规和技术规范，组织开展的环境监测活动。

3.2　重点排污单位　key pollutant discharging entity

指由设区的市级及以上地方人民政府环境保护主管部门商有关部门确定的本行政区域内的重点排污单位。

3.3　外排口监测点位　emission site

指用于监测排污单位通过排放口向环境排放废气、废水（包括向公共污水处理系统排放废水）污染物状况的监测点位。

3.4　内部监测点位　internal monitoring site

指用于监测污染治理设施进口、污水处理厂进水等污染物状况的监测点位，或监测工艺过程中影响特定污染物产生排放的特征工艺参数的监测点位。

4　自行监测的一般要求

4.1　制定监测方案

排污单位应查清所有污染源，确定主要污染源及主要监测指标，制定监测方案。监测方案内容包括：单位基本情况、监测点位及示意图、监测指标、执行标准及其限值、监测频次、采样和样品保存方法、监测分析方法和仪器、质量保证与质量控制等。

新建排污单位应当在投入生产或使用并产生实际排污行为之前完成自行监测方案的编制及相关准备工作。

4.2　设置和维护监测设施

排污单位应按照规定设置满足开展监测所需要的监测设施。废水排放口，废气（采样）监测平台、监测断面和监测孔的设置应符合监测规范要求。监测平台应便于开展监测活动，应能保证监测人员的安全。

废水排放量大于 100 t/d 的，应安装自动测流设施并开展流量自动监测。

4.3　开展自行监测

排污单位应按照最新的监测方案开展监测活动，可根据自身条件和能力，利用自有人员、场所和设备自行监测；也可委托其他有资质的检（监）测机构代其开展自行监测。

持有排污许可证的企业自行监测年度报告内容可以在排污许可证年度执行报告中体现。

4.4　做好监测质量保证与质量控制

排污单位应建立自行监测质量管理制度，按照相关技术规范要求做好监测质量保证与质量控制。

4.5　记录和保存监测数据

排污单位应做好与监测相关的数据记录，按照规定进行保存，并依据相关法规向社会公开监测结果。

5　监测方案制定

5.1　监测内容

5.1.1　污染物排放监测

包括废气污染物（以有组织或无组织形式排入环境）、废水污染物（直接排入环境或排入公共污水处理系统）及噪声污染等。

5.1.2　周边环境质量影响监测

污染物排放标准、环境影响评价文件及其批复或其他环境管理有明确要求的，排污单位应按照要求对其周边相应的空气、地表水、地下水、土壤等环境质量开展监测；其他排污单位根据实际情况确定是否开展周边环境质量影响监测。

5.1.3　关键工艺参数监测

在某些情况下，可以通过对与污染物产生和排放密切相关的关键工艺参数进行测试以补充污染物排放监测。

5.1.4　污染治理设施处理效果监测

若污染物排放标准等环境管理文件对污染治理设施有特别要求的，或排污单位认为有必要的，应对污染治理设施处理效果进行监测。

5.2　废气排放监测

5.2.1　有组织排放监测

5.2.1.1　确定主要污染源和主要排放口

符合以下条件的废气污染源为主要污染源：

a）单台出力 14 MW 或 20 t/h 及以上的各种燃料的锅炉和燃气轮机组；

b）重点行业的工业炉窑（水泥窑、炼焦炉、熔炼炉、焚烧炉、熔化炉、铁矿烧结炉、加热炉、热处理炉、石灰窑等）；

c）化工类生产工序的反应设备（化学反应器/塔、蒸馏/蒸发/萃取设备等）；

d）其他与上述所列相当的污染源。

符合以下条件的废气排放口为主要排放口：

a）主要污染源的废气排放口；

b）“排污许可证申请与核发技术规范”确定的主要排放口；

c）对于多个污染源共用一个排放口的，凡涉及主要污染源的排放口均为主要排放口。

5.2.1.2　监测点位

a）外排口监测点位：点位设置应满足 GB/T 16157、HJ 75 等技术规范的要求。净烟气与原烟气混合排放的，应在排气筒，或烟气汇合后的混合烟道上设置监测点位；净烟气直接排放的，应在净烟气烟道上设置监测点位，有旁路的旁路烟道也应设置监测点位。

b）内部监测点位设置：当污染物排放标准中有污染物处理效果要求时，应在进入相应污染物处理设施单元的进出口设置监测点位。当环境管理文件有要求，或排污单位认为有必要的，可设置开展相应监测内容的内部监测点位。

5.2.1.3　监测指标

各外排口监测点位的监测指标应至少包括所执行的国家或地方污染物排放（控制）标准、环境影响评价文件及其批复、排污许可证等相关管理规定明确要求的污染物指标。排污单位还应根据生产过程的原辅用料、生产工艺、中间及最终产品，确定是否排放纳入相关有毒有害或优先控制污染物名录中的污染物指标，或其他有毒污染物指标，这些指标也应纳入监测指标。

对于主要排放口监测点位的监测指标，符合以下条件的为主要监测指标：

a）二氧化硫、氮氧化物、颗粒物（或烟尘/粉尘）、挥发性有机物中排放量较大的污染物指标；

b）能在环境或动植物体内积蓄对人类产生长远不良影响的有毒污染物指标（存在有毒有害或优先控制污染物相关名录的，以名录中的污染物指标为准）；

c）排污单位所在区域环境质量超标的污染物指标。

内部监测点位的监测指标根据点位设置的主要目的确定。

5.2.1.4 监测频次

a）确定监测频次的基本原则

排污单位应在满足本标准要求的基础上，遵循以下原则确定各监测点位不同监测指标的监测频次：

1）不应低于国家或地方发布的标准、规范性文件、规划、环境影响评价文件及其批复等明确规定的监测频次；

2）主要排放口的监测频次高于非主要排放口；

3）主要监测指标的监测频次高于其他监测指标；

4）排向敏感地区的应适当增加监测频次；

5）排放状况波动大的，应适当增加监测频次；

6）历史稳定达标状况较差的需增加监测频次，达标状况良好的可以适当降低监测频次；

7）监测成本应与排污企业自身能力相一致，尽量避免重复监测。

b）原则上，外排口监测点位最低监测频次按照表 1 执行。废气烟气参数和污染物浓度应同步监测。

表 1　废气监测指标的最低监测频次

排污单位级别	主要排放口		其他排放口的监测指标
	主要监测指标	其他监测指标	
重点排污单位	月—季度	半年—年	半年—年
非重点排污单位	半年—年	年	年
注：为最低监测频次的范围，分行业排污单位自行监测技术指南中依据此原则确定各监测指标的最低监测频次。			

c）内部监测点位的监测频次根据该监测点位设置目的、结果评价的需要、补充监测结果的需要等进行确定。

5.2.1.5 监测技术

监测技术包括手工监测、自动监测两种，排污单位可根据监测成本、监测指标以及监测频次等内容，合理选择适当的监测技术。

对于相关管理规定要求采用自动监测的指标，应采用自动监测技术；对于监测频次高、自动监测技术成熟的监测指标，应优先选用自动监测技术；其他监测指标，可选用手工监测技术。

5.2.1.6 采样方法

废气手工采样方法的选择参照相关污染物排放标准及 GB/T 16157、HJ/T 397 等执行。废气自动监测参照 HJ/T 75、HJ/T 76 执行。

5.2.1.7 监测分析方法

监测分析方法的选用应充分考虑相关排放标准的规定、排污单位的排放特点、污染物排放浓度的高低、所采用监测分析方法的检出限和干扰等因素。

监测分析方法应优先选用所执行的排放标准中规定的方法。选用其他国家、行业标准方法的，方法的主要特性参数（包括检出下限、精密度、准确度、干扰消除等）需符合标准要求。尚无国家和行业标准分析方法的，或采用国家和行业标准方法不能得到合格测定数据的，可选用其他方法，但必须做方法验证和对比实验，证明该方法主要特性参数的可靠性。

5.2.2 无组织排放监测

5.2.2.1 监测点位

存在废气无组织排放源的，应设置无组织排放监测点位，具体要求按相关污染物排放标准及 HJ/T 55、

HJ 733 等执行。

5.2.2.2　监测指标

按本标准 5.2.1.3 执行。

5.2.2.3　监测频次

钢铁、水泥、焦化、石油加工、有色金属冶炼、采矿业等无组织废气排放较重的污染源，无组织废气每季度至少开展一次监测；其他涉及无组织废气排放的污染源每年至少开展一次监测。

5.2.2.4　监测技术

按本标准 5.2.1.5 执行。

5.2.2.5　采样方法

参照相关污染物排放标准及 HJ/T 55、HJ 733 执行。

5.2.2.6　监测分析方法

按本标准 5.2.1.7 执行。

5.3　废水排放监测

5.3.1　监测点位

5.3.1.1　外排口监测点位

在污染物排放标准规定的监控位置设置监测点位。

5.3.1.2　内部监测点位

按本标准 5.2.1.2　b）执行。

5.3.2　监测指标

符合以下条件的为各废水外排口监测点位的主要监测指标：

a）化学需氧量、五日生化需氧量、氨氮、总磷、总氮、悬浮物、石油类中排放量较大的污染物指标；

b）污染物排放标准中规定的监控位置为车间或生产设施废水排放口的污染物指标，以及有毒有害或优先控制污染物相关名录中的污染物指标；

c）排污单位所在流域环境质量超标的污染物指标。

其他要求按本标准 5.2.1.3 执行。

5.3.3　监测频次

5.3.3.1　监测频次确定的基本原则

按本标准 5.2.1.4　a）执行。

5.3.3.2　原则上，外排口监测点位最低监测频次按照表 2 执行。各排放口废水流量和污染物浓度同步监测。

表 2　废水监测指标的最低监测频次

排污单位级别	主要监测指标	其他监测指标
重点排污单位	日—月	季度—半年
非重点排污单位	季度	年
注：为最低监测频次的范围，在行业排污单位自行监测技术指南中依据此原则确定各监测指标的最低监测频次。		

5.3.3.3　内部监测点位监测频次

按本标准 5.2.1.4　c）执行。

5.3.4　监测技术

按本标准 5.2.1.5 执行。

5.3.5　采样方法

废水手工采样方法的选择参照相关污染物排放标准及 HJ/T 91、HJ/T 92、HJ 493、HJ 494、HJ 495 等执行，根据监测指标的特点确定采样方法为混合采样方法或瞬时采样的方法，单次监测采样频次按相关污染物排放标准和 HJ/T 91 执行。污水自动监测采样方法参照 HJ/T 353、HJ/T 354、HJ/T 355、HJ/T 356 执行。

5.3.6 监测分析方法

按本标准 5.2.1.7 执行。

5.4 厂界环境噪声监测

5.4.1 监测点位

5.4.1.1 厂界环境噪声的监测点位置具体要求按 GB 12348 执行。

5.4.1.2 噪声布点应遵循以下原则：

a）根据厂内主要噪声源距厂界位置布点；

b）根据厂界周围敏感目标布点；

c）“厂中厂”是否需要监测根据内部和外围排污单位协商确定；

d）面临海洋、大江、大河的厂界原则上不布点；

e）厂界紧邻交通干线不布点；

f）厂界紧邻另一排污单位的，在临近另一排污单位侧是否布点由排污单位协商确定。

5.4.2 监测频次

厂界环境噪声每季度至少开展一次监测，夜间生产的要监测夜间噪声。

5.5 周边环境质量影响监测

5.5.1 监测点位

排污单位厂界周边的土壤、地表水、地下水、大气等环境质量影响监测点位参照排污单位环境影响评价文件及其批复及其他环境管理要求设置。

如环境影响评价文件及其批复及其他文件中均未做出要求，排污单位需要开展周边环境质量影响监测的，环境质量影响监测点位设置的原则和方法参照 HJ 2.1、HJ 2.2、HJ/T 2.3、HJ 2.4、HJ 610 等规定。各类环境影响监测点位设置按照 HJ/T 91、HJ/T 164、HJ 442、HJ/T 194、HJ/T 166 等执行。

5.5.2 监测指标

周边环境质量影响监测点位监测指标参照排污单位环境影响评价文件及其批复等管理文件的要求执行，或根据排放的污染物对环境的影响确定。

5.5.3 监测频次

若环境影响评价文件及其批复等管理文件有明确要求的，排污单位周边环境质量监测频次按照要求执行。

否则，涉水重点排污单位地表水每年丰、平、枯水期至少各监测一次，涉气重点排污单位空气质量每半年至少监测一次，涉重金属、难降解类有机污染物等重点排污单位土壤、地下水每年至少监测一次。发生突发环境事故对周边环境质量造成明显影响的，或周边环境质量相关污染物超标的，应适当增加监测频次。

5.5.4 监测技术

按本标准 5.2.1.5 执行。

5.5.5 采样方法

周边水环境质量监测点采样方法参照 HJ/T 91、HJ/T 164、HJ 442 等执行。

周边大气环境质量监测点采样方法参照 HJ/T 194 等执行。

周边土壤环境质量监测点采样方法参照 HJ/T 166 等执行。

5.5.6 监测分析方法

按本标准 5.2.1.7 执行。

5.6 监测方案的描述

5.6.1 监测点位的描述

所有监测点位均应在监测方案中通过语言描述、图形示意等形式明确体现。描述内容包括监测点位的平面位置及污染物的排放去向等。废水监测点需明确其所在废水排放口、对应的废水处理工艺，废气排放监测点位需明确其在排放烟道的位置分布、对应的污染源及处理设施。

5.6.2 监测指标的描述

所有监测指标采用表格、语言描述等形式明确体现。监测指标应与监测点位相对应，监测指标内容包括每个监测点位应监测的指标名称、排放限值、排放限值的来源（如标准名称、编号）等。

国家或地方污染物排放（控制）标准、环境影响评价文件及其批复、排污许可证中的污染物，如排污单位确认未排放，监测方案中应明确注明。

5.6.3 监测频次的描述

监测频次应与监测点位、监测指标相对应，每个监测点位的每项监测指标的监测频次都应详细注明。

5.6.4 采样方法的描述

对每项监测指标都应注明其选用的采样方法。废水采集混合样品的，应注明混合样采样个数。废气非连续采样的，应注明每次采集的样品个数。废气颗粒物采样，应注明每个监测点位设置的采样孔和采样点个数。

5.6.5 监测分析方法的描述

对每项监测指标都应注明其选用的监测分析方法名称、来源依据、检出限等内容。

5.7 监测方案的变更

当有以下情况发生时，应变更监测方案：

a）执行的排放标准发生变化；

b）排放口位置、监测点位、监测指标、监测频次、监测技术任一项内容发生变化；

c）污染源、生产工艺或处理设施发生变化。

6 监测质量保证与质量控制

排污单位应建立并实施质量保证与控制措施方案，以自证自行监测数据的质量。

6.1 建立质量体系

排污单位应根据本单位自行监测的工作需求，设置监测机构，梳理监测方案制定、样品采集、样品分析、监测结果报出、样品留存、相关记录的保存等监测的各个环节中，为保证监测工作质量应制定的工作流程、管理措施与监督措施，建立自行监测质量体系。

质量体系应包括对以下内容的具体描述：监测机构，人员，出具监测数据所需仪器设备，监测辅助设施和实验室环境，监测方法技术能力验证，监测活动质量控制与质量保证等。

委托其他有资质的检（监）测机构代其开展自行监测的，排污单位不用建立监测质量体系，但应对检（监）测机构的资质进行确认。

6.2 监测机构

监测机构应具有与监测任务相适应的技术人员、仪器设备和实验室环境，明确监测人员和管理人员的职责、权限和相互关系，有适当的措施和程序保证监测结果准确可靠。

6.3 监测人员

应配备数量充足、技术水平满足工作要求的技术人员，规范监测人员录用、培训教育和能力确认/考核等活动，建立人员档案，并对监测人员实施监督和管理，规避人员因素对监测数据正确性和可靠性的影响。

6.4 监测设施和环境

根据仪器使用说明书、监测方法和规范等的要求，配备必要的如除湿机、空调、干湿度温度计等辅助设施，以使监测工作场所条件得到有效控制。

6.5 监测仪器设备和实验试剂

应配备数量充足、技术指标符合相关监测方法要求的各类监测仪器设备、标准物质和实验试剂。

监测仪器性能应符合相应方法标准或技术规范要求，根据仪器性能实施自校准或者检定/校准、运行和维护、定期检查。

标准物质、试剂、耗材的购买和使用情况应建立台账予以记录。

6.6 监测方法技术能力验证

应组织监测人员按照其所承担监测指标的方法步骤开展实验活动，测试方法的检出浓度、校准（工作）曲线的相关性、精密度和准确度等指标，实验结果满足方法相应的规定以后，方可确认该人员实际操作技能满足工作需求，能够承担测试工作。

6.7 监测质量控制

编制监测工作质量控制计划，选择与监测活动类型和工作量相适应的质控方法，包括使用标准物质、采用空白试验、平行样测定、加标回收率测定等，定期进行质控数据分析。

6.8 监测质量保证

按照监测方法和技术规范的要求开展监测活动，若存在相关标准规定不明确但又影响监测数据质量的活动，可编写《作业指导书》予以明确。

编制工作流程等相关技术规定，规定任务下达和实施，分析用仪器设备购买、验收、维护和维修，监测结果的审核签发、监测结果录入发布等工作的责任人和完成时限，确保监测各环节无缝衔接。

设计记录表格，对监测过程的关键信息予以记录并存档。

定期对自行监测工作开展的时效性、自行监测数据的代表性和准确性、管理部门检查结论和公众对自行监测数据的反馈等情况进行评估，识别自行监测存在的问题，及时采取纠正措施。管理部门执法监测与排污单位自行监测数据不一致的，以管理部门执法监测结果为准，作为判断污染物排放是否达标、自动监测设施是否正常运行的依据。

7 信息记录和报告

7.1 信息记录

7.1.1 手工监测的记录

7.1.1.1 采样记录：采样日期、采样时间、采样点位、混合取样的样品数量、采样器名称、采样人姓名等。

7.1.1.2 样品保存和交接：样品保存方式、样品传输交接记录。

7.1.1.3 样品分析记录：分析日期、样品处理方式、分析方法、质控措施、分析结果、分析人姓名等。

7.1.1.4 质控记录：质控结果报告单。

7.1.2 自动监测运维记录

包括自动监测系统运行状况、系统辅助设备运行状况、系统校准、校验工作等；仪器说明书及相关标准规范中规定的其他检查项目；校准、维护保养、维修记录等。

7.1.3 生产和污染治理设施运行状况

记录监测期间企业及各主要生产设施（至少涵盖废气主要污染源相关生产设施）运行状况（包括停机、启动情况）、产品产量、主要原辅料使用量、取水量、主要燃料消耗量、燃料主要成分、污染治理设施主要运行状态参数、污染治理主要药剂消耗情况等。日常生产中上述信息也需整理成台账保存备查。

7.1.4 固体废物（危险废物）产生与处理状况

记录监测期间各类固体废物和危险废物的产生量、综合利用量、处置量、贮存量、倾倒丢弃量，危险废物还应详细记录其具体去向。

7.2 信息报告

排污单位应编写自行监测年度报告，年度报告至少应包含以下内容：

a）监测方案的调整变化情况及变更原因；

b）企业及各主要生产设施（至少涵盖废气主要污染源相关生产设施）全年运行天数，各监测点、各监测指标全年监测次数、超标情况、浓度分布情况；

c）按要求开展的周边环境质量影响状况监测结果；

d）自行监测开展的其他情况说明；

e）排污单位实现达标排放所采取的主要措施。

7.3　应急报告

监测结果出现超标的，排污单位应加密监测，并检查超标原因。短期内无法实现稳定达标排放的，应向环境保护主管部门提交事故分析报告，说明事故发生的原因，采取减轻或防止污染的措施，以及今后的预防及改进措施等；若因发生事故或者其他突发事件，排放的污水可能危及城镇排水与污水处理设施安全运行的，应当立即采取措施消除危害，并及时向城镇排水主管部门和环境保护主管部门等有关部门报告。

7.4　信息公开

排污单位自行监测信息公开内容及方式按照《企业事业单位环境信息公开办法》及《国家重点监控企业自行监测及信息公开办法（试行）》执行。非重点排污单位的信息公开要求由地方环境保护主管部门确定。

8　监测管理

排污单位对其自行监测结果及信息公开内容的真实性、准确性、完整性负责。

排污单位应积极配合并接受环境保护主管部门的日常监督管理。

中华人民共和国国家环境保护标准
排污单位自行监测技术指南　火力发电及锅炉

Self-monitoring technology guidelines for pollution sources —Thermal power generation and boiler

HJ 820—2017

前　言

为落实《中华人民共和国环境保护法》《中华人民共和国大气污染防治法》《中华人民共和国水污染防治法》，指导和规范火力发电厂及锅炉自行监测工作，制定本标准。

本标准提出了火力发电厂及锅炉自行监测的一般要求、监测方案制定、信息记录和报告的基本内容和要求。

本标准为首次发布。

本标准由环境保护部环境监测司、科技标准司提出并组织制订。

本标准主要起草单位：中国环境监测总站、江苏省环境监测中心。

本标准环境保护部2017年4月25日批准。

本标准自2017年6月1日起实施。

本标准由环境保护部解释。

1　适用范围

本标准提出了火力发电厂及锅炉自行监测的一般要求、监测方案制定、信息记录和报告的基本内容和要求。

本标准适用于独立火力发电厂和企业自备火力发电机组（厂）的自行监测，以及排污单位对锅炉的监测；不适用于以生活垃圾、危险废物为燃料的火电厂和锅炉。

排污单位可参照本标准在生产运行阶段对其排放的水、气污染物，噪声以及对周边环境质量影响开展监测。

2　规范性引用文件

本标准引用了下列文件或其中的条款。凡是未注明日期的引用文件，其最新版本适用于本标准。

GB 13223　火电厂大气污染物排放标准

GB 13271　锅炉大气污染物排放标准

HJ/T 164　地下水环境监测技术规范

HJ 819　排污单位自行监测技术指南　总则

3　术语和定义

GB 13223、GB 13271界定的以及下列术语和定义适用于本标准。

3.1　火力发电厂　thermal power plant

燃烧固体、液体、气体燃料的发电厂。

3.2　自备火力发电机组（厂）　captive power plant

指企业以满足自身生产、办公以及生活的电力需要为主建设的火力发电机组（厂）。

3.3　锅炉　boiler

是利用燃料燃烧释放的热能或其他热能加热热水或其他工质，以生产规定参数（温度、压力）和品质的蒸汽、热水和其他工质的设备。

4 自行监测的一般要求

排污单位应查清本单位的污染源、污染物指标及潜在的环境影响，制定监测方案，设置和维护监测设施，按照监测方案开展自行监测，做好质量保证和质量控制，记录和保存监测数据，依法向社会公开监测结果。

5 监测方案制定

5.1 废气排放监测

5.1.1 有组织废气排放监测点位、指标和频次

5.1.1.1 监测点位

净烟气与原烟气混合排放的，应在锅炉或燃气轮机（内燃机）排气筒，或烟气汇合后的混合烟道上设置监测点位；净烟气直接排放的，应在净烟气烟道上设置监测点位，有旁路的旁路烟道也应设置监测点位。

5.1.1.2 锅炉或燃气轮机排气筒等监测点位的监测指标及最低监测频次按表 1 执行。

表 1 有组织废气监测指标最低监测频次

燃料类型	锅炉或燃气轮机规模	监测指标	监测频次
燃煤	14 MW 或 20 t/h 及以上	颗粒物、二氧化硫、氮氧化物	自动监测
		汞及其化合物[a]、氨[b]、林格曼黑度	季度
	14 MW 或 20 t/h 以下	颗粒物、二氧化硫、氮氧化物、林格曼黑度、汞及其化合物	月
燃油	14 MW 或 20 t/h 及以上	颗粒物、二氧化硫、氮氧化物	自动监测
		氨[b]、林格曼黑度	季度
	14 MW 或 20 t/h 以下	颗粒物、二氧化硫、氮氧化物、林格曼黑度	月
燃气[c]	14 MW 或 20 t/h 及以上	氮氧化物	自动监测
		颗粒物、二氧化硫、氨[b]、林格曼黑度	季度
	14 MW 或 20 t/h 以下	氮氧化物	月
		颗粒物、二氧化硫、林格曼黑度	年

[a] 煤种改变时，需对汞及其化合物增加监测频次。
[b] 使用液氨等含氨物质作为还原剂，去除烟气中氮氧化物的，可以选测。
[c] 仅限于以净化天然气为燃料的锅炉或燃气轮机组，其他气体燃料的锅炉或燃气轮机组参照以油为燃料的锅炉或燃气轮机组。

注 1：型煤、水煤浆、煤矸石锅炉参照燃煤锅炉；油页岩、石油焦、生物质锅炉或燃气轮机组参照以油为燃料的锅炉或燃气轮机组。
注 2：多种燃料掺烧的锅炉或燃气轮机应执行最严格的监测频次。
注 3：排气筒废气监测应同步监测烟气参数。

5.1.2 无组织废气排放监测点位、指标和频次

无组织排放监测点位设置、监测指标及监测频次按表 2 执行。

表 2 无组织废气监测指标最低监测频次

燃料类型	监测点位	监测指标	监测频次
煤、煤矸石、石油焦、油页岩、生物质	厂界	颗粒物[a]	季度
油	储油罐周边及厂界	非甲烷总烃	季度
所有燃料	氨罐区周边	氨[b]	季度

[a] 未封闭堆场需增加监测频次。周边无敏感点的，可适当降低监测频次。
[b] 适用于使用液氨或氨水作为还原剂的企业。

5.2 废水排放监测

废水排放监测的监测点位、监测指标、监测频次按表 3 执行。

表 3 废水监测指标最低监测频次

锅炉或燃气轮机规模	燃料类型	监测点位	监测指标	监测频次
涉单台 14 MW 或 20 t/h 及以上锅炉或燃气轮机的排污单位	燃煤	企业废水总排放口	pH 值、化学需氧量、氨氮、悬浮物、总磷[a]、石油类、氟化物、硫化物、挥发酚、溶解性总固体（全盐量）、流量	月
		脱硫废水排放口	pH 值、总砷、总铅、总汞、总镉、流量	月

锅炉或燃气轮机规模	燃料类型	监测点位	监测指标	监测频次
涉单台 14 MW 或 20 t/h 及以上锅炉或燃气轮机的排污单位	燃气	企业废水总排放口	pH 值、化学需氧量、氨氮、悬浮物、总磷[a]、溶解性总固体（全盐量）、流量	季度
	燃油	企业废水总排放口	pH 值、化学需氧量、氨氮、悬浮物、总磷[a]、石油类、硫化物、溶解性总固体（全盐量）、流量	月
		脱硫废水排放口	pH 值、总砷、总铅、总汞、总镉、流量	月
	所有	循环冷却水排放口	pH 值、化学需氧量、总磷、流量	季度
	所有	直流冷却水排放口	水温、流量	日
			总余氯	冬、夏各监测一次
仅涉单台 14 MW 或 20 t/h 以下锅炉的排污单位	所有	企业废水总排放口	pH 值、化学需氧量、氨氮、悬浮物、流量	年
[a] 生活污水若不排入总排口，可不测总磷。				
注 1：除脱硫废水外，废水与其他工业废水混合排放的，参照相关工业行业监测要求执行；脱硫废水不外排的，监测频次可按季度执行。				

5.3 厂界环境噪声监测

厂界环境噪声监测点位设置应遵循 HJ 819 中的原则，主要考虑表 4 噪声源在厂区内的分布情况。

表 4 厂界环境噪声布点应关注的噪声排放源

序号	燃料和热能转化设施类型	噪声排放源	
		主设备	辅助设备
1	燃煤锅炉	发电机、蒸汽轮机	引风机、冷却塔、脱硫塔、给水泵、灰渣泵房、碎煤机房、循环泵房等
2	以气体为燃料的锅炉或燃气轮机组	燃气轮机（内燃机）	冷却塔、压气机等
3	以油为燃料的锅炉或燃气轮机组	汽轮机、发电机	空压机、风机、水泵等

厂界环境噪声每季度至少开展一次昼夜监测，监测指标为等效 A 声级。周边有敏感点的，应提高监测频次。

5.4 周边环境质量影响监测

5.4.1 环境影响评价文件及其批复及其他环境管理政策有明确要求的，按要求执行。

5.4.2 无明确要求的，燃煤火电厂的灰（渣）场的排污单位，若企业认为有必要的，应按照 HJ/T 164 规定设置地下水监测点位。监测指标为 pH 值、化学需氧量、硫化物、氟化物、石油类、总硬度、总汞、总砷、总铅、总镉等，监测频次为每年至少一次。

5.5 其他要求

5.5.1 除表 1～表 3 中的污染物指标外，5.5.1.1 和 5.5.1.2 中的污染物指标也应纳入监测指标范围，并参照表 1～表 3 和 HJ 819 确定监测频次。

5.5.1.1 排污许可证、所执行的污染物排放（控制）标准、环境影响评价文件及其批复、相关管理规定明确要求的污染物指标。

5.5.1.2 排污单位根据生产过程的原辅用料、生产工艺、中间及最终产品类型、监测结果确定实际排放的，在相关有毒有害或优先控制污染物名录中的污染物指标，或其他有毒污染物指标。

5.5.2 各指标的监测频次在满足本标准的基础上，可根据 HJ 819 中的确定原则提高监测频次。

5.5.3 采样方法、监测分析方法、监测质量保证与质量控制等按照 HJ 819 执行。

5.5.4 监测方案的描述、变更按照 HJ 819 执行。

6 信息记录和报告

6.1 信息记录

6.1.1 监测信息记录

手工监测记录和自动监测运维记录按照 HJ 819 执行。

6.1.2 生产和污染治理设施运行状况记录要求

6.1.2.1 生产运行情况

燃煤机组：按照发电机组记录每日的运行小时、用煤量、实际发电量、实际供热量、产灰量、产渣量。

燃气机组：按照燃气机组记录每日的运行小时、用气量、实际发电量、实际供热量。

燃油机组：按照发电机组记录每日的运行小时、用油量、实际发电量、实际供热量。

及时记录锅炉或燃气轮机停机、启动情况。

6.1.2.2　燃料分析结果

燃煤锅炉应每日记录煤质分析，包括收到基灰分、含硫量、挥发分和低位发热量等；燃气锅炉应每日记录天然气成分分析；燃油锅炉应每日记录油品品质分析，包括含硫量等；其他燃料的锅炉应每日记录燃料成分。

6.1.2.3　废气处理设施运行情况

应记录脱硫、脱硝、除尘设备的工艺、投运时间等基本情况。

按日记录脱硫剂使用量、脱硝还原剂使用量、脱硫副产物产生量、粉煤灰产生量等。

记录脱硫、脱硝、除尘设施运行、故障及维护情况、布袋除尘器清灰周期及换袋情况等。

6.1.3　工业固体废物记录要求

记录一般工业固体废物和危险废物的产生量、综合利用量、处置量、贮存量，危险废物还应详细记录其具体去向。

一般工业固体废物包括灰渣、脱硫石膏、袋式（电袋）除尘器产生的破旧布袋等。

危险废物包括催化还原脱硝工艺产生的废烟气脱硝催化剂（钒钛系），其他工艺可能产生的危险废物按照《国家危险废物名录》或国家规定的危险废物鉴别标准和鉴别方法认定。

6.2　信息报告、应急报告、信息公开

按照 HJ 819 执行。

7　其他

本标准规定的内容外，按照 HJ 819 执行。

中华人民共和国国家环境保护标准

排污单位自行监测技术指南　造纸工业

Self-monitoring technology guidelines for pollution sources —Paper industry

HJ 821—2017

前　言

为落实《中华人民共和国环境保护法》《中华人民共和国水污染防治法》《中华人民共和国大气污染防治法》，指导和规范造纸工业企业排污单位自行监测工作，制定本标准。

本标准提出了造纸工业企业自行监测的一般要求、监测方案制定、信息记录和报告的基本内容和要求。

本标准为首次发布。

本标准由环境保护部环境监测司、科技标准司提出并组织制订。

本标准主要起草单位：中国环境监测总站。

本标准环境保护部 2017 年 4 月 25 日批准。

本标准自 2017 年 6 月 1 日起实施。

本标准由环境保护部解释。

1　适用范围

本标准提出了造纸工业企业自行监测的一般要求、监测方案制定、信息记录和报告的基本内容和要求。

造纸工业企业可参照本标准在生产运行阶段对其排放的水、气污染物，噪声以及对其周边环境质量影响开展监测。

2　规范性引用文件

本标准引用了下列文件或其中的条款。凡是未注明日期的引用文件，其最新版本适用于本标准。

GB 3544　制浆造纸工业水污染物排放标准

HJ/T 2.3　环境影响评价技术导则　地面水环境

HJ/T 91　地表水和污水监测技术规范

HJ 442　近岸海域环境监测规范

HJ 819　排污单位自行监测技术指南　总则

3　术语和定义

GB 3544 界定的以及下列术语和定义适用于本标准。

3.1　造纸工业　paper industry

指以木材、稻草、芦苇、破布等或废纸等为原料生产纸浆，以纸浆为原料生产纸张、纸板等产品，及以纸和纸板为原料加工纸制品的企业或生产设施。

3.2　制浆造纸企业　pulp and paper enterprise

指有制浆或造纸工序的企业，包括制浆企业、造纸企业、浆纸联合企业。有制浆或造纸生产工序的纸制品加工企业也视为制浆造纸企业。

3.3　纸制品加工企业　paper products processing enterprises

用纸和纸板为原料加工制成纸制品的企业。

4 自行监测的一般要求

排污单位应查清本单位的污染源、污染物指标及潜在的环境影响，制定监测方案，设置和维护监测设施，按照监测方案开展自行监测，做好质量保证和质量控制，记录和保存监测数据，依法向社会公开监测结果。

5 监测方案制定

5.1 废水排放监测

5.1.1 外排口监测点位

有元素氯漂白工序的造纸工业企业，须在元素氯漂白车间排放口或元素氯漂白车间处理设施排放口设置监测点位。

有脱墨工序，且脱墨工序排放重金属的造纸工业企业，须在脱墨车间排放口或脱墨车间处理设施排放口设置监测点位。

所有造纸工业企业均须在企业废水总排放口设置监测点位。

5.1.2 外排口监测指标及监测频次

直接排放的造纸工业企业废水外排口监测指标及频次按表 1 执行，间接排放的造纸工业企业参照表 1 执行。

表 1 废水排放口监测指标最低监测频次

排污单位级别	监测点位	监测指标	监测频次	备注
重点排污单位[a]	企业废水总排放口	流量、pH 值、化学需氧量	自动监测	—
		氨氮[b]	日	
		悬浮物、色度	日	—
		总氮、总磷[b]	周（日）	水环境质量中总氮（无机氮）/总磷（活性磷酸盐）超标的流域或沿海地区，或总氮/总磷实施总量控制区域，总氮/总磷最低监测频次按日执行
		五日生化需氧量	周	—
		挥发酚、硫化物、溶解性总固体（全盐量）	季度	选测
	元素氯漂白车间废水排放口	可吸附有机卤素（AOX）、二噁英、流量	年	可吸附有机卤素（AOX）、二噁英监测结果超标的，应适当增加监测频次
	脱墨车间废水排放口	环境影响评价及批复或摸底监测确定的重金属污染物指标	周	若无重金属排放，则不需要开展监测
非重点排污单位	企业废水总排放口	pH 值、悬浮物、色度、五日生化需氧量、化学需氧量、氨氮、总氮、总磷、流量	季度	—

[a] 制浆造纸企业全部按重点排污单位管理。
[b] 设区的市级及以上环保主管部门明确要求安装自动监测设备的污染物指标，须采取自动监测。

5.2 废气排放监测

5.2.1 有组织废气排放监测点位、指标与频次

5.2.1.1 碱回收炉、石灰窑废气排放口的监测指标及频次按表 2 执行。

5.2.1.2 若排污单位有溶解槽、漂白气体制备等物理/化学反应设备，或其他有组织废气排放源，应根据污染物排放状况，参照 HJ 819 确定监测指标和频次等内容。

表 2 废气排放口监测指标最低监测频次

污染源	监测点位	监测指标	监测频次
碱回收炉	碱回收炉排气筒或烟道上	氮氧化物、二氧化硫	自动监测
		颗粒物、烟气黑度	季度
石灰窑	石灰窑排气筒或烟道上	颗粒物、氮氧化物、二氧化硫	季度

注：排气筒废气监测要同步监测烟气参数。

5.2.2 无组织废气排放监测点位、指标与频次

造纸工业企业无组织废气排放监测点位设置、监测指标及频次按表 3 执行。

表 3 无组织废气监测指标最低监测频次

企业类型	监测点位	监测指标	监测频次
有制浆工序的企业	厂界	臭气浓度[a]、颗粒物	年（月[b]）
采用含氯漂白工艺的企业	漂白车间或二氧化氯制备车间外	氯化氢	年
有生化污水处理工序的企业	厂界	臭气浓度、硫化氢、氨	年
有石灰窑的企业	厂界	颗粒物	年

[a] 根据环境影响评价文件及其批复，以及原料工艺等确定是否监测其他臭气污染物。

[b] 适用于有硫酸盐法制浆或硫酸盐法纸浆漂白工序的企业，若周边没有敏感点，可适当降低监测频次。

5.3 厂界环境噪声监测

厂界环境噪声监测点位设置应遵循 HJ 819 中的原则，主要考虑表 4 噪声源在厂区内的分布情况。

表 4 厂界环境噪声布点应关注的造纸工业企业主要噪声源

噪声源	主要设备
生产车间	备料过程的机械、制浆机械、抄纸机械、纸制品加工机械等
污水处理	生化处理曝气设备、污泥脱水设备等

厂界环境噪声每季度至少开展一次昼夜监测，周边有敏感点的，应提高监测频次。

5.4 周边环境质量影响监测

5.4.1 环境影响评价文件及其批复、相关环境管理政策有明确要求的，按要求执行。

5.4.2 无明确要求的，对于废水直接排入地表水、海水的排污单位，若企业认为有必要的，可按照 HJ/T 2.3、HJ/T 91、HJ 442 及受纳水体环境管理要求设置监测断面和监测点位，监测指标及频次按表 5 执行。

表 5 周边环境质量影响最低监测频次

目标环境	监测指标	监测频次
地表水	pH 值、悬浮物、化学需氧量、五日生化需氧量、氨氮、总磷、总氮、石油类	每年丰、平、枯水期至少各监测一次
海水	pH 值、化学需氧量、五日生化需氧量、溶解氧、活性磷酸盐、无机氮、石油类	每年大潮期、小潮期至少各监测一次

5.5 其他要求

5.5.1 除表 1～表 3 中的污染物指标外，5.5.1.1 和 5.5.1.2 中的污染物指标也应纳入监测指标范围，并参照表 1～表 3 和 HJ 819 确定监测频次。

5.5.1.1 排污许可证、所执行的污染物排放（控制）标准、环境影响评价文件及其批复、相关环境管理规定明确要求的污染物指标；

5.5.1.2 排污单位根据生产过程的原辅用料、生产工艺、中间及最终产品类型、监测结果确定实际排放的，在有毒有害或优先控制污染物相关名录中的污染物指标，或其他有毒污染物指标。

5.5.2 各指标的监测频次在满足本标准的基础上，可根据 HJ 819 中监测频次的确定原则提高监测频次。

5.5.3 采样方法、监测分析方法、监测质量保证与质量控制等按照 HJ 819 执行。

5.5.4 监测方案的描述、变更按照 HJ 819 执行。

6 信息记录和报告

6.1 信息记录

6.1.1 监测信息记录

手工监测记录和自动监测运维记录按照 HJ 819 执行。

6.1.2 生产和污染治理设施运行状况信息记录

应详细记录企业以下生产及污染治理设施运行状况，日常生产中也应参照以下内容记录相关信息，并整理成台账保存备查。

6.1.2.1 制浆造纸生产运行状况记录

a）分生产线记录每日的原辅料用量及产量：取水量（新鲜水），主要原辅料（木材、竹、芦苇、蔗

渣、稻麦草等植物，废纸等）使用量，商品浆和纸板及机制纸产量等；

b）化学浆生产线还需记录粗浆得率、细浆得率、碱回收率、黑液提取率等；

c）半化学浆、化机浆生产线还需记录纸浆得率等。

6.1.2.2　碱回收工艺运行状况记录

按日记录石灰窑石灰石使用量、石灰窑生石灰产量、总固形物处理量、燃料消耗量等。

还应及时记录碱回收炉和石灰窑的停机、启动情况。

6.1.2.3　污水处理运行状况记录

按日记录污水处理量、污水回用量、白水回用率、污水排放量、污泥产生量（记录含水率）、污水处理使用的药剂名称及用量、鼓风机电量等。

6.1.3　工业固体废物和危险废物记录

记录一般工业固体废物和危险废物的产生量、综合利用量、处置量、贮存量、倾倒丢弃量，危险废物还应详细记录其具体去向。原料或辅助工序中产生的其他危险废物的情况也应记录。

表6　一般工业固体废物及危险固体废物来源

一般工业固体废物产生单元	一般工业固体废物名称	危险废物产生单元	危险废物名称
备料工序	原料灰渣、原料中的剩余废物	脱墨工序	脱墨渣
制浆工序	浆渣	碱法制浆蒸煮工序	废液、废渣
污水处理	污泥	其他工艺可能产生的危险废物按照《国家危险废物名录》或国家规定的危险废物鉴别标准和鉴别方法认定	
碱回收工序	白泥、绿泥		
石灰窑	石灰渣		

6.2　信息报告、应急报告和信息公开

按照 HJ 819 执行。

7　其他

本标准规定的内容外，按照 HJ 819 执行。

中华人民共和国国家环境保护标准

排污单位自行监测技术指南　水泥工业

Self-monitoring technology guidelines for pollution sources—Cement manufacturing industry

HJ 848—2017

前　言

为落实《中华人民共和国环境保护法》《中华人民共和国大气污染防治法》《中华人民共和国水污染防治法》，指导和规范水泥工业排污单位自行监测工作，制定本标准。

本标准提出了水泥工业排污单位自行监测的一般要求、监测方案制定、信息记录和报告等的基本内容和要求。

本标准为首次发布。

本标准由环境保护部环境监测司、科技标准司提出并组织制订。

本标准主要起草单位：中国环境监测总站、辽宁省环境监测实验中心。

本标准环境保护部 2017 年 9 月 19 日批准。

本标准自 2017 年 11 月 1 日起实施。

本标准由环境保护部解释。

1　适用范围

本标准提出了水泥工业排污单位自行监测的一般要求、监测方案制定、信息记录和报告的基本内容和要求。

本标准适用于水泥工业排污单位在生产运行阶段对其排放的气、水污染物，噪声以及对周边环境质量影响开展监测。

本标准适用于水泥（熟料）制造、矿山开采、散装水泥中转站及水泥制品生产的水泥工业排污单位的自行监测。利用水泥窑协同处置危险废物、生活垃圾（包括废塑料、废橡胶、废纸、废轮胎等，掺加生活垃圾的质量不得超过入窑物料总质量的 30%）、城市和工业污水处理污泥、动植物加工废物、受污染土壤、应急事件废物等固体废物水泥工业排污单位的自行监测适用本标准。

2　规范性引用文件

本标准引用了下列文件或其中的条款。凡是未注明日期的引用文件，其最新版本适用于本标准。

GB 4915　水泥工业大气污染物排放标准

GB 12348　工业企业厂界环境噪声排放标准

GB 30485　水泥窑协同处置固体废物污染控制标准

HJ/T 38　固定污染源排气中非甲烷总烃的测定 气相色谱法

HJ/T 166　土壤环境监测技术规范

HJ 662　水泥窑协同处置固体废物环境保护技术规范

HJ 819　排污单位自行监测技术指南　总则

《国家危险废物名录》（环境保护部令 第 39 号）

3　术语和定义

GB 4915 和 GB 30485 界定的以及下列术语和定义适用于本标准。

3.1　水泥工业　cement industry

指从事水泥原料矿山开采、水泥（熟料）制造、散装水泥转运以及水泥制品生产的工业部门。

3.2　协同处置固体废物水泥窑的旁路放风系统　cement kiln by-pass system

指水泥窑在协同处置固体废物时为避免熟料中碱、氯、硫化物等含量过高，减轻或防止窑尾系统结皮堵塞，将回转窑窑尾高温烟气按比例从旁路中分离并进行急冷，使以气相形态存在的挥发物冷凝在飞灰上，由除尘器将此飞灰收捕下来排出窑的系统。

4　自行监测的一般要求

排污单位应查清本单位的污染源、污染物指标及潜在的环境影响，制定监测方案，设置和维护监测设施，按照监测方案开展自行监测，做好质量保证和质量控制，记录和保存监测数据，依法向社会公开监测结果。

5　监测方案制定

5.1　废气排放监测

5.1.1　有组织废气排放监测点位、指标和频次

5.1.1.1　监测点位

各工序废气通过排气筒等方式排放至外环境的，应在排气筒或排气筒前的废气排放通道设置监测点位。

5.1.1.2　监测指标与监测频次

水泥工业排污单位各监测点位监测指标及最低监测频次按表 1 执行。协同处置固体废物期间，表 2 中的监测点位，监测指标和最低监测频次按表 2 执行，其他监测点位监测指标及最低监测频次按表 1 执行。

表 1　有组织废气监测指标最低监测频次

生产过程	监测点位	监测指标	监测频次[a]
水泥制造	水泥窑及窑尾余热利用系统排气筒	颗粒物、氮氧化物、二氧化硫	自动监测
		氨[b]	季度
		氟化物（以总 F 计）、汞及其化合物	半年
	水泥窑窑头（冷却机）排气筒	颗粒物	自动监测
	烘干机、烘干磨、煤磨排气筒	颗粒物、二氧化硫[c]、氮氧化物[c]	半年[d]
	破碎机、磨机、包装机排气筒	颗粒物	半年[d]
	输送设备及其他通风生产设备的排气筒	颗粒物	两年
矿山开采	破碎机排气筒	颗粒物	半年[d]
	输送设备及其他通风生产设备的排气筒	颗粒物	两年
散装水泥中转站及水泥制品生产	水泥仓及其他通风生产设备的排气筒	颗粒物	两年

注：废气监测须按照相应监测分析方法、技术规范同步监测烟气参数。

[a] 重点控制区可根据管理需要适当增加监测频次；
[b] 适用于使用氨水、尿素等含氨物质作为还原剂，去除烟气中氮氧化物的工艺；
[c] 适用于采用独立热源的烘干设备或利用窑尾余热烘干经独立排气筒排放的工艺；
[d] 排污单位应合理安排监测计划，保证每个季度相同种类治理设施的监测点位数量基本平均分布。

表 2　协同处置固体废物有组织废气监测指标的最低监测频次

监测点位	监测指标	监测频次[a]	
		协同处置非危险废物	协同处置危险废物
水泥窑及窑尾余热利用系统排气筒	颗粒物、二氧化硫、氮氧化物	自动监测	自动监测
	氨[b]	季度	季度
	汞及其化合物	半年	半年
水泥窑及窑尾余热利用系统排气筒	氯化氢（HCl），氟化氢（HF），铊、镉、铅、砷及其化合物（以 Tl+Cd +Pb+As 计），铍、铬、锡、锑、铜、钴、锰、镍、钒及其化合物（以 Be+Cr+Sn+Sb+Cu +Co+Mn+Ni+V 计），总有机碳（TOC）[c]	半年	季度
	二噁英类	年	年

监测点位	监测指标	监测频次[a]	
		协同处置非危险废物	协同处置危险废物
水泥窑旁路放风系统排气筒	颗粒物、氮氧化物、二氧化硫、氨[b] 氯化氢（HCl），氟化氢（HF），汞及其化合物，铊、镉、铅、砷及其化合物（以Tl+Cd+Pb+As计），铍、铬、锡、锑、铜、钴、锰、镍、钒及其化合物（以Be+Cr+Sn+Sb+Cu+Co+Mn+Ni+V计），总有机碳（TOC）[c, d]	半年	季度
	二噁英类	年	年
固体废物储存、预处理单元排气筒[e]	臭气浓度、硫化氢、氨、颗粒物	半年	—
	臭气浓度、硫化氢、氨、非甲烷总烃、颗粒物	—	季度
注：废气监测须按照相应监测分析方法、技术规范同步监测烟气参数。			
[a] 重点控制区可根据管理需要适当增加监测频次； [b] 适用于使用氨水、尿素等含氨物质作为还原剂，去除烟气中氮氧化物的生产工艺； [c] 在国家标准监测方法发布前，TOC可按照HJ 662和HJ/T 38等相关标准进行监测； [d] 适用于协同处置危险废物的水泥（熟料）制造排污单位； [e] 2015年1月1日（含）后取得环评批复的排污单位还应根据环境影响评价文件及其批复或其他环境管理要求确定其他监测项目。			

5.1.2 无组织废气排放监测点位、指标和频次

水泥工业排污单位无组织废气排放监测点位、监测指标及最低监测频次按表3执行。

表3 无组织废气排放监测指标的最低监测频次

监测点位	监测指标	监测频次
厂界	颗粒物	季度
	氨[a]、硫化氢[b]、臭气浓度[b]、非甲烷总烃[c]	年
[a] 适用于使用氨水、尿素等含氨物质作为还原剂去除烟气中氮氧化物的水泥工业排污单位，以及利用水泥窑协同处置固体废物的水泥工业排污单位； [b] 适用于利用水泥窑协同处置固体废物的水泥工业排污单位； [c] 适用于利用水泥窑协同处置危险废物的水泥工业排污单位。		

5.2 厂界环境噪声监测

根据GB 12348的要求，设置监测点位。每季度至少开展一次昼夜监测，周边有敏感点的，应增加监测频次。

5.3 废水排放监测

废水外排的，监测点位、监测指标和最低监测频次按表4执行。

表4 废水排放监测指标的最低监测频次

监测点位	监测指标	监测频次	适用条件
废水总排放口	pH值、悬浮物、化学需氧量、五日生化需氧量、石油类、氟化物、氨氮、总磷、水温、流量	半年	适用于废水外排的所有水泥工业排污单位
车间或车间处理设施排放口	总汞、总镉、总铬、六价铬、总砷、总铅	半年	适用于废水外排的协同处置固体废物的水泥工业排污单位
注：2015年1月1日（含）后取得环评批复排污单位的其他监测指标还应依据环境影响评价文件及其批复确定。			

5.4 周边环境质量影响监测

5.4.1 其他环境管理政策或环境影响评价文件及其批复（仅限于2015年1月1日（含）后取得环评批复的排污单位）有明确要求的，按要求执行。

5.4.2 无明确要求的，协同处置固体废物的水泥工业排污单位，可按照HJ/T 166中相关规定设置周边土壤环境影响监测点位，监测指标及最低监测频次按表5执行。

表5 周边环境质量影响监测指标及最低监测频次

监测介质	监测指标	监测频次
土壤	汞、铊、镉、铅、砷、铍、铬、锡、锑、铜、钴、锰、镍、钒	年

5.5 其他要求

5.5.1 除表1～表4中的污染物指标外，5.5.1.1和5.5.1.2中的污染物指标也应纳入监测指标范围，并参

照表 1～表 4 和 HJ 819 确定监测频次。

5.5.1.1 排污许可证、所执行的地方污染物排放（控制）标准、环境影响评价文件及其批复（仅限 2015 年 1 月 1 日（含）后取得环评批复的排污单位）、相关管理规定明确要求的污染物指标。

5.5.1.2 排污单位根据生产过程的原辅用料、生产工艺、中间及最终产品类型、监测结果确定实际排放的，在有毒有害或国家优先控制污染物名录中的污染物指标，或其他有毒污染物指标。

5.5.2 各指标的监测频次在满足本标准的基础上，可根据 HJ 819 中的原则提高监测频次。

5.5.3 采样方法、监测分析方法、监测质量保证与质量控制等按照 HJ 819 执行。

5.5.4 监测方案的描述、变更按照 HJ 819 执行。

6 信息记录和报告

6.1 信息记录

6.1.1 监测信息记录要求

手工监测记录和自动监测运维记录按照 HJ 819 执行。

6.1.2 生产和污染治理设施运行状况记录要求

应详细记录排污单位以下生产及污染治理设施运行状况，并整理成台账保存备查。

6.1.2.1 水泥制造生产运行状况记录

分生产线记录每日的主要原辅料用量及产量：石灰石、黏土、石膏等主要原辅料的使用量，熟料、成品水泥等产品产量。

利用水泥窑协同处置固体废物时，需要记录固废处置量。

及时记录水泥窑停窑、点火、保温等情况。

6.1.2.2 原煤分析结果

结合排污单位生产实际，记录每天的原煤消耗量及每批次煤质的分析结果，包括低位发热量、灰分、挥发分、含硫量等。

6.1.2.3 废气处理设施运行情况

应记录除尘、脱硝、脱硫等工艺的基本情况，按日记录氨水和尿素等含氨物质的消耗情况、脱硫剂使用剂量、脱硫副产物产生量等，并记录除尘、脱硝、脱硫等设施运行、故障及维护情况。

6.1.2.4 旁路放风记录

在排污单位进行旁路放风时，对旁路放风方式、时间、排气量等参数进行记录。

6.1.2.5 噪声防护设施运行情况

应记录降噪设施的完好性及建设维护情况，记录相关参数。

6.1.2.6 废水处理情况

应记录废水处理方式、去向及排放量等相关信息。

6.1.3 一般工业固体废物和危险废物记录要求

记录一般工业固体废物和危险废物的产生量、综合利用量、处置量、贮存量。危险废物还应详细记录其具体去向。原料或辅助工序中产生的其他危险废物的情况也应记录。

表 6 一般工业固体废物及危险废物来源

类别	产生单元	废物名称
一般工业固体废物	除尘工序	用于收尘的废滤袋
	水泥窑	废耐火砖
危险废物	生产过程中可能产生的危险废物按照《国家危险废物名录》或国家规定的危险废物鉴别标准和鉴别方法认定	

6.2 信息报告、应急报告、信息公开

按照 HJ 819 执行。

7 其他

除本标准规定的内容外，按照 HJ 819 执行。

中华人民共和国国家环境保护标准

排污单位自行监测技术指南　钢铁工业及炼焦化学工业

Self-monitoring technology guidelines for pollution sources

—Iron and steel industry and coking chemical industry

HJ 878—2017

前　言

为落实《中华人民共和国环境保护法》《中华人民共和国大气污染防治法》《中华人民共和国水污染防治法》，指导和规范钢铁工业及炼焦化学工业排污单位自行监测工作，制定本标准。

本标准提出了钢铁工业及炼焦化学工业排污单位自行监测的一般要求、监测方案制定、信息记录和报告的基本内容和要求。本标准不适用于钢铁生产企业中铁矿采选和铁合金生产工序的自行监测。

本标准为首次发布。

本标准由环境保护部环境监测司、科技标准司提出并组织制订。

本标准主要起草单位：中国环境监测总站、上海市环境监测中心、宝钢环境监测站。

本标准环境保护部 2017 年 12 月 21 日批准。

本标准自 2018 年 1 月 1 日起实施。

本标准由环境保护部解释。

1　适用范围

本标准提出了钢铁工业及炼焦化学工业排污单位自行监测的一般要求、监测方案制定、信息记录和报告的基本内容和要求。

本标准适用于钢铁工业及炼焦化学工业排污单位在生产运行阶段对其排放的水、气污染物，噪声以及对其周边环境质量影响开展监测。本标准不适用于钢铁生产企业中铁矿采选和铁合金生产工序的自行监测。

钢铁工业及炼焦化学工业排污单位自备火力发电机组（厂）、配套动力锅炉的自行监测要求按照 HJ 820 执行。

2　规范性引用文件

本标准引用了下列文件或其中的条款。凡是未注明日期的引用文件，其最新版本适用于本标准。

GB 13456　钢铁工业水污染物排放标准

GB 16171　炼焦化学工业污染物排放标准

GB 28662　钢铁烧结、球团工业大气污染物排放标准

GB 28663　炼铁工业大气污染物排放标准

GB 28664　炼钢工业大气污染物排放标准

GB 28665　轧钢工业大气污染物排放标准

HJ 2.2　环境影响评价技术导则　大气环境

HJ/T 2.3　环境影响评价技术导则　地面水环境

HJ/T 55　大气污染物无组织排放监测技术导则

HJ/T 91　地表水和污水监测技术规范

HJ/T 164　地下水环境监测技术规范

HJ/T 166　土壤环境监测技术规范

HJ/T 194 环境空气质量手工监测技术规范

HJ 442 近岸海域环境监测规范

HJ 610 环境影响评价技术导则 地下水环境

HJ 819 排污单位自行监测技术指南 总则

HJ 820 排污单位自行监测技术指南 火力发电及锅炉

《国家危险废物名录》（环境保护部、国家发展改革委、公安部令第 39 号）

3 术语和定义

GB 13456、GB 16171、GB 28662、GB 28663、GB 28664、GB 28665、HJ 819 界定的以及下列术语和定义适用于本标准。

3.1 钢铁工业排污单位 iron and steel industry pollutant emission unit

指含有烧结、球团、炼铁、炼钢及轧钢等工业生产工序的排污单位。

3.2 炼焦化学工业排污单位 coking chemical industry pollutant emission unit

指含有炼焦化学工业生产过程的排污单位，包括炼焦化学工业企业及钢铁等工业企业炼焦分厂。

4 自行监测的一般要求

排污单位应查清本单位的污染源，污染物指标及潜在的环境影响，制定监测方案，设置和维护监测设施，按照监测方案开展自行监测，做好质量保证和质量控制，记录和保存监测数据和信息，依法向社会公开监测结果。

5 监测方案制定

5.1 废气排放监测

5.1.1 有组织废气排放监测点位、指标与频次

5.1.1.1 监测点位

各工序废气通过排气筒等方式排放至外环境的，应在排气筒或排气筒前的废气排放通道设置监测点位。

5.1.1.2 监测指标与监测频次

各监测点位监测指标的最低监测频次按照表 1 执行。

表 1 有组织废气监测指标最低监测频次

生产工序	监测点位	监测指标	监测频次
原料系统	供卸料设施、转运站及其他设施排气筒	颗粒物	两年
烧结	配料设施、整粒筛分设施排气筒	颗粒物	季度
	烧结机机头排气筒	颗粒物、二氧化硫、氮氧化物	自动监测
		氟化物	季度
		二噁英类	年
	烧结机机尾排气筒	颗粒物	自动监测
	破碎设施、冷却设施及其他设施排气筒	颗粒物	年
球团	配料设施排气筒	颗粒物	季度
	焙烧设施排气筒	颗粒物、二氧化硫、氮氧化物	自动监测
		氟化物	季度
	破碎、筛分、干燥及其他设施排气筒	颗粒物	年
炼焦	精煤破碎、焦炭破碎、筛分、转运设施排气筒	颗粒物	年
	装煤地面站排气筒	颗粒物、二氧化硫	自动监测
		苯并[a]芘	半年
	推焦地面站排气筒	颗粒物、二氧化硫	自动监测
	焦炉烟囱（含焦炉烟气尾部脱硫、脱硝设施排气筒）	颗粒物、二氧化硫、氮氧化物	自动监测
	干法熄焦地面站排气筒	颗粒物、二氧化硫	自动监测
	粗苯管式炉、半焦烘干和氨分解炉等燃用焦炉煤气的设施排气筒	颗粒物、二氧化硫、氮氧化物	半年
	冷鼓、库区焦油各类贮槽排气筒	苯并[a]芘、氰化氢、酚类、非甲烷总烃、氨、硫化氢	半年

生产工序	监测点位	监测指标	监测频次
炼焦	苯贮槽排气筒	苯、非甲烷总烃	半年
	脱硫再生塔排气筒	氨、硫化氢	半年
	硫铵结晶干燥排气筒	颗粒物、氨	半年
炼铁	矿槽排气筒	颗粒物	自动监测
	出铁场排气筒	颗粒物、二氧化硫[a]	自动监测
	热风炉排气筒	颗粒物、二氧化硫、氮氧化物	季度
	原料系统、煤粉系统及其他设施排气筒	颗粒物	年
炼钢	转炉二次烟气排气筒	颗粒物	自动监测
	转炉三次烟气排气筒	颗粒物	季度
	电炉烟气排气筒	颗粒物	自动监测
		二噁英类	年
	石灰窑、白云石窑焙烧排气筒	颗粒物、二氧化硫[a]、氮氧化物[a]	季度
	铁水预处理（包括倒罐、扒渣等）、精炼炉、钢渣处理设施排气筒	颗粒物	年
	转炉一次烟气、连铸切割和火焰清理及其他设施排气筒	颗粒物	两年
	电渣冶金排气筒	氟化物	半年
轧钢	热处理炉排气筒	颗粒物、二氧化硫、氮氧化物	季度（自动监测[b]）
	热轧精轧机排气筒	颗粒物	年
	拉矫机、精整机、抛丸机、修磨机、焊接机及其他设施排气筒	颗粒物	两年
	轧制机组排气筒	油雾[c]	半年
	废酸再生排气筒	颗粒物、氯化氢、硝酸雾、氟化物	半年
	酸洗机组排气筒	氯化氢、硫酸雾、硝酸雾、氟化物	半年
	涂镀层机组排气筒	铬酸雾	半年
	脱脂排气筒	碱雾[c]	半年
	涂层机组排气筒	苯、甲苯、二甲苯、非甲烷总烃	半年

注 1：设区的市级及以上环保主管部门明确要求安装自动监测设备的污染物指标，须采取自动监测。
注 2：废气监测须按照相应标准分析方法、技术规范同步监测烟气参数。
[a] 为选测指标。
[b] 燃用发生炉煤气的热处理炉排气筒须采取自动监测。
[c] 待国家污染物监测方法标准发布后实施，未发布前可以选测。

5.1.2 无组织废气排放监测点位、指标和频次

5.1.2.1 生产车间无组织废气排放监测点位、指标和频次

排污单位应按照 GB 16171、GB 28662、GB 28663、GB 28664、GB 28665、HJ/T 55 规定设置生产车间无组织排放监测点位，有地方排放标准要求的，按地方排放标准执行。监测指标及最低监测频次按表 2 执行。

表 2 生产车间无组织废气监测指标最低监测频次

生产工序	无组织排放源	监测指标	监测频次
烧结、球团、炼铁、炼钢	生产车间	颗粒物	年（季度[a]）
炼焦	焦炉	颗粒物、苯并[a]芘、硫化氢、氨、苯可溶物	季度
轧钢	板坯加热、磨辊作业、钢卷精整、酸再生下料车间	颗粒物	年
	酸洗机组及废酸再生车间	硫酸雾、氯化氢、硝酸雾	年
	涂层机组车间	苯、甲苯、二甲苯、非甲烷总烃	年

[a] 适用于无完整厂房车间的情况。

5.1.2.2 厂界无组织废气排放监测点位、指标和频次

厂界无组织排放监测指标及最低监测频次按表 3 执行。

表 3 厂界无组织废气监测指标最低监测频次

排污单位类型	监测点位	监测指标	监测频次
有炼焦化学生产过程的	厂界	颗粒物、二氧化硫、苯并[a]芘、氰化氢、苯、酚类、硫化氢、氨、氮氧化物	季度
无炼焦化学生产过程的		颗粒物	季度

5.2 废水排放监测

废水排放监测点位、监测指标及最低监测频次按表 4 执行。不同工序废水混合排放的，应覆盖表 4 中相应工序的监测因子，监测频次从严。

表 4　废水监测指标最低监测频次

监测点位	监测指标	监测频次					
		钢铁联合企业（不包括炼焦分厂）	钢铁非联合企业				炼焦
			烧结（球团）	炼铁	炼钢	轧钢	
废水总排放口	流量	自动监测	自动监测	自动监测	自动监测	自动监测	自动监测
	pH 值	自动监测	月	月	月	日	自动监测
	悬浮物	周	月	月	月	周	月
	化学需氧量	自动监测	月	月	月	日	自动监测
	氨氮	自动监测	—	月	月	日	自动监测
	总氮	周（日[a]）	—	月	月	周（日[a]）	周（日[a]）
	总磷	周（日[a]）	—	—	—	周（日[a]）	周（日[a]）
	石油类	周	月	月	月	周	月
	五日生化需氧量	—	—	—	—	—	月
	挥发酚	季度	—	季度	—	—	月
	氰化物	季度	—	季度	—	季度	月
	氟化物	季度	—	—	季度	季度	—
	总铁	季度	—	—	—	季度	—
	总锌	季度	—	季度	—	季度	—
	总铜	季度	—	—	—	季度	—
	苯	—	—	—	—	—	月
	硫化物	—	—	—	—	—	月
车间或生产设施废水排放口	流量	参照钢铁非联合企业车间或生产设施废水排放口监测要求执行	月	月	—	周（月[b]）	月
	总砷		月	—	—	周（月[b]）	—
	六价铬		—	—	—	周（月[b]）	—
	总铬		—	—	—	周（月[b]）	—
	总铅		月	月	—	—	—
	总镍		—	—	—	周（月[b]）	—
	总镉		—	—	—	周（月[b]）	—
	总汞		—	—	—	周（月[b]）	—
	苯并[*a*]芘	—	—	—	—	—	月[c]
	多环芳烃	—	—	—	—	—	月[c]

注 1：设区的市级及以上环保主管部门明确要求安装自动监测设备的污染物指标，须采取自动监测。

注 2：炼焦洗煤、熄焦和高炉冲渣回用水池内和补水口每周至少开展一次监测，补水口监测指标包括 pH 值、悬浮物、化学需氧量、氨氮、挥发酚、氰化物，回用水池内监测指标为挥发酚。

注 3：雨水排放口排放期间每日至少开展一次监测，监测指标包括悬浮物、化学需氧量、氨氮、石油类，确保有流量的情况下，雨后 15 min 内进行监测。

注 4：单独排入外环境的生活污水排放口每月至少开展一次监测，监测指标包括流量、pH 值、悬浮物、化学需氧量、氨氮、总氮、总磷、五日生化需氧量、动植物油。

[a] 总氮/总磷实施总量控制的区域，总氮/总磷最低监测频次按日执行。

[b] 适用于不含冷轧的轧钢车间或生产设施废水排放口。

[c] 若酚氰污水处理站仅处理生产工艺废水，则在酚氰污水处理厂排放口监测；若有其他废水进入酚氰污水处理站混合处理，则在其他废水混入前对生产工艺废水采样监测。

5.3 厂界环境噪声监测

厂界环境噪声监测点位设置应遵循 HJ 819 中的原则，主要考虑破碎设备、筛分设备、风机、空压机、水泵等噪声源在厂区内的分布情况。

厂界噪声每季度至少开展一次昼夜监测，监测指标为等效 A 声级。周边有敏感点的，应增加敏感点位噪声监测。

5.4 周边环境质量影响监测

5.4.1 其他环境管理政策，或环境影响评价文件及其批复（仅限 2015 年 1 月 1 日（含）后取得环评批复的排污单位）有明确要求的，按要求执行。

5.4.2 无明确要求的，若排污单位认为有必要的，可对周边水、土壤、空气环境质量开展监测。可参照 HJ/T 164、HJ/T 166、HJ 610 中相关规定设置周边地下水、土壤环境影响监测点位，对于废水直接排入地表水或海水的排污单位，可参照 HJ/T 2.3、HJ/T 91、HJ 442 中相关规定设置周边地表水、海水环境影响监测点位，监测指标及频次按表 5 执行。周边空气质量影响监测点位、监测指标、监测频次可参照 HJ 2.2、HJ/T 194、HJ 819 中相关规定执行。

表 5 周边环境质量影响监测指标最低监测频次

目标环境	监测指标	监测频次
地表水	pH 值、溶解氧、高锰酸盐指数、五日生化需氧量、氨氮、总磷、总氮、铜、锌、氟化物、砷、汞、镉、六价铬、铅、氰化物、挥发酚、石油类、硫化物、铁、苯、总铬、镍、多环芳烃等	季度
海水	pH 值、溶解氧、化学需氧量、五日生化需氧量、无机氮、非离子氮、活性磷酸盐、汞、镉、铅、六价铬、总铬、砷、铜、锌、镍、氰化物、硫化物、挥发酚、石油类、氟化物、铁、苯、多环芳烃等	半年
地下水	pH 值、总硬度、溶解性总固体、硫酸盐、氯化物、铁、铜、锌、挥发酚、高锰酸盐指数、硝酸盐、亚硝酸盐、氨氮、氟化物、氰化物、汞、砷、镉、六价铬、铅、镍、硫化物、总铬、多环芳烃、苯、甲苯、二甲苯等	年
土壤	pH 值、阳离子交换量、镉、汞、砷、铜、铅、铬、锌、镍、多环芳烃、苯、甲苯、二甲苯等	年

5.5 其他要求

5.5.1 除表 1～表 5 中的污染物指标外，5.5.1.1 和 5.5.1.2 中的污染物指标也应纳入监测指标范围，并参照表 1～表 5 和 HJ 819 确定监测频次。

5.5.1.1 排污许可证、所执行的污染物排放（控制）标准、环境影响评价文件及其批复（仅限 2015 年 1 月 1 日（含）后取得环评批复的排污单位）、相关环境管理规定明确要求的污染物指标。

5.5.1.2 排污单位根据生产过程的原辅用料、生产工艺、中间及最终产品类型、监测结果确定实际排放的，在有毒有害或优先控制污染物相关名录中的污染物指标，或其他有毒污染物指标。

5.5.2 各指标的监测频次在满足本标准的基础上，可根据 HJ 819 中监测频次的确定原则提高监测频次。

5.5.3 采样方法、监测分析方法、监测质量保证与质量控制等按照 HJ 819 执行。

5.5.4 监测方案的描述、变更按照 HJ 819 执行。

6 信息记录和报告

6.1 信息记录

6.1.1 监测信息记录

手工监测的记录和自动监测运维记录按 HJ 819 执行。

6.1.2 生产和污染治理设施运行状况信息记录

6.1.2.1 生产运行状况记录

按班次记录正常工况各生产单元主要生产设施的累计生产时间、生产负荷、主要产品产量、原辅料及燃料使用情况（包括种类、名称、用量、有毒有害元素成分及占比）等数据。

6.1.2.2 原辅料、燃料采购信息

填写原辅料、燃料采购情况及物质、元素占比情况信息。

6.1.2.3 废气处理设施运行情况

应记录除尘、脱硝、脱硫等工艺的基本情况，按班次记录氨水和尿素等含氨物质的消耗情况、脱硫剂使用剂量、脱硫副产物产生量等，并记录除尘、脱硝、脱硫等设施运行、故障及维护情况。

6.1.2.4 废水处理设施运行情况

应记录废水处理工艺的基本情况，按班次记录废水累计流量、药剂投加种类及投加量、污泥产生量等，并记录废水处理设施运行、故障及维护情况。

6.1.2.5 噪声防护设施运行情况

应记录降噪设施的完好性及建设维护情况，记录相关参数。

6.1.3 一般工业固体废物和危险废物记录要求

记录表 6 中一般工业固体废物和危险废物的产生量、综合利用量、处置量、贮存量，危险废物还应详细记录其具体去向。原料或辅助工序中产生的其他危险废物的情况也应记录。

表 6 一般工业固体废物及危险固体废物来源

一般工业固体废物产生工序	一般工业固体废物名称	危险废物产生工序	危险废物名称
原料系统	除尘灰等	炼焦	精（蒸）馏等产生的残渣、焦粉、焦油渣、脱硫废液、筛焦过程产生的粉尘等
烧结、球团	除尘灰、脱硫石膏等	炼钢	电炉炼钢过程中集（除）尘装置收集的粉尘和废水处理污泥等
炼焦	煤粉等		
炼铁	除尘灰、瓦斯灰泥、高炉渣等	轧钢	废酸、废矿物油等
炼钢	钢渣、废钢铁料、氧化铁皮等	其他可能产生的危险废物按照《国家危险废物名录》或国家规定的危险废物鉴别标准和鉴别方法认定	
轧钢	除尘灰、氧化铁皮等		

6.2 信息报告、应急报告、信息公开

按照 HJ 819 执行。

7 其他

排污单位应如实记录手工监测期间的工况（包括生产负荷、污染治理设施运行情况等），确保监测数据具有代表性。

本标准规定的内容外，按照 HJ 819 执行。

中华人民共和国国家环境保护标准

排污单位自行监测技术指南　纺织印染工业

Self-monitoring technology guidelines for pollution sources
—Textile and dyeing industry

HJ 879—2017

前　言

为落实《中华人民共和国环境保护法》《中华人民共和国水污染防治法》《中华人民共和国大气污染防治法》，指导和规范纺织印染工业排污单位自行监测工作，制定本标准。

本标准提出了纺织印染工业排污单位自行监测的一般要求、监测方案制定、信息记录和报告的基本内容和要求。

本标准为首次发布。

本标准由环境保护部环境监测司、科技标准司提出并组织制订。

本标准主要起草单位：中国环境监测总站、中国轻工业清洁生产中心。

本标准环境保护部 2017 年 12 月 21 日批准。

本标准自 2018 年 1 月 1 日起实施。

本标准由环境保护部解释。

1　适用范围

本标准提出了纺织印染工业排污单位自行监测的一般要求、监测方案制定、信息记录和报告的基本内容和要求。

本标准适用于纺织印染工业排污单位在生产运行阶段对其排放的水、气污染物，噪声以及对其周边环境质量影响开展自行监测。

自备火力发电机组（厂）、配套动力锅炉的自行监测要求按照 HJ 820 执行。

2　规范性引用文件

本标准引用了下列文件或其中的条款。凡是未注明日期的引用文件，其最新版本适用于本标准。

GB 4287　纺织染整工业水污染物排放标准

GB 28936　缫丝工业水污染物排放标准

GB 28937　毛纺工业水污染物排放标准

GB 28938　麻纺工业水污染物排放标准

HJ 442　近岸海域环境监测规范

HJ 819　排污单位自行监测技术指南　总则

HJ 820　排污单位自行监测技术指南　火力发电及锅炉

HJ/T 2.3　环境影响评价技术导则　地面水环境

HJ/T 91　地表水和污水监测技术规范

HJ/T 166　土壤环境监测技术规范

《国家危险废物名录》（环境保护部、国家发展改革委、公安部令第 39 号）

3　术语和定义

GB 4287、GB 28936、GB 28937、GB 28938、HJ 819 界定的以及下列术语和定义适用于本标准。

3.1 纺织印染工业排污单位 textile and dyeing industry pollutant emission unit

指从事对麻、丝、毛等纺前纤维进行加工，纺织材料前处理、染色、印花、整理为主的印染加工，以及从事织造，服装与服饰加工，并有污染产生的生产单位。

3.2 印染 dyeing and printing

指对纺织材料（纤维、纱、线及织物）进行以化学处理为主的工艺过程，包括前处理、染色、印花、整理（包括一般整理与功能整理）等工序。

3.3 纺织印染工业废水集中处理设施 centralized wastewater treatment plant for textile and dyeing industry

为两家及以上纺织印染工业排污单位提供废水处理服务，且执行 GB 4287、GB 28936、GB 28937、GB 28938 中水污染物排放要求的企业或机构。

4 自行监测的一般要求

应查清本单位的污染源、污染物指标及潜在的环境影响，制定监测方案，设置和维护监测设施，按照监测方案开展自行监测，做好质量保证和质量控制，记录和保存监测数据，依法向社会公开监测结果。

5 监测方案制定

5.1 废水排放监测

5.1.1 监测点位

所有纺织印染工业排污单位均须在废水总排放口设置监测点位。

使用含铬染料及助剂进行染色的纺织印染工业排污单位，须在染色车间或生产设施废水排放口设置监测点位。

有印花工序，且印花工序使用感光制网工艺的纺织印染工业排污单位，须在印花车间或生产设施废水排放口设置监测点位。

所有纺织印染工业废水集中处理设施均须在总排放口设置监测点位。

5.1.2 监测指标及监测频次

印染行业排污单位废水排放监测点位、监测指标及最低监测频次按照表 1 执行。

表 1 印染行业排污单位废水排放监测点位、监测指标及最低监测频次

监测点位	监测指标	监测频次	
		直接排放	间接排放
废水总排放口	流量、pH 值、化学需氧量、氨氮	自动监测	
	悬浮物、色度	日	周
	五日生化需氧量、总磷[a]、总氮[a]	周	月
	苯胺类、硫化物	月	季度
	二氧化氯[b]、可吸附有机卤素（AOX）[b]	季度	半年
	总锑[c]	季度	
车间或生产设施废水排放口	六价铬[d]	月	
雨水排放口	化学需氧量、悬浮物	日[e]	

注：表中所列监测指标，设区的市级及以上环保主管部门明确要求安装自动监测设备的，须采取自动监测。

[a] 总氮/总磷实施总量控制区域，总氮/总磷最低监测频次按日执行。

[b] 适用于含氯漂工艺的排污单位。监测结果超标的，应增加监测频次。

[c] 适用于原料含涤纶的排污单位。水环境质量中总锑超标的流域或沿海地区，总锑最低监测频次按月执行。

[d] 适用于使用含铬染料及助剂、有感光制网工艺进行染色印花的排污单位。

[e] 排放期间按日监测。

毛纺、麻纺、缫丝、织造、水洗行业排污单位废水排放监测点位、监测指标及最低监测频次按照表 2 执行。

表 2　毛纺、麻纺、缫丝、织造、水洗行业排污单位废水排放监测点位、监测指标及最低监测频次

监测点位	监测指标	监测频次	
		直接排放	间接排放
废水总排放口	流量、pH 值、化学需氧量、氨氮	自动监测	
	悬浮物、色度[a]	日	周
	五日生化需氧量	周	月
	总磷[b]、总氮[b]、动植物油[c]	月	季度
	可吸附有机卤素（AOX）[d]	半年	年
雨水排放口	化学需氧量、悬浮物	日[e]	

注：表中所列监测指标，设区的市级及以上环保主管部门明确要求安装自动监测设备的，须采取自动监测。
[a]适用于麻纺、水洗行业排污单位。
[b]总氮/总磷实施总量控制区域，总氮/总磷最低监测频次按日执行。
[c]适用于毛纺、缫丝行业排污单位。
[d]适用于麻纺行业排污单位。监测结果超标的，应增加监测频次。
[e]排放期间按日监测。

纺织印染工业废水集中处理设施废水排放监测点位、监测指标及最低监测频次按照表 3 执行。

表 3　纺织印染工业废水集中处理设施废水排放监测点位、监测指标及最低监测频次

监测点位	监测指标	监测频次
纺织印染工业废水集中处理设施总排放口	流量、pH 值、化学需氧量、氨氮	自动监测
	悬浮物、色度、总磷[a]、总氮[a]	日
	五日生化需氧量	周
	总锑[b]、二氧化氯[c]、可吸附有机卤素（AOX）[c]、硫化物[c]、苯胺类[c]、六价铬[c]、动植物油[c]	月

注：表中所列监测指标，设区的市级及以上环保主管部门明确要求安装自动监测设备的，须采取自动监测。
[a]总氮/总磷实施总量控制区域，总氮/总磷最低监测频次按日执行。
[b]水环境质量中总锑超标的流域或沿海地区，总锑按周执行。
[c]根据接收废水排放排污单位情况确定具体监测指标。

5.2　废气排放监测

5.2.1　有组织废气排放监测点位、监测指标与监测频次

纺织印染工业排污单位有组织废气排放监测点位、监测指标及最低监测频次按照表 4 执行。

表 4　纺织印染工业排污单位有组织废气排放监测点位、监测指标及最低监测频次

污染源	监测点位	监测指标	监测频次
印花设施	印花设施排气筒或车间废气处理设施排放口	非甲烷总烃	季度
		甲苯、二甲苯	半年
定型设施	定型设施排气筒或车间废气处理设施排放口	颗粒物	半年
		非甲烷总烃	季度
涂层设施	涂层设施排气筒或车间废气处理设施排放口	非甲烷总烃	季度
		甲苯、二甲苯	半年

注 1：排气筒废气监测要同步监测烟气参数。
注 2：监测结果超标的，应增加相应指标的监测频次。
注 3：根据环境影响评价文件及其批复，以及原料、工艺等确定是否监测其他有机废气污染物。
注 4：印花设施指蒸化、静电植绒、数码印花、转移印花等产生废气重点工段的设施。

若纺织印染工业排污单位有其他有组织废气排放源，应根据污染物排放状况，参照 HJ 819 确定监测指标和监测频次等内容。

5.2.2　无组织废气排放监测点位、监测指标与监测频次

纺织印染工业排污单位无组织废气排放监测点位、监测指标及最低监测频次按照表 5 执行。

表 5 纺织印染工业排污单位无组织废气排放监测点位、监测指标及最低监测频次

排污单位	监测点位	监测指标	监测频次
印染行业排污单位	厂界	颗粒物、臭气浓度[a]、氨[b]、硫化氢[b]、非甲烷总烃	半年
毛纺、麻纺、缫丝行业排污单位	厂界	颗粒物、臭气浓度[a]、氨[b]、硫化氢[b]	半年
织造、水洗行业排污单位	厂界	颗粒物、臭气浓度[b]、氨[b]、硫化氢[b]	半年
注：若周边有敏感点，应适当增加监测频次。			
[a]根据环境影响评价文件及其批复，以及原料、工艺等确定是否监测其他臭气污染物。 [b]有废水处理设施的排污单位监测该污染物指标。			

纺织印染工业废水集中处理设施无组织废气排放监测点位、监测指标及最低监测频次按照表 6 执行。

表 6 纺织印染工业废水集中处理设施无组织废气排放监测点位、监测指标及最低监测频次

单位	监测点位	监测指标	监测频次
纺织印染工业废水集中处理设施	厂界	臭气浓度[a]、氨、硫化氢	季度
[a]根据环境影响评价文件及其批复，以及原料、工艺等确定是否监测其他臭气污染物。			

5.3 厂界环境噪声监测

厂界环境噪声监测点位设置应遵循 HJ 819 中的原则，主要考虑表 7 中噪声源在厂区内的分布情况和周边环境敏感点的位置。厂界环境噪声每季度至少开展一次昼夜监测，周边有敏感点的，应提高监测频次。

表 7 厂界环境噪声监测布点应关注的主要噪声源

噪声源	主要设备
生产车间	洗毛设施、麻脱胶设施、缫丝设施、织造设施、印染生产设施、水洗设施等
废水处理设施	废水处理的风机、水泵、曝气设备，污泥脱水设备等

5.4 周边环境质量影响监测

5.4.1 环境影响评价文件及其批复（仅限 2015 年 1 月 1 日（含）后取得的环评批复）、相关环境管理政策有明确要求的，按要求执行。

5.4.2 无明确要求的，若纺织印染工业排污单位、纺织印染工业废水集中处理设施运行单位认为有必要，可对周边地表水、海水和土壤开展监测。对于废水直接排入地表水、海水的纺织印染工业排污单位和纺织印染工业废水集中处理设施，可按照 HJ/T 2.3、HJ/T 91、HJ 442 及受纳水体环境管理要求设置监测断面和监测点位。开展土壤监测的纺织印染工业排污单位和纺织印染工业废水集中处理设施，可按照 HJ/T 166 及土壤环境管理要求设置监测点位。监测指标及最低监测频次按照表 8 执行。

表 8 周边环境质量影响监测指标及最低监测频次

目标环境	监测指标	监测频次
地表水	pH 值、悬浮物、高锰酸盐指数、五日生化需氧量、氨氮、总磷、总氮、总锑[a]、总铬[b]、苯胺类[c]等	季度
海水	pH 值、高锰酸盐指数、五日生化需氧量、溶解氧、活性磷酸盐、无机氮、总锑[a]、总铬[b]、苯胺类[c]等	半年
土壤	pH 值、铬等	年[b]
[a]适用于原料含涤纶的排污单位，以及接收此类排污单位废水的集中处理设施。 [b]适用于使用含铬染料及助剂、有感光制网工艺进行染色印花的排污单位，以及接收此类排污单位废水的集中处理设施。 [c]适用于印染行业排污单位，以及接收此类排污单位废水的集中处理设施。		

5.5 其他要求

5.5.1 除表 1～表 6、表 8 中的污染物指标外，5.5.1.1 和 5.5.1.2 中的污染物指标也应纳入监测指标范围，并参照表 1～表 6、表 8 和 HJ 819 确定监测频次。

5.5.1.1 排污许可证、所执行的污染物排放（控制）标准、环境影响评价文件及其批复（仅限 2015 年 1 月 1 日（含）后取得的环评批复）、相关环境管理规定明确要求的污染物指标；

5.5.1.2 根据生产过程的原辅用料、生产工艺、中间及最终产品类型、监测结果确定实际排放的，在有毒有害或优先控制污染物相关名录中的污染物指标，或其他有毒污染物指标。

5.5.2 各指标的监测频次在满足本标准的基础上，可根据 HJ 819 中监测频次的确定原则提高监测频次。

5.5.3 采样方法、监测分析方法、监测质量保证与质量控制等按照 HJ 819 执行。

5.5.4 监测方案的描述、变更按照 HJ 819 执行。

6 信息记录和报告

6.1 信息记录

6.1.1 监测信息记录

手工监测记录和自动监测运维记录按照 HJ 819 执行。

6.1.2 生产和污染治理设施运行状况信息记录

详细记录生产及污染治理设施运行状况，日常生产中应参照以下内容记录相关信息，并整理成台账保存备查。

6.1.2.1 生产运行状况记录

a）分生产线记录每日的原辅料用量、产品产量：取水量（新鲜水），主要原辅料（天然纤维或化学纤维、坯布、织物、成衣等，生产过程中添加的化学品等）使用量，生丝、净毛、精干麻、纱、坯布、色纤、色纱、面料、水洗成衣等产量；

b）染色生产线每日记录上染率、浴比等。

6.1.2.2 废水处理设施运行状况记录

按日记录废水处理量、废水回用量、废水排放量、污泥产生量（记录含水率）、废水处理使用的药剂名称及用量、电耗等；记录废水处理设施运行、故障及维护情况等。

6.1.2.3 废气处理设施运行状况记录

按日记录废气处理使用的药剂等耗材名称及用量；记录废气处理设施运行参数、故障及维护情况等。

6.1.3 一般工业固体废物和危险废物记录

记录一般工业固体废物的产生量、综合利用量、处置量、贮存量；按照危险废物管理的相关要求，按日记录危险废物的产生量、综合利用量、处置量、贮存量及其具体去向。原料或辅助工序中产生的其他危险废物的情况也应记录。一般工业固体废物及危险废物产生情况见表 9。

表 9 一般工业固体废物及危险废物来源

类别	来源	固体废物
一般工业固体废物	生产车间、废水/气处理设施	工业粉尘、废纸类、废木材、废玻璃及其他废物（原料中的剩余废物、金属零件等）；含氮有机废物、有机废水污泥（根据地方管理要求执行）
危险废物	生产车间、废气处理设施	废矿物油与含矿物油废物、废有机溶剂与含有机溶剂废物、染料和涂料废物、沾染染料和有机溶剂等危险废物的废弃包装物、容器等
注：其他可能产生的危险废物按照《国家危险废物名录》或国家规定的危险废物鉴别标准和鉴别方法认定。		

6.2 信息报告、应急报告和信息公开

按照 HJ 819 执行。

7 其他

排污单位应如实记录手工监测期间的工况（包括生产负荷、污染治理设施运行情况等），确保监测数据具有代表性。

本标准规定的内容外，按 HJ 819 执行。

中华人民共和国国家环境保护标准

排污单位自行监测技术指南　石油炼制工业

Self-monitoring technology guidelines for pollution sources —Petroleum refining industry

HJ 880—2017

前　言

为落实《中华人民共和国环境保护法》《中华人民共和国水污染防治法》《中华人民共和国大气污染防治法》，指导和规范石油炼制工业排污单位自行监测工作，制定本标准。

本标准提出了石油炼制工业排污单位自行监测的一般要求、监测方案制定、信息记录和报告的基本内容和要求。

本标准为首次发布。

本标准由环境保护部环境监测司、科技标准司提出并组织制订。

本标准主要起草单位：中国环境监测总站、中国石油集团安全环保技术研究院、河北省环境监测中心站、中国石油天然气股份有限公司独山子石化分公司环境监测中心、中国石油天然气股份有限公司辽阳石化分公司环境监测站。

本标准环境保护部 2017 年 12 月 21 日批准。

本标准自 2018 年 1 月 1 日起实施。

本标准由环境保护部解释。

1　适用范围

本标准提出了石油炼制工业排污单位自行监测的一般要求、监测方案制定、信息记录和报告的基本内容和要求。

本标准适用于石油炼制工业排污单位在生产运行阶段对其排放的水、气污染物，噪声以及对其周边环境质量影响开展监测。

排污单位自备火力发电机组（厂）、配套动力锅炉的自行监测要求按照 HJ 820 执行。

2　规范性引用文件

本标准引用了下列文件或其中的条款。凡是未注明日期的引用文件，其最新版本适用于本标准。

GB 14554　恶臭污染物排放标准

GB 18484　危险废物焚烧污染控制标准

GB 31570　石油炼制工业污染物排放标准

HJ/T 55　大气污染物无组织排放监测技术导则

HJ/T 91　地表水和污水监测技术规范

HJ/T 164　地下水环境监测技术规范

HJ/T 166　土壤环境监测技术规范

HJ/T 194　环境空气质量手工监测技术规范

HJ 442　近岸海域环境监测规范

HJ 664　环境空气质量监测点位布设技术规范（试行）

HJ 733　泄漏和敞开液面排放的挥发性有机物检测技术导则

HJ 819　排污单位自行监测技术指南　总则

HJ 820 排污单位自行监测技术指南 火力发电及锅炉

《国家危险废物名录》（环境保护部、国家发展和改革委员会、公安部令第 39 号）

3 术语和定义

GB 31570、HJ 819 界定的以及下列术语和定义适用于本标准。

3.1 石油炼制工业 petroleum refining industry

以原油、重油等为原料，生产汽油馏分、柴油馏分、燃料油、润滑油、石油蜡、石油沥青和石油化工原料等的工业。

3.2 挥发性有机物 volatile organic compounds

指参与大气光化学反应的有机化合物，或者根据规定的方法测量或核算确定的有机化合物。本标准使用非甲烷总烃作为排气筒和企业边界挥发性有机物排放的综合控制指标。

3.3 含汞原油 hydrargyrate crude oil

本标准特指汞含量大于 5 μg/g 的原油。

4 自行监测的一般要求

排污单位应查清本单位的污染源，污染物指标及潜在的环境影响，制定监测方案，设置和维护监测设施，按照监测方案开展自行监测，做好质量保证和质量控制，记录和保存监测数据，依法向社会公开监测结果。

5 监测方案制定

5.1 废水排放监测

5.1.1 监测点位

排污单位须在废水总排放口、雨水排放口设置监测点位。车间或生产设施废水排放口监测点位的设置按照表 1 中的规定执行。

5.1.2 监测指标与频次

废水排放监测指标及最低监测频次按表 1 执行。

表 1 废水排放监测指标最低监测频次

监测点位	监测指标	监测频次	
		直接排放	间接排放
废水总排放口	流量、化学需氧量、氨氮	自动监测	周
	石油类、pH 值、悬浮物、总氮、总磷、硫化物、挥发酚	周	月
	五日生化需氧量、总有机碳、总钒、苯、甲苯、邻二甲苯、间二甲苯、对二甲苯、乙苯、总氰化物	月	季度
延迟焦化装置冷焦水、切焦水废水排放口	苯并[a]芘	半年[a]	
常减压蒸馏装置电脱盐废水排放口[b]	总汞	月	
	烷基汞	半年[a]	
酸性水汽提装置废水排放口	总砷	月	
催化裂化装置烟气脱硫废水排放口 催化汽油吸附脱硫装置烟气脱硫废水排放口	总镍	月	
航空汽油调和车间废水排放口 四乙基铅生产装置废水排放口	总铅	月	
雨水排放口	pH 值、化学需氧量、氨氮、石油类、悬浮物	日[c]	

注 1：设区的市级及以上环境保护主管部门明确要求安装自动监测设备的污染物指标，须采取自动监测。
注 2：监测污染物浓度时应同步监测流量。

[a] 2020 年 1 月 1 日起按月执行。
[b] 适用于加工含汞原油的情况。
[c] 排放期间按日监测。

5.2　废气排放监测

5.2.1　有组织废气排放监测点位、指标与频次

5.2.1.1　监测点位

废气通过排气筒等方式排放至外环境的，应在烟道上设置监测点位；相同监测指标多股废气混合排放的，应在废气汇合后的共用烟道上或分别在各个烟道上设置监测点位；有旁路的旁路烟道也应设置监测点位；有机废气回收处理装置应分别在其废气进口及排放口设置监测点位。

5.2.1.2　监测指标与频次

有组织废气排放监测指标及最低监测频次按表 2 执行。

表 2　有组织废气监测指标最低监测频次

监测点位	监测指标	监测频次
工艺加热炉排气筒（单台额定功率≥14 MW）	氮氧化物	自动监测
	二氧化硫、颗粒物	季度（月[a]）
工艺加热炉排气筒（单台额定功率＜14 MW）	氮氧化物、二氧化硫、颗粒物	季度（月[a]）
催化裂化催化剂再生烟气排气筒	氮氧化物、二氧化硫、颗粒物	自动监测
	镍及其化合物	季度
重整催化剂再生烟气排气筒 离子液法烷基化装置催化剂再生烟气排气筒	非甲烷总烃	月
	氯化氢	季度
催化汽油吸附脱硫再生烟气排气筒	颗粒物、二氧化硫	季度
酸性气回收装置排气筒	二氧化硫	自动监测
	硫化氢、氮氧化物[b]	月
	硫酸雾[c]	季度
氧化沥青装置排气筒	沥青烟	季度
	苯并[a]芘	半年
废水处理有机废气收集处理装置排气筒	非甲烷总烃、硫化氢	月
	苯、甲苯、二甲苯	季度
有机废气回收处理装置进口及其排放口[d]	非甲烷总烃	月
危险废物焚烧炉排气筒[e]	氮氧化物、二氧化硫、颗粒物	自动监测
	烟气黑度、一氧化碳、氟化氢、氯化氢、汞及其化合物、镉及其化合物、（砷、镍及其化合物）、铅及其化合物、（铬、锡、锑、铜、锰及其化合物）	月
	二噁英类	年

注 1：设区的市级及以上环境保护主管部门明确要求安装自动监测设备的污染物指标，须采取自动监测。

注 2：废气监测须按照相应标准分析方法、技术规范同步监测烟气参数。

[a] 若燃料为净化后干气、瓦斯气、天然气则按季度监测，若采用其他燃料，则在使用期间按月监测。

[b] 适用于采用氧化法尾气污染物控制的酸性气回收装置。

[c] 适用于酸性气回收装置生产硫酸的情况。

[d] 有机废气排放口排气中若含有颗粒物、二氧化硫或氮氧化物，须进行监测。

[e] 危险废物焚烧炉排气筒监测的其他要求按 GB 18484 执行。

5.2.2　无组织废气排放监测点位、指标与频次

无组织废气排放监测点位设置、监测指标及最低监测频次按表 3 执行。

表 3　无组织废气监测指标最低监测频次

监测点位	监测指标	监测频次
企业边界	非甲烷总烃、颗粒物、氯化氢[a]、苯、甲苯、二甲苯、氨、硫化氢、臭气浓度	季度
	苯并[a]芘	年
泵、压缩机、阀门、开口阀或开口管线、气体/蒸气泄压设备、取样连接系统	挥发性有机物	季度
法兰及其他连接件、其他密封设备	挥发性有机物	半年

注 1：对于设备与管线组件密封点泄漏检测，若同一密封点连续三个周期检测无泄漏情况，则检测周期可延长一倍，但在后续监测中该检测点位一旦检测出现泄漏情况，则监测频次按原规定执行。

注 2：根据环境影响评价文件及其批复，以及原料工艺等确定是否监测 GB 14554 中的其他恶臭污染物。

注 3：挥发性有机物监测的其他要求按 HJ 733 及其他国家挥发性有机物管理规定执行。

[a] 适用于工艺装置中有连续重整装置或采用离子液法的烷基化装置的情况。

5.3 厂界环境噪声监测

厂界环境噪声监测点位设置应遵循 HJ 819 中的原则，主要考虑机泵电机、空冷电机、压缩电机、风机等噪声源在厂区内的分布情况。

厂界环境噪声每季度至少开展一次昼夜监测，监测指标为等效 A 声级。周边有敏感点的，应提高监测频次。

5.4 周边环境质量影响监测

5.4.1 其他环境管理政策，或环境影响评价文件及其批复（仅限 2015 年 1 月 1 日（含）后取得环评批复的排污单位）有明确要求的，按要求执行。

5.4.2 无明确要求的，若排污单位认为有必要的，可对周边水、土壤、环境空气质量开展监测。可按照 HJ 664、HJ/T 55、HJ/T 164、HJ/T 166、HJ/T 194 中相关规定设置环境空气、地下水、土壤监测点位，对于废水直接排入地表水、海水的排污单位，可按照 HJ/T 91、HJ 442 中相关规定设置周边地表水、海水监测点位，监测指标及最低监测频次可参照表 4 执行。

表 4 周边环境质量影响监测指标最低监测频次

类别	监测指标	监测频次
环境空气[a]	非甲烷总烃、颗粒物、氯化氢[b]、苯、甲苯、二甲苯、氨、硫化氢	半年
	苯并[*a*]芘	年
地表水	pH 值、化学需氧量、氨氮、石油类、悬浮物、总氮、总磷、硫化物、挥发酚、五日生化需氧量、总有机碳、总钒、苯、甲苯、邻二甲苯、间二甲苯、对二甲苯、乙苯、总氰化物、苯并[*a*]芘、总砷、总镍、总铅、总汞、烷基汞等	季度
地下水	pH 值、高锰酸盐指数、氨氮、石油类、总氮、总磷、硫化物、挥发酚、五日生化需氧量、总有机碳、总钒、苯、甲苯、邻二甲苯、间二甲苯、对二甲苯、乙苯、总氰化物、苯并[*a*]芘、总砷、总镍、总铅、总汞、烷基汞等	年
海水	pH 值、化学需氧量、氨氮、石油类、悬浮物、总氮、总磷、硫化物、挥发酚、五日生化需氧量、总有机碳、总钒、苯、甲苯、邻二甲苯、间二甲苯、对二甲苯、乙苯、总氰化物、苯并[*a*]芘、总砷、总镍、总铅、总汞、烷基汞等	半年
土壤	pH 值、硫化物、苯、甲苯、二甲苯、苯并[*a*]芘、总砷、总镍、总铅、总汞等	年

[a] 每次连测 3 天。

[b] 适用于工艺装置中有连续重整装置或采用离子液法的烷基化装置的情况。

5.5 其他要求

5.5.1 除表 1～表 3 中的污染物指标外，5.5.1.1 和 5.5.1.2 中的污染物指标也应纳入监测指标范围，并参照表 1～表 3 和 HJ 819 确定监测频次。

5.5.1.1 排污许可证、所执行的污染物排放（控制）标准、环境影响评价文件及其批复（仅限 2015 年 1 月 1 日（含）后取得环评批复的排污单位）、相关环境管理规定明确要求的污染物指标。

5.5.1.2 排污单位根据生产过程的原辅用料、生产工艺、中间及最终产品类型、监测结果确定实际排放的，在有毒有害或优先控制污染物相关名录中的污染物指标，或其他有毒污染物指标。

5.5.2 各指标的监测频次在满足本标准的基础上，可根据 HJ 819 中监测频次的确定原则提高监测频次。

5.5.3 采样方法、监测分析方法、监测质量保证与质量控制等按照 HJ 819 执行。

5.5.4 监测方案的描述、变更按照 HJ 819 执行。

6 信息记录和报告

6.1 信息记录

6.1.1 监测信息记录

手工监测记录和自动监测运维记录按照 HJ 819 执行。

6.1.2 生产和污染治理设施运行状况记录要求

6.1.2.1 生产设施运行状况

a）主体设施

按班次记录正常工况各主要生产单元每套装置的运行状态、生产负荷，重点记录各装置的原料用量、辅料用量、主产品产量、副产品产量、取水量（新鲜水）、废水排放量、燃料消耗量、燃料含硫量、原料含硫量与各种金属类含量、运行时间等参数情况。催化裂化装置还应记录新催化剂主要成分及用量、废催化剂排放量、再生催化剂循环量等。

b）公辅设施

包括污水处理装置、储罐、火炬系统、动力站等，储罐包括设计规模、工艺参数（温度、液位、周转量）等，火炬系统应连续记录引燃设施和火炬工作状态（火炬气流量、火炬头温度、火种气流量、火种温度等）。

c）全厂运行情况

年生产时间分正常工况和非正常工况（生产装置或设施开停工、检维修）、原辅燃料使用量、主要产品产量等。辅料重点记录与污染治理设施和污染物排放相关的内容。

6.1.2.2　污染治理设施运行状况

污染治理设施运行管理信息应当包括设备运行校验关键参数，能充分反映生产设施及治理设施运行管理情况。

a）废水治理设施包括预处理设施和集中污水处理设施两部分，需每天记录废水处理量、回用水量、运行参数（包括运行工况等）、药剂使用量、投放频次、电耗、污泥产生量等。如出现设施停运、检维修、事故等异常情况，需进行记录。

b）有组织废气治理设施需记录污染治理设施运行时间、运行参数（包括运行工况等）、使用药剂、投放频次等。如出现设施停运、检维修、事故等异常情况，需进行记录。

6.1.3　一般工业固体废物和危险废物记录

记录一般工业固体废物的产生量、综合利用量、处置量、贮存量；按照危险废物管理的相关要求，按日记录危险废物的产生量、综合利用量、处置量、贮存量及其具体去向。原料或辅助工序中产生的其他危险废物的情况也应记录。一般工业固体废物及危险废物产生情况见表5。

表5　一般工业固体废物及危险废物来源

类别	废物名称
一般工业固体废物	灰渣、脱硫石膏、袋式（电袋）除尘器产生的破旧布袋
危险废物	废碱液、废酸液、废催化剂、含油污泥等。
注：其他可能产生的危险废物按照《国家危险废物名录》或国家规定的危险废物鉴别标准和鉴别方法认定。	

6.2　信息报告、应急监测报告、信息公开

按照 HJ 819 执行。

7　其他

排污单位应如实记录手工监测期间的工况（包括生产负荷、污染治理设施运行情况等），确保监测数据具有代表性。

本标准规定的内容外，按照 HJ 819 执行。

中华人民共和国国家环境保护标准

排污单位自行监测技术指南　提取类制药工业

Self-monitoring technology guidelines for pollution sources
—Pharmaceutical industry extraction products category

HJ 881—2017

前　言

为落实《中华人民共和国环境保护法》《中华人民共和国水污染防治法》《中华人民共和国大气污染防治法》，指导和规范提取类制药工业排污单位自行监测工作，制定本标准。

本标准提出了提取类制药工业排污单位自行监测的一般要求、监测方案制定、信息记录和报告的基本内容和要求。

本标准为首次发布。

本标准由环境保护部环境监测司、科技标准司提出并组织制订。

本标准主要起草单位：中国环境监测总站、南京市环境监测中心站。

本标准环境保护部 2017 年 12 月 21 日批准。

本标准自 2018 年 1 月 1 日起实施。

本标准由环境保护部解释。

1　适用范围

本标准提出了提取类制药工业排污单位自行监测的一般要求、监测方案制定、信息记录和报告的基本内容和要求。

本标准适用于提取类制药工业排污单位在生产运行阶段对其排放的水、气污染物，噪声以及对其周边环境质量影响开展监测。

本标准也适用于与提取类药物结构相似的兽药生产排污单位。

自备火力发电机组（厂）、配套动力锅炉的自行监测要求按照 HJ 820 执行。

2　规范性引用文件

本标准引用了下列文件或其中的条款。凡是未注明日期的引用文件，其最新版本适用于本标准。

GB 14554　恶臭污染物排放标准

GB 16297　大气污染物综合排放标准

GB 21905　提取类制药工业水污染物排放标准

HJ/T 2.3　环境影响评价技术导则　地面水环境

HJ/T 91　地表水和污水监测技术规范

HJ/T 166　土壤环境监测技术规范

HJ 442　近岸海域环境监测规范

HJ 819　排污单位自行监测技术指南　总则

HJ 820　排污单位自行监测技术指南　火力发电及锅炉

《国家危险废物名录》（环境保护部、国家发展改革委、公安部令第 39 号）

3　术语和定义

GB 21905 界定的以及下列术语和定义适用于本标准。

3.1　提取　extract

指通过溶剂（如乙醇）处理、蒸馏、脱水、经受压力或离心力作用，或通过其他化学或机械工艺过程从物质中制取（如组成成分或汁液）。

3.2　提取类制药　extraction pharmacy

指运用物理的、化学的、生物化学的方法，将生物体中起重要生理作用的各种基本物质经过提取、分离、纯化等手段制造药物的过程。

3.3　直接排放　direct discharge

指排污单位直接向环境水体排放水污染物的行为。

3.4　间接排放　indirect discharge

指排污单位向公共污水处理系统排放水污染物的行为。

3.5　挥发性有机物　volatile organic compounds（VOCs）

指参与大气光化学反应的有机化合物，或者根据规定的方法测量或核算确定的有机化合物。

4　自行监测的一般要求

排污单位应查清本单位的污染源、污染物指标及潜在的环境影响，制定监测方案，设置和维护监测设施，按照监测方案开展自行监测，做好质量保证和质量控制，记录和保存监测数据和信息，依法向社会公开监测结果。

5　监测方案制定

5.1　废水排放监测

5.1.1　监测点位

所有提取类制药工业排污单位均须在废水总排放口、雨水排放口设置监测点位，生活污水单独排入外环境的须在生活污水排放口设置监测点位。

5.1.2　监测指标及监测频次

排污单位废水排放监测点位、监测指标及最低监测频次按照表 1 执行。

表 1　废水排放监测点位、监测指标及最低监测频次

监测点位	监测指标	监测频次	
		直接排放	间接排放
废水总排放口	流量、pH 值、化学需氧量、氨氮	自动监测	
	总磷	日（自动监测[a]）	月（自动监测[a]）
	总氮	日[b]	月（日[b]）
	悬浮物、色度、动植物油、五日生化需氧量、总有机碳、急性毒性（$HgCl_2$ 毒性当量）	月	季度
生活污水排放口	流量、pH 值、化学需氧量、氨氮	自动监测	—
	总磷	月（自动监测[a]）	—
	总氮	月（日[b]）	—
	悬浮物、五日生化需氧量、动植物油	月	—
雨水排放口	pH 值、化学需氧量、氨氮、悬浮物	日[c]	

注：表中所列监测指标设区的市级及以上环保主管部门明确要求安装自动监测设备的，须采取自动监测。

[a] 水环境质量中总磷实施总量控制区域，总磷须采取自动监测。

[b] 水环境质量中总氮实施总量控制区域，总氮目前最低监测频次按日执行，待自动监测技术规范发布后，须采取自动监测。

[c] 排放期间按日监测。

5.2　废气排放监测

5.2.1　有组织废气排放监测点位、监测指标及监测频次

5.2.1.1　监测点位

各工序废气通过排气筒等方式排放至外环境，须在排气筒或排气筒前的废气管道设置监测点位。

5.2.1.2　监测指标及监测频次

各工序有组织废气监测点位、监测指标及最低监测频次按照表 2 执行。对于多个污染源或生产设备

共用一个排气筒的，监测点位可布设在共用排气筒上，监测指标应涵盖所对应的污染源或生产设备监测指标，最低监测频次按照严格的执行。

表 2　有组织废气排放监测点位、监测指标及最低监测频次

生产工序	监测点位	废气类型	监测指标	监测频次
原料选择和预处理、清洗、粉碎等	破碎、筛分机等设备排气筒或密闭车间排气筒	工艺含尘废气	颗粒物	季度
提取、精制、溶剂回收	酸化罐、吸附塔、结晶罐、蒸馏回收等设备排气筒	工艺有机废气	挥发性有机物[a]	月
			特征污染物[b]	年
干燥	干燥塔、真空干燥器、真空泵等干燥设备排气筒	工艺含尘废气	颗粒物	季度
		工艺有机废气	挥发性有机物[a]	月
			特征污染物[b]	年
成品	粉碎、研磨、包装等设备排气筒	工艺含尘废气	颗粒物	季度
其他	危废暂存废气排气筒	—	挥发性有机物[a]	季度
			臭气浓度、特征污染物[b]	年
	危险废物焚烧炉排气筒	—	烟尘、二氧化硫、氮氧化物	自动监测
			烟气黑度、一氧化碳、氯化氢、氟化氢、汞及其化合物、镉及其化合物、（砷、镍及其化合物）、铅及其化合物、（锑、铬、锡、铜、锰及其化合物）	半年
			二噁英类	年
	污水处理设施排气筒	—	挥发性有机物[a]	月
			臭气浓度、特征污染物[b]	年

注 1：废气监测须按照相应监测分析方法、技术规范同步监测烟气参数。

注 2：表中所列监测指标设区的市级及以上环保主管部门明确要求安装自动监测设备的，须采取自动监测。

[a] 根据行业特征和环境管理需求，挥发性有机物可选择对主要 VOCs 物种进行定量加和的方法测量总有机化合物，或者选用按基准物质标定，检测器对混合进样中 VOCs 综合响应的方法测量非甲烷有机化合物。由于现阶段国家还未出台标准测定方法，本标准暂时使用非甲烷总烃作为挥发性有机物排放的综合控制指标，待相关标准方法发布后，从其规定。

[b] 特征污染物见 GB 14554、GB 16297 所列污染物，根据排污许可证、所执行的污染物排放（控制）标准、环境影响评价文件及其批复等相关环境管理规定，以及生产工艺、原辅用料、中间及最终产品，确定具体污染物项目。待制药工业大气污染物排放标准发布后，从其规定。地方排放标准中有要求的，按照严格的执行。

5.2.2　无组织废气排放监测点位、监测指标及监测频次

无组织废气排放监测点位、监测指标及最低监测频次按照表 3 执行。

表 3　无组织废气排放监测点位、监测指标及最低监测频次

监测点位	监测指标	监测频次
厂界	挥发性有机物[a]、臭气浓度、特征污染物[b]	半年

[a] 根据行业特征和环境管理需求，挥发性有机物可选择对主要 VOCs 物种进行定量加和的方法测量总有机化合物，或者选用按基准物质标定，检测器对混合进样中 VOCs 综合响应的方法测量非甲烷有机化合物。由于现阶段国家还未出台标准测定方法，本标准暂时使用非甲烷总烃作为挥发性有机物排放的综合控制指标，待相关标准方法发布后，从其规定。

[b] 特征污染物见 GB 14554、GB 16297 所列污染物，根据排污许可证、所执行的污染物排放（控制）标准、环境影响评价文件及其批复等相关环境管理规定，以及生产工艺、原辅用料、中间及最终产品，确定具体污染物项目。待制药工业大气污染物排放标准发布后，从其规定。地方排放标准中有要求的，按照严格的执行。

5.3　厂界环境噪声监测

厂界环境噪声监测点位设置应遵循 HJ 819 中的原则，主要考虑表 4 中噪声源在厂区内的分布情况和周边环境敏感点的位置。厂界环境噪声每季度至少开展一次昼间噪声监测，夜间生产的排污单位须监测夜间噪声。周边有敏感点的，应提高监测频次。

表 4　厂界环境噪声监测布点应关注的主要噪声源

噪声源	主要设备
原料选择、预处理、清洗、粉碎工序	备料过程的机械、清洗机械、粉碎机械等
提取、精制、干燥、灭菌、制剂工序	电机、离心机、泵、风机、冷冻机、空调机组、凉水塔等
污水处理设施	污水提升泵、曝气设备、风机、污泥脱水设备等

5.4 周边环境质量影响监测

5.4.1 环境管理政策或环境影响评价文件及其批复（仅限 2015 年 1 月 1 日（含）后取得环评批复的排污单位）有明确要求的，按要求执行。

5.4.2 无明确要求的，若排污单位认为有必要的，可对周边地表水、海水和土壤开展监测。对于废水直接排入地表水、海水的排污单位，可按照 HJ/T 2.3、HJ/T 91、HJ 442 及受纳水体环境管理要求设置监测断面和监测点位；开展土壤监测的排污单位，可按照 HJ/T 166 及土壤环境管理要求设置监测点位。监测指标及最低监测频次按照表 5 执行。

表 5 周边环境质量影响监测指标及最低监测频次

目标环境	监测指标	监测频次
地表水	pH 值、化学需氧量、溶解氧、五日生化需氧量、氨氮、总磷、总氮等	季度
海水	pH 值、化学需氧量、五日生化需氧量、溶解氧、活性磷酸盐、无机氮等	半年
土壤	pH 值、二氯甲烷、三氯甲烷、丙酮等	年
注：地表水、海水、土壤的具体监测指标根据生产过程的原辅用料、产品和副产物确定。		

5.5 其他要求

5.5.1 除表 1～表 3、表 5 中的污染物指标外，5.5.1.1 和 5.5.1.2 中的污染物指标也应纳入监测指标范围，并参照表 1～表 3、表 5 和 HJ 819 确定监测频次。

5.5.1.1 排污许可证、所执行的污染物排放（控制）标准、环境影响评价文件及其批复（仅限 2015 年 1 月 1 日（含）后取得环评批复的排污单位）、相关环境管理规定明确要求的污染物指标。

5.5.1.2 排污单位根据生产过程的原辅用料、生产工艺、中间及最终产品类型、监测结果确定实际排放的，在有毒有害或优先控制污染物相关名录中的污染物指标，或其他有毒污染物指标。

5.5.2 各指标的监测频次在满足本标准的基础上，可根据 HJ 819 中监测频次的确定原则提高监测频次。

5.5.3 涉及化学合成类、发酵类和提取类两种以上工业类型的排污单位，监测方案中应涵盖所涉及工业类型的所有监测指标，监测频次按照严格的执行。

5.5.4 采样方法、监测分析方法、监测质量保证与质量控制等按照 HJ 819 相关要求执行。

5.5.5 监测方案的描述、变更按照 HJ 819 规定执行。

6 信息记录和报告

6.1 信息记录

6.1.1 监测信息记录

手工监测记录和自动监测运维记录按照 HJ 819 规定执行。

6.1.2 生产和污染治理设施运行状况信息记录

排污单位应详细记录其生产及污染治理设施运行状况，日常生产中应参照以下内容记录相关信息，并整理成台账保存备查。

6.1.2.1 生产运行状况记录

按照药品生产批次记录以下相关信息：

a）原料选择和预处理、清洗、粉碎生产工序：记录取水量（新鲜水），主要原辅料（人体、植物、动物、海洋生物）使用量等；

b）提取工序：记录溶剂的使用量和药物粗品的产生量等；

c）精制工序：记录活性炭、碳纤维滤膜、树脂等过滤物及载体使用量，无机盐（氯化钠、硫酸铵、硫酸镁、硫酸钠、磷酸钠等）使用量，溶剂（盐酸、乙醇、丙酮、三氯甲烷、二氯甲烷、乙酸乙酯等）使用量等。

6.1.2.2 溶剂回收运行状况记录

按各产品生产批次记录溶剂名称、回收量、补充量，以及溶剂回收设备能源、耗材使用量等。

6.1.2.3 污水处理设施运行状况记录

按日记录污水处理量、排放量、回用水量、回用率、污泥产生量（记录含水率）、污水处理使用的药剂名称及用量、鼓风机电量等；记录污水处理设施运行、故障及维护情况等。

6.1.2.4 废气处理设施运行状况记录

按日记录废气处理使用的吸附剂、过滤材料等耗材的名称及用量；记录废气处理设施运行参数、故障及维护情况等。

6.1.3 一般工业固体废物和危险废物信息记录

按日记录一般工业固体废物的产生量、综合利用量、处置量、贮存量；按照危险废物管理的相关要求，按日记录危险废物的产生量、综合利用量、处置量、贮存量及其具体去向。原料或辅助工序中产生的其他危险废物的情况也应记录。一般工业固体废物及危险废物产生情况见表 6。

表 6 一般工业固体废物及危险废物来源

种类	主要产生来源	名称
一般工业固体废物	原料选择、预处理、粉碎、清洗工序	原料中的杂物、废包装材料、变质的动物或海洋生物尸体、动物组织中剔除的结缔组织或脂肪组织等
危险废物	提取、精制、有机溶剂回收、废气处理工序	残余液、废滤芯（滤膜）等吸附过滤物及载体、含菌废液、废药品、废试剂、废催化剂、废渣等
注：污水处理设施（站）污泥及其他可能产生的危险废物按照《国家危险废物名录》或国家规定的危险废物鉴别标准和鉴别方法认定。		

6.2 信息报告、应急报告、信息公开

信息报告、应急报告和信息公开按照 HJ 819 规定执行。

7 其他

排污单位应如实记录手工监测期间的工况（包括生产负荷、污染治理设施运行情况等），确保监测数据具有代表性。

本标准规定的内容外，其他内容按照 HJ 819 规定执行。

中华人民共和国国家环境保护标准

排污单位自行监测技术指南　发酵类制药工业

Self-monitoring technology guidelines for pollution sources

—Pharmaceutical industry fermentation products category

HJ 882—2017

前　言

为落实《中华人民共和国环境保护法》《中华人民共和国水污染防治法》《中华人民共和国大气污染防治法》，指导和规范发酵类制药工业排污单位自行监测工作，制定本标准。

本标准提出了发酵类制药工业排污单位自行监测的一般要求、监测方案制定、信息记录和报告的基本内容和要求。

本标准为首次发布。

本标准由环境保护部环境监测司、科技标准司提出并组织制订。

本标准主要起草单位：中国环境监测总站、南京市环境监测中心站。

本标准环境保护部 2017 年 12 月 21 日批准。

本标准自 2018 年 1 月 1 日起实施。

本标准由环境保护部解释。

1　适用范围

本标准提出了发酵类制药工业排污单位自行监测的一般要求、监测方案制定、信息记录和报告的基本内容和要求。

本标准适用于发酵类制药工业排污单位在生产运行阶段对其排放的水、气污染物，噪声以及对其周边环境质量影响开展监测。

本标准也适用于与发酵类药物结构相似的兽药生产排污单位。

自备火电发电机组（厂）、配套动力锅炉的自行监测要求按照 HJ 820 执行。

2　规范性引用文件

本标准引用了下列文件或其中的条款。凡是未注明日期的引用文件，其最新版本适用于本标准。

GB 14554　恶臭污染物排放标准

GB 16297　大气污染物综合排放标准

GB 21903　发酵类制药工业水污染物排放标准

HJ/T 2.3　环境影响评价技术导则　地面水环境

HJ/T 91　地表水和污水监测技术规范

HJ/T 166　土壤环境监测技术规范

HJ 442　近岸海域环境监测规范

HJ 819　排污单位自行监测技术指南　总则

HJ 820　排污单位自行监测技术指南　火力发电及锅炉

《国家危险废物名录》（环境保护部、国家发展改革委、公安部令第 39 号）

3　术语和定义

GB 21903 界定的以及下列术语和定义适用于本标准。

3.1 发酵 fermentation

指借助微生物在有氧或无氧条件下的生命活动来制备微生物菌体本身，或者直接代谢产物或次级代谢产物的过程。

3.2 发酵类制药 fermentation pharmacy

指通过发酵的方法产生抗生素或其他的活性成分，然后经过分离、纯化、精制等工序生产出药物的过程。按产品种类分为抗生素类、维生素类、氨基酸类和其他类。

3.3 直接排放 direct discharge

指排污单位直接向环境水体排放水污染物的行为。

3.4 间接排放 indirect discharge

指排污单位向公共污水处理系统排放水污染物的行为。

3.5 挥发性有机物 volatile organic compounds（VOCs）

指参与大气光化学反应的有机化合物，或者根据规定的方法测量或核算确定的有机化合物。

4 自行监测的一般要求

排污单位应查清本单位的污染源、污染物指标及潜在的环境影响，制定监测方案，设置和维护监测设施，按照监测方案开展自行监测，做好质量保证和质量控制，记录和保存监测数据和信息，依法向社会公开监测结果。

5 监测方案制定

5.1 废水排放监测

5.1.1 监测点位

所有发酵类制药工业排污单位均须在废水总排放口、雨水排放口设置监测点位，生活污水单独排入外环境的须在生活污水排放口设置监测点位。

5.1.2 监测指标及监测频次

排污单位废水排放监测点位、监测指标及最低监测频次按照表 1 执行。

表 1 废水排放监测点位、监测指标及最低监测频次

监测点位	监测指标	监测频次	
		直接排放	间接排放
废水总排放口	流量、pH 值、化学需氧量、氨氮	自动监测	
	总磷	日（自动监测[a]）	月（自动监测[a]）
	总氮	日[b]	月（日[b]）
	悬浮物、色度、总有机碳、五日生化需氧量、总氰化物、总锌、急性毒性（$HgCl_2$ 毒性当量）	月	季度
生活污水排放口	流量、pH 值、化学需氧量、氨氮	自动监测	—
	总磷	月（自动监测[a]）	—
	总氮	月（日[b]）	—
	悬浮物、五日生化需氧量、动植物油	月	—
雨水排放口	pH 值、化学需氧量、氨氮、悬浮物	日[c]	

注：表中所列监测指标，设区的市级及以上环保主管部门明确要求安装自动监测设备的，须采取自动监测。

[a] 水环境质量中总磷实施总量控制区域，总磷须采取自动监测。

[b] 水环境质量中总氮实施总量控制区域，总氮目前最低监测频次按日执行，待自动监测技术规范发布后，须采取自动监测。

[c] 排放期间按日监测。

5.2 废气排放监测

5.2.1 有组织废气排放监测点位、监测指标及监测频次

5.2.1.1 监测点位

各工序废气通过排气筒等方式排放至外环境，须在排气筒或排气筒前的废气烟道设置监测点位。

5.2.1.2 监测指标与监测频次

各工序有组织废气监测点位、监测指标及最低监测频次按照表 2 执行。对于多个污染源或生产设备

共用一个排气筒的，监测点位可布设在共用排气筒上，监测指标应涵盖所对应的污染源或生产设备监测指标，最低监测频次按照严格的执行。

表 2 有组织废气排放监测点位、监测指标及最低监测频次

生产工序	监测点位	废气类型	监测指标	监测频次
配料及投料	有机液体配料等设备排气筒	工艺有机废气	挥发性有机物[a]	月
			特征污染物[b]	年
	酸碱调节等设备排气筒	工艺酸碱废气	特征污染物[b]	年
	固体配料机、整粒筛分机、破碎机等设备排气筒	工艺含尘废气	颗粒物	季度
发酵	种子罐、发酵罐、消毒罐、配料补加罐等设备排气筒	发酵废气	颗粒物、挥发性有机物[a]	月
			臭气浓度	年
提取、精制	酸化罐、吸附塔、液贮罐、干燥器、脱色罐、结晶罐等设备排气筒	工艺有机废气	挥发性有机物[a]	月
			特征污染物[b]	年
干燥	干燥塔、真空干燥器、真空泵、菌渣干燥器等排气筒	工艺有机废气	挥发性有机物[a]	月
			特征污染物[b]	年
		工艺含尘废气	颗粒物	季度
成品	粉碎、研磨机械、分装、包装机械等设备排气筒	工艺含尘废气	颗粒物	季度
其他	溶剂回收设备排气筒	工艺有机废气	挥发性有机物[a]	月
			特征污染物[b]	年
	污水处理厂或处理设施排气筒	—	挥发性有机物[a]	月
			臭气浓度、特征污染物[b]	年
	罐区废气排气筒	—	挥发性有机物[a]	季度
			特征污染物[b]	年
	危废暂存废气排气筒	—	挥发性有机物[a]	季度
			臭气浓度、特征污染物[b]	年
	危险废物焚烧炉排气筒	—	烟尘、二氧化硫、氮氧化物	自动监测
			烟气黑度、一氧化碳、氯化氢、氟化氢、汞及其化合物、镉及其化合物、（砷、镍及其化合物）、铅及其化合物、（锑、铬、锡、铜、锰及其化合物）	半年
			二噁英类	年

注 1：废气监测须按照相应监测分析方法、技术规范同步监测烟气参数。

注 2：表中所列监测指标设区的市级及以上环保主管部门明确要求安装自动监测设备的，须采取自动监测。

[a] 根据行业特征和环境管理需求，挥发性有机物可选择对主要 VOCs 物种进行定量加和的方法测量总有机化合物，或者选用按基准物质标定，检测器对混合进样中 VOCs 综合响应的方法测量非甲烷有机化合物。由于现阶段国家还未出台标准测定方法，本标准暂时使用非甲烷总烃作为挥发性有机物排放的综合控制指标，待相关标准方法发布后，从其规定。

[b] 特征污染物见 GB 14554、GB 16297 所列污染物，根据排污许可证、所执行的污染物排放（控制）标准、环境影响评价文件及其批复等相关环境管理规定，以及生产工艺、原辅用料、中间及最终产品，确定具体污染物项目。待制药工业大气污染物排放标准发布后，从其规定。地方排放标准中有要求的，按照严格的执行。

5.2.2 无组织废气排放监测点位、监测指标与监测频次

无组织废气排放监测点位、监测指标及最低监测频次按表 3 执行。

表 3 无组织废气排放监测点位、监测指标及最低监测频次

监测点位	监测指标	监测频次
厂界	挥发性有机物[a]、臭气浓度、特征污染物[b]	半年

[a] 根据行业特征和环境管理需求，挥发性有机物可选择对主要 VOCs 物种进行定量加和的方法测量总有机化合物，或者选用按基准物质标定，检测器对混合进样中 VOCs 综合响应的方法测量非甲烷有机化合物。由于现阶段国家还未出台标准测定方法，本标准暂时使用非甲烷总烃作为挥发性有机物排放的综合控制指标，待相关标准方法发布后，从其规定。

[b] 特征污染物见 GB 14554、GB 16297 所列污染物，根据排污许可证、所执行的污染物排放（控制）标准、环境影响评价文件及其批复等相关环境管理规定，以及生产工艺、原辅用料、中间及最终产品，确定具体污染物项目。待制药工业大气污染物排放标准发布后，从其规定。地方排放标准中有要求的，按照严格的执行。

5.3 厂界环境噪声监测

厂界环境噪声监测点位设置应遵循 HJ 819 中的原则，主要考虑表 4 中噪声源在厂区内的分布情况和周边环境敏感点的位置。厂界环境噪声每季度至少开展一次昼间噪声监测，夜间生产的排污单位须监测夜间噪声。周边有敏感点的，应提高监测频次。

表 4 厂界环境噪声监测布点应关注的主要噪声源

噪声源	主要设备
生产车间及配套工程	发酵设备、提取、精制机械及设备（过滤和离心设备）、干燥机械及设备、真空设备、空调机组、空压机、冷却塔等
污水处理设施	污水提升泵、曝气设备、风机、污泥脱水设备等

5.4 周边环境质量影响监测

5.4.1 环境管理政策或环境影响评价文件及其批复（仅限 2015 年 1 月 1 日（含）后取得环评批复的排污单位）有明确要求的，按要求执行。

5.4.2 无明确要求的，若排污单位认为有必要的，可对周边地表水、海水和土壤开展监测。对于废水直接排入地表水、海水的排污单位，可按照 HJ/T 2.3、HJ/T 91、HJ 442 及受纳水体环境管理要求设置监测断面和监测点位；开展土壤监测的排污单位，可按照 HJ/T 166 及土壤环境管理要求设置监测点位。监测指标及最低频次按照表 5 执行。

表 5 周边环境质量影响监测指标及最低监测频次

目标环境	监测指标	监测频次
地表水	pH 值、化学需氧量、溶解氧、五日生化需氧量、氨氮、总磷、总氮等	季度
海水	pH 值、化学需氧量、五日生化需氧量、溶解氧、活性磷酸盐、无机氮等	半年
土壤	pH 值、二氯甲烷、苯、甲苯、二甲苯、酚类化合物等	年
注：地表水、海水、土壤的具体监测指标根据生产过程的原辅用料、产品和副产物确定。		

5.5 其他要求

5.5.1 除表 1～表 3、表 5 中的污染物指标外，5.5.1.1 和 5.5.1.2 中的污染物指标也应纳入监测指标范围，并参照表 1～表 3、表 5 和 HJ 819 确定监测频次。

5.5.1.1 排污许可证、所执行的污染物排放（控制）标准、环境影响评价文件及其批复（仅限 2015 年 1 月 1 日（含）后取得环评批复的排污单位）、相关环境管理规定明确要求的污染物指标。

5.5.1.2 排污单位根据生产过程的原辅用料、生产工艺、中间及最终产品类型、监测结果确定实际排放的，在有毒有害或优先控制污染物相关名录中的污染物指标，或其他有毒污染物指标。

5.5.2 各指标的监测频次在满足本标准的基础上，可根据 HJ 819 中监测频次的确定原则提高监测频次。

5.5.3 涉及化学合成类、发酵类和提取类两种以上工业类型的排污单位，监测方案中应涵盖所涉及工业类型的所有监测指标，监测频次按照严格的执行。

5.5.4 采样方法、监测分析方法、监测质量保证与质量控制等按照 HJ 819 相关要求执行。

5.5.5 监测方案的描述、变更按照 HJ 819 规定执行。

6 信息记录和报告

6.1 信息记录

6.1.1 监测信息记录

手工监测记录和自动监测运维记录按照 HJ 819 规定执行。

6.1.2 生产和污染治理设施运行状况信息记录

排污单位应详细记录其生产及污染治理设施运行状况，日常生产中应参照以下内容记录相关信息，并整理成台账保存备查。

6.1.2.1 生产运行状况记录

按照发酵类制药产品种类，记录各生产批次以下相关信息：

a）发酵工序：记录取水量（新鲜水）和主要原辅料使用量等；

b）提取工序：记录溶剂的使用量和药品粗品的产生量等；

c）精制工序：记录活性炭、碳纤维滤膜、树脂等过滤物及载体使用量，无机盐（硫酸钙、碳酸钙、硫酸镁、磷酸二氢钾等）使用量，溶剂（盐酸、乙醇、丙酮、三氯甲烷、二氯甲烷、乙酸丁酯等）使用量等。

6.1.2.2 溶剂回收设备运行状况记录

按各产品生产批次记录溶剂名称、回收量、补充量，以及溶剂回收设备能源、耗材使用量等。

6.1.2.3 污水处理设施运行状况记录

按日记录污水处理量、排放量、回用水量、回用率、污泥产生量（记录含水率）、污水处理使用的药剂名称及用量、鼓风机电量等；记录污水处理设施运行、故障及维护情况等。

6.1.2.4 废气处理设施运行状况记录

按日记录废气处理使用的吸附剂、过滤材料等耗材的名称及用量；记录废气处理设施运行参数、故障及维护情况等。

6.1.3 一般工业固体废物和危险废物信息记录

记录一般工业固体废物的产生量、综合利用量、处置量、贮存量；按照危险废物管理的相关要求，按日记录危险废物的产生量、综合利用量、处置量、贮存量及其具体去向。原料或辅助工序中产生的其他危险废物的情况也应记录。一般工业固体废物及危险废物产生情况见表6。

表6 一般工业固体废物及危险废物来源

种类	主要产生来源	名称
危险废物	发酵工序	抗生素菌丝废渣等
	提取、精制工序	废溶剂、釜残、废吸附剂、废活性炭等
	危险废物焚烧	焚烧处置残渣
一般工业固体废物	生产过程中产生的其他固体废物	
注：其他可能产生的危险废物按照《国家危险废物名录》或国家规定的危险废物鉴别标准和鉴别方法认定。		

6.2 信息报告、应急报告、信息公开

信息报告、应急报告和信息公开按照HJ 819规定执行。

7 其他

排污单位应如实记录手工监测期间的工况（包括生产负荷、污染治理设施运行情况等），确保监测数据具有代表性。

本标准规定的内容外，其他内容按照HJ 819规定执行。

中华人民共和国国家环境保护标准

排污单位自行监测技术指南　化学合成类制药工业

Self-monitoring technology guidelines for pollution sources
—Pharmaceutical industry chemical synthesis products category

HJ 883—2017

前　言

为落实《中华人民共和国环境保护法》《中华人民共和国水污染防治法》《中华人民共和国大气污染防治法》，指导和规范化学合成类制药工业排污单位自行监测工作，制定本标准。

本标准提出了发酵类制药工业排污单位自行监测的一般要求、监测方案制定、信息记录和报告的基本内容和要求。

本标准为首次发布。

本标准由环境保护部环境监测司、科技标准司提出并组织制订。

本标准主要起草单位：中国环境监测总站、南京市环境监测中心站。

本标准环境保护部 2017 年 12 月 21 日批准。

本标准自 2018 年 1 月 1 日起实施。

本标准由环境保护部解释。

1　适用范围

本标准提出了化学合成类制药工业排污单位自行监测的一般要求、监测方案制定、信息记录和报告的基本内容和要求。

本标准适用于化学合成类制药工业排污单位在生产运行阶段对其排放的水、气污染物，噪声以及对其周边环境质量影响开展监测。

本标准也适用于专供药物生产的医药中间体工厂、与化学合成类药物结构相似的兽药生产企业等排污单位。

自备火力发电机组（厂）、配套动力锅炉的自行监测要求按照 HJ 820 执行。

2　规范性引用文件

本标准引用了下列文件或其中的条款。凡是未注明日期的引用文件，其最新版本适用于本标准。

GB 14554　恶臭污染物排放标准

GB 16297　大气污染物综合排放标准

GB 21904　化学合成类制药工业水污染物排放标准

HJ/T 2.3　环境影响评价技术导则　地面水环境

HJ/T 91　地表水和污水监测技术规范

HJ/T 164　地下水环境监测技术规范

HJ/T 166　土壤环境监测技术规范

HJ 442　近岸海域环境监测规范

HJ 610　环境影响评价技术导则　地下水环境

HJ 819　排污单位自行监测技术指南　总则

HJ 820　排污单位自行监测技术指南　火力发电及锅炉

《国家危险废物名录》（环境保护部、国家发展改革委、公安部令第 39 号）

3　术语和定义

GB 21904 界定的以及下列术语和定义适用于本标准。

3.1　化学合成类制药　chemical synthesis pharmacy

指采用一个化学反应或一系列化学反应生产药物活性成分的过程。

3.2　直接排放　direct discharge

指排污单位直接向环境水体排放水污染物的行为。

3.3　间接排放　indirect discharge

指排污单位向公共污水处理系统排放水污染物的行为。

3.4　反应　reaction

指通过采用合成反应、药物结构改造、脱保护基等一系列方法最终制得药物活性成分或含有药物活性成分的混合物的过程。

3.5　分离纯化　separation and purification

指用物理、化学或其他方法把某一药物活性成分或反应过程中间产物（如医药中间体）从反应混合物中分离出来，必要时进一步去除杂质从而获得纯品的过程，主要包括分离、提取、精制、干燥等阶段。

3.6　溶剂回收设备　solvent recovery equipment

指将化学合成类制药工业生产过程中使用的溶剂收集、提纯以达到再利用目的的装置。

3.7　挥发性有机物　volatile organic compounds（VOCs）

指参与大气光化学反应的有机化合物，或者根据规定的方法测量或核算确定的有机化合物。

4　自行监测的一般要求

排污单位应查清本单位的污染源、污染物指标及潜在的环境影响，制定监测方案，设置和维护监测设施，按照监测方案开展自行监测，做好质量保证和质量控制，记录和保存监测数据及信息，依法向社会公开监测结果。

5　监测方案制定

5.1　废水排放监测

5.1.1　监测点位

所有化学合成类制药工业排污单位均须在废水总排放口、雨水排放口设置监测点位，排放总汞、总镉、六价铬、总砷、总铅、总镍、烷基汞的，须在车间或生产设施废水排放口设置监测点位，生活污水单独排入外环境的还须在生活污水排放口设置监测点位。

5.1.2　监测指标及监测频次

排污单位废水排放监测点位、监测指标及最低监测频次按照表 1 执行。

表 1　废水排放监测点位、监测指标及最低监测频次

监测点位	监测指标	监测频次		备注
		直接排放	间接排放	
废水总排放口	流量、pH 值、化学需氧量、氨氮	自动监测		—
	总磷	月（自动监测[a]）		—
	总氮	月（日[b]）		—
	悬浮物、色度、五日生化需氧量、急性毒性（$HgCl_2$ 毒性当量）、总有机碳	月	季度	—
	总氰化物、挥发酚、总铜、总锌、硝基苯类、苯胺类、二氯甲烷	月	季度	根据生产使用的原辅料、生产的产品、副产物确定具体的监测指标
	硫化物	季度	半年	根据生产使用的原辅料、生产的产品、副产物确定是否开展监测

监测点位	监测指标	监测频次		备注
		直接排放	间接排放	
车间或生产设施废水排放口	流量、总汞、总镉、六价铬、总砷、总铅、总镍	月		根据生产使用的原辅料、生产的产品、副产物确定具体监测的重金属指标
	烷基汞	年		—
生活污水排放口	流量、pH 值、化学需氧量、氨氮	自动监测	—	—
	总磷	月（自动监测[a]）	—	—
	总氮	月（日[b]）	—	—
	悬浮物、五日生化需氧量、动植物油	月	—	—
雨水排放口	pH 值、化学需氧量、氨氮、悬浮物	日[c]		—

注：表中所列监测指标，设区的市级及以上环保主管部门明确要求安装自动监测设备的，须采取自动监测。

[a] 水环境质量中总磷实施总量控制区域，总磷须采取自动监测。

[b] 水环境质量中总氮实施总量控制区域，总氮目前最低监测频次按日执行，待自动监测技术规范发布后，须采取自动监测。

[c] 排放期间按日监测。

5.2 废气排放监测

5.2.1 有组织废气排放监测点位、监测指标及监测频次

5.2.1.1 监测点位

各工序废气通过排气筒等方式排放至外环境，须在排气筒或排气筒前的废气烟道设置监测点位。

5.2.1.2 监测指标与监测频次

各工序有组织废气监测点位、监测指标及最低监测频次按照表 2 执行。对于多个污染源或生产设备共用一个排气筒的，监测点位可布设在共用排气筒上，监测指标应涵盖所对应的污染源或生产设备的监测指标，最低监测频次按照严格的执行。

表 2 有组织废气排放监测点位、监测指标及最低监测频次

生产工序	监测点位	废气类型	监测指标	监测频次
配料及投料	有机液体配料机械等设备、设施排气筒	工艺有机废气	挥发性有机物[a]	月
			特征污染物[b]	年
	酸碱调节等设备排气筒	工艺酸碱废气	特征污染物[b]	年
	固体配料机、整粒筛分机、破碎机等设备排气筒	工艺含尘废气	颗粒物	季度
反应	反应釜、缩合罐、裂解罐等反应设备排气筒	工艺有机废气	挥发性有机物[a]	月
			特征污染物[b]	年
分离纯化（分离、提取、精制、干燥）	离心机、过滤器、萃取罐、酸化罐、吸附塔、结晶罐、脱色罐等分离、提取、精制工艺设备排气筒	工艺有机废气	挥发性有机物[a]	月
			特征污染物[b]	年
	干燥塔、真空干燥器、真空泵等干燥机械及设备排气筒	工艺有机废气	挥发性有机物[a]	月
			特征污染物[b]	年
		工艺含尘废气	颗粒物	季度
成品	粉碎、研磨机械、分装、包装机械等设备排气筒	工艺含尘废气	颗粒物	季度
其他	危险废物焚烧炉排气筒	—	烟尘、二氧化硫、氮氧化物	自动监测
			烟气黑度、一氧化碳、氯化氢、氟化氢、汞及其化合物、镉及其化合物、（砷、镍及其化合物）、铅及其化合物、（锑、铬、锡、铜、锰及其化合物）	半年
			二噁英类	年
	溶剂回收设备排气筒	工艺有机废气	挥发性有机物[a]	月
			特征污染物[b]	年
	污水处理厂或处理设施排气筒	—	挥发性有机物[a]	月
			臭气浓度、特征污染物[b]	年
	罐区废气排气筒	—	挥发性有机物[a]	季度
			特征污染物[b]	年
	危废暂存废气排气筒	—	挥发性有机物[a]	季度
			臭气浓度、特征污染物[b]	年

生产工序	监测点位	废气类型	监测指标	监测频次
注1：废气监测须按照相应监测分析方法、技术规范同步监测烟气参数。				
注2：表中所列监测指标，设区的市级及以上环保主管部门明确要求安装自动监测设备的，须采取自动监测。				
[a]根据行业特征和环境管理需求，挥发性有机物可选择对主要VOCs物种进行定量加和的方法测量总有机化合物，或者选用按基准物质标定，检测器对混合进样中VOCs综合响应的方法测量非甲烷有机化合物。由于现阶段国家还未出台标准测定方法，本标准暂时使用非甲烷总烃作为挥发性有机物排放的综合控制指标，待相关标准方法发布后，从其规定。 [b]特征污染物见GB 14554、GB 16297所列污染物，根据排污许可证、所执行的污染物排放（控制）标准、环境影响评价文件及其批复等相关环境管理规定，以及生产工艺、原辅用料、中间及最终产品，确定具体污染物项目。待制药工业大气污染物排放标准发布后，从其规定。地方排放标准中有要求的，按照严格的执行。				

5.2.2　无组织废气排放监测点位、监测指标及监测频次

无组织废气排放监测点位、监测指标及最低监测频次按照表3执行。

表3　无组织废气排放监测点位、监测指标及最低监测频次

监测点位	监测指标	监测频次
厂界	挥发性有机物[a]、臭气浓度、特征污染物[b]	半年
[a]根据行业特征和环境管理需求，挥发性有机物可选择对主要VOCs物种进行定量加和的方法测量总有机化合物，或者选用按基准物质标定，检测器对混合进样中VOCs综合响应的方法测量非甲烷有机化合物。由于现阶段国家还未出台标准测定方法，本标准暂时使用非甲烷总烃作为挥发性有机物排放的综合控制指标，待相关标准方法发布后，从其规定。 [b]特征污染物见GB 14554、GB 16297所列污染物，根据排污许可证、所执行的污染物排放（控制）标准、环境影响评价文件及其批复等相关环境管理规定，以及生产工艺、原辅用料、中间及最终产品，确定具体污染物项目。待制药工业大气污染物排放标准发布后，从其规定。地方排放标准中有要求的，按照严格的执行。		

5.3　厂界环境噪声监测

厂界环境噪声监测点位设置应遵循HJ 819中的原则，主要考虑表4中噪声源在厂区内的分布情况和周边环境敏感点的位置。厂界环境噪声每季度至少开展一次昼间噪声监测，夜间生产的排污单位须监测夜间噪声。周边有敏感点的，应提高监测频次。

表4　厂界环境噪声监测布点应关注的主要噪声源

噪声源	主要设备
生产车间及配套工程	生产过程中使用的反应设备、结晶设备、分离机械及设备（过滤、离心设备）、萃取设备、蒸发设备、蒸馏设备、干燥机械及设备、粉碎机械、热交换设备等，以及原料搅拌机械、鼓风机、空压机、水泵、真空泵等辅助设备等
污水处理设施	污水提升泵、曝气设备、污泥脱水设备、风机等

5.4　周边环境质量影响监测

5.4.1　环境管理政策或环境影响评价文件及其批复（仅限2015年1月1日（含）后取得环评批复的排污单位）有明确要求的，按要求执行。

5.4.2　无明确要求的，若排污单位认为有必要的，可对周边地表水、海水、地下水和土壤开展监测。对于废水直接排入地表水、海水的排污单位，可按照HJ/T 2.3、HJ/T 91、HJ 442及受纳水体环境管理要求设置监测断面和监测点位；开展地下水、土壤监测的排污单位，可按照HJ 610、HJ/T 164、HJ/T 166及地下水、土壤环境管理要求设置监测点位。监测指标及最低监测频次按表5执行。

表5　周边环境质量影响监测指标及最低监测频次

目标环境	监测指标	监测频次	备注
地表水	pH值、溶解氧、五日生化需氧量、化学需氧量、氨氮、总氮、总磷等	季度	—
	铜、锌、汞、镉、六价铬、砷、铅、硝基苯、苯胺、二氯甲烷、镍、氰化物、挥发酚、硫化物等		根据生产使用的原辅料、生产的产品、副产物确定具体的监测指标
海水	pH值、溶解氧、悬浮物质、五日生化需氧量、化学需氧量、非离子氨、无机氮、活性磷酸盐等	半年	—
	铜、锌、汞、镉、六价铬、砷、铅、镍、氰化物、挥发性酚、硫化物等		根据生产使用的原辅料、生产的产品、副产物确定具体的监测指标
地下水	pH值、铜、锌、汞、镉、六价铬、砷、铅、镍、氰化物、挥发性酚类等	年	根据生产使用的原辅料、生产的产品、副产物确定具体的监测指标

目标环境	监测指标	监测频次	备注
土壤	pH 值、铜、锌、汞、镉、铬、砷、铅、镍、氰化物、硝基苯、甲基汞、苯胺、苯、甲苯、二甲苯、二氯甲烷、氯苯、各种酚类化合物等	年	根据生产使用的原辅料、生产的产品、副产物确定具体的监测指标

5.5 其他要求

5.5.1 除表 1～表 3、表 5 中的污染物指标外，5.5.1.1 和 5.5.1.2 中的污染物指标也应纳入监测指标范围，并参照表 1～表 3、表 5 和 HJ 819 确定监测频次。

5.5.1.1 排污许可证、所执行的污染物排放（控制）标准、环境影响评价文件及其批复（仅限 2015 年 1 月 1 日（含）后取得环评批复的排污单位）、相关环境管理规定明确要求的污染物指标。

5.5.1.2 排污单位根据生产过程的原辅用料、生产工艺、中间及最终产品类型、监测结果确定实际排放的，在有毒有害或优先控制污染物相关名录中的污染物指标，或其他有毒污染物指标。

5.5.2 各指标的监测频次在满足本标准的基础上，可根据 HJ 819 中监测频次的确定原则提高监测频次。

5.5.3 涉及化学合成类、发酵类和提取类两种以上工业类型的排污单位，监测方案中应涵盖所涉及工业类型的所有监测指标，监测频次按照严格的执行。

5.5.4 采样方法、监测分析方法、监测质量保证与质量控制等按照 HJ 819 相关要求执行。

5.5.5 监测方案的描述、变更按照 HJ 819 规定执行。

6 信息记录和报告

6.1 信息记录

6.1.1 监测信息记录

手工监测的记录和自动监测运维记录按照 HJ 819 规定执行。

6.1.2 生产和污染治理设施运行状况信息记录

排污单位应详细记录其生产及污染治理设施运行状况，日常生产中应参照以下内容记录相关信息，并整理成台账保存备查。

6.1.2.1 生产运行状况记录

按照化学合成类制药产品种类，记录各生产批次以下相关信息：

a）原辅料用量，主要包括原料用量、催化剂使用量、各类溶剂用量、吸附剂用量、其他辅料用量等；

b）产品产量，产出率及物料平衡；

c）新鲜用水取水量、用水量、用电量等；

d）使用的主要生产设备、设施的操作使用记录等。

6.1.2.2 污水处理设施运行状况记录

按日记录污水处理量、回水用量、回用率、污水排放量、污泥产生量（记录含水率）、污水处理使用的药剂名称及用量、鼓风机电量等；记录污水处理设施运行、故障及维护情况等。

6.1.2.3 废气处理设施运行状况记录

按日记录废气处理使用的吸附剂、过滤材料等耗材的名称及用量；记录废气处理设施运行参数、故障及维护情况等。

6.1.2.4 溶剂回收设备运行状况记录

按各产品生产批次记录溶剂名称、回收量、补充量，以及溶剂回收设备能源、耗材使用量等。

6.1.3 一般工业固体废物和危险废物信息记录

记录一般工业固体废物的产生量、综合利用量、处置量和贮存量；按照危险废物管理的相关要求，按日记录危险废物的产生量、综合利用量、处置量、贮存量及其具体去向。原料或辅助工序中产生的其他危险废物的情况也应记录。一般工业固体废物及危险废物产生情况见表 6。

表 6　一般工业固体废物及危险废物来源

种类	主要产生来源	名称
危险废物	反应	反应残余物、反应基废物、废催化剂、废有机溶剂与含有机溶剂废物[a]
	分离纯化	蒸馏残余物、废母液、废脱色过滤介质、废吸附剂、废活性炭、废有机溶剂与含有机溶剂废物[a]
	成品包装、检验	废弃产品及废弃中间体
	危险废物焚烧	焚烧处置残渣[a]
一般工业固体废物	生产过程中产生的其他固体废物	
注：其他可能产生的危险废物按照《国家危险废物名录》或国家规定的危险废物鉴别标准和鉴别方法认定。		
[a] 具体危险废物种类见《国家危险废物名录》。		

6.2　信息报告、应急报告、信息公开

信息报告、应急报告和信息公开按照 HJ 819 规定执行。

7　其他

排污单位应如实记录手工监测期间的工况（包括生产负荷、污染治理设施运行情况等），确保监测数据具有代表性。

本标准规定的内容外，其他内容按照 HJ 819 规定执行。

第五章

污染防治可行技术指南

中华人民共和国国家环境保护标准

火电厂污染防治可行技术指南

Guideline on best available technologies of pollution prevention and control for thermal power plant

HJ 2301—2017

前　言

为贯彻执行《中华人民共和国环境保护法》等法律法规，防治环境污染，完善环境保护技术与管理工作，制定本标准。

本标准明确了火电厂工艺过程污染、烟气污染与水污染等防治技术，以及噪声治理技术和固体废物综合利用及处置技术。

本标准为指导性文件。

本标准为首次发布。

本标准由环境保护部科技标准司组织制订。

本标准起草单位：国电环境保护研究院、中国电力工程顾问集团有限公司、浙江大学、福建龙净环保股份有限公司、浙江菲达环保科技股份有限公司、北京国电龙源环保工程有限公司、北京清新环境技术股份有限公司、环境保护部环境工程评估中心、北京市劳动保护科学研究所。

本标准环境保护部 2017 年 5 月 21 日批准。

本标准自 2017 年 6 月 1 日起实施。

本标准由环境保护部解释。

1　适用范围

本标准明确了火电厂污染防治可行技术及最佳可行技术。

本标准适用于 GB 13223 中规定的火电企业，其中烟气污染防治技术以 100 MW 及以上的燃煤电厂烟气治理为重点。

2　规范性引用文件

本标准引用了下列文件或其中的条款。凡是未注明日期的引用文件，其最新版本适用于本标准。

GB 252　普通柴油

GB 5085　危险废物鉴别标准

GB 13223　火电厂大气污染物排放标准

GB 18598　危险废物填埋污染控制标准

GB 18599　一般工业固体废物贮存、处置场污染控制标准

GB 50016　建筑设计防火规范

GB 50660　大中型火力发电厂设计规范

DL/T 1493　燃煤电厂超净电袋复合除尘器

HJ 562　火电厂烟气脱硝工程技术规范　选择性催化还原法

HJ 563　火电厂烟气脱硝工程技术规范　选择性非催化还原法

HJ 2040　火电厂烟气治理设施运行管理技术规范

JB/T 11829　燃煤电厂用电袋复合除尘器

JTS 149-1　港口工程环境保护设计规范

3 术语和定义

下列术语和定义适用于本标准。

3.1 标准状态 standard condition

温度为 273.15 K、压力为 101 325 Pa 时的状态，简称“标态”。本标准涉及的大气污染物浓度，如无特别说明，均以标态下的干烟气、氧含量 6%为基准。

3.2 达标可行技术 available technology

针对火电厂生产全过程可能产生的污染，在国内火电厂得到应用的达到国家污染物排放（控制）标准要求的污染防治技术及二次污染防治技术，简称“可行技术”。

3.3 最佳可行技术 best available technology

在达标可行技术中，综合考虑环境、能源、经济等因素下，可以获得的能达到最大减排量的技术。

3.4 颗粒物 particulate matter

悬浮于排放烟气中的固体和液体颗粒状物质，包括除尘器未能完全收集的烟尘颗粒及烟气脱硫、脱硝过程中产生的次生颗粒物。

3.5 超低排放 ultra-low emission

燃煤电厂排放烟气中颗粒物、SO_2、NO_x 质量浓度分别不高于 10 mg/m^3、35 mg/m^3、50 mg/m^3。

4 工艺过程污染防治技术

4.1 煤炭装卸、输送与贮存的扬尘防治技术

4.1.1 燃煤电厂煤炭装卸、输送与贮存设施的设计应按 GB 50660 的要求进行。

4.1.2 燃煤电厂煤炭的装卸应当采取封闭、喷淋等方式防治扬尘污染。水路来煤时，专用卸煤码头的设计应符合 JTS 149-1 的环保要求，卸船机械宜采用桥式抓斗绳索牵引式卸船机、封闭式螺旋卸船机。汽车来煤时，受煤站宜采用缝式煤槽卸煤装置，除汽车进、出端外应采取封闭措施。铁路来煤时，卸煤设施除火车进、出端外应采取封闭措施。

4.1.3 厂内煤炭输送过程中，输煤栈桥、输煤转运站应采用密闭措施，也可采用圆管带式输送机，并根据需要配置除尘器。除尘器可根据煤炭挥发分的实际情况选择袋式除尘器或干式电除尘器以及冲击式、水激式、文丘里式等湿法除尘器与湿式电除尘器的组合，见表 1。湿式除尘所产生的含煤废水需进行处理。

4.1.4 厂内煤炭贮存宜采取封闭式煤场。封闭式煤场可以采用条形封闭煤场、圆形封闭煤场、筒仓式煤场等。煤场内应设喷水装置，防止煤堆自燃。不能封闭的煤场可考虑采用防风抑尘网，风力 4 级以上天气情况下，防风抑尘网的减风率应大于 60%。贮煤场应根据环保要求、气候特征、储煤量大小等因素选择适宜的扬尘防治措施，见表 1。

4.2 脱硫剂装卸、输送与贮存的扬尘防治技术

4.2.1 常用脱硫剂为石灰或石灰石粉。

表 1 煤炭装卸、贮存与输送过程扬尘防治可行技术

扬尘防治环节	可行技术	适用性
煤炭装卸作业过程扬尘防治	（1）封闭式螺旋卸船机、桥式抓斗绳索牵引式卸船机	水路来煤
	（2）缝式煤槽卸煤装置，两侧封闭	汽车来煤
	（3）卸煤设施除进、出端外应采取封闭措施	铁路来煤
厂内煤炭输送作业过程扬尘防治	（1）圆管带式输送机或封闭输煤栈桥	适用于所有电厂煤炭输送
	（2）转运站配袋式除尘器	适用于各种煤质
	（3）转运站配静电除尘器	适用于低挥发分煤
	（4）转运站采用湿式除尘器与湿式电除尘器的组合	适用于各种煤质，环境较敏感地区
厂内贮煤场扬尘防治	（1）露天煤场设喷洒装置、干煤棚，周边进行绿化	适用于南方多雨、潮湿的地区且周围无环境敏感目标的现有煤场
	（2）露天煤场设喷洒装置与防风抑尘网组合	适用于不能封闭的煤场
	（3）储煤筒仓配置库顶式除尘器	适用于贮煤量较小、配煤要求高的电厂
	（4）封闭式煤场设置喷洒装置	适用于能够封闭的煤场

4.2.2 装卸作业扬尘防治宜采用密闭罐车配置卸载设备，如罗茨风机。

4.2.3 运输扬尘防治应采用密闭罐车。

4.2.4 贮存扬尘防治应采用筒仓贮存配袋式除尘器，受料时排气中粉尘的分离与收集也应采用袋式除尘器。

4.3 灰场扬尘防治技术

4.3.1 电厂灰场应分块使用，尽量减小作业面。

4.3.2 对于干灰场，调湿灰通过自卸密封车运至灰场，及时铺平、洒水、碾压，风速较大时应暂停作业，必要时可进行覆盖。

4.3.3 对于水灰场，应保证灰场表面覆水。

4.4 液氨、氨水装卸、输送与贮存污染防治技术

4.4.1 液氨、氨水的选择与设计应符合 GB 50660 的要求。

4.4.2 液氨、氨水的装卸、运输、贮存应符合 HJ 562 及 HJ 563 的要求。

4.4.3 液氨贮罐区属于火灾危险性乙类场所，与建筑物的防火间距应符合 GB 50016 的要求。

5 烟气污染防治技术

5.1 一般规定

5.1.1 烟气污染防治主要采用烟气除尘、脱硫、低氮燃烧与烟气脱硝、汞污染防治等技术。

5.1.2 燃煤电厂除尘、脱硫和脱硝等环保设施对汞的脱除效果明显，大部分电厂都可以达标。对于个别燃烧高汞煤、汞排放超标的电厂，可以采用单项脱汞技术。

5.1.3 应从锅炉点火方式、入炉煤的配比、锅炉送风送料及升降负荷速率的控制、烟气治理设施的运行条件等方面，尽可能减少机组启停时烟气污染物的产生与排放。

5.1.4 锅炉启动时应使用等离子点火或清洁燃料（如天然气、GB 252 中规定的普通柴油）进行点火，一旦开始投入煤粉进行燃烧，除干法烟气脱硫和选择性催化还原法（SCR）烟气脱硝以外的所有烟气治理设施必须运行。

5.1.5 锅炉停机阶段必须保证所有烟气治理设施正常运行。炉内停止投入煤粉等燃料后，在保证机组操作和安全的前提下，仍可运行的烟气治理设施应继续运行。

5.1.6 烟气污染防治设施运行管理按 HJ 2040 执行。

5.2 烟气除尘技术

5.2.1 一般规定

5.2.1.1 燃煤电厂烟气除尘主要采用电除尘、电袋复合除尘和袋式除尘技术。

5.2.1.2 除尘技术应根据环保要求、燃煤性质、飞灰性质、现场条件、电厂规模和锅炉类型等进行选择。

5.2.2 电除尘技术

5.2.2.1 技术原理

a）电除尘技术是在高压电场内，使悬浮于烟气中的烟尘或颗粒物受到气体电离的作用而荷电，荷电颗粒在电场力的作用下，向极性相反的电极运动，并吸附在电极上，通过振打、水膜清除等使其从电极表面脱落，实现除尘的全过程。依据电极表面灰的清除是否用水，分为干式电除尘和湿式电除尘。干式电除尘常被称作电除尘，湿式电除尘常被称作湿电。

b）为电除尘器供电的电源主要有高频电源、三相电源、恒流电源、脉冲电源和工频电源等。

5.2.2.2 技术特点及适用性

a）技术特点

电除尘技术具有除尘效率高、适用范围广、运行费用较低、使用维护方便、无二次污染等优点，但其除尘效率受煤、灰成分等影响较大，且占地面积较大。

b）技术适用性

电除尘技术适用于工况电阻率在 1×10^{4}～$1\times10^{11}\Omega\cdot cm$ 内的烟尘去除，可在范围很宽的温度、压力和烟尘浓度条件下运行。

c）影响性能的主要因素

影响电除尘器性能的主要因素有工况条件、电除尘器的技术状况和运行条件。

d）污染物排放与能耗

电除尘器除尘效率为 99.20%～99.85%，出口烟尘质量浓度可达到 20 mg/m^3 以下，其能耗主要为电耗。电除尘器使用高频、脉冲等新型电源供电，与使用工频电源供电相比，可减少污染物排放或在同等除尘效率下实现节能。

e）存在的主要问题

常规电除尘技术存在高比电阻粉尘引起的反电晕、振打引起的二次扬尘及微细烟尘荷电不充分等导致除尘效率下降的问题。

5.2.2.3 技术发展与应用

a）低低温电除尘技术

① 低低温电除尘技术是通过烟气冷却器降低电除尘器入口烟气温度至酸露点以下的电除尘技术。烟尘工况比电阻大幅下降，烟气流量减小，可实现较高的除尘效率；同时，烟气中气态 SO_3 将冷凝成液态的硫酸雾，通过烟气中烟尘吸附及化学反应，可去除烟气中大部分 SO_3；在达到相同除尘效率前提下，与常规干式电除尘器相比，低低温电除尘器的电场数量可减少，流通面积可减小，运行功耗降低，节能效果明显。但烟尘比电阻降低会削弱捕集到阳极板上烟尘的静电黏附力，从而导致二次扬尘有所增加。

② 低低温电除尘器适用于灰硫比大于 100 的烟气条件，灰硫比是指低温省煤器（烟气冷却器）入口烟气中烟尘质量浓度与 SO_3 质量浓度之比。

b）湿式电除尘技术

① 湿式电除尘技术是用水膜清除吸附在电极上的颗粒物。根据阳极板的形状，湿式电除尘器分为板式和管式等，应用较多的是管式中的蜂窝式与板式。湿式电除尘器安装在脱硫设备后，可有效去除烟尘及湿法脱硫产生的次生颗粒物，并能协同脱除 SO_3、汞及其化合物等。

② 影响湿式电除尘器性能的主要因素有湿式电除尘器的结构型式、入口浓度、粒径分布、气流分布、除尘器技术状况和冲洗水量。

③ 湿式电除尘器除电耗外，还有水耗、碱耗，外排废水宜统筹考虑作为湿法脱硫系统补充水。

c）高频电源技术

① 高频电源是应用高频开关技术，将工频三相交流电源经整流、高频逆变、升压、二次整流输出直流负高压的高压供电电源。

② 高频电源在纯直流供电方式下，烟尘排放可降低 30%～50%；高频电源在间歇脉冲供电方式下，可节能 50%～70%；高频电源控制方式灵活，其本身效率和功率因数较高，均可达 0.95；还具有重量轻、体积小、结构紧凑、三相平衡等特点，在燃煤电厂得到了广泛的应用。

d）脉冲电源技术

① 脉冲电源是电除尘配套使用的新型高压电源，通常由一个直流高压单元和一个脉冲单元叠加组成，直流高压单元可采用工频电源、三相电源、高频电源。脉冲电源可较大幅地提高电场峰值电压，脉冲电压宽度一般为 120 μs 及以下。

② 脉冲电源在提高电场电压的同时可保持较低的平均直流电流，抑制反电晕的发生，因此能提高除尘效率；脉冲高压、脉冲重复频率等参数单独可调，对不同工况的粉尘变化具有良好的适应性。同等工况下，与工频电源相比，可减少烟尘排放 50%以上，降低能耗 30%～70%，已有多个电厂成功应用。

e）移动电极、离线振打等清灰技术

① 移动电极是改变传统的振打清灰为清灰刷清灰，可避免反电晕现象并最大限度地减少了二次扬尘，增大了粉尘驱进速度，可提高除尘效率，但其对设备的设计、制造、安装工艺要求较高。

② 离线振打清灰是将需要清灰的烟气通道出口或进、出口烟气挡板关闭，并停止供电，进行振打清灰，大幅减少清灰过程中的二次扬尘。挡板关闭会影响电除尘器本体内的流场，需通过风量调整装置来防止流场恶化。一般在电除尘器末电场使用，已有多个电厂成功应用。

f）机电多复式双区电除尘技术

① 机电多复式双区电除尘技术是荷电区与收尘区交替布置，荷电区与收尘区分别供电的电除尘技

术。荷电区由放电能力强的极配形式构成，布置在收尘区的前端；收尘区由数根圆管组合的辅助电晕极与阳极板配对，运行电压高，场强均匀，电晕电流小，能有效抑制反电晕。

② 由于圆管电晕极的表面积大，可捕集正离子粉尘，从而达到节电和提高除尘效率的目的。一般布置于末电场，单室应用时需增加一套高压设备。

g）电凝聚技术

电凝聚技术是通过双极荷电及扰流聚合实现细颗粒的有效凝聚，形成大颗粒后被电除尘器有效收集，是减少细颗粒物排放的电除尘器增效技术，压力降小于 250 Pa。

5.2.2.4 主要工艺参数及效果

a）干式电除尘器

干式电除尘器的主要工艺参数及效果见表 2。干式电除尘器对煤种的除尘难易性评价方法见表 3。

表 2 干式电除尘器的主要工艺参数及效果

项 目	单 位	主要工艺参数及效果		
入口烟气温度	℃	干式电除尘器（无）		
		低低温电除尘器（90±5）		
同极间距	mm	300～500		
烟气流速	m/s	0.8～1.2		
气流分布均匀性相对均方根差	—	≤0.25		
灰硫比	—	＞100（低低温电除尘器）		
压力降	Pa	≤250		
流量分配极限偏差	%	±5		
漏风率	%	≤3（电除尘器、300 MW 级及以下的低低温电除尘器）		
		≤2（300 MW 级以上的低低温电除尘器）		
除尘效率	%	99.20～99.85（电除尘器）		
		99.20～99.90（低低温电除尘器）		
常规电除尘器比集尘面积	$m^2/(m^3/s)$	≥100（D1）	≥110（D1）	≥130（D1）
		≥120（D2）	≥140（D2）	—
		≥140（D3）	—	—
低低温电除尘器比集尘面积	$m^2/(m^3/s)$	≥80（D1）	≥95（D1）	≥110（D1）
		≥90（D2）	≥105（D2）	≥120（D2）
		≥100（D3）	≥115（D3）	≥130（D3）
出口烟尘质量浓度	mg/m^3	≤50 mg/m^3	≤30 mg/m^3	≤20 mg/m^3

注：D1、D2、D3 为入口含尘质量浓度不大于 30 g/m^3 时电除尘器对煤种的除尘难易性为较易、一般、较难（评价方法见表 3）时的比集尘面积。当入口含尘质量浓度大于 30 g/m^3 时，表中比集尘面积酌情增加 5～15 $m^2/(m^3/s)$。

表 3 电除尘器对煤种的除尘难易性评价方法

除尘难易性	煤、飞灰主要成分重量百分比含量所满足的条件（满足其中一条即可）
较易	a）Na_2O＞0.3%，且 S_{ar}≥1%，且（Al_2O_3+SiO_2）≤80%，同时 Al_2O_3≤40%； b）Na_2O＞1%，且 S_{ar}＞0.3%，且（Al_2O_3+SiO_2）≤80%，同时 Al_2O_3≤40%； c）Na_2O＞0.4%，且 S_{ar}＞0.4%，且（Al_2O_3+SiO_2）≤80%，同时 Al_2O_3≤40%； d）Na_2O≥0.4%，且 S_{ar}＞1%，且（Al_2O_3+SiO_2）≤90%，同时 Al_2O_3≤40%； e）Na_2O＞1%，且 S_{ar}＞0.4%，且（Al_2O_3+SiO_2）≤90%，同时 Al_2O_3≤40%
一般	a）Na_2O≥1%，且 S_{ar}≤0.45%，且 85%≤（Al_2O_3+SiO_2）≤90%，同时 Al_2O_3≤40%； b）0.1%＜Na_2O＜0.4%，且 S_{ar}≥1%，且 85%≤（Al_2O_3+SiO_2）≤90%，同时 Al_2O_3≤40%； c）0.4%＜Na_2O＜0.8%，且 0.45%＜S_{ar}＜0.9%，且 80%≤（Al_2O_3+SiO_2）≤90%，同时 Al_2O_3≤40%； d）0.3%＜Na_2O＜0.7%，且 0.1%＜S_{ar}＜0.3%，且 80%≤（Al_2O_3+SiO_2）≤90%，同时 Al_2O_3≤40%
较难	a）Na_2O≤0.2%，且 S_{ar}≤1.4%，同时（Al_2O_3+SiO_2）≥75%； b）Na_2O≤0.4%，且 S_{ar}≤1%，同时（Al_2O_3+SiO_2）≥90%； c）Na_2O＜0.4%，且 S_{ar}＜0.6%，同时（Al_2O_3+SiO_2）≥80%

注：S_{ar} 指煤收到基中含硫量，氧化物指飞灰（烟尘）中的成分。

b）湿式电除尘器

湿式电除尘器的主要工艺参数及效果见表 4。湿式电除尘器出口颗粒物质量浓度取决于入口的颗粒物质量浓度以及湿式电除尘器的具体参数。

表 4 湿式电除尘器的主要工艺参数及效果

项目	单位	主要工艺参数及效果
入口烟气温度	℃	<60（饱和烟气）
比集尘面积	$m^2/(m^3/s)$	7～20（板式）
		12～25（蜂窝式）
同极间距	mm	250～400
烟气流速	m/s	≤3.5（板式）
		≤3.0（蜂窝式）
气流分布均匀性相对均方根差	—	≤0.2
压力降	Pa	≤250（板式）
		≤300（蜂窝式）
流量分配极限偏差	%	±5
出口颗粒物质量浓度	mg/m^3	≤10 或≤5
除尘效率	%	70～90

5.2.3 电袋复合除尘技术

5.2.3.1 技术原理

a）电袋复合除尘技术是电除尘与袋式除尘有机结合的一种复合除尘技术，利用前级电场收集大部分烟尘，同时使烟尘荷电，利用后级袋区过滤拦截剩余的烟尘，实现烟气净化。

b）电袋复合除尘器按照结构型式可分为一体式电袋复合除尘器、分体式电袋复合除尘器和嵌入式电袋复合除尘器。其中，一体式电袋复合除尘器技术最为成熟，应用最为广泛。

5.2.3.2 技术特点及适用性

a）技术特点

电袋复合除尘器具有长期稳定低排放、运行阻力低、滤袋使用寿命长、运行维护费用低、占地面积小、适用范围广的特点。

b）技术适用性

电袋复合除尘技术适用于国内大多数燃煤机组燃用的煤种，特别是高硅、高铝、高灰分、高比电阻、低硫、低钠、低含湿量的煤种。该技术的除尘效率不受煤质、烟气工况变化的影响，排放长期稳定可靠，尤其适用于排放要求严格的地区及老机组除尘系统改造。

c）影响性能的主要因素

影响电袋复合除尘器性能的主要因素有设备的运行条件、设备的设计、制作和安装质量。要考虑滤料选型与烟气成分匹配，运行温度宜高于酸露点 10～20℃。

d）污染物排放与能耗

① 电袋复合除尘器能够长期稳定保持污染物达标或超低排放，除尘效率为 99.50%～99.99%，出口烟尘质量浓度通常在 20 mg/m^3 以下。

② 电袋复合除尘器的能耗主要为高压供电设备电耗、引风机电耗、绝缘子加热器电耗等。

5.2.3.3 技术发展与应用

a）超净电袋复合除尘技术

超净电袋复合除尘技术是基于最优耦合匹配、高均匀多维流场、微粒凝并、高精过滤等多项技术组合形成的新一代电袋复合除尘技术，可实现除尘器出口烟尘质量浓度长期稳定小于 10 mg/m^3，甚至小于 5 mg/m^3。

b）耦合增强电袋复合除尘技术

耦合增强电袋复合除尘技术是将前电后袋整体式电袋技术与嵌入式电袋技术相结合形成的新型电袋复合除尘技术。该技术具有高过滤风速、滤袋更换及维护费用低的优点，是电袋复合除尘技术重要的发展方向之一，可实现除尘器出口烟尘质量浓度小于 5 mg/m^3。

c）高精过滤和强耐腐滤料技术

① 高精过滤是指滤袋采用特殊结构和先进的后处理工艺，使滤袋表面的孔径小、孔隙率大，有效防止细微粉尘的穿透，提高过滤精度的新型滤袋技术。典型的高精过滤滤料有 PTFE（聚四氟乙烯）微孔覆

膜滤料和超细纤维多梯度面层滤料。高精过滤滤料制成滤袋后，需进一步采用缝制针眼封堵技术，防止极细微粉尘从针眼穿透。

② 强耐腐滤料是指 PPS（聚苯硫醚）、PI（聚酰亚胺）、PTFE（聚四氟乙烯）高性能纤维按不同组合、不同比例、不同结构进行混纺的系列滤料配方和生产工艺，形成了 PTFE 基布+PPS 纤维、PPS+PTFE 混纺、PI+PTFE 混纺的多品种高强度耐腐蚀系列滤料，适应各种复杂的烟气工况，可延长滤袋使用寿命。

d）大型电袋流场均布技术

采用数值模拟和物理模型相结合的方法，保证各种容量等级的机组，特别是百万千瓦机组的特大型电袋复合除尘器各净气室的流量相对偏差小于 5%，各分室内通过每个滤袋的流量相对均方根差不大于 0.25。

e）长袋高效清灰技术

长袋高效清灰技术是采用 10.16 cm（4 英寸）大口径脉冲阀对 25 条以上大口径长滤袋（8～10 m）进行喷吹的清灰技术。该技术可确保长滤袋的清灰效果，提高电袋复合除尘器空间利用率，简化总体结构布置。

f）前沿技术

① 金属滤料技术。采用金属材质的原料，经特殊的制造工艺制成的多孔过滤材料。按制作工艺分为烧结金属纤维毡和烧结金属粉末过滤材料。烧结金属纤维毡由具有耐高温、耐腐蚀性的不锈钢材质制成的金属纤维经过无纺铺制后烧结而成，通常采用梯度分层纤维结构。烧结金属粉末过滤材料是由球形或不规则形状的金属粉末或合金粉末经模压成形与烧结而制成，以铁铝金属间化合物膜最为典型。

② 电袋协同脱汞技术。电袋协同脱汞技术是以改性活性炭等作为活性吸附剂脱除汞及其化合物的前沿技术。该技术在电场区和滤袋区之间设置活性吸附剂吸附装置，活性吸附剂与浓度较低的粉尘在混合吸附后经后级滤袋过滤、收集，达到去除气态汞的目的，其气态汞脱除效率可达 90%以上。滤袋区收集的粉尘和吸附剂的混合物经灰斗循环系统多次利用，以提高吸附剂的利用率，直到吸附剂达到饱和状态而被排出。

5.2.3.4　主要工艺参数及效果

电袋复合除尘器的主要工艺参数和效果见表 5。

表 5　电袋复合除尘器的主要工艺参数及效果

项目	单位	工艺参数及效果		
运行烟气温度	℃	≤250（含尘气体温度不超过滤料允许使用的温度）		
除尘设备漏风率	%	≤2		
气流分布均匀性相对均方根差	—	≤0.25		
电区比集尘面积	$m^2/(m^3/s)$	≥20	≥25	≥30
过滤风速	m/min	≤1.2	≤1.0	≤0.95
除尘器的压力降	Pa	≤1 200	≤1 100	≤1 100
滤袋整体使用寿命	a	≥4	≥5	≥5
滤料型式	—	不低于 JB/T 11829 的要求	不低于 DL/T 1493 的要求	不低于 DL/T 1493 的要求
流量分布均匀性	—	宜符合 JB/T 11829 的要求	宜符合 DL/T 1493 的要求	宜符合 DL/T 1493 的要求
出口烟尘质量浓度	mg/m^3	≤20	≤10	≤5
注：处理干法或半干法脱硫后的高粉尘质量浓度烟气时，电区的比集尘面积宜不小于 40 $m^2/(m^3/s)$，滤袋区的过滤速度宜不大于 0.9 m/min。				

5.2.4　袋式除尘技术

5.2.4.1　技术原理

袋式除尘技术是利用纤维织物的拦截、惯性、扩散、重力、静电等协同作用对含尘气体进行过滤的技术。当含尘气体进入袋式除尘器后，颗粒大、比重大的烟尘，由于重力的作用沉降下来，落入灰斗，烟气中较细小的烟尘在通过滤料时被阻留，使烟气得到净化，随着过滤的进行，阻力不断上升，需进行清灰。按清灰方式分为脉冲喷吹类、反吹风类及机械振打类袋式除尘器。电厂主要采用脉冲喷吹类袋式除尘器，可采取固定喷吹或旋转喷吹方式。

5.2.4.2 技术特点及适用性

a）技术特点

袋式除尘器除尘效率基本不受燃烧煤种、烟尘比电阻和烟气工况变化等影响，占地面积小，控制系统简单，可实现较为稳定的低排放。

b）技术适用性

袋式除尘技术适用煤种及工况条件范围广泛。

c）影响性能的主要因素

影响袋式除尘器性能的主要因素有设备的运行条件、入口烟尘质量浓度、设备的设计、制作和安装质量。要考虑滤料选型与烟气成分匹配，运行温度宜高于酸露点 10～20℃。滤袋选型要充分考虑烟气温度、煤含硫量、烟气含氧量和 NO_x 质量浓度等因素影响。

d）污染物排放与能耗

袋式除尘器的除尘效率为 99.50%～99.99%，出口烟尘质量浓度可控制在 30 mg/m^3 或 20 mg/m^3 以下。当采用高精过滤滤料时，出口烟尘质量浓度可以实现 10 mg/m^3 以下。袋式除尘器的能耗主要为引风机和空压机系统的电耗。

5.2.4.3 技术发展与应用

a）针刺-水刺复合滤料技术

采用先针刺后水刺工艺生产三维毡滤料的技术，可克服针刺工艺刺伤纤维和留有针孔两大弊端，延长滤袋寿命和提高过滤精度，同时可降低生产成本，提高经济性。

b）大型化袋式除尘技术

采用下进风、端进端出气的进出风方式，以及阶梯形花板、挡风导流板、各通道或分室设置阀门等结构，有效调节各通道和各室流场的均匀分布，实现大型袋式除尘器的气流均布。如 40.64 cm（16 英寸）大规格脉冲阀和大型低压脉冲清灰的适配技术，7.62 cm（3 英寸）、10.16 cm（4 英寸）阀喷吹 18～28 条长滤袋（6～10 m）的喷吹技术。

5.2.4.4 主要工艺参数及效果

袋式除尘器的主要工艺参数和效果见表 6。

表 6　袋式除尘器的主要工艺参数及效果

项目	单位	工艺参数及效果		
运行烟气温度	℃	高于烟气酸露点 15 以上且≤250		
除尘设备漏风率	%	≤2		
流量分配极限偏差	%	±5		
过滤风速	m/min	≤1.0	≤0.9	≤0.8
除尘器的压力降	Pa	≤1 500	≤1 500	≤1 400
滤袋整体使用寿命	a	≥4	≥4	≥4
滤料型式	—	常规针刺毡	常规针刺毡	高精过滤滤料
出口烟尘质量浓度	mg/m^3	≤30	≤20	≤10
注：处理干法、半干法脱硫后的高粉尘质量浓度烟气时，过滤风速宜小于等于 0.7 m/min。				

5.2.5 烟尘达标可行技术

5.2.5.1 电除尘、电袋复合除尘、袋式除尘均是达标排放可行技术。当电除尘器对煤种的除尘难易性为“较易”或“一般”时（评价方法见表 3），宜选用电除尘技术；当煤种除尘难易性为“较难”时，600 MW 级及以上机组宜选用电袋复合除尘技术，300 MW 级及以下机组可选用电袋复合除尘技术或袋式除尘技术。

5.2.5.2 电除尘器优先选用高频电源、脉冲电源等高效电源供电。绝缘子应有防结露的措施，当采用低低温电除尘、湿式电除尘技术时，宜采用防露节能型绝缘子或设置热风吹扫装置。

5.2.5.3 考虑到湿法脱硫对颗粒物的洗涤作用，当颗粒物排放质量浓度执行 30 mg/m^3 标准限值时，除尘器出口烟尘质量浓度宜低于 50 mg/m^3；当颗粒物排放质量浓度执行 20 mg/m^3 标准限值时，除尘器出口烟尘质量浓度宜低于 30 mg/m^3。

5.3 烟气脱硫技术

5.3.1 一般规定

5.3.1.1 按照脱硫工艺是否加水和脱硫产物的干湿形态，烟气脱硫技术分为湿法、干法和半干法三种工艺。

5.3.1.2 湿法脱硫工艺选择使用钙基、镁基、海水和氨等碱性物质作为液态吸收剂，在实现 SO_2 达标或超低排放的同时，具有协同除尘功效，辅助实现烟气颗粒物超低排放。

5.3.1.3 干法、半干法脱硫工艺主要采用干态物质（如消石灰、活性焦等）吸收、吸附烟气中 SO_2。

5.3.2 石灰石-石膏湿法脱硫技术

5.3.2.1 技术原理

石灰石-石膏湿法脱硫技术以含石灰石粉的浆液为吸收剂，吸收烟气中 SO_2、HF 和 HCl 等酸性气体。脱硫系统主要包括吸收系统、烟气系统、吸收剂制备系统、石膏脱水及贮存系统、废水处理系统、除雾器系统、自动控制和在线监测系统。

5.3.2.2 技术特点及适用性

a）技术特点

石灰石-石膏湿法脱硫技术成熟度高，可根据入口烟气条件和排放要求，通过改变物理传质系数或化学吸收效率等调节脱硫效率，可长期稳定运行并实现达标排放。

b）技术适用性

石灰石-石膏湿法脱硫技术对煤种、负荷变化具有较强的适应性，对 SO_2 入口质量浓度低于 12 000 mg/m^3 的燃煤烟气均可实现 SO_2 达标排放。

c）影响性能的主要因素

石灰石-石膏湿法脱硫效率主要受浆液 pH 值、液气比、钙硫比、停留时间、吸收剂品质、塔内气流分布等多种因素影响。

d）污染物排放与能耗

石灰石-石膏湿法脱硫效率为 95.0%～99.7%，还可部分去除烟气中的 SO_3、颗粒物和重金属。能耗主要为浆液循环泵、氧化风机、引风机或增压风机等消耗的电能，可占对应机组发电量的 1%～1.5%。湿法脱硫系统是烟气治理设施耗能的主要环节。

e）存在的主要问题

吸收剂石灰石的开采，会对周边生态环境造成一定程度的影响。烟气脱硫所产生的脱硫石膏如无法实现资源循环利用也会对环境产生不利影响。脱硫后的净烟气会挟带少量脱硫过程中产生的次生颗粒物。此外，还会产生脱硫废水、风机噪声、浆液循环泵噪声等环境问题。

5.3.2.3 技术发展与应用

a）复合塔技术

在脱硫塔底部浆液池及其上部的喷淋层之间以及各喷淋层之间加装湍流类、托盘类、鼓泡类等气液强化传质装置，形成稳定的持液层，提高烟气穿越持液层时气、液、固三相传质效率；通过调整喷淋密度及雾化效果，改善气液分布。这些 SO_2 脱除增效手段还有协同捕集烟气中颗粒物的辅助功能，再配合脱硫塔内、外加装的高效除雾器或高效除尘除雾器，复合塔系统的颗粒物协同脱除效率可达 70%以上。该类技术目前应用较多的工艺包括旋汇耦合、沸腾泡沫、旋流鼓泡、双托盘、湍流管栅等。

b）pH 值分区技术

设置 2 个喷淋塔或在 1 个喷淋塔内加装隔离体对脱硫浆液实施物理分区或依赖浆液自身特点（流动方向、密度等）形成自然分区，达到对浆液 pH 值的分区控制。部分脱硫浆液 pH 值维持在较低区间（4.5～5.3），以确保石灰石溶解和脱硫石膏品质，部分脱硫浆液 pH 值则提高至较高区间（5.8～6.4），提高对烟气中 SO_2 的吸收效率。与此同时，优化脱硫浆液喷淋（喷淋密度、雾滴粒径等），不仅可以提高脱硫效率，对烟气中细微颗粒物的协同捕集也有增效作用，再配合脱硫塔内、外加装的高效除雾器或除尘除雾器，pH 值分区系统颗粒物协同脱除效率可达到 50%～70%。典型工艺包括单塔双 pH 值、双塔双 pH 值、单塔双区等。

c）烟气冷却与除雾技术

① 烟气冷却技术。在未采用低低温电除尘器的情况下，可在脱硫塔前加装低温省煤器（烟气换热器），将进入脱硫塔的烟气温度降低到 80℃左右，提高脱硫效率的同时，可实现节能节水。通常采用氟塑料或高级合金钢等耐腐蚀材料作为烟气换热器换热元件材质。

② 烟气除雾技术。在脱硫塔顶部或塔外应安装除雾器或除尘除雾器，在除雾器后还可采用声波团聚技术进一步减少烟气雾滴排放。在控制逃逸雾滴质量浓度低于 25 mg/m^3，雾滴中可过滤颗粒物含量小于10%时，可协同实现颗粒物超低排放。

d）烟气除水与再热技术

① 烟气除水技术。在湿烟气排放前加装烟气冷却凝结装置，使净烟气中饱和水汽冷凝成水回收利用，回收水量与烟气冷却温降及当地环境条件有关。该技术同时可减少外排烟气带水，并减少烟气中可溶解盐类和可凝结颗粒物的排放，必要时可对除水后的烟气进行再热，以进一步减少白烟。

② 烟气再热技术。在湿烟气排放前通过管式热媒水烟气换热器（MGGH）将净烟气加热至 75℃左右后排放。

5.3.2.4 主要工艺参数及效果

石灰石-石膏湿法脱硫主要工艺参数及效果见表 7。

表 7 石灰石-石膏湿法脱硫主要工艺参数及效果

项目	单位	工艺参数及效果		
吸收塔运行温度	℃	50～60		
空塔烟气流速	m/s	3～3.8		
喷淋层数	—	3～6		
钙硫摩尔比	—	＜1.05		
液气比[a]	L/m^3	12～25（空塔技术） 6～18（pH 值分区技术） 10～25（复合塔技术）		
浆液 pH 值	—	4.5～6.5		
石灰石细度	目	250～325		
石灰石纯度	%	＞90		
系统阻力损失	Pa	＜2 500		
脱硫石膏纯度	%	＞90		
脱硫效率	%	95.0～99.7		
入口烟气 SO_2 质量浓度	mg/m^3	≤12 000		
出口烟气 SO_2 质量浓度	mg/m^3	达标排放或超低排放		
入口烟气粉尘质量浓度	mg/m^3	30～50	20～30	＜20
出口颗粒物质量浓度	—	达标排放； 可采用湿电，实现颗粒物超低排放	可采用复合塔脱硫技术协同除尘或采用湿电，实现颗粒物超低排放	可采用复合塔脱硫技术协同除尘，实现颗粒物超低排放
[a] 液气比具体数值与燃煤含硫量有关。				

5.3.3 烟气循环流化床脱硫技术

5.3.3.1 技术原理

利用循环流化床反应器，通过吸收塔内与塔外的吸收剂的多次循环，增加吸收剂与烟气接触时间，提高脱硫效率和吸收剂的利用率。

5.3.3.2 技术特点及适用性

a）技术特点

烟气循环流化床脱硫技术具有工艺流程简洁、占地面积小、节能节水、排烟无须再热、烟囱无须特殊防腐、无废水产生等特点。副产物为干态，便于处理处置。

b）技术适用性

该技术适用于燃用中低硫煤或有炉内脱硫的循环流化床机组，特别适合缺水地区。

c）影响性能的主要因素

烟气循环流化床脱硫效率受吸收剂品质、钙硫比、反应温度、喷水量、停留时间等多种因素影响。

其中，吸收剂品质对脱硫效率影响较大，一般要求生石灰粉细度小于 2 mm，氧化钙含量不小于 80%，加适量水后 4 min 内温度可升高到 60℃。

d）污染物排放与能耗

烟气循环流化床脱硫技术脱硫效率为 93%～98%。烟气循环流化床吸收塔入口 SO_2 质量浓度低于 3 000 mg/m^3 时可实现达标排放，低于 1 500 mg/m^3 时可实现超低排放。能耗主要为风机、吸收剂输送及再循环系统等消耗的电能，可占对应机组发电量的 0.5%～1.0%。

e）存在的主要问题

脱硫剂生石灰需由石灰石煅烧而成，对脱硫剂品质要求较高，且煅烧过程会增加能耗及污染物排放。脱硫副产物中 CaO、SO_3 含量较高，综合利用受到一定限制。

5.3.3.3 技术发展与应用

a）循环氧化吸收协同脱硝技术（Circulating Oxidation and Absorption，COA）是在烟气循环流化床脱硫技术的基础上，利用循环流化床激烈湍动的、巨大表面积的颗粒作为反应载体，通过烟气自身或外加氧化剂的氧化作用，将烟气中 NO 转化为 NO_2，再与碱性吸收剂发生中和反应实现脱硝，协同脱硝效率一般控制在 40%～60%。

b）COA 技术在实现烟气脱硫的同时可单独用作电厂炉后的烟气脱硝，也可与 SCR 或选择性非催化还原（SNCR）脱硝技术组合应用，作为烟气 NO_x 超低排放的工艺选配。

5.3.3.4 主要工艺参数及效果

烟气循环流化床脱硫技术的主要工艺参数及效果见表 8。

表 8 烟气循环流化床脱硫技术主要工艺参数及效果

项目	单位	工艺参数及效果		
入口烟气温度	℃	≥100		
运行烟气温度	℃	高于烟气露点 15～25		
钙硫摩尔比	—	1.2～1.8（循环流化床锅炉炉外部分）		
吸收塔流速	m/s	4～6		
入口 SO_2 质量浓度	mg/m^3	≤3 000	≤2 000	≤1 500
袋式除尘器过滤风速	m/min	0.8～0.9	0.7～0.8	≤0.7
出口 SO_2 质量浓度	mg/m^3	≤100	≤50	≤35
出口烟尘质量浓度	mg/m^3	≤30	≤20	≤10 或≤5

5.3.4 氨法脱硫技术

5.3.4.1 技术原理

氨法脱硫技术是溶解于水中的氨与烟气中的 SO_2 发生反应，最终副产品为硫酸铵。

5.3.4.2 技术特点及适用性

a）技术特点

氨水碱性强于石灰石浆液，可在较小的液气比条件下实现 95%以上的脱硫效率。采用空塔喷淋技术，系统运行能耗低，且不易结垢。该技术要求入口烟气含尘量小于 35 mg/m^3。副产品硫酸铵作为化肥原料，可实现资源回收利用。

b）技术适用性

氨法脱硫对煤中硫含量的适应性广，适用于电厂周围 200 km 范围内有稳定氨源，且电厂周围没有学校、医院、居民密集区等环境敏感目标的 300 MW 级及以下的燃煤机组。

c）影响性能的主要因素

氨法脱硫效率主要受浆液 pH 值、液气比、停留时间、吸收剂用量、塔内气流分布等多种因素影响。

d）污染物排放与能耗

氨法脱硫效率为 95.0%～99.7%，入口烟气质量浓度小于 12 000 mg/m^3 时，可实现达标排放；入口质量浓度小于 10 000 mg/m^3 时，可实现超低排放。能耗主要为循环泵、风机等电耗，可占对应机组发电量的 0.4%～1.3%。

e）存在的主要问题

液氨、氨水属于危险化学品，其装卸、运输与贮存须严格遵守相关的管理与技术规定。当燃煤、工艺水中氯、氟等杂质偏高时会导致杂质在脱硫吸收液中逐渐富集，影响硫酸铵结晶形态和脱水效率，因此，浆液需定期处理，不得外排。脱硫过程中容易产生氨逃逸（包括硫酸铵、硫酸氢铵等），需要严格控制。副产品硫酸铵具有腐蚀性，吸收塔及下游设备应选用耐腐蚀材料。

5.3.4.3 技术发展与应用

a）氨法脱硫技术目前主要采用多段复合型吸收塔氨法脱硫工艺，对煤种适应性好，在低、中、高含硫烟气治理上的脱硫效率达 99%以上。

b）氨法脱硫技术主要用于工业企业的自备电厂，最大单塔氨法脱硫烟气量与 300 MW 燃煤发电机组烟气量相当。

5.3.4.4 主要工艺参数及效果

氨法脱硫技术的主要工艺参数及效果见表 9。

表 9 氨法脱硫主要工艺参数及效果

项目	单位	工艺参数及效果	
入口烟气温度	℃	≤140（100～120 较好）	
吸收塔运行温度	℃	50～60	
空塔烟气流速	m/s	3～3.5	
喷淋层数	—	3～6	
浆液 pH 值	—	4.5～6.5	
出口逃逸氨	mg/m^3	＜2	
系统阻力损失	Pa	＜1800	
硫酸铵的氮含量	%	＞20.5	
脱硫效率	%	95.0～99.7	
入口烟气 SO_2 质量浓度	mg/m^3	≤12 000	≤10 000
出口烟气 SO_2 质量浓度	—	达标排放	超低排放
入口烟气烟尘质量浓度	mg/m^3	＜35	
出口颗粒物质量浓度	—	达标排放或超低排放	

5.3.5 海水脱硫技术

5.3.5.1 技术原理

海水脱硫技术是利用天然海水的碱性，脱除烟气中的 SO_2，再用空气强制氧化为硫酸盐排入海水中。

5.3.5.2 技术特点及适用性

a）技术特点

海水法烟气脱硫技术是以海水为脱硫吸收剂，除空气外无须其他添加剂，工艺简洁，运行可靠，维护方便。

b）技术适用性

适用于燃煤含硫量不高于 1%、有较好海域扩散条件的滨海燃煤电厂，须满足近岸海域环境功能区划要求。

c）影响性能的主要因素

海水脱硫效率受海水碱度、液气比、塔内烟气流场分布等因素影响。

d）污染物排放与能耗

海水脱硫效率为 95%～99%，对于入口 SO_2 质量浓度小于 2 000 mg/m^3 的烟气可实现超低排放。

e）存在的主要问题

海水脱硫排水对周边海域海水温度、pH 值、盐度、重金属等可能存在潜在影响。

5.3.5.3 主要工艺参数及效果

海水脱硫的主要工艺参数及效果见表 10。

表 10　海水脱硫主要工艺参数及效果

项目	单位	工艺参数及效果		
入口烟气温度	℃	≤140（100～120 较好）		
吸收塔运行温度	℃	50～60		
空塔烟气流速	m/s	3～3.5		
喷淋层数	—	3～6		
液气比	L/m^3	5～25		
系统阻力损失	Pa	＜2 500		
脱硫效率	%	95～99		
入口烟气 SO_2 质量浓度	mg/m^3	＜2 000		
出口烟气 SO_2 质量浓度	—	达标或超低排放		
入口烟气粉尘质量浓度	mg/m^3	30～50	20～30	＜20
出口颗粒物质量浓度	—	达标排放；可采用湿电，实现颗粒物超低排放	可采用复合塔脱硫技术协同除尘或采用湿电，实现颗粒物超低排放	可采用复合塔脱硫技术协同除尘，实现颗粒物超低排放

5.3.6　脱硫新技术

5.3.6.1　活性焦脱硫技术

a）当烟气中有 O_2 和水蒸气时，利用活性焦表面的催化作用，将其吸附的 SO_2 氧化为 SO_3，SO_3 再和水蒸气反应生成硫酸。随着活性焦表面硫酸的增加，活性焦的吸附能力逐渐降低，需通过洗涤或加热方式再生。

b）与石灰石-石膏湿法脱硫相比，该技术可节水 80%以上，适合水资源匮乏地区；脱硫烟气温度在 140℃左右，腐蚀性小，烟气不用再热。该技术脱硫效率大于 95%，可实现硫的资源利用，同时具有脱硝、除汞等功能，对环境二次污染小。该技术需在较低气流速度下进行吸附，所需活性焦体积较大，运行中活性焦存在磨损、失活等问题，且在输送、筛分过程中产生粉尘。

5.3.6.2　有机胺脱硫技术

a）利用有机胺作为吸收剂吸收烟气中的 SO_2，再将 SO_2 解吸出来形成纯净的气态 SO_2；解吸出的 SO_2 可用于生产硫酸。该技术脱硫效率可达 99.8%。

b）有机胺脱硫技术对脱硫烟气中粉尘、氯、氟含量要求较严，需对原烟气进行高效预处理。此外，有机胺的抗氧化性以及脱硫过程中生成的热稳定盐脱除等问题，需进一步研究解决。该技术初始投资大，运行能耗和有机胺成本高。

5.3.6.3　生物脱硫技术

a）生物脱硫技术是用可再生的碱溶液将烟气中的 SO_2 洗涤进入液相后，利用需氧、厌氧菌的生物特性将 SO_2 转化成硫黄的资源化脱硫技术。该技术工艺流程水耗低、产品利用价值高，具有典型的循环经济特点。

b）该技术利用高浓度化学需氧量（COD）废水作为微生物的营养源，实现了以污治污，但其应用会受到废水来源的限制。

5.3.7　SO_2 达标可行技术

a）石灰石-石膏法、烟气循环流化床法、海水脱硫、氨法脱硫等技术均可实现火电厂 SO_2 达标排放，但不同的脱硫工艺，由于其吸收剂种类、吸收剂在脱硫塔内布置、输送方法等有所不同，导致不同脱硫工艺的适用范围有所差异，详见表 11。

b）以石灰石-石膏法为基础的多种湿法脱硫工艺（传统空塔、复合塔、pH 值分区）适用于各种煤种的燃煤电厂，脱硫效率 95.0%～99.7%。由于不同工艺使用的脱硫浆液在塔内传质吸收方式上存在差异，造成脱硫效率、能耗、运行稳定性等指标方面各不相同，应统筹考虑，选择适用于不同烟气 SO_2 入口浓度条件下的达标排放技术。

表 11 火电厂 SO_2 达标排放可行技术

入口 SO_2 质量浓度/（mg/m^3）	地域	单机容量/MW	达标可行技术	
≤2 000	一般和重点地区	所有容量	石灰石-石膏湿法脱硫	传统空塔 双托盘
2 000～3 000	一般地区			传统空塔 双托盘
	重点地区			双托盘 沸腾泡沫
3 000～6 000	一般和重点地区			旋汇耦合、湍流管栅 单塔双 pH 值、单塔双区
＞6 000	一般和重点地区			旋汇耦合 双塔双 pH 值、单塔双 pH 值
≤3 000	缺水地区	≤300	烟气循环流化床脱硫	
≤2 000	沿海地区	300～1 000	海水脱硫	
≤12 000	电厂周围 200 km 内有稳定氨源	≤300	氨法脱硫	
注：适用于入口 SO_2 质量浓度高的技术，也适用于入口质量浓度较低的技术。				

c）烟气循环流化床脱硫技术主要以生石灰粉或生石灰浆液为吸收剂，脱硫效率一般为 93%～98%，对于烟气中 SO_2 质量浓度在 3 000 mg/m^3 以下的中低硫煤，SO_2 排放质量浓度可满足 100 mg/m^3 的要求。适合于 300 MW 级及以下燃煤锅炉的 SO_2 污染治理，并已在 600 MW 燃煤机组进行工程示范，对缺水地区的循环流化床锅炉，在炉内脱硫的基础上增加炉外脱硫改造更为适用。

d）氨法脱硫技术的吸收剂主要采用氨水或液氨，脱硫效率 95.0%～99.7%，脱硫系统阻力小于 1 800 Pa。氨法脱硫技术对煤种、负荷变化均具有较强的适应性，适用于附近有稳定氨源、电厂周围环境不敏感、机组容量在 300 MW 级及以下燃煤电厂。

e）海水脱硫技术利用海水天然碱性实现 SO_2 吸收，系统脱硫效率 95%～99%。对于入口 SO_2 质量浓度低于 2 000 mg/m^3 的滨海电厂且海水扩散条件较好，并符合近岸海域环境功能区划要求时，可以选择海水脱硫。

5.4 低氮燃烧与烟气脱硝技术

5.4.1 一般规定

5.4.1.1 锅炉低氮燃烧技术应作为火电厂 NO_x 控制的首选技术，与烟气脱硝技术配合使用实现 NO_x 达标排放或超低排放。

5.4.1.2 烟气脱硝技术主要有选择性催化还原技术（SCR）、选择性非催化还原技术（SNCR）和 SNCR-SCR 联合脱硝技术。

5.4.2 低氮燃烧技术

5.4.2.1 技术原理

a）低氮燃烧技术是通过合理配置炉内流场、温度场及物料分布以改变 NO_x 的生成环境，从而降低炉膛出口 NO_x 排放的技术，主要包括低氮燃烧器（LNB）、空气分级燃烧、燃料分级燃烧等技术。

b）低氮燃烧器（LNB）技术是通过特殊设计的燃烧器结构，控制燃烧器喉部燃料和空气的动量及流动方向，使燃烧器出口实现分级送风并与燃料合理配比，减少 NO_x 生成的技术。

c）空气分级燃烧技术是通过控制空气与煤粉的混合过程，将燃烧所需空气逐级送入燃烧火焰中，使燃料在炉内分级分段燃烧，减少 NO_x 生成的技术。

d）燃料分级燃烧技术是在主燃烧器形成初始燃烧区的上方喷入二次燃料，从而形成富燃料燃烧的再燃区，当 NO_x 进入该区域时与还原性组分反应生成 N_2，减少 NO_x 生成的技术。

5.4.2.2 技术特点及适用性

a）技术特点

低氮燃烧技术具有不需要添加脱硝剂，改造容易，投资和运行费用低，运行简单、维护方便、无二次污染等特点，但其 NO_x 减排效率会受到燃烧方式、煤种、炉型和锅炉容量等因素影响。

b）技术适用性

低氮燃烧技术仅需对锅炉内部进行改造，适用性强，是控制 NO_x 的首选技术。低氮燃烧器（LNB）一般配合空气分级燃烧使用，应用广泛。燃料分级燃烧对二次燃料要求较高，系统相对复杂，应用受到限制。

c）影响性能的主要因素

① 影响低氮燃烧系统性能的主要因素有炉型、机组容量、煤种、燃烧方式（切向燃烧、前后墙对冲式燃烧、W 火焰燃烧）、低氮燃烧技术种类等。

② 低氮燃烧器减少 NO_x 的性能主要受燃烧器的种类、煤粉细度、烟气流场等影响。空气分级燃烧减少 NO_x 的性能主要受主燃烧区过量空气系数和燃烧温度等影响。燃料分级燃烧减少 NO_x 的性能主要受二次燃料种类的影响，采用碳氢类气体或液体燃料作为二次燃料时 NO_x 控制效果较好；采用煤粉作为二次燃料，煤粉挥发性高和细度小时 NO_x 控制效果较好。

d）污染物排放与能耗

低氮燃烧器技术 NO_x 减排率可达 20%～50%。空气分级燃烧技术在燃用挥发分较高的烟煤时，配合低氮燃烧器使用，在不降低锅炉效率的同时，可实现 NO_x 减排率 40%～60%。燃料分级燃烧技术 NO_x 减排率可达 30%～50%。低氮燃烧技术一般不增加能耗。

e）存在的主要问题

低氮燃烧器技术易导致锅炉中飞灰的含碳量上升，降低锅炉效率；若运行控制不当会出现炉内结渣、水冷壁腐蚀等问题，影响锅炉运行稳定性。

5.4.2.3 技术发展与应用

针对燃煤电厂煤质多变、机组负荷波动较大的特点，采用多功能船型煤粉燃烧器、双通道低 NO_x 煤粉燃烧器、可调式浓淡燃烧器、风包粉系列低 NO_x 燃烧器、高浓度煤粉燃烧器、低 NO_x 同轴改良型燃烧器等技术，可实现 NO_x 的减排、增加锅炉运行的稳定性。

5.4.2.4 主要工艺参数及效果

低氮燃烧技术 NO_x 减排效果，因煤种、炉型、机组容量和燃烧方式不同而存在差异，主要低氮燃烧技术及效果见表 12。

表 12 低 NO_x 燃烧技术及效果

技术名称	NO_x 减排率
低氮燃烧器（LNB）技术	20%～50%
空气分级燃烧技术	20%～50%
燃料分级燃烧（再燃）技术	30%～50%
低氮燃烧器与空气分级燃烧组合技术	40%～60%
低氮燃烧器与燃料分级燃烧组合技术	40%～60%

5.4.3 SCR 脱硝技术

5.4.3.1 技术原理

a）选择性催化还原（SCR）技术是指利用脱硝还原剂（液氨、氨水、尿素等），在催化剂作用下选择性地将烟气中的 NO_x（主要是 NO、NO_2）还原成氮气（N_2）和水（H_2O），从而达到脱除 NO_x 的目的。

b）SCR 脱硝系统一般由还原剂储存系统、还原剂混合系统、还原剂喷射系统、反应器系统及监测控制系统等组成。

5.4.3.2 技术特点及适用性

a）技术特点

SCR 脱硝技术需要设置 SCR 反应器，多为高尘高温布置，安装在锅炉省煤器与空气预热器之间，对场地有一定要求，初始投资和运行成本较高。

b）技术适用性

SCR 脱硝技术对煤质变化、机组负荷波动等具有较强适应性，应根据烟气特点选择适用的催化剂。

c）影响性能的主要因素

影响脱硝效率的因素主要包括催化剂性能、烟气温度、反应器及烟道的流场分布均匀性、氨氮摩尔比等。

d）污染物排放与能耗

SCR 脱硝技术的脱硝效率为 50%～90%。脱硝系统阻力一般控制在 1 400 Pa 以下，能耗主要是风机的电耗，占对应机组发电量的 0.1%～0.3%。

e）存在的主要问题

锅炉启停机及低负荷时，烟气温度达不到催化剂运行温度要求，此时 SCR 系统不能有效运行，会造成短时 NO_x 排放质量浓度超标。逃逸氨和 SO_3 会反应生成硫酸氢铵，导致催化剂和空气预热器堵塞。逃逸氨及废弃催化剂处置不当会引起二次污染。采用液氨作为还原剂会存在一定环境风险。

5.4.3.3 技术发展与应用

a）全负荷脱硝技术

① 通过改造锅炉热力系统或烟气系统，提高低负荷下 SCR 反应器入口烟气温度，或者采用宽温催化剂，实现各种负荷条件下 SCR 脱硝系统运行。

② 提高低负荷下 SCR 反应器入口烟气温度的措施主要有省煤器分级改造、加热省煤器给水、省煤器烟气旁路、省煤器水旁路、省煤器分割烟道等。其中，省煤器分级改造、加热省煤器给水和省煤器分割烟道应用较多。

③ 宽温催化剂是在常规 V-W-TiO_2 催化剂的基础上，通过添加其他成分改进催化剂性能，提高低温下催化剂活性，保障各种负荷条件下 SCR 脱硝系统运行。

b）脱硝增效技术

① 增加催化剂用量。采用增加运行催化剂层数或有效层高，脱硝效率可提高至 90%以上。该技术单纯利用增加催化剂实现 NO_x 的高效脱除，可能造成空气预热器堵塞等问题。

② 高效喷氨混合和流场优化技术。结合实际工况进行流场模拟设计，对喷氨格栅或涡流混合器进行优化，运行时采用自动控制系统实现全截面多点测量与喷氨反馈及优化，确保 SCR 系统温度场、浓度场、速度场满足反应要求，实现系统稳定运行。

c）脱硝催化剂技术

① 催化剂改进技术。针对高灰分煤种，优化催化剂载体结构强度，提高催化剂耐磨损及耐冲刷性能；针对高硫分煤种，优化催化剂配方，降低催化剂 SO_2/SO_3 转化率；针对汞控制问题，改变脱硝催化剂配方，提高零价汞的氧化率，结合湿法脱硫装置的洗涤除汞功能，实现汞的协同脱除。

② 催化剂再生技术。通过物理或化学手段去除失活催化剂上的有害物质，恢复催化剂活性，再生后催化剂活性一般可达到初始性能的 90%以上，该技术可有效延长催化剂的使用寿命，降低更换催化剂成本，减少废弃催化剂，实现资源循环利用。

③ 催化剂全过程管理技术。在对催化剂的性能、寿命、运行工况等方面准确检测的基础上，建立催化剂补充、更换、再生、运行优化的管理系统，在保证脱硝效率的同时，延长催化剂使用寿命，降低烟气脱硝成本。

5.4.3.4 主要工艺参数及效果

SCR 脱硝技术主要工艺参数及效果见表 13。

表 13 SCR 脱硝技术主要工艺参数及效果

项目		单位	主要工艺参数及效果
入口烟气温度		℃	一般 300～420
入口 NO_x 质量浓度		mg/m^3	≤1 000（由实际烟气参数确定）
氨氮摩尔比		—	≤1.05（由脱硝效率和逃逸氨浓度确定，一般取 0.8～0.85）
反应器入口烟气参数的偏差数值		—	速度相对偏差≤±15% 温度相对偏差≤±15℃ 氨氮摩尔比相对偏差≤±5% 烟气入射角度≤±10°
催化剂	种类	—	根据烟气中灰的特性确定
	层数（用量）	层	2～5（根据反应器尺寸、脱硝效率、催化剂种类及性能确定）
	空间速度	h^{-1}	2 500～3 000

项目		单位	主要工艺参数及效果
催化剂	烟气速度	m/s	4～6
	催化剂节距	—	根据烟气中灰的特性确定
脱硝效率		%	50～90
逃逸氨质量浓度		mg/m^3	≤2.5
SO_2/SO_3转化率		%	燃煤硫分低于 1.5%时，宜低于 1.0 燃煤硫分高于 1.5%时，宜低于 0.75
阻力		Pa	＜1 400
NO_x排放质量浓度		—	达标排放或超标排放

5.4.4 SNCR 脱硝技术

5.4.4.1 技术原理

选择性非催化还原（SNCR）技术是指在不使用催化剂的情况下，在炉膛烟气温度适宜处（850～1 150℃）喷入含氨基的还原剂（一般为氨水或尿素等），利用炉内高温促使氨和 NO_x 反应，将烟气中的 NO_x 还原为 N_2 和 H_2O。典型的 SNCR 系统由还原剂储存系统、还原剂喷入装置及相应的控制系统组成。

5.4.4.2 技术特点及适用性

a）技术特点

与 SCR 技术相比，不需要催化反应器，占地面积较小，初始投资低，建设周期短，改造方便，运行维护简单。

b）技术适用性

SNCR 脱硝技术对温度窗口要求严格，对机组负荷变化适应性差，适用于小型煤粉炉和循环流化床锅炉。

c）影响性能的主要因素

影响性能的主要因素包括反应区域温度和流场分布均匀性、烟气与还原剂混合均匀度、还原剂停留时间、氨氮摩尔比、还原剂类型等。

d）污染物排放与能耗

煤粉炉采用 SNCR 脱硝技术的脱硝效率为 30%～40%，循环流化床锅炉采用 SNCR 脱硝技术的脱硝效率为 60%～80%。SNCR 系统阻力较小，运行能耗低。

e）存在的主要问题

SNCR 技术受锅炉运行工况波动导致的炉内温度场、流场分布不均影响较大，脱硝效率不稳定，氨逃逸量较大，下游设备存在堵塞和腐蚀的风险。

5.4.4.3 技术发展与应用

结合实际工况进行流场模拟设计和系统优化，提高温度场和流场均匀性，强化还原剂与烟气混合效果，提高脱硝效率；采用脱硝添加剂，扩展 SNCR 温度窗口，提高温度适应性。

5.4.4.4 主要工艺参数及效果

SNCR 脱硝技术主要工艺参数及效果见表 14。

表 14　SNCR 脱硝技术主要工艺参数及效果

项目	单位	主要工艺参数及效果
温度窗口	℃	950～1 150（采用尿素为还原剂） 850～1 050（采用氨水为还原剂）
氨氮摩尔比	—	1.0～2.0（煤粉炉） 1.2～1.5（循环流化床锅炉）
还原剂停留时间	s	≥0.5
脱硝效率	%	60～80（循环流化床锅炉） 30～40（煤粉炉）
逃逸氨质量浓度	mg/m^3	≤8
NO_x排放质量浓度	mg/m^3	≤50（循环流化床锅炉） 150～300（煤粉炉）

5.4.5 SNCR-SCR 联合脱硝技术

5.4.5.1 技术原理

SNCR-SCR 联合脱硝技术是将 SNCR 与 SCR 组合应用，即在炉膛上部的高温区域（850～1 150℃）采用 SNCR 技术脱除部分 NO_x，再在炉外采用 SCR 技术进一步脱除烟气中 NO_x。SNCR-SCR 联合脱硝系统一般由还原剂储存系统、还原剂混合喷射系统、反应器系统及监测控制系统等组成。

5.4.5.2 技术特点及适用性

a）技术特点

与 SCR 脱硝技术相比，SNCR-SCR 联合脱硝技术中的 SCR 反应器一般较小，催化剂层数较少，一般利用 SNCR 的逃逸氨进行脱硝。

b）技术适用性

一般适用于受空间限制无法加装大量催化剂的中小型机组。

c）影响性能的主要因素

与影响 SNCR 和 SCR 技术性能的因素一致。

d）污染物排放与能耗

SNCR-SCR 联合脱硝技术的脱硝效率一般为 55%～85%。脱硝系统能耗介于 SNCR 技术和 SCR 技术的能耗之间。

e）存在的主要问题

该技术对喷氨精确度要求较高。用于高灰分煤、循环流化床锅炉烟气脱硝时，催化剂磨损较大。

5.4.5.3 技术发展与应用

在 SCR 反应器之前烟道内布置补氨喷枪，提高系统脱硝效率；采用防磨损部件及耐磨损催化剂，延长催化剂使用寿命。

5.4.5.4 主要工艺参数及效果

SNCR-SCR 联合脱硝技术主要工艺参数及效果见表 15。

表 15 SNCR-SCR 联合脱硝技术主要工艺参数及效果

项目	单位	工艺参数及效果	
温度区间	℃	SNCR	950～1 150（采用尿素为还原剂） 850～1 050（采用氨水为还原剂）
		SCR	一般 300～420
氨氮摩尔比	—	1.2～1.8	
还原剂停留时间	s	＞0.5（SNCR 区域）	
催化剂	—	与 SCR 技术催化剂参数一致	
脱硝效率	%	55～85	
阻力	Pa	≤600	
逃逸氨质量浓度	mg/m^3	≤3.8	
NO_x 排放质量浓度		可实现达标排放或超低排放	

5.4.6 NO_x 达标可行技术

5.4.6.1 NO_x 达标可行技术选择时，应首先考虑低氮燃烧技术。选择低氮燃烧技术时，应综合考虑锅炉效率、着火稳燃、燃尽、结渣、腐蚀等因素。选择烟气脱硝技术时，煤粉炉优先选择 SCR 技术，循环流化床锅炉优先选择 SNCR 技术，中小型机组因空间限制无法加装大量催化剂时宜采用 SNCR-SCR 联合脱硝技术。

5.4.6.2 NO_x 达标可行技术见表 16。

表 16　火电厂 NO_x 达标可行技术

燃烧方式	煤种		锅炉容量/MW	低氮燃烧控制炉膛 NO_x 质量浓度上限值/（mg/m^3）	达标可行技术	
					排放质量浓度≤200 mg/m^3	排放质量浓度≤100 mg/m^3
切向燃烧	无烟煤		所有容量	950	SCR（2+1）	SCR（3+1）
	贫煤			900		
	烟煤	20%≤V_{daf}≤28%	≤100	400	SCR（1+1）或+SNCR	SCR（2+1）
			200	370		
			300	320		
			≥600	310		
		28%≤V_{daf}≤37%	≤100	320		
			200	310		
			300	260		
			≥600	220		
切向燃烧	烟煤	37%＜V_{daf}	≤100	310	SCR（1+1）或+SNCR	SCR（2+1）
			200	260		
			300	220		
			≥600	220		
	褐煤		≤100	320		
			200	280		
			300	220		
			≥600			
墙式燃烧	无烟煤		目前尚无此类情况			
	贫煤		所有容量	670	SCR（2+1）	SCR（3+1）
	烟煤	20%≤V_{daf}≤28%		470		
		28%≤V_{daf}≤37%		400	SCR（1+1）或+SNCR	SCR（2+1）
		37%＜V_{daf}		280		
	褐煤			280		
W 火焰燃烧	无烟煤			1 000	SCR（3+1）	SCR（4+1）
	贫煤			850		
CFB	烟煤、褐煤			200	SNCR	
	无烟煤、贫煤			150		

注：（1）SCR 技术单层催化剂脱硝效率按 60%考虑，两层催化剂脱硝效率按 75%～85%考虑，三层催化剂脱硝效率按 85%～92%考虑；（2）SNCR-SCR 技术脱硝效率一般按 55%～85%考虑；（3）SCR（n+1），其中 n 代表催化剂层数，取值“1～4”，1 代表预留备用催化剂层安装空间。

6　烟气超低排放技术路线

6.1　技术路线选择的基本原则

6.1.1　燃煤电厂在选择超低排放技术路线时，应遵循“因煤制宜，因炉制宜，因地制宜，统筹协同，兼顾发展”的基本原则，选择技术成熟可靠、经济合理可行、运行长期稳定、维护管理简单方便、具有一定节能效果的技术。

6.1.2　因煤制宜。不仅要考虑设计煤种和校核煤种，更要考虑实际燃用煤种与煤质波动，确保燃用不利煤质时能够实现超低排放。例如：

a）对于煤质较为稳定，灰分较低、易于荷电、灰硫比较大的烟气条件，优先选择低低温电除尘器与复合塔脱硫系统的技术组合，作为颗粒物超低排放技术路线。

b）对于煤质波动大，灰分较高、荷电性能差、灰硫比较小的烟气条件，优先选择电袋复合除尘器或袋式除尘器进行除尘。根据除尘器出口烟尘质量浓度及下游脱硫工艺的协同除尘效果，必要时选择加装湿式电除尘器。

6.1.3　因炉制宜。考虑不同炉型的烟气特点（飞灰成分、性质等），选择不同的超低排放技术路线。例如：

a）循环流化床锅炉燃用劣质燃料时，灰分含量高，颗粒粒径较煤粉炉大，排烟温度普遍较高，优先选择电袋复合除尘器或袋式除尘器。

b）循环流化床锅炉燃用热值较高的煤炭时，宜选用低低温电除尘器。

6.1.4 因地制宜。应考虑机组所处的海拔高程和改造机组的场地条件，选择不同的超低排放技术路线。例如：

a）采用双塔双 pH 值脱硫工艺、加装湿式电除尘器、增加电除尘器的电场数等一般都需要场地或空间条件。

b）对于位于高海拔地区的燃煤电厂，还应考虑相应高程的大气条件对烟气性质的影响，选择适宜的除尘器类型。

6.1.5 统筹协同。烟气超低排放是一项系统工程，各设施之间相互影响，在设计、施工、运行过程中，要统筹考虑各设施之间的协同作用，全流程优化，实现污染物最佳控制效果。

6.1.6 兼顾发展。不仅要达到当前的排放要求，还应考虑环境管理要求提高、经济技术发展和电力煤炭市场变化等因素，选择适宜的超低排放技术路线。

6.2 颗粒物超低排放技术路线

6.2.1 燃煤电厂应综合采用一次除尘和二次除尘措施，实现颗粒物超低排放。

6.2.1.1 一次除尘措施。为实现超低排放，在湿法脱硫前对烟尘的高效脱除，称为一次除尘，主流技术包括电除尘技术、电袋复合除尘技术和袋式除尘技术。电除尘技术通过采用高效电源供电、先进清灰方式以及低低温电除尘技术等有机组合，实现不低于 99.85%的除尘效率；采用超净电袋复合除尘器及高效袋式除尘器，实现不低于 99.9%的除尘效率。

6.2.1.2 二次除尘措施。为实现超低排放，在烟气湿法脱硫过程中对颗粒物进行协同脱除、在烟气脱硫后采用湿式电除尘器进一步脱除颗粒物，称为二次除尘。石灰石-石膏湿法脱硫复合塔技术配套采用高效的除雾器或在脱硫系统内增加湿法除尘装置，协同除尘效率可不低于 70%；湿法脱硫后加装湿式电除尘器，除尘效率可不低于 70%，且除尘效果稳定。

6.2.2 燃煤电厂工程实际应用中应综合考虑各种技术的特点、适用性、经济性、成熟度及二次污染等，选择颗粒物超低排放技术路线，详见表 17 和图 1。

表 17 颗粒物超低排放技术路线

锅炉类型（燃烧方式）	机组规模/万 kW	入口烟气含尘质量浓度/（mg/m³）	一次除尘			二次除尘	
			电除尘（效率≥99.85%）	电袋复合除尘（效率≥99.9%）	袋式除尘（效率≥99.9%）	WESP（效率≥70%）	WFGD 协同（效率≥70%）
煤粉炉（切向燃烧、墙式燃烧）	≤20	≥30 000	★	★★★	★★★	★★★	★
		20 000～30 000	★★	★★	★★	★★	★★
		≤20 000	★★★	★	★	★	★★★
	30	≥30 000	★	★★★	★★	★★★	★
		20 000～30 000	★★	★★	★	★★	★★
		≤20 000	★★★	★	★	★	★★★
	≥60	≥30 000	★	★★★	★	★★★	★
		20 000～30 000	★★	★★	★	★★	★★
		≤20 000	★★★	★	★	★	★★★
煤粉炉（W 火焰燃烧）		≥30 000	★	★★★	★★	★★★	★
		20 000～30 000	★★	★★★	★	★★	★★
		≤20 000	★★★	★★	★	★	★★★
CFB 锅炉			★	★★★	★★	★★★	★

注：（1）一次除尘措施的选择首先应结合煤质与灰的性质判断是否适合采用电除尘器，如不适用则应优先选择电袋复合除尘器或袋式除尘器。

（2）对于一次除尘就要求烟尘质量浓度小于 10 mg/m³ 或 5 mg/m³ 实现超低排放的，宜优先选择超净电袋复合除尘器。

（3）一次除尘器出口烟尘质量浓度为 30～50 mg/m³ 时，二次除尘宜选用湿式电除尘器（WESP）；一次除尘器出口烟尘质量浓度为 20～30 mg/m³ 时，二次除尘宜选用湿法脱硫（WFGD）协同除尘或 WESP；一次除尘器出口烟尘质量浓度小于 20 mg/m³ 时，二次除尘宜选用 WFGD 协同除尘。

（4）表中★表征技术推荐程度，★越多综合效果越好，优先推荐。

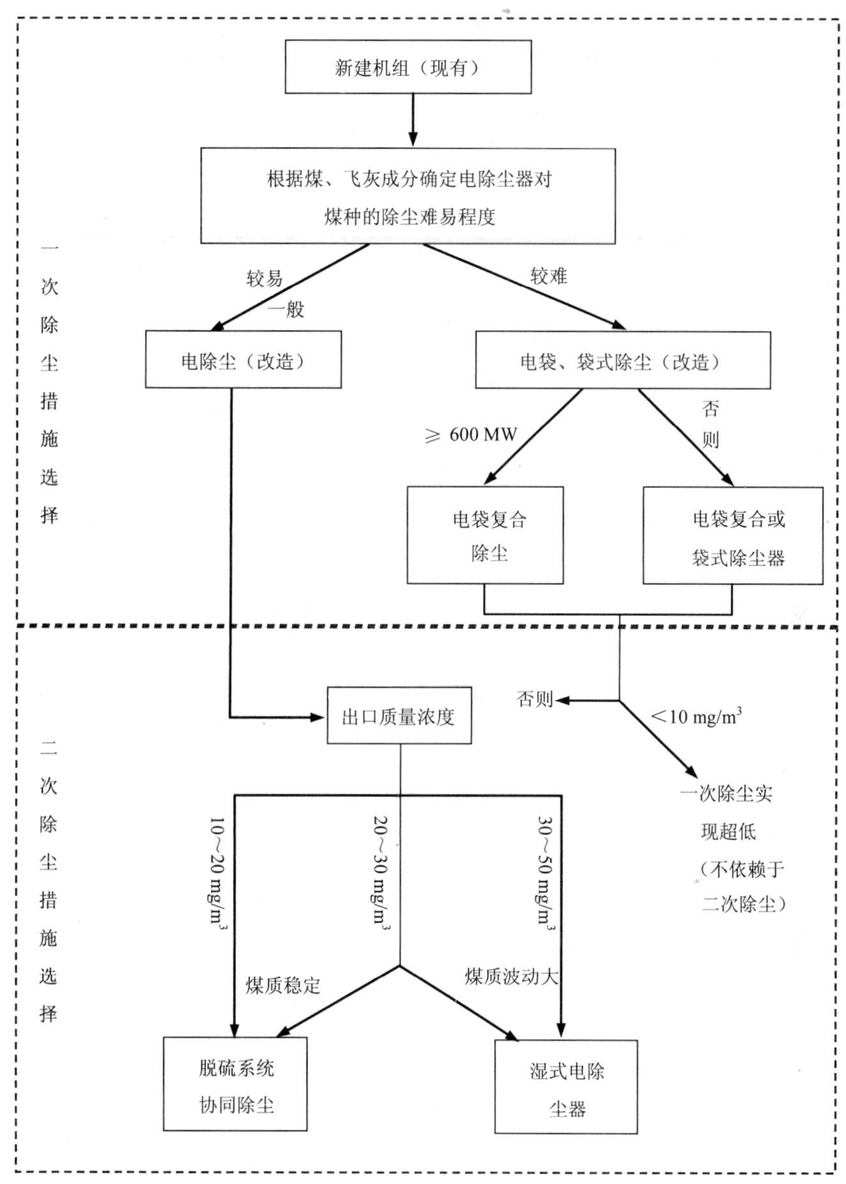

图 1　颗粒物超低排放技术路线

6.3　SO_2超低排放技术

6.3.1　采用石灰石-石膏湿法脱硫，为稳定实现超低排放，对于不同的 SO_2 入口质量浓度，需采用不同的脱硫工艺，具体工艺选择时应同时考虑经济性和成熟度，详见表 18。

6.3.2　在缺水地区、吸收剂质量有保证的条件下，对于入口 SO_2 质量浓度不大于 1 500 mg/m^3 的 300 MW 级及以下的燃煤机组，可选择烟气循环流化床脱硫技术。考虑循环流化床锅炉的炉内脱硫效率，烟气循环流化床脱硫技术可用于 300 MW 级及以下燃用中等含硫煤的循环流化床机组。在海水扩散条件较好、符合近岸海域环境功能区划要求时，对于入口 SO_2 质量浓度不大于 2 000 mg/m^3 的滨海电厂，可选择高效海水脱硫技术。在氨来源稳定、运输距离短、环境不敏感的条件下，300 MW 级及以下的燃煤机组可选择氨法脱硫技术。详见表 19。

表 18 石灰石-石膏湿法脱硫超低排放技术

<table>
<tr><td>入口 SO_2 质量浓度/（mg/m^3）</td><td colspan="6">脱硫工艺及脱硫效率</td></tr>
<tr><td>≤1 000</td><td>空塔提效</td><td>97%</td><td></td><td></td><td></td><td></td></tr>
<tr><td>≤2 000</td><td colspan="2">双托盘、沸腾泡沫</td><td>98.5%</td><td></td><td></td><td></td></tr>
<tr><td>≤3 000</td><td colspan="3">旋汇耦合、双托盘、湍流管栅</td><td>99%</td><td></td><td></td></tr>
<tr><td>≤6 000</td><td colspan="4">单塔双 pH 值、旋汇耦合、湍流管栅</td><td>99.5%</td><td></td></tr>
<tr><td>≤10 000</td><td colspan="5">空塔双 pH 值、旋汇耦合</td><td>99.7%</td></tr>
<tr><td colspan="7">注：（1）为实现稳定超低排放，脱硫效率按脱硫塔出口 SO_2 质量浓度 30 mg/m^3 计算。
（2）适用于入口 SO_2 质量浓度高的技术，也适用于入口质量浓度较低的技术。</td></tr>
</table>

表 19 烟气循环流化床、海水法、氨法脱硫超低排放技术

入口 SO_2 质量浓度/（mg/m^3）	地域	单机容量/MW	超低排放技术
≤1 500	尤其适合缺水地区	≤300	烟气循环流化床脱硫
≤2 000	沿海地区	300～1 000	海水脱硫
≤10 000	电厂周围 200 km 内有稳定氨源	≤300	氨法脱硫

6.4 NO_x 超低排放技术

6.4.1 锅炉低氮燃烧技术是控制 NO_x 的首选技术，在保证锅炉效率和安全的前提下应尽可能降低锅炉出口 NO_x 的质量浓度。

6.4.2 煤粉锅炉应通过燃烧器改造和炉膛燃烧条件优化，确保锅炉出口 NO_x 质量浓度小于 550 mg/m^3。炉后采用 SCR 烟气脱硝技术，通过选择催化剂层数、精准喷氨、流场均布等措施保证脱硝设施稳定高效运行，实现 NO_x 超低排放。

6.4.3 循环流化床锅炉应通过燃烧调整，确保 NO_x 生成质量浓度小于 200 mg/m^3，再加装 SNCR 脱硝装置，实现 NO_x 超低排放；必要时可采用 SNCR-SCR 联合脱硝技术。

6.4.4 燃用无烟煤的 W 型火焰锅炉采用低氮燃烧技术及炉后 SCR 烟气脱硝技术，仍难满足 NO_x 的超低排放要求。

6.4.5 各种炉型 NO_x 超低排放技术路线见表 20。

表 20 NO_x 超低排放技术

<table>
<tr><td>炉型</td><td>入口质量浓度/（mg/m^3）</td><td>脱硝效率/%</td><td>SCR 催化剂层数</td></tr>
<tr><td rowspan="3">煤粉炉（切向燃烧、墙式燃烧）</td><td><200</td><td>80</td><td>2+1</td></tr>
<tr><td>200～350</td><td>80～86</td><td rowspan="2">3+1</td></tr>
<tr><td>350～550</td><td>86～91</td></tr>
<tr><td colspan="2">循环流化床锅炉</td><td>60～80</td><td>SNCR（+SCR）</td></tr>
<tr><td colspan="4">注：“n+1”中 n 代表催化剂层数，1 代表预留备用催化剂层安装空间。</td></tr>
</table>

6.5 典型的烟气污染物超低排放技术路线

6.5.1 烟气污染物超低排放涉及烟气中颗粒物、SO_2 及 NO_x 的超低排放，每种污染物的超低排放都可以有多种技术选择，见图 2。工程实际应用中需考虑不同污染物治理设施之间的协同作用，针对不同燃煤电厂的具体条件选择适宜的技术路线，具体见 6.2、6.3 和 6.4 部分。

6.5.2 与 SO_2 和 NO_x 的超低排放技术相比，颗粒物的超低排放技术不仅涉及一次除尘措施，而且涉及二次除尘措施，技术路线选择较多，典型技术路线如下：

a）以湿式电除尘器作为二次除尘的超低排放技术路线

① 湿式电除尘器（WESP）去除颗粒物的效果较为稳定，基本不受燃煤机组负荷变化的影响，因此，对于煤质波动大、负荷变化幅度大且较为频繁等严重影响一次除尘效果的电厂，适合采用湿式电除尘器作为二次除尘的超低排放技术路线。

② WESP 作为燃煤电厂污染物控制的强化处理设备，一般与干式电除尘器和湿法脱硫系统配合使用，也可与低低温电除尘技术、电袋复合除尘技术、袋式除尘技术等组合使用，对 $PM_{2.5}$、SO_3 酸雾、气溶胶

等多污染物协同治理，实现燃煤电厂超低排放。

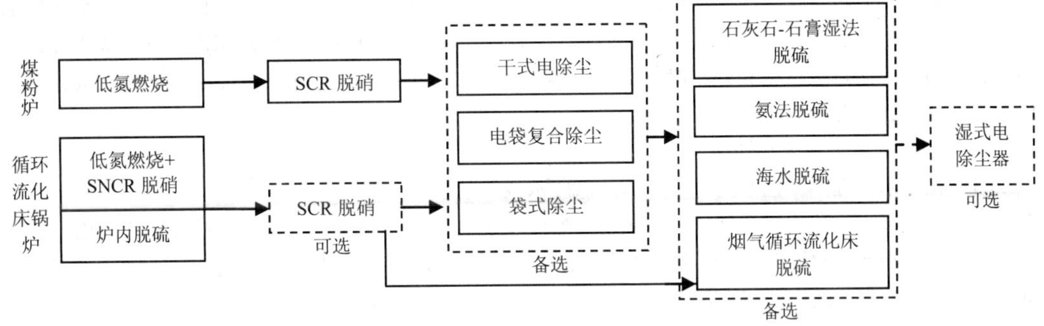

图 2 燃煤电厂超低排放技术路线

③ 当要求颗粒物排放质量浓度小于 10 mg/m³ 时，WESP 入口颗粒物质量浓度宜小于 30 mg/m³，一般不超过 50 mg/m³。当要求颗粒物排放质量浓度小于 5 mg/m³ 时，WESP 入口颗粒物质量浓度宜小于 20 mg/m³，一般不超过 30 mg/m³。

④ 当 WESP 入口颗粒物质量浓度较高时，可通过增加比集尘面积、降低气流速度等方法提高除尘效率。

⑤ 根据现场场地条件，WESP 可以采用不同布置形式，低位布置占用一定场地，高位布置不占用场地。

b）以湿法脱硫协同除尘作为二次除尘的超低排放技术路线

① 石灰石-石膏湿法脱硫系统可脱除烟气中部分烟尘，同时烟气中也会生成少量次生颗粒物，如脱硫过程中形成的石膏颗粒、未反应的碳酸钙颗粒等，应采取配套治理措施实现超低排放。

② 湿法脱硫系统的净除尘效果取决于气液接触时间、液气比、除雾器效果、流场均匀性、脱硫系统入口烟气含尘浓度、有无额外的除尘装置等诸多因素。

③ 为实现 SO_2 超低排放，复合塔脱硫技术通过采用增强型的喷淋系统以及管束式除尘除雾器和其他类型的高效除尘除雾器等方法，协同除尘效率一般大于 70%，可以作为二次除尘的超低排放技术路线。

④ 当要求颗粒物排放质量浓度小于 10 mg/m³ 时，湿法脱硫入口烟尘质量浓度宜小于 30 mg/m³。当要求颗粒物排放质量浓度小于 5 mg/m³ 时，湿法脱硫入口烟尘质量浓度宜小于 20 mg/m³。

c）以超净电袋复合除尘为基础不依赖二次除尘的超低排放技术路线

① 采用超净电袋复合除尘器可直接实现除尘器出口烟尘质量浓度小于 10 mg/m³ 或 5 mg/m³。对下游湿法脱硫系统没有额外的除尘要求，只要保证脱硫系统出口颗粒物质量浓度不增加，就可实现颗粒物质量浓度小于 10 mg/m³ 或 5 mg/m³，满足超低排放要求。

② 超净电袋复合除尘器出口烟尘质量浓度基本不受煤质与机组负荷变动的影响，占地较少。

7 水污染防治技术

7.1 废水处理工艺分类

7.1.1 火电厂废水通常有两种处理方式：一种是集中处理，另一种是分类处理。

7.1.2 对于新建燃煤电厂，由于废水种类多，水质差异大，大多数废水需要处理回用，因此，应采用分类处理与集中处理相结合的处理技术路线。

7.2 废水分类处理技术

7.2.1 锅炉停炉保护和化学清洗废水（含有机清洗剂）处理

停炉保护废水联胺含量较高；锅炉化学清洗方式较多，用柠檬酸或乙二胺四乙酸（EDTA）进行锅炉酸洗产生的废液中残余清洗剂量很高。上述锅炉酸洗废水水质特点是 COD、SS 含量较高。为降低过高的 COD，在常规 pH 值调整、混凝澄清处理工艺之前应增加氧化处理环节。通过加入氧化剂（通常是双氧水、过硫酸铵或次氯酸钠等）氧化，分解废水中的有机物，降低 COD 值。

7.2.2 空气预热器、省煤器和锅炉烟气侧等设备冲洗排水处理

该类废水为锅炉非经常性排水，其水质特点是悬浮物和铁的含量很高，不能直接进入经常性排水处理系统。处理方法常采用化学沉淀法，即首先进行石灰处理，在高 pH 值下沉淀出过量的铁离子并去除大部分悬浮物，然后再进入中和、混凝澄清等处理系统；也可采用氧化、化学沉淀法，即首先进行曝气氧化，再进行中和、混凝澄清等处理。

7.2.3 化学水处理工艺废水处理

7.2.3.1 化学水处理因工艺不同，可产生酸碱废水或浓盐水。

7.2.3.2 酸碱废水多采用中和处理，即采用加酸或碱调节 pH 值至 6～9，出水直接排放或回用。该工艺系统一般由中和池、酸储槽、碱储槽、在线 pH 值计、中和水泵和空气搅拌系统等组成，运行方式大多为批量中和，即当中和池中的废水达到一定容量后，再启动中和系统。

7.2.3.3 为尽量减少新鲜酸、碱的消耗，离子交换设备再生时应合理安排阳床和阴床的再生时间及再生酸碱用量，尽量使阳床排出的废酸与阴床排出的废碱相匹配，减少直接加入中和池的新鲜酸和碱量。

7.2.3.4 采用反渗透预脱盐系统的水处理车间，受反渗透回收率的限制，排水量较大。如果反渗透系统回收率按 75%设计，反渗透装置进水流量的 1/4 以废水形式排出，废水量远大于离子交换系统。但其水质基本无超标项目，主要是含盐量较高，可直接利用或排放，必要时可进行脱盐处理。

7.2.4 煤泥废水处理

7.2.4.1 煤泥废水一般采用混凝沉淀、澄清和过滤处理工艺，去除废水中悬浮物（主要是煤粉）后循环使用。

7.2.4.2 煤泥废水处理系统由废水收集、废水输送、废水处理系统等组成。

7.2.4.3 煤场的废水经集水池预沉淀，先将废水中携带的大尺寸的煤粒沉淀下来，然后再将上面的清液送经混凝、澄清和过滤处理后回用。

7.2.4.4 微滤或超滤处理工艺广泛应用于煤泥废水处理。其优点是出水水质好，尤其是出水浊度很低，可小于 1 度（NTU）；缺点是要进行频繁的反洗（自动进行）和定期进行化学清洗。

7.2.5 冲灰废水处理

7.2.5.1 采用水力除灰方式会产生冲灰废水。冲灰废水水质特点是 pH 值和含盐量较高；通过灰浆浓缩池进行闭路循环的灰水悬浮物较高；灰场的水经过长时间沉淀，悬浮物浓度一般很低。只要保证水在灰场有足够的停留时间，并采取措施拦截“漂珠”，悬浮物大多可满足排放要求。pH 值则需要通过加酸，使 pH 值降至 6～9。

7.2.5.2 冲灰废水一般采用物理沉淀法处理后循环使用。处理过程中需添加阻垢剂，防止回水系统结垢。

7.2.6 含油废水处理

含油废水主要包括油罐脱水、冲洗含油废水、含油雨水等。含油废水处理通常采用气浮法进行油水分离，出水经过滤或吸附后回用或排放；也可采用活性炭吸附法、电磁吸附法、膜过滤法、生物氧化法等除油方法。

7.2.7 脱硫废水处理

脱硫废水水质特点是悬浮物质量浓度高、COD 高、pH 值呈酸性。其处理工艺是通过加石灰浆对脱硫废水进行中和、沉淀处理，然后经絮凝、澄清、浓缩等步骤处理后，清水回收利用，沉降物脱硫废水污泥经脱水后运出处置。

7.2.8 氨区废水处理

氨区废水包括液氨贮存或氨水贮存区卸氨后设备及管道中氨气、事故或长期停机状态下氨罐及管道中氨气排至吸收槽用水稀释产生的废水、氨泄漏时稀释废水、夏季气温较高时对液氨储罐进行冷却产生的废水等。氨区废水水质特点是氨氮较高、pH 值稍高，且不连续产生。一般将氨区废水送入厂区酸碱废水处理系统进行中和处理后回用。

7.2.9 生活污水处理

生活污水可生化性好，宜采用二级生化处理，消毒后回用或排放。也可采用膜生物反应器工艺处理后再利用，该工艺具有出水水质优良、性能稳定、占地面积小等优势。

7.2.10　其他废水及排水处理

除上述废水外，电厂还会产生冲渣水、主厂房冲洗水、初期雨水等废水，以及锅炉排污水、循环冷却系统排水、直流冷却系统排水等水质较好的水，处理方式见表 21。

7.3　废水集中处理技术

7.3.1　燃煤电厂废水集中处理站（系统）规模大、处理废水种类多，处理后的废水根据水质情况达标排放或回收利用。废水集中处理站（系统）可用于处理各种经常性排水和非经常性排水。

7.3.2　典型的废水集中处理站设有多个废水收集池，根据水质差异进行分类收集，如高含盐量的化学再生废水、锅炉酸洗废液、空气预热器冲洗废水等。各池之间根据实际用途可互相切换，主要设施包括废水收集池、曝气风机、废水泵和酸、碱储存罐，以及清水池、pH 值调整槽、反应槽、絮凝槽、澄清器、加药系统等。

7.4　废水近零排放技术

7.4.1　火电厂除脱硫废水外，各类废水经处理后基本能实现“一水多用，梯级利用”、废水不外排，因此，实现废水近零排放的关键是实现脱硫废水零排放。

7.4.2　脱硫废水经初步处理后，含盐量过高。目前脱硫废水零排放技术主要包括烟气余热喷雾蒸发干燥、高盐废水蒸发结晶等。

7.4.3　烟气余热喷雾蒸发干燥是通过雾化喷嘴将浓缩后的高盐废水喷入烟道或旁路烟道内，雾化后的高盐废水经过烟气加热迅速蒸发，溶解性盐结晶析出，随烟气中的烟尘一起被除尘器捕集。

7.4.4　高盐废水蒸发结晶是利用烟气、蒸汽或热水等热源蒸发废水，蒸发产生的水汽可冷凝成水用于冷却塔补水、锅炉补给水等，废水中的溶解盐被蒸发结晶，干燥后装袋外运，进行综合利用或处置，避免产生二次污染。

7.4.5　蒸发干燥或蒸发结晶前，宜采用反渗透、电渗析等膜浓缩预处理工艺减少废水量。

7.5　废水处理与回用可行技术路线

7.5.1　废水处理与回用可行技术路线见表 21。

表 21　废水处理与回用可行技术路线

废水种类	主要污染因子	可行技术	去向或回用途径
锅炉酸洗废水	COD、SS、pH 值等	氧化、混凝、澄清	集中处理站
锅炉非经常性废水	pH 值、SS 等	沉淀、中和	集中处理站
酸碱废水	pH 值	中和	烟气脱硫系统
煤泥废水	SS	混凝、澄清、过滤	重复利用
冲灰废水	SS、pH 值等	加阻垢剂	闭路循环
含油废水	油、SS	油水分离	煤场喷洒
脱硫废水	pH 值、SS、COD、重金属等	石灰处理、混凝、澄清、中和	干灰调湿、灰场喷洒、冲渣水、冲灰水或达标排放
		石灰处理（双碱法处理）、混凝、澄清、中和、膜软化、膜浓缩、蒸发干燥或蒸发结晶	喷雾蒸发干燥时脱硫废水进入烟气。蒸发结晶时脱硫废水蒸发的水汽冷凝后可在厂内利用，结晶盐外运综合利用
氨区废水	氨氮、pH 值	中和	回用
生活污水	COD、BOD、SS	（1）二级生化处理 （2）膜生物反应器工艺	绿化、集中处理站
冲渣水	SS、pH 值	沉淀、中和	重复利用
主厂房冲洗水	SS	混凝、澄清	集中处理站
初期雨水	SS、油等	不处理或混凝、澄清	集中处理站
锅炉排污水	温度	—	冷却水系统或化水系统
循环冷却系统排水	盐类	反渗透等除盐工艺	除灰、脱硫、喷洒等利用或除盐后回冷却系统
直流冷却系统排水	温度	—	直接排入水环境
高含盐废水（反渗透浓水、循环水排污等）	盐类	石灰处理、絮凝、沉淀、超滤、反渗透	回冷却系统、脱硫系统等

7.5.2　电厂应从全局出发，加强全厂水务管理。对电厂的水源、用水和排水做全面规划管理，选择最

优的全厂用水分配方案，经济合理地处理各种废水，最大限度地提高废水回用率。

8 噪声治理技术

8.1 一般规定

火电厂应尽量采用低噪声设备，按照环境功能合理布置声源，采取有效的降噪措施，并按时进行设备维护与检修，从而有效控制噪声对周围环境的影响。

8.2 燃料制备系统噪声治理技术

8.2.1 燃料制备系统中主要噪声设备是磨煤机。

8.2.2 中速磨煤机噪声主要为排气噪声，噪声水平为 95～110 dB（A）。中速磨煤机噪声治理宜采用局部隔声法，在磨煤机底部排气口噪声能量最大处安装隔声装置，在隔声装置排气口外侧设置低噪声轴流风机和消声器，降噪量能达到 20 dB（A）。

8.2.3 低速磨煤机（即钢球磨煤机）噪声水平为 100～120 dB（A），噪声治理主要采用以下三种措施：

a）筒体外壳阻尼层。阻尼材料的厚度一般应为外壁厚度的 2～3 倍，可降噪 10 dB（A）左右。

b）隔声套。一般采用多层吸声、隔声阻尼材料组合式结构，把磨煤机筒体紧紧地捆箍起来，与筒体一起旋转，可将设备噪声降至 95 dB（A）左右；其缺点是增加自重、检修不便等。

c）隔声罩。一般由隔声罩板和吸声材料等组成，通过将钢球磨煤机封闭在隔声罩内，减少噪声辐射，一般可降噪 10～30 dB（A）。磨煤机附属的电动机一般采用能通风、可拆卸的隔声罩。

8.3 燃烧系统噪声治理技术

8.3.1 锅炉排汽噪声

8.3.1.1 燃烧系统中最主要噪声源是锅炉排汽噪声，噪声水平为 115～130 dB（A），频谱呈中高频特性，属于影响面较大的高空偶发噪声，一般排汽时间短（几分钟），噪声影响范围大（可达数千米）。

8.3.1.2 锅炉排汽噪声控制是通过在喷口安装具有扩张降速、节流降压、变频或改变喷注气流参数等功能的放空消声器。一般采用消声量 25 dB（A）以上的小孔（喷注）消声器，电厂应用的节流降压消声器消声量可达 30 dB（A）以上。

8.3.2 空气动力噪声

8.3.2.1 燃烧系统中锅炉及炉后部分产生的连续噪声是较突出的空气动力噪声，噪声水平为 85～115 dB（A）。

8.3.2.2 应对锅炉送、引风机及管路系统空气动力噪声加以治理，风机本体采用吸隔声材料进行处理，可达到不小于 20 dB（A）的降噪效果，同时考虑检修、散热等因素。需加装检修门和通风散热照明等设施。管路系统采用隔声包覆措施，减少噪声辐射。进、排气管道加装消声器，一般采用阻性片式消声器，可以根据消声量对吸声材料、通流截面、消声器长度等进行合理设计，消声量一般 25 dB（A）左右。

8.4 发电系统噪声治理技术

8.4.1 发电系统中主要噪声设备是汽轮机、发电机及励磁机等，运行噪声水平为 76～108 dB（A）。发电机组在设备出厂时一般已配置隔声罩，可降噪 20 dB（A）左右。在隔声罩内喷刷阻尼材料可进一步提高隔声罩的隔声性能；设备安装时在基座下设置隔振支撑，可有效减少结构噪声。

8.4.2 主厂房内声源设备多，噪声偏高，建筑围护结构的降噪量一般仅在 10 dB（A）左右，因此，应注意厂房的密闭性和隔声性能，控制噪声对外辐射。汽机房主体建筑应采用隔声门窗，在面对办公区的厂房立面安装可调节通风型消声百叶窗。

8.5 冷却系统噪声治理技术

8.5.1 火电厂冷却系统中最大噪声源是自然通风冷却塔的淋水噪声或直接空冷岛的风机噪声。

8.5.2 自然通风冷却塔的淋水噪声水平为 70～85 dB（A），噪声治理一般采用以下三种措施：

a）部分进风口安装冷却塔通风消声器。在冷却塔底部的部分进风口区域安装由若干通风导流消声片组成的进风消声器，一般可降噪 15 dB（A）以上。设计中特别要控制进风消声器的压力损失，确保其不影响冷却效果，综合考虑消声器的消声量和压力损失两个主要参数，推荐使用阵列式消声器。

b）隔声屏障。冷却塔采用隔声屏障降噪时，一般可降噪 10 dB（A）左右。隔声屏障应尽量靠近塔体，屏障高度应高于冷却塔进风口高度，可采用高效轻质隔声型、土坡型、钢筋混凝土型等结构，从抗震、抗风等方面予以严格设计。

c）消声垫。消声垫是降低冷却塔淋水噪声的有效办法。消声垫可用金属的网垫、天然纤维垫、透水性能好的泡沫塑料垫等多孔材料制作。将消声垫铺放在冷却塔的下塔体，用金属网支撑或铺放在接水盘上，能降低淋水噪声 5～10 dB（A）。

8.5.3　直接空冷岛的风机噪声水平为 70～80 dB（A），噪声治理宜根据空冷平台的降噪需求对消声措施进行合理设计，建议采用阵列式消声器，保证足够的消声量和较小的压力损失。普通的消声器应具备 10～15 dB（A）降噪效果。

8.6　脱硫系统噪声治理技术

脱硫系统主要噪声源为氧化风机、增压风机噪声，噪声水平一般在 85～110 dB（A）。氧化风机噪声治理一般采用加装隔声罩和室内布置，隔声量一般在 20 dB（A）。增压风机噪声治理一般采用和锅炉送引风机相同的阻尼复合减振降噪措施，降噪量 15～20 dB（A）。

8.7　封闭式隔声机房噪声治理技术

采用封闭式隔声机房（隔声罩）设计时，要注意封闭结构内的气流组织和封闭空间内外气流交换通道的消声问题。

8.8　其他噪声治理技术

在电厂运行过程中，各种给水泵、循环泵、灰浆泵等，噪声水平为 82～108 dB（A）。噪声治理一般采用加装隔声罩，隔声量可达 25 dB（A）以上。

8.9　噪声治理可行技术

噪声治理可行技术及效果见表 22。

表 22　噪声治理可行技术及效果

分类	噪声源	噪声源声级水平/dB（A）	可行技术	效果	备注
燃料系统	磨煤机	95～120	筒体外壳阻尼 隔声套 隔声罩	降噪量 10 dB（A）左右 整体噪声降至 95 dB（A）左右 降噪量 10～30 dB（A）	检修不便 罩内吸声
燃烧系统	锅炉排汽（偶发噪声）	115～130	排汽放空消声器	消声量 30 dB（A）以上	
	引风机、送风机	85～115	消声器 管道外壳阻尼	消声量 25 dB（A）左右 降噪量 20 dB（A）以上	
发电系统	汽轮机、发电机及励磁机	76～108	隔声罩 厂房内壁面吸声处理	降噪量 20 dB（A）左右 降噪量 10 dB（A）左右	罩内吸声
冷却系统	自然通风冷却塔淋水	70～85	进风口消声器 隔声屏障 消声垫	消声量 15 dB（A）以上 降噪量 10 dB（A）左右 消声量 5～10 dB（A）	尽量靠近塔体
	空冷岛风机	70～80	低噪声风机 吸声板 消声装置	风机噪声可降至 63.2 dB（A） 吸声量 8 dB（A）左右 消声量 10～15 dB（A）	
脱硫系统	氧化风机、增压风机	85～110	隔声罩 管道外壳阻尼	降噪量 20 dB（A）左右 消声量 15～20 dB（A）	罩内吸声
其他	给水泵、循环泵、灰浆泵等	82～108	隔声罩	降噪量 25 dB（A）以上	罩内吸声

9　固体废物综合利用及处置技术

9.1　一般规定

燃煤电厂产生的固体废物有粉煤灰、脱硫副产物、污水处理污泥、废弃脱硝催化剂、废弃滤袋等，应优先采用有利于资源化利用的处理方法，或采用适当的处置方法，避免二次污染。

9.2　粉煤灰综合利用技术

9.2.1　粉煤灰磨细加工技术

粉煤灰磨细加工是指改进粉煤灰的细度和均匀性，便于综合利用。粉煤灰磨细后细度增大，烧失量变化不大，密度增大，需水量比减小，抗压强度比提高。

9.2.2 粉煤灰分级技术

粉煤灰分级一般采用干法多级离心分离器，分离出符合商品要求的产品，便于综合利用。

9.2.3 利用高铝粉煤灰提炼硅铝合金技术

利用电厂产生的高铝粉煤灰为原料，通过电热法冶炼硅铝系列合金及从高铝粉煤灰中提取氧化铝并可联产白炭黑等硅产品。

9.2.4 综合利用

粉煤灰综合利用是指采用上述成熟工艺技术对粉煤灰进行加工，将其用于生产建材、回填、建筑工程、提取有益元素制取化工产品及其他用途。粉煤灰综合利用途径主要有生产粉煤灰水泥、粉煤灰砖、建筑砌块、混凝土掺料、道路路基处理、矿井回填材料、土壤改良、微生物复合肥等。

9.3 脱硫副产物综合利用及处置技术

9.3.1 脱硫石膏综合利用

脱硫石膏主要可用做水泥缓凝剂或制作石膏板，还可用于生产石膏粉料、石膏砌块、矿井回填材料及改良土壤等。

9.3.2 半干法脱硫灰渣综合利用

半干法脱硫（包括烟气循环流化床脱硫）灰渣主要成分为 $CaSO_4$、$CaSO_3$ 等，具有强碱性和自硬性，主要可用于筑路和制砖。

9.3.3 循环流化床锅炉炉内脱硫灰渣综合利用

与煤粉炉产生的粉煤灰相比，循环流化床锅炉炉内脱硫灰渣具有烧失量较高、CaO 含量高、SO_3 质量浓度高、玻璃体较少、具有一定的自硬性等特点，可综合利用于废弃矿井、采空区回填和筑路等。

9.4 污泥处置技术

电厂废水处理产生的污泥主要包括给水、工业废水、脱硫废水等处理过程产生的污泥。污泥中重金属含量符合 GB 5085 要求时，可贮存在灰场内。也可将污泥干燥后按照适当比例掺入原煤系统中进行焚烧处理。脱硫废水处理产生的污泥经检定确定为危险废物的，按照 GB 18598 处置；经检定后确定为一般废物的，按照 GB 18599 处置。

9.5 废弃脱硝催化剂处置技术

废弃脱硝催化剂是指不能再生利用的催化剂，属于危险废物。蜂窝式催化剂一般应压碎后按照 GB 18598 要求填埋。板式催化剂由于其中含有不锈钢基材，应破碎取出不锈钢基材回收利用，催化剂粉应按照 GB 18598 要求填埋。

9.6 废弃滤袋处置技术

9.6.1 回收利用

9.6.1.1 根据不同的滤袋材质可选用机械破碎、回炉熔化拉丝、高温裂解等方法进行处理后回收利用。

9.6.1.2 机械破碎是利用机械力将 PPS、PTFE、玻璃纤维等废弃滤袋由滤布变为纤维或粉粒，该方法简单、实用、投资较低，可适用于各种滤袋材质。

9.6.1.3 回炉熔化拉丝是将废弃滤袋进行机械破碎、清洗、干燥后，高温熔融再拉丝重新制成纤维，然后再加工生产滤袋或其他产品，循环使用。

9.6.1.4 高温裂解是废弃滤袋纤维在一定的高温下，使大分子分解成小分子，回收其中有用的小分子。

9.6.2 焚烧

焚烧是对废弃滤袋进行高温燃烧，使废弃滤袋变成惰性残留物，并对燃烧余热进行利用，最大限度地减少废弃滤袋的体积和质量。对含有 PTFE 短纤维或基布的滤袋不应进行焚烧处理。

9.6.3 土地填埋

土地填埋是指将废弃滤袋在合适的场地填埋后进行封存处理，其特点是处理简单、处理费用低、处理量大。土地填埋需注意填埋地点选择、填埋工艺与渗透液处理等问题。

9.7 固体废物综合利用及处置可行技术

固体废物综合利用及处置可行技术见表 23。

表 23 固体废物综合利用及处置可行技术

分类	可行技术		技术适用性
粉煤灰	综合利用	（1）粉煤灰磨细加工	适用于电除尘器一级、二级电场和袋式除尘器收集的粉煤灰
		（2）粉煤灰干法分级	适用于各种粉煤灰
		（3）提炼硅铝合金	适用于高铝粉煤灰
脱硫石膏	（1）脱硫石膏做水泥缓释剂 （2）脱硫石膏板生产技术		适用于石灰石/石灰-石膏法烟气脱硫产生的脱硫石膏
半干法脱硫灰渣	用于筑路和制砖		适用于半干法烟气脱硫（包括烟气循环流化床脱硫）产生的灰渣
循环流化床锅炉炉内脱硫灰渣	用于废弃矿井、采空区回填和筑路		适用于循环流化床锅炉炉内脱硫产生的灰渣
污泥	污泥掺入原煤系统焚烧		适用于经检定后确定为一般废物的污泥
废弃脱硝催化剂	破碎取出不锈钢基材回用		适用于含有不锈钢基材的板式催化剂
废弃滤袋	高温裂解、回炉熔化拉丝或高温焚烧后回收利用		适用于各种废弃滤袋
固体废物填埋、处置技术			经检定后确定为危险废物的，按照 GB 18598 处置；经检定后确定为一般废物的，按照 GB 18599 处置

中华人民共和国国家环境保护标准

制浆造纸工业污染防治可行技术指南（发布稿）

Guideline for available techniques of pollution prevention and control for pulp and paper industry

HJ 2302—2018

前 言

为贯彻《中华人民共和国环境保护法》《中华人民共和国水污染防治法》《中华人民共和国大气污染防治法》等法律，落实《国务院办公厅关于印发控制污染物排放许可制实施方案的通知》（国办发〔2016〕81 号），建立健全基于排放标准的可行技术体系，防治环境污染，改善环境质量，推动制浆造纸工业污染防治技术进步，制定本标准。

本标准规定了制浆造纸工业废水、废气、固体废物和噪声污染防治可行技术。本标准的附录 A 为资料性附录。

本标准为首次发布。本标准由环境保护部科技标准司组织制订。

本标准起草单位：轻工业环境保护研究所、中国造纸协会、环境保护部环境工程评估中心、中国制浆造纸研究院、中国中轻国际工程有限公司、华南理工大学。

本标准环境保护部 2018 年 1 月 4 日批准。

本标准自 2018 年 3 月 1 日起实施。本标准由环境保护部解释。

1 适用范围

本标准规定了制浆造纸工业废水、废气、固体废物和噪声污染防治可行技术。本标准适用于制浆造纸工业污染物排放许可管理，可作为建设项目环境影响评价、国家污染物

排放标准的制定与实施、制浆造纸工业企业污染防治技术选择的依据。本标准不适用于制浆造纸工业企业的自备热电站和工业锅炉。

2 规范性引用文件

本标准引用下列文件或其中的条款。凡是未注明日期的引用文件，其最新版本适用于本标准。

GB 18484　危险废物焚烧污染控制标准

GB 18485　生活垃圾焚烧污染控制标准

GB 18597　危险废物贮存污染控制标准

GB 18599　一般工业固体废物贮存、处置场污染控制标准

《国家危险废物名录》（环境保护部、国家发展和改革委员会、公安部令第 39 号）

3 术语和定义

下列术语和定义适用于本标准。

3.1 制浆造纸工业 pulp and paper industry

以植物（木材、其他植物）或废纸等为原料生产纸浆，及（或）以纸浆为原料生产纸张、纸板的工业。

3.2 可行技术 available techniques

一定时期内在我国制浆造纸工业污染防治过程中，采用污染预防技术、污染治理技术及环境管理措施，使污染物排放稳定达到或优于国家污染物排放标准，且具一定规模应用的技术。

3.3　化学法制浆　chemical pulping process

在特定的条件下利用含有化学药品的溶液处理植物原料，溶出绝大部分非纤维素成分而制得纸浆的生产过程，主要包括硫酸盐法制浆、烧碱法制浆及亚硫酸盐法制浆。

3.4　化学机械法制浆　chemi-mechanical pulping process

以化学预处理与机械磨解作用相结合的方式，使植物原料解离而制得纸浆的生产过程。

3.5　废纸制浆　recovered paper pulping process

以废纸为原料，经过碎浆、净化等处理，必要时进行脱墨、漂白制得纸浆的生产过程。

3.6　机制纸及纸板制造　paper and paperboard process

按使用要求，纤维经处理后悬浮于流体介质中，并在网上互相交织，通过机器抄造脱去流体介质而形成片状产品的生产过程。

3.7　一级处理　primary treatment

废水处理工程中以过滤、沉淀、气浮等固液分离措施为主体的污染物处理过程。

3.8　二级处理　secondary treatment

废水处理工程中经一级处理后以生化处理为主体的污染物处理过程。

3.9　三级处理　tertiary treatment

废水处理工程中经一级和二级处理后，采用物理和化学方法进一步处理污染物的过程。

4　生产工艺及产污环节

4.1　化学法制浆

4.1.1　化学法制浆生产工艺过程：植物原料经备料工段处理后进入蒸煮工段，在化学药液作用下蒸煮得到的粗浆经过洗涤、筛选工段净化，再根据需要通过氧脱木素及漂白工段生产纸浆。通常木（竹）采用硫酸盐法制浆，非木（竹）采用烧碱法或亚硫酸盐法制浆。硫酸盐法或烧碱法制浆洗涤工段产生的黑液经蒸发后进入碱回收炉燃烧，燃烧后的熔融物经苛化工段产生白液和白泥。白液回到蒸煮工段作为蒸煮药液。木浆生产产生的白泥通过石灰窑煅烧生产氧化钙回用到苛化工段；非木浆生产产生的白泥作为制备碳酸钙的原料或其他用途，一般不配套石灰窑。亚硫酸盐法制浆洗涤工段产生的废液经蒸发后综合利用。

4.1.2　化学法制浆生产工艺各工段采用的技术：备料工段主要包括原木的干法剥皮，竹材的干法备料，麦草及芦苇的干法、干湿法备料，蔗渣的湿法堆存；蒸煮工段主要包括连续蒸煮、间歇蒸煮；洗涤工段主要包括压榨洗浆、置换洗浆、压力洗浆、真空洗浆等；筛选工段主要包括压力筛选和全封闭压力筛选；氧脱木素为可选工艺，常见为一段或两段氧脱木素；漂白工段主要是无元素氯漂白工艺；碱回收工段由蒸发、燃烧、苛化及石灰回收组成。

4.1.3　废水主要由备料、蒸煮、漂白、蒸发等工段产生，污染物主要为化学需氧量（COD_{Cr}）、五日生化需氧量（BOD_5）、悬浮物（SS）及氨氮。各污染物产生浓度：COD_{Cr} 1 200～2 500 mg/L，BOD_5 350～800 mg/L，SS 250～1 500 mg/L，氨氮 2～5 mg/L。

4.1.4　废气污染物主要为备料产生的粉尘，蒸煮、洗涤、筛选、黑液（废液）蒸发、污水处理厂等工段产生的臭气，碱回收炉、石灰窑产生的烟尘、二氧化硫及氮氧化物等。硫酸盐法制浆臭气主要为硫化氢、甲硫醇、甲硫醚及二甲二硫醚等，烧碱法制浆臭气主要为甲醇等挥发性有机物，亚硫酸盐法制浆臭气主要为氨等，污水处理厂臭气主要为氨、硫化氢。

4.1.5　固体废物主要为备料工段产生的树皮和木（竹）屑、麦糠、苇叶、蔗髓及砂尘等废渣，筛选工段产生的节子和浆渣，碱回收工段产生的绿泥、白泥、石灰渣，污水处理厂产生的污泥等。

4.1.6　噪声主要来自剥皮机、削片机、传动装置、泵、风机和压缩机等设备运转，以及间歇喷放或放空，压力、真空清洗或吹扫等过程。噪声水平一般为 78～110 dB（A）。

4.2　化学机械法制浆

4.2.1　化学机械法制浆生产工艺过程：植物原料经备料工段处理后，在化学药液作用下预浸渍，而后送磨浆工序对原料进行磨解，再经漂白处理后进行洗涤、筛选生产纸浆。

4.2.2 化学机械法制浆生产工艺各工段采用的技术：备料工段主要为原木的干法剥皮；磨浆工段主要包括一段磨浆、二段低浓磨浆；洗涤工段主要包括螺旋压榨洗浆、真空洗浆等；筛选工段主要包括压力筛选和全封闭压力筛选。

4.2.3 废水主要由备料、木片洗涤、洗涤、筛选等工段产生，污染物主要为COD_{Cr}、BOD_5、SS及氨氮。各污染物产生浓度：COD_{Cr} 6 000～16 000 mg/L、BOD_5 1 800～4 000 mg/L、SS 1 800～3 800 mg/L、氨氮3～5 mg/L。废气污染物主要为备料产生的粉尘；污水处理厂产生的臭气，主要为氨、硫化氢；废液采用碱回收系统处理时，碱回收炉产生的烟尘、二氧化硫及氮氧化物等。

4.2.4 固体废物主要为备料工段产生的树皮和木屑等废渣；筛选工段产生的浆渣；污水处理厂产生的污泥等。噪声主要来自剥皮机、削片机、磨浆机、传动装置、泵、风机和压缩机等设备运转，以及压力、真空清洗或吹扫等过程。噪声水平一般为78～110 dB（A）。

4.3 废纸制浆

4.3.1 废纸制浆生产工艺过程：废纸经分选后进入碎浆工段碎解，解离成纤维后，通过除渣、筛选工段净化，再根据需要进行脱墨和漂白生产纸浆。

4.3.2 废纸制浆生产工艺各工段采用的技术：备料工段主要为废纸原料分选，脱墨工段主要包括浮选脱墨、洗涤脱墨，漂白工段主要采用过氧化氢漂白。根据纸浆质量的要求，还可配套热分散或纤维分级技术。

4.3.3 废水主要由洗涤、筛选、脱墨及漂白等工段产生，主要污染物为COD_{Cr}、BOD_5、SS及氨氮。各污染物产生浓度：COD_{Cr} 1 200～6 500 mg/L、BOD_5 350～2 000 mg/L、SS 450～3 000 mg/L、氨氮 2～15 mg/L。废气为污水处理厂产生的臭气，主要为氨、硫化氢。

4.3.4 固体废物主要为碎浆工段产生的砂石、金属及塑料等废渣，筛选工段产生的油墨微粒、胶黏剂、塑料碎片及填料等，浮选产生的脱墨渣，污水处理厂产生的污泥等。噪声主要来自碎浆机、磨浆机、热分散系统、泵、风机和压缩机等设备运转，以及压力、真空清洗或吹扫等过程。噪声水平为85～110 dB（A）。

4.4 机制纸及纸板

4.4.1 机制纸及纸板制造生产工艺过程：外购商品浆或自产浆经打浆工段进行碎浆或磨浆，由流送工段配浆并去除杂质后，上网成型，经压榨部脱水，干燥部烘干，并根据产品要求选择施胶或涂布，再经压光、卷纸生产纸或纸板。

4.4.2 机制纸及纸板制造生产工艺各工段采用的技术：压榨部主要技术包括宽压区压榨及常规压榨；干燥部采用烘缸干燥的配套技术主要包括烘缸封闭气罩、袋式通风及废气热回收；成型、压榨部可进行纸机白水回收及纤维利用，施胶或涂布工段可采用涂料回收利用技术。

4.4.3 废水主要由打浆、流送、成型、压榨、施胶或涂布等工段产生，主要污染物为COD_{Cr}、BOD_5、SS及氨氮。各污染物产生浓度：COD_{Cr}500～1 800 mg/L、$BOD_5$180～800 mg/L、SS250～1 300 mg/L、氨氮1～3 mg/L。废气为污水处理厂产生的臭气，主要为氨、硫化氢。

4.4.4 固体废物主要为打浆、流送工段产生的浆渣，成型工段产生的废聚酯网，污水处理厂产生的污泥等。噪声主要来自磨浆机、泵、传动装置、风机和压缩机等设备运转，以及压力、真空清洗或吹扫等过程，噪声水平一般为78～110 dB（A）。

5 污染预防技术

5.1 化学法制浆

5.1.1 干法剥皮技术原木在连续式剥皮机中做不规则运动，通过摩擦、碰撞，使树皮剥离，剥皮过程不用水。主要设备包括圆筒剥皮机、辊式剥皮机。该技术适用于以原木为原料的制浆企业。与湿法剥皮相比，该技术吨浆用水量明显降低，吨浆节水3～10 t。

5.1.2 干湿法备料技术将麦草、芦苇等原料经切草机切断，再经碎解、洗涤处理。合格草片经脱水后，通过螺旋喂料器送去蒸煮，通常与连续蒸煮配套使用。经干湿法备料后的原料干度在40%左右，尺寸20～40 mm。该技术具有除杂率高，净化效果好等优点，可减少蒸煮用碱量和漂白化学品用量。

5.1.3　新型立式连续蒸煮技术包括低固形物蒸煮技术和紧凑蒸煮技术等。低固形物蒸煮技术是将木（竹）片浸渍液及大量脱木素阶段和最终脱木素阶段的蒸煮液抽出，大幅降低蒸煮液中固形物浓度的蒸煮技术，该技术可最大限度地降低大量脱木素阶段蒸煮液中的有机物。紧凑蒸煮技术是在大量脱木素阶段，通过增加氢氧根离子和硫氢根离子浓度，提高硫酸盐蒸煮的选择性，并提高该阶段的木素脱除率，从而减少慢速反应阶段的残余木素量。主要设备为立式连续蒸煮器（蒸煮塔），与传统立式连续蒸煮相比，该技术具有蒸煮温度低、电耗低、纸浆得率高、卡伯值低及可漂性好等特点。该技术与后续氧脱木素技术结合，可使送漂白工段的针叶木浆卡伯值降低 10～14，阔叶木浆或竹浆卡伯值降低 6～10。该技术主要适用于化学木（竹）浆生产企业。

5.1.4　改良型间歇蒸煮技术通过置换和黑液再循环的方式深度脱木素，主要设备为立式蒸煮锅及不同温度的白液槽和黑液槽。该技术可降低纸浆卡伯值而不影响纸浆性能，与传统间歇蒸煮相比，该技术可有效降低蒸煮能耗，降低蒸汽消耗峰值。

5.1.5　横管式连续蒸煮技术主要设备为横管式连续蒸煮器，采用该技术较传统的间歇蒸煮技术粗浆得率提高 4%左右，还具有工艺稳定、自动化程度高及运行费用低等优点。该技术主要适用于化学非木（竹）浆生产企业。

5.1.6　纸浆高效洗涤技术通过挤压、扩散及置换等作用，以最少量的水最大限度地去除粗浆中溶解性有机物和可溶性无机物。传统真空洗浆机洗涤损失约为 5～10 $kgCOD_{Cr}$/t 风干浆，出浆浓度 10%～15%，吨浆带走的液体量 5.7～9.0 t，而由压榨洗浆机组成的洗浆系统，洗涤损失约为 5 $kgCOD_{Cr}$/t 风干浆，出浆浓度 25%～35%，吨浆带走的液体量为 1.9～3.0 t。在相同的稀释因子条件下，采用压榨洗浆机较采用真空洗浆机耗水量可减少 3～5 t/t 风干浆。另外，也可通过在传统的真空洗浆机等洗浆设备前增加挤浆工序，通过机械挤压的作用，以很小的稀释因子，实现废液中固形物和纤维的分离。

5.1.7　封闭筛选技术

用水完全封闭的粗浆筛选系统，主要设备为压力筛。通常是组合在粗浆洗涤系统中，使用洗浆机滤液作为系统稀释用水，多级多段对纸浆进行筛选，筛选后的滤液最终进入碱回收系统。筛选系统一般采用两级多段模式，通常一级除节采用孔筛，二级筛选采用缝筛。筛选长纤维时通常采用 0.25～0.3 mm 缝筛，短纤维时通常采用 0.15～0.25 mm 缝筛。封闭筛选可以实现洗涤水完全封闭，筛选系统无清水加入，除浆渣等带走水分外，无废水排放。

5.1.8　氧脱木素技术在蒸煮后，为保持纸浆强度而选择性脱除木素的一种工艺。该技术通常采用一段或两段氧脱木素，在氧脱木素过程中，氧气、烧碱（或氧化白液）和硫酸镁与纸浆在反应器中混合。一般采用中浓氧脱木素，残余木素脱除率可达 40%～60%。氧脱木素产生的废液可逆流到粗浆洗涤段，然后进入碱回收工段。该过程可减少漂白工段化学品用量，漂白工段 COD 产生负荷可减少约 50%。

5.1.9　无元素氯（ECF）漂白技术以二氧化氯（ClO_2）替代元素氯（氯气和次氯酸盐）作为漂白剂的技术。采用该技术，可有效降低漂白工段废水中二噁英及可吸附有机卤素（AOX）的产生。

5.1.10　黑液碱回收技术制浆洗涤工段送来的黑液经多效蒸发浓缩后，送碱回收炉燃烧，回收热能，而后进行苛化分离，最终回收碱送蒸煮工段循环使用的技术。

化学法木（竹）制浆黑液固形物初始浓度通常为 14%～18%，多效蒸发后黑液固形物浓度可达 50%～65%。通过安装超级浓缩器或结晶蒸发器，黑液固形物浓度可达 65%～80%，蒸汽产量增加 7%～9%，碱回收炉烟气中硫排放可降至 0.1～0.3 kg/t 风干浆。对于化学法非木（竹）制浆黑液固形物初始浓度通常为 9%～11%，多效蒸发后可达 42%～45%，采用圆盘蒸发器蒸发后可达 48%～50%。

5.1.11　废液综合利用技术铵盐基亚硫酸盐法非木材制浆废液经提取（固形物浓度 10%～15%）和蒸发后（固形物浓度 40%～48%），通过热风炉喷浆造粒制造复合肥的技术。

化学法制浆污染预防技术参数见表 1。

表 1　化学法制浆污染预防技术参数

序号	工序	技术名称	技术参数
1	备料	干法剥皮	剥净度：95%～98%；损失率：＜5%
2		干湿法备料	除杂率：15%左右

序号	工序	技术名称	技术参数
3	蒸煮	新型立式连续蒸煮	蒸煮温度：140～160℃；蒸汽消耗：0.5～1.0 t/t 风干浆；粗浆得率：50%～54%；卡伯值：针叶木 20～28，阔叶木 14～18
4		改良型间歇蒸煮	蒸煮温度：150～170℃；蒸汽消耗：0.5～0.8 t/t 风干浆；粗浆得率：50%～54%；卡伯值：针叶木 20～25，阔叶木 14～16
5		横管式连续蒸煮	蒸煮温度：165～175℃；蒸汽消耗：2.0～2.5 t/t 风干浆；粗浆得率：45%～52%
6	洗涤	纸浆高效洗涤	进浆浓度：低浓 3%～5%，中浓 6%～10%；出浆浓度：25%～35%；洗涤效率：木浆 95%～98%、竹浆 89%～92%、非木（竹）浆 83%～88%
7	筛选	全封闭压力筛选	压力差：50 kPa； 进浆浓度：木浆 3.5%左右、竹浆 2.5%左右、非木（竹）浆 0.6%～2%
8	氧脱木素	氧脱木素	浆浓：10%～15%；用碱量：18～28 kg/t 风干浆；用氧量：14～28 kg/t 风干浆；残余木素脱除率：40%～60%
9	漂白	ECF 漂白	二氧化氯消耗量：15～30 kg/t 风干浆；厂内配套二氧化氯制备车间
10	碱回收	黑液碱回收	碱回收工段需配套蒸发、燃烧、苛化工序
11		高浓黑液蒸发及燃烧	蒸发后黑液固形物浓度：50%～65%；超级浓缩器或结晶蒸发器后黑液固形物浓度：65%～80%
12	废液处置	废液综合利用	厂内配套热风炉，用于喷浆造粒制造复合肥

5.2 化学机械法制浆

5.2.1 两段磨浆技术在化学机械法制浆过程中，通常在第一段采用 30%～40%的磨浆浓度，在第二段采用 5%或更低的磨浆浓度，使更多的纤维束充分磨解。在化学预处理碱性过氧化氢机械浆（P-RCAPMP）工艺的二段采用低浓磨浆，可使磨浆能耗降低 120～200 kW·h/t 风干浆。

5.2.2 高效洗涤和流程控制技术采用螺旋压榨机等高效洗涤设备，通过置换压榨等作用分离浆中的溶解性有机物，优化用水回路，提高纸浆的洁净度，降低后续漂白化学品消耗量；同时，通过改进洗涤工艺，可减少洗涤损失，降低洗涤用水量。采用该技术，废液提取率可达 75%～80%，较传统的洗涤设备提高 10%左右。

5.2.3 化学机械法制浆废液蒸发碱回收技术化学机械法制浆废液除去悬浮物后，先经多效蒸发或机械式蒸汽再压缩技术（MVR）预蒸发，使其浓度达到 15%左右，再经多效蒸发浓缩至 65%以上送入碱回收炉燃烧的技术。为避免含硅废液导致蒸发器结垢，须使用不含硅的稳定剂代替硅酸钠。该技术尤其适用于同时生产化学浆和化学机械浆的企业，可减少新鲜水使用量 5 t/t 风干浆左右，但蒸发工段将增加蒸汽和电能消耗。另外，运行过程中可能产生蒸发工段易堵塞的问题。

化学机械法制浆各预防技术的技术参数见表 2。

表 2 化学机械法制浆污染预防技术参数

序号	工序	技术名称	技术参数
1	磨浆	两段磨浆	一段磨浆浓度：30%～40%；二段磨浆浓度：3%～4.5%；磨浆电耗：800～1 200 kW·h/t 风干浆
2	洗涤	螺旋压榨机组成的洗浆系统	进浆浓度：3%～5%；出浆浓度：20%～25%
3	碱回收	废液碱回收	废液初始浓度：1.5%～2.0%；预蒸发后浓度：15%；多效蒸发后浓度：65%

5.3 废纸制浆

5.3.1 废纸原料分选技术将回收的废纸分类，根据生产产品要求选用质量过关、杂质较少的废纸原材料的过程。该技术可提高成品纸的质量，减少废纸加工过程污染物的产生量。

5.3.2 浮选脱墨技术

根据废纸和油墨等的特性，在高浓碎浆机中通过化学、机械摩擦等作用，降低油墨粒子对纤维的黏附力，再利用浮选原理将油墨粒子与纤维分离的过程。该技术可减少纤维流失，降低废水的污染负荷。

5.4 机制纸及纸板制造

5.4.1 宽压区压榨技术

由压脚顶着压辊形成压区（压区宽度达到 100～300 mm），延长湿纸幅在压区内的受压时间，提高压榨线压至 500～2 500 kN/m。该技术的典型代表是靴型压榨和大辊径压榨。相比常规压榨，采用宽压区压榨技术后，干燥部可节约能耗 20%～30%，同时，脱水效率、车速显著提高。适用于生产包装纸、文化用纸、纸板等的中高速纸机。

5.4.2 烘缸封闭气罩技术用封闭式烘缸气罩代替敞开式烘缸气罩。通过回收干燥纸页蒸发水蒸气中的热量和水分，提高送风温度，减少进、排风量，有效调节罩内气流，改善操作条件。该技术可降低干燥能耗及车间噪声，适用于中高速纸机。

5.4.3 袋式通风技术在干燥部袋区安装袋式通风装置，将经回收热量、蒸汽加热的干燥热风均匀地送到纸幅周围，抵消蒸发阻力，使整个纸幅横向比较均匀，提高车速及蒸发能力。该技术可使纸机车速提高约 10%，干燥能力提高 10%～20%。适用于中高速纸机，一般与烘缸封闭气罩技术配套使用。

5.4.4 废气热回收技术回收干燥部的热能，用于加热干燥部空气、循环水或喷淋用水，以及建筑通风采暖等。热回收系统通常分为干燥部排气-空气换热器、干燥部排气-水换热器。气-气换热器主要用于加热风罩供风和机房通风空气；气-水换热器主要用于加热循环水和工艺用水。为避免堵塞，热交换器通常配套清洗装置。该技术一般与烘缸封闭气罩技术配套使用。

5.4.5 纸机白水回收及纤维利用技术对成型、压榨部白水，直接或通过处理后回收利用。其中，浓白水可用于上浆系统浆的稀释，或用于打浆工段；稀白水可通过多圆盘回收机、圆网浓缩机、沉淀塔或气浮装置等处理后作为纸机网部、压榨部清洗水或生产工艺补充水等；其余可回用于制浆车间或其他造纸车间、密封水补水等。回收的纤维直接进配浆系统。该技术可减少清水用量，降低废水产生量，提高原料利用率。

5.4.6 涂料回收利用技术采用超滤等技术截留涂布废水中的涂料、黏合剂等大分子物质，将其回收利用。该技术可减少清水用量，降低废水的污染负荷，避免黏合剂、防腐剂等物质对污水处理厂运行造成影响。

6 污染治理技术

6.1 废水污染治理技术

6.1.1 一级处理

a）过滤。废水经过格栅和滤筛，去除其中悬浮物的过程。应设置粗格栅，当不设置纤维回收间时，应设置细格栅；设置纤维回收间时，应安装滤筛，截留的纤维可回用于生产。

b）沉淀。由于重力作用，密度比废水大的悬浮物通过自然沉降，从废水中分离的过程。常见构筑物为沉淀池。污泥脱水处理后，通常可焚烧或填埋处置。

c）混凝。通过投加混凝剂、助凝剂，废水中的悬浮物、胶体生成絮状体，从废水中分离的过程。主要包括混凝沉淀、混凝气浮技术。

一级处理技术主要工艺参数见表 3。

表 3 一级处理技术主要工艺参数

序号	名称	技术参数	污染物去除效率
1	过滤	粗格栅栅缝：10～20 mm。无纤维回收，采用细格栅，栅缝：2～5 mm。有纤维回收，采用细格栅，栅缝：0.2～0.25 mm；采用筛网：60～100 目，过水能力 10～15 m^3/（m^2·h）	COD_{Cr}：15%～30%，BOD_5：5%～10%，SS：40%～60%
2	沉淀	初沉池表面负荷：0.8～1.2 m^3/（m^2·h）；水力停留时间：2.5～4.0 h	COD_{Cr}：15%～30%，BOD_5：5%～20%，SS：40%～55%
3	混凝	采用混凝沉淀池，混合区速度梯度（G）值 300～600 s^{-1}；混合时间 30～120 s；反应区 G 值 30～60 s^{-1}，反应时间 5～20 min；分离区表面负荷 1.0～1.5 m^3/（m^2·h），水力停留时间：2.0～3.5 h	COD_{Cr}：55%～75%，BOD_5：25%～40%，SS：80%～90%
		采用混凝气浮池，气水接触时间：30～100 s；表面负荷：5～8 m^3/（m^2·h）；水力停留时间：20～35 min	COD_{Cr}：30%～50%，BOD_5：25%～40%，SS：70%～85%

6.1.2 二级处理

a）厌氧技术。指在无氧条件下通过厌氧微生物的作用，将废水中有机物分解为甲烷和二氧化碳的过程。主要技术包括水解酸化、升流式厌氧污泥床（UASB）、厌氧膨胀颗粒污泥床（EGSB）及内循环升流式厌氧反应器，其中水解酸化技术是将厌氧生物反应控制在水解和酸化阶段，一般要求进水 COD_{Cr} 浓度<1 500 mg/L，其余厌氧处理技术一般要求进水 COD_{Cr} 浓度>1 500 mg/L。厌氧进水 COD∶N∶P 宜为 100～500∶5∶1，出水需进一步采用好氧生化处理。厌氧技术主要工艺参数见表 4。

表 4 厌氧技术主要工艺参数

序号	名称	技术参数	污染物去除效率
1	水解酸化	pH：5.0～9.0； 容积负荷：4～8 $kgCOD_{Cr}$/（m^3·d）；水力停留时间：3～8 h	COD_{Cr}：10%～30%，BOD_5：10%～20%，SS：30%～40%
2	UASB	污泥浓度：10～20 g/L；容积负荷：5～8 $kgCOD_{Cr}$/（m^3·d）；水力停留时间：12～20 h	COD_{Cr}：50%～60%，BOD_5：60%～80%，SS：50%～70%
3	EGSB（或内循环升流式厌氧反应器）	污泥浓度：20～40 g/L； 容积负荷：10～25 $kgCOD_{Cr}$/（m^3·d） 水力停留时间：6～12 h	COD_{Cr}：50%～60% BOD_5：60%～80% SS：50%～70%

b）好氧技术。指在有氧条件下，活性污泥吸附、吸收、氧化、降解废水中的有机污染物，一部分转化为无机物并提供微生物生长所需能源，另一部分转化为污泥，污泥通过沉降分离，使废水得到净化。好氧技术主要可分为活性污泥法及生物膜法，制浆造纸废水处理主要采用活性污泥法，其中包括完全混合活性污泥法、氧化沟、厌氧/好氧（A/O）工艺、序批式活性污泥（SBR）法等。好氧技术主要工艺参数见表 5。

表 5 好氧技术主要工艺参数

序号	名称	技术参数	污染物去除效率
1	完全混合活性污泥法	污泥浓度：2.5～6.0 g/L；污泥负荷：0.15～0.4 $kgCOD_{Cr}$/kgMLSS；水力停留时间：15～30 h	COD_{Cr}：60%～80%，BOD_5：80%～90%，SS：70%～85%
2	氧化沟	污泥浓度：3.0～6.0 g/L；污泥负荷：0.1～0.3 $kgCOD_{Cr}$/kgMLSS；水力停留时间：18～32 h	COD_{Cr}：70%～90%，BOD_5：70%～90%，SS：70%～80%
3	A/O	污泥浓度：2.5～6.0 g/L；污泥负荷：0.15～0.3 $kgCOD_{Cr}$/kgMLSS；水力停留时间：15～32 h	COD_{Cr}：75%～85%，BOD_5：70%～90%，SS：40%～80%
4	SBR	污泥浓度：3.0～5.0 g/L；污泥负荷：0.15～0.4 $kgCOD_{Cr}$/kgMLSS；水力停留时间：8～20 h	COD_{Cr}：75%～85%，BOD_5：70%～90%，SS：70%～80%

6.1.3 三级处理

三级处理主要包括混凝沉淀或气浮、高级氧化技术。高级氧化技术是通过加入氧化剂，对废水中的有机物进行氧化处理的方法，一般包括 pH 调节、氧化、中和、分离等过程，目前多采用硫酸亚铁-双氧水催化氧化（Fenton 氧化），氧化剂的投加比例需根据废水水质适当调整，反应 pH 一般为 3～4，氧化反应时间一般为 30～40 min，COD_{Cr} 去除效率为 70%～90%。

6.2 废气污染治理技术

6.2.1 工艺过程臭气治理技术硫酸盐法化学浆生产过程中，蒸煮、碱回收蒸发工段及污冷凝水汽提等排出的高浓臭气，洗浆机、塔、槽、反应器及容器等排出的低浓臭气，可通过管道收集后进入碱回收炉、石灰窑、专用火炬或专用焚烧炉焚烧处置。各技术特点见表 6。

表 6 工艺过程臭气治理技术特点

序号	治理技术	技术原理及特点
1	在碱回收炉中焚烧	高浓臭气通常通过碱回收炉中的燃烧系统直接焚烧，低浓臭气通过引风机输送到碱回收炉中作为二次风或三次风焚烧
2	在石灰窑中焚烧	工艺过程臭气可引入石灰窑焚烧处置
3	火炬燃烧	在臭气放空管道头部安装火炬燃烧器，具有结构及操作简单，臭气去除效率高等特点，但会消耗液化气或柴油燃料，一般可用于事故状态下的臭气应急处置
4	在臭气专用焚烧炉焚烧	高浓臭气经收集后采用专用焚烧炉焚烧，高温烟气可经余热锅炉回收热量，最终洗涤后排空

6.2.2 碱回收炉烟尘治理

通常采用电除尘，除尘效率可达 99%以上，具有除尘效率高、处理烟气量大、使用寿命长及维修费用低等优点。

6.2.3　石灰窑废气治理

a）烟尘治理。通常采用电除尘，除尘效率可达 99%以上。

b）总还原性硫化物（TRS）控制。使用压力过滤机对白泥进行洗涤和过滤后，能够有效降低白泥中硫化钠的含量，减少白泥煅烧过程中石灰窑 TRS 排放，也可使石灰窑运行更加稳定。

6.2.4　焚烧炉废气治理焚烧炉废气污染物主要包括烟尘、二氧化硫、氮氧化物及二噁英。烟尘治理技术主要为袋式除尘，二氧化硫治理主要包括石灰石/石灰-石膏湿法脱硫及喷雾干燥法，氮氧化物治理主要为选择性非催化还原法（SNCR），二噁英采取过程控制及末端活性炭吸附的措施，主要技术参数见表 7。

表 7　焚烧炉烟气治理技术参数

序号	名称	技术原理	污染物去除效率	技术特点
1	袋式除尘	利用纤维织物的拦截、惯性、扩散、重力、静电等协同作用对含尘气体进行过滤	除尘效率：99.50%～99.99%	适用范围广、占地面积小、控制系统简单、达标稳定性高
2	石灰石/石灰-石膏湿法脱硫	以含石灰石粉、生石灰或消石灰的浆液为吸收剂，吸收烟气中的二氧化硫	脱硫效率：95%以上	对负荷变化具有较强适应性
3	喷雾干燥法脱硫	吸收剂喷入吸收塔后将二氧化硫吸收，同时吸收剂雾滴中的水分被烟气热量蒸发	脱硫效率：90%以上	投资费用低、低水耗、低电耗、净化后的烟气不会对尾部烟道及烟囱产生腐蚀
4	SNCR 脱硝	在不使用催化剂的情况下，在炉膛烟气温度适宜处喷入含氨基的还原剂，与炉内 NO_x 反应	脱硝效率：30%～40%	不需要催化剂和催化反应器，占地面积较小，建设周期短
5	二噁英综合治理技术	在布袋除尘器前喷入粉状活性炭，通过活性炭吸附作用去除二噁英，焚烧炉炉膛内焚烧温度等参数须满足 GB 18484 或 GB 18485 要求	—	污染物排放满足 GB 18484 或 GB 18485 要求

6.2.5　厌氧沼气治理

沼气是废水厌氧处理过程中的副产物，通过厌氧反应器上部的气液分离器及管道将沼气送往脱硫装置脱硫后作为锅炉燃料或用于发电；沼气产生量较少时可采用火炬直接燃烧处理。

6.3　**固体废物污染治理技术**

6.3.1　资源化利用技术

a）制浆造纸生产过程中产生的热值较高的废渣，如备料废渣、浆渣及污水处理厂污泥等，可直接或通过干化处理后送入锅炉或焚烧炉燃烧。

b）非木浆尤其是草浆生产过程中产生的备料废渣可还田。

c）筛选净化分离出的可利用浆渣及污水处理厂细格栅截留的细小纤维经处理后，可厂内回用或用于配抄低价值纸板、纸浆模塑产品。

d）化学木浆生产过程产生的白泥经过石灰窑煅烧生产石灰，回用于碱回收苛化工段。化学非木浆或化学机械浆生产过程产生白泥可作为生产轻质碳酸钙的原料或作为脱硫剂。

e）废纸浆生产过程中，原材料中的塑料、金属等固体废物，机制纸及纸板生产过程中产生的废聚酯网，均可回收实现资源化利用。

6.3.2　填埋技术制浆造纸企业碱回收工段产生的绿泥、白泥，污水处理厂污泥等经过脱水处理后，可进行填埋处置，在厂内暂存及填埋处置应符合 GB18599 的要求。

6.3.3　危险废物安全处置技术脱墨渣属于《国家危险废物名录》所列危险废物，危险废物的贮存应符合 GB 18597 的要求，焚烧处置时应符合 GB 18484 的要求。

6.4　**噪声污染治理技术**

制浆造纸企业主要的降噪措施包括：由振动、摩擦和撞击等引起的机械噪声，通常采取减振、隔声措施，如对设备加装减振垫、隔声罩等，也可将某些设备传动的硬件连接改为软件连接；车间内可采取吸声和隔声等降噪措施；对于空气动力性噪声，通常采取安装消声器的措施。

7　污染防治可行技术

7.1　废水污染防治可行技术

7.1.1　化学法制浆化学木（竹）浆生产企业废水一级处理一般采用混凝沉淀，二级处理采用活性污泥法，通常可选择完全混合活性污泥法、氧化沟或A/O处理工艺，三级处理采用Fenton氧化、混凝沉淀或气浮。化学木浆生产企业废水污染防治可行技术见表8。化学竹浆生产企业废水污染防治可行技术见表9。

表8 化学木浆生产企业废水污染防治可行技术

可行技术	预防技术	治理技术	污染物排放水平/（mg/L）			
			COD_{Cr}	BOD_5	SS	氨氮
可行技术1	①干法剥皮+②新型立式连续蒸煮（或改良型间歇蒸煮）+③纸浆高效洗涤+④全封闭压力筛选+⑤氧脱木素+⑥ECF漂白+⑦碱回收（配套超级浓缩或结晶蒸发器）	①一级（混凝沉淀）+②二级（活性污泥法）+③三级（Fenton氧化）	≤60	≤20	≤30	≤5
可行技术2		①一级（混凝沉淀）+②二级（活性污泥法）+③三级（混凝沉淀）	≤90	≤20	≤30	≤8
可行技术3	①干法剥皮+②连续蒸煮（或间歇蒸煮）+③压力洗浆机（或真空洗浆机）+④全封闭压力筛选（或压力筛选）+⑤氧脱木素+⑥ECF漂白+⑦碱回收	①一级（混凝沉淀）+②二级（活性污泥法）+③三级（混凝沉淀或气浮）	≤90	≤20	≤30	≤8
注1：干法剥皮仅限于厂内有原木剥皮操作的企业。 注2：表中"+"代表废水处理技术的组合。						

表9 化学竹浆生产企业废水污染防治可行技术

可行技术	预防技术	治理技术	污染物排放水平/（mg/L）			
			COD_{Cr}	BOD_5	SS	氨氮
可行技术1	①干法备料+②新型立式连续蒸煮（或改良型间歇蒸煮）+③纸浆高效洗涤（或真空洗浆机）+④全封闭压力筛选+⑤氧脱木素+⑥ECF漂白+⑦碱回收	①一级（混凝沉淀）+②二级（活性污泥法）+③三级（混凝沉淀）	≤90	≤20	≤30	≤8
可行技术2	①干法备料+②间歇蒸煮+③压力洗浆机（或真空洗浆机）+④全封闭压力筛选（或压力筛选）+⑤氧脱木素+⑥ECF漂白+⑦碱回收	①一级（混凝沉淀）+②二级（活性污泥法）+③三级（Fenton氧化）	≤90	≤20	≤30	≤8
可行技术3		①一级（混凝沉淀）+②二级（活性污泥法）+③三级（混凝沉淀或气浮）	≤90	≤20	≤30	≤8
注：表中"+"代表废水处理技术的组合。						

化学蔗渣浆生产企业备料工段废水经过预处理后进入厌氧处理单元；制浆废水经一级混凝沉淀处理后，与处理后的备料工段废水混合进入二级活性污泥法处理单元，通常可选择氧化沟处理工艺，三级处理一般采用Fenton氧化。化学蔗渣浆生产企业废水污染防治可行技术见表10。

表10 化学蔗渣浆生产企业废水污染防治可行技术

可行技术	预防技术	治理技术	污染物排放水平/（mg/L）			
			COD_{Cr}	BOD_5	SS	氨氮
可行技术1	①湿法堆存+②横管式连续蒸煮+③纸浆高效洗涤（或真空洗浆机）+④全封闭压力筛选+⑤氧脱木素+⑥ECF漂白+⑦碱回收	①一级（混凝沉淀）+②二级（厌氧+活性污泥法）+③三级（Fenton氧化）	≤90	≤20	≤30	≤8
可行技术2	①湿法堆存+②横管式连续蒸煮+③真空洗浆机+④全封闭压力筛选+⑤ECF漂白+⑥碱回收		≤90	≤20	≤30	≤8
注：表中"+"代表废水处理技术的组合。						

化学麦草、芦苇浆生产企业废水一级处理一般采用混凝沉淀，二级处理采用厌氧处理后，进入活性污泥法处理单元，对铵盐基亚硫酸盐法制浆而言，宜选择A/O处理工艺，对于碱法制浆而言，通常可选择完全混合活性污泥法或氧化沟处理工艺，三级处理一般采用混凝沉淀或Fenton氧化。化学麦草及芦苇浆生产企业废水污染防治可行技术见表11。

表 11　化学麦草及芦苇浆生产企业废水污染防治可行技术

可行技术	预防技术	治理技术	污染物排放水平/（mg/L）			
			COD_{Cr}	BOD_5	SS	氨氮
可行技术 1	①干湿法备料+②连续蒸煮+③纸浆高效洗涤+④全封闭压力筛选+⑤氧脱木素+⑥废液综合利用	①一级（混凝沉淀）+②二级（厌氧+活性污泥法）+③三级（Fenton 氧化）	≤90	≤20	≤30	≤8
可行技术 2	①干湿法备料+②横管式连续蒸煮+③纸浆高效洗涤（或真空洗浆机）+④全封闭压力筛选+⑤氧脱木素+⑥ECF 漂白+⑦碱回收	①一级（混凝沉淀）+②二级（厌氧+活性污泥法）+③三级（混凝沉淀）	≤90	≤20	≤30	≤8
可行技术 3	①干湿法备料+②间歇蒸煮+③真空洗浆机+④全封闭压力筛选（或压力筛选）+⑤ECF 漂白+⑥碱回收	①一级（混凝沉淀）+②二级（厌氧+活性污泥法）+③三级（Fenton 氧化）	≤90	≤20	≤30	≤8
注 1：可行技术 1 为铵盐基亚硫酸盐法制浆废水污染防治可行技术。 注 2：可行技术 2、可行技术 3 为碱法制浆废水污染防治可行技术。 注 3：表中“+”代表废水处理技术的组合。						

7.1.2　化学机械法制浆

化学机械法制浆生产企业废水一级处理一般采用混凝沉淀，制浆废液采用碱回收处置的企业，废水二级处理可采用单独的好氧处理单元；制浆废液进入污水处理系统处理，二级处理采用厌氧与好氧处理相结合的方式，好氧处理单元通常可选择完全混合活性污泥法、氧化沟或 SBR 处理工艺，三级处理采用 Fenton 氧化、混凝沉淀或气浮。化学机械法制浆生产企业废水污染防治可行技术见表 12。

表 12　化学机械法制浆生产企业废水污染防治可行技术

可行技术	预防技术	治理技术	污染物排放水平/（mg/L）			
			COD_{Cr}	BOD_5	SS	氨氮
可行技术 1	①干法剥皮+②两段磨浆+③过氧化氢漂白+④螺旋挤浆机+⑤全封闭压力筛选（或压力筛选）+⑥碱回收	①一级（混凝沉淀）+②二级（活性污泥法）+③三级（Fenton 氧化）	≤60	≤20	≤30	≤5
可行技术 2		①一级（混凝沉淀）+②二级（活性污泥法）+③三级（混凝沉淀或气浮）	≤90	≤20	≤30	≤8
可行技术 3	①干法剥皮+②一段（或两段）磨浆+③过氧化氢漂白+④螺旋挤浆机（或真空洗浆机、带式洗浆机）+⑤全封闭压力筛选（或压力筛选）	①一级（混凝沉淀）+②二级（厌氧+活性污泥法）+③三级（Fenton 氧化）	≤90	≤20	≤30	≤8
可行技术 4		①一级（混凝沉淀）+②二级（厌氧+活性污泥法）+③三级（混凝沉淀或气浮）	≤90	≤20	≤30	≤8
注：表中“+”代表废水处理技术的组合。						

7.1.3　废纸制浆

废纸制浆生产企业废水回收纤维后，一级处理一般采用混凝沉淀或气浮，二级处理采用厌氧与好氧处理相结合的方式，好氧处理单元通常可选择完全混合活性污泥法或 A/O 处理工艺，三级处理采用 Fenton 氧化、混凝沉淀或气浮。废纸制浆生产企业废水污染防治可行技术见表 13。

表 13　废纸制浆生产企业废水污染防治可行技术

可行技术	预防技术	治理技术	污染物排放水平/（mg/L）			
			COD_{Cr}	BOD_5	SS	氨氮
可行技术 1	①原料分选+②浮选脱墨	①一级（混凝沉淀或气浮）+②二级（厌氧+活性污泥法）+③三级（Fenton 氧化）	≤60	≤10	≤10	≤5
可行技术 2		①一级（混凝沉淀或气浮）+②二级（厌氧+活性污泥法）+③三级（混凝沉淀或气浮）	≤90	≤20	≤30	≤8
可行技术 3	①原料分选	①一级（混凝沉淀或气浮）+②二级（厌氧+活性污泥法）+③三级（Fenton 氧化）	≤60	≤10	≤10	≤5
可行技术 4		①一级（混凝沉淀或气浮）+②二级（厌氧+活性污泥法）+③三级（混凝沉淀或气浮）	≤90	≤20	≤30	≤8
注：表中“+”代表废水处理技术的组合。						

7.1.4 机制纸及纸板

机制纸及纸板生产废水回收纤维后，一级处理一般采用混凝沉淀或气浮，二级处理采用单独的活性污泥法好氧处理单元，通常可选择完全混合活性污泥法或 A/O 处理工艺，企业根据需要选择三级处理工序，一般采用混凝沉淀或气浮。机制纸及纸板生产企业废水污染防治可行技术见表 14。

表 14 机制纸及纸板生产企业废水污染防治可行技术

可行技术	预防技术	治理技术	污染物排放水平/（mg/L）			
			COD_{Cr}	BOD_5	SS	氨氮
可行技术 1	①宽压区压榨+②烘缸封闭气罩+③袋式通风+④废气热回收+⑤纸机白水回收及纤维利用+⑥涂料回收利用	①一级（混凝沉淀或气浮）+②二级（活性污泥法）+③三级（混凝沉淀或气浮）	≤80	≤20	≤30	≤8
可行技术 2		①一级（混凝沉淀或气浮）+②二级（活性污泥法）	≤80	≤20	≤30	≤8
可行技术 3	①宽压区压榨+②烘缸封闭气罩+③袋式通风+④废气热回收+⑤纸机白水回收及纤维利用	①一级（混凝沉淀或气浮）+②二级（活性污泥法）+③三级（混凝沉淀或气浮）	≤50	≤10	≤10	≤5
可行技术 4		①一级（混凝沉淀或气浮）+②二级（活性污泥法）	≤80	≤20	≤30	≤8
可行技术 5	①纸机白水回收及纤维利用	①一级（混凝沉淀或气浮）+②二级（活性污泥法）+③三级（混凝沉淀或气浮）	≤50	≤10	≤10	≤5
可行技术 6		①一级（混凝沉淀或气浮）+②二级（活性污泥法）	≤80	≤20	≤30	≤8

注：表中“+”代表废水处理技术的组合。

7.2 废气污染防治可行技术

废气污染防治可行技术见表 15。

表 15 废气污染防治可行技术

序号	废气污染源		可行技术	技术适用性
1	工艺过程臭气		在碱回收炉中焚烧	适用于硫酸盐法化学制浆企业
			在石灰窑中焚烧	适用于硫酸盐法化学木浆企业
			火炬燃烧	适用于硫酸盐法化学制浆企业
			臭气专用焚烧炉	适用于硫酸盐法化学制浆企业
2	碱回收炉废气	烟尘	电除尘	适用于制浆企业
3	石灰窑废气	烟尘	电除尘	适用于硫酸盐法化学木浆企业
		TRS	白泥洗涤及过滤	
4	焚烧炉废气	烟尘	袋式除尘	适用于制浆造纸企业
		二氧化硫	石灰石/石灰-石膏湿法脱硫	
			喷雾干燥法脱硫	
		氮氧化物	SNCR 脱硝	
		二噁英	过程控制、活性炭吸附	
5	厌氧沼气		锅炉燃烧或用于发电	适用于废水采用厌氧处理的制浆造纸企业
			火炬燃烧	

7.3 固体废物污染防治可行技术

固体废物污染防治可行技术见表 16。

表 16 固体废物污染防治可行技术

序号	固体废物	可行技术	技术适用性
1	备料废渣（树皮、木屑、草屑等）	焚烧	适用于木材及非木材制浆企业
		堆肥	
2	废纸浆原料中的废渣	回收利用	适用于废纸制浆企业
3	浆渣	造纸原料	适用于制浆造纸企业
		焚烧	

序号	固体废物		可行技术	技术适用性
4	碱回收工段废渣	白泥	煅烧石灰回用	适用于硫酸盐法化学木浆企业
			生产碳酸钙	适用于碱法非木材制浆及化学机械法制浆企业
			作为脱硫剂	
			填埋	
		绿泥	填埋	适用于制浆企业
			焚烧	适用于硫酸盐法化学木浆及化学机械法制浆企业
		石灰渣	填埋	适用于制浆企业
			焚烧	适用于硫酸盐法化学木浆及化学机械法制浆企业
5	脱墨渣		焚烧	适用于废纸制浆企业
			安全处置	
6	污水处理厂污泥		焚烧	适用于制浆造纸企业
			填埋	适用于制浆造纸企业
7	废聚酯网		回收利用	适用于机制纸及纸板生产企业

7.4　噪声污染防治可行技术

噪声污染防治可行技术见表 17。

表 17　噪声污染防治可行技术

序号	噪声源	可行技术	降噪水平
1	设备噪声	厂房隔声	降噪量 20 dB（A）左右
		隔声罩	降噪量 20 dB（A）左右
		减振	降噪量 10 dB（A）左右
2	高压排汽噪声	消声器	消声量 30 dB（A）左右
3	风机噪声	消声器	消声量 25 dB（A）左右
4	泵类噪声	隔声罩	降噪量 20 dB（A）左右

附　录　A

（资料性附录）

典型制浆造纸工艺过程及污染物产生节点

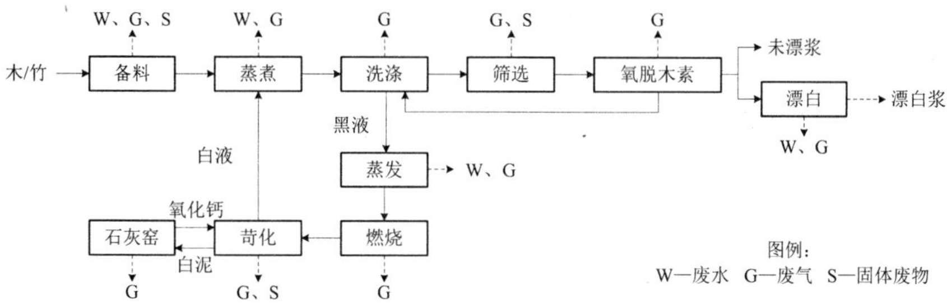

图 A.1　典型硫酸盐法化学木（竹）制浆工艺过程及污染物产生节点

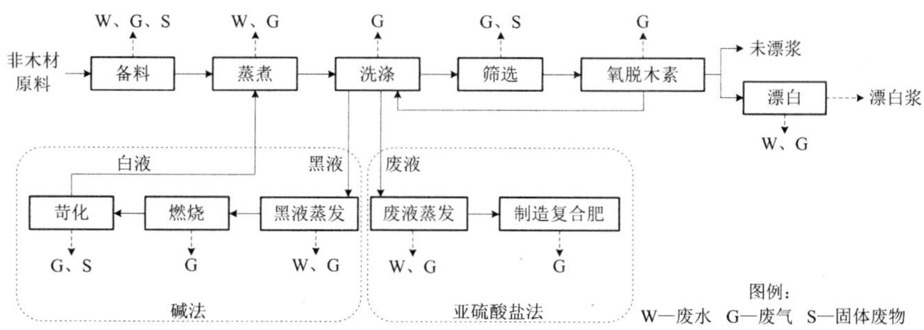

图 A.2　典型碱法或亚硫酸盐法非木材制浆工艺过程及污染物产生节点

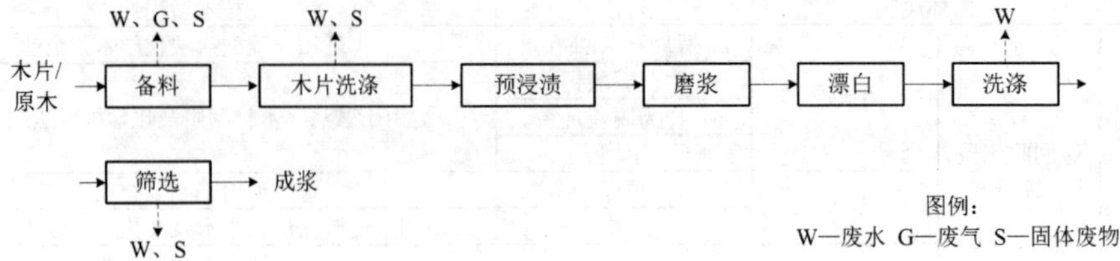

图 A.3 典型化学机械法制浆工艺过程及污染物产生节点

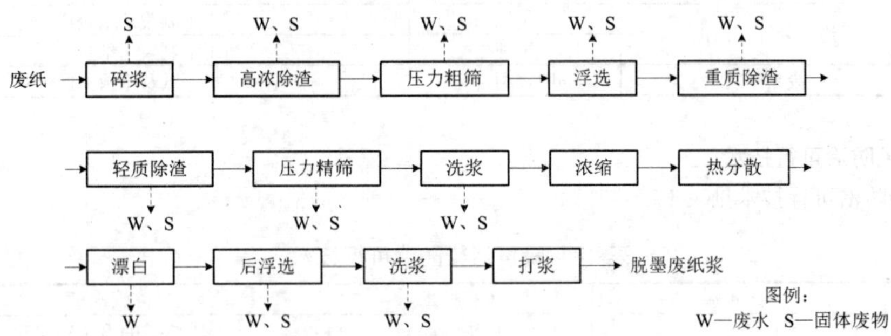

图 A.4 典型脱墨废纸制浆工艺过程及污染物产生节点

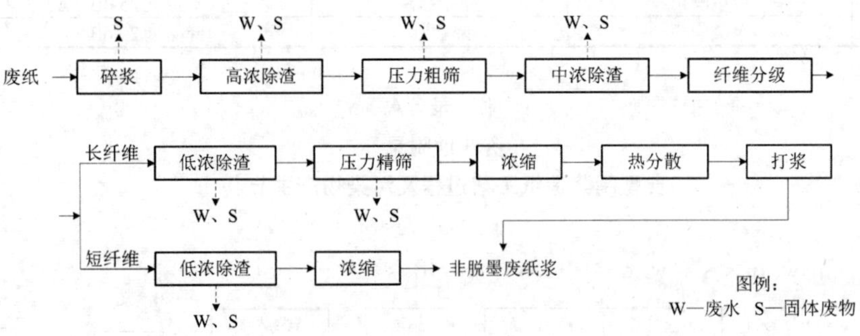

图 A.5 典型非脱墨废纸制浆工艺过程及污染物产生节点

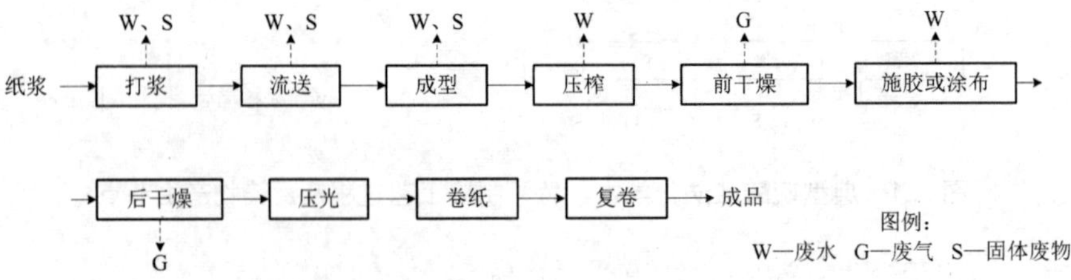

图 A.6 典型机制纸及纸板制造工艺过程及污染物产生节点

中华人民共和国国家环境保护标准

污染防治可行技术指南编制导则（发布稿）

Development guideline for guidelines on available techniques of pollution prevention and control

HJ 2300—2018

前　言

为贯彻《中华人民共和国环境保护法》《中华人民共和国水污染防治法》《中华人民共和国大气污染防治法》，落实《国务院办公厅关于印发控制污染物排放许可制实施方案的通知》（国办发〔2016〕81 号），建立健全基于国家污染物排放标准的可行技术体系，推动企事业单位污染防治措施升级改造和技术进步，规范污染防治可行技术指南编制，制定本标准。

本标准规定了污染防治可行技术指南的编制原则、结构内容、编制方法、体例格式等。本标准为首次发布。

本标准由环境保护部科技标准司组织制订。

本标准主要起草单位：清华大学、环境保护部环境标准研究所。

本标准环境保护部 2018 年 1 月 11 日批准。

本标准自 2018 年 3 月 1 日起实施。

本标准由环境保护部解释。

1　适用范围

本标准规定了污染防治可行技术指南的编制原则、结构内容、编制方法、体例格式等。本标准适用于指导污染防治可行技术指南的编制。

2 规范性引用文件

本标准引用了下列文件或其中的条款。凡是未注明日期的引用文件，其最新版本适用于本标准。

GB/T 7714　信息与文献　参考文献著录规则

HJ 565　环境保护标准编制出版技术指南

《国家环境保护标准制修订工作管理办法》（国环规科技〔2017〕1 号）

3　术语和定义

3.1　污染预防技术　pollution prevention techniques

为减少污染物排放，在生产过程中采用避免或减少污染物产生的技术。

3.2　污染治理技术　pollution control techniques

在污染物产生后，为了消除或者降低对环境的影响而采用的处理技术。

3.3　环境管理措施　environmental management measurement

企事业单位内，为实现污染物有效预防和控制而采取的管理方法和措施。

3.4　污染防治可行技术　available techniques of pollution prevention and control

根据我国一定时期内环境需求和经济水平，在污染防治过程中综合采用污染预防技术、污染治理技术和环境管理措施，使污染物排放稳定达到国家污染物排放标准、规模应用的技术。

3.5　污染防治先进可行技术　advanced available techniques of pollution prevention and control

污染防治可行技术中至少使一项主要污染物的排放稳定低于国家污染物排放标准限值 70%的技术。

4 编制原则

4.1 污染防治可行技术指南（简称指南）应与《固定污染源排污许可分类管理名录》相衔接，以“行业污染防治可行技术指南”为主，“通用工序污染防治可行技术指南”为辅。指南内容格式与文本要素应符合附录 A 规定。

4.2 不同行业按行业分类编制指南，对于包含多个子行业的也可按子行业分别编制指南。指南编制工作应按《国家环境保护标准制修订工作管理办法》规定执行，指南体例格式应符合 HJ 565 要求。

4.3 污染防治可行技术指南编制工作程序见附录 B，每项污染防治可行技术原则上不少于三个满足要求的实际运行案例。

4.4 指南编制工作应遵循以下原则：

a）政策相符原则。指南应符合国家相关法律法规、政策文件及行业发展规划等。

b）综合防治原则。指南应综合考虑水污染物、大气污染物、固体废物、噪声等污染控制及污染物跨介质转移。

c）全面覆盖原则。指南应覆盖所涉行业的主要产品和工艺过程。污染防治可行技术应达到污染物排放标准中规定的各监控位置的排放要求。

d）客观公正原则。可行技术的筛选、评价和确定应科学、客观、公正。指南中涉及的技术名称，应遵循技术的原理进行命名，不可以企业商业性质标识对技术命名。

e）动态调整原则。指南应根据国家环境管理工作需要和技术发展适时修订。

5 污染防治可行技术指南结构与编写内容要求

5.1 指南前言的编制应简要说明标准制定的依据和目的、标准提出或归口信息等，前言格式见附录 A。

5.2 指南适用范围的编制应说明标准规定的主要内容，明确标准适用的行业范围，必要时应说明不适用的情形。适用范围原则上应与相关污染物排放标准一致。

5.3 指南规范性引用文件应列出标准正文中作为本标准条款内容的一部分所引用的国家标准、行业标准，以及国家有关部门发布的相关规范性文件。

5.4 指南术语和定义应给出为理解标准中某些术语所必需的定义。术语宜按照概念层级进行分类和编排。指南中所采用的术语应与现有的法律法规、规范性文件中的术语相一致且含义唯一。若术语未列入法律法规或规范性文件中，则同一行业内不同子行业指南中出现相同术语应相一致且含义唯一。

5.5 行业生产与污染物的产生

对行业生产与污染物的产生情况等进行描述，应包含以下内容：

a）说明行业主要产品、主要原料和辅料；

b）描述行业的主要生产工艺（可附图、表）。给出生产过程的水平衡图和物料平衡图，统计生产过程中单位产品的物耗、水耗、能耗等指标；

c）明确生产过程中所有产生污染物的节点与排放口、污染物的产生形式、污染物类型、浓度及产生量等内容。有多种生产工艺的行业，每项工艺应分节描述。

5.6 污染防治可行技术对生产技术和污染预防技术、污染治理技术及环境管理措施通过技术经济分析，形成污染防治可行技术工艺组合（通过图、表描述）。

5.6.1 污染预防技术

根据不同生产工艺，描述污染预防技术，应包含以下内容：

a）通过生产工艺革新或原材料替代，具有明显削减污染物或预防污染物产生的生产技术，描述其原理、特点、运行条件、污染物产生浓度及产生量等（结合图、表）；

b）通过节能降耗、资源回收或污水回用等具有明显减排效果的生产工艺（环节），描述其原理、特点、运行条件和工艺技术；

c）对具有明显影响污染物产生量的运行条件，包括操作要求、运行参数等应详细描述；

d）给出污染预防技术应用时所需的投资、能耗、物耗、水耗、运行维护费等；

e）不同生产工艺对应的不同污染预防技术，应分别描述。

5.6.2 污染治理技术

应根据采用的不同生产工艺和污染预防技术产生的不同污染物类型、浓度与水平，匹配确定相对应的污染治理技术路线（通过图、表描述）。分别描述不同的污染治理技术路线，应包含以下内容：

a）说明污染治理技术的整体工艺、关键单元技术和主要工艺环节的原理特点、工艺过程和技术参数（结合图、表）；

b）界定该技术的使用条件和应用范围；

c）给出技术应用过程中污染物去除率及排放水平；

d）描述污染治理技术在应用时对周围环境产生的影响，包括跨介质二次污染情况；

e）给出污染治理技术应用时所需的投资、能耗、物耗、水耗、运行维护费等；

f）对不同污染治理技术和不同的污染介质，应分节描述。

5.6.3 环境管理措施

描述在企事业内部，为了预防和控制污染物有组织排放及无组织排放，针对生产及污染治理设施采用的运行维护及岗位培训等非工程的方法措施。

5.7 污染防治先进可行技术

对生产技术和污染预防技术、污染治理技术及环境管理措施通过技术经济分析，形成污染防治先进可行技术工艺组合（通过图、表描述）。

依据 5.6 要求分别描述污染防治先进可行技术工艺组合中的污染预防技术、污染治理技术和环境管理措施。

5.8 附录

可采用附录的方式对标准的补充性内容进行说明，应明确说明附录是“规范性附录”，还是“资料性附录”。

5.9 参考文献

在标准编制过程中参考的文献应列入标准的“参考文献”中。参考文献按照 GB/T 7714 要求进行编写。

附 录 A
（规范性附录）
污染防治可行技术指南内容格式

前 言

为贯彻《中华人民共和国环境保护法》《中华人民共和国水污染防治法》《中华人民共和国大气污染防治法》等法律，落实《国务院办公厅关于印发控制污染物排放许可制实施方案的通知》（国办发〔2016〕81 号），防治环境污染，改善环境质量，指导和规范污染物排放许可证申请与核发工作，制定本标准。

本标准规定了……（简述标准的主要内容）。

本标准是对……标准的修订。

自本标准实施之日起，……废止（明确本标准与现行其他标准的替代关系）。

本标准由环境保护部科技标准司组织制订。

本标准主要起草单位：

本标准环境保护部 20□□年□□月□□日批准。

本标准自 20□□年□□月□□日起实施。

本标准由环境保护部解释。

×××××××行业污染防治可行技术指南

1 适用范围

本标准规定了……。

本标准适用于……。

2 规范性引用文件

本标准引用了下列文件或其中的条款。凡是未注明日期的引用文件，其最新版本适用于本标准。

GB××××

HJ×××《×××××××××》（环境保护部公告××××第××号）

3 术语和定义

下列术语和定义

适用于本标准。

……

4 行业生产与污染物的产生

5 污染防治可行技术

6 污染防治先进可行技术

7 附录

8 参考文献

×××××××行业污染防治可行技术指南文本结构要素

表 A.1 行业污染防治可行技术指南文本结构要素

序号	要素	类型	本标准中对应的条文
1	前言	必备要素	5.1
2	适用范围	必备要素	5.2
3	规范性引用文件	可选要素	5.3
4	术语和定义	可选要素	5.4
5	行业生产与污染物的产生	必备要素[a]	5.5
6	污染防治可行技术	必备要素	5.6
7	污染预防技术	必备要素	5.6.1
8	污染治理技术	必备要素	5.6.2
9	环境管理措施	可选要素	5.6.3
10	污染防治先进可行技术	可选要素	5.7
11	附录	可选要素	5.8
12	参考文献	可选要素	5.9
注：必备要素为必设内容，宜在标准中设一章节；可选要素可根据需要取舍。			
[a]对“通用工序污染防治可行技术指南”，不设本章节内容。			

附 录 B

（规范性附录）

污染防治可行技术指南编制工作程序

B.1 编制工作过程

指南编制工作基本分为三个阶段。第一阶段为技术初筛阶段，主要通过文献调研、问卷调查、国家排污许可管理信息平台等数据平台收集行业生产技术与污染防治技术信息，通过与行业主管部门、行业协会、企业等专家研讨后，通过综合分析最终获得备选技术清单。

第二阶段为技术调查阶段，主要通过对地方环境保护部门和企业的调查，获得备选技术的达标排放情况，确定备选可行技术清单，同时获得案例的技术性能、经济指标、运行管理、环境效益等信息。

第三阶段为技术评价阶段，结合案例对备选可行技术进行技术经济分析，判定可行技术的经济指标、污染物排放水平等信息，确定可行技术，完成污染防治可行技术指南的编制工作。指南编制工作的技术路线如图 B.1 所示。

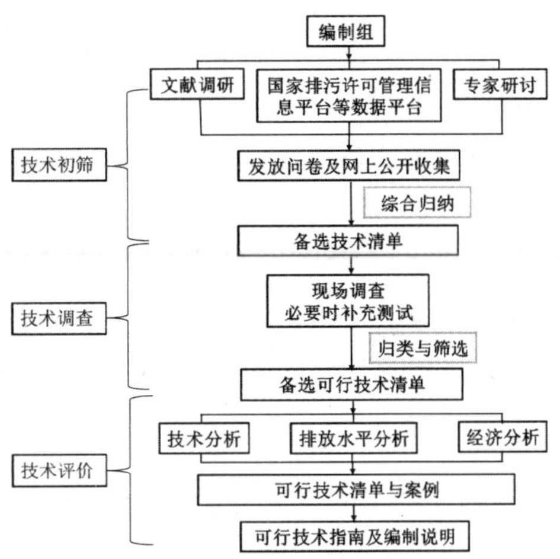

图 B.1　指南编制工作技术路线图

B.2　技术初筛

B.2.1　技术初筛目的是了解行业发展规划、行业产业政策和污染防治技术政策，最终获得符合产业政策、污染防治技术政策的备选技术清单。

B.2.2　技术初筛的方法宜采用文献调研、问卷调查、国家排污许可管理信息平台等数据平台，配合专家研讨等多种方式进行。问卷调查包括发放问卷与网上公开收集两种方式。对技术初筛获得的生产工艺和污染防治技术等资料进行初步归类，通过专家研讨、综合分析后确认备选技术清单。

B.2.3　技术初筛具体要求如下：

a）涵盖在国内生产的主要原料、主要产品及生产工艺、污染预防技术、污染治理技术和企业环境管理措施等要素；

b）覆盖行业生产重点区域，同时兼顾大、中、小不同规模企业；

c）企业数量应根据行业特点在编制行业污染防治可行技术指南开题阶段确定。原则上，企业数量小于 200 家，调研数量应不少于 100 家，不足 100 家的全部调研；企业数量在 200～1 000 范围，调研比例应不低于 30%且数量不少于 100 家；企业数量大于 1 000 家，调研比例应不低于 20%且数量不少于 300 家。

B.2.4　技术初筛应收集以下资料：

a）行业发展概况。掌握行业技术发展状况、行业规划、行业相关产业政策和污染防治技术政策；

b）行业生产工艺和污染物产生情况。通过可行性研究报告、环境影响评价报告书（表）、调查问卷等资料，了解生产工艺流程、主要原辅材料、技术类型、资源能源消耗水平等；污染物产生形式、污染物种类、污染物浓度与强度等；

c）行业污染防治技术和达标排放情况。通过污染源普查数据、国家排污许可管理信息平台等数据平台了解包括采用的主要污染预防技术和污染治理技术的种类、原理、以及污染物排放特征与水平等。

B.2.5　对技术初筛获得的生产工艺类型、污染预防技术、污染治理技术等资料进行初步归类，通过与行业主管部门、行业协会、企业等专家研讨、综合分析后确认备选技术清单。

B.3　技术调查

B.3.1　技术调查目的是从备选技术清单中，确定能够达标排放的备选可行技术清单，同时获得技术评价的定量信息。

B.3.2　技术调查应采用现场调查、补充测试等方式。调查对象是地方环保主管部门和企业。

B.3.3 根据企业排污许可申报信息、建设项目竣工环境保护验收监测、执法检查、监督性监测数据、在线监测等数据判断达标排放情况，对每一项备选技术应筛选出 3 个以上同等规模的达标案例，并补充详细的技术调查。技术调查应涵盖污染防治技术中的关键单元技术和主要工艺环节。

B.3.4 技术调查的内容应至少包括：

a）细化核实案例近三年的基本情况，包括主要产品结构、原辅材料、产能、产量、单套设施（生产线）规模等；

b）调查充实案例详细技术调查指标，包括污染防治技术性能、经济指标、运行管理和环境效益等数据；

c）案例技术调查指标的细化参见附录 C，不同行业可根据实际情况细化分级指标。

B.3.5 经过对调查结果进行整理核实，发现缺少必要技术评价数据和关键信息时，应开展补充测试和调查。补充测试的污染物种类、监测周期和频率等要求按照建设项目竣工环境保护验收监测的相关规定进行。

B.4 技术评价

B.4.1 技术评价目的是从备选可行技术清单中，通过对案例的技术经济分析，获得可行技术和案例。

B.4.2 技术评价应构建评价指标体系，包括污染防治技术性能、经济指标、运行管理和环境效益等指标，分级细化指标可参见附录 C。

B.4.3 按照技术的特征与原理对备选可行技术内的技术单元进行分析和归类，结合技术调查信息进行技术经济分析。

B.4.4 技术经济分析应采用定性评价、定量评价、定性与定量相结合的综合评价方法。定性评价推荐采用同行评议法。对客观技术指标宜采用定量评价，推荐采用层次分析法。最终确定可行技术的经济指标、排放水平等信息。

B.4.5 可行技术分为稳定达到国家污染物排放标准的可行技术和低于国家污染物排放标准限值 70%的先进可行技术。

B.4.6 根据上述阶段成果进行污染防治可行技术指南和编制说明的编写。指南编制说明的内容格式参见附录 D。

附 录 C
（资料性附录）
技术调查指标

表 C.1 技术调查指标表

一级指标		二级指标
技术性能	废水污染治理	出水浓度及去除率（COD、BOD_5）
		出水浓度及去除率（SS）
		出水浓度及去除率（N、P）
		出水 pH 值
		……
	废气污染治理	氮氧化物浓度（NO_x）
		二氧化硫浓度（SO_2）
		含尘废气浓度（$PM_{2.5}$）
		挥发性有机物浓度（VOCs）
		恶臭气体
		……
	固废污染治理	污泥产量
		废渣产量
		……
经济指标		建设投资
		运行维护成本
		占地面积
		资源回收效益
		……

一级指标	二级指标
环境效益	能源消耗水平
	水耗水平
	电耗水平
	二氧化碳排放浓度（CO_2）
	……
运行管理	人员要求
	操作难易程度
	技术成熟度
	……

附　录　D
（资料性附录）
污染防治可行技术指南编制说明

D.1　标准编制背景

说明任务来源、项目承担单位、项目目的和意义、项目工作过程等。

D.2　标准编制的必要性

分析国家环境管理部门要求、产业政策与及准入条件要求、行业发展要求及技术发展需求等。

D.3　行业生产与污染防治技术现状

描述行业概况、主要原料与产品、生产工艺与污染预防技术、资源能源消耗与污染物产生特征、污染治理技术与污染物排放水平、企业内部环境管理情况、未来技术发展趋势、典型案例分析等内容。

D.4　标准编制的基本原则、依据和技术路线

说明标准编制应遵循的原则、编制的法律依据以及技术路线等。

D.5　标准主要技术内容说明

详细说明标准主要技术内容，包括污染预防技术、污染治理技术与以及环境管理措施的依据、来源及主要技术参数等。

D.6　实施本标准的成本-效益分析

说明实施本标准的环境效益与经济成本。

D.7　对实施本标准的建议

说明实施本标准的管理措施、技术措施、实施方案的建议。

D.8　征求意见情况及意见处理说明（送审稿编制说明增加内容）

说明标准征求意见工作情况，以及意见汇总处理的情况。

D.9　送审稿技术审查情况（报批稿编制说明增加内容）

D.10　附件：征求意见汇总处理表（送审稿编制说明增加内容）

D.11　其他附件：包括技术调查报告、补充测试报告等。

第六章

排污许可证审核要点

火电行业排污许可证审核要点

企业各项申请材料和环境保护部门补充信息应完整、规范。

复审时，除应关注是否按照前版审核意见修改外，还须注意是否出现新问题。

一、材料的完整性

应具备排污许可证申请表、承诺书、申请前信息公开情况说明表、排污许可证副本、附图、附件等材料。其中，附图应包括生产工艺流程图和平面布置图。

二、材料的规范性

（一）申请前信息公开

1．信息公开时间应不少于5个工作日。

2．信息公开内容应符合《排污许可证管理暂定规定》要求。

3．信息公开情况说明表应填写完整，包括信息公开的起止时间。

署名应为法定代表人，且应与排污许可证申请表、承诺书等保持一致。有法定代表人的一定要填写法定代表人，对于没有法定代表人的企事业单位，如个体工商户、私营企业者等，这些单位可以由实际负责人签字。此外对于集团公司下属不具备法定代表人资格的独立分公司，也可由实际负责人签字。

4．申请前信息公开期间收到的意见应进行逐条答复。

（二）排污许可证申请表

排污许可证申请表主要核查企业基本信息，主要生产装置、产品及产能信息，主要原辅材料及燃料信息，生产工艺流程图，厂区总平面布置图，废气、废水等产排污环节，排放污染物种类及污染治理设施信息，执行的排放标准，许可排放浓度和排放量，申请排放量限值计算过程，自行监测及记录信息，环境管理台账记录等。

1．表1-填写重点区域的，应结合环境保护部相关公告，核实是否执行特别排放限值；通过企业投产时间，核实该企业是否为现有源；原则上，企业应具备环境影响评价批复或认定关于备案文件，如两者全无，应核实企业具体情况；污染物总量控制要求应具体到污染物类型及其指标，同时应与后续许可量计算过程及许可量申请数据进行对比，按技术规范确定许可量。

2．表2-主要生产单元、生产工艺及生产设施按技术规范填报，不应混填，如有必填项必须填写；除运输皮带外，相同生产设施应分行填报，不应采取备注数量的方式；主要生产工艺的产品应包括蒸汽和电，热电联产企业也可填写供热量；年运行时间填写设计值，一般为5 000或5 500，对于个别填写8 760、7 200等较大运行时间的，应有备注信息。

3．表3-如无特殊情况，原料可不填写；辅料应按设计规范填写完整；燃料应至少包括燃煤，对于启动用燃油也应在此填报，且应包括含硫率、热值等信息（不能填0）。

4．表4-应按照技术规范将产排污环节填写完整；应包括汞及其化合物、林格曼黑度等污染因子，技术规范中明确的内容不得丢项；对于有除尘器但无排放口（除尘器净化后排至车间内部）的产污环节，原则上可按无组织排放进行填报；对于有除尘器及排放口的产污环节，原则上按照有组织排放口进行填报；由于汞及其化合物、林格曼黑度采用的是协同治理措施，因此其污染治理设施编号应填“无”、“/”或不填，并在“污染治理设施其他信息”中备注“协同处理”；应包括氨罐周边无组织氨排放的环节；对于燃油电厂，还应包括储油罐周边无组织非甲烷总烃排放的环节，对于燃煤电厂，若现有管理规定中明确要求监测启动用燃油储罐周边的非甲烷总烃，则应按此要求申请，若无此要求，可不申请；对于未采用最佳可行技术的污染控制环节，应填写“否”，并提供相关证明材料。

5．表5-各类废水应分行单独填报；对于燃煤电厂，应将脱硫废水识别为设施或车间排放口（可通过在排放去向中填报“排入厂内污水处理站”或“其他”等选项实现）；对于未采用最佳可行技术的废水治理措施，应填写“否”，并提供相关证明材料；对于废水排入其他企业治理的，仅写明去向，若处理协议写明排水要求，还应在后续表格中填报相关信息；对于接纳其他企业废水的，须增加相应废水来源；自备电厂废水排至主行业污水处理站的，仅说明去向，待主行业申请许可证时，按照相应行业技术规范再行填报。

6. 表 7-污染因子数量符合技术规范要求；环境影响评价批复要求应以数据形式填报，不应填报文字。

7．表 8-申请的许可排放量应与计算过程保持一致；对于汞及其化合物、林格曼黑度等需申请许可排放浓度，无须申请许可排放量；对于一般排放口，主要污染因子为粉尘或颗粒物，若执行大气综排，除确定许可排放浓度是 120 mg/m^3 以外，还应补充排放速率要求。

8．表 9-增加厂界信息，对于国家和地方排放标准中无要求的无组织产污环节，如无特殊规定，不建议给出许可排放浓度、许可排放量等量化考核要求，仅说明控制措施即可。

9．表 11-对于脱硫废水排放口，可在此表中写明，其中受纳水体信息及其地理坐标等可不填报。

10．表 12-间接排放废水应写明受纳污水处理厂执行的外排浓度限值。

11．表 15-监测因子数量及最低监测频次应符合技术规范及最新发布的《排污单位自行监测技术指南 火力发电厂及锅炉》的要求；重点关注废气有组织一般排放口、无组织排放，以及脱硫废水监测信息；对于废气有组织一般排放口，若地方有现行监测要求，则按其要求填报。

12. 表 16-应按照技术规范要求填报环境管理台账记录内容和频次等要求，可以采取复制粘贴的形式；应记录废水处理设施及无组织控制措施运行维护要求等；DCS 曲线应包括除尘、脱硫、脱硝，且按周记录保存；记录形式应按照电子和纸质同时记录。

13．附图-工艺流程图与总平面布置图要清晰可见、图例明确，且不存在上下左右颠倒的情况；工艺流程图应包括应包括主要生产设施（设备）、主要原燃料的流向、生产工艺流程等内容；平面布置图应包括主要工序、厂房、设备位置关系，尤其应注明厂区雨水、污水收集和运输走向等内容。

14．附件-应提供承诺书、信息公开情况说明表及其他必要的说明材料，如未采用可行技术但具备达标排放能力的说明材料、热电联产机组年运行小时数采用前三年平均运行小时数的说明材料等；许可排放量计算过程应详细、准确，计算方法及参数选取符合规范要求；如无地标规定，原则上不得按照超低排放计算许可量；对于热电机组，供热量可按照设计供热能力（MJ/a）进行计算，若只有锅炉小时供热能力（t/h），则可结合蒸汽热焓值、前一年实际供热时间或前三年平均供热时间等参数，计算得到供热能力（MJ/a）；应体现与总量控制要求取严的过程；对于废水 COD 和氨氮等，若企业已有总量控制要求，应将其作为拟申请的废水污染物许可排放量；对于采用技术规范以外计算方法的，应核实方法是否可行；对于企业自愿采取更低排放要求申请许可排放浓度和许可排放量的（如企业自愿采用超低排放要求作为申请许可排放浓度和许可排放量的依据），应进行核实，并告知环境保护部门及企业利弊关系。

（三）环境保护部门审核意见及排污许可证副本

1．应按技术规范填写执行报告内容、频次等要求；火电企业应包括年度、半年、月或季度执行报告，其中半年执行报告至少应包括年度执行报告的第 1、3、4、5、6 部分。

2．应按照企业事业单位信息公开管理办法、排污许可证管理暂行规定等现行文件的管理要求，填报信息公开方式、时间、内容等信息。

3．环境保护部门可将对企业现行废气、废水管理要求，以及法律法规、技术规范中明确的污染防治措施运行维护管理要求写入“其他环境管理要求”部分中；建议删除关于噪声、固废、环境风险等方面的管理要求。

造纸行业排污许可证审核要点

企业各项申请材料和环境保护部门补充信息应完整、规范。

复审时，除应关注是否按照前版审核意见修改外，还须注意是否出现新问题。

一、材料的完整性

应具备排污许可证申请表、承诺书、申请前信息公开情况说明表、排污许可证副本、附图、附件等材料。其中，附图应包括生产工艺流程图和平面布置图。

二、材料的规范性

（一）申请前信息公开

1．信息公开时间应不少于 5 个工作日。

2．信息公开内容应符合《排污许可证管理暂定规定》要求。

3．信息公开情况说明表应填写完整，包括信息公开的起止时间。

署名应为法人，且应与排污许可证申请表、承诺书等保持一致。有法人的要填写法人，对于没有法定代表人的企事业单位，如个体工商户、私营企业者等，对于这些单位可以由实际负责人签字。此外对于集团公司下属不具备法人资格的独立分公司，也可由实际负责人签字。

4．申请前信息公开期间收到的意见应进行逐条答复。

（二）排污许可证申请表

排污许可证申请表主要核查企业基本信息，主要生产装置、产品及产能信息，主要原辅材料及燃料信息，生产工艺流程图，厂区总平面布置图，废气、废水等产排污环节，排放污染物种类及污染治理设施信息，执行的排放标准，许可排放浓度和排放量，申请排放量限值计算过程，自行监测及记录信息，环境管理台账记录等。

1．表 1-填写重点区域的，应结合环境保护部相关公告，核实是否执行特别排放限值；通过企业投产时间，核实该企业是否为现有源；原则上，企业应具备环境影响评价批复或认定关于备案文件，如两者全无，应核实企业具体情况；污染物总量控制要求应具体到污染物类型及其指标，同时应与后续许可量计算过程及许可量申请数据进行对比，按技术规范确定许可量。

2．表 2-主要生产单元、生产工艺及生产设施按技术规范填报，不应混填，如有必填项则必须填写；相同生产设施应分行填报，不应采取备注数量的方式；主要生产工艺的产品（浆板、纸、纸制品、蒸汽、电等）需要与厂内实际情况相符，如下拉菜单中不包括，可采用自定义的方式；其中属于技术规范中必填的主要工艺、生产设施、设施参数如下表：

表 1　木浆、非木浆必填项

序号	生产设施	设施参数	单位
1	备料	—	—
2	蒸煮	粗浆得率（需自定义）	%
3	洗涤	—	—
4	筛选	—	—
5	氧脱木素	—	—
6	漂白	漂白浓度（需自定义）	%
7	机械磨浆	磨浆浓度（需自定义）	%
8	碱回收车间	黑液提取率（需自定义）	%
9	化学品制备	—	—
10	制浆废液回收利用	—	—

表 2　废纸制浆必填项

序号	生产设施	设施参数	单位
1	脱墨	—	—
2	漂白	漂白浓度（需自定义）	%

表 3　造纸必填项

序号	生产设施	设施参数	单位
1	造纸	抄宽	m
		车速	m/min
2	白水回收	白水回收利用率	%

表 4　公用单元必填项

序号	工序	生产设施
1	燃烧炉	锅炉
		生物质炉
		焚烧炉
2	储存系统	原料堆场（木片、废纸）
		煤场
		筒仓
		油罐
		气罐
		化学品库
3	锅炉	循环流化床锅炉
		煤粉炉
		燃油锅炉
		燃气锅炉
		凝汽式汽轮机
		抽凝式汽轮机
		背压式汽轮机
		抽背式汽轮机
4	辅助系统	灰库
		渣仓
		渣场
		灰渣场
		石膏库房
		氨水罐
		液氨罐
		石灰石粉仓
		污泥储存间

3．表 3-原料为必填项；辅料应按技术规范填写完整；燃料中对于启动用燃油也应在此填报，且应包括含硫率、热值等信息（不能填 0）。

实际审核过程中把握的必填项分类情况见表 5。

表 5　原辅材料必填项

序号	通常包含辅料	适用范围	
1	氢氧化钠	硫酸盐化学浆	制浆蒸煮过程加入的化学品
	硫化钠		
2	液氯	化学浆元素氯漂白	制浆漂白过程加入的化学品
	次氯酸盐		
	氢氧化钠	化学浆无元素氯漂白	
	过氧化氢		
	硫酸		
	氧气		
	二氧化氯		
	臭氧		

序号	通常包含辅料	适用范围	
3	碳酸钙	—	造纸过程添加的填料
	淀粉		
4	硫酸	—	废水污染防治过程中加入的化学品
	盐酸		
	氢氧化钠		
	混凝剂		
	助凝剂		
	营养盐		
	亚铁		
	过氧化氢		
5	石灰石	—	废气污染防治过程中加入的化学品
	液氨		
	尿素		
	氨水		
	脱硝催化剂		

4．表 4-应按照技术规范将产排污环节填写完整，造纸企业废气产排污节点包括对应的生产设施和相应排放口，生产设施主要包括锅炉、碱回收炉、石灰窑炉、焚烧炉等，相应排放口主要包括上述生产设施烟囱或排气筒。本次暂将锅炉、碱回收炉烟囱列为主要排放口，石灰窑炉、焚烧炉烟囱列为一般排放口。废气污染物需包括无组织排放源，主要无组织排放源包括煤场、原料堆场、制浆（蒸煮、洗涤、漂白）和碱回收工段（蒸发）、污泥储存间、石灰石粉仓、液氨（氨水）罐区等，对照以上无组织产生节点，明确主要污染因子；有组织排放源中石灰窑的污染因子不包括林格曼黑度；由于汞及其化合物、林格曼黑度采用的是协同治理措施，因此其污染治理设施编号应填“无”“/”或不填，并在“污染治理设施其他信息”中备注“协同处理”；对于未采用最佳可行技术的污染控制环节，应填写“否”，并提供相关证明材料。

5．表 5-应按照技术规范将产排污环节填写完整；废水类别可合并，也可单独填报；对于制浆及造纸工段产生的废水需包括《制浆造纸工业水污染物排放标准》（GB 3544—2008）中的 pH 值，色度，悬浮物，五日生化需氧量，化学需氧量，氨氮（NH_3-N），总氮（以 N 计），总磷（以 P 计）因子，如涉及元素氯漂白工艺，还需增加可吸附有机卤化物及二噁英因子，并单独列出车间排放口；废水污染治理设施中，除间接排放及单纯利用商品浆的造纸企业可采用两级处理达标排放外，其余均需采用三级处理工序，对于制浆企业、制浆造纸联合生产企业执行《制浆造纸工业水污染物排放标准》（GB 3544—2008）特别排放限值要求的，三级处理一般采用 Fenton 处理，对于未采用最佳可行技术的废水治理措施，应填写“否”，并提供相关证明材料。

6．表 7-污染因子数量符合技术规范要求；对于新增污染源环境影响评价批复要求必须进行填写。

7．表 8-对于汞及其化合物、林格曼黑度等需申请许可排放浓度，无须申请许可排放量；对于主要排放口申请许可排放量，对于碱回收炉的烟尘和二氧化硫不申请许可排放量，仅对氮氧化物申请许可排放量；申请的许可排放量应按照技术规范要求取严；申请的许可排放量应与计算过程保持一致；计算过程中的参数选取严格按照技术规范要求进行。对于一般排放口，若执行大气综排，除确定许可排放浓度是 120 mg/m^3 以外，还应补充排放速率要求。

8．表 9-无组织排放源的污染治理措施填写符合实际；标准填写应明确。对于国家和地方排放标准中无要求的无组织产污环节，如无特殊规定，不建议给出许可排放浓度、许可排放量等量化考核要求，仅说明控制措施即可。

9．表 11-如涉及元素氯漂白工艺，在此表中车间排放口控制污染因子为可吸附有机卤化物及二噁英因子。

10．表 12-间接排放废水应写明受纳污水处理厂执行的外排浓度限值。

11．表 14-一般对 COD 和氨氮申请许可排放量；申请的许可排放量应按照技术规范要求取严；计算过程中的参数选取严格按照技术规范要求，具体参数计算可参考《制浆造纸工业水污染物排放标准》（GB 3544—2008）的要求。

12．表 15-监测因子数量及最低监测频次应符合技术规范及最新发布的《排污单位自行监测技术指南 造纸工业》的要求。间接排放的造纸工业企业参照执行直接排放的造纸工业企业废水外排口监测指标及频次。

表 6　废水排放口监测指标最低监测频次

排污单位级别	监测点位	监测指标	监测频次	备注
重点排污单位[1]	企业废水总排放口	流量、pH 值、化学需氧量	自动监测	—
		氨氮[2]	日	
		悬浮物、色度	日	
		总氮、总磷[2]	周（日）	水环境质量中总氮（无机氮）/总磷（活性磷酸盐）超标的流域或沿海地区或总氮/总磷实施总量控制区域，总氮/总磷最低监测频次按日执行
		五日生化需氧量	周	—
		挥发酚、硫化物、溶解性总固体（全盐量）	季度	选测
	元素氯漂白车间废水排放口	可吸附有机卤素（AOX）、二噁英、流量	年	可吸附有机卤素（AOX）、二噁英监测结果超标的，应适当增加监测频次
	脱墨车间废水排放口	环境影响评价及批复或摸底监测确定的重金属污染物指标	周	若无重金属排放，则不需要开展监测
非重点排污单位	企业废水总排放口	pH 值、悬浮物、色度、五日生化需氧量、化学需氧量、氨氮、总氮、总磷、流量	季度	—
注 1：制浆造纸企业全部按重点排污单位管理。				
注 2：设区的市级及以上环保主管部门明确要求安装自动监测设备的污染物指标，须采取自动监测。				

表 7　废气排放口监测指标最低监测频次

污染物	监测点位	监测指标	监测频次
碱回收炉	碱回收炉排气筒或烟道上	氮氧化物、二氧化硫	自动监测
		颗粒物、烟气黑度	季度
石灰窑	石灰窑排气筒或烟道上	颗粒物、氮氧化物、二氧化硫	季度
注：排气筒废气监测要同步监测烟气参数。			

表 8　无组织废气监测指标最低监测频次

企业类型	监测点位	监测指标	监测频次
有制浆工序的企业	厂界	臭气浓度[1]、颗粒物	年（月）[2]
采用含氯漂白工艺的企业	漂白车间或二氧化氯制备车间外	氯化氢	年
有生化污水处理工序的企业	厂界	臭气浓度、硫化氢、氨	年
有石灰窑的企业	厂界	颗粒物	年
注 1：根据环境影响评价文件及其批复，以及原料工艺等确定是否监测其他臭气污染物。			
注 2：适用于有硫酸盐法制浆或硫酸盐法纸浆漂白工序的企业，若周边没有敏感点，可适当降低监测频次。			

13．表 16-应按照技术规范要求填报环境管理台账记录内容和频次等要求，主要包括内容如下：

（1）监测记录信息

记录手工监测的日期、时间、污染物排放口及监测点位、监测方法、频次、仪器等，建立台账，可参照下表：

序号	污染源类类别	监测日期	监测时间	排放口编号	监测内容	计量单位	监测结果	监测结果（折标）	手工监测采样方法及个数	手工测定方法	手工监测仪器型号
1	废气	20160606	10:00—10:15	DA001	SO_2	mg/m^3	100	110	连续采样	HJ/T 57	AAA
		20160606	10:00—10:15	DA001	烟气流量	m^3/h	5 000	5 500	—	—	—
	废水										
				……	……				……	……	
	其他				……				……	……	

（2）生产设施的记录信息

①分生产线记录每日的原辅料用量及产量：取水量（新鲜水），主要原辅料（木材、竹、芦苇、蔗渣、稻麦草等植物、废纸等）使用量，商品浆和纸板及机制纸产量等；

②浆生产线还需要记录粗浆得率、细浆得率、碱回收率、黑液提取率等；

③按生产周期记录石灰窑原料使用量、石灰窑产品产量、总固形物处理量、燃料消耗量、燃料含硫量等。

④焚烧炉应记录入炉固体废物、性质、数量、设施运行参数等。

（3）污染治理设施的记录信息

①按日记录污水处理量、污水回用量、白水回用率、污水排放量、污泥产生量（记录含水率）、进水浓度、排水浓度、污水处理使用的药剂名称及用量。环保设施台账应包括所有环保设施的运行参数及排放情况等，废水治理设施包括废水处理能力（t/d）、进水水质（各因子浓度和水量等）、运行参数（包括运行工况等）、污泥运行费用（元/t）。

②应记录脱硫、脱硝、除尘设备的工艺、设计建设企业、投运时间等基本情况。按日记录脱硫剂使用量、脱硫副产物产生量、脱硝剂使用量、粉煤灰产生量、布袋除尘器清灰周期及换袋情况等，并记录脱硫、脱硝、除尘设施运行、故障及维护情况等。

14．附图-工艺流程图与总平面布置图要清晰可见、图例明确，且不存在上下左右颠倒的情况；工艺流程图应包括主要生产设施（设备）、主要原燃料的流向、生产工艺流程等内容；平面布置图应包括主要工序、厂房、设备位置关系，尤其应注明厂区雨水、污水收集和运输走向等内容。

15．附件-应提供承诺书、信息公开情况说明表及其他必要的说明材料；许可排放量计算过程应详细、准确，计算方法及参数选取符合规范要求；对于废水COD和氨氮等，若企业已有总量控制要求，应将其作为拟申请的废水污染物许可排放量；对于企业自愿采取更低排放要求申请许可排放浓度和许可排放量的（如企业自愿采用超低排放要求作为申请许可排放浓度和许可排放量的依据），应进行核实，并告知环境保护部门及企业利弊关系。

（三）环境保护部门审核意见及排污许可证副本

1．应按技术规范填写执行报告内容、频次等要求；造纸企业应包括年度、半年、月或季度执行报告，其中月或季度执行报告应至少包括全年报告中的第（6）部分中的实际排放量报表、达标判定分析说明及第（4）部分中“治污设施异常情况汇总表”。半年报告至少向环境保护主管部门上报全年报告中的第（1）、第（3）至第（6）部分。

2．应按照企业事业单位信息公开管理办法、排污许可证管理暂行规定等现行文件的管理要求，填报信息公开方式、时间、内容等信息。

3．环境保护部门可将对企业现行废气、废水管理要求，以及法律法规、技术规范中明确的污染防治措施运行维护管理要求写入“其他环境管理要求”部分中；建议删除关于噪声、固废、环境风险等方面的管理要求。

钢铁工业排污许可证审核要点

企业各项申请材料和环境保护部门补充信息应完整、规范。

复审时，除应关注是否按照前版审核意见修改外，还须注意是否出现新问题。

一、材料的完整性

应具备排污许可证申请表、承诺书、申请前信息公开情况说明表、排污许可证副本、附图、附件等材料。其中，附图应包括生产工艺流程图和平面布置图。

二、材料的规范性

（一）申请前信息公开

1．信息公开时间应不少于5个工作日（而非5日）。

2．信息公开内容应符合《排污许可证管理暂定规定》要求。

3．信息公开情况说明表应填写完整，包括信息公开的起止时间、签字时间。

4．申请前信息公开期间收到的意见应进行逐条答复，如无反馈意见则填写“无反馈意见”。

5．署名应为法定代表人，且应与排污许可证申请表、承诺书等保持一致。有法定代表人的一定要填写法定代表人，对于没有法定代表人的企事业单位，如个体工商户、私营企业者等，这些单位可以由实际负责人签字。此外对于集团公司下属不具备法定代表人资格的独立分公司，也可由实际负责人签字。

（二）排污许可证申请表

排污许可证申请表主要审核企业基本信息，主要生产装置、产品及产能信息，主要原辅材料及燃料信息，生产工艺流程图，厂区总平面布置图，废气、废水等产排污环节，排放污染物种类及污染治理设施信息，执行的排放标准，许可排放浓度和排放量，申请排放量限值计算过程，自行监测及记录信息，环境管理台账记录等。

1．表1-排污单位基本信息表

①企业应具备环境影响评价批复或认定备案文件，如两者全无，应核实企业具体情况。

②污染物总量控制要求应具体到污染物类型及其指标。

2．表2-主要产品及产能表

①同一工序多套相同生产设施的，应分别进行申报，不应采取备注数量的方式进行填写。

②应审核设施参数是否按照技术规范表1中规定的参数名称填写。

3．表3-主要燃料及原辅材料表

①仅填写企业外购原、辅、燃料，因此应审核是否出现转炉煤气、高炉煤气等自产煤气，如有应进一步核实企业实际情况。

②注意检查燃料热值是否进行了单位换算，平台规定的单位为MJ/kg与MJ/m^3。

4．表4-废气产排污节点、污染物及污染治理设施信息表

①污染物种类应填写完整，例如烧结机头废气污染物种类应包括颗粒物、二氧化硫、氮氧化物、二噁英类、氟化物，部分企业可能会漏填“二噁英类、氟化物”。

②仅当所有污染物均采用可行技术时，才能在是否为可行技术处选择“是”，反之应填写“否”，且注明哪几种污染物采用了可行技术。

③注意企业是否漏填产排污环节及污染因子。钢铁各工序均有无组织废气产生，排放标准中也均设置了排放限值要求，但是经抽查发现企业经常出现漏填无组织信息的现象，主要缺少轧钢无组织以及石灰无组织信息。

④应严格对照技术规范确定是否采用了可行技术。如采用非可行技术，应注意是否已提供相关证明

材料。

5．表 5-废水类别、污染物及污染治理设施信息表

①审核车间排放口是否按照 GB 13456 填写了“总砷、六价铬、总铬、总铅、总镍、总镉、总汞”等一类污染物，应严格对照排放标准进行检查，避免出现漏填污染因子的情况。

②对于废水排放去向选择了“不外排”的废水类别，是否仍填写了排放规律，若选择了“不外排”则应将排放规律改为“/”。

6．表 7-废气污染物排放执行标准表

应审核企业填写的排放标准名称及其浓度限值是否正确。

7．表 8-大气污染物有组织排放表

应注意企业是否按照技术规范要求使用近三年产量平均值计算许可排放量，企业仅能够在三年产量平均值大于产能的情况下，才能够使用产能计算。锅炉许可排放量计算用设计燃料用量。

8．表 10-企业大气排放总许可量

应将全厂总量与表 1 中的总量指标进行对比，确保从严确定许可排放量。

9．表 13-废水污染物排放执行标准表

①应注意表中车间废水排放口是否填写了一类污染物许可排放浓度限值。

②应对照 GB 13456 及地方排放标准，确保企业填写的排放标准名称及其浓度限值正确。

10．表 15-自行监测及记录信息表

①应检查企业烧结机机头排气筒、烧结机机尾排气筒、球团焙烧设施排气筒、炼铁矿槽排气筒、炼铁出铁场排气筒、转炉二次烟气排气筒、电炉烟气排气筒以及燃用发生炉煤气的热处理炉排气筒的监测设施中颗粒物、二氧化硫、氮氧化物是否填写为“自动”。

②应审核监测内容是否填报正确，有组织燃烧类废气监测内容应为“氧含量，烟气流速，烟气温度，烟气含湿量，烟气量”，非燃烧类应为“烟气流速，烟气温度，烟气含湿量，烟气量”，无组织废气应选择“风速、风向”，废水应选择“流量”。

③应审核是否缺少厂界监测信息，技术规范“7.5 监测频次”已明确规定了厂界的监测指标以及监测频次，应按照技术规范填写。

④应审核监测频次是否按照规范要求填报，不应松于规范要求。

11．表 16-环境管理台账信息表

应检查记录频次是否满足技术规范 8.1 章节的具体要求。

12．附图

①应审核生产工艺流程图是否包括主要生产设施（设备）、主要原燃料的流向、生产工艺流程等内容。

②应审核生产厂区总平面布置图是否包括主体生产设施、公辅设施、全厂污水处理站等，并注明全厂雨水、污水排放口位置。

（三）排污许可证副本

1．表 17-执行（守法）报告信息表

应按技术规范填写执行报告内容、频次等要求；钢铁排污单位应至少包括年度、季度执行报告。

2．表 18-信息公开表

应按照企业事业单位环境信息公开办法、排污许可证管理暂行规定等现行文件的管理要求，填报信息公开方式、时间、内容等信息。

水泥工业排污许可证审核要点

一、审核总体要求

1. 企业各项申请材料和环境保护部门补充信息应完整、规范。

2. 复审时，除应关注是否按照前版审核意见修改外，还须注意是否出现新问题。

二、材料的完整性

应具备排污许可证申请表、承诺书、申请前信息公开情况说明表（简化管理除外）、排污许可证副本、附图、附件等材料。其中，附图应包括生产工艺流程图和平面布置图。

以下两种情形不予受理：

1. 位于法律法规明确规定禁止建设区域内的水泥工业排污单位或者生产装置。

2. 属于国家或地方已明确规定予以淘汰或取缔的水泥工业排污单位或者生产装置。

三、材料的规范性

（一）申请前信息公开

1. 信息公开时间应不少于 5 个工作日，公开的起止时间应和《排污许可证申请前信息公开表》的公开时间一致。

2. 公开方式应明确，若为网络公示，还应明确对应的网址。

3. 信息公开内容应符合《排污许可证管理暂定规定》要求。若选填了“其他信息”，应明确涵盖的内容。

4. 申请前信息公开期间收到的意见应进行逐条答复。若未收到意见，也应填报情况说明，不可为空。

5. 署名应为法定代表人，且应与排污许可证申请表、承诺书等保持一致。有法定代表人的一定要填写法定代表人，对于没有法定代表人的企事业单位，如个体工商户、私营企业者等，这些单位可以由实际负责人签字。此外对于集团公司下属不具备法定代表人资格的独立分公司，也可由实际负责人签字。

6. 开具日期应在信息公开截止日期之后。

（二）守法承诺书

应按照模板签字上报，严禁删改。

（三）排污许可证申请表

排污许可证申请表主要核查企业基本信息，主要生产装置、产品及产能信息，主要原辅材料及燃料信息，生产工艺流程图，厂区总平面布置图，废气、废水等产排污环节，排放污染物种类及污染治理设施信息，执行的排放标准，许可排放浓度和排放量，申请排放量限值计算过程，自行监测及记录信息，环境管理台账记录等。

1. 表 1-排污单位基本信息表

（1）组织机构代码和统一社会信用代码仅需填报一个

（2）是否属于重点控制区，应结合环境保护部相关公告进行确定。对于属于重点控制区的，是否执行特别排放限值应根据环境影响评价批文取得时间和地方政府发文进行确定，具体原则为“2013 年 12 月 27 日（含）后取得环境影响评价批文的水泥项目排放限值应按照 GB 4915 中的特别排放限值及其他国家标准、地方标准（若有）从严确定。2013 年 12 月 27 日前取得环境影响评价批文的水泥项目则根据国务院环境保护行政主管部门或省级人民政府下发的执行特别排放限值的时间和地域范围文件要求确定是否执行特别排放限值，然后根据国家标准、地方标准（若有）从严确定”。

（3）原则上，企业应具备项目环境影响评价批复或违规认定（备案）文件，根据这些文件的文号识别新增排放源和现有排放源，如两者皆无，应核实企业具体情况。

（4）污染物总量控制要求应具体到污染物类型及其指标，同时应与后续许可量计算过程及许可量申请数据进行对比，按技术规范确定许可量。特别注意的是，烟尘和粉尘统一归类为颗粒物。系统已默认六类污染物总量控制指标，若地方有其他需要控制总量指标的，按照要求选填。

2．表 2-主要产品及产能信息表

（1）主要生产单元、生产工艺及生产设施按技术规范填报，不应混填；

（2）除运输皮带外，相同生产设施应分别一一填报，不应采取备注数量的方式，具体填报内容按照技术规范表 1 填报。

（3）水泥工业主要产品仅为水泥、熟料（他业除外），熟料产能仅在熟料生产单元熟料煅烧系统中填报，水泥产能仅在水泥粉磨单元的水泥粉磨系统中填报，其他系统不应填报产能。该表填报的“产能”是实际核定产能，为工信部门核定的实际产能批复或根据相关产能核定文件确定。年运行时间根据环境影响评价文件及其批复、地方政府对违规项目的认定或备案文件确定。

（4）针对多条熟料线的，应在主要生产单元处编号识别。

（5）除储库的参数为容量或储量外，其他需要填报两个参数的应按照要求填报。

（6）重点审查有余热发电设备的是否漏填报软化水制备设备。

（7）对于同一法人单位的骨料生产、矿渣微粉、商混单元，应一并在表 2 中申报，并申报环境影响评价批复的产能。

3．表 3-主要原辅材料及燃料信息表

（1）原辅料的选填，不仅是生产水泥（熟料）所用的原辅料，还应选填脱硫剂、脱硝剂、污水处理添加剂等辅料。针对熟料，仅填报外购量。年最大使用量为全厂同类型原辅料的总计，可以根据设计文件或环境影响评价文件确定。

（2）针对水泥（熟料）制造排污单位和有烘干机的独立粉磨站，所有含硫元素的原辅料的硫占比都应填报数据。

（3）协同处置危险废物的水泥（熟料）制造排污单位还应根据危险废物的特性填报氯、氟、汞、铊、镉、铅、砷、铍、铬、锡、锑、铜、钴、锰、镍、钒等有毒有害成分，协同处置非危险废物的不作要求。

（4）针对水泥（熟料）排污单位，不仅填报熟料生产的燃料，烘窑用燃油以及烘干磨的燃料也应填报。针对独立粉磨站排污单位，配套烘干磨的应填报燃料信息。

（5）燃煤应填报灰分、硫分、挥发分、热值等内容。燃油应填报硫分、热值等内容，灰分和挥发分处填“/”。

（6）特别注意“热值单位”为“MJ/kg 或 MJ/m^3”，若企业统计报表单位为“大卡”或其他，应进行折算填报。

（7）针对协同处置排污单位为独立法人的，水泥（熟料）制造排污单位和协同处置排污单位的排污许可证中都应填报固体废物的类别及处理量。

4．表 4-废气产排污节点、污染物及污染治理设施信息表

（1）应按照技术规范将产排污环节填写完整；重点审查原料磨的产污环节是否漏填报、是否与窑尾废气一个排放口。

（2）针对排放口的识别，仅窑头、窑尾排放口为主要排放口，其余皆为一般排放口。

（3）根据行业标准，水泥工业的有组织颗粒物污染物仅选填“颗粒物”，不可选填“粉尘、烟尘”等名称。

（4）针对排放形式，所有配置污染治理设施且有固定排放口的污染源，皆选择“有组织”。

（5）针对颗粒物的“污染治理设施工艺”，若为袋式除尘器，应明确收尘器所采用的滤料。

（6）重点审查脱硝系统的“污染治理设施工艺”，仅“SNCR”的为非可行技术。对于未采用可行技术的污染控制环节，应填写“否”，并提供相关证明材料。

（7）针对窑尾废气污染物无专门的治理设施的，如氟化物，应备注“协同控制”。

（8）重点审查使用窑尾余热、独立热源烘干物料的独立排放口污染物种类应为“颗粒物、二氧化硫

和氮氧化物”。

（9）针对协同控制，审查是否漏填报贮存预处理排放口，污染物种类是否填全。

（10）针对协同处置存在旁路放风排放口的，一定在“分解炉”处对应填报，协同处置危废的污染物种类为11类，协同处置非危废的污染物种类为10类。

（11）水泥窑尾排放口的污染物为6类，协同处置窑尾排放口的污染物为11类，审查是否填全。

5．表5-废水类别、污染物及污染治理设施信息表

（1）各类废水应分行单独填报，重点审查污染因子是否填全。

（2）水泥行业的废水类别为设备冷却排污水、余热发电锅炉循环冷却排污水、机修等辅助生产废水、垃圾渗滤液或其他生产废水、生活废水，应根据实际产污情况选填。重点审查协同处置排污单位的渗滤液、有余热发电工序的余热发电循环冷却排污水是否漏填报。

（3）针对协同处置产生的渗滤液或其他生产废水间接排放或直接排放的，首先应填报车间排放口并选填一类污染物，然后再填报外排口并选填二类污染物。2015年1月1日（含）后取得环境影响评价批复的协同处置项目的渗滤液或其他生产废水中的其他污染物还应根据环境影响评价文件确定。

6．表6-大气排放口基本情况表

对于目前填报的排气筒高度不满足GB 4915要求或排放口不规范的，核发部门应提出限期整改要求。

7．表7-废气污染物排放执行标准表

（1）关于选择执行标准时，应先确定所在地有无地方标准，并根据“排放浓度限值从严确定”选择执行标准名称。

（2）特别排放限值应根据表1的（2）进行确定。

（3）贮存预处理的硫化氢、氨、臭气和非甲烷总烃为速率限值，其余的为浓度限值。

（4）重点审查煤磨独立排放口的浓度限值。

8．表8-大气污染物有组织排放表

（1）申请的许可排放量应与计算过程保持一致，从严确定许可排放量；对于独立粉磨站不许可排放量，地方有更严格要求的从其规定。

（2）重点审查计算过程中，一般排放口不能按照排放口数量核算，仅与产能和类型有关系。

（3）申请特殊排放浓度限值、申请特殊时段许可排放量限值在本表中不应填报。

9．表8-1-申请特殊时段排放量限值

本表不要求企业填报，核发部门在应结合重污染天气应急预案及上一年的环统数据填写日许可排放量和管控要求。

10．表8-2-错峰生产时段月许可排放量限值

（1）对于有错峰生产要求的排污单位，重点审查是否填报错峰生产月许可排放量。

（2）计算月许可排放量时，应充分考虑自然月的天数，应填报计算过程。

11．表9-大气污染物无组织排放表

（1）该表仅填报厂界无组织，重点审查协同处置排污单位的厂界无组织污染因子是否遗漏。

（2）重点审查协同处置厂界无组织氨的执行标准应为GB 4915。

12．表9-1-水泥工业企业生产无组织排放控制要求

（1）重点审查执行特别排放限值和严于国家排放标准的地方排放标准的选填是否正确。

（2）审查企业选填的内容和企业实际建设是否一致。重点审查是否漏填报公用单元的“其他”管控要求。

（3）企业“公司无组织管控现状”应结合企业实际情况填报，不可复制“无组织排放控制要求”。

13．表12-废水间接排放口基本情况表

间接排放废水应写明受纳污水处理厂执行的外排浓度限值。

14．表15-自行监测及记录信息表

（1）“监测内容”为监测污染物浓度而需监测的各类参数，废水的“监测内容”为“流量”；废气排放口，监测一般排放口颗粒物，同时需监测“烟气温度、烟气流速、烟气湿度、烟道截面积”，窑尾、

独立热源、使用窑尾余热烘干物料的排放口的污染物，还应监测“氧含量”。

（2）窑头、窑尾排放口对应的污染物一定选择自动监测，地方要求其他排放口安装在线监测的也应选择自动监测，其余为手工监测。采用自动监测的，应在手工监测处补充填写手工监测的采样频次和方法，并备注“在线监测设备发生故障时”。

（3）重点审查是否漏填报厂界无组织监测信息，针对新增排放源，还应审查环境影响评价是否对环境质量监测有要求。

（4）监测频次应满足技术规范或监测指南要求，重点审查磨机、包装机、破碎机、窑头、窑尾排放口的监测频次；针对监测频次为 1 次/半年，应备注“合理安排监测计划，保证每个季度相同种类治理设施的监测点位数量基本平均分布”。

15．表 16-环境管理台账信息表

（1）设施类别中，一定按照技术规范填报。生产设施应填报基本信息和运行管理信息。污染治理设施信息应填报基本信息、运行管理信息、监测记录信息和其他环境管理信息。

（2）因技术规范中对各类环保设施的运行台账记录频次不同，填报时应根据记录频次要求分类填报，填报的记录内容和频次不得低于技术规范要求。

（3）记录形式应选择“电子台账+纸质台账”，同时备注“台账保存期限不少于三年”

16．附图-工艺流程图与总平面布置图

（1）要清晰可见、图例明确，且不存在上下左右颠倒的情况；

（2）工艺流程图应包括主要生产设施（设备）、主要原燃料的流向、生产工艺流程等内容。

（3）平面布置图应包括主要工序、厂房、设备位置关系，尤其应注明厂区污水收集和运输走向等内容。

17．许可排放量

许可排放量计算过程应清晰完整，且列出计算方法及取严过程。按照技术规范计算时，应详细列出计算公式，各参数选取原则和选取值，以及计算结果；明确给出总量指标来源及具体数值，环境影响评价文件及其批复要求；最终按取严原则确定申请的许可排污量。

（四）环境保护部门审核意见及排污许可证副本

1．应按技术规范填写执行报告内容、频次等要求；原则上水泥行业仅要求上报年度、季度执行报告。其中季度或月执行报告应至少包括年度报告中第（6）部分中的实际排放量报表、达标判定分析说明及第（4）部分中“治污设施异常情况汇总表”；半年度报告可根据地方管理要求确定是否提交。

2．应按照企业事业单位环境信息公开办法、排污许可证管理暂行规定等现行文件的管理要求，填报信息公开方式、时间、内容等信息。

3．环境保护部门可将排污单位现行废气、废水管理要求，以及法律法规、技术规范中明确的污染防治设施运行维护管理要求写入“其他环境管理要求”部分中；对于污染治理设施不满足水泥工业排污许可证申请与核发规范要求的，可将整改要求写入“改正措施”中并限定整改时限。

4．核发部门应结合重污染天气应急预案及上一年的环统数据填写日许可排放量和管控要求。

石化行业排污许可证核发审核要点

排污单位需要完整的提交以下三类材料：申请前信息公开情况说明表、承诺书、排污许可申请表及相关附图和附件，申请前信息公开情况说明表、承诺书、排污许可申请表环境保护部统一规定了格式，可以在国家排污许可信息平台下载。

审核的内容包括材料的完整性、材料的规范性、相关环境管理要求三个方面。

一、材料的完整性

应具备排污许可证申请表、承诺书、申请前信息公开情况说明表、排污许可证副本、附图、附件等材料。其中，附图应包括生产工艺流程图、厂区雨水、污水集输管线走向及排放去向图和平面布置图。

二、材料的规范性

（一）申请前信息公开

1．信息公开时间应不少于 5 个工作日。

2．信息公开内容应符合《排污许可证管理暂定规定》要求。

3．信息公开情况说明表应填写完整，包括信息公开的起止时间。

署名应为法定代表人，且应与排污许可证申请表、承诺书等保持一致。有法定代表人的一定要填写法定代表人，对于没有法定代表人的企事业单位，如个体工商户、私营企业者等，这些单位可以由实际负责人签字。此外对于集团公司下属不具备法定代表人资格的独立分公司，也可由实际负责人签字。

4．申请前信息公开期间收到的意见应进行逐条答复。

（二）排污许可证申请表

排污许可证申请表主要核查企业基本信息，主要生产装置、产品及产能信息、主要生产设施及参数、储罐统计信息、设备与管线组件密封点数量统计信息、主要原辅材料及燃料信息，生产工艺流程图，厂区总平面布置图、废气、废水等产排污环节，排放污染物种类及污染治理设施信息，执行的排放标准，许可排放浓度和排放量，申请排放量限值计算过程，自行监测及记录信息，环境管理台账记录等。

1．表 1-排污单位基本信息表：（1）生产经营场所地址应明确到“省、市（区）县、镇”；该地址直接决定企业是否属于重点控制区。（2）是否投产以第一个建设项目的投产日期为准。（3）技术负责人及联系电话应为“熟知公司排污许可证且懂环保管理技术管理人员，联系电话应为技术负责人的电话号码”。（4）重点控制区域与其他区域的执行标准确定。《关于执行大气污染物特别排放限值的公告》及其有关问题的复函中要求，核实企业是否属于重点控制区域。特别排放限值的公告中明确列出重点区域石化行业须执行特别排放限值，同时也列出了 47 个重点控制区城市。（5）环境影响评价批复文件或地方政府对违规项目的认定或备案文件二者必备其一。（6）总量分配文件为环境主管部门给企业下发的正式总量控制文件，审核时应与环境主管部门的数据库作对比，确定数据无误。该总量指标最后要与排污单位最终申报的总量指标做对比。

2．表 2-主要产品及产能信息表：（1）生产装置名称参考技术规范附录 A 进行审核，企业按实际建设情况填报全。关注点：如为联合生产装置，应分别填写每一套装置，如常减压催化联合装置应分别填写常减压蒸馏装置、催化裂化装置；储运系统、供排水系统、动力系统和火炬系统等公共单元容易漏填。（2）生产装置编号填写企业内部生产装置编号，与后续的各生产装置设备与管线组件密封点统计相关。若无内部生产装置编号，则采用“PU+三位流水号数字”（如 PU001）进行编号并填报。（3）装置原料名称、产品名称填写生产装置的主要原料名称和主要产品名称。（4）生产（加工）能力填写装置设计生产（加工）能力，不包括国家或地方政府明确规定予以淘汰或取缔的产能。（5）年生产时间填写环境影响评价文件及其批复、地方政府对违规项目的认定或备案文件确定的年生产小时数。（6）生产设施需要注意各必填生产设施是否填写齐全。本次申报要求的必填生产设施包括四类：第一为所有涉及排废气的生产设施；第二为管控车间排口的废水产生设施；第三为公辅设施如装载、储存等与挥发性有机物无组织排放相关；第四为挥发性有机物流经的设备与管线组件。（7）“是否为产污设施”，为了将污染源自动导入到后续的申请表中，以免企业在后续申报时有所遗漏。对照技术规范核实企业所填报生产设施是否为产污设施，如果属于产污设施，设施参数是否填写完整。对于有组织废气必填参数包括生产能力、年生产时间、设计排气量；对于装载设施必填物料名称、装载形式、设计年装载量、装载温度。关注点：各生产设施的必填参数，用于后续核定许可排放量。

3．表 2-1-储罐统计表：储罐的信息也是单独列统计表，为了给企业减负，平台设计可以将储罐信息通过 excel 表自动导入，表格形式与原来 2015 年发布的《石化行业 VOC 污染源排查工作指南》中的表格一样；同时，在技术规范附录 B 中单独做了固定顶罐、内浮顶罐和外浮顶罐详细表单，环境保护部门需要审核储罐的必填参数是否填报，是否填写详细表单或者在平台上传 excel 表单。便于企业填报，如果企业只填了必填参数，其他参数则平台会自动选取默认值，而采用默认值计算得到的许可量比填报了详细参数的要小。关注点：是否上传储罐详细信息，与后续核定许可排放量相关。

4．表 2-2-设备与管线组件密封点数量统计表：各生产装置中挥发性有机物流经的设备与管线组件密封点是按照各装置动静密封点的类型进行统计，需审核是否填报完整，单独的统计表中数据是否有缺项。关注点：核定设备与管线组件无组织许可排放量基础数据。

5．表 3-主要原辅材料及燃料信息表：（1）需要审核原料、辅料、燃料信息是否填报，特别是注意有毒有害成分是否填报，有毒有害成分与特征污染因子排放有关。（2）原料油中硫、镍、钒、汞含量为必填内容，其他原料和辅料中含有的铅、镉、砷、镍、汞、铬、氯、溴等有毒有害成分为必填内容，其余为选填内容。可参考设计值或上一年的实际使用情况填报。（3）设计年使用量应填写与生产（加工）能力相匹配的设计年使用量。（4）燃料煤中硫分、灰分、挥发分、汞含量和低位热值为必填内容，其他燃料中硫分为必填内容，其余为选填内容。可参考设计值或上一年的实际使用情况填报。（5）按照技术规范要求，需填写年使用量大于 10 t 的原料、辅料及燃料，其中属于《危险化学品目录》的原料、辅料及燃料，应全部填写。

6．表 4-废气产排污节点、污染物及污染治理设施信息表：（1）重点关注产污环节是否有遗漏情况，特别注意石化行业各主要生产装置均应有相应的“设备与管线组件密封点泄漏”无组织排放信息。如果漏填，后续在无组织许可量时就无法进行许可。（2）储罐部分需要注意是否设有油气回收设施，如果有则需填报有组织排放信息；未设有油气回收设施的每个储存均需填报无组织排放信息。（3）污染物种类需要重点审核，按照技术规范要求审核填报的污染物种类有否遗漏、是否正确，特别是遗漏恶臭污染因子等。（4）污染治理设施情况需核实企业是否完整填报污染治理设施及设计参数。参数包括废气处理量、年运行时间、污染物出口浓度。这些参数均是与后续许可排放量核定相关，污染物出口浓度与可行技术的核定有关。（5）“是否为可行技术”还需要对照污染治理技术是否为技术规范中“6 污染防治可行技术”所列的，以判定企业所采用的污染治理技术能否满足现阶段的治污能力。（6）有组织排放口编号，企业不能随意填写，是与地方环保管理相配套的，根据地方管理部门已经给的编号进行填报。如无相关编号，应按编码规则编号并且填入。（7）由于排污口设置规范化是许可证核发的条件之一，企业需要自证是否符合要求。（8）“排放口类型”审核时需注意除了氧化沥青装置排气筒为一般排放口，火炬废气排放口为特殊排放口，其他废气排放口均为主要排放口。氧化沥青装置排放的污染物只管控排放浓度，不管控排放量。火炬废气既不管控污染物浓度也不管控污染物排放量。

7．表 5-废水类别、污染物及污染治理设施信息表：（1）核实废水类别填报是否完整，不同类别的废水如果一起汇入污水处理厂进行处理，可一起填报各类废水。需注意如果有管控的车间排口，其废水种类需单独填报，如果漏填，则后面无法对车间排放口的一类污染物进行许可。（2）根据排放标准确定污染物种类，避免遗漏。石油炼制行业在排放标准的基础上对车间排口污染物种类进一步细化，每个车间排口均有相应的管控重金属因子，如酸性水汽提装置车间排口管控总砷污染因子，这部分审核时需要注意不要遗漏车间排口污染因子。（3）“废水去向”包括装置预处理设施、污水处理场、回用，对照技术规范内容核实企业所填报的废水去向是否正确。废水去向不同，污染治理设施也不同。（4）废水污染治理设施情况审核要求与废气相同，关注治理工艺及参数是否填报完整。（5）“是否为可行技术”应对照技术规范中“6 污染防治可行技术”检查企业所采用的污染治理技术是否为可行技术，同时需核实污染物出口浓度达到排放限值，以判定企业所采用的污染治理技术能满足现阶段的治污能力。（6）排放去向、排放口编号、排放口设置是否符合要求、排放口类型等内容需审核是否填写完整。（7）排放口编号和排放口设置是否符合要求这两部分的审核与废气相同，“排放口编号”按现有环保主管部门编号，若无相关编号则应核实是否按照《固定污染源（水、大气）编码规则（试行）》进行编写并填入。（8）废水排放口包括主要排口和车间或生产设施排放口，审核废水的排放口类型填报是否正确。设施或车间排口可在“其他信息”中补充填报对应装置。

8．表 6-大气排放口基本情况表：在企业所有的产污-治污-排污基础信息填报完后，进入相应的许可内容。前面企业所填报的排放口编号和污染物种类均将会自动带入后续表格中。表 6 为大气排放口基本情况表。审核部门需要审核所有排放口的经纬度、排气筒高度、排气筒出口内径等信息是否填报完整，排气温度可在“其他信息”中填报。审核时需要注意核查单位及数值是否存在低级错误。

9．表 7-废气污染物排放执行标准表：（1）表 7 为废气污染物排放执行标准表，需要重点审核每个排放口对应污染物种类、所执行的排放标准以及浓度限值填报是否完整、准确。（2）硫黄回收尾气、污水处理场有机废气收集处理装置排气筒等需要管控恶臭项目，且需执行许可排放速率；目前在排放标准中，有机废气排放口挥发性有机物没有浓度限值，但有去除效率要求，因此需要在“其他信息” 中加以填报。（3）对于 2015 年 1 月 1 日（含）后取得环境影响评价批复的企业，应在“环境影响评价批复要求”中填报环境影响评价及批复的浓度限值。（4）本技术规范增加了排放标准中不包括的两个源项：离子液烷基化装置催化剂再生烟气和催化裂化汽油吸附脱硫再生烟气，其污染物排放浓度限值按照环境影响评价及批复进行填报，作为核定许可排放浓度的依据。（5）“承诺更加严格排放限值”当初设计主要是针对火电的超低排放，现在如果企业自愿加严，可以在此处填报。

10．表 8-大气污染物有组织排放表：（1）许可排放浓度和许可排放量是审核的重点，如果企业填报错误，审核人员可以进行修改。核实许可排放浓度不应大于排放标准要求。（2）需要特别注意环境影响评价批复的时间节点，对环境影响评价批复在 2015 年之后的，应将环境影响评价及其批复中要求的浓度限值与标准浓度限值进行取严，审核部门应核实“申请许可排放浓度限值”一栏，确保不出现该栏数值大于环境影响评价及其批复中要求的限值的现象。（3）主要排放口中颗粒物、二氧化硫、氮氧化物和挥发性有机物四者的申请年许可排放量为必填项，如果地方有加严要求，可以增加其他污染物的许可。（4）企业需要填报三年的许可排放量，同时需要将详细的计算过程上传，审核部门通过计算过程来核定企业许可排放量计算是否正确。（5）石化行业不需要填报一般排放口的污染物许可排放量。主要排放口污染物许可排放量合计与全厂有组织排放总计相同，分别为有组织排放源中颗粒物、二氧化硫、氮氧化物、挥发性有机物的年许可排放量。（6）许可排放总量部分，需要核对企业总量指标文件，确保企业所填写的“全厂有组织排放总计”数据不大于相应污染物的总量指标。如果 2015 年 1 月 1 日及以后取得环境影响评价批复的建设项目，则还需考虑环境影响评价及批复中的总量，三者取其严。（7）如地方政府对“重污染天气应对期”有要求的，需要申请特殊排放浓度限值、特殊时段许可排放量限值时填写。（8）特殊时段的许可排放量为重污染应对期日许可排放量，与环统相结合，将有组织排放源中的颗粒物、二氧化硫、氮氧化物三种污染因子前一年的环统实际排放量折算到日均值，并根据削减比例确定日许可排放量。

11．表 9-大气污染物无组织排放表：（1）审核无组织排放编号、产污环节、污染物种类、主要污染防治措施和排放标准填报是否完整时，需要注意厂界管控的污染因子及其排放标准是否有遗漏；主要污染防治措施是否有遗漏。（2）无组织排放仅对“挥发性有机物”许可排放量，针对三个源项，分别为：生产装置的设备管线与组件密封点泄漏挥发性有机物、挥发性有机液体储罐排放的挥发性有机物以及挥发性有机液体装载过程排放的挥发性有机物，并许可前三年排放量。（3）特殊时段不对无组织排放进行许可，可以不填。“申请特殊时段排放量限值”现阶段暂时填写“/”。（4）目前每个储罐的挥发性有机物无组织排放量是通过平台自动计算，审核人员需审核许可量填报是否完整。（5）装载部分，需要对每个装载设施核算挥发性有机物无组织许可排放量，同时根据技术规范要求和企业提交的计算过程审核许可排放量计算是否正确。（6）审核三个排放源 VOCs 是否申请三年的排放量。（7）挥发性有机物包括有组织和无组织的，近几年部分地区将挥发性有机物作为总量指标之一，对于总量指标既有有组织又有无组织且能够分开的，应确保企业所填写的“全厂无组织排放总计”数据不大于总量指标中无组织总量指标。总量指标既有有组织又有无组织，无法分开的，由地方环境保护部门自行确定，确保总量不超。

12. 表 9-1-挥发性有机物无组织排放量分类统计表：此表中三个排放源 VOCs 的许可排放量为上表中自动带入，审核是否申请三年的排放量，即设备管线与组件密封点泄漏挥发性有机物、挥发性有机液体储罐排放的挥发性有机物以及挥发性有机液体装载过程排放的挥发性有机物三年许可排放量。

13. 表 10-企业大气排放总许可量表：重点与各总量指标文件行对比，确保从严确定许可排放量。

14. 表 11-废水直接排放口基本情况表：对于废水总排放口，应审核排放口编号、排放口经纬度、排放去向、排放规律、进入自然水体信息是否填报完整。如果对于车间或生产设施排口，可不填写受纳水体信息，但需填报排放口地理坐标，便于后续管理。

15. 表 11-1-雨水排放口基本情况表：需审核雨水排放口编号、排放口经纬度、排放去向、排放规律是否填报完整。为今后的环境监管打好基础准备。雨水排口是单独编号，填写企业内部编号，如无内部编号，则采用“YS+三位流水号数字”（如 YS001）进行编号。

16. 表 12-废水间接排放口基本情况表：对于间排需要审核废水总排放口经纬度、排放去向、排放规律，受纳污水处理厂名称等是否填报完整。需重点关注的：受纳污水处理厂是园区污水处理厂还是城镇污水处理厂，与后面核定废水许可排放浓度有关。如果进入城镇污水处理厂，则按直排标准进行核定许可排放浓度；如果进入园区污水处理厂，常规因子可以商定，特征因子则按间排标准核定许可排放浓度。

17. 表 13-废水污染物排放执行标准表：（1）需审核污染物种类、执行标准名称、浓度限值是否填报完整。对于直接排放，注意与地方排放标准相结合。对于间接排放，只有进入园区污水处理厂时常规污染物可以协商排放浓度，其他按标准确定。协商浓度时，应根据协议确定。（2）排放一类污染物的车间排口，根据技术规范要求，按照装置类型，核实执行的排放标准、浓度限值是否正确。特别注意：车间排口管控的污染物，无论直排或间排，排放标准限值相同。

18. 表 14-废水污染物排放：（1）审核废水总排口污染物种类、排放浓度限值填报是否完整。（2）对于 2015 年 1 月 1 日（含）后取得环境影响评价批复的企业，申请许可排放浓度不得大于环境影响评价及批复中排放浓度。（3）管控许可排放量的因子包括 COD 和氨氮，根据所在区域及排放去向，确定是否增加总磷、总氮，根据受纳水体确定是否增加其他控制因子。（4）废水不需要填报特殊时段许可排放量限值。“申请特殊时段排放量限值”现阶段暂时填写“/”。（5）对于 2015 年 1 月 1 日（含）后取得环境影响评价批复的企业，车间排口一类污染物的许可排放浓度不得大于环境影响评价及批复中排放浓度。（6）废水许可排放量审核：根据规范要求和企业提供的计算过程，核实许可排放量的准确性。需要注意以下两点：a. 申请年排放量不得大于已有的总量控制指标；b. 2015 年 1 月 1 日（含）后取得环境影响评价批复的企业，申请排放量不得大于环境影响评价及批复的总量。（7）废水许可排放量核算通过合法的加工能力或产品产能、排水量和许可排放浓度来核定。对于排水量，石油炼制工业依据标准采用基准排水量；石油化学工业取近五年单位产品实际排水量的平均值，但需剔除浓度限值超标或者监测数据缺失时段，运行不满 5 年的则从投产之日开始计算；同时需要满足地方的要求。

19. 表 15-自行监测及记录信息表：（1）采用自动监测的需填报除“其他信息”外的所有信息。填报手工监测频次和方法，为了在自动监测设施出现故障时，所采用的手工监测。（2）采用手工监测的可不填报自动监测相关信息和“其他信息”，其余的内容均需填报。（3）审核总排口和排放一类污染物的车间排口监测内容是否包括流量。（4）审核污染物监测方式、监测频次、测定方法是否符合规范中自行监测管理要求。（5）废气监测内容的审核需注意：a. 非燃烧类废气是否填报了烟气流速、烟气温度、烟气含湿量、烟气量；b. 燃烧类废气是否填报了氧含量、烟气流速、烟气温度、烟气含湿量、烟气量。（6）废气自行监测内容应包括有组织监测、厂界监测和设备与管线组件密封点泄漏检测，注意是否有漏填。

20. 表 16-环境管理台账信息表：（1）信息完整性审核记录内容是否包括“生产设施的基本信息”“污染治理设施运行管理信息”“监测记录信息”“其他环境管理信息”等。其中生产设施基本信息记录包括原辅燃料、产品信息、生产装置或设施、公用单元和全厂运行情况等内容。（2）生产设施的监测记录内容审核包括废气排放口、厂界、设备与管线组件密封点泄漏监测信息。（3）污染防治设施运行管理信息审核包括：a. 有组织废气治理设施运行记录；b. 无组织废气排放控制记录措施执行情况；c. 废水处理设施运行信息；d. 污染治理设施维护记录。（4）污染防治设施的监测记录内容审核包括：废气和废水的手动监测或自动监测的详细信息记录。（5）污染防治设施的其他环境管理信息审核包括：a. 各项运行管理要求落实情况；b. 如出现设施故障时，应记录故障时间、处理措施、污染物排放情况等；c. 如生产设施开停工、检维修时，应记录起止时间、情形描述、应对措施及污染物排放浓度等。（6）审核记录频次、记录形式和保存时间是否完整。同时需要对照规范内容判定是否符合要求。（7）“记录频次”规范性审核包括：a. 生产设施运行信息：按班次记录；b. 原辅料：按批次记录和分析检测；c. 污染治理设施：按运行班次记录；d. 监测记录：即按自行监测要求记录；e. 特殊时段按日记录；f. 非正常按次记录。（8）记录形式可以填写纸质台账也可填写电子台账，或者是二者均有，保存时间按照技术规范要求。

21. 附图：（1）附图要求上传“工艺流程图、总平面布置图和污水、雨水管线图”，审查上传的图件是否清晰可见、图例明确，且不能有上下左右颠倒的情况。（2）审查生产工艺流程图是否包括主要生产设施、主要原燃料的流向、生产工艺流程等内容，针对工艺复杂的可上传多张图。（3）对于厂区总平面布置图可与污水、雨水管线图合并，审查是否包括主体设施、公辅设施、全厂污水处理站、管线走向等，另外需要注明厂区雨水和污水排放口位置。

22. 附件：应提供承诺书、信息公开情况说明表及其他必要的说明材料；许可排放量计算过程应详细、准确，计算方法及参数选取符合规范要求。

（三）环境保护部门审核意见及排污许可证副本

1. 应按技术规范填写执行报告内容、频次等要求；年度执行报告编制内容应包括：基本生产信息、遵守法律法规情况、污染防治设施运行情况、自行监测情况、台账管理情况、实际排放情况及合规判定分析、排污费（环境保护税）缴纳情况、信息公开情况、排污单位内部环境管理体系建设与运行情况、其他排污许可证规定的内容执行情况、其他需要说明的问题、结论、附图附件要求共 13 部分内容。需要关注点：（1）针对上报频次，原则上要求企业上报年度、季度报告。（2）针对地方环保主管部门有其他管理要求的，也可以让企业上报月度报告和半年度报告。（3）对于设备故障、非正常工况等属于一事一报范畴。

2. 信息公开表应该按照《企业事业单位环境信息公开办法》和《排污许可证管理暂行规定》等现行文件要求，填报公开的方式、时间、内容以及其他信息。公开的方式包括两种：（1）在国家排污许可信息公开系统中公开；（2）依法规范的其他便于公众知晓的方式。

时间节点按照《企业事业单位环境信息公开办法》的要求执行。公开的内容包括 4 部分内容，（1）基础信息，包括单位名称、统一社会信用代码等；（2）排污信息，包括排放污染物的名称、排放方式、排放口数量、排放浓度和总量等信息；（3）防治污染设施的建设和运行情况；（4）其他应当公开的环境信息。

其他信息需按照《企业事业单位环境信息公开办法》和《排污许可证管理暂行规定》执行。

3. 环境保护部门可将对企业现行废气、废水管理要求，以及法律法规、技术规范中明确的污染防治措施运行维护管理要求写入“其他环境管理要求”部分中。

炼焦化学工业排污许可证审核要点

企业各项申请材料和环境保护部门补充信息应完整、规范。

复审时，除应关注是否按照前版审核意见修改外，还须注意是否出现新问题。

一、材料的完整性

1. 应具备的材料

（1）排污许可证申请表；

（2）承诺书；

（3）申请前信息公开情况说明表；

（4）附图：应包括生产工艺流程图和厂区总平面布置图；

（5）附件：企业认为有必要上传的附件及其他证明材料（如不是可行技术时应提交的证明材料，计算过程等）；

（6）环境管理部门需要的其他文件。

2. 不予受理的情形

判断是否属于以下两种类型，若属于，则不予受理。

（1）国家或地方政府明确规定予以淘汰或取缔的；

（2）位于法律法规明确规定禁止建设区域。

二、材料的规范性

（一）申请前信息公开及企业守法承诺书

1. 申请前信息公开

（1）信息公开情况说明表：是否为平台下载的样表，表中内容应保持完整，包括信息公开的起止时间、签字时间；

（2）审核公开时间：应不少于5个工作日（非5个自然日）；

（3）审核公开方式：应为“国家排污许可信息公开系统”或依法规定的其他便于公众知晓的方式；

（4）审核公开内容：应符合《排污许可证管理暂行规定》并按要求将公开内容进行勾选，如勾选“其他信息”需查看是否说明了公开哪些其他信息；

（5）审核反馈意见处理情况：审核企业是否将反馈意见逐条答复，未答复的应要求补充，若无反馈意见，填写“无反馈意见”；

（6）审核签字：署名应为法定代表人，且应与排污许可证申请表、承诺书等保持一致；有法定代表人的单位须由法定代表人签字，对于没有法定代表人的单位（如个体工商户、私营企业者等）可由实际负责人签字；此外对于集团公司下属不具备法定代表人资格的独立分公司，也可由实际负责人签字。

2. 企业守法承诺书

（1）应符合《排污许可证管理暂行规定》要求，按照平台下载的样本填写，不得删减；

（2）法定代表人签字应为本人签字，没有法定代表人或不具备法定代表人资格的，可以由实际负责人签字，与信息公开情况说明表上的签名保持一致。

（二）排污许可证申请表

排污许可证申请表主要核查企业基本信息，主要生产装置、产品及产能信息，主要原辅材料及燃料信息，生产工艺流程图，厂区总平面布置图，废气、废水等产排污环节，排放污染物种类及污染治理设施信息，执行的排放标准，许可排放浓度和排放量，申请排放量限值计算过程，自行监测及记录信息，环境管理台账记录等。

1．封面

审核注册地址是否与统一社会信用代码证名称一致，行业类别应为主行业类别，法定代表人名字应与信息公开情况说明表及守法承诺书上的签名保持一致。

2．表 1-排污单位基本信息表

（1）排污单位生产经营场所应填报具体，填报省、市、区（县）、乡镇、村；

（2）审核投产日期及“是否投产”以 2015 年 1 月 1 日为界限；2015 年 1 月 1 日起，正在建设过程中，或已建成但尚未投产的，选“否”；已经建成投产并产生排污行为的，选“是”；分期投运的以先期投运时间为准；

（3）重点区域填写应根据《关于执行大气污染物特别排放限值的公告》（环境保护部公告 2013 年第 14 号）的重点控制区进行选择；

（4）企业应如实填写全部项目的环境影响评价、备案文号，包括分期建设项目、技改扩建项目等，若两者全无，应核实企业具体情况；

（5）若环境影响评价批复日期在 2015 年 1 月 1 日及以后，在后续确定许可排放限值时须考虑环境影响评价文件及批复中的排放量；

（6）企业应完整填写总量分配计划文件中的总量指标因子及控制指标值，指标填写应准确并备注总量指标的范围；有多个总量文件，应均进行填报。

3．表 2-主要产品及产能信息

（1）同类型生产设施应分别填报，确保为每个生产设施赋予唯一编号，编号不能重复；

（2）设施参数应对照技术规范完整填报，不可缺项漏项；

（3）要求填报的其他设施信息应完整填报；

（4）企业填报的生产能力应为设计产能（不包括国家或地方政府明确规定予以淘汰或取缔的产能）；

（5）产品中有副产品及中间产品也应完整填报；

（6）以湿熄焦为主要熄焦工艺的钢铁联合企业，应在“其他工艺信息”中载明：承诺于 2017 年 12 月底完成干熄焦改造。

4．表 3-主要原辅材料及燃料

（1）原料及对应信息应完整填报；

（2）辅料及信息（除硫分和挥发分外）应完整填报，同时在“其他信息”中备注组分和浓度；

（3）燃料应填写锅炉燃料，燃料为煤时除其他信息外其余信息应完整填报；燃料为煤气时除灰分、挥发分外其他信息应完整填报，注意硫分是指总硫含量，其他信息中应备注硫化氢含量；

（4）注意填报数值与单位对应。

5．表 4-废气产排污节点、污染物及污染治理设施信息

（1）此表中只填报有组织废气，不填无组织产排污环节；

（2）审核产排污环节、污染物种类是否填报完整，注意燃煤和燃气锅炉的污染物种类不完全相同；

（3）污染物种类为“颗粒物”的，不可填写“粉尘”“烟尘”“总悬浮颗粒物”等内容；

（4）“是否为可行技术”填报时应与技术规范中可行技术参照表（表 10）进行对比，对于未采用可行技术的污染控制环节，应填写“否”，并提供监测数据等相关证明材料，证明可达排放标准；

（5）污染治理设施其他信息应根据技术规范的要求进行备注；

（6）排放口类型的判断应与技术规范一致；

（7）对于有单独脱硫脱硝设施排放口的企业，应对焦炉烟囱进行填报，备注使用情况（如备注：备用烟囱）。

6．表 5-废水类别、污染物及污染治理设施信息表

（1）废水类别及对应污染物种类应完整填报；

（2）“是否为可行技术”填报时应与技术规范中可行技术参照表（表 12）进行对比，对于未采用可行技术的污染控制环节，应填写“否”，并提供监测数据等相关证明材料，证明可达排放标准；

（3）污染治理设施其他信息应根据技术规范的要求进行备注；

（4）排放口类型的判断应与技术规范一致。

7．表 6-大气排放口基本情况表

审核排气筒高度及内径数值填写是否存在错误，排气筒高度应满足标准要求，根据 GB 16171，所有排气筒高度应不低于 15 m，排放含氰化氢废气的排气筒高度不得低于 25 m。

8．表 7-废气污染物排放执行标准

（1）审核排放标准名称、污染物及其浓度限值填写是否正确；

（2）2015 年 1 月 1 日（含）后取得环境影响评价批复的排污单位，还应填写环境影响评价中的污染物排放浓度限值要求，格式为数值加单位。

9．表 8-大气污染物有组织排放表

（1）有单独脱硫脱硝设施排放口时，焦炉烟囱为备用排放口，不许可排放量；

（2）主要排放口和一般排放口管控许可排放浓度和许可排放量；

（3）许可排放浓度应进行取严，许可排放量计算过程中各数值的取值应说明来源，2015 年 1 月 1 日（含）后取得环境影响评价批复的需要考虑环境影响评价及批复中的许可排放浓度限值。

10．表 9-大气污染物无组织排放表

（1）无组织产污环节应完整填报，主要包括：焦炉炉体，厂界，原料煤堆场，炼焦煤、焦炭输送，原辅材料及产品的破碎、筛分及转运，装煤，半焦（兰炭）炭化炉，半焦（兰炭）炭化炉氨水循环池；

（2）各无组织产污环节对应污染物应完整填报，防治措施应填写明确；

（3）无组织污染物对应国家或地方排放标准及浓度限值应正确填报；

（4）其他信息中应填写以下内容：是否为可行技术（不包括厂界），环境影响评价及批复中浓度限值（数值+单位，2015 年 1 月 1 日及以后取得环境影响评价批复的排污单位），申请许可排放浓度限值（数值+单位，针对厂界及焦炉炉体）；

（5）其他信息中可行技术判断应对照技术规范，申请许可排放浓度限值应为取严值。

11．表 10-企业大气排放总许可量

该表为自动生成，该表中申请排放许可量应与表 1 中总量指标进行对比取严。

12．表 11-废水直接排放口基本情况表

（1）对于总排放口，排放口编号、地理坐标、排放去向、排放规律、受纳自然水体信息、汇入受纳自然水体处地理坐标等信息应完整填报；

（2）总排放口受纳水体的名称、水体功能目标填报应正确填报；

（3）对于车间或生产设施排放口，排放口编号、地理坐标、排放去向、排放规律应填报完整。

13．表 12-废水间接排放口基本情况表

间接排放废水应写明受纳污水处理厂执行的外排浓度限值。

14．表 13-废水污染物排放执行标准表

（1）废水污染物排放标准及浓度限值应正确填报，注意焦化生产废水如湿熄焦废水经处理后用于洗煤、熄焦和高炉冲渣等的水质，其 pH、SS、COD_{Cr}、氨氮、挥发酚及氰化物应满足 GB 16171 中表 1 的间接排放限值要求；

（2）2015 年 1 月 1 日及以后取得环境影响评价批复的排污单位在其他信息中应填写环境影响评价批复要求（数值+单位）。

15．表 14-废水污染物排放

（1）废水污染物种类及排放浓度限值应完整准确；

（2）2015 年 1 月 1 日（含）后取得环境影响评价批复的企业许可排放浓度限值应将排放标准与环境影响评价批复值取严；

（3）总排放口化学需氧量及氨氮应申请前三年的年排放量限值，审核计算过程是否正确，总量控制指标应为取严值；

（4）受纳水体环境质量超标且列入 GB 16171 中的其他污染因子或总磷总氮控制区域的总磷、总氮应申请年排放量限值并申请年许可排放量；

（5）设施或车间废水排放口只申请许可排放浓度限值，不申请年排放量限值；

（6）全厂排放口总计自动生成结果，应与表 1 中总量指标进行对比取严。

16. 表 15-自行监测及记录信息表

废水

（1）审核“监测内容”是否填报准确，废水选择“流量”；

（2）污染物名称、监测设施、手工监测频次应符合规范中自行监测管理要求；

（3）手工测定方法应根据 GB 16171 确定，并判断该方法是否适用于对应污染物；

（4）湿熄焦水池补水口 6 项指标监测信息应完整填报；

（5）应填报湿熄焦回用水池内对挥发酚的监测内容。

有组织废气

（1）审核“监测内容”是否填报准确，并不是指监测的污染物种类，而是一些对应的监测参数，有组织燃烧类废气监测内容应为“氧含量、烟气流速、烟气温度、烟气含湿量、烟气压力”，非燃烧类应为“烟气流速、烟气温度、烟气含湿量、烟气压力”；

（2）污染物名称、监测设施、手工监测频次应符合规范中自行监测管理要求；

（3）测定方法应根据 GB 16171 和 GB 13271（锅炉）确定，选取的测定方法应适用对应排放形式的污染物；

（4）自动监测时应填报故障期间手工监测信息。

无组织废气

（1）无组织监测内容（厂界、焦炉炉顶）应填报完整；

（2）“监测内容”应填报准确，无组织废气应选择“温度、气压、风速、风向”；

（3）污染物名称、监测设施、手工监测频次应符合规范中自行监测管理要求；

（4）测定方法应根据 GB 16171 确定，选取的测定方法应适用于无组织废气。

17. 表 16-环境管理台账信息表

（1）台账记录内容应准确完整，包括生产设施运行管理信息、污染治理设施运行管理信息、非正常情况记录信息、监测记录信息、其他环境管理信息（无组织、特殊时段的记录要求）；

（2）“记录频次”应符合规范要求，与记录内容对应；

（3）“记录形式”应选择“电子台账+纸质台账”；

（4）“其他信息”应备注台账保存期限不得少于三年。

18. 改正措施

对于目前排污单位环境管理现状无法满足规范要求的，审核企业是否承诺改正措施及完成时限。例如：

（1）对于采用湿熄焦作为主要熄焦工艺的钢铁联合企业，需填写：“承诺于 2017 年 12 月底完成干熄焦改造”；

（2）对于××主要排放口应该采用自动监测而未采用的，需填写：“承诺于 201×年×月底前完成自动监测设施的安装”；

（3）对于煤场没有密闭的，需填写：“承诺于 201×年×月底前完成改造工作”。

19. 附图

生产工艺流程图应包括主要生产设施（设备）、主要原燃料的流向、生产工艺流程等；图片应清晰可见，图例明确，且不存在上下左右颠倒的情况。

生产厂区总平面布置图应包括主体设施、公辅设施、全厂污水处理站等，同时注明厂区雨水和污水排放口位置；图片应清晰可见，图例明确，且不存在上下左右颠倒的情况。

（三）许可排放限值确定

1. 许可排放浓度

对于 2015 年 1 月 1 日（含）后取得环境影响评价批复的排污单位，许可排放浓度由污染物排放标准和环境影响评价文件及批复要求从严确定；对于其他排污单位，许可排放浓度由污染物排放标准确定。审核许可排放浓度确定依据及取值是否正确。

2．许可排放量

对于 2015 年 1 月 1 日（含）后取得环境影响评价批复的排污单位，许可排放量由环境影响评价文件及批复要求、总量控制指标、本标准推荐方法从严确定；对于其他排污单位，许可排放量由总量控制指标及本标准推荐方法从严确定。上述总量控制指标包括：总量批复文件、环境影响评价批复时的总量控制指标、现有排污许可证及排污权有偿使用和交易总量。审核许可排放浓度确定依据及取值是否正确。

对于本技术规范推荐方法计算过程的审核，计算过程中应说明公式中每个数据的来源，包括对主要产品产能的认定依据、基准排气量及许可排放浓度的选择，锅炉设计燃料用量的来源等，确保数值选取准确，计算过程中应使用主要产品产能而非产品产量。

三、环境保护部门审核意见及排污许可证副本

1．应按技术规范填写执行报告内容、频次等要求；原则上炼焦化学工业仅要求上报年度、季度执行报告，地方可根据管理要求增加月度和半年年度执行报告。

2．应按照企业事业单位环境信息公开办法、排污许可证管理暂行规定等现行文件的管理要求，填报信息公开方式、时间、内容等信息。

3．环境保护部门可将对排污单位现行废气、废水管理要求，以及法律法规、技术规范中明确的污染防治设施运行维护管理要求写入“其他环境管理要求”部分中；对于污染治理设施不满足规范要求的，可将整改要求写入“改正措施”中并限定整改时限。

4．核发部门应结合冬防期间相关文件提出相应管控要求。

氮肥行业排污许可证核发审核要点

排污单位需要完整的提交以下三类材料：申请前信息公开情况说明表、承诺书、排污许可申请表及相关附图和附件，申请前信息公开情况说明表、承诺书、排污许可申请表环境保护部统一规定了格式，可以在国家排污许可信息平台下载。

审核的内容包括材料的完整性、材料的规范性、相关环境管理要求三个方面。

1．申请前信息公开情况说明表的审核

申请前信息公开情况说明表，需要注意的是填写内容的完整性，包括起止时间、公开方式、公开内容是否填写，如果有反馈意见则需要逐条答复，公开起止时间最少要求要 5 个工作日，公开内容要符合《排污许可证暂行规定要求》，包括 1）排污单位基本信息；2）主要产品及产能；3）产污、排污、治污信息等，完成以上内容后说明表还需要排污单位法人签证，如果没有法人，可由实际负责人签。

2．承诺书的审核

排污许可证未来作为排污单位依证排污，环境主管部门依证监管的凭证，排污单位要对申请材料的完整性、真实性和合法性承担主体法律责任，承诺书为固定样式，不得删减，承诺书同样要排污单位法人签证，如果没有法人，可由实际负责人签。

3．排污许可申请表的审核

排污许可证申请表可分为三个方面的内容：

一是描述排污单位的基本情况的载明内容；

二是环境主管部门对排污单位污染物排放的许可，包括水和大气污染物排放种类、浓度、量、排放方式、去向、排放口地理位置等；

三是为了加强环境监管，针对自行监测、环境管理台账的落实等提出的环境管理要求。

排污许可证申请表各章节标题见下表。

排污许可证申请表

一、排污单位基本情况	（一）排污单位基本信息	表 1 排污单位基本信息表
	（二）主要产品及产能	表 2 主要产品及产能信息表
	（三）主要原辅材料及燃料	表 3 主要原辅材料及燃料信息表
	（四）产排污节点、污染物及污染治理设施	表 4 废气产排污节点、污染物及污染治理设施信息表
		表 5 废水类别、污染物及污染治理设施信息表
二、大气污染物排放	（一）排放口	表 6 大气排放口基本情况表
		表 7 废气污染物排放执行标准表
	（二）有组织排放信息	表 8 大气污染物有组织排放表
	（三）无组织排放信息	表 9 大气污染物无组织排放表
	（四）企业大气排放总许可量	表 10 企业大气排放总许可量
三、水污染物排放	（一）排放口	表 11 废水直接排放口基本情况表
		表 11-1 雨水排放口 基本情况表
		表 12 废水间接排放口基本情况表
		表 13 废水污染物排放执行标准表
	（二）申请排放信息	表 14 废水污染物排放
四、环境管理要求	（一）自行监测	表 15 自行监测及记录信息表
	（二）环境管理台账记录	表 16 环境管理台账信息表
五、有核发权的地方环境保护主管部门增加的管理内容		
六、改正措施		

一、排污单位基本情况

表 1-排污单位基本信息表

排污单位基本信息表主要包括四个方面的内容：

一是企业基本情况，企业平台注册后自动生成；

二是重点区域控制，如果企业所在地属于重点区域则污染物排放相应的就需要执行特别排放限值或者计算某些污染物的排放量；

三是环境准入文件，企业申领排污许可证前提是企业为合法企业，需提供环境影响评价批复文件或者地方政府对违规项目的认定或备案文件；

四是总量控制文件，这是排污许可制和总量制两项环境管理制度相衔接一个的具体表现，未来企业污染物排放的许可量可以说就是总量，但目前许可量不可以突破已颁发的总量。

四个方面对应有四个审核要点：

第一个是企业是否投产及投产日期，投产日期以第一项目为准，尚未投产的项目，许可和管理要求要求与环境影响评价保持一致；

第二个是企业是否在重点控制区域内，如果企业位于重点控制区域，大气污染物排放浓度将按照环境保护部《关于执行特别排放限值的公告》和《复函》的要求执行特别排放限值。目前执行大气污染物特别排放限值的城市有北京、天津、石家庄、唐山、保定廊坊等 47 个。同时关注企业所在地是否位于《“十三五”生态环境保护规划》中的总磷、总氮控制区。实施总磷的控制区域有天津市宝坻区，黑龙江省鸡西市，河南省漯河市、鹤壁市、安阳、新乡等 23 个市区。实施总氮总量控制区域比较多，包括 56 个沿海地级及以上城市或区域和 29 个富营养化湖库汇水范围；

第三个是企业是否填报环境影响评价批复文件或地方政府对违规项目的认定或备案文件，原则上要求二者必填其一。如果有环境影响评价文件，则全部填写，包括分期建设项目、技改扩建项目等。

第四个是企业是否填报总量控制文件，作为后续核定企业许可排放量的依据，核实企业是否有污染物总量分配计划文件，是否完整、正确填写总量指标因子及数值。此外，对于包含自备电厂的排污单位，在填报污染物总量指标时，关注总量指标值是否包含自备电厂的指标。

表 2-主要产品及产能信息表

主要产品与产能信息表是载明内容的基础工作，企业对其真实性、完整性负责。重点关注三个方面内容：

一是必填生产设施是否严格按照规范准确填报；

二是对照规范核实企业所填报生产设施是否为产污设施，如属于产污设施，必填设施参数（设计年运行小时数、处理量，对于有组织废气还应填写废气排放量）是否填写完整；

三是产品产能信息是否以生产单元填报。

表 3-主要原辅材料及燃料信息表

主要原辅材料及燃料信息表同样为企业对其真实性、完整性负责的载明内容，重点关注三方面内容：

一是主要原辅材料及燃料信息是否按生产单元填报；

二是除工艺过程涉及的辅料外是否包含了废水处理和废气治理过程中添加的辅料；

三是原料、燃料中各项必填参数是否填写完全，原料、燃料中硫元素占比及燃料煤中灰分、挥发分、汞含量、低位热值为必填项。

表 4-废气产排污节点、污染物及污染治理设施信息表

废气产排污节点、污染物及污染治理设施信息表是载明内容核心工作，重点应关注六方面内容：

一是核实产污环节是否完整，避免出现遗漏。

二是核实产污环节对应污染物种类是否填写准确、完全，避免出现遗漏。

三是核实企业所填报污染治理设施必填设施参数（设计年废气排放量、运行时间、污染物排放浓度）是否填写完整；

四是核实污染治理设施工艺是否为可行技术；如不属于可行技术，需要提交证明材料；

五是有组织排放口是否填报编号及规范，排放口编号可填写地方环境保护主管部门现有编号或根据《固定污染源（水、大气）编码规则（试行）》（环水体〔2016〕189号附件4）进行编号；

六是核实企业所填报排放口类型是否正确。按照氮肥工业各排放口污染物排放特点及排放负荷，本标准实行差异化管理，将排放口划分为主要排放口、一般排放口和其他排放情形。

表5-废水类别、污染物及污染治理设施信息表

废水类别、污染物及污染治理设施信息表同废气产排污节点、污染物及污染治理设施信息表重点关注六方面内容：

一是核实废水类别是否填报完全，废水污染物种类是否填报完整；

二是核实企业所填报废水去向是否正确，去向和处理设施相同的废水可合并填报，污染治理设施不同的废水单独填报；

三是核实污染治理设施必填参数（设计年废水处理量、运行时间、污染物排放浓度）是否填写完全；

四是核实污染治理设施工艺是否为可行技术；

五是有组织排放口是否填报编号及规范，排放口编号可填写地方环境保护主管部门现有编号或根据《固定污染源（水、大气）编码规则（试行）》（环水体〔2016〕189号附件4）进行编号；

六是对照规范核实企业所填报排放口类型是否正确，废水总排口列为主要排放口。

二、大气污染物排放

表6-大气排放口基本情况表

大气排放口基本情况表排放口编号及污染物种类由系统自动生成，对填写的排放口地理坐标、排气筒高度、排气筒出口内径，重点应关注数据是否有数量级等低级错误。

表7-废气污染物排放执行标准表

废气污染物排放执行标准表排放口编号及污染物种类由系统自动生成，重点关注两方面：

一是每个排放口对应污染物种类执行国家或地方污染排放标准的填报是否准确，包括标准名称、编号、浓度限值、速率限值；

二是对2015年1月1日后取得环境影响评价批复的项目是否填报环境影响评价文件批复要求。

表8-大气污染物有组织排放表

废气污染物排放执行标准表排放口编号及污染物种类由系统自动生成，重点关注五个方面：

一是是否三年内申请年许可排放量，是否上传详细的计算说明。

二是对照规范核实企业所填报年许可排放量是否正确，基于许可排放浓度和单位产品排放绩效两种计算方法计算，从严确定。

三是关注主要排放口合计是否与全厂有组织排放总计相同，分别为有组织排放源中颗粒物、二氧化硫、氮氧化物、氨的年许可排放量。一般排放口不需要填写。

四是对申报过自备电厂的排污单位关注其自备热电站总量指标和补充申报氮肥工业总量指标两者相加是否小于总量分配计划文件给定的全厂总量指标，此外，对2015年1月1日（含）后取得环境影响评价批复的企业，申请排放量不得大于环境影响评价及批复的总量。

五是如果地方政府制定的环境质量限期达标规划、重污染天气应对措施中对排污单位有更加严格的排放控制要求，企业是否按要求申请特殊排放浓度限值、特殊时段许可排放量限值。

表9-大气污染物无组织排放表

大气污染物无组织排放表无组织排放编号、产污环节、污染物种类、主要污染防治措施由系统自动生成，重点关注三点：

一是企业是否添加厂界污染物管控因子；

二是企业是否完整填报所执行的标准名称以及对应的无组织排放限值；

三是年许可排放量限值和特殊时段许可排放量限值无须填报。

表10-企业大气排放总许可量表

企业大气排放总许可量表为自动生成。

三、水污染物排放

表 11-废水直接排放口基本情况表

重点关注排放口地理坐标、排放去向、排放规律、收纳自然水体等信息是否填报完整。

表 11-1-雨水排放口基本情况表

雨水排放口基本情况表填报信息与废水直接排放口基本情况表是相同，关注企业雨水排放口信息是否填报完整。

表 12-废水间接排放口基本情况表

与直接排放相似，重点关注废水总排放口地理坐标、排放去向、排放规律，受纳污水处理厂名称、污染物种类及排放限值等信息是否填报完整。

表 13-废水污染物排放执行标准表

废水污染物排放执行标准表排放口编号、污染物种类由系统自动生成，重点关注两点：

一是是否完整填报所执行的标准名称以及对应排放限值；

二是无论直接排放还是间接排放均应按标准取值，同时要注意地方排放标准。

表 14-废水污染物排放表

废水污染物排放执行标准表排放口编号及污染物种类由系统根据自动生成，重点关注四个方面：

一是对于执行环境影响评价批复的企业，关注申请的许可排放浓度是否小于环境影响评价及批复。

二是是否三年内申请年许可排放量，并上传详细的计算说明，根据规范和企业提供的计算过程，核实许可排放量的准确性。如是直接排放需要基于许可排放浓度和单位产品排放绩效两种计算方法计算并从严确定。排入城镇集中污水处理设施的生活污水无须申请许可排放量。

三是关注主要排放口合计是否与全厂排放口总计相同，化学需氧量、氨氮的年许可排放量为必填项。此外，根据所在区域及排放去向，确定是否增加总氮、总磷，根据受纳水体确定是否增加其他控制因子。一般排放口不需要填写。

四是申请年排放量不得大于已有的总量控制指标，对 2015 年 1 月 1 日（含）后取得环境影响评价批复的企业，申请排放量不得大于环境影响评价及批复的总量。

四、环境管理要求

表 15-自行监测及记录信息表

重点关注监测内容、自动监测、手工监测的完整性，污染物监测方式、监测频次、测定方法是否符合规范中自行监测管理要求。监测内容指气量、水量、温度、含氧量等项目。除有组织监测外，是否包含无组织厂界监测信息。

表 16-环境管理台账信息表

环境管理台账信息表主要记录生产设施运行情况、污染治理设施运行情况、自行监测和其他环境管理要求四个方面的内容，重点注记录内容、记录频次和保存时间的准确性及完整性。

原辅料、燃料采购信息——按批次或月记录；

生产设施运行管理信息——按班次记录；

污染治理设施运行管理信息——按班次记录；

非正常工况记录信息——按工况期记录；

监测记录信息——按监测次数记录；

其他环境管理信息——按应对期间记录。

五、有核发权的地方环境保护主管部门增加的管理内容

环境保护主管部门按环境质量改善需求增加的管理要求，应填入排污许可证管理信息平台申报系统中“有核发权的地方环境保护主管部门增加的管理内容”一栏。

六、改正措施

排污单位在填报申请信息时，应评估污染排放及环境管理现状，对现状环境问题提出整改措施，并填入排污许可证管理信息平台申报系统中“改正措施”一栏。

相关附图及附件

工艺流程图、总平面布置图和污水、雨水管线图要清晰可见、图例明确，且不能有上下左右颠倒的情况。

生产工艺流程图应至少包括主要生产设施（设备）、主要原燃料的流向、生产工艺流程等内容。

厂区总平面布置图可和污水、雨水管线图合并，应至少包括主体设施、公辅设施、全厂污水处理站、管线走向等，同时注明厂区雨水和污水排放口位置。

玻璃工业—平板玻璃排污许可证审核要点

为提高平板玻璃行业排污许可证审核质量，技术规范编制小组对近期地方提交的许可证材料进行了详细梳理，对常见问题进行了分析总结，起草了排污许可证审核要点，作为规范技术审核工作的参考。本审核要点为第一版，后续将持续更新完善。

审核人员复审时，除应关注是否按照前版审核意见修改外，还须注意是否出现新问题。

一、材料的完整性

（一）完整性

申请材料应包含排污许可证申请表、守法承诺书、申请前信息公开情况说明表、附图、附件等材料。其中，附图应包括生产工艺流程图和平面布置图；附件应包括申请排放量计算过程以及企业认为必要的其他自证材料（如燃料检测报告、环境影响评价批复、地方环境保护部门发放的排污许可证等）。

（二）不予核发

1．国家或地方政府明确规定予以淘汰或取缔的，如平拉工艺（含格法）；

2．位于饮用水水源保护区等法律明确禁止建设区域。

二、材料的规范性

（一）申请前信息公开

1．信息公开情况说明表应填写完整。

2．信息公开时间应不少于 5 个工作日。

3．信息公开方式应明确列出载体，例如在网站进行信息公开的，应同时写出网站的名称及网站的地址。

4．信息公开内容符合《排污许可证管理暂定规定》等相关文件的要求。若企业在信息公开内容中勾选“其他信息”，还应明确写出其他信息的具体内容。若对于信息公开情况说明表中列出的必须公开的内容企业未进行信息公开，应对未公开的原因进行说明。

5．信息公开期间收到的意见应进行逐条答复，并全部写入信息公开情况说明表中。若未收到反馈意见，则“反馈意见处理情况”一栏应填写“无”。

6．署名处应由法定代表人亲笔签字，且应与排污许可证申请表、承诺书等保持一致。有法定代表人的一定要填写法定代表人，对于没有法定代表人的企事业单位，如个体工商户、私营企业者等，这些单位可以由实际负责人签字。此外对于集团公司下属不具备法定代表人资格的独立分公司，也可由实际负责人签字。

7．法人签字日期应在申请前信息公开的结束日期之后。

（二）法人承诺书

1．承诺书内容应完整，无删减。

2．署名处应由法定代表人亲笔签字，且应与排污许可证申请表、承诺书等保持一致。有法定代表人的一定要填写法定代表人，对于没有法定代表人的企事业单位，如个体工商户、私营企业者等，这些单位可以由实际负责人签字。此外对于集团公司下属不具备法定代表人资格的独立分公司，也可由实际负责人签字。

（三）排污许可证申请表

排污许可证申请表主要审核企业基本信息，主要生产装置、产品及产能信息，主要原辅材料及燃料信息，废气、废水等产排污环节，排放污染物种类及污染治理设施信息，执行的排放标准，许可排放浓度和排放量，申请排放量限值计算过程，自行监测及记录信息，环境管理台账记录等。

1．表 1-排污单位基本信息表

（1）“行业类别”填写是否准确，应填写平板玻璃制造，而非填写玻璃制造。

（2）“是否投产”填写是否准确。正在建设过程中，或已建成但尚未投产的，应填“否”；已经建成投产并产生排污行为的，应填“是”。

（3）“投产日期”一栏，以 2015 年 1 月 1 日为节点，依据企业填写的具体投产日期判别企业的许可排放限值是否需要考虑环境影响评价批复中的要求。

（4）“所在地是否属于重点控制区域”填写是否准确。“重点控制区域”指《重点区域大气污染防治“十二五”规划》中提及的京津冀、长三角、珠三角地区，以及辽宁中部、山东、武汉及其周边、长株潭、成渝、海峡两岸、山西中北部、陕西关中、甘宁、新疆乌鲁木齐城市群共“三区十群”19 个省（区、市）47 个地级及以上城市。

（5）“是否有环境影响评价批复文件”及“环境影响评价批复文号（备案编号）”填写是否齐全，应列出所有的批复文号。

（6）“是否有地方政府对违规项目的认定或备案文件”及“认定或备案文件文号”是否填写。若既无环境影响评价批复文件，又无违规项目认定备案文件，原则上不予核发排污许可证。

（7）“是否有主要污染物总量分配计划文件”及“总量分配文件文号及指标”是否填写。总量指标包括地方政府或环境保护部门发文确定的总量控制指标、环境影响评价批复文件中的总量控制指标、现有排污许可证中载明的总量控制指标、通过排污权有偿使用和交易确定的总量控制指标等地方政府或环境保护部门与排污单位以一定形式确认的总量控制指标。

2．表 2-主要产品及产能信息表

（1）生产单元、生产工艺及生产设施填写是否准确，应按技术规范填报，不应混填、漏填。

（2）若有多台相同的设备，则应逐台填报，以合并填报并采取备注数量的方式不符合填报要求。

（3）对于多条生产线共用的工艺环节、同一生产线中共用的生产设备，则在对应的备注中加以说明后填报一次即可，无须重复填报。

（4）除填写生产设施之外，应将产生无组织排放的无组织排放源（车间、库房、堆场等）在本表中进行填写。

（5）仅需要在“切裁装箱”工艺中填写产品的相关信息。

（6）若企业余热锅炉发电系统产生的电除自用外还并网，则还应填写余热锅炉发电系统的产品，若自用，则无须填写。

（7）产品名称是否与环境影响评价批复一致。

（8）生产能力填写是否准确。生产能力为主要产品设计产能，不包括国家或地方政府予以淘汰或取缔的产能。产能计量单位为万 t/a，若环境影响评价批复中为重量箱/年，则应进行转化，1 吨=20 重量箱。此外，还应注意区别熔窑的融化量并不等于最终的产品产量。此处应填写玻璃的产量，而非玻璃熔窑的融化量。

（9）设计年生产时间填写是否准确。是否按环境影响评价批复、认定或备案文件中的年生产时间填写。年生产时间的单位为小时，而非天。

3．表 3-主要原辅材料及燃料

（1）原辅料种类是否填写完整。除了生产中用到的原辅料之外，还应填写污染治理设施运行用到的药剂。

（2）氧化剂、助溶剂、澄清剂等辅料应在备注中填写具体的辅料名称。

（3）澄清剂（芒硝）应填写硫元素占比。

（4）使用燃煤的应填写燃煤的灰分、硫分、挥发分及热值，使用天然气、焦炉煤气、重油、煤焦油及石油焦的平板玻璃工业排污单位需填写硫分及热值。天然气硫分如过低在表格中显示为 0，则应在其他信息处加以备注说明。

（5）使用重油、煤焦油及石油焦的还应根据燃料特性填写重金属的成分及占比。

（6）备用燃料也应填写。

（7）备用燃料若与日常使用燃料产生污染物不一致的，也应将备用燃料产生的污染物进行填报并加以备注说明。

4．表 4-废气产排污节点、污染物及污染治理设施信息表

（1）生产设施、对应产排污环节、污染物种类等信息填写是否完整。应按照技术规范中的内容进行填写，填写内容应既包括有组织的产排污情况，又包括无组织的产排污情况（无组织产排污节点包括各无组织排放源排放的颗粒物、液氨/氨水储存系统排放的氨、煤气发生炉排放的硫化氢、燃油储存系统排放的非甲烷总烃）。

（2）污染物种类填写是否齐全。使用重油、石油焦、煤焦油的，还应根据燃料特性填报排放的重金属污染物。若企业未填写，则应对技术规范中列出的所有重金属开展自行监测。

（3）无组织产排污情况应以表 2 填写的无组织排放源（车间、库房、堆场等）为单位填报，而非以生产设备填报。

（4）污染治理设施一栏中，若填报袋式除尘器及电袋复合除尘器的，应填报滤料种类；若填报静电除尘器的，应填报电场数。

（5）“是否为可行技术”填写是否准确。按照技术规范表 5 中所列出的技术判定是否为可行技术。

（6）“排放口类型”填写是否规范。主要排口为经玻璃熔窑烟气治理设施处理后的净烟气排放口。除主要排放口之外的其他废气排放口均为一般排放口。

（7）一台生产设备对应多个治理设施的，应分别进行填报。多台生产设备对应同一个治理设施的，也应逐一填报生产设备。

（8）有组织排放口编号应填写地方环境保护部门现有编号或按照《固定污染源（水、大气）编码规则（试行）》进行编号，不应填写企业内部编号。

（9）若企业存在非正常情况下的旁路，则旁路烟囱也应在表中进行填报，并在备注中进行说明该排放口为非正常情况下的旁路排放口。此外，还应注意该排放口不能重复计算许可排放量。

5．表 5-废水类别、污染物及污染治理设施信息表

（1）废水类别应分别填报，对照技术规范表 3 确定废水类别填写是否齐全，生活污水及初期雨水是必填项，此外，使用煤气发生炉的含酚废水是必填项，使用重油、煤焦油的含油废水是必填项，采用湿法脱硫的脱硫废水是必填项。

（2）对照技术规范表 3 确定废水中的污染物种类填写是否齐全。使用重油、煤焦油、石油焦的还应填报脱硫废水中的重金属污染物。

（3）“是否为可行技术”填写是否准确。按照技术规范表 7 中所列出的技术判定是否为可行技术。

（4）“排放口类型”填写是否规范。应将使用重油、煤焦油、石油焦的脱硫废水处理设施排放口识别为设施或车间排放口。所有废水排放口均为一般排放口。

（5）废水排放口编号应填写地方环境保护部门现有编号或按照《固定污染源（水、大气）编码规则（试行）》进行编号，不应填写企业内部编号。

（6）备用燃料若产生废水，也应进行填报。

6. 表 6-大气排放口基本情况表

排气筒高度是否满足《平板玻璃工业大气污染物排放标准》（GB 26453）及地方标准的要求。

7. 表 7-废气污染物排放执行标准表

（1）执行的污染物排放标准名称及污染物排放浓度限值填写是否正确。应注意若存在地方标准的，需要根据国家标准及地方标准从严确定。

（2）污染物种类是否符合技术规范要求。

（3）环境影响评价批复、认定或备案文件要求应以数据+单位的形式填报。

8．表 8-大气污染物有组织排放表

（1）申请的许可排放浓度是否为国家标准及地方标准对比之后的最小值。

（2）应明确申请许可排放量的计算过程，计算结果是否准确，基准排气量的选择、浓度的选择是否准确。申请的许可排放量是否为总量控制指标及标准规定方法的最小值。2015 年 1 月 1 日（含）后取得环境影响评价文件批复的，申请的许可排放量还应同时满足环境影响评价文件和批复要求。

（3）应按照生产线/玻璃熔窑分别核算许可排放量，不应将产能加和后统一计算。

（4）对于技术规范中无许可量要求的一般排放口及污染物，应根据地方环境保护部门的要求判断是否需要申请排污许可量。

9. 表 9-大气污染物无组织排放表

（1）是否以单位厂界、氨罐区、储油区、煤气发生炉区等为单位填报无组织排放情况。

（2）污染物种类填写是否齐全，厂界的污染物种类应为颗粒物，氨罐区周边的污染物种类应为氨，储油区周边的污染物种类应为 VOCs，煤气发生炉区周边的污染物种类应为 H_2S。

（3）执行的污染物排放标准名称及污染物排放浓度限值填写是否正确。

10. 表 10-企业大气排放总许可量

企业大气排放总许可量是否为总量控制指标及标准规定方法的最小值。2015 年 1 月 1 日（含）后取得环境影响评价文件批复的，申请的许可排放量还应同时满足环境影响评价文件和批复要求。

11. 表 11-废水直接排放口基本情况表

受纳自然水体信息填写是否完整、准确，受纳水体功能目标填写是否准确。

12. 表 12-废水间接排放口基本情况表

受纳污水处理厂信息填写是否完整、准确。受纳污水处理厂具体名称是否填写，污染物种类是否填写齐全，污水处理厂执行的排放标准是否填写准确。

13. 表 13-废水污染物排放执行标准表

（1）执行的污染物排放标准名称及污染物排放浓度限值填写是否正确。应注意若存在地方标准的，需要根据国家标准及地方标准从严确定。

（2）污染物种类是否符合技术规范要求。

14. 表 14-废水污染物排放

（1）申请的许可排放浓度是否为国家标准及地方标准对比之后的最小值。

（2）对于废水技术规范中无许可量要求，应根据地方环境保护部门的要求判断是否需要申请排污许可量。

15. 表 15-自行监测及记录信息表

（1）应按照污染源类别分别填写废水、有组织废气、无组织废气三类污染源的自行监测内容。

（2）监测内容填写是否完整、准确。对于有组织燃烧类废气监测内容应为“氧含量，烟气流速，烟气温度，烟气含湿量，烟气量”；非燃烧类应为“烟气流速，烟气温度，烟气量”；无组织废气应为“风向、风速”；废水应为“流量”。

（3）监测的污染物种类是否齐全，是否包含技术规范表 8、表 9、表 10 中的全部污染物。使用重油、煤焦油、石油焦的，还应在废气、废水排放口监测重金属污染物。对于废水中的重金属，还应根据是否属于一类污染物确定监测点位。

（4）最低监测频次应至少满足技术规范中的要求。

（5）对于采用自动监测设施的排放口，手工监测频次应填写技术规范中自动监测设施不能正常运行期间的手工监测频次，即每天不少于 4 次。

（6）除常规排放口的监测外，还应按照技术规范中的要求填写雨水排放口的相关监测内容。

（7）使用备用燃料，且备用燃料产生的污染物与正常生产时使用的燃料产生的污染物不一致的，还应填写使用备用燃料时的监测内容。

（8）若企业存在非正常情况下的旁路，且旁路已按照技术规范要求安装在线监测系统，则旁路烟囱也应填报自行监测的相关信息。若企业旁路尚未安装在线监测系统，除填报自行监测的相关信息外还应在改正措施中明确安装在线监测系统的改正时间等相关内容。

16. 表 16-环境管理台账信息表

（1）台账的类别是否分为生产设施台账及治理设施台账。生产设施台账应包括基本信息和生产设施运行管理信息，污染治理设施台账应包括基本信息、污染治理设施运行管理信息、监测记录信息、其他环境管理信息等内容。

（2）是否严格按照技术规范的要求填写两类生产设施台账及四类治理设施台账的记录内容。

（3）记录频次是否符合技术规范要求。

（4）记录形式应为“电子台账+纸质台账”的形式。

（四）附件

1．生产工艺流程图

应清晰可见、图例明确，且不存在上下左右颠倒的情况。至少包括主要生产设施（设备）、主要原辅燃料的流向、生产工艺流程等内容。

2．总平面布置图

应清晰可见、图例明确，且不存在上下左右颠倒的情况。至少包括指北针、主体设施、公辅设施、全厂污水处理站等，同时注明厂区废气主要排放口、雨水、污水排放口位置。

3．许可量计算文件

应写明申请许可排放量的计算过程，计算结果是否准确，基准排气量的选择、浓度的选择是否准确。申请的许可排放量是否为总量控制指标及标准规定方法的最小值。2015 年 1 月 1 日（含）后取得环境影响评价文件批复的，申请的许可排放量还应同时满足环境影响评价文件和批复要求。

（五）环境保护部门审核意见及排污许可证副本

1．应按技术规范填写执行报告内容、上报频次等要求。

平板玻璃工业企业应按照标准规定提交年度执行报告与季度执行报告。地方环境保护主管部门有更高要求的，还应根据其规定提交半年报告或月度执行报告。半年执行报告主要内容应至少包括年度执行报告第 a、第 c 至第 f 部分。月/季度执行报告应至少包括年度执行报告第 f 部分及第 c 部分中超标排放或污染防治设施异常的情况说明。

2．应按照企业事业单位环境信息公开办法、排污许可证管理暂行规定等现行文件的管理要求，填报信息公开方式、时间、内容等信息。

3．环境保护部门可将对企业现行废气、废水管理要求，以及法律法规、技术规范中明确的管理要求写入“其他环境管理要求”部分中。

农药制造工业排污许可证审核要点

排污单位各项申请材料和环境保护部门补充信息应完整、规范。

复审时，除应关注是否按照前版审核意见修改外，还须注意是否出现新问题。

一、材料的完整性

应具备排污许可证申请表、承诺书、申请前信息公开情况说明表、附图、附件等材料。其中，附图应包括生产工艺流程图和平面布置图。

二、材料的规范性

（一）申请前信息公开

1．信息公开时间应不少于 5 个工作日。

2．信息公开内容应符合《排污许可证管理暂定规定》要求。

3．信息公开情况说明表应填写完整，包括信息公开的起止时间、信息公开方式。

署名应为法人，且应与排污许可证申请表、承诺书等保持一致。有法人的要填写法人，对于没有法定代表人的企事业单位，如个体工商户、私营企业者等，对于这些单位可以由实际负责人签字。此外对于集团公司下属不具备法人资格的独立分公司，也可由实际负责人签字。

4．申请前信息公开期间收到的意见应进行逐条答复，如无反馈意见则填写“无反馈意见”。

（二）排污许可证申请表

排污许可证申请表主要核查企业基本信息，主要生产装置、产品及产能信息，主要原辅材料及燃料信息，生产工艺流程图，厂区总平面布置图，废气、废水等产排污环节，排放污染物种类及污染治理设施信息，执行的排放标准，许可排放浓度和排放量，申请排放量限值计算过程，自行监测及记录信息，环境管理台账记录等。

1．表 1-排污单位基本信息表

填写重点区域的，应结合环境保护部相关公告，核实是否执行特别排放限值；通过企业投产时间，核实该企业是否为现有源；原则上，企业应具备环境影响评价批复或认定关于备案文件，如两者全无，应核实企业具体情况；污染物总量控制要求应具体到污染物类型及其指标，同时应与后续许可量计算过程及许可量申请数据进行对比，按技术规范确定许可量。

2．表 2-主要产品及产能信息表

主要生产单元、生产工艺及生产设施按技术规范填报，不应混填，如有必填项则必须填写；其中属于技术规范中必填的主要工艺、生产设施、设施参数如表 1 所示。产品名称、生产能力、设计年生产时间根据环境影响评价文件及批复、地方认定（备案）文件确定。排污单位中非农药及农药中间体产污设施和排放口，注意填报时行业类别选择正确，按照对应行业技术规范或者《排污许可证申请与核发技术规范 总则》执行。

3．表 3-主要原辅材料及燃料信息表

原料、辅料、燃料名称、年最大使用量等信息应按技术规范填写完整；关注原辅料（特别是有机溶剂）的纯度是否填写，原辅料种类和燃料的成分将与后续确定排放因子密切有关。注意本规范中有毒有害成分占比指煤中的汞含量，原料和辅料中铅、镉、砷、镍、汞、铬含量（重量比）。单纯的农药混合与分装制剂企业须填报所有原料药作为制剂的原料。

表 1　主要生产设施名称

工艺	生产设施	设施参数
备料	配料罐、混合罐、配料釜、混合釜、高位槽、其他	有效容积
	破碎机、其他	额定功率
发酵	种子罐、发酵罐、补料罐、培养罐、消毒罐、其他	设计生产能力、有效容积
反应	反应釜、反应器、反应床、其他	设计生产能力、有效容积、压力
精制/溶剂回收	蒸馏釜、精馏釜、蒸馏塔、精馏塔、其他	有效容积、温度、压力
	洗涤釜、中和釜、其他	
	脱色釜、脱色罐、其他	
	再沸器、预热器、冷凝器、薄膜蒸发器、其他	换热面积
分离	萃取罐、分层罐、结晶罐、其他	设计处理能力、有效容积
	离心过滤机、真空抽滤机、板框压滤机、“三合一”过滤机、其他	额定功率、转数、面积
干燥	干燥塔、真空干燥器（盘式、耙式、双锥）、沸腾床、喷干塔、烘箱、其他	温度、处理能力、有效容积
	干燥加热器、干燥冷凝器、其他	面积
制剂加工	粉碎机、其他	额定功率
	混合机、混合罐、其他	体积、额定功率
	砂磨机、过滤器、造粒机、其他	设计能力
物料储存系统	原料储存罐、中间母液槽、产品储存罐、其他	罐体的类型、有效容积、储存物质的名称、密度、腐蚀性、可燃性、其他
	液氯钢瓶、液氨钢瓶、氯化氢钢瓶、其他	
输送系统	槽车、鹤管、其他	吨位
供热系统	锅炉、导热油炉、加热炉、其他	加热能力
废水处理系统	三效蒸发器、MVR 蒸发器、其他	设计处理能力
	调节池、水解酸化池、其他	体积
	厌氧池、好氧池、中间池、其他	
	污泥浓缩池、污泥脱水间、污泥暂存间、其他	
固废处理处置系统	危险废物暂存间、残渣暂存间、废包装储存间、其他	面积、堆存量
	危险废物焚烧炉、其他	设计处理能力、燃烧温度

4．表 4-废气产排污节点、污染物及污染治理设施信息表

（1）产污环节：应按照技术规范将产排污环节填写正确、完整。农药企业废气产排污环节包括产品生产线单元（主要工艺：备料、反应、发酵、精制/溶剂回收、分离、干燥、制剂加工）及公用单元（主要工艺：物料储存系统、输送系统、供热系统、废水处理系统、固废处理处置系统）对应的生产设施所产生的各类废气。

（2）污染物种类：应按照技术规范将各产排污环节的污染物填写正确、完整。农药制造工业排污单位污染物种类依据 GB 13271、GB 14554、GB 16297 和 GB 18484 确定，有地方排放标准要求的，按照地方排放标准确定。应特别注意：以非甲烷总烃综合表征的挥发性有机物是否漏填，特征污染物是否漏填；燃烧法的工艺废气中二氧化硫和氮氧化物是否漏填；燃烧废气中二噁英是否漏填；危险废物焚烧炉废气中重金属等特征污染物是否漏填，运用生化处理系统的废水处理废气硫化氢、氨及臭气浓度等污染物是否漏填。

（3）排放形式：根据不同设施产生污染物的排放形式，选择有组织/无组织排放填报。有组织排放须至少填写除“其他信息”外的全部信息；无组织排放需要填报污染治理设施与工艺，须至少填写除“有组织排放口编号”“排放口设置是否符合要求”“排放口类型”“其他信息”外的全部信息。

（4）污染治理设施：应按照技术规范正确填写污染治理设施名称与工艺，对照“污染防治可行技术要求”检查企业所采用的污染治理技术是否为可行技术。仅当所有污染物均采用可行技术时，才能在是否为可行技术处选择“是”，反之应填写“否”，且注明哪几种污染物采用了可行技术。对于未采用最佳可行技术的污染控制环节，应填写“否”，并提供相关证明材料。

（5）排放口类型：本次暂将工艺废气排放口（备料、反应、精制/溶剂回收、分离、干燥工艺对应的

生产设施废气排放口），发酵废气排放口（发酵工艺对应的生产设施废气排放口），供热系统烟囱和危险废物焚烧炉烟囱列为主要排放口，制剂加工废气排放口、罐区废气排放口、废水处理站废气排放口、危废暂存废气排放口等列为一般排放口。

5．表 5-废水类别、污染物及污染治理设施信息表

（1）废水类别：应按照技术规范将废水类别填写完整；污染治理设施相同的废水可合并填报，污染治理设施不同的废水须单独填报。

（2）污染物种类：对于排放 GB 8978 中一类污染物及 GB 21523 中的莠去津、氟虫腈的企业，须设置车间或生产设施废水排放口，并填报车间处理设施/工艺；企业的生产废水（包括各反应、精制/溶剂回收、分离阶段产生的 水相母液等工艺废水；催化剂载体、吸附剂、各类工艺设备和材料的洗涤水、地面冲洗废水及真空废水等）、辅助生产工序排水（包括循环冷却水系统排水、去离子水制备过程排水、锅炉排水、热电锅炉等辅助设备冷凝水等）、生活污水、初期雨水中的污染物种类依据 GB 8978、GB 21523 确定，有地方排放标准要求的，按照地方排放标准确定。排污单位应根据原辅用料、生产工艺、环境影响评价文件及批复等相关管理规定，从技术规范所列污染物中选取纳入排污许可管理的污染物。特别注意：执行 GB 21523 的杂环类农药生产企业，按照标准要求，还需填报特征因子。

（3）排放去向：对照技术规范核实企业所填报的废水去向是否正确。对于工艺、工序产生的废水，“不外排”指全部在工序内部循环使用，“排至厂内综合污水处理站”指工序废水经处理后排至综合处理站，而非最终向外排放。对于综合污水处理站，“不外排”指全厂废水经处理后全部回用不排放。应核实对于废水排放去向选择了“不外排”的废水类别，是否仍填写了排放规律，若选择了“不外排”则应将排放规律改为“/”。另外，需要注意：排至综合处理站的废水如果后续向厂外排放，其污染物项目应全部在外排废水中体现，否则在后续表 13 中会缺少管控污染物项目。

（4）污染治理设施：应按照技术规范正确填写污染治理设施名称与工艺，对照“污染防治可行技术要求”检查企业所采用的污染治理技术是否为可行技术。对于未采用最佳可行技术的废水治理措施，应填写“否”，并提供相关证明材料。

6．表 6-大气排放口基本情况表

核实所有具有编号的排放口信息是否完整，污染物种类和数量是否符合技术规范要求；注意核查单位排气筒高度是否符合标准要求。

7．表 7-废气污染物排放执行标准表

审查每个排放口对应污染物种类、执行标准名称、浓度限值填报是否完整、准确；执行 GB 8978 和 GB 14554 的污染物，除填报许可排放浓度外，还须填报排放速率要求。对于 2015 年 1 月 1 日（含）后取得环境影响评价批复的企业，应在“环境影响评价批复要求”中填报环境影响评价及批复的浓度限值。

8．表 8-大气污染物有组织排放表

对于主要排放口的二氧化硫、氮氧化物、颗粒物、挥发性有机物（以非甲烷总烃综合表征）申请许可排放量，主要排放口的其他污染物以及一般排放口和无组织污染物只申请许可排放浓度，无须申请许可排放量；如政府对“重污染天气应对期”有要求的，需要申请特殊排放浓度限值、特殊时段许可排放量限值时填写。

9．表 9-大气污染物无组织排放表

无组织排放源的污染治理措施应填写符合实际；标准填写应明确。审核无组织排放污染物种类、限值是否满足企业厂界控制标准。

10．表 11-废水直接排放口基本情况表

主要审核排放口地理坐标、排放去向、排放规律、进入自然水体信息是否填报完整。对于车间或生产设施排口，可不填写受纳水体信息，但要有地理坐标，便于后续管理。

11．表 12-废水间接排放口基本情况表

审核废水总排放口地理坐标、排放去向、排放规律、受纳污水厂名称等是否填报完整。间接排放废水应写明受纳污水处理厂执行的外排浓度限值。

12．表 13-废水污染物排放执行标准表

审核污染物种类、执行标准名称、浓度限值是否填报完整。对于直接排放，需注意地方排放标准；对于间接排放，只有执行 GB 21523 的杂环类农药企业可以与污水处理厂协定排放浓度，其余均按标准确定。特别注意：一类污染物及莠去津和氟虫腈一律在车间或生产设施排放口，且无论直排、间排，排放标准限值相同。

13．表 14-废水污染物排放

一般对 COD 和氨氮申请许可排放量；申请的许可排放量应按照技术规范要求取严；计算过程中的参数选取严格按照技术规范要求。

14．表 15-自行监测及记录信息表

监测因子数量、监测方式及最低监测频次应符合技术规范要求。关注废水总排口和车间或生产设施排口监测内容是否包括流量；燃烧类废气是否监测氧含量，烟气流速，烟气温度，烟气含湿量；非燃烧类废气是否监测烟气流速，烟气温度，烟气含湿量。特别注意：自行监测既包括有组织监测，又包括厂界监测。

表 2　农药制造工业排污单位有组织废气排放监测点位、项目及最低监测频次

监测点位		监测项目	监测频次	备注
工艺废气排气筒	燃烧法废气处理设施排气筒	二氧化硫、氮氧化物、颗粒物	自动监测	—
		二噁英类	年	
	非燃烧法废气处理设施排气筒	二氧化硫[a]、氮氧化物[a]、颗粒物	自动监测	
	燃烧法和非燃烧法废气处理设施排气筒	挥发性有机物[b]	月	
		特征污染物[c]	半年	根据许可的污染物种类确定具体监测项目
发酵废气排气筒	燃烧法废气处理设施排气筒	二氧化硫、氮氧化物、颗粒物	自动监测	—
		二噁英类	年	
	非燃烧法废气处理设施排气筒	二氧化硫[a]、氮氧化物[a]、颗粒物	自动监测	
	燃烧法和非燃烧法废气处理设施排气筒	挥发性有机物	月	
		臭气浓度	半年	
		特征污染物	半年	根据许可的污染物种类确定具体监测项目
危险废物焚烧炉烟囱		烟尘、二氧化硫、氮氧化物	自动监测	—
		一氧化碳、氯化氢、氟化氢、汞及其化合物、镉及其化合物、（砷、镍及其化合物）、铅及其化合物、（铬、锡、锑、铜、锰及其化合物）	半年	—
		二噁英类	年	—
制剂加工废气排气筒		颗粒物、挥发性有机物	季度	—
罐区废气排气筒		挥发性有机物	季度	—
		特征污染物	年	根据许可的污染物种类确定具体监测项目
废水处理站废气排气筒		挥发性有机物	季度	—
		臭气浓度	年	—
		特征污染物	年	根据许可的污染物种类确定具体监测项目
危废暂存废气排气筒		挥发性有机物	季度	—
		臭气浓度	年	—
		特征污染物	年	根据许可的污染物种类确定具体监测项目
注 1：设区的市级及以上环境保护主管部门明确要求安装自动监测设备的污染物项目，须采取自动监测；若不同类型废气混合排放，监测指标需涵盖全部污染物项目，监测频次从严。				

监测点位	监测项目	监测频次	备注

注 2：排气筒废气监测时同步监测烟气参数。

注 3：未发布国家污染物监测方法标准的污染物监测项目，待国家监测方法标准发布后实施。

[a] 排放二氧化硫的生产工艺须增加二氧化硫项目，排放氮氧化物的生产工艺须增加氮氧化物项目。

[b] 本标准使用非甲烷总烃作为排气筒挥发性有机物排放的综合控制指标。

[c] 见 GB 16297 所列污染物，属 GB 14554 所列恶臭项目执行许可排放速率。地方排放标准中有严格要求的，从其规定。

表 3 农药制造工业排污单位无组织排放监测点位、项目及最低监测频次

监测点位	监测项目	监测频次	备注
厂界	颗粒物、挥发性有机物[a]、臭气浓度、特征污染物[b]	半年	根据许可的污染物种类确定具体监测项目

[a] 本标准使用非甲烷总烃作为厂界挥发性有机物排放的综合控制指标。

[b] 见 GB 16297 所列污染物，属 GB 14554 所列恶臭项目执行许可排放速率。地方排放标准中有严格要求的，从其规定。

表 4 农药制造工业排污单位废水排放口监测项目及最低监测频次

排污单位级别	监测点位	监测项目	监测频次[a] 直接排放	监测频次[a] 间接排放	备注
重点管理排污单位	废水总排放口	pH、化学需氧量、氨氮、流量	自动监测		—
		悬浮物、石油类、色度	日	月	—
		五日生化需氧量	月	季度	—
		磷酸盐（以 P 计）	月	季度	根据许可的污染物种类确定具体监测项目
		挥发酚、总氰化物、氯苯类、硝基苯类、苯胺类、苯、甲苯、二甲苯、乙苯、甲醛、总锌、五氯酚及五氯酚钠（以五氯酚计）、乐果、2-氯-5-氯甲基吡啶、咪唑烷、吡虫啉、三唑酮、对氯苯酚、多菌灵、邻苯二胺、吡啶、百草枯离子、2,2':6',2"-三联吡啶，有机磷农药（以 P 计）、马拉硫磷	月	季度	
		总有机碳、氟化物、硫化物、可吸附有机卤化物（AOX）、总锰、动植物油	季度	半年	
	车间或生产设施排放口	总汞、烷基汞、总镉、总铬、六价铬、总砷、总铅、总镍、苯并[a]芘、总铍、总银、莠去津、氟虫腈、流量	月	月	
简化管理排污单位	废水总排放口	pH、悬浮物、化学需氧量、氨氮、石油类、色度、五日生化需氧量、流量	季度		—
		磷酸盐（以 P 计）	季度		根据许可的污染物种类确定具体监测项目
		挥发酚、总氰化物、氯苯类、硝基苯类、苯胺类、苯、甲苯、二甲苯、乙苯、甲醛、总锌	季度		
		总有机碳、氟化物、硫化物、可吸附有机卤化物、总锰、动植物油	半年		
	车间或生产设施排放口	总汞、总镉、六价铬、总砷、总铅、总镍、流量	季度		

[a] 设区的市级及以上环保主管部门明确要求安装自动监测设备的污染物项目，须采取自动监测。

15. 表 16-环境管理台账信息表

应按照技术规范要求填报环境管理台账记录内容和频次等要求，主要包括内容如下：

（1）生产设施运行管理信息

农药制造工业排污单位应定期记录生产运行状况并留档保存，应按生产批次至少记录以下内容，包括正常工况各主要生产单元每项生产设施的运行状态、生产负荷、主要产品产量、原辅料及燃料使用情况、运行参数等数据，其中：

运行状态：运行时间，是否按照生产要求正常运行。

生产负荷：各生产单元实际产品产量与设计生产能力之比，设计生产能力取最大设计值；

产品产量：各生产单元产品产量及最终产品（含副产品）产量；

原辅料、燃料使用情况：种类、名称、用量、有毒有害元素成分及占比；

运行参数：各生产单元运行过程中的压力、温度。

（2）原辅料、燃料采购信息

农药制造工业排污单位应填写原辅料采购量、纯度、运输和卸料方式、来源地、是否有毒有害、储存位置等信息。燃料应记录采购量、使用量、来源地和燃料物质（元素）占比情况信息。

（3）污染治理设施运行管理信息

农药制造工业排污单位记录污染治理设施运行管理信息应至少包括以下内容：有组织、无组织废气以及废水污染治理设施名称及工艺、污染治理设施编号、对应生产设施名称及编号、污染因子、治理设施规格参数、风机负荷、对应生产设施生产负荷、运行参数。

a）有组织废气治理设施运行参数应至少记录以下内容

冷凝法：冷凝介质、温度、冷凝面积，如有多级冷凝，各级冷凝应分别填写，冷凝液去向；

吸附吸收法：吸附单元压力、吸收剂名称、用量、循环使用量、更换频次及吸附剂或吸收液去向；

燃烧法：燃烧温度、停留时间、烟气量、温度、原烟气二氧化硫浓度、净烟气二氧化硫浓度、原烟气氮氧化物浓度、净烟气氮氧化物浓度、原烟气和净烟气中特征污染物浓度、使用催化燃烧的应记录催化剂种类、使用量和更换频次及去向；

袋式除尘器：除尘器进出口压差、过滤风速、风机电流、实际风量；

静电除尘器：二次电压、二次电流、风机电流、实际风量；

电袋复合除尘器：除尘器进出口压差、过滤风速、风机电流、二次电压、二次电流、风机电流、实际风量；

湿法除尘：洗涤液用量；

脱硫系统：烟气量、原烟气二氧化硫浓度、净烟气二氧化硫浓度、脱硫剂用量、脱硫副产物产量；

脱硝系统：烟气量、原烟气氮氧化物浓度、净烟气氮氧化物浓度、脱硝剂用量。

b）无组织废气治理设施运行参数应至少记录以下内容

检查密闭情况、是否出现破损、集气设备运行情况、集气压力、风机风量、泄漏检测与修复情况。

c）废水治理设施运行参数应按批次至少记录以下内容

实际处理量、实际进水水质、实际出水水质、污泥产生量、实际停留时间、药剂投加种类、药剂投加量等信息。

（4）非正常工况记录信息

非正常工况信息按工况期记录，每工况期记录 1 次，内容应记录生产设施与污染治理设施非正常（停运）时刻、恢复（启动）时刻、事件原因、是否报告、应对措施等。

（5）监测记录信息

有组织废气和废水监测记录信息包括监测时间、排放口编码、污染因子、监测设施、许可排放浓度限值、浓度监测结果、是否超标、数据来源、其他；

无组织废气监测记录信息包括监测时间、监测点位或设施、污染因子、许可排放浓度限值、浓度监测结果、是否超标、数据来源、其他。

（6）其他环境管理信息

排污单位应记录重污染天气应对期间等特殊时段管理要求、执行情况（包括特殊时段生产设施和污染治理设施运行管理信息）等。重污染天气应对期间等特殊时段的台账记录要求与正常生产记录频次要求一致，地方环境保护主管部门有特殊要求的，从其规定。

排污单位还应根据环境管理要求和排污单位自行监测记录内容需求，进行增补记录。

台账应当按照电子化储存和纸质储存两种形式同步管理，档案保存时间原则上不低于 3 年。

16. 许可排放量—许可排放量计算过程应清晰完整，且列出不同计算方法及取严过程。按照技术规范计算时，计算方法及参数选取符合规范要求，应详细列出计算公式，各参数选取原则及选取值，及计算结果；明确给出总量指标来源及具体数值，环境影响评价文件及其批复要求（环境影响评价文件及其批复中的排水量、排污量可作为计算依据），最终按取严原则确定申请的许可排污量。对于间接排放废水的排污单位，应注意其已有化学需氧量、氨氮等总量控制要求是否为企业最终外排总量，注意与接管排放量区分，接管排放量与最终外排量之间不再取严；对于排污单位自愿采取更低排放要求申请许可排放浓度和许可排放量的（如排污单位自愿采用超低排放要求作为申请许可排放浓度和许可排放量的依据），应进行核实，并告知环境保护部门及排污单位利弊关系。

17．附图

工艺流程图与总平面布置图要清晰可见、图例明确，且不存在上下左右颠倒的情况；厂区总平面布置图应标明主要生产单元名称、位置，有组织排放源、废水排放口位置，厂区雨水、污水集输管道走向及排放去向，初期雨水池、废水应急事故池位置等。工艺流程和排污节点图应标明主要生产单元名称、主要物料走向等。

18．附件

应提供承诺书、信息公开情况说明表及其他必要的说明材料；许可排放量计算过程应详细、准确，计算方法及参数选取符合规范要求；对于企业自愿采取更低排放要求申请许可排放浓度和许可排放量的（如企业自愿采用超低排放要求作为申请许可排放浓度和许可排放量的依据），应进行核实，并告知环境保护部门及企业利弊关系。

（三）环境保护部门审核意见及排污许可证副本

1．应按技术规范填写执行报告内容、频次等要求；造纸企业应包括年度、月或季度执行报告，其中月或季度执行报告应至少包括年度执行报告第 f 部分中主要污染物的实际排放量核算信息、合规判定分析说明和第 c 部分中不合规排放或污染防治设施故障及采取对应措施的情况说明。

2．应按照企业事业单位信息公开管理办法、排污许可证管理暂行规定等现行文件的管理要求，填报信息公开方式、时间、内容等信息。

3．环境保护部门可将对企业现行废气、废水管理要求，以及法律法规、技术规范中明确的污染防治措施运行维护管理要求写入“其他环境管理要求”部分中；若无地方法规要求，暂不建议写入关于噪声、固废、环境风险等方面的管理要求。

原料药制造排污许可证审核要点

排污单位各项申请材料和环境保护部门补充信息应完整、规范。

复审时，除应关注是否按照前版审核意见修改外，还须注意是否出现新问题。

一、材料的完整性

应具备排污许可证申请表、承诺书、申请前信息公开情况说明表、附图、附件等材料。其中，附图应包括生产工艺流程图和平面布置图。

二、材料的规范性

（一）申请前信息公开

1．信息公开时间应不少于 5 个工作日。

2．信息公开内容应符合《排污许可证管理暂定规定》要求。

3．信息公开情况说明表应填写完整，包括信息公开的起止时间、信息公开方式。

署名应为法定代表人，且应与排污许可证申请表、承诺书等保持一致。有法定代表人的一定要填写法定代表人，对于没有法定代表人的企事业单位，如个体工商户、私营企业者等，这些单位可以由实际负责人签字。此外对于集团公司下属不具备法定代表人资格的独立分公司，也可由实际负责人签字。

4．申请前信息公开期间收到的意见应进行逐条答复，如无反馈意见则填写“无反馈意见”。

（二）排污许可证申请表

排污许可证申请表主要核查企业基本信息，主要生产装置、产品及产能信息，主要原辅材料及燃料信息，生产工艺流程图，厂区总平面布置图，废气、废水等产排污环节，排放污染物种类及污染治理设施信息，执行的排放标准，许可排放浓度和排放量，申请排放量限值计算过程，自行监测及记录信息，环境管理台账记录等。

1．表 1-填写重点区域的，应结合环境保护部相关公告，核实是否执行特别排放限值；通过企业投产时间，核实该企业是否为现有源；原则上，企业应具备环境影响评价批复或认定关于备案文件，如两者全无，应核实企业具体情况；污染物总量控制要求应具体到污染物类型及其指标，同时应与后续许可量计算过程及许可量申请数据进行对比，按技术规范确定许可量。

2．表 2-主要生产单元、生产工艺及生产设施按技术规范填报，不应混填，如有必填项应必须填写；除技术规范明确的选填生产设施外，相同类别生产设施应分行填报，不应采取备注数量的方式；产品名称应与主要生产单元相对应，不可重复填写；年运行时间填写设计值；生产能力、近三年实际产量的计量单位均为 t/a。共用设施，应在一条生产线上填写，并备注在另一条生产线上共用，在共用的那条生产线此共用设备不再填报。研发中心填入公用单元，中试生产线填入生产线单元。研发中心或小品种原料药，生产设施只填固定资产类，不填低值易耗品。

3．表 3-原辅料应按设计规范填写完整；挥发性有机物应全部列入有机溶剂表格（参与反应的挥发性有机物应单独备注）；燃料应包括所有燃烧用的燃煤、燃油、天然气、生物质燃料等，如厌氧废水处理产生的沼气作为燃料时也应填报。有机溶剂纯度为必填项。

4．表 4-应按照技术规范将产排污环节填写完整；应根据 GB 13271、GB 14554、GB 18484、GB 16297、地方排放标准等确定污染因子，技术规范中表 2“纳入许可管理的废气排放源及污染物项目”明确的内容不得丢项，避免主要排放口和一般排放口分辨不清；污染治理设施工艺应将每个处理单元全部填写，并与技术规范中表 7“烟气治理可行技术参照表”、表 8“生产过程废气治理可行技术参照表”比对后判断是否是可行技术，对于未采用最佳可行技术的污染控制环节，应填写“否”，并提供相关证明材料；由于锅炉烟气中汞及其化合物、林格曼黑度采用的是协同治理措施，因此其污染治理设施编号应填“无”

或“/”，并在“污染治理设施其他信息”中备注“协同处理”。排放形式，根据实际情况填报有组织或无组织。通风橱排气不在此次管理范围内。

5．表 5-应按照技术规范将废水类别填写完整；污染治理设施相同的废水可合并填报，污染治理设施不同的废水须单独填报。废水类别包括主生产过程排水（提取废水、发酵废水、合成废水、设备冲洗水、其他）、循环冷却水排水、中水回用系统排水、水环真空泵排水、储罐切水、地面冲洗水、制水排水、蒸馏设备冷凝水、废气处理设施废水、生活污水、初期雨水等；应根据 GB 21903、GB 21904、GB 21905、地方排放标准等确定污染因子，技术规范中表 4“纳入许可管理的废水排放源及污染物项目”明确的内容不得丢项，避免主要排放口和一般排放口分辨不清；对于未采用最佳可行技术的废水治理措施，应填写“否”，并提供相关证明材料；对于废水排入其他企业治理的，应在处理协议写明水量、各项水污染物指标排水要求，还应在后续表格中填报相关信息；对于接纳其他企业废水的，须增加相应废水来源。

6．表 7-污染因子数量符合技术规范要求；按照国家以及地方污染物排放标准从严确定许可限值，注意特别排放限值，环境影响评价批复要求应以数据形式填报。生活污水间接排放的，仅表明排放去向即可。直接排放的执行《污水综合排放标准》一级排放标准，监测因子及监测频次参照技术规范内容。

7．表 8-申请的许可排放量应与计算过程保持一致；对于一般排放口，无须申请许可排放量；对于主要排放口，按照技术规范中表 2 和表 4“许可排放量污染物项目”，依据总量控制指标及技术规范“5.2.3”规定的方法从严确定许可排放量，2015 年 1 月 1 日（含）后取得环境影响评价批复的排污单位，还应同时满足环境影响评价文件和批复要求。对于没有绩效值的产品，仅按基于许可排放浓度（速率）方法核算许可排放量。对于各类主要排放口基于许可排放浓度（速率）方法核算的许可排放量加和，大于基于绩效值方法核算的许可排放量的，以绩效值方法核算的许可排放量为准，并按照各类主要排放口基于许可排放浓度（速率）方法核算的许可排放量的比例，将基于绩效值方法核算的许可排放量分配到各类主要排放口。

8．表 9-增加厂界信息，厂界无组织排放因子应包括挥发性有机物、臭气浓度、特征污染物；对于国家和地方排放标准中无要求的无组织产污环节，如无特殊规定，不建议给出许可排放浓度、许可排放量等量化考核要求，仅说明控制措施即可。

9．表 12-间接排放废水应写明受纳污水处理厂执行的外排浓度限值。

10．表 15-监测因子数量及最低监测，频次应符合技术规范，锅炉烟囱监测因子及监测频次应符合《排污单位自行监测技术指南　火力发电厂及锅炉》的要求；重点关注监测点位、监测指标与监测频次是否符合技术规范，若地方有现行监测要求，则按其要求填报。

11．表 16-应按照技术规范要求填报环境管理台账记录内容和频次等要求，可以采取复制粘贴的形式；应记录有组织废气处理设施、废水处理设施及无组织控制措施运行维护要求等；记录形式应按照电子和纸质同时记录。

12．许可排放量—许可排放量计算过程应清晰完整，且列出不同计算方法及取严过程。按照技术规范计算时，计算方法及参数选取符合规范要求，应详细列出计算公式，各参数选取原则及选取值，及计算结果；明确给出总量指标来源及具体数值，环境影响评价文件及其批复要求（环境影响评价文件及其批复中的排水量、排污量可作为计算依据），最终按取严原则确定申请的许可排污量。对于间接排放废水的排污单位，应注意其已有化学需氧量、氨氮等总量控制要求是否为企业最终外排总量，注意与接管排放量区分，接管排放量与最终外排量之间不再取严；对于排污单位自愿采取更低排放要求申请许可排放浓度和许可排放量的（如排污单位自愿采用超低排放要求作为申请许可排放浓度和许可排放量的依据），应进行核实，并告知环境保护部门及排污单位利弊关系。

13．附图-工艺流程图与总平面布置图要清晰可见、图例明确，且不存在上下左右颠倒的情况；工艺流程图应包括主要生产单元名称、主要物料走向、主要工艺（与填报一致）等内容；平面布置图应应标明主要生产单元及公用设施名称、位置，有组织排放源、废水排放口位置，尤其应注明厂区雨水、污水收集和运输走向等内容。

14．附件-应提供承诺书、信息公开情况说明表及其他必要的说明材料，如未采用可行技术但具备达标排放能力的说明材料、前三年实际平均产能的说明材料等。

（三）环境保护部门审核意见及排污许可证副本

1．应按技术规范填写执行报告内容、频次等要求；原料药制造企业应包括年度、季度执行报告。

2．应按照企业事业单位信息公开管理办法、排污许可证管理暂行规定等现行文件的管理要求，填报信息公开方式、时间、内容等信息。

3．环境保护部门可将对企业现行废气、废水管理要求，以及法律法规、技术规范中明确的污染防治措施运行维护管理要求写入“其他环境管理要求”部分中；若无地方法规要求，暂不建议写入关于噪声、固废、环境风险等方面的管理要求。

4．环境保护部门应重点审核许可事项，如排放口的数量、类型，许可排放浓度执行的标准、许可排放量取值是否符合技术规范要求。管理要求要明确，且符合技术规范要求，为将来的监管执法提供依据。载明事项中存在的低级错误，逻辑不通的内容，需明确提出修改要求。

制糖工业排污许可证审核要点

企业各项申请材料和环境保护部门补充信息应完整、规范。

复审时，除应关注是否按照前版审核意见修改外，还须注意是否出现新问题。

一、材料的完整性

应具备排污许可证申请表、承诺书、申请前信息公开情况说明表、排污许可证副本、附图、附件等材料。其中，附图应包括生产工艺流程图和平面布置图。

二、材料的规范性

（一）申请前信息公开

1．信息公开时间应不少于 5 个工作日。

2．信息公开内容应符合《排污许可证管理暂定规定》要求。

3．信息公开情况说明表应填写完整，包括信息公开的起止时间。

署名应为法定代表人，且应与排污许可证申请表、承诺书等保持一致。有法定代表人的要填写法定代表人，对于没有法定代表人的企事业单位，如个体工商户、私营企业者等，对于这些单位可以由实际负责人签字。此外对于集团公司下属不具备法定代表人资格的独立分公司，也可由实际负责人签字。

4．申请前信息公开期间收到的意见应进行逐条答复。

（二）排污许可证申请表

排污许可证申请表主要核查企业基本信息，主要生产装置、产品及产能信息，主要原辅材料及燃料信息，生产工艺流程图，厂区总平面布置图，废气、废水等产排污环节，排放污染物种类及污染治理设施信息，执行的排放标准，许可排放浓度和排放量，申请排放量限值计算过程，自行监测及记录信息，环境管理台账记录等。

1．表 1-排污单位基本信息表：填写重点区域的，应结合环境保护部相关公告，核实是否执行特别排放限值；通过企业投产时间，核实该企业是否为现有源；原则上，企业应具备环境影响评价批复或认定有关备案文件，如两者全无，应核实企业具体情况；污染物总量控制要求应根据最新的对企业的总量控制指标相关文件要求，具体到污染物类型及其指标。对于主要污染物，水污染物系统默认是化学需氧量和氨氮，大气污染物系统默认是颗粒物、二氧化硫、氮氧化物、VOCs，默认污染物不用填写。对于制糖工业，还要考虑是否位于总氮或总磷控制区域流域，属于则应填写总氮或总磷，同时还要填写受纳水体水环境质量超标并列入 GB 21909 的因子。大气一般不用填写无须核算许可排放量的其他污染物，如格林曼黑度、汞及其化合物。地方有更严格要求的，从其规定。

2．表 2-主要产品及产能信息表：主要生产单元、生产工艺及生产设施按技术规范填报，不应混填，如有必填项则必须填写；相同生产设施应分行填报，不应采取备注数量的方式；主要生产工艺的产品（原糖、绵白糖、白砂糖、赤砂糖、黄砂糖、红糖、精幼砂糖、颗粒粕等）需要与厂内实际情况相符，如下拉菜单中不包括，可采用自定义的方式。生产能力填写该企业的设计产能。需要注意，若企业设有酒精车间等本规范未包括的生产，申报时也应填写相关设施和产能。

3．表 3-主要原辅材料及燃料信息表：原料为必填项；辅料应按技术规范填写完整；核实是否准确填写燃料类别，如采用“蔗渣”，要填写灰分、硫分、年设计使用量、热值。热值依据实测值，若无，可以参考技术规范 5.2.3.1 中给出的公式（4）、（5）计算。需要注意的是热值计算中采用湿基或者干基蔗渣，则在许可排放量计算公式中的蔗渣量（湿基或者干基）也要相应一致。

4．表 4-废气产排污节点、污染物及污染治理设施信息表：应按照技术规范将产排污环节填写完整，制糖企业废气产排污节点包括对应的生产设施和相应排放口，生产设施主要包括锅炉、颗粒粕系统干燥器和造粒机、振动筛选机、筛分机等，相应排放口主要包括上述生产设施烟囱或排气筒。本次暂将锅炉烟囱、颗粒粕系统干燥器排气筒列为主要排放口，其他列为一般排放口。废气污染物应包括无组织排放源，主要无组织排放源包括原料场、液压翻板卸蔗系统、石灰消和机、过滤机、硫熏燃硫炉、石灰窑、煤场、蔗渣堆放场等，对照以上无组织产生节点，明确主要污染因子。采用回收回溶方式处理的包装环节废气排放，可以填写无组织。由于锅炉排放的汞及其化合物、林格曼黑度采用的是协同治理措施，因此其污染治理设施编号应填“无”或“/”，并在“污染治理设施其他信息”中备注“协同处理”。核实污染治理设施是否与技术规范中所列可行技术一致，对于未采用可行技术的污染控制环节，应填写“否”，并提供相关证明材料。

5．表 5-废水类别、污染物及污染治理设施信息表：应按照技术规范将产排污环节填写完整。废水类别可合并，也可单独填报。生活污水单独处理并排入环境水体的，作为主要排放口；未处理排入环境水体的，须进行整改。雨水也需填报，作为一般排放口，但污染治理设施信息不用填写。不外排的，包括厂内回用或者排向厂内综合污水处理站的，无须填写排放口信息。核实污染治理设施是否与技术规范中所列可行技术一致，对于未采用可行技术的废水治理措施，应填写“否”，并提供相关证明材料。

6．表 6-大气排放口基本情况表：大气排放口信息中排放口编号与表 4 相对应，不要漏报。

7．表 7-废气污染物排放执行标准表：各排放口排放的污染因子数量符合技术规范要求，如锅炉排放口不能仅填写颗粒物、氮氧化物和二氧化硫，还应填写格林曼黑度、汞及其化合物；应在“其他信息”中填写环境影响评价批复时间，对于 2015 年 1 月 1 日及之后批复的，环境影响评价批复要求必须进行填写。

8．表 8-大气污染物有组织排放表：对于主要排放口申请许可排放量，对于一般排放口不申请许可排放量，仅申请许可排放浓度；申请的许可排放浓度和排放量应按照技术规范的要求确定，将环境影响评价批复（适用于 2015 年 1 月 1 日及之后获得的）、总量控制指标与按技术规范中的方法计算得到的排放量进行对比，从严确定许可排放量。申请的许可排放量应与计算过程保持一致，计算过程中的参数选取严格按照技术规范要求进行。对于一般排放口，若执行《大气污染物综合排放标准》（GB 16297），除确定许可排放浓度外，还应按标准给出排放速率要求。应在备注信息中给出许可排放量计算过程，要求依据充分，数据准确，生产天数等数据与前面表格中数据保持一致。

9．表 9-大气污染物无组织排放表：核查无组织产污环节对应污染物是否填全，对应国家和地方排放标准及浓度是否正确，无组织排放源的污染治理措施填写符合实际；标准填写应明确。对于国家和地方排放标准中无要求的无组织产污环节，如无特殊规定，不建议给出许可排放浓度、许可排放量等量化考核要求，仅说明控制措施即可。

10．表 10-企业大气排放总许可量：污染物种类及每一年的许可排放量与表 8、表 9 的合计一致，备注信息中给出总许可量的说明。

11．表 11-废水直接排放口基本情况表：对于总排放口、生活污水排放口（单独处理后排放时）、雨水排放口分别填写排放口编号、地理坐标、排放去向、排放规律、受纳水体信息及地理坐标等。排放口编号应与表 5 中直接排放口一致。注意排放去向与受纳自然水体信息要保持一致。

12．表 12-废水间接排放口基本情况表：间接排放废水应写明间接排放口编号、地理坐标、排放去向、排放规律、受纳污水处理厂信息。受纳污水处理厂信息应填报完整，包括名称、污染物种类和执行的浓度限值，不能仅填写某某管网。排入管网但其末端没有污水处理厂的，应注明。

13．表 13-废水污染物排放执行标准表：对于总排放口、生活污水排口分别列明废水污染物排放标准及浓度限值，其他信息中写明环境影响评价批复时间及其中的污染物排放浓度限值及其单位。若企业存在执行不同排放标准的污水经混合处理后排放的，如设有酒精车间，在确定企业总排水口排放浓度时应将不同标准（如《制糖工业水污染物排放标准》（GB 21909）与《酒精工业水污染物排放标准》（GB 27631））进行对比，项目取全，限值从严执行。生活污水经单独处理排向环境水体时，执行与总排放口相同的标准和浓度限值要求；单独排向城镇污水集中处理设施时，不必填写污染物种类和排放标准。雨水排放口也不必填写污染物种类和排放标准。地方有更严格要求的，从其规定。

14．表 14-废水污染物排放：一般应申请 COD_{Cr} 和氨氮的许可排放量，如存在受纳水体环境质量超标且列入 GB 21909 中的其他污染因子或企业属总磷总氮控制区域，也应申请许可排放量。申请的许可排放量应按照技术规范要求取严确定；计算过程中的参数选取严格按照技术规范要求。仅计算主要排放口的许可排放量，不用计算一般排放口。应在备注信息中给出许可排放量计算过程。

15. 表 15-自行监测及记录信息表：废水监测内容填写“流量”，废气监测内容填写监测污染物同时需要的参数；监测污染物及最低监测频次应符合技术规范的要求；污染物手工监测方法应取自相关标准；自动监测需填报故障期间手工监测信息。具体监测频次参照下列表要求，如下所示。锅炉监测按照 HJ 820 的要求。

废水污染物最低监测频次

监测点位		污染物指标	监测频次[a]	
			直接排放	间接排放
重点管理排污单位废水总排放口[b]	废水总排放口	流量、pH 值、化学需氧量	自动监测	自动监测
		氨氮	日	日
		悬浮物、五日生化需氧量	月	月
		总氮、总磷	月/日[c]	月
	雨水排放口	化学需氧量	日[d]	日[d]
简化管理排污单位废水总排放口[b]	废水总排放口	流量、pH 值、悬浮物、化学需氧量、氨氮、总氮、总磷、五日生化需氧量	每两个月 1 次	生产期内 1 次

[a] 设区的市级及以上环境保护主管部门明确要求安装自动监测设备的污染物指标，须采取自动监测。
[b] 重点管理与简化管理的排污单位依据《固定污染源排污许可分类管理名录》确定；废水总排放口监测指标和监测频次根据所执行的排放标准或当地环境管理要求参照本表确定。
[c] 水环境质量中总氮（无机氮）/总磷（活性磷酸盐）超标的流域或沿海地区，或总氮/总磷实施总量控制区域，总氮/总磷最低监测频次按日执行。
[d] 在雨水排放期间按日监测。

有组织废气污染物最低监测频次

污染源	监测点位	监测指标	监测频次
结晶分筛系统	结晶分筛系统除尘装置排气筒	颗粒物	生产期内 1 次
包装系统	包装系统除尘装置排气筒	颗粒物	生产期内 1 次
颗粒粕系统	干燥器废气处理装置排气筒	颗粒物、二氧化硫、氮氧化物	在线监测或每周 1 次
	造粒机除尘装置排气筒	颗粒物	生产期内 1 次

无组织废气污染物最低监测频次

排污单位类型	监测点位	监测指标	监测频次[a]
有装卸料、转运、破碎、蔗渣堆场、滤泥堆场	厂界	臭气浓度	生产期内 1 次
有生化污水处理工序	厂界	臭气浓度、硫化氢、氨	生产期内 1 次

[a] 若周边有环境敏感点，或监测结果超标的，应适当增加监测频次。

16. 表 16-环境管理台账信息表：应按照技术规范要求填报环境管理台账记录内容和频次等，完整列明生产设施运行管理信息、污染治理设施运行管理信息、监测记录信息、其他环境管理信息；记录频次应满足技术规范要求；记录形式应为“电子台账+纸质台账”；其他信息中写明台账保存期限为“至少保存三年”。

17. 附图：工艺流程图与总平面布置图要清晰可见、图例明确，且不存在上下左右颠倒的情况；工艺流程图应包括主要生产设施（设备）、主要原燃料的流向、生产工艺流程等内容；平面布置图应包括主体设施、公辅设施、污水处理站等，应注明厂区雨水、污水走向、排放口位置等内容。

18. 附件：应提供承诺书、信息公开情况说明表及其他必要的说明材料。信息公开情况说明表应明确给出公开时间、公开方式、反馈意见及处理情况，不应有空。许可排放量计算过程应详细、准确，计算方法及参数选取符合规范要求。对于企业自愿采取更低排放要求申请许可排放浓度和许可排放量的（如企业自愿采用超低排放要求作为申请许可排放浓度和许可排放量的依据），应进行核实，并告知环境保护部门及企业利弊关系。

（三）环境保护部门审核意见及排污许可证副本

与申请表中相关信息内容保持一致，还应满足以下要求：

1. 应按技术规范填写执行报告内容、频次等要求。

2. 应按照《企业事业单位信息公开管理办法》《排污许可证管理暂行规定》等现行文件的管理要求，填报信息公开方式、时间、内容等信息。

3. 对于企业环境管理现状无法满足技术规范要求的，需要承诺改正措施及完成时限；环境保护部门可将对企业现行废气、废水管理要求，以及法律法规、技术规范中明确的污染防治措施运行维护管理要求写入“其他环境管理要求”部分中；地方有法规对噪声、固废、环境风险等方面有管理要求，可纳入“其他许可内容”。

制革行业排污许可证审核要点

企业各项申请材料和环境保护部门补充信息应完整、规范。

复审时，除应关注是否按照前版审核意见修改外，还须注意是否出现新问题。

一、材料的完整性

应具备排污许可证申请表、承诺书、申请前信息公开情况说明表、排污许可证副本、附图、附件等材料。其中，附图应包括生产工艺流程图和平面布置图。

二、材料的规范性

（一）申请前信息公开

1．信息公开时间应不少于5个工作日，不是5个自然日。

2．信息公开内容应符合《排污许可证管理暂定规定》要求。

3．信息公开情况说明表应填写完整，包括信息公开的起止时间、签字时间。

4．申请前信息公开期间收到的意见应进行逐条答复，如无反馈意见则填写“无反馈意见”。

5．署名应为法定代表人，且应与排污许可证申请表、承诺书等保持一致。有法定代表人的一定要填写法定代表人，对于没有法定代表人的企事业单位，如个体工商户、私营企业者等，这些单位可以由实际负责人签字。此外对于集团公司下属不具备法定代表人资格的独立分公司，也可由实际负责人签字。

（二）排污许可证申请表

排污许可证申请表主要核查企业基本信息，主要生产装置、产品及产能信息，主要原辅材料及燃料信息，生产工艺流程图，厂区总平面布置图，废气、废水等产排污环节，排放污染物种类及污染治理设施信息，执行的排放标准，许可排放浓度和排放量，申请排放量限值计算过程，自行监测及记录信息，环境管理台账记录等。

1．表1-填写重点区域的，应结合环境保护部相关公告，核实是否执行特别排放限值；通过企业投产时间，核实该企业是否为现有源；原则上，企业应具备环境影响评价批复或认定关于备案文件，如两者全无，应核实企业具体情况；污染物总量控制要求应具体到污染物类型及其指标，同时应与后续许可量计算过程及许可量申请数据进行对比，按技术规范确定许可量。

2．表2-主要生产单元、生产工艺及生产设施按技术规范填报，不应混填，如有必填项则必须填写；相同生产设施应分行填报，不应采取备注数量的方式；主要生产工艺的产品（如生皮-成品革，生皮-蓝皮，蓝皮-成品革）需要与厂内实际情况相符，如下拉菜单中不包括，可采用自定义的方式；原料皮或产品名称对应的计量单位应为t/a，企业填报的生产能力为产品设计产能；设施参数填写完整；根据水十条要求，铬鞣企业要在“其他工艺信息”中填写2017年12月底，完成铬减量化和封闭循环利用技术改造情况。

3．表3-原料为必填项，尤其注意用水量不得遗漏，加工羊皮的，需在“其他信息”中备注使用山羊皮和绵羊皮的比例；辅料应按技术规范填写完整；有锅炉的需填写锅炉燃料信息；燃油、燃气填写硫分和热值（低位发热量），煤气还需要在其他信息处备注硫化氢含量；燃料中对于启动用燃油也应在此填报，且应包括含硫率、热值等信息（不能填0）。

4．表4-应按照技术规范将产排污环节填写完整；制革行业有组织排放锅炉烟囱为主要排放口，污水处理设施和喷浆设施废气收集的排气筒为一般排放口，技术规范中明确的内容不得丢项。废气主要无组织排放源包括生皮库、使用硫化物的脱毛车间、磨革车间、涂饰车间、煤场，对照以上无组织产生节点，明确主要污染物种类。污水处理设施采用全生化除臭等先进污水处理技术的，污染物可纳入无组织排放管理；由于汞及其化合物、林格曼黑度采用的是协同治理措施，因此其污染治理设施编号可填“/”，并在“污染治理设施其他信息”中备注“协同处理”；对使用天然气锅炉或设施的废气治理可行性技术可填写“/”；对于未采用最佳可行技术的污染控制环节，应填写“否”，并提供相关证明材料。

5．表 5-应按照技术规范将产排污环节填写完整，废水类别有含铬废水、其他生产废水、雨水，含硫废水单独处理的还应填报含硫废水；各类废水应分行单独填报；排放口类型需与技术规范一致，含铬废水为车间排放口，全厂废水为主要排放口，雨水为一般排放口；污染物种类依据规范要求填写完整；污染治理设施其他信息需备注设计规模；对于未采用最佳可行技术的废水治理措施，应填写“否”，并提供相关证明材料。

6．表 7-污染物种类数量符合技术规范要求；对于新增污染源，严格按《关于做好环境影响评价制度与排污许可制衔接相关工作的通知》（环办环评〔2017〕84 号文）执行；主要排放口废气污染物许可排放浓度限制按照《锅炉大气污染物排放标准》（GB 13271）或要求更为严格的地方标准进行确定；一般排放口废气及厂界无组织废气浓度限值按《大气污染物综合排放标准》（GB 16297）、《恶臭污染物排放标准》（GB 14554）或要求更为严格的地方标准进行确定。

7．表 8-对制革企业锅炉废气中颗粒物、二氧化硫、氮氧化物许可排放量，备用锅炉不再单独许可排放量；对于汞及其化合物、林格曼黑度等需申请许可排放浓度，无须申请许可排放量；申请的许可排放量应按照技术规范要求取严；申请的许可排放量应与计算过程保持一致；计算过程中的参数选取严格按照技术规范要求进行，生物质锅炉基准烟气量按《动力工程师手册》计算或参照燃煤锅炉数值进行选择；对于执行 GB 16297 的设施，除确定许可排放浓度以外，还应按烟囱高度确定排放速率要求。

8．表 9-应按照技术规范将无组织产污环节填写完整；无组织产污环节对应污染物填写齐全，明确防治措施；无组织排放源的污染治理措施填写符合实际，标准填写应明确；在“其他信息”中注明是否为可行性技术，列出许可浓度限值并标明单位；对于国家和地方排放标准中无要求的无组织产污环节，如无特殊规定，不建议给出许可排放浓度、许可排放量等量化考核要求，仅说明控制措施即可。

9．表 11-直接排放口和车间或设施排口均填写在此表内，应特别注意受纳自然水体信息填写是否正确。

10．表 12-间接排放废水应写明受纳污水处理厂执行的外排浓度限值。

11．表 14-对于全厂废水主要排放口一般对 COD 和氨氮申请许可排放量，车间或生产设施废水排放口对总铬申请许可排放量；申请的许可排放量应按照技术规范要求取严；计算过程中的参数选取严格按照技术规范要求。以下三种情况需增加申请总量的污染物种类：①受纳水体环境质量超标且列入 GB 30486 中的其他污染物；②《“十三五”生态环境保护规划》（国发〔2016〕65 号）载明的总磷、总氮总量控制区域；③地方环境保护主管部门另有规定的其他污染物。

12. 表 15-监测因子数量及最低监测频次应符合技术规范的要求，《排污单位自行监测技术指南　制革工业》发布后，从其规定；锅炉排放口应符合《排污单位自行监测技术指南　火力发电及锅炉》（HJ 820—2017）的要求；关注废气有组织一般排放口、无组织排放，以及雨水排口的监测信息。监测内容废水包括流量；废气包括（1）主要排口：烟气量、烟气流速、烟气温度、烟气含湿量；（2）一般排口：空气流速；（3）厂界：温度、气压、风速、风向。手工测定方法明确所有指标的监测方法标准（标准名称和标准号）。采取自动监测的，也要填写自动监测仪器故障期间手工监测信息。

13．表 16-应按照技术规范要求填报环境管理台账记录内容和频次等要求；记录形式应按照电子台账和纸质台账同步管理；具体内容包括基本信息、污染治理措施运行管理信息、监测记录信息、其他环境管理信息等。

14．许可排放量—许可排放量计算过程应清晰完整，且列出不同计算方法及取严过程。按照技术规范计算时，计算方法及参数选取符合规范要求，应详细列出计算公式，各参数选取原则及选取值，及计算结果；明确给出总量指标来源及具体数值，最终按取严原则确定申请的许可排污量。对于间接排放废水的排污单位，应注意其已有化学需氧量、氨氮等总量控制要求是否为企业最终外排总量，注意与接管排放量区分，接管排放量与最终外排量之间不再取严；对于排污单位自愿采取更低排放要求申请许可排放浓度和许可排放量的（如排污单位自愿采用超低排放要求作为申请许可排放浓度和许可排放量的依据），应进行核实，并告知环境保护部门及排污单位利弊关系。

15．附图-工艺流程图与总平面布置图要清晰可见、图例明确，且不存在上下左右颠倒的情况；工艺流程图应包括主要生产设施（设备）、主要原燃料的流向、生产工艺流程等内容；平面布置图应包括主体设施、公辅设施、全厂污水处理站等，尤其应注明厂区雨水和污水排放口位置。

16. 附件-应提供承诺书、信息公开情况说明表及其他必要的说明材料，如未采用可行技术但具备达标排放能力的说明材料等。

（三）环境保护部门审核意见及排污许可证副本

1. 应按技术规范填写执行报告内容、频次等要求；制革企业应包括年度、季度和月度执行报告，其中月或季度执行报告应至少包括全年报告中的第（6）部分中的实际排放量报表、合规判定分析说明；月执行报告可根据地方管理要求确定是否提交。

2. 应按照企业事业单位信息公开管理办法、排污许可证管理暂行规定等现行文件的管理要求，填报信息公开方式、时间、内容等信息。

3. 环境保护部门可将对排污单位现行废气、废水管理要求，以及法律法规、技术规范中明确的污染防治措施运行维护管理要求写入“其他环境管理要求”部分中；对于污染治理设施、环境不满足纺织印染工业排污许可申请与核发规范要求的，可将整改要求写入“改正措施”中并限定整改时限；若无地方法规要求，暂不建议写入关于噪声、固废、环境风险等方面的管理要求。

4. 环境保护部门应重点审核许可事项，如排放口的数量、类型，许可排放浓度执行的标准、许可排放量取值是否符合技术规范要求。管理要求要明确，且符合技术规范要求，为将来的监管执法提供依据。载明事项中存在的低级错误，逻辑不通的内容，需明确提出修改要求。

电镀企业排污许可证核发审核要点

环境保护部门在核发排污许可证之前应结合环境管理要求和政府部门掌握的情况，对电镀企业提交的申请材料进行认真审核，审核主要关注以下几个方面：

一是申请排污许可证的企事业单位的生产工艺和产品不属于国家或地方政府明确规定予以淘汰或取缔的；

二是申请的企业不位于饮用水水源保护区等法律法规明确规定禁止建设区域内；

三是有符合国家或地方要求的污染防治设施或污染物处理能力；

四是申请的排放浓度符合国家或地方规定的相关标准和要求，排放量符合相关要求，对新改扩建项目的排污单位，还应满足环境影响评价文件及其批复的相关要求；

五是排污口设置符合国家或地方的要求等。

一、排污单位提交的书面申请材料

电镀排污单位应当在国家排污许可证管理信息平台上填写并提交排污许可证申请，同时向有核发权限的环境保护主管部门提交通过平台印制的书面申请材料，企业提交的排污许可申请材料和守法承诺书是环境保护部门核发排污许可证的主要依据。

排污单位对申请材料的真实性、合法性、完整性负法律责任。

排污单位书面申请材料应当包括：

1. 排污许可证申请表。

主要内容包括：排污单位基本信息；与产排污相关的主要生产装置、设施、设备；废气、废水等产排污环节和污染防治设施；申请的排污口位置和数量；排放方式、排放去向、排放污染物种类、排放浓度和排放量、执行的排放标准。

2. 有排污单位法定代表人或者实际负责人签字或盖章的守法承诺书。

主要承诺内容包括：对申请材料真实性、合法性、完整性负法律责任；按排污许可证的要求控制污染物排放；按照相关标准规范开展自行监测、台账记录；按时提交执行报告并及时公开相关信息等。

3. 排污单位按照有关要求进行排污口和监测孔规范化设置的情况说明。

4. 建设项目环境影响评价批复文件；或按照《国务院办公厅关于加强环境监管执法的通知》（国办发〔2014〕56 号）要求，经地方政府依法处理、整顿规范并符合要求的相关证明材料；污染物排放总量控制指标的文件和法律文书。

5. 生产工艺流程图、污水处理工艺流程图、厂区总平面布置图。专门处理电镀废水的污水集中式处理厂除了提交污水处理工艺流程图、厂区总平面布置图外，还应提供纳污范围、纳污企业名单、接纳每个企业的污水量、管网布置、最终排放去向等材料。

6. 未采用推荐的可行技术的相关证明材料。

7. 法律法规规定的其他材料。

对实行排污许可简化管理的排污单位，上述材料可适当简化。

二、申请材料的完整性审核

核发机关收到排污单位提交的申请材料后，对材料的完整性进行审查。

（一）排污许可证申请表

1. 表 1-排污单位基本信息表

（1）填写重点区域的，应结合环境保护部相关公告，核实是否执行特别排放限值；

（2）通过企业投产时间，核实该企业是否为现有源；

（3）核查企业是否有环境影响评价批复文件，如有环境影响评价批复文件，是否填写了环境影响评价批复文件文号或备案编号；

（4）对于属于经地方政府依法处理、整顿规范并符合认可或备案要求的项目，是否提供并填写证明符合认可或备案要求的相关文件名和文号；

原则上，企业应具备环境影响评价批复或认定关于备案文件，如两者全无，应核实企业具体情况。

（5）对于有主要污染物总量控制指标计划的排污单位，是否提供了相关文件文号（或其他能够证明排污单位污染物排放总量控制指标的文件和法律文书）；

（6）污染物总量控制要求应具体到污染物类型及其指标，同时应与后续许可量计算过程及许可量申请数据进行对比，按技术规范确定许可量。

（7）表 1 中的相关信息是否填写完整。

2. 表 2-主要产品及产能信息表

主要生产单元、生产工艺及生产设施按《排污许可证申请与核发技术规范　电镀工业》（以下简称技术规范）填报，不应混填。其中：

（1）主要生产单元名称填写电镀生产线、公用单元的名称；

（2）主要工艺名称填写“前处理”、“镀覆处理”、“后处理”和“辅助设施”；

（3）生产设施名称主要填写与产排污相关的设施设备名称；生产设施编号填写企业内部设施编号。不同编号的相同生产设施应分行填报，不应采取备注数量的方式；

（4）同类型的设施设备，其设施参数的计量单位应一致，如水洗槽，不能有的填写“m^3”，有的填写“L”；

（5）审核“生产能力”是否是环境影响评价批复的产能或地方政府认可或备案的产能；是否包括了国家或地方政府予以淘汰或取缔的产能。生产能力与环境影响评价批复或地方政府认可或备案的产能不相符时，是否提供了说明材料；

（6）必填项内容是否填写齐全。

3. 表 3-主要原辅材料及燃料信息表

（1）检查填写的“有毒有害成分占比”是否正确，正确填写应该是有毒有害物质在总原料或辅料中的成分占比；

（2）在“燃料”信息中，燃煤要填写灰分、硫分、挥发分、热值和年最大使用量；燃油要填写硫分、热值和年最大使用量；天然气只填写热值和年最大使用量；

（3）不需要填写的栏内，划斜杠“/”，不能填 0。

4. 表 4-废气产排污环节、污染物及污染治理设施信息表

（1）应按照技术规范将产排污环节填写完整，电镀企业废气产排污环节包括对应的生产设施和相应排放口，生产设施主要包括锅炉、电镀前处理、镀覆处理、后处理等，相应排放口主要包括上述生产设施烟囱或排气筒；

（2）检查填写的“污染物种类”是否依据了《电镀污染物排放标准》（GB 21900）、《锅炉大气污染物排放标准》（GB 13271）和地方污染物排放标准，确定的污染物有无漏填项；有组织排放源中锅炉烟气的污染因子不包括林格曼黑度；

（3）审核填写的“可行技术”是否为推荐的可行技术，如没有采用推荐的可行技术，排污单位是否提供了相关证明材料；

由于锅炉废气中汞及其化合物、林格曼黑度采用的是协同治理措施，因此其污染治理设施编号应填“无”或“/”，并在“污染治理设施其他信息”中备注“协同处理”。

（4）审核填写的“排放口编号”是否与地方环境保护主管部门备案的废气排放口现有编号一致，若没有编号的，排污单位是否自行编号；

（5）审核填写的“排放口设置是否符合要求”，如填写了“否”，申报单位是否制定了整改措施，是否将整改措施填入信息平台申报系统中“改正措施”一栏或作为附件上传；

（6）审核“排放口类型”填写是否正确，本技术规范将锅炉烟囱列为主要排放口，电镀废气排气筒

列为一般排放口。

5. 表 5-废水类别、污染物及污染治理设施信息表

（1）应将酸碱废水、含氰废水、含铬废水、含重金属废水、电镀混合废水、综合废水等按废水类别分开填报；

（2）审核“污染物种类”是否依据《电镀污染物排放标准》（GB 21900）确定，污染因子是否有遗漏；

（3）电镀废水处理工艺是否为推荐的可行技术，如没有采用推荐的可行技术，排污单位是否提供了相关证明材料；

（4）填写的废水排放口编号是否与地方环境保护主管部门现有编号填写一致，若不一致，排污单位是否根据《固定污染源（水、大气）编码规则（试行）》进行编号；

（5）审核填写的“排放口设置是否符合要求”，如填写了“否”，申报单位是否制定了整改措施，是否将整改措施填入信息平台申报系统中“改正措施”一栏或作为附件上传；

（6）排放口类型填写是否正确。

本技术规范将电镀排污单位的车间或处理设施废水排放口、专业电镀企业总排放口均确定为主要排放口；专门处理电镀废水的集中式污水处理厂的废水总排放口为主要排放口，分质处理单元出水口可视同车间排放口，也归为主要排放口。将单独排放到城镇污水处理厂的生活污水排放口和雨水排放口列为一般排放口。

如申报单位的废水排放去向选择填写了“排入厂内综合污水处理站”，其对应的排放口类型选择“设施或车间排放口”；如申报单位的废水排放去向选择填写了“工业污水集中处理设施”，其对应的排放口类型选择“主要排放口”；单独排放到城镇污水处理厂的生活污水排放口和雨水排放口，其对应的排放口类型选择“一般排放口”。

6. 表 6-大气排放口基本情况表

（1）审核污染因子数量是否符合技术规范要求；对于新增污染源环境影响评价批复要求必须进行填写；

（2）审核是否填写了排气筒高度和排气筒出口内径。

7. 表 7-废气污染物排放执行标准表

（1）审核污染物种类是否与排放口编号相对应，是否执行的是国家或地方污染物排放标准名称、标准号和浓度限值；

（2）审核新增污染源是否填写了环境影响评价批复要求及承诺更加严格排放限值；

（3）环境影响评价批复要求应以数据形式填报，不应填报文字。

8. 表 8-大气污染物有组织排放表

（1）对于燃煤锅炉废气中汞及其化合物只需申请许可排放浓度，无须申请许可排放量；林格曼黑度不申请许可排放浓度合许可排放量；

（2）申请的主要排放口污染物许可排放量应与计算过程保持一致；

（3）对于电镀废气的一般排放口，污染因子只申请许可排放浓度限值，不填写排放速率，也不申请和填写年许可排放量限值；

（4）是否提供了许可排放量的计算方法、计算公式、参数选取过程、以及计算结果的计算过程说明内容。

9. 表 9-大气污染物无组织排放表

无组织排放源的污染治理措施填写符合实际；标准填写应明确。对于国家和地方排放标准中无要求的无组织产污环节，如无特殊规定，不建议给出许可排放浓度、许可排放量等量化考核要求，仅说明控制措施即可。

因《电镀污染物排放标准》（GB 21900—2008）中对无组织产污环节无要求，电镀工业排污单位可不填写表 9 内容。

10. 表 10-排污单位大气排放总许可量

对于电镀排污单位，全厂合计的大气排放总许可量指的是全厂有组织排放总计数据，应与环境影响评价批复的全厂总量控制指标数据比较，两者取严。

11. 表 11-废水直接排放口基本情况表

（1）如果废水为间歇排放，应审核是否填写了间歇排放时段；

（2）审核是否填写了受纳自然水体名称和功能目标、汇入受纳自然水体处地理坐标等内容。

12. 表 12-废水间接排放口基本情况表

（1）如果废水为间歇排放，应审核是否填写了间歇排放时段；

（2）是否填写了受纳污水处理厂不同污染物执行的排放标准浓度限值。

13. 表 13-废水污染物排放执行标准表

（1）电镀排污单位一类污染物必须填写《电镀污染物排放标准》（GB 21900—2008）；

（2）废水经预处理后排放到工业废水集中处理设施的，除一类污染物外，其他污染物填写工业废水集中处理设施执行的排放标准名称和排放浓度限值，不能填写与工业废水集中处理设施的污水处理厂协商的纳管浓度限值。

14. 表 14-废水污染物排放

（1）审查排污单位是否按排放口编号，逐一对应填写了主要排放口（废水总排放口）和设施或车间排放口污染物申请排放浓度限值、申请年排放量限值，申请特殊时段排放量限值。

（2）核对是否存在同一种污染物在主要排放口和设施或车间排放口同时申请许可排放限值的情况。

（3）单独排入城镇污水处理设施的生活污水排放口和雨水排放口，不申请排放浓度限值和排放量限值。如果电镀企业生活污水不是排入城镇污水处理设施，而是单独排放到自然水体，此时，其生活污水排放口应按照环境影响评价批复要求，申请主要污染物许可排放浓度限值，可不申请许可排放量。

（4）排污单位是否按每一个主要排放口逐年计算了污染物申请年排放量限值、合计年排放量限值、全厂排放口总计的年排放量限值和特殊时段污染物申请排放量限值。

（5）是否提供包括计算方法、计算公式、参数选取过程、以及计算结果的计算过程描述等内容。

15. 表 15-自行监测及记录信息表

（1）监测因子数量及最低监测频次应符合技术规范及即将发布的《排污单位自行监测技术指南 电镀工业》的要求；

（2）重点关注电镀排污单位是否填写了无组织排放厂界监测信息；

（3）对手工监测方法，应审核其污染物监测分析方法是否采用排放标准中确定的标准监测分析方法；

（4）对于电镀集中区内的企业，废水污染因子由园区污水处理厂负责监测，企业除了自行监测废水流量外，可不填写自行监测的相关信息，但应说明废水污染因子监测的实施单位；

（5）如果电镀企业生活污水单独排放到自然水体，应按照环境影响评价批复要求，填写主要污染物的监测设施、监测频次与监测方法。

16. 表 16-环境管理台账信息表

应按照技术规范要求填报环境管理台账记录内容和频次等要求。其中，管理台账信息内容主要包括：

（1）生产设施运行管理信息

正常工况各电镀生产线的累计生产时间、生产负荷、主要产品产量、原辅料及燃料使用情况等数据；原辅料、燃料使用情况指种类、名称、用量、有毒有害元素成分及占比；原辅料、燃料采购信息；

（2）污染治理设施运行管理信息

正常工况：明确记录各治理设施作用的生产环节、治理工艺，分系统记录所有环保设施的运行情况、污染物排放情况、主要药剂添加情况等。

非正常工况：污染治理设施应记录设施名称、编号、设施非正常（停运）时刻、恢复（启动）时刻、污染物排放量、排放浓度、事件原因、是否报告等。

（3）监测记录信息

包括自动监测及辅助设备运行状况、系统校准、校验记录、定期比对监测记录、维护保养记录、是否故障、故障维修记录、巡检日期等信息。对于无自动监测的大气污染物和水污染物指标，电镀工业排污单位应当按照排污许可证中监测方案所确定的监测频次要求，记录开展手工监测的日期、时间、污染物排放口和监测点位、监测方法、监测频次、监测仪器及型号、采样方法等，并建立台账记录报告。

（4）其他环境管理信息

应记录污染治理设施运行、维护、管理等相关信息，包括设施名称、运行时间、检查维护次数、管理人员情况等；应记录厂区降尘洒水、清扫频次，原料或产品场地封闭、遮盖方式，日常检查维护频次及情况等；应记录非正常工况和特殊时段的环境管理信息及电镀工业排污单位根据环境管理要求，记录其他信息。

（二）附图附件

1. 附图

（1）生产工艺流程图、污水处理工艺流程图与企业厂区总平面布置图要清晰可见、图例明确，且不存在上下左右颠倒的情况；

（2）生产工艺流程图应包括主要电镀生产设施（设备）、主要原辅料的流向、电镀生产工艺流程等内容；

（3）污水处理工艺流程图应包括主要处理单元、主要处理构筑物、污水走向、污水管线布置、排放口和排放去向等内容；

（4）生产厂区总平面布置图应包括主要生产线、厂房、设备位置关系，注明厂区雨水、污水的收集走向、排放口位置等内容；

（5）专门处理电镀废水的集中式污水处理厂除了提供污水处理工艺流程图和厂区总平面布置图外，还应提供纳污范围、纳污企业名单和纳污企业纳管废水量。

2. 附件

（1）提供守法承诺书；

（2）提供信息公开情况说明表；

（3）提供环境影响评价批复文件影印件；

（4）提供总量计划分配文件影印件；

（5）提供其他必要的说明材料，如：

——未采用可行技术但具备达标排放能力的证明材料；

——许可排放量计算过程及与总量控制要求取严的过程说明；

——申报单位自愿采取更加严格的排放限值作为申请许可排放浓度和许可排放量依据的材料；（应进行核实，并告知环境保护部门及企业利弊关系）

——申报单位排污口规范化设置情况说明材料；

——申报单位不符合环境管理要求的整改措施材料。

三、申请材料的规范性审核

核发部门对排污单位申报材料的规范性审核时，应重点关注以下内容：

（一）申请前信息公开

1. 信息公开时间应不少于 5 个工作日，不是 5 个自然日。

2. 信息公开内容应符合《排污许可证管理暂定规定》要求。

3. 信息公开情况说明表应填写完整，包括信息公开的起止时间。

4. 署名应为法定代表人，且应与排污许可证申请表、承诺书等保持一致。有法定代表人的一定要填写法定代表人，对于没有法定代表人的企事业单位，如个体工商户、私营企业者等，这些单位可以由实际负责人签字。此外对于集团公司下属不具备法定代表人资格的独立分公司，也可由实际负责人签字。

5. 申请前信息公开期间收到的意见应进行逐条答复。

（二）申请材料

1. 是否按本标准规定提交申请材料，内容是否齐全，完整，填写是否规范。

2. 是否按国家或地方规定的相关标准和本标准要求，确定排污口位置和数量、排放方式、排放去向，申报污染物排放种类、排放浓度等，测算并申报污染物排放量。

3. 申请表中填写的自行监测方案、执行报告上报频次、信息公开方案是否符合本标准的要求。

4. 2015 年 1 月 1 日（含）后新改扩建项目的排污单位，是否执行了排放标准或环境影响评价文件及其批复要求中最严格的排放限值。如果是通过污染物排放等量或减量替代削减获得总量指标的，是否变更了被替代削减的排污单位排污许可证。

5. 填报的电镀工艺或产品是否包括了国家或地方政府予以淘汰或取缔的电镀工艺或产品。

6. 法律法规规定的其他要求。

四、相关环境管理要求审核

核发机关根据排污单位申请材料和承诺，对满足下列条件的排污单位核发排污许可证，对申请材料中存在疑问的，可开展现场核查。

1. 不属于国家或地方政府明确规定予以淘汰或取缔的。

2. 不位于饮用水水源保护区等法律法规明确规定禁止建设区域内。

3. 有符合国家或地方要求的污染防治设施或污染物处理能力。

4. 申请的排放浓度符合国家或地方规定的相关标准和要求，排放量符合排污许可证申请与核发技术规范的要求。

5. 申请表中填写的自行监测方案、执行报告上报频次、信息公开方案符合相关技术规范要求。

6. 对新改扩建项目的排污单位，还应满足环境影响评价文件及其批复的相关要求，如果是通过污染物排放等量或减量替代削减获得总量指标的，还应审核被替代削减的排污单位排污许可证变更情况。

7. 排污口设置符合国家或地方的要求。

8. 法律法规规定的其他要求。

纺织印染工业排污许可证审核要点

排污单位各项申请材料和环境保护部门补充信息应完整、规范。

复审时，除应关注是否按照前版审核意见修改外，还须注意是否出现新问题。

一、材料的完整性

排污单位应具备排污许可证申请表、承诺书、申请前信息公开情况说明表、附图、附件等材料。其中，附图应包括生产工艺流程图和平面布置图。

以下三种情形不予受理：

国家或地方政府明确规定予以淘汰或取缔的；

位于饮用水水源保护区等法律明确禁止建设区域的；

既没有环境影响评价手续，也没有地方政府对违规项目的认定或备案文件的。

二、材料的规范性

（一）申请前信息公开

1．信息公开时间应不少于 5 个工作日。

2．信息公开内容应符合《排污许可证管理暂定规定》要求。

3．使用平台下载的样本，应完整填写表格内容，尤其注意公开的起止时间、公开方式、公开内容是否填写完整。

署名应为法定代表人，且应与排污许可证申请表、承诺书等保持一致。有法定代表人的一定要填写法定代表人，对于没有法定代表人的企事业单位，如个体工商户、私营企业者等，这些单位可以由实际负责人签字。此外对于集团公司下属不具备法定代表人资格的独立分公司，也可由实际负责人签字。

4．申请前信息公开期间收到的意见应进行逐条答复。

（二）排污许可证申请表

排污许可证申请表主要核查排污单位基本信息，主要生产单元、生产装置、产品及产能信息，主要原辅材料及燃料信息，生产工艺流程图，厂区总平面布置图，废气、废水等产排污环节，排放污染物种类及污染治理设施信息，执行的排放标准，许可排放浓度和排放量，申请排放量限值计算过程，自行监测及记录信息，环境管理台账记录等。

1．表 1-填写重点区域的，应结合环境保护部相关公告，核实是否执行特别排放限值；通过排污单位投产时间，核实该排污单位是否为现有源；原则上，排污单位应具备环境影响评价批复或认定关于备案文件，如两者全无，应核实排污单位具体情况；污染物总量控制要求应具体到污染物类型及其指标，包括二氧化硫总量指标（t/a）、氮氧化物总量指标（t/a）、颗粒物总量指标（t/a）、化学需氧量总量指标（t/a）、氨氮总量指标（t/a）、涉及的其他污染物总量指标，同时应与后续许可量计算过程及许可量申请数据进行对比，按技术规范确定许可量。

2．表 2-主要生产单元、生产工艺及生产设施按技术规范填报，不应混填，如有必填项必须填写；相同生产设施应分行填报，不应采取备注数量的方式；主要生产工艺的产品（生丝、净毛、精干麻、纱、坯布、色纤、色纱、面料、家用纺织制成品、产业用纺织制成品、纺织服装、服饰品等）。需要与厂内实际情况相符，如下拉菜单中不包括，可采用自定义的方式；其中属于技术规范中必填的主要工艺、生产设施、设施参数如下表：

表1　纺织印染排污单位生产工艺、设施必填项

生产单元	生产工艺	生产设施	参数
洗毛单元	乳化洗毛工艺、溶剂洗毛工艺、冷冻洗毛工艺、超声波洗毛工艺	洗毛设施（喷射洗毛机、滚筒洗毛机、超声洗毛机、联合洗毛机等）、炭化设施、剥鳞设施	
麻脱胶单元	化学脱胶、生物脱胶、物理脱胶、生化联合脱胶工艺	浸渍设施、汽爆装置、沤麻设施、碱处理设施、漂白设施、酸洗设施、煮练设施、漂洗设施、发酵罐	
缫丝单元	桑蚕缫丝、柞蚕缫丝工艺	煮茧机、缫丝机、打棉机	
织造单元	喷水织造、喷气织造工艺	喷水织机及其他	
印染单元	前处理、印花、染色、整理工艺	前处理工序（烧毛设施、退浆设施、精练设施、煮练设施、漂白设施、丝光设施、定型设施、碱减量设施、前处理一体式设施等）、染色工序（散纤维染色设施、纱线染色设施、连续轧染设施、浸染染色设施、喷射染色设施、冷堆染色设施、卷染染色设施、经轴染色设施、溢流染色设施、气流染色设施、气液染色设施等）、印花工序（滚筒印花设施、圆网印花设施、平网印花设施、静电植绒设施、转移印花设施、数码印花设施、泡沫印花设施、印花感光制网设施、平洗设备、砂洗设备等）、整理工序（磨毛机、起毛机、定型设施、直接涂层设施、转移涂层设施、凝固涂层设施、层压复合设施、配料设施等）	型号、浴比、车速、布幅宽度、容积等
成衣水洗单元	普通水洗、酵素洗、漂洗、石磨洗工艺	水洗机、吊染机、喷色机、马骝机、喷砂机、磨砂机、镭射造型机	
公用单元	锅炉、软化水系统、储存系统、废水处理系统、辅助系统	储存系统（煤场、化学品库、油罐、气罐等）、锅炉（燃煤锅炉、燃油锅炉、燃气锅炉、生物质锅炉等）	

其中，若设施有与产排污相关的多项参数，需填写多项参数，如浸染设施填写重量、浴比（1∶X形式在其他信息栏中填写），定型设施填写幅宽、车速等参数。

生产能力为主要产品设计产能，不包括国家或地方政府予以淘汰或取缔的产能；产品产能在不同工艺间注意衔接，需标明是否为承接前段工艺的产能，如有委外加工、半成品加工等产能的变化，需在备注中说明。

3. 表3-原料为必填项，尤其注意生产用水不得遗漏，且注明其中的回用水量；辅料应按技术规范填写完整，染料应按技术规范分类填写，若含有铬等重金属需注明含量；坯布应填写原料材质，对含有涤纶原料坯布应注明总锑的含量；燃料中对于启动用燃油也应在此填报，且应包括含硫率、挥发分、热值等信息（不能填0），天然气含硫率可在其他信息栏中填写含硫浓度（mg/m^3）。

4. 表4-应按照技术规范将产排污环节填写完整。纺织印染工业有组织排放废气应包括对应的生产设施和相应排放口，生产设施主要包括锅炉、印花设施（指圆网/平网设施的蒸化、高温焙烘，静电植绒，数码印花，转移印花等产生废气的重点工段）、定型设施、涂层设施，相应排放口主要包括上述生产设施（或其中某的工段）烟囱或排气筒，锅炉为主要排放口，印花设施、定型设施、涂层设施为一排排放口，技术规范中明确的内容不得丢项；定型机采用天然气直燃形式，原则上按照一般排放口进行填报，污染物项目增加二氧化硫、氮氧化物。

纺织印染工业废气无组织排放根据不同生产单元分别于厂界管控颗粒物、非甲烷总烃，含有污水处理设施的排污单位应增加臭气浓度、硫化氢、氨等污染物项目；对于有处理设施但无排放口（处理设施净化后排至车间内部）的产污环节，按无组织排放进行填报；对于有处理设施及排放口的产污环节，按照有组织排放口进行填报。

表2　纺织印染排污单位原辅料必填项

生产单元	原料	辅料
洗毛单元	原毛、水、其他	烧碱、合成洗涤剂、氯化钠、硫酸钠、硫酸铵、有机溶剂、盐酸、漂白剂、双氧水、其他
麻脱胶单元	苎麻、亚麻、黄麻、大麻、红麻、罗布麻、水、其他	烧碱、硫酸、盐酸、双氧水、生物酶、给油剂、其他

缫丝单元	桑蚕茧、柞蚕茧、水、其他	渗透剂、抑制剂、解舒剂、其他
织造单元	天然纤维（棉、麻、丝、毛、石棉及其他）与化学纤维（再生纤维、合成纤维、无机纤维、其他）	浆料、表面活性剂、油剂、防腐剂、石蜡、其他
印染单元	散纤维、纱、织物、水、其他	染料（直接染料、活性染料、还原染料、硫化染料、酸性染料、分散染料、冰染染料、碱性染料、媒染染料、荧光染料、氧化染料、酞菁染料、缩聚染料、暂溶性染料）、颜料、糊料、酸剂（乙酸、苹果酸、酒石酸、琥珀酸、硫酸、盐酸）、碱剂（烧碱、纯碱、氨水）、氧化剂（二氧化氯、液氯、双氧水、次氯酸钠）、还原剂（二氧化硫、保险粉、元明粉）、生物酶、短纤维绒、离型纸、助剂（分散剂、精炼剂、润湿剂、乳化剂、洗涤剂、渗透剂、均染剂、黏合剂、增白剂、消泡剂、增稠剂、皂洗剂、硬挺剂、固色剂及其他）、整理剂（柔软剂、抗菌防皱剂、防污整理剂、拒油整理剂、防紫外线整理剂、阻燃整理剂、防水整理剂、防皱整理剂、抗静电整理剂、稳定剂、增塑剂、发泡机、促进剂、填充料、着色剂、防光氧化剂、交联剂、防水解剂、增稠剂、引发剂及其他）、涂层剂（聚氯乙烯（PVC）胶、聚氨酯（PU）胶、聚丙烯酸酯（PA）胶、聚有机硅氧烷、橡胶乳液及其他）、溶剂（甲苯、二甲苯、二甲基甲酰胺、丁酮、苯乙烯、丙烯酸、乙酸乙酯、丙烯酸酯及其他）、感光胶（含铬感光胶、常规感光胶）、其他
成衣水洗单元	成衣、成品布、水、其他	酵素、柔软剂、渗透剂、膨松剂、冰醋酸、烧碱、双氧水、碳酸钠、漂白粉、其他
公用单元	—	废水、废气污染治理过程中添加的化学品（包括石灰、硫酸、盐酸、混凝剂、助凝剂等）

由于汞及其化合物、林格曼黑度采用的是协同治理措施，因此其污染治理设施编号可填“/”，并在“污染治理设施其他信息”中备注“协同处理”；对使用天然气锅炉或设施的废气治理可行性技术可填写“/”；对于产生有组织废气的设施，因采用特殊工艺或原料直接排放可实现达标的，提供相应的历史监测数据，废气治理可行性技术可填写“/”，但排放口必须纳入自行监测管理；对于未采用最佳可行技术的污染控制环节，应填写“否”，并提供相关证明材料。

5．表 5-应按照技术规范将产排污环节填写完整，统一排入全厂综合废水处理设施的，废水类别合并填报。纳入许可管理的废水排放口及污染物项目如技术规范中表 3 所示，“六价铬”在车间或生产设施废水排放口进行管控，其余污染物项目于废水总排口管控。

“六价铬”仅适用于使用含铬染料或助剂、含有感光制网工艺的排污单位，“动植物油”仅适用于含缫丝、毛纺生产单元的排污单位，“可吸附有机卤素”与“二氧化氯”仅适用于麻纺、印染生产单元中含氯漂工艺的排污单位，“苯胺类”与“硫化物”仅适用于含印染生产单元的排污单位，“总锑”仅适用于含涤纶化纤碱减量工艺的排污单位，若不涉及相关工艺的污染物项目可不进行填报。

初期雨水、生活污水、循环冷却水排污水等产排污环节不得漏填；单独排入城镇集中污水处理设施的生活污水仅说明去向，单独且直接排入水体的生活污水按主要排放口进行管理；污染治理设施工艺除喷水织机废水经一级+二级处理可达到直接排放标准以外，其余类型的废水执行间接排放标准的需经一级+二级处理，执行直接排放标准的需经一级+二级+深度处理；对于未采用最佳可行技术的废水治理措施，应填写“否”，并提供相关证明材料。

6．表 7-污染物项目应符合技术规范要求；对于新增污染源，严格按《关于做好环境影响评价制度与排污许可制衔接相关工作的通知》（环办环评〔2017〕84 号文）执行；主要排放口废气污染物许可排放浓度限制按照《锅炉大气污染物排放标准》（GB 13271）或要求更为严格的地方标准进行确定；一般排放口废气及厂界无组织废气浓度限值按《大气污染物综合排放标准》（GB 16297）、《恶臭污染物排放标准》（GB 14554）或要求更为严格的地方标准进行确定；对于执行 GB 14554 的一般排放口，应按烟囱高度确定排放速率要求；对于执行 GB 16297 的一般排放口，除确定许可排放浓度以外，还应按烟囱高度确定排放速率要求。

7．表 8-对于汞及其化合物、林格曼黑度等需申请许可排放浓度，无须申请许可排放量；申请的许可排放量应按照技术规范要求取严；申请的许可排放量应与计算过程保持一致；计算过程中的参数选取严格按照技术规范要求进行，生物质锅炉基准烟气量按《动力工程师手册》计算或参照燃煤锅炉数值进行选择；对于执行 GB 16297 的设施，除确定许可排放浓度以外，还应按烟囱高度确定排放速率要求。

8．表 9-无组织排放源的污染治理措施填写符合实际，标准填写应明确；对于国家和地方排放标准中无要求的无组织产污环节，如无特殊规定，不建议给出许可排放浓度、许可排放量等量化考核要求，仅说明控制措施即可。

9．表 11-直接排放口和车间或设施排口均填写在此表内，特别注意受纳自然水体信息填写是否正确，如涉及使用含重金属铬的染料的，表中车间排放口控制污染物项目为六价铬。

10．表 12-间接排放废水应写明受纳污水处理厂执行的外排浓度限值。

11．表 14-以下三种情况需增加申请总量的污染物种类：①受纳水体环境质量超标且列入 GB 4287、GB 8978、GB 28936、GB 28937、GB 28938 中的其他污染物；②《“十三五”生态环境保护规划》（国发〔2016〕65 号）载明的总磷、总氮总量控制区域；③地方环境保护主管部门另有规定的其他污染物。

12．表 15-监测因子数量及最低监测频次应符合技术规范的要求，《排污单位自行监测技术指南　纺织印染工业》发布后，从其规定；锅炉排放口应符合《排污单位自行监测技术指南　火力发电及锅炉》（HJ 820—2017）的要求；关注废气有组织一般排放口、无组织排放，以及雨水排口的监测信息；对于废气有组织一般排放口，若地方有现行监测要求，则按其要求填报。监测内容废水包括流量；废气包括（1）主要排口：烟气量、烟气流速、烟气温度、烟气含湿量；（2）一般排口：空气流速；（3）厂界：温度、气压、风速、风向。

13．表 16-应按照技术规范要求填报环境管理台账记录内容和频次等要求，原则上记录形式应按照电子和纸质同时记录。具体内容包括基本信息、污染治理措施运行管理信息、监测记录信息、其他环境管理信息等。

基本信息包括：主要生产设施（如染缸、定型机）、锅炉、治理设施名称、工艺等排污许可证规定的各项排污单位基本信息的实际情况及与污染物排放相关的主要运行参数；

污染治理措施运行管理信息包括：记录所有污染治理设施的规格参数、污染排放情况、停运时段、主要药剂添加情况等；

监测记录信息包括：手工监测的记录和自动监测运维记录信息，以及与监测记录相关的生产和污染治理设施运行状况记录信息等。

14．许可排放量—许可排放量计算过程应清晰完整，且列出不同计算方法及取严过程。按照技术规范计算时，计算方法及参数选取符合规范要求，应详细列出计算公式，各参数选取原则及选取值，及计算结果；明确给出总量指标来源及具体数值，环境影响评价文件及其批复要求（环境影响评价文件及其批复中的排水量、排污量可作为计算依据），最终按取严原则确定申请的许可排污量。对于间接排放废水的排污单位，应注意其已有化学需氧量、氨氮等总量控制要求是否为企业最终外排总量，注意与接管排放量区分，接管排放量与最终外排量之间不再取严；对于排污单位自愿采取更低排放要求申请许可排放浓度和许可排放量的（如排污单位自愿采用超低排放要求作为申请许可排放浓度和许可排放量的依据），应进行核实，并告知环境保护部门及排污单位利弊关系。

15．附图-工艺流程图与总平面布置图要清晰可见、图例明确，且不存在上下左右颠倒的情况；工艺流程图应包括主要生产设施（设备）、主要原燃料的流向、生产工艺流程等内容；平面布置图应包括主要工序、厂房、设备位置关系，尤其应注明厂区雨水、污水收集和运输走向、排放口等内容。

16．附件-应提供承诺书、信息公开情况说明表及其他必要的说明材料，如未采用可行技术但具备达标排放能力的说明材料等。

（三）环境保护部门审核意见及排污许可证副本

1．应按技术规范填写执行报告内容、频次等要求；纺织印染排污单位应包括年度、季度执行报告，其中季度执行报告应至少包括全年报告中的第（6）部分中的实际排放量报表、达标判定分析说明及第（4）部分中“治污设施异常情况汇总表”；月执行报告可根据地方管理要求确定是否提交。

2．应按照企业事业单位信息公开管理办法、排污许可证管理暂行规定等现行文件的管理要求，填报信息公开方式、时间、内容等信息。

3．环境保护部门可将对排污单位现行废气、废水管理要求，以及法律法规、技术规范中明确的污染防治措施运行维护管理要求写入“其他环境管理要求”部分中；对于污染治理设施、环境不满足纺织印染工业排污许可申请与核发规范要求的，可将整改要求写入“改正措施”中并限定整改时限；若无地方法规要求，暂不建议写入关于噪声、固废、环境风险等方面的管理要求。

4．环境保护部门应重点审核许可事项，如排放口的数量、类型，许可排放浓度执行的标准、许可排放量取值是否符合技术规范要求。管理要求要明确，且符合技术规范要求，为将来的监管执法提供依据。载明事项中存在的低级错误，逻辑不通的内容，需明确提出修改要求。

有色金属工业—铜铅锌冶炼排污许可证审核要点

企业各项申请材料和环境保护部门补充信息应完整、规范。

复审时，除应关注是否按照前版审核意见修改外，还须注意是否出现新问题。

一、材料的完整性

应具备排污许可证申请表、承诺书、申请前信息公开情况说明表、排污许可证副本、附图、附件等材料。

其中，附图应包括生产工艺流程图和平面布置图。

二、材料的规范性

（一）申请前信息公开

1．信息公开时间应不少于 5 个工作日。

2．信息公开内容应符合《排污许可证管理暂定规定》要求。

3．信息公开情况说明表应填写完整，包括信息公开的起止时间。

署名应为法定代表人，且应与排污许可证申请表、承诺书等保持一致。有法定代表人的一定要填写法定代表人，对于没有法定代表人的企事业单位，如个体工商户、私营企业者等，这些单位可以由实际负责人签字。此外对于集团公司下属不具备法定代表人资格的独立分公司，也可由实际负责人签字。

4．申请前信息公开期间收到的意见应进行逐条答复。

（二）排污许可证申请表

1．表 1-排污单位基本信息表

（1）是否属于重点区域，属于重点区域的需执行特别排放限值（考虑氮氧化物）；

（2）环境影响评价批复、备案文件必填一项，且需逐一填写；通过环境影响评价批复时间（2015 年），确定为三者取严或二者取严；

（3）总量分配计划文件需填写具体文号（或名称）；总量控制指标需逐一填写，并备注来源，来源包括：总量分配计划文件、现有排污许可证、排污权交易获取、环境影响评价文件（2015 年后）、其他政府文件形式确认的。

2．表 2-主要产品及产能信息表

（1）生产线名称不要填写生产单元，划分依据为原料-最终产品（非中间产品）；

（2）生产工艺根据字典项选择，未在字典项内的选择其他，并注明具体工艺名称；

（3）生产设施填写完整，包括技术规范的必填项和产生排污的生产设施；

冶炼附属工程如综合回收、采选等生产单元，若属于独立厂区（车间）的可不填写（地方也可以要求填写）；

相同生产设施，若排放口相同可备注数量；

冶炼炉窑的设施参数一般为生产能力（处理能力）、路床面积等，原料库为（最大）贮存能力，锅炉为生产能力，其他根据实际情况选择填写；设施参数可以填多个参数（添加设施参数；

产品名称：需填写技术规范的产品名称和重要中间产品，如粗铅、粗锌、锌焙砂、粗铜、阳极铜等；产能以环境影响评价（备案）文件为准，注意单位匹配。

3．表 3-主要原辅材料及燃料信息表

（1）原辅料填写完整，原料除了精矿外，注意是否有外购的二次资源；

（2）辅料需填写含有毒有害物质的和属于危险化学品的，如锌粉、锑盐、酸碱、氨水、双氧水等；

（3）有毒有害成分至少要填写硫、铅、砷、汞、镉；不含某元素的可以填“/”；

（4）燃料至少要填写硫分和热值，固态燃料还需填写灰分和挥发分。

4．表4-废气产排污节点、污染物及污染治理设施信息

（1）产排污环节填写完整，注意与生产设施（自动生成）对应；

（2）污染物种类严格按照排放标准（GB 13271、GB 25466、GB 25467，DB***）填写；重点区域的需有氮氧化物；

颗粒物（厂界无组织为总悬浮颗粒物）、铅及其化合物、汞及其化合物、砷及其化合物，不是烟（粉）尘、铅、汞、砷；

（3）原则上本表只填写有组织废气；无组织填到表9；

（4）污染治理设施名称、工艺均可多选，对照技术规范注意是否为可行技术，非可行技术需在附件中上传证明材料（案例、监测报告、知识产权类证明等）；

（5）注意排放口类型，主要排放口分为多个排放口的，均为主要排放口，主要排放口与一般排放口合并排放的，为主要排放口。

5．表5-废水类别、污染物及污染治理设施信息表

（1）废水类别只有两种，生产废水和生活污水；污染治理设施只有两种，生产废水处理处理设施、生活污水处理设施；

（2）污染物种类：车间排放口只需要填写一类污染物，总排放口需填写标准中全部污染物；原则上车间排放口指污酸处理站排放口；

（3）注意治理工艺是否为可行技术，非可行技术的需在附件中上传证明材料；

（4）排放口类型：生产废水为主要排放口，生活污水为一般排放口；排放去向为不外排、排至厂内综合废水处理站的，目前平台默认为车间或生产设施排放口。

6．表6-大气排放口基本情况

注意排气筒高度，燃煤锅炉至少为20 m，燃油、燃气至少为8 m；其余至少为15 m。

7．表7-废气污染物排放执行标准表

表4中污染物种类填写完整，此处自动生成；

标准名称通常为行业排放标准、锅炉标准和地方标准（若有）；重点区域的需执行特别排放限值，须有氮氧化物。

8．表8-大气污染物有组织排放表

申请许可排放浓度限值—主要排放口和一般排放口均需填写；

申请许可排放量限值—主要排放口填写，技术规范只要求颗粒物、二氧化硫、氮氧化物（若有）、铅及其化合物、汞及其化合物、砷及其化合物（铜冶炼）；其余因子根据地方要求确定是否需核算。

9．表9-大气污染物无组织排放表

选择厂界的，只需填写污染物种类、排放标准名称和浓度限值；

选择生产设施编号的，只需填写污染物种类、产污环节和主要污染防治措施；防治措施可多选；

其余均无须填写。

10．表10-企业大气排放总许可量

备注中填写确定过程，即三者取严或两者取严，填写最终确定的许可排放量限值。

11．表11-废水直接排放口基本情况表

12．表2-废水间接排放口基本情况表

标准浓度限值填写行业排放标准间接排放限值、综排标准三级或根据地方要求（生活污水），不要填写集中处理设施接管标准或排放标准限值。

13．表13-废水污染物排放执行标准表

注意是否有地方排放标准。

14．表14-废水污染物排放

申请许可排放浓度限值—主要排放口（车间或生产设施排放口）、一般排放口均需填写；

申请许可排放量限值—主要排放口（车间或生产设施排放口）填写，车间或生产设施排放口填写一

类污染物许可量，总排放口填写常规污染物许可排放量；其余因子根据地方要求确定是否需核算；

计算时注意总排放口、车间或生产设施排放口基准排水量不同。

15．表 15-自行监测记录信息表

监测内容：有组织废气至少应选择烟气量、温度、烟气含湿量，燃烧类烟气还应选择含氧量；无组织废气至少应选择温度、气压、风向、风速；废水至少应选择流量。

自行监测最低监测频次				
污染类型	排放口类型	污染物类别	监测设施	最低监测频次
有组织废气	主要排放口	颗粒物、二氧化硫、氮氧化物	自动监测	—
		铅及其化合物、汞及其化合物	手工监测	1 次/月
		其他污染物（硫酸雾）	手工监测	1 次/季
	一般排放口	颗粒物、二氧化硫、氮氧化物、铅及其化合物、汞及其化合物、硫酸雾	手工监测	1 次/季
无组织废气	—	二氧化硫、颗粒物、硫酸雾、铅及其化合物、汞及其化合物	手工监测	1 次/季
废水	主要排放口	pH 值、化学需氧量、氨氮、总磷、总氮	自动监测	—
		总铅、总镉、总砷、总汞	手工监测	1 次/日
		总锌、总铜、总铬、总镍	手工监测	1 次/月
		其他污染物	手工监测	1 次/季度

16．表 16-环境管理台账记录要求

设施类别、操作参数、记录内容、记录频次、记录形式；

记录内容按照技术规范填写；

其余见下图。

17．附图-工艺流程图、总平面布置图

（1）清晰可见、图例明确；

（2）工艺流程图应包括应包括主要生产设施（设备）、主要原燃料的流向、产排污环节等内容；

（3）平面布置图应包括主要工序、厂房、设备位置关系，注明厂区雨水、污水收集和运输走向等内容。废水处理设施、雨水排放口、废水排放口、主要废气排放口位置。

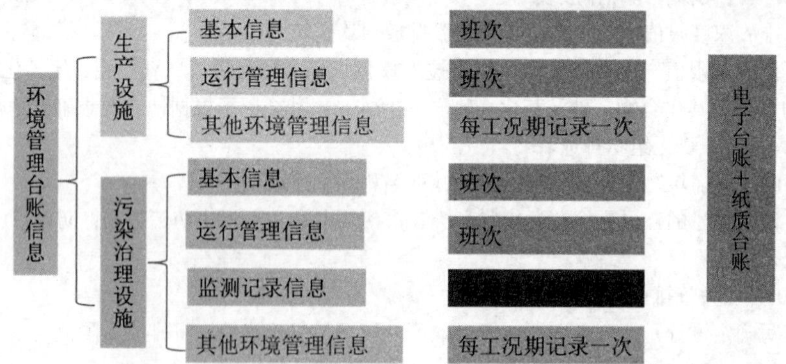

18．附件

（1）承诺书；

（2）申请前信息公开情况说明表；

（3）环境影响评价批复文件；

（4）总量文件；

（5）非可行技术的证明材料；

（6）其他。

（三）环境保护部门审核意见及排污许可证副本

1．应按技术规范填写执行报告内容、频次等要求；铜铅锌冶炼应包括年度、季度执行报告，地方根据管理要求可增加月度报告。

2．应按照企业事业单位环境信息公开办法、排污许可证管理暂行规定等现行文件的管理要求，填报信息公开方式、时间、内容等信息。

3．环境保护部门可将对企业现行废气、废水管理要求，以及法律法规、技术规范中明确的污染防治措施运行维护管理要求写入“其他环境管理要求”部分中。

有色金属工业—铝冶炼排污许可证审核要点

企业各项申请材料和环境保护部门补充信息应完整、规范。

复审时，除应关注是否按照前版审核意见修改外，还须注意是否出现新问题。

一、材料的完整性

应具备排污许可证申请表、承诺书、申请前信息公开情况说明表、排污许可证副本、附图、附件等材料。

其中，附图应包括生产工艺流程图和平面布置图。

二、材料的规范性

（一）申请前信息公开

1．信息公开时间应不少于 5 个工作日。

2．信息公开内容应符合《排污许可证管理暂定规定》要求。

3．信息公开情况说明表应填写完整，包括信息公开的起止时间。

署名应为法定代表人，且应与排污许可证申请表、承诺书等保持一致。有法定代表人的一定要填写法定代表人，对于没有法定代表人的企事业单位，如个体工商户、私营企业者等，这些单位可以由实际负责人签字。此外对于集团公司下属不具备法定代表人资格的独立分公司，也可由实际负责人签字。

4．申请前信息公开期间收到的意见应进行逐条答复。

（二）排污许可证申请表

1．表 1-排污单位基本信息表

（1）是否属于重点区域，属于重点区域的需执行特别排放限值（考虑氮氧化物）；

（2）环境影响评价批复、备案文件必填一项，且需逐一填写；通过环境影响评价批复时间（2015 年），确定为三者取严或二者取严；

（3）总量分配计划文件需填写具体文号（或名称）；总量控制指标需逐一填写，并备注来源，来源包括：总量分配计划文件、现有排污许可证、排污权交易获取、环境影响评价文件（2015 年后）、其他政府文件形式确认的。

2．表 2-主要产品及产能信息表

（1）生产线名称不要填写生产单元，划分依据为原料-最终产品（非中间产品）；

（2）生产工艺根据字典项选择，未在字典项内的选择其他，并注明具体工艺名称；

（3）生产设施填写完整，包括技术规范的必填项和产生排污的生产设施；

相同生产设施，若排放口相同可备注数量；

电解槽设施参数填写为电流强度、电流效率，氧化铝焙烧炉填写氧化铝生产能力、熟料烧成窑填写熟料生产能力、石灰炉（窑）填写石灰生产能力。原料库为（最大）贮存能力，锅炉为生产能力，其他根据实际情况选择填写；设施参数可以填多个参数（添加设施参数）；

产品名称：需填写技术规范的产品名称，原铝（铝锭）、氧化铝等；产能以环境影响评价（备案）文件为准，注意单位匹配。

3．表 3-主要原辅材料及燃料信息表

（1）原辅料填写完整；

（2）辅料需填写含有毒有害物质；

（3）有毒有害成分中，氧化铝主要关注硫（原料煤），电解铝主要关注氟（氟化盐）、硫（阳极）；不含某元素的可以填“/”；

（4）燃料至少要填写硫分和热值，固态燃料还需填写灰分和挥发分。

4．表 4-废气产排污节点、污染物及污染治理设施信息

（1）产排污环节填写完整，注意与生产设施（自动生成）对应；

（2）污染物种类严格按照排放标准（GB 25465，DB***）填写；重点区域的需有氮氧化物；颗粒物（厂界无组织为总悬浮颗粒物）；

（3）原则上本表只填写有组织废气；无组织填到表 9；

（4）污染治理设施名称、工艺均可多选，对照技术规范注意是否为可行技术，非可行技术需在附件中上传证明材料（案例、监测报告、知识产权类证明等）；

（5）注意排放口类型，主要排放口分为多个排放口的，均为主要排放口，主要排放口与一般排放口合并排放的，为主要排放口。

5．表 5-废水类别、污染物及污染治理设施信息表

（1）废水类别只有两种，生产废水和生活污水；污染治理设施只有两种，生产废水处理处理设施、生活污水处理设施；

（2）污染物种类：总排放口需填写标准中全部污染物；

（3）注意治理工艺是否为可行技术，非可行技术的需在附件中上传证明材料；

（4）排放口类型：生产废水为主要排放口，生活污水为一般排放口；排放去向为不外排、排至厂内综合废水处理站的，目前平台默认为车间或生产设施排放口。

6．表 6-大气排放口基本情况

注意排气筒高度，燃煤锅炉至少为 20 m；其余至少为 15 m。

7．表 7-废气污染物排放执行标准表

表 4 中污染物种类填写完整，此处自动生成；

标准名称通常为行业排放标准、锅炉标准和地方标准（若有）；重点区域的需执行特别排放限值，须有氮氧化物。

8．表 8-大气污染物有组织排放表

申请许可排放浓度限值—主要排放口和一般排放口均需填写；

申请许可排放量限值—主要排放口填写，技术规范只要求颗粒物、二氧化硫、氮氧化物（若有，仅限氧化铝）、氟（仅限电解铝）；其余因子根据地方要求确定是否需核算。

9．表 9-大气污染物无组织排放表

选择厂界的，只需填写污染物种类、排放标准名称和浓度限值；

选择生产设施编号的，只需填写污染物种类、产污环节和主要污染防治措施；防治措施可多选；

其余均无须填写。

10．表 10-企业大气排放总许可量

备注中填写确定过程，即三者取严或两者取严，填写最终确定的许可排放量限值。

11．表 11-废水直接排放口基本情况表

12．表 12-废水间接排放口基本情况表

标准浓度限值填写行业排放标准间接排放限值、综排标准三级或根据地方要求（生活污水），不要填写集中处理设施接管标准或排放标准限值。

13．表 13-废水污染物排放执行标准表

注意是否有地方排放标准。

14．表 14-废水污染物排放

申请许可排放浓度限值—填写主要排放口；

申请许可排放量限值—主要排放口填写常规污染物许可排放量；其余因子根据地方要求确定是否需核算。

15．表 15-自行监测记录信息表

监测内容：有组织废气至少应选择烟气量、温度、烟气含湿量，锅炉烟气还应选择含氧量；无组织

废气至少应选择温度、气压、风向、风速；废水至少应选择流量。

自行监测最低监测频次

<table>
<tr><th colspan="3">产排污节点</th><th rowspan="2">排放口类型</th><th rowspan="2">监测因子</th><th rowspan="2">监测频次</th></tr>
<tr><th colspan="2">产污环节</th><th>监测点位</th></tr>
<tr><td colspan="6">废气有组织排放</td></tr>
<tr><td rowspan="7">氧化铝</td><td>原料系统</td><td>污染物净化设施排放口</td><td>一般排放口</td><td>颗粒物</td><td>半年</td></tr>
<tr><td>熟料中碎系统</td><td>污染物净化设施排放口</td><td>一般排放口</td><td>颗粒物</td><td>半年</td></tr>
<tr><td>氧化铝贮运系统</td><td>污染物净化设施排放口</td><td>一般排放口</td><td>颗粒物</td><td>半年</td></tr>
<tr><td>熟料烧成窑</td><td>污染物净化设施排放口</td><td>主要排放口</td><td>颗粒物、二氧化硫、氮氧化物（以 NO_2 计）</td><td>自动监测</td></tr>
<tr><td>氢氧化铝焙烧炉</td><td>污染物净化设施排放口</td><td>主要排放口</td><td>颗粒物、二氧化硫、氮氧化物（以 NO_2 计）</td><td>自动监测</td></tr>
<tr><td>石灰炉（窑）</td><td>污染物净化设施排放口</td><td>主要排放口</td><td>颗粒物</td><td>自动监测</td></tr>
<tr><td>熔盐加热炉</td><td>污染物净化设施排放口</td><td>一般排放口</td><td>颗粒物、二氧化硫、氮氧化物（以 NO_2 计）</td><td>季度</td></tr>
<tr><td rowspan="4">电解铝</td><td>原料系统</td><td>污染物净化设施排放口</td><td>一般排放口</td><td>颗粒物</td><td>半年</td></tr>
<tr><td>电解质破碎系统</td><td>污染物净化设施排放口</td><td>一般排放口</td><td>颗粒物</td><td>半年</td></tr>
<tr><td>阳极组装及残极处理系统</td><td>污染物净化设施排放口</td><td>一般排放口</td><td>颗粒物</td><td>半年</td></tr>
<tr><td>混合炉</td><td>污染物净化设施排放口</td><td>一般排放口</td><td>颗粒物</td><td>半年</td></tr>
<tr><td rowspan="2">电解铝</td><td rowspan="2">电解槽</td><td rowspan="2">污染物净化设施排放口</td><td rowspan="2">主要排放口</td><td>颗粒物、二氧化硫</td><td>自动监测</td></tr>
<tr><td>氟化物（以F计）（以氟计）</td><td>月</td></tr>
<tr><td colspan="2" rowspan="2">锅炉</td><td rowspan="2">烟囱或烟道</td><td rowspan="2">主要排放口</td><td>颗粒物、二氧化硫、氮氧化物（以 NO_2 计）</td><td>自动监测</td></tr>
<tr><td>汞及其化合物①、烟气黑度（林格曼黑度，级）</td><td>季度</td></tr>
<tr><td colspan="6">废气无组织排放</td></tr>
<tr><td colspan="2">氧化铝工业</td><td>企业边界</td><td colspan="2">二氧化硫、颗粒物</td><td>季度</td></tr>
<tr><td colspan="2">电解铝工业</td><td>企业边界</td><td colspan="2">二氧化硫、颗粒物、氟化物（以F计）</td><td>季度</td></tr>
<tr><td colspan="6">废水排放</td></tr>
<tr><td colspan="2" rowspan="3">生产废水</td><td rowspan="3">企业废水总排放口</td><td rowspan="3">主要排放口</td><td>pH、流量、化学需氧量、氨氮、总氮、总磷</td><td>自动监测</td></tr>
<tr><td>氟化物（以F计）</td><td>月</td></tr>
<tr><td>悬浮物、石油类、总氰化物②、硫化物②、挥发酚②</td><td>季度</td></tr>
<tr><td colspan="6">注①：适用于燃煤锅炉。</td></tr>
<tr><td colspan="6">注②：设有煤气生产系统排污单位增加的控制项目。</td></tr>
<tr><td colspan="6">注：单独排入地表水、海水的生活污水排放口污染物（pH、COD、BOD_5、悬浮物、氨氮、动植物油、总氮、总磷）每月至少开展一次监测。</td></tr>
<tr><td colspan="6">注：总磷和总氮安装在线主要适用于《“十三五”生态环境保护规划》等文件规定的总磷、总氮总量控制区域的排污单位。</td></tr>
</table>

16．表 16-环境管理台账记录要求

设施类别、操作参数、记录内容、记录频次、记录形式；

记录内容按照技术规范填写；

其余见下图：

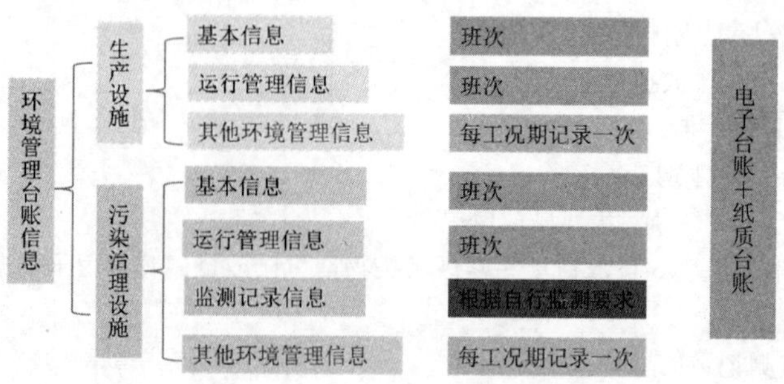

17．附图-工艺流程图、总平面布置图

（1）清晰可见、图例明确；

（2）工艺流程图应包括应包括主要生产设施（设备）、主要原燃料的流向、产排污环节等内容；

（3）平面布置图应包括主要工序、厂房、设备位置关系，注明厂区雨水、污水收集和运输走向等内容。废水处理设施、雨水排放口、废水排放口、主要废气排放口位置。

18．附件

（1）承诺书；

（2）申请前信息公开情况说明表；

（3）环境影响评价批复文件；

（4）总量文件；

（5）非可行技术的证明材料；

（6）其他。

（三）环境保护部门审核意见及排污许可证副本

1．应按技术规范填写执行报告内容、频次等要求；应包括年度、季度执行报告，地方根据管理要求可增加月度报告。

2．应按照企业事业单位环境信息公开办法、排污许可证管理暂行规定等现行文件的管理要求，填报信息公开方式、时间、内容等信息。

3．环境保护部门可将对企业现行废气、废水管理要求，以及法律法规、技术规范中明确的污染防治措施运行维护管理要求写入“其他环境管理要求”部分中。

第七章

其　他

《控制污染物排放许可制实施方案》30问

【编者按】

为落实《控制污染物排放许可制实施方案》（国办发〔2016〕81号），近日，环境保护部印发了《排污许可证管理暂行规定》（环水体〔2016〕186号）和《关于开展火电、造纸行业和京津冀试点城市高架源排污许可管理工作的通知》（环水体〔2016〕189号）。为便于各地深刻理解上述文件精神，环境保护部规划财务司研究制定了《〈控制污染物排放许可制实施方案〉30问》，现予以播发。

1. 目前排污许可制度的法律依据有哪些？

《水污染防治法》第二十条规定：国家实行排污许可制度。直接或者间接向水体排放工业废水和医疗污水以及其他按照规定应当取得排污许可证方可排放的废水、污水的企业事业单位，应当取得排污许可证；城镇污水集中处理设施的运营单位，也应当取得排污许可证。禁止企业事业单位无排污许可证或者违反排污许可证的规定向水体排放前款规定的废水、污水。《大气污染防治法》第十九条规定：排放工业废气或者本法第七十八条规定名录中所列有毒有害大气污染物的企业事业单位、集中供热设施的燃煤热源生产运营单位以及其他依法实行排污许可管理的单位，应当取得排污许可证。《环境保护法》第四十五条规定：国家依照法律规定实行排污许可管理制度。实行排污许可管理的企业事业单位和其他生产经营者应当按照排污许可证的要求排放污染物；未取得排污许可证的，不得排放污染物。《水污染防治法》和《大气污染防治法》均规定排污许可的具体办法和实施步骤由国务院规定。

《控制污染物排放许可制实施方案》（以下简称《方案》）的发布，是落实党中央国务院的决策部署，是依法明确排污许可的具体办法和实施步骤的指导性文件。

2. 为什么我国排污许可要实施综合许可、一证式管理？

实施综合许可，是指将一个企业或者排污单位的污染物排放许可在一个排污许可证集中规定，现阶段主要包括大气和水污染物。这一方面是为了更好地减轻企业负担，减少行政审批数量；另一方面是避免为了单纯降低某一类污染物排放而导致污染转移。环境保护部门应当加大综合协调，充分运用信息化手段，做好不同环境要素的综合许可。

一证式管理既指大气和水等要素的环境管理在一个许可证中综合体现，也指大气和水等污染物的达标排放、总量控制等各项环境管理要求；新增污染源环境影响评价各项要求以及其他企事业单位应当承担的污染物排放的责任和义务均应当在许可证中规定，企业守法、部门执法和社会公众监督也都应当以此为主要或者基本依据。

3. 通过实施排污许可制如何改善环境质量？

当前我国环境管理的核心是改善环境质量。减少污染物排放是实现环境质量改善的根本手段。固定污染源是我国污染物排放主要来源，且达标排放情况不容乐观。排污许可证抓住固定污染源实质就是抓住了工业污染防治的重点和关键。对于现有企业，减排的方式主要是生产工艺革新、技术改造或增加污染治理设施、强化环境管理，排污许可证重点对污染治理设施、污染物排放浓度、排放量以及管理要求进行许可，通过排污许可证强化环境保护精细化管理，促进企业达标排放，并有效控制区域流域污染物排放量。

《方案》提出了多项以排污许可证为载体，不断降低污染物排放，从而促进改善环境质量的制度安排。一是对于环境质量不达标或有改善任务的地区，省级人民政府可以通过提高排放标准，加严排污单位的许可排放浓度和排放量，从而达到改善环境质量目的；二是环境质量不达标地区，对环境质量负责的县级以上地方人民政府可通过依法制定环境质量限期达标规划，对排污单位提出更加严格的要求；三是各地方人民政府依法制定的重污染天气应对措施，以及地方限期达标规划或有关水污染防治应急预案中枯水期环境管理要求等，针对特殊时段排污行为提出更加严格的要求，在许可证中载明，使得企业对污染物排放精细化管理的预期明确，有效支撑环境质量改善。

4. 排污许可制度如何实现污染物总量控制相关要求？

排污许可制度是落实企事业单位总量控制要求的重要手段，通过排污许可制改革，改变从上往下分解总量指标的行政区域总量控制制度，建立由下向上的企事业单位总量控制制度，将总量控制的责任回归到企事业单位，从而落实企业对其排放行为负责、政府对其辖区环境质量负责的法律责任。

排污许可证载明的许可排放量即为企业污染物排放的天花板，是企业污染物排放的总量指标，通过在许可证中载明，使企业知晓自身责任，政府明确核查重点，公众掌握监督依据。一个区域内所有排污单位许可排放量之和就是该区域固定源总量控制指标，总量削减计划即是对许可排放量的削减；排污单位年实际排放量与上一年度的差值，即为年度实际排放变化量。

改革现有的总量核算与考核办法，总量考核服从质量考核。把总量控制污染物逐步扩大到影响环境质量的重点污染物，总量控制的范围逐步统一到固定污染源，对环境质量不达标地区，通过提高排放标准等，依法确定企业更加严格的许可排放量，从而服务改善环境质量的目标。

5. 排污许可制如何与环境影响评价制度衔接？

环境影响评价制度与排污许可制度都是我国污染源管理的重要制度。如何实现环境影响评价制度和排污许可制度的有效衔接是排污许可制改革的重点。《实施方案》中提出，通过改革实现对固定污染源从污染预防到污染管控的全过程监管，环境影响评价管准入，许可管运营。

环境影响评价制度重点关注新建项目选址布局、项目可能产生的环境影响和拟采取的污染防治措施。排污许可与环境影响评价在污染物排放上进行衔接。在时间节点上，新建污染源必须在产生实际排污行为之前申领排污许可证；在内容要求上，环境影响评价审批文件中与污染物排放相关内容要纳入排污许可证；在环境监管上，对需要开展环境影响后评价的，排污单位排污许可证执行情况应作为环境影响后评价的主要依据。

6. 哪些企业将纳入排污许可管理？

在《水污染防治法》《大气污染防治法》的法律框架下，实施方案要求环境保护部制定固定污染源排污许可分类管理名录（以下简称名录），在名录范围内的企业将纳入排污许可管理。名录主要包括实施许可证的行业、实施时间。排污许可分类管理名录是一个动态更新名录，它将根据法律法规的最新要求和环境管理的需要进行动态更新。

名录是以《国民经济行业分类》为基础，按照污染物产生量、排放量以及环境危害程度的大小，明确哪些行业实施排污许可，以及这些行业中的哪些类型企业可实施简化管理。名录还将规定国家按行业推动排污许可证核发的时间安排；对于国家暂不统一推动的行业，地方可依据改善环境质量的要求，优先纳入排污许可管理的行业。名录的制定将向社会公开征求意见。

对于移动污染源、农业面源，不按固定污染源排污许可制进行管理。

7. 排污许可证的核发权限是如何规定的？

排污许可证核发权限确定的基本原则是“属地监管”以及“谁核发、谁监管”。根据《方案》，核发权限在县级以上地方环境保护部门。具体来看，随着省以下环保机构监测监察执法垂直管理制度改革试点工作的开展，地市级环境保护部门将承担更多的核发工作。对于地方性法规有具体要求的，按其规定执行。如宁夏回族自治区已通过《宁夏回族自治区污染物排放管理条例》，该条例明确“对于总装机容量超过30万千瓦以上的燃煤电厂及石油化工”等重点排污单位，其排污许可证的核发权限为自治区环境保护主管部门。环境保护部将尽快制定相关文件，进一步明确排污许可证的核发权限。

此外，《方案》中还明确上级环境保护部门可依法撤销下级环境保护部门核发的排污许可证。《行政许可法》中可以撤销不当行政许可的各种情形，也同样适用于排污许可证的核发。

8. 企业申请排污许可证应提交什么材料？

企业提交的排污许可申请材料和守法承诺书是环境保护部门核发排污许可证的主要依据。企业应对申请材料的真实性、合法性、完整性负法律责任。《方案》提出，申报材料要明确申请的污染物排放种类、浓度和排放量。环境保护部正在制定排污许可管理的相关配套文件，以及申请时需要提交的守法承诺书和排污许可证申请表样本，并依据《方案》的规定，进一步细化排污许可证申请表中企业需要填报和申请的各项内容。

9. 环境保护部门核发许可证需要审核什么内容？

环境保护部门在核发许可证之前应结合管理要求和政府部门掌握的情况，对申请材料进行认真审核。审核主要包括以下几个方面：一是申请排污许可证的企事业单位的生产工艺和产品不属于国家或地方政府明确规定予以淘汰或取缔的；二是申请的企业不应位于饮用水水源保护区等法律法规明确规定禁止建设区域内；三是有符合国家或地方要求的污染防治设施或污染物处理能力；四是申请的排放浓度符合国家或地方规定的相关标准和要求，排放量符合相关要求，对新改扩建项目的排污单位，还应满足环境影响评价文件及其批复的相关要求；五是排污口设置符合国家或地方的要求等。

企业提交的排污许可申请材料和守法承诺书是环境保护部门核发排污许可证的主要依据，《实施方案》明确提出企业应对申请材料的真实性、合法性、完整性负法律责任。环境保护部门对于申请材料完整、符合要求的企业，直接依法核发许可证。此外，核发的排污许可证是企业排放污染物的“天花板”，是企业守法的最基本要求，满足这些要求是企业基本的法定义务，这也是排污许可证作为企业守法、政府执法、公众监督依据的由来。换言之，对于应当承担的环保责任完全相同的两个企业，不论实际排放情况如何，排污许可证核定的排放量和管理要求将会是一致的。《方案》同时还规定了，对于申请材料存在疑问、企业环境信用不好、有环境举报投诉等情况的，环境保护部门可开展现场核查。

10. 污染防治措施发生变化是否需要重新申请排污许可证？

污染防治措施是确保企业按证排污的前提和保障，但许可证制度设计中并未将其纳入许可事项，主要从鼓励企业不断提高污染治理水平的角度考虑。在不属于环境影响评价制度有关规范性文件确定的重大变更的情形下，企业污染治理措施发生变化时，如果有利于减少污染物的排放或者不增加污染物排放，这是允许的，不需要向环境保护部门申请变更排污许可证，但需在按规定上报的执行报告中予以详细说明；如果污染治理措施发生的变化导致增加污染物排放量，企业则需要申请变更排污许可证。

为较好的判断污染治理措施发生变化后环境影响变化情况，环境保护部门将依据排污许可证推进时间进度安排，按行业逐步出台各行业污染治理最佳可行技术指南，如果企业治理措施的变化均在可行技术范围内，且不新增污染物种类，则认为其污染物排放量在允许范围内，无须申请变更排污许可证；如不在此范围内，企业需要提供证明材料和监测数据，并向环境保护部门申请变更排污许可证。

11. 《实施方案》发布后，地方现有已经核发的排污许可证如何管理？

由于我国现有各地方排污许可证存在许可内容不统一、许可要求不统一、许可规范不统一等问题，而本次改革的目标之一就是要统一规范管理全国排污许可证，实现企业和地区之间的公平。因此，依据地方性法规核发的排污许可证仍然有效。对于依据地方政府规章等核发的排污许可证，持证企事业单位和其他生产经营者应按照排污许可分类管理名录的时间要求，向具有核发权限的机关申请核发排污许可证。核发机关应当在国家排污许可证管理信息平台填报数据，获取排污许可证编码，换发新的全国统一的排污许可证，从而纳入新系统进行管理。如果不能满足最新的许可要求，则应当要求企业在规定时间内向核发机关申请变更排污许可证。

12. 排污许可证包括什么内容？

许可证主要内容包括基本信息、许可事项和管理要求三方面。

一、基本信息主要包括，排污单位名称、地址、法定代表人或主要负责人、社会统一信用代码、排污许可证有效期限、发证机关、证书编号、二维码以及排污单位的主要生产装置、产品产能、污染防治设施和措施、与确定许可事项有关的其他信息等。

二、许可事项主要包括，（一）排污口位置和数量、排放方式、排放去向；（二）排放污染物种类、许可排放浓度、许可排放量；（三）重污染天气或枯水期等特殊时期许可排放浓度和许可排放量。

三、管理要求主要包括，（一）自行监测方案、台账记录、执行报告等要求；（二）排污许可证执行情况报告等的信息公开要求；（三）企业应承担的其他法律责任。

上述事项中，许可事项和管理要求是企业持证排污必须严格遵守的。确有必要改变的，应办理排污许可证变更手续。基本信息中有关规模、地点及采用的生产工艺或者防治污染措施，如果发生重大变动，应当按照环境影响评价制度的相关规定履行法律义务。

13. 为什么排污许可证要把生产工艺和设备等内容也载明？

首先排污许可证副本载明主要生产工艺和设备是在许可证中记录，而非进行许可。记录这些信息是出于以下四个方面的考虑。

第一，贯彻全过程控制的环境管理基本理念，将产污、治污、排污全过程纳入排污许可证的管理，载明与产污直接相关的工艺和设备信息，有利于分析污染物不能稳定达标排放的原因并及时采取有效可行的改进措施。

第二，生产工艺和装备与固定污染源污染物的产生量密切相关，同一产品采用不同工艺，其产生的污染物可能会产生数量级的差别，载明生产工艺和设备是测算污染物排放量的基础。

第三，排污许可证将许可排放量的核算细化至每一个主要污染源和排污口，而这些排污口往往与生产工艺设备具有一一对应关系；

第四，对于新增污染源，生产工艺和设备源自企业的环境影响评价文件或相关申请资料，在排污许可证中载明并延续，是判断企业整个生产过程是否发生重大变更的依据之一。

14. 为什么现有企业的许可限值原则上按排放标准和总量指标来确定？

企业达标排放和满足总量指标控制要求是现有企业污染治理的最基本要求，超标和超总量排放污染物将依法实施处罚，国家层面对于现有企业其许可限值按达标排放和总量控制指标来核定，即不因为实施排污许可制改革而增加对企业的额外负担，这有利于排污许可证制度顺利与现有环境管理要求相衔接，从而保障排污许可制度的有效推行，以最小的制度改革成本推进制度的快速落地，实现管理效能的提高。同时也有利于实现企业间的公平。

此外，《方案》同时也指出对于环境质量不达标或有改善需求的地区，环境保护部门可以通过提高排放标准、制定环境质量限期达标规划等手段对排污单位提出更加严格的要求。

15. 地方重污染天气应急预案、环境质量限期达标规划的内容如何纳入企事业单位的排污许可证？

《中华人民共和国大气污染防治法》明确提出国家要建立重污染天气监测预警体系。地方人民政府应当依据重污染天气的预警等级，根据应急需要可以采取包括责令有关企业停产或者限产的应急措施。因此在排污许可的制度设计中，要求将地方依法依规制定的重污染天气应急预案、环境质量限期达标规划等文件中对辖区内企业污染物排放的具体要求纳入企业的排污许可证中，以法律文书的形式，明确特殊时期和环境质量不达标地区的企业应当承担的减排义务。

上述所指的特殊时期主要由下列文件规定：如①设区的市级以上人民政府和可能发生重污染天气的县级人民政府，依法制定的重污染天气应急预案；②国家或所在地区人民政府依规制定的冬防措施、重大活动保障措施等文件；③地方限期达标规划或有关水污染防治应急预案对枯水期等特殊时期污染物排放控制要求等。

在许可证有效期内，国家或企业所在地区人民政府发布新的特殊时段要求的，企业应当申请许可证变更，按照新的要求进行排放。排污许可证也应当依法遵守并明确要求。

16. 排污许可证的有效期为什么首次核发为 3 年，延续核发是 5 年？

为结合我国国民经济和社会发展 5 年计划的制度安排，兼顾排污许可相对稳定的需要，排污许可证的有效期原则上为 5 年。但考虑到改革从易到难，逐步完善的需要，对于此次改革开始后首次核发的排污许可证有效期确定为 3 年。这主要考虑以下两个方面的因素。

第一，有利于推动改革。目前各地对现有企业核发的排污许可证有效期限为 1 年至 5 年不等，且管理要求和许可内容存在较大差异，短时间内要实现全国统一难度大，需要有一个逐步完善的过程，因此设定一个折中的有效期限有利于确保改革的正确方向。

第二，有利于对新建项目及时完善环境管理。对于新建项目，由于企业刚刚从建设期转入生产运行期，各项污染治理设施、环境管理制度、管理水平均需要不断调试与完善，对执行排污许可事项和管理要求存在较大不确定性，缩短有效期有利于企业减少办理许可证变更手续。

17. 环境保护部对于排污许可证核发工作的具体时间安排是什么？

根据《方案》，环境保护部将在现有环保法律的框架体系下，以排污许可管理名录为基础，按行业分步推动排污许可证的核发。2016 年率先开展火电、造纸行业企业许可证核发工作；2017 年完成水十条、大气十条重点行业及产能过剩行业企业许可证核发，重点包括石化、化工、钢铁、有色、水泥、印染、制革、焦化、农副食品加工、农药、电镀等；2020 年全国基本完成名录规定行业企业的许可证核发。

18. 为什么选择火电和造纸两个行业先行核发排污许可证？

为使排污许可制度实施之初在全国易于推行，通过行业试点工作，形成可推广、可复制的行业排污许可管理经验，为在全国分批实施排污许可制度奠定基础。环境保护部在选取优先试点行业时主要考虑以下几个因素：

第一是污染物排放量大，具备试点意义。火电、造纸行业分别是我国大气和水污染重点控制行业。据统计，2014 年纳入环境统计的火电企业 3 288 家，其二氧化硫、氮氧化物和烟粉尘排放量分别占全国工业排放量的 40%、55.7%、16.2%；纳入环境统计的造纸企业 4 664 家，其化学需氧量、氨氮排放量分别占全国工业排放量的 18.7%、7.9%。

第二是环境管理基础相对好。目前火电、造纸行业在自行监测开展、台账记录等方面有较好的基础；火电企业和造纸企业在原料、生产工艺等方面差异不大，便于开展排污许可证管理实践。

第三是污染物排放特征具有代表性。火电、造纸行业污染物排放种类包括废水、废气等，排污方式包含直接排放、间接排放等，通过制定排污许可技术规范，明确许可证中不同污染物排放种类和排污方式等，为其他行业实施排污许可提供经验借鉴。

19. 企业依证排污的主体责任和应尽的义务包括哪些？

排污许可证制度改革的目的之一就是要进一步厘清政府、企业之间的责任，政府对企业不再进行“家长式”和“保姆式”监督把关。企业作为排污者要承诺：依法承担防止、减少环境污染的责任；持证排污、按证排污，不得无证排污；落实污染物排放控制措施和其他环境管理要求；说明污染物排放情况并接受社会监督；明确单位责任人和相关人员的环境保护责任。

《方案》结合环境治理体系和监管执法改革理念，提出排污许可制实施后，企业环境保护的主体责任应包括以下几个方面：（一）企业自行申领排污许可证并对申请材料的真实性、准确性和完整性承担法律责任；（二）依证自主管理排污行为的责任；（三）通过自行或委托开展监测、建立排污台账、按期报告持证排污情况等自证守法的责任；（四）依法依证进行信息公开的责任；（五）当产排污情况等发生变更时或许可证到期应自行申请变更或延期的责任。

本着诚信原则，通过承诺守法的方式，强化企业环境保护主体责任。逐步营造排污者如实申报、监管者阳光执法、社会共同监督的环境治理氛围，形成系统完整、权责清晰、监管有效的污染管理新格局。

20. 企业如何通过自行监测说明自身污染物的排放情况？

企业开展自行监测，向社会公开污染物排放状况是其应尽的法律责任。我国的《环境保护法》第四十二条、第五十五条，《水污染防治法》第二十三条和《大气污染防治法》第二十四条均有明确规定。

自行监测结果是评价排污单位治污效果、排污状况、对环境质量影响状况的重要依据，是支撑排污单位精细化、规范化管理的重要基础。《方案》明确了企事业单位符合法定要求的在线监测数据可以作为环境保护部门监管执法的依据。当环境保护部门检查发现实际情况与企业的环境管理台账、排污许可执行报告等不一致或抽查发现有超标现象时，可以责令做出说明，排污单位可以通过提供自行监测原始记录来进行说明。

21. 排污许可制实施后，环境保护部门如何实施环境监管？

排污许可制是固定污染源环境管理的基础制度，待制度完善后，对企业环境管理的基本要求均将在排污许可证中载明，因此今后对固定污染源的环境监管执法将以排污许可证为主要依据。对固定污染源的监管就是对企业排污许可证执行情况的监管，具体包括对是否持证排污的检查、对台账记录的核查、对自行监测结果的核实、对信息公开情况的检查以及必要的执法监测等，通过对企业自身提供的监测数据和台账记录的核对来判定企业是否依证排污；同时也可采取随机抽查的方式对企业进行实测，不符合排污许可证要求，企业应做出说明，未能说明并无法提供自行监测原始记录的，政府部门依法予以处罚。并将抽查结果在排污许可管理平台中进行记录，对有违规记录的，将提高检查频次。环境保护部将研究制定排污许可证监督管理的相关文件，进一步规范依证执法。

22. 企业实际排放量如何确定？

实际排放量是判断企业是否按照许可证排污的重要内容，也是排污收费（环境保护税）、环境统计、污染源清单等工作的数据基础，确定实际排放量的基本原则是以“企业自行核算为主、环境保护部门监管执法为准、公众社会监督为补充”。具体如下：

企业自行核算为主：环境保护部门制定发布实际排放量核算技术规范，既指导企业自主核算实际排放量，又规范环境保护部门校核实际排放量，同时也可为社会公众监督提供参考。实际排放量核定方法采用的优先顺序依次包括在线监测法、手工监测法、物料衡算及排放因子法。对于应当安装而未安装在线监测设备的污染源及污染因子，以及数据缺失的情形，在实际排放量核算技术规范中，制定惩罚性的核算方法，鼓励企业按规定安装和维护在线监测设备。企业在线监测数据可以作为环境保护部门监管执法的依据。环境保护部正在按行业制定排污单位自行监测指南，规范排污单位自行监测点位、频次、因子、方法、信息记录等要求。企业根据许可证要求，按期核算实际排放量，并定期申报、公开。

环境保护部门监管执法为准：采用同一计算方法，当监督性监测核算的实际排放量与符合要求的企业在线监测、手工监测等核算的实际排放量不一致时，相应时段实际排放量以监督性监测为准。

公众社会监督为补充：环境保护部制定的实际排放量核算技术规范以及企业实际排放量信息向社会公开（涉密的除外），公众可以根据掌握的信息，对认为存在问题的进行核算、举报，提供线索。

23. 无证排污或不按证排污将会受到哪些处罚？

我国的大气污染防治法明确规定无证排污的处罚包括责令改正或者限制生产、停产整治，并处十万元以上一百万元以下的罚款；情节严重的，报经有批准权的人民政府批准，责令停业、关闭。

对不按证排污如①超标排放或者超总量排放的，将责令改正或者限制生产、停产整治，并处十万元以上一百万元以下的罚款；情节严重的，报经有批准权的人民政府批准，责令停业、关闭；②侵占、损毁或者擅自移动、改变大气环境质量监测设施或者大气污染物排放自动监测设备的，未按照规定对所排放的工业废气和有毒有害大气污染物进行监测并保存原始监测记录的，未按照规定安装、使用大气污染物排放自动监测设备或者未按照规定与环境保护主管部门的监控设备联网，并保证监测设备正常运行的；未按照规定设置大气污染物排放口的，将责令改正，处二万元以上二十万元以下的罚款；拒不改正的，责令停产整治。

该法同时还规定，对无证排污、不按证排污中的超标或超总量排放以及通过逃避监管的方式排放大气污染物的，可依法实施按日连续处罚。

24. 电厂超低排放应当怎么申领许可证？

国家鼓励企业自愿实施严于许可排放浓度和排放量的行为，以电厂超低排放为例，如果按照当地环境管理要求，企业依据《火电厂大气污染物排放标准》核定许可排放浓度和排放量，企业如自行承诺实行超低排放，许可证当中除了核定许可排放量和排放浓度外，还要载明超低排放的浓度限值要求，以及具备达到超低排放标准限值相应的污染治理设施或管理要求等，排污许可证监管执法时，除了对照许可排放量和排放浓度落实情况外，还要对超低排放情况进行检查。确能达到超低排放的，可按照规定享受国家和地方环保电价、减征排污费和税收等激励政策。超过许可排放要求的，将予以处罚。

25. 排污许可证与排污权交易是什么关系？

排污许可证是排污权的确认凭证，但不能简单以许可排放量和实际排放量的差值作为可交易的量，企业通过技术进步、深度治理，实际减少的单位产品排放量，方可按规定在市场交易出售；此外，实施排污权交易还应充分考虑环境质量改善的需求，要确保排污权交易不会导致环境质量恶化。排污许可证是排污交易的管理载体，企业进行排污权交易的量、来源和去向均应在许可证中载明，环境保护部门将按排污权交易后的排放量进行监管执法。国家对排污权交易将另行出台规定。

26. 为什么要建设全国统一的许可证管理信息平台？

建设全国统一的许可证信息管理平台是本次排污许可制改革的又一项重点工作，该平台既是审批系统又是数据管理和信息公开系统，排污单位在申领许可证前和在许可证执行过程中均应按要求公开排污信息，核发机关核发许可证后应进行公告，并及时公开排污许可监督检查信息。同时鼓励社会公众、新闻媒体等对排污单位的排污行为进行监督。通过建立统一平台，至少有以下三个方面的作用。

第一，规范排污许可证的核发。全国排污单位向同一个平台提交排污许可申请和执行材料，并全过程留下记录和数据，可有效规范排污许可的实施。

第二，统一的许可证信息平台建设可实现固定污染源污染物排放数据的统一管理，一是为每个企业的排污许可证实现唯一编码，二是将每个企业内部的各主要污染物排放设施和排放口进行唯一编码，三是为实现排污收费、环境统计、排污权交易等工作污染物排放数据统一创造条件。

第三，统一平台可及时掌握全国污染物排放的时间和空间分布情况，有利于区域流域调控，为改善环境质量打好基础。

同时，为了减少投资和重复建设，允许地方现有的排污许可信息管理平台接入国家平台。

27. 为什么要统一排污许可证编码？排污许可证编码是什么样子的？

建立全国统一的排污许可证编码是推动固定污染源精细化管理的重要手段，是实现固定污染源信息化管理的基础，是建立全国污染源清单的重要技术支撑。因此，在排污许可制顶层设计方案中很早就提出要实现排污许可证编码的统一。

目前环境保护部已经基本完成排污许可证编码规则的制定，按此规则排污许可证的编码体系由固定污染源编码、生产设施编码、污染物处理设施编码、排污口编码 4 大部分共同组成。

固定污染源编码与企业实现一一对应，主要用于标识环境责任主体，它由主码和副码组成，其中主码包括 18 位统一社会信用代码、3 位顺序码和 1 位校验码组成；副码为 4 位数的行业类别代码标识，主要用于区分同一个排污许可证代码下污染源所属行业，当一个固定污染源包含两个及以上行业类别时，将对应多个副码。

生产设施编码是指在固定污染源编码基础上，增加生产设施标识码和流水顺序码，实现企业内部设施编码的唯一性。生产设施标识码用 MF 表示，流水顺序码由 4 位阿拉伯数字构成。

治理设施编码和排污口编码由标识码、环境要素标识符（排污口类别代码）和流水顺序码 3 个部分共 5 位字母和数字混合组成，并与固定污染源代码一起赋予该治理设施或排污口全国唯一的编码。

28. 在排污许可证的管理过程中，如何发挥公众的作用？

排污许可制强调信息公开，一是排污许可证申领、核发全过程在公众的监督之下开展，因此要求企业在申请前自行信息公开、政府在核发后发布公告，目的是让公众知晓哪些企业持证排污、知晓企业排污应当履行什么环保义务；二是企业在排污许可证执行过程中，应定期公布企业自行监测报告、污染物排放情况和执行报告等，目的是让公众及时了解企业污染物的实际排放情况；三是政府在监管执法过程中应及时公布监管执法信息，目的是让公众及时掌握企业守法情形。

通过多阶段、多层次、多主体的信息公开，让公众和社会知晓企业执行排污许可的情况，更有利于公众对无证排污、超证排污企业的监督，方便公众举报投诉。

29. 环境保护部需要出台的规范主要有哪些？

为保障排污许可制度顺利实施，规范和指导企业、地方环境保护部门排污许可证的申请、受理、审核、执行和监管，环境保护部正在制定排污许可相关技术规范，主要包括管理规范性文件和技术规范性文件。管理规范性文件明确排污许可制配套技术体系构成、实施范围、实施计划等，解决许可证核发与监管过程中的程序性、内容性要求等，包括排污许可证管理暂行规定、排污许可管理名录等；技术规范性文件主要是统一并规范排污许可证申报、核发、执行、监管过程中的技术方法，包括排污许可证申请与核发技术规范、各行业污染源源强核算技术指南、污染防治最佳可行技术指南、自行监测技术指南、环境管理台账及排污许可证执行报告技术规范、固定污染源编码和许可证编码标准、信息大数据管理平台建设数据标准等。

30. 企业如何自行填报许可证申请表？

排污许可制度设计，始终把减轻企业负担放在首位，尽量细化排污许可申请表的内容，增加其可操作性，为此我们重点进行以下三个方面的安排。

第一，企业填写排污许可证申请表是在排污许可管理信息平台中进行，在平台申请程序的设计中，我们将不断积累和完善各行业排污许可数据库，包括主要生产设备、产污环节、治理措施等，并逐步建立下拉式选择菜单，供企业填写申请表时进行选择，既方便企业填写，又有利于全国统一。环境保护部门还将制定发布系列技术规范，供企业、环境保护部门、社会公众共同遵守，最大限度减少企业填报的随意性和执法部门的自由裁量权。

第二，对于石化化工、钢铁等大型复杂的企业，可以委托第三方咨询机构协助填报，但企业仍应当对申请材料的真实性、准确性和完整性承担法律责任。

第三，通过排污许可制度实施，企业应当根据规定明确单位负责人和相关人员的责任，落实企业排污许可的专业人员，逐步提高企业申领、执行排污许可证的技术水平。

关于新旧发排污许可证衔接的回复

2018-02-06

来信：

《控制污染物排放许可制实施方案》发布后，环境保护部印发了《排污许可证管理暂行规定》（环水体〔2016〕186 号）和《固定污染源排污许可分类管理名录（2017 年版）》，明确“现有企业事业单位和其他生产经营者应当按照本名录的规定，在实施时限内申请排污许可证”。希望能明确以下几点：1. 现有企业事业单位和其他生产经营者的明确界限，是否特指新环保法实施以后的企业。2. 现有企业事业单位和其他生产经营者目前地方现有核发排污许可证已到期，《固定污染源排污许可分类管理名录（2017 年版）》明确的期限为 2020 年，这段时间业主未办理排污许可证，是否属无证排污行为？ 3. 现有排污单位未办理地方核发的排污许可证或办理但过期，可否直接领取《控制污染物排放许可制实施方案》发布后的排污许可证？

回复：

一、关于现有企业事业单位和其他生产经营者的明确界限，是否特指新环保法实施以后的企业。

《固定污染源排污许可分类管理名录（2017 年版）》（简称《管理名录》）第三条规定的现有企业事业单位和其他生产经营者（简称排污单位），是指排放水污染物和大气污染物、依法应实施排污许可制管理的固定污染源，并非特指“新环保法实施以后的企业”。

二、关于现有企业事业单位和其他生产经营者目前地方现有核发排污许可证已经到期，《固定污染源排污许可分类管理名录（2017 年版）》明确的期限为 2020 年，这段时间业主未办理排污许可证，是否属无证排污行为。

按照《排污许可管理办法（试行）》（简称《管理办法》）要求，纳入《管理名录》范围的企业事业单位和其他生产经营者应当在名录规定的时限内申请并取得排污许可证。依据环境质量改善要求，部分地区决定提前对部分行业实施排污许可管理的，该地区省级环境保护主管部门应当报环境保护部备案后实施，并应向社会公告。对于《管理办法》实施前依据地方性法规核发的排污许可证，尚在有效期内的，原核发环境保护部门应当在全国排污许可证管理信息平台填报数据，获取排污许可证编码；已经到期的，排污单位应当按照《管理办法》申请排污许可证。

三、关于现有排污单位未办理地方核发的排污许可证或办理但过期，可否直接领取《控制污染物排污许可制实施方案》发布后排污许可证。

在《管理名录》范围内的排污单位应按规定时限申请并取得排污许可证，不在《管理名录》范围内的，暂不需要申请排污许可证。

关于办理排污许可证有关问题请示的回复

2018-02-07

来信：

环境保护部于2017年7月28日发布了环境保护部部令第45号《固定污染源排污许可分类管理名录（2017年版）》。名录规定“为实施排污许可证分类管理、有序发放；现有企业事业单位和其他生产经营者应当按照本名录的规定，在实施时限内申请排污许可证。”对不同行业规定了不同的实施期限，如造纸、水泥制造等行业实施时限为2017年、陶瓷制品制造实施时限为2018年、石墨及其他非金属矿物制品制造实施时限为2020年。被纳入名录中实施排污许可管理的尚未到实施期限的现有企业，在实施期限之前是否要求办理排污许可证，是否适用有关排污许可证相关的法律法规。

回复：

按照《排污许可管理办法（试行）》的规定，在《固定污染源排污许可分类管理名录（2017年版）》规定的时限前已经建成并实际排污的排污单位，应当在名录规定时限申请排污许可证；在名录规定的时限后建成的排污单位，应当在启动生产设施或者在实际排污之前申请排污许可证。对于尚未到实施期限的现有企业，在实施期限之前可以不办理排污许可证。

部分地区依据环境质量改善要求，决定提前对部分行业实施排污许可管理的，且该地区省级环境保护部门报环境保护部备案并向社会公告后，排污单位应当在地方规定的时限申请并取得排污许可证。

对于依据地方性法规核发的现有排污许可证，尚在有效期内的，仍然有效。